Literatur im Dritten Reich

Dokumente und Texte

Herausgegeben von
Sebastian Graeb-Könneker

Philipp Reclam jun. Stuttgart

Mit 38 Abbildungen

Die Deutsche Bibliothek – CIP-Einheitsaufnahme

Literatur im Dritten Reich : Dokumente und Texte /
Hrsg.: Sebastian Graeb-Könneker. – Stuttgart : Reclam, 2001
(Universal-Bibliothek ; 18148)
ISBN 3-15-018148-8

Universal-Bibliothek Nr. 18148

Gesamtherstellung: Reclam, Ditzingen. Printed in Germany 2001
RECLAM und UNIVERSAL-BIBLIOTHEK sind eingetragene Marken
der Philipp Reclam jun. GmbH & Co., Stuttgart
ISBN 3-15-018148-8

www.reclam.de

Inhalt

IV

Literarische Texte

183

V

Kriegsende
Wortmeldungen, Notate, Prognosen

310

Editorische Vorbemerkung

Der Band erschließt und dokumentiert wesentliche Aspekte der Literatur und Literaturpolitik im ›Dritten Reich‹. Dabei stellt die zeitliche Beschränkung auf die Jahre 1933 bis 1945 keine Eingrenzung im Sinne einer eigenständigen literarischen Epoche dar, sondern reflektiert die besonderen Bedingungen, an die das Literatursystem während der NS-Herrschaft gebunden war.

Im Zentrum des Bandes steht die Wiedergabe zeitgenössischer Quellentexte. Die Auswahl und Anordnung folgt zunächst zwei Zielen: Die Quellen sollen Einblick geben in die spezifischen Verhältnisse der NS-Zeit, die für das Entstehen von Literatur, ihren Vertrieb und ihre Rezeption konstitutiv waren. Daneben steht ein Angebot an literarischen und literaturtheoretischen Texten mit dem Anspruch eines möglichst repräsentativen Querschnitts. In dem Versuch, auf diese Weise wesentliche Merkmale und Linien des literarischen Betriebs im Dritten Reich aufzuzeigen, folgt die Zusammenstellung der Texte innerhalb der einzelnen Kapitel einer Kombination aus sachlich-systematischen und historisch-chronologischen Prinzipien. So veranschaulicht die Zusammenstellung einerseits das literarische Echo einer sich radikalisierenden NS-Herrschaft und andererseits die Bandbreite der literarischen Formen und Themen in den unterschiedlichen literarischen Gattungen.

Der Druck der Dokumente orientiert sich, wo das möglich war, an Originalen aus der NS-Zeit bzw. wissenschaftlich edierten Textausgaben. Die Mehrzahl der Quellen sind in Auszügen wiedergegeben. Anmerkungen bieten Hilfe zum Textverständnis. Darüber hinaus finden sich im Anhang bio-bibliographische Hinweise zu allen mit einer Quelle vertretenen Autoren (Sachtexte, Erlasse u. a. nichtfiktionale Dokumente einbezogen). Weiterführende Literatur läßt sich über das Nachwort erschließen.

Erwähnt sei schließlich, daß die Dokumentation sich an manchen Stellen anders darbietet als ursprünglich geplant. In einzelnen Fällen konnten Rechteinhaber sich nicht entschließen, eine Abdruckgenehmigung zu erteilen. Herausgeber und Verlag haben hier versucht, auch durch Aufnahme zusätzlichen Bildmaterials, einen alternativen Zugang zu den Autoren zu erschließen.

I

Machtergreifung 1933
Wortmeldungen, Notate, Prognosen

Arnold Zweig: Auszug aus dem Taschenkalender von 1933

30. 1. In Deutschld. kommt ein Kabinett Hitler-Göring-Frick-Papen-Hugenberg-Seldte.
31. 1. Sehr deprim[iert]. Wegen Politik. Wieder weg von Heim wie schon Starnberg 23?
4. 2. Die Hitlerei in Dtld. setzt sich fest. Alle reaktionären Kräfte vereinen sich. Ich gehe dies Jahr nur gelegentlich heim.
27. 2. Plötzlich Telefon: der Reichstag brennt. [...] Ich werde sehr gewarnt, soll abreisen! Und die Kinder?
1. 3. Ich will nicht abreisen.
5. 3. Wahl. Verläuft ganz ruhig. Soll ich abreisen? Friede trügt.
9. 3. Deprimiert.
10. 3. Sehr niedergeschl.
12. 3. Letzte Begegnung mit Erich Mühsam

In Deutschld.: Zweig befand sich im Januar/Februar 1933 in Paris, Ende Februar war er wieder in Deutschland.

Starnberg 23: Übersiedlung Z.s von Starnberg nach Berlin vor dem Hintergrund des Hitler-Ludendorff-Putsches (9. November 1923) in München.

Wahl: Reichstagswahl; die Regierungskoalition aus NSDAP und DNVP erhielt eine knappe Mehrheit.

Erich Mühsam: Lyriker, Dramatiker, Essayist (1878–1934); führende Rolle bei der Bildung der bayrischen Räterepublik (1918/19); 1933 wurde er

13. 3. Fahren nach Spindlermühle.
14. 3. Abfahrt –
18. 3. Mein Atelier ist ja transportabel.
3 Fragen: 1) Kann ich in Deutschland noch schreiben, wozu es mich treibt? 2) Kann ich in D. leben, ohne denen in [den] Rücken zu fallen, die das nicht mehr können, moral[isch] genommen? 3) Kann ich mich in D. ernähren?
6. 4. schrecklich zerrissenes Leben
12. 4. [Zweig notierte telephonische Auskunft seines Sohnes Adam:] Es ist aber gar keine gute Zeit zum Zurückkommen, Papa.
10. 5. Deutschld verbrennt meine Bücher. Es muß jetzt mit dtschem Buchhandel u. meinen Werken Schluß sein. Wird jemand für H. Mann und mich Stell[un]g nehmen?
14. 5. Ich auf 12er Liste der für Deutschld schädlichen Autoren des Börsenvereins.
16. 5. Ab[en]ds Abschied v. [Sigmund] Freud. Der Gute!

---

ins KZ Oranienburg gebracht (1878–1934), wo er infolge von Mißhandlungen starb.

Spindlermühle: Kurort in der Tschechoslowakei (heute Tschechien).

verbrennt meine Bücher: Bezug auf die von der ›Deutschen Studentenschaft‹ initiierten Bücherverbrennungen, die am 10. Mai 1933 in zahlreichen deutschen Städten stattfanden. Siehe dazu auch im vorliegenden Band S. 34–36.

H.[einrich] Mann: Schriftsteller (1871–1950); 1930–33 Präsident der Abt. Dichtkunst der Preuß. Akademie der Künste; 1933 Emigration (Frankreich, USA).

12er Liste: Am 13. Mai 1933 im *Börsenblatt für den Deutschen Buchhandel* veröffentlichte Liste von Autoren (darunter A. Zweig, L. Feuchtwanger, A. Kerr, E. M. Remarque und K. Tucholsky u. a.), die nach Überzeugung des ›Börsenvereins der Deutschen Buchhändler‹ »für das deutsche Ansehen als schädigend« zu betrachten waren und deren Arbeiten nicht weiter vertrieben werden sollten.

18. 5. Abfahrt aus Wien […] Sehr deprimiert. […] Führe lieber nach Norden. Ank[unft] Basel

Arnold Zweig 1887–1968. Werk und Leben in Dokumenten und Bildern. Hrsg. von Georg Wenzel. Berlin/Weimar: Aufbau-Verlag 1978. S. 208 f. –

Harry Graf Kessler: Tagebucheintrag vom 30. Januar 1933, Berlin [Auszug]

Um zwei Uhr kam Max zum Frühstück, der die Nachricht von der *Ernennung Hitlers zum Reichskanzler* mitbrachte. Die Verblüffung war groß; ich hatte diese Lösung, und noch dazu so schnell, nicht erwartet. Unten, bei unserem Nazi-Portier, brach sofort ein Überschwang von Festesstimmung aus. […]

Berlin ist heute nacht in einer reinen Faschingsstimmung. SA- und SS-Trupps sowie uniformierter Stahlhelm durchziehen die Straßen, auf den Bürgersteigen stauen sich die Zuschauer. Im und um den ›Kaiserhof‹ tobte ein wahrer Karneval; uniformierte SS bildete vor dem Haupteingang und in der Halle Spalier, auf den Gängen patrouillierten SA- und SS-Leute; als wir nach dem Vortrag herauskamen, defilierte ein endloser SA-Zug im Stechschritt an irgend-

---

Ank Basel: Erste Station der Emigration Z.s aus Deutschland. Seine Flucht führte ihn später nach Frankreich und Palästina. 1948 Rückkehr nach Berlin (Ost).

Max: M. Goertz (geb. 1899, Todesdatum unbekannt); Schriftsteller; Vertrauter Kesslers und enger Mitarbeiter in der von Kessler gegründeten Cranach-Presse.

Kaiserhof: Berliner Luxushotel, in unmittelbarer Nähe zur Reichskanzlei am Wilhelmsplatz gelegen; das Hotel diente Hitler und seinem Führungskreis in der Endphase der Weimarer Republik als operatives ›Hauptquartier‹.

welchen Prominenten (zweite Garnitur, Hitler selbst war in der Reichskanzlei) vorbei, die sich vor dem Hauptportal aufgebaut hatten und ihn mit dem Faschistengruß grüßten; eine richtige Parade. Der ganze Platz gepfropft voll von Gaffern.

Harry Graf Kessler: Tagebücher 1918–1937. Hrsg. von Wolfgang Pfeifer-Belli. 3., rev. Aufl. Frankfurt a. M.: Insel Verlag, 1962. S. 703 f. –

Franz Theodor Csokor: Brief an Ferdinand Bruckner nach Berlin [Auszug], Wien, 30. Januar 1933

Liebster Freund,

aus einem kleinen Café in der Leopoldstraße, nach einem Vortrag, den ich im hiesigen Bezirksgymnasium über zeitgenössische Dramatiker hielt, darunter Dich in erster Linie, schreibe ich Dir plötzlich in Todesangst um Dich und Betka – denn vor mir liegt die noch druckfeuchte Sonderausgabe des ›Abend‹, daß Adolf Hitler Reichskanzler geworden ist. [...]

Ich notiere auf dem Briefumschlag ›nachsenden‹ – denn insgeheim hoffe ich, daß Ihr nicht mehr im Herrenstöckl des Charlottenburger Schlosses haust, sondern Euch schon nach dem Anhalter Bahnhof zur Fahrt nach Wien aufgemacht habt, Euch die herrliche Käthe Gold in der Josefstädter Aufführung Deiner ›Marquise von O.‹ anzuhören, oder noch besser vom Bahnhof Zoo aus nach Paris! Es ist nämlich einfach unvorstellbar, wohin das noch führen kann, was heute in Berlin begonnen hat. Die Leute sind gründlich.

Ferdinand Bruckner: österr.-dt. Dramatiker (1891–1958); Gründer des Berliner Renaissance-Theaters (1923); 1933 Emigration (Österreich, Schweiz, USA); 1951 Rückkehr nach Deutschland; ab 1953 Dramaturg in Berlin (West).

Hier machen sie Witze, weil in den letzten Tagen aus Deutschland viele vermögende Leute, hauptsächlich Juden, einreisen; »die Ratten betreten das sinkende Schiff«, meinte Karl Kraus.

Wie immer – ich habe mir geschworen, für die Dauer dieses Tausendjährigen Reiches meinen Fuß nicht mehr auf deutschen Boden zu setzen – und ich fühle dabei, daß ich das Ende dieser tausend Jahre erleben werde!

Folge mir! Auf Wiedersehen überall in der Welt – nur nicht mehr in Deutschland!

Franz Theodor Csokor: Zeuge einer Zeit. Briefe aus dem Exil 1933–1950. München/Wien: Langen-Müller, 1964. S. 17.

Oskar Loerke: Tagebucheintrag vom 14. Februar 1933, Berlin

Viel Entsetzliches hat sich ereignet. Es hat keinen Zweck, Chronist zu sein. Am 30. Regierungsbildung mit Herrn Hitler als Reichskanzler. Aber der Juli vorigen Jahres war ja das Entscheidende. Sonnabend und Sonntag war Hermann Kasack bei uns. Half mir, Manuskripte lesen. Wölfchen

---

Karl Kraus: österr. Journalist, Literaturkritiker, Schriftsteller (1874–1936); Sohn e. jüd. Papierfabrikanten; gründete 1899 die berühmte Zeitschrift *Die Fackel*, die er bis 1936 herausgab.

Juli vorigen Jahres: Bezieht sich auf die Ereignisse im Kontext des 20. Juli 1932. Das Datum markiert die staatsstreichartige Machtübernahme in Preußen durch den damaligen Reichskanzler Franz v. Papen.

Hermann Kasack: Schriftsteller (1896–1966); seit den 20er Jahren in führenden Positionen bei den Verlagen Kiepenheuer, S. Fischer und Suhrkamp tätig; 1953–63 Präsident der Deutschen Akademie für Sprache und Dichtung.

Wölfchen: Wolfgang Kasack (geb. 1927), Sohn des o. g. Hermann Kasack.

blieb noch hier. Heute haben wir unseren Minister Becker begraben. Fulda saß neben mir im Gemeindehaus Dahlem: »Wir begraben die deutsche Kultur«. Amersdorffer sagte mir, die Abteilung für Dichtung würde aufgelöst. Das ist nur logisch. Eine böse Stimmung. Alles bricht zusammen.

Oskar Loerke: Tagebücher 1903–1939. Hrsg. von Hermann Kasack. Heidelberg/Darmstadt: Lambert Schneider, 1955. S. 261. –

Gerhart Hauptmann: Eintrag im »Diarium« vom 19. Februar 1939, Rapallo [Auszug]

Stimmung vor Sonnenuntergang. Das Stück ist inzwischen geschrieben. Der Zustand scheint sich erst jetzt zu vollenden. Die Vergangenheit kapselt sich ab. Eine Masche der Geistesgeschichte Deutschlands schließt sich. Neue, völlig unberechenbare Ereignisse scheinen ein neues großes Ereignis einzuleiten. Das Geistige steht nicht mehr im Vordergrund. Es ist in Gefahr, zu verschwinden, da Geistiges, wenn es sein soll, freigeistig sein muß.

Becker: Carl Heinrich (1876–1933); 1925–30 preuß. Kulturminister; Mitbegründer der Sektion für Dichtkunst in der Preuß. Akademie der Künste.

Fulda: Ludwig F. (1862–1939); Dramatiker, Übersetzer; seit 1926 Mitglied der Sektion für Dichtkunst in der Preuß. Akademie der Künste, 1933 Zwangsausschluß; 1939 Selbstmord in Berlin. Zum Zwangsausschluß aus der Akademie siehe auch im vorliegenden Band S. 33.

Amersdorffer: Alexander A. (geb. 1899; Todesdatum unbekannt); Prof. für Kunstangelegenheiten; Sekretär des Präsidiums der Preuß. Akademie der Künste.

Abteilung für Dichtung: Sektion der Preuß. Akademie der Künste. L. war seit 1926 Mitglied der Sektion, 1928–33 in der Funktion des Sekretärs. L. mußte das Amt auf Druck der neuen Machthaber aufgeben. Zu den Vorgängen vgl. auch im vorliegenden Band S. 27–33.

Orlik, Slevogt und andere haben ihre Koffer zur rechten Zeit gepackt und sind davongegangen. Es ist für uns nichts mehr zu tun. Vom Jahre 1871 angefangen bis heut, gehört alles zusammen. Der Überblick zeigt eine Trilogie: Vorkriegszeit, Krieg, Nachkriegszeit bis heut. Heute aber hat zugleich das Neue begonnen. Es ist neuer als irgend etwas in Deutschland seit Jahrhunderten.

Die es gänzlich verkennt und verkannt hat, ist die konservative Partei. Sie glaubt die Arbeit des Alten zu tun und tut sie für das radikalste Neue, das Deutschland je gesehen hat. Wie wird das Erwachen sein? [...]

Eine Eremitage für stille Arbeit ist heute mein einziges Ziel. Wäre es meinetwegen eine Klosterzelle. Alle, aber auch fast alle Ereignisse der Welt oder sagen wir des politischen Kampfes der Völker im Innern und nach außen stoßen mich ab. Und ich habe das scheußliche Vorrecht bekommen, in diesen Dingen nichts weiter zu sehen als ein grauslich-ekelhaftes Gemisch von Kot, Blut und Tränen.

Gerhart Hauptmann: Diarium 1917 bis 1933. Hrsg. von Martin Machatzke. Frankfurt a. M. / Berlin / Wien: Propyläen-Verlag, 1980. S. 222. –

Friedrich Wolf: Brief an Ehefrau Else vom 8. März 1933, Mattschwitz (Montafon) [Auszug]

Wie lange bleibst Du? Wo treffen wir uns? Ich habe eine Broschüre hier oben geschrieben. Ich halte es doch nicht lange hier aus, so schön und ruhig es ist. Ist dies Deutsch-

---

Orlik, Slevogt: Künstlerfreunde Hauptmanns; beide starben im Jahr vor der Machtergreifung – Emil Orlik (1870–1932), Max Slevogt (1868–1932).

land zu verstehen? Und daß die S.P.D. ihre Stimmen hielt? Welche Sintflut muß denn noch kommen. Wenn das jetzt wirklich 4 Jahre lang dauern soll! Die Dummheit und Lüge, das ist am schwersten begreiflich und erträglich. Es wird schwer zu leben sein jetzt in Germania; aber man muß jetzt dasein, aushalten, und ev. dabei kaputtgehn. Was sollen denn die andern machen. Ich möchte vor dem 20. zu Hause sein.

Ich wache jetzt oft nachts auf und denke über all das lange nach. Wir müssen über das sprechen, sehen, wo die Kinder am besten bleiben; an sich schon in Stuttgart; aber wenn die braune Kohorte jetzt ihren Spuk wie im Reich auch in Schwaben beginnt; ich möchte den 2 Kerlen Nächte ersparen, die sie nicht vergessen. Und was kann man noch arbeiten, schreiben? Und doch muß man weiter arbeiten, grade jetzt! Wenn diese letzte Illusion des »Retters« zusammenbricht – und sie wird in den 4 Jahren längstens zusammenbrechen – was kann dann anders kommen, als unsre Sache! Haben wir dann gleich genügend Positives einzusetzen? Das muß gut vorbereitet werden!

Friedrich Wolf – Bilder einer deutschen Biographie. Dokumentation von Lew Hohmann. Berlin: Das Europäische Buch, 1988. S. 200. – Mit Genehmigung von Markus Wolf, Berlin.

---

daß die S.P.D. ihre Stimmen hielt: Wolf bezieht sich auf das Ergebnis der Reichstagswahl vom 5. März 1933 (S.P.D. = 18,3%; Wahlergebnis 1932: S.P.D. = 20,4%). Die KPD, politische Heimat Wolfs, betrachtete die S.P.D. zu diesem Zeitpunkt als »Steigbügelhalter des Faschismus«.

vor dem 20. zu Hause: Wolf kehrte nicht nach Deutschland zurück, sondern ging zunächst nach Paris, dann in die Sowjetunion ins Exil.

Gottfried Benn: »Antwort an die literarischen Emigranten« [24. Mai 1933, Auszug]

Und damit stehen wir vor dem Kern unseres alten Streites: Ihr Vorwurf, ich kämpfte für das Irrationale.

In Ihrem Brief lautet die Stelle so: »Erst kommt das Bekenntnis zum Irrationalen, dann zur Barbarei, und schon ist man bei Adolf Hitler.« Das schreiben Sie in dem Augenblick, wo doch vor aller Augen Ihre opportunistische Fortschrittsauffassung vom Menschen für weiteste Strecken der Erde Bankerott gemacht hat, wo es sich herausstellt, daß es eine flache, leichtsinnige, genußsüchtige Auffassung war, daß nie je in einer der wahrhaft großen Epochen der menschlichen Geschichte das Wesen des Menschen anders gedeutet wurde als irrational, irrational heißt schöpfungsnah und schöpfungsfähig. Verstehen Sie doch endlich dort an Ihrem lateinischen Meer, daß es sich bei den Vorgängen in Deutschland gar nicht um politische Kniffe handelt, die man in der bekannten dialektischen Manier verdrehen und zerreden könnte, sondern es handelt sich um das Hervortreten eines neuen biologischen Typs, die Geschichte mutiert und ein Volk will sich züchten. Allerdings ist die Auffassung vom Wesen des Menschen, die dieser Züchtungsidee zugrunde liegt, dahingehend, daß er zwar vernünftig sei, aber vor allem ist er mythisch und tief. Allerdings denkt man hinsichtlich seiner Zukunft so, daß man ihn unten am Stamm okulieren muß, denn er ist älter als die Fran-

---

Antwort an die Literarischen Emigranten: Radiorede für die »Berliner Funkstunde«.

In ihrem Brief: Benn bezieht sich – ohne Namen zu nennen – auf einen Brief Klaus Manns vom 9. März 1933, in dem Benn heftig wegen seines Verbleibs in der Preuß. Akademie der Künste angegriffen wird.

lateinischen Meer: Der Brief K. Manns wurde aus der südfranzösischen Stadt Sanary-sur-Mer abgeschickt, einem der Hauptfluchtorte der »literarischen Emigration« nach der Machtübernahme in Deutschland.

zösische Revolution, schichtenreicher als die Aufklärung dachte. Allerdings empfindet man sehr weitgehend ihn als Natur, ihn als Schöpfungsnähe, man erlebt ja, er ist weit weniger gelöst, viel wundenvoller an das Sein gebunden, als es aus der höchstens zweitausendjährigen Antithese zwischen Idee und Realität erklingt. Eigentlich ist er ewiges Quartär, schon die letzten Eiszeiten feuilletonistisch überladener Hordenzauber, diluviales Stimmungsweben, tertiäres Bric à Brac; eigentlich ist er ewiges Urgesicht: Wachheit, Tagleben, Wirklichkeit: locker konsolidierte Rhythmen verdeckter Schöpfungsräusche. Wollen Sie, Amateure der Zivilisation und Troubadoure des westlichen Fortschritts, endlich doch verstehen, es handelt sich hier gar nicht um Regierungsformen, sondern um eine neue Vision von der Geburt des Menschen, vielleicht um eine alte, vielleicht um die letzte großartige Konzeption der weißen Rasse, wahrscheinlich um eine der großartigsten Realisationen des Weltgeistes überhaupt, präludiert in jenem Hymnus Goethes »An die Natur« –, und wollen Sie auch das noch in sich aufnehmen: über diese Vision entscheidet kein Erfolg, kein militärisches oder industrielles Resultat, wenn zehn Kriege aus dem Osten und aus dem Westen hereinbrächen, um diesen deutschen Menschen zu vernichten, und wenn zu Wasser und zu Lande die Apokalypse nahte, um seine Siegel zu zerbrechen, der Besitz dieser Menschheitsvision bliebe vorhanden, und wer sie verwirklichen will, der muß sie züchten, und Ihre philologische Frage nach Zivilisation und Barbarei wird absurd vor so viel Legitimation als geschichtlichem Sein.

Gottfried Benn: Antwort an die literarischen Emigranten. In: Sämtliche Werke. Stuttgarter Ausgabe. In Verb. mit Ilse Benn hrsg. von Gerhard Schuster. Bd. 4: Prosa 2. 1933–1945. Stuttgart: Klett-Cotta, 1989. S. 26–28. –

PAUL ERNST: Brief an K. A. Kutzbach vom 12. März 1933, St. Georgen [Auszug]

Ich denke ja nicht, daß der »Aufbruch«, den wir erleben, nun sehr viel »bessern« wird. Aber es ist doch wenigstens keine Stagnation mehr, die Menschen sind für Gedanken offen. Gott sei Dank: Liberalismus, Socialismus, Communismus, und wie die veralteten Geschwätze lauten, sind vielleicht bald erledigt, und die Menschen können wieder die Wirklichkeit sehen.

Paul Ernst in St. Georgen. Briefe und Berichte aus den Jahren 1925 bis 1933. Eine Gedenkschrift zum 100. Geburtstag des Dichters. Hrsg. von Karl August Kutzbach. Emsdetten: Lechte, 1966. S. 182. –

HANS CAROSSA: Brief an Katharina Kippenberg vom 22. März 1933, Seestetten (Bayern) [Auszug]

In München kam ich gerade auf den Marienplatz, als man am Rathausturm die Hakenkreuzfahne aufzog und fühlte dabei so stark, wie sehr diese Bewegung eine Sache der Jugend ist, die sich ihr künftiges Haus aufbaut, ohne uns Ältere zu fragen, ob wir es wohnlich finden. Sie wird ja auch das viele kostbare Porzellan bezahlen müssen, das jetzt allerorten mit sonderbar gutem Gewissen zerschlagen wird. Freund Bertram schwelgt in Begeisterung für »den neuen

---

Kutzbach: Karl August K. (1903–1992), Literaturwissenschaftler, Herausgeber der Schriften von Paul Ernst.

Katharina Kippenberg: Verlegerin, Schriftstellerin (1876–1947); führte seit dem Ersten Weltkrieg, gemeinsam mit Ehemann Anton K., den Insel-Verlag.

Bertram: Ernst B. (1884–1957); Germanist (1922 Professur Universität Köln), Lyriker, Essayist.

Cherusker«; bei mir aber muß es wohl an meiner süddeutschen Art liegen, daß die innere Stimme nicht eindeutig spricht. Von der Notwendigkeit der großen Reinigung und Läuterung, welche die Bewegung auf ihre Fahne geschrieben hat, überzeugt sie mich leicht (sie hat man immer gefühlt und seit Langem nach ihr zu leben versucht;) dagegen regen sich oft starke Zweifel, ob eine Sache, die mit so viel Hybris und Theater anfängt, gut hinausgehen kann.

Hans Carossa: Briefe II. 1919–1936. Hrsg. von Eva Kampmann-Carossa. Frankfurt a. M.: Insel Verlag, 1978. S. 278f. – © 1978 Insel Verlag, Frankfurt am Main.

Eberhard Wolfgang Möller: Dank einer Jugend [20. April 1933, Auszug]

Es gibt einige Jahrgänge junger Menschen, denen hat das Unwetter der letzten zwanzig Jahre besonders häufig in das Wachstum geschlagen. Wie sie Kinder waren, stand das Land im Kriege; als sie Jünglinge werden wollten, da warf der Geist der Novemberrevolution alle Inhalte, Erlebnisse, Gefühle, Begriffe ihrer Jugend zum alten Eisen, und als sie Männer sein sollten, da entließ sie die Schule in das brüllende Chaos der Inflation, der Ruhrbesetzung, der marxistischen Gesinnungsdiktatur.

Wir standen damals völlig verwaist vor dem Leben, das uns mit allen Einflüsterungen des »Erlkönigs« zu verführen

20. April 1933: Der 44. Geburtstag Adolf Hitlers.

Novemberrevolution: Politische Aufstände im Dt. Reich im November 1918, die den Übergang von der kaiserl. Monarchie zur parlamentarisch-demokrat. Weimarer Republik einleiteten.

Ruhrbesetzung: Besetzung des Ruhrgebietes durch belg. und frz. Truppen am 11. Januar 1923 (bis August 1925); den Hintergrund der Aktion bildeten ausstehende dt. Reparationszahlungen.

suchte. Wir hatten nur die Wahl, Mucker zu werden oder zu verkommen. Freilich hofften die Kräftigeren von uns, die Trotzigen, die mit den gesunden Instinkten, auf eine Befehlsstelle und einen Befehl, wie ihn Schlageter in der Szene Hanns Johsts erhofft. Aber kein Vater, keine Schule, keine Universität hatte uns etwas vom Nationalsozialismus gesagt. [...] Es war die Situation des Ruhrkampfs, nur wir waren noch ganz jung und allein, ganz unerfahren und unüberlegt, in gar keiner Weise verständnisvoll, höchstens mißtrauisch, fürchterlich mißtrauisch. Da wurden wir Piraten, Wilderer, Saboteure, Schleichposten, versprengte Attentäter. Wir suchten im Guerillakrieg unsere Gesinnung durchzusetzen und wir wären trotzdem verkommen [...]. Wir wären verkommen, weil wir bereits verwildert waren und weil uns die höhere Einheit fehlte.

Diese Einheit war für uns erst die Gestalt des Führers. In der Persönlichkeit *Hitlers* fanden wir die Zusammenfassung, die Ordnung, die Legitimation, den Befehl; im Nationalsozialismus die Deutung unseres unklaren Widerstandes bisher, den Sinn und die Aufgabe.

Eberhard Wolfgang Möller: Dank einer Jugend. In: Völkischer Beobachter, 20. April 1933. –

Victor Klemperer: Tagebucheintrag vom 20. April 1933 [Auszug]

Ist es die Suggestion der ungeheuren Propaganda – Film, Radio, Zeitungen, Flaggen, immer neue Feste (heute der

---

Schlageter: Schauspiel von Hanns Johst, am 44. Geburtstag Hitlers uraufgeführt (vgl. auch im vorliegenden Band S. 292). Historische Grundlage des Textes bildet das politische Wirken des Rechtsextremisten Albert Leo Schlageter, der 1923 wegen gewaltsamen Widerstandes gegen die Ruhrbesatzungstruppen von den Besatzern hingerichtet wurde.

Volksfeiertag, Adolfs des Führers Geburtstag)? Oder ist es die zitternde Sklavenangst ringsum? Ich glaube jetzt fast, daß ich das Ende dieser Tyrannei nicht mehr erlebe. Und ich bin fast schon an den Zustand der Rechtlosigkeit gewöhnt. Ich bin schon nicht Deutscher und Arier, sondern Jude und muß dankbar sein, wenn man mich am Leben läßt. – Genial verstehen sie sich auf die Reklame. Wir sahen vorgestern (und hörten) im Film, wie Hitler den großen Appell abhält: Die Masse der SA-Leute vor ihm, das halbe Dutzend Mikrophone vor seinem Pult, das seine Worte an 600 000 SA-Leute im ganzen Dritten Reich weitergibt – man sieht seine Allmacht und duckt sich.

Victor Klemperer: Ich will Zeugnis ablegen bis zum letzten. Tagebücher 1933–1945. Bd. 1. Hrsg. von Walter Nowojski unter Mitarb. von Hadwig Klemperer. Berlin: Aufbau-Verlag 1995. S. 23. –

Jochen Klepper: Tagebucheintrag vom 28. Mai 1933 [Auszug]

Immer, wenn der Gedanke an einen Krieg wieder hinausrückt, atmet man auf. Nur das nicht! Nicht ein so müdes Volk in einen Krieg reißen. Denn trotz all der großen Begeisterung über Aufbau und Umschwung: die Menschen in Deutschland sind mürbe, sind verzagt, der einzelne steht verängstigt in seinem Existenzkampf. Wie viele Nationalsozialisten kommen beruflich zu mir, die nichts sind als vor Sorgen verzweifelte Menschen. […]

Völlig positiv stehe ich dem Nationalsozialismus in zwei Punkten gegenüber: in der verwaltungsmäßigen Gleichschaltung der Länder des Deutschen Reiches bei stärkerer kultureller Berücksichtigung alles »Bodenständigen und Landsmannschaftlichen«. Unüberbrückbare Trennung: die Gleichschaltung von Kirche und Staat, Revolution und Reformation. Und der Antisemitismus. Eine antisemitische Reformation kann es nicht geben. Eins schließt das andere aus.

Jochen Klepper: Unter dem Schatten deiner Flügel. Aus den Tagebüchern der Jahre 1932–1942. Stuttgart: DVA, 1956. S. 62. –

Rudolf G. Binding: Brief an Thomas Mann vom 8. Juni 1933, Berlin [Auszug]

Um nun zu der eigentlichen Antwort auf Ihren Brief zu gelangen: ich bin der letzte der verkennen könnte in welch bitterer und schwieriger Lage Sie sich dadurch befinden, dass Sie sich im Ausland aufhielten als der uns alle ergreifende Umschwung in Deutschland einsetzte. Selbst wir alle, die wir den Dingen viel näherstanden und sie sozusagen vor unsern Augen sich abspielen sahen, waren überrascht. Selbst ganz ruhige und kühle Menschen waren mitgerissen und hingerissen – und dies ist nicht eine Erfindung von Zeitungen und von Stimmungsmache. Es wehte uns etwas an was nicht gewaltsam heraufbeschworen war sondern was im Gegenteil in einer Wechselwirkung zwischen dem Beschwörer und der ungeheuren Masse eines beschworenen Volkes sich deutlich dartat und eben dieses Hinreissende war.

Andererseits war den Meisten von uns eine solche Erscheinung nicht fremd und sicher konnte sie nur so ver-

---

Sie sich im Ausland aufhielten: Th. Mann (1875–1955) befand sich seit dem 11. Februar 1933 außerhalb Deutschlands. Was ursprünglich nur als Vortrags- und Urlaubsreise geplant war, verfestigte sich im Verlaufe des Frühjahrs 1933 zur Entscheidung für das Exil. Nach Aufenthalten in Frankreich und der Schweiz entschloß sich Mann 1938 zur Übersiedlung in die USA. 1952 Rückkehr in die Schweiz.

standen werden dass es von ihr kein Zurück gab. Es war ein Eingangstor mit der Überschrift: Von hier gibt es kein Zurück!

Rudolf G. Binding: Die Briefe. Ausgew. und eingel. von Ludwig Friedrich Barthel. Hamburg: H. Dulk, 1957. S. 196. –

II

Nationalsozialistische Literaturpolitik
Maßnahmen, Tätigkeitsfelder, Auswirkungen

1. Aktionen und Reaktionen im Umbruchjahr 1933

a) *Neuordnung der Abteilung für Dichtkunst in der Preußischen Akademie der Künste*

Protokoll der Sitzung der Preußischen Akademie der Künste (Gesamtakademie) vom 15. Februar 1933, Berlin [Auszug]

Er [Max von Schillings] erklärte dann die Veranlassung zur heutigen ausserordentlichen Sitzung der Gesamtakademie: Ein in der Oeffentlichkeit erschienener Aufruf zur Bildung einer einheitlichen Front der SPD und KPD ist von zwei Mitgliedern der Akademie mitunterzeichnet worden, von Käthe Kollwitz und Heinrich Mann.

Max von Schillings: Komponist, Dirigent, Intendant (1868–1933); 1932 Berufung zum Präsidenten der Preuß. Akademie der Künste.

Gesamtakademie: Das Protokoll verzeichnet die Namen von 53 Anwesenden, darunter sieben Mitglieder – von eigentlich mehr als dreißig – der Abt. für Dichtung (G. Benn, A. Döblin, L. Frank, L. Fulda, O. Loerke, I. Seidel, H. Mann).

Käthe Kollwitz und Heinrich Mann: Kollwitz (1867–1945) war als Graphikerin und Bildhauerin seit 1919 Mitglied der Akademie in der Sektion für bildende Künste, H. Mann (1871–1950) wurde 1926 in die Sektion Dichtkunst berufen, deren Vorsitz er ab 1930 innehatte.

Der Präsident verliest diesen Aufruf. Er berichtet dann eingehend über seine heutige Aussprache mit Herrn Reichskommissar Rust, der für die Haltung der beiden Mitunterzeichner des Aufrufs die ganze Akademie verantwortlich machen will und zuerst an eine Auflösung der Akademie, dann an eine Aufhebung der Dichterabteilung dachte. Der Präsident hat dem Herrn Reichskommissar erklärt, dass er einer solchen Massnahme natürlich nicht zustimmen könne und seine Demission – noch vor Durchführung einer solchen Massregel – erklären müsse. Zu dieser Demissionserklärung müsse das Preussische Staatsministerium Stellung nehmen, das seine Wahl zum Präsidenten bestätigt habe. Für das Verhalten zweier Mitglieder könne nicht die ganze Akademie oder eine Abteilung derselben zur Verantwortung gezogen werden. [...]

In der Besprechung mit dem Herrn Reichskommissar hat der Präsident weiter geltend gemacht, dass er zugeben müsse, dass das Vorgehen der genannten beiden Mitglieder nicht mit ihrer Stellung in der Akademie vereinbar sei. Die beiden Mitglieder müssten deshalb aus dem Kreis der Akademie ausscheiden. Er sagte dem Herrn Reichskommissar zu, mit grösster Beschleunigung möglichst noch am heutigen Tage, eine Sitzung der Gesamtakademie einzuberufen.

Der Präsident teilt weiter mit, dass Frau Kollwitz in Erkenntnis des Unrichtigen ihres Verhaltens heute bereits ihren Austritt aus der Akademie erklärt hat. Es handle sich somit nur noch um den Fall Heinrich Mann, der als Vorsitzender der Abteilung für Dichtung eine besondere Stellung in der Akademie einnimmt.

Reichskommissar Rust: Bernhard R. (1883–1945); seit 1925 Mitglied der NSDAP; am 4. Februar 1933 zum Reichskommissar im preuß. Kulturministerium ernannt, am 30. April 1933 zum Reichsminister für Wissenschaft, Erziehung und Volksbildung (s. auch im vorliegenden Band S. 47).

Dr. Benn fragt, ob Heinrich Mann über den Gegenstand der heutigen Beratung unterrichtet sei und weshalb der Herr Reichskommissar gerade die Abteilung für Dichtung auflösen wolle, nicht auch die für die bildenden Künste.

Der *Präsident* erwidert: weil von der Dichterabteilung der Vorsitzende beteiligt ist. – Er betont, dass er die Alternative stellen müsse, entweder Heinrich Mann scheide aus der Akademie aus oder er selbst (der Präsident) werde sein Amt niederlegen.

Dr. Fulda fragt ebenfalls, ob Heinrich Mann unterrichtet sei. Nachdem der Präsident dies verneint, wird die Sitzung auf längere Zeit ausgesetzt und Herr Loerke übernimmt es, Heinrich Mann telefonisch herbeizurufen.

Um ¾10 Uhr trifft Herr Heinrich Mann ein. Der Präsident spricht zunächst in seinem Dienstzimmer mit ihm, nur in Gegenwart des Herrn Loerke.

Nach einer kurzen persönlichen Aussprache eröffnet der Präsident die Sitzung wieder und gibt bekannt, dass Herr Heinrich Mann sein Amt als Vorsitzender der Dichterabteilung niederlegt und auf seine Mitgliedschaft verzichtet. – Heinrich Mann erkennt an, dass der Präsident nicht anders handeln konnte, da er an das Wohl und das Bestehen des Ganzen denken müsse. Er habe seinen Entschluss gefasst, um der Akademie aus einer schweren Lage herauszuhelfen.

Dr. Döblin spricht sein Bedauern darüber aus, dass aus der Versammlung heraus kein Einspruch dagegen erhoben

---

Benn: Gottfried B. (1886–1956); Lyriker, Essayist; seit 1932 Mitglied der Akademie.

Fulda: Ludwig F. (1862–1939); Dramatiker, Übersetzer; Mitglied der Akademie seit 1926.

Loerke: Oskar L. (1884–1941); Lyriker, Lektor; seit 1926 Mitglied der Akademie, ab 1928 in der Funktion des Sekretärs der Abt. für Dichtkunst.

Döblin: Alfred D. (1878–1957); Erzähler, Essayist; 1928 Berufung in die Akademie.

wurde, dass Heinrich Mann in dieser Weise zu seinem Entschluss beeinflusst wurde. Er hält auch das Verhalten des Präsidenten nicht für richtig. Heinrich Mann hätte hier vor dem Plenum der Akademie frei seine Meinung sagen müssen. Die Abteilung für Dichtung werde ihre Entschlüsse zu dieser Angelegenheit in einer besonderen Sitzung fassen.

Der *Präsident* entgegnet, dass er, um Heinrich Mann eine unangenehme Situation zu ersparen, mit ihm persönlich gesprochen habe. Er habe dies schon vorher vorgeschlagen; Herr Dr. Fulda, der diesen Vorschlag mit angehört hat, habe dieser Absicht nicht widersprochen. Im übrigen sei Herr Heinrich Mann augenblicklich noch im Präsidentenzimmer zugegen.

Herr *Döblin* verlangt nochmalige Befragung des Herrn Heinrich Mann. Dies wird von der Versammlung abgelehnt. – Der Präsident betont, dass es bei der klaren Antwort des Herrn Heinrich Mann, wie er sie soeben mitgeteilt habe, sein Bewenden behalten müsse.

Herr *Wagner* billigt das Verhalten des Präsidenten durchaus. Man kann formal Bedenkliches feststellen, wie die Einberufung [zu] einer so wichtigen Sitzung binnen sechs Stunden. Doch möchte er dies nicht weiter berühren. Tatsache ist, dass der Akademie ein Ultimatum gestellt worden ist. Es war sehr richtig, dass der Präsident mit einem Ultimatum erwidert hat. Die Verhandlung des Präsidenten mit dem Herrn Reichskommissar wird, wie er versichert, sicher sehr kühl und ruhig gewesen sein. Der Redner möchte aber glauben, man hätte die Angelegenheit auch mit Leidenschaft behandeln können. Es ist zwei Mitgliedern ein Unrecht getan worden. Nach welchem Recht ist dies geschehen? Es gibt kein formales Recht. In dem Aufruf steht

---

Wagner: Martin W. (1885–1957); Architekt; zur Zeit der Machtübernahme Stadtbaurat in Berlin; Mitglied der Akademie in der Sektion »Bildende Künste«; Austrittserklärung noch im Verlauf der Sitzung vom 15. Februar 33; 1935 Emigration in die Türkei, 1938 Übersiedlung in die USA.

nichts Strafbares. Beide Mitglieder haben nur von ihrem Staatsbürgerrecht der freien Meinungsäusserung Gebrauch gemacht, das durch die Verfassung garantiert ist, die der Reichspräsident, die Minister, auch der Herr Reichskommissar selbst beschworen haben. Zu bedenken ist, zu welchen Konsequenzen es führen kann, wenn abgewichen wird von der klaren Linie, die das Recht gezogen hat.

Stiftung Archiv der Akademie der Künste (SAdK), Berlin, Preußische Akademie der Künste (PrAdK), Nr. 1226, Bl. 21–23. – Mit Genehmigung der Stiftung Archiv der Akademie der Künste.

Protokoll der Sitzung des Senats und der Abt. für Dichtung der Preußischen Akademie der Künste vom 13. März 1933, Berlin [Auszug]

Auf Grund von Unterredungen mit dem Präsidenten nimmt Benn das Wort zur Erläuterung der Lage. Er befürwortet, dass wir die Regelung der Verhältnisse in der Abteilung selbst in die Hand nehmen, um Auflösung oder Zwangsmassnahmen zu vermeiden. Wir seien alle mit der Vorkriegszeit *auch* verbunden; ebenso seien wir der Gegenwart verpflichtet, um die Zukunft der Nation mitzugestalten. Er schlägt vor, eine Erklärung zu formulieren, die allen Mitgliedern zur Unterzeichnung zugehen und ebensowohl der Reorganisation der Abteilung wie einer eindeutigen zuverlässigen Arbeit der Abteilung dienen könnte. Er hat folgenden Wortlaut zur Diskussion gestellt:

Sitzung … vom 13. März 1933: Der Sitzung ging am 20. Februar ein Treffen desselben Gremiums voraus. Dabei wurde eine Presseerklärung beschlossen, die den Abgang H. Manns bedauert und versichert, daß man auch in »erregter Zeit« für die »Freiheit künstlerischen Schaffens« eintreten werde; den Eingriff Rusts in die Autonomierechte der Akademie kommentiert die Erklärung nicht.

»Sind Sie bereit, unter Anerkennung der veränderten geschichtlichen Lage weiter Ihre Person der Preussischen Akademie der Künste zur Verfügung zu stellen? Eine Bejahung dieser Frage schliesst die öffentliche politische Betätigung gegen die Regierung aus und verpflichtet Sie zu einer loyalen Mitarbeit an den satzungsgemäss der Akademie zufallenden Aufgaben der Nation.«

Die Abteilung erkennt durch Eintritt in die Diskussion über die Formulierung der Erklärung an, dass sie eine solche für notwendig hält.
Binding wünscht die Vorfrage geklärt, ob der Beginn der dieser Erklärung zugrunde liegenden Unterhaltung der Initiative des Präsidenten oder der der Abteilung entstamme.
Benn antwortet, Gedanke und Formung des Entwurfs seien von ihm selbst. [...]
Jedes anwesende ordentliche Mitglied wird durch den Vorsitzenden einzeln befragt, ob es mit dem Erklärungsentwurf einverstanden sei. Sämtliche Mitglieder bejahen die Frage einzeln. Darauf wird einstimmig beschlossen, den Entwurf dem Präsidenten zuzuleiten mit der Bitte um Weiterreichung.
Der *Präsident* erscheint nach einiger Zeit und wünscht folgende Abänderung des zweiten Satzes:

»Eine Bejahung dieser Frage schliesst die öffentliche politische Betätigung gegen die Regierung aus und verpflichtet Sie zu einer loyalen Mitarbeit an den satzungsgemäss der Akademie zufallenden nationalen kulturellen Aufgaben im Sinne der veränderten geschichtlichen Lage.«

Jedes anwesende ... Mitglied: Als anwesende Schriftsteller verzeichnet das Protokoll sechs Namen (G. Benn, R. G. Binding, L. Fulda, O. Loerke, W. v. Molo, E. Stucken), als nicht anwesend werden 27 Mitglieder angegeben (darunter auch der Name H. Manns).

Die Aussprache über die vorgeschlagenen Aenderungen des Präsidenten endete sehr bald damit, dass sich wiederum jedes einzelne Mitglied mit der hier ersichtlichen Fassung einverstanden erklärte.

Der *Präsident* betont, dass die heutige Verhandlung selbstverständlich streng vertraulich zu behandeln sei. Die Zustimmung zu der Erklärung oder ihre Ablehnung müsse mit kurzer Befristung erfolgen.

Binding erklärt, dass die logische Folge unserer Einstimmung zu der Erklärung sei, eine Zuwahl neuer Mitglieder durch die Abteilung vorzunehmen, um dieser die genügende Basis für ihre Wirksamkeit zu schaffen. Dies wurde anerkannt und daraufhin der Präsident gebeten, vertrauliche Mitteilung darüber zu machen, welche Persönlichkeiten seiner Kenntnis nach bei der Regierung für die Abteilung genannt würden. Der Präsident nannte Namen. Es ergibt sich, dass diejenigen Namen, welche von der Abteilung aus genannt werden, mit denen übereinstimmen, die augenblicklich bei der Regierung genannt wurden.

Ebd., Nr. 1252, Bl. 92 a/b.

Zustimmung ... oder ... Ablehnung: Auf die Erklärung reagiert die große Mehrheit der Sektionsmitglieder mit Zustimmung, andere lehnten ab, das Revers zu unterzeichnen (z. B. R. Schickele, R. Pannwitz, J. Wassermann). Einige Autoren wie Th. Mann, R. Huch, A. Döblin, A. Paquet erklären gänzlich ihren Austritt aus der Akademie. Einen Zwangsausschluß für 10 weitere Mitglieder erfolgt Anfang Mai auf Basis von »an massgebender amtlicher Stelle eingeholten Informationen« (Schreiben des Akademiepräsidenten v. Schillings). Ausschlußmitteilungen erhielten: L. Fulda, G. Kaiser, B. Kellermann, F. v. Unruh, A. Mombert, F. Werfel, L. Frank, R. Schickele, R. Pannwitz, J. Wassermann. Die Sektion »Dichtung« der Akademie besaß damit keine jüdischen Mitglieder mehr.

Binding: Rudolf Georg B. (1867–1938); Lyriker, Erzähler; seit 1932 Mitglied der Akademie.

Zuwahl neuer Mitglieder: Am 6. Mai 1933 wurden von Rust berufen: W. Beumelburg, H. Blunck, H. Carossa, P. Dörfler, P. Ernst, F. Griese, H. Grimm, H. Johst, E. W. Kolbenheyer, A. Miegel, B. Frh. v. Münchhausen, W. Schäfer, E. Strauß, W. Vesper.

b) *Die Bücherverbrennung*

Rundschreiben des Hauptamtes für Presse und Propaganda der ›Deutschen Studentenschaft‹ an die Einzelstudentenschaften im Reich, Berlin 8. April 1933 [Auszug]

Betr.: *Erste Maßnahme des Propagandaamtes*

A. *Gegenstand*

Öffentliche Verbrennung jüdischen zersetzenden Schrifttums durch die Studentenschaften der Hochschulen aus Anlaß der schamlosen Hetze des Weltjudentums gegen Deutschland.

Sinn der Aktion.
Gedanke: Der jüdische Geist, wie er sich in der Welthetze in seiner ganzen Hemmungslosigkeit offenbart, und wie er bereits im deutschen Schrifttum seinen Niederschlag gefunden hat, muß aus diesem ausgemerzt werden.

Folgerungen:
1. Jeder Student säubert seine Bücherei von derartigem durch eigene Gedankenlosigkeit oder Nichtwissen hineingelangten Schriften.
2. Jeder deutsche Student säubert die Büchereien seiner Bekannten und sorgt dafür, daß ausschließlich volksbewußtes Schrifttum darin heimisch ist.
3. Die Studentenschaften sorgen dafür, daß öffentliche

Öffentliche Verbrennung: Die unter Mitwissen des Propagandaministeriums organisierte Verbrennungsaktion fand am 10. Mai 1933 in fast allen dt. Universitätsstädten statt. »Der Flamme übergeben« wurden unter Aufrufung und Schmähung ihrer Namen die Schriften von Autoren wie H. Mann, E. Kästner, K. Tucholsky, E. M. Remarque und anderer Persönlichkeiten des dt. Geisteslebens wie S. Freud, K. Marx oder C. v. Ossietzky.

Büchereien, sofern sie nicht lediglich als öffentliche Stellen der Sammlung jeglichen Schrifttums zu dienen haben, von derartigem Material befreit werden.

4. Jede Studentenschaft unternimmt innerhalb ihres Einflußbereiches eine großzügige Aufklärungsaktion (Presse, Versammlungen, Flugblätter usw.).

Grundhaltung:

1. *Negativ: gegen* Schund und Schmutz jüdischen Zersetzungsgeistes, wie er sich in Schrifttum und Welthetze gleichermaßen äußert.
2. *Positiv: für* volksbewußtes Denken und Fühlen, wie es sich in der Bejahung der deutschen Erneuerung äußert und sich in dieser Weise im Schrifttum offenbaren muß.

Also: Nicht allein leerer Protest aus Anlaß der jüdischen Welthetze, sondern bewußte Besinnung auf die volkseigenen Werte.

B. *Durchführung*

I. *Aufbau*

1. *Aufklärungsaktion* vom 12. April bis 10. Mai
   a. am 12. April 33 Veröffentlichung von »12 Thesen wider den undeutschen Geist« [...],
   b. vom 12. April ab Belieferung der Presse mit einem Artikeldienst (zentral von der DSt),
   c. Vorträge in öffentlichen Versammlungen und im Rundfunk.
2. *Sammelaktion* vom 26. April bis 10. Mai
   Sammlung von zersetzenden Schriften, Reinigung von Bibliotheken usw. Öffentliche Angabe von Ablieferungsstellen.
3. *Verbrennungsakt* am 10. Mai 1933
   a. Stattfinden nur an den Hochschulorten,
   b. Die anderen Orte des Kreises werden durch die

Aufklärungs- und Sammelaktionen erfaßt und das gesamte Material nach den Hochschulorten zur Verbrennung geschafft,

c. Durchführung: Verbrennungsakt gegen 18 Uhr, Fackelzug,
Öffentlicher Vortrag (positiv).

Gerhard Sauder (Hrsg.): Die Bücherverbrennung. Zum 10. Mai 1933. München/Wien: Hanser 1983. S. 74 f. – Mit Genehmigung des Staatsarchivs Würzburg.

c) *Buchverbotspraxis*

Aus den Akten des Reichsministeriums für Volksaufklärung und Propaganda; Schreiben des Berliner Buchhändlers Willem Jaspert vom 6. Dezember 1933 [Auszug]

Über 1000 Bücher sind von 21 Stellen im neuen Staate verboten worden! Es wäre meines Erachtens unbedingt an der Zeit, entweder mit den Verboten grundsätzlich aufzuhören, oder eine Zentralstelle zu schaffen, an die man sich entweder bei der Drucklegung eines Manuskripts vorher wenden kann, oder die nachträglich bereits erschienenen [!] Bücher als einzige offizielle Stelle verbieten kann.

Bundesarchiv Berlin-Lichterfelde, R 56 V/158, Bl. 5. – Mit Genehmigung des Bundesarchivs, Berlin.

---

von 21 Stellen … verboten: Der Brief erwähnt als Ausführende u. a. die Gestapo, das Reichsministerium des Innern, verschiedene Gerichtsstellen im Reich, die Oberprüfstelle für Schmutz- und Schundliteratur/Leipzig, den Börsenverein der Dt. Buchhändler, die Zentralstelle für das deutsche Bibliothekswesen, den Polizeipräsidenten von Berlin usw. usf.

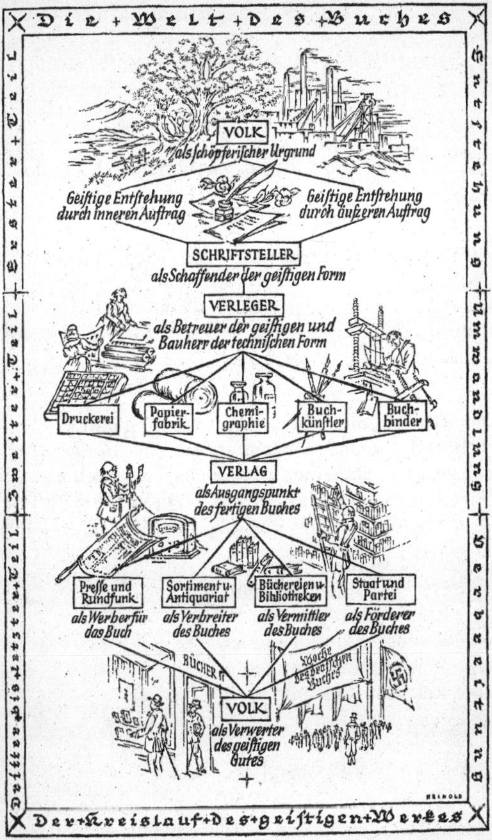

Die Welt des Buches (1938)

2. Der NS-Literaturapparat

Formierung, Institutionalisierung,
Wirkungsbereiche

a) *Einflußbereich des ›Reichsministers für Volksaufklärung und Propaganda‹: Joseph Goebbels*

Reichskulturkammergesetz vom 22. September 1933 [Auszug]

Die Reichsregierung hat das folgende Gesetz beschlossen, das hiermit verkündet wird:

§ 1.

Der Reichsminister für Volksaufklärung und Propaganda wird beauftragt und ermächtigt, die Angehörigen der Tätigkeitszweige, die seinen Aufgabenkreis betreffen, in Körperschaften des öffentlichen Rechts zusammenzufassen.

§ 2.

Gemäß § 1 werden errichtet:

1. eine Reichsschrifttumskammer,
2. eine Reichspressekammer,
3. eine Reichsrundfunkkammer,
4. eine Reichstheaterkammer,
5. eine Reichsmusikkammer,
6. eine Reichskammer der bildenden Künste.

[...]

§ 5.

Die im § 2 bezeichneten Körperschaften werden gemeinsam mit der vorläufigen Filmkammer, die den Namen Reichsfilmkammer erhält, zu einer Reichskulturkammer vereinigt. Die Reichskulturkammer steht unter der Auf-

Hanns Johst (r.) überreicht Joseph Goebbels zur »Woche des Deutschen Buches« 1936 eine Huldigungsschrift deutscher Autoren. In der Mitte Heinz Wismann, Leiter der Abt. Schrifttum im Ministerium von Goebbels

sicht des Reichsministers für Volksaufklärung und Propaganda. Sie hat ihren Sitz in Berlin.

Hans Hinkel (Hrsg.): Handbuch der Reichskulturkammer. Bearbeitet von Günther Gentz. Berlin: Deutscher Verlag für Politik und Wirtschaft 1937. S. 24f.

Erste Verordnung zur Durchführung des Reichskulturkammergesetzes vom 1. November 1933 [Auszug]

I. Errichtung der Kammern.

[...]

§ 3.

Die Reichskulturkammer hat die Aufgabe, durch Zusammenwirken der Angehörigen aller von ihr umfaßten Tätigkeitszweige unter der Führung des Reichsministers für Volksaufklärung und Propaganda die deutsche Kultur in Verantwortung für Volk und Reich zu fördern, die wirtschaftlichen und sozialen Angelegenheiten der Kulturberufe zu regeln und zwischen allen Bestrebungen der ihr angehörenden Gruppen einen Ausgleich zu bewirken.

Besondere Aufgaben, die der Reichskulturkammer und ihren Einzelkammern übertragen werden, kann der Reichsminister für Volksaufklärung und Propaganda bestimmen. [...]

II. Kammerzugehörigkeit.

§ 4.

Wer bei der Erzeugung, der Wiedergabe, der geistigen oder technischen Verarbeitung, der Verbreitung, der Erhaltung, dem Absatz oder der Vermittlung des Absatzes von Kulturgut mitwirkt, muß Mitglied der Einzelkammer sein, die für seine Tätigkeit zuständig ist.

Verbreitung ist auch die Erzeugung und der Absatz technischer Verbreitungsmittel.

§ 5.

Kulturgut im Sinne dieser Verordnung ist:

1. jede Schöpfung oder Leistung der Kunst, wenn sie der Öffentlichkeit übermittelt wird,
2. jede andere geistige Schöpfung oder Leistung, wenn sie durch Druck, Film oder Funk der Öffentlichkeit übermittelt wird.

§ 6.

Für den Begriff der Mitwirkung im Sinne des § 4 ist es unerheblich, ob die Tätigkeit ausgeübt wird:

a) gewerbsmäßig oder gemeinnützig,
b) durch Einzelperson, durch Gesellschaften, Vereine oder Stiftungen des Privatrechts, durch Körperschaften oder Anstalten des öffentlichen Rechts,
c) durch Reichsangehörige oder Ausländer,
d) durch Unternehmer oder Personen in einem Anstellungsverhältnis, es sei denn, daß es sich bei diesen um eine rein kaufmännische, büromäßige, technische oder mechanische Tätigkeit handelt.

[...]

§ 10.

Die Aufnahme in eine Einzelkammer kann abgelehnt oder ein Mitglied ausgeschlossen werden, wenn Tatsachen vorliegen, aus denen sich ergibt, daß die in Frage kommende Person die für die Ausübung ihrer Tätigkeit erforderliche Zuverlässigkeit und Eignung nicht besitzt.

Ebd. S. 26–28.

Bedeutung der Verordnung vom 1. November 1933 für das »deutsche Schrifttumswesen« nach Einschätzung des Sicherheitsdienstes (SD) des Reichsführers SS [März 1937, Auszug]

Von entscheidender Bedeutung war nun die Festlegung, welche Personen dieser Kammer eingegliedert wurden. Die §§ 4, 5 und 6 [der ersten Verordnung zur Durchführung des Reichskulturkammergesetzes vom 1. November 1933] legen diese Kammerzugehörigkeit fest. [...]

Mit dieser totalen Eingliederung hatte sich der nationalsozialistische Staat eine Handhabe geschaffen, nun jeden in irgendeiner Form am deutschen Kulturleben mitwirkenden Volksgenossen zur Verantwortung und Rechenschaft heranzuziehen. Der § 10 legt nämlich bereits die weitgehenden Befugnisse des Präsidenten der Reichskulturkammer für die Bestrafung und Ausgliederung jedes Untauglichen aus dem deutschen Kulturleben fest. [...]

Über diesen § 10 wurde letztlich die gesamte Entjudung des deutschen Schrifttumswesens möglich, insofern nämlich, als die Aufnahme von Nichtariern abgelehnt wurde und umgekehrt niemand eine Tätigkeit im Rahmen des Schrifttumswesens ausüben konnte, der nicht Mitglied der Kammer war. Überdies gibt die Formulierung, daß ein Mitglied ausgeschlossen werden kann, welches die für die Ausübung seiner Tätigkeit erforderliche Zuverlässigkeit und Eignung nicht besitzt, soviel Spielraum, daß jeder Schädling ausgemerzt werden konnte und ausgemerzt werden kann.

Leitheft Schrifttumswesen und Schrifttumspolitik. Bundesarchiv Berlin-Lichterfelde, R 58/1106, Bl. 37 f. – Mit Genehmigung des Bundesarchivs, Berlin.

---

nach Einschätzung des Sicherheitsdienstes: Der Text stammt aus dem sog. »Leitheft« des SD über »Schrifttumswesen und Schrifttumspolitik«, das nur für den internen Dienstgebrauch bestimmt war und den Zusatz »geheim« enthielt. Das Heft zeichnet Himmler (Reichsführer SS und Chef des Sicherheitshauptamtes) als Auftraggeber.

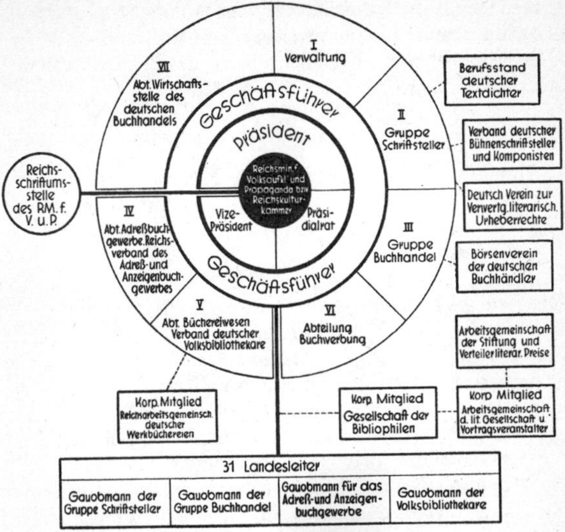

Aufbau der Reichsschrifttumskammer (Stand 1937)

Personalbesetzung in der Reichsschrifttumskammer [März 1937, Auszug]

Präsident der Reichsschrifttumskammer war 1933, 34 und 35 der Dichter und Schriftsteller Dr. Hans *Blunck*. Im Oktober 1935 wurde als Präsident der Dichter und Schriftsteller Staatsrat Hanns *Johst* berufen, der dem Präsidialrat der Kammer seit ihrem Anfang angehörte. Blunck wurde zum Altpräsidenten ernannt, der vornehmlich die Auslandsbeziehung der Kammer pflegen sollte. SS-Oberführer Staatsrat Johst ist heute noch Präsident der Reichsschrifttumskammer.

Stellvertretender Präsident ist seit Anfang der Ministerialrat im Propagandaministerium *Dr. Wißmann*, der zugleich die Abteilung VIII, Schrifttum, des Propagandaministeriums verantwortlich leitet.

Ebd., R 58/1106, Bl. 41 f.

Abteilung VIII, Schrifttum, im Reichsministerium für Volksaufklärung und Propaganda: Wirkungsbereich, administrativer Hintergrund [März 1937, Quelle des Sicherheitsdienstes, Auszug]

Die Reichsschrifttumskammer ist die ständische Selbstverwaltung des deutschen Schrifttumswesens. Die gesamte Arbeit der Reichsschrifttumskammer erfährt ihre staatliche Verankerung durch die Abteilung VIII im Propagandaministerium. Der stellvertretende Präsident der Reichsschrifttumskammer, Ministerialrat Wißmann, ist zugleich der Leiter der Abteilung VIII des Propagandaministeriums. Die Aufgaben der Reichsschrifttumskammer erhalten in dieser Abteilung VIII im einzelnen ihre staatliche, bzw. ministerielle Unterbauung.

Ebd., R 58/1106, Bl. 52.

Reichsschrifttumsstelle [ab 1939: ›Werbe und Beratungsamt für das deutsche Schrifttum‹] beim Reichsministerium für Volksaufklärung und Propaganda: Organisationsplan [1938, Auszug]

Die Abteilung VIII ist als schrifttumspolitische Führungsstelle zu betrachten. Die Reichsschrifttumsstelle fungiert als

---

Wißmann: d. i. Heinz Wismann.

Organisationsplan: Das Dokument stellt ein internes Papier aus den Aktenbeständen des Reichsministeriums für Volksaufklärung und Propa-

nachgeordnete Dienststelle. Sie ist das praktische Arbeitsinstrument der Abteilung VIII und bildet die schrifttumspolitische Zentrale für alle Schrifttumsstellen in Partei und Staat. Ihr fällt vornehmlich die Aufgabe zu, die Verbindung zum Verlagswesen und Buchhandel herzustellen. Sie tritt ferner überall da in Erscheinung, wo das Ministerium im Rahmen seiner Schrifttumsarbeit im Hintergrunde zu bleiben wünscht.

Die Schrifttumsstelle zerfällt demgemäß in folgende 5 Arbeitsgebiete [...]:

1.) *In- und ausländische Lektorate*
ermöglichen die Wertung des gesamten deutschen Schrifttums. Es liegt klar auf der Hand, daß das Reichspropagandaministerium jederzeit in der Lage sein muß, von sich aus den Wert oder Unwert eines Buches auf schnellstem Wege zu klären.

2.) *Das Beratungsreferat*
bildet für die Reichsschrifttumsstelle das Instrument, mit dem die unbedingt notwendige Beeinflussung des Deutschen Verlages nach bestimmten Gesichtspunkten vom Staat aus sicherzustellen ist. Noch mehr ist dies auf dem Gebiete des Fachschrifttums und des Unterhaltungsschrifttums erforderlich. Darüber hinaus müssen zahlreiche Sondergruppen des Schrifttums in diesem Punkte betreut werden.

3.) *Die aktive Schrifttumsförderung*
muß im wesentlichen Aufgabe der Reichsschrifttumsstelle sein. Hier liegen große Organisationsaufgaben vor (Propagandaaktion, Fachschrifttum, Woche des deutschen Buches usw. usw.). Ferner ist die Versorgung aller Schrifttumsbereiche mit einwandfreien und für die na-

ganda dar. Es wurde verfaßt, um Zuständigkeiten für den Bereich der Literaturpolitik innerhalb des Ministeriums zu klären.

tionalsozialistische Propaganda geeigneten Listen erforderlich. Außerdem ist das Vortragswesen für Dichter und Schriftsteller entsprechend zu betreuen. Darüber hinaus sind zahlreiche, für das Ministerium hochbedeutsame Probleme auf dem Gebiet der Volksbüchereien, Werkbüchereien, Dorfbüchereien, Leihbüchereien usw. zu lösen.
In der Reichsschrifttumsstelle soll ferner das *Buchausstellungswesen* aktiv gefördert und betrieben werden.

4.) *Schrifttumskunde.*
In einem besonderen Referat Schrifttumskunde soll für alle Gebiete der Schrifttumspflege das notwendige Material (Statistiken des Erfolges und der Wertung, Vorarbeiten für die Jahresschau des deutschen Schrifttums, Kontrolle der großen schrifttumspolitischen Zusammenhänge) erarbeitet, gesichtet und ausgewertet werden.

5.) *Die Wirtschaftsstelle des deutschen Buchhandels*
kommt als neue hochbedeutsame Aufgabe zur Reichsschrifttumsstelle hinzu, nachdem sie aus der Kammer ausgegliedert ist. Sie bildet eine große selbständige Dienststelle, die sich mit dem Buchexport-Ausgleichsverfahren beschäftigt.

Bundesarchiv Berlin-Lichterfelde, R 55/686, Bl. 89 f. –
Mit Genehmigung des Bundesarchivs, Berlin.

b) *Einflußbereich des ›Reichsministers für Wissenschaft, Erziehung und Volksbildung‹: Bernhard Rust*

Erlaß des Reichskanzlers Adolf Hitler über die Aufgaben des Reichsministeriums für Wissenschaft, Erziehung und Volksbildung vom 11. Mai 1934 [Auszug]

Auf Grund des Erlasses des Reichspräsidenten vom 1. Mai 1934 (Reichsgesetzbl. I S. 365) bestimme ich, daß aus dem Geschäftsbereich des Reichsministeriums des Innern folgende Angelegenheiten auf das Reichsministerium für Wissenschaft, Erziehung und Volksbildung übergehen:

Bernhard Rust, Reichsminister für Wissenschaft, Erziehung und Volksbildung

1. Wissenschaft:
   Allgemeine Angelegenheiten der Wissenschaft, auch in ihren Beziehungen zum Ausland,
   [...]
   Wissenschaftliches Büchereiwesen,
   [...]
2. Erziehung und Unterricht:
   Hochschulangelegenheiten,
   Studentenhilfe, Reichsschaftsführer der Studierenden an den deutschen Hoch- und Fachschulen,
   Allgemeine Schulangelegenheiten,
   Volksschulen,
   Höhere Schulen,
   Privatschulen,
   Berufs- und Fachschulen,
   Deutsches Schulwesen im Ausland,
   Auslandsschulen.
3. Jugendverbände.
4. Erwachsenenbildung.

Auf den bezeichneten Gebieten ist der Reichsminister für Wissenschaft, Erziehung und Volksbildung für alle Aufgaben einschließlich der Gesetzgebung federführend.

Reichsgesetzblatt, Tl. 1 (1934) Nr. 51, S. 100.

Geschäftsverteilungsplan der Abt. V.I. im Reichsministerium für Wissenschaft, Erziehung und Volksbildung vom 14. Januar 1937, Sachgebiete [Auszug]

A. *Allgemeines*

[...]

Preußische Akademie der Künste

1) Allgemeine Angelegenheiten, insbesondere Verwaltung, Satzungen
2) Die besonderen Angelegenheiten
   a) der Abteilung für bildende Künste
   b) der Abteilung für Musik
   c) der Abteilung für Dichtung
   [...]

B. *Volksbüchereiwesen und Erwachsenenbildung*

Allgemeine Angelegenheiten des öffentlichen Büchereiwesens, mit Ausnahme der wissenschaftlichen Bibliotheken
Volksbüchereien
Reichsstelle für volkstümliches Büchereiwesen
Staatliche Beratungsstellen für Volksbüchereiwesen
Einkaufshaus für Büchereien in Leipzig
Ausbildungs- und Anstellungsverhältnisse der Volksbibliothekare
[...]
Mitbearbeitung der grundsätzlichen Angelegenheiten der Schülerbüchereien an Volks-, mittleren und höheren Schulen
Mitbearbeitung der grundsätzlichen Angelegenheiten der

Sachgebiete: In den Sachgebieten A und F gibt der interne Geschäftsplan Heinz Dähnhardt als zuständigen Referenten an. Im Sachgebiet B teilt sich Dähnhardt in manchen Bereichen des öffentlichen Bibliothekswesens die Zuständigkeit mit Rudolf Kummer.

wissenschaftlichen Bibliotheken und des Ausbildungswesens der wissenschaftlichen Bibliothekare
[...]

F. *Künstlerisches Schrifttum und Bühnenwesen in Volksbildung, Erziehung und Wissenschaft*

Schrifttum, Allgemeines
Förderung des Schrifttums [...]
Angelegenheiten des Deutschen Sprachpflegeamtes und des Deutschen Sprachvereins
Schiller-Nationalmuseum und -Archiv in Marbach
Preußischer Schillerpreis
Bühnenwesen, allgemein

Bundesarchiv Berlin-Lichterfelde, R 21/1, Bl. 140f., 147. – Mit Genehmigung des Bundesarchivs, Berlin.

Reichsstelle für das Volksbüchereiwesen, Richtlinie des ›Reichs- und preußischen Ministers für Wissenschaft, Erziehung und Volksbildung‹ vom 26. Oktober 1937 [Auszug]

(1) Um die Staatlichen Volksbüchereistellen fachlich einheitlich zu führen sowie eine geschlossene Entwicklung und einen ausreichenden Leistungsstand innerhalb des gesamten Volksbüchereiwesens sicherzustellen, habe ich die Reichsstelle für das Volksbüchereiwesen [...] errichtet.

(2) Die Reichsstelle ist mir unmittelbar unterstellt. [...]

(4) Die Reichsstelle erteilt allen zuständigen im Volksbüchereiwesen tätigen Stellen Rat und Auskunft, fördert ihre Arbeit durch Austausch, Angleichung und Auswertung der einzelnenorts gewonnenen Erfahrungen, durch Herausgabe von Arbeitshilfen u. ä. und führt zusammenfassende Untersuchungen zur volksbibliothekarischen Berufs- und Schrifttumskunde durch. Sie gibt die im Verlage des Ein-

DIE BÜCHEREI

Zeitschrift der Reichsstelle für das Volksbüchereiwesen

In Verbindung mit der Reichsschrifttumskammer, Gruppe Büchereiwesen, herausgegeben von Dr. Fritz Heiligenstaedt. – Schriftleiter Dr. Josef Witsch, Jena, Langemarckstraße 25. Geschäftsstelle des Arbeitsausschusses für Buchberichte und Besprechungswesen: Institut für Leser- und Schrifttumskunde, Leipzig N 22, Richterstraße 8

Manuskripte sind an die Schriftleitung zu richten

Die Zeitschrift erscheint in 12 Heften zu 20 Bogen (davon 2 Doppelhefte). Der Preis beträgt für den Jahrgang 12.50 RM., für Mitglieder der Reichsschrifttumskammer, Gruppe Büchereiwesen 8.—RM., ferner für Porto 1.—RM. Auslandsdeutsche Büchereien erhalten die Zeitschrift zum gleichen Preise wie die Verbandsmitglieder. Zahlungen sind zu leisten auf das Postscheckkonto des Einkaufshauses für Büchereien G. m. b. H., Leipzig, Nummer 15328

INHALT

Anschriften der Mitarbeiter dieses Heftes

Oberschulrat Dr. Fritz Heiligenstaedt, Berlin-Wilmersdorf 1, Nikolsburger Platz 3; Dr. Konrad Hecker, Leipzig, zur Zeit Wehrmacht, Torgau, Fort Zinna, Stabskompanie; Büchereidirektor Dr. Josef Witsch, Jena, Langemarckstraße 25; Dr. Elisabeth Darge, Breslau, An den Teichäckern 1; Hildegard Stansch, Berlin-Wilmersdorf 1, Nikolsburger Platz 3; Dr. Rudolf Joerden, zur Zeit Wehrmacht, Feldpostnummer: L 06151 L.G.P. Hamburg 1; Dr. Ursula Schober, Breslau, Augustastraße 147; Achim von Akerman, Hohensalza, Georgenstraße 36; Studienleiterin Elisabeth Propach, Berlin C 2, Breite Straße 36; Bibliotheksrat Dr. Erich Thier, Leipzig N 22, Montbéstraße 26; Büchereidirektor Dr. Walter Koch, Straßburg, Stadtbücherei; Dr. Erich Holtz, Insterburg, Staatliche Volksbüchereistelle; Büchereidirektor Dr. Willi Salewski, Posen, Stadtbücherei; Stadtrat Dr. Fritz Cuhorst, Stuttgart, Rathaus.

Seite aus der Zeitschrift *Die Bücherei* (1943)

kaufshauses für Büchereien G. m. b. H. erscheinende Zeitschrift »Die Bücherei« heraus.

Deutsche Wissenschaft, Erziehung und Volksbildung. Amtsblatt des Reichsministeriums für Wissenschaft, Erziehung und Volksbildung und der Unterrichtsverwaltungen der Länder (1937) Nr. 21, S. 476.

Richtlinien des ›Reichs- und preußischen Ministers für Wissenschaft, Erziehung und Volksbildung‹ vom 26. Oktober 1937 für das Volksbüchereiwesen im Reich [Auszug]

Die zumeist von den Gemeinden und Gemeindeverbänden unterhaltenen, in der Regel als Volks-(Stadt-, Gemeinde-)Büchereien bezeichneten öffentlichen Büchereien sollen Bücher und andere Druckerzeugnisse, die für die Volksgesamtheit wichtig und wertvoll sind, der allgemeinen Benutzung erschließen. Es ist vor allem ihre Aufgabe, das Erbe der völkischen Überlieferung zu pflegen, das für die politische und weltanschauliche Schulung und die Berufsausbildung wichtige Schrifttum bereit zu halten, volkhaftes Unterhaltungsschrifttum und gutes Jugendschrifttum zu vermitteln.

Ebd. S. 473.

c) *Einflußbereich des ›Beauftragten des Führers für die Überwachung der gesamten geistigen und weltanschaulichen Schulung und Erziehung der NSDAP‹: Alfred Rosenberg*

Verfügung Adolf Hitlers vom 24. Januar 1934

Auf Vorschlag des Stabsleiters der P[olitischen] O[rganisation Robert Ley] beauftrage ich den Pg. Alfred Rosenberg mit der Überwachung der gesamten geistigen und weltanschaulichen Schulung und Erziehung der Partei und aller gleichgeschalteter Verbände sowie des Werkes ›Kraft durch Freude‹!

Das Archiv. Nachschlagewerk für Politik, Wirtschaft, Kultur. Hrsg. von Alfred Ingemar Berndt. Nachtragsband 3, Nov. 1933 – März 1934, S. 1171.

Vorläufiger Aufbau der Dienststelle Alfred Rosenbergs [ohne Datum, 1934, Auszug]

Reichsleiter: Alfred Rosenberg

[...]

Kunstpflege: Amtsleiter Dr. Walter Stang, (Organisation: Nationalsozialistische Kulturgemeinde, 11/2 Millionen Mitglieder. Organe: »Die NS-Kulturgemeinde«, »Bausteine zum deutschen Nationaltheater«, »Die Musik«, »Die völkische Kunst«, »Deutsche Bühnenkorrespondenz«, »Volkstum und Heimat«.)

Abteilung für Prüfung der Denkmäler der Bewegung: Robert Scholz.

Pg.: Parteigenosse.

Vorläufiger Aufbau: Internes Papier aus den Aktenbeständen der Kanzlei Rosenberg.

Schrifttumspflege: Hauptstellenleiter Hans Hagemeyer (Organisation: Reichsstelle zur Förderung des deutschen Schrifttums, 20 Hauptlektoren, 600 Lektoren. Organ: »Die Bücherkunde«, »Dienst am deutschen Schrifttum«.) Ueberwachung der Büchereien der Bewegung: Dr. Bernhard Kummer.

Bundesarchiv Berlin-Lichterfelde, NS 8/128, Bl. 23. – Mit Genehmigung des Bundesarchivs, Berlin.

Reichsstelle zur Förderung des deutschen Schrifttums [Stand März 1937, Quelle des Sicherheitsdienstes, Auszug]

Die Reichsstelle zur Förderung des deutschen Schrifttums, bereits 1933 gegründet, befand sich zunächst als ein eingeschriebener Verein beim *Propagandaministerium.* Sie war *hervorgegangen aus der Buchberatung im »Kampfbund für deutsche Kultur«.* [...] *Anfang 1934 löste sich jedoch die Verbindung zum Propagandaministerium und die Reichsstelle wurde unter der Aufsicht und Leitung des Reichsleiters Rosenberg unterstellt.*

Die Reichsstelle hat heute wohl den ausgedehntesten Organisationsapparat. Sie arbeitet mit einem *ehrenamtlichen Lektorenstab von etwa 900 Lektoren, die über das ganze Reich verteilt sind und beschäftigt sich total mit dem gesamten Schrifttum.*

[...] Die Reichsstelle zur Förderung des deutschen Schrifttums zieht in ihren Sachbereich vor allem auch das weite Gebiet des *schöngeistigen Schrifttums* ein. Die Reichsstelle gibt die bekannte *Zeitschrift »Die Bücherkun-*

Alfred Rosenberg (2. v. r.) und Hanns Johst (3. v. r.) bei der »Reichstagung der Reichsstelle zur Förderung des deutschen Schrifttums« (1936). Im Bild rechts: Hans Hagemeyer, Leiter der Reichsstelle

de« heraus, in welcher jeweils *die Ergebnisse der Buchprüfung zusammengefaßt dargestellt werden.*

Leitheft Schrifttumswesen und Schrifttumspolitik. Bundesarchiv Berlin-Lichterfelde, R 58/1106, Bl. 61. – Mit Genehmigung des Bundesarchivs, Berlin.

Dienstanweisung Nr. 1 für die Lektoren der Reichsstelle zur Förderung des deutschen Schrifttums vom 9. Dezember 1935, Berlin [Auszug]

III. Aufgaben der Lektoren

Die Lektoren der Reichsstelle begutachten dasjenige Schrifttum ihres Fachgebietes, das ihnen vom zuständigen Hauptlektor zugewiesen wird. [...]

Positive Gutachten sollen neben der Bewertung nach Möglichkeit Hinweise auf die besonderen Verwendungsmöglichkeiten der Manuskripte oder der Druckschrift enthalten, insbesondere ist anzugeben, ob das Werk für bestimmte Altersklassen, für Büchereien, für Schulungszwecke, für den Film oder zum Übersetzen geeignet ist. Auch der Leserkreis ist gegebenenfalls näher zu umgrenzen. Neben Stellen im Buche, deren Werbeabdruck sich empfiehlt, ist auch auf solche hinzuweisen, die sich zum Vorlesen eignen.

Bei positiver Bewertung von Manuskripten ist im Gutachten zum Ausdruck zu bringen, ob sich die Arbeit neben einer Veröffentlichung in Buchform auch zum Abdruck in einer Zeitung eignet. [...]

Hauptlektor: Hauptlektor für das schöngeistige Schrifttum war bis 1935 und dann wieder ab 1938 der Mitbegründer der Reichsstelle, Hellmuth Langenbucher. In der Zeit seiner Abwesenheit wurde das Amt nach Angaben der Dienststelle nur kommissarisch verwaltet.

Bücherkunde

der Reichsstelle zur Förderung des deutschen Schrifttums

3. Jahrgang 1. Folge Januar 1936

Titelseite

Arbeiten von weltanschaulichen Gegnern sind rücksichtslos, eindeutig und unter genannter Begründung als solche zu kennzeichnen. Wenn die Reichsstelle selbst auch keinerlei Verbotsfunktionen ausübt, so steht ihr dennoch das Recht zu, derartige Fälle der Abteilung Schrifttumspflege des Beauftragten des Führers für die gesamte geistige und weltanschauliche Erziehung der N.S.D.A.P. vorzulegen, die dann die erforderlichen Schritte einleitet, um nötigenfalls ein Verbot zu erwirken. Die weltanschaulichen Gegner des Nationalsozialismus dürfen weder bemitleidet noch unterschätzt werden.

Bundesarchiv Berlin-Lichterfelde, NS 12/77, Bl. 3, 5, 7. – Mit Genehmigung des Bundesarchivs, Berlin.

d) *Einflußbereich des Vorsitzenden der ›Parteiamtlichen Prüfungskommission zum Schutze des nationalsozialistischen Schrifttums‹: Philipp Bouhler*

Verfügung des »Stellvertreters des Führers«, Rudolf Hess, vom 15. März 1934 [Auszug]

In letzter Zeit sind in steigendem Maße von den verschiedensten Verlagen Bücher und Schriften herausgegeben worden, die sich in der Behandlung politischer, wirtschaftlicher, kultureller und allgemein weltanschaulicher Probleme sowie in historischen, insbesondere biographischen Darstellungen führender Persönlichkeiten der NSDAP. mit dem Wesen und den Zielen der nationalsozialistischen Bewegung befassen. Obwohl diese Bücher zu einem nicht unwesentlichen Teil ohne die erforderliche Sachkenntnis geschrieben sind und die Probleme und Stoffe unvollständig und unzulänglich oder auch aus nichtnationalsozialisti-

Philipp Bouhler, Leiter der »Parteiamtlichen Prüfungskommission zum Schutze des NS-Schrifttums«

schen Gedankengängen heraus entstellt behandeln, werden sie auf Grund ihres Titels und ihrer Aufmachung in der Öffentlichkeit unterschiedslos als ernsthafte Beiträge zur nationalsozialistischen Literatur gewertet. Sie sind damit geeignet, ein gänzlich falsches Bild von der Entwicklung und Zielsetzung der Bewegung dem Volke zu vermitteln.

Die NSDAP. hat das souveräne Recht und die Pflicht, darüber zu wachen, daß das nationalsozialistische Ideengut nicht von Unberufenen verfälscht und in einer die breite Öffentlichkeit irreführenden Weise geschäftlich ausgewertet wird.

Ich verfüge daher folgendes:

Mit dem heutigen Tage wird eine amtliche »Prüfungskommission zum Schutze des nationalsozialistischen Schrifttums« gebildet, zu deren Vorsitzenden ich den Pg. Reichsleiter Ph. Bouhler ernenne.

Schutz des NS-Schrifttums. In: Börsenblatt für den Deutschen Buchhandel. Fachzeitschrift für Verlagswesen und Buchhandel 92 (1934) S. 367.

Organisation und Aufgaben der Parteiamtlichen Prüfungskommission (PPK) [Stand März 1937, Quelle des Sicherheitsdienstes, Auszug]

Über die Arbeit der Prüfungskommission erließ Reichsleiter Bouhler am 11. April 1935 eine grundlegende Bekanntmachung. [...]

Aus diesem Erlaß ergibt sich deutlich, daß durch die Parteiamtliche Prüfungskommission eine klare Wertung über das gesamte Schrifttum erarbeitet werden soll, *das sich mit dem Nationalsozialismus befaßt.* [...] Nur Schriften, welche in ihrem Inhalt Gedankengänge vortragen, die denen der Bewegung wesensgleich sind, erhalten jeden Vermerk auf der Innenseite des Titelblattes: »*Gegen das Erscheinen dieser Schrift werden von seiten der N.S.D.A.P. keine Bedenken erhoben*«. Schriften, die zwar nicht staatsgefährlich sind, aber doch nationalsozialistischen Zielen nicht voll und ganz entsprechen, wird der Unbedenklichkeitsvermerk nicht erteilt. Zum Vertrieb jedoch werden sie zugelassen. Unbrauchbare Schriften, die die nationalsozialistische Weltanschauung angreifen oder gefährden, werden in Zusammenarbeit mit der Geheimen Staatspolizei und dem Sicherheitsdienst eingezogen.

Bücher

Ein Punkt vor den Titeln bedeutet, daß die Werke den Unbedenklichkeitsvermerk der Parteiamtlichen Prüfungskommission erhalten haben. Dieser Vermerk besagt nicht, daß die Partei sich jeweils mit dem Inhalt der Schrift im einzelnen einverstanden erklärt.

Ein Stern besagt, daß diese Schrift vom Beauftragten des Führers für die gesamte geistige und weltanschauliche Erziehung der NSDAP. empfohlen wird.

Buchtitel ohne Kennzeichen bezeichnen Schriften, deren Inhalt als willens- und wesensverwandt mit nationalsozialistischen Anschauungen gewürdigt wird, oder Schriften, die für das Verständnis des Kampfes der Bewegung von Wert sind.

---

1 **Abhandlungen zur Wehrpsychologie.** Vorträge aus einem Fortbildungskurs beim Psychol. Laboratorium des Reichskriegsministeriums. Berlin, März 1936. Hrsg. vom Psychol. Laboratorium des Reichskriegsministeriums Berlin. Leipzig: J. A. Barth 1936. VI, 196 S. gr. 8°. = Zeitschrift für angewandte Psychologie und Charakterkunde. Beihefte. Beih. 72 [5646]. 10.— **K Ra We**

Verschiedene Verfasser liefern hier Beiträge zur beschreibenden und angewandten Seelenkunde. Es ist nicht durchweg eine eindeutige weltanschauliche Linie zu erkennen. — Beachtlich ist u. a. die Behandlung des Problems der Angst und ihrer Überwindung aus dem Gemeinschaftsgefühl. Es findet sich auch eine Würdigung der Rassenseelenkunde von Clauß in ihrer Bedeutung für die Wehrpsychologie.

2 **Appel, I[gna]:** Deutsche Kolonien. Die Forderung des Dritten Reiches. (Berlin: Propaganda-Verlag Paul Hochmuth 1937.) 32 S. 8° = Nationalpolitische Aufklärungsschriften H. 9. —.10 [2202/6]. **Kp**

In vorliegender Aufklärungsschrift arbeitet I. Appel die Bedeutung der kolonialen Frage für Deutschland in kurzer gemeinverständlicher Form heraus. Die Gegenüberstellung statistischer Angaben wirkt überzeugend. Die Ausführungen über die Mandatsverwaltung unserer Kolonien sind aufschlußreich. Die Hervorhebung der Verantwortung des Nationalsozialismus in dieser Frage geschieht von weltanschaulich sicherer und einwandfreier Grundlage aus.

3 **Deutsche Arbeit** mit deutschen Rohstoffen. H. 7 der Schriftenreihe Forschung tut not. [Vorwort: A. Pietzsch.] Berlin: VDI.-Verl. (1936) 40 S. 8° [Umschlagtitel.] [5606]. —.30 **Wi**

In elf kurzen Aufsätzen schreiben führende deutsche Wirtschafter und Wissenschafter über deutsche Rohstoffgrundlagen und weisen auf die gegenwärtigen Möglichkeiten ihrer Verwertung hin. Das Heft vermittelt einen größeren Überblick über die brennenden Fragen, deren Schwierigkeit den Glauben an das Gelingen des zweiten Vierjahresplanes nicht beeinträchtigen. Einige Zeichnungen und Bilder.

4 **Baumann, Hans:** Wir zünden das Feuer. [Gespräche in Versen.] Jena: Diederichs (1936). 63 S. 8°. = Deutsche Reihe Nr. 39 [4178/7]. —.80 **K P**

In fünf kleinen Chorwerken gestaltet der Dichter wesentliche Themen der neuen Zeit. Die Schrift bereichert die nationalsozialistische Dichtung.

5 **Benz, Carl:** Lebensfahrt eines deutschen Erfinders. Die Erfindung des Automobils. Erinnerungen eines Achtzigjährigen. [Neue Ausg.] Leipzig: Koehler & Amelang [1936]. 174 S. mit Abb. 8° [= Die Koehler-Reihe.] [6271]. Lw. 2.85 **G K Vk**

In der Schrift wird die „Erfindung des Automobils" so der Nachwelt überliefert, wie sie der Erfinder selbst gesehen hat. Die volkstümliche Gestaltung des Buches und der reiche Bilderschmuck lassen auch die Jugend an dieser großen deutschen Erfindung teilnehmen.

Seite aus der *Nationalsozialistischen Bibliographie* (1937)

Die Auswertung all dieser Ergebnisse wird zusammengefaßt in der sogenannten von der Parteiamtlichen Prüfungskommission herausgegebenen *NS-Bibliographie*, die seit dem Januar 1936 laufend in monatlichen Lieferungen erscheint.

[...] Um die notwendige Materialübersicht über die gesamten Neuerscheinungen und über das bereits erschienene Schrifttum zu erhalten, *hat die Parteiamtliche Prüfungskommission im Hause der Deutschen Bücherei in Leipzig eine Abteilung der Parteiamtlichen Prüfungskommission zum Schutze des nationalsozialistischen Schrifttums eingerichtet.*

Leitheft Schrifttumswesen und Schrifttumspolitik. Bundesarchiv Berlin-Lichterfelde, R 58/1106, Bl. 56, 58f. – Mit Genehmigung des Bundesarchivs, Berlin.

e) *Einflußbereich des ›Reichsführers SS und Chefs der deutschen Polizei im Reichsministerium des Innern [ab 1939: des Reichssicherheitshauptamtes]‹: Heinrich Himmler*

Nachrichtendienstliche Aufgaben der Presse- und Schrifttumsabteilung im Sicherheitsdienst (SD) [Stand März 1937, Auszug]

[Einleitung:] Der SD ist der einzige vom Führer eingesetzte und beauftragte *politische Nachrichtendienst* des Dritten

---

Auswertung: Die Auswertung und Sichtung der Schriften wie die gesamte Verwaltung der PPK wurde seit ihrer Gründung von Karl Heinz Hederich organisiert. Hederich war seit 1936 auch Stellvertreter Ph. Bouhlers in der PPK.

[Einleitung]: Der Text stammt aus dem sog. »Leitheft« des SD über »Schrifttumswesen und Schrifttumspolitik«, das nur für den internen

Reiches. Seine nachrichtendienstliche Aufgabe liegt in der Übermittlung und Auswertung aller Nachrichten über Personen und Vorgänge, die dem nationalsozialistischen Staat oder seiner Weltanschauung in irgend einer Form schädlich oder gefährlich sind oder werden können.

Von dieser Aufgabe her ist die unabmeßbare Bedeutung der *sicherheitsdienstlichen Auswertung des in Deutschland erschienenen und erscheinenden Schrifttums in Flugblatt, Presse, Zeitschrift, Broschüre und Buch von vornherein offensichtlich.*

[...] Jede Schrift ist von sich aus schon Nachricht an andere, rechnet damit, von anderen gelesen zu werden und will andere vom Inhalt als zutreffend und richtig überzeugen. Das heißt politisch gesehen: *von der Schrifttumsüberwachung her werden in Deutschland alle Kreise, die sich geistig und weltanschaulich oder kulturell zusammengehörig fühlen, besonders leicht faßbar.* Fast hinter jeder kulturpolitischen oder religiösen *Zeitschrift* steht z. B. meist ein bestimmter ausgeprägter Autoren- oder Leserkreis, der sich gegenseitig »anspricht« und als verwandt in den kulturpolitischen Überzeugungen ansieht (Katholischer Akademiker-

---

Dienstgebrauch bestimmt war und den Zusatz »geheim« enthielt. Das Heft verzeichnet Himmler (Reichsführer SS und Chef des Sicherheitshauptamtes) als Auftraggeber. Leiter der Abteilung für literaturpolitische Belange (Zentralabt. I 3 im SD) war zu diesem Zeitpunkt Franz Alfred Six.

Katholischer Akademikerverband: 1913 gegründete, reichsweit agierende Vereinigung mit dem Ziel, die ›katholische Aktion‹ auf geistigem Gebiet wachzuhalten und voranzutragen. 1933 zählte der Verband (nach Einschätzung des SD) über 14000 Mitglieder in über 170 Ortsgruppen.

George-Kreis: Ein um den Dichter Stefan George (1868–1933) entstandener Zirkel von Künstlern und Gelehrten politisch konservativen Zuschnitts. Dem Kreis verbunden waren etwa K. Wolfskehl (1933 Emigration Neuseeland), E. Bertram (1946 Amtsenthebung Universität Köln), C. Graf Schenk v. Stauffenberg (1944 Exekution Berlin).

verband, George-Kreis, Spann-Kreis, Stapel-Kreis, Tat-Kreis, Kreis um »Das innere Reich« usw.)

[...]

1) *Aufgaben.*

Die Möglichkeiten der nachrichtendienstlichen Auswertung des Schrifttums für den Sicherheitsdienst sind in der Einleitung zum vorliegenden Leitfaden angedeutet worden. In der praktischen Durchführung dieser Aufgabe ergibt sich folgende Doppelteilung:

a) die unmittelbare *Schriftenbearbeitung* (Bücher, Zeitschriften, Broschüren usw.),
b) die Erörterung über die *persönlichen Lebensumstände* der Autoren und Schriftsteller; die Erörterung über die inneren politischen Verhältnisse in Verlagen; die

---

Spann-Kreis: Othmar Spann (1878–1950); österr. Soziologe und Philosoph; Spanns ständestaatl. Theorien stießen im antidemokratischen Nationalismus in Deutschland, besonders aber in Österreich (E. Dollfuß), auf starken Widerhall. Von den Nazis wurde Spanns Gesellschaftslehre nach 1933 als ›sektiererisch‹ abgelehnt.

Stapel-Kreis: Wilhelm Stapel (1882–1954); protestantisch-nationalistischer Publizist.

Tat-Kreis: Redaktionsmitglieder und Autoren der radikal-konservativen Zeitschrift *Die Tat*, die, 1920 gegründet, in der Weimarer Republik ein Sammelpunkt für die bürgerliche nationalistische Intelligenz darstellte (unter ihnen H. Zehrer, E. Niekisch u. a.). Die Zeitschrift sah sich im Dritten Reich wiederholt publizistischen Angriffen der NS-Literaturbürokratie ausgesetzt. 1937 wurde ihr Erscheinen eingestellt.

Kreis um »Das innere Reich«: Mitarbeiter und Beiträger der 1934 im Langen-Müller Verlag gegründeten »Zeitschrift für Dichtung, Kunst und Leben« (Untertitel). Angetreten am »Bau des Reiches« mitzuwirken, verstand man sich nicht als NS-Organ. Für diese publizistische Linie stehen u. a. Autorennamen wie P. Huchel, H. Lange oder W. Lehmann. Sehr wohl bot das *Innere Reich* auch NS-nahen Schriftstellern eine Plattform (z. B. G. Kolbenheyer, H. F. Blunck, E. E. Dwinger). Die Zeitschrift konnte bis 1944 erscheinen.

Vereidigung des Gestapo-Chefs Heinrich Himmler (l.) durch den Ministerpräsidenten Hermann Göring (1934)

Erörterung über sämtliche Organisationen, Firmen des deutschen Buchwesens überhaupt.

Weil die Schrifttumsauswertung des Sicherheitsdienstes seit Anfang 1934 die Materialbestände der Deutschen Bücherei, Leipzig, als Quelle benutzt, läßt sich die unmittelbare Schriftenbearbeitung zentral im Sicherheitshauptamt durchführen. Die zweite Aufgabe ist nur durchführbar in engster Zusammenarbeit mit den Oberabschnitten und den Außenstellen.

Ebd., R 58/1106, Bl. 4f., 66f.

Rolle der Geheimen Staatspolizei bei der Beschlagnahmung von Druckschriften [Stand März 1937, Quelle des Sicherheitsdienstes, Auszug]

Auf Grund ihrer besonderen Aufgaben der Sicherung und Abwehr hat die Geheime Staatspolizei das Recht, Druckschriften vorläufig zu beschlagnahmen und sicherzustellen.

Nach der Zusammenfassung der Deutschen Polizei unter dem Reichsführer-SS als dem Chef der Deutschen Polizei, der seinerseits dem Reichsinnenminister untersteht, kann deshalb die Einziehung und Beschlagnahme von Schriften wirksam und schlagkräftig für das ganze Reichsgebiet angeordnet werden.

Die Beschlagnahmen durch die Polizeibehörden haben jedoch vorläufigen Charakter, die erst im Einvernehmen mit den übrigen zuständigen Stellen zu einem rechtlich wirksamen Schriftenverbot führen.

Ebd., R 58/1106, Bl. 78f.

Zusammenarbeit des Sicherheitsdienstes (SD) mit der Geheimen Staatspolizei [Stand März 1937, Quelle des SD, Auszug]

Das[s] mit der Geheimen Staatspolizei in der Schrif[t]tumsarbeit zahlreiche engste Berührungspunkte vorliegen, liegt auf der Hand. Sie bezieht sich vor allem auf Personalgutachten, weniger auf Verlagsgutachten, die in größerem Umfange von der Reichsschrift[t]umskammer angefordert werden.

Ebd., R 58/1106, Bl. 72.

f) *Polykratie und Kompetenzkonflikte: Der Fall Wismann/Hederich*

Kommentar im ›Leitheft Schrifttumswesen und Schrifttumspolitik‹ des Sicherheitsdienstes des Reichsführer-SS über die Zusammenarbeit der unterschiedlichen, mit schrifttumspolitischen Aufgaben betreuten Dienststellen im Reich [März 1937, Auszug]

Zu einer völlig *einheitlichen Schrifttumspolitik ist es leider noch nicht gekommen*, da bei der Fülle der zu leistenden Aufgaben im Laufe der Jahre seit der Machtübernahme von verschiedenen Stellen alle Wege zur Ordnung des deutschen Schrifttums beschritten wurden. [...] Aus verständlichen Gegensätzlichkeiten heraus ist es jedoch im Laufe der Jahre zu einer Zusammenarbeit zwischen diesen Stellen gekommen, sodaß allmählich eine übereinstimmende Einheitlichkeit in der Schrifttumspolitik erwartet werden darf.

Ebd., R 58/1106, Bl. 51f.

Brief des Reichskulturkammer-Referenten Herbert Menz an den Präsidenten der Reichsschrifttumskammer, Staatsrat Hanns Johst [6. Februar 1937, Berlin, Auszug]

Leider konnte ich bei unserem heutigen Ferngespräch nicht so reden, wie ich wollte, weil Wismann neben mir stand. [...]

Was Wismann am Montag bei Ihnen will, kann ich nur vermuten; ich glaube aber, ich vermute richtig. [...] Er wird Ihnen gegenüber behaupten, daß die Einheit der Kammer durch das Einvernehmen zwischen dem Präsidenten und dem Vicepräsidenten allein unter Beweis gestellt wird. Er wird von Ihnen verlangen, daß Sie jeden Schritt, den Sie als Präsident der Kammer tun, vorher mit ihm durchsprechen und daß Sie zu jeder Maßnahme seine Ansicht hören und sein Einverständnis einholen. Er beabsichtigt sogar, sich von den Geschäften des Vicepräsidenten und auf seine Arbeit im Propagandaministerium zurückzuziehen, wenn Sie seinen Wünschen nicht entsprechen sollten. Hierbei hat er den großen Trumpf in der Hand, daß er dann die von ihm geschaffenen Einrichtungen: Arbeitsgemeinschaft für deutsche Buchwerbung (Reinhardt), Reichsschrifttumsstelle (Dietz, Diehl), die verschiedenen Beratungsstellen usw. usw. gegen die Kammer ausspielen kann.

Ich darf ferner auf Folgendes hinweisen: Wie ich Ihnen neulich sagte, hatte Wismann mir erzählt, daß zwischen ihm und Ministerialrat Schmidt-Leonardt stärkste Spannungen bestehen. Diese Spannungen bestehen nicht und haben nie bestanden. Im Gegenteil: Wismann und Schmidt-Leonardt sind ein Herz und eine Seele, wie sich besonders bei den augenblicklichen Etatsbesprechungen herausgestellt

Wismann: Heinz W. (1897–1945); zur Zeit des Schreibens Leiter der Schrifttumsabt. des Ministeriums für Volksaufklärung und Propaganda sowie Stellvertreter H. Johsts in der Reichsschrifttumskammer.

hat. Der Grund, warum Wismann den falschen Eindruck herbeizaubern wollte, war der, daß er sich bei der von ihm geplanten Abberufung des Dr. Heinl gegen jeden Vorwurf vonseiten des Heinl abdecken und damit verhindern wollte, daß Heinl gegen ihn schießt. [...]

Sehr geehrter Herr Staatsrat, obwohl ich weiß, wie Sie zu Wismann stehen und was Sie von ihm halten, bitte ich doch gehorsamst, nochmals bemerken zu dürfen, daß Wismann der ausgekochteste Bursche ist, den ich jemals kennengelernt habe. [...] Ja, die Tatsache, daß Wismann s. Zt. seinen Schwager, den Halbjuden Dr. Faust, ein einhalb Jahre ehrenamtlich für die Kammer tätig sein ließ, scheint mir ausreichend zu sein, um gegen Wismann den berühmten § 10 der Ersten Durchführungsverordnung zum Reichskulturkammergesetz wegen mangelnder Eignung und mangelnder politischer Zuverlässigkeit zur Anwendung zu bringen, umso mehr, wenn man weiß, daß Wismann gegen Ende des Jahres 1932 Parteigenosse wurde, obwohl er noch mit der Halbjüdin verheiratet war, seine Parteibeiträge jedoch erst nachträglich im Jahre 1934, als die Scheidung schon lief, bezahlt hat. Meine Ansicht ist jedenfalls die, daß ein Mann, der 14 Jahre lang mit einer Halbjüdin verheiratet war, der sich von seinem volljüdischen Schwiegervater das Studium hat bezahlen lassen, der dabei katholisch blieb und erst jetzt aus der Kirche ausgetreten ist, charakterlich ein Schwein und politisch ein unzuverlässiger Kunde ist, der im Dritten Reich Steine klopfen aber nicht Ministerialrat im Propagandaministerium sein dürfte.

Verzeihen Sie, bitte, Herr Staatsrat, wenn ich mich nicht bremsen kann; aber ich bin vielleicht erst noch zu kurze Zeit »Oben in Berlin«, um schon für »politisch notwendige Kompromisse« gerüstet und empfänglich zu sein.

Bundesarchiv Berlin-Lichterfelde, R 56 V/27, Bl. 209–211. – Mit Genehmigung des Bundesarchivs, Berlin.

Auszüge aus den Tagebüchern GOEBBELS' [Juni–September 1937]

[24. Juni 1937] Wismann hat unangenehme Geschichte. Erste Frau halbjüdisch. Mal sehen, ob er zu halten ist. [...]

[30. Juni 1937] Wismann ist mit seiner Halbjüdin als ehemaliger Frau nichts zu machen. Darf bleiben! Ich kann ihn auch nicht entbehren. [...]

[23. Juli 1937] Wismann nicht mehr zu halten. Ich verfüge seine Entlassung. Wer aber wird Nachfolger? [...]

[24. Juli 1937] Mit Funk Aussprache: er schlägt Hederich als Nachfolger für Wismann vor. Sehr einverstanden, wenn er zu haben ist. [...]

[28. Juli 1937] Mit Bouhler über Nachfolger von Wismann gesprochen. Auch er möchte gerne Hederich. Also nehmen wir den. Einheit von Partei und Staat. Dann hört auch da der Stunk auf. [...]

[23. September 1937] Mit Hederich Aufbau der Schrifttumsabteilung durchgesprochen. Er macht einen klugen Eindruck. Mit Rosenberg sage ich ihm soll er keinen Streit anfangen. Sonst Leistungen zeigen, damit setzt man sich am besten durch.

Die Tagebücher von Joseph Goebbels. Im Auftrag des Instituts für Zeitgeschichte und mit Unterstützung des Staatlichen Archivdienstes Rußlands. Hrsg. von Elke Fröhlich. Tl. 1: Aufzeichnungen 1923–1941. Bd. 4: März – November 1937. München [u. a.]: K. G. Saur, 2000. S. 193, 202, 228, 230, 237, 324. – Mit Genehmigung von Cordula Schacht, Bernau.

Funk: Walther F. (1890–1960); zur Zeit des Tagebucheintrags Pressechef der Reichsregierung und Staatssekretär im Ministerium für Volksaufklärung und Propaganda.

Brief Rosenbergs an Goebbels – »streng persönlich« – vom 3. Dezember 1937, K. H. Hederich betreffend [Auszug]

Sehr geehrter Parteigenosse Dr. Goebbels!

Unter dem Datum vom 20. November 1937 hat Ihr neu ernannter Leiter der Abteilung VIII Ihres Ministeriums und stellvertretender Präsident der Reichsschrifttumskammer einen Brief an den Reichshauptamtsleiter Wilhelm Baur, Vertreter des Parteiverlages in Berlin, gerichtet. Dieser Brief ist mir soeben in Abschrift zugeleitet worden. Er enthält eine grosse Anzahl Unrichtigkeiten und Unverschämtheiten. Auf diese will ich im Einzelnen nicht weiter eingehen, bitte Sie nur, sich diesen im schlechtesten Deutsch geschriebenen Brief vorlegen zu lassen. Der Brief enthält dabei auf Seite 4 folgenden Satz:

»Es ist nicht meine Angelegenheit, wenn sich der Völkische Beobachter in einen stärkeren Gegensatz zur Staatsführung setzt und in bestimmten Dingen eine Politik betreibt, die nicht nur ich allein für die Bewegung als für verderblich bezeichne.«

Dieser Satz enthält eine derartige Beleidigung zweier Reichsleiter, dass ich nicht gewillt bin, ihn hinzunehmen. Der Völkische Beobachter ist das Zentralorgan der NSDAP und hat jetzt bereits 16 Jahre Politik und Weltanschauung des Nationalsozialismus verteidigt, ohne dass von der Existenz des Herrn Hederich irgend etwas bekannt

---

Hederich: Karl Heinz H. (1902; Todesdatum unbekannt); zur Zeit des Tagebucheintrags stellvertr. Vorsitzender der Parteiamtl. Prüfungskommission zum Schutze des NS-Schrifttums von P. Bouhler.

zweier Reichsleiter: bezieht sich auf A. Rosenberg selber – in seiner Funktion als Chefredakteur des *Völkischen Beobachters* (VB) – sowie auf Max Amann, seit 1922 Geschäftsführer des Verlages des VB.

gewesen wäre. Der Völkische Beobachter hat seine Unzulänglichkeiten gehabt wie jede andere Institution, aber seiner Leitung, die aus ältesten Parteigenossen besteht, eine bewusste Politik im Gegensatz zur Staatsführung, das heisst zum Führer, zuzuschreiben, bedeutet wohl die Höhe der denkbaren Frechheit. Dieser Satz ist zudem ein Vergehen gegen die elementarsten Gesetze der Disziplin in der NSDAP, und ich darf mit Bestimmtheit annehmen, dass Sie nach dem Lesen dieser schriftlich festgelegten Anschauung des Hederich zur gleichen Beurteilung kommen werden wie ich. Wenn ein mir Untergebener an Ihr Ministerium schreiben würde, dass dieses Ihr Ministerium eine für die Bewegung verderbliche Tätigkeit entfalte und sich in einen immer stärkeren Gegensatz zur Staatsführung des Führers stelle, so würde ich eine solche Persönlichkeit fristlos entlassen. Ich darf deshalb auch als selbstverständlich von Ihnen annehmen, dass Sie nach Kenntnisnahme dieses Briefes des Hederich ihn sofort entlassen als Leiter der Abteilung VIII und als stellvertretenden Präsidenten der Reichsschrifttumskammer.

Für eine baldige Nachricht wäre ich Ihnen verbunden.

Heil Hitler!

Bundesarchiv Berlin-Lichterfelde, NS 8/171, Bl. 61 f. – Mit Genehmigung des Bundesarchivs, Berlin.

Auszüge aus den Tagebüchern Goebbels' [Dezember 1937–August 1938]

[12. Dezember 1937] Rosenberg verlangt, daß ich Hederich entlassen soll. Der hat einen törichten Brief über den V.[ölkischen] B.[eobachter] geschrieben. Aber deshalb kann ich ihn doch nicht entlassen. Ich lehne das ab. [...] Dann zum Führer. Er ist auch gegen die Entlassung von Hederich. Will mit Rosenberg und Amann sprechen. Rosenberg will in Hederich natürlich mich treffen. Das wird ihm aber nicht gelingen.

[...]

[14. Dezember 1937] Göring will Hinkel, Rosenberg Hederich weg. Wenn ich da nachgebe, verliere ich allmählich alle Mitarbeiter. So geht das nicht. Am Ende setzt sich dann niemand mehr für mich ein. Ich lehne das ab. Sie habe [!] alle drei Fehler gemacht. Aber dafür brauchen sie nicht gleich geköpft zu werden.

[...]

[2. Februar 1938] Heß beklagt sich über Johst. Der schwätzt und schwafelt zuviel. Ley läßt für die D.[eutsche] A.[rbeits] F.[ront] alles Kaufbare ankaufen. Nun hat er den Verlag Langen geschluckt. Das geht ja nicht. Was hat die D. A. F. damit zu tuen? Im Falle Hederich ist Heß auch gegen Entlassung. Ich erteile ihm einen Verweis. Und damit ist die Sache ausgestanden.

[...]

[17. August 1938] Hederich hat wieder einen Krach mit Amann. Hat ihm zwei Broschüren auf eine ganz pampige Art verboten. Und ich muß das wieder zurückbiegen. Ich werde nun aber Hederich energisch zur Rede stellen.

[...]

Hinkel: Hans H. (1901–1960); zur Zeit des Tagebucheintrags einer der drei Geschäftsführer der Reichskulturkammer und Sonderbeauftragter Goebbels' für die »Entjudung« der einzelnen Kammern.

Ley läßt für die D.A.F. alles Kaufbare ankaufen: bezieht sich auf das verlagspolitische Engagement des Leiters der D.A.F., Robert Ley, der über seine »Gewerkschaftsorganisation« Zugriff auf eine Vielzahl von Verlagsunternehmen nehmen konnte, darunter auch auf den von Goebbels erwähnten Langen(-Müller) Verlag.

Amann: Max A. (1891–1957); Leiter des Zentralverlages der NSDAP und Präsident der Reichspressekammer.

[19. 8. 1938] Hederich macht mir viel Sorgen. Ich muß ihn am Ende doch entlassen.

Die Tagebücher von Joseph Goebbels. Im Auftrag des Instituts für Zeitgeschichte und mit Unterstützung des Staatlichen Archivdienstes Rußlands. Hrsg. von Elke Fröhlich. Tl. 1: Aufzeichnungen 1923–1941. Bd. 5: Dezember 1937 – Juli 1938. München [u. a.]: K. G. Saur, 2000. S. 47 f., 50, 131. – Bd. 6: August 1938 – Juni 1939. München [u. a.]: K. G. Saur, 1998. S. 45, 49. – Mit Genehmigung von Cordula Schacht, Bernau.

g) *Der »Anschluß« Österreichs (1938)*

Amtliche Bekanntmachung über die Eingliederung des österreichischen Schrifttums in die Reichsschrifttumskammer vom 20. Juni 1938 [Auszug]

Vom 1. Juli 1938 [...] an ist die Betätigung in einem Kulturberuf ohne Mitgliedschaft in der jeweils zuständigen Einzelkammer der Reichskulturkammer untersagt. Wer eine schrifttumskammerpflichtige Tätigkeit ausüben will, muß sich daher unverzüglich als Mitglied melden. Die Meldung muß enthalten: Name, Anschrift, genaue Berufsangabe [...]; ferner die Erklärung, daß dem Antragsteller keine Tatsachen bekannt sind, die auf eine nichtarische Abstammung hindeuten. Wer diese Erklärung über die arische Abstammung nicht abgeben kann, muß eine Übergangsfrist beantragen.

---

am Ende doch entlassen: Ende Oktober 1938 mußte Hederich sein Amt im Propagandaministerium aufgeben, blieb aber stellvertr. Vorsitzender der Parteiamtl. Prüfungskommission Bouhlers. Die Fortführung von Kompetenzstreitigkeiten zwischen den verschiedenen Schrifttumsbehörden nach diesem Datum und bis in die letzten Kriegsmonate hinein ist aber belegt.

»Schaufenster für den 10. April 1938 […]. Wir hoffen, daß recht viele Buchhandlungen besondere Wahlschaufenster zeigen werden, um damit dem Schöpfer des geeinten Deutschland zu danken.« (*Börsenblatt für den Deutschen Buchhandel* 76, 1938, S. 265.)

Nach dem Einmarsch deutscher Wehrmachtseinheiten in Österreich am 12. März 1938 verkündete Hitler zwei Tage später auf dem Wiener Heldenplatz »den Eintritt meiner Heimat in das Deutsche Reich«. Gleichzeitig trat das »Gesetz über die Wiedervereinigung Österreichs mit dem Deutschen Reich« in Kraft. Für den 10. April wurde deswegen in Österreich und Deutschland eine Volksabstimmung angesetzt, die den Nationalsozialisten beiderseits der »Grenzen« eine überwältigende Zustimmung erbrachte.

Die übrigen Antragsteller erhalten als vorläufigen Ausweis eine sofortige Bestätigung über die erfolgte Anmeldung; sie sind verpflichtet, sich unverzüglich folgende Urkunden zu beschaffen: Geburts- und Taufurkunde des Antragstellers, Geburts- und Taufurkunden der Eltern und Großelternpaare väterlicher- und mütterlicherseits, im Falle der Verheiratung außerdem die Heiratsurkunde, Geburts- und Taufurkunde des Ehegatten der Eltern und Großelternpaare des Ehegatten. Sind die Taufurkunden der Eltern und Großeltern nicht zu beschaffen, so genügen die Heirats- und Sterbeurkunden. Diese zum Nachweis der arischen Abstammung erforderlichen Urkunden müssen spätestens bis zum 30. September 1938 bereitliegen und werden von der Reichsschrifttumskammer durch gesondertes Ersuchen von jedem einzelnen Antragsteller angefordert. Wer bis zum 30. September 1938 diese Urkunden nicht beschaffen konnte, muß unter Angabe der Gründe rechtzeitig um Fristverlängerung nachsuchen.

An die Reichsschrifttumskammer [...] sind zu richten:

1. unter dem Kennwort: »Aufnahme in die Gruppe Schriftsteller« die Anträge von Schriftstellern ohne Rücksicht darauf, ob sie für den Buchverlag, die Presse, Bühne, Film oder den Rundfunk arbeiten.
2. unter dem Kennwort: »Aufnahme in die Gruppe Buchhandel« die Anträge von Buchhändlern, nämlich Verlagsbuchhändlern, Buchgroß- und -einzelhändlern, Leihbuchhändlern (Inhabern von Leihbüchereien), Buchvertretern und Kolporteuren, buchhändlerischen Fachangestellten und Lektoren.
   [...]
3. unter dem Kennwort: »Aufnahme in die Gruppe literarische Vereine und Vortragsveranstalter« die Anträge von Vortragsveranstaltern und von literarischen Vereinen. Die Vereine werden der Reichsschrifttumskammer angeschlossen, indem der

Vorstand oder der Vertretungsberechtigte die Mitgliedschaft erwirbt.

4. unter dem Kennwort: »Aufnahme in die Gruppe Büchereiwesen« die Anträge der Bibliothekare mit Ausnahme der Inhaber gewerblicher Leihbüchereien (siehe oben unter Ziffer 2) und der beamteten Bibliothekare. Vereins-, Betriebs- und Werkbüchereien werden der Reichsschrifttumskammer angeschlossen, indem die für die Buchanschaffung und den Leihverkehr verantwortlichen Personen die Mitgliedschaft erwerben.
5. unter dem Kennwort: »Aufnahme in den Reichsverband des Adreß- und Anzeigenbuchverlagsgewerbes« die Anträge von Verlegern, Schriftwaltern, Fachangestellten, Anzeigen- und Vertriebsvertretern in Adreß- und Anzeigenbuchverlagen, Auskunftskalender- und Adressenverlagen.

   [...]
6. Bibliophile Vereinigungen haben sich durch ihre Vorstände bei der Reichsschrifttumskammer zu melden; die Vereinssatzungen sind beizufügen.

* * *

Wer der Reichsschrifttumskammer gegenüber falsche Angaben macht oder nach dem 30. Juni 1938 ohne Meldung bei der Reichsschrifttumskammer weiterhin eine kammerpflichtige Tätigkeit ausübt, kann zu einer Ordnungsstrafe bis zu 100000 RM herangezogen werden.

Börsenblatt für den Deutschen Buchhandel. Fachzeitschrift für Verlagswesen und Buchhandel 140 (1938) S. 3297.

3. »Schriftsteller in der Enge«

Repressionsmaßnahmen der NS-Literaturpolitik

a) *Verfolgung von Autoren jüdischer Herkunft bzw. Autoren mit jüdischen Familienangehörigen. Das Beispiel Alfred Mombert und Jochen Klepper*

Rede GOEBBELS' vom 8. Februar 1934 vor den Vertretern der Einzelkammern der Reichskulturkammer über den »ständischen Aufbau der Kulturberufe« [Auszug]

Ich habe mit Befremden festgestellt, daß die aus anderen Berufen nach und nach hinausgedrängten Juden mangels eines Arierparagraphen im Kulturleben eine neue Betätigungsmöglichkeit suchen. Es gibt keine unmittelbare gesetzliche Möglichkeit, einen Arierparagraphen in der Reichskulturkammer und den angeschlossenen Verbänden einzuführen. Es darf aber nicht geschehen, daß am Ende alle Juden, die aus den Beamten-, Rechtsanwalts-, Ärzte- oder Schriftleiterberufen ausgeschieden sind, allmählich in den Kulturberufen auftauchen. Dies zu verhindern, gibt uns das Gesetz die Möglichkeit. Wenn jemand aus bestimmten Gründen als unzuverlässig oder ungeeignet angesehen werden muß, kann man ihm die Mitgliedschaft in den Verbänden verweigern, und nach meiner Ansicht und Erfahrung ist ein jüdischer Zeitgenosse im allgemeinen ungeeignet, Deutschlands Kulturgut zu verwalten!

Die Juden in Deutschland 1933–1945. Leben unter nationalsozialistischer Herrschaft. Unter Mitarbeit von Volker Dahm [u. a.] hrsg. von Wolfgang Benz. München: Beck, 1988. S. 100. – Mit Genehmigung des Bundesarchivs, Berlin.

Aus dem Protokoll der Sitzung des Verwaltungsbeirates der Reichsschrifttumskammer vom 7. März 1934, Tagesordnungspunkt 3: »Arierfrage« [Auszug]

Zu Punkt 3) der Tagesordnung erklärt Präsident Dr. Blunck, dass er vor dem Erlass der ersten Durchführungsverordnung der Auffassung gewesen sei, Juden würden nicht in die Kammer aufgenommen. Die erste Durchführungsverordnung habe jedoch keinen Arierparagraphen enthalten, es sei sogar die Anweisung von der Kulturkammer gekommen, dass die Fachverbände in ihren Fragebögen jede Frage nach der Rassezugehörigkeit zu unterlassen hätten. Dr. Blunck habe durch diese Handhabung eine jüdische Überfremdung des RDS befürchtet und habe beabsichtigt, Juden höchstens bis zu einem Satz von höchstens 5 % der gesamten Mitgliedschaft in den RDS aufzunehmen. Inzwischen sei aber durch die bekannte Rede des Präsidenten der Kulturkammer eine veränderte Lage eingetreten. Es sei jetzt streng darauf zu achten, zumindesten in Bezug auf die Schaffenden selbst einen grösseren Zuzug von Nicht-Ariern von den Kammern fern zu halten und gegebenenfalls nur aktive Kriegsteilnehmer oder besonders verdiente Männer aufzunehmen.

Deutsches Literaturarchiv Marbach a. N., Nachlaß Hans Grimm, Konvolut Reichsschrifttumskammer, Mappe III, S. 4.

Präsident Dr. Blunck: Hans Friedrich B. (1888–1961); Schriftsteller, Präsident der Reichsschrifttumskammer von 1933 bis 1935.

ersten Durchführungsverordnung: siehe dazu im vorliegenden Band S. 40.

RDS: Reichsverband Deutscher Schriftsteller; Vorläuferorganisation der Reichsschrifttumskammer (RSK); wurde im Verlauf des Aufbaus der Kammer 1933/34 in die RSK eingegliedert.

Rede des Präsidenten der Kulturkammer: gemeint ist aller Wahrscheinlichkeit nach die oben dokumentierte Rede Goebbels' vom 8. Februar 1934.

Von Alfred Mombert ausgefüllter Mitgliederfragebogen des Reichsverbands Deutscher Schriftsteller (RDS) [29. Dezember 1933, Auszug]

1) Name: *Dr. Mombert* Vorname: *Alfred*
[...]
Geboren am: *6. Februar* 1872 Geburtsort: *Karlsruhe i/B.*
Religion: *israel.* Staatsangeh.: *Baden*
[...]
5) Kriegsteilnehmer: *Ja: von anfangs 1915 bis November 1918*
6) Mitglied der N.S.D.A.P. oder Untergliederungen? *nein*
7) Frühere politische Zugehörigkeit? *Keinerlei*
[...]
In welche Fachschaft, als Haupt- oder Gastmitglied, wollen Sie eingegliedert werden?
[...]
2) Lyriker: *Ja.*
[...]
Sind Sie im »Kürschner« verzeichnet? *Seit 40 Jahren.*
Zwei Bürgen, die erschöpfende Auskunft geben können*):
1 Dr. Hans Friedrich Blunck, Präsident der Kammer
2 Dr. Rudolf G. Binding.
[...]
Ich erkläre nach bestem Wissen und Gewissen die vorstehenden Angaben gemacht zu haben und werde mich jederzeit für das deutsche Schrifttum im Sinne der nationalen Regierung einsetzen.
[...]
Unterschrift: *Dr. Alfred Mombert*

----

* a) bezügl. pol. Einstellung.
b) bezügl. schriftst. Tätigkeit.

Bundesarchiv Berlin-Lichterfelde / Reichskulturkammer / Mombert, A. – Mit Genehmigung des Bundesarchivs, Berlin.

Dr. Mombert: Die Einträge im Fragebogen sind handschriftlich ausgeführt (hier in kursiver Auszeichnung).

Von Goebbels angeforderte Stellungnahme des Leiters der Abteilung VIII (Schrifttumsabt.) im Propagandaministerium, Heinz Wismann, vom 27. Mai 1935 zu einem ›Bericht‹ über »Schrifttum und Judentum« [Auszug]

Grundsätzlich möchte ich zu dem Bericht [...] noch bemerken, daß er in seiner Darstellung die Schwierigkeiten wiederspiegelt [!], die bei dem Aufbau des RDS und der Kammer in der *vergangenen* Zeit zu überwinden waren, in der für die Lösung wichtigster Probleme, wie z. B. die Behandlung der Nichtarier, erst klare und einheitliche Richtlinien entwickelt bezw. abgewartet werden mußten. [...] Erst im Laufe des Jahres 1934 hat die stärkere Durchsiebung der Mitgliederbestände in den einzelnen Fachverbänden nach *generellen* Gesichtspunkten begonnen. Wie bereits erwähnt, ist im Zuge dieser Durchsiebung die Frage der Nichtarier für den RDS bereits gelöst [...].

Bundesarchiv Berlin-Lichterfelde, R 65 V/Nr. 102, Bl. 7f. – Mit Genehmigung des Bundesarchivs, Berlin.

Schreiben des Geschäftsführers der Reichsschrifttumskammer (RSK), Richard Suchenwirth, an Alfred Mombert vom 18. Oktober 1935, im Auftrag des Präsidenten der RSK [Auszug]

Da Sie lt. den in Ihrem Fragebogen vom 29. Dezember 1933 gemachten Angaben nichtarischer Abstammung sind, sehe ich mich genötigt, Sie gemäß § 10 der ersten Durch-

---

Kürschner: Kürschners Deutscher Literatur-Kalender; maßgebliches bio-bibliographisches Nachschlagewerk im Bereich zeitgenössischer deutscher Literatur.

im Auftrag des Präsidenten der RSK: Seit dem 3. Oktober 1935 war Hanns Johst, in Nachfolge von Hans Friedrich Blunck, Amtsinhaber.

führungsverordnung zum Reichskulturkammergesetz vom 1. November 1933 (R.G.Bl. I, S. 797) aus der Reichsschrifttumskammer auszuschließen.

Vorsorglich mache ich darauf aufmerksam, daß Ihnen durch diesen Ausschluß eine weitere Veröffentlichung schriftstellerischer Arbeiten innerhalb des Zuständigkeitsbereichs der Reichsschrifttumskammer nicht mehr gestattet ist. Im Falle einer Zuwiderhandlung gegen diesen meinen Entscheid werde ich von der mir aus dem Reichskulturkammergesetz zustehenden Strafvollmacht Gebrauch machen.

Zur Abwicklung der bestehenden Verträge und Verpflichtungen gebe ich Ihnen eine Frist bis zum 1. Dezember ds. Js. Mein Ausschluß-Antrag ist durch die Beschwerdeinstanz unter Aktenzeichen 189/6091 genehmigt worden. Ein Einspruch hiergegen ist daher nicht angebracht.

Bundesarchiv Berlin-Lichterfelde / Reichskulturkammer / Mombert, A. – Mit Genehmigung des Bundesarchivs, Berlin.

Alfred Mombert an Richard Benz [Brief vom 23. Oktober 1940, Auszug]

Gestern trat ich eine wahrscheinlich *lange* Reise an. Grüßen Sie *Alle* von mir bestens! Meine Schwester ist bei mir.

Alfred Mombert: Briefe 1893–1942. Ausgew. und hrsg. von B. J. Morse. Heidelberg/Darmstadt: Lambert Schneider, 1961. S. 143. –

Richard Benz: Literaturhistoriker, Essayist (1884–1966); langjähriger Vertrauter Momberts und publizistischer Förderer seiner Werke.

lange Reise: Im Herbst 1940 veranlaßten die beiden NS-Gauleiter von Baden, Robert Wagner, und Saarpfalz, Josef Bürkel, die Deportation von über 6500 Juden aus ihrem Zuständigkeitsgebiet nach Gurs/Südfrank-

Brief Alfred Momberts an Hans Reinhart vom 30. Oktober 1940 / Camp de Gurs (Basses Pyrénées, Frankreich) [Auszug]

Abgesehen von einigen Köfferlein und Paketen, die zum Teil mit mir ankamen, mußte *Alles* zurückbleiben. Die ganze Bibliothek, etc. etc., auch meine Manuskripte und alle Briefwechsel etc. etc. Also: »Alles«. Wohnung versiegelt durch Gestapo. Mitnahme von *sage 100 RM* (die in französische Franken gewechselt wurden) war gestattet. Ich mit meiner Schwester (72 Jahre alt) samt der gesamten jüdischen Bevölkerung Badens und der Pfalz (wahrscheinlich auch von anderen Gebieten) samt Säugling und ältestem Greis (auch Kranke) ohne vorherige Ankündigung binnen einiger Stunden zunächst auf Lastwagen zum Bahnhof und dann mittelst Extrazugs abtransportiert (»entrückt«). Via Marseille–Toulouse zu den Basses Pyrénées, nahe der spanischen Grenze, in ein großes Internierungslager (Camp de Gurs). Bei dem riesigen und ganz plötzlichen Menschendrang die Verhältnisse sehr schwierig und primitiv; kaum etwas zu kaufen. Ganz leichte Holzbaracken bei nächtlich kalter Witterung. Jedoch gute Luft (700 m Höhe). Man gibt sich anerkennenster Weise große Mühe, zu bessern soweit möglich. *Meine Schwester* (72 Jahre alt) ist bei mir,

---

reich. Die sog. »Aktion Bürckel/Wagner« wurde maßgeblich von der Gestapo ausgeführt. Dazu konnte der Chef des Sicherheitsdienstes, Reinhard Heydrich, in einem Brief vom 24. Oktober 1940 an das Auswärtige Amt berichten: »Die Abschiebung der Juden ist [...] reibungslos und ohne Zwischenfälle abgewickelt worden«.

Hans Reinhart: Schweizer Schriftstellerfreund und Förderer Momberts (1880–1963).

Camp de Gurs: ursprünglich für flüchtende Spanienkämpfer errichtetes Lager in Südfrankreich, am Rande der westl. Pyrenäen gelegen. Bis Mitte 1942 starben mehr als 1200 der Internierten, für andere war Gurs Zwischenstation auf dem Weg in die Emigration oder in die Vernichtungslager.

aber getrennt in anderen Baracken. Die Zukunft ist *völlig dunkel.*

Wie lange wird dieser Zustand dauern können? Wie lange wird man unter den gänzlich ungewohnten primitiven Verhältnissen durchhalten können?

– Ob Ähnliches je einem deutschen Dichter passiert ist? –

Alfred Mombert: Briefe 1893–1942. Ausgew. und hrsg. von B. J. Morse. Heidelberg/Darmstadt: Lambert Schneider, 1961. S. 144. –

Streng vertrauliches Rundschreiben des Geschäftsführers der Reichskulturkammer und Sonderbeauftragten des Propagandaministers für die »Entjudung« des deutschen Kulturlebens, Hans Hinkel, an die Präsidenten der Einzelkammern und die Abteilungsleiter im Propagandaministerium vom 29. April 1936 [Auszug]

Im ausdrücklichen Auftrag des Herrn Reichsministers für Volksaufklärung und Propaganda und Präsidenten der Reichskulturkammer habe ich Ihnen Nachstehendes mitzuteilen:

Sie wollen dem Büro des Reichskulturwalters Hinkel bis zum 10. Mai 1936 endgültig abgeschlossene, namentliche alphabetische Listen, nach beiliegendem Muster, folgender noch in der Einzelkammer befindlicher Personen

a) sämtlicher Volljuden
b) sämtlicher Dreivierteljuden
c) sämtlicher Halbjuden

Die Zukunft ist völlig dunkel: Nach Fürsprache u. a. von H. Carossa und besonders H. Reinhart wurde Mombert im April 1941 in ein Internierungssanatorium verlegt, im Oktober 1941 erhielt er für sich und seine Schwester eine Ausreisegenehmigung in die Schweiz. Am 8. April 1942 starb Mombert in Winterthur an den Folgen der Deportation.

d) sämtlicher Vierteljuden
e) sämtlicher mit Voll- und Dreivierteljuden verheirateten
f) sämtlicher mit Halb- und Vierteljuden verheirateten, *soweit sie bisher bekannt sind*, einreichen.

Der Herr Reichsminister für Volksaufklärung und Propaganda und Präsident der Reichskulturkammer hat entschieden, daß alle diese Personen mit Wirkung vom 15. Mai 1936 nicht mehr als Kammermitglieder geführt werden dürfen.

Bundesarchiv Berlin-Lichterfelde, R 56 V/Nr. 102, Bl. 154. – Mit Genehmigung des Bundesarchivs, Berlin.

Aktennotiz in der Reichsschrifttumskammer-Akte Jochen Kleppers vom 9. April 1937 [Auszug]

Jochen Klepper wurde am 25. März 1937 gemäß § 10 der ersten Durchführungsverordnung zum Reichskulturkammergesetz aus der Reichsschrifttumskammer ausgeschlossen. Seine Ehefrau, Johanne, geb. Gerstel, ist Volljüdin.

Gemäß einer Verfügung des Herrn Ministers darf die Reichsschrifttumskammer keine Mitglieder führen, deren Ehepartner Dreiviertel- oder Volljuden sind.

Da nach dem Brief des Dr. Harald Braun die Werke des Klepper, vor allem sein letztes Buch »Der Vater«, wertvoll sind, ist die Möglichkeit einer Sondergenehmigung durch

Dr. Harald Braun: Schriftsteller, Rundfunkredakteur, Hörspiel- und Filmregisseur (1901–1960); Begründer der literarischen Zeitschrift *Eckart* und Filmemacher für die UFA. Braun hatte sich beim Präsidenten der Reichsschrifttumskammer, Hanns Johst, schriftlich für Klepper eingesetzt.

»Der Vater«: Historischer Roman Kleppers über Friedrich Wilhelm I., 1937 erschienen und von der Kritik im Dritten Reich vielfach gewürdigt. Siehe auch S. 190 im vorliegenden Band.

den Herrn Minister ins Auge zu fassen. Nach erteilter Sondergenehmigung wird die schriftstellerische Tätigkeit des Klepper, ohne daß er Mitglied der Kammer ist, nicht behindert.

Ernst G. Riemschneider: Der Fall Klepper. Eine Dokumentation. Stuttgart: DVA, 1975. S. 33f. –

Brief Jochen Kleppers an den für die »Arisierung« der Kammern zuständigen »Reichskulturwalter« Hans Hinkel vom 17. Dezember 1939 [Auszug]

Ich verdanke es Ihnen, daß nach dem Erscheinen meines Buches »Der Vater. Der Roman des Soldatenkönigs« im Jahre 1937 eine Sondergenehmigung mir meine schriftstellerische Tätigkeit trotz meiner Ehe mit einer nichtarischen Frau ermöglichte.

Gestatten Sie mir darum bitte, mich mit einem Anliegen an Sie wenden zu dürfen, das zwar meine Arbeit nicht unmittelbar betrifft, für die Bedingungen, unter denen sie erfolgt, aber wesentlich ist.

Auf Grund der neuesten Maßnahmen wird meiner Frau die Lebensmittelzuteilung beschränkt und mit bestimmten Auflagen für die Einkaufszeiten und -stellen für meinen Haushalt verbunden. Die Reichskleiderkarte aber wird ihr ganz verweigert.

Als mir die Möglichkeit genommen wurde, noch gemeinsam mit meiner Frau zu reisen und an kulturellen Veranstaltungen teilzunehmen, bedeutete dies bereits eine sehr schmerzliche Trübung der Arbeitsatmosphäre. Und das um so mehr, als im Herbst 1938 meine Sondergenehmigung für das Schrifttum auch auf den Film erweitert wurde. [...]

Was aber die Bekleidungs- und Ernährungsfrage für meine Frau betrifft, so geht es ja nun um die primitivsten Sorgen, die sich auf alle künstlerische Arbeit lähmend auswirken müssen. [...]

Ich wäre Ihnen, sehr verehrter Herr Staatsrat, äußerst dankbar, wenn Sie mir, durch Ihre Entscheidung im eigenen Zuständigkeitsbereich oder die Fürsprache an den Stellen, die für die anderen in Frage stehenden Gebiete maßgebend sind, zu erträglichen Bedingungen für die Fortführung meiner Arbeit gütigst verhelfen wollten.

Ebd. S. 108f.

Antwortschreiben Hinkels vom 5. Januar 1940 [Auszug]

Auf Ihr Schreiben vom 17. Dezember 1939 – betr. Lebensmittelzuteilung und Kleiderkarte für Ihre Ehefrau – wird Ihnen mitgeteilt, daß von hier aus in dieser Angelegenheit nichts unternommen werden kann.

Ebd. S. 109.

Tagebucheintrag Jochen Kleppers vom 8. Dezember 1942 [Auszug]

Ich war bei Frick. Er hatte noch alles klar im Gedächtnis. Er, einer der wichtigsten Minister und im Kriege der Generalbevollmächtigte für die Zivilverwaltung, steht zu dem, was er im Oktober 1941 zugesagt hat: er will Renate aus Deutschland heraushelfen.

Aber hier kann er sie nicht mehr schützen. Niemand kann es.

Er kann mir auch keinen noch so umschreibenden

Frick: Wilhelm F. (1877–1946); 1930 erster nationalsozialistischer Minister einer Landesregierung (Thüringen); seit 1933 Reichsminister des Innern, ab 1943, nach dem Verlust des Innenressorts an Himmler, Minister ohne Geschäftsbereich.

Schutzbrief, wie seinerzeit für Renerle, mehr geben für – Hanni. Nur den Rat und die Zusicherung, zur Ausreise zu verhelfen für Hanni, nach Reni nach Schweden zu gehen.

»Noch ist Ihre Frau durch die Ehe mit Ihnen geschützt. Aber es sind Bestrebungen im Gange, die die Zwangsscheidung durchsetzen sollen. Und das bedeutet nach der Scheidung gleich die Deportation des jüdischen Teils.«

Dies seine Worte. Er war erregt und bedrückt und lief am Schreibtisch auf und ab.

»Ich kann Ihre Frau nicht schützen. Ich kann keinen Juden schützen. Solche Dinge können sich ja der Sache nach nicht im geheimen abspielen. Sie kommen zu den Ohren des Führers, und dann gibt es einen Mordskrach.« Für ihn, der seinerzeit Hitler erst die Möglichkeit geschaffen hat, gewählt zu werden. –

Das Gespräch über die Zwangsscheidung wäre nicht geführt worden, hätte ich Frick nicht noch um die Beantwortung der Frage gebeten, ob ich für Hanni die gleichen Schritte unternehmen müsse wie für Renerle. Denn er hatte mich schon entlassen, nachdem er einen Major der Polizei hinzugezogen hatte und Ministerialrat Draeger, der sogleich damit beauftragt worden war, die Schritte gegenüber dem Sicherheitsdienst, dieser neuen Einrichtung, der gefürchtetsten der Geheimen Staatspolizei, einzuleiten, damit sie Reni aus dem jüdischen Arbeitseinsatz entläßt und ihr die Ausreisegenehmigung erteilt. Denn dies ist nun das Neue, Erschwerende, wohl kaum Überwindbare: Frick kann als Innenminister eine solche Ausreisegenehmigung nicht mehr ausstellen. Dieser Machtbereich ist ihm entzogen. […]

Gott weiß, daß ich es nicht ertragen kann, Hanni und das Kind in diese grausamste und grausigste aller Deportatio-

---

für Renerle … für – Hanni: Renerle/Renate, die Stieftochter Kleppers; Hanni/Johanne, seine Ehefrau.

nen gehen zu lassen. Er weiß, daß ich ihm dies nicht geloben kann, wie Luther es vermochte: »Nehmen sie den Leib, Gut, Ehr, Kind und Weib, laß fahren dahin –.« Leib, Gut, Ehr – ja! Gott weiß aber auch, daß ich alles von ihm annehmen will an Prüfung und Gericht, wenn ich nur Hanni und das Kind notdürftig geborgen weiß. –

Den Gedanken an Flucht – viele fliehen jetzt, und welch' furchtbare Maßnahmen werden sich gegen sie und ihre Beschützer wenden – hat Renerle aufgegeben. Verweigert der Sicherheitsdienst trotz Fricks Fürsprache ihre Ausreise, so will sie mit uns sterben [...].

Jochen Klepper: Unter dem Schatten deiner Flügel. Aus den Tagebüchern der Jahre 1932–1942. Stuttgart: DVA, 1956. S. 1130f. –

Notate in der Reichsschrifttumskammer-Akte Jochen Kleppers vom 18. Dezember 1942

Gegen 12 Uhr ruft Herr Dr. Dippel an und fragt, ob uns bekannt sei, daß Jochen Klepper sich, seiner Frau und seinem Kind das Leben genommen habe. A. R. Meyer *[Namenszug handschriftlich]*

[Handschriftlicher Zusatz]
Donnerstag, den 17. 12. 42 beerdigt, Freitod angeblich Freitag, den 11. 12. 42.

[Weiterer handschriftlicher Vermerk]
II D: Sondergenehmigung löschen. L. 21. 12. 42.

[Stempel]
Erledigt. 22. 12. 42 *[Unterschrift, unleserlich]*

Ernst G. Riemschneider: Der Fall Klepper. Eine Dokumentation. Stuttgart: DVA 1975, S. 138. –

b) *Verfolgung des kommunistisch-literarischen Widerstands. Die Aushebung des Bundes proletarisch-revolutionärer Schriftsteller (BPRS)*

Bericht des Sicherheitsdienstes des Reichsführer-SS (Oberabschnitt-Ost) an das Gestapa Berlin vom 26. September 1935 [Auszug]

Ende des Jahres 1934 wurde bekannt, dass der »Bund proletarisch-revolutionärer Schriftsteller« im Gegensatz zu seinem bisherigen Verhalten grössere Aktivität entfaltete.

Einem V.-Mann gelang es, in diese Organisation einzudringen und sich im Laufe der Zeit das Vertrauen der führenden Mitglieder zu erwerben. Genannter V.-Mann hatte die Funktion eines Verbindungsmannes. Im Laufe von 9 Monaten gelang es, die Umrisse des obengenannten Bundes festzulegen.

Nachstehend werden die Personen aufgeführt, die massgebende Funktionen in dem »Bund proletarisch-revolutionärer Schriftsteller« ausüben:

Hans Schwalm

[...]

Schwalm war Reichsleiter des Bundes. Seit 2 Monaten wohnt er in Paris. Als Grund für seinen derzeitigen Auf-

---

Bund proletarisch-revolutionärer Schriftsteller: 1928 gegründete Schriftstellervereinigung, die in der Weimarer Republik politisch an der Seite der KPD agierte. Nach den Verhaftungswellen im Frühjahr 1933 konstituierte sich der Bund als illegale Organisation neu. Im Widerstand aktiv wurde man vor allem in der Berliner Sektion der Gruppe.

Paris: Schwalm war im Juni 1935 in einer spektakulären Aktion als getarnter Delegierter beim Internationalen Schriftsteller-Kongreß in Paris aufgetreten, um vom literarischen ›antifaschistischen Kampf‹ im Nazi-Deutschland zu berichten. Schwalm kehrte nach seinem Auftritt in der frz. Hauptstadt nicht ins Dt. Reich zurück.

Schaufenstergestaltung (1937)

enthalt in Paris müssen die Haussuchungen angesehen werden, welche bei ihm stattgefunden haben. –

Er hielt vor allem die Verbindung zu den offiziellen Stellen der KP. und verschickte die von den Mitgliedern verfassten literarischen Arbeiten an eine Prager Stelle (Malik-Verlag), die sie teilweise in der Zeitschrift »Neue Deutsche Blätter« unter der Rubrik »Stimme aus Deutschland« veröffentlichte. Im übrigen organisierte S. die regelmässigen Sitzungen des Bundes. Im Sommer 1934 schrieb er einen Roman über die Maikowski-Strasse im kommunistischen Sinne. […]

Roman über die Majakowski-Strasse: Bekannt geworden ist der Roman unter dem Titel *Unsere Straße*. Für das Erscheinen des Buches verwandte Schwalm das Autorenpseudonym »Jan Petersen« (siehe auch im vorliegenden Band S. 183).

Louis Anton Kaufmann
[...]
Kürzlich an Herzschlag verstorben.
[...]

Kurt Steffens
[...]
St. war Funktionär der K.P.D. und ist seit dem Ausfall von Schwalm und Kaufmann Leiter des »Bundes proletarisch-revolutionärer Schriftsteller«. Z. Zt. schreibt er an einem kommunistischen Roman. Er organisierte zahlreiche Sitzungen des Bundes.

Bei St. besteht Fluchtverdacht.

Er müsste daher bei einem Treff verhaftet werden. St. ist ein sehr verschlossener Charakter, der bei einer Vernehmung viel Widerstand entgegensetzen wird. Er ist aber neben der genannten Weider der bestorientierteste Mann der ganzen Organisation.

Margarete Weider
[...]
Margarete Weider war die engste Mitarbeiterin von Kaufmann und hat durch ihn den besten Einblick in die Arbeit des Bundes bekommen. Sie kennt zahlreiche kommunistische Funktionäre und besitzt deren Adressen. Die W. leitet die im Juli 1935 aufgezogene Arbeitsgemeinschaft »Lyriker«. Das gesamte bisher vorliegende Material dieser Arbeitsgemeinschaft befindet sich in ihrem Besitz. [...]

Die W. ist hysterisch veranlagt und ausserordentlich unvorsichtig. Man wird sie bei einer Vernehmung sehr leicht zum Reden bringen können.

[Es folgen Namen und Charakterisierungen von 11 weiteren Personen.]

Bundesarchiv Berlin-Lichterfelde, R 58/736, Bl. 61, 63, 66f., 68. – Mit Genehmigung des Bundesarchivs, Berlin.

Tagesmeldung des Geheimen Staatspolizeiamtes vom 28. Oktober 1935 [Auszug]

In den letzten Tagen wurde in Berlin der Bund proletarisch-revolutionärer Schriftsteller ausgehoben. [...]

Insgesamt konnten bisher 12 Angehörige dieser Vereinigung festgenommen werden, unter denen sich auch der Reichsleiter befindet. Die Tätigkeit der Mitglieder bestand darin, literarische Erzeugnisse aller Art zu liefern und den örtlichen Parteiorganisationen der KPD. bei der Zusammenstellung ihrer illegalen Druckschriften durch Anfertigung von Texten behilflich sein. Darüber hinaus wurden Betriebsberichte gesammelt bearbeitet und nach Prag gesandt. Ausserdem waren die Mitglieder des Bundes angewiesen worden, politische Berichte und Artikel zu schreiben, die ebenfalls nach Prag bezw. nach Paris versandt wurden, um dort in den Emigrantenzeitungen veröffentlicht zu werden.

Ebd., R 58/736, Bl. 129.

Schreiben des Sicherheitsdienstes des Reichsführers-SS (Oberabschnitt-Ost) an das Sicherheitshauptamt/Berlin vom 10. Dezember 1936, »Betr.: Bund proletarisch-revolutionärer Schriftsteller« [Auszug]

In der Strafsache gegen »Steffen und andere« sind die Angeklagten zu folgenden Strafen verurteilt worden:

Kurt Steffen, Reichsleiter,
zu 5 Jahren Zuchthaus,
Erich Lodemann,
zu 3 Jahren 6 Monaten Zuchthaus,
Willi Specht,
zu 3 Jahren Zuchthaus,
Margarete Weider,
zu 2 Jahren 9 Monaten Zuchthaus,

Kurt Smettan,
zu 2 Jahren 9 Monaten Zuchthaus,
Jakob Weber,
zu 2 Jahren Zuchthaus,
Hans Eckel,
zu 1 Jahr 6 Monaten Gefängnis,
Berta Waterstradt,
zu 1 Jahr Gefängnis.

Die Angeklagten Herta Birkner und Alfred Rath-Lechner sind freigesprochen worden.

Die bürgerlichen Ehrenrechte sind den Angeklagten Kurt Steffen auf die Dauer von 5 Jahren, Lodemann auf die Dauer von 4 Jahren, Specht, Weider und Smettan auf die Dauer von 3 Jahren und Weber auf die Dauer von 2 Jahren aberkannt worden. Bei diesen Angeklagten ist auch Polizeiaufsicht zulässig.

[...]

Obiger Vorgang gilt hier als abgeschlossen. Über die Aushebung des Bundes in Hamburg erfolgt nach Abschlussmeldung des Gestapa besondere Mitteilung.

Ebd., R 58/736, Bl. 132 f.

c) *Verfolgung christlich-konservativer Opposition. Ernst Wiechert und Martin Niemöller*

Schreiben der Gestapo (Stapoleitstelle München) an die Stapoleitstelle Düsseldorf vom 18. Juli 1938 [Auszug]

Die am 6. 5. 38 erfolgte Inschutzhaftnahme des Wiechert wurde auf Grund einer ganzen Anzahl von Vorgängen angeordnet.

So hatte W. die Aufnahme erholungsbedürftiger Kinder der NSV. gegenüber abgelehnt mit dem Bemerken, er sei entsprechend dem Verbot seiner Auslandsvorlesungen auch nicht geeignet deutsche Kinder, die ihm von der Partei zugeschickt werden sollen, in seinem Hause zu pflegen. Weiter teilte Wiechert der NSV. Wolfratshausen mit, daß er seine Beiträge zur NSV. und zum WHW. kündige, weil Pfarrer Niemöller in ein KL. gebracht worden sei. Er werde die Beiträge so lange der Frau Niemöller und ihren 8 Kindern zukommen lassen, bis Pf. Niemöller wieder entlassen sei, und auch auf ihn das Wort der letzten Reichstagsrede »Recht muss Recht sein auch für Deutsche« Anwendung gefunden habe.

Schließlich lehnte er ab, der Vorladung des Kreisleiters der NSDAP. Wolfratshausen Folge zu leisten, mit dem Zusatz: »Doch steht es Ihnen ja frei, falls es sich mit der gültigen Rechtsauffassung vereinbaren lässt, mich polizeilich vorführen zu lassen.«

Die Sichtung der bei W. beschlagnahmten Schriften sowie seine Vernehmung ergaben gleichfalls weiteres bela-

---

NSV: Nationalsozialistische Volkswohlfahrt, sozialpolitisches Instrument des NS-Staates zur ›Volkspflege‹, finanziert aus halbfreiwilligen Mitgliederbeiträgen und Einkünften des WHW.

Verbot seiner Auslandsvorlesungen: Anfänglich von der NS-Literaturbürokratie noch mit Sympathie bedacht, geriet Wiechert nach verschiedenen öffentlichen Absagen an die Kulturpolitik des Dritten Reichs seit 1935 ins Visier der »Abwehr«. Seine Lesungen wurden von der Gestapo überwacht, 1938 eine Lesereise ins Ausland nicht genehmigt.

WHW: Winterhilfswerk; faktisch der NSV unterstehend; hauptsächlich im Spendenbereich aktiv.

Niemöller: Martin N. (1892–1984); wesentlicher Kopf des evangelischen Widerstandes gegen die Gleichschaltungsmaßnahmen der NS-Regierung (›Bekennende Kirche‹). 1937 verhaftet, 1938 als »persönlicher Gefangener des Führers« ins KZ Sachsenhausen (später KZ Dachau) gebracht. Blieb bis Kriegsende in Haft.

stendes Material, sodaß die Einweisung des W. in das KL. Sachsenhausen verfügt wurde.

Nordrhein-Westfälisches Hauptstaatsarchiv Düsseldorf, Gestapo-Akten/Stapostelle Düsseldorf RW 58–34 87, Bl. 49. – Mit Genehmigung des Nordrhein-Westfälischen Hauptstaatsarchivs, Düsseldorf.

Tagebucheinträge Goebbels' vom 4. August 1938 und vom 30. August 1938 [Auszug]

[4. August 1938.] Vernehmungsprotokoll von dem sogen. Dichter Wiechert gelesen. So ein Stück Dreck will sich gegen den Staat erheben. 3 Monate Konzentrationslager. Dann werde ich ihn mir persönlich kaufen.

[...]

[30. August 1938.] Ich lasse mir den Schriftsteller Wiechert aus dem K.Z. vorführen und halte ihm eine Philippika, die sich gewaschen hat. Ich dulde auf dem von mir betreuten Gebiet keine Bekenntnisfront. Ich bin in bester Form und steche ihn geistig ab. Eine letzte Warnung! Darüber lasse ich auch keinen Zweifel. Der Delinquent ist am Schluß ganz klein und erklärt, seine Haft habe ihn zum Nachdenken und zur Erkenntnis gebracht. Das ist sehr gut so. Hinter einem neuen Vergehen steht nur die physische Vernichtung. Das wissen wir nun beide.

Die Tagebücher von Joseph Goebbels. Im Auftrag des Instituts für Zeitgeschichte und mit Unterstützung des Staatlichen Archivdienstes Rußlands. Hrsg. von Elke Fröhlich. Tl. 1: Aufzeichnungen 1923–1941. Bd. 6: August 1938 – Juni 1939. München: K. G. Saur, 1998. S. 32, 64. – Mit Genehmigung von Cordula Schacht, Bernau.

Briefliche Auskunft des Leiters der Abt. VIII (Schrifttumsabt.) im Propagandaministerium, WILHELM HAEGERT, für den Staatssekretär im Reichsjustizministerium, Hans Pfundter, vom 13. Januar 1940, »Betr.: Ernst Wiechert« [Auszug]

Nach seiner Entlassung wurde dem Schriftsteller durch den Herrn Reichsminister Gelegenheit gegeben, seine Einstellung zu revidieren. So wurde zunächst sein durch die Inhaftierung notwendig gewordener Ausschluß aus der Reichsschrifttumskammer auf dem Gnadenwege gestundet und er selbst zum ersten vom Reichspropagandaministerium veranstalteten »Großdeutschen Dichtertreffen« in Weimar eingeladen. Wiechert hat bei einem Empfang durch den Herrn Minister zum Ausdruck gebracht, daß er dieses Entgegenkommen als besonderen Gnadenerweis ansehe und sich in Zukunft bemühen werde, sich dessen würdig zu erweisen. Aus diesem Grunde wurde von einem Verbot der Bücher Wiecherts abgesehen, die nach wie vor im Buchhandel vertrieben werden können. Es ist ihm lediglich zur Auflage gemacht worden, jedes neue Werk vor Erscheinen zur Durchsicht vorzulegen.

Bundesarchiv Berlin-Lichterfelde, R 18/Nr. 5645, Bl. 99. – Mit Genehmigung des Bundesarchivs, Berlin.

d) *Druck und Protektion. Der »Fall Gottfried Benn«*

Gottfried Benn an Friedrich Wilhelm Oelze; Brief vom 24. Juli 1934, Berlin [Auszug]

Lieber sehr verehrter Herr Oelze,

ich antwortete Ihnen nicht, weil ich das, was ich antworten möchte, einem Brief nicht anvertrauen kann. Ich bin ganz Ihrer Meinung. Es giebt keine Worte mehr für diese Tragödie. Ein deutscher Traum – wieder einmal zu Ende –:

[...]

Gottfried Benn: Briefe. Bd. 1: Briefe an F. W. Oelze 1932–1945. Hrsg. von Harald Steinhagen und Jürgen Schröder. Vorwort von F. W. Oelze. Wiesbaden/München: Limes Verlag, 1977. S. 36. –

Benn an F. W. Oelze; Brief vom 18. November 1934, Berlin [Auszug]

Es liegt schon wieder alles so weit hinter mir, kommt mir so ungelungen vor, so infantil. Möglich, dass ich hier alles hinter mir lasse: Wohnung, Praxis, Berlin u. in die Reichs-

---

Oelze: Friedrich Wilhelm O. (1891–1978); Bremer Großkaufmann, seit 1932 enger Briefvertrauter Benns.

Tragödie: Spielt auf die Röhm-Affäre vom 30. Juni 1934 an, in dessen Folge es zu Mord- und Gewaltaktionen auch über den Kreis ursprünglich Betroffener kam. Das von Hitler beorderte Massaker wurde im Juli 1934 nachträglich als ein Akt von Staatsnotwehr legalisiert.

wieder einmal zu Ende: Der Brief B.s markiert den Zeitpunkt seiner endgültigen Abkehr vom NS-Regime, das er nach der Machtergreifung zuerst unterstützt hatte.

in die Reichswehr: Der Entschluß wird mit Antritt einer militärztlichen Stelle in Hannover im April 1935 realisiert.

wehr zurückkehre, man hat mir von da eine ganz günstige Offerte gemacht. Dann hätte ich wirtschaftlich etwas Ruhe u. müsste *alle* Verbindungen lösen, die ich hier habe, einschl. Akademie etc – und gerade das ist es, was ich möchte. *Raus* aus allem; u. die R.[eichs]W.[ehr] ist die aristokratische Form der Emigrierung!

Ebd. S. 39.

Benn an Tilly Wedekind; Brief vom 9. Mai 1935, Hannover [Auszug]

Bei mir sehr peinliche Situation, da V.[ölkischer] B.[eobachter] die Sache aus dem »Schwarzen Korps« aufgegriffen u. weiterverarbeitet hat. Dienstliche Meldung heute von mir beim Gen.[eral] erfolgt. Sehr möglich, daß ich verabschiedet werde! Diese Lumpen u. Stinktiere hätten dann wieder einen der verhaßten Künstler umgelegt: Ich bin in einer scheußlichen Lage. Habe mich an H. J. gewendet, ob er mir

---

Verbindungen lösen ... einschl. Akademie: Benn war seit 1932 Mitglied der Preuß. Akademie der Künste, an ihrer politischen Neuausrichtung nach der Machtergreifung war er maßgeblich beteiligt (siehe auch im vorliegenden Band S. 31).

Tilly Wedekind: Schauspielerin (1886–1970); Frau des Dramatikers Frank W. (seit 1918 verwitwet); in den 30er Jahren in engem Kontakt mit Benn.

Sache aus dem »Schwarzen Korps«: In dem Organ der SS war am 7. Mai 1936 ein anonymer Artikel erschienen, der unter der Überschrift »Selbsterreger« Benns Lyrik als »Schweinerei« bezeichnete. Der *Völkische Beobachter* brachte in seiner norddeutschen Ausgabe am 8. Mai 1936 eine Zusammenfassung dieser Kritik.

H. J.: Hanns Johst; zwischen Benn und Johst hat es in den Jahren 1933/34 eine engere literaturpolitische Zusammenarbeit gegeben, die u. a. zu einem gemeinsam unterzeichneten Aufruf im *Völkischen Beobachter* geführt hatte (VB vom 1. 3. 1934). Zum Zeitpunkt des Schreibens von Benn an T. Wedekind war Johst Präsident der Reichsschrifttumskammer und SS-Brigadeführer.

eine Ehrenerklärung abgeben will. Sonst unweigerlich Ehrengericht gegen mich (3 alte Majore dabei u.) mit fraglichem Ausgang. Ich habe große Zweifel, daß J. reagiert. Er ist ja vom selben Schlag.

Gottfried Benn: Den Traum alleine. Neue Texte, Briefe, Dokumente. Wiesbaden: Limes Verlag, 1966. S. 94. – Abdruck mit Genehmigung des Verlages Klett-Cotta, Stuttgart.

Brief Wolfgang Willrichs an Benn vom 27. August 1937, Berlin [Auszug]

Selbstredend gedenke ich meine Angriffe gegen Ihre literarische Greuelproduktion von ehedem genau so lange aufrecht zu erhalten, wie ich von der Richtigkeit und Notwendigkeit dieser Angriffe überzeugt bin, und Sie keine gültigen Gegenbeweise aufbringen. [...]

Zweifel, daß J. reagiert: Seinen Einfluß voll ausspielend, gelang es Johst, die Attacke auf Benn vorerst abzuwenden. Dafür wurde u. a. ein Schreiben Benns für die Militärbehörden notwendig, mit dem er beeiden mußte, nicht »schwul« zu sein.

Wolfgang Willrichs: Maler und Publizist (1897–1948); Willrich war entscheidend an den Vorbereitungen zur Ausstellung sog. »Entarteter Kunst« im Sommer 1937 in München beteiligt; seit 1934 stand er in Diensten des Reichsministers für Ernährung und Landwirtschaft, Walter Darré – »ich verkünde zugleich mit Bild und Wort, an Beispiel und Gegenbeispiel das Ziel der Volksaufartung« (Brief an Darré, 1. November 1936).

meine Angriffe: Willrich hatte in seiner 1937 erschienenen kulturpolitischen Kampfschrift *Säuberung des Kunsttempels* Benn als »Kulturbolschewisten« und seine Gedichte als »Ekelhaftigkeiten« bezeichnet. Gegen das Erscheinen des Buches, das für die Gestaltung der Ausstellung »Entartete Kunst« wegweisend wurde, hatte Benn beim Verleger Willrichs, Julius Friedrich Lehmann, Protest eingelegt. Der Brief Willrichs an Benn ist unmittelbare Reaktion auf diese Korrespondenz.

Die große Münchener Ausstellung »Entartete Kunst« ist ja inhaltlich die harmloseste Gartenlaube im Vergleich mit Ihrer »Fleisch«-Lyrik, Ihrem »Vermessungsdirigenten« und all den anderen Perversitäten, die Sie literarisch ausgeschlachtet und durchgekostet haben. Dix, Grosz und Konsorten mitsamt ihrer Bordellgraphik und Obszönitätenmalerei, sie sind ja gar nicht viel mehr als die Illustratoren Ihrer Greuelvorstellungen. [...]

Jedenfalls ist das Eine sicher: wenn jemand genannt werden muß als spiritus rector der bolschewistischen Wollust am Ekelhaften, die in der entarteten Kunst ihre Orgien feierte, dann haben *Sie* ein Anrecht darauf, an erster Stelle angeprangert zu werden, gleichviel, ob mit oder ohne Herrn Johsts Gutachten.

Joseph Wulf: Literatur und Dichtung im Dritten Reich. Eine Dokumentation. Gütersloh: Mohn, 1963. S. 120f. – © 2001 Econ Ullstein List Verlag GmbH, München.

Schreiben des Reichsführers-SS, Heinrich Himmler, an Wolfgang Willrich vom 18. September 1937, Berlin [Auszug]

Ich kenne den Fall *Benn* sehr gut und halte das Aufrollen dieses Falles von Ihrer Seite für unnötig.

Benn hat ohne Zweifel früher diese Gedichte geschrieben. Die Meinung des Führers auf dem Gebiete der Kunst ist jedoch folgende:

Ausstellung »Entartete Kunst«: Willrich gehörte zur »Kommission für die Beschlagnahme von Kunstwerken für die Ausstellung ›Entartete Kunst‹« an und war mitverantwortlich für deren Einrichtung.

Dix, Grosz: Von Otto Dix (1891–1968) waren bei der Münchner Ausstellung insgesamt 26 Werke, von Georg Grosz (1893–1959) 20 zu sehen.

Die Künstler hatten 4 Jahre Zeit, um sich zu ändern und Kunstschöpfungen, die Zerfallserscheinungen sind, nicht mehr in die Welt zu setzen, sondern wirkliche Kunst zu schaffen.

Benn hat sich seit dem Jahre 1933 und auch schon früher in nationaler Hinsicht absolut einwandfrei gehalten. Jetzt wie ein Amokläufer gegen diesen Mann vorzugehen, der sich gerade im internationalen Leben einwandfrei für Deutschland gehalten hat, halte ich für unnötig und unsinnig.

Ich habe meinen gesamten Dienststellen verboten, sich in die Angelegenheit Benn irgendwie einzumischen.

Ich glaube wirklich, dass der Präsident der Reichsschrifttumskammer, Hanns Johst, [...] wohl in erster Linie für solche Frage zuständig ist.

Ebd. S. 123.

Einschreiben des Präsidenten der Reichsschrifttumskammer an Gottfried Benn vom 18. März 1938, im Auftrage gezeichnet von Wilhelm Ihde, Geschäftsführer der Kammer [Auszug]

Im Einvernehmen mit dem Herrn Reichsminister für Volksaufklärung und Propaganda schließe ich Sie [handschriftliche Randbemerkung »und der Präsident Johst weiß nichts davon!«] auf Grund des § 10 der Ersten Durchführungsverordnung zum Reichskulturkammergesetz vom 1. November 1933 (R. G. Bl. 1, S. 797) [handschriftliche Randbemerkung »Paragraph lautet ›wegen Nichteignung zum Schriftsteller!‹«] mit sofortiger Wirkung aus der Gruppe Schriftsteller meiner Kammer aus, da ich mich nicht mehr in der Lage sehe, Ihnen die für die Ausübung der schriftstellerischen Tätigkeit erforderliche Eignung zuzubilligen.

Auf Grund dieses Beschlusses verlieren Sie das Recht zu

jeder weiteren Berufsausübung innerhalb des Zuständigkeitsbereichs der Reichsschrifttumskammer.

Gottfried Benn 1886–1956. Eine Ausstellung des deutschen Literaturarchivs im Schiller-Nationalmuseum Marbach a. N. [Ausstellung und Katalog Ludwig Greve in Zus.arb. mit Ute Doster und Jutta Salchow. Deutsche Schillergesellschaft]. Marbach a. N., 2., durchges. Aufl. 1986. S. 242–244.

Hanns Johst an Heinrich Himmler; Brief vom 29. März 1938 [Auszug]

Mein Reichsführer, lieber Heini Himmler!

Vier Punkte möchte ich Ihnen in folgendem ganz kurz schreiben, um Sie möglichst wenig zu belasten. Ich wähle den Weg über Frau Marga, weil die Gute am besten weiss, wann Ihr Gatte einen Augenblick für Hanns Johst Zeit hat.

1.) Christa hat das Examen bestanden.

2.) *Gottfried Benn* ist plötzlich vom Minister Dr. *Goebbels* aus, aus meiner Kammer ausgeschlossen worden. Wie mir Herr Staatssekretär *Hanke* sagte, auf Veranlassung von Herrn Generalfeldmarschall *Göring*. Ich habe keine Ahnung wer den Herrn Ministerpräsident über den Fall *Benn* unterrichtet hat. Ich habe aber das Misstrauen, dass der Kunsthistoriker [Willrich], dem Sie damals Schweigen geboten, diesem Befehl nicht eindeutig nachgekommen ist. [...] Zum Fall *Benn* selbst: »Befehl ist Befehl!« und ich übe selbstverständlich jede Disziplin, nur fürchte ich, dass sowohl Herr Ministerpräsident *Göring*, wie Herr Reichsminister Dr. *Goebbels*, einseitig unterrichtet wurden und dass hier menschlich die Tragödie eines Schriftstellers beschwo-

---

Staatssekretär Hanke: Karl H. (1903–1945), enger Mitarbeiter von Goebbels; Staatssekretär im Reichsministerium für Volksaufklärung und Propaganda, Vizepräsident der Reichskulturkammer.

ren wird, der man besser mit Edelmut, mit Güte, adliger Nachsicht aus dem Weg gegangen wäre, denn wenn ich richtig unterrichtet bin, wird Herr *Benn* nicht nur aus der Kammer ausgeschlossen, sondern auch als Offizier aus der Armee gestrichen. Da er der Armee als Arzt dient, wird auf diese zwei Ausschlüsse hin die Ärztekammer nicht zögern und von sich aus gleichfalls die Existenz Gottfried *Benns* vernichten. Dies alles auf Gründe hin, die schon lange vor der Machterhebung zurück liegen. Wenn Sie mein Reichsführer hier, mit einem guten Wort, Güte und Revision erreichen könnten, das wäre sehr schön!

Gottfried Benn 1886–1956. Eine Ausstellung des deutschen Literaturarchivs im Schiller-Nationalmuseum Marbach a. N. [Ausstellung und Katalog Ludwig Greve in Zus.arb. mit Ute Doster und Jutta Salchow. Deutsche Schillergesellschaft]. Marbach a. N., 2., durchges. Aufl. 1986. S. 244f.

e) *Beschlagnahme »schädlichen Schrifttums«. Auszüge aus der ›Akte Irmgard Keun‹ im Reichssicherheitshauptamt*

Schreiben des Geheimen Staatspolizeiamtes (Gestapa) an die Reichsschrifttumskammer vom 24. September 1934, Berlin [Auszug]

Die Reichsstelle zur Förderung des deutschen Schrifttums hat bei mir die Beschlagnahme des in der Deutschen Verlags A.-G., Berlin (Universitas Verlags A.-G.), erschienenen

Güte und Revision: Benn blieb bis Kriegsende aus der Kammer ausgeschlossen, seine Stelle als Militärarzt der Wehrmacht durfte er behalten.

Reichsstelle zur Förderung des deutschen Schrifttums: Literaturpolitischer Apparat im Einflußbereich A. Rosenbergs; siehe dazu im vorliegenden Band S. 53.

Buches »Gilgi, eine von uns« von Irmgard Keun angeregt. Auf Seite 36, Abschnitt 1 soll die Schrift folgende Stelle enthalten:

> »An der Passage standen ein paar Nutten, brav, bieder und schlecht gelaunt. Ohne Schminke und Attropin könnte man sie für entlassene Telefonbeamtinnen halten.«

Nach Mitteilung der Reichsstelle zur Förderung des deutschen Schrifttums haben diese Ausführungen, die geeignet sind, das Ansehen der Postbeamten zu schädigen, bei Mitgliedern des Reichsbundes der deutschen Beamten Anstoß erregt.

Nach den hier vorhandenen Vorgängen ist das Buch »Gilgi, eine von uns« nach Auffassung des Gerichts nicht zu beanstanden. Bevor ich daher in der Angelegenheit eine Entscheidung treffe, bitte ich um gutachtliche Äußerung.

Bundesarchiv Berlin-Lichterfelde, R 58 / Nr. 914, Bl. 40. – Mit Genehmigung des Bundesarchivs, Berlin.

Antwortschreiben des Präsidenten der Reichsschrifttumskammer vom 1. Oktober 1934, Berlin, im Auftrag gezeichnet vom Geschäftsführer der Kammer, Gunther Haupt [Auszug]

Zweifellos ist die Druckschrift »Gilgi, eine von uns« in mancher Beziehung unerfreulich. Sie besitzt aber auch eine gewisse menschlich rührende Haltung. Ein Grund zu einem Verbot besteht meiner Auffassung nach nicht. Auch

»Gilgi, eine von uns«: 1931 erschienener Erstlingsroman von I. Keun; wurde wie das zweite Buch K.s, *Das kunstseidene Mädchen* (1932), rasch ein Publikumserfolg. Die Kritik lobte den unverstellten Blick auf die »Deutsche Wirklichkeit« (K. Mann) und die filmische Erzählart der Texte.

der von der Reichsstelle zur Förderung des deutschen Schrifttums angeführte Satz kann keinen Grund für eine Beschlagnahme der Druckschrift bilden. Der Satz will offenbar nicht Telefonbeamtinnen mit Strassendirnen vergleichen, sondern sagt lediglich von Strassendirnen, dass sie beinahe so bieder ausgesehen hätten, wie Telefonbeamtinnen. In dieser Darstellung kann ich keine Beleidigung des Beamtenstandes erblicken.

Ich bitte daher, von einer Beschlagnahme und Einziehung der Druckschrift abzusehen.

Ebd., R 58/Nr. 914, Bl. 41.

Anordnung der Reichsschrifttumskammer über schädliches und unerwünschtes Schrifttum vom 25. April 1935, Berlin [Auszug]

§ 1

Die Reichsschrifttumskammer führt eine Liste solcher Bücher und Schriften, die das nationalsozialistische Kulturwollen gefährden. Die Verbreitung dieser Bücher und Schriften durch öffentlich zugängliche Büchereien und durch den Buchhandel in jeder Form (Verlag, Ladenbuchhandel, Versandbuchhandel, Reisebuchhandel, Leihbüchereien usw.) ist untersagt.

§ 2

Die Reichsschrifttumskammer führt eine weitere Liste solcher Bücher und Schriften, die zwar nicht in die in § 1 erwähnte Liste aufzunehmen, jedoch ungeeignet sind, in die Hände Jugendlicher zu gelangen. [...]

---

von einer Beschlagnahme ... abzusehen: Nach Angaben des Verlages von I. Keun war der öffentliche Verkauf und Vertrieb ihres Romans, unabhängig des hier dokumentierten schriftlichen Vorgangs, im Okt. 1934 bereits eingestellt.

§ 3

Wer gegen die Bestimmungen der §§ 1 und 2 verstößt, rechtfertigt die Annahme, daß er die erforderliche Zuverlässigkeit und Eignung im Sinne des § 10 der Ersten Verordnung zur Durchführung des Reichskulturkammergesetzes vom 1. November 1933 (RGBl. I, S. 797) nicht besitzt. Er hat somit den Ausschluß aus der Reichsschrifttumskammer zu gewärtigen.

Anordnung der Reichsschrifttumskammer über schädliches und unerwünschtes Schrifttum. In: Börsenblatt für den Deutschen Buchhandel. Fachzeitschrift für Verlagswesen und Buchhandel (1935) Nr. 99, S. 338.

Einschreiben Irmgard Keuns an das Landgericht Berlin vom 29. Oktober 1935, Köln [Auszug]

Ich melde hierdurch folgenden Schadenersatzanspruch an: die Geheime Staatspolizei hat im Juli 1933 die gesamten Bestände meiner beiden Bücher »Gilgi, eine von uns« und »Das kunstseidene Mädchen« in den Räumen der Universitas Deutsche Verlags Akt.-Ges., Berlin W. 50, Passauer Str. 3 beschlagnahmt und an sich genommen. Ein Gerichtsurteil, das diese Beschlagnahme rechtfertigte, ist bis jetzt nicht erfolgt und auch nicht angestrebt worden.

Der mir entstandene Schaden begrenzt sich keineswegs mit meinen Urheberanteilen aller beschlagnahmten Bestände, sondern ergibt sich aus der erweislichen Tatsache, dass mein Monatseinkommen vor der Beschlagnahme sich auf mehrere tausend Mark belief und infolge der Beschlagnahme keine hundert Mark mehr beträgt. Aus diesem Grund bitte ich auch, mir für diesen Prozess Armenrecht zu gewähren.

Ich nehme Ihre Zuständigkeit an, da die Beschlagnahme in Berlin erfolgt ist.

Bundesarchiv Berlin-Lichterfelde, R 58/Nr. 914, Bl. 49. – Mit Genehmigung des Bundesarchivs, Berlin.

Schreiben des Gestapa Berlin an Irmgard Keun vom 26. November 1935 [Auszug]

Betr.: Beschlagnahme der Bücher »Gilgi, eine von uns« und »Das kunstseidene Mädchen«
[...]

Das Landgericht Berlin hat mir Ihr Schreiben, in dem Sie Schadenersatzansprüche wegen der Beschlagnahme der obengen. Bücher geltend machen wollen, zur Erledigung vorgelegt. Die Bücher sind von dem Herrn Präsidenten der Reichsschrifttumskammer in die Liste gemäss § 1 der Anordnung der Reichsschrifttumskammer über schädliches und unerwünschtes Schrifttum eingereiht und von mir entsprechend den bestehenden gesetzlichen Bestimmungen beschlagnahmt und eingezogen worden.

Schadensersatzansprüche stehen Ihnen mithin nicht zu.

Ebd. R 58/Nr. 914, Bl. 52.

Hausinternes Schreiben des Gestapa Berlin vom 28. Februar 1936 [Auszug]

Bezüglich der angeblichen Beschlagnahme sämtlicher Bestände in den Räumen der Universitas Deutsche Verlags-A. G. besteht die Möglichkeit, dass diese Beschlagnahme seinerzeit im Zug einer Reinigungsaktion mit durchgeführt worden ist.

Ebd. R 58/Nr. 914, Bl. 57.

f) *Österreich 1938. Hermann Brochs Weg ins Exil*

Brief HERMANN BROCHS an AnneMarie Meier-Graefe vom 15. August 1938, St. Andrews (Schottland) [Auszug]

[...] diese fünf Monate haben meine These von der Überflüssigkeit ästhetischer und sogar geisteswissenschaftlicher Produktion so gründlich bewiesen, wie ich es eben immer erwartet, wenn auch nicht gewünscht hatte, und obwohl es eine unerwünschte Zeit war, möchte ich sie aus meinem Leben nicht mehr missen. Nicht nur, weil es mir durchaus recht war, an dem allgemeinen Schicksal des Eingesperrtseins teilgenommen zu haben (– daß ich Dir die Karten aus der Zelle hatte schicken können, war ein besonderer Glücksfall, und ich danke Dir sehr für die Weitergabe der Nachrichten; es hätte sonst ein fürchterliches Dachau sich sofort ergeben –), also nicht nur das Gefängnis als solches war mir durchaus wertvoll, sondern auch das Erlebnis der Massenpsychose und des Terrors, aus dem sodann die sogenannte Freiheit bestand, u. z. in einem Maße, daß das Gefängnis ein geradezu paradiesischer Zustand dagegen gewesen ist. Und wenn ich es jetzt überblicke, so sehe ich, wie schon gesagt, daß selbst die Aufreihung der nackten Tatsa-

---

Meier-Graefe: Malerin; Ehefrau des 1935 verstorbenen Kunsthistorikers Julius M.-G.; 1949 heiratete sie in zweiter Ehe H. Broch.

diese fünf Monate: umfassen den Zeitraum vom Einmarsch der deutschen Truppen in Österreich am 12. März 1938 bis zur Emigrierung Brochs am 24. Juli 1938.

Schicksal des Eingesperrtseins: Broch war am 13. März 1938 in Alt Aussee (Steiermark), seinem damaligen Wohnort, denunziert und verhaftet worden. Wegen der noch unklaren »Rechts«-Lage unmittelbar nach dem »Anschluß« war es ihm aber gelungen, trotz seiner jüdischen Herkunft, freizukommen (31. März 1938), um dann von Wien aus seine Flucht vorzubereiten.

chen eine nicht zu bewältigende Aufgabe wäre; es genüge also festzustellen, daß ich ständig bedroht war, nicht etwa nur, weil jeder bedroht gewesen ist und weil die Nicht-Arier einfach auf der Straße zusammengefangen und nach Dachau verschickt worden sind, sondern auch noch überdies aus individuellen Gründen, so daß ich mir eine ganze Technik des Nichtzuhause-Schlafens etc. zurechtgelegt habe, um einer neuerlichen Verhaftung zu entgehen: das Widerwärtigste daran war, daß sich alle diese Maßnahmen vorzüglich um Geld gedreht haben, weil eben der jüdische Besitz unter jedem Vorwand enteignet werden muß, ich aber meinerseits alles vorkehren mußte, um meiner Mutter wenigstens einen Rest halbwegs gesicherten Einkommens zu retten (– was freilich heute oder morgen schon wieder umgestoßen sein kann –): ich durfte also einerseits meiner Mutter wegen, die ich überdies noch übersiedeln mußte, nicht wegfahren, andererseits mußte ich ebendeshalb, weil ich nicht Verhaftungsobjekt sein durfte, trachten, schleunigst davonzukommen, und zwischen diesem Regen und dieser Traufe hatte ich zu lavieren. Nebenher spielte sich der aufreibende und kostspielige Kampf um Paß und Visen ab, verschärft durch die Sperrung der Geldkonti, und zuguterletzt trat noch – nicht durch meine Schuld oder Unvorsichtigkeit – eine richtige Erpressergeschichte dazu, genug also, um sich bemüßigt zu fühlen, umsomehr als ich die Finanzsachen der Mutter so weit geordnet hatte, nunmehr raschestens abzureisen und nicht mehr das französische Vi-

nach Dachau verschickt: Die Verhaftung von Juden begann praktisch mit dem Tag der österr. Besetzung. Der erste Deportationszug von Wien aus ging Anfang April nach Dachau, der zweite einen Monat später. Das Vorgehen lag in den Händen von Gestapo und Sicherheitsdienst, der Name Adolf Eichmanns ist mit den Aktionen verbunden.

meiner Mutter: Brochs Mutter Johanna blieb in Österreich; im Mai 1942 wurde sie nach Theresienstadt deportiert und starb dort am 28. Oktober 1942 – an »Altersschwäche«, wie es offiziell hieß.

sum abzuwarten, mit dem ich vom Konsulat ständig weiter hingehalten worden bin. Dies ist die Geschichte meines direkten Fluges nach London.

Hermann Broch: Kommentierte Werksausgabe. Hrsg. von Paul Michael Lützeler. Band 13,2: Briefe 2 (1938–1945). Dokumente zu Leben und Werk. Frankfurt a. M.: Suhrkamp, 1981. S. 14f. –

g) *»Schädlinge des Volkes«. Ausbürgerungsliste deutscher Autoren*

Mitteilung der Schriftleitung des Börsenblatts für den Deutschen Buchhandel vom 8. Dezember 1936: »Schädlinge des Volkes«

Auf Grund des § 2 des Gesetzes über den Widerruf von Einbürgerungen und die Aberkennung der deutschen Staatsangehörigkeit vom 14. Juli 1933 (RGBl. I S. 480) wurde wieder eine Reihe von Reichsangehörigen der deutschen Staatsangehörigkeit für verlustig erklärt, weil sie durch ein Verhalten, das gegen die Pflicht zur Treue gegen Reich und Volk verstößt, die deutschen Belange geschädigt haben. In der Liste finden sich die Namen der nachstehend genannten Schriftsteller. Es bedarf keines Hinweises, daß ihre Werke, soweit das überhaupt noch der Fall war, vom deutschen Buchhandel nicht mehr geführt werden. [...]

Goldschmidt, Alfons, geb. am 28. November 1879 in Gelsenkirchen, ist Jude, ehemaliger Dozent in Leipzig und führendes Mitglied internationaler kommunistischer Vereinigungen. Nach seiner Emigration hetzte er besonders in den Städten Amerikas gegen das neue Reich.

Heiden, Konrad, geb. am 28. August 1901 in München ist ebenfalls Jude, war früher Schriftleiter der »Republikanischen Hochschulzeitung« in München. Er suchte im Saargebiet gegen Deutschland zu hetzen und setzte dann in Frankreich seine publizistische Tätigkeit mit den gemeinsten Presseverunglimpfungen der führenden Männer Deutschlands fort, mit Vorliebe in der Emigrantenzeitung des bereits ausgebürgerten Juden Georg Bernhard.

Hildebrand, Dietrich von, geb. am 12. Oktober 1889 in Florenz (Italien), ein ehemaliger außerordentlicher Professor der Philosophie in München, beteiligte sich in Österreich an der Gründung der katholischen Zeitung »Der Christliche Ständestaat«, in der er die niedrigsten Anwürfe gegen das Deutsche Reich veröffentlichte.

Mann, Thomas, geb. am 6. Juni 1875 in Lübeck. Er verließ nach dem Umschwung Deutschland und ließ sich mit seiner jüdischen Ehefrau Katharina geb. Pringsheim in der Schweiz nieder. Er beteiligte sich an zahlreichen deutschfeindlichen Kundgebungen internationaler jüdischer Verbände. Anläßlich einer Diskussion in einer bekannten Züricher Zeitung richtete er öffentlich gegen das Reich die schwersten Beleidigungen, die auch in der Auslandpresse auf starken Widerspruch stießen. Sein Bruder Heinrich Mann, sein Sohn Klaus Mann und seine Tochter Erika Mann sind wegen unwürdigen Auftretens im Ausland bereits vor einiger Zeit der deutschen Staatsangehörigkeit für verlustig erklärt worden.

Olden, Rudolf, geb. am 14. Januar 1885 in Stettin, war früher Redakteur am »Berliner Tageblatt«, wo er in vorderster Linie an der jüdisch-marxistischen Durchsetzung des deutschen Volkes arbeitete. Nach seiner Flucht aus Deutschland setzte er seinen gehässigen Kampf gegen alles Deutsche fort.

Otten, Karl, geb. am 29. Juli 1889 in Oberkrüchten, ein kommunistischer Schriftsteller, war mit einer Jüdin verheiratet und wandte sich nach der Machtübernahme im Ausland in besonders gehässiger Weise gegen Deutschland.

*

Wir erinnern bei dieser Gelegenheit besonders an folgende Namen aus den früheren Ausbürgerungs-Listen:

Becher, Johann Robert
Bekker, Paul
Bernhard, Georg
Brecht, Bertold
Breitscheid, Rudolf
Einstein, Albert
Feuchtwanger, Lion
Förster, Friedr. Wilh.
Frank, Leonhard
Graf, Oskar Maria
Haringer, Jakob
Hegemann, Werner
Herzfelde, Wieland
Hilferding, Rudolf
Hiller, Kurt
Hodann, Max
Jakob, Walter
Kerr, Alfred
Liepmann, Max Heinz
Mann, Erika
– Heinrich
– Klaus
Mehring, Walter
Nicolas, E. H. (Ottwalt)
Olden, Balder
Piscator, Erwin
Plivier, Theodor
Pol, Heinz
Schiff, Victor
Schmitt, H. (gen. Frank Arnau)
Seger, Gerhart
Stilgebauer, Edward
Toller, Ernst
Tucholsky, Kurt
Westheim, Paul
Wolf, Friedrich
Zweig, Arnold

Börsenblatt für den Deutschen Buchhandel. Fachzeitschrift für Verlagswesen und Buchhandel (1936) Nr. 285, S. 1073. – Mit Genehmigung der Buchhändler-Vereinigung GmbH, Frankfurt am Main.

4. »Schriftsteller im Einsatz«
Förderungsaktivitäten
der NS-Literaturbürokratie

a) *Buchwerbung*

»An den deutschen Buchhandel!« – Aufruf des ›Amtes für öffentliche Buchwerbung‹ in der ›Reichsstelle zur Förderung des deutschen Schrifttums‹ [September 1934, Auszug]

Auf ausdrücklichen Wunsch des vom Führer mit der Ueberwachung der gesamten weltanschaulichen Schulungsarbeit der Bewegung betrauten Reichsleiters Alfred Rosenberg hat das Amt für öffentliche Buchwerbung im Reichsüberwachungsamt der NSDAP in Gemeinschaft mit der Reichsschrifttumsstelle im Propagandaministerium den Roman von Alfred Karrasch

»Parteigenosse Schmiedecke«

wegen seiner vorbildlichen Haltung und Gesinnung in seine besondere Förderung genommen. Das fesselnd und mitreißend geschriebene Buch schildert den stillen, aber zähen und verbissenen Kampf, den Karl Schmiedecke, einfacher Werkmeister eines Industriekonzerns, aber zugleich einer der ältesten Mitkämpfer des Führers, gegen Marxismus und Reaktion zu bestehen hat. Es ist das hohe Lied des schlichten, selbstlosen, unbekannten Parteigenossen und soll daher weiteste Verbreitung finden.

Alfred Karrasch: Schriftsteller, Redakteur (1893–1973); erhielt 1934 für *Parteigenosse Schmiedecke* den Dietrich-Eckart-Preis der Stadt Hamburg (in Erinnerung an den »Mitkämpfer« Hitlers aus der Frühzeit der NSDAP).

Ich fordere Sie deshalb auf, sich mit in den Dienst der Sache zu stellen, der dieses Buch dienen will. Presse, Rundfunk und Film, behördliche Organe und der gesamte Propagandaapparat der Bewegung, werden in den nächsten Tagen und Wochen unablässig und eindringlich darauf hinwirken, das Buch bekanntzumachen. Tun Sie daher das Ihre, deutscher Buchhändler und Volksgenosse! [...]

Fordern Sie daher sogleich das vom Verlage zur Verfügung gestellte Werbematerial an. Setzen Sie sich unverzüglich mit den örtlichen Gliederungen der Partei, den Kreis- und Ortsgruppenleitern der PO, SA, SS und HJ, der NSBO und NS-Hago, den Organisationen der Arbeitsfront, den NS Frauenschaften, dem BDM und der NSKOV in Verbindung. Alle diese Gliederungen sind bereits auf Ihre Fühlungnahme vorbereitet und werden sich Ihnen zur Verfügung stellen.

Um den von den genannten Stellen bereits eingeleiteten Frontalangriff auf den lesenden deutschen Volksgenossen an die weitesten Schichten heranzutragen, veranstaltet das unterzeichnete Amt schließlich noch einen Schaufensterwettbewerb, dessen Bedingungen im Laufe der nächsten Tage durch das Börsenblatt besonders bekanntgegeben werden.

Deutsche Buchvertreter. Mitteilungsblatt der Arbeitsgemeinschaft deutscher Buchvertreter der Reichsschrifttumskammer (1934), S. 7.

PO: Parteiorganisationen.

NSBO und NS-Hago: Nationalsozialistische Betriebszellen-Organisation und Nationalsozialistische Handwerks-, Handels- u. Gewerbe-Organisation.

NSKOV: Nationalsozialistische Kriegsopferversorgung.

b) *Literaturpreisvergabe*

NS-Literaturpreise und ihre Träger 1933–38 [Auszug]

Nationaler Buchpreis. RM. 12 000. Jährlich am 1. Mai. St u. Vt: Der Reichsminister für Volksaufklärung und Propaganda.

Pt: Richard Euringer 34; Eberhard Wolfgang Möller 35; Gerhard Schumann 36; Friedrich Bethge 37; Die unbekannte Verfassergemeinschaft aus der österreichischen HJ. für den Gedichtband »Das Lied der Getreuen« 38.

[...]

Preise der NSDAP. für Kunst und Wissenschaft. RM. 20 000. St u. Vt: NSDAP.

Pt: Hanns Johst, Prof. Dr. Hans F. K. Günther 35; Heinrich Anacker, Prof. Dr. Philipp Lenard 36.

[...]

Heidelberg, Literatur-Preis der Stadt. RM. 4000. Jährlich. Für eine dramatische Dichtung, die sich für die Aufführung zu den Reichsfestspielen eignet. St: Stadt Heidelberg. Vt: Evtl. Verteilung durch die RSK.

[...]

Hilf-mit-Preis. RM. 3000. Meist jährlich, der genaue Zeitpunkt ist nicht festgelegt. St: Reichswaltung des NSLB. Vt: Reichswaltung des NSLB. unter Mitwirkung der Reichsstelle zur Förderung des deutschen Schrifttums.

Pt: 1. für die besten Jugenderzählungen: Max Breuel, Georg A. Oedemann, Karl Hans Watzinger, Heinrich Riepe, Erna Lühmann, Herbert Lange, Alfred Frank; 2. für die besten Jugendgedichte: R. A. Wiener, Heinrich Banniza

---

St: Stifter.

Vt: Verteiler des Peises.

Pt: Preisträger.

von Bazan, Suse Pfeilstnecker, Artur Dunker, Lucie Bohmer-Heilscher, von Auerswald.

[...]

SA.-Kulturpreise. Drei Preise für Dichtung und Schrifttum, für Musik und bildende Künste. RM. 2000. Jährlich am 23. Februar, dem Todestage Horst Wessels. St u. Vt: Die Oberste SA.-Führung.

Pt: Hans Zöberlein, Otto Paust 38.

[...]

Hans-Schemm-Preis für das deutsche Jugendschrifttum. RM. 3500 (RM. 2000, RM. 1000, RM. 500). Jährlich. St u. Vt: Reichsamtsleitung des NSLB.

Pt: Leopold Weber, Hjalmar Kutzleb, Clemens Laar 37; Gottfried Rothacker, Alfred Zacharias, Alfred Weidenmann 38.

Schillerpreis. RM. 7000. (Alle 6 Jahre.) St u. Vt: Der Reichsminister für Wissenschaft, Erziehung und Volksbildung.

Kürschners Deutscher Literatur-Kalender. Hrsg. von Gerhard Lüdtke und Kurt O. Fr. Metzner. Berlin: Walter de Gruyter, 1939. Sp. 245–252. –

c) *Propagandaplanung zur »Woche des Deutschen Buches«*

Arbeitsplan für die »Örtlichen Werbegemeinschaften« zur »Woche des Deutschen Buches« vom 25. Oktober bis 1. November 1936 [Auszug]

Im Auftrage des Herrn Reichsministers für Volksaufklärung und Propaganda wird die »Woche des Deutschen Buches 1936« von der Reichsschrifttumskammer veranstaltet und auf breitester Grundlage durchgeführt. Der Herr Präsident der Reichsschrifttumskammer hat wiederum die Reichsarbeitsgemeinschaft für Deutsche Buchwerbung mit der Durchführung beauftragt. Die Verantwortung für eine sorgfältige Vorbereitung und Durchführung in den Gauen tragen die Landesleiter der Reichsschrifttumskammer. Sie arbeiten mit allen in Frage kommenden Stellen von Bewegung, Staat und Wirtschaft zusammen. [...] Der diesjährigen »Woche des Deutschen Buches« steht das Motto voran:

»Das Volk lebt im Buch«

Es ist für die gesamte Werbung und alle Einzelmaßnahmen bestimmend.

I. Im Mittelpunkt der Werbung steht in diesem Jahr
die Verteilung von zehn Millionen
vierseitiger Werbeblätter,

aufgeteilt in fünf Gruppen unter den Leitgedanken:

Woche des Deutschen Buches: jährlich im Herbst stattfindende Buchwerbeveranstaltung, maßgeblich von der Schrifttumsabt. im Reichsministerium für Volksaufklärung und Propaganda organisiert.

»Arbeiter und Buch« vier Millionen,
»Jugend und Buch« drei Millionen,
»Frau und Buch« eine Million,
»Bauer und Buch« eine Million,
»Soldat und Buch« eine Million.

Die inhaltliche Ausgestaltung der Werbeblätter geschieht durch:

die Deutsche Arbeitsfront,
die Reichsjugendführung,
die NS.-Frauenschaft,
den Reichsnährstand,
das Kriegsministerium,

in Zusammenarbeit mit der Reichsschrifttumsstelle. [...]

Die Verteilung der zehn Millionen Werbeblätter [...] erfolgt durch

die Organisation der Deutschen Arbeitsfront,
die Organisation der Hitler-Jugend,
die Organisation der NS.-Frauenschaft,
die Organisation des Reichsnährstandes,
sowie durch die Wehrmacht (Heer, Marine, Luftwaffe).

[...]

II. Die Veranstaltungen während der »Woche des Deutschen Buches«

Reichsminister Dr. Goebbels eröffnet am Sonntag, dem 25. Oktober 1936, 11 Uhr vormittags, in der Weimar-Halle die »Woche des Deutschen Buches«.

Die feierliche Eröffnung wird als Reichssendung übertragen und von allen örtlichen Gliederungen der Hitler-Jugend im Reiche übernommen. Hitler-Jugend, Schülerschaft, Elternschaft und Lehrerschaft veranstalten zu diesem Zweck an jedem Ort eine gemeinsame Morgenfeier, in deren Mittelpunkt die Rede des Herrn Reichsministers steht. Die Morgenfeier soll die Bedeutung des Buches für unsere Jugend und die hohe erzieherische Aufgabe der Eltern- und Lehrerschaft im Dienste des deutschen Buches bekunden.

Im Laufe der Woche vom 25. Oktober bis 1. November wird dann an allen Orten im Reich die Hauptveranstaltung, zu der die Vertreter von Bewegung, Staat, Stadt und Wirtschaft geladen werden, stattfinden. Getragen wird sie von allen Organisationen. [...]

III. Pressepropaganda

Die Reichsarbeitsgemeinschaft führt, Anfang September beginnend, eine umfassende Pressepropaganda durch, deren Aufgabe es ist, die »Woche des Deutschen Buches« in der gesamten deutschen Tagespresse, in der Organisations- und Fachpresse propagandistisch vorzubereiten. [...]

IV. Die Zusammenarbeit mit dem deutschen Rundfunk

Für die »Woche des Deutschen Buches 1936« ist mit der Reichssendeleitung folgendes Rahmenprogramm zusammengestellt worden:

1. 24. 10. 36: Stimmungsbericht und Interviews aus Weimar. Ausschnitt aus der Festaufführung
   Reichssender Leipzig
2. 25. 10. 36: Übertragung von drei Reden aus der Kundgebung zur Eröffnung der »Woche des Deutschen Buches« . . . . Reichssendung
3. 25. 10. 36 bis 1. 11. 36: Vorberichte über die örtlichen Großveranstaltungen (mehrmals) . . alle Reichssender

   25. 10. 36 bis 1. 11. 36: Kurzberichte über die Großveranstaltungen, Lesungen der in den Großveranstaltungen sprechenden Dichter . . . . alle Reichssender
4. 25.10.36 bis 1. 11. 36: Funkeigenes Programm, dessen Zusammenstellung bis zum 1. September erfolgt sein soll . . . . alle Reichssender

5. 25. 10. 36 bis 1. 11. 36: Eigene Veranstaltungen der HJ. im Schulfunk . . . . alle Reichssender
6. 25. 10. 36 bis 1. 11. 36: Eigene Veranstaltungen der HJ. in der Stunde der jungen Nation (Hörspiel) Reichssendung

[...]

V. Filmpropaganda

Die beiden von der Reichsarbeitsgemeinschaft hergestellten Kulturfilme über das deutsche Buch haben als Vorprogrammfilme in ortsfesten Theatern in knapp einem Jahr zehn Millionen Besucher erfaßt. Um ihre starke Propagandawirkung noch mehr auszuwerten, läßt die Reichsarbeitsgemeinschaft eine hinreichende Anzahl von Schmalfilmkopien herstellen, die über die Abteilung Film der Reichspropagandaleitung an alle Schulen und Organisationen gegeben werden. [...]

VI. Plakat

Das Plakat der Buch-Woche 1936 wird wiederum vom Börsenverein verlegt. Die genauen Lieferungs- und Bezugsbedingungen werden gesondert im Börsenblatt bekanntgemacht. Das Plakat trägt das Motto der »Woche des Deutschen Buches 1936«:

»Das Volk lebt im Buch«

und soll wiederum in allen Dienststellen, Organisationen, Schulen usw. zum Aushang kommen. [...]

VII. Sonderausgaben von:

»Börsenblatt für den Deutschen Buchhandel«,
»Der Deutsche Buchhandlungsgehilfe«,
»Der Buchvertreter«.

Um jeden Angehörigen des deutschen Buchhandels restlos für die Ziele der »Woche des Deutschen Buches« zu aktivieren, erscheinen mit Einverständnis des Vorstehers des Bundes sowie des Börsenvereins Sondernummern der vorgenannten Zeitschriften. [...]

VIII. Örtliche Ausstellungen

In Weimar wird eine Buchausstellung gezeigt, nach deren Muster in folgenden Städten gleichfalls Ausstellungen durchgeführt werden:

Augsburg	Kiel
Bayreuth	Koblenz
Berlin	Köln
Bochum	Königsberg
Breslau	Leipzig
Dresden	Magdeburg
Düsseldorf	München
Essen	Münster
Frankfurt a. M.	Neustadt a. d. Weinstr.
Halle a. S.	Nürnberg
Hamburg	Oldenburg
Hannover	Potsdam
Harburg-Wilhelmsb.	Rostock
Karlsruhe	Stuttgart
Kassel	Würzburg

[…]

Das große kulturpolitische Ziel der »Woche des Deutschen Buches« verpflichtet alle Mitarbeiter zu restlosem Einsatz; denn Dienst am deutschen Buch ist Dienst am deutschen Volk!

Der deutsche Buchhandlungsgehilfe. Zeitschrift der Reichsfachschaft der Angestellten in Buchhandel und Verlag in der Reichsschrifttumskammer (1939) Nr. 9, S. 266–269.

d) ›*Außen*‹-*Propaganda: »Betrifft: Hermann Hesse«*

Schreiben des Reichsministers für Volksaufklärung und Propaganda an den Präsidenten der Reichsschrifttumskammer vom 11. Mai 1937, im Auftrag gez. von Schrifttumsreferent Rudolf Erckmann [Auszug]

Im Einvernehmen mit der Parteiamtlichen Prüfungskommission zum Schutze des NS-Schrifttums habe ich aus verschiedenen Gründen, insbesondere aus solchen außenpropagandistischer Art angeordnet, daß der Schriftsteller Hermann Hesse zukünftig keinerlei Angriffen mehr ausgesetzt und daß die Verbreitung seiner Bücher im Reiche nicht behindert werden soll. Zum gleichen Zeitpunkt, als eine dementsprechende Weisung an die deutsche Presse gegeben wurde, ist unglücklicherweise und ohne Verschulden der Schriftleitung, die davon noch nichts wissen konnte, im »Buchhändler im neuen Reich« eine kritische Glosse über das letzte Buch von Hesse erschienen. Da dem Dichter durch seinen Verleger bereits mündlich von dieser Haltung der amtlichen Stellen Kenntnis gegeben worden ist, erweist

---

Hermann Hesse: Hesse (1877–1962) war seit 1923 Schweizer Staatsbürger und lebte im Tessin, seine Distanz zum NS-Deutschland war bekannt und wurde im Dritten Reich (mind. bis 1937) auch öffentlich diskutiert.

Verbreitung seiner Bücher im Reiche: Während der Jahre 1933–45 waren zwanzig Buchtitel Hesses in Deutschland erhältlich. Die Gesamtauflage seiner Bücher in dieser Zeit liegt bei knapp einer halben Million. Verschiedene Titel wie *Unterm Rad* und *Der Steppenwolf* wurden in ihrer Verbreitung behindert. Nicht auf dem dt. Buchmarkt erscheinen konnte *Das Glasperlenspiel* (Verbot 1942).

Buchhändler im neuen Reich: im Zentralverlag der NSDAP erscheinendes Fachorgan unter der Schriftleitung Hellmuth Langenbuchers. Die anonym gehaltene Kritik »Hermann Hesse und der deutsche Buchhandel« findet sich in Heft Nr. 4 des Jahrgangs 1937.

es sich als notwendig, nach jener Glosse auch den deutschen Verlag und das deutsche Sortiment über die obenerwähnte Stellungnahme zu unterrichten, zumal die genannten Ausführungen einen sofort spürbaren Boykott der Bücher Hesses zur Folge hatten.

Bundesarchiv Berlin-Lichterfelde, R 56 V/96, Bl. 177.
– Mit Genehmigung des Bundesarchivs, Berlin.

e) *Dichterlesungen*

Bekanntmachung der ›Reichsarbeitsgemeinschaft für deutsche Buchwerbung‹ und der ›Arbeitsgemeinschaft der Literarischen Gesellschaften und Vortragsveranstalter‹ in der Reichsschrifttumskammer vom 15. September 1936, gez. HEINZ WISMANN (Leiter der Schrifttumsabt. im Propagandaministerium) [Auszug]

Die umstehende Anschlußtafel Ausgabe A gibt eine Übersicht über die bisher zur Buchwoche und für das Winterhalbjahr 1936/37 abgeschlossenen und geplanten Dichterlesungen. [...]

Die laufenden Veröffentlichungen dieser Anschlußtafel sollen [...] Veranlassung sein, daß der Gesamtbuchhandel sowie alle Vortragsveranstalter sich der gebotenen Anschlußmöglichkeiten bedienen.

Die Vortragsabteilung steht jederzeit zur weiteren Auskunft sowie zur Vermittlung von Vortragsanschlüssen zur Verfügung.

[...]

Reichsarbeitsgemeinschaft ... Arbeitsgemeinschaft: Das Aufgabengebiet o. g. Arbeitsgemeinschaften fiel ab 1937 bzw. 1939 zu großen Teilen der Abt. VIII im Propagandaministerium zu.

Gau Kurmark
und Gau Berlin

Paul Alverdes
Eberswalde, Mitte X.
Josefa Berens-Totenohl
Berlin, 2. Hälfte II.
Friedrich Bethge
Berlin, Mitte XI.
Rudolf G. Binding
Berlin, 8. XII.
Friedrich Bischoff
Potsdam, 28. X., BW.
Berlin, Termin noch nicht bestimmt.
Bruno Brehm
Berlin, 6. X.
Karl Bröger
Berlin, 28. X., BW.
Heinrich Eckmann
Berlin, 8. X.
Wolfgang Götz
Schneidemühl, 23. IX.

Friedrich Griese
Frankf. a. O., 11. XI.
Robert Hohlbaum
Berlin, BW.
Hanns Johst
Berlin, BW.
Martin Luserke
Berlin, 11. X.
Börr. v. Münchhausen
Templin, 31. X., BW.
Rudolf Paulsen
Berlin, 11. X.
Felix Timmermans
Berlin, 18. I.
Helene Voigt-Diederichs
Frankf. a. O., Mitte II.
Josef Weinheber
Berlin, BW.
Heinrich Zillich
Berlin, 10. X.

Börsenblatt für den Deutschen Buchhandel. Fachzeitschrift für Verlagswesen und Buchhandel (1936) Nr. 219, S. 813, 815.

Gau Kurmark und Gau Berlin: Insgesamt sind auf der »Anschlußtafel« über 300 Lesungen in insgesamt 30 »Gauen« des Reichsgebiets (inkl. »Gau Danzig« und »Ostpreußen«) verzeichnet. Der Großteil der Lesungen wird von einem festen Kreis dt. und österr. Autoren bestritten, die von Veranstaltung zu Veranstaltung ›touren‹.

BW: aus Anlaß der »Woche des deutschen Buches 1937« angesetzte Lesungen.

Vermerk des stellvertr. Leiters der Abt. VIII (Schrifttumsabt.) im Propagandaministerium, Johannes Schlecht, vom 15. April 1940, Stichwort »Pflege und Betreuung der Dichterlesung« [Auszug]

Als Ganzes gesehen stellt die Dichterlesung einen wichtigen Faktor der nationalsozialistischen Kulturpflege dar. Sie kann selbstverständlich auch für bestimmte Zwecke der politischkulturellen Volksaufklärung oder für volksbildnerische Aufgaben in Anspruch genommen werden.

Im Sinne ihres Auftrages ist die Schrifttumsabteilung des Ministeriums verpflichtet, die Dichterlesung im totalen Sinne zu betreuen. Sie hat dafür Sorge zu tragen, dass die Dichterlesung im allgemeinen gepflegt und gefördert wird und dass diejenigen Dichter besonders herausgestellt werden, deren Werk und Person in kulturpolitischer Hinsicht besonders erwünscht ist. Um den Einsatz der Autoren zu regeln, wurde das Vortragsamt im Werbe- und Beratungsamt für das deutsche Schrifttum als nachgeordnete Dienststelle der Schrifttumsabteilung damit beauftragt, das Dichterlesungswerk zu betreuen. Diese Massnahme hat sich in der Praxis seit Jahren hervorragend bewährt. Die für Lesungen geeigneten Dichter wurden nach bestimmten Richtlinien den literarischen Vereinen, den Verbänden und Organisationen (beispielsweise der HJ, den Soldatenbünden oder V[olksbund für das] D[eutschtum im] A[usland] usw.) vermittelt und zur Verfügung gestellt. Im Zusammenwirken mit der Partei wurde dafür Sorge getragen, dass nur diejenigen Autoren in die Vorschlagsliste für Dichter-

Reichsinnenminister Wilhelm Frick (M.) empfängt österreichische Schriftsteller (v. l.: F. A. Belmede, H. Kloepfer, S. Keller, F. Tumler, Frick, I. Widmann, F. Nabl, K. H. Strobl, Gauleiter H. Krebs)

lesungen aufgenommen wurden, die im Neuen Reich erwünscht sind.

Bundesarchiv Berlin-Lichterfelde, R 56 V/116, Bl. 29f.
– Mit Genehmigung des Bundesarchivs, Berlin.

f) *Dichterreisen*

Otto Henning: »Dichterfahrt ins Kampfgebiet des Westens« [1940, Auszug]

Es ist wohl einmalig in der Geschichte unseres Volkes und unserer Kultur, daß vom Staat und der Wehrmacht Dichtern die Möglichkeit gegeben wurde, nur ganz kurze Zeit nach dem Abschluß der Kampfhandlungen die Kampfstätten zu besichtigen, auf denen sich das Schicksal eines Volkes für Jahrhunderte entschieden hat. Die Fahrt, zu der die Abteilung Schrifttum des Reichsministeriums für Volksaufklärung und Propaganda und das Oberkommando der Wehrmacht vierzehn namhafte deutsche Dichter eingeladen hatten, ging von Baden-Baden über Kehl, Straßburg, die Maginotlinie nach Metz, Douaumont, Verdun, Varennes, Château Thiérry nach Paris, Fontainebleau, von dort über St. Germain, Abbeville, Flixecourt nach Le Touquet, Calais, Ypern, Kemmel, Langemarck, Gent, Brüssel zurück nach Köln.

Sinn und Zweck dieser Dichterfahrt war, deutsche Dichter unmittelbare Zeugen dieses einzigartigen Heldenkampfes unserer Truppen im Westen werden zu lassen, damit sie diesem größten Kriegsgeschehen aller Zeiten vielleicht später einmal in der einen oder anderen dichterischen Form unvergänglichen Ausdruck geben. Wie alle Stämme und Jahresklassen unseres Volkes in diesem Kampfe standen, so war auch die Auswahl der Dichter so getroffen worden, daß die Vielfalt der Landschaft, Gaue und Generationen vertreten war. Es nahmen teil: Hans Friedrich Blunck, Bru-

Buchberichte
für größere Büchereien

Beiheft der „Bücherei". Zeitschrift der Reichsstelle für das Volksbüchereiwesen

Bearbeitet vom Arbeitsausschuß für Buchberichte und Besprechungswesen

Jahrgang 3 1940 Heft 1/2

Die Sprache ist das untrügliche vollständige, unwillkürlich alle Züge enthaltende Bild des Charakters jedes Volkes: Das wahre Gesicht seines Innern und die Stimme seines Herzens

RUDOLF G. BINDING

Die deutsche Sprache

In diesem Kriege wird alles Waffe. Es ist zu wenig bekannt, in welchem Ausmaße der deutsche Kampf schon seit langer Zeit auf geistigem Gebiete mit dem kostbarsten und mächtigsten Mittel, der Sprache, geführt wird. Thierfelders Buch „Deutsch als Weltsprache", mit dem wir unsere Reihe eröffnen, gibt hiervon eine deutliche Vorstellung. Es darf einen Ehrenplan in der großen Bücherei beanspruchen. Die folgenden Werke bringen das Element der Sprache unserem Volke zunächst von praktischen Gesichtspunkten, und schließlich betrachtend, erkennend zum Bewußtsein. Sie eignen sich — von Schneider bis Panzer und Linnartz — für jede städtische Bücherei. Schröders Aufsätze sind streng wissenschaftlich gehalten. Der abschließende Band „Die deutsche Sprache" läßt die Meister selbst zu Worte kommen.

Franz Thierfelder: Deutsch als Weltsprache. Erster Band: Die Grundlagen der deutschen Sprachgeltung in Europa. Berlin: Verlag für Volkstum, Wehr und Wirtschaft. Kurzeja 1938. 221 Seiten. Lw. 8.50

Dieses auf mehrere Bände berechnete Werk untersucht die Bedeutung der deutschen Sprache in der Welt. Der bis jetzt erschienene erste Band, der die deutsche Sprachgeltung innerhalb Europas behandelt, bietet eine reiche Fülle von Aufsätzen verschiedenster Art, die sich ebenso durch wissenschaftliche Gründlichkeit wie gute Lesbarkeit auszeichnen. Thierfelder geht aus von dem Preisausschreiben der Berliner Akademie der Wissenschaften aus dem Jahre 1783: „Was hat die französische Sprache zur Weltsprache gemacht?" In geschickter Weise werden dem geschichtlichen Rückblick über die Geltung der deutschen Sprache vom 17. Jahrhundert bis zur Gegenwart wesentliche Thesen Antoine Rivarols zugrunde gelegt, der jenes Preisausschreiben gewann. Es folgen Untersuchungen über gewachsene und künstliche Weltsprachen und über die Schwierigkeiten, die der Ausländer bei der Erlernung des Deutschen zu überwinden hat. Das führt zur Frage des Deutschunterrichts in den europäischen Ländern, wobei grundsätzliche Forderungen ausgesprochen werden, die an den deutschen Auslandslehrer zu stellen sind. Neben der Unterrichtsmethodik, der Bedeutung der deutschen Literaturgeschichte werden auch Fragen erörtert wie „Das deutsche Buch im Ausland", „Welche Bücher sollen nicht in fremde Sprachen übersetzt werden?", „Der Tonfilm als Sprachwerber",

Titelseite

no Brehm, Karl Bröger, Hermann Burte, Hermann Eris Busse, Friedrich Griese, Fritz Helke, Hanns Johst, Kurt Kluge, Erwin Guido Kolbenheyer, Wilhelm Pleyer, Friedrich Schnack, Hans Watzlik, Erwin Wittstock, als Reisebegleiter von seiten des Reichsministeriums für Volksaufklärung und Propaganda Regierungsrat Dr. Erckmann und Dr. Henning, und von seiten des Oberkommandos der Wehrmacht Leutnant Siegmund Graff.

Börsenblatt für den Deutschen Buchhandel. Fachzeitschrift für Verlagswesen und Buchhandel (1940) Nr. 191, S. 289.

g) *Frontschrifttum*

Vorlage Walter Tiesslers, des Leiters des »Reichsrings für nationalsozialistische Propaganda und Volksaufklärung«, für den Reichsminister für Volksaufklärung und Propaganda vom 27. Februar 1942, Berlin, »Betr.: Literatur für die Front« [Auszug]

Anlässlich einer Besprechung über andere Fragen habe ich heute bei Parteigenossen Dr. Stellrecht, dem Stabsleiter des Reichsleiters Rosenberg, die Frage der Literatur für die Front angeschnitten. Dr. Stellrecht teilt den Gesichtspunkt des Herrn Ministers vollkommen. In erster Linie werde an der Front leichtes Schrifttum aller Art verlangt. Weltanschauliches Schrifttum werde bedeutend weniger verlangt als anderes, sodass es genüge, bei Sendungen von Schrifttum ausser 95% der Literatur in Kriminal-Romanen und ähnlichem Schrifttum zu schicken, 5% weltanschauliche Literatur beizufügen. Aber auch hier müsse darauf Obacht gegeben werden, dass nicht schwere Kost verabreicht werde, sondern leicht fassliche.

Die Dienststelle Rosenberg habe es sich zur besonderen Aufgabe gemacht, derartiges Schrifttum zu schaffen. Wenn

Gutachtenanzeiger

Beilage zur „Bücherkunde" Ausgabe B und D

Nr. 1 — Januar 1942 — 8. Jahrgang — (vom 1. bis 31. Dezember 1941)

Der „Gutachtenanzeiger" kann nur gemeinsam mit der „Bücherkunde" als Ausgabe B und D bezogen werden. Monatlicher Bezugspreis der Ausgabe B und D Reichsmark —.90. Nachbestellungen auf den „Gutachtenanzeiger" werden nur an Bezieher der „Bücherkunde" ausgeführt. Einzelpreis Reichsmark —.25. Der monatliche „Gutachtenanzeiger" erscheint als Beilage der „Bücherkunde" ab Nov. 1935. Der „Gutachtenanzeiger" der „Bücherkunde" wird herausgegeben als

Organ des Hauptamtes Schrifttumspflege bei dem Beauftragten des Führers für die Überwachung der gesamten geistig. u. weltanschaulich. Schulung u. Erziehung der NSDAP.

Der „Gutachtenanzeiger" der „Bücherkunde" erscheint wie die „Bücherkunde" im Gauverlag Bayerische Ostmark GmbH., Bayreuth.

Zu fördernde Bücher

Die Nummern hinter den einzelnen Titeln bezeichnen das betreffende Hauptlektorat und dienen lediglich zur Erleichterung der Arbeit innerhalb des Hauptamtes Schrifttumspflege.

Bücher

Appel, Oskar: Dank an das Reich. (31) Berlin: Verlag Grenze und Ausland. 1941. 39 S. 1.—.

Bodensiek, K. H.: Eine Sommernovelle nebst anderen Erzählungen. (31) Düsseldorf: Hoch. 1941. 127 S. Hlw. 2.50.

Böttger, Gerd: Narvik im Bild. Deutschlands Kampf unter der Mitternachtssonne. (12) Oldenburg i. O., Berlin: Stalling. 1941. 151 S. 4.80; Hlw. 5.80.

Burgstaller, Sepp: Erblehre, Rassenkunde und Bevölkerungspolitik. (24) Wien: Dt. Verlag für Jugend und Volk. 1941. 51 gez. Bl. Hlw. 4.70.

Droßbach, M.: Besiegter Tod. Erlebnisberichte eines Feldlazaretts in der groß. Schlacht im Westen. (12) München: Lehmann. 1941. 126 S., 1 Kt. 2.40.

Engelmeier, Paul: Bauernkunst im Münsterland. (33) Münster i. W.: Aschendorf. 1940. 40 S. m. 39 Abb. u. 1 Kt. 1.80; geb. 2.50.

Fey, Nikolaus: Heemet, dei Harz. Gedichte in mainfränkischer Mundart. (31) Würzburg: Triltsch. 1941. 81 S. 2.—; geb. 3.—.

Gaiser, Gerd: Reiter am Himmel. Gedichte. (31) München: Langen-Müller. 1941. 66 S. Pp. 3.—.

Hesse, Richard: Abstammungslehre und Darwinismus. (24) Leipzig, Berlin: Teubner. 1936. 7. Aufl. 108 S. Lw. 4.20.

Hofmiller, Josef: Briefe. Zweiter Teil. Ausgewählt und herausgegeben von Hulda Hofmiller. (31) Leipzig (Dessau): Rauch. 1941. 368 S. Lw. 7.50.

Hyan, Hans-Volker: Pak und Mautz. Geschichte einer Wildente und eines Katers. (31) Berlin: Dtsch. Buchgemeinschaft. 1941. 255 S. Hlw. 4.70.

Kitzing, Hans Joachim: Das Schloß in der Normandie. (12) Berlin: Mittler. 1941. VII, 99 S. 2.50.

Kitzing, Hans Joachim: Wir liegen in Paris. (12) Berlin: Mittler. 1941. 79 S. 2.—.

Kunstmappe, Düsseldorfer. F. I. (13) Düsseldorf: Völkischer Verlag GmbH. 1941. 20 Tafeln, 2 Bl. in Mappe. 35.—.

Luserke, Martin: Der schwarze Pirat. Ein heldisches Spiel. (30) Potsdam: Ludwig Voggenreiter. 1941. 74 S. 1.80.

Ohl, Werner Hans Carl: Bevölkerungsbiologie eines holsteinischen Fleckens. (Reinbeck bei Hamburg.) (24) Hamburg: Hansischer Gildenverlag. 1941. 81 S. m. Fig. 3.80.

Pohlisch, Kurt: Erbpflege im Dritten Reich. (24) Bonn: Bonner Univ.-Buchdr. 1941. 27 S. m. Abb. —.50.

Prosl, Robert M.: Zur Geschichte des Bühnenwesens in Niederdonau. (30) St. Pölten: St. Pöltener Zeitungsverlagsgesellschaft. 1941. 68 S. 8 Bl. Abb. 1.20.

Raschke, Martin: Deutscher Gesang. Ausgewählt von Martin Raschke. (31) Leipzig: Rupert. 1940. 344 S. Lw. 6.80.

Rees, Wilhelm: Von bergischer Tracht, alter Volks- u. Handwerkskunst und alten Gewerben. (33) Remscheid-Lennep: Ad. Mann Nachf. 1941. 75 S. 4 Bl. Abb. 1.50.

Reinthaler, Hans: Die Fremde. Eine dramatische Tragödie. (30) Brünn, Wien, Leipzig: Rudolf M. Rohrer. 63 S. 1.50.

Reischle, Hermann: Die geistigen Grundlagen der Marktordnung. (35) München: Eher. 1940. 93 S. 1.20.

Schäfer, Walter Erich: Der Leutnant Vary. (30) Leipzig: Dietzmann-Verlag. 1941. 2 Aufl. 62 S. 2.50.

Schäfer, Wilhelm: Winckelmanns Ende. Novelle. (31) München: Langen - Müller. 1941. 115 S. Pp. 2.40.

Schmidt, Franz von: Avantgarde. Weg und Welt eines preußischen Reitergenerals. Nach Urkunden, Briefen und Berichten. (31) Berlin: Propyläen. 1941. 458 S. 3.80; Lw. 5.—.

Schmitthenner, Paul: Baugestaltung. Folge 1: Das deutsche Wohnhaus. (13) Stuttgart: Konr. Wittwer. 1940. 2. verm. Aufl. 188 S. 13.50; Lw. 15.—.

Schneider, Gerd: Kriegsbriefe an eine Frau. Gedichte. (31) Stuttgart: Strecker & Schröder. 1940. 128 S. Lw. 3.—.

Schumacher, Fritz: Probleme der Großstadt. (50) Leipzig: E. A. Seemann. 1940. 1. Aufl. 144 S. 2.50.

Schwarz, Hans: Caesar. Eine Tragödie. (30) Berlin: Hans von Hugo. 1941. 1. Aufl. 121 S. 2.80.

Sedlag, Paul: Die Erforschung der Ordnung des Lebendigen und die Bildung des Menschen (in Goethes naturwissensch. Schriften u. im Wilhelm Meister). (19) Würzburg: Triltsch. 1940. 49 S. 2.70.

Titelseite

auch aus Briefen an die Parteidienststellen hervorginge, dass immer wieder nach weltanschaulichem Schrifttum verlangt würde, so könnten derartige Briefe bezw. Äusserungen Einzelner nicht ausschlaggebend sein.

Aufgrund der Aussprache mit Parteigenosse Dr. Stellrecht möchte ich den Vorschlag des Herrn Ministers noch einmal aufgreifen, dass ich die Angelegenheit in persönlichen Besprechungen regele, da ich befürchte, dass eine Sitzung mit dem entsprechenden Auftreten von Frontkämpfern auf der einen und auf der anderen Seite nur eine unnötige Schärfe nach sich zieht. Ich glaube, dem Herrn Minister ohne weiteres versichern zu können, dass ich die in Frage kommenden Stellen von mir aus in persönlicher Aussprache von dem Gesichtspunkt des Herrn Ministers überzeuge.

Bundesarchiv Berlin-Lichterfelde, NS 18/483, Bl. 35, 37. – Mit Genehmigung des Bundesarchivs, Berlin.

III

Literarische Standortbestimmung
Essays, Kritiken, Stellungnahmen

---

1. Schreiben, lesen unter den Bedingungen der Diktatur

Hellmuth Langenbucher

[…] es ist von führenden Männern der Bewegung gerade in der letzten Zeit mehrfach darauf hingewiesen worden, daß dem deutschen Kulturschaffenden, also auch dem deutschen Dichter, bei seiner Arbeit volle Freiheit gelassen werden solle, so lange sich diese Freiheit – das ist eine selbstverständliche Einschränkung – nicht gegen den Bestand und die Lebensnotwendigkeiten unseres Volkes richtet.

Hellmuth Langenbucher: Deutsches Schrifttum 1937 – politisch gesehen. In: Nationalsozialistische Bibliographie. Monatshefte der Parteiamtlichen Prüfungskommission zum Schutze des NS-Schrifttums (1938) 3. Beil., S. 1f.

Ernst Jünger

Das Duell verfeinert die Sitten wie die Zensur den Stil.

Ernst Jünger: Epigramme. [Urspr. in *Blätter und Steine*, 1934.] In: E. J.: Sämtliche Werke. Bd. 12: Fassungen I. Stuttgart: Klett-Cotta, 1979. S. 508. –

Brief von Jochen Klepper, 29. Oktober 1938

Sehr oft – und das in den erschütterndsten Partien – hört man an diesem Buche aus dem 16. Jahrhundert die Auseinandersetzung mit den Rassenproblemen und -tragödien des 20. Jahrhunderts und unseres Jahrzehntes heraus. Wie hat die Gegenwart uns gelehrt, Quellen zu lesen!

Jochen Klepper: Briefwechsel 1925–1942. Hrsg. und bearb. von Ernst G. Riemschneider. Stuttgart: DVA, 1973. S. 116. –

Brief von Gottfried Benn, 4. April 1937

Was heute die Lizenz der Schriftleiter u. Lektoren passiert, muß Dreck sein. Anderes wird nicht durchgelassen. [...] Heute hat überhaupt nur Zweck, mit ganz gefährlichen, rücksichtslosen, brutalen Mitteln vorzugehn, wenn man sich den geistigen Fragen nähert. Was nicht direkt ins KZ Lager führt, ist albern.

Gottfried Benn: Briefe. Bd. 5: Briefe an Elinor Büller 1930–1937. Hrsg. und mit Nachw. von Marguerite Valerie Schlüter. Stuttgart: Klett-Cotta, 1992. S. 201 f. –

Nico Rost, 2. Januar 1945, Dachau

Während mich zum Beispiel Strindberg durch seine Unausgeglichenheit und seinen Verfolgungswahn irritiert, während Dostojewski mir viel zu tief bohrt – was ich hier nicht ertragen kann –, besitzt Stendhals Werk die Bewegtheit

---

diesem Buche: bezieht sich auf R. Schneiders Erzählung *Las Casas vor Karl V.*, 1938 im Insel-Verlag erschienen.

durch geniale Sachlichkeit, nach der ich, als Gegengewicht zu der hiesigen Hölle, mit beiden Händen greife.

Nico Rost: Goethe in Dachau. [Tagebuch 10. 6. 1944–30. 4. 1945.] Mit einem Vorw. von Anna Seghers und einem Nachw. von Ernst Antoni. Frankfurt a. M.: Fischer, 1983. S. 154. –

Peter Suhrkamp, 26. Juli 1943

»Ich will darüber nicht denken und mich noch weniger darüber verbreiten.« Natürlich kann ich meine Gedanken nicht ganz hindern, sich mit den Vorgängen zu beschäftigen, aber ich möchte meine eigenen Gedanken dazu am liebsten nicht kennen.

Peter Suhrkamp: Tagebuch des Zuschauers. In: Die neue Rundschau (1943), S. 216. –

Ruth Andreas-Friedrich, 20. Juni 1944

Die Leitartikler der gesamten bürgerlichen Presse winden sich wie gefangene Fische im Netz. Zu handgreiflich schlägt die befohlene Siegpropaganda der Wahrheit ins Gesicht. Sie möchten zwischen den Zeilen reden, aber sie können es nicht mehr. Elf Jahre Parteidiktatur, elf Jahre täglicher Befehlsempfang über Artikelausrichtung, »Sprachregelung« und Themenverbote machen den Menschen mürbe. Selbst wenn er noch so guten Willens ist.

Ruth Andreas-Friedrich: Der Schattenmann. Tagebuchaufzeichnungen 1938–1945. Frankfurt a. M.: Suhrkamp, 1983. S. 144. –

---

darüber nicht denken und … verbreiten: Nachricht vom Rücktritt Mussolinis als Regierungschef in Italien (25. Juli 1943).

2. Dichtung, Prosa

Hans Friedrich Blunck: »Volkstum und Dichtung« [1933, Auszug]

Ich glaube deshalb, daß es gut ist, wenn der Dichter auch hier auf seiten der für ihr Volkstum Sorgenden steht, indem er der rechnenden klugen und klügelnden Ratio, die immer wiederkehren wird, kampffreudiger das Gefühl entgegenstellt, indem er sich alter, magischer Ströme, die Erde, Mensch und Himmel füllen, innefühlt und ihnen innebleibt, indem er der Ehrfurcht vor der Seele und den Wurzeln des Lebens verhaftet lebt. Er steht nicht auf dem Katheder, die Grenzen zwischen Wissenschaft und Kunst sind scharf gezogen. Der kritischen Philosophie hat er das Lebendige entgegenzusetzen; der Chemie und Physik das Mysterium, die Sinndeutung des Übersinnlichen.

Das bedeutet nicht, daß ihm das Flugzeug verwehrt sei, welches die Sage von Wieland wirklich macht; es bedeutet nicht, daß er den Untergang des Abendlandes vermuten darf, wenn er das Zeitgeschehen einmal nicht begreift. Es heißt aber, daß er aus dem Volkstümlichen, mit dem er verbunden ist, das Magische, das Urtümliche aufzudecken und lebendig zu erhalten habe.

Hans Friedrich Blunck: Volkstum und Dichtung. In: Des deutschen Dichters Sendung in der Gegenwart. Hrsg. von Heinz Kindermann. Leipzig: Reclam, 1933. S. 199. – Mit Genehmigung von Jürgen Blunck, Berlin.

Hanns Johst: Rede zum Dichtertreffen in Weimar [1942, Auszug]

Als der dreissigjährige Krieg sein Ende fand musste der Frieden den Protestantismus anerkennen. Als der siebenjährige Krieg aufhörte musste die Welt zur Kenntnis nehmen, dass Preussen Grossmacht geworden war und wann immer dieser Krieg den Stillstand der Waffen erleben mag, die Welt wird der Tatsache des grossgermanischen Reiches ins Auge schauen müssen! Mit dieser Tatsache von morgen zerbrechen Masstäbe und Zeitmasse, die im literarhistorischen und ästhetischen Raum des 18. und 19. Jahrhunderts schönste und edelste Vollendungen erbrachten. [...]

Für uns rückt Zeit und Raum unter die herrlichen Folgerungen des Fliegens und Fluges.

Nicht nur die Planungen der Technik und der Politik, des Verkehrs und der Wirtschaft leisten dieser Entwicklung Folge, sondern die Visionen, die Bildungen und Gestaltungen unserer Dichtkunst haben ihre Sprache und Vorgänge, ihre Handlungen und ihre Vergleiche aus dieser Höhe und aus dieser Bewegungsfreiheit zu neuen Erlösungen zu führen.

Diese Dinge scheinen nur oberflächlichen Betracht äusserlich. Sie sind innerlichster Natur, sie verwandeln nicht nur den Menschen, sie verwandeln damit auch das gesamt[e] Weltbild. Der deutsche Mensch tut sich bei der jähen Plötzlichkeit dieser Veränderung vielleicht besonders hart.

Gestern noch unter dem Regime von Duodezfürsten, unter der Krummstabführung einer Kirchturmspolitik, unter dem Eindruck einer Heimatkunde, deren Massstab die Grenzen seiner Kindheit im Schulatlas grösser erscheinen liessen als ganz Europa oder halb Afrika, soll er seine bürgerliche Zwangsvorstellung von Geltung und Rang, von Enge und Dichte mit einem Male aufgeben und mit Ausmassen messen was ihm dieser Krieg kämpferisch und siegreich überantwortet.

Dass der Deutsche das meistert, das ist der Sinn und der Anspruch an Euch, alle meine Kameraden des deutschen Schrifttums!

Nur radikalstes Verantwortlichkeitsgefühl und unbedingtes Bekennen zur verwandelten Welt, zum neuen Gesetz und neuen Altären vermag uns die Stellung zu erhalten, die das Volk der Dichter und Denker seinen Geistigen immer gern zuerkannte.

Dieser moderne Geist muss sich mit dem Geiste des Frontsozialismus draussen verbrüdern, und mit den Sätzen und Grundsätzen des Nationalsozialismus auf der gesamten inneren Front verschwistern!

Bundesarchiv Berlin-Lichterfelde, R 56 V/34, Bl. 18–20. – Mit Genehmigung des Bundesarchivs, Berlin.

Thilo von Trotha: »Rassegefühl als schöpferisches Element in der nordischen Dichtung« [1935, Auszug]

Jede große Kunst entsteht aus dem Rassegefühl. Alle großen Kunstwerke der arischen Menschheit entsprangen jener nordischen »Rassenseele«, von der Alfred Rosenberg spricht, ganz gleich, ob sie nun in Zeiten schöpferischen Überschwangs oder in Perioden bewußter Erkenntnis geschaffen wurden. Wir müssen uns nur, wenn wir von der nordischen Haltung der Völker der Vergangenheit sprechen, immer vor Augen halten, daß die bewußte Erkenntnis des Nordischen und der Rasse überhaupt doch erst eine Schöpfung – und sicherlich die größte Schöpfung – des zwanzigsten Jahrhunderts ist. Die Entdeckung der Rasse entspricht in ihrer Bedeutung etwa der Entdeckung des Kopernikus und die Anfeindungen aller Art gegen den Rassegedanken gehen von den gleichen ewiggestrigen Kreisen aus, denen alles Neue und Befreiende zuwider und denen auch das kopernikanische Sonnensystem ein Greuel war – eine Einstellung, die man mit dem Worte, »daß nicht sein kann, was nicht sein darf«, wohl am besten kennzeichnet.

Wie im staatlichen Leben, so sind auch in der Kunst und ganz besonders in der Dichtung die wahrhaft großen Erscheinungen immer wieder höchster Ausdruck der inneren und äußeren Rassenbeschaffenheit, und zu diesen großen Gipfelpunkten nordisch-indogermanischer Dichtung ein neues, gesundes Verhältnis zu finden, ist eine der vordringlichen Aufgaben unserer Zeit. Vordringlich nicht etwa aus Gründen der »Bildung«, sondern weil, wie bei allen anderen Künsten so auch in der Dichtung, das neue Schaffen auf die unsterblichen Anregungen der großen Alten niemals verzichten kann. [...]

Es ist eine aus der Unfähigkeit schwächlicher Nichtskönner geborene Anschauung, daß die »alten Formen« der Dichtung nunmehr völlig überwunden seien. Das Drama sowohl wie die Lyrik und die Epik sind feststehende erhabene Schöpfungen des menschlichen Geistes, genau so wie es die reine Mathematik oder die Perspektivlehre sind. Nur füllt eine neue Zeit sie mit einem neuen Inhalt und schafft sie um.

In diesem Zusammenhang lohnt es sich vielleicht, noch auf einige Fragen einzugehen, die nicht aus der abstrakten Theorie, sondern aus der Betrachtung der nordischen Dichter der Jahrhunderte heraus sich ergeben: Wir nannten das Heldische und das Naturnahe die beiden bezeichnenden Wesenszüge aller nordischen Dichtung. Über diesen Grundpfeilern errichtet sich das Gebäude des Formwollens, das dem germanischen Dichterschaffen eigentümlich ist. [...]

Der Stabreim und die unendlich vielen Vers- und Strophenmaße der germanischen Dichtung sind, verglichen mit den sehr geschliffenen, aber wenig zahlreichen und starren lyrischen Formarten der Dichtung der Mittelmeerkultur, ein beredtes Zeugnis dafür. Auf der anderen Seite sehen wir bei einer größeren formalen Strenge südländischer Dichter eine meist entsprechend größere Gehaltslosigkeit. Es ist nicht wahr, daß formale Unstraffheit charakteristisch germanisch ist, wie gewisse Literaturkundler behauptet haben. Wahr ist aber, daß das innere Gesetz eines Werkes in der nordischen Dichtung die entscheidende Rolle spielt. Etwas überspitzt könnte man vielleicht sagen, daß hier der Gehalt die Form bestimmt, bei den südlichen Völkern aber die Form den Gehalt. [...]

Wir müssen uns frei machen von den fremden, formalästhetischen, für uns wie ein Korsett wirkenden romanischen Kunstformen sowohl wie von der aufweichenden und entformenden Art des Ostens.

Thilo von Trotha: Rassegefühl als schöpferisches Element in der nordischen Dichtung. In: Nationalsozialistische Monatshefte. Zentrale politische und kulturelle Zeitschrift der NSDAP (1935) Nr. 65. S. 698, 708 f. – Mit Genehmigung von Hartmut von Trotha, Königswinter.

Jochen Klepper: »Die Besonderheit des christlichen Romans« [1940, Auszug]

»Als Künstler bin ich ganz unchristlich; als Christ bin ich ganz unkünstlerisch.« Dieser Ausspruch Schleiermachers gründet sich doch wohl auf Luthers These aus der Schrift »Von der Freiheit eines Christenmenschen«: »Ein Christenmensch ist ein freier Herr über alle Dinge und niemand untertan; ein Christenmensch ist ein dienstbarer Knecht aller Dinge und jedermann untertan.« Von beiden Worten her fällt ein neues Licht auf einen Spruch der Heiligen Schrift, der für den christlichen Künstler bedeutsam ist; er steht im Ersten Korintherbriefe und lautet: »Es ist alles euer; es sei die Welt, es sei das Leben oder der Tod, es sei das Gegenwärtige oder das Zukünftige, – alles ist euer; ihr aber seid Christi, Christus aber ist Gottes.«

Diese drei Worte sagen uns, daß dem Epiker christlicher Herkunft, Richtung und Haltung schlechterdings alles möglich ist, was auch jedem anderen Dichter offensteht. »Es ist alles euer«, bezeugt ihm die Schrift; und er antwortet: »Als Künstler bin ich ganz unchristlich.« Damit ist wohl das äußerste Maß an Freiheit und Bindungslosigkeit bezeichnet. Ja, der Christ als Epiker ist so frei, daß er beim Betreten des Reiches der Phantasie aus dem Reiche Gottes ganz entlassen scheint. Als Künstler muß dem Christen unbenommen bleiben, sich auszuwirken im freien Spiel der Phantasie.

[…] Es kann ein Schriftsteller eine Frage und ein Gebiet, eine Persönlichkeit und eine Begebenheit betont christlichen Gepräges behandeln und doch ein Werk von sehr unchristlichem Wesen zustande bringen, dessen Maße und Werte aus Sphären stammen, in denen Gottes Geist nicht weht. Wiederum kann ein Buch Menschen und Schicksale darstellen, die völlig außerhalb des christlichen Gedankenkreises und der christlichen Gefühlswelt stehen, und vermag dennoch alles vom Worte Gottes her zu richten und zu berichten. Die völlig diesseitige Schilderung eines Infernos oder Pandämonions auf Erden ist in der Lage, in jedem Federzuge zu erweisen, was da ein Stück Menschenwelt und Menschenleben eben zum Inferno und Pandämonion mache: nämlich die Ferne von Gott. Ein solches Buch kann Gott gegenwärtig machen als den, welcher da wertet, richtet und enthüllt, was dem Menschen verborgen bleiben müßte. […]

Dies ist die eine, die fernste Möglichkeit, »als Künstler ganz unchristlich zu sein« und dennoch ein christliches Buch zu schreiben. Eine zweite wird häufiger eintreten: ein Roman von schon ausgesprochenerer christlicher Haltung bedarf der Kontrastwirkungen, des Gegenspiels, der gerechten Gegenüberstellung christlicher und widerchristlicher Mächte. In diesem Falle ist der Verfasser verpflichtet, der Welt an künstlerischer Eindringlichkeit und Lebendigkeit genau das gleiche zu geben wie dem Reiche Gottes. Er darf an Feuer und Gründlichkeit der Darstellung etwa eines Bacchanales nichts versagen, was er an die Schilderung eines christlichen Liebesmahles zu setzen gewillt ist. Er hat sich dem Eros zu verschreiben, wie er von der Agape ergriffen ist. Er wird als Künstler zu der Welt verlocken, die er als Christ zu überwinden trachtet und die er nur zu ertragen vermag, weil er sie von Jesus Christus überwunden weiß. Er, der als Christ eines neuen Himmels und einer neuen Erde harrt, führt als Dichter den Leser – wie der Teufel den Sohn Gottes in der Versuchungsgeschichte – »auf einen hohen Berg und zeigt ihm alle Reiche der ganzen Welt in einem Augenblick und spricht zu ihm: Alle diese Macht will ich dir geben und ihre Herrlichkeit.«

Der Christ als Epiker dieser Gattung muß also die Welt als das beschreiben, was sie ist. Er gibt seiner Gestaltung der Welt aber die Gegenwirkung des Reiches Gottes, dessen Gestalt ganz und gar nicht seinem freien Ermessen anheimgestellt ist. In diesen Gegensatz bettet er Wertung und Richtung ein. Er kann die Welt nun nicht mehr als eigenen und alleinigen Wert setzen, sie nicht so verherrlichen, daß nach etwas anderem gar kein Verlangen mehr entstünde und nur der Wunsch berechtigt schiene, diese Welt möge bleiben. Dieser Darstellung ist der Christ als nun schon im christlichen Sinne entschiedener Epiker nicht mehr fähig. Er ist es nicht, weil er eine unwahre Welt gestalten würde, eine Welt, die keinem Gerichte verfiele, keiner Gnade bedürfte, keinem selbst bereiteten Ende entgegeneilte und keiner künftigen Welt wartete. Frei ist der Christ als Epiker christlicher Prägung nur in der Wahrheit. Die Lüge ist ihm nicht freigegeben, wie das Spiel der Phantasie es ist. Mit der Lüge trennt er sich in seinem Werk von seinem Dasein als Christ. Er trennt sich als Künstler von dem, der gesagt hat: »Ich bin der Weg, die Wahrheit und das Leben.«

Wer aber als Epiker für das in der Dichtung gespiegelte, verdichtete und gedeutete Leben keine andere Lösung anerkennt als die für seine reale Existenz als Christ gültige, der muß nun auch als Künstler von dem zeugen, welcher der Weg, die Wahrheit und das Leben ist. Für ihn wird das Bibelwort »Es ist alles euer; ihr aber seid Christi« zum Grundgesetz seines künstlerischen Schaffens. [...]

Daraus folgt alles, was den nicht auch, sondern lediglich christlichen Roman von aller Epik jeder anderen Haltung unterscheidet. Daraus ergeben sich auch alle Begrenzungen, Abhängigkeiten und Unterwerfungen, die er auf sich nimmt. Der christliche Roman auf der höchsten Stufe seiner Prägung durch den Glauben begibt sich der schöpferischen Selbstherrlichkeit. Der Dichter in aller ihm gewährten Freiheit des Künstlertums wird zum Knecht des göttlichen Wortes. Vom Worte Gottes her erklärt, aber auch verklärt er die Welt; unter das Gericht dieses Wortes sieht er sie gestellt; in diesem Worte findet er ihr Heil; dieses Wort ist ihm Wahrheit über alle Weltweisheit.

[...] Wie das Wort Gottes im christlichen Roman die dichterische Sentenz verdrängt, so auch die sichtbar gewordene Führung Gottes die Fabel der Handlung. Der christliche Epiker ist von Wirklichkeiten überwältigt. Die menschliche Weisheit hat ihm den Vergleich mit dem Worte Gottes nicht ausgehalten. Die schön erfundene Fabel ist ihm zusammengebrochen vor der Größe jenes Vorganges, den die Sprache des Glaubens »die Führung« nennt. In ihr findet er das gewaltigste und wesentlichste Thema, die erschütterndste Dynamik und ergreifendste Symbolik der Durchführung, die bedeutsamsten und urbildhaftesten Figuren im Widerspiel der Mächte dieser und jener Welt. Es kann für ihn keine erdachte und erfundene Handlung geben, die an Spannungen, unerwarteten Wendungen, unumstößlichen und immer auf ein klares Ziel hinwirkenden Fügungen dem Handeln Gottes am Menschen gleichkommen könnte. [...]

In ihrer äußersten Beschränkung und Beugung, geradezu

in der Aufgabe ihrer selbst, erlangt somit die epische Dichtung ihren höchsten Inhalt. Sie gründet sich auf das ewige, lebendige Wort; sie mißt sich in Demut und Hoffnung an dem Buch der Bücher; sie läßt sich leiten von Luthers Weisung: »Denn auch alles andere Schreiben soll in die Schrift und zu der Schrift weisen.« Das ist dem christlichen Schriftsteller der Sinn seiner Arbeit, das Ziel seines Dienstes. [...]

Die entscheidenden Aussagen über die Welt, das Leben, den Menschen macht der christliche Epiker nicht in seiner Eigenschaft als Künstler, sondern als Christ. In ihr untersteht er Gott und Seinem Wort und wird gerade in dieser Gebundenheit dem Propheten nahegerückt, der sich in aller Vergänglichkeit und Verwerflichkeit menschlichen Verkündens doch als Werkzeug göttlicher Verkündigung weiß, wenn er spricht: »Er hat meinen Mund gemacht wie ein scharfes Schwert; mit dem Schatten seiner Hand hat er mich bedeckt; er hat mich zum glatten Pfeil gemacht und mich in seinen Köcher gesteckt.«

Jochen Klepper: Die Besonderheit des christlichen Romans. In: Zeitwende (1940), S. 161–167. – Mit Genehmigung von Guenter Riemschneider, New York.

Adam Kuckhoff: »Schema einer dialektischen Ästhetik« [1943, Auszug]

Es gibt zwei Formen der Erkenntnis: Wissenschaft und Kunst. Kunst hat die Aufgabe, die Lebensvorgänge, die die Wissenschaft aus ihrer Natur nicht exakt zu erfassen vermag, durch exakte Gestaltung erkennbar zu machen. (Der exakte Psychologe z. B. ist nicht der Wissenschaftler, sondern der Künstler.)

Kunstwissenschaft ist die Wissenschaft von der künstlerischen Form des Erkennens und ihren Gesetzmäßigkeiten.

Als Wissenschaft fußt sie auf der induktiven Methode: der Feststellung von gesicherten Tatbeständen. Diese Tatbestände sind, da es sich um geistige Gebilde handelt, geistiger Natur und mit geistigen Mitteln festzustellen, darum aber als reale Tatbestände nicht minder objektiv vorhanden und auf die geeignete Weise feststellbar wie die physischen.

Geistige Gebilde haben mit den physischen das gemein, daß sie nur scheinbar einfach (das Wasser – das Drama), in Wirklichkeit auf das mannigfachste zusammengesetzt sind und sich wie jene in ihre Elemente auflösen lassen. Diese Elemente sind im Bereich des Ästhetischen die »reinen Formen«. Das Auftreten der reinen Formen ist so selten wie das eines reinen Elements.

Reine Form bedeutet die besondere Eignung eines bestimmten Materials zur Gestaltung eines bestimmten Lebensvorgangs (Ton, Wort, plastisches Material, Bild, aber auch innerhalb der einzelnen Gattungen: Malerei, Holzschnitt, Radierung – Unterschied von den physischen Elementen). Eine grundlegende Aufgabe der Ästhetik ist, die Beziehung zwischen dem besonderen Material und dem entsprechenden Lebensvorgang klarzulegen und die Hierarchie der Künste als volldeckende, differenzierte Erfassung der konstituierenden Tatbestände aufzuweisen.

Jede reine Form ist einerseits klar und unverwechselbar von jeder andern abgesetzt, andererseits steht sie aus ihrer Besonderheit (z. B. als Flächenkunst) mit einer Reihe anderer (zuletzt als Kunst mit jeder) in einer mehr oder minder großen Verwandtschaft. Daraus ergibt sich die Methode der Untersuchung: negativ als Grenzziehung, positiv als Verwandtschaftsbestimmung.

Beispiel: Die Wortkunst der Lyrik (im weitesten Sinne) grenzt aus den beiden Elementen des Wortes: Klang-Rhythmus und begrifflicher Inhalt, auf der einen Seite an die Musik (von der sie jedoch auch im musikalischsten Gedicht durch einen nicht überbrückbaren Sprung, eine geistige Quante geschieden ist), auf der andern Seite an die begriffliche Aussage (Epigramm, Lehrgedicht). Auf dem Wege zwischen beiden Polen streift sie an allen andern Dichtungsarten vorbei und verbindet sich mit ihnen, wo dann jedesmal Grenzziehung und Verwandtschaftsbestimmung stattzufinden hat. (Dramatische, epische Lyrik, Vorkommen verschiedener Elemente an einem einzelnen Gedichte – besonders bedeutsam für Roman und Drama.)

Die ästhetischen Gesetze, besonders auch die reinen Formen, sind nicht normativ, d. h. ein gutes Gedicht braucht nicht »reine« Lyrik, ein Drama kein »reines« Drama zu sein (wenngleich die reinen Formen aus natürlichem Grunde immer ein Höchstmaß an »Erkenntnis« darstellen). Der Künstler bedient sich ihrer wie der Techniker – so wie es seinem Darstellungs- und Erkenntniswerk im besonderen Fall am besten entspricht. Er muß sich nur über ihre Natur und Anwendbarkeit im klaren sein (der praktische Nutzen der Ästhetik vor allem auch für den Kritiker).

Adam Kuckhoff: Schema einer dialektischen Ästhetik. In: A. K.: »Fröhlich bestehen«. Prosa, Lyrik, Dramatik. Aachen: Alano, 1985. S. 84f. –

Kurt Melcher: »Grundelemente der Bauerndichtung« [1936, Auszug]

In dem gleichen Umfange, wie in Deutschland die Entwicklung zur Wirtschaftsform des Kapitalismus einsetzte, nahm auch die Landflucht und Verstädterung der bisher bäuerlich und agrar eingestellten Kreise zu. [...] An die Stelle des naturnahen, organisch gebundenen Lebens trat die Mechanisierung des Daseins, die Auflösung der natürlichen Gemeinschaft, die hoffnungslose Vereinsamung und Vereinzelung des Ich, die Schaffung des wurzellosen Proletariats. Damit drohte die Grundlage der nordisch-germanischen Lebensform unseres Volkes endgültig zerstört zu werden. Denn einmal ruhen von jeher in der Landschaft die stärksten und besten kulturellen Kräfte und Ströme des Volkes: Volkslied, Sage, Märchen; zum anderen findet gerade in dem Bauerntum, dieser organisch bedingten Einheit von Mensch, Werk und Landschaft, unser rassisches Streben nach Totalität seine Erfüllung.

Und somit ist es durchaus kein Zufall, daß in der Zeit der deutschen Wiederbesinnung die dichterische Leistung in weitgehendem Maße von der Bauerndichtung bestimmt ist, da Landschaft und Bauerntum als Quellen der Ganzheit erscheinen, sich somit in ihnen Kräfte und Elemente offenbaren, die für unsere heutige Lebensform ausschließliche Bedeutung besitzen. So ist hier die einzigartige Möglichkeit gegeben, diese Dichtung als Sinnbild unserer Weltanschauung zu betrachten. [...]

Die Erde erscheint als die Grundkraft alles bäuerlichen Lebens. Der Bauer lebt allein von der Frucht seines Bodens, der von ihm seinen steten und opferbereiten Dienst fordert. Ueber seine bloße Nutzung hinaus wächst er damit in den organischen Zusammenhang mit der Natur hinein. Denn solange seine Tiere, seine Pflanzen, sein Boden ihm dienen, verlangen sie auch, daß der Mensch sich ihrer annimmt und um sie dient: es ist ein dauernder Austausch des Gebens und Nehmens. (Sinn des bäuerlichen Daseins überhaupt). – Der Wechsel der Jahreszeiten, das Hinüberschreiten vom Tag zur Nacht, ordnet die kosmischen Gewalten in einen bestimmten, unabänderlichen Rhythmus ein, der für den Bauern durchaus erkennbar ist und sich berechnen läßt, dem seine ganze Arbeit untersteht. [...] Doch in den völlig unberechenbaren Ausbrüchen des Wetters offenbart sich immer wieder die Abhängigkeit des einzelnen von einer höheren Gewalt [...]. Sein Leben ist ein Leben des Kampfes, des Sichbewährens und Standhaltens gegenüber einem mächtigen Dämon, dem man auf Gnade und Ungnade ausgeliefert ist. Allein dieses Schicksal, um dessen Unentrinnbarkeit die Menschen wissen und dem sie sich trotzdem nicht fatalistisch ergeben, kann wohl im Augenblick ihr persönliches Glück vernichten, ihnen jedoch nimmermehr die Möglichkeit des bäuerlichen Daseins überhaupt nehmen. Der einzelne Mensch kann wohl vergehen; aber der Acker ist ewig! (Griese). In diesem heroischen Kampf erreichen sie die wahre Höhe ihres Menschentums: Selbstbehauptung des Ich durch die innigste Verbundenheit mit der Landschaft und ihren geheimnisvollen Kräften (Griese) oder Einbettung des Ich in die Gotteskindschaft, Lebensgläubigkeit durch das Vertrauen in Gott (Waggerl). So kann auch die Landschaft zur Heimat der Seele werden, in der die Menschen ihre in den Städten verlorengegangene Seele wiederzufinden vermögen. [...]

Neben der »Erde« tritt das »Blut« als die andere Macht der überzeitlichen Dauer. Denn niemals schafft der Bauer seinen Besitzstand für sich selbst, seinen Eigennutz, sondern stets für sein Geschlecht, die überdauernde Reihe, deren augenblicklicher Sachwalter er ist. Er ist gleichsam nur das Bindeglied zwischen dem Gestern und Morgen. Und so wird in diesem Blut auch immer wieder das Erbe vergangener Tage lebendig: Aberglaube und Brauchtum, heidnische Welt und uralte Volksüberlieferung werden zu Zeugen dieser Vorzeit (Billinger). Darüber hinaus vermag das Blut, die Bindung bzw. Verstreckung des rassischen oder triebhaften Elementes, zum Schicksal zu werden. [...]

Wie der einzelne als solcher in dieser Lebensform nichts gilt, sondern immer nur im Rahmen seiner Familie, seines Geschlechts, seiner Sippe, so schließen sich die einzelnen Familien in der Gemeinschaft des Dorfes zusammen. Deshalb kann die Dichtung des Bauerntums in ihrem letzten und tiefsten Sinne auch niemals von dem Schicksal des einzelnen berichten, sondern muß zur Geschichte einer Gemeinschaft, einer überpersönlichen Ganzheit werden. [...]

Aus den Urkräften eines unvergänglichen Seins – Erde, Blut, Gemeinschaft – schafft diese Dichtung einen neuen Lebensmythus, der zum Sinnbild unseres Lebens wird; deshalb muß auch immer wieder ihre überzeitliche Bedeutung herausgestellt werden.

Kurt Melcher: Grundelemente der Bauerndichtung. In: Dienst am deutschen Schrifttum (1936) Nr. 20, S. 2f.

Hans Franke: »Der Großstadtroman« [1941, Auszug]

Gewiß: der Bauernroman an sich war wichtig, ja notwendig, denn er brachte die Rückbesinnung auf eine Fülle von Gedanken, von unverrückbaren Werten, die in der bösen Welt der großstädtischen Dekadenz verloren gegangen waren; der geschichtliche Roman war und ist notwendig, weil er verhüllte Gebiete unseres völkischen Daseins aufhellte, alte Ordnungen zu neuen prägte, weil er Gestalten, die bewußt durch die vergangene Geschichtsauffassung im Schatten gehalten wurden, ins helle Licht unseres Bewußtseins stellte. [...]

Wenn wir uns aber sagen, daß in etwa hundert Jahren einmal versucht würde, aus dem Epos unserer Tage diese Zeit mit allen ihren Verwirklichungen zu rekonstruieren, so werden aus einem etwa in Hessen spielenden Bauernroman sicherlich deutsche Menschen dieser Gegend sehr deutlich zutage treten, es wird aber diese Gegenwart in ihren großen soziologischen und denkerischen Umschichtungen sich nur sehr notdürftig, mindestens nur teilweise, daraus ablesen lassen. Denn diese Probleme, ihre Geburten, ihre Widerstände, ihre Auswirkungen, der ganze Elan einer neuen Zeit mit ihren festen Ordnungen und Gesetzen, sie strömen doch dort zusammen, wo das Leben geballter und energiegeladener ist, wo sich die Prototypen der einzelnen Berufsgruppen und Stände vornehmlich begegnen, wo auf einem engen Raume weitgetrennte Dinge aufeinander prallen, sich durchsetzen, anregen und strahlenmächtig wachsen: in den Städten, den Großstädten zumal.

[...] Warum aber hat noch kaum ein Dichter sich des genugsam schwer wiegenden Vorwurfs angenommen, etwa einen Berliner Stadtteil zum Gegenstande seiner Dichtung zu nehmen? Warum hat er das den Unterhaltungsschriftstellern überlassen, die hier wieder nur die bekannte Kulisse aufbauen und an den wirklichen Stoffen und Problemen vorübergehen? Welch eine Fülle allein schon hier an zusammenstoßenden Berufen, an Lebenswegen, welch eine enorme Verflechtung aller Menschen in den Donnergang der Arbeit, der Industrien, die beherrschend sind für den Arbeiter, die Kontoristin, den Erfinder, den Konstrukteur, den Beamten, welch eine heroische, schicksalhafte Planung, nach der all diese Geschöpfe antreten müssen! Aber der Stadtteil existiert nicht allein! Zum Komplex der Großstadt gehört er und damit in das ganze vom Auge kaum übersehbare Netz der Gesamtarbeit, der großen Pläne, der erschütternden Erfindungen und Enttäuschungen, in die Welt der Offenbarungen des Werdenden wie des Letzt-Gewordenen. [...]

Solch eine Romanplanung wahrlich müßte gewaltig sein! G e w a l t i g – –: hier ist die Mauer, die fast alle unsere Schriftsteller nicht zu übersteigen wagen und die den Grund bildet, warum wir kein gültiges Epos der Stadt und damit der Zeit haben, wie es etwa Zola für seine Zeit zu geben versuchte; kein Bild dieser großartigen, vielschichtigen, bedeutungsvollen Welt der großen Stadt! [...]

Diese Vielfalt des zu Schildernden, wie sie uns schon bei der ersten nur raschen Übersicht überfällt, macht sogleich d i e F r a g e n a c h d e r F o r m und der Technik eines solchen Romans frei; wenn sich derart unerhörte Eindrücke sammeln und nach Darstellung schreien, dann muß auch eine Ordnung walten, die diese Vielheit zu einer Einheit: der des Romanwerkes werden läßt.

Vorwurfs: im Sinne von »Thema«.

[...] Es ist ja ohne weiteres klar, daß die Entwicklung, die das 20. Jahrhundert zur Technik hin genommen hat, die Folgerungen, die der Einzelne daraus gewinnen mußte, eine neue Situation des großstädtischen Romans schuf. Die zunehmende Erweiterung der Lebensgrundlagen, die vergrößerte Kenntnis aller Lebensvorgänge, die Ausweitung der sozialen Blickpunkte, die Schnelligkeit der Nachrichtenübermittlung, die Aufhellung vieler Horizonte und wie wir das alles bezeichnen möchten, was kurz gesagt den Fortschritt bedeutet, das alles hat das magische Feld um den Romanhelden mit immer neuen und vielstrahlig auf ihn einstürzenden Spannungen geladen. All dies erscheint, zumal in den Städten, so gleichzeitig wirkend, daß die Dichter versucht waren und sind, von all diesen heranbrausenden und unmittelbar wirkenden Beziehungen möglichst viele in unmittelbaren Kontakt mit dem Helden zu setzen. War die Bewußtseinsebene des normalen Menschen zu klein, so baute man über und unter dieser Ebene eine zweite und dritte, ging in ein Ober- und Unterbewußtsein und hielt als Ergebnis eines Tages ein so monströses und abwegiges Buch wie den »Ulysses« des Iren James Joyce in der Hand, das es unternahm, auf 1500 Seiten das Leben zweier Menschen an einem Tage zu schildern. Ähnliches hat der Amerikaner Thomas Wolfe unternommen, als er in dem zweibändigen Buche »Aus Zeit und Strom« versuchte, die Erlebnisse in der Großstadt in einem Laufband von Eindrücken aneinanderzureihen; ein phosphoreszierendes Glühen, aber keine Gestaltung. [...] Gegenüber solchen Autoren bleibt denn doch Zola in der Art, wie er ein gewaltiges Material meistert, mit dem Willen (welch ein Wille!), in es einzudringen und zu verarbeiten, mit der Hingabe an die dahinbrausenden Gedanken der Zeit, der Wandlungen, ein Wegweiser, [...].

Aber wir Deutschen brauchen auch hier nicht nach fremden Vorbildern auszuspähen, wenn es sich um Art, Form und Anlage solch eines Buches handelt. Wir haben ja selbst bereits in der neuen Zeit eine Anzahl solcher Werke, die – zwar aus einer anderen Lebens- und Problemsphäre kommend – wesentliche Beiträge zur Technik des Groß-Romans darstellen. [...]

Zu allem hin haben wir das Urbild eines solchen Romans der Vielfalt in Händen; ein Buch, das schon mehrere Jahrhunderte alt ist. Es ist der »Simplicissimus« des Grimmelshausen! Was dieser, um zu zeigen, »wie, wann, wo, auch welcher Gestalt er in diese Welt gekommen, wie er sich darinnen verhalten, was er Merk- und Denkwürdiges gesehen, gelernt und geprakticieret und hin und wieder mit vielfältiger Leibs- und Lebensgefahr ausgestanden ...« niedergeschrieben hat, ist ein so umfassendes Lebens- und Zeitbild, daß sein Umfang wohl ausreichte, auch ein Lebens- und Zeitbild der Städte in sich aufzunehmen. Denn hier lebt ja das ganze Jahrhundert: die Soldateska und ihr grausames Treiben, der Krieg, seine Brandfackel und alle seine Schrecken; wir sehen den Bauern dort verarmt und hier verschont; wir sehen die einzelnen Stände, den Arzt und den Goldmacher, sie sind charakterisiert ebenso wie der Roßtäuscher, der Kaufmann und der Händler; es treten uns entgegen Adel und Bürger, Lager und Markt, Flecken, Dorf, Anger und Schule, Wallfahrtsort und Kirche; wir erfahren von den Klerikern und den Abergläubischen; und der Dichter kennt dazu sich selbst »ein Ball des wandelbaren Glückes, ein Exemplar der Veränderung und ein Spiegel der Unbeständigkeit des menschlichen Daseins«.

Das alles ist in der Form einer dichterisch erhöhten Chronik niedergeschrieben, höchst persönlich und doch objektiv, wir erleben mit, »wie der Mensch durch seine Zeit zum rechten Manne eben dieser Zeit erzogen wird« (Buchwald), was uns Deutschen noch zweimal in klassischer Weise, eine ganze Zeit umreißend, geschildert wurde: im »Parzival« des Wolfram von Eschenbach und in Goethes »Wilhelm Meister«.

So müßte also, denken wir, der deutsche Dichter unserer Zeit auch in der Lage sein, die Vielfalt des Lebens der großen Städte einzufangen in ein episches Dichtwerk, das zwar Fülle gibt, aber nicht an dieser Fülle zugrunde geht, das zwar realistisch ist, aber nicht naturalistisch, das in der Tendenz idealistisch ist, ohne dabei die Schatten des Lebens zu leugnen. Kein Zweifel, daß wir dann zugleich den großen Zeitroman in Händen halten, von dem bereits so viel geschrieben worden ist, jenen Roman, der Kunde ablegt und Zeugnis sei für all das, was geschieht und die Taten der Menschen bestimmt.

Hans Franke: Der Großstadtroman. Versuch zur Abgrenzung eines dichterischen Themas. In: Bücherkunde. Organ des Amtes Schrifttumspflege bei dem Beauftragten des Führers für die Gesamte Geistige und Weltanschauliche Erziehung der NSDAP und der Reichsstelle zur Förderung des Deutschen Schrifttums (1941) Nr. 5, S. 135–141.

Hans Hennecke: »James Joyce †« [1941, Auszug]

James Joyce ist, achtundfünfzig Jahre alt, im Januar dieses Jahres in Zürich gestorben. In den letzten Jahren war es sehr still um ihn geworden – und doch kann man sich des Eindrucks nicht erwehren, daß einer der Großen der Weltliteratur unseres Jahrhunderts, ja die – neben dem vor nun drei Jahren ihm im Tode voraufgegangenen W. B. Yeats – in unserer Zeit dichterisch mächtigste und vielseitigste Verkörperung des irischen Genius dahingegangen ist.

Er, dessen einziges (1918 erschienenes) Drama den Titel »Exiles« trägt, starb in der »Verbannung«, wie er fast vier Jahrzehnte in einer solchen verbrachte – freilich in einer durchaus freiwilligen Selbstverbannung. So flüchtete er auch nicht, wie manche großen englischen Dichter von Byron und Shelley an über W. S. Landor bis zu D. H. Lawrence, vor dem Cant und der gehässigen Philistrosität seiner Landsleute ins Ausland, sondern – man darf es wohl so sehen und sagen: um in ganz anderer Umwelt schöpferischen Abstand zu gewinnen, zu dem Lande seiner Heimat und seiner Jugend, dem doch – mindestens als dem ihm zeitlebens offenbar vertrautesten Winkel der Erde – ständig sein rastloses Denken und seine unerschöpfliche Phantasie verhaftet blieben. [...] »Aus allen fremden Ländern, in denen am Ulysses geschrieben wurde, hat der Autor treu und unverwandt auf Mutter Kirche und Irland zurückgeblickt, das fremde Land nur als Anker benutzend, der sein Schiff vor dem Maelstrom seiner irischen Reminiszenzen und Ressentiments sichern mußte« (C. G. Jung).

Man muß sein drittes Buch lesen, um die Gewalt und Tragweite dieser »Reminiszenzen und Ressentiments« zu ermessen. Denn dieses Buch ist – in der maskierenden Gestalt eines oft ziemlich locker gefügten Romans – die unverkennbare Autobiographie des Menschen und des Künstlers Joyce selbst, der sich hier wie im »Ulysses« Stephan Dädalus nennt; und als eine der kostbaren großen Selbstoffenbarungen reifenden Künstlertums erweist sie sich dadurch, daß sie – mit einer Art grandios exakter Phantasie und in einem hier noch sehr konturvollen Stil – die vielfachen Verstrickungen zwischen Geist und Sinnlichkeit und die Gewissensnöte eines sensiblen jungen Menschen darstellt, der zunächst in der puritanisch dumpfen Luft seines Elternhauses, dann in der düsteren Bigotterie eines Jesuitenstiftes und stets in einer, seinem eigensten, deutlich gespürten Sendungsbewußtsein höhnisch oder skeptisch abholden Umwelt heranwächst, bis er schließlich zu *seiner* Freiheit und Sicherheit findet: nämlich Künstler, und das heißt hier ebenso scharfsinniger wie hellsichtiger Porträtist seiner Umwelt wird.

Und diese Umwelt nun – sie wird durch ihre inhaltliche Erweiterung zur modernen Großstadt überhaupt, dann durch ihre mikroskopische Spiegelung und vor allem durch ihre sinnbildliche Vertiefung nun zu einem Universellen, und schließlich sogar, jenseits von Zeit und Raum, zur Spiegelung des Lebens und des Menschen überhaupt in all seiner Abgründigkeit und Banalität und zumal in der Abgründigkeit seiner Banalität. Das ist der Gegenstand seines zentralen Werkes: des zwischen 1914 und 1921 entstandenen, 1922 erschienenen, gleich darauf in England verbotenen, in Amerika sogar verbrannten, dennoch 1928 in zehnter Auflage erschienenen und im gleichen Jahre ins Deutsche übertragenen – »Ulysses«. Es ist eine sehr moderne Odyssee – mit manchen motivischen, metaphorischen und rhythmisierenden Anklängen an die Homers –, nämlich die höchst alltägliche Irrfahrt zweier Dubliner durch den Alltag ihrer Stadt mit all seinen Erfordernissen, Pflichten, Verrichtungen, Genüssen, Gedanken, Wünschen und Enttäuschungen ... all das »passiert« an einem geschichtlich bestimmten Tage, dem 16. Juni 1904, von morgens acht Uhr bis nachts drei Uhr, und wird auf siebenhundertfünfundsechzig Seiten geschildert.

Mit all dem ist dies Buch die eindringlichste und zweifellos genialste Mikroskopie eines an sich winzigen Stückes Wirklichkeit. Geistig und künstlerisch Joyce nahestehende Generationsgenossen, wie die »geborenen Amerikaner« Ezra Pound, T. S. Eliot, Wyndham Lewis, ferner Valéry Larbaud und E. R. Curtius, erkannten sogleich den weltliterarischen und zukunftsvollen Rang dieser Leistung und verkündeten ihn mit großem und schnellem Erfolge. Und so gibt es seit etwa 1925 so etwas wie den »Fall« James Joyce: nämlich einerseits das Problem des Romanciers Joyce, der in einer bisher unerhörten Weise (und weit über den sich doch stets auf die Menschenfauna seines Pariser Adelsmilieus und auf eine logisch und episch schlüssige Romanform beschränkenden Marcel Proust hinaus) den Aufriß und Umriß des europäischen Romans zu sprengen drohte; und dann den »Fall« des Denkers und Kulturkritikers James Joyce, der den von den großen »Existenziellen« des neunzehnten Jahrhunderts (H. Melville, Kierkegaard,

Dostojewski, Rozanow, Strindberg, Nietzsche) eingeleiteten metaphysischen Aufstand gegen die Normen und Werte ihrer Zeit in einem ruchlosen, ja luziferischen Nihilismus zu paralysieren schien. [...]

Mag nun heute auch der »nihilistische« Kulturkritiker Joyce noch lange umstritten bleiben: immer deutlicher wird schon heute dem, der sein Werk, zumal in der Ursprache, zu lesen vermag, die wirklich säkulare Bedeutung des Dichters und Künstlers Joyce, der vor allem ein überragender Meister, ja wahrhaft ein Magier der Sprache wurde. Den äußersten Schritt tut er hierin zweifellos in seinem letzten, 1939 erschienenen Werk »Finnegans Wake«, einer aus dem Urquell der Sprache, des Denkens und der Einbildungskraft schöpfenden riesigen Phantasmagorie über Wesen, Ursprung und Gestaltwandel des Traums, die seit 1925 als »Work in Progress« fragmentarisch erschien. Ihr schönstes Bruchstück »Anna Livia Plurabelle« zeigt den Dichter Joyce in seiner ganzen, noch aus der scheinbar widerstrebendsten Stoffwelt einen Mythos der Seele schaffenden Lauterkeit und Kraft. »Diese 25 Seiten haben mich 1600 Stunden meines Lebens gekostet«, bekannte dieser in Kunstauffassung und Lebensweise wohl authentischste Nachfahre Flauberts. Denn das ist – gegenüber vielem, was man gegen ihn einwenden mag – von großem Gewicht: derselbe Mann, der gewisse Höllenbreughel-Szenen des »Ulysses« ersann, dieser modernen Walpurgisnacht des späten Abendlandes, schuf doch auch etwa die unvergeßliche Vision, die Dädalus beim Anblick einer jungen Badenden am Strande hat – eine Vision, in der so etwas wie die unzerstörbare Keuschheit des Lebens selbst Gestalt und Sprache wurde. Und er begann 1907 seinen Weg als Dichter mit einer »Chamber Music« überschriebenen Sammlung kurzer Gedichte, deren jedes in Stil und Melodik wie ein wortgewordener Hauch der Seele ist. Und solch zarteste Laute erklingen immer wieder bei ihm; am unvergeßlichsten dann, wenn sie sich von dem sibyllinischen Sprachgebrodel seiner Spätwerke hell und gesanghaft abheben. »What is the age of the soul of man?« – so setzt solch ein Hymnus mitten im Wortlabyrinth des »Ulysses« ein. Um solcher zahllosen Stellen und Übergänge willen gehören die zwei Hauptwerke des Dichters zu den Büchern, die man nicht eigentlich, sondern in denen man immer wieder und mit steigender Faszination und Bereicherung liest.

Diese aus dem unerschöpflichen Material und Assoziationsvermögen, aus der Schmiegsamkeit des Englischen gespeiste und allmählich alle Skalen der Sprache meisternde Polyphonie des Ausdrucks schuf sich Joyce selbst durch seine Experimente in dem gigantischen Wortlaboratorium seiner zwei Hauptwerke – nicht etwa um einer mit gespenstischer Geduld gehegten Laune willen, sondern letzthin mit dem Blick auf ein wahrhaft grandioses Endziel. Ein Geschichtsdenker, mit dem sich Joyce viel beschäftigt hat, Giambattista Vico, der Vorläufer Herders, bezeichnet es einmal als seine Absicht, »eine ewige ideale Geschichte zu schreiben, mit der die Geschichte aller Völker parallel läuft«. Das geheimste thematische Schema der beiden Joyceschen Hauptwerke weist auf ein ähnlich kühnes Unterfangen hin: auf seinen Künstlerwillen nämlich, der noch hinter dem heraklitischen – und doch von seiner Sprache oft so elegisch zart umworbenen – Fluß der Dinge eine ewige Statik des Seins nicht nur erkennen, sondern sie sogar dichterisch gestalten möchte. Seine eigensten Kunstmittel dabei sind – außer seinem grandiosen Esperanto eigenster Sprachprägung – Satire und Vision. Er war der Swift und zugleich der Ossian der heutigen irischen Dichtung.

Hans Hennecke: James Joyce †. In: Die neue Rundschau (1941), S. 120–122.

Egon Vietta: »Auseinandersetzung mit Benn« [1934, Auszug]

Deutschland gilt nicht als Heimstatt der Essayistik. Die Kunst, in einem Abriß grundlegende Gedanken zu konzentrieren, ist in den angelsächsischen Ländern zu außerordentlichen Leistungen gediehen. Wer in Deutschland Wesentliches sagen will, wählt das wissenschaftliche System oder die Aphoristik. Diese Haltung ist jedoch verfehlt. Der Essay gibt die Möglichkeit, eine konkrete Situation mit einem einzigen Begriff zu erhellen und entscheidende Gedanken in die Aktualität zu treiben. Er rundet nicht ab wie das rationale System, das ein Problem in sich abschließt, er zersprengt nicht das Gedankengut wie die Aphoristik, sondern sammelt, verdichtet, fordert im besten Sinne in die Schranken. Wir hatten in Hofmannsthal einen klassischen Essayisten, der geistigen Gehalt in vollendete Sprachschöpfung zusammenzuschweißen wußte. Den vulkanischen, sprunghafter zupackenden Essayisten verkörpert Gottfried Benn. Seine essayartigen Eingriffe ins Zeitgeschehn sind gedeckt von einer universalen, kulturhistorischen und menschheitlichen Totalanschauung. Sie zählen zum weitaus Wichtigsten, was heute an gedanklicher Energie und mythischer Schau geleistet wurde. [...] Das meiste, was auch heute noch veröffentlicht wird, trifft an der geistigen Situation vorbei. Es gehört zu den geistigen Leistungen Benns, unsere Situation in einen anthropologischen Rahmen hineinzusehn, der die Grenzen des Abendlands in Vergangenheit und Zukunft aufstößt und damit der Gegenwart überraschende Perspektiven sichert. Diese Ausweitung des Horizonts hat mit wissenschaftlichen Entdeckungen nichts zu schaffen. Es liegt Benn nie daran, wissenschaftlich Gesichertes methodisch darzulegen, sondern Geschautes zu gestalten. Er beweist nicht kausalgesetzlich, sondern die Bildkraft des Geschauten, die Evidenz ist das einzige Argument, auf das in dieser gestaltschöpferischen Phantasiewelt

Verlaß ist. Daher rührt die Auflockerung der Syntax, die expressive Ausdrucksweise, die nicht Gedanken logisch entwickeln, sondern Bilder alogisch beschwören will. Der Bennsche Stil gehört, so ungewohnt er scheinen mag, zu den eigenartigsten Bereicherungen unserer Sprache. Eine Ausnahme bildet der Wortschatz, der das Gesagte zuweilen unnötig verstellt oder das Verständnis aufhält, doch ist gerade in den jüngsten Essays hierin eine überzeugende Wandlung eingetreten. Es ist außerordentlich dankenswert, daß die Arbeiten Benns nun in den Händen eines großen Verlags – der Deutschen Verlags-Anstalt – liegen. Dort ist auch der jüngste Sammelband »Kunst und Macht« soeben herausgekommen. Er vereinigt die Reden auf Stefan George [...] und Marinetti, in denselben Gedankenkreis fällt die Schau der »dorischen Welt«, vor der die historische Treue zurücktreten muß. Eine Mittelstellung nimmt das Bekenntnis zum Expressionismus ein, jenes geniale Brevier der neusten Kunstströmungen, das mit Recht erhebliches Aufsehen erregt hat. Das autobiographische Fragment, das er »Lebensweg eines Intellektualisten« betitelt hat, dürfte teilweise zum Außerordentlichsten gehören, was wir von Benn besitzen. Es ist eine radikale Revision aller Grundbegriffe, die das Lebenswerk eines bedeutenden Menschen unserer Zeit bestimmt haben. Wenn dieses Fragment durch Aufforderung eines Verlags entstanden ist – wie Benn anführt – war es eine überaus fruchtbare Anregung. Denn der untrügliche Instinkt Benns für biologische und anthropologische Vorgänge, der wohl auch seine medizinische Berufswahl entschieden hat, bewährt sich hier an einer außerordentlichen Situation, nämlich seiner eigenen, die für grundlegende Tendenzen der Zeit gesetzt werden darf. [...]

Die ersten Erlebnisse des Dichters Benn sind gleichbedeutend mit der biologischen Auflösung des Bürgerlichen, also eines spezifischen Ordnungselements der modernen Zivilisation. Von »Pameelen« sagt er: »In diesem Hirn zerfällt etwas, was seit 400 Jahren als Ich galt und wahrhaft legitim für diesen Zeitraum den menschlichen Kosmos in vererbbaren Formen durch die Geschlechter trug.« Wenn Pameelen Picasso als seinen letzten Bruder anruft, zeigt sich etwas Überraschendes: Wie unheimlich beide mit dem Chaotischen, der ungeprägten Welt spielen, wie sie die Verneinung aller Gestaltungsmöglichkeiten, die reine Nichtkunst ins Weltbild einbeziehen. Daß Picasso, immerhin einer der größten Künstler der Zeit, in einer Periode nicht mehr malte, sondern Rohmaterial auf Papier klebte, ist nicht lächerlich, sondern unheimlich. Eine solche beispiellose Kraft der Selbstverneinung hat bisher keine Zeit gekannt. Es ist ein Rücksprung auf die primitive Situation, weil die Zeit nicht mehr erfüllungsträchtig ist, weil die Werte zerfallen sind. Hier deckt sich die Situation Picassos mit derjenigen Benns. Beide leben in einer ständigen Selbstgefährdung (daher die Neigung zum Futurismus, der daraus ein Programm gemacht hat, und hier führt die Brücke zu Marinetti), beide sind erlebte Verneinung aller bürgerlichen Sicherungen, und aus dieser nicht-rationalen Position entspringt ihre leidenschaftliche Sucht nach Ausdruck und Form. Benn sieht in dem kommenden Menschen nichts als »nackte, formale Trächtigkeit«. »Formales möge kommen ... Oberflächen –: Stil –! kurz, die neue nach außen gelagerte Welt.« Von hier aus ist das Ringen um George als verkörperte Formwerdung in der Kunst, um die dorische Welt als stilgewordenes Leben zu verstehn, unter dem gemeinsamen Aspekt von Kunst und Macht, dem Benn diese neue Aufsatzreihe unterordnet. »Es ist das Formgefühl, das die große Transzendenz der neuen Epoche sein wird.« Wer die Form so ungeheuer gefährdet sah, erlebt sie intensiver, umwirbt in ihr ein anderes Problem: Denn ohne diese Form, zu der sich der kommende Mensch vergeistigen soll, wäre das menschliche Material verloren. Die Form wird zur abendländischen Schicksalsfrage, die aus der nihilistischen Senke, der biologischen Auflösung herausreißt. »Gezüchtete Pflanzen sind härter, vitaler, widerstandsfähiger gegen

Schäden, kurz erbfähiger als natürliche.« »Dies Zeitalter, das Blut und Boden sagt, wird ein Zeitalter der Züchtung, der Form und des gesteigerten Geistes werden.« Damit wird auch das Erlebnis deutlich, das Benn zum Nationalsozialismus geführt hat [...].

Egon Vietta: Auseinandersetzung mit Benn. In: Die Literatur. Monatsheft für Literaturfreunde (1934) Nr. 2, S. 70f.

Hans Schwarz van Berk: Über Ernst Jüngers Roman *Afrikanische Spiele* [1936, Auszug]

»Die afrikanischen Spiele« berichten von der Flucht eines Schülers zur Fremdenlegion. Man hat schon mehr als die Hälfte des Buches gelesen, ohne noch im Hafen von Oran eingetroffen zu sein. Das Wesentliche ist also der Absprung des jungen Menschen aus dem gehegten Dasein pfahlbürgerlicher Wärme, vom Sofa der Frau Krüger in Hameln, wo er sein Herz mit Büchern und Träumen verwirrte, wo er eines Tages das Schulgeld unterschlägt, eine sechsschüssige Pistole erwirbt und mit seinen 16 Jahren sich auf die Bahn setzt und nach Verdun fährt. Hier wirft er, nach einer schönen und nahrhaften Behaglichkeit in einem Gasthof, den Rest seines Geldes in ein Abflußrohr. Er macht kurzen Prozeß, stößt sich selber ins Tor der Wandlung.

Als ich bis dahin gekommen war, fiel mir ein, wie es zu meiner Schulzeit sich zweimal begab, daß die Lehrerschaft meinte, uns Schülern der Oberklasse etwas Besonderes außerhalb des Lehrplanes bieten zu müssen, das vielleicht zur Förderung unserer zweifelhaften Reise dienen könnte. Es war ein Vortrag über die Gefahren der Geschlechtskrankheiten und ein zweiter über die Schrecken der Fremdenlegion. Der zweite, bei dem der Redner, ein alter hagerer Legionär, sich zum Schluß dicke Nadeln durch die Backen und Gliedmaßen bohrte, um uns die Überwindung afrikanischer Folterqualen durch angespannteste Willenskraft vorzuführen, hinterließ bei manchem von uns einen Schauer, der sehr verlockend blieb und uns nur noch begieriger machte, auf irgendeine Weise den Anschluß an die Welt des Außergewöhnlichen, der Schmerzen und Gefahren zu suchen. So jedenfalls geht es wohl immer denen, die ihre »Afrikanischen Spiele« suchen und das große Abenteuer meinen, das uns der Kindheit entreißt.

Um dies auch geht es Jünger. Er führt uns an einen Punkt zurück, an dem wir alle einmal uns für den ausgetretenen Weg oder das Ungefähr entscheiden mußten. Jünger hat seinen früheren, schon lange liegenden Aufzeichnungen manche neue Wendung gegeben und ihnen die lächelnde Weisheit des Mannes einfiltriert. Auch hat er Abstand genommen, ohne sich irgendwie zu verleugnen. Der Abstand der Jahre läßt ihn die Wendepunkte deutlicher sehen und die Regeln ableiten, nach denen seine Abenteuer scheitern mußten, die Siegel klarer lesen, mit denen die Kindheit schmerzhaft verschlossen wurde. Willkürlich kann niemand leben, wenn auch jeder ausbüchsende Junge diesem Irrtum verfällt. Es muß jedes Leben, das Bedeutung haben soll, den Punkt im Koordinatensystem finden – um ein Lieblingswort Jüngers zu verwenden –, in dem es einer größeren Sache dient.

Was Jünger schreibt, ist geistig ins reine gebracht. Mit größter Bestimmtheit werden Erfahrungen und Erlebnisse nach Gehalt geeicht. Eine Welt strengster Wachsamkeit tut sich auf, selbst da, wo sie aus Träumen genährt und durch Traumgestalten wundervoll reich wird. Es gibt wenige Schreibende, deren Sätze eine Rasanz besitzen, die der Jüngerschen vergleichbar wäre. Welche Kraft besitzt er auch, auf ein paar Seiten, sozusagen aphoristisch, Menschen unvergeßlich zu machen, so hier den ungebändigten Gebirgler Rebbiger, den Artisten Paul, den alten Legionär Benoit und den gänzlich aus dem Frack gefallenen Kellner, der dem Stammgast zwischen Küche und Tisch die Forelle bis auf Kopf und Gräte vom Teller schnappte. Diese Miniaturen schimmern von feinsten menschlichen Reflexen und tragen die Politur eines blanken Humors.

Bei einigen Bemerkungen und im Nachwort stoßen wir auf Jüngers gegenwärtige Haltung. Es ist die eines Kriegers zu einem unkriegerischen Zeitpunkt. Freilich wird er erwidern, daß wir uns zusehends in der totalen Mobilmachung befinden und deshalb jeder Tag seinen geheimen kriegerischen Stundenschlag hat. Was uns von Jünger unterscheidet, das ist, daß wir in unserem Wirken vielfältig und in der breiten Masse ganz unbewußt das Notwendige tun, er aber angespannt und mit geschärftem Gehör jenem einen Stundenschlag lauscht. Beides ist nötig und darum wird man eine Gestalt wie die Ernst Jüngers als einen notwendigen, sehr weit vorgeschobenen Außenposten achten müssen. So sicher wir eine auf Gleichmaß und nicht nur Gleichschritt gebrachte Nation brauchen, so notwendig werden für außerordentliche Dinge die großen Außenseiter zur Stelle sein müssen, die aus eigener geistiger Disziplin aktiv werden, wenn die Gefahr an die dünnen Wände unserer Behausungen trommelt.

Hans Schwarz van Berk: Der neue Mensch. In: Die Buchbesprechung. Eine monatliche Umschau (1937) Nr. 1, S. 7f.; [Rez. zuerst erschienen in *Der Angriff* vom 9. November 1936].

3. Lyrik

FRIEDRICH LYNEN: »Krise der lyrischen Dichtung?« [1939, Auszug]

Die Behauptung, daß eine Krise der Lyrik im Entstehen begriffen sei, ist während der ganzen Entwicklung des deutschen Schrifttums in regelmäßigen Zeitabständen immer wieder aufgestellt worden. Es ist selbstverständlich, daß fast jede im Bereiche der Lyrik wahrhaft schöpferische Persönlichkeit revolutionäre Wirkungen hervorzurufen pflegt, die für das bis dahin gültige Gefüge der lyrischen Dichtung krisenhafte Erschütterungen mit sich bringt. Von jeher hat sich die Ablösung der alten durch die jungen Dichter in dieser Form vollzogen. Es handelte sich also nie um Krisen, die dem Wesen der Lyrik selbst entsprangen oder es betrafen, sondern es waren stets Krisen der Menschen, welche die Lyrik schufen.

Etwa seit Ende des vergangenen Jahrhunderts aber wollen die Behauptungen von einer wirklichen Existenzkrise der lyrischen Dichtung nicht mehr verstummen. Man sprach und spricht von einer »Erschöpfung der lyrischen Formen«, von einem Schwinden der für das Entstehen der Lyrik unerläßlichen menschlichen Voraussetzungen, die wiederum auf die verschiedenste Weise gekennzeichnet werden. Man glaubt feststellen zu können, daß die Aufnahmefähigkeit des modernen Menschen für Lyrik aller Art geringer geworden sei und daß andererseits auch die Dichter selbst nur noch in stark verringertem Maße zu lyrischem Schaffen befähigt seien. Jenseits all dieser reichlich unbestimmten Feststellungen läßt sich als konkrete Tatsache gerade zu Ende des 19. Jahrhunderts einerseits eine katastrophale Schematisierung der lyrischen Formen und des lyrischen Inhalts, andererseits eine Welle krampf- und krankhafter Neuerungssucht beobachten. Wir besitzen heute jenen genügenden Abstand von dieser Epoche, der eine der wichtigsten Voraussetzungen für jede Urteilsbildung ist. Gerade das naturalistische Experiment auf lyrischem Gebiet, der groß angelegte Erneuerungsversuch von Arno Holz und Johannes Schlaf, war in erster Linie eine Reaktion auf die stupide Klischeelyrik »à la Heine«, wie sie im Gefolge einer mehr und mehr verwässerten Romantik entstanden war, und sie einen Protest hervorrufen mußte, der nun seinerseits mit der Ablehnung der bürgerlich-lyrischen Dichtung die Sprengung jeder lyrischen Form überhaupt verband und damit die maß- und wahllose Suche nach Neuem zu seinem einzigen »Programm« machte. Die Sucht, »Schulen« zu gründen, die das »alleinseligmachende« Prinzip der Lyrik überhaupt gefunden zu haben glaubten, griff auf eine erschreckende Weise um sich. All diese Schulen versuchten sich in der Schaffung neuer Formen und gerieten bei der naturgegebenen Begrenztheit jeder lyrischen Form notwendigerweise in die Verherrlichung einer anarchisch anmutenden Formlosigkeit. Wesentlichstes Kennzeichen war die intellektuelle Bewußtheit, mit der sie unternommen wurde, war die Tatsache, *daß sich der systematisierende Verstand eines Gebietes bemächtigte, das wie kaum ein anderes die Spontanität der schöpferischen Kraft verlangt*. Und die Feststellung dieser Tatsache führt uns allerdings auf ein Krisenmoment, das in den üblichen sich auch auf dem Gebiet der Lyrik auswirkenden »Generationskrisen« nicht in derart starkem Maße vorhanden war. Dieses Krisenmoment ist geeignet, das Wesen der Lyrik überhaupt anzugreifen. Das experimentierende Suchen des Verstandes nach neuen Formen beeinträchtigt die Naivität und die aus dem Unbewußten quellende Kraft des lyrisch schöpferischen Menschen. Damit hat das Leben selbst ein Problem gestellt, von dessen Lösung das Schicksal der lyrischen Dichtung ganz allgemein abhängt. Die Frage nach der *Berechtigung der Lyrik im modernen Zeitalter* wird damit aufgeworfen, und das Bedenkliche dabei ist, daß der Wille zu ihrer positiven Beantwortung unter Umständen zur Erfolglosigkeit verurteilt ist, wenn die elementaren Voraussetzungen für das Entstehen lyrischer Dichtung wirklich in dem Maße mangeln sollten, wie von vielen Seiten behauptet wird.

Zunächst versuchte man die Bedeutung dieses Problems durch eine Suche nach möglichst zeitnahen lyrischen Themenstellungen abzuschwächen. Hierhin gehört vor allem die Besingung der Technik mit ihren Licht- und Schattenseiten. Diese Art von lyrischer Ergriffenheit durch die Technik konnte die Form einer echten Besessenheit annehmen, wie es da und dort bei Gerrit Engelke der Fall ist. Hierhin gehören ferner große Teile der sogenannten »Arbeiterdichtung«, deren negative Vertreter ja sogar die Theorien der marxistischen Lehre in »lyrische« Formen gossen. Es ist klar, daß diese Versuche, die Lyrik zu »aktualisieren« entweder zum Scheitern verurteilt waren oder daß sie bei einem etwaigen rein äußeren Gelingen das wahre Wesen der Lyrik gefährden mußten. Denn es kann zwar diesem Wesen durchaus entsprechen, sich an aktuellen Geschehnissen zu begeistern, wenn das Ergebnis mehr ist als ein Bericht, eine politische Tagesparole, eine Polemik oder etwas ähnliches. Aber ursprünglich ist die Lyrik als die neben der Musik dynamischste, gefühlsbedingteste und subjektivste Kunst nicht dazu bestimmt, gleichsam einen in Versform gebrachten »Kommentar« zu Theorien, Meinungen und Ereignissen des Alltags zu liefern. Kommt hinzu, daß diese Kommentierung nicht einmal (im Gegensatz zu der echten Kampflyrik des Nationalsozialismus) spontan vor sich geht, sondern irgendwelchen theoretischen oder programmatischen Erwägungen folgt, so ist man tatsächlich dazu berechtigt, von einer »Grundkrise« der Lyrik zu sprechen.

Das wesentliche Kennzeichen gerade der Nachkriegslyrik ist ihr Auseinanderfallen in unbewußte »Gehirnlichkeit« auf der einen, unechte Gefühlsduselei auf der anderen Seite. Nur wenige Lyriker vermochten sich vor beidem zu bewahren und damit den Sinn der Lyrik zu retten, der weder durch den systematischen Verstand noch durch das dumpfe Gefühl allein erschlossen werden kann. In diesem Zusammenhang muß auf die entscheidende Bedeutung einer Art von Lyrik hingewiesen werden, die im Kampf der nationalsozialistischen Bewegung ihre wichtigsten Anregungen suchte und fand. Die politische Lyrik des Nationalsozialismus ragte weit hinaus über Versuche ähnlicher Art, die von anderen politischen Gruppen aus unternommen wurden. Was war z. B. die politische »Dichtung« eines Becher oder Toller anderes als ein in Versform hergestammeltes Klassenkampfprogramm! Schließlich konnte es ja auch wohl kaum etwas im Wesen »Unlyrischeres« geben als die von jüdischen Gehirnen ausgeklügelte marxistische Gesellschaftsutopie. Demgegenüber stand die Lyrik des Nationalsozialismus in engstem Zusammenhang mit der von der Natur gesetzten Ordnung des Volkes. Die mitunter fast hymnische Besingung dieser Ordnung und ihrer im Nationalsozialismus verkörperten Kraft stellt die Erfüllung einer Aufgabe dar, die in keiner Weise außerhalb des Bereiches der lyrischen Dichtung liegt.

Wir erkennen in diesem Zusammenhang, daß die Wiedererstarkung der lyrischen Kräfte in der Gegenwart zu großen Teilen durch das politische Geschehen unserer Tage bedingt war. Dies besagt, daß die schöpferischen Menschen unserer Epoche mit dem politischen Schicksal des Volkes in ungleich stärkerem Maße verknüpft sind als in früheren Zeiten und daß auch auf dem Gebiet der lyrischen Dichtung die Größe dieses Schicksals nur noch geringen Raum für die »Idylle«, für die überlieferten lyrischen Inhalte läßt. Angesichts dieser Tatsache von einer Wesenskrise des Lyrischen zu sprechen, wäre verfehlt. Richtiger dagegen wäre es zu sagen, daß eine bestimmte Seite des Lyrischen, die vorwiegend privatesten und individuellsten Empfindungen Ausdruck gab, nicht mehr so sichtbar wie früher ist, weil die Voraussetzungen für sie innerhalb unserer Zeit zu mangeln begonnen haben.

Friedrich Lynen: Krise der lyrischen Dichtung? In: Bücherkunde. Organ des Amtes Schrifttumspflege bei dem Beauftragten des Führers für die Gesamte Geistige und Weltanschauliche Erziehung der NSDAP und der Reichsstelle zur Förderung des Deutschen Schrifttums (1939) Nr. 4, S. 161–163.

Eugen Gottlob Winkler: »Über das Lyrische. Anläßlich der *Tierkreisgedichte* [1935] von Elisabeth Langgässer« [Auszug]

Paul Valéry, dessen Dichtungen durch Rilkes Übersetzung zu einem noch nicht genügend beachteten deutschen Besitz geworden sind, bestätigte in einem neulich erschienenen Aufsatz »Questions de Poésie« meine seit langem gehegte, durch die Betrachtung der größten deutschen Gedichte gewonnene Meinung, daß das eigentlich Lyrische das ist, was sich, seinem Wesen nach, in Prosa nicht ausdrücken läßt.

Reim, Versmaß, Anordnung oder gar das Gegenständliche: ein löblicher Gedanke oder eine schöne Stimmung sind für das Wesen eines Gedichtes und demnach für seine Beurteilung belanglos. Es ist geradezu ein Kriterium dafür, daß wir keine Lyrik vor uns haben, sondern Dilettantenmache oder Reimwerk, gereimte Prosa oder künstliche Spielerei, wenn sich ein Gedicht säuberlich zerlegen läßt in einen genau auf Prosa abziehbaren Inhalt und in formales Beiwerk, das diesen Inhalt poetisch hebt. Das eigentlich Lyrische ist jener Rest, der bei jeder Analyse eines wirklichen Gedichtes zurückbleibt als unerklärbar, unfaßbar, ist das, was wir im Werk des späten Hölderlin nackt und unmittelbar anschauen dürfen, aber auch das, was als Zauber in der Lyrik des jungen Goethe wirkt und was sie, bei gleicher Klarheit, Leichtigkeit, Einfachheit, von ihren zahllosen Epigonen unterscheidet. [...]

Wenn das Lyrische, wie in den »Tierkreisgedichten« von Elisabeth Langgässer, offen und unmittelbar in Erscheinung tritt, wenn es nicht nur Sinn des Gedichtes, sondern, als Sprachleib, auch Zweck wird, wenn es, schon hart an der Grenze des Unsagbaren, mit dem Aufwand seiner die Ratio übersteigenden Kraft noch etwas sagbar werden läßt, muß es leider gewärtig sein, daß man es immer wieder, mit einem Ton von Vorwurf, als esoterisch bezeichnet. Aber wo hört das allgemein Faßliche auf, und wo fängt das nur für einen bestimmten Kreis von Eingeweihten Zugängliche an? Meistens bedeutet Esoterik für den, der das Wort ausspricht, nur die Grenze seines persönlichen Einsichtsvermögens.

Zweifelsohne hat Elisabeth Langgässer, die in reichem Maße über die Gabe des Lyrischen verfügt, wie sie als Naturanlage Vorbedingung des Dichters ist, auch etwas wahrhaft Erlittenes und Erworbenes zu sagen. Ihr geistiges Bewußtsein reicht über die gegensätzlichen Bereiche des Antiken und des Nordisch-Germanischen, die sich in ihren Gesängen, »einigend Rune und Rebe«, durchdringen, hinauf bis zu dem sagenhaften Ursprung des Menschen, und weiter, bis zu dem sagenhaften Ursprung des Mysteriums vom Leben überhaupt. Es ist ein tragisches Leben, eine tragische Welt, bei deren Betrachtung sich das schöpferische Wort der Dichterin entzündet; ein Sein, das, mit der vergeblichen Sehnsucht nach Dauer, in seinen Erscheinungen wehrlos der vernichtenden Zeit ausgesetzt ist. Am Eingang des Buches steht das Pauluswort: »denn wir wissen, daß die ganze Schöpfung seufzt und in den Wehen liegt bis jetzt«. Dies Jetzt bedeutet aber in Elisabeth Langgässers Anwendung ein jeweiliges Jetzt, ist als ein Immer zu verstehen. Die

Schöpfung, wie sie die »Tierkreisgedichte« fühlen, kennt keine Erlösung, fällt rettungslos unter die Vergänglichkeit. Trost spendet einzig das Unaufhörliche des absterbenden und sich wieder erneuernden Lebens, das die Dichterin, naturversunken, dem Unterirdischen hingegeben, im Ablauf eines Jahres unter den zwölf Tieren des Sternenhimmels darstellt. Dies der Inhalt des Buches, der sich aus den Gedichten noch ablösen läßt als Bericht. Zurück bleibt aber die Hauptsache, die Art, wie dieses Geschaute von seinem Ursprung an lyrisch erfühlt ist und Gestalt annahm in einer mit leidenschaftlicher Sinnlichkeit gebrauchten Sprache, die jene Erregung, hervorgerufen im Geiste durch die auf das Irdische angewandte intuitive Schau der Dichterin: jenen spezifisch lyrischen Zustand des Geistes fast ungeschwächt und unvermindert aufzunehmen vermag. Denn das Maß der Stärke allein, mit dem dieser Zustand auftritt, läßt die Qualität eines Gedichtes noch unberührt. Er ist nur Vorbedingung. Der Wert eines Gedichtes richtet sich danach, wie weit es dem Dichter gelingt, diesen durch irgend etwas erregten lyrischen Zustand seines Geistes in der Sprache mitteilbar zu machen, das heißt, das an und für sich Unausdrückbare, das Unbestimmte, nur Erfühlte auszudrücken durch Worte, die als solche in ihrer Bedeutung festgelegt sind. Der Dichter, der ja keine neuen Worte erfinden kann, vermag die beabsichtigte Wirkung nur durch Wahl und Zusammenstellung hervorzubringen, wodurch es freilich möglich wird, daß ein Wort mit einemmal wie neu erschaffen scheint oder eine bisher unerhörte Bedeutungssphäre erlangt.

Glücklicherweise ist das Deutsche keine akademisch festgelegte Sprache. Seine Möglichkeiten sind deshalb zahllos. Indem Elisabeth Langgässer sie entdeckt, sie erweitert, indem sie abgetriebenes deutsches Sprachgut wieder in den Fluß der gewohnten Sprache zurückführt, der Neigung des Deutschen zu sinnträchtigen kühnen Komposita nachgibt, gewinnt ihr lyrisches Gefühl zuweilen erstaunliche Gestalt.

Ich wähle, um zu einer Lektüre des ganzen Buches zu verlocken, als Proben einige Strophen, die typisch sind für Gefühl und Ausdruck dieser begabten Dichterin, dabei aber »leicht verständlich« genug, als daß ihnen jeder Leser vorbehaltlos begegnen muß. Aus dem Saturn-Gedicht:

Saturn, der Bauer mit den starken Hüften
aus Gold und Kot, aus Fleisch und wilden Haaren,
gedörrt, gerillt, gebeizt von allen Lüften,
die in den zwölf Kalendersäcken waren –
der Bauerngott,
o Trauern, Spott und große Jammerschelle,
sitzt auf des Jahres Schwelle.

Eugen Gottlob Winkler: Über das Lyrische. Anläßlich der »Tierkreisgedichte« von Elisabeth Langgässer. In: E. G. W.: Dichtungen, Gestalten und Probleme. Nachlaß. In Verb. mit Hermann Rinn und Johannes Heitzmann hrsg. von Walter Warnach. Pfullingen: Neske, 1956. S. 356–358. – Mit Genehmigung von Sieglinde Stichler, Weinstadt.

Hans W. Hagen: »Ästhetisierende Leichenschändung« [1941]

Eberhard Wolfgang Möller war einmal eine der Hoffnungen der jungen Lyrik. Seine Formbeherrschung war erstaunlich, und es blieb nur die Frage, wieweit er innerlich als damals junger Autor nachwachsen würde, um rein menschlich – Schiller würde im umfassenden Sinne sagen »moralisch« – seine schönen Formen zu erfüllen.

Beim »Frankenburger Würfelspiel« wurde die Sache schon bedenklich [...]. Schon hier mußte sich Möller in die Bereiche transzendentaler Dunkelheiten retten, um einen seelischen Untergrund für seine spätbarocken Sprachfloskeln an Stelle der erschütternden Wirkung der historischen Wirklichkeit zu finden. [...]

Möller ist jetzt PK.-Berichter und veröffentlicht in »Wille und Macht« neue Gedichte. Darunter steht eins, das uns nicht länger schweigen lassen kann. Das Gedicht lautet:

Der Tote

Ich habe Erde über meinen Lippen.
In meinem Munde ist ein großer Stein.
Der sanfte Maulwurf geht in meinen Rippen
und ist mein Freund. Ich bin nicht mehr allein.

Ich liege still und kann mich nicht bewegen
Und weiß nicht, ob ich noch ich selber bin.
Allein ich dürste nicht, mich tränkt der Regen,
und viele Wurzeln wachsen durch mich hin.

Ich lebe nicht, es lebt um meine Glieder
der Schwarm der Käfer nur, der sie bedeckt.
Dann ist es wohl, als atmete ich wieder
von ihrem nächtlichen Gewühl geweckt,

und lauschte mit den Wurzeln in die Ferne,
ob eine Blüte sich erschließen will,
und hörte leise den Gesang der Sterne
hoch über mir und liege wieder still.

Ich fühle mich im Namen aller meiner gefallenen Kameraden und aller, die gleich mir vor dem Tod gestanden haben, verpflichtet, gegen eine solche Darstellung öffentlich Verwahrung einzulegen. Hier ist der menschliche Takt verletzt, und deshalb komme man nicht mit Beanstandungen textlicher oder taktischer Art bei diesem Protest. Da Möllers Verhöhnung des gefallenen Soldaten in die Öffentlich-

---

PK.-Berichter: Wehrmacht wie SS verfügten im Krieg über eine eigene »Propagandakompanie«. Aufgabe der »PK.-Berichter« war es, den Lesern im Reich »Stimmungsbilder von der Front« zu vermitteln.
Wille und Macht: Offizielles Presseorgan der »Hitlerjugend«.

keit gedrungen ist, muß unsere Verwahrung dagegen sich in der gleichen Öffentlichkeit vollziehen. Für uns ist der Tod und der gefallene Kamerad kein billiger Vorwurf, den man ebenso »besingen« kann wie man ein Gänseblümchen schildernd abmalt. Für uns gilt die Anschauung, die auch schon unsere germanischen Vorfahren hatten, denen der Tod bitter und ernst war, denn der Tote ist aus den Reihen der Handelnden und Kämpfenden ausgeschieden. Er selbst ist zurückgesunken in das All. Aber »ewig lebt der toten Tatenruhm«. Den persönlichen Tod persönlich zu überdauern, indem man Leib und Seele trennte und die Seele weiterleben ließ, brachten erst die Christen fertig. Und von da aus ist es nur ein kleiner Schritt zu dem ästhetisierenden Gewäsch Möllers, der den Toten nun mit Empfindungen belegt.

Der literarische Ästhetizismus des ausgehenden 19. und des beginnenden 20. Jahrhunderts fing mit dieser Vermischung von Christentum und Aufklärung an und hat durch das Einhüllen in die schöne Form diesen inneren Bruch auch weithin vergessen lassen. Wir aber kennen nur die Wahrheit der Wirklichkeit und daher in unserem Falle das Weiterleben unserer Kameraden in unserem verehrenden Gedenken und im Leben des Volkes, denn auf diesen Opfern gründet sich das Reich.

Was Möller hier unternimmt, hat Gottfried Benn z. B. viel härter und besser schon ausgesagt und wurde deshalb mit Recht aus unserem Schrifttum ausgeschieden. Auch im Bereich der bildenden Kunst hat der mit gleichem Recht ausgemerzte Otto Dix solche Situationen viel härter und offener ausgesprochen. Möller glaubt, wenn er diese gleichen Empfindungen in einer ästhetisierenden Einheitstunke von Rilke bis Fritz Diettrich uns serviert, daß wir dann eher daran Geschmack fänden.

Aber die Dichtung hat neben der ästhetischen Funktion eben auch eine ungeheuere volkserzieherische Aufgabe. Es ist geradezu ein Verbrechen, einer Witwe, einer Mutter eines Gefallenen diese Verfallsanatomie auszumalen, und wäre sie noch so schön verbrämt. Ich weiß nicht, ob Möller Frau und Kinder hat, denen er dieses Konterfei der Verwesung nachlassen möchte.

Es gibt Dinge und Ereignisse, vor denen man ehrfürchtig sich bescheidet und verehrend schweigt. Dazu gehört auch unser Kamerad in seinem Grab. Lassen wir ihm seine Ruhe, verkünden wir den Ruhm seines Opfers. Möller aber ist, wie der von ihm besungene Maulwurf, in die Grabesruhe eingedrungen. Man muß nicht alles besingen, man pfeift auch nicht im Ehrenmal. Und jedes Soldatengrab ist ein Ehrenmal, dessen Frieden und ehrfürchtige Verehrung wir mit allen uns zu Gebote stehenden Mitteln verteidigen.

Hans W. Hagen: Ästhetisierende Leichenschändung. In: Die Weltliteratur. Berichte, Leseproben und Wertung (1941) Nr. 7, S. 191.

4. Dramatische Formen

Wolf Braumüller: »Freilicht- und Thingspiel« [1935, Auszug]

Was aber soll nun das Thingspiel darstellen, als Idee oder Grundgedanken zum Vorwurf haben? Wenn wir uns an den wahren Charakter des Things zu Vorväterzeiten erinnern, dann haben wir den Begriff Richt- und Gerichtstag. Und Gerichtstag sollte eigentlich auch das Thing unserer Zeit wieder sein. Freilich nicht in der Handhabung und Auswirkung unserer Ahnen, aber doch mit der inneren Richtstimme, mit dem Richtspruch an die Forderungen unserer Zeit und unseres Glaubens.

Den Mythos unserer Volkheit und die Volkwerdung unserer Gegenwart hat echte Dichtung in künstlerischer Wahrhaftigkeit zu gestalten. Das Thingspiel unserer Tage hat Spiegel unserer Wandlung zu sein. Es hat Rechenschaft darüber zu geben, ob wir den Totalitätsanspruch der nationalsozialistischen Welt- und Kulturanschauung so erfüllt haben, wie es Führer und Zeit von uns zu fordern berechtigt sind. Damit ist auch klargelegt, daß das Thingspiel in seiner Eigengesetzlichkeit über den rein politischen Rechenschaftsbericht hinausgeht. Dabei bleibt selbstverständlich das Primat der Politik bestehen, denn ohne politische Klarheit kann es keine lebendige Kultur geben. Aber das politische Thing liegt auf einer anderen Ebene, denn es kann niemals Spiel, sondern stets nur Wirklichkeit in all seinen Äußerungen sein. Ein solches Thing real-heroischer Gestaltung ist der Reichsparteitag in Nürnberg, das größte Thing unserer Zeit überhaupt. Zum rein politischen Charakter des Things gehören auch der Tag der Arbeit, der Reichsbauerntag usw. Sie sind ihrem Äußeren nach Aufmarschgestaltungen, wenn dabei auch nie der innere Wert, der oftmals an das Festliche grenzt, in seiner volksbindenden Zielführung verkannt werden darf. Die Eigenart seiner Sinngebung und die formale Gebundenheit eben an diese Sinngebung erübrigen es, Richtlinien für das politische Thing zu geben, denn es wird sich immer nach den Gegebenheiten seines Zweckes und nicht zuletzt nach der augenblicklichen politischen Notwendigkeit richten.

Anders hingegen das kulturelle Thing, das die Aufgabe hat, die weltanschauliche Vertiefung im nationalsozialistischen Sinne vorzunehmen, das die Aufgabe hat, das deutsche kulturelle Wert- und Weltbild in eine harmonische Einheit von Vergangenheit und Gegenwart zu bringen, das, wie bereits betont, die Aufgabe hat, das weltanschauliche Gewissen der Zeit wie der Bewegung zu sein. Diese strenge Formgebung bedingt gleichzeitig die starke Eindruckskraft, die es auf den Beschauer ausüben muß. Die Monumentalität der Bewegung und ihrer Idee vom Führer bis zum letzten Gefolgsmann hat Gestaltung und Ausdruck im Thingspiel, in der Thingdichtung zu finden.

Wolf Braumüller: Freilicht- und Thingspiel. Rückschau und Forderungen. Berlin: Volkschaft-Verlag, 1935. S. 42f.

Curt Langenbeck: »Dürfen wir uns bei dem jetzigen hohen Stand der Schauspielbühne beruhigen?« [1936]

Ich möchte zunächst andeuten, wie dieses Drama der Zukunft sich darstellen würde, ohne zu nahe an dem Eigentlichen, welches nur vom Werk selbst mitgeteilt werden kann, hin und her zu gehn. Es gründet sich auf Bedingungen, die von denen des Dramas der Kulissen- oder Guckkastenbühne völlig verschieden sind. Seine Gestalten erscheinen, allseits (wie man sagen darf) sichtbar, sich wendend, weniger beleuchtet als ausstrahlend, nicht malerisch, sondern plastisch, und zwar nicht im Sinne eines natürlichen anschaubaren Dings, sondern im Sinne eines zur Verdeutlichung des Wesens bestimmten Kunstwerks. Die Deckenbeleuchtung sei indirekt und einige sich mit der intensiven der Rundrampe; sie vermöge im Ganzen zu wechseln, zum Beispiel von tödlich bläulicher Stimmung zu morgendlicher Frühröte; Einzeleffekte aber (Scheinwerfer) werden nicht für möglich gehalten (nicht Beleuchtung, sondern Licht!); der Zuschauerraum erscheint halbhell oder halbdunkel, die Bühne kann ihm nicht durch einen Vorhang entzogen werden. Die Gestalten des Schauspiels sprechen eine größere, tragendere Sprache als wir zu hören gewohnt sind; sie finden sich in einem keinesfalls zersplitterten Dialog und haben zu den inneren Dimensionen des Tags als Alltag keine Beziehungen mehr. Das Tempo der Darstellung vermindert sich bedeutend, ohne an Intensität zu verlieren. Kulissendekoration ist nicht mehr möglich, sogar Bühnenbild im gewohnten Verstande wird es nicht mehr geben. Die Seiten, das ›Links und Rechts‹ vom Zuschauer, werden viel geringere Bedeutung als die Mitte und der mittlere Hintergrund des Schauplatzes haben; die Einrichtung der Auftritte ändert sich entsprechend. Illusion im Sinne des Vortäuschens von Realität kann und soll nicht mehr stattfinden; folglich ist von vornherein die Erhebung des Spiels in eine höhere Wirklichkeit notwendig, wo Naturalismus, gemeiner und natürlicher Realismus, Psychologie im Zusammenhang mit Gesichtsausdrücken (ohnehin weitgehend längst dem Film überantwortet, zugleich noch dem Kammerspiel belassen) gar nicht mehr sich ereignen können. Nur eine bestimmte, zweifellos seltne und ehrwürdige Art dramatischer Fabel paßt zu solchem Drama, das des Chors nicht wird entbehren können, weil es sonst, im Verhältnis zum Shakespeare-Werk etwa, zuviel von dem, was die Menschen angeht und besorgt, nicht ergreifen könnte. Es wird sich dabei eher um mitgestaltende, mitleidende als um philosophierende und reflektierende Chöre handeln. Das unentbehrliche und wahrhaft große Geschäft, das dem Chor der antiken Tragödie Sinn und Würde gab, müßte, wie ich glaube, bei uns die geschichtlich dazu befugte Musik übernehmen. Auf solcher Musik, dazu auf den sprechenden, mithandelnden Gemeinschaften (den modernen Chören) darf das Individuum (nicht der Individualist), die Persönlichkeit sich, ihr Recht und ihre Schuld, ihr Leiden und Vollbringen zu Leben und Tode gültig erheben. Innere Verbindung zu einer auch typisch deutschen Kunstform, zum Oratorium, wird so zweifellos hergestellt, im Einverständnis mit allen (heute noch unfertigen) Kunstbestrebungen der jungen Nation. Und – das darf wenigstens angedeutet werden – von einer so gewonnenen Basis aus wird die Grundfrage der entscheidenden Mitwirkung der Musik im Drama, ohne Rücksicht auf Richard Wagner, zu lösen sein – denn das ist wohl mit Sicherheit anzunehmen, daß ohne Musik Entscheidendes in Deutschland sich nicht vollziehen kann.

Curt Langenbeck: Dürfen wir uns bei dem jetzigen hohen Stand der Schauspielbühne beruhigen? In: Das Innere Reich. Zeitschrift für Dichtung, Kunst und deutsches Leben 6 (September 1936) S. 765 f.

Gerhard Eckert: »Der Rundfunk als Führungsmittel« [1941, Auszug]

Der Einsatz des Hörspiels als Führungsmittel beginnt eigentlich erst mit dem Jahre 1933. Denn erst von diesem Zeitpunkt an kann man davon sprechen, daß mit dem Mittel des Hörspiels eine zielbewußte Führung angestrebt und auch erreicht wurde. Es liegt nahe, daß diese Führung sich zunächst in erster Linie auf das politische Gebiet erstreckte. […] Neue Autoren wurden für den Rundfunk gewonnen, und ein Hörspiel bildete oft den Inhalt der »Stunde der Nation«, die als Reichssendung vom 1. April 1933 bis Ende 1935 bestand. Hier kamen dann die großen politischen Hörspiele zur Sendung, deren Erinnerung zum Teil bis heute bei den Hörern nicht verblaßt ist. Das waren Paul Beyers »Horst Wessel«, Euringers »Deutsche Passion 1933«, Josef Martin Bauers »Der ewige Bauer«, Peter Hagens »Soldat der Revolution«, Hagens und Nierentz' »Wir bauen eine Straße«, Plückers »Münchener Geiselmorde« oder Eggers' »Annaberg«. Sie und noch manche andere hatten die Aufgabe, die Hörer am Lautsprecher in einer lebendigen Form mit dem neuen Nationalbewußtsein vertraut zu machen und über den in der Vergangenheit geführten politischen Kampf zu unterrichten. Es kann kein Zweifel darüber sein, daß das Hörspiel damals ein entscheidendes Verdienst daran hatte, einen großen Teil der Hörer und damit des deutschen Volkes, mit den neuen politischen Grundsätzen vertraut zu machen. »Den künstlerischen Ausdruck der politischen Gesinnung hat die nationalsozialistische Sendung in dem funkeigenen Stil des politischen Hörspiels gefunden.«

Gerhard Eckert: Der Rundfunk als Führungsmittel. Heidelberg/Berlin/Magdeburg: Kurt Vowinckel, 1941. S. 129–131.

Robert Dvorak: »Die Zeit als Hörspiel« [1940, Auszug]

Es ist einer der charakteristischen Züge unserer Zeit, daß sie ihre Geschehnisse zugleich reproduziert. Sie führt gewissermaßen ein Doppelleben, ein Leben der Wirklichkeit und ein Leben der Spiegelung. Unter den Mitteln der Reproduktion spielt die Zeitung, der bezeichnenderweise in den demokratischen Ländern eine so große Bedeutung zukommt, eine geringere Rolle. Es haftet ihr ein stark individualistisches Wesen an, und sie hat nicht von ungefähr in der Blütezeit des Liberalismus ihre eigentliche und große Entwicklung gehabt. Die Zeitung wird in der Vereinzelung gelesen, zu einem vom Individuum bestimmbaren Zeitpunkt und in einem vom Individuum bestimmbaren Tempo, das seiner Aufnahmefähigkeit und seinem eventuellen kritischen Bedürfnis entspricht.

Die totalitären Staaten, in denen die Mittel der Publizität nicht nur die Aufgabe haben, zu informieren, sondern vor allem die: das ganze Volk zu einem gemeinsamen »Erleben« der Zeit und ihrer Geschehnisse zusammenzufassen, haben darum den Film und den Rundfunk stärker entwickelt. Denn vor dem Film und dem Funk befindet sich der Mensch nicht in seiner Vereinzelung. Er ist mit Hunderten im selben Kino und mit Zehntausenden in andern Kinos vereint, die um die gleiche Stunde den Krieg in der Wochenschau erleben. Und beim Rundfunk denken wir nicht nur an die Gemeinschaftsempfänge der Betriebe, sondern daran, daß bei bestimmten Sendungen das ganze Volk sich vor dem Lautsprecher versammelt findet. Es gibt heute Gelegenheiten, bei denen der Rundfunk zu einer grandiosen Kanzel wird, die sich unsichtbar auftürmt, während das Volk in riesiger Versammlung unter ihr steht.

Der Rundfunk will eben, darin dem dokumentarischen Film von heute gleich, nicht nur Bericht sein, sondern er will die Zeit zum Erlebnis bringen. In dieser Hinsicht hat er es jedoch schwerer als der Film, der nur das leicht ablenkbare Auge zu fesseln braucht.

Er muß die Ereignisse, dic er dem Erlebnis vermitteln will, in eine akustisch wirksame Form verwandeln. Wenn er eine Kundgebung überträgt, dehnt er darum nicht lediglich den Versammlungsraum über das ganze Land aus und gibt der Stimme des Redners eine entsprechende Reichweite, das heißt er überträgt nicht nur die Rede, sondern auch alle akustischen Reflexe des Ereignisses, seine ganze vieltönige akustische Erscheinung. Dadurch aber, daß er die akustische Kulisse mit überträgt, die volle akustische Sinnlichkeit wiedergibt, nähert sich die Rundfunkübertragung der Form des Hörspiels.

Sehr aufschlußreich war in dieser Hinsicht die Übertragung der Ankunft des Führers in Berlin. An verschiedenen Punkten seines Weges, vom Anhalter Bahnhof bis zur Reichskanzlei, waren Kriegsberichter mit einem Mikrophon aufgestellt, die von einem zentralen Punkt aus aufgerufen wurden und dann einen Stimmungsbericht ihrer Zone gaben. Es ist das schon beinah ein Ansatz zu einer Dramaturgie der Rundfunkübertragung, die sich dem Stil alter Spiele nähert, in denen ein durchgehender Sprecher die Achse des Stückes bildet, der die einzelnen Personen zitiert und wieder verschwinden läßt.

In die Worte des Sprechers dröhnte die Marschmusik, das vielstimmige Gesumme, das an- und abschwellende Gebrause der Massen, das Geschrei der Kinder, hin und wieder ein einzelner sich abhebender Ruf, der Klang der Glocken und schließlich das dumpfe Rollen des einfahrenden Zuges. Mit Bericht hat das alles nichts mehr zu tun, sondern es ist der Versuch, durch das Aufblenden der orgiastischen Geräuschwelt einer triumphalen Stunde das ganze Volk in das Erlebnis einzubeziehen. Der Rundfunk zeigt die Neigung, mit der suggestiven Sinnlichkeit der elementaren Klangwelt eine von den Wirkungen der Musik zu vollziehen: das Individuum von sich selber zu entfernen und in die gemeinschaftliche Erregung hineinzureißen.

Als die großen Schlachten in Frankreich abrollten, wurde sogar der Wehrmachtsbericht, der sich in der Zeitung als Mitteilung von strenger Sachlichkeit liest, im Rundfunk zu einer Darbietung. Er stand im Mittelpunkt eines faszinierenden musikalischen Rituals, das ihn weit hinausrückte über die Form des Berichtes und ihn jedesmal zu einem feierlichen Ereignis erhob.

Gerade der Krieg hat gezeigt, daß der Rundfunk und der Film ihre stärksten Wirkungen aus der Wirklichkeit beziehen, aus der Fähigkeit, die Ereignisse der Zeit unmittelbar hineinzustrahlen in das Volk, aus der Möglichkeit, die unmittelbare Kommunion zwischen der Zeit und den Menschen herzustellen. Wenn der totale Staat die Leistungsfähigkeit dieser Instrumente auf ihre volle Höhe gebracht hat, so ist das nicht allein dadurch zu erklären, daß er ihre Wirkungsformen besser erkannt hätte. Sie entsprechen ihm, sie sind die publizistische Kongruenz seiner politischen und geistigen Form.

Robert Dvorak: Die Zeit als Hörspiel. In: Die neue Rundschau (1940), S. 414f.

IV

Literarische Texte

1. Prosa

Jan Petersen: »Unsere Straße« [entstanden 1933/34, Auszug]

Ich fuhr in den Nachbarbezirk zu einer Literaturstelle, von der ich für uns Broschüren abholen sollte. Wir bekommen jetzt sehr viel gedruckte Broschüren. Sie sind äußerlich immer gut getarnt. Mal ist es ein »Reiseprospekt« mit einer schönen Frau auf dem Titelbild, dann wieder ein »Propagandaheft für den Luftschutz«. Jede Broschüre hat einen anderen Umschlag, die ersten Druckseiten sind meist mit richtigem Nazitext bedruckt.

Die Literaturstelle, bei der ich nun gestern war, liegt in einer stillen Straße. Als ich in die Straße einbiege, kommt mir schon der Gedanke: ist auffällig, hier mit dem Fahrrad zu kommen. Sind doch alles moderne verschlossene Beamtenhäuser, wer fährt hier schon Fahrrad! Plötzlich sehe ich, daß vor dem fraglichen Haus, neben der Haustür, schon ein Fahrrad angeschlossen steht. Verdammt! Nun schon zwei Räder! Sieht auch ganz so aus, als ob damit schon ein anderer zu dem Genossen gekommen ist und Material abholt. Wenn du hier aber erst lange hin und her fährst, wird die ganze Geschichte noch auffälliger, überlegte ich. Ich steige also doch ab, schließe mein Rad neben dem anderen an.

Auf das verabredete Klingelzeichen öffnet eine junge Frau. Ich sage das Erkennungswort, und sie bittet mich, näher zu treten. Gleich darauf kommt der Genosse. Ich kenne ihn schon von früher. Ich sage ihm sofort, daß ich mit dem Fahrrad gekommen bin – ob das andere Rad vor der Haustür etwa auch …? Ja, der Genosse sei hinten im Zimmer. – Dumme Sache, hättest du mich doch später oder früher herbestellen sollen, sage ich ihm. Der andere Genosse sollte schon gestern kommen, es wäre nicht seine Schuld, meint der Genosse. Können wir auch jetzt nicht mehr ändern, ich muß mich beeilen; dränge ich. Der Genosse bringt die Broschüren, ich verstaue sie am Körper und gehe. Das alles dauert nur wenige Minuten.

Als ich unten den Schlüssel für das Sicherheitsschloß aus der Tasche ziehe, sehe ich einen kleinen Zettel, der hinter die Schutzkette geklemmt ist. Ich öffne langsam das Schloß, falte mit der andern Hand den Zettel unauffällig auseinander.

Zwei Fahrräder!
Achtung – Gefahr!

steht auf dem Zettel.

Ich drücke ihn zusammen, fahre mir mit der Hand wie zufällig über den Mund – verschluckt. Ich drehe das Rad herum, packe langsam die Sicherheitskette ein. Meine Gedanken arbeiten fieberhaft, meine Augen überfliegen die Straße.

Die ersten zwei Worte sind ein Vorwurf – den ich mir vorhin schon selbst gemacht habe – und die Warnung darunter? Kommt sie wirklich von Genossen – oder ist sie etwa eine Provokation?! Dann hätte ich den Zettel nicht verschlucken dürfen, einfach fallen lassen müssen. Ich war doch nur einige Minuten oben – die waren dann vorhin schon da! Die beiden Männer – die dort auf der andern Straßenseite in großem Abstand wie zufällig auf und ab gehen. Und dort rechts! An der Straßenecke steht auf jeder Seite noch einer! Also alles abgeriegelt! Die Straße ist doch sonst ganz leer, kein Fußgänger ist zu sehen. Und ich habe die Broschüren an mir – verflucht – das langt für einige

Anregung zum Schaufenster-Wettbewerb für die »Woche des Deutschen Buches« vom 27. Oktober bis 3. November 1935
Entwurf von Fritz von Valtier

Jahre Zuchthaus! Was nun?! – Quatsch, was nun – losfahren – meine Verhaftung kommt sowieso.

Ich schiebe das Fahrrad langsam an den Rinnstein, steige auf. Drüben auf dem Bürgersteig bleibt einer der Männer stehen und sieht mir nach. Der schwere Mantel, die steife Glocke, die Bullenfresse – Gestapo! Meine Füße treten mechanisch die Kurbeln, in meinem Kopf summt es wie ein Bienenschwarm. Fünf Meter – acht Meter – warum schreien die denn nicht: »Halt!« – Warum …?! Ich erreiche die Ecke, biege langsam rechts ein. Der Mann dort steht mit den Händen in den Manteltaschen, er hat den weichen Hut lässig ins Genick geschoben. Sekundenlang sehen wir uns an. Es ist Harry! Ein Funktionär aus diesem Bezirk, mir gut bekannt. – Harry – Harry –, dann ist der zweite an der gegenüberliegenden Ecke sicher auch ein Genosse. Die haben also den Zettel geschrieben! – Aber die beiden hinter mir in der Straße sind Gestapobeamte. Bestimmt! Das fühlt man doch schon – wozu sonst auch der Warnungszettel?

Ich fahre, fahre, niemand hält mich an. Es dauert lange, bis ich erfasse, daß ich trotz allem wieder Glück gehabt habe. Plötzlich ist mir, als hätte mir jemand mein Leben neu geschenkt. Ich fahre noch eine Stunde lang, quer durch die ganze Stadt. Steige mehrmals ab, sehe mir Schaufenster an, fahre weiter. Erst als ich überzeugt bin, daß wirklich niemand hinter mir ist, daß ich nicht »beschattet« bin, fahre ich in unsere Straße zurück.

Jan Petersen [d. i. Hans Schwalm]: Unsere Straße. Eine Chronik. Geschrieben im Herzen des faschistischen Deutschland 1933/34. Berlin: Dietz, 1947. S. 203–205. –

Werner Finck: »Was jeder hören kann« [1938]

Es war eine große Gesellschaft. Jemand erzählte lebhaft einen guten Witz – ein anderer wußte auch einen.

»Meine Herrschaften, das Fenster ist offen«, sagte ich, »und wir reden sehr laut, vielleicht ist es besser, wenn wir es zumachen.« »Wenn ich ganz offen sein soll«, wollte das Fenster in diesem Moment sagen und sich in die Unterhaltung einmischen –, aber es knarrte nur, denn Fenster können ja nicht reden. (Wände können sich schon mehr in menschliche Unterhaltungen mischen, denn sie haben wenigstens Ohren.)

»Es ist eigentlich schade, jetzt schon zuzumachen«, sagte die Hausfrau, »es ist eine so selten milde Luft draußen.«

»Ja, wirklich«, pflichtete ihr ein anderer bei, »es wäre schade. Außerdem kann das doch jeder hören, was wir uns hier erzählen.« »Eben deshalb«, sagte ich, » wollte ich das Fenster schließen, denn die meisten liegen schon im Bett, und wenn wir uns hier so laut unterhalten, stören wir sie.«

»Ich dachte vorhin, Sie meinten etwas anderes, als Sie das Fenster schließen wollten«, sagte hernach eine Dame in Grün, indem sie sich neben mich setzte und mich ermunternd anlächelte.

»Ich weiß nicht, wie ich das verstehen soll«, ermunterte ich sie. »Sie denken doch sicher genau wie ich.«

»Schon möglich«, sagte ich. »Wie denken Sie denn?«

»Trinken wir darauf«, sagte sie, »stoßen wir an.«

Ich tat es. Zögernd, weil ich nirgends gerne anstoße.

»Ich lese regelmäßig Ihre Glossen«, fuhr sie fort, nachdem sie das Glas hingestellt hatte. »Ich verfolge sie mit großem Interesse. Es muß schwer sein, Woche für Woche, ganz gleich, ob Sie nun in Stimmung sind oder nicht.«

»Gewiß«, erwiderte ich, »es ist auch schwer, Woche für Woche, ganz gleich, ob ich nun schreibe oder nicht.«

»Sehr interessant, manchmal sind sie geradezu ...«

»Das sind dann die weniger gelungenen«, sagte ich, »denn geradezu ist gleichbedeutend mit derb. Und derb darf eine Glosse nicht sein.« Jetzt trat eine Pause ein, blieb aber an der Tür stehen, so daß sie keiner bemerkte.

»Um auf unser Gespräch vorhin zurückzukommen«, nahm ich den Faden wieder auf, »wir werden den kürzeren ziehen.«

»Meinen Sie?« fragte sie.

»Doch, die meisten fürchten sich nämlich – vor Zug, und deshalb schließen sie die Fenster so oft wie möglich. Wenn Sie und ich auch anders darüber denken, dann sind wir wohl in der Minderheit.« Im Hintergrund ging der Hausherr auf das Fenster zu, um es zu schließen. In diesem Moment fiel es aber von selbst zu. Es hatte irgendwie Wind bekommen.

Die Dame verließ mich ziemlich rasch, sie schien enttäuscht zu sein. Wenn zwei dasselbe denken, so ist es nicht

Mit Preisausschreiben!

Buch und Volk

Heft 5 — Zur Woche des Deutschen Buches — 1937

phot. Heinrich Hoffmann-Berlin

Titelseite

dasselbe. Schrecklich, immer verfolgt zu werden! »Nichts für ungut«, rief ich ihr nach, und »pfröhliche Fincksten.«

Werner Finck: Was jeder hören kann. In: W. F.: Alter Narr – was nun? Die Geschichte meiner Zeit. München: Herbig, 1972. –

WERNER BERGENGRUEN: »Der Großtyrann und das Gericht« [1935, Auszug]

»Wir anderen erleiden unsere Verzweiflung als einzelne. Wie aber könnten solche Verzweiflungen dich hemmen? Denn du, Herrlichkeit, als der Wille des Volkes –«

»Hältst du mich dafür?« unterbrach ihn der Großtyrann mit einem Lächeln des Selbstspottes. »Nun, ich weiß, daß ich nicht der Wille des Volkes bin. Und gleichwohl magst du recht haben. Denn es hat ja alles Geschaffene und auch der Mensch außer seinem offenbaren noch einen ihm selber verborgenen Willen. Das Pferd will grasen und in Freiheit springen; dennoch will es auch in Zucht genommen und in Herrlichkeit geritten werden. Der Wein möchte wachsen, blühen, Samen ausstreuen und verwildern; und doch will er auch geschneitelt, gekalkt, gelesen und gekeltert sein; denn er will ja als Trank auf Fürstentafeln schimmern, im Kelch zur Erlösung der Welt werden, Gedanken und Gedichte erzeugen, Liebe zwischen Männern und Weibern beflügeln und alles Erschaffenen beglänzen. So bin auch ich der verborgene Wille des Volkes. Denn das Volk will nicht nur tagewerken und essen, hadern und Kinder zeugen, sondern es hat auch den Willen, ein erhöhtes Bild seiner selbst zu gewinnen. Und ich glaube wohl, ich habe ihm das gegeben. Zudem habe ich ja in vielem auch seinen offenbaren Willen vollbracht, indem ich ihm Sicherheit der Märkte und Straßen gab und den Leuten ihr liebstes Recht nahm, das Recht nämlich, mit gegenseitig geübter Gewalttat sich untereinander den Ertrag aller Mühsal wieder zunichte zu machen. Auf diese Weise magst du recht haben, wenn du mich den Willen des Volkes nennst.«

»So habe ich es gemeint«, sagte Diomede.

Der Großtyrann führte seine Gedanken weiter, indem er fragte: »Sage mir, Diomede, warum reißt man die Herrschaft an sich und warum herrscht man?« Während Diomede auf eine Antwort dachte, fuhr der Großtyrann fort: »Einmal, weil man dazu geboren ist und kein Mensch das zu tun unterlassen kann, wozu er seiner Natur nach geschaffen wurde. Also um seiner selbst willen. Zum zweiten aber um der Beherrschten willen, indem nämlich der Herrscher – diesen Fall setze ich – ein solcher ist, daß er den Willen der zu Beherrschenden deutlicher erkennt als diese selbst.«

»Aber läßt sich, Herrlichkeit, nicht der Fall setzen, daß er ihn vielleicht nur zu erkennen *meint*?«

Werner Bergengruen: Der Großtyrann und das Gericht. Roman. [München]: Nymphenburger Verlag, [1957]. S. 236f. – © 1949 by Verlags AG Die Arche, Zürich.

Jochen Klepper: »Der Vater« [1937, Auszug]

Von nun an bezeichnete der König in aller Öffentlichkeit die Tat seines Sohnes als Desertion. Aber er verhängte die Strafe noch nicht.

Nur nannte er seinen Sohn auch offiziell nicht mehr Kronprinz, sondern Prinz Friedrich oder Des Königs Sohn Friedrich und Oberst Fritz.

»Der Oberst Fritz hat desertieren wollen.«

Das lag beim König nun als Formel fest.

König: Historisches Vorbild ist Friedrich Wilhelm I. von Preußen (1688–1740), Vater von Friedrich II., dem Großen (1712–1786).

Der Oberst Fritz gehörte demnach vor ein Kriegsgericht. Ehe der neue Monat begann, ordnete der König formell ein Gericht über den Deserteur an. Aber erst einen Monat darauf setzte er es ein und ernannte zum Vorsitzenden den Generalleutnant Graf Achim von Schulenburg, den Getreuen im Aufruhr der Junker; Schulenburg, der sein Regiment mit Gesangbuch und Neuem Testament für jeden Offizier und Mann als einem neuen Rüstzeug für den preußischen Soldaten beschenkte; Schulenburg, der einst den ersten Kronprinzen von Preußen, Friedrich Wilhelm, vor dem Anfall eines Hirsches bewahrte und ein Auge für ihn hingab. Ihm, dem Wundenträger von Stralsund, und dem Kriegsgerichte überwies der König gleichzeitig die Mitschuldigen des Prinzen zur Aburteilung und stellte für die Beratungen sein väterliches Schloß Köpenick, das Haus seiner frühesten Kindheit, zur Verfügung.

Da kam Friedrichs Anerbieten, seinen Rechten zu entsagen. Der König nahm es nicht an. Glaubte er in nichts mehr an die Ehrlichkeit seines Sohnes? Befürchtete er für die Zeit nach seinem eigenen Tode Staatsumwälzungen und Wirren? Sagte er sich, daß Friedrich ohne geistigen Vorbehalt nicht auf sein Erbrecht verzichten und daß sein kleiner, zarter, sanfter Hulla, wenn er nun König wurde an des ersten Sohnes Statt, einen gefährlichen Gegner an Friedrich haben würde –? Zweifelte er überhaupt an der Möglichkeit, sein zarter Kleiner vermöchte je ein König zu werden – war er in Wirklichkeit ohne Söhne?! Und vor allem: was hatte ein Deserteur noch mit dem Verzichte auf Thronfolgerrechte zu schaffen?

Da erwog der König gar nicht mehr, daß Friedrichs Verzicht auch nur nach feierlicher Bestätigung durch das Reich Gültigkeit erlangt hätte. Er hätte darum einkommen müssen, und das war ein langwieriges und in seinem Ausgang ungewisses Verfahren. An Feinden unter den deutschen Fürsten fehlte es dem König nicht; und er ahnte, daß man unter hundert schönen Verbrämungen schließlich doch nur über ihn selbst zu Gericht sitzen würde. Was hatte er nach alledem noch zu fragen?!

Tag um Tag und Nacht um Nacht las der König in der Bibel von Gottvater und dem Menschensohn, den er mit der Schuld der Welt belud; von Abraham und Isaak; von König Davids Klage über Absalom, den Aufrührer; von der Verheißung über alle Erstgeburt; von Krone und Dornenkrone; von Gottes Richterstuhl und den Thronen der Könige.

Es war des Königs Art, die Stellen der Heiligen Schrift, die ihn am tiefsten berührten, mit einem scharfen Eindruck seines Daumennagels zu bezeichnen. In diesen Tagen war die Bibel von seinem starken Finger wie zerschnitten, und wie Kreuze zerrissen seine Male die Worte der Schrift.

»Und zur Mitternacht schlug der Herr alle Erstgeburt in Ägyptenland von dem ersten Sohn Pharaos an, der auf seinem Stuhle saß, bis auf den ersten Sohn des Gefangenen im Gefängnis und alle Erstgeburt des Viehs –«

»Durch den Glauben opferte Abraham den Isaak, da er versucht ward, und gab dahin den Eingeborenen und dachte: Gott kann auch wohl von den Toten erwecken –«

»Mein Sohn Absalom! Mein Sohn, mein Sohn Absalom! Wollte Gott, ich wäre für dich gestorben! O Absalom, mein Sohn, mein Sohn!«

Dann versank er in der Karfreitagsgeschichte. Er wollte das Alte Testament nicht mehr lesen. Er glaubte, nun vermöchte er das Neue Testament nicht mehr zu bewältigen und von ihm sich loszulösen.

Der König las in der Bibel, doch betete er nicht.

Es war, als würde er gepeinigt. Es war, als würde er gerichtet; und nicht Des Königs Sohn Friedrich.

Zwei Tage lang, den 25. und 26. Oktober, hörte das Kriegsgericht die Verlesung der Untersuchungsakten an.

In kurzen Pausen privaten Meinungsaustausches standen und gingen die Offiziere in kleinen Gruppen auf der schmalen Halbinsel, die der Schloßpark von Köpenick zwischen den Armen der Spree und der Dahme bildete. [...]

Der König war nicht zugegen.

Und die droben tagten, waren die Besten der Armee: Kapitäne, Majore, Oberstleutnants, Obersten und Generalmajore – Alter und Jugend. Wie der König einst Des Königs Sohn Friedrich nur die Klügsten, Gebildetsten, Redlichsten unter den jungen Offizieren seines Leibregiments zu Gouverneuren und Gesellschaftern gab, so wählte er auch nur die, deren Ansehen unbestritten war vor aller Welt, zu Richtern über Oberst Fritz.

Um 27. Oktober fällten die fünf Rangklassen, die Kapitäne, Majore, Oberstleutnants, Obersten und Generalmajore, jede ihren Spruch. [...]

Sie suchten dem König die Schwere seines zwiefachen Richteramtes zu erleichtern. Sie griffen seinem Spruche mit geschickter, zarter Hand vor. Sie suchten die Gnade durch Betonung der Unterwerfung und der Reue des Schuldigen zu erzwingen. In der Urteilsbegründung gaben sie dem Prinzen seine Ehrenrechte wieder: den Titel Hoheit, den der König durchgestrichen hatte; den Rang als Kronprinz, den er ihm nahm. Sie gaben ihrem König zu verstehen, daß ihre angestammte Treue sich nicht nur auf seine Person, sondern auf sein ganzes Haus erstrecke. [...]

Der König, der vor Gottes Richterstuhl stand, wollte es nicht, daß man ihm seinen Richterspruch erleichtere.

Was er in Händen hielt – das konnte nicht die Lösung, die Ausrottung, den Abschluß und die Tilgung alles dessen bedeuten, was sich so schwere Jahre hindurch in ihm aufgestaut hatte an Trauer, Enttäuschung und Zorn, an Grübelei und Selbstverdammung.

»Sie sollen rechtsprechen und nit mit dem Flederwisch darüber gehen«, schrieb Friedrich Wilhelm beim Empfang des Schriftstücks an den Rand des Urteils. »Es soll das Krieges Gerichte wieder zusammenkommen und anders sprechen.« [...]

Aber König Friedrich Wilhelm hatte nun die Offiziere, die er sich einst ersehnte: sie änderten ihre Meinung nicht. Sie blieben fest und gingen über die Marginalien und Zettel ihres Königs hinweg. Der las an diesem Tag die Bibelsprüche, die der Treueste ihm aufgeschrieben hatte. Er las sie auch noch einmal spät am Abend, obwohl er seit Wochen gar nichts anderes im Herzen trug als sie. Aber etwas an ihnen war nun völlig neu geworden: sie standen gegen ihn auf. Sie bestätigten ihn nicht im Gericht.

Gott wollte das Opfer nicht. Gott gab ihm kein Recht dazu, in eigener Tat zu sühnen. Der Erstgeborene gehörte ihm, dem Vater, nicht: er war von Gott als der künftige König gezeichnet. Und im Tode der beiden ersten Söhne war die Erwählung besiegelt.

Jochen Klepper: Der Vater. Der Roman des Soldatenkönigs. [Zweiter Teil.] Stuttgart/Berlin: DVA, 1937. S. 293–296, 298–300. –

Hanns Johst: »Maske und Gesicht« [1935, Auszug]

Berlin. Reichskanzlei

Der Führer empfängt mich.

Sein Zimmer ist sehr groß. Er sitzt hinter einem breiten Tisch.

Er steht auf. Er erleichtert mir den spröden Weg zu sich. Er kommt mir entgegen.

Dieser Mann kennt keine Masken. Er trägt immer sein Gesicht.

Dieses Antlitz! Alle Welt kennt es. Jedermann sah es durch tausend und aber tausend Prismen und Perspektiven, aus Hunderten von photographischen, zeichnerischen, malerischen, bildhauerischen Versuchen. Millionen Menschen sahen es, Millionen gewannen verschiedene Eindrücke.

Alle Deutungen dieses Gesichtes müssen von den Augen

ausgehen – so meint man beim ersten Augenblick, ganz naturgemäß überschleiert von der Erregung des Gegenübers. Aber der längere Eindruck bestätigt diese Empfindung nicht. Da ist das Haar. Weder Bild noch Plastik brachte bisher dessen Eigensinn und Eigenwilligkeit zum Ausdruck. Eichendorffsche Heiterkeit sträubt sich gegen jede Doktrin. Weder Stahlhelm noch Mütze, weder Kamm noch Bürste vermöchten zu bändigen, was offen Wind und Wetter gehört. Wie Wolke wirft es bald Schatten über das Gesicht, bald öffnet es die Gesichtszüge durch seinen Schein.

Von einer steinernen Distanz sagen die Schläfen aus. Wie sensible Membranen ruhen sie zwischen Ohr und Auge. Es sind die einsamsten Schläfen, die ich je sah. Ihr Befehl ist Unnahbarkeit.

Nur bei Schädeln großer, geistiger Deutschen findet sich diese ausgesprochen konkave Form. Hier werden Wahrnehmungen unerbittlich filtriert. Man schaut in die Augen, wird von den Augen begrüßt und währenddessen von diesen zwei Schläfen aus unter Kreuzfeuer genommen, wahrgenommen und überprüft.

Ich sitze jetzt dem Führer schräg gegenüber. Das Licht der Fenster gibt der Gestalt scharfe Konturen.

»Sie waren im Ausland ... Vielleicht haben Sie es gelesen: ich auch ... Ich war in Venedig ...«

Tatsächlich, der Führer sagt ganz naiv: »Vielleicht haben Sie es gelesen.« Dieser Mann setzt nichts voraus. Er beginnt jedes Gespräch sokratisch, völlig voraussetzungslos. Er stellt zu Beginn zunächst jede Voraussetzung erst einmal präzis fest. Mißverständnisse werden auf diese Weise restlos ausgeschaltet.

Das Gespräch wächst organisch wie ein Kunstwerk von Feststellung zu Feststellung, von Wahrnehmung zu Wahrnehmung, von Entscheidung zu Entscheidung.

Wir sprachen über die Wechselbeziehungen der Kultur zum staatlichen Bewußtsein.

Der Führer klingelt.

Baupläne werden gebracht. Große, mittelalterliche Rollen.

Der Führer breitet sie auf dem Fußboden aus.

Wir knien beide davor.

Mit phantastischer Kraft beschwört der Führer aus nackten Grundrissen, aus Linientumulten, aus horizontaler Geometrie plastische Architektur.

Mein Gesicht verwirrt sich im Fieber dieses Augenblickes.

Ein fanatisches »Werde!« schwingt aus der Anschauungsgnade des Mannes neben mir.

Die Baupläne verwandeln sich unter meinem Anblick zu einer Landkarte Deutschlands, und des knienden Führers Herz schlägt über diesem am Boden liegenden heiligen Stück Erde.

Sein Gesicht fliegt wie ein Sturmvogel über weites Land.

Das Ruhende erwacht. Hebt sich, erhebt sich und wächst an die Brust einer unsagbar innigen Fürsorge ...

Hanns Johst: Maske und Gesicht. Reise eines Nationalsozialisten von Deutschland nach Deutschland. München: Langen-Müller, 1935. S. 205–207.

Reinhold Schneider: »Las Casas vor Karl V.« [1938, Auszug]

»Der Kardinal sprach vorhin von der Meinung, daß ich nur ein Herz für die Indios, nicht für die Spanier hätte; und in

---

Las Casas: histor. Vorbild ist Bartolomé de L. C. (1474–1566), span. Dominikanermönch, Missionar in Mittelamerika, Fürsprecher der indianischen Bevölkerung, später Berater am span. Hof.

Karl V.: letzter vom Papst gekrönter Kaiser (1500–1558). Trat 1521 beim Reichstag zu Worms Luther entgegen. 1542 Einführung der »Neuen Gesetze« zum Schutze der Indios. 1556, ein Jahr nach Abschluß des Augsburger Religionsfriedens, Abdankung und Rückzug ins Kloster.

der Tat nennen mich jene ihren Vater und diese ihren Feind. Und doch kann ich vor Gott dem Herrn versichern, daß nichts mir schwereren Kummer bereitet als das Schicksal meines eigenen Volkes. Denn die auf Erden unschuldig leiden, können sich der Barmherzigkeit Gottes getrösten; und selbst, wenn sie nicht wahre Christen wurden oder sich wieder abkehren vom Kreuze, weil es das Zeichen der Spanier war, so ist vielleicht doch eine Hoffnung, daß Er in seiner unerforschlichen Güte ihrer manche annehmen wird. Aber wir?

Auf uns fallen alle Flüche, die unter Todesqualen wider unsern Herrn ausgestoßen worden sind. Auf uns fällt die Not der Seelen, die gefangen sind in einem sündigen Leben und unabwendbar der Verdammnis überantwortet werden.« Der Mönch wandte sich unmittelbar an den Kaiser: »Daß deines Volkes Seele verdirbt, erhabener kaiserlicher Herr, das ist es, was mich nicht schweigen läßt. Laß alles ungesagt und hinfällig sein, was ich vorgebracht habe, verwirf meine Gründe und Beweise und Zeugen, nur dieses eine nicht: daß wir zu einer jeden Stunde vor der Ewigkeit stehen und daß der Herr auf uns herabschaut in diesem Augenblick. Du bist kein Priester, wie ich Unwürdiger es bin, und kennst diese letzte Not um die verlorengehenden Seelen vielleicht nicht, aber auch du bist zum Statthalter über die Seelen gesetzt wie deine Vorfahren und mußt sie mit deinem mächtigen Arm schützen als Gottes Eigentum. Dein Volk soll ja nicht auf Erden, sondern es soll in Ewigkeit leben, und für diese Ewigkeit trägst du die Verantwortung in der Macht und den Grenzen deines Amtes.«

Las Casas näherte sich dem Throne. »Herr, dein Volk ist krank, laß es gesunden. Zerbrich das Unrecht, in dem es erstickt. Und was es immer kosten wolle, zögere nicht; denn das will Gott von dir. Vielleicht ist jetzt die Stunde da, da Gott ein sehr großes Opfer von dir fordert; bringe es, Herr; frage nicht, wie die Welt es dir entgelten wird und ob deine Feinde es nicht zunutze machen, sondern vertraue auf

Gott. Wir kennen seine Wege nicht; wir kennen nur sein Gesetz; dem müssen wir uns beugen. Und was den Menschen als Torheit erscheint, das ist vielleicht die letzte Weisheit. Du fürchtest die Folgen, Herr, wenn du das Unrecht ausrottest und das Recht wieder herstellst; fürchte sie nicht, vertraue nur und stütze dich auf das Gebet. Wir werden nicht aufhören zu beten; und wenn dein Volk wieder gesund wird, hast du dann nicht Gewinnes genug? Gib die Indios frei; setze ihre Fürsten wieder ein, deren Rechte ehrwürdig sind wie die deinen; laß dein Volk erkennen, daß sie Gottes Ebenbild sind und Achtung verdienen! Das soll deine Tat sein, und sie wird nicht vergessen werden und dir und Spanien ewigen Ruhm bringen; jetzt mußt du es tun und zeigen, daß du allein Gottes, nicht der Menschen und deines Reiches Diener bist und ein König, weil dein Sinn höher ist als der anderer Menschen. Frage niemanden, frage nur dich selbst; frage dein Leiden und deine Sorge und deine Not; frage deine Liebe und dein Gewissen. Menschenstimmen können dir nicht antworten; aber wenn du lauschen willst, Herr, so vernimmst du vielleicht die Stimme des Lenkers der Geschichte, der dich und deine Krone und dein Land in diesem Augenblick als Werkzeug gebrauchen und sein Reich ausbreiten will durch dich.«

Reinhold Schneider: Las Casas vor Karl V. Szenen aus der Konquistadorenzeit. In: R. S.: Gesammelte Werke. Im Auftrag der Reinhold Schneider-Gesellschaft hrsg. von Edwin Maria Landau. Bd. 3. Auswahl und Nachwort von Edwin Maria Landau. Frankfurt a. M.: Insel Verlag, 1978. S. 235–237. –

Ernst Jünger: »Auf den Marmorklippen« [1939, Auszug]

Wir standen hinter einem kleinen Busche, der feuerrote Beeren trug, und schauten auf die Rodung von Köppelsbleek hinaus. Das Wetter hatte sich geändert, denn wir erblickten von den Nebelschwaden, die uns seit den Marmorklippen begleitet hatten, hier keine Spur. Die Dinge traten vielmehr in voller Deutlichkeit hervor, so wie im Zentrum eines Wirbelsturmes, in stiller und unbewegter Luft. Auch waren die Vogelstimmen nun verstummt, und nur ein Kukkuck lichterte, wie es die Sitte seiner Sippschaft ist, am dunklen Waldrand hin und her. Bald nah, bald ferner hörten wir sein spöttisches und fragendes Gelächter Kuck-Kuck, Kuck-Kuck rufen, und dann sich triumphierend überschlagen, daß unser Blut ein Frösteln überlief.

Die Rodung war mit dürrem Grase überwachsen, das nur im Hintergrunde der grauen Kardendistel, die man auf Abraumplätzen findet, wich. Von diesem trockenen Bestande hoben sich seltsam frisch zwei große Büsche ab, die wir beim ersten Blick für Lorbeersträucher hielten, doch waren die Blätter gelb gescheckt, wie man sie in Fleischerläden sieht. Sie wuchsen zu beiden Seiten einer alten Scheuer, die weit geöffnet auf der Rodung stand. Das Licht, das sie beschien, war zwar kein Sonnenlicht, doch gleißend und schattenlos und hob den weißgetünchten Bau sehr scharf hervor. Die Mauern waren durch schwarze Balken, die auf drei Füßen standen, in Fächer eingeteilt, und über ihnen stieg spitz ein graues Schindeldach empor. Auch waren Stangen und Haken an sie angelehnt.

Über dem dunklen Tore war am Giebelfelde ein Schädel festgenagelt, der dort im fahlen Lichte die Zähne bleckte und mit Grinsen zum Eintritt aufzufordern schien. Wie eine Kette im Kleinod endet, so schloß in ihm ein schmaler Giebelfries, der wie aus braunen Spinnen gebildet schien. Doch gleich errieten wir, daß er aus Menschenhänden an die Mauer geheftet war. Wir sahen das so deutlich, daß wir den kleinen Pflock erkannten, der durch den Teller einer jeden getrieben war.

Auch an den Bäumen, die die Rodung säumten, bleichten die Totenköpfe, von denen mancher, dem in den Augenhöhlen schon Moos gewachsen war, mit dunklem Lächeln uns zu mustern schien. Es war ganz still bis auf den tollen Tanz, mit dem der Kuckuck um die Schädelbleiche lichterte. Ich hörte, wie Bruder Otho, halb träumend, flüsterte: »Ja, das ist Köppelsbleek.«

Das Innere der Scheune lag fast im Dunkel, und wir erkannten nur dicht am Eingang eine Schinderbank mit aufgespannter Haut. Dahinter schimmerten noch bleiche, schwammige Massen aus dem finstren Grund. Zu ihnen sahen wir in die Scheuer Schwärme stahlfarbener und goldener Fliegen schwirren wie in ein Bienenhaus. Dann fiel der Schatten eines großen Vogels auf den Platz. Er rührte von einem Geier, der mit ausgezackten Schwingen auf das Kardenfeld herniederstieß. Erst als wir ihn bis an den roten Hals langsam im aufgewühlten Grunde schnäbeln sahen, erkannten wir, daß dort ein Männlein mit der Hacke am Werke war, und daß der Vogel seine Arbeit begleitete, so wie der Rabe dem Pfluge folgt.

Nun legte das Männlein die Hacke nieder und schritt, ein Liedchen pfeifend, auf die Scheuer zu. Es war in einen grauen Rock gekleidet, und wir sahen, daß es sich wie nach wackrem Werk die Hände rieb. Nachdem es in die Scheuer eingetreten war, begann ein Pochen und Schaben an der Schinderbank, dazu es in lemurenhafter Heiterkeit sein Liedchen weiterpfiff. Dann hörten wir, wie zur Begleitung, im Tannicht den Wind sich wiegen, so daß die bleichen Schädel an den Bäumen im Chore klapperten. Auch mischten sich in sein Wehen das Schwingen der Haken und das Kraspeln der dürren Hände an der Scheuerwand. Das klang so hölzern und beinern wie im Reich des Todes ein Marionettenspiel. Zugleich trieb mit dem Winde ein zäher, schwerer und süßer Hauch der Verwesung an, der uns bis in das Mark der Knochen erzittern ließ. Wir fühlten, wie in unserem Inneren die Lebensmelodie auf ihre dunkelste, auf ihre tiefste Saite übergriff.

Wir wußten später nicht zu sagen, wie lange wir diesen

Spuk betrachtet hatten – vielleicht nicht länger als einen Augenblick. Dann, wie erwachend, faßten wir uns an den Händen und stürzten in den Hochwald des Fillerhorns zurück, indes der Kuckucksruf uns höhnend geleitete. Nun kannten wir die üble Küche, aus der die Nebel über die Marina zogen – da wir nicht weichen wollten, hatte der Alte sie uns ein wenig deutlicher gezeigt. So sind die Keller, darauf die stolzen Schlösser der Tyrannis sich erheben, und über denen man die Wohlgerüche ihrer Feste sich kräuseln sieht: Stankhöhlen grauenhafter Sorte, darinnen auf alle Ewigkeit verworfenes Gelichter sich an der Schändung der Menschenwürde und Menschenfreiheit schauerlich ergötzt. Dann schweigen die Musen, und die Wahrheit beginnt zu flackern wie eine Leuchte in böser Wetterluft. Da sieht man die Schwachen schon weichen, wenn kaum die ersten Nebel brauen, doch selbst die Kriegerkaste beginnt zu zagen, wenn sie das Larvengelichter aus den Niederungen auf die Bastionen emporgestiegen sieht. So kommt es, daß Kriegesmut auf dieser Welt im zweiten Treffen steht; und nur die Höchsten, die mit uns leben, dringen bis in den Sitz des Schreckens ein. Sie wissen, daß alle diese Bilder ja nur in unserem Herzen leben, und schreiten als durch vorgestellte Spiegelungen durch sie in stolze Siegestore ein. Dann werden sie durch die Larven gar herrlich in ihrer Wirklichkeit erhöht.

Ernst Jünger: Auf den Marmorklippen. In: E. J.: Sämtliche Werke. Bd. 15: Erzählende Schriften I. Erzählungen. Stuttgart: Klett-Cotta, 1978. S. 308–311. –

Friedrich Griese: »Das letzte Gesicht« [1934, Auszug]

An dem letzten Abend, bevor Fanna mit dem Schneiden des Roggens anfangen wollte, kam er den Hügel von der

Buch und Volk

Heft 5 1938

Zur Woche des Deutschen Buches

Georg Slupterman von Langeweyde: Holzschnitt aus der Mappe „Der Führer spricht"

Titelseite

andern Seite herauf, er, der von seinem Krieg gezeichnet worden war und nun begonnen hatte, dem Boden hier ein anderes Zeichen zu geben. Wer war er?

Reth war er, das Dorf war er, die Äcker mit dem Rethbach, den langsam ansteigenden Hängen und dem Moor weiter nach Osten zu. Er war es ja nicht allein, es gab genug andere, die auch arbeiteten, aber er war es doch vor allem.

Er hatte angefangen, Wiesenland trocken zu legen, und hier versuchte er nun, aus wüstem Acker gutes Land zu machen. Die Sense war fertig, sie stand an der Hauswand und wartete auf den nächsten Morgen.

Er war das Dorf. Mochten die Menschen in Reth und die Menschen in allen Dörfern noch einmal vom Weg gehen und Händlern und Schwindlern in die Hände fallen, sie waren nicht das Dorf, und ob sie noch zu ihm zurückfanden, war gleichgültig. Die Erde rechnete nicht nur mit einem einzigen Alter, so lange sie war, waren die Dörfer, und wenn dieses Geschlecht nicht mehr die Kraft und den Willen und die Genügsamkeit hatte, zurückzufinden, würden andere geboren werden, die wußten wieder, was nötig war.

Mochte kommen, was vorbereitet oder gewollt war, immer wieder würde es hier eine alte Mutter geben, die am Morgen über den Acker ging, zurückkam und zu den Kindern sagte: »Alles steht gut.«

Friedrich Griese: Das letzte Gesicht. Roman. München: Langen-Müller, 1934. S. 317f.

Stefan Andres: »Die unsichtbare Mauer« [1934, Auszug]

»Haben wir nicht dieselbe Heimat, Maari?« Jetzt schüttelte sie den Kopf: »Wir brauchten nicht hier geboren zu sein, aber dieselbe Heimat müßten wir schon haben. Du hast eine andre Heimat. Vielleicht aber«, sie verbarg ihr Gesicht,

»hast du überhaupt keine Heimat mehr.« Er überlegte, er war verwirrt. »Weil ich Langeweile hier im Tal bekam, meinst du das?« – »Ach, ich habe auch schon Langeweile gehabt«, sagte sie leichthin aber traurig. Da hob er ihr das Kinn in die Höhe, es durchrann ihn dabei, es war die erste Berührung, mit der er ihren Leib, ihre Wärme und zugleich ihre harte Umschlossenheit wahrnahm.

»Sei offen, Maari, weil ich die Sperre baue, sag es keck und frei!« Er lächelte vorauswissend und halb mitleidig. Sie ließ ihr Kinn auf seiner Hand und schaute ihn aus ihren kühlen Augen an. »Deine Augen flimmern genau wie der Schiefer auf der Sonnenlay«, lächelte er. »Und jetzt gib Antwort, die Sperre ists, nicht wahr?« – »Du könntest meinetwegen die ganze Mosel von Trier bis Koblenz zu einem Stauweiher machen und alle Dörfer und Wingerte einkaufen und ersäufen, die Liebe brauchte es nicht zu ersäufen, wenn sie da wäre.« Das letzte hatte sie mühsam und hart herausgestoßen. Wendelin kehrte sich halb ab, dann ging er zum Fenster. »Dein Verhalten zu mir besagte nicht gerade das, was jetzt deine Worte sagen!« Er räusperte sich und schwieg. »Versteh mich wohl«, sagte sie jetzt, sie war erregt und sprach schnell und fest: »Wenn die Liebe da wäre, ja, auch bei dir da wäre, dann könnte alles geschehen, aber alles geschähe anders. Was soll ich von dir denken? Ob du uns reich oder arm machst, ob du das Tal so läßt oder es veränderst, darum geht es nicht!«

»Worum geht es denn?« Er fragte sehr kühl. »W i e du das machst, darum geht es!« Er trat näher, »um besser zu verstehen«, lächelte er. »Du kannst uns nicht nähertreten, Wendelin, du bist uns ja nicht weit! Wenn du weit wärest, ja, dann könntest du näher zu uns treten, aber du bist nicht nah und nicht weit, nicht über und unter uns, du bist ganz anderswo, ich weiß nicht wo! Du bist wie die Wachsrose da auf dem Sims, man meint von hier, es wäre eine wirkliche Rose, aber weil es Winter ist, weiß ich es nun einmal, daß die Rosen alle hin sind. Sie ist sehr hübsch, aber keine wirkliche Rose. Wenn man sie berührt und befühlt, merkt man, daß sie tot ist. Dafür kann sie auch nicht verwelken. Aber ich kann nur das lieben, was auch verwelkt. Guck, du hast nie davon gesprochen, was später aus dem Tal wird, wie es ganz verändert ist und die Leute sich auch verändern oder verkümmern müssen. Du denkst nur an die Talsperre, du siehst alles für deine Zwecke. Dein Bruder wird Monteur unten auf dem Werk, deine Schwester, die Ziska, geht mit dir in die Stadt, hab ich gehört. Du bestimmst einfach! Zu mir sagst du, ›geh mit mir!‹ Und ich soll gleich aufstehen und sagen: ich danke dir, Wendelin, daß du mich zu deiner Frau machst. Wie du zu den Müllern bist, zu dem einen gütig, zu dem andern voll List, so wirst du auch später zu mir. Wenn ich mich einmal anders fühlte als du, sagtest du gewiß: ›Ich kann dich nicht verstehen, Maari!‹ Und was du nicht verstehst, läßt du einfach liegen. Wer nicht mit dir ist, ist gegen dich!« Er schob ein: »Das Wort sagte aber dein göttlicher Meister Christus!« Maari hob die Hand: »O, Wendelin, der hat auch nichts für sich gewollt, der handelte nur im Auftrag seines Vaters, seine persönlichen Feinde ließ er nicht links liegen! Persönliche Feinde hatte er überhaupt nicht!« Wendelin nickte: »Ja, ich merke, ich habe persönliche Feinde, weil ich, genau wie jeder andre, der einen Auftrag hat, unpersönlich werden muß, nicht nach dem Belieben und Gelüsten eines einzelnen, sondern nach dem großen Ganzen zu fragen habe!« Maari fragte, rührend einfach und offen: »Wo ist denn dein großes Ganzes? Du hast mir ja selbst gesagt, daß du an nichts mehr glaubst, als was dein Kopf dir sagte.« – »Meine Erkenntnis«, verbesserte er. »O, das sind alles so schwere Worte, die wir einfachen Leute nicht haben. Was ich nicht mit meiner Sprache sagen kann, ist gefährlich und für mich verboten. Aber, sag mir doch, was hast du denn für ein großes Ganzes?« – »Wieder so ein Wort«, lächelte Wendelin, »und das heißt: Menschheit!« – »Heißt das alle Menschen insgesamt?« Er zuckte die Schultern, kramte mit den

Händen in den Hosentaschen. »Du hast einen hellen Kopf, Maari. Alle Menschen insgesamt? Nein! Alle Menschen insgesamt machen nicht die Menschheit aus. Auch nicht alle Menschen, die einmal gelebt haben und noch leben werden. Menschheit heißt mehr.« – »Was denn?« verharrte sie mit kindlicher Überheblichkeit, die etwas andres in ihr, wohl eine Versuchung zu gefährlicher Neugier verdeckte. »Menschheit, das ist das Bild und das Ziel aller Menschen, wohin sie im Laufe ihrer Entwicklung hingelangen sollten.« – »Du, Wendelin«, sagte sie leise, »ich will das Bild und Ziel vorerst nicht genau kennen, aber du kennst es und du kannst mir gewiß sagen: bist du näher daran oder ich?« Er wehrte ab: »Diesem Bilde kann kein einzelner mehr oder weniger ähnlich werden, weil es ja die Verkörperung einer Vielzahl ist. Alle sind wesentlich in diesem Bilde: der Fichtelkläschen so gut wie der Regierungspräsident in Trier, du so gut wie ich!« – »Ja, und dann ist es doch gut«, lächelte sie. »Nein, so ist es noch nicht gut. Es gibt ein Schicksal, das ist im Menschen, in jedem Menschen, und es drängt einen jeden, seinen Anteil zum Bilde der Menschheit ganz hinzuzufügen. Einer hängt nur sich selber hinein, ein andrer hat eine ganze Garbe von Einzelschicksalen, die er in das Ganze fügt: das sind die Verwandler und Gestalter der Menschheit.« – »Tun sie das gerne?« lächelte sie weiter. Er merkte noch immer nicht ihren Spott: »Sie müssen, alle müssen, alle folgen dem Drängen und der Gewalt des Schicksals; das Schicksal ist der große Pulsschlag im Menschheitsganzen!« – »Also, du mußt die Talsperre bauen, du tust das nicht gerne?« Als er jetzt ihr Lächeln verstand, wurde er zornigrot. Aber sie stand auf. »Wendelin«, sagte sie leise, »kannst du wirklich auf solchem Gedankenstroh gut schlafen? Da bete ich doch lieber vor der dunklen Nacht, wenn ich die Augen zumache: ›Des Abends, wenn ich schlafen geh.‹ Ach ja, ihr lacht darüber, daß es genau vierzehn Englein sind, daß es überhaupt Englein sind! Laß es sein, wie es ist, Wendelin, aber was du da sagtest, stinkt so nach Gedanken!« Als er nur mitleidig lächelte, fuhr sie fort: »Ich denke auch, es ist still genug zum Denken hier am Mühlbach, aber mein Denken ist doch nur wie ein Spiel mit dem Wasser. Man läßt Schiffchen darauf fahren und beschaut sich darin, man findet sich häßlich oder schön, je nachdem man geschlafen hat. Aber man will doch nicht sagen, woher das Wasser kommt, und wohin es geht! Man will nicht das Wasser begreifen können oder gar es machen, wie du früher als Junge tatest, wenn du dir einfach einen Strom – ein Bach schien dir zu gering – in die schön gebuddelte Rinne hineinpißtest!« Sie schwieg, beide lachten jetzt, wie in Erinnerung. »Doch, Maari, du mußt meine Frau werden«, sprach er leise und zog sie zart-gewaltsam an sich. »Ich muß nicht«, flüsterte sie, aber indem küßte er sie. »Ein Kuß schadet mir nichts«, lächelte sie seltsam ruhig, »ich hab dir schon viele Küsse gegeben, all die Jahre! Ich brauch mich nicht zu schämen, Wendelin, aber den, den ich küßte, habe ich mir immer noch so vorgestellt, wie er damals war: ein unbotmäßiger, herrischer Bengel, aber ohne List und Berechnung, frech, aber so treuherzig, daß man ihm gerne folgte. Wer konnte es wissen, daß du einmal so schrecklich vernünftig werden könntest, so überlegsam und so gescheit, so ganz fix und fertig mit Gott und der Welt. [...]«

Stefan Andres: Die unsichtbare Mauer. Roman. Jena: Diederichs, 1934. S. 85–89. – Mit Genehmigung von Dorothee Andres, Rom.

Hermann Gerstner: »Die Straße ins Waldland« [1938, Auszug]

»Jetzt schieß los, Lenz«, sagte Bruno Ruppert. »Was führt dich heim?«

»Du wirst staunen. Ich komme gewissermaßen als Amtsperson.«

»Oho, wo ist die Perücke, wo die feierliche Robe?«

»Ja, und ich habe sogar den Auftrag, mit dir aufs engste zusammenzuarbeiten.«

»Spann uns nicht länger auf die Folter.«

»Du weißt, daß eine große Straße durch den Wald gebaut werden soll, die wie eine Brücke die Städte diesseits und jenseits unserer Buchen und Eichen miteinander verbinden und unsere abgelegene Heimat aufschließen wird. Eine Bresche will man in die weiten Wälder schlagen.«

»Ich habe davon gehört.«

»Gefällt dir der Plan nicht?«

»Als Forstmann hat man immer ein wenig Scheu vor der Motorisierung.«

»Es ist notwendig, daß unsere armen Dörfer neue Lebensmöglichkeiten erhalten.«

»Ich weiß es und habe auch viel über dieses Problem nachgedacht.«

»Du brauchst keine Sorge zu haben, daß dadurch die Romantik aus deinem Forst vertrieben wird. Wir legen ein offenes Band quer durch die Berge und Täler und schaffen Anschlußwege an die Siedlungen. Abseits davon wird der Wald weiterleben wie seit Jahrhunderten. Hier soll unberührtes Revier für euch Forstleute bleiben.«

»Es ist ein guter Plan«, sagte Bruno Ruppert schlicht. »Ich will in meinem Bezirk ehrlich mithelfen. Was hast aber du mit der Sache zu tun?«

Lenz Amberg ließ sich von der freundlich zuredenden Frau des Hauses nochmals seine Tasse voll Kaffee schenken und versuchte auch wacker den guten Kuchen.

Dann antwortete er: »Ich bin seit einiger Zeit als Ingenieur beim Ausbau des deutschen Straßennetzes eingesetzt. Als ich hörte, daß nun die Strecke durch unseren Wald darankommt, meldete ich mich für das Teilstück meiner engeren Heimat. Da ich das Gebiet wie meine Westentasche kenne, wurde mein Gesuch befürwortet. Die große Linienführung ist bereits vom Baubüro festgelegt, vielleicht hast du die Vermessungsautos schon hier gesehen. Sogar Flugzeuge photographierten die Landschaft von oben her, damit auf Grund solcher Luftbilder die Linie einwandfrei und schön verläuft.«

»Ja, ja«, sagte der Forstmeister, »es waren auch schon Geologen hier, sie bohrten und holten sich Gesteinsproben.«

»Meine Aufgabe ist, im Laufe eines Jahres in diesem Bezirk die im großen bestimmte Richtung auf den Meter genau anzuweisen und im Einvernehmen mit dem Forstamt, also mit dir, eine Schneise ausholzen zu lassen, damit dann, wenn die Bäume gefällt sind, die Spaten und Maschinen ihr Werk beginnen können.«

Bruno Ruppert stand von seinem Stuhl auf, verschränkte die Arme und hob seine Rechte an das Kinn, als könnte er so leichter darüber nachdenken, was jetzt alles zu tun wäre. Dann gab er seinem Jugendkameraden, der sich ebenfalls erhoben hatte und auf Antwort wartete, die Hand: »Ich bin ja nicht blind gewesen und dachte mir schon etwas Ähnliches, als ich verschiedene Anfragen von der Regierung bekam. Ich freue mich, daß man dich für diese Aufgabe ausersehen hat. Denn du liebst unseren Wald und weißt, was ihm zuträglich ist. Darum sei daheim willkommen. Wenn ich ja sage, dann kannst du dich darauf verlassen, daß ich dir keinen Prügel zwischen die Beine werfe. So werden wir die Straße als eine Ader des Lebens bauen, wollen dabei aber niemals die Hut unseres Waldes vergessen!«

»Das ist ein Wort, Bruno!« Lenz drückte fest die Hand seines Freundes.

Hermann Gerstner: Die Straße ins Waldland. Roman. Berlin: Eher, 1939. S. 18–20.

Schutzumschlag zum »Reichsautobahn-Roman« von Georg A. Oedemann (1938)

Heinrich Hauser: »Im Kraftfeld von Rüsselsheim« [1940, Auszug]

Über die Höhen vom Taunus und vom Westerwald fuhr ich ins Siegerland, wo das Eisen wächst am Rand des Ruhrreviers.

»Hauberge« sind das erste Zeichen dafür, daß man sich der großen Schmiede Deutschlands nähert –, und Bergwälder voller Baumskelette, entrindet, das bleiche Holz in schmerzlicher Gebärde erstarrt. Von den Spitzen der jungen Eichen, Buchen, Birken, die der Mensch getötet hat, hängt die gelöste Rindenhaut, flattert, zerfetzten Fahnen gleich, im Wind. Lebende und tote Wälder wechseln ab, denn wenn die geerntete Rinde in die Gerbstoffabriken gefahren ist, wenn unter glattem Axthieb der geschändete Stamm gefallen ist, schlagen aus den Wurzeln frische Schößlinge. In fünfzehn Jahren wächst ein neuer Wald –, bis dann auch ihn das Schälmesser vernichtet.

Durch solche Skelettwälder schraubt sich der Wagen hinab in die Täler, wo kleine Bäche fließen, in Abständen zu Teichen angestaut. Unterhalb der Teiche liegen dann jedesmal kleine verräucherte Fabriken, und im Vorbeifliegen sieht man hinter rußigen Scheiben Eisen glühen, hört Hämmer pochen. So folgt Fabrik auf Fabrik. Die Zungen von Geröllhalden alter Bergwerke recken sich der Landstraße entgegen, aber noch ist die Landschaft bäuerlich und reich an Wäldern. Weißgekalkt, von den dunklen Balken des Fachwerks durchzogen, liegen die Bauernhöfe.

Aber schon wachsen die Dörfer im Tal zusammen, eine Kette, die nicht mehr abreißt, schon färbt das klare Flußwasser sich dunkler, beladen mit den Abfallstoffen der Industrie, schon ragen in der Ferne spitze Schlackenberge, schon recken sich in den Himmel die Fördertürme der Zechen, und flimmernd, wie Windmühlenflügel, drehen sich mächtige Speichenräder.

Dicker wird die Luft, sie färbt sich grau. Aus der sich ebnenden Landschaft wachsen Schlote, aus Batterien von Koksöfen quillt Wasserdampf zu mächtigen Wolkenpilzen, rosig durchleuchtet. Schranken sperren die Landstraße, polternd und schlingernd rasseln nicht endende Güterzüge schwerbeladen vorbei, Kolonnen von Lastautos warten auf Durchfahrt mit dröhnenden Motoren. Siedlungen schließen die Straße ein, Kohlfelder, Schrebergärten; Ziegen weiden angepflockt im Straßengraben. Es dunkelt, und aus der weiten Ebene voraus blinken jetzt zahllose Lichter. Bogenlampen stehen blauzitternd über silbrigen Fäden von Eisenbahngleisen, gelbe Funkengarben sprühen aus Thomasbirnen. Flammenzungen, blaue, grüne, rote, wabern in den Nachthimmel, Giftgase von Hochöfen. Straßenlaternen schreiben in großen Zügen Stadtpläne, und fern am Horizont fließt Lava glutend über Schlackenberge, kaum daß man die Schattenrisse der Kübelwagen noch erkennen kann. Gelbes Licht quillt durch die Vorhänge von hunderttausend Heimen, riesenhafte Leuchtreklamen der Schwerindustrie scheinen wie Sternbilder, die auf die Erde gefallen sind. Millionenstädte strahlen rötliche Lichtglocken in den rauchgeschwängerten Himmel hinein. Und das Spiel von vielen tausend Automobilscheinwerfern, abblendend und aufblendend, reißt niemals ab, und endlos gleiten Schatten vorbei, wuchtige schwere Lastautos –, Windzug und Motorhämmern, rötliches Schlußlicht und eine Staubwolke hinterdrein. Es glimmen die Katzenaugen der Fahrräder, es flirren die Speichen im Scheinwerferlicht – vorbei.

Das ist die laute, vulkanische, rastlose Nacht des Ruhrreviers.

* * *

Am anderen Morgen, auf der Fahrt zum Stahlwerk, das für Opel Karosseriebleche walzt, erkannte ich, wie sich das Revier in den letzten Jahren gewandelt hatte. Neue Straßen, neue Brücken, Kanäle, Häfen, Großbauten aller Art und Parks. Dabei ist nicht entscheidend, daß Altes von Neuem zurückgedrängt wird und verschwindet. Entscheidend ist, daß eine übergeordnete, eine beherrschende Planung die Baumasse der letzten sechzig Jahre zu durchziehen beginnt. Die menschlichen Siedlungen, bisher nichts anderes als das flüchtige Feldlager eines Raubzugs nach den Schätzen unter der roten Erde, erheben sich aus dem Chaos der Anarchie der Gründerzeit. Das Revier bekommt Gesicht, das großzügige, strenge, leidenschaftliche Arbeitsgesicht unserer Zeit.

Heinrich Hauser: Im Kraftfeld von Rüsselsheim. München: Knorr & Hirth, 1940. S. 66–68. – Mit Genehmigung von Huc Hanser, East Arlington (Vermont).

Friedo Lampe: »Das dunkle Boot«

Im purpurnen Norden das Land. Auf den Wiesen das braune Vieh mit den schwappenden Eutern. Und die Mühlen, und das Moor, und die schwarzen Segel der Torfboote, sanft gebläht.

Im September aber ist die dunkle Fülle gewaltig. Dahlien, Astern, Georginen, prunkend in den Gärten vorm Haus, satter Klang der Kirchturmglocke ins Dorf, milde und gelb der Schein der Sonne in die kalkweiße Kirche, streifend den Altar mit der roten Decke und der dicken Bibel, und der Küster sitzt an der Orgel, und es summt das geistliche Lied.

Der lungenkranke Lehrer hängt an die gelbe Wand den knisternden Immortellenkranz, und dann sitzt er nieder am braunen Klavier und spielt Walzer von Chopin und Schubert. Die Kinder hören's auf dem Friedhof, bleiben einen Augenblick stehn – Summen der Orgel, Walzerklänge – und dann springen sie wieder hin zwischen den Gräbern im hohen Gras.

Carl Benz,
Lebensfahrt eines deutschen Erfinders

Carl Benz' „Lebensfahrt" ist zugleich die Geschichte der Erfindung des Automobils, die hier vom Erfinder so anschaulich und spannend erzählt wird, wie er sie selbst durchkämpft hat. Die große Aufgabe, einen Wagen zu schaffen, der von selbst fährt, bedingte die vorherige Lösung einer Reihe von Einzelfragen, die so volkstümlich dargestellt wird, daß jeder Laie, und vor allem die Jugend, „das Auto" versteht. Launig, wie Benz nun einmal war, sind seine Lebenserinnerungen von erfrischendem Humor durchstrahlt. Zur Feier des 50jährigen Erinnerungstages an die Geburtsstunde des Automobils neu herausgegeben mit einem Überblick auf die Entwicklung der Erfindung bis in die Gegenwart. – Mit vielen Abbildungen. Ganzleinen 2.85 RM.

Heinrich Ehrhardt, Hammerschläge
Siebzig Jahre deutscher Arbeiter und Erfinder

Diese Erinnerungen schildern nicht nur den steilen Aufstieg des armen Schlossergesellen zum Großindustriellen und „Kanonenkönig", sie gewinnen noch besonders durch die soziale Haltung und Gesinnung Ehrhardts, der das „Werk" stets über den Verdienst stellte und sich stolz zu seiner schlichten Herkunft bekannte. Inmitten des Liberalismus war er Vertreter einer heute noch vorbildlichen Wirtschaftsgesinnung. So werden diese Erinnerungen jetzt erst recht viele Freunde finden – als Selbstdarstellung einer ungewöhnlichen deutschen Persönlichkeit wie als Beitrag zur Geschichte der Technik, aber auch als Vorbild für die Jugend, deren Losung heißt: empor durch eigene Kraft! – Ganzleinen 2.85 RM.

Fritz Scheffel, Der Brandtaucher
Wilhelm Bauer erfindet das U-Boot

„Brandtaucher" nannte der bayrische Drechslergeselle Wilhelm Bauer sein nur mit menschlicher Kraft bewegtes U-Boot, das er vor 85 Jahren erfand. Scheffel schildert, spannend bis zur letzten Zeile, den abenteuerlichen Lebenskampf des Erfinders, der sich an fast alle Höfe Europas wandte, um seine Gedanken zu verwirklichen. Überall hatte er mit Engherzigkeit, Schlendrian, Betrugsgelüsten, Haß und Neid zu kämpfen, wurde anerkannt, enttäuscht, ermutigt und hingehalten, ging selbst bei dem ersten Tauchversuche unter, konnte sich aber ohne fremde Hilfe befreien und erlebte dann wieder auf 134 erfolgreichen Fahrten größte Triumphe. Mit 11 z. T. zeitgenössischen Abbildungen. Ganzl. 2.85 RM.

Werbebeilage des Koehler & Amelang Verlags (1936)

Die alten verrosteten Kreuze, schief angelehnt an die Friedhofsmauer, und die Kränze auf dem frischen Grab, halb verfault schon in der brütenden Sonne, und die Bienen, saugend an den Blüten den Todesseim. Das Schwarzbrot, eingebrockt in die dicke Milch, die Brummer über Schinken und Wurst in der Speisekammer, der Fleischerhund, die große gefleckte Dogge, die das rote Stück Fleisch zerreißt, das Philipp, der Schlachtergeselle, ihr zuwirft, und der Mond, weich und groß überm Apfelgarten, die Küsse, das Umfassen, der Erntewagen, der am Abend langsam einfährt, Heuduft, und die Purpurträume in der schwülen Kammer, der sanfte Schein der Lampe in der dickbeblätterten Laube – September, so voll im Leben, so nah am Tod.

Und die Jungens, die am Abend in der Wumme baden, ihr Lustgekreisch über die Wiesen, wenn der Nebel schon beginnt zu steigen, das Unterducken, das Plantschen, die Ua-Rufe, und dann still hintreiben im Weichen, im Flüssig-Kühlen, auf dem Rücken liegend, die weißen Leiber im moorigen Wasser, das träg hinfließt unter Weiden. –

Der Augenblick dann, wenn aus Baumdämmer Jan und Didi, die Stärksten, die Wildesten, hervorsprengen auf Ackergäulen, bewundert von den Jungens und gefürchtet, und ihr Zeug abwerfen, einen Klaps auf den klobigen Ackergaulhintern und hinein in die Wumme, platsch, platsch, platsch. Abkühlen die Pferdeleiber, rauchend, harte Knie gepreßt in die Flanken, vorwärts Liese, hü Max, und rauschend das Wasser am Pferdehals, glotzend die Augen … Und dann wieder raus und gestampft über Wiesen, wo Nebel weich steigen, Luft weich zieht um breite Schultern, triefende Haare, lachenden Mund.

Zur selben Stunde aber ziehen die Mädchen, die kleinen, durchs dämmernde Dorf, in der Hand die bunte Papierlaterne, rötlich leuchtend, und singen:

Laterne, Laterne,
Sonne, Mond und Sterne.
Brenn auf, mein Licht,
Brenn auf, mein Licht,
Aber nur meine liebe Laterne nicht.
Laterne, Laterne …

Während aber der Pfarrer die Predigt memoriert für den nächsten Sonntag und dabei auf und ab geht in der engen Stube, bereitet Hein Oeltjen alles vor zur Abfahrt. Hochaufgeschichtet lagert der Torf am Deich, hat getrocknet den ganzen Sommer, nun trägt er ihn ins Boot, und als es genug ist, legt er die braune Persenning darüber, zieht hoch das kaffeebraune Segel, sein Weib reicht ihm den Proviant, in ein Tuch gewickelt, und still gleitet das teerschwarze Boot in die Wiesen. Hein raucht die Pfeife und hält das Steuer und wird die ganze Nacht durch fahren und am Morgen in der großen Stadt ankommen und seinen Torf abliefern beim Kaufmann.

Aber die Freude, wenn die Kirchweih da ist, die dunkle Lust, die das Dorf durchflutet, wenn die grünen und gelben und roten Wagen ankommen aus allen Himmelsrichtungen, und auf dem Ulmenplatz vor Meyerdiercks Gasthof Buden entstehen und Karussells und die russische Schaukel, und wenn am Abend dann endlich Orgeln hämmern, Bratwürste duften und Schmalzkuchen, und Lampenkugeln unter Ulmkronen verheißungsvoll schimmern – oh, dann ist's der Gipfel des Jahres. Und die Mädchen holen die besten Kleider aus den breiten Schränken, und die jungen Männer ahnen die Wonne der warmen Nächte, wollen versinken im Strom des Genusses, gehen suchend zum Platz der Freude.

Auch der Schulmeister geht, der lungenkranke, am Arme die Braut, Oeltjens Hanna, die Tochter Hein Oeltjens, des Torfbauern, der mit dem Boote gefahren ist zur Stadt. Und sie gehn durch das dichte Gedränge, grüßen hierhin und grüßen dorthin, aber der Lehrer darf nichts mitmachen, darf keine Wurst essen und keinen Berliner und darf auch nicht auf die russische Schaukel. Und da beißt Hanna allein in die Bratwurst, geht allein in die russische Schaukel, denn sie hat saftige rote Lippen und Brüste und Blut und glänzende Augen, die nach Sättigung dürsten – aber es bleibt nur das halbe Vergnügen. Und sie sagt: »Du amüsierst dich ja gar nicht.« Und er hustet und sagt: »Doch, ist ganz nett hier.«

Und dann kommen sie vor eine rote Bude, und ein Mann ruft durchs Rohr: »Philipp, der Schlachtergeselle, hat Nuno, den Negerriesen, zum Ringkampf herausgefordert, kommen Sie rein und sehn sich das an.« Und plötzlich will Hanna rein in die Bude, sie kennt ja Philipp aus dem Schlachterladen, seine Arme, vom Tierblut besprenkelt, und die Kraft seines Nackens, und da gibt der Schulmeister nach, und schon sitzen sie drin auf der Holzbank und schaun auf den erhöhten Ringplatz.

Und wirklich, wie nichts biegt Philipp zu Boden den riesigen seidenhäutigen Neger, er ist wahrhaftig ein toller Bursche, hält ihn fest in der Klammer und lacht dabei freundlich, und der Neger macht ein blödes Gesicht und verdreht die Augen, daß das Weiße leuchtet aus dem schwarzen Gesicht, und die Zuschauer grölen, und sie hängen Philipp einen dicken Lorbeerkranz um den stämmigen Nacken, und Philipp hebt den Siegerarm und schaut dabei plötzlich auf Hanna. Später aber im Zelt, wo getanzt wird, es krachen Trompeten und Trommeln knallen und Zimbeln klirren, da tritt Philipp an den Tisch und will mit Hanna tanzen. »Bitte, bitte«, sagt der Schulmeister und beugt seinen Kopf über das Bierglas, und Philipp und Hanna gehn auf die Tanzfläche, und er faßt sie fest an und reißt sie hinein in den harten Tanzschritt.

Aber raus aus dem Zelt geht der Schulmeister, geht fort von den Buden, fort aus dem Gedudel, aus dem Geduft und Geleuchte in die Stille der Nacht. Sitzt nieder am Deiche und blickt in das Dunkel, das üppig lagert auf Wumme und Wiesen, sitzt mitten im Weichen, im Schwarzen, im Vollen, fühlt das Brennen der Lungen und die Mattheit der Glieder, möchte hinsinken in den Schoß der Nacht. Da sieht er sich lösen aus sanfter Schwärze den schwarzen Kahn mit dem dunklen Segel und an dem Steuer den stillen Mann. Voll mit Torf ist er geladen, und leise gluckert die Welle am Bug. Und dann legt er an am Rande des Deiches, und der stille Mann winkt, und der Lehrer steigt ein. Setzt sich bescheiden hin auf die Holzbank, und wieder gluckert die Welle am Bug. Und hin zwischen Wiesen, nächtlich verhangen, auf morastiger Flut, die traurig dahinfließt, treibt dunkel das Boot. Und treibt aus den Wiesen fort in die Moore, und es rauscht das Schilf, und die Seerose glimmt bleich. Da füllt sich die Luft mit hauchender Klage, und trübe dahinten dämmert ein Schein. Bang fragt da der Lehrer: »Sind wir am Ziele?« Und der Fährmann nickt milde und murmelt nur: »Bald.«

Friedo Lampe: Das dunkle Boot: In: F. L.: Das Gesamtwerk. Hamburg: Rowohlt, 1955. S. 199–202. –

Wolfgang Koeppen: »Die Mauer schwankt« [1935, Auszug]

Oben in der Luft war das Flugzeug ein kleiner grauer Schatten im Feld der weißen Wolken. Gert ging in das Progymnasium. In seinem Ranzen klapperten der Federkasten, das Religions- und das Lesebuch. Ein Schuß war zu hören, der voller, mächtiger, runder, lärmender und zerreißender war als ein gewöhnlicher Schuß. Dann Mitrailleusenfeuer: der wehende, kartätschende, streuende Ton; unverkennbar für den, der ihn einmal vernommen hat. Unter den weißen Wolken des Himmels trafen sich andere, kleinere, schnellfahrende und schneller noch verpuffende auch weiße

Wölkchen. Gert stand vor der evangelischen Kirche und blickte in die Höhe. Höher in die Höhe als der Turm hoch war. Die grauzeltenen Planwagen einer Bagagebatterie hielten unter dem Laubdach der Straßenrandbäume. Aus dem Kirchengarten riefen und winkten Soldaten. Einer rannte vor, umfaßte den Schuljungen und schleppte ihn von der Straße fort in das dichtere Gebüsch. Im Getragenwerden sah er noch schwarz vom fliegenden grauen Schatten ein niederfallendes Eisen sich lösen.

Der Flieger beobachtete den Einschlag. Er sah den Rauch und die Sprengwelle aus Erde, Gestein und Schrapnellen sich erheben und sich mischen, wie Dampf über einem kochenden Gericht; und zwischen den Rangiergleisen des Bahnhofs öffnete sich die dunkle Höhlung einer aufgerissenen und tiefen Bodenwunde. Das war sein Werk, doch sah der Flieger neben dem Teil auch das Ganze. Er sah, wie vor den Zelten des ihm feindlichen Flugfeldes Maschinen angeworfen wurden, Piloten in die Sitze sprangen und die Abwehrgeschütze gegen ihn vorgingen. Währenddem kreuzte der Flieger über einem Trümmerfeld; denn eine Stadt konnte er den Ort nicht mehr nennen, obwohl er auf der Karte mit einem schwarzen Punkt und seinem Namen verzeichnet stand. Die wenigen Häuser sah man kaum; dafür Hütten aus Holz neben geborsten ragenden Mauern, neben Bergen schwarzbrandiger Ziegel, zerwürfeltem Mörtel und zerschlagenem Putz. Im Zentrum des Schuttabladeplatzes mochte der Markt gewesen sein. Einige Wagen mit kleinen Pferden davor standen wie aus alter Gewohnheit und von ihren Besitzern verlassen da. Vielleicht, daß ein Alter, der von seinem Schimmelchen, dem Rappen oder dem Braunen sich nicht trennen konnte, bei dem Gespann geblieben war und, den Arm beruhigend um des Tieres Hals gelegt, die Gefahr mit ihm teilte. Die übrigen waren in die verschütteten Keller der zerstörten Stadt geflüchtet; mit ihnen auch das aschgraue Heer der Gefangenen, das, zur Partei des Fliegers gehörend, entwaffnet gezwungen war, im Chaos aufräumend Hand anzulegen. Nur in der Peripherie, am Fiogattenweg und im Dorf der Armen fanden sich noch erhaltene, bewohnbare Häuser. Den Stadtkern hatten die Kanonen und das Feuer verwüstet.

Der Flieger war ein junger Herr. Seine Hände, die die Steuerung hielten, ruhten weich in den mit weichem Tierfell gefütterten Handschuhen. Der Flugwind trieb den Benzindunst des Motors gegen sein Gesicht. Das Aroma beruhigte und erregte in einem. Über und unter ihm waren die grauen, zitternden Flügel des Vogels aus Holz und Stahl, der ihn trug. Zu den Seiten vibrierten die Drähte der Verspannung. Vorne surrte der Luftkreis des Propellers; zum Glück gleichmäßig und kräftig; und man sah nicht das hilflose, rührende, ermatten wollende letzte Ausschlagen des Eschenholzes.

Zum möglichst senkrecht zielenden Blick auf die Erde mußte der Flieger sich vorbeugen oder seinen Apparat für Sekunden in die Fahrt nach abwärts treiben. Die Erde schoß dann gegen ihn an, und es war, als ob er aus dem Himmel fiel. Sollte er die letzte Bombe, die er hatte, noch werfen? Es schien ihm so sinnlos. Er glaubte zu wissen, daß sie in einem Aschenberg spurlos und dumm versinken würde. Sollte er sie nicht lieber verlieren, sie ziellos auswerfen, sie in den See tun, sie einfach nur loswerden? Konnte er dann nicht aufsteigen und seine Fahrt höher und höher treiben, über die Wolken und in die Sonne kommen und weiter und immer weiter, durch die Leere, das Erden- und wahrhaft Bodenlose, das Luft- und das Grenzenlose, einem fernen Stern zu jagen? Eine surrende, ziehende Kraft trug ihn hoch und löste ihn, scheinbar, los von dem Gesetz der Schwere; solange die Kraft reichte, solange sie ungebrochen intakt war. Die Sonne aber, die ihm über den Wolken schien, war die Sonne des Krieges. Über den Schlachten ging sie auf, am Mittag stand sie über ihnen, ihr Abendschein schien den Schiffen auf dem Meer, die aus eisernen Mündern sich feurig und tödlich bespien. Nichts regte sich im Antlitz ihrer Glut. Millionen Jahre waren vergangen und aber Millionen Tode in ihrem Licht geschehen, das auch den Saturn traf und den Mars und die kalten, erloschenen Monde. War es nicht besser, zu wenden, in schneller Fahrt zu enteilen und heimzukehren? Der Flieger dachte an den Abendwein in der Messe der Offiziere. Er sah die Gesichter der Kameraden. Gute, vertraute Gesichter. Kerzen brannten auf dem makellos weißen Langfeld der Tafel. Der Oberst hob als erster sein Glas. Er hob es gegen das Bild des Mannes, der die Krone trug. »Der Zar!«; die Kameraden tranken den Wein. Der Hauptmann hob sein Glas. »Der Sieg!«; die Kameraden tranken den Wein. Der Leutnant hob sein Glas. »Die Frauen!«; die Kameraden tranken den Wein in tiefen, seligen Zügen. »Das Leben!«; sie tranken, sie tranken es aus, bis des Trinkens genug getan war – und hoch flog das Glas, flog gegen die Decke, klirrte, splitterte, sprang und fiel in Scherben zu ihren Füßen nieder. Warum wendete er nicht sofort seinen Flug und glitt in einer Kurve, die Flügel schräg, zurück? Er dachte: »Kassiopeia, das ist ein Stern oder ein Sternbild.« Vielleicht hatte er es nie gesehen, aber der Name sprach sich gut aus, und er fiel ihm ein. Vielleicht schien dieser Stern jetzt auch gar nicht, aber der Flieger spürte eine schier unbändige Lust, seinen Aufgang zu erleben. Er wartete. Er wartete ungeduldig und neugierig. Vielleicht wartete er auch nur auf irgend etwas. Er war ein wenig über zwanzig Jahre alt. Er besaß einen Hund, ein Pferd und eine Katze, die Mascha hieß. Auch ein Mädchen, das er Mascha nannte. Und Eltern hatte er, die ihn liebten und die vor dem Bild standen, auf dem er in der Uniform der grünjackigen Reiter zu Pferde saß; als Freiwilliger jetzt vom Regiment zu den Fliegern beurlaubt. Tiefer schraubte sich nun sein Flug zu den weißen Wölkchen herunter, die wie kleine geschwinde Grüße zu ihm aufstiegen. Er wußte es jetzt: er wartete auf etwas, das ihn auszeichnen konnte. Vielleicht auf die Piloten, die sich ihm entgegenheben wollten. Und es schien ihm, als fliege er vor der Front der ganzen großen Armee. Der Zar, die Zarin, die Fürsten, die Generäle, das Volk und die Kameraden, sie verfolgten aufmerksam und mit starker Erwartung seinen Flug. Die Ehre der Armee war in seine Hände gegeben. Die Maschine schwankte unter seiner angespannt achtsamen Steuerung. Ein Stoß traf gegen das Metall und lief stoßend durch den metallenen Leib. Aus dem Tank sprangen die Flammen, augenblicklich; und schnell hüllten sie, puffend, surrend und sprühend, seine Fahrt in die glühendsten Schleier. »Der Tod!« Die Kameraden griffen ver-

Neuerscheinung!

MIRKO JELUSICH

Der Soldat

1. bis 20. Auflage

Der Held des neuen Werkes von Jelusich ist Scharnhorst. Der bekannte Dichter der Ostmark erweist sich auch hier wieder als Meister des historischen Romans. Mit unerhört dichterischer Kraft schildert er das Wirken und die Zeit des großen Reorganisators, des Retters Deutschlands. Ein Hohelied stiller, selbstloser Pflichterfüllung und heißer Vaterlandsliebe

Broschiert RM 4,60, Leinen RM 7.—

Von Mirko Jelusich sind früher erschienen:

Caesar
Cromwell, Hannibal, Don Juan
Der Löwe, Der Ritter
Geschichten aus dem Wienerwald

*

F. Speidel'sche Verlagsbuchhandlung . Wien

Verlagswerbung

gebens nach den zerbrochenen Gläsern ins Leere hinein – und vor dem Geröllberg, der das Hotel zu des Königs Krone gewesen war, stürzte der Flieger, explodierend, sich überschlagend, sich verwindend, zerschmettert nieder; in einem Untergang, der für ihn – es gibt eine Philosophie, den Solipsismus, die nur das einzelne Ich als seiend annimmt und jede übrige Erscheinung für die Vorstellungen, die Wahngebilde, die Angst- und die Lustträume dieses merkwürdigen, einsamen Wesens hält – für ihn ein Weltuntergang war.

Wolfgang Koeppen: Die Mauer schwankt. Roman. Frankfurt a. M.: Suhrkamp, 1983. S. 158–162. –

Hans Friedrich Blunck: »Wolter von Plettenberg« [1938]

Der Vorstoß gegen Aldesloe war nur Teil eines größeren Vorbruchs gewesen, den die Russen in jenen Tagen gegen den dünnen Landesschutz der Deutschen unternahmen. Während Plettenberg nördlich und südlich seiner Hauptburg zwei kampfkräftige kleine Heere aufstellte, stießen die Tartaren Ulanows und die Reiter des Fürsten Gorbatoi von Süden her in breiten Schwärmen in das Land vor. Sie brannten die Dörfer nieder, sie zündeten die Wälder an, sie töteten, was ihnen vors Schwert kam, und trieben, was arbeitstauglich schien, nach Rußland hinüber – so hatte es der Zar befohlen. An die vierzigtausend Menschen, Liven, Letten und Deutsche, Frauen und Männer, wurden damals in

Plettenberg: Der historische Wolter von P. (um 1450–1535), seit 1494 Ordensmeister des livländischen Ordenskapitels, erreichte 1502 in einem Präventivfeldzug einen Friedensschluß mit dem russ. Reich. 1525 unterstellte er den livl. Ordenszweig dem Heiligen Römischen Reich deutscher Nation. 1530 Erhebung in den Reichsfürstenstand.

endlosen Zügen des Leids nach dem Osten geführt, um dem Zaren Städte zu bauen, tief drinnen in Rußland.

Da packte auch die anderen Länder das Grauen. Polen und Litauen zitterten vor dem, was nach dem Tod Livlands kommen würde; in Preußen, in Thüringen, in Böhmen fragte man sich, wo der neue Sturm von Osten Einhalt finden würde. In vielen Teilen des Reichs brachen junge Ritter auf, um dem Deutschen Orden beizustehen. Aus England und aus Frankreich, aus Schweden und aus Italien kamen Freiwillige, um gegen den zu helfen, der gleich den Türken die Alte Welt bedrohte und zerschlug. – Das junge Rußland aber, das unter den furchtbaren Taten seines Zaren blutete und vor Schmerzen schrie, liebte den Gossudar. Es galt die erste Verwirklichung des Herrentraums der östlichen Ebene, frei von Tartaren und zugleich groß gegen den Westen. Es war die Heldenzeit des Landes; das Volk, das Iwan peitschen ließ, verehrte dennoch den siegreichen Zaren, der sich die Kaiserkrone auf sein Haupt gesetzt hatte. Er siegte für sie alle über die Feinde, er hob Rußland zu dem Glauben, daß es Erbe jenes tausendjährigen Reichs von Byzanz sei, aus dem ihm die Heilige Schrift und die rechtgläubige Lehre gekommen waren.

Wer waren die Narren, die den Arm des Zaren anhalten wollten, da Kaiser und Könige ihm seine Gesandten schickten? Eine kleine Schar fälischer Adeliger, estnischer und kurischer Bauern? – Gott oder der Gossudar würden ihre Stunde bestimmen.

In Wenden trotzte Plettenberg.

Hans Friedrich Blunck: Wolter von Plettenberg. Deutschordensmeister in Livland. Hamburg: Hanseatische Verlagsanstalt, 1938. S. 164 f. – Mit Genehmigung von Jürgen Blunck, Berlin.

Gossudar: (russ.) ›Herr‹; Teil des Titels der Großfürsten, Zaren und Kaiser von Rußland.

Konjunktur für die österreichische Dichtung im Anschlußjahr 1938. Vom NS-nahen »Bund der deutschen Schriftsteller Österreichs« herausgegebene Anthologie mit Beiträgen von J. Weinheber, F. Tumler, M. Mell und anderen Mitgliedern des Bundes

JAKOB SCHAFFNER: »Kampf und Reise« [1939, Auszug]

»Weißt du zufällig außer dem Deutschen Reich noch ein Land, das eine Sozialgesetzgebung und eine Altersversicherung hat?« fragte ich. Und als er still blieb: »Geschimpft ist immer bald, aber es beweist nichts als Unwissenheit und schlechten Willen.«

»Bedroht uns [Schweizer] aber nicht tatsächlich die deutsche Industrieentwicklung?« fragte ein anderer.

»Im schlimmsten Fall wird uns immer Frankreich helfen!« rief einer aus dem Hintergrund.

»Frankreich kann uns da nicht helfen, wo wir uns selbst im Stich lassen!« erwiderte ruhig ein junger Ingenieur.

»Du redest aber, als ob es bloß deutsche Schweizer gäbe«, wandte mir ein Basler Student ein. »Was sollen unsere französischen Landsleute dazu sagen? Das ist nicht mehr neutral gesprochen.«

»Unsere Welschen sollen einmal darüber nachdenken, was sie für eine große Zeit hatten als Burgunder«, erwiderte ihm der Ingenieur, ein ernsthafter, blonder Mensch, der wie ich Dienst nachzuholen hatte und darum ein wenig älter war. »Die haben sogar in der alten Klosterkirche von Payerne noch burgundische Königsgräber. Ebenda ist der deutsche König Konrad II. zum König von Burgund gekrönt worden. Das ist in gewisser Weise noch mehr als bei uns. Wen soll es aber stören, wenn sie das alte Burgund in sich wieder lebendig machen? Niemand. Im Gegenteil, wertvoller und interessanter würden sie uns werden.«

»Wir sind aber jetzt einmal neutral und wollen es bleiben!« rief der Student, ein Jurist. »Neutral und international. Wir sind moderne Schweizer im zwanzigsten Jahrhundert.«

»Eben!« spottete der Blonde. »Bei uns gibt es solche, die können nicht ›Sirup‹ sagen, für die ist bloß der französische ›Siro‹ süß genug.«

Das ging auf den Juristen und einen Freund von ihm, die

unter uns ein geschwätziges französisches Wesen führten, und die auch mir schon auf die Nerven gefallen waren. Es wurde gelacht, und die moderne, neutrale Internationalität war einstweilen erledigt. Dafür hatte der Fabrikarbeiter noch einmal etwas zu sagen.

»Das mit dem Internationalen halte ich auch für Unsinn«, erklärte er. »Aber ebensowenig wert ist der Sums von den Staufen und Burgundern. Die neue Zeit kommt nicht auf diesem Weg, sondern mit der Diktatur des Proletariats. Mit dem Nationalismus ist es aus, die wahre Internationalität bringt die proletarische Revolution. Nicht Wilhelm Tell, sondern Bebel, sage ich!«

Zwei, drei andere junge Leute, Seidenweber aus dem Baselland, das immer ein wenig aufsässig war, stimmten ihm zu. Die andern schwiegen. Nur ein junger Schmied sagte grollend: »Also da bist du aber ein schlimmerer Preuße als Schattenhold. Der läßt wenigstens unseren Bund unangetastet, aber du willst uns mit deinem Bebel die Berliner Diktatur bringen. Redet ihr bloß nicht von uneidgenössischer Gesinnung bei anderen!«

»Laß ihn«, sagte aber der Ingenieur. »Immerhin tut er Dienst in der Unteroffizierschule, das ist aller Ehren wert. Es gibt davon nicht viele unter ihnen.«

Das Gespräch kam jetzt aufs soziale Gebiet und entartete, wie es oft geht nach einem Höhepunkt. Der Ingenieur, Hockenjos war sein Name, sagte ruhig: »So ist das jetzt. Vom großen Denken sind sie entwöhnt, besser sind sie zu Hause im Zank der Gegenwart, am liebsten hören sie von allem nichts, das nennen sie dann ihre Neutralität. Haben sie vollends wieder einmal gewählt oder abgestimmt, so meinen sie, darüber hinaus gäbe es überhaupt nichts mehr auf der Welt.«

Jakob Schaffner: Kampf und Reise. Roman. Stuttgart/Berlin: DVA, 1939. S. 111–113. –

Bemerkenswerte Neuauflagen

Es gibt eine Reihe von Büchern, die uns immer wieder auffallen. In neuen Auflagen gehen sie ihren Weg. Wir werden in Zukunft auf solche Erfolge besonders hinweisen.

Ahlswede, Dr. E.: In Gottes eigenem Land. Zentralverlag der NSDAP., München-Berlin 500 000

Bergengruen, Werner: Der Großtyrann und das Gericht. Roman. Hanseatische Verlagsanstalt, Hamburg 100 000

Beumelburg, Werner: Flandern. G. Stalling Verlag, Oldenburg 138 000

Blunck, Hans Friedrich: Wolter von Plettenberg. Hanseatische Verlagsanstalt, Hamburg 100 000

Boerner, Klaus Erich: Ursula. Aus Thomas Wiesmers Papieren. Keyser'sche Buchhandlung, Erfurt 164 000

Brandt, Rolf: Albert Leo Schlàgeter. HanseatischeVerlagsanstalt, Hamburg 113 000

Brehm, Bruno: Apis und Este. Da fing es an. R. Piper & Co., München 204 000

Das Buch der Spanienflieger. Die Feuertaufe der neuen deutschen Luftwaffe. Verlag v. Hase u. Koehler, Leipzig 131 000

Bürkle, Veit: Laßt das Frühjahr kommen. Roman. Verlag Zeitgeschichte, Berlin 80 000

Dickmann, Ernst Günther: Zwischen Front und Heimat. Erzählungen. Zentralverlag der NSDAP., München 400 000

Droste-Hülshoff, Anette von: Die Judenbuche. Ausgabe der Stuttgarter Deutschen Volksbücher 180 000

Ganghofer, Ludwig: Der Jäger. Geschichten aus dem Hochland. Verlag Th. Knaur, Berlin 132 000

Greinz, Rudolf: Der Garten Gottes. Roman. Verlag Staackmann, Leipzig 95 000

Griese, Friedrich: Die Wagenburg. Erzählung. Albert Langen-Georg Müller Verlag, München 115 000

Hamsun, Marie: Die Langerudkinder im Sommer. Verlag ebenda 115 000

Hinrichs, August: Die Hartjes. Roman. Verlag Huyke, Leipzig 62 000

Jordan, Rudolf: Vom Sinn dieses Krieges. Zentralverlag der NSDAP., München-Berlin 240 000

Külpe, Frances: Mutterschaft. Ein baltischer Roman. Verlag Juncker, Berlin 173 000

Mechow, Karl Benno von: Vorsommer. Roman. Verlag Albert Langen-Georg Müller, München 150 000

Rainalter, Erwin H.: In Gottes Hand. Roman. Verlag Zeitgeschichte, Berlin 57 000

Salminen, Sally: Katrina. Roman (aus dem Schwedischen) Im Insel-Verlag, Leipzig 90 000

Sander, Ulrich: Sturm in der Düne. Roman. Verlag Zeitgeschichte, Berlin 75 000

Widmann, Ines: Die Schwabenmagret. Roman. Verlag Cotta, Stuttgart 101 000

Wittek, Erhard: Der Marsch nach Lowitsch. Ein Bericht. Zentralverlag der NSDAP., München 110 000

Bestsellerliste aus dem *Großdeutschen Leihbüchereiblatt* (1942)

Hans Zöberlein: »Der Befehl des Gewissens« [1936, Auszug]

Ein heißer Tag trieb sie wieder einmal an einen See zum Baden. Hans schwimmt weit draußen, und Berta sieht ihm vom Ufer nach. Da fühlt sie, wie die Blicke der herumliegenden Männer auf ihr ruhen, und als sie stolz abweisend umhersieht, grinsen ihr lauter feixende Judengesichter entgegen, daß sie vor Ekel leise schauert und bange sehnt, Hans möchte bei ihr sein. Sie spürt, daß die Blicke ihr folgen, als sie weggeht, und hört, daß hinter ihr her dreckig gelacht wird. Und sie schämt sich ja so. Plötzlich springt vor ihr ein schwarzgebrannter Judenbengel auf und tritt ihr in den Weg: »Darf ich das gnädige Fräulein zum Kaffee einladen – oder zum Eis? Bitt' schön! Sehen bezaubernd aus, die Gestalt von einer Venus.«

»Lassen Sie mich in Ruhe!«

»Aber warum denn? Ein Mädel allein? Allein ist's doch nicht schön hier.« Dazu grinst er hinter seiner Hornbrille wie ein Satan und kommt näher.

Berta tritt zurück und erbleicht, wie sie sich plötzlich von lauter Juden umgeben sieht, von denen einer nach ihrer Hand fassen will und frech sagt: »Mir gibst du keinen Korb, nicht wahr, Kleine?« Er winkt im Kreise und ruft laut: »Auf, ins Kasino!« Und der Chor brüllt, lacht und tobt, daß man das Flehen und Rufen der gefangenen Berta kaum noch hört. »Hans!« flüstert sie leise, »Hans, hilf mir!« Geile Pfoten tappen sie an und schieben und ziehen an ihr. Sie reißt sich los, aber einer faßt sie erneut und sagt: »Netter Kerl! Wir haben doch ein Auto, darfst mitfahren!«

Aber da faucht er plötzlich und schlägt die Hand vor sein Gesicht, weil ihm Berta blitzschnell ihre Krallen durchgezogen hatte. Einige Juden stutzen, andere lachen, aber niemand kommt ihr zu Hilfe. »Ein Mädel allein, Gott, was sucht so ein Mädel hier? Anschluß, was sonst, einen Kavalier!«

»Was ist da los?« Hans ist auf einmal da, triefnaß und atemlos. Er sieht Berta an, sieht die Auslese des Satans umherstehen und wird bleich wie eine Wand. Seine Augen werden ganz starr und grünleuchtend, da taumelt der vorderste Jude, der zweite und dritte, so blitzschnell trifft seine Faust. Die anderen laufen davon. Dann lacht er grimmig auf und hat seine gesunde Farbe wieder.

Badewärter kommen und helfen den niedergeschlagenen Juden auf die Beine, und Berta kann nun auch schon wieder über die hilflos dummfeigen Gesichter lachen und über das Rachegeschrei der Davongelaufenen, das aber gleich wieder verstummt, als Hans sich umdreht.

»Sie müssen sofort das Bad verlassen«, verlangt einer der Wärter. »Werfen Sie doch die frechen Juden hinaus!« empört sich Hans. »Juden? – Sie, beleidigen Sie unsere Badegäste nicht so unverschämt. Hier gibt's keine Juden und keine Christen. Verlassen Sie das Bad!« Berta drängt Hans: »Komm, wir suchen ein anständiges Bad, hier ist es ja wie am Jordan in der Bibel, das ekelt mich an.«

»Ui jegerl, tun S' nur nicht so g'schwollen, sind S' froh, wenn ein besserer Herr sich abgeben mag mit so einer.«

Da fliegt der Wärter durch einen prima Kinnhaken unter eine Rotte geziert aufkreischender Weiber. Dadurch sind die Juden erneut aufmerksam geworden und pirschen sich lüstern an das girrende Weibsvolk heran.

»Siehst du, die haben nur drauf gewartet, auffallen zu können, hör nur, wie sie balzen und förmlich Rad schlagen«, sagt Hans zu Berta.

»Mir dreht sich das Herz um, wenn ich das sehen muß«, entgegnet sie. »Diese Judenschweine richten uns zugrunde, das ganze Blut versauen sie uns.«

»Und Blut ist das Beste und das Einzige, was wir noch haben.«

Hans Zöberlein: Der Befehl des Gewissens. Ein Roman von den Wirren der Nachkriegszeit und der ersten Erhebung. München: Eher, [4]1937. S. 296–298.

Ernst Wiechert: »Der Totenwald« [entstanden 1939, Auszug]

In diesen wenigen Tagen erfuhr er das meiste von dem, was zu wissen war. Bald nach ihrer ersten Eingewöhnung wurden sie zum Steinbruch heruntergeführt, um ihre Last von dort zu holen. Sie hatten nun den doppelten Weg zurückzulegen, und die erste Hälfte führte dazu steil bergauf, wo auf dem schlüpfrigen Kalkstein die Füße ausglitten. Doch war nicht dies das Schwere. Das Schwere war das, was sie auf diesem Teil des Weges sahen. Hier war gleichsam die Unterwelt, entfernt von dem übrigen Lager, und obwohl sich dicht unter ihren Augen das sommerliche Land ins Endlose breitete, goldene Felder und grüne Wiesen, Waldstücke und rote Dörfer mit dem leuchtenden Helm der Kirchtürme, so erschien ihnen dies immer wie eine Fata Morgana, unwirklich schwebend in einer trügerischen Luft. Denn das Wirkliche, das dicht vor ihren Augen stand, war so, daß es den Augen verbot, sich zu einer fernen Schönheit zu wenden.

Es war nämlich so, daß man hier einen großen Teil der jüdischen Belegschaft und unter ihr anscheinend auch die Schwächsten und Hinfälligsten zusammengetrieben hatte, um sich ihrer am leichtesten entledigen zu können. Hier standen die rohesten Posten, die rohesten Unterführer, die rohesten Vorarbeiter. Hier bekam der Siebzigjährige, der nur noch wie ein Schatten dahinwankte, dieselbe Last auf die Schultern geworfen wie der Siebzehnjährige, und wenn er dreimal zusammenbrach, so wurde sie ihm viermal aufgelegt, und wenn er liegen blieb, so »meuterte« er eben, und auf Meuterei stand die Todesstrafe.

Was im Steinbruch selbst sich abspielte, konnte Johannes nicht sehen, aber dieses hier mußte er sehen, wenn er nicht die Augen schloß, und wenn er die Augen schloß, so hörte er es, und er hatte keine Hand frei, um seine Ohren zuzuhalten.

Zunächst sah er jedesmal, wenn sie von der Höhe herabgestiegen kamen, einen oder zwei von ihnen am Boden liegen, unfähig, selbst bei den größten Martern, sich wieder zu erheben. Hier waren eben Körper, aus denen der letzte Hauch des Lebens schon im Entweichen war. Verhungerte, denn die Juden bekamen nur die halbe Brotration, am Sonntag kein Essen und bei jedem geringen Anlaß einen Hungertag. Verhungerte also, Entkräftete, Mißhandelte, Schwerkranke wie solche mit offener Tuberkulose, und vor allem Verzweifelte, die den Willen zum Leben nicht mehr besaßen. Die den Posten um eine Kugel anflehten, wie man um einen Trunk kalten Wassers fleht, und doch nicht bedachten, daß eine Kugel jenen ja den Spaß beendete und zerstörte. Die Kugel war eine Gnade, und das Wort »Gnade« war ausgestrichen aus dem Wörterbuch dieses Lagers wie aus dem einer »herrischen« Weltanschauung.

Johannes sah, wie nach einer Weile die Stockschläge auf den Entkräfteten niederfuhren. Wie das Opfer sich aufbäumte, um die Qual noch einmal zu beginnen, und wieder zusammenbrach. Und wie nach einer Weile dasselbe von neuem geschah, bis eine Krümmung des Weges ihm den barmherzigen Vorhang vor das Ende schob.

Johannes sah, wie einer von ihnen, taumelnd, schon voller Blut im Gesicht, zum Scharführer gerufen wurde, um sich zu verantworten. Wie er mit eisigem Hohn übergossen wieder zurückwankte und der Scharführer, lächelnd, einen kopfgroßen Stein mit voller Wucht in den Rücken des Nichtsahnenden schleuderte, so daß dieser auf seinem Gesicht liegen blieb.

Johannes sah, während sie auf der oberen Straße ein wenig ausruhen durften, den langen Zug der Verdammten aus der Tiefe den Hang heraufsteigen, mit Lasten, die für die Schultern von Athleten gedacht waren. Er sah die Gesichter, eines nach dem andern, wie sie an ihm vorüberkamen, erloschen, ertötet, bis auf die Knochen eingedörrt. Er sah die gekrümmten Gestalten, Skelette mit gespenstischen Armen und Beinen, von Wunden bedeckt, gefärbt von geronnenem Blut. Und er sah den Blick ihrer Augen. Nicht nur die Augen eines uralten Volkes, schwer von Wissen und Leid. Sondern die Augen von Sterbenden, abgewandt schon den Dingen dieser Welt, aber nicht getröstet von den Hoffnungen auf eine jenseitige.

Ernst Wiechert: Der Totenwald. In: E. W.: Sämtliche Werke. Bd. 9. Wien/München/Basel: Desch, 1957. S. 272–274.

Hanns Johst: »Ruf des Reiches – Echo des Volkes! Eine Ostfahrt« [1940, Auszug]

Am Abend sind im großen Sitzungssaal der Regierung Vorträge.

Das Gebäude selbst ist das Haus, das sich der polnische Woiwode erbauen ließ. Eine kalte, barbarische Pracht, deren einziger Reiz sicher die Kosten waren.

Es spricht der Regierungspräsident über die Gesamtlage im ostoberschlesischen Raum ... ein Generalmajor der Polizei über den Aufbau der Exekutive ... der Handelskammerpräsident über Wirtschaftsfragen.

Die Redner sprechen nicht in Allgemeinplätzen, zu denen man mit dem Kopfe nicken kann, ohne sich Gedanken zu machen. Es wird hartes Tatsachenmaterial vorgetragen, es werden an Heinrich Himmler in seiner Eignung als Chef der Umsiedlung konkrete Fragen gestellt.

Er nimmt auf und gibt in seiner schließlichen Antwort den Herren und ihren verschiedenen Ressorts klare und zwingende Richtlinien.

Es ist für mich, der ich unpraktisch bin, keinen Koffer zu

Himmler ... als Chef der Umsiedlung: im Oktober 1939 an Himmler übertragenes Amt (offizielle Bezeichnung: »Reichskommissar für die Festigung des deutschen Volkstums«).

Hans Watzlik (verdeckt: Bruno Brehm)

Ein gefangener französischer Oberleutnant erklärt die technischen Einrichtungen des Werkes Hochwald der Maginotlinie

Dr. Erckmann — Griese — Kolbenheyer

Hanns Johst

H. Fr. Blunck

Aufn. Dr. Weinsheimer

packen vermag und auf einer Reise bestimmt falsch umsteige, beglückend, zu erleben, wie hier ruhig und sachlich eine Völkerwanderung organisiert wird.

Hunderttausende von Menschen strömen in das Reich, werden im Ostraum angesiedelt … andere umgesiedelt … und alles geschieht, während die Nation im größten Abwehrkampf um ihre Existenz steht.

Alles geschieht, als ob es die selbstverständlichste, einfachste Sache der Welt wäre!

In solchen Augenblicken verstehe ich fast den Haß der westlichen Welt auf alles Deutsche.

Nichts wurde von je so angefeindet als Überlegenheit, als natürliche Überlegenheit, kraft des Glaubens an eine Idee, kraft der Leistungen und kraft der Erfolge …

Hanns Johst: Ruf des Reiches – Echo des Volkes!
Eine Ostfahrt. München: Eher, 1940. S. 130f.

Gottfried Benn: »Zum Thema: Geschichte«
[entstanden um 1943, Auszug]

Die Flügeltüren öffnen sich. »Meine Herren –«

Die Angeredeten nehmen Haltung an, ziehen die vorgestreckten Körperteile zurück, ordnen die Bäuche.

»Meine Herren Generäle, wir werden demnächst wieder ein neues Volk überfallen, es ist klein und nahezu ohne Waffen, mit unseren Fahnen wird der Sieg sein –«

Genugtuung bei den Generälen.

»– sollte wider Erwarten ein bewaffneter Gegner zu Hilfe kommen, – einige taktische Erwägungen! Der Materialwert der Angrenzerländer ist Reichsmark zehntausend für

»Dichterfahrt ins Kampfgebiet des Westens« (1940)
Im Vordergrund (r.): E. G. Kolbenheyer, H. Johst, H. F. Blunck

den Morgen, in der Avenue d'Opéra und auf den Docks von Bône wesentlich höher: demnach Viertonnenbomber nur auf Produktionszentren!«

Volkswirtschaft, denken die Generäle, enormer Kopf!

»Einbrechen! Lost auf das angesiedelte Ungeziefer! Sauerstoff an die Tresors! – Die Leere des Schlachtfelds, dieser bedeutende Begriff, heisst: Schablonen hüben wie drüben, es gibt keine Gegenstände! Feuerleitung! Feuerleitung – Brunnenstube der Haubitzen –, Zirbeldrüse der Schlacht –, lautlos kriechen die Termiten! –«

Ichverlust, Selbstaufgabe bei den Generälen, alle saughaft am Sprecher.

»Berufen sowohl wie auserwählt! Das Harakiri wurde bereits durch Kopfabschlagen verweichlicht, und bei den Kannibalen haben höchstens noch die Grossväter Menschenfleisch gefressen –: Unser Idealismus heißt Einkesseln, unsere Metaphysik zehntausend Kopfschüsse! Eisern! Mitschreiben! Stichwort Reginald: 13^{25} Uhr fünfzig Batterien Steilfeuer auf Bunker Germinal – –:«

Die Generäle taumeln: Wachen und schanzen! Bilder, Visionen: auf dem Schlachtfeld melden! Dem Feldherrn melden: Fall einer Festung! 100000 Gefangene! Melde gehorsamst: unaufhaltsame Verfolgung – –; melde: völlige Vernichtung – –: Cannä –! – melde, melde gehorsamst – –.

»Sieg, meine Herren! Pylone, wenn Sie heimkehren und ein ewiges Feuer den Toten! Vernichtung! Ein Rausch die Gräben –, vorher doppelte Rumportion und die letzten dreihundert Meter, wenn die Maschinen schweigen müssen, die Infanterie – – die Infanterie – –!«

Traumhaft die Generäle. Völlig verschleiert. Im Dunst Halsorden, Beinamen wie »Löwe von« –, Kranzschleifen bei späterem Todesfall, – Lorbeer und Mythen –.

Gottfried Benn: Sämtliche Werke. Stuttgarter Ausgabe in Verb. mit Ilse Benn hrsg. von Gerhard Schuster. Bd. 4: Prosa 2. Stuttgart: Klett-Cotta, 1989. S. 296–298. –

Werner Krauss: »PLN« [entstanden 1944, Auszug]

Vor wenigen Monaten war der Zoologische Garten von einer schweren Sprengbombe getroffen worden. Sei es nun, daß durch den Luftdruck die Gitterstäbe geborsten waren oder daß die karitative Seele eines Schließbeamten seine Schützlinge vor dem sicheren Verderben auf eigene Faust befreit hatte – Großhalykon sah sich an dem Morgen nach einer Schreckensnacht von einem Rudel exotischer Tiere heimgesucht. Eine Giraffe pflanzte sich breit und in monumentaler Würde auf dem verkehrsreichen Muphtiplatz auf und brachte selbst ausgewachsene vierachsige Trambahnwagen, an deren Bügelstangen Schimpansen turnten, zum Scheuen. Über den noch glostenden Asphalt setzten Känguruhs in riesigen Sprüngen, während in einer menschenleeren, durch schrille Signalpfiffe gewarnten Straße ein Tiger auf dem Gehsteig auf- und niederraste und schließlich mit einem plötzlichen Satz durch ein gesprungenes Parterrefenster eindrang. Das Klirren der Scheiben begleitete ein langgezogener Schrei, dem ein versickerndes Wimmern und die tödliche Stille folgte. Ein Gorilla hatte sich in den Billetschalter einer Untergrundbahnstation geschwungen und den Sitz der geflüchteten Beamtin eingenommen. Das Publikum stob entsetzt auseinander, während der Eindringling, einen Geldschein zerkauend, mit beiden Händen die Münzen um sich streute.

Aber der Großteil der Ausreißer hatte sich in den Ruinen verschanzt, aus denen sie der Hunger bei Nacht heraustrieb. Lebensmittelgeschäfte waren erbrochen und geplündert worden, und über der greulich verstümmelten Leiche eines Wachmannes war in der Morgendämmerung ein Radfahrer zu Fall gekommen. Obwohl viele Anzeichen dafür sprachen, daß eine Gruppe ruchloser Terroristen die Befreiung ins Werk gesetzt hatte, traten bei der Bekämpfung des Unheils plötzlich hemmende Kräfte auf den Plan. Zwar hätte man sich mit guten Gründen über den Protest der Direktion gegen eine tödliche Treibjagd hinwegsetzen können,

Übersetzungen von Hitlers *Mein Kampf*

ADOLF HITLER
MIN KAMP
HOLGER SCHILDT

ADOLF HITLER
Minha luta
EDIÇÃO DA LIVRARIA DO GLOBO – PÔRTO ALEGRE

ADOLF HITLER
MI LUCHA
AUTOBIOGRAFIA

HITLER ADOLF:
Harcom

aber kraft seiner kommissarischen Vollmacht fiel Gerd Schafferknecht der schußbereiten Polizei in die Arme. In seiner doppelten Eigenschaft als Unterstaatssekretär für das gesamte Tierschutzwesen und als Großkurator zur Verhütung von Naturfrevel vertrat dieser mächtige Beamte den Standpunkt, daß durch eine gottgewollte Fügung der Bestand der heimischen Tierwelt vermehrt worden sei, und in seinem erweiterten Umfang der Hegung bedürftig wäre. Insbesondere müßten alle Exemplare derjenigen Gattungen, die nach dem Zeugnis von Herodot oder Tacitus in der Vorzeit einmal den halykonischen Lebensraum bevölkert hatten, der unbedingten Schonung und behördlichen Obhut anvertraut werden. Eine Annäherung der verschiedenen Standpunkte war nicht abzusehen, und so darf es nicht wundernehmen, daß die tapfere Bevölkerung schließlich zur Selbsthilfe schritt und sich nach manchem fröhlichen Jagdabenteuer ihren weltberühmten Tierpark einverleibte.

Schnipfmeier sah jetzt all diese Kurzbilder in einer Traumminute vorüberrollen. Seine Gedanken dachten mechanisch früher Gedachtes wieder. Er erinnerte sich, wie die Staatsführung jede Ablenkung von der Katastrophenstimmung willkommen hieß.

Werner Krauss: PLN. Die Passionen der halykonischen Seele. Frankfurt a. M.: Klostermann, 1946. S. 120–122. –

Hans Erich Nossack: »Der Untergang« [1943/Erstdruck 1948, Auszug]

Gegen halb zwei Uhr war das Gericht zu Ende. Aus einer unwirklichen Ferne klang das Signal der Entwarnung herüber, so verschüchtert, als wage es nicht zu verlangen, daß jemand an die Lüge glaube. Der Nordhimmel war rot wie nach Sonnenuntergang. Über die nahe Autobahn heulten die Sirenen der Feuerwehren, die aus den Nachbarstädten zu Hilfe eilten. Und damit setzte ein pausenloses Fahren auf allen Straßen der Umgegend ein, am Tage und nachts, diese Flucht aus Hamburg, ohne zu wissen, wohin. Es war ein Strom, für den es kein Bett gab; fast lautlos, aber unaufhaltsam überschwemmte er alles, und die Unruhe sickerte durch kleine Rinnsale bis in die entlegensten Dörfer. Manchmal glaubte sich ein Fliehender an einem Ast halten zu können und ein Ufer gefunden zu haben, aber nur für ein paar Tage oder Stunden, und er warf sich wieder in den Strom, um sich weitertreiben zu lassen. Es wußte keiner, daß er die Friedlosigkeit wie eine Krankheit mit sich trug, und alles, was davon berührt wurde, verlor seine Festigkeit.

In der zweiten oder dritten Angriffsnacht – denn ich will dies vorwegnehmen – geriet ein Munitionszug in Brand und detonierte bis weit in den Morgen hinein. Und in der letzten der Nächte steigerte sich das Wüten der Welt gegen sich selbst über alle menschliche Vorstellungskraft hinaus. Unmittelbar vor dem Angriff hatte sich eine schwere Gewitterwolke über das Elbetal gesenkt und begann sich im Augenblick des Alarms zu entladen, als habe sie die Sirenen als ein letztes Aufheulen der Stadt verstanden: Mach ein Ende mit mir. Der Angriff sollte wohl dem restlichen Viertel von Hamburg gelten. Doch die Angreifer konnten ihr Ziel unter dem Gewitter nicht finden und warfen die Bomben blindlings in der Umgegend ab. Es war nicht mehr zu unterscheiden, ob es blitzte und donnerte oder ob Bomben fielen oder die Abwehr schoß. Ringsum flammten Bauerngehöfte auf und die Heide fing an zu brennen. Die Erde schüttelte sich im Todeskampfe. Wir fürchteten, die Hütte würde einstürzen. Misi kam zu mir heraus, und wir warfen uns ins Heidekraut. Und dann stolperten wir durch das Dunkel irgendwohin, wo wir andere Menschen vermuteten.

Hans Erich Nossack: Der Untergang. In: H. E. N.: Die Erzählungen. Hrsg. von Christof Schmid. Frankfurt a. M.: Suhrkamp, 1987. S. 16f. –

Nationalsozialistische Monatshefte

„Freiheit und Brot“!

Zentrale politische und kulturelle Zeitschrift der N.S.D.A.P. / Hauptschriftleitung: Alfred Rosenberg

Verlag Frz. Eher Nachf., G.m.b.H., München 2 NO, Thierschstr. 11. Bezug durch jede Postanstalt und jede Buchhandlung. Bezugspreis vierteljährl. RM. 3.00 ohne Bestellgeld. Einzelnummer RM. 1.20, Ausland RM. 1.30. Anschrift der Schriftleitung: Berlin W 8, Wilhelmstraße 70a. Fernruf A 2 Flora 7208

Heft 46 Januar 1934 5. Jahrgang

Fahneneinmarsch

(Zum Parteitag 1933)

Das braune Heer, gefügt aus kantigen Quadern,
Liegt wie ein Riesenleib erstarrt im Feld.
Die Gruppenzwischenräume scheinen Adern,
Die leer sind und von keinem Saft geschwellt.

Da bricht der Fahnen vielgeteilte Reihe,
Rot wie ein Lavastrom vulkanischer Glut,
Herein, und füllt zur feierlichen Weihe
Die hohlen Adern mit lebendigem Blut.

Aufblüht der Leib, und reckt die braunen Glieder;
Ins große Ganze fügt sich Teil um Teil,
Und hunderttausendfach dröhnt donnernd wider
Der deutschen Zukunft sonnengläubig „Heil!“

Da streift ein Wissen uns mit heißem Schauern,
Daß es das sturmverwirrte Fühlen klär':
Nie würden wir besternt und zeitlos dauern,
Wenn nicht der Führer und die Fahne wär'!

Heinrich Anacker.

Titelseite

2. Lyrik

Friedrich Georg Jünger: »Der Mohn« [1934, Auszug]

Scharlachfarbener Mohn, ich sehe dich gern auf den Gräbern,
Wo du den schlafenden Ruhm alternder Grüfte bewachst.
Leicht entfällt dir das Blatt, es fällt auf den rundlichen Hügel,
Den der Edle bewohnt, kränzt den verwitternden Stein.
Und so nahm ich oftmals den Samen der dorrenden Kapsel,
Senkte mit dankbarer Hand still in die Erde ihn ein.
Zartestes Grün entspross. Verwundet entquoll ihm der weisse
Saft, der die Träume uns bringt, Schlaf, der Gespiele des Tods.
Bitter duftet der Trank, doch heilsam stillt er die Schmerzen,
Lindert des Fiebers Glut, stechender Wunden Gewalt.
Schläfer, euch weih' ich des Schlafes starke, geheiligte Pflanze,
Eure Betten umgrünt Morpheus gefiederter Spross.

Mohnsaft, du stillst uns den Schmerz. Wer lehrt uns das Niedre vergessen?
Schärfer als Feuer und Stahl kränkt uns das Niedere doch.
Wirft es zur Herrschaft sich auf, befiehlt es, so fliehen die Musen.
Ach, die Lieblichen sind schnell in die Ferne entflohn.
Klio, als sie die Grenzen erreichte, wandte zurück sich,
Abschied nahm sie, sie sprach scheidend ein treffendes Wort:
»Toren heilt man mit Schlägen und Spott, bald kehr' ich mit Geisseln,
Die ein Richter euch flocht, kehre mit Peitschen zurück.
Oft schon herrschten Tribunen, es floh in die lieblose Fremde

Finster Coriolan, fort ging der edlere Mann.
Prahlend blieb der Schwätzer zurück, umjauchzt von der Menge.
Histrionengeschmeiss spreizt sich auf hohem Kothurn.«

Der beschwatzt den Ruhm, der Taten Vermächtnis, er schafft sich,
Da er vom Golde spricht, reichliche Münze im Nu.
Löblich scheint sich der Lobende selbst, er ahmet die Stimme,
Die den Löwen verrät, künstlich und täuschend dir nach.
Prächtig malt er mit Erz. Wenn Farbe wäre das Eisen,
Glich er dem Drachen aus Stahl, Feuer verspeiet der Mund.
Jede Rede ist Schlacht. »Auf!« ruft er, »täglich zur Schlacht denn,
Bis in dem flutenden Wort alles, was Feind ist, ertränkt!«
Nieder sinken chimärische Heere. So rufet Triumph denn!
Feiert chimärischen Sieg, sprengt mit Kartaunen die Luft.
»Nimmer duld ich Gelassene. Schweigsame ähneln Verrätern,
Immer triefe die Stirn, rinne vom Beifall der Schweiss.«

[…]

Friedrich Georg Jünger: Der Mohn. In: F. G. J.: Gedichte. Frankfurt a. M.: Klostermann, 1949. –

Fritz Lötte: »Vor Ort« [1936]

Der Bohrhammer saust in rasendem Takt,
wir halten ihn fest, den Körper fast nackt,
bedeckt von Kohlenstaub und Schweiß.
Der Bohrhammer rast, er läuft sich heiß!
Ölkanne her!

BUCH UND VOLK

Heft 1 1937

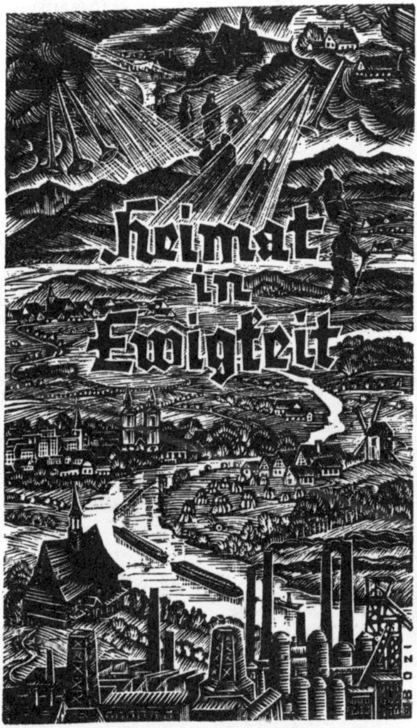

Titelseite

Das Bohr frißt sich knirschend in hartes Gestein!
Ist längst tief genug schon Kumpel, halt ein!
Das Bohrloch gereinigt, den Schuß nun geladen,
ein dumpfer Knall – und giftige Schwaden
stehen vor Ort!

Schnell nun, Kumpel, und nicht gesäumt!
Nimm Hacke und Schippe, die Bahn aufgeräumt!
Nun das Holz gesetzt und verkeilt und verstrebt,
der Berg ist tückisch, der Berg, er lebt!
Verderben droht!

So stehen wir in heißer Arbeitsschlacht
im Bauche der Erde in dunkler Nacht.
Es rasen die Pulse, es klopft uns das Herz!
Dennoch! Deutschland braucht Kohle, Deutschland braucht Erz!
Glückauf!

Fritz Lötte: Vor Ort. In: Weltliteratur. Romane, Erzählungen und Gedichte aller Zeiten und Völker (1936) Nr. 8, S. 122.

Günther Petry: »Die Autobahn« [1939]

Die Landschaft ist bei Feld und Blütenbäumen
Mit einmal breit und silbern unterstrichen:
Versteinte Erde, wie vor zarten Träumen
Der Jahreszeiten längshin ausgewichen,
Und doch in glatten Bahnen voller Glanz,
Der milde ist und diese Härte ganz
Bis an die Horizonte überdeckt.

Ein Schlangenleib, unendlich hingestreckt,
Wie irgendwie im Gleiten jäh erschreckt,
Erstarrt, gewalzt und von der Zeit geschliffen,
Die drüberhin mit tausend Rädern jagt:
So schweift der Schimmer dieses Bandes, ragt

Hinein in ferne Wälder und bezwingt
Von Rand zu Rand in kühnen Übergriffen
Die grünen Täler rasch und unbedingt,
Von weiter Bogenbauten Mut beschwingt. –

O stolze, helle Ader im Gesicht
Des von der Arbeit jugendvollen Landes,
Schön liegt auf dir die Stille eines Brandes
Der für die Ewigkeit erfüllten Pflicht.

Günther Petry: Die Autobahn. In: Buch und Volk. Buchberatungszeitschrift der Reichsstelle zur Förderung des Deutschen Schrifttums (1939) Nr. 4, S. 24.

Plakat für die »Woche des Deutschen Buches 1936«

HERMANN BURTE: »An das Ich« [1938]

Du mein geliebtes und verhaßtes Ich,
Du, angebetet, abgelehnt, verstoßen,
Geschmäht von Vielen, die sich wüst erbosen,
Weil du nicht anders wurdest einen Strich –

Nein, bliebst, was du gewesen, wenn im Tosen
Des innern Sturms die Mittung brach und wich!
Nichts halte ich zuletzt so fest wie dich
Und möchte mir kein Anderes erloosen.

Wohl hegst du heilig lebig die Gemeinschaft
Der Menschen gleicher Art aus Blut und Boden,
Doch gilt vor Gott nur, was der Mann allein schafft,

Er muß den Urwald seines Wesens roden,
Sich selber treu, bis endlich ihn die Pein rafft
Wie Krist am Holz und in der Esche Woden.

Hermann Burte: Anker am Rhein. Eine Auswahl neuer Gedichte. Leipzig: Haessel, 1938. S. 54.

GOTTFRIED BENN: »Verlorenes Ich« [1943, Privatdruck]

Verlorenes Ich, zersprengt von Stratosphären,
Opfer des Ion –: Gamma-Strahlen-Lamm –
Teilchen und Feld –: Unendlichkeitschimären
auf deinem grauen Stein von Notre-Dame.

Die Tage gehn dir ohne Nacht und Morgen,
die Jahre halten ohne Schnee und Frucht
bedrohend das Unendliche verborgen –
die Welt als Flucht.

Wo endest du, wo lagerst du, wo breiten
sich deine Sphären an – Verlust, Gewinn –:

ein Spiel von Bestien: Ewigkeiten,
an ihren Gittern fliehst du hin.

Der Bestienblick: die Sterne als Kaldaunen,
der Dschungeltod als Seins- und Schöpfungsgrund,
Mensch, Völkerschlachten, Katalaunen
hinab den Bestienschlund.

Die Welt zerdacht. Und Raum und Zeiten
und was die Menschheit wob und wog,
Funktion nur von Unendlichkeiten –
die Mythe log.

Woher, wohin – nicht Nacht, nicht Morgen,
kein Evoë, kein Requiem,
du möchtest dir ein Stichwort borgen –
allein bei wem?

Ach, als sich alle einer Mitte neigten
und auch die Denker nur den Gott gedacht,
sie sich den Hirten und dem Lamm verzweigten,
wenn aus dem Kelch das Blut sie rein gemacht,

und alle rannen aus der einen Wunde,
brachen das Brot, das jeglicher genoß –
o ferne zwingende erfüllte Stunde,
die einst auch das verlorne Ich umschloß.

Gottfried Benn: Verlorenes Ich. In: G. B.: Statische Gedichte. Zürich: Verlag der Arche, 1948. –

Gottfried Benn: »Astern« [1936]

Astern – schwälende Tage,
alte Beschwörung, Bann,
die Götter halten die Waage
eine zögernde Stunde an.

Noch einmal die goldenen Herden
der Himmel, das Licht, der Flor,
was brütet das alte Werden
unter den sterbenden Flügeln vor?

Noch einmal das Ersehnte,
den Rausch, der Rosen Du –
der Sommer stand und lehnte
und sah den Schwalben zu,

noch einmal ein Vermuten,
wo längst Gewißheit wacht:
die Schwalben streifen die Fluten
und trinken Fahrt und Nacht.

Gottfried Benn: Astern. In: Ebd.

Gottfried Benn: »Einsamer nie –« [1936]

Einsamer nie als im August:
Erfüllungsstunde – im Gelände
die roten und die goldenen Brände,
doch wo ist deiner Gärten Lust?

Die Seen hell, die Himmel weich,
die Äcker rein und glänzen leise,
doch wo sind Sieg und Siegsbeweise
aus dem von dir vertretenen Reich?

Wo alles sich durch Glück beweist
und tauscht den Blick und tauscht die Ringe
im Weingeruch, im Rausch der Dinge –:
dienst du dem Gegenglück, dem Geist.

Gottfried Benn: Einsamer nie – . In: Ebd.

Gertrud Kolmar: »Die Jüdin« [1938]

Ich bin fremd.

Weil sich die Menschen nicht zu mir wagen,
Will ich mit Türmen gegürtet sein,
Die steile, steingraue Mützen tragen
In Wolken hinein.

Ihr findet den erzenen Schlüssel nicht
Der dumpfen Treppe. Sie rollt sich nach oben,
Wie platten, schuppigen Kopf erhoben
Eine Otter ins Licht.

Ach, diese Mauer morscht schon wie Felsen,
Den tausendjähriger Strom bespült;
Die Vögel mit rohen, faltigen Hälsen
Hocken, in Höhlen verwühlt.

In den Gewölben rieselnder Sand,
Kauernde Echsen mit sprenkligen Brüsten –
Ich möcht' eine Forscherreise rüsten
In mein eigenes uraltes Land.

Ich kann das begrabene Ur der Chaldäer
Vielleicht entdecken noch irgendwo,
Den Götzen Dagon, das Zelt der Hebräer,
Die Posaune von Jericho.

Die jene höhnischen Wände zerblies,
Schwärzt sich in Tiefen, verwüstet, verbogen;
Einst hab' ich dennoch den Atem gesogen,
Der ihre Töne stieß.

Und in Truhen, verschüttet vom Staube,
Liegen die edlen Gewänder tot,
Sterbender Glanz aus dem Flügel der Taube
Und das Stumpfe des Behemoth.

Ich kleide mich staunend. Wohl bin ich klein,
Fern ihren prunkvoll mächtigen Zeiten,
Doch um mich starren die schimmernden Breiten
Wie Schutz, und ich wachse ein.

Nun seh' ich mich seltsam und kann mich nicht kennen,
Da ich vor Rom, vor Karthago schon war,
Da jäh in mir die Altäre entbrennen
Der Richterin und ihrer Schar.

Von dem verborgenen Goldgefäß
Läuft durch mein Blut ein schmerzliches Gleißen,
Und ein Lied will mit Namen mich heißen,
Die mir wieder gemäß.

Himmel rufen aus farbigen Zeichen.
Zugeschlossen ist euer Gesicht:
Die mit dem Wüstenfuchs scheu mich umstreichen,
Schauen es nicht.

Riesig zerstürzende Windsäulen wehn,
Grün wie Nephrit, rot wie Korallen,
Über die Türme. Gott läßt sie verfallen
Und noch Jahrtausende stehn.

Gertrud Kolmar: Die Jüdin. In: G. K.: Das lyrische Werk. München: Kösel, 1960. S. 36f. –

Elisabeth Langgässer: »Daphne« [1935]

Du siehst, wo sich der Waldhang weitet,
die Espe zitternd niederwehn,
dem Brand des Himmels hingebreitet,
von Gras und Habichtskraut begleitet,
die ärmlich in den Winter gehn.

Doch auch das Dunkel einer Mauer,
wenn sie am Saum der Städte lebt,
berührt oft ihrer Krone Schauer,
an dem du dieser Zeiten Trauer
ermissest, da sie grundlos bebt.

Sie wurzelt mühsam im Gerölle,
das sie verfolgt, indem es hält –
und vor Begrenzung, Maß und Kelle
flieht Daphne in das Laubgefälle
und steht am Rande unsrer Welt.

Elisabeth Langgässer: Daphne. In: Lyrik verlegen in dunkler Zeit. Aus Heinrich Ellermanns Reihe »Das Gedicht. Blätter für die Dichtung« 1934 bis 1944. Gedichte von 40 Autoren. Ausgew. und eingel. von Christoph Perels. München: Ed. Spangenberg/Ellermann, 1984. S. 17.

Sonderfenster zu den »Nürnberger Gesetzen«
(Schaufenster-Wettbewerb, 1939)

Oskar Loerke: »Der Silberdistelwald« [1934]

Mein Haus, es steht nun mitten
Im Silberdistelwald.
Pan ist vorbeigeschritten.
Was stritt, hat ausgestritten
In seiner Nachtgestalt.

Die bleichen Disteln starren
Im Schwarz, ein wilder Putz.
Verborgne Wurzeln knarren:
Wenn wir Pans Schlaf verscharren,
Nimmt niemand ihn in Schutz.

Vielleicht, daß eine Blüte
Zu tiefer Kommunion
Ihm nachfiel und verglühte:
Mein Vater du, ich hüte,
Ich hüte dich, mein Sohn.

Der Ort liegt waldinmitten,
Von stillstem Licht gefleckt.
Mein Herz – nichts kam geritten,
Kein Einhorn kam geschritten –
Mein Herz nur schlug erweckt.

Oskar Loerke: Der Silberdistelwald. In: O. L.: Gedichte und Prosa. Bd. 1: Die Gedichte. Hrsg. von Peter Suhrkamp. Frankfurt a. M.: Suhrkamp, 1958. S. 402. –

Oskar Loerke: »Fuge« [1934]

Ich breche auf und bahne
Den Weg mir ohne Fahne.
Wo fände die Gesellen?
Mir folgt kein Hundebellen.
Die Welt? Mir ist, sie flute
Nur noch in meinem Blute,
Sie ist im Abwärtsgleiten
Zu mönchisch ernsten Zeiten,
Die sie voll Zorn vernichten
Und nach dem Nichts errichten.
Es klatscht, es wird gegeißelt,
Es pocht, es wird gemeißelt.
Du Stern der Büßerinnen
Peitschst deinen Geist nach innen,
Dann kniest du in der Stille
Als eichene Sibylle
Im Traum des Wolkenschwebens
Durchs Himmelreich Vergebens.
Umflort von seinem Süßen,
Liegt es zu meinen Füßen –
Mein Reich. Mein Weg. Ich ahne
Mir häuptens eine Fahne.

Oskar Loerke: Fuge. In: Ebd. S. 407.

Wilhelm Lehmann: »Auf sommerlichem Friedhof (1944). In memoriam Oskar Loerke«

Der Fliegenschnäpper steinauf, steinab.
Der Rosenduft begräbt dein Grab.
Es könnte nirgend stiller sein.
Der darin liegt, erschein, erschein!

Der Eisenhut blitzt blaues Licht.
Komm, wisch den Schweiß mir vom Gesicht.
Der Tag ist süß und ladet ein,
Noch einmal säßen wir zu zwein.

Sirene heult, Geschützmaul bellt.
Sie morden sich: es ist die Welt.
Komm nicht! Komm nicht! Laß mich allein,
Der Erdentag lädt nicht mehr ein.
Ins Qualenlose flohest du,
O Grab, halt deine Tür fest zu!

Wilhelm Lehmann: Auf sommerlichem Friedhof (1944). In: W. L.: Gesammelte Werke in acht Bänden. Bd. 1: Sämtliche Gedichte. Hrsg. von Hans Dieter Schäfer. Stuttgart: Klett-Cotta, 1982. S. 157. –

Wilhelm Lehmann: »Grube mitten im Acker« [1939]

Die Senkung zu füllen im lehmichten Acker,
Gestrüppverklammert, was hätt es gelohnt?
Der sorgsamen Runde die sorglose Mitte,
Von Weggeworfenem wird sie bewohnt.

Die Rübenblätter, die Stoppellanzen
Öffnen die Straße den wandernden Schuhn.
Niemand stört mich, ich störe niemand,
So kann ich bei Weggeworfenem ruhn.

Das Nutzlose nutzte die Zeitenfülle:
Nesselbart, Klettenfrucht hängen sich an.
Einem Joch gleich schnitzt der Ahorn den Samen,
Niemals klemmt er ein Zugtiergespann.

Wo auf den Steinen, auf buckligen Rinden,
Die Hieroglyphe der Flechte dorrt,

Bewegt es sich, getüpfelte Glucke,
Und fliegt, ein Schachbrettschmetterling, fort.

Das sinnlos Gewordene wird wieder besonnen:
Eine Streichholzschachtel, Monate alt,
Da ihre Farben sich zärtlicher mischten,
Schützt Ohrwurm und Spinne vor Naß und Kalt.

Die Erde selbst kriecht als nackte Schnecke.
Ich überlasse ihr meine Hand,
Sie schmückt die Haut mir mit leisem Zeichen,
Des fließenden Fußes silbernem Band.

Eine Fledermaus schwärzt den erloschenen Himmel,
Chinesischer Dschunke segelndes Tuch;
In Dämmerungen geht sie unter
Als ein vergeblicher Versuch.

Nun nähen über meinen Füßen
Fünffingerblatt und Knöterich.
Ich schauere, verwandlungsnahe,
Sie greifen schon als Erde mich.

Wilhelm Lehmann: Grube mitten im Acker. In: Ebd. S. 97f.

Ludwig Friedrich Barthel: »Worte des Frühlings« [1938]

Sagt Laub der Buche und meint ihn selber, den Auferstandenen, ganz.
Sagt, daß die Wasser wieder springen,
Und meint ihn selber, den Auferstandenen, ganz.
Was je ihr, hinpressend ans trunkne Herz,
Mit Namen anrieft, als sei es da.
Hügel, Wolken und Tau,
Alle Gedichte um Hügel, Wolken und Tau,
Liebender noch

Sie hinpressend ans trunkne Herz,
Heißt sie doch Eines,
Heißt sie den Auferstandenen, den Frühling,
Und atmet ihn, atmet sie
Offenen Mundes und hinweggenommen –
Denn dies ist über allem:
Gott wohnt im Acker.

Ludwig Friedrich Barthel: Worte des Frühlings. In: Das Gedicht. Blätter für die Dichtkunst (1938) Nr. 7, S. 9.

Peter Huchel: »November-Endlied« [1935]

Im Nebel nistet nun mein Traum.
Ich pflanzte ein den Totenbaum.
Auf roten Wolken fuhr die Nacht.
Sie fuhr durch seine Zweige sacht.

Da rief ein Vogel – schlief ich schon?
Wie dunkel stieg der Vogelton.
O grauer Herbst, ich wünsch nichts mehr.
Ach käme doch der Schatten her.

Die Nacht auf roten Wolken zieht.
Im Nebel nistet nun mein Lied.
Was rief der Vogel mich von fern?
Ich läg im steingen Acker gern.

Peter Huchel: November-Endlied. In: Das Innere Reich. Zeitschrift für Dichtung, Kunst und deutsches Leben (1935) Nr. 7, S. 816. –

BUCH UND VOLK

Heft 2 | Ostern | 1936

Aus dem Jahrweiser „Kunst und Leben 1936" | Alfred Zacharias

Titelseite

Horst Lange: »November« [1939]

Novemberlich. Die blassen Fluten
Aus unterirdschen Seen und Adersträngen,
Ich spür sie schwellen und nach oben drängen,
Jetzt löschen zischend mir im Herd die Gluten.

Da löschen auch Orion und der Bär:
Der Jäger stirbt, das Tier verendet, – beide
Sind eins im Tode auf der Sternenweide;
Die Erde wendet sich und rollt ins Schattenmeer.

Am Abend trägt die Luft das Echo von Chorälen,
Irrlichter siehst du auf den Gräbern schwelen,
Wie Katzen schrein, so weinen arme Seelen.

Die letzte Frucht büßt ihres Fleisches Schuld,
Verfault am Stamme, den die Fröste quälen,
Und alles harrt des Lichts, ermüdet vor Geduld.

Host Lange: Gesang hinter den Zäunen. Gedichte. Berlin: Die Rabenpresse, 1939. S. 19. – Mit Genehmigung von Eberhard Horst, Gröbenzell.

Reinhold Schneider: »Allein den Betern« [entstanden 1936 / Privatdruck 1941]

Allein den Betern kann es noch gelingen,
Das Schwert ob unsern Häuptern aufzuhalten
Und diese Welt den richtenden Gewalten
Durch ein geheiligt Leben abzuringen.

Denn Täter werden nie den Himmel zwingen:
Was sie vereinen, wird sich wieder spalten,
Was sie erneuern, über Nacht veralten,
Und was sie stiften, Not und Unheil bringen.

Jetzt ist die Zeit, da sich das Heil verbirgt,
Und Menschenhochmut auf dem Markte feiert,
Indes im Dom die Beter sich verhüllen,

Bis Gott aus unsern Opfern Segen wirkt
Und in den Tiefen, die kein Aug entschleiert,
Die trocknen Brunnen sich mit Leben füllen.

Reinhold Schneider: [Allein den Betern.] In: R. S.: Gesammelte Werke. Im Auftrag der Reinhold Schneider-Gesellschaft hrsg. von Edwin Maria Landau. Bd. 5: Lyrik. Hrsg. von Christoph Perels. Frankfurt a. M.: Insel-Verlag, 1981. S. 54. –

Will Vesper: »Das Neue Reich« [1939]

Sechs Jahre nur – und dem Wunder gleich
stieg aus dem Schutte das Neue Reich,
ein Reich des Friedens, ein Reich in Waffen,
von Einem gewollt und von Einem geschaffen,
eine Burg der Kraft, in die Mitte der Welt
auf einen guten Grund gestellt,
auf eines Volkes Vertrauen und Mut,
auf reinen Willen und reines Blut,
auf einen Glauben, der Wunder tut!
Wer offene Augen hat im Kopf
und ist kein Verräter und kein Tropf,
der sieht, was geschah, und wie alles gewendet
zum Guten durch Ihn, den uns Gott gesendet:
Alle Räder in Gang, alle Kolben in Schwung,
bei fröhlicher Arbeit alt und jung.
Das eigene wohlverdiente Brot
macht die Augen hell, die Backen rot,
und niemand mehr leidet in Deutschland Not!
Die deutsche Zwietracht, der alte Graus,
ist aus
und für immer zu Ende!

Alldeutschland reicht zu ehernem Bunde
sich freudig die Hände.

Und auch die schlimmste, die schmerzendste Wunde
ist nun geschlossen:
Kein Blut, für Deutschland vergossen,
ist im Sand geflossen:
Für das größere Reich sind alle, die fielen, gestorben.
Ihr Tod hat ewigen Sinn und Frucht erworben:
Auf ihre Gräber als Kranz
legte der Führer den Glanz
der Berge seines Heimatlands,
die strahlende Kette
der heiligen Städte
des alten Reiches, von Bregenz bis Wien.
Und als gewaltigsten Ehrenstein
mauerte wieder ins Reich er ein
die alte Schildburg,
Deutschlands Schwelle und Pfosten
am Tore nach Osten:
Prags goldnen Hradschin!

Deutschland ist entsühnt. Seine Ehre rein.
Deutsche Kunst blüht. Deutsche Wissenschaft
wirkt mit neuer Kraft.
Deutscher Glaube wirft in die Welt einen hellen Schein.
Es ist wieder höchste Lust Deutscher zu sein!

Will Vesper: Das Neue Reich. In: Die deutsche Glocke. Volksbuch der deutschen Heimat. Bd. 1. Bayreuth: Gauverlag Bayr. Ostmark, 1939. S. 43.

Zeichnung: Bogner

Wir danken dem Führer!

Weihnachten 1938
Zeichnung: Bogner

Wenn ich falle, Mutter

Wenn ich falle, Mutter, wirst Du klagen,
Tränen weinen, die die starre Rinde
Deines Herzens lösen leicht und linde
Und Dir helfen, Deinen Schmerz zu tragen.

Und Du wirst auch Trauerkleider tragen,
Daß die anderen stumm sich vor Dir neigen,
Schweigend Dir ihr Mitempfinden zeigen
Und Dich nicht nach Deinem Jungen fragen.

Aber niemals, Mutter, darfst Du fragen:
„Warum wurde mir dies Los beschieden?"
Wächst aus unseren Gräbern doch der Frieden!
Weinen darfst Du, aber nicht verzagen.

Sieh, wir gehen stolz und ohne Zagen
In den Kampf, den man uns aufgezwungen,
Und wenn einst der Schlußakkord gesungen,
Wird man von der deutschen Jugend sagen,

Daß sie gleich den Helden unsrer Sagen
Sich um ihrer Führers Fahne scharte,
Daß sich Deutschland in uns offenbarte,
Deutschland, das wir tief im Herzen tragen.

Wenn ich falle, Mutter, mußt Du's tragen,
Und Dein Stolz wird Deinen Schmerz bezwingen,
Denn Du durftest ihm ein Opfer bringen,
Den wir meinen, wenn wir Deutschland sagen.

Aus: „Wie das Gesetz es befahl." Worte unserer Weltkriegsdichter. 79 Seiten. Nordland-Verlag, Berlin. 1940. Pp. RM. 1.20.

Der Soldat, vom Kameraden gezeichnet
Zeichnung von Walter Bollmann. Aus: „Die deutsche Glocke." Hrsg. von Hans Reyhing und Christian Jenssen. Gauverlag Bayerische Ostmark, Bayreuth. 191 Seiten. Lw. RM. 3.50.

»Der Soldat, vom Kameraden gezeichnet«
Zeichnung von Walter Bollmann, um 1940

Herybert Menzel: »Nun schreib ein andrer Bücher noch und Dramen« [1939]

Nun schreib ein andrer Bücher noch und Dramen
und denke krämerisch an Ruhm und Ruf;
wir gehn in Uniform wie ohne Namen
in der Armee, die sich der Trommler schuf.

Wenn wir noch singen, ist's ein Lied im Schritte,
ein Vers, der rot wie unsre Fahne weht.
Student, Prolet und wir im gleichen Tritte;
wir kehrten heim zum Volk, das aufersteht.

Wir kehrten heim, zum Volk, zum Blut, zur Scholle,
und so zum Kampf, zur Not und zur Gefahr.
Zur letzten Heimkehr führt der glaubensvolle
und trutzige Kreuzzug still uns zum Altar.

Aus Urkraft her kommt es zu neuen Bünden.
Auf Bergen flammt das Feuer glüh und heiß.
Der Dichter schwieg, nun aber darf er künden
und für ein Zeugnis treten aus dem Kreis.

Wenn wir noch singen, ist's ein Lied im Schritte,
ein Vers, der rot wie unsre Fahne weht.

Herybert Menzel: Nun schreib ein andrer Bücher noch und Dramen. In: Paul Gerhardt Dippel (Hrsg.): Künder und Kämpfer. Die Dichter des neuen Deutschland. München: Deutscher Volksverlag, 1939. S. 129f.

Georg Schneider: »Feldpostbrief« [1944]

Liebe Mutter, diesen Brief
Schreib ich dir wohl nimmer aus . .
Weißt noch, wie der Vogel rief,
Flinke Drossel, überm Haus?
Das ist wohl schon lange her –
Schwarzer Vogel sang sein Lied –
Obs ihm noch so schnabelschwer
Durch die kleine Kehle zieht?
Ach, so still war es noch nie –
Schwarzer Vogel singt und singt –
Wüßt ich nur, o wüßt ich, wie
Es in deine Stille dringt?
Morgen, Mutter, in der Früh
Führen Wege weit ins Land . .
Marschtritt hallt, doch deine Hand
Liegt in meiner still und klein –

Und es wird bei mir wie heut
Abend in der Dämmerung
Voller Tierblick und Geläut
Ewig licht und ewig jung
Meine Mutter Heimat sein –
Ach, mir ging das nie vorbei!
Weißt du noch? Leb wohl und sei
Schön gegrüßt und grüß mir, ach,
Auch die leisen Dinge all
Und den kleinen Wasserfall
Hinterm Garten, wo der Bach
Bald die nahe Wiese netzt . .
Gute Nacht! Ich schlafe jetzt
Wie zum allererstenmal –
Weißt du noch: im Apfelbaum
Stand so nah der Abendstern –
Alle Dinge waren fern –
Ach, du hast es nie verhehlt,
Ach, du hast es oft erzählt –
Weißt du noch? Ich atme kaum . .

Georg Schneider: Feldpostbrief. In: Lyrik verlegen in dunkler Zeit. Aus Heinrich Ellermanns Reihe »Das Gedicht. Blätter für die Dichtung« 1934 bis 1944. Gedichte von 40 Autoren. Ausgew. und eingel. von Christoph Perels. München: Ed. Spangenberg/Ellermann, 1984. S. 58 f.

Hermann Eduard Lenz: »Russischer Herbst« [1943]

Prall hängen überall die Preiselbeeren.
Am Baumstamm spür' ich eine rauhe Hand.
Die Mäuse sich umsonst der Schlangen wehren.
Ihr Blut ist naß. Das Laub ist rot entbrannt.

Es weh'n der Erde off'ne rote Wunden.
Der Tag geht grau vorbei und wird nicht hell.

Tautränen habe ich im Gras gefunden
Und Schlehdorn ritzt des weichen Schafes Fell.

Die dunkle Wolke kommt und geht vorüber.
Der Herbst kocht heuer einen selt'nen Wein:
Vor lauter Asche wird er dunkler, trüber,
Und von der Totenerde bitter sein.

Hermann Eduard Lenz: Russischer Herbst. In: Georg v. d. Vring (Hrsg.): Die junge Front. Gedichte junger Soldaten. München: Piper, 1943. S. 50.

Josef Weinheber: »Böse Verzauberung« [entstanden 1944]

Es ist in einem fremden Land.
Es ist in einem fremden Haus.
Am Tisch ein welker Blumenstrauß.
Und leiser Regen fällt.

Hier war ich einmal, eh ich war.
Und dann vergaß ich Berg und Baum.
Nur manchmal grüßt dies Land im Traum.
Da ist der Turm und winkt.

Ich weiß nicht, was in dieser Frist
noch mein ist. Es verwirrt sich so.
Als ich noch gut war, war ich froh.
Der böse Regen fällt.

Ich kann nicht denken. Mir ist bang.
Es ist in einem fremden Haus.
Die Sprache sagt es auch nicht aus.
Es fällt wie in ein Grab . .

Josef Weinheber: Böse Verzauberung. In: Sämtliche Werke. Bd. 2: Gedichte 2. Hrsg. von Josef Nadler und Hedwig Weinheber. Salzburg: O. Müller, 1954. S. 578 f. – Mit Genehmigung von Christian Weinheber, Kirchstetten.

Alfred Mombert: »Sfaira der Alte. Mythos« [1942 Privatdruck, Schweiz; Auszug]

Baracken-Winter-Finsternis
– Dach bewirbelt die Regen-Trommel.
Blitzt die Pyreneen-Nacht!
Leuchtet die Ferne der Schnee-Gipfel.
Dahinein sturm-höhnisch rot-funkelt
naher Rost reißenden Eisen-Verhaus –

Hochdroben jetzt
gegen den Pol wandelt Wega:
überwandelt die Fantome
der Wahn-Menschen: die Erde-Geschichte.
Wann einst den Pol erreichte Wega
– zwölf Jahrtausende genügen –
wird man hören Posaunen-Blasen –

Ende der Baracken-Finsternis!
In der Tiefe auferstanden
stoß' ich mein Glanz-Schwert durchs Baracken-Dach –
ziehe vor mein Gericht
die Fantome der Menschen-Erde-Geschichte! –

– wehe allen Wahn-Fantomen!

– Zuletzt sing' ich zur Ruhe
den furchtbaren Wogen-Schlag –:
Erde-Seele –: deine stürmenden Meere –

Baracken-Winter-Finsternis
Du Orion! du bist's!
Ihr, Plejaden! – Und Kassiopeia!
Fuhrmann! Großer Wagen!
Deneb! Wega! du Ataïr!
Saturn dort und Jupiter in Freundschaft eng vereint!

Durch Bretter-Spalt mein Empor-Blick:
Ihr mir Zärtlichen!

Karl May zeigt uns in seinen 65 Bänden die Welt. Die Steppe, wo der Zulu haust im Kral, das alte Wunderland der Chinesen, die Jagdgründe der Indianer und die Wüste, die Heimat des arabischen Kamelreiters. Und das alles durchsetzt von Abenteuern in buntgedrängter Fülle.

Ein vorzügliches Hilfsmittel für den Leser, der dem Gang der Handlung örtlich folgen und so die Abenteuer Old Shatterhands und Kara Ben Nemsis miterleben möchte, sind die

Landkarten mit Reisewegen zu Karl Mays Erzählungen

1. Nordamerika, 2. Der Orient, 3. Beiderseits vom Äquator

Ausstattung: Weißes Landkartenpapier, 6farbiger Druck, Kartengröße 60×50 cm (gefalzt 15×25 cm)
Preis je RM. 1.—

Ausführliches Verzeichnis durch jede Buchhandlung erhältlich!

Karl-May-Verlag, Radebeul bei Dresden

Wichtige Mitteilung

an die Bezieher der

Bücherkunde

Bei der starken Beanspruchung aller Postdienststellen gerade während des Krieges ist es keine Seltenheit, daß dem Verlag Abbestellungen gemeldet werden, bei denen ein Verzicht auf die Weiterlieferung durch den Bezieher tatsächlich nie ausgesprochen wurde. Wenn der Postbeamte einen Bezieher beim Einzug des Bezugsgeldes nicht antrifft, ist es leicht möglich, daß die Weiterlieferung eingestellt wird. Es ist deshalb angebracht, an den fälligen Zahlungsterminen den Bezugspreis für die Bücherkunde gegebenenfalls zu hinterlegen.

Sollte doch einmal eine Lieferungsunterbrechung eintreten, bitten wir sofort das zuständige Postamt oder den Verlag zu unterrichten.

Gauverlag Bayerische Ostmark / Bayreuth

Eherne Ernte

Gedichte im Krieg 1939/41

Gesammelt und herausgegeben von Sigmund Graff
160 Seiten, Pappband RM 2.60

In glücklichster Weise berücksichtigt diese Sammlung, in der Frontkämpfer mit bekannten (u. a. Herybert Menzel, Heinz Steguweit, Heinrich Anacker, H. F. Blunck, Hans Baumann) und unbekannten Namen vertreten sind, die mannigfaltigen Stilarten des Kriegsgedichtes. Stimmungen vor dem Einsatz, während des Kampfes und nach errungenem Sieg, Trauer um den Kameraden, Freuden des Urlaubs, besinnliche Einkehr, die ewigen Werte der Kameradschaft, aber auch warmherzige Worte deutscher Frauen und deutscher Mütter (u. a. Agnes Miegel und Ina Seidel), all das rundet sich ab zu einer wundervoll tiefen Gesamtschau deutscher Innerlichkeit, siegesbewußten Soldatengeistes und gläubigen Vertrauens auf den Führer.

J. F. Lehmanns Verlag / München 15

Verlagswerbung

Und hinter euch den Strahlern
öffnen sich unsäglichere,
lichtere Welten-Räume –
blüht mir ein Glanz hinauf gen den Zenit! –

Zenit! – Zenit!
Der Sfaira! – Nadir! und Zenit! –

– – – – – – – – – – – – – – – – –

Tausend Strahlen-Sonnen:
Sfaira blüht! – lebt! – Zenit! –

– – – – – – – – – – – – – – – – –

[…]

Alfred Mombert: Sfaira der Alte. In: A. M.: Dichtungen. Gesamtausgabe in drei Bänden. Hrsg. von Elisabeth Herberg. Bd. 1: Gedicht-Werke. München: Kösel, 1963. S. 555 f. –

Hasso Grabner: »Essenausgabe« [entstanden 1940]

Täglich sind sie am Stacheldraht
Zum Essenfassen.
Links ein Kamerad,
Rechts ein Kamerad,
Und sie lassen
Einen Dritten
in ihrer Mitten
Nicht allein.
Aber während sie bitten,
Es möge nicht zu wenig sein
Von der schönen Suppe,
Mischt der sich nicht ein,
Als sei es ihm schnuppe,
Ob er sie frißt,
Weil es ja doch nur
Kohlrübenwasserbrühe ist,
Was sie hier kochen.

Wenn sie sich dann zum Gehen wenden,
Ihre drei Näpfe in den Händen,
Schleift er so merkwürdig seine Knochen
Hinterher.
Aber den Napf hält er ganz fest,
Wie jemand die Zügel führt,
Er scheint ihm
Weder heiß zu sein noch schwer.
Er hatte auch keine Miene gerührt
Und nicht gestöhnt,
Als ihm der Kalfakter die heiße Brühe
Über den Daumen spülte,
Als ob er nichts fühlte.

Wahrscheinlich ist er Gießer,
So einer gewöhnt
Sich mit einiger Mühe
Und nach einiger Zeit
An das Heiße,
Konnte man denken.
Doch dieser
Erwarb sich die Unempfindlichkeit
Auf andere Weise.

Vor einigen vierzehn Tagen
Hörten wir den dritten sagen:
»Ich werde sterben«,
Und haben dazu genickt.
Anderswo ist das sicherlich ungeschickt
Und ohne Pietät.
Aber hier war es schon ein Trösten,
Nicht zu widersprechen, wenn einer weiß,
Daß er in der erlösten
Ruhe eingeht;
Denn was kann er hier schon noch erben?
Und außerdem dachte von beiden jeder:
Ich auch, nur etwas später.

So lehrte sie die Erfahrung.
Und das schwiegen sie sich
Ins Gesicht;
Denn die Stimmbänder
Brauchen auch ein wenig Nahrung,
Und die hatten sie nicht.

Dann begann der dritte wieder:
»Tote haben steife Glieder,
Aber mit glasigen Augen
Haben sie keine Ruh',
Bitte, drückt mir die Augen zu!«
Die beiden senkten die Lider
Zu einem »So sei es«.
»Und noch eins«, sprach die Stimme,
»Maria, verzeih es!
Gebt mir den Eßnapf in die Hand,
Solange sie warm ist,
Ganz fest,
Den Daumen über den Rand,
Die Finger an den Boden gepreßt,
Und dann winkelt den Unterarm empor,
Haltet ihn, daß er sich nicht bewegt,
So eben!«
Dann spielt' er ihnen die Szene vor,
Wie einer einen Eßnapf trägt,
Sein erstes Theaterspiel im Leben.

»Legt mich in die Ecke im Zelte
Und seid nicht bange,
Bei dieser Kälte
Halte ich mich lange!
Bei der Essenausgabe nehmt ihr mich dann,
Aber ihr dürft mich nicht fallen lassen,
Und einer sagt: Essen für drei Mann!
So kann ich jeden Tag

Für Euch einen Schlag
Mitfassen.«

Und als er so spricht,
Steht in seinen Augen beinah ein Rausch,
In dem vergnügliche Lichter zucken.
Aber die anderen wissen nicht
Wohin mit dem Schlucken.
Jetzt schien ihnen doch der Tod zu frühe
Und ein allzu verzweifeltes Stück
Der Tausch,
Der Ihnen hier empfohlen:
Tägliches Entsetzen gegen Kohlrübenwasserbrühe.

Aber der,
Der ihnen mehr
Als das letzte Hemd anbot,
Legte den Kopf zurück:
»Grüßt Polen!«
Und war tot,
Als müßt es so sein.

Täglich sind sie am Stacheldraht,
Dem dornigen Gitter.
Links ein Kamerad,
Rechts ein Kamerad,
Aber ein Dritter
Läßt sie nicht allein.

Hasso Grabner: Essenausgabe. In: Michael Moll: Lyrik in einer entmenschlichten Welt. Interpretationsversuche zu deutschsprachigen Gedichten aus nationalsozialistischen Gefängnissen, Ghettos und KZ's. Frankfurt a. M.: R. G. Fischer, 1988. S. V–VII. –

Dietrich Bonhoeffer: »Von guten Mächten« [entstanden 1944]

Von guten Mächten treu und still umgeben,
behütet und getröstet wunderbar,
so will ich diese Tage mit euch leben
und mit euch gehen in ein neues Jahr.

Noch will das alte unsre Herzen quälen,
noch drückt uns böser Tage schwere Last,
ach, Herr, gib unsern aufgescheuchten Seelen
das Heil, für das Du uns bereitet hast.

Und reichst Du uns den schweren Kelch, den bittern
des Leids, gefüllt bis an den höchsten Rand,
so nehmen wir ihn dankbar ohne Zittern
aus Deiner guten und geliebten Hand.

Doch willst Du uns noch einmal Freude schenken
an dieser Welt und ihrer Sonne Glanz,
dann wolln wir des Vergangenen gedenken,
und dann gehört Dir unser Leben ganz.

Laß warm und still die Kerzen heute flammen,
die Du in unsre Dunkelheit gebracht,
führ, wenn es sein kann, wieder uns zusammen.
Wir wissen es, Dein Licht scheint in der Nacht.

Wenn sich die Stille nun tief um uns breitet,
so laß uns hören jenen vollen Klang
der Welt, die unsichtbar sich um uns weitet,
all Deiner Kinder hohen Lobgesang.

Von guten Mächten wunderbar geborgen,
erwarten wir getrost, was kommen mag.
Gott ist mit uns am Abend und am Morgen
und ganz gewiß an jedem neuen Tag.

Dietrich Bonhoeffer: Von guten Mächten. In: D. B.: Auf dem Wege zur Freiheit. Gedichte aus der Haft. Hrsg. von E. Bethge. Berlin: Haus und Schule, [3]1947. S. 36f.

3. Dramatische Formen

RICHARD EURINGER: »Deutsche Passion 1933« [1933, Auszug]

STIMME DES BÖSEN GEISTES *(alltäglicher).*
Ein Narr. Gefährlich. Ein Idiot.
Verspricht den Massen Freiheit, Brot.
Und wo bleibt die Gleichheit? Wo?
Wir senkten Moral- und Wirtschaftsniveau.
Genügt nicht, was sich ereignet?
Wir haben die Reichen enteignet,
den Hausbesitz durch Steuern erdrückt,
die Graden unters Joch gebückt.
Ist das nicht Freiheit, wenn Knaben
schon ihre Kebse haben?!
Im Film läuft jede Schweinerei,
die Unterwelt bekennt sich frei,
die Bestie in Menschengestalt
rauscht durch den Zeitungsblätterwald,
am Bahnhof blüht das Magazin,
Sodom, Gomorra in Berlin!
Genügt nicht, was wir bieten?
Es sind noch Salons zu vermieten.
Der Tanzpalast wird zum Bordell,
zur Unzucht lockt die Reklame grell,
du hältst die Nase zu – ça pue –
die Massenorgie heißt Revue.
(Marktschreierisch.)
Bedarf an Damen! Wir führen aus.
(Hörbar.)
Europa wird ein Freudenhaus.
Export in alle Lande.
(Jahrmarkthaft Guckkasten gesprengt.)
Gefragt ist Rassenschande.

Unterhaltung in Berlin
Zeitungswerbung aus dem SS-Organ
Das Schwarze Korps

Her, schöne Kinder, komm, blonde Frau,
wir prämiieren Modenschau!
Paris, Janeiro, Oslo, Wien!
Die Reizendste wird Königin!
Es winkt die Karriere.
Es stinkt die Premiere.
Weißfuchs, Auto, Villa, Star.
Gute Büsten sind noch rar.
(Immer reeperbahnmäßiger auch im Hintergrund Gedudel.)
Frechheit macht sich noch bezahlt.
Ihr werdet durch die Mühle gemahlt.
(Immer frecher.)
Was da auf zwei Beinen steht,
(Illustriert.)
wird durch die Leinwand hindurchgedreht.
(Tonfilmisch.)
Und zieht der Trick nicht, und wechselt der Gout,
(Kreischen der Weiber.)
so rascheln wir wieder mit Frou-Frou.
(Getingeltangel.)
Wo bitte, wo seht ihr was von Not?
Hier deckt sich Bedarf und Angebot.
Heran die Jüngsten! Wer Sekt geleckt,
der hat den Geist der Zeit geschmeckt.
Und wenn sich nicht jede halten kann,
(Spielbank.)
so kommt doch jede einmal dran.
Dann habt ihr gelebt. Schluß. Schlimmstenfalls.
Umsatz in Massen! Schuß, und knall's!
(Pistolenschuß, Röcheln.)
Die Not ist für die Dummen,
die Keuschen und die Krummen,
die Faden und die Bangern,
die Mütter und die Schwangern.
Drei Tage gelebt! Heut' seid ihr jung!

Morgen dient ihr als Blumendung.
Hängt euch an die Macher!
Drängt euch unter die Lacher!
Die Verzweiflung ins Vorstadtquartier!
(Immer furchtbarer untermalt.)
Was »Volk«! Was »Ehr«! Der Staat sind wir!
Tretet sie unter die Räder!
(Schreie der Zertretenen, Kreischen der entfesselten »Sieger«.)
Minister werden kann jeder!
Am Ellbogen erkennt ihr den Mann,
der das Rennen machen kann.
Es reicht nicht für die Massen.
Hungern oder Prassen?
Schlagt sie knockout! Stampft sie zu Brei!
Wer oben ist, der ist auch frei.
Laßt die Millionen fronen!
Schlürft euren Tag als Drohnen!
Oben ist alles im Überfluß.
Über Leichen zum Genuß!!
Wer schlau ist, dem ist kein Mittel zu schlecht.
Die Toten sind tot. Was »lebt«, hat recht.

DIE MUTTER *(stark)*.
Das ist er! Der hat uns den Sinn berückt.
Der blendet die Massen und macht sie verrückt.
Der tritt die Mütter in den Kot.
Der brachte die Arbeit um ihr Brot.

DER ARBEITSLOSE *(schwächer)*.
Der hat uns obdachlos gemacht.
Der stiehlt uns den Pfennig und protzt in Pracht.
Der warf uns auf die Straßen,
der half die Steuern veraasen.

DES ARBEITSLOSEN WEIB.
Der ist's, der aus Warenhäusern gleißt,
der hockt an der Börse als böser Geist.

Da hilft kein Schaffen und Sparen.
Der frißt uns mit Haut und Haaren.

BAUER *(ruhig)*.
Da gilt kein Schweiß, kein Rackern,
(Sonor.)
der kauft uns aus unsern Ackern,
der hat uns den Wechsel abgepreßt,
der streicht um die Dörfer und säet die Pest.
Der hat uns den Pflug gepfändet,
den Bauern verelendet.

MÄDCHEN.
Der strich der Witwe ihr Rentchen,
der stahl den Waisen ihr Quentchen.
Der hat den Feind ins Land gelockt.
Der hat uns d e n Frieden eingebrockt.

BÖSER GEIST.
Ah! Wirklich? Habt ihr es gestellt,
das Blutgeschwür der siechen Welt?
Seht ihr es? Endlich? Deutlich? Klar?
Wer war es, der euch stach den Star?
Das muß ja ein seltsamer Seher sein!
Gewettet: ich stelle ihm ein Bein!
Greift zu! Ihr habt es in der Hand.
Nun packt es, da ihr es erkannt!
Schlagt ihm mit Fäusten ins Gesicht!
Wie? Oder faßt sich's wieder nicht?
Hat es, nachdem ihr es gewarnt,
sich tausendfältig neu getarnt?
Meckert es durchs Saxophon?
(Von da ab aus einem akustischen Irrgarten von Stimmen.)
Kleckert es ins Mikrophon?
Kichert's aus allen Ecken?
Spielt's mit euch Verstecken?
Wechselt's wie die Mode?
Hetzt es euch zu Tode?

Hier!
        Hier!
                Hier! Da ist es schon!
Neckt's euch aus tausend Gestalten?
Ihr Schlucker, wollt ihr's halten?
Fallt doch übereinander her!
(Stark.)
Einer von euch ist Millionär!
Einer von euch hat mehr als du.
Der ist's. Vorwärts! Packt doch zu!
Der Bauer hat Milch. Der Bauer hat Brot.
Warum schlagt ihr ihn nicht tot?!
Einer von euch ist Fabrikant!
Proleten, stellt ihn doch an die Wand!
Da, der will promovieren!
Da, die sich amüsieren!
Drescht euch doch die Schädel ein!
E i n e r v o n e u c h m u ß s c h u l d i g s e i n!
Da! Der mit der Dornenkron!
(Unheimlich! Ins Phantastische.)
Das Spukgespenst! Der Muttersohn!
Ist das nicht verboten:
stiehlt sich aus den Toten,
die lebendige Reaktion!
(Massenschrei.)
Und ihr jagt sie nicht davon?
Und ihr duldet diesen Trick?
Dreht ihm den Kopf doch ins Genick!
Geißelt ihm die Wunden!
Hetzt ihn doch mit Hunden!
Spickt ihn ans Kreuz und speit ihn an!
Der ist's! Der hat's euch angetan!
(Furchtbarer Aufbruch.)
(Das Rasen entfernt sich in die Ferne.)

HAUPTAKTIONÄR.
Ausgezeichnet, Genosse, famos.

Abgelenkt. Sie rasen los.
Und während es ihm an den Kragen geht,
verschwindet man spurlos ins Aktienpaket.
(Hörbar.)

Richard Euringer: Deutsche Passion 1933. Hörwerk in sechs Sätzen. Oldenburg i. O.: Stalling, 1933. S. 27–31.

Peter Hagen / Hans Jürgen Nierentz: »Wir bauen eine Straße« [1933, Auszug]

SEPPL. Weißt, für wen wir die Straße bauen?
BAUER. Na, für die Automobile aus der Stadt! Für die Herren Touristen und Sommerfrischler!
KLAUS *(lachend)*. Für die nur so nebenbei! Hauptsächlich für den Verkehr aber! So mit Lastwagen ... verstehst?
SEPPL. Und auch für dich, Bauer! Auch für dich bauen wir die Straße! Geh her, Student! Erzähl du's ihm. Du kannst am besten reden!
STUDENT. Ja, Bauer, hör zu!
Bauer, hör zu!

Wir schippen, wir schottern, wir stampfen munter!
Wir kommen gradwegs vom Berg herunter,
Wir bauen aus Teer, Beton und Stein
Die Straße dir mitten ins Dorf hinein.
Vorbei an der Kirche und deinem Haus
Und am anderen Ende wieder hinaus
Und weiter, und weiter, bis in die Stadt,
Wo's die vielen hungrigen Mäuler hat.

Die trinken die Milch von deiner Kuh
Und essen dein braunes Brot dazu!
Die stehen mit lärmumtosten Ohren
In großen Fabriken, in engen Kontoren.
Da wächst kein Halm, da weidet kein Vieh,

Und dreschende Flegel hört man da nie.
Drum brauchen sie dich und deine Weide,
Dein Vieh, deinen Acker, die grüne Heide.
Du mußt sie ernähren, du machst sie satt,
Die hungrigen Mäuler der großen Stadt!

Sie bauen die Pflüge, die Mähmaschinen,
Sie weben Stoffe für Kleid und Gardinen,
Sie schaffen Motore und machen die Zeitung,
Sie bringen dir Licht und elektrische Leitung. –
Sie zahlen dir Butter, Milch und Mehl
Und Speck und Schinken und Leinsamenöl …
Merke dir, Bauer, Land und Stadt
Gehören zusammen wie Stengel und Blatt!

Ich weiß, du saßest im Dorf gefangen
Und konntest nur schwer in die Stadt gelangen.
Die Bahnstation liegt stundenweit weg,
Und der Weg zur Bahn ist fußhoher Dreck.
Du hast geackert und Vieh gezogen
Und wirst um den Lohn deiner Arbeit betrogen …

Doch sieh, unsre Straße ist breit und glatt,
Geht gradewegs durch das Dorf in die Stadt.
Sie angelt die Ferne und zieht sie herbei,
Sie strebt in die Weite und macht dich frei!
Auf ihrem breiten schwingenden Band
Sausen die Lastkraftzüge durchs Land!
Die Straße ist Ader, ist Puls, der drängt
Und das fruchtbare Blut zum Herzen zwängt.
Das Blut des Landes, Bauer, bist du,
Dein Werk, dein Acker, dein Pflug, deine Kuh!
Und unsere Straße aus Teer und Stein
Reißt dich mitten ins Leben des Volkes hinein.
Unsre Adern sind schlaff und wir brauchen das Blut,
Das in Acker und Scholle und Krume ruht!

Wir schippen, wir schottern, wir stampfen und heben!
Wir bauen die Straße, die Straße ins Leben!

Peter Hagen / Hans Jürgen Nierentz: Wir bauen eine Straße. Berlin: Steegeman, 1933. S. 40–43.

Günter Eich: »Radium« [1937, Auszug]

2. SPRECHER. Es sind nun drei Jahre her, daß der Mister George Purvis seine Radiumklinik eröffnet hat. Es wäre an der Zeit, nach den Ergebnissen seines idealistischen Unternehmens zu fragen.

SPRECHERIN. Ich kam einmal an dieser Klinik vorbei. Sie macht den Eindruck der steingewordenen Hygiene.

1. SPRECHER.
Wahrlich, hinter solch weißen Mauern
in Zimmern hell von Licht
kann keine Krankheit von Dauer sein,
und wäre es selbst der Krebs.
Zu seiner Heilung
sind diese Baulichkeiten mit Wiese und altem Baumbestand
eingerichtet von Doktor George Purvis.

2. SPRECHER.
Es ist eine beruhigende
Klarheit um Doktor Purvis,
während er doch, alten Magiern gleich,
heilt mit geheimnisvollem Stoffe, –
dem Strahlenden aus dem Grunde der Erde,
eingefangen in Kapseln, Röhren und Kapillaren.
Selbst die, denen unaufhaltsam
und unrettbar das Fleisch fault und wuchert,
ihnen wächst eine ängstliche Zuversicht im Herzen,
– eine letzte Hoffnung vorm Ende.

1. SPRECHER.
Jauchige Körper voll Verwesung,
in Einzelzimmer gebettet,

umgeben mit erlesener Pflege,
denn sie, die im Gestank der Karzinome dahinsiechen,
und die, die genesen unter den Strahlentrümmern des Radiums,
mit zerfallenen Schößen, zerfallenen Brüsten,
zerfressenem Antlitz, unaufhörlich blutenden –
sie alle in diesem Hause sind gesegnet,
nicht mit Gesundheit, doch mit Geld.

2. SPRECHER.
Ich zweifle nicht daran, daß dem Doktor Purvis
die Tausende zuwachsen wie dem Baume im Frühjahr die Blätter.

SPRECHERIN.
Aber etwas bedrückt ihn.
Denn wenn ich ihn anblicke,
wie er abends vor seinem Schreibtisch sitzt,
aus einem Glase Whisky trinkend,
das Haupt in die Hände gestützt,
so sehe ich, daß Unruhe hinter seiner Stirn ist.
Gern wüßte ich, was er denkt.

PURVIS.
Ich habe eine Klinik errichtet,
mein Erbteil verbraucht für vier Gramm Radium, –
aber wem diene ich damit?
Mit großen Hoffnungen begann ich,
der letzten Seuche der Menschheit wollte ich Kampf ansagen, –
aber wie weit geht in Wahrheit meine Macht?
Einigen Reichen kann ich Linderung schaffen,
vielleicht auch Heilung,
aber der Krebs gedeiht weiter ringsum in den Ländern der Erde.
Die Krankenhäuser haben nicht genug Radium, weil Radium zu teuer ist,
das Gramm kostet 600000 Mark,
Radium ist ein Heilmittel nur für reiche Leute.

Die Armen müssen sterben, weil sonst die Produzenten ihre Kosten nicht decken.
Das ist es, was mich bedrückt.
Mich interessiert nicht Lord Blackpool und Lady Riverzide,
auch bin ich kein tränenseliger Apostel des sozialistischen Mitleids,
aber mein Ehrgeiz ist es,
den Radiumwucherern
aus den Händen die Macht zu entreißen,
den Kaufleuten, die den Kampf sabotieren,
den Kampf gegen die Seuche unseres Jahrhunderts.
Aber welches Ding
wäre gleich mächtig dem Strahlenden?
Ach, an Fleiß,
an durchwachten Nächten wird es nicht fehlen,
aber wird mir die Gnade
teilhaftig sein,
es zu finden?
(Pause.)

SPRECHER. Während George Purvis den Gedanken hegt, das heilige Lebensrecht der Radiumindustrie anzutasten – ein häßlicher und verdammenswerter Vorsatz! –, hat sich das Gewölk über dem bedauernswerten Mister Cormick aus USA bereits zusammengezogen. Jahrelang hat er den Radiumpreis diktiert, jetzt ist er gezwungen, mit seinem mächtigeren Konkurrenten Cynac zu verhandeln. In dieser Auseinandersetzung, einer Art Boxkampf im Wirtschaftlichen, muß bereits vor Beginn festgestellt werden, daß Cynac gewaltige Vorteile hat: Besseres Stehvermögen, mehr Luft, er ist auf Distanz wie im Nahkampf überlegen. Den ersten wirkungsvollen Schlag konnte er anbringen, indem er Cormick durch die Werkanlagen fuhrte. Wir wollen einen Ausschnitt bringen aus der zweiten, bereits entscheidenden Runde.
(Gong.)

CORMICK. Lassen Sie mich, Herr Cynac, unsere Bewunderung aussprechen für das, was wir gesehen haben. Es beeindruckt uns um so mehr, als es uns eine Ahnung von Ihren Reserven vermittelt. Ihr Werk besitzt, wie Sie selbst sagen, eine jährliche Produktionskapazität von 100 Gramm. Die unsere beträgt bestenfalls 20. Ihre Radiumvorräte im Kongo werden mit 1000 Gramm angenommen.

CYNAC. Optimistische Schätzungen.

CORMICK. Wir hingegen haben bestenfalls noch 120 Gramm. Das heißt, daß wir nur mehr ein halbes Jahrzehnt existieren. Alles, was wir heute bereden und beschließen, bezieht sich also zwangsläufig nur auf das nächste halbe Jahrzehnt. 1930 sind Sie längst und ohne alles Zutun Alleinherrscher in der Radiumproduktion. Wir kommen demnach mit dem Vorschlag zu Ihnen, mit uns ein Arrangement zu treffen, das es uns ermöglicht, unsere augenblicklichen Vorräte, die verschwindend sind, zu verkaufen und unsere Reserven, die den Ihren gegenüber gleichfalls nicht ins Gewicht fallen, aufzuarbeiten.

CYNAC. Und wie sehen Ihre Vorschläge aus, wenn Sie sie konkret fassen?

CORMICK. Sie verpflichten sich, den amerikanischen Radiumpreis nicht zu unterbieten, also bei 70000 Dollar für das Gramm zu bleiben, und Sie beschränken ferner Ihre Produktion für die nächsten fünf Jahre so weit, daß wir unsere Reserven aufarbeiten können. Dafür zahlen wir für jedes verkaufte Gramm noch eine besondere Prämie an Sie.

CYNAC. Das ist ganz ausgeschlossen, denn Sie würden in diesen fünf Jahren allein jährlich 20 Gramm produzieren.

CORMICK. Dann erstrecken wir die Frist auf zehn Jahre und wir verpflichten uns, jährlich nur 10 Gramm zu produzieren.

CYNAC. Ich kann auch eine zehnjährige Frist nicht akzeptieren. Das amerikanische Radium wäre noch immer eine zu große Konkurrenz für das belgische. Auch wenn Sie eine Frist von 15 Jahren vorschlagen, muß ich ablehnen. Denn Sie lassen die Absatzverhältnisse ganz außer acht. Denken Sie daran, daß Sie nicht ein Gramm verkauft haben, obwohl Sie den Preis von 120000 Dollar auf 70000 Dollar herabgesetzt haben.

CORMICK. Das kommt daher, weil die Leute schon vom Kongo-Radium wußten und mit einer weiteren Verbilligung rechneten.

CYNAC. In welchem Verhältnis, glauben Sie, stünden die von Ihnen erwarteten Käufe zu unserer beiderseitigen Produktionskapazität?

CORMICK. Wir können unsere Betrachtungen nicht lediglich zwischen den Produktions- und bisherigen Absatzzahlen abwickeln. Wir müssen mehr an die Welt denken, die zweifellos vor einem nie dagewesenen Aufschwung steht. Das ist auch für das Radium nicht gleichgültig. Vermögen wir die breitesten Kreise, die Regierungen und die Fachkörperschaften und vor allem auch die zurückgebliebenen Länder hinreichend aufzuklären, dann werden wir Zeiten erleben, in denen wir den Bedarf nicht werden decken können.

CYNAC. Ich bitte Sie, konkret zu bleiben. Angenommen, der Bedarf an Radium stiege ins Utopische, er stiege auf jährlich 100 Gramm, das wäre mehr als das Zehnfache des durchschnittlichen Vorkriegsbedarfs, würde ich dann nicht noch immer in der Lage sein, ihn allein zu decken? Aber meiner Schätzung nach wird der Bedarf in den nächsten Jahren kaum über 20 Gramm hinausgehen. Wird jedoch der Preis nicht gesenkt, dann wird der Absatz gleich Null sein.

CORMICK. Auch für Sie wird eine Herabsetzung des Preises unter 70000 Dollar nicht tragbar sein.

CYNAC. Sie ist es noch mit 40000. Aber wie stellen Sie sich meine Kalkulation vor, wenn ich mit einem Unternehmen, dessen Kapazität 100 Gramm ist, nur zehn produzieren soll? Ich muß darauf bedacht sein, die Produktion meines Werkes so sehr als möglich seiner Kapazität zu nähern. Ich werde also immer das Höchstausmaß dessen produzieren, was absetzbar ist. Da ich den Absatz von der Preisbildung abhängig sehe, werde ich den Preis fürs nächste mit 50000 Dollar, vielleicht mit 40000 ansetzen. Wenn das Bedingungen sind, unter denen es Ihnen unmöglich ist zu produzieren, stelle ich Ihnen anheim, Ihre Erzeugnisse aufzugeben und sich als amerikanische Vertriebsgesellschaft für das belgische Radium zu etablieren.

CORMICK. Mister Cynac, Sie benehmen sich nicht wie ein Kaufmann, sondern wie ein Scharfrichter. Sie richten eine ganze Industrie zugrunde, um nachher, wenn der Abgrund uns verschlungen hat, zu noch größeren Profiten aufzusteigen. Sie werden noch ganz andere Preise verlangen, als wir Ihnen vorgeschlagen haben.

CYNAC. Ich halte es auch vor der leidenden Menschheit für unverantwortlich, Ihre Preispolitik mitzumachen.

CORMICK *(in ein wildes hysterisches Gelächter ausbrechend).* Vor der leidenden Menschheit? Sie sprechen von der leidenden Menschheit? *(Sein irres Gelächter entfernt sich.)*

CYNAC. Der Herr hat seinen Hut vergessen. Bringen Sie ihm seinen Hut nach! Daß manche Menschen so vergeßlich sind!

(Gong.)

SPRECHER. Als Sieger aus dem Ring zurückkehrend, erhält Cynac von einem Zuschauer, dem undisziplinierten und unfairen Doktor Purvis, hinterrücks einen schweren Schlag, von dem er sich nie wieder recht erholt.

SPRECHERIN. Echo de Bruxelles meldet aus London: »Radium wird überflüssig. In der gestrigen Sitzung der Gesellschaft der Ärzte demonstrierte der bekannte Radiologe Dr. George Purvis neuartige Röntgenröhren, die einen Umschwung in der Strahlentherapie herbeiführen werden. Es handelt sich dabei um besondere Konstruktionen, die es einesteils ermöglichen, die Röhren bis dicht an die Haut heranzubringen, ja selbst in Körperhöhlen zu versenken, und die andererseits die Röhren mit einem besonderen kombinierten Hochspannungs- und Strahlenschutz versehen, so daß auch nach dieser Seite eine Anwendung der Röntgenstrahlen unter physikalisch-technischen Bedingungen garantiert ist, die den bei der Radiumapplikation gegebenen fast gleichkommen. Wenn nicht alles täuscht, dürfte durch diese neuen Konstruktionen das so kostbare Radium über kurz oder lang seine dominierende Stellung in der Strahlentherapie des Krebses einbüßen, da es durch die unvergleichlich billigeren Röntgenröhren nun voll ersetzt werden kann.«

Günter Eich: Radium. Nach Motiven des Romans von Rudolf Brunngraber (1937/1951). In: G. E.: Gesammelte Werke in vier Bänden. Rev. Ausg. Bd. 2: Die Hörspiele 1. Hrsg. von Karl Karst. Frankfurt a. M.: Suhrkamp, 1991. S. 174–179. –

Peter Huchel: »Margarethe Minde« [1939, Auszug]

GRETE *(einfach – ohne Pathos).*
[…]
O schöner Fluß, voll Abendtau ist alles!
Die Reuse glänzt im Schilf, die Fische springen!
Und dort am Weidenpfahl hängt auch das Eisen,
An das man mit dem Klöppel schlagen muß,
Soll schnell die Fähre kommen.
(Sie schlägt an das Eisen und ruft.)
Hol – – – über!
(Pause.)
Nun stößt der Kahn vom andern Ufer ab.
Der Fährmann winkt, sein Ruder rauscht im Wasser.
(Leise.)
Das alles sah ich schon im Traum. Und mit

Den Augen meines Vaters schauend, wenn nachts
Am Feuer er von Tangermünde sprach.
Oft hat er auf des Wagens Plache mir
Mit schwarz verkohltem Holz die Stadt gezeichnet:
Die Mauern, Häuser, Türme und das Tor.
Der Regen wusch die Asche wieder ab;
Mir aber blieb im Herzen treu das Bild.
(Die Fähre rauscht näher.)

FÄHRMANN *(schimpft).*
Verdammter Schlamm!
(Wasserschläge.)
Verdammter Schlick und Modder!
(Wasserschläge.)

GRETE *(lachend).*
Was schimpft Ihr so? Wollt Ihr das Wasser schlagen?

FÄHRMANN.
Der Teufel ziehe diese Fähre schneller!
(Ketten klirren.)
Da, nimm die Stange und stak selber ab!
Ich bin ein alter Mann mit müden Knochen!

GRETE.
Ich stake gern. Gebt her!
(Ketten klirren. Wasserschläge. Die Fähre fährt.)
Das klare Wasser!
Im Sand dort unten schimmert es wie Silber.

FÄHRMANN *(lacht böse).*
Spring doch hinab und hol dir alles Silber!
Mit deinem Tuch, wie es Zigeuner tragen!
Tauch doch durchs grüne und durchs faule Wasser!
Nachts speit es Schlamm und tote Fische aus,
Seit dort in Tangermünd' das Pack regiert!

GRETE *(erschrocken).*
Verachtet Ihr die Menschen dieser Stadt?

FÄHRMANN.
Was kümmert mich die Brut dort drüben!
(Wasserschläge.)

Die Fähre ist mein Weib, mein Sohn der Hecht,
Der nachts im Wasser raubt. Mit kühlem Haar
Winkt mir die Alge aus dem Fluß. Ich nenn'
Sie Tochter, wenn mein Ruder sie berührt.
(Wasserschlag.)
Komm, kühle Tochter, laß das Haar dir kämmen!
Komm, kleiner Sohn, ich füttre dich mit Fischen!
(Wasserschlag.)
Mir wäre wohler, wär' ich erst bei euch!
Pfui Teufel! dieses Leben hier im Licht,
Wo Krähen hadern, Möwen kreischen!

GRETE. Hört auf!
(Pause.)
Ihr wohnt schon lange hier am Fluß?

FÄHRMANN. Seit mehr
Als vierzig Jahren sitz' ich hier am Schilf
Und knüpfe Reusen noch mit gicht'gen Fingern
Und schlage mich herum mit Wind und Hagel!
(Leise.)
Nachts schlaf' ich auf der schwarzen Fähre hier.
Dann plagt es mich, das wirre, fremde Leben,
Dann spüre ich ein Grauen, ahne ich's
Voraus!
(Wasserschläge.)
Was starrt Ihr so?

FÄHRMANN *(unheimlich).* Das Feuer dort!

GRETE.
Beim Himmel! Nirgends kann ich Feuer sehn!

FÄHRMANN.
Noch niemals sah ich solche Abendglut,
Wie Feuer liegt es über allen Dächern!
(Glocken beginnen zu läuten.)

GRETE *(leise).*
Die Abendglocken! Heilig grüßt die Stadt!

FÄHRMANN.
Die Glocken läuten, und sie wissen viel.

(Wasserschläge. Die Fähre landet. Ketten klirren. Abendgeläut bleibt im Hintergrund.)

GRETE *(leise).*

O Gott!

FÄHRMANN. Was kramst du da in deinem Bündel?

GRETE *(verlegen).*

Ich kann Euch heut kein Fährgeld geben.
Doch morgen bringe ich bestimmt drei Gulden!

FÄHRMANN.

Die Gulden möcht' ich sehn! – Geh nur! Ich fordre nichts.
(Pause. Leise, unheimlich.)
Sie geht durchs Tor. – Was kümmert mich die Stadt!
(Glockengeläut ganz laut. Dann langsam ausblenden.)

Peter Huchel: Margarethe Minde. Eine Dichtung für den Rundfunk (1939). In: P. H.: Gesammelte Werke in zwei Bänden. Hrsg. von Axel Vieregg. Bd. 2: Vermischte Schriften. Frankfurt a. M.: Suhrkamp, 1984. S. 45–48. – © 1984 Suhrkamp Verlag, Frankfurt am Main.

Hanns Johst: »Schlageter« [1933, Auszug]

SCHLAGETER. Wir sind unter vier Augen ... Sie sagten, als väterlicher Freund stünden Sie hier. Ich nehme Sie beim Wort: Was täten Sie in meiner Lage? Jung, radikal und gläubig?

EXZELLENZ. Viel verlangt, mich in Ihre Lage zu versetzen. Ich bin alt, abgekämpft und skeptisch.

Schlageter: Der historische (Albert Leo) Sch. gehörte in der Weimarer Republik zum politisch rechtsextremen Spektrum ehemaliger Frontsoldaten, die die sog. »Ruhrbesetzung« durch frz. und belg. Truppen (1923–25) gewaltsam zu sabotieren versuchten. 1923 wurde Sch. von den Besatzern gefaßt und zum Tode verurteilt.

Exzellenz: ein im Stück namentlich nicht näher bezeichneter *General X* der dt. Reichswehr.

Hanns Johst (l.) und Gustav Gründgens bei einem Empfang in der Reichskanzlei (1939)

SCHLAGETER. Darf ich sprechen, wie mir es ums Herz ist?
EXZELLENZ. Ich bitte darum.
SCHLAGETER. Darf ich um Neutralität bitten?
EXZELLENZ. Mit Vorbehalt!
SCHLAGETER. Und dennoch! Offenheit gegen diese Reserve: Ich frage Sie klar und endgültig: ist es nicht geradezu notwendig, daß im besetzten Gebiet einige Exzesse stattfinden? Einmarsch und völlige Ruhe – sähe das nicht verdammt nach geglücktem Unternehmen aus? Der passive Widerstand ist ein Entschluß des grünen Tisches … Gut …

gut … auf diplomatischer Ebene. Aber das Temperament muß dazu kommen. Das Leben ist immer und überall mehr als ein Schachspiel … Zu dem Ausgeklügelten, Überdachten muß …

EXZELLENZ. Das Unbedachte stoßen …?

SCHLAGETER. Ja, das Unbedachte! Der Gefühlsimpuls!! Und wenn wir Sprengungen aufziehen, so handeln wir impulsiv. Meine Frage: Ist dieser Impuls für Sie, Exzellenz, als Deutscher, verständlich?

EXZELLENZ. Das ist eine Doktorfrage.

SCHLAGETER. Eine Gewissensfrage!

EXZELLENZ *(schweigt).*

SCHLAGETER. Antworten Sie!

EXZELLENZ *(schweigt).*

SCHLAGETER. Ich bitte in Ihnen den väterlichen Freund!

EXZELLENZ. Schwer, eine Antwort zu finden …

SCHLAGETER. Notwendig, zu suchen! Suchen Sie aber an der richtigen Stelle … in Ihrem Herzen, Exzellenz!

EXZELLENZ. Geben Sie mir Ihr Wort, daß Sie meine Antwort als meine Privatäußerung verstehen?

SCHLAGETER. Mir liegt an Ihrem ganz persönlichen Entscheid.

EXZELLENZ. Gott verzeih mir! … Gut oder böse, richtig oder falsch, ich würde mit dreißig Jahren zu euch stehen!!

SCHLAGETER. Dank, Exzellenz!

EXZELLENZ. Und nun?

SCHLAGETER. Ich wollte nicht mitmachen. Ich wollte abraten. Ich vermutete bei der derzeitigen Regierung trotz allem ein geheimes Programm, einen aktiven Willen … so etwas Ähnliches! Exzellenz … Sie hätten es in diesem Augenblick preisgegeben … Sie hätten gesagt: Schlageter, Ihre Hand! Tun Sie nicht mit! Diese kleine Tat, die Sie da im Auge haben, gefährdet die große, die wir Alten im Auge haben. Zügelt euch, geduldet euch ein wenig! Wir sind eure Kameraden!! …

Aber nichts von dem ...
Das gute Gewissen des Reiches, Exzellenz, schlägt heute nur in Revolutionären!

EXZELLENZ. Sie gehen zu weit.

SCHLAGETER. Sie treten am Ort ... auf dem Boden der Tatsache!
Sie gestanden mir, daß Sie die Aktion der Freischärler verstehen, und ich werde Ihnen dieses Eingeständnis danken, solange ich atme!
Aber tauschen, Exzellenz, tauschen möchte ich nie. Es muß fürchterlich sein, als alter Mann der Jugend nur unter vier Augen ehrlich begegnen zu können!!
Ich habe die Ehre! *(Will ab.)*

EXZELLENZ. Halt, Schlageter! Auf ein Wort!
Was verstehen Sie von jener Pflicht, der ich mein ganzes Leben unterstellte? Ich bin kein Politiker. Ich habe Zeit meines Lebens die Gesetze nicht geschrieben, denen ich gehorchte!

SCHLAGETER. Ich hoffe, Sie haben sie gelesen, ehe Sie sie unterschrieben!

EXZELLENZ. Man kann als einzelner ...

SCHLAGETER. Alles!!

Hanns Johst: Schlageter. Schauspiel. München: Langen-Müller, 1933. S. 68–71.

Eberhard Wolfgang Möller: »Das Frankenburger Würfelspiel« [1936, Auszug]

DER VON HERBERSDORF
Nun? Schweigt der Himmel eurer Zuversicht?
Dann bleibt es so, wie ich es sage: Laßt

Frankenburger Würfelspiel: Das historische F. W. fand am 15. Mai 1625 – im Kontext der Gegenreformation – in Frankenburg (Oberösterr.) statt, bei dem 38 angesehene Vertreter der ansässigen Bauernschaft um ihr Le-

die sechsunddreißig um ihr Leben würfeln!
Legt einen Mantel aus, bringt Becher her;
und wem der Himmel gnädig ist, der soll
von meinetwegen auch begnadigt sein.
Die anderen aber, die zu wenig werfen,
die mögen mir das nicht zum Vorwurf machen.
Ihr Hals ist reif, ihr Leben ist verspielt,
und kein Erbarmen rettet sie.
(Ein schwarzer Mantel wird ausgebreitet und ein Paar großer Würfel gebracht.)
[…]

DER HAUPTMANN. Beginnt!

DER CHOR.
Welch ein Beginnen,
ihr Richter, ihr Richter!
Steht kein Gerechter auf?
Schlichtet kein Schlichter
dieses verderbliche
Spiel der Gewalten?
Zwingt nichts den Rasenden
innezuhalten?
Stürzt nicht der Himmel ein
über dem Spötter?
Ach, wo verbergt ihr euch,
ewige Götter?
Ach, wo verbirgst du dich,
himmlischer Rächer?
Um deinen Mantel schon
würfeln die Schächer.
Wenn du dich ihnen nicht

---

ben würfeln mußten. Initiator des »Spieles« war der Statthalter Oberösterreichs, Graf Adam von Herbersdorf (1585–1629), der mit der Aktion ein Exempel statuieren wollte: In Frankenburg hatte man sich der Einsetzung eines kathol. Geistlichen widersetzt. Herbersdorfs Strafmaßnahme wurde zum Auslöser des allg. Bauernaufstands in Oberösterreich.

herrlicher zeigst,
werden die Steine schrein,
während du schweigst.

GEORG PREINER *(würfelt).*

EINE STIMME.
Der erste wirft.

DER CHOR. Was wirft er?

DER HAUPTMANN. Neun.

EINE STIMME. Der zweite
faßt nach dem Becher, schließt die Augen, wirft.

GEORG PREINER.
O meine Kinder!

DER HAUPTMANN. Zehn.

DER CHOR. Wie sehr geringe
ist doch die Spalte zwischen Tod und Leben,
daß sie ein kleiner blinder Würfel schließt.
[…]

DER HAUPTMANN. Fort!
Die Reihe ist an dir.

WOLF FÜRST. Nein.

DER HAUPTMANN. Sperr dich nicht!

WOLF FÜRST.
Ich kann nicht. Großer Gott, ich kann doch nicht.
Ich habe Angst. Ich möchte leben bleiben.

DER HAUPTMANN.
So wirft der andere zuerst. Mach zu!
(Ein anderer wirft.)
Und würfelt elf. Die Aussicht ist gering,
doch wenn du Glück hast, kannst du noch gewinnen.

WOLF FÜRST.
Barmherzigkeit! Gewinnen? Was gewinne
ich denn, wenn ich gewinne, was ich habe?
Ich lebe doch. Ich lebe noch. Ich lebe!
Ach, wenn ihr wüßtet, was das Leben ist.

DER CHOR.
Faß dir ein Herz. Noch hast du nicht verspielt.

DER HAUPTMANN.
Da ist der Becher.
EINE FRAUENSTIMME. Nimm und würfle zwölf!
Ich will dir beistehn. Meine Seele steigt
zu dir hinab und dreht den Würfel um.
WOLF FÜRST *(nimmt mit zitternden Händen den Becher).*
Den Würfel um? Und wenn – und wenn er nicht?
Er brennt, er brennt mir in den Fingern.
(Er wirft den Becher hin.)
DER HAUPTMANN. Schafft
ihn weg! Er hat den Mut verloren. Wer
den Mut verliert, der gibt sich selber auf.
WOLF FÜRST *(wehrt sich).*
Ihr Mörder! Mörder!
MICHAEL PAUR. Frödl, komm! Wir haben
zusammen manches gute Spiel gemacht,
wir werden auch ein übles machen können.
HANS FRÖDL.
Wirfst du zuerst?
MICHAEL PAUR. Nein, du! Ich wäre leicht
zu hastig für den Anfang, doch man kann
im Unglück alles, was man ist, vergessen,
nur eines nicht. Das ist die Würde, Frödl.
Wer sich vergibt, gibt seinen Feinden recht.
Doch wer die andern glauben macht, es wäre,
was sie verhängen, unser eigner Wille,
vor dem sind sie verlegen und bestürzt.
Sie sehn, daß ihre Macht zu Ende ist,
und ihre Bosheit fällt auf sie zurück.
HANS FRÖDL *(würfelt).*
Ich werfe – zwei.
MICHAEL PAUR *(würfelt).*
Und – zwei hab' ich geworfen.
DER CHOR.
Sie werfen beide zwei. Was soll nun werden?

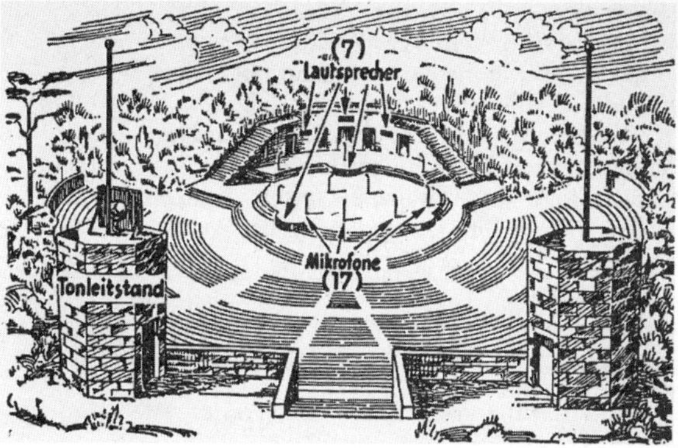

Heidelberger Thingstätte »Heiligenberg«
Schema der Schallanlage, 1935

HANS FRÖDL.
Noch einmal?
DER CHOR. Nicht!
DER HAUPTMANN. Noch einmal!
MICHAEL PAUR. Nein. Wir wollen
Gott nicht zum zweitenmal entscheiden lassen,
wenn er schon einmal klar entschieden hat.
Das hieße an den Zufall glauben, doch
der Zufall hat uns nicht hierhergeführt,
der Zufall kann uns nicht zugrunde richten.
Wir sterben beide in der Zuversicht,
daß wir vergebens weiterleben würden,
wenn wir nur lebten, um im Bett zu sterben.
Das aber war das Ziel, zu dem wir wollten.
Wenn man uns an die Kirchturmspitzen hängt,
so werden wir Laternen sein, die noch
den Enkeln in der Nacht des Zweifels leuchten.

Wir werden Fahnen sein, die nie zerreißen,
und die sie hißten, werden staunend stehn
und sie, für immerdar beschämt, mit heißen
und reuevollen Stirnen wehen sehn.
Die Zukunft wird sich einst an uns entflammen,
und wie kein Glaube ohne Opfer hält,
so werden wir noch die, die uns verdammen,
durch unser Blut versöhnen mit der Welt.

Eberhard Wolfgang Möller: Das Frankenburger Würfelspiel. Berlin: Langen-Müller (Theaterverlag), 1936. S. 49–56.

Curt Langenbeck: »Der Hochverräter« [1938, Auszug]

LEISLER.
[…] – Nun widerruft Ihr?
NICOLLS.
Ich halt mich ans gesetzlich Richtige und nicht
An Eure Meinung, gleich, wie liebenswert sie sei.
Ihr wurdet nicht ernannt. Ich widerrufe nicht.
LEISLER.
So will ich pflichtgemäß Euch zur Erinnrung bringen,
Was Ihr, bevor der hochverräterische Brief
Euch aus der Feder troff, verbrochen habt, obwohl
Ihr Euch so trefflich auskennt in Gesetz und Recht.
NICOLLS.
Nur immer fröhlich hergezählt, Herr Leisler! Gern
Hör ich aus Eurem Munde, was mich lobt, nicht tadelt!

Leisler: Historisches Vorbild ist Jakob L., deutschstämmiger Wahlamerikaner, der Ende des 17. Jh.s in New York einen Aufstand gegen den städtischen Vertreter der englischen Krone anführte. Der Aufstand scheiterte; auf Betreiben der Kolonialaristokratie (zu ihnen zählt der in der Szene auftretende »Nicolls«) wurde L. 1691 hingerichtet.

LEISLER.
Den Beitrag zur Befestigung der Stadt habt Ihr
Verweigert. Waffendienst zu leisten in der Festung,
Wie jeder andre Bürger: auch verweigert. Aber
Die Schufte Euresgleichen und die schwachen Herzen
Habt Ihr gehetzt, Euch gleich zu tun. – Wohlüberlegtes
Verbot, den Mohawks und den Irokesen Branntwein
Und Waffen zu verkaufen, habt Ihr schlau umschlichen
Und sehr viel Geld gemacht dabei. – Mein deutliches
Ersuchen, aus den Niederlanden oder England
Keine verschuldeten und kranken Existenzen
Mit lächerlich verlogenen Versprechungen
Herbeizulocken, habt Ihr ganz mißachtet, denn
Ihr konntet solche Kerle über dreißig Jahre
Und länger Euch zur Zwangsarbeit verschreiben! billig!
Ich aber will den Stand der Freiheitlosen nicht
In unsrer Kolonie! – Zu allem seid Ihr ein
Verächter unsres lutherischen Glaubens, und
Von jeher waren Gottesfeinde Landesfeinde.
Genug. – Ihr wollt auch jetzt nicht widerrufen, Nicolls?

NICOLLS.
Wer sehn und denken kann, braucht nicht zu glauben,
Leisler.
Ich denke, daß Ihr von Verfügungen gesprochen,
Die uns ein Mann, der nicht ermächtigt war, gemacht hat.
Was nicht in Geltung ist, kann nicht mißachtet werden.
Der König selbst denkt auch nicht anders. *(Stille.)*

LEISLER *(weg von ihm).* Ihr seid frech.

NICOLLS.
Wenn Ihr Euch selbst verwunden wollt, strebt nur so
weiter!
Es ist recht sonderbar, daß in so langer Zeit
Der König Euch mit keinem Zeichen seiner Gnade
Und Anerkennung überraschte, denn Ihr sandtet
Gewiß schon manchen Brief dem Herrscher auf den Hals,
Um Eure – selbständige Arbeit zu erklären.

LEISLER.
Der König hegt die halbe Welt in sich! Mir soll's
Genügen, wenn sein Gouverneur mein Werk erkennt
Und billigt, wie er muß! Euch will ich bändigen,
Die feinen, heimtückischen Herrn, die uns den Schatz
Des Werdens schänden und im Glück der Zukunft wühlen!
Wer Geld bringt und Bequemlichkeit, der kommt Euch recht!
Ich aber bin beauftragt, recht zu tun im Ganzen
Und stark zu halten gegen Eure Gier die Stadt!

NICOLLS.
Ich lenke mein Geschäft im Flusse des Erfolgs,
Und Weltverachtung steuert mein geschätztes Schiff.

LEISLER.
Das seh ich, seh's mit Abscheu! Aber, Nicolls, nicht
In diesem Zeichen soll die neue Welt erwachsen,
Im Zeichen dieses hündischen Erfolges nicht!
Denn sie soll gut sein! Von Europas Lastern frei!
Das ist die Absicht! Ihr gehören Leid und Willen!
Und was wir wirken, muß der König anerkennen,
So wie er Euch, das Gift an guter Wurzel, zornig
Vernichten wird!

NICOLLS. Unschuldiges Vertrauen, von
Der Unerfahrenheit zum Riesen aufgeblasen!
Ich kann nicht sagen, wie ich soviel Bravheit hasse,
Die in der Bude der verlognen Gottesfurcht
Sich selbstgefällig eingenistet hat und prahlend
Das Gute will! Pfui Teufel! Pfui! Der Mensch ist schlecht!
Erbärmlich schlecht ist seine Welt! Das sollt Ihr merken!
Versucht nur weiter, gut zu sein und recht zu tun,
So kann's Euch am Verderben schlechterdings nicht fehlen!
Der Hohn des Siegers schallt Euch in die Grube nach,
Und die Erkenntnis Eurer biedren Narrheit, wenn
Sie nur erst nackt und schamlos sich Euch vorgestellt,

Fährt spurlos mit Euch ab in den verfluchten Sarg
»Vergangenheit«, wo sich die eklen Trümmer häufen,
Von Menschentieren, die noch leben, aufgeputzt,
Weil niemand wagt, ins Nichts der Nichtigkeit zu fallen!
Was noch zu allgemeinen Lebens Würze, Leisler?! –
Ihr habt Euch Macht genommen; und ich habe Zeit.

LEISLER.
Das ist verzweifeltes Geschwätz. Ich kann's nicht achten.
Vergeblich habt Ihr Euch gespannt, mein Werk zu stören.
Des Königs Urteil über mich könnt Ihr nicht ändern.
Wenn das Gesetz zuweilen irrt, bleibt doch dem Recht
Die Wahrheit, die – ich fühl es gut – nicht mit dem Irrtum
Aus gleicher Wurzel stammt; und ihr, der Wahrheit, trau ich.

NICOLLS.
Ich aber lasse die Gesetze wirken, weil
Sie schlecht sind, denn sie sind gemacht von schlechten Menschen.
Und wenn Gesetze nichts an Euch verbrechen, Leisler,
Will ich's nicht sein, der Euch mit listiger Gewalt
Zu Ende bringt.

LEISLER. Gefesselt steht der Bursch. Gefängnis
Erwartet ihn, und er verhandelt mir mein Ende.
Ich glaub, da endet Narrheit, und des Frevels Knechte,
Die Mörder treuen Sinns und aufrichtiger Herzen,
Beginnen ihr verdammtes Spiel – Erbärmlich, Nicolls,
Daß Ihr so wütend haßt, nur weil ein Mädchen Euch
Gottlob verweigert wurde!

NICOLLS. Nicht doch, bester Mann!
Ihr habt mich vor der einzgen Torheit meines Lebens,
Das selbst, wie Eures auch, die größte Torheit ist,
Glücklich bewahrt! – Weil eine sanfte Seele mir
Entging, sollt ich verzweifeln? Nein, Herr Leisler, nein!
Verzweiflung lohnt sich nicht! nur kühles Rechnen lohnt sich!

LEISLER.
Nun, so verschont mich mit so lohnender Berechnung,
Und rechnet Euch, wohin Ihr leidlich paßt: zur Hölle!

NICOLLS.
Es wär ganz wider meine Art und Einsicht, wollt ich
Den Herrn Gefängnismeister, Euch, verschonen mit
Höchst ausgereiften Früchten sicherer Erkenntnis!
Die Menschen sind's nicht wert, in einer guten Welt
Zu sein, und können's nicht! Ach, Leisler, hehres Tier,
Das sich mit dickem Schädel einen Götzen abtrotzt,
Weil seine Väter auch nicht viel gescheiter waren –

LEISLER.
Schweig, unsinniges Laster! Deine Wut verschleimt
Die Seele mir, die über Dich erhaben war!

NICOLLS.
Ich treibe nur mit Mitteln, die schon immer üblich
Gewesen sind, mein lohnendes Geschäft, und sehe,
Daß »Gott« geschehn läßt, was geschehen will, und sehe,
Daß alles noch weit schlechter und gemeiner ist,
Als ich in meiner kältsten Stunde denken konnte!
Ihr sollt mir das Exempel sein, mein »guter« Leisler!
Erhabne Seele! Herziges Gemüt! Ha, welch
Ein Mann! – Am Ende aber über allen – Nacht!
Nur über Nicolls nicht, der Gott und Recht verleugnet
Und diese neue Welt verdorben finden wird,
Noch eh sie recht ins Werden kam! Mit Gott,
Herr Leisler!
Und all dies sag ich nur, weil wir hier ohne Zeugen,
Drum voreinander machtlos sind in bester Laune!

Curt Langenbeck: Der Hochverräter. Tragisches Schauspiel. München: Langen-Müller, 1938. S. 14–19.

GERHART HAUPTMANN: »Elektra« [entstanden 1944, Auszug]

ELEKTRA.
Ich habe keine Mutter.
KLYTÄMNESTRA. Sieh mich an
und zittre im Gehorsam! Du begehrst
und bäumst vergeblich wider mich dich auf.
Und so, nicht anders, sprech' ich auch zu dir,
Orestes: du sollst König sein, ich will's!
AIGISTH.
Was sprichst du da: ein König, dieser Fant?
dies Bübchen auf dem Stuhle Agamemnons?
Gelächter fällt bei solchem Spaß mich an.
Ihm ziemt die Rute, und er soll sie haben.
PYLADES *(durchbohrt Aigisth mit dem Schwert).*
KLYTÄMNESTRA *(hat nicht begriffen, was geschehen ist).*
Nicht so, nicht so! Aigisth, laß deinen Jähzorn!
Voreilig ist er: Manches schwere Unglück
hat er uns schon gebracht. Versöhne dich
mit dem dir fremden Blut um meinetwillen,
und, bin ich Mutter, fühle du als Vater!
AIGISTH.
Ich will's.
KLYTÄMNESTRA. Was ist dir?
AIGISTH. Nichts.
KLYTÄMNESTRA. Dein Auge blickt
so seltsam.
AIGISTH. Weißt du etwas in der Welt,
das nicht so wäre?
KLYTÄMNESTRA. Nein! allein was soll
die Frage?
AIGISTH. Wasser! Denn mich quält der Durst.
KLYTÄMNESTRA.
Durst? Durst? Was ist dir?
AIGISTH. Siehst du denn nicht, Weib,

wie mich der schwarze Zeus so seltsam anblickt
und auch die Kore?

KLYTÄMNESTRA. Nein, ich sehe nichts.

ELEKTRA.
Recht hat dein Buhle: sieh genauer zu,
du ewig blinde Mutter.

AIGISTH. Seltsam ist
der heilige Augenblick, wo man allein ist.

KLYTÄMNESTRA.
Ich bin bei dir, und du bist nicht allein.

AIGISTH.
Es ist hier eine blutige Tat getan:
Wer tat sie und wen traf sie? Sagt es mir!

KLYTÄMNESTRA.
Wir wissen nichts von einer blutigen Tat.

PYLADES.
O doch, ich weiß davon!

AIGISTH. Nichts weißt du, Bursch.
Dort steht die Wissende, ein grauses Weib –
ein anderes, urgewaltig, ungeheuer –
ein drittes, ganz unfaßbar riesenhaft:
wer diese drei gesehn, trinkt ewige Blindheit.
(Er sinkt um und stirbt.)

KLYTÄMNESTRA.
Was will das heißen? Was geschah?

PYLADES. Er stirbt:
und ich hab' ihn getötet.

KLYTÄMNESTRA. Mensch, du lügst!

PYLADES.
Wenn ich je Wahrheit sprach, so war es diesmal.
(Lauter Donner.)
Die Götter poltern mir Bestätigung.
(Klytämnestra wirft sich weinend über Aigisth.)

ELEKTRA.
Das war der Blitz, der tödlich Segen bringt.

PYLADES.
Wer bin ich, daß der fürchterliche Zeus
mich so mißbraucht? Ein einziger Augenblick:
und niemals wieder kann der selige Stand
der Unschuld meiner Jugend mich beglücken.
ELEKTRA.
O Pylades, mein Heißgeliebter nun,
nicht traure über dein gewaltiges Wachstum:
zum Manne bist du worden und dich macht
zum Bruder Agamemnons deine Tat!
(Allenthalben von fern Hundegebell.)
OREST.
Wer bist du, Weib, das klare Worte spricht,
indes die Welt mir durcheinander schwimmt
und rings des Abgrunds ekle Hunde bellen?
Ich fühle keinen Boden unter mir,
und Felsen lasten über meinem Hirne.
Das Beil hat eine Doppelschneide, seh' ich;
nimm es mir ab, o Gorgo, denn ich will
durch dich nicht schuldig werden und hernach
durch dich schuldlos bestraft.
ELEKTRA. Nennst du mich Gorgo,
so nennst du, was ich bin und was ich nicht bin,
mehr aber, was ich bin, als was ich nicht bin.
Im gnadenlosen Dienste der Erinnyen
steh' ich ganz so wie du. Der Augenblick
liegt auf uns, schwächer nicht als wie die Faust
des Allbesiegers Tod.
(Klytämnestra ist aufgestanden und geht wie blind und besinnungslos tastend an den Wänden herum.)
OREST. Was suchst du, Mutter?
KLYTÄMNESTRA.
Nichts! Selbst ein Nichts, such' ich das bloße Nichts!
OREST.
Ich bin Orest. Fragt man mich, wer ich bin,
so nenn' ich diesen Namen. Furchtbar heult

er, von dem Götterwahnsinn ausgeschäumt,
auf Delphis grausem Herrschersitz, mir zu.
Wie unterm Dreifuß brodelt's aus der Erde
auch hier, betäubend und in Irrwahn hüllend.
Sag mir, wer sind wir und was sind wir, Mutter?

KLYTÄMNESTRA.
Nenn mich nicht Mutter, Mordknecht, tu nicht mir
und dir die Schmach an, Mutter mich zu nennen!
Und wenn, so sei es anders nicht gemeint,
als daß die Mutter Mördern Leben gibt,
die Mörder zeugen, und die selbst sowohl
gebiert als mordet. O mißratenstes
Geschöpf Kronions oben im Olymp,
das selber er mit Grauen nur betrachtet!
Auf Mord und Totschlag steht sein eigner Thron,
wie der von seinem Bruder Agamemnon.
Komm, wenn du mein Geschöpf bist, beide kommt!
Gab ich euch Leben, fluch' ich der Geburt
und würge, würge, würge Sohn und Tochter!
(Sie fällt Orest an.)

OREST.
Zurück! Die Hand von meiner Gurgel, Weib!

KLYTÄMNESTRA.
Niemals!

OREST. Laß los!

KLYTÄMNESTRA. Nicht ehe du verröchelt!
Die Welt soll endlich sterben: sie wie wir.
(Ringend verschwinden beide in dem gleichen Quellenraum wie früher Agamemnon. Man hört einzelne Schreie nach den Geräuschen eines Ringens. Dann tritt Stille ein. Vollkommen erstarrt stehen Elektra und Pylades. Nach einer Weile tritt Orest wieder hervor, blickt sich um, betrachtet das Beil in seiner Hand, erkennt Elektra und übergibt es ihr.)

OREST.
Fragt jemand unter Göttern oder Menschen,

ob Delphis Götterspruch vollstreckt sei: schweige
und zeige ihm dies doppelschärfige Beil!

ELEKTRA *(verändert).*

Ich weiß nicht, was du meinst! Was ist's mit ihm?

(Orest schreitet aufrecht ins Freie, wo ein Morgen tagt. Elektra hält das Beil wie etwas Fremdes in der Hand.)

Gerhart Hauptmann: Agamemnons Tod – Elektra. Tragödien. Der Atriden-Tetralogie zweiter und dritter Teil. Berlin: Suhrkamp, 1948. S. 83–88. –

V

Kriegsende

Wortmeldungen, Notate, Prognosen

Felix Hartlaub: Brief an den Vater vom 26. November 1943, Allenstein (Ostpreußen) [Auszug]

Vierzehn Tage anstrengendster Reiserei und Verlegungen liegen hinter mir, nicht ohne weiteres einleuchtendes Ausprobieren der Himmelsrichtungen, etwas haltloses Gleiten des Schwerpunktes. Eine Reihe schriller Rangiernächte, dauerndes Umziehen aus den rollenden in bald überholte feste Quartiere.

Jetzt wieder im alten, mittlerweile sehr nebligen und nassen Mischmaschwald mit zugehörigem Stockschnupfen. Im Grunde weiß ich nicht mehr genau, wo ich mich eigentlich befinde – es ist alles derartig unwirklich und dünnwandig, aber leider auf eine schrecklich wohlorganisierte und defektlose Art. Da die Arbeit einen gleichzeitig immer mehr ausfüllt, die Ereignisse einen immer vollständiger aufsaugen, schwindet das eigene Dasein … Es macht sich neuerdings auch in einer physiognomischen Katastrophe bemerkbar, in einer Leere und Zusammenhanglosigkeit der Züge, einer wohlgenährten Leblosigkeit. – Im übrigen we-

---

Arbeit: Hartlaub war Sachbearbeiter der »Abteilung Kriegstagebuch« im Führerhauptquartier; »ein System von verstreut angelegten Bunkern und Gebäuden, das eine eigentümliche Stimmung von Düsternis und Monotonie umgab. Zeitgenössische Beobachter haben es treffend als eine Mischung aus Kloster und Konzentrationslager beschrieben« (J. C. Fest, *Hitler*, S. 912).

nig Zeit und Bereitschaft, sich mit derartigen Erscheinungen zu befassen; dazu steckt man viel zu tief in der großen Lage. Aber wie soll man diese entsetzliche menschliche Leere und Unbeschriebenheit je wieder gutmachen und abstreifen?

Felix Hartlaub in seinen Briefen. Hrsg. von Erna Krauss u. G. F. Hartlaub. Tübingen: Wunderlich, 1958. S. 207f. – Mit Genehmigung von Geno Hartlaub, Hamburg.

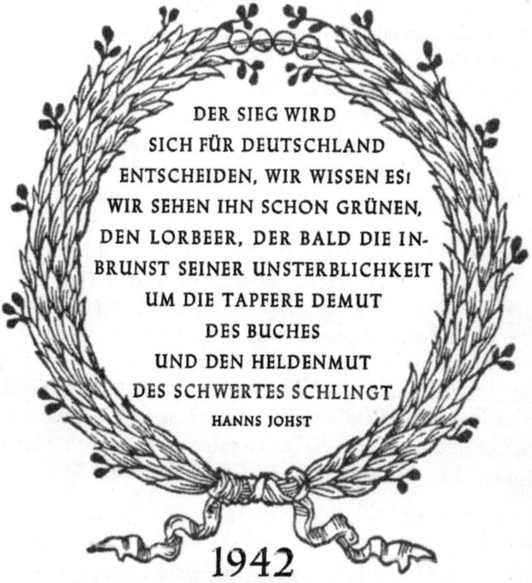

Ganzseitige Titelabbildung
des *Börsenblatts für den deutschen Buchhandel* vom
31. Dezember 1941, mit einem Silvestergruß von H. Johst

Emil Barth: Tagebucheintrag vom 7. Dezember 1943 [Auszug]

Mittags kam Erika aus der Stadt zurück, noch ganz bedrückt und verstört von einer Szene, wie auch ich sie ähnlich bereits erlebt, hier aber noch nicht skizziert, sondern, wie so manches im Lauf dieser Jahre, mir nur durch inneren Zusammenhang mit anderem angemerkt habe, weil es mir schwer fällt, dergleichen in seiner düsteren Gewalt mit umschreibenden Worten abzutun.

Aus dem Schweigen jener Räume nämlich, die fast luftdicht in das soziale Gefüge eingebaut sind und für die seinerzeit Dostojewsky den Namen des Totenhauses prägte – eines Hauses aber damals, über welches der Zar aller Reußen, als er davon erfuhr, weinte –, wird schon seit längerer Zeit ein düsteres Heer zu den Aufräumungsarbeiten im Trümmerfeld unsrer Städte herangezogen: ein verfluchtes Schattenvolk, entehrt, versklavt, verloren, wie Dämmergestalten aus einer Unterwelt über dem Schutt- und Steingetrümmer hinschwankend und fast mit der farblosen Masse der Ruinen verschmelzend. Posten mit aufgepflanztem Seitengewehr bewachen sie, unpersönlich. Aber zwischen den Scharen umher, die Steine schleppen und schichten, wobei ein äußerster Grad von Erschöpfung unverkennbar ist, geht einer ihresgleichen als Aufseher mit einer Gummipeitsche in der Hand, ein Schinder von Angesicht, die Verkörperung des Quälgeistes, der die Leidenden unersättlich verfolgt. Männer, die ihr Weg an dieser Zone vorüberführt, wagen

---

aus der Stadt zurück: Barth wohnte während des Krieges in Haan im Bergischen Land.

Totenhauses: Hinweis auf die *Aufzeichnungen aus einem Totenhaus* (1860–62), Roman von F. M. Dostojewskij, der das Leben in einem sibirischen Zuchthaus schildert.

Unsere Neuerscheinungen

Generalleutnant
BERNHARD RAMCKE

Vom Schiffsjungen zum Fallschirmjägergeneral

mit einem Vorwort von Reichsmarschall Hermann Göring

264 Text- und 36 Bildseiten in Kupfertiefdruck. Geb. RM 8.50

WALTER GERICKE

Von Malemes bis Chania

Kampf und Sieg des Sturmregiments

144 Seiten, 19 Illustrationen von Oberjäger Kurt Groff. Geb. RM 5.50

HERMANN RINK

Kurs Amerika

272 Seiten mit 7 Illustrationen von Julius Schmitz Geb. RM 6.50

VERLAG „DIE WEHRMACHT"
BERLIN SW 68

INHALT

Durchhalteparolen in der *Bücherkunde* (1944), unter anderem mit Erwin Guido Kolbenheyers Aufsatz »Weshalb Vergeltung?«

kaum länger als für einige Schritte stehen zu bleiben, mit versteinernder Miene, aber die Frauen aus dem Volk mit ihren Einkaufstaschen an der Hand bilden einen in ständiger Bewegung befindlichen Wall von Zuschauern, der nur von Zeit zu Zeit, wenn er die noch von Trümmern verengte Straße zu sehr verstopft, für ein paar Augenblicke einem barschen Wink der Wachmannschaften gehorchend sich auflöst.

Emil Barth: Lemuria. Aufzeichnungen und Meditationen aus den Jahren 1943–1945. Aachen: Rimbaud Verlag, 1997. –

Ruth Andreas-Friedrich: Tagebuchaufzeichnung vom 24. April 1944, Berlin [Auszug]

An den Fronten gibt es wenig Sensationen. Die ganze Welt wartet auf die Invasion. Wird man sie starten? Wird sie erfolgreich sein? Überzeugte Nationalsozialisten sprechen mit tiefer Verachtung von ihr. Als handle es sich dabei bestenfalls um einen Karnevalsscherz. Wenn sie nur erst anfinge! Der eine tippt auf Mai, der zweite auf Juni, der dritte auf Juli. Pessimisten meinen, sie werde überhaupt nicht stattfinden. Das Risiko sei zu groß, die Abwehr zu sorgfältig vorbereitet. Im ausländischen Sender beschwört man die französischen, holländischen und belgischen Patrioten, keinesfalls loszuschlagen, ehe nicht von England der Befehl dazu komme. Und wundert sich im selben Atemzug, warum die Deutschen noch immer keine Revolution machen. Wüßten doch alle, die im Brustton moralischer Überlegenheit solche Forderung an uns stellen, wie falsch sie uns und unsere Möglichkeiten beurteilen. Wer nicht selbst im Lande lebt und unter dem Regime leidet, hat keine Ahnung, was es heißt, in den Ketten einer Diktatur zu liegen. Die, die erst nach 1933 von hier emigrierten, wissen es am wenigsten, vergaßen es am schnellsten. Darum sind wir den meisten unserer Emigranten so gram, weil sie das von uns fordern, was sie selbst nicht fertigbrachten.

Ruth Andreas-Friedrich: Der Schattenmann. Tagebuchaufzeichnungen 1938–1945. Frankfurt a. M.: Suhrkamp, 1983. S. 135f. – © 1983 Suhrkamp Verlag, Frankfurt am Main.

Friedrich Percyval Reck-Malleczewen: Tagebucheintrag vom 16. August 1944 [Auszug]

Die Luft ist voll Sterbens. Ich denke nicht einmal daran, was wir durchs Radio hören – daß man 5000 Offiziere erschossen habe, daß man alles, was, ohne etwa im Zusammenhang mit diesem Attentat zu stehn, der Partei mißliebig sei, morde, daß man, um ganze Arbeit zu leisten, mit den eigentlich Verdächtigen auch gleich die ganze Familie erschieße …

Nein, ich denke an etwas, was als schreckliche Ahnung uns umgibt, die sommerliche Luft füllt, das Licht der Sonne gespenstisch bricht, als lebten wir im Schein einer Totenfackel. Es ist die Gewißheit der Katastrophe, die uns alle erfüllt, das Od des Todes, das uns umgibt. Was soll werden mit diesem in seiner Wurzel verrohten Volk, dessen Jugend den Raub, den politischen Einbruchdiebstahl, die Ermordung ganzer Völker für eine ganz legitime Lebensfunktion hält und dessen militärische Führer keinen Augenblick ge-

Attentat: Reck-Malleczewen bezieht sich auf das gescheiterte Attentat Claus Graf Schenk v. Stauffenbergs auf Hitler vom 20. Juli 1944, in dessen Folge rund 1000 Personen verhaftet und davon über 200 hingerichtet wurden. Die Familien der Hauptbeteiligten wurden in Sippenhaft genommen, ihr Eigentum und Grundbesitz eingezogen.

zögert haben, dies alles gut zu heißen, solange alles gut zu gehen schien.

Wir atmen Totenluft.

Friedrich Percyval Reck-Malleczewen: Tagebuch eines Verzweifelten. Lorch/Stuttgart: Bürger, 1947. S. 190.

Theodor Haecker: Tagebuchnotate zum Jahreswechsel 1944/45

31. Dezember

Heute nachmittag 3 Uhr wurde im Radio verkündigt, daß der Führer heute nacht 5 Minuten nach 12 Uhr im Rundfunk eine Ansprache halten werde. Die Manager dieser Sensation ahnen sicherlich nicht, daß dieses nur deshalb geschieht, auf daß das Wort erfüllet werde: »ich werde erst 5 Minuten nach 12 Uhr aufhören.«

1. Januar

Die erste Radionachricht, die ich hörte, war: der Führer hielt *»kurz nach Mitternacht«* ..., also nicht mehr: »5 Minuten nach 12 Uhr«. Ja, man hat doch etwas gemerkt, aber – zu spät! *De nominibus est curandum* [man muß auf seine Worte achten], aber beizeiten, sonst ist es eben zu spät. Die Ankündigung am 31. Dezember 44 um 3 Uhr nachmittags: Der Führer wird heute nacht um 5 Minuten nach 12 Uhr zum deutschen Volke sprechen, hat eine so ungeheuerliche Symbolkraft, daß diese die Wirklichkeit einfach herbeiziehen muß für 1945: Ich werde erst 5 Minuten nach 12 Uhr aufhören. *Fiat Voluntas Tua!*

Theodor Haecker: Tag- und Nachtbücher 1939–1945. München: Kösel, [3]1959. S. 330f. –

Victor Klemperer: Tagebuch vom 29. Januar 1945, Dresden [Auszug]

Gestern stiegen den ganzen Tag über Spannung und Hoffnung. Am Vormittag war Waldmann bei uns; englisches Bulletin: Russen in Liegnitz, im ganzen Oberschlesien, in Danzig (über das gefrorene Haff erreicht von Elbing aus). Waldmann war überzeugt vom völligen Zusammenbruch in wenigen Tagen, von der Besetzung Berlins und Dresdens in wenigsten Tagen. Er erzählte – übrigens nicht immer auf Friedensfuß mit Fremdwörtern – von einer Rede Thomas Manns; danach haben die Deutschen in Auschwitz anderthalb Millionen und einige bis auf die Einer bezifferten hundert Juden vergast, ihre Knochen gemahlen und als Dünger verwertet. Die genaue Zahl verdanke man der deutschen Gründlichkeit, es sei über jeden erledigten Juden Buch geführt worden, und die überraschend eindringenden Russen fanden die Bücher.

Victor Klemperer: Ich will Zeugnis ablegen bis zum letzten. Tagebücher 1942–1945 [= Bd. 2]. Hrsg. von Walter Nowojski unter Mitarb. von Hadwig Klemperer. Berlin: Aufbau-Verlag, 1995. S. 648. –

Waldmann: Kurt W.; Verwalter des »Judenhauses« in der Dresdner Zeughausstraße, dem zwangsweisen Aufenthaltsort Klemperers seit Dezember 1943.

Rede Thomas Manns: Am 14. Januar 1945 von Th. M. verfaßte Rede (»Deutsche Hörer!«) für den amerikanischen Rundfunk NBC.

Hans Carossa: Brief an Ernst Bertram vom 2. März 1945, Rittsteig bei Passau [Auszug]

Mit der einst so tiefen Stille unserer Gegend ist es natürlich vorüber; wir haben täglich Alarm, und beinah täglich kommen Tiefflieger, die sich vor aller Augen und völlig unbehelligt auf Bahnanlagen und Züge stürzen. Vor 8 Tagen wars ein Munitionszug, den sie in Brand schossen, sodaß er uns einen Eindruck bot wie das Depot im Sultatal, das ich am Schluß meines Rumän. Tagebuchs zu beschreiben versucht habe. Vorgestern trafen sie ein bretternes Lagerhaus am Bahnhof Schalding, in welchem der ganze aus Hedwigs Fabrik gewonnene Spiritus (28000 Liter) zum Abtransport nach dem Norden bereit lag; alles ging in Flammen auf. Zum Spaß zeichneten die Täter noch mit Kondensstreifen Hakenkreuze in den Himmel, dann flogen sie ostwärts weiter.

Mir hat für den Augenblick das Aufhören des D- und Eilzugverkehrs eigentlich einen unheimlicheren Blick über die Lage gegeben als die Offensive der Russen; es war wie die facies hippocratica bei einem Kranken, die aufeinmal erscheint, während er sich noch leidlich wohlfühlt.

Eine reine Freude haben Sie mir und uns allen mit den Gedichten aus dem »Patenkinderbuch« bereitet; sie sind durchaus ein Novum in Ihrem Werk. Eben hab ich das »Schattentheater« wieder gelesen, das mir neben der »Spieluhrsarabande« besonders lieb ist. Das Verlodern der zarten Schatten alter Welt, die freilich auch schon ohne Brand und Rachebrand nicht auskommen konnte, in der schrecklichen Gegenwart wäre ein trauriger Abschluß, wenn nicht über-

---

Ernst Bertram: Lyriker (1884–1956); ab 1922 Prof. für neuere dt. Sprache und Literatur in Köln; 1946 Amtsenthebung; 1950 Emeritierung. Der im Brief erwähnte Lyrikband *Patenkinderbuch* erschien 1949.

raschend noch die zwei schönen tröstlichen Verse kämen: »Wir wollen kinderstill vertrauen ...«.

Hans Carossa: Briefe 3. 1937–1956. Hrsg. von Eva Kampmann-Carossa. Frankfurt a. M.: Insel Verlag, 1981. S. 260f. –

Gottfried Benn: Brief an F. W. Oelze vom 19. März 1945, Berlin [Auszug]

Dass von den 2½ Millionen Menschen, die schätzungsweise noch in Berlin leben, irgendjemand arbeitet, halte ich für ausgeschlossen. Entweder sind Lichtsperrstunden oder es ist Alarm oder Voralarm, Telefon geht kaum noch irgendwo, die Verkehrsmittel sind unzuverlässig, kaum im Betrieb. Tags Staubstürme von den Trümmerhaufen, nachts fallen die Fensterscheiben heraus, die Ruinen heulen u. stürzen ein, Zeitzünder gehn hoch in grossen Massen u. die Wände zittern. Auch die noch stehenden Häuser haben soviel Erschütterungen erlebt, dass sie jeden Moment umfallen können. Eine verlorene Stadt. Möglicherweise gehn wir nach *Neuhaus* a. d. Elbe, einem Dorf, wo jemand ein paar leerstehende Katen entdeckt hat. Dann würde ich mir erlauben, Ihnen dies mitzuteilen. Sollte ich hingelangen, würde ich dort noch einen Schluss zu dem Essayband schreiben: »Willkommen den literarischen Emigranten«, Bezug nehmend auf jenen »Offenen Brief an die l. E.«, 1933. Ich würde sagen, dass ich meine damaligen Positionen im we-

---

Willkommen den literarischen Emigranten: Das geplante Schlußstück für den später unter dem Titel *Ausdruckswelt* (1949) erschienenen Essayband wurde nicht realisiert.

Offenen Brief an die l.[iterarischen] E.[migranten]: Generalabrechnung Benns mit den Schriftstellern im Exil vom 25. Mai 1933 über Rundfunk und Presse (siehe auch im vorliegenden Band S. 19).

sentlichen aufrecht erhalte u. dass ich auch rückblickend das Bleiben in Deutschland für das Richtigere halte. »Der Untergang eines Volkes, selbst wenn es sich um das .... handelt, ist eine ernste Sache, die sich nicht mit literarischen Arabesken von Miami aus, auch nicht mit einem an sich vielleicht gerechtfertigten Hass abtun lässt, hier handelt es sich um Kern- u. Substanzfragen – tua res agitur!« Im übrigen wird natürlich nochmals die ganze Radikalität meiner antagonistischen Einstellung gegen .. klargestellt. .. Ich denke, dass es in Ihrem Sinne ist, wenn ich unser Hierbleiben noch einmal rechtfertige u. begründe. Wer über Deutschland reden u. richten will, muss hier geblieben sein.

Gottfried Benn: Briefe. Bd. 1: Briefe an F. W. Oelze 1932–1945. Hrsg. von Harald Steinhagen und Jürgen Schröder. Vorw. von F. W. Oelze. Wiesbaden/ München: Limes Verlag, 1977. S. 388. –

Emil Barth: Tagebuchaufzeichnung vom 27. März 1945 [Auszug]

Unterdessen ist am Rand der grauenhaften deutschen Tragödie das Satyrspiel menschlicher Erbärmlichkeit in vollem Gange; zahllose Akteure der lokalen Tyrannis beginnen gleichsam auf offener Szene sich umzuschminken und sich unter die Statisterie im Hintergrund zu mischen, mit der Miene treuherziger Biederkeit sich bei jedem, der sie anhören will, für betrogene Idealisten ausgebend, ja mehr noch, auf die Vergeßlichkeit der Menge bauend, ihre Identität mit sich selber verleugnend in plötzlich auftretender Amnesie. Aber daß einer an seine Brust schlüge und bekennte: »Mea culpa! Mea maxima culpa!«, das ist überaus selten (immerhin, es kommt vor); und doch ist es die Voraussetzung einer wahren Wandlung unsres Wesens, daß wir tief, tief ins eigene Innere hinabsteigen und in schonungsloser Selbsterforschung die Wege nachgehn, die wir – von welchen Wurzeln her? – bis zu diesen Unheilsjahren gegangen sind! Es muß eine Durchprüfung und Neuauslegung unsres gesamten geistigen Besitzes erfolgen.

Emil Barth: Lemuria. Aufzeichnungen und Meditationen aus den Jahren 1943–1945. Aachen: Rimbaud Verlag, 1997. –

Ernst Jünger: Tagebucheintrag vom 11. April 1945, Kirchhorst (Niedersachsen) [Auszug]

Dann kommt noch ein einsamer Wanderer und bleibt unweit der Sperre an einem Waldweg stehen. Im Augenblick, in dem der erste graue Wagen mit dem fünfzackigen Stern erscheint, entsichert er eine Pistole und schießt sich durch den Kopf.

Ich stehe am Fenster und blicke über den noch kahlen Garten auf die Chaussee hinaus. Das mahlende Getöse nähert sich. Dann gleitet langsam, wie ein Augentrug, ein grauer Panzerwagen mit leuchtendweißem Stern vorbei. Ihm folgen, dicht aufgeschlossen, Kriegswagen in ungeheurer Zahl, die Stunden um Stunden vorüberziehen. Kleine Flugzeuge überschweben sie. Das Schauspiel macht einen hochautomatischen Eindruck in seiner Verbindung von militärischer und mechanischer Uniformität – als rollte eine Puppenparade vorbei, ein Zug von gefährlichen Spielzeugen. Zuweilen pflanzt sich ein Halt durch die Kolonne fort. Dann sieht man die Marionetten, wie vom Faden gezogen, vornüberschwanken, während sie sich beim Anfahren wieder zurückneigen. Wie immer unser Blick sich an gewisse Einzelheiten heftet, so fallen mir besonders die zum Funken ausgeschwenkten Ruten auf, die über den Panzern und ihren Begleitfahrzeugen wippen: sie erwecken in mir den

Eindruck einer magischen Angelpartie, vielleicht zum Fange des Leviathans.

Ununterbrochen, langsam, doch unwiderstehlich wälzt sich der Strom vorbei, die Flut von Männern und Stahl. Die Mengen von Sprengstoff, die ein solcher Heereszug bewegt, umgeben ihn mit einer furchtbaren Ausstrahlung. Und wieder, wie schon 1940 auf den Vormarschstraßen um Soissons, empfinde ich den Einbruch gewaltiger Übermacht in eine völlig zerschmetterte Region. Und auch die Trauer kehrt wieder, die mich damals schon ergriff. Wie gut, daß Ernstel das nicht sieht; es hätte ihn zu sehr geschmerzt. Von einer solchen Niederlage erholt man sich nicht wieder wie einst nach Jena oder nach Sedan. Sie deutet eine Wende im Leben der Völker an, und nicht nur zahllose Menschen müssen sterben, sondern auch vieles, was uns im Innersten bewegte, geht unter bei diesem Übergang.

Ernst Jünger: Sämtliche Werke. Bd. 3: Tagebücher III. Strahlungen II. Stuttgart: Klett-Cotta, 1979. S. 400f. –

Ernstel: Sohn Jüngers, am 29. November 1944 bei Carrara (Italien) gefallen.

nach Jena oder Sedan: Schlacht bei Jena 1806; Sieg Napoleons über die preuß. Armee; leitete den Zusammenbruch des friderizianischen Staatswesens ein. Sedan 1870; Sieg der dt. über die frz. Armee, Gefangennahme Kaiser Napoleons III.; militärischer Auftakt zur dt. Reichseinigung 1871.

Bio-bibliographische Hinweise

Die Lebensdaten konnten in einigen Fällen nicht vollständig ermittelt werden

Anacker, Heinrich, 1901 Aarau (Schweiz) – 1971 Wasserburg (Bodensee). Dt.-schweiz. Eltern; Philologie-Studium in Zürich, Wien (ohne Abschluß); kaufmänn. Tätigkeit (Zürich); stieß in den 20er Jahren zum NS, SA-Mitgl.; bis 1930 Dichter von Natur- und Liebeslyrik, dann überwiegend »dem Wir verpflichtete Dichtkunst« (→ H. Langenbucher, *Dichtung der jungen Mannschaft*, 1935), z. B. *Wir wachsen in das Reich hinein* (1937), *Heimat und Front* (1939); ab 1933 freier Schriftsteller, Berlin; 1936 »Preis der NSDAP für Kunst«; im Krieg »PK-Berichter« (Propagandakompanie); 1948 im Entnazifizierungsverfahren als »minderbelastet« eingestuft; nach 1945 literar. nicht mehr hervorgetreten.

Andreas-Friedrich, Ruth, 1901 Berlin – 1977 München. Wohlfahrtspflege-Ausbildung; 1922–23 Buchhandelslehre (Breslau); journalist. Arbeiten für Tageszeitungen, Illustrierte, Frauenzeitschriften; Lebenshilfebücher (*Haben Sie einen schwachen Punkt?*, 1941; *Wir wollen heiraten*, 1942); im Dritten Reich Kernmitglied der »Gruppe Emil«, (Widerstandszirkel, Hauptaktionsradius Berlin), dokumentiert in 1938–45 geführten Tagebüchern (*Berlin Underground*, New York 1946; dt. *Der Schattenmann*, 1947); Fortsetzung der Aufzeichnungen bis 1948 (*Schauplatz Berlin*, 1962), Umzug nach Westdeutschland, publizist. Tätigkeit (*Überwindung der Lebenskrisen*, 1958, u. a.).

Andres, Stefan, 1906 Breitwies (Mosel) – 1970 Rom. Unterweisung zum kath. Priester (abgebrochen); ab 1929 Germanistik-Studium (ohne Abschluß); erste literar. Arbeiten in der kath. Zeitschrift *Hochland*; frühe Prosa (*Die unsichtbare Mauer*, 1934, Roman; *Vom heiligen Pfäfflein Domenico*, 1936, Novelle, u. a.) von der Kritik wohlwollend aufgenommen; Anstellung beim Reichssender Köln, 1935 Entlassung und Ausschluß aus der Reichsschrifttumskammer wegen der jüd. Herkunft seiner Ehefrau; Arbeitssondergenehmigung; 1937 Übersiedlung nach Positano (Italien), zum Schutz der Familie; Zeitungsbeiträge (u. a. für den *Völkischen Beobachter* und die *Frankfurter Zeitung*) und Novellen (darunter 1943 die religiös inspirierte Totalitarismuskritik *Wir sind Utopia*); nach 1945 umfangreiche literar. Produktion (*Sintflut*-Trilogie, 1949–59 u. a.); 1949 Rückkehr nach Deutschland (Unkel/Rheinland), 1961 wieder in Italien (Rom); zahlreiche westdt. Ehrungen.

Barth, Emil, 1900 Haan (Bergisches Land) – 1958 Düsseldorf. Tätigkeit im Druck- und Verlagsgewerbe, ab 1924 Schriftsteller (*Totenfeier*, 1925, Ged. u. a.); als B.s Hauptwerk gilt der Künstlerroman *Das Lorbeerufer* (1942), von Zeitgenossen im Rang → E. Jüngers gesehen (»und zugleich sympathischer« – W. Hausenstein, *Tagebuch*, 5. 4. 1943); B. hielt seine Lyrik für bemerkenswerter (*Xantener Hymnen*, 1948). Literar. Vorbilder besonders Hölderlin, Baudelaire und Trakl (vgl. u. a. *G. Trakl*, Essay, in: *Neue Rundschau* 1, 1937); nach 1945 Empfänger rheinisch-regionaler Literaturpreise.

Barthel, Ludwig Friedrich, 1898 Marktbreit (Mainfranken) – 1962 München. Teilnahme am Ersten Weltkrieg; Studium Germanistik, Geschichte; 1921 Dr. phil; 1928–53 bayr. Staatsarchivdienst (Würzburg, ab 1930 München); Freundschaft mit → R. G. Binding; B. verfaßte vorwiegend Lyrik, für die er sich »weihnachtliche Erlebnisse« wünscht (B. in: *Das Gedicht* 7, 1938); Dichterpreis der Stadt München (1941); von der zeitgenöss. Kritik in die Nähe der Romantik gerückt (»Kling Klang gloria!« – K. Foerster, 10. 2. 1942, *Marbacher Magazin* 26/1983); Hauptmotive in B.s Lyrik wechseln von Landschaft (*Gedichte der Landschaft*, 1931) über Vaterland (*Dom aller Deutschen*, 1938) zu Frieden (*Kelter des Friedens*, 1951) und Naturerscheinungen (*Sonne, Nebel, Finsternis*, 1960); auch Hrsg. (R. G. Binding, *Die Briefe*, 1957).

Benn, Gottfried, 1886 Manfeld (Westpriegnitz) – 1956 Berlin-West. Theologie- und Philologiestudium (abgebrochen); ab 1905 Medizinerausbildung, Berlin; dort Mitarbeit in expressionist. Zeitschriften und selbständige Veröffentlichungen (*Morgue*, 1912; *Söhne*, 1913; *Gehirne*, 1916); 1917–35 fachärztl. Praxis, Berlin; Freundschaften u. a. mit Maler G. Grosz, Verleger E. Reiss, Schauspielerin T. Wedekind; 1927 erscheinen die *Gesammelten Gedichte*, 1928 *Gesammelte Prosa*; Benn gewinnt an literar. Geltung (1932 Aufnahme in die Preuß. Akad. der Künste); polemisiert gegen Politisierung der Kunst (*Können Dichter die Welt verändern?*, 1930), scharfe Angriffe der intellektuellen Linken (u. a. J. R. Becher); 1933 gibt B. seine polit. Zurückhaltung auf (über die Machtergreifung: »wahrscheinlich [...] eine der großartigsten Realisationen des Weltgeistes« – *Antwort an die literarischen Emigranten*, 24. 5. 1933); B. engagiert sich institutionell (Preuß. Akad. der Künste) und publizist. für das

»neue Deutschland« (*Der neue Staat und die Intellektuellen*, 1933 u. a.); 1934/35 Rückzug aus der Politik nach scharfen Angriffen im *Stürmer* und im *Schwarzen Korps* (»völlig zurückgekehrt in eine vernünftige Denkweise« – Tagebuch → O. Loerke, 2. 2. 1935); 1935–45 Militärarzt; 1938, vor dem Hintergrund der Debatte über die sog. »Entartete Kunst«, Publikationsverbot; Briefwechsel mit F. W. Oelze und umfangreiche literar. Produktion, die erst nach 1945 erscheint (anfangs behindert durch Widerspruch von J. R. Becher aus der Sowjetzone und A. Döblin aus der Frz. Zone); 1949 Wiedereröffnung der Arztpraxis, im selben Jahre erscheinen die *Statischen Gedichte* (1948 zuerst in der Schweiz veröffentlicht), 1950 die Autobiographie *Doppelleben*; 1951 G.-Büchner-Preis, 1952 Bundesverdienstkreuz.

Bergengruen, Werner, 1892 Riga – 1964 Baden-Baden, Studium u. a. der Theologie und Germanistik (ohne Abschluß); 1914 Kriegsfreiwilliger; 1919 Baltische Landwehr, Kampf gegen Rote Armee; 1925 Redaktionsleiter *Baltische Blätter*; Prosarbeiten (*Das Kaiserreich in Trümmern*, 1927, Roman, u. a.), Übersetzungen (F. Dostojewski, *Schuld und Sühne*, 1928), seltener Lyrik (*Capri*, 1930 u. a.); 1935 literar. Durchbruch mit *Der Großtyrann und das Gericht*, der »Führerroman der Renaissancezeit« (*Völkischer Beobachter*, 1935) und »Zeugnis des inneren Widerstandes« (Lennartz, *Deutsche Schriftsteller*, 1984); vielgelesener Novellist (*Die drei Falken*, 1937, u. a.); 1936 Umzug von Berlin nach München-Solln (Nachbar von → E. G. Kolbenheyer); Konversion zum Katholizismus, Freundschaft mit → R. Schneider; 1937 Lyrikpreis der Mode-Illustrierten *Die Dame*; Ausschluß aus der Reichsschrifttumskammer wegen der jüd. Herkunft seiner Ehefrau und »Dauersondergenehmigung« für die schriftstellerische Weiterarbeit (*Am Himmel wie auf Erden*, 1940, Roman, u. a.); trotz bekannter Distanz B.s zum NS (»konfessionell stark gebunden« – Auskunft d. NSDAP Ortsgruppe Solln, 1940) wird in NS-Organen weiter für B.s Werke geworben (siehe z. B. im vorliegenden Band Abb. S. 228); 1942 Umzug nach Tirol, 1946 Zürich, 1958 Baden-Baden; zahlreiche westdt. Ehrungen.

Binding, Rudolf Georg, 1867 Basel – 1938 Starnberg. Jura- und Medizinstudium (ohne Abschluß); Pferdezucht, Rennreiter, Rittmeister und Stabsoffizier im Ersten Weltkrieg; D'Annunzio-Lektüre und Entscheidung zur Dichterlaufbahn (*Unsterblichkeit*, 1922 u. a.); 1932 Mitgl. der Preuß. Akad. der Künste, ab 1934 als stellvertr. Präsident. 1930 krit. Aufsatz über Hitler als Demagoge (*Frankfurter Zeitung*, 24. 8. 1930), 1933 dagegen Verteidigung des

»deutschen Aufbruchs« gegen ausländ. Kritik (*Kölnische Zeitung*, 25. 6. 1933); erfolglose Versuche, Th. Mann für die Rückkehr aus dem Exil zu gewinnen; Hauptthema der literar. Arbeiten B.s ist die Erfahrung des Ersten Weltkrieges (*Wir fordern Reims zur Übergabe auf*, 1935 u. a.), große Leserschaft auch mit ›leichteren‹ Themen (*Moselfahrt aus Liebeskummer*, 1932; Aufl. 1944: 325 Tsd.).

Blunck, Hans Friedrich, 1888 Altona – 1961 Hamburg. Jura-Studium, 1910 Dr. jur. (Heidelberg); Offizier im Ersten Weltkrieg; 1920 Regierungsrat (Hamburg), 1925 Syndikus der Hamburger Univ., ab 1928 freier Schriftsteller; umfangreiche literar. Produktion in allen Gattungen (*Gesammelte Werke*, 1937: 10 Bde.); aus der Zeit vor 1933 ragen zwei Romantrilogien hervor: *Urvätersaga* (1925–28), Schauplatz german. Vorwelt, und *Das werdende Volk* (1922–24), Deutschland seit den Germanen; 1933 Mitgl. der Preuß. Akad. der Künste und Präsident der Reichsschrifttumskammer; 1935 zum Rücktritt veranlaßt (Nachfolger wurde → H. Johst); 1937 Eintritt in die NSDAP; 1936–38 literaturpolit. Einflußnahme bei der Vorbereitung des »Anschlusses« von Österreich; 1938 Goethe-Medaille (»wird vom Führer [...] verliehen« – *Meyers Lexikon*, 1938). Literar. Arbeiten im Dritten Reich drehen sich um charismatische Gestalten dt. Herkunft (*Wolter v. Plettenberg*, 1938; *Kampf um Neu York*, Drama, 1938), Sagen (*Deutsche Heldensagen*, 1938), Heimatmotive (*Balladen und Gedichte*, 1937); nach 1945 auch Autobiographie (*Unwegsame Zeiten*, 1952); 1949 wurde B. von der Spruchkammer als »Mitläufer« eingestuft.

Bonhoeffer, Dietrich, 1906 Breslau – 1945 Flossenbürg (Oberpfalz). Studium Ev. Theologie, 1927 Prom., 1931 Habil.; Aufenthalte in Spanien, USA, England; nach Rückkehr aus London (1935) illegale Ausbildung von Vikaren der Bekennenden Kirche; 1936 Entzug der Lehrbefugnis, 1938 Ausweisung aus Berlin, 1940 Reichsredeverbot wegen vermeintlich »volkszersetzender Tätigkeit«, 1941 Publikationsverbot; seit 1940 im Widerstandskreis um Admiral Canaris und H. Oster; 1943 Verhaftung, Anfang 1945 Hinrichtung (KZ Flossenbürg); publizist. Wirkung im Dritten Reich mit der christl.-meditativen Schrift *Nachfolge* (1937); literar. Arbeiten entstanden in Haft und wurden postum veröffentlicht (*Widerstand und Ergebung*, 1951 u. a.).

Bouhler, Philipp, 1899 München – 1945 bei Dachau. Teilnehmer am Ersten Weltkrieg; Germanistikstudium (abgebrochen); 1921 Anstellung im Verlag Völkischer Beobachter; 1922 zweiter Geschäftsführer der NSDAP; 1923 Randteilnehmer am Hitler-Putsch;

1925–34 Reichsgeschäftsführer; 1933 Reichsleiter, SS-Gruppenführer; 1934 Vorsitzender der »Parteiamtl. Prüfungskommission zum Schutze des nationalsozialistischen Schrifttums«, 1934 auch Leiter der »Kanzlei des Führers der NSDAP« (»Verwaltung des größten Kapitals, das wir in Deutschland besitzen: das Vertrauen zum Führer« – Bouhler, 1936); 1939 von Hitler mit der Durchführung des Euthanasieprogramms betraut; Autor u. a. einer Geschichte der NS-Bewegung (*Kampf um Deutschland*, 1938) und einer Napoleon-Biographie (*Kometenbahn eines Genies*, 1941); im Mai 1945 von US-Truppen gefangengenommen; kurz vor Einlieferung in das Internierungslager Dachau Selbstmord.

Braumüller, Wolf, geb. 1906 München. Publizist; Mitarbeiter im Amt → A. Rosenberg; Arbeiten u. a. für den *Völkischen Beobachter* und *Die Bücherkunde*; in der kurzen Hochphase des Thingspiels (1933–37) einer der wichtigen Stichwortgeber; 1935 Monographie über *Freilicht- und Thingspiel.*

Broch, Hermann, 1886 Wien – 1951 New Haven (USA). Studium Textiltechnik und Versicherungsmathematik; 1908 Eintritt in die väterl. Textilfirma, 1916–27 deren Leiter; 1927 Aufgabe der geschäftl. Verpflichtungen; Studium der Mathematik, Philosophie (Wien); erster großer literar. Versuch (*Die Schlafwandler*, 1931/32, Roman) findet in Deutschland namhaftes Echo; auch kulturphilosoph. Beiträge (*Das Böse im Wertsystem der Kunst*, 1933 u. a.); nach 1933 noch gelegentliche Würdigungen im Reich (etwa → E. Vietta, in: *Neue Rundschau*, 1934); seit 1934 Versuch, den Aufstieg des NS literarisch zu verarbeiten (*Die Verzauberung*, postum 1953, Roman); polit. Engagement (*Völkerbund-Resolution*, 1936/37) und Arbeit am Roman *Tod des Vergil* (ersch. 1945); 1938 nach dem »Anschluß« Österreichs Emigration (B. war jüd. Herkunft) über Großbritannien in die USA (Ostküste; bis 1951); Fortsetzung der schriftstellerischen Arbeit (*Hofmannsthal und seine Zeit*; 1947; *Massenwahntheorie*, postum 1955 u. a.); 1950, auf Vorschlag → F. Th. Csokors, für den Nobelpreis im Gespräch.

Burte, Hermann, 1879 Maulburg (Baden) – 1960 Lörrach. Besuch der »Kunstgewerbeschule und Akad. der bild. Künste Karlsruhe«; 1904–08 Aufenthalte in London, Oxford und Paris; seit 1908 als Maler und Schriftsteller in Lörrach; 1912 literar. Durchbruch mit dem Roman *Wiltfeber, der ewige Deutsche* (»Vorkämpfer einer bodenständigen nationalen Gesinnungsdichtung« – *Meyers Lexikon*, 1937) und Kleist-Preis (Empfehlung R. Dehmel); auch Dramen (*Katte*, 1914 u. a.) und Lyrik (*Madlee*, 1923; alemann. Mundart);

1927 Schiller-Preis (mit F. v. Unruh und F. Werfel); frühe Nähe zum NS (*Der Führer*, Ged., im Lörracher *Markgräfler* vom 15. 3. 1931); 1933 Mitgl. der Preuß. Akad. der Künste, 1937 Lyrikpreis der Mode-Illustrierten *Die Dame*, 1939 Goethe-Medaille (»wird vom Führer [...] verliehen« – *Meyers Lexikon*, 1938); im Krieg Lesungen, Vorträge in offizieller Mission (*Europäische Sendung der dt. Dichtung*, 1940); nach 1945 badisch-regional geschätzter Dichter, u. a. Geburtstagsschrift von Verleger F. Burda (*H. B. 80 Jahre*, 1959).

Carossa, Hans, 1878 Bad Tölz – 1956 Rittsteig (Passau). Medizinstudium, Dr. med. (Leipzig); 1903 Arzt (Passau); Kontakte mit Schriftstellern der Zeit (R. Dehmel, F. Wedekind, → A. Mombert); 1910 *Gesammelte Gedichte* (Insel Verlag); Militärarzt im Ersten Weltkrieg (*Rumänisches Tagebuch*, 1924); autobiogr. inspirierte Erzähltexte (*Eine Kindheit*, 1922; *Verwandlungen einer Jugend*, 1925); der literar. Erfolg ermöglicht Reisen nach Italien, in die Schweiz und »ins alte Deutschland« (Carossa) – (»Phänomen eines deutschen Dichters!, mit fünfzig Jahren noch nie in Berlin« – Stefan Zweig, *Berliner Tageblatt*, 1928); Münchner Dichterpreis 1928; 1932 Berufung in die Preuß. Akad. der Künste abgelehnt; Zurückhaltung auch nach 1933; 1938 Goethe-Preis; C.s Werke gelten in der zeitgenöss. Kritik als vorbildhaft (C.s Lebensbericht *Das Jahr der schönen Täuschungen* schenkte → A. Rosenberg Hitler zum 53. Geburtstag – vgl. *Lektoren-Brief* 5–7, 1942); 1941 Übernahme der vom Propagandaministerium ›nahegelegten‹ Präsidentschaft der »Europ. Dichtervereinigung«; Rolle im Dritten Reich ist reflektiert in *Ungleiche Welten* (1956, Autobiogr.); nach 1945 zahlreiche westdt. Ehrungen.

Csokor, Franz Theodor, 1885 Wien – 1969 Wien. Studium Kunstgesch., Germanistik; Teilnahme am Ersten Weltkrieg; 1922–28 Dramaturg in Wien; literar. Beginn in Nähe zu Strindberg und Wedekind, Drama des Expressionismus (*Die Sünden wider den Geist*; *Die rote Straße*; 1918), vielgespielte Werke mit soz.-histor. Kontext wie das Ruhrkampf-Drama *Besetztes Gebiet* (1930); 1933 öffentl. Protest (internat. PEN-Tagung Ragusa/Dubrovnik) gegen Verfolgungen im Dritten Reich, darauf dort Verbot seiner Werke; 1937 Grillparzer-Preis (Österr.); 1938 Emigration nach Polen, Rumänien, Jugoslawien; 1944 Mitarbeiter der BBC in Rom; 1946 Rückkehr nach Wien, 1947 Präsident des österr. PEN-Clubs; österr. Ehrungen.

Dähnhardt, Heinz, geb. 1897. Philologiestudium; 1926 Dr. phil.; 1927–34 Geschichtslehrer in ev. Wohlfahrtspflegerschule (Berlin) und Leiter eines Volkshochschulheims; Vorstandsmitgl. der Fichte-

Gesellschaft (»1916 gegr. Gesellsch. für dt. Nationalerziehung« – *Meyers Lexikon*, 1938); 1933 NSDAP-Mitgl.; 1934–45 Leiter der Abt. »Volksbüchereien und Erwachsenenbildung« im Reichsministerium für Wissenschaft, Erziehung und Volksbildung von → B. Rust; in dieser Funktion umfangreiche publizist. Tätigkeit vor allem zu Bibliotheksfragen (»Waffe im völkischen Lebenskampf« – *Weg und Ziel dt. Volksbüchereiarbeit*, in: *Die Bücherei* 4, 1937), aber auch Literaturkritisches (z. B. *Großstadtroman!* in: *Bücherkunde* 8, 1941 – Großstadt-Debatte um → H. Franke).

Dvorak, Robert, geb. 1906 Bochum. Philologiestudium; 1933 Dr. phil. (Univ. Münster) mit Diss. über R. Rolland (*Das Ethische und das Ästhetische bei R. Rolland*): Rolland war wegen seines Protestes (»Gewalttaten [...] des Hitlerschen Faschismus« – *Kölnische Zeitung*, 21. 5. 1933) im Dt. Reich unerwünscht; Dvorak publizierte Essays und Feuilletons u. a. für die *Neue Rundschau* und die *Kölnische Zeitung*; nach 1945 Redakteur; Autor kulturphilosoph. Arbeiten (*Technik, Macht und Tod*, 1948; *Die Leiden des Michelangelo*, 1947).

Ebermayer, Erich, 1900 Bamberg – 1970 Terracina (Latina). Nach dem Jurastudium (Dr. jur. 1923) arbeitete E. bis 1933 als Rechtsanwalt; literarisch machte er mit Dramen (*Kaspar Hauser*, 1926) und dem Schlüsselroman *Kampf um Odilienberg* (1929) auf sich aufmerksam; Freundschaft mit K. Mann (»leicht verschmockt« – K. Tucholsky 1928 über den Kreis um Ebermayer und K. Mann); nach 1933 mehrere Buchverbote, aber erfolgreiche Drehbucharbeiten (*Traumulus*, 1935/36, mit E. Jannings, *Liebe kann lügen*, 1937, mit C. Jürgens); wegen des Verdachts der Homosexualität unter Überwachung von Gestapo und SD. Nach 1945 Verteidiger während der Entnazifizierungsprozesse; in Tagebüchern reflektierte er seine Erlebnisse im Dritten Reich (*Denn heute gehört uns Deutschland ...*, 1959, *... und morgen die ganze Welt*, 1966).

Eckert, Gerhard, geb. 1912 Oberlößnitz bei Dresden. Studium in Berlin, 1936 Dr. phil. (*Gestaltung eines literarischen Stoffes in Tonfilm und Hörspiel*); Assistent am Institut für Zeitungskunde, Berlin; umfangreiche publizist. Tätigkeit über *Rundfunk und Film* (*Die Literatur* 40, 1937/38), *Die Dichter und der Rundfunk* (*Weltliteratur* 15, 1940) u. a.; 1941 vielbeachtete Monographie über den *Rundfunk als Führungsmittel* (»zu förderndes Buch«; – *Gutachtenanzeiger*, Amt → A. Rosenberg, 1942, Nr. 5/6); nach 1945 berufl. Engagement in Funk und Fernsehen: 1951 Geschäftsführer des Arbeitskreises für Rundfunkfragen, 1954 des Internat. Verbandes für Fernsehjournalisten; freier Publizist (*Die Kunst des Fernsehens*, 1953;

Das Fernsehen in den Ländern Westeuropas, 1965 u. a.), auch Reisebücher (*Urlaub ohne Hotel*, 1968).

Eich, Günter, 1907 Lebus a. d. O. – 1972 Salzburg. 1925–32 Studium der Sinologie, zeitweise Jura und Volkswirtschaft (Leipzig, Paris, Berlin); literar. Debut 1927, 1929 erstes Hörspiel (*Das Leben und Sterben des Sängers Caruso*; mit M. Raschke), 1930 erster Lyrikband (*Gedichte*), Beiträger für die literar. Zeitschrift *Die Kolonne* (Publikationsort auch von → P. Huchel, → H. Kasack, → H. Lange, mit denen E. lange verbunden blieb); Selbstcharakterisierung 1930: eine Verantwortung als Schriftsteller »vor der Zeit«? – »Nicht im geringsten. Nur vor mir selber«; ab 1932 freie Autorenexistenz, ermöglicht durch Rundfunkarbeiten (darunter 75 Folgen der im Dritten Reich beliebten Funkserie *Dt. Kalender*); 1935, für die Zeitschrift *Das Innere Reich*, Erzählung *Katharina* (Buchfassung 1936, Feldpostausgabe 1942); ab 1939 Soldatendienst, zunächst in der Stabsstelle Papier (Lektorierung von Feldpostausgaben, Aufbau des Frontbuchhandels), zu Kriegsende in amerik. Gefangenenschaft; hier entstanden Teile der 1948 publizierten Gedichtsammlung *Abgelegene Gehöfte*, mit der E. im Nachkriegsdeutschland auf großes Echo stieß; literar. Engagement nach 1945 schließt (neben zahlreichen Büchern, Hörspielarbeiten) Beteiligung an der Gründung der Zeitschrift *Akzente* (1953) mit ein und die Mitgliedschaft in der Gruppe 47; zahlreiche westdt. Ehrungen (»unsere Arbeit [...] als unbequeme Frage und als Herausforderung an die Macht« – Verleihungsrede, Büchner-Preis, 1959).

Ernst, Paul, 1866 Elbingerode (Harz) – 1933 St. Georgen (Steiermark). Studium der Theologie (abgebrochen), Geschichte, Nationalökon.; 1892 Dr. rer. pol. (*Die gesellschaftliche Reproduktion des Kapitals bei gesteigerter Produktivität der Arbeit*, Diss. Berlin); in den 1890er Jahren im linksradikalen Flügel der Sozialdemokraten, 1896 Parteiaustritt; Freundschaft mit A. Holz und literar. naturalist. Versuche; ab 1897 freier Schriftsteller; Freundschaft mit W. v. Scholz und S. Lublinski, mit denen er den Wunsch nach Kulturerneuerung in einer »neuklass. Bewegung« teilte (»Zusammenbruch der bürgerlichen Welt und die Sehnsucht, zu einer neuen Lebensform« – *Der schmale Weg zum Glück*, 1904, Roman); dramat. Versuche (*Canossa*, 1908; *Über alle Narrheit Liebe*, 1909 u. a.) ohne großen Bühnenerfolg (er fand aber in G. Lukács einen interessierten Leser; vgl. G. L. *Die Seele und die Formen*, 1911); umfangreiches Prosawerk (über 250 Novellen); Aufmerksamkeit in polit. konservat. Kreisen mit Schriften wie *Der Zusammenbruch des Marxismus* (1918), *Das*

Kaiserbuch (1923–28) und dem Bauernroman *Schatz im Morgenbrotstal* (1926); Annäherung an den NS (»tief bewegt«, so E. nach der Lektüre von Hitlers *Mein Kampf*, aber »[ich] fürchte seinen Antisemitismus« – vgl. Briefe an → W. Vesper, 11. / 14. 8. 1932); 1933 Berufung in die Preuß. Akad. der Künste (»bin [...] nun doch Revolutionsgewinnler« – Brief vom 9. 4. 1933).

Euringer, Richard, 1891 Augsburg – 1953 Essen. Musikstudium (abgebrochen); Pilot im Ersten Weltkrieg, u. a. in Kleinasien (darüber romanhafte Erz.: *Vortrupp Pascha*, 1937; *Zug durch die Wüste*, 1938); Sägewerkarbeiter, Verlagsangestellter; Nachkriegsjahre geprägt von »erfolglosen Jahren künstlerischen Ringens« und »Durchbruch zur gültigen Form [...] nationaler Haltung« (Lennartz, *Dichter unserer Zeit*, 1938); antisemit. Drama *Der neue Midas* (1920), ein *Plauderbuch für Musikfreunde* (1922) und 1925 *Fleisch und Kleider* (Roman mit 250 handelnden Personen); Annäherung an den NS, 1931 Gründungsmitgl. des Nationalverbandes Dt. Schriftsteller; Beiträge für den *Völkischen Beobachter* (*Hoffnung auf Herrschaft*, 25. 7. 1932; *Alles für Euch, ihr Mütter und Mädels*, 2. 3. 1933; u. a.); 1933 Leiter der Stadtbücherei Essen, dann freier Schriftsteller; 1934 renommierter »Nationaler Buchpreis« für das Funksendespiel *Deutsche Passion* (»Hymnus auf unseren Führer« – *Völkischer Beobachter*, 23./24. 4. 1933); auch Thingspiel (*Totentanz*, 1934), Wanderbuch (*Fahrten und Fernen*, 1936) und *Chronik einer deutschen Wandlung* (1935); vom Propagandaministerium geförderte Lesereisen, seit 1939 auch Konflikte mit der Zensur; nach 1945 Sachbücher (*Weltreise des Marco Polo*, 1954, postum) und Besinnliches (*Der Soldat und der Friede*, 1954, postum).

Finck, Werner, 1902 Görlitz – 1978 München. Besuch der Kunstschule Dresden, Engagement in Laiengruppen und Provinzbühnen; ab 1929 in Berlin (Kabarettbühne »Katakombe«, bis 1935 als Leiter); 1935 öffentl. angeordnete Schließung der »Katakombe«, Internierung im KZ Esterwegen und Prozeß wegen »Vergehens gegen das Heimtückegesetz«; 1936 Freispruch; 1936–38 Glosse für das *Berliner Tageblatt* (*Von mir aus – jede Woche*); 1939 Ausschluß aus der Reichskulturkammer und freiwilliger Soldatendienst (Eisernes Kreuz II, 1941); Auftritte in Frontheatern; 1948–51 Leiter des Kabaretts »Die Mausefalle« (Stuttgart), Mitarbeiter in Rundfunk und Fernsehen, Schauspieler in über 50 Filmen, legendäre Auftritte in der Schwabinger »Lach- und Schießgesellschaft«.

Franke, Hans, 1893 München – 1964 Wüstenrot bei Heilbronn. Teilnahme am Ersten Weltkrieg; Volontär *Berliner Tageblatt*; 1920

Redakteur (später Leiter des Feuilletons) *Neckar-Zeitung* (Heilbronn), 1934 Entlassung; 1938 Verlagslektor bei E. Salzer (Heilbronn), 1941/42 bei Heyne (Dresden) und Schneekluth (Celle); Verfasser vielbeachteter Kritiken und Essays in fast allen bedeutenden NS-Literaturzeitschriften; Hrsg. (M. Eyth, *Blut und Eisen*, 1942; *Abendliches Lesebuch*, 1961); weniger Beachtung fanden F.s dichterische Arbeiten wie *Untergang* (Drama, 1924), *Erde, ich liebe dich* (Gedichte, 1930) oder *Liebe fordert letzte Beugung* (Novelle, 1950); 1949–58 Redakteur *Neckar-Echo* (Heilbronn); maßgebl. am Wiederaufbau des Heilbronner Kulturlebens beteiligt; Autor einer seriösen Arbeit über *Geschichte und Schicksal der Juden in Heilbronn* (1963); Heilbronn erinnert an ihn als »das schreibende Gewissen der Stadt« (*H. Franke. Zum 100. Geburtstag*, 1993).

Gaiser, Gerd, 1908 Oberriexingen (Württemberg) – 1976 Reutlingen. Malerausbildung in Stuttgart und Königsberg, Studium der Kunstgesch., 1934 Promotion (Univ. Tübingen), *Die Plastik der Renaissance und des Frühbarock in Neukastilien* (ersch. 1938); bis 1939 vorwiegend als Kunstmaler und Zeichenlehrer tätig; Erstlingsarbeiten (Lyrik, Prosa) u. a. in der Monatsschrift *Das Innere Reich*; 1941 erste eigenständige Buchveröffentlichung (*Reiter am Himmel*, Ged.; – »förderungswürdig«, *Gutachtenanzeiger*, Amt → A. Rosenberg, 1942, Nr. 1); im Zweiten Weltkrieg Jagdfliegeroffizier; 1949 Studienrat, später Dozent für Kunsterziehung an der Pädagogischen Hochschule Reutlingen; literar. Aufmerksamkeit nach 1945 mit autobiograph. Prosa *Sterbende Jagd* (1953) und dem Wirtschaftswunder-Roman *Schlußball* (1958; Funkfassung von → F. Tumler); auch Verfasser kunsthistor. Bücher (*Moderne Kunst*, 1958 u. a.); zahlreiche westdt. Auszeichnungen.

Gerstner, Hermann, 1903 Würzburg – 1993 Grünwald bei München. Dr. phil. mit Arbeit über J. Grosse, Dichter um P. Heyse und E. Geibel im Münchner Dichterkreis (*J. G. als Lyriker*, 1928, Diss. München); 1927–31 Gymnasiallehrer in Berlin, 1931–65 bayr. Staatsbibliothekar; Autor und Hrsg. von rund 100 Büchern; bis 1937 überwiegend Gedichte (*Begegnungen*, 1923; *Buddha-Legende*, 1932; *Requiem für einen Gefallenen*, 1936 u. a.), seit 1937 hauptsächl. Prosa (*Die Straße ins Waldland*, 1938 u. a.); seit den 50er Jahren auch biograph. Arbeiten, Herausgebertätigkeit (J. und W. Grimm, J. F. Cooper u. a. m.) und Jugendliteratur (*Überfall auf Mallorca*, 1969); Mitte der 60er Jahre Präsident der Dauthendey-Gesellschaft (Nachfolge W. v. Scholz).

Goebbels, Paul Joseph, 1897 Rheydt – 1945 Berlin. Wehruntauglichkeit wegen Gehbehinderung; seit 1917 Studium der Kunstgesch., Philosophie, Germanistik; Dr. phil. (*Wilhelm v. Schütz als Dramatiker*, Diss. Univ. Heidelberg, 1922); Tagebücher (1924–45; ersch. 1987ff.), Tagebuchnovelle (*Michael*, 1924; ersch. 1929); Redakteur der *Völkischen Freiheit*, 1925 der *Nationalsozialistischen Briefe*; enger Mitarbeiter G. Strassers; 1926 NSDAP-Mitgl.; in der Auseinandersetzung Strasser/Hitler schlägt sich G. 1926 auf Hitlers Seite (»A. H. ich liebe dich, weil du groß und einfach zugleich bist« – *Tagebücher*, 19. 4. 1926); Hitler überträgt G. die »Gauleitung Berlin«; 1927 Zeitungsgründung *Der Angriff*; 1928 Reichstagsabgordneter; 1930 Reichspropagandaleiter (»Wahlschlachten [...] propagandistisch meisterhaft vorbereitet« – *Meyers Lexikon*, 1938); 1933 Reichsminister für Volksaufklärung und Propaganda; maßgebl. an Initiierung und Durchführung der sog. »Reichskristallnacht« (1938) beteiligt; Schlüsselrolle in der psychologischen Kriegsführung (»Wollt ihr den totalen Krieg« – Sportpalast-Rede, 18. 2. 1943); G. nahm 1945, nach Hitlers Selbstmord, seine gesamte Familie mit in den Tod.

Grabner, Hasso, 1911 Leipzig – 1976 Potsdam. Buchhandelslehre; 1930 KPD-Mitgl., Autor von Agit-Prop-Texten für kommunist. Organe; nach 1933 Untergrundarbeit und Verhaftung; neunjährige Internierung u. a. im KZ Buchenwald; während der Haft und später als Soldat lyrische Versuche (z. T. in ostdt. Verlagen publiziert); nach 1945 zunächst Engagement in der Arbeiterjugendbewegung in der SBZ, zeitweise Rundfunkintendant und Wirtschaftsfunktionär; ab 1958 freier Schriftsteller (*Der Takt liegt auf dem linken Fuß*, Ged., 1958; *Dimitroff-Kantate*, 1964; *Das Tagebuch der Brigade Schlimme*, Hörspiel, 1961); ostdt. Ehrungen.

Griese, Friedrich, 1890 Lehsten (Mecklenburg) – 1975 Lübeck. 1913–26 Volksschullehrer in Strahlendorf (Mecklenburg; 1915/16 Kriegsdienst), später Rektor in Kiel; ab 1935 freier Schriftsteller auf Gut Rethus in Mecklenburg; 1921 Debütroman *Feuer*; G.s poetisches Programm – »die Landschaft zeigen, wo sie ihre innere Kraft offenbart« – findet wachsende Resonanz (*Korn rauscht*, Roman, 1923); 1928 Literaturpreis des Preuß. Kultusministeriums; *Der ewige Acker*, 1930, Roman; 1933 Mitgl. der Preuß. Akad. der Künste; *Die Wagenburg*, 1935, Roman (»die Klarheit, die der Dichter bringt über eine Zeit, die nur Taumel war und Raserei«; → H. Langenbucher, *Neues Volk*, Mai 1936); neben der literar. Arbeit rege Vortrags- und Reisetätigkeit im Rahmen von NS-geförderten Veranstaltungen bis in die späten Kriegsjahre (u. a. ›Dichterfahrt ins Kampfgebiet‹

mit → O. Henning); 1945 Internierung in der SBZ (reflektiert in: *Der Wind weht nicht, wohin er will*, Autobiogr., 1960); 1947 Übersiedlung in die Westzone, ab 1955 in Lübeck, Bevensen und Groß Grönau; 1964 Kulturpreis der Landsmannschaft Mecklenburg, die Preisvergabe markiert den Auftakt der Beschäftigung der Nachkriegsgermanistik mit dem Dritten Reich (*Ein Disput um eine Preisverleihung*, in: K. O. Conrady, *Literatur und Germanistik*, 1974).

Haecker, Theodor, 1879 Eberbach (Württemberg) – 1945 Usterbach bei Augsburg. Philosophiestudium; publizist. Arbeiten seit 1911 (u. a. für *Der Brenner* und das kath. *Hochland*); 1913 Monographie über S. Kierkegaard (*S. K. und die Philosophie der Innerlichkeit*), Beginn einer lebenslangen Auseinandersetzung (Übers. u. a.); Beschäftigung mit dem engl. Reformer-Theologen J. H. Newmann (*Philosophie des Glaubens*, 1921, Übers.); 1921 Konversion zum Katholizismus; Grundthema der Arbeiten: Frage nach dem Verhältnis von *Christentum und Kultur* (1927), Antworten in der Antike (*Vergil, Vater des Abendlandes*, 1931; darüber W. Benjamin: »H. lebt in einem elfenbeinernen Turm«, W. B., *Schriften 3*, S. 321); stilist. Einflüsse von K. Kraus (*Satire und Polemik*, 1922); nach 1933 im wachsenden Konflikt mit Machthabern; 1935 Redeverbot, 1939 Publikationsverbot; Kontakte zum Münchner Widerstandskreis »Weiße Rose«; Tagebücher 1939–45 (»gibt es etwas Verständlicheres, als daß einer wegen Hitler den Glauben an Gott verliert?«, *Tag- und Nachtbücher*, 18. 12. 1940); 1941 Geschäftsführer F. Schreiber Verlag, Esslingen.

Haegert, Wilhelm, geb. 1907. 1923 Mitgl. der »schwarzen Reichswehr«; 1926–29 Studium der Rechts- und Staatswiss., dann Referendar; 1929 NSDAP-Mitgl. und stellv. Ortsgruppenleiter der NSDAP in Angermünde (bei Frankfurt a. d. O.); 1931 Leiter der Rechtsschutzabt. des Gaues Groß-Berlin; 1932 Stabsleiter der Reichspropagandaleitung; 1932 SA-Sturmbannführer (1941 SA-Oberführer); 1933–38 Leiter der Propaganda-Abt. im Ministerium für Volksaufklärung und Propaganda von → J. Goebbels, 1939–45 dort Leiter der Schrifttumsabt.; damit während des Krieges Führungsfunktion in zentralen Gebieten der NS-Literaturpolitik (»Das Buch ist [...] das wichtigste Mittel, um die geistige Haltung des deutschen Volkes [...] zu beeinflussen« – *Schrifttum und Buchhandel im Kriege*, in: *Börsenblatt*, 23. 4. 1940); 1944 auch Sonderbeauftragter von Reichsminister A. Speer für den Lenkungsbereich Buch, Propaganda und Druck.

Hagemeyer, Hans, geb. 1899. Kaufmänn. Ausbildung, bis 1931

Prokurist in väterl. Firma in Bremen; 1931 NSDAP-Mitgl. und Mitarbeiter der wirtschaftspolit. Abt. der NS-Reichsleitung; Mitgl. des 1928 von → A. Rosenberg initiierten »Kampfbundes für dt. Kultur«, 1932 als Landesleiter des Bezirkes Nordbayern-Franken; 1933 Stadtrat Nürnberg; mit Auftrag von → A. Rosenberg Gründung und Aufbau der »Reichsstelle zur Förderung des dt. Schrifttums« mit Sitz in Leipzig (Gründungsmitgl. u. a. → H. Johst, → H. Langenbucher, R. Schlösser und → H. Wismann); 1933–43 Leitung der Reichsstelle (seit 1934 dem Amt → A. Rosenberg angegliedert); Hauptaufgabe der Dienststelle war die ›Überwachung‹ der Schrifttumsproduktion im Reich (»wer gegen unsere Weltanschauung kämpft, kämpft gegen Deutschl.« – Hagemeyer in: *Wille und Macht* 20, 1935); 1943 Rücktritt nach Zerwürfnis mit → Rosenberg; auch publizist. Tätigkeit (*Der neue Mensch*, 1934; *Europa und der Osten*, 1939 u. a.).

Hagen, Hans W., 1907 Markirch (Elsaß) – 1967 München. Dr. phil. (*Rilkes Umarbeitungen*, 1931, Univ. Greifswald); literaturpolit. Schriften (*Deutsche Dichtung in der Entscheidung der Gegenwart*, 1938; *Goethe im Geisteskampf der deutschen Gegenwart*, 1939); Mitarbeiter der ›Parteiamtl. Prüfungskommission zum Schutze des nationalsozialistischen Schrifttums‹; Lektor im Hauptlektorat Neuere Literatur und Geistesgeschichte im Amt → A. Rosenbergs (*Lektoren-Brief* 7/8, 1940); seit 1941 Referent in der Schrifftumsabt. im Ministerium von → J. Goebbels; H. war Tatzeuge des Attentatsversuches auf Hitler vom 20. Juli 1944 (darüber H.s Bericht *Zwischen Eid und Befehl*, 1958); Nachkriegspublikation im rechts-konservat. Türmer-Verl. (*Durchbruch zur neuen Mitte*, 1957; *B. Brecht, ein literarischer Beitrag zur Errichtung der Mauer am 13. August*, 1961 u. a.).

Hagen, Peter →Krause, Willi

Hartlaub, Felix, 1913 Bremen – 1945 Berlin (vermißt). Sohn des Direktors der Mannheimer Kunsthalle, G. F. Hartlaub; Studium der Geschichte, Romanistik; literar. Jugendwerke (*Mahad*, 1936, Prosaskizze); Promotion Geschichte (*Don Juan d'Austria und die Schlacht bei Lepanto*, Diss. Berlin, 1940), 1939 Soldat in Sperrbataillonseinheit, 1941 Mitgl. der Archivkommission des Auswärtigen Amtes (Paris), 1942–45 Abt. Kriegstagebuch des Oberkommandos der Wehrmacht (im »äußeren Sperrkreis« des mobilen Führerhauptquartiers); Stationen u. a. in der Ukraine, Ostpreußen, Berchtesgaden; die während des Krieges gemachten Aufzeichnungen (Tagebücher, Prosaskizzen) wurden erst nach H.s Tod (April 1945 bei Berlin verschollen) veröffentlicht; die Textauswahl (vielleicht auch die Bearbeitung) nahm H.s Schwester, die Publizistin Geno v. H., vor (*Von unten gesehen*, 1950; *Gesamtwerk*, 1955).

Haupt, Gunther, geb. 1904 Berlin. 1927 Dr. phil. (Univ. Tübingen); 1930–32 Lektor bei Langen-Müller (München), 1932–33 bei der Hanseat. Verlagsanstalt (Hamburg); 1933 kurzzeitig Geschäftsführer der Fichte-Gesellschaft (»1916 gegr. Gesellsch. für dt. Nationalerziehung« – *Meyers Lexikon*, 1938); 1933/34 Leiter des Amtes für öffentl. Buchwerbung und (parteiloser) Geschäftsführer der Reichsschrifttumskammer; kulturpolit. Streitschrift (*Was erwarten wir von der kommenden Dichtung*, 1934); 1935, wegen Differenzen mit Kammer-Präsident → H. F. Blunck, Rücktritt vom Geschäftsführerposten; mit dem Sturz → H. Wismanns 1937 gänzl. Rückzug aus den Kammergeschäften; publizist. Arbeiten (*Das Leben H. Kleists*, 1938); 1937–72 Bearbeiter der Neuaufl. des Zitaten-Klassikers *Geflügelte Worte von G. Büchmann* (»selbstverständlich sind die jüdischen Autoren als solche gekennzeichnet worden« – Vorwort zur 28. Aufl. 1937); 1940 NSDAP-Mitgl.; nach 1945 publizist. Wende (*Die Flucht zum Altar*, 1954 u. a. m.).

Hauptmann, Gerhart, 1862 Ober-Salzbrunn (Schlesien) – 1946 Agnetendorf (Schlesien). Hauptvertreter des dt. Naturalismus (*Bahnwärter Thiel*, 1888, Novelle; *Die Weber*, 1892, Drama; *Biberpelz*, 1893, Drama u. a.); Sozialkritik und mystische Momente (*Hanneles Himmelfahrt*, 1893, Drama; *Die versunkene Glocke*, 1897, Drama u. a.); vielfache Ehrungen noch im Kaiserreich (u. a. Nobelpreis 1912) und Anfeindungen (1896: Kaiser Wilhelm II. lehnt Vergabe des Schiller-Preises ab); in der Weimarer Republik einer der Repräsentanten des dt. Geisteslebens; 1926 schlägt H. die Berufung in die Preuß. Akademie der Künste aus, will als Dichter kein öffentl. Amt anstreben; 1928 doch Zusage; 1933 Verbleib in Deutschland (Agnetendorf, Erzgeb.), vielfach erwartete polit. Stellungnahme bleibt aus (»Er, er, er hatte die Pflicht anders zu sein« – Kritik A. Kerrs an H., *Diktatur des Hausrechts*, 1934, XII); 1937 Autobiogr. (*Die Abenteuer meiner Jugend*); H.s Dramen sind im Dritten Reich mehr geduldet als gefördert (»Mit dem kann man keine Lorbeeren mehr ernten. Aber es ist besser, er ist unser Freund als unser Feind.« – so → J. Goebbels, *Tagebücher*, 7. 11. 1936); 1940–45 Niederschrift der Atridentetralogie (*Iphigenie in Delphi*, 1941; *Iphigenie in Aulis*, 1944; *Agamemnons Tod* und *Elektra*, 1948); 1942, anläßlich des 80. Geburtstags von H., offizielle Genehmigung einer

Gesamtausgabe in 18 Bdn. (aber Protest von Parteikanzlei-Leiter M. Bormann).

Hauser, Heinrich, 1901 Berlin – 1955 Diessen (Ammersee). 1918 Seekadettenausbildung, nach dem Krieg u. a. Matrose, Fotograf, Techniker; seit 1920 literar. Arbeiten, zunächst vom Expressionismus beeinflußt (*Das Zwanzigste Jahr*, Roman, 1925); 1928 literar. Durchbruch mit Seefahrer- und Siedlerroman *Brackwasser*, dafür 1929 G.-Hauptmann-Preis; Redakteur der *Frankfurter Zeitung*; literar. Reportagen über eigene Abenteuerfahrten (*Feldwege nach Chicago*; 1931; *Fahrten und Abenteuer im Wohnwagen*; 1935 u. a.); publizist. Interesse am Verhältnis Mensch/Maschine (*Friede mit den Maschinen*, 1929), zahlreiche Text-Bildbände für und über die Opel AG (*Am laufenden Band*, 1936; *Bevor dies Stahlherz schlägt*, 1951 u. a.); nach eigenen Aussagen seit 1938 im amerik. Exil (vgl. dazu: H., *Hitler versus Germany*, 1940), aber weiter Belieferung des dt. Buchmarkts (*Kanada*, Reisebericht, 1940) und offizielle Förderung seiner Bücher (W. Baur, *Börsenblatt* 36/37, 1943); 1945 Bekenntnis zu Preußen in *The Germans talk back* (Buchfassung 1947); 1948 Chefredakteur des *Stern*.

Hederich, Karl Heinz, geb. 1902 Wunsiedel. 1918 Schlosserlehre; seit 1922 Parteigänger der NSDAP, nach eigenen Angaben 1923 Teilnahme am Hitler-Putsch in München; 1925 Abitur; Studium TH Danzig und München; 1930 Mitgl. im NS-Studentenbund; 1931 Ingenieursdiplom; 1932 Erneuerung der NSDAP-Mitgliedschaft; 1931–33 Regierungsbauführer für die Dt. Reichsbahn; 1934–45 Geschäftsführer der Parteiamtl. Prüfungskommission zum Schutze des nationalsozialistischen Schrifttums, ab 1936 als Stellvertreter → Ph. Bouhlers; in dieser Funktion Führung der Dienstbehörde mit über 100 Angestellten (Stand 1939: 127) und zeitweise 500 Außenlektoren (Zahl aus dem Krieg), außerdem Hauptschriftleiter der *NS-Bibliographie* (1936–44); 1937–38, neben der Führung der Bouhler-Behörde, zusätzl. Leitung der Schrifttumsabt. im Reichsministerium für Volksaufklärung und Propaganda, 1938 Rücktritt von dieser Position nach Auseinandersetzung mit → A. Rosenberg und M. Amman.

Hennecke, Hans, 1897 Bethel bei Bielefeld – 1977 Gröbenzell bei München. Teilnahme am Ersten Weltkrieg; ab 1918 Studium der Germanistik, Philosophie, Anglistik, Romanistik; im Dritten Reich Verlagsmitarbeiter in Berlin; Übers. und Arbeiten zur Poetik des Übersetzens (*Englische Gedichte von Shakespeare bis W. B. Yeats*, 1938); Publizist (Rez. und Essays u. a. für die *Europäische Revue*,

Das Reich, Die Neue Rundschau); nach dem Krieg zunächst Redakteur der literar. Zeitschrift *Die Fähre* (1946–48), dann freier Publizist (*Kritik*, Essays zur modernen Literatur, 1958; *Stefan Andres*, Einführung, 1962 u. a.); 1962–68 Gastprofessuren in Nordamerika; 1969 Übersetzerpreis der Dt. Akademie für Sprache und Dichtung.

Henning, Otto, geb. 1899. Studium der Rechts-, Staats- und Wirtschaftswiss. (Gießen); 1925 Dr. jur.; ab 1929 leitende Tätigkeit in der Gesellsch. für Volksbildung (Gießen); 1935 Programmleiter der Fichte-Gesellsch. (»1916 gegr. Gesellschaft für dt. Nationalerziehung« – *Meyers Lexikon*, 1938) und Mitarbeiter der Reichsschrifttumskammer; 1937 dort Leiter der Abt. Buchwerbung; 1938 Referent der Schrifttumsstelle im Reichsministerium für Volksaufklärung und Propaganda.

Himmler, Heinrich, 1900 München – 1945 Lüneburg. Kriegsfreiwilliger (ohne Fronteinsatz); 1919–22 Landwirtschaftsstudium TH München; 1923 Teilnahme am Hitler-Putsch an der Seite E. Röhms; 1925 Gauführer der Artamanen-Bewegung (mhd. *art* ›Ackerbau‹, *manen* ›Männer‹); 1928 Erwerb einer Hühnerfarm; 1929 Reichsführer SS (seit 1927 als Stellv.); 1930 Reichstagsmitgl.; 1931 Einrichtung des NSDAP-Nachrichtendienstes SD (Sicherheitsdienst des Reichsführers-SS); 1933/34 Übernahme von Schlüsselfunktionen im Bereich der polit. Polizei; 1934 stellv. Chef der preuß. Gestapo; Schlüsselfigur bei der Ermordung E. Röhms und anderer SA-Führer (1934); seit 1936 als »Chef der Dt. Polizei« Kontrolle über die gesamte Polizei; eine besondere Stellung in H.s Herrschaftsbereich besaßen Sicherheitspolizei und SD (seit 1939 im Reichssicherheitshauptamt); mit Kriegsbeginn Ausbau des Apparates, Organisation der NS-Umsiedlungspolitik (1939 Ernennung zum »Reichskommissar für die Festigung des dt. Volkstums«) und des Massenmords an europ. Juden (1941 Befehl zur Errichtung von Auschwitz, Birkenau); 1943 Reichsminister des Innern; 1944 Oberbefehlshaber des Ersatzheeres; 1945 Selbstmord.

Hinkel, Hans, 1901 Worms – 1960 Göttingen. 1919–22 Studium der Staatswiss. und Philosophie; 1921 NSDAP-Mitgl., Redakteur bei bayr. und norddt. Zeitungen, seit 1930 beim *Völkischen Beobachter*, Reichstagsmitgl.; 1933 Staatskommissar im preuß. Ministerium für Wissenschaft, Kunst und Volksbildung unter → B. Rust, Organisationsleiter des »Kampfbundes für dt. Kultur«, 1934 Austritt nach Kontroverse mit → A. Rosenberg; danach verschiedene leitende Funktionen im Einflußbereich von → J. Goebbels; 1935 in der Geschäftsführung der Reichsschrifttumskammer, Einfädelung des Präsidentenwechsels von → H. F. Blunck zu → H. Johst und Übernahme des neuen »Sonderreferats zur Überwachung der geistig und kulturell tätigen Juden«; (»dem dt. Volke seine Hausrechte [...] zurückgeben und nicht dulden, daß Wesensfremde sein Geistes- und Kulturleben bestimmen«; – H. über seine Arbeit, *Völkischer Beobachter*, 7. 8. 1935): als Mitgl. der SS (seit 1934) enge Zusammenarbeit mit dem SD von → H. Himmler; auch Zeit für Publikationen (*Einer unter Hunderttausend*, 1937, Erinnerungen; *Judenviertel Europas*, 1939 u. a.); Ausbau der Position im staatl. Kulturapparat (1941 Generalsekretär der Reichskulturkammer, 1942 Leiter des Unterhaltungsprogramms des Groß-dt. Rundfunks; 1944 Leiter der Filmabt.); 1945 Internierung; 1952 Entlassung aus Warschauer Gefängnis in Polen, Rückkehr nach Westdeutschland.

Huchel, Helmut Peter, 1903 Berlin-Lichterfelde – 1981 Staufen i. Br. 1920 Teilnahme am Kapp-Putsch; 1923–26 Literatur- und Philosophiestudium; seit 1924 Veröffentlichung von Gedichten; 1926–28 Aufenthalt in Frankreich; 1929–31 Reisen nach Ungarn, Rumänien, in die Türkei; seit 1930 Prosa, Lyrik und redaktionelle Arbeiten für *Die literar. Welt*; 1932 Lyrikpreis der Zeitschrift *Die Kolonne* (Publikationsort auch für Autoren wie → G. Eich, → H. Kasack, → H. Lange, mit denen H. lange verbunden blieb); geplante Gedichtsammlung *Der Knabenteich* von H. 1933 zurückgezogen; Aufenthalt in Rumänien, ab 1934 in Michendorf (Mark Brandenburg); zahlreiche Hörspielarbeiten (*Die Herbstkantate*, Rundfunkdichtung, 1935; *Der Fesselballon*, Komödie, 1936; *Briff Santa Fé*, Ballade, 1937 u. a.); seit 1941 Soldat; 1946–49 von den sowjet. Besatzern bestellter Sendeleiter, später künstlerischer Direktor des Berliner Rundfunks; 1949–62 Chefredakteur von *Sinn und Form*; ost- und westdt. Ehrungen; 1971, nach Jahren der Isolation in der DDR, Ausreise nach Westdeutschland.

Ihde, Wilhelm, geb. 1899. Tätigkeit im Bankwesen (Schwerin) und Import-/Export-Handel (Bremen); 1927–31 Studium in Köln; 1930 NSDAP-Mitgl., Funktionär im NS-Studentenbund; seit 1930 Wirtschaftsjournalist; SS-Mitgl.; 1935–37 Hauptgeschäftsführer des Reichsverbandes der Dt. Presse; 1937–44 Geschäftsführer in der Reichsschrifttumskammer; zahlreiche polit.-histor. Schriften (*Discours zwischen Friedrich dem Großen und Robespierre*, 1939; *Das preußische Prinzip*, 1943 u. a.); 1944, wegen Teilnahme an der Konfirmation einer Verwandten, Entlassung aus der SS; nach 1945, unter dem Pseud. »Thomas Trent«, Verfasser von Jugendliteratur (*Mond-*

rakete E 4 überfällig, 1955; *Goldrausch am Sacramento*, 1971, und rund 30 weitere Titel).

Jelusich, Mirko, 1886 Semil bei Prag – 1969 Wien. Kroat. Vater und sudetendt. Mutter; aufgewachsen in Wien; 1906 Philosophiestudium, 1912 Dr. phil. (Univ. Wien); im Ersten Weltkrieg Offizier der österr. Armee; danach Redakteur der *Deutsch-österreichischen Tageszeitung* in Wien (ab 1923) und Vorsitzender des nationalsozialistischen »Kampfbundes für dt. Kultur«; publizist. Waffengang für den »Anschluß« von Österreich an das Dt. Reich; 1933, nach Verbot des Kampfbundes in Österreich, verdecktes NS-Engagement im Bund der dt. Schriftsteller Österreichs; literar. Durchbruch 1929 mit histor.-biograph. Roman *Caesar*; weitere, ähnlich angelegte Bücher sichern J. eine Leserschaft bis weit in die Nachkriegszeit (*Cromwell*, 1933; *Der Löwe*, 1936; *Der Traum vom Reich*, 1941, Wiederaufl. 1979; u. a.); auch Filmdrehbücher (z. B. mit Louis Trenker, *Condottieri*, 1936/37); 1938 kurzzeitig Leiter des Wiener Burgtheaters; 1943 Grillparzerpreis der Stadt Wien; 1945 von Sowjets verhaftet, 1946 freigesprochen; Wiederaufnahme der schriftstellerischen Arbeit (*Talleyrand*, 1954 u. a.).

Johst, Hanns, 1890 Seehrshausen bei Oschatz (Sachsen) – 1978 Ruhpolding. Pfleger in der Bodelschwinghschen Anstalt Bethel; Medizinstudium (abgebrochen), Philologie, Kunstwiss.; Teilnahme am Ersten Weltkrieg; seit 1918 freier Schriftsteller am Starnberger See. J.s frühe Dramatik (*Die Stunde d. Sterbenden* 1914) mit Nähe zum Expressionismus und signifikanter Resonanz (B. Brechts *Baal*, 1919, ist ein Gegenentwurf zu J.s *Der Einsame*; 1917; Brecht und → P. Suhrkamp lernen sich 1920 bei J. kennen); nach 1918 orientiert sich J. neu, sucht Wege zur Gemeinschaft im Völkischen (»Es ist jetzt keine Zeit für Experimente« – J. in: *Das Neue Rheinland* 2, 1919/20); auf der Bühne bändigen große Einzelcharaktere mit Charisma und Volksverbundenheit die unruhigen Zeiten (*Thomas Paine*, 1927 u. a.); auch Komödiantisches (*Marmelade*, 1926); 1932 Eintritt in die NSDAP; 1933 UA von *Schlageter*, »in liebender Verehrung und unwandelbarer Treue« A. Hitler gewidmet; nach 1933 nur noch gelegentl. Veröffentlichungen (z. B. 1940, *Ruf des Reiches – Echo des Volkes*, über eine Ostfahrt mit → H. Himmler); 1933 Dramaturg Schauspielhaus Berlin, Preuß. Staatsrat und Vors. der Sektion Dichtung in der Preuß. Akad. der Künste, Gründungsmitglied der Reichsstelle zur Förderung des dt. Schrifttums (gemeinsam mit → H. Hagemeyer, R. Schlösser, → H. Langenbucher, → H. Wismann u. a.); 1935–45 Präsident der Reichschrifttumskammer

(Nachfolge → Blunck); 1945 Verhaftung; 1949 von der Spruchkammer als »Hauptschuldiger« eingestuft. 1955 Autobiogr. (*Gesegnete Vergänglichkeit*).

Jünger, Ernst, 1895 Heidelberg – 1998 Riedlingen (Württemberg). Bruder von → Friedrich Georg J.; 1913, während der Gymnasialzeit, Flucht in die frz. Fremdenlegion, Nordafrika (reflektiert in *Afrikanische Spiele*, 1936); Offizier im Ersten Weltkrieg; bis 1923 in der Reichswehr; 1920 erscheint J.s Tagebuchprosa *In Stahlgewittern* (26. Aufl. 1961), weitere Weltkriegsreflexionen folgen (*Kampf als inneres Erlebnis*, 1922 u. a.; »die Schlacht [...] ein furchtbares Messen der Industrien« – *Feuer und Blut*, 1925); 1923/24 Philosophie- und Zoologiestudium, ab 1925 freier Schriftsteller in Berlin; C. Schmitt, E. Niekisch, E. Mühsam, E. Toller zählen zum Bekanntenkreis; publizist. Wortführer der nationalist.-revolutionären Sammlungsbewegung; geschichtsphilosoph. Arbeiten kreisen um Überwindung der Moderne im Akt techn. Destruktivität (*Die totale Mobilmachung*, Ess., 1930) und die »Verschmelzung organischer und mechanischer Kräfte« in der Gestalt des *Arbeiters* (Essay, 1932); auf Angebote der Nationalsozialisten, ein Reichstagsmandat zu übernehmen (1927 und 1933), geht J. nicht ein; 1933 auch Berufung in die Preuß. Akad. der Künste abgelehnt, Umzug von Berlin nach Goslar (1936 Überlingen, 1939 Kirchhorst); Fortschreibung der gesellschaftspolit. Selbstbestimmung (»Der hohe Sinn des Feldherrn erblickt die Dinge unberührt« – *Über den Schmerz*, Ess., 1934); die NS-nahe Kritik lobt J.s Frühwerk und schwankt im Urteil über seine zeitgenöss. Arbeiten (»hoffnungsloser Nihilismus liegt hier in verhängnisvoller Nähe« – *Meyers Lexikon*, 1939); Reisen nach Norwegen und Südamerika; 1939 erscheint der Roman *Auf den Marmorklippen*, obwohl vielfach als literar. Opposition gedeutet, bleibt ein Verbot aus; 1939 Einberufung zum Kriegsdienst; Tagebücher zum Frankreichfeldzug (*Gärten und Straßen*, 1942); 1941–44 in Paris als ›kritischer Besatzer‹ (Stabsmitgl. des militär. Befehlshabers für Frankreich, Begegnungen mit Cocteau, Céline, Picasso u. a., Kontakte zum militär. Widerstand gegen Hitler); seit 1941 Arbeit am Traktat *Der Friede* (ersch. 1946); 1944 reguläre Entlassung aus der Wehrmacht; J.s Weigerung 1945, den »Fragebogen« der Alliierten auszufüllen, hat ein vierjähriges Publikationsverbot zur Folge und prägt das Bild des »zackigen Flaneurs« (*Der Spiegel*, 20. 3. 1995) neu; zahlreiche weitere Schriften entstehen (*Sämtliche Werke*, 18 Bde., 1978 ff.); im hohen Alter wachsende öffentl. Anerkennung (Geburtstagsbesuch von H. Kohl und F. Mitterand, 1985).

Jünger, Friedrich Georg, 1898 Hannover – 1977 Überlingen (Bodensee). Bruder von → Ernst J.; Offizier im Ersten Weltkrieg; bis 1920 in der Reichswehr; Studium Rechtswissensch., Dr. jur. Univ. Halle; ab 1926 freier Schriftsteller in Berlin; Anschluß an nationalbolschewist. Zirkel um E. Niekisch, in deren Organ *Der Widerstand* (1934 verboten) er (und auch sein Bruder → Ernst J.) veröffentlichte; erste selbständ. Publikation (*Gedichte*, 1934), an Klopstock und Hölderlin geschulte Oden und Elegien (»Las [...] darin ein Stück, *Der Mohn*, von fabelhafter Aggressivität gegen die Machthaber« – Th. Mann, Tagebücher, 30. 11. 1934); 1937 Wegzug von Berlin nach Überlingen; fortgesetzte Beschäftigung mit Antike (*Griech. Götter*, 1943); im krit. Dialog mit dem Essay *Der Arbeiter* (→ E. Jünger, 1933) entsteht seit Ende der 30er Jahre das Gegenstück *Die Perfektion der Technik* (Erstaufl. 1944 verbrannt; Neuaufl. 1946); nach 1945 vielfältige literar. Produktion (*Griechische Mythen*, 1947; *Grüne Zweige*, 1951, Erinnerungen; *Sprache und Kalkül*, 1956, Essay, u. a.); zahlreiche westdt. Ehrungen.

Kasack, Hermann, 1896 Potsdam – 1966 Stuttgart. Studium Germanistik und Philosophie (Promotion abgebrochen); 1920 Lektor im Kiepenheuer Verlag; 1926/27 und wieder 1941–49 Lektor und zeitweilig Leiter des S. Fischer Verlags (später Suhrkamp Verlag); 1948 Mitbegründer des dt. PEN-Zentrums; 1953–63 Präsident der Deutschen Akademie für Sprache und Dichtung. Der vielseitige Autor verfaßte neben formal durchkomponierter Lyrik und weniger erfolgfreichen Dramen für das Genre richtungsweisende Hörspiele (*Stimmen im Kampf*, 1930; *Tull der Meisterspringer*, 1932) und vielbeachtete Romane (*Die Stadt hinter dem Strom*, 1942–46).

Kessler, Harry Graf, 1868 Paris – 1937 Lyon. Studium Jura und Kunstgesch.; Mitarbeiter der Kunstzeitschrift *Pan*; 1902–06 Museumsdirektor in Weimar (Entlassung nach Eklat wegen Ausstellung von Aktzeichnungen Rodins); 1913 Verlagsgründung Cranach-Presse; nach dem Ersten Weltkrieg Botschafter in Polen, Völkerbund-Konferenzteilnehmer in Genf (1924), Präsidiumsmitgl. der Dt. Friedensgesellschaft (1919–29); Nähe zu W. Rathenau (*Walther Rathenau*, 1928, Biogr.); 1933 Emigration, Aufenthalte in Frankreich und auf Mallorca; Memoiren, Tagebücher.

Keun, Irmgard, 1910 Berlin – 1982 Köln. Stenotypistin, Bühnenausbildung Kölner Schauspielschule; Engagements in Greifswald und Hamburg; Beginn der Schriftstellerei auf Zuspruch A. Döblins; 1931 vielbeachtetes Erstlingswerk *Gilgi, eine von uns* (»Eine schreibende Frau mit Humor, sieh mal an! Hurra!« – Tucholsky, *Welt-*

bühne, 1931); ähnlich erfolgreich *Das kunstseidene Mädchen* (1932); nach der Machtergreifung wilde Beschlagnahmung ihrer Titel, 1935 dann ›offizielle‹ Aufnahme in die »Liste 1 des schädlichen und unerwünschten Schrifttums«, faktisch das Berufsverbot; 1936 mit belg. Visum nach Ostende; Bekanntschaft und Lebensgemeinschaft mit J. Roth (bis 1938); 1937 erscheint in Amsterdam K.s krit. Auseinandersetzung mit Hitler-Deutschland (*Nach Mitternacht*, Roman). 1940, nach der Besetzung Hollands durch dt. Truppen, heimliche Rückkehr nach Köln zu den Eltern; nach 1945 erfolgloser Versuch, an die frühen literar. Erfolge anzuknüpfen (*Ferdinand, der Mann mit dem freundlichen Herzen*, 1950, Roman); spätes Comeback mit Wiederaufl. des Gesamtwerkes im Classen Verl. (1979 ff.); 1981 M.-Fleisser-Preis.

Klemperer, Victor, 1881 Landsberg a. d. W. – 1960 Dresden. Studium der Philosophie, Germanistik, Romanistik; 1912 Dr. phil., 1915 Habil. (über Montesquieu), Univ. München (Schüler K. Vosslers wie → W. Krauss und → E. G. Winkler); Teilnahme am Ersten Weltkrieg; 1920 Ordinarius TH Dresden; Verfasser einer mehrbändigen *Geschichte der französischen Literatur* (1925–31); 1934 Amtsenthebung wegen jüd. Abstammung, 1943 Dienstverpflichtung als Hilfsarbeiter; 1933–45 Tagebuchaufzeichn. (*Ich will Zeugnis ablegen bis zum letzten*, ersch. 1995); Notate bilden Grundlage für das 1946 publizierte Buch *LTI*, eine Reflexion über die Sprache des Dritten Reiches; 1945 erneute Übertragung des Dresdner Lehrstuhls; später Berufungen nach Greifswald, Halle, Berlin-Ost; K. tritt der SED bei; zahlreiche ostdt. Ehrungen, postum Geschwister-Scholl-Preis (1995, Laudatio M. Walser).

Klepper, Jochen, 1903 Beuthen a. d. O. – 1942 Berlin. Theologiestudium (ohne Abschluß); 1927 Redakteur des Ev. Presseverbandes (Breslau); 1931 Redakteur im Berliner Rundfunk; Tagebuchaufzeichnungen (das eigene Leben: ein »einziger religiöser Prozeß« – 1. 1. 1933); 1933 Entlassung wegen seiner jüd. Ehefrau (»durch primitive Existenzkämpfe verängstigt« – Tagebuch, 8. 3. 1933) und erster literar. Erfolg mit heiterem Roman *Kahn der fröhlichen Leute*; Freundschaft mit → R. Schneider; 1935 Entlassung auch beim Ullstein-Verlag; Arbeit am Hauptwerk *Der Vater*, Roman um Friedrich Wilhelm I., den preuß. »Soldatenkönig« (aus dem Untertitel); 1937, nach Erscheinen des Romans, Ausschluß aus der Reichsschrifttumskammer und Erteilung einer »Arbeitssondergenehmigung«; Kirchenlieder (*Kyrie*, 1939); geplanter Luther-Roman nur in Ansätzen realisiert (*Die Flucht der Katharina von Bora*, 1951, postum); NS-

Rassepolitik bestimmt den Alltag: 1939 Emigration der Tochter Brigitte; 1941 Entlassung aus der Wehrmacht wegen »Wehrunwürdigkeit«; Dez. 1942 Selbstmord nach Verweigerung des Ausreisegesuchs für Tochter Renate; K.s Tagebücher postum in redigierter Fassung veröffentlicht (*Unter dem Schatten deiner Flügel*, 1956).

Koeppen, Wolfgang, 1906 Greifswald – 1996 München. Buchhändlerausbildung; Theatervolontariat; Dramaturg, Regieassistent in Würzburg (1926/27), später Berlin (*Volksbühne*); 1931–34 Feuilletonredakteur des *Berliner Börsen-Courier*; 1934, im Jahr der Vereinigung des *Börsen-Couriers* mit der konservat. *Berliner Börsen-Zeitung*, »freiwilliges Exil« (Koeppen) nach Holland; in Dtl. erscheint der Roman-Erstling *Eine unglückliche Liebe* (»abenteuerliche Syntax« – H. Ihering, *Berliner Tageblatt*, 11. 11. 1934); auf Anregung von M. Tau entsteht der ebenfalls in Deutschland verlegte Roman *Die Mauer schwankt* (1935; Neuaufl. 1939 u. d. T. *Die Pflicht*); 1938 Rückkehr ins Dt. Reich, Aufnahme in die Reichsschrifttumskammer (K. verschweigt d. Jahre im Exil) und Annahme von Drehbucharbeiten; 1939 Prosatext *Ein Fremdenheim* (»nur ein Zimmer möchte ich« – *Frankfurter Zeitung*, 26. 5. 1939); 1943 taucht K. unter und lebt bis zum Kriegsende im Keller eines Tennis-Hotels am Starnberger See; K.s eigentliche literar. Karriere beginnt nach 1945 (*Tauben im Gras*, 1951; *Das Treibhaus*, 1953; u. a.); Anfang der 90er Jahre noch einmal im öffentl. Interesse, als bekannt wird, daß K. Verfasser eines 1948 unter anderem Namen erschienenen Shoah-Berichts ist (*Jakob Littners Aufzeichnungen aus einem Erdloch*; Neuaufl. 1992).

Kolbenheyer, Erwin Guido, 1878 Budapest – 1962 München. Studium der Philosophie, Psychologie, Naturwiss.; 1905 Dr. phil., Univ. Wien (*Die sensorielle Theorie der optischen Raumempfindung*); Aufgabe des Plans einer Hochschullaufbahn nach Erfolg des Spinoza-Romans *Amor Dei* (1908); ab 1919 freier Schriftsteller in Tübingen, 1932 Umzug nach Solln bei München; erzählerisches Hauptwerk, die Paracelsus-Trilogie, entsteht (*Kindheit des Paracelsus*, 1917; *Gestirn des Paracelsus*, 1925; *Das dritte Reich des Paracelsus*); 1924 erste »kulturbiolog.« Schrift (*Bauhütte*, 1914), eine u. a. an Darwin geschulte Volksphilosophie (*Bauhüttenphilosophie*, 1940), die K. bis in die 50er Jahre weiterentwickelt (»die Menschenart, aus der du hervorgegangen bist, bestands- und entwicklungsfähig halten« – *Philosophie der Bauhütte*, 1952); zahlreiche Ehrungen noch in der Weimarer Rep.; 1926 Berufung in die Preuß. Akademie der Künste, 1931 Rücktritt nach Richtungskampf zw. völkischen

(E. G. Kolbenheyer, W. Schäfer, J. Ponten u. a.) und linksbürgerl. Sektionsmitgliedern (H. Mann, A. Döblin u. a.), 1933 erneute Berufung; wegen Reklamation einer polit. Sonderrolle (*Der Lebensstand der geistig Schaffenden und das neue Deutschland*, 1934) kurzzeitig im Konflikt mit neuen Machthabern; NSDAP-Mitgl. 1940; neben der literar. Arbeit (*Das gottgelobte Herz*, Roman, 1938; *Gregor und Heinrich*, Drama, 1934; *Wie wurde der deutsche Roman Dichtung*, Ess., 1937 u. a.) rege Vortrags- und Reisetätigkeit im Rahmen von NS-Veranstaltungen bis in die späten Kriegsjahre (u. a. ›Dichterfahrt ins Kampfgebiet‹ mit → O. Henning); 1948 zunächst fünfjähriges Publikationsverbot, 1950 im Berufungsverfahren als »minderbelastet« eingestuft; 1957/58 Autobiogr. (*Sebastian Karst*); 1958 Sudetendt. Kulturpreis.

Kolmar, Gertrud (d. i. Gertrud Chodziesner), 1894 Berlin – verm. 1943 Auschwitz (?). Erzieherin in versch. Privathäusern (u. a. in Dijon), ab 1928 Betreuung der Eltern in Berlin; lyr. Debüt 1917 (*Gedichte*), danach lange Publikationspause, aber Weiterentwicklung der schriftstellerischen Arbeit im Stile einer »großen Einzelgängerin« (*KLL* 9, 1996); seit 1928 wieder Veröffentlichung, zunächst auf Vermittlung von W. Benjamin, ihrem Cousin; Arbeiten erscheinen u. a. im Insel-Almanach (1930) und der Lyrikanthol. *Herz zum Hafen* (1933), hrsg. von I. Seidel und → E. Langgässer; 1934 eigenständiger Gedichtband (*Preuß. Wappen*); 1938, im jüdischen Verlag E. Löwe, ein weiterer Lyrikband (*Die Frau der Tiere*, 1938); das Judenprogrom im Nov. 1938 (Reichskristallnacht) verhindert die Auslieferung des größten Teils der Auflage, jüd. Verlage wurden arisiert oder geschlossen; bis 1940 gelegentl. Lesungen bei Veranstaltungen des noch geduldeten Jüdischen Kulturbundes; 1941 Zwangsarbeit in Fabrik (Berlin-Lichtenberg, später Charlottenburg); 1943 Deportation, wahrscheinl. nach Auschwitz; eine erste Gesamtausgabe von K.s lyrischem Werk erschien 1955, hrsg. von → H. Kasack.

Krause, Willi (d. i. Peter Hagen), geb. 1907 Berlin. Redakteur der Berliner Abendzeitung *Der Angriff* (1927 von → J. Goebbels gegr.); populär-polit. Publizistik (*Die Straße zu Hitler*, 1932; *Reichsminister Dr. Goebbels*, 1933; *SA-Kamerad Tonne*, 1933 u. a.); literar. Zusammenarbeit mit → H. J. Nierentz (*Wir bauen eine Straße*, 1933, Hörsp.); 1934–36 Reichsfilmdramaturg; Regie- und Drehbucharbeiten, vielbeachtete Anfänge (*Friesennot*, 1935, im privaten Filmarchiv Hitlers), spätere Werke, wie das 1939 verfilmte Lustspiel *Verwandte sind auch Menschen*, weniger erfolgreich (»dumm und fad« – Goebbels, *Tagebücher*, 13. 10. 1939); 1940 wird K. nach Intervention Goebbels als künstler. Leiter der Dt. Film-Gesellschaft ausgetauscht, ist publizistisch aber weiter für das Propaganda-Ministerium tätig.

Krauss, Werner, 1900 Stuttgart – 1976 Berlin-Ost. Romanistikstudium, Dr. phil. 1929 (Schüler K. Vosslers wie → V. Klemperer und → E. G. Winkler), Habil. 1931 (über den span. Schäferroman, bei E. Auerbach); 1935 Übernahme Lehrstuhl Auerbachs; Univ. Marburg (*Corneille als politischer Dichter*, 1936, Monogr.; u. a.); 1940 Dienstverpflichtung an der Dolmetscher-Lehrkompanie Berlin; wie → A. Kuckhoff Kontaktaufnahme zur Widerstandsgruppe Schulze-Boysen/Harnack (Rote Kapelle), 1942 Verhaftung und Verurteilung zum Tode (später in langjähr. Haftstrafe umgewandelt); der Roman *PLN* wurde weitgehend während der Haftzeit verfaßt; 1945 Befreiung; 1946 Erstdruck von *PLN* (Frankfurt a. M.; Lizenzausg. Potsdam 1949); 1947 Berufung an die Univ. Leipzig und Fortsetzung der wiss. Arbeit (*Studien zur deutschen und französischen Aufklärung*, 1963; u. a.); internat. akademische Ehrungen.

Kuckhoff, Adam, 1887 Aachen – 1943 Berlin-Plötzensee. Studium Germanistik, Geschichte, Philosophie; Dr. phil. 1912 (*Schillers Theorie des Tragischen*, Univ. Halle); Weltkriegsteilnehmer; 1918/19 USDP-Mitgl.; 1917–23 Spielleiter an verschiedenen Frankfurter Bühnen; später Lektor im Diederichs Verlag, 1927–29 Redakteur der Zeitschrift *Die Tat* (publizist. Sammelpunkt bürgerl.-nationalist. Intelligenz); 1930 Dramaturg am Staatl. Schauspielhaus Berlin; ab 1932 freier Schriftsteller, Lektor, Filmdramaturg; großes Echo erhält K. mit dem 1937 erschienenen Roman *Der Deutsche von Bayencourt*, der Geschichte eines dt. Wahlfranzosen und seinen Einsatz für Deutschland im Ersten Weltkrieg (»nachdrücklichst zu empfehlen, obwohl […] im Rowohlt-Verlag […] erschienen« – *Bücherkunde*, Amt → Rosenberg, 1938, Nr. 2); wie → W. Krauss engagiert sich K. in der Widerstandsgruppe Schulze-Boysen/Harnack (Rote Kapelle); 1942 wird er verhaftet, zum Tode verurteilt und 1943 in Plötzensee hingerichtet; K.s Ehefrau Greta erhält eine Haftstrafe, sie ist die spätere Präsidentin der Dt. Notenbank in der DDR.

Lampe, Friedo, 1899 Bremen – 1945 Klein-Machow bei Berlin. Aus gesundheitlichen Gründen Freistellung vom Soldatendienst; Literatur- und Kunstgeschichtsstudium; 1928 Dr. phil., Univ. Freiburg (Diss. über Rokoko-Dichter v. Goeckingk); Redakteur in Bremen, Bibliothekar in Hamburg und Stettin; 1934 Roman-Erstling *Am Rande der Nacht* im Rowohlt Verlag (»lauter kleine, filmartig vorübergleitende [...] Szenen« – L. im Brief an J. Pfeiffer, 1932); der Roman wird 1935 wegen homoerotischer Motive in die »Liste 1 des schädlichen und unerwünschten Schrifttums« der Reichsschrifttumskammer aufgenommen; 1937 zweiter Erzählband *Septembergewitter* (»fand neben der allerbreitesten Nichtbeachtung die Bewunderung weniger« – so → W. Koeppen, *Merkur* 11, 1957); 1937 Lektor bei Rowohlt (Berlin); 1938, nach Eingliederung von Rowohlt in den nationalsozialistischen Eher-Konzern, Entlassung; Lektorarbeiten u. a. für Goverts und Henssel; die Novellensammlung *Von Tür zu Tür* verbrannte kurz vor Auslieferung (»Ich habe eben immer Pech mit meinen Büchern« – Brief vom 4. 12. 1944); L. wurde am 2. 5. 1945 irrtümlich von sowjet. Soldaten erschossen.

Lange, Horst, 1904 Liegnitz – 1971 München. Kurzer Studienaufenthalt am Bauhaus, dann Studium Kunstgesch., Germanistik, Theaterwiss. (ohne Abschluß); 1928 lyr. Debüt (*Nachtgesang*), ab 1930/31 freier Schriftsteller in Berlin; 1932 Lyrikpreis der Zeitschrift *Die Kolonne* (Literatur »ohne Marschtritt« – W. Rothe, Hess. Rundfunk, 1978); 1933 Ehe mit O. Schaefer, zum Autorenkreis der *Kolonne* gehörend (wie u. a. auch → P. Huchel, → G. Eich, → E. Langgässer); 1933/34 Redakteur bei *Der weisse Rabe* (»Zeitschrift für Vers und Prosa« – Untertitel); nach der Machtergreifung zunächst Hörspielarbeiten (*Die Heimkehr*, 1933; *Vivat, die Eisenbahn*, 1936 u. a.), literar. Einflüsse von J. Conrad (*Schattenlinie*, 1936, Hörsp.); 1937 vielbeachteter Roman-Erstling *Schwarze Weide*, positive Besprechungen u. a. von → W. Bergengruen (*Deutsche Rundschau* 254, 1938) und dem späteren Emigranten (und Hitler-Biographen) S. Haffner (*Die Dame* 25, 1937); die NS-Kritik ist verhalten zustimmend bis gespalten (»keine Welt der klaren Zielsetzungen« – J. Schultze, *Buchberichte für größere Büchereien*, 1938); ähnl. Reaktion auf den Folgeroman *Ulanenpatrouille* (»Zwischenreichautor« – *Lektoren-Brief* 5/6, 1941); 1940 Soldatendienst; Tagebücher (»sehne mich nach einer klaren und eindeutigen Ordnung« – Eintrag vom 1. 10. 1941); Verwundung an der russ. Front; nach 1945, trotz umfangreicher literar. Produktion (*Ein Schwert zwischen uns*, 1952, Roman; *Verlöschende Feuer*, 1956, Roman u. a.), vergleichsweise wenig Aufmerksamkeit.

Langenbeck, Curt, 1906 Elberfeld – 1953 München. 1925 Fachausbildung Färbereitechnik (Basel, New York, Lyon), 1929–31 Ausübung des Berufs (Opladen); 1931–33 Studium Literatur- und Theaterwiss. (Doktorand bei J. Nadler); erste Bühnenerfolge (*Alexander*, 1934; *Heinrich VI.*, 1935); 1935 Chefdramaturg am Staatstheater

Kassel, 1938 am Bayr. Staatsschauspiel München; L.s Arbeiten, wie das Amerika-Auswandererdrama *Der Hochverräter* (1938), mit großer Resonanz (»Man setzt auf Langenbeck große Hoffnungen« – Lennartz, *Die Dichter unserer Zeit*, 1938); Dramentheorien (»vierhundert Jahre [...] Individualismus abzuschließen« – *Wiedergeburt des Dramas aus dem Geist der Zeit*, 1940); die ÚA des Kriegsdramas *Das Schwert* (1940) bringt L. (wegen vermeintl. Defätismus) in Konflikt mit → A. Rosenberg und → J. Goebbels (»Ich lasse ihn etwas stoppen« – Goebbels, *Tagebücher*, 29. 1. 1941); 1941 Marine-Kriegsberichter; 1944 *Treue*, UA Residenztheater München; dramat. Versuche nach 1945 (*Der Phantast*, 1948 u. a.) blieben unbeachtet.

Langenbucher, Hellmuth: 1905 Schömberg (Schwarzwald) – 1980. Studium Germanistik, Geschichte, Philologie in Tübingen und Heidelberg; 1929 Dr. Phil. (*Das Gesicht des deutschen Minnesangs*, Univ. Heidelberg) und Eintritt in die NSDAP; 1929/30 Schuldienst; Tätigkeit in der Hanseat. Verlagsanstalt (Hamburg), danach bei Langen-Müller (München); 1933 Gründungsmitgl. der Reichsstelle zur Förderung des dt. Schrifttums (mit → H. Hagemeyer, → H. Johst, → H. Wismann u. a.), 1933–35 Stellvertreter von Reichsstellenleiter → H. Hagemeyer im Amt → A. Rosenberg; 1933–45 Hauptschriftleiter des *Börsenblattes für den deutschen Buchhandel*, 1933–43 auch der Beratungszeitschrift *Buch und Volk*; 1935 Auftrag zur Führung sämtl. Buchhandelsfachblätter; 1938–45 hauptverantwortl. Lektor im Amt → A. Rosenberg im Referat »Schöngeistiges Schrifttum«; Verfasser zahlloser literaturkrit. Arbeiten u. a. für die *NS-Monatshefte* (Hrsg. → A. Rosenberg), die *NS-Bibliographie* (Hrsg. → Ph. Bouhler), die *Neue Literatur* (Hrsg. → W. Vesper); L.s Bruder Erich L. war Referent der Schriftumsstelle im Ministerium von → J. Goebbels; L.s literaturwiss. Monographien, wie *Volkhafte Dichtung der Zeit* (1933) oder *Nationalsozialistische Dichtung* (1935), galten als Standardwerke, L. war der »Literaturpapst« seiner Zeit; nach 1945 Beteiligung an Klassikerausgaben (W. Hauff, *Werke*, 1951; Th. Storm, *Gesamtausgabe*, 1958 u. a.) und Hrsg. eines Lyrik-Handbuchs für Lehrer (*Ins Herz hinein*, 1955 – »An d. Sammlung wird deutlich, daß die Menschheit weder religiöse, noch rassische, noch nationale Grenzen kennt« – *Bremer Lehrerzeitung*, zit. nach ebd., S. 684).

Langgässer, Elisabeth, 1899 Alzey – 1950 Rheinzabern. Kriegsjugend, 1918 Abitur; bis 1928 Lehrerin in Hessen, 1929/30 Dozentin an der sozialen Frauenschule (Berlin); literar. Debüt 1924 (*Der Wendekreis des Lammes*, Ged.); ab 1930 freie Schriftstellerin; Rundfunkarbeiten, Anschluß an den Dichterkreis der literar. Zeitschrift *Die Kolonne* (dort freundschaftl. Verbindung u. a. mit → H. Lange, O. Schaefer); weitere Gedichte (»an der Grenze der Esoterik« – H. Hesse über L.s Lyrik, 1934), Erzählungen (*Triptychon des Teufels*, 1932; *Proserpina*, 1933 u. a.) festigen L.s literar. Ruf und bestärken ihre schriftstellerische Religiosität (»Ausbreitung des Erlösungsgeschehens« – L. über ihren Werkbegriff, 23. 11. 1935); 1935 erscheinen *Die Tierkreisgedichte*; 1936 Ausschluß aus der Reichsschrifttumskammer wegen jüd. Herkunft und letzte Buchpublikation im Reich (*Gang durch das Ried*, Roman; Vorabdr. in der *Frankfurter Zeitung*); der Prosatext *Rettung am Rhein* (1938) erscheint im österr. Verlag O. Müller; Briefwechsel mit → W. Lehmann; Beginn der Arbeit am Roman *Das unauslöschliche Siegel*; ab 1942 zunehmende Behinderung wegen Multipler Sklerose; 1944 Deportation der Tochter Cordula (sie überlebt Theresienstadt und Auschwitz), Verpflichtung als Fabrikarbeiterin; 1946 Veröffentlichung des bald umstrittenen »Hauptwerks«, *Das unauslöschliche Siegel* (»Katholizismus, [...], und trotzdem [...] eine Atmosphäre blasphemischer Verruchtheit« – H. Broch, *Literarische Revue*, 1949); 1950 Büchner-Preis (postum).

Lehmann, Wilhelm, 1882 Puerto Cabello (Venezuela) – 1968 Eckernförde. Studium Germanistik, Anglistik; 1905 Dr. phil. (Univ. Kiel, sprachhistor. Arbeit über Phänomene des Altenglischen); 1906–47 im Schuldienst (1917/18 Soldatendienst; 1918/19 engl. Gefangenschaft); literar. Anfänge im Stil des Expressionismus (*Der Bilderstürmer*, 1917, Roman, u. a.); 1923, gemeinsam mit R. Musil, Kleistpreis (auf Vorschlag A. Döblins); Folgetexte wie *Der Überläufer* (1925–27) finden erst spät Aufmerksamkeit (ersch. 1962); in den 30er Jahren Zuwendung zu Lyrik – Beiträge u. a. für die *Neue Rundschau*) und Naturmystik (»kann die Welt [...] nur da feiern, wo die Zeichen der Natur auftauchen« – *Biographische Notiz*, 1932); 1933 NSDAP-Beitritt (um Stellung als Studienrat nicht zu gefährden); 1935 erster Gedichtband (*Antwort des Schweigens*); der Leserkreis bleibt beschränkt, aber erlesen (»Ich lernte bei Dir« – so → O. Loerke, 1934; Korrespondenz mit → E. Langgässer); die NS-nahe Kritik erkennt in L. nur einen »müden Nebengänger« von G. Britting (H. Pongs, *Das Innere Reich*, Dez. 1935); 1942 letzte im Dritten Reich publ. Gedichtsammlung (*Der grüne Gott*; positive Reaktionen u. a. von → H. Kasack, *Kölnische Zeitung*, 13. 3. 1944, und → H. Hennecke, *Das Reich*, 18. 4. 1944); nach 1945 umfangreiche lyr. und literaturtheoret. Produktion (*Noch nicht genug*, 1950; *Dichtung und Dichter heute*, 1956 u. a.).

Lenz, Hermann, 1913 Stuttgart – 1998 München. 1933–39 Studium der Theologie, Kunstgesch., Germanistik; literar. Debüt (*Gedichte*, 1936) auf Vermittlung von G. v. d. Vring; 1938 erscheint in der *Neuen Rundschau* L.' Erz. *Das stille Haus*; im Zweiten Weltkrieg Soldat in Frankreich und Rußland und nur gelegentl. Veröffentlichungen (z. B. in G. v. d. Vring, *Die junge Front*, Lyrikanthol., 1943); nach 1945 umfangreiche, aber zunächst nur wenig zur Kenntnis genommene Romanproduktion (*Das doppelte Gesicht*, 1949; *Spiegelhütte*, 1962; *Verlassene Zimmer*, 1966 u. a.); 1973 ›Entdeckung‹ durch P. Handke (*Einladung, H. Lenz zu lesen*) und wachsender Ruhm (1978 Büchner-Preis).

Loerke, Oskar, 1884 Jungen (Westpreußen) – 1941 Berlin-Frohnau. Ab 1903 Studium der Philosophie, Geschichte, Germanistik, Musik (ohne Abschluß); 1907 erstes Buch (*Vineta*, Erz.) und freie Schriftstellerexistenz; 1913 Kleist-Preis; 1917 Kriegsdienst, danach Lektor im S. Fischer-Verlag (bis zum Tod 1941); Prosa in der Nähe zum Expressionismus (*Der Oger*, 1921 u. a.), Essays (*Zeitgenossen aus vielen Zeiten*, 1925 u. a.) und vor allem Lyrik (*Der längste Tag*, 1926; *Atem der Erde*, 1930 u. a.); 1926 Aufnahme in die neugegr. Abt. Dichtkunst der Preuß. Akademie der Künste; 1928 Sekretär der Abt., 1933 zwangsweise Aufgabe des Amtes (»[…] die Entehrung. Kein Erlaß des Ministeriums, nur ein Telefongespräch« – Loerke, *Tagebücher*, März 1933), aber Verbleib in der Akademie; Forsetzung der Arbeit als Lektor im S. Fischer-Verlag, der seit der ›Arisierung‹ des Unternehmens (1936) von → P. Suhrkamp geführt wird; umfangreiche literar. Produktion: Literaturkritiken (*Der Bücherkarren*, postum 1965), Essays und Gedichte (*Der Silberdistelwald*, 1934 u. a.), musikalisch-philosoph. Schriften (*Anton Bruckner*, 1938 u. a.); seine Leser u. a. → E. Langgässer, → G. Eich, K. Krolow; Freundschaft, Werkdialog mit → W. Lehmann und → H. Kasack (Kasack ist Teilhrsg. des Nachlasses von L.; *Die Abschiedshand*, Ged., 1949 u. a.); Tagebücher geben Ausdruck von wachsender Isolation und Resignation (*Tagebücher 1909–1939*, 1955); L. erlag 1941 einem Herzleiden.

Lötte, Fritz. Lyriker, Erzähler; Motive und Geschichten aus dem Bergbaumilieu im Ruhrgebiet; *Jupp Hasselbeck und sein Erbstollen* (Roman, 1936) zählt zu den »wesentlichen Büchern« des Jahres 1936 (»packt in […] den ernsten Anforderungen der täglichen Pflichterfüllung« – *Jahresschau des deutschen Schrifttums*, 1937, bearb. von der Reichsschrifttumsstelle im Propagandaministerium). [Mehr nicht ermittelt.]

Lynen, Friedrich [nicht ermittelt; Pseudonym?].

Melcher, Kurt. 1934 Dr. phil (Univ. Jena); 1936 Monographie über *F. Griese* (Gutachterurteil »Positiv«, *Gutachtenanzeiger*, Amt → A. Rosenberg, 1936). [Mehr nicht ermittelt.]

Menz, Herbert, geb. 1905. Jura- und Volkswirtschaftsstudium in Königsberg und Breslau; 1932 Eintritt in die NSDAP; 1934 SS-Mitgl., Arbeit im Sicherheitsdienst (SD); 1934 Teilnahme an den Aktionen zur Liquidierung der SA-Spitze um E. Röhm; 1936, nach Eignungsgespräch mit → H. Himmler, Referent in der Reichsschrifttumskammer (Buchverbote, Überwachung) und ›rechte Hand‹ von Kammerpräsident → H. Johst; in dieser Funktion auch Informant für den SD; 1938 Werbeleiter der SS-Porzellanmanufaktur Allach-München; später Abt.-Leiter beim Deutschlandsender.

Menzel, Herybert, 1906 Obornik bei Posen – 1945 Tirschtiegel bei Posen. Jurastudium (abgebrochen); 1930 SA-Mitgl. (*Im Marschritt der SA*, Ged., 1933); Grenzland-Dichtung (Posen war seit 1918 poln.): *Umstrittene Erde* (Roman, 1930), *Grenzmark-Rappe* (Geschichten und Ged., 1933); M.s Lieder und Kantaten wurden im Dritten Reich gerne bei offiziell. Feierstunden verwendet (*Das große Gelöbnis*, 1935; *Ewig lebt die SA*, 1938 u. a.); 1940 Kulturpreis der SA; nach 1939 PK-Berichter (Propagandakompanie); 1943 Gedichte aus dem Krieg (*Anders kehren wir wieder*); gefallen im Febr. 1945.

Möller, Eberhard Wolfgang, 1906 Berlin – 1972 Bietigheim. Studium der Philosophie und Theaterwiss.; prägende Begegnung mit → P. Ernst, der im väterl. Haus verkehrt (und dessen Arbeiten M. als Regisseur später inszeniert); dramat. Versuche noch in der Gymnasialzeit, öffentl. Aufmerksamkeit 1929 mit Kriegsheimkehrer-Drama Donaumont; »rechte Zeitstücke« (Rühle, *Zeit und Theater*, Bd. 4, 1980) sichern seine Bekanntheit (*Kalif. Tragödie* und *Panamaskandal*, 1930); Lektüre Bakunins und Kontakte zu B. Brecht (*Baranow oder Die Gerechtigkeit in Rußland*, 1931, unveröff.); 1932 NSDAP-Mitgl.; 1933 Chefdramaturg Königsberger Theater; 1934 Referent der Theaterabt. im Propagandaministerium; enge Verbindung zu Reichsdramaturg R. Schlösser und Reichsjugendführer B. v. Schirach; 1934 Gebietsführer im Stab der Reichsjugendführung; 1935 Verleihung des renommierten »Nationalen Buchpreises«; Engagement in der Thingspielbewegung; 1935/36 (im Auftrag von → J. Goebbels) Niederschrift des *Frankenburger Würfelspiels*; UA Aug. 1936 zur Eröffnung des Kulturprogramms der Olymp. Spiele (über 1200 Mitwirkende); Tragödien (*Der Sturz*, UA 1937; *Carthago*, UA 1938 u. a.); 1938/39 im Konflikt mit dem Amt → A. Rosenberg wegen einer Hitler-Biogr. für die HJ (*Der Führer*); 1941 nochmals scharfe Polemik → H. W. Hagens (siehe im vorliegenden Band S. 171–174); seit 1940 PK-Berichter in der Propagandakompanie der Waffen-SS; nach dem Krieg zunächst in alliiert. Haft (bis 1948); nach der Entlassung Prosaarbeiten (*Die Geliebte des Herrn Beaujou*, 1954 u. a.).

Mombert, Alfred, 1872 Karlsruhe – 1942 Winterthur (Schweiz). Jurastudium (Dr. jur. 1897); 1899–1906 Rechtsanwalt in Heidelberg und Karlsruhe, danach freier Schriftsteller; Weltkriegsteilnehmer; Beginn der literar. Laufbahn noch als Student (*Tag und Nacht*, 1894; *Der Glühende*, 1896; Ged.) und frühe Anerkennung u. a. durch R. Dehmel, A. Holz, J. Schlaf (»bodenlose Mystik« – J. Schlaf über M., 1898); spätere Leser sind u. a. Moeller van den Bruck, → O. Loerke, → H. Carossa und A. Berg (Gedichtvertonungen; *Vier Lieder*, 1909); auch dramat. Arbeiten (*Aeon-Trilogie*, 1907–11; »neue deutsche Antike« – so R. Pannwitz, *Die Flöte* 8/9, 1919); kontinuierliche Weiterentwicklung des Werkes in den 20er Jahren (*Atair*, 1925, Ged.; *Aiglas Herabkunft*, 1929, Drama); 1928 Aufnahme in die Preuß. Akad. der Künste; 1933 wegen jüd. Abstammung Ausschluß aus der Akademie, 1935 auch aus der Reichsschrifttumskammer; 1936 letzte Veröffentlichung in Deutschland; (*Sfaira der Alte*, Versepos), Tl. 2 erscheint 1942 als Privatdr. in der Schweiz; 1940 Verhaftung in Heidelberg und Deportation (Camp de Gurs, Pyrenäen); 1941, nach Intervention u. a. von → H. Carossa und H. Reinhart, Genehmigung zur Ausreise in die Schweiz (Winterthur) gemeinsam mit Schwester Ella.

Nierentz, Hans Jürgen, 1909 Posen – verm. 1945 (gefallen?). 1930 NSDAP-Mitgl.; SA-Mitgl.; 1931 Redakteur d. Berliner Abendzeitung *Der Angriff* (1927 von → J. Goebbels gegr.), 1934 Leiter der Abt. Kunst und Weltanschauung am Reichssender Berlin, 1936 Reichsfilmdramaturg, 1937 Intendant des Fernsehsenders Berlin; von N.' schmalem literar. Werk stießen in erster Linie die Rundfunkdichtung auf Resonanz (*Symphonie der Arbeit*, 1934; *Die Straße*, 1933, zus. mit → P. Hagen; *Segen der Bauernschaft*, 1934); auch Lyrik (*Gedichte großer Gegenwart*, 1936); → H. Langenbucher über die Dichtung von Nierentz: »der Maschinenwelt alles Feindliche, Niederdrückende genommen« (*Börsenblatt* 97, 1937).

Nossack, Hans Erich, 1901 Hamburg – 1977 Hamburg. Kriegsjugend; 1919–22 Jurastudium in Jena (ohne Abschluß); zeitweise

Mitgl. der Deutschnationalen Volkspartei (1919), später auch der KPD; Mitte der 20er Jahre Eintritt in die väterl. Exportfirma; neben der kaufmänn. Tätigkeit schriftstellerische Arbeiten (Tagebücher, Lyrik, dramat. Versuche) – unveröffentlicht. Manuskripte gehen 1943 bei einem Bombenangriff auf Hamburg großenteils verloren und ermutigen N. zu neuem literar. Anfang; 1943 entsteht (veröffentl. 1948) die Erz. *Der Untergang* (»ein Werk für immer« – Th. Mann), im selben Jahr Beginn der Arbeit an dem Roman *Nekyia. Bericht eines Überlebenden* (veröffentlicht 1947); N. gibt seine kaufmänn. Beruf auf, verläßt 1956 Hamburg (Rückkehr 1969) und widmet sich ganz der literar. Arbeit (*Spirale*, 1956, Roman; *Der jüngere Bruder*, 1958, Roman u. a.); vielfache Ehrungen (Büchner-Preis 1961).

Oedemann, Georg A., geb. 1901 Hohenstein-Ernstthal. Bergwerks-, Gießerei- und Werftarbeiter; Romandebüt 1936 mit dem Bergwerksroman *Glückauf Kumpel*; ausgenommen der Jahre 1944–49 folgen im Jahrestakt weitere Prosawerke; die NS-nahe Kritik schenkt besonders den Technik-Texten Aufmerksamkeit, etwa der Erz. *Maschinenstadt* (1940; 7. Aufl. 1943) und dem Autobahn-Roman *Eine Straße geht durchs Land* (1938); 1937 Dichterpreis der Bergbaustadt Schneeberg; nach 1945 (im schwäb. Reutlingen wohnend) Verfasser v. a. von Jugend- und Abenteuerromanen (*Gestrandet im Urwald*, 1953; *Sie sind das Herz Berlins*, 1962 u. a.).

Petersen, Jan (d. i. Hans Schwalm), 1906 Berlin – 1969 Berlin-Ost. Als Kaufmann und Werkzeugmacher tätig; 1930 KPD-Mitgl.; 1931–35 in leitender Funktion beim Bund proletar. revolut. Schriftsteller (BPRS); nach Verbot des BPRS (1933) Schlüsselfigur beim illegalen Aufbau der Organisation; 1935 anonymer Teilnehmer auf dem Internat. Schriftstellerkongreß in Paris (»Mann mit der schwarzen Maske«) und Emigration (Frankreich, dann Schweiz und England); 1945 Rückkehr nach Berlin-Ost; P.s bekanntestes Werk bildet die Erzählchronik *Unsere Straße* über die Widerstandsarbeit 1933/34 (Weltaufl. bis 1974: 800 Tsd.); spätere Werke ähnl. Zuschnitts sind weniger erfolgreich (*Sache Baumann und andere*, 1948, engl. zuerst 1939, u. a.); in den 50er Jahren kulturpolit. Funktionen in der DDR; ostdt. Ehrungen.

Petry, Günther, geb. 1911 Weimar. Medizinstudium, 1937 Dr. med. (Univ. Jena); schmales literar. Werk (vor allem Lyrik: *Schwermut*, 1933; *Stahlklingende Seele*, 1939); Einzelveröffentlichung in NS-nahen Organen wie → H. Langenbuchers *Buch und Volk*; zeitweise literaturpolit. Funktionsträger in der Weimarer Sektion der

Reichsschrifttumskammer; Sachbuchautor (*Thüringer Haus- und Heilmittel*, 1937 – »Beitrag zur Volksmedizin«, Untertitel).

Reck-Malleczewen, Percyval Friedrich, 1884 Gut Malleczewen (Ostpreußen) – 1945 Dachau. Abgebrochene Offizierslaufbahn; ab 1904 Medizinstudium, 1911 Dr. med. (Königsberg); ab 1913 (mit wenigen Unterbrechungen) freier Schriftsteller, Wohnsitz in Bayern; Kriegsteilnehmer (verarbeitet in *Von Räubern, Henkern und Soldaten*, 1924); früher Erfolg mit dem Unterhaltungsroman *Frau Übersee* (1918), spätere Bücher wie *Bomben auf Monte Carlo* (1930) oder Freikorpsroman *Ein Mannsbild namens Prack* (1935) auch verfilmt (Hauptrolle H. Albers); Drehbucharbeiten (z. B. für die Verfilmung von *Peer Gynt*, 1934, und den Propaganda-Film *... reitet für Deutschland*, 1941); polit. Essayistik in *Acht Kapitel für die Deutschen*, 1934 (»ein Mann, der sein Leben lang auf der Oberfläche der Menschheit herumgeplätschert hat« – Lektoratsgutachten Amt → A. Rosenberg, *Bücherkunde*, 1935, Nr. 2); wachsende Distanz zu NS-Machthabern wird seit 1936 in Tagebüchern festgehalten (*Tagebuch eines Verzweifelten*, 1947, postum); 1937 verschlüsselter Oppositionsroman *Bockelson. Geschichte eines Massenwahns*; 1944, nach Denunziation, Verhaftung und Internierung im KZ Dachau; wenige Wochen vor Ankunft der Alliierten Tod durch Fleckfieber.

Rosenberg, Alfred, 1893 Reval (heute Tallinn) – 1946 Nürnberg. Architekturstudium in Riga und Moskau; 1918 nach Deutschl. (München); Anschluß an weißruss. Emigrantenkreise und die rechtskonservat. Thule-Gesellschaft; antisemit. und antibolschewist. Schriften (*Unmoral im Talmud*, 1919 u. a.); 1920 (NS)DAP Mitgl.; 1921 Hauptschriftleiter des *Völkischen Beobachters* (ab 1938 Hrsg.), seit 1930 auch der *NS-Monatshefte*; 1923 Beteiligung am Münchner Hitler-Putsch und verdecktes NS-politisches Engagement während Hitlers Haft; 1928 Gründung des »Kampfbundes für dt. Kultur«, (Gründungsmitgl. u. a. → H. Johst, → H. Hinkel und Verleger H. Bruckmann); Arbeit am rassetheoret. »Hauptwerk« *Der Mythus des 20. Jahrhunderts* (1930); 1930 Reichstagsmitgl.; 1933 Reichsleiter (Außenpolit. Amt der NSDAP); 1934 »Beauftragter des Führers für die Überwachung der gesamten geistigen und weltanschaulichen Schulung und Erziehung der NSDAP« mit eigenem »Schrifttumsamt« und viel Konkurrenz (u. a. → Ph. Bouhler, → B. Rust, → J. Goebbels); seit 1940 planmäßige »Sicherstellung« von Kunstschätzen besetzter Gebiete (»Einsatzstab Reichsleiter Rosenberg«); 1941 Reichsminister für die besetzten Ostgebiete (»Mit oder gar unter R. zu arbeiten, ist bestimmt das Schwierigste, das es in der

NSDAP gibt« – so → H. Himmler, 25. 5. 1941); R. wurde 1946 in Nürnberg hingerichtet.

Rost, Nico, 1896 Groningen (Niederlande) – 1967 Amsterdam. Studium der Philosophie, Literatur- und Kunstwiss.; 1923/24 Reisen in die UdSSR; aus beiden Besuchen resultieren sowjet-freundliche Berichte; 1927 Eintritt in die niederländ. KP; 1930–33 Korrespondent, Kunstreferent in Berlin für fläm. und niederländ. Publikationsorgane; dt.-niederländ. Übers. (Werke u. a. von H. Fallada, A. Döblin, E. Toller, A. Seghers); Begegnungen mit → G. Benn, E. Lasker-Schüler, G. Kaiser u. a.; 1933 Verhaftung, Internierung im KZ Oranienburg, Entlassung nach Einspruch ausländ. Pressevertreter; in Holland und Flandern Kontaktfigur für polit. Emigranten aus Deutschland; im Mai 1943 in Brüssel erneute Verhaftung und Internierung im KZ Dachau; 1945 von den Alliierten befreit; Rückkehr; 1946 Erfahrungsbericht *Goethe in Dachau* (dt. 1948); Wiederaufnahme der polit.-publizist. Tätigkeit; 1951 Übernahme der Leitung des B.-v.-Arnim-Archivs (Berlin-Ost) und Ausweisung aus der DDR, vielleicht wegen Differenzen mit der KP-Führung in der fläm. Heimat (»[R.s] Schwäche liegt, wie bei vielen Künstlern, in seinem starken Selbstwertgefühl« – Bericht der belg. KP für die Bruderpartei in der DDR, nach: *De Standard*, 19. 6. 1997 [Übers. G.-K.]).

Rust, Bernhard, 1883 Hannover – 1945 Berne bei Oldenburg. Studium Germanistik, Philosophie, Klass. Philologie in Berlin und München; Lehrer in Hannover; Weltkriegsteilnehmer; 1922 NSDAP-Mitgl., 1925–40 Gauleiter; 1930 Entlassung aus dem Schuldienst und Wahl in den Reichstag; 1933 Kommissar für das preuß. Kultusministerium, u. a. für die Neuordnung der Sektion Dichtung der Preuß. Akad. der Künste verantwortlich; 1934–45 Reichsminister für Wissenschaft, Erziehung und Volksbildung, in dieser Funktion Kontrolle über Schul- und öffentl. Büchereiwesen; R.s wachsende Isolierung vom Kreis der NS-Führungselite resultiert 1940 (auf Verfügung Hitlers) im Verlust von Kompetenzen an → Ph. Bouhler (Kontrolle von Schul- und Unterrichtsschrifttum); R. nahm sich am Tag der Kapitulation (8. 5. 1945) das Leben.

Schaffner, Jakob, 1875 Basel – 1944 Straßburg. Schulerziehung in der pietist. Waisenanstalt im Breisgau; ab 1891 Schusterausbildung in Basel; 1893–1900 und 1905–08 als Geselle in Europa »auf der Walz«; ab 1911 in der Wahlheimat Deutschland lebend (meist in Berlin), Nationaleuphorie (»deutsche Nation muß im Gegensatz zur Welt existieren oder sie muß aufhören zu existieren« – Schaffner zustimmend: Th. Mann, *Tagebuch*, 5. 12. 1918); Beginn der literar. Laufbahn 1905 mit autobiogr. Roman *Die Irrfahrten des Jonathan*, erschienen bei S. Fischer; Vielzahl weiterer Bücher (über 60 Titel), meist Prosa; 1930 Großer Schiller-Preis (Schweiz); als Sch.s Hauptwerk gilt die Johannes-Tetralogie (*Johannes, Roman einer Kindheit*, 1922; *Die Jünglingszeit des Johannes Schattenhold*, 1930; *Eine deutsche Wanderschaft*, 1930; *Kampf und Reise*, 1939), der letzte Band reflektiert Sch.s Wendung zum NS, von dessen gesellschaftl. egalisierendem Impetus er überzeugt war (*Die schweizerische Eidgenossenschaft und das Dritte Reich*, 1939, Rede); die NS-Kritik rühmte seine Reisebücher (»moderne Bilder auf historischer Grundierung« – *Die Bücherei*, 1939, S. 399); in der Schweiz war Sch. nach 1933 weitgehend verfemt; 1944 Opfer eines alliierten Bombenangriffs.

Schlecht, Johannes (Hein), 1906–1945. Verlagsgehilfe; 1929 NSDAP-Mitgl.; Referent im Reichsministerium für Volksaufklärung und Propaganda von → J. Goebbels; zunächst in der Presseabt., später in der Schrifttumsabt. tätig, seit 1937 als deren stellv. Leiter; 1939 auch Leiter der Kulturabt. der Reichspropagandaleitung; kulturpolit. Publizistik (*Dichter auf den Schlachtfeldern in Polen*, Hrsg., 1939; *Wir brauchen unterhaltenden Lesestoff*, in: *Börsenblatt* 214/215, 1942; u. a.).

Schneider, Georg, 1902 Coburg – 1972 München. Lehrerausbildung und Lehrberuf in Coburg; 1939 Kriegsdienst (1944/45 in alliiert. Gefangenschaft); Mai 1944 Veröffentlichung mehrerer Gedichte in H. Ellermanns Lyrikreihe »Das Gedicht«, einer der damals wichtigsten Publikationsorte für zeitgenöss. Lyrik (u. a. → E. Langgässer, → G. Benn, A. Goes, A. Margul-Sperber, K. Krolow); nach 1945–50 FDP-Abgeordneter im bayr. Landtag und Wiederaufnahme des Schuldienstes (1955 Schulrektor in München); schmales (aber anerkanntes) lyr. Œevre (*Die Fensterrose*, 1946; *Das Blumengärtlein*, 1949); auch Übersetzungen (aus dem Engl., Frz., Chin.).

Schneider, Reinhold, 1903 Baden-Baden – 1958 Freiburg i. Br. 1921–28 kaufmänn. Angestellter in Dresdner Druckerei; 1922 Selbstmordversuch; umfassende philosoph. Lektüre, Begegnung mit portug. und span. Literatur; 1928 Entschluß zur freien Schriftstellerei; ausgedehnte Reisen (u. a. Spanien, Portugal, Frankreich, England); seit 1930, in rascher Abfolge, Buchveröffentlichung (*Das Leiden des Camões*, 1930; *Fichte. Der Weg zur Nation*, 1932; *Die Hohenzollern*, 1933 u. a.); Tagebücher 1930–35 (ersch. 1983) lassen den konservativen Monarchisten und den scharfen Beobachter erkennen (zu Hitlers *Mein Kampf*: »Niveau eines schlechten Leitartikels, [...]

die Vehemenz der Vitalität bemerkenswert« – 5. 2. 1934); freundschaftlicher Briefwechsel mit → W. Bergengruen, → J. Klepper; 1937 Übersiedlung von Potsdam nach Hinterzarten, 1938 nach Freiburg; Ortswechsel markiert Sch.s Hinwendung zum Katholizismus; er verschärft seine Oppositionshaltung, prangert literar. verdeckt die Judenverfolgung an (*Las Casas vor Karl V.*, Erz., 1938); der Essay *Macht und Gnade* (1940) ist Bezugstext der Widerstandsgruppe »Weiße Rose«; 1941 Druckverbot; Gedichte, Meditationstexte, Erzählungen zirkulieren weiter in Abschriften oder als Kleindrucke; das publizist.-polit. Friedensengagement nach 1945 bringt Sch. in Opposition zu westdt. Politik und kath. Kirche (gesammelt in: *Der Friede der Welt*, 1983), aber auch Ehrungen (Friedenspreis des dt. Buchhandels 1956); autobiogr. Spätwerk (*Verhüllter Tag*, 1954).

Schwalm, Hans → Petersen, Jan

Schwarz van Berk, Hans, geb. 1902. 1920 Freikorpskämpfer, Mitgl. des »Stahlhelm«; Studium der Geschichte und Zeitungswiss. (abgebrochen); 1930 Chefredakteur der *Pommerschen Tagespost*, Stettin, und NSDAP-Mitgl.; 1932 Gründung des NS-Organs *Pommersche Zeitung*; polit. Publizistik (*Preußentum und Nationalsozialismus*, 1932); 1935 parteigerichtl. Verweis wegen »parteischädigendem Verhalten« (»Gefährlich oder ungefährlich – weitermachen!« – Eintrag Sch. v. B.s 1934 ins Gästebuch von → W. Fincks »Katakombe« – nach: Frei/Schmitz, *Journalismus im Dritten Reich*, S. 168); 1935 Chefredakteur der Berliner Abendzeitung *Der Angriff* (1927 von → J. Goebbels gegr.); Hrsg. von Aufsätzen und Reden J. Goebbels' (*Der Angriff*, 1935; *Die Zeit ohne Beispiel*, 1941); Mitgl. des Präsidialrats der Reichspressekammer; 1937 Antritt einer für vier Jahre geplanten Weltreise; vorzeitige Rückkehr bei Kriegsbeginn; 1939 Leitung der Sonderredaktion in der Auslandspresseabt. des Propagandaministeriums (»S. trägt mir ein neues System der Flüsterpropaganda vor. […] Eine gute Idee, die ich gleich aufgreife« – Goebbels, *Tagebücher*, 21. 6. 41); Kriegsberichter für Waffen-SS; Mitarbeiter der Wochenzeitung *Das Reich* (»der NS-Starjournalist« – Frei/Schmitz, S. 112); nach 1945 berufl. Tätigkeit in der Werbebranche.

Six, Franz Alfred, 1909 Mannheim – 1975 Bozen. Studium der Geschichte, Staats- und Zeitungswiss.; 1930 NSDAP-Mitgl., Funktionär im NS-Studentenbund; 1934 Promotion (*Die polit. Propaganda der NSDAP und ihr Kampf um die Macht*, Univ. Heidelb.); seit 1935 hauptamtl. Tätigkeit in der SS, dort u. a. literaturpol. Interessen → H. Himmlers und R. Heydrichs vertretend (Leitung der Presseabt. im SD-Hauptamt, später Amt II »Gegnerforschung«), daneben Aufbau des zeitungswiss. Instituts der Univ. Königsberg, seit 1938 als a.o. Prof. (*Die Presse der nationalen Minderheiten in Deutschland*, 1936, Habil.); 1940 zur Waffen-SS; 1941 Aufgabe der Ämter im SD, Dekan der Auslandswissenschaftl. Fakultät der Univ. Berlin; 1943, mit Unterstützung → H. Himmlers, Leiter der Kulturpolit. Abt. im Auswärtigen Amt; nach Kriegsende Flucht; 1946 Verhaftung; 1947 in Nürnberg Verurteilung zu 20 Jahren Freiheitsentzug; 1952 vorzeitig Entlassung; Nachkriegskarriere als Industrievertreter, Unternehmensberater und Marketingfachmann (*Ein neues Marketing in einer neuen Welt*, 1974).

Suhrkamp, Peter, 1891 Kirchhatten (Oldenburg) – 1959 Frankfurt a.M. Lehrerausbildung; 1911 Volksschullehrer; Kriegsdienst; 1919–21 Germanistikstudium, Wiederaufnahme des Lehrberufs, Nähe zur Reformpädagogik (Odenwaldschule, Freie Schulgemeinde Wickersdorf); neben der Lehrtätigkeit Germanistikstudium (1919–1921), 1921–25 Dramaturg am Landestheater Darmstadt; 1930 Wechsel ins Verlagswesen (Redakteur der Ullstein-Zeitschrift *Uhu*); 1932 zu S. Fischer; 1933 Chefredakteur d. *Neuen Rundschau* und Berufung in den Verlagsvorstand (»Jetzt gilt es seiner Trägheit Herr zu werden und auch seiner Furchtsamkeit« – Stellungnahme S.s im März 1933, *Neue Rundschau* 5); Vertriebsverbote für zahlreiche Fischer-Verlags-Autoren (u.a. A. Döblin, J. Wassermann, K. Mann); 1936 »Arisierung« des Unternehmens durch Auszahlung der Erben; S. wird neuer Verlagsleiter; 1942, auf Anweisung der NS-Behörden, Umbenennung in Suhrkamp Verlag (»noch außerordentl. stark liberale Anflüge« – Aktenvermerk 1943 des Reichssicherheitshauptamts, nach: Barbian, *Literaturpolitik im Dritten Reich*, S. 728); 1944 Anklage wegen »Hoch- und Landesverrats«, Internierung im KZ Sachsenhausen; Entlassung Februar 1945; nach dem Krieg zunächst treuhänderische Wiederaufnahme der Fischer-Verlagsgeschäfte; 1950, nach Differenzen, Vergleich mit den Erben und Neugründung des Suhrkamp Verlags.

Tießler, Walter, geb. 1903 Ermsleben (Sachsen-Anhalt). Krankenträger, Bergwerksangestellter; 1922 NSDAP-Mitgl.; 1926 Propagandaleiter von Halle-Merseburg; 1934 Reichspropagandaleiter für »besondere Aufgaben« in der Parteizentrale München; seit 1936 Leiter des Reichsrings für NS-Volksaufklärung und Propaganda in der Reichspropagandaleitung der NSDAP (Einflußbereich von → J. Goebbels); ergänzende Funktionstätigkeit zum staatl. Literaturapparat auf Parteiebene; Mittelsmann von Goebbels zu Partei-Kanzleileiter R. Heß und später M. Bormann; kriegspropagandist. Aufgaben.

Trotha, Thilo von, 1909 Wilhelmshaven – 1938 Lübeck. 1930, als Student, Anschluß an die NS-Bewegung; 1931 Mitarbeiter in der Münchner Parteizentrale der NSDAP; enger Mitarbeiter → A. Rosenbergs (u. a. Hrsg. seiner Schriften: *Blut und Ehre*, 1934; *Kampf um die Macht*, 1937 u. a.); seit 1933 Abteilungsleiter des Außenpolit. Amtes der NSDAP; regelmäßige Beiträge für die *NS-Monatshefte* (*Juda, wir und die anderen Völker*, 1933, Essay; *Engelbrechts Tod*, 1937, bäuerl. Trauerspiel); auch Gedichte (*Spiel vom Gevatter Tod*, 1938); UA des Normannendramas *Gudrun* 1938, im selben Jahr tödl. Autounfall.

Tumler, Franz, 1912 Gries bei Bozen (Südtirol) – 1998 Berlin. Früh Halbwaise; Lehrerausbildung in Linz (Österr.); Ausübung des Berufs bis 1935; 1934 Lyrikerdebüt in der Zeitschrift *Das Innere Reich*, in der er, bis zu ihrer Einstellung 1944, regelmäßig (und nicht nur Lyrik) veröffentlicht; 1935 erste Buchpublikation (*Das Tal von Lausa und Duron*, 1935, Erz.), ermöglicht freie Schriftstellerexistenz; NS-Kritiker schätzen die »mythisierende und symbolisierende Kraft« der Bücher (*Neue Novellen und Romane*, in: *Bücherkunde* 2, 1938); T.s Sympathien für das Dt. Reich finden u. a. Ausdruck in der Erz. *Der Soldateneid* (endet »mit der feierlichen Vereidigung der [österr.] Truppen auf den Führer« – *Buchberichte*, in: *Die Bücherei*, 1939, S. 409); 1940 Literaturpreis der Reichshauptstadt Berlin; 1941–45 Kriegsdienst und verschiedentl. vom Propagandaministerium finanzierte Lesereisen; nach 1945 literar. Neuanfang unter Verwendung avancierter Schreibtechniken (*Der Mantel*, 1959; *Volterra*, 1961, Roman) und krit. Reflexion der eigenen Rolle im Dritten Reich (*Jahrgang 1912*, 1967); T. lebte seit 1950 in Berlin.

Vesper, Will, 1882 Wuppertal-Barmen – 1962 Gut Triangel (Kreis Gifhorn). Studium der Geschichte und Germanistik (ohne Abschluß); Kriegsdienst; seit 1923 zunächst Redakteur, dann Hrsg. der Monatsschrift *Die Schöne Literatur / Die Neue Literatur* (»Sie bekämpft aufs schärfste alle Schundliteratur und allen Schmutz« – Brief vom 1. 9. 1933, nach: Wulf, *Literatur und Dichtung im Dritten Reich*, 1983, S. 165); literar. Anfänge noch vor dem Ersten Weltkrieg, Hrsg. der bis in die 1960er Jahre erfolgreichen Anthol. *Ernte aus acht Jahrhunderten deutscher Lyrik* (zuerst 1906); Vielzahl ähnl. Editionen folgen (*Deutsche Balladen und Kriegslieder*, 1912 u. a.), ferner Volksausgaben von Leseklassikern, Sagen-Nacherzählungen

(*Nibelungen*, 1921; *Reinecke Fuchs*, 1928), und umfangreiche Lyrik- und Prosaproduktion; von der zeitgenöss. Kritik hervorgehoben wird der Roman *Das harte Geschlecht* (1931), der die Durchsetzung des Christentums in frühgerm. Zeit zum Thema hat (»dem nachwachsenden Deutschland verlorengegangene Härte [...] zurückgewinnen« – V. in *Deutsche Jugend*, 1934, S. 314); 1931 NSDAP-Mitgl.; 1933 Mitgl. der Preuß. Akad. der Künste; im Dritten Reich literaturkrit. und -polit. Einflußnahme als Hrsg. der *Neuen Literatur* (1943 »kriegsbedingt« eingestellt); V.s Parteinahme für den NS rückte nach 1945 noch einmal durch die literar.-krit. Auseinandersetzung seines Sohnes Bernward V., einem führenden Mitgl. der 1968er-Bewegung, ins öffentl. Bewußtsein (B. V., *Die Reise*, 1977, autobiogr. Roman).

Vietta, Egon (d. i. Karl Egon Fritz), 1903 Bühl bei Baden-Baden – 1959 Baden-Baden. Philosophie- und Jurastudium (bis 1928); Regierungsbeamter in Karlsruhe, zugleich literar. Arbeiten (*Die Kollektivisten*, 1930, Roman); Doppelexistenz wird nach 1933 fortgesetzt; Essays u. a. über → H. Broch (*Neue Rundschau*, 1934) und über R. M. Rilke (*Das Gedicht*, 1939); Reisereflexionen (etwa *Ritt durch den Fezzan*, 1939 – »Positiv«, *Gutachtenanzeiger*, Amt → A. Rosenberg, 1939); in den 30er Jahren (und wieder nach 1945) Briefwechsel mit → H. Broch (»introvertierte Menschen, wie Sie und ich es sind« – B. an Vietta, 10. 11. 1936); Kriegsdienst; nach 1945 Fortsetzung der publizist. Arbeiten (1947 kurzzeitig als Pressereferent der niedersächs. Staatskanzlei), Veröffentlichungen u. a. zu Sartre, dem frz. Existentialismus (*Theologie ohne Gott*, 1946) und zu Heidegger (*Die Seinsfrage bei H.*, 1950); auch Dramen (*Monte Cassino*, 1950, Mysterienspiel; *Die Vögel ehren Aristophanes*, 1948, Komödie).

Weinheber, Josef, 1892 Wien – 1945 Kirchstetten (Niederösterreich). Früh Halbwaise; Gymnasium (ohne Abschluß); 1911–32 Tätigkeit im österr. Postdienst; autodidakt. Studien (klass. Poetik, Latein, Griech.); ab 1912 erste lyr. Arbeiten; eigenständ. Publikationen ab 1920 (*Der einsame Mensch*, 1920, Ged.; *Von beiden Ufern*, 1923, Ged.; *Das Waisenhaus*, 1925, Roman u. a.) – ohne nennenswerte Resonanz (»fühle mich als Einzelner gegen meine ganze Zeit« – W. an Literaturhistoriker F. Sacher, 17. 9. 1932); Beschäftigung mit Hölderlin, Nietzsche, Schopenhauer; 1931 NSDAP-Mitgl. (W. stellt ab 1934 die Zahlung der Beiträge ein); literar. Durchbruch 1934 mit Gedichtband *Adel und Untergang* (»Hymnus auf die deutsche Sprache« – H. Lützeler, *Dichtung und Volkstum*, 1936) und Anerkennung im Dritten Reich und Ständestaat Österreich; nach dem »Anschluß« von Österreich (*Hymnus auf die Heimkehr*, 1938) verschiedentl. Reverenzen an den NS-Staat (staatl. geförderte Lesereisen; 1944 Erneuerung der NSDAP-Mitgliedschaft); umfangreiche literar. Produktion ohne direkten Bezug zur Tagespolitik (vgl. Beiträge für *Das Innere Reich* und Lyrikbände *Götter und Dämonen*, 1938; *Kammermusik*, 1939 usw.); ab 1940 auch erkennbar: krit. Selbstreflexion (»wie ich gut gewollt / und wie ich bös getan« – *Mit fünfzig Jahren*, Ged., 1942); 1945 vermutl. Selbstmord bei Anrücken der sowjet. Armee.

Wiechert, Ernst, 1887 Forsthaus Kreis Sensburg (Ostpreußen) – 1950 Uerikon (Zürichsee). Studium der Naturwiss., Sprachen, Philosophie (Königsberg); 1911 Lehrer und erste schriftstellerische Arbeiten (*Die Flucht*, Roman, ersch. 1917); ab 1914 Soldatendienst; 1918 Wiederaufnahme des Lehrberufes, Politisierung (»Ich bin ganz deutschnational und mein Mann erst recht« – Brief von Ehefrau Meta, 21. 9. 1919); 1924 literar. Durchbruch mit Kriegsprosa *Der Totenwolf* und Nähe zu völk.-konservat. Kreisen (Fichte-Gesellschaft); öffentl. Anerkennung (C.-Schünemann-Preis 1932); 1930, nach Selbstmord von Ehefrau Meta, Lehrer in Berlin; 1933 Frühpensionierung und freie Schriftstellerexistenz (Starnberger See, ab 1936 Wolfratshausen, Bayern); wachsende Popularität, auch bei NS-Kritik (*Die Majorin*, Roman, 1934; *Hirtennovelle*, 1935); seit 1935 (*Der Dichter und die Zeit*, Rede, ersch. 1945) erkennbares Abrükken W.s von NS-Machthabern; 1938, nach offener Opposition gegen die Festnahme M. Niemöllers und den »Anschluß« Österreichs, Verhaftung und Internierung im KZ Buchenwald; im selben Jahr Entlassung und Erlaubnis zur Wiederaufnahme schriftstellerischer Arbeit (»jedes neue Werk vor Erscheinung zur Durchsicht vorzulegen« – so → H. Haegert, Brief vom 13. 1. 1940); *Das einfache Leben* (1939) ist W.s letzte Publikation im Dritten Reich (Aufl. bis 1942: über 250 Tsd.), der ebenfalls 1939 entstandene Buchenwald-Bericht *Der Totenwald* erschien 1946; Nachkriegsarbeiten geprägt von krit.-pessimist. Blick auf Deutschland (*Rede an die deutsche Jugend*, 1945 u. a.); 1948 Emigration in die Schweiz.

Winkler, Eugen Gottlob, 1912 Zürich – 1936 München. Studium Germanistik, Romanistik, Kunstgesch. in München (Schüler K. Vosslers wie → W. Krauss und → V. Klemperer); 1933 Dr. phil. (*Moderne französische Klassikeraufführungen auf Pariser Bühnen*); 1933, wegen angebl. Beschädigung eines Wahlplakates, zehn Tage in U-Haft, erster Selbstmordversuch; aus Sorge vor neuerlicher Verhaftung 1936 zweiter, diesmal tödlich endender Versuch; Ged. und Kurzprosa erschienen u. a. im *Inneren Reich*, der *Neuen Rundschau* und der *Kölnischen Zeitung* (gesammelt in: *Dichterische Arbeiten*, postum 1937); besondere Aufmerksamkeit erhielten die literar. Kritiken und Essays (ges. in: *Gestalten und Probleme*, postum 1937) u. a. über M. Proust, → E. Jünger, S. George (»W. [ist] in seiner Generation unter den Vereinzelten [...], die wollen, daß nicht alles, worum es der meinen ging, verloren sei« – W. Benjamin an B. Brentano, 22. 4. 1939).

Wismann, Heinz, 1897–1945. Studium der Kunstgesch., Archäologie, Philosophie, Zeitungswiss.; Dr. phil. (Heidelberg); 1929–33 Sekretariatsaufgaben im Pfälzischen Zeitungsverlag (Ludwigshafen); 1932 NSDAP-Mitgl.; 1933 Referatsleiter für Schrifttumsfragen im Reichsministerium für Volksaufklärung und Propaganda, 1934 dort Leiter der Abt. VIII (Schrifttum) und stellv. Präsident der Reichsschrifttumskammer; 1937 Entlassung aus allen öffentl. Ämtern, wegen (verschwiegener) früherer Ehe mit einer »Halbjüdin« (NS-Jargon) und Unregelmäßigkeiten bei Reisekostenabrechnungen.

Wolf, Friedrich, 1888 Neuwied a. Rh. – 1953 Lehnitz (DDR). Medizinstudium; Truppenarzt im Ersten Weltkrieg (1917 Kriegsdienstverweigerung); Anschluß an sozialist. Bewegung (1921 Teilnahme bei der Niederschlagung des Kapp-Putsches); ab 1921 Arzt in Hechingen und Stuttgart; expressionist. Anfänge (*Das bist Du*, 1919); vielgespielte sozialist. Dramatik; über Deutschland hinaus berühmt wurde *Cyankali* (1928), ein Agitationsstück gegen den Abtreibungsparagraphen 218; KPD-Mitgl. seit 1928 (»Kunst ist Waffe« – Selbstaussage, 1928); 1933 Pariser Exil; 1941 Emigration in UdSSR; 1945 Rückkehr nach Ost-Deutschland; Übernahme polit. Funktionen (1950/51 DDR-Botschafter in Polen); zahlreiche Ehrungen; W.s Sohn ist der spätere Leiter des Staatsicherheitsdienstes, Markus W.

Zöberlein, Hans, 1895 Nürnberg – 1964 München. Maurer- und Steinhauerausbildung; Teilnahme am Ersten Weltkrieg; Besuch einer Bauschule; Mitgl. des Freikorps Epp; 1921 Beitritt zur NSDAP und SA (Mitgl. des SA-Kulturkreises); 1931 Erstlingsroman (*Glaube an Deutschland*, 1931), das »Kriegserleben von Verdun bis zum Umsturz« (Untertitel) wurde von Hitler mit einem Geleitwort »ausgezeichnet« (so Lennartz, *Die Dichter unserer Zeit*, 1938); Verfilmung 1933 u. d. T. *Stoßtrupp 1917* (UA 1934 in Anwesenheit Hitlers); 1933 Literaturpreis der Stadt München, 1934 Leiter der städt. Kulturabt. München; 1938 SA-Kulturpreis für den Roman *Der Befehl* *des Gewissens* (1936). Z. veranlaßte 1945, wenige Tage vor Kriegsende, standrechtl. Erschießung »politisch Unzuverlässiger« in Penzberg (Bayern); 1948 Verurteilung zum Tode, später zu lebenslanger Haft begnadigt, 1958 »aus Gesundheitsgründen« freigelassen.

Zweig, Arnold, 1887 Glogau (Schlesien) – 1968 Berlin-Ost. Soldat im Ersten Weltkrieg, 1918 im Soldatenrat von Wilna, 1923 Redakteur der *Jüdischen Rundschau* (Berlin), 1929 Vors. des Schutzverbands dt. Schriftsteller; enge Beziehung zu S. Freud und seinen Schriften; literar. Veröffentlichung seit 1906/07; besondere Aufmerksamkeit (und Kritik) erhält Z. mit dem Roman *Der Streit um den Sergeanten Grischa* (1927), der sich mit den Mechanismen der Militärbürokratie auseinandersetzt (ein Teil des Weltkriegs-Zyklus in 7 Bdn., *Großer Krieg der weißen Männer*, Roman, 1927–57); 1933 Emigration über die Tschechoslowakei, die Schweiz und Frankreich nach Palästina; Marxismus-Lektüre; 1948 Rückkehr nach Berlin-Ost; (kultur-)polit. Funktionen (1957 Präsident des gesamtdt. PEN-Zentrums, 1949–67 Abgeordneter der Volkskammer).

Nachwort

Versuchungen 1933

Man kann nicht über das ›Dritte Reich‹ sprechen, ohne an das Ende zu denken: Stalingrad, vor allem Auschwitz. Es ist das Bewußtsein einer geschichtlichen Katastrophe, was wir in der kollektiven Erinnerung mit den Jahren der NS-Herrschaft verbinden. Wie es dazu kommen konnte, wie es möglich war, sind Fragen, die sich wie unvermeidlich stellen, wenn wir uns dieser Vergangenheit nähern. Man sucht dann die Entwicklungslinien des Unheils, der Verfehlungen, folgt den Stationen menschlichen Unglücks, die zum Brennpunkt der Katastrophe führen, und Zeitgenossenschaft wird beurteilt nach dem Maß der Beteiligung am Verhängnis.

Wer war nationalsozialistischer Autor? Wer hat sich vereinnahmen lassen? Wer hat sich in Innerlichkeit geflüchtet? Wer Widerstand geleistet? Es sind kritische Fragen, die wir stellen. Wir sind parteiisch, wir moralisieren, wir sitzen Gericht über das Vergangene, weil wir auf das Ende sehen, und es fällt schwer einzusehen, daß wir damit Unrecht tun, weil wir überfordern, was damals noch ›Gegenwart‹ war. »Ich kann das Frühere vom späteren her allein – als ob es eine Quasi-Teleologie gäbe – nicht erklären«, schreibt der Historiker Thomas Nipperdey.[1] Denn Geschichte ist ein offener Prozeß, mit Kontinuitäten zwar, aber immer auch mit denkbaren Alternativen und Unabwägbarkeiten. Zeiten der Diktatur sind davon nicht ausgenommen.[2]

1 Vgl. Thomas Nipperdey, »1933 und die Kontinuität der deutschen Geschichte«, in: Th. N., *Nachdenken über die deutsche Geschichte, Essays*, München 1986, S. 186–205; hier S. 204.

2 Zur Diskussion um »systemimmanente Alternativen« im Dritten

»Das war ein Vorspiel nur, dort wo man Bücher / Verbrennt, verbrennt man auch am Ende Menschen.« Die gespenstische Wahrheit dieser oft zitierten Worte Heinrich Heines aus dem *Almansor* gestaltete sich in der Realität des Drittens Reiches, von 1933 aus gesehen, nicht so offensichtlich und zwangsläufig wie das heute im Rückblick scheinen mag.[3] In einem Beitrag für die Zeitschrift *Ost und West* hat Elisabeth Langgässer 1947 es als eine Gnade bezeichnet, beizeiten aus dem offiziellen Kulturleben des ›Dritten Reiches‹ ausgeschlossen worden zu sein.[4] Man sei dadurch erst gar nicht in Versuchung gekommen, mit dem Regime zu paktieren. Man kann vermuten, daß Langgässer gewußt hat, wovon sie redet. Bei den Wahlen zum Reichstag im März 1933 hatte sie, trotz ihrer jüdischen Herkunft, noch für Hitler gestimmt.[5]

›Nicht-in-Versuchung-kommen‹: Bei der Lektüre von Günther Scholdts Arbeit *Autoren über Hitler* (1993) bekommt man ein Bild davon, wie stark die Versuchungen für viele von ihnen gewesen sind – wieviel Schwanken und Abwägen dort vorhanden war, wieviel Sorge um die eigene Existenz, wieviel Hoffnung auf ein Arrangement und dann auch wachsende Überzeugung für die neue Linie.[6] Ernst von Salomon erinnert sich später, daß 1933 regelrecht zu spüren gewesen sei, »wie der gesamte, riesige Apparat des deutschen Schrifttums – der Literatur und der Presse – sozusagen einen Augenblick in tiefes Nachsinnen versank, um sich dann kurz zu räuspern und knarrend wieder mit vermehrter Vehemenz in Bewegung zu setzen, eine neue

Reich vgl. die Hinweise in: Klaus Hildebrand, *Das Dritte Reich*, München [5]1995, 183f.

3 Zur Genese der NS-Vernichtungspolitik vgl. den Forschungsüberblick in: Ebd., S. 200–208.

4 Vgl. Elisabeth Langgässer, »Schriftsteller unter der Hitlerdiktatur«, in: *Ost und West* 1 (1947) H. 4, S. 41.

5 Vgl. Günther Scholdt, *Autoren über Hitler. Deutschsprachige Schriftsteller 1919–1945 und ihr Bild vom »Führer«*, Bonn/Berlin 1993, S. 477.

6 Vgl. ebd., S. 750–776.

Richtung einschlagend, wohlgemerkt«.[7] Wer in diese »Richtung« nicht bereit war mitzugehen, für den blieb, sofern er nicht bereits verhaftet worden war,[8] in der Regel nur der Weg ins Exil. Die Namen von Erika und Klaus Mann, von Alfred Döblin, Arnold Zweig, Hermann Kesten und zahlreicher anderer gehören hierher.[9] Scholdt erinnert aber auch daran, daß Aussagen, wie die Ernst Tollers, daß die Emigration von 1933 »ein wüster Haufe aus zufällig Verstoßenen« sei, ebenso ernst zu nehmen ist.[10]

Es herrschte Unsicherheit nach der Machtergreifung. Viele warteten ab, wie sich die Lage im Reich weiter entwickeln würde, wo tatsächlich noch vieles unentschieden war. Auf dem Gebiet der offiziellen Kunstpolitik hat das Hildegard Brenner (1963) am Beispiel der Debatten im Reich um die Bewertung des Expressionismus und des Futurismus dokumentiert.[11] Für beide Kunstrichtungen gab es in den Reihen der neuen Machthaber starke Befürworter. Weniger exponiert rechnet Brenner auch Goebbels dazu. Die Auseinandersetzung wurde erst Mitte 1934 durch ein Machtwort Hitlers beigelegt. Seine Rede auf dem Reichsparteitag im September stellte klar, daß die künstlerische Moderne als »kulturelle Ergänzung der politischen Destruktion« (Hitler) im ›Dritten Reich‹ keinen Platz haben dürfe.[12]

Daß ihm das anfangs nicht klar war, hat jüngst – aus der

7 Ernst von Salomon, *Der Fragebogen*, Hamburg 1951, S. 224.

8 Von Verhaftung bedroht waren in erster Linie Schriftsteller und Intellektuelle mit linkspolitischem Hintergrund. 1933 festgenommen wurden u. a. Ludwig Renn, Willi Bredel, Erich Mühsam, Carl von Ossietzky, Egon Erwin Kisch, Anna Seghers.

9 Weiterführende Hinweise zu »Exil und Literatur« z. B. in: Konrad Feilchenfeldt, *Deutsche Exilliteratur 1933–1945. Kommentar zu einer Epoche*, München 1986.

10 Vgl. Brief vom 11. 1. 1934, zit. nach: Günther Scholdt, *Autoren über Hitler* (wie Anm. 5), S. 769.

11 Vgl. Hildegard Brenner, *Die Kunstpolitik des Nationalsozialismus*, Reinbek bei Hamburg 1963, S. 63–86.

12 Vgl. ebd., S. 82–86.

Perspektive des Auslandes – Philip Johnson in einem Interview zum Thema »Entartete Kunst« eingeräumt. Johnson war in den 30er Jahren Mitarbeiter des Museum of Modern Art in New York. Als Leiter der Abteilung für Architektur und Design unterhielt er enge Kontakte nach Deutschland. Mit dem 1937 emigrierten Mies van der Rohe z. B. hat er später in den USA auch zusammengearbeitet. In Erinnerung an 1933 aber konzediert Johnson vor allem seine Faszination am »neuen Deutschland«: »Wir waren sehr interessiert an dessen Experiment: [...] die Tatsache, daß es antikommunistisch war, die Tatsache, daß es »Ordnung« war, die Tatsache, daß jetzt Deutschland diese Welt wieder anführen könnte [...]. Wir waren alle sehr beeindruckt von der Begeisterung der Deutschen – in dieser Phase.«[13]

Die deutsche Begeisterung

Die Erregung, die Begeisterung der Deutschen als Kennzeichen der veränderten politischen Lage nach der Machtübernahme bildet eine historische Tatsache. Besonders augenfällig ist sie im Moment des »Führer«-Kults, d.h. der überhöhten Verehrung für Adolf Hitler, die durch Aktionen des

13 »We were very interested in its experiment [...] the fact that it was anti-communist, the fact that it was ›Ordnung‹, the fact that now Germany might be leading that world again [...]. We all were very impressed with the German excitement – of that period.« – Transkribiertes Zitat (Übers. G.-K.) aus einem Interview mit Philip Johnson in: *Kunst und Macht – 1937*. Buch und Regie: Erwin Leiser. Produktion: Erwin Leiser Filmproduktion, 1991. (Kinematograph. Nachweis in: *Dokumentarfilmkatalog 1997/98*, Inter Nationes, Bonn 1997, S. 264.) Das Interview wurde im Kontext der rekonstruierten Ausstellung »Entartete Kunst« geführt, die 1991 in Los Angeles zu sehen war. – Mehr über Johnsons Verhältnis zu Deutschland in: Franz Schulze, *Philip Johnson. Leben und Werk*, Wien 1996.

Propagandaministeriums maßgeblich gefördert wurde, aber durch sie nicht allein erklärbar ist. Der britische Hitler-Biograph Ian Kershaw hat sich in zahlreichen Studien mit diesem Phänomen auseinandergesetzt und dabei auf den erstaunlichen Stimmungsumschwung verwiesen, von dem die Deutschen innerhalb weniger Monate erfaßt wurden, nachdem bei der Reichstagswahl im März 1933 noch mehr als die Hälfte der Wähler gegen Hitler gestimmt hatten.[14]

»Außerdem sprechen alle Tatsachen gegen mich. Es geht ja wirklich aufwärts, und die ganze Nation, bis auf uns wenige Abseitsstehende, redet von dem wieder sinnvoll gewordenen Leben.«[15] – In der Tagebuchnotiz des Theater- und Filmautors Erich Ebermayer vom Sommer 1934 ist etwas von diesem Umschwung spürbar, und zugleich illustrieren die Worte, in welchem Sog, in welcher Isolation sich befand, wer als Publizist in dieser Phase gegen den allgemeinen Trend zu gehen versuchte.

Es waren nur wenige, hat Günter Scholdt bei seinen Nachforschungen festgestellt. Von der schreibenden Zunft, so sein Urteil, sollte man »in puncto Mut, Charakter, Einsicht und Vorbildfunktion« nicht zuviel erwarten.[16] Die später oft reklamierte »Seher«-Rolle der Schriftsteller ist von den Fakten her gesehen nicht zu begründen.[17] Es seien, so Scholdt, nur wenige Autoren, deren Aussagen zum Zeitgeschehen und zu Hitler das Prädikat ›überzeitlicher Qualität‹ verdienten. Von der Innenperspektive der in Deutschland Verbliebenen her rechnet Scholdt u. a. Erich Eber-

14 Vgl. stellvertretend: Ian Kershaw, »Hitlers Popularität. Mythos und Realität im Dritten Reich«, in: *Herrschaftsalltag im Dritten Reich. Studien und Texte*, mit Beitr. von Ralph Angermund [u. a.] hrsg. von Hans Mommsen und Susanne Willems, Düsseldorf 1988, S. 24–96; hier S. 30f.

15 Erich Ebermayer, *Denn heute gehört uns Deutschland … Persönliches und politisches Tagebuch. Von der Machtergreifung bis zum 31. Dezember 1935*, Hamburg/Wien 1959, S. 362 (Tagebucheintrag vom 5. 8. 1934).

16 Vgl. Scholdt (wie Anm. 5), S. 917ff.

17 Vgl. ebd., S. 15 und 940f.

mayer, Ernst Jünger, Hermann Kasack, Felix Hartlaub und Reinhold Schneider dazu. Vielleicht sollte man die Namen Victor Klemperers, Ruth Andreas-Friedrichs und, mit Einschränkung, auch den von Gottfried Benn ergänzen; die Liste ist aber auch nicht geschlossen. Daß es daneben auch, wie bei Benn, Gerhart Hauptmann oder Jochen Klepper, Aussagen gibt, die eine partielle Identifikation mit der NS-Bewegung erkennen lassen, ist irritierend, muß aber nicht überraschen. Zur Orientierung hilft ein Blick auf das Wahlverhalten der Deutschen am Ende der Weimarer Republik und es sich bewußt zu machen, welche Bedeutung die Ausbildung des Führer-Kults, des »Führer-Mythos«, für die Stabilisierung der NS-Herrschaft hatte.

In der Anschauung der Wähler stand die NSDAP für sehr unterschiedliche Dinge. In dieser Hinsicht war sie, wie man in der Wahlgeschichtsforschung heute betont, in Deutschland die erste moderne Integrationspartei.[18] Für die Oberschicht stellte sie ein Bollwerk gegen den Kommunismus dar, für die Mittelschicht war sie Sammelpartei des sozialen und wirtschaftlichen Protests. Die Arbeiterschaft konnte sie als nationale Alternative zu den beiden sozialistischen Parteien auffassen, die Jugend als Aufbruchsbewegung in eine bessere Zukunft. Den völkisch-antisemitischen Gruppierungen schließlich galt die NSDAP als Speerspitze eigener politischer Forderungen.

Der Kristallisationspunkt in der Wahrnehmung der Wählerschaft war die Person Hitlers, er repräsentierte die jeweiligen Facette des Nationalsozialismus, die als attraktiv empfunden wurde. Nach 1933 erfuhr dieser Sachverhalt seine spezifische Fortführung in der Entfaltung des sogenannnten »Hitler-Mythos«. Der Begriff wurde von Ian

18 Vgl. Jürgen W. Falter, »Die erste moderne Integrationspartei? Historische Wahlforschung und die Kontroverse um das Wählerpotential der NSDAP«, in: *Frankfurter Allgemeine Zeitung*, 19. 3. 1986, S. 33 – zit. nach: Klaus Hildebrand (wie Anm. 2), S. 165; dort auch weiterführende Literatur.

Kershaw in den 80er Jahren in die Diskussion eingeführt und sollte das »krasse Mißverhältnis« (Kershaw) zwischen der vielfach belegten Anziehungskraft Hitlers und seiner tatsächlichen Erscheinung erklären helfen.[19] Seine Popularität sei nicht durch die Lebensgeschichte verständlich zu machen und auch nicht durch die Ausstrahlungskraft seiner weltanschaulichen Maximen. Judenhaß und Lebensraumgedanke waren, zumindest in den ersten Jahren, nicht Grund dafür, daß »Millionen Menschen« ihm zujubelten.[20]

Eine Erklärung für die Faszination der Massen findet Kershaw dagegen im Modell der »charismatischen Herrschaft«, ein Begriff, den Max Weber zu Beginn des Jahrhunderts geprägt hat, als er der Frage nachging, welche Formen der Herrschaftsausübung gemeinhin als ›rechtmäßig‹ wahrgenommen werden.[21] Nach Weber stellt die »charismatische Herrschaft« eine von drei möglichen Idealtypen dar, und unter ihnen ist sie die dynamischste. Ihre Legitimationskraft gewinnt sie nicht aus einem Verfassungsprinzip oder einer überlieferten Ordnung (z. B. eines Herrscherhauses) sondern aus den außerordentlichen, übermenschlichen Eigenschaften einer Person, die aufgrund dieser Eigenschaften als »Führer« angesehen wird. Es ist dabei nicht entscheidend, ob die Person objektiv diese Eigenschaften besitzt. Es genügt, daß man glaubt, solche Eigenschaften zu erkennen. Charisma, so faßt Kershaw den für ihn entscheidenden Punkt zusammen, ist primär ein gesellschaftliches Produkt und nicht notwendig das Resultat herausragender persönlicher Begabung.[22] Und mit Weber darf man hinzufügen, es sind Zeiten »ungewöhnlicher äußerer, speziell politischer oder ökonomischer oder innerer

19 Vgl. Ian Kershaw, *Der Hitler-Mythos. Volksmeinung und Propaganda im Dritten Reich*, Stuttgart 1980.

20 Vgl. Kershaw (wie Anm. 14), S. 24.

21 Vgl. Max Weber, *Wirtschaft und Gesellschaft. Grundriß der verstehenden Soziologie*, 4., neu hrsg. Aufl., bes. von Johannes Winckelmann, Tübingen 1956, S. 122–176 und S. 551–695.

22 Vgl. Kershaw (wie Anm. 14), S. 25.

seelischer [...] Situationen«, in denen charismatische Herrschaftsformen an Attraktivität gewinnen.[23]

Das Jahr 1933 bildete in diesem Zusammenhang eine ›günstige‹ Ausgangslage. Da ist die ökonomische Krise: weltwirtschaftliche Depression, Arbeitslosigkeit, Reparationsfrage; die politische Krise: Scheitern der politischen Führung der Weimarer Republik, Zweifel an der Handlungsfähigkeit des demokratischen Systems; die mentale Krise: unbewältigte Erfahrungen aus dem Ersten Weltkrieg, Unbehagen an der Moderne; und bei allem die wachsende Überzeugung, daß im Pluralismus propagierter Lösungen zugleich das Problem liegt.

Hitler wurde aufgrund dieser Umstände nicht zwangsläufig zum »Führer« der Deutschen, andere Länder in Europa hatten in den 30er Jahren mit ähnlichen Problemen zu kämpfen. Aber die wachsende Bereitwilligkeit eines großen Teils der Deutschen – Schriftsteller bilden hier keine Ausnahme – wird erklärbar, nach erstem Zögern, und vielleicht noch mit Widerwillen, in Hitlers dynamisch-radikalem Vorgehen, der Anti-Versailles-Politik, dem arbeitsmarktpolitischen Aktionismus und in den Inszenierungen von Gemeinschaft die Handlungsweise eines außerordentlichen, die Vorgänger weit überragenden Reichskanzlers und politischen Führers zu sehen. Was Hitler in einem ganz spezifischen Sinn auch war.[24] »Ein Mann hat ein Volk erobert«, so faßte Robert Musil die Lage 1933 trocken und treffend in einer Tagebuchnotiz zusammen, »Christus mit Radio, Auto, Vereinsbildung«.[25]

23 Vgl. Weber (wie Anm. 21), S. 669.

24 Beispielhaft der Brief Tucholskys an Walter Hasenclever vom 20. 4. 1933: voller Abscheu gegen Hitler, aber seine Gleichschaltungspolitik so charakterisierend: »Das Positive ist seine Unbedenklichkeit: in der Frage der Zentralisierung des Reichs ... wenn Sie wüßten, wie man uns im Examen mit diesen Tiftelfragen: Reich und Länder geplagt hat! Auf einmal gibt's das alles nicht mehr. Das ist achtunggebietend.« – Kurt Tucholsky, *Ausgewählte Briefe 1913–1935*, hrsg. von Mary Gerold Tucholsky und Fritz J. Raddatz, Reinbek 1962, S. 255.

25 Robert Musil, *Aus den Tagebüchern*, Frankfurt a. M. 1963, S. 152.

»Es ist wichtig, sich vor Augen zu halten, daß neben dem Bau der Autobahnen, neben dem frohen Rhythmus frischer Arbeit, der unbestreitbar jetzt das ganze Land durchpulst, es diese Nachtseite gibt«.[26] Die Nachtseite des ›Dritten Reiches‹, von der Erich Ebermayer in seinem Tagebuch spricht, das ist der Terror, das sind die Verfolgungsmaßnahmen, der Vernichtungswille des neuen Regimes. »Während vier Jahren wird Hitler alles tun können, was er für nötig befindet«, kommentiert der *Völkische Beobachter* Ende März das frisch verabschiedete Ermächtigungsgesetz, »negativ die Ausrottung aller verderblichen Kräfte des Marxismus, positiv die Errichtung einer neuen Volksgemeinschaft«.[27]

Zu Beginn der NS-Herrschaft war es vor allem die politische Linke, die der Repression ausgesetzt war. Die erste Verhaftungswelle setzte unmittelbar nach dem Reichstagsbrand am 27. 2. 1933 ein. Die am Tag darauf erlassene »Verordnung zum Schutz von Volk und Staat«, faktisch die Erklärung des Ausnahmezustandes, bot den neuen Machthabern die ›legale‹ Handhabe, gegen politische Gegner vorzugehen. Allein in Preußen wurden bis Mitte März etwa 10000 Personen verhaftet. Auch Schriftsteller und Publizisten waren Ziel der Blitzaktion, darunter Anna Seghers, die nach kurzer Inhaftierung nach Frankreich entfliehen konnte. Willi Bredel, späterer Mitherausgeber der Moskauer Exilzeitschrift *Das Wort*, war bis 1934 im KZ Fuhlsbüttel interniert. Erich Mühsam wurde ins KZ Oranienburg gebracht und dort zu Tode gequält (gest. 10. 7. 1934). Es entspricht allerdings der oben skizzierten ›Seelenlage‹ der Deutschen, daß Hitlers Charisma, sein Ansehen in der Be-

26 Ebermayer (wie Anm. 15), S. 175 (Tagebucheintrag vom 28. 9. 1933).
27 Zit. nach: Joachim C. Fest, *Hitler. Eine Biographie*, Frankfurt a. M. / Berlin ²1991, S. 563.

völkerung durch den Schlag gegen die politische Linke, »die rote Pest« (Goebbels), nicht litt. Die Nazis machten hier die Erfahrung, daß Terror nicht nur nützliche Ängste und Schrecken verbreitet, sondern sich unter besonderen Umständen auch in steigende Popularität umsetzen läßt.[28]

Daß die Formel von der »Ausrottung aller verderblichen Kräfte des Marxismus« sich prinzipiell gegen Juden richtet, hat Hitler selbst früh dargelegt. Im ersten Band von *Mein Kampf* (1925) beschreibt er, wie er in seiner Wiener Zeit den Marxismus als eine von Juden initiierte und gesteuerte Bewegung zu begreifen gelernt habe.[29] Weil sie »die Bedeutung von Volkstum und Rasse« bestreiten, entzögen sie der Menscheit »die Voraussetzung ihres Bestehens«; es drohe der »Untergang« der Erde. Hitlers Schlußfolgerung: »Indem ich mich des Juden erwehre, kämpfe ich für das Werk des Herrn«.[30]

In den ersten Jahren nach der Machtergreifung hat sich Hitler öffentlich nicht mehr derart unmißverständlich geäußert. Antisemitische Ausschreitungen, auch die von Partei und Staat gesteuerten, sollten nicht mit seiner Person in Verbindung gebracht werden.[31] Unabhängig davon, welche Motive hierfür eine Rolle gespielt haben, ist entscheidend, daß die Zurückhaltung des »Führers« Hoffnungen unter der jüdischstämmigen Bevölkerung nährte, im ›Dritten Reich‹ eine Existenz führen zu können, die zwar nicht die volle staatsbürgerliche Gleichstellung miteinschloß, aber doch eine Art von Minderheitenrecht garantierte. Nichts stellt diesen Sachverhalt besser dar, als die Tatsache, daß die Geschichte der Juden im ›Dritten Reich‹ auch ein Kapitel »Rückwande-

28 Vgl. Hans-Ulrich Thamer, *Verführung und Gewalt. Deutschland 1933–1945*, Berlin 1986, S. 254f.

29 Vgl. Adolf Hitler, *Mein Kampf*, ungek. Ausg., 613.–617. Aufl. München 1941, S. 54–70. – Zum Gegenlesen: Brigitte Hamann, *Hitlers Wien. Lehrjahre eines Diktators*, München 1998.

30 Vgl. Hitler (wie Anm. 29), S. 69f.

31 Vgl. Kershaw (wie Anm. 14), S. 39.

rung« besitzt.[32] In den ersten Jahren nach der Machtergreifung kehrten jüdische Emigranten zu Tausenden zurück ins Reich. Angesichts unseres heutigen Wissens um Auschwitz ist dies eine nur schwer nachvollziehbare Entscheidung; in der Wahrnehmung der Zeit war es eine begreifbare Option.

Wie sich auf kulturellem Gebiet die Lebenslage der Juden unter der NS-Herrschaft gewandelt hat, hat Volker Dahm in mehreren Studien nachgezeichnet.[33] Seine Ergebnisse spiegeln und differenzieren das Bild: »Die politische Konstellation im Frühjahr 1933 hatte für das kulturelle und geistige Leben der deutschen Juden zwei Konsequenzen. Erstens erfolgte – entgegen einer zählebigen Meinung – keine generelle, alle einschlägigen Tätigkeiten treffende Ausschaltung aus dem deutschen Kulturleben, so daß Tausende künstlerisch und kulturwirtschaftlich tätiger Juden *vorläufig* ihren Berufen weiter nachgehen konnten.«[34] Die im September 1933 geschaffene Reichskulturkammer war zwar eine Organisation mit Zwangscharakter, d. h. jeder kulturschaffende Deutsche hatte die Pflicht, ihr beizutreten, die Möglichkeit zum Beitritt wurde aber nicht, wie seit dem 7. 4. 1933 beim Berufsbeamtentum, durch einen »Arierparagraphen« eingeschränkt. »Zweitens blieb der jüdischen Gemeinschaft die Chance, eigene kulturpolitische Aktivitäten zu entwickeln und Haltung und Maßnahmen der Behörden *bis zu einem gewissen Grad* zu ihren Gun-

32 Vgl. Juliane Wetzel, »[Kap.] V. Auswanderung aus Deutschland«, in: *Die Juden in Deutschland 1933–1945. Leben unter nationalsozialistischer Herrschaft*, unter Mitarb. von Volker Dahm [u. a.] hrsg. von Wolfgang Benz, München 1988, S. 497f.

33 Vgl. etwa: Volker Dahm, *Das jüdische Buch im Dritten Reich*, Tl. 1: *Die Ausschaltung der jüdischen Autoren, Verleger und Buchhändler*; Tl. 2: *Salman Schocken und sein Verlag* (Sonderdr. aus dem Archiv für Geschichte des Buchwesens, Bd. 20, 1–2), Frankfurt a. M. 1979, 1982; ferner: V. D.: »[Kap.] II. Kulturelles und geistiges Leben«, in: *Die Juden in Deutschland 1933–1945. Leben unter nationalsozialistischer Herrschaft*, unter Mitarb. von Volker Dahm [u. a.] hrsg. von Wolfgang Benz, München 1988, S. 75–267.

34 Ebd., S. 83 [meine Hervorhebung].

sten zu beeinflussen.«[35] Dahm denkt hier vor allem an die Arbeit des »Kulturbundes Deutscher Juden«, der nach seiner Gründung 1933 reichsweit die Fortsetzung des kulturellen Lebens unter Juden fördern half (»Kultur als letzte Bastion«). Aber auch das wird aus den Sätzen Dahms unmißverständlich klar: Alles galt »vorläufig« und nur »bis zu einem gewissen Grad«.

Die Rassenpolitik, so sehr sie mit Blick auf Hitlers öffentlicher Zurückhaltung unentschieden zu sein schien, eskalierte im weiteren Verlauf der NS-Herrschaft stufenförmig.[36] Der »Arierparagraph« wurde 1934 nachträglich in das Kulturkammergesetz hineininterpretiert. Bis 1935 waren faktisch alle, im Jargon der NS-Bürokratie als »Volljuden« bezeichneten Schriftsteller aus der Schrifttumskammer ausgeschlossen, der Lyriker Alfred Mombert war einer der letzten. Nach der Verabschiedung der Nürnberger Rassegesetze im September 1935 ging man dazu über, auch die sogenannten »Dreivierteljuden, Halbjuden, Vierteljuden, mit Voll- und Dreivierteljuden Verheirateten, mit Halb- und Vierteljuden Verheirateten« auszusieben.[37] Dabei kennzeichnet den spezifischen Willkürcharakter der Zeit, daß in der letzteren Gruppe der zwar »arischen«, aber »jüdisch versippten« Kammermitglieder, wiederholt Ausnahmen gemacht wurden. Jan-Pieter Barbians Standardwerk über die Literaturpolitik im ›Dritten Reich‹ nennt u. a. die Fälle von Werner Bergengruen, Stefan Andres und Jochen Klepper, die mit Sondergenehmigungen weiter publizieren konnten.[38] Welche zweifelhafte Sicherheit solche Ausnahmeregelungen boten, zeigt aber der Fall Jochen Kleppers. Wie

35 Ebd. [meine Hervorhebung].

36 Die Praxis im Bereich der NS-Literaturpolitik ist dargestellt in: Jan Pieter Barbian, *Literaturpolitik im »Dritten Reich«. Institutionen, Kompetenzen, Betätigungsfelder*, überarb. und aktualisierte Ausg., München 1995, S. 365 ff.

37 Wortlaut eines Reichskulturkammer-Rundschreibens vom 29. 4. 1936, zit. nach: Ebd., S. 372.

38 Vgl. ebd., S. 373.

trotz mancher Fürsprache und Protektion die Schlinge um ihn und seine Familie immer enger gezogen wurde, kann man in seinen Tagebüchern nachlesen, die mit einer Eintragung in der Vorweihnachtszeit 1942 plötzlich abbrechen.[39] Gemeinsam mit Frau und Kind hatte sich der überzeugte Christ das Leben genommen, weil trotz Interventionsversuchs von Reichsinnenminister Frick die jüdische Stieftochter Ruth in ein Lager deportiert werden sollte.

»Täglich zählten wir Hunderte von Toten. Wir froren und hungerten, aber abends haben wir gesungen und musiziert ...«[40] Diese Rückschau eines KZ-Häftlings auf die Wintertage im Lager Sachsenhausen hätte auch für Kleppers Tochter Realität werden können. Es gehört zur Wirklichkeit des ›Dritten Reiches‹, daß es in seinen Haft- und Folterinstitutionen beides nebeneinander gab: ›Kultur‹ und Vernichtung. Im KZ Sachsenhausen wurde nicht nur Musik gemacht, es gab auch Theateraufführungen, etwa Szenen aus Goethes *Faust* und dem *Biberpelz* von Gerhart Hauptmann. Eine Kabarettgruppe gab Sketche und Varieténummern zum besten, manchmal ließen sich SS-Offiziere mitunterhalten.[41] Die Situtation in anderen Lagern war vergleichbar.[42]

Auch Literatur ist in diesem »anderen Deutschland« entstanden, geschrieben von Häftlingen unterschiedlichster Herkunft, und nicht nur deutschsprachige Literatur. Mit Beginn des Krieges, das Lagersystem war seit 1935 fest im

39 Jochen Klepper, *Unter dem Schatten deiner Flügel. Aus den Tagebüchern der Jahre 1932–1942*, hrsg. von Hildegard Klepper, Ausw., Anm. und Nachw. von Benno Mascher, Stuttgart 1983 [zuerst 1956].

40 Manuela R. Hrdlicka, *Alltag im KZ. Das Lager Sachsenhausen bei Berlin*, Opladen 1991, S. 76.

41 Vgl. ebd., S. 75–78.

42 Weiterführende Literatur unter den Stichworten »Kunst«, »Literatur«, »Musik« in: *Enzyklopädie des Holocaust. Die Verfolgung und Ermordung der europäischen Juden*, hrsg. von Israel Gutman, Bd. 2, hrsg. von Eberhard Jäckel, Peter Longerich und Julius H. Schoeps, Berlin 1993, S. 835–845, 874–889 und 978–981.

Machtbereich Himmlers etabliert, durchzog das NS-Regime auch die eroberten Gebiete mit einem Netz von KZs und Ghettos, das im Osten am engsten und erbarmungslosesten geknüpft wurde. Häftlinge aus den unterschiedlichsten Kulturtraditionen wurden zusammengelegt, in den Lagern bildeten sich Ländergruppen, literarische Texte entstanden in der jeweiligen Muttersprache.

Mit den deutschsprachigen Zeugnissen, mit der dort dominierenden Literaturgattung, der Lyrik, hat sich Michael Moll (1987) auseinandergesetzt.[43] Seine Arbeit hebt ins Bewußtsein, unter welch radikal anderen Bedingungen Literatur in den Gefängnissen, Ghettos und KZs des NS-Regimes entstanden ist, und wie diese Tatsache ein besonderes literaturkritisches Nachdenken nötig macht. Die Haft- und Lagerterritorien des Reiches sind Fremde, exterritoriales Gebiet. Sie bilden ein eigenes Deutschland mit eigenen Gesetzen. Benns Diktum über Literatur im ›Dritten Reich‹ – »Was nicht direkt ins KZ Lager führt, ist albern«[44] – hat im Reich der Lager keine Bedeutung. Literarisches Schaffen bedeutet hier im eigentlichen Sinne des Wortes: Existenzsicherung. Und Formfragen sind neu zu bedenken: Man kann einem in Auschwitz entstandenen Gedicht keinen ungeschickten Reim vorwerfen, nicht einmal, daß es überhaupt ›gereimt‹ wurde. Festzuhalten ist schließlich auch, daß Moll, der seine Arbeit auf deutsche Texte konzentriert hat, den großen Bereich der Ghetto-Lyrik bewußt ausspart. Seine Begründung, gerade weil sie methodisch nachvollziehbar ist, zeigt auf die Wunde, die das Kapitel Nationalsozialismus in die Geschichte der deutschen Literatur ge-

43 Michael Moll, *Lyrik in einer entmenschlichten Welt. Interpretationsversuche zu deutschsprachigen Gedichten aus nationalsozialistischen Gefängnissen, Ghettos und KZ's*, Frankfurt a. M. 1987.

44 Gottfried Benn, *Briefe*, Bd. 5: *Briefe an Elinor Büller 1930–1937*, hrsg. und mit Nachw. von Marguerite Valerie Schlüter, Stuttgart 1992, S. 201.

schlagen hat: »Die deutschsprachigen Juden haben, mit wenigen Ausnahmen, in den Zwangsghettos begonnen, nur noch jiddisch zu schreiben«.[45]

Zwischenräume

»Du bist nichts – dein Volk ist alles«.[46] – So bedingungslos der Totalanspruch des NS-Staates nach außen scheint, schon früh haben Zeitgenossen gesehen, daß die Wirklichkeit im ›Dritten Reich‹ sich komplexer, schillernder darstellte. Ernst Fraenkel, bis zu seiner Emigration 1938 als Anwalt in Berlin tätig, hat diesen Sachverhalt im Titel seiner berühmten, 1941 in den USA erschienenen Studie *The Dual State* erfaßt.[47] Die Rede vom »Dual State«, vom »Doppelstaat« verweist auf die Divergenz und Konkurrenz von Staat und Partei als wesentlichem Strukturmerkmal der NS-Diktatur. Sie erhellt, daß Realität und Selbstdarstellung im ›Dritten Reich‹ oft weit auseinanderdrifteten. Monolithischer Herrschaftsanspruch und rivalisierende Herrschaftsausübung prägten den Regimealltag. Das galt auch für den Bereich der Literaturpolitik. »Einheit von Partei und Staat. Dann hört der Stunk auf«, schreibt Goebbels 1937 vor dem Hintergrund einer Stellenneubesetzung in sein Tagebuch,[48] um ein Jahr später seine Personalentschei-

45 Moll (wie Anm. 43), S. 61.

46 *Berliner Morgenpost*, 27. 11. 1936, zit. nach: Hans Dieter Schäfer, *Das gespaltene Bewußtsein. Deutsche Kultur und Lebenswirklichkeit 1933–1945*, Frankfurt a. M. / Berlin / Wien 1984 [zuerst 1981], S. 147.

47 Ernst Fraenkel, *Der Doppelstaat*, Frankfurt a. M. 1993 [engl. zuerst 1941].

48 Die Tagebücher von Joseph Goebbels. *Sämtliche Fragmente*, hrsg. von Elke Fröhlich im Auftrag des Instituts für Zeitgeschichte und in Verb. mit dem Bundesarchiv. Tl. 1: *Aufzeichnungen 1924–1941*, Bd. 3: *1. 1. 1937–31. 12.1939*, München [u. a.] 1987, S. 215.

dung rückgängig machen zu müssen. Machtvolle Parteigenossen hatten die »Verquickung staatlicher und parteiamtlicher Arbeitsbereiche« (Barbian) verhindert.[49]

Die Lebenswirklichkeit im ›Dritten Reich‹ ist von einem großen Widerspruch zwischen Ideologie und Praxis gekennzeichnet. Hans Dieter Schäfer hat das für den Bereich der Kultur Anfang der 80er Jahre in einer damals aufsehenerregenden, heute immer noch sehr lesenswerten Studie nachgezeichnet.[50] Danach waren es nicht nur die polykratischen Strukturen, die konkurrienden Zuständigkeiten des NS-Regimes, die die Widersprüche hervorgebracht haben.[51] Schäfer macht auch taktische Motive geltend, wenn NS-Dienststellen sich veranlaßt sahen, manches der nationalsozialistischen Ideologie Ferne unangetastet zu lassen oder bisweilen sogar zu fördern. Obwohl ihn Schäfer nicht erwähnt, kann man den Fall Hermann Hesses in diese Kategorie rechnen. Trotz dessem klaren Bekenntnis zum Pazifismus, trotz bekannter Distanz zum Nationalsozialismus, die sich etwa im Eintreten für die Werke jüdischer Autoren äußerte, konnten die meisten der Werke Hesses im Reich erscheinen, weil man sich im Propagandaministerium davon einen politischen Nutzen versprach. Hesse war Schweizer Staatsbürger, vermied aber die Nähe zur deutschen Emigrantenszene und war in seiner Kritik an den Zuständen im ›Dritten Reich‹ nach außen hin eher zurückhaltend. An weltbekannten Schriftstellern diesen Zuschnitts herrschte in Deutschland »peinlicher Mangel«, wie Egon Schwarz formuliert hat; was auch erklärt, warum das Pro-

49 Barbian (wie Anm. 36), S. 180f.

50 Hans Dieter Schäfer, *Das gespaltene Bewußtsein. Deutsche Kultur und Lebenswirklichkeit 1933–1945*, Frankfurt a. M. / Berlin / Wien 1984 [zuerst 1981]. – Einige der (kritischen) Reaktionen auf Schäfers Buch sind bibliographisch nachgewiesen in: Klaus-Dieter Oelze, *Das Feuilleton der Kölnischen Zeitung im Dritten Reich*, Frankfurt a. M. [u. a.] 1990, S. 6 ff.

51 Vgl. Schäfer (wie Anm. 50), S. 171ff.

pagandaministerium Hesse vor Kritik aus den eigenen Reihen, wenn nötig, in Schutz nahm.[52]

Widersprüche zwischen nationalsozialistischer Ideologie und Praxis entstanden aber auch aus Gründen, die mit dem Verhalten einzelner Personen zu tun haben. Beim Feuilleton der *Kölnischen Zeitung* gibt es dafür ein Beispiel.[53] Klaus Dieter Oelze, der sich an Schäfers Arbeit anlehnt, hat sich mit dem Redaktionsalltag der Zeitung im ›Dritten Reich‹ beschäftigt und festgestellt, daß die politische Gängelung der Redakteure zu keinem Zeitpunkt perfekt durchorganisiert war.[54] Im konkreten Fall lag das daran, daß der im Propagandaministerium für die Kontrolle der Presse verantwortliche Referent wegen anderer Verpflichtungen prinzipiell wenig Zeit für seine Aufgabe fand. Tägliche Geschäfte wurden an einen Mitarbeiter delegiert, der in der Kölner Redaktion durchblicken ließ, daß er als Anhänger der »Bekennenden Kirche« mit seinem Arbeitgeber im verdeckten Widerspruch steht. In der *Kölnischen Zeitung* hat man daraus die »entsprechenden Schlüsse« gezogen und den redaktionellen Spielraum bis in die Kriegsjahre hinein zu nutzen verstanden. Man habe, so einer der Redakteure im Rückblick, »dem Nazi-Bild von Deutschland ein anderes Bild von Deutschland entgegen[ge]halten«.[55]

An ihre Grenzen stieß der Anspruch der NS-Kulturbürokratie auch dort, wo man sich dem breiten Interesse an der ›Neuen Welt‹ gegenübersah. Die Neugier an Amerika, seiner Technik, seinem Lebenstil und den »unbegrenzten Möglichkeiten« ist Leitmotiv des gesamten 20. Jahrhunderts. Die dreißiger und vierziger Jahre in Deutschland

52 Vgl. Egon Schwarz, »Hermann Hesse und der Nationalsozialismus«, in: Sigrid Bauschinger / Albert Reh (Hrsg.), *Hermann Hesse. Politische und wirkungsgeschichtliche Aspekte*, Bern 1986, S. 55–71; hier: S. 66.

53 Vgl. Oelze (wie Anm. 50).

54 Vgl. ebd., S. 62 ff.

55 Vgl. ebd., S. 63

sind davon nicht ausgenommen. Coca-Cola, Hollywood, Swing-Musik und ›American Fiction‹ standen, zumindest bis zum Kriegseintritt der USA 1941, bei zahlreichen Deutschen in hoher Gunst.[56] Schäfer hat dieses Amerika-Interesse anhand vieler Beispiele dokumentiert und auch für den Übersetzungsbereich eindrucksvolle Belege zusammengetragen.[57] Sie zeigen, wie aufgeschlossen deutsche Verlagshäuser z. B. den Arbeiten eines William Faulkner oder Thomas Wolfe gegenüberstanden und welche große Zustimmung jene Autoren in der Leserschaft fanden, darunter durch so prominente Zeitzeugen wie Sebastian Haffner, Karl Korn und Gottfried Benn.[58]

Nach Auffassung von Ernst von Salomon, in den 30er Jahren Lektor bei Rowohlt, hatte das Interesse an den USA aber auch andere Gründe. Amerikanische Literatur sei im Verlag schon länger zu Hause gewesen, als Folge des literarischen Exodus 1933, »strömte sie [aber] in das deutsche literarische Vakuum«.[59] Faulkner und Wolfe gewissermaßen ein Lese-Ersatz für die vertriebene deutschsprachige Moderne, so kann man Salomons Gedanken weiterführen und mit der These Schäfers und Oelzes verknüpfen, wonach die literarische Moderne – auf dem Wege der Übersetzung und der Rezension ausländischer Literatur – auch nach 1933 im Deutschen Reich noch einen festen Platz besessen hat.[60] Gründlich ausgeleuchtet wurde diese These bislang noch

56 Vgl. Alf Lüdtke / Inge Marossolek / Adelheid von Saldern (Hrsg.), *Amerikanisierung. Traum und Alptraum im Deutschland des 20. Jahrhunderts*, Stuttgart 1996; Philipp Gassert, *Amerika im Dritten Reich. Ideologie, Propaganda und Volksmeinung 1933–1945*, Stuttgart 1997.

57 Vgl. Schäfer (wie Anm. 50), S. 151 ff. und 14 ff. – Schäfers Befunde werden ergänzt von: Gisela Berglund, *Der Kampf um den Leser im Dritten Reich. Die Literaturpolitik der »Neuen Literatur« (Will Vesper) und der »Nationalsozialistischen Monatshefte«*, Worms 1980, S. 156 ff.

58 Vgl. Schäfer (wie Anm. 50), S. 19 f.

59 Ernst von Salomon (wie Anm. 7), S. 323.

60 Vgl. Schäfer (wie Anm. 50), S. 13 ff.; Oelze (wie Anm. 50), S. 153 ff.

nicht, für sie spricht aber, daß die NS-nahe Kritik Vergleichbares behauptet, besser sollte man sagen: befürchtet hat. »Unerwünschte Einfuhr« titelte 1937 Will Vespers *Neue Literatur* einen Aufsatz des renommierten Literaturkritikers Hans Franke, der sich kritisch zur Aufnahme ausländischer Literatur im ›Dritten Reich‹ äußert. Zu Übersetzungen des Rowohlt-Autors Thomas Wolfe führt Franke aus: »Würde heute ein deutscher Dichter dieses Kind aus Joycescher und Döblinscher Methodik und Gesinnung einem deutschen Verlag einreichen, [...] dann würde er bestimmt auf den Widerstand von Lektoren, Verlegern, und der Presse stoßen. Anscheinend aber sind die Dinge anders, wenn ein Buch von draußen zu uns hereinkommt.«[61] Mindestens bis zum Kriegsbeginn 1939 bzw. bis zum Kriegseintritt der USA 1941 ist das in der Tat wohl so gewesen.[62]

Die Beispiele illustrieren, daß es im Alltag von konkurrierenden Kompetenzen, von Überwachungslücken oder »Laisser-faire« Zwischenräume gab, Nischen, in denen man sich als Bürger, d. h. auch als Schriftsteller oder Verleger, ein stückweit abseits des totalen Anspruchs der Diktatur einrichten konnte. Daß es einigen Emigranten gelang, ins Deutsche Reich zurückzukehren, gehört in denselben Zusammenhang. Es waren nicht viele, aber bekannte Namen; Wolfgang Koeppen[63] zum Beispiel oder Ernst Glaeser[64] und Irmgard Keun[65]. Im einzelnen waren die Umstände ihrer Emigration und Remigration sehr unterschiedlich, aber in

61 Zit. nach: Berglund (wie Anm. 57), S. 171.

62 Vgl. ebd., S. 159.

63 Vgl. Jörg Döring, »Eulenspiegel schreibt Gespenstergeschichten. Wolfgang Koeppen im Dritten Reich«, in: Christiane Caemmerer / Walter Delabar (Hrsg.), *Dichtung im Dritten Reich? Zur Literatur in Deutschland 1933–1945*, Opladen 1996, S. 97–118.

64 Vgl. René Geoffroy, »Ernst Glaeser und der ›Schweizer Schutzengel‹«, in: *Exilforschung* 7 (1984), S. 358–380; Oelze (wie Anm. 50), S. 51 ff.; Barbian (wie Anm. 36), S. 383 f.

65 Vgl. Heike Beutel [u. a.] (Hrsg.), *Irmgard Keun: Zeitzeugen, Bilder und Dokumente erzählen*, Köln 1995.

der Gesamtheit erhellen sie die Frage nach dem Zwischenraum im »Doppelstaat«. Glaesers Rückkehr etwa sollte nach Plänen des Goebbels-Ministeriums propagandistisch groß ausgeschlachtet werden, was nie ganz gelungen ist. Von Koeppen dagegen hat man nicht einmal gewußt (und sollte es nie erfahren), daß er überhaupt emigriert war.[66] Ein anderes Beispiel, das Zwischenräume aus der Verlegerperspektive zeigt, ist die Erfolgsgeschichte von Heinrich Ellermanns Lyrikreihe »Das Gedicht«. 1934 ins Leben gerufen, konnte sie sich innerhalb kürzester Zeit am Markt etablieren.[67] Bezeichnenderweise bilden Texte mit Nähe zu Staat und Partei in der Reihe die Ausnahme. Stattdessen findet man viel »gedämpften« Expressionismus (Georg Heym, Ernst Stadler, Georg Trakl), einige Erstdrucke Benns (lange nach seinem Abrücken vom Nationalsozialismus) und eine Reihe von Namen, die nach 1945 ihren Klang behalten haben: unter ihnen Elisabeth Langgässer (1934/35), Albrecht Goes (1936–39) Hermann Kasack (1940/41), Franz Fühmann (1942) und Karl Krolow (1943).[68]

So total also der Anspruch des Nationalsozialismus ge-

66 Vgl. *Lyrik verlegen in dunkler Zeit. Aus Heinrich Ellermanns Reihe »Das Gedicht. Blätter für die Dichtung« 1934–1944. Gedichte von 40 Autoren*, ausgew. und eingel. von Christoph Perels, mit einem Gesamtverzeichnis der Jahrgänge 1–10, München 1984; Uta Beikűfner, »Naturauffassung und Geschichtlichkeit im Kontext der Zeitschrift ›Das Gedicht. Blätter für die Dichtung‹ (1934 bis 1944)«, in: Walter Delabar / Horst Denkler / Erhard Schütz (Hrsg.), *Banalität mit Stil: zur Widersprüchlichkeit der Literaturproduktion im Nationalsozialismus*, Bern [u. a.] 1999, S. 199–216.

67 Im Vergleich (Stand 1939): »Das Gedicht«, 2000 Ex.; *Neue Rundschau* (K. Korn / S. Fischer), 2066 Ex.; *Das Innere Reich* (P. Alvederes / Langen-Müller), 5500 Ex.; *Die Neue Literatur* (W. Vesper / Avenarius), 3880 Ex.; *Deutsche Vierteljahrsschrift für Literaturwissenschaft und Geistesgeschichte* (P. Kluckhohn, E. Rothacker / Niemeyer), 900 Ex. – Angaben aus: *Sperlings Zeitschriften- und Zeitungs-Adreßbuch. Handbuch der deutschen Presse*, 61. Ausg., Leipzig 1939, S. 187f.

68 Vgl. *Lyrik verlegen in dunkler Zeit* (wie Anm. 66), S. 5–9 sowie die Angaben der Jahresregister in: Ebd., S. 60–70.

wesen ist, das Bild, das man bei genauerem Hinsehen von der literarisch-publizistischen Landschaft des ›Dritten Reiches‹ gewinnt, ist alles andere als einheitlich und gerade darin typisch. Damit soll nicht das Unheil kleingeredet werden, das die NS-Bürokratie tatsächlich über Autoren, ihre Verleger, über Buchhändler und Leser gebracht hat. Aber selbst da gilt, daß die Praxis der Berufszulassungen, der Bücherverbote, der publizistischen Angriffe – von der systematischen Verfolgung sogenannter »nicht-arischer« Autoren abgesehen – oft diffus war.[69] Ein charakteristisches Dokument für das Durcheinander bildet der *Jahresbericht 1940* des Hauptlektorates »Schöngeistiges Schrifttum«, Zuständigkeitsbereich des NS-Kritikerpapstes Helmuth Langenbucher im Amt Rosenberg.[70]

Das Papier resümiert Höhepunkte und wichtige Entwicklungen aus dem Berichtsjahr. Besondere Aufmerksamkeit wird den Neuerscheinungen geschenkt. Dabei wird mit Sorge auf das Entstehen einer »literarischen Clique« verwiesen.[71] Vor dieser will man warnen. Es seien Schriftsteller ohne Nähe zur »volkhaften Dichtung unserer eigenen Zeit« und mehr mit Verwandtschaft zum »Literatentum aus der Zeit vor 1933«. Die Zahl ihrer Veröffentlichungen wird als »fast schon beängstigend« bezeichnet. Namentlich erwähnt sind ein gutes Dutzend Autoren, darunter Wolfgang Weyrauch, Horst Lange, Werner Bergengruen und Stefan Andres, wobei das »usw.« am Ende der Aufzählung zeigt, daß die zahlenmäßige Stärke der Gruppe noch größer eingeschätzt wird. Mit Mißfallen registriert die Quelle, daß diese Schriftsteller in der Leserschaft »mehr

69 Vgl. Barbian (wie Anm. 36), S. 385 f.

70 Jahresbericht 1940 des Hauptlektorates »Schöngeistiges Schrifttum«, in: *Lektoren-Brief. Vertrauliche Informationen des Amtes Schrifttumspflege bei dem Beauftragten des Führers für die Überwachung der Gesamten Geistigen und Weltanschaulichen Erziehung der NSDAP*, 4 (1941) 5/6, S. 4–8.

71 Zum Folgenden vgl. ebd., S. 4 und 7 f.

und mehr Zulauf« erhielten. Es sei erstaunlich, so schließt der anonyme Berichterstatter, wie kritiklos die Werke dieser »Zwischenreichautoren« von den meisten Rezensenten besprochen würden und was man dabei an Lob und Anerkennung zu lesen bekäme – »leider auch in nationalsozialistischen Zeitungen«.

Im Zwischenreich

Im Zwischenreich liest man zwischen den Zeilen, man liest anders als in einem freien politischen System, »begieriger«, wie Marion Gräfin Dönhoff einmal im Rückblick auf ihre eigenen Erfahrungen im Dritten Reich festgehalten hat.[72] »Wie hat die Gegenwart uns gelehrt, Quellen zu lesen!«, schreibt Jochen Klepper an seinen Schriftstellerfreund Reinhold Schneider dessen eben erschienene Erzählung *Las Casas vor Karl V.* (1938) kommentierend.[73] Das Buch spielt im 16. Jahrhundert, die Kolonisation Mittel- und Südamerikas durch Spanien und Portugal ist der Stoff, aus dem die Handlung schöpft. Klepper sieht die historische Ferne aber ganz im Heutigen verankert. »In den erschütterndsten Partien« des Buches hört er die Auseinandersetzung mit den Rassenproblemen seines Jahrzehnts heraus und trifft damit einen wichtigen Beweggrund der Erzählung. In der historischen Figur Las Casas' sah Schneider, wie er später dargelegt hat, die Möglichkeit, gegen die Verfolgung der Juden im ›Dritten Reich‹ zu protestieren.[74]

»Das Duell verfeinert die Sitten wie die Zensur den

72 Vgl. M. Gräfin Dönhoff, »… und eine Gegenreplik«, in: *Die Zeit*, Nr. 46, 9. 11. 1976, S. 57.

73 Jochen Klepper, *Briefwechsel 1925–1942*, hrsg. und bearb. von Ernst G. Riemschneider, Stuttgart 1973, S. 116.

74 Vgl. Reinhold Schneider, *Verhüllter Tag*, Köln/Olten 1954, S. 146.

Stil.«[75] Der Satz ist typische Noblesse Ernst Jüngers (*Blätter und Steine*, 1934), auf die Zeitumstände übertragen, aber eine diskutable Beobachtung. Wer als Schriftsteller nach der Machtübernahme der Nazis in Deutschland blieb, ohne zugleich Hitler-Anhänger zu sein, fand sich in dem Maße, wie der neue Staat in das kulturelle Leben eingriff, vor die Frage nach dem schriftstellerischen Selbstverständnis gestellt. »Wir wollen den Dichter, der seine Seele und seinen Geist mitschwingen läßt im Gleichtakt der Nation.«[76] Wer Forderungen wie diesen aus dem Propagandaministerium[77] ausweichen wollte, mußte entscheiden, ob die schriftstellerische Arbeit in gewohnter Weise fortzusetzen war oder ob neue literarische Momente und Verfahren bedacht und umgesetzt werden mußten. Nicht wenige haben sich auf »anakreontisches Tändeln« verlegt, ein Ausdruck, den Elisabeth Langgässer kurz nach dem Krieg für jene Gruppe von Schriftstellern geprägt hat, die ihrem Unbehagen am ›Dritten Reich‹ die poetische Gestalt der Idylle gaben.[78] Andere versuchten den Deformationen des Alltags mit literarischen Formen zu begegnen, die auf festen Kompositionsprinzipien beruhten, mit dem Sonnett zum Beispiel. »Den Anarchismus«, schreibt dazu Horst Lange an Ernst Kreuder, atme man ohnehin »täglich und stündlich« ein.[79]

Es wird Abstand zur Gegenwart gesucht. Die Form der Legende wird ein bevorzugtes literarisches Gestaltungsmittel. Mythische, religiöse Betrachtungsweisen weisen dem politischen Zeitgeschehen eine »überzeitliche Bedeutung«

75 Ernst Jünger, *Blätter und Steine*, Hamburg 1934, S. 219.

76 Aus einer Rede Karl Heinz Hederichs anläßlich der »Woche des Deutschen Buches 1937«, zit. nach: Hellmuth Langenbucher, »Deutsches Schrifttum 1937 – politisch gesehen«, in: *Nationalsozialistische Bibliographie* (1938), 3. Beil., S. II.

77 Zu Hederichs doppelter Rolle im Propagandaministerium und Parteiamtlicher Prüfungskommission vgl.: Barbian (wie Anm. 36), S. 175ff.

78 Vgl. Langgässer (wie Anm. 4), S. 39.

79 Vgl. Horst Lange, *Tagebücher aus dem zweiten Weltkrieg*, Mainz 1979, S. 296; zit. nach: Scholdt (wie Anm. 5), S. 704.

zu. Im Ganzen wird eine Ästhetik der Distanz, der Abkehr erkennbar, für die sich nach 1945 die Rede von einer »Emigration nach innen« eingebürgert hat.[80] Das Tagebuch wurde in diesem Zusammenhang ein wichtiges Medium der Selbstvergewisserung[81] (»im totalen Staat das letzte mögliche Gespräch« – E. Jünger[82]). Sofern an eine Veröffentlichung gedacht war, mußte Zeitkritik weitgehend verdeckt zur Sprache gebracht werden. Das ist nicht nur bei Diarien der Fall, sondern bei aller Literatur. Das poetische Geschehen wurde in eine andere Zeit verlegt, Schauplätze topographisch verfremdet. Im idealen Fall war der »begierige Leser« fähig, die kritisch gemeinten Analogien zur Gegenwart zu entschlüsseln.

Inwieweit eine solche literarische Camouflage als Widerstand zu gelten hat, ist umstritten. Bis heute sieht sich die »Innere Emigration« dem Vorwurf ausgesetzt, eskapistisch agiert zu haben und deswegen systemstabilisierend gewesen zu sein.[83] Vielleicht sollte man im Urteil aber auch mehr Milde zeigen, wie Günter Scholdt das in seiner Studie vorschlägt.[84] Scholdt hält sich dabei an Ausführungen des Emigranten Hermann Kesten, der schon 1934 daran erinnerte, daß Literatur zu weit mehr und meistens auch zu anderen

80 Einen Zugang neueren Datums zum Thema »Innere Emigration« bietet das Jahrbuch *Exilforschung* 12 (1994): *Aspekte der künstlerischen inneren Emigration 1933–1945*. – Im Ansatz ›frischer‹ wirkt: Oelze (wie Anm. 50), S. 55 ff.

81 Vgl. Lothar Blum, *Das Tagebuch zum Dritten Reich. Zeugnisse der Inneren Emigration von Ernst Klepper bis Ernst Jünger*, Bonn 1991.

82 Ernst Jünger, *Sämtliche Werke*, Bd. 2: *Tagebücher. Strahlungen I*, Stuttgart 1979, S. 12 f.

83 Vgl. stellvertretend: *Deutsche Literaturgeschichte. Von den Anfängen bis zur Gegenwart*, von Wolfgang Beutin [u. a.], 5., überab. Aufl., Stuttgart / Weimar 1994, S. 397. – »Schon die romantische Poesie trägt zu einem großen Teil eskapistische Züge […]. Nicht zufällig knüpften die Autoren der Innerlichkeit an diese Position an. […] Auch da, wo sie nach ihrem eigenen Verständnis den Machtanspruch des Regimes unterlief oder umging, […] trug sie letztlich zur Herrschaftsabsicherung bei […].«

84 Vgl. Scholdt (wie Anm. 5), S. 704 ff.

Dingen als Politik da sei.[85] Der im ›Dritten Reich‹ verfaßten Literatur solle man das auch zubilligen, meint Scholdt und zitiert zur Illustration einen Brief Albrecht Haushofers, verfaßt zu einem Zeitpunkt (1940), als der Autor noch nicht im Widerstand war.[86] »Nun – ich sollte wohl eigentlich unten in der Halle sitzen, besorgte Gespräche mit Botschaftern und Gesandten führen, [...] freundliche Händedrücke von Ribbentrop und Ciano als Prestige-Gewinn buchen [...] stattdessen sitz' ich still in meinem schönen großen Zimmer – wenn sie mich brauchen, können sie mich rufen lassen – träume an meiner chinesischen Legende herum (in dieser Traumwelt kann man zur Abwechslung die Gerechten und Guten am Leben lassen und die Ungerechten umkommen lassen – was sonst nicht zu geschehen pflegt)«.[87]

Haushofer schreibt aus dem Zwischenreich. Zwar ist der Begriff »Zwischenreichautor«, weil vom Amt Rosenberg geprägt,[88] zunächst negativ konnotiert, gegenüber der Bezeichnung »Innere Emigration« hat er aber den Vorzug, mehrschichtiger zu sein und besser zum Ausdruck zu bringen, was die Autoren der »Inneren Emigration« mit dem ›Dritten Reich‹ verband und was sie trennte.

Der Begriff »Zwischenreich« erweckt die Assoziation des Dazugehörenden und zugleich sich Entziehenden. Es verweist auf einer mittlere Dimension zweier sich gegenüberstehender Lebensbereiche, die nur schwer zu fassen ist.

85 Vgl. ebd., S. 705. – Scholdt bezieht sich auf H. Kestens Essay »Der Preis der Freiheit. Zur Lage der deutschen Literatur«, in: *Sammlung* 5 (1934), S. 238–244.

86 Haushofer wurde 1941 aus dem Staatsdienst entlassen; Hintergrund bildet der »England-Flug« von Rudolf Heß, Stellvertreter Hitlers, den Haushofer jahrelang politisch beraten hatte. Haushofer nahm Kontakt zum Widerstand auf, Ende 1944 wurde er im Zusammenhang mit dem Hitler-Attentat vom 20. 7. 1944 verhaftet, am 24. 4. 1945 exekutiert.

87 Brief Albrecht Haushofers vom 29. 8. 1940, zit. nach: Scholdt (wie Anm. 5), S. 706.

88 Vgl. Anm. 70.

Die Bezeichnung evoziert eine Atmosphäre des Zwielichtigen, des Mehrdeutigen und Unklaren. »Zwischenreich« ist im Sprachgebrauch der Zeit schließlich auch die Bezeichnung für das »demokratische Interregnum« (H. Lange): die Weimarer Republik.[89] Zwischenreichautoren sind keine ausgesprochenen Widerständler (auch wenn sie sich, wie Haushofer, zu solchen entwickeln können). Für sie zutreffender sind Begriffe wie »Resistenz«, »Dissens« oder »loyale Widerwilligkeit«, wie Michael Philipp das in einem ähnlichen Zusammenhang zu bedenken gegeben hat.[90] Zwischenreichautoren kritisieren verdeckt, sie schreiben Trostbücher, weichen aus ins Genre der Unterhaltungsliteratur, des Kinderbuchs, gehen zum Film. Was sie nicht publizieren können, wird in Schubladen aufbewahrt oder einer eingeschränkten Öffentlichkeit zugänglich gemacht. Zwischenreichautoren finden ihr Auskommen im NS-System, die jungen unter ihnen haben nie ein anderes kennengelernt. Der nationalsozialistische Kulturapparat bedient sich der Akteure und vereinnahmt ihre Produkte, wo es politisch gelegen kommt. Das Normale im Zwischenreich spielt sich in einer Grauzone von Teilhabe und Distanz ab.

Zwischenreichautoren sind aber keine Repräsentanten des ›Dritten Reiches‹. Das wissen auch die Nationalsozialisten. Überspitzt formuliert wurde die gesamte Zensurbürokratie einzig zu dem Zweck geschaffen, Zwielichtigkeiten im Bereich der Literatur auszuräumen und Leser wie Produzenten auf einen einheitlichen und verbindlichen Kanon festzulegen. »Deutsch sein, heißt klar sein« (Hitler).[91] Das

89 Vgl. Horst Lange, »Landschaftliche Dichtung«, in: *Der weiße Rabe* 5/6 (1933), S. 23; vgl. ferner den Eintrag »Zwischenreich« in: Karl-Heinz Brackmann / Renate Birkenhauer, *NS-Deutsch. »Selbstverständliche« Begriffe und Schlagwörter aus der Zeit des Nationalsozialismus*, Straelen a. Niederrhein 1988, S. 210.

90 Vgl. Michael Philipp, »Distanz und Anpassung. Sozialgeschichtliche Aspekte der Inneren Emigration«, in: *Exilforschung* 12 (1994), S. 15.

91 Adolf Hitler bei der Eröffnung des »Hauses der Deutschen Kunst« 1937: »Es ist oft die Frage gestellt worden, was denn nun ›deutsch

Scheitern dieses totalen Anspruchs offenbart sich im Polykratismus der Behörden, der Reglementierungswut, den sich aufblähenden Apparaten und in Berichten wie dem oben genannten aus dem Amt Rosenberg, der sich über den Erfolg der »literarischen Clique« von Zwischenreichautoren beklagt.

Der Hang zu mehrdeutigen Darbietungsformen, die Hinwendung zu antiken Stoffen und überzeitlichen Deutungsmustern macht das Zwischenreich in seinen Texten als Opposition nicht klar faßbar. Das vielleicht überraschende ist: Die Vermutung im Amt Rosenberg, daß sich in der Konturlosigkeit ein literarisches Moment äußert, das an künstlerische Ausdrucksformen der Jahre vor der Machtergreifung anknüpft, ist in der Literaturwissenschaft heute common sense.[92] Dabei ist oft von 1930 als Schlüsseljahr die Rede. Es ist das Jahr, in dem die Wucht der Weltwirtschaftskrise in Deutschland voll spürbar wurde und die Nationalsozialisten auf Reichsebene ihren entscheidenden politischen Durchbruch erzielten. Verunsicherung und das Gefühl der Gelähmtheit beherrschten das damalige Klima der Republik. Die als chaotisch empfundene innenpolitische Lage weckte bei vielen den Wunsch nach Neuorientierung, auch die literarischen Debatten der Zeit geben davon Zeugnis. (Anton Kaes hat das in seinem Dokumenten-Band

sein‹ eigentlich heisse. Unter allen Definitionen, die in Jahrhunderten und von vielen Männern darüber aufgestellt worden sind, scheint mir jene wohl am würdigsten zu sein, die es überhaupt nicht versucht, in erster Linie eine Erklärung abzugeben als vielmehr ein Gesetz aufzustellen. Das schönste Gesetz aber, das ich mir für mein Volk auf dieser Welt als Aufgabe seines Lebens vorstellen vermag, hat schon ein grosser Deutscher einst augesprochen: ›Deutsch sein heisst klar sein‹.« (Adolf Hitler, [Rede zur Eröffnung der 1. Großen Deutschen Kunstausstellung in München 1937], in: *Völkischer Beobachter*, 17. 7. 1937.

92 Vgl. stellvertretend die Einleitung in: Wulf Koepke / Michael Winkler (Hrsg.), *Deutschsprachige Exilliteratur. Studien zu ihrer Bestimmung im Kontext der Epoche 1930 bis 1960*, Bonn 1984, S. 1–11.

zur Weimarer Republik ausführlich dargestellt.[93]) Erkennbar wird ein Rückzug aus dem politisch-öffentlichen Leben (Die Kunst von morgen: »das Innen, das Ich, die Stille«; H. Günter), dichterische Introspektion und elegisches Lebensgefühl verbinden sich mit der Suche nach literarischen Formen, die jenseits des entfesselten Alltags Halt versprechen: Parabeln, Allegorien, überzeitliche Deutungsmuster, Rückbesinnung auf Mythologisches und Archetypisches, dichterische Selbstbescheidung auf die »Wurzeln in Gott« (E. Wiechert).[94] Diese »zur Sprache gebrachte Depression« (H. D. Schäfer) aus dem »Zwischenreich«, der Weimarer Republik, wird über das Jahr 1933 in das »Neue Deutschland« getragen. Sie artikuliert sich in einer Literatur, die von der »Hilflosigkeit des einzelnen« handelt, von einer auf den Menschen eindringenden Welt, die gleichermaßen »übermächtig und unheimlich« erscheint, so Schäfer in der Charakterisierung einzelner Prosatexte H. Langes, W. Koeppens und M. L. Kaschnitz'.[95] Zeugnisse eines bewußten Widerstandes sind diese Arbeiten nicht, in ihrer Tendenz zum Schwankenden und Elegischen stehen sie aber in deutlichem Gegensatz zum politischen Selbstverständnis des NS-Regimes, Deutschland mit der Machtübernahme aus dem Weimarer ›Zwielicht‹, dem »Chaos der Verfallszeit« (Goebbels), in eine Ära der ›klaren Verhältnisse‹ geführt zu haben. Von dieser Perspektive her liest sich der Ärger im Amt Rosenberg über den andauernden Erfolg der Zwischenreichautoren, zu Papier gebracht immerhin im Jahr größter militärischer Triumphe (1941), bereits wie ein Dokument des Scheiterns.

93 Vgl. Anton Kaes (Hrsg.), *Manifeste und Dokumente zur deutschen Literatur 1918–1933. Weimarer Republik*, Stuttgart 1983, S. XLIVff.
94 Ebd., S. XLVf.
95 Vgl. Schäfer (wie Anm. 50), S. 85f.

Kontinuitäten zwischen Weimar und Bonn

Die Jahre 1933 und 1945 sind Schlüsseldaten der deutschen Geschichte, Wendepunkte in vielerlei Hinsicht. In zahllosen Biographien markieren sie Lebenseinschnitte, die das Davor und Danach wie verschiedene Welten erscheinen lassen. Freilich, eine »Stunde Null« nach dem Krieg hat es im eigentlichen Sinne nie gegeben, genauso wie es auf der Hand liegt, daß 1933 ohne die Jahre davor nicht erklärbar ist. Es stellt sich hier die Frage nach Kontinuität und Diskontinuität. Im Bereich der Literatur wird sie in jüngster Zeit immer häufiger gestellt. An unterschiedlichen Namen und Gegenständen hat man demonstriert, welche Linien vom Beginn des 20. Jahrhunderts in die NS-Zeit und durch sie hindurch laufen. Dazu zählt die Debatte um Günter Eich, dessen erste literarische Gehversuche noch in die Weimarer Zeit gehören.[96] Seinen Namen einem breiteren Publikum bekanntzumachen, gelang ihm aber erst mit Aufstieg des Rundfunks im ›Dritten Reich‹. Eine Voraussetzung seines späteren literarischen Schaffens, die lange nicht wahrgenommen wurde. Überraschende Zusammenhänge eröffneten sich Mitte der 90er Jahre im spektakulären Fall des ehemaligen Rektors der Aachener Universität. Hans Schwerte, ein als reformbewußt und linksliberal geltender »Vorzeigegermanist« (F.A.Z. vom 28. 11. 1996), hatte seine wissenschaftliche Karriere, unter dem lange verdeckt gebliebenen Namen Hans Ernst Schneider, im Rasse- und Siedlungsamt der SS begonnen, eine Tatsache, von der nach dem Krieg viele gewußt haben müssen.[97] Auf einen ganz

96 Der Anlaß der Debatte: Axel Vieregg, *Der eigenen Fehlbarkeit begegnet – Günter Eichs Realitäten 1933–1945*, Eggingen 1993. – Viereggs Essay sollte ursprünglich bei Suhrkamp erscheinen. Über die Hintergründe der Ablehnung informiert: Ulrich Greiner, »Ein Streit um Eich«, in: *Die Zeit*, Nr. 16, 16. 4. 1993, S. 57.

97 Einen Forschungsbericht zur Literatur über den Fall »Schwerte« bietet: Marcus Gärtner, »Schwerte und das Schwertische. Neue Lite-

anderen Fall von Kontinuität hat schon 1948 Gerhart Pohl aufmerksam gemacht. In der Ost-Berliner Monatsschrift *Aufbau* verwies er auf eine »Zwischengeneration« von Schriftstellern im Nachkriegsdeutschland, die ihren Erzählstil bereits in der NS-Zeit entwickelt hätten. Autoren wie Hermann Kasack, Emil Barth, Stefan Andres oder Elisabeth Langgässer seien Vertreter eines »magischen Realismus«.[98] Tatsächlich reichen die Wurzeln dieser literarischen Strömung noch tiefer, wie Michael Scheffel (1990) dargelegt hat, der auch den frühen Aufsatz von Pohl wiederausgegraben hat.[99] Seine Studie verweist u. a. auf die Bedeutung der beiden Zeitschriften *Die Kolonne* (1929–32) und *Der weiße Rabe* (1932–34) und dem Kreis ihrer Beiträger (H. Kasack, E. Kreuder, H. Lange, E. Langgässer u. a. m.).[100] Das verbindende Element dieser Autoren sei die scharfe Abgrenzung gegen das rationalisierende Moment der Moderne gewesen,[101] eine Haltung, die mit dem Zeitgeist im Dritten Reich durchaus im Gleichklang stand.[102]

Fügt man die einzelnen Fälle zusammen, läßt sich sagen, daß die Behauptung einer Kontinuität die Frage nach dem

ratur zur Kriegs- und Nachkriegsgermanistik«, in: *Zeitschrift für Germanistik* N. F. 2 (1999), S. 412–420.

98 Vgl. Gerhart Pohl, »Magischer Realismus«, in: *Aufbau* 4 (1948), S. 650–653. – Zu Pohls Position als Autor im ›Dritten Reich‹ vgl. Barbian (wie Anm. 36), S. 381 ff.

99 Michael Scheffel, *Magischer Realismus. Die Geschichte eines Begriffes und ein Versuch seiner Bestimmung*, Tübingen 1990. – Zu Gerhart Pohl vgl. ebd., S. 35 f.

100 Vgl. ebd., S. 77 ff.

101 Vgl. stellvertretend: Lange (wie Anm. 89), S. 21; zit. nach: Scheffel (wie Anm. 99), S. 78: »Nachdem die rationalistischen Fortschritts-Lehren eines aus dem 18. Jahrhundert bis zu uns reichenden Bogen flacher, konstruktiver Weltauffassung gehört und geglaubt worden waren, mußte ein neues Bild vom Menschen werden, in dem das Geheimnis wieder Raum hat. Wir sind Zeugen seines Entstehens.«

102 Vgl. dazu das Kapitel »›Abkehr von der rationalistischen Einseitigkeit‹ – Nationalsozialismus und rationalistische Modernität« in: Sebastian Graeb-Könneker, *Autochthone Modernität. Eine Untersuchung der vom Nationalsozialismus geförderten Literatur*, Opladen 1996, S. 22–29.

geschichtlichen Ort des ›Dritten Reiches‹ in diesem Jahrhundert evoziert. Der Blick richtet sich dann auf das Wirksamwerden, das Entfalten säkularer Prozesse, in die die Jahre 1933–45 eingebettet sind. Wie sich das Verhältnis des Nationalsozialismus zur Moderne gestaltet, ist in dieser Beziehung ein intensiv diskutiertes Thema.[103]

Die Folie der Diskussion bilden Überlegungen und Befunde aus den Sozial- und Geschichtswissenschaften, die nahelegen, daß der »Erfolg« des Nationalsozialismus – nicht nur, aber auch – im Lichte der Modernisierungskrisen gesehen werden kann, die die deutsche Gesellschaft spätestens seit Ende des 19. Jahrhunderts schubweise erfaßt hatten.[104] Dabei wird die Ansicht vertreten, daß die zunehmende Differenzierung, Rationalisierung und Dynamisierung der Lebenswelten, faßbar etwa im beschleunigten Städtewachstum, der Industrialisierung von Arbeitsprozessen, der zunehmenden Bedeutung von Verwaltung und Bürokratie u. a. m., daß diese »Sendboten« des 20. Jahrhunderts ein umfassendes Krisenbewußtsein, ein Unbehagen an der Moderne hervorgerufen haben. Das Krisenbewußtsein ist kein auf Deutschland begrenztes Phänomen, gilt dort aber als besonders ausgeprägt, weil das deutsche Reich als »verspätete Nation« den Modernisierungsprozeß in vergleichsweise kurzer Zeit bewältigte bzw. zu bewältigen hatte. Der Zusammenprall traditioneller Wertvorstellungen

103 Zur Debatte der Geschichtswissenschaft vgl. Axel Schildt, »NS-Regime, Modernisierung, Moderne. Anmerkungen zur Hochkonjunktur einer andauernden Diskussion«, in: *Tel Aviver Jahrbuch für deutsche Geschichte* 23 (1994), S. 3–22. – Einen Zugang zur Diskussion in der Germanistik bieten: Walter Delabar / Horst Denkler / Erhard Schütz (Hrsg.), *Banalität mit Stil: zur Widersprüchlichkeit der Literaturproduktion im Nationalsozialismus*, Bern [u. a.] 1999, und das Schwerpunktheft *Literatur im ›Dritten Reich‹*: *Zeitschrift für Germanistik* N. F. 2 (1999).

104 Eine konzise Einführung in die Problematik bietet: Thomas Nipperdey, »Probleme der Modernisierung in Deutschland«, in: Nipperdey (wie Anm. 1), S. 44–59.

und Verhaltensmuster mit den sich rasch entfaltenden modernen ökonomischen, bürokratischen und sozialen Strukturen schuf eine Atmosphäre der Gespanntheit. Der verlorene Erste Weltkrieg radikalisierte die Situation. Entzauberung, Verdinglichung, Zersplitterung, Sinnentleerung, Verstädterung, Unbehaustheit, Ungleichzeitigkeit – so und anders lauten die Begriffe, die in der zeitgenössischen Kritik zur Kennzeichnung der Lage verwandt wurden, und es ist aufschlußreich zu sehen, daß das Unbehagen an der Moderne und der Wunsch nach Überwindung nicht zwangsläufig eine Sache der politischen Zugehörigkeit war.

Norbert Bolz' Charakterisierung des philosophischen Extremismus zwischen den Weltkriegen als einem programmatischen »Auszug aus der entzauberten Welt« (1989) verbindet Namen vom linken bis zum rechten Spektrum (u. a. Ernst Bloch, Georg Lukács, Gottfried Benn, Ernst Jünger, Carl Schmitt).[105] Sich auf Max Weber berufend, spricht der amerikanische Literaturwissenschaftler Russell A. Berman (1986) von einem »charismatischen Kreuzzug«, zu dem die Literatur am Ende des 19. Jahrhunderts aufgebrochen sei, um die Leserschaft aus einer erstarrten Kulturpraxis zu lösen.[106] Sein Ansatz führt die Namen von Autoren wie Robert Musil, Alfred Döblin, Hans Grimm und Gustav Frenssen zusammen, die man in der Literaturgeschichtsschreibung üblicherweise nicht in einem Atemzug nennt. Dies geschehe aber zu Unrecht, das läßt sich mit Berufung auf Uwe-K. Ketelsen sagen, der in seinen zahlreichen Arbeiten zu Literatur und Drittem Reich davor warnt, Autoren mit (wie auch immer nachgesagter) Nähe zum Nationalsozialismus aus dem literarischen Kanon des

105 Norbert Bolz, *Auszug aus der entzauberten Welt. Philosophischer Extremismus zwischen den Weltkriegen*, München 1989.

106 Russell A. Berman, *The Rise of the Modern German Novel. Crisis and Charisma*, Cambridge (Mass.) / London 1986; ders., *Modern Culture and Critical Theory. Art, Politics, and the Legacy of the Frankfurt School*, Madison (Wisc.) / London 1989.

20. Jahrhunderts auszugrenzen.[107] Ein solches, oft wertmoralisch begründetes Verfahren verstelle den Blick auf mögliche Zusammenhänge, wie sie z. B. in der frühen Essayistik Ernst Blochs aufblitzen (»Der Fascismus in Deutschland [...] gleichsam der schiefe Statthalter der Revolution« – E. B., *Hitlers Gewalt*, 1924). Im Nationalsozialismus, so Ketelsen, äußerten sich Probleme unserer Epoche »in manipulierter, verschobener, verdrängter Form«.[108]

Daß die Methode der Ausgrenzung den Zugang zu einer Literatur verschließt, die spezifische Kenntnisse von den Deformationen dieses Jahrhunderts besitzt, ist auch die These von Ulrike Haß, die sich mit der literarischen Bewegung der sogenannten »antimodernen Verweigerer« auseinandergesetzt hat.[109] Antimoderne Verweigerer, das ist für U. Haß eine mehr oder minder zusammenhängende Gruppe von Autoren, die in Deutschland über etwa vier Jahrzehnte, vom Ende des 19. Jahrhunderts bis in das ›Dritte Reich‹ hinein, publizistisch wirksam war.[110] Der literarische Ausstoß dieser Bewegung ist fast unüberschaubar, die Zahl der Leser entsprechend groß. Ein Echo erhalten die Antimodernen dort, wo man sich gegen das 20. Jahrhundert zur Wehr setzt. In den 20er Jahren stehen sie in wachsender Korrespondenz mit dem aufkommenden Nationalsozialismus, den sie mit ihren Texten bis zur Machtübernahme 1933 begleiten. Der Erfolg der Antimodernen resultiert nach U. Haß aus dem »latenten Wissen«, von dem die Schriften zehren.[111] Viele der Autoren trügen »das Dorf

107 Vgl. stellvertretend das Vorwort in: Uwe-K. Ketelsen, *Literatur und Drittes Reich*, Schernfeld 1992, S. 11–27.

108 Ebd., S. 26.

109 Vgl. Ulrike Haß, *Militante Pastorale. Zur Literatur der antimodernen Bewegungen im frühen 20. Jahrhundert*, München 1993.

110 Vgl. dazu eine Charakterisierung Uwe-K. Ketelsens (1976): »die völkisch-national-konservative und nationalsozialistische Literatur«, eine »Literatur der (klein)bürgerlichen Anti-Modernization« (U.-K. K., *Völkisch-nationale und nationalsozialistische Literatur in Deutschland 1890–1945*, Stuttgart 1976, S. V).

111 Zum Folgenden vgl. Haß (wie Anm. 109), S. 11–15 passim.

noch in sich« und vermittelten in ihrer »explodierenden Altertümlichkeit« (Thomas Mann) etwas von der Gewalt der gesellschaftlichen Umbrüche, die sich in den »hochbewußten oder kritischen Urteilen« der Moderne über sich selbst so nicht wiederfänden.

Auch wenn man sich dieser Auffassung nicht ganz anschließen will, kann man der Richtung, die U. Haß mit ihrer Analyse angibt, gut folgen – so, wenn sie vom Entstehen der antimodernen Bewegung spricht, den Versuchen Fritz Lienhards, Wilhelm Schäfers, Hermann Löns' und vielen anderen, im Dritten Reich noch hochgeschätzten Autoren, sich vor der Kollision mit der »technisch-instrumentalen Ordnung der Moderne« zu schützen.[112] »Künstler Bauer König stehen und fallen gemeinsam mit Dem, was Mensch Heimath nennt«, schreibt 1890 einer der Väter des »antimodernen Weltgefühls«, Julius Langbehn.[113] Er ruft auf zur Verteidigung der Traditionsinseln vormoderner gesellschaftlicher Ordnung.

Drei Jahrzehnte später sind diese Inseln für die Antimodernen verloren, verschollen im Erlebnis des Ersten Weltkriegs. Das Land machte mobil, schreibt U. Haß, der weitaus größte Teil der Kriegsteilnehmer kam aus der Tradition, kam vom Land und der Provinz.[114] Die Mobilisierung war für diese Soldaten zugleich Aufbruch in das Zeitalter der Moderne, eine Initiation, die im »Ent-setzen« endete. 1914/18 wurde zur Zeitalterfront, »aus diesem Krieg gibt es keine Heimkehr«.[115]

Die antimoderne Dichtung wird deshalb zur Sammelbewegung, sie liest die wachsende Zahl von Leserseelen auf, die Orientierung suchen. Antimoderne Dichtung bietet an, den »Mangel an Heimkehr« kompensieren zu kön-

112 Vgl. ebd., S. 12.
113 Julius Langbehn, *Rembrandt als Erzieher*, Leipzig 1890, zit. nach: Haß (wie Anm. 109), S. 171.
114 Vgl. ebd., S. 79 ff.
115 Vgl. ebd., S. 112.

nen.[116] In genealogischen Erzählungen versichert man sich der »Blut- und Bodenhaftung«. Das Dorf als Soziotop wird zum imaginierten Heilmittel, man bläst zum Angriff auf die Zentren der Moderne: »Die Forderung des Tages lautet: Aufstand der Landschaft gegen Berlin« (W. Stapel, 1931).[117] Durch die Stiftung völkischer Lesergemeinden hoffen die Antimodernen »Gemeinschaft« – statt Gesellschaft – neu restituieren zu können. Man schreibt nicht für den Leser, man schreibt, wie Wilhelm Schäfer 1931 zur Kenntnis gibt, für das »werdende Volk«.[118]

1931 schien dieses Schreibprogramm politisch eine Chance auf Realisierung zu haben. Die Rechtsparteien im Reichstag hatten seit dem Wahlerfolg der NSDAP im September 1930 in der deutschen Tagespolitik ein deutlich stärkeres Gewicht erhalten, ein Vorgang, den die literarische Antimoderne mit Worten und Taten begrüßt hat. Im ›Dritten Reich‹ ihre Heimat gefunden haben die meisten aber dann doch nicht. Die NSDAP, schreibt U. Haß, habe die Herrschaft nicht mit ihnen teilen wollen, und umgekehrt seien nur wenige wie Will Vesper oder Hans Friedrich Blunk bereit gewesen, rückhaltlos zu paktieren. Man entzog sich, opponierte »auf für unsere heutigen Ohren kaum vernehmbare Weise« mit späten Parteieintritten, einem Rückzug aufs Land, mit Wendung ins Religiöse, in die Allegorie oder der Verteidigung des »einfachen Lebens« (Ernst Wiechert).[119]

Ob das so stimmt, ob wirklich das Gros der Antimodernen den Weg des leisen Rückzugs im ›Dritten Reich‹ angetreten hat, das wird von U. Haß mehr behauptet als bewiesen. Der nationalsozialistische Kulturapparat scheint den Rückzug der Dichter jedenfalls nicht so ohne weiteres hin-

116 Vgl. ebd., S. 69 ff.
117 Ebd., S. 27f.
118 Wilhelm Schäfer, »Der Dichter und das Volk«, in: *Die Neue Literatur* 5 (1931), S. 249 ff.
119 Haß (wie Anm. 109), S. 14f.

genommen zu haben. Die Arbeiten einer Josefa Berens-Totenohl, eines Wilhelm Schäfer, Friedrich Griese oder Hermann Burte, alles Namen, die U. Haß exemplarisch als antimodern behandelt, werden bis in die Kriegsjahre von den nationalsozialistischen Propaganda- und Zensurbehörden positiv herausgestellt.[120] Die »Waggerl-Welt«[121], jene Textgewebe, die dem Leser in Zeiten des Umbruchs das ›ewige Dorf‹ versichern, haben im literarischen Kanon des ›Dritten Reiches‹ immer ihren festen Platz. Aber mit der Behautung, daß der Nationalsozialismus nicht Bannerträger der kulturellen Antimoderne gewesen sein soll, trifft U. Haß einen bedeutsamen Punkt.

Von verschiedenen Seiten und auf breiter Quellenbasis hat sich seit einigen Jahren die – freilich auch umstrittene – Auffassung herausgebildet, daß der Nationalsozialismus und seine Literaturpraxis nicht »gleichsam selbstverständlich« (Nassen, 1987)[122] mit »antimodernistisch« gleichgesetzt werden sollte. Weil der Begriff der Modernität polyvalent ist, sind aber Präzisierungen nötig.[123] Mitte der 80er Jahre hat der amerikanische Historiker Jeffrey Herf darum die Bezeichnung »reaktionärer Modernismus« in die Diskussion eingeführt, den die Literaturwissenschaft aufgegrif-

120 Stichprobe »Jahresgutachtenanzeiger 1940« (Amt Rosenberg): von elf Autoren, die U. Haß zur literarischen Antimoderne zählt, wird lediglich das Werk eines Autors negativ bewertet; die »Jahresschau des deutschen Schrifttums 1941« (Goebbels-Ministerium) empfiehlt u. a. die Schriften von J. Berens-Totenohl, H. F. Blunck, F. Griese, U. Sander, W. Schäfer, K. Schuder, E. Strauß.

121 Die Bezeichnung in: Sabine Kößling / Jürg Sobotka, »›Unordnung ist ihm verhaßt, alles Fremde und Abenteuerliche.‹ Über Heinrich Waggerl und sein Werk«, in: Caemmerer / Delabar (wie Anm. 63), S. 132.

122 Ulrich Nassen, *Jugend, Buch und Konjunktur 1933–1945. Studien zum Ideologiepotential des genuin nationalsozialistischen und des konjunkturellen »Jugendschrifttums«*, München 1987, S. 10.

123 Vgl. Hans Ulrich Gumbrecht, »Modern: Modernität, Moderne«, in: *Geschichtliche Grundbegriffe. Historisches Lexikon zur politisch-sozialen Sprache in Deutschland*, hrsg. von Otto Brunner, Werner Conze und Reinhart Koselleck, Bd. 4, Stuttgart 1978, S. 93–131.

fen und weiterentwickelt hat.[124] Danach gibt es in der kulturellen Praxis des ›Dritten Reiches‹ eine Strömung, die mit der literarischen Antimoderne die Kritik am modernen Zeitalter teilt, aber sich nicht deren agrarromantische Gesellschaftsutopien zu eigen gemacht hat. Unter den Vertretern dieser Richtung herrscht die Meinung vor, daß die Aufgabe des Nationalsozialismus darin besteht, die Moderne nicht zu revidieren, sondern nur jene Momente zurückzudrängen bzw. auszumerzen, die als gefährlich wahrgenommen wurden. Die Jahre vor 1933 gelten dabei als fehlgeleitete Epoche, in der zweierlei versäumt wurde: Erstens wurde der technisch-instrumentalen Ordnung der Moderne kein ausgleichendes, kein kompensierendes seelisches Moment entgegengestellt. Und zweitens war man der Ansicht, daß versäumt worden war, die Differenzierungs- und Entgrenzungstendenzen der Epoche zu bändigen, worunter u. a. jede Form eines politischen Pluralismus verstanden wurde (konkret: die Weimarer Republik).[125] Den »Herzschlag der Heimat« spüren, einen »organischen Volkszusammenhang gewinnen« und doch nichts »von unserer Modernität [...] preisgeben«, so umschreibt der Kulturphilosoph Eugen Diesel 1936 den gesellschaftspolitischen Auftrag des ›neuen Deutschland‹.[126] In der NS-Kulturbürokratie findet er wachsenden, aber auch spezifischen Widerhall: er ist rassistisch, ordnungsberauscht und im Ton immer un-

124 Vgl. Jeffrey Herf, *Reactionary Modernism. Technology, culture, and politics in Weimar and the Third Reich*, Cambridge (Mass.) 1984; Erhard Schütz, »›Jene blaßgrauen Bänder‹. Die Reichsautobahn in Literatur und anderen Medien des ›Dritten Reiches‹«, in: Internationales Archiv für Sozialgeschichte der deutschen Literatur 2 (1993), S. 76–120; Horst Denkler, »Organische Konstruktionen. Natur und Technik in der Literatur des ›Dritten Reiches‹«, in: H. Eggert / E. Schütz / P. Sprengel (Hrsg.), *Faszination des Organischen*, München 1995, S. 267–284; Graeb-Könneker (wie Anm. 102).

125 Vgl. Graeb-Könneker (wie Anm. 102), S. 11 ff.

126 Eugen Diesel, »Der deutsche Mensch und die Technik«, in: *Die Weltliteratur* 11 (1936), S. 165.

geduldiger denen gegenüber, die sich dem Modernisierungsdruck nicht beugen wollen.[127] Die Hintergründe dafür sind in erster Linie machtpolitischer Natur. Aufrüstungsbemühungen und dann die Führung des Krieges begrenzen das Handlungsterrain der Antimodernen endgültig auf das Bücherregal. »Verkürzen wir die Bedenkzeit für den Fortschritt, Herr Oberst! Brennen wir den Briten eins auf den Pelz!«[128]

Die Worte stammen aus einem Buch über Wilhelm Bauer, einem deutschen Ingenieur, Mitte des 19. Jahrhunderts, der als Erfinder des Unterseeboots gilt. 1941 erschienen, zeichnet der »Lebensroman«, wie der Untertitel angibt, »Tat, Schicksal und Abenteuer« des Ingenieurs nach und soll die Leser in den U-Bootkrieg der Marine einstimmen. *Der eiserne Seehund* wurde während des Krieges zwei weitere Male aufgelegt und 1942 auch verfilmt.[129] 10 Jahre später, im Jahr drei der Bundesrepublik, erschien eine aktualisierte Fassung.[130] Befunde wie diese sind kein Einzelfall. Thomas Lange hat das beispielhaft an der Karriere K. A. Schenzingers, Autor von *Hitlerjunge Quex* (1932), dargestellt, dessen BASF-Roman *Anilin* (1936) vor wie nach 1945 gleichermaßen erfolgreich war. Die »Literatur des technokratischen Bewußtseins«, so Lange, scheint die Leser im Wirtschaftswunder-Deutschland auf eine ähnliche Weise bedient zu haben wie im ›Dritten Reich‹,[131] was man mit Blick auf die zahlreichen Neuauflagen für manche Vertreter der literarischen Antimoderne, wie Waggerl und Blunck, allerdings auch sagen

127 Vgl. Graeb-Könneker (wie Anm. 102), S. 277 ff.
128 Hans Arthur Thies, *Der eiserne Seehund. Wilhelm Bauer, der Erfinder des U-Boots. Tat, Schicksal und Abenteuer*, München 1941, S. 35.
129 Vgl. die Hinweise in: »Film-Romane schlagen gut ein«, in: *Großdeutsches Leihbüchereiblatt* 4 (1942), S. 280.
130 Hans Arthur Thies, *U1. Ein Erfinderschicksal*, München [u. a.] 1952.
131 Vgl. Thomas Lange, »Literatur des technokratischen Bewußtseins. Zum Sachbuch im Dritten Reich«, in: Zeitschrift für Literaturwissenschaft und Linguistik 40 (1980), S. 52–81.

kann.[132] Waggerl war da allerdings schon wieder ganz Österreicher, und Deutschland war in Ost und West geteilt. Schenzinger konnte man nur im Westen lesen, obwohl Kontinuität auch in der Literaturgeschichte der DDR ein Thema darstellt.[133] Der Ort des Dritten Reiches liegt insofern nicht nur zwischen Weimar und Bonn. Aber das gehört dann in ein anderes Kapitel.

132 Vgl. zu Waggerl: Karl Müller, *Zäsuren ohne Folgen. Das lange Leben der literarischen Antimoderne Österreichs seit den 30er Jahren*, Salzburg 1980; zu Blunck: Jens-Peter Wagner, »Die Kontinuität des Trivialen. Hans Friedrich Blunck (1888–1961)«, in: Caemmerer / Delabar (wie Anm. 63), S. 245–264.

133 Vgl. etwa Richard Herzinger / Heinz-Peter Preusser, »Vom Äußersten zum Ersten. DDR-Literatur in der Tradition deutscher Zivilisationskritik«, in: Heinz Ludwig Arnold (Hrsg.), *Text + Kritik. Sonderband: Literatur in der DDR. Rückblicke*, München 1991, S. 195–209.

Verzeichnis der Abbildungen

Personenregister

E

DICCIONARIO

CUMBRE

DE LA LENGUA ESPAÑOLA

40 000 VOCES

80 000 DEFINICIONES

A·Z

EVEREST

DICCIONARIOS

El Diccionario **Cumbre de la Lengua Española** ha sido concebido y realizado por el equipo lexicográfico de Editorial Everest.

Diseño de cubierta: Jesús Cruz

SÉPTIMA EDICIÓN

Carretera León-La Coruña, km 5 - LEÓN
ISBN: 84-241-1026-9
Depósito legal: LE. 168-2001
Printed in Spain - Impreso en España

EDITORIAL EVERGRÁFICAS, S. L.
Carretera León-La Coruña, km 5
LEÓN (España)

PRESENTACIÓN

Por sus características y formato, el *Diccionario Cumbre de la Lengua Española* se ofrece como un instrumento indispensable para el nivel de consulta lexicológica que se lleva a cabo en la enseñanza. En él se ha potenciado al máximo su valor didáctico, a fin de permitir a los alumnos la solución rápida y fácil de las dificultades que entraña una terminología cada vez más técnicamente específica, que se les exige a medida que avanzan en sus estudios.

El *Diccionario Cumbre de la Lengua Española* cuenta con 40 000 voces y 80 000 acepciones. Gran parte de sus voces se desparraman en varias acepciones, figurando además en el mismo, numerosos extranjerismos y neologismos que han adquirido carta de naturaleza en el español. La ordenación alfabética de todo este registro de vocablos, se ha llevado a cabo según los criterios internacionales, establecidos por el conjunto de las Academias de la Lengua de los países hispanohablantes, por los que se suprimían del alfabeto español las letras «ch» y «ll». Por otra parte, se ha incluido un apéndice esquemático de Gramática y Normas de Ortografía de la Lengua Española. La obra reúne también 16 páginas con fotografías e ilustraciones a todo color que harán más amena la presente obra, además de detallar y ampliar los contenidos de las entradas más destacadas.

Las más de 600 páginas que forman el *Diccionario Cumbre de la Lengua Española*, con los apartados anteriormente mencionados, han sido elaboradas con el mayor esmero, para contribuir al enriquecimiento de la obra, cuyo fin es difundir y elevar el conocimiento de nuestro fecundo idioma: el español.

EDITORIAL EVEREST

ABREVIATURAS

adj.	adjetivo
adj. compar.	adjetivo comparativo
adj. distrib.	adjetivo distributivo
adj. indef.	adjetivo indefinido
adj. num.	adjetivo numeral
adj. pos.	adjetivo posesivo
adj. rel.	adjetivo relativo
adj. sup.	adjetivo superlativo
adv.	adverbio, adverbial
adv. afirm.	adverbio afirmativo
adv. c.	adverbio de cantidad
adv. compar.	adverbio comparativo
adv. dud.	adverbio de duda
adv. l.	adverbio de lugar
adv. m.	adverbio de modo
adv. neg.	adverbio negativo
adv. rel.	adverbio relativo
adv. t.	adverbio de tiempo
antonom.	antonomasia
art. det.	artículo determinado
art. indet.	artículo indeterminado
conj.	conjunción
conj. advers.	conjunción adversativa
conj. caus.	conjunción causal
conj. comp.	conjunción comparativa
conj. conces.	conjunción concesiva
conj. cond.	conjunción condicional
conj. consec.	conjunción consecutiva
conj. cop.	conjunción copulativa
conj. distrib.	conjunción distributiva
conj. disy.	conjunción disyuntiva
conj. ilat.	conjunción ilativa
conj. temp.	conjunción temporal
contracc.	contracción
dg	decigramo
dm	decímetro
desp.	despectivo
expr.	expresión
fam.	familiar
fig.	figurado
interj.	interjección

loc. adv.	locución adverbial
loc. lat.	locución latina
m	metro
mm	milímetro
n. p.	nombre propio
onomat.	onomatopeya
pl.	plural
poét.	poético
por ext.	por extensión
prep.	preposición, preposicional
pron. excl.	pronombre exclamativo
pron. indef.	pronombre indefinido
pron. int.	pronombre interrogativo
pron. pers.	pronombre personal
pron. pos.	pronombre posesivo
pron. rel.	pronombre relativo
p. us.	poco usado
s.	siglo
s. amb.	sustantivo ambiguo
s. f.	sustantivo femenino
s. m.	sustantivo masculino
sing.	singular
v. aux.	verbo auxiliar
v. cop.	verbo copulativo
v. impers.	verbo impersonal
v. intr.	verbo intransitivo
v. prnl.	verbo pronominal
v. tr.	verbo transitivo
vulg.	vulgar, vulgarismo

A

a[1] *s. f.* Primera letra del abecedario español y primera de sus vocales.

a[2] *prep.* **1.** Une al verbo con el complemento indirecto y con el directo cuando éste es de persona determinada o está personificado. **2.** Indica dirección, distancia, etc.

ab *prep.* Se emplea en algunas locuciones latinas utilizadas en nuestro idioma.

ababán *s. f.* Arbolillo leguminoso de América del Sur con fruto comestible.

ababol *s. m.* **1.** Amapola. **2.** *fig.* Persona distraída, simple.

abacá *s. m.* Planta tropical musácea, variedad de plátano.

abacería *s. f.* Tienda donde se venden al por menor comestibles.

abacero, ra *s. m. y s. f.* Persona que tiene una abacería.

abacial *adj.* Relativo al abad, abadesa o abadía.

ábaco *s. m.* **1.** Tablero contador. **2.** Parte superior del capitel.

abad *s. m.* Título ordinario del superior de un monasterio o de una colegiata.

abada *s. f.* Rinoceronte.

abadejo *s. m.* Bacalao salado y prensado.

abadengo *s. m.* Abadía, señorío, territorio y bienes del abad.

abadernar *v. tr.* Sujetar con badernas.

abadesa *s. f.* Superiora de ciertos conventos de religiosas.

abadía *s. f.* Iglesia o monasterio regido por un abad o una abadesa.

ab aeterno *loc. lat.* Desde la eternidad.

abajadero *s. m.* Terreno que está en declive.

abajo *adv. l.* En lugar o parte inferior.

abalanzar *v. tr.* **1.** Lanzar con violencia. **2.** Igualar, equilibrar.

abalar *v. tr.* Llevar o conducir.

abaldonar *v. tr.* Ofender o deshonrar.

abaleadura *s. f.* **1.** Acción y efecto de abalear. || *s. f. pl.* **2.** Granzas o residuos que quedan después de abalear.

abalear *v. tr.* Separar con una escoba apropiada del grano ya aventado los granzones y paja gruesa que han caído con él.

abalizar *v. tr.* Señalar con balizas algún paraje en aguas navegables.

aballestar *v. tr.* Tirar del medio de un cabo ya tenso y sujeto, a fin de atirantarlo así todavía más.

abalorio *s. m.* Cuentecillas de vidrio agujereadas para hacer sartas.

abaluartar *v. tr.* Fortificar con baluartes.

abanar *v. tr.* Hacer aire con el abano.

abanderado, da *s. m. y s. f.* Persona que lleva la bandera.

abanderar *v. tr.* Matricular o registrar bajo la bandera de un Estado un buque extranjero. También prnl.

abanderizar *v. tr.* Dividir en banderías. También prnl.

abandonado, da *adj.* Se aplica al que no atiende debidamente la limpieza o el arreglo de su persona o de sus cosas.

abandonar *v. tr.* Dejar desamparada a una persona o cosa.

abandono *s. m.* Acción de abandonar o abandonarse.

abanicar *v. tr.* Dar aire con el abanico. También prnl.

abanico *s. m.* Instrumento para hacer o hacerse aire.

abanillo *s. m.* Abanico para hacer aire.

abanino *s. m.* Adorno de gasa blanca.

abaniqueo *s. m.* Acción de mover repetidamente el abanico.

abano *s. m.* Abanico, instrumento para hacer o hacerse aire.

abanto *s. m.* Ave rapaz parecida al buitre.

abañar *v. tr.* Seleccionar la simiente con un cribado especial.

abaratar *v. tr.* Disminuir o bajar el precio de un producto. También intr. y prnl.

abarca *s. f.* Calzado rústico de cuero o de caucho.

abarcar *v. tr.* Rodear algo con los brazos o con las manos.

abarcón *s. m.* Aro de hierro que en los coches antiguos afianzaba la lanza dentro de la punta de la tijera.

abarloar *v. tr.* Situar un barco con el costado casi pegado al de otro o a un muelle. También prnl.

abarquillado, da *adj.* De figura de barquillo.

abarquillar *v. tr.* Encorvar una superficie plana y delgada. También prnl.

abarracar *v. intr.* Acampar en chozas o barracas. También prnl.

abarraganarse *v. prnl.* Amancebarse.

abarrancadero *s. m., fig.* Negocio o lance del que no se puede salir fácilmente.
abarrancar *v. tr.* Meter en un barranco. También prnl.
abarrar *v. tr.* Arrojar con violencia.
abarredera *s. f.* Escoba.
abarrotar *v. tr.* **1.** Equilibrar con abarrotes. **2.** Llenar completamente un lugar.
abarrote *s. m.* Cada fardo con el que se abarrotaba el barco.
abarse *v. prnl.* Apartarse, quitarse del paso.
abasia *s. f.* Afección nerviosa caracterizada por la imposibilidad de andar.
abastanza *s. f.* Abundancia, copia.
abastar *v. tr.* Abastecer. También prnl.
abastecer *v. tr.* Proveer de bastimentos o de otras cosas indispensables. También prnl.
abastionar *v. tr.* Fortificar con bastiones.
abasto *s. m.* Provisión de bastimentos, y especialmente de víveres.
abatanar *v. tr.* Batir el paño en el batán.
abate *s. m.* Clérigo de órdenes menores.
abatidero *s. m.* Cauce de desagüe.
abatido, da *adj.* **1.** Hundido, tirado. **2.** Despreciable, ruin. || *s. m.* **3.** Manojo de tablas.
abatimiento *s. m.* **1.** Acción y efecto de abatir o abatirse. **2.** Humillación, bajeza. **3.** Postración física o moral de una persona.
abatir *v. tr.* Derribar. También prnl.
abazón *s. m.* Bolsa que tienen algunos mamíferos, particularmente los monos, en los carrillos.
abdicar *v. tr.* Renunciar a una alta dignidad o empleo.
abdomen *s. m.* Vientre, cavidad del cuerpo de los animales vertebrados.
abducción *s. f.* Movimiento por el cual un miembro u otro órgano se aleja del plano medio del cuerpo.
abductor *adj.* Se dice del músculo capaz de ejecutar una abducción. También s. m.
abecedario *s. m.* Serie ordenada de las letras de un idioma.
abedul *s. m.* Árbol betuláceo, de corteza plateada y ramas flexibles y colgantes.
abeja *s. f.* Insecto himenóptero que vive en enjambres y segrega cera y miel.
abejorro *s. m.* Insecto himenóptero largo y velludo, que zumba mucho al volar.
abellacado, da *adj.* Bellaco, vil.
abellacar *v. tr.* **1.** Envilecer. || *v. prnl.* **2.** Hacerse bellaco.
abellotar *v. tr.* Dar a una cosa la forma de bellota.
abemolar *v. tr.* **1.** Suavizar la voz. **2.** Poner bemoles.
abencerraje *s. m.* Miembro de una familia árabe granadina del s. XV rival de los Cegríes.
abenuz *s. m.* Ébano.
aberenjenar *v. tr.* Dar la figura o el color de la berenjena. También prnl.
aberración *s. f.* **1.** Grave apartamiento de lo que es normal, justo, lógico, etc. **2.** Desvío aparente de los astros.
aberrar *v. intr.* Desviarse, perderse, andar errante.
abertal *adj.* Se dice del terreno agrietado por la sequía.
abertura *s. f.* Cualquier separación entre dos partes de una cosa.
abestiado, da *adj.* Que parece bestia, o de bestia.
abéstola *s. f.* Aguijada, vara larga que usan los labradores cuando aran.
abetal *s. m.* Sitio poblado de abetos.
abetinote *s. m.* Resina líquida que fluye del abeto.
abeto *s. m.* Árbol de tronco alto y recto, cuya madera es apreciada por su tamaño y blancura.
abetunado, da *adj.* Semejante al betún.
abey *s. m.* Árbol de las Antillas.
abierto, ta *adj.* **1.** Dilatado, llano, raso. **2.** No murado o cercado. **3.** Espontáneo, sincero, franco. **4.** Claro, patente, indudable.
abietáceo, a *adj.* Se dice de árboles como el abeto, el pino y el cedro. También s. f.
abigarrado, da *adj.* **1.** De varios colores mal combinados. **2.** Heterogéneo o reunido sin concierto.
abigarrar *v. tr.* **1.** Dar o poner a una cosa varios colores mal combinados. **2.** Desarreglar, turbar.
ab intestato *loc. lat.* Sin testamento.
abisagrar *v. tr.* Poner bisagras en las puertas y sus marcos, o en otros objetos.
abismal *adj.* **1.** Perteneciente o relativo al abismo. **2.** Profundo, insondable, incomprensible.
abismo *s. m.* Profundidad inmensa y peligrosa.
abitar *v. tr.* Sujetar el cable del ancla a las bitas. También prnl.
abjurar *v. tr.* Retractarse con juramento.
ablación *s. f.* Extirpación o separación de una parte cualquiera del cuerpo.
ablandar *v. tr.* Poner blanda una cosa.

ablativo *s. m.* Caso de la declinación latina, que expresa relaciones de procedencia, situación, modo, tiempo, etc.

ablegación *s. f.* Destierro impuesto por el padre al hijo en el derecho romano.

ablepsia *s. f.* Pérdida de la vista.

abluir *v. tr.* Limpiar los pergaminos, documentos u otros escritos, para avivar la tinta borrada por el tiempo.

abnegación *s. f.* Cualidad o actitud del que arrostra peligros, sufre privaciones o realiza cualquier clase de sacrificios por otras personas, por un ideal, etc.

abnegar *v. tr.* Renunciar al propio interés en beneficio de otro. Se usa más como prnl.

abobado, da *adj.* Se aplica al que no se entera de las cosas, no entiende o no discurre.

abobar *v. tr.* Hacer bobo a alguien. También prnl.

abocar *v. tr.* Aproximar la boca de una vasija, saco, etc. a la de otro recipiente. También prnl.

abocardar *v. tr.* Ensanchar la boca de un tubo o de un agujero.

abocardo *s. m.* Barrena que sirve para labrar los tubos de minas.

abocelado, da *adj.* Semejante a un bocel.

abocetar *v. tr.* Ejecutar un boceto o dar el carácter de tal a las obras artísticas.

abochornar *v. tr.* Producir bochorno el exceso de calor. También prnl.

abocinar *v. intr., fam.* Caer de bruces.

abofetear *v. tr.* Dar bofetadas a alguien.

abogacía *s. f.* Profesión y ejercicio de abogar.

abogado, da *s. m. y s. f.* Licenciado en Derecho que, como profesión, defiende ante los tribunales de justicia los intereses de sus clientes.

abogador *s. m.* Muñidor, criado de una cofradía.

abogar *v. intr.* **1.** Defender en un juicio, por escrito o de palabra. ‖ *v. tr.* **2.** *fig.* Interceder, hablar en favor de alguien.

abolengo *s. m.* Ascendencia de abuelos o antepasados.

abolición *s. f.* Anulación, cancelación, derogación.

abolicionista *adj.* Se dice del que procura dejar sin fuerza ni vigor un precepto o costumbre. También s. m. y s. f.

abolir *v. tr.* Derogar, dejar sin vigor en el futuro un precepto o costumbre.

abollar *v. tr.* Hacer un bollo o depresión con un golpe. También prnl.

abolsado, da *adj.* Que hace o forma bolsas.

abomaso *s. m.* Cuajar, parte del estómago de los rumiantes.

abombar *v. tr.* Dar figura convexa.

abominar *v. tr.* Condenar, maldecir a personas o cosas por malas o perjudiciales.

abonado, da *s. m. y s. f.* Persona que disfruta de cierta cosa mediante el pago del abono correspondiente.

abonador, ra *s. m. y s. f.* Persona que abona al fiador y se obliga a responder por él.

abonanzar *v. intr.* Calmarse la tormenta.

abonar *v. tr.* **1.** Acreditar, calificar de bueno. **2.** Echar en la tierra materias fertilizantes.

abonaré *s. m.* Documento de crédito expedido en equivalencia de una partida de cargo sentada en cuenta.

abono *s. m.* **1.** Sustancia que mejora la calidad de una tierra. **2.** Derecho del que se abona.

aboquillado, da *adj.* Que tiene forma de boquilla.

aboquillar *v. tr.* Poner boquilla a algo.

abordaje *s. m.* Choque de una embarcación con otra.

abordar *v. tr.* **1.** Juntarse una embarcación a otra o chocar con ella. También intr. **2.** *fig.* Dirigirse a alguien para hablarle.

aborigen *adj.* Que es originario del suelo en que vive.

aborio *s. m.* Madroño

aborrajarse *v. prnl.* Secarse las mieses antes de tiempo y no llegar a granar por completo.

aborrascarse *v. prnl.* **1.** Ponerse el tiempo borrascoso. **2.** *fig.* Ponerse una persona enfadada, de mal humor o disgustada.

aborrecer *v. tr.* Tener aversión a alguien o a algo.

aborregarse *v. prnl.* Cubrirse el cielo de nubes blanquecinas y revueltas a modo de vellones de lana.

abortar *v. tr.* **1.** Parir antes de que el feto pueda vivir fuera del útero. ‖ *v. intr.* **2.** *fig.* Fracasar.

aborto *s. m.* Interrupción del proceso del embarazo por causas naturales o medios artificiales, que ocasiona la expulsión del feto antes de las 28 semanas.

abotagarse *v. prnl.* Hincharse el cuerpo.

abotinado, da *adj.* De figura de botín.

abotonar *v. tr.* **1.** Pasar un botón por su ojal. También prnl. ‖ *v. intr.* **2.** Echar botones o yemas las plantas.

abovedado, da *adj.* Corvo, combado.
abovedar *v. tr.* **1.** Cubrir un local o edificio con bóveda. **2.** Dar forma de bóveda.
aboyado, da *adj.* Se dice de la finca que se arrienda con los bueyes para labrarla.
aboyar *v. tr.* **1.** Poner boyas. ‖ *v. intr.* **2.** Boyar o flotar un objeto en el agua.
abozalar *v. tr.* Poner bozal.
abra *s. f.* **1.** Bahía pequeña. **2.** Espacio amplio entre dos montañas. **3.** Grieta.
abracadabra *s. m.* Palabra cabalística, a la que se le atribuía la propiedad de curar ciertas enfermedades.
abracijo *s. m., fam.* Abrazo.
abrahonar *v. tr., fam.* Ceñir o abrazar con fuerza a otro por los brahones.
abrandecosta *s. m.* Árbol silvestre de Cuba, de madera compacta y de color parecido a la caobilla.
abrasar *v. tr.* **1.** Reducir a brasa, quemar. **2.** *fig.* Consumir a uno una pasión, especialmente el amor. También prnl.
abraxas *s. m.* Palabra simbólica entre los gnósticos, que expresaba el curso del Sol en los 365 días del año.
abrazadera *s. f.* Pieza de metal o madera que sirve para asegurar una cosa a otra, ciñéndola.
abrazar *v. tr.* **1.** Ceñir con los brazos. También prnl. **2.** Estrechar entre los brazos como señal de afecto. **3.** Rodear ciñendo. **4.** Comprender, contener, incluir. **5.** *fig.* Aceptar una doctrina.
ábrego *s. m.* Viento sur o sudoeste.
abrelatas *s. m.* Instrumento metálico utilizado para abrir latas de conserva.
abrenuncio *expr.* que se usa familiarmente para dar a entender que se rechaza algo.
abretonar *v. tr.* Trincar o amarrar los cañones al costado del buque en dirección popa a proa.
abrevadero *s. m.* Sitio natural con agua, o pila, donde beben los animales.
abrevar *v. tr.* Dar de beber al ganado.
abreviado, da *adj.* Escaso, compendioso.
abreviar *v. tr.* **1.** Acortar el tiempo o el espacio. **2.** Acelerar, apresurar. También intr.
abreviatura *s. f.* Representación abreviada de una palabra en la escritura.
abrigada *s. f.* Lugar protegido de los vientos
abrigaño *s. m.* Abrigo, paraje defendido de los vientos.
abrigar *v. tr.* **1.** Resguardar del frío. También prnl. **2.** *fig.* Amparar.
abrigo *s. m.* **1.** Protección contra el frío. **2.** Prenda exterior utilizada para abrigar. **3.** Lugar defendido de los vientos.
abril *s. m.* Cuarto mes del año.
abrillantar *v. tr.* **1.** Dar o sacar brillo. **2.** Labrar las piedras preciosas en facetas como las de los brillantes.
abrir *v. tr.* **1.** Descorrer la cerradura. **2.** Hacer que un cajón corra por sus guías hacia afuera. **3.** Separar la tapa de una caja, vasija, etc. **4.** Comenzar, inaugurar.
abro *s. m.* Planta de la familia de las leguminosas, de cuyas hojas se hacen infusiones pectorales.
abrocalar *v. tr.* Poner brocales.
abrocar *v. tr.* Quitar las brocas.
abrochar *v. tr.* Ajustar con botones o broches. También prnl.
abrogar *v. tr.* Dejar nulo, abolir.
abrojal *s. m.* Lugar poblado de abrojos.
abrojín *s. m.* Especie de caracol de mar.
abrojo *s. m.* Planta cigofilácea, de tallos largos y rastreros, de fruto esférico y espinoso perjudicial para la agricultura.
abroma *s. m.* Arbusto tropical de cuya corteza fibrosa se hacen cuerdas muy resistentes.
abromado, da *adj.* Oscurecido con vapores o nieblas.
abroncar *v. tr.* **1.** Aburrir, disgustar, enfadar. **2.** Avergonzar, abochornar. **3.** Reprender ásperamente.
abroquelar *v. tr.* **1.** Disponer el velamen de forma que reciba el viento de proa. ‖ *v. prnl.* **2.** Resguardarse con el broquel.
abrótano *s. m.* Planta herbácea de olor suave, cuya infusión se emplea para hacer crecer el cabello.
abrotoñar *v. intr.* Brotar, echar renuevos, hojas, etc.
abrumar *v. tr.* **1.** Oprimir con un gran peso. **2.** *fig.* Agobiar. También prnl. ‖ *v. prnl.* **3.** Saturarse de bruma la atmósfera.
abrupto, ta *adj.* Escarpado.
abs *s. m.* Sistema electromecánico que regula la presión enviada al sistema de frenado para evitar su bloqueo.
absceso *s. m.* Formación de pus en los tejidos orgánicos.

abscisa *s. f.* Coordenada horizontal del sistema cartesiano. Es la distancia de un punto en un plano a la coordenada vertical, llamada eje de ordenadas o de las íes, medida en la dirección del eje horizontal, llamado de abscisas o de las equis.
abscisión *s. f.* Separación de una parte pequeña de un cuerpo, hecha con instrumento cortante.
absenta *s. f.* Ajenjo, bebida alcohólica.
absentismo *s. m.* Ausencia habitual de un propietario del lugar donde posee bienes inmuebles.
ábside *s. m. y s. f.* Parte abovedada que se proyecta hacia el exterior en la parte posterior del altar mayor de un templo.
absidiola *s. f.* Cada una de las capillas levantadas en la parte interior del ábside.
absolución *s. f.* Acción de absolver.
absoluto, ta *adj.* Lo que no puede ser afectado por ninguna condición, influencia o relación y, por tanto, es inmutable, totalmente independiente, invariable.
absolutorio, ria *adj.* Se dice del fallo, sentencia, declaración, etc., que absuelve.
absolver *v. tr.* **1.** Liberar de una obligación o de un cargo. **2.** Perdonar los pecados.
absorber *v. tr.* Sorber, chupar.
absortar *v. tr.* Suspender, arrebatar el ánimo con alguna cosa extraordinaria. También prnl.
absorto, ta *adj.* **1.** Que tiene el pensamiento totalmente fijo en algo. **2.** Que queda admirado ante una noticia, suceso, etc.
abstemio, mia *adj.* Que no bebe vino ni otros licores alcohólicos.
abstención *s. f.* Acción y efecto de abstenerse.
abstenerse *v. prnl.* Prescindir de algo.
absterger *v. tr.* Desinfectar, purificar.
abstinencia *s. f.* Privación de ciertos apetitos, como los sexuales y la consumición de la carne.
abstracto, ta *adj.* **1.** Genérico, no concreto. **2.** Que significa alguna cualidad con exclusión del sujeto.
abstraer *v. tr.* **1.** Separar mentalmente algo de algo. || *v. prnl.* **2.** Apartar alguien la atención de los objetos sensibles para concentrarla en su pensamiento.
abstraído, da *adj.* **1.** Distraído, absorto. **2.** Retirado del trato de las gentes.
abstruso, sa *adj.* De difícil comprensión.
absurdo, da *adj.* **1.** Contrario y opuesto a la razón. || *s. m.* **2.** Disparate, desatino, incoherencia.
abubilla *s. f.* Pájaro insectívoro dotado de un típico penacho de plumas en la cabeza.
abuchear *v. tr.* Censurar públicamente con ruidos o murmullos algo o a alguien.
abuelastro, tra *s. m. y s. f.* **1.** Respecto de una persona, padre o madre de su padrastro o de su madrastra. **2.** Respecto de una persona, segundo o ulterior marido de su abuela, o segunda o ulterior mujer de su abuelo.
abuelo, la *s. m. y s. f.* **1.** Padre o madre de la madre o del padre. **2.** *fam.* Anciano.
abuhado, da *adj.* **1.** Hinchado o abotargado. **2.** Pálido, de mal color.
abuhardillado, da *adj.* Con buhardilla, o en forma de buhardilla.
abulia *s. f.* Falta de voluntad.
abultado, da *adj.* Voluminoso, grueso.
abultar *v. tr.* **1.** Aumentar la cantidad, grado, etc. **2.** Aumentar, exagerar algo.
abundancia *s. f.* Gran cantidad o número de cierta cosa.
abundante *adj.* Copioso, en gran cantidad.
abundar *v. intr.* **1.** Tener gran cantidad de una cosa. **2.** Adherirse a una opinión.
abuñolar *v. tr.* Freír los huevos y algún otro manjar de modo que queden redondos, esponjosos y dorados.
aburar *v. tr.* Abrasar, quemar.
aburguesarse *v. prnl.* Adquirir costumbres, hábitos y convencionalismos de la sociedad burguesa.
aburrido, da *adj.* Que causa aburrimiento.
aburrimiento *s. m.* Cansancio, tedio.
aburrir *v. tr.* Cansar, molestar, fastidiar.
abusar *v. intr.* Usar excesiva o indebidamente de alguna cosa
abusión *s. f.* **1.** Abuso. **2.** Contrasentido, absurdo, engaño. **3.** Superstición, agüero.
abusionero, ra *adj.* Supersticioso.
abusivo, va *adj.* **1.** Que se introduce por abuso. **2.** Que abusa.
abuso *s. m.* Acción realizada excediéndose en lo que se considera normal o legal.
abyección *s. f.* Envilecimiento.
abyecto, ta *adj.* Despreciable, vil.
acá *adv. l.* Indica proximidad.
acabado, da *adj.* **1.** Perfecto, consumado. || *s. m.* **2.** Perfeccionamiento o retoque de un trabajo.
acabalar *v. tr.* Completar, igualar.

acaballar *v. tr.* **1.** Cubrir el caballo o el asno a la yegua o burra. **2.** Poner o montar parte de una cosa sobre otra, encaballar.

acabar *v. tr.* **1.** Dar fin a una cosa, terminarla. También prnl. || *v. intr.* **2.** Rematar, terminar, finalizar.

acabildar *v. tr.* Congregar, unir a muchos en un dictamen para conseguir algún intento.

acabose *s. m.* Último extremo, desastre, ruina. Suele aparecer siempre con artículo.

acacia *s. f.* Árbol leguminoso, de madera dura.

academia *s. f.* **1.** Sociedad científica o literaria establecida con autoridad pública. **2.** Centro docente.

academismo *s. m.* Copia servil de las obras antiguas, en oposición al arte verdadero inspirado en la naturaleza.

acaecer *v. intr.* Suceder.

acaecimiento *s. m.* Suceso.

acalabrotar *v. tr.* Formar un cabo con tres cordones, compuesto a su vez cada uno de ellos de otros tres.

acalaca *s. m.* Hormiga americana del tamaño de la langosta silvestre.

acalefo, fa *adj.* Se dice de ciertos celentéreos marinos de la clase de las medusas.

acalia *s. f.* Malvavisco, planta malvácea.

acallar *v. tr.* **1.** Hacer callar. **2.** *fig.* Aplacar, aquietar.

acaloramiento *s. m.* **1.** Encendimiento, ardor, arrebato de calor. **2.** *fig.* Arrebatamiento de una pasión violenta.

acalorar *v. tr.* **1.** Dar o causar calor. || *v. prnl.* **2.** Fatigarse.

acampanar *v. tr.* Dar forma de campana. También prnl.

acampar *v. intr.* Detenerse temporalmente en el campo, alojándose en tiendas o barracas.

acampo *s. m.* Dehesa.

ácana *s. f.* Árbol sapotáceo, cuya madera fuerte y compacta es excelente para la construcción.

acanaca *s. f.* Planta medicinal de las Indias, que se utiliza como sudorífico.

acanalado, da *adj.* De figura larga y abarquillada.

acanalar *v. tr.* **1.** Hacer canales o estrías en un objeto. **2.** Dar a algo forma de canal.

acanelonar *v. tr.* Azotar con disciplinas.

acanillado, da *adj.* Se aplica al paño u otra tela que forma canillas.

acansinarse *v. prnl.* Cansarse, volverse perezoso.

acantáceo, a *adj.* Se dice de las plantas con tallos y ramas nudosos, caja membranosa, semillas sin albumen, hojas opuestas y flores de cinco pétalos.

acantarar *v. tr.* Medir por cántaras.

acantear *v. tr.* Tirar piedras a alguien.

acantilado *s. m.* Terreno que cae verticalmente en el mar.

acantio *s. m.* Cardo borriquero.

acanto *s. m.* **1.** Planta acantácea, perenne, de hojas espinosas, cuyo cocimiento se utiliza luego como emoliente. **2.** Adorno del capitel corintio que imita la hoja del acanto.

acantolis *s. m.* Reptil que tiene el lomo lleno de tubérculos puntiagudos.

acantonamiento *s. m.* Sitio en que hay tropas acantonadas.

acantonar *v. tr.* Alojar las tropas en diversos poblados. También prnl.

acantopterigio, gia *adj.* Se dice de peces teleósteos, casi todos marinos, de aletas espinosas, como el atún.

acañaverear *v. tr.* Herir con cañas cortadas en punta a modo de saetas; género de suplicio usado antiguamente.

acaparar *v. tr.* Reunir y retener cosas en un número excesivo.

acaparrarse *v. prnl.* Ajustarse o convenirse con alguien.

acápite *s. m.* Párrafo, especialmente en textos legales.

acaracolado, da *adj.* De figura de caracol.

acaramelar *v. tr.* **1.** Bañar de azúcar en punto de caramelo. || *v. prnl.* **2.** Mostrarse alguien extraordinariamente galante, obsequioso.

acardenalar *v. tr.* Causar cardenales a alguien.

acariciar *v. tr.* Hacer caricias.

acarnerado, da *adj.* Se dice del caballo o yegua que tiene arqueada la parte delantera de la cabeza, como el carnero.

ácaro *s. m.* Arácnido de abdomen sentado y diminuto. Muchos de estos animales son parásitos de vegetales o animales.

acarpo, pa *adj.* Que no da fruto.

acarralarse *v. prnl.* **1.** Encoger un hilo, o dejar un claro entre dos, en los tejidos. **2.** Desmedrarse los racimos de uvas a causa de las heladas tardías.

acarrarse *v. prnl.* Resguardarse el ganado del sol en verano, juntándose una res con otra para procurarse sombra.

acarrear *v. tr.* **1.** Transportar en carro. **2.** Ocasionar, causar.

acarreo *s. m.* **1.** Acción de acarrear. **2.** Precio cobrado por lo que se acarrea.

acartonarse *v. prnl.* Adquirir una consistencia y apariencia semejantes al cartón.

acaso *adv. m.* Por casualidad.

acastañado, da *adj.* Que tira a color castaño.

acatamiento *s. m.* **1.** Acción y efecto de acatar. **2.** Obediencia, respeto.

acatar *v. tr.* Tributar homenaje de sumisión y respeto a alguien.

acatarrarse *v. prnl.* Contraer un catarro.

acates *s. m.* Persona muy fiel.

acaudalado, da *adj.* Que tiene mucho caudal.

acaudalar *v. tr.* Reunir gran riqueza.

acaudillar *v. tr.* **1.** Mandar gente de guerra. **2.** Guiar, conducir.

acaule *adj.* Se aplica a una planta de tallo tan pequeño que parece no tenerlo.

acautelarse *v. prnl.* Precaverse.

acceder *v. intr.* Consentir de buen grado en lo que otro solicita, cediendo a veces de la propia voluntad.

accésit *s. m.* En certámenes científicos, literarios o artísticos, recompensa inferior inmediata al primer premio.

acceso *s. m.* **1.** Camino de entrada. **2.** Golpe de tos.

accesorio, ria *adj.* **1.** Que depende de lo principal o se le une por accidente. **2.** Secundario.

accidentado, da *adj.* Se dice de la persona que ha sufrido un accidente.

accidental *adj.* **1.** No esencial. **2.** Casual.

accidentar *v. tr.* Producir un accidente a alguien.

accidente *s. m.* Suceso fortuito del que normalmente resulta un daño.

acción *s. f.* **1.** Operación y resultado de una fuerza o potencia. **2.** Efecto de hacer. **3.** Operación o impresión de cualquier agente en el paciente. **4.** Ademán de una persona al hablar. **5.** Cada una de las partes que integran el capital de una sociedad anónima. **6.** Desarrollo de los hechos que integran el contenido de una obra literaria o de una película y constituyen su trama o argumento. **7.** Combate, batalla.

accionar *v. intr.* Hacer movimientos y gestos.

accionista *s. m. y s. f.* Dueño de acciones en una sociedad comercial.

acebeda *s. f.* Sitio poblado de acebos.

acebo *s. m.* Árbol aquifoliáceo, poblado todo el año de hojas de color verde oscuro, duras y con espinosas.

acebolladura *s. f.* Defecto de ciertas maderas por desunión de dos capas contiguas de las varias anuales que componen el tejido leñoso del árbol.

acebuche *s. m.* Olivo silvestre.

acechanza *s. f.* Acecho, espionaje, persecución llevada a cabo con gran cautela.

acechar *v. tr.* Observar, aguardar.

acecho *s. m.* **1.** Acción de acechar. **2.** Lugar desde el que se acecha.

acecinar *v. tr.* Salar las carnes y ponerlas al humo y al aire para que se conserven.

acedera *s. f.* Planta cuyas hojas se emplean como condimento.

acedía[1] *s. f.* Resultado de la acidificación de la comida en el estómago.

acedía[2] *s. f.* Platija, pez.

acedo, da *adj.* **1.** Ácido. || *s. m.* **2.** Agrio.

acéfalo, la *adj.* Falto de cabeza.

aceguero *s. m.* Leñador que recoge las leñas muertas o arranca las vivas sin ayuda de herramienta.

aceifa *s. f.* Expedición militar sarracena que se hacía en verano.

aceitar *v. tr.* Untar con aceite.

aceite *s. m.* Líquido graso que se extrae de la aceituna, de otros frutos o semillas y de algunos animales como la ballena.

aceiteras *s. f. pl.* Vinagreras, conjunto de dos recipientes para el aceite y el vinagre.

aceitón *s. m.* **1.** Aceite gordo y turbio. **2.** Impurezas que deja el aceite en el fondo de las vasijas.

aceitoso, sa *adj.* **1.** Que tiene aceite o parecido a él. **2.** Grasiento.

aceituna *s. f.* Fruto del olivo.

aceitunado, da *adj.* Verdoso, del color de la aceituna antes de madurar.

aceituní *s. m.* **1.** Tela rica de Oriente, muy usada en la Edad Media. **2.** Cierto adorno de los edificios árabes.

aceitunillo *s. m.* Árbol de las Antillas, de fruto venenoso y madera muy dura.

acelerador *s. m.* Mecanismo del automóvil, accionado mediante un pedal, cuyo objeto es permitir momentáneamente que el motor trabaje a más velocidad que la normal.

acelerar *v. tr.* **1.** Dar celeridad. También prnl. **2.** Accionar el mecanismo acelerador de un automóvil.

aceleratriz *adj.* Se dice de la fuerza que aumenta la velocidad de un movimiento.

acelga *s. f.* Planta de hojas radicales muy anchas, lisas y jugosas, con tallo grueso y acanalado.

acémila *s. f.* Mula o macho de carga.

acemita *s. f.* Pan hecho de acemite.

acemite *s. m.* Salvado mezclado con harina.

acendrado, da *adj.* Sin mancha ni defecto.

acendrar *v. tr.* Depurar los metales en la cendra por medio del fuego.

acensuar *v. tr.* Imponer un censo.

acento *s. m.* **1.** Mayor intensidad con que se pronuncia una palabra. **2.** Signo ortográfico que indica la sílaba destacada.

acentuar *v. tr.* **1.** Dar acento prosódico a las palabras. **2.** Ponerles acento ortográfico. **3.** *fig.* Recalcar.

aceña *s. f.* Molino harinero de agua situado dentro del cauce de un río.

acepción *s. f.* Significado o sentido en que se toma una palabra o frase.

acepilladura *s. f.* Viruta.

acepillar *v. tr.* Alisar con el cepillo la madera o los metales.

aceptación *s. f.* **1.** Acción y efecto de aceptar. **2.** Aprobación, éxito.

aceptar *v. tr.* Recibir o admitir voluntariamente lo que se da, ofrece o encarga.

acepto, ta *adj.* Agradable.

acequia *s. f.* Zanja por donde se conduce el agua para el riego u otros usos.

acera *s. f.* Orilla pavimentada, algo más alta que el piso de la calle, situada junto al paramento de las casas y destinada al tránsito de peatones.

acerado, da *adj.* Parecido al acero.

acerar *v. tr.* Dar al hierro las propiedades del acero.

acerbo, ba *adj.* Áspero al gusto.

acercar *v. tr.* Poner cerca. También prnl.

acerería *s. f.* Fábrica de acero.

acerico *s. m.* Almohadilla para clavar en ella alfileres o agujas.

acero *s. m.* Aleación de hierro y carbono, que adquiere con el temple gran dureza y elasticidad.

acerola *s. f.* Fruto del acerolo, que es redondo, encarnado o amarillo, carnoso y agridulce, con tres huesecillos juntos en su interior muy duros.

acerolo *s. m.* Árbol rosáceo, de ramas cortas y frágiles, con espinas en el estado silvestre y sin ellas en el de cultivo, hojas pubescentes y flores blancas.

acérrimo, ma *adj. sup., fig.* de acre. Muy fuerte, vigoroso o tenaz.

acerrojar *v. tr.* Poner bajo cerrojo.

acertar *v. tr.* Dar en el punto a que se dirige algo.

acertijo *s. m.* Especie de enigma o adivinanza propuesta como entretenimiento.

aceruelo *s. m.* **1.** Especie de albardilla para cabalgar. **2.** Acerico, almohadilla para los alfileres o agujas.

acervo *s. m.* Montón de cosas menudas.

acetato *s. m.* Sal formada por la combinación del ácido acético con una base.

acético, ca *adj.* Se dice de un ácido que se produce oxidando el alcohol vínico.

acetileno *s. m.* Hidrocarburo gaseoso, obtenido por la acción del agua sobre el carburo de calcio, que arde con llama muy brillante y se emplea en el alumbrado.

acetímetro *s. m.* Aparato para medir la fuerza del vinagre o su contenido de ácido acético.

acetona *s. f.* Líquido incoloro, volátil e inflamable.

acetre *s. m.* Caldero pequeño en el que se lleva agua bendita para las aspersiones.

achabacanarse *v. prnl.* Hacerse chabacano.

achacar *v. tr.* Atribuir, imputar.

achacoso, sa *adj.* **1.** Que padece algún achaque o enfermedad habitual. **2.** Indispuesto o levemente enfermo.

achaflanar *v. tr.* Hacer chaflanes.

achampañado, da *adj.* Se dice de la bebida que imita al vino de Champaña.

achantar *v. tr.* **1.** Acoquinar, apabullar, achicar a otro. ‖ *v. prnl., fam.* **2.** Aguantarse, agazaparse mientras dura un peligro. **3.** Conformarse.

achaparrado, da *adj.* Se dice de las cosas bajas y extendidas.

achaque *s. m.* **1.** Indisposición habitual. **2.** *fig.* Defecto habitual de una persona.

acharolado, da *adj.* Semejante al charol.

achatar *v. tr.* Poner chata una cosa. También prnl.
achicado, da *adj.* **1.** Aniñado. **2.** Reducido a menor tamaño.
achicar *v. tr.* **1.** *fig.* Humillar, acobardar. También prnl. **2.** Extraer el agua.
achicharrar *v. tr.* **1.** Freír demasiado. También prnl. **2.** Calentar mucho. También prnl.
achicoria *s. f.* Planta de hojas y raíces amargas.
achique *s. m.* Acción y efecto de achicar el agua.
achispar *v. tr.* Poner casi ebria a una persona. También prnl.
achocar *v. tr.* **1.** Arrojar o tirar a alguna persona contra la pared u otra superficie dura. **2.** Herir a una persona con un palo, piedra, etc.
achocolatado, da *adj.* Del color del chocolate.
achubascarse *v. prnl.* Cargarse la atmósfera de nubarrones que traen aguaceros y viento.
achuchar *v. tr., fam.* Aplastar, estrujar.
achuchón *s. m.* Acción y efecto de achuchar o aplastar.
acial *s. m.* Instrumento con que oprimiendo un labio, el hocico o una oreja de las bestias se las hace estar quietas mientras las hierran, curan o esquilan.
aciago, ga *adj.* Infeliz, desgraciado.
aciano *s. m.* Planta de tallo erguido y ramoso, de flores en cabezuelas grandes y redondas con receptáculo pajoso.
acibarar *v. tr., fig.* Turbar el ánimo con algún pesar o desazón.
acicalado, da *adj.* Extremadamente pulcro.
acicalar *v. tr.* Limpiar, alisar, bruñir.
acicate *s. m.* Especie de espuela para montar a la jineta con sólo una punta de hierro.
acicatear *v. tr.* Incitar, estimular.
aciche *s. m.* Herramienta de solador con dos bocas, en forma de azuela.
acicular *adj.* De figura de aguja.
acidez *s. f.* **1.** Calidad de ácido. **2.** Exceso de iones de hidrógeno en una solución.
acidia *s. f.* Pereza, flojedad.
acidificar *v. tr.* Hacer ácida una cosa.
ácido, da *adj.* **1.** Con sabor parecido al del vinagre o del limón. **2.** Áspero, desabrido. ‖ *s. m.* **3.** Compuesto químico que contiene hidrógeno con capacidad de sustitución por elementos o radicales positivos para formar sales.
acídulo, la *adj.* Que está ligeramente ácido.
acierto *s. m.* **1.** Acción y efecto de acertar. **2.** Habilidad o destreza en lo que se ejecuta. **3.** Cordura, prudencia, tino.
acimut *s. m.* Ángulo que forma con el meridiano de un lugar el plano vertical que pasa por un punto de la esfera celeste o del globo terráqueo.
acinesia *s. f.* Falta, pérdida o cesación de movimiento.
ación *s. f.* Correa que pende del estribo en la silla de montar.
acirate *s. m.* Loma o caballón, que se hace en las heredades y sirve de lindero.
aclamar *v. tr.* Dar voces la multitud en aplauso de alguien.
aclaración *s. f.* **1.** Acción y efecto de aclarar. **2.** Enmienda del texto de una sentencia.
aclarar *v. tr.* **1.** Explicar, manifestar. ‖ *v. intr.* **2.** Disiparse las nubes o la niebla.
acleido, da *adj.* Se dice del animal mamífero que no tiene clavículas, como los cetáceos, o que las tiene muy rudimentarias como los carnívoros.
aclimatarse *v. prnl.* Acostumbrarse a un clima o ambiente.
acobardar *v. tr.* Amedrentar, causar miedo. También prnl. y intr.
acobijar *v. tr.* Abrigar las cepas y los plantones con acobijos.
acobijo *s. m.* Montón de tierra que se apisona alrededor de las vides y de los plantones para dar estabilidad y abrigo a las raíces.
acocharse *v. prnl.* Agazaparse, agacharse.
acodado, da *adj.* Doblado en forma de codo.
acodar *v. tr.* Apoyar el codo.
acoderar *v. tr.* Presentar en determinada dirección el costado de un barco, valiéndose de coderas.
acodiciar *v. tr.* Encender en deseo o codicia de algo. También prnl.
acodillar *v. tr.* Doblar algo, generalmente objetos de metal, formando codo.
acodo *s. m.* Vástago acodado.
acogedor, ra *adj.* **1.** Que acoge. **2.** Se dice de una habitación o casa agradable, confortable.
acoger *v. tr.* **1.** Admitir en su casa o compañía. **2.** Proteger, amparar. También prnl. ‖ *v. prnl.* **3.** Refugiarse, ampararse. **4.** Valerse de pretextos para disimular algo.

acogido, da *s. m. y s. f.* **1.** Persona desvalida a la que se admite en un centro de beneficencia. || *s. f.* **2.** Recibimiento u hospitalidad que ofrece una persona o un lugar. **3.** Protección o amparo. **4.** Aceptación o aprobación.

acogollar *v. tr.* Cubrir las plantas para defenderlas de los agentes externos.

acogotar *v. tr.* Matar a una persona o animal con herida en el cogote.

acojinamiento *s. m.* Entorpecimiento en las máquinas de vapor debido a la interposición de este gas entre el émbolo y la tapa del cilindro.

acojinar *v. tr.* Acolchar, poner algodón, etc. entre dos telas.

acolar *v. tr.* Unir, juntar, combinar escudos de armas.

acolchar *v. tr.* Poner algodón, seda cortada, lana, etc., entre dos telas y bastearlas.

acolitado *s. m.* De las cuatro órdenes menores, la superior.

acólito *s. m.* **1.** Clérigo que ha recibido la orden del acolitado. **2.** Monaguillo.

acollar *v. tr.* Cobijar con tierra el pie de los árboles, y en especial el tronco de las vides.

acollarado, da *adj.* Se dice de los pájaros y otros animales que tienen el cuello de distinto color que el resto del cuerpo.

acombar *v. tr.* Combar. También prnl.

acometer *v. tr.* **1.** Atacar con ímpetu. **2.** Emprender, intentar.

acometimiento *s. m.* Ramal de cañería que desemboca en la alcantarilla o conducto general de desagüe.

acomodado, da *adj.* **1.** Apto, conveniente. **2.** Rico, abundante en medios económicos. **3.** Que está cómodo o a gusto.

acomodamiento *s. m.* **1.** Transacción, ajuste o convenio sobre algo. **2.** Comodidad o conveniencia.

acomodar *v. tr.* **1.** Ajustar una cosa a otra. **2.** Disponer, preparar de modo conveniente. **3.** Colocar o poner en un lugar conveniente o cómodo. || *v. prnl.* **4.** Ponerse a gusto.

acomodo *s. m.* **1.** Acción de acomodar o acomodarse. **2.** Empleo, ocupación o conveniencia. **3.** Aderezo, arreglo.

acompañado, da *adj.* **1.** *fam.* Pasajero, concurrido. **2.** *fam.* Se dice de la persona que acompaña a otra. También s. m. y s. f.

acompañamiento *s. m.* **1.** Acción y efecto de acompañar. **2.** Gente que acompaña a alguien.

acompañar *v. tr.* **1.** Estar o ir en compañía de otro u otros. También prnl. **2.** Ejecutar el acompañamiento. También prnl.

acompasado, da *adj.* **1.** Hecho o puesto a compás. **2.** Que suele hablar pausadamente o andar y moverse con lentitud.

acompasar *v. tr.* Medir por medio del compás.

acomplejar *v. tr.* Producir a una persona un complejo psíquico.

acomunarse *v. prnl.* Coligarse, confederarse con un fin común.

acondicionador, ra *adj.* **1.** Que acondiciona. || *s. m.* **2.** Aparato que acondiciona o climatiza un espacio limitado.

acondicionar *v. tr.* Dar cierta condición o calidad.

acongojar *v. tr.* Oprimir, fatigar, afligir. También prnl.

aconitina *s. f.* Principio activo del acónito. Es veneno muy violento.

acónito *s. m.* Planta ranunculácea, venenosa; es medicinal y crece en las montañas altas y en los jardines.

aconsejar *v. tr.* **1.** Dar consejo. || *v. prnl.* **2.** Tomar consejo o pedirlo a otros.

acontecer *v. intr.* Suceder, ocurrir.

acontecimiento *s. m.* Suceso.

acopar *v. intr.* Formar copa las plantas y árboles.

acopiar *v. tr.* Juntar, reunir en gran cantidad.

acopio *s. m.* Acción y efecto de acopiar.

acoplar *v. tr.* Unir entre sí dos piezas de modo que ajusten exactamente.

acoquinar *v. tr.* Acobardar. También prnl.

acorazado *s. m.* Buque de guerra blindado y de grandes dimensiones.

acorazar *v. tr.* Blindar con planchas de hierro o acero barcos de guerra, fortificaciones, etc. También prnl.

acorchado, da *adj.* Se dice de lo que es fofo y esponjoso como el corcho.

acorcharse *v. prnl.* Ponerse una cosa fofa como el corcho.

acordada *s. f.* Orden expedida por un tribunal para que el inferior ejecute alguna cosa.

acordar *v. tr.* Determinar o resolver de común acuerdo o por mayoría de votos.

acorde *adj.* En armonía y consonancia.

acordelar *v. tr.* **1.** Medir con cuerda o cordel. **2.** Señalar con cuerdas.
acordeón *s. m.* Instrumento musical de viento, compuesto de lengüetas de metal, un pequeño teclado de válvulas y un fuelle.
acordonado, da *adj.* Dispuesto en forma de cordón.
acordonar *v. tr.* Sujetar con un cordón.
acores *s. m. pl.* Enfermedad de la piel, semejante a la tiña, que los niños suelen padecer en la cabeza o en la cara.
acornear *v. tr.* Dar cornadas.
ácoro *s. m.* Planta de flores de color verde claro, raíces blanquecinas y olor suave, que forman maraña a flor de tierra.
acorralar *v. tr.* Encerrar el ganado en el corral. También prnl.
acorrer *v. tr.* **1.** Acudir corriendo. **2.** Socorrer a alguien.
acorro *s. m.* Socorro.
acortar *v. tr.* Disminuir la longitud, cantidad o duración de una cosa. También intr. y prnl.
acorullar *v. tr.* Meter los remos sin desarmarlos, de forma que los guiones queden bajo crujía.
acosar *v. tr.* Perseguir sin descanso a un animal o a una persona.
acostado, da *adj.* Inclinado, recostado.
acostamiento *s. m.* Acción de acostar o acostarse.
acostarse *v. prnl.* **1.** Echarse o tenderse para dormir o descansar. **2.** Arrimarse.
acostumbrar *v. intr.* Tener costumbre de algo. También prnl.
acotación *s. f.* **1.** Acotamiento. **2.** Comentario que se pone en la margen de un escrito o impreso.
acotamiento *s. m.* Acción y efecto de acotar.
acotar *v. tr.* **1.** Poner coto. **2.** Poner o escribir al margen.
acotiledóneo, a *adj.* Se dice de las plantas cuyo embrión carece de cotiledones.
acotillo *s. m.* Martillo grueso de herrero.
acoyundar *v. tr.* Uncir, poner la coyunda.
acoyuntar *v. tr.* Reunir dos labradores caballerías sin pareja para formar yunta y labrar a medias.
ácrata *adj.* Partidario de la supresión de toda autoridad.
acre[1] *adj.* Áspero, picante al gusto y olfato.
acre[2] *s. m.* Medida inglesa de superficie.
acrecentamiento *s. m.* Acción y efecto de acrecentar.
acrecentar *v. tr.* Aumentar. También prnl.
acrecer *v. tr.* **1.** Hacer mayor, aumentar. **2.** Aumentar las cuotas de una herencia por renuncia o pérdida de la de algún partícipe.
acreditar *v. tr.* **1.** Afamar, dar crédito o reputación. También prnl. **2.** Abonar una partida en el libro de cuentas.
acreedor *adj.* **1.** Que tiene derecho o mérito para obtener algo. **2.** Que tiene derecho a que se le satisfaga una deuda.
acrianzar *v. tr.* Educar o criar.
acribar *v. tr.* Cribar.
acribillar *v. tr.* **1.** Abrir muchos agujeros en algo. **2.** Molestar mucho.
acrídido *adj.* Se dice del insecto ortóptero saltador con antenas cortas y tres artejos en los tarsos, como los saltamontes.
acriminar *v. tr.* Acusar de un delito.
acrimonia *s. f.* **1.** Aspereza de las cosas, sobre todo al gusto o al olfato. **2.** Condición de los humores acres. **3.** Agudeza del dolor.
acrisolar *v. tr.* Purificar los metales en el crisol.
acristianar *v. tr.* Hacer cristiano.
acritud *s. f.* **1.** Acrimonia. **2.** Calidad de mordaz, aspereza de carácter.
acróbata *s. m. y s. f.* Persona que hace diversos ejercicios gimnásticos en los espectáculos públicos.
acrofobia *s. f.* Horror a las alturas.
acromático, ca *adj.* Se dice del cristal que está exento de cromatismo.
acromion *s. m.* Parte más alta del omóplato, articulada con la extremidad externa de la clavícula.
acrónico, ca *adj.* Se aplica al astro que nace al ponerse el sol, o se pone cuando éste sale.
acrónimo *s. m.* Palabra constituida por las iniciales de un grupo de palabras.
acrópolis *s. f.* El lugar más alto y fortificado en las ciudades griegas.
acróstico, ca *adj.* Se aplica a la composición poética cuyas letras iniciales, medias o finales de los versos forman un vocablo o una frase. También s. m.
acrotera *s. f.* Pedestal que sirve de remate en los frontones, y sobre el cual suelen colocarse estatuas o adornos.
acta *s. f.* Relación escrita de lo tratado en una junta.

actinio *s. m.* Cuerpo radiactivo hallado en algún mineral de uranio.

actinometría *s. f.* Parte de la física que estudia la intensidad de las radiaciones y mide su acción química.

actitud *s. f.* **1.** Postura. **2.** *fig.* Disposición de ánimo manifestada externamente.

activar *v. tr.* Avivar, acelerar una cosa.

actividad *s. f.* **1.** Facultad de obrar. **2.** Prontitud en el obrar.

activista *adj.* Se dice del individuo perteneciente a un grupo social o político, dedicado a hacer propaganda y a promover actividades.

activo, va *adj.* **1.** Que obra o puede obrar. **2.** Eficaz. **3.** Que obra prontamente. ‖ *s. m.* **4.** Importe total del haber de una persona natural o jurídica.

acto *s. m.* **1.** Hecho público o solemne. **2.** Parte de un drama.

actor *s. m.* **1.** Persona que representa en el teatro, en el cine o en la televisión. **2.** Personaje de una acción u obra literaria. **3.** Demandante o acusador.

actriz *s. f.* Mujer que representa en el teatro, en el cine o en la televisión.

actuación *s. f.* **1.** Acción y efecto de actuar. **2.** Autos o diligencias del procedimiento judicial.

actual *adj.* Que existe o sucede en el tiempo de que se habla.

actualidad *s. f.* **1.** Tiempo presente. **2.** Cosa o suceso que atrae la atención de la sociedad.

actualizar *v. tr.* **1.** Poner en acto. **2.** Hacer actual una cosa.

actuar *v. tr.* **1.** Poner en acción. ‖ *v. intr.* **2.** Ejercer una persona actos propios de su cargo u oficio. **3.** Proceder judicialmente.

actuario *s. m.* Auxiliar judicial que da fe en los autos procesales.

acuadrillar *v. tr.* **1.** Juntar en cuadrilla. También prnl. **2.** Mandar una cuadrilla.

acuaplano *s. m.* Vehículo acuático para deportistas, consistente en una plancha lisa de madera con reborde en uno de sus extremos, tirada por una canoa automóvil.

acuarela *s. f.* **1.** Pintura sobre papel o cartón con colores diluidos en agua. ‖ *s. f. pl.* **2.** Colores con los que se realiza esta pintura.

acuario *s. m.* Depósito de agua donde se tienen vivos animales o vegetales acuáticos.

acuartelamiento *s. m.* **1.** Acción y efecto de acuartelar o acuartelarse. **2.** Lugar donde se acuartela.

acuartelar *v. tr.* Poner la tropa en cuarteles. También prnl.

acuartillar *v. tr.* **1.** Doblar con exceso las caballerías las cuartillas al andar, por sobrecarga de peso o debilidad. **2.** Dar forma de cuartilla o partir el papel en cuartillas.

acuático, ca *adj.* **1.** Que vive en el agua. **2.** Perteneciente o relativo al agua.

acubado, da *adj.* De figura de cubo.

acubilar *v. tr.* Recoger el ganado en el cubil.

acuchillar *v. tr.* Herir, cortar o matar con el cuchillo.

acucia *s. f.* **1.** Diligencia, solicitud, prisa. **2.** Deseo vehemente.

acuciar *v. tr.* Estimular, dar prisa.

acuclillarse *v. prnl.* Ponerse en cuclillas.

acudir *v. intr.* **1.** Ir al sitio donde conviene a uno o adonde es llamado. **2.** Ir en socorro de alguien. **3.** Recurrir a alguien.

acueducto *s. m.* Conducto por donde se lleva el agua a alguna parte.

ácueo, a *adj.* **1.** De agua. **2.** De naturaleza parecida a la del agua.

acuerdo *s. m.* **1.** Unión entre dos o más personas. **2.** Resolución tomada en una junta.

acuitar *v. tr.* **1.** Poner en apuro. **2.** Afligir. También prnl.

aculado, da *adj.* **1.** *fam.* Arrinconado, aproximado. **2.** Se aplica al caballo que se presenta en el escudo levantado del cuarto delantero y posado sobre sus ancas con las patas encogidas.

acular *v. tr.* **1.** Hacer que un animal, carro, etc., quede arrimado por detrás a alguna parte. También prnl. **2.** *fam.* Arrinconar. Se usa más como prnl.

aculebrinado, da *adj.* Se aplica al cañón parecido por su longitud a la culebrina.

aculebrinar *v. tr.* Dar la forma de culebrina en la fundición de los cañones.

acullá *adv. l.* En lugar opuesto o distante al que habla.

acumulador, ra *adj.* **1.** Que acumula. ‖ *s. m.* **2.** Aparato que sirve para regularizar el trabajo de una máquina, recogiendo la fuerza sobrante a fin de poder aprovecharla cuando falte. **3.** Aparato destinado a recibir electricidad, desarrollada artificialmente, y retenerla en depósito para su consumo posterior.

acumular *v. tr.* Amontonar, juntar.

acunar *v. tr.* Mecer en la cuna.

acuñar[1] *v. tr.* **1.** Imprimir y sellar una pieza de metal por medio de cuño o troquel. **2.** Fabricar la moneda.

acuñar[2] *v. tr.* Meter cuñas.

acuoso, sa *adj.* Abundante en agua.

acurrucarse *v. prnl.* Encogerse.

acusación *s. f.* **1.** Acción de acusar o acusarse. **2.** Escrito o discurso en que se acusa.

acusado, da *s. m. y s. f.* Persona a quien se acusa.

acusar *v. tr.* **1.** Denunciar, delatar. También prnl. **2.** Notificar.

acusativo *s. m.* Caso de la declinación del nombre, que indica el complemento directo del verbo.

acuse *s. m.* **1.** Acción y efecto de acusar, avisar el recibo de una carta. **2.** Naipe con que se acusa en ciertos juegos para ganar ciertos tantos.

acusica *adj.* Se dice del escolar que delata a sus compañeros.

acústica *s. f.* Parte de la física que trata del sonido.

acutángulo *adj.* Se dice del triángulo que tiene los tres ángulos agudos.

adacilla *s. f.* Planta, variedad de la adaza, con simiente más pequeña que ésta.

adafina *s. f.* Olla que los hebreos colocan al anochecer del viernes en un anafe, cubriéndola con brasas y rescoldo, para comerla el sábado.

adagio[1] *s. m.* Sentencia breve, frecuentemente moral, que estimula a proceder conforme a su enseñanza.

adagio[2] *s. m.* Composición musical que se ha de ejecutar en todo o en parte con movimiento lento.

adaguar *v. intr.* Beber el ganado.

adalid *s. m.* Caudillo de gente de guerra.

adamadura *s. f.* Fineza, prenda de cariño.

adamar *v. tr.* Cortejar, requebrar.

adamascado, da *adj.* Parecido al damasco.

adán *s. m., fig. y fam.* Hombre desaliñado, sucio, haraposo.

adaptación *s. f.* **1.** Acción y efecto de adaptar o adaptarse. **2.** Proceso por el que un animal se acomoda al medio ambiente.

adaptar *v. tr.* Ajustar una cosa a otra. También prnl.

adaraja *s. f.* Diente que se deja sobresaliendo en un edificio o construcción.

adarce *s. f.* Costra de sal que forman las aguas del mar en los objetos que mojan.

adarga *s. f.* Escudo de cuero.

adargar *v. tr.* **1.** Cubrir con la adarga para defenderse. **2.** Defender, proteger, resguardar. También prnl.

adarme *s. m.* Decimosexta parte de una onza.

adarve *s. m.* Camino detrás de un muro y en lo alto de una fortificación.

adecenar *v. tr.* Ordenar por decenas, dividir en decenas.

adecentar *v. tr.* Poner decente. Se usa más como prnl.

adecuado, da *adj.* Apropiado, proporcionado.

adecuar *v. tr.* Acomodar. También prnl.

adefagia *s. f.* Voracidad.

adefesio *s. m.* **1.** *fam.* Despropósito. Se usa más en pl. **2.** *fam.* Traje, prenda de adorno extravagante.

adehala *s. f.* **1.** Lo que se da de gracia o se fija como obligatorio sobre el precio de lo que se compra o arrienda. **2.** Lo que se agrega de gajes al sueldo de un empleado o comisión.

adehesar *v. tr.* Hacer dehesa alguna tierra. También prnl.

adelantado, da *adj.* **1.** Precoz. **2.** *fig.* Atrevido, imprudente.

adelantar *v. tr.* **1.** Mover, llevar hacia delante. También prnl. **2.** Anticipar. ‖ *v. intr.* **3.** *fig.* Aventajar a alguien.

adelante *adv. l.* **1.** Más allá. **2.** Hacia la parte opuesta a otra.

adelfa *s. f.* Arbusto apopináceo, muy ramoso, de hojas persistentes y flores blancas, rosáceas o amarillas.

adelgazar *v. tr.* Poner delgado.

ademán *s. m.* Actitud que denota algún afecto del ánimo.

además *adv. c.* A más de esto o aquello.

ademe *s. f.* **1.** Madero utilizado para entibar. **2.** Cubierta de madera con que se aseguran los pilares, tiros y otras obras en los trabajos subterráneos.

adenitis *s. f.* Inflamación de alguna glándula y de los ganglios linfáticos.

adentellar *v. tr.* Hincar los dientes.

adentrarse *v. prnl.* Penetrar en el interior de algo.

adentro *adv. l.* **1.** A o en lo interior. ‖ *s. m. pl.* **2.** Lo interior del ánimo.
adepto, ta *adj.* Afiliado en alguna secta.
aderezar *v. tr.* **1.** Componer, adornar, hermosear. También prnl. **2.** Disponer o preparar. También prnl.
aderezo *s. m.* Lo que se utiliza para aderezar una persona o cosa.
aderra *s. f.* Maromilla con que se aprieta el orujo.
adeudar *v. tr.* **1.** Deber, tener deudas. También prnl. **2.** Satisfacer impuesto.
adeudo *s. m.* **1.** Deuda. **2.** Cantidad que se debe pagar en las aduanas.
adherencia *s. f.* Unión física de cosas.
adherir *v. tr.* Pegar una cosa a otra.
adhesión *s. f.* **1.** Adherencia, unión física. **2.** Acción y efecto de adherir o adherirse.
adhesivo, va *adj.* Capaz de adherirse.
ad hoc *expr. lat.* que se aplica a lo que se dice o hace para un determinado fin.
ad hóminem *expr. lat.* que se aplica al argumento filosófico que consiste en atacar al contrario apoyándose en sus propios actos, expresiones o argumentos.
adiado, da *adj.* Se dice del día preciso y fijado para ejecutar una cosa.
adiafa *s. f.* Regalo o refresco que se daba a los marineros al llegar al puerto.
adiáfano, na *adj.* Que no es transparente, opaco.
adiamantado, da *adj.* Parecido al diamante.
adiar *v. tr.* Señalar o fijar día para hacer algo.
adición *s. f.* Operación de sumar.
adicional *adj.* Se dice de aquello que se añade a una cosa.
adicto, ta *adj.* **1.** Dedicado, muy inclinado. También s. m. y s. f. **2.** Partidario.
adiestramiento *s. m.* Acción y efecto de adiestrar o adiestrarse.
adiestrar *v. tr.* Enseñar, instruir. También prnl.
adietar *v. tr.* Poner a dieta. También prnl.
adinerado, da *adj.* Que tiene mucho dinero.
adintelado, da *adj.* Que tiene forma de dintel.
¡adiós! *interj.* que denota saludo o despedida.
adiposo, sa *adj.* Grasiento, cargado de grasa.
adivas *s. f. pl.* Inflamación de la garganta en las bestias.
adive *s. m.* Mamífero carnívoro, parecido a la zorra. Abunda en los desiertos de Asia y es domesticable.
adivinanza *s. f.* **1.** Acción de adivinar. **2.** Acertijo.
adivinar *v. tr.* Predecir lo futuro o descubrir un enigma.
adivino, na *s. m. y s. f.* Persona que adivina.
adjetivar *v. tr.* Aplicar adjetivos.
adjetivo *s. m.* Parte de la oración que se aplica a un sustantivo y expresa una cualidad de la cosa designada por dicho sustantivo o lo determina o limita en su extensión.
adjudicar *v. tr.* **1.** Declarar que una cosa corresponde a una persona. ‖ *v. prnl.* **2.** Apropiarse alguien algo.
adjunción *s. f.* **1.** Especie de accesión que se verifica al juntarse dos cosas muebles de dueños diferentes, pero de modo que puedan separarse. **2.** Añadidura, agregación.
adjuntar *v. tr.* Acompañar, enviar adjunta alguna cosa.
adjunto, ta *adj.* **1.** Que está unido con otra cosa. **2.** Se dice de la persona que acompaña a otra para entender con ella en algún asunto o negocio.
adlátere *s. m. y s. f.* Persona que subordinadamente acompaña a otra hasta parecer que es inseparable de ella.
ad libitum *loc. lat.* que significa 'a gusto' o 'a voluntad'.
ad litteram *loc. lat.* que significa 'al pie de la letra' o 'textualmente'.
adminículo *s. m.* Lo que ayuda para un intento.
administración *s. f.* **1.** Acción de administrar. **2.** Empleo de administrador. **3.** Casa donde el administrador y dependientes ejercen su empleo.
administrador, ra *adj.* **1.** Que administra. ‖ *s. m. y s. f.* **2.** Persona que administra los bienes ajenos.
administrar *v. tr.* Gobernar, regir, cuidar.
administrativo, va *adj.* Perteneciente o relativo a la administración.
admirable *adj.* Digno de admiración.
admiración *s. f.* **1.** Acción de admirar. **2.** Sorpresa. **3.** Signo ortográfico que, en español, se pone antes y después de cláusulas o palabras para expresar admiración, queja, lástima, etc.
admirado, da *adj.* Asombrado, extrañado, atónito.
admirador, ra *adj.* Que admira.
admirar *v. tr.* Causar admiración.

admisible *adj.* Que puede admitirse.
admisión *s. f.* **1.** Acción de admitir. **2.** Recepción de un agente diplomático. **3.** Trámite previo en que se decide si se atienden o no ciertos recursos o reclamaciones.
admitir *v. tr.* Recibir, aceptar.
admixtión *s. f.* Mezcla o unión de diversas sustancias que no tienen acción química entre sí.
admonitor, ra *s. m. y s. f.* **1.** Religioso o religiosa que, en algunas comunidades, tiene por cargo amonestar o exhortar al cumplimiento de la regla. **2.** Monitor, el que amonesta.
adobado *s. m.* Carne puesta en adobo.
adobar *v. tr.* **1.** Aderezar, componer. **2.** Curtir las pieles.
adobe *s. m.* Masa de barro moldeada en forma de ladrillo y secada al aire.
adobo *s. m.* Salsa para sazonar y conservar las carnes.
adocenado, da *adj.* Vulgar y de escaso mérito.
adocenar *v. tr.* **1.** Ordenar por docenas o dividir en docenas. **2.** Estancarse una persona, hacerse vulgar y conformista.
adoctrinar *v. tr.* Enseñar.
adolecer *v. intr.* Caer enfermo o padecer alguna enfermedad.
adolescencia *s. f.* Edad que sucede a la niñez.
adonde *adv. rel.* A la parte que, al lugar que.
adondequiera *adv. l.* **1.** A cualquier parte. **2.** Dondequiera.
adonis *s. m., fig.* Mancebo hermoso.
adonizarse *v. prnl.* Embellecerse como un adonis.
adopción *s. f.* Acción de adoptar.
adoptar *v. tr.* **1.** Recibir como hijo, con los requisitos legales, al que no lo es por naturaleza. **2.** Recibir, admitir alguna opinión o doctrina.
adoptivo, va *adj.* **1.** Se aplica a la persona adoptada. **2.** Se dice de la persona que adopta.
adoquín *s. m.* Piedra labrada en forma de prisma rectangular para empedrados, etc.
adoquinado *s. m.* Suelo empedrado con adoquines.
adoquinar *v. tr.* Empedrar con adoquines.
adorable *adj.* Digno de adoración.
adoración *s. f.* Acción de adorar.
adorar *v. tr.* **1.** Honrar con culto religioso. **2.** *fig.* Amar con extremo.
adoratorio *s. m.* Retablillo portátil con estatuillas, relieves, etc.
adormecer *v. tr.* **1.** Dar o causar sueño. También prnl. **2.** *fig.* Calmar.
adormidera *s. f.* Planta de la familia de las papaveráceas, procedente de Oriente, de hojas abrazadoras, color garzo, flores grandes y terminales. De su zumo se extrae el opio.
adormitarse *v. prnl.* Dormirse a medias.
adornar *v. tr.* Engalanar con adornos. También prnl.
adorno *s. m.* Lo que se pone para la hermosura o mejor parecer de persona o cosa.
adosar *v. tr.* Poner una cosa, por su espalda o envés, contigua a otra.
adovelado, da *adj.* Construido con dovelas.
ad pédem litterae *loc. lat.* que significa 'al pie de la letra' o 'textualmente'.
adquirir *v. tr.* Ganar, coger, empezar a poseer.
adquisición *s. f.* **1.** Acción de adquirir. **2.** La cosa adquirida.
adquisitivo, va *adj.* **1.** Que sirve para adquirir. **2.** Se dice del poder de compra de una moneda, determinado por la cantidad de bienes que puede procurar o procurarse la unidad escogida.
adra *s. m.* **1.** Turno, vez. **2.** División del vecindario de un pueblo. **3.** Prestación personal.
adragante *adj.* Se aplica a la goma procedente del tragacanto.
adral *s. m.* Cada uno de los zarzos o tablas que se ponen en los costados de los carros.
adrede *adv. m.* Con intención deliberada.
adrenalina *s. f.* Hormona segregada principalmente por las glándulas suprarrenales, alcaloide y cristalizable. Se usa como medicamento hemostático.
adrollero *s. m. y s. f.* Persona que compra o vende con engaño.
adscribir *v. tr.* Inscribir, asignar algo a una persona o cosa.
adscripción *s. f.* Acción y efecto de adscribir o adscribirse.
aduana *s. f.* Oficina pública donde se registran, en el tráfico internacional, los géneros y mercaderías que se importan y exportan, y se cobran los derechos de aduana.
aduanar *v. tr.* Registrar en la aduana.
aduar *s. m.* Pequeña población de beduinos formada de tiendas o cabañas.
adúcar *s. m.* Seda que rodea el capullo del gusano de seda y que es más basta.

aducción *s. f.* Movimiento por el que un miembro u órgano cualquiera del cuerpo se acerca al plano medio del cuerpo.
aducir *v. tr.* Presentar, alegar pruebas, razones, etc.
aductor *adj.* Se dice del músculo que sirve para producir aducción. También s. m.
adueñarse *v. prnl.* Hacerse alguien dueño de una cosa o apoderarse de ella.
adufe *s. m.* Pandero morisco.
aduja *s. f.* Cada vuelta que hace el cable, cuerda, etc., recogidos.
adula *s. f.* Dula.
adular *v. tr.* Halagar a alguien servilmente para ganar su voluntad con fines egoístas.
adulterar *v. tr.* Falsificar una cosa.
adulterio *s. m.* Unión carnal ilegítima de hombre con mujer, siendo uno de los dos casados o ambos.
adúltero, ra *adj.* Que comete adulterio.
adulto, ta *adj.* Llegado al término de la adolescencia. También s. m. y s. f.
adulzar *v. tr.* **1.** Endulzar. **2.** Hacer dulce el hierro u otro metal.
adumbración *s. f.* Parte menos iluminada de la figura u objeto.
adumbrar *v. tr.* Sombrear.
adunar *v. tr.* Unir, juntar.
adunco, ca *adj.* Corvo, combado.
adunia *adv. m.* En abundancia.
adustez *s. f.* Calidad de adusto.
adusto, ta *adj., fig.* Austero, rígido, melancólico.
advenedizo, za *adj.* Extranjero o forastero.
advenimiento *s. m.* **1.** Venida o llegada. **2.** Exaltación a gran dignidad.
advenir *v. intr.* Venir, ocurrir.
adventicio, cia *adj.* Extraño, que sobreviene.
adverar *v. tr.* Certificar, asegurar, dar por cierta alguna cosa o por auténtico un documento.
adverbio *s. m.* Parte invariable de la oración que modifica la significación del verbo, del adjetivo o de otro adverbio con sentido calificativo o atributivo. Los adverbios pueden ser de lugar de tiempo, de modo, de cantidad, de orden, de afirmación, de negación, de duda, etc.
adversario, ria *s. m. y s. f.* Persona contraria o enemiga.
adversativo, va *adj.* **1.** Que implica o denota oposición o contrariedad de concepto. **2.** Se dice de la conjunción que indica contrariedad u oposición de carácter exclusivo o restrictivo.
adversidad *s. f.* Situación desgraciada en la que se encuentra una persona.
adverso, sa *adj.* Contrario, enemigo.
advertencia *s. f.* **1.** Acción y efecto de advertir. **2.** Escrito breve en el que se advierte algo al lector, especialmente en periódicos, libros, etc.
advertido, da *adj.* Experto, avisado.
advertir *v. tr.* Fijar en algo la atención, reparar, observar. También intr.
adviento *s. m.* Tiempo del año litúrgico que comprende las cuatro semanas precedentes a la fiesta de la Natividad de Cristo.
advocación *s. f.* Título que se da a un templo, capilla o altar.
adyacente *adj.* Situado en la proximidad de otra cosa.
aéreo, a *adj.* **1.** De aire. **2.** *fig.* Sin solidez ni fundamento.
aerobic *s. m.* Serie de ejercicios físicos, realizados con acompañamiento musical, que potencian la actividad respiratoria.
aerobio, bia *adj.* Se aplica al ser vivo que necesita del aire para subsistir.
aeroclub *s. m.* Sociedad formada por aviadores y personas que sienten interés por las cosas de aviación o que están relacionadas con ellas.
aerodinámica *s. f.* Parte de la mecánica, que estudia el movimiento de los gases.
aeródromo *s. m.* Terreno con servicios anexos preparado para la entrada y salida de aviones, etc., y sus maniobras.
aerofobia *s. f.* Enfermedad nerviosa en la que se siente horror al aire.
aerógrafo *s. m.* Instrumento para lanzar pintura en forma de aerosol.
aerograma *s. m.* Carta en papel especial para enviarla por correo aéreo.
aerolínea *s. f.* Organización o compañía de transporte aéreo.
aerolito *s. m.* Fragmento de un bólido, que cae sobre la Tierra.
aeromancia *s. f.* Adivinación supersticiosa por las señales e impresiones del aire.
aerómetro *s. m.* Instrumento para medir la densidad del aire y de otros gases.
aeromodelismo *s. m.* Arte y escuela práctica de construcción de modelos de aeroplanos.

aeromóvil *s. m.* Aeronave o avión.

aeronauta *s. m. y s. f.* Persona que navega por el aire.

aeronáutica *s. f.* Ciencia o arte de la navegación aérea.

aeronaval *adj.* **1.** Perteneciente o relativo a la navegación aérea. **2.** Perteneciente o relativo a la parte de la aeronáutica que está en relación con la marina de guerra.

aeronave *s. f.* Vehículo dirigible que, lleno de un gas más ligero que el aire, se emplea en la aerostación.

aeroplano *s. m.* Avión, vehículo aéreo más pesado que el aire.

aeropostal *adj.* Relativo al correo aéreo.

aeropuerto *s. m.* Estación o lugar de parada y arranque para los vehículos aéreos.

aerosol *s. m.* Suspensión en un medio gaseoso de una sustancia medicamentosa pulverizada, que se aplica por inhalación y actúa como coloide.

aerostación *s. f.* Navegación aérea mediante aerostatos.

aerostática *s. f.* Parte de la mecánica, que estudia el equilibrio de los gases.

aerostato *s. m.* Aeronave provista de uno o más recipientes llenos de un gas más ligero que el aire atmosférico.

afable *adj.* Agradable, suave en la conversación y el trato.

afabulación *s. f.* Moralidad o explicación de una fábula.

afán *s. m.* **1.** Trabajo excesivo, solícito y congojoso. **2.** Anhelo vehemente.

afanarse *v. prnl.* Entregarse al trabajo con solicitud excesiva.

afanoso, sa *adj.* **1.** Muy penoso o trabajoso. **2.** Que se afana.

afasia *s. f.* Pérdida del habla a consecuencia de desorden cerebral.

afear *v. tr.* **1.** Hacer o poner fea a una persona o cosa. También prnl. **2.** *fig.* Tachar, vituperar.

afeblecerse *v. prnl.* Adelgazarse, debilitarse.

afección *s. f.* **1.** Afición, inclinación de una persona a otra por afecto. **2.** Impresión.

afectación *s. f.* Extravagancia.

afectar *v. tr.* **1.** Poner demasiado cuidado en las palabras, movimientos, etc., de forma que pierdan su sencillez y naturalidad. **2.** Fingir algo.

afectividad *s. f.* **1.** Calidad de tener afecto. **2.** Conjunto de los fenómenos afectivos.

afectivo, va *adj.* **1.** Perteneciente o relativo al afecto. **2.** Perteneciente o relativo a la sensibilidad.

afecto, ta *adj.* **1.** Inclinado a alguna persona o cosa. ‖ *s. m.* **2.** Cualquiera de las pasiones del ánimo.

afectuoso, sa *adj.* Amoroso, cariñoso.

afeitar *v. tr.* **1.** Adornar, componer. También prnl. **2.** Esquilar.

afeite *s. m.* **1.** Aderezo, compostura. **2.** Cosmético, maquillaje.

afelio *s. m.* Punto que en la órbita de un planeta dista más del Sol.

afelpado, da *adj.* Hecho o tejido en forma de felpa.

afeminado, da *adj.* Se dice del que en su aspecto y modales externos se parece a las mujeres. También s. m.

afeminar *v. tr.* Hacer a alguien perder su energía varonil o inclinarle a que en sus modales y aspecto exterior se parezca a las mujeres. Se usa más como prnl.

aféresis *s. f.* Supresión de una o más letras en principio de palabra.

aferrador, ra *adj.* Que aferra.

aferrar *v. tr.* **1.** Agarrar o asir fuertemente. También intr. **2.** Asegurar la embarcación echando las anclas. ‖ *v. intr.* **3.** Insistir tenazmente en alguna opinión o dictamen. También prnl.

afestonado, da *adj.* Labrado en forma de festón.

afianzar *v. tr.* **1.** Dar fianza por alguien para la seguridad del cumplimiento de una obligación. **2.** Afirmar o asegurar con puntales, clavos, etc.

afición *s. f.* **1.** Inclinación a alguna persona o cosa. **2.** Ahínco.

aficionado, da *adj.* **1.** Inclinado, afecto, adicto. **2.** Que trabaja sin remuneración alguna; se aplica por oposición a profesional. **3.** Se dice de la persona que cultiva algún arte o deporte, sin tenerlo por oficio.

aficionar *v. tr.* Inclinar, inducir a otro a que guste de alguna persona o cosa.

afijo, ja *adj.* Se dice de los pronombres personales que se unen al verbo, y también de las preposiciones y partículas que se emplean en la formación de palabras derivadas y compuestas. Se usa más como s. m.

afilar *v. tr.* **1.** Sacar filo o hacer más delgado o agudo el filo de un arma o instrumento. **2.** Aguzar.
afiliación *s. f.* Acción y efecto de afiliar.
afiliar *v. tr.* **1.** Juntar, unir. ‖ *v. prnl.* **2.** Asociar una persona a otras que forman una corporación. También tr.
afiligranar *v. tr.* **1.** Hacer filigrana. **2.** Pulir.
afilón *s. m.* **1.** Correa impregnada de grasa, que sirve para afinar, suavizar o asentar el filo. **2.** Chaira, cilindro para avivar el filo de los cuchillos.
afín *adj.* **1.** Próximo, contiguo. **2.** Que tiene afinidad con otra cosa.
afinar *v. tr.* **1.** Perfeccionar. También prnl. **2.** Hacer fino, delicado. **3.** Poner en tono los instrumentos, acordándolos entre sí.
afincar *v. intr.* Fincar, adquirir fincas. También prnl.
afinidad *s. f.* **1.** Analogía o semejanza de una cosa con otra. **2.** Parentesco que se establece mediante el matrimonio entre cada cónyuge y los deudos del otro.
afirmación *s. f.* Acción y efecto de afirmar o afirmarse.
afirmado *s. m.* Firme, pavimento.
afirmar *v. tr.* **1.** Poner firme, dar firmeza. También prnl. **2.** Asegurar o dar una cosa por cierta.
afirmativo, va *adj.* **1.** Que denota la acción de afirmar. **2.** Se dice de la oración, proposición o juicio que establecen la conformidad del sujeto con el predicado, es decir, que aquél está contenido en la extensión de éste.
afistular *v. tr.* Hacer que una llaga pase a ser fístula.
aflato *s. m.* Soplo, viento.
aflicción *s. f.* Congoja, pena.
aflictivo, va *adj.* Se dice de lo que causa aflicción.
afligir *v. tr.* Causar molestia o sufrimiento físico. También prnl.
aflojar *v. tr.* **1.** Disminuir la presión. También prnl. **2.** *fig.* Perder fuerza una cosa.
aflorar *v. intr.* Asomar a la superficie del terreno un filón o capa mineral.
afluencia *s. f.* Acción y efecto de afluir.
afluente *adj.* **1.** Abundante en palabras. ‖ *s. m.* **2.** Arroyo o río secundario que desemboca en otro principal.
afluir *v. intr.* Concurrir en abundancia, en gran número, a un sitio determinado.
aflujo *s. m.* Afluencia excesiva de líquidos a un tejido orgánico.
afollado *s. m.* **1.** Fuelle, arruga del vestido. **2.** Follado, especie de calzones.
afollar *v. tr.* Soplar con los fuelles.
afondar *v. tr.* **1.** Echar a fondo. ‖ *v. intr.* **2.** Hundirse. También prnl.
afonía *s. f.* Falta de voz.
afónico, ca *adj.* Falto de voz o de sonido.
áfono, na *adj.* Afónico.
aforado, da *adj.* Se aplica a la persona que goza de fuero.
aforar *v. tr.* **1.** Dar o tomar a foro alguna heredad. **2.** Otorgar fueros. **3.** Valuar mercancías para el pago de los derechos.
aforisma *s. f.* Tumor debido a la relajación o rotura de alguna arteria.
aforismo *s. m.* Sentencia breve y doctrinal que se propone como regla en alguna ciencia o arte.
aforo *s. m.* Capacidad total de las localidades de un teatro, cine, etc.
afortunado, da *adj.* **1.** Que tiene fortuna o buena suerte. **2.** Feliz, que hace feliz.
afortunar *v. tr.* Hacer afortunada, dichosa a una persona.
afrecho *s. m.* Salvado, cáscara del grano.
afrenta *s. f.* **1.** Vergüenza y deshonor que resulta de algún dicho o hecho afrentoso. **2.** Deshonra que se sigue de la imposición de penas por determinado delito.
afrentar *v. tr.* **1.** Causar afrenta a alguien. **2.** Humillar. ‖ *v. prnl.* **3.** Avergonzarse, sonrojarse.
afrentoso, sa *adj.* Se dice de lo que causa afrenta.
afretar *v. tr.* Fregar, limpiar la embarcación y quitarle la broma.
africado, da *adj.* Se dice del sonido consonante que resulta de la articulación mixta de oclusión y fricación; como la "ch" en "ocho".
afrodisia *s. f.* Exageración enfermiza del apetito venéreo.
afrodisíaco, ca *adj.* Se dice de la sustancia que excita el apetito sexual.
afrodita *adj.* Se dice de las plantas que se reproducen de modo asexual.
afrontado *adj.* Se dice del escudo con figuras de animales que se miran mutuamente.

afrontar *v. tr.* **1.** Poner una cosa frente a otra. **2.** Carear. **3.** Hacer frente al enemigo. **4.** Arrostrar trabajos y calamidades con energía.
afta *s. f.* Úlcera pequeña, blanquecina, que se forma en la mucosa bucal o en la membrana del tubo digestivo.
afuera *adv. l.* Fuera del sitio en que uno está.
afufa *s. f., fam.* Fuga, huida.
afufar *v. intr., fam.* Huir. También prnl.
afusión *s. f.* Acción de verter agua fría desde lo alto sobre todo el cuerpo o parte de él, como acción terapéutica.
afuste *s. m.* En los primeros tiempos de la artillería, cureña, armazón del cañón de dos gualderas.
agachadiza *s. f.* Ave zancuda, pequeña, que vuela bajo y se esconde en sitios pantanosos.
agacharse *v. prnl., fam.* Encogerse, inclinarse.
agalla[1] *s. f.* Excrecencia redonda que se forma en algunos vegetales por la picadura de ciertos insectos al depositar sus huevos.
agalla[2] *s. f.* **1.** Órgano de la respiración de los peces, branquia. Se usa más en pl. ‖ *s. f. pl.* **2.** *fig. y fam.* Ánimo esforzado.
ágape *s. m.* Convite de caridad entre los cristianos primitivos.
agarabatado, da *adj.* De forma de garabato.
agarbado, da *adj.* Garboso.
agaricina *s. f.* Principio activo del agárico que se emplea para calmar la tos y combatir el sudor de los tísicos.
agárico *s. m.* Hongos que viven parásitos en los troncos de determinados árboles; tienen sombrerillo membranoso y son de muy diversas especies, algunas comestibles y otras venenosas.
agarrada *s. f., fam.* Altercado, riña.
agarradero *s. m.* **1.** Asa o mango de cualquier cosa. **2.** Protección.
agarrado, da *adj.* Mezquino, tacaño.
agarrar *v. tr.* **1.** Asir fuertemente con la mano o de cualquier modo. **2.** Coger, tomar.
agarrochar *v. tr.* Herir con garrocha a los toros.
agarrotar *v. tr.* Apretar fuertemente los fardos retorciendo las cuerdas con un palo.
agasajar *v. tr.* **1.** Tratar con atención cariñosa. **2.** Halagar con regalos u otras muestras de afecto o consideración.
agasajo *s. m.* Regalo o muestra de afecto o consideración.
ágata *s. f.* Variedad del cuarzo duro, translúcido, de colores generalmente dispuestos en franjas.
agavanzo *s. m.* Escaramujo, rosal silvestre y su fruto.
agave *s. amb.* Pita, planta.
agavillar *v. tr.* **1.** Hacer gavillas. **2.** *fig.* Acuadrillar. También prnl.
agazapar *v. tr.* **1.** *fig. y fam.* Agarrar o prender a alguien. ‖ *v. prnl.* **2.** Agacharse para no ser visto.
agencia *s. f.* **1.** Diligencia. **2.** Oficio de agente. **3.** Despacho del agente.
agenciar *v. tr.* Procurar o conseguir con maña o diligencia una cosa. También prnl. y como intr.
agenda *s. f.* Libro o cuaderno en el que se anota lo que se ha de recordar.
agenesia *s. f.* Impotencia de engendrar.
agente *adj.* Que obra o tiene la virtud de obrar.
agerasia *s. f.* Estado del que conserva el vigor de su juventud en edad avanzada.
agerato *s. m.* Planta de la familia de las compuestas, perenne, de jardín, de hojas lanceoladas y flores pequeñas y amarillas en corimbo.
agestarse *v. prnl.* Poner un gesto determinado.
agestión *s. f.* Agregación de materia.
agible *adj.* Factible, hacedero.
agigantado, da *adj.* Se dice de quien tiene mucha estatura.
ágil *adj.* Ligero, pronto, expedito.
agio *s. m.* Especulación sobre los fondos públicos en sus alzas y bajas.
agiotaje *s. m.* **1.** Agio. **2.** Especulación abusiva, con perjuicio de un tercero.
agitación *s. f.* Acción y efecto de agitar o agitarse.
agitado, da *adj.* Lleno de agitación.
agitar *v. tr.* **1.** Mover con frecuencia y violentamente. También prnl. **2.** *fig.* Inquietar, turbar el ánimo. También prnl.
aglomeración *s. f.* Acción y efecto de aglomerar o aglomerarse.
aglomerado, da *adj.* Se dice de los seres que están muy próximos unos a otros, formando una masa apretada.
aglomerar *v. tr.* Amontonar, juntar.
aglutinar *v. tr.* Poner en contacto, por medio de un emplasto, las partes cuya adherencia se quiere lograr. También prnl.
agnación *s. f.* Parentesco de consanguinidad entre agnados.

agnado, da *adj.* Se dice del pariente por consanguinidad, respecto de otro, cuando ambos descienden de un tronco común por línea masculina.

agnóstico, ca *adj.* Se dice de la persona que declara inaccesible al conocimiento humano toda noción de lo absoluto, y especialmente, de la naturaleza y existencia de Dios cuya existencia no niega.

agobiado, da *adj.* **1.** Cargado de espaldas o inclinado hacia adelante. **2.** Fatigado, rebajado, abatido.

agobiar *v. tr.* **1.** Inclinar o encorvar la parte superior del cuerpo hacia la tierra. Se usa más como prnl. **2.** *fig.* Causar gran molestia y fatiga.

agobio *s. m.* Sofocación.

agolpar *v. tr.* Juntar de golpe en un lugar.

agonal *adj.* Perteneciente o relativo a los certámenes, luchas y juegos públicos.

agonía *s. f.* Angustia y congoja del moribundo.

agónico, ca *adj.* **1.** Que se halla en la agonía. **2.** Propio de la agonía.

agonística *s. f.* **1.** Arte de los atletas. **2.** Ciencia de los combates.

agonizar *v. intr.* Luchar entre la vida y la muerte.

ágora *s. f.* **1.** Plaza pública en las antiguas ciudades griegas. **2.** Asamblea que se reunía en ellas.

agorafobia *s. f.* Sensación enfermiza de angustia ante los espacios despejados y extensos.

agorar *v. tr.* Predecir lo futuro.

agorero, ra *adj.* **1.** Que adivina por agüeros o cree en ellos. **2.** Que predice sin fundamento males o desdichas. **3.** Se dice del ave que, según la superstición, anuncia algún mal o suceso futuro.

agorgojarse *v. prnl.* Criar gorgojo las semillas.

agostar *v. intr.* Pastar el ganado en rastrojeras o dehesas durante el verano.

agostero *s. m.* Obrero que trabaja en las faenas de las eras durante la recolección.

agostía *s. f.* Empleo de agostero y tiempo durante el que sirve.

agosto *s. m.* Octavo mes del año.

agotador, ra *adj.* Que agota.

agotamiento *s. m.* Acción y efecto de agotar o agotarse.

agotar *v. tr.* **1.** Extraer todo el líquido que hay en un sitio. También prnl. **2.** Gastar del todo, consumir. También prnl.

agracejo *s. m.* **1.** Uva que queda muy pequeña y no llega a madurar. **2.** Arbusto berberidáceo, de flores amarillas y bayas comestibles, cuya madera se utiliza en ebanistería.

agraceño, ña *adj.* Agrio como el agraz.

agracero, ra *adj.* **1.** Se dice de la cepa o del viñedo cuyo fruto no llega a madurar. || *s. f.* **2.** Vasija en que se conserva el zumo del agraz.

agraciar *v. tr.* **1.** Conceder alguna gracia o merced a alguien. || *v. intr.* **2.** Agradar.

agradable *adj.* **1.** Que agrada. **2.** Que tiene complacencia o gusto.

agradar *v. intr.* Complacer, gustar. También prnl.

agradecer *v. tr.* Sentir gratitud.

agrado *s. m.* **1.** Afabilidad. **2.** Voluntad o gusto.

agramadera *s. f.* Máquina para agramar.

agramar *v. tr.* Majar el cáñamo o el lino para separar la fibra del tallo.

agramilar *v. tr.* Cortar y raspar los ladrillos para igualarlos en grueso y ancho.

agramiza *s. f.* Caña quebrantada que queda como desperdicio después de haber agramado el cáñamo o el lino.

agrandar *v. tr.* Hacer más grande alguna cosa. También prnl.

agrario, ria *adj.* Perteneciente o relativo al campo.

agravar *v. tr.* **1.** Aumentar el peso de alguna cosa. **2.** Oprimir con tributos o gravámenes. || *v. prnl.* **3.** Hacerse una cosa más grave o molesta de lo que ya era.

agraviar *v. tr.* Hacer agravio a alguien.

agravio *s. m.* Ofensa que se hace a alguien en su honra o fama.

agraz *s. m.* **1.** Uva sin madurar. **2.** Zumo sacado de la uva no madura.

agrazada *s. m.* Bebida compuesta con agraz, agua y azúcar.

agrazón *s. m.* **1.** Uva silvestre. **2.** Grosellero silvestre.

agredir *v. tr.* Acometer a alguien para matarle, herirle o hacerle algún daño.

agregado *s. m.* **1.** Conjunto de cosas homogéneas que forman un cuerpo. **2.** Empleado adscrito a un servicio del que no es titular.

agregar *v. tr.* Unir unas personas o cosas a otras. También prnl.

agremán *s. m.* Labor de pasamanería, en forma de cinta, usada para adornos y guarniciones.

agremiar *v. tr.* Reunir en gremio. También prnl.

agresión *s. f.* **1.** Acción y efecto de agredir. **2.** Acto contrario al derecho ajeno. **3.** Ataque armado de una nación contra otra, con violación del derecho.

agresivo, va *adj.* Propenso a ofender o provocar al prójimo.

agresor, ra *adj.* **1.** Que comete agresión. **2.** Se dice de la persona que viola o quebranta el derecho de otra. **3.** Se aplica a la persona que da motivo a una riña, injuriando, desafiando a otra de cualquier manera.

agreste *adj.* **1.** Campesino o perteneciente al campo. **2.** Áspero. **3.** Rudo, tosco.

agriar *v. tr.* **1.** Poner agria alguna cosa. Se usa más como prnl. **2.** *fig.* Exasperar.

agrícola *adj.* Concerniente a la agricultura o al que la ejerce.

agricultor, ra *s. m. y s. f.* Persona que cultiva la tierra.

agricultura *s. f.* Arte de cultivar la tierra.

agridulce *adj.* Que tiene mezcla de agrio y dulce.

agrietar *v. tr.* Abrir grietas. Se usa más como prnl.

agrimensor, ra *s. m. y s. f.* Persona perita en agrimensura.

agrimensura *s. f.* Arte de medir tierras.

agrio, gria *adj.* **1.** Ácido. **2.** Áspero, abrupto, difícilmente accesible.

agrología *s. f.* Parte de la agronomía que se ocupa del estudio del suelo en sus diversas relaciones con la vegetación.

agronomía *s. f.* Conjunto de conocimientos aplicables al cultivo de la tierra.

agropecuario, ria *adj.* Que tiene relación con la agricultura y la ganadería.

agrumar *v. tr.* Hacer que se formen grumos en un líquido.

agrupar *v. tr.* Reunir en grupo, apiñar. También prnl.

agrura *s. f.* Sabor ácido que tienen algunas cosas.

agua *s. f.* Líquido formado por la combinación de un volumen de oxígeno y dos de hidrógeno. Es inodoro, insípido e incoloro en cantidad pequeña.

aguacate *s. m.* Árbol lauráceo, con hojas siempre verdes y fruto parecido a una pera grande.

aguacero *s. m.* **1.** Lluvia repentina, impetuosa y de corta duración. **2.** *fig.* Sucesos y cosas molestas que caen en gran cantidad y repentinamente sobre una persona.

aguada *s. f.* Sitio donde hay agua potable.

aguadija *s. f.* Humor que se forma en grandes llagas de color claro y parecido al agua.

aguador, ra *s. m. y s. f.* **1.** Persona encargada de llevar o vender agua. ‖ *s. m.* **2.** Cada uno de los palos o travesaños horizontales que unen los dos aros de que se compone la rueda vertical de la noria.

aguaducho *s. m.* Avenida impetuosa de agua.

aguafiestas *s. m. y s. f.* Persona que turba cualquier diversión o regocijo.

aguafuerte *s. amb.* Lámina obtenida por el grabado al agua fuerte.

aguaje *s. m.* Creciente impetuosa del mar.

aguamanil *s. m.* Jarro para echar agua en la palangana y para lavarse las manos.

aguamarina *s. f.* Variedad de berilo, transparente, de color verde mar y muy apreciada en joyería.

aguamelado, da *adj.* Mojado o bañado con aguamiel.

aguamiel *s. f.* Agua mezclada con una porción de miel.

aguanoso, sa *adj.* Lleno de agua o demasiado húmedo.

aguantar *v. tr.* **1.** Contener. **2.** Admitir a disgusto algo molesto o desagradable. **3.** Resistir alguien con fortaleza.

aguante *s. m.* **1.** Sufrimiento, tolerancia, paciencia. **2.** Fuerza, vigor para resistir cargas físicas o morales.

aguañón *adj.* Se aplica al maestro constructor de las obras hidráulicas.

aguapié *s. m.* Vino muy bajo que se obtiene echando agua en el orujo pisado y apurado en el lagar.

aguar *v. tr.* **1.** Mezclar agua con vino u otro licor cualquiera. También prnl. **2.** *fig.* Turbar, interrumpir cosas agradables.

aguardar *v. tr.* **1.** Estar esperando que llegue algo o alguien, o que suceda algo. También prnl. **2.** Tener esperanza de que llegará o sucederá algo. **3.** Estar reservado algo a una persona para lo futuro.

aguardiente *s. m.* Bebida alcohólica que se obtiene por destilación del vino y de otras sustancias.

aguarrás *s. m.* Esencia volátil de trementina. Se utiliza en barnices y como medicina.

aguazal *s. m.* Sitio bajo donde se detiene el agua llovediza.

aguazar *v. tr.* Encharcar.

agudeza *s. f.* Perspicacia de la vista, olfato y oído.

agudizar *v. tr.* **1.** Hacer aguda una cosa. ‖ *v. prnl.* **2.** Tomar carácter agudo una enfermedad.

agudo, da *adj.* **1.** Delgado, sutil. **2.** Se dice del corte o punta de armas, instrumentos, etc. **3.** *fig.* Sutil, perspicaz. **4.** *fig.* Se aplica al dolor vivo y muy penetrante. **5.** *fig.* Vivo, gracioso y oportuno.

agüera *s. f.* Zanja hecha para encaminar el agua de lluvia a las heredades.

agüero *s. m.* **1.** Presagio de una cosa futura. **2.** Pronóstico.

aguerrido, da *adj.* Ejercitado en la guerra.

aguerrir *v. tr.* Acostumbrar a los soldados nuevos a los peligros de la guerra. También prnl.

aguijada *s. f.* Vara larga con una punta de hierro en el extremo con la que los boyeros pican a la yunta.

aguijar *v. tr.* Picar con la aguijada u otra cosa a los bueyes, mulas, caballos, etc., para que anden aprisa.

aguijón *s. m.* Punta de la aguijada.

aguijonear *v. tr.* Aguijar, estimular.

águila *s. f.* Ave rapaz diurna, falcónida, con pico recto en la base y corto en la punta, de vista perspicaz, fuerte musculatura y vuelo muy rápido.

aguileño, ña *adj.* **1.** Se dice del rostro largo y delgado, y de la persona que lo tiene así. **2.** Perteneciente o relativo al águila.

aguilucho *s. m.* **1.** Pollo del águila. **2.** Águila bastarda.

aguín *s. m.* Arbusto conífero, de uno a dos m de altura, con ramas entrelazadas que surgen desde la base, caídas y elevadas en la punta.

aguinaldo *s. m.* Regalo que se da en Navidad o Epifanía.

aguja *s. f.* **1.** Barrita de metal, madera, hueso, etc., con un extremo que acaba en punta y el otro provisto de un ojo por donde se pasa un hilo, cuerda, etc., para coser, bordar o tejer. **2.** Cada uno de los dos rieles movedizos que en los ferrocarriles y tranvías sirven para que los vagones vayan por una vía determinada de entre dos o más que concurren en un punto. **3.** Obelisco. **4.** Pez teleósteo de hocico alargado en forma de aguja.

agujal *s. m.* Agujero que queda en las paredes al sacar las agujas de los tapiales.

agujerear *v. tr.* Hacer uno o varios agujeros en alguna cosa.

agujero *s. m.* **1.** Abertura hecha en una cosa. **2.** Alfiletero.

agujeta *s. f.* **1.** Correa o cinta con un herrete en cada extremo, que se utiliza para sujetar algunas prendas de vestir. **2.** Dolores que se sienten en los músculos después de algún ejercicio desacostumbrado o violento.

¡agur! *interj.* que se usa para despedirse.

agusanarse *v. prnl.* Criar gusanos alguna cosa.

agutí *s. m.* Animal parecido al cobayo o conejillo de Indias, propio de América Central y del Sur, que vive en regiones de bosque.

aguzanieves *s. f.* Pájaro insectívoro, de color negro, blanco y ceniciento, que vive en parajes húmedos.

aguzar *v. tr.* **1.** Hacer o sacar punta a un arma u otra cosa. **2.** *fig.* Incitar, estimular.

¡ah! *interj.* con la que se denota estados o movimientos del ánimo, en especial de sorpresa, pena, admiración, etc.

ahacado *adj.* Se dice del caballo que se parece a la jaca por la cabeza o por la alzada.

ahechar *v. tr.* Limpiar con la criba el trigo u otras semillas.

ahecho *s. m.* Acción de ahechar.

aherrojar *v. tr.* **1.** Poner a alguien grilletes de hierro. **2.** *fig.* Oprimir, subyugar.

aherrumbrar *v. tr.* **1.** Dar a una cosa color o sabor de hierro. ‖ *v. prnl.* **2.** Cubrirse de herrumbre.

ahervorarse *v. prnl.* Calentarse el trigo y otras semillas por efecto de la fermentación.

ahí *adv. l.* **1.** En ese lugar o a ese lugar. **2.** En esto o en eso.

ahijado, da *s. m. y s. f.* Cualquier persona respecto de sus padrinos.

ahijar *v. tr.* **1.** Adoptar el hijo ajeno. **2.** Acoger la oveja u otro animal el hijo ajeno para criarlo.

ahilar *v. intr.* **1.** Ir en fila. ‖ *v. prnl.* **2.** Adelgazarse por causa de enfermedad.

ahincar *v. tr.* **1.** Instar con ahínco y eficacia. ‖ *v. prnl.* **2.** Apresurarse, darse prisa.

ahínco *s. m.* Eficacia, empeño o diligencia con que se solicita una cosa o se ejecuta.

ahitar *v. tr.* **1.** Señalar los lindes de un terreno con mojones. **2.** Causar ahíto.

ahíto, ta *adj.* **1.** Se aplica al que padece alguna indigestión. **2.** *fig.* Cansado, enfadado de alguna persona o cosa.

ahocicar *v. intr.* Meter el buque la proa en el agua por llevar la carga mal estibada.

ahocinarse *v. prnl.* Correr los ríos por angosturas o quebraderas.

ahogado, da *adj.* Se dice de la persona que muere por falta de respiración, especialmente en el agua.

ahogar *v. tr.* Quitar la vida a alguien impidiéndole respirar. También prnl.

ahogo *s. m.* **1.** Opresión, fatiga en el pecho que impide respirar bien. **2.** *fig.* Aprieto, congoja o aflicción grande.

ahoguío *s. m.* Opresión y fatiga en el pecho, que impide respirar con libertad.

ahondar *v. tr.* **1.** Hacer una cosa más honda. **2.** Escudriñar lo más profundo y recóndito de un asunto. También intr.

ahonde *s. m.* Acción de ahondar.

ahora *adv. t.* En este momento, en el tiempo actual o presente.

ahorcado, da *s. m. y s. f.* Persona ajusticiada en la horca.

ahorcar *v. tr.* Quitar a alguien la vida por estrangulación, colgándolo de una cuerda pasada alrededor del cuello. También prnl.

ahormar *v. tr.* Ajustar algo a su horma.

ahornagarse *v. prnl.* Abochornarse o abrasarse la tierra y sus frutos por el excesivo calor.

ahorquillar *v. tr.* **1.** Afianzar con horquillas las ramas de los árboles para evitar que se desgajen con el peso de la fruta. **2.** Dar a una cosa la figura de horquilla.

ahorrar *v. tr.* **1.** Cercenar y reservar alguna parte del gasto ordinario. También prnl. **2.** Evitar algún trabajo, riesgo, etc.

ahorrativo, va *adj.* Se dice de aquel que ahorra de su gasto más de lo debido.

ahorro *s. m.* **1.** Acción de ahorrar. **2.** Lo que se ahorra.

ahoyar *v. intr.* Hacer hoyos.

ahuecar *v. tr.* Poner hueca o cóncava alguna cosa.

ahuevar *v. tr.* **1.** Dar limpidez a los vinos con claras de huevo. **2.** Dar forma de huevo a algo.

ahumado, da *adj.* **1.** Se dice de los cuerpos transparentes que tienen color sombrío. **2.** Se dice del alimento, especialmente pescado, que se ha sometido a la acción del humo para curarlo. || *s. m.* **3.** Acción y efecto de ahumar.

ahumar *v. tr.* **1.** Poner al humo una cosa. || *v. intr.* **2.** Echar humo. || *v. prnl.* **3.** Ennegrecerse.

ahusado, da *adj.* De figura de huso.

ahusarse *v. prnl.* Irse adelgazando alguna cosa en figura de huso.

ahuyentar *v. tr.* Hacer huir a alguien.

airado, da *adj.* Enfadado, enojado.

airar *v. tr.* Agitar, alterar violentamente.

aire *s. m.* **1.** Fluido transparente, inodoro e insípido, formado por una mezcla en cantidades diversas de oxígeno y nitrógeno principalmente, en unión de otros gases, como el argón, anhídrido carbónico, vapor de agua y corpúsculos orgánicos. **2.** *fig.* Garbo.

airear *v. tr.* Poner al aire o ventilar algo.

aireo *s. m.* Acción de airear.

airón *s. m.* **1.** Garza real. **2.** Penacho de plumas que tienen en la cabeza algunas aves. **3.** Adorno de plumas, o de cosa que procure imitarlas, en sombreros, gorras, etc., o en el tocado femenino.

airoso, sa *adj.* **1.** Se aplica al tiempo o lugar donde hace mucho aire. **2.** *fig.* Garboso, gallardo.

aislador, ra *adj.* Se aplica a los cuerpos que interceptan el paso a la electricidad y al calor. También s. m.

aislamiento *s. m.* Incomunicación, desamparo.

aislante *adj.* Se aplica a los cuerpos que interceptan el paso a la electricidad y al calor.

aislar *v. tr.* **1.** Cercar de agua por todas partes algún sitio o lugar. **2.** Dejar una cosa sola y separada de otras. También prnl.

¡ajá! *interj. fam.* que denota complacencia o aprobación.

ajada *s. f.* Salsa de pan desleído en agua, ajos machacados y sal para preparar el pescado y otras viandas.

ajado, da *adj.* Que está deteriorado, marchitado.

ajar *v. tr.* **1.** Maltratar una cosa o deslucirla. También prnl. **2.** *fig.* Tratar mal de palabra a alguien para humillarle.

ajaraca *s. f.* En la ornamentación árabe y mudéjar, lazo, adorno de líneas y florones.
ajarafe *s. m.* **1.** Terreno alto y extenso. **2.** Azotea o terrado.
ajea *s. f.* Artemisa pegajosa.
ajear *v. intr.* Repetir la perdiz su chillido típico al verse acosada.
ajedrecista *s. m. y s. f.* Persona diestra en el juego de ajedrez.
ajedrez *s. m.* Juego entre dos personas, cada una de las cuales dispone de 16 piezas movibles según ciertas reglas sobre un tablero de 64 escaques. El objeto del jugador es llegar a atacar, sin que el contrario tenga posibilidad de defensa o escape, la pieza más importante que es el rey.
ajenjo *s. m.* Planta medicinal, amarga y un poco aromática.
ajeno, na *adj.* **1.** Que pertenece a otro. **2.** *fig.* Extraño.
ajete *s. m.* **1.** Ajo tierno. **2.** Salsa con ajo.
ajetrearse *v. prnl.* Fatigarse.
ajetreo *s. m.* Acción de ajetrearse.
ají *s. m.* Variedad de pimiento muy picante.
ajimez *s. m.* Ventana arqueada u ojival, dividida en el centro por una columna.
ajipuerro *s. m.* Puerro silvestre.
ajo *s. m.* Planta cuyo bulbo se utiliza mucho como condimento.
ajobar *v. tr.* Llevar a cuestas.
ajobo *s. m.* Trabajo, molestia.
ajolín *s. m.* Insecto hemíptero, de unos ocho cm de largo, especie de chinche de color negro.
ajonjera *s. f.* Planta perenne, de raíz fusiforme, hojas puntiagudas y espinosas, y flores amarillentas.
ajorar *v. tr.* Llevar por fuerza gente o ganado de una parte a otra.
ajorca *s. f.* Especie de argolla de oro, plata u otro metal, que traían como adorno las mujeres en las muñecas, brazos o en la garganta de los pies.
ajuar *s. m.* **1.** Conjunto de muebles, enseres y ropas de uso común en la casa. **2.** Conjunto de muebles, alhajas y ropas que aporta la mujer al matrimonio.
ajustador *s. m.* Jubón que se ajusta al cuerpo.
ajustar *v. tr.* **1.** Adaptar una cosa de modo que venga justo con otra. También prnl. **2.** Conformar, acomodar una cosa a otra de forma que no haya discrepancias. **3.** Arreglar, moderar, pactar. **4.** Concertar el precio de alguna cosa.
ajuste *s. m.* Medida proporcionada de las partes de alguna cosa para el efecto de ajustar o cerrar.
ajusticiado, da *s. m. y s. f.* Reo en el que se ha ejecutado ya la pena de muerte.
ajusticiar *v. tr.* Castigar al reo con pena de muerte.
al *contracc.* de la preposición "a" y el artículo "el".
ala *s. f.* **1.** Parte del cuerpo de algunos animales, de que se sirven para volar. **2.** Tropa formada en cada uno de los extremos de un orden de batalla. **3.** Paleta de hélice.
Alá *n. p.* Nombre que dan a Dios los mahometanos y los cristianos orientales.
alabanza *s. f.* **1.** Acción de alabar o alabarse. **2.** Expresión o serie de expresiones con las que se alaba.
alabar *v. tr.* Elogiar, celebrar con palabras. También prnl.
alabarda *s. f.* Arma ofensiva, formada por un asta de madera y una moharra con cuchilla transversal, aguda por una parte y en figura de media luna por la otra.
alabardero *s. m.* **1.** Soldado armado de alabarda. **2.** Soldado especial del cuerpo de infantería que daba guardia de honor a los reyes de España, y cuya arma distintiva era la alabarda.
alabastrino, na *adj.* **1.** De alabastro. **2.** Semejante a él. ‖ *s. f.* **3.** Hoja o lámina delgada de alabastro yesoso, que por su translucidez suele usarse en las claraboyas de los templos en lugar de vidrieras.
alabastro *s. m.* Mármol translúcido, generalmente con visos de colores, formado por sulfato cálcico.
álabe *s. m.* **1.** Rama de árbol combada hacia la tierra. **2.** Estera que se pone a los lados del carro.
alabear *v. tr.* **1.** Dar a una superficie la forma alabeada. ‖ *v. prnl.* **2.** Torcerse o combarse la madera labrada.
alabeo *s. m.* Vicio que toma una tabla u otra pieza de madera al alabearse.
alacena *s. f.* Hueco hecho en la pared, con puertas y anaqueles para guardar cosas.
alacrán *s. m.* Arácnido con la parte posterior del abdomen que se prolonga en forma de cola y termina en un aguijón curvo y venenoso que clava en el cuerpo de sus presas.

alacridad *s. f.* Alegría y presteza de ánimo para hacer alguna cosa.

aladar *s. f.* Porción de cabellos que cae sobre cada una de las sienes. Se usa más en pl.

aladierna *s. f.* Arbusto perenne, de flores blancas y fruto en baya negra y jugosa cuando está madura.

alado, da *adj.* **1.** Que tiene alas. **2.** Ligero, veloz. **3.** De figura de ala. ‖ *s. f.* **4.** Movimiento que hacen las aves al subir y bajar rápidamente las alas.

aladrar *v. tr.* Arar.

aladrero *s. m.* Carpintero que labra las maderas para la entibación de las minas.

alafia *s. f., fam.* Gracia, perdón.

álaga *s. f.* Especie de trigo que produce un grano largo y amarillento.

alagar *v. tr.* Llenar de lagos o charcos. También prnl.

alajor *s. m.* Tributo que se pagaba antiguamente por los solares de edificios.

alajú *s. m.* Pasta de almendras, nueces, piñones, pan rallado y tostado, especia fina y miel bien cocida.

alalá *s. m.* Canto popular de algunas provincias del norte de España.

alamar *s. m.* Presilla y botón.

alambicado, da *adj., fig.* Dado con escasez y muy poco a poco.

alambicar *v. tr.* **1.** Destilar. **2.** *fig.* Examinar atentamente alguna cosa hasta apurar su verdadero sentido o utilidad.

alambique *s. m.* Aparato de metal, vidrio, etc., para destilar.

alambor *s. m.* **1.** Falseo de una piedra o de un madero. **2.** Escarpa o declive áspero. **3.** Variedad del naranjo.

alambrada *s. f.* Red de alambre grueso, sujeta al suelo con piquetes.

alambrar *v. tr.* Cercar un lugar o terreno con alambre.

alambre *s. m.* Hilo tirado de cualquier metal.

alambrera *s. f.* Red de alambre que se pone en las ventanas y otras partes.

alameda *s. f.* Lugar poblado de álamos.

alamín *s. m.* Juez de riegos.

álamo *s. m.* Árbol salicáceo, propio de lugares húmedos, que se eleva a bastante altura, de hojas anchas con largos pecíolos.

alampar *v. intr.* **1.** Enardecer el paladar las sustancias picantes. ‖ *v. prnl.* **2.** Sentir ansiedad grande por el logro de una cosa.

alamud *s. m.* Barra de hierro que, como pasador o cerrojo, servía para asegurar puertas o ventanas.

alancear *v. tr.* **1.** Dar lanzadas, herir con lanza. **2.** Zaherir.

alano, na *adj.* Se dice del perro de raza cruzada de dogo y lebrel.

alantoides *adj.* Se dice de una bolsa membranosa que comunica con la cavidad intestinal del embrión de los reptiles, aves y mamíferos. También s. m.

alanzar *v. tr.* Dar lanzadas.

alar *s. m.* Alero, del tejado.

alarde *s. m.* **1.** Ostentación y gala. **2.** Visita que a los presos hace el juez.

alardear *v. intr.* Hacer alarde.

alargar *v. tr.* **1.** Dar a una cosa mayor longitud. **2.** Llevar los límites más allá. **3.** Hacer que una cosa dure más tiempo. También prnl. **4.** Alcanzar algo y darlo a otro que está apartado.

alaria *s. f.* Chapa de hierro, con las dos puntas dobladas a escuadra, en sentido inverso. La utilizan los alfareros para pulir y hacer adornos.

alarido *s. m.* Grito lastimero de dolor, espanto o pena.

alarife *s. m.* Arquitecto o maestro de obras.

alarije *adj.* Se dice de una variedad de uva de color rojizo.

alarma *s. f.* **1.** Aviso o señal que se da para preparse a la defensa. **2.** Inquietud, susto causado por algún riesgo o mal.

alarmar *v. tr.* **1.** Incitar a tomar las armas. **2.** *fig.* Asustar. También prnl.

alarmista *adj.* Se dice de la persona que difunde una noticia alarmante. También s. m. y s. f.

alazán, na[1] *adj.* Se dice del color muy parecido al de la canela.

alazán, na[2] *adj.* Se dice especialmente del caballo o de la yegua que tienen el pelo alazán.

alazor *s. m.* Planta cuyas flores, de color de azafrán, se usan para teñir, y cuyas semillas se dan a las aves para cebarlas.

alba *s. f.* Primera luz del día, antes de salir el Sol.

albacara *s. f.* Torreón saliente de fortaleza antigua, con salida al campo y en la que se solía guardar ganado vacuno.

albacea *s. m. y s. f.* Persona designada por el testador o por el juez para asegurar el cumplimiento de la última voluntad del finado.
albaceazgo *s. m.* Cargo de albacea.
albahaca *s. f.* Planta anual de la familia de las labiadas, muy olorosa, de hojas pequeñas y verdes, y de flores blancas, algo purpúreas.
albalá *s. amb.* Carta o cédula real en la que se concedía o se proveía alguna cosa.
albañal *s. m.* Canal que da salida a las aguas inmundas.
albañil *s. m.* Maestro u oficial de albañilería.
albañilería *s. f.* **1.** Arte de construir edificios u obras en que se empleen piedra, ladrillo, cal, etc., según casos. **2.** Obra de albañilería.
albar *adj.* **1.** Blanco. Se aplica sólo a algunas cosas. ‖ *s. m.* **2.** Terreno de secano y especialmente tierra blanquizca en altos y lomas.
albarán *s. m.* Recibo que firma el destinatario de una mercancía cuando la recibe.
albarazo *s. m.* Especie de lepra o herpes.
albarda *s. f.* Pieza principal del aparejo de las caballerías de carga.
albardela *s. f.* Albardilla, silla para domar potros.
albardilla *s. f.* **1.** Silla para domar potros. **2.** Lana muy tupida que las reses lanares crían a veces en el lomo.
albaricoque *s. m.* Fruto del albaricoquero, de sabor agradable y con hueso liso de almendra amarga.
albaricoquero *s. m.* Árbol rosáceo, de hojas brillantes y acorazonadas, flores grandes de corola blanca y cáliz rojo, cuyo fruto es el albaricoque.
albarillo *s. m.* Especie de tañido o son en compás muy acelerado, que se tocaba en la guitarra, para bailar y acompañar jácaras y romances.
albariza *s. f.* Laguna salobre.
albarrada *s. f.* **1.** Pared de piedra seca. **2.** Parata sostenida por una pared de esa clase.
albarsa *s. f.* Canasta en que lleva el pescador su ropa y los utensilios de oficio.
albatoza *s. f.* Especie de embarcación pequeña y cubierta.
albayalde *s. m.* Carbonato básico de plomo, de color blanco, empleado en la pintura.
albazano, na *adj.* De color castaño oscuro. Se aplica comúnmente a los caballos y yeguas.
albear *v. intr.* Blanquear.
albedrío *s. m.* Potestad de elegir.
albenda *s. f.* Colgadura antigua de lienzo blanco con encajes, cuyas labores representaban figuras de flores y animales.
albengala *s. f.* Tejido muy fino usado por los moros en España para adornar sus turbantes.
albéntola *s. f.* Especie de red de hilo muy fino para pescar peces pequeños.
alberca *s. f.* Depósito artificial de agua.
alberchiguero *s. m.* Variedad del melocotonero.
albérchigo *s. m.* **1.** Fruto del alberchiguero. **2.** En algunas partes albaricoque.
albergar *v. tr.* Dar hospedaje.
albergue *s. m.* Sitio donde una persona encuentra hospedaje o resguardo.
albillo, lla *adj.* Se dice de una uva de hollejo tierno y muy buen sabor, y del vino que se hace con ella.
albino, na *adj.* Se dice de los seres vivos con la piel, el pelo, el iris, etc., más o menos blancos.
albita *s. f.* Feldespato blanco formado por silicato de alúmina y sosa.
albitana *s. f.* Cerca con que los jardineros resguardan las plantas.
albo, ba *adj.* Blanco.
albogue *s. m.* Instrumento musical pastoril de viento compuesto por dos cañas.
albohol *s. m.* Correhuela, planta.
albóndiga *s. f.* Cada una de las bolas que se hacen de carne o pescado picado muy menudo.
albor *s. m.* **1.** Luz del alba. Se usa más en pl. **2.** *fig.* Comienzo o principio de una cosa. **3.** *fig.* Infancia o juventud.
alborada *s. f.* Tiempo de amanecer.
alborear *v. intr.* Amanecer o rayar el día.
alborga *s. f.* Calzado rústico, que se hace a manera de alpargata.
albornoz *s. m.* **1.** Tela hecha con estambre muy torcido y fuerte. **2.** Especie de capa o capote con capucha.
alboroque *s. m.* Agasajo que hacen el comprador o el vendedor, o ambos, a los que intervienen en la venta.
alborotar *v. tr.* **1.** Inquietar, alterar. También prnl. *v. intr.* **2.** Causar alboroto.
alboroto *s. m.* **1.** Vocerío. **2.** Desorden, tumulto.
alborozar *v. tr.* Causar un regocijo, placer o alegría extraordinarios. También prnl.
alborozo *s. m.* Extraordinario regocijo o alegría.
albriciar *v. tr.* Dar una noticia agradable.

albricias *s. f. pl.* Regalo que se da a la persona que trae la primera noticia de una buena nueva.

albufera *s. f.* Laguna formada en las playas bajas por el agua del mar. Su boca está cerrada por un banco de arena.

albugo *s. m.* Mancha blanca de la córnea o de las uñas.

álbum *s. m.* Libro en blanco para escribir en él poesías, piezas de música, etc., o coleccionar fotografías, grabados, etc.

albumen *s. m.* Tejido que en algunas semillas rodea el embrión y que está destinado a servirle de primer alimento.

albúmina *s. f.* Cualquiera de las numerosas sustancias orgánicas nitrogenadas que forman principalmente la clara del huevo.

albuminar *v. tr.* Preparar con albúmina los papeles o placas para la fotografía.

albur[1] *s. m.* Pez teleósteo de río.

albur[2] *s. m.* Contingencia a que se fía el resultado de un cometido o empresa.

albura *s. f.* Blancura perfecta.

alcabala *s. f.* Tributo que el vendedor pagaba al fisco con el contrato de compraventa y ambos contratantes en el de permuta.

alcacer *s. m.* Cebada verde y en hierba.

alcachofa *s. f.* Planta hortense con cabezuelas que forman una especie de piña y son en parte comestibles.

alcahaz *s. m.* Jaula grande para encerrar aves.

alcahazar *v. tr.* Encerrar o guardar aves en el alcahaz.

alcahuete, ta *s. m. y s. f.* **1.** Persona que procura, encubre o facilita un amor ilícito. **2.** Persona que sirve para encubrir lo que se desea ocultar.

alcaicería *s. f.* Lugar en que se vende la seda cruda o en rama, u otras mercaderías.

alcaide *s. m.* Persona que tenía a su cargo la guardia y defensa de una fortaleza.

alcaldada *s. f.* Acción imprudente e inconsiderada que ejecuta un alcalde o cualquier otra persona abusando de su autoridad.

alcalde, desa *s. m. y s. f.* Persona que preside el ayuntamiento de cada municipio.

alcaldía *s. f.* **1.** Oficio o cargo de alcalde. **2.** Territorio de su jurisdicción.

álcali *s. m.* Nombre dado a los óxidos metálicos que por su gran solubilidad en el agua pueden actuar como bases energéticas.

alcalimetría *s. f.* Procedimiento por el que se determina la cantidad de álcali que contiene una sustancia.

alcalímetro *s. m.* Instrumento usado en la alcalimetría.

alcalino, na *adj.* De álcali.

alcalización *s. f.* Acción y efecto de alcalizar.

alcallería *s. f.* Conjunto de vasijas de barro.

alcaloide *s. m.* Cualquiera de las sustancias nitrogenadas, de propiedades alcalinas o básicas que existen naturalmente en células vegetales, casi siempre combinados con ácidos orgánicos.

alcance *s. m.* **1.** Seguimiento, persecución. **2.** Distancia a que llega el brazo de una persona. **3.** *fig.* Capacidad o talento. Se usa más en pl.

alcancía *s. f.* Vasija cerrada, con una hendidura por donde se echan las monedas para guardarlas.

alcándara *s. f.* Percha o varal en la que se ponían las aves de cetrería o donde se colgaba la ropa.

alcandora *s. f.* Hoguera que se utilizaba para hacer señales con el humo de su llama.

alcanfor *s. m.* Sustancia blanca, sólida, cristalina, volátil, de sabor ardiente y olor característico.

alcanforero *s. m.* Árbol lauráceo, de hojas alternas y coriáceas, flores pequeñas y blancas, y fruto en baya negra. De sus raíces y ramas se extrae el alcanfor.

alcantarilla *s. f.* Acueducto subterráneo o sumidero.

alcantarillado *s. m.* Conjunto de alcantarillas.

alcantarillar *v. tr.* Hacer alcantarillas.

alcanzadura *s. f.* Contusión o herida que se hacen las caballerías en el pulpejo o algo más arriba de las manos.

alcanzar *v. tr.* **1.** Llegar a juntarse con una persona o cosa que va delante. **2.** *fig.* Llegar a tocar algo con la mano.

alcaparra *s. f.* Mata ramosa, de tallos tendidos y espinosos, hojas alternas y flores axilares.

alcaparrón *s. m.* Fruto de la alcaparra, que es una baya carnosa parecida en la forma a un higo pequeño.

alcaraván *s. m.* Ave zancuda, de cuello muy largo y cola pequeña, de alas blancas y negras, y cuerpo rojo.

alcaravea *s. f.* Planta umbelífera, de flores blancas, cuyas semillas tienen propiedades estomacales y sirven para condimento.

alcarraza *s. f.* Vasija de arcilla porosa poco cocida, que deja rezumar cierta cantidad de agua, cuya evaporación enfría la de dentro.

alcarria *s. f.* Terreno alto y, por lo común, raso y de poca hierba.

alcatifa *s. f.* Tapete o alfombra fina.

alcatraz *s. m.* Pelícano americano.

alcaucil *s. m.* Alcachofa silvestre.

alcaudón *s. m.* Pájaro dentirrostro, carnívoro, de alas y cola negras, manchadas de blanco, que se usó como ave de cetrería.

alcayata *s. f.* Escarpia de hierro.

alcazaba *s. f.* Recinto fortificado.

alcázar *s. m.* **1.** Fortaleza. **2.** Palacio real.

alce *s. m.* Anta, rumiante parecido al ciervo.

alción *s. m.* Antozoo del grupo de los celentéreos alcionarios, de pólipos carnosos en forma digitada.

alcista *s. m. y s. f.* **1.** Persona que juega al alza en la bolsa. ‖ *adj.* **2.** Perteneciente o relativo al alza de los valores en la bolsa.

alcoba *s. f.* Aposento para dormir.

alcocarra *s. f.* Gesto, coco, mueca.

alcohol *s. m.* Líquido incoloro, diáfano, inflamable y de olor fuerte, que arde con llama azulada.

alcoholar *v. tr.* Obtener alcohol de una sustancia por destilación.

alcohólico, ca *adj.* **1.** Que contiene alcohol. **2.** Referente al alcohol o producido por él. **3.** Alcoholizado.

alcoholímetro *s. m.* Areómetro que sirve para medir la cantidad de alcohol existente en un líquido.

alcoholismo *s. m.* Enfermedad ocasionada por abuso de bebidas alcohólicas.

alcoholizado, da *adj.* Se dice del que por abusar de las bebidas alcohólicas padece los efectos de la saturación del organismo por alcohol.

alcoholizar *v. tr.* **1.** Echar alcohol en otro líquido. **2.** Alcoholar.

alconcilla *s. f.* Color arrebol utilizado como afeite.

alcorcí *s. m.* Especie de joyel.

alcornoque *s. m.* Árbol cupulífero, de hoja persistente y madera muy dura, cuya corteza, gruesa y fofa, constituye el corcho.

alcorque *s. m.* Chanclo con suela de corcho.

alcorza *s. f.* Pasta muy blanca de azúcar y almidón, con la cual se suelen cubrir diversas clases de dulces y se hacen variadas figurillas.

alcotán *s. m.* Ave rapaz diurna, semejante al halcón.

alcotana *s. f.* Herramienta de albañilería.

alcucero, ra *adj.* **1.** Golososo. ‖ *s. m. y s. f.* **2.** Persona que hace o vende alcuzas.

alcurnia *s. f.* Linaje, ascendencia.

alcuza *s. f.* Vasija para contener aceite.

alcuzcuz *s. m.* Pasta de harina y miel.

aldaba *s. f.* Pieza de hierro o bronce que se pone en las puertas para llamar o cerrar.

aldabía *s. f.* Cada uno de los maderos que sostienen la armazón de un tabique colgado.

aldea *s. f.* Pueblo de poco vecindario y sin jurisdicción propia.

aldeano, na *adj.* Natural de una aldea. También s. m. y s. f.

aldehído *s. m.* Nombre genérico de los cuerpos resultantes de la deshidrogenación de un alcohol primario.

aleación *s. f.* Producto homogéneo, de propiedades metálicas, compuesto de dos o más elementos, uno de los cuales, al menos, debe ser un metal.

alear[1] *v. tr.* **1.** Mover las alas. **2.** Mover los brazos a modo de alas.

alear[2] *v. tr.* Mezclar dos o más metales, fundiéndolos.

aleatorio, ria *adj.* Dependiente de algún suceso eventual.

alebrarse *v. prnl.* Echarse en el suelo pegándose a él como las liebres.

aleccionar *v. tr.* Dar lecciones enseñar.

aledaño, ña *adj.* Lindante.

alegación *s. f.* **1.** Acción de alegar. **2.** Alegato.

alegar *v. tr.* Citar algo que sirve de prueba o abona una pretensión.

alegato *s. m.* Escrito en que el abogado expone los fundamentos de su defensa.

alegoría *s. f.* Figura que traduce una idea a imagen poética, de manera que haya correspondencia entre los elementos del término real y los de la imagen.

alegórico, ca *adj.* Perteneciente o relativo a la alegoría.

alegorizar *v. tr.* Interpretar o dar sentido alegórico a alguna cosa.

alegrar *v. tr.* **1.** Causar alegría. **2.** *fig.* Avivar, hermosear. **3.** *fig.* Avivar la luz o el fuego. ‖ *v. prnl.* **4.** Recibir o sentir alegría.

alegre *adj.* **1.** Que siente alegría. **2.** De colores vivos.
alegreto *adv. m.* Con movimiento menos vivo que el alegro.
alegría *s. f.* Movimiento del ánimo grato y vivo, originado generalmente por una viva satisfacción del alma.
alegro *adv. m.* Con movimiento moderadamente vivo.
alelar *v. tr.* Poner lelo. También prnl.
aleluya *s. m.* Canto religioso de júbilo, especialmente en tiempo de Pascua.
alema *s. f.* Porción de agua de regadío que se reparte por turnos.
alentada *s. f.* Respiración ininterrumpida.
alentado, da *adj.* Animoso, valiente.
alentador, ra *adj.* Que infunde aliento, ánimo.
alentar *v. intr.* **1.** Respirar. ‖ *v. tr.* **2.** Infundir aliento, dar vigor. También prnl.
alepín *s. m.* Tela muy fina de lana.
alerce *s. m.* Árbol conífero, muy alto, de tronco derecho y alisado, ramas abiertas y hojas blandas, cuyo fruto es una piña menor que la del pino.
alergia *s. f.* **1.** Conjunto de fenómenos respiratorios, nerviosos o eruptivos, producidos por la absorción de ciertas sustancias que dan al organismo una sensibilidad especial ante una nueva acción de tales sustancias, aun en mínimas cantidades. **2.** Por ext., sensibilidad extremada y contraria respecto a ciertos temas, personas o cosas.
alérgico, ca *adj.* Perteneciente o relativo a la alergia.
alero *s. m.* Parte inferior del tejado, que sobresale de la pared.
alerta *adv. m.* Con vigilancia.
alesnado, da *adj.* Puntiagudo, a manera de lezna o punta.
aleta *s. f.* Membranas externas a manera de alas que tienen los peces.
aletargar *v. tr.* Causar letargo.
aletazo *s. m.* Golpe de ala o de aleta.
aletear *v. intr.* Mover frecuentemente las alas sin empezar el vuelo.
aleteo *s. m.* **1.** Acción de aletear. **2.** Acción de palpitar acelerada y violentamente el corazón.
aleurona *s. f.* Sustancia existente en algunas semillas.
aleve *s. m.* Alevoso.
alevosía *s. f.* Traición, perfidia.
alevoso, sa *adj.* Se dice del que comete alevosía. También s. m. y s. f.
alfa *s. f.* Primera letra del alfabeto griego, correspondiente a la "a" de nuestro abecedario.
alfabético, ca *adj.* Perteneciente o relativo al alfabeto.
alfabeto *s. m.* **1.** Alfabeto. **2.** Conjunto de los símbolos empleados en un sistema de comunicación.
alfaguara *s. f.* Manantial copioso que surge con violencia.
alfalfa *s. f.* Mielga común que se cultiva para forraje.
alfalfar *s. m.* Tierra sembrada de alfalfa.
alfaneque *s. m.* Ave rapaz de plumaje oscuro, con la cola en listas de gris claro.
alfanje *s. m.* Sable corto, corvo y con filo solamente por un lado.
alfaque *s. m.* Banco de arena en las desembocaduras de los ríos. Se usa más en pl.
alfaquí *s. m.* Doctor o sabio de la ley entre los musulmanes.
alfar *s. m.* **1.** Alfarería. **2.** Arcilla.
alfaraz *s. m.* Caballo que usaban los árabes para las tropas ligeras.
alfarda[1] *s. f.* Cierta contribución que pagaban los moros y judíos en los reinos cristianos.
alfarda[2] *s. f.* Par de una armadura.
alfardilla[1] *s. f.* Cantidad corta que se paga, además de la alfarda, por la limpieza de las acequias menores.
alfardilla[2] *s. f.* Galón o trencilla de hilo de oro o plata.
alfardón *s. m.* **1.** Arandela, anillo metálico. **2.** Azulejo alargado, hexagonal, cuya parte central es un rectángulo.
alfareme *s. m.* Toca semejante al almaizar, usada por los árabes.
alfarería *s. f.* Arte de fabricar vasijas de barro.
alfarero, ra *s. m. y s. f.* Persona que fabrica vasijas de barro.
alfargo *s. m.* Viga del molino de aceite utilizada para exprimir las aceitunas.
alfarje *s. m.* **1.** Piedra inferior del molino de aceite. **2.** Pieza o sitio donde está el alfarje.
alfarjía *s. f.* Madero de sierra que se emplea para cercos de puertas y ventanas.

alfazaque *s. m.* Insecto coleóptero, parecido al escarabajo común, de color negro, con visos azulados, antenas cortas y élitros estriados. Abunda en España.

alféizar *s. m.* Vuelta que hace una pared en el corte o vuelta de una puerta o ventana.

alfeñique *s. m.* Pasta de azúcar, cocida y estirada en barras delgadas y retorcidas.

alferecía *s. f.* Enfermedad de la infancia, caracterizada por convulsiones y pérdida del conocimiento.

alférez *s. m.* Oficial del Ejército en el grado y empleo inferior de la carrera.

alfil *s. m.* Pieza del ajedrez que se mueve diagonalmente.

alfiler *s. m.* Clavillo de metal muy fino, con punta en uno de sus extremos, que sirve para prender alguna parte de los vestidos, tocados y otros adornos personales.

alfiletero *s. m.* Cañuto para alfileres y agujas.

alfolí *s. m.* **1.** Granero. **2.** Almacén de sal.

alfombra *s. f.* Tejido de lana u otras materias, con diversos dibujos y colores, con que se cubre el piso de las habitaciones, escaleras, etc.

alfombrar *v. tr.* Cubrir el suelo con alfombra.

alfombrilla *s. f.* Erupción cutánea parecida al sarampión, del que se distingue por la ausencia de síntomas catarrales.

alfóncigo *s. m.* Árbol anacardiáceo, de hojas compuestas y color verde oscuro.

alforfón *s. m.* Planta poligonácea, con tallos nudosos, hojas grandes y acorazonadas, y fruto negruzco del que se hace pan.

alforja *s. f.* Especie de talega, abierta por el centro y cerrada por los extremos, formando dos bolsas grandes, donde se pone lo que se quiere trasladar.

alforza *s. f.* Parte del vestido que se pliega en la parte inferior de una ropa talar.

alfoz *s. amb.* **1.** Arrabal, término de algún distrito, o que depende de él. **2.** Distrito con diferentes pueblos, que forman una jurisdicción sola.

alga *s. f.* Planta talofita, unicelular o pluricelular, con tallos de figura de cintas filamentosas.

algaba *s. f.* Bosque, selva.

algaida *s. f.* Sitio o bosque lleno de matorrales.

algalia *s. f.* Sonda para las operaciones de vejiga.

algara *s. f.* Tropa a caballo que hacía irrupciones para robar, etc., en el campo enemigo.

algarabía *s. f.* **1.** Lengua árabe. **2.** Griterío de varias personas que hablan a un tiempo.

algarada[1] *s. f.* Vocería grande causada por algún tropel de gente.

algarada[2] *s. f.* Máquina de guerra.

algarrada[1] *s. f.* Máquina de guerra usada en lo antiguo para disparar piedras.

algarrada[2] *s. f.* Fiesta en la que se echa al campo un toro para correrlo con vara larga.

algarroba *s. f.* Fruto del algarrobo, que es una vaina azucarada y comestible.

algarrobo *s. m.* Árbol leguminoso, propio de regiones templadas, de hojas persistentes, cuyo fruto es una vaina azucarada, denominada algarroba.

algazara *s. f.* Vocerío de una tropa, sobre todo morisca, al atacar al enemigo.

algazul *s. m.* Planta ficoidea, de hojas crasas y verde amarillentas.

álgebra *s. f.* Parte de las matemáticas que trata de la cantidad considerada en general, valiéndose para representarla de letras u otros símbolos.

algente *adj., poét.* De temperatura fría.

algidez *s. f.* Frialdad glacial.

álgido, da *adj.* Acompañado de frío glacial.

algo *pron. indef.* **1.** Expresa una cosa que no se quiere o no se puede nombrar. **2.** Cantidad indeterminada. ‖ *adv. c.* **3.** Un poco, no completamente o del todo, hasta cierto punto.

algodón *s. m.* Planta vivaz, con tallos verdes al principio y rojos al tiempo de florecer. Su fruto es una cápsula con semillas envueltas en una borra muy blanca y larga.

algodonero, ra *s. m. y s. f.* Persona que trata con algodón.

algorfa *s. f.* Sobrado, cámara alta para guardar el grano.

algorín *s. m.* Cada uno de los departamentos del molino de aceite en el que se deposita por separado la aceituna de cada uno de los cosecheros.

algoritmia *s. f.* Ciencia del cálculo aritmético y algebraico; teoría de los números.

algoritmo *s. m.* Método y notación en las diversas formas del cálculo.

alguacil *s. m.* Oficial inferior de justicia que ejecuta las órdenes del tribunal.

alguien *pron. indef.* Persona indeterminada.

algún *adj. indef.* Apócope de alguno.

alguno, na *adj.* Se aplica indeterminadamente a una persona o cosa con respecto a varias o muchas.

alhaja *s. f.* Joya, pieza de oro o plata.

alhajar *v. tr.* **1.** Adornar con alhajas. **2.** Amueblar.

alharaca *s. f.* Demostración extraordinaria con que por ligero motivo se manifiesta la vehemencia de algún afecto. Se usa más en pl.

alharma *s. f.* Planta rutácea, de hojas laciniadas y flores blancas, muy olorosas.

alhelí *s. m.* Planta crucífera, de flores sencillas o dobles, de varios colores y olor agradable.

alheña *s. f.* Arbusto oleáceo, de flores pequeñas y olorosas, cuyas hojas reducidas a polvo se usan para teñir.

alhóndiga *s. f.* Local público destinado para la venta, compra y depósito de granos y otros comestibles.

alhumajo *s. m.* Hojas de los pinos.

aliáceo, a *adj.* Perteneciente o relativo al ajo o que tiene su olor o sabor.

aliado, da *adj.* Se dice de la persona con quien uno se ha unido y coligado. También s. m. y s. f.

alianza *s. f.* **1.** Acción de aliarse dos o más naciones, gobiernos o personas. **2.** Pacto o convención. **3.** Conexión o parentesco contraído por casamiento. **4.** Anillo de esponsales.

aliarse *v. prnl.* **1.** Unirse o coligarse los príncipes o Estados para defenderse del peligro común o para atacar. **2.** Unirse o coligarse con otro.

alias *adv. m.* De otro modo, por otro nombre.

alible *adj.* Capaz de nutrir o alimentar.

alicaído, da *adj.* **1.** Caído de alas. **2.** Débil, falto de fuerzas por edad o indisposición.

alicantina *s. f., fam.* Treta, astucia con la que se procura engañar.

alicatado *s. m.* Obra de azulejos, generalmente de estilo árabe.

alicates *s. m. pl.* Tenacillas de acero con brazos encorvados y puntas cuadrangulares, que sirven para coger objetos menudos, torcer alambres, etc.

aliciente *s. m.* Atractivo o incentivo.

alícuota *adj.* Se dice de cada una de las partes iguales de un todo.

alidada *s. f.* Regla para dirigir visuales, propia de algunos instrumentos de topografía.

alienado, da *adj.* **1.** Loco, demente. **2.** Que no toma conciencia de su realidad y vive supeditado a una serie de normas y relaciones sociales, que le imponen otros para preservar sus intereses, considerándolas como normales.

alienista *adj.* Se dice del médico especialista en enfermedades mentales. También s. m. y s. f.

aliento *s. m.* Respiración.

alifafe *s. m., fam.* Achaque leve.

aligación *s. f.* Ligazón, trabazón.

aligerar *v. tr.* **1.** Hacer ligero o menos pesado algo. También prnl. **2.** Abreviar, acelerar.

alígero, ra *adj.* **1.** Alado, que tiene alas. **2.** *fig. y poét.* Rápido, veloz.

alijar[1] *v. tr.* **1.** Descargar parcial o totalmente una embarcación. **2.** Separar la borra del algodón de sus semillas.

alijar[2] *s. m.* Terreno inculto.

alijo *s. m.* Conjunto de géneros de contrabando.

alimaña *s. f.* Animal peligroso para la caza menor.

alimentación *s. f.* **1.** Acción y efecto de alimentar o alimentarse. **2.** Conjunto de lo que se toma o se proporciona como alimento.

alimentar *v. tr.* Dar alimento. También prnl.

alimenticio, cia *adj.* **1.** Que alimenta o tiene la propiedad de alimentar. **2.** Referente a los alimentos o a la alimentación.

alimento *s. m.* La comida y bebida que el ser humano y los animales toman para subsistir.

alindar *v. tr.* **1.** Señalar los lindes. ‖ *v. intr.* **2.** Lindar.

alineación *s. f.* Acción y efecto de alinear o alinearse.

alinear *v. tr.* Poner en línea recta. También prnl.

aliñar *v. tr.* Aderezar, componer, adornar.

alioli *s. m.* Salsa hecha de ajos machacados y aceite.

aliquebrar *v. tr.* Quebrar las alas. También prnl.

alisar[1] *s. m.* Sitio poblado de alisos.

alisar[2] *v. tr.* Poner lisa alguna cosa. También prnl.

alisios *adj. pl.* Se dice de los vientos fijos de la zona tórrida que soplan con inclinación al noreste o sureste, según el hemisferio en que dominan.

alisma *s. f.* Planta perenne alismatácea, que crece en terrenos pantanosos, con hojas acorazonadas, ovales o lanceoladas; sus flores son blanquecinas, el fruto, seco, y la semilla sin albumen.

aliso *s. m.* Árbol betuláceo propio de los terrenos húmedos, de tronco limpio y rollizo, corteza pardusca, copa redonda y bien poblada, flores blancas en corimbos colgantes y frutos comprimidos, pequeños y rojizos. Su madera se emplea en la construcción de instrumentos de música y otros muchos objetos.

alistar *v. tr.* **1.** Poner en lista. También prnl. ‖ *v. prnl.* **2.** Inscribirse como soldado.

aliteración *s. f.* Repetición del mismo o de los mismos sonidos, sobre todo consonánticos, en una frase.

aliviadero *s. m.* Vertedero de aguas sobrantes embalsadas o canalizadas.

aliviar *v. tr.* Aligerar, hacer menos pesado.

alivio *s. m.* Acción y efecto de aliviar o aliviarse.

alizar *s. m.* Cinta o friso de azulejos de diferentes labores en la parte inferior de los aposentos.

aljaba *s. f.* Caja portátil para flechas o saetas.

aljama[1] *s. f.* **1.** Junta de moros y judíos. **2.** Morería, judería. **3.** Sinagoga.

aljama[2] *s. f.* Mezquita.

aljamía *s. f.* Nombre que daban los moros a la lengua castellana.

aljamiado, da *adj.* Escrito en aljamía.

aljez *s. m.* Mineral de yeso.

aljibe *s. m.* **1.** Cisterna. **2.** Barco en cuya bodega se lleva el agua a las embarcaciones.

aljibero *s. m.* Persona que cuida de los aljibes.

aljófar *s. m.* Perla pequeña de figura irregular.

aljofifa *s. f.* Pedazo de paño basto de lana para fregar el suelo.

aljuba *s. f.* Vestidura morisca, especie de gabán, con mangas cortas que usaron también los cristianos españoles.

allá *adv. l.* **1.** Indica lugar alejado del que habla. ‖ *adv. t.* **2.** Denota tiempo pasado o futuro.

allanamiento *s. m.* Acto de conformación con una demanda o decisión.

allanar *v. tr.* **1.** Poner llana o igual la superficie de un terreno, suelo o cualquier cosa. También prnl. e intr. **2.** *fig.* Pacificar, aquietar.

allegado, da *adj.* **1.** Cercano, próximo. **2.** Pariente. También s. m. y s. f.

allegar *v. tr.* Recoger, juntar.

allende *adv. l.* **1.** De la parte de allá. ‖ *adv. c.* **2.** Además.

allí *adv. l.* **1.** En aquel lugar. ‖ *adv. t.* **2.** Entonces, en tal ocasión.

allozo *s. m.* Almendro silvestre.

alma *s. f.* Sustancia espiritual e inmortal que, con el cuerpo, constituye la esencia del ser humano.

almacén *s. m.* **1.** Edificio donde se guardan géneros. **2.** Local en el que se vende al por mayor.

almacenaje *s. m.* Derecho que se paga por guardar las cosas en un almacén.

almacenista *s. m. y s. f.* **1.** Dueño de un almacén. **2.** Persona que despacha los géneros que en él se venden.

almáciga[1] *s. f.* Resina amarillenta y aromática que se extrae de una variedad de lentisco.

almáciga[2] *s. f.* Lugar donde se siembran las semillas de las plantas para transplantarlas después a otro sitio.

almádena *s. f.* Mazo de hierro de mango largo, para romper piedras.

almadía *s. f.* **1.** Especie de canoa usada en la India. **2.** Armadía, conjunto de maderos unidos para conducirlos flotando.

almadraba *s. f.* Red o cerco de redes con que se pescan los atunes.

almadreña *s. f.* Calzado de madera de una pieza.

almagesto *s. m.* Libro antiguo de astronomía.

almagral *s. m.* Terreno en que abunda almagre, óxido de hierro.

almagre *s. m.* Óxido rojo de hierro, abundante en la naturaleza.

almajara *s. f.* Terreno abonado con estiércol para que germinen las semillas rápidamente.

almanaque *s. m.* Registro de todos los días del año, con indicaciones astronómicas, meteorológicas, etc.

almarada *s. f.* Puñal agudo de tres aristas y sin corte.

almarbatar *v. tr.* Ensamblar dos piezas de madera.

almarcha *s. f.* Población situada en vega o tierra baja.

almarjal *s. m.* Terreno poblado de almarjos.

almarjo *s. m.* Cualquiera de las plantas que dan barrilla.

almarraja *s. f.* Vasija de vidrio que servía para rociar o regar.

almártaga *s. f.* Especie de cabezada que se ponía a los caballos sobre el freno para tenerlos asidos cuando los jinetes se apeaban.

almartigón *s. m.* Almártaga tosca que sirve para atar las caballerías al pesebre.

almatroque *s. m.* Red parecida al sabogal, usada antiguamente.
almazara *s. f.* Molino de aceite.
almea *s. f.* **1.** Azúmbar, planta. **2.** Corteza del estoraque después de haberse sacado la resina.
almeja *s. f.* Nombre que se da a varios moluscos lamelibranquios de carne comestible.
almejía *s. f.* Manto pequeño de tela basta, que entre los moros usaba la gente del pueblo.
almena *s. f.* Cada uno de los prismas que coronan los muros de las antiguas fortalezas.
almenar[1] *s. m.* Pie de hierro rematado en arandela erizada de púas donde se clavaban teas.
almenar[2] *v. tr.* Guarnecer o coronar con almenas un edificio.
almenara *s. f.* **1.** Fuego que se hace en las atalayas o torres en la costa o tierra adentro para dar avisos diversos. **2.** Candelero sobre el que se ponían candiles de mechas para alumbrar todo el aposento.
almendra *s. f.* Fruto del almendro.
almendrada *s. f.* Bebida compuesta de leche de almendras y azúcar.
almendral *s. m.* Sitio poblado de almendros.
almendro *s. m.* Árbol rosáceo, de madera dura y hojas aserradas, flores blancas o rosadas, cuyo fruto es la almendra.
almendruco *s. m.* Fruto del almendro, con el mesocarpio todavía verde, el endocarpio aún blando y la semilla a medio cuajarse.
almete *s. m.* Pieza de la armadura antigua, que cubría la cabeza.
almez *s. m.* Árbol ulmáceo, de copa ancha, hojas lanceoladas y dentadas de color verde oscuro, flores solitarias, cuyo fruto es la almeza.
almeza *s. f.* Fruto del almez.
almiar *s. m.* Pajar al descubierto, con un palo largo en el centro, alrededor del cual se va apretando la mies, la paja o el heno.
almíbar *s. m.* Azúcar disuelto en agua y cocido al fuego hasta que tome consistencia de jarabe.
almibarado, da *adj.* Meloso, excesivamente halagüeño y dulce.
almibarar *v. tr.* **1.** Cubrir con almíbar. **2.** *fig.* Suavizar con arte y dulzura las palabras.
almicantarat *s. f.* Cualquiera de los círculos de la esfera paralelos al horizonte, mediante los que se determina la altura o depresión de los astros.
almidón *s. m.* Fécula, especialmente la de las semillas de los cereales; es una sustancia hidrocarbonada, blanca, inodora, insípida y granular.
almidonar *v. tr.* Mojar la ropa blanca en almidón desleído en agua, y a veces cocido.
almilla *s. f.* Especie de jubón con mangas o sin ellas, ajustado al cuerpo.
almimbar *s. m.* Púlpito de las mezquitas.
alminar *s. m.* Torre de las mezquitas, por lo común elevada y poco gruesa.
almirantazgo *s. m.* Alto tribunal o consejo de la Armada.
almirante *s. m.* El que tiene el cargo superior de la Armada, equivalente al de Teniente General en el Ejército de Tierra.
almirez *s. m.* Mortero de metal, pequeño y portátil.
almizcate *s. m.* Patio entre dos fincas urbanas, para el uso común de paso, luz y agua.
almizclar *v. tr.* Aderezar con almizcle.
almizcle *s. m.* Sustancia olorífera formada de grumos secos y fáciles de aplastar, de sabor amargo, color pardo rojizo y untuosa al tacto.
almizcleño, ña *adj.* Que huele a almizcle.
almocadén *s. m.* En la antigua milicia, caudillo o capitán de tropa de a pie.
almocafre *s. m.* Instrumento que sirve para escardar y limpiar la tierra de malas hierbas, y para transplantar plantas pequeñas.
almodrote *s. m.* **1.** Salsa compuesta de aceite, ajo, queso y otras cosas parecidas, con la cual se sazonan las berenjenas. **2.** *fig. y fam.* Mezcla confusa de varias cosas o especies.
almófar *s. m.* Parte de la armadura, especie de cofia o malla, sobre la que se ponía el capacete.
almogávar *s. m.* En la milicia antigua, soldado de una tropa escogida y muy diestro en la guerra, que se empleaba en hacer entradas y correrías en las tierras de los enemigos
almohada *s. f.* Colchoncillo para reclinar la cabeza en la cama o para sentarse.
almohadilla *s. f.* Cojín sobre el que cosen las mujeres y que suele estar unido a la tapa de una cajita en que se guardan los avíos de coser.
almohadón *s. m.* Colchoncillo a manera de almohada utilizado para recostarse, sentarse o apoyar los pies en él.
almohaza *s. f.* Instrumento hecho de una chapa de hierro con cuatro o cinco serrezuelas de

dientes menudos y romos, y de un mango de madera, que sirve para limpiar las caballerías.

almojarifazgo *s. m.* Derecho que se pagaba por las mercaderías que se introducían en España, o de ella salían, o por aquellas con que se comerciaba de un puerto a otro del reino.

almojarife *s. m.* Ministro real que recaudaba las rentas y derechos del rey, y guardaba el producto de ellos como tesoro real.

almona *s. f.* Pesquería o sitio donde se pescan sábalos.

almoneda *s. f.* Venta pública de bienes muebles con licitación y puja.

almorejo *s. m.* Planta gramínea, que crece en los campos cultivados; tiene flores en espiga, algo separadas y cubiertas de pelos.

almorrana *s. f.* Tumorcillo sanguíneo que se forma en la parte exterior del ano o en la extremidad del intestino recto.

almorta *s. f.* Planta papilionácea con tallo herboso y ramoso, su fruto es comestible con cuatro semillas en forma de muela.

almorzada *s. f.* Porción de cualquier cosa suelta, que cabe en el hueco que se forma con las manos juntas.

almorzar *v. intr.* **1.** Tomar el almuerzo. ‖ *v. tr.* **2.** Comer en el almuerzo una cosa u otra.

almotacén *s. m.* Persona encargada oficialmente de contrastar las pesas y medidas.

almud *s. m.* Medida de áridos.

almuédano *s. m.* Musulmán que desde el alminar convoca en voz alta al pueblo para que acuda a la oración.

almuerzo *s. m.* Comida que se toma por la mañana, o durante el día, antes de la principal.

almunia *s. f.* Huerto, granja.

alnado, da *s. m. y s. f.* Hijastro.

alocado, da *adj.* **1.** Que tiene cosas de loco o parece loco. **2.** Se dice de las acciones que revelan poca cordura.

alocución *s. f.* Discurso breve.

alodial *adj.* Se dice de los bienes libres de todo derecho o carga señorial.

alodio *s. m.* Heredad, patrimonio o cosa alodial.

áloe *s. m.* Planta con hojas largas y carnosas de las que se extrae un jugo resinoso y muy amargo empleado en medicina.

aloja *s. f.* Bebida compuesta de agua, miel y especias.

alojamiento *s. m.* Lugar donde está alguien alojado o aposentado.

alojar *v. tr.* Hospedar o aposentar. También intr. y prnl.

alojero, ra *s. m. y s. f.* Persona que hace o vende aloja.

alomar *v. tr.* Arar la tierra dejando entre los surcos un espacio mayor al ordinario, de manera que quede formando lomos.

alón *s. m.* Ala entera de cualquier ave, quitadas las plumas.

alondra *s. f.* Pájaro insectívoro que anida en las mieses.

alópata *adj.* Que profesa la alopatía.

alopatía *s. f.* Sistema terapéutico cuyos medicamentos producen en el estado sano fenómenos diferentes de los que caracterizan las enfermedades en que se emplean.

alopecia *s. f.* Caída o pérdida del pelo.

aloque *adj.* Se aplica especialmente al vino tinto claro o a la mixtura del tinto y blanco. También s. m.

alotropía *s. f.* Diferencia que en las propiedades físicas o químicas puede presentar un mismo cuerpo simple, debido a la distinta agrupación de los átomos que constituyen sus moléculas.

alpaca[1] *s. f.* **1.** Rumiante, variedad doméstica de la vicuña, propio de América del Sur. **2.** *fig.* Tela gruesa de algodón abrillantado.

alpaca[2] *s. f.* Metal blanco, parecido a la plata.

alpargata *s. f.* Calzado de cáñamo, en forma de sandalia.

alpargatería *s. f.* Tienda donde se venden alpargatas.

alpargatero, ra *s. m. y s. f.* Persona que hace o vende alpargatas.

alpechín *s. m.* Líquido oscuro y fétido que sale de las aceitunas apiladas antes de la molienda y cuando, al extraer el aceite, se las exprime con el auxilio del agua hirviendo.

alpende *s. m.* Casilla para guardar herramientas de las obras.

alpinismo *s. m.* Deporte consistente en la ascensión a los Alpes o a otras altas montañas.

alpinista *s. m. y s. f.* Persona aficionada al alpinismo.

alpino, na *adj.* **1.** Perteneciente o relativo a los Alpes y, en general, a las montañas altas. **2.** Perteneciente o relativo al alpinismo.

alpiste *s. m.* Planta gramínea que sirve para forraje, cuyas semillas, muy pequeñas, se dan de comer a los pájaros.

alquequenje *s. m.* Planta solanácea, con tallo empinado y fruticoso, hojas ovaladas y puntiagudas, flores agrupadas de color blanco verdoso y fruto encarnado del tamaño de un guisante.

alquería *s. f.* Casa de labranza o granja lejos de poblado.

alquermes *s. m.* Licor de mesa, muy agradable, pero excitante.

alquez *s. m.* Medida de vino de doce cántaras.

alquibla *s. f.* Punto del horizonte o lugar de la mezquita hacia el que los musulmanes dirigen la vista cuando rezan.

alquicel *s. m.* Vestidura morisca a modo de capa y comúnmente blanca y de lana.

alquila *s. f.* Pieza de metal fija en el extremo de una varilla, con que en los taxis se indicaba cuándo estaban libres u ocupados.

alquilar *v. tr.* Dar o tomar alguna cosa por un tiempo determinado y mediante el pago de una cantidad convenida.

alquiler *s. m.* **1.** Acción de alquilar. **2.** Precio en que se alquila alguna cosa.

alquimia *s. f.* Preciencia, desarrollada durante la Edad Media, que trataba de buscar la clave para la interpretación del Universo, a la que llamaban piedra filosofal.

alquimista *s. m.* Persona que profesaba la alquimia.

alquinal *s. m.* Toca o velo que usaban como adorno las mujeres.

alquitara *s. f.* Alambique.

alquitarar *v. tr.* Destilar.

alquitrán *s. m.* Sustancia untuosa, compuesta de resina y aceites esenciales.

alquitranar *v. tr.* Dar de alquitrán a alguna cosa.

alrededor *adv. l.* **1.** Denota la situación de personas o cosas que circundan a otras. ‖ *s. m.* **2.** Contorno de un lugar. Se usa más en pl.

alrota *s. f.* **1.** Desecho que queda de la estopa después de rastrillada. **2.** Estopa que cae del lino cuando se lo espada.

álsine *s. f.* Planta cariofilácea, con hojas pequeñas y aovadas, y flores blancas.

alta *s. f.* Orden que se comunica al enfermo para que deje el hospital, pues se le da por curado.

altabaque *s. m.* Tabaque.

altanería *s. f.* **1.** Caza hecha con aves de alto vuelo. **2.** *fig.* Altivez, soberbia.

altanero, ra *adj.* **1.** Se aplica al halcón y otras aves de rapiña de vuelo alto. **2.** *fig.* Altivo, soberbio.

altar *s. m.* **1.** Monumento para ofrecer el sacrificio. **2.** Mesa para celebrar la Misa.

altavoz *s. m.* Aparato que produce en voz alta los sonidos transmitidos por medio de la electricidad.

alterar *v. tr.* Cambiar la esencia o forma de una cosa. También prnl.

altercar *v. intr.* Disputar, porfiar.

alternancia *s. f.* Acción y efecto de alternar.

alternar *v. tr.* Variar las acciones diciendo o haciendo cosas diversas y repitiéndolas sucesivamente.

alternativa *s. f.* **1.** Acción o derecho que tiene cualquier persona o comunidad para ejecutar alguna cosa o gozar de ella alternando con otra. **2.** Opción entre dos cosas.

alternativo, va *adj.* Que se dice, hace o sucede con alternación.

alterno, na *adj.* **1.** Alternativo. **2.** Se dice de las hojas de las plantas situadas a ambos lados de un tallo o rama, de manera que cada uno ocupe en su lado la parte opuesta correspondiente a la que queda libre en el lado opuesto.

alteza *s. f.* **1.** Altura, elevación, sublimidad. **2.** *fig.* Tratamiento de príncipes.

altibajo *s. m.* **1.** Tela antigua, al parecer la misma que la llamada hoy terciopelo labrado. ‖ *s. m. pl.* **2.** Desigualdades o altos y bajos de un terreno.

altillo *s. m.* Cerrillo o sitio algo elevado.

altilocuencia *s. f.* Grandilocuencia.

altimetría *s. f.* Parte de la topografía que enseña a medir las alturas.

altímetro *adj.* **1.** Perteneciente o relativo a la altimetría. ‖ *s. m.* **2.** Instrumento destinado a medir la altura sobre el nivel del mar.

altiplanicie *s. f.* Meseta de mucha extensión y gran altitud.

altisonante *adj.* Altísono.

altísono, na *adj.* Altamente sonoro, de alto sonido. Se dice del lenguaje o estilo muy elevado y del escritor que emplea tal estilo.

altitud *s. f.* Altura de un punto de la tierra con relación al nivel del mar.

altivecer *v. tr.* Causar altivez. También prnl.
altivez *s. f.* Orgullo, soberbia.
altivo, va *adj.* Orgulloso, soberbio.
alto, ta *adj.* Levantado, elevado sobre la tierra.
altor *s. m.* Altura, dimensión de un cuerpo perpendicular a su base.
altozano *s. m.* Cerro o monte de poca altura en terreno llano.
altramuz *s. m.* Planta papilionácea, de flores en espigas terminales, y semillas duras, redondas y achatadas, que se comen después de remojadas en agua.
altruismo *s. m.* Esmero y complacencia en el bien ajeno, aun a costa del propio, y por motivos puramente humanos.
altura *s. f.* **1.** Elevación que tiene cualquier cuerpo sobre la superficie de la tierra. **2.** *fig.* Cumbre de los montes. **3.** *fig.* Dimensión de los cuerpos perpendiculares a su base.
alubia *s. f.* Judía.
aluciar *v. tr.* **1.** Dar lustre a alguna cosa material; ponerla lúcida y brillante. || *v. prnl.* **2.** Pulirse, acicalarse.
alucinación *s. f.* **1.** Acción de alucinar o alucinarse. **2.** Sensación subjetiva que no va precedida de impresión en los sentidos.
alucinar *v. tr.* **1.** Engañar haciendo que se tome una cosa por otra. También prnl. || *v. intr.* **2.** Confundirse, ofuscarse, desvariar.
alucón *s. m.* Especie de mochuelo.
alud *s. m.* Gran masa de nieve que se derrumba de los montes con violencia.
aluda *s. f.* Hormiga con alas.
aludel *s. m.* Cada uno de los caños de barro cocido, semejantes a una olla sin fondo, que, unidos con otros en fila, se emplean para sublimar.
aludir *v. intr.* Referirse a una persona o cosa, sin nombrarla.
alumbrar *v. tr.* **1.** Llenar de luz y claridad. || *v. intr.* **2.** Parir la mujer.
alumbre *s. m.* Sulfato doble de alúmina y potasa: sal blanca y astringente que se encuentra en varias rocas y tierras. Se emplea mucho en el campo de la medicina y también de la industria.
alúmina *s. f.* Óxido de aluminio.
aluminífero, ra *adj.* Que contiene alúmina o alumbre.
aluminio *s. m.* Metal maleable que destaca por su ligereza y resistencia a la oxidación.
alumno, na *s. m. y s. f.* Persona que asiste a un centro de enseñanza para recibir instrucción.
alunado, da *adj.* Se dice del caballo o yegua que padece algún género de constipación o encogimiento nervioso.
alunarse *v. prnl.* Pudrirse el tocino sin criar gusanos.
alunizaje *s. m.* Acción y efecto de alunizar.
alunizar *v. intr.* Posarse en la superficie de la luna un aparato astronáutico.
alusión *s. f.* **1.** Acción de aludir. **2.** Figura que consiste en aludir a una persona o cosa.
alusivo, va *adj.* Que alude o implica alusión.
aluvial *adj.* De aluvión.
aluvión *s. m.* Avenida de agua muy fuerte, inundación.
álveo *s. m.* Madre del río o arroyo.
alveolo *s. m.* **1.** Celdilla del panal. **2.** Cada una de las cavidades en que están engastados los dientes.
alvino, na *adj.* Perteneciente o relativo al bajo vientre.
alza *s. f.* **1.** Aumento de precio que toma alguna cosa. **2.** Regla graduada que sirve para graduar la puntería. **3.** Cada uno de los maderos que sirven para formar una presa movible.
alzacuello *s. m.* Prenda suelta del traje eclesiástico, como una especie de corbatín.
alzada *s. f.* **1.** Estatura del caballo medida desde el rodete del talón de la mano hasta la parte más elevada de la cruz. **2.** Recurso de apelación en lo gubernativo.
alzadera *s. f.* Especie de contrapeso que servía para saltar.
alzado, da *adj.* **1.** Se dice de la persona que quiebra fraudulentamente. **2.** Se dice del ajuste o precio fijado en determinada cantidad. || *s. m.* **3.** Diseño que representa la fachada de un edificio. **4.** Diseño de un edificio, máquina, aparato, etc., en su proyección geométrica y vertical sin atender a la perspectiva.
alzador *s. m.* **1.** En la imprenta, pieza o sitio para alzar los impresos. **2.** Operario encargado de esto.
alzafuelles *s. m. y s. f., fig.* Persona aduladora.
alzamiento *s. m.* Puja llevada a cabo en la subasta.
alzapaño *s. m.* Cada una de las piezas de hierro, bronce u otra materia que sirven para tener re-

cogida la cortina hacia los lados del balcón o puerta.

alzapié *s. m.* Lazo o artificio para prender y cazar por el pie cuadrúpedos o aves.

alzaprima *s. f.* **1.** Palanca. **2.** Pedazo de madera o metal que se pone como cuña para realzar una cosa.

alzar *v. tr.* **1.** Levantar. **2.** Elevar la hostia y el cáliz después de la consagración. También intr. ‖ *v. prnl.* **3.** Rebelarse, sublevarse.

ama *s. f.* **1.** Cabeza o señora de la casa o familia. **2.** Dueña o poseedora de alguna cosa.

amabilidad *s. f.* Calidad de amable.

amable *adj.* **1.** Digno de ser amado. **2.** Complaciente, afectuoso.

amachetear *v. tr.* Dar machetazos.

amacigado, da *adj.* De color amarillo o de almáciga.

amadrigar *v. tr.* **1.** Acoger bien a uno que no lo merece. ‖ *v. prnl.* **2.** Meterse en la madriguera. **3.** No dejarse ver en público sino rara vez.

amadrinar *v. tr.* **1.** Unir dos caballerías con la madrina. **2.** Apadrinar.

amadroñado, da *adj.* Parecido al madroño.

amaestrar *v. tr.* **1.** Adiestrar. También prnl. **2.** Domar, enseñar a los animales.

amagar *v. tr.* **1.** Dejar ver la intención o disposición de ejecutar próximamente alguna cosa. También intr. ‖ *v. intr.* **2.** Estar próximo a sobrevenir. **3.** Empezar a manifestarse algunos síntomas de ciertas enfermedades.‖ *v. prnl.* **4.** *fam.* Esconderse. También tr.

amago *s. m.* **1.** Acción de amagar. **2.** Señal o indicio de alguna cosa.

amainar *v. tr.* **1.** Recoger en todo o en parte las velas de una embarcación. ‖ *v. intr.* **2.** Aflojar, perder su fuerza el viento.

amajadar *v. tr.* Meter el ganado en el redil.

amalgama *s. f.* Aleación de mercurio con otro metal.

amalgamar *v. tr.* Combinar el mercurio con otros metales. También prnl.

amamantar *v. tr.* Dar de mamar.

amancebamiento *s. m.* Relación sexual ilícita y habitual de hombre y mujer.

amancebarse *v. prnl.* Unirse en amancebamiento.

amancillar *v. tr.* **1.** Manchar la fama o linaje. **2.** Deslucir, afear, ajar.

amanecer *v. intr.* **1.** Empezar a aparecer la luz del día. ‖ *s. m.* **2.** Tiempo durante el cual amanece.

amanerarse *v. prnl.* **1.** Dar cierta afectación y monotonía el escritor, el artista, etc. a sus obras lenguaje, vestidos, etc. También tr. **2.** Adoptar una persona, por afectación, ademanes repetidos en el modo de accionar, de hablar, etc.

amanojar *v. tr.* Juntar en manojo.

amansar *v. tr.* Hacer manso a un animal, domesticarlo. También prnl.

amante *s. m. y s. f.* **1.** Persona con la que se tienen relaciones sexuales periódicas, al margen del matrimonio civil o religioso. **2.** Hombre o mujer que se aman.

amantillo *s. m.* Cada uno de los cabos que sirven para asegurar la posición de una verga cruzada.

amanuense *s. m. y s. f.* Persona que escribe al dictado.

amañado, da *adj.* Mañoso, hábil.

amañar *v. tr.* **1.** Componer algo mañosamente. ‖ *v. prnl.* **2.** Darse maña, acomodarse con facilidad a hacer alguna cosa.

amaño *s. m.* Disposición para hacer con maña alguna cosa.

amapola *s. f.* Planta papaverácea, de flores rojas abundante en los sembrados.

amar *v. tr.* Tener cariño o aprecio a personas, animales o cosas.

amaraje *s. m.* Acción de amarar un avión.

amaranto *s. m.* Planta amarantácea, de hojas alternas, flores en espiga aterciopelada a manera de cresta y fruto de muchas semillas negras y relucientes.

amarar *v. intr.* Posarse en el agua el hidroavión.

amargar *v. intr.* **1.** Tener alguna cosa sabor desagradable al paladar, parecido al de la hiel acíbar, etc. También prnl. ‖ *v. tr.* **2.** *fig.* Causar aflicción o disgusto. También prnl.

amargo, ga *adj.* **1.** Que amarga. **2.** *fig.* Que causa aflicción o disgusto. **3.** *fig.* Áspero y de genio desabrido. **4.** *fig.* Que demuestra o implica amargura.

amargor *s. m.* Sabor o gusto amargo.

amarguillo *s. m.* Dulce seco de pasta de almendras amargas.

amargura *s. f.* **1.** Amargor. **2.** Pena. **3.** Dolor.

amaricado, da *adj., fam.* Afeminado.

amarilis *s. f.* Planta amarilidácea, bulbosa, de adorno, de hermosas flores de colores muy vivos.

amarilla *s. f.* **1.** *fig. y fam.* Moneda de oro, y en especial la onza. **2.** *fig. y fam.* Enfermedad del ganado lanar, que procede de la alteración del hígado.

amarillear *v. intr.* **1.** Tirar a amarillo. **2.** Palidecer.

amarillento, ta *adj.* Que tira a amarillo.

amarillo, lla *adj.* De color semejante al del oro, limón, etc. También s. m.

amariposado, da *adj.* De figura semejante a la de la mariposa.

amarra *s. f.* Cable para asegurar la embarcación en el paraje donde da fondo.

amarraco *s. m.* Tanteo de cinco puntos en el juego del mus.

amarradero *s. m.* Sitio donde se amarran los barcos.

amarraje *s. m.* Impuesto que se paga por el amarre de las naves en un puerto.

amarrar *v. tr.* **1.** Atar, sujetar. **2.** Sujetar el buque en el puerto o fondeadero.

amarrido, da *adj.* Afligido, melancólico, triste.

amartelar *v. tr.* Atormentar a uno, en especial con celos.

amartillar *v. tr.* **1.** Martillar. **2.** Poner en el disparador un arma de fuego, como escopeta o pistola.

amasadera *s. f.* Artesa en que se amasa.

amasar *v. tr.* Hacer masa mezclando harina, yeso, tierra, etc. con agua u otro líquido.

amasijo *s. m.* **1.** Porción de harina amasada para hacer pan. **2.** *fig. y fam.* Obra o tarea. **3.** *fig. y fam.* Mezcla o unión de ideas diferentes que causan confusión.

amatista *s. f.* Variedad de cuarzo cristalizado de color violeta que se usa en joyería como piedra fina.

amatorio, ria *adj.* **1.** Relativo al amor. **2.** Que induce a amar.

amaurosis *s. f.* Ceguedad más o menos completa y transitoria, debida a una afección del nervio óptico o de los centros nerviosos.

amayuela *s. f.* Almeja de mar.

amazacotado, da *adj.* Pesado, compuesto groseramente a manera de mazacote.

amazona *s. f.* Mujer de alguna de las razas guerreras que suponían los antiguos haber existido y que no admitían ningún hombre en sus filas.

ambages *s. m. pl.* Rodeos de palabras o circunloquios.

ámbar *s. m.* Resina fósil de color amarillo algo oscuro, translúcida, electrizable por fricción y susceptible del pulimento. Se emplea en cuentas de collares, boquillas para fumar, etc.

ambarino, na *adj.* Perteneciente o relativo al ámbar, o que se le parece.

ambición *s. f.* Pasión por conseguir poder, dignidades, riquezas, etc.

ambicionar *v. tr.* Desear ardientemente una cosa.

ambicioso, sa *adj.* **1.** Que tiene ambición. **2.** Que tiene ansia o deseo vehemente de una cosa.

ambidextro, tra *adj.* Que usa igualmente de la mano izquierda que de la derecha.

ambiente *adj.* Lo que rodea a las personas o cosas.

ambigú *s. m.* Local de un edificio destinado a reuniones o espectáculos públicos, en el que se sirven manjares.

ambigüedad *s. f.* Calidad de ambiguo.

ambiguo, gua *adj.* **1.** Que puede entenderse de varios modos o admitir distintas interpretaciones. **2.** Incierto, dudoso.

ámbito *s. m.* Espacio comprendido dentro de determinados límites.

amblar *v. intr.* Andar moviendo al mismo tiempo el pie y la mano de un mismo lado, en lugar de moverlos en cruz.

ambleo *s. m.* **1.** Cirio de kilogramo y medio de peso, usado en determinados servicios de Iglesia. **2.** Candelero para este cirio.

ambligonio *adj.* Se dice del triángulo obtusángulo.

ambliopía *s. f.* Debilidad o disminución de la vista, sin lesión orgánica del ojo.

ambo *s. m.* En la antigua lotería, suerte favorable para quien llevaba dos números iguales a los que salían premiados.

ambón *s. m.* Cada uno de los púlpitos que están a ambos lados del altar mayor para cantar la epístola y el evangelio.

ambos, bas *adj. pl.* El uno y el otro; los dos.

ambrosía *s. f.* Manjar o alimento de los dioses.

ambulancia *s. f.* Coche con camilla para transportar heridos y enfermos.

ambulante *adj.* Que va de un lugar a otro sin tener asiento fijo.

ambular *v. intr.* Andar, ir de una parte a otra.

ambulatorio *s. m.* Dispensario en que se presta atención médica.

ameba *s. f.* Protozoo unicelular microscópico; vive parásito o en terrenos húmedos y se mueve mediante pseudópodos.

amechar *v. tr.* Poner mecha en velones, candiles, etc.

amedrentar *v. tr.* Infundir miedo, atemorizar. También prnl.

amelar *v. tr.* Fabricar las abejas su miel.

amelga *s. f.* Faja de terreno que el labrador señala en un haza para esparcir la simiente con igualdad y proporción.

amelgar *v. tr.* Hacer surcos distanciándolos regularmente para sembrar el terreno con igualdad.

amelonado, da *adj.* **1.** De figura de melón. **2.** *fig. y fam.* Muy enamorado.

amembrillado, da *adj.* Que se parece en algo al membrillo.

amén *expr.* que se dice al final de las oraciones de la Iglesia. También s. m.

amenaza *s. f.* **1.** Acción de amenazar. **2.** Dicho o hecho con que se amenaza.

amenazar *v. tr.* Dar a entender con actos o palabras que se quiere hacer algún mal a alguien.

amenguar *v. tr.* **1.** Disminuir, menoscabar. También intr. **2.** Deshonrar, infamar.

amenidad *s. f.* Calidad de ameno.

amenizar *v. tr.* Hacer amena alguna cosa.

ameno, na *adj.* Grato, placentero, deleitable por su frondosidad y hermosura.

amenorrea *s. f.* Enfermedad que consiste en la supresión del flujo menstrual.

amento *s. m.* Espiga articulada por su base y compuesta por muchas flores masculinas, como la del avellano.

amerengado, da *adj.* **1.** Semejante al merengue. **2.** *fig.* Se dice de la persona empalagosa.

americana *s. f.* Chaqueta de hombre.

ametralladora *s. f.* Especie de fusil que dispara muy rápidamente gran número de proyectiles.

ametrallar *v. tr.* Disparar metralla.

amia *s. f.* Lamia, especie de tiburón.

amianto *s. m.* Mineral que se presenta en fibras blancas y flexibles, de aspecto sedoso.

amiba *s. f.* **1.** Ameba, protozoo que vive en las aguas estancadas y tierras húmedas, o parásito de otros animales. **2.** Célula libre, sin membrana de secreción, como un leucocito.

amigable *adj.* **1.** Afable, que convida a la amistad. **2.** Dicho de cosas, amistoso. **3.** *fig.* Que tiene unión o conformidad con otra cosa.

amígdala *s. f.* Órgano formado por la reunión de numerosos nódulos linfáticos.

amigdalitis *s. f.* Inflamación de las amígdalas.

amigo, ga *adj.* Que tiene amistad.

amiláceo, a *adj.* Que contiene almidón.

amilanar *v. tr.* **1.** *fig.* Causar tal miedo a alguien que quede aturdido y sin acción. ‖ *v. prnl.* **2.** Caer de ánimo, abatirse.

amillarar *v. tr.* Regular los caudales y granjerías de los vecinos de un pueblo para repartir entre ellos las contribuciones.

aminorar *v. tr.* Disminuir una cosa. También prnl.

amir *s. m.* Príncipe o caudillo árabe.

amistad *s. f.* **1.** Afecto personal que nace y se fortalece con el trato. **2.** Merced, favor.

amistar *v. tr.* Unir en amistad. También prnl.

amistoso, sa *adj.* Perteneciente o relativo a la amistad.

amito *s. m.* Lienzo fino, cuadrado y con una cruz en medio, que el sacerdote se pone sobre sus espaldas, debajo del alba.

amitosis *s. f.* Modalidad de división de la célula, consistente en la división del núcleo y citoplasma en dos porciones iguales.

amnesia *s. f.* Pérdida de la memoria, a consecuencia de lesiones en determinados centros de la corteza cerebral.

amnios *s. m.* Membrana que envuelve la parte dorsal del embrión de los reptiles, mamíferos y aves.

amniótico, ca *adj.* Perteneciente o relativo al amnios.

amnistía *s. f.* Olvido de los delitos políticos, otorgado por la ley ordinariamente a cuantos reos tengan responsabilidades análogas entre sí.

amnistiar *v. tr.* Conceder amnistía.

amo *s. m.* **1.** Cabeza o señor de la casa o familia. **2.** Dueño de alguna cosa.

amodorrarse *v. prnl.* Adormilarse.

amohinar *v. tr.* Causar mohína. También prnl.

amojamar *v. tr.* Hacer mojama una cosa. También prnl.

amojonar *v. tr.* Señalar con mojones los linderos de una propiedad o de un término jurisdiccional.

amoladera *s. f.* Piedra de afilar.

amolar *v. tr.* **1.** Sacar corte o punta a un arma o instrumento en la muela. **2.** *fig. y fam.* Molestar con pertinacia.

amoldar *v. tr.* Ajustar una cosa al molde. También prnl.

amollar *v. intr.* **1.** Ceder, aflojar, desistir. **2.** En ciertos juegos de naipes, jugar una carta inferior a la que va jugada, teniendo otra superior con que poder cargar.

amondongado, da *adj., fam.* Se aplica a la persona gorda, tosca y desmadejada.

amonedar *v. tr.* Reducir a moneda algún metal.

amonestación *s. f.* Acción y efecto de amonestar.

amonestar *v. tr.* Hacer presente algo para que se considere, procure o evite.

amoniacal *adj.* Perteneciente o relativo al amoníaco.

amoníaco *s. m.* Gas incoloro, compuesto de ázoe e hidrógeno, que, unido con el agua, sirve de base para la formación de ciertas sales.

amonita[1] *s. f.* Concha fósil en espiral, perteneciente a un cefalópodo ya extinguido.

amonita[2] *s. f.* Mezcla explosiva cuyo principal componente es el nitrato amónico.

amontillado *adj.* Se dice del jerez fino que se asemeja a una clase del vino de Montilla. Su color suele ser más oscuro.

amontonar *v. tr.* **1.** Poner unas cosas sobre otras sin orden. También prnl. **2.** Apiñar personas o animales. También prnl. || *v. prnl.* **3.** *fig.* Amancebarse.

amor *s. m.* **1.** Afecto por el cual el ánimo busca el bien verdadero o imaginado y apetece gozarlo. **2.** Blandura, suavidad. **3.** Persona amada

amoral *adj.* **1.** Se aplica a la persona desprovista de sentido moral. **2.** Se aplica también a las obras artísticas, en las que de propósito se prescinde de lo moral.

amoralidad *s. f.* Condición, calidad de amoral.

amoratarse *v. prnl.* Ponerse morado.

amordazar *v. tr.* Poner mordaza.

amorfo, fa *adj.* Sin forma determinada.

amorío *s. m.* Enamoramiento.

amormío *s. m.* Planta perenne de cebolla pequeña y con flores blancas.

amoroso, sa *adj.* **1.** Que siente amor. **2.** Que denota o manifiesta amor. **3.** *fig.* Blando, fácil de labrar o cultivar. **4.** *fig.* Templado, apacible.

amorrar *v. intr.* **1.** *fam.* Bajar o inclinar la cabeza. También prnl. **2.** Hacer que el barco cale mucho la proa.

amortajar *v. tr.* Poner la mortaja al difunto.

amortecer *v. tr.* **1.** Amortiguar. También intr. || *v. prnl.* **2.** Quedar como muerto.

amortiguador *s. m.* Resorte o mecanismo destinado a disminuir o evitar el efecto de los choques, balanceos o sacudidas bruscas, en los barómetros marinos y en las carrocerías de los automóviles.

amortiguar *v. tr.* **1.** Dejar como muerto. También prnl. **2.** *fig.* Templar, hacer menos vivos los dolores.

amortizar *v. tr.* Redimir o extinguir el capital de un censo, préstamo u otra deuda.

amoscarse *v. prnl., fam.* Enfadarse.

amostazarse *v. prnl., fam.* Irritarse.

amotinar *v. tr.* **1.** Alzar en motín a una multitud. También prnl. **2.** Turbar las potencias del alma o los sentidos. También prnl.

amovible *adj.* Que puede ser quitado del lugar que ocupa, o separado del puesto o del cargo que tiene. Se dice también del cargo o beneficio del que puede ser libremente separado el que lo ocupa.

amparar *v. tr.* Favorecer, proteger.

amparo *s. m.* Abrigo o defensa.

ampelita *s. f.* Pizarra blanda, aluminosa y muy manchada de antracita. Suele usarse para hacer lápices de carpintero.

ampelografía *s. f.* Descripción de las variedades de la vid y conocimiento de los modos de cultivarlas.

amperímetro *s. m.* Aparato que sirve para medir el número de amperios de una corriente eléctrica.

amperio *s. m.* Unidad de intensidad de la corriente eléctrica, equivalente al paso de un culombio por segundo.

ampliación *s. f.* Acción y efecto de ampliar.

ampliar *v. tr.* **1.** Extender, dilatar. **2.** Reproducir una fotografía en tamaño mayor del que tenga.

amplificador, ra *adj.* Que amplifica. || *s. m.* **2.** Aparato o sistema mediante el cual, utilizando energía externa, se aumenta la amplitud o intensidad de un fenómeno físico.

amplificar *v. tr.* **1.** Ampliar. **2.** Utilizar la amplificación.

amplio, plia *adj.* Extenso, espacioso.
amplitud *s. f.* Extensión, dilatación.
ampo *s. m.* **1.** Blancura resplandeciente. **2.** Copo de nieve.
ampolla *s. f.* Vejiga que se forma por la elevación de la epidermis.
ampolleta *s. f.* Reloj de arena.
ampón, na *adj.* Amplio, ahuecado, repolludo.
ampuloso, sa *adj.* Se dice del estilo o lenguaje hinchado y redundante.
amputación *s. f.* Acción y efecto de amputar.
amputar *v. tr.* Cortar y separar enteramente del cuerpo un miembro o porción de él.
amuchachado, da *adj.* **1.** Se aplica al que en su aspecto, acciones o genio, se parece a los muchachos. **2.** Se dice también de las cosas que tienen esta semejanza.
amueblar *v. tr.* Dotar de muebles un edificio, habitación, etc.
amuelar *v. tr.* Recoger el trigo ya limpio en la era.
amugronar *v. tr.* Acodar un sarmiento para hacerle retoñar.
amular *v. intr.* **1.** Ser estéril. ‖ *v. prnl.* **2.** Inhabilitarse la yegua para criar, por haberla cubierto el mulo.
amuleto *s. m.* Figura a la que se le atribuye alguna virtud sobrenatural para alejar daños o peligros.
amunicionar *v. tr.* Proveer de municiones.
amura *s. f.* Parte de los costados del buque donde éste se estrecha para formar la proa.
amurallar *v. tr.* Murar, fortificar.
amurar *v. tr.* Tirar por la amura, sujetando con ella los puños de las velas.
amurco *s. m.* Golpe que da el toro con las astas.
amurriñarse *v. prnl.* Entristecerse, acongojarse.
amusgar *v. tr.* Echar hacia atrás las orejas el caballo, el toro, etc., en ademán de querer morder, embestir, etc. También intr.
amuso *s. m.* Superficie plana que lleva una rosa de los vientos.
ana *s. f.* Medida de longitud equivalente al metro, más o menos.
anacarado, da *adj.* Parecido al nácar.
anacardo *s. m.* Árbol anacardiáceo, con tronco grueso, flores pequeñas, cuyo pedúnculo se hincha en forma de pera comestible, algo ácida y muy suculenta.
anaconda *s. f.* Serpiente americana de la familia de las boas.
anacoreta *s. m. y s. f.* Persona que vive en lugar solitario, retirada del trato humano.
anacrónico, ca *adj.* Que adolece de anacronismo.
anacronismo *s. m.* Error que consiste en atribuir a sucesos, costumbres, etc., una fecha o época que no les corresponde.
ánade *s. m.* Pato.
anadiplosis *s. f.* Figura consistente en la repetición de la última parte de un grupo sintáctico o de un verso, al comienzo del siguiente.
anadón *s. m.* Pollo del ánade.
anaerobio, bia *adj.* Se aplica al ser que puede vivir y desarrollarse sin aire, y en especial sin oxígeno. También s. m.
anafe *s. m.* Hornillo portátil de hierro, barro, etc.
anáfora *s. f.* Repetición de la misma palabra al principio de una frase.
anafrodita *adj.* Se dice del que por temperamento o virtud se abstiene de placeres sensuales. También s. m. y s. f.
anaglifo *s. m.* Vaso u obra tallada, de relieve abultado.
anagogía *s. f.* **1.** Sentido místico de la Sagrada Escritura, encaminado a dar idea de la bienaventuranza eterna. **2.** Elevación y enajenamiento del alma en la contemplación de las cosas divinas.
anagrama *s. m.* Transformación de una palabra o sentencia en otra por medio de la transposición de sus letras.
anal *adj.* Perteneciente o relativo al ano.
analéptico, ca *adj.* Se dice del régimen alimenticio que tiene por objeto restablecer las fuerzas.
anales *s. m. pl.* Relaciones de sucesos por años.
analfabetismo *s. m.* Falta de instrucción elemental en un país.
analfabeto, ta *adj.* Que no sabe leer.
analgesia *s. f.* Falta o supresión de toda sensación dolorosa, sea natural o provocada.
analgésico, ca *adj.* **1.** Perteneciente o relativo a la analgesia. ‖ *s. m.* **2.** Medicamento o droga que produce analgesia.
análisis *s. m.* **1.** Distinción o separación de las partes de un todo. **2.** Examen químico o bacteriológico de los humores, secreciones o tejidos con un fin diagnóstico.
analista^{1} *s. m. y s. f.* Autor de anales.

analista[2] *s. m. y s. f.* **1.** Persona que hace los análisis químicos o médicos. **2.** Persona que se dedica al estudio del análisis matemático.
analítico, ca *adj.* **1.** Perteneciente o relativo al análisis. **2.** Que procede descomponiendo, o que pasa del todo a las partes.
analizar *v. tr.* Hacer análisis de alguna cosa.
analogía *s. f.* Relación de semejanza entre dos o varias cosas.
análogo, ga *adj.* Que tiene analogía con otra cosa.
anamorfosis *s. f.* Pintura o dibujo que ofrece a la vista, en dependencia del ángulo de visión, una imagen deforme y confusa o regular y acabada.
ananás *s. m.* Planta exótica de hojas glaucas, espinosas, flores de color morado, y fruto grande en forma de piña, carnoso y amarillento.
anapéstico, ca *adj.* Perteneciente o relativo al anapesto.
anapesto *s. m.* Pie de las métricas griega y latina formado por tres sílabas: dos primeras breves y la tercera larga.
anaquel *s. m.* Cada una de las tablas puestas horizontalmente en los muros, o en armarios, alacenas, etc., para colocar sobre ellas libros, piezas de vajilla, etc.
anaranjado, da *adj.* De color semejante al de la naranja. También s. m.
anarquía *s. f.* **1.** Ausencia de todo gobierno y autoridad en un Estado. **2.** *fig.* Desorden, confusión.
anárquico, ca *adj.* Perteneciente o relativo a la anarquía.
anasarca *s. f.* Hidropesía general del tejido celular.
anascote *s. m.* Tela de lana, asargada por ambos lados, que usan para sus hábitos varias órdenes religiosas.
anástrofe *s. f.* Posposición de la preposición al sustantivo que rige.
anata *s. f.* Renta, frutos o emolumentos que produce en un año cualquier beneficio o empleo.
anatema *s. amb.* **1.** Excomunión. **2.** Maldición, imprecación.
anatematizar *v. tr.* Imponer el anatema.
anatomía *s. f.* Ciencia que trata de la estructura, número, situación y relaciones de las diferentes partes del cuerpo de los animales o de las plantas.
anca *s. f.* Cada una de las dos mitades laterales de la parte posterior de algunos animales.
ancestral *adj.* **1.** Perteneciente o relativo a los antepasados remotos o procedente de ellos. **2.** Tradicional y de origen remoto.
ancho, cha *adj.* Holgado.
anchoa *s. f.* El boquerón, desangrado y curado en salmuera.
anchura *s. f.* **1.** Latitud. **2.** *fig.* Libertad, desenvoltura.
anchuroso, sa *adj.* Muy espacioso.
ancianidad *s. f.* Último período de la vida ordinaria del hombre.
anciano, na *adj.* Se dice de la persona que tiene muchos años. También s. m. y s. f.
ancla *s. f.* Instrumento de hierro en forma de arpón o anzuelo doble, compuesto de una barra, llamada caña, que lleva unas uñas dispuestas para aferrarse al fondo del mar y sujetar la nave.
ancladero *s. m.* Fondeadero.
anclaje *s. m.* Acción de anclar la nave.
anclar *v. intr.* Quedar sujeta la nave por medio del ancla.
anconada *s. f.* Ensenada.
áncora *s. f.* **1.** Ancla. **2.** *fig.* Lo que sirve o puede servir de amparo en un peligro.
ancorar *v. intr.* Anclar.
ancorca *s. f.* Ocre, arcilla muy pura, utilizada para pintar.
andada *s. f.* Pan que se pone muy delgado y llano para que al cocer quede muy duro y sin miga.
andaderas *s. f. pl.* Aparato utilizado para que el niño aprenda a andar, sin caerse.
andadura *s. f.* **1.** Acción y efecto de andar. **2.** Paso llano de caballería.
andamiada *s. f.* Conjunto de andamios.
andamio *s. m.* Armazón de tablones pa trabajar en la construcción.
andana *s. f.* Orden de algunas cosas puestas en línea.
andanada *s. f.* Descarga cerrada de toda una andana o batería de un buque.
andante *adv. m.* Con movimiento moderadamente lento.
andantino *adv. m.* Con movimiento más vivo que el andante, pero menos que el alegro.
andanza *s. f.* Acontecimiento o suceso.
andar[1] *v. intr.* Ir de un lugar a otro.
andar[2] *s. m.* Acción o modo de andar.
andaraje *s. m.* Rueda de la noria.
andariego, ga *adj.* Que anda mucho.

andarín, na *adj.* Se dice de la persona andadora, y en especial de la que lo es por oficio. También s. m. y s. f.

andarivel *s. m.* Maroma tendida entre las dos orillas de un río o canal para dirigir el paso de una barca.

andas *s. f. pl.* Tablero que sirve para conducir efigies, personas o cosas.

andén *s. m.* Corredor o sitio para andar, a lo largo de una calle, un muelle, la vía de un ferrocarril, etc.

ándito *s. m.* Corredor o andén que rodea del todo o en gran parte un edificio.

andorga *s. f., fam.* Vientre, barriga.

andorrero, ra *adj.* Que todo lo anda, amigo de callejear.

andrajo *s. m.* **1.** Pedazo o jirón de ropa muy usada. **2.** *fig. y desp.* Persona o cosa muy despreciable.

andrajoso, sa *adj.* Cubierto de andrajos.

androceo *s. m.* Tercer verticilo de la flor, formado por los estambres.

andrógino, na *adj.* Monoico

androide *s. m.* Autómata de figura de hombre.

andrómina *s. f., fam.* Embuste, enredo. Se usa más en pl.

andulario *s. m.* Faldulario.

andurrial *s. m.* Paraje alejado y de difícil tránsito. Se usa más en pl.

anea *s. f.* Planta tifácea, que crece en sitios pantanosos, cuyas hojas se emplean para hacer asientos de sillas, cestas, etc.

anear *v. tr.* Medir una cosa por anas.

aneblar *v. tr.* **1.** Cubrir de niebla. También prnl. **2.** Anublar, marchitar. También prnl.

anécdota *s. f.* Relación breve de algún suceso notable.

anecdotario *s. m.* Colección de anécdotas.

anecdótico, ca *adj.* Perteneciente o relativo a la anécdota

anegable *adj.* Que puede ser anegado o inundado.

anegadizo, za *adj.* Que se anega con frecuencia.

anegar *v. tr.* Inundar, ahogar.

anejir *s. m.* Refrán o sentencia popular puesta en verso y cantable.

anejo *adj.* Anexo.

anélido *adj.* Se dice de animales pertenecientes al tipo de los gusanos, de cuerpo segmentario y sangre roja.

anemia *s. f.* Empobrecimiento de la sangre; en especial, disminución de los glóbulos rojos o de la hemoglobina.

anémico, ca *adj.* **1.** Perteneciente o relativo a la anemia. **2.** Que padece anemia.

anemómetro *s. m.* Instrumento para medir la velocidad o la fuerza del viento.

anemoscopio *s. m.* Instrumento que sirve para indicar los cambios de dirección del viento.

aneroide *adj.* Se dice del barómetro compuesto de una cajita metálica en que se ha hecho el vacío y cuya tapa se comba o se deprime según varía la presión atmosférica. También s. m.

anestesia *s. f.* Privación total o parcial de la sensibilidad.

anestesiar *v. tr.* Privar total o parcialmente de la sensibilidad por medio de un anestésico.

anestésico, ca *adj.* **1.** Perteneciente o relativo a la anestesia. **2.** Que produce o causa anestesia. También s. m.

aneurisma *s. amb.* Dilatación localizada de una arteria o vena.

anexar *v. tr.* Unir o agregar una cosa a otra con dependencia de ella.

anexión *s. f.* Acción y efecto de anexar.

anexo, xa *adj.* Unido, agregado a otra cosa con dependencia de ella.

anfibio, bia *adj.* Que puede vivir dentro y fuera del agua.

anfíbol *s. m.* Mineral compuesto de sílice, magnesia, cal y óxido ferroso, de color, por lo común, verde o negro, y brillo anacarado.

anfibología *s. f.* Doble sentido, vicio de la palabra, frase, o manera de hablar, a que puede darse más de una interpretación.

anfíbraco *s. m.* Pie de la poesía griega y latina, compuesta de tres sílabas, una larga entre dos breves.

anfictión *s. m.* Cada uno de los diputados de la anfictionía.

anfictionía *s. f.* Confederación de las antiguas ciudades griegas, para asuntos de interés general.

anfímacro *s. m.* Pie de la poesía griega y latina, compuesto de tres sílabas: la primera y última, largas, y la segunda, breve.

anfiteatro *s. m.* Edificio de figura redonda u oval con gradas alrededor, y en el cual se celebraban varios espectáculos como los combates de gladiadores o de fieras.

anfitrión, na *s. m. y s. f., fig. y fam.* Persona que tiene convidados a su mesa y les regala con esplendidez.

ánfora *s. f.* **1.** Cántaro alto con dos asas. ‖ *s. f. pl.* **2.** Jarras para consagrar los óleos.

anfractuoso, sa *adj.* Quebrado, sinuoso, escabroso, desigual.

angaria *s. f.* Antigua servidumbre o prestación personal.

angarillar *v. tr.* Poner angarillas a una cabalgadura.

angarillas *s. f. pl.* Armazón para llevar a mano materiales para edificios y otras cosas.

angaripola *s. f.* Lienzo ordinario estampado en listas de varios colores, que usaron las mujeres del s. XVII para hacerse guardapiés.

ángaro *s. m.* Almenara, fuego que se hace en atalayas, etc.

angazo *s. m.* Instrumento para pescar mariscos.

ángel *s. m.* Espíritu celeste.

angélica *s. f.* Planta herbácea de aplicación en farmacia.

angelical *adj.* Parecido a los ángeles por su hermosura, candor o inocencia.

angelote *s. m.* **1.** Figura grande de ángel. **2.** *fig. y fam.* Persona sencilla y apacible.

ángelus *s. m.* Oración en honor del misterio de la Encarnación y que se reza tres veces al día.

angina *s. f.* Inflamación de las amígdalas y de las regiones contiguas a ellas.

angioma *s. m.* Tumor de tamaño variable, generalmente congénito, formado por acumulación de vasos eréctiles y a veces pulsátiles.

angla *s. f.* Cabo, lengua de tierra que avanza en el mar.

anglesita *s. f.* Sulfato de plomo natural.

anglicismo *s. m.* Giro o modo de hablar propio y privativo de la lengua inglesa.

angolán *s. m.* Árbol alangiáceo de la India. Su fruto es comestible y la raíz se usa como purgante.

angorra *s. f.* Pieza de cuero o de tela gruesa, destinada en ciertos oficios para proteger las partes del cuerpo expuestas a rozamientos o quemaduras.

angostar *v. tr.* Hacer angosto, estrechar.

angosto, ta *adj.* Estrecho o reducido.

angostura *s. f.* Estrechura o paso estrecho.

angra *s. f.* Ensenada.

angrelado, da *adj.* Se dice de las piezas de heráldica, de las monedas y de los adornos de arquitectura que rematan en forma de picos o dientes menudos.

anguarina *s. f.* Gabán de paño burdo y sin mangas.

anguila *s. f.* Pez teleósteo, fisóstomo, sin aletas abdominales, de cuerpo largo y cilíndrico; es comestible y remonta los ríos, pero para criar desciende al mar.

angula *s. f.* Cría de la anguila, de color fusco, que, cocida, se vuelve blanca y es un sabroso pescado.

angular *adj.* De figura de ángulo.

angulema *s. f.* Lienzo de cáñamo o estopa.

ángulo *s. m.* Abertura formada por dos líneas que parten de un mismo punto.

angustia *s. f.* Aflicción, congoja.

angustiar *v. tr.* Causar angustia, afligir, acongojar. También prnl.

angustioso, sa *adj.* **1.** Lleno de angustia. **2.** Que la causa o que la padece.

anhelación *s. f.* Acción y efecto de anhelar o respirar con dificultad.

anhelar *v. intr.* **1.** Respirar con dificultad. **2.** Tener ansia de conseguir algo. También tr.

anhélito *s. m.* Respiración corta y fatigosa.

anhelo *s. m.* Deseo vehemente.

anheloso, sa *adj.* Se dice de la respiración frecuente y fatigosa.

anhídrido *s. m.* Cuerpo formado por una combinación del oxígeno con un elemento no metal y que, al reaccionar con el agua, da un ácido.

anhidrita *s. f.* Roca de mayor densidad y dureza que el yeso, formado por un sulfato de cal anhidro.

anhidro, dra *adj.* Se aplica a los cuerpos en cuya formación no entra para nada el agua, o que la han perdido si la tenían.

anidar *v. intr.* Hacer nido las aves o vivir en él. También prnl.

anilina *s. f.* Alcaloide líquido, artificial, obtenido por transformación de la bencina procedente del carbón de piedra.

anilla *s. f.* Argolla.

anillar *v. tr.* **1.** Dar forma de anillo. **2.** Sujetar con anillos.

anillo *s. m.* Aro pequeño.

ánima *s. f.* Alma que pena en el purgatorio.

animación *s. f.* Viveza.
animador, ra *adj.* Que anima.
animadversión *s. f.* **1.** Enemistad. **2.** Crítica o advertencia severa.
animal *s. m.* Ser orgánico que vive, siente y se mueve por propio impulso.
animalada *s. f., fam.* Dicho o hecho de la persona brutal.
animalizar *v. tr.* **1.** Convertir los alimentos, particularmente los vegetales, en materia animal por medio de la asimilación. ‖ *v. prnl.* **2.** Embrutecerse.
animar *v. tr.* Infundir ánimo, vigor.
animero *s. m.* El que pide limosna para sufragio de las ánimas del purgatorio.
anímico, ca *adj.* Psíquico.
ánimo *s. m.* **1.** Alma o espíritu. **2.** Valor, energía.
animosidad *s. f.* **1.** Valor. **2.** Ojeriza.
animoso, sa *adj.* Que tiene ánimo, valeroso.
aniñarse *v. prnl.* Hacerse el niño quien no lo es.
aniquilación *s. f.* Acción y efecto de aniquilar o aniquilarse.
aniquilar *v. tr.* Reducir a la nada. También prnl.
anís *s. m.* Planta de semillas aromáticas y de sabor agradable.
anisar *s. m.* **1.** Tierra sembrada de anís. ‖ *v. tr.* **2.** Echar anís o espíritu de anís a algo.
anisete *s. m.* Licor compuesto de aguardiente, azúcar y anís.
anisodonte *adj.* De dientes desiguales.
anisófilo, la *adj.* De hojas desiguales.
anisómero *adj.* Se dice del órgano formado por partes desiguales.
anisopétalo, la *adj.* Se dice de la corola que tiene pétalos desiguales y de la flor que tiene esta clase de corola.
aniversario, ria *adj.* **1.** Anual. ‖ *s. m.* **2.** Oficio y misa que se celebran en sufragio de un difunto el día en que se cumple el año de su fallecimiento. **3.** Día en que se cumplen años de algún suceso.
anjeo *s. m.* Especie de lienzo basto.
ano *s. m.* Orificio en que remata el tubo digestivo y por el cual se expele el excremento.
anoa *s. f.* Especie de búfalo que vive en estado salvaje en las islas Célebes.
anoche *adv. t.* En la noche de ayer.
anochecer *v. intr.* Empezar a faltar la luz del día, venir la noche.
anodinia *s. f.* Falta de dolor.
anodino, na *adj.* Insustancial.
ánodo *s. m.* Polo positivo de un generador de electricidad.
anofeles *s. m.* Mosquito propagador del paludismo.
anomalía *s. f.* Irregularidad.
anomalístico *adj.* Se dice del año solar.
anómalo, la *adj.* Irregular, extraño.
anona[1] *s. f.* Provisión de víveres.
anona[2] *s. f.* Arbolito de tronco ramoso, hojas grandes y lanceoladas, flores blancas, y fruto carnoso cubierto de escamas.
anonadar *v. tr.* Humillar, abatir.
anónimo, ma *adj.* Que no ostenta nombre de su autor.
anopluro *adj.* Se dice de insectos ápteros, que viven como ectoparásitos en el cuerpo de algunos mamíferos. También s. m.
anorexia *s. f.* Falta anormal de ganas de comer.
anormal *s. m. y s. f.* Persona cuyo desarrollo físico o intelectual es inferior al que corresponde a su edad.
anormalidad *s. f.* Calidad de anormal.
anotación *s. f.* Acción y efecto de anotar.
anotar *v. tr.* **1.** Poner notas en un escrito, cuenta o libro. **2.** Apuntar alguna cosa.
anquialmendrado, da *adj.* Se dice de la caballería que tiene las ancas muy estrechas.
anquiboyuno, na *adj.* Se dice de la caballería que tiene, como el buey, muy salientes los extremos anteriores de las ancas.
anquilosar *v. tr.* Producir anquilosis.
anquilosis *s. f.* Disminución o imposibilidad de movimiento en una articulación de ordinario móvil.
anquirredondo, da *adj.* Se dice de la caballería que tiene las ancas muy carnosas y convexas.
anquiseco, ca *adj.* Se dice de la caballería que tiene las ancas descarnadas.
ánsar *s. m.* Ave palmípeda cuyas plumas sirven para rellenar colchones y para escribir.
ansarino *s. m.* Pollo del ánsar.
ansia *s. f.* **1.** Congoja. **2.** Angustia o aflicción del ánimo. **3.** Anhelo.
ansiar *v. tr.* Desear con ansia.
ansiedad *s. f.* Estado de agitación, inquietud o zozobra del ánimo.
ansioso, sa *adj.* Que tiene ansia o deseo vehemente de alguna cosa.

anta *s. f.* Mamífero rumiante, parecido al ciervo, de color gris oscuro, astas en forma de pala con recortaduras profundas en los bordes.
antagónico, ca *adj.* Que denota o implica antagonismo.
antagonismo *s. m.* **1.** Oposición sustancial o habitual en doctrinas y opiniones. **2.** Estado de lucha o rivalidad.
antaño *adv. t.* En tiempo antiguo.
antañón, na *adj.* Muy viejo.
antártico, ca *adj.* Se dice del polo opuesto al ártico.
ante[1] *s. m.* **1.** Anta, rumiante parecido al ciervo. **2.** Piel de ante adobada y curtida.
ante[2] *prep.* En presencia de, delante de.
anteanoche *adv. t.* En la noche de anteayer.
anteayer *adv. t.* En el día que precedió inmediatamente al de ayer.
antebrazo *s. m.* Parte del brazo desde el codo hasta la muñeca.
antecama *s. f.* Alfombrilla colocada delante de la cama.
antecámara *s. f.* Pieza delante de la sala o salas principales de un palacio o casa grande.
antecedente *s. m.* Acción dicho o circunstancia anterior que sirve para juzgar hechos posteriores.
anteceder *v. tr.* Preceder.
antecesor, ra *s. m. y s. f.* Persona que precedió a otra en una dignidad, empleo, ministerio, obra o encargo.
anteco, ca *adj.* Se aplica a los moradores del globo terrestre que están bajo un mismo meridiano y a igual distancia del ecuador, pero en distinto hemisferio.
antecoro *s. m.* Pieza que da ingreso al coro.
antedata *s. f.* Fecha falsa de un documento anterior a la verdadera.
antedatar *v. tr.* Poner antedata a un documento.
antediluviano, na *adj.* Anterior al diluvio universal.
antefirma *s. f.* Fórmula del tratamiento que corresponde a una persona o corporación y que se pone antes de la firma en el oficio, memorial o carta que se le dirige.
anteiglesia *s. f.* Atrio, pórtico o lonja delante de la iglesia.
antejuicio *s. m.* Juicio previo y necesario para la incoación de una causa contra jueces y magistrados.
antelación *s. f.* Anticipación con que, en orden al tiempo, sucede una cosa respecto a otra.
antemano, de *adv. t.* Con anticipación, anteriormente.
antemeridiano, na *adj.* Anterior al mediodía.
antemural *s. m.* **1.** Fortaleza. **2.** *fig.* Reparo o defensa.
antena *s. f.* **1.** Mástil del telégrafo para recoger y emitir ondas eléctricas. **2.** Apéndices articulados de los artrópodos.
antenombre *s. m.* Nombre o calificativo que se pone antes del nombre propio.
antenupcial *adj.* Que precede a la boda o se hace antes de ella.
anteojera *s. f.* Caja en que se tienen o guardan anteojos.
anteojo *s. m.* Instrumento óptico para ver objetos lejanos.
antepagar *v. tr.* Pagar con anticipación.
antepasado, da *adj.* **1.** Se dice del tiempo anterior a otro tiempo ya pasado. ‖ *s. m.* **2.** Ascendiente. Se usa más en pl.
antepecho *s. m.* Pretil que se suele poner en parajes altos para evitar caídas.
antepenúltimo, ma *adj.* Inmediatamente anterior al penúltimo.
anteponer *v. tr.* **1.** Poner delante. También prnl. **2.** Preferir.
anteportada *s. f.* Hoja que precede a la portada de un libro y en la que ordinariamente se pone sólo el título de la obra.
anteposición *s. f.* Acción de anteponer.
anteproyecto *s. m.* Conjunto de trabajos preliminares para redactar el proyecto de una obra de arquitectura o de ingeniería.
antepuerta *s. f.* Repostero o cortina que se pone delante de una puerta para abrigo o adorno.
antepuerto *s. m.* Parte avanzada de un puerto artificial.
antera *s. f.* Parte del estambre de las flores que contiene el polen.
anterior *adj.* Que precede en lugar o tiempo.
anterioridad *s. f.* Precedencia temporal de una cosa con respecto a otra.
antes *adv. t. y l.* Denota prioridad de tiempo o lugar.
antesala *s. f.* Pieza delante de la sala.
antestatura *s. f.* Especie de trinchera hecha precipitadamente con estacas, etc.

antevíspera *s. f.* Día inmediatamente anterior al de la víspera.

antiácido, da *adj.* Que neutraliza el exceso de acidez anormal en ciertas partes del organismo.

antiaéreo, a *adj.* Perteneciente o relativo a la defensa contra los aviones.

antibiótico *s. m.* Sustancia química que impide la actividad de otros microorganismos.

anticiclón *s. m.* Área de gran presión barométrica.

anticipar *v. tr.* Hacer que ocurra o tenga lugar una cosa antes del tiempo señalado.

anticipo *s. m.* **1.** Anticipación. **2.** Dinero anticipado.

anticlerical *adj.* Contrario al clericalismo o al clero.

anticonstitucional *adj.* Contrario a la constitución o ley fundamental de un Estado.

anticresis *s. f.* Contrato en que el deudor consiente que su acreedor goce de los frutos de la finca que le entrega, hasta que sea cancelada la deuda.

anticuado, da *adj.* Que no está en uso hace mucho tiempo.

anticuar *v. tr.* Graduar de antigua y sin uso alguna cosa.

anticuario, ria *s. m. y. s. f.* **1.** Persona que hace profesión o estudio particular del conocimiento de las cosas antiguas. **2.** Persona que hace profesión o estudio particular del conocimiento de las cosas antiguas.

anticuerpo *s. m.* Sustancia que se produce en el organismo por un proceso espontáneo o provocado, y que se opone a la acción de otros elementos tales como bacterias, toxinas, etc.

antídoto *s. m.* Contraveneno

antiestético, ca *adj.* Contrario a la estética.

antifaz *s. m.* Velo, máscara, etc., con que se cubre la cara.

antífona *s. f.* Breve pasaje, tomado de ordinario de la Sagrada Escritura, que se canta o reza antes y después de los salmos y de los cánticos en las horas canónicas, y guarda relación con el oficio propio del día.

antífrasis *s. f.* Figura que consiste en designar personas o cosas con voces que signifiquen lo contrario de lo que se debiera decir.

antigualla *s. f.* Obra u objeto de arte de antigüedad remota.

antigüedad *s. f.* **1.** Calidad de antiguo. **2.** Tiempo antiguo.

antiguo, gua *adj.* Que existe desde hace mucho tiempo.

antihigiénico, ca *adj.* Contrario a la higiene.

antijurídico, ca *adj.* Que es contra derecho.

antilogía *s. f.* Contradicción entre dos textos o expresiones.

antílope *s. m.* Cualquiera de los mamíferos rumiantes que forman un grupo intermedio entre las cabras y los ciervos, como la gacela y la gamuza.

antimilitarismo *s. m.* Oposición a las instrucciones militares.

antimonio *s. m.* Metal blanco azulado y brillante, de estructura laminosa, quebradizo, muy agrio e insoluble en el ácido nítrico. Aleado con el plomo, sirve para fabricar los caracteres de imprenta.

antimoral *adj.* Contrario a la moral.

antinatural *adj.* Contranatural.

antinomia *s. f.* Contradicción entre dos leyes o principios que son de igual fecha o están declarados vigentes.

antipapa *s. m.* El que no está canónicamente elegido Papa y pretende ser reconocido como tal, contra el verdadero y legítimo.

antipara *s. f.* **1.** Biombo. **2.** Polaina.

antiparras *s. f. pl., fam.* Anteojos o gafas.

antipatía *s. f.* Repugnancia natural o instintiva que se siente hacia alguna persona o cosa.

antipático, ca *adj.* Que causa antipatía.

antipendio *s. m.* Velo o tapiz de tela preciosa que tapa los soportes y la parte delantera de algunos altares entre la mesa y el suelo.

antiperistáltico, ca *adj.* Se aplica al movimiento de contracción del estómago y los intestinos, contrario al peristáltico.

antipirético, ca *adj.* Medicamento eficaz contra la fiebre. También s. m.

antipirina *s. f.* Base oxigenada que se presenta ordinariamente en forma de polvo blanco y se usa en medicina para rebajar la calentura y los dolores nerviosos.

antípoda *adj.* Se dice de cualquier habitante del globo terrestre con respecto a otro que more en lugar diametralmente opuesto.

antirrábico, ca *adj.* Se dice del medicamento utilizado para combatir la rabia.

antiscio *adj.* Se dice de cada uno de los habitantes de las zonas templadas que, por vivir sobre el mismo meridiano y en hemisferios opuestos, proyectan al mediodía la sombra en dirección contraria.

antisepsia *s. f.* Método que consiste en combatir o prevenir los padecimientos infecciosos, destruyendo los microbios que los causan.

antisocial *adj.* Contrario, opuesto a la sociedad, al orden social.

antítesis *s. f.* Oposición o contrariedad de dos juicios o afirmaciones.

antitóxico, ca *adj.* Se dice de la sustancia que sirve para neutralizar una acción tóxica. También s. m.

antitoxina *s. f.* Cualquiera de los anticuerpos que destruyen los efectos de las toxinas y sirve para neutralizar ulteriormente nuevos ataques de la misma toxina.

antitrago *s. m.* Prominencia de la parte inferior del pabellón de la oreja, opuesta al trago.

antocianina *s. f.* Cualquiera de los pigmentos que se encuentran disueltos en el protoplasma de las células de algunos órganos vegetales, y a los cuales deben su color las corolas de todas las flores azules y violadas, y la mayoría de las rojas.

antófago, ga *adj.* Se dice de los animales que se alimentan principalmente de flores.

antojarse *v. prnl.* Hacerse objeto de vehemente deseo de alguna cosa.

antojera *s. f.* Pieza de guarnición que cubre por los lados los ojos de las caballerías.

antojo *s. m.* Deseo vivo y pasajero de alguna cosa.

antología *s. f.* Florilegio, colección de poesías, etc.

antonomasia *s. f.* Sinécdoque que consiste en poner el nombre apelativo por el propio, o el propio por el apelativo.

antozoo *adj.* Se dice de ciertos celentéreos que en el estado adulto viven fijos sobre el fondo del mar, no presentan nunca la forma de medusa y están constituidos, ya por un solo pólipo, ya por una colonia de muchos pólipos que frecuentemente están unidos entre sí por un polipero.

antracita *s. f.* Carbón fósil y brillante que arde con poca llama y sin humo ni olor.

ántrax *s. m.* Inflamación confluente de varios folículos pilosos, con abundante formación de pus y, a veces, complicaciones locales y generales graves, sobre todo si la padecen personas diabéticas.

antro *s. m.* Caverna, cueva, gruta.

antropofagia *s. f.* Costumbre de algunos salvajes de comer la carne humana.

antropoide *adj.* Se dice de los animales que por sus caracteres externos se asemejan al hombre, se aplica en especial a los monos que no tienen cola. También s. m.

antropología *s. f.* Ciencia que trata del hombre considerado física y moralmente.

antropometría *s. f.* Tratado de las proporciones y medidas del cuerpo humano.

antropomorfo, fa *adj.* Se aplica a lo que tiene forma o apariencia humana.

antruejo *s. m.* Los tres días de carnestolendas, carnaval.

antuvión *s. m.* Golpe repentino.

anual *adj.* Que sucede o se repite cada año.

anuario *s. m.* Libro que se publica de año en año.

anubarrado, da *adj.* Nubloso, cubierto de nubes.

anublar *v. tr.* **1.** Ocultar las nubes el azul del cielo o la luz de un astro. También prnl. **2.** *fig.* Oscurecer. También prnl.

anudar *v. tr.* Hacer uno o más nudos. También prnl.

anulación *s. f.* Acción y efecto de anular o anularse.

anular *v. tr.* Dar por nulo.

anunciar *v. tr.* Dar noticia o aviso de algo, proclamar, hacer saber una cosa.

anuncio *s. m.* Pronóstico.

anuria *s. f.* Supresión de la secreción urinaria.

anuro, ra *adj.* Que carece de cola.

anúteba *s. f.* Llamamiento a la guerra.

anverso *s. m.* En las monedas y medallas, haz que se considera principal.

anzuelo *s. m.* Arponcillo pequeño que sirve para pescar.

añada *s. f.* Temporal bueno o malo que hace durante un año.

añadido *s. m.* Postizo.

añadidura *s. f.* Lo que se añade a alguna cosa.

añadir *v. tr.* **1.** Agregar, incorporar una cosa a otra. **2.** Aumentar, acrecentar.

añafil *s. m.* Trompeta recta morisca.
añagaza *s. f.* **1.** Señuelo para coger aves. **2.** *fig.* Artificio para atraer con engaño.
añal *adj.* Se dice del cordero, becerro o macho cabrío que tiene un año cumplido.
añalejo *s. m.* Especie de calendario para los eclesiásticos que señala el orden y rito del rezo y oficio divino de todo el año.
añasco *s. m.* Enredo, embrollo.
añejar *v. tr.* Hacer añeja alguna cosa. También prnl.
añejo, ja *adj.* Se dice de ciertas cosas que tienen uno o más años.
añicos *s. m. pl.* Trocitos en que se divide una cosa al romperse.
añil *s. m.* Arbusto perenne papilionáceo, de hojas compuestas y flores en racimo o espiga, y legumbre con granillos lustrosos y muy duros, de cuyos tallos y hojas se saca una materia colorante.
añino *s. m.* Cordero de un año.
año *s. m.* **1.** Tiempo transcurrido durante una revolución real de la Tierra alrededor del Sol. **2.** Período de doce meses.
añojal *s. m.* Pedazo de tierra que se cultiva algunos años y luego se deja erial durante cierto tiempo.
añojo, ja *s. m. y s. f.* Becerro de un año cumplido.
añoranza *s. f.* Melancolía por la pérdida o separación de una persona o cosa.
añorar *v. tr.* Recordar con pena la pérdida o ausencia de una persona o cosa muy querida. También intr.
añoso, sa *adj.* De muchos años.
aojar[1] *v. tr.* Hacer mal de ojo.
aojar[2] *v. tr.* Ojear la caza.
aónides *s. f. pl.* Las musas.
aoristo *s. m.* Cada uno de ciertos pretéritos indefinidos de la conjugación griega.
aorta *s. f.* Arteria principal que arranca del ventrículo izquierdo del corazón.
aórtico, ca *adj.* Perteneciente o relativo a la aorta.
aortitis *s. f.* Inflamación de la aorta.
aovado, da *adj.* De figura de huevo.
aovar *v. intr.* Poner huevos las aves y otros animales.
apabullar *v. tr.* Dejar a alguien confuso y sin saber qué hablar o responder.
apacentar *v. tr.* Dar pasto a los ganados.
apache *adj.* Se dice del indígena nómada de las llanuras de Nuevo México. También s. m. y s. f.
apacible *adj.* **1.** Dulce y agradable en la condición y en el trato. **2.** De buen temple, tranquilo.
apaciguar *v. tr.* Poner en paz, aquietar.
apadrinar *v. tr.* Acompañar o asistir como padrino a una persona.
apagado, da *adj.* De genio muy sosegado y apocado.
apagar *v. tr.* **1.** Extinguir el fuego o la luz. También prnl. **2.** Echar agua a la cal viva. **3.** Aplacar, disipar, extinguir. También prnl.
apaisado, da *adj.* Se dice de lo que es más ancho que alto.
apalabrar *v. tr.* Concertar de palabra dos o más personas alguna cosa.
apalancar *v. tr.* Levantar, mover alguna cosa con palanca.
apalear[1] *v. tr.* Dar golpes a una persona o cosa con un palo.
apalear[2] *v. tr.* Aventar con pala el grano para limpiarlo.
apanalado, da *adj.* Que forma celdillas como el panal.
apandar *v. tr., fam.* Pillar, atrapar, coger algo para apropiárselo.
apandillar *v. tr.* Hacer pandilla. Se usa más como prnl.
apanojado, da *adj.* Se dice del tallo de algunas plantas y también de la flor dispuesta en forma de panoja.
apantanar *v. tr.* Llenar de agua algún terreno, dejándolo hecho un pantano. También prnl.
apañado, da[1] *adj.* Se aplica a tejidos semejantes al paño.
apañado, da[2] *adj.* Hábil, mañoso.
apañar *v. tr.* **1.** Coger con la mano o coger en general. ‖ *v. prnl.* **2.** *fam.* Darse maña para hacer alguna cosa.
apaño *s. m.* **1.** Apañadura. **2.** *fam.* Compostura.
aparador *s. m.* **1.** Mueble donde se guarda o contiene lo necesario para el servicio de la mesa. **2.** Taller de un artífice.
aparar *v. tr.* **1.** Aparejar, preparar, adornar una cosa. **2.** Coser las piezas de que se compone el calzado antes de ponerle la suela.
aparato *s. m.* **1.** Apresto, prevención. **2.** Instrumento o conjunto de ellos que sirven para determinado objeto.

aparatoso, sa *adj.* Que tiene mucho aparato.

aparcar *v. tr.* Colocar transitoriamente en un lugar público señalado al efecto, coches u otros vehículos.

aparcería *s. f.* Trato o convenio de los que llevan en común una granjería.

aparcero, ra *s. m. y s. f.* Persona que tiene aparcería con otra u otras.

aparear *v. tr.* **1.** Arreglar o ajustar una cosa con otra formando par. También prnl. **2.** Juntar las hembras de los animales con los machos para que críen. También prnl.

aparecer *v. intr.* Manifestarse, dejarse ver, por lo común repentinamente. También prnl.

aparecido *s. m.* Espectro de un difunto.

aparejador, ra *s. m. y s. f.* Perito ayudante de un arquitecto.

aparejar *v. tr.* **1.** Preparar, prevenir, disponer. También prnl. **2.** Poner el aparejo a las caballerías.

aparejo *s. m.* Conjunto de palos, vergas, jarcias y velas de un buque.

aparentar *v. tr.* Manifestar o dar a entender lo que no es o no hay.

aparente *adj.* Que parece y no es.

aparición *s. f.* Visión de un ser sobrenatural o fantástico, fantasma.

apariencia *s. f.* **1.** Aspecto exterior de una persona o cosa. **2.** Probabilidad.

aparrar *v. tr.* Hacer que un árbol extienda sus ramas horizontalmente.

aparroquiarse *v. prnl.* Hacerse feligrés de una parroquia.

apartadero *s. m.* Lugar en los caminos ferrocarriles y canales, donde se apartan las personas, las caballerías, los carruajes, etc., para que quede libre el paso.

apartado, da *adj.* **1.** Retirado, remoto. **2.** Diferente, distinto.

apartar *v. tr.* Separar, desunir, dividir. También prnl.

aparte *adv. l.* **1.** En otro lugar. **2.** A distancia, desde lejos.

apartidar *v. tr.* Alzar o tomar partido.

aparvar *v. tr.* Hacer parva.

apasionado, da *adj.* Poseído de alguna pasión o afecto.

apasionar *v. tr.* Causar, excitar alguna pasión. Se usa más como prnl.

apatanado, da *adj.* Rústico, tosco.

apatía *s. f.* Impasibilidad, dejadez.

apea *s. f.* Soga con una muletilla en un extremo y un ojal en el otro, propia para trabar las caballerías.

apeadero *s. m.* En los ferrocarriles, sitio de la vía preparado para el servicio público, pero sin apartadero ni estación.

apear *v. tr.* **1.** Desmontar, bajar a uno de una caballería o carruaje. **2.** Calzar algún coche o carro. **3.** Cortar un árbol por el pie y derribarlo.

apechugar *v. intr.* Aguantar.

apedazar *v. tr.* Remendar.

apedreado, da *adj.* Manchado, salpicado de varios colores.

apedrear *v. tr.* Tirar o arrojar piedras a una persona o cosa.

apegarse *v. prnl.* Tomar afecto a alguien o algo.

apego *s. m., fig.* Afición o inclinación particular a una persona o cosa.

apelación *s. f.* Acción de apelar.

apelado, da *adj.* Se dice del litigante que ha obtenido sentencia favorable contra la cual se apela.

apelambrar *v. tr.* Meter los cueros en pelambre o en depósito de agua y cal viva, para que pierdan el pelo.

apelar *v. intr.* Recurrir una sentencia.

apelativo *adj.* Se dice del nombre común a todos los individuos de la misma especie. También s. m.

apelde *s. m.* En los conventos de franciscanos, toque de campana antes de amanecer.

apellar *v. tr.* Untar y adobar la piel sobándola, para que reciba bien los ingredientes del color que se le quiere dar.

apellidarse *v. prnl.* Tener tal nombre o apellido.

apellido *s. m.* Nombre de familia con que se distinguen las personas.

apelmazar *v. tr.* Hacer que una cosa esté menos esponjosa o hueca de lo que requiere para su uso. También prnl.

apelotonar *v. tr.* Formar pelotones. También prnl.

apenar *v. tr.* Causar pena. También prnl.

apenas *adv. t.* Luego que, al punto que.

apencar *v. intr., fam.* Apechugar venciendo la repugnancia.

apéndice *s. m.* **1.** Cosa adjunta o añadida a otra. **2.** Prolongación del intestino ciego.

apendicitis *s. f.* Inflamación del apéndice.

apendicular *adj.* Perteneciente o relativo al apéndice.

apeonar *v. intr.* Andar a pie y aceleradamente.

apepsia *s. f.* Falta de digestión.

aperar *v. tr.* Componer carros y aparejos para el acarreo y trajín del campo.

apercibir *v. tr.* **1.** Disponer todo lo necesario para alguna cosa. También prnl. **2.** Amonestar, advertir.

apercollar *v. tr., fam.* Coger o asir por el cuello a alguien.

apergaminarse *v. prnl., fam.* Acartonarse.

aperitivo, va *adj.* Que sirve para abrir el apetito. También s. m.

apero *s. m.* Conjunto de instrumentos y demás cosas necesarias para la labranza.

aperreado, da *adj.* Trabajoso, molesto.

aperrear *v. tr.* Echar perros a alguien para que lo maten y despedacen.

apersogar *v. tr.* Atar a un animal, especialmente del cuello, para que no huya.

apersonarse *v. prnl.* Personarse.

apertura *s. f.* Acto de dar o volver a dar principio a las funciones de una asamblea, teatro, curso académico, etc.

apesadumbrar *v. tr.* Causar pesadumbre, afligir. Se usa más como prnl.

apesgar *v. tr.* **1.** Hacer peso o agobiar a alguien. **2.** Agravarse, ponerse muy pesado.

apestar *v. tr.* **1.** Causar o comunicar la peste. También prnl. ‖ *v. intr.* **2.** Arrojar o comunicar mal olor.

apestoso, sa *adj.* **1.** Que da mal olor, que apesta. **2.** Que causa hastío.

apétalo, la *adj.* Se dice de la flor que carece de pétalos.

apetecer *v. tr.* **1.** Tener gana de alguna cosa, o desearla. También prnl. ‖ *v. intr.* **2.** Gustar, agradar una cosa.

apetecible *adj.* Digno de apetecerse.

apetencia *s. f.* Apetito, gana de comer.

apetito *s. m.* Gana de comer.

apetitoso, sa *adj.* Gustoso, sabroso.

ápex *s. m.* Punto de la esfera celeste hacia el cual se dirige el Sol arrastrando a los planetas.

apezuñar *v. intr.* Hincar los animales en el suelo sus pezuñas o cascos.

apiadar *v. tr.* **1.** Causar piedad. **2.** Mirar o tratar con piedad. ‖ *v. prnl.* **3.** Tener piedad.

apicararse *v. prnl.* Adquirir modales o proceder de pícaro.

ápice *s. m.* **1.** Extremo superior o punta de una cosa. **2.** Parte pequeñísima, nonada.

apícola *adj.* Perteneciente o relativo a la apicultura.

apículo *s. m.* Punta corta, aguda y poco consistente.

apicultura *s. f.* Arte de criar abejas para aprovechar sus productos.

apilar *v. tr.* Amontonar, poner una cosa sobre otra formando pila.

apimpollarse *v. prnl.* Echar pimpollos las plantas.

apiñar *v. tr.* Juntar o agrupar estrechamente personas o cosas. También prnl.

apio *s. m.* Planta umbelífera, de hojas largas y hendidas, y flores muy pequeñas y blancas.

apiolar *v. tr.* **1.** Poner correas a los halcones o caballerías. **2.** Prender.

apiparse *v. prnl., fam.* Atracarse de comida o bebida.

apirético, ca *adj.* Perteneciente o relativo a la apirexia.

apirexia *s. f.* Falta de fiebre.

apisonar *v. tr.* Apretar con pisón la tierra u otra cosa.

apitonado, da *adj.* Quisquilloso, cojijoso, puntilloso.

apitonar *v. intr.* **1.** Echar pitones los animales que crían cuernos. **2.** Empezar los árboles a brotar.

apizarrado, da *adj.* De color de pizarra, o sea negro azulado.

aplacar *v. tr.* Amansar. También prnl.

aplacer *v. intr.* Agradar, contentar.

aplacerado, da *adj.* Se dice del fondo del mar, llano y poco profundo.

aplacible *adj.* Agradable.

aplacimiento *s. m.* Complacencia, placer, gusto.

aplanadera *s. f.* Instrumento de piedra, madera u otra materia, con que se aplana el suelo, terreno, etc.

aplanar *v. tr.* **1.** Allanar. **2.** *fig. y fam.* Dejar a alguien pasmado.

aplantillar *v. tr.* Labrar piedra u otro material con arreglo a plantilla o patrón.

aplastar *v. tr.* Deformar una cosa con presión o golpe disminuyendo su grueso o espesor. También prnl.

aplaudir *v. tr.* Palmotear en señal de aprobación o entusiasmo.

aplauso *s. m.* Acción y efecto de aplaudir.

aplazar *v. tr.* Diferir un acto.

aplebeyar *v. tr.* Envilecer los ánimos o los modales.

aplicación *s. f.* **1.** Acción y efecto de aplicar o aplicarse. **2.** *fig.* Afición y asiduidad con que se hace algo. **3.** *fig.* Ornamentación sobrepuesta.

aplicado, da *adj., fig.* Que tiene aplicación.

aplicar *v. tr.* **1.** Poner una cosa sobre otra o en contacto de otra. **2.** *fig.* Adaptar, apropiar.

aplomar *v. tr.* Examinar con la plomada si las paredes u otras partes que se están construyendo están verticales o a plomo. También intr.

aplomo *s. m.* Gravedad, serenidad, circunspección.

apnea *s. f.* Falta o supresión de la respiración.

apoastro *v.* Punto en que un astro secundario se halla a mayor distancia de su principal.

apocado, da *adj.* De poco ánimo.

apocamiento *s. m.* Cortedad o encogimiento de ánimo.

apocar *v. tr.* **1.** Minorar, reducir a poco. **2.** *fig.* Limitar, estrechar.

apocopar *v. tr.* Cometer apócope.

apócope *s. f.* Supresión de algún sonido al fin de algún vocablo. También s. m.

apócrifo, fa *adj.* Fabuloso, supuesto o fingido.

apodar *v. tr.* Poner o decir apodos.

apodencado, da *adj.* Semejante al podenco.

apoderado, da *adj.* Se dice del que tiene poderes de otro para representarle.

apoderar *v. tr.* **1.** Dar poder una persona a otra para que la represente. ‖ *v. prnl.* **2.** Hacerse alguien dueño de alguna cosa.

apodíctico, ca *adj.* Demostrativo, conveniente, que encierra una verdad necesaria.

apodo *s. m.* Nombre que suele darse a una persona, tomado de sus defectos corporales o de otra circunstancia.

ápodo, da *adj.* Falto de pies.

apódosis *s. f.* Segunda parte del período en que se completa el sentido de la primera, llamada prótasis.

apófige *s. f.* Cada una de las pequeñas partes curvas que enlazan las extremidades del fuste de la columna con su base o capitel.

apófisis *s. f.* Parte saliente de un hueso.

apogeo *s. m.* En la órbita de la Luna, el punto más distante de la Tierra.

apógrafo *s. m.* Copia de un escrito original.

apolillar *v. tr.* Roer la polilla las ropas u otras cosas. Se usa más como prnl.

apolítico, ca *adj.* Ajeno a la política.

apologética *s. f.* Ciencia que expone los fundamentos y pruebas de la verdad de la religión católica.

apología *s. f.* Discurso de palabra o por escrito, en defensa o alabanza de personas o cosas.

apólogo *s. m.* Fábula.

apoltronarse *v. prnl.* Hacerse poltrón.

apomazar *v. tr.* Estregar o alisar con la piedra pómez una superficie.

aponeurosis *s. f.* Membrana formada por tejido conjuntivo fibroso cuyos hacecillos colágenos están entrecruzados y que sirve de envoltura a los músculos.

apontocar *v. tr.* Sostener una cosa o darle apoyo con otra.

apoplejía *s. f.* Suspensión súbita y más o menos completa de la acción cerebral, debida comúnmente a derrames sanguíneos en el encéfalo o las meninges.

apoplético, ca *adj.* **1.** Perteneciente o relativo a la apoplejía. **2.** Que padece apoplejía.

aporcar *v. tr.* Cubrir con tierra ciertas plantas para que se pongan más tiernas y blancas.

aporisma *s. f.* Tumor que se forma entre piel y carne por derrame sanguíneo.

aporrar *v. intr., fam.* Quedarse alguien sin responder ni hablar en ocasión en que debía hacerlo.

aporrear *v. tr.* **1.** Golpear con porra o palo. **2.** Dar golpes, aunque no sea con porra o palo.

aporrillarse *v. prnl.* Hincharse las articulaciones con abscesos que dificultan el movimiento.

aportadero *s. m.* Paraje donde se puede o suele aportar.

aportar *v. intr.* Tomar puerto o arribar a él.

aportillar *v. tr.* Romper una muralla o pared para poder entrar por la abertura que se haga en ella.

aposentamiento *s. m.* **1.** Acción y efecto de aposentar o aposentarse. **2.** Aposento, cuarto.

aposentar *v. tr.* Dar habitación y hospedaje.

aposento *s. m.* **1.** Cuarto o pieza de una casa. **2.** Posada, hospedaje.

aposición *s. f.* Efecto de poner, consecutivamente sin conjunción, dos o más sustantivos que denoten una misma persona o cosa.

apósito *s. m.* Remedio que se aplica exteriormente.

aposta *adv. m.* Adrede.

apostadero *s. m.* Paraje o lugar donde hay personas o gente apostada.

apostar *v. tr.* **1.** Hacer apuesta. **2.** Poner determinado número de personas en un sitio o paraje para algún fin. También prnl.

apostatar *v. intr.* Negar la fe de Jesucristo recibida en el bautismo.

apostema *s. f.* Postema, absceso.

a posteriori *loc. lat.* Después de examinar el asunto de que se trata.

apostilla *s. f.* Acotación que interpreta, aclara o completa un texto.

apostillar *v. tr.* **1.** Poner postillas. ‖ *v. prnl.* **2.** Llenarse de postillas.

apóstol *s. m.* **1.** Cada uno de los doce principales discípulos de Cristo. **2.** Propagador de una doctrina cualquiera.

apostolado *s. m.* Oficio de apóstol.

apostólico, ca *adj.* **1.** Perteneciente o relativo a los apóstoles. **2.** Perteneciente o relativo al Papa o que dimana de su autoridad.

apostrofar *v. tr.* Dirigir apóstrofes.

apóstrofe *s. amb.* Figura consistente en cortar el orador el discurso para dirigir la palabra con vehemencia, a una o varias personas o cosas personificadas.

apóstrofo *s. m.* Signo ortográfico en figura de vírgula, que indica la oclusión de una vocal.

apostura *s. f.* **1.** Gentileza, buena disposición en la persona. **2.** Actitud, ademán, aspecto.

apotegma *s. m.* Dicho breve y sentencioso, dicho feliz. Se llama así al que tiene celebridad por haberlo proferido o escrito algún hombre ilustre.

apotema *s. f.* Perpendicular trazada desde el centro de un polígono regular a uno cualquiera de sus lados.

apoteosis *s. f.* **1.** Ensalzamiento de una persona con grandes honores o alabanzas. **2.** Éxito total.

apoyadura *s. f.* Raudal de leche que acude a los pechos de las hembras cuando dan de mamar.

apoyar *v. tr.* Hacer que una cosa descanse sobre otra.

apoyatura *s. f.* Nota pequeña y de adorno que, puesta delante de otra, hace que ésta retarde un poco su sonido para apoyarse en el de ella.

apoyo *s. m.* **1.** Lo que sirve para sostener. **2.** *fig.* Protección, auxilio, favor.

apreciable *adj.* Digno de aprecio.

apreciar *v. tr.* **1.** Poner precio o tasa a las cosas vendibles. **2.** *fig.* Reconocer y estimar el mérito de alguien o algo.

apreciativo, va *adj.* Perteneciente o relativo al aprecio o estimación que se hace de alguna persona o cosa.

aprehender *v. tr.* **1.** Coger, asir, prender. **2.** Concebir las especies de las cosas sin hacer juicio de ellas o sin afirmar ni negar.

apremiar *v. tr.* **1.** Dar prisa, compeler a alguien a que haga pronto una cosa. **2.** Oprimir, apretar.

apremio *s. m.* Acción y efecto de apremiar.

aprender *v. tr.* Adquirir el conocimiento de alguna cosa por medio del estudio o de la experiencia.

aprendiz, za *s. m. y s. f.* Persona que aprende algún arte u oficio.

aprendizaje *v.* **1.** Acción de aprender algún arte u oficio. **2.** Tiempo que en ello se emplea.

aprensar *v. tr.* Prensar.

aprensión *s. f.* Opinión, figuración, idea infundada o extraña. Se usa más en pl.

aprensivo, va *adj.* Se dice de la persona muy pusilánime que ve peligros en todas las cosas para su salud, o imagina que son graves sus dolencias más leves.

apresar *v. tr.* **1.** Asir. **2.** Tomar por fuerza alguna nave o apoderarse de ella.

aprestar *v. tr.* Aparejar, disponer lo necesario para alguna cosa. También prnl.

apresto *s. m.* Preparación para alguna cosa.

apresurar *v. tr.* Dar prisa, acelerar. También prnl.

apretadera *s. f.* Cinta, correa o cuerda que sirve para apretar alguna cosa.

apretadizo, za *adj.* Que por su calidad se aprieta o comprime fácilmente.

apretado, da *adj., fig. y fam.* Mezquino.

apretar *v. tr.* **1.** Estrechar ciñendo. **2.** *fig.* Acosar, estrechar a alguien persiguiéndole o atacándole.

apretón *s. m.* Apretadura muy fuerte y rápida.

apretujar *v. tr.* **1.** *fam.* Apretar mucho o reiteradamente. ‖ *v. prnl.* **2.** Oprimirse un grupo de personas en un recinto demasiado estrecho para contenerlas.

apretura *s. f.* **1.** Opresión causada por la excesiva concurrencia de gente. **2.** Sitio o paraje estrecho.

aprieto *s. m.* **1.** Apretura. **2.** *fig.* Apuro.

aprimar *v. tr.* Afinar, intensar, perfeccionar.

a priori *loc. lat.* Antes de examinar el asunto de que se trata.

aprisa *adv. m.* Con celeridad.

apriscar *v. tr.* Recoger el ganado en el aprisco.

aprisco *s. m.* Paraje donde los pastores recogen el ganado para resguardarlo de la intemperie.

aprisionar *v. tr.* **1.** Meter en prisión. **2.** *fig.* Atar, sujetar.

aproar *v. intr.* Volver el buque la proa a alguna parte.

aprobar *v. tr.* Calificar o dar por bueno.

aproches *s. m. pl.* Conjunto de trabajos que van haciendo los que atacan una plaza para acercarse a batirla, como son las trincheras, baterías, etc.

aprontar *v. tr.* Prevenir, disponer con prontitud.

apropiado, da *adj.* Acomodado o proporcionado para el fin a que se destina.

apropiar *v. tr.* Hacer propia de alguien cualquier cosa.

apropincuarse *v. prnl.* Acercarse.

aprovechado, da *adj.* Se dice del que saca provecho de todo, y más aún del que utiliza lo que otros suelen desperdiciar o despreciar.

aprovechar *v. intr.* Servir de provecho alguna cosa.

aprovisionar *v. tr.* Abastecer.

aproximar *v. tr.* Arrimar, acercar. También prnl.

ápside *s. m.* Cada uno de los dos extremos del eje mayor de la órbita trazada por un astro. Se usa más en pl.

apsiquia *s. f.* Pérdida del conocimiento.

áptero, ra *adj.* Que carece de alas.

aptitud *s. f.* Capacidad y disposición.

apto, ta *adj.* Idóneo, hábil, a propósito para hacer alguna cosa.

apuesta *s. f.* Cosa que se apuesta.

apuesto, ta *adj.* Ataviado, adornado.

apulgarar *v. intr.* Hacer fuerza con el dedo pulgar.

apulso *s. m.* Contacto del borde de un astro con el hilo vertical del retículo del anteojo con el que se le observa.

apunchar *v. tr.* Abrir los peineros las púas del peine, especialmente las gruesas.

apuntación *s. f.* Notación.

apuntador, ra *adj.* **1.** Que apunta. ‖ *s. m. y s. f.* **2.** Persona que en el teatro va apuntando a los actores lo que tienen que decir.

apuntalar *v. tr.* Poner puntales.

apuntar *v. tr.* **1.** Dirigir un arma arrojadiza o de fuego hacia un objetivo. **2.** Señalar hacia el sitio u objeto determinado. **3.** Tomar nota de alguna cosa.

apunte *s. m.* Nota que se hace por escrito de alguna cosa.

apuntillar *v. tr.* Acachetar, rematar al toro con la puntilla.

apuñalar *v. tr.* Dar de puñaladas.

apuñar *v. tr.* Asir o coger algo con la mano, cerrándola.

apuracabos *s. m.* Pieza cilíndrica con una púa metálica, donde se aseguran los cabos de vela para que ardan hasta consumirse.

apurado, da *adj.* **1.** Pobre, falto de caudal y de lo que necesita. **2.** Dificultoso, peligroso, angustioso. **3.** Esmerado, exacto.

apurar *v. tr.* **1.** Purificar, santificar. **2.** Acabar, agotar.

apuro *s. m.* **1.** Aprieto, escasez grande. **2.** Aflicción, conflicto. **3.** Apremio, prisa.

aquejar *v. tr.* **1.** Acongojar, afligir, fatigar. **2.** Hablando de enfermedades, vicios, defectos, etc., afectar a una persona o cosa, causarles daño.

aquel, lla, llo *pron. dem.* Designa una persona o cosa que está lejos del hablante y del oyente. También adj. en m. y f.

aquelarre *s. m.* Conciliábulo de brujas o sitio donde se celebra.

aquende *adv. l.* De la parte de acá.

aquí *adv. l.* En este lugar.

aquiescencia *s. f.* Consentimiento.

aquietar *v. tr.* Sosegar, apaciguar. También prnl.

aquilatar *v. tr.* Examinar y graduar los quilates del oro y de las piedras preciosas.

aquillado, da *adj.* **1.** De figura de quilla. **2.** Se aplica al buque muy largo de quilla.

aquistar *v. tr.* Conseguir, adquirir, conquistar.

ara *s. f.* **1.** Altar en que se ofrecen sacrificios. **2.** Piedra consagrada.

arabesco *s. m.* Dibujo de adorno compuesto de tracerías, follajes, volutas, etc., y que se emplea comúnmente en frisos, zócalos y cenefas.

arabista *s. m. y s. f.* Persona que se ocupa en estudiar la lengua y literatura árabes.

arácnido, da *adj.* Se dice de los artrópodos sin antenas de respiración aérea, con cuatro pares de patas y con cefalotórax. Carecen de ojos compuestos y tienen dos pares de apéndices bucales variables por su forma y función. También s. m.

aracnoides *adj.* Se dice de la meninge situada entre la duramáter y la piamáter, y formada por un tejido claro y seroso. También s. f.

aracnología *s. f.* Parte de la zoología que trata de los arácnidos.

arada *s. f.* Cultivo y labor del campo.

arado *s. m.* Instrumento de agricultura con que se labra la tierra abriendo surcos en ella.

arador *s. m.* Ácaro parásito y casi microscópico que produce la sarna.

aragonito *s. m.* Carbonato de calcio nativo que difiere de la calcita por su cristalización en prismas hexagonales.

aralia *s. f.* Arbusto araliáceo, con tallo leñoso lleno de espinas, hojas grandes, gruesas y recortadas, flores en corimbo y frutos negruzcos.

arambel *s. m., fig.* Andrajo o trapo que cuelga del vestido.

aramio *s. m.* Campo o tierra de labor que después de tener una o dos rejas se deja en barbecho.

arana *s. f.* Embuste, trampa, estafa.

arancel *s. m.* Tarifa oficial que determina los derechos que se han de pagar en varios ramos, como el de costas judiciales, aduanas, ferrocarriles, etc.

arándano *s. m.* Planta ericácea, de hojas alternas aovadas y aserradas, flores solitarias, axilares y fruto en baya dulce y comestible.

arandela *s. f.* Corona o anillo metálico de uso frecuente en las máquinas y artefactos, para evitar el roce entre dos piezas.

arandillo *s. m.* Pájaro insectívoro que habita en los cañaverales en los que le gusta mecerse. Se alimenta de semillas e insectos.

aranero, ra *adj.* Embustero, tramposo, estafador. También s. m. y s. f.

araniego, ga *adj.* Se dice del gavilán que se caza con la red llamada araña o arañuelo.

aranzada *s. f.* Medida de tierra que equivalía casi a la fanega.

araña *s. f.* Arácnido pulmonado con cuatro pares de patas.

arañar *v. tr.* Raspar, rasgar, herir ligeramente el cutis con las uñas u otra cosa. También prnl.

arañazo *s. m.* Rasgadura ligera hecha en el cutis con las uñas, un alfiler u otra cosa.

arañuela *s. f.* Planta ranunculácea de jardín, de hermosas flores.

arañuelo *s. m.* Larva de insectos que destruyen los plantíos.

arar *v. tr.* Remover la tierra haciendo en ella surcos con el arado.

araucaria *s. f.* Árbol conífero, de gran altura, de hojas verticiladas y siempre verdes, flores dioicas y fruto drupáceo. Es originario de América.

arauja *s. f.* Planta trepadora de Brasil, de la familia de las asclepiadáceas, de hojas oblongas, blanquecinas por el envés, y flores blancas y olorosas.

arbitraje *s. m.* **1.** Acción o facultad de arbitrar. **2.** Juicio arbitral.

arbitral *adj.* Perteneciente o relativo al arbitrador o al juez árbitro.

arbitrar *v. tr.* **1.** Proceder alguien libremente, usando de su facultad y arbitrio. **2.** Juzgar como árbitro.

arbitrariedad *s. f.* Acto o proceder contrario a la justicia, la razón o las leyes, dictado sólo por la voluntad o el capricho.

arbitrio *s. m.* **1.** Facultad que tenemos de adoptar una resolución con preferencia a otra. **2.** Sentencia del juez árbitro.

arbitrista *s. m. y s. f.* Persona que inventa planes o proyectos disparatados, para aliviar la hacienda pública o remediar males políticos.

árbitro, tra *adj.* Que puede obrar por sí solo, con plena independencia.

árbol *s. m.* Planta leñosa y elevada que se ramifica a diversa altura.

arbolado, da *adj.* Se dice del sitio poblado de árboles.

arboladura *s. f.* Conjunto de árboles y vergas de un buque.

arbolar *v. tr.* **1.** Poner los árboles a una embarcación. || *v. intr.* **2.** Elevarse mucho las olas del mar.

arboleda *s. f.* Sitio poblado de árboles, principalmente el sombrío y ameno.

arbollón *s. m.* Desaguadero de un estanque y albañal.

arbóreo, a *adj.* Relativo al árbol.

arborescencia *s. f.* Crecimiento o calidad de las plantas arborescentes.

arborescente *adj.* Se dice de las plantas que tienen caracteres parecidos a los del árbol.

arboricultura *s. f.* Cultivo de los árboles.

arbotante *s. m.* Arco que se apoya en un botarel y contrarresta el empuje de algún arco o bóveda.

arbusto *s. m.* Planta leñosa de poca altura, perenne y ramificada desde la base.

arca *s. f.* Caja, generalmente de madera sin forrar y con tapa llana.

arcabucear *v. tr.* Tirar arcabuzazos.

arcabucero *s. m.* Soldado armado de arcabuz.

arcabuz *s. m.* Arma antigua de fuego, semejante al fusil.

arcada *s. f.* Movimiento molesto y violento del estómago que excita a vómito. Se usa más en pl.

arcaduz *s. m.* **1.** Caño por donde se conduce el agua. **2.** Cangilón de una noria.

arcaico, ca *adj.* **1.** Perteneciente o relativo al arcaísmo. **2.** Anticuado.

arcaísmo *s. m.* **1.** Voz, frase o modo de decir anticuado. **2.** Empleo de voces, frases o maneras de decir anticuadas.

arcángel *s. m.* Espíritu angélico bienaventurado.

arcano, na *adj.* **1.** Secreto, recóndito. ‖ *s. m.* **2.** Misterio, cosa oculta y muy difícil de conocer.

arcar *v. tr.* **1.** Dar figura de arco. **2.** Sacudir la lana con arco.

arce *s. m.* Árbol de madera muy dura, hojas sencillas, flores en corimbo o en racimo y fruto de dos sámaras unidas.

arcediano *s. m.* En lo antiguo, el primero o principal de los diáconos. Hoy es dignidad en el cabildo catedralicio.

arcén *s. m.* Margen u orilla a lo largo de la carretera para detenerse momentáneamente los vehículos.

archiduque *s. m.* Antiguamente, duque revestido de autoridad superior a la de otros duques.

archimandrita *s. m.* En la Iglesia griega, dignidad eclesiástica del estado regular, inferior al obispo.

archipámpano *s. m., fam.* Persona de gran dignidad o autoridad imaginaria.

archipiélago *s. m.* Parte del mar poblada de islas.

architriclino *s. m.* Entre griegos y romanos, encargado de ordenar los banquetes y de dirigir el servicio.

archivar *v. tr.* Poner y guardar papeles o documentos en un archivo.

archivo *s. m.* Local en que se custodian documentos.

archivolta *s. f.* Conjunto de molduras que decoran un arco.

arcilla *s. f.* Sustancia mineral ordinariamente blanca, combinación de sílice y alúmina.

arcillar *v. tr.* Mejorar el terreno silíceo echándole arcilla.

arcilloso, sa *adj.* Que tiene arcilla o que abunda en ella.

arciprestazgo *s. m.* Dignidad o cargo de arcipreste.

arcipreste *s. m.* Antiguamente, el primero de los presbíteros de una iglesia. Hoy es dignidad en el cabildo catedralicio.

arco *s. m.* **1.** Porción de curva. **2.** Arma que sirve para disparar flechas.

arcosa *s. f.* Roca detrítica compuesta de granos de cuarzo mezclados con otros de feldespato. Se emplea en construcción y pavimentación.

arcuación *s. f.* Curvatura de un arco.

arder *v. intr.* Estar encendido.

ardid *s. m.* Artificio, medio utilizado hábil y mañosamente para el logro de algún intento.

ardido, da *adj.* Valiente, intrépido.

ardiente *adj.* **1.** Que causa ardor o parece que abrasa. **2.** Vehemente, apasionado.

ardilla *s. f.* Pequeño mamífero roedor de régimen arborícola.

ardimiento *s. m.* Valor, intrepidez.

ardínculo *s. m.* Absceso que se presenta en las heridas de las caballerías cuando se declara la gangrena.

ardite *s. m.* Moneda de poco valor que hubo antiguamente en Castilla.

ardor *s. m.* **1.** Calor grande. **2.** Valentía, ansia.

ardora *s. f.* Fosforescencia del mar que indica la presencia de un banco de sardinas.

ardorada *s. f.* Oleada de rubor que pone encendido el rostro.

ardoroso, sa *adj., fig.* Ardiente, vigoroso.

arduo, a *adj.* Muy difícil.

área *s. f.* Espacio de tierra ocupada por un edificio, campo, etc.

areca *s. f.* Palma cuyo fruto es una especie de nuez fibrosa con almendra dura y sirve para hacer buyo.

arefacción *s. f.* Secamiento, acción y efecto de secar o secarse.

arel *s. m.* Criba para limpiar el trigo en la era.

arelar *v. tr.* Limpiar el trigo en la era.

arena *s. f.* Conjunto de partículas desagregadas de las rocas.

arenación *s. f.* Operación que consiste en cubrir con arena caliente una parte enferma del cuerpo o todo el cuerpo.

arencar *v. tr.* Salar y secar sardinas al modo de los arenques.

arenal *s. m.* Terreno cubierto de arena.

arenga *s. f.* Discurso enardecedor y frecuentemente solemne.

arengar *v. intr.* Decir una arenga. También prnl.

arenilla *s. f.* Arena menuda que se echa en los escritos recientes para secarlos y que no se borren.

arenisco, ca *adj.* Se aplica a lo que tiene mezcla de arena.

arenoso, sa *adj.* **1.** Que tiene arena. **2.** Que participa de las cualidades y naturaleza de la arena.

arenque *s. m.* Pez teleósteo, fisóstomo, que se come fresco, salado o desecado al humo.

areola *s. f.* Círculo algo moreno que rodea el pezón.

areómetro *s. m.* Instrumento que sirve para determinar las densidades relativas a los pesos específicos de los líquidos y de los sólidos, por medio de los líquidos.

arestín *s. m.* **1.** Planta de color azulado, con las hojas partidas en tres gajos y llenas de púas en los bordes, así como el cáliz de la flor. **2.** Excoriación que sufren los cuadrúpedos en las cuartillas.

arete *s. m.* Arillo de metal que como adorno se lleva atravesado en el lóbulo de cada una de las orejas.

arfar *v. intr.* Cabecear el buque.

argado *s. m.* Enredo, travesura, dislate.

argallera *s. f.* Serrucho curvo para labrar canales en redondo.

argamandijo *s. m., fam.* Conjunto de cosas menudas que sirven para algún arte u oficio o para otro fin.

argamasa *s. f.* Mezcla de cal, arena y agua, que se emplea en las obras de albañilería.

argamasar *v. tr.* Hacer argamasa.

árgana *s. f.* Máquina a modo de grúa para subir piedras o cosas de mucho peso.

arganel *s. m.* Círculo pequeño de metal, parte del astrolabio.

arganeo *s. m.* Argolla de hierro en el extremo superior de la caña del ancla.

argavieso *s. m.* Turbión recio de agua con aire tempestuoso y truenos.

argayo *s. m.* Abrigo de paño burdo que usaban los dominicos.

argel *adj.* Se dice del caballo o yegua que sólo tiene blanco el pie derecho.

argemone *s. f.* Planta papaverácea. En Europa se cultiva como planta de adorno y se emplea en medicina. Su jugo lechoso y amarillento se usa en Asia y América como antídoto contra la mordedura de las culebras venenosas.

argentado, da *adj.* Plateado.

argentar *v. tr.* Platear.

argentífero, ra *adj.* Que contiene plata.

argolla *s. f.* Aro grueso de metal, que afirmado debidamente sirve para amarre o de asidero.

árgoma *s. f.* Aulaga, aliaga o tojo, planta leguminosa.

argón *s. m.* Cuerpo simple, gaseoso, existente en el aire, del cual no se conoce ningún compuesto.

argonauta *s. m.* Cada uno de los héroes griegos que, según la mitología, fueron a la conquista del vellocino de oro a Colcos.

argos *s. m., fig.* Persona muy vigilante.

argot *s. m.* **1.** Jerga, lenguaje de germanía. **2.** Lenguaje especial de personas que tienen el mismo oficio.

argucia *s. f.* Sutileza, sofisma, argumento falso presentado con agudeza.

argüir *v. tr.* Descubrir, probar.

argumentación *s. f.* **1.** Acción de argumentar. **2.** Argumento, razonamiento.

argumentar *v. intr.* Argüir.

argumento *s. m.* Razonamiento que se emplea para demostrar una proposición.

aria *s. f.* Composición musical sobre cierto número de versos para que la cante una sola voz.

aricar *v. tr.* Arar muy superficialmente.

árido, da *adj.* **1.** Seco, estéril. **2.** *fig.* Falto de amenidad.

ariete *s. m.* Máquina militar antigua que se empleaba en batir murallas.

arietino, na *adj.* Semejante a la cabeza del carnero.

arijo, ja *adj.* Se dice de la tierra delgada y fácil de cultivar.

ario, ria *adj.* Se dice del individuo de una raza o pueblo primitivo que habitó en el centro de Asia en época muy remota, y del cual proceden, según la opinión más general, todos los pueblos indoeuropeos.

arísaro *s. m.* Planta viscosa, de olor desagradable, muy acre; pero, después de cocida, se come sobre todo la raíz, de la que se extrae fécula abundante.

ariscarse *v. prnl.* Enojarse, ponerse arisco.

arisco, ca *adj.* Áspero, intratable.

arista *s. f.* Línea de intersección de dos planos.

aristarco *s. m., fig.* Crítico entendido, pero excesivamente severo.

aristocracia *s. f.* **1.** Gobierno en que sólo ejercen el poder las personas más notables del Estado. **2.** Clase noble de una provincia, región, nación, etc.

aristócrata *s. m. y s. f.* Individuo de la aristocracia.

aristoloquia *s. f.* Planta herbácea de la familia de las aristoloquiáceas, con raíz fibrosa, tallos tenues y ramosos, hojas acorazonadas, flores amarillas y fruto esférico y coriáceo.

aristón *s. m.* Cualquier esquina de una obra de fábrica.

aritmética *s. f.* Parte de las matemáticas que estudia la cantidad discreta o discontinua.

arlequín *s. m.* **1.** Personaje cómico de la antigua comedia italiana, que llevaba mascarilla negra y traje de cuadros de distintos colores. **2.** *fig. y fam.* Persona informal, ridícula y despreciable.

arma *s. f.* **1.** Instrumento destinado a defender o defenderse. || *s. f. pl.* **2.** Tropas o ejércitos de un Estado.

armada *s. f.* **1.** Conjunto de fuerzas navales de un Estado. **2.** Escuadra, conjunto de buques de guerra.

armadía *s. f.* Conjunto de vigas o maderos unidos con otros en forma plana, para poderlos conducir fácilmente a flote.

armadijo *s. m.* Trampa para cazar.

armadillo *s. m.* Mamífero del orden de los desdentados, cuyo dorso y cola están protegidos por placas córneas articuladas de manera que le permiten arrollarse en bola.

armador, ra *s. m. y s. f.* Persona que arma o avía una embarcación.

armadura *s. f.* Conjunto de armas de hierro con que se vestían para su defensa los que habían de combatir.

armamento *s. m.* **1.** Aparato y prevención de todo lo necesario para la guerra. **2.** Conjunto de armas para el servicio de un cuerpo militar o de un soldado.

armar *v. tr.* **1.** Proveer de armas. También prnl. **2.** Juntar entre sí las diversas piezas de que se compone un mueble, artefacto, etc. **3.** Aprestar una embarcación.

armario *s. m.* Mueble con puertas y anaqueles, donde se pueden guardar ropas, libros u otros objetos cualesquiera.

armatoste *s. m.* Cualquier máquina o mueble tosco, pesado y mal hecho, que sirve más de embarazo que de conveniencia.

armazón *s. amb.* **1.** Pieza o conjunto de piezas que sostienen a otra. **2.** Armadura, esqueleto.

armelina *s. f.* Piel blanca procedente de Laponia.

armella *s. f.* Anillo de metal que suele tener una espiga o tornillo para clavarlo en parte sólida.

armería *s. f.* **1.** Edificio en que se guardan diferentes clases de armas para curiosidad o estudio. **2.** Arte de fabricar armas.

armero *s. m.* Aparato para tener las armas en los puestos militares y otros puntos.

armilar *adj.* Se dice de la esfera movible que representa los círculos astronómicos.

armilla *s. f.* Astrágalo de la columna, y también espiral de ésta.

armiño *s. m.* Mamífero carnívoro de piel muy suave y delicada, parda en verano y blanquísima en invierno, exceptuada la punta de la cola que es siempre negra.

armisonante *adj.* Que lleva o tiene armas que suenan al ser movidas o al chocar unas con otras.

armisticio *s. m.* Suspensión de hostilidades pactada entre pueblos o ejércitos beligerantes.

armón *s. m.* Juego delantero de la cureña de campaña.

armonía *s. f.* **1.** Combinación de sonidos simultáneos y diferentes, pero acordes. **2.** *fig.* Amistad y buena correspondencia.

armónica *s. f.* Pequeño instrumento musical de viento en el que soplando o aspirando se producen sonidos.

armónico, ca *adj.* Perteneciente o relativo a la armonía.

armonio *s. m.* Órgano pequeño, con la figura exterior semejante al piano, y al cual se da aire mediante un fuelle que se mueve con los pies.

armonioso, sa *adj.* Agradable al oído.

armonizar *v. tr.* Poner en armonía unas cosas con otras.

armuelle *s. f.* Planta anual de la familia de las quenopodiáceas, con flores en espiga y semilla negra y dura.

arna *s. f.* Vaso de colmena.

arnés *s. m.* **1.** Conjunto de armas de acero defensivas, que se vestían y aseguraban al cuerpo. ‖ *s. m. pl.* **2.** Guarniciones de las caballerías.

árnica *s. f.* Planta compuesta, de raíz perenne, tallo hueco, velloso y áspero, de cabezuela amarilla. Las flores y la raíz tienen sabor acre, aromático y olor fuerte, que hace estornudar.

aro *s. m.* **1.** Pieza de hierro, madera, etc., en figura de circunferencia. **2.** Argolla o anillo grande de hierro.

aroma *s. f.* **1.** Flor del aromo, de olor muy fragante. **2.** Perfume, olor muy agradable.

aromático, ca *adj.* Que tiene aroma u olor agradable.

aromatizar *v. tr.* Dar o comunicar aroma a alguna cosa.

aromo *s. m.* Árbol mimosáceo, especie de acacia, de ramas espinosas y flores amarillas muy olorosas.

arpa *s. f.* Instrumento musical, de figura triangular, con cuerdas colocadas verticalmente y que se tocan con ambas manos.

arpadura *s. f.* Araño o rasguño.

arpar *v. tr.* Arañar o rasgar con las uñas.

arpegio *s. m.* Sucesión más o menos acelerada de los sonidos de un acorde.

arpella *s. f.* Ave rapaz diurna, que anida en tierra cercana a lugares pantanosos.

arpía *s. f.* **1.** Ave fabulosa, cruel y sucia. **2.** *fig. y fam.* Mujer de mala condición.

arpillera *s. f.* Tejido de estopa muy basta, con que se cubren cosas diversas para defenderlas del polvo o del agua.

arpón *s. m.* Instrumento que se compone de astil de madera armado con una punta de hierro para herir y otras dos para hacer presa.

arponear *v. tr.* Herir con arpón.

arqueada *s. f.* Cada uno de los movimientos o golpes del arco sobre las cuerdas de un instrumento musical de esta clase.

arquear[1] *v. tr.* **1.** Dar figura de arco. También prnl. **2.** Sacudir la lana y ahuecarla con un arco de una o dos cuerdas.

arquear[2] *v. tr.* Medir la cabida de una embarcación.

arqueo[1] *s. m.* Cabida de una embarcación.

arqueo[2] *s. m.* Reconocimiento de los caudales que existen en la caja.

arqueología *s. f.* Ciencia que estudia todo lo que se refiere a las artes y monumentos de la antigüedad.

arquería *s. f.* Serie de arcos.

arquetipo *s. m.* **1.** Tipo supremo, prototipo ideal de todas las cosas. **2.** Modelo original y primario de un arte u otra cosa.

arquibanco *s. f.* Banco largo con uno o más cajones a modo de arcas, cuyas tapas sirven de asiento.

arquimesa *s. f.* Mueble con tablero de mesa y varios compartimientos o cajones.

arquitecto, ta *s. m. y s. f.* Persona que profesa o ejerce la arquitectura.

arquitectura *s. f.* Arte de proyectar o construir edificios.

arquitrabe *s. m.* Parte inferior del entablamento, que descansa inmediatamente sobre el capitel de la columna.

arrabá *s. m.* Adorno rectangular que suele circunscribir el arco de las puertas y ventanas de estilo árabe.

arrabal *s. m.* **1.** Barrio fuera del recinto de la población a que pertenece. **2.** Población anexa a otra mayor.

arracada *s. f.* Arete con adorno colgante.

arracimarse *v. prnl.* Unirse o juntarse algunas cosas en figura de racimo.

arraclán *s. m.* Árbol ramnáceo, de hojas ovales, flores hermafroditas y madera flexible que da un carbón ligero.

arráez *s. m.* **1.** Caudillo o morisco. **2.** Capitán de embarcación árabe o morisca.

arraigar *v. intr.* **1.** Echar o criar raíces. También prnl. **2.** *fig.* Hacerse muy firme y difícil de extinguir una virtud, vicio, costumbre, etc. Se usa más como prnl.

arraigo *s. m.* Acción y efecto de arraigar o arraigarse.

arramblar *v. tr.* Arrastrarlo todo, llevándoselo con violencia.

arrancada *s. f.* Partida o salida violenta.

arrancadera *s. f.* Esquila grande que llevan los mansos, y sirve, entre otras cosas, para levantar y guiar el ganado.

arrancadero *s. m.* Punto desde donde se echa a correr.

arrancadura *s. f.* Acción de arrancar.

arrancar *v. tr.* **1.** Sacar de raíz. **2.** Sacar con violencia una cosa del lugar a que está adherida o sujeta.

arrancasiega *s. f.* Acción de arrancar y segar algo.

arranque *s. m.* Ímpetu de cólera, piedad u otro afecto.

arrapiezo *s. m.* Andrajo.

arras *s. f. pl.* **1.** Lo que se da como prenda o señal de algún contrato o concierto. **2.** Las trece monedas que, al celebrarse el matrimonio, pasan de las manos del desposado a las de la desposada y sirven para la formalidad de aquel acto.

arrasado, da *adj.* De la calidad del raso, o parecido a él.

arrasar *v. tr.* **1.** Allanar la superficie de una cosa. **2.** Echar por tierra, destruir, arruinar violentamente. **3.** Llenar una vasija hasta el borde.

arrastraculo *s. m.* Vela pequeña y cuadrada que se largaba debajo de la botavara.

arrastradero *s. m.* Camino por donde se hace, en el monte, el arrastre de maderas.

arrastrar *v. tr.* **1.** Llevar a una persona o cosa por el suelo, tirando de ella. **2.** Llevar alguien tras sí, o traer a otro a su dictamen o voluntad. ‖ *v. prnl.* **3.** *fig.* Humillarse vilmente.

arrastre *s. m.* Acción de arrastrar una cosa de una parte a otra.

arrate *s. m.* Libra de 16 onzas.

arratonado, da *adj.* Comido o roído por los ratones.

arrayán *s. m.* Arbusto de hojas compuestas y persistentes, flores axilares, pequeñas, blancas y olorosas, y fruto en baya de color negro azulado.

¡arre! *interj.* que se emplea para arrear a los animales.

arrear *v. tr.* Estimular a las bestias para que echen a andar o para que aviven el paso.

arrebañaderas *s. f. pl.* Ganchos de hierro destinados a sacar los objetos que se caen en los pozos.

arrebañar *v. tr.* Rebañar.

arrebatado, da *adj.* **1.** Impetuoso. **2.** *fig.* Color del rostro muy encendido.

arrebatamiento *s. m., fig.* Furor.

arrebatar *v. tr.* **1.** Quitar o tomar alguna cosa con violencia y fuerza. **2.** *fig.* Enfurecerse, dejarse llevar de la pasión.

arrebatiña *s. f.* Acción de recoger arrebatadamente una cosa disputada entre muchos que pretenden apoderarse de ella.

arrebato *s. m.* **1.** Arrebatamiento, furor. **2.** Éxtasis.

arrebol *s. m.* Color rojo de las nubes heridas por los rayos del Sol.

arrebolada *s. f.* Conjunto de nubes enrojecidas por los rayos del Sol.

arrebolar *v. tr.* Poner de color de arrebol. También prnl.

arrebujar *v. tr.* Coger mal y sin orden alguna cosa flexible, como ropa, etc.

arrechucho *s. m., fam.* Indisposición rápida y que dura poco.

arreciar *v. intr.* Irse haciendo cada vez más recia, fuerte o violenta alguna cosa. También prnl.

arrecife *s. m.* **1.** Afirmado o firme de un camino. **2.** Escollo en el mar.

arrecirse *v. prnl.* Entorpecerse los miembros con el frío.

arredrar *v. tr.* **1.** Apartar, separar. También prnl. **2.** *fig.* Retraer.

arredro *adv. l.* Atrás, detrás o hacia atrás.

arregazar *v. tr.* Recoger las faldas hacia el regazo. Se usa más como prnl.

arreglar *v. tr.* **1.** Ajustar o conformar a regla, a la costumbre, a la ley. **2.** Ordenar, concertar, componer, reparar.

arreglo *s. m.* Acción de arreglar o arreglarse.

arregostarse *v. prnl., fam.* Engolosinarse, aficionarse a una cosa.

arregosto *s. m., fam.* Gusto que se toma a una cosa, hecho ya costumbre.

arrejada *s. f.* Aguijada de labrador.

arrejaque *s. m.* Garfio de hierro con tres puntas torcidas, que se usa en algunas partes para pescar.

arrejerar *v. tr.* Sujetar la embarcación con dos anclas por la proa y una por la popa.

arrellanarse *v. prnl.* Ensancharse y extenderse en el asiento con toda comodidad y regalo.

arremangar *v. tr.* Recoger hacia arriba las mangas o la ropa. También prnl.

arremetedero *s. m.* Paraje por donde puede atacarse una plaza fuerte.

arremeter *v. intr.* Acometer con ímpetu.

arremolinarse *v. prnl., fig.* Amontonarse desordenadamente la gente.

arrendadero *s. m.* Anillo de hierro al cual se atan las caballerías en los pesebres.

arrendajo *s. m.* Ave de la familia de los córvidos, parecida al cuervo, pero más pequeña, de color gris morado, que se alimenta principalmente de los frutos de los árboles y también de los huevos de otras aves cuyas voces imita.

arrendar¹ *v. tr.* Ceder o adquirir por precio el goce o aprovechamiento temporal de cosas, obras o servicios.

arrendar² *v. tr.* Asegurar y atar por las riendas una caballería.

arrendatario, ria *adj.* Que toma en arrendamiento alguna cosa.

arreo *s. m.* **1.** Atavío, adorno. ‖ *s. m. pl.* **2.** Guarniciones o jaeces de las caballerías de montar o de tiro.

arrepentimiento *s. m.* Pesar de haber hecho alguna cosa.

arrepentirse *v. prnl.* Pesarle a alguien haber hecho o haber dejado de hacer alguna cosa.

arrepticio, cia *adj.* Endemoniado o espiritado.

arrequive *s. m.* Guarnición que se ponía en el vestido en su borde.

arrestado, da *adj.* Audaz, arrojado.

arrestar *v. tr.* Detener, poner preso.

arresto *s. m.* Detención provisional del presunto reo.

arrezagar *v. tr.* Arremangar. También prnl.

arriar *v. tr.* Bajar las velas o las banderas que están izadas.

arriate *s. m.* Era estrecha y dispuesta para tener plantas de adorno junto a las paredes de los jardines y patios.

arriaz *s. m.* Gavilán de espada.

arriba *adv. l.* **1.** A lo alto, hacia lo alto. **2.** En lo alto.

arribada *s. f.* Bordada que da un buque, dejándose ir con el viento.

arribar *v. intr.* **1.** Llegar la nave al puerto en que termina su viaje. **2.** *fig. y fam.* Convalecer.

arribo *s. m.* Llegada.

arricés *s. m.* Cada una de las dos hebillas con que se sujetan las aciones de los estribos.

arriería *s. f.* Oficio o ejercicio de arriero.

arriero *s. m.* Persona que trajina, por oficio, con bestias de carga.

arriesgado, da *adj.* **1.** Aventurado, peligroso. **2.** Osado, temerario.

arriesgar *v. tr.* Exponer a riesgo o peligro. También prnl.

arrimadero *s. m.* Cosa en que se puede estribar o a que alguien puede arrimarse.

arrimadillo *s. m.* Estera o tela a modo de friso que se pone en una habitación.

arrimadizo, za *adj.* **1.** Se aplica a lo que está hecho de propósito para arrimarlo a alguna parte. **2.** *fig.* Se dice del que interesadamente se arrima o pega a otro.

arrimar *v. tr.* Poner una cosa junto a otra de modo que toque con ella. También prnl.

arrinconar *v. tr.* Poner alguna cosa en un rincón o lugar retirado.

arriñonado, da *adj.* De figura de riñón.

arriscado, da *adj.* **1.** Atrevido, resuelto. **2.** Ágil, gallardo.

arriscar *v. tr.* Arriesgar. También prnl.

arrisco *s. m.* Riesgo.

arritmia *s. f.* Falta de ritmo regular.

arrítmico, ca *adj.* Perteneciente o relativo a la arritmia.

arroaz *s. m.* Delfín.

arroba *s. f.* Peso equivalente a 11 kg y 502 gr.

arrobarse *v. prnl.* Enajenarse, quedarse fuera de sí.

arrodillarse *v. prnl.* Hincar la rodilla o ambas rodillas.

arrodrigonar *v. tr.* Poner rodrigones a las vides.

arrogante *adj.* **1.** Altanero, soberbio. **2.** Valiente, alentado. **3.** Gallardo, airoso.

arrogar *v. tr.* Adoptar o recibir como hijo al huérfano o al emancipado.

arrojado, da *adj., fig.* Resuelto, osado, intrépido, inconsiderado.

arrojar *v. tr.* Echar, lanzar, tirar, despedir.

arroje *s. m.* Cada uno de los hombres que en los teatros se arrojaban desde el telar para hacer subir el telón con el peso de sus cuerpos.

arrojo *s. m., fig.* Osadía, intrepidez.

arrollar *v. tr.* **1.** Envolver una cosa de tal suerte que resulte en forma de rollo. **2.** *fig.* Atropellar.

arropar[1] *v. tr.* Cubrir con ropa. También prnl.
arropar[2] *v. tr.* Endulzar el vino con arrope.
arrope *s. m.* Mosto cocido, con consistencia de jarabe, al que suele añadirse alguna fruta cocida.
arropía *s. f.* Melcocha, miel.
arrostrar *v. tr.* Hacer cara, resistir, a las calamidades o peligros.
arroyada *s. f.* **1.** Valle por donde corre un arroyo. **2.** Corte o surco producido en la tierra por el agua corriente.
arroyo *s. m.* **1.** Caudal corto de agua, casi continuo. **2.** Cauce por donde corre.
arroz *s. m.* Planta propia de terrenos muy húmedos y climas cálidos, cuyo grano, rico en almidón, se come cocido.
arrozal *s. m.* Tierra sembrada de arroz.
arruar *v. intr.* Gruñir el jabalí cuando huye perseguido.
arrufar *v. intr.* Gruñir los perros enseñando los dientes.
arruga *s. f.* **1.** Pliegue que se hace en la piel. **2.** Pliegue deforme o irregular que se hace en la ropa o en cualquier tela o cosa flexible.
arrugar *v. tr.* Hacer arrugas. También prnl.
arrugia *s. f.* Excavación subterránea que hacían los antiguos mineros para producir el hundimiento de las tierras de aluvión que, sometidas después al lavado, daban el oro.
arruinar *v. tr.* **1.** Causar ruina. También prnl. **2.** *fig.* Destruir, ocasionar grave daño. También prnl.
arrullar *v. tr.* **1.** Atraer con arrullo el palomo o el tórtolo a la hembra, o al contrario. **2.** *fig. y fam.* Enamorar una persona a otra con frases dulces.
arrullo *s. m.* **1.** Canto grave y monótono con que se enamoran las palomas y tórtolas. **2.** Habla dulce y halagüeña con que se enamora una persona.
arrumaco *s. m., fam.* Demostración de cariño hecha con gestos o ademanes. Se usa más en pl.
arrumar *v. tr.* Distribuir y colocar la carga en un buque.
arrumbar *v. tr.* Poner una cosa como inútil en lugar apartado.
arsenal *s. m.* Establecimiento militar o particular en que se construyen, reparan y conservan las embarcaciones.
arseniato *s. m.* Cualquier sal formada por la combinación del ácido arsénico con una base.
arsénico *s. m.* Metaloide de color, brillo y densidad semejantes a los del hierro colado, cuyos componentes son muy venenosos.
arseniuro *s. m.* Combinación del arsénico con otro cuerpo simple.
arte *s. amb.* **1.** Virtud, disposición e industria para hacer algo. **2.** Cautela, maña.
artefacto *s. m.* Obra mecánica hecha según arte.
artejo *s. m.* **1.** Nudillo de los dedos. **2.** Cada una de las piezas articuladas entre sí de que están formados los apéndices segmentados de los artrópodos.
artemisa *s. f.* Planta olorosa compuesta, de hojas hendidas y flores blancas con el centro amarillo.
artera *s. f.* Instrumento de hierro con que cada uno marca su pan antes de enviarlo a un horno común.
arteria *s. f.* Cada uno de los vasos que llevan la sangre desde el corazón a las demás partes del cuerpo.
arteriola *s. f.* Arteria pequeña.
arteriosclerosis *s. f.* Endurecimiento de las arterias.
arteritis *s. f.* Inflamación de las arterias.
artero, ra *adj.* Mañoso, astuto.
artesa *s. f.* Cajón cuadrilongo que por sus cuatro lados se va angostando hacia el fondo. Sirve para amasar el pan y otros usos.
artesanía *s. f.* Arte u obra de los artesanos.
artesano, na *s. m. y s. f.* Persona que ejerce un arte u oficio mecánico.
artesiano, na *adj.* Se dice del pozo tubular muy hondo.
artesón *s. m.* Artesa redonda o cuadrada que regularmente sirve en las cocinas para fregar.
artesonado, da *adj.* Adornado con artesones.
artesonar *v. tr.* Adornar con artesones.
artético, ca *adj.* Que padece dolores en las articulaciones.
articulación *s. f.* **1.** Enlace de dos piezas o partes de una máquina o instrumento. **2.** Pronunciación clara y distinta de las palabras.
articulado, da *adj.* **1.** Que tiene articulaciones. **2.** Se dice de los animales invertebrados que tienen el cuerpo dividido en segmentos anulares.
articular *v. tr.* **1.** Unir, enlazar. También prnl. **2.** Pronunciar las palabras clara y distintamente.
articulista *s. m. y s. f.* Persona que escribe artículos para periódicos o publicaciones análogas.

artículo *s. m.* **1.** Una de las partes en que suelen dividirse los escritos. **2.** Cada una de las divisiones de un diccionario encabezado con distinta palabra. **3.** Escrito de cierta extensión e importancia inserto en un periódico. **4.** Parte de la oración.

artífice *s. m. y s. f.* **1.** Artista. **2.** Persona que ejecuta científicamente una obra artística o mecánica.

artificial *adj.* Hecho por mano o arte del hombre.

artificio *s. m.* Arte, primor, ingenio o habilidad con que está hecha alguna cosa.

artificioso, sa *adj.* Hecho con artificio o arte.

artillar *v. tr.* Armar de artillería las fortalezas o las naves.

artillería *s. f.* Arte de construir y usar las armas, máquinas y municiones de guerra.

artillero *s. m.* **1.** Persona que profesa por principios teóricos la facultad de la artillería. **2.** Individuo que sirve en la artillería del ejército o de la armada.

artilugio *s. m.* Aparato o mecanismo artificioso, pero de poca importancia.

artimaña *s. f.* **1.** Trampa para cazar. **2.** *fam.* Artificio o astucia.

artiodáctilo, la *adj.* Se dice del mamífero ungulado que tiene un número par de dedos en cada pata.

artista *s. m. y s. f.* Persona dotada de las cualidades necesarias para el cultivo de un arte bello.

artístico, ca *adj.* Perteneciente o relativo a las artes, en especial a las llamadas bellas.

artolas *s. f. pl.* Aparato similar a las aguaderas y con dos asientos que se coloca sobre las caballerías para que puedan ir sentadas dos personas, espalda con espalda.

artrítico, ca *adj.* Concerniente a la artritis, al artritismo o a las articulaciones.

artritis *s. f.* Inflamación de las articulaciones.

artritismo *s. m.* Enfermedad general consistente en una propensión a las enfermedades originadas por el exceso de ácido úrico en la sangre. Se manifiesta por obesidad, litiasis, gota, diabetes, etc.

artrópodo *adj.* Se dice de los animales invertebrados, de cuerpo con simetría bilateral, segmentado, con esqueleto exterior y patas articuladas como los insectos y las arañas. También s. m.

arúspice *s. m.* Sacerdote pagano de la antigua Roma, que examinaba las entrañas de las víctimas para adivinar los sucesos.

arveja *s. f.* Planta leguminosa, de flores violadas o blanquecinas.

arvense *adj.* Se dice de toda planta que crece en los sembrados.

arzobispo *s. m.* Obispo de iglesia metropolitana o que tiene honores de tal.

arzolla *s. f.* Planta compuesta, de tallo y fruto espinoso, y hojas largas y hendidas.

arzón *s. m.* Cualquiera de los fustes de la silla de montar.

as *s. m.* **1.** Unidad romana primitiva de monedas, pesos y medidas. **2.** Carta que en la numeración de cada palo de la baraja de naipes lleva el número uno.

asa *s. f.* Parte que sobresale del cuerpo de una vasija, bandeja, sartén, etc.

asador *s. m.* Varilla puntiaguda en que se clava y se coloca al fuego lo que se quiere asar.

asadura *s. f.* Conjunto de las entrañas del animal. Se usa también en pl.

asaetear *v. tr.* **1.** Disparar saetas contra alguien. **2.** Herir o matar con saetas.

asalariado, da *adj.* Que percibe un salario por su trabajo.

asalariar *v. tr.* Señalar salario a una persona.

asalmonado, da *adj.* De color rosa pálido.

asaltar *v. tr.* **1.** Acometer impetuosamente una plaza fuerte. **2.** Acometer repentinamente y por sorpresa a las personas.

asalto *s. m.* Combate simulado.

asamblea *s. f.* Reunión numerosa de personas convocadas para algún fin.

asar *v. tr.* Hacer comestible un manjar poniéndolo al fuego para que se cueza.

ásaro *s. m.* Planta perenne con rizoma rastrero, hojas radicales, flores terminales de color rojo y olor nauseabundo.

asativo, va *adj.* Se dice del cocimiento que se hace de alguna cosa con su propio zumo.

asaz *adv. c., poét.* Bastante, harto, muy.

asbesto *s. m.* Mineral de composición y caracteres semejantes a los del amianto, pero de fibras duras y rígidas comparables al cristal hilado.

ascáride *s. f.* Lombriz intestinal.

ascendencia *s. f.* Serie de ascendientes o antecesores de una persona.

ascender *v. intr.* **1.** Subir. **2.** *fig.* Adelantar en empleo o dignidad. **3.** Dar o conceder un ascenso.

ascendiente *s. m. y s. f.* Padre, madre o cualquiera de los abuelos, de quien desciende una persona.
ascensión *s. f.* Exaltación a una dignidad suprema.
ascenso *s. m.* **1.** *fig.* Promoción a mayor dignidad o empleo. **2.** Escalada.
ascensor *s. m.* Aparato para trasladar personas de unos a otros pisos.
asceta *s. m. y s. f.* Persona que practica la vida ascética.
ascitis *s. f.* Acumulación anormal de humor seroso en el vientre.
asco *s. m.* Alteración del estómago causada por la repugnancia que se tiene a alguna cosa que incita a vómito.
ascomiceto, ta *adj.* Se dice de los hongos que tienen los esporidios encerrados en saquitos.
ascua *s. f.* Pedazo de cualquier materia sólida y combustible que está ardiendo sin dar llama.
aseado, da *adj.* Limpio, curioso.
asear *v. tr.* Adornar, componer con curiosidad y limpieza. También prnl.
asechanza *s. f.* Engaño o artificio para hacer daño a otro. Se usa más en pl.
asedar *v. tr.* Poner alguna cosa suave como la seda.
asediar *v. tr.* **1.** Cercar un punto fortificado, para impedir que salgan los que están dentro o que reciban socorro de fuera. **2.** *fig.* Importunar a alguien sin descanso con pretensiones.
asedio *s. m.* Acción y efecto de asediar.
asegurar *v. tr.* **1.** Dejar firme y seguro, establecer, fijar sólidamente. **2.** Preservar de daño a las personas o a las cosas.
aseidad *s. f.* Atributo de Dios, de existir por sí mismo o por necesidad de su misma naturaleza.
asemejar *v. tr.* Hacer una cosa con semejanza a otra.
asendereado, da *adj., fig.* Agobiado de trabajos o adversidades.
asenderear *v. tr.* **1.** Hacer sendas o senderos. **2.** Perseguir a alguien haciéndole andar fugitivo por los senderos.
asenso *s. m.* Acción y efecto de asentir.
asentaderas *s. f. pl., fam.* Nalgas.
asentar *v. tr.* **1.** Sentar, poner en silla. Se usa más como prnl. **2.** Fundar pueblos o edificios. **3.** Aplanar, apisonar.
asentimiento *s. m.* Asenso.
asentir *v. intr.* Admitir como cierto o conveniente lo que otro ha afirmado o propuesto antes.
asentista *s. m.* Persona que contrata suministros de víveres y otros efectos.
aseo *s. m.* Limpieza, curiosidad.
asépalo, la *adj.* Se dice de la flor que carece de sépalos.
asepsia *s. f.* Método que se propone para evitar el acceso de gérmenes patógenos.
asequible *adj.* Que puede conseguirse o alcanzarse.
aserción *s. f.* Proposición en que se afirma o da por cierto algo.
aserradero *s. m.* Paraje donde se asierra la madera u otra cosa.
aserrar *v. tr.* Serrar.
aserrín *s. m.* Serrín.
aserto *s. m.* Aserción, acción de afirmar.
asesar *v. tr.* **1.** Hacer que alguien adquiera seso o cordura. ‖ *v. intr.* **2.** Adquirir seso o cordura.
asesinar *v. tr.* Matar alevosamente, por precio, o con premeditación a alguien.
asesinato *s. m.* Acción y efecto de asesinar.
asesor, ra *adj.* Que asesora.
asesorar *v. tr.* **1.** Dar consejo o dictamen. ‖ *v. prnl.* **2.** Tomar consejo una persona de otra.
asestar *v. tr.* **1.** Dirigir un arma hacia el objeto que se quiere amenazar u ofender con ella. **2.** Descargar contra un objeto el proyectil o el golpe de un arma o de cosa que haga su oficio.
aseverar *v. tr.* Afirmar o asegurar lo que se dice.
asexual *adj.* Sin sexo, ambiguo.
asfaltar *v. tr.* Revestir de asfalto.
asfalto *s. m.* Mezcla de asfalto con arena, cal, etc., utilizada para pavimentar.
asfixia *s. f.* Suspensión de la respiración.
asfixiar *v. tr.* Producir asfixia. También prnl.
así *adv. m.* De esta, o de esa suerte o manera.
asidero *s. m.* **1.** Parte por donde se ase alguna cosa. **2.** *fig.* Ocasión o pretexto.
asiduidad *s. f.* Frecuencia, puntualidad.
asiduo, dua *adj.* Frecuente, puntual, perseverante.
asiento *s. m.* Silla, taburete o cualquier clase de mueble destinado para sentarse en él.
asignación *s. f.* **1.** Acción y efecto de asignar. **2.** Cantidad señalada por sueldo o por otro concepto.
asignar *v. tr.* Señalar, fijar.

asignatura *s. f.* Cada uno de los tratados o materias que se enseñan en un instituto docente, o forman un plan académico de estudios.

asilar *v. tr.* Albergar en un asilo. También prnl.

asilo *s. m.* Establecimiento benéfico donde se recogen los pobres o indigentes.

asimétrico, ca *adj.* Que no guarda simetría.

asimilar *v. tr.* Asemejar, comparar. También prnl.

asimismo *adv. m.* De este o del mismo modo.

asíndeton *s. m.* Figura que consiste en omitir las conjunciones en la construcción de la cláusula para dar mayor energía o viveza al concepto.

asíntota *s. f.* Línea recta que, prolongada indefinidamente, se acerca de continuo a una curva, sin llegar nunca a encontrarla.

asir *v. tr.* **1.** Tomar, coger con la mano y, en general, tomar de cualquier modo. ‖ *v. prnl.* **2.** Agarrarse de alguna cosa.

asistencia *s. f.* **1.** Acción de asistir a un lugar. **2.** Socorro, favor, ayuda. **3.** Acción de asistir a una persona.

asistenta *s. f.* Criada de una casa particular que no pernocta en ella.

asistente *s. m.* Soldado destinado al servicio personal de un general, jefe u oficial.

asistir *v. intr.* **1.** Estar o hallarse presente. ‖ *v. tr.* **2.** Cuidar y procurar la curación de los enfermos.

asistolia *s. f.* Insuficiencia de la sístole cardíaca. Es síndrome grave.

asma *s. f.* Enfermedad de los bronquios.

asmático, ca *adj.* **1.** Perteneciente o relativo al asma. **2.** Que la padece.

asna *s. f.* Hembra del asno.

asnal *adj.* **1.** Perteneciente o relativo al asno. **2.** Bestial o brutal.

asno *s. m.* Mamífero de la familia de los équidos, que se emplea como bestia de carga.

asobinarse *v. prnl.* Quedar una bestia, al caer, con la cabeza metida entre las patas delanteras de modo que por sí no pueda levantarse.

asociación *s. f.* Conjunto de los asociados para un mismo fin y persona jurídica formada por ellos.

asociado, da *s. m. y s. f.* Persona que forma parte de una asociación o compañía.

asociar *v. tr.* **1.** Dar a alguien por compañero persona que le ayude. **2.** Juntar una cosa con otra, de suerte que se hermanen o concurran a un mismo fin.

asolador, ra *adj.* Que asuela o destruye.

asolanar *v. tr.* Dañar el viento solano alguna cosa.

asolar *v. tr.* Poner por el suelo, destruir, arruinar.

asoldar *v. tr.* Tomar a sueldo, asalariar.

asolear *v. tr.* Tener al sol una cosa por algún tiempo.

asomar *v. intr.* **1.** Empezar a mostrarse. ‖ *v. tr.* **2.** Sacar o mostrar alguna cosa por una abertura.

asombrar *v. tr.* **1.** Hacer sombra una cosa a otra. **2.** Asustar, espantar. También prnl. **3.** Causar gran admiración. También prnl.

asombro *s. m.* **1.** Susto, espanto. **2.** Admiración grande.

asomo *s. m.* **1.** Indicio o señal de alguna cosa. **2.** Presunción, sospecha.

asonada *s. f.* Reunión numerosa para conseguir tumultuaria y violentamente cualquier fin, de ordinario político.

asonancia *s. f.* **1.** Correspondencia de un sonido con otro. **2.** Igualdad de vocales en las terminaciones de dos palabras a contar desde la última acentuada, sin tener en cuenta para nada las consonantes.

asonante *adj.* Se dice de la misma voz con respecto a otra de la misma asonancia.

asonar *v. intr.* Hacer asonancia o convenir un sonido con otro.

asordar *v. tr.* Ensordecer a alguien con ruido o con voces, de suerte que no oiga.

aspa *s. f.* **1.** Conjunto de dos maderos atravesados en forma de una "X". **2.** Aparato exterior del molino de viento especie de cruz de madera en cuyos brazos se colocan unos lienzos a manera de velas, que sirve para mover la máquina.

aspar *v. tr.* **1.** Hacer madeja el hilo en el aspa. **2.** *fig. y fam.* Mortificar, molestar mucho a alguien.

aspaviento *s. m.* Demostración excesiva o afectada de espanto, admiración o sentimiento.

aspecto *s. m.* Apariencia de las personas y los objetos a la vista.

aspereza *s. f.* **1.** Calidad de áspero. **2.** Desigualdad del terreno que lo hace escabroso y difícil para caminar por él.

asperges *s. m., fam.* Rociadura o aspersión.

asperjar *v. tr.* Rociar.

áspero, ra *adj.* Insuave al tacto.

asperón *s. m.* Arenisca de cemento silíceo o arcilloso.

aspersión *s. f.* Acción de asperjar.

aspersorio *s. m.* Instrumento con que se asperja.

aspid *s. m.* Víbora muy venenosa.

aspillera *s. f.* Abertura larga y estrecha en un muro, para disparar por ella.

aspiradora *s. f.* Máquina que aspira el polvo.

aspirante *s. m. y s. f.* Persona que ha obtenido derecho a ocupar un cargo, honor o título.

aspirar *v. tr.* Atraer el aire a los pulmones, o gases o líquidos a una máquina aspiradora.

aspirina *s. f.* Cuerpo blanco, cristalizado en agujas, insípido y muy poco soluble en el agua, compuesto de los ácidos acético y salicílico. Se usa como antirreumático y antipirético.

asquerosidad *s. f.* Suciedad que mueve a asco.

asta *s. f.* **1.** Palo de la lanza, pica, venablo, etc. **2.** Palo en cuyo extremo se iza una bandera. **3.** Cuerno.

ástaco *s. m.* Cangrejo de agua dulce.

astenia *s. f.* Falta considerable de fuerzas.

áster *s. m.* Género de plantas compuestas, de cabezuelas agrupadas en panículas o corimbos.

asterisco *s. m.* Signo ortográfico empleado para llamada a nota, u otros usos convencionales.

asteroide *adj.* **1.** De figura de estrella. ‖ *s. m.* **2.** Cada uno de los planetas telescópicos cuyas órbitas se encuentran entre las de Marte y Júpiter.

astigmatismo *s. m.* Defecto del ojo o de los instrumentos dióptricos, que hace confusa la visión.

astil *s. m.* Mango, de ordinario de madera, que tienen las hachas, azadas, etc.

astilla *s. f.* Fragmento irregular que salta o queda de una cosa de madera que se parte.

astillar *v. tr.* Hacer astillas.

astillero *s. m.* **1.** Percha en que se ponen las astas o picas y lanzas. **2.** Establecimiento donde se construyen y reparan buques.

astracán *s. m.* Piel de cordero nonato o recién nacido, muy fina y con el pelo rizado.

astrágalo *s. m.* Hueso del tarso que está articulado con la tibia y el peroné.

astral *adj.* Perteneciente o relativo a los astros.

astricción *s. f.* Acción y efecto de astringir.

astringir *v. tr.* **1.** Contraer, estrechar una sustancia los tejidos orgánicos. **2.** *fig.* Sujetar, constreñir.

astro *s. m.* Cualquiera de los innumerables cuerpos celestes que pueblan el firmamento.

astrolabio *s. m.* Instrumento matemático antiguo que se usaba para observar la situación y movimiento de los astros.

astrología *s. f.* Ciencia de los astros.

astrólogo, ga *s. m. y s. f.* Persona que profesa la astrología.

astronomía *s. f.* Ciencia que trata de cuanto se refiere a los astros.

astrónomo, ma *s. m. y s. f.* Persona que profesa la astronomía o tiene en ella especiales conocimientos.

astroso, sa *adj.* **1.** Infausto, malhadado, desgraciado. **2.** *fig.* Vil, despreciable.

astucia *s. f.* Ardid para lograr un intento.

astuto, ta *adj.* Agudo, hábil.

asueto *s. m.* Vacación por un día o una tarde y en especial la que se da a los estudiantes.

asumir *v. tr.* Atraer a sí o tomar para sí.

asunción *s. f.* Por excelencia, elevación de la Virgen Santísima al cielo por obra de Dios.

asunto *s. m.* **1.** Materia de que se trata. **2.** Tema o argumento de una obra.

asurar *v. tr.* Requemar los guisados en la vasija donde se cuecen, por falta de jugo o de humedad.

asurcado, da *adj.* Que tiene surcos o hendeduras.

asurcano, na *adj.* Se dice de las labores o tierras contiguas y de quienes las labran.

asustadizo, za *adj.* Que se asusta con facilidad.

asustar *v. tr.* Dar o causar susto. También prnl.

atabal *s. m.* **1.** Timbal. **2.** Tambor pequeño.

atabalero *s. m.* Persona que toca el atabal.

atabanado, da *adj.* Se dice del caballo o yegua de pelo oscuro y con pintas blancas en los ijares y en el cuello.

atabe *s. m.* Abertura que se deja en algunas cañerías para desventarlas o ver si llega hasta allí el agua.

atablar *v. tr.* Allanar con la atabladera la tierra ya sembrada, tirando de ella las caballerías.

atacar *v. tr.* Acometer, embestir.

atadero *s. m.* Lo que sirve para atar.

atadijo *s. m., fam.* Lío pequeño y mal hecho.

atadura *s. f.* **1.** Hecho y resultado de atar. **2.** Lo que sirve para atar.

atagallar *v. intr.* Navegar un buque muy forzado de vela.

ataharre *s. m.* Banda de cuero o cáñamo que sujeta a la silla o albarda, rodea las ancas de la caballería e impide que el aparejo se corra hacia adelante.

ataire *s. m.* Moldura en las escuadras y tableros de las puertas o ventanas.

atajadero *s. m.* Obstáculo que se pone en las acequias, regueras, etc., para hacer entrar el agua en una finca.

atajar *v. intr.* **1.** Ir o tomar por el atajo. **2.** Salir al encuentro de una persona o animal por un atajo.

atajo *s. m.* Senda por donde se abrevia el camino.

atalaya *s. f.* Torre hecha comúnmente en lugar alto para descubrir o dar aviso.

atalayar *v. tr.* **1.** Registrar el campo o el mar desde la atalaya. **2.** *fig.* Espiar.

atanor *s. m.* Tubo o cañería para conducir el agua.

atañer *v. intr.* Corresponder, tocar o pertenecer.

atar *v. tr.* Unir o sujetar con ligaduras o nudos.

atarantado, da *adj.* **1.** Picado de la tarántula. **2.** *fig. y fam.* Inquieto.

atarantar *v. tr.* Aturdir, turbar los sentidos. También prnl.

atarazana *s. f.* **1.** Arsenal. **2.** Cobertizo o recinto en que trabajan los cordeleros.

atarazar *v. tr.* Morder o rasgar con los dientes alguna cosa.

atardecer *s. m.* Útimo período de la tarde.

atarear *v. tr.* Poner o señalar una tarea.

atarjea *s. f.* Caja de ladrillo con que se protegen las cañerías.

atarquinar *v. tr.* Llenar de tarquín, enlodar. Se usa más como prnl.

atarragar *v. tr.* Dar con el martillo la forma conveniente a la herradura y a los clavos, para su mejor aplicación al casco de la bestia.

atarugar *v. tr.* Asegurar con tarugos, cuñas o clavijas.

atasajar *v. tr.* Hacer tasajos la carne.

atascadero *s. m.* Lodazal o sitio donde se atascan los carruajes, las caballerías o las personas.

atascar *v. tr.* **1.** Tapar con tascos o estopones un agujero o hendidura. **2.** *fig. y fam.* Quedarse detenido por algún obstáculo, no pasar adelante.

atasco *s. m.* Impedimento que no permite el paso.

ataúd *s. m.* Caja donde se pone el cadáver para llevarlo a enterrar.

ataudado, da *adj.* De figura de ataúd.

ataujía *s. f.* Obra de taracea moruna hecha con metales finos y esmaltes.

ataurique *s. m.* Obra de ornamentación hecha con yeso. Representaba hojas y flores.

ataviar *v. tr.* Componer, adornar. También prnl.

atavío *s. m.* Compostura y adorno.

atavismo *s. m.* Semejanza con los abuelos.

ataxia *s. f.* Perturbación de las funciones del sistema nervioso que incapacita para coordinar los movimientos musculares voluntarios.

ateísmo *s. m.* Opinión del ateo.

atelaje *s. m.* Tiro, conjunto de caballerías que tiran del carruaje.

ateles *s. m.* Mono sudamericano, llamado también "mono araña".

atemorizar *v. tr.* Causar temor. También prnl.

atemperar *v. tr.* Moderar, templar. También prnl.

atenacear *v. tr.* Arrancar con tenazas pedazos de carne de una persona.

atenazar *v. tr.* **1.** Atenacear. **2.** Poner los dientes apretados por la ira o por el dolor.

atención *s. f.* **1.** Acción de atender. **2.** Demostración de respeto u obsequio.

atender *v. tr.* **1.** Satisfacer un deseo, ruego o mandato. También intr. ‖ *v. intr.* **2.** Aplicar el entendimiento a un objeto espiritual o sensible. **3.** Tener en cuenta.

atendible *adj.* Digno de ser atendido o de atención.

ateneo *s. m.* Nombre de algunas asociaciones científicas o literarias.

atenerse *v. prnl.* Ajustarse alguien en sus acciones a alguna cosa.

atentado *s. m.* Delito.

atentar *v. tr.* **1.** Emprender o ejecutar alguna cosa ilegal o ilícita. **2.** Intentar un delito; cometer atentado.

atento, ta *adj.* **1.** Que tiene fija la atención en alguna cosa. **2.** Cortés, comedido.

atenuar *v. tr.* **1.** Poner tenue, sutil o delgada alguna cosa. **2.** *fig.* Disminuir.

ateo, a *adj.* Que niega la existencia de Dios. También s. m. y s. f.

aterciopelado, da *adj.* Semejante al terciopelo.

aterirse *v. prnl.* Pasmarse de frío.

atérmano, na *adj.* Que difícilmente da paso al calor.

aterrador, ra *adj.* Que aterra.

aterrajar *v. tr.* Labrar con la terraja las roscas de los tornillos o tuercas.

aterrar¹ *v. tr.* Derribar, abatir.

aterrar² *v. tr.* Aterrorizar. También prnl.

aterrizaje *s. m.* Acción de aterrizar.

aterrizar *v. intr.* Descender a tierra el aviador con el aparato que dirige.

aterronar *v. tr.* Hacer terrones alguna materia suelta. Se usa más como prnl.

aterrorizar *v. tr.* Causar terror. También prnl.

atesorar *v. tr.* Reunir y guardar dinero o cosas de valor.

atestado *s. m.* Documento oficial en que se hace constar alguna cosa.

atestar¹ *v. tr.* **1.** Henchir. **2.** Rellenar.

atestar² *v. tr.* Testificar, atestiguar.

atestiguar *v. tr.* Deponer, declarar, afirmar como testigo algo.

atezado, da *adj.* De color negro.

atezar *v. tr.* Ennegrecer. También prnl.

atibar *v. tr.* Rellenar con zafras, tierra o escombros, las excavaciones de una mina que no debe quedar abierta.

atiborrar *v. tr.* Atestar de algo un lugar, especialmente de cosas inútiles.

aticismo *s. m.* Delicadeza, elegancia propia de los escritores y oradores atenienses de la época clásica.

ático *s. m.* Último piso de un edificio, más bajo de techo que los inferiores.

atifle *s. m.* Utensilio de barro de los alfareros que lo utilizan para evitar que se peguen unas contra otras las piezas al cocerse.

atigrado, da *adj.* Manchado como la piel de tigre.

atildar *v. tr.* **1.** Poner tildes a las letras. **2.** *fig.* Componer, asear. También prnl.

atinar *v. intr.* Acertar o dar en el blanco.

atiparse *v. prnl.* Atracarse, hartarse.

atiplar *v. tr.* Elevar la voz o el sonido de un instrumento hasta el tono de tiple.

atirantar *v. tr.* Poner tirante.

atisbar *v. tr.* Mirar, observar con cuidado, recatadamente.

atizador *s. m.* Instrumento que sirve para atizar.

atizar *v. tr.* Remover el fuego o añadirle combustible para que arda más.

atlante *s. m.* Cada una de las estatuas de hombres que sirven como columnas.

atlas *s. m.* **1.** Colección de mapas geográficos en un volumen. **2.** Colección de láminas.

atleta *s. m. y s. f.* **1.** Deportista. **2.** Persona muy robusta y fuerte.

atletismo *s. m.* Afición a los ejercicios atléticos.

atmósfera *s. f.* **1.** Envoltura de aire que rodea el globo terráqueo. **2.** Unidad de presión.

atoar *v. tr.* Llevar a remolque una nave por medio de un cabo que se echa por la proa para que tiren de él una o más lanchas.

atocha *s. f.* Esparto, planta.

atolladero *s. m.* Atascadero, lodazal.

atollar *v. intr.* **1.** Dar en un atolladero. También prnl. ‖ *v. prnl.* **2.** Atascarse.

atolondrar *v. tr.* Aturdir. También prnl.

atomicidad *s. f.* Capacidad de los átomos para combinarse.

átomo *s. m.* Elemento que constituye la materia y que, actualmente, es divisible en las denominadas partículas elementales, descubriéndose así su complejidad; está formado por un núcleo con protones y neutrones, y una envoltura de electrones negativos.

atonal *adj.* Se dice de la composición en que no existe una tonalidad bien definida.

atonía *s. f.* Falta de tono y de vigor, o debilidad de los tejidos orgánicos.

atónito, ta *adj.* Pasmado.

átono, na *adj.* Se aplica a la vocal, sílaba o palabra que se pronuncia sin acento prosódico.

atontar *v. tr.* Aturdir o atolondrar. También prnl.

atorar *v. tr.* **1.** Atascar, obstruir. También intr. y prnl. **2.** Turbarse en la conversación.

atormentar *v. tr.* **1.** Causar dolor o molestia corporal. También prnl. **2.** Causar aflicción, disgusto o enfado. También prnl.

atornillar *v. tr.* **1.** Introducir un tornillo haciéndole girar alrededor de su eje. **2.** Sujetar con tornillos.

atorozonarse *v. prnl.* Padecer torozón las caballerías.

atortujar *v. tr.* Aplanar o aplastar alguna cosa apretándola.

atosigar *v. tr.* Emponzoñar con tósigo o veneno.

atóxico, ca *adj.* **1.** Que no es tóxico. **2.** Que no es producido por un tóxico.

atrabiliario, ria *adj.* De genio destemplado. También s. m. y s. f.

atrabilis *s. f.* Cólera negra y acre.

atracadero *s. m.* Paraje donde pueden, sin peligro, arrimarse a tierra las embarcaciones pequeñas.

atracador, ra *s. m. y s. f.* Persona que asalta con la finalidad de robar.

atracar[1] *v. tr.* **1.** *fam.* Hartar. También prnl. **2.** *fam.* Asaltar con la finalidad de robar.

atracar[2] *v. tr.* **1.** Arrimar unas embarcaciones a otras. ‖ *v. intr.* **2.** Arrimarse una embarcación a tierra.

atracción *s. f.* Fuerza que atrae.

atraco *s. m.* Acción de atracar, asaltar o saltear.

atractivo, va *adj.* **1.** Que atrae o tiene fuerza para atraer. **2.** Que gana o inclina la voluntad. ‖ *s. m.* **3.** Gracia física o moral que atrae la voluntad ajena.

atraer *v. tr.* **1.** Traer hacia sí alguna cosa. **2.** *fig.* Inclinar o reducir una persona a otra a su voluntad, opinión, etc.

atrafagar *v. intr.* Fatigarse o afanarse.

atragantarse *v. prnl.* **1.** No poder tragar algo que se atraviesa en la garganta. **2.** *fig.* Turbarse en la conversación. Se usa alguna vez como tr.

atraillar *v. tr.* Atar con traílla a los perros.

atrancar *v. tr.* **1.** Asegurar la puerta por dentro con una tranca. **2.** Atascar o cegar un conducto. Se usa más como prnl.

atranco *s. m.* **1.** Atolladero. **2.** Apuro.

atrapar *v. tr.* **1.** Coger al que huye o va de prisa. **2.** Coger algo.

atrás *adv. l.* Hacia la parte que está o queda a las espaldas de alguien.

atrasado, da *adj.* Alcanzado, empeñado.

atrasar *v. tr.* **1.** Retardar. También prnl. ‖ *v. prnl.* **2.** Quedarse atrás.

atraso *s. m.* **1.** Efecto de atrasar o atrasarse. ‖ *s. m. pl.* **2.** Pagas o rentas vencidas y no cobradas.

atravesar *v. tr.* **1.** Pasar cruzando de una parte a otra. ‖ *v. prnl.* **2.** Ponerse alguna cosa entremedias de otras.

atreverse *v. prnl.* Determinarse a algún hecho o dicho arriesgado.

atrevido, da *adj.* Que se atreve.

atribución *s. f.* Cada una de las facultades que a una persona da el cargo que ejerce.

atribuir *v. tr.* **1.** Aplicar hechos o cualidades a alguna persona o cosa. También prnl. **2.** Señalar alguna cosa a alguien como de su competencia.

atribular *v. tr.* **1.** Causar tribulación. ‖ *v. prnl.* **2.** Padecer tribulación.

atributivo, va *adj.* Que indica o enuncia un atributo o cualidad.

atributo *s. m.* **1.** Cada una de las propiedades de un ser. **2.** Señalar alguna cosa a alguien como de su competencia.

atrición *s. f.* Dolor de haber ofendido a Dios, por la fealdad de los pecados y miedo del castigo eterno, con propósito de la enmienda.

atril *s. m.* Mueble en forma de plano inclinado que sirve para sostener libros.

atrilera *s. f.* Cubierta que se pone al atril en que se cantan la epístola y el evangelio en las misas solemnes.

atrincherar *v. tr.* Fortificar una posición militar con atrincheramientos.

atrio *s. m.* **1.** Espacio descubierto y por lo común cercado de pórticos. **2.** Espacio cubierto que sirve de acceso a algunos templos o palacios.

atrirrostro, tra *adj.* Se dice de las aves que tienen negro el pico.

atrocidad *s. f.* **1.** Crueldad grande. **2.** *fam.* Dicho o hecho muy necio.

atrofia *s. f.* Disminución del volumen y vitalidad de un órgano.

atrofiarse *v. prnl.* Padecer atrofia.

atronar *v. tr.* **1.** Asordar o perturbar con ruido como el trueno. **2.** Aturdir, atontar.

atropellar *v. tr.* **1.** Pasar precipitadamente por encima de alguna persona. **2.** Derribar o empujar a alguien para abrirse paso.

atropello *s. m.* Acción y efecto de atropellar o atropellarse.

atropina *s. f.* Alcaloide venenoso usado en medicina, que se extrae de la belladona y se emplea para dilatar las pupilas de los ojos y otros usos terapéuticos.

atroz *adj.* **1.** Fiero, inhumano. **2.** Enorme.

atruchado, da *adj.* Se dice del hierro colado cuyo grano semeja a las pintas de la trucha.

atuendo *s. m.* **1.** Aparato, ostentación. **2.** Atavío, vestido.

atufar *v. tr.* **1.** Enfadar. Se usa más como prnl. ‖ *v. prnl.* **2.** Recibir o tomar tufo.

atufo *s. m.* Enfado o enojo.

atún *s. m.* Pez acantopterigio comestible.

aturar *v. tr., fam.* Tapar y cerrar muy apretadamente alguna cosa.

aturdimiento *s. m.* **1.** Perturbación de los sentidos. **2.** Perturbación moral. **3.** *fig.* Torpeza, falta de sinceridad y desembarazo para ejecutar algo.
aturdir *v. tr.* Confundir, desconcertar. También prnl.
aturullar *v. tr., fam.* Turbar a alguien dejándole sin saber qué decir o hacer.
atusar *v. tr.* **1.** Recortar e igualar el pelo con tijeras. ‖ *v. prnl.* **2.** *fig.* Componerse con demasiada afectación y prolijidad.
atutía *s. f.* Mezcla de óxido de cinc y otros cuerpos que, en forma de costra dura, se adhiere a los conductos y chimeneas de los hornos donde se tratan minerales de cinc o se fabrica latón.
audacia *s. f.* Osadía, atrevimiento.
audaz *adj.* Osado, atrevido.
audición *s. f.* **1.** Acción de oír. **2.** Concierto, recital o lectura en público.
audiencia *s. f.* Tribunal de justicia colegiado.
audífono *s. m.* Aparato usado por los sordos para oír mejor.
auditivo, va *adj.* **1.** Que tiene virtud para oír. **2.** Perteneciente o relativo al órgano del oído.
auditor *s. m.* Asesor jurídico de un tribunal militar o eclesiástico.
auditoría *s. f.* **1.** Empleo de auditor. **2.** Tribunal o despacho de auditor.
auditorio[1] *s. m.* Concurso de oyentes.
auditorio[2] *adj.* Auditivo.
auge *s. m.* **1.** Elevación grande en dignidad o fortuna. **2.** Apogeo.
augita *s. f.* Mineral formado por un silicato doble de cal y magnesia, brillante, de color verde oscuro o negro, que constituye una variedad del piroxeno.
augur *s. m.* Ministro de la religión gentílica, que en la antigua Roma practicaba la auguración.
auguración *s. f.* Adivinación por el vuelo y el canto de las aves.
augurar *v. tr.* Presagiar, presentir, predecir.
augurio *s. m.* Presagio, indicio de algo futuro.
augusto, ta *adj.* Se dice de lo que infunde o merece gran respeto y veneración por su majestad y excelencia.
aula *s. f.* Sala donde se enseña algún arte o facultad en las universidades, colegios, etc.
aulaga *s. f.* Planta papilionácea, de hojas lisas, terminadas en púa y flores amarillas, que se emplea como pienso.
aullar *v. intr.* Dar aullidos.
aullido *s. m.* Voz triste y prolongada del lobo, el perro y otros animales.
aumentar *v. tr.* Acrecentar, dar mayor extensión, número o materia a alguna cosa. También intr. y como prnl.
aumentativo, va *adj.* Se aplica a los vocablos que aumentan y acrecientan la significación de los positivos de que proceden.
aumento *s. m.* Acrecentamiento o extensión de una cosa.
aun *adv. m.* Funciona como una conjunción con valor concesivo.
aún *adv. m.* Todavía, no obstante, sin embargo.
aunarse *v. prnl.* Unir, confederarse para algún fin.
aunque *conj. conces.* Alude a una objeción y dificultad que puede superarse.
¡aúpa! *interj.* Se usa para animar a los niños a que se levanten.
aupar *v. tr.* **1.** *fam.* Levantar o subir a una persona. También prnl. **2.** *fig.* Ensalzar, enaltecer. También prnl.
aura *s. f.* **1.** *poét.* Viento suave y apacible. **2.** *fig.* Aplauso, aceptación general.
áureo, a *adj., poét.* Parecido al oro o dorado.
aureola *s. f.* Resplandor, disco o círculo luminoso que suele figurarse detrás de la cabeza de imágenes santas.
aureolar *v. tr.* Adornar como con aureola.
áurico, ca *adj.* De oro.
aurícula *s. f.* **1.** Pabellón de la oreja. **2.** Cada una de las dos cavidades del corazón que reciben la sangre de las venas.
auricular *s. m.* En los aparatos telefónicos, el utensilio que se aplica al oído.
aurífero, ra *adj.* Que lleva o contiene oro.
auriga *s. m., poét.* Persona que dirige las caballerías de un carruaje.
aurívoro, ra *adj., poét.* Codicioso de oro.
aurora *s. f.* Luz sonrosada que precede inmediatamente a la salida del sol.
auscultar *v. tr.* Escuchar aplicando el oído inmediatamente, o por medio de instrumentos adecuados, los sonidos que se producen en el cuerpo, sobre todo en el pecho y abdomen.
ausencia *s. f.* **1.** Acción y efecto de ausentarse o de estar ausente. **2.** Tiempo en que alguien está ausente.

ausentarse *v. prnl.* Alejarse alguien, especialmente de su población.

ausente *adj.* Se dice del que está separado de alguna persona o lugar, en especial de la población en que se reside. También s. m. y s. f.

auspicio *s. m.* **1.** Agüero. **2.** Protección.

austero, ra *adj.* **1.** Agrio. **2.** Severo.

austral *adj.* Perteneciente o relativo al austro, y en general, al polo y al hemisferio del mismo nombre.

austro *s. m.* Viento que sopla de la parte del Sur.

autarquía¹ *s. f.* Condición de lo que se basta a sí mismo.

autarquía² *s. f.* Independencia económica de una nación.

auténtica *s. f.* Copia autorizada de alguna carta, orden, etc.

autenticidad *s. f.* Calidad de auténtico.

auténtico, ca *adj.* **1.** Acreditado de cierto y positivo. **2.** Autorizado o legalizado, que hace fe pública.

autentificar *v. tr.* Autenticar, autorizar o legalizar alguna cosa.

autillo *s. m.* Ave rapaz nocturna, parecida a la lechuza, pero algo mayor.

auto *s. m.* Forma de resolución judicial.

autobiografía *s. f.* Vida de una persona escrita por ella misma.

autobombo *s. m., fam.* Elogio desmesurado y público que alguien hace de sí mismo.

autobús *s. m.* Automóvil destinado al transporte de viajeros.

autocamión *s. m.* Camión automóvil.

autoclave *s. f.* Aparato en forma de vasija cilíndrica para la esterilización por vapor, bajo presión y a temperaturas elevadas.

autocopista *s. f.* Aparato para sacar copias de un escrito o dibujo.

autocracia *s. f.* Forma de gobierno en la cual la voluntad de un solo hombre es la suprema ley.

autócrata *s. m. y s. f.* Persona que ejerce por sí sola la autoridad suprema de un Estado.

autóctono, na *adj.* Se dice de la persona originaria del mismo país en que vive. También s. m. y s. f.

autodidacto, ta *adj.* Que se instruye por sí mismo, sin auxilio de maestro. También s. m. y s. f.

autógeno, na *adj.* Se dice de la soldadura metálica que se hace, sin intermedio de materia extraña, fundiendo con el soplete de oxígeno y acetileno las partes por donde ha de hacerse la unión.

autogiro *s. m.* Aparato volador provisto de hélice horizontal.

autografía *s. f.* Procedimiento para reproducir escritos o dibujos hechos sobre un papel en tinta grasa, por medio de una piedra preparada para tal efecto.

autógrafo, fa *adj.* Se aplica al escrito de mano de su mismo autor. También s. m.

autointoxicación *s. f.* Intoxicación del organismo por productos que él mismo elabora y que deberían ser eliminados.

autómata *s. m.* Máquina que imita la figura y movimientos de un ser animado.

automático, ca *adj., fig.* Maquinal.

automatismo *s. m.* Ejecución de actos diversos sin participación de la voluntad.

automedonte *s. m., fig.* Auriga, cochero.

automotor, ra *adj.* **1.** Se dice de la máquina o aparato que se mueve sin intervención de una acción exterior. **2.** Se aplica especialmente a vehículos de tracción mecánica que circulan por la vía férrea.

automotriz *s. f.* Automotora.

automóvil *adj.* **1.** Que se mueve por sí mismo. ‖ *s. m.* **2.** Cualquier vehículo movido de ordinario por motor de explosión.

automovilismo *s. m.* Utilización deportiva del automóvil.

automovilista *s. m. y s. f.* Persona que es aficionada al automovilismo o que conduce un auto.

autonomía *s. f.* Capacidad de una provincia o región para entender y manejar su sistema económico, político, administrativo, etc., sin ingerencias del poder central.

autónomo, ma *adj.* Que goza de autonomía. También s. m. y s. f.

autopista *s. f.* Vía de circulación con varios carriles para el tránsito de automóviles, con circulación separada para ambos sentidos.

autopsia *s. f.* Examen anatómico del cadáver.

autópsido, da *adj.* Se dice de los minerales que tienen aspecto metálico.

autor, ra *s. m. y s. f.* Persona que es causa de alguna cosa.

autoridad *s. f.* Derecho o poder de mandar y hacerse obedecer.

autoritario, ria *adj.* **1.** Que se funda exclusivamente en la autoridad. **2.** Partidario extremado del principio de autoridad. También s. m. y s. f.
autorizar *v. tr.* Dar a alguien autoridad o facultad para hacer algo.
autorretrato *s. m.* Retrato de una persona hecho por ella misma.
autosugestión *s. f.* Sugestión que se produce en una persona con independencia de toda influencia extraña.
auxiliar[1] *s. m.* Funcionario técnico o administrativo de categoría subalterna.
auxiliar[2] *v. tr.* **1.** Dar auxilio. **2.** Ayudar a bien morir.
auxiliaría *s. f.* Empleo de auxiliar, profesor sustituto.
auxilio *s. m.* Ayuda, socorro.
avacado, da *adj.* Se dice de la caballería parecida a la vaca en que tiene mucho vientre y pocos bríos.
avadar *v. intr.* Menguar tanto los ríos y arroyos que se puedan vadear.
aval *s. m.* Firma puesta al pie de una letra o documento de crédito, para responder de su pago en caso de no efectuarlo la persona principalmente obligada a ello.
avalancha *s. f.* Alud.
avalar *v. tr.* Garantizar por medio de aval.
avalista *s. m. y s. f.* Persona que avala.
avallar *v. tr.* Cerrar con valla una heredad.
avalorar *v. tr.* Dar valor o precio a alguna cosa.
avaluar *v. tr.* Valuar, valorar.
avambrazo *s. m.* Pieza del arnés que servía para cubrir y defender el antebrazo.
avance *s. m.* Anticipo de dinero.
avantrén *s. m.* Juego delantero de los carros de artillería.
avanzada *s. f.* Partida de soldados destacada del cuerpo principal, con el fin de observar de cerca al enemigo y precaver posibles sorpresas.
avanzar *v. intr.* Ir hacia adelante especialmente las tropas.
avanzo *s. m.* **1.** Balance comercial. **2.** Presupuesto.
avaricia *s. f.* Afán desordenado de poseer y adquirir riquezas para atesorarlas.
avaro, ra *adj.* Avariento. También s. m. y s. f.
avasallar *v. tr.* **1.** Sujetar, rendir o someter a la obediencia. || *v. prnl.* **2.** Hacerse súbdito o vasallo de algún rey o señor.
avatar *s. m.* Nombre de las encarnaciones de Visnú.
ave *s. f.* Animal vertebrado, ovíparo, de respiración pulmonar y sangre de temperatura constante, pico córneo, cuerpo cubierto de plumas y extremidades torácicas en forma de alas.
avechucho *s. m.* **1.** Ave de figura desagradable. **2.** *fig. y fam.* Sujeto despreciable por su figura o costumbres.
avecinar *v. tr.* **1.** Acercar. Se usa más como prnl. **2.** Avecindar, dar vecindad en un pueblo. Se usa más como prnl.
avecindarse *v. prnl.* Establecerse en algún pueblo como vecino.
avejentar *v. tr.* Poner a alguien viejo antes de serlo por edad. Se usa más como prnl.
avejigar *v. tr.* Levantar vejigas sobre alguna cosa.
avellana *s. f.* Fruto del avellano.
avellanador *s. m.* Barrena que sirve para avellanar.
avellanar *v. tr.* Ensanchar en una corta porción de su longitud los agujeros para los tornillos a fin de que la cabeza de éstos quede embutida en la pieza taladrada.
avellano *s. m.* Arbusto de hojas acorazonadas y aserradas, que crece en los bosques de las regiones templadas.
avemaría *s. f.* **1.** Oración compuesta de las palabras con que el arcángel San Gabriel saludó a Nuestra Señora, de las que dijo Santa Isabel y de las que añadió la Iglesia. **2.** Cada una de las cuentas pequeñas del Rosario.
avena *s. f.* Planta gramínea, de espigas colgantes, cuyo grano se da como pienso a las caballerías.
avenar *v. tr.* Dar salida y corriente a las aguas muertas o a la humedad excesiva de los terrenos, por medio de cañerías o zanjas.
avenencia *s. f.* **1.** Convenio, transacción. **2.** Conformidad, unión.
avenida *s. f.* **1.** Creciente impetuosa de un río o arroyo. **2.** Vía ancha con árboles a los lados.
avenir *v. tr.* **1.** Concordar, ajustar las partes discordes. Se usa más como prnl. || *v. prnl.* **2.** Componerse o entenderse bien con alguna persona o cosa.
aventador, ra *adj.* Se dice del que avienta los granos y los limpia.
aventadura *s. f.* Enfermedad de las caballerías que es una especie de tumor.

aventajar *v. tr.* **1.** Conceder alguna ventaja. También prnl. **2.** Preferir.
aventar *v. tr.* **1.** Echar aire a alguna cosa. **2.** Impeler el viento alguna cosa.
aventura *s. f.* **1.** Acaecimiento, suceso extraño. **2.** Casualidad.
aventurar *v. tr.* Arriesgar, poner en peligro.
aventurero, ra *adj.* Que busca aventuras.
avergonzar *v. tr.* Causar vergüenza.
avería *s. f.* Daño que padecen las mercancías o géneros.
averiar *v. tr.* **1.** Producir, avería. También prnl. || *v. prnl.* **2.** Echarse a perder alguna cosa.
averiguar *v. tr.* Inquirir la verdad hasta dar con ella.
averío *s. m.* Conjunto o copia de muchas aves domésticas.
averno *s. m.* Infierno.
averrugado, da *adj.* Que tiene muchas verrugas.
aversión *s. f.* Oposición y repugnancia que se tiene a alguna persona o cosa.
avesta *s. m.* Conjunto de libros sagrados de los antiguos persas.
avestruz *s. m.* Ave corredora de gran tamaño.
avetado, da *adj.* Veteado, que tiene vetas.
avezar *v. tr.* Acostumbrar. También prnl.
aviación *s. f.* Locomoción aérea por medio de aparatos más pesados que el aire.
aviador, ra *adj.* Se dice de la persona que tripula un aparato de aviación. También s. m. y s. f.
aviar *v. tr.* **1.** Prevenir o disponer alguna cosa para el camino. **2.** *fam.* Alistar, arreglar algo. También prnl.
avícola *adj.* Perteneciente o relativo a la avicultura.
avicultor, ra *s. m. y s. f.* Persona que se dedica a la cría y fomento de aves para aprovechar sus productos.
avicultura *s. f.* Arte de criar las aves y aprovechar sus productos.
avidez *s. f.* Ansia, codicia.
ávido, da *adj.* Ansioso, codicioso.
avienta *s. f.* Aventamiento del grano.
avieso, sa *adj.* Torcido, fuera de regla.
avilantarse *v. prnl.* Insolentarse.
avilantez *s. f.* Audacia, insolencia.
avinagrar *v. tr.* **1.** Poner agria una cosa. Se usa más como prnl. || *v. prnl.* **2.** *fig.* Volverse áspero el carácter de una persona.
avío *s. m.* Prevención, apresto.
avión[1] *s. m.* Pájaro, especie de vencejo.
avión[2] *s. m.* Vehículo aéreo más pesado que el aire.
avioneta *s. f.* Avión pequeño y de poca potencia.
avisado, da *adj.* Prudente, sagaz.
avisar *v. tr.* **1.** Dar noticia de algún hecho. **2.** Advertir o aconsejar.
aviso *s. m.* Noticia dada a alguien.
avispa *s. f.* Insecto de color amarillo con franjas negras, que tiene en la extremidad posterior del cuerpo un aguijón con el que pica.
avispado, da *adj., fig. y fam.* Vivo, despierto, agudo.
avispar *v. tr.* Aguijar, avivar a las caballerías. También prnl.
avispero *s. m.* **1.** Panal que fabrican las avispas. **2.** Conjunto de avispas.
avistar *v. tr.* Alcanzar con la vista alguna cosa.
avitaminosis *s. f.* Carencia o escasez de vitaminas.
avitelado, da *adj.* Parecido a la vitela.
avituallar *v. tr.* Proveer de vituallas.
avivar *v. tr.* Dar viveza, excitar, animar.
avizor *s. m.* Persona que avizora.
avocar *v. tr.* Atraer o llamar a sí un juez o tribunal superior la causa que se estaba litigando ante otro inferior.
avoceta *s. f.* Ave del orden de las zancudas de cuerpo blanco con manchas negras y pico largo, delgado y encorvado hacia arriba, cola corta y dedos palmeados.
avugo *s. m.* Fruta del avuguero, la más temprana y pequeña de todas las peras, de color verde amarillento y sabor poco agradable.
avuguero *s. m.* Árbol, variedad del peral, cuyo fruto es el avugo.
avutarda *s. f.* Ave zancuda, muy común en España, de vuelo bajo, cuerpo grueso, de color rojo manchado de negro, con las remeras exteriores blancas y las otras negras.
axil *adj.* Perteneciente o relativo al eje.
axila *s. f.* Ángulo formado por la articulación de un órgano o parte de una planta con la rama o tronco que lo sostiene.
axinita *s. f.* Borosilicato de aluminio y calcio, con cantidades pequeñas de manganeso, hierro y óxidos metálicos.
axioma *s. m.* Principio, sentencia, proposición tan clara y evidente que no necesita demostración.

axiomático, ca *adj.* Evidente.
axiómetro *s. m.* Instrumento que señala sobre cubierta la dirección que lleva el timón.
axis *s. m.* Segunda vértebra del cuello, sobre la cual se verifica el movimiento de rotación de la cabeza.
¡ay! *interj.* Expresa ordinariamente aflicción o dolor.
ayer *adv. t.* En el día que precedió inmediatamente.
ayermar *v. tr.* Convertir en yermo. También prnl.
ayo *s. m.* Hombre encargado en las casas de la custodia o crianza de un niño.
ayuda *s. f.* Acción y efecto de ayudar.
ayudante *s. m.* Oficial destinado personalmente a las órdenes de un general o jefe superior.
ayudantía *s. f.* **1.** Empleo de ayudante. **2.** Oficina del ayudante.
ayudar *v. tr.* Auxiliar, socorrer.
ayunar *v. intr.* Abstenerse total o parcialmente de comer y de beber.
ayuno *s. m.* Abstinencia.
ayuntamiento *s. m.* Corporación que administra los intereses de un municipio, compuesta por alcalde y concejales.
azabache *s. m.* Variedad de lignito, bastante dura, de hermoso color negro de ébano y susceptible de pulimento.
azacán, na *adj.* Que se ocupa en trabajos humildes y penosos.
azacanarse *v. prnl.* Afanarse.
azada *s. f.* Instrumento de labranza.
azadón *s. m.* Azada de pala algo curva y más larga que ancha.
azadonar *v. tr.* Cavar con azadón.
azafata *s. f.* **1.** Criada de la reina. **2.** Persona que presta sus servicios a bordo de un avión.
azafate *s. m.* Canastillo tejido ordinariamente de mimbres, llano y con borde de poca altura.
azafrán *s. m.* Planta iridácea, que se usa como condimento y para teñir de amarillo.
azafranal *s. m.* Sitio poblado de azafrán.
azafranar *v. tr.* **1.** Teñir de azafrán. **2.** Poner azafrán en un líquido.
azagador *s. m.* Vereda o paso del ganado.
azagaya *s. f.* Dardo pequeño arrojadizo.
azahar *s. f.* Flor del naranjo, del limonero y del cidro, que es blanca y muy olorosa.
azalea *s. f.* Arbolito ericáceo, originario del Cáucaso, con hojas oblongas y flores hermosas reunidas en corimbo, con corolas divididas en cinco lóbulos desiguales, que contienen una sustancia venenosa.
azamboa *s. f.* Fruto del azamboero, variedad de cidra muy arrugada.
azamboero *s. m.* Árbol, variedad del cidro, cuya fruta es la azamboa.
azanca *s. f.* Manantial de agua subterránea.
azar *s. m.* Casualidad, caso fortuito.
azarar *v. tr.* Conturbar, sobresaltar. También prnl.
azarbe *s. m.* Cauce adonde van a parar los sobrantes o filtraciones de los riegos.
azarbeta *s. f.* Cada una de las acequias o cauces pequeños que recogen los sobrantes o filtraciones de un riego y los llevan al azarbe.
azarja *s. f.* Instrumento que sirve para coger la seda cruda, que se compone de cuatro costillas unidas en dos rodetes agujereados por el medio, a fin de que pueda pasar el huso.
azaroso, sa *adj.* **1.** Que tiene en sí azar o desgracia. **2.** Turbado, temeroso.
ázimo *adj.* Se dice del pan sin levadura.
azoar *v. tr.* Impregnar de nitrógeno.
ázoe *s. m.* Nitrógeno.
azófar *s. m.* Latón.
azogue *s. m.* Metal blanco y brillante como la plata y más pesado que el plomo.
azolar *v. tr.* Desbastar la madera con azuela.
azolvar *v. tr.* Cegar y tupir con alguna cosa un conducto.
azor *s. m.* Ave rapaz diurna.
azorar *v. tr., fig.* Conturbar, sobresaltar. También prnl.
azorrarse *v. prnl.* Quedarse como adormecido por tener la cabeza muy cargada.
azotacalles *s. m. y s. f., fig. y fam.* Persona ociosa que anda continuamente callejeando.
azotaina *s. f., fam.* Zurra de azotes.
azotar *v. tr.* Dar azotes a alguien. También prnl.
azote *s. m.* Instrumento de suplicio formado con cuerdas anudadas y a veces erizadas de puntas, con que se castigaba a los delincuentes.
azotea *s. f.* Cubierta llana de un edificio, dispuesta para poder andar por ella.
azteca *adj.* Se dice del individuo de un antiguo pueblo dominador e invasor del territorio de México. También s. m. y s. f.
azúcar *s. amb.* Cuerpo sólido, cristalizable, perteneciente al grupo químico de los hidratos de

carbono, de color blanco en estado puro, soluble en el agua y de sabor muy dulce. Se extrae especialmente de la caña de azúcar y de la remolacha, y también del jugo de otros vegetales. Según su estado de purificación se distinguen varias clases.

azucarar *v. tr.* Endulzar con azúcar.

azucarera *s. f.* Recipiente para el azúcar.

azucarillo *s. m.* Porción de masa esponjosa de almíbar, clara de huevo y limón.

azucena *s. f.* Planta perenne de tallo alto y flores terminales grandes, blancas y muy olorosas.

azud *s. amb.* Máquina con que se saca agua de los ríos para el riego de los campos.

azuela *s. f.* Herramienta de carpintero que sirve para desbastar.

azufaifa *s. f.* Fruto del azufaifo. Se usa como medicamento pectoral.

azufaifo *s. m.* Árbol de tronco tortuoso, con las ramas llenas de aguijones y hojas alternas; flores pequeñas y amarillas, y fruto en drupa elipsoidal, dulce y comestible.

azufrar *v. tr.* Sahumar con azufre.

azufre *s. m.* Metaloide amarillo, quebradizo, insípido, que se electriza fácilmente por frotación y da un olor característico.

azul *adj.* Del color del cielo sin nubes. También s. m.

azulado, da *adj.* De color azul o que tira a él.

azular *v. tr.* Dar o teñir de azul.

azulear *v. intr.* **1.** Mostrar alguna cosa el color azul que en sí tiene. **2.** Tirar a azul.

azulejar *v. tr.* Cubrir con azulejos.

azulejo *s. m.* Ladrillo pequeño vidriado, de varios colores.

azulete *s. m.* Viso de color azul dado a algunas prendas de vestir.

azúmbar *s. m.* Estoraque, bálsamo.

azumbrado, da *adj.* Medido por azumbres.

azumbre *s. f.* Medida de líquidos, compuesta de cuatro cuartillos y equivalente a 21 y 16 ml.

azur *adj.* Se dice del azul oscuro. También s. m.

azurronarse *v. prnl.* Se dice de la espiga del trigo cuando por la sequía no puede salir del zurrón.

azuzar *v. tr.* **1.** Incitar a los perros para que embistan. **2.** *fig.* Estimular, irritar.

B

b *s. f.* Segunda letra del abecedario español y primera de sus consonantes.
baba *s. f.* Saliva espesa y abundante que fluye a veces de la boca de las personas y de algunos mamíferos.
babada *s. f.* Babilla de las extremidades posteriores de los cuadrúpedos.
babador *s. m.* Babero.
babaza *s. f.* Humor viscoso que segregan algunos animales.
babear *v. intr.* Echar baba.
babel *s. amb.* Gran desorden y confusión.
babeo *s. m.* Acción de babear.
babero *s. m.* Pedazo de tela que por limpieza se pone a los niños para comer pendiente del cuello y sobre el pecho.
Babia *n. p.* de la región leonesa del mismo nombre, que se usa en la expresión **estar alguien en Babia**, para indicar que alguien está distraído y como ajeno a aquello de que se trata.
babieca *s. m. y s. f., fam.* Persona floja y boba. También adj.
bable *s. m.* Dialecto hablado en Asturias.
babor *s. m.* Costado izquierdo de la embarcación mirando de popa a proa.
babosa *s. f.* Molusco gasterópodo pulmonado, que segrega en su marcha una baba clara y pegajosa.
babosear *v. tr.* Llenar de babas.
baboso, sa *adj.* Que echa muchas babas.
baboyana *s. f.* Lagarto pequeño.
babucha *s. f.* Zapato ligero y sin tacón.
baca *s. f.* Sitio en la parte superior de las diligencias y otros coches de camino, donde podían ir pasajeros y se colocaban los equipajes, resguardados por una cubierta impermeable.
bacalada *s. f.* Bacalao curado.
bacalao *s. m.* **1.** Pez teleósteo, anacanto, con tres aletas dorsales y dos anales, de tamaño variable y cabeza muy grande. **2.** Carne de este mismo pez que se sala y se prensa para su conservación. **3.** Música electrónica de ritmo repetitivo.
bacallar *s. m.* Hombre rústico, villano.
bacanal *s. f., fig.* Orgía tumultuosa y desordenada.
bacará *s. m.* Juego de naipes de origen italiano.
baceta *s. f.* Naipes que quedan sin repartir después de haber dado a cada jugador los que le corresponden.
bache *s. m.* Hoyo que se forma en una vía pública por el paso de vehículos.
bachear *v. tr.* **1.** Rellenar los baches de las vías públicas. ‖ *v. prnl.* **2.** Llenarse una carretera de baches.
bachiller *s. m. y s. f.* Persona que ha obtenido el grado que se concede al terminar la enseñanza media.
bachillerato *s. m.* **1.** Grado que se obtiene al terminar la enseñanza media. **2.** Estudios necesarios para obtenerlo.
bacía *s. f.* **1.** Vasija poco honda y de borde muy ancho. **2.** La que utilizaban los barberos para mojar la barba.
bacilar *adj.* Perteneciente o relativo a los bacilos.
bacilo *s. m.* Bacteria en forma de bastoncillo o filamento más o menos largo, recto o encorvado según las especies.
bacín *s. m.* Vaso de barro vidriado, alto y cilíndrico, que sirve para evacuar los excrementos.
bacina *s. f.* Bacín.
bacinada *s. f.* Inmundicia arrojada del bacín.
bacinero, ra *s. m. y s. f.* Persona que pide limosna para el culto religioso o para obras pías.
bacinete *s. m.* Pieza de la armadura antigua, que cubría la cabeza a modo de yelmo.
bacinilla *s. f.* Bacín bajo y pequeño.
bacisco *s. m.* Mineral menudo y tierra de la mina con que se hace barro y se moldean adobes.
bacteria *s. f.* Organismo unicelular, microscópico y sin clorofila, del que hay varias especies.
bactericida *adj.* Que mata las bacterias.
bacteriología *s. f.* Parte de la microbiología que estudia las bacterias.
báculo *s. m.* **1.** Palo o cayado para sostenerse las personas débiles o ancianas. **2.** Signo de dignidad episcopal.
badajear *v. intr., fig. y fam.* Hablar mucho y neciamente.
badajo *s. m.* Pieza metálica que cuelga en el interior de la campana para hacerla sonar.
badana *s. f.* Piel curtida de carnero u oveja.
badea *s. f.* **1.** Sandía, melón o pepino de mala calidad. **2.** *fig. y fam.* Persona floja.
badén *s. m.* Zanja que deja en el terreno la corriente de las aguas llovedizas.
badil *s. m.* Paleta para remover y recoger la lumbre en las chimeneas y braseros.

badulaque *adj.* Informal, embustero.
bafle *s. m.* Soporte plano y rígido provisto de un orificio que se ajusta al cono de un altavoz para conseguir una difusión más pura.
bagaje *s. m.* **1.** Equipaje militar de una tropa en marcha. **2.** *fig.* Conjunto de conocimientos de que dispone una persona.
bagatela *s. f.* Cosa de poco valor.
bagazo *s. m.* En algunas partes, residuos de los frutos exprimidos.
bagre *s. m.* Pez teleósteo del suborden de los fisóstomos, abundante en los ríos de América.
¡bah! *interj.* que denota incredulidad o desdén.
bahía *s. f.* Entrada de mar en la costa.
bailable *adj.* Se dice de la música compuesta para bailar.
bailar *v. intr.* Mover el cuerpo, los brazos y los pies a compás. También tr.
bailarín, na *s. m. y s. f.* Persona que profesa el arte de bailar.
baile *s. m.* Cada una de las maneras de bailar que reciben un nombre particular, como vals, rigodón, etc.
bailotear *v. intr.* Bailar mucho y sin gracia.
baivel *s. m.* Escuadra falsa usada para labrar dovelas.
baja *s. f.* **1.** Disminución del precio, valor o estimación de algo. **2.** Cese temporal de una persona en su trabajo por motivos de enfermedad, accidente, etc.
bajá *s. m.* En Turquía, título honorífico.
bajada *s. f.* **1.** Acción de bajar. **2.** Camino o senda por donde se baja.
bajamar *s. f.* **1.** Fin o término del reflujo del mar. **2.** Tiempo que dura.
bajar *v. intr.* **1.** Ir desde un lugar a otro que esté más bajo. **2.** Apear. **3.** Disminuir.
bajel *s. m.* Buque, embarcación.
bajeza *s. f.* Hecho vil.
bajío *s. m.* Banco de arena en el mar.
bajista *s. m. y s. f.* **1.** Persona que juega a la baja en la bolsa. **2.** Persona que toca el bajo.
bajo, ja *adj.* **1.** De poca altura. **2.** *fig.* Humilde, despreciable. ‖ *s. m.* **3.** Lugar hondo. **4.** Instrumento que produce los sonidos más bajos de la escala musical. ‖ *adv. m.* **5.** En voz baja. ‖ *prep.* **6.** En lugar inferior a, debajo de.
bajón *s. m., fig. y fam.* Disminución notable en el caudal, las facultades mentales, la salud, etc.
bajonazo *s. m., desp.* Bajón en la salud, caudal, facultades, etc.
bajuno, na *adj.* Bajo, soez.
bajura *s. f.* Falta de elevación.
bala *s. f.* Proyectil, generalmente de plomo o de hierro, para cargar las armas de fuego.
balada *s. f.* Canción de carácter popular, de asunto amoroso y ritmo lento.
baladí *adj.* De poca sustancia y aprecio.
baladro *s. m.* Grito, alarido.
baladrón, na *adj.* Fanfarrón.
baladronada *s. f.* Hecho o dicho propio de baladrones o fanfarrones.
bálago *s. m.* Paja larga de los cereales después de quitarle el grano.
balaje *s. m.* Rubí de color morado.
balalaica *s. f.* Instrumento musical de cuerda, de uso popular en Rusia.
balance[1] *s. m.* Oscilación de un cuerpo que se inclina a un lado y a otro.
balance[2] *s. m.* Cuenta comercial demostrativa del estado del capital.
balancear *v. intr.* **1.** Dar balances. También tr. y prnl. ‖ *v. tr.* **2.** Equilibrar.
balanceo *s. m.* Acción y efecto de balancear o balancearse.
balancín *s. m.* En los jardines, terrazas, etc., asiento colgante cubierto con toldo.
balandra *s. f.* Embarcación pequeña y con un solo palo.
balandrán *s. m.* Vestidura talar.
balandro *s. m.* Balandra pequeña.
bálano *s. m.* **1.** Parte extrema o cabeza del miembro viril o pene. **2.** Crustáceo que se encuentra asido a las piedras.
balanza *s. f.* Instrumento que sirve para pesar equilibrando con pesos conocidos el de aquel cuerpo que se pesa.
balar *v. intr.* Dar balidos.
balastar *v. tr.* Tender el balasto.
balastera *s. f.* Cantera donde se extrae el balasto.
balasto *s. m.* Capa de grava o piedra picada que se extiende sobre la explanación de los ferrocarriles para asentar y sujetar sobre ella las traviesas.
balausta *s. f.* Fruto seco y carnoso, dividido en celdillas de un modo irregular, como la granada.
balaustrada *s. f.* Serie de balaustres, colocados entre los barandales.

balaustre *s. m.* Cada una de las columnitas de las barandillas de balcones, escaleras, azoteas, etc.

balazo *s. m.* **1.** Golpe de bala disparada con arma de fuego. **2.** Herida causada por una bala.

balbucear *v. intr.* Balbucir. También tr.

balbucir *v. intr.* Hablar o leer con pronunciación dificultosa, tarda y vacilante.

balcón *s. m.* Hueco abierto desde el suelo, en la pared exterior de una habitación, generalmente con barandilla saliente.

balconcillo *s. m.* Localidad situada sobre el toril en las plazas de toros.

balda *s. f.* Anaquel de armario o alacena.

baldaquín *s. m.* **1.** Dosel hecho de tela de seda. **2.** Pabellón que cubre un altar o trono.

baldar *v. tr.* Impedir una enfermedad o accidente el uso de los miembros o de alguno de ellos. También prnl.

balde *s. m.* Cubo para sacar y transportar agua, especialmente en las embarcaciones.

balde, de *adv. m.* Gratuitamente.

balde, en *adv. m.* En vano.

baldear *v. tr.* Regar las cubiertas de los buques con baldes.

baldés *s. m.* Piel de oveja curtida, de tacto suave, que se utiliza en confección.

baldío, a *adj.* Se aplica al terreno que ni se labra ni está adehesado. También s. m.

baldón *s. m.* Oprobio, injuria.

baldosa *s. f.* Ladrillo fino para solar.

baldosín *s. m.* Baldosa pequeña y fina.

baldragas *s. f.* Hombre flojo, sin energía.

balduque *s. m.* Cinta angosta de hilo que se usa en las oficinas para atar legajos.

balea *s. f.* Escobón para barrer las eras.

balido *s. m.* Voz del ganado lanar.

balín *s. m.* Bala pequeña.

balista *s. f.* Máquina usada antiguamente para arrojar piedras de mucho peso.

balística *s. f.* Ciencia que tiene por objeto el cálculo del alcance y dirección que llevan los proyectiles.

baliza *s. f.* **1.** Señal fija o flotante que se pone para guiar a los navegantes en un paso difícil. **2.** Señal terrestre destinada a indicar una pista de aterrizaje.

ballena *s. f.* El mayor de todos los animales conocidos, cetáceo, sin dientes y con dos orificios nasales.

ballenato *s. m.* Cría de la ballena.

ballenero *s. m.* Barco especialmente preparado para la captura de ballenas.

ballesta *s. f.* **1.** Máquina antigua de guerra para arrojar piedras o saetas gruesas. **2.** Cada uno de los muelles que se utilizan en la suspensión del material rodante de los vehículos.

ballestear *v. tr.* Tirar con la ballesta.

ballestera *s. f.* Tronera o abertura en las naves o muros por donde se disparan las ballestas.

ballestería *s. m.* Arte de la caza mayor.

ballestilla *s. f.* Balancín pequeño.

ballet *s. m.* Espectáculo de danza escénica.

ballueca *s. f.* Especie de avena, que crece entre el trigo, al que perjudica mucho.

balneario *s. m.* Casa de baños, especialmente para los medicinales.

balón *s. m.* Pelota grande.

baloncesto *s. m.* Juego de pelota entre dos equipos de cinco jugadores cada uno. Se practica con las manos y consiste en introducir el balón el mayor número de veces posible en la canasta del contrario, situada a una altura determinada.

balonmano *s. m.* Juego de pelota entre dos equipos de siete jugadores cada uno. Se juega con las manos y consiste en introducir el balón en la portería del contrario siguiendo unas reglas determinadas.

balonvolea *s. m.* Voleibol.

balota *s. f.* Bolilla para votar que utilizan algunas comunidades.

balotada *s. f.* Salto que da el caballo alzando las patas como si fuese a tirar un par de coces.

balotar *v. intr.* Votar con balotas.

balsa¹ *s. f.* Estanque.

balsa² *s. f.* Maderos que unidos entre sí, forman una plataforma flotante.

balsámico, ca *adj.* **1.** Que tiene bálsamo o cualidades de tal. ‖ *s. m. pl.* **2.** Nombre común de un grupo de medicamentos que se emplean en algunas enfermedades de los aparatos respiratorios y olfativos.

balsamina *s. f.* Planta cucurbitácea, con semillas grandes en forma de almendra.

bálsamo *s. m.* **1.** Líquido aromático resinoso. **2.** Medicamento compuesto de sustancias aromáticas, que se aplica como remedio en las heridas, llagas, etc.

balso *s. m.* Lazo grande para suspender pesos o elevar a los marineros a lo alto de los palos o a las vergas.

baluarte *s. m.* **1.** Obra de fortificación en figura de pentágono. **2.** Amparo, defensa.

balumba *s. f.* Bulto que hacen muchas cosas juntas.

bambalina *s. f.* Cada una de las piezas de lienzo pintado que cuelgan del telar del teatro de uno a otro lado del escenario.

bambolear *v. intr.* Moverse de un lado a otro sin perder el sitio en que se está. Se usa más como prnl.

bamboleo *s. m.* Acción y efecto de bambolear o bambolearse.

bambolla *s. f.* Burbuja, ampolla, vejiga.

bambonear *v. intr.* Bambolear. Se usa más como prnl.

bambú *s. m.* Planta gramínea, originaria de la India, de tallo en forma de caña leñosa y muy resistente.

banal *adj.* Insustancial, trivial.

banalidad *s. f.* **1.** Trivialidad. **2.** Dicho banal.

banana *s. f.* Fruto del banano.

bananal *s. m.* Conjunto de plátanos o bananos que crecen en un lugar.

bananero, ra *adj.* Perteneciente o relativo al banano.

banano *s. m.* Plátano, planta.

banasta *s. f.* Cesto grande de mimbres.

banasto *s. m.* Banasta redonda.

banca[1] *s. f.* Asiento sin respaldo.

banca[2] *s. f.* Conjunto de organismos cuyo objetivo es facilitar la financiación de las diferentes actividades económicas.

bancada *s. f.* Banco donde se sientan los remeros.

bancal *s. m.* Rellano de tierra que se forma en una pendiente y se aprovecha para el cultivo.

bancario, ria *adj.* Perteneciente o relativo a la banca mercantil.

bancarrota *s. f.* Quiebra de un establecimiento o entidad comercial o financiera.

bance *s. m.* Palo suelto que atravesado cierra los portillos de las fincas.

banco *s. m.* **1.** Asiento largo y estrecho. **2.** Mesa de trabajo que usan algunos artesanos. **3.** Establecimiento público de crédito. **4.** Asociación constituida por numerosos peces de una especie.

banda[1] *s. f.* Cinta ancha que se lleva atravesada desde un hombro al costado opuesto.

banda[2] *s. f.* Grupo de gente armada.

bandada *s. f.* Grupo numeroso de aves que vuelan juntas.

bandazo *s. m.* Balance repentino de una embarcación hacia un lado.

bandear *v. intr.* **1.** Vacilar en la propia opinión. ‖ *v. prnl.* **2.** Saberse ingeniar para satisfacer las necesidades de la vida o salvar otras dificultades.

bandeja *s. f.* Pieza plana o algo cóncava, con bordes de poca altura, que sirve para llevar o presentar algo.

bandera *s. f.* **1.** Lienzo, tafetán u otra tela, generalmente de forma cuadrada o cuadrilonga, que se asegura por uno de sus lados a un asta o driza, y se utiliza como insignia o señal. **2.** Trozo de lienzo u otra tela, de uno o varios colores, que se cuelga como adorno o se usa para hacer señales.

banderilla *s. f.* Palo adornado y con una lengüeta de hierro en un extremo, que se clava en el cerviguillo de los toros.

banderillear *v. tr.* Poner banderillas a los toros.

banderillero, ra *s. m. y s. f.* Torero que pone banderillas.

banderín *s. m.* **1.** Bandera pequeña. **2.** Soldado que sirve de guía a la infantería en sus ejercicios, y lleva al efecto una bandera en la bayoneta del fusil.

banderola *s. f.* Bandera pequeña, con varios usos en topografía, marina y milicia.

bandido *s. m.* Bandolero.

bandín *s. m.* Banda corta que los condecorados con una gran cruz llevan debajo del chaleco para actos menos solemnes.

bando[1] *s. m.* Edicto o mandato publicado de orden superior.

bando[2] *s. m.* **1.** Facción. **2.** Bandada.

bandola *s. f.* Instrumento musical de cuatro cuerdas y de cuerpo combado.

bandolera *s. f.* Correa que cruza por el pecho y la espalda y que en el remate lleva un gancho para colgar un arma de fuego.

bandolero, ra *s. m. y s. f.* **1.** Salteador de caminos. ‖ **2.** *s. m.* Persona perversa.

bandolina *s. f.* Instrumento musical pequeño de cuatro cuerdas y de cuerpo curvado como el laúd.

bandujo *s. m.* Tripa grande de cerdo, carnero o vaca, llena de carne picada.

bandullo *s. m., fam.* Vientre o conjunto que forman las tripas.
bandurria *s. f.* Instrumento musical de cuerda semejante a la guitarra, pero de menor tamaño, que se toca con una púa.
banjo *s. m.* Instrumento musical de cuerda de origen africano, cuya caja de resonancia se encuentra cubierta por una piel.
banqueo *s. m.* Desmonte de un terreno en planos escalonados.
banquero, ra *s. m. y s. f.* Persona que se dedica a operaciones bancarias.
banqueta *s. f.* Asiento de tres o cuatro pies y sin respaldo.
banquete *s. m.* **1.** Comida a la que acuden muchas personas para celebrar algo. **2.** Comida espléndida.
banquillo *s. m.* **1.** Asiento en que se coloca al procesado ante el tribunal. **2.** Lugar donde permanecen los jugadores reservas y entrenadores durante el partido.
banzo *s. m.* Cada uno de los dos largueros paralelos o apareados que afianzan una armazón, como el respaldo de una silla, una escalera de mano, etc.
bañador *s. m.* Traje para bañarse.
bañar *v. tr.* **1.** Meter el cuerpo o parte de él en un líquido, generalmente agua. También prnl. **2.** Regar o tocar el agua alguna cosa. **3.** Sumergir algo en un líquido.
bañera *s. f.* Baño, pila para bañarse.
bañista *s. m. y s. f.* Persona que concurre a tomar baños.
baño *s. m.* **1.** Acción y efecto de bañar o bañarse. **2.** Capa de materia extraña con que queda cubierta la cosa bañada.
bao *s. m.* Cada una de las piezas de la armazón de un buque que van de un costado a otro y sostienen la cubierta.
baobab *s. m.* Árbol bombacáceo tropical, de fruto carnoso y sabor agradable.
baptisterio *s. m.* Sitio donde está la pila bautismal.
baquear *v. intr.* Navegar dejándose llevar por la corriente.
baquelita *s. f.* Nombre comercial de un tipo de resina sintética plástica.
baqueta *s. f.* **1.** Vara delgada para atacar las armas de fuego. ‖ *s. f. pl.* **2.** Palillos que se usan para tocar el tambor.
baquetazo *s. m.* Golpe dado con la baqueta.
baquetear *v. tr.* Incomodar demasiado.
baquio *s. m.* Pie de las métricas griega y latina, compuesto de tres sílabas: la primera breve y las otras dos largas.
bar *s. m.* Establecimiento donde se sirven bebidas y cosas ligeras para comer, que se suelen consumir de pie ante el mostrador.
barahunda *s. f.* Gran ruido y confusión.
baraja *s. f.* Conjunto de naipes.
barajar *v. tr.* **1.** Mezclar los naipes antes de repartirlos. **2.** Mezclar, revolver unas personas o cosas con otras. También prnl.
baranda *s. f.* **1.** Barandilla. **2.** Borde que tienen las mesas de billar.
barandal *s. m.* **1.** Listón de hierro u otra materia en que se asientan los balaustres. **2.** El que los sujeta por arriba.
barandilla *s. f.* Antepecho compuesto de balaustres de madera, hierro u otra materia, y de los barandales que los sujetan.
baraña *s. f.* Broza del monte.
baraño *s. m.* Fila de heno recién guadañado y tendido en tierra.
baratería *s. f.* Fraude en compras o ventas.
baratija *s. f.* Cosa de poco valor.
baratillo *s. m.* Conjunto de trastos de poco valor que están en venta en lugar público.
barato, ta *adj.* Vendido o comprado a bajo precio.
báratro *s. m.* Infierno.
baratura *s. f.* Bajo precio.
baraúnda *s. f.* Barahunda.
barba *s. f.* **1.** Parte de la cara debajo de la boca. **2.** Pelo que nace en esta parte de la cara y en los carrillos. Se usa más en pl.
barbacana *s. f.* Obra avanzada de forticación para defensa de plazas, puentes, etc.
barbacoa *s. f.* Parrilla usada para asar al aire libre carne o pescado.
barbada *s. f.* Quijada inferior de las caballerías.
barbado, da *adj.* **1.** Que tiene barbas. ‖ *s. m.* **2.** Árbol o sarmiento que se planta con raíces. **3.** Renuevo de árbol o arbusto.
barbaridad *s. f.* **1.** Calidad de bárbaro. **2.** Dicho o hecho necio. **3.** Atrocidad.
barbarie *s. f.* **1.** Rusticidad. **2.** Crueldad.
barbarismo *s. m.* Vicio del lenguaje, que consiste en pronunciar o escribir mal las palabras, o en emplear vocablos impropios.

barbarizar *v. intr. fig.* Decir o hacer barbaridades.
bárbaro, ra *adj.* **1.** Cruel. **2.** Inculto.
barbear *v. tr.* **1.** Llegar con la barba a cierta altura. ‖ *v. intr.* **2.** Trabajar el barbero en su oficio.
barbechar *v. tr.* Arar o labrar la tierra disponiéndola para la siembra.
barbecho *s. m.* Tierra de labranza que no se siembra durante uno o más años.
barbería *s. f.* **1.** Tienda del barbero. **2.** Oficio del barbero.
barbero *s. m.* Persona que tiene por oficio afeitar la barba, cortar el pelo, etc.
barbeta *s. f.* Trozo de parapeto destinado a la artillería.
barbián, na *adj.* Desenvuelto, gallardo.
barbilampiño *adj.* Se dice del varón adulto que no tiene barba o tiene poca.
barbilla *s. f.* Punta o remate de la barba.
barbiquejo *s. m.* Pañuelo que, a modo de venda, se pasa por debajo de la barba y se ata por encima de la cabeza o a un lado de la cara.
barbitúrico *s. m.* Nombre común a varios derivados de un ácido cristalino que tienen propiedades hipnóticas y sedantes.
barbo *s. m.* Pez de río, fisóstomo, comestible.
barboquejo *s. m.* Cinta que sujeta el sombrero por debajo de la barba.
barbotar *v. intr.* Mascullar. También tr.
barbotear *v. intr.* Barbullar, mascullar.
barbudo, da *adj.* Que tiene mucha barba.
barbulla *s. f., fam.* Ruido, griterío de los que hablan a un tiempo atropelladamente.
barbullar *v. intr.* Hablar atropelladamente.
barca *s. f.* Embarcación pequeña para pescar o para atravesar los ríos.
barcal *s. m.* Artesa en que se colocan las vasijas al medir el vino, para recoger el que se derrama.
barcarola *s. f.* Canción popular italiana.
barcaza *s. f.* Lanchón para transportar carga de los buques a tierra, o viceversa.
barcia *s. f.* Desperdicio, ahechaduras que se sacan al limpiar el grano.
barco *s. m.* Vehículo dispuesto para flotar y correr por el agua, impulsado por el viento, remos, ruedas o hélices movidas por un motor.
barda[1] *s. f.* Armadura antigua de los caballos.
barda[2] *s. f.* Cubierta que se pone sobre las tapias de los corrales, huertas y heredades para su resguardo.
bardaguera *s. f.* Arbusto de la familia de las salicáceas, muy ramoso y común. Los ramos más delgados sirven para hacer canastillas y cestas.
bardal *s. m.* Zarza, planta silvestre.
bardar *v. tr.* Poner bardas a las tapias.
bardo *s. m.* **1.** Poeta heroico o lírico. **2.** Barro, fango. **3.** Vallado de cañas o espinos. **4.** Vivar de conejos.
baremo *s. m.* **1.** Lista de tarifas. **2.** Conjunto de normas establecidas convencionalmente para evaluar los méritos personales, la solvencia de empresa, etc.
bargueño *s. m.* Mueble de madera con muchos cajoncitos y gavetas, adornado con labores de talla o de taracea.
baricentro *s. m.* En geometría, punto de intersección de las tres medianas de un triángulo.
bario *s. m.* Metal blanco amarillento, dúctil y difícil de fundir.
barita *s. f.* Óxido de bario, que se obtiene en el laboratorio en forma de polvo blanco.
baritina *s. f.* Sulfato de barita, de formación natural.
barítono *s. m.* **1.** Voz media entre las de tenor y bajo. **2.** El que tiene esta voz.
barjuleta *s. f.* Bolsa grande de cuero que llevan a la espalda los caminantes.
barloa *s. f.* Cable utilizado para atracar.
barlovento *s. m.* Parte de donde viene el viento, con respecto a un lugar determinado.
barman *s. m.* Camarero.
barnacla *s. m.* Ave anseresiforme marina que habita en las costas europeas.
barniz *s. m.* Disolución de una o más sustancias resinosas en un líquido que al aire se volatiza o se deseca. Se utiliza para dar lustre a pinturas, maderas, etc.
barnizar *v. tr.* Dar un baño de barniz.
barómetro *s. m.* **1.** Instrumento que sirve para determinar la presión atmosférica. **2.** Índice o exponente de una realidad.
barón *s. m.* Título de dignidad, de más o menos preeminencia, según los países.
baronesa *s. f.* **1.** Mujer del barón. **2.** Mujer que goza de una baronía.
baronía *s. f.* Dignidad de barón.
baroscopio *s. m.* Balanza dispuesta para demostrar la presión atmosférica.
barotermógrafo *s. m.* Aparato que registra a la vez la presión y la temperatura de la atmósfera.

barquear *v. tr.* Atravesar un río, lago, etc., con la barca.
barquero, ra *s. m. y s. f.* Persona que gobierna la barca.
barquilla *s. f.* **1.** Molde prolongado, a manera de barca, que sirve para hacer pasteles. **2.** Cesto pendiente de un globo en el que van los tripulantes.
barquillero, ra *s. m. y s. f.* **1.** Persona que vende barquillos. ‖ *s. m.* **2.** Marino que patronea una embarcación menor en un recinto portuario.
barquillo *s. m.* Hoja delgada de pasta hecha con harina, azúcar y una esencia a la que se da forma de canuto.
barquín *s. m.* Fuelle grande que se usa en las fraguas.
barra *s. f.* **1.** Pieza de hierro, de forma prismática o cilíndrica, y mucho más larga que gruesa. **2.** Palanca de hierro para levantar o mover cosas de mucho peso.
barrabás *s. m., fam.* Persona mala, díscola.
barrabasada *s. f., fam.* Enredo, travesura grave, acción atropellada.
barraca *s. f.* Albergue o vivienda construida toscamente.
barracón *s. m.* Caseta construida en las ferias para diversos fines.
barrado, da *adj.* **1.** Se dice del tejido que saca alguna tira o lista que desdice del resto. **2.** Se aplica a la pieza sobre la cual se ponen barras.
barragán *s. m.* **1.** Tela de lana, impenetrable al agua. **2.** Abrigo de esta lana.
barragana *s. f.* Manceba, concubina.
barraganería *s. f.* Amancebamiento.
barranco *s. m.* Despeñadero, precipicio.
barranquear *v. tr.* Conducir por arroyos la madera que se corta en los montes.
barrar *v. tr.* Embarrar con barro.
barredura *s. f.* Acción de barrer.
barrena *s. f.* Barra de acero con la punta en espiral, para taladrar madera, metal u otro cuerpo duro.
barrenar *v. tr.* Taladrar.
barrendero, ra *s. m. y s. f.* Persona que tiene por oficio barrer.
barrenillo *s. m.* Insecto coleóptero que horada la corteza de los árboles.
barreno *s. m.* **1.** Barrena grande. **2.** Agujero que se hace con la barrena.
barreño *s. m.* Vasija de barro para fregar loza y otros usos.
barrer *v. tr.* Quitar del suelo con la escoba el polvo, la basura, etc.
barrera *s. f.* **1.** Valla para atajar un camino, cercar un lugar, etc. **2.** En ciertos juegos deportivos, fila de jugadores que se coloca delante de su meta para protegerla de un lanzamiento contrario.
barrero *s. m.* Alfarero.
barriada *s. f.* Barrio.
barrica *s. f.* Especie de tonel que tiene diversos usos.
barricada *s. f.* Parapeto improvisado para estorbar el paso del enemigo.
barrido *s. m.* Acción y efecto de barrer.
barriga *s. f.* Vientre.
barrigudo, da *adj.* Que tiene gran barriga.
barriguera *s. f.* Correa que se pone en la barriga a las caballerías de tiro.
barril *s. m.* Vasija de madera para conservar y transportar licores y géneros.
barrila *s. f. fam.* Bronca, jaleo.
barrilete *s. m.* Instrumento que usan los carpinteros para asegurar los materiales que labran.
barrilla *s. f.* Planta quenopodiácea, de cuyas cenizas se obtiene la sosa.
barrillo *s. m.* Barro, granillo rojizo.
barrio *s. m.* **1.** Cada una de las partes en que se dividen los pueblos y ciudades. **2.** Arrabal.
barrizal *s. m.* Terreno lleno de barro.
barro[1] *s. m.* **1.** Masa que resulta de la unión de tierra y agua. **2.** Lodo que se forma en las calles cuando llueve.
barro[2] *s. m.* Cada uno de los granillos de color rojizo que salen en el rostro.
barroco, ca *adj.* Se aplica a las obras de arte en que predominan la pompa y el ornato.
barroso, sa[1] *adj.* Se dice del terreno que tiene barro o en que se forma con facilidad.
barroso, sa[2] *adj.* Se aplica al rostro que tiene barros o es propenso a tenerlos.
barrote *s. m.* **1.** Barra gruesa. **2.** Barra de hierro que sirve para asegurar algo.
barrueco *s. m.* Perla de forma irregular.
barruntar *v. tr.* Conjeturar, presentir por algún indicio.
barrunte *s. m.* Indicio, noticia.
bartola, a la *loc. adv.* Sin ningún cuidado, con total despreocupación.

bártulos *s. m. pl.* Enseres que se manejan.
barullo *s. m., fam.* Confusión, desorden.
basa[1] *s. f.* **1.** Base, fundamento o apoyo. **2.** Parte inferior de la columna en que descansa el fuste.
basa[2] *s. f.* Balsa, hueco del terreno.
basada *s. f.* Aparato armado debajo del buque, que sirve para botarlo al agua.
basal *adj.* Situado en la base de una formación orgánica o de una construcción.
basalto *s. m.* Roca volcánica, de color negro o verdoso, compuesta ordinariamente de feldespato y piroxeno.
basamento *s. m.* Cuerpo formado por la basa y el pedestal de la columna.
basar *v. tr.* **1.** Asentar algo sobre una base. **2.** Fundar, apoyar. También prnl.
basca *s. f.* Desazón que se experimenta en el estómago cuando se quiere vomitar.
bascosidad *s. f.* Inmundicia, suciedad.
báscula *s. f.* Aparato para medir pesos generalmente grandes.
bascular *v. intr.* **1.** Oscilar, tener un cuerpo movimiento de vaivén. **2.** Inclinarse la caja de ciertos vehículos de transporte, para que la carga resbale hacia fuera por su propio peso.
base *s. f.* Fundamento o apoyo en que estriba o descansa alguna cosa.
básico, ca *adj.* Fundamental, esencial.
basificar *v. tr.* Hacer compuestos básicos.
basílica *s. f.* Iglesia notable por algún concepto.
basilicón *adj.* Se aplica al ungüento compuesto de cera, colofonia, sebo y resina. También s. m.
basilisco *s. m.* Animal fabuloso que mataba con la vista.
basta *s. f.* Hilván.
bastante *adv. c.* **1.** Ni mucho ni poco, ni más ni menos de lo regular. **2.** No poco.
bastar *v. intr.* Ser suficiente para alguna cosa. También prnl.
bastardear *v. intr.* Degenerar de su naturaleza los frutos y las plantas.
bastardillo, lla *adj.* Se dice de la letra cursiva. También s. f.
bastardo, da *adj.* Que degenera de su origen o naturaleza.
baste *s. m.* Especie de almohadilla que lleva la silla de montar en su parte inferior para comodidad de la caballería.
basteza *s. f.* Grosería, tosquedad.
bastidor *s. m.* Armazón de palos o listones en la que se fijan los lienzos o telas para pintar o bordar, y para otros usos.
bastilla *s. f.* Doblez que se hace y asegura con puntadas a los extremos de la tela.
bastimento *s. m.* Provisión para sustento de una ciudad, ejército, etc.
basto *s. m.* Cualquiera de los naipes del palo de bastos.
basto, ta *adj.* Grosero, tosco.
bastón *s. m.* Caña o palo que sirve para apoyarse al andar.
bastonazo *s. m.* Golpe dado con el bastón.
bastonear *v. tr.* Dar golpes con bastón o palo.
bastonera *s. f.* Mueble para colocar en él paraguas y bastones.
basura *s. f.* Inmundicia, suciedad.
basurero *s. m.* Sitio en donde se amontona la basura.
bata *s. f.* Prenda de vestir larga, con mangas y abierta por delante, que se pone para estar en casa con comodidad.
batacazo *s. m.* Golpe fuerte y con estruendo que da alguien cuando cae.
batalla *s. f.* Combate de un ejército con otro, o de una armada naval con otra.
batallador, ra *adj.* Se dice del renombre que se daba al que había ganado muchas batallas.
batallar *v. intr.* **1.** Pelear, reñir con armas. **2.** *fig.* Disputar, debatir.
batallón *s. m.* **1.** Unidad táctica de infantería. **2.** Grupo numeroso de gente.
batán *s. m.* Máquina para golpear, desengrasar y enfurtir los paños.
batanear *v. tr.* Sacudir o dar golpes a alguien.
batata *s. f.* Planta convolvulácea, de tallo rastrero y raíces como las de la patata.
bate *s. m.* Palo usado en el béisbol para golpear en el aire la pelota.
batea *s. f.* Bandeja.
bateador, ra *s. m. y s. f.* Jugador que en el béisbol espera la pelota con el bate.
batear *v. tr.* En el béisbol, dar a la pelota con el bate. También intr.
batel *s. m.* Bote, barco pequeño.
bateo *s. m.* Acción de golpear con el bate o de usar el bate.
batería *s. f.* **1.** Conjunto de piezas de artillería dispuestas para hacer fuego. **2.** Conjunto de ins-

trumentos de percusión en una banda u orquesta.

batiburrillo *s. m.* Baturrillo.

batida *s. f.* **1.** Acción de batir el monte para levantar la caza. **2.** Reconocimiento de algún paraje, en busca de alguien o algo.

batidera *s. f.* Instrumento similar al azadón, empleado para mezclar la cal con arena y agua.

batido *s. m.* **1.** Claras, yemas o huevos batidos. **2.** Bebida refrescante.

batidor, ra *s. m. y s. f.* Instrumento utilizado para batir los ingredientes de alimentos, salsas, bebidas, etc.

batiente *s. m.* Cada una de las hojas de una puerta o ventana.

batín *s. m.* Bata que suele llegar sólo un poco más abajo de la cintura.

batir *v. tr.* **1.** Dar golpes, golpear. **2.** Mover con fuerza una cosa.

batista *s. f.* Lienzo fino muy delgado.

batojar *v. tr.* Varear los frutos de algunos árboles.

batracio, cia *adj.* Se dice de los animales de sangre fría, circulación incompleta y respiración branquial en la primera edad, pulmonar después.

batuda *s. f.* Serie de saltos que dan los gimnastas.

Batuecas *n. p.* Valle de la Provincia de Salamanca, que se utiliza en la expresión **estar alguien en las Batuecas**, estar distraído.

baturrillo *s. m.* Mezcla de cosas que desdicen unas de otras.

baturro, rra *adj.* Se aplica al campesino aragonés.

batuta *s. f.* Varita con que el director de orquesta indica el compás.

baúl *s. m.* Cofre, arca.

bauprés *s. m.* Palo grueso de la proa de los barcos.

bautismal *adj.* Relativo al bautismo.

bautismo *s. m.* **1.** Primero de los sacramentos de la Iglesia. **2.** Bautizo.

bautizar *v. tr.* **1.** Administrar el bautismo. **2.** *fig.* Poner nombre a una cosa.

bautizo *s. m.* Acción de bautizar y fiesta con que ésta se celebra.

baya *s. f.* Fruto de ciertas plantas, carnoso y jugoso.

bayadera *s. f.* Bailarina y cantora de la India.

bayal *adj.* Se dice de una especie de lino de tallos largos y de hilaza fina y blanca.

bayeta *s. f.* **1.** Tela de lana, floja y poco tupida. **2.** Paño que se utiliza para fregar el suelo y otras superficies.

bayo, a *adj.* De color blanco amarillento. Se aplica generalmente a los caballos y a su pelo. También s. m.

bayoneta *s. f.* Arma blanca que se fija en la boca del fusil.

baza *s. f.* En ciertos juegos de naipes, número de cartas que recoge el que gana.

bazar *s. m.* Tienda en que se venden productos de varias industrias.

bazo *s. m.* Víscera vascular situada en el hipocondrio izquierdo.

bazofia *s. f.* **1.** Mezcla hecha con sobras de comida. **2.** Comida poco apetitosa.

bazuca *s. f.* Arma portátil, cuyo manejo corresponde a la infantería y que consiste en un tubo metálico, que dispara proyectiles de propulsión a chorro.

bazucar *v. tr.* Revolver un líquido moviendo la vasija en que se encuentra.

be *onomat.* Voz del carnero, de la oveja y de la cabra.

beata *s. f., fam.* Mujer que frecuenta mucho los templos.

beatería *s. f.* Acción de afectada virtud.

beatificar *v. tr.* Declarar el Sumo Pontífice que algún siervo de Dios goza de la eterna bienaventuranza y se le puede dar culto.

beatilla *s. f.* Lienzo delgado y ralo.

beatitud *s. f.* Bienaventuranza eterna.

beato, ta *adj.* **1.** Feliz o bienaventurado. ‖ *s. m.* **2.** *fig.* Hipócrita, santurrón.

bebé *s. m.* Nene o rorro.

bebedero, ra *adj.* **1.** Se dice del agua u otro líquido que es bueno para beber. ‖ *s. m.* **2.** Vasija con agua para que beban los animales.

bebedizo *s. m.* Bebida que se da por medicina.

beber *v. intr.* Hacer que un líquido pase de la boca al estómago. También tr.

bebestible *adj., fam.* Que se puede beber.

bebible *adj., fam.* Se dice de los líquidos que no son del todo desagradables al paladar.

bebida *s. f.* **1.** Acción y efecto de beber. **2.** Líquido que se bebe.

bebido, da *adj.* Embriagado.

bebistrajo *s. m., fam.* Bebida muy desagradable.

beca *s. f., fig.* Ayuda económica que percibe un estudiante.

becada *s. f.* Ave de pico largo y plumaje oscuro, que vive en terrenos húmedos.

becado, da *s. m. y s. f.* Becario.
becar *v. tr.* Conceder a alguien una beca para que pueda realizar sus estudios.
becerrada *s. f.* Lidia de becerros hecha por aficionados.
becerro, rra *s. m. y s. f.* Toro o vaca desde que deja de mamar hasta que cumple un año.
bechamel *s. f.* Besamel.
beche *s. m.* Macho cabrío.
bedel, la *s. m. y s. f.* Especie de celador en las universidades y otros centros docentes, que cuida del orden, anuncia la hora de entrada y salida de las clases, etc.
beduino, na *adj.* Se dice de los árabes nómadas. Se usa más como s. m. y s. f.
befa *s. f.* Grosera expresión de desprecio.
befar *v. intr.* **1.** Mover los caballos el befo. ‖ *v. tr.* **2.** Burlar, escarnecer.
befo, fa *adj.* De labios abultados y gruesos.
begardo, da *s. m. y s. f.* Hereje de los siglos XIII y XIV, que creía en la impecabilidad del alma, vivía en la pobreza, rechazaba toda autoridad civil y religiosa y toda práctica de culto.
begonia *s. f.* Planta perenne begoniácea, de hojas grandes y acorazonadas y grandes flores rosadas.
behetría *s. f., fig.* Confusión o desorden.
beicon *s. m.* Panceta ahumada.
beige *adj.* Se dice del color natural de la lana, pajizo, amarillento. También s. m.
beis *adj.* Beige. También s. m.
béisbol *s. m.* Juego entre dos equipos, en que los jugadores han de recorrer ciertos puestos o bases de un circuito, en combinación con el lanzamiento de una pelota desde el centro del mismo.
bejín *s. m.* **1.** Hongo semejante a una bola. **2.** Persona que se enoja con facilidad.
bejucal *s. m.* Sitio donde se crían bejucos.
bejuco *s. m.* Planta tropical, sarmentosa, de tallos lenosos, largos y delgados.
Belcebú *n. p.* Lucifer, el diablo.
beldad *s. f.* **1.** Belleza o hermosura. **2.** Persona muy bella.
beldar *v. tr.* Aventar con el bieldo las mieses para separar el grano de la paja.
belemnita *s. f.* Fósil, de figura cónica o de maza, de una clase de cefalópodos.
belén *s. m.* **1.** Nacimiento. **2.** *fam.* Confusión, desorden y sitio donde lo hay.
beleño *s. m.* Planta solanácea, narcótica, de hojas vellosas y fruto capsular.
belesa *s. f.* Planta plumbaginácea, de flores purpúreas, muy menudas y en espiga.
belez *s. m.* Vasija.
belfo, fa *adj.* Befo.
belicismo *s. m.* Tendencia a provocar conflictos armados o a tomar parte en ellos.
bélico, ca *adj.* Perteneciente o relativo a la guerra, guerrero.
belicoso, sa *adj.* **1.** Guerrero, marcial. **2.** *fig.* Agresivo, pendenciero.
beligerante *adj.* Se aplica a la potencia, nación, etc. que está en guerra.
belígero, ra *adj., poét.* Belicoso, dado a la guerra.
belitre *adj., fam.* Pícaro, ruin.
bellaco, ca *adj.* **1.** Malo, pícaro. **2.** Astuto, sagaz.
belladona *s. f.* Planta solanácea, muy venenosa y narcótica.
bellaquería *s. f.* Acción o dicho propio de bellaco.
belleza *s. f.* Conjunto de cualidades de una cosa cuya manifestación nos hace amarla, produciendo un deleite espiritual, un sentimiento de admiración.
bello, lla *adj.* **1.** Que tiene belleza. **2.** Excelente, de buen carácter.
bellota *s. f.* Fruto de la encina, del roble y otros árboles del mismo género.
bellotear *v. intr.* Comer la bellota el ganado de cerda.
belorta *s. f.* Vilorta del arado.
beluga *s. f.* Gran delfín de los mares polares.
bemol *adj.* Se dice de la nota cuya entonación es un semitono más bajo que la de su sonido natural.
bemolar *v. tr.* Poner bemol o bemoles.
ben *s. m.* Árbol de la familia de las moringáceas, que crece en países intertropicales, de cuyo fruto se extrae un aceite que no se enrancia y se emplea en relojería y perfumería.
benceno *s. m.* Hidrocarburo inflamable, que se obtiene por destilación de la hulla.
bencina *s. f.* Mezcla de varios hidrocarburos que se obtiene por destilación del alquitrán de hulla, de los petróleos, etc.
bendecir *v. tr.* **1.** Alabar, ensalzar. **2.** Consagrar algo al culto divino. **3.** Hacer el sacerdote la señal de la cruz sobre personas o cosas, recitando oraciones.
bendición *s. f.* Acción y efecto de bendecir.

bendito, ta *adj.* **1.** Santo o bienaventurado. **2.** Dichoso, feliz.

benefactor, ra *adj.* Bienhechor. También s. m. y s. f.

beneficencia *s. f.* **1.** Virtud de hacer bien a otro. **2.** Conjunto de fundaciones benéficas y de sus servicios.

beneficiable *adj.* Que puede o merece ser beneficiado.

beneficiado, da *s. m. y s. f.* Persona en beneficio de la cual se ejecuta un espectáculo público.

beneficial *adj.* Perteneciente o relativo a beneficios eclesiásticos.

beneficiar *v. tr.* Hacer bien a alguna persona o cosa. También prnl.

beneficiario, ria *adj.* Se dice de la persona que goza de un beneficio.

beneficio *s. m.* **1.** Bien que se hace o recibe. **2.** Utilidad, provecho.

beneficioso, sa *adj.* Provechoso, útil.

benéfico, ca *adj.* **1.** Que hace bien. **2.** Perteneciente o relativo a la ayuda gratuita que se presta a las personas necesitadas.

benemérito, ta *adj.* Digno de galardón.

beneplácito *s. m.* Aprobación, permiso.

benevolencia *s. f.* Simpatía y buena voluntad hacia las personas.

benévolo, la *adj.* Que tiene buena voluntad.

bengala *s. f.* Clase especial de luces pirotécnicas.

benignidad *s. f.* Calidad de benigno.

benigno, na *adj.* **1.** Afable, benévolo. **2.** Se dice de las enfermedades no graves y de los tumores que no son malignos.

benjamín *s. m.* **1.** Hijo menor. **2.** El más joven de un grupo.

benjuí *s. m.* Bálsamo aromático que se obtiene de un árbol de las Indias Orientales.

benzoato *s. m.* Sal resultante de la combinación del ácido benzoico con una base.

benzoe *s. m.* Nombre dado por los botánicos al benjuí.

benzoico, ca *adj.* Ácido obtenido por la destilación del benzol.

benzol *s. m.* Nombre que suele darse al benceno.

beodo, da *adj.* Embriagado, borracho.

berberecho *s. m.* Molusco bivalvo, que se come crudo o guisado.

berbiquí *s. m.* Manubrio semicircular que puede girar alrededor de un puño ajustado en una de sus extremidades, y tener sujeta en el otro la espiga de cualquier herramienta propia para taladrar.

beréber *s. m.* Individuo de la raza más antigua y numerosa de las que habitan en África septentrional.

berenjena *s. f.* Planta anual solanácea, hortense, de fruto aovado y comestible.

berenjenal *s. m.* **1.** Sitio plantado de berenjenas. **2.** Asunto de difícil solución.

bergamota *s. f.* **1.** Variedad de pera muy jugosa y aromática. **2.** Variedad de lima muy aromática.

bergamoto *s. m.* Árbol que produce la bergamota.

bergante *s. m.* Pícaro, sinvergüenza.

bergantín *s. m.* Buque de dos palos y vela cuadrada o redonda.

beriberi *s. m.* Enfermedad endemoepidémica, propia de países que se alimentan casi exclusivamente de arroz molido, cuyas manifestaciones son parálisis, edema e insuficiencia cardiaca.

berilio *s. m.* Elemento químico o metal alcalino térreo, ligero, de color blanco y sabor dulce.

berilo *s. m.* Variedad de esmeralda de color verdemar.

berlanga *s. f.* Juego de naipes en el que se gana reuniendo tres cartas iguales.

berlina *s. f.* Coche de caballos cerrado, generalmente con dos asientos.

berlinga *s. f.* Pértiga de madera verde, con que se remueve la masa fundida en los hornos metalúrgicos.

bermejear *v. intr.* **1.** Mostrar una cosa color bermejo. **2.** Tirar a bermejo.

bermejo, ja *adj.* Rojo muy encendido.

bermejuela *s. f.* Pez teleósteo, común en algunos ríos de España y de colores muy variados.

bermellón *s. m.* Cinabrio reducido a polvo, que toma color rojo vivo.

bermudas *s. m. pl.* Pantalón corto.

berrea *s. f.* Brama del ciervo y de algunos otros animales.

berrear *v. intr.* **1.** Dar berridos los becerros u otros animales. **2.** Llorar o gritar desconsoladamente un niño.

berrendo, da *adj.* Manchado de dos colores por naturaleza o por arte.

berrera *s. f.* Planta de la familia de las umbelíferas, de flores blancas, que se cría en las orillas de las balsas y riachuelos.

berrido *s. m.* **1.** Voz del becerro y otros animales. **2.** Grito desaforado de una persona.

berrinche *s. m., fam.* Coraje, enojo grande, sobre todo el de los niños.

berro *s. m.* Planta crucífera cuyas hojas, de gusto picante, se comen en ensalada.

berza *s. f.* **1.** Col. || *s. m. pl.* **2.** *fig. y fam.* Ignorante, simple, berzotas.

berzotas *s. m., fam.* Persona ingnorante o necia.

besalamano *s. m.* Esquela que se encabeza con la abreviatura B. L. M., redactada en tercera persona y sin firma.

besamanos *s. m.* Modo de saludar acercando la mano derecha a la boca y apartándola de ella una o más veces.

besamel *s. f.* Salsa blanca que se hace con harina, crema de leche y manteca.

besana *s. f.* Labor de surcos paralelos que se hacen con el arado.

besar *v. tr.* Tocar una cosa con los labios en señal de afecto.

beso *s. m.* Acción de besar o besarse.

best-seller *s. m.* Libro de gran éxito editorial y de mucha venta.

bestia *s. f.* **1.** Animal cuadrúpedo. || *s. m. y s. f.* **2.** Persona ruda e ignorante.

bestiaje *s. m.* Conjunto de bestias de carga.

bestial *adj.* Brutal, irracional.

bestialidad *s. f.* Brutalidad, irracionalidad.

bestiario *s. m.* En la literatura medieval, colección de fábulas de animales reales o quiméricos.

besugo *s. m.* Pez teleósteo, acantopterigio, de carne blanca y muy apreciada.

besuguera *s. f.* Cazuela apropiada para guisar besugos.

besuquear *v. tr., fam.* Besar repetidamente.

beta *s. f.* Nombre de la segunda letra del alfabeto griego.

betún *s. m.* Mezcla de varios ingredientes que se utilizan para lustrar el calzado.

bey *s. m.* Gobernador de una ciudad o región del antiguo imperio turco. Actualmente se emplea también como título honorífico.

bezo *s. m.* **1.** Labio grueso. **2.** Carne que se levanta alrededor de la herida infectada.

bezote *s. m.* Adorno que llevaban los indígenas americanos en el labio inferior.

bezudo, da *adj.* Grueso de labios.

biastado, da *adj.* Que tiene astas dobles.

biaxial *adj.* Que tiene dos ejes.

bibelot *s. m.* Muñeco, figurilla, juguete, etc. y, en general, objeto de adorno.

biberón *s. m.* Botella pequeña de cristal, con una tetina en uno de los extremos, para la lactancia artificial.

Biblia *n. p.* La Sagrada Escritura, que comprende los libros canónicos del Antiguo y Nuevo Testamento.

bíblico, ca *adj.* Perteneciente o relativo a la Biblia.

bibliobús *s. m.* Biblioteca ambulante de préstamo instalada en un autobús que recorre varias poblaciones.

bibliófilo, la *s. m. y s. f.* Persona que siente pasión por los libros.

bibliografía *s. f.* Conocimientos, descripción de libros o manuscritos.

bibliología *s. f.* Estudio general del libro en su aspecto histórico y técnico.

bibliomanía *s. f.* Pasión por tener muchos libros, más por manía que por instruirse.

biblioteca *s. f.* **1.** Local donde se tienen libros en un orden determinado para su consulta o lectura. **2.** Conjunto de estos libros. **3.** Armario especial para libros.

bibliotecario, ria *s. m. y s. f.* Persona que tiene a su cargo el cuidado y servicio de una biblioteca.

biblioteconomía *s. f.* Ciencia que estudia la conservación, ordenación y administración de una biblioteca.

bica *s. f.* Torta o bollo sin levadura.

bicarbonato *s. m.* Sal que resulta de sustituir la mitad del hidrógeno del ácido carbónico por un metal monovalente.

bicéfalo, la *adj.* Que tiene dos cabezas.

bíceps *adj.* Se dice de dos músculos que tienen por arriba dos porciones o cabezas.

bicharraco *s. m.* Despectivo de bicho.

bichero *s. m.* Asta larga que sirve para atracar y desatracar.

bicho *s. m.* **1.** Animal pequeño. **2.** *fig.* Persona de figura ridícula o mal genio.

bicicleta *s. f.* Velocípedo de dos ruedas, de las cuales la posterior es motriz y se impulsa por pedales.

biciclo *s. m.* Velocípedo de dos ruedas, de las cuales la delantera es motriz.

bicípite *adj.* Que tiene dos cabezas.

bicoca *s. f.* **1.** *fam.* Cosa de poca estima y aprecio. **2.** *fig. y fam.* Ganga.
bicolor *adj.* De dos colores.
bicorne *adj., poét.* De dos cuernos o dos puntas.
bidé *s. m.* Lavabo bajo y ovalado destinado a la higiene íntima.
bidón *s. m.* Recipiente de hojalata que sirve para transportar líquidos.
biela *s. f.* Barra que en las máquinas sirve para transformar el movimiento de vaivén en otro de rotación, o viceversa.
bielda *s. f.* Especie de bieldo que sirve para recoger, cargar y encerrar la paja.
bieldo *s. m.* Instrumento para aventar.
bien *s. m.* **1.** Lo que se presenta a la facultad volitiva como objeto propio para ser querido. **2.** Beneficio, utilidad. **3.** Lo que es bueno. ‖ *s. m. pl.* **3.** Riqueza. ‖ *adv. m.* **4.** Con acierto. **5.** Con buena salud.
bienal *adj.* **1.** Que sucede o se repite cada dos años. **2.** Que dura dos años.
bienandante *adj.* Feliz, afortunado.
bienandanza *s. f.* Felicidad, fortuna.
bienaventurado, da *adj.* **1.** Que goza de Dios en el cielo. **2.** Feliz, dichoso.
bienaventuranza *s. f.* **1.** Prosperidad o felicidad humana. ‖ *s. f. pl.* **2.** Las ocho felicidades que manifestó Cristo en el Sermón de la Montaña a sus discípulos para que aspirasen a ellas.
bienestar *s. m.* **1.** Comodidad. **2.** Vida holgada.
bienhablado, da *adj.* Que habla cortésmente y sin murmurar.
bienhadado, da *adj.* Bienafortunado.
bienhechor, ra *adj.* Que hace bien a otro. También s. m. y s. f.
bienintencionado, da *adj.* Que tiene buena intención.
bienio *s. m.* Tiempo de dos años.
bienquerencia *s. f.* Buena voluntad.
bienquerer *v. tr.* Querer bien, estimar.
bienquisto, ta *adj.* De buena fama y estimado de todos.
bienvenida *s. f.* Parabién que se da a alguien por su feliz llegada a un lugar.
bienvivir *v. intr.* Vivir con holgura.
bies *s. m.* Trozo de tela cortado al sesgo.
bifacial *adj.* Que tiene dos caras o superficies.
bifásico, ca *adj.* Se dice del sistema de dos corrientes eléctricas alternas iguales, procedentes del mismo generador, y desplazadas en el tiempo, la una respecto de la otra, un semiperíodo.
bífido, da *adj.* Se dice de lo que está dividido en dos partes o que se bifurca.
bifronte *adj.* De dos frentes o dos caras.
bifurcación *s. f.* Punto donde un camino, vía férrea, etc., que se divide en dos ramales o brazos.
bifurcado, da *adj.* De figura de horquilla.
bifurcarse *v. prnl.* Dividirse en dos ramales, brazos o puntas alguna cosa.
biga *s. f.* Carro de dos caballos.
bigamia *s. f.* Estado de un hombre casado con dos mujeres al mismo tiempo, o de la mujer casada con dos hombres.
bigardía *s. f.* Burla, fingimiento.
bigardo, da *adj., fig.* Vago, vicioso.
bígaro *s. m.* Caracol marino de pequeño tamaño y carne comestible. Abunda en las costas del Cantábrico.
big bang *s. m.* Gran explosión que constituye la fase inicial del universo.
bigornia *s. f.* Yunque alargado con dos puntas opuestas.
bigote *s. m.* Pelo que nace sobre el labio superior. Se usa también en pl.
bigotera *s. f.* Compás pequeño, cuya abertura se gradua mediante una rosca.
bigudí *s. f.* Tubo pequeño, largo y estrecho, utilizado para rizar el cabello.
bija *s. f.* Árbol de la familia de las bixáceas, de poca altura, con hojas alternas, simples y anchas, flores grandes y fruto en cápsula, de cuya semilla se obtiene un colorante rojo.
bilabial *adj.* **1.** Se dice del sonido en cuya pronunciación intervienen los dos labios, como la "b" y la "p". **2.** Se dice de la letra que representa este sonido.
bilateral *adj.* Que afecta a ambas partes o lados.
bilingüe *adj.* **1.** Que habla dos lenguas. **2.** Escrito en dos idiomas.
bilingüismo *s. m.* Uso habitual de dos lenguas en una misma región o por la misma persona.
biliar *adj.* Perteneciente o relativo a la bilis.
bilioso, sa *adj.* **1.** Abundante en bilis. **2.** *fig.* Colérico, intratable, irritable.
bilirrubina *s. f.* Pigmento biliar producto de la degradación de la hemoglobina por destrucción de los hematíes.

bilis *s. f.* Líquido viscoso amargo de color amarillo verdoso, segregado por el hígado de los vertebrados.

billar *s. m.* Juego que consiste en impulsar, por medio de tacos, bolas de marfil.

billete *s. m.* **1.** Tarjeta que da derecho para entrar u ocupar asiento en alguna parte o para viajar en un tren, autobús, etc. **2.** Papel impreso o grabado, emitido generalmente por el banco nacional de un país, que representa cantidades de dinero; papel moneda.

billetera *s. f.* Billetero.

billetero *s. m.* Cartera pequeña de bolsillo para llevar billetes, documentos, etc.

billón *s. m.* **1.** Un millón de millones; se expresa por la unidad seguida de doce ceros. **2.** En Estados Unidos, un millar de millones.

billonésimo, ma *adj.* **1.** Se dice de cada una de las partes iguales entre sí, de un todo dividido en un billón de ellas. **2.** Que ocupa el último lugar en una serie ordenada de un billón.

bimembre *adj.* De dos miembros o partes.

bimensual *adj.* **1.** Que se hace dos veces al mes. **2.** Que ocurre cada dos meses, especialmente las publicaciones periódicas.

bimestre *s. m.* Tiempo de dos meses.

bimotor *adj.* Se dice del avión provisto de dos motores. También s. m.

bina *s. f.* Acción y efecto de binar las tierras.

binadera *s. f.* De dos miembros o partes.

binar *v. tr.* **1.** Dar segunda labor a las tierras después del barbecho. **2.** Hacer la segunda cava en las viñas.

binario, ria *adj.* Compuesto de dos elementos, unidades o guarismos.

bingo *s. m.* Juego de azar que consiste en ir tachando cada jugador los números impresos en su cartón que coincidan con los del sorteo. **2.** Local público en que se juega.

binocular *adj.* **1.** Relativo a los dos ojos. || *s. m. pl.* **2.** Anteojos con una lente para cada ojo.

binóculo *s. m.* Anteojo con luneta para ambos ojos.

binomio *s. m.* Expresión algebraica formada por la suma o la diferencia de dos términos.

binza *s. f.* **1.** Película interna de la cáscara del huevo. **2.** Película exterior de la cebolla.

biodegradable *adj.* Relativo a los residuos inorgánicos que pueden descomponerse fácilmente en contacto con la tierra o con otros residuos orgánicos.

biodinámica *s. f.* Parte de la fisiología que estudia los fenómenos vitales de los organismos.

bioelemento *s. m.* Cualquier elemento químico indispensable para el desarrollo normal de una especie.

biografía *s. f.* Historia de la vida de una persona.

biográfico, ca *adj.* Perteneciente o relativo a la biografía.

biógrafo, fa *s. m. y s. f.* Persona que escribe una biografía.

biología *s. f.* Ciencia que trata de los seres vivos, considerándolos en su doble aspecto fisiológico o morfológico.

biológico, ca *adj.* Perteneciente o relativo a la biología.

biólogo, ga *s. m. y s. f.* Persona que profesa la biología.

biomasa *s. f.* Masa total de los seres vivos que habitan en un lugar determinado.

biombo *s. m.* Mampara plegable.

biomecánica *s. f.* Ciencia que trata de explicar todos los fenómenos vitales por medio de fuerzas mecánicas.

biopsia *s. f.* Examen histológico que se hace de un trozo de un tejido tomado de un ser vivo, generalmente para completar un diagnóstico.

bioquímica *s. f.* Ciencia que estudia los fenómenos químicos en un ser vivo.

biosfera *s. f.* **1.** Conjunto de los medios en que se desenvuelve la vida vegetal y animal sobre la Tierra. **2.** El conjunto que forman los seres vivos con el medio en el que se desarrollan.

biótico, ca *adj.* Característico de los seres vivos o que se refiere a ellos.

bióxido *s. m.* Combinación de un radical simple o compuesto con dos átomos de oxígeno.

bipartición *s. f.* División de una cosa en dos partes.

bipartidismo *s. m.* Sistema político basado en el predominio de dos partidos que luchan por el poder o se turnan en él.

bípedo, da *adj.* De dos pies.

biplano *adj.* Se dice del avión con cuatro alas, que forman dos planos paralelos.

biplaza *adj.* Se dice del vehículo de dos plazas. También s. m.

bipolar *adj.* Que tiene dos polos.

biquini *s. m.* Conjunto de dos prendas femeninas de baño, formado por un sujetador y una braga.
birlar *v. tr., fig. y fam.* Quitar alguna cosa a alguien, valiéndose de un engaño.
birlocha *s. f.* Cometa.
birlocho *s. m.* Carruaje sin cubierta, de cuatro ruedas y cuatro asientos, abierto por los costados y sin portezuelas.
birreactor *s. m.* Avión provisto de dos reactores.
birreme *adj.* Se dice de una antigua nave de dos órdenes de remos. También s. f.
birreta *s. f.* Solideo encarnado de los cardenales.
birrete *s. m.* Gorro de forma prismática coronado por una borla de diversos colores, que usan los profesores, jueces y abogados en los actos solemnes.
birria *s. f., fam.* Cosa deforme o ridícula.
bis *adv. c.* **1.** Se usa para indicar repetición hecha o por hacer. ‖ *s. m.* **2.** Ejecución repetida de una pieza musical a petición del público.
bisabuelo, la *s. m. y s. f.* **1.** Respecto de una persona, el padre o la madre de su abuelo o de su abuela. ‖ *s. m. pl.* **2.** El bisabuelo y la bisabuela.
bisagra *s. f.* Conjunto de dos planchitas unidas por medio de cilindros huecos atravesados con un pasador, que sirve para facilitar el movimiento giratorio de las puertas y otras cosas que se abren y cierran.
bisar *v. tr.* Repetir una actuación a petición de los oyentes.
biscote *s. m.* Rebanada de pan de molde, tostado.
bisecar *v. tr.* Dividir en dos partes iguales.
bisección *s. f.* Acción y efecto de bisecar. Se aplica generalmente a la división de los ángulos.
bisector, triz *adj.* Que divide en dos partes iguales. Se aplica especialmente a un plano o a una recta.
bisel *s. m.* Corte oblicuo en el borde de una lámina, plancha o cristal.
bisexual *adj., fig.* Se dice de la persona que tiene relaciones sexuales con individuos de ambos sexos.
bisiesto *adj.* Se dice del año de 366 días, en el que el mes de febrero tiene 29.
bisílabo, ba *adj.* De dos sílabas.
bismuto *s. m.* Metal muy brillante, de color blanco agrisado, muy frágil y fácil de fundir. Sus sales se emplean en medicina.
bisnieto, ta *s. m. y s. f.* Respecto de una persona, hijo o hija de su nieto o nieta.
bisojo *adj.* Se dice de la persona que padece estrabismo. También s. m. y s. f.
bisonte *s. m.* Rumiante bóvido, parecido al toro, con la cabeza grande, la cruz formando giba, cubierto de pelo áspero y con cuernos poco desarrollados.
bisoñé *s. m.* Peluca que cubre sólo la parte anterior de la cabeza.
bisoño, ña *adj., fig. y fam.* Nuevo e inexperto en algún oficio.
bistec *s. m.* **1.** Loncha de carne de vaca asada o frita. **2.** Por ext., cualquier loncha de carne preparada de esta manera.
bistre *s. m.* Pigmento rojizo oscuro preparado con hollín, usado en la fabricación de tinta china.
bisturí *s. m.* Instrumento quirúrgico que sirve para sajar o hacer incisiones.
bisulfito *s. m.* Sal formada por el ácido sulfuroso.
bisulfuro *s. m.* Combinación de un radical con dos átomos de azufre.
bisutería *s. f.* Joyería de imitación, hecha de materiales no preciosos.
bit *s. m.* Unidad de información, la más pequeña de representación en el sistema binario. Se usa más en pl.
bitácora *s. f.* Especie de armario, fijo a la cubierta e inmediato al timón, en que se pone la aguja de marear.
bitonalidad *s. f.* Presencia simultánea de dos tonalidades en una composición musical.
bituminoso, sa *adj.* Que tiene betún o semejanza con él.
bivalvo, va *adj.* Que tiene dos valvas.
bizantino, na *adj., fig.* Se dice de las discusiones baldías o demasiado sutiles.
bizarría *s. f.* **1.** Gallardía, valor. **2.** Generosidad, esplendor.
bizarro, rra *adj.* **1.** Valiente, esforzado. **2.** Generoso, espléndido.
bizarrón *s. m.* Candelero grande.
bizcar *v. intr.* Torcer la vista al mirar, debido al estrabismo que se padece.
bizco, ca *adj.* Bisojo.
bizcocho *s. m.* Masa de harina, huevos y azúcar, que se cuece en el horno.
bizna *s. f.* Película que separa los cuatro gajos de la nuez.

biznieto, ta *s. m. y s. f.* Bisnieto.
bizquear *v. intr., fam.* Padecer estrabismo.
blanco, ca *adj.* **1.** De color de nieve o leche. También s. m. ‖ *s. m.* **2.** Espacio en un escrito que se deja sin llenar.
blancura *s. f.* Calidad de blanco.
blancuzco, ca *adj.* Que tira a blanco, o es de color blanco sucio.
blandear *v. intr.* Aflojar, ceder.
blandengue *adj.* Se dice de las personas débiles física o moralmente. También s. m. y s. f.
blandir *v. tr.* Mover un arma u otra cosa haciéndola vibrar en el aire.
blando, da *adj.* **1.** Tierno y suave al tacto. **2.** *fig.* Suave, dulce, benigno. **3.** *fig.* Pusilánime, cobarde.
blandura *s. f.* **1.** Calidad de blando. **2.** Dulzura en el trato.
blanquear *v. tr.* **1.** Poner de color blanco una cosa. **2.** Convertir en dinero legal el procedente de negocios delictivos.
blanquecino, na *adj.* Que tira a blanco.
blanqueo *s. m.* Acción y efecto de blanquear.
blasfemar *v. intr.* **1.** Decir blasfemias. **2.** Maldecir, vituperar.
blasfemia *s. f.* **1.** Palabra o expresión injuriosa contra Dios o sus santos. **2.** *fig.* Palabra gravemente injuriosa contra una persona.
blasfemo, ma *adj.* **1.** Que contiene blasfemia. **2.** Que dice blasfemia. También s. m. y s. f.
blasón *s. m.* Escudo de armas.
blasonar *v. tr.* Disponer el escudo de armas según las normas del arte.
blastodermo *s. m.* Membrana formada por el conjunto de células procedentes de la segmentación del óvulo.
bledo *s. m.* Planta anual quenopodiácea, de hojas ovales verde oscuro y flores rojas muy pequeñas.
blenda *s. f.* Sulfuro de cinc. Se encuentra en la naturaleza en cristales muy brillantes, cuyo color varía desde el amarillo rojizo al pardo oscuro.
blindaje *s. m.* Conjunto de materiales que se utilizan para blindar.
blindar *v. tr.* Proteger exteriormente, por lo general con planchas metálicas, ciertas cosas o lugares contra los efectos de balas, fuego, etc.
bloc *s. m.* Conjunto de hojas de papel, para escribir o dibujar, cosidas y grapadas en forma de cuaderno y que pueden desprenderse fácilmente.
blonda *s. f.* Encaje de seda.
bloque *s. m.* **1.** Trozo grande de piedra sin labrar. **2.** Sillar artificial de hormigón.
bloquear *v. tr.* Realizar una operación militar o naval con el fin de cortar las comunicaciones de un puerto, un territorio, un ejército, etc.
bloqueo *s. m.* Acción y efecto de bloquear.
blues *s. m.* Canto y melodía del folclore negro estadounidense, surgido a principios del s. XIX, que tuvo gran influencia en el origen y desarrollo del jazz.
blusa *s. f.* Prenda de vestir femenina, de tela fina, que cubre la parte superior del cuerpo.
blusón *s. m.* Blusa larga y suelta.
boa *s. f.* Serpiente americana, de piel con vistosos colores; no es venenosa, pero posee gran fuerza para estrangular a sus víctimas y devorarlas luego.
boardilla *s. f.* Buhardilla.
boato *s. m.* Ostentación en el porte exterior.
bobada *s. f.* Bobería.
bobería *s. f.* Dicho o hecho de necio.
bobina *s. f.* Carrete para devanar o arrollar en él hilo, alambre, etc.
bobinar *v. tr.* Devanar o arrollar hilo, cable, etc. en forma de bobina.
bobo, ba *adj.* **1.** De entendimiento muy corto, poco capaz. También s. m. y s. f. **2.** Extremadamente cándido.
boca *s. f.* **1.** Cavidad con abertura en la parte anterior de la cabeza del hombre y de muchos animales, por la cual se toma el alimento. **2.** *fig.* Entrada o salida.
bocabajo *adv. m.* Tendido con la cara hacia el suelo.
bocacalle *s. f.* **1.** Entrada de una calle. **2.** Calle secundaria que da a otra.
bocadillo *s. m.* Panecillo o trozo de pan relleno con algún alimento.
bocado *s. m.* **1.** Porción de comida que cabe con facilidad de una vez en la boca. **2.** Una pequeña cantidad de comida.
bocajarro, a *loc. adv.* Tratándose de un disparo, desde muy cerca.
bocal[1] *s. m.* Recipiente usado en laboratorios, hospitales, farmacias, etc.
bocal[2] *adj.* **1.** Bucal. **2.** Boquilla de un instrumento.
bocallave *s. f.* Parte de la cerradura, por la cual se mete la llave.

bocamanga *s. f.* Parte de la manga que está más cerca de la muñeca.

bocamina *s. f.* Boca que sirve de entrada a una mina.

bocanada *s. f.* Cantidad de líquido, aire o humo que de una vez se toma en la boca o se expulsa de ella.

bocarte *s. m.* Pez semejante a la sardina, pero más pequeño.

bocaza *s. m. y s. f.* Persona que habla más de lo conveniente o dice tonterías. Se usa más en pl.

bocel *s. m.* Moldura lisa convexa, de sección semicircular.

bocelar *v. tr.* Formar bocel a una pieza de plata u otra materia.

bocera *s. f.* Lo que queda pegado a la parte exterior de los labios después de haber comido o bebido.

boceto *s. m.* **1.** Borroncillo en colores que hacen los pintores antes de pintar un cuadro. **2.** Esquema general y provisional de un proyecto.

bochinche *s. m.* Tumulto, alboroto.

bochorno *s. m.* **1.** Viento caliente y molesto en verano. **2.** Calor sofocante.

bochornoso, sa *adj.* Que causa o da bochorno.

bocina *s. f.* **1.** Instrumento de metal con figura de trompeta, que se usa especialmente en los buques para hablar de lejos. **2.** Instrumento que se hace sonar mecánicamente haciendo vibrar una lengüeta por insuflación.

bocinazo *s. m.* Ruido fuerte producido por una bocina.

bocio *s. m.* Aumento del volumen de la glándula tiroides.

bocoy *s. m.* Tonel grande, utilizado generalmente para conservar y transportar vino.

boda *s. f.* Casamiento y fiesta con que se solemniza.

bodega *s. f.* **1.** Lugar donde se guarda y cría el vino. **2.** Almacén de vinos.

bodegón *s. m.* **1.** Establecimiento donde se sirven comidas. **2.** Taberna.

bodeguero, ra *s. m. y s. f.* Persona que tiene a su cargo una bodega.

bodoque *s. m. y s. f., fig. y fam.* Bordado en relieve de forma redondeada.

bodrio *s. m.* **1.** Guiso mal aderezado. **2.** Cosa mal hecha o de mal gusto.

body *s. m.* Prenda de ropa interior femenina de una sola pieza.

bofarse *v. prnl.* Ponerse algo fofo.

bofe *s. m.* Pulmón de las reses muertas para el consumo. Se usa más en pl.

bofetada *s. f.* Golpe dado en la cara con la mano abierta.

bofetón *s. m.* Bofetada dada con fuerza.

bofia *s. f., fig. y fam.* Policía.

bofo, fa *adj.* Fofo.

boga[1] *s. f.* Pez teleósteo y fisóstomo, fluvial y comestible.

boga[2] *s. f., fig.* Buena aceptación, fortuna.

bogar *v. intr.* Remar.

bogavante *s. m.* Crustáceo marino decápodo, comestible y parecido a la langosta, aunque con pinzas muy grandes en el primer par de patas.

bohardilla *s. f.* Buhardilla.

bohemio, mia *adj.* Se dice de la persona de vida irregular y poco organizada. También s. m. y s. f.

bohena *s. f.* Longaniza de bofes del cerdo.

bohío *s. m.* Cabaña de América, hecha de madera y ramas, cañas o paja, y sin más ventilación que la puerta.

bohordo *s. m.* **1.** Junco de la espadaña. **2.** Lanza corta que se usaba en las fiestas de caballería.

boicot *s. m.* Medida de presión contra un individuo, entidad o país mediante el bloqueo de sus relaciones sociales o comerciales.

boicotear *v. tr.* Privar a una persona o entidad de toda relación social o comercial para perjudicarla y obligarla a ceder.

boina *s. f.* Gorra sin visera, redonda, de lana y generalmente de una sola pieza.

boj *s. m.* Arbusto busáceo, de madera dura, amarilla y compacta.

boja *s. f.* Ampolla de la piel.

bojar *v. tr.* Medir el perímetro de una isla, cabo, etc.

bol *s. m.* Recipiente en forma de taza, ancha y sin asas.

bola *s. f.* Cuerpo esférico de cualquier materia.

boldina *s. f.* Alcaloide que se extrae del boldo.

boldo *s. m.* Arbusto de la familia de las monimiáceas, originario de Chile. La infusión de sus hojas se emplea para curar las enfermedades del estómago y del hígado.

boleadoras *s. f. pl.* Instrumento para atrapar animales muy usado en América del Sur, que consta de dos o tres bolas de piedra, forradas de cuero, y atadas fuertemente a sendas cuerdas.

bolear *v. intr.* En cualquier juego en que se la utilice, arrojar la bola o las bolas.

bolera *s. f.* Lugar en que se juega a los bolos.

bolero *s. m.* Composición musical popular española, de compas ternario y movimiento solemne.

boleta *s. f.* Cedulilla que permite entrar en algún lugar.

boletín *s. m.* **1.** Publicación periódica de un ramo o una corporación, que trata un tema especializado. **2.** Publicación periódica de carácter oficial.

boleto *s. m.* **1.** Papeleta que acredita la participación en un sorteo, lotería, etc. **2.** Billete de teatro, tren, etc.

boliche *s. m.* **1.** Juego de bolos. **2.** Adorno torneado en que rematan algunos muebles.

bólido *s. m.* **1.** Masa mineral en ignición que atraviesa la atmósfera con enorme velocidad y suele estallar, provocando la caída de aerolitos. **2.** *fig.* Vehículo muy veloz.

bolígrafo *s. m.* Utensilio para escribir que lleva en su interior un tubo de tinta y que termina en una pequeña bolita metálica que gira según se escribe.

bolillo *s. m.* Palito torneado usado para hacer encajes y pasamanería.

bolina *s. f.* Sonda o cuerda con un peso de plomo.

bollería *s. f.* Establecimiento donde se hacen o venden bollos.

bollo[1] *s. m.* Panecillo de harina amasada con leche, huevo, etc., cocido al horno.

bollo[2] *s. m., fam.* Abolladura.

bollón *s. m.* Clavo dorado de cabeza grande, que se utiliza como adorno.

bolo *s. m.* Trozo de palo labrado, de forma cónica, con base plana para que se sostenga derecho.

bolsa[1] *s. f.* **1.** Especie de saco que sirve para llevar o guardar alguna cosa.

bolsa[2] *s. f.* **1.** Reunión oficial de los que operan con efectos públicos, y establecimiento donde tiene lugar. **2.** Conjunto de operaciones con efectos públicos.

bolsillo *s. m.* **1.** Bolsa o saquillo en que se guarda el dinero. **2.** Saquillo cosido en los vestidos, y que sirve para meter en él algunas pequeñas cosas usuales.

bolsista *s. m. y s. f.* El que se dedica a operaciones bursátiles.

bolso *s. m.* **1.** Bolsillo del dinero. **2.** Bolsa para guardar la ropa u otras cosas cuando se va de viaje. **3.** Bolsa de mano, pequeña y con una o dos asas, utilizada para llevar objetos de uso personal.

bomba[1] *s. f.* Máquina para elevar agua u otro líquido.

bomba[2] *s. f.* Cualquier proyectil hueco lleno de materia explosiva y provisto del artificio necesario para que estalle en el momento preciso.

bombacho *adj.* **1.** Calzón. **2.** Pantalón. También s. m.

bombardear *v. tr.* **1.** Disparar bombas desde un avión. **2.** Hacer fuego violento y sostenido de artillería.

bombardeo *s. m.* Acción de bombardear.

bombardero *s. m.* Avión especialmente preparado para transportar y arrojar bombas.

bombazo *s. m.* **1.** Golpe que da la bomba al caer. **2.** *fig.* Noticia inesperada y explosiva.

bombear *v. tr.* Elevar agua u otro líquido.

bombero *s. m.* Cada uno de los operarios encargados de extinguir los incendios.

bombilla *s. f.* Globo de cristal en cuyo interior, en el que se ha hecho el vacío, hay un filamento adecuado para que al paso de una corriente eléctrica se ponga incandescente y se ilumine.

bombillo *s. m.* Aparato con sifón para evitar la subida del mal olor en las bajadas de aguas inmundas.

bombín *s. m.* Sombrero hongo.

bombo *s. m.* En las orquestas y bandas militares, tambor muy grande que se toca sólo con una maza.

bombón *s. m.* Pieza de chocolate que puede estar rellena de licor o crema.

bombona *s. f.* **1.** Vasija de vidrio o loza, de boca estrecha, barriguda y de bastante capacidad, utilizada en el transporte de ciertos líquidos. **2.** Vasija metálica, muy resistente, para contener gases a presión o líquidos muy volátiles.

bombonera *s. f.* Cajita para bombones.

bonachón, na *adj., fam.* De carácter noble y amable. También s. m. y s. f.

bonanza *s. f.* **1.** Tiempo tranquilo o sereno en el mar. **2.** *fig.* Prosperidad.

bondad *s. f.* **1.** Calidad de bueno. **2.** Natural inclinación a hacer el bien.

bondadoso, sa *adj.* Lleno de bondad.

boneta *s. f.* Paño que se añade a algunas velas.
bonete *s. m.* Gorro, generalmente de cuatro picos, usado por los eclesiásticos.
bongó *s. m.* Instrumento musical caribeño de percusión.
boniato *s. m.* Planta convolvulácea, variedad de batata.
bonificación *s. f.* Acción y efecto de bonificar.
bonificar *v. tr.* Conceder un aumento en una cantidad que alguien tiene que cobrar, o un descuento en la que tiene que pagar.
bonito *s. m.* Pez teleósteo comestible, parecido al atún pero más pequeño.
bonito, ta *adj.* Lindo, agraciado.
bonja *s. f.* Variedad de té.
bono *s. m.* **1.** Vale canjeable por artículos de consumo de primera necesidad o por dinero. **2.** Tarjeta de abono que da derecho a utilizar un servicio durante un número determinado de veces o durante cierto tiempo.
bonobús *s. m.* Tarjeta de abono que da derecho a realizar cierto número de viajes en un autobús.
bonsái *s. m.* Árbol de adorno, enano, sometido a una técnica de cultivo que impide su crecimiento normal.
bonzo *s. m.* Sacerdote o monje budista.
boñiga *s. f.* Excremento del ganado vacuno y el semejante de otros animales.
boom *s. m., fig.* Crecimiento o éxito repentino de cualquier actividad cultural, comercial, etc.
boquear *v. intr.* **1.** Abrir la boca. **2.** Estar expirando.
boquera *s. f.* **1.** Boca que se hace en el cauce de agua para el riego. **2.** Herida en las comisuras de los labios de una persona.
boquerón *s. m.* Pez teleósteo, fisóstomo, parecido a la sardina, pero mucho más pequeño. Es comestible.
boquete *s. m.* Entrada angosta de un lugar.
boquiabierto, ta *adj.* **1.** Que tiene la boca abierta. **2.** Que está embobado mirando algo.
boquilla *s. f.* **1.** Parte de la pipa que se introduce en la boca. **2.** Pieza adaptable a algunos instrumentos de viento.
boquín *s. m.* Bayeta tosca.
bórax *s. m.* Sal blanca compuesta de ácido bórico, sosa y agua, que se forma en algunos lagos. Se emplea en medicina y en la industria.
borbollón *s. m.* Erupción que hace el agua de abajo arriba.
borbotar *v. intr.* Nacer o hervir el agua impetuosamente o haciendo ruido.
borbotón *s. m.* Borbollón.
borceguí *s. m.* Calzado que llegaba hasta más arriba del tobillo, abierto por delante.
borda *s. f.* Canto superior del costado de un buque.
bordado *s. m.* **1.** Acción de bordar. **2.** Bordadura, labor de aguja.
bordador, ra *s. m. y s. f.* Persona que tiene por oficio bordar.
bordadura *s. f.* Labor de relieve realizada en tela o piel con aguja e hilo.
bordar *v. tr.* **1.** Adornar una tela o piel con bordadura. **2.** *fig.* Hacer alguna cosa con arte y primor.
borde *s. m.* **1.** Extremo u orilla de alguna cosa. **2.** En las vasijas, orilla que tienen alrededor de la boca.
bordear *v. intr.* Andar por la orilla o borde.
bordillo *s. m.* Encintado de la acera, andén, etc.
bordo *s. m.* Lado o costado exterior de la nave.
bordón *s. m.* **1.** Bastón de altura superior a la de una persona y con una punta de hierro. **2.** Verso quebrado que se repite al final de cada copla.
boreal *adj.* Perteneciente o relativo al bóreas.
bóreas *s. m.* Viento norte.
borla *s. f.* Botón hecho de hilos o cordoncillos sujetos sólo en uno de sus extremos, que se usa como adorno.
borne *s. m.* Botón metálico a que va unido el hilo conductor en ciertos aparatos eléctricos.
bornear *v. tr.* Dar vuelta, torcer o ladear una cosa.
boro *s. m.* Metaloide de color pardo oscuro.
borra *s. f.* **1.** Cordera de un año. **2.** Parte más corta de la lana.
borrachera *s. f.* Efecto de emborracharse.
borracho, cha *adj.* Ebrio.
borrador *s. m.* **1.** Primer esquema de un escrito. **2.** Utensilio que se usa para borrar lo escrito con tiza en una pizarra.
borraja *s. f.* Planta anual de la familia de las borragináceas, de flores azules dispuestas en racimo. Está cubierta de pelos ásperos y punzantes, es comestible y su flor se emplea en infusión como sudorífico.

borrajear *v. tr.* Hacer rayas o figuras en un papel por entretenimiento o para practicar con la pluma.

borrajo *s. m.* Hojarasca de los pinos.

borrar *v. tr.* Hacer desaparecer lo escrito o representado con tinta, lápiz, etc.

borrasca *s. f.* **1.** Tempestad en el mar. **2.** Tormenta o temporal fuerte en tierra.

borrascoso, sa *adj.* **1.** Que causa borrascas. **2.** *fig. y fam.* Se dice de una situación, acontecimiento, período, etc. agitado y violento.

borrego, ga *s. m. y s. f.* Cordero o cordera de uno a dos años.

borrén *s. m.* Cada una de las almohadillas forradas de cuero que forman los arzones de la montura.

borrica *s. f.* Hembra del borrico.

borrico *s. m.* Asno.

borro *s. m.* Cordero que pasa de un año y todavía no tiene dos.

borrón *s. m.* Mancha de tinta en el papel.

borronear *v. tr.* Borrajear.

borroso, sa *adj.* **1.** Se dice de un escrito o dibujo cuyos trazos aparecen confusos y desvanecidos. **2.** *fig.* Que no se distingue con claridad.

borujo *s. m.* Masa del hueso de la aceituna después de molida y exprimida.

boscaje *s. m.* Bosque pequeño y espeso.

boscoso, sa *adj.* Abundante en bosques.

bosque *s. m.* Sitio poblado de árboles y matas espesas.

bosquejar *v. tr.* Pintar o modelar sin precisar los contornos.

bosquejo *s. m.* **1.** Primer boceto de una obra plástica. **2.** *fig.* Idea vaga y general de alguna cosa.

bosta *s. f.* Excremento del ganado vacuno o del caballar.

bostezar *v. intr.* Abrir la boca con movimiento espasmódico, por efectos del sueño, aburrimiento, etc.

bostezo *s. m.* Acción de bostezar.

bota[1] *s. f.* Odre pequeño, untado de pez por dentro, que remata en un cuello con brocal por donde se llena de vino y se bebe.

bota[2] *s. f.* Calzado que resguarda el pie y parte de la pierna.

botadura *s. f.* Acto de echar una embarcación al agua.

botafumeiro *s. m.* Incensiario.

botamen *s. m.* Conjunto de botes de una farmacia.

botánica *s. f.* Rama de la biología que estudia los vegetales.

botánico, ca *adj.* **1.** Perteneciente o relativo a la botánica. || *s. m. y s. f.* **2.** Persona que profesa la botánica.

botar *v. tr.* **1.** Echar fuera con violencia. **2.** Echar al agua una embarcación. **3.** Hacer saltar la pelota lanzándola contra el suelo.

botarate *s. m.* Hombre de poco juicio.

botarga *s. f.* Vestido ridículo de muchos colores.

bote[1] *s. m.* Salto desde el suelo que da una persona, animal o cosa cualquiera.

bote[2] *s. m.* Vasija pequeña.

bote[3] *s. m.* Barco pequeño de remo y sin cubierta.

botella *s. f.* Vasija de cuello angosto que sirve para contener líquidos.

botellazo *s. m.* Golpe dado con una botella.

botica *s. f.* Lugar donde se hacen y se venden medicinas.

boticario, ria *s. m. y s. f.* Persona que profesa la farmacia y que prepara y vende las medicinas.

botijo *s. m.* Vasija de barro, de vientre abultado, con asa en la parte superior, una boca para echar el agua, en uno de los lados, y un pitón para beber, en el lado opuesto.

botilla *s. f.* Cierto calzado que usaban las mujeres.

botillo *s. m.* Pellejo pequeño para llevar vino.

botín[1] *s. m.* Calzado que cubre la parte superior del pie y parte de la pierna.

botín[2] *s. m.* Despojo que se concedía a los soldados, como premio de conquista.

botinero, ra *adj.* Se dice de la res vacuna de pelo claro que tiene las extremidades de color negro.

botiquín *s. m.* **1.** Mueble, caja o maletín para guardar medicinas e instrumental de primeros auxilios. **2.** Conjunto de estas medicinas.

boto *s. m.* Bota alta enteriza para montar a caballo.

botón *s. m.* **1.** Yema de los vegetales. **2.** Pieza pequeña para abrochar o adornar una prenda de vestir.

botonadura *s. f.* Juego de botones para una prenda de vestir.

botones *s. m. y s. f.* Persona que en los hoteles y otros establecimientos hace los recados o encargos.

botulismo *s. m.* Intoxicación debida a la ingestión de embutidos o conservas en mal estado.

bóveda *s. f.* Obra de fábrica que sirve para cubrir el espacio comprendido entre dos muros o pilares.

bovedilla *s. f.* Bóveda pequeña entre viga y viga del techo de una habitación.

bóvido, da *adj.* Se dice de los mamíferos rumiantes, con cuernos óseos cubiertos por estuche córneo y desprovistos de incisivos en la mandíbula superior, como la cabra, el toro, etc.

bovino, na *adj.* Perteneciente o relativo al toro o a la vaca.

boxeador, ra *s. m. y s. f.* Persona que se dedica al boxeo.

boxear *v. tr.* Practicar el boxeo.

boxeo *s. m.* Deporte que consiste en la lucha de dos púgiles con las manos enfundadas en guantes especiales, de acuerdo con unas reglas determinadas.

boya *s. f.* Cuerpo flotante, sujeto al fondo del mar, de un lago, etc. que se coloca como señal indicadora de peligro.

boyal *adj.* Perteneciente o relativo al ganado vacuno.

boyante *adj., fig.* Que tiene fortuna o felicidad creciente.

boyar *v. intr.* Volver a flotar la embarcación que ha estado en seco.

boyero *s. m.* Persona que guarda bueyes o los conduce.

bozal *s. m.* Aparato que se pone en la boca a los perros para que no muerdan.

brabante *s. m.* Lienzo fabricado en el territorio de este nombre.

bracear *v. intr.* **1.** Mover repetidamente los brazos, generalmente con esfuerzo o con ímpetu. **2.** Nadar sacando los brazos fuera del agua y volteándolos hacia delante.

bracero, ra *adj.* **1.** Se decía del arma que se arrojaba con el brazo. ‖ *s. m. y s. f.* **2.** Peón.

braga *s. f.* Prenda que usan las mujeres y los niños pequeños, y que cubre desde la cintura hasta el arranque de las piernas, con aberturas para el paso de éstas.

bragado, da *adj.* **1.** Se dice del animal que tiene la bragadura de diferente color que el resto del cuerpo. **2.** *fig.* Se dice de la persona falsa o de mala intención.

bragadura *s. f.* Entrepierna.

braguero *s. m.* Aparato o vendaje que sirve para contener las hernias o quebraduras.

bragueta *s. f.* Abertura delantera de los calzones o pantalones.

braille *s. m.* Sistema de lectura para invidentes basado en el tacto, mediante la representación de las letras por medio de un código de puntos en relieve.

bramante *s. m.* Cordel delgado hecho de cáñamo.

bramar *v. intr.* Dar bramidos.

bramido *s. m.* Voz del toro y de otros animales salvajes.

brandy *s. m.* Nombre comercial que, por razones legales, reciben los distintos tipos de coñac elaborados fuera de Francia y otros aguardientes.

branquia *s. f.* Órgano respiratorio de muchos animales acuáticos.

brasa *s. f.* Leña o carbón encendido.

brasero *s. m.* Pieza metálica, honda y circular, en la que se hace lumbre.

bravata *s. f.* Amenaza hecha con arrogancia para intimidar a alguien.

braveza *s. f.* Bravura.

bravío, vía *adj.* Feroz, salvaje.

bravo, va *adj.* **1.** Valiente. **2.** Bueno, excelente. **3.** Hablando de animales, feroz.

bravucón, na *adj., fam.* Valiente sólo en apariencia. También s. m. y s. f.

bravura *s. f.* **1.** Fiereza de los animales. **2.** Valentía o esfuerzo de las personas.

braza *s. f.* Medida de longitud, que equivale a dos varas o 1,671 m.

brazada *s. f.* Movimiento que se hace con los brazos extendiéndolos y recogiéndolos, cuando se rema, se nada, etc.

brazal *s. f.* **1.** Cauce que se saca de un río para regar. **2.** Tira de tela que ciñe el brazo izquierdo como distintivo.

brazalete *s. m.* Aro metálico o de otra materia que se lleva en el brazo, un poco más arriba de la muñeca, como adorno.

brazo *s. m.* Cada uno de los dos miembros anteriores del cuerpo que comprende desde el hombro a la extremidad de la mano.

brea *s. f.* Sustancia viscosa de color rojo oscuro que se obtiene de varios árboles coníferos.

brear *v. tr.* **1.** Embrear. **2.** Maltratar, molestar.

brebaje *s. m.* Bebida compuesta de ingredientes de sabor desagradable.

brecha *s. f.* **1.** Cualquier abertura hecha en una pared. **2.** *fig.* Herida, especialmente en la cabeza.

brécol *s. m.* Variedad de la col común, cuyas hojas, más oscuras, no se apiñan.

brega *s. f.* Riña o pendencia.

bregar *v. tr.* **1.** Luchar, reñir unos con otros. **2.** *fig.* Luchar con los riesgos y dificultades para superarlos.

breña *s. f.* Tierra quebrada entre peñas y poblada de maleza.

bresca *s. f.* Panal de miel.

brete *s. m.* **1.** Cepo de hierro que se ponía a los reos en los pies. **2.** *fig.* Situación comprometida o difícil.

breva *s. f.* Primer fruto anual de la higuera.

breval *adj.* Higuera. También s. m.

breve *adj.* De corta extensión o duración.

brevedad *s. f.* Corta extensión o duración de una cosa, acción o suceso.

breviario *s. m.* Libro que contiene el rezo eclesiástico de todo el año.

brezal *s. f.* Sitio poblado de brezos.

brezo *s. m.* Arbusto ericáceo, de madera dura y raíces gruesas, que sirven para hacer carbón de fragua y pipas para fumar.

bribón, na *adj.* **1.** Haragán, dado a la holgazanería. **2.** Pícaro, bellaco.

bricolaje *s. m.* Conjunto de actividades de carpintería, electricidad, etc., que una persona realiza en su propia vivienda, sin necesidad de acudir a un profesional.

brida *s. f.* Freno del caballo con las riendas y el correaje, que se sujeta a la cabeza del animal.

bridge *s. m.* Juego de naipes con la baraja francesa, que se juega entre dos parejas.

brigada *s. f.* **1.** Unidad militar formada por dos o tres regimientos. **2.** Categoría superior dentro de la clase de suboficial.

brigadier *s. m.* Oficial general de categoría inmediatamente superior a la de coronel en el ejército y a la de contraalmirante en la marina. Hoy se le llama general de brigada en el ejército y contraalmirante en la marina.

brillante *adj.* **1.** Admirable o sobresaliente en su línea. || *s. m.* **2.** Diamante.

brillantina *s. f.* Cosmético para dar brillo al cabello.

brillar *v. intr.* **1.** Despedir rayos de luz. **2.** *fig.* Lucir o sobresalir en alguna cosa.

brillo *s. m.* **1.** Lustre o resplandor. **2.** *fig.* Lucimiento, gloria.to adecuado para que al paso de una corriente eléctrica se ponga incandescente y se ilumine.

brincar *v. intr.* Dar brincos.

brinco *s. m.* Movimiento que se hace impulsando el cuerpo hacia arriba y levantando los pies del suelo con ligereza.

brindar *v. intr.* **1.** Manifestar el bien que se desea a alguien o algo, levantando la copa antes de beber. **2.** Ofrecer voluntariamente a alguien alguna cosa. También tr.

brindis *s. m.* **1.** Acción de brindar. **2.** Lo que se dice al brindar. **3.** Dedicación de una suerte a una persona.

brío *s. m.* **1.** Pujanza. Se usa más en pl. **2.** Valor, resolución. **3.** Garbo, gallardía.

brioche *s. m.* Bollo de pasta dulce hecha con harina, azúcar y huevo.

brioso, sa *adj.* Que tiene brío.

brisa *s. f.* **1.** Viento de la parte del Nordeste. **2.** Airecillo que en las costas viene del mar durante el día y de la tierra durante la noche. **3.** Viento suave.

brisca *s. f.* Juego de naipes.

brizna *s. f.* **1.** Filamento delgado o hebra de plantas y frutos. **2.** En general, parte pequeña y delgada de una cosa.

broa *s. f.* Ensenada llena de barras o rompientes.

broca *s. f.* **1.** Carrete que dentro de la lanzadera lleva el hilo para la trama de ciertos tejidos. **2.** Barrena de boca cónica usada con las máquinas de taladrar.

brocado *s. m.* Tela de seda, tejida con oro o plata.

brocal *s. m.* **1.** Ribete de acero que guarnece el escudo. **2.** Boca de un pozo.

brocha *s. f.* Escobilla de cerda atada al extremo de un mango, que sirve para pintar y también para otros usos.

brochada *s. f.* Cada una de las pasadas que se da con la brocha sobre la superficie que se está pintando.

brochazo *s. m.* Brochada.

broche *s. m.* Conjunto de dos piezas que enganchan o encajan entre sí.

brocheta *s. f.* Broqueta.

broker *s. m.* Intermediario que compra y vende por su cuenta sin riesgo en las operaciones financieras.

broma *s. f.* **1.** Bulla. **2.** Chanza, burla.

bromato *s. m.* Sal resultante de la combinación del ácido brómico con una base.

bromatología *s. f.* Ciencia que estudia los alimentos y las transformaciones que experimentan en el organismo.

bromear *v. intr.* Usar bromas o chanzas.

bromista *adj.* Aficionado a gastar bromas.

bromo *s. m.* Metaloide líquido venenoso, de color rojo pardusco y olor fuerte y repugnante.

bromuro *s. m.* Combinación del bromo con un radical simple o compuesto.

bronca *s. f.* **1.** Riña, disputa. **2.** Reprensión áspera. **3.** Manifestación pública y ruidosa de desagrado en un espectáculo.

bronce *s. m.* Cuerpo metálico que resulta de la aleación del cobre con el estaño.

bronceado, da *adj.* Con la piel morena por la acción del sol.

bronceador *s. m.* Producto cosmético que favorece el bronceado de la piel.

bronco, ca *adj.* **1.** Tosco, sin desbastar. **2.** Se dice de la voz y de los instrumentos de música que tienen sonido desagradable y áspero. **3.** De genio áspero.

bronconeumonía *s. f.* Inflamación de la mucosa bronquial y los pulmones.

bronquial *adj.* Perteneciente o relativo a los bronquios.

bronquio *s. m.* Cada uno de los dos conductos fibrocartilaginosos en que se bifurca la tráquea y que entran en los pulmones. Se usa más en pl.

bronquiolo *s. m.* Cada una de las pequeñas ramificaciones en que se dividen los bronquios dentro de los pulmones.

bronquitis *s. f.* Inflamación de la membrana mucosa de los bronquios.

broquel *s. m.* Escudo pequeño de madera o corcho.

broqueta *s. f.* Estaquilla en que se ensartan o espetan pajarillos, pedazos de carne u otro manjar, para asarlos.

brotar *v. intr.* **1.** Salir la planta de la tierra. **2.** Salir en la planta renuevos, hojas, etc. **3.** Echar la planta hojas o renuevos. **4.** Manar el agua de los manantiales.

brote *s. m.* **1.** Pimpollo o renuevo que empieza a desarrollarse. **2.** Acción de brotar o empezar a manifestarse una cosa.

broza *s. f.* **1.** Conjunto de hojas, ramas y otros despojos de las plantas. **2.** Desecho o desperdicio de alguna cosa.

bruces, de *adv. m.* Boca abajo.

brujería *s. f.* Conjunto de prácticas maléficas que realizan los brujos y las brujas.

brujo, ja *s. m.* **1.** Persona conocedora de sabidurías antiguas o de rituales eficaces contra ciertas enfermedades. **2.** persona que, según la superstición popular, tiene poderes extraordinarios debido a un pacto con el diablo.

brújula *s. f.* Instrumento formado por una barrita o flecha imantada que, puesta en equilibrio sobre una púa, se vuelve siempre hacia el Norte magnético.

bruma *s. f.* Niebla, especialmente la que se forma sobre el mar.

brumar *v. tr.* Abrumar.

brumoso, sa *adj.* Nebuloso.

bruno *s. m.* **1.** Ciruela pequeña y muy negra, propia del norte de España. **2.** Árbol que la produce.

bruñidera *s. f.* Tabla para bruñir la cera.

bruñido s. m. Acción y efecto de bruñir.

bruñir *v. tr.* Sacar lustre o brillo a una cosa.

brusco, ca *adj.* **1.** Áspero, desapacible. **2.** Rápido, repentino.

brusquedad *s. f.* **1.** Calidad de brusco. **2.** Acción o procedimiento bruscos.

brutal *adj.* **1.** Propio de los animales por su irracionalidad. **2.** Enorme o exagerado en su tamaño, calidad o cualidad.

brutalidad *s. f.* **1.** Calidad de bruto. **2.** Incapacidad o falta de razón, excesivo desorden de los afectos y pasiones.

bruto, ta *adj.* **1.** Necio, que obra como falto de razón. **2.** Rudo, carente de educación. **3.** Se dice de las cosas toscas.

buba *s. f.* Tumor blando, doloroso y con pus, que se presenta normalmente en la región inguinal y también a veces en las axilas y en el cuello, por causas de tipo venéreo.

bucal *adj.* Relativo a la boca.

bucanero *s. m.* Corsario o pirata que en los siglos XVII y XVIII se dedicaba al saqueo de las posesiones españolas de ultramar.

búcaro *s. m.* Vasija hecha con esta clase de arcilla, especialmente usada como jarra para servir agua.

bucear *v. intr.* **1.** Nadar bajo el agua. **2.** *fig.* Explorar acerca de algún tema o asunto.

buche *s. m.* **1.** Bolsa membranosa que comunica con el esófago de las aves, en la cual se reblandece el alimento. **2.** En algunos animales cuadrúpedos, estómago.

bucle *s. m.* Rizo del cabello en forma helicoidal.

bucólico, ca *adj.* Se aplica al género de poesía en que se trata de cosas concernientes a la vida pastoril o campestre.

budín *s. m.* Pudin.

budismo *s. m.* Doctrina religiosa y filosófica fundada en la India por Buda en el s. VI a. C., y cuyo principal objetivo consiste en suprimir la causa del dolor mediante la aniquilación de todo deseo, para poder alcanzar un estado perfecto, el nirvana.

budista *s. m. y s. f.* Persona que profesa el budismo.

buen *adj.* Apócope de bueno.

buenaventura *s. f.* **1.** Buena suerte. **2.** Adivinación supersticiosa que hacen las gitanas de la suerte de las personas.

buenazo, za *adj.* Se dice de la persona pacífica o bondadosa.

bueno, na *adj.* **1.** Que tiene bondad en su género. **2.** Útil y a propósito para algo.

buey *s. m.* Macho vacuno castrado.

búfalo, la *s. m. y s. f.* **1.** Bóvido salvaje y corpulento, con largos y gruesos cuernos deprimidos. **2.** Bisonte de América del Norte.

bufanda *s. f.* Prenda con que se abriga el cuello y la parte inferior de la boca.

bufar *v. intr.* Resoplar con ira.

bufé *s. m.* Comida, en reuniones o celebraciones, en la que todos los alimentos y bebidas se disponen a la vez en la mesa, para que los asistentes puedan escoger lo que prefieran.

bufete *s. m.* Despacho de un abogado.

bufido *s. m.* **1.** Voz del animal que bufa. **2.** *fam.* Expresión de enojo o enfado.

bufo, fa *adj.* **1.** Se aplica a lo cómico que raya en grotesco y burdo. || *s. m. y s. f.* **2.** Persona que hace el papel de gracioso en la ópera italiana.

bufón, na *adj.* **1.** Chocarrero. || *s. m. y s. f.* **2.** Truhán que se ocupa en hacer reír.

buhardilla *s. f.* **1.** Ventana encima de los tejados de las casas. **2.** Desván.

búho *s. m.* Ave rapaz nocturna, de vuelo silencioso, color rojo y negro, ojos grandes y pico corvo.

buhonería *s. f.* Chucherías y baratijas de poco valor, como botones, agujas, peines, etc., que llevan los vendedores ambulantes.

buhonero, ra *s. m. y s. f.* Vendedor ambulante que lleva cosas de buhonería.

buitre *s. m.* Ave rapaz de gran tamaño, que se alimenta de carroña y vive en bandadas.

bujía *s. f.* **1.** Vela de cera blanca, de esperma de ballena o estearina. **2.** Candelero en que se pone.

bula *s. f.* Documento apostólico concediendo un privilegio.

bulbo *s. m.* Parte gruesa y subterránea del tallo de algunas plantas, cuyas hojas están cargadas con sustancias nutritivas.

bulerías *s. f. pl.* Cante popular andaluz, de carácter festivo que se acompaña con palmas.

bulevar *s. m.* Paseo público o calle ancha y con árboles.

bulimia *s. f.* Hambre exagerada que impulsa a una persona a comer con exceso y constantemente.

bulla *s. f.* **1.** Ruido que hace una o más personas. **2.** Concurrencia de mucha gente.

bullanga *s. f.* Tumulto, rebullicio.

bullanguero, ra *adj.* Alborotador, amigo de tumultos. También s. m. y s. f.

bullicio *s. m.* **1.** Ruido y rumor que causa mucha gente. **2.** Alboroto o tumulto.

bullir *v. intr.* **1.** Hervir el agua u otro líquido. **2.** Agitarse una cosa con movimiento similar al del agua que hierve.

bulo *s. m.* Noticia falsa.

bulto *s. m.* **1.** Tamaño de cualquier cosa. **2.** Busto o estatua. **3.** Fardo, baúl, maleta, etc., tratándose de viajes.

bumerán *s. m.* Arma arrojadiza de madera que, lanzada con movimiento giratorio, puede volver al punto de partida. Es propia de los indígenas de Australia.

bungaló *s. m.* Edificación sencilla, generalmente de madera, de una sola planta y abierta a amplias terrazas.

búnker *s. m.* **1.** Fuerte pequeño. **2.** Refugio subterráneo para protegerse de bombardeos.

buñuelo *s. m.* **1.** Masa de harina batida y frita en aceite. **2.** *fig. y fam.* Cosa mal hecha y atropelladamente.

buque *s. m.* **1.** Capacidad que tiene una cosa para contener otra. **2.** Casco del barco. **3.** Barco con

cubierta adecuado para navegaciones de importancia.
buqué *s. m.* Gustillo o aroma de los vinos.
burbuja *s. f.* Glóbulo de aire u otro gas, que sube a la superficie de los líquidos.
burbujear *v. intr.* Hacer burbujas.
burdel *s. m.* Casa de prostitución.
burdo, da *adj.* Tosco, basto, grosero.
burger *s. m.* Hamburguesería.
burgués, sa *s. m. y s. f.* Persona de la clase media, acomodada u opulenta.
burguesía *s. f.* Cuerpo o conjunto de burgueses o ciudadanos de las clases acomodadas.
buril *s. m.* Instrumento de acero, prismático y puntiagudo, para grabar los metales.
burla *s. f.* **1.** Acción o palabras con las que se intenta poner en ridículo a personas o cosas. **2.** Chanza. **3.** Engaño.
burladero *s. m.* Valla que se pone delante de las barreras de las plazas de toros para que pueda refugiarse el lidiador.
burlar *v. tr.* **1.** Chasquear, zumbar. Se usa más como prnl. **2.** Engañar. **3.** Esquivar a quien trata de impedirle el paso o detenerlo.
burlesco, ca *adj., fam.* Festivo, jocoso.
burlón, na *adj.* **1.** Inclinado a decir o hacer burlas. **2.** Que implica burla.
buró *s. m.* Escritorio que tiene una parte con cajoncillos, más alta que el tablero y que se cierra con una especie de persiana.
burocracia *s. f.* **1.** Conjunto de funciones y trámites administrativos. **2.** Clase social que forman los empleados del Estado. **3.** Exceso de normas administrativas y de papeleo que impiden la pronta resolución de un asunto.
burra *s. f.* Hembra del burro.
burrada *s. f.* **1.** Manada de burros. **2.** Necedad. **3.** Barbaridad, cantidad grande.
burro *s. m.* Asno, animal.
bursátil *adj.* Concerniente a la bolsa y a las operaciones que en ella se hacen.
bus *s. m., fam.* Autobús.
busca *s. f.* **1.** Acción de buscar. **2.** Abreviatura de buscapersonas.
buscapersonas *s. m.* Mensáfono.
buscar *v. tr.* Hacer diligencia para encontrar alguna cosa o persona.
buscavidas *s. m. y s. f.* **1.** Persona muy curiosa que se entromete en las vidas ajenas. **2.** Persona que busca, por medios lícitos y de manera diligente, el modo de vivir.
buscón, na *adj.* **1.** Que busca. **2.** Se dice de la persona que roba rateramente. También s. m. y s. f.
búsqueda *s. f.* Busca.
busto *s. m.* **1.** Escultura o pintura de la cabeza y parte superior del tórax. **2.** Parte superior del cuerpo humano. **3.** Pecho de la mujer.
butaca *s. f.* **1.** Silla con brazos, que tiene el respaldo inclinado hacia atrás. **2.** Entrada para ocupar butaca en el teatro.
butano *s. m.* Hidrocarburo gaseoso natural o derivado del petróleo, que se usa como combustible industrial y doméstico.
butifarra *s. f.* Embutido de carne de cerdo que se hace principalmente en Cataluña, las islas Baleares y Valencia.
butrón *s. m.* Agujero que los ladrones hacen en las paredes, techos, etc. para cometer un robo.
butronero *s. m.* Ladrón que roba abriendo butrones en techos o paredes.
buzo *s. m.* **1.** Persona que tiene por oficio trabajar sumergida en el agua. **2.** Cierta embarcación antigua
buzón *s. m.* **1.** Conducto artificial por donde desaguan los estanques. **2.** Abertura por donde se echan las cartas para el correo.
buzonear *v. intr.* Introducir publicidad o propaganda en los buzones de las casas particulares.
buzoneo *s. m.* Acción y efecto de buzonear.
byte *s. m.* Conjunto de dígitos binarios, formado de ocho bits, que se manejan como una unidad en su procesamiento y corresponden a un solo carácter de información.

C

c *s. f.* **1.** Tercera letra del abecedario español y segunda de sus consonantes. **2.** Letra numeral que tiene el valor de ciento en la numeración romana.

¡ca! *interj., fam.* que expresa negación.

cabal *adj.* **1.** Ajustado a peso o medida. **2.** *fig.* Completo, justo.

cábala *s. f., fig.* Conjetura, suposición.

cabalgada *s. f.* Tropa de gente de a caballo que salía a correr el campo.

cabalgadura *s. f.* Bestia para cabalgar o de carga.

cabalgar *v. intr.* Andar a caballo.

cabalgata *s. f.* Desfile de jinetes, carrozas, danzantes, etc.

caballa *s. f.* Pez acantopterigio comestible, de carne roja y poco apreciada.

caballeresco, ca *adj.* **1.** Propio del caballero. **2.** Perteneciente o relativo a la caballería de los siglos medios. **3.** Se dice de los libros y composiciones que narran las empresas de los caballeros andantes.

caballería *s. f.* **1.** Animal solípedo que sirve para cabalgar en él. **2.** Conjunto de caballeros que se obligaban a combatir por la fe y la justicia y a proteger al débil. **3.** Una de las armas que integran el ejército.

caballeriza *s. f.* Sitio destinado para estancia de caballos y bestias de carga.

caballero *s. m.* **1.** Persona que pertenece a alguna de las órdenes de caballería. **2.** Persona que se porta con nobleza y generosidad. **3.** *fig.* Señor, término de cortesía.

caballete *s. m.* **1.** Parte más elevada de un tejado que lo divide en dos vertientes. **2.** Bastidor con tres pies, sobre el que se coloca el cuadro que se ha de pintar.

caballitos *s. m. pl.* Tiovivo.

caballo *s. m.* **1.** Mamífero perisodáctilo de la familia de los équidos, fácilmente domesticable. **2.** Pieza de ajedrez. **3.** Naipe que representa un caballo con su jinete.

cabaña *s. f.* **1.** Casita tosca, hecha en el campo. **2.** Número considerable de cabezas de ganado.

cabás *s. m.* Especie de cartera en forma de caja o pequeño baúl, con asa.

cabe *s. m.* Golpe de lleno que en el juego de la argolla da una bola a otra, de forma que llegue al remate del juego, con que se gana raya.

cabecear *v. intr.* **1.** Mover la cabeza. **2.** Volver la cabeza de un lado a otro en demostración de negación. **3.** Dar cabezadas hacia el pecho el que se va durmiendo. **4.** Moverse la embarcarión bajando y subiendo la proa.

cabecera *s. f.* **1.** Parte principal de una cosa. **2.** Parte superior de la cama donde se colocan las almohadas.

cabecilla *s. m.* Jefe de rebeldes.

cabellera *s. f.* El pelo de la cabeza, especialmente el largo y tendido sobre la espalda.

cabello *s. m.* **1.** Cada uno de los pelos que nacen en la cabeza. **2.** Conjunto de todos ellos.

caber *v. intr.* **1.** Poder hallarse una cosa dentro de otra. **2.** Tener entrada o lugar. || *v. tr.* **3.** Tener capacidad.

cabestraje *s. m.* Conjunto de cabestros.

cabestrillo *s. m.* Banda o aparato pendiente del hombro para sostener la mano o el brazo heridos.

cabestro *s. m.* **1.** Ronzal que se ata a la cabeza de la caballería. **2.** Buey manso que sirve de guía en las manadas de toros.

cabeza *s. f.* **1.** Parte superior del cuerpo del ser humano y superior o anterior de muchos animales. || *s. m.* **2.** Superior, jefe que gobierna una comunidad, corporación, etc.

cabezada *s. f.* Cada movimiento que hace con la cabeza el que se va durmiendo.

cabezal *s. m.* Almohada pequeña en que se reclina la cabeza.

cabezo *s. m.* **1.** Cerro alto o cumbre de una montaña. **2.** Montecillo aislado.

cabezón, na *adj.* **1.** *fam.* Cabezudo, de cabeza grande. **2.** *fig.* Terco, obstinado.

cabezonada *s. f., fam.* Acción propia de persona terca u obstinada.

cabezota *s. m. y s. f.* **1.** *fam.* Persona de cabeza grande. **2.** *fam.* Persona testaruda.

cabezudo, da *adj.* **1.** Que tiene grande la cabeza. || *s. m.* **2.** Figura de enano de gran cabeza que en algunas fiestas suele llevarse con los gigantones.

cabezuela *s. f.* Harina más gruesa del trigo, después de sacada la flor.

cabida *s. f.* Espacio o capacidad que tiene una cosa para contener otra.

cabildada *s. f., fam.* Resolución atropellada o imprudente de una comunidad o cabildo.

cabildo *s. m.* **1.** Comunidad de eclesiásticos capitulares de una iglesia, o de miembros de ciertas cofradías. **2.** Ayuntamiento, corporación compuesta de un alcalde y varios concejales.

cabilla *s. f.* Barra redonda de hierro, con la cual se clavan las curvas y otros maderos en la construcción de los buques.

cabina *s. f.* Departamento pequeño, generalmente aislado y para usos muy diversos.

cabio *s. m.* Listón atravesado a las vigas para formar suelos y techos.

cabizbajo, ja *adj.* Que tiene la cabeza inclinada hacia abajo.

cable *s. m.* **1.** Maroma gruesa. **2.** Cordón formado con hacecillos de hilos de cobre aislados unos de otros, protegido por una cubierta flexible e impermeable.

cablegrafiar *v. tr.* Transmitir un cablegrama.

cablegrama *s. m.* Telegrama transmitido por cable submarino.

cabo *s. m.* **1.** Extremo de una cosa. **2.** Lengua de tierra que penetra en el mar.

cabotaje *s. m.* Tráfico marítimo en las costas de un país determinado.

cabra *s. f.* Mamífero rumiante doméstico con cuernos.

cabrahigo *s. m.* Higuera silvestre.

cabrearse *v. tr., fam.* Enfadarse, molestarse.

cabrestante *s. m.* Torno colocado verticalmente para mover grandes pesos.

cabria *s. f.* Máquina para levantar grandes pesos.

cabrilla *s. f.* **1.** Pez acantopterigio marino, de carne blanda e insípida. ‖ *s. f. pl.* **2.** Pequeñas olas blancas y espumosas que se levantan en el mar, cuando éste empieza a agitarse.

cabrillear *v. intr.* Formarse cabrillas en el mar.

cabrío, a *adj.* Relativo a las cabras.

cabriola *s. f.* **1.** Brinco que dan los que danzan, cruzando varias veces los pies en el aire. **2.** *fig.* Voltereta.

cabriolar *v. intr.* Dar o hacer cabriolas.

cabriolé *s. m.* **1.** Coche de cuatro ruedas, descubierto. **2.** Especie de capote con mangas o aberturas en los lados para sacar por ellas los brazos.

cabritilla *s. f.* Piel curtida de cualquier animal pequeño, como cabrito, cordero, etc.

cabrito *s. m.* Cría de la cabra.

cabrón *s. m.* **1.** Macho de la cabra. **2.** *vulg.* Persona peligrosa, de mala índole.

cabujón *s. m.* Piedra preciosa pulimentada sin tallar, de forma convexa.

cabuya *s. f.* **1.** Pita, planta amarilídea. **2.** Fibra de la pita con que se fabrican cuerdas y tejidos.

caca *s. f.* Excremento humano, y especialmente el de los niños pequeños.

cacahuete *s. m.* Planta leguminosa, cuyo fruto es de cáscara coriácea y con dos o más semillas comestibles.

cacao *s. m.* Árbol esterculiáceao, de fruto en baya con semillas carnosas que se usan como principal ingrediente del chocolate.

cacaraña *s. f.* Cada uno de los hoyos o señales que hay en el rostro de una persona, sean o no ocasionados por la viruela.

cacarear *v. intr.* Dar voces repetidas el gallo o la gallina.

cacareo *s. m.* Acción de cacarear.

cacatúa *s. f.* Ave trepadora de plumaje blanco, con un ancho moño eréctil.

cacear *v. tr.* Revolver una cosa con el cazo.

cacera *s. f.* Zanja por donde se conduce el agua para regar.

cacería *s. f.* Partida de caza.

cacerina *s. f.* Bolsa de cuero que se usa para llevar cartuchos y balas.

cacerola *s. f.* Cazuela con mango.

caceta *s. f.* Cazo con mango corto y fondo taladrado.

cacha *s. f.* Cada una de las dos piezas que forman el mango de una navaja o cuchillo.

cachalote *s. m.* Cetáceo que produce una materia sólida llamada ámbar gris.

cachar *v. tr.* **1.** Hacer cachos o pedazos una cosa. **2.** Partir o rajar madera en el sentido de las fibras.

cacharro *s. m.* **1.** Vasija tosca. **2.** Cualquier mecanismo viejo que funciona mal.

cachava *s. f.* Cayado.

cachaza *s. f., fam.* Lentitud y sosiego en el modo de hablar y de obrar.

cachazudo, da *adj.* Que tiene cachaza.

caché *s. m.* **1.** Distinción de una persona o cosa. **2.** Cantidad que cobra un artista por su trabajo.

cachear *v. tr.* Registrar a una persona.

cachelos *s. m. pl.* Guiso gallego, compuesto de trozos de carne o pescado, patatas y pimientos.

cachemir *s. m.* Tejido de lana muy fino.

cacheo *s. m.* Acción de cachear.

cachera *s. f.* Ropa de lana muy tosca.
cachete *s. m.* Golpe que con el puño cerrado se da en la cabeza o en la cara.
cachetero *s. m.* Golpe que con el puño se da en la cabeza o en la cara.
cachicán *s. m.* Capataz de hacienda de campo.
cachimba *s. f.* Pipa para fumar.
cachiporra *s. f.* Palo con una bola en uno de sus extremos.
cachirulo *s. m.* Vasija para los licores.
cachivaches *s. m. pl.* **1.** Vasijas, utensilios. **2.** Trastos viejos.
cachizo *adj.* Se dice del madero grueso serradizo.
cacho *s. m.* Pedazo pequeño de alguna cosa.
cachón *s. m.* **1.** Ola de mar que rompe en la playa y hace espuma. **2.** Chorro de agua que cae y rompe formando espuma.
cachondearse *v. prnl., fam.* Burlarse.
cachondo, da *adj.* **1.** *fig.* Dominado del deseo carnal. **2.** *fam.* Burlón, divertido.
cachorrillo *s. m.* Pistola pequeña.
cachorro, rra *s. m. y s. f.* **1.** Perro de poco tiempo. **2.** Hijo pequeño de otros mamíferos, como león, tigre, etc.
cachucha *s. f.* **1.** Bote o lancha. **2.** Especie de gorra.
cacique *s. m., fig.* Persona que en un pueblo o comarca ejerce excesiva influencia en asuntos políticos o administrativos.
caco *s. m., fig.* Ladrón, ratero.
cacofonía *s. f.* Vicio del lenguaje, que consiste en el encuentro o repetición frecuente de unas mismas letras o sílabas.
cacografía *s. f.* Ortografía viciosa.
cacto *s. m.* Nombre de diversas plantas perennes, de tallo redondeado, cilíndrico, prismático o dividido en una serie de paletas ovaladas con espinas o pelos y flores.
cacumen *s. m., fam.* Agudeza, perspicacia.
cada *adj. distrib.* Sirve para designar separadamente una o más cosas o personas con relación a otras de su especie.
cadalso *s. m.* **1.** Tablado que se levanta para un acto solemne. **2.** El que se levanta para la ejecución de una pena de muerte.
cadarzo *s. m.* Seda basta de los capullos enredados.
cadáver *s. m.* Cuerpo muerto.
cadejo *s. m.* Parte del cabello muy enredada que se separa para desenredarla y peinarla.
cadena *s. f.* **1.** Conjunto de muchos eslabones enlazados entre sí. **2.** Sucesión de cosas. **3.** Conjunto de establecimientos pertenecientes a una sola empresa. **4.** Grupo de transmisores y receptores de televisión que radiodifunden el mismo programa.
cadencia *s. f.* Serie de sonidos que se suceden de un modo regular o medido.
cadeneta *s. f.* **1.** Labor que se hace en figura de cadena delgada. **2.** Cadena de papel de colores, usada como adorno.
cadente *adj.* **1.** Que amenaza ruina o está para caer. **2.** Que tiene cadencia.
cadera *s. f.* Cada una de las dos partes salientes formadas a los lados del cuerpo por los huesos superiores de la pelvis.
cadete *s. m.* Alumno de una academia militar.
cadi *s. m. y s. f.* En el deporte del golf, persona que lleva los instrumentos de juego.
cadí *s. m.* Juez turco.
cadillo *s. m.* Planta umbelífera con fruto elipsoidal erizado de espinas.
cadmio *s. m.* Metal de color blanco algo azulado y brillante, dúctil y maleable.
caducar *v. intr.* **1.** Extinguirse un derecho, una instancia o recurso. **2.** Acabarse alguna cosa por antigua y gastada.
caduceo *s. m.* Vara delgada, lisa y cilíndrica, rodeada de dos culebras, atributo de Mercurio.
caduco, ca *adj.* **1.** Decrépito, muy anciano. **2.** Mortal, de poca duración.
caer *v. intr.* **1.** Venir un cuerpo hacia el suelo en virtud de la gravedad. También prnl. **2.** Inclinarse. También prnl.
café *s. m.* **1.** Cafeto. **2.** Semilla del cafeto. **3.** Bebida que se hace por infusión con esta semilla tostada y molida. **4.** Sitio público donde se vende y toma esta bebida.
cafeína *s. f.* Alcaloide blanco que se obtiene de las semillas y hojas del café y té.
cafetal *s. m.* Sitio poblado de cafetos.
cafetera *s. f.* Vasija para hacer o servir café.
cafetería *s. f.* Local público donde se sirve café y otras bebidas.
cafeto *s. m.* Árbol rubiáceo, de flores blancas y olorosas, fruto en baya roja y semillas con un surco longitudinal en su cara plana.
cafre *adj., fig.* Zafio y rústico.
caftán *s. m.* Túnica turca.

cagaaceite *s. f.* Pájaro insectívoro del mismo género que el tordo.

cagachín *s. m.* **1.** Mosquito pequeño, de color rojizo. **2.** Pájaro más pequeño que el jilguero, común en España. Es insectívoro.

cagada *s. f.* Excremento que sale cada vez que se evacúa el vientre.

cagajón *s. m.* Cada una de las porciones de excremento de las caballerías.

cagalera *s. f.* Diarrea.

cagar *v. intr.* Evacuar el vientre. También tr. y prnl.

cagón, na *adj., fam.* Cobarde, pusilánime.

cahiz *s. m.* Medida de capacidad para áridos, de distinta cabida según las diversas regiones.

caída *s. f.* **1.** Acción y efecto de caer. **2.** Declive de alguna cosa; como la de una cuesta a un llano.

caimán *s. m.* Reptil saurio, propio de los ríos americanos, parecido al cocodrilo.

cairel *s. m.* Cerco de cabellera postiza.

caja *s. f.* Pieza hueca, de materia variada, para encerrar algo dentro.

cajel *adj.* Se dice de una variedad de naranja producida por el injerto del naranjo dulce sobre el agrio.

cajero, ra *s. m. y s. f.* Persona que en los comercios, bancos y otros establecimientos está encargada de la caja.

cajeta *s. f.* Cepo para recoger limosnas.

cajetilla *s. f.* Paquete de tabaco.

cajetín *s. m.* Sello de mano con que en determinados papeles se estampan diversas anotaciones.

cajo *s. m.* Pestaña que forma el encuadernador en el lomo de un libro sobre las primeras y últimas hojas, para que quepan los cartones de las tapas.

cajón *s. m.* **1.** Caja grande, generalmente de madera, y de base rectangular. **2.** En algunos muebles, cada uno de los receptáculos que se pueden sacar y meter en ciertos huecos a los que se ajustan.

cajonera *s. f.* Conjunto de cajones que hay en las sacristías para guardar las vestiduras sagradas y ropas de altar.

cajonería *s. f.* Conjunto de cajones de un armario o estantería.

cal *s. f.* Óxido de calcio, sustancia blanca, ligera, cáustica y alcalina.

cala *s. f.* Ensenada pequeña.

calabacear *v. tr.* Dar calabazas.

calabacera *s. f.* Nombre de varias plantas cucurbitáceas de tallos rastreros, hojas lobuladas, flores amarillas y cuyo fruto es la calabaza.

calabacín *s. m.* Calabacita cilíndrica de corteza verde y carne blanca.

calabaza *s. f.* Fruto de la calabacera.

calabobos *s. m., fam.* Lluvia continua y menuda.

calabozo *s. m.* Lugar seguro para encerrar presos.

calabriada *s. f.* Mezcla de cosas diversas.

calabrote *s. m.* Cabo grueso.

caladero *s. m.* Sitio a propósito para calar las redes de pesca.

calado *s. m.* Labor que se hace con aguja en alguna tela, sacando o juntando hilos.

caladura *s. f.* Cala de una fruta.

calafatear *v. tr.* Cerrar las junturas de las maderas de las naves con estopa y brea.

calagraña *s. f.* Variedad de uva de mala calidad para hacer vino.

calamaco *s. m.* Tela de lana delgada.

calamar *s. m.* Molusco cefalópodo comestible de cuerpo oval, con ocho tentáculos en la cabeza y dos más largos.

calambre *s. m.* Contracción espasmódica, involuntaria y dolorosa, de los músculos.

calambuco *s. m.* Árbol gutífero americano, de unos 30 m de altura, con flores en ramillete, blancas y olorosas.

calamento *s. m.* Planta medicinal perenne, de hojas aovadas y flores purpúreas.

calamidad *s. f.* **1.** Desgracia, infortunio. **2.** Persona incapaz, inútil o molesta.

calamiforme *adj.* Se dice de las partes vegetales o animales que tienen figura de cañón de pluma.

calamina *s. f.* **1.** Carbonato de cinc. **2.** Cinc fundido.

calamita *s. f.* **1.** Piedra imán. **2.** Brújula que señala hacia el Norte.

calamite *s. m.* Sapo pequeño.

calamitoso, sa *adj.* Infeliz, desdichado.

cálamo *s. m.* Especie de flauta antigua.

calamocha *s. f.* Ocre amarillo de color muy bajo.

calamón¹ *s. m.* Ave zancuda con la cabeza roja y cuerpo verde por encima.

calamón² *s. m.* Parte superior de la alcoba o caja de la balanza.

calandrajo *s. m.* **1.** *fam.* Trapo viejo. **2.** *fig. y fam.* Persona ridícula.

calandria[1] *s. f.* Pájaro de la misma familia que la alondra.

calandria[2] *s. f.* Máquina para prensar y satinar ciertas telas o el papel.

calaña *s. f.* **1.** Modelo, patrón. **2.** *fig.* Índole, naturaleza de una persona o cosa.

calar *v. tr.* Penetrar un líquido en un cuerpo permeable.

calarse *v. prnl.* Pararse bruscamente un motor de explosión.

calavera *s. f.* Conjunto de huesos de la cabeza mientras permanecen unidos, pero despojados de carne y de piel.

calaverada *s. f., fam.* Acción desconcertada, propia de persona de poco juicio.

calaverear *v. tr., fam.* Hacer calaveradas.

calavernario *s. m.* Osario.

calcáneo *s. m.* Hueso del tarso en la parte posterior del pie, donde forma el talón.

calcañar *s. m.* Parte posterior de la planta del pie.

calcar *v. tr.* Sacar copia de un dibujo, relieve, etc. por contacto del original con el papel o la tela a que han de ser trasladados.

calcáreo, a *adj.* Que tiene cal.

calce *s. m.* Llanta de los carruajes.

calcedonia *s. f.* Ágata muy translúcida.

calceta *s. f.* **1.** Media del pie y pierna. **2.** *fig.* Grillete que se ponía al forzado.

calcetín *s. m.* Media que sólo llega a la mitad de la pantorrilla.

calcificación *s. f.* Alteración de los tejidos, por depositarse en ellos sales de cal.

calcímetro *s. m.* Aparato que sirve para determinar la cal contenida en las tierras de labor.

calcinar *v. tr.* **1.** Reducir a cal viva los minerales calcáreos, privándolos del ácido carbónico por el fuego. **2.** Reducir a cenizas. También prnl.

calcio *s. m.* Metal blanco moderadamente blando, de superficie brillante cristalina cuando está recientemente cortado.

calcita *s. f.* Carbonato cálcico cristalizado.

calco *s. m.* **1.** Copia que se obtiene calcando. **2.** Plagio, imitación o reproducción idéntica o muy próxima al original.

calcografía *s. f.* Arte de estampar con láminas metálicas grabadas.

calcomanía *s. f.* **1.** Entretenimiento consistente en pasar imágenes coloridas, preparadas con trementina, de un papel a objetos diversos. **2.** Imagen obtenida por este medio. **3.** El papel que tiene la figura, antes de pasarla a otro objeto.

calcopirita *s. f.* Sulfuro natural de cobre y hierro.

calculadora *s. f.* Aparato o máquina con que se ejecutan operaciones aritméticas.

calcular *v. tr.* Determinar una suma, cantidad, etc. por procedimientos aritméticos.

cálculo *s. m.* **1.** Cuenta o investigación hecha por medio de operaciones matemáticas. **2.** Conjetura. **3.** Concreción anormal que se forma en las vías urinarias y biliares.

caldear *v. tr.* Calentar mucho. También prnl.

caldera *s. f.* Vasija de metal, grande y redonda.

caldereta *s. f.* **1.** Guiso de pescado. **2.** Guiso con carne de cordero o cabrito.

calderilla *s. f.* Conjunto de monedas.

caldero *s. m.* Caldera pequeña.

calderón *s. m.* Delfín de gran tamaño, de cabeza voluminosa, de color blanquecino por debajo y negro por encima.

calderuela *s. f.* Vasija en que los cazadores llevan luz para encandilar y deslumbrar las perdices, que huyendo de ella caen en la red.

caldo *s. m.* Líquido que resulta de cocer en agua un alimento.

calé *s. m.* Persona de raza gitana.

calefacción *s. f.* Conjunto de aparatos destinados a calentar un edificio o parte de él.

calefactor *s. m.* Aparato para calentar.

caleidoscopio *s. m.* Tubo que encierra dos o tres espejos que forman entre sí ángulo agudo y lleva en un extremo dos láminas de vidrio entre las cuales se colocan fragmentos sueltos de vidrio de color, cuyas imágenes multiplicadas forman figuras que varían según va girando el tubo.

calendario *s. m.* Almanaque.

calendas *s. f. pl.* En el antiguo cómputo romano, el primer día de cada mes.

calentador *s. m.* Recipiente con lumbre, agua, vapor o corriente eléctrica, que sirve para calentar la cama, el baño, etc.

calentar *v. tr.* Hacer subir la temperatura. También prnl.

calentura *s. f.* Fiebre.

calepino *s. m., fig.* Diccionario latino.

calera *s. f.* **1.** Cantera que da la piedra para hacer cal. **2.** Horno donde se calcina la piedra caliza.

calesa *s. f.* Carruaje de cuatro o dos ruedas, con la caja abierta por delante, dos o cuatro asientos y capota de vaqueta.

calesín *s. m.* Carruaje ligero, tirado por una sola caballería.

caletre *s. m., fam.* Tino, discernimiento.

calibrar *v. tr.* **1.** Medir o reconocer el calibre de los proyectiles o el grueso de los alambres, chapas de metal, etc. **2.** Medir el talento u otras cualidades de una persona.

calibre *s. m.* **1.** Diámetro interior de las armas de fuego. **2.** *fig.* Tamaño, importancia.

calicanto *s. m.* Mampostería.

calicata *s. f.* Exploración que con labores mineras se hace en un terreno para saber los minerales que contiene.

calicó *s. m.* Tela delgada de algodón.

calículo *s. m.* Verticilo de brácteas que rodea el cáliz de algunas flores.

calidad *s. f.* **1.** Manera de ser una persona o cosa. **2.** Carácter, genio, índole. **3.** *fig.* Importancia o gravedad de alguna cosa.

calidez *s. f.* Calor, ardor.

cálido, da *adj.* **1.** Que da calor o excita ardor en el organismo animal. **2.** Caluroso.

calientapiés *s. m.* Calorífero destinado especialmente a calentar los pies.

caliente *adj.* **1.** Que tiene calor. **2.** Acalorado, vivo; tratándose de disputas, riñas, etc.

califa *s. m.* Título de los príncipes sarracenos que, como sucesores de Mahoma, ejercieron la suprema potestad civil y religiosa.

calificar *v. tr.* **1.** Expresar las cualidades de una persona o cosa. **2.** Resolver la nota que se ha de dar al examinado.

cáliga *s. m.* **1.** Especie de sandalia de los soldados de la antigua Roma. **2.** Cada una de las polainas usadas por los monjes en la Edad Media, y posteriormente por los obispos.

calígine *s. f.* **1.** Niebla, oscuridad, tenebrosidad. **2.** Bochorno.

caligrafía *s. f.* Arte de escribir con letra correctamente formada.

caligrafiar *v. tr.* Hacer un escrito con hermosa letra.

calígrafo *s. m.* **1.** Persona que escribe a mano con letra excelente. **2.** Persona que tiene especiales conocimientos de caligrafía.

calina *s. f.* Bruma.

calisaya *s. f.* Especie de quina muy estimada, llamada también quina amarilla, que procede de una planta de la familia de las rubiáceas.

calistenia *s. f.* Parte de la gimnasia dirigida al desarrollo de la fuerza.

cáliz *s. m.* **1.** Vaso sagrado en que el sacerdote consagra el vino en la Santa Misa. **2.** Cubierta externa de las flores completas.

calizo, za *adj.* **1.** Se aplica al terreno o a la piedra que tiene cal. ‖ *s. f.* **2.** Roca formada de carbonato de cal.

callado, da *adj.* Silencioso, reservado.

callar *v. intr.* **1.** Guardar silencio una persona. También prnl. **2.** Cesar de hablar. **3.** Cesar de llorar, de gritar, de cantar, de meter ruido, etc. También prnl.

calle *s. f.* Camino, público o particular, dentro de un poblado.

calleja *s. f.* Calle angosta.

callejero *s. m.* Lista de las calles de una ciudad populosa, que traen las guías descriptivas de ella.

callejón *s. m.* Paso estrecho y largo entre paredes, casas o elevaciones de terreno.

callicida *s. amb.* Sustancia para extirpar y curar callos.

callista *s. m. y s. f.* Persona que se dedica a cortar o extirpar y curar callos, uñeros y otras dolencias de los pies, sea o no cirujano.

callo *s. m.* Dureza formada por roce o presión en los pies, manos, rodillas, etc.

callón *s. m.* Utensilio para afilar las leznas.

callosidad *s. f.* Dureza de la especie del callo, menos profunda.

calma *s. f.* **1.** Estado de la atmósfera cuando no hay viento. **2.** Paz, tranquilidad.

calmante *adj.* Se dice de los medicamentos narcóticos. También s. m.

calmar *v. tr.* **1.** Sosegar, adormecer. ‖ *v. intr.* **2.** Estar en calma o tender a ella.

calmo, ma *adj.* **1.** Erial o sin árboles. **2.** Que está en descanso.

calmoso, sa *adj.* **1.** Que está en calma. **2.** Se dice de la persona cachazuda o indolente.

caló *s. m.* Lenguaje del pueblo gitano.

calobiótica *s. f.* Arte de vivir bien.

calocéfalo, la *adj.* Que tiene hermosa cabeza.

calófilo, la *adj.* Que tiene hermosas hojas.

calología *adj.* Estética.

calón *s. m.* Pértiga con que se puede medir la profundidad de un río, canal o puerto.
calor *s. m.* **1.** Forma de energía que se considera originada por el movimiento vibratorio de los átomos y moléculas de los cuerpos. ‖ *s. m.* **2.** Recibimiento entusiasta.
caloría *s. f.* Unidad de medida térmica.
caloriamperímetro *s. m.* Aparato para medir la intensidad de una corriente eléctrica por el método calorimétrico.
calórico, ca *adj.* **1.** Relativo al calor. ‖ *s. m.* **2.** Principio o agente hipotético de los fenómenos del calor.
calorífero *s. m.* Aparato de calefacción.
calorífugo *adj.* Que se opone a la transmisión del calor.
calorimetría *s. f.* Medición de calor específico.
calostro *s. m.* Primera leche que la hembra da después de haber parido.
caloyo *s. m.* Cordero o cabrito recién nacido.
calseco, ca *adj.* Curado con cal.
calumnia *s. f.* Acusación falsa.
calumniar *v. tr.* Atribuir falsa y maliciosamente a alguien palabras, actos o intenciones deshonrosas.
caluroso, sa *adj.* **1.** Que tiene calor. **2.** Vivo, ardiente.
calva *s. f.* Parte de la cabeza de la que se ha caído el pelo.
calvario *s. m.* **1.** Vía crucis. **2.** *fam.* Serie de adversidades o pesadumbres.
calvero *s. m.* Paraje sin árboles en el interior de un bosque.
calvicie *s. f.* Falta de pelo en la cabeza.
calvo, va *adj.* Que ha perdido el pelo de la cabeza.
calza *s. f.* Prenda de vestir que cubría el muslo y la pierna.
calzada *s. f.* **1.** Camino empedrado y cómodo por su anchura. **2.** Parte de la calle comprendida entre dos aceras.
calzado *s. m.* Todo género de zapato, abarca, alpargata, etc. que sirve para cubrir y adornar el pie, la pierna.
calzador *s. m.* Instrumento que sirve para hacer que entre el pie en el zapato.
calzar *v. tr.* **1.** Cubrir el pie con el calzado. También prnl. **2.** Tratándose de guantes, espuelas, etc., llevarlos puestos.
calzón *s. m.* Prenda de vestir masculina que cubre desde la cintura hasta las rodillas.
calzoncillos *s. m. pl.* Calzones interiores de punto o de tela de hilo, algodón, etc.
cama *s. f.* Armazón o mueble que se utiliza principalmente para dormir.
camada *s. f.* Todos los hijuelos que paren de una vez la coneja u otros animales.
camafeo *s. f.* Figura tallada de relieve en ónice u otra piedra dura y preciosa.
camaleón *s. m.* Reptil saurio de cuerpo comprimido lateralmente y cola prensil.
camandulear *v. intr.* Ostentar falsa o exagerada devoción.
cámara *s. f.* **1.** Sala, pieza principal de una casa. **2.** Cada uno de los cuerpos colegisladores en los gobiernos representativos. **3.** Máquina de hacer fotografías.
camarada *s. m. y s. f.* Compañero.
camaranchón *s. m.* Desván de la casa donde se suelen guardar trastos viejos.
camarero, ra *s. m. y s. f.* Persona que atiende a la clientela en un café, hotel, etc.
camarilla *s. f.* Conjunto de palaciegos que influyen subrepticiamente en la política.
camarín *s. m.* Capilla pequeña colocada detrás de un altar.
camarlengo *s. m.* Título de dignidad entre los cardenales, presidente de la Cámara apostólica.
camarón *s. m.* Crustáceo marino comestible, de color pardusco.
camarote *s. m.* Compartimiento pequeño que hay en los barcos para poner la cama.
camarroya *s. f.* Achicoria.
camastro *s. m.* Lecho pobre y sin aliño.
cambalache *s. m., fam.* Trueque de objetos de poco valor.
cambaleo *s. m.* Compañía antigua de cómicos y cantantes.
cámbaro *s. m.* Crustáceo marino braquiuro, con el caparazón verde.
cambera *s. f.* Red pequeña para pescar cámbaros y otros crustáceos.
cambiar *v. tr.* **1.** Dar, tomar o poner una cosa por otra. También intr. **2.** Mudar, variar, alterar. También prnl.
cambista *s. m. y s. f.* **1.** Persona que cambia dinero. **2.** Banquero.
cambray *s. m.* Lienzo blanco y sutil.

cámbrico, ca *adj.* Se dice del primero de los períodos geológicos en que se divide la era primaria.

cambronera *s. f.* Arbusto solanáceo con multitud de ramas mimbreñas curvas y espinosas.

cambur *s. m.* Planta musácea, parecida al plátano, de fruto comestible.

camedrio *s. m.* Planta labiada, de tallos duros y vellosos, hojas pequeñas parecidas a las del roble y flores purpúreas que se usan como febrífugo.

camelar *v. tr., fam.* Engañar adulando seriamente o en broma.

camelete *s. m.* Pieza de artillería de gran tamaño que se usó para batir murallas.

camelia *s. f.* Arbusto rosáceo, de hojas perennes y flores blancas, rojas o rosadas.

camélido *adj.* Se dice de los rumiantes del grupo del camello. También s. m.

camello *s. m.* Mamífero rumiante camélido, con dos jorobas en el dorso, formadas por una aglomeración de grasa.

camelo *s. m.* **1.** Galanteo. **2.** Chasco, burla.

camelote *s. m.* Tejido fuerte e impermeable, que se hace con lana.

cameraman *s. m.* Técnico de cine o televisión especializado en el manejo de la cámara tomavistas.

camerino *s. m.* Cuarto donde los actores y actrices se visten para ir a escena.

camicace *adj., fig.* Se dice de la persona que se arriesga en una misión suicida.

camilla *s. f.* **1.** Cama estrecha y portátil para trasladar enfermos o heridos. **2.** Mesa de forma especial debajo de la cual hay un enrejado y una tarima con un brasero para calentarse.

caminar *v. intr.* **1.** Ir de viaje. **2.** Andar.

caminata *s. f.* Paseo largo y fatigoso.

camino *s. m.* **1.** Tierra pisada por donde se transita habitualmente. **2.** *fig.* Medio para hacer o conseguir alguna cosa.

camión *s. m.* Vehículo de cuatro o más ruedas, grande y fuerte, usado para transportar cargas o fardos muy pesados.

camisa *s. f.* Prenda de vestido interior que se pone inmediatamente sobre el cuerpo o sobre la camiseta.

camiseta *s. f.* **1.** Camisa corta y con mangas anchas. **2.** Camisa corta, ajustada y sin cuello, que se pone por lo común directamente sobre el cuerpo.

camisón *s. m.* Camisa larga para dormir.

camón *s. m.* Cada una de las piezas curvas de los dos cercos de las ruedas hidráulicas.

camorra *s. f., fam.* Riña, pendencia.

camorrista *adj., fam.* Que con facilidad arma camorras y pendencias.

campa *adj.* Se dice de la tierra que carece de arbolado, y que sirve por lo común sólo para la siembra de cereales.

campamento *s. m.* Instalación eventual en terreno abierto de un grupo de excursionistas, cazadores, etc.

campana *s. f.* Instrumento de metal, en forma de copa invertida, que suena herido por el badajo o por un martillo exterior.

campanario *s. m.* Torre o espadaña donde se colocan las campanas.

campanela *s. f.* **1.** Paso de danza que consiste en dar un salto, describiendo al mismo tiempo un círculo con uno de los pies cerca de la punta del otro. **2.** Sonido de la cuerda de guitarra que se toca en vacío, en medio de un acorde hecho a bastante distancia del puente del instrumento.

campanil *adj.* Se dice del bronce de campanas.

campanilla *s. f.* Cualquier flor de corola acampanada.

campante *adj., fam.* Ufano, satisfecho.

campánula *s. f.* Farolillo, planta campanulácea.

campaña *s. f.* **1.** Campo llano. **2.** Conjunto de esfuerzos o actos de diversa índole que se aplican a un fin determinado. **3.** Duración de un determinado servicio militar.

campañol *s. m.* Mamífero roedor, de la familia de los múridos.

campar *v. intr.* **1.** Sobresalir. **2.** Acampar.

campeador *adj.* Se decía del que sobresalía en el campo con acciones señaladas.

campechano, na *adj., fam.* Franco, dispuesto para cualquier broma o diversión.

campeche *s. m.* Madera dura y negruzca, que sirve principalmente para teñir de encarnado.

campeón, na *s. m. y s. f.* Persona que obtiene el primer puesto en un campeonato.

campeonato *s. m.* Certamen o contienda en que se disputa el premio en ciertos juegos o deportes.

campesino, na *adj.* **1.** Rural. **2.** Labrador.

campestre *adj.* Campesino, que pertenece al campo.
cámping *s. m.* Lugar acondicionado para hacer vida al aire libre, en tiendas de campaña.
campiña *s. f.* Espacio grande de tierra llana que es labrable.
campo *s. m.* **1.** Terreno extenso fuera de poblado. **2.** Tierra laborable. **3.** Campiña. **4.** Sembrados, árboles y demás cultivos.
campus *s. m.* Espacio abierto que rodea a los edificios universitarios.
camuesa *s. f.* Fruto del camueso, especie de manzana.
camueso *s. m.* Árbol, variedad de manzano, cuyo fruto es la camuesa.
camuflar *v. tr.* Disimular dando a una cosa el aspecto de otra.
can *s. m.* Perro.
cana *s. f.* Cabello que se ha vuelto blanco.
canal *s. amb.* **1.** Cauce artificial por el que se conduce el agua. || *s. m.* **2.** Estrecho marítimo que separa dos islas o dos continentes.
canaladura *s. f.* Moldura hueca hecha en un miembro arquitectónico, en línea vertical.
canalete *s. m.* Remo corto, con pala muy ancha.
canalización *s. f.* Acción y efecto de canalizar.
canalizar *v. tr.* **1.** Abrir canales. **2.** Regularizar el cauce de un río o arroyo.
canalizo *s. m.* Canal estrecho.
canalla *s. f.* **1.** *fam.* Gente baja y ruin. || *s. m.* **2.** *fam.* Persona despreciable.
canalón *s. m.* Conducto que recibe y vierte el agua de los tejados.
canana *s. f.* Cinto dispuesto para llevar cartuchos.
canapé *s. m.* **1.** Escaño con el asiento y respaldo acolchados. **2.** Aperitivo consistente en una rebanadita de pan sobre la que se extienden o colocan otras viandas.
canaricultura *s. f.* Arte de criar canarios.
canario, ria *s. m y s. f.* Pájaro conirrostro, del que existen numerosas variedades domésticas.
canasta *s. f.* **1.** Cesto de mimbres con dos asas. **2.** Tanto conseguido en el baloncesto.
canastilla *s. f.* Cestilla de mimbres.
canastillo *s. m.* Azafate hecho de mimbres.
cancamusa *s. f., fam.* Artificio para deslumbrar a alguien.
cancán *s. m.* Baile de origen francés que estuvo de moda en el s. XIX.
cancel *s. m.* Contrapuerta, generalmente de tres hojas.
cancela *s. f.* Verjilla que se pone en el umbral de algunas casas.
cancelar *v. tr.* **1.** Anular, hacer ineficaz un instrumento público, una obligación, etc. **2.** Saldar o extinguir una deuda.
cancelaría *s. f.* Tribunal de la Curia Romana por donde se despachan las gracias apostólicas.
cáncer *s. m.* Tumor maligno que destruye los tejidos orgánicos animales.
cancha *s. f.* **1.** Local destinado a juego de pelota, riñas de gallos u otros usos semejantes. **2.** Parte de la explanada del frontón o trinquete en la que juegan los pelotaris.
canchal *s. m.* Peñascal o sitio de grandes piedras descubiertas.
canchear *v. intr.* Trepar o subir por los canchos o por los canchales.
cancho *s. m.* Peñasco grande.
cancilla *s. f.* Puerta hecha a manera de verja que cierra los huertos, corrales o jardines.
canciller *s. m.* **1.** Empleado auxiliar en las embajadas, legaciones, consulados, etc. **2.** Título que lleva en algunos Estados europeos un alto funcionario que es a veces jefe o presidente del gobierno.
cancillería *s. f.* **1.** Oficio de canciller. **2.** Oficina especial en las embajadas, legaciones, consulados, etc.
canción *s. f.* **1.** Composición en verso para ser cantada. **2.** Música de la canción.
cancionero *s. m.* Colección de canciones y poesías, por lo común de autores diversos.
cancro *s. m.* Cáncer.
candado *s. m.* Cerradura suelta que por medio de argollas asegura puertas, ventanas, tapas de cofre, etc.
candeal *adj.* Se dice del trigo aristado, de espiga cuadrada y granos ovales, que da harina y pan blancos de superior calidad.
candela *s. f.* **1.** Vela **2.** Candelero en que se coloca la vela. **3.** Flor del castaño.
candelabro *s. m.* Candelero de dos o más brazos.
candelecho *s. m.* Choza levantada sobre estacas, desde la que el viñador otea y guarda toda la viña.
candelero *s. m.* Utensilio que sirve para mantener derecha la vela o candela.

candente *adj.* **1.** Se dice del cuerpo enrojecido o blanqueado por la acción del calor. **2.** Se dice de una cuestión difícil y apasionante, y de una situación tensa.
candidación *s. f.* Acción de cristalizarse el azúcar.
candidato, ta *s. m. y s. f.* Persona que pretende alguna dignidad, honor o cargo.
candidatura *s. f.* **1.** Reunión de candidatos. **2.** Papeleta en que aparece el nombre de uno o varios candidatos.
cándido, da *adj.* **1.** Sencillo, sin malicia ni doblez. **2.** Simple, poco advertido.
candil *s. m.* Lámpara de aceite formada por dos recipientes de metal superpuestos.
candileja *s. f.* **1.** Recipiente interior del candil. || *s. f. pl.* **2.** Línea de luces en el proscenio o parte delantera del escenario.
candiota *s. f.* Barril para vino.
candonga *s. f., fam.* Burla o chasco hecho a alguna persona de palabra, con apodos o chanzas continuadas.
candongo, ga *adj., fam.* Zalamero, astuto.
candor *s. m.* **1.** Suma blancura. **2.** *fig.* Sinceridad, sencillez. **3.** *fig.* Inocencia.
candray *s. m.* Embarcación pequeña de dos proas, que se usa en el tráfico de algunos puertos.
caneca *s. f.* Frasco de barro vidriado, utilizado para contener licores.
canéfora *s. f.* Doncella griega que en determinadas fiestas llevaba en la cabeza un canastillo sagrado.
canela *s. f.* Segunda corteza del canelo, de olor muy aromático y sabor agradable.
canelo, la *adj.* **1.** De color de canela. || *s. m.* **2.** Árbol lauráceo de corteza aromática, hojas parecidas a las del laurel, flores agrupadas en racimos y fruto en drupa ovalada.
canelones *s. m. pl.* Plato de origen italiano hecho a base de una masa rectangular de pasta que se enrolla con carne, pescado, verduras, etc. dentro.
canesú *s. m.* **1.** Cuerpo de vestido femenino corto y sin mangas. **2.** Pieza superior de la camisa o blusa.
cangilón *s. m.* Vaso grande de barro o metal para traer o tener líquidos.
cangrejo *s. m.* Cualquiera de los artrópodos crustáceos del orden de los decápodos.
canguro *s. m.* Mamífero marsupial, hervíboro, que anda a saltos por tener las extremidades delanteras mucho más cortas que las posteriores.
caníbal *adj.* Se dice del habitante de las Antillas que era tenido por antropófago.
canica *s. f.* **1.** Cada una de las bolas del juego infantil de las canicas. **2.** Juego de niños que se hace con bolitas de barro, vidrio u otra materia. Se usa más en pl.
caniche *adj.* Se dice del perro perteneciente a una raza que se caracteriza por el pequeño tamaño y el pelo lanoso y rizado. También s. m.
canicie *s. f.* Color cano del pelo.
canícula *s. f.* Período del año en que es más fuerte el calor.
cánido *adj.* Se dice de mamíferos carnívoros que son digitígrados, de uñas no retráctiles, con cinco dedos en las patas anteriores y cuatro en las posteriores; como el perro y el lobo.
canijo, ja *adj., fam.* Débil y enfermizo.
canilla *s. f.* **1.** Cualquiera de los huesos largos de la pierna o del brazo. **2.** Cañón para sacar el vino de la cuba. **3.** Carrete metálico en que se devana el hilo.
canillero, ra *s. m. y s. f.* Persona que hace canillas para tejer.
canino, na *adj.* **1.** Relativo al can. || *s. m.* **2.** Colmillo, diente.
caniquí *s. m.* Tela delgada hecha de algodón, que venía de la India.
canje *s. m.* Cambio, trueque o sustitución.
canjear *v. tr.* Hacer canje. Se usa en la diplomacia, milicia y comercio.
cano, na *adj.* **1.** Que tiene canas. **2.** *fig.* Anciano o antiguo.
canoa *s. f.* Embarcación de remo muy estrecha, con proa muy aguda y popa recta.
canon *s. m.* Regla o precepto.
canonesa *s. f.* Mujer que vive en comunidad religiosa, pero sin hacer votos solemnes, ni obligarse a clausura perpetua.
canónico, ca *adj.* Conforme con los cánones.
canónigo *s. m.* Miembro del cabildo de una catedral o colegiata.
canonizar *v. tr.* Declarar solemnemente santo y poner el Papa en el catálogo de ellos a un siervo de Dios, ya beatificado.
canope *s. m.* Vaso que se encuentra en las antiguas tumbas de Egipto, y que se destinaba a

contener las vísceras de los cadáveres momificados.

canoro, ra *adj.* **1.** Se dice del ave de canto grato y melodioso. **2.** Grato y melodioso.

canoso, sa *adj.* Que tiene muchas canas.

cansado, da *adj.* **1.** Fatigado. **2.** Se aplica a la persona que cansa o molesta.

cansancio *s. m.* Falta de fuerzas que resulta de haberse fatigado.

cansar *v. tr.* **1.** Causar cansancio. También prnl. **2.** Enfadar, molestar. También prnl.

cansino, na *adj.* **1.** Se aplica al hombre o al animal cuya capacidad de trabajo está disminuida por el cansancio. **2.** Que por la lentitud y pesadez de los movimientos revela cansancio.

cantalear *v. intr.* Gorjear, arrullar las palomas.

cantaleta *s. f.* **1.** Ruido y confusión de voces e instrumentos con que se burlaban de una persona. **2.** Canción burlesca con que se hacía mofa de alguien.

cantante *s. m. y s. f.* Persona que tiene por oficio cantar.

cantaor, ra *s. m. y s. f.* Cantante de flamenco.

cantar[1] *s. m.* Copla o composición breve poética puesta en música para cantarse.

cantar[2] *v. intr.* **1.** Formar con la voz sonidos modulados. También tr. **2.** *fig. y fam.* Descubrir lo secreto.

cántaro *s. m.* Vasija grande de boca angosta, barriga ancha y pie estrecho.

cantata *s. f.* Composición poética escrita para que se ponga en música y se cante.

cantautor, ra *s. m. y s. f.* Cantante que compone sus propias canciones.

cante *s. m.* Cualquier género de canto popular.

cantera *s. f.* Sitio de donde se saca piedra.

cantería *s. f.* **1.** Arte de labrar las piedras para las construcciones. **2.** Obra hecha de piedra labrada. **3.** Porción de piedra labrada.

canterito *s. m.* Pedazo pequeño de pan.

cántico *s. m.* Composición poética de los libros sagrados y los litúrgicos en que se dan gracias o tributan alabanzas a Dios.

cantidad *s. f.* **1.** Todo lo susceptible de aumento y disminución, de número y medida. **2.** Porción grande de alguna cosa. **3.** Porción determinada o indeterminada de dinero.

cantiga *s. f.* Antigua composición poética destinada al canto.

cantil *s. m.* Sitio o lugar que forma escalón en la costa o en el fondo del mar.

cantilena *s. f.* **1.** Cantar, copla. **2.** *fig.* Repetición molesta de alguna cosa.

cantimplora *s. f.* Frasco aplanado para la bebida, revestido de cuero, paño, etc.

cantina *s. f.* Puesto público en que se venden bebidas y algunos comestibles.

canto[1] *s. m.* Arte de cantar.

canto[2] *s. m.* Lado de cualquier parte o sitio.

canto[3] *s. m.* Piedra.

cantonera *s. f.* **1.** Pieza que se pone en las esquinas de libros, muebles u otros objetos, como refuerzo o adorno. **2.** Rinconera, mesilla.

cantor, ra *adj.* Que canta.

cantoral *s. m.* Libro de coro.

cantú *s. m.* Planta jardinera polemoniácea que da unas flores muy hermosas.

cantueso *s. m.* Planta perenne labiada, semejante al espliego, con tallos derechos y ramosos, hojas oblongas y vellosas, y flores olorosas y moradas.

canturía *s. m.* **1.** Ejercicio de cantar. **2.** Canto de música. **3.** Canto monótono.

cánula *s. f.* Tubo corto que se emplea en diferentes operaciones de cirugía o que forma parte de aparatos físicos o quirúrgicos.

canutillo *s. m.* **1.** Tubito sutil de vidrio, empleado en trabajos de pasamanería. **2.** Hilo de oro o de plata rizado para bordar.

canuto *s. m.* Cañón hueco, corto y no muy grueso, utilizado para diferentes usos.

caña *s. f.* **1.** Tallo de las plantas gramíneas. **2.** Planta gramínea leñosa, propia de parajes húmedos.

cañada *s. f.* **1.** Espacio de tierra entre dos alturas poco distantes entre sí. **2.** Vía para los ganados trashumantes.

cañal *s. m.* **1.** Cañaveral. **2.** Cerco de cañas que se hace en los ríos para pescar. **3.** Canal pequeño que se hace al lado de algún río para que entre la pesca.

cañaliega *s. f.* Cañal, cerco para pescar.

cañamazo *s. m.* Tela tosca de cáñamo.

cañamiel *s. f.* Caña de azúcar.

cáñamo *s. m.* Planta morácea, de cuyo tallo se extrae una fibra textil que sirve especialmente para hacer cuerdas.

cañamón *s. m.* Simiente del cáñamo.

cañariego, ga *adj.* Se dice del pellejo de la res lanar que se muere en las cañadas.

cañaveral *s. m.* Sitio poblado de cañas.

cañería *s. f.* Conducto formado de caños por donde se distribuyen las aguas o el gas.

cañiza *adj.* **1.** Se dice de la madera que tiene la veta a lo largo. ‖ *s. f.* **2.** Especie de lienzo.

cañizo *s. m.* Tejido de cañas formando un rectángulo empleado para secar frutos.

caño *s. m.* Tubo corto de metal, vidrio o barro a modo de canuto.

cañón *s. m.* **1.** Pluma del ave cuando empieza a nacer. **2.** Pieza de artillería destinada a lanzar balas, metralla, etc.

cañota *s. f.* Planta gramínea, con el tallo sencillo, nudos vellosos y flores en panoja con ramos verticilados.

cañuto *s. m.* **1.** En las cañas, sarmientos y demás tallos semejantes, entre nudo y nudo. **2.** Cañón de palo, metal u otra materia, corto y no muy grueso, utilizado para diferentes usos.

caoba *s. f.* Árbol meliáceo, de tronco alto y grueso, hojas alternas y flores blancas; su madera es muy apreciada en ebanistería.

caolín *s. m.* Arcilla blanca muy pura usada en la fabricación de loza y porcelana.

caos *s. m.* Confusión, desorden.

caótico, ca *adj.* Perteneciente o relativo al caos.

capa *s. f.* Ropa larga y suelta, sin mangas, que se usa sobre el vestido: es angosta por el cuello, ancha y redonda por abajo, y abierta por delante.

capacete *s. f.* Pieza de la armadura que cubría y defendía la cabeza.

capacho *s. m.* Espuerta de juncos o mimbres.

capacidad *s. f.* **1.** Espacio vacío de alguna cosa, suficiente para contener otra u otras. **2.** Aptitud para alguna cosa.

capacitación *s. f.* Acción y efecto de capacitar.

capacitar *v. tr.* Hacer a alguien apto, habilitarle para alguna cosa. También prnl.

capar *v. tr.* **1.** Extirpar o inutilizar los órganos genitales. **2.** *fam.* Disminuir, cercenar.

caparazón *s. m.* Cubierta dura que protege las partes blandas del cuerpo de los insectos, arácnidos y crustáceos.

caparra[1] *s. f.* En algunas partes, garrapata, ácaro que chupa la sangre.

caparra[2] *s. f.* Señal, cantidad que se adelanta en algunos contratos.

caparrón *s. m.* Botón que sale de la yema de la vid o del árbol.

caparrosa *s. f.* Sal compuesta de ácido sulfúrico y de cobre o hierro.

capataz, za *s. m. y s. f.* Persona que gobierna y vigila un grupo de operarios.

capaz *adj.* **1.** Que tiene capacidad. **2.** Grande o espacioso. **3.** *fig.* Apto, diestro.

capazo *s. m.* Espuerta grande de esparto.

capcioso, sa *adj.* Artificioso, engañoso.

capea *s. f.* **1.** Acción de capear. **2.** Lidia de becerros o novillos por aficionados.

capear *v. tr.* **1.** Hacer suertes con la capa al toro o novillo. **2.** *fig. y fam.* Entretener a alguien con engaños o evasiones.

capelán *s. f.* Pez malacopterigio de los mares septentrionales, de color verde oscuro, con las aletas muy grandes.

capellán *s. m.* Clérigo que obtiene una capellanía.

capellanía *s. f.* Fundación en la que determinados bienes quedan sujetos al cumplimiento de misas y otras obras pías.

capellina *s. f.* Pieza de la armadura antigua que cubría la parte superior de la cabeza.

capelo *s. m.* Cierto derecho que los obispos percibían del estado eclesiástico.

caperuza *s. f.* Bonete que remata en punta inclinada hacia atrás.

capeta *s. f.* Capa corta y sin esclavina, que no pasa de la rodilla.

capichola *s. f.* Tejido de seda que forma un cordoncillo a modo de burato.

capicúa *s. m.* Número igual leído de izquierda a derecha que de derecha a izquierda.

capilar *adj.* Relativo al cabello.

capilarímetro *s. m.* Aparato para graduar la pureza de los alcoholes.

capilla *s. f.* **1.** Capucha. **2.** Edificio contiguo a una iglesia o parte integrante de ella, con altar y advocación particular.

capillo *s. m.* **1.** Cubierta de lienzo que se pone en la cabeza a los niños de pecho. **2.** Vestidura de tela blanca que se pone en la cabeza de los niños al bautizarlos.

capirotada *s. f.* Aderezo hecho con hierbas, huevos, ajos y otros adherentes para cubrir y rebozar con él otros manjares.

capirote *s. m.* Cucurucho que traen los que van en las procesiones de Semana Santa.

capisayo *s. m.* **1.** Vestidura corta a manera de capotillo abierto, que sirve de capa y sayo. **2.** Vestidura común de los obispos.

capistro *s. m.* Arnés con que los romanos defendían la cabeza de los caballos de batalla.

capital *adj.* **1.** Perteneciente a la cabeza. **2.** Que constituye el origen, cabeza o parte vital de una cosa principal. **3.** Se dice de la población principal de un Estado, provincia o distrito. También s. f. ‖ *s. m.* **4.** Cantidad de dinero o bienes, patrimonio.

capitalizar *v. tr.* **1.** Fijar el capital que corresponde a un determinado rendimiento o interés. **2.** Agregar al capital los intereses devengados.

capitán, na *s. m. y s. f.* **1.** Persona que tiene el mando de una compañía, escuadrón o batería. **2.** Jefe de un equipo deportivo.

capitanear *v. tr.* **1.** Mandar una tropa haciendo oficio de capitán. **2.** Guiar o conducir cualquier grupo de gente, aunque no sea militar ni armada.

capitel *s. m.* Parte superior de la columna, que la corona con diversas ornamentaciones y figuras.

capitolio *s. m.* Edificio majestuoso y elevado.

capitoné *s. m.* Camión especialmente dispuesto para llevar muebles y enseres de una casa.

capítula *s. f.* Lugar de la Sagrada Escritura que se reza en todas las horas del oficio divino, después de los salmos y las antífonas, excepto en los maitines.

capitulación *s. f.* **1.** Convenio o pacto entre dos o más personas. **2.** Convenio en que se estipula la rendición de un ejército, plaza o punto fortificado.

capitulado, da *adj.* **1.** Resumido, compendiado. ‖ *s. m.* **2.** Disposición capitular, capitulación.

capitular *v. intr.* **1.** Pactar, hacer algún ajuste. ‖ *v. tr.* **2.** Disponer, ordenar.

capítulo *s. m.* **1.** Junta de religiosos y clérigos seglares. **2.** División que se hace en los libros o escritos.

capnomancia *s. f.* Adivinación que se hace por medio del humo, que practicaban los antiguos.

capolar *v. tr.* Despedazar, dividir.

capón *adj.* Se dice del animal castrado.

caponar *v. tr.* Atar los sarmientos en la vid para que no embaracen al labrar la tierra.

caponera *s. f.* Jaula de madera en que se pone a los capones para cebarlos.

caporal *s. m.* Persona que hace de cabeza de alguna gente y la manda.

capota *s. f.* **1.** Tocado femenino. **2.** Cubierta plegadiza que llevan algunos vehículos.

capote *s. m.* **1.** Capa con menor vuelo que la común. **2.** Capa corta para torear.

capotear *v. tr.* **1.** Capear al toro de lidia. **2.** Capear, entretener con engaños.

caprario, ria *adj.* Perteneciente o relativo a la cabra.

capricho *s. m.* **1.** Idea que uno forma sin razón. **2.** Antojo, deseo vehemente.

cápsula *s. f.* **1.** Cilindro pequeño y hueco en cuyo fondo está el fulminante que comunica el fuego a la carga explosiva de las armas de percusión. **2.** Pequeña envoltura insípida y soluble en que se cierran algunos medicamentos.

captar *v. tr.* **1.** Percibir por medio de los sentidos. **2.** Recibir sonidos, imágenes, ondas, emisiones radiodifundidas.

capturar *v. tr.* Aprehender, apoderarse de alguien o de algo.

capucha *s. f.* Pieza del vestido para cubrir la cabeza, que remata en punta y se echa sobre la espalda.

capuchina *s. f.* Planta trepadora, de hojas alternas y flores en forma de capucha, de color rojo anaranjado.

capúlido *adj.* Se dice de moluscos gasterópodos, existentes en todos los mares, cuya concha se distingue por su figura de bonete cónico y por su ancha abertura.

capullo *s. m.* **1.** Cubierta protectora que las larvas del gusano de seda fabrican con el hilo que segrega. **2.** Botón de las flores.

caquexia *s. f.* Alteración profunda de la nutrición debida a enfermedades consuntivas; como la tuberculosis, las supuraciones, el cáncer, etc.

caqui[1] *s. m.* Árbol frutal de la familia de las ebenáceas, originario del Japón, cuyo fruto es una baya casi del tamaño de una naranja, de pulpa blanda y muy dulce.

caqui[2] *s. m.* **1.** Tela de algodón o de lana, cuyo color varía desde el amarillo de ocre al verde gris. Se empezó a usar para uniformes militares en la India, y de allí se extendió su empleo a otros ejércitos. **2.** Color de esta tela.

car *s. m.* Extremo inferior y más grueso de la entena.

cara *s. f.* **1.** Parte anterior de la cabeza. **2.** Semblante. **3.** Fachada. **4.** Anverso, haz de las monedas o medallas.
caraba[1] *s. f.* Conversación, broma, jolgorio.
caraba[2] *s. f.* Cosa extremada, acabóse.
cáraba *s. f.* Cierta embarcación grande usada en Levante.
carabao *s. m.* Rumiante parecido al búfalo.
carabela *s. f.* Antigua embarcación larga con una sola cubierta y tres palos.
carabina *s. f.* Fusil ligero.
carabinero *s. m.* **1.** Soldado destinado a la persecución del contrabando. **2.** Crustáceo de carne comestible.
caracal *s. m.* Mamífero carnívoro, especie de lince, que habita en los climas cálidos y es temible por su ferocidad.
caracho, cha *adj.* De color violáceo.
caracol *s. m.* Molusco gasterópodo, de concha en espiral y dos o cuatro tentáculos.
caracola *s. f.* **1.** Caracol marino grande, de forma cónica. **2.** Caracol terrestre que tiene la concha de color blanco.
carácter *s. m.* Naturaleza fundamental de un ser.
característico, ca *adj.* **1.** Perteneciente o relativo al carácter. **2.** Se aplica a la cualidad que sirve para distinguir una persona o cosa de sus semejantes.
caracterizar *v. tr.* Determinar a una persona o cosa por sus cualidades peculiares.
¡caramba! *interj.* que denota extrañeza.
carámbano *s. m.* Pedazo de hielo más o menos largo y puntiagudo.
carambola *s. f.* **1.** Lance del juego del billar, consistente en que la bola con que se juega toque a las otras dos. **2.** Casualidad.
caramel *s. m.* Variedad de sardina propia del Mediterráneo.
caramelizar *v. tr.* Acaramelar, dar un baño de caramelo.
caramelo *s. m.* Pasta de azúcar hecha almíbar.
caramillo *s. m.* Flautilla de sonido agudo.
caramujo *s. m.* Especie de caracol pequeño que se pega a los fondos de los buques.
carantoñas *s. f. pl., fam.* Halagos y caricias que se hacen a una persona para conseguir de ella alguna cosa que interesa.
carapacho *s. m.* Caparazón que cubre las tortugas, los cangrejos y otros animales.
carátula *s. f.* **1.** Careta, máscara. **2.** Portada de un libro, disco, casete o vídeo.
caraú *s. m.* Ave zancuda, de unos 35 cm de alto, de pico largo y encorvado, y color castaño oscuro.
caravana *s. f.* **1.** Grupo de viajeros, peregrinos, mercaderes, etc., que se juntan para atravesar el desierto u otros lugares **2.** *fam.* Remolque habitable.
¡caray! *interj.* ¡Caramba!
carbógeno *s. m.* Polvo que sirve para preparar el agua de Seltz.
carbón *s. m.* Materia sólida, ligera, negra y muy combustible, que resulta de la destilación o de la combustión incompleta de la leña o de otros cuerpos orgánicos.
carbonato *s. m.* Cualquier sal resultante de la combinación del ácido carbónico con un radical simple o compuesto.
carboncillo *s. m.* Palillo de madera ligera, carbonizado, que sirve para dibujar.
carbonera *s. f.* Lugar para guardar carbón.
carbónico, ca *adj.* Se aplica a muchas combinaciones en que entra el carbono.
carbonilla *s. f.* Carbón mineral menudo que, como residuo, suele quedar al mover y trasladar el grueso.
carbonizar *v. tr.* Reducir a carbón un cuerpo orgánico. También prnl.
carbono *s. m.* Metaloide cuadrivalente, sólido, insípido e inodoro.
carbunco *s. m.* Enfermedad del ganado, virulenta y contagiosa, que se puede transmitir al hombre, dando origen al ántrax.
carbúnculo *s. m.* Rubí.
carburador *s. m.* Pieza de los motores donde se efectúa la carburación.
carburante *s. m.* Mezcla de hidrocarburos que se emplea en los motores de explosión y de combustión interna.
carburar *v. tr.* Mezclar los gases o el aire atmosférico con los carburantes gaseosos o con los vapores de los líquidos carburantes.
carburina *s. f.* Sulfuro de carbono usado en tintorería y en economía doméstica para quitar las manchas de grasa en los tejidos.
carburo *s. m.* Combinación del carbono con un cuerpo simple.
carcaj *s. m.* Aljaba.

carcajada *s. f.* Risa impetuosa y ruidosa.
carcamal *s. m., fam.* Persona achacosa y vieja. También adj.
carcamán *s. m.* Barco grande y malo.
carcasa *s. f.* Cierta bomba incendiaria.
cárcavo *s. m.* Hueco en que juega el rodezno o rueda vertical de los molinos.
carcavón *s. m.* Barranco que hacen las avenidas en la tierra movediza.
cárcel *s. f.* Edificio o local destinado para la custodia y seguridad de los presos.
carcinología *s. f.* Parte de la zoología que trata de los crustáceos.
carcinoma *s. m.* Tumor canceroso.
cárcola *s. f.* Listón de madera del telar, de cuyo movimiento pende el de la lanzadera.
carcoma *s. f.* Insecto coleóptero muy pequeño, cuya larva roe y taladra la madera.
carcomer *v. tr.* **1.** Roer la carcoma la madera. **2.** Consumir poco a poco alguna cosa.
carcón *s. m.* Correa con argollas en sus extremos, en que se afirman las varas de la silla de manos.
cardar *v. tr.* Preparar una materia textil para el hilado.
cardario *s. m.* Pez del género de las rayas, cuyo cuerpo está cubierto de aguijones a modo de carda.
cardenal[1] *s. m.* Cada uno de los prelados que componen el Sacro Colegio y forman el cónclave para la elección del nuevo Sumo Pontífice.
cardenal[2] *s. m.* Mancha amoratada que aparece en el cuerpo por efecto de un golpe.
cardencha *s. f.* Planta bienal dipsacácea, de tallo espinoso, flores purpúreas terminales, provistas en su base de grandes brácteas espinosas, que se utilizan para cardar los panos y la lana.
cardenilla *s. f.* Variedad de uva menuda, tardía y de color amoratado.
cardenillo *s. m.* Mezcla venenosa de acetatos básicos de cobre, que se forma en la superficie de los objetos de cobre.
cárdeno, na *adj.* De color amoratado.
cardíaco, ca *adj.* Perteneciente o relativo al corazón.
cardialgia *s. f.* Dolor agudo que se siente en el cardias y oprime el corazón.
cardias *s. m.* Orificio superior del estómago.
cardillo *s. m.* Planta bienal, de flores amarillentas y hojas rizadas.
cardinal *adj.* **1.** Principal, fundamental. **2.** Se dice del adjetivo numeral que expresa exclusivamente cuántas son las personas o cosas de que se trata.
cardinas *s. f. pl.* Hojas semejantes a las del cardo, usadas como adorno en el estilo ojival.
cardiografía *s. f.* Estudio y descripción del corazón.
cardiógrafo *s. m.* Aparato que mide y registra los movimientos del corazón.
cardiograma *s. m.* Trazado obtenido mediante el cardiógrafo.
cardiología *s. f.* Tratado del corazón, de sus funciones y enfermedades.
cardiopatía *s. f.* Enfermedad del corazón.
cardiovascular *adj.* Relativo al corazón y los vasos sanguíneos.
carditis *s. f.* Inflamación del tejido muscular del corazón.
cardo *s. m.* Planta compuesta, anual, de hojas grandes y espinosas.
carducha *s. f.* Carda gruesa de hierro.
cardume *s. m.* Banco de peces.
carear *v. tr.* **1.** Poner a una o varias personas en presencia de otra u otras, para esclarecer la verdad de dichos o hechos. **2.** Dirigir el ganado hacia alguna parte.
carecer *v. intr.* Tener falta de algo.
carel *s. m.* Borde de una embarcación donde se fijan los remos que la mueven.
carena *s. f.* Reparo y compostura hecha en el casco de la nave.
carenar *v. tr.* Reparar el casco de la nave.
carencia *s. f.* Falta o privación de algo.
careo *s. m.* Acción y efecto de carear o carearse.
carestía *s. f.* **1.** Falta o escasez de algo. **2.** Precio alto de las cosas de uso común.
careta *s. f.* Máscara de cartón u otra materia utilizada para cubrir la cara.
careto, ta *adj.* Se dice del animal de raza caballar o vacuna que tiene la cara blanca con el resto de la cabeza de color oscuro.
carey *s. m.* Tortuga marina.
carga *s. f.* **1.** Cosa que hace peso sobre otra. **2.** Lo que se transporta en hombros, a lomo o en cualquier vehículo. **3.** *fig.* Tributo, imposición, hipoteca, etc.
cargadera *s. f.* Cabo en que se facilita la operación de arribar o cerrar las velas volantes y de cuchillo.

cargadero *s. m.* Sitio donde se cargan y descargan las mercancías que se transportan y artefactos instalados para estas operaciones.

cargador *s. m.* Pieza o instrumento que sirve para cargar ciertas armas de fuego.

cargamento *s. m.* Conjunto de mercaderías que carga una embarcación o vehículo.

cargante *adj.* Que molesta o incomoda.

cargar *v. tr.* **1.** Poner peso o mercancías sobre una persona, bestia o vehículo para transportarlo. **2.** Introducir la carga en un arma de fuego. **3.** *fig.* Fastidiar, cansar.

cargareme *s. m.* Documento con que se hace constar el ingreso de alguna cantidad en caja o tesorería.

cargo *s. m.* **1.** Carga, peso. **2.** Empleo. **3.** Obligación. **4.** Falta, acusación.

cariacontecido, da *adj.* Que muestra en el semblante pena, turbación o sobresalto.

cariado, da *adj.* Se dice de los huesos dañados o podridos.

cariar *v. tr.* Corroer, producir caries.

cariátide *s. f.* Figura humana que en un cuerpo arquitectónico sirve de columna.

caribú *s. m.* Reno salvaje del Canadá.

caricato *s. m.* Bajo cantante que en la ópera hace los papeles de bufo.

caricatura *s. f.* Figura ridícula en que se deforman las facciones de alguna persona.

caricia *s. f.* Demostración cariñosa que consiste en rozar suavemente con la mano el rostro de una persona, el cuerpo de un animal, etc.

caridad *s. f.* Una de las tres virtudes teologales, que consiste en amar a Dios sobre todas las cosas, y al prójimo como a alguien mismo, por amor de Dios.

caries *s. f.* Desintegración del esmalte y la dentina de los dientes.

carilla *s. f.* Plana o página.

carillón *s. m.* **1.** Grupo de campanas acordadas. **2.** Instrumento de percusión que consiste en una serie de tubos o láminas de acero.

cariño *s. m.* **1.** Inclinación de amor o buen afecto. **2.** Expresión de dicho afecto.

cariñoso, sa *adj.* Afectuoso, amoroso.

carisea *s. f.* Tela basta de estopa, tejida en Inglaterra y muy usada en España en los siglos XVI y XVII para ropas de cama pobre.

cariseto *s. m.* Tela basta de lana.

carisma *s. m.* Don que concede Dios gratuitamente y con abundancia a una criatura.

cariz *s. m.* Aspecto.

carla *s. f.* Tela pintada de las Indias.

carlanca *s. f.* Collar erizado de puntas de hierro, con el que se preserva a los mastines de las mordeduras de los lobos.

carlanco *s. f.* Ave zancuda, del tamaño de un pollo pequeño y de color azulado.

carlear *v. intr.* Jadear.

carleta *s. f.* Lima para desbastar el hierro.

carlinga *s. f.* **1.** Hueco en el que se encaja un mástil u otra pieza semejante. **2.** Espacio destinado en el interior de los aviones para los pasajeros y la tripulación.

carmelina *s. f.* Segunda lana que se saca de la vicuña.

carmenar *v. tr.* Desenredar y limpiar el cabello, la lana o la seda. También prnl.

carmesí *adj.* Se aplica al color de grana dado por el quermes animal. También s. m.

carmelina *s. f.* Segunda lana que se saca de la vicuña.

carmín *s. m.* Color rojo encendido que se saca principalmente de la cochinilla.

carminativo *adj.* Se dice del medicamento que favorece la expulsión de los gases que se producen en el tubo digestivo.

carnada *s. f.* Cebo para pescar o cazar.

carnal *adj.* **1.** Perteneciente a la carne. **2.** Perteneciente a la lujuria.

carnaval *s. m.* Los tres días que preceden al miércoles de ceniza.

carnaza *s. f.* Carnada, cebo.

carne *s. f.* **1.** Parte mollar del cuerpo de los animales. **2.** Parte mollar de la fruta.

carné *s. m.* Documento que se expide a favor de una persona, provisto de su fotografía, y que la faculta para ejercer ciertas actividades o la acredita como miembro de determinada agrupación.

carnero *s. m.* Rumiante bóvido doméstico.

carnicería *s. f.* Lugar donde se vende carne.

cárnico, ca *adj.* Se dice de lo relativo a la carne destinada al consumo.

carnívoro, ra *adj.* Que come carne.

carnosidad *s. f.* Carne superflua que crece en una llaga.

caro, ra *adj.* **1.** Que excede mucho del valor o estimación regular. **2.** Subido de precio.

carosis *s. f.* Sopor profundo acompañado de insensibilidad completa.
carótida *adj.* Cada una de las dos arterias que por uno y otro lado del cuello llevan la sangre a la cabeza. Se usa más como s. f.
carotina *s. f.* Materia colorante de la zanahoria.
carpa[1] *s. f.* Pez malacopterigio comestible.
carpa[2] *s. f.* Construcción de lona, móvil, que se utiliza como cubierta en atracciones de feria, circos, etc.
carpanta *s. f., fam.* Hambre violenta.
carpelo *s. m.* Cada una de las partes distintas que constituyen el ovario o el fruto múltiple.
carpeta *s. f.* Cartera grande para escribir sobre ella y guardar papeles.
carpintero, ra *s. m. y s. f.* Persona que por oficio trabaja y labra madera.
carpo *s. m.* Una de las tres partes del esqueleto de la mano.
carquesa *s. f.* Horno para templar el vidrio.
carraca[1] *s. f.* Nave antigua de transporte.
carraca[2] *s. f.* Instrumento de madera que produce un ruido seco y desapacible.
carraleja *s. f.* Insecto coleóptero, parecido a la cantárida, pelo con élitros cortos y sin alas membranosas.
carrasca *s. f.* Encina, generalmente pequeña.
carraspera *s. f.* Aspereza en la garganta.
carrera *s. f.* Paso rápido del hombre o del animal para trasladarse de un sitio a otro.
carreta *s. f.* Carro largo, más bajo que el ordinario, y con una lanza.
carrete *s. m.* **1.** Cilindro para devanar. **2.** Rueda en que se lleva rodeado el sedal.
carretela *s. f.* Coche de cuatro asientos con caja poco profunda y cubierta plegadiza.
carretera *s. f.* Camino público, ancho y espacioso, dispuesto para carros y coches.
carretilla *s. f.* Carro pequeño de mano, con una sola rueda en la parte anterior.
carretón *s. m.* Carro pequeño, a modo de un cajón abierto, que tiene dos ruedas y puede ser tirado por una caballería.
carricoche *s. m.* Coche viejo o feo.
carricuba *s. f.* Carro que tiene un depósito de agua para regar.
carriego *s. m.* Buitrón, arte de pesca.
carril *s. m.* **1.** Huella de las ruedas de un carruaje. **2.** Cada una de las dos barras de hierro de las líneas del ferrocarril. **3.** En una vía pública, cada banda longitudinal destinada al tránsito de una sola fila de vehículos.
carrillo *s. m.* Parte carnosa de la cara.
carriola *s. f.* Cama baja o tarima con ruedas.
carrizal *s. m.* Sitio poblado de carrizos.
carrizo *s. m.* Planta gramínea, cuyas hojas sirven para forrajes, los tallos, para construir cielos rasos, y las panojas para escobas.
carro *s. m.* Carruaje de dos ruedas con lanza o varas para enganchar el tiro.
carrocería *s. f.* Parte de los coches automóviles, asentada sobre el bastidor y destinada para pasajeros o carga.
carrocha *s. f.* Huevecillos del pulgón o de otros insectos.
carrocín *s. m.* Silla volante.
carromato *s. m.* Carro con bolsas de cuerdas para la carga y un toldo de lienzo y cañas.
carronada *s. f.* Cañón antiguo de marina.
carroña *s. f.* Carne corrompida.
carroza *s. f.* Coche grande, ricamente adornado.
carruaje *s. m.* Vehículo formado por un armazón de madera o hierro montada sobre ruedas.
carta *s. f.* **1.** Papel escrito, y de ordinario cerrado, que una persona envía a otra para comunicarse con ella por algún motivo. **2.** Naipe. **3.** Mapa.
cartabón *s. m.* Instrumento de dibujo lineal en forma de triángulo rectángulo.
cartapacio *s. m.* **1.** Cuaderno para escribir. **2.** Funda para meter libros y papeles.
cartearse *v. prnl.* Corresponderse por carta.
cartel *s. m.* Papel que se fija en algún lugar público para hacer saber alguna cosa.
cartelera *s. f.* **1.** Armazón para fijar carteles. **2.** Conjunto de anuncios, especialmente de espectáculos.
cárter *s. m.* En los automóviles y otras máquinas, pieza que protege determinados órganos y a veces sirve como depósito de lubricante.
cartera *s. f.* **1.** Utensilio de bolsillo para llevar dinero, documentos, etc. **2.** Bolsa de piel, con tapa y generalmente con asa, para llevar libros, legajos, etc. **3.** *fig.* Empleo de ministro.
carterista *s. m. y s. f.* Ladrón de carteras de bolsillo.
cartero, ra *s. m. y s. f.* Repartidor de las cartas del correo.
cartílago *s. m.* Tejido animal blanquecino, elástico y resistente.

cartilla *s. f.* **1.** Abecedario para aprender a leer. **2.** Libreta para apuntar datos.
cartografía *s. f.* **1.** Arte de trazar cartas geográficas. **2.** Ciencia que las estudia.
cartomancia *s. f.* Arte supersticioso de adivinar lo futuro por medio de los naipes.
cartometría *s. f.* Medición de las líneas de las cartas geográficas.
cartómetro *s. m.* Curvímetro para medir las líneas trazadas en las cartas geográficas.
cartón *s. m.* Hoja gruesa de pasta de papel, endurecida por compresión de un conjunto de varias hojas de papel sobrepuestas.
cartuchera *s. f.* **1.** Caja destinada a llevar la dotación individual de cartuchos de guerra o caza. **2.** Canana.
cartucho *s. m.* **1.** Cilindro que contiene una cantidad de explosivo. **2.** Cucurucho.
cartulina *s. f.* Cartón delgado, terso y limpio.
carúncula *s. f.* **1.** Excrecencia carnosa de algunos animales. **2.** Excrecencia contigua al micropilo de ciertas semillas.
casa *s. f.* **1.** Edificio, o parte de él, para habitar. **2.** Piso o parte de una casa en que vive una familia o un individuo. **3.** Descendencia, linaje.
casaca *s. f.* Vestidura ceñida al cuerpo, con mangas y con faldones hasta las corvas.
casación *s. f.* Acción de anular o casar.
casal *s. m.* Casería, casa de campo.
casamentero, ra *adj.* Que propone una boda o interviene en su ajuste.
casar *v. intr.* **1.** Contraer matrimonio. Se usa más como prnl. **2.** Corresponder, conformarse, cuadrar una cosa con otra.
casca *s. f.* Hollejo de la uva después de pisada y exprimida.
cascabel *s. m.* Bola de metal, hueca y agujereada, que lleva dentro un pedacito de hierro o latón para que, moviéndolo, suene.
cascada *s. f.* Salto de agua desde cierta altura por desnivel brusco del terreno.
cascajo *s. m.* Guijo, fragmentos de piedra.
cascalleja *s. f.* Grosella silvestre.
cascamajar *v. tr.* Quebrantar una cosa, machacándola algo.
cascanueces *s. m.* Utensilio para partir nueces, avellanas, etc.
cascar *v. tr.* **1.** Romper. También prnl. **2.** *fam.* Charlar. Se usa más como intr.
cáscara *s. f.* **1.** Cubierta exterior de los huevos u otras cosas. **2.** Corteza de los árboles.
cascarilla *s. f.* Corteza de un árbol euforbiáceo de América, usada como estomacal.
cascarillo *s. f.* Arbusto que produce la quina o cascarilla.
cascarón *s. m.* Cáscara del huevo.
cascarrabias *s. m. y s. f., fam.* Persona que fácilmente se enoja o enfada.
casco *s. m.* **1.** Cada uno de los pedazos de vasija que se rompe. **2.** Cada una de las capas de la cebolla. **3.** Pieza de armadura que cubre la cabeza. **4.** Cuerpo de un buque. **5.** Pezuña de las caballerías. **6.** Botella.
cascote *s. m.* Escombro.
caseación *s. f.* Acción de cuajarse la leche.
caseína *s. f.* Albuminoide de la leche.
caserío *s. m.* **1.** Conjunto de casas. **2.** Casa aislada en el campo.
casero, ra *adj.* **1.** Que se hace o cría en casa. **2.** Se dice de la persona que está mucho en su casa. ‖ *s. m. y s. f.* **3.** Dueño de una casa, que la alquila a otro.
caserón *s. m.* Casa grande y destartalada.
caseta *s. f.* Casa pequeña de construcción ligera, ordinariamente de madera.
casete *s. amb.* **1.** Cajita que contiene una cinta magnética. ‖ *s. m.* **2.** Magnetófono.
casi *adv. c.* Cerca de, aproximadamente.
casilla *s. f.* Cada uno de los compartimentos del casillero, o de algunas cajas, estanterías, etc.
casillero *s. m.* Mueble con divisiones, para tener clasificados papeles y otros objetos.
casino *s. m.* Sociedad de recreo.
casitéridos *s. m. pl.* Grupo de elementos que comprende el estaño, el antimonio, el cinc y el cadmio.
casiterita *s. f.* Bióxido de estaño, mineral de color pardo y brillo diamantino, de que principalmente se extrae el metal.
casmodia *s. f.* Enfermedad que consiste en bostezar con frecuencia excesiva.
caso *s. m.* **1.** Suceso, acontecimiento. **2.** Coyuntura, lance, ocasión.
caspa *s. f.* Escamillas que se forman en el cuero cabelludo, efecto de la seborrea.
casquete *s. m.* **1.** Pieza de la armadura que cubría la cabeza. **2.** Cubierta de cuero, tela, etc., que se ajusta a la cabeza.

casquijo *s. f.* Multitud de piedra menuda.
casquillo *s. m.* Anillo de metal que refuerza la extremidad de una pieza de madera.
casquivano, na *adj.* Alocado, irreflexivo.
casta *s. f.* **1.** Generación o linaje. **2.** *fig.* Especie o calidad de una cosa.
castaña *s. f.* Fruto del castaño, nutritivo y sabroso, con una cáscara correosa de color pardo oscuro.
castañeta *s. f.* Castañuela, instrumento para el baile.
castañetear *v. intr.* Sonarle a alguien los dientes dando los de una mandíbula contra los de la otra.
castaño *s. m.* Árbol cupulífero, con tronco grueso, copa ancha, hojas grandes y flores blancas, cuyo fruto es la castaña.
castañola *s. f.* Pez grande acantopterigio, comestible, de color de acero, con escamas blandas que cubren las aletas y carne blanca y floja.
castañuela *s. f.* Instrumento de percusión compuesto de dos piezas cóncavas de madera o marfil, a modo de conchas.
castellano *s. m.* Español, lengua de España y de Hispanoamérica.
castidad *s. f.* Virtud que se opone a los afectos carnales.
castigar *v. tr.* **1.** Ejecutar algún castigo en un culpado. **2.** Mortificar y afligir.
castigo *s. m.* Pena que se impone al que ha cometido alguna falta o delito.
castillejo *s. m.* Carretón pequeño en que se pone a los niños para que aprendan a andar.
castillo *s. m.* Lugar con edificios cercados de murallas, baluartes, fosos, etc.
castizo, za *adj.* **1.** De buen origen y casta. **2.** Se aplica al lenguaje puro y sin mezcla de voces ni giros extraños.
casto, ta *adj.* Que guarda castidad.
castor *s. m.* Mamífero roedor, de cuerpo grueso, cubierto de pelo espeso y fino.
castorcillo *s. m.* Tela de lana tejida como la estameña, con pelo semejante al del paño.
castrar *v. tr.* **1.** Extirpar los órganos genitales. **2.** Quitar parte del panal.
castrense *adj.* Relativo al ejército.
castro *s. m.* Castillo o fortificación antigua y lugar en que se hallaba emplazada.
casual *adj.* Que sucede por casualidad.
casualidad *s. f.* Suceso fortuito.
casuística *s. f.* Parte de la moral, el derecho u otra ciencia que trata de los casos de conciencia.
casulla *s. f.* Vestidura que se pone el sacerdote sobre las demás para celebrar la misa.
cataclismo *s. m.* **1.** Trastorno grande del globo terráqueo, producido por el agua. **2.** Gran trastorno social o político.
catacumbas *s. f. pl.* Galerías subterráneas en las que los primeros cristianos enterraban a sus muertos y practicaban sus ceremonias.
catadura *s. f.* Semblante, gesto.
catafalco *s. f.* Túmulo elevado en los templos para las exequias solemnes.
catalejo *s. m.* Instrumento óptico para ver a larga distancia.
catalepsia *s. f.* Fenómeno nervioso por el que se produce una suspensión repentina de la sensibilidad y de los movimientos.
catálisis *s. f.* Transformación química motivada por cuerpos que al finalizar la reacción aparecen inalterados.
catalogar *v. tr.* Apuntar, registrar ordenadamente libros, manuscritos, etc.
catálogo *s. m.* **1.** Inventario o lista de personas, cosas, etc. **2.** Elenco de libros clasificados por orden alfabético, de materias, etc.
cataplasma *s. f.* Tónico blando, que se aplica como calmante o emoliente.
catapulta *s. f.* Máquina militar antigua para arrojar piedras o saetas.
catar *v. tr.* **1.** Probar una cosa para examinar su sabor. **2.** Examinar, registrar.
cataraña *s. f.* Ave zancuda, variedad de garza, con el cuerpo blanco y los ojos, el pico y los pies de color verde rojizo.
catarata *s. f.* **1.** Cascada o salto grande de agua. **2.** Opacidad del cristalino del ojo.
catarro *s. m.* Inflamación de una membrana mucosa.
catarsis *s. f.* Eliminación de sustancias nocivas al organismo o de recuerdos que perturban el equilibrio psíquico.
catastro *s. m.* Censo y padrón estadístico de las fincas rústicas y urbanas.
catástrofe *s. f.* Suceso desastroso que altera gravemente el orden regular de las cosas.
catecismo *s. m.* Obra que, redactada en preguntas y respuestas, contiene la exposición sucinta de alguna ciencia o arte.

catecúmeno, na *s. m. y s. f.* Persona que se está instruyendo en la doctrina católica, a fin de recibir el bautismo.
cátedra *s. f.* **1.** Empleo de catedrático y asignatura que enseña. **2.** Aula. **3.** En las basílicas, asiento destinado al obispo.
catedral *adj.* Se dice del templo principal de una diócesis. También s. f.
catedrático, ca *s. m. y s. f.* Persona que tiene cátedra para dar enseñanza en ella.
categoría *s. f.* **1.** Cada uno de los conceptos básicos en los que puede incluirse todo conocimiento. **2.** Condición social. **3.** Cada apartado de una clasificación.
categórico, ca *adj.* Se aplica al discurso o proposición en que explícita o absolutamente se afirma o se niega algo.
catequesis *s. f.* Ejercicio de instruir en cosas referentes a la religión.
catequizar *v. tr.* Instruir en una doctrina y en especial en la religión católica.
caterva *s. f.* Multitud de personas o cosas sin concierto, o de poco valor e importancia.
catervarios *s. m. pl.* Gladiadores romanos que luchaban formados en grupos o compañías.
catéter *s. m.* Sonda metálica empleada en la cistotomía.
cateto *s. m.* Cada uno de los dos lados del ángulo recto en el triángulo rectángulo.
catilinaria *s. f., fig.* Discurso o escrito vehemente contra una persona.
catión *s. m.* Elemento electropositivo de una molécula.
cátodo *s. m.* Polo negativo de un generador de electricidad o de una batería eléctrica.
catodonte *s. m.* Cetáceo cuyo tamaño alcanza casi el de la ballena.
catón *s. m., fig.* Censor severo.
catorce *adj. num.* Diez más cuatro.
catre *s. m.* Cama ligera para una persona
catsup *s. m.* Salsa de tomate con vinagre, azúcar y otros ingredientes.
cauce *s. m.* **1.** Lecho de los ríos y arroyos. **2.** Conducto descubierto por donde corren las aguas para los riegos y otros usos.
caucho *s. m.* Sustancia elástica que se halla en el jugo de algunas plantas tropicales.
caución *s. f.* Prevención, precaución.
cauda *s. f.* Falda o cola de la capa magna.
caudal *s. m.* **1.** Hacienda, bienes. **2.** Cantidad de agua que mana o corre.
caudaloso, sa *adj.* De mucha agua.
caudatario *s. m.* Eclesiástico que en las ceremonias ayuda a llevar alzada la cauda.
caudillo *s. m.* **1.** Persona que guía y manda la gente de guerra. **2.** Persona que dirige algún gremio, comunidad o cuerpo.
causa *s. f.* **1.** Principio del que procede algo. **2.** Lo que se considera como fundamento u origen de una cosa. **3.** Motivo o razón de obrar. **4.** Pleito. **5.** Proceso criminal.
causal *adj.* Se dice de la relación de causa entre dos o más seres o hechos.
causalidad *s. f.* Relación entre causa y efecto.
causar *v. tr.* **1.** Producir la causa su efecto. **2.** Ser causa de una cosa. También prnl.
causticidad *s. f.* Calidad de cáustico.
cáustico, ca *adj.* **1.** Se dice de lo que quema y desorganiza los tejidos animales. **2.** *fig.* Mordaz, agresivo.
cautela *s. f.* **1.** Precaución y reserva en el proceder. **2.** Astucia y maña para engañar.
cautelar *v. tr.* Prevenir, precaver.
cautín *s. m.* Aparato para soldar con estaño.
cautivar *v. tr.* **1.** Aprisionar al enemigo en la guerra. **2.** *fig.* Atraer, ganar.
cautiverio *s. m.* **1.** Estado de la persona cautiva. **2.** Por ext., encarcelamiento, vida en la cárcel.
cautivo, va *adj.* Aprisionado en la guerra.
cauto, ta *adj.* Sagaz, precavido.
cava *s. m.* Acción de cavar y labor que se hace a las viñas, cavándolas.
cavacote *s. m.* Montoncillo de tierra hecho con la azada para que sirva de señal o mojón.
cavar *s. f.* Levantar y mover la tierra con la azada u otro instrumento semejante.
caverna *s. f.* Concavidad profunda, subterránea o entre rocas.
cavernícola *adj.* Que vive en las cavernas.
cavia[1] *s. f.* Especie de alcorque o excavación.
cavia[2] *s. m.* Conejillo de Indias.
caviar *s. m.* Manjar que consiste en huevas de esturión.
cavidad *s. f.* Espacio hueco de un cuerpo.
cavilar *v. tr.* Meditar tenazmente algo.
cayado *s. m.* **1.** Palo o bastón. **2.** Báculo pastoral de los obispos.
caz *s. m.* Canal para tomar y conducir el agua.

caza *s. f.* Animales salvajes, antes y después de cazados.
cazabe *s. f.* Torta que se hace en varias partes de América con una harina de raíz de yuca.
cazar *v. tr.* Seguir a las aves, fieras y otras clases de animales para cogerlos o matarlos.
cazatorpedero *s. m.* Buque de guerra bien armado, de marcha muy rápida.
cazcarria *s. f.* Barro que se pega en la parte de la ropa que va cerca del suelo.
cazo *s. m.* Utensilio de cocina, semiesférico y con mango largo para manejarlo.
cazoleta *s. f.* Pieza que se pone debajo del puño de la espada y del sable, y sirve para resguardo de la mano.
cazón *s. m.* Pez marino selacio, muy voraz y temible.
cazuela *s. f.* Vasija más ancha que honda, que sirve para guisar y otros usos.
cazumbre *s. m.* Cordel de estopa poco torcida, con que se unen las tablas y duelas de las cubas de vino.
cazurro, rra *adj., fam.* De pocas palabras.
cebada *s. f.* Planta gramínea que sirve de alimento a varios animales.
cebar *v. tr.* Dar cebo a los animales para alimentarlos, engordarlos o atraerlos.
cebellina *adj.* Se dice de una marta cuya piel es muy estimada. También s. f.
cebo *s. m.* Comida dada a los animales para alimentarlos, engordarlos o atraerlos.
cebolla *s. f.* **1.** Planta hortense liliácea. **2.** Bulbo de esta planta.
cebolleta *s. f.* Planta muy parecida a la cebolla, con el bulbo pequeño y parte de las hojas comestibles.
cebollino *s. m.* **1.** Sementero de cebollas. **2.** Simiente de cebolla.
cebón, na *adj.* Se dice del animal que está cebado.
cebra *s. f.* Mamífero perisodáctilo, parecido al asno, de pelaje blanco amarillento con listas transversales pardas o negras.
cebú *s. m.* Mamífero bovino que tiene encima del lomo una o dos gibas grasientas.
ceca *s. f.* Casa donde se labra moneda.
cecal *adj.* Relativo al intestino ciego.
cecear *v. intr.* Pronunciar la “s” como “c”.
cecial *s. m.* Merluza u otro pescado parecido a ella, seco y curado al aire.
cecina *s. f.* Carne salada, enjuta y secada al aire, al sol o al humo.
cecografía *s. f.* Escritura y modo de escribir de los ciegos.
cedazo *s. m.* Instrumento compuesto de un aro y de una tela, ordinariamente de cerdas, que cierra la parte inferior.
ceder *v. tr.* **1.** Dar, transferir a otro una cosa, acción o derecho. ‖ *v. intr.* **2.** Rendirse, sujetarse. **3.** Mitigarse, disminuir en fuerza el viento, la calentura, etc.
cedilla *s. f.* **1.** La letra “c” con una virgulita, “ç”. **2.** Virgulita de esta letra.
cedras *s. f. pl.* Alforjas de pellejo.
cedreno *s. m.* Parte líquida de la esencia de cedro.
cedro *s. m.* Árbol conífero abietáceo, de madera usada en la construcción y ebanistería.
cédula *s. f.* **1.** Pedazo de papel escrito o para escribir en él. **2.** Documento en que se reconoce una obligación. **3.** Citación.
cefalalgia *s. f.* Dolor de cabeza.
cefalea *s. f.* Cefalalgia violenta y tenaz, alguna vez intermitente y grave, que afecta de ordinario a uno de los lados de la cabeza; como la jaqueca.
cefalitis *s. f.* Inflamación de la cabeza.
cefalópodo *adj.* Se dice de los moluscos marinos que tienen tentáculos en la cabeza.
cegar *v. intr.* **1.** Perder la vista. ‖ *v. tr.* **2.** *fig.* Ofuscar, obcecar los afectos o pasiones.
ceguera *s. f.* **1.** Total privación de la vista. **2.** *fig.* Afecto que ofusca la razón.
ceja *s. f.* Parte prominente y curvilínea cubierta de pelo sobre la cuenca del ojo.
cejar *v. intr.* **1.** Retroceder, andar hacia atrás. **2.** Ceder en un negocio, empeño, etc.
cejijunto, ta *adj.* Que tiene las cejas muy pobladas de pelo hacia el entrecejo.
cejo *s. m.* Niebla que se levanta sobre los ríos.
cejudo, da *adj.* Que tiene las cejas muy pobladas y largas.
celada *s. f.* **1.** En la armadura, pieza que cubría la cabeza. **2.** Emboscada.
celador, ra *s. m. y s. f.* Persona destinada por la autoridad para ejercer la vigilancia.
celaje *s. f.* **1.** Conjunto de nubes. **2.** Claraboya. **3.** Presagio favorable.
celar *v. tr.* **1.** Procurar el cumplimiento de una obligación. **2.** Vigilar, espiar.

celastráceo, a *adj.* Se dice de árboles y arbustos angiospermos dicotiledóneos que tienen hojas opuestas o alternas, flores hermafroditas o unisexuales, fruto seco y semillas con arilo.

celda *s. f.* **1.** Aposento destinado al religioso o religiosa en su convento. **2.** Aposento donde se encierra a un preso en la cárcel.

celdilla *s. f.* Cada casilla de los panales.

celebrar *v. tr.* **1.** Alabar a alguien o algo. **2.** Realizar un acto, reunión, espectáculo, etc.

célebre *adj.* Famoso, que tiene fama.

celebridad *s. f.* **1.** Fama, renombre. **2.** Persona famosa.

celemín *s. m.* Medida para áridos, que equivale a 4,625 litros.

celentéreo *s. m.* Animal metazoo de simetría radiada, como los pólipos y las medusas.

celeridad *s. f.* Prontitud, rapidez.

celeste *adj.* **1.** Perteneciente al cielo. **2.** Se dice del color azul claro. También s. m.

celestial *adj.* **1.** Perteneciente al cielo. **2.** *fig.* Perfecto, delicioso.

célibe *adj.* Se dice de la persona soltera.

celidonia *adj.* Hierba papaverácea, con tallo ramoso, hojas verdes por encima y amarillentas por el envés, y flores en umbela, pequeñas y amarillas.

cellisca *s. f.* Temporal de nieve muy menuda.

cello *s. m.* Tipo de papel de pegar que es transparente y se adhiere por contacto.

celo *s. m.* **1.** Interés. **2.** Fervor. **3.** Excitación sexual de los animales, y período que dura. ‖ *s. m. pl.* **4.** Resentimiento del que sospecha que la persona amada no le guarda fidelidad y amor exclusivos.

celosía *s. f.* Enrejado que se pone en un hueco para ver desde dentro, sin ser visto.

celoso, sa *adj.* Que tiene celos.

célula *s. f.* Elemento anatómico microscópico de los vegetales y animales.

celular *adj.* Perteneciente o relativo a las células.

celulosa *s. f.* Sustancia de la membrana de la célula de los vegetales, que se utiliza en la fabricación de papel, tejidos, barnices, etc.

cementerio *s. m.* Terreno destinado a enterrar cadáveres.

cemento *s. m.* Sustancia pulverulenta capaz de formar con el agua pastas blandas que se endurecen al contacto con el aire o agua.

cena *s. f.* **1.** Comida que se toma por la noche. **2.** Acción de cenar.

cenáculo *s. m.* Sala en que Cristo celebró la Última Cena.

cenador *s. m.* Espacio que suele haber en los jardines, cercado y vestido de plantas.

cenagal *s. m.* Sitio o lugar lleno de cieno.

cenar *v. intr.* **1.** Tomar la cena. ‖ *v. tr.* **2.** Comer en la cena un determinado alimento.

cenceño, ña *adj.* Delgado o enjuto.

cencerrada *s. f.* Ruido hecho con cencerros y otras cosas, para burlarse de alguien.

cencerro *s. m.* Campana pequeña y tosca, que se ata al pescuezo de las reses.

cendal *s. m.* Tela de seda o lino muy delgada y transparente.

cendra *s. f.* Pasta de ceniza de huesos, limpia y lavada, con que se preparan las copelas para afinar el oro y la plata.

cenefa *s. f.* **1.** Lista en los bordes de cortinas, pañuelos, etc. **2.** Dibujo de ornamentación puesto en muros, techos y pavimentos.

cenia *s. f.* Azuda o máquina simple para elevar el agua y regar.

cenicero *s. m.* Vasija o platillo donde se echa la ceniza del cigarro.

ceniciento, ta *adj.* De color de ceniza.

cenit *s. m.* Punto del hemisferio celeste superior al horizonte que corresponde verticalmente a un lugar determinado de la Tierra.

cenital *adj.* Perteneciente o relativo al cenit.

ceniza *s. f.* **1.** Polvo de color gris claro que queda como residuo de una combustión completa. **2.** *fig.* Restos de un cadáver.

cenobio *s. m.* Monasterio.

cenojil *s. m.* Liga para sujetar las medias.

censo *s. m.* Lista oficial de los habitantes, riqueza, etc.

censor, ra *s. m. y s. f.* Persona que ejerce la censura de cualquier actividad.

censura *s. f.* **1.** Vigilancia y correción que se ejerce sobre una actividad para que se respeten los principios establecidos. **2.** Crítica.

censurar *v. tr.* **1.** Formar juicio. **2.** Corregir, reprobar. **3.** Murmurar, vituperar.

centalla *s. f.* Chispa que salta del carbón de madera cuando se enciende.

centauro *s. m.* Monstruo fingido por los antiguos, mitad hombre y mitad caballo.

centavo, va *adj. num.* Se dice de cada una de las 100 partes iguales en que se divide un todo. También s. m.

centella *s. f.* Rayo, chispa eléctrica.

centellear *v. intr.* Despedir rayos la luz.

centena *s. f.* Conjunto de cien unidades.

centenario *s. m.* Tiempo de cien años.

centeno *s. m.* Planta graminácea, semejante al trigo.

centena *s. f.* Conjunto de cien unidades.

centesimal *adj.* Se dice de cada uno de los números del 1 al 99 inclusive.

centésimo, ma *adj. num.* Que ocupa el último lugar en una serie ordenada de 100.

centiárea *s. f.* Medida de superficie que tiene la centésima parte de una área, es decir, un metro cuadrado.

centígrado, da *adj.* Que tiene la escala dividida en cien grados.

centigramo *s. m.* Peso que es la centésima parte de un gramo.

centilitro *s. m.* Medida de capacidad que tiene la centésima parte de un litro.

centímetro *s. m.* Medida de longitud que tiene la centésima parte de un metro.

centinela *s. m. y s. f., fig.* Persona que está en observación de alguna cosa.

centinodia *s. f.* Planta poligonácea, medicinal, con tallos nudosos y tendidos sobre la tierra, y semilla pequeña, que es muy apreciada de las aves.

centolla *s. f.* Crustáceo marino comestible.

centón *s. m.* Manta hecha de gran número de piececitas de paño o tela de diversos colores.

central *s. f.* **1.** Oficina o establecimiento principal. **2.** Oficina donde se produce la energía eléctrica o se transforman las corrientes.

centralizar *v. tr.* Reunir varias cosas en un centro común.

centrar *v. tr.* Determinar el punto céntrico de una superficie o de un volumen.

céntrico, ca *adj.* Central.

centrífugo, ga *adj.* Que aleja del centro.

centrípeto, ta *adj.* Que atrae hacia el centro.

centro *s. m.* Punto medio de una cosa.

centuplicar *v. tr.* Hacer cien veces mayor una cosa.

céntuplo *s. m.* Producto de la multiplicación por cien de una cantidad cualquiera.

centuria *s. f.* **1.** Número de cien años. **2.** En Roma, compañía de cien hombres.

centurión *s. m.* Jefe de una centuria.

ceñidor *s. m.* Faja, cinta, correa o cordel con que se ciñe el cuerpo por la cintura.

ceñir *v. tr.* Rodear, ajustar.

ceño *s. m.* Señal de enojo que se hace con el rostro, arrugando la frente.

ceñudo, da *adj.* Que tiene ceño o sobrecejo.

ceo *s. m.* Gallo, pez marino.

cepa *s. f.* **1.** Parte del tronco de una planta que está dentro de la tierra. **2.** Tronco de la vid, y por ext., toda la planta.

cepeda *s. f.* Lugar en que abundan arbustos y matas de cuyas cepas se hace carbón.

cepillar *v. tr.* **1.** Quitar el polvo con un cepillo. **2.** Alisar la madera o los metales.

cepillo *s. m.* **1.** Instrumento de carpintería para pulir la madera. **2.** Instrumento que sirve para quitar el polvo a la ropa.

cepo *s. m.* Trampa de caza.

cera *s. f.* Sustancia segregada por las abejas para formar las celdillas de los panales.

cerámica *s. f.* Arte de fabricar vasijas y otros objetos de barro, loza y porcelana.

cerato *s. m.* Composición que tiene por base cera y aceite en mezcla, y se diferencia del ungüento en que no contiene resinas.

ceraunomancia *s. f.* Adivinación por medio de las tempestades.

cerbatana *s. f.* Tubo en que se introduce algo para hacerlo salir violentamente después, soplando por uno de sus extremos.

cerca[1] *s. f.* Vallado, tapia o muro.

cerca[2] *adv. l. y adv. t.* Próximamente.

cercanía *s. f.* **1.** Calidad de cercano. **2.** Contorno, inmediaciones.

cercano, na *adj.* Próximo, inmediato.

cercar *v. tr.* **1.** Rodear con valla, muro, etc. **2.** Rodear mucha gente a alguien o algo.

cercenar *v. tr.* **1.** Cortar las extremidades. **2.** Disminuir o acortar.

cercha *s. f.* Cimbra para formar arcos y bóvedas.

cerciorar *v. tr.* Asegurar a alguien la verdad de una cosa. También prnl.

cerco *s. m.* **1.** Lo que ciñe o rodea. **2.** Asedio.

cerda *s. f.* Pelo grueso de la cola y crin de las caballerías, y del cuerpo del jabalí, del puerco, etc.

cerdo, da *s. m. y s. f.* **1.** Mamífero paquidermo, doméstico, de cuerpo grueso, cabeza grande, hocico casi cilíndrico y patas cortas. **2.** Persona desaliñada y sucia.

cereal *adj.* Se dice de las gramíneas de semillas farináceas, como el trigo y el centeno.

cerebelo *s. m.* Porción del encéfalo que ocupa las fosas occipitales inferiores.

cerebral *adj.* Perteneciente o relativo al cerebro.

cerebro *s. m.* Parte anterior y superior del encéfalo.

ceremonia *s. f.* **1.** Acto o serie de actos exteriores en celebración de una solemnidad. **2.** Ademán afectado.

cereño, ña *adj.* De color de cera. Se aplica a los perros.

ceresina *adj.* Se dice de la goma que se saca del cerezo, el almendro o el ciruelo.

cereza *s. f.* Fruto del cerezo.

cerezo *s. m.* Árbol rosáceo de flores blancas y fruto en drupa pequeña, encarnada, jugosa y dulce.

cerilla *s. f.* **1.** Vela de cera delgada y larga, que sirve para encender. **2.** Fósforo.

cerio *s. m.* Metal de color pardo rojizo.

cernadero *s. m.* Lienzo que se pone sobre la ropa al hacer la colada para que, echando sobre él la lejía, pase a la ropa sólo el agua con las sales que lleve en disolución y se detenga en él la cernada.

cerneja *s. f.* Mechón de pelo que tienen las caballerías detrás del menudillo.

cerner *v. tr.* **1.** Separar con el cedazo una materia reducida a polvo de las partes más gruesas. **2.** *fig.* Observar. **3.** *fig.* Depurar, afinar los pensamientos y acciones.

cernícalo *s. m.* **1.** Ave de rapiña, falcónida. **2.** Persona ruda e ignorante.

cero *s. m.* Signo sin valor propio.

ceroferario *s. m.* Acólito que lleva el cirial en la iglesia y procesiones.

ceromancia *s. f.* Arte vano de adivinar por medio de las figuras de cera que se van formando según se echa cera derretida en una vasija llena de agua.

ceroplástica *s. f.* Arte de modelar la cera.

cerote *s. m.* **1.** Mezcla de pez y cera que usan los zapateros. **2.** *fam.* Miedo, temor.

cerotero *s. m.* Pedazo de lienzo para untar de pez los cohetes.

cerquillo *s. m.* Corona de cabello en la cabeza de los religiosos de algunas órdenes.

cerradura *s. f.* Mecanismo de metal que se fija en puertas, cajones, etc., para cerrarlos.

cerrajero *s. m.* Maestro u oficial que tiene por oficio hacer cerraduras, llaves, candados y otros instrumentos de hierro.

cerrajón *s. m.* Cerro alto y escarpado.

cerrar *v. tr.* **1.** Hacer que una cosa no pueda verse por dentro, o que deje de tener entrada o salida. **2.** Correr el cerrojo, echar la llave, encajar una puerta en su marco, etc. **3.** Poner término a una cosa.

cerril *adj.* **1.** Se aplica al terreno áspero y escabroso. **2.** Se dice del ganado no domado. **3.** *fig. y fam.* Grosero y tosco.

cerro *s. m.* **1.** Elevación de tierra aislada. **2.** Cuello del animal. **3.** Espinazo o lomo.

cerrojo *s. m.* Pasador de hierro con manija que cierra una puerta o ventana.

certamen *s. m.* **1.** *fig.* Función literaria. **2.** *fig.* Concurso con premios.

certero, ra *adj.* **1.** Diestro y seguro en tirar. **2.** Seguro, acertado.

certeza *s. f.* Conocimiento seguro, claro y evidente de alguna cosa.

certificación *s. f.* Documento que certifica algo.

certificado, da *adj.* **1.** Se dice de la carta o paquete que se certifica. ‖ *s. m.* **2.** Certificación, documento.

certificar *v. tr.* **1.** Asegurar una cosa, darla por cierta. **2.** Tratándose de envíos por correo, registrarlos, obteniendo resguardo. **3.** Hacer cierta una cosa por medio de un instrumento público.

cerúleo, a *adj.* Se aplica al color azul del cielo despejado, de la alta mar o de los grandes lagos.

cerumen *s. m.* Cera de los oídos.

cervato *s. m.* Ciervo menor de seis meses.

cerveza *s. f.* Bebida hecha con granos germinados de cebada fermentados en agua, y aromatizada con lúpulo.

cervical *adj.* Perteneciente o relativo a la cerviz.

cerviguillo *s. m.* Parte exterior de la cerviz, especialmente cuando es abultada.

cerviz *s. f.* Parte posterior del cuello del hombre y de los animales.

cesar *v. intr.* **1.** Suspenderse o acabarse una cosa. **2.** Dejar de hacer lo que se está haciendo, o de desempeñar un empleo.

cesarismo *s. m.* Sistema de gobierno en el cual una persona sola asume y ejerce todos los poderes públicos.

cese *s. m.* **1.** Acción y efecto de cesar en un empleo o cargo. **2.** Nota o documento que se expide para este efecto.

cesión *s. f.* Renuncia de alguna cosa, acción o derecho que se hace a favor de otra.

césped *s. m.* Hierba menuda y tupida que cubre el suelo.

cespitoso, sa *adj.* Que crece en forma de matas espesas.

cesta *s. f.* Recipiente de mimbres, juncos, etc., que se utiliza para llevar objetos.

cesto *s. m.* Cesta grande, más ancha que alta.

cestodo *adj.* Se dice del orden de gusanos platelmintos, de cuerpo acintado, que viven parásitos en el interior de otros animales y carecen totalmente de tubo digestivo, como la tenia.

cesura *s. f.* Pausa exigida por el ritmo, que divide los versos en dos hemistiquios.

cetáceo, a *adj.* Se dice de los mamíferos pisciformes, de gran tamaño, como la ballena.

cetilato *s. m.* Sal formada por el ácido de cetilo y una base.

cetina *s. f.* Esperma de la ballena.

cetrería *s. f.* Arte de criar halcones y cazar con ellos.

cetrino, na *adj.* De color amarillo verdoso.

cetro *s. m.* Vara de oro que usan los reyes por insignia de su dignidad.

chabacanería *s. f.* **1.** Falta de arte, gusto y mérito estimable. **2.** Dicho grosero o insustancial.

chabacano, na *adj.* Grosero, de mal gusto.

chabola *s. f.* **1.** Choza. **2.** Vivienda con las mínimas condiciones de construcción e higiénicas, existente en zonas suburbanas.

chacal *s. m.* Mamífero carnívoro de la familia de los cánidos, de tamaño medio entre el lobo y la zorra.

chacha *s. f.* **1.** *fam.* Niñera. **2.** Por ext., sirvienta.

cháchara *s. f.* **1.** *fam.* Serie de palabras inútiles. **2.** Conversación poco importante.

chacina *s. f.* **1.** Cecina, carne desecada. **2.** Carne de cerdo adobada para embutidos.

chacinería *s. f.* Fabricación de embutidos y conservas de carne.

chacolotear *v. intr.* Hacer ruido la herradura floja.

chacona *s. f.* Baile de los siglos XVI y XVII en España y Francia con acompañamiento de castañuelas y de coplas.

chacota *s. f.* Bullicio y alegría ruidosa.

chacotear *v. intr.* Burlarse, divertirse con bulla, voces y risa. También prnl.

chafallo *s. m.* Remiendo mal echado.

chafalonía *s. f.* Conjunto de objetos inservibles de plata u oro, para fundir.

chafandín *s. m.* Persona vanidosa e informal.

chafar *v. tr., fam.* Deslucir a alguien en una conversación o concurrencia.

chafarote *s. m.* Alfanje corto y ancho

chafarrinada *s.* Mancha que desluce una cosa.

chaflán *s. m.* Cara que resulta en un objeto al cortar una esquina o arista de él.

chaira *s. f.* **1.** Cuchilla que usan los zapateros. **2.** Cilindro de acero que usan los carniceros para afilar las cuchillas.

chal *s. m.* Paño de seda o lana que se pone sobre los hombros y espalda.

chalado, da *adj.* **1.** *fam.* Falto de juicio. **2.** *fam.* Muy enamorado.

chalán, na *adj.* Se dice de la persona que negocia con compras y ventas.

chalana *s. f.* Embarcación menor, de fondo plano, proa aguda y popa cuadrada, que sirve para transporte en lugares de poco fondo.

chalanear *v. tr.* Tratar los negocios con la maña y destreza propias de chalanes.

chalar *v. tr.* Poner a alguien en estado de no discurrir bien; particularmente, por enamorarle. También prnl.

chalaza *s. f.* Cada uno de los dos filamentos que mantienen la yema del huevo en medio de la clara.

chalé *s. m.* Casa con jardín.

chaleco *s. m.* Prenda de vestir sin mangas, que se pone encima de la camisa y llega de los hombros a la cintura.

chalina *s. f.* Corbata ancha que se ata con una lazada grande.

chalote *s. m.* Planta perenne liliácea, de bulbos agregados como los del ajo.

chalupa *s. f.* **1.** Embarcación pequeña con cubierta y dos palos. **2.** Lancha, bote.

chamarasca *s. f.* Leña menuda y hojas que, dándoles fuego, levantan mucha llama de poca duración.

chamarilero, ra *s. m. y s. f.* Persona que compra y vende cosas usadas.

chamarra *s. f.* Vestidura de jerga o paño burdo, parecida a la zamarra.

chamba *s. f.* Suerte, casualidad, chiripa.

chambelán *s. m.* Gentilhombre de cámara.

chambón, na *adj.* Que en el juego hace buenas jugadas por casualidad.

chambra *s. f.* Vestidura interior, no ajustada, de mujer o de niño, que cubre la parte superior del cuerpo.

chamelote *s. m.* Camelote, tejido de pelo de camello, o imitación de él.

chamiza *s. f.* Hierba silvestre y medicinal, de la familia de las gramíneas.

chamizo *s. m.* **1.** Leño medio quemado. **2.** Choza cubierta de chamiza, cañas, etc.

chamorro, rra *adj.* Esquilado.

champán[1] *s. m.* Embarcación grande de fondo plano, empleada en China y Japón.

champán[2] *s. m., fam.* Champaña.

champaña *s. m.* Vino blanco espumoso, originario de Francia.

champiñón *s. m.* Nombre común a varias especies de hongos agaricáceos, algunos de los cuales son comestibles.

champú *s. m.* Loción para el cabello.

chamuscar *v. tr.* Quemar algo superficialmente o por las puntas. También prnl.

chamusquina *s. f., fam.* Camorra, riña.

chanada *s. f., fam.* Engaño, superchería.

chancear *v. tr.* Usar de chanzas.

chanchullo *s. m.* **1.** Negocio ilícito. **2.** Hecho oscuro, poco claro.

chancleta *s. f.* Zapatilla sin talón.

chanclo *s. m.* **1.** Calzado de madera. **2.** Zapato de goma en que entra el pie calzado.

chándal *s. m.* Prenda de vestir especialmente utilizada para hacer deporte.

chanfaina *s. f.* Guiso de asadura hecha en trozos menudos.

chanflón, na *adj.* Se dice de la moneda falsa.

chanquete *s. m.* Pez pequeño comestible, semejante a la cría del boquerón.

chantaje *s. m.* Presión que, mediante amenazas, se ejerce sobre una persona para obtener de ella dinero o para obligarla a obrar en determinado sentido.

chanza *s. f.* Dicho o hecho gracioso.

chapa *s. f.* Hoja o lámina de metal, madera u otra materia.

chapaleta *s. f.* Válvula de la bomba de sacar agua.

chaparra *s. f.* Carrasca, chaparro, planta de encina o de roble que crece formando matorral en vez de árbol.

chaparral *s. m.* Sitio poblado de carrascas.

chaparro *s. m.* Mata de encina o roble, de muchas ramas y poca altura.

chaparrón *s. m.* Lluvia violenta de corta duración.

chapear *v. tr.* Cubrir o adornar con chapas.

chapeta *s. f.* Color encendido de las mejillas.

chapinete *s. m.* Madero que formaba parte de los entramados en ciertas obras de albañilería.

chapitel *s. m.* **1.** Remate en punta de una torre. **2.** Capitel de columna.

chapodar *v. tr.* Cortar ramas de los árboles aclarándolos, a fin de que no se envicien.

chapotear *v. intr.* **1.** Golpear el agua de modo que salpique. **2.** Agitar los pies o las manos en el agua.

chapucear *v. tr.* Hacer un trabajo de prisa y mal, o emborronarlo, ensuciarlo, etc. al hacerlo.

chapucería *s. f.* Trabajo mal hecho o sucio.

chapucero, ra *adj.* **1.** Se aplica a las cosas que están hechas con poco esmero o poca limpieza. **2.** Se dice de la persona que trabaja de este modo.

chapurrar *v. tr.* Hablar imperfectamente un idioma extranjero.

chapuz *s. m.* Obra o labor de poca importancia.

chapuza *s. f.* **1.** Trabajo mal hecho o sucio. **2.** Trabajo de poca importancia que hace un obrero por su cuenta, generalmente fuera de las horas de jornal.

chapuzón *s. m.* Acción y efecto de chapuzar o chapuzarse.

chaqué *s. m.* Especie de levita con los faldones separados por delante.

chaqueta *s. f.* Prenda de vestir exterior con mangas, que se ajusta al cuerpo y pasa poco de la cintura.

chaquetero, ra *adj.* **1.** *fam.* Que cambia de opinión o de partido por conveniencia personal. **2.** *fam.* Adulador.

chaquetilla *s. f.* Chaqueta hasta la cintura y con adornos.

chaquetón *s. m.* Prenda exterior más larga y de más abrigo que la chaqueta.

charada *s. f.* Juego que consiste en adivinar una palabra, de la que, como clave, se da el significado, así como el de cada una de sus sílabas, consideradas como otras tantas palabras.

charamada *s. f.* Enigma, acertijo.

charanga *s. f.* Banda de música de poca importancia, formada con instrumentos de viento, generalmente de metal.

charca *s. f.* Depósito de agua, detenida en el terreno, natural o artificialmente.

charco *s. m.* Agua estancada en un hoyo o depresión del terreno o piso.

charcutería *s. f.* Tienda en que se venden embutidos, jamón, etc.

charla *s. f.* **1.** Acción de charlar. **2.** Conversación sin trascendencia.

charlar *v. intr.* **1.** Hablar mucho y sobre temas sin trascendencia. **2.** Conversar sin objeto determinado.

charlatán, na *adj.* **1.** Que habla mucho y sin sentido. **2.** Que habla sin discreción.

charlatanería *s. f.* Cosas que dice un charlatán o que no tienen ningún valor o que no son verdad.

charlotada *s. f.* **1.** Festejo taurino bufo. **2.** Actuación colectiva, grotesca o ridícula.

charnela *s. f.* Gozne o bisagra.

charol *s. m.* **1.** Barniz muy lustroso. **2.** Cuero barnizado con este barniz.

charrán *adj.* Pillo, tunante.

charranear *v. intr.* Hacer vida de charrán o conducirse como tal.

charretera *s. f.* Insignia del uniforme militar consistente en una pieza forrada de tejido de seda, oro o plata, con un fleco, la cual se lleva en el hombro de la guerrera.

¡chas! *interj.* con que se imita un chasquido.

chascar *v. intr.* Producir un ruido especial con la lengua, aplicándola al paladar y separándola bruscamente.

chascarrillo *s. m.* Anécdota ligera y picante.

chascás *s. m.* Morrión con cimera plana y cuadrada, usado primero por los polacos y después por los lanceros de toda Europa.

chasco *s. m.* Decepción, engaño.

chasis *s. m.* Armazón de algunos objetos, en particular de los coches.

chasquear[1] *v. tr.* Dar chasco o broma.

chasquear[2] *v. tr.* Dar chasquidos la madera u otra cosa.

chasquido *s. m.* Ruido seco y súbito que produce una materia al resquebrajarse.

chata *s. f.* Bacín plano, con borde entrante y mango hueco, por donde se vacía.

chatarra *s. f.* Escoria del mineral de hierro.

chato, ta *adj.* **1.** De nariz poco prominente y aplastada. **2.** Se dice de la nariz que tiene esta figura.

chaval, la *s. m. y s. f.* Popularmente, joven.

chavea *s. m., fam.* Rapazuelo, muchacho.

chaveta *s. f.* Clavo hendido.

chaza *s. f.* Suerte del juego de la pelota en que ésta vuelve contrarrestada y se para o la detienen antes de llegar al saque.

chef *s. m.* Jefe de cocina.

chepa *s. f.* Joroba.

cheque *s. m.* Documento para que una persona cobre cierta cantidad de los fondos que otra tiene disponibles en un banco.

chequeo *s. m.* Revisión médica general a que se somete una persona.

cherchar *v. intr.* Burlar.

cheviot *s. m.* **1.** Lana de cordero de Escocia. **2.** Paño que se hace con ella.

chibalete *s. m.* En imprenta, armazón de madera donde se colocan las cajas para componer.

chic *s. m.* Gracia, elegancia.

chicha[1] *s. f., fam.* Hablando con los niños, carne comestible.

chicha[2] *s. f.* Bebida alcohólica que resulta de la fermentación del maíz.

chicharro *s. m.* Jurel, pez.

chicharrón *s. m.* Residuo de las pellas del cerdo, después de derretida la manteca.

chichear *v. intr.* Sisear.

chichón *s. m.* Bulto en la cabeza producido por un golpe.

chichota *s. f.* Pizca, parte mínima de una cosa.

chichurro *s. m.* Caldo en que se han cocido las morcillas al hacerlas.

chicle *s. m.* Pastilla de goma blanda, impregnada en una sustancia dulce y aromatizada, que se lleva en la boca masticándola como golosina.

chico, ca *adj.* **1.** Pequeño o de poco tamaño. **2.** Niño o muchacho. También s. m. y s. f.

chicote *s. m., fam.* Cigarro puro.

chifla *s. f.* Especie de silbato.

chiflado, da *adj., fam.* Se dice de la persona que tiene algo perturbada la razón.

chiflar *v. intr.* **1.** Silbar con la chifla. || *v. tr.* **2.** Hacer burla de algo o alguien en público. || *v. prnl.* **3.** *fam.* Encapricharse con algo. **4.** *fam.* Perder las facultades mentales.
chiflato *s. m.* Silbato.
chigre *s. m.* Bar pequeño, chiringuito.
chilaba *s. f.* Prenda de vestir con capucha que usan los moros.
chile *s. m.* Variedad de pimiento picante.
chilindrina *s. f.* **1.** *fam.* Cosa poco importante. **2.** *fam.* Anécdota ligera.
chilla *s. f.* Reclamo con que los cazadores imitan el chillido de algunos animales.
chillar *v. intr.* **1.** Producir con la boca sonidos fuertes, agudos y estridentes. **2.** Hablar en tono alto y malhumorado.
chillido *s. m.* Grito agudo y desagradable.
chillón, na *adj.* **1.** Que chilla mucho. **2.** Se dice del sonido agudo y desagradable. **3.** *fig.* Se aplica al color demasiado vivo.
chimenea *s. f.* **1.** Conducto para dar salida al humo. **2.** Hogar o fogón.
chimpancé *s. m.* Mono antropomorfo africano.
china *s. f.* Piedra pequeña.
chinarro *s. m.* Piedra algo mayor que una china.
chinchar *v. tr., fam.* Molestar, fastidiar.
chinche *s. f.* **1.** Insecto hemíptero que chupa la sangre de las personas. || *s. m. y s. f.* **2.** Persona molesta.
chincheta *s. f.* Clavito metálico de cabeza grande y plana y de punta corta y fina.
chinchilla *s. m.* Mamífero roedor sudamericano, parecido a la ardilla.
chinchorronear *v. intr.* **1.** Andar conchismes y cuentos. || *v. tr.* **2.** Fastidiar.
chinela *s. f.* Calzado casero sin talón, de suela ligera.
chinero *s. m.* Armario de comedor o alacena donde se guardan piezas de china o de porcelana, cristal, etc.
chingar *v. tr., fam.* Beber vino o licores.
chipirón *s. m.* Calamar.
chiquero *s. m.* **1.** Pocilga. **2.** Toril.
chiquillada *s. f.* Acción propia de chiquillos.
chiquillo, lla *adj.* Chico, muchacho.
chiribita *s. f.* **1.** Chispa, partícula pequeña y encendida. **2.** Margarita de prado.
chiribitil *s. m.* **1.** Desván, escondrijo bajo y estrecho. **2.** *fam.* Habitación muy pequeña.
chirigota *s. f., fam.* Cuchufleta.
chirimbolo *s. m., fam.* Trasto, cosa.
chirimía *s. f.* Instrumento musical de viento hecho de madera y parecido al clarinete.
chirimoya *s. f.* Fruto del chirimoyo.
chirimoyo *s. m.* Árbol anonáceo americano.
chiringuito *s. m.* Quiosco o puesto de bebidas al aire libre.
chirinola *s. f.* Riña no muy violenta.
chiripa *s. f., fam.* Casualidad favorable.
chirivía *s. f.* Planta umbelífera, de raíz carnosa comestible, parecida al nabo.
chirla *s. f.* Almeja.
chirlata *s. f.* Trozo de madera con que se completa o remienda otro.
chirle *s. m.* Excremento del ganado lanar o cabrío.
chirlo *s. m.* Herida o cicatriz en la cara.
chirona *s. f., fam.* Cárcel, prisión.
chirriar *v. intr.* Producir un sonido estridente cualquier cosa que se roza con otra.
chirrido *s. m.* Sonido agudo y desagradable.
¡chis, chis! *interj.* que se emplea para llamar la atención de alguien.
chiscarra *s. f.* Roca caliza de tan poca coherencia que se divide fácilmente en fragmentos pequeños.
chiscón *s. m.* Habitación muy pequeña.
chisgarabís *s. m.* Zascandil, mequetrefe.
chisme *s. m.* **1.** Murmuración. **2.** Baratija.
chismorrear *v. intr., fam.* Contarse chismes mutuamente varias personas.
chismoso, sa *adj.* Que chismea o es dado a chismear.
chispa *s. f.* **1.** Partícula encendida que salta de la lumbre, del hierro herido por el pedernal, etc. **2.** Destello, punto de luz.
chispazo *s. m.* Acción de saltar la chispa.
chispear *v. intr.* **1.** Echar chispas. **2.** Relucir o brillar mucho. **3.** Llover muy poco.
chispo, pa *adj., fam.* Bebido, alegre.
chispoleto, ta *adj.* Que es listo, vivaracho.
chisporrotear *v. intr.* Despedir chispas.
chisposo, sa *adj.* Se aplica a la materia combustible que arroja muchas chispas cuando se quema.
chisquero *s. m.* Esquero, bolsa de cuero que se llevaba antiguamente sujeta al cinturón, con la yesca y el pedernal, el dinero u otras cosas.
¡chist! *interj.* que se emplea para imponer silencio o para hacer callar a alguien.

chistar *v. intr.* Llamar la atención de alguien.
chiste *s. m.* **1.** Dicho agudo y gracioso. **2.** Suceso gracioso. **3.** Burla o chanza.
chistera *s. f.* **1.** Cesta de pescadores y de pelotaris. **2.** Sombrero con la copa muy alta y cilíndrica.
chistoso, sa *adj.* Que usa de chistes.
chita *s. f.* Astrágalo, hueso del pie.
¡chito! *interj.* usada para imponer silencio.
chivarse *v. prnl.* Irse de la lengua, decir algo que perjudica a otro.
chivato, ta *adj.* **1.** Soplón, delator. || *s. m.* **2.** Dispositivo que advierte de una anormalidad o que llama la atención sobre algo.
chivo, va *s. m. y s. f.* Cría de la cabra.
choc *s. m.* Suspensión repentina de la actividad del organismo por causa de una impresión fuerte de carácter psíquico o físico.
choca *s. f.* Práctica de dejar al azor pasar la noche con la perdiz cazada por él, para cebarle.
chocar *v. intr.* **1.** Encontrarse violentamente dos cuerpos. **2.** *fig.* Causar extrañeza.
chocarrería *s. f.* Chiste grosero.
chocha *s. f.* Ave zancuda, poco menor que la perdiz, muy estimada por su carne.
chochear *v. intr.* Tener debilitadas las facultades mentales por efecto de la edad.
choclo *s. m.* Mazorca tierna de maíz.
chocolate *s. m.* **1.** Pasta hecha a base de cacao y azúcar. **2.** Bebida hecha de esta pasta, desleída y cocida en agua o leche.
chocolatina *s. f.* Pedazo pequeño de chocolate selecto.
chófer *s. m.* Conductor de automóvil.
chofeta *s. f.* Braserillo manual de metal o barro, que servía para encender el cigarro.
chollo *s. m.* Situación ventajosa en la que se saca mucho provecho con poco esfuerzo.
chopa *s. f.* Pez acantopterigio semejante a la dorada, pero con dos manchas negras junto a la cola.
chopo¹ *s. m.* Álamo negro.
chopo² *s. m.* Fusil.
choque *s. m.* **1.** Encuentro violento de una cosa con otra. **2.** *fig.* Contienda con una o más personas.
choquezuela *s. f.* Rótula de la rodilla.
chorizo *s. m.* Embutido de carne de cerdo, picada y adobada, que se cura al humo.
chorla *s. f.* Ave, especie de ganga, pero de mayor tamaño.
chorlito *s. m.* Ave zancuda de pico largo y recto, cuya carne es muy apreciada.
chorrear *v. intr.* Caer un líquido a chorro.
chorrera *s. f.* **1.** Sitio por donde cae un chorro pequeño de líquido. **2.** Adorno consistente en una especie de cascada de encaje que cubre el cierre del vestido por delante.
chorrillo *s. m.* Cantidad pequeña pero seguida que se va gastando o recibiendo de algo.
chorro *s. m.* **1.** Golpe de líquido, que sale por una abertura con fuerza. **2.** Caída continua de cosas iguales y pequeñas.
chortal *s. m.* Pequeña laguna formada por un manantial poco abundante que brota en el fondo de ella.
chotis *s. m.* Baile por parejas de movimiento lento.
choto, ta *s. m. y s. f.* Ternero.
chova *s. f.* Especie de cuervo de plumaje negro con visos verdosos o encarnados, pico amarillo o rojizo y pies de este último color.
choza *s. f.* Cabaña formada de estacas y cubierta de ramas o paja.
chozno, na *s. m. y s. f.* Cuarto nieto.
chozo *s. m.* Choza pequeña.
chozpar *v. intr.* Saltar o brincar con alegría los corderos, cabritos y otros animales.
chubasco *s. m.* Lluvia de más o menos violencia, que sólo dura unos momentos.
chubasquero *s. m.* Impermeable.
chuchería *s. f.* **1.** Objeto de poco valor, pero apreciado. **2.** Golosina.
chucho, cha *s. m. y s. f., fam.* Perro común.
chueca *s. f.* Hueso redondo o parte de un hueso que encaja en otro.
chufa *s. f.* Cada uno de los tubérculos de la raíz de una especie de juncia, utilizados para la fabricación de refrescos y aceite.
chufla *s. f.* Broma.
chulear *v. tr.* **1.** Burlar con gracia y chistes. También prnl. || *v. prnl.* **2.** Jactarse.
chuleta *s. f.* **1.** Costilla con carne. **2.** Papel con anotaciones para copiar en los exámenes. **4.** *fam.* Bofetada. || *s. m.* **5.** Presumido.
chulo, la *adj.* Engreído, jactancioso.
chumacera *s. f.* Pieza de metal o madera, con una muesca en que descansa y gira cualquier eje de maquinaria.
chumbera *s. f.* Planta cactácea de países tropicales, cuyo fruto es el higo chumbo.

chumbo, ba *adj.* Fruto envuelto en una corteza espinosa, de carne muy dulce.
chunga *s. f., fam.* Broma o burla.
chupa *s. f.* **1.** Chaleco con cuatro faldillas y mangas ajustadas. **2.** *fam.* Cazadora.
chupado, da *adj.* **1.** Despojado de jugo. **2.** Muy flaco y débil. **3.** Fácil.
chupar *v. tr.* Sacar o aspirar con los labios el jugo de una cosa. También intr. **2.** Coger una cosa esponjosa en su masa un líquido.
chupeta *s. f.* Pequeña cámara que hay a popa en la cubierta principal de algún buque.
chupete *s. m.* Objeto de goma elástica, en forma de pezón, que se da a chupar a los niños de pecho para que se distraigan.
chupetear *v. tr.* Chupar algo con insistencia.
chupito *s. m.* Sorbito de vino u otro licor.
chupóptero, ra *adj.* Se dice de la persona que vive a costa de otra.
churlo *s. m.* Saco de lienzo de pita cubierto con otro de cuero para transportar sustancias delicadas.
churrasco *s. m.* Carne asada a la brasa.
churre *s. m., fam.* Pringue gruesa y sucia.
churrete *s. m.* Mancha.
churro *s. m.* **1.** Fritura consistente en un trozo de masa de harina y agua, de forma cilíndrica y estriada. **2.** *fam.* Chapuza.
churro, rra *adj.* Se dice de una lana más basta que la merina y del ganado que la produce.
churruscar *v. tr.* Tostar demasiado el pan, la comida, etc. puestos al fuego.
churrusco *s. m.* Trozo de pan demasiado tostado, o que se empieza a quemar.
churumbela *s. f.* Instrumento musical de viento, semejante a la chirimía.
chusco *s. m.* Mendrugo o panecillo.
chusma *s. f.* **1.** Grupo de gente desvergonzada. **2.** Muchedumbre.
chutar *v. intr.* Lanzar la pelota con un golpe del pie, en el juego del fútbol.
chuzo *s. m.* **1.** Palo con un pincho. **2.** Carámbano, pedazo de hielo.
cía *s. f.* Hueso de la cadera.
ciaboga *s. f.* Maniobra de dar vueltas en redondo a una embarcación de remos, bogando avante los de una banda y al revés o para atrás los de la otra.
cianhídrico *adj.* Se dice de un ácido líquido, incoloro, muy venenoso, que se extrae de las almendras amargas.
ciánico *adj.* Se dice del ácido que resulta de la oxidación e hidratación del cianógeno.
cianógeno *s. m.* Gas incoloro, de olor penetrante, compuesto de ázoe y de carbono.
cianosis *s. f.* Coloración azul, y alguna vez, negruzca o lívida de la piel.
cianuro *s. m.* Sal resultante de la combinación del ácido cianhídrico con un radical simple o compuesto.
ciar *v. intr.* **1.** Andar hacia atrás, retroceder. **2.** Remar hacia atrás.
ciático, ca *adj.* **1.** Perteneciente a la cadera. ‖ *s. f.* **2.** Neuralgia del nervio ciático.
cibal *adj.* Se dice de lo perteneciente o relativo a la alimentación.
cibera *s. f.* Trigo que se echa en la tolva del molino para que vaya cebando la rueda.
cibernética *s. f.* **1.** Ciencia que estudia el funcionamiento de las conexiones nerviosas en los seres vivos. **2.** Ciencia que estudia la construcción de aparatos y dispositivos que transforman los datos que se les suministran en un resultado.
cibica *s.* Barra de hierro embutida como refuerzo en la parte superior de la manga del eje de los carruajes.
cicádido, da *adj.* Se dice de insectos hemípteros, del suborden de los homópteros cuyos machos tienen en la base del abdomen una especie de timbal, produciendo un sonido estridente y monótono, como la cigarra.
cicatero, ra *adj.* **1.** Ruin, miserable, tacaño. **2.** Que se ofende por pequeñas cosas.
cicatriz *s. f.* Señal que queda en los tejidos orgánicos después de curada una herida.
cicatrizar *v. tr.* Completar la curación de las heridas, hasta quedar bien cerradas.
cícero *s. m.* Lectura, letra de imprenta.
cicerone *s. m.* Persona que enseña y explica las curiosidades, obras de arte, una localidad, edificio, etc.
ciclar *v. tr.* Bruñir y abrillantar las piedras preciosas.
cíclico, ca *adj.* Perteneciente o relativo al ciclo.
ciclismo *s. m.* Deporte de los aficionados a la bicicleta.
ciclista *s. m. y s. f.* Persona que practica el ciclismo.
ciclo *s. m.* Período de cierto número de años en que se verifican una serie de acontecimientos hasta llegar a uno a partir del cual vuelven a producirse en el mismo orden.

ciclocross *s. m.* Modalidad ciclista en la que se corre por un terreno accidentado.
ciclón *s. m.* Huracán.
cíclope *s. m.* Cada uno de los gigantes que tenían un solo ojo en medio de la frente.
ciclorama *s. m.* Panorama, vista pintada en un cilindro.
ciclóstilo *s. m.* Aparato que sirve para copiar muchas veces un escrito o dibujo por medio de una tinta especial sobre una plancha gelatinosa.
ciclóstomo, ma *adj.* Se dice de los peces de organización primitiva, de cuerpo serpentiforme, sin aletas pares, mandíbulas ni escamas, y con siete pares de branquias en figura de bolsas, como la lamprea.
cicuta *s. f.* Planta umbelífera de zumo venenoso.
cidra *s. f.* Fruto del cidro, semejante al limón.
cidro *s. m.* Árbol rutáceo, con tronco liso, hojas permanentes y flores encarnadas.
ciego, ga *adj.* **1.** Privado de la vista. **2.** *fig.* Ofuscado, poseído de alguna pasión.
cielo *s. m.* **1.** Esfera aparente azul y diáfana que rodea a la Tierra. **2.** Atmósfera.
ciempiés *s. m.* Miriápodo con un par de patas en cada uno de los 21 anillos en que tiene dividido el cuerpo.
cien *adj.* Apócope de ciento.
ciénaga *s. f.* Lugar lleno de cieno.
ciencia *s. f.* **1.** Conocimiento cierto de las cosas por sus principios y causas. **2.** Sabiduría, erudición. **3.** Habilidad, maestría.
cieno *s. m.* Lodo blando que forma depósito en ríos, lagunas o sitios húmedos.
científico, ca *adj.* **1.** Que posee alguna ciencia o ciencias. **2.** Perteneciente a ellas.
ciento *adj. num.* **1.** Diez veces diez. || *s. m.* **2.** Centena.
cierre *s. m.* **1.** Clausura temporal de un establecimiento. **2.** Lo que sirve para cerrar.
cierto, ta *adj.* **1.** Verdadero, seguro. **2.** Precediendo inmediatamente al sustantivo tiene sentido indeterminado.
ciervo, va *s. m. y s. f.* Mamífero rumiante, esbelto, armado de astas estriadas y ramosas.
cierzo *s. m.* Viento septentrional.
cifra *s. f.* Número, signo o guarismo con que se representa.
cifrar *v. tr.* **1.** Escribir en cifra o clave. **2.** Compendiar un discurso o un tema.
cigala *s. f.* Especie de langostino, pero de mayor tamaño que éste.
cigarra *s. f.* Insecto hemíptero, de alas membranosas y abdomen cónico.
cigarrillo *s. m.* Cigarro pequeño de picadura envuelta en un papel.
cigarro *s. m.* **1.** Rollo de hojas de tabaco para fumar. **2.** Cigarrillo.
cigomático, ca *adj.* Perteneciente o relativo a la mejilla o al pómulo.
cigoñal *s. m.* **1.** Pértiga enejada sobre un pie en horquilla, para sacar agua de pozos someros. **2.** Pieza de automóvil y aeroplanos que consiste en un eje doblado en uno o más codos, en cada uno de los cuales va ajustada una biela cuya cabeza está unida al pistón de un émbolo.
cigoto *s. m.* Huevo de animales y plantas.
cigüeña *s. f.* Ave zancuda, de cuello largo, cuerpo blanco, alas negras, patas largas y rojas, lo mismo que el pico.
cigüeñal *s. m.* **1.** Cigoñal. **2.** Doble codo en el eje de ciertas máquinas.
cija *s. f.* Cuadra para el ganado lanar.
cilanco *s. m.* Charco a orillas de los ríos.
cilantro *s. m.* Hierba umbelífera, medicinal, con tallo lampiño, hojas filiformes, flores rojizas y simiente elipsoidal.
ciliar *adj.* Perteneciente o relativo a las pestañas o parecido a ellas.
cilicio *s. m.* Faja de cerdas de hierro con puntas, ceñida al cuerpo para mortificación.
cilindro *s. m.* Sólido limitado por una superficie cilíndrica cerrada y dos planos que forman sus bases.
cima *s. f.* Lo más alto de una montaña o de un árbol.
cimborrio *s. m.* Cuerpo cilíndrico que sirve de base a la cúpula.
cimbra *s. f.* Curvatura de la superficie interior de un arco o bóveda.
cimbrar *v. tr.* Mover una vara larga u otra cosa flexible asiéndola por un extremo y vibrándola.
cimbre *s. m.* Galería subterránea.
cimentar *v. tr.* **1.** Poner los cimientos de un edificio o fábrica. **2.** Fundar, edificar.
cimera *s. f.* Parte superior del morrión que se solía adornar con plumas y otras cosas.
cimiento *s. m.* **1.** Parte del edificio que está debajo de la tierra y sobre el que estriba toda la fábrica. **2.** Principio de algo.

cimillo *s. m.* Vara en que se sujeta un ave que sirve de señuelo.

cimitarra *s.* Especie de sable usado por turcos y persas.

cimógeno, na *adj.* Se dice de las bacterias que producen fermentaciones.

cinabrio *s. m.* Mineral compuesto de azufre y mercurio, muy pesado y rojizo.

cinámico, ca *adj.* Perteneciente o relativo a la canela.

cinc *s. m.* Metal azulado, de estructura laminosa, quebradizo a bajas temperaturas.

cincel *s. m.* Herramienta utilizada para labrar a golpe de martillo piedras y metales.

cincelar *v. tr.* Labrar, grabar con cincel.

cincha *s. f.* Faja con que se asegura la silla o albarda sobre la cabalgadura.

cinchar *v. tr.* Asegurar la silla o albarda apretando las cinchas.

cinco *adj. num.* Cuatro y uno.

cincuenta *adj. num.* Cinco veces diez.

cine *s. m.* **1.** *fam.* Apócope de cinematógrafo. **2.** *fam.* Cinematografía. **3.** *fam.* Local público en que se proyectan películas. **4.** *fam.* Arte e industria de hacer películas.

cineasta *s. m. y s. f.* Persona que tiene una intervención importante en una película cinematográfica; como actor, director, productor, etc.

cinegética *s. f.* Arte de la caza.

cinemática *s. f.* Parte de la mecánica que estudia el movimiento.

cinematografía *s. f.* Técnica de representar imágenes por medio del cinematógrafo.

cinematógrafo *s. m.* Linterna de proyección que permite el paso muy rápido de imágenes fotográficas que representan momentos consecutivos de una acción y que al aparecer sobre una pantalla producen la ilusión del movimiento.

cíngulo *s. m.* Cordón que utiliza el sacerdote para ceñirse el alba al revestirse.

cínico, ca *adj.* Descarado, impúdico.

cínife *s. m.* Mosquito común.

cinismo *s. m.* Imprudencia, desvergüenza.

cinocéfalo *s. m.* Mamífero cuadrumano que se cría en África y tiene cabeza de perro.

cinta *s. f.* Tejido largo y angosto que sirve para atar ceñir o adornar.

cinto *s. m.* Tira de cuero o de tejido fuerte que se utiliza para ceñir y ajustar la cintura.

cintra *s. f.* Curvatura de una bóveda o de un arco.

cintura *s. f.* Parte más estrecha del cuerpo humano por encima de las caderas.

cinturón *s. m.* Cinto.

cipo *s. m.* Pilastra o trozo de columna erigido en memoria de alguna persona difunta.

ciprés *s. m.* Árbol conífero, de tronco derecho y copa espesa y cónica.

circo *s. m.* **1.** Lugar destinado entre los romanos a espectáculos públicos. **2.** Espectáculo variado con acróbatas, payasos, fieras amaestradas, etc.

circuito *s. m.* Terreno comprendido dentro de un perímetro cualquiera.

circulación *s. f.* **1.** Tránsito de personas o vehículos por las vías urbanas. **2.** Movimiento continuo de la sangre en el cuerpo.

circular *v. intr.* **1.** Andar o moverse en derredor. **2.** Ir y venir.

círculo *s. m.* Área o superficie plana comprendida dentro de la circunferencia.

circuncidar *v. tr.* Cortar circularmente una porción del prepucio.

circundar *v. tr.* Cercar, rodear.

circunferencia *s. f.* Curva plana, cerrada, cuyos puntos son equidistantes de otro que se llama centro.

circunferir *v. tr.* Circunscribir, limitar.

circunflejo *adj.* Se dice del acento compuesto de agudo y grave unidos por arriba.

circunfuso, sa *adj.* Difundido o extendido en derredor.

circunnavegar *v. tr.* Navegar alrededor.

circunscribir *v. tr.* **1.** Reducir a ciertos límites. También prnl. **2.** Trazar una figura que rodee a otra tocándola en el mayor número posible de puntos.

circunspección *s. f.* **1.** Cordura, prudencia. **2.** Seriedad, decoro y gravedad.

circunstancia *s. f.* **1.** Accidente de tiempo, lugar, modo, etc. que está unido a la sustancia. **2.** Calidad o requisito.

circunvalación *s. f.* Acción de circunvalar.

circunvalar *v. tr.* Cercar, rodear una ciudad, fortaleza, etc.

circunvolar *v. tr.* Volar alrededor.

circunvolución *s. f.* Rodeo de una cosa.

cirial *s. m.* Cada uno de los candeleros altos que llevan los acólitos en algunas funciones de iglesia.

cirio *s. m.* Vela de cera larga y gruesa.

cirro *s. m.* **1.** Zarcillo de la vid. **2.** Nube, generalmente blanca, de textura fibrosa.
cirrosis *s. f.* Enfermedad caracterizada por la induración de los tejidos de un órgano.
ciruela *s. f.* Fruto del ciruelo.
ciruelo *s. m.* Árbol frutal amigdaláceo, de flores blancas y fruto en drupa jugosa.
cirugía *s. f.* Parte de la medicina que cura las enfermedades mediante operaciones.
cirujano *s. m. y s. f.* Persona que profesa la cirugía.
ciscar *v. tr.* Ensuciar alguna cosa.
cisco *s. m.* **1.** Carbón menudo. **2.** *fig. y fam.* Bullicio, reyerta, alboroto.
cisma *s. m.* Escisión religiosa.
cisne *s. m.* Ave palmípeda, de cuello largo y flexible, plumaje blanco y el pico rojo.
cisterna *s. f.* **1.** Depósito donde se recoge agua. **2.** Depósito de agua de un retrete.
cisticerco *s. m.* Larva de la tenia que vive enquistada en los músculos de ciertos mamíferos, especialmente en el cerdo.
cistitis *s. f.* Inflamación de la vejiga.
cita *s. f.* **1.** Señalamiento de día, hora y lugar para verse dos o más personas. **2.** Mención.
citación *s. f.* Determinación de una diligencia judicial.
citar *v. tr.* **1.** Avisar a alguien señalándole día, hora y lugar para tratar de algo. **2.** Alegar algo en comprobación de lo que se dice. **3.** Notificar, hacer saber a alguien el llamamiento del juez.
cítara *s. f.* Instrumento musical semejante a la guitarra, pero más pequeño.
citología *s. f.* Parte de la biología que trata del estudio de la célula y sus funciones.
citoplasma *s. m.* Parte del protoplasma que en la célula rodea al núcleo.
citrato *s. m.* Sal formada por la combinación del ácido cítrico con una base.
cítrico, ca *adj.* **1.** Relativo al limón. **2.** Se dice de un ácido cristalino que se encuentra en el limón y algunas otras frutas.
citrino, na *adj.* De color amarillo verdoso.
ciudad *s. f.* Población grande de mayor importancia que las villas.
ciudadanía *s. f.* **1.** Calidad y derecho de ciudadano. **2.** Conjunto de los ciudadanos de un pueblo o nación.
ciudadano, na *adj.* **1.** Natural o vecino de una ciudad. **2.** Relativo a la ciudad.
ciudadela *s. f.* Fortaleza en el interior de una plaza de armas.
civeta *s. f.* Gato de algalia.
civeto *s. m.* Algalia, sustancia untuosa y perfumada.
cívico, ca *adj.* Civil, ciudadano.
civil *adj.* **1.** Ciudadano, perteneciente a la ciudad. **2.** Educado, atento. **3.** Se aplica a la persona que no es militar ni eclesiástico.
civilización *s. f.* Conjunto de creencias, arte, costumbres, etc. de un pueblo.
civilizar *v. tr.* **1.** Sacar del estado salvaje a pueblos o personas. **2.** Educar, ilustrar.
civismo *s. m.* Celo por las instituciones e intereses de la patria.
cizalla *s. f.* Instrumento para cortar en frío planchas de metal.
cizaña *s. f.* Planta gramínea que crece entre los cereales.
clac *s. m.* Sombrero de copa alta, plegable.
clamar *v. intr.* Dar voces lastimosas.
clámide *s. f.* Capa corta y ligera usada por los griegos y romanos.
clamor *s. m.* **1.** Grito o voz proferidos con vigor y esfuerzo. **2.** Voz lastimosa.
clamoreo *s. m.* Clamor repetido o continuado.
clan *s. m.* **1.** Grupo social en los pueblos celtas. **2.** Grupo de personas unidas por un interés común.
clandestino, na *adj.* Secreto, oculto.
claque *s. f.* Conjunto de personas que aplauden por una recompensa en el teatro.
clara *s. f.* Citoplasma o materia albuminosa que rodea la yema del huevo.
claraboya *s. f.* Ventana en el techo o en la parte alta de las paredes.
clarear *v. intr.* Empezar a amanecer.
clarecer *v. intr.* Amanecer, aparecer la luz del día.
clareo *s. m.* Acción de aclarar un monte.
clarete *adj.* Se dice de una especie de vino tinto, algo claro.
claridad *s. f.* **1.** Calidad de claro. **2.** Efecto que causa la luz iluminando un espacio, de modo que se distinga lo que haya en él.
clarificar *v. tr.* **1.** Iluminar, alumbrar. **2.** Aclarar alguna cosa.
clarín *s. m.* Instrumento musical de viento, de sonidos más agudos que la trompeta.

clarinete *s. m.* Instrumento de viento, compuesto por un tubo con agujeros que se tapan con los dedos o con llaves.

clarión *s. m.* Pasta hecha de yeso que se utiliza para escribir en los encerados.

clarividencia *s. f.* **1.** Facultad de comprender claramente las cosas. **2.** Perspicacia.

claro, ra *adj.* **1.** Bañado de luz o brillante. **2.** Se dice del color poco subido. **3.** Puro. **4.** Transparente. **5.** Comprensible.

claror *s. m.* Resplandor o claridad.

clase *s. f.* **1.** Conjunto de seres de una misma especie. **2.** Aula.

clásico, ca *adj.* Se dice del autor o de la obra que se tiene por modelo digno de imitación en cualquier literatura o arte.

clasificar *v. tr.* Ordenar por clases.

claudia *adj.* Se dice de una variedad de ciruela, redonda, de color verde y muy dulce.

claudicar *v. intr.* Transigir, rendirse.

claustro *s. m.* **1.** Galería que cerca el patio principal de una iglesia, convento, etc. **2.** *fig.* Junta formada por el rector, decanos y profesorado de las universidades.

cláusula *s. f.* **1.** Disposición de un contrato, tratado, etc. **2.** Conjunto de palabras que forman un sentido completo.

clausura *s. f.* Obligación que tienen determinadas órdenes religiosas de no salir de cierto recinto.

clausurar *v. tr.* **1.** Poner fin solemnemente a una asamblea, exposición, etc. **2.** Cerrar un establecimiento por orden gubernativa.

clava *s. f.* Palo tosco cuyo grueso va en aumento desde la empuñadura hasta el extremo.

clavar *v. tr.* Introducir un clavo u otra cosa aguda, a fuerza de golpes.

clave *s. f.* **1.** Lo que explica algo. **2.** Lo que es fundamental o decisivo para algo.

clavel *s. m.* Planta cariofilácea, de hojas largas y estrechas y flores olorosas.

claveta *s. f.* Estaquilla o clavo de madera.

clavetear *v. tr.* Guarnecer o adornar con clavos de oro, plata u otro metal alguna cosa.

clavicordio *s. m.* Antiguo instrumento musical de cuerdas de alambre y con teclado.

clavícula *s. f.* Cada uno de los dos huesos situados transversalmente en uno y otro lado de la parte superior y anterior del pecho.

clavija *s. f.* Trozo de metal, madera u otra materia, que se encaja en el taladro de una pieza sólida para sujetar algo, para hacer señales en un tablero, etc.

claviórgano *s. m.* Instrumento musical muy armonioso, que tiene cuerdas como el clave, y flautas o cañones como el órgano.

clavo *s. m.* Pieza de hierro con cabeza y punta, que sirve para fijarla en alguna parte, o para asegurar una cosa a otra.

claxon *s. m.* Bocina de automóvil.

clemátide *s. f.* Planta ranunculácea, medicinal, de tallo rojizo y trepador y flores blancas y de olor suave.

clemencia *s. f.* Virtud que modera el rigor de la justicia.

clepsidra *s. f.* Reloj de agua.

cleptomanía *s. f.* Propensión morbosa al hurto.

clerecía *s. f.* Clero.

clerical *adj.* Perteneciente o relativo al clérigo.

clérigo *s. m.* Persona que ha recibido las órdenes sagradas.

clero *s. m.* **1.** Conjunto de los clérigos, tanto de órdenes mayores como menores. **2.** Clase sacerdotal de la Iglesia Católica.

cliché *s. m.* Imagen fotográfica negativa obtenida mediante cámara oscura.

cliente *s. m. y s. f.* Respecto de un comerciante, la persona que habitualmente compra en su establecimiento.

clima *s. m.* Conjunto de condiciones atmosféricas que caracterizan una región.

climatología *s. f.* Tratado del clima.

clínica *s. f.* **1.** Parte práctica de la enseñanza de la medicina. **2.** Hospital privado regido por uno o varios médicos.

clinómetro *s. m.* Instrumento para medir el ángulo de desviación o comprobar la horizontalidad de un objeto.

clíper *s. m.* Buque de vela, fino, ligero y de mucho aguante.

clisé *s. m.* Plancha clisada, y en especial la que representa algún grabado.

clítoris *s. m.* Cuerpecillo carnoso eréctil, situado en la vulva.

cloaca *s. f.* Conducto por donde van las aguas sucias.

clorato *s. m.* Sal formada por la combinación del ácido clórico con una base.

clorhídrico, ca *adj.* Relativo a las combinaciones del cloro y del hidrógeno.

clórico, ca *adj.* Perteneciente o relativo al cloro.

cloro *s. m.* Metaloide de color verdoso y brillo anacarado, sofocante y venenoso.

clorofila *s. f.* Materia colorante verde de los vegetales.

cloroformo *s. m.* Cuerpo compuesto de carbono, hidrógeno y cloro.

clorosis *s. f.* Enfermedad de los adolescentes, caracterizada por palidez del rostro, empobrecimiento de la sangre, palpitaciones, etc.

clorótico, ca *adj.* Relativo a la clorosis.

cloruro *s. m.* Compuesto de cloro y otro elemento o radical.

clown *s. m.* Payaso.

club *s. m.* **1.** Junta de individuos de una sociedad política, a veces clandestina. **2.** Sociedad de recreo.

clueco, ca *adj.* Se aplica a las gallinas y otras aves cuando empollan sus huevos.

coacción *s. f.* Fuerza o violencia para obligar a alguien a decir o hacer algo.

coacervar *v. tr.* Juntar o amontonar.

coactivo, va *adj.* Que puede obligar.

coadjutor, ra *s. m. y s. f.* Persona que ayuda y acompaña a otra en ciertas cosas.

coadyuvar *v. tr.* Contribuir, asistir o ayudar a la consecución de alguna cosa.

coagular *v. tr.* Cuajar, solidificar lo líquido como la leche, la sangre, etc. También prnl.

coágulo *s. m.* **1.** Coagulación de la sangre. **2.** Masa coagulada.

coalición *s. f.* Confederación, liga, unión.

coartada *s. f.* Prueba que da el acusado de que estaba ausente del lugar del delito.

coartar *v. tr.* Limitar, restringir, no conceder enteramente alguna cosa.

coautor, ra *s. m. y s. f.* Autor con otro u otros.

coba *s. f.* Halago o adulación fingidos.

cobalto *s. m.* Metal de color blanco rojizo, duro y tan difícil de fundir como el hierro.

cobarde *adj.* Pusilánime, sin valor.

cobardía *s. f.* Falta de ánimo y valor.

cobaya *s. m. y s. f.* Conejillo de Indias, mamífero roedor que se utiliza en laboratorio para experimentos de bacteriología.

cobertera *s. f.* **1.** Pieza circular para tapar las ollas y otras vasijas. **2.** Cada una de las plumas del ave que cubren la inserción de las remeras y timoneras.

cobertizo *s. m.* **1.** Tejado que sale fuera de la pared y sirve para guarecerse. **2.** Sitio cubierto ligera o rústicamente.

cobertor *s. m.* **1.** Colcha. **2.** Manta.

cobija *s. f.* **1.** Teja que abraza dos canales del tejado. **2.** Cada una de las plumas que rodean el arranque de la cola del ave.

cobijar *v. tr.* **1.** Cubrir o tapar. También prnl. **2.** Albergar, hospedar. También prnl.

cobra *s. f.* Serpiente venenosa de los países tropicales, con más de dos m de largo.

cobrar *v. tr.* **1.** Percibir alguien la cantidad que otro le debe. **2.** Recuperar.

cobre *s. m.* Metal rojo, dúctil y maleable, buen conductor del calor y la electricidad.

cobrizo, za *adj.* **1.** Que contiene cobre. **2.** Parecido al cobre en color.

coca *s. f.* Arbusto americano, con hojas alternas y flores blanquecinas.

cocada *s. f.* Dulce compuesto principalmente de la médula rallada del coco.

cocaína *s. f.* Alcaloide de propiedades anestésicas, obtenido de las hojas de la coca.

cóccido *adj.* Se dice de insectos hemípteros, parásitos de vegetales, que tienen un gran dimorfismo sexual, siendo alados los machos y ápteras las hembras.

coccíneo, a *adj.* Purpúreo, de color de púrpura.

cocción *s. f.* Acción y efecto de cocer o cocerse.

cóccix *s. m.* Hueso que constituye la terminación de la columna vertebral.

cocear *v. intr.* Dar o tirar coces.

cocer *v. tr.* Exponer un manjar crudo en un líquido a la acción de la lumbre, para que se pueda comer.

cochambre *s. amb.* Cosa puerca, grasienta y de mal olor.

coche *s. m.* Carruaje, generalmente de cuatro ruedas, con una caja, dentro de la cual hay asientos.

cochera *s. f.* Lugar para guardar coches.

cochevira *s. f.* Manteca de puerco.

cochifrito *s. m.* Guiso de cabrito o cordero medio cocido y después frito.

cochinilla[1] *s. f.* Pequeño crustáceo, terrestres y propio de parajes húmedos.

cochinilla[2] *s. f.* Insecto hemíptero, del que se extrae una materia colorante roja.

cochinillo *s. m.* Cochino o cerdo de leche.
cochino, na *s. m. y s. f.* **1.** Cerdo. **2.** Persona muy sucia y desaseada. También adj.
cochitril *s. m.* **1.** *fam.* Pocilga. **2.** *fig. y fam.* Habitación estrecha y desaseada.
cochizo *s. m.* Parte más rica de una mina.
cocido *s. m.* Olla, guiso común.
cociente *s. m.* Resultado que se obtiene dividiendo una cantidad por otra.
cocimiento *s. m.* Líquido cocido con hierbas u otras sustancias medicinales.
cocina *s. f.* **1.** Pieza de la casa en que se guisa la comida. **2.** Aparato eléctrico o con fuegos, hornillos, etc. para cocer la comida. **3.** Arte de preparar la comida.
cocinar *v. tr.* Guisar, aderezar los alimentos.
coclear *adj.* En forma de espiral.
coco[1] *s. m.* **1.** Cocotero. **2.** Fruto del cocotero. **3.** *fig. y fam.* Cabeza humana.
coco[2] *s. m.* **1.** Bacteria de forma redondeada. **2.** Gorgojo, insecto coleóptero.
coco[3] *s. m.* Fantasma que se figura para atemorizar a los niños.
cocodrilo *s. m.* Reptil anfibio saurio muy voraz.
cocotero *s. m.* Árbol palmáceo, de los países tropicales, de tallo alto y esbelto.
cóctel *s. m.* **1.** Mezcla de varios licores. **2.** Reunión donde se toman estas bebidas.
cocuyo *s. m.* Insecto coleóptero amarillento, que de noche despide luz.
coda *s. f.* Período adicional con que termina una pieza musical.
codal *adj.* Que consta de un codo.
codaste *s. m.* Madero grueso puesto verticalmente sobre el extremo de la quilla inmediatamente a la popa, y que sirve de fundamento a toda la armazón de esa parte del buque.
codear *v. intr.* **1.** Mover los codos o dar golpes con ellos. ‖ *v. prnl.* **2.** Tratarse de igual a igual una persona con otra.
codeína *s. f.* Alcaloide que se extrae del opio y que se usa como calmante.
codera *s. f.* Pieza de refuerzo que se pone en los codos de una prenda de vestir.
codeso *s. m.* Mata leguminosa, ramosa, con hojas compuestas y flores amarillentas.
códice *s. m.* Libro manuscrito en que se conservan obras o noticias antiguas.
codicia *s. f.* Apetito excesivo de riquezas.
codiciar *v. tr.* Desear algo con ansia.
codicilo *s. m.* Instrumento en que, antes de ser promulgado el código civil, se podían y solían hacer las disposiciones de última voluntad con menos solemnidad que de ordinario.
código *s. m.* **1.** Cuerpo sistematizado de leyes. **2.** Conjunto de reglas o preceptos sobre cualquier materia.
codillera *s. f.* Tumor en el codillo.
codillo *s. m.* En los cuadrúpedos, coyuntura del brazo próxima al pecho.
codo *s. m.* **1.** Parte posterior y prominente de la articulación del brazo con el antebrazo. **2.** Pieza de tubería formando ángulo.
codoñate *s. m.* Dulce de membrillo.
codorniz *s. f.* Ave gallinácea de carne fina.
coeficiente *adj.* Que juntamente con otra cosa produce un efecto.
coercer *v. tr.* Contener, refrenar, sujetar.
coetáneo, a *adj.* Que es de la misma edad o tiempo. También s. m. y s. f.
coeterno, na *adj.* Se usa en teología para indicar que las tres personas divinas son igualmente eternas.
coevo, va *adj.* Se dice de las cosas que existieron en un mismo tiempo.
coexistir *v. intr.* Existir una persona o cosa a la vez que otra.
cofa *s. f.* Meseta colocada horizontalmente en el cuello de un palo para afirmar la obencadura de gavia, facilitar la maniobra de las velas altas, etc.
cofia *s. f.* Antiguo tocado femenino de encajes, cintas, blondas, etc.
cofín *s. m.* Cesto de esparto, mimbres, etc.
cofrade *s. m. y s. f.* Persona que pertenece a una cofradía.
cofradía *s. f.* **1.** Congregación o hermandad de devotos. **2.** Gremio, compañía o unión de personas para un fin.
cofre *s. m.* Arca, generalmente de tapa convexa y forrada de tela o papel.
cogedor *s. m.* Utensilio para recoger la basura que se barre.
coger *v. tr.* **1.** Asir, agarrar o tomar. También prnl. **2.** Alcanzar. **3.** Ocupar un espacio. **4.** Encontrar. **5.** Sorprender.
cogida *s. f.* **1.** *fam.* Cosecha de frutos. **2.** *fam.* Acto de coger un toro al torero.
cogitabundo, da *adj.* Muy pensativo.

cognación *s. f.* Parentesco de consanguinidad por la línea femenina.
cogollo *s. m.* **1.** Lo interior y más apretado de la lechuga, berza, etc. **2.** Lo mejor de algo.
cogorza *s. f.* Borrachera.
cogote *s. m.* Parte posterior del cuello.
cogujada *s. f.* Pájaro granívoro parecido a la alondra, con un penacho en la cabeza.
cogulla *s. f.* Hábito de ciertos monjes.
cogullada *s. f.* Papada del puerco.
cohabitar *v. tr.* **1.** Habitar juntamente con otro u otros. **2.** Hacer vida marital.
cohechar *v. tr.* Sobornar.
cohecho *s. m.* Acción o efecto de cohechar.
coheredar *v. tr.* Heredar junto con otro u otros.
coherencia *s. f.* Conexión, relación lógica o unión de unas cosas con otras.
coherente *s. f.* Se dice de lo que tiene coherencia.
cohesión *s. f.* Acción y efecto de unirse las cosas entre sí.
cohete *s. m.* **1.** Tubo de papel, lata, etc. lleno de pólvora, que se prende fuego por la parte inferior para lanzarle a lo alto. **2.** Artefacto impulsor de vehículos aeronáuticos o espaciales, proyectiles dirigidos, etc.
cohibir *v. tr.* Reprimir en sentido moral.
cohobo *s. m.* Piel de ciervo.
cohombro *s. m.* Planta hortense, variedad de pepino, de fruto largo y torcido.
cohorte *s. f.* Cuerpo de infantería del antiguo ejército romano.
coima *s. f.* Manceba.
coime *s. m.* Persona que cuida del garito y presta con usura a los jugadores.
coincidencia *s. f.* Acción y efecto de coincidir.
coincidir *v. intr.* **1.** Convenir una cosa con otra. **2.** Ocurrir dos o más cosas al mismo tiempo. **3.** Concurrir simultáneamente dos o más personas en el mismo lugar
coinquinar *v. tr.* Manchar, ensuciar.
coito *s. m.* Unión sexual del hombre con la mujer.
cojear *v. intr.* Andar inclinando el cuerpo más a un lado que a otro, por no poder sentar con regularidad ambos pies.
cojera *s. f.* Accidente o defecto que impide andar con regularidad.
cojijo *s. m.* Sabandija, bicho.
cojijoso, sa *adj.* Que tiene queja por causa ligera.
cojín *s. m.* Almohadón.
cojinete *s. m.* **1.** Almohadilla para coser. **2.** Pieza en la que gira un eje.
cojitranco, ca *adj.* Se dice del cojo travieso que anda inquieto de una parte a otra.
cojo, ja *adj.* **1.** Que cojea. **2.** Que carece de un pie o pierna o ha perdido su uso.
cojudo, da *adj.* Se dice del animal no castrado.
col *s. f.* Planta hortense crucífera.
cola[1] *s. f.* **1.** Extremidad posterior del cuerpo y de la columna vertebral de algunos animales. **2.** Conjunto de plumas fuertes que tienen las aves en la rabadilla. **3.** Hilera de personas que esperan vez.
cola[2] *s. f.* Pasta fuerte y pegajosa, que sirve para pegar.
colaboración *s. f.* Acción y efecto de colaborar.
colaborador, ra *adj.* Que colabora.
colaborar *v. intr.* Trabajar con otra u otras personas en una misma cosa.
colación *s. f.* Cotejo de una cosa con otra.
colactáneo, a *s. m. y s. f.* Hermano de leche.
colada *s. f.* Ropa lavada.
coladero *s. m.* Manga, paño, vasija en que se cuela un líquido.
colador *s. m.* Coladero.
colage *s. m.* Técnica artística que consiste en pegar trozos de diferentes materiales sobre una superficie.
colágeno *s. m.* Constituyente de la sustancia fundamental de los tejidos conjuntivo y cartilaginoso.
colagogo, ga *adj.* Se dice de los purgantes utilizados contra la acumulación de la bilis.
colanilla *s. f.* Pasadorcillo con que se cierran y aseguran puertas y ventanas.
colaña *s. f.* Tabique de poca altura, que sirve de antepecho en las escaleras o de división en los graneros.
colapso *s. m.* Síncope o postración repentina de las fuerzas vitales.
colar *v. tr.* **1.** Pasar un líquido por manga, cedazo o paño. ‖ *v. prnl.* **2.** *fam.* Introducirse sin permiso en alguna parte. **3.** *fam.* Equivocarse por inadvertencia.
colateral *adj.* Se dice de las cosas que están a uno y otro lado de otra principal.
colcha *s. f.* Cobertura de cama.
colchón *s. m.* Especie de saco cuadrilongo, relleno de lana, pluma, cerda, etc. de tamaño proporcionado para dormir en él.

colchoneta *s. f.* **1.** Cojín largo y delgado que se pone encima del asiento de un sofá, banco, etc. **2.** Colchón inflable, utilizado para dormir en el campo.

colcótar *s. m.* Óxido de hierro de color rojo, que se usa en pintura.

colear *v. intr.* Mover la cola con frecuencia.

colección *s. f.* Conjunto de cosas reunidas para algún fin particular.

coleccionar *v. tr.* Formar colección.

coleccionista *s. m. y. s. f.* Persona que colecciona.

colecta *s. f.* Recaudación de donativos voluntarios, especialmente con fines benéficos.

colectar *v. tr.* Recaudar o recoger donativos.

colectividad *s. f.* **1.** Conjunto de personas asociadas para un fin. **2.** La totalidad del pueblo.

colectivo *s. m.* Agrupación de personas con diversos fines.

colector *s. m.* Conducto subterráneo en el que vierten sus aguas las alcantarillas.

colega *s. m. y s. f.* Compañero en un colegio, iglesia, corporación o ejercicio.

colegial, la *s. m. y s. f.* Alumno que tiene plaza en un colegio o asiste a él.

colegiarse *v. prnl.* Reunirse en colegio las personas de una misma profesión o clase.

colegiata *s. f.* Iglesia.

colegio *s. m.* **1.** Establecimiento de enseñanza primaria o secundaria. **2.** Corporación de personas de la misma profesión.

colegir *v. tr.* **1.** Juntar, unir. **2.** Inferir, deducir una cosa de otra.

colegislador, ra *adj.* Se dice del cuerpo que concurre con otro para la formación de las leyes.

colemia *s. f.* Presencia anormal de bilis en la sangre.

coleóptero *s. m.* Insecto masticador de metamorfosis complicada.

cólera *s. f.* **1.** Ira, enojo, enfado. ‖ *s. m.* **2.** Enfermedad aguda caracterizada por vómitos repetidos y abundantes deposiciones.

colérico, ca *adj.* Perteneciente o relativo a la cólera o que participa de ella.

colesterina *s. f.* Sustancia grasa que existe en la sangre, en la bilis y otros humores y se encuentra cristalizada en los cálculos biliares.

colesterol *s. m.* Sustancia grasa de la sangre, la bilis y otros humores.

coleta *s. f.* Mechón largo de cabello en la parte posterior del pelo.

colgadero *s. m.* Garfio, escarpio u otro cualquiera de los instrumentos que sirven para colgar de él algo.

colgador *s. m.* Utensilio para colgar ropa.

colgajo *s. m.* Cualquier trapo o cosa mala que cuelga como pedazos de ropa rota.

colgante *s. m.* Joya que pende o cuelga.

colgar *v. tr.* Poner una cosa pendiente de otra, sin que llegue al suelo.

colibrí *s. m.* Pájaro americano muy pequeño.

cólico *s. m.* Acceso doloroso en el intestino, que se caracteriza por retortijones, con vómitos, ansiedad y sudores.

colicuar *v. tr.* Derretir. También prnl.

coliflor *s. f.* Variedad de col que al entallecerse echa una pella de varias cabezuelas.

coligar *v. tr.* Unirse unos con otros para algún fin. También prnl.

colilla *s. f.* Resto que queda del cigarro.

colimar *v. tr.* Obtener un haz de rayos paralelos a partir de un foco luminoso.

colina *s. f.* Elevación natural de terreno, menor que la montaña.

colindar *v. intr.* Lindar entre sí dos o más fincas.

colineta *s. f.* Plato de dulces que forman un conjunto elevado y vistoso.

colirio *s. m.* Medicamento que se aplica a la conjuntiva del ojo por instilación.

coliseo *s. m.* **1.** Anfiteatro romano. **2.** Sala de espectáculos de cierta importancia.

colisión *s. f.* **1.** Choque de dos cuerpos. **2.** *fig.* Pugna de ideas, intereses, etc.

colitis *s. f.* Inflamación del intestino colon.

collado *s. m.* **1.** Colina. **2.** Depresión suave por donde se pasa de un lado a otro de una sierra.

collar *s. m.* Adorno que rodea el cuello y a veces está formado de piedras preciosas.

collarín *s. m.* **1.** Alzacuello de eclesiásticos. **2.** Sobrecuello angosto que se pone en algunas casacas.

colleja *s. f.* Hierba cariofilácea, con hojas blanquecinas y suaves, y flores blancas.

collón, na *adj., fam.* Cobarde, tímido.

colmar *v. tr.* Llenar hasta el borde.

colmena *s. f.* Vaso de madera y cinc, que sirve de habitación a un enjambre.

colmenar *s. m.* Lugar o paraje donde están las colmenas.

colmenilla *s. f.* Nombre de varios hongos ascomicetos, comestibles.

colmillo *s. m.* Diente agudo y fuerte colocado entre los incisivos y los molares.

colmo *s. m.* Porción de materia que sobresale por encima del borde del vaso que lo contiene.

colocación *s. f.* Acción y efecto de colocar.

colocar *v. tr.* **1.** Poner a una persona o cosa en su debido lugar. También prnl. **2.** Situar a alguien en un empleo. También prnl.

colocasia *s. f.* Planta oroidea, de origen indio, con hojas grandes y flor de color rojo.

colodra *s. f.* Vasija de madera que usan los pastores para ordeñar el ganado.

colodrillo *s. m.* Parte posterior de la cabeza.

colofón *s. m.* Anotación al final de los libros, para indicar el nombre del impresor y el lugar y fecha donde los imprimió.

colofonia *s. f.* Resina sólida e inflamable, residuo de la destilación de la trementina.

colofonita *s. f.* Granate de color verde claro o amarillento rojizo.

colon *s. m.* Parte del intestino grueso que se extiende desde el ciego hasta el recto.

colonia[1] *s. f.* Conjunto de personas que van de un país a otro para poblarlo y cultivarlo o establecerse en él.

colonia[2] *s. f.* Perfume.

colonizar *v. tr.* Formar colonia en un país.

colono *s. m.* **1.** Persona que habita en una colonia. **2.** Labrador que cultiva una tierra por arrendamiento y suele vivir en ella.

coloquial *adj.* Se dice del lenguaje propio de la conversación, a diferencia del escrito.

coloquio *s. m.* **1.** Conferencia entre dos personas. **2.** Género de composición litetaria en forma de diálogo.

color *s. m.* Calidad de los fenómenos visuales que depende de la impresión distinta que producen en el ojo las luces de diferente longitud de onda.

coloración *s. f.* Acción y efecto de colorar.

colorado, da *adj.* Que tiene color rojo.

colorear *v. tr.* Dar de color o teñir algo.

colorete *s. m.* Arrebol, aceite de color rojo.

colorido *s. m.* Disposición y grado de intensidad de los colores de una pintura.

colosal *adj.* **1.** De estatura mayor que la normal. **2.** Extraordinario.

coloso *s. m.* **1.** Estatua de gran magnitud. **2.** *fig.* Persona o cosa que por sus cualidades sobresale muchísimo.

columbrar *v. tr.* Divisar, ver desde lejos.

columna *s. f.* **1.** Apoyo de forma generalmente cilíndrica, de mucha más altura que diámetro. **2.** Serie o pila de cosas colocadas ordenadamente unas sobre otras.

columnata *s. f.* Serie de columnas que sostienen o adornan un edificio.

columpiar *v. tr.* Impeler al que está puesto en un columpio. También prnl.

columpio *s. m.* Cuerda fuerte atada en alto por sus dos extremos, para que se siente alguna persona en el seno que forma en el medio, meciéndose por impulso propio o ajeno asiéndose a los ramales.

coluro *s. m.* Cada uno de los dos círculos máximos de la esfera celeste.

colza *s. f.* Planta crucífera, variedad de nabo.

coma[1] *s. f.* Signo ortográfico "," que sirve para indicar la división de las frases o miembros más cortos de la oración, y que también se emplea en aritmética para separar los enteros de las fracciones decimales.

coma[2] *s. m.* Sopor más o menos profundo dependiente, por lo común, de congestión o de derrame en el cerebro.

comadre *s. f.* **1.** Partera. **2.** Alcahueta.

comadreja *s. f.* Mamífero carnívoro nocturno, muy vivo y perjudicial.

comadrón, na *s. m. y s. f.* Persona que atiende a la mujer en el acto del parto.

comandante *s. m.* Jefe militar de categoría comprendida entre la de capitán y la de teniente coronel.

comandar *v. tr.* Mandar un ejército.

comanditar *v. tr.* Aportar los fondos necesarios para una empresa comercial o industrial, sin contraer obligación mercantil alguna.

comando *s. m.* Mando militar.

comarca *s. f.* División de territorio que comprende varias poblaciones.

comatoso, sa *adj.* Relativo al coma.

comba *s. f.* **1.** Inflexión que toman algunos cuerpos sólidos cuando se encorvan. **2.** Juego infantil que consiste en saltar por encima de una cuerda.

combar *v. tr.* Torcer algo como madera, hierro, etc.

combate *s. m.* Pelea, lucha.

combatiente *s. m.* Cada uno de los soldados que componen un ejército.

combatir *v. intr.* **1.** Pelear. También prnl. || *v. tr.* **2.** Acometer, embestir. **3.** Contradecir.

combinación *s. f.* **1.** Acción y efecto de combinar o combinarse. **2.** Enagua.

combinado *s. m.* Mezcla de licores.

combinar *v. tr.* Unir cosas diversas de manera que formen un compuesto.

comburente *adj.* Que hace entrar en combustión o la activa.

combustible *adj.* **1.** Que puede arder. || *s. m.* **2.** Leña, carbón u otra materia que sirve para hacer lumbre.

combustión *s. f.* **1.** Acción y efecto de arder, quemar. **2.** Combinación de un cuerpo combustible con otro que la activa.

comecocos *s. m., fam.* Cualquier cosa que concentra por completo los pensamientos y la atención de una persona.

comedero *s. m.* Vasija o cajón donde se echa la comida a las aves y otros animales.

comedia *s. f.* **1.** Obra dramática en la que se desarrolla una acción de feliz desenlace. **2.** Género cómico. **3.** *fig.* Fingimiento.

comediante, ta *s. m. y s. f.* **1.** Actor, actriz. **2.** *fig.* Persona que para algún fin aparenta lo que no siente en realidad.

comedido, da *adj.* Cortés, prudente.

comedimiento *s. m.* Cortesía, moderación.

comedirse *v. prnl.* Moderarse, contenerse.

comedón *s. m.* Grano sebáceo con un punto negro que se forma en la piel del rostro.

comedor *s. m.* **1.** Pieza destinada en las casas para comer. **2.** Establecimiento destinado para servir comidas.

comején *s. m.* Insecto neuróptero, que vive en parajes húmedos y climas cálidos.

comendador, ra *s. m. y s. f.* Persona que tiene encomienda.

comensal *s. m. y s. f.* Cada una de las personas que comen en una misma mesa.

comentar *v. tr., fam.* Hacer comentarios.

comentario *s. m.* Escrito que sirve de explicación de una obra.

comenzar *v. tr.* Empezar, dar principio.

comer *v. intr.* **1.** Masticar y desmenuzar el alimento en la boca y pasarlo al estómago. También tr. **2.** Tomar la comida principal del día.

comercial *adj.* **1.** Relativo al comercio. **2.** Que se vende fácilmente.

comerciante *s. m. y s. f.* Persona a quien son aplicables las leyes mercantiles.

comerciar *v. intr.* Negociar comprando y vendiendo géneros.

comercio *s. m.* **1.** Negociación que se hace comprando y vendiendo cosas. **2.** Conjunto de comerciantes de un país. **3.** Establecimiento comercial.

comestible *adj.* **1.** Que se puede comer. || *s. m.* **2.** Cualquier alimento.

cometa *s. m.* **1.** Astro formado por un núcleo acompañado de una larga cola. || *s. f.* **2.** Juguete que consiste en una armazón plana cubierta de papel o tela que se arroja al aire sujeta con una cuerda.

cometer *v. tr.* Incurrir en una falta o error.

cometido *s. m.* **1.** Comisión, encargo. **2.** Incumbencia, obligación moral.

comezón *s. f.* **1.** Picazón. **2.** *fig.* Desazón interior que ocasiona el deseo de algo.

cómic *s. m.* **1.** Serie de viñetas que presenta un desarrollo narrativo. **2.** Revista o libro que contiene estas viñetas.

comicios *s. m. pl.* Reuniones y actos electorales.

cómico, ca *adj.* **1.** Relativo a la comedia. **2.** Divertido. || *s. m. y s. f.* **3.** Comediante, actor o actriz que representa papeles jocosos.

comida *s. f.* **1.** Lo que se toma como alimento. **2.** Alimento principal que cada día toman las personas.

comienzo *s. m.* Principio, origen y raíz de una cosa.

comillas *s. f. pl.* Signo ortografico, " ", que se pone al principio y al final de las frases incluidas como citas o ejemplos.

comilón, na *adj.* **1.** Que come mucho. || *s. f.* **2.** *fam.* Comida variada y abundante.

comino *s. m.* Planta umbelífera cuyas semillas se usan en medicina y como condimento.

comisaría *s. f.* **1.** Empleo del comisario. **2.** Oficina del comisario.

comisario, ria *s. m. y s. f.* Persona que tiene poder y facultad de una autoridad superior para ejecutar alguna orden o entender en algún negocio.

comiscar *v. tr.* Comer a menudo y en pequeñas cantidades de varias cosas.

comisión *s. f.* **1.** Acción de cometer. **2.** Encargo. **3.** Conjunto de personas delegadas temporalmente para entender algún asunto. **4.** Retribución que percibe la persona que vende una cosa por cuenta ajena.

comistrajo *s. m., fam.* Mezcla irregular y extravagante de manjares.
comisura *s. f.* Punto de unión de ciertas partes similares del cuerpo, como los labios.
comité *s. m.* Comisión de personas.
comitiva *s. f.* Acompañamiento de personas.
como *adv. m.* **1.** Del modo o manera. **2.** De la misma forma que. **3.** En sentido comparativo denota idea de equivalencia, semejanza o igualdad.
cómoda *s. f.* Mueble con tablero de mesa y cajones que ocupan todo el frente.
comodidad *s. f.* Abundancia de las cosas necesarias para vivir a gusto y con descanso.
comodín *s. m.* Lo que se hace servir para fines diversos, según convenga.
cómodo, da *adj.* Conveniente, oportuno, acomodado, fácil.
compactar *v. tr.* Hacer compacta una cosa.
compacto, ta *adj.* **1.** De textura apretada y poco porosa. **2.** Apretado, apiñado.
compadecer *v. tr.* **1.** Compartir la desgracia ajena, sentirla. **2.** Inspirar lástima o pena a uno la desgracia de otro. También prnl.
compadre *s. m.* El padrino de un niño con relación a la madrina y a los padres.
compaginar *v. tr.* Poner en buen orden cosas que tienen alguna relación. También prnl.
compañerismo *s. m.* Armonía y buena correspondencia entre compañeros.
compañero, ra *s. m. y s. f.* **1.** Persona que acompaña a otra. **2.** Cosa que hace juego con otra. **3.** Cada uno de los individuos de un colegio, corporación, etc.
compañía *s. f.* **1.** Persona o personas que acompañan a otras. **2.** Sociedad unida para fines comerciales o industriales. **3.** Unidad orgánica de soldados. **4.** Grupo de actores.
comparar *v. tr.* **1.** Examinar dos o más objetos para descubrir sus relaciones, diferencias o semejanzas. **2.** Cotejar.
comparativo, va *adj.* Se dice de los adjetivos y adverbios que expresan comparación.
comparecencia *s. f.* Acto de comparecer personalmente o por escrito ante el juez o un superior.
comparecer *v. intr.* Presentarse uno ante otro, en especial ante el juez.
comparsa *s. f.* **1.** Acompañamiento en representaciones teatrales. **2.** Conjunto de personas que van vestidas de máscaras.
compartimiento *s. m.* Cada una de las partes que resultan de compartir un todo, y especialmente un espacio o local.
compartir *v. tr.* **1.** Repartir, dividir, distribuir las cosas en partes. **2.** Participar alguien en alguna cosa.
compás *s. m.* **1.** Instrumento que sirve para trazar arcos de circunferencia y tomar distancias. **2.** En música, medida del tiempo.
compasión *s. f.* Sentimiento de ternura y lástima hacia el mal que padece alguien.
compasivo, va *adj.* **1.** Que tiene compasión. **2.** Que fácilmente se mueve a compasión.
compatibilidad *s. f.* Calidad de compatible.
compatible *adj.* Que tiene aptitud o proporción para unirse o concurrir en un mismo lugar o sujeto.
compatriota *s. m. y s. f.* Persona de la misma patria que otra.
compeler *v. tr.* Obligar a alguien a que haga lo que no quiere.
compendiar *v. tr.* Reducir a compendio.
compendio *s. m.* Breve y sumaria exposición de lo más sustancial de una obra.
compenetrarse *v. prnl., fig.* Identificarse las personas en ideas y sentimientos.
compensar *v. tr.* **1.** Neutralizar el efecto de una cosa con el de otra. También prnl. **2.** Dar alguna cosa, o hacer un beneficio en resarcimiento del daño que se ha causado. También prnl.
competencia *s. f.* **1.** Rivalidad, oposición. **2.** Incumbencia. **4.** Aptitud, idoneidad.
competente *adj.* **1.** Proporcionado, adecuado. **2.** Se dice de la persona a quien compete alguna cosa. **3.** Apto, idóneo.
competer *v. intr.* Pertenecer, tocar o incumbir a alguien en alguna cosa.
competir *v. intr.* Contender dos o más personas para lograr una misma cosa.
compilación *s. f.* Colección de varias noticias, leyes o materias.
compilar *v. tr.* Reunir en un solo cuerpo de obra extractos de libros o documentos.
compinche *s. m. y s. f., fam.* Camarada.
complacencia *s. f.* Satisfacción, placer y contento que resulta de una cosa.
complacer *v. tr.* **1.** Acceder alguien a lo que otro desea. || *v. prnl.* **2.** Encontrar plena satisfacción en alguna cosa.

complejidad *s. f.* Calidad de complejo.

complejo, ja *adj.* **1.** Se dice de lo que está compuesto por elementos diversos. || *s. m.* **2.** Conjunto o unión de dos o más cosas. **3.** Conjunto de establecimientos fabriles de industrias básicas, derivadas o complementarias, próximos unos a otros.

complementar *v. tr.* Dar a una cosa lo necesario para que sea íntegra o perfecta.

complementario, ria *adj.* Que sirve para completar o perfeccionar una cosa.

completar *v. tr.* **1.** Integrar, hacer cabal una cosa. **2.** Hacerla perfecta en su clase.

completo, ta *adj.* **1.** Entero, lleno. **2.** Acabado, perfecto.

complexión *s. f.* Constitución fisiológica de una persona o animal.

complicación *s. f.* **1.** Concurrencia de cosas diversas. **2.** Embrollo de difícil solución.

complicar *v. tr.* **1.** Mezclar, unir cosas diversas. **2.** *fig.* Enredar, dificultar, confundir.

cómplice *s. m. y s. f.* Persona que, sin ser autora de un delito, coopera sustancialmente en su perpetración.

complicidad *s. f.* Calidad de cómplice.

complot *s. m.* **1.** Confabulación entre dos o más personas contra otra. **2.** Trama, intriga.

componenda *s. f.* Arreglo o transacción censurable o inmoral.

componer *v. tr.* **1.** Constituir, formar un cuerpo de varias personas o cosas. **2.** Hacer, producir obras literarias o musicales. **3.** Adornar alguna cosa. **4.** Ataviar.

comportamiento *s. f.* Conducta, manera de portarse.

comportar *v. tr.* **1.** *fig.* Sufrir, tolerar. || *v. prnl.* **2.** Portarse, conducirse.

composición *s. f.* Acción y efecto de componer.

compositor, ra *adj.* Que hace composiciones musicales.

compostura *s. f.* **1.** Construcción de un todo que consta de varias partes. **2.** Reparo de una cosa descompuesta o rota. **3.** Aseo, aliño de una persona.

compota *s. f.* Dulce de fruta cocida con agua y azúcar.

compra *s. f.* Acción y efecto de comprar.

comprar *v. tr.* **1.** Adquirir algo por dinero. **2.** Sobornar.

compraventa *s. f.* Negocio de la persona que se dedica a comprar objetos usados para revenderlos.

comprender *v. tr.* **1.** Abrazar, ceñir, rodear. **2.** Contener, incluir en sí alguna cosa. También prnl. **3.** Entender, alcanzar.

comprensión *s. f.* **1.** Acción de comprender. **2.** Facultad, acto o proceso de entender las cosas.

compresa *s. f.* Lienzo o gasa para poner sobre una herida, absorber hemorragias, etc.

compresión *s. f.* Acción y efecto de comprimir.

comprimido *s. m.* Tableta medicinal pequeña que se obtiene por compresión de sus ingredientes previamente reducidos a polvo.

comprimir *v. tr.* Apretar, estrechar por presión el volumen de una cosa.

comprobación *s. f.* Acción y efecto de comprobar.

comprobar *v. tr.* Verificar, confirmar una cosa mediante demostración o prueba que la acrediten como cierta.

comprometer *v. tr.* **1.** Exponer a algún peligro o daño. **2.** Constituir a alguien en una obligación. También prnl.

compromiso *s. m.* **1.** Acto de comprometerse. **2.** Obligación contraída, palabra dada.

compuerta *s. f.* Puerta de gruesos tablones que sirve, en los canales o presas, para graduar o cortar el paso del agua.

compuesto, ta *adj.* **1.** *fig.* Que consta de varios elementos. || *s. m.* **2.** Agregado de varias cosas que componen un todo.

compulsa *s. f.* Copia o traslado de una escritura, instrumento o autos.

compulsar *v. tr.* **1.** Examinar dos o más documentos, confrontándolos entre sí. **2.** Sacar compulsas de un documento.

compulsión *s. f.* Apremio que se hace a una persona por mandato de la autoridad.

compungido, da *adj.* Dolorido, afligido.

compurgación *s. f.* Purgación, refutación de indicios de culpabilidad.

computar *v. tr.* Calcular por números.

cómputo *s. m.* Cuenta o cálculo.

comulación *s. f.* Acumulación.

comulgar *v. tr.* **1.** Dar la Sagrada Comunión. || *v. intr.* **2.** Recibirla.

común *adj.* **1.** Que pertenece o se extiende a varios. **2.** Ordinario, frecuente y muy sabido. **3.** Bajo, de inferior clase.

comunal *adj.* **1.** Común, propio de todos. ‖ *s. m.* **2.** Común, el conjunto de habitantes.

comunicación *s. f.* **1.** Escrito en que se comunica algo. **2.** Trato o correspondencia entre dos o más personas. **3.** Unión que se establece entre cosas determinadas como mares, pueblos, casas, etc. mediante pasos, canales, escaleras, etc. ‖ *s. f. pl.* **4.** Correos, telégrafos, teléfonos, etc.

comunicado *s. m.* Nota o parte que se comunica para conocimiento público.

comunicar *v. tr.* **1.** Hacer saber. **2.** Tratar con alguien. **3.** Tener correspondencia o paso unas cosas inanimadas con otras. ‖ *v. prnl.* **4.** Estar una cosa en unión con otra.

comunidad *s. f.* Reunión de personas que viven juntas y bajo ciertas reglas.

comunión *s. f.* En la Iglesia Católica, acto de recibir los fieles la eucaristía.

con *prep.* **1.** Significa el medio, instrumento o modo para hacer una cosa. **2.** En ciertas locuciones, aunque. **3.** Juntamente.

conato *s. m.* **1.** Empeño, esfuerzo. **2.** Propensión, tendencia. **3.** Acto y delito que se empezó y no llegó a consumarse.

concavidad *s. f.* **1.** Calidad de cóncavo. **2.** Parte o sitio cóncavo.

cóncavo, va *adj.* Que presenta un hueco o depresión curva.

concebir *v. intr.* **1.** Quedar preñada la hembra. También prnl. **2.** *fig.* Formar en la mente idea o concepto de una cosa, comprenderla. También tr.

conceder *v. tr.* Dar, otorgar.

concejal, la *s. m. y s. f.* Persona de un concejo o ayuntamiento.

concejalía *s. f.* Oficio o cargo de concejal.

concejil *adj.* Perteneciente al concejo.

concejo *s. m.* **1.** Ayuntamiento, municipio. **2.** Sesión celebrada por los componentes de un concejo. **3.** Municipio.

concentrado, da *adj.* **1.** Internado en el centro de una cosa. **2.** Muy atento a la actividad que realiza.

concentrar *v. tr.* **1.** *fig.* Reunir en un centro o punto lo que estaba separado. También prnl. **2.** Aumentar la proporción de materia disuelta con relación al disolvente.

concéntrico, ca *adj.* Se dice de las figuras y de los sólidos que tienen un mismo centro.

concepción *s. f.* Acción y efecto de concebir.

concepto *s. m.* **1.** Idea que concibe el entendimiento. **2.** Opinión, juicio.

conceptuar *v. tr.* Formar concepto de una persona o cosa.

concernir *v. intr.* Atañer, tocar, pertenecer.

concertar *v. tr.* **1.** Componer, arreglar las partes de una o varias cosas. **2.** Pactar, acordar algo. También prnl.

concertina *s. f.* Acordeón de figura hexagonal u octogonal.

concertino *s. m.* Violinista que toca la parte más destacada de un concierto.

concertista *s. m. y s. f.* Persona que dirige un concierto o canta o toca en él.

concesión *s. f.* **1.** Acción y efecto de conceder. **2.** Otorgamiento gubernativo a favor de particulares o empresas.

concha *s. f.* **1.** Parte exterior y dura que cubre a los animales testáceos, como las tortugas, caracoles, etc. **2.** Ostra.

conchabar *v. tr.* **1.** Unir, asociar, mezclar. ‖ *v. prnl.* **2.** *fam.* Confabularse.

conciencia *s. f.* Conocimiento que el espíritu humano tiene de su propia existencia, estados y actos.

concienciar *v. tr.* Hacer que alguien sea consciente de algo. También prnl.

concienzudo, da *adj.* **1.** Que es de estrecha y recta conciencia. **2.** Que estudia o hace las cosas con mucha atención.

concierto *s. m.* **1.** Buen orden y disposición de las cosas. **2.** Ajuste, convenio. **3.** Función de música.

conciliábulo *s. m.* Junta para tratar de una cosa que se presume ilícita.

conciliar *v. tr.* Componer y ajustar los ánimos de los que estaban opuestos entre sí.

concilio *s. m.* Junta o congreso, especialmente de eclesiásticos.

concisión *s. f.* Brevedad en el modo de expresar los conceptos.

conciso, sa *adj.* Que tiene concisión.

concitar *v. tr.* Instigar a uno contra otro.

conciudadano, na *s. m. y s. f.* **1.** Cada uno de los ciudadanos de una misma ciudad, respecto de los demás. **2.** Por ext., cada uno de los naturales de una misma nación respecto de los demás.

conclave *s. m.* **1.** Lugar en donde los cardenales se reúnen para elegir sumo pontífice. **2.** La misma reunión o junta.

concluir *v. tr.* **1.** Acabar o finalizar una cosa. También prnl. **2.** Determinar y resolver algo. **3.** Deducir una verdad de otras que se admiten, demuestran o presuponen.

conclusión *s. f.* **1.** Acción y efecto de concluir o concluirse. **2.** Fin y determinación de una cosa.

concluso, sa *adj.* Se dice del juicio que está para sentencia.

concomitar *v. tr.* Acompañar una cosa a otra u obrar juntamente con ella.

concordancia *s. f.* **1.** Conformidad de una cosa con otra. **2.** Conformidad de accidentes entre dos o mas partes variables de la oración.

concordar *v. tr.* **1.** Poner de acuerdo lo que no lo está. ‖ *v. intr.* **2.** Convenir una cosa con otra. **3.** Guardar concordancia.

concordato *s. m.* Tratado entre el gobierno de un Estado y la Santa Sede.

concordia *s. f.* Conformidad, unión, ajuste.

concreado, da *adj.* Se dice de las cualidades que existen en el ser humano desde su creación.

concreción *s. f.* Acumulación de varias partículas que se unen para formar masas.

concrescencia *s. f.* Crecimiento simultáneo de varios órganos de un vegetal, tan cercanos que se confunden en una sola masa.

concretar *v. tr.* **1.** Combinar, concordar. **2.** Reducir a lo más esencial una materia.

concreto, ta *adj.* **1.** Se dice de un objeto considerado en sí mismo, excluyéndolo de lo accesorio. **2.** Real, particular.

concubina *s. f.* Mujer que vive con un hombre como si éste fuera su marido.

conculcar *v. tr.* **1.** Hollar, pisotear. **2.** Infringir. **3.** Oprimir.

concupiscencia *s. f.* **1.** Apetito y deseo de los bienes terrenos. **2.** Lascivia.

concurrencia *s. f.* **1.** Junta de varias personas en un mismo lugar. **2.** Ayuda.

concurrir *v. intr.* **1.** Juntarse en un mismo lugar o tiempo diferentes personas, sucesos o cosas. **2.** Contribuir con una cantidad para un fin determinado.

concursar *v. tr.* Tomar parte en un certamen.

concurso *s. m.* **1.** Concurrencia. **2.** Competencia abierta entre diversas personas en quienes concurren las mismas condiciones, para escoger la mejor o las mejores. **3.** Certamen.

concusión *s. f.* Conmoción violenta, sacudimiento.

condado *s. m.* Territorio o lugar gobernado por un conde.

condal *adj.* Perteneciente al conde o a su dignidad.

conde *s. m.* Uno de los títulos nobiliarios de que los soberanos hacen merced a ciertas personas.

condecir *v. intr.* Convenir, concertar o guardar armonía una cosa con otra.

condecoración *s. f.* Cruz u otra insignia de honor.

condecorar *v. tr.* Dar o imponer a alguien una condecoración.

condena *s. f.* **1.** Parte de la sentencia dictada por un juez o tribunal en la cual se impone la pena al acusado de un delito o falta. **2.** Extensión y grado de la pena.

condenar *v. tr.* **1.** Declarar culpable el juez al reo. **2.** Reprobar una doctrina u opinión. **3.** Desaprobar una cosa.

condensador *s. m.* Aparato para reducir los gases a menor volumen.

condensar *v. tr.* **1.** Convertir un vapor en líquido o en sólido. **2.** Reducir una cosa a menor volumen o extensión. También prnl.

condesa *s. f.* Mujer del conde, o la que por sí tiene condado.

condescender *v. intr.* Acomodarse por bondad al gusto y voluntad de otro.

condestable *s. m.* Antigua dignidad militar.

condición *s. f.* Índole, naturaleza, propiedad o carácter de una persona o cosa.

condicional *adj.* **1.** Que incluye una condición. ‖ *s. m.* **2.** Tiempo que expresa acción futura en relación con el pasado del que se parte.

condicionar *v. tr.* Hacer depender una cosa de alguna condición.

cóndilo *s. m.* Eminencia redondeada en la extremidad de un hueso, que forma articulación encajando en el hueco correspondiente de otro hueso.

condimentar *v. tr.* Sazonar los manjares.

condimento *s. m.* Lo que sirve para sazonar la comida y darle buen sabor.

condiscípulo, la *s. m. y s. f.* Persona que estudia o ha estudiado con otra u otras.

condolencia *s. f.* Participación en el pesar ajeno.

condolerse *v. prnl.* Compadecerse.

condón *s. m.* Preservativo, funda de goma.

cóndor *s. m.* Ave rapaz diurna, especie de buitre que habita en los Andes.

conducción *s. f.* Acción y efecto de conducir, llevar o guiar alguna cosa.

conducir *v. tr.* **1.** Dirigir, guiar a alguien. **2.** Dirigir y guiar un negocio o un vehículo.

conducta *s. f.* Manera de conducirse.

conductibilidad *s. f.* Propiedad natural de los cuerpos, que consiste en transmitir el calor o la electricidad.

conductible *adj.* Que puede ser conducido.

conducto *s. m.* **1.** Canal, tubo, vía. **2.** Intermediario.

conductor, ra *adj.* **1.** Que conduce. **2.** Se aplica a los cuerpos según conduzcan bien o mal el calor y la electricidad.

condumio *s. m., fam.* Manjar que se come con pan, como cualquier cosa guisada.

conectar *v. tr.* **1.** Combinar con el movimiento de una máquina el de un aparato dependiente de ella. **2.** Poner en contacto.

conejera *s. f.* **1.** Madriguera donde se crían conejos. **2.** *fig.* Cueva estrecha y larga.

conejo, ja *s. m. y s. f.* Mamífero roedor, que se domestica fácilmente. Su carne es comestible.

conexión *s. f.* Trabazón, relación de una cosa con otra.

conexionarse *v. prnl.* Contraer conexiones.

conexo, xa *adj.* Se aplica a la cosa que está enlazada o relacionada con otra.

confabulación *s. f.* Conspiración, trama.

confabular *v. intr.* Ponerse de acuerdo dos o más personas sobre un negocio en que no son ellas solas las interesadas.

confección *s. f.* **1.** Acción y efecto de confeccionar. **2.** Hechura de prendas de vestir.

confeccionar *v. tr.* Hacer una obra material combinando sus diversos elementos, ingredientes, etc.

confederación *s. f.* Alianza, liga o pacto entre personas, o entre naciones o estados.

confederar *v. tr.* Hacer alianza, liga, unión o pacto entre varios. También prnl.

conferencia *s. f.* **1.** Disertación en público sobre una cuestión científica, literaria, etc. **2.** Reunión de representantes de gobiernos para tratar asuntos internacionales.

conferenciar *v. intr.* Reunirse dos o más personas para tratar de un negocio, asunto, etc.

conferir *v. tr.* Conceder, asignar a alguien dignidad, empleo, facultades o derechos.

confesar *v. tr.* **1.** Manifestar o decir alguien sus actos, ideas o sentimientos íntimos. **2.** Declarar el reo ante el juez. **3.** Declarar el penitente sus pecados al confesor.

confesión *s. f.* **1.** Acción y efecto de confesar o confesarse. **2.** Declaración al confesor de los pecados que alguien ha cometido. **3.** Afirmación pública de la fe que se profesa.

confesional *adj.* Perteneciente a una confesión religiosa.

confeso, sa *adj.* Que ha confesado su culpa.

confesor *s. m.* Sacerdote que confiesa a los penitentes.

confeti *s. m.* Pedacitos de papel de color, que se arrojan en los días de carnaval y otras fiestas.

confianza *s. f.* **1.** Esperanza firme que se tiene de una persona o cosa. **2.** Seguridad que alguien tiene en sí mismo para obrar.

confiar *v. intr.* **1.** Esperar con firmeza y seguridad. También prnl. ‖ *v. tr.* **2.** Encargar o poner al cuidado de alguien algo.

confidencia *s. f.* **1.** Confianza. **2.** Revelación secreta, noticia reservada.

confidente, ta *adj.* **1.** De confianza. ‖ *s. m.* **2.** Canapé con dos asientos. ‖ *s. m. y s. f.* **3.** Persona a quien otra fía sus secretos.

configuración *s. f.* Disposición de las partes que componen un cuerpo y que le dan su peculiar figura.

configurar *v. tr.* Dar determinada figura a una cosa. También prnl.

confín *s. m.* Término, límite.

confinar *v. intr.* **1.** Lindar. ‖ *v. tr.* **2.** Desterrar a un lugar determinado.

confingir *v. tr.* Mezclar una o más cosas con un líquido hasta formar una masa.

confirmación *s. f.* **1.** Acción y efecto de confirmar. **2.** Nueva prueba de la verdad y certeza de un suceso, dictamen u otra cosa. **3.** Uno de los siete sacramentos de la Iglesia, que administra el obispo.

confirmar *v. tr.* Corroborar la verdad, certeza o probabilidad de una cosa.

confiscación *s. f.* Acción y efecto de confiscar.

confiscar *v. tr.* Privar a alguien de sus bienes y aplicarlos al fisco.

confitar *v. tr.* **1.** Cubrir con baño de azúcar. **2.** Cocer las frutas en almíbar.

confite *s. m.* Pasta de azúcar y algún otro ingrediente, en forma de bolitas.

confitero, ra *s. m. y s. f.* Persona que tiene por oficio hacer o vender dulces y confituras.

confitura *s. f.* Fruta u otra cosa confitada.
conflación *s. f.* Acción y efecto de fundir.
conflagración *s. f.* **1.** Incendio. **2.** Perturbación repentina y violenta de naciones.
conflagrar *v. tr.* Inflamar, incendiar, quemar alguna cosa.
conflicto *s. m.* **1.** Lo más recio en un combate. **2.** *fig.* Angustia del ánimo. **4.** *fig.* Apuro, situación de difícil salida.
confluencia *s. f.* Paraje donde confluyen los ríos o los caminos.
confluir *v. intr.* **1.** Juntarse corrientes de agua o caminos en un paraje. **2.** Concurrir mucha gente en un lugar.
conformación *s. f.* Disposición de las partes que forman una cosa.
conformar *v. tr.* **1.** Ajustar, convenir. ‖ *v. prnl.* **2.** Sujetarse alguien a hacer algo por lo que se siente cierta repugnancia.
conforme *adj.* **1.** Igual, proporcionado, correspondiente. **2.** Acorde. **3.** Resignado y paciente en las adversidades.
conformidad *s. f.* **1.** Semejanza, igualdad. **2.** Simetría entre dos partes que componen un todo. **3.** Tolerancia.
conformista *adj.* Se dice de la persona que, aun conociendo su situación desventajosa y las posibilidades de cambio de la misma, la acepta y no intenta transformarla.
confort *s. m.* Comodidad.
confortable *adj.* **1.** Que conforta, alienta o consuela. **2.** Se aplica a lo que produce comodidad.
confortar *v. tr.* **1.** Dar vigor, espíritu y fuerza. **2.** Animar, alentar al afligido. También prnl.
confraternar *v. intr.* Hermanarse una persona con otra.
confraternidad *s. f.* **1.** Hermandad de parentesco. **2.** Hermandad de amistad.
confraternizar *v. intr.* Tratarse con amistad y camaradería.
confrontación *s. f.* **1.** Careo entre dos o más personas. **2.** Cotejo de una cosa con otra.
confrontar *v. tr.* **1.** Carear una persona con otra. **2.** Comparar una cosa con otra.
confundir *v. tr.* **1.** Mezclar. **2.** Equivocar, perturbar. También prnl. **4.** *fig.* Humillar, abatir, avergonzar. También prnl.
confusión *s. f.* **1.** Falta de orden, de concierto. **2.** *fig.* Perplejidad, desasosiego.
confuso, sa *adj.* **1.** Mezclado, revuelto. **2.** Dudoso, oscuro. **3.** *fig.* Temeroso, turbado.
confutar *v. tr.* Impugnar de modo convincente la opinión contraria.
congelación *s. f.* Acción y efecto de congelar o congelarse.
congelador *s. m.* En las neveras, compartimiento especial donde se produce hielo y se guardan los alimentos cuya conservación requiere más baja temperatura.
congelar *v. tr.* **1.** Pasar de líquido a sólido. **2.** Helar.
congénere *adj.* Del mismo género, del mismo origen o de la propia derivación.
congenial *adj.* De igual genio.
congeniar *v. intr.* Tener dos o más personas carácter o inclinaciones que concuerdan fácilmente.
congénito, ta *adj.* **1.** Se dice de lo que se engendra juntamente con otra cosa. **2.** Connatural y como nacido con alguien.
congerie *s. f.* Cúmulo, montón de cosas.
congestión *s. f.* **1.** Acumulación excesiva de sangre en alguna parte del cuerpo. **2.** *fig.* Concurrencia excesiva de personas, vehículos, etc., que entorpece el tráfico.
conglobar *v. tr.* Unir, juntar cosas o partes de modo que formen globo o montón.
conglomeración *s. f.* Acción y efecto de conglomerar o conglomerarse.
conglomerar *v. tr.* **1.** Aglomerar. ‖ *v. prnl.* **2.** Unirse fragmentosde diversas sustancias formando una masa compacta.
conglutinación *s. f.* Acción y efecto de conglutinar o conglutinarse.
conglutinar *v. tr.* Unir una cosa con otra.
congoja *s. f.* Desmayo, fatiga, angustia.
congosto *s. m* Desfiladero entre montañas.
congraciar *v. tr.* Conseguir la benevolencia o el afecto de alguien.
congratular *v. tr.* Manifestar alegría y satisfacción a la persona a quien ha acaecido un suceso feliz. También prnl
congregación *s. f.* **1.** Junta para tratar de un negocio. **2.** Cofradía, sociedad de cofrades.
congregante, ta *s. m. y s. f.* Individuo de una congregación.
congregar *v. tr.* Juntar, reunir.
congreso *s. m.* Junta para deliberar sobre algún asunto. **2.** Asamblea nacional en algunos países.

congrio *s. m.* Pez malacopterigio ápodo, de carne blanca y comestible.
congruencia *s. f.* Conveniencia, oportunidad.
congruo, grua *adj.* **1.** Conveniente, oportuno. ‖ *s. f.* **2.** Renta que debe tener el sacerdote para sustentarse.
cónico, ca *adj.* **1.** Perteneciente al cono. **2.** De forma de cono.
conífero, ra *adj.* Se aplica a los árboles y arbustos dicotiledóneos, de hojas persistentes y fruto cónico.
conirrostro, tra *adj.* Se dice de los pájaros que tienen el pico corto y cónico.
conivalvo, va *adj.* De concha cónica.
coniza *s. f.* Planta herbácea compuesta, medicinal, de tallo muy ramoso en la parte superior, hojas lanceoladas y cabezuelas amarillas.
conjetura *s. f.* Juicio probable que se forma de las cosas o acaecimientos por las señales que se ven.
conjeturar *v. tr.* Formar juicio probable de una cosa por indicios y observaciones.
conjugación *s. f.* **1.** Acción y efecto de conjugar. **2.** Serie ordenada de todas las voces de varia inflexión con que el verbo expresa sus diferentes modos, tiempos, números y personas.
conjugar *v. tr.* **1.** Combinar varias cosas entre sí. **2.** Poner o decir en serie ordenada las palabras de varia inflexión, con que en el verbo se denotan sus diferentes modos, tiempos, números y personas.
conjunción *s. f.* **1.** Unión. **2.** Parte invariable de la oración que enlaza oraciones o palabras que desempeñan una función sintáctica equivalente.
conjuntivitis *s. f.* Inflamación de la conjuntiva.
conjuntivo, va *adj.* **1.** Que junta y une. ‖ *s. f.* **2.** Membrana mucosa que cubre la parte interior del globo del ojo, excepto la córnea.
conjunto, ta *adj.* **1.** Unido o contiguo a otra persona. ‖ *s. m.* **2.** Agregado de varias cosas iguales o diferentes.
conjuración *s. f.* Acuerdo hecho contra el Estado, el príncipe u otra autoridad.
conjurar *v. intr.* **1.** Ligarse con otro mediante juramento para algún fin. También prnl. **2.** *fig.* Conspirar las personas o cosas contra alguien. ‖ *v. tr.* **3.** Juramentar.
conjuro *s. m.* Imprecación supersticiosa con la que cree el vulgo que hacen sus prodigios los hechiceros.
conllevar *v. tr.* **1.** Ayudar a alguien a llevar los trabajos. **2.** Sufrirle a alguien el genio y las impertinencias.
conmemoración *s. f.* Acto que se celebra en memoria de una persona o cosa.
conmemorar *v. tr.* Recordar solemnemente.
conmemorativo, va *adj.* Que conmemora.
conmensurar *v. tr.* Medir con igualdad o debida proporción.
conmigo *pron. pers.* Forma del pronombre personal de primera persona, género masculino o femenino y número singular, cuando funciona como complemento precedido de la preposición "con".
conmilitón *s. m.* Soldado compañero de otro en la guerra.
conminación *s. f.* Acción y efecto de conminar.
conminar *v. tr.* **1.** Amenazar. **2.** Intimar la autoridad un mandato, bajo apercibimiento de corrección o pena determinada.
conminuta *adj.* Se dice de la fractura en que el hueso queda reducido a fragmentos menudos.
conmiseración *s. f.* Compasión que uno tiene por el mal de otro.
conmistión *s. f.* Mezcla de cosas diversas.
conmoción *s. f.* **1.** Perturbación violenta del ánimo. **2.** Levantamiento, alteración de un estado, provincia o pueblo.
conmocionar *v. tr.* Producir conmoción.
conmover *v. tr.* **1.** Perturbar, inquietar, alterar. También prnl. **2.** Enternecer.
conmutador *s. m.* Aparato eléctrico que sirve para que la corriente eléctrica cambie de conductor.
conmutar *v. tr.* Trocar, cambiar una cosa por otra.
conmutatriz *s. f.* Aparato que sirve para convertir la corriente alterna en continua, o viceversa.
connatural *adj.* Propio o conforme a la naturaleza del ser viviente.
connivencia *s. f.* **1.** Disimulo o tolerancia del superior para las faltas de sus subordinados. **2.** Acción de confabularse.
connotar *v. tr.* Hacer relación.
cono *s. m.* Sólido limitado por una base plana de periferia curva y la superficie formada por las rectas que unen cada punto de esta base con el vértice.
conocer *v. tr.* **1.** Tener idea o noción de alguna cosa. **2.** Entender, comprender.

conocido, da *adj.* **1.** Distinguido, ilustre. || *s. m. y s. f.* **2.** Persona con quien se tiene trato, pero no amistad.

conocimiento *s. m.* Entendimiento, inteligencia razón natural.

conque *conj. ilat.* Anuncia una consecuencia de lo que acabamos de decir.

conquista *s. f.* Acción y efecto de conquistar.

conquistar *v. tr.* **1.** Adquirir o ganar a fuerza de armas un reino, provincia, ciudad, etc. **2.** Ganar la voluntad de alguien.

consabido, da *adj.* Conocido, habitual.

consagración *s. f.* Acción y efecto de consagrar o consagrarse.

consagrar *v. tr.* **1.** Hace sagrada a una persona o cosa. **2.** Pronunciar el sacerdote palabras rituales para transformar en el acto de la consagración el pan y el vino en el cuerpo y en la sangre de Jesucristo.

consanguíneo, a *adj.* Pariente por consanguinidad con otra persona.

consanguinidad *s. f.* Parentesco de las personas que descienden de un mismo tronco.

consciente *adj.* **1.** Que tiene conciencia de sus actos. **2.** Con pleno uso de los sentidos y facultades.

consecución *s. f.* Acción y efecto de conseguir.

consecuencia *s. f.* **1.** Proposición que se deduce lógicamente de otra. **2.** Hecho que se sigue o resulta de otro.

consecuente *adj.* **1.** Que es consecuencia de una cosa. **2.** Conforme a la lógica.

consecutivo, va *adj.* Que sigue a otra cosa inmediatamente.

conseguir *v. tr.* Lograr lo que se pretende.

consejero, ra *s. m. y s. f.* Persona que aconseja.

consejo *s. m.* **1.** Parecer o dictamen. **2.** Cuerpo legislativo o administrativo de un estado, de una corporación, especialmente municipal.

consenso *s. m.* Asenso, consentimiento.

consentimiento *s. m.* Acción y efecto de consentir.

consentir *v. tr.* **1.** Permitir algo o condescender en que se haga. **2.** Mimar a los hijos.

conserje *s. m.* Persona que tiene a su cuidado la custodia, limpieza y llaves de un edificio o establecimiento.

conserva *s. f.* Carne, pescado, frutas, etc. que se conservan comestibles durante mucho tiempo con vinagre, aceite, almíbar, etc.

conservar *v. tr.* **1.** Mantener una cosa o cuidar de su permanencia. También prnl. **2.** Hacer conservas.

conservatorio *s. m.* Establecimiento oficial para enseñar ciertas artes.

considerable *adj.* **1.** Digno de consideración. **2.** Grande, cuantioso.

consideración *s. f.* Acción y efecto de considerar.

considerar *v. tr.* **1.** Pensar, meditar algo con atención. **2.** Juzgar, estimar.

consigna *s. f.* **1.** Orden. **2.** En estaciones de ferrocarril, depósito de equipaje.

consignación *s. f.* Acción y efecto de consignar.

consignar *v. tr.* **1.** Destinar. **2.** Asentar por escrito opiniones, doctrinas, etc. **3.** Enviar las mercancías a un corresponsal.

consigo *pron. pers.* Forma reflexiva del pronombre personal de tercera persona, género masculino o femenino y número singular, cuando funciona como complemento precedido de la preposición "con".

consiguiente *adj.* Que depende y deduce de otra cosa.

consistencia *s. f.* Duración, solidez.

consistir *v. intr.* Estribar una cosa en otra.

consistorio *s. m.* **1.** Consejo que celebra el Papa con asistencia de los cardenales. **2.** En algunas ciudades, ayuntamiento.

consola *s. f.* Mesa arrimada a la pared, comúnmente sin cajones y con un segundo tablero, inmediato al suelo.

consolación *s. f.* Acción y efecto de consolar o consolarse.

consolar *v. tr.* Aliviar la pena de alguien.

consolidar *v. tr.* Dar firmeza a una cosa.

consomé *s. m.* Caldo en que se ha sacado la sustancia de la carne.

consonancia *s. f.* Identidad de sonido en la terminación de dos palabras desde la última vocal acentuada.

consonante *adj.* Se dice de cada una de las letras cuyo sonido se debe al estrechamiento o cierre de los órganos de la articulación. También s. f.

consonar *v. intr.* **1.** Formar consonancia. **2.** Tener algunas cosas igualdad, conformidad o relación entre sí.

consorcio *s. m.* Participación de una misma suerte con otros.

consorte *s. m. y s. f.* **1.** Persona que es partícipe de la misma suerte. **2.** Marido respecto de la mujer y mujer respecto del marido.

conspicuo, cua *adj.* Ilustre.

conspiración *s. f.* Acción y efecto de conspirar contra alguien.

conspirar *v. intr.* **1.** Unirse algunos contra su superior o soberano. **2.** Unirse contra un particular para hacerle daño.

constancia *s. f.* **1.** Firmeza, tesón. **2.** Certeza, exactitud de algún dicho o hecho.

constar *v. intr.* **1.** Ser manifiesta una cosa. **2.** Tener un todo determinadas partes.

constatación *s. f.* Acción y efecto de constatar.

constatar *v. tr.* Comprobar un hecho.

constelación *s. f.* Conjunto de estrellas fijas que forman una figura determinada.

consternación *s. f.* Acción y efecto de consternar o consternarse.

consternarse *v. prnl.* Abatirse, afligirse.

constiparse *v. prnl.* Acatarrarse, resfriarse.

constitución *s. f.* **1.** Configuración fisiológica de un individuo. **2.** Ley fundamental de la organización de un Estado.

constituir *v. tr.* Formar, componer.

constreñir *v. tr.* **1.** Obligar a alguien para que haga algo. **2.** Cerrar como oprimiendo.

construcción *s. f.* **1.** Acción y efecto de construir. **2.** Obra construida.

construir *v. tr.* **1.** Fabricar, erigir, edificar. **2.** Ordenar las palabras o unirlas entre sí con arreglo a las leyes gramaticales.

consuegro, gra *s. m. y s. f.* Padre o madre de una de dos personas unidas en matrimonio, respecto del padre o madre de la otra.

consuelo *s. m.* Alivio de la pena o aflicción.

consuetudinario, ria *adj.* Se dice de lo que es de costumbre.

cónsul *s. m.* Agente diplomático que protege en una población las personas e intereses de los nacionales del país que representa.

consultar *v. tr.* **1.** Tratar y discurrir con alguien sobre un asunto. **2.** Pedir parecer, dictamen o consejo.

consultorio *s. m.* **1.** Establecimiento privado donde se despachan consultas sobre materias técnicas. **2.** Establecimiento en el que los médicos reciben a los enfermos.

consumación *s. f.* Acción y efecto de consumar.

consumar *v. tr.* Llevar a cabo de todo en todo una cosa.

consumición *s. f.* Lo que se consume en un café, bar o establecimiento público.

consumir *v. tr.* **1.** Destruir, extinguir. **2.** Gastar comestibles u otros géneros.

consumo *s. m.* Gasto de aquellas cosas que con el uso se extinguen o destruyen.

consunción *s. f.* **1.** Acción y efecto de consumir o consumirse. **2.** Extenuación, enflaquecimiento.

contabilidad *s. f.* Aptitud de las cosas para poder reducirlas a cuenta o cálculo.

contabilizar *v. tr.* Apuntar una partida o cantidad en los libros de cuentas.

contactar *v. tr.* Establecer comunicación.

contacto *s. m.* **1.** Acción de tocarse dos o más cosas. **2.** Conexión entre dos partes de un circuito eléctrico. **3.** Trato entre dos o más personas o entidades.

contador *s. m.* Aparato que cuenta automáticamente las revoluciones de una rueda o el consumo de electricidad, gas o agua.

contagiar *v. tr.* **1.** Comunicar o pegar a otro u otros una enfermedad contagiosa. **2.** *fig.* Pervertir con el mal ejemplo.

contagio *s. m.* Transmisión, por contacto inmediato o mediato, de una enfermedad específica.

contagioso, sa *adj.* Se aplica a las enfermedades que se comunican por contagio.

contaminación *s. f.* Acción y efecto de contaminar o contaminarse.

contaminar *v. tr.* **1.** Penetrar la inmundicia en un cuerpo causando en él manchas o mal olor. **2.** Inficionar, corromper.

contante *adj.* Se aplica al dinero efectivo.

contar *v. tr.* **1.** Enumerar. **2.** Referir un suceso. **3.** Formar cuentas, según reglas de aritmética. **4.** Importar.

contemplación *s. f.* Acción de contemplar.

contemplar *v. tr.* **1.** Poner la atención en alguna cosa material o espiritual. **2.** Considerar, juzgar. **3.** Complacer a una persona, ser condescendiente con ella.

contemporáneo, a *adj.* **1.** Existente al mismo tiempo que otra persona o cosa. **2.** Relativo al tiempo o época actual.

contemporizar *v. intr.* Acomodarse alguien al gusto o dictamen ajeno.

contencioso, sa *adj.* Que es objeto de litigio.

contender *v. intr.* **1.** Pelear, luchar. **2.** *fig.* Debatir, rivalizar. **3.** *fig.* Disputar.

contenencia *s. f.* Parada o suspensión que hacen a veces en el aire algunas aves, especialmente las de rapiña.

contener *v. tr.* **1.** Llevar o encerrar dentro de sí una cosa a otra. **2.** Reprimir, refrenar.

contenido *s. m.* Lo que se contiene dentro de una cosa.

contentar *v. tr.* **1.** Satisfacer el gusto de alguien; darle contento. **2.** Alegrar.

contento, ta *adj.* **1.** Alegre, satisfecho. || *s. m.* **2.** Alegría, satisfacción.

contestación *s. f.* Acción y efecto de contestar.

contestar *v. tr.* Responder a lo que se pregunta, se habla o se escribe.

contexto *s. m.* Entorno lingüístico del cual depende el sentido de un texto o mensaje.

contextura *s. f.* Compaginación, disposicion y unión respectiva de las partes que juntas componen un todo.

conticino *s. m.* Hora de la noche, en que todo está en silencio.

contienda *s. f.* Pelea, disputa.

contigo *pron. pers.* Forma del pronombre personal de segunda persona, género masculino o femenino y número singular, cuando funciona como complemento precedido de la preposición "con".

contiguo, gua *adj.* Que está tocando a otra cosa.

continencia *s. f.* Templanza, sobriedad.

continental *adj.* Perteneciente a los países de un continente.

continente *s. m.* Cada una de las grandes extensiones de tierra separadas por los océanos.

contingencia *s. f.* **1.** Posibilidad de que una cosa suceda o no. **2.** Cosa que puede suceder o no suceder. **3.** Riesgo.

contingente *adj.* Que puede suceder o no suceder.

continuación *s. f.* Acción y efecto de continuar.

continuar *v. tr.* **1.** Proseguir alguien lo comenzado. || *v. intr.* **2.** Durar, permanecer. || *v. prnl.* **3.** Seguir, extenderse.

continuidad *s. f.* **1.** Unión natural de las partes de un todo. **2.** Perseverancia.

continuo, nua *adj.* Que dura, obra, se hace o se extiende sin interrupción.

contonearse *v. prnl.* Hacer al andar movimientos afectados con los hombros y caderas.

contorcerse *v. prnl.* Sufrir o afectar contorsiones.

contornear *v. tr.* **1.** Dar vueltas alrededor o en contorno de un paraje o sitio. **2.** Perfilar, hacer los perfiles de una figura.

contorno *s. m.* **1.** Territorio o conjunto de parajes de que está rodeado un lugar o una población. **2.** Conjunto de las líneas que limitan una figura o composición.

contorsión *s. f.* Movimiento irregular y convulsivo que contrae los miembros, las facciones del rostro, etc.

contorsionarse *v. prnl.* Hacer contorsiones voluntaria o involuntariamente.

contorsionista *s. m. y s. f.* Persona que ejecuta contorsiones difíciles en los circos.

contra *prep.* que denota la oposición y contrariedad de una cosa con otra.

contraalmirante *s. m.* Oficial inmediatamente inferior al vicealmirante.

contraatacar *v. tr.* Reaccionar ofensivamente contra el avance del enemigo.

contraataque *s. m.* Reacción ofensiva contra el ataque del enemigo.

contrabajo *s. m.* Instrumento de cuerda, de figura de un violoncelo, pero de tamaño mucho mayor.

contrabandista *adj.* Que se ejercita en el contrabando.

contrabando *s. m.* Introducción o producción de géneros prohibidos por las leyes.

contrabarrera *s. f.* Segunda fila de asientos en los tendidos de las plazas de toros.

contracción *s. f.* **1.** Acción de contraer. **2.** Metaplasmo que consiste en hacer una sola palabra de dos. **3.** Sinéresis.

contracifra *s. f.* Clave, explicación de signos convenidos.

contráctil *adj.* Que se puede contraer.

contradanza *s. f.* Danza de figuras ejecutadas por muchas parejas a un tiempo.

contradecir *v. tr.* Decir alguien lo contrario de lo que otro afirma.

contradicción *s. f.* **1.** Afirmación y negación que se oponen una a la otra y recíprocamente se destruyen. **2.** Oposición.

contradique *s. m.* Segundo dique, construido cerca del primero, para detener las aguas.

contraer *v. tr.* **1.** Estrechar, juntar una cosa con otra. **2.** Adquirir costumbres, vicios, obligaciones, enfermedades, etc.

contraescarpa *s. f.* Pared en talud del foso enfrente de la escarpa, o sea del lado de la campaña.

contrafilo *s. m.* Filo que se suele sacar algunas veces a las armas blancas de un solo corte por la parte opuesta a éste.

contrafuerte *s. m.* **1.** Pieza de cuero con que se refuerza el calzado por la parte del talón. **2.** Refuerzo saliente en el paramento de un muro, para fortalecerlo.

contrahacer *v. tr.* Imitar una cosa, falsificarla.

contrahecho, cha *adj.* Que tiene joroba u otra deformidad corporal.

contrahílo, a *loc adv.* En dirección opuesta al hilo.

contraindicar *v. tr.* Disuadir de la utilidad de un remedio.

contralto *s. f.* Voz media entre la de tiple y la de tenor.

contraluz *s. f.* Vista o aspecto de las cosas desde el lado opuesto a la luz.

contramaestre *s. m.* **1.** Jefe o vigilante en algunos talleres. **2.** Oficial de mar que manda en la marinería.

contramina *s. f.* Mina para volar la del enemigo.

contramuelle *s. m.* Muelle opuesto a otro principal.

contraorden *s. f.* Orden con que se revoca otra anterior.

contrapartida *s. f.* Asiento hecho para corregir algún error en la contabilidad por partida doble.

contrapelo, a *loc adv.* Contra la inclinación natural del pelo.

contrapeso *s. m.* Peso que equilibra.

contraponer *v. tr.* **1.** Comparar cosas contrarias. **2.** *fig.* Oponer. También prnl.

contraposición *s. f.* Acción y efecto de contraponer.

contraproducente *adj.* De efectos opuestos a los deseados.

contraproyecto *s. m.* Proyecto diferente de otro determinado y para el mismo fin.

contraprueba *s. f.* Segunda prueba que sacan los impresores o estampadores.

contrapunto *s. m.* Concordancia de voces contrapuestas.

contrariar *v. tr.* **1.** Oponerse a la intención, deseo, etc. de alguien. **2.** Disgustar, afligir.

contrariedad *s. f.* **1.** Oposición que tiene una cosa con otra. **2.** Accidente que impide o retarda el logro de un deseo. **3.** Disgusto, desazón.

contrario, ria *adj.* **1.** Opuesto a una cosa o enemigo de ella. ‖ *s. m. y s. f.* **2.** Persona que tiene enemistad con otra.

contrarréplica *s. f.* Contestación dada a una réplica.

contrarrestar *v. tr.* **1.** Hacer oposición. **2.** Volver la pelota desde la parte del saque.

contrarrevolución *s. f.* Revolución política que destruye los efectos de otra anterior.

contraseguro *s. m.* Contrato en que el asegurador se obliga a reintegrar las cuotas percibidas, en determinados casos.

contrasentido *s. m.* Inteligencia contraria al sentido natural de las palabras o expresiones.

contraseña *s. f.* Señal que se dan unas personas para reconocerse entre sí.

contrastar *v. tr.* **1.** Resistir, hacer frente. **2.** Mostrarse una cosa como distinta de otra con la que se compara.

contraste *s. m.* **1.** Acción y efecto de contrastar. **2.** Oposición o diferencia entre personas o cosas.

contrata *s. f.* **1.** Contrato, convenio y documento que lo asegura. **2.** Contrato para ejecutar una obra o prestar un servicio.

contratar *v. tr.* **1.** Pactar, convenir, comerciar, hacer contratos o contratas. **2.** Hacer operaciones mercantiles.

contratiempo *s. m.* Infortunio, calamidad casi siempre inesperados.

contratista *s. m. y s. f.* Persona que ejecuta una obra material por contrata.

contrato *s. m.* Acuerdo entre dos o más partes, que tiene por objeto establecer una obligación de carácter patrimonial.

contravalar *v. tr.* Construir una línea fortificada alrededor de la plaza sitiada por las tropas.

contraveneno *s. m.* Medicamento para contrarrestar los efectos del veneno.

contravenir *v. intr.* Obrar en contra de lo que está mandado.

contribución *s. f.* Cantidad con que se contribuye, especialmente la que se impone para las cargas del Estado.

contribuir *v. tr.* **1.** Pagar un impuesto. **2.** Concurrir voluntariamente con una cantidad para un determinado fin. ‖ *v. intr.* **3.** Ayudar con otros al logro de un fin.

contributivo, va *adj.* Perteneciente o relativo a las contribuciones o impuestos.

contribuyente *s. m. y s. f.* Persona que paga contribución al Estado.
contrición *s. f.* Dolor y pesar de haber ofendido a Dios por ser quien es.
contrincante *s. m. y s. f.* **1.** Cada uno de los que forman parte de una misma trinca en oposiciones. **2.** Competidor, rival.
control *s. m.* **1.** Comprobación, fiscalización, intervención, inspección. **2.** Dominio, mando, supremacía.
controlar *v. tr.* Ejercer el control.
controversia *s. f.* Discusión larga y reiterada entre dos o más personas. Se aplica especialmente a las cuestiones de religión.
controvertir *v. intr.* Discutir detenidamente sobre una materia. También prnl.
contubernio *s. m.* Cohabitación ilícita.
contumacia *s. f.* **1.** Tenacidad y dureza en mantener un error. **2.** Rebeldía.
contumaz *adj.* **1.** Porfiado en mantener un error. **2.** Rebelde, que no comparece.
contumelia *s. f.* Oprobio, injuria u ofensa dicha a una persona en su cara.
contundente *adj.* **1.** Que produce contusión. **2.** *fig.* Que produce gran impresión en el ánimo, convenciéndolo.
contundir *v. tr.* Magullar, golpear.
conturbar *v. tr.* Turbar, inquietar.
contusión *s. f.* Daño interno que recibe alguna parte del cuerpo por golpe.
convalecencia *s. f.* Acción y efecto de convalecer.
convalecer *v. intr.* Recobrar las fuerzas perdidas por enfermedad.
convecino, na *adj.* **1.** Vecino próximo, cercano. **2.** Que tiene vecindad con otro del mismo pueblo.
convencer *v. tr.* Precisar con argumentos o pruebas a reconocer la verdad de algo.
convencimiento *s. m.* Acción y efecto de convencer o convencerse.
convención *s. f.* **1.** Ajuste, acuerdo, trato, convenio. **2.** Conveniencia, conformidad. **3.** Asamblea de los representantes de los países que asumen el poder.
conveniencia *s. f.* Correlación, conformidad con dos personas distintas.
conveniente *adj.* **1.** Útil, oportuno, provechoso. **2.** Conforme, concorde.
convenio *s. m.* Ajuste, convención.
convenir *v. intr.* **1.** Ser alguien del mismo parecer. **2.** Juntarse dos o más personas en un mismo lugar. **3.** Importar, ser a propósito. ‖ *v. prnl.* **4.** Ajustarse.
convento *s. m.* Comunidad de religiosos o religiosas y casa en que habitan.
convergir *v. intr.* Dirigirse dos o más líneas a unirse en un mismo punto.
conversación *s. f.* Acción de conversar.
conversar *v. intr.* Hablar una o varias personas con otra u otras.
conversión *s. f.* Acción y efecto de convertir o convertirse.
convertir *v. tr.* **1.** Mudar o volver una cosa en otra. También prnl. **2.** Reducir al cristianismo al que no lo profesaba.
convexo, xa *adj.* Que tiene la superficie más prominente en el medio que en los extremos.
convicción *s. f.* Convencimiento.
convicto, ta *adj.* Se dice del reo a quien legalmente se ha probado en su delito.
convidada *s. f., fam.* Convite en el que sólo se da por lo general de beber.
convidar *v. tr.* Rogar una persona a otra que la acompañe a comer o a una función.
convincente *adj.* Que convence.
convite *adj.* Banquete, ágape.
convivir *v. intr.* Vivir con otro u otros.
convocación *s. f.* Acción de convocar.
convocar *v. tr.* **1.** Citar a varias personas. **2.** Aclamar.
convocatoria *s. f.* Anuncio o escrito con que se convoca.
convoy *s. m.* **1.** Escolta o guardia. **2.** *fig. y fam.* Séquito, acompañamiento.
convoyar *v. tr.* Escoltar a una persona o cosa para protegerla.
convulsión *s. f.* Movimiento de contracción muscular espasmódica, violenta y repetida.
convulso, sa *adj.* Atacado de convulsiones.
conyugal *adj.* Perteneciente a los cónyuges.
cónyuge *s. m. y s. f.* Consorte, marido y mujer respectivamente. Se usa más en pl.
coña *s. f., fam.* Guasa, burla disimulada.
cooperación *s. f.* Acción y efecto de cooperar.
cooperar *v. tr.* Obrar juntamente con otro u otros para el mismo fin.
cooperativa *s. f.* Sociedad de derecho, cuyo objeto es verificar operaciones económicas que reporten mutuas ventajas a sus socios.

coordinación *s. f.* Acción y efecto de coordinar.
coordinar *v. tr.* Disponer cosas metódicamente.
copa *s. f.* **1.** Vaso con pie para beber. **2.** Conjunto de ramas y hojas de un árbol.
copar *v. tr.* Conseguir en una elección o concurso todos los puestos o premios.
copartícipe *s. m. y s. f.* Persona que tiene participación con otra en alguna cosa.
copete *s. m.* **1.** Pelo que se trae levantado sobre la frente. **2.** Penacho de ave.
copia *s. f.* **1.** Reproducción de algo. **2.** Imitación del estilo o de las obras de escritores o artistas. **3.** Gran cantidad de algo.
copiar *v. tr.* **1.** Escribir en una parte lo que ya estaba escrito en otra. **2.** Escribir lo que otro dicta. **3.** Sacar copia de algo. **4.** Imitar servilmente las obras de escritores y artistas. **6.** Imitar a una persona.
copioso, sa *adj.* Abundante, numeroso, cuantioso.
copla *s. f.* **1.** Combinación métrica o estrofa. **2.** Estrofa, especialmente la que sirve de letra en las canciones populares.
copo *s. m.* **1.** Mechón o porción de lino, lana, algodón, etc. **2.** Cada una de las porciones de nieve que cae cuando nieva.
coproducción *s. f.* Producción hecha conjuntamente por varias personas o empresas.
coprófago, ga *adj.* Se dice de los animales que se alimentan de excrementos.
cópula *s. f.* **1.** Ligamento de una cosa con otra. **2.** Unión sexual. **3.** Término que une el predicado con el sujeto.
copular *v. tr.* Unirse carnalmente.
copulativo, va *adj.* Que ata, liga y hace juntar una cosa con otra.
copyright *s. m.* Propiedad de los derechos de reproducción de una obra literaria o artística.
coque *s. m.* Sustancia carbonosa sólida, residuo combustible del carbón de piedra.
coquetear *v. intr.* Tratar de agradar a una persona por mera vanidad.
coqueto, ta *adj.* **1.** Se dice de la persona que por vanidad procura agradar a los demás. **2.** Se dice de la persona presumida que se ocupa mucho de su aspecto exterior.
coquina *s. f.* Molusco acéfalo de finas valvas y de carne comestible.
coracha *s. f.* Saco de cuero que sirve para conducir tabaco, cacao y otros productos de América.
coraje *s. m.* **1.** Impetuosa decisión y esfuerzo del ánimo; valor. **2.** Irritación, ira.
corajina *s. f.* Arrebato de ira.
coral[1] *s. m.* Nombre de ciertos pólipos alcionarios que viven en colonias.
coral[2] *s. m.* Composición vocal armonizada a cuatro voces, de ritmo lento y solemne.
corambre *s. m.* Conjunto de cueros y pellejos.
coraza *s. f.* **1.** Armadura del busto. **2.** Blindaje. **3.** Concha de los quelonios.
corazón *s. m.* **1.** Órgano central de la circulación de la sangre. **2.** Voluntad, amor, benevolencia. **4.** *fig.* Ánimo, valor.
corazonada *s. f.* **1.** Impulso espontáneo con que alguien se mueve a hacer alguna cosa. **2.** Presentimiento.
corbata *s. f.* Trozo de seda, lienzo, etc. que se pone alrededor del cuello como adorno.
corbatín *s. m.* Corbata corta que da una vuelta al cuello y se ajusta por detrás con un broche, o por delante con un lazo sin caídas.
corbeta *s. f.* Embarcación de guerra semejante a la fragata, aunque más pequeña.
corcel *s. m.* Caballo ligero de gran alzada.
corchea *s. f.* Figura musical que equivale a la mitad de una negra.
corchete *s. m.* **1.** Especie de broche metálico compuesto de macho y hembra. **2.** Signo gráfico para abarcar dos o más cosas.
corcho *s. m.* **1.** Parte exterior de la corteza del alcornoque. **2.** Tapón de corcho.
corcino *s.* Corzo pequeño.
corcova *s. f.* Joroba de ciertos rumiantes camélidos.
corcovo *s. m.* Salto que dan algunos animales encorvando el lomo.
corcusir *v. tr.* Tapar a fuerza de puntadas mal hechas los agujeros de la ropa.
cordaje *s. m.* Jarcia de una embarcación.
cordal[1] *s. m.* Pieza que en los instrumentos de cuerda ata éstas por el cabo opuesto al que se sujeta en las clavijas.
cordal[2] *adj.* Se dice las muelas del juicio.
cordato, ta *adj.* Juicioso, prudente.
cordel *s. m.* Cuerda delgada.
cordero, ra *s. m. y s. f.* Hijo de la oveja que no pasa de un año.
cordial *adj.* Afectuoso, de corazón.
cordialidad *s. f.* **1.** Calidad de cordial o afectuoso. **2.** Franqueza, sinceridad.

cordillera *s. f.* Serie de montañas enlazadas entre sí.
cordobán *s. m.* Piel curtida de macho cabrío o de cabra.
cordón *s. m.* **1.** Cuerda redonda. **2.** Conjunto de personas colocadas a intervalos para impedir al paso.
cordura *s. f.* Prudencia, buen seso, juicio.
corear *v. tr.* **1.** Componer música para cantarla con acompañamiento de coros. **2.** Asentir ostensiblemente al parecer ajeno.
coreografía *s. f.* **1.** Arte de componer bailes. **2.** Arte de la danza.
coriáceo, a *adj.* Perteneciente al cuero.
coriambo *s. m.* Pie de la versificación clásica compuesto de un coreo y un yambo.
corifeo *s. m.* **1.** Persona que guiaba el coro en las tragedias antiguas griegas y romanas. **2.** *fig.* El que es seguido de otros en una opinión, secta o partido.
corimbo *s. m.* Grupo de flores o frutos que nace en diferentes puntos del tallo y llega a tener casi la misma altura, como el peral.
corindón *s. m.* Piedra preciosa, la más dura después del diamante.
corion *s. m.* Membrana exterior de los reptiles, aves y mamíferos, situada por fuera del amnios y separada de éste por una cavidad.
cormorán *s. m.* Cuervo marino.
cornada *s. f.* Golpe dado por un animal con la punta del cuerno.
cornalina *s. f.* Ágata de color de sangre.
cornamenta *s. f.* Cuernos de algunos cuadrúpedos, como el toro, venado, etc.
cornamusa *s. f.* **1.** Trompeta larga de metal. **2.** Especie de gaita gallega.
córnea *s. f.* Membrana transparente que se halla en la parte anterior del ojo.
corneja *s. f.* Especie de cuervo, con plumaje completamente negro y de brillo metálico en el cuello y dorso.
cornejo *s. m.* Arbusto cornáceo, muy ramoso y de madera muy dura.
córneo, a *adj.* De textura de cuerno o parecida a él.
corneta *s. f.* Instrumento de viento parecido al clarín, pero de sonidos menos agudos.
cornetín *s. m.* Instrumento de viento que tiene casi la misma extensión que el clarín.
cornezuelo *s. m.* Honguillo que se cría en la espiga del centeno.
cornial *adj.* Dispuesto o fabricado en figura de cuerno.
cornisa *s. f.* Coronamiento compuesto de molduras, o cuerpo voladizo con molduras, que sirve de remate a otro.
cornisamento *s. m.* Conjunto de molduras que coronan un edificio o un orden de arquitectura.
cornucopia *s. f.* Cierto vaso de figura de cuerno, del que rebosan frutas y flores, con que los gentiles simbolizaban la abundancia.
cornúpeta *adj., poét.* Se dice del animal que figura en algunas monedas en actitud de acometer con los cuernos.
coro *s. m.* **1.** Conjunto de personas para cantar, regocijarse, alabar o celebrar algo. **2.** Parte de una iglesia destinada al coro.
corografía *s. f.* Descripción de un país, de una región o de una provincia.
coroides *s. f.* Membrana que tapiza interiormente todo el globo del ojo, excepto la córnea transparente.
corola *s. f.* Cubierta interior de las flores completas, que protege los órganos de la reproducción.
corolario *s. m.* Proposición que se deduce fácilmente de lo demostrado antes.
corona *s. f.* **1.** Cerco de ramas, flores, o de metal precioso, con que se ciñe la cabeza. **2.** Dignidad real. **3.** *fig.* Monarquía.
coronación *s. f.* Acto de coronarse un soberano.
coronado *s. m.* Clérigo tonsurado.
coronal *adj.* Se dice del hueso de la frente.
coronamiento *s. m.* Fin de una obra.
coronar *v. tr.* **1.** Poner la corona en la cabeza, especialmente como signo de autoridad soberana. **2.** Perfeccionar, completar una obra.
coronaria *s. f.* Rueda de los relojes que manda la aguja de los segundos.
corondel *s. m.* Regleta o listón, de madera o metal, que ponen los impresores en el molde de alto a bajo para dividir la plana en columnas.
coronel *s. m.* Jefe militar que manda un regimiento.
coronilla *s. f.* Parte más eminente de la cabeza humana opuesta a la barbilla.
coronio *s. m.* Hierro fuertemente ionizado que se detectó por primera vez en la corona solar.
corpa *s. f.* Trozo de mineral en bruto.

corpiño *s. m.* Almilla o jubón sin mangas.
corporación *s. f.* Cuerpo, comunidad.
corporal *adj.* Perteneciente al cuerpo, en oposición a espiritual, intelectual, etc.
corporativo, va *adj.* Perteneciente o relativo a una corporación.
corporeidad *s. f.* Calidad de corpóreo.
corpóreo, a *adj.* **1.** Que tiene cuerpo. **2.** Corporal, perteneciente al cuerpo.
corpulencia *s. f.* Grandeza y magnitud de un cuerpo.
corpulento, ta *adj.* Que tiene mucho cuerpo.
corpus *s. m.* Amplio conjunto ordenado de datos que puede utilizarse como base de una investigación.
corpuscular *adj.* Que tiene corpúsculos.
corpúsculo *s. m.* Partícula pequeña, célula, molécula, elemento.
corral *s. m.* **1.** Sitio cerrado y descubierto, especialmente el destinado a los animales. **2.** Casa, patio o teatro donde se representaban las comedias.
corrala *s. f.* Casa de vecinos con un gran patio interior desde el cual se accede a todas las viviendas.
correa *s. f.* **1.** Tira de cuero. **2.** Flexibilidad y extensión de una cosa correosa.
correaje *s. m.* Conjunto de correas que hay en una cosa.
corrección *s. f.* **1.** Acción de corregir. **2.** Reprensión de un delito, falta o defecto.
correccional *adj.* Se dice de lo que conduce a la corrección.
correctivo, va *adj.* Que corrige o subsana.
correcto, ta *adj.* Libre de errores o defectos, conforme a las reglas.
corredor, ra *adj.* **1.** Que corre mucho. ‖ *s. m.* **2.** Pasillo, pieza de paso de un edificio.
corregir *v. tr.* **1.** Enmendar lo errado. **2.** Advertir, amonestar, reprender.
correlación *s. f.* Analogía o relación recíproca entre dos o más cosas.
correlativo, va *adj.* Se aplica a personas o cosas que tienen entre sí correlación o sucesión inmediata.
correligionario, ria *adj.* Que profesa la misma religión u opinión política que otro.
correo *s. m.* Servicio público que tiene por objeto el transporte y reparto de la correspondencia oficial y privada.
correoso, sa *adj.* **1.** Que se dobla y extiende fácilmente, sin romperse. **2.** *fig.* Se dice de alimentos difíciles de masticar.
correr *v. intr.* **1.** Caminar con impulso y velocidad. **2.** Transcurrir el tiempo.
correría *s. f.* Incursión o asalto rápido a territorio enemigo.
correspondencia *s. f.* **1.** Trato recíproco entre dos personas. **2.** Conjunto de cartas que se reciben o expiden.
corresponder *v. intr.* **1.** Pagar con igualdad afectos, beneficios recibidos. **2.** Tocar o pertenecer.
correspondiente *adj.* **1.** Proporcionado, conveniente. **2.** Que tiene correspondencia con una persona o corporación.
corresponsal *adj.* **1.** Correspondiente, que tiene correspondencia. ‖ *s. m. y s. f.* **2.** Persona que trabaja para un periódico o cadena de televisión y envía noticias desde un país extranjero.
corresponsalía *s. f.* Cargo de corresponsal de un periódico.
corretear *v. intr.* Andar de un lugar a otro.
correteo *s. m.* Acción y efecto de corretear.
correveidile *s. m. y s. f.* **1.** Persona que lleva y trae chismes. **2.** *fam.* Alcahuete.
correverás *s. m.* Juguete de niños que se mueve por un resorte oculto.
corrida *s. f.* Carrera, paso rápido.
corriente *adj.* **1.** Cierto, sabido, admitido comúnmente. ‖ *s. f.* **2.** Masa de agua o de aire que se mueve continuamente en dirección determinada y movimiento de esta masa. **3.** Tendencia, opinión.
corrillo *s. m.* Corro donde se juntan algunos a discutir y hablar separados del resto de los presentes.
corrimiento *s. m.* Acción y efecto de correr o correrse.
corro *s. m.* **1.** Cerco de gente para hablar, solazarse, etc. **2.** Espacio circular o casi circular. **3.** Juego infantil.
corroboración *s. f.* Acción y efecto de corroborar o corroborarse.
corroborar *v. tr.* **1.** Vivifica, dar mayores fuerzas. **2.** Confirmar algo.
corroer *v. tr.* **1.** Desgastar lentamente una cosa como royéndola. **2.** *fig.* Perturbar el ánimo o arruinar la salud.

corromper *v. tr.* **1.** Alterar y trastocar la forma de alguna cosa. También prnl. **2.** Echar a perder, depravar, dañar, podrir.

corrosivo, va *adj.* Se dice de lo que corroe o tiene virtud de corroer.

corrupción *s. f.* Acción y efecto de corromper o corromperse.

corruptela *s. f.* Mala costumbre o abuso, especialmente si es contra la ley.

corsario *s. m.* Pirata.

corsé *s. m.* Prenda interior femenina que sirve para ceñirse el cuerpo.

corso *s. m.* Campaña que hacen por el mar los buques mercantes para perseguir a las embarcaciones enemigas.

cortacésped *s. f.* Máquina para recortar el césped en los jardines.

cortacircuitos *s. m.* Aparato que automáticamente interrumpe la corriente eléctrica.

cortadura *s. f.* **1.** Separación hecha en un cuerpo continuo por instrumento cortante. **2.** Abertura o paso entre montañas.

cortafrío *s. m.* Cincel fuerte para cortar hierro frío a golpes de martillo.

cortafuego *s. m.* **1.** Vereda ancha que se deja en los sembrados y montes para que no se propaguen los incendios.

cortapisa *s. f.* **1.** Condición. **2.** Dificultad.

cortar *v. tr.* **1.** Dividir una cosa con algún instrumento afilado. **2.** Recortar. **3.** Detener, suspender, atajar.

corte[1] *s. m.* **1.** Filo del instrumento con que se corta, taja. **2.** Cantidad de tela necesaria para hacer un vestido, pantalón, etc.

corte[2] *s. f.* **1.** Conjunto de todas las personas que componen la familia y comitiva del rey. || *s. f. pl.* **2.** Conjunto formado por los representantes de la nación, con facultad de hacer leyes y otras atribuciones.

cortedad *s. f.* **1.** Pequeñez y poca extensión. **2.** *fig.* Falta o escasez de talento.

cortejar *v. tr.* **1.** Asistir, acompañar a alguien. **2.** Galantear, requebrar.

cortejo *s. m.* **1.** Acción de cortejar. **2.** Personas que forman el acompañamiento en una ceremonia. **3.** Fineza, agasajo.

cortés *adj.* Atento, comedido, afable.

cortesía *adj.* Demostración de atención, respeto o afecto.

corteza *s. f.* **1.** Parte exterior del tallo, raíz y ramas de los vegetales leñosos. **2.** Parte exterior y dura de algunas cosas, como el limón, el queso, el pan, etc.

cortical *adj.* Perteneciente o relativo a la corteza.

cortijo *s. m.* Finca rústica de tierra y casa de labor.

cortina *s. f.* Paño grande, colgante, con que se cubre una puerta o ventana.

cortinaje *s. m.* Juego de cortinas.

cortinilla *s. f.* Cortina pequeña que se coloca en la parte interior de los cristales de los balcones, ventanas, puertas, vidrieras, portezuelas de coches, etc. para resguardarse del sol o impedir la vista desde fuera.

corto, ta *adj.* **1.** Se dice de las cosas que no tienen extensión o el tamaño que les corresponde. **2.** De poca duración, estimación o entidad. **3.** Tímido, encogido.

cortocircuito *s. m.* Circuito que se produce accidentalmente por contacto entre los conductores y determina una descarga.

cortometraje *s. m.* Película cuya duración no es mayor de treinta minutos ni menor de ocho.

corvejón *s. m.* Articulación de los cuadrúpedos, situada entre la parte inferior de la pierna y superior de la caña.

corveta *s. f.* Movimiento que se enseña al caballo, obligándole a ir sobre las patas traseras con los brazos en el aire.

corvo, va *adj.* **1.** Arqueado o corvado. || *s. m.* **2.** Garfio. || *s. f.* **2.** Parte de la pierna, opuesta a la rodilla.

corzo, za *s. m. y s. f.* Mamífero rumiante, cérvido, rabón y con las cuernas pequeñas.

cosa *s. f.* **1.** Todo lo que tiene entidad, ya sea corporal o espiritual, natural o artificial, real o abstracta. **2.** Objeto inanimado.

coscoja *s. f.* Árbol o arbusto cupulífero, semejante a la encina.

coscojo *s. m.* Agalla producida por el quermes en la coscoja.

coscorrón *s. m.* Golpe dado en la cabeza.

cosecante *s. f.* Secante del complemento de un ángulo o de un arco.

cosecha *s. f.* Conjunto de frutos que se recogen de la tierra, como trigo, cebada, etc.

cosechar *v. intr.* Hacer la cosecha.

coseno *s. m.* Seno del complemento de un ángulo o de un arco.

coser *v. tr.* Unir con hilo dos o más pedazos de tela, cuero u otro material.
cosido *s. m.* Acción y efecto de coser.
cosificar *v. tr.* **1.** Convertir algo en cosa. **2.** Considerar como cosa algo que no lo es.
cosmético, ca *adj.* Se dice de los productos que se emplean para el cuidado o embellecimiento de la piel y del cabello.
cósmico, ca *adj.* Perteneciente al cosmos.
cosmogonía *s. f.* Ciencia o sistema que trata de la formación del universo.
cosmografía *s. f.* Descripción astronómica del mundo, o astronomía descriptiva.
cosmología *s. f.* Parte de la metafísica especial que estudia los principios generales que rigen el mundo físico.
cosmonave *s. f.* Vehículo capaz de navegar más allá de la atmósfera terrestre.
cosmopolita *adj.* **1.** Que considera a todo el mundo como su patria. **2.** Que es común a todos los países o a muchos de ellos.
cosmos *s. m.* Mundo, universo.
coso *s. m.* **1.** Lugar cercado donde se corren y lidian toros y se celebran otras fiestas públicas. **2.** En algunas poblaciones, calle principal.
cosquillas *s. f. pl.* Sensación que se experimenta en algunas partes del cuerpo al ser tocadas ligeramente por otra persona, que provoca involuntariamente la risa.
cosquilleo *s. m.* Sensación que producen las cosquillas u otra cosa semejante a ellas.
costa[1] *s. f.* **1.** Cantidad que se paga por una cosa. ‖ *s. f. pl.* **2.** Gastos judiciales.
costa[2] *s. f.* Orilla del mar y tierra que está cerca de ella.
costado *s. m.* **1.** Cada una de las dos partes laterales del cuerpo humano. **2.** Lado.
costal *s. m.* Saco grande de tela ordinaria.
costar *v. intr.* **1.** Ser comprada una cosa por determinado precio. **2.** *fig.* Causar una cosa cuidado, desvelo, perjuicio, etc.
coste *s. m.* Costa, lo que cuesta una cosa.
costear *v. tr.* Abonar, sufragar un gasto.
costero, ra *adj.* Perteneciente o relativo a la costa.
costilla *s. f.* Cada uno de los huesos largos y encorvados que insertos por un extremo en unas vértebras forman el armazón de la caja torácica.
costillar *s. m.* **1.** Conjunto de costillas. **2.** Parte del cuerpo en la cual están.
costoso, sa *adj.* **1.** Que cuesta mucho. **2.** *fig.* Que acarrea daño o sentimiento.
costra *s. f.* Cubierta exterior que se endurece sobre una cosa húmeda o blanda.
costumbre *s. f.* **1.** Manera de obrar establecida por un largo uso. **2.** Práctica muy usada que ha adquirido fuerza de precepto.
costumbrista *adj.* Se dice de la persona que en literatura cultiva con preferencia la pintura de las costumbres.
costura *s. f.* **1.** Acción y efecto de coser. **2.** Serie de puntadas que une dos piezas cosidas.
costurero *s. m.* Caja, canastilla para guardar los útiles de costura.
cota[1] *s. f.* Arma defensiva del cuerpo usada antiguamente.
cota[2] *s. f.* Cuota.
cotangente *s. f.* Tangente del complemento de un ángulo o de un arco.
cotejar *v. tr.* Confrontar una cosa con otra u otras; compararlas teniéndolas a la vista.
cotidiano, na *adj.* Diario, de todos los días.
cotiledón *s. m.* Parte de la semilla que rodea al embrión.
cotilla *s. m. y s. f.* Persona chismosa.
cotillear *v. intr.* Chismorrear.
cotillón *s. m.* Danza con figuras, que suele ejecutarse al fin de los bailes de sociedad.
cotizar *v. tr.* **1.** Asignar el precio en la bolsa o en el mercado. ‖ *v. intr.* **2.** Pagar una cuota.
coto *s. m.* **1.** Terreno acotado. **2.** Término, límite.
cotorra *s. f.* **1.** Papagayo pequeño. **2.** Urraca. **3.** *fig.* Persona habladora.
cotorrear *v. intr.* Hablar con exceso.
coturno *s. m.* Calzado griego y romano que llegaba hasta la pantorrilla.
country *s. m.* Género musical popular, propio de Estados Unidos.
covacha *s. f.* **1.** Cueva pequeña. **2.** Vivienda o aposento pobre y pequeño.
coxa *s. f.* **1.** Primer artejo de las patas de los insectos. **2.** Cadera.
coyote *s. m.* Especie de lobo gris que se cría en México.
coyuntura *s. f.* **1.** Articulación movible de un hueso con otro. **2.** *fig.* Sazón, oportunidad para alguna cosa.
coz *s. f.* Golpe que da un animal al echar hacia atrás una o ambas patas traseras.

crac *s. m.* Quiebra comercial.

craneal *adj.* Perteneciente o relativo al cráneo.

cráneo *s. m.* Caja ósea en que está contenido el encéfalo.

crápula *s. m.* Persona de vida licenciosa.

crascitar *v. intr.* Graznar el cuervo.

crasitud *s. f.* Gordura, graso.

craso, sa *adj.* **1.** Grueso, gordo o espeso. **2.** Indisculpable.

cráter *s. m.* Boca por donde los volcanes arrojan humo, ceniza, lava, etc.

craticula *s. f.* Ventanita por donde se da la comunión a las monjas.

creación *s. f.* **1.** Acto o acción de crear. **2.** Mundo, todo lo creado.

crear *v. tr.* **1.** Criar, producir de la nada. **2.** *fig.* Instituir un nuevo empleo o dignidad. **3.** *fig.* Establecer, fundar.

creativo, va *adj.* Que posee o estimula la capacidad de creación, invención, etc.

crecer *v. intr.* **1.** Tomar aumento insensiblemente y por la propia fuerza los seres orgánicos. **2.** Recibir aumento o adquirir mayor cantidad una cosa.

creces *s. f. pl.* Aumento aparente de volumen que adquiere el trigo en la troje, traspalándolo de una parte a otra.

creciente *s. m.* Media luna con las puntas hacia arriba.

crecimiento *s. m.* Acción y efecto de crecer.

credencial *adj.* **1.** Que acredita. ‖ *s. f.* **2.** Documento que sirve para que a un empleado se le dé posesión de su plaza.

crédito *s. m.* **1.** Reputación, fama, autoridad. **2.** Derecho que alguien tiene a recibir de otro alguna cosa, por lo común dinero. **3.** Abono, apoyo, comprobación.

credo *s. m.* **1.** Símbolo de la fe. **2.** Conjunto de doctrinas comunes a una colectividad.

crédulo, la *adj.* Que cree fácilmente.

creencia *s. f.* **1.** Firme asentimiento y conformidad con alguna cosa. **2.** Religión.

creer *v. tr.* **1.** Tener por cierta una cosa que el entendimiento no alcanza o que no está comprobada o demostrada. **2.** Tener fe. **3.** Pensar, juzgar una cosa.

creído, da *adj., fam.* Se dice de la persona vanidosa u orgullosa.

crema[1] *s. f.* **1.** Nata de leche. **2.** Confección cosmética para suavizar el cutis. **4.** Pasta untuosa para limpiar las pieles curtidas, en especial a las del calzado. **5.** Sopa espesa. **6.** Lo selecto, lo principal.

crema[2] *s. f.* Diéresis, signo ortográfico.

cremación *s. f.* Acción de quemar.

cremallera *s. f.* Cierre consiste en dos tiras flexibles guarnecidas de dientes, que se aplica a una abertura longitudinal en prendas de vestir, bolsos, etc.

crematorio, ria *adj.* Relativo a la incineración de los cadáveres.

cremómetro *s. m.* Instrumento que sirve para medir la cantidad de manteca contenida en la leche.

crenchar *v. tr.* Hacer raya en el pelo.

crepitar *v. intr.* Hacer ruido semejante al de la leña cuando arde.

crepúsculo *s. m.* **1.** Claridad que hay desde que raya el día hasta que sale el sol y desde que éste se pone hasta que es de noche. **2.** Tiempo que dura esta claridad.

cresa *s. f.* Los huevos que pone la reina de las abejas.

creso *s. m.* Persona que posee grandes riquezas.

crespo, pa *adj.* Ensortijado, rizado.

crespón *s. m.* **1.** Gasa en que la urdimbre está más retorcida que la trama. **2.** Gasa negra que se usa en señal de luto.

cresta *s. f.* **1.** Carnosidad roja que algunas aves y el gallo tienen sobre la cabeza. **2.** Copete, moño de plumas de algunas aves. **3.** *fig.* Cumbre peñascosa de algunas montañas. **4.** *fig.* Cima de una ola.

cretáceo, a *adj.* Se dice del terreno inmediatamente posterior al jurásico.

cretino, na *adj., fig.* Estúpido, necio.

cretona *s. f.* Tela, blanca o estampada, comúnmente de algodón.

criadero *s. m.* **1.** Lugar a donde se trasplantan los árboles silvestres o los sembrados en semilleros para que se críen. **2.** Lugar destinado a la cría de animales.

criadilla *s. f.* Testículo.

criado, da *s. m. y s. f.* Persona que sirve por un salario.

crianza *s. f.* **1.** Urbanidad, atención, cortesía. **2.** Época de la lactancia.

criar *v. tr.* **1.** Dar ser a lo que no lo tenía. **2.** Producir, engendrar. **3.** Nutrir la madre o la nodriza al niño. **4.** Instruir, educar.

criatura *s. f.* **1.** Toda cosa criada. **2.** Niño recién nacido o de poco tiempo.

criba *s. f.* Cuero agujereado sujeto por un marco de madera que sirve para cribar.

cribar *v. tr.* Limpiar el trigo y otras semillas por medio de la criba.

cric *s. m.* Gato, instrumento de mecánica para levantar pesos.

cricoides *adj.* Se dice del cartílago anular de la laringe. También s. m.

crimen *s. m.* Delito grave.

criminal *adj.* **1.** Que pertenece al crimen. **3.** Que lo ha ha cometido o procurado.

criminología *s. f.* Tratado acerca del delito, sus causas y su represión.

crin *s. f.* Conjunto de cerdas que tienen algunos animales en la parte superior del cuello y en la cola.

crío, a *s. m. y s. f.* **1.** *fam.* Niño o niña que se está criando. || *s. f.* **3.** Acción y efecto de criar a los hombres o a los animales. **4.** Niño o animal mientras se está criando. **5.** Conjunto de hijos que tienen los animales de un parto o de un nido.

cripta *s. f.* **1.** Lugar en que se solía enterrar a los muertos. **2.** Piso subterráneo destinado al culto en una iglesia.

criptograma *s. m.* Documento cifrado.

criptón *s. m.* Uno de los gases del aire, descubierto a fines del siglo pasado.

críquet *s. m.* Deporte de origen inglés que se juega con paleta y es semejante al mallo.

crisálida *s. f.* Ninfa de los insectos lepidópteros.

crisantemo *s. m.* Planta perenne compuesta, de flores abundantes de colores variados, pero el más corriente es el morado.

crisis *s. f.* **1.** Mutación considerable en una enfermedad, bien para mejorar, bien para agravarse el enfermo. **2.** Momento decisivo de un negocio.

crisma *s. m.* **1.** Aceite y bálsamo mezclados que consagran los obispos el Jueves Santo para ungir a los que se bautizan y se confirman. || *s. f.* **2.** *fam.* Cabeza.

crismón *s. m.* Lábaro, monograma de Cristo.

crisol *s. m.* Vaso que se emplea para fundir una materia a temperatura muy elevada.

crisolar *v. tr.* Acrisolar, depurar en el crisol.

crisólito *s. m.* Variedad verdadera de olivino, de uso en joyería.

crispar *v. tr.* Causar contracción repentina y pasajera en el tejido muscular.

cristal *s. m.* **1.** Cuerpo sólido de forma poliédrica, como sales, piedras y otros. **2.** Vidrio que resulta de la mezcla y fusión de arena con potasa y minio. **3.** *fig.* Espejo.

cristalera *s. f.* **1.** Armario con cristales. **2.** Aparador. **3.** Puerta o cierre de cristales.

cristalino, na *adj.* **1.** De cristal o parecido a él. || *s. m.* **3.** Cuerpo de forma lenticular, situado detrás de la pupila, en el ojo.

cristalizar *v. intr.* Tomar ciertas sustancias la forma cristalina. También prnl.

cristalografía *s. f.* Rama de la mineralogía que se ocupa de estudiar las formas que adoptan los cuerpos al cristalizar.

cristaloide *s. m.* Sustancia que atraviesa las láminas porosas en disolución que no dan paso a los coloides.

cristiano, na *adj.* **1.** Perteneciente o relativo a la religión de Cristo. **2.** Que profesa esta religión. También s. m. y s. f.

Cristo *n. p.* El Hijo de Dios hecho hombre.

criterio *s. m.* **1.** Norma para conocer la verdad. **2.** Juicio o discernimiento.

criticar *v. tr.* **1.** Juzgar las cosas fundándose en los principios de la ciencia o en las reglas del arte. **2.** Censurar, vituperar, etc., la conducta o acciones de alguien.

crítico, ca *adj.* **1.** Que pertenece a la crítica. **2.** Relativo a la crisis. **3.** Decisivo. || *s. m. y s. f.* **4.** Persona que juzga según las reglas de la crítica. || *s. f.* **5.** Arte de juzgar de la verdad y belleza de las cosas. **6.** Conjunto de opiniones vertidas sobre un asunto.

croar *v. intr.* Cantar la rana.

croché *s. m.* **1.** Gancho, ganchillo. **2.** Labor que se hace con ellos.

cromar *v. tr.* Dar un baño de cromo a los objetos metálicos para hacerlos inoxidables.

cromático, ca *adj.* Se dice del instrumento óptico que presenta al ojo del observador los objetos contorneados, con visos y colores del arco iris.

cromatina *s. f.* Sustancia que existe en el núcleo de las células y que se tiñe intensamente por el carmín y los colorantes de anilina.

cromo *s. m.* Metal blanco gris, quebradizo, que se emplea para rayar el vidrio.

cromosfera *s. f.* Parte de la fotosfera que se supone compuesta de hidrógeno inflamado.

cromosoma *s. m.* Cada una de las porciones de los filamentos o gránulos del núcleo celular, que durante la mitosis se dividen, forman el huso y los dos núcleos hijos.

crónico, ca *adj.* **1.** Se aplica a las enfermedades habituales. **2.** Que viene de tiempo atrás. ‖ *s. f.* **3.** Historia en que se observa el orden de los tiempos. **4.** Artículo periodístico sobre temas de actualidad.

cronógrafo *s. m.* Aparato que sirve para medir con exactitud tiempos sumamente pequeños.

cronología *s. f.* **1.** Ciencia que tiene por objeto determinar el orden y fechas de los sucesos históricos. **2.** Serie de personas o sucesos históricos por orden de fechas.

cronometraje *s. m.* Operación de medir con el cronómetro el tiempo que dura una acción.

cronómetro *s. m.* Reloj de fabricación muy esmerada, para conseguir la mayor regularidad en el movimiento de su máquina.

croqueta *s. f.* Fritura que se hace en pequeños trozos y de forma ovalada, rellena de carne, pollo, pescado, etc., y rebozada con huevo y harina o pan rallado.

croquis *s. m.* Dibujo ligero, tanteo.

cross *s. m.* Carrera de campo a través.

crótalo *s. m.* Serpiente venenosa de América que tiene en la punta de la cola una especie de anillos o discos.

cruasán *s. m.* Especialidad de bollería hecha de hojaldre en forma de media luna.

cruce *s. m.* **1.** Acción de cruzar. **2.** Punto donde se cortan mutuamente dos líneas.

crucero *s. m.* Espacio en que se cruzan la nave mayor de una iglesia y la que la atraviesa.

crucial *adj., fig.* Decisivo, resolutorio.

crucificar *v. tr.* **1.** Fijar o clavar en una cruz a una persona. **2.** *fam.* Sacrificar.

crucifijo *s. m.* Efigie o imagen de Cristo crucificado.

crucifixión *s. f.* Acción y efecto de crucificar.

crucigrama *s. m.* Pasatiempo consistente en un cuadro dividido en casillas blancas y negras, a modo de tablero de ajedrez, en que las blancas representan los huecos para las letras de las palabras que se deben combinar en sentido horizontal y vertical.

crudeza *s. f.* Rigor o aspereza.

crudo, da *adj.* **1.** Se dice de los comestibles que no están cocidos. **2.** *fig.* Cruel, áspero, despiadado.

cruel *adj.* Que se deleita haciendo mal a un ser viviente.

crueldad *s. f.* **1.** Inhumanidad, fiereza del ánimo. **2.** Acción cruel e inhumana.

cruento, ta *adj.* Sanguinario.

crujía *s. f.* Pasillo largo que en algunos edificios da acceso a las estancias que hay a los lados.

crujir *v. intr.* Hacer cierto ruido los cuerpos cuando rozan unos con otros o se rompen.

crúor *s. m.* Principio colorante de la sangre.

crustáceo, a *adj.* Se aplica a los animales de respiración branquial, caparazón duro o flexible, y que tienen cierto número de patas dispuestas simétricamente.

cruz *s. f.* **1.** Figura formada de dos líneas que se cortan perpendicularmente. **2.** Patíbulo formado por un madero hincado perpendicularmente en el suelo y atravesado por otro en su parte superior. **3.** Insignia y señal de cristiano.

cruzada *s. f.* **1.** Expedición militar contra los infieles. **2.** Tropa que iba en esta expedición.

cruzar *v. tr.* **1.** Atravesar. **2.** Dar machos de distintas procedencias a las hembras de los animales de la misma especie para mejorar la casta.

cuaderno *s. m.* Conjunto de pliegos de papel, doblados y cosidos en forma de libro.

cuadra *s. f.* Caballeriza.

cuadrado, da *adj.* **1.** Se aplica a la figura plana cerrada por cuatro líneas rectas iguales que forman otros tantos ángulos rectos. También s. m. **2.** *fig.* Perfecto, cabal.

cuadragésimo, ma *adj.* **1.** Que sigue inmediatamente al o a lo trigésimo nono. **2.** Se dice de cada una de las cuarenta partes iguales en que se divide un todo.

cuadrángulo, la *adj.* Que tiene cuatro ángulos. Se usa más como s. m.

cuadrante *s. m.* Cada una de las cuatro porciones en que la media esfera del cielo superior al horizonte queda dividida por el meridiano y el primer vertical.

cuadrar *v. tr.* **1.** Dar a una cosa figura de cuadro. **2.** Tratándose de cuentas, balances, etc., hacer coincidir las sumas del debe con las del haber. ‖ *v. intr.* **3.** Ajustarse una cosa con otra.

cuadrícula *s. f.* Conjunto de los cuadrados que resultan de cortarse perpendicularmente dos series de rectas paralelas y equidistantes.

cuadricular *v. tr.* Trazar líneas que formen una cuadrícula.

cuadriga *s. f.* Tiro de cuatro caballos enganchados de frente.

cuadrilátero *s. m.* Polígono de cuatro lados.

cuadrilla *s. f.* Reunión de personas para el desempeño de algunos oficios.

cuadrilongo, ga *adj.* Rectangular.

cuadrinomio *s. m.* Expresión algebraica que consta de cuatro términos.

cuadrivio *s. m.* **1.** Lugar donde concurren cuatro sendas o caminos. **2.** Antiguamente, conjunto de cuatro artes matemáticas: aritmética, música, geometría y astronomía o astrología.

cuadro, dra *adj.* **1.** De figura cuadrada. ‖ *s. m.* **2.** Lienzo, lámina, etc., de pintura. ‖ *s. f.* **3.** Caballeriza.

cuadrumano, na *adj.* Se dice de los animales mamíferos que en las extremidades abdominales y también en las torácicas tienen el dedo pulgar separado de modo que puede tocar a cualquiera de los otros.

cuadrúpedo *adj.* Se aplica al animal que tiene cuatro pies. También s. m.

cuádruple *adj. num.* Que contiene un número exactamente cuatro veces.

cuadruplicar *v. tr.* **1.** Hacer cuádruple. **2.** Hacer una cosa cuatro veces mayor.

cuajada *s. f.* Parte crasa de la leche que, por la acción del calor o de un cuajo, se espesa para hacer requesón, queso, etc.

cuajar[1] *s. m.* Última de las cuatro cavidades del estómago de un rumiante.

cuajar[2] *v. tr.* **1.** Unir las partes de un líquido para convertirse en sólido. ‖ *v. intr.* **2.** *fam.* Lograrse, tener efecto una cosa.

cuajarón *s. m.* Porción de sangre o de otro líquido que se ha cuajado.

cuajo *s. m.* **1.** Materia que en los rumiantes que todavía no pacen está contenida en el cuajar para coagular la leche. **2.** Sustancia con que se cuaja un líquido. **3.** *fig. y fam.* Calma, lentitud.

cual *pron. rel.* **1.** Equivale al pronombre "que". **2.** Se emplea con acento en frases interrogativas o dubitativas. ‖ *adj.* **3.** Adjetivo correlativo que expresa idea de igualdad o semejanza.

cualesquiera *adj. y pron. indef.* Plural de cualquiera.

cualidad *s. f.* **1.** Cada una de las circunstancias o caracteres, naturales o adquiridos, que distinguen a las personas o cosas. **2.** Calidad, manera de ser.

cualificado, da *adj.* **1.** Que posee autoridad y merece respeto. **2.** De buena calidad o de buenas cualidades. **3.** Se dice del trabajador que está especialmente preparado para una tarea determinada.

cualitativo, va *adj.* Que denota cualidad.

cualquier *adj. y pron. indef.* Apócope de cualquiera.

cualquiera *adj. y pron. indef.* Una persona indeterminada, alguien, sea el que fuere.

cuan *adv. c.* Se usa para encarecer la significación del adjetivo, el participio y otras partes de la oración, excepto el verbo, precediéndolas siempre.

cuando *conj. temp.* **1.** En el tiempo, en el punto, en la ocasión en que. ‖ *adv. t.* **2.** En sentido interrogativo, y también refiriéndose a verbo anteriormente citado, equivale a "en qué tiempo".

cuantía *s. f.* Cantidad, porción de algo.

cuantioso, sa *adj.* Grande en cantidad o número.

cuantitativo, va *adj.* Se dice de lo relativo a la cantidad.

cuanto, ta *pron. rel.* **1.** Equivale a "todos los que" y "todas las que. ‖ *pron. excl. e int.* **2.** Se emplea para inquirir o ponderar el número, la cantidad, el precio, el tiempo, el grado, etc., de algo.

cuarcita *s. f.* Roca silícea, de textura granujienta, fractura astillosa y lustre craso.

cuarenta *adj. num.* Cuatro veces diez.

cuarentena *s. f.* **1.** Conjunto de 40 unidades. **2.** Tiempo de cuarenta días, meses o años. **3.** Espacio de tiempo en que los que vienen de un lugar sospechoso de algún mal contagioso están sin comunicación.

cuaresma *s. f.* Tiempo de 46 días que dura desde el miércoles de ceniza, inclusive, al domingo de Resurrección.

cuarta *s. f.* Cada una de las cuatro partes iguales en que se divide un todo.

cuartal *s. m.* Pan que de ordinario tiene la cuarta parte de una hogaza.

cuartear *v. tr.* Partir una cosa en cuatro partes.
cuartel *s. m.* **1.** Cada uno de los distritos en que se suelen dividir las grandes poblaciones. **2.** Cada una de las partes en que se acuartela el ejército cuando está en campaña y se distribuyen en regimientos.
cuartelillo *s. m.* Lugar o edificio en que se aloja una sección de tropa.
cuarteo *s. m.* Movimiento rápido del cuerpo para evitar un golpe.
cuarterón *s. m.* Cuarta parte de algo.
cuarteta *s. f.* Redondilla, combinación de cuatro versos de arte menor.
cuarteto *s. m.* **1.** Combinación métrica de cuatro versos endecasílabos. **2.** Composición para cantarse a cuatro voces diferentes.
cuartilla *s. f.* Medida de capacidad para áridos, cuarta parte de una fanega.
cuarto, ta *adj. num.* **1.** Se dice de cada una de las cuatro partes iguales en que se divide un todo. También s. m. **2.** Que ocupa el último lugar en una serie ordenada de cuatro. También pron. ‖ *s. m.* **3.** Parte de una casa destinada para una familia. **4.** Habitación.
cuarzo *s. m.* Mineral formado por la sílice, de brillo vítreo color blanco y muy duro.
cuasi *adv. c.* Casi.
cuasia *s. f.* Planta rutácea medicinal.
cuaternario, ria *adj.* Que consta de cuatro unidades, números o elementos.
cuatrero, ra *adj.* Se dice del ladrón de caballerías. También s. m. y s. f.
cuatrimestre *adj.* **1.** Que dura cuatro meses. ‖ *s. m.* **2.** Espacio de cuatro meses.
cuatro *adj. num.* Tres y uno.
cuatrocientos, tas *adj. num.* Cuatro veces cien.
cuba *s. f.* **1.** Recipiente de madera que sirve para contener agua, vino, aceite u otros líquidos. **2.** *fam.* Persona que bebe mucho.
cubalibre *s. m.* Bebida alcohólica, combinado de un refresco y algún tipo de alcohol.
cubertería *s. f.* Conjunto de cucharas, tenedores, cuchillos y utensilios semejantes para el servicio de mesa.
cubeta *s. f.* Pequeña cuba que usan los aguadores.
cubicar *v. tr.* Elevar a la tercera potencia a un número polinomio o a un monomio.
cúbico, ca *adj.* Perteneciente al cubo.
cubículo *s. m.* Aposento, alcoba.
cubierto, ta *s. m.* **1.** Servicio de mesa que se pone a cada uno de los que han de comer. **2.** Juego compuesto de cuchara, tenedor y cuchillo. ‖ *s. f.* **3.** Lo que se pone encima de alguna cosa para taparla.
cubil *s. m.* **1.** Sitio donde los animales se recogen para dormir. **2.** Cauce de las aguas corrientes.
cubilete *s. m.* Vaso de cobre más ancho por la boca que por la base.
cúbito *s. m.* El hueso más largo y grueso de los dos que forman el antebrazo.
cubo *s. m.* **1.** Vaso con asa de madera, metal u otra sustancia. **2.** Tercera potencia de un número, monomio o polinomio. **3.** Sólido regular limitado por seis cuadrados iguales.
cuboides *adj.* Se dice del hueso de tarso, situado en el borde externo del pie.
cubrecama *s. f.* Colcha.
cubrir *v. tr.* **1.** Ocultar y tapar una cosa con otra. También prnl. **2.** Proteger la acción ofensiva o defensiva de alguien.
cucamonas *s. f. pl., fam.* Carantoñas.
cucaña *s. f.* **1.** Palo largo, untado de jabón o de grasa, por el que se ha de trepar para coger como premio un objeto colocado en su extremidad.
cucaracha *s. f.* **1.** Cochinilla, crustáceo terrestre. **2.** Insecto de color negro por encima y rojizo por debajo.
cuchara *s. f.* Instrumento en forma de palita con que se llevan a la boca los líquidos, las cosas blandas o menudas.
cucharón *s. m.* Cacillo para servir en la mesa algunos manjares.
cuchichear *v. intr.* Hablar en voz baja o al oído a alguien.
cuchichiar *v. intr.* Cantar la perdiz.
cuchilla *s. f.* Instrumento compuesto de una hoja muy ancha de hierro acerado, de un solo corte.
cuchillo *s. m.* Instrumento acerado de una hoja y un solo corte.
cuchipanda *s. f., fam.* Comida que toman varias personas.
cuchufleta *s. f., fam.* Dicho de chanza.
cuclillas, en *loc. adv.* con que se explica la postura o acción de doblar el cuerpo hasta que las asentaderas lleguen al suelo, o descansen en los calcañares.
cuclillo *s. m.* Ave trepadora.

cuco, ca *adj.* **1.** *fam.* Pulido, mono. **2.** *fam.* Taimado y astuto.

cucú *s. m.* Canto del cuclillo.

cucurucho *s. m.* Papel arrollado en forma cónica.

cuelga *s. f.* **1.** Acción y efecto de colgar frutos u otros comestibles para su conservación. **2.** *fam.* Regalo que en el día de su cumpleaños se da a alguien.

cuello *s. m.* **1.** Parte del cuerpo que une la cabeza con el tronco. **2.** Tira de una tela, que se une a la parte superior de los vestidos.

cuenca *s. f.* **1.** Escudilla de madera. **2.** Cavidad en que está cada uno de los ojos. **3.** Territorio cuyas aguas afluyen todas al mismo río, lago o mar.

cuenco *s. m.* Vaso de barro, hondo y ancho, y sin borde.

cuenta *s. f.* **1.** Acción de contar. **2.** Cálculo u operación aritmética. **3.** Razón, satisfacción de alguna cosa. **4.** Cálculo, cómputo.

cuentagotas *s. m.* Utensilio que sirve para contar un líquido gota a gota.

cuentahílos *s. m.* Útil para contar en un tejido la cantidad de hilos que tiene.

cuentista *adj., fam.* Chismoso.

cuento *s. m.* **1.** Relación de un suceso, de una cosa falsa o de pura invención. **2.** Fábula. **3.** Cómputo. **4.** Chisme.

cuerda *s. f.* **1.** Conjunto de hilos que torcidos forman un solo cuerpo grueso y largo. **2.** Línea recta tirada de la parte de un arco a la otra.

cuerdo, da *adj.* **1.** Se dice del que está en su juicio. **2.** Prudente.

cuerno *s. m.* **1.** Prolongación ósea que tienen algunos animales en la región frontal. **2.** Antena de los animales articulados.

cuero *s. m.* **1.** Pellejo que cubre la carne de los animales. **2.** Odre.

cuerpo *s. m.* **1.** Lo que tiene extensión limitada y produce impresión en nuestros sentidos por calidades que le son propias. **2.** En el ser humano y en los animales, materia orgánica que constituye sus diferentes partes.

cuervo *s. m.* Pájaro carnívoro, de plumaje negro con visos pavonados.

cuesco *s. m.* **1.** Hueso de la fruta. **2.** *fam.* Pedo ruidoso.

cuesta *s. f.* Terreno en pendiente.

cuestación *s. f.* Petición de limosnas para un objeto piadoso o benéfico.

cuestión *s. f.* **1.** Pregunta que se hace para averiguar la verdad de algo. **2.** Gresca, riña. **3.** Materia de discusión. **4.** Problema.

cuestionar *v. tr.* Controvertir algo dudoso.

cuestionario *s. m.* Libro o serie de preguntas.

cuestor *s. m.* Magistrado romano.

cueto *s. m.* Sitio alto y defendido.

cueva *s. f.* Cavidad natural o artificial más o menos extensa y subterránea.

cuévano *s. m.* Cesto grande y hondo, tejido de mimbre, un poco más ancho de arriba que de abajo.

cuezo *s. m.* Artesilla en que se amasa el yeso.

cuidado *s. m.* **1.** Solicitud y atención para hacer bien alguna cosa. **2.** Dependencia o negocio que está a cargo de alguien. **3.** Recelo, sobresalto, temor.

cuidadoso, sa *adj.* **1.** Solícito y diligente en la ejecución de algo. **2.** Atento, vigilante.

cuidar *v. tr.* **1.** Poner diligencia, atención y solicitud en la ejecución de alguna cosa. **2.** Asistir, guardar, conservar algo. ‖ *v. prnl.* **3.** Mirar y cuidar por su salud.

cuita *s. f.* Trabajo, aflicción, desventura.

cuitado, da *adj.* Afligido, desventurado.

cuja *s. f.* Bolsa de cuero asida a la silla del caballo, para meter el cuento de la lanza.

culata *s. f.* Parte posterior de la caja de la escopeta, pistola o fusil.

culebra *s. f.* Reptil sin pies, de cuerpo cilíndrico y muy largo respecto al de su grueso.

culebrear *v. intr.* Andar formando eses.

culebrina *s. f.* Pieza antigua de artillería, larga y de poco calibre.

culebrón *s. m., fig.* Serie de televisión compuesta por muchos capítulos.

culinario, ria *adj.* Relativo a la cocina.

culmen *s. m.* Punto más elevado de algo.

culminar *v. intr.* **1.** Llegar una cosa a la posición mas elevada que puede tener. **2.** Pasar un astro por el meridiano superior al observador. ‖ *v. tr.* **3.** Dar fin o cima a una tarea.

culo *s. m.* **1.** Parte posterior o asentaderas. **2.** Ancas del animal. **3.** Ano.

culombio *s. m.* Unidad de masa eléctrica, cantidad de electricidad transportada por una corriente de un amperio en un segundo.

culpa *s. f.* Falta cometida a sabiendas y voluntariamente.

culpabilidad *s. f.* Calidad de culpable.

culpar *v. tr.* Atribuir la culpa. También prnl.

cultivar *v. tr.* **1.** Dar a la tierra y a las plantas para que fructifiquen las labores necesarias. **2.** Hablando de la amistad, trato, etc., poner los medios para mantenerlos.

cultivo *s. m.* Acción de cultivar.

culto, ta *adj.* **1.** Se dice de las tierras y plantas cultivadas. **2.** *fig.* Dotado de las calidades que provienen de la cultura o instrucción. ‖ *s. m.* **3.** Homenaje que el hombre tributa a Dios.

cultura *s. f.* **1.** Cultivo. **2.** *fig.* Resultado de cultivar los conocimientos humanos.

culturar *v. tr.* Cultivar la tierra.

cumbre *s. f.* Cima de un monte.

cúmplase *s. m.* Decreto que, para que puedan tomar posesión de su destino, se coloca en el título de los funcionarios públicos.

cumpleaños *s. m.* Aniversario del nacimiento de una persona.

cumplido *s. m.* Muestra de cortesía.

cumplimentar *v. tr.* **1.** Dar parabién a alguien. **2.** Poner en ejecución los despachos u órdenes superiores.

cumplir *v. tr.* **1.** Ejecutar, llevar a efecto. **2.** Dicho de la edad, llegar a tener aquella que se indica. ‖ *v. intr.* **3.** Hacer alguien aquello que debe o está obligado. **4.** Ser el tiempo o día que termina la obligación, empeño o plazo. ‖ *v. prnl.* **5.** Verificarse, realizarse.

cúmulo *s. m.* **1.** Montón, conjunto de cosas. **2.** *fig.* Conjunto de nubes que tienen apariencia de montañas nevadas.

cuna *s. f.* **1.** Camita para niños. **2.** Patria o lugar de nacimiento de alguien. **3.** *fig.* Estirpe, linaje. **4.** *fig.* Origen de una cosa.

cundir *v. intr.* **1.** Extenderse hacia todas partes una cosa. **2.** Propagarse una cosa con rapidez. **3.** Dar mucho de sí una cosa.

cuneta *s. f.* Zanja en cada uno de los lados de un camino.

cuña *s. f.* Pieza de madera o metal terminada en ángulo diedro muy agudo, que se emplea para dividir cuerpos sólidos.

cuñado, da *s. m. y s. f.* Hermano o hermana del marido respecto a la mujer, y de la mujer respecto al marido.

cuño *s. m.* **1.** Troquel con que se sellan las monedas, medallas y otras cosas análogas. **2.** Impresión o señal que deja.

cuota *s. f.* **1.** Parte o porción fija y determinada. **2.** Cantidad que se designa a cada contribuyente en la lista cobratoria.

cupé *s. m.* Berlina, coche.

cuplé *s. m.* Copla, canción, tonadilla.

cupo *s. m.* Cuota, parte asignada.

cupón *s. m.* Cada una de las partes de un documento de la deuda pública o de una sociedad individual, que periódicamente se van cortando para presentarlas al cobro de los intereses vencidos.

cúprico, ca *adj.* De cobre o relativo a él.

cuprífero, ra *adj.* Se dice de los cuerpos que contienen cobre.

cúpula *s. f.* **1.** Bóveda en forma de una media esfera, con la que suele cubrirse parte de un edificio o todo él.

cura *s. m.* **1.** Sacerdote. ‖ *s. f.* **2.** Curación.

curación *s. f.* Acción o efecto de curar.

curandero, ra *s. m. y s. f.* Persona que sin ser médico se dedica a curar.

curar *v. intr.* **1.** Sanar. También prnl. ‖ *v. tr.* **2.** Aplicar al enfermo los remedios necesarios. **3.** Preparar las carnes y pescados para que se conserven.

curasao *s. m.* Licor fabricado de corteza de naranja y otros ingredientes.

curato *s. m.* **1.** Cargo espiritual del cura de almas. **2.** Parroquia.

cúrcuma *s. f.* Rizoma que se parece al jengibre, huele como él y es algo amargo.

cureña *s. f.* Armazón en la cual se monta el cañón de artillería.

curia *s. f.* **1.** Tribunal en el que se tratan los negocios contenciosos. **2.** Conjunto de abogados, procuradores y empleados en la administración de justicia.

curiosear *v. intr.* **1.** Ocuparse de lo que otros hacen o dicen. **2.** Fisgonear.

curiosidad *s. f.* **1.** Deseo de averiguar o saber alguna cosa. **2.** Aseo, limpieza.

curioso, sa *adj.* **1.** Que tiene curiosidad. **2.** Limpio y aseado. **3.** Interesante.

currículo *s. m.* Plan de estudios.

currículum vitae *s. m.* Relación de los títulos, cargos, trabajos realizados, datos biográficos, etc. que califican a una persona.

curruca *s. f.* Pájaro canoro, de plumaje pardo por encima y blanco por debajo.

cursar *v. tr.* **1.** Estudiar una materia en una universidad, colegio, etc. **2.** Dar curso a una solicitud, instancia, etc.

cursi *adj., fam.*Que, sin serlo, presume de fino y elegante.

cursillo *s. m.* **1.** Curso de poca duración para completar la preparación. **2.** Serie de conferencias acerca de una materia.

cursivo, va *adj.* Se dice del carácter y de la letra de mano que se liga mucho para escribir de prisa. También s. f.

curso *s. m.* **1.** Dirección o carrera. **2.** Tiempo señalado en cada año para asistir a oír las lecciones en las universidades o escuelas públicas. **3.** Serie de informes, consultas, etc., que precede a la resolución de un expediente.

cursor *s. m.* Pieza pequeña que en algunos aparatos se desliza sobre otra mayor.

curtido *s. m.* **1.** Cuero curtido. Se usa más en pl. **2.** Corteza de ciertos árboles.

curtir *v. tr.* **1.** Adobar, aderezar las pieles. **2.** *fig.* Tostar el sol el cutis de las personas que andan a la intemperie.

curuja *s. f.* Lechuza.

curva *s. f.* Línea curva.

curvar *v. tr.* Combar, encorvar.

curvatura *s. f.* Desvío de la dirección recta.

curvilíneo, a *adj.* **1.** Compuesto de líneas curvas. **2.** Que se dirige en línea curva.

curvo, va *adj.* Se dice del que se aparta de la dirección recta sin formar ángulos. También s. m. y s. f.

cuscurro *s. m.* Pequeño cantero de pan muy cocido.

cuscuta *s. f.* Planta parásita convolvulácea, sin hojas y de flores sonrosadas.

cúspide *s. f.* **1.** Cumbre puntiaguda de los montes. **2.** Remate de alguna cosa que termina en punta en la parte superior.

custodia *s. f.* Acción y efecto de custodiar.

custodiar *v. tr.* Guardar con cuidado.

cutáneo, a *adj.* Perteneciente al cutis.

cutí *s. m.* Tela de lienzo rayado o con otros dibujos.

cutícula *s. f.* **1.** Película, piel delgada y delicada. **2.** Epidermis.

cutir *v. tr.* Golpear una cosa con otra.

cutis *s. m.* Piel que cubre el rostro.

cutre *adj.* Tacaño, miserable

cuyo, ya *pron. rel.* Además de relativo tiene el carácter de posesivo y concierta no con el poseedor, sino con la persona o cosa poseída.

D

d *s. f.* **1.** Cuarta letra del abecedario español y tercera de sus consonantes. **2.** Sexta letra de la numeración romana, que tiene el valor de quinientos.
dable *adj.* Hacedero, posible.
daca *contracc.* Da, o dame, acá.
dactilar *adj.* Perteneciente o relativo a los dedos.
dactilología *s. f.* Arte de comunicarse mediante los dedos y las distintas posiciones de las manos, utilizado generalmente por los sordomudos.
dactiloscopia *s. f.* Sistema de identificación mediante el estudio de las impresiones digitales.
dádiva *s. f.* Cosa que se da gratuitamente.
dadivoso, sa *adj.* Se dice de la persona propensa a hacer dádivas. También s. m. y s. f.
dado *s. m.* Pieza cúbica en cuyas caras hay señalados puntos desde uno hasta seis.
daga[1] *s. f.* Arma blanca de hoja parecida a la espada, pero mucho más corta.
daga[2] *s. f.* Cada una de las tongas de ladrillo que se cuecen a la vez en el horno.
daguerrotipo *s. m.* Arte de fijar en chapas metálicas las imágenes formadas en la cámara oscura.
dalia *s. f.* Planta compuesta anual de jardín, de flores de botón central amarillo y corola grande, con muchos pétalos de variada coloración.
dalmática *s. f.* Vestidura sagrada que se pone encima del alba.
daltónico, ca *adj.* Se dice de la persona que padece de daltonismo. También s. m. y s. f.
daltonismo *s. m.* Defecto de la vista que consiste en no percibir determinados colores o confundir alguno de los que se perciben.
dama *s. f.* **1.** Mujer noble o distinguida. **2.** Cada una de las señoras que acompañaban y servían a la reina o a las princesas.
damajuana *s. f.* Vasija de vidrio o barro cocido, de cuello corto y protegida por un revestimiento de mimbre o paja.
damasco *s. m.* Tela fuerte de seda o lana y con dibujos formados con el tejido.
damasquinado *s. m.* Incrustación de metales finos sobre hierro o acero.
damisela *s. f.* Joven bonita, alegre y que presume de dama.
damnificar *v. tr.* Causar daño a alguna persona o cosa.
dandi *s. m.* Hombre muy elegante que se distingue por su excesivo refinamiento.
dandismo *s. m.* Calidad de dandi.
danzar *v. tr.* Bailar.
danzarín, na *s. m. y s. f.* Persona que danza con destreza.
danzón *s. m.* Baile cubano, parecido a la habanera.
dañar *v. tr.* **1.** Causar determinado perjuicio, dolor, etc. También prnl. **2.** Maltratar o echar a perder una cosa. También prnl.
dañino, na *adj.* Que daña o hace perjuicio. Se dice generalmente de algunos animales.
dar *v. tr.* **1.** Donar. **2.** Entregar. **3.** Conceder, otorgar. También intr.
dardo *s. m.* **1.** Arma arrojadiza, semejante a una lanza pequeña y delgada, que se tira con la mano. **2.** Dicho satírico o agresivo.
dársena *s. f.* Parte resguardada artificialmente, en aguas navegables, dispuesta para la carga y descarga.
dasonomía *s. f.* Ciencia que trata de la cría, conservación, cultivo y aprovechamiento de los montes.
data *s. f.* En un escrito, inscripción, etc., indicación del lugar y tiempo en que se ha escrito.
datar *v. tr.* Poner la data.
dátil *s. m.* Fruto comestible de la palmera, de carne blanquecina y hueso muy duro.
dativo *s. m.* Caso de la declinación gramatical en que se pone la palabra que desempeña la función de objeto indirecto.
dato *s. m.* **1.** Antecedente necesario para llegar al conocimiento de una cosa. **2.** Documento, testimonio. **3.** Unidad funcional de información.
de *prep.* Indica posesión o pertenencia.
deambular *v. intr.* Andar sin dirección determinada, pasear.
deán *s. m.* Persona que preside, después del prelado, el cabildo de una catedral.
deanato *s. m.* Dignidad de deán.
debajo *adv. l.* En lugar o puesto inferior.
debate *s. m.* Acción de debatir.
debatir *v. tr.* **1.** Altercar, discutir, contender. **2.** Combatir, guerrear.
debe *s. m.* Una de las dos partes en que se dividen las cuentas corrientes, en la que aparecen las cantidades que se cargan al titular de la cuenta.
debelar *v. tr.* Rendir a fuerza de armas al enemigo.

deber[1] *s. m.* Aquello a que está obligado el ser humano por los preceptos religiosos o por las leyes naturales o positivas.

deber[2] *v. tr.* Estar obligado a algo por la ley divina, natural o positiva. También prnl.

débil *adj.* De poco vigor o de poca fuerza.

debilidad *s. f.* Falta de fuerza física o moral.

debilitar *v. tr.* Disminuir la fuerza, el vigor o el poder de alguien o algo. También prnl.

débito *s. m.* Deuda.

debut *s. m.* Estreno, primera actuación en público de un artista, compañía, etc.

debutar *v. intr.* Presentarse un artista, compañía, etc. por primera vez ante el público.

década *s. f.* **1.** Serie de diez. **2.** Período de diez días. **3.** Período de diez años.

decadencia *s. f.* Declinación, menoscabo, principio de debilidad o de ruina.

decaedro *s. m.* Sólido de diez caras.

decaer *v. intr.* Ir a menos, perder una persona o cosa alguna parte de las condiciones o propiedades que constituían su fuerza, bondad, importancia o valor.

decágono *s. m.* Polígono de diez lados.

decagramo *s. m.* Peso de diez gramos.

decaído, da *adj.* Abatido, débil.

decaimiento *s. m.* Abatimiento.

decalitro *s. m.* Medida de capacidad de diez litros.

decálogo *s. m.* Listado de diez leyes o preceptos.

decámetro *s. m.* Medida de longitud que tiene diez metros.

decampar *v. intr.* Levantar el campo un ejército.

decanato *s. m.* Dignidad de decano y despacho que ocupa oficialmente.

decano, na *s. m. y s. f.* Miembro más antiguo de una comunidad, cuerpo, junta, etc.

decantar[1] *v. tr.* Propalar, ponderar.

decantar[2] *v. tr.* Inclinar una vasija sobre otra, para que caiga el líquido contenido en la primera sin que salga el poso.

decapitar *v. tr.* Cortar la cabeza.

decápodo, da *adj.* Se dice de los crustáceos que tienen diez patas.

decárea *s. f.* Medida de superficie que contiene diez áreas.

decasílabo, ba *adj.* De diez sílabas.

decena *s. f.* Conjunto de diez unidades.

decenal *adj.* **1.** Que se repite cada decenio. **2.** Que dura un decenio.

decencia *s. f.* **1.** Aseo de una persona o cosa. **2.** Recato, honestidad, modestia.

decenio *s. m.* Período de diez años.

decente *adj.* **1.** Honesto. **2.** Ordenado, limpio.

decenviro *s. m.* En la Roma antigua, cada uno de los miembros de una comisión de diez personas.

decepción *s. f.* Engaño.

dechado *s. m.* Ejemplar, muestra que se tiene presente para imitar.

deciárea *s. f.* Medida de superficie, equivalente a la décima parte de un área.

decibelio *s. m.* Unidad práctica de medida de la intensidad del sonido.

decidido, da *adj.* Resuelto, audaz.

decidir *v. tr.* **1.** Cortar la dificultad, formar juicio definitivo sobre algún asunto dudoso. **2.** Resolver. También prnl.

decigramo *s. m.* Peso equivalente a la décima parte de un gramo.

decilitro *s. m.* Medida de capacidad que equivale a la décima parte de un litro.

décima *s. f.* Cada una de las diez partes iguales en que se divide un todo.

decimal *adj.* **1.** Se aplica a cada una de las diez partes iguales en que se divide un todo. **2.** Se dice del sistema de numeración cuya base es diez.

decímetro *s. m.* Medida de longitud equivalente a la décima parte de un metro.

décimo, ma *adj. num.* **1.** Que ocupa el último lugar en una serie ordenada de diez. También pron. ‖ *s. m.* **2.** Décima parte del billete de lotería.

decir *v. tr.* **1.** Manifestar con palabras lo que se piensa o siente. **2.** Asegurar, sostener.

decisión *s. f.* Determinación, resolución adoptada en una cosa dudosa.

decisivo, va *adj.* Que decide o resuelve.

declamar *v. intr.* Hablar o recitar con la entonación debida y los ademanes convenientes. También intr.

declarar *v. tr.* **1.** Dar a conoce lo que está oculto. **2.** Manifestar los testigos o el reo ante el juez lo que saben acerca de lo que se les pregunta. También prnl.

declaratorio, ria *adj.* Que declara o explica lo que no se sabía o estaba dudoso.

declinación *s. f.* **1.** Caída, descenso o declive. **2.** *fig.* Decadencia, menoscabo. **3.** *fig.* En las lenguas flexivas, serie ordenada de los casos gramaticales.

declinar *v. intr.* **1.** Inclinarse hacia abajo o hacia un lado u otro. **2.** *fig.* Decaer, menguar. **3.** Poner las palabras declinables en los casos gramaticales.

declive *s. m.* Pendiente, cuesta o inclinación del terreno o de la superficie de una cosa.

decocción *s. m.* Acción y efecto de cocer en agua sustancias vegetales o animales.

decolorar *v. tr.* Descolorar. También prnl.

decomisar *v. tr.* Declarar que una mercancía ha caído en decomiso.

decomiso *s. m.* **1.** Pena del perdimiento de la cosa, en que incurre quien comercia en géneros prohibidos. **2.** Pérdida de la persona que contraviene un contrato en que se estipuló esta pena. **3.** Cosa decomisada.

decoración *s. f.* **1.** Cosa que decora. **2.** En el teatro, telones, bambalinas y objetos con que se figura el lugar de la escena.

decorado *s. m.* Decoración.

decorador, ra *s. m.* Persona que se dedica profesionalmente al arte de la decoración.

decorar *v. tr.* Adornar una cosa o un sitio.

decoro *s. m.* **1.** Honor, respeto que se debe a una persona. **2.** Circunspección, gravedad. **3.** Pureza, honestidad, recato.

decrecer *v. intr.* Disminuir, menguar.

decrépito, ta *adj.* Se aplica a la edad muy avanzada y a la persona que tiene muy menguadas sus facultades. También s. m. y s. f.

decrepitud *s. f.* Extrema debilitación de las facultades físicas y mentales a causa de la vejez.

decrescendo *adv. m.* Disminuyendo paulatinamente la intensidad del sonido.

decretar *v. tr.* Resolver, ordenar por decreto el jefe del Estado o su gobierno, o un tribunal o juez.

decreto *s. m.* Decisión o determinación tomada por la autoridad competente.

decúbito *s. m.* Posición que adoptan las personas o los animales cuando se echan en el suelo, en la cama, etc.

décuplo, pla *adj. num.* Que contiene un número exactamente diez veces.

decuria *s. f.* En la antigua Roma, grupo civil o político de diez personas.

decurión *s. m.* Jefe de una decuria.

decurrente *adj.* Se aplica a las hojas cuyo limbo se extiende a lo largo del tallo como si estuviesen adheridas a él.

decurso *s. m.* Sucesión del tiempo.

dedal *s. m.* Utensilio pequeño, cilíndrico y hueco, que sirve para proteger la punta del dedo cuando se cose.

dédalo *s. m., fig.* Laberinto, lugar o cosa confusos y enmarañados.

dedicación *s. f.* Acción y efecto de aplicarse intensamente en un trabajo.

dedicar *v. tr.* **1.** Consagrar, destinar algo a un fin. **2.** Consagrar una cosa a personajes eminentes, hechos gloriosos, etc. **3.** Emplear, destinar, aplicar. También prnl.

dedicatoria *s. f.* Carta o nota dirigida a la persona a quien se dedica una obra.

dedil *s. m.* Cada una de las fundas que se ponen en los dedos para que no se lastimen o manchen en ciertos trabajos.

dedo *s. m.* Cada una de las cinco partes en que terminan la mano y el pie del ser humano y de muchos animales.

deducción *s. f.* **1.** Acción de sacar una cosa de otra. **2.** Forma de razonamiento que consiste en partir de un principio general conocido para llegar a un principio particular desconocido.

deducir *v. tr.* **1.** Sacar consecuencias de un principio, proposición o supuesto. **2.** Rebajar, restar alguna partida de una cantidad.

defecar *v. tr.* **1.** Quitar las heces o impurezas. ‖ *v. intr.* **2.** Expeler los excrementos.

defección *s. f.* Acción de separarse con deslealtad uno o más individuos de la causa o de la parcialidad a que pertenecían.

defectivo, va *adj.* **1.** Defectuoso. **2.** Se dice del verbo cuya conjugación no es completa.

defecto *s. m.* **1.** Carencia o falta de las cualidades propias y naturales de una cosa. **2.** Imperfección natural o moral.

defectuoso, sa *adj.* Imperfecto, falto.

defender *v. tr.* **1.** Amparar, librar, proteger. También prnl. **2.** Mantener, sostener una cosa contra el dictamen ajeno.

defendido, da *adj.* Se dice de la persona a quien defiende un abogado.

defenestrar *v. tr., fig.* Destituir o expulsar a alguien de un cargo, puesto, situación, etc. bruscamente o de improviso.

defensa *s. f.* Arma, instrumento u otra cosa con que alguien se defiende.
defensiva *s. f.* Situación o estado de la persona que sólo trata de defenderse.
defensor, ra *adj.* Que defiende o protege. También s. m. y s. f.
deferencia *s. f.* Muestra de respeto o de cortesía.
deferente *adj.* **1.** Que defiere o asiente a la opinión ajena por atención, respeto, etc. **2.** *fig.* Respetuoso, cortés.
deferir *v. intr.* Adherirse al dictamen de alguien por respeto o cortesía.
deficiencia *s. f.* Defecto o imperfección.
deficiente *adj.* **1.** Falto o incompleto. **2.** Que tiene algún defecto o que no alcanza el nivel considerado normal.
déficit *s. m.* Cantidad que falta a las ganancias para que se equilibren con los gastos.
definición *s. f.* **1.** Proposición que expone con exactitud los caracteres genéricos y diferenciales de algo. **2.** Explicación de cada uno de los vocablos, locuciones, expresiones, etc., que tiene un diccionario. **3.** Nitidez de reproducción de una imagen fotográfica o de televisión.
definir *v. tr.* **1.** Fijar con claridad, exactitud y precisión la significación de una palabra o la naturaleza de una persona o cosa. **2.** Decidir, resolver una cosa dudosa.
definitivo, va *adj.* Que resuelve o concluye.
deflagrar *v. intr.* Arder una sustancia súbitamente con llama y sin explosión.
deflector *s. m.* Aparato que sirve para comparar la fuerza directriz con otra que orienta a toda aguja inmantada.
deflegmar *v. tr.* Separar la parte acuosa contenida en los líquidos.
defoliación *s. f.* Caída prematura de las hojas de los árboles y plantas, producida por enfermedad o influjo atmosférico.
deforestar *v. tr.* Destruir el bosque por la actividad humana o por causas naturales.
deformar *v. tr.* Alterar la forma natural de una persona o cosa. También prnl.
deforme *adj.* Desproporcionado o irregular en la forma.
deformidad *s. f.* Cosa deforme.
defraudar *v. tr.* **1.** Privar a alguien, con abuso de su confianza o con engaño, de lo que le toca de derecho. **2.** Cometer un fraude.
defunción *s. f.* Muerte de una persona.
degeneración *s. f.* **1.** Alteración grave o pérdida de los caracteres funcionales o morfológicos de los tejidos o elementos anatómicos. **2.** Disminución progresiva de las facultades físicas y mentales de una persona. **3.** Pasar de un estado a otro más grave.
degenerar *v. intr.* **1.** Decaer de las cualidades de su especie, raza o linaje. **2.** Decaer, desdecir de la primera calidad o estado.
deglución *s. f.* Acción y efecto de deglutir.
deglutir *v. intr.* Tragar los alimentos.
degollar *v. tr.* Cortar la garganta o el cuello a una persona o a un animal.
degradante *adj.* Se dice de lo que degrada.
degradar *v. tr.* **1.** Privar a una persona de sus dignidades, honores, etc. **2.** Humillar, envilecer. También prnl.
degustar *v. tr.* **1.** Probar alimentos o bebidas. **2.** Disfrutar de una sensación agradable.
dehesa *s. f.* Tierra acotada para pastos.
dehiscente *adj.* Se dice del fruto cuyo pericarpio se abre naturalmente para que salga la semilla.
deicida *adj.* Se dice de los que dieron muerte a Jesucristo o contribuyeron a ella.
deidad *s. f.* **1.** Ser divino o esencia divina. **2.** Cada uno de los dioses paganos.
deificar *v. tr.* **1.** Divinizar. **2.** *fig.* Ensalzar excesivamente.
deífico, ca *adj.* Perteneciente o relativo a Dios.
dejadez *s. f.* Pereza, negligencia, abandono de sí mismo o de sus cosas.
dejado, da *adj.* Flojo y negligente.
dejar *v. tr.* **1.** Soltar una cosa. **2.** Abandonar.
del *contrac.* de la preposición "de" y el artículo "el".
delación *s. f.* Acusación, denuncia.
delantal *s. m.* **1.** Prenda de vestir que, atada a la cintura, se usa para cubrir la parte delantera del traje o vestido. **2.** Mandil.
delante *adv. l.* Con prioridad de lugar, en la parte anterior o en sitio detrás del cual está una persona o cosa.
delantera *s. f.* **1.** Parte anterior de una cosa. **2.** Distancia con que uno se adelanta a otro en el camino.
delantero, ra *adj.* **1.** Que está o va delante. || *s. m. y s. f.* **2.** En algunos deportes, persona que juega en la primera línea.

delatar *v. tr.* **1.** Revelar a la autoridad un delito designando el autor. **2.** Descubrir, poner de manifiesto algo que estaba oculto.

delator, ra *adj.* Denunciador, acusador.

delco *s. m.* En los motores de explosión, aparato distribuidor de la corriente de alto voltaje, que hace a ésta llegar por turno a cada una de las bujías.

dele *s. m.* Signo con que el corrector indica en las pruebas que se debe efectuar la supresión de una palabra, letra, párrafo, etc.

deleble *adj.* Que puede borrarse fácilmente.

delectación *s. f.* Deleite.

delegación *s. f.* **1.** Cargo y oficina del delegado. **2.** Conjunto o reunión de delegados.

delegado, da *adj.* Se dice de la persona en quien se delega una facultad o jurisdicción.

delegar *v. tr.* Dar una persona a otra la jurisdicción que tiene por su dignidad u oficio, para que haga sus veces.

deleitar *v. tr.* Producir deleite.

deleite *s. m.* **1.** Placer del ánimo. **2.** Placer sensual.

deletéreo, a *adj., fig.* Mortífero, venenoso.

deletrear *v. intr.* Pronunciar separadamente las letras de cada sílaba, las sílabas de cada palabra y luego la palabra entera.

deleznable *adj.* **1.** Que se rompe, disgrega o deshace fácilmente. **2.** *fig.* Poco durable, inconsistente.

delfín *s. m.* Mamífero cetáceo carnívoro, de cabeza voluminosa y hocico prolongado en forma de pico.

delgadez *s. f.* Calidad de delgado.

delgado, da *adj.* **1.** Flaco, de pocas carnes. **2.** Tenue, de poco grosor.

deliberado, da *adj.* Voluntario, intencionado, hecho de propósito.

deliberar *v. intr.* **1.** Examinar atentamente el pro y el contra de algo. ‖ *v. tr.* **2.** Resolver una cosa con premeditación.

delicadez *s. f.* **1.** Debilidad, flaqueza, falta de vigor o robustez. **2.** Nimiedad, escrupulosidad de genio que se ofende por poco.

delicadeza *s. f.* **1.** Finura. **2.** Atención y exquisito miramiento con las personas o las cosas. **3.** Ternura, suavidad.

delicado, da *adj.* **1.** Atento, suave, tierno. **2.** Débil, enfermizo. **3.** Quebradizo.

delicia *s. f.* **1.** Placer muy intenso del ánimo. **2.** Placer sensual muy vivo. **3.** Aquello que causa delicia.

delicioso, sa *adj.* Capaz de causar delicia, muy agradable o ameno.

delictivo, va *adj.* **1.** Perteneciente o relativo al delito. **2.** Que implica delito.

delicuescente *adj.* Que tiene la propiedad de atraer la humedad del aire y liquidarse lentamente.

delimitar *v. tr.* Fijar los límites de algo.

delincuencia *s. f.* Conjunto de delitos, ya en general, ya referidos a un país o época.

delineante *s. m. y s. f.* Persona que tiene por oficio trazar planos.

delinear *v. tr.* Trazar las líneas de una figura.

delinquir *v. intr.* Quebrantar una ley.

deliquio *s. m.* Desmayo, desfallecimiento.

delirar *v. intr.* Tener perturbada la razón por una enfermedad o pasión violenta.

delirio *s. m.* Perturbación mental originada por una enfermedad o una pasión.

delírium trémens *s. m.* Delirio ocasionado por el alcoholismo crónico.

delitescencia *s. f.* Desaparición, más o menos rápida, de una afección local.

delito *s. m.* **1.** Culpa, crimen, quebrantamiento de la ley. **2.** Acción u omisión antijurídica imputable y culpable, sancionada por la ley con pena grave.

delta *s. f.* Terreno de forma triangular que se forma en la desembocadura de ciertos ríos.

deltoides *adj.* Se dice del músculo triangular situado en la cara superior del hombro, que sirve para levantar el brazo.

deludir *v. tr.* Engañar, burlar.

demacrarse *v. prnl.* Perder carnes, enflaquecer por causa física o moral.

demagogia *s. f., fig.* Uso del habla de forma retórica y excesiva con fines propagandísticos, agitadores o engañosos.

demagogo, ga *s. m. y s. f.* **1.** Jefe o caudillo de una facción popular. **2.** Persona partidaria de la demagogia.

demanda *s. f.* **1.** Solicitud, petición. **2.** Pregunta. **3.** Petición que un litigante sustenta en el juicio.

demandante *s. m. y s. f.* Persona que demanda o pide una cosa en juicio.

demandar *v. tr.* **1.** Pedir. **2.** Entablar demanda.

demarcación *s. f.* Terreno demarcado.

demarcar *v. tr.* Delinear, separar los límites o confines de un país o terreno.

demás *adj.* Precedido de los artículos "lo", "la", "los", "las", equivale a lo otro, la otra, los otros o los restantes, las otras.

demasía *s. f.* **1.** Exceso. **2.** Atrevimiento. **3.** Maldad, delito.

demasiado, da *adj.* Que es en demasía o tiene demasía.

demencia *s. f.* Locura, trastorno de la razón.

demente *adj.* Loco, falto de juicio.

demérito *s. m.* Falta de mérito.

democracia *s. f.* Sistema político basado en la intervención del pueblo en el gobierno mediante elecciones universales.

demócrata *adj.* Partidario de la democracia. También s. m. y s. f.

demografía s. f. Parte de la estadística, que trata de los habitantes de un país, según sus profesiones, edades, etc.

demoler *v. tr.* Deshacer, derribar, arruinar.

demonio *s. m.* Diablo.

demora *s. f.* Tardanza, dilación.

demorar *v. tr.* **1.** Retardar. ‖ *v. intr.* **2.** Detenerse o hacer mansión en una parte.

demostración *s. f.* Comprobación, por hechos ciertos o experimentos repetidos, de un principio o de una teoría. **2.** Manifestación externa de sentimientos e intenciones. **3.** Razonamiento que, partiendo de verdades universales y evidentes, hace cierta otra verdad que antes no lo era.

demostrar *v. tr.* **1.** Probar algo sirviéndose de cualquier género de demostración. **2.** Mostrar alguna cosa con signos inequívocos. **3.** Manifestar algo. **4.** Hacer ver que una verdad particular está comprendida en otra universal cierta y evidente.

demostrativo, va *adj.* **1.** Que demuestra. **2.** Se dice de los adjetivos y pronombres que sirven para indicar la situación relativa de las personas o cosas.

demudar *v. tr.* **1.** Mudar, variar. **2.** Alterar, disfrazar, desfigurar.

denario, ria *adj.* Que se refiere al número diez o lo contiene.

dendrita *s. f.* Nombre dado a las concreciones minerales arborescentes.

dendrografía *s. f.* Tratado de los árboles.

denegar *v. tr.* No conceder lo que se pide.

dengue *s. m.* **1.** Melindre. **2.** Enfermedad epidémica producida por un virus inoculado por un mosquito.

denigrar *v. tr.* **1.** Deslustrar, ofender la opinión o fama de alguien. **2.** Injuriar.

denigrativo, va *adj.* Que denigra.

denodado, da *adj.* Intrépido, esforzado.

denominación *s. f.* Nombre, título o sobrenombre con que se distinguen las personas y las cosas.

denominador *s. m.* En un quebrado, número escrito debajo del numerador y separado de éste por una raya horizontal, que expresa las partes iguales en que está dividida la unidad.

denominar *v. tr.* Nombrar, señalar o distinguir con un título particular a algunas personas o cosas.

denostar *v. tr.* Injuriar gravemente.

denotar *v. tr.* Indicar, anunciar, significar.

densidad *s. f.* Relación entre la masa y el volumen de un cuerpo.

densificar *v. tr.* Hacer densa una cosa. También prnl.

denso, sa *adj.* **1.** Compacto, que contiene mucha materia en poco espacio. **2.** Oscuro, confuso. **3.** Espeso, engrosado.

dentado, da *adj.* Que tiene dientes o puntas parecidas a ellos.

dentadura *s. f.* Conjunto de dientes, muelas y colmillos de una persona o un animal.

dentar *v. tr.* Formar dientes a una cosa.

dentellar *v. intr.* Dar diente con diente, batir los dientes como cuando se tiembla.

dentellear *v. tr.* Mordiscar.

dentera *s. f.* Sensación desagradable que se experimenta en los dientes y encías al comer ciertas cosas, oír ciertos ruidos o tocar determinados cuerpos.

dentición *s. f.* Tiempo en que se echa la dentadura.

dentífrico, ca *adj.* Se dice de los polvos, pastas, aguas, etc., que se usan para limpiar y mantener sana la dentadura.

dentina *s. f.* Marfil de los dientes.

dentista *s. m. y s. f.* Médico odontólogo dedicado a conservar la dentadura y curar sus enfermedades.

dentro *adv. l. y t.* A o en la parte interior de un espacio o de un período de tiempo.

denuedo *s. m.* Brío, esfuerzo, intrepidez.

denuesto *s. m.* Injuria grave.

denuncia *s. f.* Notificación a la autoridad de una violación de la ley. **2.** Documento en que consta dicha notificación.

denunciar *v. tr.* **1.** Notificar, avisar. **2.** Pronosticar. **3.** *fig.* Delatar.

deodara *adj.* Se aplica a una variedad de cedro.

deparar *v. tr.* **1.** Suministrar, proporcionar, conceder. **2.** Poner delante, presentar.

departamento *s. m.* **1.** Cada una de las partes en que se divide un territorio, un edificio, etc. **2.** Ministerio o ramo de la administración pública.

departir *v. intr.* Hablar, conversar.

depauperar *v. tr.* **1.** Empobrecer. **2.** Debilitar, extenuar. Se usa más como prnl.

dependencia *s. f.* **1.** Hecho de depender de una persona o cosa. **2.** Oficina pública o privada que depende de otra superior.

depender *v. intr.* Estar subordinado a una persona o cosa.

dependiente *adj.* **1.** Que depende. || *s. m. y s. f.* **2.** Persona que se encarga de atender a los clientes en un establecimiento.

depilar *v. tr.* Arrancar el pelo o producir su caída por medio de sustancias o medicamentos depilatorios. También prnl.

deplorable *adj.* Lamentable.

deplorar *v. tr.* Sentir vivamente un deseo.

deponer *v. tr.* **1.** Dejar, apartar de sí. **2.** Bajar o quitar una cosa del lugar en que está. **3.** Privar a una persona de su empleo.

deportar *v. tr.* Desterrar a alguien a un lugar determinado.

deporte *s. m.* Recreación, pasatiempo, diversión o ejercicio físico.

deportista *s. m. y s. f.* **1.** Persona aficionada a los deportes o entendida en ellos. **2.** Persona que practica algún deporte.

deposición[1] *s. f.* **1.** Exposición y declaración de una cosa. **2.** Privación o degradación de empleo o dignidad.

deposición[2] *s. f.* Evacuación de vientre.

depositar *v. tr.* **1.** Poner bienes o cosas de valor bajo la custodia de una persona o entidad. **2.** Confiar algo a una persona. **3.** Colocar algo en un sitio determinado y por tiempo indefinido.

depositario, ria *adj.* **1.** Perteneciente o relativo al depósito. || *s. m. y s. f.* **2.** Persona en quien se deposita una cosa.

depósito *s. m.* **1.** Cosa depositada. **2.** Lugar donde se deposita. **3.** Sedimento de un líquido.

depravado, da *adj.* Demasiado viciado en las costumbres. También s. m. y s. f.

depravar *v. tr.* Viciar, adulterar, corromper. También prnl.

deprecar *v. tr.* Rogar, pedir, suplicar.

depreciación *s. f.* Disminución del valor o precio de una cosa.

depreciar *v. tr.* Disminuir el precio de una cosa.

depredación *s. f.* **1.** Pillaje, robo con violencia. **2.** Malversación o acción injusta.

depredar *v. tr.* **1.** Robar, saquear con violencia y destrozo. **2.** Cazar algunos animales a otros para su subsistencia.

depresión *s. f.* **1.** Concavidad en un terreno u otra superficie. **2.** Decaimiento del ánimo o de la voluntad.

depresivo, va *adj.* Que deprime.

deprimir *v. tr.* **1.** Disminuir el volumen de un cuerpo por la presión. **2.** Hundir alguna parte de un cuerpo. **3.** *fig.* Producir decaimiento del ánimo. También prnl.

depuesto, ta *adj.* Sustituido o rebajado de categoría.

depurador, ra *s. m. y s. f.* Aparato o instalación utilizada para limpiar de impurezas alguna cosa.

depurar *v. tr.* **1.** Limpiar, purificar. **2.** Rehabilitar en su cargo al que, por causas políticas, estaba separado o en suspenso.

derecho, cha *adj.* **1.** Recto, directo, continuo, vertical. **2.** Justo, legítimo, fundado. **3.** Que mira o cae hacia la mano derecha. || *s. m.* **4.** Facultad natural de las personas para hacer aquello que conduce a los fines de su vida.

deriva *s. f.* Desvío de la nave de su verdadero rumbo.

derivar *v. intr.* **1.** Traer su origen de alguna cosa. **2.** Desviarse el buque de su rumbo.

dermatitis *s. f.* Inflamación de la piel.

dermatología *s. f.* Parte de la medicina que trata de las enfermedades de la piel.

dermatosis *s. f.* Enfermedad de la piel que se manifiesta por costras, granos, etc.

dermesto *s. m.* Insecto coleóptero que vive en las despensas y lugares donde hay restos de animales.

dermis *s. f.* Capa inferior y más gruesa de la piel, situada bajo la epidermis.

derogación *s. f.* **1.** Abolición, anulación. **2.** Disminución, deterioración.
derogar *v. tr.* **1.** Anular o modificar una ley o costumbre. **2.** Destruir, suprimir.
derrabar *v. tr.* Cortar el rabo a un animal.
derramar *v. tr.* **1.** Verter, esparcir cosas líquidas o menudas. También prnl. || *v. prnl.* **2.** Esparcirse por varias partes con desorden y confusión.
derrame *s. m.* **1.** Lo que se sale o se pierde de un líquido al romperse el envase que lo contiene. **2.** Acumulación anormal de líquidos o gases en una cavidad orgánica o salida de éste fuera del cuerpo.
derredor *s. m.* Contorno de una cosa.
derrengado, da *adj.* **1.** Torcido, encorvado, inclinado. **2.** *fig.* Agotado.
derrengar *v. tr.* **1.** Lastimar el espinazo o los lomos de una persona o de un animal. También prnl. **2.** Torcer, inclinar a un lado más que a otro. También prnl.
derretir *v. tr.* **1.** Liquidar por medio del calor. También prnl. **2.** *fig.* Consumir, gastar.
derribar *v. tr.* **1.** Demoler, echar a tierra. **2.** Hacer dar en el suelo a una persona, animal o cosa.
derrocadero *s. m.* Sitio peñascoso y de muchas rocas, de donde hay peligro de caer.
derrocar *v. tr.* **1.** Despeñar, precipitar desde una peña o roca. **2.** Echar por tierra un edificio. **3.** Destituir a un gobernante.
derrochar *v. tr.* Malgastar los bienes.
derroche *s. m.* Acción y efecto de derrochar.
derrota *s. f.* **1.** Camino, vereda. **2.** Dirección de una embarcación. **3.** Vencimiento del ejército contrario.
derrotar *v. tr.* **1.** Disipar la hacienda. **2.** Destruir, arruinar la salud. **3.** Vencer y hacer huir al ejército contrario. **4.** Apartarse la embarcación del rumbo que lleva.
derrote *s. m.* Cornada que da el toro.
derrotero *s. m.* **1.** Línea señalada en la carta de marear, para gobierno de los pilotos en los viajes. **2.** Rumbo.
derrubiar *v. tr.* Robar lentamente el río tierras de riberas o tapias. También prnl.
derruir *v. tr.* Derribar, destruir un edificio.
derrumbadero *s. m.* Despeñadero.
derrumbamiento *s. m.* Acción y efecto de derrumbar o derrumbarse.
derrumbar *v. tr.* Precipitar, despeñar.
derviche *s. m.* Especie de místico entre los musulmanes.
desabastecer *v. tr.* Desproveer, dejar de surtir los productos necesarios.
desabollar *v. tr.* Quitar a las piezas y vasijas de metal las abolladuras o bollos.
desabor *s. m.* Desabrimiento en el paladar.
desaborido, da *adj.* **1.** Sin sabor. **2.** Sin sustancia. **3.** *fig. y fam.* Se aplica a la persona de carácter indiferente o sosa.
desabotonar *v. tr.* Sacar los botones de los ojales. También prnl.
desabrido, da *adj.* **1.** Se dice de la fruta u otro manjar que carece de gusto. **2.** Se dice del tiempo destemplado, desigual. **3.** *fig.* Áspero y desapacible en el trato.
desabrigado, da *adj.* Desamparado, sin apoyo.
desabrigar *v. tr.* Descubrir, desarropar, quitar el abrigo. También prnl.
desabrimiento *s. m.* **1.** Falta de sabor. **2.** Aspereza en el trato.
desabrir *v. tr.* Dar mal gusto a la comida.
desabrochar *v. tr.* **1.** Desasir los botones, broches, etc. **2.** Abrir, descubrir.
desacatar *v. tr.* Faltar a la reverencia o respeto que es debido a alguien. No acatar una ley, norma, etc. También prnl.
desacato *s. m.* **1.** Irreverencia para con las cosas sagradas. **2.** Falta del debido respeto a los superiores.
desacerbar *v. tr.* Templar, endulzar, quitar lo áspero y agrio a una cosa.
desacertar *v. intr.* No tener acierto.
desacierto *s. m.* Dicho o hecho desacertado.
desacomodado, da *adj.* Se aplica a la persona que no tiene los medios y conveniencias competentes para mantener su estado.
desacomodar *v. tr.* Privar de la comodidad.
desaconsejar *v. tr.* Disuadir, aconsejar que no se haga una cosa.
desacoplar *v. tr.* Separar lo que estaba acoplado.
desacordar *v. tr.* Destemplar un instrumento musical o templarlo más alto o más bajo que el que da el tono. También prnl.
desacorde *adj.* Se dice de lo que no concuerda con otra cosa.
desacostumbrar *v. tr.* Hacer perder o dejar el uso y costumbre que alguien tiene. También prnl.

desacreditar *v. tr.* Disminuir o quitar la reputación de una persona, o el valor y la estimación de una cosa.

desacuerdo *s. m.* Discordia o disconformidad en los dictámenes o acciones.

desafecto *s. m.* Malquerencia.

desaferrar *v. tr.* **1.** Soltar lo que está aferrado. También prnl. **2.** Sacar a alguien del dictamen que tenazmente defiende.

desafiar *v. tr.* **1.** Retar a singular combate, batalla o pelea. **2.** Competir con alguien en cosas que requieren fuerza o destreza.

desafilar *v. tr.* Embotar el filo de un arma o herramienta. También prnl.

desafinar *v. intr.* Apartarse la voz o el instrumento de la debida entonación.

desafío *s. m.* Rivalidad, competencia.

desaforado, da *adj.* **1.** Que obra sin ley ni fuero. **2.** Grande con exceso, desmedido.

desaforar *v. tr.* **1.** Quebrantar los fueros y privilegios. || *v. prnl.* **2.** Descomponerse, descomedirse.

desafortunado, da *adj.* Sin fortuna.

desafuero *s. m.* Acto violento contra la ley.

desagraciado, da *adj.* Sin gracia.

desagradable *adj.* Que desagrada o disgusta.

desagradar *v. intr.* Disgustar, causar desagrado. También prnl.

desagradecer *v. tr.* No corresponder debidamente al beneficio recibido.

desagradecido, da *adj.* Que desagradece.

desagrado *s. m.* Disgusto, descontento.

desagraviar *v. tr.* Borrar el agravio hecho, dando al ofendido satisfacción cumplida. También prnl.

desagravio *s. m.* Acción y efecto de desagraviar o desagraviarse.

desaguadero *s. m.* Conducto de desagüe.

desaguazar *v. tr.* Quitar el agua de alguna parte.

desagüe *s. m.* Desaguadero para la salida de las aguas.

desaguisado, da *adj.* **1.** Hecho contra la ley o la razón. || *s. m.* **2.** Agravio, denuesto.

desahijar *v. tr.* Apartar en el ganado las crías de las madres.

desahogado, da *adj.* Se dice de la persona que vive con desahogo.

desahogar *v. tr.* **1.** Aliviar el ánimo de la pasión, fatiga o cuidado que le oprime. También prnl. || *v. prnl.* **2.** Decir una persona a otra el sentimiento o queja que tiene de ella, hacer confidencias.

desahogo *s. m.* Alivio de la pena, trabajo o aflicción.

desahuciar *v. tr.* **1.** Quitar a alguien la esperanza de conseguir lo que desea. **2.** Despedir o expulsar al inquilino o arrendatario el dueño de la finca.

desahucio *s. m.* Acción y efecto de desahuciar al inquilino o arrendatario.

desainar *v. tr.* Quitar la crasitud. También prnl.

desairado, da *adj.* Que carece de gala, garbo y donaire.

desairar *v. tr.* **1.** Despreciar, desatender a una persona. **2.** Desestimar una cosa.

desaire *s. m.* Falta de garbo o de gentileza.

desajustar *v. tr.* Desconcertar.

desalar[1] *v. tr.* Quitar la sal a una cosa.

desalar[2] *v. tr.* Quitar las alas a un ave.

desalar[3] *v. intr.* **1.** Andar o correr con aceleración. **2.** Sentir vehemente anhelo.

desalentar *v. tr.* **1.** Hacer dificultosa o embarazar la respiración por la fatiga. **2.** Quitar el ánimo, acobardar. También prnl.

desaliento *s. m.* Decaimiento del ánimo, falta de vigor o de esfuerzo.

desalinear *v. tr.* Hacer perder la línea recta. También prnl.

desaliñar *v. tr.* Descomponer el atavío o compostura. También prnl.

desaliño *s. m.* **1.** Desaseo, descompostura. **2.** *fig.* Negligencia, descuido.

desalmado, da || *adj.* **1.** Falto de conciencia. **2.** Cruel, inhumano.

desalmar *v. tr.* **1.** *fig.* Quitar la fuerza y virtud de una cosa. También prnl. **2.** *fig.* Desasosegar. También prnl.

desalmenar *v. tr.* Quitar o destruir las almenas.

desalmidonar *v. tr.* Quitar el almidón.

desalojar *v. tr.* **1.** Sacar o hacer salir de un lugar a una persona o cosa. || *v. intr.* **2.** Dejar el sitio o morada.

desalquilar *v. tr.* Dejar o hacer dejar una habitación o cosa que se tenía alquilada.

desalterar *v. tr.* Quitar la alteración, sosegar, apaciguar.

desamarrar *v. tr.* **1.** Quitar las amarras. **2.** *fig.* Desasir, desviar, apartar.

desamistarse *v. prnl.* Enemistarse, perder o dejar la amistad de alguien.

desamoldar *v. tr.* Hacer perder a una cosa la figura que tomó del molde.

desamor *s. m.* **1.** Mala correspondencia de uno al afecto de otro. **2.** Enemistad, aborrecimiento.

desamortización *s. f.* Acción y efecto de desamortizar.

desamortizar *v. tr.* Dejar libres los bienes amortizados.

desamparado, da *adj.* Se dice del animal o la persona desvalido.

desamparar *v. tr.* **1.** Abandonar, dejar sin amparo ni favor a la persona o cosa que lo pide o necesita. **2.** Ausentarse, abandonar un lugar.

desamparo *s. m.* Acción y efecto de desamparar.

desamueblar *v. tr.* Dejar sin muebles un edificio o parte de él.

desanclar *v. tr.* Levantar las anclas con que está aferrada una embarcación.

desandar *v. tr.* Volver atrás, retroceder en el camino ya andado.

desangrar *v. tr.* Sacar la sangre a una persona o a un animal en gran cantidad.

desanidar *v. intr.* Dejar las aves el nido cuando acaban de criar.

desanimar *v. tr.* Desalentar, acobardar. También prnl.

desánimo *s. m.* Desaliento, falta de ánimo.

desanudar *v. tr.* Deshacer el nudo.

desapacible *adj.* Que causa disgusto o enfado, o es desagradable a los sentidos.

desapadrinar *v. tr., fig.* Desaprobar.

desaparecer *v. tr.* Ocultar, quitar de delante con presteza una cosa.

desaparejar *v. tr.* Quitar el aparejo a una caballería. También prnl.

desapasionar *v. tr.* Quitar la pasión que se tiene a una persona o cosa. Se usa mas como prnl.

desapego *s. m., fig.* Falta de afición o interés, alejamiento, desvío.

desapercibido, da *adj.* Inadvertido.

desaplicado, da *adj.* Que no se aplica. También s. m. y s. f.

desapoderado, da *adj.* Precipitado, que no puede contenerse.

desaposentar *v. tr.* Echar de la habitación, privar del aposentamiento al que lo tenía.

desaprobar *v. tr.* Reprobar, no asentir a una cosa.

desaprovechar *v. tr.* Desperdiciar o emplear mal una cosa.

desapuntalar *v. tr.* Quitar a un edificio los puntales que lo sostenían.

desarbolar *v. tr.* Destruir o derribar los árboles o palos de una embarcación.

desarmar *v. tr.* **1.** Quitar, hacer entregar las armas. **2.** Descomponer una cosa separando las piezas de que se compone. **3.** Templar, aplacar los ánimos de alguien.

desarme *s. m.* Acción y efecto de desarmar o desarmarse.

desarraigar *v. tr.* **1.** Arrancar de raíz un árbol o una planta. También prnl. **2.** *fig.* Extinguir, extirpar enteramente una pasión, costumbre o vicio. También prnl.

desarreglar *v. tr.* Trastornar, desordenar, sacar de regla. También prnl.

desarreglo *s. m.* Falta de regla, desorden.

desarrollar *v. tr.* **1.** Deshacer un rollo. También prnl. **2.** *fig.* Acrecentar, dar incremento a una cosa del orden físico, intelectual o moral. También prnl. **3.** *fig.* Explicar una teoría.

desarrollo *s. m.* **1.** Acción y efecto de desarrollar o desarrollarse. **2.** Crecimiento o expansión de un país, un pueblo, una industria, etc.

desarropar *v. tr.* Quitar o apartar la ropa. También prnl.

desarticulación *s. f.* Acción y efecto de desarticular o desarticularse.

desarticular *v. tr.* **1.** Separar dos o más huesos articulados entre sí. También prnl. **2.** *fig.* Separar las piezas de una máquina o artefacto.

desaseo *s. m.* Falta de aseo.

desasimilación *s. f.* Metabolismo en virtud del cual ciertos principios que entran en la composición de los seres vivos se separan de la sustancia de ellos, y son eliminados de su organismo.

desasir *v. tr.* **1.** Soltar lo asido. También prnl. ‖ *v. prnl.* **2.** *fig.* Desprenderse de algo.

desasnar *v. tr., fam.* Hacer perder la rudeza por medio de la enseñanza. También prnl.

desasosegar *v. tr.* Privar de sosiego. También prnl.

desasosiego *s. m.* Falta de sosiego.

desastrado, da *adj.* **1.** Infausto, infeliz. **2.** Se dice de la persona desaseada.

desastre *s. m.* Desgracia grande, suceso infeliz y lamentable.

desastroso, sa *adj.* **1.** Desastrado. **2.** Muy malo.

desatacar *v. tr.* **1.** Desatar una cosa soltándola los botones, agujetas o corchetes con que está ajustada. También prnl. **2.** Sacar los tacos de las armas de fuego.

desatar *v. tr.* **1.** Desenlazar una cosa de otra, soltar lo que está atado. También prnl. **2.** Desleír, derretir. ‖ *v. prnl.* **3.** *fig.* Excederse en hablar.

desatascar *v. tr.* **1.** Sacar del atascadero. También prnl. **2.** Desatrancar.

desatención *s. f.* **1.** Distracción, falta de atención. **2.** Descortesía.

desatender *v. tr.* **1.** No prestar atención a lo que se dice o hace. **2.** No hacer caso o aprecio de una persona o cosa.

desatento, ta *adj.* **1.** Se dice de la persona que aparta la atención que debiera poner en alguna cosa. **2.** Descortés.

desatinar *v. tr.* **1.** Hacer perder el tino. ‖ *v. intr.* **2.** Decir o hacer desatinos.

desatino *s. m.* **1.** Falta de tino. **2.** Locura, despropósito o error.

desatollar *v. tr.* Sacar o librar del atolladero. También prnl.

desatornillar *v. tr.* Destornillar.

desatracar *v. tr.* Separar una embarcación de otra o de la parte en que atracó. También prnl.

desatrancar *v. tr.* **1.** Quitar a la puerta la tranca u otra cosa que impide abrirla. **2.** Limpiar una cañería, tubería, pozo, etc.

desautorización *s. f.* Acción de desautorizar.

desautorizar *v. tr.* Quitar a personas o cosas autoridad, poder, crédito o estimación. También prnl.

desavenencia *s. f.* Oposición, discordia.

desavenir *v. tr.* Desconcertar, discordar, desconvenir. También prnl.

desaventajado, da *adj.* Inferior y poco ventajoso.

desayunar *v. intr.* Tomar el desayuno.

desayuno *s. m.* Alimento ligero que se toma por la mañana.

desazón *s. f.* **1.** Desabrimiento, insipidez. **2.** Falta de sazón y tempero en las tierras. **3.** Disgusto, pesadumbre, sinsabor.

desazonar *v. tr.* **1.** Quitar el sabor o el gusto a un manjar. **2.** *fig.* Disgustar, enfadar. También prnl. ‖ *v. prnl.* **3.** *fig.* Sentirse indispuesto en la salud.

desbancar *v. tr.* **1.** Ganar al banquero todo el fondo que puso de contado, en el juego de la banca. **2.** *fig.* Hacer perder a alguien el cariño o la amistad de otra persona, ganándola para sí.

desbandada *s. f.* Acción y efecto de desbandarse.

desbandarse *v. prnl.* Huir en desorden.

desbarajustar *v. tr.* Desordenar, trastornar.

desbaratar *v. tr.* **1.** Deshacer, arruinar una cosa. **2.** Disipar, malgastar.

desbarrar *v. intr.* **1.** Tirar, en el deporte de la barra, sin cuidarse de hacer tiro. **2.** Discurrir, obrar o hablar fuera de razón.

desbastar *v. tr.* Quitar las partes más bastas a una cosa que se haya de labrar.

desbazadero *s. m.* Paraje húmedo y resbaladizo.

desbocarse *v. prnl.* **1.** Hacerse una caballería insensible a la acción del freno y dispararse. **2.** Desvergonzarse, prorrumpir en denuestos.

desbordar *v. intr.* **1.** Salir de los bordes, derramarse. Se usa más como prnl. ‖ *v. prnl.* **2.** Exaltarse las pasiones o los vicios.

desbravar *v. tr.* **1.** Amansar el ganado cerril. **2.** Desahogar el ímpetu de la cólera. También prnl.

desbriznar *v. tr.* **1.** Reducir a briznas, desmenuzar una cosa. **2.** Quitar la brizna a las legumbres.

desbrozar *v. tr.* Quitar la broza.

desbullar *v. tr.* Sacar la ostra de su concha.

descabalar *v. tr.* Quitar o perder algunas de las porciones para formar una cosa completa o cabal. También prnl.

descabalgar *v. intr.* Desmontar, bajar de una caballería.

descabellado *adj., fig.* Se dice de lo que va fuera de orden.

descabellar *v. tr.* Despeinar, desgreñar. Se usa más como prnl.

descabezar *v. tr.* **1.** Quitar o cortar la cabeza. **2.** *fig.* Cortar la parte superior de las puntas a ciertas cosas.

descaecer *v. intr.* Ir a menos, perder poco a poco la salud, el crédito, etc.

descaecimiento *s. m.* Debilidad, falta de fuerzas y vigor en el cuerpo o en el ánimo.

descalabrar *v. tr.* **1.** Herir en la cabeza. También prnl. **2.** Causar daño o perjuicio.

descalcificar *v. tr.* Eliminar o disminuir el calcio contenido en los huesos u otros tejidos orgánicos. También prnl.

descalificar *v. tr.* Desconceptuar, inhabilitar.

descalzar *v. tr.* **1.** Quitar el calzado. También prnl. **2.** Socavar.

descalzo, za *adj.* Que trae desnudas las piernas o los pies o las dos cosas.

descamación *s. f.* Desprendimiento de la epidermis seca en forma de escamillas.

descaminar *v. tr.* **1.** Sacar a alguien del camino que debía seguir. También prnl. **2.** *fig.* Apartar a alguien de un buen propósito. También prnl.

descamisado, da *adj.* **1.** *fam.* Sin camisa. **2.** *fig. y desp.* Muy pobre.

descampado, da *adj.* **2.** Se dice del terreno descubierto, libre.

descansar *v. intr.* **1.** Cesar en el trabajo. **2.** Tener en los cuidados algún alivio. **3.** Tener consuelo. **4.** Reposar, dormir.

descansillo *s. m.* Meseta en que terminan los tramos de una escalera.

descanso *s. m.* **1.** Pausa en el trabajo. **2.** Alivio en los cuidados físicos o morales.

descantar *v. tr.* Limpiar de cantos o piedras.

descantillar *v. tr.* Romper, quebrar las aristas de cualquier cosa. También prnl.

descarado, da *adj.* Que habla u obra con desvergüenza, sin pudor ni respeto.

descarburación *s. f.* Acto en que se separa de los carburos de hierro el carbono que entra en su composición.

descargar *v. tr.* **1.** Quitar o aliviar la carga. **2.** Disparar las armas de fuego.

descargo *s. m.* **1.** Data o salida que se contrapone a la de entrada. **2.** Respuesta o excusa del cargo que se le hace a alguien.

descarnar *v. tr.* Quitar al hueso la carne. También prnl.

descaro *s. m.* Desvergüenza, atrevimiento.

descarriar *v. tr.* **1.** Apartar a alguien del carril, echarlo fuera de él. **2.** Apartar del rebaño cierto número de reses. También prnl.

descarrilar *v. intr.* Salir fuera del carril.

descarrío *s. m.* Acción y efecto de descarriar o descarriarse.

descartar *v. tr.* **1.** *fig.* Desechar una persona o cosa o apartarla de sí. **2.** *fig.* Rechazar una posibilidad.

descarte *s. m.* Cartas que se desechan en varios juegos de naipes.

descasar *v. tr.* Separar a los que están viviendo como casados sin estarlo legítimamente. También prnl.

descascarar *v. tr.* Quitar la cáscara.

descascarillar *v. tr.* Quitar la cascarilla.

descasque *v. tr.* Acción de descascarar los árboles.

descastado, da *adj.* Que manifiesta poco cariño a los parientes.

descastar *v. tr.* Acabar con una raza de animales.

descendencia *s. f.* Conjunto de hijos, nietos y demás generaciones por línea recta descendente.

descender *v. intr.* **1.** Pasar de un lugar alto a otro más bajo. **2.** Proceder por generaciones sucesivas de una cuna o estirpe.

descenso *s. m.* Acción y efecto de descender.

descentralizar *v. tr.* Hacer más independientes del poder o de la administración central ciertas funciones, servicios, etc.

descentrar *v. tr.* Sacar a una persona o cosa de su centro. También prnl.

desceñir *v. tr.* Desatar, quitar el ceñidor.

descepar *v. tr.* Arrancar de raíz los árboles o plantas que tienen cepa.

descercar *v. tr.* Derribar la muralla de un pueblo o la cerca de un campo, huerto, etc.

descerrajar *v. tr.* **1.** Arrancar la cerradura. **2.** *fam.* Disparar las armas de fuego.

descifrar *v. tr.* **1.** Interpretar lo que está escrito en caracteres desconocidos. **2.** Interpretar lo oscuro y de difícil inteligencia.

desclavar *v. tr.* Arrancar los clavos.

descoagular *v. tr.* Licuar lo coagulado. También prnl.

descocado, da *adj., fam.* Que muestra demasiada libertad. También s. m. y s. f.

descocarse *v. prnl., fam.* Manifestar demasiada libertad y desenvoltura.

descoco *s. m., fam.* Demasiada libertad y osadía en palabras y acciones.

descodificar *v. tr.* Transformar datos informáticos desde un formato codificado a su formato original.

descolgar *v. tr.* **1.** Bajar lo que está colgado. **2.** Descender, escurriéndose por una cuerda u otra cosa.

descollar *v. intr.* Sobresalir.

descolonizar *v. tr.* Hacer que una colonia deje de serlo concediéndole o alcanzando la independencia.

descolorar *v. tr.* Quitar o amortiguar el color. También prnl.

descolorido, da *adj.* De color pálido, o bajo en su línea.

descombrar *v. tr.* Desembarazar un lugar de cosas que estorban.

descomedido, da *adj.* **1.** Excesivo, desproporcionado. **2.** Descortés.

descomedirse *v. prnl.* Faltar al respeto, de obra o de palabra.

descompaginar *v. tr.* Descomponer, desordenar.

descompás *s. m.* Exceso, falta de medida o proporción.

descompensar *v. tr.* Hacer perder la compensación, el equilibrio. También prnl.

descomponer *v. tr.* **1.** Separar las diversas partes que forman un todo. **2.** Desorganizar, desbaratar. También prnl.

descomposición *s. f.* **1.** Hacer perder la compensación. **2.** *fam.* Diarrea.

descompostura *s. f.* Desaseo, desaliño en el adorno de las personas o cosas.

descompresor *s. m.* Aparato utilizado para disminuir la presión.

descomprimir *v. tr.* Dejar en libertad un cuerpo que está comprimido, o disminuir la presión ejercida sobre él.

descompuesto, ta *adj.* **1.** Estropeado, deteriorado. **2.** Se dice del alimento en mal estado. **3.** *fig.* Atrevido, descortés. **4.** *fam.* Con dolor de vientre o diarrea.

descomulgar *v. tr.* Excomulgar.

descomunal *adj.* Extraordinario, monstruoso, enorme.

desconceptuar *v. tr.* Desacreditar. También prnl.

desconcertado, da *adj., fig.* Desbaratado, de mala conducta, sin gobierno.

desconcertar *v. tr.* Turbar el orden, concierto y composición de algo. También prnl.

desconchar *v. tr.* Quitar a una pared o muro parte de su enlucido o revestimiento. También prnl.

desconcierto *s. m.* **1.** Descomposición de las partes de un cuerpo o de una máquina. **2.** *fig.* Desorden, desavenencia.

desconcordia *s. f.* Desunión, oposición entre las cosas que debían estar concordes.

desconectar *v. tr.* **1.** Interrumpir la conexión eléctrica de una o más piezas o partes de una máquina o aparato o entre un aparato y la línea general. **2.** *fig.* Interrumpir una relación, comunicación, etc.

desconfianza *s. f.* Falta de confianza.

desconfiar *v. intr.* No tener confianza.

descongelar *v. tr.* Hacer que cese la congelación de una cosa.

descongestionar *v. tr.* Disminuir o quitar la congestión. También prnl.

desconocer *v. tr.* **1.** No recordar la idea que se tuvo de una cosa, haberla olvidado. **2.** No conocer.

desconocido, da *adj.* **1.** Ingrato, falto de reconocimiento o gratitud. **2.** Ignorado.

desconsiderado, da *adj.* Falto de consideración. También s. m. y s. f.

desconsiderar *v. tr.* No guardar la consideración debida.

desconsolado, da *adj., fig.* Melancólico, triste y afligido.

desconsolar *v. tr.* Privar de consuelo, afligir. También prnl.

desconsuelo *s. m.* Angustia y aflicción por falta de consuelo.

descontar *v. tr.* **1.** Rebajar una cantidad al tiempo de pagar una cuenta, una factura, un pagaré, etc. **2.** *fig.* Pagar una letra u otro documento no vencido, rebajando de su importe la cantidad que se estipula en concepto de intereses.

descontentar *v. tr.* Disgustar, desagradar. También prnl.

descontento, ta *adj.* **1.** Insatisfecho, enfadado. || *s. m.* **2.** Disgusto o desagrado.

descontrol *s. m.* Falta de control o de disciplina.

descontrolarse *v. prnl.* Perder el control o dominio de uno mismo.

desconvenir *v. intr.* No concordar entre sí dos personas o dos cosas. También prnl.

desconvocar *v. tr.* Anular una convocatoria.

descorazonar *v. tr.* **1.** Arrancar, quitar, sacar el corazón. **2.** *fig.* Desanimar, acobardar, amilanar. También prnl.

descorchador *s. m.* Sacacorchos.

descorchar *v. tr.* **1.** Quitar el corcho al alcornoque. **2.** Quitar el tapón de una botella.

descornar *v. tr.* Quitar, arrancar los cuernos a un animal. También prnl.

descorrer *v. tr.* **1.** Volver alguien a correr el espacio que antes había corrido. **2.** Plegar o reunir lo que estaba antes estirado, como las cortinas, el lienzo, etc.

descortés *adj.* Falto de cortesía.

descortezar *v. tr.* Quitar la corteza al árbol, al pan o a otra cosa. También prnl.

descoser *v. tr.* Soltar, cortar las puntadas de lo cosido. También prnl.
descostrar *v. tr.* Quitar la costra.
descoyuntar *v. tr.* **1.** Desencajar los huesos de su lugar. También prnl. **2.** *fig.* Molestar a alguien con pesadeces.
descrédito *s. m.* Disminución o pérdida de la reputación de las personas, o del valor y estima de las cosas.
descreer *v. tr.* Faltar a la fe, dejar de creer.
descreído, da *adj.* Incrédulo, falto de fe.
descremar *v. tr.* Quitar la grasa o crema a la leche.
describir *v. tr.* **1.** Delinear, dibujar. **2.** Representar por medio del lenguaje.
descripción *s. f.* Acción y efecto de describir.
descriptivo, va *adj.* Que describe.
descrismar *v. tr.* Quitar el crisma.
descruzar *v. tr.* Deshacer la forma de cruz que presentan dos cosas cruzadas.
descuadrar *v. intr.* No cuadrar las cuentas.
descuajar *v. tr.* Licuar, convertir en líquida una sustancia que estaba condensada o cuajada. También prnl.
descuajaringar *v. tr.* **1.** Desvencijar, estropear. ‖ *v. prnl.* **2.** *fam.* Relajarse las partes del cuerpo por efecto de cansancio.
descuartizar *v. tr.* **1.** Dividir un cuerpo en varias partes. **2.** Hacer pedazos algo.
descubierto, ta *adj.* **1.** Destocado, sin sombrero. **2.** Con los verbos "estar", "quedar", etc., expuesto alguien a cargos o reconvenciones.
descubridor, ra *adj.* Que descubre o halla una cosa oculta o no conocida. También s. m. y s. f.
descubrimiento *s. m.* **1.** Hallazgo de lo oculto o ignorado. **2.** Adelanto científico, literario, etc.
descubrir *v. tr.* **1.** Destapar lo que estaba tapado o cubierto. **2.** Hallar lo que estaba ignorado o escondido.
descuello *s. m.* Exceso en la estatura, elevación.
descuento *s. m.* Rebaja de una parte de la deuda o precio.
descuidado, da *adj.* **1.** Negligente o que falta al cuidado que debe poner en las cosas. **2.** Desaliñado, que cuida poco su forma de vestir. **3.** Desprevenido.
descuidar *v. tr.* **1.** Descargar a alguien del cuidado u obligación que debía tener. También intr. **2.** Distraer a alguien para que desatienda lo que le importa.
descuido *s. m.* **1.** Negligencia, falta de cuidado. **2.** Olvido. **3.** Desliz, falta.
descuitado, da *adj.* Que vive sin pesadumbre ni cuidados.
descumbrado, da *adj.* Llano y sin cumbre.
desdar *v. tr.* Dar vueltas, en sentido inverso, a un manubrio, carrete, cuerda, etc., para deshacer las vueltas anteriores.
desde *prep.* Indica el punto de que procede, se origina o ha de empezar a contarse algo, tratándose de lugar o de tiempo.
desdecir *v. intr.* **1.** *fig.* Degenerar una persona o una cosa de su condición primera. **2.** *fig.* Decaer, venir a menos. **3.** Retractarse de lo dicho.
desdén *s. m.* Indiferencia y despego que denotan desprecio.
desdentado, da *adj.* Que ha perdido sus dientes.
desdeñar *v. tr.* Tratar con desdén a una persona o cosa.
desdibujado, da *adj.* Se dice del dibujo defectuoso o de la cosa mal conformada.
desdibujarse *v. prnl.* Perder una cosa la claridad y precisión de sus perfiles o contornos.
desdicha *s. f.* **1.** Desgracia, adversidad. **2.** Pobreza suma, miseria, necesidad.
desdichado, da *adj.* Desgraciado, que padece desgracias o tiene mala suerte.
desdoblamiento *s. m.* Separación de un compuesto en sus diferentes componentes.
desdoblar *v. tr.* Extender una cosa que estaba doblada. También prnl.
desdorar *v. tr.* **1.** Quitar el oro con que estaba dorada una cosa. También prnl. **2.** Deslustre, mancilla en la virtud, reputación o fama. También prnl.
desdoro *s. m.* Deslustre, mancilla en la virtud, reputación o fama.
desear *v. tr.* **1.** Sentir atracción por una cosa o persona hasta el punto de quererla poseer o alcanzar. **2.** Anhelar que acontezca o deje de acontecer algún suceso.
desecar *v. tr.* Secar, extraer la humedad. También prnl.
desechable *adj.* Que puede o debe ser rechazado.
desechar *v. tr.* **1.** Excluir, reprobar. **2.** Rechazar, menospreciar. **3.** Apartar de sí un pesar, temor, sospecha, etc. **4.** Dejar por inútil un vestido u otra cosa.
desecho *s. m.* **1.** Residuo que se desecha de una cosa, después de haber escogido lo mejor. **2.**

Cosa que, por usada o por cualquier otra razón, no sirve a la persona para quien se hizo.

desedificar *v. tr., fig.* Dar mal ejemplo.

deselectrizar *v. tr.* Descargar de electricidad un cuerpo.

desembalar *v. tr.* Desenfardar, deshacer los fardos.

desembaldosar *v. tr.* Quitar o arrancar las baldosas del suelo.

desembalsar *v. tr.* Dar salida al agua contenida en un embalse, o a parte de ella.

desembarazar *v. tr.* **1.** Quitar el impedimento que se opone a una cosa. También prnl. **2.** Evacuar, desocupar un espacio, habitación, etc.

desembarazo *s. m.* Despejo, desenfado.

desembarcadero *s. m.* Lugar destinado, o que se elige, para desembarcar.

desembarcar *v. tr.* **1.** Sacar de la nave y poner en tierra lo embarcado. ‖ *v. intr.* **2.** Salir de una embarcación. También prnl.

desembarco *s. m.* Operación militar realizada en tierra por la dotación de un navío.

desembargar *v. tr.* **1.** Quitar un impedimento. **2.** Alzar el embargo o secuestro.

desembarrancar *v. tr.* Sacar o salir a flote la nave que está varada. También intr.

desembarrar *s. m.* Limpiar, quitar el barro.

desembocadura *s. f.* Paraje por donde un río, un canal, etc., desemboca en otro, en el mar o en un lago.

desembocar *v. tr.* Entrar, desaguar un río, canal, etc. en otro, en el mar o en un lago.

desembolsar *v. tr.* **1.** Sacar lo que está en la bolsa. **2.** Pagar una cantidad de dinero.

desembolso *s. m.* Entrega de dinero efectivo y al contado.

desemboscarse *v. prnl.* Salir del bosque, espesura o emboscada.

desembotar *v. tr.* Hacer que lo que estaba embotado deje de estarlo. También prnl.

desembozar *v. tr.* Quitar a alguien el embozo. También prnl.

desembragar *v. tr.* Desconectar del eje motor un mecanismo o parte de él.

desembrollar *v. tr., fam.* Aclarar.

desembuchar *v. tr.* **1.** Echar las aves lo que tienen en el buche. **2.** *fig. y fam.* Decir todo cuanto se sabe sobre una cosa.

desembrujar *v. tr.* Deshacer un embrujo o hechizo.

desemejante *adj.* Diferente, no semejante.

desemejanza *s. f.* Diferencia, diversidad.

desemejar *v. intr.* No parecerse una cosa a otra, diferenciarse.

desempacar *v. tr.* Sacar las mercaderías de las pacas.

desempacho *s. m.* Desenfado, desahogo.

desempañar *v. tr.* Limpiar una cosa empañada.

desempapelar *v. tr.* Quitar a una cosa el papel en que está envuelta, o a una habitación el que revestía sus paredes.

desempaquetar *v. tr.* Desenvolver lo que estaba en uno o más paquetes.

desemparejar *v. tr.* Desigualar lo que estaba o iba igual y parejo. También prnl.

desemparentado, da *adj.* Sin parientes.

desempatar *v. tr.* Deshacer un empate.

desempedrar *v. tr.* Arrancar las piedras de un sitio empedrado.

desempeñar *v. tr.* **1.** Sacar, liberar lo que estaba en garantía de un préstamo. **2.** Representar un papel en el teatro.

desemperezar *v. intr.* Desechar, sacudir la pereza. También prnl.

desempleado, da *adj.* Que se encuentra en paro.

desempolvar *v. tr.* Quitar el polvo.

desemponzoñar *v. tr.* Libertar a alguien del daño causado por la ponzoña, o quitar a una cosa sus cualidades ponzoñosas.

desempotrar *v. tr.* Sacar alguna cosa de donde estaba empotrada.

desempuñar *v. tr.* Dejar de empuñar.

desencadenar *v. tr.* **1.** Quitar la cadena al que está sujeto con ella. **2.** Provocar.

desencajar *v. tr.* **1.** Sacar de su lugar una cosa. También prnl. ‖ *v. prnl.* **2.** Descomponerse el semblante.

desencajonar *v. tr.* Sacar lo que está dentro de un cajón.

desencallar *v. tr.* Poner a flote una embarcación encallada. También intr.

desencaminar *v. tr.* Descaminar.

desencantar *v. tr.* Deshacer el encanto.

desencanto *s. m.* Desilusión, desengaño.

desencapotarse *v. prnl.* Despejar el cielo, el horizonte, etc.

desencaprichar *v. tr.* Desimpresionar, disuadir a alguien de un error, tema o capricho. Se usa más como prnl.

desencargar *v. tr.* Revocar un encargo.
desenchufar *v. tr.* Separar o desconectar lo que está enchufado.
desencoger *v. tr.* Extender, estirar y dilatar lo que está doblado, enrollado o encogido.
desencolar *v. tr.* Despegar lo que estaba pegado con cola. También prnl.
desencolerizar *v. tr.* Apaciguar al que está encolerizado.
desenconar *v. tr.* Mitigar, quitar la inflamación o encendimiento. También prnl.
desencuadernar *v. tr.* Deshacer lo encuadernado. También prnl.
desenfadado, da *adj.* Desembarazado, alegre.
desenfadar *v. tr.* Desenojar, quitar el enfado. También prnl.
desenfado *s. m.* **1.** Desahogo, desembarazo. **2.** Diversión o desahogo del ánimo.
desenfardar *v. tr.* Abrir y desatar los fardos.
desenfilar *v. tr.* Poner las tropas, fuertes y buques a cubierta de los tiros directos del enemigo. También prnl.
desenfrenar *v. tr.* **1.** Quitar el freno a las caballerías. ‖ *v. prnl.* **2.** Desmandarse, entregarse a los vicios.
desenfreno *s. m., fig.* Acción y efecto de desenfrenarse.
desenfundar *v. tr.* Quitar la funda a alguna cosa o sacarla de ella.
desenganchar *v. tr.* Soltar una cosa que está enganchada. También prnl.
desengañar *v. tr.* **1.** Hacer reconocer el engaño o el error. También prnl. **2.** Quitar esperanzas o ilusiones.
desengaño *s. m.* Conocimiento de la verdad, con que se sale del error en que se estaba.
desengarzar *v. tr.* Deshacer el engarce, desprender lo que está unido.
desengastar *v. tr.* Soltar una cosa que está enganchada. También prnl.
desengranar *v. tr.* Soltar el engranaje de una cosa con otra.
desengrasar *v. tr.* Quitar la grasa.
desengrosar *v. tr.* Adelgazar, enflaquecer.
desenhebrar *v. tr.* Sacar la hebra de la aguja. También prnl.
desenjaular *v. tr.* Sacar de la jaula.
desenlace *s. m.* Resolución del nudo o la trama de una narración o un drama.
desenladrillar *v. tr.* Quitar los ladrillos del suelo.
desenlazar *v. tr.* Desatar los lazos y soltar lo que estaba unido con ellos. También prnl.
desenlosar *v. tr.* Levantar el enlosado. También prnl.
desenmarañar *v. tr.* **1.** Desenredar, deshacer la maraña. **2.** *fig.* Poner en claro una cosa que estaba oscura y confusa.
desenmascarar *v. tr.* **1.** Quitar la máscara. También prnl. **2.** *fig.* Dar a conocer una persona tal como es moralmente.
desenmohecer *v. tr.* Quitar el moho.
desenojar *v. tr.* Aplacar el enojo.
desenredar *v. tr.* **1.** Deshacer el enredo. **2.** *fig.* Poner en orden y sin complejidad las cosas que estaban desordenadas.
desenrollar *v. tr.* Desarrollar, extender una cosa que está enrollada. También prnl.
desenroscar *v. tr.* **1.** Extender aquello que está enroscado. También prnl. **2.** Sacar aquello que se ha introducido a vuelta de rosca. También prnl.
desensamblar *v. tr.* Separar o desunir las piezas de madera ensambladas. También prnl.
desensañar *v. tr.* Hacer deponer la saña.
desensillar *v. tr.* Quitar la silla a una caballería.
desentablar *v. tr.* **1.** Arrancar las tablas del lugar donde están clavadas. **2.** *fig.* Deshacer, desconcertar un negocio, trato o amistad.
desentenderse *v. prnl.* **1.** Fingir que no se entiende una cosa. **2.** Prescindir de un asunto, no tomar parte de él.
desenterrar *v. tr.* **1.** Sacar lo que está debajo de tierra. **2.** *fig.* Traer a la memoria lo olvidado.
desentonar *v. intr.* Subir o bajar la entonación de la voz o de un instrumento de forma inoportuna.
desentorpecer *v. tr.* Sacudir la torpeza.
desentrañar *v. tr.* **1.** Sacar las entrañas. **2.** Averiguar lo más dificultoso de un asunto.
desentrenar *v. tr.* Hacer perder el entrenamiento adquirido. Se usa más como prnl.
desentronizar *v. tr.* **1.** Destronar. **2.** *fig.* Deponer a alguien de la autoridad que tenía.
desentumecer *v. tr.* Hacer que un miembro entumecido pueda recobrar la agilidad.
desentumir *v. tr.* Desentumecer. También prnl.
desenvainar *v. tr.* **1.** Sacar de la vaina un arma. **2.** *fam.* Sacar lo que está oculto.
desenvoltura *s. f.* **1.** Soltura. **2.** *fig.* Despejo, facilidad en el decir.

desenvolver *v. tr.* **1.** Desenrollar lo que está enrollado o envuelto. También prnl. ‖ *v. prnl.* **2.** Actuar con habilidad.
desenvuelto, ta *adj.* Libre, deshonesto.
desenzarzar *v. tr.* **1.** Sacar de las zarzas una cosa enredada en ellas. **2.** *fig. y fam.* Separar o aplacar a los que riñen.
deseo *s. m.* Movimiento enérgico de la voluntad que apetece algo.
desequilibrado, da *adj.* Falto de equilibrio mental, que a veces parece loco.
desequilibrar *v. tr.* Hacer perder el equilibrio. También prnl.
desequilibrio *s. m.* **1.** Falta de equilibrio. **2.** Alteración de la personalidad.
deserción *s. f.* Acción de desertar.
desertar *v. tr.* **1.** Desamparar, abandonar el soldado sus obligaciones. También prnl. **2.** Abandonar la causa o apelación.
desértico, ca *adj.* Se dice de lo que es propio, perteneciente o relativo al desierto.
desertor, ra *s. m. y s. f.* **1.** Soldado que abandona sus obligaciones. **2.** *fam.* Persona que abandona una opinión o causa.
desesperación *s. f.* Pérdida total de la esperanza.
desesperanzar *v. tr.* Quitar las esperanzas.
desesperar *v. tr., fam.* Impacientar, exasperar. También prnl.
desestabilizar *v. tr.* Comprometer o alterar la estabilidad. También prnl.
desestimar *v. tr.* **1.** Tener en poco. **2.** Denegar, desechar.
desfachatez *s. f., fam.* Descaro, desvergüenza.
desfalcar *v. tr.* **1.** Quitar parte de una cosa, descabalarla. **2.** Tomar para sí un caudal que se tenía bajo obligación de custodia.
desfalco *s. m.* Acción y efecto de desfalcar.
desfallecer *v. tr.* **1.** Debilitarse. **2.** Padecer desmayo.
desfasarse *v. prnl.* No adecuarse a las corrientes, condiciones o circunstancias del momento.
desfavorable *adj.* Perjudicial, adverso.
desfibrar *v. tr.* Eliminar las fibras de la madera, plantas textiles, etc.
desfigurar *v. tr.* **1.** Afear, ajar la composición, orden y hermosura del semblante y de las facciones. **2.** *fig.* Disfrazar y encubrir con apariencia diferente el propio semblante, la intención u otra cosa.
desfiladero *s. m.* Paso estrecho, generalmente entre montañas.
desfilar *v. intr.* **1.** Marchar en fila. **2.** Marchar las tropas en orden y formación más reducida que la que hasta allí se traía.
desfile *s. m.* Acción de desfilar.
desflorar *v. tr.* **1.** Ajar, quitar la flor o el lustre. **2.** Desvirgar.
desfogar *v. tr.* **1.** Dar salida al fuego. **2.** *fig.* Manifestar con vehemencia una pasión. También prnl.
desfondar *v. tr.* Quitar o romper el fondo a un vaso, caja, etc. También prnl.
desgaire *s. m.* Desaliño, desaire.
desgajar *v. tr.* **1.** Desgarrar, arrancar, separar con violencia la rama del tronco de donde nace. También prnl. **2.** Despedazar, romper alguna cosa compacta.
desgalgar *v. tr.* Despeñar. También prnl.
desgalichado, da *adj.* Desaliñado.
desgana *s. f.* **1.** Inapetencia, falta de ganas de comer. **2.** *fig.* Falta de aplicación, tedio, disgusto o repugnancia a una cosa.
desganar *v. tr.* **1.** Quitar el deseo, gusto o ganas de hacer una cosa. **2.** Perder las ganas de comer.
desgañitarse *v. prnl., fam.* Esforzarse alguien violentamente, gritando o voceando.
desgarbado, da *adj.* Falto de garbo.
desgarrador, ra *adj.* Que causa sufrimiento.
desgarrar *v. tr.* **1.** Rasgar, romper. También prnl. **2.** *fig.* Apartarse, separarse, huir uno de la compañía de otro u otros.
desgarro *s. m.* **1.** Rotura o rompimiento. **2.** *fig.* Arrojo, desvergüenza, descaro.
desgarrón *s. m.* Rasgón o rotura grande del vestido o de otra cosa semejante.
desgastar *v. tr.* Quitar o consumir poco a poco, por el uso o el roce, parte de una cosa.
desgaste *s. m.* Acción y efecto de desgastar.
desglosar *v. tr.* **1.** Quitar la glosa o nota a un escrito. **2.** Quitar algunas hojas de un documento, dejando nota de su contenido. **3.** Separar, apartar una cuestión de otras.
desglose *s. m.* Acción y efecto de desglosar.
desgobernar *v. tr.* Deshacer, perturbar y confundir el buen orden del gobierno.
desgobierno *s. m.* Desorden, desbarate, falta de gobierno.
desgomar *v. tr.* Quitar la goma a los tejidos.
desgoznar *v. tr.* Quitar los goznes.

desgracia *s. f.* Acontecer adverso o funesto.
desgraciado, da *adj.* Que sufre desgracias o una desgracia. También s. m. y s. f. ‖ *s. m. y s. f.* **2.** Persona que inspira compasión o menosprecio.
desgraciar *v. tr.* **1.** Disgustar, desagradar. ‖ *v. prnl.* **2.** Echarse a perder, malograrse.
desgranar *v. tr.* **1.** Sacar el grano de una cosa. También prnl. ‖ *v. prnl.* **2.** Soltarse las piezas ensartadas. También tr.
desgrasar *v. tr.* Quitar la grasa a las lanas o a los tejidos que se hacen con ellas.
desgravar *v. tr.* Rebajar los derechos arancelarios o los impuestos sobre determinados objetos.
desgreñar *v. tr.* Descomponer, desordenar los cabellos. También prnl.
desguace *s. m.* Materiales resultantes de desguazar algo.
desguarnecer *v. tr.* **1.** Quitar la guarnición que servía de adorno. **2.** Quitar la fuerza o la fortaleza a una cosa.
desguazar *v. tr.* **1.** Desbastar un madero. **2.** Desbaratar o deshacer un buque.
deshabitar *v. tr.* **1.** Dejar de vivir en un lugar o casa. **2.** Dejar sin habitantes una población o territorio.
deshabituar *v. tr.* Hacer que una persona o animal pierda el hábito o la costumbre que tenía. También prnl.
deshacer *v. tr.* Destruir lo que está hecho.
desharrapado, da *adj.* Andrajoso, roto.
deshebrar *v. tr.* Sacar las hebras o los hilos, destejiendo una tela.
deshecha *s. f.* Disimulo con que se pretende ocultar una cosa o desvanecer una sospecha.
deshelar *v. tr.* Licuar lo que está helado. También prnl.
desherbar *v. tr.* Quitar o arrancar las hierbas perjudiciales.
desheredar *v. tr.* Excluir a alguien de la herencia forzosa.
deshermanar *v. tr., fig.* Quitar la conformidad, igualdad o semejanza de dos cosas conformes o iguales.
desherrar *v. tr.* Quitar las herraduras a una caballería. También prnl.
deshidratar *v. tr.* Privar a un organismo del agua que contiene. También prnl.
deshielo *v. tr.* Acción y efecto de deshelar o deshelarse.
deshilachar *v. tr.* Sacar hilachas de una tela. También prnl.
deshilar *v. tr.* Sacar hilos de un tejido, destejer la orilla.
deshilvanar *v. tr.* Quitar los hilvanes. También prnl.
deshinchar *v. tr.* Quitar la hinchazón.
deshipotecar *v. tr.* Cancelar o suspender la hipoteca.
deshojar *v. tr.* Quitar las hojas a una planta o los pétalos a una flor. También prnl.
deshoje *s. m.* Caída de las hojas de una planta.
deshollejar *v. tr.* Quitar el hollejo.
deshollinar *v. tr.* Limpiar las chimeneas, quitándoles el hollín.
deshonestidad *s. f.* Calidad de deshonesto.
deshonesto, ta *adj.* Impúdico, falto de honestidad.
deshonor *s. m.* **1.** Pérdida del honor. **2.** Afrenta, deshonra.
deshonra *s. f.* **1.** Pérdida de la honra. **2.** Cosa deshonrosa.
deshonrar *v. tr.* Quitar la honra. También prnl.
deshora *s. f.* Tiempo inoportuno, no conveniente.
deshuesar *v. tr.* Quitar los huesos a un animal o a la fruta.
deshumedecer *v. tr.* Desecar, quitar la humedad. También prnl.
desiderativo, va *adj.* Que expresa o indica deseo.
desiderátum *s. m.* Objeto y fin de vivo o constante deseo.
desidia *s. f.* Negligencia, inercia.
desierto, ta *adj.* **1.** Despoblado, deshabitado. ‖ *s. m.* **2.** Lugar despoblado especialmente por su esterilidad.
designar *v. tr.* Determinar una persona o cosa por su nombre o rasgo distintivo.
designio *s. m* Pensamiento o propósito del entendimiento aceptado por la voluntad.
desigual *adj.* **1.** Que no es igual. **2.** *fig.* Arduo, grande, dificultoso.
desigualar *v. tr.* Hacer a una persona o cosa desigual a otra.
desigualdad *s. f.* Calidad de desigual.
desilusión *s. f.* **1.** Carencia o pérdida de las ilusiones. **2.** Desengaño.
desilusionar *v. tr.* **1.** Hacer perder a alguien las ilusiones. ‖ *v. prnl.* **2.** Perder las ilusiones. **3.** Desengañarse.

desimantar *v. tr.* Hacer perder la imantación a un imán. También prnl.
desimpresionar *v. tr.* Desengañar, sacar a alguien del error en que estaba. También prnl.
desincentivar *v. tr.* Disuadir.
desincrustar *v. tr.* Quitar o suprimir incrustaciones.
desinencia *s. f.* Morfema que se añade a la raíz de una palabra para indicar caso, género, número, persona, tiempo, etc.
desinfección *s. f.* Acción y efecto de desinfectar.
desinfectante *adj.* Que desinfecta o sirve para desinfectar.
desinfectar *v. tr.* Quitar lo que puede ser causa de infección. También prnl.
desinficionar *v. tr.* Desinfectar. También prnl.
desinflamar *v. tr.* Quitar la inflamación.
desinflar *v. tr.* Sacar el aire u otra sustancia aeriforme del cuerpo flexible que lo contenía. También prnl.
desinformar *v. tr.* No dar información sobre un asunto.
desinhibir *v. tr.* Actuar con espontaneidad. También prnl.
desintegrar *v. tr.* Descomponer un todo. También prnl.
desinterés *s. m.* Desapego y desprendimiento de todo provecho personal.
desinteresado, da *adj.* **1.** Desprendido, apartado del interés. **2.** Generoso.
desinteresarse *v. prnl.* Perder alguien el interés que tenía en alguna cosa.
desintoxicar *v. tr.* Combatir la intoxicación y sus efectos. También prnl.
desistir *v. intr.* **1.** Apartarse de una empresa o intento empezado a ejecutar. **2.** Abdicar o abandonar un derecho.
deslavar *v. tr.* Limpiar y lavar una cosa muy por encima, sin aclararla bien.
desleal *adj.* Que obra sin lealtad.
deslealtad *s. f.* Falta de lealtad.
deslegalizar *v. tr.* Quitar el estado legal a algo.
desleír *v. tr.* Disolver las partes de algunos cuerpos por medio de un líquido.
deslenguado, da *adj., fig.* Desvergonzado, desbocado, malhablado.
deslenguar *v. tr.* Quitar o cortar la lengua.
desliar *v. tr.* Deshacer el lío, desatar lo liado. También prnl.
desligar *v. tr.* **1.** Desatar, soltar las ligaduras. También prnl. **2.** *fig.* Dispensar de la obligación contraída. También prnl.
deslindar *v. tr.* Señalar los lindes de un lugar, población o heredad.
desliz *s. m.* Falta que se comete por flaqueza o inadvertencia.
deslizar *v. tr.* **1.** Irse los pies u otro cuerpo sobre una superficie lisa o mojada. También prnl. ‖ *v. prnl.* **2.** Decir o hacer una cosa de forma no deliberada.
desloar *v. tr.* Vituperar, reprender.
deslomar *v. tr.* Quebrantar, romper o maltratar los lomos. Se usa más como prnl.
deslucir *v. tr.* **1.** Quitar la gracia, atractivo o lustre a una cosa. También prnl. **2.** *fig.* Desacreditar. También prnl.
deslumbrar *v. tr.* Ofuscar la vista o confundirla con una luz excesiva. También prnl.
deslustrar *v. tr.* **1.** Quitar el lustre. **2.** *fig.* Desacreditar, deslucir.
desmadejar *v. tr., fig.* Causar flojedad en el cuerpo. También prnl.
desmadrado, da *adj.* **1.** Se aplica al animal que ha sido abandonado por la madre. **2.** Se dice de la persona que se comporta con excesiva libertad.
desmadrar *v. tr.* **1.** Separar de la madre las crías del ganado. ‖ *v. prnl.* **2.** *fig. y fam.* Comportarse alguien alocadamente y con excesiva libertad.
desmadre *s. m.* **1.** *fig. y fam.* Acción y efecto de desmadrarse, comportarse alocadamente. **2.** *fig. y fam.* Fiesta desenfrenada.
desmán[1] *s. m.* Exceso, desorden, demasía en obras o palabras.
desmán[2] *s. m.* Mamífero insectívoro que vive en las orillas de los ríos y arroyos.
desmandar *v. tr.* **1.** Revocar la orden o mandato. ‖ *v. prnl.* **2.** Descomedirse, propasarse.
desmangar *v. tr.* Quitar el mango a una herramienta. También prnl.
desmanotado, da *adj., fig. y fam.* Apocado, encogido, torpe.
desmantelar *v. tr.* **1.** Echar por tierra y arruinar los muros y fortificaciones de una plaza. **2.** *fig.* Desamparar, abandonar una casa, una habitación, etc.
desmaña *s. f.* Falta de maña y habilidad.
desmañado, da *adj.* Falto de pericia, destreza o habilidad.

desmaquillar *v. tr.* Quitar de la cara el maquillaje u otros cosméticos.

desmarcarse *v. prnl.* **1.** Zafarse un jugador del contrario que le marca. **2.** *fig. y fam.* Zafarse, escabullirse, alejarse.

desmarojar *v. tr.* Quitar a los árboles el marojo u hoja inútil.

desmayar *v. tr.* **1.** Causar desmayo. ‖ *v. prnl.* **2.** Perder el sentido.

desmayo *s. m.* Desaliento, desfallecimiento de las fuerzas, privación de sentido.

desmedido, da *adj.* Desproporcionado, falto de medida, que no tiene término.

desmedirse *v. prnl.* Desmandarse, descomedirse o excederse.

desmedrar *v. tr.* **1.** Deteriorar. También prnl. ‖ *v. intr.* **2.** Ir a menos.

desmejorar *v. tr.* **1.** Hacer perder el lustre y perfección. También prnl. ‖ *v. intr.* **2.** Ir perdiendo la salud. También prnl.

desmelar *v. tr.* Quitar la miel a la colmena.

desmelenar *v. tr.* Descomponer y desordenar el cabello. También prnl.

desmembrar *v. tr.* Dividir y apartar los miembros del cuerpo.

desmemoriado, da *adj.* Torpe de memoria.

desmemoriarse *v. prnl.* Perder la memoria.

desmentir *v. tr.* **1.** Decir a alguien que miente. **2.** Demostrar la falsedad de algo. **3.** Disimular o desvanecer una cosa para que no se conozca.

desmenuzar *v. tr.* **1.** Deshacer una cosa, dividiéndola en partes menudas. También prnl. **2.** Examinar algo detalladamente.

desmerecer *v. intr.* Perder una cosa parte de su mérito o valor.

desmesura *s. f.* Descomedimiento, falta de mesura.

desmesurado, da *adj.* Excesivo, mayor de lo común.

desmesurar *v. tr.* **1.** Desarreglar, desordenar o descomponer. ‖ *v. prnl.* **2.** Descomedirse, perder la modestia.

desmigajar *v. tr.* Hacer migajas una cosa.

desmigar *v. tr.* Desmigajar o deshacer el pan para hacer migas.

desmilitarizar *v. tr.* Suprimir el carácter militar de algo.

desmineralización *s. f.* Disminución o pérdida de una cantidad anormal de principios minerales, como fósforo, potasa, cal, etc.

desmirriado, da *adj., fam.* Esmirriado.

desmochar *v. tr.* Quitar, arrancar la parte superior de una cosa dejándola mocha.

desmonetizar *v. tr.* Abolir el empleo de un metal para la acuñación de moneda.

desmontar *v. tr.* **1.** Cortar en un monte, o en parte de él, los árboles o matas. **2.** Bajar alguien de una caballería o de otra cosa. También intr. y prnl.

desmonte *s. m.* Paraje de terreno desmontado.

desmoñar *v. tr., fam.* Quitar el moño o descomponerlo. También prnl.

desmoralizar *v. tr.* Corromper las costumbres con malos ejemplos o doctrinas perniciosas. También prnl.

desmoronar *v. tr.* **1.** Deshacer y arruinar poco a poco los edificios. También prnl. ‖ *v. prnl.* **2.** Venir a menos, irse destruyendo los imperios, los caudales, etc.

desmotar *v. tr.* Quitar las motas a la lana o al paño.

desmotivar *v. tr.* Desanimar, desalentar.

desmovilizar *v. tr.* Licenciar a las tropas movilizadas.

desnacionalizar *v. tr.* Quitar el carácter nacional a algo.

desnarigado, da *adj.* Que no tiene narices o las tiene muy pequeñas.

desnatar *v. tr.* Quitar la nata a la leche o a otros líquidos.

desnaturalizado, da *adj.* Que falta a los deberes que impone la naturaleza.

desnivel *s. m.* **1.** Falta de nivel. **2.** Diferencia de alturas entre dos a más puntos.

desnivelar *v. tr.* Sacar de nivel.

desnucar *v. tr.* **1.** Sacar de su lugar los huesos de la nuca. **2.** Matar con un golpe en la nuca. También prnl.

desnuclearización *s. f.* Eliminación de armamento o instalaciones nucleares de un territorio.

desnudar *v. tr.* Quitar todo el vestido o parte de él. También prnl.

desnudo, da *adj.* **1.** Sin vestido. **2.** Sin revestimiento o adornos.

desnutrición *s. f.* Acción y efecto de desnutrirse.

desnutrirse *v. prnl.* Depauperarse el organismo por transtorno de la nutrición.

desobedecer *v. tr.* No hacer alguien lo que ordenan las leyes o los superiores.

desobediencia *s. f.* Acción y efecto de desobedecer.

desobstruir *v. tr.* Quitar las obstrucciones.
desocupación *s. f.* Ociosidad.
desocupado, da *adj.* Sin ocupación, ocioso.
desocupar *v. tr.* **1.** Desembarazar, dejar un lugar libre y sin impedimento. **2.** Sacar lo que hay dentro de alguna cosa.
desodorante *adj.* Que destruye los olores molestos y nocivos.
desoír *v. tr.* Desatender, dejar de oír.
desojarse *v. prnl., fam.* Mirar con mucho ahínco para ver o hallar una cosa.
desolación *s. f.* Devastación.
desolar *v. tr.* **1.** Asolar, destruir. ‖ *v. prnl.* **2.** *fig.* Afligirse, sentir gran angustia.
desollar *v. tr.* **1.** Quitar la piel del cuerpo de un animal. **2.** *fig.* Causar a alguien grave daño en su persona, honra o hacienda.
desorbitar *v. tr.* Sacar una cosa de su órbita habitual. También prnl.
desorden *s. m.* Alteración del orden propio de una cosa.
desordenar *v. tr.* Turbar, confundir y alterar el buen concierto de una cosa.
desorejar *v. tr.* Cortar las orejas.
desorganización *s. f.* Acción y efecto de desorganizar o desorganizarse.
desorganizar *v. tr.* Desordenar en sumo grado. También prnl.
desorientar *v. tr.* Hacer perder la orientación. También prnl.
desovar *v. intr.* Soltar las hembras de los peces y anfibios los huevos o huevas.
desove *s. f.* Época en que desovan las hembras de los peces y anfibios.
despabilado, da *adj.* Que no tiene sueño.
despabilar *v. tr.* **1.** Quitar la parte ya quemada del pabilo a velas y candiles. **2.** *fig.* Despachar brevemente. **3.** *fig.* Avivar el entendimiento. También prnl.
despachar *v. tr.* **1.** Concluir un negocio. **2.** Resolver, decidir. **3.** Vender los géneros o mercancías. **4.** Despedir, apartar a alguien. **5.** *fam.* Atender el dependiente a los clientes. También intr.
despacho *s. m.* **1.** Habitación de una casa destinada a la resolución de negocios o al estudio. **2.** Establecimiento donde se venden determinados efectos.
despachurrar *v. tr. fam.* Aplastar o reventar una cosa apretándola con fuerza.
despacio *adv. m.* Poco a poco, lentamente.
despalmar *v. tr.* Limpiar y dar sebo a los fondos de las embarcaciones.
despampanar *v. tr.* **1.** Quitar los pámpanos a las vides. **2.** *fig. y fam.* Dejar atónita a una persona.
despanzurrar *v. tr., fam.* Romper la panza, reventar. También prnl.
desparejar *v. tr.* Deshacer una pareja. También prnl.
desparpajo *s. m., fam.* Desenvoltura en el hablar o en las acciones.
desparramar *v. tr.* Esparcir, extender lo que estaba junto. También prnl.
desparvar *v. tr.* Levantar la parva después de trillar.
despatarrar *v. tr., fam.* Abrir excesivamente las piernas. También prnl.
despavorido, da *adj.* Lleno de pavor.
despavorir *v. intr.* Tener pavor. También prnl.
despechar[1] *v. tr.* Causar despecho.
despechar[2] *v. tr., fam.* Destetar a los niños.
despecho *s. m.* **1.** Malquerencia originada por el fracaso en algún propósito. **2.** Disgusto o sentimiento vehemente. **3.** Desesperación. **4.** Rigor o aspereza.
despechugar *v. tr.* **1.** Quitar la pechuga a un ave. ‖ *v. prnl.* **2.** *fig. y fam.* Mostrar el pecho, traerlo descubierto.
despectivo, va *adj.* Que indica desprecio.
despedazar *v. tr.* Hacer pedazos un cuerpo. También prnl.
despedida *s. f.* Acción y efecto de despedir.
despedir *v. tr.* **1.** Soltar, arrojar una cosa. **2.** Quitar a alguien su empleo. También prnl.
despedregar *v. tr.* Limpiar de piedras la tierra.
despegado, da *adj., fam.* Áspero o desabrido en el trato.
despegar *v. tr.* **1.** Apartar dos cosas que están pegadas o muy ligadas. También prnl. ‖ *v. intr.* **2.** Separarse del suelo o del agua, cuando va a iniciar el vuelo, un avión.
despegue *s. m.* Acción y efecto de despegar un avión, helicóptero, etc.
despeinar *v. tr.* Deshacer el peinado o descomponerse el cabello. También prnl.
despejado, da *adj.* Que tiene desembarazo y soltura en su trato.
despejar *v. tr.* **1.** Desocupar un sitio o espacio. **2.** *fig.* Aclarar, poner en claro. También prnl. **3.** *fig.* Separar por medio del cálculo una incógnita.

Mamíferos

León

Ballena

Jirafa

Zorro común

Caballo

Oso panda

AVES

Mochuelo

Pingüino

Pelícano vulgar

Águila cabeciblanca

Gallo

Cacatúa galerita

Reptiles

Tortuga verde

Iguana terrestre
de las Galápagos

Serpiente de coral

Tortuga gigante

Cocodrilo
del Nilo

Culebra
de vientre rojo

Anfibios

Sapo común

Salamandra delgada

Salamandra de manantial

Salamandra gigante

Rana marsupial

Ranita de san Antonio

Peces

Pez ángel emperador

Pez ángel reina

Trucha común

Raya

Pez globo

Tiburón

INVERTEBRADOS

PLANTAS

Cacto

Maíz

Tulipán

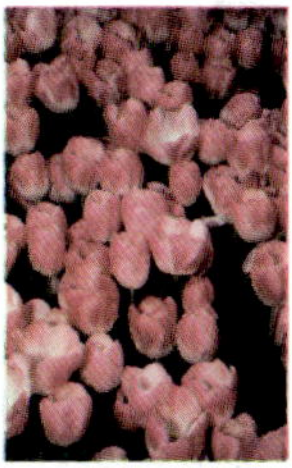

Seta

Abeto

Palmera

MINERALES

Arenisca

Yeso

Brecha

Lignito

Limonita

Mica blanca

Cuerpo humano
Huesos y músculos

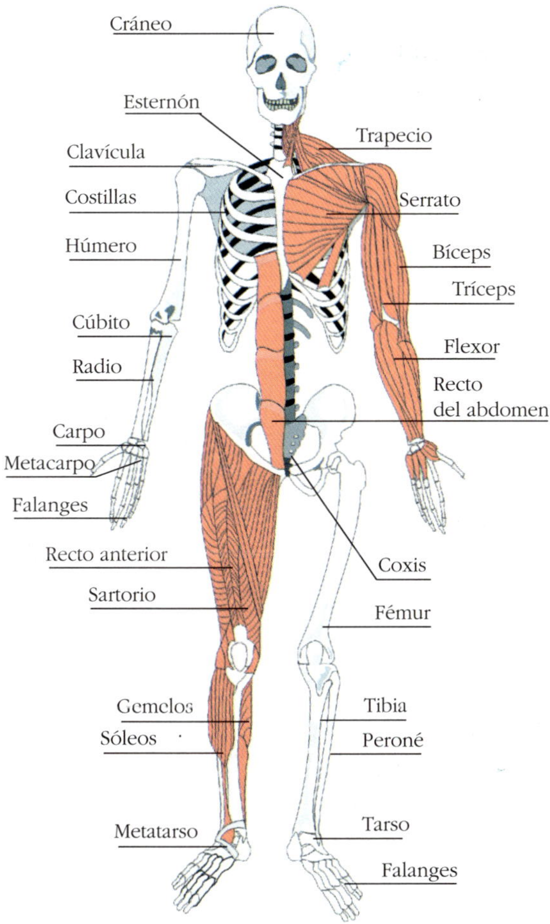

CUERPO HUMANO

APARATO DIGESTIVO Y CORAZÓN

Esquema general del aparato digestivo

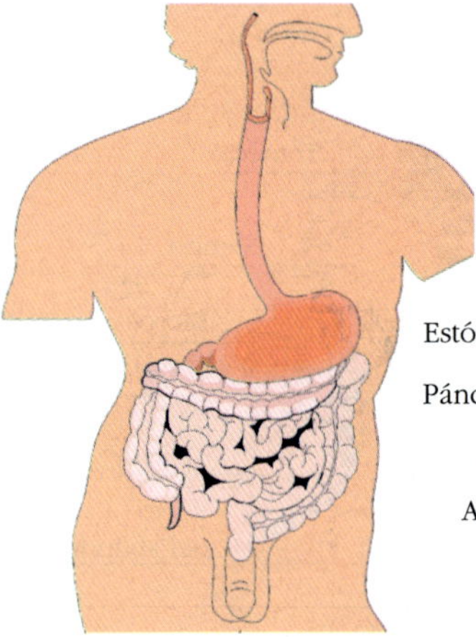

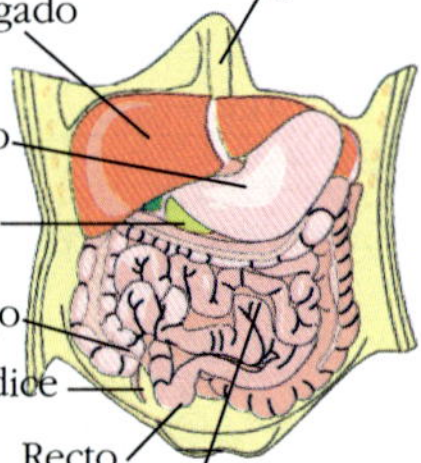

Corazón

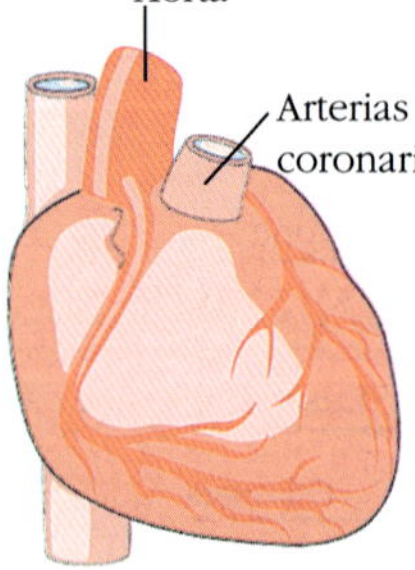

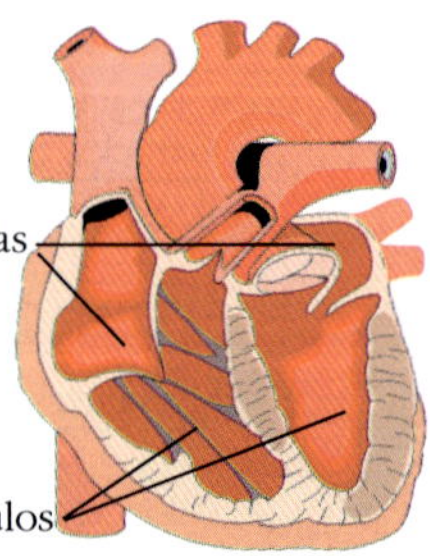

Cuerpo humano

Aparato urinario

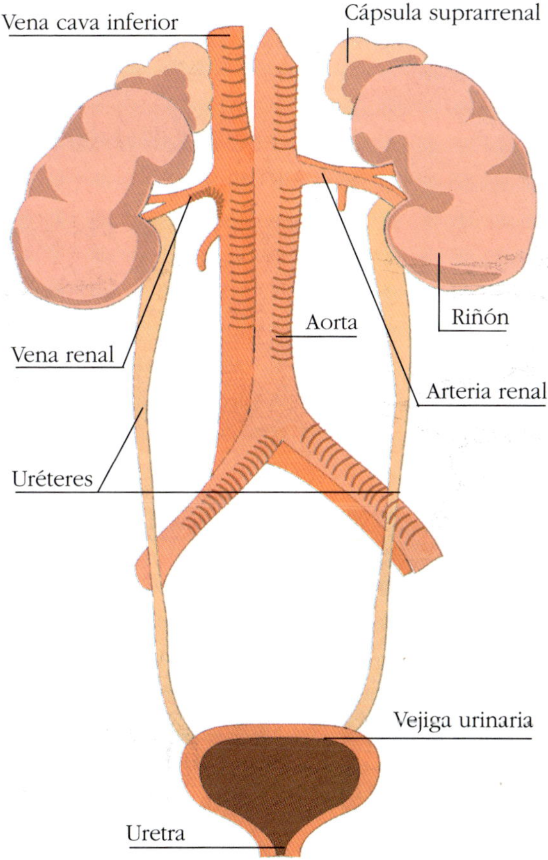

Deportes

Esquí

Atletismo

Windsurf

Fútbol

Natación

Automovilismo

Comunicaciones

Avión

Barco

Ferrocarril

Automóvil

Nave espacial

Satélite

ARQUITECTURA

Auditorio de Sidney, s. XX

Pirámide de Gizeh, 2 600 a. C.

Partenón, Atenas, s. V a. C.

San Pedro de Roma, s. XVI

Pagoda, arte oriental

Pirámide maya, Chichén Itzá, s. X

Pintura

Van Gogh, s. XIX

Velázquez, s. XVII

Rembrandt,
s. XVII

Modigliani,
s. XX

Da Vinci,
s. XVI

Renoir, s. XIX

Escultura

Bernini, s. XVII

M. Ángel, s. XVI

Horus, 1 300 a. C.

Picasso, s. XX

Victoria de Samotracia, s. II a. C.

Nôtre Dame, s. XIII

despelotarse *v. prnl., fam.* Desnudarse.
despeluzar *v. tr.* **1.** Desordenar el cabello de la cabeza, de la felpa, etc. También prnl. **2.** Erizar el cabello, generalmente por miedo. Se usa más como prnl.
despeluznar *v. tr.* Despeluzar. También prnl.
despenalizar *v. tr.* Legalizar algo que antes constituía delito.
despender *v. tr.* Despilfarrar algo.
despendolarse *v. prnl., fam.* Comportarse alocadamente.
despensa *s. f.* Lugar de la casa donde se guardan las cosas comestibles.
despeñadero *s. m.* Precipicio, lugar o sitio alto, con peñascos y escarpado.
despeñar *v. tr.* Precipitar y arrojar una persona o cosa desde una prominencia. También prnl.
despepitar[1] *v. tr.* **1.** Desembuchar. ‖ *v. prnl.* **2.** Hablar o gritar con vehemencia o con enojo.
despepitar[2] *v. tr.* Quitar las pepitas de algún fruto.
desperdiciar *v. tr.* No aprovechar algo debidamente.
desperdicio *s. m.* **1.** Derroche de la hacienda u otra cosa. **2.** Residuo de lo que no se puede o no es fácil de aprovechar, o se deja de aprovechar por descuido.
desperdigar *v. tr.* Separar, esparcir.
desperezarse *v. prnl.* Extender o estirar los miembros para sacudir la pereza o librarse del entumecimiento.
desperfecto *s. m.* Leve deterioro.
desperfilarse *v. prnl.* Perder una cosa la postura de perfil.
despersonalizar *v. tr.* Quitar el carácter personal a una cuestión.
despertador *s. m.* Reloj que, a la hora en que se le ha dispuesto previamente, hace sonar una alarma.
despertar *v. tr.* **1.** Interrumpir el sueño al que está dormido. También prnl. **2.** *fig.* Traer a la memoria una cosa ya olvidada. **3.** *fig.* Mover, excitar.
despiadado, da *adj.* Impío, inhumano.
despicar *v. tr.* **1.** Satisfacer. **2.** Vengarse.
despido *s. m.* **1.** Cese laboral impuesto. **2.** Indemnización o finiquito que recibe el trabajador que ha sido despedido.
despierto, ta *adj.* **1.** Sin sueño, no dormido. **2.** *fig.* Avispado, vivo.
despilfarrar *v. tr.* Malgastar.
despilfarro *s. m.* **1.** Destrozo de la ropa u otras cosas. **2.** Gasto excesivo y superfluo.
despintar *v. tr.* **1.** Borrar lo pintado. **2.** *fig.* Desfigurar un asunto.
despiojar *v. tr.* Quitar los piojos.
despique *s. m.* Satisfacción que se toma de una ofensa o desprecio.
despistar *v. tr.* Hacer perder la pista. También intr.
desplacer *v. tr.* Disgustar, desagradar.
desplante *s. m.* **1.** Postura irregular. **2.** *fig.* Dicho o acto lleno de arrogancia, descaro o desabrimiento.
desplazar *v. tr.* Desalojar el buque un volumen de agua igual al de la parte sumergida y cuyo peso es igual al peso del buque.
desplegar *v. tr.* Extender, desdoblar. También prnl.
despliegue *s. m.* Exhibición de algo.
desplomar *v. tr.* **1.** Hacer que una cosa pierda la posición vertical. ‖ *v. prnl.* **2.** Caerse una pared.
desplomo *s. m.* Desviación de la posición vertical de un edificio, pared, etc.
desplumar *v. tr.* **1.** Quitar las plumas al ave. **2.** *fig.* Dejar a alguien sin dinero.
despoblado *s. m.* Desierto, sitio no poblado y que tuvo antes población.
despoblar *v. tr.* Reducir a desierto lo que antes estaba poblado, o hacer que disminuya la población. También prnl.
despojar *v. tr.* Privar a alguien, generalmente por la fuerza, de lo que posee.
despojo *s. m.* **1.** Botín del vencedor. **2.** Desperdicio. ‖ *s. m. pl.* **3.** Restos mortales. **4.** Vientre, asadura, cabeza y manos de las reses.
despolarizar *v. tr.* Destruir o interrumpir el estado de polarización de la luz.
desportillar *v. tr.* Deteriorar o maltratar una cosa, quitándole parte del canto o boca y haciendo portillo o abertura. También prnl.
desposado, da *adj.* Recién casado.
desposar *v. tr.* **1.** Autorizar el párroco o el juez el matrimonio. ‖ *v. prnl.* **2.** Contraer esponsales.
desposeer *v. tr.* Privar a alguien de lo que posee.
desposorio *s. m.* Promesa mutua de contraer matrimonio y, en especial, casamiento por palabras de presente.
déspota *s. m.* **1.** Persona que ejercía mando supremo entre algunos pueblos antiguos. **2.** Soberano que gobierna sin sujeción a ley alguna.
despótico, ca *adj.* Absoluto, sin ley, tiránico.

despotismo *s. m.* Autoridad absoluta no limitada por las leyes.
despotricar *v. intr., fam.* Hablar sin consideración ni reparo todo lo que a alguien se le ocurre. También prnl.
despreciable *adj.* Digno de desprecio.
despreciar *v. tr.* **1.** Desestimar y tener en poco. **2.** Desairar o desdeñar.
desprecio *s. m.* **1.** Desestimación, falta de aprecio. **2.** Desaire, desdén.
desprender *v. tr.* Desunir, despegar, desasir. También prnl.
desprendido, da *adj.* Desinteresado, generoso.
desprendimiento *s. m.* Desapego, desasimiento de las cosas.
despreocupación *s. f.* Estado de ánimo de quien carece de preocupaciones.
despreocuparse *v. prnl.* Salir o librarse de una preocupación.
desprestigiar *v. tr.* Quitar el prestigio.
desprestigio *s. m.* Acción y efecto de desprestigiar.
desprevención *s. f.* Falta de prevención.
desprevenido, da *adj.* Descuidado en sus prevenciones.
desprivatizar *v. tr.* Convertir en pública una empresa privada.
desproporción *s. f.* Falta de la proporción debida.
desproporcionar *v. tr.* Quitar la proporción a una cosa, sacarla de regla y medida.
despropósito *s. m.* Dicho o hecho fuera de razón.
desproveer *v. tr.* Despojar a alguien de sus provisiones o de lo necesario para su conservación.
desprovisto, ta *adj.* Falto de lo necesario.
después *adv. t. y l.* Posterioridad de tiempo, lugar o situación.
despuntar *v. tr.* **1.** Quitar o gastar la punta. También prnl. || *v. intr.* **2.** Empezar a brotar las plantas.
desquiciar *v. tr.* **1.** Desencajar o sacar de quicio. También prnl. **2.** Quitar a una persona su aplomo. También prnl.
desquitar *v. tr.* **1.** Restaurar la pérdida, reintegrarse de lo perdido. También prnl. **2.** *fig.* Tomar desquite o vengarse por un disgusto recibido. También prnl.
desquite *s. m.* Acción y efecto de desquitar o desquitarse.
destacamento *s. m.* Porción de tropa destacada.
destacar *v. tr.* **1.** Separar del cuerpo principal una porción de tropa. También prnl. **2.** Hacer resaltar los objetos de un cuadro. Se usa más como prnl.
destajista *s. m. y s. f.* Persona que por cuenta de otra hace una cosa a destajo.
destajo *s. m.* Trabajo que se ajusta por un tanto alzado.
destapar *v. tr.* **1.** Quitar la tapa o tapón. **2.** *fig.* Descubrir lo tapado o abrigado.
destaponar *v. tr.* Quitar el tapón.
destartalado, da *adj.* Descompuesto, desproporcionado y sin orden.
destazador, ra *s. m. y s. f.* Persona que tiene por oficio trocear las reses muertas.
destazar *v. tr.* Hacer piezas o pedazos.
destejar *v. tr.* **1.** Quitar las tejas a los tejados de los edificios. **2.** *fig.* Dejar sin reparo o defensa a una cosa.
destejer *v. tr.* Deshacer lo tejido.
destellar *v. tr.* Despedir destellos o emitir rayos, chispazos o ráfagas de luz.
destello *s. m.* Chispazo o ráfaga de luz intensa y breve.
destemplanza *s. f.* Falta de templanza.
destemplar *v. tr.* **1.** Alterar, desconcertar la armonía o el buen orden de una cosa. || *v. prnl.* **2.** Sentir cierto malestar. **3.** Descomponerse, perder la moderación.
destemple *s. m.* **1.** Disonancia de las cuerdas de un instrumento. **2.** Indignación. **3.** Alteración, desconcierto.
desteñir *v. tr.* Quitar el tinte, apagar los colores. También prnl. y intr.
desternillarse *v. prnl., fig. y fam.* Morirse de risa.
desterrar *v. tr.* Expulsar por justicia de un territorio o lugar.
destetar *v. tr.* Hacer que deje de mamar el niño o las crías de los animales.
destiempo, a *loc. adv.* Fuera de tiempo.
destierro *s. m.* **1.** Pena de la persona desterrada. **2.** *fig.* Lugar muy apartado o distante de lo que se considera céntrico.
destilar *v. tr.* Separar por medio de calor una sustancia volátil de otras más fijas, enfriando luego su vapor para reducirla nuevamente a líquido.
destilería *s. f.* Lugar en que se hacen las destilaciones.

destinar *v. tr.* **1.** Ordenar, determinar alguna cosa para un fin o efecto. **2.** Designar a una persona para un empleo o para que preste sus servicios en determinado lugar.

destinatario, ria *s. m. y s. f.* Persona a quien va dirigida o destinada alguna cosa.

destino *s. m.* **1.** Hado, suerte. **2.** Consignación de una cosa o de un lugar para determinado fin. **3.** Empleo, ocupación.

destitución *s. f.* Acción y efecto de destituir.

destituir *v. tr.* **1.** Privar a alguien de alguna cosa. **2.** Separar a alguien de su cargo como corrección o castigo.

destornillador *s. m.* Instrumento que sirve para destornillar.

destornillar *v. tr.* Sacar un tornillo dándole vueltas.

destrabar *v. tr.* Quitar las trabas. También prnl.

destral *s. m.* Hacha pequeña manejable con una sola mano.

destrenzar *v. tr.* Deshacer la trenza. También prnl.

destreza *s. f.* Habilidad, arte, primor o propiedad con que se hace una cosa.

destripacuentos *adj., fam.* Se dice de la persona que interrumpe inoportunamente la relación de la que habla.

destripar *v. tr.* Quitar o sacar las tripas.

destripaterrones *s. m. y s. f., fig., fam. y desp.* Jornalero que cava o ara la tierra.

destrocar *v. tr.* Deshacer el trueque o cambio.

destronar *v. tr.* Deponer y privar del reino a alguien, echarle del trono.

destroncar *v. tr.* **1.** Cortar, tronchar un árbol o planta. **2.** Corta, descoyuntar el cuerpo.

destroyer *s. m.* Cazatorpedero, buque.

destrozar *v. tr.* **1.** Despedazar, romper. **2.** Derrotar a los enemigos con mucha perdida por su parte.

destrozo *s. m.* Acción y efecto de destrozar.

destrucción *s. f.* Ruina, asolamiento.

destructivo, va *adj.* Que destruye o puede destruir.

destructor, ra *s. m.* Buque de guerra de pequeño tamaño y muy veloz, cuyo principal armamento es el torpedo.

destruir *v. tr.* Arruinar, deshacer, inutilizar.

desudar *v. tr.* Quitar el sudor. También prnl.

desuello *s. m.* Acción y efecto de desollar.

desuncir *v. tr.* Quitar del yugo las bestias sujetas a él.

desunión *s. m.* Separación de las partes que componen un todo, o de las cosas que estaban juntas y unidas.

desunir *v. tr.* **1.** Separar lo que estaba junto o unido. **2.** Introducir discordia entre los que estaban en buena correspondencia.

desusar *v. tr.* Desacostumbrar, perder o dejar el uso. Se usa más como prnl.

desuso *s. m.* Falta de uso de una cosa.

desvaído, da *adj.* **1.** Se dice del color bajo y como disipado. **2.** Se dice de lo que ha perdido fuerza o vigor.

desvair *v. tr.* Hacer perder el color, la intensidad o la fuerza. Se usa más como prnl.

desvalido, da *adj.* Desamparado, falto de ayuda y socorro.

desvalijar *v. tr.* **1.** Robar el contenido de una maleta, caja fuerte, casa, habitación, etc. **2.** *fig.* Despojar a alguien del dinero o bienes mediante robo, engaño, etc.

desvalimiento *s. m.* Desamparo, falta de ayuda o favor.

desvalorar *v. tr.* Desvalorizar.

desvalorizar *v. tr.* **1.** Depreciar, quitar valor o estimación a una cosa. **2.** Devaluar una moneda.

desván *s. m.* Parte más alta de la casa, inmediata al tejado.

desvanecer *v. tr.* **1.** Disgregar o difundir las partículas de un cuerpo en otro. También prnl. **2.** Suprimir, anular. **3.** Quitar de la mente una idea, recuerdo, etc. || *v. prnl.* **4.** Turbarse el sentido, desmayarse.

desvarar *v. tr.* **1.** Resbalar, deslizarse. También prnl. **2.** Poner a flote la nave que estaba varada.

desvariar *v. intr.* Decir desprópositos.

desvarío *s. m.* **1.** Dicho o hecho fuera de concierto. **2.** Delirio que sobreviene a algunos enfermos.

desvelar *v. tr.* **1.** Quitar el sueño. También prnl. || *v. prnl.* **2.** *fig.* Poner gran cuidado en lo que se desea hacer o conseguir.

desvelo *s. m.* Acción y efecto de desvelar.

desvenar *v. tr.* **1.** Quitar las venas a la carne. **2.** Sacar de la vena o filón el mineral.

desvencijar *v. tr.* Aflojar, desconcertar las partes de una cosa. También prnl.

desvendar *v. tr.* Quitar el vendaje.

desventaja *s. f.* Mengua o perjuicio que se nota por comparación.
desventura *s. f.* Desgracia.
desvergonzado, da *adj.* Que habla u obra con desvergüenza. También s. m. y s. f.
desvergonzarse *v. prnl.* Descomedirse, insolentarse faltando al respeto.
desvergüenza *s. f.* **1.** Falta de vergüenza. **2.** Dicho o hecho impúdico o insolente.
desvestir *v. tr.* Desnudar. También prnl.
desviación *s. f.* **1.** Separación lateral de un cuerpo de su posición media. **2.** Tramo de carretera que se aparta de la general.
desviar *v. tr.* **1.** Alejar, separar de su lugar o camino una cosa. También prnl. **2.** *fig.* Disuadir o apartar a alguien de la intención que tenía. También prnl.
desvincular *v. tr.* Romper la vinculación o lazo entre personas, instituciones, etc.
desvío *v. tr.* Desviación.
desvirgar *v. tr.* Quitar la virginidad a una persona.
desvirtuar *v. tr.* Quitar la virtud, sustancia o vigor. También prnl.
desvivirse *v. prnl.* Mostrar incesante y vivo interés o solicitud por una persona o cosa.
detallar *v. tr.* Tratar, referir una cosa al por menor, circunstanciadamente.
detalle *s. m.* Pormenor, relación, lista circunstanciada.
detallista *s. m. y s. f.* Persona que se cuida de los detalles.
detective *s. m. y s. f.* Persona que se encarga de hacer investigaciones sobre hechos misteriosos.
detector *s. m.* Aparato fundamental de la telegrafía sin hilos que sirve para cambiar las oscilaciones captadas por la antena en otras de menos frecuencia utilizables en los órganos de registro o audición.
detención *s. f.* **1.** Dilación, prolijidad. **2.** Arresto provisional.
detener *v. tr.* **1.** Suspender una cosa, impedir que pase adelante. También prnl. **2.** Arrestar. **3.** Retener, conservar, guardar.
detentar *v. tr.* Retener alguien sin derecho lo que no le pertenece.
detergente *s. m.* Compuesto químico líquido o en polvo usado para lavar la ropa.
deteriorar *v. tr.* Estropear, menoscabar, echar a perder una cosa. También prnl.
deterioro *v. tr.* Acción y efecto de deteriorar.
determinación *s. f.* Osadía, valor.
determinado, da *adj.* Se aplica al artículo que especifica al sustantivo que precede.
determinar *v. tr.* Fijar los términos de una cosa, previa deliberación o estudio.
detersión *s. f.* Acción y efecto de limpiar o purificar.
detestable *adj.* Abominable, execrable.
detestar *v. tr.* Aborrecer, odiar.
detonador *s. m.* Artificio con fulminante para hacer estallar una carga explosiva.
detonar *v. intr.* Dar estampido o trueno.
detorsión *s. f.* Distensión, torcedura de un músculo, nervio o ligamento.
detracción *s. f.* Acción y efecto de detraer.
detractar *v. tr.* Detraer.
detractor, ra *adj.* Maldiciente, difamador.
detraer *v. tr.* **1.** Sustraer, apartar o desviar. **2.** Denigrar, infamar.
detrás *adv. l.* En la parte posterior.
detrimento *s. m.* **1.** Destrucción leve o parcial. **2.** *fig.* Daño moral.
detrito *s. m.* Resultado de la descomposición de una masa sólida en partículas.
deuda *s. f.* Obligación que uno tiene de pasar o reintegrar a otro una cosa. **2.** *fig.* Pecado, culpa u ofensa.
deudo, da *s. m. y s. f.* Pariente.
deudor, ra *adj.* Que debe, o está obligado a satisfacer una deuda. También s. m. y s. f.
devanar *v. tr.* Enrollar hilo, alambre, etc., en un ovillo o carrete.
devaneo *s. m.* **1.** Delirio, desatino, desconcierto. **2.** Relación amorosa pasajera.
devastar *v. tr.* Arrasar un territorio.
devengar *v. tr.* Adquirir derecho a retribución por razón de trabajo, servicio u otro título.
devenir[1] *v. intr.* Sobrevenir, acaecer.
devenir[2] *s. m.* Proceso mediante el cual algo se hace o llega a ser.
devoción *s. f.* Amor, fervor religioso.
devocionario *s. m.* Libro que contiene varias oraciones para uso de los fieles.
devolver *v. tr.* **1.** Volver una cosa al estado o situación que tenía. **2.** Restituir.
devorar *v. tr.* Tragar con ansia.
devoto, ta *adj.* Que tiene devoción. También s. m. y s. f.

dextrina *v. tr.* Sustancia sólida, obtenida por la acción de los ácidos, el calor y las diastasas sobre el almidón.

dextrorso, sa *adj.* Que se mueve hacia la derecha.

dextrosa *s. f.* Glucosa, comúnmente la de algunas frutas.

deyección *s. f.* **1.** Conjunto de materias que arroja un volcán o que se desprenden de una montaña. **2.** Defecación de los excrementos.

día *s. m.* Tiempo que la Tierra tarda en dar una vuelta sobre sí misma.

diabetes *s. f.* Enfermedad caracterizada por excesiva eliminación de orina cargada a veces de glucosa, sed inextinguible y enflaquecimiento progresivo.

diabla *s. f., fam.* Máquina para cardar lana o algodón.

diablo *s. m.* Nombre general y particular de los ángeles rebeldes arrojados por Dios al abismo.

diablura *s. f.* Travesura de niños.

diábolo *s. m.* Juguete consistente en un carrete formado por dos conos que se unen por el vértice; gira sobre una cuerda atada al extremo de dos palillos, que se manejan con ambas manos.

diácono *s. m.* Ministro de la Iglesia de grado segundo en dignidad, inmediato al sacerdocio.

diacronía *s. f.* Desarrollo de hechos a través del tiempo.

diadema *s. f.* Adorno de cabeza, en forma de media corona abierta por detrás.

diadoco *s. m.* Título del príncipe heredero en la Grecia moderna.

diáfano, na *adj.* **1.** Se dice del cuerpo a través del cual pasa la luz casi en su totalidad. **2.** Transparente, claro, cristalino.

diafonía *v. tr.* Perturbación electromagnética producida en un canal de comunicación por el acoplamiento de éste con otro u otros vecinos.

diafragma *s. m.* Membrana formada por fibras musculares que separa la cavidad pectoral de la abdominal.

diagnosticar *v. tr.* Determinar el diagnóstico de una enfermedad.

diagnóstico *s. m.* Determinación de una enfermedad por sus signos.

diagonal *adj.* Se dice de la línea que en un polígono va de un vértice a otro inmediato, y en un poliedro une dos vértices cualesquiera no situados en la misma cara.

diagrama *s. m.* Dibujo geométrico que sirve para demostrar una proposición, resolver un problema o figurar de una manera gráfica la ley de variación de un fenómeno.

dial *s. m.* Superficie graduada de forma variable, sobre la cual se mueve un indicador, como aguja, punto luminoso, etc., que mide o señala una determinada magnitud, como peso, voltaje, longitud de onda, velocidad, etc.

dialéctica *s. f.* Forma de discurrir por contradicción o enfrentamiento de razones.

dialecto *s. m.* Cada una de las variedades de un idioma, propia de una determinada región de la nación, a diferencia de la lengua general y literaria.

dialogar *v. intr.* Hablar en diálogo.

diálogo *s. m.* Conversación entre dos o más personas.

diamante *s. m.* Piedra preciosa, formada de carbono cristalizado en el sistema cúbico, diáfano, de gran brillo, generalmente incoloro.

diametral *v. tr.* Perteneciente o relativo al diámetro.

diámetro *s. m.* Línea recta que pasa por el centro del círculo y termina por ambos extremos en la circunferencia.

diana *s. f.* **1.** Toque militar al romper el día para que la tropa se levante. **2.** Punto central de un blanco de tiro.

diantre *s. m.* Eufemismo por diablo.

diapasón *s. m.* Intervalo que comprende cinco tonos y dos semitonos mayores.

diapositiva *s. f.* Fotografía positiva sacada en cristal u otra materia transparente.

diario, ria *adj.* **1.** Correspondiente a todos los días. || *s. m.* **2.** Relación histórica de lo que ha ido sucediendo día a día. **3.** Periódico que se publica todos los días.

diarrea *s. f.* Fenómeno morboso consistente en frecuentes evacuaciones intestinales líquidas o semilíquidas.

diartrosis *s. f.* Articulación que deja el hueso movible en varias direcciones.

diáspora *s. f.* Diseminación de los judíos por toda la extensión del mundo antiguo, especialmente intensa desde el s. III a. C.

diastema *s. m.* Espacio interdentario.

diástole *s. f.* **1.** Licencia poética que consiste en usar como larga una sílaba breve. **2.** Expansión rítmica del corazón y de las arterias que alternan con la sístole.

diastrofia *s. f.* Dislocación de un hueso, músculo, etc.

diátesis *s. f.* Predisposición orgánica a contraer una determinada enfermedad.

diatésico, ca *adj.* Relativo a la diátesis.

diatónico, ca *adj.* Se aplica a uno de los tres géneros del sistema musical, que procede por dos tonos y un semitono.

diatriba *s. f.* Discurso o escrito violento.

dibujante *s. m. y s. f.* Persona cuya profesión es el dibujo.

dibujar *v. tr.* **1.** Representar un cuerpo por medio del lápiz, la pluma, etc. También prnl. **2.** *fig.* Describir.

dibujo *s. m.* Imagen dibujada.

dicacidad *s. f.* Agudeza, mordacidad ingeniosa.

dicción *s. f.* **1.** Palabra. **2.** Manera de hablar o escribir. **3.** Pronunciación.

diccionario *s. m.* Libro en que, por orden alfabético, se contienen y explican las palabras y expresiones de uno o más idiomas, las de una ciencia, materia, etc.

dicha *s. f.* Felicidad, ventura.

dicharachero, ra *adj., fam.* Que prodiga dichos poco decentes y vulgares.

dicho *s. m.* Sentencia u opinión original característica.

dichoso, sa *adj.* Feliz.

diciembre *s. m.* Duodécimo mes del año.

dicotiledóneo, a *adj.* Se dice de la planta, del subtipo de las angiospermas, que tiene dos cotiledones.

dicotomía *s. f.* Bifurcación, división en dos partes.

dicromático, ca *adj.* Que tiene dos colores.

dictado *s. m.* **1.** Acción de dictar para que otro escriba. ‖ *s. m. pl.* **2.** Preceptos de la razón o la conciencia.

dictador *s. m.* En los estados modernos, persona que por la fuerza toma el derecho de asumir todos los poderes.

dictadura *s. f.* Estado bajo el dominio de un dictador.

dictamen *s. m.* Opinión y juicio técnico o pericial que se emite sobre una cosa.

dictaminar *v. intr.* Dar dictamen.

díctamo *s. m.* Planta de adorno de la familia de las labiadas.

dictar *v. tr.* Decir uno algo con las pausas necesarias para que otro lo vaya escribiendo.

dictatorial *adj.* Absoluto, no sujeto a leyes.

dicterio *s. m.* Dicho denigrativo que insulta y provoca.

didáctica *s. f.* Arte de enseñar.

didáctico, ca *adj.* Perteneciente o relativo a la enseñanza; propio, adecuado para enseñar o instruir.

diedro *adj.* Se dice del ángulo formado por dos planos que se cortan.

diente *s. m.* **1.** Cualquiera de los órganos blanquecinos, duros, de consistencia pétrea que, en el ser humano y en ciertos vertebrados inferiores, se hallan engastados en las mandíbulas y sirven como órganos de masticación y de defensa. **2.** Cada una de las puntas que tienen algunos instrumentos, especialmente los redondeados.

diéresis *s. f.* **1.** Figura de dicción y licencia poética, que consiste en pronunciar en dos sílabas las vocales de un diptongo. **2.** Signo ortográfico (¨) que se pone sobre la "u" para indicar que esta letra debe pronunciarse.

diestra *s. f.* Mano derecha.

diestro, tra *adj.* **1.** Que cae o mira a mano derecha. **2.** Hábil, experto en un arte u oficio. ‖ *s. m.* **3.** Matador de toros.

dieta¹ *s. f.* Régimen alimenticio que se guarda por enfermedad o para adelgazar.

dieta² *s. f.* Asamblea política de ciertos estados europeos y de Japón.

dietética *s. f.* Parte de la medicina que trata de la alimentación adecuada para una perfecta nutrición.

diez *adj. num.* Nueve y uno.

diezmar *v. tr.* **1.** Sacar de diez uno. **2.** Pagar el diezmo.

diezmo *s. m.* Parte de los frutos, o del lucro adquirido, regularmente la décima, que pagaban los fieles a la Iglesia.

difamación *s. f.* Acción y efecto de difamar.

difamar *v. tr.* Desacreditar a alguien publicando cosas contra su buena fama.

difamatorio, ria *adj.* Se dice de lo que difama.

diferencia *s. f.* Cualidad o accidente por el cual una cosa se distingue de otra.

diferencial *s. f.* Mecanismo que enlaza tres móviles imponiendo entre sus velocidades simultáneas la condición de que cada una de ellas sea proporcional a la suma o a la diferencia de las otras dos.

diferenciar *v. tr.* Hacer distinción, conocer la diversidad de las cosa.

diferente *adj.* Que difiere en algo.

diferir *v. tr.* **1.** Dilatar, retardar o suspender la ejecución de una cosa. ‖ *v. intr.* **2.** Distinguirse una cosa de otra, ser diferente.

difícil *adj.* **1.** Que no se logra, ejecuta o entiende sin mucho trabajo. **2.** Se dice de la persona que es poco tratable.

dificultad *s. f.* Inconveniente o contrariedad que impide lograr, ejecutar o entender bien y pronto una cosa.

dificultar *v. tr.* Poner dificultades a las pretensiones de alguien.

dificultoso, sa *adj.* Difícil, lleno de impedimentos.

difidencia *s. f.* Desconfianza.

difluir *v. intr.* Difundirse, derramarse por todas partes.

difracción *s. f.* División e inflexión de los rayos luminosos cuando pasan por el borde de un cuerpo opaco.

difteria *s. f.* Enfermedad infecciosa aguda, caracterizada por la formación de falsas membranas en las mucosas.

difuminar *v. tr.* Desvanecer las líneas o colores con el difumino.

difumino *s. m.* Cilindro de papel suave, terminado en punta, que sirve para difuminar.

difundir *v. tr.* **1.** Extender, derramar. También prnl. **2.** *fig.* Divulgar, propagar.

difunto, ta *adj.* Se dice de la persona muerta.

difusión *s. f.* Acción y efecto de difundir o difundirse.

difuso, sa *adj.* **1.** Ancho, dilatado. **2.** Superabundante en palabras.

digerir *v. tr.* Convertir en el aparato digestivo los alimentos en sustancia propia para la nutrición.

digestión *s. f.* Acción y efecto de digerir.

digitación *s. f.* Adiestramiento de los dedos en la ejecución musical con ciertos instrumentos.

digital *adj.* **1.** Se dice de los mecanismos que graban o reproducen el sonido en dígitos concretos y no en forma analógica. ‖ *s. f.* **2.** Planta herbácea con hojas alternas, flores pendientes en racimo terminal y de color purpúreo en forma de dedal, de la cual se obtiene la digitalina.

digitalina *s. f.* Glucósido extraído de las hojas de la digital, de color amarillo y sabor amargo, tóxico pero tónico cardíaco en dosis inferiores a un miligramo.

dígito *adj.* Se dice del número que se puede expresar con un solo guarismo. También s. m.

dignarse *v. prnl.* Tener a bien hacer algo.

dignidad *s. f.* **1.** Respeto que merece alguien, especialmente uno mismo. **2.** Cargo honorífico y de autoridad.

dignificar *v. tr.* Hacer digna o presentar como tal a una persona o cosa. También prnl.

digno, na *adj.* Que merece algo, en sentido favorable o adverso.

digresión *s. f.* Efecto de romper el hilo del discurso y de hablar en él de cosas que no tengan íntimo enlace con aquello que se está tratando.

dije *s. m.* Alhaja pequeña que suele llevarse colgada como adorno.

dilacerar *v. tr.* Desgarrar, despedazar las carnes. También prnl.

dilación *v. tr.* Retardación o detención de una cosa por algún tiempo.

dilapidar *v. tr.* Derrochar los bienes.

dilatar *v. tr.* **1.** Hacer mayor algo o hacer que ocupe más lugar o tiempo. También prnl. **2.** Diferir, retardar. También prnl.

dilema *s. m.* Argumento formado de dos proposiciones contrarias disyuntivamente de tal modo que, negada o concedida cualquiera de las dos, queda demostrado lo que se intenta probar.

diletante *adj.* Aficionado al arte y, especialmente, al de la música.

diligencia *s. f.* **1.** Cuidado y actividad en ejecutar una cosa. **2.** Prontitud, agilidad, prisa. **3.** Coche grande, antiguo, arrastrado por caballerías y destinado al transporte de viajeros. **4.** *fam.* Negocio, dependencia, solicitud.

diligenciar *v. tr.* Poner los medios necesarios para el logro de una solicitud.

dilogía *s. f.* Ambigüedad, doble sentido, equívoco.

dilucidar *v. tr.* Declarar y explicar un asunto.

diluir *v. tr.* **1.** Desleír. También prnl. **2.** Añadir líquido en las disoluciones.

diluviar *v. intr.* Llover a manera de diluvio.

diluvio *s. m.* Inundación causada por lluvias copiosas.

dimanar *v. intr.* Proceder o venir el agua de sus manantiales.

dimensión *s. f.* **1.** Longitud de una línea, área de una superficie o volumen de un cuerpo. **2.** Extensión de un objeto en dirección determinada.

diminutivo, va *adj.* Que tiene cualidad de disminuir o reducir a menos una cosa.

diminuto, ta *adj.* **1.** Defectuoso, imperfecto. **2.** Excesivamente pequeño.

dimisión *s. f.* Renuncia, desapropio de una cosa que se posee.

dimitir *v. tr.* Renunciar a un cargo.

dimorfo, fa *adj.* Que puede presentar dos formas o aspectos diferentes.

dina *s. f.* Unidad de fuerza en el sistema cegesimal que, actuando sobre la masa de un gramo, comunica a ésta la velocidad de un centímetro por segundo.

dinámica *s. f.* Parte de la mecánica que estudia las leyes del movimiento en relación con las fuerzas que lo producen.

dinamismo *s. m.* Energía activa y propulsora.

dinamita *s. f.* Explosivo que está formado por una mezcla de nitroglicerina y una sustancia porosa inerte.

dinamitar *v. tr.* Volar con dinamita.

dinamo *s. f.* Máquina destinada a convertir la energía mecánica en eléctrica o viceversa mediante la inducción electromagnética.

dinamómetro *s. m.* Instrumento destinado a evaluar y comparar las fuerzas.

dinastía *s. f.* Serie de príncipes soberanos en un determinado país, pertenecientes a una familia.

dinástico, ca *adj.* Perteneciente o relativo a la dinastía.

dineral *s. m.* Cantidad grande de dinero.

dinero *s. m.* **1.** Moneda corriente. **2.** *fig. y fam.* Caudal, fortuna.

dinosaurio *s. m.* Género de reptiles fósiles, comúnmente de gran tamaño, que vivieron principalmente en la era jurásica.

dintel *s. m.* Parte superior de una puerta, ventana, etc., que carga sobre las jambas.

diócesis *s. f.* Distrito o territorio en que tiene y ejerce jurisdicción espiritual un prelado; como arzobispo, obispo, etc.

diodo *s. m.* Válvula de vacío de dos electrodos, utilizada como rectificadora de corriente.

dioico, ca *adj.* Se aplica a las plantas que tienen las flores de cada sexo en pie separado, y también a estas mismas flores.

dioptría *s. f.* Unidad utilizada para medir la refracción del ojo y el poder refringente de las lentes.

diorama *s. m.* Lienzo transparente pintado por las dos caras en el que, según la iluminación, se pueden ver en un mismo sitio dos cosas distintas.

diorita *s. f.* Roca ígnea que está compuesta de feldespato y anfibolita.

Dios *n. p.* Nombre con que en las religiones monoteístas se designa al Ser Supremo, creador del universo.

diosa *s. f.* Deidad del sexo femenino.

dióxido s. m. Óxido cuya molécula contiene dos átomos de oxígeno.

diplococo *s. m.* Cada una de ciertas bacterias de forma redondeada, que se agrupan de dos en dos.

diplodoco *s. m.* Reptil dinosaurio fósil, gigantesco, de la era jurásica.

diploma *s. m.* Título o credencial para acreditar un grado académico, un premio, etc.

diplomacia *s. f.* Ciencia de los intereses y relaciones internacionales.

diplomado, da *s. m. y s. f.* Persona que ha obtenido un título o diploma académico.

diplomar *v. tr.* **1.** Dar a alguien un diploma facultativo o de aptitud. || *v. prnl.* **2.** Obtener dicho diploma.

diplomático, ca *adj.* Se dice de los negocios de Estado internacionales y de las personas que intervienen en ellos.

diplopía *s. f.* Fenómeno morboso que consiste en ver dobles los objetos.

dipneo, a *adj.* Se dice de los animales que están dotados de respiración branquial y pulmonar.

dipsomanía *s. f.* Tendencia irresistible al abuso de la bebida.

díptero, ra *adj.* Que tiene dos alas.

díptico *s. m.* Cuadro o bajo relieve formado con dos tableros que se cierran como las tapas de un libro.

diptongar *v. tr.* Unir dos vocales formando en la pronunciación una sola sílaba.

diptongo *s. m.* Conjunto de dos vocales diferentes que forman una sola sílaba y, en especial, la combinación monosilábica formada dentro de una misma palabra por una de las vocales abiertas "a", "e", "o", con una de las cerradas "i", "u".

diputación *s. f.* **1.** Conjunto de los diputados. **2.** Ejercicio del cargo de diputado.

diputado, da *s. m. y s. f.* **1.** Persona nombrada por un cuerpo para representarlo. **2.** Persona elegida por los electores como representante de una cámara legislativa.
diputar *v. tr.* Destinar, señalar o elegir una persona o cosa para algún uso o ministerio.
dique *s. m.* **1.** Muro hecho para contener las aguas. **2.** Cavidad revestida de fábrica en la orilla de una dársena, río, etc., con compuertas para llenarla o vaciarla, y donde se hacen entrar los buques para limpiarlos y carenarlos.
dirección *s. f.* Camino o rumbo que un cuerpo sigue en su movimiento.
directivo, va *adj.* Se dice de lo que tiene facultad y virtud de dirigir.
directo, ta *adj.* Derecho, en línea recta.
director, ra *adj.* Que dirige. También s. m. y s. f.
directriz *s. f.* Conjunto de instrucciones o normas generales encaminadas a lograr la eficacia máxima en la marcha de un proceso, generalmente de tipo económico, industrial o político.
dirigir *v. tr.* **1.** Llevar rectamente una cosa hacia un lugar señalado. **2.** Guiar, encaminar. También prnl. **3.** Gobernar una empresa.
dirimir *v. tr.* **1.** Deshacer, disolver, desunir. **2.** Ajustar, acabar una controversia.
disartría *s. f.* Dificultad para la articulación de las palabras observada en algunas enfermedades nerviosas.
discernimiento *s. m.* Facultad de discernir con el pensamiento.
discernir *v. tr.* Percibir la diferencia existente entre las cosas por un acto especial de los sentidos o de la inteligencia.
disciplina *s. f.* **1.** Doctrina, enseñanza. **2.** Asignatura. **3.** Modalidad deportiva. **4.** Conjunto de reglas para mantener el orden y la subordinación.
disciplinar *v. tr.* Instruir, enseñar a alguien su profesión, dándole lecciones.
disciplinario, ria *adj.* Se aplica al régimen que establece subordinación y arreglo y a la pena que se impone por vía de corrección.
discípulo, la *s. m. y s. f.* Persona que aprende una doctrina del maestro o que cursa en una escuela.
disco *s. m.* Cuerpo cilíndrico cuya base es muy grande respecto de su altura.
discóbolo *s. m.* Atleta que arroja el disco.
discoidal *adj.* A manera de disco.
díscolo, la *adj.* Travieso, indócil.
disconformidad *s. f.* Diferencia de unas cosas con otras en cuanto a su esencia, forma o fin.
discontinuo, nua *adj.* Interrumpido.
discordancia *s. f.* Contrariedad, diversidad, disconformidad.
discordar *v. intr.* Ser opuestas o desavenidas dos o más cosas.
discorde *adj.* **1.** Disconforme, opuesto. **2.** Disonante, falto de consonancia.
discordia *s. f.* Oposición, desavenencia de voluntades.
discoteca *s. f.* Sala destinada a escuchar y bailar música de discos.
discreción *s. f.* **1.** Sensatez para formar juicio y tacto para hablar u obrar. **2.** Don de expresarse con agudeza y oportunidad.
discrecional *adj.* Que se hace libre y prudencialmente.
discrepancia *s. f.* **1.** Diferencia que resulta de comparar dos cosas entre sí. **2.** Disentimiento personal en opiniones o conducta.
discrepar *v. intr.* Desdecir una cosa de otra, diferenciarse, ser desigual.
discreto, ta *adj.* **1.** Dotado de discreción. **2.** Que se compone de partes separadas.
discriminar *v. tr.* **1.** Separar, diferenciar. **2.** Dar trato de inferioridad a una persona o colectividad, generalmente por motivos raciales o políticos.
disculpa *s. f.* Razón que se da y causa que se alega para excusarse de una culpa.
disculpar *v. tr.* **1.** Dar razones o pruebas que descarguen de una culpa. También prnl. **2.** *fam.* No tomar en cuenta o perdonar las faltas que otro comete.
discurrir *v. intr.* **1.** Andar, caminar por diversos lugares. **2.** Reflexionar, razonar.
discursivo, va *adj.* Propio del discurso o del razonamiento.
discurso *s. m.* **1.** Facultad de discurrir. **2.** Razonamiento pronunciado en público a fin de convencer o mover el ánimo.
discusión *s. f.* Acción y efecto de discutir.
discutir *v. tr.* Examinar detalladamente una cuestión entre dos o más personas.
disecar *v. tr.* **1.** Dividir en partes una planta o animal muerto para su estudio. **2.** Preparar los animales muertos para que conserven la apariencia de vivos.

diseccionar *v. tr.* **1.** Disecar, dividir en partes. **2.** Hacer un análisis detallado de algo.
diseminar *v. tr.* Sembrar, esparcir. También prnl.
disensión *s. f.* **1.** Oposición de varias personas en sus opiniones o propósitos. **2.** *fig.* Contienda, riña.
disentería *s. f.* Enfermedad infecciosa que tiene por síntomas característicos la diarrea con pujos y alguna mezcla de sangre.
disentir *v. intr.* No ajustarse al parecer de otra persona, opinar de modo distinto.
diseñador, ra *s. m. y s. f.* Persona que diseña.
diseñar *v. tr.* Hacer un diseño.
diseño *s. m.* Traza, delineación de un edificio o de un objeto.
disertar *v. intr.* Razonar metódicamente sobre alguna materia.
disfagia *s. f.* Dificultad de tragar.
disfasia *s. m.* Falta de coordinación de las palabras causada por lesión cerebral.
disfavor *s. m.* **1.** Desaire o distanciamiento. **2.** Suspensión del favor.
disforme *adj.* Que carece de forma regular, proporción y medida en sus partes.
disfraz *s. m.* **1.** Artificio con que se desfigura una cosa. **2.** Vestido de máscara utilizado en fiestas y carnavales.
disfrazar *v. tr.* Desfigurar la forma natural o la apariencia de las personas o de las cosas, para que no sean conocidas.
disfrutar *v. tr.* Percibir, aprovechar los productos o ventajas de las cosas.
disfunción *s. f.* Trastorno de una función orgánica.
disgregar *v. tr.* Separar, desunir, apartar lo que está unido. También prnl.
disgustar *v. tr.* Causar disgusto o desazón. También prnl.
disgusto *s. m.* **1.** Desabrimiento causado por una comida o bebida. **2.** Pesadumbre, inquietud. **3.** Contienda o diferencia. **4.** Fastidio que causa una persona o cosa.
disidencia *s. f.* Grave desacuerdo de opiniones.
disidir *v. intr.* Separarse de la común doctrina, creencia, conducta o régimen político.
disimetría *s. f.* Defecto de simetría.
disimilitud *s. f.* Desemejanza.
disimular *v. tr.* **1.** Encubrir la intención o los sentimientos. **2.** Tolerar algo afectando ignorancia.
disimulo *s. m.* Arte con que se oculta lo que se siente, se sabe o se sospecha.
disipado, da *adj.* Entregado a diversiones.
disipar *v. tr.* **1.** Esparcir y desvanecerse una cosa por disgregración y dispersión de sus partes. También prnl. **2.** Desperdiciar, malgastar. ‖ *v. prnl.* **3.** Evaporarse.
dislalia *s. f.* Dificultad de articular las palabras.
dislocar *v. tr.* Sacar una cosa de su lugar. Se usa más como prnl.
disminución *s. f.* Merma de una cosa.
disminuir *v. tr.* Hacer menor la intensidad, extensión o número de una cosa. También intr.
disnea *s. f.* Dificultad de respirar.
disociar *v. tr.* Separar una cosa de otra a que estaba unida.
disolución *s. f.* **1.** Unión de un sólido, líquido o gas con un disolvente líquido, formando un todo homogéneo. **2.** *fig.* Relajación de vida y costumbres.
disoluto, ta *adj.* Licencioso, entregado a los vicios.
disolver *v. tr.* **1.** Separar o desunir lo que estaba unido. También prnl. **2.** *fig.* Deshacer, destruir, aniquilar. También prnl.
disonancia *s. f.* Sonido desagradable.
disonar *v. intr.* **1.** Sonar desapaciblemente. **2.** *fig.* Discrepar, carecer de conformidad y correspondencia algunas cosas que debieran poseerla.
dispar *adj.* Desigual, diferente.
disparador *s. m.* Pieza que sujeta la llave del fusil y otras armas de fuego y sirve para dispararlas.
disparar *v. tr.* **1.** Hacer que un arma despida su proyectil. **2.** Lanzar una cosa con violencia. También prnl.
disparatado, da *adj.* Contrario a la razón.
disparatar *v. intr.* Decir o hacer una cosa fuera de razón y regla.
disparate *s. m.* Hecho o dicho disparatado.
disparidad *s. f.* Desemejanza, desigualdad.
disparo *s. m.* Acción y efecto de disparar.
dispendio *s. m.* Gasto excesivo.
dispensa *s. f.* Privilegio, excepción de lo dispuesto por las leyes o normas generales.
dispensar *v. tr.* **1.** Dar, conceder. **2.** Eximir de una obligación. También prnl.
dispensario *s. m.* Establecimiento donde los enfermos, sin estar alojados en él, reciben asistencia médica y farmacéutica.

dispepsia *s. f.* Digestión laboriosa e imperfecta que tiene carácter crónico.
dispersar *v. tr.* **1.** Separar y diseminar lo que estaba o debía estar reunido. También prnl. **2.** Desbaratar al enemigo.
displicencia *s. f.* **1.** Desagrado e indiferencia en el trato. **2.** Desaliento en la ejecución de un hecho.
displicente *adj.* Se dice de lo que desplace, desagrada y disgusta.
disponer *v. tr.* **1.** Colocar, poner en orden y situación conveniente. También prnl. **2.** Deliberar, mandar lo que se ha de hacer. **3.** Preparar, prevenir. También prnl.
disponible *adj.* Se dice de todo aquello de que se puede disponer libremente.
disposición *s. f.* **1.** Aptitud, proporción para algún fin. **2.** Deliberación, mandato. **3.** Distribución de todas las partes del edificio.
dispositivo *s. m.* Mecanismo preparado para obtener un resultado automático.
dispuesto, ta *adj.* Apuesto, gallardo.
disputa *s. f.* Acción y efecto de disputar.
disputar *v. tr.* **1.** Debatir, especialmente con calor y vehemencia. **2.** Porfiar y altercar. También intr.
disquisición *s. f.* Examen riguroso que se hace de alguna cosa.
distancia *s. f.* Intervalo de tiempo o espacio que media entre dos cosas o sucesos.
distanciar *v. tr.* Separar, poner a distancia.
distante *adj.* Apartado, remoto.
distar *v. intr.* Estar apartada una cosa de otra.
distender *v. tr.* **1.** Disminuir la tensión. **2.** Causar una tensión violenta en los tejidos, membranas, etc. También prnl.
distensión *s. f.* Acción y efecto de distender o distenderse.
dístico *s. m.* Composición poética que sólo consta de dos versos, con los que se expresa un concepto cabal.
distinción *s. f.* Diferencia en virtud de la cual una cosa no es otra o no es semejante a otra.
distingo *s. m.* Reparo, limitación que se pone con cierta meticulosidad.
distinguido, da *adj.* Ilustre, aventajado.
distinguir *v. tr.* Conocer la diferencia que hay entre unas cosas y otras.
distintivo *s. m.* Insignia, señal, marca.
distinto, ta *adj.* **1.** Que no es lo mismo. **2.** Inteligible, claro, sin confusión.
distorsión *s. f.* **1.** Torsión de una parte del cuerpo. **2.** Deformación de una imagen o de un suceso.
distorsionar *v. tr.* Causar distorsión.
distracción *s. f.* Cosa que atrae la atención apartándola de aquella que está fijada.
distraer *v. tr.* **1.** Divertir, entretener. También prnl. **2.** Apartar la atención de una persona del objeto que la aplicaba o que debía aplicarla. También prnl.
distraído, da *adj.* Se dice de la persona que, por distraerse con facilidad, habla u obra sin darse cuenta cabal de sus palabras o de lo que pasa a su alrededor. También s. m. y s. f.
distribución *s. f.* Acción y efecto de distribuir o distribuirse.
distribuir *v. tr.* **1.** Dividir una cosa entre varios, designando lo que a cada uno corresponde. **2.** Dar a cada cosa su oportuna colocación o el destino conveniente.
distrito *s. m.* Cada una de las demarcaciones en que se subdivide un territorio o población con un fin administrativo o jurídico.
disturbio *s. m.* Alteración, turbación de la paz y concordia.
disuadir *v. tr.* Inducir a alguien con razones a cambiar de dictamen o de propósito.
disuasivo, va *adj.* Que disuade o puede disuadir.
disyuntivo, va *adj.* Se dice de lo que tiene la cualidad de desunir o separar.
ditirambo *s. m.* **1.** Composición poética inspirada, en un arrebatado entusiasmo, por alguien o algo y escrita generalmente en variedad de metros. **2.** *fig.* Alabanza exagerada, encomio excesivo.
diuresis *s. f.* Secreción abundante de orina.
diurético, ca *adj.* Se dice de lo que tiene virtud de aumentar la secreción y excreción de la orina.
diurno, na *adj.* Perteneciente al día.
divagar *v. intr.* **1.** Vagar, andar a la ventura. **2.** Separarse del asunto de que se trata.
diván *s. m.* Banco con brazos o sin ellos, generalmente sin respaldo y con almohadones sueltos.
divergencia *s. f., fig.* Diversidad de opiniones o pareceres.
divergir *v. intr., fig.* Discrepar, discordar.
diversidad *s. f.* Variedad, desemejanza.
diversificar *v. tr.* Hacer diversa una cosa de otra, variar. También prnl.
diversión *s. f.* Recreo, pasatiempo.

diverso, sa *adj.* De distinta naturaleza, especie, número, figura, etc.

divertido, da *adj.* Alegre, de buen humor.

divertir *v. tr.* **1.** Apartar, desviar. También prnl. **2.** Entretener, recrear. También prnl.

dividendo *s. m.* Cantidad que ha de dividirse por otra.

dividir *v. tr.* **1.** Partir, separar en partes. También prnl. **2.** Distribuir. **3.** Desunir las ánimos y voluntades, introduciendo discordias.

divieso *s. m.* Inflamación local dolorosa que se forma en la piel.

divinidad *s. f.* Naturaleza divina y esencia del ser de Dios en cuanto Dios.

divinizar *v. tr.* Hacer o suponer divina a una cosa o tributarle honores divinos.

divino, na *adj.* Muy excelente, extraordinariamente primoroso.

divisa *s. f.* **1.** Señal exterior para distinguir personas, grados u otra cosa. **2.** Lazo de cintas con que se distinguen los toros de cada ganadero. **3.** Moneda mercantil de cualquier país extranjero.

divisar *v. tr.* Ver, aunque confusamente.

divisible *adj.* Se aplica a la cantidad entera que puede dividirse exactamente por otra entera.

división *s. f.* **1.** Acción y efecto de dividir, separar o repartir. **2.** Operación de dividir.

divisor *s. m.* Cantidad por la que ha de dividirse otra.

divo, va *adj.* **1.** *poét.* Divino. **2.** Se dice del artista famoso y, especialmente, del cantante de ópera.

divorciar *v. tr.* **1.** Disolver la autoridad competente un matrimonio. También prnl. **2.** *fig.* Separar dos personas o cosas.

divorcio *s. m.* Acción y efecto de divorciar o divorciarse.

divulgación *s. f.* Acción y efecto de divulgar o divulgarse.

divulgar *v. tr.* Publicar, poner al alcance del público una cosa. También prnl.

diyambo *s. m.* Pie de la poesía griega y latina compuesto de dos yambos.

dizque *s. m.* Dicho, murmuración, reparo.

do *s. m.* Primera voz de la escala musical que en el sistema moderno ha sustituido al "ut".

dobladillo *s. m.* Pliegue que como remate se hace en el borde de una tela.

doblar *v. tr.* Aumentar una cosa, echándole otro tanto más de lo que era o tener el doble que otro.

doble *adj. num.* Duplo.

doblegar *v. tr.* Doblar o torcer encorvando. También prnl.

doblete *adj.* Entre doble y sencillo.

doblez *s. m.* **1.** Parte que se dobla o pliega en una cosa. **2.** *fig.* Astucia con que alguien obra dando a entender lo contrario de lo que piensa.

doblón *s. m.* Moneda antigua de oro, con diferente valor según las épocas.

doce *adj. num.* Diez y dos.

doceavo, va *adj. num.* Se dice de cada una de las 12 partes en que se divide un todo.

docena *s. f.* Conjunto de doce cosas.

docente *adj.* Que enseña.

dócil *adj.* **1.** Suave, apacible. **2.** Obediente.

docto, ta *adj.* Que posee muchos conocimientos.

doctor, ra *s. m. y s. f.* Persona que adquiere el último grado académico que confiere una universidad.

doctorado *s. m.* Estudios necesarios para obtener el grado de doctor.

doctorar *v. tr.* Graduar de doctor a alguien en una universidad. También prnl.

doctrina *s. f.* **1.** Enseñanza que se da para instrucción de alguien. **2.** Ciencia o sabiduría.

doctrinar *v. tr.* Adoctrinar.

documental *adj.* Se dice de la película cinematográfica o programa televisivo de carácter informativo.

documentalista *s. m. y s. f.* Persona que se ocupa de elaborar y recopilar toda la información posible sobre determinada materia.

documentar *v. tr.* Probar, justificar algo con documentos.

documento *s. m.* Instrucción que se da a alguien en cualquier materia.

dodecaedro *s. m.* Sólido de 12 caras.

dodecágono, na *adj.* Se aplica al polígono de 12 ángulos y 12 lados.

dogal *s. m.* Cuerda de la que se forma un lazo para atar por el cuello a las caballerías.

dogma *s. m.* Proposición que se asienta como cierta y como principio innegable de la ciencia.

dogmatismo *s. m.* Doctrina que afirma la posibilidad y la validez del conocimiento humano.

dogmatizar *v. tr.* Afirmar con presunción, como innegables, principios sujetos a examen y contradicción.

dolencia *s. f.* Indisposición, achaque.

doler *v. intr.* Padecer dolor una parte del cuerpo.
dolido, da *adj.* Quejoso, sentido, herido en sentido moral.
dolmen *s. m.* Monumento megalítico en forma de mesa, compuesto por una o más lajas colocadas de plano sobre dos o más piedras verticales.
dolo *s. m.* Engaño, fraude, simulación.
dolomía *s. f.* Roca formada por el carbonato doble de cal y magnesio.
dolor *s. m.* **1.** Sensación molesta y aflictiva de una parte del cuerpo causada por lesiones o enfermedad. **2.** Sentimiento, pena que se padece en el ánimo.
dolora *s. f.* Breve composición poética de carácter dramático.
dolorido, da *adj.* **1.** Que padece o siente dolor. **2.** Apenado, afligido.
doloroso, sa *adj.* Lamentable, lastimoso.
doloso, sa *adj.* Engañoso, fraudulento.
doma *s. f.* Acción y efecto de domar.
domador, ra *s. m. y s. f.* Que exhibe y maneja fieras domadas.
domar *v. tr.* **1.** Amansar y hacer dócil al animal. **2.** *fig.* Sujetar, reprimir.
domeñar *v. tr.* Someter, sujetar, rendir.
domesticar *v. tr.* Acostumbrar a la compañía de las personas a un animal salvaje.
doméstico, ca *adj.* Se dice del animal que se cría en la compañía de las personas.
domiciliar *v. tr.* Dar domicilio.
domicilio *s. m.* Morada fija y permanente de una persona.
dominación *s. f.* Imperio que tiene sobre un territorio la persona que ejerce soberanía.
dominante *adj.* Se aplica a la persona que quiere avasallar a otras.
dominar *v. tr.* Tener dominio sobre personas o cosas.
dómine *s. m., fam.* Maestro o preceptor de gramática latina
domingo *s. m.* Día de la semana comprendido entre el sábado y el lunes.
dominical *v. tr.* **1.** Perteneciente al domingo. **2.** Relativo al derecho de dominio sobre las cosas.
dominico, ca *adj.* Se dice del religioso o religiosa de la orden de Santo Domingo.
dominio *s. m.* **1.** Poder que alguien tiene de usar y disponer de lo suyo libremente. **2.** Superioridad legítima sobre las personas.
dominó *s. m.* Juego que se hace con 28 fichas rectangulares, blancas por la cara y negras por el envés, con aquélla dividida en dos cuadrados, cada uno de los cuales lleva marcados de uno a seis puntos o no lleva ninguno.
don[1] *s. m.* Dádiva, presente o regalo.
don[2] *s. m.* Tratamiento de respeto que se antepone a los nombres de pila masculinos.
donación *s. f.* Liberalidad de una persona que transmite gratuitamente una cosa que le pertenece a favor de otra que la acepta.
donaire *s. m.* Gracia en lo que se dice.
donante *s. m. y s. f.* Persona que voluntariamente da sangre para una transfusión o un órgano para un trasplante.
donar *v. tr.* Traspasar alguien gratuitamente a otra persona algo que posee.
donativo *s. m.* Dádiva, regalo, cesión.
doncel *s. m.* Joven noble que aún no estaba armado caballero.
doncella *s. f.* **1.** Mujer que no ha mantenido relaciones sexuales. **2.** Criada que se ocupa de las tareas domésticas ajenas a la cocina.
donde *adv. rel.* Con antecedente y sin preposición, equivale a en qué lugar, o en el lugar en que; precedido de antecedente y preposición, equivale al simple pronombre que, el que, lo que, etc.
dondequiera *adv. l.* En cualquier parte.
donjuán *s. m., fam.* Hombre seductor, mujeriego.
donosidad *s. f.* Gracia, chiste, gracejo.
donoso, sa *adj.* Que tiene donaire y gracia.
donosura *s. f.* Donaire, gracia.
doña *s. f.* Tratamiento de respeto que se antepone a los nombres de pila femeninos.
dopar *v. tr.* Usar un deportista sustancias estimulantes que potencien su rendimiento físico.
dorada *s. f.* Pez marino acantopterigio comestible, de color negro azulado y con una mancha dorada entre los ojos.
dorado, da *adj.* De color de oro o semejante a él.
dorar *v. tr.* Cubrir con oro la superficie de una cosa.
dórico *s. m.* Orden arquitectónico de la Antigua Grecia.
dormidera *v. tr.* Adormidera, planta procedente de Oriente de cuyo zumo se extrae el opio.
dormilón, na *adj.* Que duerme mucho.
dormilona *s. f.* Butaca para dormir la siesta.

dormir *v. intr.* Estar en aquel reposo que consiste en la inacción o suspensión de los sentidos y de todo movimiento voluntario.

dormitar *v. intr.* Estar medio dormido.

dormitorio *s. m.* Pieza de la casa destinada para dormir en ella.

dornajo *s. m.* Artesa pequeña y redonda.

dorsal *adj.* **1.** Perteneciente o relativo al dorso, espalda o lomo. **2.** *fig.* Número que llevan grabado en la camiseta ciertos deportistas.

dorso *s. m.* Revés o espalda de una cosa.

dos *adj. num.* Uno y uno.

doscientos, tas *adj. num.* Dos veces ciento.

dosel *s. m.* Mueble de adorno que cubre o resguarda un altar, cama, trono, etc.

doselete *s. m.* Miembro arquitectónico voladizo, que a manera de dosel se coloca sobre las estatuas, sepulcros, etc.

dosificar *v. tr.* Dividir o graduar las dosis de un medicamento.

dosis *s. f.* Toma de medicina que se da al enfermo cada vez.

dotación *s. f.* **1.** Aquello con que se dota. **2.** Conjunto de personas que tripulan un buque de guerra.

dotar *v. tr.* **1.** Constituir dote a la mujer que va a contraer matrimonio o a profesar en una orden religiosa. **2.** Dar bienes para un centro benéfico. **3.** Conceder la naturaleza a alguien determinadas cualidades.

dote *s. amb.* Bienes que lleva la mujer cuando contrae matrimonio.

dovela *s. f.* Piedra labrada en figura de cuña para formar arcos, bóvedas, etc.

dracma *s. m.* **1.** Moneda de plata de los griegos y de los romanos. **2.** Octava parte de una onza.

draga *s. f.* Máquina para limpiar los puertos de mar, los ríos, etc., extrayendo de ellos fango, piedras, arena, etc.

dragaminas *s. m.* Buque destinado a limpiar de minas los mares.

dragar *v. tr.* Excavar el fondo y limpiar con draga los puertos de mar, los ríos, etc.

drago *s. m.* Árbol de la familia de las liliáceas, originario de Canarias, del que se obtiene la resina llamada sangre de drago, que se usa en medicina.

dragón *s. m.* Animal fabuloso, especie de serpiente gigante con pies y alas, que arroja fuego por la boca.

dragontea *s. f.* Planta herbácea vivaz, arácea, cultivada en jardines.

drama *s. m.* Obra de teatro, entre la tragedia y la comedia.

dramático, ca *adj.* **1.** Propio, característico del drama. **2.** *fig.* Teatral, fingido.

dramatizar *v. tr.* **1.** Dar forma y condiciones dramáticas. **2.** Exagerar el interés o la importancia de un asunto.

dramaturgo, ga *s. m. y s. f.* Autor de obras dramáticas.

drapear *v. tr.* Formar pliegues en una prenda. También prnl.

drástico, ca *adj., fig.* Tajante, enérgico, contundente.

drenaje *s. m.* Procedimiento empleado para la eliminación de líquidos de una herida.

drenar *v. tr.* Eliminar el exceso de agua de una zona.

dríade *s. f.* Ninfa de los bosques y de los árboles, cuya vida duraba lo que la del árbol a que se suponía unida.

dril *s. m.* Tela fuerte de hilo o de algodón crudos.

driza *s. f.* Cuerda o cabo con que se izan y arrían las vergas, velas, banderas, etc.

droga *s. f.* Nombre genérico de ciertas sustancias usadas en química, industria, medicina, etc.

drogadicto, ta *adj.* Se dice de la persona que consume drogas habitualmente y que depende de ellas. También s. m. y s. f.

drogar *v. tr.* **1.** Administrar a personas o animales una droga. También prnl. || *v. prnl.* **2.** Consumir drogas.

drogodependencia *s. f.* Adicción a las drogas.

droguería *s. f.* **1.** Comercio de drogas. **2.** Tienda donde se venden drogas, especialmente pinturas y productos de limpieza.

dromedario *s. m.* Rumiante que se diferencia del camello por tener sólo una giba.

druida *s. m.* Sacerdote de los antiguos galos y britanos.

drupa *s. f.* Fruta de mesocarpio carnoso y endocarpio leñoso con una sola semilla.

drusa *s. f.* Conjunto de cristales que cubren la superficie de una piedra.

dual *adj.* Se dice de lo que consta de dos partes, aspectos, etc.

dualidad *s. f.* Condición de reunir dos caracteres distintos una misma persona o cosa.

duba *s. f.* Muro o cerca de tierra.

dubitación *s. f.* Duda.

dubitativo, va *adj.* Que implica o denota duda.

ducado *s. m.* **1.** Título o dignidad de duque. **2.** Lugar sobre el que recaía este título.

ducal *adj.* Perteneciente o relativo al duque.

ducha *s. f.* Chorro de agua que se hace caer sobre el cuerpo para limpieza o refresco.

duchar *v. tr.* Dar una ducha. También prnl.

ducho, cha *adj.* Experimentado, diestro.

dúctil *adj.* Se aplica a los metales que mecánicamente se pueden extender en alambres o hilos.

ductilidad *s. f.* Calidad de dúctil.

duda *s. f.* Indeterminación del ánimo entre dos juicios o dos decisiones, o bien acerca de un hecho o de una noticia.

dudar *v. intr.* **1.** Estar el ánimo entre resoluciones y juicios contradictorios. **2.** Desconfiar de algo o alguien.

dudoso, sa *adj.* **1.** Que ofrece o tiene duda. **2.** Que es poco probable, inseguro o eventual.

duela *s. f.* Cada una de las tablas que forman las paredes curvas de las pipas, cubas, etc.

duelo[1] *s. m.* Combate o pelea entre dos personas, precediendo desafío o reto.

duelo[2] *s. m.* Dolor, lástima, sentimiento.

duende *s. m.* Espíritu que, según algunas creencias populares, habita en las casas causando en ellas trastornos y estruendos.

dueño, ña *s. m. y s. f.* Persona que tiene dominio o señorío sobre alguien o algo.

duermevela *s. amb., fam.* **1.** Sueño ligero en que se halla la persona que está dormitando. **2.** Sueño fatigoso y frecuentemente interrumpido.

dula *s. f.* Cada una de las porciones de tierra que reciben por turno riego de una misma acequia.

dulcamara *s. f.* Planta sarmentosa medicinal, de la familia de las solanáceas, de tallo ramoso, hojas pecioladas, flores violáceas en ramilletes y bayas rojas.

dulce *adj.* **1.** Que causa cierta sensación agradable al paladar, como el azúcar. **2.** *fig.* Apacible, agradable.

dulcificar *v. tr.* Volver dulce una cosa.

dulzaina *s. f.* Instrumento musical de viento parecido a la chirimía, pero más corto.

dulzainero, ra *s. m. y s. f.* Persona que toca la dulzaina.

dulzor *s. m.* Dulzura.

dulzura *s. f.* **1.** Calidad de dulce. **2.** *fig.* Afabilidad, bondad, docilidad.

duna *s. f.* Colina de arena movediza que en los desiertos y en las playas forma el viento.

dúo *s. m.* Composición musical para dos voces o instrumentos.

duodeno *s. m.* Primera parte del intestino delgado de los mamíferos que está unida al estómago y termina en el yeyuno.

dúplex *adj.* Se dice de la vivienda construida en dos plantas comunicadas por una escalera interior.

duplicado *s. m.* Segundo documento o escrito que se expide del mismo tenor que el primero.

duplicar *v. tr.* Hacer doble una cosa.

dúplice *adj.* Doble.

duplicidad *s. f.* Doblez, falsedad.

duplo, pla *adj. num.* Doble, que contiene un número exactamente dos veces.

duque, sa *s. m. y s. f.* Título nobiliario inferior al de príncipe y superior al de conde y marqués.

duración *s. f.* Tiempo que dura algo.

duradero, ra *adj.* Que dura o puede durar mucho.

duramadre *s. f.* La más externa de las tres membranas que envuelven el encéfalo y la médula espinal de los batracios, reptiles, aves y mamíferos.

duramen *s. m.* Parte más seca y compacta del tronco de un árbol y de sus ramas más gruesas.

durante *prep.* Denota el período de tiempo en el que algo sucede.

durar *v. intr.* **1.** Continuar siendo, actuando, sirviendo. **2.** Subsistir, permanecer.

durazno *s. m.* Fruto del duraznero.

duraznero *s. m.* Árbol, variedad del melocotonero, cuyo fruto es más pequeño.

dureza *s. f.* **1.** Calidad de duro. **2.** Tumor o callosidad que se hace en los cuerpos a causa de algunos humores que se detienen o extravasan. **3.** Severidad, rigor.

duro, ra *adj.* **1.** Se dice del cuerpo que presenta resistencia a ser cortado, roto, deformado, etc. **2.** Fuerte, resistente. **2.** Muy severo. **3.** Terco y obstinado.

E

e[1] *s.f.* **1.** Sexta letra del abecedario español y segunda de las vocales. **2.** Signo de la proposición universal negativa.

e[2] *conj. cop.* Se usa en vez de "y" ante las palabras que empiezan por "i" o "hi".

¡ea! *interj.* que se emplea para denotar alguna resolución de la voluntad, o para animar, estimular o excitar.

ebanista *s. m. y s. f.* Persona que tiene por oficio trabajar en ébano o en madera fina.

ebanistería *s. f.* **1.** Taller de ebanista. **2.** Arte del ebanista.

ébano *s. m.* Árbol de tronco grueso y madera maciza, muy estimada en ebanistería.

ebonita *s. f.* Preparación de goma elástica, azufre y aceite de linaza, negra y dura.

eborario, ria *adj.* Relativo a la talla en marfil.

ebriedad *s. f.* Embriaguez.

ebrio, bria *adj.* **1.** Embriagado. También s. m. y s. f. **2.** Arrebatado por una pasión.

ebullición *s. f.* Hervor.

ebullómetro *s. m.* Aparato para medir la temperatura a la que hierve un cuerpo.

ebulloscopio *s. m.* Ebullómetro.

ebúrneo, a *adj.* De marfil, o parecido a él.

ecarté *s. m.* Cierto juego de naipes.

eccehomo *s. m.* **1.** Imagen de Jesucristo como le presentó Pilatos al pueblo. **2.** *fig.* Persona de lastimoso aspecto.

eccema *s. m.* Afección de la piel, caracterizada por vejiguillas rojizas.

eccoprótico *s. m.* Purgante suave.

echar *v. tr.* **1.** Arrojar. **2.** Hacer salir. **3.** Deponer a alguien de su empleo. ‖ *v. prnl.* **4.** Arrojarse. **5.** Tenderse.

echarpe *s. f.* Chal angosto y largo que visten sobre los hombros las mujeres.

eclampsia *s. f.* Enfermedad de carácter convulsivo, que suelen padecer los niños y las recién paridas, caracterizada por accesos epilépticos.

eclecticismo *s. m.* Modo de obrar o juzgar adoptando soluciones intermedias.

ecléctico, ca *adj.* Perteneciente o relativo al eclecticismo.

eclesial *adj.* Perteneciente a la Iglesia.

Eclesiastés *n. p.* Libro canónico del Antiguo Testamento, escrito por Salomón.

eclesiástico *s. m.* Clérigo, sacerdote.

eclímetro *s. m.* Instrumento con que se mide la inclinación de las pendientes.

eclipsar *v. tr.* **1.** Causar un astro el eclipse de otro. **2.** *fig.* Oscurecer, deslucir. También prnl. ‖ *v. prnl.* **3.** *fig.* Evadirse.

eclipse *s. m.* **1.** Ocultación transitoria de un astro. **2.** Desaparición transitoria.

eclisa *s. f.* Plancha metálica que une dos rieles seguidos de una vía férrea.

eclógico, ca *adj., poét.* Perteneciente o relativo a la égloga.

eclosión *s. f.* **1.** Apertura de una flor. **2.** Manifestación repentina de un movimiento histórico, social, etc. **3.** Apertura del ovario para dar salida al óvulo.

eco *s. m.* **1.** Repetición de un sonido reflejado por un cuerpo duro. **2.** Sonido que se percibe débil y confusamente.

ecografía *s. f.* Técnica de exploración de los órganos internos.

ecoico, ca *adj.* Perteneciente al eco.

ecolalia *s. f.* Perturbación del lenguaje que consiste en repetir el enfermo involuntariamente una palabra o frase que acaba de pronunciar él mismo u otra persona en su presencia.

ecolocación *s. f.* Sistema que permite medir la distancia a la que se encuentra un objeto por el tiempo que pasa entre la emisión de una onda acústica y la recepción de la onda reflejada en dicho objeto.

ecología *s. f.* Parte de la biología que estudia las relaciones existentes entre los organismos y el medio en que viven.

ecologismo *s. m.* Filosofía y movimiento sociopolítico que propugna la conservación del medio ambiente.

econdrosis *s. f.* Denominación de ciertas prominencias óseas que se forman al nivel de las articulaciones.

economato *s. m.* Almacén de artículos.

economía *s. f.* **1.** Administración recta y prudente de los bienes. **2.** Riqueza pública, conjunto de ejercicios y de intereses económicos.

económico, ca *adj.* **1.** Poco costoso, que cuesta poco. **2.** Muy detenido en gastar.

economista *adj.* Se dice de la persona que está versada en economía política. También s. m. y s. f.

economizar *v. tr.* **1.** Ahorrar para el futuro. **2.** *fig.* Evitar un trabajo, riesgo, etc.
ecónomo *adj.* **1.** Se dice del cura que hace las veces del párroco. ‖ *s. m.* **2.** Administrador.
ecosistema *s. m.* Comunidad de seres vivos en equilibrio de producción de unos en favor de otros y su ambiente físico.
ectasia *s. f.* Dilatación de un órgano hueco.
ectima *s. f.* Enfermedad cutánea.
ectodermo *s. m.* Hoja externa del blastodermo.
ectoparásito *s. m.* Parásito que vive en la superficie de otro organismo, animal o vegetal, con el que sólo se pone en contacto cuando absorbe de él los jugos de que se alimenta; como el piojo.
ectopia *s. f.* Anomalía de situación de un órgano o aparato.
ectoplasma *s. f.* Supuesta emanación material de un médium, con la que se dice que se forman apariencias de fragmentos orgánicos, seres vivos o cosas.
ectropión *s. m.* Inversión permanente y anormal del párpado inferior hacia fuera.
ecu *s. m.* Unidad de moneda europea.
ecuación *s. f.* Igualdad que contiene una o mas incógnitas.
ecuador *s. m.* Círculo máximo de la esfera celeste, perpendicular al eje de la Tierra.
ecualizador *s. m.* Dispositivo que se ocupa de ecualizar el sonido.
ecualizar *v. tr.* Ajustar mediante un circuito electrónico las frecuencias de reproducción de un sonido.
ecuánime *adj.* Que tiene ecuanimidad.
ecuanimidad *s. f.* **1.** Igualdad y constancia de ánimo. **2.** Imparcialidad del juicio.
ecuatorial *adj.* Perteneciente o relativo al ecuador.
ecuestre *adj.* **1.** Perteneciente al caballo. **2.** Se dice de la figura puesta a caballo.
ecúmene *s. f.* Comunidad humana que habita una zona extensa de la Tierra.
ecuménico, ca *adj.* Universal, que se extiende a todo el mundo.
ecúmeno *s. m.* Porción de la Tierra apta para la vida humana.
ecuóreo, a *adj.* Perteneciente al mar.
eczema *s. f.* Eccema.
edad *s. f.* **1.** Tiempo que una persona ha vivido a contar desde que nació. **2.** Duración de las cosas. **3.** Período histórico.
edáfico, ca *adj.* Perteneciente o relativo al suelo, especialmente en lo que respecta a la vida de las plantas.
edafología *s. f.* Ciencia que trata de la naturaleza y condiciones del suelo, en su relación con las plantas.
edecán *s. m.* **1.** Ayudante de campo. **2.** *fig.* y *fam.* Auxiliar, acompañante.
edelweis *s. m.* Planta de hojas lanosas y blancas que crece en alta montaña.
edema *s. m.* Hinchazón blanda de una parte del cuerpo.
edén *s. m.* **1.** Paraíso terrestre. **2.** *fig.* Lugar muy ameno y delicioso.
edénico, ca *adj.* Perteneciente o relativo al edén.
edición *s. f.* **1.** Impresión de una obra para su publicación. **2.** Conjunto de ejemplares de una obra impreso de una sola vez.
edicto *s. m.* Decreto publicado con autoridad del príncipe o del magistrado.
edículo *s. m.* Templete que sirve de tabernáculo, relicario, etc.
edificación *s.m.* Construcción.
edificar *v. tr.* **1.** Construir un edificio o mandarlo hacer. **2.** *fig.* Infundir en otros sentimientos de piedad y virtud.
edificio *s. m.* Obra o fábrica construida como casa, templo, teatro, etc.
edil, la *s. m.* y *s. f.* Concejal, miembro de un ayuntamiento.
editar *v. tr.* Publicar, por medio de la imprenta u otro medio de reproducción gráfica, una obra, periódico, mapa, etc.
editor, ra *s. m.* y *s. f.* Persona que saca a la luz pública una obra, a través de la imprenta o de otro arte gráfico.
editorial *s. m.* **1.** Artículo de fondo no firmado. ‖ *s. f.* **2.** Empresa editora.
edrar *v. tr.* Binar, dar la segunda cava a las viñas.
edredón *s. m.* **1.** Plumón de ciertas aves. **2.** Relleno que se emplea como cobertor.
educación *s. f.* **1.** Crianza, enseñanza y doctrina que se da a un individuo. **2.** Cortesía, urbanidad.
educado, da *adj.* Que tiene buena educación o urbanidad.
educador, ra *s. m.* y *s. f.* Persona que educa.
educar *v. tr.* **1.** Encaminar, doctrinar. **2.** Desarrollar o perfeccionar las facultades intelectuales y

morales de un individuo. **3.** Enseñar urbanidad y cortesía.

educativo, va *adj.* Se dice de lo que educa o sirve para educar.

educción *s. f.* Acción y efecto de educir.

educir *v. tr.* Sacar una cosa de otra, deducir.

edulcorante *adj.* Sustancia que edulcora los alimentos o medicamentos.

edulcorar *v. tr.* Endulzar una sustancia de sabor desagradable o insípido.

efabilidad *s. f.* Arte o facultad de expresar debidamente lo que se quiere.

efable *adj.* Se dice de lo que puede decirse o manifestarse con palabras.

efebo *s. m.* Mancebo, adolescente.

efectismo *s. m.* Afán de producir ante todo gran efecto en el público.

efectividad *s. f.* Calidad de efectivo.

efectivo, va *adj.* **1.** Real y verdadero. **2.** Dinero contante. ‖ *s. m. pl.* **3.** Grupo de militares que se hallan bajo un solo mando.

efecto *s. m.* **1.** Lo que se sigue por virtud de una causa. **2.** Impresión. ‖ *s. m. pl.* **3.** Bienes muebles, enseres.

efectuar *v. tr.* **1.** Poner por obra, ejecutar una cosa. ‖ *v. prnl.* **2.** Cumplirse, hacerse efectiva una cosa.

efélide *s. f.* Peca causada por el sol y el aire.

efémera *adj.* Se dice de la fiebre que dura por lo común un día natural. También s. f.

efeméride *s. f.* Acontecimiento notable que se recuerda en su aniversario.

efemérides *s. f. pl.* Libro o comentario en que se refieren los hechos de cada día.

efémero *s. m.* Lirio hediondo.

efendi *s. m.* Título honorífico usado entre los turcos.

eferente *adj.* Se dice de los vasos y otros conductos orgánicos.

efervescencia *s. f.* **1.** Desprendimiento de burbujas gaseosas a través de un líquido. **2.** *fig.* Agitación, entusiasmo.

efervescente *adj.* Que está o puede estar en efervescencia.

éfeta *s. m.* Cada uno de varios jueces que hubo antiguamente en Atenas.

eficacia *s. f.* **1.** Capacidad y fuerza para obrar. **2.** Actividad y poder para obrar.

eficaz *adj.* Activo, fervoroso, poderoso para obrar.

eficiencia *s. f.* Virtud y facultad para lograr un efecto determinado.

eficiente *adj.* Que tiene eficiencia.

efigie *s. f.* Imagen, representación de una persona real y verdadera.

efímero, ra *adj.* De corta duración.

eflorecerse *v. prnl.* Ponerse en eflorescencia un cuerpo.

eflorescencia *s. f.* **1.** Erupción aguda y rojiza. **2.** Conversión en polvo de algunas sales al perder agua de cristalización.

eflorescente *adj.* Se aplica a los cuerpos capaces de eflorecerse.

efluente *s. m.* Líquido procedente de una instalación industrial.

efluir *v. intr.* Fluir al exterior un líquido o gas.

efluvio *s. m.* **1.** Emisión de partículas sutilísimas. **2.** *fig.* Emanación en lo inmaterial.

efod *s. m.* Vestidura de lino fino, corta y sin mangas, que usaban los sacerdotes israelitas.

efugio *s. m.* Salida, recurso para sortear una dificultad.

efundir *v. tr.* **1.** Derramar, verter un líquido. **2.** Decir, contar una cosa.

efusión *s. f.* **1.** Derramamiento de un líquido. **2.** *fig.* Expansión de afectos del ánimo.

efusivo,va *adj.* Que siente o manifiesta efusión.

egida *s. f., fig.* Protección, defensa.

egílope *s. f.* Especie de avena.

egipán *s. m.* Ser fabuloso, mitad cabra, mitad hombre.

egiptología *s. f.* Estudio de las antigüedades de Egipto.

égloga *s. f.* Composición poética del género bucólico.

egocéntrico,ca *adj.* Perteneciente o relativo al egocentrismo. También s. m. y s. f.

egocentrismo *s. m.* Exagerada exaltación de la propia personalidad.

egoísmo *s. m.* Inmoderado, excesivo amor que alguien tiene a sí mismo.

egoísta *adj.* Que tiene egoísmo. También s. m. y s. f.

ególatra *adj.* Que profesa la egolatría. También s. m. y s. f.

egolatría *s. f.* Culto, adoración, amor excesivo de sí mismo.

egotismo *s. m.* Afán de hablar alguien de sí mismo.

egregio, gia *adj.* Insigne, ilustre.

egresión *s. f.* Título por el cual se traspasaba a una comunidad o particular algún derecho perteneciente a la Corona.

egreso *s. m.* Salida, partida de descargo.

¡eh! *interj.* que se emplea para preguntar, llamar, despreciar, reprender o advertir.

eidético, ca *adj.* Relativo a la esencia.

einstenio *s. m.* Elemento radiactivo artificial.

eje *s. m.* **1.** Varilla que atraviesa un cuerpo giratorio, sirviéndole de sostén. **2.** *fig.* Idea fundamental en un raciocinio, escrito, etc.; sostén principal de una empresa.

ejecución *s. f.* Acción y efecto de ejecutar.

ejecutar *v. tr.* **1.** Poner por obra algo. **2.** Ajusticiar. **3.** Desempeñar con arte y facilidad una cosa.

ejecutivo, va *s. m. y s. f.* **1.** Persona que desempeña un cargo directivo. || *s. f.* **2.** Junta directiva de una asociación.

ejecutoria *s. f.* **1.** Título en que consta la nobleza de una persona. **2.** *fig.* Sentencia que alcanzó la firmeza de cosa juzgada.

¡ejem! *interj.* con que se llama la atención o se deja en suspenso el discurso.

ejemplar *adj.* **1.** Que sirve de ejemplo || *s. m.* **2.** Original, prototipo. **3.** Cada uno de los escritos impresos, grabados, etc. **4.** Cada uno de los individuos de una especie o de un género.

ejemplaridad *s. f.* Calidad de ejemplar.

ejemplarizar *v. tr.* Dar ejemplo, edificar.

ejemplificar *v. tr.* Demostrar o autorizar con ejemplos.

ejemplo *s. m.* Hecho que se cita para que se siga haciendo o para que se evite.

ejercer *v. tr.* Practicar los actos propios de un oficio, facultad, etc. También intr.

ejercicio *s. m.* **1.** Tiempo durante el cual rige una ley de presupuestos. **2.** Trabajo que tiene por objeto la adquisición, desarrollo o conservación de una facultad.

ejercitar *v. tr.* **1.** Dedicarse al ejercicio de un arte o profesión. **2.** Hacer que alguien aprenda una cosa mediante la práctica.

ejército *s. m.* **1.** Gente de guerra unida. **2.** Conjunto de las fuerzas militares de un Estado. **3.** *fig.* Colectividad numerosa.

ejido *s. m.* Campo común de un pueblo, lindante con él, que no se labra.

el *art. det.* Forma masculina singular del artículo determinado.

él, ella, ello *pron. pers.* Formas del pronombre personal de tercera persona, género masculino, femenino y neutro, y número singular.

elaboración *s. f.* Acción y efecto de elaborar.

elaborar *v. tr.* Preparar un producto por medio de un trabajo adecuado.

elación *s. f.* Altivez, presunción, soberbia.

elanio *s. m.* Ave falconiforme de pequeño tamaño y plumaje claro.

elasticidad *s. f.* Una de las propiedades, que poseen los cuerpos, de volver a su forma primitiva después de que cesa la fuerza exterior que los había deformado.

elástico, ca *adj.* **1.** Se dice de los cuerpos por cuanto poseen la propiedad de la elasticidad, pero sobre todo de los que la poseen en grado notable. **2.** *fig.* Tejido que tiene elasticidad.

elastina *s. f.* Sustancia albuminoidea, amarilla y quebradiza, que existe en los tejidos conjuntivos óseo y cartilaginoso.

elato, ta *adj.* Altivo, presuntuoso, soberbio.

eléboro *s. m.* Género de plantas de la familia de las ranunculáceas.

elección *s. f.* **1.** Nombramiento hecho por votos. **2.** Libertad para obrar. || *s. f. pl.* **3.** Votación para elegir cargos públicos.

electo *s. m.* El elegido para un empleo.

elector, ra *adj.* Que elige o tiene potestad para hacerlo. También s. m. y s. f.

electoral *adj.* Relativo a electores o elecciones.

electricidad *s. f.* Agente que se manifiesta por atracciones y repulsiones, por chispas, etc. Se desarrolla por frotamiento, presión, calor, acción química, etc.

electricista *adj.* Perito en aplicaciones científicas y mecánicas de la electricidad. También s. m. y s. f.

eléctrico, ca *adj.* Que tiene o comunica electricidad.

electrificar *v. tr.* Sustituir otra fuerza motriz por la electricidad.

electrizar *v. tr.* Comunicar o producir la electricidad en un cuerpo. También prnl.

electro *s. m.* Abreviación de electrocardiograma.

electrocardiógrafo *s. m.* Aparato que registra las corrientes emanadas del músculo cardíaco.

electrocardiograma *s. f.* Gráfico obtenido por el electrocardiógrafo.

electrocutar *v. tr.* Matar por medio de la electricidad.

electrochoque *s. m.* Tratamiento de una perturbación mental, mediante la aplicación de una descarga eléctrica.
electrodo *s. m.* Barra o lámina que forma cada uno de los polos en un electrólito.
electrodoméstico, ca *adj.* Se aplica a los artefactos de empleo casero, accionados por electricidad. También s. m. pl.
electróforo *s. m.* Aparato compuesto de una torta resinosa que se electriza frotándola con una piel de gato y encima se coloca un disco metálico con mango de cristal, donde se recoge y conserva el fluido eléctrico.
electrógeno *s. m.* Generador eléctrico.
electroimán *s. m.* Pieza de hierro dulce imantada por una corriente eléctrica.
electrólisis *s. f.* Descomposición de un cuerpo producida por la electricidad.
electrolito *s. m.* Cuerpo que se somete a la descomposición por la electricidad.
electrolizar *v. tr.* Descomponer un cuerpo, por medio de la electricidad.
electrología *s. f.* Ciencia que estudia los fenómenos de la electricidad y sus leyes.
electromotor, ra *adj.* Se dice de todas las máquinas en que se transforma la energía eléctrica en trabajo mecánico. También s. m.
electromotriz *adj.* Se dice de la fuerza que origina el movimiento de la electricidad, producida por un generador.
electrón *s. m.* Elemento hipotético del átomo, cargado de electricidad negativa.
electrónica *s. f.* Rama de la física que estudia la estructura del átomo.
electroscopio *s. m.* Aparato para conocer si un cuerpo está electrizado.
electrotecnia *s. f.* Estudio de las aplicaciones técnicas de la electricidad.
electroterapia *s. f.* Empleo de la electricidad en el tratamiento de enfermedades.
electrotermia *s. f.* Producción de calor mediante la energía eléctrica.
electuario *s. m.* Preparación farmacéutica, de consistencia de miel.
elefancía *s. f.* Enfermedad consistente en el engrosamiento enorme de las extremidades inferiores y/o los órganos genitales externos, debida a la obstrucción de los capilares linfáticos. Es propia de los países tropicales.
elefanta *s. f.* Hembra del elefante.
elefante *s. m.* Mamífero de orejas grandes y colgantes, patas altas y fuertes, nariz muy prolongada en forma de trompa prensil y armado de dos incisivos largos. Se cría en Asia y África.
elefantiasis *s. f.* Elefancía.
elegancia *s. f.* Forma bella de expresar los pensamientos. Se usa más en pl.
elegante *adj.* Dotado de gracia, nobleza y sencillez; airoso, bien proporcionado, de buen gusto.
elegía *s. f.* Composición poética en que se lamenta un suceso digno de ser llorado.
elegíaco, ca *adj.* Lastimoso, triste.
elegir *v. tr.* **1.** Escoger a una persona o cosa para un fin. **2.** *fig.* Nombrar por elección para un cargo o dignidad.
elemental *adj.* **1.** *fig.* Fundamental, primordial. **2.** *fig.* Obvio, evidente.
elemento *s. m.* **1.** Cuerpo simple. **2.** El agua y el aire considerados como medio en que vive un ser. **3.** Cada una de las partes más simples de que consta una cosa. ‖ *s. m. pl.* **4.** Medios, recursos.
elemí *s. m.* Resina que se saca de ciertos árboles tropicales y se usa en la composición de barnices.
elenco *s. m.* **1.** Catálogo, índice. **2.** Nómina de una compañía de teatro o de circo.
elepé *s. m.* Disco de larga duración.
elevación *s. f.* Altura, encumbramiento.
elevalunas *s. m.* Dispositivo que, en los automóviles, sirve para subir o bajar los cristales de las ventanillas.
elevar *v. tr.* **1.** Levantar una cosa. También prnl. **2.** *fig.* Mejorar la condición social o política de alguien. También prnl.
elfo *s. m.* Genio de la mitología escandinava.
elidir *v. tr.* Frustrar, debilitar una cosa.
eliminación *s. f.* Acción y efecto de eliminar.
eliminar *v. tr.* Quitar, separar una cosa.
eliminatoria *s. f.* Prueba que tiene por finalidad la selección de los mejores atletas o equipos en vistas a una competición importante.
elipse *s. f.* Curva cerrada, simétrica respecto de dos ejes perpendiculares entre sí.
elipsis *s. f.* Omisión de una o más palabras sin dañar el sentido de la oración.
elipsoide *s. m.* Sólido limitado en todos sentidos, cuyas secciones planas son todas elipses o círculos.

elíptico, ca *adj.* **1.** Perteneciente a la elipse. **2.** Perteneciente a la elipsis.
elisión *s. f.* Acción y efecto de elidir.
elite *s. f.* Minoría selecta o rectora.
élitro *s. m.* Cada una de las dos piezas córneas que cubren las alas de coleópteros y ortópteros.
elixir *s. m.* **1.** Licor compuesto de sustancias medicinales. **2.** Remedio maravilloso.
elocución *s. f.* Modo de elegir y distribuir las palabras e ideas en un discurso.
elocuencia *s. f.* Facultad de hablar o escribir de modo eficaz para deleitar.
elocuente *adj.* Se dice de la persona que habla o escribe con elocuencia o de aquello que la tiene.
elogiar *v. tr.* Hacer elogios.
elogio *s. m.* Alabanza de las buenas prendas y méritos de una persona o cosa.
elongación *s. f.* Alargamiento accidental de un miembro o de un nervio.
elucidación *s. f.* Declaración, explicación.
elucidar *v. tr.* Poner en claro, dilucidar.
elucidario *s. m.* Libro que esclarece o explica cosas difíciles de entender.
eluctable *adj.* Que se puede vencer luchando.
elucubrar *v. tr.* Trabajar con aplicación en obras de ingenio.
eludir *v. tr.* **1.** Huir la dificultad o salir de ella. **2.** Hacer que algo no tenga efecto.
elusivo, va *adj.* Que elude.
emaciación *s. f.* Adelgazamiento morboso.
emanación *s. f.* Acción y efecto de emanar.
emanar *v. intr.* **1.** Proceder una cosa de otra. **2.** Desprenderse de los cuerpos las sustancias volátiles.
emancipación *s. f.* Acción y efecto de emancipar o emanciparse.
emancipar *v. tr.* Libertar de la tutela, de la servidumbre, etc. También prnl.
emasculación *s. f.* Castración, capadura.
emascular *v. tr.* Castrar.
embabiamiento *s. m., fam.* Embobamiento.
embachar *v. tr.* Meter el ganado lanar en el bache para esquilarlo.
embadurnar *v. tr.* Untar, manchar, pintarrajear. También prnl.
embaír *v. tr.* Embaucar.
embajada *s. f.* **1.** Mensaje para tratar un asunto importante. **2.** Conjunto de empleados que dependen del embajador.
embajador, ra *s. m. y s. f.* **1.** Agente diplomático con carácter de ministro público. **2.** *fig.* Emisario, mensajero.
embalaje *s. m.* Cubierta con que se resguardan los objetos.
embalar[1] *v. tr.* Colocar dentro de cubiertas.
embalar[2] *v. intr.* **1.** Hacer que adquiera gran velocidad un motor. También prnl. ‖ *v. prnl.* **2.** *fig.* Dejarse llevar por un afán, deseo, etc.
embaldosado *s. m.* Pavimento con baldosas.
embaldosar *v. tr.* Pavimentar con baldosas.
emballenar *v. tr.* Armar una cosa con barbas de ballena, principalmente prendas de vestir.
embalsadero *s. m.* Lugar donde se suelen recoger las aguas llovedizas, o las de los ríos cuando se salen de madre y se rebalsan.
embalsamar *v. tr.* **1.** Llenar de sustancias balsámicas los cadáveres, para evitar su putrefacción. **2.** Perfumar, aromatizar. También prnl.
embalsar *v. tr.* Recoger las aguas formando un estanque. Se usa más como prnl.
embalse *s. m.* Balsa artificial donde se acopian las aguas de un río o arroyo.
embalumar *v. tr.* Cargar u ocupar algo con cosas de mucho bulto y embarazosas.
embanderar *v. tr.* Adornar con banderas.
embarazada *adj.* Se dice de la mujer preñada. También s. f.
embarazar *v. tr.* **1.** Impedir, estorbar. **2.** Poner encinta a una mujer. También prnl. ‖ *v. prnl.* **3.** Hallarse impedido con cualquier embarazo.
embarazo *s. m.* **1.** Impedimento, dificultad. **2.** Período de gestación de la mujer.
embarbillar *v. tr.* Ensamblar en un madero la extremidad de otro inclinado.
embarcación *s. f.* **1.** Barco. **2.** Tiempo que dura la navegación.
embarcadero *s. m.* **1.** Lugar destinado para embarcar. **2.** Andén de ferrocarril.
embarcar *v. tr.* **1.** Dar ingreso a personas o mercancías en una embarcación o ferrocarril. También prnl. **2.** *fig.* Incluir a alguien en un negocio. También prnl.
embargar *v. tr.* **1.** Embarazar, impedir, detener. **2.** *fig.* Retener por mandamiento de juez competente.
embargo *s. m.* Retención de bienes por mandamiento de juez competente.
embarnecer *v. intr.* Engrosar, engordar.

embarque *s. m.* Acción de depositar mercancías o embarcarse personas en un barco o tren para ser transportadas.
embarrado *s. m.* Revoco de barro o tierra en paredes, muros y tapiales.
embarrancar *v. intr.* **1.** Varar el buque, encallándose en el fondo. También tr. **2.** Atascarse en un barranco o dificultad. También prnl.
embarrar *v. tr.* **1.** Untar o manchar con barro. También prnl. **2.** Embadurnar con cualquier sustancia viscosa.
embarrilar *v. tr.* Meter y guardar en barriles.
embarullar *v. tr.* Confundir, mezclar desordenadamente unas cosas con otras.
embasamiento *s. m.* Basa de un edificio.
embastar *v. tr.* **1.** Asegurar al bastidor la tela que se ha de bordar. **2.** Hilvanar.
embaste *s. m.* Costura de puntadas largas.
embastecer *v. intr.* **1.** Engrosar, engordar. ‖ *v. prnl.* **2.** Ponerse basto y tosco.
embate *s. m.* **1.** Golpe impetuoso del mar. **2.** Acometida impetuosa.
embaucar *v. tr.* Engañar, embelesar, alucinar, valiéndose de su experiencia.
embaular *v. tr.* Meter algo dentro de un baúl.
embausamiento *s. m.* Abstracción, suspensión.
embazadura *s. f.* Tintura de color pardo o bazo.
embazar *v. tr.* Teñir de color pardo o bazo.
embebecer *v. tr.* **1.** Entretener, divertir. ‖ *v. prnl.* **2.** Quedarse embelesado.
embeber *v. tr.* **1.** Absorber un cuerpo sólido a otro líquido. **2.** Encajar. ‖ *v. intr.* **3.** Encogerse la lana. ‖ *v. prnl.* **4.** *fig.* Instruirse alguien bien en una materia.
embelecar *v. tr.* Engañar con artificios y falsas apariencias.
embelesar *v. tr.* Suspender, cautivar los sentidos. También prnl.
embeleso *s. m.* Efecto de embelesar o embelesarse.
embellaquecerse *v. prnl.* Hacerse bellaco.
embellecedor *s. m.* Cada una de las molduras cromadas de los automóviles.
embellecer *v. tr.* Hacer o poner a una persona o cosa bella. También prnl.
embeodar *v. tr.* Emborrachar.
embermejecer *v. tr.* **1.** Teñir o dar de color bermejo. **2.** Poner colorado, avergonzar a alguien. También prnl.
emberrincharse *v. prnl., fam.* Enfadarse con demasía, tomar un berrinche.
embestida *s. f.* Acción y efecto de embestir.
embestir *v. tr.* **1.** Venir con ímpetu sobre una persona o cosa con intención hostil. ‖ *v. intr.* **2.** Arremeter, arrojarse.
embetunar *v. tr.* Cubrir con betún.
embijar *v. tr.* Pintar o teñir con bija o con bermellón. También prnl.
embizcar *v. intr.* Quedar bizco. También prnl.
emblandecer *v. tr.* Ablandar. También prnl.
emblanquecer *v. tr.* Blanquear. También prnl.
emblema *s. m.* Jeroglífico, símbolo o empresa con un lema que declara el concepto que encierra. También s. f.
embobamiento *s. m.* Suspensión, embeleso.
embobar *v. tr.* **1.** Embelesar. ‖ *v. prnl.* **2.** Quedarse alguien absorto y admirado.
embobecer *v. tr.* Volver bobo. También prnl.
embocadero *s. m.* Portillo o hueco hecho a manera de una boca o canal angosta.
embocadura *s. f.* **1.** Boquilla de un instrumento musical. **2.** Hablando de vinos, sabor. **3.** Lugar por donde los buques pueden entrar en los ríos desde el mar.
embocar *v. tr.* **1.** Meter por la boca. **2.** Entrar por una parte estrecha. **3.** Comenzar un empeño o negocio.
embodegar *v. tr.* Meter en la bodega algo.
embojar *v. tr.* Colocar ramas para que los gusanos de seda se suban a hilar los capullos.
embojo *s. m.* Conjunto de ramas, que se ponen a los gusanos de seda para que hilen.
embolado *s. m., fig.* Artificio engañoso.
embolar¹ *v. tr.* Poner bolas de madera en las puntas de los cuernos del toro.
embolar² *v. tr.* Dar betún al calzado.
embolia *s. f.* Enfermedad ocasionada por un coágulo que obstruye un vaso sanguíneo.
émbolo *s. m.* Disco que se mueve en el interior de un cuerpo de bomba o del cilindro de una máquina para comprimir un fluido o para recibir de él movimiento.
embolsar *v. tr.* **1.** Guardar una cosa en la bolsa. **2.** Cobrar.
embolso *s. m.* Acción y efecto de embolsar.
embonar *v. tr.* Mejorar o hacer buena una cosa.
emboque *s. m.* Paso de la bola por el arco o de otra cosa por una parte estrecha.

emboquillar *v. tr.* **1.** Poner boquillas a los cigarrillos. **2.** Preparar la entrada de una galería o de un túnel.

emborrachar *v. tr.* **1.** Causar embriaguez. **2.** Atontar. También prnl. ‖ *v. prnl.* **3.** Beber licor hasta perder el uso de razón.

emborrar *v. tr.* Llenar de borra una cosa.

emborrascar *v. tr.* **1.** Irritar, alterar. ‖ *v. prnl.* **2.** Hacerse el tiempo borrascoso.

emborronar *v. tr.* Echar borrones o hacer garabatos en un papel.

emboscada *s. f.* **1.** Ocultación de una o varias personas, para atacar por sorpresa. **2.** *fig.* Maquinación en daño de alguien.

emboscar *v. tr.* **1.** Ocultar tropa para sorprender al enemigo. También prnl. ‖ *v. prnl.* **2.** *fig.* Mantenerse a cubierto.

embosquecer *v. intr.* Hacerse bosque; convertirse en bosque un terreno.

embotamiento *s. m.* Acción y efecto de embotar.

embotar[1] *v. tr.* **1.** Engrosar los filos y puntas de las armas. También prnl. **2.** *fig.* Enervar, debilitar una cosa.

embotar[2] *v. tr.* Poner algo en un bote.

embotellamiento *s. m.* Congestión de vehículos.

embotellar *v. tr.* Echar el vino u otro líquido en botellas.

embozar *v. tr.* **1.** Cubrir el rostro con el embozo. También prnl. **2.** Poner bozal. **3.** Disfrazar. **4.** Obstruir un conducto.

embozo *s. m.* **1.** Parte de una prenda con que alguien se emboza. **2.** Doblez de la sábana por la parte que toca al rostro. **3.** *fig.* Recato artificioso.

embragar *v. tr.* Hacer que un eje participe del movimiento de otro, por medio de un mecanismo adecuado.

embrague *s. m.* Mecanismo dispuesto para que un eje participe o no, en el mecanismo de otro.

embravecer *v. tr.* Irritar, enfurecer. También prnl.

embrear *v. tr.* Untar con brea.

embregarse *v. prnl.* Meterse en bregas.

embreñarse *v. prnl.* Meterse entre breñas.

embriagar *v. tr.* **1.** Emborrachar. También prnl. **2.** *fig.* Atontar, perturbar, adormecer. También prnl.

embriaguez *s. f.* **1.** Turbación de las potencias por haber bebido excesivo vino u otro licor. **2.** *fig.* Enajenación del ánimo.

embridar *v. tr.* Poner la brida a las caballerías.

embriología *s. f.* Parte de la biología que trata de la formación y desarrollo del embrión en los animales y en las plantas.

embrión *s. m.* **1.** Germen de un ser orgánico, animal o vegetal, por reproducción sexual. **2.** *fig.* Principio amorfo de algo.

embrionario, ria *adj.* Perteneciente o relativo al embrión.

embroca *s. f.* Cataplasma.

embrocar *v. tr.* **1.** Devanar los hilos en la broca. **2.** Asegurar con brocas las suelas para hacer zapatos.

embrollar *v. tr.* Enredar, confundir las cosas. También prnl.

embrollo *s. m.* **1.** Enredo, confusión. **2.** Embuste, mentira. **3.** *fig.* Situación embarazosa de la que no se sabe cómo salir.

embromar *v. tr.* Meter broma y gresca.

embrujar *v. tr.* Hechizar.

embrujo *s. m.* Hechizo, embeleso.

embrutecer *v. tr.* Privar a alguien del uso de la razón. También prnl.

embuchado *s. m.* Tripa rellena con carne de puerco picada y aderezada.

embuchar *v. tr.* **1.** Embutir carne picada en una tripa de animal. **2.** Introducir comida en el buche de un ave. **3.** Colocar hojas impresas unas dentro de otras.

embudar *v. tr.* Poner el embudo en una vasija para echar dentro un líquido.

embudo *s. m.* **1.** Instrumento hueco en figura de cono y rematado en un canuto. **2.** Trampa, enredo. **3.** Agujero en forma de embudo.

embullar *v. intr.* Animar a alguien para que tome parte en una diversión bulliciosa.

embuste *s. m.* **1.** Mentira disfrazada con artificio. ‖ *s. m. pl.* **2.** Brujerías.

embustero, ra *adj.* Que dice embustes.

embutidera *s. f.* Tejo de hierro con un hueco en una de sus caras, donde entran las cabezas de los clavos cuando las remachan.

embutido *s. m.* Tripa rellena con carne de puerco picada y aderezada.

embutir *v. tr.* **1.** Hacer embutidos. **2.** Meter una cosa dentro de otra y apretarla. **3.** *fig. y fam.* Engullir. También prnl.

emenagogo *adj.* Se dice del remedio que provoca la regla de las mujeres. También s. m.

emergencia *s. f.* Ocurrencia, accidente que sobreviene.
emerger *v. intr.* Brotar, salir del agua u otro líquido.
emérito, ta *adj.* Se dice de la persona que se ha retirado de su empleo con haber pasivo.
emersión *s. f.* Salida de un astro que estaba eclipsado.
emético, ca *adj.* Que provoca vómito.
emetropía *s. f.* Visión regular del ojo.
emigración *s. f.* Conjunto de emigrantes.
emigrado, da *s. m. y s. f.* Persona que reside fuera de su patria por circunstancias políticas.
emigrante *s. m. y s. f.* Persona que por emigración se ha trasladado al país donde reside.
emigrar *v. intr.* **1.** Dejar una persona su país para establecerse en otro. **2.** Cambiar periódicamente de clima o localidad algunas especies animales.
emigratorio, ria *adj.* Perteneciente o relativo a la emigración.
eminencia *s. f.* **1.** Elevación del terreno. **2.** *fig.* Excelencia de ingenio u otra dote. **3.** *fig.* Título de honor de los cardenales.
eminente *adj.* Alto, elevado.
emir *s. m.* Príncipe o caudillo árabe.
emisario, ria *s. m. y s. f.* Mensajero.
emisión *s. f.* Acción y efecto de emitir.
emisor, ra *adj.* **1.** Que emite. También s. m. y s. f. ‖ *s. m.* **2.** Aparato productor de ondas electromagnéticas. ‖ *s. f.* **3.** Estación radioemisora.
emitir *v. tr.* **1.** Arrojar, exhalar. **2.** Poner en circulación monedas, etc. **3.** Manifestar, hacer público. **4.** Lanzar hondas hertzianas para transmitir señales, noticias, etc.
emoción *s. f.* Agitación del ánimo producida por ideas, recuerdos, sentimientos.
emocional *adj.* Que se deja llevar fácilmente de las emociones.
emocionar *v. tr.* Conmover el ánimo, causar emoción. También prnl.
emoliente *adj.* Se dice del medicamento que sirve para ablandar una dureza.
emolumento *s. m.* Gaje o utilidad que corresponde a un cargo o empleo.
emotividad *s. f.* Calidad de emotivo.
emotivo, va *adj.* Sensible a las emociones.
empacadora *s. f.* Máquina para empacar.
empacar *v. tr.* Empaquetar, encajonar.
empacarse *v. prnl.* **1.** Obstinarse. **2.** *fig.* Turbarse, cortarse e inhibirse.
empachar *v. tr.* **1.** Estorbar. También prnl. **2.** Causar indigestión. También prnl. ‖ *v. prnl.* **3.** Avergonzarse.
empacho *s. m.* **1.** Cortedad, turbación. **2.** Indigestión. **3.** Embarazo, estorbo.
empadrarse *v. prnl.* Encariñarse excesivamente con su padre o sus padres.
empadronamiento *s. m.* Padrón, lista que se hace de vecinos o moradores de una población.
empadronar *v. tr.* Escribir a alguien en el padrón de vecinos. También prnl.
empajada *s. f.* Pajada para las caballerías.
empajar *v. tr.* Cubrir o rellenar con paja.
empalagar *v. intr.* **1.** Causar hastío o asco un manjar, principalmente si es dulce. **2.** *fig.* Cansar, fastidiar. También prnl.
empalagoso, sa *adj.* Se dice del manjar que empalaga.
empalar *v. tr.* Espetar a alguien en un palo como se espeta un ave en el asador.
empalizada *s. f.* Obra hecha de estacas.
empalizar *v. tr.* Rodear de empalizadas.
empalmar *v. tr.* **1.** Unir dos maderos, cables, etc. ‖ *v. intr.* **2.** Seguir o suceder una cosa a continuación de otra.
empalme *s. m.* **1.** Punto en que se empalma. **2.** Cosa que empalma con otra.
empalomado *s. m.* Murallón de piedra para represar el agua de un río.
empanada *s. f.* Manjar encerrado en pan o masa y cocido después al horno.
empanadilla *s. f.* Pastel pequeño, relleno de dulce u otros manjares.
empanar *v. tr.* **1.** Encerrar una cosa en masa o pan para cocerla en el horno. **2.** Rebozar en pan rayado.
empandar *v. tr.* Torcer o doblar una cosa dejándola panda. También v. prnl.
empantanar *v. tr.* **1.** Inundar un terreno. También prnl. ‖ *v. prnl.* **2.** *fig.* Detener, embarazar el curso de un negocio.
empañar *v. tr.* **1.** Quitar la tersura, brillo o diafanidad. También prnl. **2.** *fig.* Oscurecer la fama, el mérito, etc. También prnl.
empapar *v. tr.* **1.** Humedecer una cosa. También prnl. **2.** Absorber. ‖ *v. prnl.* **3.** Imbuirse de un afecto, idea, etc.

empapelar *v. tr.* **1.** Envolver en papel. **2.** Recubrir de papel una superficie.

empaque[1] *s. m.* Materiales que forman la envoltura de los paquetes.

empaque[2] *s. m., fam.* Catadura, seriedad.

empaquetar *v. tr.* Formar paquetes.

emparchar *v. tr.* Poner parches, llenar de ellos una cosa. También prnl.

emparedado *s. m.* Porción pequeña de una vianda, entre dos trozos de pan.

emparedar *v. tr.* Encerrar a una persona o cosa entre paredes. También prnl.

emparejar *v. tr.* **1.** Formar pareja. También prnl. **2.** Poner una cosa a nivel con otra. ‖ *v. intr.* **3.** Ponerse al nivel de otro.

emparentar *v. intr.* **1.** Contraer parentesco. **2.** Tener una cosa relación de afinidad o semejanza con otra.

emparrado *s. m.* Armazón que sostiene la parra.

emparrar *v. tr.* Hacer o formar emparrado.

emparrillado *s. m.* Conjunto de barras trabadas para afirmar los cimientos en terrenos flojos.

emparrillar *v. tr.* Asar en parrillas.

emparvar *v. tr.* Poner en parva las mieses.

empastar *v. tr.* **1.** Cubrir de pasta una cosa. **2.** Encuadernar en pasta los libros. **3.** Rellenar con pasta el hueco producido por la caries en los dientes.

empaste *s. m.* **1.** Pasta con que se llena el hueco de un diente cariado. **2.** Unión perfecta y jugosa de los colores.

empastelar *v. tr., fig. y fam.* Barajar las letras de un molde de modo que no formen sentido.

empatar *v. tr.* **1.** Obtener en un concurso u oposición igual número de votos o puntos dos o más contrincantes. **2.** *fig.* Unir una cosa a otra, igualar.

empate *s. m.* Igualdad.

empatía *s. f.* Participación, afectiva y emotiva, de un sujeto en una realidad ajena.

empavesar *v. tr.* Engalanar un barco.

empavonar *v. tr.* Pavonar.

empecatado, da *adj.* De extremada travesura, incorregible, dejado de la mano de Dios.

empecer *v. intr.* Impedir, obstar.

empecinar *v. tr.* Untar de pecina o pez.

empecinarse *v. prnl.* Obstinarse.

empedernido, da *adj., fig.* Insensible, duro de corazón.

empedernir *v. tr.* **1.** Endurecer mucho. También prnl. ‖ *v. prnl.* **2.** *fig.* Hacerse insensible, duro de corazón.

empedrado *s. m.* Pavimento formado artificialmente de piedras.

empedrar *v. tr.* Cubrir el suelo con piedras ajustadas unas con otras.

empega *s. f.* Pega o materia dispuesta para empegar.

empegar *v. tr.* **1.** Cubrir con pez los pellejos, barriles. **2.** Marcar con pez el ganado.

empeguntar *v. tr.* Empegar el ganado.

empeine[1] *s. m.* Parte inferior del vientre entre las ingles.

empeine[2] *s. m.* **1.** Parte superior del pie. **2.** Parte de la bota, de la caña a la pala.

empelechar *v. tr.* Chapear de mármol una superficie.

empella *s. f.* Pala o parte del zapato que cubre el pie desde la punta hasta la mitad.

empellar *v. tr.* Empujar, dar empellones.

empellejar *v. tr.* Cubrir o forrar con pellejos una cosa.

empellón *s. m.* Empujón recio que se da con el cuerpo.

empelotarse *v. prnl.* Enredarse, confundirse principalmente a causa de una riña.

empeltre *s. m.* Injerto de escudete.

empenachar *v. tr.* Adornar con penachos.

empenta *s. f.* Puntal o apoyo para sostener una cosa.

empeñar *v. tr.* **1.** Dejar algo en prenda para seguridad de pago. **2.** Obligar. ‖ *v. prnl.* **3.** Endeudarse. **4.** Insistir con tesón.

empeño *s. m.* **1.** Obligación de pagar alguna deuda. **2.** Deseo vehemente de hacer o conseguir algo.

empeorar *v. tr.* **1.** Poner o volver peor. ‖ *v. intr.* **2.** Ponerse peor. También prnl.

empequeñecer *v. tr.* **1.** Hacer una cosa más pequeña. ‖ *v. prnl.* **2.** Disminuirse.

emperador *s. m.* Título de mayor dignidad dado a ciertos soberanos.

emperatriz *s. f.* Soberana de un imperio.

emperchado, da *adj.* Elegante, bien trajeado.

emperchar *v. tr.* **1.** Colgar en la percha. ‖ *v. prnl.* **2.** Ponerse elegante.

emperejilar *v. tr., fam.* Adornar a una persona con profusión. También prnl.

emperezar *v. intr.* Dejarse dominar de la pereza. También prnl.
emperifollar *v. tr.* Emperejilar. También prnl.
empernar *v. tr.* Clavar o asegurar con pernos.
empero *conj. advers.* **1.** Pero. **2.** Sin embargo.
emperrarse *v. prnl., fam.* Obstinarse.
empezar *v. tr.* **1.** Comenzar, dar principio. **2.** Iniciar el uso o consumo de una cosa. ‖ *v. intr.* **3.** Tener principio una cosa.
empicarse *v. prnl.* Aficionarse demasiado.
empiece *s. m.* Comienzo.
empiema *s. m.* Acumulación de pus en la cavidad de las pleuras.
empinado, da *adj.* Muy alto.
empinar *v. tr.* **1.** Levantar en alto. **2.** *fig. y fam.* Beber mucho. ‖ *v. prnl.* **3.** Alcanzar gran altura los árboles, torres, etc.
empingorotar *v. tr., fam.* Levantar una cosa poniéndola sobre otra. También prnl.
empiñonado *s. m.* Pasta con piñones.
empíreo, a *adj.* **1.** Se dice del cielo. También s. m. **2.** *fig.* Supremo, divino.
empírico *adj.* Perteneciente o relativo al empirismo.
empirismo *s. m.* Método o procedimiento fundado en la práctica o experiencia.
empitonar *v. tr.* Alcanzar la res al lidiador cogiéndole con los pitones.
empizarrar *v. tr.* Cubrir un tejado de un edificio con pizarra.
emplastar *v. tr.* **1.** Poner emplastos. **2.** *fig.* Componer con afeites. También prnl.
emplastecer *v. tr.* Igualar, llenar las desigualdades de una superficie.
emplástico, ca *adj.* Glutinoso como el emplasto.
emplasto *s. m.* Medicamento externo glutinoso extendido sobre un trozo de tela.
emplazamiento *s. m.* Ubicación.
emplazar[1] *v. tr.* Citar a alguien en un determinado tiempo y lugar.
emplazar[2] *v. tr.* Colocar, situar.
empleado, da *s. m. y s. f.* Persona que desempeña un destino o empleo.
emplear *v. tr.* **1.** Ocupar a alguien encargándole un trabajo. También prnl. **2.** Usar, hacer servir las cosas para algo.
emplenta *s. f.* Pedazo de tapia que se hace de una vez, según el tamaño del tapial con que se fabrica.
empleo *s. m.* **1.** Destino, ocupación, oficio. **2.** Jerarquía o categoría personal.
emplomado *s. m.* Conjunto de planchas de plomo que recubre una techumbre.
emplomar *v. tr.* Cubrir, asegurar algo con plomo.
emplumar *v. tr.* Poner plumas a una cosa o persona.
emplumecer *v. intr.* Echar pluma las aves.
empobrecer *v. tr.* **1.** Hacer que alguien venga al estado de pobreza. ‖ *v. intr.* **2.** Llegar a pobre. También prnl. **3.** Venir a menos una cosa. También prnl.
empudrecer *v. tr.* Pudrir, corromper una materia orgánica.
empollar *v. tr.* **1.** Calentar el ave los huevos. También prnl. **2.** Estudiar un asunto con demasiada detención. ‖ *v. intr.* **3.** Producir las abejas cría.
empollón, na *adj.* Se dice del estudiante que estudia mucho. También s. f. y s. m.
empolvar *v. tr.* **1.** Echar polvo. **2.** Echar polvos de tocador en el rostro. También prnl. ‖ *v. prnl.* **3.** Cubrirse de polvo.
emponzoñar *v. tr.* **1.** Inficionar algo con ponzoña. **2.** *fig.* Dañar. También prnl.
emporcar *v. tr.* Ensuciar. También prnl.
emporio *s. m.* Ciudad o lugar notable por el florecimiento del comercio, artes, etc.
empotrar *v. tr.* Meter una cosa en la pared o en el suelo.
empozar *v. tr.* Meter o echar en un pozo.
empradizar *v. tr.* Convertir en prado un terreno.
emprendedor, ra *adj.* Que emprende con resolución acciones dificultosas.
emprender *v. tr.* Acometer y empezar una obra o empresa.
empreñar *v. tr.* Fecundar a la hembra el macho.
empresa *s. f.* **1.** Acción ardua y dificultosa que se comienza con valor. **2.** Casa o sociedad mercantil o industrial.
empresario, ria *s. m. y s. f.* Persona que toma a su cargo una empresa.
empréstito *s. m.* Préstamo que toma el Estado o una corporación.
emprimar *v. tr.* **1.** Pasar la lana a una segunda carda. **2.** *fig.* Abusar de la inexperiencia de alguien para hacerle pagar o por diversión.
empujar *v. tr.* **1.** Hacer fuerza contra una cosa para moverla. **2.** *fig.* Hacer presión, intrigar para conseguir alguna cosa.

empuje *s. m., fig.* **1.** Arranque, resolución. **2.** *fig.* Fuerza eficaz para empujar.

empujón *s. m.* Impulso dado con fuerza para mover una persona o cosa.

empuñadura *s. f.* Puño de la espada.

empuñar *v. tr.* Asir por el puño; asir una cosa abarcándola con la mano.

empurpurado, da *adj.* Vestido de púrpura.

emputecer *v. tr.* Prostituir, corromper a alguien. También prnl.

emú *s. m.* Ave parecida al avestruz, de plumaje oscuro, que vive en Australia.

emulación *s. f.* Pasión del alma, que excita a imitar y aun a superar las acciones ajenas.

emulador, ra *adj.* Que emula o compite con otro. También s. m. y s. f.

emular *v. tr.* Imitar las acciones de otro procurando excederle. También prnl.

emulgente *adj.* Se dice de las arterias y venas que conducen sangre a los riñones.

émulo, la *adj.* Competidor de una persona o cosa, procurando aventajarla.

emulsión *s. f.* Líquido de aspecto lácteo que contiene partículas aceitosas.

emulsionar *v. tr.* Convertir un líquido en emulsión.

emunción *s. f.* Evacuación de los humores y materias nocivas.

emuntorio *s. m.* Cualquier conducto que excreta las sustancias superfluas.

en *prep.* Indica en qué lugar, tiempo o modo se determinan las acciones de los verbos a que se refiere.

enaceitar *v. tr.* Untar con aceite.

enacerar *v. tr.* Hacer alguna cosa como de acero.

enagua *s. f.* Prenda de vestir de la mujer, usada debajo de la falda exterior.

enaguachar *v. tr.* Llenar de agua una cosa en que no conviene que haya tanta.

enaguar *v. tr.* Llenar de agua una cosa en que no conviene que haya tanta

enaguazar *v. tr.* Encharcar las tierras.

enajenación *s. f.* Distracción, falta de atención.

enajenar *v. tr.* **1.** Transmitir a otro el dominio de una cosa. **2.** *fig.* Turbar a alguien el uso de la razón. También prnl. || *v. prnl.* **3.** Desposeerse, privarse de algo.

enálage *s. f.* Figura que consiste en mudar las partes de la oración o sus accidentes; como usar un adjetivo como adverbio, o un tiempo de verbo fuera de su significación habitual.

enalbar *v. tr.* Caldear el hierro en la fragua hasta que parezca blanco.

enalbardar *v. tr.* Echar o poner la albarda.

enaltecer *v. tr.* Ensalzar. También prnl.

enamoradizo, za *adj.* Propenso a enamorarse.

enamorar *v. tr.* **1.** Excitar en alguien la pasión del amor. || *v. prnl.* **2.** Prendarse de amor de una persona. **3.** Aficionarse a una cosa.

enano, na *adj.* **1.** *fig.* Se dice de lo que es diminuto en su especie. || *s. m. y s. f.* **2.** Persona de extraordinaria pequeñez.

enante *s. f.* Hierba de la familia de las umbelíferas, venenosa.

enarbolado *s. m.* Conjunto de piezas de madera ensambladas que constituyen la armadura de una torre o bóveda.

enarbolar *v. tr.* Levantar en alto un estandarte, bandera, etc.

enardecer *v. tr.* Excitar o avivar. También prnl.

enarenar *v. tr.* Echar arena o cubrir con ella.

enarmonar *v. tr.* Levantar o poner en pie algo.

enastado, da *adj.* Que tiene astas o cuernos.

enastar *v. tr.* Poner el mango o asta a un arma o instrumento.

encabalgar *v. intr.* Descansar, apoyarse una cosa sobre otra.

encaballar *v. tr.* Colocar una pieza de modo que se sostenga sobre la extremidad de otra.

encabar *v. tr.* Poner cabo o mango a una herramienta.

encabestrar *v. tr.* Hacer que las reses bravas sigan a los cabestros.

encabezamiento *s. m.* **1.** Registro para la imposición de los tributos. **2.** Fórmula con que se empiezan algunos escritos.

encabezar *v. tr.* **1.** Registrar, poner en matrícula a alguien. **2.** Poner el encabezamiento de un libro o escrito.

encabritarse *v. prnl.* **1.** Empinarse el caballo. **2.** *fig.* Envalentonarse.

encachado *s. m.* Revestimiento de piedra u hormigón con que se fortalece el cauce de una corriente de agua.

encachar *v. tr.* **1.** Hacer un encachado. **2.** Poner las cachas a una navaja, etc.

encadenamiento *s. m.* Conexión y trabazón de las cosas unas con otras.

encadenar *v. tr.* **1.** Atar con cadena. **2.** Enlazar. **3.** Dejar sin movimiento. ‖ *v. prnl.* **4.** Vincularse a alguien o a algo.

encajar *v. tr.* **1.** Unir o meter una cosa dentro de otra ajustadamente. ‖ *v. prnl.* **2.** Meterse alguien en parte estrecha.

encaje *s. m.* Cierto tejido hecho con bolillos, aguja de coser, ganchillo, etc.

encajetillar *v. tr.* Formar las cajetillas de tabaco.

encajonar *v. tr.* **1.** Meter algo en un cajón. **2.** Meter en sitio angosto. También prnl. ‖ *v. prnl.* **3.** Correr el río por angosturas.

encalabrinar *v. tr.* Excitar, irritar.

encalar *v. tr.* Dar de cal o blanquear.

encallar¹ *v. intr.* **1.** Quedarse parada la embarcación por la arena del fondo. **2.** No poder salir adelante en un negocio.

encallar² *v. prnl.* Endurecerse los alimentos al quedar interrumpida su cocción.

encallecer *v. intr.* **1.** Criar callos. También prnl. ‖ *v. prnl.* **2.** Endurecerse con la costumbre en los trabajos o vicios.

encallejonar *v. tr.* Meter una cosa por un callejón o por una parte estrecha y larga.

encalmar *v. tr.* Tranquilizar, serenar.

encalostrarse *v. prnl.* Enfermar el niño por haber mamado los calostros.

encalvecer *v. intr.* Perder el pelo, quedar calvo.

encamarse *v. prnl.* **1.** Echarse o meterse en la cama por enfermedad. **2.** Echarse o abatirse las mieses.

encaminar *v. tr.* **1.** Poner en camino, enseñar el camino. **2.** Dirigir hacia un punto determinado. También prnl. **3.** Enderezar la intención a un fin determinado.

encamisada *s. f.* Especie de fiesta, que se ejecutaba de noche con hachas, para diversión.

encamisar *v. tr.* **1.** Poner la camisa. También prnl. **2.** *fig.* Enfundar.

encampanarse *v. prnl.* Jactarse de valiente.

encanalar *v. tr.* Conducir el agua u otro líquido por un canal. También prnl.

encanallarse *v. prnl.* Envilecer a alguien haciéndole tomar costumbres propias de la canalla.

encanarse *v. prnl.* Pasmarse o quedarse envarado por la fuerza del llanto o de la risa.

encanastar *v. tr.* Poner algo en una canasta.

encandecer *v. tr.* Hacer ascua una cosa hasta que quede como blanca de puro encendida.

encandilar *v. tr.* **1.** Deslumbrar a alguien acercando mucho a los ojos una luz. **2.** Deslumbrar, alucinar con apariencias.

encanecer *v. intr.* **1.** Ponerse cano. **2.** *fig.* Envejecer una persona.

encanijar *v. tr.* Ponerse flaco y enfermizo.

encanillar *v. tr.* Devanar el hilo en las canillas.

encantado, da *adj.* Satisfecho, contento.

encantar *v. tr.* **1.** Obrar maravillas, ejerciendo un poder mágico. **2.** *fig.* Cautivar la atención de alguien.

encanto *s. m.* Cosa que suspende o embelesa.

encanutar *v. tr.* Poner una cosa en figura de canuto. También prnl.

encañar *v. tr.* Hacer pasar el agua por conductos hechos de caña o de otros materiales.

encañizada *s. f.* Enrejado de cañas.

encañizar *v. tr.* Cubrir con cañizos alguna bovedilla u otra cosa cualquiera.

encañonar *v. tr.* **1.** Encauzar las aguas de un río por un cauce cerrado. **2.** Entre cazadores, precisar la puntería a la pieza.

encapachar *v. tr.* Meter alguna cosa en el capacho.

encapar *v. tr.* Poner la capa. También prnl.

encapillar *v. tr.* Formar en una labor un ensanche para arrancar de él otra obra nueva.

encapotar *v. tr.* **1.** Cubrir con el capote. También prnl. ‖ *v. prnl.* **2.** *fig.* Cubrirse el cielo de nubes oscuras.

encapricharse *v. prnl.* Empeñarse alguien en conseguir su capricho.

encapuchar *v. tr.* Cubrir o tapar una cosa con capucha. También prnl.

encaramar *v. tr.* **1.** Levantar o subir a una persona o cosa. También prnl. **2.** Alabar, encarecer con extremo. También prnl.

encarar *v. intr.* **1.** Ponerse enfrente de otro. También prnl. ‖ *v. tr.* **2.** Afrontar una cuestión. También prnl.

encarcelar *v. tr.* **1.** Poner a alguien preso en la cárcel. **2.** Asegurar con yeso o cal.

encarecer *v. tr.* **1.** Aumentar o subir el precio de algo. También prnl. y intr. **2.** *fig.* Ponderar, alabar en exceso una cosa.

encargado, da *s. m. y s. f.* Persona que tiene a su cargo un establecimiento, un negocio, etc., en representación del dueño o interesado.

encargar *v. tr.* Encomendar, poner algo al cuidado de alguien. También prnl.

encargo *s. m.* Cosa encargada.

encariñar *v. tr.* Aficionar o despertar cariño. Se usa más como prnl.

encarnación *s. f.* Unión de la naturaleza divina con la humana en la persona del Verbo, misterio del Hijo de Dios encarnado, hecho hombre.

encarnado, da *adj.* **1.** De color de carne. **2.** Colorado, rojo.

encarnar *v. intr.* **1.** Revestir una sustancia espiritual de un cuerpo de carne. ‖ *v. tr.* **2.** Representar alguna idea, doctrina. ‖ *v. prnl.* **3.** Incorporarse una cosa con otra.

encarnecer *v. intr.* Tomar carnes; hacerse más corpulento y grueso.

encarnizado, da *adj.* Encendido, ensangrentado.

encarnizar *v. tr.* **1.** Cebar un perro para que se haga fiero. **2.** Encruelecer. También prnl. ‖ *v. prnl.* **3.** Mostrarse cruel.

encaro *s. m.* Acción de mirar a alguien cara a cara con atención.

encarpetar *v. tr.* Guardar papeles en carpetas.

encarrilar *v. tr.* **1.** Encaminar, enderezar. **2.** Colocar sobre los carriles un vehículo.

encarrujarse *v. prnl.* Retorcerse, ensortijarse.

encartación *s. f.* Territorio al cual se hacen extensivos fueros y exenciones de una comarca limítrofe.

encartar *v. tr.* **1.** Procesar. **2.** Incluir a alguien en una dependencia, compañía. **3.** Incluir en los padrones.

encarte *s. m.* Pliego que se introduce en un libro y que puede ir encuadernado o no.

encartonar *v. tr.* **1.** Resguardar con cartones. **2.** Encuadernar con cartones.

encasar *v. tr.* Volver a encajar un hueso que se ha salido de su sitio.

encasillar *v. tr.* **1.** Poner en casillas. **2.** Clasificar personas o cosas distribuyéndolas en sus sitios correspondientes.

encasquetar *v. tr.* Encajar en la cabeza. También prnl.

encasquillar *v. tr.* **1.** Poner casquillos. ‖ *v. prnl.* **2.** Atascarse un mecanismo. **3.** Quedarse atascado al hablar o razonar.

encastar *v. tr.* **1.** Mejorar una raza o casta de animales. ‖ *v. intr.* **2.** Procrear.

encastillar *v. tr.* **1.** Fortificar con castillos. **2.** Apilar. ‖ *v. prnl.* **3.** *fig.* Perseverar con tesón en su parecer.

encastrar *v. tr.* Encajar, empotrar.

encauchar *v. tr.* Cubrir con caucho.

encausar *v. tr.* Formar causa a alguien; proceder judicialmente contra él.

encausto *s. m.* Técnica pictórica que consiste en pintar por medio del fuego.

encauzar *v. tr.* **1.** Abrir cauce; encerrar en un cauce una corriente. **2.** Encaminar.

encavarse *v. prnl.* Ocultarse los animales en una cueva o agujero.

encebollar *v. tr.* Echar cebollas en abundancia a un manjar.

encefalitis *s. f.* Inflamación del cerebro.

encéfalo *s. m.* Gran centro nervioso en el cráneo, que comprende el cerebro, el cerebelo y la médula oblonga.

encefalograma *s. f.* Gráfico que registra las corrientes eléctricas producidas por la actividad del encéfalo.

enceguecer *v. tr.* **1.** Cegar. **2.** *fig.* Ofuscar el entendimiento. También prnl.

encelajarse *v. prnl.* Cubrirse de celajes.

encelar *v. tr.* **1.** Dar celos. ‖ *v. prnl.* **2.** Estar en celo un animal.

enceldar *v. tr.* Encerrar en una celda.

encella *s. f.* Molde para quesos y requesón.

encenagarse *v. prnl.* **1.** Meterse en el cieno. **2.** *fig.* Entregarse a los vicios.

encendaja *s. f.* Ramas secas para encender el fuego.

encendedor *s. m.* Aparato que sirve para encender.

encender *v. tr.* **1.** Hacer que una cosa arda. **2.** *fig.* Incitar, inflamar, enardecer. También prnl.

encendido, da *adj.* **1.** De color muy subido. ‖ *s. m.* **2.** En los motores de explosión, conjunto de la instalación eléctrica y aparatos destinados a producir la chispa.

encendimiento *s. m., fig.* Ardor, alteración vehemente.

encenizar *v. tr.* Echar ceniza sobre una cosa.

encentar *v. tr.* **1.** Ulcerar. También prnl. ‖ *v. prnl.* **2.** Comenzar. **3.** Disminuir.

encepar *v. tr.* **1.** Meter en el cepo. **2.** Echar raíces las plantas.

encerado *s. m.* Cuadro de hule, madera u otra sustancia, usado para escribir en él.

enceradora *s. f.* Máquina eléctrica para dar cera y lustre a los pavimentos.

encerar *v. tr.* Aderezar con cera.

encerrar *v. tr.* **1.** Meter a una persona o cosa en un lugar del que no pueda salir. **2.** *fig.* Incluir, contener.

encerrona *s. f., fig.* Situación preparada de antemano, en que se coloca a una persona para obligarla a que haga algo mal de su grado.

encespedar *v. tr.* Cubrir con césped.

encestar *v. tr.* **1.** Meter en cesto. **2.** En el juego del baloncesto, introducir el balón en el cesto de la meta contraria.

enchapar *v. tr.* Chapear, cubrir con chapas.

encharcar *v. tr.* **1.** Cubrir de agua un terreno. También prnl. ‖ *v. prnl.* **2.** *fig.* Encenagarse, entregarse a la mala vida.

enchinar *v. tr.* Empedrar con chinas o guijarros.

enchufar *v. tr.* **1.** Ajustar la boca de un caño en la de otro. También intr. **2.** Encajar las dos piezas de un enchufe para establecer una conexión eléctrica.

enchufe *s. m.* **1.** Parte de un caño o tubo que penetra en otro. **2.** Clavija para la toma de corriente eléctrica.

encía *s. f.* Membrana mucosa de los maxilares superior e inferior.

encíclica *s. f.* Carta que el Sumo Pontífice dirige a todos los obispos.

enciclopedia *s. f.* **1.** Conjunto de todas las ciencias. **2.** Obra en que se exponen.

encierro *s. m.* **1.** Lugar donde se encierra. **2.** Clausura, recogimiento. **3.** Acto de traer los toros a encerrar en el toril.

encima *adv. l.* **1.** Indica un lugar superior respecto de otro inferior. **2.** Apoyándolo en la parte superior de una cosa. ‖ *adv. c.* **3.** Además.

encimero, ra *adj.* Que está o se pone encima.

encina *s. f.* Árbol con hojas persistentes, dentadas y punzantes, de madera muy dura y compacta; su fruto es la bellota.

encinar *s. m.* Sitio poblado de encinas.

encinta *adj.* Embarazada.

encintar *v. tr.* Adornar con cintas.

encizañar *v. tr.* Cizañar.

enclaustrar *v. tr.* Encerrar en un claustro. También prnl.

enclavado, da *adj.* **1.** Se dice del sitio encerrado dentro del área de otro. **2.** Se dice del objeto encajado en otro.

enclavar *v. tr.* Asegurar con clavos.

enclave *s. m.* Territorio, grupo étnico o ideológico incluido en otro más amplio con características diferentes.

enclavijar *v. tr.* Trabar una cosa con otra.

enclenque *adj.* Falto de salud, enfermizo.

enclítico, ca *adj.* Se aplica a las partículas átonas, que se apoyan en el vocablo anterior. También s. m. y s. f.

enclocar *v. intr.* Ponerse clueca un ave.

encobar *v. intr.* Empollar los huevos las aves y animales ovíparos. También prnl.

encobrar *v. tr.* Cubrir con una capa de cobre.

encocorar *v. tr.* Fastidiar, molestar con exceso.

encofrado *s. m.* Conjunto de planchas de madera convenientemente dispuestas para recibir el hormigón.

encofrar *v. tr.* Formar un encofrado.

encoger *v. tr.* **1.** Retirar contrayendo. También prnl. **2.** *fig.* Apocar el ánimo. También prnl. ‖ *v. intr.* **3.** Disminuir lo largo y ancho de algunas telas al mojarse.

encojar *v. tr.* Poner cojo a alguien. También prnl.

encolar *v. tr.* **1.** Pegar con cola. **2.** Arrojar algo a un sitio, sin que se pueda alcanzar fácilmente. También prnl.

encolerizar *v. tr.* Hacer que alguien se ponga colérico. También prnl.

encomendar *v. tr.* **1.** Encargar a alguien que haga alguna cosa o que cuide de ella o de una persona. ‖ *v. prnl.* **2.** Entregarse, confiarse al amparo de alguien.

encomendero, ra *s. m. y s. f.* Persona que lleva encargos de otro.

encomiar *v. tr.* Alabar con encarecimiento a una persona o cosa.

encomiástico, ca *adj.* Que alaba o contiene alabanza.

encomienda *s. f.* **1.** Encargo. **2.** Recomendación, elogio.

encomio *s. m.* Alabanza encarecida.

enconar *v. tr.* **1.** Inflamar una herida. También prnl. **2.** *fig.* Cargar la conciencia con alguna mala acción. También prnl.

encono *s. m.* Animadversión, rencor.

encontrar *v. tr.* **1.** Hallar o topar una persona con otra o con algo que busca. También prnl. ‖ *v. prnl.* **2.** Oponerse, enemistarse. **3.** Hallarse, estar.

encontronazo *s. m.* Golpe que se da una cosa con otra.

encopetar *v. tr.* **1.** Elevar en alto. También prnl. || *v. prnl.* **2.** *fig.* Engreírse.

encorajar *v. tr.* Dar valor, ánimo y coraje.

encorajinarse *v. prnl.* Encolerizarse.

encorar *v. tr.* **1.** Cubrir con cuero. || *v. intr.* **2.** Criar piel las llagas. También prnl.

encorazado, da *adj.* Cubierto de cuero.

encorchar *v. tr.* **1.** Cebar a las abejas para que entren en las colmenas. **2.** Poner tapones de corcho a las botellas.

encorchetar *v. tr.* Poner corchetes.

encordar *v. tr.* Poner cuerdas a los instrumentos de música.

encordelar *v. tr.* Poner cordeles a una cosa, proveer de cordeles.

encordonar *v. tr.* Poner cordones a una cosa.

encornadura *s. f.* Cornamento.

encorralar *v. tr.* Meter el ganado en el corral.

encorsetar *v. tr.* Poner corsé. También prnl.

encortinar *v. tr.* Poner cortinas.

encorvar *v. tr.* **1.** Doblar una cosa poniéndola corva. || *v. prnl.* **2.** *fig.* Inclinarse.

encostalar *v. tr.* Meter en costales.

encostarse *v. prnl.* Acercarse un buque a la costa.

encovar *v. tr.* Meter o encerrar una cosa en una cueva o hueco. También prnl.

encrespar *v. tr.* **1.** Rizar. También prnl. **2.** Erizarse el pelo, plumas, por alguna emoción fuerte. También prnl. **3.** Enfurecer.

encrestarse *v. prnl.* Poner las aves tiesa la cresta.

encrucijada *s. f.* **1.** Paraje donde se cruzan dos o más caminos. **2.** Asechanza. **3.** *fig.* Situación en que es difícil decidirse.

encrudecer *v. tr.* **1.** Hacer que una cosa tenga apariencia o condición de cruda. **2.** *fig.* Exasperar, irritar. También prnl.

encruelecer *v. tr.* **1.** Instigar a alguien a que piense y obre con crueldad. || *v. prnl.* **2.** Hacerse cruel, inhumano.

encuadernación *s. f.* Manera de estar encuadernando un libro.

encuadernar *v. tr.* Juntar y coser varios pliegos o cuadernos y ponerles cubiertas.

encuadrar *v. tr.* **1.** Encerrar en un marco. **2.** *fig.* Encajar una cosa dentro de otra.

encuarte *s. m.* Yunta o caballería de refuerzo que se añade al tiro.

encubar *v. tr.* Echar un líquido en las cubas.

encubierta *s. f.* Fraude.

encubrimiento *s. m.* Participación en un delito, interviniendo con posterioridad.

encubrir *v. tr.* **1.** Ocultar una cosa. También prnl. **2.** Hacerse responsable de encubrimiento en un delito.

encuentro *s. m.* **1.** Acto de coincidir dos o más personas o cosas. **2.** Oposición.

encuesta *s. f.* **1.** Averiguación. **2.** Técnica de investigación social, a través del análisis de las respuestas dadas por un número determinado de personas.

encuestar *v. tr.* **1.** Someter a encuesta un asunto. **2.** Interrogar a alguien para una encuesta. || *v. intr.* **3.** Hacer encuestas.

encuitarse *v. prnl.* Afligirse, apesadumbrarse.

enculatar *v. tr.* Cubrir con sobrepuesto la colmena.

encumbrar *v. tr.* **1.** Levantar en alto. También prnl. **2.** *fig.* Ensalzar a alguien. También prnl. **3.** *fig.* Subir la cumbre.

encunar *v. tr.* Poner al niño en la cuna.

encurtido *s. m.* Frutos o legumbres que se han encurtido.

encurtir *v. tr.* Conservar en vinagre ciertos frutos o legumbres.

ende, por *loc. adv.* Por tanto.

endeble *adj.* **1.** Débil, de resistencia insuficiente. **2.** *fig.* De escaso mérito.

endécada *s. f.* Período de once años.

endecágono, na *adj.* Se aplica al polígono de 11 ángulos y 11 lados. También s. m.

endecasílabo, ba *adj.* De once sílabas. También s. m. y s. f.

endecha *s. f.* Canción triste y lamentable.

endehesar *v. tr.* Meter el ganado en la dehesa.

endemia *s. f.* Enfermedad que reina habitualmente en un país.

endémico, ca *adj.* Se dice de sucesos que se repiten con frecuncia en un país

endemoniar *v. tr.* **1.** Introducir los demonios en el cuerpo de una persona. **2.** *fig. y fam.* Irritar, encolerizar. También prnl.

endentar *v. tr.* Encajar una cosa en otra, por medio de dientes.

endentecer *v. intr.* Empezar los niños a echar los dientes.

enderechar *v. tr.* Enderezar.

enderezar *v. tr.* **1.** Poner derecho lo que está torcido. También prnl. **2.** Remitir, dedicar. **3.** *fig.* Enmendar, castigar.

endeudarse *v. prnl.* **1.** Llenarse de deudas. **2.** Reconocerse obligado.
endiablar *v. tr.* **1.** Endemoniar. **2.** *fig. y fam.* Dañar, pervertir. También prnl. ‖ *v. prnl.* **3.** Irritarse, enfurecerse.
endibia *s. f.* Variedad de achicoria comestible, con hojas largas y lanceoladas.
endilgar *v. tr., fam.* Encajar, endosar a otro algo desagradable o impertinente.
endino, na *adj.* Indigno, perverso.
endiosar *v. tr.* **1.** Elevar a alguien a la divinidad. ‖ *v. prnl.* **2.** Erguirse, embebecerse.
endoblar *v. tr.* Hacer que dos ovejas críen a la vez al mismo cordero.
endoble *s. m.* Jornada de doble tiempo que hacen los mineros y fundidores.
endocardio *s. m.* Membrana que tapiza las cavidades del corazón.
endocarpio *s. m.* Capa interior del pericarpio.
endocrino, na *adj.* Se dice de las glándulas de secreción interna.
endocrinología *s. f.* Estudio de las secreciones internas.
endogamia *s. f.* **1.** Matrimonio entre personas con vínculos de consanguineidad. **2.** Cruce entre individuos de la misma raza.
endogénesis *s. f.* Reproducción por escisión del elemento primitivo en el interior del órgano que lo engendra.
endolinfa *s. f.* Líquido que tiene la parte interna del oído.
endometrio *s. m.* Mucosa que recubre el interior del útero.
endomingarse *v. prnl.* Vestirse con la ropa de fiesta.
endoparásito *adj.* Se dice del parásito que vive en el interior de los órganos de otro animal.
endosar *v. tr.* Ceder a favor de otro un documento de crédito expedido a la orden, haciéndolo así constar al dorso.
endoscopia *s. f.* Exploración visual del interior de una cavidad corporal.
endosfera *s. f.* Capa más profunda de la Tierra, compuesta de hierro y níquel.
endósmosis *s. f.* Corriente de fuera adentro, que se establece cuando dos líquidos de distinta densidad están separados por una membrana.
endoso *s. m.* Acción y efecto de endosar un documento.
endotelio *s. m.* Epitelio de células planas, que cubre el interior de los vasos y de las cavidades serosas y articulares.
endriago *s. m.* Monstruo fabuloso, con mezcla de facciones humanas y de varias fieras.
endrina *s. f.* Fruto del endrino.
endrino *s. m.* Ciruelo silvestre.
endulzar *v. tr.* **1.** Poner dulce una cosa. También prnl. **2.** *fig.* Suavizar un trabajo.
endurar *v. tr.* Sufrir, tolerar.
endurecer *v. tr.* **1.** Poner dura una cosa. También prnl. **2.** *fig.* Hacer a alguien áspero. ‖ *v. prnl.* **3.** Encruelecerse.
endurecimiento *s. m.* Dureza, calidad de duro.
ene *s. f.* **1.** Nombre del signo potencial indeterminado en álgebra. ‖ *adj.* **2.** Indica cantidad indeterminada.
enea *s. f.* Anea.
eneágono, na *adj.* Se aplica al polígono de 9 ángulos y 9 lados. También s. m.
eneasílabo, ba *adj.* De nueve sílabas.
enebro *s. m.* Arbusto de la familia de las coníferas, de hojas de tres en tres, rígidas, punzantes, con pequeñas bayas negras y carnosas.
enechado, da *adj.* Expósito. También s. m. y s. f.
enejar *v. tr.* Poner una cosa en el eje.
eneldo *s. m.* Hierba con hojas divididas en lacinias y flores amarillas en círculo.
enema¹ *s. m.* Medicamento que se aplicaba sobre las heridas sangrientas.
enema² *s. m.* Ayuda, lavativa.
enemigo, ga *adj.* **1.** Contrario. ‖ *s. m. y s. f.* **2.** Persona que tiene mala voluntad a otra. ‖ *s. m.* **3.** El contrario en la guerra.
enemistad *s. f.* Aversión u odio entre dos o más personas.
enemistar *v. tr.* Hacer a alguien enemigo de otro, perder la amistad. También prnl.
éneo, a *adj., poét.* De cobre o bronce.
energética *s. f.* Ciencia que trata de la energía.
energía *s. f.* **1.** Eficacia, virtud para obrar. **2.** Fuerza de voluntad. **3.** Capacidad que tiene la materia de producir trabajo.
enérgico, ca *adj.* Que tiene energía, o relativo a ella.
energizar *v. tr.* Poner en actividad un mecanismo mediante energía eléctrica.
energúmeno, na *s. m. y s. f.* **1.** Poseído del demonio. **2.** *fig.* Furioso.

enero *s. m.* Primer mes del año.
enervar *v. tr.* Debilitar, quitar las fuerzas. También prnl.
enésimo, ma *adj.* Se dice del número indeterminado de veces que se repite algo.
enfadar *v. tr.* Causar enfado. También prnl.
enfado *s. m.* **1.** Impresión desagradable y molesta. **2.** Enojo, disgusto.
enfaldar *v. tr.* Recoger las faldas o las sayas.
enfaldo *s. m.* Falda o cualquier ropa talar recogida.
enfangar *v. tr.* **1.** Cubrir de fango. ‖ *v. prnl.* **2.** Mezclarse en negocios sucios.
enfardar *v. tr.* Empaquetar mercaderías.
enfardelar *v. tr.* Hacer fardeles.
énfasis *s. amb.* **1.** Fuerza de expresión con que se quiere realzar lo que se dice. ‖ *s. m.* **2.** Afectación en la expresión.
enfático, ca *adj.* Se aplica a lo dicho con énfasis y a las personas que hablan o escriben enfáticamente.
enfatizar *v. intr.* **1.** Expresarse con énfasis. ‖ *v. tr.* **2.** Poner énfasis.
enfermar *v. intr.* **1.** Contraer una enfermedad. ‖ *v. tr.* **2.** *fig.* Causar enfermedad.
enfermedad *s. f.* Alteración más o menos grave de la salud.
enfermería *s. f.* **1.** Casa o sala destinada para los enfermos. **2.** Estudios relacionados con la asistencia a enfermos.
enfermero, ra *s. m. y s. f.* Persona cuyo oficio es asistir a los enfermos.
enfermizo, za *adj.* Que tiene poca salud; que enferma con frecuencia.
enfermo, ma *adj.* Que padece enfermedad. También s. m. y s. f.
enfervorizar *v. tr.* Infundir buen ánimo o fervor. También prnl.
enfilar *v. tr.* **1.** Poner en fila. **2.** Tomar una persona o cosa la dirección de otra.
enfisema *s. m.* Tumefacción debida a la infiltración de gases en un tejido celular.
enfistolarse *v. prnl.* Pasar una llaga al estado de fístula. También tr.
enfiteusis *s. f.* Cesión del dominio útil de un inmueble, mediante el pago anual de un canon.
enflaquecer *v. tr.* **1.** Poner flaco a alguien. **2.** *fig.* Debilitar, enervar. ‖ *v. intr.* **3.** Ponerse flaco. También prnl.
enflautar *v. tr.* Hinchar, soplar.
enflorar *v. tr.* Florear, adornar con flores.
enflorecer *v. intr.* Florecer.
enfocar *v. tr.* **1.** Hacer que la imagen de un objeto, que se ha obtenido en un aparato óptico, se reproduzca en un plano u objeto determinado. **2.** *fig.* Descubrir los puntos esenciales de un problema.
enfoscar *v. tr.* **1.** Tapar los agujeros que quedan en una pared después de labrada. ‖ *v. prnl.* **2.** Ponerse hosco y cejudo.
enfranque *s. m.* Parte más estrecha de la suela del calzado.
enfrascar *v. tr.* Echar en frascos agua, vino u otro licor.
enfrascarse *v. prnl.* **1.** Meterse en una espesura. **2.** *fig.* Aplicarse con mucha intensidad a una cosa.
enfrenar *v. tr.* Poner el freno.
enfrentar *v. tr.* **1.** Poner frente a frente. También prnl. y intr. **2.** Afrontar, hacer frente, oponer. También prnl.
enfrente *adv. l.* **1.** A la parte opuesta, en punto que mira a otro o que está delante de otro. ‖ *adv. m.* **2.** En contra, en pugna.
enfriamiento *s. m.* Indisposición que se caracteriza por síntomas catarrales.
enfriar *v. tr.* **1.** Poner frío algo. También prnl. **2.** Entibiar, amortiguar. También prnl. ‖ *v. prnl.* **3.** Quedarse frío alguien.
enfrontar *v. tr.* **1.** Llegar al frente de algo. También intr. **2.** Afrontar. También intr.
enfundar *v. tr.* **1.** Poner fundas. **2.** Llenar. **3.** Ponerse una prenda de vestir.
enfurecer *v. tr.* **1.** Irritar a alguien o ponerle furioso. También prnl. ‖ **2.** *fig.* Alborotarse, alterarse.
enfurruñarse *v. prnl.* Ponerse enfadado.
enfurtir *v. tr.* Abatanar los tejidos de lana.
engaitar *v. tr., fam.* Engañar con halagos
engalanar *v. tr.* **1.** Poner galana una cosa. ‖ *v. prnl.* **2.** Ponerse galas.
engalgar *v. tr.* Calzar las ruedas de los carruajes para frenarlos.
engallarse *v. prnl., fig.* Ponerse erguido y arrogante. También tr.
engalle *s. m.* Parte del arnés que sirve para mantener erguida la cabeza del caballo.
enganchar *v. tr.* **1.** Agarrar una cosa con gancho o colgarla de él. También prnl. y intr. **2.** *fam.*

Atraer a alguien con arte. || *v. prnl.* **3.** *fam.* Hacerse adicto de algo.

enganche *s. m.* Pieza o aparato dispuesto para enganchar.

engañabobos *s. m. y s. f., fam.* Cosa que engaña o defrauda con su apariencia.

engañar *v. tr.* **1.** Dar a la mentira apariencia de verdad. **2.** Engatusar. || *v. prnl.* **3.** Cerrar los ojos a la verdad. **4.** Equivocarse.

engañifa *s. f., fam.* Engaño artificioso con apariencia de utilidad.

engaño *s. m.* **1.** Falta de verdad, falsedad. **2.** Cualquier arte para pescar. **3.** Muleta.

engarabitarse *v. prnl.* Trepar, subir a lo alto.

engarbarse *v. prnl.* Encaramarse las aves en lo alto.

engarce *s. m.* Metal en que se engarza algo.

engargantar *v. tr.* Meter una cosa por la garganta o tragadero.

engargolar *v. tr.* Ajustar las piezas que tienen gárgoles.

engaritar *v. tr.* Fortificar o adornar con garitas una fábrica o fortaleza.

engarrafar *v. tr.* Agarrar fuertemente una cosa.

engarrar *v. tr.* Agarrar. También prnl.

engarriar *v. intr.* Trepar, encaramar.

engarzar *v. tr.* **1.** Trabar formando cadena. **2.** Rizar el pelo. **3.** Engastar.

engastar *v. tr.* Encajar y embutir una cosa en otra.

engaste *s. m.* **1.** Guarnición de metal que asegura lo que se engasta. **2.** Perla que por un lado es llana y por el otro redonda.

engatar *v. tr., fam.* Engañar halagando.

engatillar *v. tr.* **1.** Sujetar con gatillos || *v. prnl.* **2.** Fallar el mecanismo de disparar, en las armas de fuego.

engatusar *v. tr., fam.* Ganar la voluntad de alguien con halagos.

engaviar *v. tr.* Subir a lo alto. También prnl.

engavillar *v. tr.* Agavillar.

engazar *v. tr.* Engarzar.

engendrar *v. tr.* **1.** Procrear. **2.** *fig.* Causar, ocasionar, formar. También prnl.

engendro *s. m.* **1.** Feto. **2.** Criatura informe. **3.** *fig.* Plan mal concebido, absurdo.

englobar *v. tr.* **1.** Incluir varias cosas en una sola. **2.** Abarcar.

engolar *v. tr.* Dar resonancia gutural a la voz.

engolfar *v. intr.* Entrar una embarcación en mar adentro. También prnl.

engolillado, da *adj.* Se dice del que se precia de observar con rigor los estilos antiguos.

engolletarse *v. prnl.* Engreírse, envanecerse.

engolosinar *v. tr.* **1.** Excitar el deseo de alguien con algún atractivo. || *v. prnl.* **2.** Aficionarse, tomar gusto a una cosa.

engomar *v. tr.* Impregnar y untar de goma.

engominarse *v. prnl.* Dar gomina.

engordar *v. tr.* **1.** Cebar. **2.** *fig.* Aumentar algo para que parezca más importante. || *v. intr.* **3.** Ponerse gordo.

engorde *s. m.* Acción y efecto de engordar.

engorro *s. m.* Embarazo, impedimento.

engoznar *v. tr.* Fijar goznes.

engranaje *s. m.* **1.** Conjunto de piezas que engranan. **2.** Dientes de una máquina. **2.** *fig.* Trabazón de una idea.

engranar *v. tr.* **1.** Endentar. **2.** *fig.* Enlazar, trabar.

engrandecer *v. tr.* **1.** Aumentar, hacer grande. **2.** Alabar, exagerar. **3.** *fig.* Exaltar, elevar a una dignidad superior. También prnl.

engrandecimiento *s. m.* Acción y efecto de engrandecer o engrandecerse.

engranerar *v. tr.* Encerrar el grano; ponerlo en el granero.

engranujarse *v. prnl.* Hacerse granuja, apicararse.

engrapar *v. tr.* Asegurar, enlazar o unir con grapas las piedras u otras cosas.

engrasar *v. tr.* **1.** Dar sustancia y crasitud a algo. **2.** Untar con grasa. También prnl.

engrase *s. m.* Materia lubricante.

engravecer *v. tr.* Hacer grave o pesada alguna cosa. También prnl.

engredar *v. tr.* Dar con greda.

engreído, da *adj.* Soberbio y vanidoso.

engreír *v. tr.* Envanecer. También prnl.

engrescar *v. tr.* **1.** Incitar a riña. También prnl. **2.** Excitar el entusiasmo, etc.

engrifar *v. tr.* Encrespar, erizar. También prnl.

engrosar *v. tr.* **1.** Hacer gruesa una cosa. También prnl. **2.** Aumentar el número de una colectividad.

engrudar *v. tr.* Untar o dar con engrudo.

engrudo *s. m.* Masa hecha con harina o almidón cocidos en agua.

engrumecerse *v. prnl.* Hacerse grumos.

enguantarse *v. prnl.* Cubrir la mano con el guante.

enguatar *v. tr.* Entretelar con manta de algodón o guata.
enguijarrar *v. tr.* Empedrar con guijarros.
enguirnaldar *v. tr.* Adornar con guirnalda.
enguizgar *v. tr.* Incitar, estimular.
engullir *v. tr.* Tragar atropelladamente.
engurrio *s. m.* Tristeza, melancolía.
engurruñarse *v. prnl., fam.* Encogerse alguien, entristecer.
enhacinar *v. tr.* Hacinar.
enharinar *v. tr.* **1.** Manchar de harina. **2.** cubrir con harina. También prnl.
enhastillar *v. tr.* Poner o colocar las saetas en el carcaj.
enhebrar *v. tr.* **1.** Pasar una hebra por el ojo de una aguja o por el agujero de las perlas, cuentas, etc. **2.** *fig.* Decir seguidas muchas cosas sin orden ni concierto.
enhenar *v. tr.* Cubrir con heno.
enherbolar *v. tr.* Poner veneno en una cosa.
enhestar *v. tr.* Levantar en alto, poner derecha una cosa. También prnl.
enhielar *v. tr.* Mezclar una cosa con hiel.
enhiesto, ta *adj.* Levantado, derecho.
enhilar *v. tr.* **1.** Enhebrar. **2.** Ordenar las ideas de un discurso o escrito.
enhorabuena *s. f.* **1.** Felicitación. ‖ *adv. m.* **2.** Con bien, con felicidad. **3.** Se dice para denotar aprobación, conformidad.
enhoramala *adv. m.* Se emplea para denotar disgusto o desaprobación.
enhornar *v. tr.* Meter una cosa en el horno para asarla o cocerla.
enigma *s. m.* **1.** Dicho o conjunto de palabras de sentido encubierto. **2.** Cosa que no se entiende fácilmente. **3.** Misterio.
enigmático, ca *adj.* Que en sí encierra o incluye enigma; de significación oscura y misteriosa.
enjabonar *v. tr.* **1.** Jabonar. **2.** *fig.* Adular. **3.** *fig. y fam.* Reprender, increpar.
enjaezar *v. tr.* Poner jaeces a las caballerías.
enjalbegar *v. tr.* Blanquear las paredes.
enjalma *s. f.* Especie de aparejo de bestia de carga, a modo de albardilla.
enjambrar *v. tr.* **1.** Encerrar en las colmenas las abejas. ‖ *v. intr.* **2.** Criar la colmena un enjambre.
enjambre *s. m.* **1.** Muchedumbre de abejas con su maestra, que salen juntas. **2.** *fig.* Muchedumbre de personas o cosas.
enjarciar *v. tr.* Poner la jarcia.
enjaretar *v. tr.* **1.** Hacer pasar por una jareta una cinta. **2.** *fig. y fam.* Hacer o decir algo atropelladamente.
enjarje *s. m.* Enlace de varios nervios de una bóveda en el punto de arranque.
enjaular *v. tr.* **1.** Poner dentro dc la jaula. **2.** *fig. y fam.* Meter en la cárcel.
enjebar *v. tr.* Meter los paños en alumbre antes de teñirlos.
enjebe *s. m.* **1.** Alumbre. **2.** Lejías en cuya composición entra el alumbre.
enjoyar *v. tr.* **1.** Adornar con joyas. **2.** Adornar. **3.** Engastar piedras preciosas.
enjuagar *v. tr.* **1.** Limpiar la boca o dentadura con agua u otro licor. También prnl. **2.** Lavar con agua una vasija.
enjuague *s. m.* **1.** Agua u otro licor para enjuagar o enjuagarse. **2.** Vaso para enjuagarse. **3.** Intriga fraudulenta.
enjugar *v. tr.* Quitar la humedad.
enjuiciamiento *s. m.* Instrucción legal de los asuntos en que entienden los jueces y tribunales.
enjuiciar *v. tr.* **1.** Someter una cuestión a examen. **2.** Juzgar una causa.
enjulio *s. m.* Madero de los telares de paños en el cual se va arrollando la urdimbre.
enjuncar *v. tr.* Cubrir de juncos. También prnl.
enjundia *s. f.* **1** Unto y gordura. **2.** Lo más sustancioso de algo. **3.** Fuerza, vigor.
enjuto, ta *adj.* Delgado, seco.
enlabiar[1] *v. tr.* Acercar, aplicar los labios.
enlabiar[2] *v. tr.* Seducir, engañar con palabras dulces y promesas.
enlabio *s. m.* Engaño con palabras seductoras.
enlace *s. m.* **1.** Unión, trabazón. **2.** Lo que enlaza una cosa con otra. **3.** *fig.* Parentesco, casamiento.
enlaciar *v. tr.* Poner lacia una cosa.
enladrillar *v. tr.* Solar, formar de ladrillos el pavimento.
enlagunar *v. tr.* Convertir un terreno en laguna.
enlanado, da *adj.* Cubierto o lleno de lana.
enlatar *v. tr.* Meter alguna cosa en una caja de hojalata.
enlazar *v. tr.* **1.** Juntar con lazos. **2.** Unir. También prnl. ‖ *v. prnl.* **3.** Casarse.
enlechar *v. tr.* Cubrir con una lechada.
enlerdar *v. tr.* Entorpecer, retardar.
enligar *v. tr.* Untar con liga.

enllantar *v. tr.* Guarnecer con llantas las ruedas.
enllentecer *v. tr.* Reblandecer o ablandar.
enlobreguecer *v. tr.* Oscurecer, poner lóbrego.
enlodar *v. tr.* **1.** Manchar con lodo. También prnl. **2.** *fig.* Infamar. También prnl.
enlodazar *v. tr.* Enlodar.
enloquecer *v. tr.* **1.** Hacer perder el juicio. ‖ *v. intr.* **2.** Volverse loco.
enlosado *s. m.* Suelo cubierto de losas.
enlosar *v. tr.* Solar con losas.
enlozanarse *v. prnl.* Lozanear, mostrar lozanía.
enlucido *s. m.* Capa de yeso, estuco, etc., que se da a las paredes.
enlucir *v. tr.* **1.** Poner una capa de yeso o argamasa a las paredes, techos, etc. **2.** Limpiar los metales.
enlustrecer *v. tr.* Poner limpio y lustroso algo.
enlutar *v. tr.* **1.** Cubrir de luto. También prnl. **2.** *fig.* Entristecer, afligir.
enmaderar *v. tr.* Cubrir con madera los techos, las paredes y otras cosas.
enmadrarse *v. prnl.* Encariñarse excesivamente el hijo con la madre.
enmagrecer *s. m.* Enflaquecer, adelgazar.
enmalecer *v. tr.* Malear, echar a perder.
enmarañar *v. tr.* Enredar, revolver. También prnl.
enmararse *v. prnl.* Entrar la nave en alta mar.
enmaridar *v. tr.* Casarse la mujer. También prnl.
enmaromar *v. tr.* Atar o sujetar con maromas.
enmascarar *v. tr.* **1.** Cubrir el rostro con máscara. También prnl. **2.** *fig.* Encubrir.
enmelar *v. tr.* **1.** Untar con miel. **2.** Hacer miel las abejas.
enmendar *v. tr.* **1.** Corregir, quitar defectos. También prnl. **2.** Rectificar una sentencia. **3.** Enderezar.
enmienda *s. f.* **1.** Corrección de un error. **2.** Propuesta de variante de un proyecto.
enmohecer *v. tr.* **1.** Cubrir de moho. También prnl. **2.** Inutilizar. También prnl.
enmollecer *v. tr.* Ablandar. También prnl.
enmoquetar *v. tr.* Cubrir con moqueta.
enmudecer *v. tr.* **1.** Hacer callar. ‖ *v. intr.* **2.** Quedar mudo. **3.** Guardar silencio.
ennegrecer *v. tr.* Teñir de negro, poner negro. También prnl.
ennoblecer *v. tr.* **1.** Hacer noble. También prnl. **2.** *fig.* Dignificar.
enodio *s. m.* Ciervo de tres a cinco años de edad.
enojar *v. tr.* **1.** Causar enojo. Se usa más como prnl. **2.** Molestar, desazonar.
enojo *s. m.* Molestia, pesar, trabajo.
enología *s. f.* Conjunto de conocimientos relativos a los vinos.
enorgullecer *v. tr.* Llenar de orgullo. Se usa más como prnl.
enorme *adj.* Desmedido, excesivo.
enquiciar *v. tr.* Poner una cosa en su quicio o en orden. También prnl.
enquiridión *s. m.* Libro manual.
enquistarse *v. prnl.* Formarse un quiste.
enrabiar *v. tr.* Encolerizar.
enraizar *v. intr.* Arraigar. También prnl.
enralecer *v. intr.* Ponerse ralo.
enramada *s. f.* Adorno hecho con ramas de árboles.
enramar *v. tr.* **1.** Entretejer varios ramos. ‖ *v. intr.* **2.** Echar ramas un árbol.
enranciar *v. tr.* Poner o hacer rancia una cosa. También prnl.
enrarecer *v. tr.* **1.** Dilatar un cuerpo gaseoso haciéndolo menos denso. También prnl. **2.** Contaminar el aire.
enrarecimiento *s. m.* Falta de oxígeno en el aire.
enrasar *v. tr.* Hacer que quede plana y lisa la superficie de una obra.
enredadera *s. f.* Planta de tallos trepadores y flores en campanillas róseas.
enredar *v. tr.* **1.** Prender con red. **2.** Entretejer, enmarañar algo. También prnl.
enredo *s. m.* **1.** Complicación y maraña. **2.** *fig.* Travesura. **3.** *fig.* Engaño, mentira.
enrejado *s. m.* **1.** Conjunto de rejas. **2.** Especie de celosía de cañas o varas.
enrejar *v. tr.* **1.** Poner rejas o cercar con rejas. **2.** Meter a alguien en la cárcel.
enrevesado, da *adj.* Intrincado o difícil de entender.
enriquecer *v. tr.* **1.** Hacer rica a una persona, comarca, etc. **2.** *fig.* Adornar.
enriscar *v. tr., fig.* Levantar, elevar.
enristrar *v. tr.* **1.** Poner la lanza en el ristre. **2.** *fig.* Ir derecho hacia una parte.
enrocar *v. tr.* En el juego de ajedrez, mudar de lugar al rey al mismo tiempo que la torre.
enrojar *v. tr.* **1.** Enrojecer. También prnl. **2.** Calentar el horno.

enrojecer *v. tr.* **1.** Poner rojo algo con calor o fuego. También prnl. **2.** Dar color rojo. || *v. prnl.* **3.** Encenderse el rostro.

enrolar *v. tr.* **1.** Inscribir un individuo en la lista de tripulantes de un barco. También prnl. || *v. prnl.* **2.** Inscribirse en el ejército, en un partido político, etc.

enrollar *v. tr.* **1.** Poner en forma de rollo. **2.** *fam.* Convencer. || *v. prnl.* **3.** *fam.* Distraerse con algo.

enromar *v. tr.* Poner romo. También prnl.

enronquecer *v. tr.* Poner ronco a alguien. Se usa más como prnl.

enroscar *v. tr.* **1.** Dar forma de rosca. También prnl. **2.** Introducir una cosa a vuelta de rosca.

enrudecer *v. tr.* Hacer rudo a alguien. También prnl.

enruinecer *v. intr.* Hacerse ruin.

ensabanar *v. tr.* Cubrir con sábanas.

ensacar *v. tr.* Meter algo en un saco.

ensaimada *s. f.* Bollo formado por una tira de pasta hojaldrada en espiral.

ensalada *s. f.* **1.** Hortaliza aderezada. **2.** *fig.* Mezcla confusa de cosas.

ensaladera *s. f.* Fuente honda en que se sirve la ensalada.

ensalivar *v. tr.* Llenar o empapar de saliva. También prnl.

ensalmar *v. tr.* **1.** Componer los huesos dislocados o rotos. **2.** Curar con ensalmos.

ensalmo *s. m.* Modo supersticioso de curar.

ensalobrarse *v. prnl.* Hacerse el agua amarga y salobre.

ensalzar *v. tr.* **1.** Engrandecer, exaltar. **2.** Alabar, elogiar. También prnl.

ensamblaje *s. m.* Acoplamiento.

ensamblar *v. tr.* Unir, juntar.

ensamble *s. m.* Acción y efecto de ensamblar.

ensanchar *v. tr.* **1.** Dilatar la anchura de una cosa. || *v. prnl.* **2.** Engreírse.

ensanche *s. m.* **1.** Dilatación, extensión. **2.** Terreno dedicado a nuevas edificaciones en las afueras de una población.

ensangrentar *v. tr.* Manchar o teñir con sangre. También prnl.

ensañar *v. tr.* **1.** Enfurecer. || *v. prnl.* **2.** Deleitarse en causar el mayor daño posible.

ensartar *v. tr.* **1.** Pasar por un hilo, alambre, etc., varias cosas. **2.** Enhebrar. **3.** Atravesar. **4.** Decir cosas sin conexión.

ensayar *v. tr.* **1.** Probar una cosa antes de usarla. **2.** Hacer la prueba de un espectáculo antes de ejecutarlo ante el público.

ensayo *s. m.* **1.** Subgénero literario en prosa, que trata con brevedad y claridad diversos temas. **2.** Prueba.

ensebar *v. tr.* Untar con sebo.

enseguida *adv. m.* Inmediatamente.

ensenada *s. f.* Entrada del mar en la tierra formando un seno.

enseña *s. f.* Insignia o estandarte.

enseñanza *s. f.* **1.** Sistema y método de dar instrucción. **2.** Ejemplo o suceso que nos sirve de experiencia.

enseñar *v. tr.* **1.** Instruir. **2.** Dar advertencia, ejemplo o escarmiento. **3.** Indicar, dar señas de una cosa. **4.** Mostrar.

enseñorear *v. tr.* Hacer dueño y señor de algo. También prnl.

enserar *v. tr.* Cubrir con sera de esparto.

enseres *s. m. pl.* Muebles, utensilios, etc., necesarios para algún fin.

ensiforme *adj.* En forma de espada.

ensilar *v. tr.* Encerrar en el silo los granos y semillas.

ensillar *v. tr.* Poner la silla a la caballería.

ensimismarse *v. prnl.* Abstraerse.

ensoberbecer *v. tr.* Causar o excitar soberbia en alguien. También prnl.

ensogar *v. tr.* Atar con soga.

ensolver *v. tr.* Incluir una cosa en otra.

ensombrecer *v. tr.* **1.** Oscurecer. También prnl. || *v. prnl.* **2.** *fig.* Entristecerse.

ensordecedor, ra *adj.* Se dice del ruido o sonido muy intenso.

ensordecer *v. tr.* **1.** Causar sordera. **2.** Convertir una consonante sonora en sorda. **3.** Perturbar a alguien la intensidad de un sonido. || *v. intr.* **4.** Quedarse sordo.

ensortijar *v. tr.* Encrespar. También prnl.

ensuciar *v. tr.* Manchar. También prnl.

ensueño *s. m.* **1.** Sueño, cosa que se sueña. **2.** Ilusión, fantasía.

entabacarse *v. prnl.* Abusar del tabaco.

entablado *s. m.* Suelo formado de tablas.

entablamento *s. m.* Conjunto de molduras que coronan un edificio.

entablar *v. tr.* **1.** Cubrir con tablas. **2.** Dar comienzo a una conversación, batalla.

entablillar *v. tr.* Sujetar con tablillas y vendaje el hueso roto o quebrado.

entalamar *v. tr.* Poner toldo a un carro.

entalegar *v. tr.* Meter una cosa en talegos.

entallar[1] *v. tr.* Tallar figuras en madera, bronce, etc.

entallar[2] *v. tr.* Ajustar al talle. También prnl. e intr.

entallecer *v. intr.* Echar tallos las plantas y árboles.

entalonar *v. intr.* Echar renuevos los árboles de hoja perenne; como olivos, naranjos, etc.

entapizar *v. tr.* **1.** Cubrir con tapices. **2.** Forrar con telas las paredes, sillas, etc.

entarimado *s. m.* Entablado del suelo.

entarimar *v. tr.* Cubrir con tarimas.

entarquinar *v. tr.* Abonar las tierras con tarquín.

éntasis *s. f.* Parte más abultada del fuste de algunas columnas.

ente *s. m.* **1.** Lo que es, existe o puede existir. **2.** *fig.* Sujeto ridículo.

enteco, ca *adj.* Enfermizo, flaco, débil.

entelequia *s. f.* **1.** Estado de perfección al que tiende cada especie. **2.** Cosa irreal.

entelerido, da *adj.* Sobrecogido de frío o de pavor.

entena *s. f.* Palo encorvado y muy largo al cual va asegurada la vela latina.

entender *v. tr.* **1.** Comprender las cosas. ‖ *v. prnl.* **2.** Comprenderse a sí mismo. **3.** Conocer el ánimo o intención de alguien.

entendido, da *adj.* Sabio, docto perito, diestro.

entendimiento *s. m.* **1.** Facultad de comprender. **2.** Razón humana. **3.** Relación amistosa entre los pueblos.

entenebrecer *v. tr.* Oscurecer, llenar de tinieblas. También prnl.

enteralgia *s. f.* Dolor intestinal agudo.

enterar *v. tr.* **1.** Informar. También prnl. ‖ *v. prnl.* **4.** Notar, darse cuenta.

entereza *s. f.* **1.** Integridad. **2.** Fortaleza. **3.** *fig.* Severa observancia de la disciplina.

entérico, ca *adj.* Perteneciente o relativo a los intestinos.

enternecer *v. tr.* **1.** Ablandar. También prnl. **2.** Mover a la ternura. También prnl.

entero, ra *adj.* **1.** Íntegro. **2.** Se dice de la persona que tiene entereza. **3.** Robusto.

enterrador *s. m.* Sepulturero.

enterramiento *s. m.* **1.** Entierro. **2.** Sepulcro. **3.** Sepultura.

enterrar *v. tr.* **1.** Poner debajo de tierra. **2.** Dar sepultura. **3.** Relegar al olvido.

entesar *v. tr.* Poner tirante y tensa una cosa.

entestado, da *adj.* Testarudo.

entibación *s. f.* Acción y efecto de entibar.

entibar *v. intr.* **1.** Estribar. ‖ *v. tr.* **2.** Apuntalar con maderas las excavaciones.

entibiar *s. m.* Poner tibio un líquido, darle un grado de calor moderado. También prnl.

entidad *s. f.* **1.** Lo que constituye la esencia de un género. **2.** Ente. **3.** Empresa.

entierro *s. m.* **1.** Sitio en que se entierran los difuntos. **2.** El cadáver que se lleva a enterrar con su acompañamiento.

entimema *s. m.* Silogismo imperfecto en el que se sobreentiende una de las premisas.

entintar *v. tr.* Untar o teñir con tinta.

entolar *v. tr.* Pasar de un tul a otro las flores o dibujos de un encaje.

entoldar *v. tr.* Cubrir con toldos.

entomófilo, la *adj.* Aficionado a los insectos.

entomología *s. f.* Parte de la zoología que trata de los insectos.

entonación *s. f.* Inflexión de la voz según el sentido de lo que se dice.

entonar *v. tr.* **1.** Cantar ajustado al tono; afinar la voz. También intr. **2.** Dar el tono a los demás. **3.** Envanecerse.

entonces *adv. t.* **1.** En aquel tiempo u ocasión. ‖ *adv. m.* **2.** En tal caso, siendo así.

entonelar *v. tr.* Introducir algo en toneles.

entono *s. m.* **1.** Entonación. **2.** *fig.* Arrogancia, presunción.

entontecer *v. tr.* **1.** Poner tonto. ‖ *v. intr.* **2.** Volverse tonto. También prnl.

entorchar *v. tr.* **1.** Formar antorchas. **2.** Cubrir un hilo o cuerda enroscándoles otro.

entorilar *v. tr.* Meter el toro en el toril.

entornar *v. tr.* **1.** Volver la puerta o la ventana sin cerrarla del todo. **2.** Se dice de los ojos cuando no se cierran del todo.

entornillar *v. tr.* Hacer o disponer una cosa en forma de tornillo.

entorno *s. m.* Conjunto de personas, objetos y circunstancias que rodean algo.

entorpecer *v. tr.* **1.** Poner torpe. También prnl. **2.** Dificultar. También prnl.

entortar *v. tr.* Dejar a alguien tuerto.

entosigar *v. tr.* Atosigar, envenenar.

entozoario *s. m.* Parásito que vive en el interior del cuerpo de un animal.

entrada *s. f.* **1.** Espacio por donde se entra. **2.** *fig.* Billete para entrar.

entramado *s. m.* Armazón de madera.

entramar *v. tr.* Hacer un entramado.

entrambos, bas *adj. pl.* Ambos.

entrampar *v. tr.* **1.** Caer en la trampa. También prnl. ‖ *v. prnl.* **2.** Endeudarse.

entraña *s. f.* **1.** Cada uno de los órganos de las cavidades del pecho y del vientre. ‖ *s. f. pl.* **2.** *fig.* Lo más oculto y escondido.

entrañar *v. tr.* **1.** Introducir en lo más hondo. También prnl. ‖ *v. prnl.* **2.** Unirse de todo corazón con alguien.

entrapajarse *v. prnl.* Entraparse.

entraparse *v. prnl.* Llenarse de polvo y mugre una tela, el pelo, etc.

entrar *v. intr.* **1.** Ir de fuera a dentro. **2.** Encajar. **3.** Acometer. ‖ *v. tr.* **4.** Introducir algo. ‖ *v. prnl.* **5.** Meterse en algún lugar.

entre *prep.* **1.** Denota situación o estado en medio de dos o más acciones o cosas. **2.** Dentro de. **3.** Denota situación, cooperación, estado, participación en un grupo.

entreabrir *v. tr.* Abrir un poco o a medias. También prnl.

entreacto *s. m.* Intermedio en una representación.

entreancho, cha *adj.* Se dice de lo que no es ancho ni angosto.

entrecano, na *adj.* Se dice del cabello o barba a medio encanecer.

entrecavar *v. tr.* Cavar ligeramente.

entrecejo *s. m.* **1.** Espacio que hay entre las cejas. **2.** *fig.* Ceño, sobrecejo.

entrechocar *v. tr.* Chocar una cosa con otra.

entrecoger *v. tr.* Coger a una persona o cosa de modo que no se pueda escapar sin dificultad.

entrecomillar *v. tr.* Poner entre comillas una o varias palabras.

entrecoro *s. m.* Espacio que hay entre el coro y la capilla mayor en las catedrales.

entrecortar *v. tr.* Cortar una cosa sin acabar de dividirla.

entrecot *s. m.* Filete grueso de carne de vacuno.

entrecruzar *v. tr.* Cruzar dos o más cosas entre sí. También prnl.

entrecuesto *s. m.* Espinazo de un animal.

entredicho *s. m.* Prohibición de hacer o decir alguna cosa.

entredós *s. m.* **1.** Tira de encaje que se cose entre dos telas. **2.** Armario bajo, generalmente colocado entre dos huecos.

entrefino, na *adj.* De calidad media.

entreforro *s. m.* Entretela, lienzo que se pone entre la tela y el forro.

entrega *s. f.* **1.** Cada uno de los cuadernos impresos en que se suele dividir un libro. **2.** Lo entregado de una vez.

entregar *v. tr.* **1.** Poner en poder de otro. ‖ *v. prnl.* **2.** Someterse a alguien. **3.** Dedicarse enteramente a una cosa.

entrejuntar *v. tr.* Enlazar los entrepaños de las puertas, ventanas, etc., con los travesaños.

entrelazar *v. tr.* Enlazar, entretejer una cosa con otra.

entrelínea *s. f.* Lo escrito entre dos líneas.

entrelistado, da *adj.* Trabajado a listas de diferente color.

entrelucir *v. intr.* Dejarse ver una cosa entremedias de otra o al través.

entremedias *adv. t. y adv. l.* Entre uno y otro tiempo, espacio, lugar o cosa.

entremés *s. m.* **1.** Manjares ligeros que se sirven antes del primer plato. **2.** Pieza dramática jocosa de un solo acto.

entremeter *v. tr.* Meter una cosa entre otras.

entremezclar *v. tr.* Mezclar una cosa con otra sin confundirlas.

entrenador, ra *s. m. y s. f.* Persona que entrena personas o animales.

entrenar *v. tr.* Preparar, adiestrar personas o animales. También prnl.

entrenzar *v. tr.* Trenzar.

entreoír *v. tr.* Oír una cosa sin percibirla bien.

entrepanes *s. m. pl.* Tierras no sembradas entre otras que lo están.

entrepaño *s. m.* **1.** Espacio de la pared entre dos columnas, pilastras o huecos. **2.** Anaquel del estante o de la alacena.

entrepelar *v. intr.* Estar mezclado el pelo de un color con el de otro distinto. También prnl.

entrepierna *s. f.* **1.** Parte inferior de los muslos. **2.** *fam.* Genitales.

entrepiso *s. m.* Piso que se construye quitando parte de la altura de otro y que queda entre éste y el superior.

entreplanta *s. f.* Entrepiso de tiendas, oficinas, etc.
entrepunzar *v. tr.* Punzar una cosa.
entresacar *v. tr.* Sacar una cosa de otra.
entresijo *s. m.* Cosa interior, escondida.
entresuelo *s. m.* Habitación entre el cuarto bajo y el principal de una casa.
entretalla *s. f.* Media talla o bajo relieve.
entretanto *adv. t.* Entre tanto.
entretejer *v. tr.* **1.** Mezclar hilos diferentes en la tela que se teje. **2.** Trabar, enlazar.
entretela *s. f.* **1.** Lienzo, entre la tela y el forro. ‖ *s. f. pl.* **2.** Lo íntimo del corazón.
entretener *v. tr.* **1.** Divertir, distraer. También prnl. **2.** Dar largas a un negocio.
entretenimiento *s. m.* Cosa que sirve para entretener.
entretiempo *s. m.* Tiempo de primavera y otoño.
entreuntar *v. tr.* Untar ligeramente.
entrevenarse *v. prnl.* Introducirse por las venas.
entreventana *s. f.* Espacio macizo de pared entre dos ventanas.
entrever *v. tr.* **1.** Ver confusamente una cosa. **2.** Conjeturarla, sospecharla.
entreverar *v. tr.* Mezclar, introducir una cosa entre otras.
entrevía *s. f.* Espacio libre que queda entre dos raíles.
entrevista *s. f.* Conferencia de una o más personas para tratar un asunto.
entrevistar *v. tr.* **1.** Hacer entrevistas. ‖ *v. prnl.* **2.** Tener una entrevista con una persona.
entristecer *v. tr.* **1.** Causar tristeza. ‖ *v. prnl.* **2.** Ponerse triste y melancólico.
entrometer *v. tr.* **1.** Meter una cosa entre otras. ‖ *v. prnl.* **2.** Meterse alguien donde no le llaman.
entronar *v. tr.* Entronizar.
entroncar *v. intr.* **1.** Tener parentesco. **2.** Contraer parentesco. También prnl.
entronizar *v. tr.* **1.** Colocar en el trono. **2.** *fig.* Ensalzar. ‖ *v. prnl.* **3.** *fig.* Engreírse.
entronque *s. m.* Parentesco entre personas que tienen un tronco común.
entruchar *v. tr.* Atraer a alguien con disimulo y engaño para meterlo en algún negocio.
entubar *v. tr.* Poner tubos en alguna cosa.
entuerto *s. m.* Tuerto, injusticia o agravio.
entullecer *v. tr.* Tullirse. También prnl.
entumecer *v. tr.* Entorpecer el movimiento de un miembro. También prnl.
entumirse *v. prnl.* Entorpecerse un músculo.
entupir *v. tr.* Obstruir o cerrar un conducto.
enturbiar *v. tr.* Hacer o poner turbia una cosa. También prnl.
entusiasmar *v. tr.* Infundir entusiasmo. También prnl.
entusiasmo *s. m.* **1.** Exaltación del ánimo. **2.** Adhesión fervorosa a una causa.
entusiasta *adj.* Que siente entusiasmo. También s. m. y s. f.
enumeración *s. f.* Expresión sucesiva y ordenada de las partes de un todo.
enumerar *v. tr.* Hacer enumeración de las cosas.
enunciar *v. tr.* Expresar alguien breve y sencillamente una idea.
enunciativo, va *adj.* Se dice de las oraciones que afirman o niegan algo de un sujeto.
envainar *v. tr.* Meter un arma en la vaina.
envalentonar *v. tr.* **1.** Infundir valentía. ‖ *v. prnl.* **2.** Echárselas de valiente.
envalijar *v. tr.* Meter en la valija una cosa.
envanecer *v. tr.* **1.** Infundir soberbia o vanagloria a alguien. También prnl.
envarar *v. tr.* Entorpecer el movimiento de un miembro. También v. prnl.
envaronar *v. tr.* Crecer con robustez.
envasar *v. tr.* Echar un líquido en envases; introducir en recipientes adecuados.
envase *s. m.* Recipiente o vaso en que se conservan y transportan ciertos géneros.
envedijarse *v. prnl.* Hacerse vedijas en el pelo, la lana, etc.
envejecer *v. intr.* **1.** Hacerse vieja una persona o cosa. También prnl. ‖ *v. tr.* **2.** Hacer vieja a una persona o cosa.
envenenar *v. tr.* **1.** Emponzoñar. También prnl. **2.** *fig.* Interpretar en mal sentido las palabras o acciones.
enverar *v. intr.* Empezar las frutas, principalmente la uva, a tomar color de maduras.
enverdecer *v. intr.* Reverdecer el campo, las plantas, etc.
envergadura *s. f.* **1.** Ancho de una vela. **2.** Distancia entre las puntas de las alas abiertas de las aves, aviones, etc. **3.** *fig.* Importancia, amplitud, alcance.
envergar *v. tr.* Sujetar las velas a las vergas.
enverjado *s. m.* Conjunto de rejas de un edificio o de una verja.

envero *s. m.* Color que toman las uvas y otras frutas cuando comienzan a madurar.
envés *s. m.* Revés.
envestir *v. tr.* Investir.
enviar *v. tr.* Hacer que una persona o cosa vaya o sea llevada a alguna parte.
enviciar *v. tr.* **1.** Corromper con vicio. ‖ *v. prnl.* **2.** Aficionarse demasiado a una cosa.
envidar *v. tr.* Hacer envite en el juego.
envidia *s. f.* **1.** Pesar del bien ajeno. **2.** Deseo de imitar las acciones de otro.
envidiar *v. tr.* **1.** Tener envidia, sentir el bien ajeno. **2.** *fig.* Desear lo ajeno.
envigar *v. tr.* Asentar las vigas de un edificio.
envilecer *v. tr.* **1.** Hacer vil y despreciable a una persona o cosa. ‖ *v. prnl.* **2.** Perder alguien la estimación que tenía.
envinagrar *v. tr.* Echar vinagre en una cosa.
envinar *v. tr.* Echar vino en el agua.
envío *s. m.* Remesa.
envión *s. m.* Empujón.
enviscar *v. tr.* **1.** Azuzar. **2.** *fig.* Irritar.
envite *s. m.* **1.** Apuesta de algunos juegos. **2.** *fig.* Ofrecimiento. **3.** *fig.* Empujón.
enviudar *v. intr.* Quedar viudo o viuda.
envoltorio *s. m.* **1.** Lío. **2.** Papel, lienzo, arpillera, etc., que sirve para envolver.
envolver *v. tr.* **1.** Cubrir una cosa rodeándola con algo. **2.** Contener una cosa a otra. ‖ *v. prnl.* **3.** Mezclarse entre otros.
enyesar *v. tr.* Tapar o acomodar con yeso.
enyugar *v. tr.* Uncir y poner el yugo.
enzarzar *v. tr.* **1.** Cubrir de zarzas. **2.** Enredar sembrando discordias. También prnl.
enzima *s. amb.* Fermento soluble del organismo animal.
enzunchar *v. tr.* Asegurar con zunchos o flejes.
enzurizar *v. tr.* Enzarzar o sembrar discordia.
eoceno *adj.* Se dice del terreno que forma la base o comienzo del terreno terciario.
eólico, ca *adj.* Producido por el viento.
eolito *s. m.* Piedra de cuarzo usada como instrumento por el hombre primitivo.
¡epa! *interj.* **1.** ¡hola! **2.** Se usa para animar.
epacta *s. f.* Número de días en que el año solar excede al lunar común de 12 lunaciones.
epanadiplosis *s. f.* Figura que consiste en repetir al fin de una cláusula el mismo vocablo con que empieza.
epéntesis *s. f.* Adición de una letra en medio de un vocablo.
eperlano *s. m.* Pez de los grandes ríos del norte de Europa, muy parecido a la trucha.
épica *s. f.* Género literario escrito en verso que canta las hazañas de los héroes.
epicardio *s. m.* Membrana que rodea el corazón.
epicedio *s. m.* Poesía, discurso, etc., dedicada a una persona muerta, en la cual se le alaba.
epiceno *adj.* Se dice del género de los nombres de animales cuando con el mismo término y artículo designan el macho y la hembra, como la perdiz, el jilguero.
epicentro *s. m.* Centro superficial de un fenómeno sísmico.
epiciclo *s. m.* Círculo con el centro fijo en la circunferencia de otro círculo de radio mayor, llamado deferente.
epidemia *s. f.* Enfermedad que temporalmente aflige a un pueblo, acometiendo a la vez a gran número de personas.
epidermis *s. f.* Membrana exterior de la piel.
epifanía *s. f.* Festividad que celebra la Iglesia de la adoración de los Reyes.
epífisis *s. f.* Extremo de los huesos largos.
epigastrio *s. m.* Región superior del abdomen, desde la punta del esternón hasta cerca del ombligo.
epiglotis *s. f.* Cartílago sujeto a la parte posterior de la lengua, que tapa la glotis.
epígono *s. m.* Que sigue a otro.
epígrafe *s. m.* **1.** Resumen, cita o sentencia que suele ponerse a la cabeza de una obra. **2.** Inscripción en piedra, metal, etc.
epigrafía *s. f.* Ciencia cuyo objeto es el estudio de las inscripciones.
epigrama *s. m.* **1.** Inscripción en piedra, metal. **2.** Composición poética breve, por lo común festiva o satírica. También s. f.
epilepsia *s. f.* Enfermedad nerviosa, caracterizada por convulsiones y pérdida brusca del conocimiento.
epilogar *v. tr.* Resumir, compendiar una obra o escrito.
epílogo *s. m.* **1.** Recapitulación de todo lo dicho. **2.** *fig.* Última parte del discurso.
epinicio *s. m.* Canto de victoria.
epiqueya *s. f.* Interpretación moderada y prudente de la ley, según las circunstancias de tiempo, lugar y persona.

episcopado *s. m.* **1.** Dignidad de obispo. **2.** Conjunto de obispos.

episcopio *s. m.* Aparato para la proyección de la imagen de los cuerpos opacos.

episodio *s. m.* **1.** Acción secundaria en una obra literaria. **2.** Suceso enlazado con otros que forman un conjunto.

epístola *s. f.* **1.** Carta misiva que se escribe a los ausentes. **2.** Parte de la misa.

epistolario *s. m.* Libro que contiene una colección de cartas o epístolas de un autor.

epitafio *s. m.* Inscripción propia para ponerla sobre un sepulcro.

epitalamio *s. m.* Composición lírica en celebración de una boda.

epitelio *s. m.* Tejido o capa superficial que cubre la piel y las membranas mucosas.

epitelioma *s. m.* Tumor canceroso que se desarrolla en diferentes partes de la piel.

epítema *s. f.* Medicamento tópico que se aplica en forma de apósito.

epíteto *s. m.* Adjetivo que denota una cualidad inherente al nombre al que se refiere.

epítimo *s. m.* Planta parásita con tallos filiformes, encarnados y sin hojas; flores rojizas y simiente menuda y redonda.

epitomar *v. tr.* Reducir a epítome una obra.

epítome *s. m.* Compendio, resumen.

epizoario *s. m.* Animal que vive como parásito sobre el cuerpo de otro.

epizootia *s. f.* Epidemia de una o varias especies de animales.

época *s. f.* **1.** Período de tiempo que se señala por los hechos históricos acaecidos en él. **3.** Temporada de gran duración.

epónimo, ma *adj.* Que da nombre a un pueblo, a una tribu, a un período, etc.

epopeya *s. f.* **1.** Poema narrativo de tema heroico. **2.** Conjunto de hechos gloriosos.

épsilon *s. f.* Nombre de la letra "e" breve del alfabeto griego.

epulón *s. m., fig.* Persona que come y se regala mucho.

equiángulo *adj.* Se aplica a las figuras y sólidos cuyos ángulos son todos iguales.

equidad *s. f.* **1.** Igualdad de ánimo. **2.** Propensión a dejarse guiar por el sentimiento del deber. **3.** Moderación en el precio o en las condiciones de los contratos.

equidiferencia *s. f.* Igualdad de dos razones por diferencia.

equidistancia *s. f.* Igualdad de distancia entre varios puntos u objetos.

equidistar *v. intr.* Distar igualmente.

equidna *s. m.* Mamífero insectívoro, de cabeza pequeña, hocico afilado, lengua larga y muy extensible, con espinas; el cuerpo cubierto de pelo oscuro, entre el que salen unas púas en el dorso y los costados, semejantes a las del erizo.

équido, da *adj.* Se dice de los mamíferos cuyas extremidades acaban en un solo dedo; como el caballo. También s. m.

equilátero, ra *adj.* Se aplica a las figuras cuyos lado son todos iguales.

equilibrar *v. tr.* **1.** Poner en equilibrio. También prnl. **2.** *fig.* Hacer que una cosa no exceda ni supere a otra.

equilibrio *s. m.* **1.** Estado de un cuerpo solicitado por fuerzas que se contrarrestan. **2.** Armonía. **3.** *fig.* Ecuanimidad.

equilibrista *adj.* Diestro en hacer ejercicios de equilibrio.

equimosis *s. f.* Mancha lívida en la piel, a consecuencia de un golpe, fuerte ligadura, etc.

equino, na *adj.* Relativo al caballo.

equinoccio *s. m.* Época del año en que los días son iguales a las noches.

equinococo *s. m.* Larva de una tenia de tres a cinco mm de largo que vive en el intestino del perro y de otros mamíferos carnívoros; puede pasar al cuerpo de algunos rumiantes y al del ser humano, alojándose en el hígado y en los pulmones, donde crece hasta alcanzar el tamaño de la cabeza de un niño.

equipaje *s. m.* Conjunto de cosas que se llevan en los viajes.

equipar *v. tr.* Proveer de las cosas necesarias. También prnl.

equiparar *v. tr.* Comparar una cosa con otra, considerándolas equivalentes.

equipo *s. m.* **1.** Conjunto de ropas, etc., para uso de una persona. **2.** Grupo organizado para un servicio, deporte, etc.

equipolencia *s. f.* Igualdad en el valor de varias cosas.

equiponderancia *s. f.* Igualdad en el peso.

equitación *s. f.* Arte de montar y manejar bien el caballo.

equitativo, va *adj.* Que tiene equidad.

equivalencia *s. f.* Igualdad en el valor, potencia o eficacia de dos o más cosas.

equivalente *adj.* Que equivale a otra cosa.

equivaler *v. intr.* **1.** Ser igual en el valor, potencia o eficacia. **2.** Ser de igual valor las áreas o volúmenes.

equivocación *s. f.* Cosa hecha equivocadamente.

equivocar *v. tr.* Tener o tomar una cosa por otra. Se usa más como prnl.

equívoco, ca *adj.* Que puede entenderse en varios sentidos.

era[1] *s. f.* **1.** Fecha desde la cual se empiezan a contar los años. **2.** Temporada larga.

era[2] *s. f.* Espacio descubierto donde se trillan las mieses.

eral, la *s. m. y s. f.* Res vacuna de más de un año y que no pasa de dos años.

erar *v. tr.* Formar eras para poner plantas.

erario *s. m.* Tesoro público.

erbio *s. m.* Metal muy raro.

erebo *s. m.* Infierno, averno.

erección *s. f.* **1.** Fundación. **2.** Tensión.

eréctil *adj.* Que tiene la facultad de levantarse, enderezarse o ponerse rígido.

erecto, ta *adj.* Enderezado, rígido.

eremita *s. m.* Ermitaño.

eremitorio *s. m.* Paraje donde hay una o más ermitas.

eretismo *s. m.* Exaltación de las propiedades vitales de un órgano.

ergio *s. m.* Unidad de energía equivalente al trabajo de una dina a lo largo de un cm.

ergo *conj. consec.* Por tanto, luego, pues.

ergonomía *s. f.* Estudios que tienden a mejorar la relación entre la capacidad humana y el ambiente y útiles de trabajo.

ergotina *s. f.* Principio activo del cornezuelo de centeno.

erguén *s. m.* Árbol espinoso de madera dura y semillas oleaginosas.

erguir *v. tr.* **1.** Poner derecha una cosa. También prnl. || *v. prnl.* **2.** *fig.* Engreírse.

erial *adj.* Se aplica a la tierra o campo sin cultivar. También s. m.

erigir *v. tr.* Fundar, instituir o levantar.

erina *s. f.* Instrumento metálico de uno o dos ganchos que usan los cirujanos para sujetar las partes sobre las que operan.

erisipela *s. f.* Enfermedad contagiosa, caracterizada por una inflamación de la piel y las mucosas, acompañada comúnmente de fiebre.

eritema *s. m.* Inflamación cutánea superficial caracterizada por manchas rojas.

eritrocito *s. m.* Célula esferoidal que da el color rojo a la sangre.

erizar *v. tr.* Levantar, poner rígida y tiesa una cosa. Se usa más como prnl.

erizo *s. m.* Mamífero insectívoro, con el dorso y los costados cubiertos de púas.

ermita *s. f.* Capilla o santuario situado por lo común en despoblado.

ermitaño, ña *s. m. y s. f.* **1.** Persona que vive en soledad. **2.** Persona que vive en la ermita y cuida de ella.

erogar *v. tr.* **1.** Distribuir bienes o caudales. **2.** Ocasionar, originar.

eros *s. m.* Conjunto de impulsos sexuales del ser humano.

erosión *s. f.* **1.** Depresión producida por el roce. **2.** Desgaste de la superficie terrestre por agentes externos.

erosionar *v. tr.* Producir erosión.

erotema *s. f.* Interrogación retórica.

erótico, ca *adj.* Perteneciente o relativo al amor.

erotismo *s. m.* **1.** Pasión fuerte de amor. **2.** Amor sensual exacerbado.

erotomanía *s. f.* Enajenación mental caracterizada por un delirio erótico.

errabundo, da *adj.* Errante.

erradicar *v. tr.* Arrancar de raíz.

erraj *s. m.* Cisco hecho con huesos de aceituna machacados.

errante *adj.* Que anda de una parte a otra sin tener asiento fijo.

errar *v. tr.* **1.** No acertar. También intr. || *v. intr.* **2.** Vagar || *v. prnl.* **3.** Equivocarse.

errata *s. f.* Equivocación material cometida en lo impreso o lo manuscrito.

errático, ca *adj.* Errante, que pasa de una parte a otra.

errátil *adj.* Errante, incierto, variable.

erróneo, a *adj.* Que contiene error.

error *s. m.* Acción o juicio desacertado o equivocado.

erubescencia *s. f.* Rubor, vergüenza.

eructar *v. intr.* Expeler con ruido por la boca los gases del estómago.

eructo *s. m.* Acción y efecto de eructar.
erudición *s. f.* Instrucción en varias ciencias y artes.
erudito, ta *adj.* Instruido en varias ciencias, artes y otras materias. También s. m. y s. f.
eruginoso, sa *adj.* Oxidado.
erupción *s. f.* **1.** Aparición en la piel de granos o vesículas. **2.** Emisión violenta de alguna materia sólida, líquida o gaseosa.
esbeltez *s. f.* Estatura descollada y airosa de los cuerpos o figuras.
esbelto, ta *adj.* Gallardo, de descollada altura.
esbirro, rra *s. m.* **1.** Alguacil, policía. ‖ *s. m. y s. f.* **2.** *fig.* Persona que sirve a otra que le paga para ejecutar violencias.
esbozar *v. tr.* Bosquejar.
esbozo *s. m.* Bosquejo, boceto.
escabechar *v. tr.* Echar en escabeche.
escabeche *s. m.* Adobo con vinagre, hojas de laurel,etc., para conservar viandas.
escabechina *s. f., fig.* Riza, destrozo, estrago.
escabel *s. m.* **1.** Banquillo para apoyar los pies. **2.** Asiento pequeño sin respaldo.
escabiosa *s. f.* Planta herbácea con tallo velloso, hojas inferiores ovaladas y lobuladas las superiores, flores en cabezuela con corola azulada.
escabioso, sa *adj.* Perteneciente o relativo a la sarna.
escabroso, sa *adj.* **1.** Desigual, lleno de dificultades. **2.** *fig.* Áspero, duro.
escabuche *s. f.* Azada pequeña que se usa para escardar.
escabullir *v. tr.* Escapar. También prnl.
escachar *v. tr.* Aplastar, despachurrar.
escacharrar *v. tr.* Romper un cacharro. También prnl.
escafandra *s. f.* Aparato compuesto de una vestidura impermeable, usada para permanecer bajo el agua.
escajo *s. m.* Tierra yerma que se pone en cultivo.
escala *s. f.* **1.** Escalera de mano. **2.** Línea graduada, dividida en partes iguales, que representan unidades de medida. **3.** Sucesión ordenada de las notas musicales.
escalada *s. f.* Acción y efecto de escalar.
escalafón *s. m.* Lista de los individuos de una corporación clasificados.
escálamo *s. m.* Estaca pequeña y redonda, fijada en el borde de una embarcación, a la cual se ata el remo.
escalar *v. tr.* **1.** Entrar valiéndose de escalas. **2.** Subir a una gran altura.
escaldar *v. tr.* **1.** Bañar con agua hirviendo una cosa. **2.** Abrasar con fuego.
escaleno *adj.* Se dice del triángulo que tiene los tres lados desiguales.
escalera *s. f.* Serie de escalones para subir y bajar.
escalfador *s. m.* Braserillo con tres pies, usado para mantener caliente la comida en la mesa.
escalfar *v. tr.* Cocer en agua hirviendo un huevo sin la cáscara.
escalinata *s. f.* Escalera exterior de un solo tramo y hecha de fábrica.
escalmo *s. m.* Estaca fijada en el borde de la embarcación para atar en ella el remo.
escalofrío *s. m.* Indisposición del cuerpo, en que a un tiempo se siente frío y calor.
escalón *s. m.* **1.** Peldaño. **2.** Grado a que se asciende en dignidad.
escalonar *v. tr.* Situar ordenadamente personas o cosas. También prnl.
escalope *s. m.* Filete delgado de vaca o de ternera, empanado o rebozado y frito.
escalpelo *s. m.* Bisturí que se usa principalmente en las disecciones de cadáveres.
escalplo *s. m.* Cuchilla de curtidores.
escama *s. f.* **1.** Membrana que cubre la piel de algunos animales. **2.** *fig.* Recelo.
escamar *v. tr.* **1.** Quitar escamas. **2.** Hacer que alguien desconfíe. También prnl.
escamel *s. m.* Instrumento de espaderos, en el cual se tiende y se sienta la espada para labrarla.
escamondar *v. tr.* Limpiar los árboles quitándole las ramas inútiles.
escamonea *v. tr.* Planta que produce una purgante gomorresina medicinal, del mismo nombre.
escamotear *v. tr.* Robar con astucia.
escampar *v. tr.* **1.** Despejar, desembarazar un sitio. ‖ *v. intr.* **2.** Cesar de llover.
escanciar *v. tr.* Echar el vino.
escandalizar *v. tr.* **1.** Causar escándalo. También prnl. ‖ *v. prnl.* **2.** Enojarse.
escandallo *s. m.* Sonda que se emplea para apreciar la calidad del fondo del agua.
escándalo *s. m.* **1.** Desenfreno, mal ejemplo. **3.** Alboroto, tumulto.
escandir *v. tr.* Medir el verso.
escáner *s. m.* Aparato que sirve para explorar el interior de un objeto.

escansión *s. f.* Medida de los versos.

escaño *s. m.* Banco con respaldo y capaz para sentarse tres o más personas.

escapar *v. tr.* **1.** Librar a alguien de un peligro. ‖ *v. intr.* **3.** Salir ocultamente de un sitio. También prnl.

escaparate *s. m.* Hueco acristalado que hay en la fachada de algunas tiendas, para colocar en él muestras de los géneros.

escapatoria *s. f.* **1.** Sitio por donde se escapa. **2.** Excusa, efugio.

escape *s. m.* **1.** Fuga apresurada. **2.** Fuga de un gas o un líquido. **3.** Válvula que abre o cierra la salida de los gases.

escápula *s. f.* Omóplato.

escapulario *s. m.* Tira de tela con una imagen, que cuelga del cuello.

escaque *s. m.* Cada una de las casillas del tablero de ajedrez o damas.

escara *s. f.* Costra que se produce por la gangrena o por una quemadura.

escarabajo *s. m.* Insecto coleóptero.

escaramujo *s. m.* Especie de rosal silvestre.

escaramuza *s. f.* Pelea de poca importancia entre las avanzadas de los ejércitos.

escarapela *s. f.* Divisa de cintas, que se colocaba en el sombrero.

escarbar *v. tr.* **1.** Arañar, rascar el suelo. **2.** *fig.* Inquirir algo que está oculto.

escarcela *s. f.* **1.** Especie de bolsa pendiente de la cintura. **2.** Especie de cofia.

escarceo *s. m.* **1.** Movimiento en la superficie del mar, con pequeñas olas. **2.** *fig.* Tentativa antes de iniciar una acción.

escarcha *s. f.* Rocío de la noche congelado.

escarchar *v. intr.* **1.** Formarse escarcha. ‖ *v. tr.* **2.** Preparar confituras cristalizando azúcar.

escarcina *s. f.* Espada corta y corva.

escardar *v. tr.* Entresacar y arrancar las hierbas malas de los sembrados.

escariar *v. tr.* Agrandar o redondear un agujero abierto en metal.

escarizar *v. tr.* Quitar la escara que se cría alrededor de las llagas.

escarlata *s. f.* Color carmesí fino, menos subido que el de la grana.

escarlatina *s. f.* Enfermedad contagiosa caracterizada por un exantema difuso, inflamación de la garganta y fiebre muy alta.

escarmenar *v. tr.* Escoger el mineral de entre los escombros.

escarmentar *v. tr.* Corregir con rigor al que ha errado para que se enmiende.

escarmiento *s. m.* Castigo, multa, pena.

escarnecer *v. tr.* Hacer mofa de alguien.

escarnio *s. m.* Agravio que deshonra.

escaro *s. m.* Pez acantopterigio de color rojo, comprimido, propio de las costas de Grecia.

escarola *s. f.* Especie hortense de achicoria, de hojas radicales y recortadas, que se comen en ensalada.

escarpa *s. f.* Plano inclinado que forma la muralla.

escarpado, da *adj.* Se dice de las alturas que tienen subida muy agria y peligrosa.

escarpar^1 *v. tr.* Limpiar por medio del escarpelo.

escarpar^2 *v. tr.* Cortar una montaña o terreno, peinándolo en plano inclinado.

escarpelo *s. m.* Instrumento con dientecillos de hierro que usan los carpinteros.

escarpia *s. f.* Clavo con cabeza acodillada.

escarpín *s. m.* Zapato de una sola suela y costura.

escarzano *adj.* Se dice del arco menor que el semicírculo del mismo radio.

escarzar^1 *v. tr.* Doblar un palo por medio de cuerdas para que forme un arco.

escarzar^2 *v. tr.* Sacar las patatas más gordas para que maduren las pequeñas.

escasear *v. tr.* **1.** Dar poco y de mala gana. **2.** Ahorrar, excusar. ‖ *v. intr.* **3.** Faltar.

escasez *s. f.* **1.** Cortedad, mezquindad. **2.** Pobreza o falta de lo necesario.

escaso, sa *adj.* Corto, poco, limitado.

escatimar *v. tr.* Dar con mezquindad.

escatología *s. f.* Estudio de los excrementos y suciedades.

escavar *v. tr.* Cavar ligeramente la tierra para ahuecarla y quitar la maleza.

escayola *s. f.* **1.** Yeso. **2.** Estuco. **3.** Venda con este yeso para corregir fracturas.

escayolar *v. tr.* Enducerer por medio de yeso o escayola los apósitos y vendajes destinados a sostener los huesos rotos.

escena *s. f.* **1.** Parte del teatro en que se representa la obra dramática. **2.** *fig.* Suceso de la vida real que se considera como espectáculo digno de atención.

escenario *s. m.* Parte del teatro donde se representan las obras dramáticas.

escenificar *v. tr.* Dar forma dramática a una obra literaria para ponerla en escena.
escenografía *s. f.* Conjunto de decorados que se montan en el escenario para ser utilizados en una representación teatral.
escepticismo *s. m.* Incredulidad, tendencia a recelar de la eficacia de una cosa.
esciente *adj.* Que sabe.
escinco *s. m.* Saurio acuático, de más de un m de longitud, cuyo cuerpo, cubierto de fuertes escamas, no tiene separación marcada entre la cabeza, el cuerpo y la cola; destruye los huevos de los cocodrilos y persigue sus crías.
escindir *v. tr.* Cortar, dividir, separar.
escisión *s. f.* **1.** Rompimiento, desavenencia. **2.** Todo tipo de reproducción, por segmentación en dos partes iguales.
esclarecer *v. tr.* **1.** Iluminar, poner en claro algo. **2.** *fig.* Ilustrar el entendimiento.
esclarecido, da *adj.* Claro, ilustre, insigne.
esclavina *s. f.* Especie de capa corta que se pone al cuello y cubre los hombros.
esclavista *adj.* Partidario de la esclavitud.
esclavitud *s. f.* **1.** Estado de esclavo. **2.** *fig.* Sujeción excesiva.
esclavizar *v. tr.* **1.** Hacer esclavo a alguien. **2.** *fig.* Tener a alguien muy sujeto.
esclavo, va *adj.* Se dice de la persona que carece de libertad, bajo el dominio de otra. También s. m. y s. f.
esclerosis *s. f.* Endurecimiento de un tejido o de un órgano.
esclerótica *s. f.* Membrana gruesa, resistente y fibrosa, de color blanquecino, que cubre el globo del ojo.
esclusa *s. f.* Recinto con puertas para pasar tramos de distinto nivel, en un canal.
escoba *s. f.* **1.** Manojo de ramas flexibles, atadas al extremo de un palo, que sirve para barrer. **2.** Mata leguminosa con muchas ramas angulosas y flores amarillas.
escobar *v. tr.* Barrer con escoba.
escobina *s. f.* Limadura de un metal cualquiera.
escocer *v. intr.* Producirse una sensación parecida a la quemadura. También tr.
escoda *s. f.* Especie de martillo que sirve para labrar piedras y picar paredes.
escodar *v. tr.* **1.** Labrar las piedras con martillo. **2.** Sacudir la cuerna los animales.
escofina *s. f.* Especie de lima para desbastar.
escoger *v. tr.* Tomar o elegir una o más cosas entre otras.
escogido, da *adj.* Selecto.
escolano *s. m.* Cada uno de los niños que en algunos monasterios se educaban para el servicio del culto y para el canto.
escolapio, pia *adj.* Perteneciente a la orden de las Escuelas Pías, fundada por San José de Calasanz.
escolar *adj.* Perteneciente al estudiante o a la escuela.
escolarizar *v. tr.* Hacer que una persona reciba la enseñanza obligatoria o complete estudios comprendidos en el sistema académico oficial.
escolio *s. m.* Nota que se pone a un texto para explicarlo.
escoliosis *s. f.* Desviación lateral de la columna vertebral.
escollera *s. f.* Obra hecha con piedras arrojadas al fondo del agua, para formar un dique de defensa.
escollo *s. m.* **1.** Peñasco que está a flor de agua. **2.** *fig.* Peligro. **3.** *fig.* Dificultad.
escolopendra *s. f.* Miriópodo con las primeras patas en forma de uñas venenosas.
escolta *s. f.* **1.** Partida de soldados o embarcación destinada a escoltar. ‖ *s. m. y s. f.* **2.** Persona que acompaña o conduce a alguien para protegerlo o custodiarlo.
escoltar *v. tr.* Acompañar a una persona o cosa para protegerla, evitar que huya, etc.
escombrar *v. tr.* Desembarazar de escombros.
escombrera *s. f.* Sitio donde se echan escombros.
escombro *s. m.* Desechos, cascotes, etc., de un edificio arruinado o de una mina.
escomerse *v. prnl.* Irse desgastando algo sólido.
esconder *v. tr.* Ocultar a una persona o cosa. También prnl.
escondidas, a *loc. adv.* Ocultamente.
escondite *s. m.* **1.** Escondrijo. **2.** Juego.
escondrijo *s. m.* Lugar oculto, propio para esconder algo.
escopeta *s. f.* Arma de fuego portátil.
escopetado, da *adj., fam.* Muy rápido.
escoplo *s. m.* Utensilio de hierro acerado.
escora *s. f.* **1.** Línea céntrica del buque. **2.** Inclinación que toma un buque al ceder al esfuerzo de sus velas.

escorar *v. tr.* **1.** Inclinarse un buque por la fuerza del viento. **3.** Llegar la marea a su nivel más bajo.
escorbuto *s. m.* Enfermedad causada por falta de alimentos, con empobrecimiento de la sangre, ulceraciones y hemorragias.
escorchar *v. tr.* Quitar la piel de alguien o de un animal.
escordio *s. m.* Hierba labiada, con flores de corolas azules o purpúreas.
escoria *s. f.* **1.** Residuo que queda tras la combustión del carbón. **2.** *fig.* Cosa vil.
escorial *s. m.* Montón de escorias.
escorpina *s. f.* Pez acantopterigio de cabeza gruesa y espinosa y vientre grande.
escorpión *s. m.* **1.** Alacrán, arácnido pulmonado venenoso. **2.** Pez muy parecido a la escorpina, pero de mayor tamaño.
escorzar *v. tr.* Representar, acortándolas, las cosas que se extienden en sentido oblicuo al plano del papel o lienzo.
escorzo *s. m.* Figura o parte de figura escorzada.
escota *s. f.* Cabo que sirve para cazar las velas.
escotar[1] *v. tr.* Cortar una cosa para acomodarla a la medida que se necesita
escotar[2] *v. tr.* Pagar a escote.
escote[1] *s. m.* Corte hecho en una prenda de vestir por la parte del cuello.
escote[2] *s. m.* Parte o cuota que cabe a cada uno de un gasto hecho en común.
escotero, ra *adj.* Se dice del barco que navega solo.
escotilla *s. f.* Cada una de las aberturas que hay en las cubiertas del buque.
escozor *s. m.* Sensación dolorosa, como la que produce una quemadura.
escriba *s. m.* En la antigüedad, copista, amanuense.
escribanía *s. f.* **1.** Oficio que ejercen los escribanos públicos. **2.** Escritorio.
escribano, na *s. m. y s. f.* **1.** Persona que por oficio público estaba autorizada para dar fe de las escrituras. **2.** Secretario.
escribir *v. tr.* Representar las palabras o las ideas con letras u otros signos.
escriño *s. m.* Caja para guardar objetos preciosos.
escripia *s. f.* Cesta de pescador de caña.
escrito *s. m.* **1.** Cualquier papel manuscrito. **2.** Obra literaria o científica.
escritor, ra *s. m. y s. f.* Autor de obras escritas o impresas.
escritorio *s. m.* Mueble cerrado con divisiones en su interior para guardar papeles.
escritura *s. f.* **1.** Arte de escribir. **2.** Documento escrito.
escriturar *v. tr.* Hacer constar con escritura pública y en forma legal.
escrófula *s. f.* Tumor frío originado por la hinchazón de los ganglios linfáticos cervicales, que predispone a las enfermedades infecciosas.
escrofularia *s. f.* Planta de tallo nudoso, flores en larga panoja y semillas menudas.
escroto *s. m.* Bolsa formada por la piel y membranas que cubren los testículos.
escrúpulo *s. m.* **1.** Duda o recelo que trae inquieto el ánimo. **2.** Escrupulosidad.
escrupulizar *v. intr.* Formar escrúpulo o duda.
escrupulosidad *s. f.* Exactitud en el examen y averiguación de las cosas y en el cumplimiento de los deberes.
escrupuloso, sa *adj.* Que padece o tiene escrúpulos.
escrutar *v. tr.* **1.** Escudriñar, examinar con cuidado. **2.** Reconocer y computar votos.
escrutinio *s. m.* **1.** Examen, averiguación exacta de una cosa. **2.** Reconocimiento de los votos en las elecciones.
escuadra *s. f.* **1.** Instrumento de dibujo. **2.** Pieza para asegurar los ensamblajes. **3.** Conjunto de buques de guerra a las órdenes de un almirante.
escuadrar *v. tr.* Labrar o disponer un objeto de modo que sus caras planas formen entre sí ángulos rectos.
escuadrón *s. m.* Unidad aérea de un número importante de aviones.
escuálido, da *adj.* Flaco, macilento.
escuchar *v. intr.* **1.** Aplicar el oído para oír. ‖ *v. tr.* **2.** Prestar atención a lo que se oye.
escuchimizado, da *adj.* Muy flaco y débil.
escudar *v. tr.* **1.** Amparar y resguardar con el escudo. También prnl. ‖ *v. prnl.* **2.** Valerse de algún medio para evitar un peligro.
escudero *s. m.* **1.** Paje o sirviente que acompañaba a un caballero **2.** Hidalgo.
escudete *s. m.* Escudo de la cerradura.
escudilla *s. f.* Vasija ancha y de forma de una media esfera, para el caldo o la sopa.
escudo *s. m.* **1.** Arma defensiva **2.** *fig.* Amparo, defensa, patrocinio.
escudriñar *v. tr.* Examinar, averiguar.

escuela *s. f.* **1.** Establecimiento de enseñanza. **2.** Conjunto de los que siguen una misma doctrina artística, filosófica.

escuerzo *s. m., fam.* Persona flaca y desmedrada.

escueto, ta *adj.* **1.** Descubierto, libre. **2.** Sin adornos, ni ambages, estricto.

esculcar *v. tr.* Espiar, averiguar.

esculpir *v. tr.* **1.** Labrar a mano una obra de escultura. **2.** Grabar.

escultor, ra *s. m. y s. f.* Persona que profesa el arte de la escultura.

escultura *s. f.* **1.** Arte de modelar, tallar o esculpir. **2.** Obra hecha por el escultor.

escuna *s. f.* Goleta.

escupidera *s. f.* Recipiente para escupir en él.

escupir *v. intr.* **1.** Arrojar saliva por la boca. ‖ *v. tr.* **2.** Arrojar con violencia algo.

escupitajo *s. m., fam.* Esputo.

escurridizo, za *adj.* Que se escurre fácilmente.

escurridor *s. m.* Colador para escurrir.

escurrir *v. tr.* **1.** Hacer que una cosa empapada en un líquido despida la parte que quedaba detenida. También prnl. ‖ *v. intr.* **2.** Deslizar. También prnl. ‖ *v. prnl.* **3.** Escapar, salir huyendo.

escusado *s. m.* Lavabo.

esdrújulo, la *adj.* Se aplica al vocablo cuya acentuación prosódica carga en la antepenúltima sílaba. También s. m.

ese *s. f.* Eslabón de cadena en figura de ese.

ese, sa, so *pron. dem.* Designa una persona o cosa que está cerca del oyente, o señala lo que éste acaba de mencionar. También adj. en m. y f.

esencia *s. f.* **1.** Naturaleza de las cosas. **2.** Sustancia volátil, olorosa, extraída de algunos vegetales.

esencial *adj.* Sustancial, principal.

esenciero *s. m.* Frasco para esencia.

esfenoides *adj.* Se dice del hueso de la cabeza, enclavado en la parte media e inferior del cráneo, que concurre a formar las cavidades nasales y las órbitas. También s. m.

esfera *s. f.* Sólido terminado por una superficie curva cuyos puntos equidistan todos de otro interior llamado centro.

esférico, ca *adj.* Perteneciente a la esfera o que tiene su figura.

esfigmógrafo *s. m.* Instrumento para registrar los movimientos, fuerza y forma del pulso arterial.

esfinge *s. amb.* Animal fabuloso, con cabeza y pecho de mujer, y cuerpo de león.

esfínter *s. m.* Músculo en forma de anillo que abre y cierra un orificio natural.

esforzado, da *adj.* Valiente, animoso, alentado.

esforzar *v. tr.* **1.** Dar fuerza. **2.** Infundir ánimo. ‖ *v. prnl.* **3.** Hacer esfuerzos.

esfuerzo *s. m.* **1.** Empleo enérgico de la fuerza física o del ánimo. **2.** Vigor, valor.

esfumar *v. tr.* **1.** Rebajar los tonos de una composición o parte de ella. ‖ *v. prnl.* **2.** *fig.* Disiparse, desvanecerse.

esfuminar *v. tr.* Extender los trazos del lápiz para dar empaste a las sombras.

esfumino *v. tr.* Rollito de papel estoposo o de piel suave, terminado en punta, que sirve para esfumar.

esgarrar *v. tr.* Hacer esfuerzo para arrancar la flema. También intr.

esgrima *s. f.* Arte de manejar la espada y otras armas blancas.

esgrimir *v. tr.* **1.** Usar la espada, el sable, etc. **2.** *fig.* Utilizar una cosa como arma para lograr algún intento.

esguardamillar *v. tr.* Desbaratar, descomponer.

esguazar *v. tr.* Vadear un río o brazo de mar bajo.

esguín *s. m.* Cría del salmón cuando aún no ha salido al mar.

esguince *s. m.* **1.** Ademán hecho con el cuerpo, torciéndolo para evitar un golpe. **2.** Distensión violenta de una coyuntura.

eslabón *s. m.* Pieza en figura de anillo que, enlazado con otros, forma cadena.

eslabonar *v. tr.* **1.** Unir unos eslabones con otros formando cadena. **2.** *fig.* Enlazar unas cosas con otras. También prnl.

eslinga *s. f.* Maroma provista de ganchos para levantar grandes pesos.

eslizón *s. m.* Saurio de cuerpo largo y pies muy cortos, con cuatro rayas pardas en el lomo.

eslogan *s. m.* Frase concisa y muy significativa alusiva a algo o a alguien.

eslora *s. f.* Longitud de una nave por la parte de dentro.

esmaltar *v. tr.* **1.** Cubrir con esmalte. **2.** *fig.* Adornar de varios colores y matices.

esmalte *s. m.* **1.** Barniz vítreo que se adhiere a la porcelana, metales, etc. **2.** Materia dura y blanca que cubre los dientes.

esmaltina *s. f.* Mineral, combinación de cobalto y arsénico.

esmeralda *s. f.* Piedra fina, más dura que el cuarzo y de color verde.
esmerar *v. tr.* **1.** Pulir, limpiar. ‖ *v. prnl.* **2.** Poner sumo cuidado en hacer las cosas.
esmerejón *s. m.* Azor.
esmeril *s. m.* Roca volcánica oscura; raya a todos los cuerpos menos al diamante.
esmerilar *v. tr.* Pulir con esmeril.
esmero *s. m.* Sumo cuidado y atención diligente en hacer las cosas.
esmirnio *s. m.* Apio caballar.
esmirriado, da *adj.* Flaco, extenuado.
esmoquin *s. m.* Prenda masculina de etiqueta, a modo de chaqueta sin faldones.
esnifar *v. tr.* Aspirar por la nariz una sustancia, especialmente una droga.
esnob *adj.* Persona que acoge toda clase de novedades por necia admiración o por darse importancia. También s. m. y s. f.
esnobismo *s. m.* Exagerada admiración por todo lo que está de moda.
esófago *s. m.* Conducto muscular que va desde la faringe al estómago.
esotérico, ca *adj.* Oculto, reservado.
esotro, tra *pron. dem., fam.* Ese otro, esa otra. También adj.
espabilar *v. tr.* Avivar el entendimiento.
espachurrar *v. tr.* Despachurrar.
espaciar *v. tr.* **1.** Poner espacio entre las cosas. **2.** Esparcir. ‖ *v. prnl.* **3.** Extenderse.
espacio *s. m.* **1.** Medio continuo e ilimitado en que situamos todos los cuerpos y movimientos. **2.** Parte de este medio que ocupa cada cuerpo; intervalo entre dos o más objetos. **3.** Transcurso del tiempo.
espacioso, sa *adj.* Ancho, dilatado, vasto.
espada *s. f.* **1.** Arma blanca, larga, recta, aguda y cortante. ‖ *s. f. pl.* **2.** Uno de los cuatro palos de la baraja española.
espadachín *s. m.* **1.** Persona que maneja bien la espada. **2.** Valiente y pendenciero.
espadaña *s. f.* **1.** Hierba de tallo largo, como el junco con una mazorca cilíndrica al extremo, que, seca, suelta pelusas. **2.** Campanario de una sola pared, con huecos para las campanas.
espadín *s. m.* Espada de hoja muy estrecha.
espagírica *s. f.* Arte de depurar los metales.
espagueti *s. m.* Pasta alimenticia de harina de trigo, cilíndrica, alargada y no hueca.
espalda *s. f.* Parte posterior del cuerpo humano, desde los hombros hasta la cintura.
espaldonarse *v. prnl.* Ponerse a cubierto, al abrigo de un obstáculo natural.
espantajo *s. m.* Lo que se pone en un paraje para espantar.
espantapájaros *s. m.* Espantajo que se pone en los sembrados y en los árboles para ahuyentar los pájaros.
espantar *v. tr.* **1.** Causar espanto. **2.** Ahuyentar. ‖ *v. prnl.* **3.** Asustarse.
espanto *s. m.* Terror, asombro, consternación, miedo súbito.
espantoso, sa *adj.* Que causa espanto.
españolizar *v. tr.* **1.** Dar forma española a un vocablo o expresión de otro idioma. ‖ *v. prnl.* **2.** Tomar costumbres españolas.
esparadrapo *s. m.* Lienzo cubierto de emplasto, para sujetar vendajes.
esparaván *s. m.* Gavilán.
esparavel *s. m.* Red redonda para pescar en parajes de poco fondo.
esparcimiento *s. m.* Franqueza en el trato, alegría.
esparcir *v. tr.* **1.** Separar, extender. También prnl. **2.** *fig.* Divulgar. También prnl. **3.** *fig.* Divertir. También prnl.
espárrago *s. m.* Planta liliácea, de tallos comestibles, rectos y blancos.
esparraguerra *s. f.* Planta del espárrago.
esparrancado, da *adj.* Que anda o está muy abierto de piernas.
esparteína *s. f.* Alcaloide de la retama, usado como tónico en las enfermedades del corazón.
esparteña *s. f.* Alpargata.
esparto *s. m.* Planta gramínea de hojas filiformes y duras, con las que se hacen cuerdas, esteras, pasta de papel, etc.
espasmo *s. m.* **1.** Pasmo. **2.** Contracción involuntaria de los músculos.
espasmódico, ca *adj.* Perteneciente al espasmo, o acompañado de este síntoma.
espatarrarse *v. prnl.* Despatarrarse.
espato *s. m.* Cualquier mineral de estructura laminosa.
espátula *s. f.* **1.** Paleta, con bordes afilados y mango largo. **2.** Ave zancuda de pico deprimido ensanchado en la punta.
especia *s. f.* Cualquiera de las drogas que se usa como condimento.

especial *adj.* Muy adecuado o propio para algún efecto.

especialidad *s. f.* **1.** Particularidad, singularidad. **2.** Rama de la ciencia o arte a que se consagra una persona.

especializar *v. intr.* **1.** Cultivar con especialidad una rama determinada de una ciencia o de un arte. También prnl. **2.** Limitar una cosa a uso o fin determinado.

especie *s. f.* **1.** Conjunto de cosas con caracteres comunes. **2.** Apariencia.

especiero *s. m.* Armario con varios cajones para guardar las especias.

especificar *v. tr.* Explicar, declarar con individualidad una cosa.

espécimen *s. m.* Muestra, modelo, señal.

espectacular *adj.* Que tiene caracteres propios de espectáculo público.

espectáculo *s. m.* Función o diversión pública.

espectador, ra *adj.*Que asiste a un espectáculo. Se usa más como s. m. y s. f.

espectral *adj.* Perteneciente o relativo al espectro.

espectro *s. m.* **1.** Imagen o fantasma, por lo común horrible. **2.** Resultado de la dispersión de un conjunto de radiaciones.

especular *v. tr.* **1.** Registrar. **2.** *fig.* Meditar, contemplar. ‖ *v. intr.* **3.** Traficar. **4.** Procurar provecho con cualquier cosa.

espéculo *s. m.* Instrumento que sirve para dilatar la entrada de algunas cavidades del cuerpo para ser examinadas.

espejear *v. intr.* Relucir o resplandecer.

espejismo *s. m.* **1.** Ilusión óptica. **2.** *fig.* Ilusión de la imaginación.

espejo *s. m.* **1.** Lámina de vidrio azogada para que se reflejen en ella los objetos que están delante. **2.** *fig.* Modelo.

espejuelo *s. m.* Yeso cristalizado en láminas brillantes.

espeleología *s. f.* Ciencia que estudia el origen y formación de las cuevas.

espelunca *s. f.* Cueva, concavidad tenebrosa.

espeluznar *v. tr.* **1.** Erizar el pelo o las plumas. **2.** Espantar. También prnl.

espeque *s. m.* Puntal para sostener una pared.

espera *s. f.* Tiempo que se está esperando.

esperanto *s. m.* Idioma artificial creado en 1887 por el médico polaco Zamenhof, para que sirviese como lengua universal.

esperanza *s. f.* Estado del ánimo en el cual se nos presenta como posible que se realice la cosa deseada.

esperanzar *v. tr.* **1.** Dar esperanza. ‖ *v. intr.* **2.** Tener esperanza. También prnl.

esperar *v. tr.* **1.** Tener esperanza de conseguir algo. **2.** Aguardar en un lugar.

esperma *s. amb.* Semen animal.

espermatozoide *s. m.* Célula sexual masculina.

espermatozoo *s. m.* Espermatozoide de los animales.

esperpento *s. m.* **1.** *fam.* Persona o cosa fea o de mala traza. **2.** *fam.* Desatino.

espesar *v. tr.* **1.** Hacer espeso un líquido. **2.** Apretar algo, haciéndolo más tupido.

espeso, sa *adj.* Se dice de la sustancia fluida que tiene mucha densidad o condensación.

espesor *s. m.* **1.** Grueso de un sólido. **2.** Densidad o condensación de un fluido.

espesura *s. f., fig.* Paraje muy poblado de árboles y matorrales.

espetar *v. tr.* Atravesar, clavar un instrumento puntiagudo.

espetera *s. f.* Tabla con garfios en que se cuelgan carnes, aves y utensilios de cocina.

espetón *s. m.* Hierro largo y delgado; como asador o estoque.

espía *s. m.* Persona que con disimulo observa o escucha lo que pasa, para comunicarlo al que tiene interés en saberlo.

espiar *v. tr.* Acechar disimuladamente lo que se dice o hace.

espichar *v. tr.* **1.** Pinchar. ‖ *v. intr.* **2.** Morir.

espiche *s. m.* Arma o instrumento puntiagudo.

espiciforme *adj.* Que tiene forma de espiga.

espiga *s. f.* Inflorescencia formada por un conjunto de flores o frutos dispuestos a lo largo de un tallo común.

espigar *v. tr.* **1.** Coger las espigas del rastrojo. ‖ *v. prnl.* **2.** Crecer notablemente.

espigón *s. m.* **1.** Espiga áspera. **2.** Macizo construido a la orilla de un río o del mar.

espina *s. f.* **1.** Púa que nace del tejido de algunas plantas. **2.** Astilla pequeña. **3.** Pesar. **4.** Hueso de pez. **5.** Apófisis larga.

espinaca *s. f.* Planta hortense, con hojas radicales, estrechas y largas.

espinar *v. tr.* Punzar, herir con espinos. También intr. y prnl.

espinazo *s. m.* Columna vertebral.
espinel *s. m.* Especie de cordel para pescar.
espinela *s. f.* Décima, combinación métrica.
espíneo, a *adj.* Hecho de espinas.
espineta *s. f.* Clavicordio pequeño, de una sola cuerda en cada orden.
espingarda *s. f.* **1.** Escopeta muy larga que usaban los moros. **2.** *fig.* Mujer alta, delgada, desgarbada.
espinilla *s. f.* **1.** Parte anterior de la canilla de la pierna. **2.** Especie de barrillo que brota en la piel.
espinillera *s. f.* Pieza que preserva la espinilla.
espino *s. m.* Arbolillo espinoso con flores blancas y fruto pequeño y encarnado.
espinoso, sa *adj., fig.* Arduo, difícil, intrincado.
espionaje *s. m.* Organización dedicada a obtener información secreta.
espiral *adj.* Línea curva que da vueltas alrededor de un punto, alejándole de él.
espirar *v. intr.* Respirar, tomar aliento; expeler el aire aspirado. También tr.
espirilo *s. m.* Nombre genérico de las bacterias alargadas y encorvadas en forma de hélice o espiral.
espiritar *v. tr.* **1.** Endemoniar. También prnl. **2.** *fig. y fam.* Agitar. También prnl.
espiritismo *s. m.* Doctrina de los que suponen que los espíritus de los muertos pueden entrar en comunicación con los vivos.
espíritu *s. m.* **1.** Sustancia sutil que es considerada como principio de la vida. **2.** Ser inmaterial. **3.** Vivacidad, ingenio.
espiritualizar *v. tr.* Considerar como espiritual lo que de suyo es corpóreo.
espirómetro *s. m.* Aparato para medir la capacidad respiratoria del pulmón.
espiroqueto, ta *adj.* Se dice de seres unicelulares que se asemejan a los flagelados y tienen forma espiral, con órganos de natación. Viven en las aguas estancadas o son parásitos, algunos de estos últimos son los causantes de enfermedades como la sífilis y la fiebre amarilla.
espita *s. f.* Canuto que se coloca en la cuba para que salga por él el licor.
esplender *v. tr., poét.* Resplandecer.
espléndido, da *adj.* **1.** Magnífico, ostentoso. **2.** Resplandeciente.
esplendor *s. m.* **1.** Resplandor. **2.** *fig.* Lustre, nobleza.
esplendoroso, sa *adj.* Que resplandece.
esplénico, ca *adj.* Relativo al bazo.
esplenio *s. m.* Músculo que une las vértebras cervicales con la cabeza.
espliego *s. m.* Mata muy aromática de flores azules en espiga.
espolear *v. tr.* **1.** Picar con la espuela a la cabalgadura. **2.** *fig.* Avivar, estimular.
espoleta *s. f.* Aparato de las bombas, granadas, etc., para dar fuego a su carga.
espolio *s. m.* Conjunto de bienes que quedan al morir el clérigo que los poseía.
espolique *s. m.* Mozo que camina a pie delante de la caballería en que va su amo.
espolón *s. m.* **1.** Apófisis ósea que tienen algunas aves gallináceas. **2.** Malecón para contener las aguas.
espolvorear *v. tr.* Esparcir polvo.
espóndilo *s. m.* Vértebra.
esponja *s. f.* **1.** Cualquier animal del tipo de los espongiarios. **2.** Masa porosa formada por el esqueleto de los espongiarios, utilizada en varios usos domésticos.
esponjado *s. m.* Azucarillo.
esponjar *v. tr.* **1.** Hacer más poroso un cuerpo. ‖ *v. prnl.* **2.** *fig.* Engreírse.
esponjoso, sa *adj.* Muy poroso, hueco y ligero.
esponsales *s. m. pl.* **1.** Mutua promesa de casarse que se hacen el varón y la mujer.
espontáneo, a *adj.* **1.** Lo que procede de un impulso interior. **2.** Que se produce sin intervención del hombre.
espontanearse *v. prnl.* Descubrir a otro voluntariamente cualquier hecho o pensamiento propio, secreto o desconocido.
espontaneidad *s. f.* Equiparación natural y fácil del pensamiento.
espora *s. f.* Corpúsculo reproductor de las plantas criptógamas.
esporádico, ca *adj., fig.* Se dice de lo que es ocasional, suelto, aislado.
esposar *v. tr.* Sujetar a alguien con esposas.
esposo, sa *s. m. y s. f.* **1.** Persona casada. ‖ *s. f. pl.* **2.** Manillas de hierro con que se sujeta a los reos por las muñecas.
espuela *s. f.* Espiga de metal que se ajusta al calzado, para picar a la cabalgadura.
espuerta *s. f.* Especie de cesta de esparto, palma u otra materia, con dos asas.

espulgar *v. tr.* **1.** Limpiar de pulgas o piojos. También prnl. **2.** *fig.* Examinar.

espuma *s. f.* **1.** Conjunto de burbujas que se forman en la superficie de los líquidos. **2.** Tejido muy ligero.

espumadera *s. f.* Paleta circular llena de agujeros, para quitar la espuma.

espumar *v. tr.* **1.** Quitar la espuma. ‖ *v. intr.* **2.** Hacer espuma. **3.** *fig.* Crecer.

espumarajo *s. m.* Saliva arrojada por la boca en gran abundancia.

espúmeo, a *adj.* Relativo a la espuma.

espumoso, sa *adj.* Que tiene o hace espuma.

espurio, ria *adj.* **1.** Bastardo. **2.** *fig.* Falso.

esputar *v. tr.* Arrojar por la boca flemas.

esputo *s. m.* Lo que se arroja de una vez en cada expectoración.

esquejar *v. tr.* Formar esquejes.

esqueje *s. m.* Tallo o cogollo que se introduce en tierra para multiplicar la planta.

esquela *s. f.* **1.** Carta breve. **2.** Comunicación impresa de algún suceso, sobre todo referida a la muerte de una persona.

esquelético, ca *adj.* Muy flaco.

esqueleto *s. m.* Armazón ósea del cuerpo del hombre o de un animal vertebrado.

esquema *s. m.* **1.** Representación gráfica y simbólica de cosas inmateriales. **2.** Representación de una cosa atendiendo sólo a sus líneas más salientes.

esquematizar *v. tr.* Representar una cosa en forma de esquema.

esquena *s. f.* **1.** Columna vertebral. **2.** Espina principal de los peces.

esquí *s. m.* Especie de patín de madera largo, usado para deslizarse sobre nieve.

esquiar *v. intr.* Deslizarse sobre la nieve o hielo con esquís.

esquicio *s. m.* Apunte, esbozo.

esquifar *v. tr.* Proveer de pertrechos y marineros una embarcación.

esquife *s. m.* Barco pequeño que se lleva en el navío para saltar a tierra.

esquila *s. f.* Cencerro en forma de campana.

esquilar *v. tr.* Cortar con tijera el pelo, vellón o lana de un animal.

esquilmar *v. tr.* **1.** Coger el fruto de las haciendas, heredades y ganados. **2.** *fig.* Agotar una fuente de riqueza.

esquina *s. f.* Arista, ángulo saliente.

esquinar *v. tr.* **1.** Hacer o formar esquina. También intr. **2.** *fig.* Poner a mal.

esquirla *s. f.* Astilla desprendida de un hueso.

esquirol *s. m., desp.* Obrero que acude al trabajo en día de huelga.

esquisto *s. m.* Pizarra.

esquitar *v. tr.* Remitir, perdonar una deuda.

esquivar *v. tr.* **1.** Evitar, rehusar. ‖ *v. prnl.* **2.** Retraerse, excusarse, retirarse.

esquivo, va *adj.* Áspero, huraño.

esquizofrenia *s. f.* Enfermedad mental que produce un debilitamiento de la afectividad.

estabilidad *s. f.* Permanencia, firmeza.

estabilizar *v. tr.* Dar estabilidad a algo.

estable *adj.* Permanente, duradero, firme.

establecer *v. tr.* **1.** Fundar, instituir. **2.** Ordenar, decretar. ‖ *v. prnl.* **3.** Fijar la residencia en alguna parte.

establecimiento *s. m.* **1.** Ley. **2.** Institución, fundación. **3.** Lugar donde se ejerce una industria o profesión.

establo *s. m.* Lugar cubierto en que se encierra ganado.

estabular *v. tr.* Criar el ganado en establos.

estaca *s. f.* **1.** Palo con punta en un extremo. **2.** Garrote.

estacada *s. f.* Obra hecha de estacas.

estacar *v. tr.* **1.** Fijar una estaca. ‖ *v. prnl.* **2.** *fig.* Quedarse inmóvil y tieso.

estacazo *s. m.* Golpe dado con un garrote o estaca.

estacha *s. f.* Cuerda o cable atado al arpón que se clava a las ballenas para matarlas.

estación *s. f.* **1.** Cada uno de los cuatro tiempos en que se divide el año. **2.** Sitio donde paran los trenes, autobuses, etc.

estacionamiento *s. m.* Lugar donde los vehículos pueden estacionarse.

estacionar *v. tr.* **1.** Situar en un lugar, asentar, colocar. También prnl. ‖ *v. prnl.* **2.** Quedarse estacionario, estancarse.

estacionario, ria *adj.* Se dice de lo que permanece en el mismo estado.

estacte *s. f.* Aceite esencial, oloroso, obtenido de la mirra fresca.

estadía *s. f.* Detención, estancia.

estadio *s. m.* **1.** Lugar público en que se celebran diversos deportes. **2.** Fase o etapa de un proceso en desarrollo.

estadística *s. f.* Ciencia cuyo objeto es clasificar y contar los hechos de un mismo orden, en un determinado territorio.

estado *s. m.* **1.** Situación en que se halla una persona o cosa. **2.** Sociedad organizada políticamente en un territorio determinado, con un poder soberano propio.

estafa *s. f.* Acción y efecto de estafar.

estafar *v. tr.* Robar o sacar dinero a alguien sirviéndose de artificios o engaños.

estafermo *s. m.* **1.** *fig.* Persona inactiva. **2.** *fig. y fam.* Persona de aspecto ridículo.

estafeta *s. f.* **1.** Correo ordinario que iba de un lugar a otro. **2.** Oficina del correo.

estafilococo *s. m.* Nombre de ciertas bacterias redondas, que se agrupan en racimo.

estafiloma *s. m.* Tumor del globo del ojo.

estalactita *s. f.* Concreción calcárea que cuelga del techo de algunas cavernas.

estalagmita *s. f.* Concreción formada sobre el suelo de una caverna.

estallar *v. intr.* **1.** Reventar de golpe. **2.** *fig.* Sobrevenir violentamente algo.

estallido *s. m.* Acción y efecto de estallar.

estambre *s. m.* Órgano sexual masculino de las plantas fanerógamas.

estamento *s. m.* **1.** Cada uno de los cuatro estados que tenían representación en las Cortes antiguas. **2.** Estrato de un grupo social, definido por su estilo de vida.

estameña *s. f.* Tejido de lana ordinario.

estamíneo, a *adj.* Relativo al estambre.

estampa *s. f.* **1.** Figura impresa. **2.** Figura total de una persona o animal.

estampado, da *adj.* Se dice de los tejidos con diferentes labores o dibujos.

estampar *v. tr.* **1.** Imprimir, sacar en estampa. También intr. **2.** *fam.* Arrojar a una persona o cosa haciéndola chocar

estampido *s. m.* Ruido fuerte y seco como el producido por el disparo de un cañón.

estampilla *s. f.* **1.** Sello que contiene la firma de una persona. **2.** Sello con un letrero para estampar en los documentos.

estampillar *v. tr.* Marcar con estampilla.

estancar *v. tr.* Detener el curso de algo. También prnl.

estancia *s. f.* Mansión, habitación, asiento en un lugar.

estanco, ca *adj.* **1.** Herméticamente cerrado. ‖ *s. m.* **2.** Sitio donde se venden géneros estancados, en especial sellos, tabaco.

estándar *s. m.* Tipo, modelo, nivel.

estandarizar *v. tr.* Tipificar, ajustar a un tipo, modelo o norma.

estandarte *s. m.* **1.** Insignia, bandera. **2.** *fig.* Símbolo de una causa.

estangurria *s. f.* Micción dolorosa, gota a gota.

estanque *s. m.* Receptáculo de agua construido para proveer al riego, criar peces.

estantal *s. m.* Estribo de pared.

estante *s. m.* Armario con anaqueles y sin puertas para colocar libros, papeles, etc.

estantería *s. f.* Juego de estantes.

estantigua *s. f.* Procesión de fantasmas, o fantasma que se ofrece a la vista por la noche causando pavor y espanto.

estantío, a *adj.* Que no tiene curso, parado o estancado.

estañar *v. tr.* **1.** Cubrir con estaño. **2.** Soldar una cosa con estaño.

estaño *s. m.* Metal duro, dúctil y brillante, de estructura cristalina; cruje al doblarse.

estar *v. intr.* **1.** Existir, hallarse en un lugar, condición, etc. También prnl. **2.** Sentido local, situación, posición material. ‖ *v. prnl.* **3.** Detenerse en algún sitio.

estarcir *v. tr.* Estampar dibujos pasando una brocha por una chapa en que están previamente recortados.

estatal *adj.* Perteneciente o relativo al Estado.

estatalizar *v. tr.* Poner una empresa o servicio privado en manos del Estado.

estático, ca *adj.* **1.** Que permanece en un mismo estado sin mudanza en él. ‖ *s. f.* **2.** Parte de la mecánica que estudia las leyes del equilibrio.

estatocisto *s. m.* Cualquiera de los órganos del sentido del equilibrio.

estatua *s. f.* Figura de bulto labrada a imitación del natural.

estatuir *v. tr.* Establecer, determinar.

estatura *s. f.* Altura de una persona desde los pies a la cabeza.

estatus *s. m.* Posición social.

estatuto *s. m.* **1.** Regla que tiene fuerza de ley. **2.** Reglamento orgánico.

estay *s. m.* Cabo que sujeta la cabeza de un mástil al pie del más inmediato.

este *s. m.* Oriente, levante.
este, ta, to *pron. dem.* Designa una persona o cosa que está cerca del hablante. También adj. en m. y f.
estearina *s. f.* Sustancia blanca y grasa usada para hacer velas.
esteatita *s. m.* Silicato de magnesia, blanco o verdoso, suave y blando, usado por los sastres.
esteba *s. f.* Hierba gramínácea. Es pasto muy apetecido por las caballerías.
estegomía *s. f.* Mosquito transmisor de la fiebre amarilla.
estela[1] *s. f.* Rastro que deja tras sí un cuerpo que se mueve en el agua, o el que deja en el aire un cuerpo luminoso.
estela[2] *s. f.* Monumento conmemorativo que consta de una columna, piedra o lápida con relieves escultóricos.
estelar *adj.* **1.** Referente a las estrellas. **2.** Importante, principal.
estelífero, ra *adj.* Estrellado o lleno de estrellas.
esteliforme *adj.* De forma de estela.
estema[1] *s. m.* Cada uno de los ojos situados sobre la cabeza de algunos insectos.
estema[2] *s. m.* Árbol genealógico.
estenocardia *s. f.* Angina de pecho.
estenografía *s. f.* Taquigrafía.
estenosis *s. f.* Estrechamiento.
estenotipia *s. f.* Taquigrafía a máquina.
estentóreo, a *adj.* Muy fuerte o ruidoso, aplicado al acento o a la voz.
estepa[1] *s. f.* Erial llano y muy extenso.
estepa[2] *s. f.* Nombre de varios arbustos de la familia de las cistáceas.
estera *s. f.* Tejido grueso de esparto, juncos, palma, etc., que se utiliza para cubrir el suelo y otros usos semejantes.
estercolar *v. tr.* Echar estiércol.
estercolero *s. m.* Lugar donde se recoge y fermenta el estiércol.
estercóreo, a *adj.* Perteneciente a los excrementos.
estéreo *adj.* Abreviación de estereofónico.
estereofónico, ca *adj.* Se dice del sonido registrado simultáneamente desde dos o más puntos.
estereografía *s. f.* Arte de representar los sólidos en un plano.
estereoscopio *s. m.* Instrumento óptico en el cual una imagen hecha por duplicado, tomada desde dos puntos de vista, puesta una al lado de la otra y mirada cada una con un ojo, da la sensación de relieve.
estereotipado, da *adj.* Se dice de los gestos, fórmulas, expresiones, que se repiten sin variación.
estereotipar *v. tr.* Fundir en una plancha una composición tipográfica.
estereotipia *s. f.* Arte de estereotipar.
estereotipo *s. m.* **1.** Idea simplificada y comúnmente aceptada que se tiene de alguien o algo. **2.** Plancha que se emplea en estereotipia.
estereotomía *s. f.* Arte de cortar piedras y maderas.
estéril *adj.* Que no da fruto o no produce.
esterilidad *s. f.* Enfermedad caracterizada por falta de la aptitud de fecundar en el macho y de concebir en la hembra.
esterilizar *v. tr.* **1.** Hacer estéril. También prnl. **2.** Destruir gérmenes patógenos.
esternocleidomastoideo *s. m.* Músculo de cuello que permite el giro o la inclinación lateral de la cabeza.
esternón *s. m.* Hueso plano de la parte anterior del tórax.
estertor *s. m.* Respiración anhelosa, con ronquido silbante, propio de la agonía.
esteta *s. m. y s. f.* Persona que adopta una actitud esteticista.
estético, ca *adj.* **1.** Relativo a la percepción o apreciación de la belleza. ‖ *s. f.* **2.** Ciencia que trata de la belleza y de la teoría del arte.
estetoscopio *s. m.* Instrumento que sirve para auscultar.
esteva *s. f.* Pieza corva y trasera del arado sobre la cual lleva la mano el que ara.
estevado, da *adj.* Que tiene las piernas torcidas en arco, de tal forma que con los pies juntos quedan separadas las rodillas.
estezar *v. tr.* Curtir las pieles en seco.
estiaje *s. m.* **1.** Caudal mínimo de un río u otra corriente en épocas de sequía. **2.** Período que dura este nivel.
estiba *s. f.* Colocación conveniente de los pesos de un buque.
estibar *v. tr.* **1.** Apretar materiales o cosas sueltas para que ocupen el menor espacio posible. **2.** Colocar convenientemente todos los pesos de un buque.
estibina *s. f.* Sulfuro de antimonio.

estibio *s. m.* Antimonio.
estiércol *s. m.* **1.** Excremento de cualquier animal. **2.** Materias orgánicas podridas, que se destinan al abono de las tierras.
estigio, gia *adj.* Infernal, del infierno.
estigma *s. m.* **1.** Marca en el cuerpo, natural o impuesta. **2.** Señal de infamia.
estigmatizar *v. tr.* **1.** Marcar a alguien con hierro candente. **2.** *fig.* Afrentar, infamar.
estilar *v. intr.* Usar, acostumbrar. También tr.
estilete *s. m.* **1.** Púa o punzón. **2.** Puñal.
estilística *s. f.* Ciencia del estilo o de la expresión lingüística en general.
estilita *adj.* Se dice del anacoreta que por mayor austeridad vivía sobre una columna.
estilizar *v. tr.* Interpretar convecionalmente la forma de un objeto, haciendo más delicados y finos sus rasgos.
estilo *s. m.* **1.** Punzón que se usaba para escribir. **2.** Modo, manera, forma. **3.** Manera de escribir o hablar peculiar de un escritor u orador.
estilográfica *s. f.* Pluma con tinta que corre.
estima *s. f.* Consideración y aprecio.
estimación *s. f.* Aprecio y valor que se da y en que se tasa o considera una cosa.
estimar *v. tr.* **1.** Apreciar, evaluar las cosas. **2.** Juzgar, creer. **3.** Hacer aprecio y estimación. También prnl.
estimativa *s. f.* **1.** Facultad racional con que se hace juicio del aprecio que merecen las cosas. **2.** Instinto de los animales.
estimular *v. tr.* **1.** Aguijonear, picar, punzar. **2.** *fig.* Incitar a la ejecución de una cosa o avivar una actividad, función, etc.
estímulo *s. m.* Incitamiento para obrar.
estinco *s. m.* Lagarto de color amarillo plateado, con siete bandas negras transversales, todo cubierto de escamas planas.
estío *s. m.* Estación del año que comienza en el solsticio de verano y termina en el equinoccio de otoño.
estiomenar *v. tr.* Corroer una parte carnosa del cuerpo los humores que fluyen a ella.
estipendiar *v. tr.* Dar estipendio.
estipendio *s. m.* Paga dada a una persona por su trabajo y servicio.
estípite *s. m.* **1.** Pilastra en forma de pirámide truncada. **2.** Tallo largo y no ramificado de las plantas arbóreas.
estipticar *v. tr.* Astringir, apretar los tejidos orgánicos.
estípula *s. f.* Apéndice foliáceo colocado en los lados del pecíolo.
estipulación *s. f.* **1.** Convenio verbal. **2.** Cláusula.
estipular *v. tr.* **1.** Hacer contrato verbal. **2.** Convenir, concertar, acordar.
estique *s. m.* Cincel para modelar barro.
estira *s. f.* Cuchilla que usan los zurradores.
estirar *v. tr.* **1.** Alargar una cosa, extendiéndola con fuerza para que dé de sí. También prnl. ‖ *v. prnl.* **2.** Desperezarse.
estirón *s. m.* Crecimiento rápido en altura.
estirpe *s. f.* **1.** Raíz y tronco de una familia. **2.** Descendencia de un sujeto.
estivación *s. f.* Adaptación orgánica al calor y sequedad propios del verano.
estivada *s. f.* Terreno inculto cuya broza se cava y quema para meterlo en cultivo.
estival *adj.* Perteneciente al estío.
estocada *s. f.* Golpe con la punta del estoque.
estofa *s. f.* **1.** Tela de labores, por lo común de seda. **2.** *fig.* Calidad, clase.
estofado, da *adj.* Guiso de carne con otros condimentos, a fuego lento.
estofar[1] *v. tr.* **1.** Labrar una tela de manera que haga relieve. **2.** Dar de blanco a las esculturas que se han de dorar.
estofar[2] *v. tr.* Hacer estofados.
estoico, ca *adj., fig.* Que manifiesta indiferencia por el placer y dolor.
estola *s. f.* **1.** Vestidura amplia de griegos y romanos. **2.** Banda larga usada por los sacerdotes. **3.** Banda larga de piel.
estólido, da *adj.* Falto de razón y discurso.
estoma *s. m.* Cada una de las pequeñas aberturas de las hojas de los vegetales.
estomacal *adj.* Pertenciente al estómago.
estomagar *v. tr.* **1.** Empachar, afectar. **2.** *fam.* Causar fastidio o enfado.
estómago *s. m.* Víscera hueca, situada a continuación del esófago, en la que se hace la quimificación de los alimentos.
estomático, ca *adj.* Perteneciente a la boca del hombre.
estomatología *s. f.* Tratado de las enfermedades de la boca.
estopa *s. f.* **1.** Parte basta del lino o cáñamo. **2.** Tela gruesa tejida la estopa.

estoque *s. m.* Espada angosta, con la cual sólo se puede herir de punta.

estor *s. m.* Cortinón o transparente que cubre el hueco de una puerta o balcón.

estoraque *s. m.* **1.** Árbol de la familia de las ebenáceas de cuyo tronco se obtiene un bálsamo oloroso. **2.** Este bálsamo.

estorbar *v. tr.* **1.** Poner obstáculo a la ejecución de alguna cosa. **2.** *fig.* Molestar.

estorbo *s. m.* Persona o cosa que estorba.

estornino *s. m.* Pájaro de cabeza pequeña con plumaje negro de reflejos verdes y morados y pintas blancas.

estornudar *v. intr.* Arrojar con estrépito por la nariz y la boca el aire inspirado.

estornudo *s. m.* Acción y efecto de estornudar.

estotro, tra *pron. dem.* Contracción de este, esta, esto y otro, otra. También adj.

estrabismo *s. m.* Defecto de la vista consistente en la desviación de la dirección normal de la mirada.

estrada *s. f.* Camino.

estrado *s. m.* **1.** Tarima sobre la cual se pone el trono real o la mesa presidencial. ‖ *s. m. pl.* **2.** Salas de tribunales donde los jueces oyen y sentencian los pleitos.

estrafalario, ria *adj.* **1.** Desaliñado. **2.** Extravagante. También s. m. y s. f.

estragar *v. tr.* **1.** Viciar, corromper. También prnl. **2.** Causar estrago.

estrago *s. m.* **1.** Daño hecho en guerra; matanza de gente. **2.** Daño, ruina.

estragón *s. m.* Hierba o mata, de hojas estrechas y cabezuelas pequeñas, que se usa como condimento.

estrambote *s. m.* Conjunto de versos que se añaden al fin de una composición poética.

estrambótico, ca *adj.* Extravagante.

estramonio *s. m.* Hierba con hojas grandes, anchas y dentadas, las cuales, secas, sirven como medicamento.

estrangul *s. m.* Pipa que se pone en algunos instrumentos musicales de viento.

estrangulamiento *s. m.* Estrechamiento natural o artificial de un conducto.

estrangular *v. tr.* **1.** Ahogar a una persona o animal oprimiéndole el cuello hasta impedir la respiración. También prnl. **2.** Estrechar un conducto por presión o ligadura. También prnl.

estraperlo *s. m., fam.* Comercio ilegal de artículos intervenidos por el Estado.

estratagema *s. f.* **1.** Ardid de guerra, engaño. **2.** *fig.* Astucia, engaño artificioso.

estratega *s. m. y s. f.* Persona versada en estrategia.

estrategia *s. f.* Arte de dirigir las operaciones militares u otros asuntos.

estratégico, ca *adj.* Perteneciente a la estrategia.

estratificación *s. f.* Acción y efecto de estratificar.

estratificar *v. tr.* Formar estratos.

estrato *s. m.* **1.** Nube que se presenta en forma de faja en el horizonte. **2.** Masa de rocas sedimentarias, extendidas en sentido horizontal. **3.** Capa de una sociedad.

estratosfera *s. f.* Región de la atmósfera, superior a la troposfera.

estraza *s. f.* **1.** Trapo, pedazo o desecho de ropa basta. **2.** Papel muy áspero.

estrechar *v. tr.* **1.** Reducir a menor ancho o espacio una cosa. **2.** Presionar. ‖ *v. prnl.* **3.** Ceñirse, recogerse, apretarse.

estrechez *s. f.* **1.** Escasez de anchura. **2.** Falta de lo necesario para subsistir.

estrecho *s. m.* Paso angosto entre dos tierras que comunica un mar con otro.

estregar *v. tr.* Frotar. También prnl.

estrella *s. f.* **1.** Cada astro que brilla con luz propia en el firmamento. **2.** Persona que sobresale en su profesión. **3.** Sino.

estrellamar *s. f.* Equinodermo de figura de estrella, cubierto por una concha caliza.

estrellar *v. tr.* **1.** *fam.* Arrojar con violencia una cosa contra otra. También prnl. ‖ *v. prnl.* **2.** Quedar mal parado o matarse por efecto de un choque violento.

estremecer *v. tr.* **1.** Conmover, hacer temblar. **2.** *fig.* Ocasionar alteración o sobresalto en el ánimo. ‖ *v. prnl.* **3.** Temblar con movimiento agitado y repentino.

estremecimiento *s. m.* Acción y efecto de estremecer o estremecerse.

estrena *s. f.* Dádiva.

estrenar *v. tr.* **1.** Hacer uso por primera vez de una cosa. **2.** Representar un espectáculo por primera vez.

estreno *s. m.* Acción y efecto de estrenar.

estrenque *s. m.* Maroma gruesa hecha de esparto.

estrenuo, nua *adj.* Fuerte, ágil.

estreñimiento *s. m.* Acción y efecto de estreñir.

estreñir *v. tr.* Poner el vientre en mala disposición para evacuarse. También prnl.

estrépito *s. m.* **1.** Ruido considerable, estruendo. **2.** *fig.* Ostentación.

estreptococo *s. m.* Nombre dado a microbios de forma redondeada que se agrupan en cadena.

estreptomicina *s. f.* Sustancia elaborada por determinados organismos y usada contra la tuberculosis, etc.

estrés *s. m.* Situación de un individuo o de alguno de sus órganos que, por exigir de ellos un rendimiento muy superior al normal, los pone en peligro de enfermar.

estresar *v. tr.* **1.** Causar estrés. ‖ *v. prnl.* **2.** Sentir estrés.

estría *s. f.* Cada una de las rayas en hueco que suelen tener algunos cuerpos.

estriar *v. tr.* **1.** Formar estrías. ‖ *v. prnl.* **2.** Formar una cosa en sí surcos o canales.

estribación *s. f.* Ramal de montañas que se desprende de una cordillera.

estribadero *s. m.* Parte donde se asegura algo.

estribar *v. intr.* **1.** Descansar el peso de una cosa en otra sólida y firme. **2.** *fig.* Fundarse, apoyarse.

estribillo *s. m.* Cláusula en verso con la que empiezan algunas composiciones líricas o que se repite después de cada estrofa.

estribo *s. m.* **1.** Pieza en que el jinete apoya el pie cuando va montado. **2.** Hueso del oído medio. **3.** Fundamento.

estribor *s. m.* Costado derecho del navío, mirando de popa a proa.

estricnina *s. f.* Alcaloide muy venenoso que se extrae de determinados vegetales.

estricto, ta *adj.* Estrecho, ajustado enteramente a la necesidad o a la ley.

estridencia *s. f.* **1.** Sonido agudo, desapacible y chirriante. **2.** Violencia de la expresión o de la acción.

estridente *adj.* Se aplica al sonido agudo, desapacible y chirriante.

estridor *s. m.* Sonido desapacible y chirriante.

estridular *v. intr.* Producir estridor.

estrinque *s. m.* Maroma gruesa de esparto.

estro *s. m.* **1.** Entusiasmo con que se inflaman los poetas al componer sus obras. **2.** Período de celo de los mamíferos.

estrofa *s. f.* Cada una de las partes de que constan algunas composiciones poéticas.

estrofanto *v. tr.* Planta de cuyas semillas se extrae una sustancia del mismo nombre, que posee acción tónica sobre el corazón.

estrógeno *s. m.* Hormona que provoca el estro o celo de los mamíferos.

estroma *s. f.* Trama conjuntiva que sirve para el sostenimiento entre sus mallas de los elementos celulares o de las sustancias activas de algunas células.

estroncio *s. m.* Metal amarillo poco brillante, capaz de descomponer el agua a la temperatura ordinaria.

estropajear *v. tr.* Limpiar en seco las paredes enlucidas.

estropajo *s. m.* **1.** Porción de esparto, que sirve principalmente para fregar. **2.** Persona o cosa inútil. **3.** Planta cuyo fruto desecado se usa como cepillo de aseo.

estropajoso, sa *adj., fig. y fam.* Se aplica a las cosas que son ásperas y fibrosas.

estropear *v. tr.* **1.** Maltratar a una persona o cosa. También prnl. **2.** *fig.* Echar a perder, malograr cualquier asunto.

estropicio *s. m., fam.* Destrozo.

estructura *s. f.* Distribución y orden de las partes del cuerpo, edificio, obra, etc.

estructurar *v. tr.* Distribuir, ordenar las partes de una obra o de un cuerpo.

estruendo *s. m.* **1.** Ruido grande. **2.** *fig.* Confusión, bullicio. **3.** *fig.* Pompa.

estruendoso, sa *adj.* Ruidoso, estrepitoso.

estrujar *v. tr.* **1.** Apretar una cosa para sacarle el zumo. **2.** Apretar a alguien fuertemente. **3.** *fig. y fam.* Agotar.

estuación *s. f.* Flujo o creciente del mar.

estuante *adj.* Demasiado caliente.

estuario *s. m.* Terreno próximo a la orilla de una ría, invadido por el mar.

estucar *v. tr.* Dar a una cosa con estuco o blanquearla con él.

estuchar *v. tr.* Recubrir con estuche.

estuche *s. m.* Caja o envoltura para guardar uno o varios objetos.

estuco *s. m.* **1.** Masa de yeso blanco y agua de cola. **2.** Pasta de cal y mármol pulverizado.

estudiante *s. m. y s. f.* Persona que está cursando estudios.

estudiantina *s. f.* Cuadrilla de estudiantes que salen por las calles tocando varios instrumentos.

estudiar *v. tr.* **1.** Ejercitar el entendimiento para comprender una cosa. **2.** Cursar estudios en centros de enseñanza.

estudio *s. m.* **1.** Aplicación, habilidad. **2.** Obra con que un autor estudia una cuestión. **3.** Sala donde se estudia o trabaja. **4.** Lugar destinado a la impresión de películas o emisiones de radio y televisión.

estudioso, sa *adj.* Dado al estudio.

estufa *s. f.* Hogar encerrado en una caja de metal o porcelana, usado para dar calor.

estulticia *s. f.* Necedad, tontería.

estuosidad *s. f.* Demasiado calor y enardecimiento.

estupefacción *s. f.* Pasmo o estupor.

estupefaciente *s. m.* **1.** Sustancia narcótica que hace perder o amortigua la sensibilidad, como la morfina. **2.** Droga.

estupefacto, ta *adj.* Atónito, pasmado.

estupendo, da *adj.* **1.** Admirable, asombroso, pasmoso. **2.** Muy bueno.

estupidez *s. f.* Torpeza notable en comprender las cosas.

estúpido, da *s. f.* Notablemente torpe para comprender las cosas. También s. m. y s. f.

estupor *s. m.* **1.** Disminución de las funciones intelectuales. **2.** Asombro, pasmo.

estuprar *v. tr.* Cometer estupro.

estupro *s. m.* Violación de un menor por un adulto, aprovechándose del abuso de confianza.

esturar *v. tr.* Asurar, socarrar.

esturión *s. m.* Pez de mar, comestible, de cuerpo alargado, de cuyas huevas se prepara el caviar y de su vejiga seca se obtiene una gelatina llamada cola de pescado.

ésula *s. f.* Planta con látex blanco, más o menos acre, que ha sido usada en medicina.

esvarar *v. intr.* Desvarar, resbalar. También prnl.

esvástica *s. f.* Cruz gamada.

esviaje *s. m.* Oblicuidad de la superficie de un muro o del eje de una bóveda.

eta *s. f.* Nombre de la "e" larga del alfabeto griego.

etano *s. m.* Hidrocarburo formado por dos átomos de carbono y seis de hidrógeno.

etalaje *s. m.* Parte de la cavidad de la cuba en los altos hornos, inferior al vientre.

etanol *s. m.* Hidrocarburo líquido, soluble en agua, usado como disolvente y componente principal de bebidas alcohólicas.

etapa *s. f.* **1.** Ración de comida que se da a la tropa en marcha. **2.** *fig.* Época o avance parcial en el desarrollo de una acción.

etcétera *s. f.* Voz que indica la continuación de cosas iguales. Se escribe generalmente con la abreviatura "etc.".

éter *s. m.* **1.** Cielo. **2.** Fluido hipotético invisible, imponderable y elástico que se supone llena todo el espacio. **3.** Cualquiera de los compuestos químicos que resultan de la sustitución del átomo de hidrógeno de un hidroxilo por un radical alcohólico.

etéreo, a *adj.* **1.** Relativo al cielo. **2.** Difícil de captar.

eterismo *s. m.* Pérdida de toda sensibilidad por la acción del éter.

eterizar *v. tr.* Administrar el éter por las vías respiratorias.

eternidad *s. f.* **1.** Perpetuidad, sin principio ni fin. **2.** *fig.* Duración dilatada de siglos y edades.

eternizar *v. tr.* **1.** Hacer durar una cosa demasiado. También prnl. ‖ *v. prnl.* **2.** Tardar mucho, demorarse.

eterno, na *adj.* **1.** Que no tiene principio ni fin. **2.** Que dura por largo tiempo. **3.** Válido o existente en todos los tiempos.

eteromanía *s. f.* Hábito morboso de aspirar vapores de éter.

etesio *adj.* Se dice del viento que se muda en tiempo determinado del año. También s. m.

ético, ca *adj.* **1.** Perteneciente a la ética. ‖ *s. f.* **2.** Parte de la filosofía que estudia los juicios de valor cuando se aplican a la distinción entre el bien y el mal.

etileno *s. m.* Hidrocarburo gaseoso muy inflamable del cual se obtiene el etanol.

etílico *adj.* Se dice de cierto tipo de alcohol incoloro con sabor ardiente y fuerte olor; muy utilizado en la industria, especialmente en la fabricación de bebidas.

etilo *s. m.* Radical formado de carbono e hidrógeno.

etimología *s. f.* Origen de las palabras, razón de su existencia, de su significación y forma.

etimológico, ca *adj.* Perteneciente o relativo a la etimología.

etimologizar *v. tr.* Sacar o averiguar etimologías.

etiología *s. f.* Estudio sobre las causas de las cosas.

etiqueta *s. f.* **1.** Ceremonial que se debe observar en actos públicos solemnes. **2.** Trocito de papel o metal en que se suele escribir la marca, precio, etc., de un producto.

etites *s. f.* Concreción de óxido de hierro en bolas redondeadas y huecas con un nódulo suelto en su interior.

etmoides *adj.* Se dice de un hueso pequeño encajado en el frontal, delante del esfenoides, que contribuye a formar las cavidades nasales y las órbitas. También s. m.

etiquetar *v. tr.* Colocar etiquetas.

etnia *s. f.* Pueblo o grupo de personas con unas características físicas y culturales comunes.

étnico, ca *adj.* Perteneciente a una nación o raza.

etnografía *s. f.* Ciencia que tiene por objeto el estudio y descripción de las razas o pueblos.

etnología *s. f.* Parte de la antropología que estudia las razas y los pueblos.

etología *s. f.* **1.** Estudio científico del carácter y modos de comportamiento del hombre. **2.** Parte de la biología que estudia el comportamiento de los animales.

etopeya *s. f.* Descripción del carácter, acciones y costumbres de una persona.

etusa *s. f.* Cicuta.

eubolia *s. f.* Virtud que ayuda a hablar convenientemente.

eucalipto *s. m.* Árbol de gran tamaño, de cuyas hojas se extrae un febrífugo y una tinta. La madera se usa en la construcción.

eucaristía *s. f.* Sacramento instituido por Jesucristo en la Última Cena.

eucologio *s. m.* Devocionario que contiene los oficios del domingo y principales fiestas del año.

eucrático, ca *adj.* Se dice del buen temperamento y complexión de un sujeto.

eudiómetro *s. m.* Tubo de vidrio muy resistente destinado a contener gases que han de reaccionar químicamente mediante la chispa eléctrica.

eufemismo *s. m.* Modo de expresar con suavidad o decoro ideas, cuya franca expresión sería dura o malsonante.

eufonía *s. f.* Sonoridad agradable.

eufónico, ca *adj.* Que tiene eufonía.

euforbio *s. m.* Planta africana, de la que se extrae una gomorresina, usada como purgante.

euforia *s. f.* **1.** Estado normal de las funciones orgánicas. **2.** Sensación de bienestar.

eufórico, ca *adj.* Perteneciente o relativo a la euforia.

eufótida *s. f.* Roca compuesta de diálaga y feldespato.

eufrasia *s. f.* Hierba de pequeñas flores blancas, con rayas púrpuras y una mancha amarilla.

eugenesia *s. f.* Aplicación de las leyes biológicas de la herencia al perfeccionamiento de la especie humana.

eunuco *s. m.* Hombre castrado.

eupatorio *s. m.* Planta herbácea de flores blancas y rosáceas, olorosas, en corimbo y raíz fusiforme, picante y amarga; se ha usado como medicinal.

eupepsia *s. f.* Digestión normal.

eureka *interj.* Se usa como expresión de alegría cuando se halla o descubre algo que se busca con afán.

euritmia *s. f.* Equilibrio en todas las partes de una obra de arte.

euro *s. m.* **1.** Unidad de moneda europea. **2.** *poét.* Uno de los vientos cardinales, que sopla del este.

europeizar *v. tr.* Introducir en un pueblo la cultura de las naciones de Europa.

eutanasia *s. f.* Decisión voluntaria de un enfermo incurable de acortar su vida.

eutrapelia *s. f.* Virtud que modera las diversiones.

evacuación *s. f.* Acción y efecto de evacuar.

evacuar *v. tr.* **1.** Desocupar alguna cosa. **2.** Expeler humores o excrementos.

evacuatorio *s. m.* Lugar público destinado en las poblaciones para que los transeúntes puedan hacer aguas.

evadir *v. tr.* **1.** Evitar un peligro. También prnl. **2.** Sacar dinero de un país ilegalmente. ‖ *v. prnl.* **3.** Fugarse, escaparse.

evagación *s. f.* Distracción de la imaginación.

evaluar *v. tr.* **1.** Valorar. **2.** Estimar, apreciar el valor de las cosas no materiales.

evanescente *adj.* Que se desvanece o esfuma.

evanescer *v. tr.* Desvanecer o esfumar. También prnl.

evangelio *s. m.* Historia de la vida, doctrina y milagros de Jesucristo.

evangelizar *v. tr.* Predicar la fe de Jesucristo.

evaporación *s. f.* Acción y efecto de evaporar o evaporarse.

evaporar *v. tr.* **1.** Convertir en vapor. También prnl. **2.** *fig.* Disipar. También prnl. ‖ *v. prnl.* **3.** *fig.* Fugarse.

evaporizar *v. tr.* Vaporizar. También intr. y prnl.

evasión *s. f.* **1.** Evasiva. **2.** Fuga, huida.

evasivo, va *adj.* **1.** Que incluye una evasiva o la favorece. ‖ *s. f.* **2.** Recurso para eludir una dificultad.

evento *s. m.* Acontecimiento imprevisto.

eventual *adj.* Sujeto a cualquier evento o contingencia.

eventualidad *s. f.* Hecho de realización incierta.

eversión *s. f.* Destrucción, ruina.

evicción *s. f.* Pérdida de un derecho por sentencia firme y en virtud de derecho anterior ajeno.

evidencia *s. f.* Certeza manifiesta y tan perceptible de algo que nadie puede racionalmente dudar de ella.

evidenciar *v. tr.* Hacer patente y manifiesta la verdad de una cosa.

evidente *adj.* Se dice de una proposición, demostración, etc., cuando al plantearse expresamente la cuestión de saber si es verdadera o falsa, nadie puede dudar de su verdad.

evitar *v. tr.* **1.** Apartar algún daño; precaver, impedir que suceda. **2.** Huir de tratar a alguien, apartarse de su comunicación.

eviterno, na *adj.* Que tiene principio, pero no fin.

evo *s. m.* Duración de las cosas eternas.

evocación *s. f.* Acción y efecto de evocar.

evocar *v. tr.* **1.** Llamar a los espíritus y a los muertos. **2.** Traer algo a la memoria.

evolución *s. f.* **1.** Desarrollo gradual de las cosas y de los seres vivos independientemente de su propia voluntad. **2.** Desarrollo de las ideas o de las teorías.

evolucionar *v. intr.* **1.** Sufrir una evolución. **2.** Mudar de conducta o de actitud.

evolucionismo *s. m.* Doctrina según la cual todos los animales y plantas descienden de algunos organismos simples o tal vez de uno solo.

evolutivo, va *adj.* Perteneciente a la evolución.

evónimo *s. m.* Arbusto de la familia de las celastráceas, cultivado en los jardines de Europa.

exabrupto *s. m.* Salida de tono.

exacción *s. f.* Cobro injusto y violento.

exacerbar *v. tr.* **1.** Causar un gran enfado. También prnl. **2.** Agravar o avivar una enfermedad, una pasión. También prnl.

exactitud *s. f.* Puntualidad y fidelidad en la ejecución de una cosa.

exacto, ta *adj.* Puntual, fiel y cabal.

exactor *s. m.* Cobrador de los tributos, impuestos o emolumentos.

exageración *s. f.* Cosa que traspasa los límites de lo justo, verdadero o razonable.

exagerar *v. tr.* Encarecer, dar proporciones excesivas a una cosa.

exaltación *s. f.* Gloria que resulta de una acción notable.

exaltar *v. tr.* **1.** Elevar a una persona o cosa a mayor dignidad. ‖ *v. prnl.* **2.** Dejarse arrebatar de una pasión sin moderación.

examen *s. m.* **1.** Indagación cuidadosa de cualidades y circunstancias. **2.** Prueba que se hace de la idoneidad de un sujeto.

examinar *v. tr.* **1.** Inquirir, investigar con diligencia una cosa. **2.** Probar o tantear la idoneidad de alguien. También prnl.

exangüe *adj.* **1.** Desangrado, falto de sangre. **2.** *fig.* Sin ningunas fuerzas.

exánime *adj.* **1.** Sin señales de vida. **2.** *fig.* Sumamente debilitado, desmayado.

exantema *s. m.* Erupción cutánea de color rojo, que aparece en enfermedades como el sarampión, la escarlatina, etc.

exasperación *s. f.* Acción y efecto de exasperar o exasperarse.

exasperar *v. tr.* **1.** Irritar una parte delicada. También prnl. **2.** *fig.* Dar motivo de gran enojo a alguien. También prnl.

excandecencia *s. f.* Irritación vehemente.

excandecer *v. tr.* Irritar. También prnl.

excarcelación *s. f.* Acción y efecto de excarcelar.

excarcelar *v. tr.* Poner en libertad al preso por mandamiento judicial.

excavación *s. f.* Acción y efecto de excavar.

excavadora *s. f.* Máquina para excavar.

excavar *v. tr.* Hacer en el terreno hoyos, zanjas, desmontes, pozos o galerías.

excedencia *s. f.* Condición de excedente.

excedente *adj.* **1.** Excesivo. **2.** Sobrante. **3.** Se dice del empleado público que temporalmente deja de ejercer cargo.

exceder *v. tr.* **1.** Ser una persona o cosa más grande o aventajada que otra. ‖ *v. intr.* **2.** Propasarse de lo lícito o razonable. Se usa más como prnl.

excelencia *s. f.* **1.** Superior calidad o bondad. **2.** Tratamiento de respeto y cortesía.

excelente *adj.* Que sobresale en bondad, mérito o estimación.

excelsitud *s. f.* Suma alteza.

excelso, sa *adj.* **1.** Muy elevado, alto, eminente. **2.** *fig.* De singular excelencia.

excentricidad *s. f.* Rareza o extravagancia de carácter.

excéntrico, ca *adj.* **1.** De carácter raro, extravagante. **2.** Que está fuera del centro.

excepción *s. f.* Cosa que se aparta de la regla general de las demás de su especie.

excepcional *adj.* Que se aparta de lo ordinario o que ocurre rara vez.

excepta *s. f.* Recopilación, extracto.

excepto *prep.* **1.** A excepción de, fuera de, menos. || *conj. advers.* **2.** Y no, pero no, a no ser.

exceptuar *v. tr.* Excluir a una persona o cosa de la regla común. También prnl.

excesivo, va *adj.* Que excede y sale de regla.

exceso *s. m.* **1.** Parte que excede de la medida o regla. **2.** Abuso, delito o crimen.

excipiente *s. m.* Sustancia inerte que se mezcla con los medicamentos para darles la forma o calidad conveniente para su uso.

excitación *s. f.* Acción y efecto de excitar.

excitar *v. tr.* **1.** Mover, estimular. **2.** Provocar deseo sexual. || *v. prnl.* **3.** Animarse por el enojo, la alegría, el deseo, etc.

exclamación *s. f.* Voz, grito o frase en que se refleja una emoción del ánimo.

exclamar *v. intr.* **1.** Emitir palabras con fuerza para expresar un vivo afecto. **2.** Proferir exclamaciones.

exclaustrar *v. tr.* Permitir u ordenar a un religioso que abandone el claustro.

excluir *v. tr.* **1.** Echar a una persona o cosa fuera del lugar que ocupaba. **2.** Negar la posibilidad de alguna cosa. **3.** Separar.

exclusión *s. f.* Acción y efecto de excluir.

exclusive *adv. m.* No tomar en cuenta el último número o elemento mencionado.

exclusivo, va *adj.* **1.** Único. || *s. f.* **2.** Privilegio de hacer algo prohibido a los demás.

excogitar *v. tr.* Hablar o encontrar una cosa con el discurso y la meditación.

excombatiente *adj.* Se dice de la persona que peleó bajo alguna bandera militar.

excomulgar *v. tr.* Apartar de la comunión y del uso de los sacramentos.

excomunión *s. f.* Acción y efecto de excomulgar.

excoriación *s. f.* Acción y efecto de excoriar o excoriarse.

excoriar *v. tr.* Corroer el cutis, quedando la carne descubierta. También prnl.

excrecencia *s. f.* Carnosidad que se cría en animales y plantas, alterando su textura y superficie natural.

excreción *s. f.* Acción y efecto de excretar.

excrementar *v. intr.* Deponer los excrementos.

excremento *s. m.* Residuos del alimento que, después de hecha la digestión, despide el cuerpo.

excrescencia *s. f.* Excrecencia.

excretar *v. intr.* **1.** Expeler el excremento. **2.** Expeler las sustancias elaboradas por las glándulas.

excretor, ra *adj.* Se dice del órgano que sirve para excretar.

exculpación *s. f.* Acción y efecto de exculpar.

exculpar *v. tr.* Descargar de culpa a alguien. También prnl.

excursión *s. f.* **1.** Correría. **2.** Ida a algún paraje para estudio, recreo o ejercicio.

excursionista *s. m. y s. f.* Persona que hace excursiones.

excusa *s. f.* **1.** Motivo que se invoca para excusarse. **2.** Excepción o descargo.

excusabaraja *s. f.* Cesta de mimbre con la tapa del mismo material.

excusado *s. m.* Lavabo.

excusalí *s. m.* Delantal pequeño.

excusar *v. tr.* Alegar razones para sacar libre a alguien de la culpa que se le imputa. También prnl.

exea *s. m.* Soldado explorador.

execración *s. f.* Pérdida del carácter sagrado de un lugar.

execrar *v. tr.* **1.** Condenar y maldecir. **2.** Aborrecer. **3.** Reprobar severamente.

exedra *s. f.* Construcción descubierta, de planta semicircular, con asientos y respaldos fijos en la parte de la curva

exégesis *s. f.* Explicación especialmente de los libros de la Sagrada Escritura.

exegeta *s. m.* Intérprete o expositor de la Sagrada Escritura. También "exégeta".

exención *s. f.* Libertad que alguien goza para eximirse de alguna obligación.

exencionar *v. tr.* Eximir, exentar.

exentar *v. tr.* Eximir. También prnl.

exento, ta *adj.* Libre.

exequátur *s. m.* Autorización que otorga el jefe de un estado a los agentes extranjeros para que en sus territorios ejerzan sus cargos.

exequias *s. f. pl.* Honras funerales.
exfoliación *s. f.* Pérdida o caída de la epidermis en forma de escamas.
exfoliar *v. tr.* Dividir una cosa en láminas o escamas. También prnl.
exhalación *s. f.* **1.** Estrella fugaz. **2.** Rayo, centella. **3.** Vapor o vaho.
exhalar *v. tr.* **1.** Despedir gases, vapores u olores. **2.** Lanzar quejas, suspiros, etc.
exhaustivo, va *adj.* Que agota o apura por completo.
exhausto, ta *adj.* Enteramente agotado.
exhibición *s. f.* Acción y efecto de exhibir.
exhibicionismo *s. m.* Prurito de exhibirse.
exhibir *v. tr.* Mostrar en público o ante quien corresponda. También prnl.
exhortación *s. f.* **1.** Palabras con que se exhorta. **2.** Plática familiar y breve.
exhortar *v. tr.* Inducir a alguien con palabras a que haga alguna cosa.
exhorto *s. m.* Despacho que libra un juez a otro de igual categoría para que mande dar cumplimiento a lo que se le pide.
exhumación *s. f.* Acción de exhumar.
exhumar *v. tr.* **1.** Desenterrar un cadáver. **2.** *fig.* Traer a la memoria lo olvidado.
exigencia *s. f.* Pretensión desmedida.
exigente *adj.* Se dice especialmente de la persona que exige caprichosa o despóticamente.
exigir *v. tr.* **1.** Cobrar o sacar de alguien por autoridad pública dinero u otra cosa. **2.** *fig.* Pedir una cosa o algún requisito necesario para que se haga.
exiguo, gua *adj.* Insuficiente, escaso.
exigüidad *s. f.* Calidad de exiguo.
exiliar *v. tr.* **1.** Expulsar a alguien de su territorio. ‖ *v. prnl.* **2.** Expatriarse, generalmente por motivos políticos.
exilio *s. m.* **1.** Destierro. **2.** Expatriación.
eximente *adj.* Circunstancia que libra de responsabilidad judicial. También s. f.
eximio, mia *adj.* Muy excelente.
eximir *v. tr.* Libertar de una obligación, cargas, cuidados, etc. También prnl.
exinanición *s. f.* Notable falta de vigor y fuerza.
existencia *s. f.* **1.** Acto de existir. **2.** Vida del hombre. ‖ *s. f. pl.* **3.** Mercancías que no han tenido aún la salida o empleo a que están destinadas.
existir *v. intr.* **1.** Tener una cosa ser real. **2.** Tener vida. **3.** Haber, estar, hallarse.
éxito *s. m.* Resultado feliz de un negocio, actuación, etc.
éxodo *s. m., fig.* Emigración de un pueblo.
exoftalmía *s. f.* Síntoma de varias enfermedades que consiste en la situación saliente del globo ocular.
exógeno *adj.* **1.** Se dice del órgano que se forma en el exterior de otro. **2.** Se dice de las fuerzas o fenómenos que se producen en la superficie terrestre.
exonerar *v. tr.* **1.** Aliviar, descargar de peso u obligación. También prnl. **2.** Primar o destituir a alguien de su empleo.
exorar *v. tr.* Pedir con empeño.
exorbitante *adj.* Excesivo.
exorcismo *s. m.* Conjuro ordenado por la Iglesia contra el espíritu.
exorcista *s. m. y s. f.* Persona que exorciza.
exorcizar *v. tr.* Usar de exorcismo contra el espíritu maligno.
exordio *s. m.* Introducción, preámbulo de una obra o discurso.
exornar *v. tr.* Adornar, hermosear. También prnl.
exósmosis *s. f.* En la ósmosis, corriente que va del líquido más denso al menos denso a través de una membrana.
exotérico, ca *adj.* Común, vulgar.
exótico, ca *adj.* **1.** Extranjero, peregrino. **2.** Extraño, chocante, extravagante.
expandir *v. tr.* **1.** Extender, dilatar. También prnl. **2.** Difundir. También prnl.
expansión *s. f.* **1.** Dilatación, especialmente la de un gas o de un órgano. **2.** Desarrollo o difusión de una opinión.
expansionarse *v. prnl.* Desahogar.
expansivo, va *adj., fig.* Comunicativo.
expatriación *s. f.* Acción y efecto de expatriarse o ser expatriado.
expatriarse *v. prnl.* Abandonar alguien su patria. También tr.
expectación *s. f.* Intensidad con que se espera una cosa.
expectante *adj.* **1.** Que espera observando. **2.** Se dice del hecho de que se tiene conocimiento como venidero.
expectativa *s. f.* Esperanza o posibilidad de conseguir alguna cosa.

expectoración *s. f.* Lo que se expectora.
expectorar *v. tr.* Arrancar y arrojar por la boca las flemas y secreciones que se depositan en los órganos respiratorios.
expedición *s. f.* Excursión para realizar una empresa en punto distante.
expedicionario, ria *adj.* Que lleva a cabo una expedición. También s. m. y s. f.
expedientar *v. tr.* Someter a expediente a un funcionario.
expediente *s. m.* **1.** Negocio que se sigue sin juicio contradictorio en los tribunales. **2.** Conjunto de papeles relativos a un asunto.
expedir *v. tr.* **1.** Dar curso a las causas y negocios. **2.** Despachar, extender por escrito un documento. **3.** Remitir, enviar.
expedito, ta *adj.* Desembarazado.
expeler *v. tr.* Arrojar, echar de alguna parte a una persona o cosa.
expender *v. tr.* **1.** Gastar, hacer expensas. **2.** Vender efectos de propiedad ajena por encargo de su dueño.
expendio *s. m.* Gasto, consumo.
expensas *s. f. pl.* Gastos, costas.
experiencia *s. f.* **1.** Enseñanza que se adquiere con el uso. **2.** Experimento.
experimentación *s. f.* Acción y efecto de experimentar, experiencia.
experimentado, da *adj.* Se dice de la persona que tiene experiencia.
experimental *adj.* Fundado en la experiencia o en los experimentos.
experimentar *v. tr.* **1.** Probar y examinar prácticamente una cosa. **2.** Notar, sentir en sí un cambio. **3.** Sufrir, padecer.
experimento *s. m.* Acción y efecto de experimentar.
experto, ta *adj.* Hábil, experimentado.
expiación *s. f.* Acción y efecto de expiar.
expiar *v. tr.* Borrar las culpas por medio de algún sacrificio.
expiatorio, ria *adj.* Que se hace por expiación o que la produce.
expilar *v. tr.* Robar, despojar.
expiración *s. f.* Acción y efecto de expirar.
expirar *v. intr.* **1.** Morir. **2.** *fig.* Acabarse, fenecer una cosa.
explanación *s. f.* Explicación.
explanada *s. f.* Espacio de terreno llano.
explanar *v. tr.* **1.** Allanar. **2.** Nivelar un terreno. **3.** *fig.* Declarar, explicar.
explayada *adj.* Se dice del águila que se representa con las alas extendidas.
explayar *v. tr.* **1.** Ensanchar. También prnl. ‖ *v. prnl.* **2.** Difundirse. **3.** Esparcirse.
explicación *s. f.* Manifestación o revelación de la causa de alguna cosa.
explicar *v. tr.* **1.** Dar a conocer a otro lo que alguien piensa. También prnl. **2.** Exponer una cosa de manera que se haga más perceptible. **3.** Justificar.
explicitar *v. tr.* Hacer explícito.
explícito, ta *adj.* Que expresa clara y determinadamente una cosa.
exploración *s. f.* Acción y efecto de explorar.
explorar *v. tr.* Reconocer o averiguar con diligencias una cosa.
explosión *s. f.* Acción de reventar, con estruendo, un cuerpo continente, por la dilatación del cuerpo contenido.
explosionar *v. intr.* **1.** Estallar. ‖ *v. tr.* **2.** Hacer estallar.
explosivo, va *adj.* Que se incendia con explosión. También s. m.
explotación *s. f.* Conjunto de elementos destinados a una industria o granjería.
explotar *v. tr.* **1.** Sacar utilidad de un negocio en provecho propio. **2.** Estallar.
expoliación *s. f.* Acción y efecto de expoliar.
expoliar *v. tr.* Despojar con violencia o con iniquidad.
expolición *s. f.* Figura que consiste en repetir un mismo pensamiento con distintas formas, o en acumular varios que vengan a decir lo mismo, aunque no sean enteramente iguales, para esforzar o exornar la expresión de aquello que se quiere dar a entender.
expolio *s. m.* **1.** Botín del vencedor. **2.** *fam.* Alboroto, bronca.
exponencial *adj.* Se dice de la cantidad que incluye exponentes variables o que está afectada por ellos.
exponente *s. m.* Expresión algebraica que denota la potencia.
exponer *v. tr.* **1.** Poner de manifiesto o a la vista. **2.** Arriesgar. También prnl.
exportación *s. f.* Conjunto de mercaderías que se exportan.

exportar *v. tr.* Enviar géneros del propio país a otro.

exposición *s. f.* **1.** Representación por escrito para pedir algo. **2.** Manifestación pública de productos de la tierra, etc.

expósito, ta *adj.* Se dice de la persona que, recién nacida, fue abandonada.

expositor, ra *s. m. y s. f.* **1.** Persona que expone. || *s. m.* **2.** Mueble para exponer.

expremijo *s. m.* Mesa baja de tablero con ranuras y algo inclinada, para que al hacer queso escurra el suero.

exprés *adj.* Rápido.

expresar *v. tr.* **1.** Manifestar con palabras. || *v. prnl.* **2.** Darse a entender con palabras.

expresión *s. f.* **1.** Declaración de algo para darlo a entender. **2.** Palabra o locución. **3.** Efecto de expresar algo sin palabras.

expresivo, va *adj.* **1.** Característico, típico. **2.** Cariñoso, afectuoso.

expreso, sa *adj.* **1.** Claro, especificado. || *adv. m.* **2.** Ex profeso, expresamente.

exprimidor *s. m.* Instrumento que se usa para sacar el zumo.

exprimir *v. tr.* **1.** Extraer el zumo de una cosa, apretándola. **2.** Estrujar, agotar una cosa. **3.** Expresar, manifestar.

ex profeso *loc. lat.* De propósito, con particular intención.

expropiación *s. f.* Cosa expropiada.

expropiar *v. tr.* Desposeer de algo a su propietario, dándole una indemnización.

expuesto, ta *adj.* Peligroso.

expugnar *v. tr.* Tomar por fuerza de armas un puesto.

expulsar *v. tr.* Expeler, echar fuera.

expulsión *s. f.* Acción y efecto de expulsar.

expurgar *v. tr.* Limpiar o purificar.

exquisitez *s. f.* Calidad de exquisito.

exquisito, ta *adj.* De singular y extraordinaria invención, primor o gusto.

extasiarse *v. prnl.* Arrobarse, enajenarse.

éxtasis *s. m.* Estado del alma embargada por un sentimiento de alegría.

extemporáneo, a *adj.* **1.** Impropio del tiempo. **2.** Inoportuno, inconveniente.

extender *v. tr.* **1.** Hacer que algo ocupe más espacio. También prnl. **2.** Esparcir. || *v. prnl.* **3.** Dilatarse en una explicación. **4.** Propagarse.

extensible *adj.* Que se puede extender.

extensión *s. f.* Propiedad de los cuerpos de ocupar un espacio.

extensivo, va *adj.* Que se extiende o se puede extender.

extenso, sa *adj.* Que tiene extensión o que tiene mucha extensión.

extenuar *v. tr.* Enflaquecer, debilitar. También prnl.

exterior *adj.* Que está por la parte de afuera.

exteriorización *s. f.* Acción y efecto de exteriorizar.

exteriorizar *v. tr.* Hacer patente, mostrar algo al exterior.

exterminar *v. tr.* **1.** Acabar del todo con algo. **2.** Desolar por fuerza de armas.

exterminio *s. m.* Acción y efecto de exterminar.

externar *v. tr.* Exteriorizar, manifestar.

externo, na *adj.* Se dice de lo que obra o se manifiesta al exterior.

extinguir *v. tr.* **1.** Hacer que cese el fuego o la luz. También prnl. **2.** Hacer que cesen ciertas cosas. También prnl.

extintor *s. m.* Aparato para extinguir incendios.

extirpar *v. tr.* **1.** Arrancar de raíz o de cuajo. **2.** *fig.* Acabar del todo con una cosa.

extorsión *s. f.* Cualquier daño o perjuicio.

extorsionar *v. tr.* **1.** Usurpar, arrebatar. **2.** Causar extorsión o daño.

extra *adj.* **1.** Óptimo. || *s. m.* **2.** Plus. **3.** Persona que presta un servicio accidental.

extracción *s. f.* Acción y efecto de extraer.

extractar *v. tr.* **1.** Resumir. **2.** Sacar de algo una sustancia más concentrada.

extracto *s. m.* **1.** Resumen. **2.** Sustancia obtenida por evaporación de una disolución de sustancias vegetales o animales.

extractor, ra *s. m. y s. f.* Aparato para extraer.

extradición *s. f.* Entrega del reo refugiado en un país a las autoridades de otro.

extraditar *v. tr.* Conceder un país la extradición de la persona reclamada por otro.

extradós *s. m.* Superficie convexa o exterior de una bóveda.

extraer *v. tr.* **1.** Sacar, poner una cosa fuera de donde estaba. **2.** Averiguar cuáles son las raíces de una cantidad dada.

extrajudicial *adj.* Que se hace o trata fuera de la vía judicial.

extralimitarse *v. prnl., fig.* Excederse en el uso de atribuciones. También tr.

extramuros *adv. l.* Fuera del recinto de una población.

extranjería *s. f.* Conjunto de normas sobre la condición de los extranjeros.

extranjerismo *s. m.* Voz o giro de un idioma extranjero empleado en español.

extranjerizar *v. tr.* Introducir costumbres extranjeras. También prnl.

extranjero, ra *adj.* **1.** Natural de una nación con respecto a los de cualquier otra. || *s. m.* **2.** Toda nación que no es la propia.

extrañamiento *s. m.* Acción y efecto de extrañar.

extrañar *v. tr.* **1.** Desterrar a país extranjero. **2.** Ver u oír con extrañeza. También prnl. **3.** Echar de menos. También prnl.

extrañeza *s. f.* **1.** Lo que hace extraño a una persona. **2.** Admiración, novedad.

extraño, ña *adj.* **1.** De nación, familia o profesión distinta. **2.** Raro, singular.

extraoficial *adj.* Oficioso, no oficial.

extraordinario, ria *adj.* Fuera del orden o regla natural o común.

extrapolación *s. f.* Acción y efecto de extrapolar.

extrapolar *v. intr.* Aplicar a casos inciertos conclusiones constatadas en casos determinados.

extrarradio *s. m.* Circunscripción administrativa fuera del radio de una población.

extratémpora *s. f.* Dispensa para que un clérigo reciba las órdenes mayores fuera de los tiempos señalados por la Iglesia.

extraterrestre *adj.* De otro planeta.

extraterritorial *adj.* Fuera del territorio de una jurisdicción.

extrauterino, na *adj.* Que está situado u ocurre fuera del útero.

extravagancia *s. f.* Calidad de extravagante.

extravagante *adj.* Que se hace o dice fuera del orden o modo común de obrar.

extravasarse *v. prnl.* Salirse un líquido de su vaso.

extravenar *v. tr.* **1.** Hacer salir la sangre de las venas. También prnl. **2.** *fig.* Desviar.

extravertido, da *adj.* Se dice del que tiende a relacionarse con los demás.

extraviado, da *adj.* **1.** De costumbres desordenadas. **2.** Poco transitado, alejado.

extraviar *v. tr.* **1.** Hacer perder el camino. || *v. prnl.* **2.** Perderse. **3.** Errar.

extravío *s. m., fig.* Desorden en las costumbres. **2.** *fam.* Molestia, perjuicio.

extremado, da *adj.* Sumamente bueno o malo en su género.

extremar *v. tr.* **1.** Llevar una cosa al extremo. || *v. prnl.* **2.** Emplear alguien todo esmero en la ejecución de una cosa.

extremaunción *s. f.* Uno de los sacramentos de la Iglesia, que consiste en la unción con óleo sagrado a los fieles que se hallan en peligro inminente de morir.

extremidad *s. f.* **1.** Parte extrema o última de una cosa. || *s. f. pl.* **2.** Cabeza, brazos, piernas, etc., de animales y humanos.

extremista *adj.* Partidario de ideas extremas o exageradas. También s. m. y s. f.

extremo, ma *adj.* **1.** Último. **2.** *fig.* Se dice de lo más intenso o activo de una cosa. || *s. m.* **3.** Parte primera o última.

extrínseco, ca *adj.* Externo, no especial.

exuberante *adj.* Abundante y copioso con exceso.

exudación *s. f.* Accción y efecto de exudar.

exuberancia *s. f.* Abundancia suma; plenitud y copia excesiva.

exudar *v. intr.* Salir un líquido fuera de sus continentes propios. También tr.

exulcerar *v. tr.* Corroer el cutis de modo que empiece a formarse llaga. También prnl.

exultación *s. f.* Demostración de gran gozo o alegría.

exultar *v. intr.* Saltar de alegría, transportarse de gozo.

exutorio *s. m.* Úlcera abierta para determinar una supuración permanente con un fin curativo.

exvoto *s. m.* Ofrenda dedicada a Dios, a la Virgen o a los Santos por un beneficio.

eyaculación *s. f.* Acción y efecto de eyacular.

eyacular *v. tr.* **1.** Lanzar con rapidez y fuerza el contenido de un órgano, cavidad o depósito. **2.** Expulsar el semen.

eyectar *v. tr.* Impulsar con fuerza hacia afuera.

F

f *s. f.* Sexta letra del abecedario español y cuarta de sus consonantes.
fa *s. m.* Cuarta nota de la escala musical.
fabada *s. f.* Potaje de alubias con tocino, chorizo y morcilla, típico de Asturias.
fabla *s. f.* Imitación convencional y literaria del español antiguo.
fabordón *s. m.* Cierto contrapunto sobre el canto llano, propio de la música religiosa.
fábrica *s. f.* Lugar provisto de maquinaria e instalaciones adecuadas para producir determinados productos u objetos.
fabricación *s. f.* Acción y efecto de fabricar.
fabricador, ra *adj.* Que inventa o dispone una cosa no material. También s. m. y s. f.
fabricante *s. m. y s. f.* Dueño de una fábrica.
fabricar *v. tr.* Producir una cosa por medios mecánicos y, generalmente, en serie.
fabril *adj.* Perteneciente o relativo a las fábricas o a sus operarios.
fabuco *s. m.* Hayuco.
fábula *s. f.* **1.** Relato o representación falsa, inverosímil. **2.** Composición literaria que contiene una enseñanza moral, y cuyos personajes son seres irracionales, inanimados o abstractos personificados.
fabulista *s. m. y s. f.* Persona que compone o escribe fábulas literarias.
fabuloso, sa *adj.* **1.** Falso, de pura invención. **2.** Muy bueno, excesivo, increíble.
faca *s. f.* Cuchillo corvo.
facción *s. f.* **1.** Grupo de personas amotinadas. **2.** Grupo o partido que actúa con violencia. ‖ *s. f. pl.* **3.** Rasgos del rostro de una persona.
faccioso, sa *adj.* **1.** Perteneciente o relativo a una facción, generalmente armada. También s. m. y s. f. **2.** Perturbador del orden público.
faceta *s. f.* **1.** Cara pequeña de un poliedro. **2.** Aspecto de un asunto.
facha *s. f., fam.* Traza, figura, aspecto.
fachada *s. f.* **1.** Parte exterior principal de un edificio. **2.** *fig. y fam.* Presencia.
fachenda *s. f.* Jactancia, vanidad.
fachendear *v. intr., fam.* Hacer ostentación vanidosa.
fachendoso, sa *adj., fam.* Que tiene fachenda.
fachoso, sa *adj., fam.* De mala facha.
facial *adj.* Relativo al rostro.
fácil *adj.* **1.** Que se puede hacer sin mucho trabajo. **2.** Que puede suceder con mucha probabilidad.
facilidad *s. f.* Cualidad de fácil.
facilitar *v. tr.* **1.** Hacer fácil o posible una cosa. **2.** Proporcionar o entregar.
facineroso, sa *s. m. y s. f.* Persona malvada, de condición perversa.
facistol *s. m.* Atril grande de las iglesias.
facsímil *s. m.* Perfecta imitación de una firma, escrito, dibujo, etc.
factible *adj.* Que se puede hacer.
facticio, cia *adj.* Que no es natural y se hace por arte.
fáctico, ca *adj.* **1.** Perteneciente o relativo a los hechos. **2.** Basado en hechos.
factitivo, va *adj.* Se dice del verbo o perífrasis verbal cuyo sujeto hace ejecutar la acción a otros, en vez de realizarla por sí mismo.
factor *s. m.* **1.** Lo que es causa de algo o circunstancia que lo determina. **2.** Cada una de las cantidades que se multiplican entre sí para formar un producto.
factoría *s. f.* Fábrica o complejo industrial.
factorial *s. f.* Producto de todos los términos de una progresión aritmética.
factótum *s. m., fam.* Persona que desempeña en una casa, oficina, etc., todos los menesteres.
factura *s. f.* Cuenta detallada de los objetos o artículos de una venta.
facturación *s. f.* Acción y efecto de facturar.
facturar *v. tr.* **1.** Extender las facturas. **2.** Registrar en las estaciones de ferrocarril, aeropuerto, etc., equipajes o mercancías para que sean remitidos a su destino.
fácula *s. f.* Cada una de las partes más brillantes que se observan en el disco del Sol.
facultad *s. f.* **1.** Aptitud física o moral. **2.** Poder, derecho para hacer algo. **3.** Cada una de las grandes secciones en que se divide una universidad.
facultar *v. tr.* Conceder facultades a alguien para hacer algo.
facultativo, va *adj.* **1.** Potestativo, voluntario. ‖ *s. m. y s. f.* **2.** Médico o cirujano.
facundia *s. f.* Facilidad de palabra.
facundo, da *adj.* Que tiene facilidad de palabra.
fado *s. m.* Cierta canción popular portuguesa.
faena *s. f.* **1.** Trabajo. **2.** *fig.* Quehacer. Se usa más en pl. **3.** *fam.* Trastada.

faenar *v. intr.* Hacer los trabajos de la pesca marina o las labores agrícolas.
faetón *s. m.* Carruaje descubierto de cuatro ruedas y cuatro asientos.
fagocito *s. m.* Célula capaz de englobar cuerpos sólidos, en particular microbios, que serán destruidos en su interior.
fagot *s. m.* Instrumento musical de viento, de la familia del oboe.
faisán *s. m.* Ave galliforme, cuya carne es muy apreciada.
faja *s. f.* **1.** Tira de tela con que se rodea al cuerpo por la cintura. **2.** Prenda interior elástica que comprime el abdomen. **3.** Lista mucho más larga que ancha.
fajadura *s. f.* Acción y efecto de fajar o fajarse.
fajar *v. tr.* Ceñir cierta parte del cuerpo con una faja. También prnl.
fajeado, da *adj.* Que tiene fajas o listas.
fajero *s. m.* Faja de punto que se pone a los bebés.
fajín *s. m.* Ceñidor usado como distintivo por los generales y ciertos funcionarios.
fajina *s. f.* Conjunto de haces de mies.
fajo *s. m.* Haz o atado.
falacia *s. f.* Engaño o mentira.
falange *s. f.* **1.** Cuerpo de infantería del antiguo ejército griego. **2.** *fig.* Cada uno de los huesos de los dedos.
falangeta *s. f.* Falange tercera o terminal de los dedos.
falansterio *s. m.* Alojamiento colectivo para un gran número de gente.
falárica *s. f.* Antigua lanza arrojadiza.
falaz *adj.* Que tiene el vicio de la falacia.
falbalá *s. m.* **1.** Pieza casi cuadrada que se ponía en la falsilla de la casaca. **2.** Faralá.
falcado, da *adj.* De curvatura semejante a la de la hoz.
falce *s. f.* Hoz o cuchillo corvo.
falciforme *adj.* Que tiene forma de hoz.
falcón *s. f.* Especie de cañón de la artillería antigua.
falconete *s. m.* Antigua pieza de artillería.
falda *s. f.* **1.** Prenda de vestir o parte del vestido femenino que, con más o menos vuelo, cae desde la cintura hacia abajo. **2.** Parte inferior de un monte.
faldamenta *s. f., fam.* Falda larga y desgarbada.
faldear *v. tr.* Caminar por la falda de una montaña.
faldellín *s. m.* **1.** Falda corta. **2.** Refajo.
faldeta *s. f.* Lienzo con que en el teatro se cubre lo que ha de aparecer a su tiempo.
faldillas *s. f. pl.* En ciertos trajes, partes que cuelgan de la cintura abajo.
faldistorio *s. m.* Asiento destinado a los obispos en algunas funciones pontificales.
faldón *s. m.* **1.** Falda suelta al aire. **2.** Parte inferior de alguna ropa, colgadura, etc.
faldriquera *s. f.* Faltriquera.
falena *s. f.* Mariposa nocturna, cuyas orugas pueden camuflarse imitando el aspecto de las ramas de los árboles.
falibilidad *s. f.* Riesgo o posibilidad de engañarse o equivocarse.
falible *adj.* **1.** Que puede engañarse o engañar. **2.** Que puede faltar o fallar.
fálico, ca *adj.* Relativo al falo.
falla[1] *s. f.* Quiebra que los movimientos geológicos han producido en un terreno.
falla[2] *s. f.* Figuras de cartón y otras materias combustibles, representaciones grotescas de personajes o hechos de actualidad, que se queman públicamente en Valencia la noche de San José.
fallanca *s. f.* Vierteaguas de una puerta o ventana.
fallar[1] *v. tr.* Decidir, determinar la autoridad competente un litigio, concurso, etc.
fallar[2] *v. intr.* Frustrarse o no salir como se esperaba una cosa.
falleba *s. f.* Varilla giratoria para cerrar ventanas o puertas de dos hojas.
fallecer *v. intr.* Morir.
fallecimiento *s. m.* Acción y efecto de fallecer.
fallido, da *adj.* Frustrado, sin efecto.
fallir *v. intr.* **1.** Faltar o acabarse algo. **2.** Equivocar, no acertar.
fallo[1] *s. m.* **1.** Sentencia definitiva del juez. **2.** Decisión tomada por persona competente sobre un asunto disputado.
fallo[2] *s. m.* **1.** Falta de un palo en el juego de cartas. **2.** Equivocación, error.
falo *s. m.* Pene.
falsario, ria *adj.* Que acostumbra a mentir o a hacer falsedades. También s. m. y s. f.
falseador, ra *adj.* Que falsea o contrahace algo.
falsear *v. tr.* Adulterar algo haciéndolo disconforme con la verdad.
falsedad *s. f.* **1.** Falta de verdad o autenticidad. **2.** Falta de conformidad entre las palabras, las ideas y las cosas.

falsete *s. m.* Voz más aguda que la natural.
falsía *s. f.* Falsedad, deslealtad, doblez.
falsificación *s. f.* Delito de falsedad que se comete en un documento, moneda, etc.
falsificador, ra *adj.* Que falsifica.
falsificar *v. tr.* Falsear, contrahacer.
falsilla *s. f.* Hoja de papel con líneas muy señaladas, que se pone debajo de otro para que sirva de guía.
falso, sa *adj.* **1.** Engañoso, fingido. **2.** Contrario a la verdad. **3.** Se dice de la moneda hecha a imitación de la legítima.
falta *s. f.* **1.** Defecto o privación de una cosa necesaria o útil. **2.** Equivocación. **3.** Acto contrario al deber u obligación.
faltar *v. intr.* **1.** Estar ausente una persona o cosa de un determinado lugar. **2.** No existir una cualidad o circunstancia en lo que debiera tenerla.
falto, ta *adj.* **1.** Defectuoso o necesitado de alguna cosa. **2.** Escaso, apocado.
faltón, na *adj.* Que falta con frecuencia a sus obligaciones o citas.
faltriquera *s. f.* Bolsillo de las prendas de vestir.
falúa *s. f.* Embarcación menor con carroza.
falucho *s. m.* Embarcación costanera con una vela latina.
fama *s. f.* **1.** Noticia o voz común de una cosa. **2.** Opinión que se tiene acerca de una persona. **3.** Celebridad, gloria.
famélico, ca *adj.* Hambriento.
familia *s. f.* **1.** Gente que vive en una casa bajo la autoridad del señor de ella. **2.** Conjunto de personas de la misma sangre. **3.** Parentela inmediata de alguien.
familiar *adj.* **1.** Se dice del trato sencillo y sin ceremonia. **2.** Se aplica al lenguaje, tono, etc., corriente y natural. || *s. m.* **3.** Cada uno de los miembros de una familia.
familiaridad *s. f.* Sencillez y confianza en el trato.
familiarizar *v. tr.* **1.** Hacer familiar o común una cosa. || *v. prnl.* **2.** Introducirse y acomodarse al trato familiar de alguien. **3.** Adaptarse, acostumbrarse a algo.
famoso, sa *adj.* **1.** Que tiene fama. **2.** *fam.* Bueno, excelente en su especie.
fámula *s. f., fam.* Criada.
famulato *s. m.* Servidumbre de una casa.
fámulo *s. m.* Criado doméstico.
fan *s. m. y s. f.* Admirador.
fanal *s. m.* Farol grande colocado en las torres de los puertos para que su luz sirva de señal nocturna.
fanático, ca *adj.* Que defiende con apasionamiento creencias u opiniones religiosas o políticas.
fanatismo *s. m.* Apasionamiento del fanático.
fanatizar *v. tr.* Volver fanático a alguien.
fandango *s. m.* Baile popular español con acompañamiento de guitarra y castañuelas.
fandanguillo *s. m.* Baile popular en compás de tres por ocho, parecido al fandango.
faneca *s. f.* Pez teleósteo marino, de cabeza apuntada, dientes de sierra y color pardusco en el lomo y blanco por el vientre.
fanega *s. f.* **1.** Medida de capacidad para áridos. **2.** Porción de grano, legumbres, etc., que cabe en una fanega.
fanerógamo, ma *adj.* Se dice de las plantas cuyos órganos sexuales se distinguen a simple vista, y que se reproducen mediante semillas.
fanfarria *s. f.* Baladronada, bravata.
fanfarrón, na *adj.* Que hace alarde de lo que no es, y en especial de valiente.
fanfarronear *v. intr.* Hablar con arrogancia echando fanfarronadas.
fanfarronería *s. f.* Modo de hablar y de portarse el fanfarrón.
fangal *s. m.* Terreno lleno de fango.
fango *s. m.* Lodo que se forma en los lugares donde hay agua estancada.
fangoso, sa *adj.* Lleno de fango.
fantasear *v. intr.* Dejar correr la fantasía o imaginación.
fantasía *s. f.* Facultad anímica de reproducir con imágenes las cosas pasadas, de dar forma sensible a las ideales o de idealizar las reales.
fantasma *s. m.* Visión quimérica.
fantasmagoría *s. f.* Arte de representar figuras por medio de una ilusión óptica.
fantasmón, na *adj., fam.* Presuntuoso.
fantástico, ca *adj.* **1.** Quimérico, sin realidad. **2.** *fam.* Maravilloso, excelente.
fantoche *s. m.* **1.** Títere. **2.** Persona de aspecto ridículo. **3.** Persona presumida.
faquir *s. m.* Asceta hindú de religión musulmana que vive de la caridad pública y practica severos actos de mortificación.
faraday *s. m.* Nombre del faradio en la nomenclatura internacional.

faradio *s. m.* Unidad de capacidad eléctrica en el sistema MKS.
faralá *s. m.* Volante que adorna la parte inferior de un vestido, cortina, etc.
farallón *s. m.* Roca alta y tajada.
faramalla *s. f.* Charla engañosa.
farándula *s. f.* **1.** Profesión de los comediantes y ambiente relacionado con ellos. **2.** Compañía de cómicos ambulantes.
farandulero, ra *s. m. y s. f.* Persona que recitaba comedias.
faraón *s. m.* Soberano del antiguo Egipto.
faraónico, ca *adj., fig.* Se dice de las obras de gran envergadura o que se realizan con gran despliegue de medios.
faraute *s. m.* **1.** Mensajero, heraldo. **2.** Rey de armas de segunda clase.
farda *s. f.* Corte o muesca que se hace en un madero para encajar en él la barbilla de otro.
fardaje *s. m.* Conjunto de fardos.
fardar *v. tr.* **1.** Abastecer a alguien, especialmente de ropa. ‖ *v. intr.* **2.** *fig. y fam.* Presumir, alardear.
fardel *s. m.* **1.** Saco o talega de los pastores y caminantes. **2.** Fardo.
fardo *s. m.* Lío grande de ropa u otra cosa, muy apretado.
farellón *s. m.* Farallón.
farfantón, na *s. m. y s. f., fam.* Persona habladora y jactanciosa. También adj.
fárfara *s. f.* Planta herbácea compuesta, con hojas tomentosas por el envés y flores amarillas.
farfolla *s. f.* Envoltura de las panojas de maíz, mijo y panizo.
farfullar *v. tr., fam.* Decir o hacer algo de prisa y atropelladamente.
fargallón, na *adj., fam.* Que hace las cosas atropelladamente. También s. m. y s. f.
farináceo, a *adj.* Parecido a la harina.
faringe *s. f.* Conducto muscular membranoso que se extiende desde el velo del paladar hasta el esófago.
faríngeo, a *adj.* Perteneciente o relativo a la faringe.
faringitis *s. f.* Inflamación de la faringe.
fariseo *s. m., fig.* Persona hipócrita.
farmacéutico, ca *s. m. y s. f.* Persona licenciada en farmacia.
farmacia *s. f.* **1.** Ciencia que enseña el conjunto de conocimientos necesarios para la preparación de los medicamentos y las sustancias que los integran. **2.** Establecimiento dedicado a la venta y preparación de productos farmacéuticos.
fármaco *s. m.* Medicamento.
farmacología *s. f.* Rama de la medicina que trata de los medicamentos y de su empleo.
farmacopea *s. f.* Libro que trata de las sustancias medicinales más corrientes y del modo de prepararlas y combinarlas.
faro *s. m.* **1.** Torre alta en las costas y puertos, con luz en su parte superior, para que sirva de señal y guía a los navegantes. **2.** Cada uno de los focos delanteros de un automóvil.
farol *s. m.* **1.** Caja con una o más caras de vidrio o de otra materia transparente dentro de la cual va una luz. **2.** Fanfarronada, hecho o dicho presuntuoso.
farola *s. f.* Farol grande para el alumbrado público.
farolear *v. intr., fam.* Fanfarronear.
farolero, ra *adj., fam.* Vano, ostentoso, fachendoso. También s. m. y s. f.
farolillo *s. m.* Farol de papel de vistosos colores que se pone como adorno en verbenas y fiestas.
farpa *s. f.* Cada una de las puntas agudas que quedan al hacer una escotadura en el borde de algunas cosas.
farra *s. f.* Juerga, jarana.
fárrago *s. m.* Conjunto de cosas o ideas superfluas, confusas y mal ordenadas.
farragoso, sa *adj.* Que tiene fárrago.
farruco, ca *adj.* **1.** *fam.* Valiente, impávido. **2.** *fam.* Impertinente, desafiante.
farsa *s. f.* Pieza cómica breve.
farsante, ta *adj., fam.* Se dice de la persona hipócrita que finge lo que siente.
fasces *s. f. pl.* Insignia del cónsul romano.
fascículo *s. m.* **1.** Entrega, cuaderno. **2.** Haz de fibras musculares o nerviosas.
fascinación *s. f., fam.* Atracción irrefrenable.
fascinante *adj.* Muy atractivo.
fascinar *v. tr.* **1.** *fig.* Engañar, alucinar. **2.** *fig.* Atraer irrefrenablemente.
fascismo *s. m.* **1.** Movimiento político italiano de carácter nacionalista y autoritario, creado por Benito Mussolini después de la Primera Guerra Mundial. **2.** Doctrina de este movimiento italiano y de los análogos en otros países.
fascista *adj.* **1.** Partidario del fascismo. También s. m. y s. f. **2.** Reaccionario, autoritario.

fase *s. f.* **1.** Cada uno de los aspectos sucesivos con que se dejan ver la Luna y algunos planetas. **2.** *fig.* Cada uno de los aspectos que presenta un fenómeno natural o un asunto.

fastidiar *v. tr.* **1.** Causar hastío una cosa. **2.** *fig.* Enfadar, ser molesto. **3.** *fig.* Perjudicar.

fastidio *s. m.* Disgusto, molestia.

fastidioso, sa *adj.* Enfadoso, importuno.

fasto, ta *adj.* **1.** Memorable, venturoso. || *s. m.* **2.** Fausto.

fastuoso, sa *adj.* Ostentoso.

fatal *adj.* **1.** Desgraciado, infeliz. **2.** Malo. **3.** Con valor de adverbio, pésimamente.

fatalidad *s. f.* Desgracia, infelicidad.

fatalismo *s. m.* Doctrina filosófica o religiosa que considera todos los acontecimientos inevitables y sujetos a la necesidad absoluta del destino.

fatalista *adj.* Que profesa el fatalismo.

fatídico, ca *adj.* Que vaticina el porvenir, anunciando generalmente desgracias.

fatiga *s. f.* Agitación, cansancio.

fatigar *v. tr.* **1.** Causar fatiga. También prnl. **2.** Vejar, molestar.

fatigoso, sa *adj.* **1.** Fatigado, agitado. **2.** Que causa fatiga.

fatuidad *s. f.* **1.** Falta de razón o de entendimiento. **2.** Dicho o hecho necio. **3.** Presunción, vanidad ridícula.

fatuo, tua *adj.* **1.** Falto de entendimiento. **2.** Lleno de presunción ridícula.

fauces *s. f. pl.* Parte posterior de la boca de los mamíferos.

fauna *s. f.* Conjunto de los animales de un país o región.

fauno *s. m.* Semidiós de los campos y selvas en las mitologías griega y romana.

fausto *s. m.* Grande ornato y pompa exterior.

fausto, ta *adj.* Feliz, afortunado.

fautor, ra *s. m. y s. f.* Persona que favorece y ayuda a otra.

favor *s. m.* **1.** Ayuda, protección que se concede a alguien. **2.** Honra, beneficio.

favorable *adj.* **1.** Que favorece. **2.** Propicio, apacible, benévolo.

favorecer *v. tr.* **1.** Ayudar, socorrer a alguien. **2.** Apoyar un intento, empresa u opinión. **3.** Dar o hacer trato de favor.

favoritismo *s. m.* Preferencia que se da al favor sobre el mérito.

favorito, ta *adj.* **1.** Que es con preferencia estimado. **2.** Considerado probable ganador de una competición.

fax *s. m.* Telefax.

faya *s. f.* Cierto tejido grueso de seda, que forma canutillo.

faz *s. f.* **1.** Rostro o cara. **2.** Vista o lado de una cosa. **3.** Anverso de las monedas.

fe *s. f.* Conjunto de creencias que tiene una persona o un grupo de personas.

fealdad *s. f.* Cualidad de feo.

feble *adj.* Débil, flaco.

febrero *s. m.* Segundo mes del año.

febrífugo, ga *adj.* Que quita las calenturas.

febril *adj.* **1.** Perteneciente o relativo a la fiebre. **2.** *fig.* Ardoroso, desasosegado.

fecal *adj.* Relativo al excremento intestinal.

fecha *s. f.* **1.** Indicación del tiempo y del lugar en que se hace u ocurre algo. **2.** Tiempo o momento actual.

fechar *v. tr.* **1.** Poner fecha a un escrito. **2.** Datar un documento, suceso, etc.

fechoría *s. f.* Acción mala.

fecial *s. m.* D

fécula *s. f.* Sustancia blanca que se extrae de las semillas y raíces de varias plantas.

fecundación *s. f.* Acción y efecto de fecundar.

fecundar *v. tr.* **1.** Hacer fecunda o productiva una cosa. **2.** Unirse el elemento reproductor masculino al femenino para dar origen a un nuevo ser.

fecundidad *s. f.* Virtud y facultad de producir.

fecundizar *v. tr.* Fecundar.

fedatario *s. m.* Denominación genérica aplicada al notario y otros funcionarios que gozan de fe pública.

federación *s. f.* **1.** Acción de federar. **2.** Entidad, organismo o Estado resultante de dicha acción. **3.** Organismo que tiene a su cargo el control y desarrollo de una disciplina deportiva.

federal *adj.* Perteneciente o relativo a la federación.

federalismo *s. m.* Sistema de confederación entre corporaciones o Estados.

federar *v. tr.* Hacer alianza, liga, unión o pacto entre varios. También prnl.

fehaciente *adj.* Que es fidedigno.

feldespato *s. m.* Silicato de alúmina con uno o más metales alcalinos, potasio, sodio o calcio.

felicidad *s. f.* Dicha, satisfacción.
felicitación *s. f.* Tarjeta o nota con que se felicita a alguien.
felicitar *v. tr.* **1.** Manifestar a una persona satisfacción con motivo de algún suceso feliz para ella. **2.** Expresar el deseo de que una persona sea feliz.
félido, da *adj.* Se dice de mamíferos carnívoros cuyo tipo es el león. Tienen uñas retráctiles y muy desarrollados los caninos y la muela carnicera.
feligrés, sa *s. m. y s. f.* Persona que pertenece a cierta parroquia.
feligresía *s. f.* **1.** Conjunto de feligreses de una parroquia. **2.** Parroquia rural.
felino, na *adj.* Relativo al gato.
feliz *adj.* **1.** Que tiene o goza de felicidad. **2.** Que ocasiona felicidad.
felón, na *adj.* Que comete felonía.
felonía *s. f.* Deslealtad, traición.
felpa *s. f.* Tejido que tiene pelo por el haz.
felpudo *s. m.* Estera gruesa y afelpada, que se usa a la entrada de las casas como limpiabarros.
femenino, na *adj.* Propio de la mujer.
fementido, da *adj.* **1.** Falto de fe y palabra. **2.** Engañoso, tratándose de cosas.
fémina *s. f.* Mujer.
femineidad *s. f.* Cualidad de femenino.
feminismo *s. m.* Doctrina social y movimiento que defiende la igualdad de derechos entre mujeres y hombres.
feminista *s. m. y s. f.* Partidario del feminismo.
femoral *adj.* Perteneciente o relativo al fémur o al muslo.
fémur *s. m.* Hueso del muslo.
fenda *s. f.* Raja o hendidura al hilo en la madera.
fenecer *v. tr.* **1.** Poner fin a una cosa. ‖ *v. intr.* **2.** Morir. **3.** Acabarse algo.
fénix *s. m.* Ave fabulosa, que se decía era única y renacía de sus cenizas.
fenol *s. m.* Nombre genérico que se da a los alcoholes de la serie cíclica o aromática de la química orgánica.
fenomenal *adj.* **1.** *fam.* Muy grande. **2.** *fig.* Estupendo ‖ *adv. m.* **3.** Estupendamente.
fenómeno *s. m.* **1.** Toda manifestación del orden material o espiritual. **2.** Cosa extraordinaria y sorprendente.
feo, a *adj.* **1.** Que carece de belleza. **2.** *fig.* Que causa aversión. ‖ *s. m.* **3.** Desaire.
feracidad *s. f.* Fertilidad de los campos.
feraz *adj.* Fértil, copioso de frutos.
féretro *s. m.* Caja mortuoria.
feria *s. f.* **1.** Mercado en lugar público. **2.** Descanso y suspensión del trabajo. **3.** Conjunto de casetas de carácter recreativo que se instalan en una población con motivo de sus fiestas.
ferial *s. m.* Feria, mercado público.
feriante *adj.* Concurrente a la feria para comprar o vender. También s. m. y s. f.
feriar *v. tr.* Vender, comprar o cambiar una cosa por otra.
fermentación *s. f.* Acción y efecto de fermentar.
fermentar *v. intr.* Transformarse un cuerpo orgánico por la acción de otro que, en contacto con él, no se modifica.
fermento *s. m.* **1.** Cuerpo orgánico que hace fermentar a otro. **2.** *fig.* Causa o motivo de alteración entre la gente.
ferocidad *s. f.* Fiereza, crueldad.
feroz *adj.* **1.** Que obra con ferocidad. **2.** Que denota ferocidad.
ferrada *s. f.* Maza armada de hierro, como la de Hércules.
ferrar *v. tr.* Guarnecer con hierro alguna cosa.
férreo, a *adj.* **1.** De hierro o que tiene sus propiedades. **2.** *fig.* Duro, tenaz.
ferrería *s. f.* Oficina en donde se beneficia el mineral de hierro, reduciéndolo a metal.
ferreruelo *s. m.* Capa corta con sólo cuello y sin capilla.
ferrete *s. m.* Instrumento de hierro que sirve para marcar y poner señal a las cosas.
ferretear *v. tr.* Labrar con hierro.
ferretería *s. f.* Establecimiento comercial donde se venden objetos de hierro e instrumentos para bricolaje.
ferretero, ra *s. m. y s. f.* Persona que está al cargo de una ferretería.
férrico, ca *adj.* Se aplica a las combinaciones del hierro.
ferrocarril *s. m.* **1.** Vía de dos carriles paralelos. **2.** Tren.
ferroso, sa *adj.* Se dice de los compuestos de hierro en que éste funciona con doble valencia.
ferroviario, ria *s. m. y s. f.* Empleado de ferrocarriles.
ferrugiento, ta *adj.* De hierro o con alguna de sus cualidades.

ferruginoso, sa *adj.* Se dice del mineral que contiene hierro.

ferry *s. m.* Embarcación empleada para transportar personas, vehículos y trenes de una orilla a otra de un río o canal.

fértil *adj.* **1.** Se aplica a la tierra que produce mucho. **2.** Aplicado a un ser vivo, que puede reproducirse.

fertilidad *s. f.* Cualidad de fértil.

fertilizante *s. m.* Compuesto nitrogenado fabricado artificialmente para fertilizar la tierra.

fertilizar *v. tr.* Abonar la tierra para que produzca abundantes frutos.

férula *s. f.* Tablilla flexible y resistente empleada en el tratamiento de las fracturas.

férvido, da *adj.* Que arde o causa ardor.

fervor *s. m.* **1.** Calor intenso. **2.** *fig.* Celo ardiente y afecto hacia cosas o personas, y en especial hacia materias religiosas.

fervoroso, sa *adj.* Que tiene mucho fervor.

festejar *v. tr.* **1.** Celebrar algo con una fiesta. **2.** Hacer festejos en obsequio de alguien.

festejos *s. m. pl.* Regocijos públicos o fiestas tradicionales.

festín *s. m.* **1.** Festejo particular. **2.** Banquete espléndido.

festinación *s. f.* Celeridad, prisa, velocidad.

festival *s. m.* Fiesta, especialmente musical.

festividad *s. f.* **1.** Fiesta o solemnidad con que se celebra una cosa. **2.** Día festivo.

festivo, va *adj.* **1.** Chistoso, agudo. **2.** Alegre, regocijado. **3.** Solemne.

festón *s. m.* Bordado, dibujo u otro adorno en forma de ondas.

festonear *v. tr.* Adornar con festón.

fetación *s. f.* Desarrollo del feto, gestación.

fetal *adj.* Perteneciente o relativo al feto.

fetiche *s. m.* **1.** Ídolo u objeto de culto supersticioso en pueblos primitivos. **2.** Objeto ritualizado para una persona.

fetichismo *s. m.* Culto de los fetiches.

fetidez *s. f.* Hediondez, hedor.

fétido, da *adj.* Hediondo.

feto *s. m.* Embrión de los mamíferos placentarios y marsupiales desde que se implanta en el útero hasta su nacimiento.

feudal *adj.* Relativo al feudo.

feudalismo *s. m.* Sistema feudal de gobierno y de organización de la propiedad en la Edad Media.

feudar *v. tr.* Tributar, pagar feudo.

feudatario, ria *adj.* Sujeto obligado a pagar feudo. También s. m. y s. f.

feudo *s. m.* Contrato por el cual se concedían a una persona tierras o rentas, obligándose el que las recibía a guardar fidelidad de vasallo.

fez *s. m.* Gorro de fieltro rojo y de figura de cubilete, propio de turcos y moros.

fiable *adj.* Se dice de alguien o algo digno de confianza.

fiador, ra *s. m. y s. f.* Persona que fía a otra o responde por ella.

fiambre *adj.* Se dice de la carne y el pescado que se comen fríos, una vez cocinados, y también de la carne curada.

fiambrera *s. f.* Caja para llevar comida.

fianza *s. f.* Obligación que alguien contrae de hacer algo a lo que otro se ha comprometido, en caso de que éste incumpla lo acordado.

fiar *v. tr.* **1.** Asegurar alguien el cumplimiento de la obligación de otra persona, respondiendo por ella. **2.** Vender una cosa aplazando su cobro.

fiasco *s. m.* Mal éxito.

fiat *s. m.* Consentimiento o mandato para que una cosa tenga efecto.

fibra *s. f.* **1.** Cada uno de los filamentos de los que se componen los tejidos orgánicos vegetales o animales, o la textura de ciertos minerales. **2.** Filamento de origen químico, utilizado en la industria textil.

fibrina *s. f.* Sustancia albuminoidea, insoluble en el agua, que contribuye a la formación de los coágulos de sangre.

fibrocartílago *s. m.* Tejido fibroso, muy resistente, que contiene entre sus fibras materia cartilaginosa que le da color blanco y elasticidad particular.

fibroma *s. m.* Tumor fibroso.

fibroso, sa *adj.* Que tiene muchas fibras.

fíbula *s. f.* Hebilla a manera de imperdible.

ficción *s. f.* Invención poética.

ficha *s. f.* **1.** Pieza pequeña de marfil, madera, metal, etc., utilizada para diversos fines, como señalar los tantos en el juego, establecer comunicación telefónica, etc. **2.** Hoja de cartulina o papel fuerte en la que se consignan ciertos datos.

fichar *v. tr.* **1.** Rellenar una ficha con ciertos datos de interés. **2.** Hacer la ficha antropométrica, médica, etc., de alguien.

fichero *s. f.* Caja o mueble con cajonería donde se pueden guardar ordenadamente las fichas o cédulas.
ficticio, cia *adj.* Fingido o fabuloso.
ficus *s. m.* Nombre que se da popularmente a diversas plantas ornamentales de hojas verdes, grandes y ovaladas.
fidecomiso *s. m.* Fideicomiso.
fidedigno, na *adj.* Digno de fe y crédito.
fideicomiso *s. m.* Disposición por la cual el testador deja su herencia a alguien para que cumpla su voluntad.
fidelidad *s. f.* Lealtad.
fideo *s. m.* Pasta de harina de trigo, en forma de hilo, que sirve para hacer sopa.
fiduciario, ria *adj.* Que depende del crédito o confianza que merezca.
fiebre *s. f.* Elevación de la temperatura del cuerpo acompañada de una aceleración del pulso.
fiel[1] *adj.* **1.** Que guarda fe. **2.** Exacto, conforme a la verdad.
fiel[2] *s. m.* Aguja de las balanzas y romanas, que se pone vertical cuando hay perfecta igualdad en los pesos comparados.
fielato *s. m.* Oficina a la entrada de las poblaciones, en la cual se pagaban los derechos de consumo.
fieltro *s. m.* Especie de paño sin tejer que resulta de conglomerar borra, lana o pelo.
fiera *s. f.* **1.** Animal salvaje. **2.** *fig.* Persona cruel.
fierabrás *s. m., fig.* Persona mala, perversa.
fiereza *s. f.* **1.** Inhumanidad. **2.** Saña, braveza natural de las fieras.
fiero, ra *adj.* **1.** Duro, intratable. **3.** *fig.* Horroroso. **5.** *fig.* Grande, excesivo.
fiesta *s. f.* **1.** Alegría o diversión. **2.** Día en que se celebra alguna solemnidad.
fígaro *s. m.* Barbero de oficio.
figle *s. m.* Instrumento musical de viento, de sonoridad grave.
figón *s. m.* Fonda o taberna donde se guisan y venden cosas ordinarias de comer.
figonero, ra *s. m. y s. f.* Persona que tiene un figón.
figulino, na *adj.* De barro cocido.
figura *s. f.* **1.** Forma exterior de un cuerpo. **2.** Estatua o pintura, representativa de una persona o un animal.
figuración *s. f.* Acción y efecto de figurar o figurarse una cosa.
figurante *s. m.* Comparsa de teatro.
figurar *v. tr.* **1.** Representar la figura de una cosa. **2.** Aparentar, suponer, fingir. || *v. prnl.* **3.** Imaginarse, fantasear, suponer alguien algo que no conoce.
figurativo, va *adj.* Se aplica al arte y a los artistas que representan figuras de realidades concretas, en oposición al arte y artistas abstractos.
figurería *s. f.* Mueca o ademán ridículo.
figurín *s. m.* Dibujo o modelo pequeño para hacer trajes o adornos.
figurón *s. m.* Hombre entonado, que aparenta más de lo que es.
fijación *s. f.* Acción y efecto de fijar o fijarse.
fijador *s. m.* **1.** Producto cosmético que se emplea para fijar el cabello. **2.** Líquido para fijar una imagen fotográfica.
fijar *v. tr.* **1.** Clavar, asegurar un cuerpo en otro. **2.** Hacer fijo o estable un estado o cosa. También prnl. **3.** Determinar, limitar, precisar. || *v. prnl.* **4.** Atender, reparar, notar.
fijeza *s. f.* **1.** Firmeza, seguridad de opinión. **2.** Persistencia, continuidad.
fijo, ja *adj.* **1.** Firme, asegurado. **2.** Permanente.
fila *s. f.* Orden que guardan varias personas o cosas colocadas en línea.
filacteria *s. f.* Talismán que usaban los antiguos.
filadiz *s. m.* Seda extraída del capullo roto.
filamento *s. m.* **1.** Cuerpo filiforme. **2.** Hilo muy fino que se pone incandescente en el interior de las bombillas. **3.** Parte del estambre de las flores.
filamentoso, sa *s. m.* Que tiene filamentos.
filandria *s. f.* Lombriz de los nematelmintos que vive parásita en el aparato digestivo de las aves.
filantropía *s. f.* Amor al género humano.
filantrópico, ca *adj.* Perteneciente o relativo a la filantropía.
filántropo, pa *s. m. y s. f.* Persona que se distingue por su amor a sus semejantes.
filaria *s. f.* Nombre de varios gusanos parásitos de las personas y de los animales.
filarmonía *s. f.* Pasión por la música.
filarmónico, ca *adj.* Que ama mucho la música.
filástica *s. f.* Hilos que constituyen los cabos y jarcias.
filatelia *s. f.* Conocimiento y estudio de los sellos de correos y afición a coleccionarlos.
filatería *s. f.* **1.** Abundancia de palabras para timar a alguien. **2.** Verbosidad.

filderretor *s. m.* Tejido de lana, semejante a la lanilla.
fileno, na *s. m., fam.* Delicado, afeminado.
filete *s. m.* **1.** Pequeña loncha de carne magra o de pescado limpio de espinas. **2.** Remate de hilo enlazado que se echa al canto de alguna ropa.
filetear *v. tr.* Adornar con filetes.
filfa *s. f., fam.* Mentira, noticia falsa.
filiación *s. f.* **1.** Procedencia, vínculo de parentesco de los hijos respecto de sus padres. **3.** Dependencia, enlace.
filial *s. f.* Establecimiento que depende de otro.
filiar *v. tr.* Tomar la filiación a alguien.
filibustero *s. m.* Nombre dado a ciertos piratas que en el s. XVII dominaron el mar Caribe.
filicidio *s. m.* Muerte dada por un padre o una madre a su hijo.
filiforme *adj.* Que tiene forma de hilo.
filigrana *s. f.* **1.** Obra formada de hilos de oro o plata. **2.** *fig.* Cosa delicada y pulida.
filipéndula *s. f.* Hierba de la familia de las rosáceas, de hojas con segmentos desiguales, flores en macetas terminales, blancas o ligeramente rosáceas, y raíces de mucha fécula astringente.
filipense *adj.* Se dice del religioso de la congregación de San Felipe Neri. También s. m.
filípica *s. f.* Invectiva, censura acre.
filipichín *s. m.* Tejido de lana estampado.
filisteo, a *adj.* Se dice de la persona de poca cultura o inteligencia.
film *s. m.* Filme.
filmación *v. tr.* Acción y efecto de filmar.
filmar *v. tr.* Tomar vistas cinematográficas para un filme.
filme *s. m.* Película cinematográfica.
filmina *s. f.* Diapositiva.
filo *s. m.* Arista o borde agudo de un instrumento cortante.
filófago, ga *adj.* Que se alimenta de hojas.
filología *s. f.* Ciencia que estudia una lengua y su literatura, a través de sus textos.
filólogo, ga *s. m. y s. f.* Persona versada en filología.
filomanía *v. tr.* Superabundancia de hojas en un vegetal.
filón *s. m.* Masa de mineral que rellena una antigua quiebra de las rocas de un terreno.
filonio *s. m.* Electuario calmante y aromático, compuesto de miel, opio y otros calmantes.
filoseda *s. f.* Tela de lana y seda.
filosofar *v. intr.* Discurrir acerca de una cosa con razones filosóficas.
filosofía *s. f.* Ciencia que trata de la esencia, propiedades, causas y efectos de las cosas naturales.
filósofo *s. m. y s. f.* Persona que por profesión o estudio se dedica a la filosofía o a su enseñanza; especialmente el creador de un sistema filosófico.
filoxera *s. f.* Insecto hemíptero que ataca las hojas y raíces de las vides.
filtración *s. f.* Acción de filtrar.
filtrar *v. tr.* Hacer pasar un líquido por un filtro.
filtro *s. m.* Materia porosa o aparato a través del que se hace pasar un fluido para depurarlo.
filustre *s. m., fam.* Finura, elegancia.
filván *s. m.* Rebaba sutil que queda en el corte de una herramienta recién afilada.
fimbria *s. f.* Orla o franja de adorno.
fimo *s. m.* Estiércol.
fimosis *s. f.* Estrechez del orificio del prepucio.
fin *s. m.* **1.** Término, remate o consumación de una cosa. **2.** Término al cual tiende una acción, objeto o motivo con que se ejecuta una cosa.
finado, da *s. m. y s. f.* Persona muerta.
final *adj.* **1.** Que remata o perfecciona algo. ‖ *s. m.* **2.** Fin, remate de una cosa.
finalidad *s. f.* Fin con que se hace algo.
finalista *s. m. y s. f.* Persona que llega a la prueba final de una competición.
finalizar *v. tr.* **1.** Concluir una obra. ‖ *v. intr.* **2.** Extinguirse o acabarse una cosa.
financiar *v. tr.* **1.** Poner el capital necesario para la creación de una empresa, costearla. **2.** Prestar dinero a crédito.
financiero, ra *adj.* Perteneciente o relativo a las finanzas.
finanzas *s. f. pl.* Operaciones relacionadas con la hacienda pública, la banca o los grandes negocios mercantiles.
finar *v. intr.* Fallecer, morir.
finca *s. f.* Propiedad inmueble, urbana o rústica.
fincar *v. intr.* Adquirir fincas. También prnl.
fincharse *v. prnl., fam.* Engreírse.
fineza *s. f.* **1.** Regalo pequeño y de cariño. **2.** Delicadeza, primor.
fingimiento *s. m.* Simulación.
fingir *v. tr.* **1.** Dar a entender lo que no es cierto. **2.** Aparentar, simular.

finiquitar *v. tr.* **1.** Terminar, saldar una cuenta. **2.** *fig. y fam.* Concluir, rematar.
finiquito *s. m.* Suma de dinero con que se liquida un período laboral o una cuenta.
finisecular *adj.* Perteneciente o relativo al fin de un siglo determinado.
finito, ta *adj.* Que tiene fin o límite.
fino, na *adj.* **1.** Delicado y de buena calidad. **2.** Puro, precioso. **3.** Cortés, urbano.
finta *s. f.* Ademán o amago que se hace con intención de engañar a alguien.
finura *s. f.* **1.** Primor. **2.** Urbanidad.
fiordo *s. m.* Golfo de las costas de Escandinavia, estrecho y profundo, entre montañas de laderas abruptas, formado por los glaciares.
firma *s. f.* **1.** Nombre y apellido al pie de un escrito. **2.** Empresa comercial.
firmal *s. m.* Joya que tiene forma de broche.
firmamento *s. m.* Bóveda celeste, en la que se pueden apreciar los astros.
firmar *v. tr.* Poner alguien su firma.
firme *adj.* **1.** Estable, sólido. **2.** Constante, que no se deja dominar. ‖ *s. m.* **3.** Pavimento de una carretera.
firmeza *s. f.* **1.** Estabilidad. **2.** *fig.* Entereza, fuerza moral.
fiscal *s. m. y s. f.* **1.** Ministro encargado de promover los intereses del fisco. **2.** Persona que representa y ejerce el ministerio público de los tribunales.
fiscalía *s. f.* Oficio y empleo de fiscal.
fiscalizar *v. tr.* Hacer el oficio de fiscal.
fisco *s. m.* Erario público.
fiscorno *s. m.* Instrumento musical de metal parecido al bugle.
fisga *s. f.* **1.** Arpón de uno o tres dientes para pescar. **2.** Burla.
fisgar *v. tr.* **1.** Pescar con fisga. **2.** Husmear, atisbar. ‖ *v. intr.* **3.** Burlarse.
fisgón, na *adj.* Husmeador, curioso.
fisgonear *v. tr.* Fisgar por costumbre.
física *s. f.* Ciencia que tiene por objeto el estudio de la materia, los fenómenos de la naturaleza y la relación entre los mismos.
físico, ca *adj.* **1.** Perteneciente o relativo a la física. **2.** Perteneciente o relativo a la constitución y naturaleza corpórea.
fisiología *s. f.* Ciencia que estudia las funciones de los seres vivos.
fisión *s. f.* La partición de un núcleo atómico en dos, como resultado de un bombardeo de neutrones. La acompaña una emisión de gran número de neutrones y gran cantidad de energía.
fisioterapia *s. f.* Método curativo por medio de agentes naturales o mecánicos.
fisirrostro, tra *adj.* Se dice de las aves con el pico corto, ancho y hendido.
fisonomía *s. f.* Aspecto particular del rostro de una persona que resulta del conjunto de sus rasgos.
fisonomista *adj.* Se dice de la persona que se dedica al estudio de la fisonomía o que tiene facilidad natural para recordar y distinguir a las personas por ésta. También s. m. y s. f.
fístula *s. f.* Conducto ulcerado, salida anormal de un absceso profundo hacia fuera, que se abre en la piel o en las mucosas.
fisura *s. f.* Fractura o hendidura de un hueso o mineral.
fitófago, ga *adj.* Que se alimenta de materias vegetales.
fitografía *s. f.* Parte de la botánica que tiene por objeto la descripción de las plantas.
fitoterapia *s. f.* Tratamiento de ciertas enfermedades por medio de plantas o extractos vegetales.
flabeliforme *adj.* En forma de abanico.
flabelo *s. m.* Abanico grande de plumas de avestruz y pavo real con mango largo.
flacidez *s. f.* Laxitud, debilidad muscular, flojedad.
flácido, da *adj.* Flojo, sin consistencia.
flaco, ca *adj.* **1.** De pocas carnes. **2.** *fig.* Flojo, endeble, sin fuerza.
flagelar *v. tr.* **1.** Azotar. **2.** *fig.* Vituperar.
flagelo *s. m.* **1.** Azote. **2.** *fig.* Cada una de las prolongaciones celulares filiformes móviles que ciertos protozoos poseen.
flagrante *adj.* **1.** Que se ejecuta en el momento en cuestión. **2.** Obvio, evidente.
flagrar *v. intr., poét.* Arder o resplandecer como el fuego o la llama.
flama *s. f.* Llama.
flamante *adj.* **1.** Resplandeciente, lúcido. **2.** Recién hecho o estrenado.
flamear *v. intr.* **1.** Despedir llamas. **2.** Rociar un alimento con licor y encenderlo. **3.** *fig.* Ondear las banderas y velas del buque.
flamenco *adj.* Se dice de cierta modalidad de cante y baile andaluz propio de los gitanos y, por ext., de todo lo relacionado con ello.

flámeo *adj.* Que participa de las condiciones de la llama.

flamero *s. m.* Candelabro que arroja una gran llama.

flamígero, ra *adj.* Que despide llamas.

flámula *s. f.* Planta herbácea, de la familia de las ranunculáceas, de flores blancas, que crece en las regiones mediterráneas.

flan *s. m.* Dulce que se hace con yemas de huevo, leche y azúcar, y que se cuaja en un molde al baño María.

flanco *s. m.* Costado, lado.

flanquear *v. tr.* Dominar una posición a otra por el flanco o costado.

flaquear *v. intr.* **1.** Debilitarse, ir perdiendo la fuerza. **2.** Amenazar ruina.

flaqueza *s. f.* **1.** Falta de vigor. **2.** Fragilidad cometida por debilidad moral.

flas *s. m.* Destello luminoso breve e intenso y dispositivo que lo produce.

flato *s. m.* Acumulación molesta de gases en el tubo digestivo.

flatulencia *s. f.* Indisposición de la persona que padece flatos.

flauta *s. f.* Instrumento musical de viento en forma de tubo cilíndrico, con orificios que se tapan con los dedos o llaves.

flautista *s. m. y s. f.* Persona que toca la flauta.

flavo, va *adj.* De color entre amarillo y rojo, como la miel.

flebitis *s. f.* Inflamación de las venas.

flebotomía *s. f.* Acción y efecto de sangrar abriendo una vena.

flecha *s. f.* **1.** Arma arrojadiza que se dispara con un arco y que consiste en una varilla terminada en una punta de figura triangular. **2.** Indicador de dirección con esta misma forma.

flechazo *s. m., fig.* Amor repentino que se concibe o se inspira.

fleco *s. m.* **1.** Adorno compuesto por una serie de hilos colgantes. **2.** *fig.* Borde de una tela deshilachado por el uso.

fleje *s. m.* Tira de chapa de hierro con que se hacen arcos para asegurar las duelas de cubas y toneles, y las balas de ciertas mercancías.

flema *s. f.* Mucosidad pegajosa procedente de las vías respiratorias que se arroja por la boca.

flemático, ca *adj.* **1.** Tardo, lento, calmoso. **2.** Impasible.

flemón *s. m.* **1.** Tumor en las encías. **2.** Inflamación aguda del tejido celular en cualquier parte del cuerpo.

flequillo *s. m.* Porción de cabello recortado que cae sobre la frente.

fletar *v. tr.* Alquilar la nave para conducir personas o mercancías.

flete *s. m.* **1.** Precio del alquiler de una embarcación o de una parte de ella. **2.** Carga de un buque.

flexibilidad *s. f.* Cualidad de flexible.

flexible *adj.* **1.** Que se dobla con facilidad. **2.** Que se acomoda con facilidad al dictamen de otro.

flexión *s. f.* **1.** Alteración de forma que sufren las palabras para expresar sus accidentes gramaticales. **2.** Ejercicio realizado sobre el suelo al flexionar los brazos con el cuerpo en horizontal.

flexionar *v. tr.* Hacer flexiones con el cuerpo. También prnl.

flexo *s. m.* Lámpara de mesa con brazo flexible.

flictena *s. f.* Ampolla cutánea llena de suero, como las que se observan en las quemaduras.

flirtear *v. intr.* Coquetear, galantear.

flocadura *s. f.* Guarnición hecha de flecos.

flojear *v. intr.* **1.** Obrar con descuido y pereza. **2.** Flaquear.

flojedad *s. f.* **1.** Debilidad y flaqueza en alguna cosa. **2.** *fig.* Pereza, negligencia.

flojel *s. m.* Tamo o pelillo del paño.

flojera *s. f.* Flojedad.

flojo, ja *adj.* **1.** Mal atado, poco apretado. **2.** Que no tiene mucha actividad o vigor. **3.** *fig.* Perezoso, negligente.

flor *s. f.* Órgano de la reproducción sexual de las plantas fanerógamas.

flora *s. f.* Conjunto de plantas que se desarrollan en un país o región.

floración *s. f.* Acción de florecer.

florar *s. m.* Dar flor una planta.

florear *v. tr.* Adornar con flores.

florecer *v. intr.* **1.** Echar flor. También tr. **2.** Prosperar, crecer en riqueza o reputación.

floreciente *adj., fig.* Próspero.

floreo *s. m.* Conversación vana y de pasatiempo.

florero *s. m.* **1.** Vaso para poner flores. **2.** Maceta, tiesto con flores.

florescencia *s. f.* Acción de florecer.

floresta *s. f.* **1.** Terreno frondoso, poblado de árboles. **2.** Reunión de cosas agradables y de buen gusto.

florete *s. m.* **1.** Esgrima con espadín. **2.** Espadín de cuatro aristas.
floricultura *s. f.* **1.** Cultivo de las flores. **2.** Arte que lo enseña.
florilegio *s. m., fig.* Colección de trozos selectos de materias literarias.
floripondio *s. m.,* Adorno de mal gusto.
florista *s. m. y s. f.* Persona que vende flores.
floristería *s. f.* Establecimiento donde se venden flores y plantas de adorno.
floritura *s. f.* Adorno.
florón *s. m.* Adorno pictórico o arquitectónico, a modo de flor muy grande.
flota *s. f.* Conjunto de barcos de un país, flota naviera, etc.
flotación *s. f.* Acción y efecto de flotar.
flotador *s. m.* Aparato que se sujeta al cuerpo de una persona para que ésta flote en el agua.
flotar *v. intr.* Sostenerse un cuerpo en equilibrio en la superficie de un líquido.
flotilla *s. f.* Flota de buques pequeños.
fluctuación *s. f.* Acción y efecto de fluctuar.
fluctuar *v. intr.* **1.** Vacilar un cuerpo sobre las aguas. **2.** Dudar en la resolución de algo. **3.** Crecer y disminuir alternativamente.
fluencia *s. f.* Acción y efecto de fluir.
fluidez *s. f.* Cualidad de fluido.
fluido, da *adj.* **1.** Se dice del cuerpo cuyas moléculas tienen entre sí poca o ninguna coherencia, y toma siempre la forma del recipiente donde está contenido. **2.** *fig.* Tratándose de lenguaje o estilo, corriente y fácil.
fluir *v. intr.* **1.** Correr un líquido o un gas. **2.** Desarrollarse algo sin complicaciones.
flujo *s. m.* **1.** Movimiento de ascenso de la marea. **2.** Cada uno de los compuestos que se emplean en los laboratorios para fundir minerales y aislar metales.
flúor *s. m.* Gas corrosivo y tóxico, de olor sofocante y color amarillo verdoso.
fluorescencia *s. f.* Propiedad que tiene algunos cuerpos de mostrarse luminosos mientras reciben ciertas radiaciones.
fluorita *s. f.* Mineral compuesto de flúor y calcio.
fluvial *adj.* Relativo a los ríos.
fluxión *s. f.* Acumulación morbosa de humores en cualquier órgano.
fobia *s. f.* Apasionada o enconada aversión hacia algo.
foca *s. f.* Mamífero carnívoro pinnípedo, de costumbres acuáticas.
focino *s. m.* Aguijada de punta corva con que se gobierna al elefante.
foco *s. m.* **1.** Lámpara eléctrica que produce una luz muy potente. **2.** Lugar donde está concentrada una cosa y desde donde se propaga e influye.
fofo, fa *adj.* Blando, de poca consistencia.
fogata *s. f.* **1.** Fuego que levanta llama. **2.** Hornillo de pólvora.
fogón *s. m.* Sitio adecuado en las cocinas, calderas, etc. para hacer fuego.
fogonazo *s. m.* Llamarada instantánea que producen algunas materias inflamables, como la pólvora, el magnesio, etc.
fogonero, ra *s. m. y s. f.* Persona que cuida del fogón, principalmente en las máquinas de vapor.
fogosidad *s. f.* Ardimiento y viveza desmesurada.
fogoso, sa *adj., fig.* Ardiente, muy vivo.
foguear *v. tr.* **1.** Limpiar con fuego un arma. **2.** Acostumbrar a las personas o caballos al fuego de la pólvora.
foie-gras *s. m.* Pasta comestible elaborada con hígado de pato, oca, cerdo, etc.
folclor *s. m.* Ciencia que estudia las manifestaciones colectivas producidas entre el pueblo en la esfera de las artes, costumbres, creencias, etc.
folgo *s. m.* Bolsa forrada de pieles, para cubrir y abrigar los pies.
foliáceo *adj.* **1.** Perteneciente o relativo a las hojas de las plantas. **2.** Que tiene estructura laminar.
foliación *s. f.* Acción de echar hojas las plantas.
foliar[1] *v. tr.* Numerar los folios de un libro, cuaderno, etc.
foliar[2] *adj.* Relativo a la hoja.
folículo *s. m.* Pericarpio membranoso con una valva que se rompe a lo largo, por un lado, y que contiene sujetas las semillas en un receptáculo propio.
folio *s. m.* Hoja de un libro o cuaderno.
folíolo *s. m.* Cada una de las hojuelas de una hoja compuesta.
follaje *s. m.* **1.** Conjunto de hojas de los árboles y otras plantas. **2.** Adorno de cogollos y hojas.
follar *v. tr., vulg.* Copular. También intr.
folletín *s. m.* **1.** Novela, artículo u otra obra que se publica en los periódicos. **2.** *fam.* Relato de tema amoroso y carácter melodramático y sensiblero.

folleto *s. m.* Obra impresa, no periódica y de pocas páginas.
follón *s. m.* Alboroto, enredo, lío.
fomentar *v. tr.* **1.** Aplicar a una parte enferma paños empapados en un líquido. **2.** Aumentar la actividad o la intensidad de algo.
fomento *s. m.* Acción y efecto de fomentar.
fonación *s. f.* Emisión de la voz o de la palabra.
fonda *s. f.* Establecimiento público donde se da hospedaje y se sirven comidas.
fondeadero *s. m.* Paraje de profundidad suficiente para que la embarcación pueda hacer fondo.
fondear *v. tr.* **1.** Reconocer el fondo del agua. **2.** Registrar una embarcación para ver si trae contrabando.
fondillos *s. m. pl.* Parte trasera de los calzones o pantalones.
fondista *s. m. y s. f.* Deportista cuya especialidad son las carreras de fondo.
fondo *s. m.* **1.** Parte inferior de una cosa hueca. **2.** Color o dibujo que cubre una superficie y sobre la cual resaltan los adornos o dibujos de otros colores. **3.** Dinero, bienes. Se usa más en pl.
fondue *s. f.* Preparación culinaria a base de queso o carne, cocida en un hornillo con alcohol.
fonema *s. f.* Cada una de las unidades fonológicas mínimas que en el sistema de una lengua pueden oponerse a otras en contraste significativo.
fonendoscopio *s. m.* Instrumento usado para auscultar.
fonética *s. f.* **1.** Conjunto de los sonidos de una lengua. **2.** Rama de la lingüística que estudia la parte acústica del lenguaje, es decir, los sonidos en su realización.
fonógrafo *s. m.* Instrumento que inscribe sobre un cilindro las vibraciones de cualquier sonido, y las reproduce.
fonograma *s. m.* Sonido representado por una o más letras.
fonología *s. f.* Rama de la lingüística que estudia los elementos fónicos en relación con su valor funcional dentro del sistema de cada lengua.
fonoteca *s. f.* Colección o archivo de grabaciones fonográficas.
fontana *s. f., poét.* Fuente.
fontanal *s. m.* **1.** Fontanar. **2.** Sitio que abunda en manantiales.
fontanar *s. m.* Manantial.
fontanería *s. f.* **1.** Arte de encañar y conducir las aguas. **2.** Conjunto de conductos por donde se dirige y distribuye el agua.
fontanero *s. m. y s. f.* Persona que se dedica a la fontanería.
footing *s. m.* Ejercicio deportivo consistente en correr a ritmo moderado.
foque *s. m.* Nombre común a todas las velas triangulares que se orientan y amuran sobre el bauprés.
forajido, da *adj.* Que anda de poblado en poblado, huyendo de la justicia.
foral *adj.* Relativo al fuero.
foramen *s. m.* Agujero o taladro.
foráneo, a *adj.* Forastero, extraño.
forastero, ra *adj.* **1.** Que es o viene de fuera del lugar. **2.** *fig.* Extraño, ajeno.
forcejear *v. intr.* **1.** Hacer fuerza para vencer alguna resistencia. **2.** *fig.* Resistir, contradecir tenazmente.
fórceps *s. m.* Instrumento que se usa para la extracción del bebé en los partos difíciles.
forense *s. f.* Médico oficialmente adscrito a un juzgado de instrucción, encargado de examinar los cadáveres.
forestal *adj.* Relativo a los bosques.
forestar *v. tr.* Poblar de plantas forestales un paraje.
forfait *s. m.* Abono que se compra a un precio establecido y con el que se tiene acceso, en un tiempo limitado, a determinadas instalaciones o actividades.
forja *s. f.* **1.** Fragua. **2.** Mezcla, argamasa.
forjar *v. tr.* **1.** Dar la primera forma con el martillo a cualquier pieza de metal. **2.** Fabricar y formar.
forma *s. f.* **1.** Apariencia externa de una cosa. **2.** Modo de proceder en una cosa.
formación *s. f.* **1.** Reunión ordenada de tropas para ciertos actos del servicio. **2.** Proceso de aprendizaje de una técnica.
formal *adj.* **1.** Se aplica a la persona seria, enemiga de chanzas. **2.** Expreso, preciso, determinado. **3.** Perteneciente o relativo a la forma.
formalidad *s. f.* **1.** Exactitud y consecuencia en las acciones. **2.** Modo de ejecutar, con la exactitud debida, un acto público. **3.** Seriedad, compostura.
formalismo *s. f.* Corriente artística caracterizada por la preponderacia de lo formal.

formalizar *v. tr.* **1.** Dar la última forma a una cosa. **2.** Revestir una cosa de los requisitos legales. ‖ *v. prnl.* **3.** Ponerse serio.

formar *v. tr.* **1.** Dar forma a algo. **2.** Poner orden, agruparse en formación. **3.** Educar, adiestrar. ‖ *v. prnl.* **4.** Adquirir una persona más o menos desarrollo, aptitud o habilidad en lo físico, en lo intelectual o en lo moral.

formatear *v. tr.* Dar la estructura adecuada a un soporte de almacenamiento informático.

formativo *adj.* Se dice de lo que forma o da forma.

formato *s. m.* **1.** Forma, tamaño de un libro. **2.** Tamaño de un cuadro, una fotografía.

formica *s. f.* Material muy versátil recubierto con resina artificial por una de sus caras, que se aplica a ciertas maderas para protegerlas.

formidable *adj.* **1.** Muy temible y que infunde asombro. **2.** Excesivamente grande. **3.** *fam.* Extraordinario.

formol *s. m.* Solución de aldehído fórmico, que se usa como desinfectante y como conservante de sustancias orgánicas.

formón *s. m.* Instrumento de carpintería, semejante al escoplo.

fórmula *s. f.* **1.** Forma establecida para expresar alguna cosa, modo convenido para ejecutarla o resolverla. **2.** Receta.

formular *v. tr.* Reducir a términos claros y precisos.

formulario *s. m.* Libro o escrito que contiene fórmulas.

fornelo *s. m.* Braserillo manual de hierro para hacer el chocolate.

fornicar *v. intr.* Mantener relaciones sexuales fuera del matrimonio. También tr.

fornido, da *adj.* Robusto.

foro *s. m.* Sitio en que los tribunales oyen y determinan las causas.

forraje *s. m.* Verde que se da al ganado.

forrar *v. tr.* **1.** Poner forro a una cosa. ‖ *v. prnl.* **2.** *fam.* Enriquecerse.

forro *s. m.* Abrigo, defensa, resguardo o cubierta con que se reviste una cosa.

fortalecer *v. tr.* Fortificar, dar fuerza.

fortaleza *s. f.* **1.** Fuerza y vigor. **2.** Recinto fortificado.

fortificación *s. f.* Obra o conjunto de obras con que se fortifica un lugar.

fortificar *v. tr.* **1.** Dar vigor y fuerza. **2.** Hacer fuerte con obras de defensa un lugar. También prnl.

fortín *s. m.* Una de las obras que se levantan en los atrincheramientos de un ejército.

fortuito, ta *adj.* Que sucede casualmente.

fortuna *s. f.* **1.** Suerte favorable o desfavorable. **2.** Buena suerte. **3.** Aceptación inmediata, éxito. **4.** Hacienda, capital.

forúnculo *s. m.* Furúnculo.

forzado, da *adj.* **1.** Ocupado o retenido por fuerza. **2.** No espontáneo.

forzal *s. m.* Banda maciza de donde arrancan las púas de un peine.

forzar *v. tr.* **1.** Emplear la fuerza o violencia para conseguir algo. **2.** *fig.* Obligar a que se ejecute una cosa. También prnl. **3.** Tomar u ocupar por fuerza.

forzoso, sa *adj.* Que no se puede excusar.

forzudo *adj.* Que tiene grandes fuerzas.

fosa *s. f.* **1.** Sepultura. **2.** Cada una de ciertas cavidades en el cuerpo humano.

fosal s. m. Cementerio.

fosco, ca *adj.* Hosco.

fosfatar *v. tr.* Fertilizar, abonar con fosfatos las tierras de cultivo.

fosfato *s. m.* Sal formada por combinación del ácido fosfórico con una o más bases.

fosforescencia *s. f.* Propiedad que tienen algunas sustancias de emitir ondas luminosas.

fosforescer *v. intr.* Manifestar fosforescencia o luminiscencia.

fosforita *s. f.* Mineral de color blanco amarillento, formado por el fosfato de cal.

fósforo *s. m.* **1.** Metaloide sólido, tóxico e inflamable. **2.** Cerilla.

fosforoscopio *s. m.* Instrumento que sirve para averiguar si un cuerpo es o no fosforescente.

fósil *adj.* Se aplica a la sustancia de origen orgánico más o menos petrificada, que se encuentra en las capas terrestres.

fosilizarse *v. prnl.* Convertirse en fósil un cuerpo orgánico.

foso *s. m.* **1.** Hoyo. **2.** Piso inferior del escenario. **3.** Excavación profunda que circuye la fortaleza.

foto *s. f., fam.* Fotografía.

fotocopia *s. f.* Copia especial obtenida directamente sobre el papel mediante reproducción fotoestática del original e impresión con tóner.

fotofobia *s. f.* Horror a la luz.

fotófono *s. m.* Instrumento que sirve para transmitir el sonido por medio de la luz.

fotogénico, ca *adj.* Se dice de lo que tiene buenas condiciones para ser reproducido por fotografía.
fotógeno *adj.* Que produce luz.
fotograbado *s. m.* **1.** Arte de grabar planchas por la acción química de la luz. **2.** Lámina grabada por este procedimiento.
fotograbar *v. tr.* Grabar por medio de la fotografía.
fotografía *s. f.* **1.** Arte de fijar y reproducir por medio de reacciones químicas las imágenes recogidas en el fondo de una cámara oscura. **2.** Estampa obtenida por medio de estas técnicas.
fotografiar *v. tr.* Ejercer el arte de la fotografía.
fotógrafo *s. m. y s. f.* Persona que hace fotografías.
fotograma *s. m.* Cada una de las imágenes de una película cinematográfica.
fotólisis *s. f.* Desdoblamiento de una sustancia por la acción de la luz.
fotolito *s. m.* Cliché fotográfico utilizado para la impresión en técnicas como el huecograbado.
fotómetro *s. m.* Instrumento para medir la intensidad de la luz.
fotón *s. m.* Partícula subnuclear sin masa ni carga eléctrica, que corresponde a la cantidad mínima de energía de que constan las radiaciones.
fotonovela *s. f.* Relato, generalmente de temática amorosa, compuesto por una sucesión de fotografías en las que se incorpora el texto mediante bocadillos.
fotosfera *s. f.* Capa luminosa y gaseosa del Sol.
fotosíntesis *s. f.* Proceso químico por el cual las plantas verdes consiguen su alimento, mediante la acción de la luz sobre la clorofila.
fototeca *s. f.* Archivo fotográfico.
fox-trot *s. m.* Baile surgido en Estados Unidos y muy popular en los años veinte.
frac *s. m.* Chaqueta masculina que, por delante, llega hasta la cintura y por detrás tiene dos faldones más largos.
fracasar *v. intr.* **1.** No conseguir los objetivos propuestos. **3.** *fig.* Frustrarse.
fracaso *s. m.* **1.** Caída de una cosa con estrépito. **2.** Suceso lastimoso, inopinado y funesto. **3.** Malogro, resultado adverso de una empresa o negocio.
fracción *s. f.* **1.** División de un todo en partes. **2.** Cada una de las partes o porciones de un todo con relación a él. **3.** Número quebrado.
fraccionamiento *s. m.* Acción y efecto de fraccionar.
fraccionar *v. tr.* Dividir una cosa en partes o fracciones. También prnl.
fraccionario, ria *adj.* Perteneciente o relativo a la fracción de un todo.
fractura *s. f.* Rotura de huesos debida a violencia externa.
fracturar *v. tr.* Romper o quebrantar algo con violencia. También prnl.
fragancia *s. f.* Olor suave y delicioso.
fragante[1] *adj.* Que despide fragancia.
fragante[2] *adj.* Que arde o resplandece.
fragata *s. f.* Buque de tres palos, con cofas y vergas en todos ellos.
frágil *adj.* **1.** Quebradizo. **2.** Se dice de la persona que cae fácilmente enferma.
fragilidad *s. f.* Cualidad de frágil.
fragmentación *s. f.* Acción y efecto de fragmentar o fragmentarse.
fragmentar *v. tr.* **1.** Reducir a fragmentos. También prnl. **2.** Dividir en partes un todo.
fragmentario, ria *adj.* Incompleto, no acabado.
fragmento *s. m.* **1.** Parte o porción pequeña de algunas cosas quebradas o partidas. **2.** Parte de un libro o escrito.
fragor *s. m.* Ruido estruendoso.
fragoroso, sa *adj.* Estruendoso, ruidoso.
fragosidad *s. f.* Aspereza y espesura de los montes.
fragoso, sa *adj.* **1.** Áspero, intrincado. **2.** Ruidoso, estrepitoso.
fragua *s. f.* Fogón en que se caldean los metales para forjarlos.
fraguar *v. tr.* **1.** Forjar metales. **2.** *fig.* Idear.
fraile *s. m.* Nombre que se da a los religiosos de ciertas órdenes.
frambuesa *s. f.* Fruto del frambueso, parecido en la forma a la zarzamora y de sabor agridulce muy agradable.
frambueso *s. m.* Planta rosácea, con tallos delgados y espinosos y flores blancas, cuyo fruto es la frambuesa.
francachela *s. f., fam.* Comida alegre.
franciscano, na *adj.* Se dice del religioso o religiosa de la orden de San Francisco. También s. m. y s. f.
franco, ca *adj.* **1.** Liberal, dadivoso. **2.** Desembarazado, sin impedimento alguno. **3.** Sencillo, ingenuo y leal en su trato.
francolín *s. m.* Ave gallinácea parecida a la perdiz, de pequeño tamaño.

francotirador, ra *s. m. y s. f.* Persona que combate aisladamente.
franela *s. f.* Tejido fino de lana o algodón, cardado por una de sus caras.
frangente *s. m.* Acontecimiento fortuito y desgraciado que sucede inesperadamente.
frangollo *s. m.* Trigo machacado y cocido.
franja *s. f.* **1.** Guarnición tejida que sirve para adornar los vestidos y otras cosas. **2.** Lista o tira en general.
franjar *v. tr.* Guarnecer con franjas.
franqueable *adj.* Que se puede franquear abriendo paso.
franquear *v. tr.* **1.** Liberar a alguien de una contribución. **2.** Quitar los impedimentos que estorban, abrir camino. **3.** Pagar previamente en sellos el importe de algo que se envía por correo.
franqueo *s. m.* Acción y efecto de poner los sellos necesarios en una carta, certificado, documento, etc.
franqueza *s. f.* **1.** Libertad, exención. **2.** Generosidad. **3.** *fig.* Sinceridad.
franquicia *s. f.* Libertad y exención que se concede a una persona para no pagar derechos de correo o de aduanas.
frasca[1] *s. f.* Hojarasca y ramas menudas.
frasca[2] *s. f.* Vasija de vidrio.
frasco *s. m.* Vaso angosto, generalmente de vidrio y de cuello recogido.
frase *s. f.* Conjunto de palabras que tienen sentido.
frasear *v. tr.* Formar frases.
fraseología *s. f.* **1.** Modo de ordenar las frases. **2.** Abundancia excesiva de palabras.
frasqueta *s. f.* Cuadro con que en las prensas de mano se sujeta al tímpano la hoja de papel.
fratás *s. m.* Instrumento compuesto de una tableta lisa con un taruguito en medio para agarrarla, que sirve para alisar el enlucido.
fraternal *adj.* Propio de hermanos.
fraternidad *s. f.* Unión y buena correspondencia entre hermanos o entre los que se tratan como tales.
fraternizar *v. intr.* Unirse y tratarse como hermanos.
fraterno, na *adj.* Relativo a los hermanos.
fraticida *s. m. y s. f.* Persona que mata a su hermano. También adj.
fratricidio *s. m.* Muerte dada por alguien a su propio hermano.
fraude *s. m.* Engaño, acción contraria a la verdad o a la rectitud.
fraudulento, ta *adj.* Engañoso, falaz.
fraustina *s. f.* Cabeza de madera en la que se solían aderezar las tocas y moños de las mujeres.
fray *s. m.* Apócope de fraile.
frazada *s. f.* Manta peluda que se echa sobre la cama.
frecuencia *s. f.* Repetición a menudo de un acto o suceso.
frecuentar *v. tr.* **1.** Repetir un acto a menudo. **2.** Ir con frecuencia a un lugar.
frecuente *adj.* **1.** Repetido a menudo. **2.** Usual, común.
fregadero *s. m.* Pila de fregar, generalmente los cacharros de cocina.
fregar *v. tr.* **1.** Restregar con fuerza una cosa con otra. **2.** Limpiar algo restregándolo con un estropajo, cepillo, etc.
fregona *s. f.* Utensilio doméstico para fregar los suelos sin necesidad de arrodillarse.
fregotear *v. tr., fam.* Fregar deprisa y mal.
freiduría *s. f.* Tienda donde se fríe pescado para la venta.
freír *v. tr.* **1.** Cocinar un alimento crudo en aceite o grasa hirviendo. **2.** *fig.* Importunar a alguien insistentemente.
fréjol *s. m.* Judía, planta.
frémito *s. m.* Bramido.
frenar *v. tr.* Moderar o parar con el freno el movimiento de una máquina o de un vehículo.
frenesí *s. m.* **1.** Delirio furioso. **2.** *fig.* Violenta exaltación.
frenético, ca *adj.* Poseído de frenesí.
frenillo *s. m.* Membrana que sujeta la lengua por la línea media de la parte inferior.
freno *s. m.* **1.** Instrumento de hierro que se ajusta a la boca de las caballerías y sirve para sujetarlas. **2.** Aparato que sirve para moderar o detener el movimiento en las máquinas y vehículos.
frenología *s. f.* Estudio de la mente y sus facultades mediante la inspección y palpación del cráneo.
frenopatía *s. f.* Psiquiatría.
frente *s. f.* **1.** Parte superior de la cara, comprendida entre las sienes y desde las cejas hasta el borde anterior del cuero cabelludo. || *s. m.* **2.** Zona de combate en una guerra.
frentero *s. m.* Almohadilla que se ponía a los niños sobre la frente para que no se lastimen al caer.

freo *s. m.* Canal estrecho entre dos islas o entre una isla y tierra firme.

fresa *s. f.* Planta rosácea, con tallos rastreros, fruto casi redondo, de color rojo, fragante y comestible.

fresadora *s. f.* Máquina para labrar metales.

fresal *s. m.* Terreno plantado de fresas.

fresar *v. tr.* Abrir agujeros y, en general, labrar metales por medio de la máquina fresadora.

fresca *s. f.* Frío moderado.

frescachón, na *adj.* Muy robusto y de color sano.

frescal *adj.* Se dice de algunos pescados conservados con poca sal.

frescales *s. m. y s. f., fam.* Persona descarada.

fresco, ca *adj.* **1.** Moderadamente frío. **2.** Reciente, acabado de hacer, coger, etc. **3.** Se aplica a un alimento no congelado. **4.** *fig.* Desvergonzado, descarado.

frescor *s. m.* Frescura o fresco.

frescura *s. f.* **1.** Cualidad de fresco. **2.** Desvergüenza, descaro.

fresneda *s. f.* Terreno poblado de muchos fresnos.

fresno *s. m.* Árbol oleáceo, de tronco grueso, hojas compuestas y flores blanquecinas, cuya madera es blanca y elástica.

fresón *s. m.* Fruto semejante a la fresa, pero de tamaño mucho mayor.

fresquera *s. f.* Especie de jaula o armario, que sirve para conservar frescos y ventilados algunos comestibles.

frey *s. m.* Tratamiento que se usa entre los religiosos de las órdenes militares.

freza *s. f.* **1.** Desove. **2.** Huevos de los peces y pescado recién nacido de ellos.

frezar *v. intr.* **1.** Arrojar o despedir el excremento los animales. **2.** Desovar.

friable *adj.* Que se desmenuza fácilmente.

frialdad *s. f.* **1.** Sensación que proviene de la falta de calor. **2.** Indiferencia.

friático, ca *adj.* **1.** Friolero. **2.** Necio, sin gracia.

fricación *s. f.* Acción y efecto de fricar.

fricar *v. tr.* Restregar.

fricativo, va *adj.* Se dice de los sonidos o letras consonantes, como "f", "s", "z", "j", etc., cuya articulación, permitiendo una salida continua del aire aspirado, hace que éste salga con cierta fricción o roce en los órganos bucales.

fricción *s. f.* Rozamiento de dos cuerpos que están en contacto.

friccionar *v. tr.* Dar fricciones o friegas.

friega *s. f.* Acción de restregar alguna parte del cuerpo con un paño o cepillo o con las manos, para remedio, higiene, etc.

frigidez *s. f.* **1.** Frialdad, sensación que proviene de la falta de calor. **2.** Falta de deseo sexual.

frigorífico *s. m.* Electrodoméstico en cuyo interior se conservan y mantienen fríos los alimentos.

frío, a *adj.* **1.** Se dice de los cuerpos de temperatura mucho más baja que la del ambiente. ‖ *s. m.* **2.** Sensación que se experimenta por la falta de calor.

friolera *s. f.* Cosa de poca importancia.

friolero, ra *adj.* Muy sensible al frío.

frisado *s. m.* Tejido de seda cuyo pelo se frisaba formando borlillas.

frisar[1] *v. tr.* **1.** Levantar y retorcer los pelillos de algún tejido.

frisar[2] *v. tr.* Refregar.

friso *s. m.* Parte del cornisamento que media entre el arquitrabe y la cornisa.

fritada *s. f.* Conjunto de cosas fritas.

fritanga *s. f.* Fritada, especialmente la abundante en grasa.

frito *s. m.* Cualquier manjar frito.

fritura *s. f.* Fritada.

frivolidad *s. f.* Cualidad de frívolo.

frívolo, la *adj.* Ligero, veleidoso.

friz *s. f.* Flor del haya.

froga *s. f.* Fábrica de albañilería.

fronda *s. f.* **1.** Hoja de una planta. ‖ *s. f. pl.* **2.** Conjunto espeso de hojas o ramas de plantas.

frondosidad *s. f.* Cualidad de frondoso.

frondoso, sa *adj.* Que tiene abundancia de hojas y ramas.

frontal *s. m.* Paramento con que se adorna la parte delantera de la mesa del altar.

frontalera *s. f.* Correa de la cabezada del caballo, que le ciñe la frente.

frontera *s. f.* **1.** Confín de un Estado. **2.** Fachada.

fronterizo, za *adj.* Que está en la frontera.

frontero, ra *adj.* Situado enfrente.

frontil *s. m.* Pieza acolchada que se pone a los bueyes entre la frente y la coyunda.

frontis *s. m.* Fachada o frontispicio.

frontispicio *s. m.* Fachada o delantera de un edificio u otra cosa.

frontón *s. m.* Pared contra la cual se lanza la pelota para jugar en el juego de pelota.

frotación *s. f.* Acción de frotar o frotarse.
frotamiento *s. m.* Acción y efecto de frotar.
frotar *v. tr.* Pasar repetidamente una cosa sobre otra con fuerza. También prnl.
frote *s. m.* Frotamiento.
fructífero, ra *adj.* Que produce fruto.
fructificación *s. f.* Acción y efecto de fructificar.
fructificar *v. intr.* **1.** Dar fruto los árboles y otras plantas. **2.** Producir utilidad una cosa.
fructosa *s. f.* Azúcar que se encuentra en muchas frutas, en la miel y en el azúcar de caña.
fructuario, ria *adj.* Se dice de la persona que posee y disfruta una cosa.
fructuoso, sa *adj.* Que da fruto o utilidad.
frugal *adj.* Moderado en comer y beber.
frugalidad *s. f.* Moderación en la comida y en la bebida.
frugívoro, ra *adj.* Se dice del animal que se alimenta de frutos.
fruición *s. f.* Complacencia, goce en general.
fruitivo, va *adj.* Propio para causar placer con su posesión.
frumentario, ria *adj.* Perteneciente o relativo al trigo y otros cereales.
frunce *s. m.* Pliegue o conjunto de pliegues que se hacen en una tela, papel, etc.
fruncir *v. tr.* **1.** Arrugar la frente o las cejas en señal de desabrimiento o de ira. **2.** Recoger una tela haciendo en ella arrugas pequeñas.
fruslería *s. f.* Cosa de poco valor.
fruslero *s. m.* Cilindro de madera que se usa en las cocinas para trabajar y extender la masa.
frustración *s. f.* Acción y efecto de frustrar o frustrarse.
frustrar *v. tr.* **1.** Privar a alguien de lo que esperaba. **2.** Dejar sin efecto, malograr un intento. También prnl.
fruta *s. f.* Fruto comestible de las plantas; como peras, uvas, melón, etc.
frutal *adj.* Se dice del árbol que da fruta.
frutería *s. f.* Tienda donde se vende fruta
frutero *s. m.* Plato a propósito para servir fruta.
fruticoso, sa *adj.* Se dice de las plantas que son semileñosas.
fruticultura *s. f.* Cultivo de árboles y plantas frutales.
fruto *s. m.* **1.** Producción de los vegetales. **2.** Producto de la inteligencia o del trabajo humano.
fu *s. m.* Bufido del gato.
fúcar *s. m., fig.* Persona muy rica.
fucilar *v. intr.* Producir fucilazos en el horizonte.
fucilazo *s. m.* Relámpago sin ruido.
fucsia *s. f.* **1.** Planta de adorno, de flores colgantes, de color entre rosa y rojo intenso. ‖ *adj.* **2.** Se dice del color semejante al de las flores de esta planta. También s. m.
fucsina *s. f.* Materia colorante sólida resultante de la oxidación de una mezcla de anilina y ácido arsénico, usada para teñir algo de rojo oscuro, para colorar los vinos, etc.
fudre *s. m.* Pellejo, cuba
fuego *s. m.* **1.** Desprendimiento de calor y luz producidos por la combustión de un cuerpo. **2.** Materia encendida en brasa o llama. **3.** Incendio.
fuel *s. m.* Combustible líquido de color pardo, utilizado para calefacción.
fuellar *s. m.* Talco de colores con que se adornan las velas rizadas.
fuelle *s. m.* Instrumento para soplar recogiendo aire y lanzándolo con una dirección determinada.
fuente *s. f.* **1.** Manantial de agua que brota de la tierra. **2.** Construcción de piedra, hierro, ladrillo, etc., con uno o varios caños, por donde sale el agua. **3.** Plato grande para servir los alimentos.
fuera *adv. l.* A o en la parte exterior de cualquier recinto.
fuero *s. m.* Nombre de algunas compilaciones de leyes.
fuerte *adj.* **1.** Que tiene fuerza. **2.** Duro, que no se deja fácilmente labrar.
fuerza *s. f.* **1.** Causa capaz de modificar el estado de reposo o movimiento de un cuerpo. **2.** Robustez, vigor, energía.
fuga *s. f.* **1.** Huida apresurada. **2.** Salida, escape accidental de un fluido o gas.
fugacidad *s. f.* Cualidad de fugaz.
fugarse *v. prnl.* Escaparse, huir.
fugaz *adj.* De corta duración.
fugitivo, va *adj.* **1.** Que se esconde y huye. **2.** Que pasa muy deprisa.
fulano, na *s. m. y s. f.* Voz con que se suple el nombre de una persona, cuando se ignora o no se quiere expresar.
fular *s. m.* Pañuelo para el cuello.
fulastre *adj., fam.* Chapucero, hecho de manera tosca y grosera.
fulcro *s. m.* Punto de apoyo de la palanca.
fulero, ra *adj., fam.* Poco útil, chapucero.

fulgente *adj.* Brillante, resplandeciente.
fúlgido, da *adj.* Fulgente.
fulgir *v. intr.* Brillar, resplandecer.
fulgor *s. m.* Resplandor y brillo propio.
fulgurar *v. intr.* Brillar.
fulgurita *s. f.* Porción de tierra silícea fundida por el rayo, que se consolida y forma una especie de tubos vitrificados.
fulguroso, sa *adj.* Que fulgura o despide fulgor.
fuliginoso, sa *adj.* Denegrido, oscurecido.
fullería *s. f.* **1.** Trampa que se comete en el juego. **2.** *fig.* Astucia para engañar.
fullero, ra *adj.* Que hace fullerías.
fullona *s. f.* Pendencia, riña con muchas voces.
fulminar *v. tr.* **1.** Arrojar rayos eléctricos. **2.** Causar la muerte los rayos eléctricos. **3.** Causar muerte repentina una enfermedad.
fulminato *s. m.* Cualquier materia explosiva.
fulmíneo, a *adj.* Que participa de las propiedades del rayo.
fumadero *s. m.* Local destinado para fumadores.
fumador, ra *adj.* Que tiene la costumbre de fumar. También s. m. y s. f.
fumar *v. intr.* Aspirar y despedir el humo del tabaco, opio, anís, etc. También tr.
fumarola *s. f.* Gases sulfurosos o vapores de agua que salen a través de las grietas formadas en la tierra en las regiones volcánicas.
fumigador *s. m.* Aparato que sirve para fumigar.
fumigar *v. tr.* Desinfectar por medio de humo, gas o vapores adecuados.
fumívoro, ra *adj.* Se aplica a los hornos y chimeneas que absorben el humo o evitan que se forme o se desprenda.
funámbulo, la *s. m. y s. f.* Volatinero.
función *s. f.* **1.** Acción propia de los seres vivos y de sus órganos, o de las máquinas e instrumentos. **2.** Acción y ejercicio de un empleo, facultad u oficio. **3.** Acto público al que concurre mucha gente.
funcional *adj.* Perteneciente o relativo a las funciones.
funcionar *v. intr.* Ejecutar una persona o cosa las funciones que le son propias.
funcionario, ria *s. m. y s. f.* Persona que desempeña un empleo público.
funcionarismo *s. m.* Burocracia.
funda *s. f.* Cubierta o bolsa de paño, cuero u otra cosa, con que se envuelve una cosa para resguardarla.
fundación *s. f.* Principio, origen de algo.
fundador, ra *adj.* Que funda. También s. m. y s. f.
fundamental *adj.* Que sirve de fundamento o es lo principal de una cosa.
fundamentar *v. tr.* **1.** Echar los cimientos de un edificio. **2.** *fig.* Establecer, asegurar y hacer firme una cosa.
fundamento *s. m.* **1.** Principio, base de una cosa. **2.** Razón principal o motivo. **3.** *fig.* Raíz y origen en que estriba una cosa no material.
fundar *v. tr.* **1.** Edificar materialmente una ciudad, edificio, empresa, etc. **2.** Instituir un mayorazgo, universidad u obra pía, dándoles rentas y estatutos para que se conserven. **3.** Establecer, crear. **4.** *fig.* Apoyar algo con motivos y razones eficaces.
fundición *s. f.* Fábrica en que se funden metales.
fundido *s. m.* Transición gradual de una escena a otra.
fundir *v. tr.* **1.** Derretir y licuar los metales y otros cuerpos sólidos. **2.** Reducir a una sola cosa varias diferentes.
fundo *s. m.* Heredad o finca rústica.
fúnebre *adj.* **1.** Relativo a los difuntos. **2.** *fig.* Muy triste, luctuoso, funesto.
funeral *adj.* **1.** Perteneciente al entierro y a las exequias. ‖ *s. m.* **2.** Pompa y solemnidad con que se hace un entierro.
funeraria *s. f.* Empresa que se encarga de organizar un entierro o funeral.
funerario, ria *adj.* Perteneciente al entierro y a las exequias.
funesto, ta *adj.* **1.** Aciago, que es origen de pesares. **2.** Triste y desgraciado.
fungible *adj.* Que se consume con el uso.
fungosidad *s. f.* Excrecencia carnosa que se desarrolla a veces en la superficie de las heridas o úlceras.
fungoso, sa *adj.* **1.** Perteneciente o relativo a los hongos. **2.** Esponjoso, fofo.
funicular *adj.* Se dice del vehículo cuya tracción se efectúa por medio de un cable o cadena. También s. m.
funículo *s. m.* Cordoncillo o filamento vascular que une el óvulo a la placenta.
fuñicar *v. intr., fam.* Hacer una labor con torpeza y ñoñería.
fuñique *adj.* Se dice de la persona torpe en sus acciones. También s. m. y s. f.

furente *adj., poét.* Arrebatado y poseído de furor.

furgón *s. m.* Vehículo largo y cubierto, usado para transporte de equipajes, mercancías, etc.

furgoneta *s. f.* Vehículo automóvil cerrado, más pequeño que el camión, propio para el reparto de mercancías.

furia *s. f.* **1.** Ira exaltada. **2.** Persona muy irritada. **3.** *fig.* Prisa y vehemencia con que se ejecuta alguna cosa.

furibundo, da *adj.* **1.** Propenso a enfurecerse. **2.** Que denota furor.

furioso, sa *adj.* **1.** Poseído de furia. **2.** Violento, terrible. **3.** Muy grande y excesivo.

furo, ra *adj.* Se dice de la persona huraña.

furor *s. m.* Cólera, furia.

furriel *s. m.* Cabo que tiene a su cargo la distribución de las provisiones.

furris *adj., fam.* Malo, despreciable.

furtivo, va *adj.* **1.** Que se hace a escondidas. **2.** Se dice de la persona que caza o pesca sin el permiso correspondiente.

furúnculo *s. m.* Divieso, inflamación local de la piel.

fusa *s. f.* Nota de música equivalente a la mitad de la semicorchea.

fusado, da *adj.* Se dice del escudo o pieza cargada de husos.

fusco, ca *adj.* Oscuro, que tira a negro.

fuselaje *s. m.* Cuerpo del avión.

fusible *s. m.* Hilo que se coloca en algunas partes de las instalaciones eléctricas para que, cuando la corriente sea excesiva, la interrumpan fundiéndose.

fusiforme *adj.* De figura de huso.

fusil *s. m.* Arma de fuego, portátil, destinada al uso de los soldados de infantería.

fusilamiento *s. m.* Acción y efecto de fusilar.

fusilar *v. tr.* **1.** Ejecutar a una persona con una descarga de fusilería. **2.** *fig. y fam.* Copiar trozos o ideas de la obra original de un autor sin citar su nombre.

fusión *s. f.* **1.** Paso de un cuerpo del estado sólido al líquido por la acción del calor. **2.** *fig.* Unión de intereses, ideas o partidos que estaban en pugna.

fusionar *v. tr.* Producir una fusión, unión, intereses encontrados o partidos separados. También prnl.

fuslina *s. f.* Lugar destinado a la fundición de minerales.

fusor *s. m.* Vaso o instrumento para fundir.

fusta *s. f.* **1.** Cierto tejido de lana. **2.** Látigo largo y delgado que por el extremo superior tiene pendiente una trencilla de correa que se utiliza para estimular a los caballos.

fustán *s. m.* Tela gruesa de algodón, con pelo por una de sus caras.

fuste *s. m.* **1.** Madera de los árboles. **2.** Vara, palo largo y delgado. **3.** Vara en que está fijado el hierro de la lanza. **4.** Armazón de la silla de montar. **5.** *fig.* Parte de la columna comprendida entre el capitel y la basa.

fustero, ra *adj.* Perteneciente o relativo al fuste.

fustigación *s. f.* Acción y efecto de fustigar.

fustigador, ra *adj.* Que fustiga. También s. m. y s. f.

fustigar *v. tr.* **1.** Azotar, dar azotes. **2.** *fig.* Censurar con dureza.

futbito *s. m., fam.* Variedad de fútbol-sala.

fútbol *s. m.* Deporte que se practica entre dos equipos de once jugadores cada uno y que consiste en tratar de marcar goles metiendo el balón en la portería contraria, defendida por un guardameta.

futbolista *s. m. y s. f.* Jugador de fútbol.

fútbol-sala *s. m.* Variante del fútbol que se juega en un campo de dimensiones más reducidas, con un balón más pequeño y con menor número de jugadores.

futbolín *s. m.* Cierto juego en que figurillas accionadas mecánicamente imitan un partido de fútbol.

futesa *s. f.* Fruslería, nadería.

fútil *adj.* De poco aprecio o importancia.

futilidad *s. f.* Poca o ninguna importancia de una cosa.

futurismo *s. m.* Nombre de un movimiento artístico que surgió en París en 1909, iniciado por F. T. Marinetti.

futuro, ra *adj.* **1.** Que esta por venir. ‖ *s. m.* **2.** Tiempo verbal que denota una acción que ha de suceder. **3.** Tiempo que está por llegar.

futurología *s. f.* Conjunto de los estudios que se proponen predecir científicamente el futuro del ser humano.

G

g *s. f.* Séptima letra del abecedario español y quinta de sus consonantes.
gabán *s. m.* **1.** Capote con mangas y a veces con capilla. **2.** Abrigo, sobretodo.
gabardina *s. f.* Tabardo con mangas ajustadas.
gabarra *s. f.* Embarcación pequeña destinada a la carga y descarga en los puertos.
gabarrero, ra *s. m. y s. f.* **1.** Conductor de una gabarra. **2.** Cargador o descargador de ella.
gabarro *s. m.* Enfermedad del casco de las caballerías.
gábata *s. f.* Escudilla en que se echaba la comida que se repartía a cada soldado o galeote.
gabejo *s. m.* Haz pequeño de paja o de leña.
gabela *s. f.* Tributo, impuesto.
gabinete *s. m.* Aposento destinado al estudio, a la investigación o a recibir personas de confianza.
gablete *s. m.* Remate de la cubierta de un edificio a modo de frontón con ápice agudo.
gacel, la *s. m. y s. f.* Antílope muy ágil y de hermosa figura.
gaceta *s. f.* Papel periódico en que se dan noticias de algún ramo especial de literatura, de administración, etc.
gacetilla *s. f.* Parte de un periódico destinada a la inserción de noticias cortas.
gacetillero, ra *s. m. y s. f.* Persona que redacta las gacetillas.
gacha *s. f.* Cualquier masa muy blanda.
gacheta[1] *s. f.* Engrudo.
gacheta[2] *s. f.* Palanqueta que sujeta el pestillo de algunas cerraduras.
gacho, cha *adj.* Encorvado.
gachonería *s. f., fam.* Gracia, donaire.
gádido, da *adj.* Se dice de ciertos peces anacantos simétricos caracterizados por su cuerpo alargado, como el bacalao y la merluza.
gafa *s. f.* **1.** Instrumento para armar la ballesta. **2.** Enganches con que se afianzan los anteojos detrás de las orejas.
gafar *v. tr., fam.* Transmitir o comunicar mala suerte a alguien o a algo.
gafedad *s. f.* Contracción permanente de los dedos, que impide su movimiento.
gafete *s. m.* Corchete, broche.
gafo, fa *adj.* Que tiene los dedos encorvados y sin movimiento.
gaita *s. f.* Flauta a modo de chirimía.
gaitero, ra *adj.* **1.** Se dice de la persona ridículamente alegre. **2.** Se aplica a los vestidos o adornos de colores demasiado llamativos. ‖ *s. m. y s. f.* **3.** Persona que tiene por oficio tocar la gaita.
gaje *s. m.* Emolumento que corresponde a un destino o empleo. Se usa más en pl.
gajo *s. m.* **1.** Rama de árbol. **2.** Cada uno de los grupos de uvas en que se divide el racimo.
gala *s. f.* Vestido o adorno suntuoso y lucido.
galabardera *s. f.* Escaramujo.
galactita *s. f.* Arcilla jabonosa que se deshace en el agua, dándole color de leche.
galactómetro *s. m.* Instrumento que sirve para medir la densidad de la leche.
galactosa *s. f.* Azúcar presente en la leche, formando parte del disacárido llamado lactosa.
galafate *s. m.* **1.** Ladrón sagaz. **2.** Pez marino de color negro azulado perteneciente a la misma familia que el pejepuerco.
galán *s. m.* **1.** Hombre de buen semblante y porte airoso. **2.** Persona que galantea a una mujer.
galancete *s. m.* Actor que representa papeles de galán joven.
galano, na *adj.* Adornado, dispuesto o vestido con primor.
galante *adj.* Atento, obsequioso, cortesano, en especial con las damas.
galantear *v. tr.* Ser galante con una dama.
galanteo *s. m.* Acción de galantear.
galantería *s. f.* Gracia y elegancia que se advierte en la forma o figura de algunas cosas.
galantina *s. f.* Ave deshuesada y rellena que se sirve en frío.
galanura *s. f.* **1.** Gentileza. **2.** *fig.* Elegancia.
galápago *s. m.* Reptil del orden de los quelonios, parecido a la tortuga.
galapo *s. m.* Pieza de madera esférica y estriada, usada en cordelería para torcer varios cordeles en uno con el fin de formar otros mayores.
galardón *s. m.* Recompensa por los méritos o servicios.
galardonar *v. tr.* Premiar los servicios o méritos de alguien.
galaxia *s. f.* Inmenso conjunto de astros, nebulosas, etc. del que forma parte nuestro sistema solar y todas las estrellas visibles, incluida la Vía láctea.
galayo *s. m.* Prominencia de roca pelada que se eleva en algún monte.

galbana *s. f., fam.* Pereza, desidia.

gálbano *s. m.* Gomorresina de olor aromático, que se saca de una planta de la familia de las umbelíferas de Siria.

gálea *s. f.* Casco de los soldados romanos.

galeaza *s. f.* Embarcación, la mayor de las que se usaban de remos y velas.

galena *s. f.* Mineral compuesto de azufre y plomo, de color gris y lustre intenso.

galeón *s. m.* Nave grande de vela parecida a la galera.

galeote *s. m.* Persona que remaba forzada en las galeras.

galera *s. f.* **1.** Nave antigua de vela latina y remo. ‖ *s. f. pl.* **2.** Castigo que se imponía a ciertos delincuentes de servir remando en las galeras reales.

galería *s. f.* **1.** Pieza larga y espaciosa, adornada de muchas ventanas, o sostenida por columnas o pilares. **2.** Corredor descubierto o con vidrieras que da luz a las piezas interiores en las casas particulares. **3.** Público de esta parte del teatro.

galerna *s. f.* Ráfaga súbita y borrascosa.

galga *s. f.* Palo atado por los extremos a la caja del carro, que sirve de freno.

galiana *s. f.* Cañada de ganados.

galibar *v. tr.* Trazar con los gálibos el contorno de las piezas de los buques.

gálibo *s. m.* Plantilla o patrón para trazar o comprobar un perfil.

galicismo *s. m.* Giro propio de la lengua francesa.

galimatías *s. m.* **1.** *fam.* Lenguaje oscuro. **2.** *fig. y fam.* Desorden.

galio *s. m.* Metal muy raro de la familia del aluminio.

galipote *s. m.* Especie de brea o alquitrán que se usa para calafatear.

galizabra *s. f.* Embarcación de vela latina, que abundaba en los mares de Levante.

galla *s. f.* **1.** Agalla del roble. **2.** Agalla del pez. **3.** Remolino que a veces forma el pelo del caballo en los lados del pecho.

galladura *s. f.* Pinta como de sangre que se encuentra en la yema del huevo, y es señal de que el huevo está fecundado.

gallardear *v. intr.* Ostentar mucha gallardía. También prnl.

gallardete *s. m.* Bandera pequeña, larga y rematada en punta.

gallardía *s. f.* Bizarría y buen aire.

gallardo, da *adj.* **1.** Desembarazado, airoso y galán. **2.** *fig.* Grande o excelente en cosas correspondientes al ánimo.

gallear *v. tr.* **1.** Cubrir el gallo a las gallinas. **2.** *fig. y fam.* Alzar la voz con amenaza.

gallera *s. f.* Local donde tienen lugar las peleas de gallos.

galleta *s. f.* Pasta compuesta de harina, azúcar y otras sustancias que, dividida en trozos pequeños, se cuece al horno.

gallina *s. f.* **1.** Hembra del gallo. ‖ *s. m. y s. f.* **2.** *fig. y fam.* Persona cobarde.

gallináceo, a *adj.* **1.** Perteneciente o relativo a la gallina. **2.** Se dice de las aves que tienen el pico arqueado hacia abajo, patas con cuatro dedos apropiados para correr y escarbar, y vuelo muy limitado.

gallinaza *s. f.* Excremento de las gallinas.

gallinero *s. m.* Lugar donde las aves de corral duermen.

gallipava *s. f.* Variedad de gallina mayor que las comunes.

gallipavo *s. m.* Pavo.

gallito *s. m., fig.* Persona presuntuosa y arrogante.

gallo *s. m.* Ave doméstica gallinácea, que tiene la cabeza adornada de una cresta y tarsos armados de espolones largos y agudos.

gallocresta *s. f.* Planta medicinal, especie de salvia.

gallofa *s. f.* Comida que se daba a los peregrinos que venían a Santiago pidiendo limosna.

gallofear *v. intr.* Pedir limosna, viviendo vaga y ociosamente.

gallón *s. m.* Labor que adorna los boceles de algunos órdenes de arquitectura.

gallonada *s. f.* Tapia fabricada de gallones o tepes.

galocha *s. f.* Calzado de madera con refuerzos de hierro que sirve para andar por la nieve y el lodo.

galocho, cha *adj.* Se dice de la persona de mala vida.

galón[1] *s. m.* Tejido fuerte y estrecho a manera de cinta.

galón[2] *s. m.* Medida inglesa de capacidad para los líquidos equivalente a 4,5 litros.

galoneadura *s. f.* Labor o adorno hecho con galones.

galonear *v. tr.* Adornar con galones.

galopada *s. f.* Carrera a galope.

galopar *v. intr.* Ir el caballo a galope.
galope *s. m.* Paso más levantado y veloz del caballo.
galopillo *s. m.* Criado que sirve en la cocina para los oficios más humildes de ella.
galopín *s. m.* **1.** Cualquier muchacho sucio y desharrapado. **2.** Pícaro bribón.
galpito *s. m.* Pollo débil y de pocas medras.
galvanismo *s. m.* Electricidad que se desarrolla mediante el contacto de dos metales diferentes con un líquido interpuesto.
galvanizar *v. tr.* **1.** Aplicar una capa de metal sobre otro, empleando al efecto el galvanismo. **2.** *fig.* Dar vida momentánea a algo que está en decadencia.
galvanómetro *s. m.* Aparato que sirve para medir la intensidad y determinar el sentido de una corriente eléctrica.
galvanoplastia *s. f.* Arte de sobreponer a cualquier cuerpo sólido capas metálicas consistentes, mediante la electrolisis.
gama[1] *s. f.* Hembra del gamo.
gama[2] *s. f.* **1.** Escala musical. **2.** *fig.* Escala, gradación de colores.
gamarra *s. f.* Correa que partiendo de la cincha se afianza en la muserola.
gambalúa *s. m., fam.* Persona alta, desgarbada y dejada, inútil para el trabajo.
gambax *s. m.* Jubón acolchado que se ponía debajo de la coraza.
gamberro, rra *adj.* Que realiza actos inciviles para molestar a los demás.
gambesón *s. m.* Saco acolchado que se ponía debajo de la coraza.
gambeta *s. f.* **1.** Movimiento especial de las piernas al danzar. **2.** Corveta.
gambetear *v. intr.* Hacer gambetas.
gambito *s. m.* Cierto lance en el juego de ajedrez que consiste en sacrificar, al principio de la partida, algún peón o pieza, o ambos, para lograr una posición favorable.
gambota *s. f.* Cada uno de los maderos que sostienen la fachada o espejo de popa del buque.
gamella *s. f.* Artesa que sirve para dar de comer a los animales y para otros usos.
gamma *s. f.* Tercera letra del alfabeto griego con el sonido de la "g" española.
gamo *s. m.* Mamífero rumiante cérvido, de pelaje rojizo y cuernos en forma de pala.
gamonito *s. m.* Retoño que echan algunos árboles.
gamopétalo, la *adj.* Se dice de la corola que tiene los pétalos soldados entre sí.
gamosépalo, la *adj.* Se dice del cáliz que tiene los sépalos unidos entre sí.
gamusino *s. m.* Animal imaginario.
gamuza *s. f.* Especie de antílope del tamaño de una cabra grande.
gana *s. f.* Deseo, apetito.
ganadería *s. f.* Crianza, granjería o comercio de ganados.
ganadero, ra *s. m. y s. f.* Dueño de ganados, que trata en ellos.
ganado *s. m.* Conjunto de animales domésticos que se apacientan y andan juntos.
ganancia *s. f.* **1.** Acción y efecto de ganar. **2.** Utilidad que resulta del trato, del comercio o de otra cosa.
ganancial *adj.* Propio de la ganancia o que pertenece a ella.
ganapán *s. m.* Persona que se gana la vida haciendo recados.
ganapierde *s. amb.* Juego de damas en que gana la persona que pierde antes todas las piezas.
ganar *v. tr.* **1.** Adquirir caudal o aumentarlo. **2.** Conquistar una plaza. **3.** Lograr una cosa. También prnl.
ganchillo *s. m.* **1.** Aguja de gancho. **2.** Labor que se hace con aguja de gancho.
gancho *s. m.* Instrumento corvo y puntiagudo en uno o ambos extremos, que sirve para prender, agarrar o colgar una cosa.
gándara *s. f.* Tierra baja, inculta y llena de maleza.
gandaya *s. f.* Tuna, vida holgazana.
gandinga *s. f.* Mineral menudo y lavado.
gandujado *s. m.* Guarnición que formaba fuelles o arrugas.
gandujar *v. tr.* Encoger, fruncir, plegar.
gandul, la *adj., fam.* Holgazán.
gandulear *v. intr.* Holgazanear.
ganga *s. f.* **1.** Materia que acompaña a los minerales y que se separa de ellos como inútil. **2.** *fig.* Cosa apreciable que se adquiere a poca costa.
ganglio *s. m.* Tumor pequeño que se forma en los tendones y en las aponeurosis.
ganglionar *adj.* **1.** Perteneciente o relativo a los ganglios. **2.** Compuesto de ellos.
gangrena *s. f.* Privación de vida en cualquier tejido de un cuerpo animal.

gangrenarse *v. prnl.* Padecer gangrena.
ganguear *v. intr.* Hablar con resonancia nasal.
gánguil *s. m.* Barco de pesca, con dos proas y una vela latina.
gansada *s. f., fig. y fam.* Sandez.
gansarón *s. m.* **1.** Ansarón, ganso bravo. **2.** Persona alta y desvaída.
ganso, sa *s. m. y s. f.* Se dice del ave palmípeda doméstica, apreciada por su carne y su hígado.
ganzúa *s. f.* **1.** Garfio para abrir sin llaves las cerraduras. **2.** *fig.* Ladrón.
gañán *s. m.* **1.** Mozo de labranza. **2.** Persona fuerte y ruda.
gañil *s. m.* Agallas de los peces. Se usa más en pl.
gañir *v. intr.* Dar el perro y otros animales gritos agudos cuando los maltratan.
gañote *s. m., fam.* Garguero o gaznate.
gaón *s. m.* Remo parecido al canalete que se usa en algunas embarcaciones pequeñas de los mares de la India.
garabatear *v. intr.* Hacer garabatos.
garabato *s. m.* Rasgo irregular hecho con la pluma, lápiz, etc.
garabito *s. m.* Asiento en alto y casilla de madera que usan las vendedoras en la plaza.
garaje *s. m.* Cochera para guardar automóviles.
garambaina *s. f.* Adorno de mal gusto.
garante *adj.* Que da garantía.
garantía *s. f.* Fianza, prenda.
garantir *v. tr.* Garantizar, dar garantía.
garantizar *v. tr.* Dar garantía.
garañón *s. m.* Asno grande destinado a la procreación.
garapiña *s. f.* Estado del líquido que se solidifica en grumos.
garapiñar *v. tr.* **1.** Poner un líquido en estado de garapiña. **2.** Bañar golosinas en el almíbar que forma grumos.
garapiñera *s. f.* Vasija que sirve para garapiñar o congelar los líquidos.
garapita *s. f.* Red espesa y pequeña.
garapito *s. m.* Insecto hemíptero que vive en las aguas estancadas.
garapullo *s. m.* Rehilete, especie de flechilla.
garatusa *s. f.* **1.** Cierto lance en el juego del chilindrón. **2.** Treta para herir de estocada en el rostro o pecho.
garay *s. m.* Embarcación filipina, especie de chalana.
garbanzal *s. m.* Tierra sembrada de garbanzos.
garbanzo *s. m.* Planta leguminosa, de fruto en vaina, con una o dos semillas comestibles.
garbanzuelo *s. m.* Esparaván, tumor.
garbear *v. intr.* Afectar garbo o bizarría.
garbillar *v. tr.* Ahechar grano.
garbillo *s. m.* Especie de zaranda de esparto con que se garbilla el grano.
garbo *s. m.* **1.** Gentileza. **2.** Gracia.
garboso, sa *adj.* Airoso, gallardo.
garbullo *s. m.* Barullo, confusión.
garceta *s. f.* Ave zancuda de plumaje blanco y cabeza con penacho, del cual salen dos plumas filiformes pendientes.
gardenia *s. f.* Planta rubiácea de hojas ovaladas y flores blancas y olorosas.
garduña *s. f.* Mamífero carnívoro, nocturno y muy perjudicial.
garduño, ña *s. m. y s. f.* Persona que hurta con maña y disimulo.
garfa *s. f.* Cada una de las uñas corvas de algunos animales.
garfada *s. f.* Acción de procurar coger o agarrar con las uñas.
garfear *v. intr.* Echar los garfios para agarrar con ellos una cosa.
garfio *s. m.* Instrumento de hierro, corvo y puntiagudo, que sirve para aferrar algún objeto.
gargajear *v. intr.* Arrojar gargajos por la boca.
gargajo *s. m.* Flema que se expele de la garganta.
garganchón *s. m.* Garguero, tráquea.
garganta *s. f.* **1.** Parte anterior del cuello. **2.** Estrechura en una montaña.
gargantear *v. intr.* Cantar haciendo quiebros con la garganta.
gargantil *s. m.* Escotadura en la bacía del barbero para ajustarla al cuello.
gargantilla *s. f.* Collar de adorno.
gárgaras *s. f. pl.* Acción de mantener un líquido en la garganta, con la boca hacia arriba, sin tragarlo y arrojando el aliento.
gargarismo *s. m.* Licor que sirve para hacer gárgaras.
gargarizar *v. intr.* Hacer gárgaras.
gárgol *s. m.* Ranura en que se hace encajar el canto de una pieza.
gárgola *s. f.* Canal por donde se vierte el agua de los tejados o de las fuentes.
garguero *s. m.* Parte superior de la tráquea.

gariofilea *s. f.* Especie de clavel silvestre.

garita *s. f.* **1.** Torrecilla para abrigo y defensa de centinelas. **2.** Cuarto pequeño que suelen tener los porteros en el portal.

garito *s. m.* Local de ambiente sórdido y mala reputación.

garlar *v. intr., fam.* Hablar mucho y con poca discreción.

garlito *s. m.* **1.** Especie de nasa a modo de buitrón. **2.** *fig. y fam.* Celada o lazo que se arma a alguien para molestarlo.

garlopa *s. f.* Cepillo largo y con puño que sirve para igualar las superficies de la madera ya cepillada.

garnacha[1] *s. f.* Vestidura talar de los togados con mangas y sobrecuello grande.

garnacha[2] *s. f.* Especie de uva roja que tira a morada, muy dulce.

garo *s. m.* Condimento de mucho aprecio entre los romanos, que se hacía con los desperdicios de ciertos pescados.

garra *s. f.* Pata del animal armada de uñas corvas, fuertes y agudas.

garrafa *s. f.* Vasija ancha y redonda con cuello largo y angosto.

garrafal *adj.* Se dice de ciertas faltas graves.

garrafiñar *v. tr., fam.* Quitar una cosa agarrándola.

garramar *v. tr., fam.* Hurtar, agarrar con astucia cuanto se encuentra.

garrancho *s. m.* Desgarrón en una rama o en un tallo.

garrapata *s. f.* Ácaro que vive parásito sobre ciertos animales, chupándoles la sangre.

garrapiñado, da *adj.* Se dice de las almendras bañadas en almíbar.

garrar *v. intr.* Ir hacia atrás un buque arrastrando el ancla.

garrideza *s. f., fig.* Elegancia y gallardía.

garrido, da *adj.* Galano.

garrobilla *s. f.* Astillas de algarrobo, que se usan para curtir los cueros.

garrocha *s. f.* Vara larga rematada en un hierro pequeño.

garrón *s. m.* **1.** Espolón de ave. **2.** Extremo de la pata por donde se cuelgan los cuadrúpedos después de sacrificados.

garrote *s. m.* Palo grueso y fuerte.

garrucha *s. f.* Polea

garrucho *s. m.* Anillo de hierro o madera.

gárrulo, la *adj.* **1.** Se aplica al ave que canta o chirría mucho. **2.** *fig.* Se dice de la persona charlatana.

garulla *s. f.* Granuja de la uva.

garvín *s. m.* Cofia hecha de red.

garza *s. f.* Ave zancuda, de cabeza pequeña y con un moño largo y gris.

garzo, za *adj.* De color azulado.

garzota *s. f.* Ave zancuda que tiene en la nuca tres plumas largas e inclinadas hacia la cola.

gas *s. m.* Fluido sin forma ni volumen propios.

gasa *s. f.* Tela muy clara y sutil.

gaseosa *s. f.* Bebida refrescante, efervescente y sin alcohol.

gaseoso, sa *adj.* Que se halla en estado de gas.

gasificación *s. f.* Acción de pasar un líquido al estado de gas.

gasificar *v. tr.* Hacer pasar un cuerpo al estado gaseoso.

gasógeno *s. m.* Aparato que sirve para obtener un gas.

gas-oil *s. m.* Gasóleo.

gasóleo *s. m.* Derivado del petróleo que se emplea como carburante en cierto tipo de motores de explosión.

gasolina *s. f.* Mezcla de hidrocarburos, líquida, producto de la destilación del petróleo.

gasolinera *s. f.* **1.** Lancha automóvil con motor de gasolina. **2.** Establecimiento donde se vende gasolina.

gasómetro *s. m.* Instrumento que sirve para medir el gas.

gastado, da *adj.* **1.** Disminuido, borrado con el uso. **2.** Se dice de la persona debilitada y decaída de su vigor físico.

gastador, ra *adj.* **1.** Que gasta mucho dinero. ‖ *s. m.* **2.** Persona que va condenada a los trabajos públicos en los presidios. **3.** Soldado de la escuadra que abre la marcha en los desfiles, para lo cual llevan picos, palas y hachas. **4.** Soldado que se aplica a los trabajos de abrir trincheras y otros semejantes.

gastar *v. tr.* **1.** Emplear el dinero en algo. **2.** Echar a perder con el uso.

gasto *s. m.* Lo que se gasta o se ha gastado.

gastralgia *s. f.* Dolor de estómago.

gástrico, ca *adj.* Perteneciente o relativo al estómago.

gastritis *s. f.* Inflamación del estómago.

gastroenteritis *s. f.* Inflamación simultánea de la membrana mucosa del estómago y de la de los intestinos.

gastrointestinal *adj.* Perteneciente o relativo al estómago y a los intestinos.

gastronomía *s. f.* Arte de preparar una buena comida.

gastrónomo, ma *s. m. y s. f.* Persona aficionada al arte de la gastronomía.

gata *s. f.* Hembra del gato.

gatas, a *loc. adv., fam.* Modo de andar con los pies y las manos en el suelo, como los gatos y demás cuadrúpedos.

gatear *v. intr.* **1.** Trepar por un árbol o tronco como los gatos, valiéndose de los brazos y las piernas. **2.** Andar a gatas.

gatera *s. f.* Agujero en la pared, tejado o puerta para que puedan pasar los gatos.

gatería *s. f.* **1.** Concurrencia de muchos gatos. **2.** *fig. y fam.* Simulación hipócrita para lograr alguna cosa.

gatillo *s. m.* En las armas de fuego portátiles, percusor o palanca para dispararlo.

gato *s. m.* **1.** Mamífero carnívoro, doméstico, de la familia de los félidos. Tiene cabeza redonda, lengua muy áspera, patas cortas. **2.** Máquina compuesta de un engranaje de piñón y cremallera, que se utiliza para levantar grandes pesos a poca altura.

gatuno, na *adj.* Perteneciente o relativo al gato.

gatuña *s. f.* Hierba leguminosa, con tallos ramosos, delgados, duros y con espinas.

gatuperio *s. m.* **1.** Mezcla de varias sustancias incoherentes. **2.** *fig. y fam.* Embrollo, enjuague, intriga.

gavanza *s. f.* Flor del gavanzo.

gavanzo *s. m.* Agavanzo, escaramujo.

gaveta *s. f.* Cajón corredizo que hay en los escritorios.

gavia *s. f.* **1.** Jaula de madera en la cual se encerraba al que estaba loco o furioso. **2.** Vela que se coloca en el mastelero mayor.

gaviero *s. m.* Marinero que cuida la gavia y registra todo cuanto se pueda ver desde ella.

gavilán *s. m.* Ave rapaz falcónida, con plumaje gris azulado y pardo.

gavilla *s. f.* Haz pequeño de sarmientos, cañas, mieses, ramas, hierba, etc.

gavillar[1] *s. m.* Terreno que está cubierto de gavillas.

gavillar[2] *v. tr.* Agavillar.

gaviota *s. f.* Ave palmípeda, que vive en las costas y se alimenta de peces.

gavota *s. f.* Baile de origen francés y de movimiento moderado a dos tiempos.

gaya *s. f.* **1.** Lista de diverso color que el fondo. **2.** Insignia de victoria que se daba a los vencedores. **3.** Urraca, picaza.

gayar *v. tr.* Adornar con gayas una cosa.

gayo, ya *adj.* Alegre, vistoso.

gayola *s. f.* **1.** Jaula. **2.** *fig. y fam.* Cárcel.

gayuba *s. f.* Mata ericácea, verde y ramosa, sobre cuyas raíces vive una cochinilla que da color rojo.

gaza *s. f.* Lazo que se hace en el extremo de un cabo doblándolo.

gazapa *s. f., fam.* Mentira, embuste.

gazapatón *s. m.* Disparate en el hablar.

gazapera *s. f.* Madriguera de los conejos.

gazapina *s. f.* **1.** *fam.* Junta de truhanes y gente ordinaria. **2.** *fam.* Pendencia, alboroto. **3.** *fig.* Conjunto de gazapos.

gazapo[1] *s. m.* Cría del conejo.

gazapo[2] *s. m.* Equivocación que se escapa al hablar o escribir.

gazmol *s. m.* Pepita de las aves de rapiña que les sale en la lengua y en el paladar.

gazmoñería *s. f.* Afectación de modestia, devoción o escrúpulos.

gazmoño, ña *adj.* Que afecta devoción, escrúpulos y virtudes que no tiene.

gaznápiro, ra *adj.* Palurdo, torpe.

gaznate *s. m.* **1.** Garguero. **2.** Fruta de sartén en forma de gaznate. **3.** Dulce hecho de piña o coco.

gazpacho *s. m.* Sopa fría que se hace con agua, aceite, vinagre, sal, ajo, cebolla, pepino, tomate, trozos de pan, etc.

gazuza *s. f., fam.* Hambre.

géiser *s. m.* Fuente termal intermitente en forma de surtidor de agua y vapor, de origen volcánico.

geisha *s. f.* En Japón, joven instruida desde su infancia en el baile, canto, música y conversación para agradar a los hombres.

gelatina *s. f.* Sustancia incolora y transparente, que se saca de algunas partes blandas de los animales y de sus huesos.

gelatinoso, sa *adj.* Que abunda en gelatina o parecido a ella.
gema *s. f.* Cualquier piedra preciosa.
gemación *s. f.* Reproducción asexual de muchos animales invertebrados y plantas por yemas o tubérculos.
gemelo, la *adj.* **1.** Se dice de cada uno de dos o más hermanos que han nacido en un mismo parto. También s. m. y s. f. || *s. m. pl.* **2.** Anteojos.
gemido *s. m.* Acción y efecto de gemir.
gemir *v. intr.* **1.** Expresar con voces quejumbrosas la pena y dolor. **2.** *fig.* Aullar algunos animales.
genciana *s. f.* Planta cuya raíz se emplea en medicina.
gendarme *s. m.* Guardia civil de algunos países para mantener el orden y la seguridad pública.
gendarmería *s. f.* Cuerpo de tropa de los gendarmes.
genealogía *s. f.* Serie de progenitores y ascendientes de cada individuo.
genealógico, ca *adj.* Perteneciente o relativo a la genealogía.
geneático, ca *adj.* Que pretende adivinar el destino del ser humano por las circunstancias de su nacimiento.
generación *s. f.* **1.** Sucesión de descendientes en línea recta. **2.** Conjunto de todos los vivientes coetáneos.
generador, ra *adj.* **1.** Que engendra. **2.** Se dice de la línea o figura que al moverse engendra una superficie o un sólido. || *s. m.* **3.** Máquina o aparato que produce la fuerza o energía.
general *adj.* **1.** Común a todos o a la mayoría. || *s. m.* **2.** Oficial que tiene cualquiera de los cuatro grados superiores de la milicia. **3.** Prelado superior de una orden religiosa.
generala *s. f.* Toque para que las fuerzas de una guarnición o campo se pongan sobre las armas.
generalato *s. m.* Oficio del general de las órdenes religiosas.
generalidad *s. f.* Mayoría de las personas u objetos que componen una clase o todo.
generalización *s. f.* Acción y efecto de generalizar.
generalizar *v. tr.* Hacer común o pública una cosa. También prnl.
generar *v. tr.* Engendrar.
generativo, va *adj.* Se dice de lo que tiene virtud de engendrar.
generatriz *adj.* **1.** Se dice de la línea o figura generadora. También s. f. **2.** Se dice de la máquina que convierte la energía mecánica en eléctrica. También s. f.
genérico, ca *adj.* Común a muchas especies.
género *s. m.* **1.** Conjunto de seres o cosas que tienen caracteres comunes. **2.** Modo de hacer una cosa. **3.** Accidente gramatical mediante el cual los sustantivos, adjetivos, pronombres y artículos se clasifican en masculinos, femeninos o neutros.
generosidad *s. f.* **1.** Nobleza heredada de los mayores. **2.** Largueza, liberalidad.
generoso, sa *adj.* Que obra con magnanimidad y nobleza de ánimo.
genesiáco, ca *adj.* Perteneciente o relativo a la génesis.
genésico, ca *adj.* Perteneciente o relativo a la generación.
génesis *s. f.* Origen o principio de una cosa.
genética *s. f.* Parte de la biología que trata de la herencia.
genetlíaca *s. f.* Práctica de pronosticar a alguien su fortuna por el día en que nace.
genial *adj.* Propio del genio o inclinación de alguien.
genialidad *s. f.* Singularidad propia del carácter de una persona.
genio *s. m.* **1.** Carácter de una persona. **2.** Aptitud capaz de crear o inventar.
genital *adj.* **1.** Que sirve para la generación. || *s. m. pl.* **2.** Órganos sexuales externos.
genitivo, va *adj.* **1.** Que puede engendrar. || *s. m.* **2.** Uno de los casos de la declinación. Denota relación de propiedad, posesión, pertenencia o materia de que está hecha una cosa.
genocito *s. m.* Conjunto de los genes existentes en cada uno de los núcleos celulares de los individuos pertenecientes a una especie.
genol *s. m.* Cada una de las piezas del buque que se amadrinan a las varengas para formar las cuadernas.
gente *s. f.* Pluralidad de personas.
gentil *adj.* **1.** Idólatra o pagano. **2.** Gracioso, brioso, galán.
gentileza *s. f.* Gallardía, garbo, bizarría.
gentilicio, cia *adj.* **1.** Perteneciente o relativo a las gentes o naciones. **2.** Perteneciente o relativo al linaje o familia.

gentío *s. m.* Afluencia de un número considerable de personas.
gentuza *s. f.* Gente despreciable.
genuflexión *s. f.* Acción y efecto de doblar la rodilla en señal de reverencia, sumisión o adoración.
genuino, na *adj.* Puro, propio, natural.
geocéntrico *adj.* **1.** Perteneciente o relativo al centro de la Tierra. **2.** Que tiene la Tierra como centro. **3.** Se aplica a la latitud y longitud de un planeta visto desde la Tierra.
geodesia *s. f.* Ciencia que determina la figura y magnitud del globo terrestre y construye los mapas correspondientes.
geodésico, ca *adj.* Relativo o perteneciente a la geodesia.
geofísica *s. f.* Parte de la geología que estudia la física terrestre.
geogenia *s. f.* Parte de la geología que estudia el origen de la Tierra y su formación.
geognosia *s. f.* Parte de la geología que estudia la estructura, composición y disposición de los elementos que forman la Tierra.
geografía *s. f.* Ciencia que describe la Tierra.
geógrafo, fa *s. m. y s. f.* Persona que estudia la geografía.
geoide *s. m.* Forma teórica de la Tierra determinada por la geodesia.
geología *s. f.* Ciencia que trata de la constitución del globo terrestre.
geomancia *s. f.* Especie de adivinación que se hace valiéndose de los cuerpos terrestres, líneas, círculos o puntos trazados en la Tierra.
geometría *s. f.* Parte de las matemáticas que trata de las propiedades y medidas de la extensión.
geométrico, ca *adj.* **1.** Perteneciente o relativo a la geometría. **2.** Muy exacto.
geonomía *s. f.* Ciencia que estudia las propiedades de la tierra vegetal.
geórgica *s. f.* Obra que está relacionada con la agricultura. Se usa más en pl.
geranio *s. m.* Planta de jardín, de tallo carnoso y flores zigomorfas.
gerencia *s. f.* **1.** Cargo de gerente. **2.** Oficina del gerente.
gerente *s. m. y s. f.* Persona que dirige una empresa o sociedad mercantil.
geriatría *s. f.* Rama de la medicina que trata de las enfermedades de la vejez.
gerifalte *s. m.* Ave rapaz, especie de halcón grande, que se utiliza en cetrería.
germanía *s. f.* Jerga o manera de hablar de ladrones o rufianes, que se llamaban entre sí germanos o germanes.
germanio *s. m.* Metal blanco parecido al bismuto.
germanismo *s. m.* Giro propio de la lengua alemana.
germen *s. m.* **1.** Principio orgánico. **2.** Parte de la semilla de la que se forma la planta.
germinación *s. f.* Acción de germinar.
germinal *s. m.* Séptimo mes del año en el calendario republicano francés.
germinar *v. intr.* Brotar y desarrollarse las plantas.
gerundio *s. m.* Forma no personal del verbo, invariable del modo infinitivo, que denota la idea del verbo abstracto y por lo común tiene carácter adverbial.
gesta *s. f.* Conjunto de hazañas o hechos memorables de una persona o pueblo.
gestación *s. f.* Desarrollo del óvulo fecundado, hasta el nacimiento del nuevo ser.
gestatorio, ria *adj.* Que se lleva a brazos.
gesticular *v. intr.* Hacer gestos.
gestión *s. f.* **1.** Acción y efecto de gestionar. **2.** Acción y efecto de administrar.
gestionar *v. tr.* Hacer diligencias para conseguir algo.
gesto *s. m.* Movimiento de la cara o manos que se hace por costumbre o que expresa un estado de ánimo.
gestor, ra *adj.* **1.** Que gestiona. ‖ *s. m. y s. f.* **2.** Miembro de una sociedad mercantil que participa en la administración de ésta.
giba *s. f.* Corcova.
gibar *v. tr.* **1.** Corcovar. **2.** *fig. y fam.* Fastidiar, molestar.
gibosidad *s. f.* Cualquier protuberancia en forma de giba.
gigante *adj.* De gran tamaño.
gigantesco, ca *adj.* **1.** Relativo a los gigantes. **2.** *fam.* Excesivo o muy sobresaliente en su línea.
gigantez *s. f.* Tamaño que excede bastante de lo regular.
gigantismo *s. m.* **1.** Anomalía caracterizada por un crecimiento excesivo. **2.** Tamaño excesivo de una célula o núcleo.

gigote *s. m.* Guiso de carne picada rehogada en manteca.

gimnasia *s. f.* Arte de desarrollar el cuerpo por medio de ciertos ejercicios.

gimnasio *s. m.* Lugar destinado a ejercicios gimnásticos.

gimnasta *s. m. y s. f.* Persona que practica ejercicios gimnásticos.

gimnoto *s. m.* Pez teleósteo, especie de anguila grande, que produce descargas eléctricas.

gimotear *v. intr.* Gemir con insistencia y con poca fuerza, por causa leve.

ginandra *adj.* Se dice de las plantas con flores hermafroditas cuyos estambres están soldados con el pistilo.

ginebra *s. f.* Alcohol de semillas aromatizado con las bayas del enebro.

gineceo *s. m.* Departamento retirado que los griegos antiguos destinaban para habitación de sus mujeres.

ginecología *s. f.* Parte de la medicina que trata de las enfermedades especiales de la mujer.

gingival *adj.* Perteneciente o relativo a las encías.

gingivitis *s. f.* Inflamación de las encías.

ginseng *s. m.* Nombre común de ciertas plantas herbáceas angiospermas y dicotiledóneas, de flores blancas y fruto en baya roja, cuya semilla gruesa y aromática se usa en medicina como estimulante; crece en China.

gira *s. f.* **1.** Paseo, excursión emprendida por una reunión de personas con fin recreativo. **2.** Serie de actuaciones de una compañía teatral o un artista en diferentes localidades.

giralda *s. f.* Veleta de torre, cuando tiene figura humana o de animal.

giraldilla *s. f.* Baile popular del norte de España, principalmente asturiano.

girándula *s. f.* Rueda de cohetes que gira despidiéndolos.

girar *v. intr.* **1.** Moverse alrededor o circularmente. **2.** Expedir letras u otras órdenes de pago. También tr.

girasol *s. m.* Planta compuesta de fruto con semillas comestibles y oleaginosas.

giratorio, ria *adj.* Que gira o se mueve alrededor.

giro *s. m.* **1.** Acción y efecto de girar. **2.** Manera de estar ordenadas las palabras de una frase para expresar su concepto. **3.** Tratándose del lenguaje o estilo, estructura especial de la frase. **4.** Movimiento o traslación de caudales por medio de letras, libranzas, etc. **5.** Conjunto de operaciones o negocios de una casa, compañía o empresa.

girómetro *s. m.* **1.** Aparato para medir la velocidad de rotación de un eje vertical o de una máquina. **2.** Instrumento que señala los cambios de rumbo de un avión.

giroscopio *s. m.* **1.** Giróstato simétrico centrado y suspendido, que fue ideado por Foucault en 1852, y demuestra la rotación del globo terrestre. **2.** Aparato para apreciar los movimientos circulares del viento.

giróstato *s. m.* Aparato constituido por un volante pesado que gira rápidamente y tiende a conservar el plano de rotación reaccionando contra cualquier fuerza que lo aparte de dicho plano.

gitano, na *adj.* Se dice de cierto pueblo nómada, que parece proceder del norte de la India, y cuyas tribus se esparcieron por Europa a fines del s. XIII.

glacial *adj.* Helado.

glaciar *s. m.* Helero, masa grande de hielo en las montañas.

glacis *s. m.* En una fortificación permanente, declive desde el camino cubierto hacia el campo.

gladiador *s. m.* Persona que en los juegos públicos de los romanos batallaba a muerte con otra o con una bestia feroz.

gladíolo *s. m.* Estoque, planta.

glande *s. m.* Cabeza del pene, que queda cubierta por el prepucio.

glándula *s. f.* Órgano que sirve para la secreción y excreción de humores.

glandular *adj.* Propio de las glándulas.

glasé *s. m.* Tafetán de mucho brillo.

glasear *v. tr.* Dar brillo a la superficie de algunas cosas, como al papel, la ropa, algunos manjares, etc.

glasto *s. m.* Planta crucífera cuyas hojas dan un colorante parecido al añil.

glaucio *s. m.* Hierba papaverácea, de flores solitarias, de cuatro pétalos amarillos, que crece en terrenos estériles y arenosos.

glauco, ca *adj.* Verde claro.

glaucoma *s. m.* Enfermedad de los ojos, así denominada por el color verdoso que toma la pupila.

gleba *s. f.* Terrón que se levanta con el arado.

glicerina *s. f.* Líquido incoloro, inodoro, dulce, de consistencia de jarabe, que se obtiene por la saponificación de las grasas y aceites.
glicina *s. f.* El más simple de los aminoácidos proteicos, presente en la caña de azúcar y en los colágenos.
glíptica *s. f.* Arte de grabar en acero los cuños para monedas, sellos, etc.
globo *s. m.* Cuerpo esférico.
globular *adj.* **1.** De figura de glóbulo. **2.** Compuesto de glóbulos.
glóbulo *s. m.* **1.** Cuerpo esférico pequeño. **2.** Corpúsculo unicelular que se encuentra en muchos líquidos del cuerpo de los animales.
gloria *s. f.* **1.** Bienaventuranza. **2.** Cielo, lugar de los bienaventurados. **3.** Reputación, fama.
gloriar *v. tr.* **1.** Glorificar. || *v. prnl.* **2.** Preciarse demasiado de una cosa. **3.** Complacerse, alegrarse.
glorieta *s. f.* **1.** Cenador de un jardín. **2.** Plazoleta.
glorificación *s. f.* **1.** Acción y efecto de glorificar. **2.** Alabanza que se hace a una cosa digna de honor o aprecio.
glorificar *v. tr.* **1.** Dar la gloria a alguno. **2.** Reconocer y ensalzar al que es glorioso.
glorioso, sa *adj.* Digno de gloria.
glosa *s. f.* Explicación o comentario de un texto difícil de entender.
glosar *v. tr.* Comentar palabras o dichos propios o ajenos, ampliándolos.
glosario *s. m.* **1.** Diccionario de palabras oscuras o desusadas, con definición o explicación de cada una de ellas. **2.** Catálogo de palabras de una misma disciplina, de un mismo campo de estudio, etc., definidas y comentadas.
glose *s. m.* Acción de glosar, o poner notas en un instrumento o libro de cuentas.
glosopeda *s. f.* Enfermedad epizoótica de los ganados, que se caracteriza por el desarrollo de vesículas en la boca y entre las pezuñas.
glótico, ca *adj.* Relativo o perteneciente a la glotis.
glotis *s. f.* Abertura u orificio superior de la laringe.
glotón, na *adj.* Que come con exceso.
glotonería *s. f.* **1.** Acción de glotonear. **2.** Calidad de glotón.
glucemia *s. f.* Presencia de glucosa en la sangre.
glucina *s. f.* Óxido de glucinio que entra en la composición del berilo y de la esmeralda, y que combinado con los ácidos forma sales de sabor dulce.
glucinio *s. m.* Metal semejante al aluminio; se le da este nombre por el sabor dulce de sus sales.
glucógeno *s. m.* Hidrato de carbono, de color blanco, que se encuentra abundantemente en el hígado, y en menor cantidad en los músculos y otros tejidos; es una sustancia de reserva formada por la unión de moléculas de glucosa.
glucómetro *s. m.* Aparato destinado para medir la cantidad de azúcar que tiene un líquido.
glucosa *s. f.* Glúcido monosacárido que se encuentra en todos los seres vivos.
glucosuria *s. f.* Estado patológico caracterizado por la presencia de glucosa en la orina, síntoma de diabetes.
gluten *s. m.* Materia albuminoidea, insoluble en el agua, que se encuentra, juntamente con el almidón, en las harinas de los cereales.
glúteo, a *adj.* **1.** Perteneciente o relativo a la nalga. || *s. m.* **2.** Músculo de la nalga.
glutinoso, sa *adj.* Pegajoso.
gneis *s. m.* Roca metamórfica de estructura pizarrosa e igual composición que el granito y otras rocas feldespáticas.
gnómica *s. f.* Ciencia que enseña el arte de construir los relojes solares.
gnómico, ca *adj.* Perteneciente o relativo a la gnomónica.
gnomo *s. m.* Ser fantástico, dotado de poder sobrenatural que se ha imaginado en figura de enano, y que guarda o trabaja los veneros de las minas.
gobelino *s. m.* Tapiz hecho por los gobelinos o a la manera de éstos.
gobernación *s. f.* **1.** Gobierno, acción y efecto de gobernar. **2.** Ejercicio del gobierno.
gobernador, ra *s. m. y s. f.* Jefe superior de una provincia, ciudad o territorio.
gobernalle *s. m.* Timón.
gobernar *v. tr.* **1.** Regir, mandar. También intr. **2.** Guiar, dirigir. También prnl.
gobierna *s. f.* Veleta que señala la dirección del viento.
gobierno *s. m.* **1.** Conjunto de los ministros superiores de un Estado. **2.** Empleo, ministerio y dignidad del gobernador.
gobio *s. m.* Pez de río, comestible, cuya carne se vuelve roja al cocerla.

goce *s.* Acción y efecto de gozar o disfrutar una cosa.

gocho, cha *s. m. y s. f.* Cochino, cerdo.

gofio *s. m.* **1.** Harina de maíz tostado. **2.** Especie de alfajor hecho con harina de maíz o de cazabe y papelón.

gofo, fa *adj.* Necio, ignorante y grosero.

gol *s. m.* En algunos juegos de pelota, suerte de entrar el balón en la portería.

gola *s. f.* **1.** Garganta de una persona. **2.** Pieza de la armadura que se ponía sobre el peto.

goldre *s. m.* Carcaj en que se llevan las saetas.

goleta *s. f.* Embarcación ligera, de bordas poco elevadas, con dos o tres palos y un cangrejo en cada uno.

golf *s. m.* Juego de origen escocés que consiste en meter una pelota en determinados hoyos, con diferentes palos a manera de mazas.

golfear *v. intr.* Vivir a la manera de un golfo.

golfería *s. f.* **1.** Conjunto de golfos o pilluelos. **2.** Acción propia de un golfo.

golfo *s. m.* Gran porción de mar que se interna en la tierra entre dos cabos.

golfo, fa *s. m. y s. f.* Pilluelo, vagabundo.

golilla *s. f.* Adorno, especie de cuello que han usado los ministros togados y demás curiales.

gollería *s. f.* Manjar exquisito y delicado.

gollete *s. m.* **1.** Parte superior de la garganta. **2.** Cuello estrecho de algunas vasijas.

gollizno *s. m.* Garganta de un río, desfiladero.

golondrina *s. f.* Pájaro de pico negro, de cuerpo negro, azulado por encima y blanco por debajo, alas puntiagudas y cola larga.

golondrino *s. m.* **1.** Pollo de la golondrina. **2.** *fig.* Infarto glandular en la axila.

golosina *s. f.* Manjar delicado, exquisito, que sirve más para el gusto que para el sustento.

goloso, sa *adj.* Aficionado a las golosinas.

golpazo *s. m.* Golpe violento o ruidoso.

golpe *s. m.* **1.** Encuentro violento y repentino de dos cuerpos. **2.** Desgracia imprevista.

golpear *v. tr.* Dar repetidos golpes. También intr.

golpete *s. m.* Palanca de metal, que sirve para mantener abierta una hoja de puerta o ventana.

golpetear *v. tr.* Dar golpes poco fuertes pero seguidos.

goma *s. f.* **1.** Cualquiera de las sustancias exudadas por ciertas plantas, que se endurece al aire y forma en el agua disoluciones y sirve para pegar. **2.** Tira o banda de goma elástica a modo de cinta.

gomorresina *s. f.* Sustancia lechosa exudada por ciertas plantas, formando goma y resina y que se solidifica al aire.

gomoso, sa *adj.* Que tiene goma o se parece a ella.

góndola *s. f.* Embarcación de recreo usada especialmente en los canales de Venecia.

gonela *s. f.* Túnica antigua de piel o de seda.

gong *s. m.* **1.** Batintín o tantán. **2.** Campana grande de barco.

goniómetro *s. m.* Instrumento que sirve para medir ángulos.

gonococo *s. m.* Microorganismo en forma de elementos oviodes.

gonorrea *s. f.* Flujo mucoso de la uretra.

gordiflón, na *adj., fam.* Que tiene muchas carnes, pero flojas.

gordo, da *adj.* **1.** Que tiene muchas carnes. **2.** Muy abultado y corpulento. **3.** Pingüe, graso y mantecoso.

gordolobo *s. m.* Planta escrofulariácea, que tiene hojas blanquecinas, gruesas, oblongas, flores amarillas y fruto capsular con varias semillas.

gordura *s. f.* Abundancia de carne y grasa.

gorga *s. f.* **1.** Comida o alimento para las aves de cetrería. **2.** Remolino que forman las aguas de un río en determinados lugares, escarbando hoyas en la arena del fondo.

gorgojo *s. m.* **1.** Nombre de algunos insectos coleópteros que atacan a las semillas de los cereales, causando grandes destrozos. **2.** *fig. y fam.* Persona muy chica.

gorgorán *s. m.* Tela de seda con cordoncillo.

gorgorita *s. f.* Burbuja pequeña.

gorgoritear *v. intr., fam.* Hacer quiebros con la voz en la garganta, especialmente en el canto.

gorgorito *s. m., fam.* Quiebro que se hace con la voz en la garganta.

gorgorotada *s. f.* Porción de cualquier licor, que se bebe de un golpe.

gorgoteo *s. m.* Ruido producido por el movimiento de un líquido o un gas en el interior de alguna cavidad.

gorguera *s. f.* Adorno del cuello.

gorigori *s. m., fam.* Voz con que vulgarmente se alude al canto lúgubre de los entierros.

gorila *s. m.* Mono antropomorfo, membrudo y muy fiero, de estatura igual a la del hombre, que habita en África.

gorja *s. f.* Garganta.

gorjal *s. m.* Parte de la vestidura del sacerdote que rodea el cuello.

gorjear *v. intr.* **1.** Hacer en la garganta quiebros con la voz. **2.** Cantar el pájaro.

gorjeo *s. m.* **1.** Quiebro que se hace con la voz en la garganta. **2.** Canto de los pájaros. **3.** Articulaciones imperfectas en la voz de los niños.

gorra *s. f.* Prenda sin copa ni alas, para abrigar la cabeza.

gorrinería *s. f.* Porquería, suciedad.

gorrino, na *s. m. y s. f.* Cerdo pequeño menor de cuatro meses.

gorrión, na *s. m. y s. f.* Pájaro pequeño, con plumaje pardo, con manchas negras y rojizas.

gorrista *adj.* Que vive a costa de otro.

gorro *s. m.* Prenda de tela o punto para cubrir y abrigar la cabeza.

gorrón, na *adj.* Que tiene por costumbre vivir o divertirse a costa ajena.

gorronear *v. intr.* Comer o vivir a costa ajena.

gorullo *s. m.* Pella de lana, engrudo, etc.

gota *s. f.* **1.** Partícula de agua o de cualquier líquido que adopta en su caída una forma esferoidal. **2.** Pequeña cantidad de cualquier cosa. **3.** Enfermedad que causa hinchazón muy dolorosa en ciertas articulaciones.

gotear *v. intr.* Caer gota a gota un líquido.

gotera *s. f.* Hendidura o parte del techo por donde cae agua.

goterón *s. m.* **1.** Gota muy grande de lluvia. **2.** Canal en la cara inferior de la corona de la cornisa.

gozar *v. tr.* **1.** Tener o poseer algo útil o agradable. También intr. ‖ *v. intr.* **2.** Sentir placer, experimentar gratas sensaciones.

gozne *s. m.* Herraje articulado con que se fijan las hojas de las puertas y ventanas al quicial para que giren.

gozo *s. m.* Alegría, placer.

gozoso, sa *adj.* Que tiene o siente gozo.

gozque *adj.* Se dice del perro pequeño muy ladrador. También s. m.

grabación *s. f.* **1.** Acción y efecto de grabar. **2.** Operación de grabar el sonido en discos, cintas, etc.

grabado *s. m.* **1.** Acción o arte de grabar. **2.** Procedimiento para grabar. **3.** Estampa que se produce por medio de la impresión de láminas grabadas al efecto.

grabador, ra *s. m. y s. f.* Persona que tiene por oficio grabar.

grabar *v. tr.* **1.** Esculpir o señalar algo con el buril o el cincel. **2.** Registrar los sonidos en discos gramofónicos. **3.** Fijar profundamente en el ánimo alguna impresión.

gracejar *v. intr.* **1.** Hablar o escribir con gracejo. **2.** Decir chistes.

gracejo *s. m.* Gracia y donaire festivo.

gracia *s. f.* **1.** Don natural que hace agradable a la persona que lo posee. **2.** Cierto donaire y atractivo que se advierte en la fisonomía de ciertas personas. **3.** Afabilidad y buen modo en el trato con las personas. **4.** Beneficio, concesión gratuita.

grácil *adj.* Sutil, menudo.

graciosidad *s. f.* **1.** Gracia, hermosura. **2.** Chiste, ocurrencia.

gracioso, sa *adj.* **1.** Se aplica a la persona o cosa que tiene gracia, donaire o atractivo. **2.** Chistoso, agudo, lleno de donaire y gracia.

grada[1] *s. f.* **1.** Peldaño. **2.** Asiento a manera de escalón corrido. **3.** Conjunto de estos asientos en los teatros y otros lugares públicos. **4.** Plano inclinado hecho de cantera, a orillas del mar o de un río, sobre el cual se construyen o carenan los barcos.

grada[2] *s. f.* Instrumento parecido a unas parrillas grandes, que sirve para allanar la tierra después de arada.

gradación *s. f.* Disposición o realización de una cosa en grados sucesivos.

gradar *v. tr.* Allanar con la grada la tierra después de arada.

gradería *s. f.* Conjunto o serie de gradas.

gradilla[1] *s. f.* Escalerilla portátil.

gradilla[2] *s. f.* Marco para fabricar ladrillos.

grado *s. m.* **1.** Peldaño. **2.** En la enseñanza media y superior, título que se alcanza al superar algunos ciclos de estudio. **3.** Cada lugar de la escala dentro de una jerarquía. **4.** Cada uno de los estados, valores o calidades que puede tener una cosa. **5.** Unidad de medida en la escala de varios instrumentos destinados a apreciar la cantidad o intensidad de una energía o de un estado físico.

graduación *s. f.* **1.** Acción y efecto de graduar. **2.** Cantidad de alcohol que contiene una bebida espiritosa proporcionalmente. **3.** Categoría de un militar en su carrera.

graduador *s. m.* Instrumento que sirve para graduar la cantidad o calidad de una cosa.

gradual *adj.* Que está por grados o que va de grado en grado.

graduar *v. tr.* **1.** Dar a una cosa el grado o calidad que le corresponde, o apreciar el que tiene. **2.** Apreciar una cosa en el grado o calidad que tiene. **3.** Dividir y ordenar una cosa en una serie de grados o estados correlativos. **4.** Señalar los grados en que se divide una cosa.

grafía *s. f.* Modo de escribir o representar los sonidos, y, en especial, empleo de tal letra o tal signo gráfico para representar un sonido dado.

gráfico, ca *adj.* Se aplica a las descripciones, operaciones y demostraciones que se representan por medio de figuras, signos o dibujos.

gráfila *s. f.* Orlita que tienen las monedas en su anverso o reverso.

grafio *s. m.* Instrumento que sirve para esgrafiar.

grafioles *s. m. pl.* Especie de melindres que se hacen en figura de "s", de masa de bizcocho y manteca de vaca.

grafito *s. m.* Mineral de carbono de textura compacta, color negro agrisado y lustre metálico, que se emplea para hacer lápices, crisoles refractarios, etc.

grafología *s. f.* Arte de pretender conocer, por las particularidades de la letra, algunas cualidades psicológicas de la persona que la escribe.

grafomanía *s. f.* Manía de escribir.

grafómetro *s. m.* Semicírculo graduado que sirve para medir cualquier ángulo en las operaciones topográficas.

gragea *s. f.* **1.** Confite muy menudo. **2.** Píldoras medicamentosas.

graja *s. f.* Hembra del grajo.

grajear *v. intr.* Cantar o chillar los grajos o los cuervos.

grajo *s. m.* Ave de la familia de los córvidos, parecido al cuervo, con el plumaje de color violáceo negruzco, el pico y los pies rojos y las uñas negras.

grama *s. f.* Planta medicinal gramínea, con el tallo rastrero que echa raicillas por los nudos y flores en espigas.

gramalla *s. f.* **1.** Vestidura antigua a manera de bata. **2.** Cota de malla.

gramática *s. f.* Ciencia que estudia las leyes y formas básicas de una lengua, englobando su contenido significativo.

gramatical *adj.* Perteneciente o relativo a la gramática.

gramático, ca *adj.* **1.** Gramatical. ‖ *s. m. y s. f.* **2.** Persona entendida en la gramática.

gramil *s. m.* Instrumento de carpintería para trazar paralelas en la madera.

gramilla[1] *s. f.* Tabla donde se colocan los manojos de lino o cáñamo para agramarlos.

gramilla[2] *s. f.* Planta gramínea, que se utiliza para pasto.

gramíneo, a *adj.* Se dice de las plantas monocotiledóneas de tallo cilíndrico, nudoso y generalmente hueco, hojas alternas que abrazan el tallo, y flores dispuestas en espiguillas reunidas en espigas, racimos o panículas. Su fruto es una cariópside y su semilla es rica en albumen.

gramo *s. m.* Unidad de masa del sistema métrico decimal.

gramófono *s. m.* Instrumento que reproduce las vibraciones de la voz humana o de otro sonido cualquiera.

gramola *s. f.* Nombre industrial de ciertos gramófonos eléctricos.

gran *adj.* Apócope de grande.

grana[1] *s. f.* Semilla de algunos vegetales.

grana[2] *s. f.* **1.** Cochinilla, insecto. **2.** Quermes, insecto.

granada *s. f.* **1.** Fruto del granado. **2.** Globo lleno de pólvora.

granadero *s. m.* Soldado que por su elevada estatura era escogido para arrojar granadas de mano.

granadilla *s. f.* Flor de la pasionaria.

granadina *s. f.* Tejido calado, que se hace con seda retorcida.

granado *s. m.* Árbol punicáceo, con flores rojas y con los pétalos plegados, cuyo fruto es la granada.

granalla *s. f.* Metal reducido a granos menudos.

granar *v. intr.* Formarse y crecer el grano de los frutos en algunas plantas.

granate *s. m.* **1.** Piedra fina cuyo color varía según la composición. **2.** Color rojo oscuro.

granazón *s. m.* Acción y efecto de granar.

grande *adj.* Que excede a lo común y regular.

grandeza *s. f.* **1.** Tamaño excesivo. **2.** Majestad y poder.

grandilocuencia *s. f.* **1.** Elocuencia muy elevada. **2.** Estilo sublime.

grandilocuente *adj.* Que habla o escribe con grandilocuencia.

grandílocuo, cua *adj.* Grandilocuente.

grandiosidad *s. f.* Admirable grandeza, magnificencia.

grandioso, sa *adj.* Sobresaliente, magnífico.

grandor *s. m.* Tamaño de las cosas.

graneado, da *adj.* **1.** Reducido a grano. **2.** Salpicado de pintas.

granear *v. tr.* **1.** Esparcir el grano o semilla en un terreno. **2.** Convertir en grano la masa preparada de que se compone la pólvora.

granel, a *loc.* Hablando de cosas menudas, sin orden, número ni medida.

granero *s. m.* Sitio para guardar el grano.

granguardia *s. f.* Tropa de caballería, apostada a mucha distancia de un campamento, para guardar las avenidas y dar avisos.

granito *s. m.* Roca compacta y dura, granular, cristalina, compuesta de feldespato, cuarzo y mica.

granizada *s. f.* **1.** Precipitación de granizo que cae de una vez. **2.** Multitud de cosas que caen o se manifiestan continuada y abundantemente.

granizado *s. m.* Refresco que se hace con hielo machacado al que se le agrega alguna esencia o jugo de fruta.

granizar *v. intr.* Caer granizo.

granizo *s. m.* Agua congelada que cae de las nubes en forma de granos.

granja *s. f.* Hacienda de campo

granjear *v. tr.* **1.** Adquirir caudal traficando. **2.** Adquirir, conseguir, captar. También prnl.

granjeo *s. m.* Acción y efecto de granjear.

granjería *s. f.* Beneficio de las haciendas de campo y venta de sus frutos, ganados, etc.

granjero, ra *s. m. y s. f.* **1.** Persona que cuida de una granja. **2.** Persona que se emplea en granjerías.

grano *s. m.* **1.** Fruto de los cereales. **2.** Semillas pequeñas de varias plantas. **3.** Trozo pequeño, redondeado, de cualquier sustancia. **4.** Especie de tumorcillo que nace en la piel.

granoso, sa *adj.* Se dice de la superficie cubierta de granos.

granuja *s. f.* **1.** Uva desgranada. ‖ *s. m.* **2.** Muchacho vagabundo, pilluelo.

granulación *s. f.* **1.** Acción y efecto de granular. **2.** Cada uno de los gránulos susceptibles de tinción que se encuentran en el protoplasma celular. **3.** Formación de pequeñas masas carnosas en la superficie de heridas y úlceras.

granular[1] *adj.* Que presenta granos.

granular[2] *v. tr.* **1.** Reducir a granillos una masa. **2.** Desmenuzar algo en granos muy pequeños.

gránulo *s. m.* Bolita de azúcar y goma arábiga con muy corta dosis de algún medicamento.

granuloso, sa *adj.* Se dice de la sustancia cuya masa forma granos pequeños.

granza *s. f.* Rubia, planta.

granzas *s. f. pl.* Desechos que quedan del yeso cuando se cierne.

granzón *s. m.* **1.** Pedazo grueso de mineral que no pasa por la criba. **2.** Arena gruesa.

grañón *s. m.* **1.** Especie de sémola de trigo cocida en grano. **2.** El mismo grano cocido.

grao *s. m.* Playa que sirve de desembarcadero.

grapa *s. f.* **1.** Pieza de hierro u otro metal que, doblada por los extremos, se clava para unir o sujetar dos tablas u otras cosas. **2.** Pieza metálica pequeña que se usa para sujetar papeles.

grapadora *s. f.* Utensilio que sirve para grapar.

grapar *v. tr.* Sujetar con grapas.

grasa *s. f.* **1.** Manteca, unto o sebo de un animal. **2.** Mugre o suciedad de la ropa. **3.** Nombre genérico de sustancias orgánicas formadas por la combinación de ácidos grasos con la glicerina.

grasero *s. m.* Lugar donde se echan las grasas de un metal.

grasiento, ta *adj.* Que está untado o lleno de grasa.

graso, sa *adj.* Pingüe, mantecoso.

graspo *s. m.* Especie de brezo.

grata *s. f.* Escobilla de metal que sirve para limpiar, raspar o bruñir.

gratar *v. tr.* Limpiar o bruñir con la grata.

gratificación *s. f.* Recompensa pecuniaria o remuneración fija de un servicio.

gratificar *v. tr.* **1.** Recompensar con una gratificación. **2.** Dar gusto, complacer.

grátil *s. m.* Orilla o extremidad de la vela por donde se une al palo o a la verga.

gratín *s. m.* Salsa espesa con que se cubren ciertas viandas y que se tuesta al horno antes de servirla.

gratis *adv. m.* De balde.

gratitud *s. f.* Sentimiento por el cual nos vemos obligados a agradecer el favor recibido y corresponder a él.

grato, ta *adj.* Gustoso, agradable.

gratuito, ta *adj.* **1.** De balde o de gracia. **2.** Arbitrario, sin fundamento.

gratularse *v. prnl.* Alegrarse, complacerse.

grava *s. f.* Piedra machacada con que se cubre y allana el piso de los caminos y carreteras.

gravamen *s. m.* Carga, obligación que pesa sobre alguna persona.

gravar *v. tr.* Cargar.

grave *adj.* **1.** Se dice de lo que pesa. También s. m. **2.** Se aplica al que está enfermo de cuidado. **3.** *fig.* Serio. **4.** *fig.* Se aplica a la palabra cuyo acento prosódico carga en su penúltima sílaba.

gravear *v. intr.* Gravitar un cuerpo sobre otro.

gravedad *s. f.* Tendencia de los cuerpos a dirigirse al centro de la Tierra cuando cesa la causa que lo impide.

gravidez *s. f.* Preñez.

grávido, da *adj.* Cargado, lleno.

gravímetro *s. m.* Areómetro de volumen constante y peso variable, que sirve para determinar el peso específico de los cuerpos.

gravitación *s. f.* **1.** Acción y efecto de gravitar. **2.** Acción atractiva mutua que se ejerce a distancia entre las masas de los cuerpos, especialmente de los celestes.

gravitar *v. intr.* Moverse un cuerpo por la atracción gravitatoria de otro cuerpo.

gravoso, sa *adj.* Molesto, pesado y a veces intolerable.

graznar *v. intr.* Dar graznidos.

graznido *s. m.* Canto desigual que disuena al oído.

greba *s. f.* Pieza de la armadura que cubría la pierna.

greca *s. f.* Adorno que está formado por una faja en que se repite la misma combinación de elementos decorativos, y especialmente la compuesta por líneas que forman ángulos rectos.

grecorromano, na *adj.* Común a griegos y romanos.

greda *s. f.* Arcilla arenosa que se usa especialmente para quitar manchas.

gredal *adj.* Se aplica a la tierra que tiene greda en abundancia.

gredoso, sa *adj.* Perteneciente o relativo a la greda o que tiene sus cualidades.

gregal[1] *s. m.* Viento que viene de entre levante y tramontana.

gregal[2] *adj.* Que anda junto y acompañado con otros de su especie.

gregario, ria *adj.* **1.** Se dice del animal que vive en rebaños o manadas. **2.** Se dice de la persona que está en compañía de otras sin distinción.

greguería *s. f.* Algarabía, gritería confusa.

gregüescos *s. m. pl.* Calzones muy anchos usados en los siglos XVI y XVII.

gremial *adj.* Perteneciente o relativo a un gremio, oficio o profesión.

gremio *s. m.* **1.** Corporación formada por los maestros, oficiales y aprendices de una misma profesión u oficio. **2.** Conjunto de personas que tienen un mismo ejercicio, profesión o estado social.

greña *s. f.* **1.** Cabellera revuelta. **2.** Lo que está enredado.

gres *s. m.* Pasta con que en alfarería se fabrican objetos, que, después de cocidos, son resistentes, impermeables y refractarios.

gresca *s. f.* **1.** Bulla, algazara. **2.** Riña.

grey *s. f.* Rebaño del ganado.

grial *s. m.* Vaso o plato místico que en los libros de caballerías se suponía haber servido para la institución de la eucaristía.

grieta *s. f.* **1.** Quiebra o abertura longitudinal que se hace naturalmente en la tierra o en cualquier cuerpo sólido. **2.** Pequeña hendidura de la piel o de las membranas mucosas.

grietarse *v. prnl.* Abrirse un cuerpo sólido, especialmente la tierra, formándose en él grietas.

grietoso, sa *adj.* Lleno de grietas.

grifería *s. f.* **1.** Conjunto de grifos o llaves. **2.** Tienda donde se venden.

grifo[1] *s. m.* Animal fabuloso medio águila, medio león.

grifo[2] *s. m.* Llave para dar salida a un líquido.

grill *s. m.* Fuego superior que tienen algunos hornos para gratinar los alimentos.

grilla *s. f.* Hembra del grillo.

grillar *v. intr.* Cantar los grillos.

grillete *s. m.* Arco de hierro con dos agujeros por los cuales se pasa un perno, que sirve para asegurar una cadena al pie de un presidiario, a un punto de una embarcación o a cualquier otra parte.
grillo *s. m.* Insecto de color negro rojizo, que produce un sonido agudo y mantenido.
grima *s. f.* Desazón, horror.
grímpola *s. f.* Gallardete muy corto.
griñón[1] *s. m.* Toca que usan las beatas y las monjas.
griñón[2] *s. m.* Variedad del melocotón pequeño, de piel lisa y muy colorada.
gripal *adj.* Perteneciente o relativo a la gripe.
gripe *s. f.* Enfermedad infecciosa, generalmente epidémica.
gris *adj.* **1.** Se dice del color que resulta de mezclar el blanco con el negro. **2.** *fig.* Triste, lánguido, apagado.
grisáceo, a *adj.* De color que tira a gris.
griseta *s. f.* Cierta tela de seda con dibujo menudo.
grisú *s. m.* Gas que se desprende en las minas de carbón y se vuelve inflamable en contacto con el aire.
gritar *v. intr.* Levantar la voz más de lo acostumbrado.
gritería *s. f.* Confusión de voces altas y desentonadas.
grito *s. m.* **1.** Voz esforzadísima y levantada. **2.** Expresión pronunciada en voz muy alta. **3.** Manifestación de un sentimiento general.
gro *s. m.* Tela de seda sin brillo.
grog *s. m.* Bebida compuesta de aguardiente o ron, agua caliente con azúcar y limón.
grogui *adj.* Atontado por agotamiento físico o emocional.
grosella *s. f.* Fruto del grosellero, que es una baya jugosa de color rojo y de sabor agridulce, de cuyo zumo se hace jarabe.
grosellero *s. m.* Arbusto saxifragáceo, de flores amarilloverdosas en racimo.
grosería *s. f.* **1.** Descortesía. **2.** Tosquedad en el trabajo manual.
grosero, ra *adj.* **1.** Basto, ordinario y sin arte. **2.** Descortés. También s. m. y s. f.
grosor *s. m.* Grueso de un cuerpo.
grosura *s. f.* Sustancia crasa o mantecosa.
grotesco, ca *adj.* Ridículo y extravagante.
grúa *s. f.* Máquina para levantar pesos, compuesta de un brazo montado sobre un eje giratorio y con una o varias poleas.
grueso, sa *adj.* **1.** Corpulento y abultado. **2.** Obeso, gordo. ‖ *s. m.* **3.** Corpulencia de algo.
gruir *v. intr.* Gritar las grullas.
grujir *v. tr.* Igualar los bordes de los vidrios después de cortados éstos con el diamante.
grulla *s. f.* Ave zancuda, de pico recto y cónico, cuello largo y alas grandes.
grumete *s. m.* Marino de clase inferior.
grumo *s. m.* Parte de un líquido que se coagula.
grumoso, sa *adj.* Lleno de grumos.
gruñido *s. m.* **1.** Voz del cerdo. **2.** *fig.* Sonidos inarticulados, roncos, que emite una persona como señal, casi siempre, de mal humor.
gruñir *v. intr.* **1.** Dar gruñidos. **2.** Mostrar disgusto. **3.** Chirriar, rechinar una cosa.
gruñón, na *adj., fam.* Que gruñe con frecuencia. También s. m. y s. f.
grupa *s. f.* Ancas de una caballería.
grupera *s. f.* Almohadilla que se pone detrás del borrén trasero en las sillas de montar.
grupo *s. m.* **1.** Pluralidad de seres o cosas que forman un conjunto. **2.** Conjunto de figuras pintadas o esculpidas.
gruta *s. f.* **1.** Cavidad abierta en riscos o peñas. **2.** Estancia subterránea artificial que imita más o menos los peñascos naturales.
grutesco, ca *adj.* **1.** Relativo o perteneciente a la gruta. **2.** Se dice del adorno caprichoso de bichos, quimeras y follajes.
guacamayo *s. m.* Ave prensora de América, especie de papagayo, con plumaje rojo, azul y amarillo y la cola muy larga.
guachapear *v. tr., fam.* Golpear y agitar con los pies el agua.
guacharrada *s. f.* Caída de golpe de alguna cosa en el agua o en el lodo
guadamecí *s. m.* Cuero adobado y adornado con dibujos de pintura o relieve.
guadaña *s. f.* Instrumento para segar formado por una cuchilla puntiaguda enastada en un mango largo de madera.
guadañar *v. tr.* Segar hierba con la guadaña.
guadapero *s. m.* Mozo que lleva la comida a los segadores.
guadarnés *s. m.* Lugar o sitio donde se guardan los arneses.

guagua *s. f.* Omnibús.
guaira *s. f.* **1.** Arenal de barro en el que se fundían los minerales de plata aprovechando la fuerza del viento. **2.** Vela triangular. **3.** Especie de flauta de varios tubos.
guairo *s. m.* Embarcación pequeña y con dos guairas o velas.
guaita *s. f.* Soldado que estaba en acecho durante la noche.
guájara *s. f.* Fragosidad, lo más áspero de una sierra.
gualda *s. f.* Hierba resedácea, de tallos ramosos, hojas enteras y frutos capsulares.
gualdera *s. f.* Cada uno de los dos tablones laterales, que forman una escalera, cureña, etc., y que son parte principal de algunas armazones.
gualdo, da *adj.* De color amarillo.
gualdrapa *s. f.* Cobertura larga que cubre las ancas de la cabalgadura.
gualdrapazo *s. m.* Golpe que dan las velas de un buque contra los árboles y jarcias.
gualdrapear *v. intr.* Dar gualdrapazos.
gualdrapero, ra *s. m. y s. f.* Persona que anda vestida de andrajos.
guama *s. f.* Fruto del guamo que contiene unas semillas ovales cubiertas de una sustancia comestible muy dulce, blanca, que parece copos de algodón.
guamo *s. m.* Árbol leguminoso que se planta para dar sombra al café. Su fruto es la guama.
guanábano *s. m.* Árbol de la famillia de las anonáceas, con fruto acorazonado de corteza verdosa, pulpa blanca de sabor muy grato, dulce y refrigerante.
guanaco, ca *s. m. y s. f.* Mamífero rumiante parecido a la llama, que habita en los Andes meridionales.
guano *s. m.* Abono formado por el excremento de aves marinas.
guantada *s. f.* Golpe que se da con la mano abierta.
guante *s. m.* Prenda de piel, punto, etc. que sirve para abrigar o proteger la mano, y de la misma forma que ésta.
guantelete *s. m.* Manopla, pieza de la armadura.
guantera *s. f.* Compartimento del salpicadero de los automóviles donde se guardan diversos objetos.
guapo, pa *adj., fam.* Bien parecido.
guarapo *s. m.* **1.** Jugo de la caña dulce exprimida que, por vaporización, produce el azúcar. **2.** Bebida fermentada que se hace con este jugo.
guarda *s. m. y s. f.* Persona que guarda o cuida una cosa.
guardabarrera *s. m. y s. f.* Persona que en las líneas de ferrocarriles cuida de un paso a nivel.
guardabarros *s. m.* Alero del coche.
guardabosque *s. m. y s. f.* Persona que guarda un bosque.
guardabrisa *s. m.* Fanal de cristal abierto por arriba y por abajo, dentro del cual se colocan las velas.
guardacantón *s. m.* **1.** Poste de piedra para resguardar de los carruajes las esquinas de los edificios. **2.** Cada uno de los postes de piedra colocados a los lados de los caminos para que no salgan de ellos los carruajes.
guardacostas *s. m.* Barco destinado a la defensa del litoral.
guardafreno *s. m. y s. f.* Empleado en los ferrocarriles, que tiene a su cargo el manejo de los frenos.
guardagujas *s. m. y s. f.* Persona empleada en los ferrocarriles, encargada del manejo de las agujas.
guardainfante *s. m.* **1.** Especie de tontillo muy hueco, hecho de alambres con cintas, que se ponían las mujeres debajo de la basquiña. **2.** Conjunto de los trozos de madera que se suelen colocar sobre el cilindro de un cabrestante para aumentar su diámetro.
guardalado *s. m.* Pretil o antepecho.
guardamonte *s. m.* **1.** En las armas de fuego, pieza de metal sobre el disparador para protegerlo. **2.** Capote de campo. **3.** Pedazo de piel que se pone sobre las ancas del caballo para evitar la mancha del sudor.
guardapelo *s. m.* Medallón en que se guarda pelo, retratos, etc.
guardapiés *s. m.* Brial, especie de falda.
guardapolvo *s. m.* **1.** Resguardo que se pone encima de una cosa para preservarla del polvo. **2.** Tejadillo voladizo constituido sobre un balcón, para desviar las aguas llovedizas. **3.** Pieza de cuero unida al botín de montar y que cae sobre el empeine del pie. **4.** En los coches, hierros que van desde la vara de guardia hasta el eje. **5.** Tapa interior que suele haber en los relojes de bolsillo.

guardar *v. tr.* **1.** Cuidar, custodiar, tener vigilancia sobre una cosa. **2.** Conservar. **3.** Preservar una persona o cosa del daño que le puede sobrevenir. **4.** Tener, observar. **5.** Observar y cumplir lo que es debido.

guardarropa *s. m.* Local destinado en las casas y en establecimientos públicos para custodiar la ropa.

guardarropía *s. f.* En el teatro, cinematografía y televisión, conjunto de trajes, muebles y accesorios necesarios en las representaciones escénicas.

guardasellos *s. m. y s. f.* Funcionario que custodia un sello oficial.

guardavela *s. m.* Cabo que trinca las velas de gavia a los calceses de los palos.

guardavía *s. m. y s. f.* Persona encargada de vigilar un trozo de línea férrea.

guardería *s. f.* Institución destinada al cuidado de los niños durante las horas en que sus padres no pueden atenderlos.

guardia *s. f.* **1.** Acción de guardar o vigilar. **2.** Defensa, custodia. **3.** Servicio especial que con este fin se encomienda a una o más personas. **4.** En algunas profesiones, servicio que se presta fuera del horario obligatorio. **5.** Nombre que se da a los cuerpos de defensa o vigilancia. **6.** Cuerpo de tropa. **7.** Manera de defenderse en la esgrima. **8.** Conjunto de soldados o gente armada, que defiende una persona o un puesto. ‖ *s. m. y s. f.* **9.** Persona perteneciente a un cuerpo de guardia.

guardián, na *s. m. y s. f.* Persona que guarda una cosa y cuida de ella.

guardilla[1] *s. f.* Buhardilla.

guardilla[2] *s. f.* Cada una de las dos púas gruesas del peine.

guarecer *v. tr.* Acoger a alguien, darle asilo.

guarida *s. f.* Cueva o espesura donde se guarecen los animales.

guarir *v. intr.* **1.** Subsistir o mantenerse. **2.** Recobrar un enfermo la salud.

guarismo *s. m.* Cada uno de los signos o cifras arábigas que expresan una cantidad.

guarnecer *v. tr.* **1.** Poner guarnición a alguna cosa. **2.** Colgar, adornar, vestir. **3.** Dotar, proveer, equipar.

guarnecido *s. m.* Revoque con que se revisten las paredes.

guarnición *s. f.* **1.** Adorno en los vestidos, colgaduras y cosas semejantes. **2.** Defensa en las armas blancas para preservar la mano. **3.** Tropa que guarnece una plaza, castillo o buque de guerra.

guarniel *s. m.* Bolsa de cuero que traen los arrieros sujeta al cinto.

guarnigón *s. m.* Pollo de la codorniz.

guarnir *v. tr.* **1.** Guarnecer. **2.** Colocar los cuadernales de un aparejo.

guarrería *s. f.* **1.** Porquería, suciedad. **2.** *fig.* Acción sucia.

guarro, rra *adj.* Cochino. ‖ *s. m. y s. f.* **2.** Persona ruin y despreciable.

guasa *s. f.* Chanza, burla.

guasearse *v. prnl.* Chancearse.

guasón, na *adj., fam.* Burlón, chancero.

guata *s. f.* Lámina gruesa de algodón en rama, engomada, que sirve para acolchados o como material de relleno.

guateque *s. m.* **1.** *fam.* Baile bullanguero, jolgorio. **2.** *fam.* Fiesta casera, generalmente de gente joven, en que se merienda y se baila.

guau *onomat.* con que se representa la voz del perro.

guayaba *s. f.* Fruto del guayabo, del tamaño y figura de una pera mediana, que se conserva en forma de jalea.

guayabo *s. m.* Arbusto mirtáceo, de América tropical, que tiene por fruto la guayaba.

guayate *s. m.* Rorro, niño pequeño.

guayo *s. m.* Árbol de la familia de las rosáceas, de madera dura y colorada.

gubernamental *adj.* **1.** Perteneciente o relativo al gobierno del Estado. **2.** Respetuoso o benigno para con el gobierno o favorecedor del principio de autoridad. **3.** Partidario del gobierno en caso de discordias.

gubernativo, va *adj.* Perteneciente o relativo al gobierno.

gubia *s. f.* Formón de mediacaña.

guedeja *s. f.* Cabellera larga.

güeldo *s. m.* Cebo que emplean los pescadores.

guerra *s. f.* **1.** Rompimiento de la paz entre dos o más potencias. **2.** Lucha armada. **3.** Cualquier lucha o combate. **4.** Oposición.

guerrear *v. intr.* Hacer guerra.

guerrera *s. f.* Chaqueta de uniforme ajustada y abrochada desde el cuello.

guerrero, ra *adj.* **1.** Perteneciente o relativo a la guerra. **2.** Que guerrea. **3.** Marcial e inclinado a la guerra. **4.** *fam.* Travieso, molesto.

guerrilla *s. f.* **1.** Partida de tropa ligera, que hace las descubiertas y rompe las primeras escaramuzas. **2.** Partida de paisanos, por lo común no muy numerosa, que al mando de un jefe particular y con poca o ninguna dependencia del ejército, acosa y molesta al enemigo.

guía *s. m. y s. f.* **1.** Persona que enseña y dirige a otra. ‖ *s. f.* **2.** Tratado en que se dan preceptos o noticias para gobernarse en cosas ya espirituales, ya puramente mecánicas.

guiar *v. tr.* Ir delante mostrando el camino.

guija *s. f.* Piedra pelada y chica que se encuentra en las orillas de los ríos y arroyos.

guijarral *s. m.* Terreno abundante en guijarros.

guijarro *s. m.* Canto rodado.

guijarroso, sa *adj.* Se dice del terreno que tiene abundancia de guijarros.

guijo *s. m.* Conjunto de guijas, que se usa para consolidar o rellenar los caminos.

guilla *s. f.* Cosecha copiosa y abundante.

guilladura *s. f.* Chifladura, manía.

guillame *s. m.* Cepillo estrecho de carpintero.

guillarse *v. prnl.* Chiflarse, perder la cabeza.

guillotina *s. f.* **1.** Máquina inventada y usada en Francia para decapitar a los sentenciados a pena de muerte. **2.** Máquina de cortar papel.

guillotinar *v. tr.* Quitar la vida con la guillotina.

guimbalete *s. m.* Palanca con que se da juego al émbolo de la bomba aspirante.

guinchar *v. tr.* Picar con la punta de un palo.

guincho *s. m.* Pincho de palo.

guinda *s. f.* Fruto del guindo.

guindal *s. m.* Guindo.

guindaleta *s. f.* Cuerda de cáñamo o cuero del grueso de un dedo.

guindar *v. tr.* **1.** Subir una cosa que ha de quedar colocada en alto. También prnl. **2.** *fam.* Ahorcar. También prnl.

guindilla *s. f.* Pimiento pequeño y encarnado que pica mucho.

guindo *s. m.* Árbol rosáceo, parecido al cerezo, pero de hojas más pequeñas y fruto más redondo y, comúnmente, ácido.

guiñada *s. f.* **1.** Acción de guiñar. **2.** Desvío de la proa de un buque hacia un lado o hacia el otro del rumbo a que se navega.

guiñapo *s. m.* **1.** Andrajo. **2.** *fig.* Persona que anda vestida de manera andrajosa.

guiñar *v. tr.* **1.** Cerrar un ojo momentáneamente quedando el otro abierto, generalmente por vía de señal disimulada. **2.** Dar guiñadas el buque.

guiño *s. m.* Acción de guiñar.

guión *s. m.* **1.** Signo ortográfico (-) que, puesto al final de un renglón, indica que la última palabra continúa en el siguiente; también separa los componentes de una palabra compuesta. **2.** Argumento de una obra cinematográfica. **3.** Argumento de una obra cinematográfica.

guipar *v. tr.* Ver, notar, percibir.

guipur *s. m.* Encaje de mallas gruesas.

guirigay *s. m.* **1.** *fam.* Lenguaje oscuro y difícil de entender. **2.** *fam.* Griterío, bullicio.

guirlache *s. m.* Pasta comestible de almendras tostadas y caramelo.

guirnalda *s. f.* Corona abierta, tejida de flores, hierbas o ramas, con que se ciñe la cabeza.

guisa *s. f.* Modo, manera.

guisado *s. m.* Guiso preparado con salsa.

guisante *s. m.* Planta papilionácea con fruto en vaina, que contiene diversas semillas esféricas.

guisar *v. tr.* **1.** Preparar los manjares sometiéndolos a la acción del fuego, especialmente haciéndolos cocer en una salsa después de rehogados. **2.** Ordenar, componer una cosa.

guiso *s. m.* Manjar guisado.

guita[1] *s. f.* Cuerda delgada de cáñamo.

guita[2] *s. f., fam.* Dinero.

guitarra *s. f.* Instrumento musical de seis cuerdas, compuesto de una caja de madera, con un agujero circular en el centro de la tapa y un mástil con trastes.

guitón, na *adj.* Pícaro, vagabundo.

gula *s. f.* Exceso en la comida o bebida.

gules *s. m. pl.* Color rojo heráldico.

gulusmear *v. intr.* Andar oliendo o probando lo que se guisa. También tr.

gumneráceo, a *adj.* Se dice de hierbas perennes angiospermas dicotiledóneas con hojas de grandes peciolos, flores en panoja y fruto en drupa, como el pangue.

gurbión *s. m.* Goma del euforbio.

gurdo, da *adj.* Necio, simple.

gurriato *s. m.* Pollo del gorrión.

gurrumino, na *adj., fam.* Ruin.

gurullada *s. f., fam.* Cuadrilla de gente.

gusa *s. f., fam.* Hambre

gusanear *v. intr.* Hormiguear.

gusanillo *s. m.* **1.** Cierto género de labor menuda que se hace en los tejidos de lienzo y otras telas. **2.** Hilo de oro, plata, seda, etc., ensortijado para formar con él ciertas labores.

gusano *s. m.* **1.** Animal metazoo invertebrado, de cuerpo blando, sin esqueleto, ni patas articuladas. **2.** Persona mezquina y despreciable. **3.** *fig.* Persona de poca importancia, tímida y abatida.

gusarapo, pa *s. m. y s. f.* Cualquiera de los animalejos de forma de gusanos, que se crían en los líquidos.

gustar *v. tr.* **1.** Sentir y percibir en el paladar el sabor de una cosa. **2.** Experimentar. ‖ *v. intr.* **3.** Agradar una cosa; parecer bien. **4.** Desear, tener complacencia en una cosa.

gustativo, va *adj.* Perteneciente o relativo al sentido del gusto.

gustazo *s. m., fam.* Gusto grande que alguien se da a sí mismo haciendo algo no habitual, o incluso perjudicial.

gustillo *s. m.* Dejo o saborcillo que se percibe en algunas cosas, cuando el sabor principal no apaga del todo otro más vivo y penetrante que hay en ellas.

gusto *s. m.* **1.** Uno de los cinco sentidos corporales, con el cual percibimos el sabor de las cosas. **2.** Placer que se experimenta por algún motivo.

gustoso, sa *adj.* **1.** Sabroso. **2.** Que hace con gusto una cosa. **3.** Agradable.

gutagamba *s. f.* Árbol de la India, de la familia de las gutíferas, del que fluye una gomorresina sólida, amarilla, que se emplea en farmacia y en pintura.

gutapercha *s. f.* Goma translúcida, sólida, flexible e insoluble en el agua, que se obtiene mediante incisiones en el tronco de cierto árbol sapotáceo de la India.

gutiámbar *s. f.* Cierta goma de color amarillo, que sirve para iluminaciones y miniaturas.

gutífero, ra *adj.* Se dice de las plantas dicotiledóneas que tienen hojas anchas y sin estípulas, flores en forma de corimbo y fruto capsular.

gutural *adj.* **1.** Perteneciente o relativo a la garganta. **2.** Se dice de las consonantes que se articulan contra el paladar, como la "g", la "j" y la "k". **3.** Se dice del sonido articulado que se produce por estrechamiento y contracción de la garganta, como la "j" aspirada en algunas partes de Andalucía.

guzla *s. f.* Instrumento musical de una sola cuerda de crin, a modo de rabel.

H

h *s. f.* Octava letra del abecedario español y sexta de sus consonantes.
haba *s. f.* Planta herbácea anual, papilionácea, con fruto en vaina con cinco o seis semillas grandes y comestibles.
habano *s. m.* Cigarro puro elaborado en la isla de Cuba con hojas de tabaco de aquel país.
habar *s. m.* Terreno sembrado de habas.
haber¹ *s. m.* Hacienda, caudal, conjunto de bienes y derechos de una persona.
haber² *v. aux.* **1.** En la conjugación verbal, sirve para formar los tiempos compuestos. ‖ *v. impers.* **2.** Acaecer, ocurrir.
habichuela *s. f.* Judía, planta.
hábil *adj.* Inteligente y dispuesto para cualquier ejercicio, oficio o ministerio.
habilidad *s. f.* Capacidad para una cosa.
habilidoso, sa *adj.* Que tiene habilidad.
habilitación *s. f.* Acción y efecto de habilitar o habilitarse.
habilitar *v. tr.* Hacer a una persona o cosa hábil o apta.
habitación *s. f.* Edificio o parte de él que se destina para vivienda.
habitante *s. m. y s. f.* Cada una de las personas que constituyen la población de una ciudad, provincia, barrio, casa, etc.
habitar *v. tr.* Vivir, morar. También intr.
hábito *s. m.* **1.** Vestido o traje que cada uno usa según su estado, ministerio, etc., especialmente el que usan los religiosos y religiosas. **2.** Modo particular de proceder o comportarse, adquirido por la repetición de actos de la misma especie.
habitual *adj.* Que se hace o posee con continuación o por costumbre.
habituar *v. tr.* Acostumbrar o hacer que alguien se acostumbre a algo. También prnl.
habla *s. f.* **1.** Facultad de hablar. **2.** Manera especial de hablar. **3.** Realización del sistema lingüístico llamado lengua.
hablador, ra *adj.* Que habla demasiado.
habladuría *s. f.* Dicho o expresión inoportuna que desagrada.
hablar *v. intr.* Articular, proferir palabras para darse a entender.
hablilla *s. f.* Rumor, mentira que corre en el vulgo.
habón *s. m.* Bultillo que aparece en la piel en forma de haba.
hacendado, da *adj.* Que tiene hacienda en bienes raíces.
hacendar *v. tr.* Dar o conferir el dominio de haciendas o bienes raíces.
hacendera *s. f.* Trabajo de utilidad común a que debe acudir todo el vecindario.
hacendoso, sa *adj.* Solícito y diligente en las faenas domésticas.
hacer *v. tr.* **1.** Producir una cosa; darle el primer ser. **2.** Fabricar, dar la figura que debe tener a una cosa. **3.** Ejecutar un trabajo o acción. **4.** Causar, ocasionar. **5.** Perfeccionar algo. **6.** Habituar, acostumbrar.
hacha¹ *s. f.* Vela de cera, grande y gruesa, con cuatro pabilos.
hacha² *s. f.* Herramienta cortante de pala acerada, con filo algo curvo y ojo para engastarla y, a veces, con peto.
hachero *s. m.* Candelero o blandón que se utiliza para poner el hacha de cera.
hacho *s. m.* **1.** Leño resinoso o manojo de paja o esparto encendido para alumbrar. **2.** Lugar elevado cerca de la costa.
hacia *prep.* que determina la dirección del movimiento con respecto al punto de su término.
hacienda *s. f.* **1.** Finca agrícola. **2.** Cúmulo de bienes y riquezas que alguien tiene.
hacina *s. f.* **1.** Conjunto de haces colocados unos sobre otros, apretada y ordenadamente. **2.** *fig.* Montón o rimero.
hacinamiento *s. m.* Acción y efecto de hacinar o hacinarse.
hacinar *v. tr.* Poner los haces unos sobre otros formando hacina.
hada *s. f.* Ser fantástico con forma de mujer, a quien se atribuía poderes mágicos y el don de adivinar el futuro.
hado *s. m.* **1.** Divinidad desconocida que, según las creencias populares, disponía lo que había de suceder. **2.** Destino.
hafiz *s. m.* Guarda, conservador.
hagiografía *s. f.* Historia de las vidas de los santos.
¡hala! *interj.* que se emplea para meter prisa, dar ánimos, indicar sorpresa, etc.
halagar *v. tr.* **1.** Dar a alguien muestras de afecto. **2.** Adular interesadamente.
halago *s. m., fig.* Cosa que halaga.
halagüeño, ña *adj.* Que halaga.

halar *v. tr.* Tirar de un cabo, de una lona o de un remo en el acto de bogar.
halcón *s. m.* Ave rapaz diurna de las falcónidas, que se emplea en la caza de cetrería.
halda *s. f.* Falda.
haldear *v. intr.* Andar de prisa las personas que llevan faldas.
haldeta *s. f.* Pieza de un traje, que cuelga desde la cintura hasta un poco más abajo.
¡hale! *interj.* ¡Hala!
hálito *s. m.* **1.** Aliento. **2.** Vapor que una cosa arroja.
hallar *v. tr.* **1.** Dar con una persona o cosa sin buscarla. **2.** Encontrar lo que se busca. **3.** Inventar, descubrir.
hallazgo *s. m.* Cosa hallada.
halo *s. m.* Círculo luminoso de colores que aparece a veces alrededor del Sol y de la Luna.
halófilo, la *adj.* Se dice de las plantas que viven en los terrenos salinos.
halógeno, na *adj.* Se dice de cada uno de los elementos de la familia del cloro, que forman sales al combinarse con un metal.
haloideo, a *adj.* Se dice de las sales formadas por la combinación de un metal con un halógeno.
halotecnia *s. f.* Tratado sobre la extracción de las sales industriales.
hamaca *s. f.* Red alargada que, asegurada por los extremos entre dos árboles o estacas, queda pendiente en el aire y sirve de cama, columpio, etc.
hámago *s. m.* Fastidio.
hambre *s. f.* **1.** Deseo y necesidad de comer. **2.** Escasez de alimentos básicos.
hambrear *v. intr.* **1.** Padecer hambre. **2.** Exhibir alguna necesidad, mendigando remedio para ella.
hambriento, ta *adj.* **1.** Que tiene mucha hambre o necesidad de comer. **2.** *fig.* Deseoso de alguna cosa.
hambrón, na *adj., fam.* Se aplica a la persona que demuestra gran afán por comer o come con avidez.
hamburguesa *s. f.* Filete de carne picada, preparado con ajo, perejil, etc., que tiene forma circular y se come frito o asado.
hamburguesería *s. f.* Establecimiento donde se preparan y venden hamburguesas.
hamo *s. m.* Anzuelo de pescar.
hampa *s. f.* Género de vida de los pícaros que vivían antiguamente en España; estaban unidos en una especie de sociedad y usaban un lenguaje particular, llamado jerigonza o germanía.
hampón *adj.* **1.** Valentón, bravo. **2.** Bribón, maleante, haragán.
hándicap *s. m.* **1.** Prueba en la que ciertos participantes reciben una determinada ventaja con el fin de que se igualen las posibilidades de victoria de todos los competidores. **2.** Obstáculo.
hangar *s. m.* Cobertizo grande, especialmente el destinado a guardar o reparar aviones.
haplología *s. f.* Eliminación de la sílaba de una palabra por ser semejante a otra contigua de la misma palabra, como "cejunto" por "cejijunto".
haragán, na *adj.* Que rehúye el trabajo y pasa la vida en el ocio.
haraganear *v. intr.* Holgazanear, estar ocioso cuando se debería estar trabajando.
haraganería *s. f.* Ociosidad.
harapiento, ta *adj.* Andrajoso.
harapo *s. m.* Trozo desgarrado de ropa vieja.
haraposo, sa *adj.* Andrajoso.
harén *s. m.* Departamento de las casas musulmanas destinado a las mujeres.
harija *s. f.* Polvillo que el aire levanta del grano cuando se muele, o de la harina cuando se cierne.
harina *s. f.* Polvo que resulta de moler el trigo u otras semillas.
harpillera *s. f.* Arpillera.
hartar *v. tr.* Saciar el apetito de comer o beber. También prnl.
hartazgo *s. m.* **1.** Acción y efecto de hartar o hartarse de comer o de beber. **2.** Acción o efecto de hartar o hartarse de cualquier cosa.
harto, ta *adj.* Bastante o sobrado.
hartura *s. f.* **1.** Abundancia, sobra. **2.** *fig.* Logro de un deseo o apetito.
hasta *prep.* que expresa el término de tiempo, lugares, acciones o cantidades.
hastial *s. m.* Fachada de una casa, en la parte superior de la cual descansan las dos vertientes del tejado o cubierta.
hastiar *v. tr.* Causar hastío, repugnancia o disgusto. También prnl.
hastío *s. m.* **1.** Repugnancia a la comida. **2.** Disgusto, tedio o aburrimiento.
hatajo *s. m.* **1.** Pequeño grupo de ganado. **2.** *desp.* Conjunto, grupo de personas o cosas.

hatear *v. tr.* **1.** Recoger la ropa y objetos de uso personal para ir de viaje. ‖ *v. intr.* **2.** Dar la hatería a los pastores.

hatería *s. f.* Provisión de víveres con que se abastece para unos días a los pastores, jornaleros y mineros.

hatijo *s. m.* Cubierta de esparto o de otra materia semejante, para tapar la boca de las colmenas o de otro vaso.

hato *s. m.* **1.** Ropa y objetos personales que una persona precisa para el uso ordinario. **2.** Porción de ganado mayor o menor, como bueyes, ovejas, etc.

haya *s. f.* Árbol fagáceo, con tronco grueso y liso, de corteza gris y ramas altas que forman una copa redonda y espesa.

hayuco *s. m.* Fruto del haya.

haz *s. m.* Porción atada de mieses, lino, leña o cosas semejantes.

hazaña *s. f.* Hecho importante y heroico.

hazmerreír *s. m., fam.* Persona que resulta ridícula y extravagante.

he *adv.* Unido a los adverbios "aquí", "ahí" y "allí" o a los pronombres "me, te, la, le, lo, las, los", sirve para señalar o mostrar una persona o cosa.

hebilla *s. f.* Pieza, generalmente de metal, que se hace con una patilla y uno o más clavillos en medio, asegurados por un pasador, que sirve para ajustar y unir las orejas de los zapatos, las correas, cintas, etc.

hebra *s. f.* Porción de hilo, seda u otra materia semejante hilada.

hecatombe *s. f.* **1.** Cualquier sacrificio solemne en que es crecido el número de víctimas. **2.** *fig.* Matanza, mortandad de personas. **3.** *fig.* Desgracia, catástrofe.

hechicería *s. f.* **1.** Arte supersticioso de hechizar. **2.** Hechizo del que se valen los hechiceros para el logro de sus fines.

hechicero, ra *adj.* **1.** Que practica el arte de hechizar. **2.** Que por su hermosura o buenas prendas atrae la voluntad y cariño de las gentes.

hechizar *v. tr.* Someter a alguien a supuestas influencias maléficas mediante ciertas prácticas supersticiosas.

hechizo *s. m.* Cualquier cosa supersticiosa de que se valen los hechiceros para el logro de sus fines.

hecho *s. m.* **1.** Acción u obra. **2.** Cosa que sucede.

hechura *s. f.* **1.** Acción y efecto de hacer. **2.** Forma externa que se da a las cosas. **3.** Trabajo de cortar y coser la tela de una prenda de vestir.

hectárea *s. f.* Medida de superficie, que equivale a un cien áreas.

hectógrafo *s. m.* Aparato que sirve para sacar muchas copias de un escrito o dibujo.

hectogramo *s. m.* Medida de peso, igual a 100 gramos.

hectolitro *s. m.* Medida de capacidad, igual a 100 litros.

hectómetro *s. m.* Medida de longitud, igual a 100 metros.

heder *v. intr.* Arrojar de sí mal olor.

hediondez *s. f.* **1.** Cosa hedionda. **2.** Hedor.

hediondo, da *adj.* **1.** Que arroja de sí hedor. **2.** *fig.* Molesto, enfadoso.

hedor *s. m.* Olor muy desagradable.

hegemonía *s. f.* Supremacía que un Estado ejerce sobre otro.

hégira *s. f.* Era de los mahometanos, que se cuenta desde el 15 de julio del año 622, en que Mahoma huyó de la Meca a Medina.

helada *s. f.* Congelación producida por la frialdad del tiempo en los líquidos.

heladería *s. f.* Establecimiento donde se hacen o venden refrescos helados.

helado, da *adj.* **1.** Muy frío. **2.** Se dice de la bebida o manjar helado.

helar *v. tr.* Convertir un líquido en sólido por la acción del frío, especialmente el agua. Se usa más como intr. y prnl.

helecho *s. m.* Planta criptógama vivaz, con tallo subterráneo y frondas divididas en una especie de hojuelas coriáceas, que llevan adheridos en el envés los órganos de la fructificación, en forma de cápsulas, con muchas esporas.

helenio *s. m.* Planta compuesta, de flores amarillas, fruto capsular casi cilíndrico y estriado, de raíz amarga y aromática, usada en medicina para la composición de triaca.

helenista *s. m. y s. f.* Especialista en el estudio de la lengua y literatura griegas.

helero *s. m.* Masa de hielo que rodea las nieves perpetuas en las altas montañas.

helgado, da *adj.* Que tiene los dientes ralos y desiguales.

helgadura *s. f.* Hueco o espacio que hay entre diente y diente.

helíaco, ca *adj.* Se dice del orto u ocaso de los astros, que salen o se ponen, cuando más, una hora antes o después que el Sol.

helianto *s. m.* Planta compuesta, de hojas ásperas y cabezuelas amarillas.

hélice *s. f.* Conjunto de aletas helicoidales que giran alrededor de un eje, y al girar empujan el fluido ambiente y producen una fuerza propulsora.

helicoidal *adj.* En figura de hélice.

helicoide *s. m.* Superficie generada por una curva plana o alabeada que gira en torno a una recta fija a la vez que se traslada según la dirección de dicha recta, de modo que la proporción entre velocidades de ambos movimientos se mantenga constante.

helicón *s. m.* Instrumento de viento cuyo tubo, de forma circular, permite colocarlo alrededor del cuerpo y apoyarlo sobre el hombro de quien lo toca.

helicóptero *s. m.* Aparato de aviación que se eleva merced a la acción de dos hélices que giran horizontalmente y en sentido inverso.

helio *s. m.* Cuerpo simple gaseoso, incoloro y de poca actividad química.

heliocéntrico, ca *adj.* Se aplica a los sistemas que consideran el Sol como centro del universo.

heliograbado *s. m.* Procedimiento para obtener, en planchas convenientemente preparadas y mediante la acción de la luz solar, grabado en relieve.

heliografía *s. f.* Descripción del Sol.

heliógrafo *s. m.* **1.** Instrumento de telecomunicación que transmite mensajes mediante destellos, por medio de la reflexión de un rayo de Sol en un espejo plano. **2.** Instrumento que registra la duración del tiempo de insolación.

heliómetro *s. m.* Telescopio muy parecido al ecuatorial, que sirve para la medida de distancias angulares entre dos astros o su diámetro aparente; especialmente el del Sol.

helioscopio *s. m.* Telescopio para mirar al Sol, sin que su resplandor dañe la vista.

helióstato *s. m.* Instrumento geodésico para hacer señales a larga distancia.

heliotelegrafía *s. f.* Telegrafía por medio del heliógrafo.

heliotropo *s. m.* Planta borraginácea, de jardín, con flores pequeñas de un color entre azul y rosa, en espigas, vueltas todas al mismo lado y en cimas escorpioides.

helminto *adj.* Se dice de los animales articulados que carecen de sistema nervioso y se reproducen por gemación, siendo parásitos del intestino y del hígado.

hematemesis *s. f.* Vómito de sangre que procede de una lesión de la mucosa digestiva.

hematíe *s. m.* Glóbulo rojo de la sangre, que contiene la hemoglobina.

hematites *s. f.* Mineral de hierro oxidado, de color rojo o pardo y estructura fibrosa, que por su dureza sirve para bruñir metales.

hematófago *adj.* Se dice de todo animal que se alimenta de sangre, como muchos insectos chupadores o, entre los mamíferos, los quirópteros, llamados vampiros.

hematoma *s. m.* Tumor producido por una contusión con acumulación de sangre en cualquier parte del cuerpo.

hematosis *s. f.* Conversión de la sangre venosa en arterial.

hematuria *s. f.* Fenómeno morboso que consiste en orinar sangre.

hembra *s. f.* **1.** Animal del sexo femenino. **2.** Mujer.

hemerálope *adj.* Se dice de la persona que de noche pierde total o parcialmente la facultad de ver.

hemeroteca *s. f.* Biblioteca en que se guardan y sirven al público diarios y otras publicaciones periódicas.

hemiciclo *s. m.* **1.** Semicírculo. **2.** Sala semicircular que suele estar provista de gradas.

hemina *s. f.* Medida antigua para líquidos, equivalente a medio sextario.

hemiplejía *s. f.* Parálisis de todo un lado del cuerpo.

hemíptero, ra *adj.* Se dice de los insectos de metamorfosis sencilla, provistos de trompa chupadora y pico articulado.

hemisférico, ca *adj.* **1.** Perteneciente o relativo al hemisferio. **2.** Que tiene forma de hemisferio.

hemisferio *s. m.* **1.** Cada una de las dos mitades de una esfera dividida por un plano que pase por su centro. Específicamente, del globo terráqueo o del globo celeste. **2.** Cada una de las mitades del cerebro y del cerebelo.

hemistiquio *s. m.* Cada una de las dos mitades de un verso, separadas por una cesura.

hemofilia *s. f.* Enfermedad hereditaria que se caracteriza por dificultad de la sangre para coagularse.

hemoglobina *s. f.* Sustancia roja que constituye la parte esencial de los glóbulos rojos de la sangre.

hemolisina *s. f.* Sustancia producida en el organismo que destruye los glóbulos rojos.

hemopatía *s. f.* Enfermedad de la sangre en general.

hemoptisis *s. f.* Hemorragia de la membrana mucosa pulmonar.

hemorragia *s. f.* Flujo de sangre de cualquier parte del cuerpo.

hemorrea *s. f.* Hemorragia que no ha sido directamente provocada.

hemorroide *s. f.* Pequeño tumor sanguíneo que se forma en la parte exterior del ano o en el final del intestino.

hemostasis *s. f.* Conjunto de mecanismos para la contención de la salida de sangre por medios fisiológicos o artificiales.

hemostático *adj.* Se dice del medicamento que se emplea para contener la hemorragia.

henchir *v. tr.* **1.** Llenar, rellenar, ocupar plenamente, colmar con abundancia. **2.** *fig.* Llenar a alguien de favores o de ofensas.

hender *v. tr.* **1.** Hacer o causar una hendidura. **2.** *fig.* Atravesar un fluido o líquido.

hendidura *s. f.* Raja o grieta prolongada en un cuerpo sólido, cuando no llega a dividirlo por completo.

henequén *s. m.* Planta amarilidácea, especie de pita.

henificar *v. tr.* Segar plantas forrajeras y secarlas al sol, para conservarlas como heno.

heno *s. m.* **1.** Planta gramínea, de cañitas delgadas, hojas estrechas y flores en panoja. **2.** Hierba segada, seca, para alimento del ganado.

hepático, ca *adj.* **1.** Que padece del hígado. **2.** Perteneciente o relativo a este órgano.

hepatitis *s. f.* Inflamación del hígado.

hepatología *s. f.* Tratado acerca del hígado y de sus enfermedades.

heptagonal *adj.* De figura de heptágono.

heptágono, na *adj.* Se aplica al polígono de siete lados. También s. m.

heptarquía *s. f.* País dividido en siete reinos.

heráldica *s. f.* Ciencia relacionada con los escudos nobiliarios.

heraldo *s. m.* **1.** Caballero que en la Edad Media cuidaba del ceremonial palaciego y llevaba los registros de la nobleza. **2.** Mensajero.

herbáceo, a *adj.* Se aplica a las plantas que tienen la naturaleza de la hierba.

herbajar *v. tr.* Apacentar el ganado en prado o dehesa.

herbaje *s. m.* Conjunto de hierbas de los prados.

herbar *v. tr.* Adobar con hierbas las pieles o cueros.

herbario *s. m.* **1.** Colección de hierbas y plantas seca. **2.** Primera cavidad del estómago de los rumiantes.

herbívoro, ra *adj.* Se dice del animal que se alimenta de vegetales.

herbolario, ria *s. m. y s. f.* **1.** Persona que se dedica a recoger o vender hierbas y plantas medicinales. ‖ *s. m.* **2.** Tienda donde se venden estas plantas.

herboristería *s. f.* Tienda donde se venden plantas medicinales.

herborización *s. f.* Acción y efecto de herborizar.

herborizar *v. intr.* Andar por montes valles y campos reconociendo y cogiendo hierbas y plantas.

herciano, na *adj.* Se dice de las ondas electromagnéticas.

hércules *s. m., fig.* Persona de mucha fuerza.

heredad *s. f.* **1.** Terreno cultivado perteneciente a un mismo dueño. **2.** Hacienda de bienes raíces de una persona.

heredar *v. tr.* Suceder por disposición testamentaria o legal en los bienes y acciones que tenía uno, al tiempo de su muerte.

heredero, ra *adj.* Se dice de la persona que por testamento o ley sucede, a título universal, en todo o parte de una herencia.

hereditario, ria *adj.* **1.** Perteneciente o relativo a la herencia o que se adquiere por ella. **2.** Se aplica a las inclinaciones, virtudes, vicios o enfermedades que pasan de padres a hijos.

hereje *s. m. y s. f.* Persona que defiende y sostiene una herejía.

herejía *s. f.* Error en materia de fe, sostenido con pertinencia.

herencia *s. f.* Bienes y derechos que se heredan.

heresiarca *s. m.* Autor o seguidor de una herejía.

herida *s. f.* Rotura hecha en las carnes con un instrumento o por efecto de un golpe.

herir *v. tr.* Dañar en un organismo algún tejido con un golpe, arma, etc. También prnl.
herma *s. m.* Busto sin brazos colocado sobre un estípite.
hermafrodita *adj.* Que tiene los dos sexos.
hermanar *v. tr.* Unir espiritualmente, hacer a uno hermano de otro. También prnl.
hermanastro, tra *s. m. y s. f.* Hijo de uno de los dos cónyuges respecto al hijo del otro.
hermandad *s. f.* **1.** Parentesco entre hermanos. **2.** Cofradía, congregación de devotos.
hermano, na *s. m. y s. f.* **1.** Nacido de los mismos padres, o sólo del mismo padre o de la misma madre. **2.** *fig.* Persona considerada en cuanto a los vínculos espirituales que la unen a los demás miembros de una entidad, como la familia humana, una orden religiosa, etc.
hermenéutica *s. f.* Técnica de interpretación de los textos antiguos.
hermético, ca *adj.* **1.** Se dice de lo que cierra una abertura de modo que no deja pasar el aire ni otra materia gaseosa. **2.** *fig.* Impenetrable, incomprensible.
hermosear *v. tr.* Hacer o poner hermosa una persona o cosa. También prnl.
hermoso, sa *adj.* Dotado de hermosura.
hermosura *s. f.* Belleza de las cosas.
hernia *s. f.* Tumor blando producido por la salida de una víscera u otra parte blanda, fuera de la cavidad en que está encerrada.
héroe *s. m.* **1.** Hombre ilustre por sus hazañas o virtudes. **2.** Protagonista de un poema épico, leyenda, drama, etc.
heroicidad *s. f.* **1.** Cualidad de heroico. **2.** Acción heroica.
heroico, ca *adj.* Relativo a los héroes y heroínas.
heroína *s. f.* **1.** Mujer ilustre por sus hazañas. **2.** Protagonista de un drama, poema, novela, etc.
heroísmo *s. m.* Esfuerzo de la voluntad que lleva a la persona a realizar hechos extraordinarios.
herpes *s. umb.* Erupción cutánea originada por pequeñas vesículas que dejan rezumar, cuando se rompen, un humor que al secarse forma costras.
herpetología *s. f.* Tratado de los reptiles.
herpil *s. m.* Saco de red de tomiza con mallas anchas para llevar paja, melones, etc.
herrada *s. f.* Cubo de madera, con grandes aros de hierro, más ancho por la base que por la boca.
herradura *s. f.* Hierro circular que se le pone a las caballerías en los cascos para que no se dañen al andar.
herraje *s. m.* Conjunto de piezas de hierro o acero con que se guarnece una puerta, un cofre, etc.
herramienta *s. f.* Instrumento de hierro o acero con que trabajan los artesanos.
herrar *v. tr.* Ajustar y clavar las herraduras.
herrén *s. m.* Forraje de avena, trigo, centeno, cebada, etc., que se da al ganado.
herrería *s. f.* **1.** Fábrica en que se funde metal y labra el hierro en grueso. **2.** Taller del herrero. **3.** Oficio del herrero.
herrero, ra *s. m. y s. f.* Persona que tiene por oficio labrar el hierro.
herreruelo *s. m.* Pájaro insectívoro, de plumaje negro con el pecho blanco.
herrete *s. m.* Remate de alambre, hojalata u otro metal, que se pone en cintas o cordones, para que pueda entrar con facilidad por los ojetes, o por adorno.
herretear *v. tr.* Poner herrete a las agujetas, cordones, etc.
herrial *adj.* Se dice de una especie de uva gruesa y tinta, y de la vid que la produce.
herrón *s. m.* Especie de disco de hierro horadado con que se jugaba, tirando desde cierta distancia, a fin de meterlo en un clavo hincado en la tierra.
herrumbre *s. m.* Óxido del hierro.
herventar *v. tr.* Meter una cosa en agua y tenerla dentro hasta que dé algún hervor.
hervidero *s. m.* **1.** Movimiento y ruido que hacen los líquidos cuando hierven. **2.** *fig.* Muchedumbre.
hervir *v. intr.* Moverse agitadamente un líquido bajo el efecto del calor, produciendo burbujas.
hervor *s. m.* Acción y efecto de hervir.
hesitación *s. f.* Duda, vacilación.
hesitar *v. intr.* Dudar, vacilar.
hesperidio *s. m.* Fruto carnoso de corteza gruesa y esponjosa, rico en esencias, dividido interiormente en secciones o gajos, envueltos en telillas membranosas; como el limón y la naranja.
heteróclito, ta *adj., fig.* Irregular, extraño.
heterodoxia *s. f.* Disconformidad con el dogma católico y, en general, con cualquier doctrina o sistema.
heterodoxo, xa *adj.* En desacuerdo a las doctrinas ortodoxas en religión, filosofía, etc.

heterogeneidad *s. f.* Cualidad de heterogéneo.
heterogéneo, na *adj.* **1.** Compuesto de partes de diversa naturaleza. **2.** Diferente.
heteromancia *s. f.* Adivinación supersticiosa por el vuelo de las aves.
heterópsido, da *adj.* Se aplica a las sustancias metálicas que carecen del brillo propio del metal.
heurística *s. f.* Arte de inventar.
hexacordo *s. m.* Sistema musical medieval que se basa en una escala diatónica de seis notas.
hexaedro *s. m.* Sólido de seis caras.
hexágono, na *adj.* Se aplica al polígono de seis ángulos y seis lados.
hexámetro *adj.* Se dice del verso de la poesía griega y latina de seis pies.
hexápeda *s. f.* Antigua medida que equivalía a seis pies.
hez *s. f.* **1.** Poso o sedimento de algunos líquidos. || *s. f. pl.* **2.** Excrementos que arroja el cuerpo por el ano.
hialino, na *adj.* Se dice de lo que es diáfano como el vidrio o que es parecido a él.
hialografía *s. f.* Arte de grabar en vidrio.
hialoideo, a *adj.* Que se parece al vidrio, o que tiene sus propiedades.
hialotecnia *s. f.* Arte de fabricar y de trabajar el vidrio.
hiato *s. m.* Encuentro de dos vocales que se pronuncian en sílabas distintas.
híbrido, da *adj.* Se aplica al animal o vegetal procreado por dos individuos de distinta especie.
hicotea *s. f.* Reptil quelonio emídido, especie de tortuga de agua dulce que se cría en América; es comestible.
hidalgo, ga *s. m. y s. f.* Miembro del escalafón más bajo de la antigua nobleza.
hidalguía *s. f. fig.* Nobleza de ánimo.
hidatídico, ca *adj.* Se dice del quiste que afecta a órganos del ser humano producido por la tenia del perro.
hidrácido *s. m.* Compuesto formado por hidrógeno y un no metal.
hidrargiro *s. m.* Mercurio o azogue.
hidrartrosis *s. f.* Acumulación de líquido seroso en un orificio articular.
hidratar *v. tr.* Combinar una sustancia o cuerpo con el agua. También prnl.
hidrato *s. m.* Combinación de un cuerpo con el agua.
hidráulica *s. f.* Parte de la física mecánica que estudia el equilibrio y movimiento de los líquidos.
hidráulico, ca *adj.* Perteneciente o relativo a la hidráulica.
hidroavión *s. m.* Aeroplano provisto de flotadores o de fuselaje en forma de casco de barco para poder posarse sobre el agua.
hidrobiología *s. f.* Ciencia que estudia los seres que pueblan las aguas continentales.
hidrocarburo *s. m.* Carburo de hidrógeno.
hidrocefalia *s. f.* Hidropesía de la cabeza, acumulación de líquido cefalorraquídeo en las cavidades del cerebro.
hidrocele *s. f.* Acumulación serosa entre las membranas testiculares.
hidrodinámica *s. f.* Parte de la mecánica que estudia el movimiento de los fluidos.
hidroeléctrico, ca *adj.* Perteneciente o relativo a la energía eléctrica obtenida por energía hidráulica.
hidrófilo, la *adj.* Que absorbe el agua con gran facilidad.
hidrofobia *s. f.* Dificultad para tragar que padecen los que han sido mordidos por animales rabiosos, que antiguamente interpretaron como horror al agua, dando ese nombre a la enfermedad.
hidrógeno *s. m.* Gas incoloro, inodoro, insípido, combustible y el más ligero de todos.
hidrogogía *s. f.* Arte de canalizar las aguas.
hidrografía *s. f.* Parte de la geografía física que trata de las aguas del globo terrestre.
hidrólisis *s. f.* Desdoblamiento de la molécula de algunos compuestos orgánicos, por exceso de agua o por la presencia de fermento de ácido.
hidrología *s. f.* Parte de las ciencias naturales que trata de las aguas.
hidromancia *s. f.* Arte de adivinar supersticiosamente por medio del agua.
hidrometría *s. f.* Parte de la hidrodinámica que trata del modo de medir el caudal, la velocidad o la fuerza de los líquidos en movimiento.
hidrómetro *s. m.* Instrumento para medir el caudal, la velocidad o la fuerza de las corrientes líquidas.
hidropatía *s. f.* Método curativo por medio del agua.
hidropesía *s. f.* Derrame o acumulación anormal de humor seroso en cualquier cavidad del cuerpo o su infiltración en el tejido celular.

hidrosfera *s. f.* Conjunto de las partes líquidas del globo terráqueo.

hidrostática *s. f.* Parte de la mecánica que estudia el equilibrio de los fluidos.

hidrotecnia *s. f.* Arte de construir máquinas y aparatos hidráulicos.

hidruro *s. m.* Compuesto de hidrógeno y otro elemento, especialmente un metal.

hiedra *s. f.* Planta trepadora araliácea, siempre verde, con pequeñas raíces en el tallo, de hojas coriáceas y lustrosas, y flores en umbelas.

hiel *s. f.* **1.** Bilis. **2.** *fig.* Amargura, aspereza.

hielo *s. m.* Forma sólida del agua por efecto de un descenso suficiente de temperatura.

hiena *s. f.* Nombre común a varias especies de una familia de animales carnívoros de África y de Asia, de pelaje áspero, gris amarillento, con listas o manchas en el lomo y en los flancos.

hierático, ca *adj.* **1.** Muy serio, impasible. **2.** Se dice de la antigua escritura egipcia que era una abreviación de la jeroglífica.

hierba *s. f.* Toda planta que conserva su tallo siempre verde y tierno, no lignificado, a lo sumo algo leñoso en la base.

hierbabuena *s. f.* Planta labiada, de hojas vellosas y flores rojizas, que se emplea como condimento.

hierro *s. m.* Metal de color gris azulado, dúctil, maleable, muy tenaz, que puede recibir gran pulimento y es el más empleado en la industria y en las artes.

hígado *s. m.* Órgano situado a la derecha, bajo el diafragma, que segrega la bilis y realiza además importantes funciones metabólicas y antitóxicas.

higiene *s. f.* Parte de la medicina que trata de los medios de conservar la salud individual y colectiva por medio de la prevención de enfermedades.

higiénico, ca *adj.* Perteneciente o relativo a la higiene.

higo *s. m.* Fruto que da la higuera, de sabor dulce y color encarnado.

higrometría *s. f.* Parte de la física que tiene por objeto la determinación de las causas productoras de la humedad atmosférica y la medida de sus variaciones.

higroscopicidad *s. f.* Propiedad de algunos cuerpos inorgánicos, y de todos los orgánicos, de absorber y de exhalar la humedad según las circunstancias que los rodean.

higuera *s. f.* Árbol frutal moráceo, de savia láctea y hojas grandes y lobuladas.

hijastro, tra *s. m. y s. f.* Respecto de uno de los cónyuges, hijo o hija tenido por el otro en matrimonio anterior.

hijo, ja *s. m. y s. f.* Persona o animal, respecto de su padre o de su madre.

hijuela *s. f.* Documento donde se reseñan los bienes que tocan en una partición a uno de los partícipes en el caudal que dejó el difunto.

hijuelo *s. m.* Hablando de árboles, retoño.

hilada *s. f.* **1.** Hilera, formación en línea. **2.** Serie de ladrillos o piedras que se van poniendo en la construcción de un edificio.

hiladillo *s. m.* **1.** Hilo que sale de la maraña de la seda, el cual se hila en la rueca como el lino. **2.** Cinta estrecha de hilo o seda.

hilado *s. m.* **1.** Acción y efecto de hilar. **2.** Porción de lino, cáñamo, seda, etc., reducida a hilo.

hilandero, ra *s. m. y s. f.* Persona que tiene por oficio hilar.

hilar *v. tr.* Reducir a hilo el lino, lana, algodón, etc.

hilarante *adj.* Que mueve a risa o inspira alegría.

hilaridad *s. f.* Algazara en una reunión.

hilatura *s. f.* **1.** Arte de hilar la lana, el algodón y otras materias semejantes. **2.** Industria y comercialización del hilado.

hilera *s. f.* Formación en línea de un número de personas o cosas.

hilo *s. m.* **1.** Hebra larga y delgada formada por un conjunto de fibras sacadas de una materia textil. **2.** Alambre muy delgado que se saca de los metales.

hilván *s. m.* Costura de puntadas largas con que se prepara lo que se ha de coser después de otra manera.

hilvanar *v. tr.* Unir con hilvanes.

himenco *s. m.* Boda o casamiento.

himenóptero, ra *adj.* De alas membranosas.

himno *s. m.* Composición poética en honor de dioses o héroes.

himplar *v. intr.* Emitir su voz natural la onza o la pantera.

hincadura *s. f.* Acción y efecto de hincar o fijar una cosa.

hincapié *s. m.* Acción de hincar o afirmar el pie para sostenerse o hacer fuerza.

hincar *v. tr.* Introducir una cosa en otra.
hincha *adj.* Partidario entusiasta de un equipo deportivo.
hinchar *v. tr.* **1.** Hacer que un cuerpo aumente de volumen, llenándolo de aire u otra cosa. También prnl. **2.** Envanecerse.
hinchazón *s. m.* **1.** Inflamación cutánea. **2.** *fig.* Vanidad, soberbia o engreimiento.
hiniesta *s. f.* Retama, planta leguminosa.
hinojo *s. m.* Planta umbelífera, silvestre, aromática y de flores pequeñas y amarillas.
hintero *s. m.* Mesa usada por los panaderos para amasar el pan.
hioides *s. m.* Hueso situado en la raíz de la lengua y encima de la laringe.
hipar *v. intr.* **1.** Dar hipos reiteradamente. **2.** Llorar produciendo sonidos parecidos al hipo.
hipérbaton *s. m.* Figura que consiste en invertir el orden que en el discurso deben tener las palabras con arreglo a las leyes de la sintaxis regular.
hipérbola *s. f.* Curva cónica, simétrica respecto de dos ejes perpendiculares entre sí, con dos focos, compuesta de dos porciones abiertas, dirigidas en sentido opuesto, que se aproximan indefinidamente a dos asíntotas.
hipérbole *s. f.* Figura que consiste en aumentar o disminuir exageradamente la verdad de aquello de que se habla.
hiperbólico, ca *adj.* **1.** Perteneciente o relativo a la hipérbola. **2.** Perteneciente o relativo a la hipérbole.
hiperbóreo, a *adj.* Se aplica a las regiones muy septentrionales.
hiperemia *s. f.* Superabundancia de sangre en alguna parte del cuerpo.
hipertensión *s. f.* Tensión arterial superior a la normal.
hipertrofia *s. f.* Desarrollo excesivo del volumen de un órgano.
hípica *s. f.* Deporte que se practica a caballo.
hipido *s. m.* Acción y efecto de hipar o gimotear.
hipnal *s. m.* Cierta víbora, la cual, según los antiguos, infundía un sueño mortal con su mordedura.
hipnosis *s. m.* Estado singular del sistema nervioso, semejante al sonambulismo, producido por el hipnotismo.
hipnotismo *s. m.* Procedimiento para producir por sugestión la hipnosis.
hipnotizar *v. tr.* Producir la hipnosis en alguna persona o animal.
hipo *s. m.* Denominación onomatopéyica para designar el movimiento convulsivo del diafragma, al que acompaña un ruido gutural característico.
hipocampo *s. m.* Pez teleósteo, lofobranquio, llamado también caballito de mar, porque su cabeza recuerda la de un caballo.
hipocausto *s. m.* Habitación griega y romana que se calentaba por medio de hornillos.
hipocondría *s. f.* Afección caracterizada por una gran sensibilidad del sistema nervioso con depresión habitual.
hipocondríaco, ca *adj.* **1.** Perteneciente o relativo a la hipocondría. **2.** Que la padece.
hipocondrio *s. m.* Cada una de las dos partes laterales de la región superior del abdomen, a ambos lados del epigastrio.
hipocresía *s. f.* Fingimiento de sentimientos que no se tienen.
hipócrita *adj.* Que finge o aparenta lo que no es o siente.
hipodérmico, ca *adj.* Que está o se pone debajo de la piel.
hipódromo *s. m.* Lugar destinado a carreras de caballos y carros.
hipogastrio *s. m.* Parte inferior del vientre.
hipogeo *s. m.* **1.** Bóveda subterránea donde los antiguos conservaban los cadáveres sin quemarlos. **2.** Capilla o edificio subterráneo.
hipogloso, sa *adj.* Que está debajo de la lengua.
hipogrifo *s. m.* Animal fabuloso, mitad grifo con alas y mitad caballo.
hipopótamo *s. m.* Mamífero paquidermo artiodáctilo africano, de patas cortas y cabeza y boca enormes.
hipoteca *s. f.* Finca afectada a la seguridad del pago de un crédito.
hipotecar *v. tr.* Gravar bienes inmuebles con la hipoteca para responder con ellos de un pago.
hipotensión *s. f.* Tensión muy baja de la sangre.
hipotenusa *s. f.* En un triángulo rectángulo, el lado opuesto al ángulo recto.
hipótesis *s. f.* Proposición no demostrada que se admite para orientar las investigaciones y experimentos.
hipotético, ca *adj.* Perteneciente o relativo a la hipótesis o que se funda en ella.

hipsómetro *s. m.* Termómetro muy sensible que sirve para medir la altitud de un lugar, observando la temperatura a que allí hierve el agua.

hirsuto, ta *adj.* Se dice del pelo áspero y duro, y de lo que está cubierto de pelo de esta clase o de púas o espinas.

hiscal *s. m.* Cuerda de esparto de tres ramales.

hisopillo *s. m.* **1.** Muñequilla de trapo que, empapada en un líquido, sirve para humedecer la boca y la garganta de los enfermos. **2.** Mata de las labiadas, aromática, útil para condimentos y medicinal.

hisopo *s. m.* **1.** Mata muy olorosa de las labiadas, empleada en medicina y perfumería. **2.** Palo corto que en su extremidad lleva una escobilla de cerdas o una bola de metal hueca con agujeros, y sirve para rociar el agua bendita en las iglesias.

histérico, ca *adj.* **1.** Perteneciente o relativo al útero. **2.** Perteneciente o relativo al histerismo. **3.** Que padece histerismo.

histerismo *s. m.* Enfermedad de origen psíquico, consistente en un estado patológico, caracterizado por una gran excitabilidad emocional.

histología *s. f.* Parte de la anatomía que estudia la estructura de los tejidos animales y vegetales.

historia *s. f.* Exposición sistemática de los acontecimientos relativos a los pueblos y a cualquiera de sus actividades.

historiado, da *adj.* **1.** Se aplica al cuadro o dibujo que representa una escena o acción en que toman parte los distintos personajes. **2.** Complicado, recargado de adornos o de colores mal combinados.

historial *adj.* De la historia.

historiar *v. tr.* Componer historias.

histórico, ca *adj.* **1.** Perteneciente o relativo a la historia. **2.** Averiguado, comprobado, cierto. **3.** **4.** Digno de figurar en la historia. **5.** Se dice de la obra literaria cuyo argumento trata sobre sucesos o personajes de la historia.

historieta *s. f.* Fábula o relación breve y divertida de suceso de poca importancia.

historiografía *s. f.* **1.** Conocimientos sobre el método de escribir la historia. **2.** Conjunto de obras y de investigaciones históricas.

histrión *s. m.* Persona que representaba disfrazada en la comedia o tragedia.

hita *s. f.* Clavo pequeño y sin cabeza.

hitar *v. tr.* Amojonar.

hito, ta *adj.* **1.** Unido, inmediato. **2.** Fijo, firme.

hobachón, na *adj.* Se aplica al que, siendo corpulento, es perezoso o tiene poca disposición para el trabajo.

hocicar *v. intr.* **1.** Dar de hocicos en el suelo, o contra la pared, etc. ‖ *v. tr.* **2.** Tropezar con un obstáculo o dificultad.

hocico *s. m.* Parte más o menos prolongada de la cabeza de algunos animales, en que están la boca y las narices.

hocino *s. m.* Instrumento corvo de hierro acerado, especie de hoz, que se usa para cortar la leña y para trasplantar.

hogar *s. m.* **1.** Sitio donde se coloca la lumbre en las cocinas, etc. **2.** Sitio donde vive una persona con su familia.

hogareño, ña *adj.* **1.** Amante del hogar y de la vida de familia. **2.** Perteneciente o relativo al hogar.

hogaza *s. f.* Pan grande, de forma circular.

hoguera *s. f.* Porción de materias combustibles que al arder levantan mucha llama.

hoja *s. f.* **1.** Cada una de las partes, generalmente verdes, planas y delgadas, que nacen en la extremidad de los tallos y ramas de los vegetales. **2.** Lámina delgada de cualquier materia, como papel, metal, etc. **3.** En las puertas, ventanas, etc., cada una de las partes que se abren y cierran.

hojalata *s. f.* Lámina de hierro o acero, estañada por las dos caras.

hojaldrar *v. tr.* Trabajar la masa para hacer hojaldre.

hojaldre *s. m.* Masa de harina con manteca trabajada de cierta manera, que al ser cocida al horno, hace hojas delgadas y superpuestas.

hojarasca *s. f.* Conjunto de las hojas caídas de los árboles.

hojear *v. tr.* **1.** Mover o pasar las hojas de un libro o cuaderno. **2.** Leer algo de prisa y superficialmente.

¡hola! *interj.* que se emplea para denotar extrañeza y como salutación familiar.

holgado, da *adj.* **1.** Desocupado. **2.** Ancho y sobrado para lo que se ha de contener. **3.** *fig.* Se dice de la persona que sin ser rica vive con bienestar.

holgar *v. intr.* **1.** Descansar, tomar aliento después de una fatiga. **2.** Estar ocioso.

holgazán, na *adj.* Vagabundo, ocioso.

holgazanear *v. intr.* Estar voluntariamente inactivo, cuando se debería estar trabajando.

holgazanería *s. f.* Haraganería.

holgorio *s. m., fam.* Regocijo, fiesta, diversión.

holgura *s. f.* **1.** Anchura. **2.** Regocijo, diversión entre muchos. **3.** Espacio vacío que queda entre dos piezas o superficies que deberían encajar.

holladura *s. f.* Acción de hollar.

hollar *v. tr.* **1.** Pisar con los pies. **2.** *fig.* Abatir, humillar.

hollejo *s. m.* Piel delgada que cubre algunas frutas y legumbres.

hollín *s. m.* Sustancia grasa y negra que el humo deposita.

holocausto *s. m.* **1.** Gran matanza de seres humanos. **2.** Acto de renuncia o sacrificio que realiza una persona por el bien de otras.

holografía *s. f.* Técnica fotográfica basada en la luz producida por el láser, que genera imágenes tridimensionales.

hológrafo, fa *adj.* Ológrafo.

holómetro *s. m.* Instrumento que se utiliza para medir la altura angular de un punto sobre el horizonte.

hombre *s. m.* **1.** Animal racional. **2.** Varón. **3.** El que ha llegado a la edad viril.

hombrera *s. f.* Pieza de la armadura antigua que defendía los hombros.

hombro *s. m.* Parte superior y lateral del tronco humano y de los primates, de donde nace el brazo.

homenaje *s. m.* **1.** Acto o serie de ellos que se celebran en honor de una persona. **2.** *fig.* Sumisión, veneración, respeto a una persona.

homeopatía *s. f.* Sistema curativo que administra dosis muy pequeñas de las mismas sustancias que, en mayor cantidad, provocan la enfermedad que se pretende combatir.

homicida *adj.* Se dice de la persona que ocasiona la muerte de otra.

homicidio *s. m.* Muerte causada a una persona por otra.

homilía *s. f.* En la liturgia católica, sermón que el sacerdote dirige a los fieles para explicar los textos bíblicos.

hominal *adj.* Perteneciente o relativo al hombre.

homocentro *adj.* De centro común a dos o más circunferencias.

homófono, na *adj.* Se dice de las palabras que con distinta significación se pronuncian de igual modo.

homogeneidad *s. f.* Cualidad de homogéneo.

homogéneo, a *adj.* Se dice del compuesto cuyos elementos son de igual naturaleza.

homógrafo, fa *adj.* Se aplica a las voces de distinta significación que se escriben de igual manera.

homologar *v. tr.* **1.** Poner en relación de igualdad dos cosas. **2.** Confirmar el juez ciertos actos y convenios de las partes. **3.** Hacer que un producto se ajuste a unas normas determinadas. **4.** Declarar válidos en un país unos estudios realizados en otro.

homólogo, ga *adj.* Se dice de los elementos, órganos, etc., que en dos o más figuras, organismos, etc., se corresponden por su estructura, función, etc.

homónimo, ma *adj.* Se aplica a las palabras que tienen distinta significación, a pesar de ser iguales por su forma.

homosexual *adj.* Se dice de la relación sexual entre individuos del mismo sexo.

honda *s. f.* Tira de cuero o trenza de lana u otra materia, para tirar piedras u otros proyectiles con violencia, haciéndola girar.

hondear *v. tr.* **1.** Sondear, reconocer el fondo con la sonda. **2.** Sacar carga de una embarcación.

hondo, da *adj.* **1.** Que tiene profundidad. **2.** *fig.* Tratándose de un sentimiento, intenso, extremado.

hondonada *s. f.* Espacio de terreno hondo.

hondura *s. f.* Profundidad de una cosa.

honestidad *s. f.* Decencia en la persona.

honesto, ta *adj.* Honrado, decente.

hongo *s. m.* Planta talofita sin clorofila, que vive sobre materia orgánica en descomposición, o es parásita de vegetales o animales, aunque puede habitar en medios acuáticos.

honor *s. m.* **1.** Cualidad moral que nos hace conducirnos con rectitud y cumplir nuestros deberes respecto al prójimo y nosotros mismos. **2.** Gloria que se sigue a las acciones heroicas.

honorable *adj.* Digno de ser honrado.

honorarios *s. m. pl.* Sueldo que se da en las profesiones liberales.

honorífico, ca *adj.* Que da honor.

honra *s. f.* Estima y respeto de la dignidad propia.

honradez *s. f.* Cualidad de honrado.

honrado, da *adj.* **1.** Que procede con rectitud e integridad. **2.** Ejecutado honrosamente.

honrar *v. tr.* **1.** Respetar a una persona. **2.** Enaltecer o premiar su mérito de algún modo. **3.** Dar honor o celebridad.

honroso, sa *adj.* Que da honra y estimación.

hontanar *s. m.* Sitio en que nacen fuentes y manantiales.

hopa *s. f.* Especie de vestidura en forma de túnica cerrada.

hopear *v. intr.* Menear la cola los animales, especialmente la zorra cuando la siguen.

hora *s. f.* Cada una de las 24 partes en que se divide el día solar.

horadar *v. tr.* Agujerear una cosa atravesándola de parte a parte.

horario *s. m.* **1.** Manecilla del reloj que señala las horas. **2.** Conjunto de horas durante las cuales se desarrolla una determinada actividad.

horca *s. f.* Conjunto de tres palos, uno de ellos horizontal y sostenido por los otros dos, del que cuelga una cuerda para ahorcar a los condenados.

horcajadas, a *loc. adv.* Denota la postura de la persona que monta a caballo, en moto, etc., echando cada pierna para un lado, con la horcajadura sobre la silla del caballo, el asiento de la moto, etc.

horcajadura *s. f.* Ángulo que forman los dos muslos o piernas en su nacimiento.

horcajo *s. m.* **1.** Horca de madera que se pone al pescuezo de las mulas para trabajar. **2.** Horquilla que forma la viga del molino de aceite en el extremo en que se cuelga el peso. **3.** Confluencia de dos ríos o arroyos. **4.** Punto en que se unen dos montañas o cerros.

horchata *s. f.* Bebida hecha de almendras, chufas, pepitas de melón o sandía, u otro fruto semejante, todo machacado y exprimido con agua y sazonado con azúcar.

horcón *s. m.* Horca para sostener las ramas de los árboles, parrales, etc.

horda *s. f.* **1.** Grupo de nómadas que forman una comunidad. **2.** Grupo de gente armada que no pertenece a un ejército regular.

horizontal *adj.* Que está en el horizonte o paralelo a él.

horizontalidad *s. f.* Cualidad de horizontal.

horizonte *s. m.* Línea que limita la parte de superficie terrestre visible desde un punto.

horma *s. f.* **1.** Molde con que se fabrica o da forma a una cosa. **2.** Pared de piedra sin argamasa.

hormiga *s. f.* Insecto himenóptero, de cabeza gruesa, tórax y abdomen casi iguales.

hormigón *s. m.* Mezcla de piedras menudas y mortero de cal o cemento y arena.

hormigonera *s. f.* Aparato para mezclar mecánicamente las piedras y el mortero con que se hace el hormigón.

hormiguear *v. intr.* Experimentar alguna parte del cuerpo una sensación, semejante a la que resultaría si por él bulleran o corrieran hormigas.

hormigueo *s. m.* Acción y efecto de hormiguear.

hormiguero *s. m.* Lugar donde se crían y recogen las hormigas.

hormiguillo *s. m.* Enfermedad que padecen las caballerías en los cascos y que poco a poco se los va gastando.

hormona *s. f.* Producto de la secreción interna de ciertos órganos que, transportado por la circulación sanguínea, es capaz de estimular, disminuir o suspender la función de otros.

hornacho *s. m.* Agujero que se hace en las montañas donde se cavan algunos minerales o tierras.

hornacina *s. f.* Hueco o nicho en forma de arco, practicado en un muro.

hornada *s. f.* Cantidad de pan, cerámica etc., que se cuece de una vez en el horno.

hornaguera *s. f.* Carbón de piedra.

hornaguero, ra *adj.* **1.** Flojo, holgado o espacioso. **2.** Se aplica al terreno en que hay hornaguera.

hornear *v. intr.* Tener un alimento durante cierto tiempo en el horno para que se cueza o dore.

hornija *s. f.* Leña menuda para el horno.

hornilla *s. f.* Hueco efectuado en la pared del palomar a fin de que las palomas aniden en él.

hornillo *s. m.* Horno manual que se emplea en laboratorios, cocinas y usos industriales, para calentar, fundir o tostar.

horno *s. m.* Obra de albañilería, dentro de la cual se produce calor por la combustión de gas, carbón, etc., provista de chimenea y de una o varias bocas, donde se funden o cuecen cosas.

horóscopo *s. m.* Observación que los astrólogos hacen del estado del cielo en el momento del nacimiento de una persona para predecir los sucesos de su futuro.

horqueta *s. f.* Parte del árbol donde el tronco y la rama forman un ángulo agudo.

horquilla *s. f.* Alfiler doblado que se utiliza para sujetar el pelo.

horrendo, da *adj.* Horroroso.

hórreo *s. m.* Construcción que se hace sobre cuatro pilotes para guardar el grano.

horrible *adj.* **1.** Que produce horror. **2.** Muy desagradable a la vista.

horripilar *v. tr.* Horrorizar. También prnl.

horrísono, na *adj.* Se dice de un sonido que causa horror.

horro, rra *adj.* Se dice del esclavo que alcanza la libertad.

horror *s. m.* Algo que desagrada o disgusta exageradamente.

horrorizar *v. tr.* Causar horror.

horroroso, sa *adj.* **1.** Que causa horror. **2.** Muy feo.

hortaliza *s. f.* Verduras y plantas comestibles que se cultivan en huerto.

hortelano, na *adj.* **1.** Perteneciente o relativo a la huerta. ‖ *s. m. y s. f.* **2.** Persona que por oficio cuida y cultiva huertas

hortense *adj.* Perteneciente o relativo a las huertas.

hortensia *s. f.* Arbusto saxifragáceo de jardín, de hojas simples y dentadas, flores olorosas, en inflorescencias globulosas y tallos ramosos de un metro de altura.

hortera *s. f.* **1.** Escudilla o cazuela de madera. ‖ *adj.* **2.** Se dice de la persona de gusto vulgar y llamativo.

horticultor, ra *s. m. y s. f.* Persona que se dedica a la horticultura.

horticultura *s. f.* Cultivo de los huertos.

hosanna *interj.* Se usa en la liturgia católica, para expresar alegría y júbilo.

hosco, ca *adj.* Ceñudo e intratable.

hospedaje *s. m.* Alojamiento y asistencia que se da a una persona.

hospedar *v. tr.* Recibir uno en su casa huéspedes. También prnl.

hospedería *s. f.* Casa que se destina al alojamiento de visitantes o viandantes.

hospiciano, na *adj.* Se dice del niño que vive en el hospicio o la persona que se ha criado en él.

hospicio *s. m.* **1.** Casa donde se alberga a niños huérfanos, pobres o abandonados. **2.** Hospedaje donde se aloja a peregrinos y pobres.

hospital *s. m.* Establecimiento público o privado en que se curan enfermos.

hospitalario, ria *adj.* Que socorre y alberga a los extranjeros y necesitados.

hospitalidad *s. f.* Virtud que se ejercita con todos los necesitados prestándoles la debida asistencia y acogida.

hospitalizar *v. tr.* Internar a alguien en un hospital o clínica para prestarle la asistencia que necesita.

hostal *s. m.* Establecimiento de huéspedes equivalente a un hotel.

hostelería *s. f.* Conjunto de servicios que proporcionan alojamiento y comida a los viajeros.

hostería *s. f.* Casa donde se da de comer y alojamiento al que lo paga.

hostia *s. f.* Oblea redonda y fina de pan ázimo con que el sacerdote administra la comunión en la misa.

hostigar *v. tr.* **1.** Azotar. **2.** *fig.* Perseguir, molestar a alguien.

hostil *adj.* Contrario o enemigo.

hostilidad *s. f.* Agresión armada de un pueblo, ejército o tropa.

hostilizar *v. tr.* Molestar continuamente a alguien.

hotel *s. m.* Establecimiento público de más categoría que el hostal, donde se da alojamiento y comida a los clientes.

hoy *adv. t.* En este día, en el día presente.

hoya *s. f.* **1.** Cavidad grande en el terreno. **2.** Sepultura. **3.** Llanura extensa rodeada de montañas.

hoyo *s. m.* Concavidad formada naturalmente en la tierra o hecha por alguien.

hoz[1] *s. f.* Instrumento que sirve para segar mieses y hierbas, de hoja acerada, corva y cortante, sujeta a un mango de madera.

hoz[2] *s. f.* Angostura de un valle profundo, o la que forma un río que corre por entre dos sierras.

hozar *v. tr.* Remover la tierra con el hocico.

hucha *s. f.* Recipiente con una ranura para guardar el dinero ahorrado.

hueco, ca *adj.* **1.** Cóncavo o vacío por dentro. **2.** Presumido, vano.

huecograbado *s. m.* Sistema para obtener fotograbados en cilindros de metal adaptables a las máquinas rotativas.

huelga *s. f.* **1.** Tiempo en que se está sin trabajar. **2.** Sitio que invita a la recreación.

huella *s. f.* **1.** Señal que deja el pie en la tierra por donde ha pasado. **2.** Señal, vestigio en general.

huérfano, na *adj.* Se dice de la persona de menor edad que pierde a su padre y madre o a alguno de los dos.

huero, ra *adj.* **1.** Vacío. **2.** Insustancial.

huerta *s. f.* Terreno destinado al cultivo de árboles frutales y hortalizas.

huerto *s. m.* Terreno pequeño, que suele estar cercado, en el que se plantan verduras, legumbres y árboles frutales.

huesa *s. f.* Sepultura u hoyo para enterrar en él un cadáver.

hueso *s. m.* Cada una de las partes sólidas y resistentes del cuerpo, formadas por sustancia orgánica y sales minerales, que constituyen el esqueleto de la mayoría de los vertebrados.

huésped, da *s. m. y s. f.* Persona alojada en casa ajena.

hueste *s. f.* **1.** Ejército en campaña. **2.** *fig.* Conjunto de secuaces o partidarios de una persona o causa.

hueva *s. f.* Masa que forman los huevos de ciertos pescados, contenida en una bolsa oval.

huevar *v. intr.* Comenzar las aves a tener huevos.

huevera *s. f.* Recipiente de metal o cartón en el que se guardan o transportan huevos.

huevo *s. m.* Cuerpo esferoidal que producen las hembras de muchos animales para la multiplicación de la especie, formado por una sola célula y que encierra el embrión con las sustancias adecuadas a su primer desarrollo.

¡huf! *interj.* ¡Uf!

huida *s. f.* Acción de huir.

huidizo, za *adj.* Que huye o es inclinado a huir.

huir *v. intr.* Alejarse rápidamente de un sitio para evitar un daño o peligro. También prnl.

hule *s. m.* Tela pintada al óleo y barnizada por un lado para hacerla impermeable.

hulla *s. f.* Carbón fósil, muy negro brillante o mate y duro, que se quiebra en aristas. Tiene un alto poder calorífico y calcinado produce gas y coque.

humanar *v. tr.* Hacer a uno humano, familiar y afable.

humanidad *s. f.* **1.** Condición de ser humano. **2.** Género humano.

humanismo *s. m.* Cultivo de las letras clásicas o de las humanas.

humanitario, ria *adj.* **1.** Que mira o se refiere al bien del género humano. **2.** Benigno, caritativo, compasivo.

humanizar *v. tr.* Humanar, hacer humano.

humano, na *adj.* **1.** Se aplica a la persona que se compadece de las desgracias ajenas. ‖ *s. m.* **2.** Hombre o persona.

humareda *s. f.* Gran cantidad de humo.

humear *v. intr.* Exhalar, echar de sí humo, vapor o vaho. También prnl.

humectación *s. f.* Acción de humedecer.

humedad *s. f.* **1.** Agua de que está impregnado un cuerpo. **2.** Cantidad de vapor de agua que hay en el aire atmosférico.

humedecer *v. tr.* Producir o causar humedad.

húmedo, da *adj.* Ligeramente impregnado de agua o de otro líquido.

humeral *adj.* Paño blanco que se pone el sacerdote sobre los hombros para coger la custodia o el copón.

húmero *s. m.* Hueso del brazo, entre el hombro y el codo.

humildad *s. f.* Condición de los que no presumen de sus méritos y cualidades, y reconocen sus errores y defectos.

humilde *adj.* **1.** Que tiene humildad. **2.** Perteneciente o relativo a una clase o posición social baja.

humilladero *s. m.* Lugar devoto que suele haber a las entradas de los pueblos con una cruz o imagen.

humillar *v. tr.* Bajar, inclinar una parte del cuerpo en señal de acatamiento.

humo *s. m.* Producto que se desprende en forma gaseosa de una combustión incompleta, compuesto de vapor de agua y anhídrido carbónico, que llevan consigo carbón en polvo muy tenue.

humor *s. m.* **1.** Cualquiera de los líquidos del cuerpo del animal. **2.** Estado de ánimo. **3.** Jovialidad.

humus *s. m.* Mantillo del suelo formado por la descomposición de materia orgánica.

hundimiento *s. m.* Parte de una superficie que está más hundida.

hundir *v. tr.* **1.** Sumir, meter en lo hondo. También prnl. ‖ *v. prnl.* **2.** Arruinarse un edificio, sumergirse una cosa.

huracán *s. m.* Ciclón tropical, viento muy impetuoso que gira en grandes círculos a modo de torbellino.

huracanado, da *adj.* Que tiene la fuerza o los caracteres propios del huracán.

huraño, ña *adj.* Que huye de la gente.

hurgar *v. tr.* Menear o remover una cosa.

hurgón *s. m.* Instrumento de hierro para remover y atizar la lumbre.

hurgonear *v. tr.* Menear y remover la lumbre con el hurgón.

hurguillas *s. m. y s. f.* Persona bullidora y apremiante.

hurón *s. m.* Mamífero carnívoro, mustélido, de cuerpo pequeño y prolongado, cabeza pequeña y glándulas anales que despiden un olor muy desagradable.

huronear *v. intr.* **1.** Cazar con hurón. **2.** *fig. y fam.* Procurar saber y escudriñar cuanto sucede.

¡hurra! *interj.* que denota entusiasmo.

hurtadillas, a *loc. adv.* Furtivamente, sin que nadie lo note.

hurtagua *s. f.* Especie de regadera que lleva los agujeros en el fondo.

hurtar *v. tr.* **1.** Robar a escondidas, sin intimidación en las personas ni fuerza en las cosas. **2.** *fig.* Desviar, apartar. ‖ *v. prnl.* **3.** *fig.* Ocultarse, desviarse.

hurto *s. m.* Cosa hurtada.

husada *s. f.* Porción de lino, lana o alambre que, ya hilada, cabe en el huso.

húsar *s. m.* Soldado de caballería ligera vestido a la húngara.

husillo *s. m.* Tornillo de prensas y máquinas análogas.

husmear *v. tr.* Rastrear con el olfato.

huso *s. m.* Instrumento manual para torcer y enrollar, en el hilado hecho a mano, el hilo que se va formando.

¡huy! *interj.* con que se denota dolor físico agudo, melindre o asombro pueril.

I

i *s. f.* Novena letra del abecedario español y tercera de sus vocales.
íbice *s. m.* Especie de cabra montés.
ibídem *adv. lat.* Allí mismo, en el mismo lugar.
ibis *s. f.* Nombre de varias aves zancudas de pico largo.
ícaro *adj., fig.* Atrevido, osado.
icástico, ca *adj.* Natural, sin adorno.
iceberg *s. m.* Gran masa de hielo que flota sobre la superficie de los mares polares.
icnografía *s. f.* Delineación de la planta de un edificio.
icnográfico, ca *adj.* Perteneciente o relativo a la icnografía o hecho según ella.
icono *s. m.* Toda pintura religiosa de pincel o relieve, realizada sobre una tabla, por oposición al fresco mural.
iconoclasta *adj.* Se dice de la persona que niega el culto a las imágenes sagradas.
iconografía *s. f.* Descripción de imágenes, retratos, cuadros, estatuas o monumentos.
iconología *s. f.* **1.** Representación de las virtudes, vicios u otras cosas morales o naturales, con la figura o apariencia de personas. **2.** Ciencia que estudia las imágenes, emblemas y alegorías con que los artistas han representado a los personajes mitológicos, históricos o religiosos.
icor *s. m.* **1.** *poét.* La sangre de los dioses en los poemas homéricos. **2.** Denominación aplicada por la antigua cirugía a un líquido seroso procedente de ciertas úlceras malignas.
icosaedro *s. m.* Sólido de veinte caras.
ictericia *s. f.* Enfermedad producida por la acumulación de pigmentos biliares en la sangre.
ictineo *adj.* Que es semejante a un pez.
ictiófago, ga *adj.* Que se alimenta exclusiva o principalmente de peces.
ictiol *s. m.* Aceite medicinal, obtenido por la destilación de rocas bituminosas ricas en peces fósiles.
ictiosis *s. f.* **1.** Enfermedad hereditaria de la piel que se caracteriza por cubrirse ésta de un tejido escamoso. **2.** Nombre genérico con que se designan las enfermedades que se caracterizan por la desecación de las partes afectadas.
ictiología *s. f.* Parte de la zoología dedicada al estudio de los peces.
ida *s. f.* Acción de ir de un lugar a otro.
idea *s. f.* **1.** Primero de los actos del entendimiento, que se limita al conocimiento de una cosa. **2.** Opinión formada de una persona o cosa. **3.** Plan para la formación de una obra. **4.** Intención de hacer una cosa. **5.** Ingenio para inventar o trazar una cosa.
ideal *adj.* **1.** Excelente, perfecto en su línea. ‖ *s. m.* **2.** Prototipo.
idealista *adj.* Se dice de la persona que tiende a idealizar las cosas.
idealizar *v. tr.* Atribuir a una persona o cosa características y excelencias ideales.
idear *v. tr.* Formar idea de una cosa.
ideario *s. m.* **1.** Repertorio o conjunto de las principales ideas de un autor, escuela o colectividad. **2.** Conjunto de ideas fundamentales que caracterizan una manera de pensar.
ídem *pron.* Significa 'el mismo', 'lo mismo'.
idéntico, ca *adj.* Se dice de lo que es lo mismo que otra cosa con que se compara.
identidad *s. f.* Conjunto de circunstancias que distinguen a una persona.
identificación *s. f.* Acción y efecto de identificar o identificarse.
identificar *v. tr.* Hacer que dos o más cosas diversas aparezcan y se consideren como una misma. También prnl.
ideografía *s. f.* Representación de las ideas por medio de imágenes o símbolos.
ideograma *s. m.* **1.** Cada uno de los signos o elementos de la escritura ideográfica. **2.** Imagen convencional o símbolo que en la escritura de ciertas lenguas significa una palabra, morfema o frase determinados, sin representar cada una de sus sílabas o fonemas.
ideología *s. f.* Rama de la filosofía que estudia las ideas.
ideológico, ca *adj.* **1.** Perteneciente o relativo a la ideología. **2.** Perteneciente o relativo a una idea o a las ideas.
idílico, ca *adj.* Perteneciente o relativo al idilio.
idilio *s. m.* Composición poética que tiene por tema las cosas del campo y los afectos amorosos de los pastores.
idioma *s. m.* Lengua de una nación o pueblo, o común a varios.
idiomático, ca *adj.* Propio y peculiar de una lengua determinada.

idiosincrasia *s. f.* Índole del carácter de cada individuo o colectividad, por la cual se distingue de los demás.
idiota *adj., fig.* De poco entendimiento.
idiotez *s. f., fig. y fam.* Tontería, estupidez.
idiotismo *s. m.* Ignorancia.
idolatrar *v. tr.* Adorar ídolos.
idolatría *s. f.* **1.** Adoración de los ídolos. **2.** *fig.* Amor excesivo a una persona o cosa.
ídolo *s. m.* Figura de una falsa deidad a la que se da adoración.
idoneidad *s. f.* Cualidad de idóneo.
idóneo, a *adj.* Que es apropiado o adecuado para algo.
iglesia *s. f.* **1.** Templo destinado para la celebración del culto religioso. **2.** Congregación de fieles que siguen las enseñanzas de Cristo. **3.** Estado eclesiástico que comprende a los ordenados y su jerarquía.
iglú *s. m.* Vivienda de bloques de hielo, de forma semiesférica, que construyen los esquimales para pasar el invierno.
ignaro, ra *adj.* Ignorante.
ignavia *s. f.* Pereza.
ignavo, va *adj.* Indolente, flojo, cobarde.
ígneo *adj.* **1.** De fuego o que tiene alguna de sus cualidades. **2.** De color de fuego.
ignición *s. f.* Acción y efecto de estar un cuerpo encendido o enrojecido por un fuerte calor.
ignífugo, ga *adj.* Se dice de las materias, sustancias o productos que protegen contra el incendio.
ignominia *s. f.* Afrenta pública que alguien padece con causa o sin ella.
ignominioso, sa *adj.* Que es ocasión o causa de ignominia.
ignorancia *s. f.* **1.** Falta de instrucción. **2.** Falta de conocimientos acerca de una materia dada.
ignorante *adj.* **1.** Que ignora. **2.** Que no tiene noticia de las cosas. **3.** Que carece de instrucción.
ignorar *v. tr.* No saber una o muchas cosas, debiendo saberla o saberlas.
ignoto, ta *adj.* No conocido ni descubierto.
igual *adj.* **1.** De la misma naturaleza, forma, cantidad o calidad de otra cosa. **2.** Liso. **3.** Muy parecido o semejante.
iguala *s. f.* Ajuste por el que se contratan los servicios de alguien por un precio determinado y durante cierto tiempo.
igualamiento *s. m.* Acción y efecto de igualar o igualarse.
igualar *v. tr.* **1.** Poner al igual con otra a una persona o cosa. **2.** Allanar. **3.** *fig.* Convenirse con pacto sobre una cosa.
igualatorio, ria *adj.* Que tiende a establecer la igualdad.
igualdad *s. f.* **1.** Condición de ser una cosa igual que otra en naturaleza, forma, calidad o cantidad. **2.** Expresión de la equivalencia de dos cantidades.
iguana *s. f.* Nombre genérico de unos reptiles saurios de América Central y del Sur.
ijada *s. f.* Cualquiera de las dos cavidades colocadas simétricamente entre las costillas falsas y los huesos de las caderas.
ilación *s. f.* Conexión lógica entre antecedente y consecuente.
ilapso *s. m.* Éxtasis contemplativo.
ilativo, va *adj.* **1.** Que se infiere o puede inferirse. **2.** Perteneciente o relativo a la ilación.
ilegal *adj.* Contrario a las prescripciones de las leyes.
ilegalidad *s. f.* Falta de legalidad, acto ilegal.
ilegible *adj.* Que no se puede leer.
ilegitimar *v. tr.* Privar a alguien de la legitimidad.
ilegítimo, ma *adj.* No legítimo.
íleo *s. m.* Enfermedad que origina oclusión intestinal a nivel del intestino delgado.
íleon *s. m.* Tercera porción del intestino delgado de los mamíferos.
ileso, sa *adj.* Que no ha recibido daño.
iletrado, da *adj.* Falto de cultura.
ilíaco *adj.* **1.** Perteneciente o relativo al íleon. **2.** Perteneciente o relativo a las paredes laterales de la pelvis.
ilícito, ta *adj.* No permitido.
ilimitado, da *adj.* Que no tiene límites.
ilion *s. m.* Uno de los tres huesos que dan lugar, por su unión, a la formación del ilíaco o coxal del adulto.
iliterato, ta *adj.* Ignorante y no versado en ciencias ni letras humanas.
ilógico, ca *adj.* Que carece de lógica.
ilota *s. m. y s. f.* Persona que se encuentra desposeída de los derechos de ciudadano.
iludir *v. tr.* Burlar.
iluminación *s. f.* Conjunto de luces que iluminan un lugar.

iluminado, da *adj.* Se dice de la persona que ve visiones en materia de religión.

iluminar *v. tr.* **1.** Alumbrar. **2.** Adornar con luces una fachada, un templo, etc.

iluminaria *s. f.* Luminaria en señal de fiesta o regocijo público.

ilusión *s. f.* **1.** Falsa percepción de un objeto. **2.** Esperanza de conseguir algo.

ilusionar *v. tr.* Despertar esperanzas especialmente atractivas.

ilusionista *adj.* Se dice del artista que produce efectos ilusorios mediante juegos de manos, trucos, etc.

ilusivo, va *adj.* Falso, engañoso, aparente.

iluso, sa *adj.* **1.** Engañado. **2.** Propenso a ilusionarse, soñador.

ilusorio, ria *adj.* Engañoso, irreal.

ilustración *s. f.* **1.** Cultura. **2.** Estampa, grabado o dibujo que adorna un libro.

ilustrado, da *adj.* **1.** Se dice de la persona culta. **2.** Que tiene dibujos o ilustraciones.

ilustrar *v. tr.* **1.** Dar luz el entendimiento con ciencias y estudios. También prnl. **2.** *fig.* Instruir, civilizar. También prnl.

ilustrativo, va *adj.* Que ilustra.

ilustre *adj.* Insigne, célebre.

ilustrísimo, ma *adj.* Se aplica como tratamiento a ciertas personas por razón de su cargo o dignidad.

imagen *s. f.* **1.** Representación y apariencia de una persona o cosa imitada por el dibujo, la escultura o la pintura. **2.** Efigie de un personaje sagrado o divinidad.

imaginación *s. f.* Facultad de evocar imágenes de cosas reales o ideales.

imaginar *v. tr.* Representar idealmente una cosa, crearla en la imaginación

imaginaria *s. f.* Soldado que por turno vela durante la noche en cada compañía o dormitorio de un cuartel.

imaginativa *s. f.* Facultad de imaginar.

imaginario, ria *adj.* Que sólo tiene existencia en la imaginación.

imaginería *s. f.* Talla o pintura de imágenes sagradas.

imán[1] *s. m.* Guía o modelo espiritual y religioso de una sociedad musulmana.

imán[2] *s. m.* Sustancia que posee o ha adquirido la propiedad de atraer el hierro.

imanación *s. f.* Acción y efecto de imanar o imanarse.

imanar *v. tr.* Imantar.

imantar *v. tr.* Comunicar a un cuerpo la propiedad magnética. También prnl.

imbécil *adj.* Alelado, escaso de razón.

imbecilidad *s. f.* Escasez de razón.

imberbe *adj.* Se dice del joven que no tiene barba.

imbición *s. f.* Acción y efecto de embeber.

imbornal *s. m.* Agujero por donde se vacía el agua de lluvia de los terrados.

imborrable *adj.* Indeleble.

imbricación *s. f.* **1.** Acción y efecto de imbricar. **2.** Adorno arquitectónico que imita las escamas de un pez.

imbricado, da *adj.* Se dice de las hojas, semillas y escamas que están sobrepuestas unas a otras.

imbuir *v. tr.* Infundir, persuadir.

imitación *s. f.* Cosa hecha imitando a otra.

imitar *v. tr.* Hacer o tratar de hacer lo mismo o algo parecido a lo hecho por otro.

imoscapo *s. m.* Parte curva con que empieza el fuste de una columna.

impacción *s. f.* Choque con penetración.

impaciencia *s. f.* Falta de paciencia.

impacientar *v. tr.* Hacer que alguien pierda la paciencia.

impaciente *adj.* Que no tiene paciencia.

impacto *s. m.* **1.** Choque de un proyectil. **2.** Huella o señal que deja.

impagable *adj.* **1.** Que no se puede pagar. **2.** Valioso en extremo.

impalpable *adj., fig.* Poco perceptible.

impar *adj.* Que no tiene par o igual.

imparcial *adj.* **1.** Que juzga o procede con imparcialidad, y no sacrifica la justicia a consideraciones personales. **2.** Que denota imparcialidad. **3.** Que no se adhiere a ningún partido o no entra en ninguna parcialidad.

imparcialidad *s. f.* Falta de prevención en favor o en contra de personas o cosas, que permite juzgar con rectitud.

imparisílabo, ba *adj.* Se dice de las voces o versos que tienen un número impar de sílabas.

impartible *adj.* Que no puede partirse.

impartir *v. tr.* Repartir, comunicar, dar.

impasibilidad *s. f.* Cualidad de impasible.

impasible *adj.* **1.** Que no es capaz de padecer. **2.** Indiferente, imperturbable.

impavidez *s. f.* Denuedo, valor y serenidad de ánimo ante los peligros.
impávido, da *adj.* Libre de pavor.
impecable *adj., fig.* Perfecto.
impedido, da *adj.* Que no puede usar alguno de sus miembros.
impedimenta *s. f.* Bagaje que suele llevar la tropa e impide la celeridad en la marcha.
impedimento *s. m.* Obstáculo, estorbo.
impedir *v. tr.* Imposibilitar la ejecución de una cosa.
impeditivo, va *adj.* Se dice de lo que impide, estorba o embaraza.
impeler *v. tr.* Dar empuje a una cosa.
impenetrabilidad *s. f.* Propiedad de los cuerpos que impide que, al mismo tiempo, uno esté en el lugar que ocupa otro.
impenetrable *adj., fig.* Difícil de entender o de descifrar.
impenitencia *s. f.* Obstinación en el pecado.
impenitente *adj.* Que se obstina en el pecado sin arrepentirse.
impensado, da *adj.* Se aplica a las cosas que suceden sin pensar en ellas.
imperar *v. intr.* Dominar, mandar.
imperativo *adj.* **1.** Que impera o manda. **2.** Se dice del modo del verbo, con el cual se manda, exhorta o ruega. También s. m.
imperatorio, ria *adj.* Perteneciente o relativo al emperador o a la potestad imperial.
imperceptible *adj.* Que no se puede percibir.
imperdible *s. m.* Alfiler que se abrocha metiendo su punta dentro de un gancho, de modo que no pueda abrirse fácilmente.
imperdonable *adj.* Que no se debe o puede perdonar.
imperecedero, ra *ad., fig.* Inmortal.
imperfección *s. f.* **1.** Falta de perfección. **2.** Defecto ligero en lo moral.
imperfecto, ta *adj.* Empezado y no concluido o perfeccionado.
imperforación *s. f.* Defecto orgánico que consiste en tener cerrados órganos o conductos que, dada su naturaleza, deben estar abiertos para ejercer sus funciones.
imperial *adj.* **1.** Perteneciente o relativo al emperador o al imperio. **2.** Se dice del sitio con asientos que algunos carruajes tienen encima de la cubierta.
impericia *s. f.* Falta de pericia.
imperio *s. m.* **1.** Espacio de tiempo que dura el gobierno de un emperador. **2.** Tiempo durante el cual hubo emperadores en determinado país. **3.** Estados sujetos a un emperador.
imperioso, sa *adj.* **1.** Que manda autoritariamente. **2.** Que es necesario o imprescindible. **3.** Se aplica a la orden dada de manera autoritaria. **4.** Que conlleva fuerza o exigencia.
impermeabilidad *s. f.* Cualidad de impermeable.
impermeable *adj.* **1.** Impenetrable al agua o a otro fluido. ‖ *s. m.* **2.** Sobretodo hecho con tela impermeable.
impermutable *adj.* Que no puede permutarse.
impersonal *adj.* Que no pertenece o se aplica a ninguna persona en particular.
impersonalizar *v. tr.* Usar como impersonal algún verbo que por su índole es personal.
impertérrito, ta *adj.* Se dice de aquel a quien no se infunde fácilmente terror.
impertinencia *s. f.* Dicho o hecho fuera de propósito.
impertinente *adj.* Que no viene al caso, o que molesta de palabra o de obra.
imperturbabilidad *s. f.* Cualidad de imperturbable.
imperturbable *adj.* Que no se perturbar.
impétigo *s. m.* Erupción cutánea infecciosa.
impetración *s. f.* Acción y efecto de impetrar.
impetrar *v. tr.* Solicitar algo con ahínco.
ímpetu *s. m.* Movimiento acelerado y violento.
impetuosidad *s. f.* Precipitación.
impetuoso, sa *adj.* Violento, precipitado.
impiedad *s. f.* Falta de piedad.
impío, a *adj.* Falto de piedad.
impla *s. f.* Velo de la cabeza usado en la Edad Media por las mujeres.
implacable *adj.* Que no se puede aplacar.
implantación *s. f.* **1.** Acción y efecto de implantar o implantarse. **2.** Fijación, inserción o injerto de un tejido, sustancia u órgano en otro.
implantar *v. tr.* **1.** Injertar. **2.** Establecer, instaurar una doctrina, reforma, etc.
implicación *s. f.* **1.** Acción y efecto de implicar. **2.** Contradicción, oposición de los términos entre sí. **3.** Repercusión de una cosa.
implicar *v. tr.* **1.** Enredar. También prnl. **2.** *fig.* Significar. ‖ *v. intr.* **3.** Impedir, envolver contradicción.

implícito, ta *adj.* Se dice de lo que se entiende incluido en otra cosa sin expresarlo.
imploración *s. f.* Acción y efecto de implorar.
implorar *v. tr.* Pedir con ruegos.
implosión *s. f.* **1.** Acción de romperse hacia dentro y con estruendo las paredes de una cavidad en cuyo interior hay menos presión que en el exterior. **2.** Fenómeno cósmico que consiste en la disminución brusca del tamaño de un astro.
impluvio *s. m.* Espacio descubierto en medio del atrio de las casas romanas por donde entraban las aguas de la lluvia.
impoluto, ta *adj.* Limpio, sin mancha.
imponderable *adj.* Que no puede pesarse, medirse o precisarse.
imponer *v. tr.* **1.** Poner carga, obligación, etc. **2.** Atribuir falsamente a otro una cosa.
impopular *adj.* Que no es popular.
impopularidad *s. f.* Desafecto, mal concepto entre el público.
importación *s. f.* Acción de introducir en el país mercancías extranjeras.
importador, ra *adj.* Que importa mercancías extranjeras.
importancia *s. f.* Cualidad de lo que es conveniente o interesante.
importante *adj.* Conveniente o interesante.
importar *v. intr.* **1.** Convenir, interesar, hacer al caso. ‖ *v. tr.* **2.** Hablando del precio de las cosas, sumar, valer tal cantidad la cosa comprada o ajustada.
importe *s. m.* Cuantía de un precio, crédito, deuda, etc.
importunar *v. tr.* Incomodar o molestar con una pretensión o solicitud.
importunidad *s. f.* **1.** Cualidad de importuno. **2.** Incomodidad o molestia causada por una solicitud o pretensión.
importuno, na *adj.* Molesto, enfadoso.
imposibilidad *s. f.* Falta de posibilidad para existir una cosa o para hacerla.
imposibilitar *v. tr.* **1.** Quitar la posibilidad de ejecutar o conseguir una cosa. ‖ *v. prnl.* **2.** Quedarse impedido, tullido.
imposible *adj.* **1.** No posible. **2.** Muy difícil.
imposición *s. f.* **1.** Acción de imponer. **2.** Carga, tributo u obligación que se impone.
imposta *s. f.* Hilada de sillares, algo voladiza, sobre la cual va sentado un arco.
impostor, ra *adj.* **1.** Se dice de la persona que calumnia o atribuye falsamente a alguien alguna cosa. **2.** Se dice de la persona que engaña con apariencia de verdad.
impostura *s. f.* Imputación falsa y maliciosa.
impotencia *s. f.* **1.** Falta de poder para hacer una cosa. **2.** Incapacidad de engendrar o concebir.
impotente *adj.* Que no tiene potencia.
impracticable *adj.* Que no se puede practicar.
imprecación *s. m.* **1.** Acción de imprecar. **2.** Figura que consiste en imprecar.
imprecar *v. tr.* Proferir palabras que denotan el vivo deseo que se tiene de que alguien reciba un mal, daño, etc.
imprecatorio, ria *adj.* Que implica o denota imprecación.
imprecisión *s. f.* Falta de precisión.
impregnable *adj.* Se dice de los cuerpos capaces de ser impregnados.
impregnar *v. tr.* Introducir entre las moléculas de un cuerpo las de otro en cantidad perceptible sin combinación.
impremeditación *s. f.* Falta de premeditación.
imprenta *s. f.* **1.** Arte de imprimir. **2.** Taller o lugar donde se imprime. **3.** Impresión, calidad o forma de letra.
imprescindible *adj.* Se dice de aquello de lo que no se puede prescindir.
imprescriptible *adj.* Que no puede prescribir.
impresentable *adj.* Que no es digno de presentarse o de ser presentado.
impresión *s. f.* Marca que una cosa deja en otra al apretar sobre ella.
impresionable *adj.* Fácil de impresionarse o de recibir una impresión.
impresionar *v. tr.* Exponer una superficie convenientemente preparada a la acción de las vibraciones luminosas o acústicas, de modo que queden fijadas en ella y puedan ser reproducidas por métodos fotográficos o fonográficos.
impreso *s. m.* Libro, folleto u hoja impresa.
imprevisible *adj.* Que no se puede prever.
imprevisión *s. f.* Falta de previsión, inadvertencia, irreflexión.
imprevisto, ta *adj.* No previsto.
imprimar *v. tr.* Preparar con los ingredientes necesarios las cosas que han de ser pintadas o teñidas.
imprimátur *s. m., fig.* Licencia otorgada por la autoridad eclesiástica para imprimir un escrito.

imprimir *v. tr.* Dejar en el papel u otra materia, mediante la presión mecánica, la huella de un dibujo, texto, etc., grabando sobre una plancha metálica caracteres o letras movibles.
improbable *adj.* No probable.
improbidad *s. f.* Falta de probidad.
ímprobo, ba *adj.* **1.** Malo, malvado. **2.** Se dice del trabajo excesivo y continuado.
improcedencia *s. f.* Falta de oportunidad, de fundamento o de derecho.
improcedente *adj.* **1.** No conforme a derecho. **2.** Inadecuado, extemporáneo.
improductivo, va *adj.* Que no produce.
improfanable *adj.* Que no se puede profanar.
impromptu *s. m.* Composición musical que improvisa el ejecutante.
impronta *s. f.* Reproducción de imágenes en hueco o de relieve, en cualquier materia blanda o dúctil, como papel humedecido, lacre, cera, escayola, etc.
impronunciable *adj.* **1.** Imposible de pronunciar o de muy difícil pronunciación. **2.** Inefable, que no se puede explicar con palabras. **3.** Que no debería decirse para no ofender el buen gusto, la moral, etc.
improperio *s. m.* Injuria grave de palabra.
impropio, pia *adj.* Falto de las cualidades convenientes según las circunstancias.
improrrogable *adj.* Que no se puede prorrogar.
improvisación *s. f.* **1.** Acción de improvisar. **2.** Obra o composición improvisada.
improvisar *v. tr.* Hacer una cosa de pronto, sin preparación alguna.
improviso, sa *adj.* Que no se prevé o previene.
imprudencia *s. f.* **1.** Falta de prudencia. **2.** Acción o dicho imprudente.
imprudente *adj.* Que no tiene prudencia.
impúber *adj.* Que no ha llegado aún a la pubertad.
impudencia *s. f.* Descaro, desvergüenza.
impudente *adj.* Desvergonzado, sin pudor.
impudicia *s. f.* Deshonestidad, descaro, desvergüenza.
impúdico, ca *adj.* Deshonesto, sin pudor.
impuesto *s. m.* Tributo, carga.
impugnable *adj.* Que se puede impugnar.
impugnación *s. f.* Acción y efecto de impugnar.
impugnar *v. tr.* Combatir, refutar.
impulsar *v. tr.* Impeler.
impulsión *s. f.* Impulso.
impulsivo, va *adj.* Se dice de lo que impele o puede impeler.
impulso *s. m.* **1.** Acción y efecto de impeler. **2.** Instigación, sugestión.
impulsor, ra *adj.* Que impele.
impune *adj.* Que queda sin castigo.
impunidad *s. f.* Falta de castigo.
impureza *s. f.* **1.** Mezcla de partículas extrañas a un cuerpo o materia. **2.** Materia que, en una sustancia, deteriora alguna o algunas de sus cualidades. **3.** Falta de pureza o castidad.
impurificar *v. tr.* **1.** Hacer impura a una persona o cosa. **2.** Causar impureza.
impuro, ra *adj.* No puro.
imputable *adj.* Que se puede imputar.
imputación *s. f.* **1.** Acción de imputar. **2.** Cosa imputada.
imputar *v. tr.* Atribuir a otro una culpa, delito o acción.
imputrescible *adj.* Que no se pufre fácilmente.
inabordable *adj.* Que no se puede abordar.
inaccesible *adj.* No accesible.
inacción *s. f.* Falta de acción, ociosidad.
inaceptable *adj.* No aceptable.
inactividad *s. f.* Falta de actividad o de vigor.
inactivo, va *adj.* Sin acción, quieto.
inadaptabilidad *s. f.* Cualidad de inadaptable.
inadaptable *adj.* No adaptable.
inadecuado, da *adj.* No adecuado.
inadmisible *adj.* No admisible.
inadvertencia *s. f.* Falta de advertencia.
inadvertido, da *adj.* Se dice de la persona que no advierte o repara en las cosas que debiera.
inafectado, da *adj.* No afectado.
inagotable *adj.* Que no se puede agotar.
inaguantable *adj.* Que no se puede aguantar o sufrir.
inalámbrico, ca *adj.* Se aplica a todo sistema de comunicación eléctrica sin alambres conductores.
inalienable *adj.* Que no se puede enajenar.
inalterable *adj.* Que no se puede alterar.
inamovible *adj.* Que no es movible.
inamovilidad *s. f.* Cualidad de inamovible.
inane *adj.* Vano, fútil, inútil.
inanición *s. f.* Extremada debilidad por falta de alimento o por otras causas.
inanimado, da *adj.* Que no tiene vida.
inapelable *adj.* Se aplica a la sentencia o fallo que no se puede apelar.

inapetencia *s. f.* Falta de apetito o de ganas de comer.
inapetente *adj.* Que no tiene apetencia.
inaplazable *adj.* Que no se puede aplazar.
inapreciable *adj.* Que no se puede apreciar, por su mucho valor o mérito o por su extremada pequeñez u otro motivo.
inarmónico, ca *adj.* Falto de armonía.
inarticulado, da *adj.* No articulado.
inasequible *adj.* No asequible.
inasible *adj.* Que no se puede asir o coger.
inaudito, ta *adj.* **1.** Nunca oído. **2.** *fig.* Monstruoso, extremadamente vituperable.
inauguración *s. f.* Acto de inaugurar.
inaugural *s. f.* Perteneciente o relativo a la inauguración.
inaugurar *v. tr.* Dar principio a una cosa con cierta pompa o solemnidad.
incalculable *adj.* Que no se puede calcular.
incalificable *adj.* **1.** Que no se puede calificar. **2.** Muy vituperable.
incandescente *adj.* Candente.
incansable *adj.* Que no se cansa.
incapacidad *s. f.* **1.** Falta de capacidad para hacer, recibir o aprender una cosa. **2.** *fig.* Falta de preparación o de los medios necesarios para realizar algo.
incapacitar *v. tr.* Hacer imposible a alguien la ejecución de cualquier acto.
incapaz *adj.* **1.** Falto de cabida. **2.** Que carece de aptitud o de medios para hacer algo.
incautación *s. f.* Acción y efecto de incautarse.
incautarse *v. prnl.* Tomar posesión un tribunal u otra autoridad competente, de dinero o bienes de otra clase.
incauto, ta *adj.* Que no tiene cautela.
incendaja *s. f.* Materia combustible a propósito para incendiar. Se usa más en pl.
incendiar *v. tr.* Prender fuego a una cosa que no está destinada a arder, como mieses, edificios, etc. También prnl.
incendiario, ria *adj.* **1.** Que incendia con premeditación. **2.** *fig.* Escandaloso, subversivo.
incendio *s. m.* Fuego grande que destruye lo que no está destinado a arder, como edificios, mieses, etc.
incensar *v. tr.* **1.** Dirigir con el incensario el humo del incienso hacia una persona o cosa. **2.** Lisonjear.
incensario *s. m.* Braserillo con cadenillas y tapa, que sirve para incensar.
incensurable *adj.* Que no se puede censurar.
incentivo, va *adj.* Que mueve o excita a hacer una cosa. Se usa más como s. m.
incertidumbre *s. f.* Falta de certidumbre.
incesable *adj.* Que no cesa o no puede cesar.
incesante *adj.* Que no cesa.
incesto *s. m.* Relación sexual entre parientes dentro de los grados en que está prohibido el matrimonio.
incestuoso, sa *adj.* **1.** Que comete incesto. **2.** Perteneciente o relativo al incesto.
incidencia *s. f.* Lo que sobreviene en el discurso de un asunto o negocio y tiene con él alguna conexión.
incidental *adj.* **1.** Se dice de lo que sobreviene en algún asunto por tener alguna relación con él. **2.** Se dice de lo que es accesorio o de menor importancia.
incidente *s. m.* Hecho que sobreviene en el discurso de un asunto o negocio y tiene con él algún enlace.
incidir *v. intr.* Incurrir en una falta, error, etc.
incienso *s. m.* Gomorresina aromática en forma de lágrimas, de sabor acre, que se extrae de varios árboles, y que se quema en las ceremonias del culto.
incierto, ta *adj.* No verdadero, falso.
incineración *s. f.* Acción y efecto de incinerar.
incinerar *v. tr.* Reducir una cosa a cenizas.
incipiente *adj.* Que empieza.
incircunciso, sa *adj.* No circuncidado.
incircunscrito, ta *adj.* No comprendido dentro de determinados límites.
incisión *s. f.* Hendidura hecha en algunos cuerpos con instrumentos cortantes.
incisivo, va *adj.* Apto para abrir o cortar.
inciso *s. m.* Cada uno de los miembros que, en los períodos, encierra un sentido parcial.
incisura *s. f.* Fisura, hendidura.
incitación *s. f.* Acción y efecto de incitar.
incitar *v. tr.* Estimular a alguien para que ejecute una cosa; moverle vivamente.
incivil *adj.* Falto de civilidad o cultura.
inclaustración *s. f.* Ingreso en una orden monástica.
inclemencia *s. f.* **1.** Falta de clemencia. **2.** *fig.* Rigor del tiempo.

inclemente *adj.* Falto de clemencia.
inclinación *s. f., fig.* Disposición del ánimo hacia una cosa, propensión, afecto, etc.
inclinar *v. tr.* **1.** Apartar una cosa de su posición perpendicular. También prnl. **2.** *fig.* Persuadir a alguien a que diga o haga lo que dudaba decir o hacer. || *v. prnl.* **3.** Propender a hacer, pensar o sentir una cosa.
ínclito, ta *adj.* Ilustre, afamado.
incluir *v. tr.* Poner una cosa dentro de otra o dentro de sus límites.
inclusa *s. f.* Casa en donde se recogen y crían los niños expósitos.
inclusión *s. f.* Acción y efecto de incluir.
incoar *v. tr.* Comenzar una cosa. Se dice de un proceso, pleito, etc.
incoativo, va *adj.* Que denota el principio de una cosa o de una acción.
incobrable *adj.* Que no se puede cobrar o es de muy dudosa cobranza.
incoercible *adj.* Que no puede ser coercido.
incógnita *s. f.* **1.** Cantidad desconocida que es preciso determinar en una ecuación o problema para resolverlos. **2.** *fig.* Causa o razón oculta de un hecho que se examina.
incógnito, ta *adj.* No conocido.
incognoscible *adj.* Que no se puede conocer.
incoherencia *s. f.* Falta de coherencia.
incoherente *adj.* No coherente, carente de unidad o trabazón.
íncola *s. m.* Habitante de un pueblo o lugar.
incoloro, ra *adj.* Que carece de color.
incólume *adj.* Sano, sin lesión.
incombustibilidad *s. f.* Calidad de incombustible.
incombustible *adj.* Que no se puede quemar.
incomible *adj.* Que no se puede comer. Se dice principalmente de lo que está mal condimentado.
incomodador, ra *adj.* Que incomoda.
incomodar *v. tr.* Causar incomodidad.
incomodidad *s. f.* Molestia, fatiga.
incómodo, da *adj.* **1.** Que incomoda. **2.** Que carece de comodidad.
incomparable *adj.* Que no tiene o no admite comparación.
incompatibilidad *s. f.* Imposibilidad legal para ejercer alguna función determinada o para ejercer dos o más cargos a la vez.
incompatible *adj.* No compatible con otra cosa.
incompetencia *s. f.* Falta de competencia o de jurisdicción.
incomplejo, ja *adj.* Desunido, sin trabazón ni coherencia.
incompleto, ta *adj.* No completo.
incomprensible *adj.* Que no se puede comprender.
incomprensión *s. f.* Falta de comprensión.
incomunicable *adj.* No comunicable.
incomunicación *s. f.* Aislamiento temporal de procesados o testigos, que acuerdan los jueces instructores de un sumario.
incomunicado, da *adj.* Que no tiene comunicación.
incomunicar *v. tr.* Privar de comunicación a personas o cosas.
inconcebible *adj.* Que no puede concebirse o comprenderse.
inconciliable *adj.* Que no puede conciliarse.
inconcuso, sa *adj.* Firme, sin duda ni contradicción.
incondicional *adj.* Absoluto, sin restricción ni requisito.
inconexo, xa *adj.* Que no tiene conexión con una cosa.
inconfesable *adj.* Se dice de lo que por ser vergonzoso no puede confesarse.
inconfeso, sa *adj.* Se dice del presunto reo que no confiesa el delito que se le imputa.
incongruencia *s. f.* Falta de congruencia.
incongruente *adj.* No congruente.
inconmensurable *adj.* No conmensurable.
inconmovible *adj.* Que no se puede conmover o alterar.
inconsciencia *s. f.* Estado en que el individuo no se da cuenta exacta del alcance de sus palabras o acciones.
inconsciente *adj.* No consciente.
inconsecuencia *s. f.* Falta de consecuencia en lo que se dice o hace.
inconsecuente *adj.* Que procede con inconsecuencia.
inconsiderado, da *adj.* No considerado ni reflexionado.
inconsistencia *s. f.* Falta de consistencia.
inconsistente *adj.* Falto de consistencia.
inconsolable *adj.* Que no puede ser consolado o consolarse.

inconstancia *s. f.* **1.** Falta de estabilidad y permanencia de una cosa. **2.** Ligereza con que uno cambia de opinión, amigos, etc.
inconstante *adj.* No estable ni permanente.
inconsútil *adj.* Sin costura.
incontable *adj.* **1.** Que no puede contarse. **2.** Muy difícil de contar, numerosísimo.
incontaminado, da *adj.* No contaminado.
incontestable *adj.* Que no se puede impugnar ni dudar con fundamento.
incontinencia *s. f.* Falta de continencia, especialmente en el refrenamiento del deseo sexual.
incontinente *adj.* Desenfrenado en el deseo sexual.
incontrastable *adj.* **1.** Que no se puede contrastar. **2.** *fig.* Que no se deja reducir o convencer.
incontrovertible *adj.* Que no admite duda ni discusión.
inconveniencia *s. f.* Incomodidad.
inconveniente *adj.* **1.** No conveniente, poco oportuno. ‖ *s. m.* **2.** Impedimento, dificultad que hay para hacer una cosa.
incordio *s. m.* **1.** Tumor grande. **2.** *fam.* Persona o cosa incómoda, molesta.
incorporación *s. f.* Acción y efecto de incorporar o incorporarse.
incorporar *v. tr.* **1.** Agregar, unir dos o más cosas para que hagan un todo y un cuerpo entre sí. **2.** Levantar la parte superior del cuerpo la persona que está echada.
incorpóreo, a *adj.* No corpóreo.
incorrección *s. f.* **1.** Cualidad de incorrecto. **2.** Dicho o hecho incorrecto.
incorrecto, ta *adj.* No correcto.
incorregible *adj.* No corregible.
incorrupción *s. f.* Estado de una cosa que no se corrompe.
incorrupto, ta *adj.* Que está sin corromperse.
incredibilidad *s. f.* Imposibilidad o dificultad que hay para que sea creída una cosa.
incredulidad *s. f.* **1.** Repugnancia o dificultad en creer una cosa. **2.** Falta de fe y creencia religiosa.
incrédulo, la *adj.* Que no cree con facilidad.
increíble *adj.* Que no puede creerse.
incremento *s. m.* Aumento, crecimiento.
increpar *v. tr.* Reprender a alguien con dureza y severidad.
incriminar *v. tr.* Acusar de un delito.
incruento, ta *adj.* No sangriento.
incrustación *s. f.* Cosa incrustada.
incrustar *v. tr.* **1.** Embutir en una superficie lisa y dura piedras, metales, maderas, etc., formando dibujos. **2.** Cubrir una superficie con una costra dura.
incubadora *s. f.* Aparato especial, en forma de caja de cristal con abertura lateral, que se emplea para el cuidado de los niños nacidos prematuramente o en circunstancias anormales.
incubar *v. intr.* **1.** Encobar. ‖ *v. tr.* **2.** Empollar el ave los huevos.
incuestionable *adj.* No cuestionable.
inculcar *v. tr., fig.* Repetir con empeño muchas veces una cosa a alguien.
inculpabilidad *s. f.* Exención de culpa.
inculpación *s. f.* Acción y efecto de inculpar.
inculpar *v. tr.* Culpar a alguien de una cosa.
inculto, ta *adj.* **1.** Que no tiene cultivo ni labor. **2.** *fig.* Se aplica a la persona, pueblo o nación de modales rústicos y groseros o de poca cultura.
incultura *s. f.* Falta de cultivo o de cultura.
incumbencia *s. f.* Obligación y cargo de hacer una cosa.
incumbir *v. intr.* Estar a cargo de alguien una cosa.
incumplido, da *adj.* Que no cumple con sus obligaciones o con lo que promete.
incumplir *v. tr.* No llevar a efecto, dejar de cumplir un mandato, ley, precepto, etc.
incunable *adj.* Se aplica a las ediciones hechas desde la invención de la imprenta hasta principios del s. XVI.
incurable *adj.* Que no se puede curar.
incuria *s. f.* Falta de cuidado, negligencia.
incurrir *v. intr.* Construido con la preposición "en" y sustantivo que signifique culpa, error o castigo, ejecutar la acción o merecer la pena expresada por el sustantivo.
incursión *s. f.* **1.** Acción de incurrir. **2.** Operación que consiste en penetrar en territorio enemigo, generalmente de forma brusca.
incusar *v. tr.* Acusar, imputar.
indagación *s. f.* Acción y efecto de indagar.
indagar *v. tr.* Tratar de llegar al conocimiento de una cosa discurriendo o por medio de conjeturas y señales.
indagatoria *s. f.* Declaración que, acerca del delito que se está averiguando, se toma al presunto reo sin recibirle juramento.

indagatorio, ria *adj.* Que tiene o conduce a indagar.

indebido, da *adj.* Que no es obligatorio ni exigible.

indecencia *s. f.* **1.** Falta de decencia o de modestia. **2.** Dicho o hecho vituperable.

indecente *adj.* No decente, indecoroso.

indecible *adj.* Que no se puede decir o explicar.

indecisión *s. f.* Irresolución, dificultad de alguien para decidirse.

indeciso, sa *adj.* **1.** Se dice de la cosa sobre la cual no ha caído resolución. **2.** Irresoluto, dudoso, perplejo.

indecisorio *adj.* Se dice del juramento cuyas afirmaciones sólo son aceptadas como decisivas en cuanto perjudican al que jura.

indeclinable *adj.* Que necesariamente tiene que hacerse o cumplirse.

indecoroso, sa *adj.* Que no tiene decoro o lo ofende.

indefectible *adj.* Que no puede faltar o dejar de ser.

indefensión *s. f.* **1.** Falta de defensa; situación de la persona que está indefensa. **2.** Abandono, desamparo.

indefenso, sa *adj.* Que carece de defensa.

indefinible *adj.* Que no se puede definir.

indefinido, da *adj.* No definido.

indehiscente *adj.* No dehiscente.

indeleble *adj.* Que no se puede borrar o quitar.

indeliberado, da *adj.* Hecho sin deliberación ni reflexión.

indemne *adj.* Libre o exento de daño.

indemnidad *s. f.* Estado de la persona que está libre de padecer daño o perjuicio.

indemnización *s. f.* **1.** Acción y efecto de indemnizar o indemnizarse. **2.** Cosa con que se indemniza.

indemnizar *v. tr.* Resarcir de un daño o perjuicio.

indemostrable *adj.* Que no puede demostrarse.

independencia *s. f.* **1.** Cualidad o condición de independiente. **2.** Libertad, autonomía, especialmente la de un Estado que no depende de otro.

independiente *adj.* **1.** Que no tiene dependencia. **2.** Autónomo.

indescifrable *adj.* Que no se puede descifrar.

indescriptible *adj.* Que no se puede describir.

indeseable *adj.* Indigno de ser deseado.

indestructible *adj.* Que no se puede destruir.

indeterminación *s. f.* Falta de determinación en las cosas o de resolución en las personas.

indeterminado, da *adj.* No determinado, o que no implica determinación alguna.

indiana *s. f.* Tela de lino o algodón, o de mezcla de ambos, estampada por un lado.

indicación *s. f.* **1.** Acción y efecto de indicar. **2.** Lo que sirve para indicar, informar o avisar. **3.** Observación o corrección.

indicador, ra *adj.* Que indica o sirve para indicar.

indicar *v. tr.* Dar a entender una cosa con indicios, señales, gestos o palabras.

indicativo, va *adj.* Que indica o sirve para indicar.

indicción *s. f.* Convocación para una junta sinodal o conciliar.

índice *s. m.* Indicio o señal de una cosa.

indicio *s. m.* Cualquier acto o señal que da a conocer lo oculto.

indiferencia *s. f.* Estado del ánimo en que no se siente ni inclinación ni repugnancia hacia un objeto, persona o negocio.

indiferente *adj.* Que no siente inclinación, afecto o interés.

indígena *adj.* Originario del país de que se trata.

indigencia *s. f.* Falta de medios para alimentarse, vestirse etc.

indigente *adj.* Falto de medios para vivir.

indigestarse *v. prnl.* No sentar bien un manjar o comida.

indigestión *s. f.* Trastorno que se padece por no haber digerido bien los alimentos.

indigesto, ta *adj.* Que no se digiere o se digiere con dificultad.

indignación *s. f.* Enojo, ira, enfado contra una persona o contra sus actos.

indignar *v. tr.* Irritar, enfadar a alguien.

indigno, na *adj.* **1.** Que no tiene mérito ni disposición para una cosa. **2.** Vil, ruin.

índigo *s. m.* Añil.

indirecta *s. f.* Medio indirecto de que alguien se vale para no significar claramente una cosa y darla, sin embargo, a entender.

indirecto, ta *adj.* Que no va rectamente a un fin, aunque se encamine a él.

indisciplina *s. f.* Falta de disciplina.

indisciplinarse *v. prnl.* Infringir o quebrantar la disciplina.

indiscreción *s. f.* **1.** Falta de discreción y prudencia. **2.** Dicho o hecho indiscreto.
indiscreto, ta *adj.* **1.** Que obra sin discreción. **2.** *fig.* Que se hace sin discreción.
indisculpable *adj.* Que no tiene disculpa.
indiscutible *adj.* No discutible.
indisolubilidad *s. f.* Cualidad de indisoluble.
indisoluble *adj.* Que no se puede disolver o desatar.
indispensable *adj.* Que es necesario o muy aconsejable que suceda.
indisponer *v. tr.* Privar una cosa de la disposición conveniente.
indisposición *s. f.* **1.** Falta de disposición y de preparación para una cosa. **2.** Desazón o quebranto leve de la salud.
indispuesto, ta *adj.* Que se siente algo enfermo o con alguna alteración en la salud.
indistinto, ta *adj.* Que no se distingue de otra cosa.
individual *adj.* Particular, propio y característico de una persona o cosa.
individualidad *s. f.* Cualidad de una persona o cosa por la cual se da a conocer o se señala singularmente.
individuo, dua *adj.* **1.** Individual. **2.** Indivisible. ‖ *s. m.* **3.** Cada ser organizado, sea animal o vegetal, respecto de la especie a la que pertenece.
indivisible *adj.* Que no puede ser dividido.
indivisión *s. f.* Carencia de división.
indiviso, sa *adj.* No dividido en partes.
indócil *adj.* Que no tiene docilidad.
indocto, ta *adj.* Falto de instrucción, inculto.
indocumentado, da *adj.* Se dice de la persona que carece de documento oficial por el cual pueda identificarse.
índole *s. f.* Condición e inclinación natural propia de cada uno.
indolencia *s. f.* Cualidad de indolente.
indolente *adj.* Que no siente dolor.
indoloro, ra *adj.* Que no causa dolor.
indomable *adj.* Que no se puede domar.
indomesticable *adj.* Que no se puede domesticar.
indómito, ta *adj.* No domado.
indotación *s. f.* Falta de dotación.
indubitable *adj.* Indudable.
inducción *s. f.* **1.** Acción y efecto de inducir. **2.** Razonamiento que va de lo particular a lo general, de las partes al todo, de los hechos a las leyes, de los efectos a las causas, etc.
inducir *v. tr.* **1.** Instigar, persuadir a alguien. **2.** Producir un cuerpo electrizado por inducción fenómenos eléctricos o magnéticos a otro situado a cierta distancia de él.
inductivo, va *adj.* Que se hace por inducción.
indudable *adj.* Que no puede dudarse.
indulgencia *s. f.* **1.** Facilidad en perdonar o disimular las culpas o en conceder gracias. **2.** Remisión que hace la Iglesia de las penas debidas por los pecados.
indulgente *adj.* Inclinado a perdonar y disimular culpas o a conceder gracias.
indultar *v. tr.* Perdonar a alguien total o parcialmente la pena que tiene impuesta, o conmutarla por otra.
indulto *s. m.* Gracia por la cual el superior conmuta una pena o exceptúa y exime a alguien de la ley o de otra obligación.
indumentaria *s. f.* **1.** Estudio histórico del traje. **2.** Conjunto de prendas de vestir.
industria *s. f.* **1.** Conjunto de operaciones ejecutadas para la obtención, transformación o transporte de uno o varios productos naturales. **2.** Instalación destinada a estas operaciones.
industrial *adj.* **1.** Perteneciente o relativo a la industria. ‖ *s. m. y s. f.* **2.** Persona que vive del ejercicio de una industria.
industrialización *s. f.* Acción y efecto de industrializar.
industrializar *v. tr.* **1.** Hacer que una cosa sea objeto de industria o elaboración. **2.** Dar predominio a las industrias en la economía de un país.
inedia *s. f.* Estado de la persona que está sin alimentarse más tiempo del regular.
inédito, ta *adj.* **1.** Escrito y no publicado. **2.** Desconocido, nuevo.
ineducación *s. f.* Falta de educación.
inefable *adj.* Que no se puede explicar con palabras.
ineficacia *s. f.* Falta de eficacia y actividad.
ineficaz *adj.* No eficaz.
ineluctable *adj.* Se dice de aquello contra lo cual no puede lucharse.
ineludible *adj.* Que no se puede eludir.
inenarrable *adj.* Inefable.
inepcia *s. f.* Ineptitud.
ineptitud *s. f.* Falta de aptitud o capacidad.

inepto, ta *adj.* **1.** Que carece de aptitud para una cosa. **2.** Necio, incapaz.
inequívoco, ca *adj.* Que no admite duda.
inercia *s. f.* **1.** Flojedad, desidia, inacción. **2.** Falta de energía física o moral.
inerme *adj.* Que está sin armas.
inerte *adj.* Inactivo, ineficaz, inútil, átono.
inervación *s. f.* **1.** Acción del sistema nervioso sobre las funciones de los demás órganos del cuerpo del animal. **2.** Distribución de nervios o de energía nerviosa en una parte del organismo.
inescrutable *adj.* Que no se puede saber ni averiguar.
inesperado, da *adj.* Que sucede sin esperarse.
inestable *adj.* No estable.
inestimable *adj.* Incapaz de ser estimado como corresponde.
inevitable *adj.* Que no se puede evitar.
inexactitud *s. f.* Falta de exactitud.
inexacto, ta *adj.* Que carece de exactitud.
inexcusable *adj.* Que no se puede dejar de hacer, que no admite pretextos.
inexistencia *s. f.* Falta de existencia.
inexistente *adj.* Que carece de existencia.
inexorable *adj.* Que no se deja vencer por los ruegos.
inexperiencia *s. f.* Falta de experiencia.
inexperto, ta *adj.* Falto de experiencia.
inexplicable *adj.* Que no se puede explicar.
inexplorado, da *adj.* No explorado.
inexpresable *adj.* Que no se puede expresar.
inexpresivo, va *adj.* **1.** Que carece de expresión. **2.** Incapaz de expresar o expresarse.
inexpugnable *adj., fig.* Que no se deja vencer ni persuadir.
inextinguible *adj.* No extinguible.
in extremis *loc. lat.* que significa 'en los últimos instantes de la existencia'.
inextricable *adj.* Difícil de desenredar, muy intrincado y confuso.
infalible *adj.* Que no puede equivocarse.
infalsificable *adj.* Que no se puede falsificar.
infamación *s. f.* Acción y efecto de infamar.
infamar *v. tr.* Cubrir de ignominia a una persona o cosa personificada.
infamatorio, ria *adj.* Que infama.
infame *adj.* Que carece de honra o crédito.
infamia *s. f.* **1.** Descrédito, deshonra, vergüenza pública. **2.** Maldad, vileza.
infancia *s. f.* **1.** Período de la vida de una persona desde que nace hasta el comienzo de su pubertad. **2.** *fig.* Conjunto o clase de los niños de tal edad.
infante *s. m.* Niño que aún no ha llegado a los siete años de edad.
infantería *s. f.* Tropa que sirve a pie en la milicia.
infanticidio *s. m.* Muerte dada a un niño, sobre todo si es recién nacido o está próximo a nacer.
infantil *adj.* Relativo a la infancia.
infanzón, na *s. m. y s. f.* Hijodalgo o hijadalgo que en sus heredamientos tenían potestad y señorío limitados.
infarto *s. m.* Hinchazón u obstrucción de un órgano o parte del cuerpo.
infatigable *adj.* Incansable.
infatuar *v. tr.* Engreír a alguien.
infausto, ta *adj.* Desgraciado, infeliz.
infebril *adj.* Sin fiebre.
infección *s. f.* **1.** Acción y efecto de infectar. **2.** Alteración, local o generalizada, producida en el organismo por la presencia de ciertos gérmenes.
infectar *v. tr.* **1.** Inficionar. **2.** Contaminar un organismo o una cosa con los gérmenes de una enfermedad.
infecto, ta *adj.* Inficionado, contagiado.
infecundo, da *adj.* No fecundo.
infelicidad *s. f.* Desgracia, suerte adversa.
infeliz *adj.* Desgraciado.
inferior *adj.* Que está situado debajo de otra cosa o más bajo que ella.
inferioridad *s. f.* **1.** Cualidad de inferior. **2.** Situación de una cosa que está más baja que otra o debajo de ella.
inferir *v. tr.* Sacar una consecuencia de una cosa.
infernal *adj.* **1.** Relativo al infierno. **2.** *fig.* Muy malo, perjudicial en su línea.
infernillo *s. m.* Cocinilla, infiernillo para calentar.
infestar *v. tr.* **1.** Inficionar, apestar. **2.** Invadir un lugar los animales o las plantas perjudiciales.
inficionar *v. tr.* **1.** Infectar, causar infección. **2.** *fig.* Corromper con malas doctrinas o ejemplos.
infidelidad *s. f.* Falta de fidelidad.
infidencia *s. f.* Falta a la confianza y fe debida a otro.
infiel *adj.* **1.** Falto de fidelidad, desleal. **2.** Que no profesa la fe considerada como verdadera.

infiernillo *s. m.* Cocinilla para calentar.
infierno *s. m.* Lugar destinado por la divina justicia para eterno castigo de los malos.
infiltración *s. f.* Acción y efecto de infiltrar o infiltrarse.
infiltrar *v. tr.* **1.** Introducir gradualmente un líquido entre los poros de un sólido. **2.** Infundir en el ánimo ideas o doctrinas.
ínfimo, ma *adj.* **1.** Que en su situación está muy bajo. **2.** En el orden y graduación de las cosas, se dice de la que es última y menos que las demás.
infinible *adj.* Que no se acaba o no puede tener fin.
infinidad *s. f.* **1.** Cualidad de infinito. **2.** *fig.* Gran muchedumbre de personas o cosas.
infinitesimal *adj.* Se dice de las cantidades infinitamente pequeñas.
infinitivo *adj.* Se dice del modo del verbo que no expresa, por sí mismo, número, ni persona, ni tiempo determinados.
infinito, ta *adj.* **1.** Que no tiene, ni puede tener, fin ni término. **2.** Muy numeroso, grande y excesivo en cualquier línea.
infinitud *s. f.* Infinidad, cualidad de infinito.
inflación *s. f.* **1.** Acción y efecto de inflar. **2.** Aumento en el volumen del poder adquisitivo suficiente para producir, en un período relativamente corto, un aumento notable de los precios.
inflamable *adj.* Que se enciende con facilidad.
inflamación *s. f.* **1.** Acción y efecto de inflamar o inflamarse. **2.** Alteración patológica en una parte cualquiera del organismo, caracterizada generalmente por enrojecimiento, calor y dolor.
inflamar *v. tr.* **1.** Encender una cosa levantando llama. ‖ *v. prnl.* **2.** Producirse inflamación en una parte del organismo.
inflamatorio, ria *adj.* Que causa inflamación.
inflar *v. tr.* **1.** Hinchar una cosa. **2.** *fig.* Engreír. También prnl.
inflexibilidad *s. f.* **1.** Cualidad de inflexible. **2.** *fig.* Constancia y firmeza de ánimo para no conmoverse ni doblegarse.
inflexible *adj.* **1.** Incapaz de torcerse o de doblarse. **2.** *fig.* Que por su firmeza de ánimo no se conmueve ni se doblega.
inflexión *s. f.* **1.** Torcimiento de una cosa que estaba recta o plana. **2.** Elevación o atenuación hecha con la voz, quebrándola o pasando de un tono a otro.
infligir *v. tr.* **1.** Hablando de castigos y penas corporales, imponerlas, condenar a ellas. **2.** Producir un daño.
inflorescencia *s. f.* Forma con que aparecen colocadas las flores al brotar en las plantas.
influencia *s. f.* **1.** Acción y efecto de influir. **2.** Poder, valimiento, autoridad de una persona para con otra u otras o para intervenir en un negocio.
influir *v. intr.* **1.** Producir unas cosas sobre otras ciertos efectos. ‖ *v. tr.* **2.** *fig.* Contribuir al éxito de un negocio.
influjo *s. m.* **1.** Influencia. **2.** Flujo de la marea.
influyente *adj.* Que goza de influencia.
infolio *s. m.* Libro en folio.
información *s. f.* **1.** Acción y efecto de informar o informarse. **2.** En los periódicos, noticia detallada sobre un suceso.
informal *adj.* Que carece de formalidad.
informalidad *s. f.* **1.** Cualidad de informal. **2.** *fig.* Cosa reprimible por informal.
informar *v. tr.* **1.** Enterar, dar noticia de una cosa. ‖ *v. intr.* **2.** Hablar en estrados los fiscales y los abogados.
informativo, va *adj.* Se dice de lo que informa o sirve para dar noticia de una cosa.
informe *s. m.* Noticia o instrucción que se da de un negocio o suceso, o acerca de una persona.
infortuna *s. f.* Influjo adverso de los astros.
infortunado, da *adj.* Desafortunado.
infortunio *s. m.* **1.** Estado desgraciado en que se encuentra una persona. **2.** Hecho o acaecimiento desgraciado.
infosura *s. f.* Enfermedad de las caballerías que se presenta con dolores en dos o en los cuatro remos.
infracción *s. f.* Quebrantamiento de una ley, pacto y tratado, o de una norma moral, lógica o doctrinal.
infractor, ra *adj.* Transgresor.
infrangible *adj.* Que no se puede quebrar o quebrantar.
infranqueable *adj.* Imposible o difícil de franquear.
infrarrojo, ja *adj.* Se aplica a la radiación del espectro luminoso que se encuentra más allá del rojo visible y de mayor longitud de onda.

infrascrito, ta *adj.* Que firma al fin de un escrito.
infrecuente *adj.* Que no es frecuente.
infringir *v. tr.* Quebrantar leyes, órdenes, convenios, etc.
infructífero *adj.* **1.** Que no produce fruto. **2.** Que no es de utilidad ni provecho.
infructuoso, sa *adj.* Inútil para algún fin.
infrutescencia *s. f.* Fructificación formada por agrupación de varios frutillos procedentes de las flores de una inflorescencia y con apariencia de unidad.
ínfula *s. f. pl., fig.* Presunción o vanidad.
infundado, da *adj.* Que carece de fundamento real o racional.
infundio *s. m.* Mentira, patraña, embuste.
infundir *v. tr.* **1.** *fig.* Comunicar Dios al alma un don o gracia. **2.** *fig.* Causar en el ánimo un impulso moral o afectivo.
infusión *s. f.* **1.** Acción y efecto de infundir. **2.** Preparado en forma líquida que resulta de la extracción de los principios activos de ciertas plantas por la acción del agua hirviendo, del alcohol o más raramente de otro solvente.
infusorio *s. m.* Célula o microorganismo que vive en los líquidos, en los que se desplaza por medio de cilios.
ingeniar *v. tr.* Trazar ingeniosamente.
ingeniería *s. f.* Arte de aplicar los conocimientos científicos a la invención, perfeccionamiento o utilización de la técnica industrial en todas sus dimensiones.
ingenio *s. m.* **1.** Facultad en el ser humano para discurrir o inventar con prontitud y facilidad. **2.** Persona dotada de esta facultad.
ingeniosidad *s. f.* **1.** Cualidad de ingenioso. **2.** Idea artificiosa y sutil.
ingenioso, sa *adj.* Que tiene ingenio.
ingénito, ta *adj.* No engendrado.
ingente *adj.* Muy grande.
ingenuidad *s. f.* Sinceridad, candor.
ingenuo, nua *adj.* Real, candoroso, sincero, sin doblez.
ingerir *v. tr.* Introducir por la boca comida, bebida o medicamentos.
ingestión *s. f.* Acción de ingerir.
ingle *s. f.* Parte del cuerpo en que se juntan los muslos con el vientre.
ingobernable *adj.* Que no se puede gobernar.
ingratitud *s. f.* Desagradecimiento.
ingrato, ta *adj.* **1.** Desagradecido, que olvida o desconoce los beneficios recibidos. **2.** Desabrido, áspero, desagradable.
ingravidez *s. f.* Cualidad de ingrávido.
ingrávido, da *adj.* Ligero, leve, tenue y sin peso, como la gasa o la niebla.
ingrediente *s. m.* Cualquier cosa que entra con otras en un compuesto, guiso, etc.
ingresar *v. intr.* **1.** Entrar. **2.** Meter algunas cosas, como el dinero, en un lugar para su custodia. **3.** Entrar a formar parte en una corporación, sociedad, etc.
ingreso *s. m.* **1.** Entrada, lugar por donde se entra a alguna parte. **2.** Caudal de dinero que entra en poder de alguien y que le es de cargo en las cuentas.
inguinal *adj.* Relativo a la ingle.
ingurgitar *v. tr.* Engullir.
inhábil *adj.* **1.** Torpe, desmañado. **2.** Inepto, incapaz, incompetente.
inhabilitar *v. tr.* Imposibilitar para alguna cosa.
inhabitable *adj.* No habitable.
inhabitado, da *adj.* No habitado.
inhalar *v. tr.* Aspirar, con fin terapéutico, algún gas, vapor o líquido pulverizado.
inherencia *s. f.* Unión de cosas inseparables por su naturaleza.
inherente *adj.* Se dice de aquello que por su naturaleza está de tal manera unido a otra cosa, que no se puede separar de ella.
inhibición *s. f.* Acción y efecto de inhibir o inhibirse.
inhibir *v. tr.* **1.** Impedir que un juez prosiga en el conocimiento de una causa. ‖ *v. prnl.* **2.** Salirse de un asunto o abstenerse de intervenir en él.
inhibitorio, ria *adj.* Se aplica al despacho, decreto o letras que inhiben al juez.
inhospitalario, ria *adj.* **1.** Falto de hospitalidad. **2.** Se dice de lo que no ofrece seguridad ni abrigo.
inhumación *s. f.* Acción y efecto de inhumar.
inhumanidad *s. f.* Falta de humanidad, barbarie, crueldad.
inhumano, na *adj.* Falto de humanidad.
inhumar *v. tr.* Enterrar un cadáver.
iniciación *s. f.* Acción y efecto de iniciar o iniciarse.
iniciador, ra *adj.* Que inicia.
inicial *adj.* Perteneciente o relativo al origen de las cosas.

iniciar *v. tr.* **1.** Comenzar una cosa. **2.** Instruir en una enseñanza.
iniciativa *s. f.* **1.** Derecho de hacer una propuesta. **2.** Cualidad personal que inclina a esta acción.
inicuo, cua *adj.* Malvado, injusto.
inimaginable *adj.* No imaginable.
inimitable *adj.* No imitable.
ininteligible *adj.* No inteligible.
iniquidad *s. f.* Maldad, injusticia grande.
injerencia *s. f.* Acción y efecto de injerirse.
injerir *v. tr.* **1.** Injertar plantas. **2.** Introducir una cosa en otra.
injertar *v. tr.* Insertar en la rama o tronco de un árbol alguna parte de otro, en la cual debe haber yema para que pueda brotar.
injerto *s. m.* Parte de una planta con una o más yemas que, aplicada al patrón o tronco principal en el que se va a injertar, se suelda con él.
injuria *s. f.* Ultraje que se hace al nombre u honor de alguien con obras o palabras.
injuriar *v. tr.* **1.** Ultrajar con obras o palabras a alguien. **2.** Dañar, menoscabar.
injurioso, sa *adj.* Que injuria.
injusticia *s. f.* Acción contraria a la justicia.
injustificable *adj.* Que no se puede justificar.
injustificado *adj.* No justificado.
injusto, ta *adj.* No justo.
inmaculado, da *adj.* Que no tiene mancha.
inmanencia *s. f.* Cualidad de inmanente.
inmanente *adj.* Se dice de lo que es inherente a un ser o va unido de un modo inseparable a su esencia.
inmarcesible *adj.* Que no se puede marchitar.
inmaterial *adj.* No material.
inmediación *s. f.* **1.** Calidad de inmediato. **2.** Conjunto de derechos atribuidos al sucesor inmediato en una vinculación.
inmediato, ta *adj.* Contiguo o muy cercano.
inmejorable *adj.* Que no se puede mejorar.
inmemorable *adj.* Inmemorial
inmemorial *adj.* Tan antiguo que no hay memoria de cuándo comenzó.
inmenso, sa *adj.* Tan grande que no puede medirse.
inmerecido, da *adj.* No merecido.
inmérito, ta *adj.* Inmerecido, injusto.
inmersión *s. f.* Acción de introducir o introducirse una cosa en un líquido.
inmerso *adj.* Sumergido, abismado.
inmigración *s. f.* Acción y efecto de inmigrar.
inmigrar *v. intr.* Llegar a un país, para establecerse en él, los habitantes de otro.
inminente *adj.* Que amenaza o está para suceder prontamente.
inmiscuir *v. tr.* **1.** Poner una sustancia en otra para que resulte una mezcla. ‖ *v. prnl.* **2.** Entrometerse en algo.
inmoble *adj.* Que no se mueve.
inmoderado, da *adj.* Falto de moderación.
inmodestia *s. f.* Falta de modestia.
inmolar *v. tr.* **1.** Sacrificar una víctima. ‖ *v. prnl.* **2.** Dar la vida, la hacienda, etc., en provecho de una persona, ideal, etc.
inmoral *adj.* Que se opone a la moral o a las buenas costumbres.
inmoralidad *s. f.* **1.** Falta de moralidad, desarreglo en las costumbres. **2.** Acción inmoral.
inmortal *adj.* No mortal o que no puede morir.
inmortalidad *s. f.* **1.** Cualidad de inmortal. **2.** Duración indefinida de una cosa en la memoria de las personas.
inmortalizar *v. tr.* Hacer perpetua una cosa en la memoria de las personas.
inmotivado, da *adj.* Sin motivo.
inmóvil *adj.* Que no se mueve.
inmovilidad *s. f.* Cualidad de inmóvil.
inmovilizar *v. tr.* Hacer que una cosa quede inmóvil.
inmueble *s. m.* Casa o edificio.
inmundicia *s. f.* Suciedad, basura.
inmundo, da *adj.* **1.** Sucio, asqueroso. **2.** *fig.* Impuro.
inmune *adj.* Exento de ciertos oficios, cargos, gravámenes o penas.
inmunidad *s. f.* **1.** Cualidad de inmune. **2.** Privilegio local concedido a templos e iglesias, en virtud del cual los delincuentes que a ellos se acogían no eran castigados con pena corporal en ciertos casos. **3.** Estado del organismo que le impide contraer una enfermedad. Puede ser espontáneo o provocado principalmente por medio de vacunas.
inmunizar *v. tr.* Hacer inmune.
inmutable *adj.* No mudable.
inmutar *v. tr.* **1.** Alterar o variar una cosa. ‖ *v. prnl.* **2.** *fig.* Sentir cierta conmoción repentina del ánimo.

innato, ta *adj.* Se dice de los caracteres que se presentan desde el nacimiento y, no obstante, no son hereditarios.
innatural *adj.* Que no es natural.
innavegable *adj.* **1.** No navegable. **2.** Se dice también de la embarcación que se halla en tal estado que no se puede navegar con ella.
innecesario, ria *adj.* No necesario.
innegable *adj.* Que no se puede negar.
innoble *adj.* Que no es noble.
innocuidad *s. f.* Inocuidad.
innocuo, cua *adj.* Inocuo.
innominado, da *adj.* Que no tiene nombre especial.
innovación *s. f.* Acción y efecto de innovar.
innovar *v. tr.* Mudar o alterar las cosas, introduciendo una novedad en ellas.
innumerable *adj.* **1.** Que no se puede reducir a número. **2.** Copioso, muy abundante.
inobediencia *s. f.* Falta de obediencia.
inobservancia *s. f.* Falta de observancia.
inocencia *s. f.* Condición de inocente.
inocentada *s. f.* **1.** *fam.* Acción o palabra candorosa o simple. **2.** *fam.* Engaño ridículo en que alguien cae por descuido o por falta de malicia. **3.** *fam.* Broma que se hace a alguien el día de los Santos Inocentes.
inocente *adj.* **1.** Libre de culpa. **2.** Cándido, sin malicia, fácil de engañar.
inocentón, na *adj., fig. y fam.* Aumentativo de inocente, en el significado de cándido.
inocuidad *s. f.* Cualidad de inocuo.
inoculable *adj.* Que puede inocularse.
inocular *v. tr.* Comunicar por medios artificiales los gérmenes de una enfermedad contagiosa. También prnl.
inocuo, cua *adj.* Que no hace daño.
inodoro *s. m.* Lavabo.
inofensivo, va *adj.* Incapaz de ofender.
inoficioso, sa *adj.* Que lesiona los derechos de herencia forzosa.
inolvidable *adj.* Que no puede o no debe olvidarse.
inopia *s. f.* Pobreza, indigencia.
inopinado, da *adj.* Que sucede sin pensar en ello o sin esperarlo.
inoportunidad *s. f.* Falta de oportunidad.
inoportuno, na *adj.* Fuera de tiempo o de propósito.
inorgánico, ca *adj.* No orgánico. Se dice de cualquier cuerpo sin órganos para la vida, como los minerales.
inoxidable *adj.* Que no se puede oxidar.
inquebrantable *adj.* Que persiste sin quebranto o no puede quebrantarse.
inquietar *v. tr.* Causar inquietud, quitar el sosiego. También prnl.
inquieto, ta *adj.* **1.** Que no está quieto o es de índole bulliciosa. **2.** *fig.* Desasosegado por un temor, aprensión, duda, etc.
inquietud *s. f.* Falta de quietud, desazón.
inquilinato *s. m.* Arriendo, alquiler de una casa o parte de ella.
inquilino, na *s. m. y s. f.* Persona que ha tomado una casa o parte de ella en alquiler.
inquina *s. f.* Aversión, mala voluntad.
inquirir *v. tr.* Indagar o examinar cuidadosamente una cosa.
inquisición *s. f.* **1.** Acción y efecto de inquirir. **2.** Tribunal eclesiástico, establecido para inquirir y castigar los delitos contra la fe.
inquisidor *adj.* **1.** Inquiridor. ‖ *s. m.* **2.** Juez del tribunal de la Inquisición que conocía de las causas de fe.
inquisitorial *adj.* **1.** Perteneciente o relativo a la Inquisición o al inquisidor. **2.** Se dice de los procedimientos semejantes a los usados por el tribunal de la Inquisición.
inri *s. m.* Nombre que resulta de leer como una palabra las iniciales de "Ieus Nazarenus Rex Iudaeorum", rótulo latino de la Santa Cruz.
insaciable *adj.* Que tiene apetitos o deseos tan desmedidos que no los puede saciar o hartar.
insacular *v. tr.* Poner en un saco, cántaro o urna, cédulas o boletos con números o con nombres de personas o cosas para sacar una o más por suerte.
insalivación *s. f.* Acción y efecto de insalivar.
insalivar *v. tr.* Mezclar los alimentos con la saliva en la cavidad bucal.
insalubre *adj.* Malsano, dañoso a la salud.
insania *s. f.* Locura.
insano, na *adj.* **1.** Malsano. **2.** Demente.
insatisfecho, cha *adj.* No satisfecho.
inscribir *v. tr.* **1.** Grabar letreros en metal, piedra u otra materia. **2.** Tomar razón, en algún registro, de los documentos o las declaraciones que han de asentarse en él, según las leyes.

inscripción *s. f.* **1.** Escrito sucinto grabado en piedra, metal, etc., para conservar la memoria de una persona, cosa o acontecimiento importante. **2.** Letrero rectilíneo en las monedas y medallas.
insecticida *adj.* Que sirve para matar insectos. Se dice de los productos destinados a este fin. También s. m.
insectívoro, ra *adj.* Se dice de los animales que se alimentan principalmente de insectos. También s. m.
insecto *adj.* Se dice del artrópodo de respiración traqueal, con un par de antenas, tres pares de patas y el cuerpo dividido en cabeza, tórax y abdomen.
inseguridad *s. f.* Falta de seguridad.
inseguro, ra *adj.* Falto de seguridad.
insensatez *s. f.* **1.** Necedad, falta de sentido o de razón. **2.** Dicho o hecho insensato.
insensato, ta *adj.* Tonto, necio, fatuo.
insensibilidad *s. f.* Falta de sensibilidad.
insensible *adj.* **1.** Que carece de sensibilidad. **2.** Privado de sentido.
inseparable *adj.* Que no se puede separar.
insepulto, ta *adj.* No sepultado.
inserción *s. f.* **1.** Acción y efecto de insertar. **2.** Lugar por donde se inserta un órgano en otro.
insertar *v. tr.* **1.** Incluir una cosa en otra. ‖ *v. prnl.* **2.** Introducirse más o menos profundamente un órgano entre las partes de otro o adherirse a su superficie.
inserto, ta *adj.* Incluido en algo.
inservible *adj.* No servible.
insidioso, sa *adj.* Que arma asechanzas.
insigne *adj.* Célebre, famoso.
insignia *s. f.* **1.** Señal, distintivo o divisa honorífica. **2.** Bandera. **3.** Pendón, estandarte, etc., de una hermandad o cofradía.
insignificancia *s. f.* Pequeñez.
insignificante *adj.* **1.** Que no significa nada. **2.** Baladí, pequeño, despreciable.
insinceridad *s. f.* Falta de sinceridad.
insinuación *s. f.* **1.** Acción y efecto de insinuar o insinuarse. **2.** Presentación de un instrumento público ante el juez competente, para que éste interponga en él su autoridad y decreto judicial. Se aplica especialmente a las donaciones.
insinuar *v. tr.* **1.** Dar a entender una cosa no haciendo más que indicarla ligeramente. ‖ *v. prnl.* **2.** Introducirse mañosamente en el ánimo de alguien.
insipidez *s. f.* Cualidad de insípido.
insípido, da *adj.* Falto de sabor.
insipiente *adj.* **1.** Falto de sabiduría o ciencia. **2.** Falto de juicio.
insistencia *s. f.* Reiteración y porfía acerca de una cosa.
insistir *v. intr.* Instar reiteradamente.
insociable *adj.* Intratable, huraño.
insolación *s. f.* Conjunto de síntomas de variable intensidad que aparecen como consecuencia de una exposición excesiva al sol o al calor.
insolencia *s. f.* **1.** Cualidad de insolente. **2.** Dicho o hecho ofensivo e insultante.
insolentar *v. tr.* Hacer a alguien insolente y atrevido.
insolente *adj.* Que falta al debido respeto.
insólito, ta *adj.* No común ni ordinario.
insolubilidad *s. f.* Cualidad de insoluble.
insoluble *adj.* Que no puede disolverse ni diluirse.
insolvencia *s. f.* Incapacidad de pagar una deuda.
insolvente *adj.* Que no tiene con qué pagar.
insomne *adj.* Que no duerme, desvelado.
insomnio *s. m.* Vigilia, desvelo.
insondable *adj.* **1.** Que no se puede sondear. **2.** *fig.* Que no se puede averiguar.
insospechado *adj.* No sospechado.
insoportable *adj.* **1.** Insufrible, intolerable. **2.** *fig.* Muy incómodo, enfadoso.
insostenible *adj.* Que no se puede sostener.
inspeccionar *v. tr.* Examinar, reconocer atentamente una cosa.
inspector, ra *s. m. y s. f.* Empleado público o particular que tiene a su cargo la inspección y vigilancia en el ramo a que pertenece.
inspiración *s. f.* **1.** *fig.* Ilustración o movimiento sobrenatural que Dios comunica al individuo. **2.** *fig.* Cosa inspirada.
inspirar *v. tr.* **1.** Aspirar, atraer el aire a los pulmones. **2.** *fig.* Sugerir ideas. **3.** *fig.* Iluminar Dios el entendimiento de alguien o excitar y mover su voluntad.
instalación *s. f.* Conjunto de cosas instaladas.
instalar *v. tr.* **1.** Colocar en un edificio o en otro lugar los aparatos o enseres para algún servicio. ‖ *v. prnl.* **2.** Establecerse.

instancia *s. f.* Memorial, solicitud.
instantánea *s. f.* Impresión fotográfica que se hace instantáneamente.
instantáneo, a *adj.* Que sólo dura un instante.
instante *s. m.* Porción brevísima de tiempo.
instar *v. tr.* **1.** Insistir en una petición o súplica. || *v. intr.* **2.** Apretar o urgir la pronta ejecución de una cosa.
instauración *s. f.* Acción y efecto de instaurar.
instaurar *v. tr.* Renovar, restaurar.
instigar *v. tr.* Incitar a alguien a que haga una cosa.
instilar *v. tr.* **1.** Echar poco a poco, gota a gota, un líquido en otra cosa. **2.** Infundir insensiblemente en el ánimo una doctrina, afecto, etc.
instintivo, va *adj.* Que es resultado de un instinto y no del juicio o la reflexión.
instinto *s. m.* Estímulo interior que determina a los animales a una acción dirigida a su conservación o reproducción.
institución *s. f.* **1.** Establecimiento o fundación de una cosa. **2.** Cada una de las organizaciones fundamentales de un estado, nación o sociedad.
instituir *v. tr.* Fundar.
instituto *s. m.* **1.** Constitución o regla que prescribe cierta forma y método de vida o de enseñanza. **2.** Corporación científica, literaria, artística, benéfica, etc.
institutriz *s. f.* Maestra encargada de la educación o instrucción de uno o varios niños, en el propio hogar.
instrucción *s. f.* **1.** Caudal de conocimientos adquiridos. **2.** Conjunto de reglas para algún fin. Se usa más en pl.
instructivo, va *adj.* Que instruye.
instructor, ra *adj.* Que instruye.
instruir *v. tr.* **1.** Enseñar, doctrinar. **2.** Comunicar conocimientos o doctrinas. **3.** Informar a alguien acerca de una cosa.
instrumentación *s. f.* Acción y efecto de instrumentar.
instrumental *adj.* Relativo al instrumento.
instrumentista *s. m. y s. f.* Músico que toca un instrumento.
instrumento *s. m.* **1.** Aquello de que nos servimos para hacer una cosa. **2.** Escritura con que se justifica o prueba una cosa.
insubordinación *s. f.* Falta de subordinación.
insubordinar *v. tr.* **1.** Introducir la insubordinación. || *v. prnl.* **2.** Sublevarse.
insuficiencia *s. f.* Falta de suficiencia.
insuficiente *adj.* No suficiente.
insuflar *v. tr.* Introducir soplando en una cavidad del cuerpo u órgano un gas, vapor, líquido o sustancia pulverulenta.
insufrible *adj., fig.* Muy difícil de sufrir.
ínsula *s. f.* Isla.
insular *adj.* Isleño.
insulina *s. f.* Hormona que segrega el páncreas y que, vertida en la sangre, regula la cantidad de glucosa de ésta.
insulsez *s. f.* **1.** Cualidad de insulso. **2.** Dicho insulso.
insulso, sa *adj.* Insípido, falto de sabor.
insultar *v. tr.* Ofender a alguien provocándole con palabras o acciones.
insumergible *adj.* No sumergible.
insumiso, sa *adj.* Desobediente, rebelde.
insuperable *adj.* No superable.
insurgente *adj.* Levantado, sublevado.
insurrección *s. f.* Acción de insurreccionarse un pueblo, una nación, etc.
insurreccionar *v. tr.* **1.** Concitar a las gentes para que se amotinen contra las autoridades. || *v. prnl.* **2.** Sublevarse, alzarse contra la autoridad pública.
insurrecto, ta *adj.* Levantado contra la autoridad pública; rebelde.
insustancial *adj.* De poca o ninguna sustancia.
insustituible *adj.* Que no puede sustituirse.
intachable *adj.* Que no admite o merece tacha.
intacto, ta *adj.* **1.** No tocado o palpado. **2.** Que no ha sufrido alteración, menoscabo o deterioro. **3.** *fig.* Puro, sin mezcla.
intangible *adj.* Que no puede o no debe tocarse.
integración *s. f.* Operación que consiste en hallar la integral de una diferencial o de una ecuación diferencial.
integral *adj.* **1.** Se aplica a las partes que entran en la composición de un todo. **2.** Se dice del signo con que se indica la integración.
integrante *adj.* Se dice de las partes que entran en la composición de un todo.
integrar *v. tr.* **1.** Componer un todo con sus partes integrantes. **2.** Determinar por el cálculo una cantidad de la que sólo se conoce la expresión diferencial.

integridad *s. f.* Cualidad de íntegro.

íntegro, gra *adj.* **1.** Se dice de aquello a lo que no le falta ninguna de sus partes. **2.** Se dice de la persona recta, intachable.

intelectiva *s. f.* Facultad de entender.

intelecto *s. m.* Entendimiento.

intelectual *adj.* **1.** Relativo al entendimiento. **2.** Se dice de la persona dedicada al cultivo de las ciencias y letras.

intelectualidad *s. f., fig.* Conjunto de las personas cultas de un país, región, etc.

inteligencia *s. f.* Facultad de entender o comprender.

inteligente *adj.* **1.** Sabio, instruido. **2.** Dotado de inteligencia.

inteligible *adj.* **1.** Que puede ser entendido. **2.** Que se oye clara y distintamente.

intemperancia *s. f.* Falta de templanza.

intemperante *adj.* Falto de templanza.

intemperie *s. f.* Destemplanza del tiempo.

intempestivo, va *adj.* Que está fuera de tiempo y razón.

intención *s. f.* Determinación de la voluntad en relación a un fin.

intencionado, da *adj.* Que tiene alguna intención.

intencional *adj.* **1.** Relativo a los actos interiores del alma. **2.** Deliberado, hecho a sabiendas.

intendencia *s. f.* **1.** Dirección, cuidado y gobierno de una cosa. **2.** Empleo del intendente.

intendente *s. m.* **1.** Jefe superior económico. **2.** Jefe de fábricas u otras empresas explotadas por cuenta del erario.

intensidad *s. f.* Grado de energía de un agente natural o mecánico, de una cualidad, de una expresión, etc.

intensivo, va *adj.* Que intensifica.

intenso, sa *adj.* **1.** Que tiene intensidad. **2.** *fig.* Muy vehemente y vivo.

intentar *v. tr.* **1.** Preparar o iniciar la ejecución de algo. **2.** Procurar o pretender.

intento *s. m.* **1.** Propósito, designio. **2.** Cosa intentada.

intentona *s. f., fam.* Intento temerario.

intercadencia *s. f.* Desigualdad o inconstancia en la conducta o en los afectos.

intercalar *v. tr.* Poner una cosa entre otras.

intercambiar *v. tr.* Cambiar mutuamente dos o más personas o entidades, ideas, proyectos, informes, publicaciones, etc.

intercambio *s. m.* **1.** Acción y efecto de intercambiar. **2.** Reciprocidad e igualdad de consideraciones y servicios entre corporaciones análogas de diversos países o del mismo país.

interceder *v. intr.* Rogar o mediar por otro para alcanzarle una gracia o librarle de un mal.

interceptar *v. tr.* **1.** Detener una cosa en su camino. **2.** Interrumpir u obstruir una vía de comunicación.

intercesión *s. f.* Acción y efecto de interceder.

intercesor, ra *adj.* Que intercede.

intercolumnio *s. m.* Espacio que hay entre dos columnas.

intercontinental *adj.* Que llega de uno a otro continente.

intercostal *adj.* Que está entre las costillas.

interdental *adj.* **1.** Se dice del sonido producido al articular algunas consonantes entre los dientes, como el de la "c" y "z" españolas. **2.** Se dice de la letra que representa este sonido.

interdicto *s. m.* Entredicho.

interdigital *adj.* Se dice de cualquiera de las membranas, músculos, etc., situados entre los dedos.

interés *s. m.* **1.** Provecho, utilidad, ganacia. **2.** Valor que en sí tiene una cosa. **3.** Lucro producido por el capital prestado o que nos deben. **4.** Inclinación más o menos vehemente del ánimo hacia un objeto, persona, etc., que lo conmueve o atrae. **5.** Cualidad del objeto, persona o asunto capaz de interesar.

interesado, da *adj.* **1.** Que tiene interés en una cosa. **2.** Que se deja llevar demasiado del interés, o sólo se mueve por él. **3.** Se dice de la persona que firma una solicitud, promueve un expediente, pleito, etc. por cuenta propia.

interesante *adj.* Que interesa o que es digno de interés.

interesar *v. intr.* **1.** Tener interés en una cosa. ‖ *v. tr.* **2.** Dar parte a alguien en una negociación o comercio en que pueda tener utilidad o interés. **3.** Hacer tomar parte a uno en los negocios o intereses ajenos. **4.** Inspirar interés o afecto. **5.** Afectar.

interferencia *s. f.* Acción recíproca de las ondas, ya sea en el agua, en la propagación de la luz, del sonido, etc., que produce aumento, disminución o neutralización del movimiento ondulatorio.

interfoliar *v. tr.* Intercalar entre las hojas impresas de un libro, otras en blanco.

interglaciar *adj.* Se aplica al período de clima, relativamente cálido, comprendido entre dos glaciaciones.

ínterin *adv. t.* Entretanto, mientras.

interinidad *s. f.* **1.** Cualidad de interino. **2.** Tiempo que dura el desempeño interino de un cargo.

interino, na *adj.* Que sirve por algún tiempo en sustitución de otra persona o cosa. Se aplica más comúnmente al que ejerce un cargo o empleo por ausencia o falta de otro.

interior *adj.* **1.** Que está en la parte de adentro. ‖ *s. m.* **2.** Ánimo o espíritu.

interioridad *s. f.* **1.** Cualidad de interior. ‖ *s. f. pl.* **2.** Cosas privativas, por lo general secretas, de las personas, familias, etc.

interjección *s. f.* Voz que, formando por sí sola una oración elíptica o abreviada, expresa los estados afectivos súbitos, como sorpresa, júbilo, dolor, etc.

interlineal *adj.* Escrito o impreso entre dos líneas o renglones.

interlinear *v. tr.* **1.** Escribir entre dos renglones. **2.** Espaciar la composición poniendo regletas entre los renglones.

interlocución *s. f.* Cada una de las personas que toman parte en un diálogo real o fingido.

interlocutor, ra *s. m. y s. f.* Cada una de las personas que toman parte en un diálogo.

interlocutorio, ria *adj.* Se aplica al auto o sentencia que se da antes de la definitiva.

interludio *s. m.* Composición breve que ejecutan los organistas a modo de intermedio en la música instrumental.

intermediar *v. intr.* Mediar.

intermediario, ria *adj.* Que media entre dos o más personas para algún fin; se dice especialmente de la persona que media entre el productor y el consumidor de géneros o mercaderías.

intermedio, dia *adj.* **1.** Que está en medio de los extremos de lugar, tiempo, calidad, etc. ‖ *s. m.* **2.** Espacio que hay de un tiempo a otro o de una acción a otra. **3.** Baile, música, etc. ejecutado entre los actos de una obra dramática. **4.** Espacio de tiempo durante el cual queda interrumpida la representación de un espectáculo u obra teatral, desde que termina cada uno de los actos o partes de la función hasta que empieza el acto o la parte siguiente.

interminable *adj.* Que no tiene fin.

intermisión *s. f.* Interrupción de una labor o de cualquiera otra cosa por algún tiempo.

intermitencia *s. f.* **1.** Cualidad de intermitente. **2.** Discontinuación de la calentura o de cualquier otro síntoma que cesa y vuelve.

intermitente *adj.* Que se interrumpe o cesa y prosigue o se repite.

intermitir *v. tr.* Suspender por algún tiempo la continuación de una cosa; interrumpir su continuación.

internacional *adj.* Relativo a dos o más naciones.

internacionalizar *v. tr.* Someter a la autoridad conjunta de varias naciones, o de un organismo que las represente, territorios o asuntos que dependían de la autoridad de una sola nación.

internado *s. m.* **1.** Estado del alumno interno. **2.** Estado y régimen de personas que viven internas en establecimientos sanitarios o benéficos. **3.** Conjunto de alumnos internos. **4.** Establecimiento donde viven alumnos u otras personas internas.

internar *v. tr.* **1.** Hacer que alguien resida en una institución o local, con determinada finalidad. **2.** Instalar a un enfermo en un centro sanitario. **3.** Conducir o mandar trasladar tierra adentro a una persona o cosa. **4.** Tomar una medida de seguridad por la que se obliga a una persona a no abandonar un país o una localidad.

interno, na *adj.* **1.** Interior. **2.** Se dice del alumno que vive dentro de un centro de enseñanza. **3.** Perteneciente o relativo a la parte más interior de un organismo. Se dice de los órganos situados en el interior de las cavidades abdominal y torácica.

interoceánico, ca *adj.* Que pone en comunicación dos océanos.

interpaginar *v. tr.* Interfoliar.

interpelación *s. f.* Acción y efecto de interpelar.

interpelar *v. tr.* **1.** Dirigir la palabra a alguien solicitando su amparo y protección. **2.** Compeler a alguien para que dé explicaciones sobre un hecho cualquiera.

interplanetario, ria *adj.* Se dice del espacio existente entre dos o más planetas.

interpolar *v. tr.* Poner una cosa entre otras.

interponer *v. tr.* **1.** Interpolar una cosa entre otras. **2.** Poner por mediador a alguien.

interposición *s. f.* Acción y efecto de interponer o interponerse.

interpretación *s. f.* **1.** Acción y efecto de interpretar. **2.** Reproducción o ejecución de una pieza musical, obra teatral o cinematográfica por un artista.

interpretar *v. tr.* **1.** Explicar el sentido de una cosa y especialmente el de textos faltos de claridad. **2.** Traducir de una lengua a otra. **3.** Explicar, acertadamente o no, acciones, dichos o sucesos que pueden ser entendidos de diferentes modos. **4.** Representar una obra de teatro o ejecutar una composición musical, baile, etc. **5.** Concebir, ordenar o expresar de un modo personal la realidad.

intérprete *s. m. y s. f.* **1.** Persona que interpreta. **2.** Persona que se ocupa en explicar a otras, en idioma que entienden, lo dicho en lengua que les es desconocida.

interpuesto, ta *adj.* Se dice de la persona que presta su nombre a otra para facilitarle ventajas que esta última no obtendría directamente.

interregno *s. m.* Espacio de tiempo en que un Estado no tiene soberano.

interrogación *s. f.* **1.** Pregunta. **2.** Signo ortográfico (¿?) que se pone al principio y fin de palabra o cláusula interrogativa.

interrogante *s. m.* **1.** Problema no aclarado, cuestión dudosa, incógnita. **2.** Pregunta.

interrogar *v. tr.* Preguntar.

interrogativo, va *adj.* Que implica o denota interrogación.

interrogatorio *s. m.* **1.** Serie de preguntas, generalmente formuladas por escrito. **2.** Papel o documento que las contiene. **3.** Acto de dirigirlas a quien las ha de contestar.

interrumpir *v. tr.* **1.** Cortar la continuación de una acción en el lugar o en el tiempo. **2.** Suspender o parar por algún tiempo la continuación de algo. **3.** Atravesarse uno con su palabra mientras otro está hablando.

interrupción *s. f.* **1.** Acción y efecto de interrumpir. **2.** Abrupción.

interruptor, ra *adj.* **1.** Que interrumpe. ‖ *s. m.* **2.** Aparato destinado a abrir o cerrar, a discreción, el paso de la corriente en un circuito eléctrico.

intersección *s. f.* Encuentro de dos líneas, dos superficies o dos sólidos que recíprocamente se cortan.

intersticio *s. m.* Espacio pequeño que media entre dos cuerpos o entre dos partes de un mismo cuerpo.

intertropical *adj.* Perteneciente o relativo a los países situados entre los dos trópicos, y a sus habitantes.

interurbano, na *adj.* Se dice de las relaciones y servicios de comunicación entre distintas poblaciones o entre distintos barrios de una misma ciudad.

intervalo *s. m.* Espacio o distancia que hay de un tiempo a otro o de un lugar a otro.

intervención *s. f.* **1.** Acción y efecto de intervenir. **2.** Operación quirúrgica.

intervenir *v. intr.* **1.** Tomar parte en algo. **2.** Mediar o interceder por alguien.

interventor, ra *adj.* **1.** Que interviene. ‖ *s. m. y s. f.* **2.** Funcionario que autoriza y fiscaliza ciertas operaciones a fin de que se hagan con legalidad.

interviú *s. amb.* Entrevista.

intervocálico, ca *adj.* Se dice de la consonante que se halla entre dos vocales.

intestado, da *adj.* Que muere sin hacer testamento válido.

intestinal *adj.* Relativo a los intestinos.

intestino, na *adj.* **1.** Interno, interior. **2.** *fig.* Civil, doméstico. ‖ *s. m.* **3.** Conducto membranoso que forma parte del aparato digestivo de gusanos, artrópodos, moluscos, procordados y vertebrados y que se extiende desde el estómago al ano.

intimación *s. f.* Acción y efecto de intimar.

intimar *v. tr.* **1.** Declarar, notificar, hacer saber una cosa. ‖ *v. prnl.* **2.** *fig.* Introducirse en el afecto o ánimo de alguien.

intimidación *s. f.* Acción y efecto de intimidar.

intimidad *s. f.* **1.** Amistad íntima. **2.** Zona espiritual íntima y reservada de una persona o de un grupo, y especialmente de una familia.

intimidar *v. tr.* Causar o infundir miedo.

íntimo, ma *adj.* **1.** Lo más interior o interno. **2.** Se dice de la amistad muy estrecha y del amigo de confianza. **3.** Perteneciente o relativo a la intimidad.

intitular *v. tr.* Poner título a un libro o escrito.

intolerable *adj.* Que no se puede tolerar.

intolerancia *s. f.* **1.** Falta de tolerancia. Se dice generalmente en materia religiosa. **2.** Imposibilidad de que un enfermo tolere o soporte un medicamento.

intolerante *adj.* Que no tiene tolerancia.

intoxicación *s. f.* Acción y efecto de intoxicar o intoxicarse.

intoxicar *v. tr.* Envenenar, emponzoñar.

intradós *s. m.* Superficie interior y cóncava de un arco o bóveda, que queda a la vista por la parte inferior del edificio de que forma parte.

intramuros *adv. l.* Dentro de una ciudad, villa o lugar.

intranquilo, la *adj.* Falto de tranquilidad.

intransferible *adj.* No transferible.

intransigente *adj.* Que no transige.

intransitable *adj.* Se dice del lugar o sitio por donde no se puede transitar.

intransitivo, va *adj.* Se dice del verbo que al expresar el juicio no pide el complemento directo.

intransmutable *adj.* Que no se puede transmutar.

intrascendencia *s. f.* Cualidad de intrascendente.

intrascendente *adj.* Que no es trascendente.

intratable *adj.* **1.** No tratable ni manejable. **2.** *fig.* Insociable o de genio áspero.

intrepidez *s. f.* **1.** Arrojo, valor en los peligros. **2.** *fig.* Osadía, irreflexión.

intrépido, da *adj.* Que no teme en los peligros.

intriga *s. f.* Enredo, embrollo.

intrigar *v. intr.* **1.** Emplear intrigas, usar de ellas. || *v. tr.* **2.** Inspirar viva curiosidad una cosa o persona.

intrincado, da *adj.* Enredado, complicado, confuso.

intrincar *v. tr.* **1.** Enredar una cosa. **2.** *fig.* Confundir los pensamientos o conceptos.

intríngulis *s. m., fam.* Intención solapada que se entrevé en una persona o acción.

intrínseco, ca *adj.* Íntimo, esencial.

introducción *s. f.* **1.** Acción y efecto de introducir o introducirse. **2.** Preparación, disposición para llegar al fin que alguien se ha propuesto. **3.** Exordio de una obra literaria o científica.

introducir *v. tr.* **1.** Dar entrada a una persona en un lugar. **2.** *fig.* Hacer adoptar, poner en uso. **3.** *fig.* Atraer, ocasionar.

introito *s. m.* **1.** Principio de un escrito o de una oración. **2.** Lo primero que decía el sacerdote al dar principio a la misa.

intromisión *s. f.* Acción y efecto de entrometer o entrometerse.

introspección *s. f.* Reflexión de los propios actos y estados de ánimo.

introversión *s. f.* Acción y efecto de penetrar el alma humana dentro de sí misma, abstrayéndose de los sentidos.

intrusión *s. f.* Acción y efecto de introducirse sin derecho en una dignidad, jurisdicción, oficio, etc.

intruso, sa *adj.* Que se ha introducido sin derecho.

intubación *s. f.* Acción y efecto de intubar.

intubar *v. tr.* Colocar un tubo metálico o cánula dentro de la laringe para permitir el acceso del aire a las vías respiratorias y evitar la asfixia del enfermo.

intuición *s. f.* Percepción clara, instantánea, de una idea o una verdad, sin el concurso del razonamiento.

intuitivo, va *adj.* Relativo a la intuición.

intumescencia *s. f.* Efecto de hincharse.

inulto, ta *adj.* No vengado o castigado.

inundación *s. f.* **1.** Acción y efecto de inundar o inundarse. **2.** *fig.* Multitud excesiva de una cosa.

inundar *v. tr.* Cubrir el agua los terrenos y, a veces, las poblaciones.

inusitado, da *adj.* Inusual, insólito, raro.

inútil *adj.* No útil.

inutilidad *s. f.* Calidad de inútil.

inutilizar *v. tr.* Hacer inútil, vana o nula a una persona o cosa. También prnl.

invadir *v. tr.* Acometer, entrar por fuerza en alguna parte.

invalidación *s. f.* Acción y efecto de invalidar.

invalidar *v. tr.* Hacer inválida, nula o de ningún valor y efecto una cosa.

inválido, da *adj.* **1.** Que padece una deficiencia física o psíquica. **2.** *fig.* Nulo y de ningún valor por no tener las condiciones que eligen las leyes.

invariabilidad *s. f.* Cualidad de invariable.

invariable *adj.* Que no padece o no puede padecer variación.

invasión *s. f.* Acción y efecto de invadir.

invasor, ra *adj.* Que invade.

invectiva *s. f.* Discurso o escrito acre y violento contra alguien o algo.

invencible *adj.* Que no puede ser vencido.

invención *s. f.* **1.** Cosa inventada. **2.** Hallazgo, acción de hallar.

inventar *v. tr.* **1.** Descubrir con ingenio y estudio, o por mero azar, alguna cosa nueva o no conocida. **2.** Idear, imaginar, crear su obra el poeta o el artista.

inventariar *v. tr.* Hacer inventario.

inventario *s. m.* **1.** Asiento de los bienes y demás cosas pertenecientes a una persona o comunidad, hecho con orden y precisión. **2.** Papel o documento en que están escritas dichas cosas.

inventiva *s. f.* Facultad para inventar.

invento *s. m.* **1.** Acción y efecto de inventar. **2.** Cosa inventada, invención.

inventor, ra *adj.* Que inventa.

inverecundo, da *adj.* Que no tiene vergüenza.

invernáculo *s. m.* Lugar cubierto y abrigado artificialmente con el fin de defender las plantas de la acción del frío.

invernada *s. f.* Estación de invierno.

invernadero *s. m.* Sitio a propósito para pasar el invierno y destinado a este fin.

invernal *adj.* **1.** Perteneciente o relativo al invierno. ‖ *s. m.* **2.** Establo en los invernaderos para guarecerse el ganado.

invernar *v. intr.* Pasar el invierno en determinado lugar.

inverosímil *adj.* Que no tiene apariencia de verdad.

inverosimilitud *s. f.* Cualidad de inverosímil.

inversión *s. f.* Acción y efecto de invertir.

inverso, sa *adj.* Alterado, trastornado.

inversor, ra *adj.* Que invierte.

invertebrado, da *adj.* Se dice de los animales que no tienen columna vertebral.

invertir *v. tr.* **1.** Trastornar las cosas o el orden de ellas. **2.** Emplear caudales en aplicaciones productivas. **3.** Ocupar el tiempo de una u otra manera. **4.** Cambiar los lugares que ocupan en una proporción los dos términos de cada razón.

investidura *s. f.* **1.** Acción y efecto de investir. **2.** Carácter que se adquiere con la toma de posesión de ciertos cargos o dignidades.

investigación *s. f.* **1.** Acción y efecto de investigar. **2.** Actividad encaminada al descubrimiento de nuevos conocimientos en el campo de las ciencias, las artes o las letras.

investigar *v. tr.* **1.** Hacer diligencias para descubrir alguna cosa. **2.** Discurrir, examinar o experimentar a fondo alguna materia de estudio.

investir *v. tr.* Conferir una dignidad o cargo importante.

inveterado, da *adj.* Antiguo, arraigado, envejecido.

inveterarse *v. prnl.* Envejecer.

invicto, ta *adj.* No vencido.

invierno *s. m.* Estación del año que, astronómicamente, comienza en el solsticio del mismo nombre y termina en el equinoccio de primavera.

inviolabilidad *s. f.* Cualidad de inviolable.

inviolable *adj.* Que no se debe o no se puede violar o profanar.

inviolado, da *adj.* Que se conserva en toda su integridad y pureza.

invisibilidad *s. f.* Cualidad de invisible.

invisible *adj.* Incapaz de ser visto.

invitación *s. f.* Cédula o tarjeta con que se invita o se es invitado.

invitado, da *s. m. y s. f.* Persona que ha recibido invitación.

invitar *v. tr.* **1.** Llamar a alguien para un convite o para asistir a algún acto. **2.** Incitar.

invocación *s. f.* **1.** Acción y efecto de invocar. **2.** Parte del poema en que el poeta invoca a un ser divino, verdadero o falso.

invocar *v. tr.* **1.** Llamar uno a otro en su auxilio. **2.** Acogerse a una ley, costumbre o razón; exponerla, alegarla.

involucrar *v. tr.* Implicar a alguien en algo.

involuntario, ria *adj.* No voluntario.

invulnerable *adj.* Que no puede ser herido o afectado.

inyección *s. f.* Fluido inyectado.

inyectar *v. tr.* Introducir a presión un gas, un líquido o una masa fluida en el interior de un cuerpo o cavidad.

inyector *s. m.* **1.** Aparato para introducir el agua en las calderas de vapor, aspirándola directamente del depósito. **2.** Aparato o sistema utilizado para introducir un haz de electrones en un acelerador de partículas. **3.** Aparato empleado en los motores de combustión para introducir combustible en los cilindros.

ion *s. m.* Radical simple o compuesto que se disocia de las sustancias al disolverse éstas.

ipso facto *loc. lat.* que significa 'inmediatamente' o 'en el acto'.

ir *v. intr.* **1.** Moverse de un lugar a otro. También prnl. **2.** Andar de acá para allá. **3.** Ser una cosa adecuada o conveniente para algo o para alguien. **4.** Diferenciarse una persona o cosa de otra. **5.** Conducir a cierto sitio más o menos apartado. **6.** Extenderse una cosa desde los dos puntos que se señalan. **7.** Considerar algo como encaminado a un fin determinado.

ira *s. f.* **1.** Pasión que mueve a indignación y enojo. **2.** *fig.* Violencia de los elementos.

iracundia *s. f.* **1.** Propensión a la ira. **2.** Cólera o enojo.

iracundo, da *adj.* Propenso a la ira.

irascible *adj.* Propenso a irritarse.

iridiscente *adj.* Lo que muestra o refleja los colores del arco iris.

iris *s. m.* **1.** Diafragma musculoso, opaco y contráctil, en cuyo centro se halla la pupila del ojo. **2.** Arco de colores que se forma cuando el Sol refleja su luz en la lluvia.

irisación *s. f.* **1.** Acción y efecto de irisar. **2.** Vislumbre producido en las láminas delgadas de los metales cuando, candentes, se pasan por el agua.

irisado, da *adj.* Que brilla con colores semejantes a los del arco iris.

irisar *v. tr.* Presentar un cuerpo reflejos de luz, con todos los colores del arco iris.

iritis *s. f.* Inflamación del iris del ojo.

ironía *s. f.* Figura consistente en dar a entender lo contrario de lo que se dice.

irónico, ca *adj.* Que denota o implica ironía, o concerniente a ella.

irracional *adj.* Opuesto a la razón.

irradiación *s. f.* Cantidad de radiación que incide sobre la unidad de superficie.

irradiar *v. tr.* Despedir un cuerpo rayos de luz, calor u otra energía en todas direcciones.

irrazonable *adj.* No razonable.

irreal *adj.* No real, falto de realidad.

irrealidad *s. f.* Cualidad de lo que no es real.

irrealizable *adj.* No realizable.

irrebatible *adj.* No refutable.

irreconciliable *adj.* Incompatible.

irrecusable *adj.* Inevitable.

irredento, ta *adj.* Que permanece sin redimir. Se dice especialmente del territorio que una nación pretende anexionarse por razones históricas, de raza, lengua, etc.

irredimible *adj.* Que no se puede redimir.

irreducible *adj.* Se aplica al acto fisiológico que no se puede explicar por otros más simples.

irreflexivo, va *adj.* Que no reflexiona.

irreformable *adj.* Que no se puede reformar.

irrefrenable *adj.* Que no se puede refrenar.

irrefutable *adj.* Que no se puede refutar.

irregular *adj.* Que no tiene regla.

irregularidad *s. f., fam.* Malversación, inmoralidad en la gestión o administración pública, o en la privada.

irreligioso, sa *adj.* Falto de religión.

irremediable *adj.* Que no se puede remediar.

irremisible *adj.* Que no se puede perdonar.

irreparable *adj.* Que no se puede reparar.

irreprensible *adj.* Que no merece reprensión.

irreprochable *adj.* Que no puede ser reprochado.

irresistible *adj.* Que no se puede resistir.

irresoluble *adj.* Que no se puede resolver.

irresolución *s. f.* Falta de resolución.

irresoluto, ta *adj.* Que carece de resolución.

irrespetuoso, sa *adj.* No respetuoso.

irrespirable *adj.* Que no puede respirarse.

irresponsabilidad *s. f.* **1.** Cualidad de irresponsable. **2.** Impunidad resultante de no residenciar a los que son responsables.

irresponsable *adj.* **1.** Se dice de la persona a quien no se puede exigir responsabilidad. **2.** Se dice de la persona que adopta decisiones importantes sin la debida meditación. **3.** Se dice del acto resultante de una falta de previsión o meditación.

irreverencia *s. f.* Falta de reverencia.

irreverente *adj.* Contrario a la reverencia o respeto debido.

irrevocable *adj.* Que no se puede revocar.

irrigación *s. f.* Acción y efecto de irrigar.

irrigar *v. tr.* Rociar con un líquido alguna parte del cuerpo.

irrisión *s. f.* Burla con que se provoca a risa.

irrisorio, ria *adj.* Que provoca a risa.

irritabilidad *s. f.* Propensión a conmoverse o irritarse con violencia o facilidad.

irritable *adj.* Capaz de irritación o propenso a la irritabilidad.

irritar *v. tr.* Hacer sentir ira. También prnl.

irrogar *v. tr.* Tratándose de daños o perjuicios, causarlos. También prnl.

irrompible *adj.* Que no se puede romper.

irrumpir *v. intr.* Entrar violentamente en un lugar.

irrupción *s. f.* Acometimiento impetuoso.

isagoge *s. f.* Exordio, introducción.

isla *s. f.* Porción de tierra rodeada enteramente de agua.

isleño, ña *adj.* Natural de una isla.

islote *s. m.* Isla pequeña y despoblada.

isóbara *s. f.* Línea imaginaria que pasa por todos los puntos de la misma presión atmosférica media.

isocronismo *s. m.* Igualdad de duración en los movimientos de un cuerpo.

isócrono, na *adj.* Se aplica a los movimientos que se hacen en tiempos de igual duración.

isodáctilo, la *adj.* Que tiene los dedos iguales.

isógono, na *adj.* Se aplica a cuerpos cristalizados de ángulos iguales.

isómero, ra *adj.* Se aplica a los cuerpos que, poseyendo una composición química idéntica, tienen diferentes propiedades físicas a causa de una diferencia en la estructura molecular.

isomorfo, fa *adj.* Se aplica a cuerpos de diferente composición química, pero con la misma estructura molecular e igual forma cristalina.

isópodo, da *adj.* Que tiene las patas iguales.

isósceles *s. m.* Triángulo que tiene dos lados iguales.

isotermo, ma *adj.* De igual temperatura.

isótopo *s. m.* Diferentes formas de un mismo elemento que están situadas en el mismo lugar del sistema periódico y sólo se distinguen por su peso molecular.

isquion *s. m.* Hueso posterior e inferior de los tres que forman la región coxal.

istmo *s. m.* Lengua de tierra que une dos continentes o una península y un continente.

iterativo, va *adj.* **1.** Que se repite. **2.** Se aplica a la palabra que indica reiteración.

itinerario *s. m.* Descripción de un camino o viaje, expresando los lugares, accidentes, paradas, etc., que existen a lo largo de él.

izar *v. tr.* Hacer subir una cosa tirando de la cuerda de que está colgada, la cual, para este fin, pasa por un punto más elevado.

izquierda *s. f.* **1.** En las asambleas parlamentarias, los representantes de los partidos no conservadores. **2.** Por ext., conjunto de personas que postulan una modificación del sistema político y social, en un sentido no conservador.

izquierdo, da *adj.* **1.** Se dice de lo que está en la mitad longitudinal del cuerpo humano que aloja la mayor parte del corazón. **2.** Se dice de lo que está situado a esa parte del cuerpo de un observador. **3.** Se dice de la parte de un ser que se hallaría en el Oeste si dicho ser se orientara al Norte. **4.** Se dice de lo que, referido a dicho objeto, cae hacia su parte izquierda. **5.** En los móviles, se dice de lo que hay en su parte izquierda, considerada en el sentido de su marcha o avance.

J

j *s. f.* Décima letra del abecedario español y séptima de sus consonantes.

jabalcón *s. m.* Madero que se coloca oblicuamente ensamblado en uno vertical.

jabalconar *v. tr.* Formar con jabalcones el tendido del tejado.

jabalí *s. m.* Mamífero que se considera como un cerdo salvaje.

jabalina *s. f.* **1.** Hembra del jabalí. **2.** Vara larga y delgada que se emplea en los ejercicios atléticos.

jabardear *v. intr.* Dar jabardos las colmenas.

jabardillo *s. m.* **1.** Bandada grande, susurradora e inquieta, de insectos o avecillas. **2.** *fam.* Remolino de mucha gente que se mueve con confusión y ruido.

jabardo *s. m.* Enjambre pequeño producido por una colmena.

jabato *s. m.* Cachorro de la jabalina.

jabeca *s. f.* Horno de destilación, usado antiguamente en las minas de azogue de Almadén.

jábega[1] *s. f.* Red muy larga, compuesta de un copo y dos bandas, de las cuales se tira desde tierra.

jábega[2] *s. f.* Embarcación más pequeña que el jabeque que se utiliza para pescar.

jabegote *s. m.* Cada una de las personas que tiran de los cabos de la jábega.

jabeque *s. m.* Barco velero de tres palos, con velas latinas.

jabí *s. m.* Se dice de una especie de manzana silvestre y pequeña y también de cierta especie de uva pequeña. También s. m. y s. f.

jabillo *s. m.* Árbol de América tropical, de la familia de las euforbiáceas, cuya madera se emplea para hacer canoas.

jabino *s. m.* Variedad enana del enebro.

jabera *s. f.* Especie de canto popular andaluz, en compás de tres por ocho.

jable *s. m.* Gárgol en que se encajan las tiestas de las tapas de toneles y botas.

jabón *s. m.* Producto soluble en el agua que sirve para lavar.

jabonado *s. m.* **1.** Jabonadura. **2.** Conjunto de ropa blanca que se jabona.

jabonadura *s. f.* **1.** Acción y efecto de jabonar. || *s. f. pl.* **2.** Agua que queda mezclada con el jabón y su espuma. **3.** Espuma que se forma al jabonar.

jabonar *v. tr.* **1.** Fregar la ropa u otras cosas con jabón y agua. **2.** Humedecer la barba con agua jabonosa para afeitarla.

jaboncillo *s. m.* Pastilla de jabón aromático.

jabonería *s. f.* Fábrica o tienda de jabón.

jabonero, ra *adj* **1.** Se dice del toro cuya piel es de color amarillento.|| *s. m. y s. f.* **2.** Persona que fabrica o vende jabón. || *s. f.* **3.** Caja que hay para el jabón en los lavabos y tocadores. **4.** Planta de la familia de las cariofiláceas, cuyo zumo da espuma y sirve para lavar la ropa.

jabonoso, sa *adj.* Que es de jabón.

jaborandi *s. m.* Árbol de la familia de las rutáceas, originario de Brasil, cuya infusión es eficaz para promover la salivación y la transpiración.

jaca *s. f.* Caballo cuya alzada no llega a siete cuartas.

jácara *s. f.* **1.** Romance alegre. **2.** Grupo de gente alegre que de noche anda cantando por las calles. **3.** Cuento.

jacarando, da *adj.* **1.** Propio de la jácara o relativo a ella. || *s. m.* **2.** Jácaro, baladrón.

jacarandoso, sa *adj., fam.* Donairoso, alegre, desenvuelto.

jacarear *v. intr.* Cantar jácaras.

jacarero, ra *s. m. y s. f.* **1.** Persona que anda por las calles cantando jácaras. **2.** *fig. y fam.* Persona alegre y chancera.

jácaro, ra *adj.* **1.** Perteneciente o relativo al guapo y baladrón. || *s. m.* **2.** El guapo y baladrón.

jacerina *s. f.* Cota de malla. También adj.

jacilla *s. f.* Señal que deja una cosa sobre la tierra en que ha estado por un tiempo.

jacinto *s. m.* Planta liliácea, de flores olorosas, acampanadas y de diversos colores.

jaco[1] *s. m.* Cota de malla de manga corta.

jaco[2] *s. m.* Caballo pequeño y ruin.

jacobeo, a *adj.* Perteneciente o relativo al apóstol Santiago.

jacobinismo *s. m.* Doctrina de los jacobinos.

jacobino, na *adj.* **1.** Se dice del individuo del partido más demagógico y sanguinario de Francia en tiempo de la Revolución. **2.** Por ext., demagogo partidario de la revolución violenta y sanguinaria. Se usa más como s. m. y s. f.

jactancia *s. f.* Alabanza propia, desordenada y presuntuosa.

jactancioso, sa *adj.* Que se jacta. También s. m. y s. f.
jactarse *v. prnl.* Alabarse presuntuosamente.
jaculatoria *s. f.* Oración breve.
jade *s. m.* Piedra muy dura y de aspecto jabonoso, susceptible de pulimento.
jadear *v. intr.* Respirar anhelosamente.
jadeo *s. m.* Acción de jadear.
jaecero, ra *s. m. y s. f.* Persona que hace jaeces.
jaez *s. m.* Cualquier adorno que se pone a las caballerías. Se usa más en pl.
jaezar *v. tr.* Enjaezar.
jaguar *s. m.* Mamífero félido carnívoro, parecido a la pantera, que vive en América. Su piel es por lo general amarillenta con anillos negros y blanquecina en el pecho y en el abdomen.
jaguarzo *s. m.* Arbusto cistáceo, de flores blancas y fruto capsular, pequeño, liso y globoso.
jaharí *adj.* Se dice de una especie de higos que se cría en Andalucía. También s. m.
jaharrar *v. tr.* Revocar una pared con yeso o mortero.
jaique *s. m.* Capa árabe con capucha.
¡jajay! *interj.* que denota burla o risa.
jalapa *s. f.* Raíz de una planta vivaz americana, que se usa como purgante.
jalar *v. tr.* **1.** *fam.* Halar. **2.** *fam.* Tirar, atraer.
jalbelgador, ra *adj.* Que jalbega. También s. m. y s. f.
jalbelgar *v. tr.* **1.** Enjalbelgar. **2.** *fig* Componer el rostro con afeites. También v. prnl.
jalbegue *s. m.* **1.** Blanqueo de las paredes hecho con cal o arcilla blanca. **2.** *fig.* Afeite que solían usar las mujeres para blanquearse el rostro.
jalde *adj.* Amarillo subido.
jalea *s. f.* Conserva transparente y gelatinosa hecha del zumo de algunas frutas.
jaleador, ra *udj.* Que jalea. También s. m. y s. f.
jalear *v. tr.* **1.** Llamar a los perros a voces para que sigan la caza. **2.** Animar.
jaleo *s. m.* Juerga ruidosa.
jalifa *s. f.* Autoridad suprema del antiguo protectorado español en Marruecos.
jalón *s. m.* Vara con regatón de hierro para clavar en tierra y determinar puntos fijos cuando se levanta el plano de un terreno.
jalonar *v. tr.* Alinear por medio de jalones.
jaloque *s. m.* Viento sudeste.
jamar *v. tr.*, *fam.* Comer.
jamás *adv. t.* Nunca.
jamba *s. f.* Cualquiera de las dos piezas que, puestas verticalmente en los lados de las puertas o ventanas, sostienen el dintel.
jambaje *s. m.* Conjunto de las dos jambas y el dintel que forman el marco de una puerta o ventana.
jamelgo *s. m.* Caballo flaco y desgarbado.
jamerdana *s. f.* En los mataderos, lugar donde se arroja la inmundicia de los vientres de las reses.
jamerdar *v. tr.* Limpiar los vientres de las reses.
jamete *s. m.* Rica tela de seda, que solía entretejerse de oro.
jamón *s. m.* Carne curada de la pierna del cerdo.
jamona *adj.*, *fam.* Se aplica a la mujer cuando ha pasado de la juventud, especialmente cuando es gruesa. Se usa más como s. f.
jamugas *s. f. pl.* Silla de tijera que se coloca sobre el aparejo de las caballerías para montar cómodamente a las damas.
jamurar *v. tr.* Achicar el agua.
jangada *s. f.* **1.** Idea necia. **2.** Trastada. **3.** Balsa de maderos unidos unos con otros.
japuta *s. f.* Pez del suborden de los acantopterigios, comestible, de color plomizo, que vive en el Mediterráneo.
jaque *s. m.* **1.** Lance del ajedrez, en que el rey o la reina de un jugador están amenazados por alguna pieza del otro, quien tiene obligación de avisarlo. **2.** Especie de peinado liso que antiguamente usaban las mujeres.
jaquear *v. tr.* **1.** Dar jaques en el juego de ajedrez. **2.** *fig.* Hostigar al enemigo.
jaqueca *s. f.* Dolor de cabeza que ataca solamente en un lado o parte de ella.
jaquecoso, sa *adj.* Fastidioso, cargante.
jaquel *s. m.* Escaquc del blasón.
jaquelado, da *adj.* Dividido en escaques.
jaquero *s. m.* Peine pequeño antiguo que servía para hacer el jaque, peinado liso.
jaquetón *s. m.*, *fam.* Jaque.
jáquima *s. f.* Cabezada de cordel.
jara *s. f.* Planta cistácea, cuyo arbusto segrega a veces una resina aromática.
jarabe *s. m.* **1.** Bebida compuesta de azúcar y sustancias medicinales. **2.** *fig.* Bebida excesivamente dulce.
jaraíz *s. m.* Lagar.
jaral *s. m.* Sitio poblado de jaras.

jaramago *s. m.* Planta crucífera, común entre los escombros.

jarana *s. f., fam.* Diversión bulliciosa de un grupo de gente.

jaranear *v. intr., fam.* Andar en jaranas.

jaranero, ra *adj.* Aficionado a jaranas.

jarcia *s. f.* Aparejos y cabos de un buque. Se usa más en pl.

jardín *s. m.* Terreno donde se cultivan plantas y flores de adorno.

jardinería *s. f.* Arte de cultivar los jardines.

jardinero, ra *s. m. y s. f.* **1.** Persona que por oficio cuida y cultiva un jardín. ‖ *s. f.* **2.** Mueble para colocar en él macetas con plantas de adorno.

jareta *s. f.* Dobladillo que se hace en la ropa para meter en él una cinta o cordón.

jaretón *s. m.* Dobladillo muy ancho.

jarifo, fa *adj.* Rozagante, bien compuesto o adornado.

jaro, ra *adj.* Se dice del animal que tiene el pelo rojizo. También s. m. y s. f.

jarocho, cha *s. m. y s. f.* Persona de modales bruscos y algo insolentes.

jaropar *v. tr., fam.* Dar a alguien muchos jaropes medicinales.

jarope *s. m.* **1.** Jarabe. **2.** *fig. y fam.* Trago amargo o bebida desabrida.

jaropear *v. tr.* Dar con frecuencia jaropes.

jaroso, sa *adj.* Lleno de jaras.

jarra *s. f.* Vasija con cuello y boca anchos y una o más asas.

jarrear *v. intr., fig.* Llover copiosamente.

jarrero, ra *s. m. y s. f.* Persona que hace o vende jarros.

jarrete *s. m.* **1.** Corva de la rodilla. **2.** Parte alta y carnuda de la pantorrilla hacia la corva.

jarretera *s. f.* Liga con que se ata la media o el calzón por el jarrete.

jarro *s. m.* Vasija a manera de jarra y con solo un asa.

jarrón *s. m.* Vaso labrado.

jaspe *s. m.* Piedra silícea de grano fino, de colores variados formando vetas.

jaspeado, da *adj.* Veteado o salpicado de pintas como el jaspe.

jaspear *v. tr.* Pintar imitando las vetas y salpicaduras del jaspe.

jaspón *s. m.* Mármol de grano grueso.

jato, ta *s. m. y s. f.* Ternero.

jauja *s. f.* Nombre con que se denota todo lo que quiere presentarse como tipo de prosperidad y abundancia.

jaula *s. f.* Caja hecha con listones de madera, mimbres, alambres, etc., dispuesta para encerrar animales.

jauría *s. f.* Conjunto de perros de caza.

jayán, na *s. m. y s. f.* Persona de gran estatura y de mucha fuerza.

jazmín *s. m.* Arbusto oleáceo de jardín, de flores blancas muy olorosas.

jebe *s. m.* Alumbre.

jedive *s. m.* Título del virrey de Egipto.

jefatura *s. f.* Cargo de jefe.

jefe, fa *s. m. y s. f.* Superior de un cuerpo u oficio.

Jehová *n. p.* Nombre de Dios, el Ser Supremo en la lengua hebrea.

jeito *s. m.* Red usada en el Cantábrico para la pesca de la anchoa y la sardina.

jemal *adj.* Que tiene la distancia y la longitud del jeme.

jeme *s. m.* Distancia que hay desde la extremidad del dedo pulgar a la del dedo índice.

jengibre *s. m.* Planta cingiberácea, cuyo rizoma es de olor aromático y de sabor acre y picante. Se usa en medicina y como especia.

jenízaro *s. m.* Soldado de infantería de la antigua guardia del emperador de los turcos.

jeque *s. m.* Régulo que entre los musulmanes y otros pueblos orientales gobierna un territorio.

jerapillina *s. f.* Vestido viejo o andrajoso.

jerarca *s. m.* Superior en la jerarquía eclesiástica.

jerarquía *s. f.* Orden o grado.

jerárquico, ca *adj.* Perteneciente o relativo a la jerarquía.

jerarquizar *v. tr.* Organizar jerárquicamente alguna cosa.

jerbo *s. m.* Mamífero roedor, del tamaño de una rata, y que vive en el norte de África.

jerga¹ *s. f.* Tela tosca de lana.

jerga² *s. f.* Lenguaje especial que usan los personas de ciertas profesiones y oficios.

jergón *s. m.* Colchón de paja, esparto o hierba, sin bastas.

jerguilla *s. f.* Tela delgada de seda o lana, o mezcla de una y otra, que se parece en el tejido a la jerga.

jeribeque *s. m.* Guiño, visaje, contorsión.

jerife *s. m.* Descendiente de Mahoma por su hija Fátima, esposa de Alí.

jerigonza *s. f.* **1.** Lenguaje especial de estudiantes, toreros, etc. **2.** Lenguaje difícil de entender. **3.** Acción ridícula.

jeringa *s. f.* Instrumento para aspirar o impeler líquidos.

jeringar *v. tr.* **1.** Inyectar un líquido por medio de la jeringa. **2.** *fig. y fam.* Molestar, enfadar a alguien. También prnl.

jeringuilla *s. f.* Jeringa pequeña en la que se enchufa una aguja hueca de punta aguda cortada a bisel, y sirve para inyectar sustancias medicamentosas en tejidos u órganos.

jeroglífico *s. m.* Conjunto de signos y figuras con que se expresa una frase, y cuyo descifre constituye generalmente un pasatiempo o juego de ingenio.

jerpa *s. f.* Sarmiento estéril que las vides echan junto al tronco.

jerricote *s. m.* Guiso compuesto de almendras, azúcar, salvia y jengibre, cocido todo en caldo de gallina.

jersey *s. m.* Prenda de vestir, que cubre desde los hombros hasta la cintura.

Jesucristo *n. p.* Para los cristianos, nombre del hijo de Dios hecho hombre.

jesuita *adj.* Se dice del religioso de la Compañía de Jesús. También s. m.

Jesús *n. p.* Jesucristo.

jeta *s. f.* **1.** Boca saliente. **2.** Cara o parte anterior de la cabeza. **3.** Hocico de cerdo.

ji *s. f.* Vigésima segunda letra del alfabeto griego.

jibia *s. f.* Molusco cefalópodo muy parecido al calamar y comestible.

jibión *s. m.* Concha de la jibia.

jícara *s. f.* Vasija pequeña que suele emplearse para tomar chocolate.

jifa *s. f.* Desperdicio que se tira en el matadero al descuartizar las reses.

jifería *s. f.* Oficio de jifero, consistente en matar y desollar las reses.

jifero, ra *adj.* **1.** Relativo al matadero. || *s. m.* **2.** Cuchillo con que matan las reses. **3.** Oficial que mata las reses.

jijona *s. f.* Turrón blando que se fabrica en la ciudad del mismo nombre, en la provincia de Alicante.

jilguera *s. f.* Hembra del jilguero.

jilguero *s. m.* Pájaro que canta bien y se domestica fácilmente.

jimelga *s. f.* Refuerzo de madera que se da a los palos, vergas, etc.

jinestada *s. f.* Salsa de leche, harina de arroz, especias, dátiles y otros ingredientes.

jineta *s. f.* Arte de montar a caballo con los estribos cortos y las piernas dobladas.

jinete *s. m.* **1.** Soldado que peleaba con lanza y adarga montado a caballo. **2.** Persona que cabalga.

jinetear *v. intr.* Andar a caballo alardeando de gala y primor, principalmente por los sitios públicos.

jinglar *v. intr.* Moverse de una parte a otra colgado, como en el columpio.

jingoísmo *s. m.* Patriotería exaltada que propugna la agresión contra las demás naciones.

jipijapa *s. f.* Tira flexible que se emplea para tejer sombreros y otros objetos.

jira[1] *s. f.* Pedazo algo grande y largo que se corta o rasga de una tela.

jira[2] *s. f.* Banquete o merienda campestre.

jirafa *s. f.* Mamífero rumiante de cuello largo y esbelto, y pelaje rubio con manchas leonadas.

jirel *s. m.* Gualdrapa rica de caballo.

jiride *s. f.* Lirio hediondo, íride, cuyo rizoma se ha usado en medicina.

jirofina *s. f.* Salsa de bazo de carnero, pan tostado y otros ingredientes.

jirón *s. m.* Pedazo desgarrado del vestido o de otra prenda cualquiera.

jiu-jitsu *s. m.* Sistema de lucha japonesa.

jockey *s. m.* Yóquei.

jocó *s. m.* Orangután.

jocosidad *s. f.* **1.** Cualidad de jocoso. **2.** Chiste, donaire.

jocoso, sa *adj.* Gracioso, festivo.

jocundidad *s. f.* Alegría, apacibilidad.

jocundo, da *adj.* Jovial, plácido, alegre y agradable.

joder *v. intr., vulg.* **1.** Practicar el coito, fornicar. || *v. tr.* **2.** Molestar, fastidiar. También prnl.

jofaina *s. f.* Vasija ancha y poco profunda.

jolgorio *s. m., fam.* Diversión ruidosa.

jollín *s. m., fam.* Gresca, jolgorio.

jónico *s. m.* Orden arquitectónico de la Antigua Grecia.

jonjobar *v. tr., fam.* Engatusar, lisonjear.

jordán *s. m., fig.* Lo que remoza, hermosea y purifica.

jorfe *s. m.* **1.** Muro de sostenimiento de tierras. **2.** Peñasco tajado que forma despeñadero.

jorguín, na *s. m. y s. f.* Hechicero.

jornada *s. f.* Camino que se anda en un día de viaje.

jornal *s. m.* Estipendio que gana el trabajador por cada día de trabajo.

jornalero, ra *s. m. y s. f.* Persona que trabaja a jornal.

joroba *s. f.* Deformidad producida por desviación de la columna.

jorobado, da *adj.* Corcovado, cheposo.

jorobar *v. tr., fig.* Fastidiar, molestar. También prnl.

josa *s. f.* Huerto sin cerca plantado de vides y árboles frutales.

jostrado, da *adj.* Se aplica al virote guarnecido de un cerco de hierro.

jota[1] *s. f.* Nombre de la letra "j".

jota[2] *s. f.* Baile popular propio de Aragón, Valencia y Navarra.

joven *adj.* De poca edad. También s. m. y s. f.

jovenado *s. m.* Tiempo que están los religiosos o religiosas en algunas órdenes, después de la profesión, bajo la dirección de un maestro.

jovenzuelo, la *adj.* Despectivamente, joven.

jovial *adj.* **1.** Perteneciente o relativo a Jove o Júpiter. **2.** Alegre, festivo.

jovialidad *s. f.* Alegría y apacibilidad de carácter.

joya *s. f.* Objeto de metal precioso, algunas veces con perlas o piedras finas, que sirve para adorno de las personas.

joyante *adj.* Se dice de la seda muy fina y de mucho lustre.

joyel *s. m.* Joya pequeña.

joyelero *s. m.* Guardajoyas, joyero.

joyería *s. f.* Establecimiento donde se hacen o venden joyas.

joyero, ra *s. m.* **1.** Estuche para guardar joyas. ‖ *s. m. y s. f.* **2.** Persona que tiene por oficio hacer o vender joyas.

juanas *s. f. pl.* Palillos que usan los guanteros para ensanchar los dedos de los guantes.

juanete *s. m.* Hueso del nacimiento del dedo grueso del pie, cuando sobresale demasiado.

juanetero *s. m.* Marinero encargado de la maniobra de los juanetes.

juanetudo, da *adj.* Que tiene juanetes.

juarda *s. f.* Suciedad que sacan el paño o la seda por estar éstos mal desengrasados en el momento de su fabricación.

juardoso, sa *adj.* Que tiene juarda.

jubete *s. m.* Coleto cubierto de malla de hierro que usaron los soldados españoles hasta fines del s. XV.

jubilación *s. f.* Haber pasivo que disfruta la persona jubilada.

jubilar *v. tr.* **1.** Eximir del servicio a un funcionario, por razón de ancianidad o imposibilidad física. ‖ *v. prnl.* **2.** Conseguir la jubilación.

jubileo *s. m.* **1.** Fiesta pública que celebraban los hebreos cada cincuenta años. **2.** Entre los cristianos, indulgencia plenaria, solemne y universal concedida por el Papa.

júbilo *s. m.* Gran alegría, manifestada especialmente con signos exteriores.

jubiloso, sa *adj.* Lleno de júbilo, alegre.

jubón *s. m.* Vestidura que cubre desde los hombros hasta la cintura, y que va ceñida y ajustada al cuerpo.

jubonero, ra *s. m. y s. f.* Persona que tenía por oficio hacer jubones.

judas *s. m.* Persona traidora.

judería *s. f.* Barrio de los judíos.

judía *s. f.* Planta leguminosa que se cultiva en las huertas por su fruto, comestible lo mismo seco que verde, de tallos volubles, hojas trifoliadas, flores blancas y fruto en vainas aplastadas con varias semillas.

judiar *s. m.* Tierra sembrada de judías.

judicatura *s. f.* **1.** Ejercicio de juzgar. **2.** Dignidad o empleo de juez y tiempo que dura.

judicial *adj.* Perteneciente o relativo al juicio, a la administración de justicia o a la judicatura.

judiciario, ria *s. m. y s. f.* Persona que profesa o se dedica a esta ciencia.

judío, a *adj.* Hebreo. También s. m. y s. f.

judión *s. m.* Variedad de judía, de hoja mayor y más redonda, y con las vainas más anchas.

juego *s. m.* **1.** Acción y efecto de jugar. **2.** Actividad recreativa sometida a ciertas reglas y en la cual se gana o se pierde.

juerga *s. f., fam.* Diversión.

juerguista *adj.* Aficionado a las juergas.

jueves *s. m.* Día de la semana comprendido entre el miércoles y el viernes.

juez *s. m. y s. f.* Persona que tiene potestad para juzgar y sentenciar.
jugada *s. f.* **1.** Acción de jugar el jugador cuando le toca el turno. **2.** Lance de juego que de este acto se origina.
jugador, ra *adj.* **1.** Que juega. También s. m. y s. f. **2.** Que tiene el vicio de jugar. También s. m. y s. f.
jugar *v. intr.* **1.** Hacer algo con el solo fin de entretenerse. **2.** Retozar.
jugarreta *s. f., fam.* Jugada mal hecha.
juglar *s. m.* Persona que por dinero iba por cortes, castillos y fiestas recitando, cantando, bailando y haciendo juegos.
juglaresa *s. f.* Mujer juglar.
juglaría *s. f.* Arte de los juglares.
jugo *s. m.* Líquido contenido en ciertas sustancias animales o vegetales, que puede extraerse por presión, cocción, etc.
jugoso, sa *adj.* **1.** Que tiene jugo. **2.** *fig.* Sustancioso.
juguete *s. m.* Objeto hecho expresamente para que jueguen los niños.
juguetear *v. intr.* Entretenerse jugando.
jugueteo *s. m.* Acción de juguetear.
juguetería *s. f.* Fábrica o comercio de juguetes.
juguetón, na *adj.* Que juega o retoza con frecuencia.
juicio *s. m.* **1.** Facultad del ser humano, gracias a la cual puede distinguir el bien del mal y lo verdadero de lo falso. **2.** *fig.* Seso, cordura. **3.** *fig.* Opinión.
juicioso, sa *adj.* Que tiene juicio.
julepe *s. m.* **1.** Poción de aguas destiladas, jarabes y otras materias medicinales. **2.** Cierto juego de naipes.
julio[1] *s. m.* Séptimo mes del año.
julio[2] *s. m.* Unidad de trabajo.
julo *s. m.* Res o caballería que va a la cabeza de las demás en el ganado o la recua.
jumenta *s. f.* Hembra del asno.
jumental *adj.* Perteneciente o relativo al jumento o asno.
jumento *s. m.* Asno.
juncal *adj.* **1.** Perteneciente o relativo al junco. **2.** *fig.* Se dice del cuerpo humano flexible, airoso.
juncar *s. m.* Sitio poblado de juncos.
juncia *s. f.* Planta ciperácea, medicinal y olorosa, especialmente su rizoma.
juncial *s. m.* Sitio poblado de juncias.
junco *s. m.* Planta juncácea, que se cría en parajes húmedos.
juncoso, sa *adj.* **1.** Parecido al junco. **2.** Se aplica al terreno poblado de juncos.
jungla *s. f.* Extensión de terreno con abundantísima flora. Se encuentra principalmente en Asia y América.
junio *s. m.* Sexto mes del año.
júnior *adj.* Se dice de la categoría que engloba a los deportistas más jóvenes.
junquera *s. f.* Junco, planta.
junquillo *s. m.* Planta de jardinería, especie de narciso, de flores amarillas muy olorosas y tallo liso.
junta *s. f.* **1.** Reunión de varias personas para tratar de un asunto. **2.** Unión de dos o más cosas.
juntar *v. tr.* **1.** Unir unas cosas con otras. **2.** Agrupar en un mismo lugar. También prnl.
juntera *s. f.* Garlopa que se utiliza para cepillar el canto de las tablas.
junto, ta *adj.* **1.** Unido, cercano. ‖ *adv. l.* **2.** Seguido de la prep. "a", cerca de.
juntura *s. f.* Parte o lugar en que se juntan o unen dos o más cosas.
jura *s. f.* Juramento.
jurado *s. m.* Tribunal que tiene a su cargo determinar y declarar el hecho justiciable o la culpabilidad del acusado.
jurador, ra *adj.* Que declara en juicio con juramento. También s. m. y s. f.
juraduría *s. f.* Cargo y dignidad de jurado.
juramentar *v. tr.* **1.** Tomar juramento a alguien. ‖ *v. prnl.* **2.** Obligarse con juramento.
juramento *s. m.* Aseveración de una cosa, poniendo a Dios por testigo, en sí mismo o en sus criaturas.
jurar *v. tr.* Afirmar o negar una cosa por un juramento.
jurdía *s. f.* Especie de red para pescar.
jurel *s. m.* Pez teleósteo marino.
jurídico, ca *adj.* Que atañe al derecho o se ajusta a él.
jurisconsulto, ta *s. m. y s. f.* Persona que se dedica a la ciencia del derecho.
jurisdicción *s. f.* Autoridad que tiene alguien para gobernar y poner en ejecución las leyes.
jurisdiccional *adj.* Perteneciente o relativo a la jurisdicción.

jurispericia *s. f.* Jurisprudencia.

jurisperito, ta *s. m. y s. f.* Persona versada en el derecho civil y canónico.

jurisprudencia *s. f.* Ciencia del derecho.

jurista *s. m. y s. f.* Persona que estudia o profesa la ciencia del derecho.

juro *s. m.* Derecho perpetuo de propiedad.

jusello *s. m.* Potaje que se hacía con caldo de carne, perejil, queso y huevos.

justa *s. f.* Pelea o combate singular a caballo y con lanza.

justar *v. intr.* Pelear en las justas.

justicia *s. f.* Virtud que consiste en poner en práctica el derecho que asiste a toda persona.

justiciar *v. tr.* Condenar, sentenciar.

justiciero, ra *adj.* Que observa y hace observar estrictamente la justicia.

justificable *adj.* Que se puede justificar.

justificación *s. f.* **1.** Acción o efecto de justificar o justificarse. **2.** Prueba que se hace de la inocencia o bondad de una persona, un acto o una cosa.

justificado, da *adj.* **1.** Conforme a justicia y razón. **2.** Que obra según justicia y razón.

justificante *s. m.* Documento justificativo.

justificar *v. tr.* **1.** Probar una cosa con razones o argumentos. **2.** Rectificar una cosa. **3.** Hacer Dios justo a alguien dándole la gracia.

justificativo, va *adj.* Que sirve para justificar una cosa.

justillo *s. m.* Prenda interior de vestir, ceñida y sin mangas, que no baja de la cintura.

justipreciación *s. f.* Acción y efecto de justipreciar.

justipreciar *v. tr.* Apreciar o tasar una cosa.

justo, ta *adj.* Que obra según justicia y razón. También s. m. y s. f.

juvenil *adj.* Perteneciente o relativo a la juventud.

juventud *s. f.* **1.** Edad que media entre la niñez y la edad adulta. **2.** Conjunto de jóvenes.

juzgado *s. m.* **1.** Junta de jueces que concurren a dar sentencia. **2.** Sitio donde se juzga.

juzgador, ra *adj.* Que juzga.

juzgamundos *adj., fig. y fam.* Se dice de la persona murmuradora.

juzgar *v. tr.* **1.** Deliberar, quien tiene autoridad para ello, acerca de la culpabilidad de una persona o acerca de alguna cuestión, y pronunciar sentencia. **2.** Persuadirse de una cosa, creerla.

K

k *s. f.* Undécima letra del abecedario español y octava de sus consonantes.

ka *s. f.* Nombre de la letra "k".

kabuki *s. m.* Género teatral japonés que trata principalmente temas míticos o históricos, con gran aparato de disfraces y preludios musicales y de danza.

káiser *s. m.* Título de emperador de Alemania.

kamikaze *s. m.* **1.** Nombre dado en la Segunda Guerra Mundial a los aviadores japoneses que estrellaban intencionadamente sus aparatos contra objetivos enemigos. ‖ *s. m. y s. f.* **2.** Persona de conducta temeraria.

kan *s. m.* Príncipe o jefe, entre los tártaros.

kantismo *s. m.* Sistema filosófico fundado por Kant a fines del s. XVIII, basado principalmente en la crítica del conocimiento.

kappa *s. f.* Décima letra del alfabeto griego.

karaoke *s. m.* Local público dotado de un escenario, al que se accede para cantar una canción con la música pregrabada.

kárate *s. m.* Método de lucha, principalmente de autodefensa.

karateca *adj.* Que practica kárate.

karma *s. f.* Creencia de la religión y filosofía hinduista según la cual los hechos realizados en una vida anterior mediatizan las vidas posteriores.

karst *s. m.* Tipo de relieve peculiar de las zonas calizas, que se caracteriza por la presencia de cañones, galerías, uvalas, dolinas y poljés.

kárstico, ca *adj.* Perteneciente o relativo al karst, o con características de él.

karstificación *s. f.* Acción disolvente del agua que da lugar a la formación de relieves calizos.

kart *s. m.* Vehículo de competición u ocio dotado de motor de explosión, con un chasis simple sin carrocería y desprovisto de suspensiones.

katiuska *s. f.* Bota de goma que no deja pasar el agua y que llega hasta media pierna o hasta la rodilla.

kéfir *s. m.* Leche fermentada artificialmente y que contiene ácido láctico, alcohol y ácido carbónico.

kenaf *s. m.* Planta de la familia del algodón, de la que se obtiene una fibra que se emplea en la confección de sacos y papel.

kendo *s. m.* Arte marcial japonés que se practica con espadas de bambú.

kentia *s. f.* Planta ornamental de la familia de las palmas.

kermés *s. f.* Fiesta popular al aire libre, generalmente de carácter benéfico.

kilim *s. m.* Alfombra oriental de pequeñas dimensiones, con motivos geométricos y de vivos colores.

kilo *s. m.* **1.** Kilogramo. **2.** *fam.* Un millón de pesetas.

kilobyte *s. m.* Unidad de medida en informática equivalente a 1 024 bytes.

kilocaloría *s. f.* Unidad de energía térmica equivalente a 1 000 calorías.

kilogramo *s. m.* Unidad de masa en el Sistema Internacional, que equivale a 1 000 gramos.

kilolitro *s. m.* Medida de capacidad que tiene 1 000 litros.

kilometraje *s. m.* **1.** Medida de una distancia en kilómetros. **2.** Cantidad de kilómetros recorridos.

kilómetro *s. m.* Medida de longitud en el Sistema Internacional que tiene 1 000 metros.

kilovatio *s. m.* Unidad de potencia eléctrica equivalente a 1 000 vatios.

kilt *s. m.* Falda de tela de cuadros que forma parte del traje nacional masculino de los escoceses.

kimono *s. m.* Quimono.

kiosko *s. m.* Quiosco.

kirsch *s. m.* Bebida alcohólica, llamada también aguardiente de cerezas, que se obtiene por destilación del zumo fermentado de las cerezas maduras.

kit *s. m.* **1.** Colección de cosas que se empaquetan conjuntamente para un uso concreto. **2.** Conjunto de piezas acompañadas de instrucciones para que el usuario pueda montar él mismo un objeto.

kiwi *s. m.* **1.** Ave nocturna con un gran pico curvado y alas rudimentarias, que habita en los bosques de Nueva Zelanda. **2.** Arbusto trepador de flores blancas o amarillas y fruto comestible de piel vellosa y pulpa de color verde.

knock-out *s. m.* En boxeo, fuera de combate.

koala *s. m.* Mamífero marsupial que pasa la mayor parte de su vida en los árboles de los bosques australianos.

koljós *s. m.* Tipo de cooperativa agrícola de producción en la antigua Unión Soviética, basado en la dirección estatal de los planes de cultivo y la supresión de propiedad privada.

L

l *s. f.* **1.** Duodécima letra del abecedario español y novena de sus consonantes. **2.** Letra que tiene el valor de 50 en la numeración romana.

la[1] *art. det.* **1.** Forma del artículo determinado en género femenino y número singular. ‖ *pron. pers.* **2.** Forma átona del pronombre personal de tercera persona, género femenino y número singular, que funciona como complemento directo.

la[2] *s. m.* Nota musical, sexta voz de la escala fundamental.

lábaro *s. m.* Estandarte de los emperadores romanos, en el cual mandó Constantino bordar la cruz y el monograma de Cristo.

labelo *s. m.* Pétalo mayor de la flor de las orquídeas, por lo común dirigido hacia abajo y de forma extraordinaria.

laberíntico, ca *adj.* **1.** Perteneciente o relativo al laberinto. **2.** *fig.* Enmarañado, confuso.

laberinto *s. m.* **1.** Lugar artificiosamente formado de calles, encrucijadas y plazuelas intrincadas para que, confundiéndose la persona que está dentro, no pueda acertar con la salida. **2.** *fig.* Cosa confusa y enredada.

labia *s. f., fam.* Verbosidad persuasiva y gracia en el hablar.

labializar *v. tr.* Dar carácter labial a un sonido.

lábil *adj.* **1.** Que resbala o se desliza fácilmente. **2.** Frágil, caduco, débil. **3.** Se dice del compuesto fácil de transformar en otro más estable.

labio *s. m.* Cada una de las dos partes exteriores, carnosas y movibles de la boca que cubren la dentadura.

labiodental *adj.* **1.** Se dice de las consonantes que se articulan aplicando el labio inferior al borde de los incisivos superiores, como la "f". **2.** Se dice de la letra que representa este sonido.

labor *s. f.* Labranza, en especial la de las tierras que se siembran.

laborable *adj.* Que se puede trabajar.

laborar *v. tr.* **1.** Labrar. ‖ *v. intr.* **2.** *fig.* Gestionar o intrigar con algún designio.

laboratorio *s. m.* Local dispuesto para llevar a cabo en él experimentos científicos, operaciones químicas, farmacéuticas, etc.

laboreo *s. m.* **1.** Cultivo del campo. **2.** Arte de explotar las minas, haciendo las labores o excavaciones necesarias, fortificándolas, disponiendo el tránsito por ellas y extrayendo las menas aprovechables.

laborío *s. m.* Labor.

laboriosidad *s. f.* Aplicación al trabajo.

laborioso, sa *adj.* Trabajador, aficionado al trabajo.

labra *s. f.* Acción y efecto de labrar piedra, maderas, etc.

labrado, da *adj.* Se aplica a las telas o géneros que tienen alguna labor, en contraposición de los lisos.

labrador, ra *adj.* Que labra la tierra.

labradorita *s. f.* Feldespato laminar de color gris.

labrandero, ra *s. m. y s. f.* Persona que sabe labrar.

labrantín *s. m. y s. f.* Labrador de poco caudal.

labrantío, a *adj.* Se aplica al campo o tierra de labor.

labranza *s. f.* Cultivo de los campos.

labrar *v. tr.* **1.** Trabajar en un oficio. **2.** Cultivar la tierra. **3.** Arar. **4.** Coser o bordar, o hacer otras labores de costura.

labriego, ga *s. m. y s. f.* Labrador rústico.

labrusca *s. f.* Vid silvestre.

laca *s. f.* **1.** Sustancia resinosa, traslúcida y frágil, formada en las ramas de varios árboles de Oriente. **2.** Barniz duro y brillante fabricado con esta sustancia.

lacayo *s. m.* Criado de librea, cuya principal ocupación era acompañar a su amo a pie, a caballo o en coche.

laceración *s. f.* Acción y efecto de lacerar o lastimar.

lacerar *v. tr.* **1.** Lastimar, magullar, herir. **2.** *fig.* Dañar, vulnerar.

lacinia *s. f.* Cada una de las tirillas estrechas y largas, de forma irregular, en que se dividen las hojas, sépalos o pétalos de algunas plantas.

lacio, cia *adj.* **1.** Marchito, ajado. **2.** Flojo, sin vigor.

lacón *s. m.* Brazuelo del cerdo, y especialmente su carne curada.

lacónico, ca *adj.* Breve, conciso.

lacra *s. f.* **1.** Reliquia o señal de una enfermedad. **2.** Defecto o vicio de una cosa, físico o moral.

lacrar[1] *v. tr.* **1.** Dañar la salud de alguien, pegarle una enfermedad. También prnl. **2.** *fig.* Dañar o perjudicar a alguien en sus intereses.

lacrar[2] *v. tr.* Cerrar con lacre.

lacre *s. m.* Pasta compuesta de goma, laca y trementina, con añadidura de bermellón o de otro color, que se emplea derretida, para cerrar y sellar cartas, documentos, etc.

lacrimal *adj.* Perteneciente o relativo a las lágrimas.

lacrimógeno, na *adj.* Que produce lagrimeo. Se dice especialmente de algunos gases.

lacrimoso, sa *adj.* Que tiene lágrimas.

lactancia *s. f.* Período de la vida en que la criatura mama.

lactar *v. tr.* **1.** Amamantar. **2.** Criar con leche.

lactato *s. m.* Cualquier sal formada por la combinación del ácido láctico con una base o un alcohol.

lácteo, a *adj.* Perteneciente o relativo a la leche o parecido a ella.

lactescente *adj.* De aspecto de leche.

lacticinio *s. m.* Leche o cualquier manjar compuesto con ella.

láctico *adj.* Perteneciente o relativo a la leche.

lactífero *adj.* Se dice de los conductos por donde pasa la leche hasta llegar a los pezones de la mamas.

lactómetro *s. m.* Instrumento para medir la densidad de la leche.

lactosa *s. f.* Lactina, azúcar de la leche.

lactumen *s. m.* Costra láctea, erupción cutánea que suelen padecer los niños que maman.

lacustre *adj.* Perteneciente o relativo a los lagos.

ládano *s. m.* Sustancia resinosa que fluye de las hojas y ramas de la jara.

ladear *v. tr.* **1.** Inclinar y torcer una cosa hacia un lado. También intr. y prnl. ‖ *v. intr.* **2.** Andar o caminar por las laderas.

ladera *s. f.* Declive de un monte o de una altura.

ladilla *s. f.* Insecto unipolar, próximo a los piojos, que vive parásito en las partes vellosas del cuerpo humano.

ladino, na *adj., fig.* Sagaz, taimado.

lado *s. m.* Lo que está a la derecha o a la izquierda de un todo.

ladrar *v. intr.* Dar ladridos el perro.

ladrido *s. m.* **1.** Voz del perro. **2.** *fig. y fam.* Murmuración, censura, calumnia con que se zahiere a alguien.

ladrillo *s. m.* Masa de arcilla cocida, en forma de paralelepípedo rectangular, usado en albañilería.

ladrón, na *adj.* **1.** Que hurta o roba. ‖ *s. m.* **2.** Portillo hecho en un río para sacarle agua o en las acequias para robarla.

lagar *s. m.* Recipiente donde se pisa la uva.

lagarta *s. f.* Insecto lepidóptero parecido al gusano de seda.

lagartija *s. f.* Nombre común a aquellas especies de saurios de la familia de los lacértidos, cuya longitud no suele pasar de los 15 cm; son muy ágiles y asustadizas.

lagarto *s. m.* Reptil saurio de cuerpo largo y casi cilíndrico, cola larga y cónica, sumamente ágil, inofensivo y muy útil para la agricultura.

lago *s. m.* Gran masa de agua en hondonadas del terreno.

lagotear *v. intr., fam.* Hacer halagos y zalamerías para conseguir una cosa.

lagotería *s. f., fam.* Zalamería.

lágrima *s. f.* Cada una de las gotas del humor que destila la glándula lagrimal y que vierten los ojos por causas morales o físicas.

lagrimal *adj.* **1.** Se dice de los órganos de secreción y excreción de las lágrimas. ‖ *s. m.* **2.** Extremidad del ojo próxima a la nariz. **3.** Úlcera que suele formarse en la axila de las ramas cuando éstas se desgajan algún tanto del tronco.

lagrimar *v. intr.* Llorar.

lagrimear *v. intr.* Secretar con frecuencia lágrimas la persona que llora fácil o involuntariamente.

lagrimoso, sa *adj.* Se aplica a los ojos tiernos y húmedos y a la persona o animal que así los tiene.

laguna *s. f.* Depósito natural de agua, por lo común de agua dulce y de menores dimensiones que el lago.

lagunar *s. m.* **1.** Hueco que dejan los maderos con que se forma un techo artesonado. **2.** Charco, lagunajo.

lagunajo *s. m.* Charco que queda en el campo después de haber llovido o haberse inundado.

laico, ca *adj.* Lego o que no tiene órdenes clericales.

laísmo *s. m.* Empleo indebido de los pronombres "la" o "las" tanto en el dativo como en el acusativo del pronombre "ella".

laja *s. f.* **1.** Lancha, piedra lisa. **2.** Bajo de piedra, a manera de meseta llana.

lama[1] *s. f.* Cieno blando, que se halla en el fondo del mar o de los ríos, y en el de los vasos o parajes donde hay o ha habido agua estancada.
lama[2] *s. m.* Sacerdote de los tártaros occidentales, cercanos a China.
lambda *s. f.* Undécima letra del alfabeto griego que corresponde a nuestra "ele".
lambel *s. m.* Pieza que tiene la figura de una faja con tres caídas muy semejantes a las gotas de la arquitectura.
lambrequín *s. m.* Adorno, generalmente en forma de hojas de acanto, que baja de lo alto del casco y rodea el escudo.
lambrija *s. f.* **1.** Lombriz de tierra. **2.** *fig. y fam.* Persona muy flaca.
lambucear *v. intr.* Lamer, por glotonería, un plato o vasija.
lameculos *adj., fam.* Adulón.
lamedal *s. m.* Sitio con mucho cieno.
lamelibranquio, quia *adj.* Se dice de los moluscos marinos o de agua dulce, comestibles, no articulados, con branquias en forma de láminas, generalmente de concha bivalva que se cierra por ambos lados y se introducen en arena o madera, como el mejillón o la almeja.
lamentable *adj.* **1.** Que es digno de ser sentido o de llorarse. **2.** Que infunde tristeza y horror.
lamentación *s. f.* Queja con alguna muestra de dolor.
lamentar *v. tr.* Sentir una cosa con llanto u otra demostración de dolor. También intr. y prnl.
lamento *s. m.* Lamentación, queja.
lameplatos *adj., fig. y fam.* **1.** Se aplica a la persona que se alimenta de las sobras. **2.** *fig. y fam.* Se dice de la persona golosa.
lamer *v. tr.* Pasar repetidas veces la lengua por una cosa. También prnl.
lametón *s. m.* Acción de lamer con ansia.
lamido, da *adj.* **1.** Se dice de la persona flaca y de la muy pulida y limpia. **2.** *fig.* Relamido, afectado. **3.** *fig.* Que tiene aspecto muy terso y liso, por sobra de trabajo y esmero.
lámina *s. f.* **1.** Plancha delgada, especialmente de un metal. **2.** Plancha metálica en la cual está grabado un dibujo para estamparlo. **3.** Figura que se traslada al papel u otra materia; estampa.
laminador, ra *adj.* **1.** Se dice de la persona que tiene por oficio hacer láminas de metal. ‖ *s. m. y s. f.* **2.** Máquina compuesta esencialmente de dos cilindros que, girando en sentido contrario y comprimiendo masas de metales maleables, los reducen a láminas o planchas.
laminar *adj.* **1.** De forma de lámina. ‖ *v. tr.* **2.** Tirar láminas, planchas o barras. **3.** Guarnecer con láminas.
laminoso, sa *adj.* Se aplica a los cuerpos cuya tersura es laminar.
lámpara *s. f.* Utensilio para dar luz.
lamparilla *s. f.* Mariposa, candelilla que se enciende en un vaso con aceite.
lamparón *s. m.* Mancha que cae en la ropa, especialmente la de grasa.
lampazo *s. m.* Planta compuesta, de tallo grueso, flores purpúreas y de raíz diurética y depurativa.
lampiño, ña *adj.* **1.** Que no tiene barba. **2.** Que tiene poco pelo o vello.
lampo *s. m., poét.* Resplandor pronto y fugaz, como el del relámpago.
lamprea *s. f.* Nombre de varios peces petromizóntidos, de cuerpo cilíndrico y cola aplastada, sin escamas y con mucosas que los hacen muy escurridizos.
lamprear *v. tr.* Guisar una vianda friéndola o asándola primero, y cociéndola después en vino o agua con azúcar o miel y especia fina, a lo cual se añade agrio a la hora de servirla.
lampuga *s. f.* Pez teleóstomo perciforme, de la familia de los coriféndidos, que algunos llaman dorada; es marino y su carne es comestible, pero poco apreciada.
lana *s. f.* Pelo de las ovejas y carneros y de otros animales que lo tienen parecido al de estas reses, que sirve como materia textil.
lanada *s. f.* Instrumento para limpiar y refrescar el alma de las piezas de artillería después de haberlas disparado.
lanar *adj.* Se dice del ganado o la res que tiene lana.
lance *s. m.* **1.** Acción de echar la red para pescar. **2.** Pesca que se saca de una vez. **3.** Trance u ocasión crítica. **4.** En el poema dramático o en la novela, suceso, situación interesante o notable.
lanceolado, da *adj.* Se aplica a los objetos que tienen forma de lanza.
lancero *s. m.* Soldado que pelea con lanza.
lanceta *s. f.* Instrumento de acero, de corte en ambos lados y punta agudísima, que sirve para

sangrar y también para abrir tumores y otras cosas.

lancha[1] *s. f.* Piedra naturalmente lisa, plana y delgada.

lancha[2] *s. f.* Bote grande, propio para ayudar en las faenas que se ejecutan en los buques y para transportar carga y pasajeros en el interior de los puertos o entre puntos cercanos de la costa.

lancinar *v. tr.* Punzar, desgarrar la carne.

lancurdia *s. f.* Trucha pequeña.

landa *s. f.* Gran llanura de tierra en la que sólo se crían plantas silvestres.

landó *s. m.* Coche de cuatro ruedas, con capota delantera y trasera.

landre *s. f.* Tumor del tamaño de una bellota, que se forma en las zonas glandulosas, como el sobaco, la ingle o el cuello.

landrilla *s. f.* **1.** Larva de ciertos insectos que se fija debajo de la lengua y en las fosas nasales de diversos mamíferos. **2.** Cada uno de los granos que levanta en su picadura.

langosta *s. f.* **1.** Nombre común de diversos insectos ortópteros, saltadores, de costumbres migratorias, que se reproducen copiosamente y llegan a constituir verdaderas plagas que arrasan comarcas enteras. **2.** Crustáceo marino con caparazón muy fuerte y sin pinzas, cuya carne se tiene por manjar delicado.

langostino *s. m.* Crustáceo decápodo marino, de color grisáceo que se vuelve rosa con la cocción y cuya carne es muy apreciada.

langostón *s. m.* Insecto ortóptero parecido a la langosta.

languidecer *v. intr.* Adolecer de languidez, perder el espíritu o el vigor.

languidez *s. f.* **1.** Flaqueza, debilidad. **2.** Falta de espíritu, valor o energía.

lánguido, da *adj.* **1.** Flaco, débil, fatigado. **2.** De poco espíritu, valor y energía.

lanificio *s. m.* **1.** Arte de labrar lana. **2.** Obra hecha de lana.

lanilla *s. f.* **1.** Pelillo que le queda al paño por el haz. **2.** Tejido de poca consistencia hecho con lana fina.

lanolina *s. f.* Sustancia parecida a la grasa, que se extrae de la lana de la oveja y del casco del caballo. Se utiliza en terapéutica y cosmética como excipiente en pomadas o cremas penetrantes, por su propiedad de absorber agua, glicerina o soluciones salinas en cantidad igual o mayor que su peso.

lanosidad *s. f.* Pelusa o vello que tienen las hojas de algunas plantas, las frutas y otras cosas.

lanoso, sa *adj.* Que tiene mucha lana o vello.

lantano *s. m.* Metal raro de color del plomo que tiene la propiedad de arder fácilmente y descomponer el agua a la temperatura ordinaria.

lanudo, da *adj.* **1.** Que tiene mucha lana, velludo. **2.** Con pelos muy abundantes y cruzados a la manera de borra.

lanuginoso *adj.* **1.** Que tiene lanosidad, pelusa o vello. **2.** Con pelos cortos y blandos.

lanza *s. f.* Arma ofensiva compuesta de un asta en cuya extremidad está fijo un hierro puntiagudo y cortante.

lanzacabos *adj.* Se dice de un cañón pequeño que dispara un proyectil especial con un cabo delgado unido a otro más grueso, por el cual, palmeándose, pueden salvarse los náufragos.

lanzadera *s. f.* Instrumento de figura de barquichuelo con una canilla dentro, que usan los tejedores para tramar.

lanzallamas *s. m.* Aparato usado en las guerras modernas para lanzar a corta distancia un chorro de líquido inflamado.

lanzar *v. tr.* **1.** Arrojar. También prnl. **2.** Soltar, dejar libre.

lanzatorpedos *s. m.* Aparato que sirve para lanzar torpedos.

lanzón *s. m.* Lanza corta y gruesa, con un rejón de hierro ancho y grande.

laña *s. f.* Grapa, pieza de metal que sirve para unir o sujetar algunas cosas.

lañar *v. tr.* Trabar, unir con lañas una cosa.

lapa *s. f.* Nombre de algunos moluscos gasterópodos comestibles, que viven asidos fuertemente a las piedras de las costas.

lapachar *s. m.* Terreno cenagoso o excesivamente húmedo.

laparotomía *s. f.* Operación que consiste en abrir las paredes abdominales y el peritoneo.

lapicero *s. m.* **1.** Instrumento en que se coloca el lápiz para servirse de él. **2.** Lápiz, barrita de grafito.

lápida *s. f.* Piedra llana en que ordinariamente se pone una inscripción con carácter conmemorativo.

lapidación *s. f.* Acción y efecto de lapidar.

lapidar *v. tr.* Apedrear, matar a pedradas.

lapidario, ria *adj.* **1.** Perteneciente o relativo a las piedras preciosas. **2.** Perteneciente o relativo a las inscripciones en lápidas.

lapidificación *s. f.* Acción y efecto de lapidificar o lapidificarse.

lapidificar *v. tr.* Compactar o bien cementar los sedimentos sueltos transformándose en roca resistente.

lapislázuli *s. m.* Mineral de color azul intenso, silicato de aluminio, cal y sosa.

lápiz *s. m.* Nombre genérico de varias sustancias minerales que sirven para dibujar.

lapo *s. m., fam.* Cintarazo, bastonazo o varazo.

lapso *s. m.* Curso de un espacio de tiempo transcurrido.

laqueado, da *adj.* Cubierto o barnizado de laca.

lar *s. m.* Cada uno de los dioses de la casa u hogar en Roma.

lardáceo, a *adj.* **1.** Parecido o semejante al lardo. **2.** Se dice de la forma de degeneración grasa o amiloidea.

lardear *v. tr.* Untar con lardo o grasa lo que se está asando.

lardo *s. m.* **1.** Lo gordo del tocino. **2.** Grasa o unto de los animales.

lardón *s. m.* Adición hecha al margen en el original o en las pruebas.

lardoso, sa *adj.* Grasiento, pringoso.

largar *v. tr.* Aflojar, ir soltando poco a poco. **2.** Desplegar, soltar una cosa, como la bandera, las velas, etc. **3.** *fig.* Soltar, dejar libre, especialmente lo que es molesto, nocivo o peligroso. ‖ *v. prnl.* **4.** Irse alguien con presteza o disimulo.

largo, ga *adj.* Que tiene más o menos longitud.

largomira *s. m.* Catalejo.

larguero, ra *s. m.* Cada uno de los dos palos que se ponen a lo largo de una obra de carpintería, como los de las camas.

larguirucho, cha *adj., fam.* Se aplica a las personas y cosas desproporcionadamente largas.

largura *s. f.* Longitud.

laringe *s. f.* Órgano de la voz situado en las fauces delante del esófago; comunica por una abertura con el fondo de la boca y se une inferiormente con la tráquea.

laringitis *s. f.* Inflamación de la laringe.

laringología *s. f.* Parte de la patología, que estudia las enfermedades de la laringe.

laringoscopia *s. f.* Exploración de la laringe y de partes inmediatas a ella.

laringotomía *s. f.* Incisión que se hace en la laringe para extraer cuerpos extraños, extirpar tumores, pólipos, etc.

larva *s. f.* Insecto después de salir del huevo y antes de su primera transformación; su cuerpo es prolongado y cilíndrico.

larval *adj.* Perteneciente o relativo a la larva.

las *art. det.* **1.** Forma del artículo determinado en género femenino y número plural. ‖ *pron. pers.* **2.** Forma átona del pronombre personal de tercera persona en género femenino y número plural.

lasca *s. f.* Trozo pequeño y delgado desprendido de una piedra.

lascar *v. tr.* Aflojar o arriar muy poco a poco un cabo.

lascivia *s. f.* Propensión, tendencia a los placeres sexuales.

lascivo, va *adj.* Perteneciente o relativo a la lascivia o a la sensualidad.

lasitud *s. f.* Desfallecimiento, cansancio, falta de vigor y fuerzas.

laso, sa *adj.* **1.** Cansado. **2.** Flojo.

lastar *v. tr.* Suplir lo que otro debe pagar, con el derecho de reintegrarse.

lástima *s. f.* Enternecimiento y compasión que excitan los males de otro.

lastimar *v. tr.* **1.** Herir o hacer daño. También prnl. **2.** Compadecer. **3.** *fig.* Agraviar, ofender la estimación u honra.

lastimero, ra *adj.* **1.** Se aplica a las quejas, gemidos, lágrimas y otras demostraciones de dolor que mueven a lástima y compasión. **2.** Que hiere o hace daño.

lastimoso, sa *adj.* Que mueve a lástima y compasión.

lastón *s. m.* Planta gramínea cuya caña es de unos 60 cm de altura, con las hojas muy largas, cuyos ramos llevan multitud de florecillas con cabillo y con arista.

lastra *s. f.* Lancha, piedra plana y delgada.

lastrar *v. tr.* **1.** Poner el lastre a la embarcación.

lastre *s. m.* Piedra, arena, agua u otra cosa de peso que se pone en el fondo de la embarcación para que ésta se sumerja hasta donde convenga.

lata[1] *s. f.* **1.** Hoja de lata. **2.** Envase hecho de hojalata, con su contenido o sin él. **3.** *fig.* Discurso o conversación fastidiosa y, en general, todo lo que cansa o harta.

lataz *s. m.* Nutria marina que vive a orillas del océano Pacífico septentrional.

latebra *s. f.* Escondrijo, cueva, madriguera, refugio.

latebroso, sa *adj.* Que se oculta y se esconde y no se deja conocer.

latente *adj.* Oculto, escondido.

lateral *adj.* Que pertenece o está situado al lado de una cosa.

látex *s. m.* Jugo lechoso, de composición muy compleja, propio de los vegetales, que se coagula al contacto del aire y constituye las gomas, resinas, etc.

laticífero *adj.* Se dice de los vasos de los vegetales que contienen látex.

latido *s. m.* Movimiento alternativo de contracción y dilatación del corazón y las arterias.

latifundio *s. m.* Finca rústica de gran extensión, en especial cuando pertenece a un solo dueño.

látigo *s. m.* Azote con que se aviva y castiga, especialmente a las caballerías.

latiguear *v. intr.* Dar chasquidos con el látigo.

latigueo *s. m.* Acción de latiguear.

latiguillo *s. m.* **1.** Estolón, vástago que nace de la base del tallo. **2.** *fig. y fam.* Exceso declamatorio del actor u orador que, exagerando la expresión de los afectos o usando palabras o frases rimbombantes, pretende lograr un aplauso.

latín *s. m.* Lengua indoeuropea e itálica del Lacio hablada por los romanos antiguos.

latinismo *s. m.* Empleo en otro idioma de voces o giros que pertenecen a la lengua latina.

latinista *s. m. y s. f.* Persona versada en la lengua y literatura latina.

latinizar *v. tr.* Dar forma latina a voces de otra lengua.

latir *v. intr.* Dar latidos el corazón, las arterias, el pulso, etc.

latitud *s. f.* **1.** Extensión de un territorio, tanto en ancho como en largo. **2.** La menor de las dos dimensiones principales de una figura plana cualquiera, en contraposición a la mayor o longitud.

latitudinal *adj.* Que se extiende a lo ancho.

latitudinario, ria *adj.* Se aplica al que sostiene que puede haber salvación fuera de la Iglesia católica.

lato, ta *adj.* Dilatado, extendido.

latón *s. m.* Aleación de cobre y cinc de color amarillo pálido, susceptible de gran brillo y pulimento.

latoso, sa *adj.* Fastidioso, pesado.

latría *s. f.* Adoración, culto que sólo se debe a Dios.

latrocinio *s. m.* Hurto o costumbre de hurtar o defraudar a los demás.

laúd *s. m.* Instrumento musical de cuerda, de caja cóncava en su parte inferior, que se toca pulsando las cuerdas.

laudable *adj.* Digno de alabanza.

láudano *s. m.* Tintura o extracto de opio.

laudar *v. tr.* Fallar una cuestión el juez árbitro o el amigable componedor.

laude *s. f.* Lápida sepulcral, por lo común con una inscripción o escudo de armas.

laudes *s. f. pl.* Una de las partes del oficio divino, que se dice después de maitines, y que en el oficio romano, comprende cuatro salmos, antífonas, un cántico, un capítulo, un himno, un versículo y el Canto de Zacarías.

laudo *s. m.* Fallo que dictan los árbitros o amigables componedores.

laureado, da *adj.* Que ha sido recompensado con honor y gloria. Se dice especialmente de los militares que obtienen la cruz de San Fernando y también de esta insignia.

laurear *v. tr.* **1.** Coronar con laurel. **2.** Premiar, honrar.

laurel *s. m.* Árbol siempre verde, de hojas lanceoladas, aromáticas, que se usan mucho para condimento y entran en algunas preparaciones farmacéuticas; su fruto es en baya.

laurente *s. m.* Oficial que en los molinos de papel asiste a las tinas con las formas y hace los pliegos.

laureola *s. f.* **1.** Corona de laurel con la cual se premiaban las acciones heróicas o se coronaban los sacerdotes de los gentiles. **2.** Aureola.

laurífero, ra *adj.* Que produce o lleva laurel, corona o triunfo.

lauro *s. m.* Gloria, alabanza, triunfo.

lava *s. f.* Materias derretidas que salen de los volcanes al tiempo de la erupción.

lavable *adj.* Que puede lavarse.

lavabo *s. m.* **1.** Mesa con jofaina y demás recado para la limpieza y aseo personal. **2.** Cuarto dispuesto para este aseo.

lavadero *s. m.* **1.** Lugar en que se lava. **2.** Pila de lavar la ropa.

lavado *s. m.* Pintura a la aguada hecha con un solo color.

lavadura *s. f.* Acción y efecto de lavar o lavarse.

lavar *v. tr.* **1.** Limpiar una cosa con agua u otro líquido. También prnl. **2.** Dar los albañiles la última mano al blanqueado con un paño mojado.

lavativa *s. f.* **1.** Enema. **2.** Instrumento manual para realizarlo.

lavatorio *s. m.* Ceremonia de lavar los pies a algunos pobres que se hace el Jueves Santo, en memoria de haberlos lavado Jesucristo a sus apóstoles la noche de la Cena.

lavazas *s. f. pl.* Agua sucia o mezclada con las impurezas de lo que se lavó en ella.

lavotear *v. tr.* **1.** *fam.* Lavar deprisa, mucho y mal. ‖ *v. prnl.* **2.** Lavarse una persona mucho y con esmero.

laxante *s. m.* Medicamento para mover el vientre.

laxar *v. tr.* Aflojar, disminuir la tensión de una cosa, suavizarla. También prnl.

laxitud *s. f.* Calidad de laxo.

laxo, xa *adj.* Flojo.

laya *s. f.* Pala de hierro con cabo de madera que sirve para labrar y remover la tierra.

layar *v. tr.* Labrar la tierra con la laya.

lazada *s. f.* Atadura o nudo que se hace con hilo, cinta o cosa parecida, que se desata fácilmente tirando de uno de sus cabos.

lazar *v. tr.* Coger o sujetar con lazo.

lazareto *s. m.* Lugar fuera de poblado, donde se somete a observación y desinfección a los viajeros procedentes de lugares atacados por alguna epidemia.

lazarillo *s. m.* Muchacho que guía y dirige a un ciego.

lazo *s. m.* **1.** Atadura de cintas o cosa parecida que sirve de adorno. **2.** *fig.* Unión.

le *pron. pers.* **1.** Forma átona del pronombre personal de tercera persona, género masculino, femenino o neutro y número singular, que funciona como complemento indirecto. **2.** Forma átona del pronombre personal de tercera persona, género masculino y número singular, que funciona como complemento directo, cuando se trata de personas.

leal *adj.* Incapaz de traicionar, que guarda la debida fidelidad a personas o a cosas.

lealtad *s. f.* Cumplimiento de lo que exigen las leyes de la fidelidad y las del honor.

lebrato *s. m.* Liebre joven o de poco tiempo.

lebrel, la *adj.* Se dice del perro que tiene el labio superior y las orejas caídas, el hocico recio, el lomo recto, el cuerpo largo y las piernas hacia atrás.

lebrillo *s. m.* Vasija más ancha por el borde que por el fondo.

lección *s. f.* **1.** Lectura o acción de leer. **2.** Comprensión de un texto. **3.** Conjunto de conocimientos que cada vez da un maestro a sus discípulos o les señala para que lo estudien.

lechada *s. f.* Masa fina de cal o yeso, o de cal mezclada con arena, o de yeso con tierra, que sirve para blanquear paredes, para unir piedras o hiladas de ladrillo.

lechal *adj.* Se aplica al animal de cría que aún mama, en especial al cordero.

leche *s. f.* Líquido blanco y opaco que se forma en los pechos de las mujeres y de las hembras de los animales vivíparos para alimento de sus hijos o crías.

lechera *s. f.* Vasija en que se tiene o sirve la leche.

lechería *s. f.* Puesto donde se vende leche.

lechigada *s. f.* Conjunto de animalillos que han nacido de un parto y se crían juntos en un mismo sitio.

lechino *s. m.* Clavo de hilas que se introduce, a modo de drenaje, en las úlceras y heridas para facilitar la supuración.

lecho *s. m.* **1.** Cama con colchones, sábanas, etc., para descansar y dormir. **2.** *fig.* Terreno por donde corre un río.

lechón, na *s. m. y s. f.* Cochinillo que todavía mama.

lechuga *s. f.* Planta hortense herbácea, compuesta, que se cultiva en las huertas y sus hojas se comen en ensalada.

lechuza *s. f.* Ave rapaz nocturna, de cabeza redonda, pico corto y encorvado en la punta, ojos grandes y plumaje suave y amarillento.

lectivo, va *adj.* Se dice del tiempo y días destinados para dar lección en las universidades y demás centros de enseñanza.

lector, ra *adj.* **1.** Que lee. ‖ *s. m.* **2.** Aparato de leer microfilmes o microfichas. ‖ *s. m. y. s. f.* **2.** En la enseñanza de idiomas extranjeros, profesor auxiliar cuya lengua materna es la que se enseña.

lectorado *s. m.* Cargo de lector de idiomas.

lectoral *adj.* Se dice de la canonjía que se confía por oposición a un doctor o licenciado en teología, con la obligación de explicar la Escritura, y del canónigo que la desempeña.

lectoría *s. f.* En las comunidades religiosas, cargo de lector.

lectura *s. f.* Obra o cosa leída.

ledo, da *adj., poét.* Alegre, plácido, contento.

leer *v. tr.* **1.** Pasar la vista por lo escrito o impreso, haciéndose cargo del valor y significación de los caracteres empleados. **2.** Enseñar un profesor a sus oyentes alguna materia sobre un texto. **3.** *fig.* Penetrar el interior de alguien, por lo que exteriormente aparece, o adivinarle un secreto.

legación *s. f.* Cargo diplomático que da un Gobierno a un individuo para que le represente cerca de otro gobierno extranjero.

legado *s. m.* **1.** Manda que el testador deja en su testamento a una o varias personas. **2.** Personas que una suprema potestad eclesiástica o civil envía a otra para tratar un negocio.

legadura *s. f.* Cuerda, cinta u otra cosa que sirve para liar o atar.

legajo *s. m.* Atado de papeles o conjunto de los reunidos por tratar de una misma materia.

legal *adj.* Prescrito por la ley y conforme a ella.

legalidad *s. f.* Calidad de legal.

legalizar *v. tr.* **1.** Dar estado legal a una cosa. **2.** Certificar o comprobar la autenticidad de un documento o una firma.

légamo *s. m.* Cieno, lodo pegajoso.

legaña *s. f.* Humor producido por las glándulas sebáceas de los párpados, que se acumula en el borde de éstos y en los ángulos de la abertura ocular.

legar *v. tr.* Dejar una persona a otra alguna donación en su testamento.

legatorio, ria *s. m. y s. f.* Persona individual o colectiva favorecida por un legado.

legenda *s. f.* Historia o actas de la vida de un santo.

legendario, ria *adj.* Perteneciente o relativo a las leyendas.

legible *adj.* Que se puede leer.

legión *s. f.* **1.** Cuerpo de tropa romana compuesto de infantería y caballería. **2.** *fig.* Número indeterminado y copioso de personas o espíritus.

legionario, ria *s. m.* **1.** Soldado que servía en la legión romana. **2.** En los ejércitos modernos, soldado de algún cuerpo de los que tienen nombre de legión.

legislación *s. f.* **1.** Conjunto de leyes de un Estado o que hacen relación a una materia determinada. **2.** Ciencia de las leyes.

legislar *v. intr.* Dar o establecer leyes. También tr.

legislativo, va *adj.* Se aplica al derecho de hacer leyes.

legislatura *s. f.* Tiempo durante el cual funcionan los cuerpos legislativos del Estado.

legitimar *v. tr.* **1.** Justificar la verdad de una cosa o la calidad de una persona o cosa conforme a las leyes. **2.** Hacer legítimo al hijo que no lo era.

legitimidad *s. f.* Calidad de legítimo.

legítimo, ma *adj.* **1.** Conforme a las leyes. **2.** Cierto, genuino y verdadero.

lego, ga *adj.* **1.** Que no tiene órdenes clericales. **2.** Falto de letras o noticias.

legón *s. m.* Especie de azadón.

legra *s. f.* **1.** Instrumento que se emplea para legrar. **2.** En odontología, se utiliza para limpiar el sarro de los dientes.

legrar *v. tr.* **1.** Raer la superficie de los huesos con la legra, separando el periostio y la parte más superficial de la sustancia ósea. **2.** Raer la mucosa del útero.

legua *s. f.* Medida itineraria equivalente a 5 572 m y siete dm.

leguleyo, ya *s. m. y s. f.* Persona que trata de leyes no conociéndolas sino vulgar y escasamente.

legumbre *s. f.* Todo fruto o semilla seco que se cría en vaina.

leguminoso, sa *adj.* Se dice de hierbas, matas, arbustos, y árboles angiospermos dicotiledóneos con hojas casi siempre alternas, por lo general compuestas y con estípulas; sus flores son de corola irregular, amariposada, y fruto en legumbre con varias semillas sin albumen, como la acacia, el garbanzo, etc.

leíble *adj.* Legible, que se puede leer.

leísmo *s.* Empleo de la forma "le" del pronombre como acusativo masculino singular.

lejanía *s. f.* Parte distante o remota de un lugar.

lejano, na *adj.* Distante, apartado en el tiempo o en el espacio.

lejía *s. f.* Agua que tiene en disolución álcalis o sales alcalinas, sobre todo la empleada para la colada, por sus cualidades detergentes y blanqueadoras.

lejos *adv. l. y t.* A gran distancia; en lugar y tiempo distante o remoto.

lelo, la *adj.* Fatuo, simple y como pasmado.

lema *s. m.* **1.** Argumento que precede a ciertas composiciones literarias para indicar en términos breves el asunto de la obra. **2.** Letra o mote que se pone en los emblemas y empresas.

lemnáceo, a *adj.* Se dice de toda planta acuática, monocotiledónea, con tallo y hojas transformados en una fronda verde, pequeña y en forma de disco e inflorescencia en acalladas.

lemnisco *s. m.* Cinta o corbata que acompañaba a las coronas y palmas de los atletas vencedores, en señal de recompensa honorífica.

lémur *s. m.* **1.** Género de mamíferos cuadrúmanos, con los dientes incisivos de la mandíbula inferior inclinados hacia delante y la cola muy larga. Son propios de Madagascar. ‖ *s. m. pl.* **2.** Fantasmas, duendes.

lena *s. f.* Aliento, vigor.

lencería *s. f.* **1.** Conjunto de lienzos de distintos géneros. **2.** Tienda donde se vende ropa femenina de lencería.

lendel *s. m.* Huella en forma de circunferencia que deja en el suelo la caballería que saca agua de una noria o da movimiento a otra máquina semejante.

lendrera *s. f.* Peine de púas finas y espesas, a propósito para limpiar la cabeza.

lengua *s. f.* **1.** Órgano muscular situado en la cavidad de la boca y que sirve para gustar, deglutir y articular los sonidos de la voz. **2.** Sistema abstracto y normativo de signos que adopta convencionalmente un grupo social para intercomunicarse.

lenguado *s. m.* Pez acantopterigio que vive en el fondo del mar, echado siempre del mismo lado, de cuerpo comprimido y oblongo, boca lateral y torcida y ojos en un mismo lado del cuerpo. Su carne es comestible y muy estimada.

lenguaz *adj.* Que habla mucho con impertinencia, necedad.

lenguaraz *adj.* Se aplica a la persona que comprende y habla dos o más lenguas.

lengüeta *s. f.* **1.** Epiglotis, lámina cartilaginosa que tapa el orificio de la laringe. **2.** Fiel de la balanza o de la romana. **3.** Laminilla móvil de metal que en el tubo de ciertos instrumentos musicales de viento produce el sonido.

lenidad *s. f.* Blandura en exigir el cumplimiento de algo o en castigar las faltas.

lenificar *v. tr.* Suavizar, ablandar.

lenitivo, va *adj.* Que tiene virtud de suavizar y ablandar.

lenocinio *s. m.* Alcahuetería.

lente *s. amb.* Cristal o medio refringente limitado por dos caras curvas o una curva y otra plana que se emplea en varios instrumentos ópticos.

lenteja *s. f.* Planta leguminosa de la familia de las papilionáceas, de semillas en forma de disco de 0,5 cm de diámetro, muy alimenticias y nutritivas.

lentejuela *s. f.* Laminilla o disco de metal brillante, que se cose en la ropa para adornar.

lenticular *adj.* De forma parecida a la semilla de la lenteja.

lentiscal *s. m.* Terreno montuoso poblado de lentiscos.

lentisco *s. m.* Arbusto mediterráneo anacardiáceo, siempre verde, de hojas persistentes, de madera rojiza dura, aromática y útil para algunas obras de ebanistería.

lentitud *s. f.* **1.** Tardanza o calma con que se ejecuta una cosa. **2.** Velocidad escasa en el movimiento.

lento, ta *adj.* Tardo o pausado en el movimiento o en la operación.

lenzuelo *s. m.* Pieza de lienzo fuerte, del tamaño de la sábana, con un cordón o trenza de pezuelo en cada extremo, que se emplea en las faenas agrícolas, como son la trilla para llevar la paja y otros usos.

leña *s. f.* Parte de los árboles y matas cortadas, hechas trozos, destinada para la lumbre.

leñera *s. f.* Sitio para guardar la leña.

leño *s. m.* **1.** Trozo de árbol después de cortado y limpio de ramas. **2.** Parte más consistente del tronco y tallo de los vegetales, bajo la corteza, y más externa que la médula.

leñoso, sa *adj.* Hablando de arbustos, plantas, frutos, etc., que tiene consistencia y dureza como la de la madera.

león *s. m.* **1.** Mamífero carnívoro, félido; muy corpulento, de cabeza grande, dientes y uñas muy fuertes y la cola larga. El macho tiene una larga melena que le cubre la nuca y el cuello. **2.** *fig.* Hombre audaz, imperioso y valiente.

leona *s. f.* **1.** Hembra del león. **2.** *fig.* Mujer audaz, imperiosa y valiente.
leonado, da *adj.* De color rubio oscuro, parecido al pelo del león.
leonera *s. f.* **1.** Lugar en que se tienen encerrados los leones. **2.** *fig. y fam.* Aposento en que se guardan muchas cosas en desorden.
leonería *s. f.* Bizarría, bravata, fieros.
leonina *s. f.* Especie de lepra en que la piel toma el aspecto de la del león.
leopardo *s. m.* Mamífero carnívoro, félido, cuyo aspecto general es el de un gato grande, de pelaje blanco en el pecho y el vientre y rojizo, con manchas negras y redondas regularmente distribuidas, en todo el resto del cuerpo.
lepidóptero, ra *adj.* Se aplica a los insectos de metamorfosis compleja que, después de experimentar los estados de oruga y crisálida, tienen cabeza pequeña con grandes antenas y una especie de trompa para chupar los jugos de las flores, con cuatro alas cubiertas de escamitas microscópicas de diversos colores.
lepisma *s. f.* Insecto tisanuro nocturno, que roe el azúcar, el papel y la tela.
leporino, na *adj.* Perteneciente o relativo a la liebre.
lepra *s. f.* Enfermedad crónica infecciosa, que se manifiesta por manchas, tubérculos, ulceraciones y desnutrición.
leptorrino, na *adj.* Se dice de los animales que tienen el pico o el hocico delgado y muy saliente.
lercha *s. f.* Junquillo con que se ensartan aves o peces muertos, para llevarlos de un lugar a otro.
lerdo, da *adj.* **1.** Pesado y torpe en el andar. **2.** *fig.* Tardo y torpe para comprender o ejecutar una cosa.
lerdón *s. m.* Tumor sinovial que padecen las caballerías cerca de las rodillas.
les *pron. pers.* Forma átona del pronombre personal de tercera persona en género masculino o femenino y número plural.
lesión *s. f.* **1.** Daño corporal causado por una herida, golpe o enfermedad. **2.** *fig.* Cualquier daño, perjuicio o detrimento.
lesionar *v. tr.* Causar lesión.
lesivo, va *adj.* Que causa o puede causar lesión o daño, especialmente en el orden moral y jurídico.
leso, sa *adj.* Agraviado, lastimado.
letal *adj.* Mortífero, capaz de ocasionar la muerte.
letanía *s. f.* Oración formada por una súplica que se hace a Dios, invocando a la Santísima Trinidad y poniendo por medianeros a Jesucristo, a la Virgen y a los santos.
letárgico, ca *adj.* Que padece letargo.
letargo *s. m.* Estado patológico que consiste en la suspensión del uso de los sentidos y de las facultades del ánimo.
letificar *v. tr.* Alegrar, regocijar.
letífico, ca *adj.* Que alegra.
letra *s. f.* **1.** Cada uno de los signos con que se representan los sonidos de un idioma. **2.** Conjunto de las palabras que llevan música e integran una canción, himno, etc.
letrado, da *adj.* **1.** Sabio, docto e instruido. || *s. m. y s. f.* **2.** Abogado, perito en el derecho.
letrero *s. m.* Palabra o conjunto de palabras escritas para publicar o hacer saber una cosa.
letrilla *s. f.* Composición poética de versos cortos que suele ponerse en música.
letrina *s. f.* Lugar destinado en la casa para expeler en él los excrementos.
letuario *s. m.* Especie de mermelada.
leucemia *s. f.* Enfermedad que se manifiesta por un exceso anormal de leucocitos en la sangre.
leucocito *s. m.* Cada uno de los glóbulos blancos de la sangre.
leucoma *s. f.* Manchita blanca opaca en la córnea transparente del ojo.
leucorrea *s. f.* Flujo blanquecino dependiente de una irritación de la membrana mucosa del útero y de la vagina.
leudar *v. tr.* **1.** Dar fermento a la masa con la levadura. || *v. prnl.* **2.** Fermentar la masa con la levadura.
leudo, da *adj.* Se aplica a la masa o pan fermentado con levadura.
leva *s. f.* **1.** Partida de las embarcaciones del puerto. **2.** Recluta de gente para el servicio de un Estado.
levada *s. f.* En la cría de los gusanos de seda, porción de éstos que se alza y muda de una parte a otra.
levadizo, za *adj.* Que se puede levantar.
levadura *s. f.* Masa constituida principalmente por microorganismos, capaces de actuar como fermentos.

levantamiento *s. m.* Alzamiento, alboroto.

levantar *v. tr.* **1.** Mover de abajo hacia arriba una cosa. También prnl. **2.** Poner una cosa en lugar más alto que el que antes estaba. También prnl. **3.** Poner derecha a una persona o cosa que antes estaba inclinada, tendida, etc. También prnl.

levante *s. m.* Oriente o punto por donde sale el Sol.

levantisco, ca *adj.* De genio inquieto y turbulento.

levar *v. tr.* Hablando de las anclas, arrancar y suspender la que está fondeada.

leve *adj.* Ligero, de poco peso.

levedad *s. f.* **1.** Calidad de leve. **2.** Inconstancia de ánimo y ligereza en las cosas.

levigar *v. tr.* Desleír en agua una materia en polvo para separar la parte más leve de la más pesada, que se deposita en el fondo de la vasija.

levita *s. f.* Vestidura masculina, cuyos faldones, a diferencia de los del frac, llegaban a cruzarse por delante.

levítico, ca *adj., fig.* Aficionado a la Iglesia, o supeditado a los eclesiásticos.

levógiro, ra *adj.* Se dice del cuerpo o sustancia que desvía hacia la izquierda el plano de polarización de la luz.

léxico *s. m.* Caudal de voces, modismos y giros de una lengua, autor o una persona en su lenguaje escrito o hablado.

lexicografía *s. f.* Arte de componer léxicos o diccionarios.

lexicología *s. f.* Tratado de lo relativo a la analogía, significación y etimología de los vocablos que han de entrar en un léxico.

lexicón *s. m.* Léxico, diccionario.

ley *s. f.* **1.** Regla universal y norma constante e invariable a la que están sujetos los fenómenos de la naturaleza. **2.** Norma jurídica dictada, reflexiva y solemnemente, por la legítima autoridad estatal. **3.** Fidelidad, lealtad. **4.** Calidad, peso o medida que han de tener las cosas.

leyenda *s. f.* **1.** Obra que se lee. **2.** Relación de sucesos que generalmente tienen más de maravillosos que de verdaderos. **3.** Inscripción de moneda, medalla, sello, etc., o del pie de un cuadro, grabado o mapa.

lezna *s. f.* Instrumento que se compone de un hierrecillo con punta muy sutil y un mango de madera que usan los zapateros y otros artesanos para agujerear y coser.

lía *s. f.* Soga de esparto machacado, tejida como trenza, para atar y asegurar los fardos, cargas y otras cosas.

liar *v. tr.* **1.** Ligar, atar y asegurar los fardos y cargas con lías. **2.** Envolver una cosa sujetándola con papeles, cuerda, etc.

liásico, ca *adj.* Se dice del terreno sedimentario correspondiente a la parte inferior del jurásico.

liatón *s. m.* Soguilla de esparto.

libación *s. f.* **1.** Acción de libar. **2.** Ceremonia religiosa de los antiguos paganos, que consistía en llenar un vaso de vino o de determinado líquido y derramarlo sobre el suelo, fuego o altar de los dioses, después de probado.

libamen *s. m.* Ofrenda en el sacrificio.

libar *v. tr.* **1.** Chupar el jugo de una cosa suavemente. **2.** Hacer la libación para el sacrificio. **3.** Probar o gustar un licor.

libatorio *s. m.* Vaso con que los antiguos romanos hacían las libaciones.

libelo *s. m.* **1.** Escrito denigratorio o infamante contra personas o cosas. **2.** Petición o memorial.

líber *s. m.* Conjunto de capas delgadas de tejido fibroso, que forman la parte interior de la corteza de los vegetales dicotiledones.

liberación *s. f.* **1.** Acción de poner en libertad. **2.** Recibo que se extiende a un deudor al cancelar la deuda.

liberal *adj.* Que obra con liberalidad.

liberalidad *s. f.* **1.** Virtud que consiste en distribuir alguien generosamente sus bienes, sin esperar recompensa. **2.** Generosidad, desprendimiento.

liberalizar *v. tr.* Hacer liberal en el orden político a una persona o cosa.

liberar *v. tr.* Libertar, eximir a alguien de una obligación.

libertad *s. f.* **1.** Inmunidad de determinación respecto de los actos. **2.** Propiedad de la voluntad por la que el ser humano es dueño de sus acciones.

libertar *v. tr.* **1.** Poner a alguien en libertad, sacarle de esclavitud y sujeción. También prnl. **2.** Eximir a alguien de una obligación. También prnl.

libertario, ria *adj.* Que defiende la libertad absoluta, la supresión de todo gobierno y toda ley.

libertinaje *s. m.* Desenfreno en la conducta.

liberto, ta *s. m. y s. f.* Esclavo a quien se había dado la libertad.

libídine *s. f.* Lujuria.

libidinoso, sa *adj.* Lujurioso, lascivo.

libra *s. f.* Peso antiguo, variable según las provincias.

libración *s. f.* Movimiento como de oscilación que un cuerpo, ligeramente perturbado en su equilibrio, efectúa hasta recuperarlo poco a poco.

librado, da *adj.* **1.** Que libra. ‖ *s. m. y s. f.* **2.** Persona sobre la cual se gira una letra de cambio, cheque o cualquier instrumento de cambio.

libramiento *s. m.* **1.** Acción y efecto de librar de un daño o peligro. **2.** Orden que se da por escrito para que alguien pague una cantidad de dinero u otro género.

libranza *s. f.* Orden de pago que se da contra alguien que tiene fondos a disposición del que la expide.

librar *v. tr.* **1.** Sacar o preservar a alguien de un trabajo, mal o peligro. También prnl. **2.** Tratándose de la confianza, ponerla o fundarla en una persona o cosa. ‖ *v. intr.* **3.** Expulsar la placenta la mujer al dar a luz.

libratorio *s. m.* Locutorio con reja de los conventos y cárceles.

libre *adj.* **1.** Que tiene facultad para obrar o no a su gusto. **2.** Que no ofrece obstáculos.

librea *s. f.* Traje que ciertas personas, como príncipes, señores y algunas entidades, dan a sus criados, generalmente uniforme y con distintivos.

librería *s. f.* **1.** Biblioteca, local en que se tienen libros, o conjunto de éstos. **2.** Establecimiento donde se venden libros.

libreta *s. f.* Cuaderno que se destina a escribir en él anotaciones, cuentas, etc.

libreto *s. m.* Obra dramática escrita para ser puesta en música total o parcialmente.

libro *s. m.* Conjunto de hojas de papel, vitela, etc., manuscritas o impresas, encuadernadas juntas en un volumen.

licantropía *s. f.* Creencia popular muy extendida de que el ser humano, en determinadas circunstancias, podía transformarse accidentalmente en lobo.

licencia *s. f.* **1.** Facultad o permiso para hacer una cosa. **2.** Libertad abusiva en decir u obrar.

licenciado, da *s. m. y s. f.* Persona que ha obtenido en una facultad el grado que la habilita para ejercer.

licenciar *v. tr.* Dar a alguien permiso o licencia.

licenciatura *s. f.* Grado de licenciado.

licencioso, sa *adj.* Libre, atrevido, disoluto.

liceo *s. m.* Nombre de ciertas sociedades literarias o recreativas.

licitación *s. f.* Acción y efecto de licitar.

licitar *v. tr.* Ofrecer precio por una cosa en subasta o almoneda.

lícito, ta *adj.* Justo, permitido.

licnobio, bia *adj.* Se dice de la persona que hace su vida ordinaria con luz artificial y duerme de día.

licor *s. m.* Bebida espiritosa obtenida por destilación del alambique, maceración o mezcla de diversas sustancias, y compuesta de alcohol, agua, azúcar y esencias aromáticas variadas.

licorera *s. f.* Utensilio de mesa donde se colocan las botellas de licor y a veces los vasos o copas en que se sirve.

licoroso *adj.* **1.** Rico en alcohol, parecido a un licor. **2.** Se aplica al vino espiritoso y aromático.

lictor *s. m.* Ministro de justicia o especie de alguacil de la antigua Roma.

licuar *v. tr.* Liquidar o hacer líquida una cosa sólida. También prnl.

licuefacción *s. f.* Paso de un sólido o un gas al estado líquido.

licurgo, ga *adj.* Inteligente, astuto, hábil.

lid *s. f.* **1.** Combate, pelea. **2.** *fig.* Disputa, contienda de razones y argumentos.

lidia *s. f.* Conjunto de suertes que se practican con el toro desde que se le da suelta del toril hasta que se le arrastra.

lidiar *v. intr.* **1.** Batallar, pelear. **2.** *fig.* Hacer frente a alguien, oponérsele. ‖ *v. tr.* **3.** Sortear al toro luchando con él y esquivando sus acometidas hasta darle muerte, según las reglas de la tauromaquia.

liebre *s. f.* **1.** Mamífero roedor muy tímido, solitario y de veloz carrera, de pelo suave, cabeza pequeña, orejas largas, cuerpo estrecho, cola y extremidades posteriores más largas que las anteriores. **2.** *fig. y fam.* Persona tímida y cobarde.

liendre *s. f.* Huevecillo del piojo.

lientera *s. f.* Diarrea de alimentos no digeridos.

liento, ta *adj.* Húmedo, poco mojado.

lienzo *s. m.* **1.** Tela que se fabrica de lino, cáñamo o algodón. **2.** Pintura sobre lienzo.

liga *s. f.* **1.** Cinta con que se aseguran las medias y los calcetines. **2.** Unión o mezcla. **3.** Aleación. **4.** Unión, confederación que hacen entre sí los Estados para defenderse de sus enemigos.

ligada *s. f.* Ligadura, vuelta con que se aprieta una cosa.

ligadura *s. f.* **1.** Vuelta que se da apretando una cosa con liga u otra atadura cualquiera. **2.** Acción y efecto de ligar o unir. **3.** Cinta o venda con que se aprieta y da garrote.

ligamento *s. m.* **1.** Acción de ligar. **2.** Cordón fibroso, que liga los huesos de las articulaciones, o pliegue membranoso que sostiene en la debida posición cualquier órgano del cuerpo de un animal.

ligamiento *s. m.* **1.** Acción y efecto de ligar o atar. **2.** Unión, acuerdo, conformidad de las voluntades.

ligar *v. tr.* **1.** Atar. **2.** Unir, conciliar, enlazar.

ligazón *s. f.* Unión, trabazón de una cosa.

ligereza *s. f.* **1.** Presteza, agilidad. **2.** Levedad, liviandad.

ligero, ra *adj.* **1.** Que pesa poco. **2.** Ágil, veloz, pronto.

lignario, ria *adj.* De madera o perteneciente a ella.

lignito *s. m.* Carbón fósil que no produce coque cuando se calcina en vasos cerrados.

liguilla *s. f.* **1.** Cierta clase de liga o venda estrecha. **2.** Liga en la que participa un número reducido de equipos.

lígula *s. f.* Especie de estípula situada en la junción del limbo y el pecíolo, y de ciertos pétalos en su base.

ligustro *s. m.* Alheña, arbusto.

lija *s. f.* **1.** Pez marino, selacio, de piel sin escamas, pero cubierta de una especie de granillos córneos muy duros, que la hacen áspera. **2.** Papel rugoso o cubierto de pequeñas partículas duras destinado a pulir la madera u otros materiales.

lijar *v. tr.* Alisar y pulir una cosa con lija o papel de lija.

lila *s. f.* Arbusto oleáceo, de flores pequeñas, olorosas y de color morado claro en racimos piramidales, originario de Persia.

liliáceo, a *adj.* Se dice de plantas monocotiledóneas, del orden de las liliflorales, herbáceas, bulbosas o tuberculosas, hojas radicales y a veces sobre el tallo, enteras y dentadas, flores terminales y fruto capsular, con muchas semillas de albumen carnoso, como el tulipán, la cebolla y el jacinto.

liliputiense *adj., fig.* Se dice de la persona muy pequeña y endeble.

lima *s. f.* Instrumento de acero templado, estriado, propio para desgastar los metales y otras materias duras.

limadura *s. f.* **1.** Acción y efecto de limar. **2.** Partículas muy menudas que con la lima se arrancan de alguna pieza de metal o de materia semejante.

limar *v. tr.* Cortar, pulir los metales, la madera, etc., con la lima.

limatón *s. m.* Lima redonda, gruesa y áspera.

limaza *s. f.* Babosa, molusco.

limazo *s. m.* Viscosidad o babaza.

limbo *s. m.* Lugar donde las almas de los justos del Antiguo Testamento esperaban la redención del género humano.

limera *s. f.* Abertura en la bovedilla de popa, para el paso de la cabeza del timón.

limero *s. m.* Árbol rutáceo, con tronco liso y ramoso, copa abierta, hojas alternas y persistentes, y de flores blancas, olorosas y pequeñas. Su fruto es la lima.

limeta *s. f.* Botella de vientre ancho y corto y cuello bastante largo.

limitación *s. f.* Término, demarcación.

limitar *v. tr.* **1.** Poner límite a un terreno. **2.** *fig.* Cortar, ceñir, reducir, restringir. También prnl.

limitativo, va *adj.* Restrictivo.

límite *s. m.* **1.** Término o lindero de reinos, provincias, posesiones, etc. **2.** *fig.* Fin, término.

limítrofe *adj.* Confinante, aledaño.

limo *s. m.* Lodo o légamo.

limón *s. m.* Fruto del limonero, de un amarillo pálido, cáscara delgada y pulpa muy jugosa, agria y digestiva.

limonada *s. f.* Bebida compuesta de agua, azúcar y zumo de limón.

limonero *s. m.* Árbol rutáceo, siempre verde, florido y con fruto; tronco liso y ramoso, copa abierta, hojas alternas elípticas; flores olorosas, de color rosa por fuera y blancas por dentro.

limosidad *s. f.* **1.** Calidad de limoso. **2.** Sarro que se cría en la dentadura.
limosna *s. f.* Lo que se da para socorrer una necesidad a una persona necesitada.
limoso, sa *adj.* Lleno de limo o lodo.
limpiabarros *s. m.* Utensilio que suele estar a la entrada de las casas y edificios públicos, para que quienes entren de fuera se limpien el barro del calzado.
limpiabotas *s. m. y s. f.* Persona que tiene por oficio limpiar y lustrar botas y zapatos.
limpiachimeneas *s. m. y s. f.* Persona que por oficio deshollina chimeneas.
limpiadientes *s. m.* Mondadientes, palillo o instrumento semejante de otra materia para limpiar los dientes.
limpiar *v. tr.* **1.** Quitar la suciedad de una cosa. También prnl. **2.** *fig. y fam.* Hurtar o robar algo.
limpidez *s. f., poét.* Calidad de límpido.
límpido, da *adj., poét.* Limpio, puro, terso.
limpieza *s. f.* **1.** Calidad de limpio. **2.** Acción y efecto de limpiar o limpiarse.
limpio, pia *adj.* Que no tiene mancha ni suciedad.
linaje *s. m.* Ascendencia o descendencia de cualquier familia.
linaria *s. f.* Planta escrofulariácea, que vive en terrenos áridos y se ha empleado en medicina como depurativo y purgante.
linaza *s. f.* Simiente del lino que, molida, proporciona una harina muy usada para cataplasmas emolientes.
lince *s. m.* **1.** Mamífero carnívoro, parecido al gato cerval, al que en la antigüedad atribuían una agudeza de vista extraordinaria. **2.** *fig.* Persona aguda y sagaz.
linchar *v. tr.* Castigar, usualmente con la muerte, sin proceso y tumultuariamente, a un sospechoso o a un reo.
lindar *v. intr.* Estar contiguos dos territorios, terrenos, locales, fincas, etc.
linde *s. amb.* Límite, término o línea que divide unas heredades de otras.
lindero *s. m.* Linde o lindes de dos terrenos.
lindeza *s. f.* **1.** Calidad de lindo. **2.** Hecho o dicho gracioso.
lindo, da *adj.* **1.** Hermoso, apacible y grato a la vista. **2.** *fig.* Bueno, primoroso y exquisito.
línea *s. f.* **1.** Raya en un cuerpo cualquiera. **2.** Extensión considerada en dimensión de la longitud. **3.** Renglón, conjunto de palabras o caracteres escritos o impresos. **4.** Vía terrestre, marítima o aérea.
lineal *adj.* **1.** Perteneciente o relativo a la línea. **2.** Se aplica al dibujo que se representa por medio de líneas solamente.
linfa *s. f.* Humor acuoso, casi transparente, que corre por los vasos llamados linfáticos y sirve de intermediario en los cambios nutritivos entre la sangre y los tejidos.
linfático, ca *adj.* **1.** Que abunda en linfa. **2.** Perteneciente o relativo a este humor.
linfocito *s. m.* Variedad de los leucocitos de pequeño tamaño, con núcleo único, esférico, muy rico en cromatina, rodeado de una pequeña franja de protoplasma.
lingote *s. m.* Trozo o barra de metal en bruto.
lingotera *s. f.* Molde metálico o de arena refractaria donde se echa el metal fundido para hacer los lingotes.
lingual *adj.* **1.** Perteneciente o relativo a la lengua. **2.** Se dice de las consonantes que se pronuncian con intervención de la lengua, como la "l".
lingüística *s. f.* Ciencia del lenguaje, al que tiende a estudiar de forma autónoma y comparativa.
linimento *s. m.* Preparación menos espesa que el ungüento, que se aplica exteriormente en fricciones.
lino *s. m.* Planta anual linácea, de la cual se emplean las fibras como materia textil, las semillas en medicina y el aceite en la preparación de pintura.
linóleo *s. m.* Tela fuerte e impermeable, formada por un tejido de yute cubierto con una capa muy comprimida de corcho en polvo, amasado con aceite de linaza bien oxidado.
linón *s. m.* Tela de hilo muy ligera, clara y fuertemente engomada.
linotipia *s. f.* Máquina de composición mecánica, utilizada preferentemente para la composición de textos.
linterna *s. f.* Farol portátil, con una sola cara de vidrio y un asa en la opuesta.
liño *s. m.* Linda de árboles o plantas.
lío *s. m.* **1.** Porción de ropa o de otras cosas atadas. **2.** *fig. y fam.* Embrollo.
liorna *s. f., fam.* Algazara, desorden.
lioso, sa *adj.* **1.** *fam.* Embrollador o embrollado. **2.** *fam.* Se dice también de las cosas cuando están embrolladas.

lipoideo, a *adj.* Se dice de toda sustancia que tiene aspecto de grasa.

lipoma *s. m.* Tumor formado de tejido adiposo.

lipotimia *s. f.* Pérdida súbita y pasajera del sentido y del movimiento.

liquen *s. m.* Planta criptógama constituida por la asociación simbiótica de un hongo y un alga; en ella no se distinguen hojas ni tallos sino una especie de lacinias.

liquidación *s. f.* Venta al por menor, con gran rebaja de precios, que hace una casa de comercio por cesación, quiebra, reforma o traslado del establecimiento, etc.

liquidámbar *s. m.* Líquido bellísimo de color amarillo rojizo y de sabor acre, que tiene propiedades emolientes y purificadoras.

liquidar *v. tr.* **1.** Hacer líquido un cuerpo sólido o gaseoso. También prnl. **2.** *fig.* Poner término a una cosa o a un estado de cosas, desistir de un negocio o empeño.

líquido *s. m.* Uno de los estados de la materia en el que las moléculas del cuerpo tienen tan poca trabazón, que se adaptan a la forma de la cavidad que los contiene y tienden siempre a ponerse a nivel.

lira *s. f.* Instrumento de música antiguo de cuerda, que se tocaba con las dos manos o con un plectro.

lírica *s. f.* Conjunto de composiciones literarias poéticas que conforman el género lírico en una clasificación de la Literatura.

lírico, ca *adj.* Perteneciente o relativo a la lira o a la poesía propia para el canto.

lirio *s. m.* Planta iridácea, de flores terminales, ranillas, sépalos muy estrechos en la base, los externos encorvados hacia atrás y los internos erguidos, azules o morados y a veces blancos.

lirón *s. m.* Mamífero roedor, parecido al ratón, que vive en los árboles, de cuyos frutos se alimenta; pasa el invierno adormecido y oculto, y su carne era considerada como manjar exquisito por los romanos.

lis *s. f.* **1.** Lirio. **2.** En heráldica, flor de lis.

lisiar *v. tr.* Producir una lesión en alguna parte del cuerpo, especialmente si es permanente. También prnl.

lisimaquia *s. f.* Planta herbácea primulácea, propia de terrenos húmedos, que se ha empleado contra las hemorragias.

liso, sa *adj.* Se dice de una superficie que no presenta asperezas, adornos, ni realces.

lisonja *s. f.* Alabanza afectada, para ganar la voluntad de alguien.

lisonjear *v. tr.* **1.** Adular. **2.** *fig.* Deleitar, agradar.

lisonjero, ra *adj.* **1.** Que lisonjea. **2.** Que agrada y deleita.

lista *s. f.* **1.** Tira de tela, papel, etc. **2.** Línea que, por combinación de un color con otro, se coloca en un cuerpo cualquiera, especialmente en los tejidos. **3.** Catálogo, relación de personas o cosas.

listado, da *adj.* **1.** Que forma o tiene listas.

listar *v. tr.* Alistar, sentar en lista.

listín *s. m.* **1.** Lista pequeña o extractada de otra más extensa. **2.** Por lo común, la lista de los números telefónicos de una población.

listo, ta *adj.* **1.** Diligente, expedito. **2.** Apercibido, preparado o dispuesto para hacer una cosa. **3.** Sagaz, avisado, astuto.

lisura *s. f.* Igualdad y tersura de la superficie de una cosa.

litar *v. tr.* Hacer un sacrificio agradable a la Divinidad.

litargirio *s. m.* Óxido de plomo, que se obtiene calentando el plomo en contacto con el aire y dejándolo cristalizar.

lite *s. f.* Pleito, litigio judicial.

litera *s. f.* Cada una de las camas de los camarotes de los buques, trenes, cuarteles, dormitorios, etc., y que por economía se suelen colocar una encima de otra.

literal *adj.* Conforme a la letra del texto o al sentido exacto y propio de las palabras.

literario, ria *adj.* Perteneciente o relativo a la literatura.

literato, ta *adj.* Se dice de la persona versada en literatura o que, por profesión o estudio, la cultiva.

literatura *s. f.* **1.** Arte bello de la expresión por medio de la palabra. **2.** Teoría de la composición literaria. **3.** Conjunto de las producciones literarias de una nación, de una época, de un género y, por ext., conjunto de obras que versan sobre una ciencia o arte.

litiasis *s. f.* Mal de piedra.

litigación *s. f.* Acción y efecto de litigar.

litigar *v. tr.* **1.** Pleitear, disputar en juicio sobre alguna cosa. ‖ *v. intr.* **2.** *fig.* Altercar, contender, disputar.

litigio *s. m.* **1.** Pleito, alteración en juicio. **2.** *fig.* Disputa, contienda, altercado.

litina *s. f.* Óxido de litio, parecido a la sosa, que existe en ciertos minerales y disuelto en ciertas aguas medicinales.

litio *s. m.* Metal alcalino, de color blanco de plata, blando y ligero.

litocálamo *s. m.* Caña fósil.

litoclasa *s. f.* Grieta de las rocas.

litófago, ga *adj.* Se dice de los moluscos que perforan las rocas y viven en ellas.

litogenesia *s. f.* Parte de la geología que trata de las causas que han originado las rocas.

litografía *s. f.* Arte de grabar o dibujar en piedra preparada al efecto, para reproducir los ejemplares de un dibujo o escrito.

litología *s. f.* Ciencia que estudia y describe los caracteres de las rocas y las clasifica sistemáticamente.

litoral *s. m.* Costa de un mar, país o territorio.

litosfera *s. f.* Nombre científico de la corteza de la Tierra.

litro *s. m.* Unidad de capacidad del sistema métrico decimal que equivale a un decímetro cúbico.

liturgia *s. f.* Orden y forma, que la Iglesia ha aprobado, para celebrar los oficios divinos y especialmente el sacrificio de la misa.

litúrgico, ca *adj.* Perteneciente o relativo a la liturgia.

liviano, na *adj.* **1.** Leve, ligero, de poco peso. **2.** *fig.* Fácil, inconstante, voluble. **3.** *fig.* Lascivo, incontinente, impúdico.

lividez *s. f.* Calidad de lívido.

lívido, da *adj.* Amoratado, que tira a morado.

livor *s. m.* Color cárdeno.

lixiviar *v. tr.* Tratar una sustancia compleja con el disolvente adecuado para obtener la parte soluble de ella.

liza *s. f.* Lid, combate.

lizo *s. m.* Hilo fuerte que sirve de urdimbre para ciertos tejidos.

llaca *s. f.* Mamífero marsupial de pelaje ceniciento, con una mancha negra sobre cada ojo.

llaga *s. f.* **1.** Úlcera. **2.** *fig.* Daño o infortunio que causa pena, dolor y pesadumbre.

llagar *v. tr.* Hacer o producir llagas. Se usa más como prnl.

llama[1] *s. f.* Masa gaseosa en combustión que se eleva de los cuerpos que arden.

llama[2] *s. f.* Mamífero rumiante de los camélidos, propio de América del Sur, del que se aprovecha su leche, carne, cuero y pelo.

llamada *s. f.* Señal que, en impresos o manuscritos, sirve para llamar la atención desde un lugar hacia otro, en que se pone una cita, nota, corrección o advertencia.

llamador *s. m.* Aldaba.

llamar *v. tr.* Gritar o hacer gestos a alguien para que venga o atienda.

llamarada *s. f.* Llama grande y de poca duración.

llamativo, va *adj., fig.* Que llama la atención exageradamente.

llamazar *s. m.* Terreno pantanoso.

llambria *s. f.* Parte de una peña que forma un plano muy inclinado.

llamear *v. intr.* Despedir llamas.

llana *s. f.* Herramienta usada por los albañiles para extender el yeso y la argamasa.

llaneza *s. f. fig.* Sencillez en el trato.

llano, na *adj.* Igual, sin altos ni bajos.

llanta *s. f.* Cerco metálico exterior de las ruedas de los coches, carros, bicicletas, etc.

llantén *s. m.* Planta herbácea plantaginácea, muy común en sitios húmedos, que posee aplicaciones medicinales.

llantera *s. f., fam.* Llorera.

llanto *s. m.* Efusión de lágrimas acompañada de lamentos y sollozos.

llanura *s. f.* **1.** Igualdad de la superficie de una cosa. **2.** Terreno sin altos ni bajos.

llave *s. f.* **1.** Instrumento generalmente metálico, utilizado para abrir o cerrar el pestillo de una cerradura. **2.** Clave. **3.** En algunos deportes de lucha, movimiento o conjunto de movimientos que se realizan con la intención de inmovilizar al contrario.

llavero, ra *s. m.* Anillo en que se llevan las llaves.

llavín *s. m.* Llave pequeña con que se abre el picaporte.

lleco, ca *adj.* Se dice del campo que nunca se ha labrado para sembrar.

llegada *s. f.* Acción y efecto de llegar a un sitio.

llegar *v. intr.* **1.** Arribar de un sitio a otro. **2.** Ascender, importar cierta suma.

llena *s. f.* Crecida que hace desbordarse a un río.

lleno, na *adj.* **1.** Ocupado o henchido de otra cosa. **2.** Gordo, grueso. **3.** Saciado.

lleta *s. f.* Tallo recién nacido.

llevar *v. tr.* **1.** Transportar una cosa de una parte a otra. **2.** Guiar, dirigir.
llorar *v. intr.* Derramar lágrimas.
llorera *s. f.* Lloro fuerte.
lloriquear *v. intr.* Gimotear.
lloriqueo *s. m.* Gimoteo.
lloro *s. m.* Acción de llorar.
llorón, na *adj.* **1.** Perteneciente o relativo al llanto. **2.** Se dice de la persona que llora mucho o fácilmente. **3.** Se dice de la persona que se queja mucho.
lloroso, sa *adj.* Que muestra marcas de haber llorado.
llovedizo, za *adj.* Se dice de las bóvedas o cubiertas que dejan pasar el agua de lluvia.
llover *v. intr.* Caer agua de las nubes.
llovizna *s. f.* Lluvia menuda.
lloviznar *v. intr.* Soltar las nubes pequeñas gotas.
llueca *adj.* Clueca.
lluvia *s. f.* **1.** Acción de llover. **2.** Advenimiento de algo por sorpresa.
lluvioso, sa *adj.* Se aplica al tiempo o al lugar en que llueve mucho.
lo[1] *art. det.* **1.** Forma del artículo determinado en género neutro, que precede a los adjetivos, sustantivándolos. **2.** Seguido de un adverbio o de "que", tiene valor expresivo. ‖ *pron. pers.* **3.** Forma átona del pronombre personal de tercera persona, género masculino o neutro y número singular, que funciona como complemento directo.
loa *s. f.* Acción y efecto de loar.
loable *adj.* Laudable.
loar *v. tr.* Alabar.
loba[1] *s. f.* Hembra del lobo.
loba[2] *s. f.* Sotana, vestidura de eclesiásticos.
lobanillo *s. m.* Tumor superficial, indolente, generalmente enquistado, que se forma debajo de la piel en algunas partes del cuerpo.
lobato *s. m.* Cachorro de lobo.
lobezno *s. m.* **1.** Lobo pequeño. **2.** Lobato.
lobina *s. f.* Róbalo, pez teleósteo marino.
lobo *s. m.* Mamífero carnívoro parecido a ciertos perros, muy voraz, de pelaje gris oscuro, orejas tiesas y cola larga peluda.
lóbrego, ga *adj.* Oscuro, tenebroso.
lobreguez *s. f.* Oscuridad.
lóbulo *s. m.* Cada una de las partes, a manera de ondas, que sobresalen en el borde de una cosa.
local *adj.* **1.** Municipal o provincial, por oposición a general o nacional. ‖ *s. m.* **2.** Sitio o paraje cerrado y cubierto.
localidad *s. f.* Lugar o pueblo, población.
localismo *s. m.* **1.** Calidad de local, perteneciente a un lugar o territorio. **2.** Vocablo o locución que sólo tienen uso en determinada localidad.
localización *s. f.* Acción y efecto de localizar o localizarse.
localizar *v. tr.* Fijar, encerrar en límites determinados. También prnl.
locativo *s. m.* Caso de la declinación, en algunas lenguas indoeuropeas, que expresa fundamentalmente la relación de lugar en donde.
locha *s. f.* Pez malacopterigio abdominal, comestible, propio de los lagos y ríos de agua fría.
loción *s. f.* **1.** Lavadura, acción de lavar. **2.** Producto preparado para la limpieza del cabello.
loco, ca *adj.* Se dice de la persona que tiene perturbadas sus facultades mentales.
locomoción *s. f.* Traslación de un punto a otro.
locomotor, ra *adj.* Propio para la locomoción o que la produce.
locomotriz *adj.* Propia para la locomoción.
locomovible *adj.* Que puede llevarse de un lugar a otro.
locomóvil *adj.* Que puede llevarse de un sitio a otro.
locuacidad *s. f.* Calidad de locuaz.
locuaz *adj.* Que habla mucho.
locución *s. f.* Expresión, giro o modo de hablar.
locuela *s. f.* Modo y tono particular de hablar de cada uno.
lóculo *s. m.* Cada una de las celdillas en que están encerradas las semillas de un fruto.
locura *s. f.* Privación del juicio o del uso de la razón.
locutor, ra *s. m. y s. f.* Persona que habla ante el micrófono en las estaciones de radiodifusión para dar avisos, leer anuncios y comunicar toda clase de indicaciones relativas a la emisión.
locutorio *s. m.* Departamento dividido comúnmente por una reja, para que los visitantes puedan hablar con las monjas o los presos.
lodo *s. m.* Barro que resulta de la mezcla de la lluvia con la tierra cuando llueve.
lofobranquio, quia *adj.* Se dice de los peces teleóstomos que tienen las branquias en forma de penacho como el caballito marino.

logaritmo *s. m.* Exponente a que es necesario elevar una cantidad positiva para que resulte un número determinado.

lógica *s. f.* Ciencia que expone las leyes, modos y formas del conocimiento científico.

lógico, ca *adj.* Que se produce de acuerdo con las leyes del pensamiento o que se sigue de los antecedentes o de las circunstancias concurrentes.

logogrifo *s. m.* Enigma que consiste en hacer diversas combinaciones con las letras de una palabra, de manera que formen otra cuyo significado, además del de la voz principal, se propone con alguna oscuridad.

logomaquia *s. f.* Discusión en que se atiende a las palabras y no al fondo del asunto.

lograr *v. tr.* **1.** Conseguir lo que se intenta o desea. **2.** Gozar o disfrutar una cosa.

logro *s. m.* **1.** Lucro, ganancia. **2.** Usura, ganancia excesiva.

loísmo *s. m.* Vicio de emplear la forma "lo" del pronombre de tercera persona en función de dativo en vez de "le".

loma *s. f.* Altura pequeña y prolongada.

lombarda *s. f.* **1.** Antiguo cañón. **2.** Variedad de berza, muy semejante al repollo, pero de color que tira a morado.

lombardear *v. tr.* Disparar la lombarda contra un sitio o edificio.

lombriguera *adj.* Hierba medicinal, compuesta, de sabor muy amargo.

lombriz *s. f.* Nombre con que se designan diversos órdenes de gusanos que tienen el cuerpo delgado, blando y cilíndrico.

lomear *v. intr.* Mover los caballos el lomo, encorvándolo con violencia.

lomera *s. f.* Correa que se acomoda en el lomo de la caballería para que mantenga las demás piezas de la guarnición.

lometa *s. f.* Altozano, cerro de poca altura.

lomillo *s. m.* Parte superior de la albarda.

lomo *s. m.* **1.** Parte inferior y central de la espalda. **2.** Todo el espinazo de los cuadrúpedos. **3.** Parte del libro opuesta al corte por donde se cosen los pliegos.

lona *s. f.* Tela fuerte de algodón o cáñamo para velas de navío, toldos y otros usos.

loncha *s. f.* Cosa plana y delgada de piedra u otras materias.

longa *s. f.* Nota de la música antigua que valía cuatro compases o dos breves

longanimidad *s. f.* Grandeza y constancia de ánimo en las adversidades.

longaniza *s. f.* Pedazo de tripa, rellena de carne de cerdo picada y adobada.

longevidad *s. f.* Largo vivir.

longevo, va *adj.* Muy anciano, que vive mucho tiempo.

longitud *s. f.* La mayor de las dos dimensiones de una figura plana en contraposición a la menor, que se llama anchura.

longitudinal *adj.* **1.** Perteneciente o relativo a la longitud. **2.** Hecho o colocado en el sentido o dirección de ella.

longuera *s. f.* Porción de tierra larga y angosta.

lonja[1] *s. f.* Parte larga, ancha y de poco grosor que se corta o se separa de otra.

lonja[2] *s. f.* Edificio público donde se reúnen comerciantes para sus operaciones.

lontananza *s. f.* Términos de un cuadro más distantes del plano principal.

loor *s. m.* Alabanza.

lorantáceo, a *adj.* Se dice de las plantas dicotiledóneas parásitas, siempre verdes de hojas enteras, opuestas, sin estípulas y flores unisexuales, las masculinas sin corola y con el cáliz partido en tiras y las femeninas con cuatro pétalos, y fruto en baya.

lord *s. m.* Título de honor de los miembros de la primera nobleza del Reino Unido.

loriga *s. f.* Especie de coraza de láminas pequeñas de acero.

loro *s. m.* Nombre vulgar de algunas aves que se distinguen por el predominio del color verde en el plumaje, la cola y alas rojas, habituarse a la domesticidad y a repetir palabras y frases.

lorza *s. f.* Pliegue para acortar una prenda.

los *art. det.* **1.** Forma del artículo determinado en género masculino y número plural. ‖ *pron. pers.* **2.** Forma masculina plural del pronombre personal átono de tercera persona.

losa *s. f.* **1.** Piedra llana y de poco grosor, casi siempre labrada, que sirve para solar y otros usos. **2.** *fig.* Sepulcro de cadáver.

losange *s. m.* Figura de rombo en la que uno de los ángulos agudos queda por pie y su opuesto por cabeza.

losar *v. tr.* Cubrir el suelo con losetas.

loseta *s. f.* Ladrillo fino para solar, baldosa.
lote *s. m.* Cada una de las partes en que se divide un todo para su distribución.
lotería *s. f.* **1.** Especie de rifa en que se sortean diversos premios. **2.** Juego público en que se premian, con diversas cantidades, varios billetes sacados a la suerte entre un gran número de ellos que se ponen a la venta.
loto *s. m.* Planta ninfeácea, de hojas muy grandes y fruto globoso, con semillas que se comen después de tostadas y molidas.
loza *s. f.* Barro fino, cocido y barnizado, de que están hechos platos, tazas, etc.
lozanear *v. intr.* Ostentar lozanía.
lozanía *s. f.* **1.** Frondosidad y verdor en las plantas. **2.** Vigor, robustez, gallardía en el hombre y los animales.
lozano, na *adj.* Que tiene lozanía.
lubina *s. f.* Pez teleóstomo serránido, de cuerpo oblongo, cuya carne es apreciadísima.
lubricación *s. f.* Acción y efecto de lubricar.
lubricante *adj.* Se dice de toda sustancia útil para lubricar.
lubricar *v. tr.* Hacer resbaladiza una cosa.
lubricidad *s. f.* Calidad de lúbrico.
lúbrico, ca *adj.* **1.** Resbaladizo. **2.** *fig.* Propenso a un vicio y, particularmente, a la lujuria. **3.** *fig.* Libidinoso, lascivo.
lucera *s. f.* Ventana o claraboya, en la parte alta de los edificios.
lucerna *s. f.* **1.** Araña grande para alumbrar. **2.** Abertura alta de una habitación que proporciona ventilación y luz.
lucero *s. m.* Cada astro grande y brillante.
lucha *s. f.* **1.** Pelea entre dos, en que abrazándole uno a otro, cada cual procura dar con su contrario en tierra. **2.** Lid, combate. **3.** *fig.* Disputa, debate.
luchador, ra *s. m. y s. f.* Persona que lucha.
luchar *v. intr.* **1.** Contender dos personas a brazo partido. **2.** Pelear, combatir. **3.** *fig.* Disputar, bregar.
lucidez *s. f.* Calidad de lúcido.
lucido, da *adj.* Que hace o desempeña las cosas con gracia, liberalidad y esplendor.
lúcido, da *adj., fig.* Claro en el razonamiento, en el estilo, etc.
luciérnaga *s. f.* Insecto coleóptero, de cuerpo blando, cuya hembra carece de alas y está dotada de un aparato fosforescente, que despide una luz de color blanco verdoso.
Lucifer *n. p.* El príncipe de los ángeles rebeldes.
lucilina *s. f.* Petróleo refinado.
lucimiento *s. m.* Acción y efecto de lucir o lucirse.
lucio, cia *adj.* Terso, lúcido.
lucir *v. intr.* Brillar, resplandecer.
lucrar *v. prnl.* Sacar provecho de un negocio o encargo.
lucrativo, va *adj.* Que produce ganancia.
lucro *s. m.* Ganancia que se regula por la que produce el dinero en el tiempo que ha estado en empréstito.
luctuoso, sa *adj.* Triste y digno de llanto.
lucubración *s. f.* Acción de lucubrar.
lucubrar *v. tr.* Trabajar velando y con aplicación en obras de ingenio.
ludibrio *s. m.* Escarnio, mofa.
lúdico, ca *adj.* Perteneciente o relativo al juego.
ludimiento *s. m.* Acción y efecto de ludir.
ludir *v. tr.* Frotar una cosa con otra.
luego *adv. t.* Prontamente, sin dilación.
lugar *s. m.* **1.** Espacio ocupado ya o que puede ser ocupado por un cuerpo. **2.** Sitio o paraje. **3.** Ciudad, pueblo, especialmente si es pequeño.
lugareño, ña *adj.* Habitante de una población pequeña.
lugarteniente *s. m.* Persona que tiene autoridad y poder para hacer las veces de otra en un ministerio o empleo.
lugre *s. m.* Embarcación pequeña, con tres palos, velas al tercio y gavias volantes.
lúgubre *adj.* Triste, funesto, melancólico.
luición *s. f.* Exención de censos.
luir *v. tr.* Redimir un censo.
lujo *s. m.* Demasía en el adorno, en la pompa y en el regalo.
lujoso, sa *adj.* **1.** Que tiene o gasta lujo. **2.** Se dice de la cosa con que se ostenta lujo.
lujuria *s. f.* Uso abundante o apetito desordenado de los deleites carnales.
lujuriar *v. intr.* Cometer lujuria.
lujurioso, sa *adj.* Dado a la lujuria.
lumbago *s. m.* Dolor reumático de la musculatura lumbar.
lumbar *adj.* Perteneciente o relativo a los lomos.
lumbre *s. f.* Materia combustible encendida.
lumbrera *s. f.* **1.** Cuerpo que despide luz. **2.** *fig.* Persona sabia, insigne y virtuosa.

lumbrical *adj.* Se dice de cada uno de los cuatro músculos que en la mano y en el pie sirven para el movimiento de todos sus dedos, menos el pulgar.

lumen *s. m.* Unidad de flujo luminoso.

luminar *s. m.* Cualquiera de los astros que despiden luz y claridad.

luminaria *s. f.* Luz que se pone en ventanas, balcones, torres y calles como señal de fiesta y regocijo público.

luminiscencia *s. f.* Propiedad que poseen ciertas sustancias de despedir radiaciones luminosas características.

luminoso, sa *adj.* Que despide luz.

luminotecnia *s. f.* Arte de la iluminación por medio de la electricidad con fines artísticos o industriales.

Luna *n. p.* Astro satélite de la Tierra que ofrece diferentes aspectos o fases según que el Sol ilumine una parte mayor o menor de ella.

lunación *s. f.* Tiempo que emplea la Luna desde una conjunción con el Sol hasta la siguiente.

lunado, da *adj.* Que tiene figura de media luna.

lunar *s. m.* Pequeña mancha de melanina en el rostro o en otra parte del cuerpo.

lunático, ca *adj.* Que padece locura por intervalos.

lunch *s. m.* Comida, almuerzo, aperitivo o refrigerio.

lunes *s. m.* Día de la semana comprendido entre el domingo y el martes.

luneta *s. f.* Lente de los anteojos.

luneto *s. m.* Bovedilla en forma de media luna, abierta en la bóveda principal, para dar luz a ésta.

lupa *s. f.* Lente de aumento provista de un mango.

lupanar *s. m.* Mancebía, casa de prostitutas.

lúpulo *s. m.* Planta trepadora cannabácea, cuyos frutos, desecados, se utilizan para aromatizar y dar sabor amargo a la cerveza.

lupus *s. m.* Enfermedad de la piel o de las mucosas de origen tuberculoso.

luquete *s. m.* Redecilla del limón o naranja que se echa en el vino.

lusitanismo *s. m.* Giro o modo de hablar propio de la lengua portuguesa.

lustración *s. f.* Acción y efecto de lustrar o purificar.

lustrar *v. tr.* Dar lustre a metales, piedras, etc.

lustre *s. m.* **1.** Brillo de las cosas tersas o bruñidas. **2.** *fig.* Esplendor, fama, gloria.

lustrina *s. f.* Tela vistosa, de seda, oro y plata, empleada en ornamentos de iglesia.

lustro *s. m.* Espacio de cinco años.

lustroso, sa *adj.* Que tiene lustre.

lúteo, a *adj.* De lodo.

luto *s. m.* **1.** Signo exterior de duelo en ropas, adornos y otros objetos. **2.** Duelo, aflicción por la muerte de una persona.

lux *s. m.* Unidad de intensidad de iluminación.

luxación *s. f.* Dislocación de un hueso.

luz *s. f.* Agente físico que ilumina los objetos y los hace visibles.

M

m *s. f.* Decimotercera letra del abecedario español y décima de sus consonantes.

maca *s. f.* Seña que queda en la fruta por algún daño que ha recibido.

macabro, bra *adj.* Se dice de lo que participa de lo feo y repulsivo de la muerte.

macaca *s. f.* Hembra del macaco.

macaco *s. m.* Cuadrumano parecido a la mona, pero más pequeño que ella, con cola corta, cuerpo robusto y cabeza grande con el hocico saliente y aplastado.

macadán *s. m.* Pavimento formado con piedra machacada, que una vez tendida se comprime con el rodillo.

macana *s. f.* Palo corto y grueso a manera de machete, usado por los primitivos habitantes de América.

macareno, na *adj., fig.* Guapo, majo, baladrón. También s. m. y s. f.

macarrón *s. m.* Pasta alimenticia de harina de trigo en figura de tubos largos, de paredes gruesas y de color blanco, amarillo o gris. Se usa más en pl.

macarrónico, ca *adj.* Se dice del latín muy defectuoso y del lenguaje vulgar e incorrecto.

macear *v. tr.* Dar golpes con el mazo o la maza.

maceración *s. f.* Acción y efecto de macerar o macerarse.

macerar *v. tr.* Ablandar una cosa estrujándola, golpeándola o manteniéndola durante algún tiempo sumergida en un líquido.

macero *s. m.* Persona que lleva la maza delante de los cuerpos o personas que usan esta señal de dignidad.

maceta *s. f.* Vaso de barro cocido, que lleno de tierra sirve para cultivar plantas.

macetero *s. m.* Soporte destinado a colocar en él macetas de flores.

macfarlán *s. m.* Gabán con esclavina y sin mangas.

machaca *s. f.* **1.** Instrumento con que se machaca. ‖ *adj.* **2.** *fig.* Se dice de la persona pesada con su conversación.

machacar *v. tr.* Golpear una cosa para romperla o deformarla.

machacón, na *adj.* Impertinente, pesado, que repite mucho las cosas. También s. m. y s. f.

machete *s. m.* Arma blanca más corta que la espada, ancha, de mucho peso y de un solo filo.

machetear *v. tr.* Golpear con el machete.

machetero, ra *s. m. y s. f.* Persona que desmonta con machete los pasos obstaculizados con árboles, maleza, etc.

machihembrar *v. tr.* Ensamblar dos piezas de madera a caja y espiga o a ranura y lengüeta.

machina *s. f.* Grúa que se utiliza en los puertos marítimos.

macho¹ *s. m.* Animal del sexo masculino.

macho² *s. m.* Mulo.

macho³ *s. m.* Mazo grande de herrero.

machón *s. m.* Macho.

machorra *s. f.* Hembra estéril.

machucar *v. tr.* Machacar.

machucho, cha *adj.* Sosegado, juicioso.

macilento, ta *adj.* Flaco, descolorido, triste.

macillo *s. m.* Pieza del piano con la cual, a impulso de la tecla, se hiere la cuerda correspondiente.

macis *s. f.* Corteza olorosa de la nuez moscada, en forma de red y de color rojo.

macizo, za *adj.* Lleno, sin huecos, sólido. También s. m.

macolla *s. f.* Conjunto de vástagos, flores o espigas que nacen de un mismo pie.

macrobiótica *s. f.* Sistema de vida que pretende a través de un cuerpo sano y equilibrado, conseguido por una alimentación basada en el consumo de vegetales, vivir más y en mejores condiciones.

macrocéfalo, la *adj.* De cabeza muy grande y desproporcionada en relación con el cuerpo. También s. m. y s. f.

macrocosmos *s. m.* Según ciertos filósofos, el universo considerado como un ser animal semejante al hombre y, como él, compuesto de cuerpo y alma.

mácula *s. f.* Mancha que ensucia un cuerpo.

macular *v. tr., poét.* Manchar, poner sucia una cosa, deslustrar la buena fama.

maculatura *s. f.* Pliego que se desecha por mal impreso o manchado.

macuto *s. m.* Mochila de soldado.

madapolán *s. m.* Especie de percal blanco y de buena calidad.

madeja *s. f.* Hilo recogido en vueltas iguales para que se pueda devanar fácilmente.

madera *s. f.* Parte sólida de los árboles debajo de la corteza.
maderable *adj.* Se aplica al árbol, bosque, etc. que da madera útil para construcciones o ebanistería.
maderería *s. f.* Establecimiento en que se vende madera.
madero *s. m.* Pieza larga de madera escuadrada o rolliza.
madona *s. f.* Nombre dado a la Virgen María.
mador *s. m.* Ligera humedad que cubre la superficie del cuerpo, sin llegar a ser sudor.
madrás *s. m.* Tela fina de algodón que se usa para camisas y trajes femeninos.
madrastra *s. f.* Mujer del padre respecto de los hijos que éste tiene de un matrimonio anterior.
madraza *s. f., fam.* Madre que mima mucho a sus hijos.
madre *s. f.* **1.** Hembra que ha parido. **2.** Título que se da a algunas religiosas.
madrearse *v. prnl.* Ahilarse la levadura, el vino, etc.
madrecilla *s. f.* Huevera, oviducto de las aves.
madreña *s. f.* Almadreña.
madreperla *s. f.* Molusco lamelibranquio, de concha casi circular, que se cría en el fondo de los mares intertropicales, donde se pesca para recoger las perlas que suele contener en su interior y aprovechar el nácar de la concha.
madrépora *s. f.* Celentéreo antozoo de los mares intertropicales, que forma un polipero pétreo y arborescente.
madreselva *s. f.* Arbusto sarmentoso de las caprifoliáceas, con tallos largos, hojas compuestas, flores olorosas, en cabezuelas terminales con largo pedúnculo, y fruto en baya pequeña y carnosa.
madrigal *s. m.* Composición lírica en endecasílabos y heptasílabos breves, de tema amoroso o pensamiento delicado.
madriguera *s. f.* Cueva pequeña en que habitan ciertos animales, especialmente los conejos.
madrina *s. f.* Mujer que presenta o asiste a una persona en algún sacramento, especialmente el bautismo.
madroñal *s. m.* Terreno poblado de madroños.
madroño *s. m.* Arbusto ericáceo, de hojas lanceoladas, flores de corola globosa, fruto esférico, encarnado, granuloso y comestible.
madrugada *s. f.* Alba, principio del día.
madrugador, ra *adj.* Que madruga, y especialmente que tiene costumbre de madrugar.
madrugar *v. intr.* Levantarse al amanecer o muy temprano.
madrugón *s. m., fam.* Acción de levantarse muy temprano.
maduración *s. f.* Acción y efecto de madurar o madurarse.
madurar *v. tr.* **1.** Dar sazón a los frutos. **2.** *fig.* Meditar una idea, un proyecto, etc. **3.** *fig.* Activar la supuración en los tumores.
madurez *s. f.* **1.** Sazón de los frutos. **2.** *fig.* Buen juicio, prudencia o sensatez con que una persona procede. **3.** *fig.* Edad adulta.
maduro, ra *adj.* **1.** Que está en sazón. **2.** Juicioso, prudente. **3.** Se dice de la persona entrada en años.
maesilla *s. f.* Cordel usado para mover los lizos de un par de bolillos de pasamanería.
maestrante *s. m.* Cada uno de los caballeros de la maestranza.
maestranza *s. f.* **1.** Sociedad de caballeros cuyo objetivo es ejercitarse en la equitación, y fue además en su origen escuela del manejo de las armas a caballo. **2.** Conjunto de talleres y oficinas donde se recomponen y construyen los montajes para las piezas de artillería.
maestrazgo *s. m.* Dignidad de maestre de cualquiera de las órdenes militares.
maestre *s. m.* Superior de cualquiera de las órdenes militares.
maestrear *v. tr.* Intervenir con otras personas como maestro en una operación.
maestresala *s. m.* Criado principal que asistía a la mesa de un señor y se encargaba de probar lo que se servía, para garantizar que no contuviera veneno.
maestrescuela *s. m.* Dignidad de algunas catedrales, que tenía la misión de enseñar las ciencias eclesiásticas.
maestría *s. f.* **1.** Arte y destreza en enseñar o ejecutar una cosa. **2.** Título de maestro.
maestril *s. m.* Celdilla del panal de miel donde se transforma en insecto adulto la larva de la abeja maestra.
maestro, tra *adj.* **1.** Se dice de la persona u obra de relevante mérito entre las de su clase. ‖ *s. m. y s. f.* **2.** Persona que enseña una ciencia, oficio, etc.

o tiene título para hacerlo. **3.** Persona que dirige el personal o las operaciones de un servicio.

mafia *s. f.* **1.** Organización criminal clandestina de origen siciliano. **2.** Por ext., cualquier organización clandestina criminal.

magancería *s. f.* Engaño.

maganel *s. m.* Máquina militar que servía para batir las murallas.

magaña *s. f.* Ardid, astucia, engaño.

magdalena *s. f.* Bollo pequeño elaborado con los mismos ingredientes que el bizcocho de confitería.

magdaleón *s. m.* Rollito largo y delgado que se hace de un emplasto.

magia *s. f.* Arte o ciencia oculta que pretende producir efectos extraordinarios, con ayuda de seres sobrenaturales o de fuerzas secretas de la naturaleza.

mágico, ca *adj.* Fantástico, estupendo.

magín *s. m., fam.* Imaginación.

magisterio *s. m.* **1.** Cargo o profesión de maestro. **2.** Conjunto de los maestros de una nación, provincia, etc.

magistrado, da *s. m. y s. f.* Superior en el orden civil, en especial ministro de justicia, como corregidor, consejero, etc.

magistral *adj.* Se dice de lo que se hace con maestría.

magistralía *s. f.* Canonjía.

magistratura *s. f.* **1.** Dignidad y cargo de magistrado. **2.** Tiempo que dura su ejercicio.

magma *s. m.* Materia ígnea en fusión, existente en el interior de la Tierra, cuya solidificación ha originado ciertos minerales.

magnanimidad *s. f.* Grandeza y elevación de ánimo.

magnánimo, ma *adj.* Que tiene magnanimidad.

magnate *s. m. y s. f.* Persona muy importante en el terreno empresarial o financiero por su cargo o poder.

magnesia *s. f.* Sustancia blanca, terrosa, ligeramente alcalina, la cual, mezclada con ciertos ácidos, forma sales que se utilizan como purgantes.

magnésico, ca *adj.* Perteneciente o relativo al magnesio.

magnesita *s. f.* Silicato de magnesia hidratado, espuma de mar.

magnetismo *s. m.* Fuerza atractiva de un imán.

magnetita *s. f.* Óxido de hierro cúbico que tiene la propiedad de atraer el hierro y el acero.

magnetizar *v. tr.* Comunicar a algún cuerpo la propiedad magnética.

magneto *s. f.* Generador de electricidad de alto potencial, usado especialmente en los motores de explosión.

magnetófono *s. m.* Aparato que permite registrar los sonidos sobre una cinta magnética para su ulterior reproducción.

magnificar *v. tr.* Engrandecer, ensalzar. También prnl.

magníficat *s. m.* Cántico que dirigió a Dios la Virgen María en la visitación a su prima Santa Isabel.

magnificencia *s. f.* **1.** Liberalidad para grandes gastos o disposición para grandes empresas. **2.** Ostentación, grandeza.

magnífico, ca *adj.* Espléndido, suntuoso.

magnitud *s. f.* Tamaño de un cuerpo.

magno, na *adj.* Grande.

magnolia *s. f.* Árbol magnoliáceo, de hojas persistentes y coriáceas, flores hermosas, solitarias, muy blancas y olorosas.

mago, ga *adj.* **1.** Se dice de la persona versada en la magia o que la practica. También s. m. y s. f. **2.** Se dice de los tres reyes que fueron a adorar a Jesús recién nacido en Belén. También n. p.

magosto *s. m.* Hoguera para asar castañas.

magra *s. f.* Lonja de jamón.

magrez *s. f.* Cualidad de magro.

magro, gra *adj.* Flaco o enjuto, con poca o ninguna grasa.

maguillo *s. m.* Manzano silvestre de fruto más pequeño y menos sabroso que la manzana común.

magulladura *s. f.* Acción y efecto de magullar o magullarse.

magullamiento *s. m.* Magulladura.

magullar *v. tr.* Causar a un cuerpo contusiones.

mahón *s. m.* Tela fuerte de algodón escogido y de diversos colores.

maicillo *s. m.* Planta de la familia de las gramíneas, muy parecida al mijo y de fruto muy nutritivo.

mailing *s. m.* Envío de publicidad por correo.

maillot *s. m.* **1.** Camiseta deportiva, especialmente la usada por los ciclistas. **2.** Prenda de vestir elástica parecida a un bañador, que se utiliza especialmente en danza y en gimnasia rítmica.

maitinada *s. f.* Alborada, tiempo de amanecer y música con que se festeja a una persona durante ese tiempo.

maitines *s. m. pl.* Primera de las horas canónicas que antiguamente se rezaba antes de amanecer.

maíz *s. m.* Planta gramínea, de tallo macizo, hojas largas y puntiagudas, flores masculinas en racimo y femeninas en espigas axilares envueltas en una vaina.

maizal *s. m.* Tierra sembrada de maíz.

majada *s. f.* Lugar donde se recoge de noche el ganado y se cobijan los pastores.

majadear *v. intr.* Hacer noche el ganado en una majada.

majadería *s. f.* Dicho o hecho necio, imprudente y molesto.

majadero, ra *adj., fig.* Necio, porfiado.

majal *s. m.* Banco de peces.

majano *s. m.* Montón de cantos sueltos.

majar *v. tr.* **1.** Machacar. **2.** *fig. y fam.* Molestar, importunar.

majestad *s. f.* **1.** Grandeza, superioridad de algo o alguien. **2.** Título que se da a Dios y también a emperadores y reyes.

majestuosidad *s. f.* Cualidad de majestuoso.

majestuoso, sa *adj.* Que tiene majestad.

majeza *s. f.* Cualidad de majo.

majo, ja *adj.* **1.** *fam.* Ataviado, lujoso. **2.** *fam.* Bonito, vistoso.

majolar *s. m.* Terreno poblado de majuelos.

majuela *s. f.* Fruto del majuelo.

majuelo *s. m.* **1.** Arbusto espinoso, de flores blancas, olorosas y fruto rojo y dulce. **2.** Viña o cepa nueva.

mal[1] *adj.* **1.** Apócope de malo. ‖ *s. m.* **2.** Enfermedad, dolencia.

mal[2] *adv. m.* Contrariamente a lo que es debido.

malabarismo *s. m.* Arte de ejercicios de equilibrio y habilidad.

malabarista *s. m. y s. f.* Persona que hace juegos malabares.

malacate *s. m.* Máquina movida por dos caballerías, muy usada en las minas para sacar minerales y agua.

malacia *s. f.* Deseo de comer materias impropias para la nutrición, como arena, carbón, tierra, yeso, etc.

malacología *s. f.* Parte de la zoología que trata de los moluscos.

malaconsejado, da *adj.* Que obra desatinadamente llevado de malos consejos.

malacopterigio *adj.* Se dice de los peces teleósteos, caracterizados por carecer de aletas abdominales o tenerlas colocadas detrás del abdomen o debajo de las branquias. También s. m.

malacostumbrado, da *adj.* Que tiene malos hábitos y costumbres.

malagueña *s. f.* Aire popular propio de la provincia de Málaga, parecido al fandango.

malagueta *s. f.* Fruto pequeño, de olor y sabor aromático que se usa como especia y es producto de un árbol tropical.

malandante *adj.* Desafortunado, infeliz.

malandanza *s. f.* Mala fortuna, desgracia.

malandrín, na *adj.* Maligno, perverso.

malaquita *s. f.* Mineral de hermoso color verde, que suele emplearse en joyería.

malar *adj.* Perteneciente a la mejilla.

malaria *s. f.* Fiebre palúdica.

malaventura *s. f.* Desventura, infortunio.

malaventurado, da *adj.* Infeliz o de mala ventura.

malaventuranza *s. f.* Infelicidad, infortunio.

malbaratar *v. tr.* **1.** Vender la hacienda a bajo precio. **2.** Disiparla, malgastarla.

malcarado, da *adj.* Que tiene mala cara o aspecto repulsivo.

malcomer *v. tr.* Comer escasamente o con poco gusto o alimentos de mala calidad.

malcomido, da *adj.* Poco alimentado.

malcontento, ta *adj.* **1.** Descontento. **2.** Revoltoso, perturbador del orden público.

malcorte *s. m.* Quebrantamiento de las ordenanzas y estatutos, al sacar de los montes altos madera de construcción o leña para combustible y carboneo.

malcriado, da *adj.* Falto de buena educación, descortés.

malcriar *v. tr.* Educar mal a los hijos, dándoles demasiados caprichos.

maldad *s. f.* **1.** Cualidad de malo. **2.** Acción mala e injusta.

maldecir *v. tr.* **1.** Echar maldiciones contra una persona o cosa. ‖ *v. intr.* **2.** Hablar con mordacidad en perjuicio de alguien, denigrándole.

maldiciente *adj.* Detractor por hábito.

maldición *s. f.* Manifestación de enojo o aversión contra alguien o algo.

maldispuesto, ta *adj.* Que carece de la disposición de ánimo necesaria para una cosa.
maldito, ta *adj.* Perverso, de malas intenciones.
maleabilidad *s. f.* Cualidad de maleable.
maleable *adj.* Se dice de los metales que pueden batirse y extenderse en planchas o láminas.
maleante *adj.* **1.** Burlador, maligno. ‖ *s. m. y s. f.* **2.** Delincuente.
malear *v. tr.* **1.** Dañar, echar a perder una cosa, estropear. También prnl. **2.** *fig.* Pervertir a alguien. También prnl.
malecón *s. m.* Murallón que se construye para defenderse de las aguas.
maledicencia *s. f.* Acción de maldecir o denigrar.
maleficencia *s. f.* Hábito de hacer el mal.
maleficiar *v. tr.* **1.** Causar daño a alguien o algo. **2.** Hechizar con prácticas supersticiosas.
maleficio *s. m.* **1.** Daño causado por arte de hechicería. **2.** Hechizo con que se pretende causarlo.
maléfico, ca *adj.* Que ocasiona o puede ocasionar daño.
maléolo *s. m.* Tobillo.
malestar *s. m.* Desazón, incomodidad.
maleta *s. f.* Caja pequeña, hecha de lona, cuero, etc., que sirve para llevar ropa y otros efectos personales en los viajes.
maletero *s. m.* Parte destinada en un vehículo para colocar las maletas u otros equipajes.
maletín *s. m.* Maleta pequeña.
malevolencia *s. f.* Mala voluntad.
malévolo, la *adj.* Inclinado a hacer mal o con malas intenciones.
maleza *s. f.* **1.** Abundancia de hierbas malas que perjudican a los sembrados. **2.** Espesura de arbustos.
malgama *s. f.* Amalgama.
malgastador, ra *adj.* Que malgasta.
malgastar *v. tr.* Gastar el dinero en cosas malas o inútiles; se dice también referido al tiempo, la paciencia, etc.
malhablado, da *adj.* Desvergonzado o atrevido en el hablar.
malhadado, da *adj.* Infeliz, desventurado.
malhechor, ra *adj.* Que comete delitos habitualmente.
malherir *v. tr.* Herir gravemente.
malhumorado, da *adj.* Que está de mal humor.
malicia *s. f.* **1.** Maldad, cualidad de malo. ‖ *s. f. pl.* **2.** *fam.* Sospecha, recelo.
malicioso, sa *adj.* **1.** Que por malicia ve mala intención en lo que dicen y hacen los demás. **2.** Que contiene malicia.
malignar *v. tr.* Viciar, inficionar.
malignidad *s. f.* Tendencia a pensar u obrar mal.
maligno, na *adj.* **1.** Propenso a pensar u obrar mal. También s. m. y s. f. **2.** De índole perniciosa.
malintencionado, da *adj.* Que tiene mala intención.
malla *s. f.* Cada uno de los cuadriláteros que constituyen el tejido de la red.
mallar *v. intr.* Hacer malla.
mallo *s. m.* Juego en que se hacen correr por el suelo unas bolas dándoles con unos mazos.
malo, la *adj.* **1.** Que carece de la bondad que debe tener según su naturaleza o destino. **2.** Que es de mala vida y costumbres. **3.** Enfermo.
malograr *v. tr.* **1.** No aprovechar una cosa, como la ocasión, el tiempo, etc. ‖ *v. prnl.* **2.** Frustrarse lo que se pretendía o se esperaba conseguir.
malogro *s. m.* Efecto de malograrse una cosa.
maloliente *adj.* Que exhala mal olor.
malparado, da *adj.* Que ha sufrido notable menoscabo en cualquier línea.
malparar *v. tr.* Poner en mal estado.
malquerencia *s. f.* Mala voluntad, aversión a una persona o cosa.
malquerer *v. tr.* Tener mala voluntad a una persona o cosa.
malquistar *v. tr.* Poner mal a una persona con otra u otras.
malquisto, ta *adj.* Que está enemistado con una o varias personas.
malrotar *v. tr.* Disipar, malgastar los bienes.
malsano, na *adj.* Nocivo para la salud.
malsín *s. m.* Cizañero, soplón.
malsonante *adj.* Se aplica a las palabras o expresiones groseras, de mal gusto o gramaticalmente incorrectas.
malsufrido, da *adj.* Que tiene poco aguante o poca paciencia.
malta *s. f.* **1.** Cebada que, germinada artificialmente y luego tostada, se emplea en la fabricación de la cerveza. ‖ *s. m.* **2.** Granos de cebada o de trigo tostados para sustituir al café.
maltasa *s. f.* Fermento existente en el organismo, que convierte la maltosa en glucosa.

maltosa *s. f.* Azúcar blanco, cristalino, compacto, dextrógiro, formado por acción de la diastasa sobre el almidón.

maltratar *v. tr.* **1.** Tratar mal a alguien de palabra u obra. También prnl. **2.** Menoscabar, echar a perder.

maltrecho, cha *adj.* Maltratado.

malva *s. f.* Planta malvácea, de tallo ramoso y velludo, y flores grandes y violáceas, que se usa mucho en medicina.

malváceo, a *adj.* Se dice de plantas dicotiledóneas, herbáceas, de hojas alternas con estípulas, flores axilares, con muchos estambres unidos formando un tubo que cubre el ovario; su fruto es seco, dividido en numerosas celdillas con semillas sin albumen.

malvado, da *adj.* Muy malo, perverso.

malvar *s. m.* Lugar poblado de malvas.

malvasía *s. f.* **1.** Uva muy dulce y fragante. **2.** Vino que se hace de esta uva.

malvavisco *s. m.* Planta malvácea, de hojas suaves, flores axilares de color blanco rojizo, cuya gruesa raíz se emplea como emoliente.

malvender *v. tr.* Vender a bajo precio, sin apenas ganancia.

malversación *s. f.* **1.** Acción y efecto de malversar. **2.** Apropiación de bienes públicos por un funcionario.

malversar *v. tr.* Invertir ilícitamente los bienes ajenos que alguien tiene a su cargo.

malvezar *v. tr.* Acostumbrar mal a alguien.

malvís *s. m.* Tordo de plumaje verde oscuro manchado de negro y rojo.

mama *s. f.* Teta de los mamíferos.

mamá *s. f., fam.* Madre.

mamadera *s. f.* Instrumento para aliviar los pechos en el período de la lactancia.

mamar *v. tr.* Chupar con los labios y lengua la leche de los pechos.

mamario, ria *adj.* Perteneciente a las mamas.

mamarracho *s. m.* **1.** *fam.* Cosa extravagante y ridícula **2.** *fig.* Persona informal, que no merece respeto.

mambrú *s. m.* Chimenea del fogón de los buques.

mamella *s. f.* Cada uno de los apéndices largos y ovalados que tienen en el cuello algunos animales, especialmente las cabras.

mamey *s. m.* Árbol gutífero, de flores blancas, olorosas y fruto casi redondo.

mamífero, ra *adj.* Se dice de los animales vertebrados de temperatura constante, cuyas hembras alimentan a sus crías con la leche de sus mamas. También s. m.

mamola *s. f.* Caricia o burla amistosa que se hace a alguien dándole golpecitos debajo de la barbilla.

mamotreto *s. m., fig. y fam.* Libro o legajo muy abultado, cuando es deforme.

mampara *s. f.* Armazón vertical de cristal, madera, plástico, etc., que sirve para dividir una habitación, cubrir las puertas y para otros usos.

mamparo *s. m.* Tabique con que se divide en compartimentos el interior de un barco.

mamporro *s. m., fam.* Golpe, coscorrón.

mampostear *v. tr.* Trabajar en mapostería.

mampostería *s. f.* Obra hecha con mampuestos colocados con argamasa.

mampresar *v. tr.* Empezar a domar las caballerías cerriles.

mampuesto, ta *adj.* Se dice del material usado en las obras de mampostería.

mamut *s. m.* Especie de elefante fósil, de la era cuaternaria, que tenía el cuerpo cubierto de pelo largo y los incisivos superiores muy desarrollados.

maná *s. m.* Milagroso manjar enviado por Dios desde el cielo, a modo de escarcha, para alimentar al pueblo de Israel en el desierto.

manada *s. f.* Conjunto de ciertos animales de una misma especie que andan reunidos.

manantial *s. m.* **1.** Nacimiento de las aguas. **2.** *fig.* Origen y principio de donde proviene una cosa.

manar *v. intr.* **1.** Brotar un líquido de alguna parte. También tr. **2.** *fig.* Abundar.

manatí *s. m.* Mamífero sirenio, herbívoro, de cuerpo grueso y redondeado, y miembros torácicos muy desarrollados.

mancar *v. tr.* Lisiar, herir a alguien en las manos. También prnl.

manceba *s. f.* Concubina.

mancebía *s. f.* **1.** Prostíbulo. **2.** Travesura o diversión deshonesta.

mancebo, ba *s. m. y s. f.* Joven.

mancera *s. f.* Pieza del arado.

mancerina *s. f.* Plato con una abrazadera circular en el centro, donde se coloca y sujeta la jícara en que se sirve el chocolate.

mancha *s. f.* Señal que una cosa hace en un cuerpo, ensuciándolo o echándolo a perder.
manchar *v. tr.* Poner sucia una cosa.
mancilla *s. f.* Mancha, deshonra.
mancillar *v. tr.* Amancillar.
manco, ca *adj.* Se aplica a la persona o animal a quien falta un brazo o mano.
mancomunar *v. tr.* Unir personas, fuerzas o caudales para un fin. También prnl.
mancomunidad *s. f.* **1.** Acción y efecto de mancomunar o mancomunarse. **2.** Corporación constituida legalmente por agrupación de municipios o provincias.
mancornar *v. tr.* Atar dos reses por los cuernos para que anden juntas.
mandamiento *s. m.* Precepto u orden de un superior a un inferior.
mandante *s. m. y s. f.* Persona que en un mandato delega en otra su representación personal, o la gestión de uno o más negocios.
mandar *v. tr.* **1.** Ordenar el superior a su súbdito. **2.** Legar algo en testamento. **3.** Enviar algo a alguien.
mandarín *s. m.* En la China antigua, alto funcionario que tenía a su cargo el gobierno de una ciudad o la administración de justicia.
mandatario *s. m.* Persona que acepta del mandante representarlo personalmente en la gestión o desempeño de uno o más negocios.
mandato *s. m.* **1.** Orden o precepto de un superior. **2.** Encargo o representación que por la elección se confiere a los diputados, concejales, etc.
mandíbula *s. f.* Cada una de las dos piezas óseas de la boca de los vertebrados en las que están implantados los dientes.
mandil *s. m.* Prenda de cuero o tela fuerte que protege desde el cuello hasta por debajo de las rodillas.
mandilar *v. tr.* Limpiar el caballo con un paño o mandil.
mandilete *s. m.* **1.** Pieza de la armadura que protegía la mano. **2.** Portezuela que cierra la tronera de una batería.
mandioca *s. f.* Arbusto euforbiáceo, de cuya raíz se extrae almidón, harina y tapioca.
mando *s. m.* **1.** Autoridad y poder que tiene el superior sobre sus súbditos. **2.** Persona o conjunto de personas que tiene dicha autoridad.
mandoble *s.m.* Cuchillada o golpe grande que se da esgrimiendo el arma con ambas manos.
mandolina *s. f.* Instrumento musical semejante al laúd, con cuatro o seis cuerdas pareadas.
mandón, na *adj.* Que ostenta demasiado su autoridad y manda más de lo que le corresponde.
mandrágora *s. f.* Planta solanácea, sin tallo, de hojas anchas y rugosas, y flores blanquecinas y rojizas, que se ha usado en medicina como narcótico.
mandril *s. m.* Primate catarrino africano, de robusta constitución, con el hocico alargado y marcado con profundos surcos, muchas veces coloreados.
mandrón *s. m.* Bola grande que se arrojaba con la mano, como proyectil de guerra.
manducar *v. tr., fam.* Comer. También intr.
manea *s. f.* Maniota.
manear *v. tr.* Poner maneas a una caballería.
manecilla *s. f.* **1.** Broche con que cierran algunas cosas. **2.** Saetilla del reloj que sirve para señalar las horas, minutos, etc.
manejar *v. tr.* **1.** Usar algo con las manos. **2.** *fig.* Dirigir, gobernar.
manejo *s. m.* **1.** Acción y efecto de manejar o manejarse. **2.** Arte de manejar los caballos. **3.** *fig.* Dirección y gobierno de un asunto o negocio. **4.** *fig.* Treta, maquinación.
manera *s. f.* **1.** Modo con que se ejecuta o sucede una cosa. **2.** Porte y modales de una persona. Se usa más en pl.
manes *s. m. pl.* Las almas de los difuntos.
manga *s. f.* **1.** Parte del vestido en que se mete el brazo y lo cubre total o parcialmente. **2.** Tubo de cuero, caucho, etc. que se acopla a las bombas o bocas de riego. **3.** Anchura mayor de un buque.
manganesa *s. f.* Mineral de manganeso algo más duro que el yeso. Se emplea mucho en la industria para la obtención de oxígeno, fabricación de acero, vidrio, etc.
manganeso *s. m.* Metal de color y brillo acerados, quebradizo y muy oxidable.
manganilla *s. f.* Engaño, ardid de guerra.
manglar *s. m.* Sitio poblado de mangles.
mangle *s. m.* Arbusto rizoforáceo, cuyas ramas dan unos vástagos que descienden hasta tocar el suelo y arraigar en él.
mango *s. m.* Parte por donde se coge con la mano un utensilio.

mangonear *v. intr.* Entrometerse alguien en cosas que no le incumben, dirigiéndolas o mandando en ellas.
mangoneo *s. m., fam.* Acción y efecto de mangonear.
mangorrero, ra *adj., fam.* Inútil o de poca estimación.
mangosta *s. f.* Cuadrúpedo carnívoro, que habita en África.
manguera *s. f.* Manga de las bocas de riego.
mangueta *s. f.* Bolsa con pitón que servía para poner ayudas.
manguito *s. m.* Rollo, con aberturas en ambos lados, de piel y algodonado por dentro, que utilizan las señoras para llevar abrigadas las manos.
maní *s. m.* Cacahuete, planta.
manía *s. f.* **1.** Especie de locura, caracterizada por agitación y tendencia al furor. **2.** Extravagancia, capricho por algo determinado. **3.** Ojeriza.
maníaco, ca *adj.* Enajenado, que padece manía. También s. m. y s. f.
manialbo, ba *adj.* Maniblanco.
maniatar *v. tr.* Atar las manos.
maniático, ca *adj.* Que tiene manías.
maniblanco, ca *adj.* Se dice del caballo que tiene la parte inferior de las patas de color claro.
manicura *s. f.* Cuidado de las manos y especialmente de las uñas.
manido, da *adj.* **1.** Sobado, ajado. **2.** Se dice de la carne, pescado, etc., que está a punto de pudrirse.
maniego, ga *adj.* Revoltoso, entrometido.
manifestación *s. f.* **1.** Acción y efecto de manifestar o manifestarse. **2.** Reunión política, generalmente al aire libre, en la cual las personas que a ella concurren expresan sus protestas o la reclamación de algo.
manifestar *v. tr.* **1.** Declarar, dar a conocer. También prnl. **2.** Descubrir, poner a la vista. También prnl.
manifiesto, ta *adj.* **1.** Patente, ostensible, claro. ‖ *s. m.* **2.** Escrito que una persona, partido o agrupación dirige a la opinión pública.
manija *s. f.* Mango, puño o manubrio de ciertos utensilios y herramientas.
manilargo, ga *adj.* Que tiene largas las manos.
manilla *s. f.* **1.** Pulsera. **2.** Grillete para las muñecas.
maniluvio *s. m.* Baño de la mano. Se usa más en pl.
maniobra *s. f.* **1.** Cualquier operación que se realiza con las manos. *s. f. pl.* **2.** Simulacros en que se ejercita la tropa.
maniobrar *v. intr.* Ejecutar maniobras.
maniota *s. f.* Cuerda con que se atan las manos de un animal para que no huya.
manipulación *s. f.* Acción y efecto de manipular.
manipular *v. tr.* **1.** Realizar algo con las manos o con cualquier instrumento. **2.** *fig. y fam.* Manejar alguien los negocios a su manera o mezclarse en los ajenos.
manípulo *s. m.* Ornamento sagrado que por medio de un fijador se sujetaba al antebrazo izquierdo sobre la manga del alba.
maniquete *s. m.* Mitón de tul negro con calados y labores.
maniquí *s. m.* Figura movible, de aspecto humano, que puede ser colocada en diversas actitudes.
manir *v. tr.* Hacer que las carnes y algunos manjares se pongan más tiernos, dejando pasar el tiempo conveniente antes de condimentarlos.
manirroto, ta *adj.* Demasiado liberal, pródigo. También s. m. y s. f.
manivela *s. f.* Manubrio.
manjar *s. m.* Cualquier cosa comestible.
mano *s. f.* Parte del cuerpo humano, que comprende desde la muñeca hasta la punta de los dedos.
manojo *s. m.* Hacecillo de hierbas o de otras cosas que se puede coger con la mano.
manómetro *s. m.* Instrumento destinado a medir la presión de líquidos y gases.
manopla *s. f.* Guante sin separaciones para los dedos, excepto para el pulgar.
manosear *v. tr.* Tocar repetidamente una cosa con las manos.
manotada *s. f.* Golpe dado con la mano.
manotear *v. tr.* **1.** Dar manotazos. ‖ *v. intr.* **2.** Mover las manos para dar mayor fuerza a lo que se habla o para mostrar un estado de ánimo.
manquedad *s. f.* Condición de manco.
mansalva, a *loc. adv.* Sin peligro, sobre seguro.
mansedumbre *s. f.* Suavidad, benignidad.
mansión[1] *s. f.* Casa grande con propiedades y personas de servicio.
mansión[2] *s. f.* **1.** Detención, permanencia. **2.** Morada, albergue.

manso, sa *adj.* **1.** Benigno y suave en su condición. **2.** *fig.* Apacible, sosegado.
manta *s. f.* Pieza de forma rectangular y de un tejido grueso y tupido que sirve para abrigar, especialmente en la cama.
mantear *v. tr.* Lanzar al aire a una persona puesta en una manta, tirando a un tiempo de las orillas varias personas.
manteca *s. f.* **1.** Gordura de los animales, especialmente la del cerdo. **2.** Sustancia grasa de la leche.
mantecada *s. f.* Rebanada de pan untada con mantequilla y azúcar.
mantecoso, sa *adj.* Que tiene mucha manteca.
mantel *s. m.* Pieza de tela, plástico o papel con que se cubre la mesa para comer.
mantelería *s. f.* Juego de mantel y servilletas.
manteleta *s. f.* Especie de esclavina grande, a manera de chal, que usan las mujeres para abrigo o como adorno.
mantelete *s. m.* Vestidura con dos aberturas para sacar los brazos, que llevan los obispos y prelados sobre el roquete.
mantellina *s. f.* Mantilla de la cabeza.
mantelo *s. m.* Especie de delantal de paño que cubre la saya casi por completo.
mantener *v. tr.* **1.** Proveer a alguien del alimento necesario. También prnl. **2.** Conservar una cosa en su ser.
mantenimiento *s. m.* **1.** Efecto de mantener o mantenerse. **2.** Serie de operaciones y cuidados necesarios para el óptimo funcionamiento de una instalación, fábrica, etc.
manteo *s. m.* Capa larga con cuello, que llevan los eclesiásticos sobre la sotana.
mantequera *s. f.* Recipiente en que se guarda o se sirve la manteca.
mantequilla *s. f.* **1.** Manteca que se obtiene de la leche de vaca. **2.** Pasta blanda y suave de manteca de vaca batida y mezclada con azúcar.
mantilla *s. f.* Prenda femenina de tul, encaje, etc., utilizada para cubrir la cabeza.
mantillo *s. m.* Capa superior del suelo, formada por la descomposición parcial de materias animales y vegetales.
mantisa *s. f.* Fracción decimal que sigue a la característica en un logaritmo.
manto *s. m.* **1.** Prenda suelta que se lleva sobre el vestido y cubre desde la cabeza o los hombros hasta los pies. **2.** Mantilla grande sin adornos.
mantón *s. m.* Pañuelo grande que se echa sobre los hombros.
mantudo, da *adj.* Se dice del ave cuando tiene caídas las alas.
manual *adj.* **1.** Que se ejecuta con las manos. ‖ *s. m.* **2.** Libro en que se compendia lo más sustancial de una materia.
manubrio *s. m.* Empuñadura de un instrumento.
manuela *s. f.* Antiguo coche de alquiler, abierto y tirado por un caballo.
manuella *s. f.* Barra del cabrestante.
manufactura *s. f.* **1.** Obra hecha a mano o con ayuda de máquina. **2.** Fábrica.
manumisión *s. f.* Acción y efecto de manumitir.
manumitir *v. tr.* Dar libertad a un esclavo.
manuscrito *s. m.* Papel o libro escrito a mano.
manutención *s. f.* Acción y efecto de mantener o mantenerse.
manzana *s. f.* **1.** Fruto del manzano. **2.** Pomo de la espada.
manzanilla *s. f.* Hierba compuesta, de flores olorosas, que se toman en infusión.
manzanillo *adj.* Se dice de una variedad de olivo que produce una aceituna muy pequeña. También s. m.
manzano *s. m.* Árbol rosáceo, de hojas sencillas y ovaladas y flores en umbela, cuyo fruto es la manzana.
maña *s. f.* **1.** Destreza. **2.** Astucia. **3.** Vicio o mala costumbre. Se usa más en pl.
mañana *s. f.* Tiempo desde que amanece hasta el mediodía.
mañoso, sa *adj.* Que tiene maña.
mapa *s. m.* Representación geográfica de la Tierra o parte de ella en una superficie plana.
mapache *s. m.* Mamífero carnívoro, de pelaje grisáceo denso y cola poblada, anillada con bandas negras.
mapamundi *s. m.* Mapa que representa la superficie de la Tierra dividida en dos hemisferios.
maque *s. m.* Laca.
maquear *v. tr.* Adornar muebles u otros objetos con maque.
maqueta *s. f.* Modelo exacto en tamaño reducido, de un monumento, edificio, etc.
maquí *s. m.* Monte bajo mediterráneo formado por vegetación cerrada, arbustiva de hoja pe-

renne, como laurel, madroño, romero, retama, jara, lentisco, boj, etc.

maquila *s. f.* Porción de grano, harina o aceite que corresponde al molinero por la molienda.

maquilar *v. tr.* Cobrar el molinero la maquila.

maquillaje *s. m.* **1.** Acción y efecto de maquillar o maquillarse. **2.** Producto cosmético utilizado para maquillar el rostro.

maquillar *v. tr.* **1.** Aplicar productos cosméticos al rostro de alguien para embellecerlo o caracterizarlo. **2.** *fig.* Tergiversar los datos de un resultado, encuesta, etc. para que ofrezca una apariencia mejor.

máquina *s. f.* Artificio para aprovechar, dirigir o regular la acción de una fuerza o para producirla.

maquinación *s. f.* Asechanza oculta dirigida generalmente a un mal fin.

maquinal *adj.* **1.** Perteneciente o relativo a los movimientos y efectos de la máquina. **2.** *fig.* Se aplica a los actos y movimientos ejecutados sin deliberación.

maquinar *v. tr.* Urdir, tramar algo oculta y artificiosamente.

maquinaria *s. f.* **1.** Conjunto de máquinas para un fin determinado. **2.** Arte que enseñaba a fabricar las máquinas.

maquinista *s. m. y s. f.* **1.** Persona que inventa o fabrica máquinas. **2.** Persona que maneja una máquina.

mar *s. amb.* Masa de agua salada que cubre la mayor parte de la superficie de la Tierra.

marabú *s. m.* Ave zancuda africana de las cicónidas, parecida a la cigüeña, de patas delgadas, alas grandes, cabeza y cuello desnudo y plumaje blanco en el vientre.

maraca *s. f.* Instrumento musical, consistente en una calabaza seca, con granos de maíz o chinas en su interior, para acompañar el canto.

maraña *s. f.* **1.** Maleza, espesura de arbustos. **2.** *fig.* Situación intrincada y de difícil salida.

marasmo *s. m.* Grado extremo de extensión o enflaquecimiento del cuerpo humano.

maravedí *s. m.* Moneda española, efectiva o imaginaria, que ha tenido diferentes valores y calificativos.

maravilla *s. f.* Suceso o cosa extraordinaria, que causa admiración.

maravillar *v. tr.* Admirar. También prnl.

maravilloso, sa *adj.* Extraordinario, admirable.

marbete *s. m.* **1.** Cédula que se adhiere a un objeto para indicar la marca de fábrica, contenido, cualidades, etc. **2.** Cédula pegada en los equipajes, fardos, etc., en el ferrocarril, para anotar el punto de destino y el número de registro. **3.** Orilla, perfil.

marca *s. f.* **1.** Provincia, distrito fronterizo. **2.** Señal hecha en una persona, animal o cosa para distinguirla de otra o denotar calidad o pertenencia.

marcar *v. tr.* Poner una señal a algo o alguien.

marcasita *s. f.* Especie de pirita de hierro que se emplea en joyería.

marcear *v. tr.* Esquilar las bestias.

marceo *s. m.* Corte que se hace en los panales en primavera para limpiarlos.

marcha *s. f.* **1.** Acción de marchar o marcharse. **2.** Grado de celeridad en el andar de un buque, locomotora, etc. **3.** Funcionamiento de un mecanismo. **4.** Desarrollo de un proyecto o actividad.

marchamo *s. m.* Marca que se pone en los fardos o bultos en las aduanas, en prueba de que están reconocidos.

marchante *adj.* **1.** Mercantil. || *s. m. y s. f.* **2.** Traficante.

marchar *v. intr.* **1.** Caminar, andar. También prnl. **2.** Ir o partir de un lugar. También prnl. **3.** Funcionar un mecanismo.

marchitar *v. tr.* **1.** Ajar, quitar el jugo y frescura a las hierbas, flores y otras cosas. También prnl. **2.** *fig.* Enflaquecer, quitar el vigor. También prnl.

marchito, ta *adj.* Ajado, falto de vigor y lozanía.

marcial *adj., fig.* Bizarro, varonil, franco.

marco *s. m.* Reborde de madera u otro material para enmarcar cuadros, tapices, etc.

marconigrama *s. m.* Telegrama transmitido por telegrafía sin hilos.

marea *s. f.* Movimiento periódico y alternativo de ascenso y descenso de las aguas del mar, debido a las atracciones combinadas del Sol y la Luna.

mareaje *s. m.* **1.** Arte o profesión de marear o navegar. **2.** Rumbo de las embarcaciones.

marear *v. tr.* **1.** Poner en movimiento una embarcación en el mar; gobernarla, dirigirla. **2.** *fig.* Molestar, aturdir.

marejada *s. f.* Movimiento tumultuoso de grandes olas, aunque no haya borrasca.

mare mágnum *expr. lat.* **1.** *fig. y fam.* Significa 'abundancia', 'grandeza' o 'confusión'. **2.** *fig. y fam.* Significa 'revoltijo de personas o cosas'.

mareo *s. m.* Efecto de marearse.

mareógrafo *s. m.* Instrumento que sirve para medir y registrar las variaciones de las mareas.

márfaga *s. f.* Tela gruesa y tosca.

marfil *s. m.* Sustancia de que están formados los dientes de los vertebrados y, especialmente, los colmillos de los elefantes. Es compacta, dura, muy blanca y recubierta por esmalte; se emplea para la fabricación de diversos objetos.

marga *s. f.* Roca compuesta de carbonato de cal y arcilla que se usa como abono.

margal *s. m.* Terreno en que abunda la marga.

margar *v. tr.* Abonar las tierras con marga.

margarina *s. f.* Sustancia grasa de consistencia blanda, que se obtiene de las grasas y aceites vegetales.

margarita *s. f.* **1.** Perla de los moluscos. **2.** Planta herbácea compuesta de flores terminales de centro amarillo y corola blanca.

margen *s. amb.* **1.** Extremidad y orilla de una cosa. **2.** *fig.* Ocasión, pretexto.

marginal *s.* **1.** Perteneciente o relativo al margen. **2.** Que está al margen. **3.** Se dice de lo que es secundario o de poca importancia. **4.** Se dice de la persona que no está integrada en la sociedad.

marginar *v. tr.* **1.** Apostillar. **2.** Dejar márgenes en el papel en que se escribe o imprime.

margoso, sa *adj.* Se dice del terreno o de la roca en cuya composición entra la marga.

marica *s. f.* **1.** Urraca. || *s. m.* **2.** *fam.* Hombre homosexual o afeminado.

marido *s. m.* Hombre casado, con respecto a su mujer.

marimacho *s. m., fam.* Mujer de aspecto o comportamiento parecido al del hombre.

marimba *s. f.* Especie de tambor usado en algunos lugares de África.

marimorena *s. f., fam.* Riña, pelea.

marina *s. f.* Parte de tierra junto al mar.

marinaje *s. m.* Ejercicio de la marinería.

marinar *v. tr.* **1.** Dar cierta sazón al pescado para conservarlo. **2.** Tripular de nuevo un buque.

marinear *v. intr.* Ejercitar el oficio de marinero.

marinero, ra *adj.* **1.** Se dice del buque que navega con facilidad y seguridad. || *s. m.* **2.** Persona que presta servicio en un barco.

marino, na *s. m. y s. f.* Persona que se ejercita en la náutica.

marión *s. m.* Esturión.

marioneta *s. f.* Títere movido por medio de hilos.

mariposa *s. f.* **1.** Insecto lepidóptero en su fase adulta. **2.** Especie de candelilla que se pone en un vaso con aceite para conservar luz de noche.

mariposear *v. intr., fig.* Variar con frecuencia de aficiones y caprichos.

mariquita *s. f.* Insecto coleóptero con élitros cupuliformes de color rojo y puntos negros, que se alimenta de pulgones.

mariscal *s. m.* Grado más alto del ejército en ciertos países.

mariscar *v. tr.* Coger mariscos.

marisco *s. m.* Cualquier molusco o crustáceo, en especial los comestibles.

marisma *s. f.* Terreno bajo y pantanoso inundado por las aguas del mar.

marital *adj.* Perteneciente al marido o a la vida conyugal.

marítimo, ma *adj.* Perteneciente o relativo al mar.

marjal *s. m.* Terreno bajo y pantanoso.

marjoleta *s. f.* Fruto del marjoleto.

marjoleto *s. m.* **1.** Espino arbóreo de hojas de borde velloso, flores en corimbos, madera dura y fruto aovado, que abunda en Sierra Nevada. **2.** Majuelo, espino.

marmita *s. f.* Olla de metal, con tapadera ajustada y una o dos asas.

mármol *s. m.* **1.** Piedra caliza metamórfica, de textura compacta y cristalina, susceptible de buen pulimento y mezclada generalmente con sustancias que le dan colores diversos o figuran manchas o vetas. **2.** Obra artística hecha con este material.

marmolejo *s. m.* Columna pequeña.

marmóreo, a *adj.* De mármol.

marmota *s. f.* **1.** Mamífero roedor, de cabeza grande, orejas pequeñas y pelaje largo y espeso. **2.** *fig.* Persona que duerme mucho.

maro *s. m.* Planta herbácea de las labiadas, de fruto seco con semillas menudas; es de olor fuerte y sabor amargo, y se usa como antiespasmódico.

marojo *s. m.* Planta parecida al muérdago.

marola *s. f.* Marejada del mar.

maroma *s. f.* Cuerda gruesa de esparto o cáñamo.

marqués, sa *s. m. y s. f.* Título de nobleza, inferior al de duque y superior al de conde.
marquesina *s. f.* Cubierta, generalmente de cristal, que se pone en una puerta, escalinata, parada de transporte público, etc., para resguardarlos de la lluvia.
marquesita *s. f.* Marcasita, pirita.
marqueta *s. f.* Pan de cera sin labrar.
marquetería *s. f.* **1.** Ebanistería. **2.** Taracea.
marra[1] *s. f.* Falta de una cosa donde debiera estar.
marra[2] *s. f.* Mazo para romper piedras.
marrajo, ja *adj.*, **1.** *fig.* Hipócrita, astuto. ‖ *s. m.* **2.** Tiburón.
marrano, na *s. m. y s. f.* **1.** Cerdo, animal. **2.** *fig. y fam.* Persona sucia y desaseada. También adj.
marrar *v. intr.* **1.** Faltar, errar. **2.** *fig.* Desviarse de lo recto.
marrasquino *s. m.* Licor hecho con el zumo de cierta variedad de cerezas amargas y gran cantidad de azúcar.
marrazo *s. m.* Hacha de dos bocas, usada por los soldados para cortar leña.
marrear *v. tr.* Dar golpes con la marra.
marrillo *s. m.* Palo corto y algo grueso.
marro *s. m.* **1.** Juego. **2.** Falta, yerro.
marrón[1] *s. m.* Piedra para jugar al marro.
marrón[2] *adj.* Se dice del color castaño. También s. m.
marrubial *s. m.* Terreno cubierto de marrubios.
marrubio *s. m.* Planta herbácea labiada, de flores medicinales, blancas, en falsos verticilos, y fruto seco con semillas menudas. Abunda en parajes secos.
marrullería *s. f.* Astucia con que, halagando a alguien, se pretende confundirlo.
marrullero, ra *adj.* Que usa marrullerías.
marsopa *s. f.* Cetáceo parecido al delfín, pero más pequeño y con el hocico obtuso.
marsupial *adj.* Se dice de los mamíferos cuyas hembras no tienen placenta sino marsupio. También s. m
marsupio *s. m.* Repliegue tegumentario, a modo de bolsa, que tienen en el abdomen la mayoría de los marsupiales, en la cual tienen las mamas y hacen la vida las crías en sus primeros meses.
marta *s. f.* Mamífero carnívoro mustélido, de cabeza pequeña, cuerpo delgado, cola larga, patas cortas y pelo espeso y suave.
martagón *s. m.* Planta herbácea de jardín, liliácea, de flores rosadas con puntos purpúreos, que abunda en España.
martellina *s. f.* Martillo de cantero.
martes *s. m.* Día de la semana comprendido entre el lunes y el miércoles.
martillear *v. tr.* Golpear con el martillo.
martillo *s. m.* **1.** Herramienta de percusión, compuesta de una cabeza de hierro o acero y un mango, generalmente de madera. **2.** Hueso del oído medio.
martina *s. f.* Pez teleósteo comestible, del suborden de los fisóstomos, de cuerpo cilíndrico, hocico puntiagudo y aletas pectorales pequeñas, que vive en el Mediterráneo.
martinete[1] *s. m.* Ave zancuda, de blancas y largas plumas occipitales a modo de cintas que se erizan en las ceremonias de cortejo.
martinete[2] *s. m.* Mazo de gran peso, para batir algunos metales, etc.
martingala *s. f.* Cada una de las calzas que llevaban los hombres de armas debajo de los quijotes.
martiniega *s. f.* Tributo que se debía pagar el día de San Martín.
mártir *adj.* Se dice de la persona que muere o padece mucho en defensa de una creencia o causa.
martirio *s. m.* Tormento que alguien padece por sostener la verdad de su creencia.
martirizar *v. tr.* **1.** Atormentar a alguien o matarle por motivos religiosos. **2.** *fig.* Afligir, maltratar. También prnl.
martirologio *s. m.* Libro o catálogo de los mártires y de todos los santos.
marullo *s. m.* Marea, movimiento de las olas del mar.
marzo *s. m.* Tercer mes del año.
mas *conj. advers.* Pero, sino.
más *adv. compar.* Denota mayor cantidad numérica o mayor intensidad de las cualidades máximas.
masa *s. f.* Mezcla consistente y homogénea que se hace incorporando un líquido con una materia pulverizada.
masada *s. f.* Casa de campo y de labor, con tierras, aperos y ganado.
masaje *s. m.* Método terapéutico manual o instrumental que consiste en presionar, frotar, etc., el cuerpo o una parte concreta del mismo.

masajista *s. m. y s. f.* Persona experta en dar masajes.
masar *v. tr.* Amasar.
mascabado, da *adj.* Se dice del azúcar de caña, de segunda producción.
mascar *v. tr.* Partir y triturar un alimento con la dentadura.
máscara *s. f.* Pieza de cartón, tela, etc., imitando un rostro humano o animal, con que una persona se tapa la cara o parte de ella para no ser conocida.
mascarada *s. f.* **1.** Fiesta de personas enmascaradas. **2.** Comparsa de máscaras.
mascarilla *s. f.* **1.** Máscara que solamente cubre la parte superior del rostro. **2.** Vaciado que se saca sobre el rostro de una persona o escultura.
mascarón *s. m.* Cara disforme o fantástica que se usa como adorno en algunas obras de arquitectura.
mascota *s. f.* Persona, animal o cosa que se supone trae buena suerte.
mascujar *v. tr., fam.* Mascullar.
masculinidad *s. f.* Cualidad de masculino.
masculino, na *adj.* Se dice del ser que está dotado de órganos para fecundar.
mascullar *v. tr., fam.* Hablar entre dientes o pronunciando mal las palabras.
masera *s. f.* Artesa grande para amasar.
masetero *adj.* Se dice del músculo que sirve de elevador de la mandíbula inferior, situado en la parte posterior de la mejilla.
masía *s. f.* Casa de campo.
masicote *s. m.* Óxido de plomo, de color amarillo, usado mucho en pintura.
masilla *s. f.* Pasta hecha de tiza y aceite de linaza, usada para sujetar los cristales.
maslo *s. m.* Tronco de la cola de los cuadrúpedos.
mastaba *s. f.* Tumba egipcia en forma de pirámide truncada, cuya base superior presenta una abertura que da acceso a un pozo que lleva a la cámara mortuoria.
mástel *s. m.* Palo derecho que sirve para mantener una cosa.
mastelero *s. m.* Palo menor que se pone en los navíos y demás embarcaciones sobre cada uno de los mayores.
máster *s.* Curso de posgrado o para licenciados.
masticación *s. f.* Acción y efecto de masticar.
masticar *v. tr.* Partir y triturar con los dientes un alimento.
mástil *s. m.* Palo de una embarcación.
mástique *s. m.* Resina.
mastitis *s. f.* Inflamación de la mama.
mastodonte *s. m.* Mamífero paquidermo fósil, parecido al elefante y al mamut, cuyos restos se encuentran en los terrenos terciarios.
mastoides *adj.* De forma de mama. Se dice de la apófisis del hueso temporal situada detrás y debajo de la oreja.
mastranzo *s. m.* Planta herbácea, labiada, de hojas elípticas, flores pequeñas en espiga terminal y fruto seco, encerrado en el cáliz. Es aromática y medicinal.
mastuerzo *s. m.* Planta herbácea, hortense, crucífera, que se come en ensalada y es de sabor picante.
masturbar *v. tr.* Procurar placer sexual estimulando los órganos sexuales o zonas erógenas con la mano o por otros medios. Se usa más como prnl.
mata *s. f.* Planta de tallo bajo, ramificado y leñoso, que vive varios años.
matacán *s. m.* Composición venenosa para matar perros.
matacandelas *s. m.* Instrumento de hojalata que, fijo en el extremo de una caña, sirve para apagar las velas o cirios colocados en lo alto.
matacandil *s. m.* Planta herbácea crucífera, con hojas pecioladas, flores de pétalos pequeños y amarillos y fruto en vainillas con semillas elipsoidales.
matachín *s. m.* **1.** Matarife. **2.** *fig. y fam.* Hombre pendenciero, camorrista.
matadero *s. m.* Sitio donde se mata y desuella el ganado para abasto público.
matador, ra *adj.* **1.** Que mata. También s. m. y s. f. ‖ *s. m.* **2.** Torero.
matafuego *s. m.* Instrumento para apagar los fuegos.
matalón, na *adj.* Se dice de la caballería flaca y llena casi siempre de llagas.
matalotaje *s. m.* Provisión de comida que se lleva en una embarcación.
matalote *s. m.* Buque anterior y buque posterior a cada uno de los que forman una columna.
matamoscas *s. m.* Instrumento o producto para matar moscas.

matanza *s. f.* Época del año en que generalmente se matan los cerdos.

matapolvo *s. m.* Lluvia o riego pasajero y menudo.

matar *v. tr.* **1.** Quitar la vida. También prnl. **2.** Herir a un animal con el roce de un aparejo. También prnl.

matarife *s. m. y s. f.* Persona que tiene por oficio matar y descuartizar las reses.

matasellos *s. m.* Estampilla con que se inutilizan los sellos de las cartas y otros envíos postales en las oficinas de correos.

matasiete *adj., fam.* Fanfarrón, hombre preciado de valiente.

match *s. m.* Encuentro entre dos jugadores o equipos.

mate[1] *adj.* Sin brillo, apagado.

mate[2] *s. m.* Lance del juego de ajedrez que pone término a la partida.

matemática *s. f.* Ciencia que estudia la cantidad, sus relaciones y propiedades, mediante el método deductivo.

matemático, ca *adj., fig.* Exacto, preciso.

materia *s. f.* **1.** Sustancia extensa, impenetrable, divisible e inerte, capaz de recibir toda clase de formas. **2.** Pus.

material *s. m.* Cualquiera de las materias o conjunto de ellas que se necesitan para una obra.

materialidad *s. f.* **1.** Cualidad de material. **2.** Apariencia de las cosas.

materialismo *s. m.* Doctrina que admite como única sustancia la materia, negando la espiritualidad y la inmortalidad del alma humana, así como la causa primera y las leyes metafísicas.

materializar *v. tr.* **1.** Considerar como material una cosa que no lo es. **2.** Hacer realidad proyectos o ideas que se tenían en la mente.

maternal *adj.* Materno.

maternidad *s. f.* Estado de madre.

materno, na *adj.* Perteneciente o relativo a la madre.

mático *s. m.* Planta piperácea, cuyas hojas contienen un aceite esencial aromático y balsámico.

matidez *s. f.* Sonido mate que se percibe en la percusión.

matinal *adj.* De la mañana o relativo a ella.

matiz *s. m.* Unión de diversos colores mezclados con proporción en las pinturas, bordados, etc.

matizar *v. tr.* **1.** Armonizar con proporción diversos colores. **2.** Graduar con delicadeza sonidos, expresiones, conceptos, etc.

mato *s. m.* Matorral.

matojo *s. m.* Planta de monte muy poblada y espesa.

matón *s. m., fam.* Espadachín, pendenciero.

matorral *s. m.* Campo sin cultivar lleno de matas y malezas.

matraca *s. f.* Instrumento hecho de tablas fijas, en forma de aspa, entre las que cuelgan mazos que, al girar aquel, producen un ruido grande y desapacible.

matracalada *s. f.* Revuelta, muchedumbre de gente.

matraquear *v. intr., fam.* Hacer ruido continuado con la matraca.

matraqueo *s. m., fam.* Acción y efecto de matraquear.

matraz *s. m.* Vasija o frasco de vidrio o de cristal, de figura esférica y que termina en un tubo angosto y recto, que se emplea en los laboratorios químicos.

matrería *s. f.* Perspicacia astuta y suspicaz.

matrero, ra *adj.* **1.** Astuto, sagaz. **2.** Suspicaz, receloso.

matriarcado *s. m.* Sistema de organización social de algunos pueblos, en virtud del cual se da la primacía del parentesco por línea materna y las mujeres ejercen la autoridad preponderante en la familia.

matricaria *s. f.* Planta herbácea, compuesta, olorosa, cuyas flores, cocidas, se usan como antiespasmódico.

matricidio *s. m.* Delito de matar a la propia madre.

matrícula *s. f.* Lista de los nombres de las personas que se asientan para un fin determinado por las leyes o reglamentos.

matricular *v. tr.* Inscribir o hacer inscribir el nombre de uno en la matrícula.

matrimonial *adj.* Perteneciente o relativo al matrimonio.

matrimonio *s. m.* Unión de un hombre y una mujer, concertada mediante determinados ritos o formalidades legales.

matriz *s. f.* Órgano, situado en el interior de la pelvis de la mujer y de las hembras de los mamíferos, en que se desarrolla el feto.

matrona *s. f.* **1.** Madre de familia noble y respetable. **2.** Mujer autorizada para asistir en los partos.
maturranga *s. f.* Treta, marrullería.
matusalén *s. m.* Hombre de mucha edad.
matute *s. m.* Introducción de géneros en una población eludiendo el impuesto de consumos.
matutear *v. intr.* Introducir matute.
matutino, na *adj.* Perteneciente o relativo a las horas de la mañana.
maula *s. f.* **1.** Cosa inútil y despreciable. **2.** Engaño o artificio encubierto.
maulería *s. f.* Establecimiento donde se venden restos de diferentes telas.
maullar *v. intr.* Dar maullidos.
maullido *s. m.* Voz del gato.
máuser *s. m.* Especie de fusil de repetición.
mausoleo *s. m.* Sepulcro monumental y suntuoso.
mavorcio, cia *adj., poét.* Perteneciente a la guerra.
maxilar *adj.* Perteneciente o relativo a la quijada o mandíbula.
máxima *s. f.* **1.** Sentencia o doctrina buena que contiene un precepto moral. **2.** Norma o designio a que se ajusta la manera de obrar.
máxime *adv. m.* Principalmente.
máximo, ma *adj.* **1.** Se dice de lo que es tan grande en su especie, que no lo hay mayor ni igual. || *s. m.* **2.** Límite superior o extremo a que puede llegar una cosa.
maya *s. f.* Planta herbácea compuesta, de flor única terminal, con el centro amarillo y circunferencia blanca o matizada de rojo por la cara inferior.
mayal *s. m.* Palo del cual tira la caballería que mueve los molinos de aceite, tahonas o malacates.
mayar *v. intr.* Maullar.
mayate *s. m.* Cierto coleóptero mexicano de color negro.
mayear *v. intr.* Hacer el tiempo propio del mes de mayo.
mayestático, ca *adj.* Propio o relativo a la majestad.
mayo *s. m.* Quinto mes del año.
mayonesa *s. f.* Salsa espesa elaborada a base de yemas de huevo y aceite, sazonada con sal y vinagre.
mayor *s. m.* Superior o jefe de una comunidad o cuerpo.
mayoral *s. m.* **1.** Pastor principal de los rebaños. **2.** Persona que gobernaba el tiro de mulas o caballos en las galeras y diligencias.
mayorazgo *s. m.* **1.** Institución del derecho civil, destinada a perpetuar en una familia la propiedad de ciertos bienes. **2.** Conjunto de estos bienes.
mayordomo, ma *s. m. y s. f.* Criado principal a cuyo cargo está el gobierno económico de una casa o hacienda.
mayoría *s. f.* Edad fijada por la ley en que una persona puede ejercer y asumir plenamente sus derechos y obligaciones civiles.
mayorista *s. m. y s. f.* Comerciante que vende al por mayor.
mayoritario, ria *adj.* **1.** Perteneciente o relativo a la mayoría. **2.** Que constituye mayoría.
mayúsculo, la *adj.* Algo mayor que lo ordinario en su especie.
maza *s. f.* Arma antigua, de hierro o de palo, a modo de bastón, con la cabeza gruesa.
mazacote *s. m.* **1.** Hormigón. **2.** Cualquier objeto de arte tosco, en el cual se ha procurado más la solidez que la elegancia.
mazapán *s. m.* Pasta hecha con almendras molidas y azúcar, y cocida al horno.
mazar *v. tr.* Batir la leche dentro de un odre para que se separe la manteca.
mazmorra *s. f.* Prisión subterránea.
maznar *v. tr.* **1.** Amasar con las manos. **2.** Machacar el hierro mientras está caliente.
mazo *s. m.* **1.** Martillo grande de madera. **2.** Porción de mercaderías u otras cosas juntas, formando grupo.
mazonería *s. f.* Fábrica de cal y canto.
mazorca *s. f.* Espiga en que se crían los frutos muy juntos y dispuestos alrededor de un eje, como la del maíz.
mazorral *adj.* Grosero, rudo, basto.
mazurca *s. f.* **1.** Danza de origen polaco, de movimiento al compás de tres por cuatro. **2.** Música de esta danza.
me *pron. pers.* Forma átona del pronombre personal de primera persona, género masculino o femenino y número singular, que puede funcionar como complemento directo o como indirecto.
meada *s. f.* **1.** Orina que se expele de una vez. **2.** Sitio que moja o señal que deja.

meandro *s. m.* Cada una de las curvas que describe un río durante su recorrido.
meato *s. m.* Cada uno de ciertos orificios o conductos del cuerpo.
mecánica *s. f.* Parte de la física que trata del movimiento y del equilibrio, y de las fuerzas que pueden producirlos.
mecanicismo *s. m.* **1.** Sistema biológico y médico que explica los fenómenos vitales por las leyes de la mecánica de los cuerpos inorgánicos. **2.** Doctrina según la cual toda realidad natural puede explicarse mecánicamente.
mecánico, ca *s. m. y s. f.* Persona que tiene por oficio manejar y arreglar máquinas, especialmente en un taller de automóviles.
mecanismo *s. m.* Estructura de un cuerpo natural o artificial y combinación de sus partes constitutivas.
mecanografía *s. f.* Arte de escribir a máquina.
mecanografiar *v. tr.* Escribir a máquina.
mecedora *s. f.* Silla de brazos cuyos pies terminan en forma curva, en la que puede mecerse el que se sienta.
mecedura *s. f.* Acción de mecer o mecerse.
mecenas *s. m., fig.* Persona o institución poderosa que patrocina las letras y las artes.
mecenazgo *s. m.* **1.** Cualidad de mecenas. **2.** Protección dispensada a un escritor o artista.
mecer *v. tr.* **1.** Menear y mover un líquido para que se mezcle. **2.** Mover una cosa acompasadamente de un lado a otro sin que cambie de lugar. También prnl.
mecha *s. f.* **1.** Cuerda retorcida de filamentos combustibles, que se pone dentro de las lámparas o bujías. **2.** Tubo de algodón, relleno de pólvora o cuerda preparada, para dar fuego a minas y barrenos.
mechar *v. tr.* Introducir lonchas de tocino gordo en la carne que se ha de asar.
mechazo *s. m.* Combustión de una mecha sin inflamar el barreno.
mechero *s. m.* **1.** Canutillo en donde se pone la mecha para alumbrar o para encender lumbre. **2.** Encendedor de bolsillo.
mechinal *s. m.* Agujero cuadrado que se deja en las paredes de un edificio para formar los andamios.
mechón *s. m.* Porción de pelos, hilos, etc., separada de un conjunto de la misma clase.
medalla *s. f.* **1.** Pedazo de metal batida o acuñada, generalmente de forma redonda, con alguna figura, símbolo o emblema. **2.** Distinción honorífica concedida en exposiciones y certámenes. **3.** Condecoración.
medallón *s. m.* Bajorrelieve de figura redonda o elíptica.
médano *s. m.* **1.** Duna. **2.** Montón de arena casi a flor de agua.
media[1] *s. f.* Mitad de algunas cosas, especialmente de unidades de medida.
media[2] *s. f.* Prenda de seda, espuma, etc., que el cubre pie y la pierna hasta la rodilla o poco más arriba.
mediacaña *s. f.* **1.** Moldura cóncava, cuyo perfil es generalmente semicircular. **2.** Formón de boca arqueada.
mediación *s. f.* Acción y efecto de mediar.
mediador, ra *adj.* Que media.
medial *adj.* Se dice de la consonante que se halla en el interior de una palabra.
mediana *s. f.* **1.** Taco de billar algo mayor que los comunes. **2.** En un triángulo, recta que une un vértice con el punto medio del lado opuesto.
mediano, na *adj.* De calidad intermedia.
medianoche *s. f.* **1.** Hora en que el Sol está en el punto opuesto al de mediodía. **2.** *fig.* Bollo pequeño relleno de jamón, queso, carne, etc.
mediar *v. intr.* **1.** Llegar a la mitad de una cosa. **2.** Interceder por alguien. **3.** Interponerse entre dos o más personas que riñen, tratando de reconciliarlas.
mediastino *s. m.* Espacio irregular comprendido entre una y otra pleura.
mediato, ta *adj.* Se dice de lo que en tiempo, lugar o grado está próximo a una cosa, mediando otra entre las dos, como el nieto respecto del abuelo.
medicación *s. f.* **1.** Empleo terapéutico de los medicamentos. **2.** Conjunto de medicamentos y medios curativos que tienden a un mismo fin.
medicamento *s. m.* Cualquier sustancia que, siendo aplicada interior o exteriormente al organismo, produce generalmente efectos curativos.
medicina *s. f.* Ciencia y arte de prevenir y curar las enfermedades del cuerpo humano.

medicinal *adj.* Perteneciente o relativo a la medicina. Se dice propiamente de las cosas que tienen cualidades o usos terapéuticos.

medicinar *v. tr.* Administrar medicinas al enfermo.

medición *s. f.* Acción y efecto de medir.

médico, ca *adj.* **1.** Perteneciente o relativo a la medicina. ‖ *s. m. y s. f.* **2.** Persona que por profesión se dedica a la medicina hallándose legalmente autorizado para ejercerla.

medida *s. f.* **1.** Acción y efecto de medir. **2.** Unidad que sirve para medir. **3.** Cordura, prudencia.

medievo *s. m.* Edad Media.

medio, dia *adj.* **1.** Igual a la mitad de una cosa. **2.** Que está entre dos extremos, en el centro de algo o entre dos cosas.

mediocre *adj.* De poca calidad.

mediocridad *s. f.* Cualidad de mediocre.

mediodía *s. m.* Hora en que está el Sol en el más alto punto de su elevación sobre el horizonte.

mediopaño *s. m.* Tejido de lana, más delgado y de menos duración que el paño.

medir *v. tr.* Determinar la longitud, extensión, volumen o capacidad de alguna cosa.

meditabundo, da *adj.* Que medita o reflexiona en silencio.

meditación *s. f.* Acción y efecto de meditar.

meditar *v. tr.* **1.** Aplicar con atención el pensamiento a la consideración de una cosa. **2.** Discurrir con atención.

meditativo, va *adj.* Propio de la meditación o referente a ella.

médium *s. m. y s. f.* Persona a la que se supone dotada de facultades para ejercer de intermediario en los fenómenos paranormales o comunicación con espíritus.

medra *s. f.* Aumento, mejora, progreso.

medrana *s. f., fam.* Miedo, temor.

medrar *v. intr.* **1.** Crecer los animales y plantas. **2.** *fig.* Mejorar alguien de fortuna aumentando sus bienes, reputación, etc.

medroso, sa *adj.* **1.** Temeroso. **2.** Que infunde o causa miedo.

médula *s. f.* Sustancia grasa y blanquecina que se halla dentro de algunos huesos de los animales.

medular *adj.* Perteneciente o relativo a la médula.

medusa *s. f.* Animal marino de la clase de los acalefos, que tiene forma de campana con tentáculos colgantes.

mefítico, ca *adj.* Se dice de lo que, respirado, puede causar daño y especialmente cuando es fétido.

megáfono *s. m.* Aparato utilizado para reforzar la voz cuando se tiene que hablar a gran distancia.

megalítico, ca *adj.* **1.** Propio del megalito o perteneciente a él. **2.** Construido a base de grandes bloques de piedra sin labrar.

megalito *s. m.* Monumento prehistórico construido con grandes piedras sin labrar.

megalomanía *s. f.* Manía o delirio de grandeza.

megaterio *s. m.* Mamífero desdentado fósil, con huesos más robustos que los del elefante.

mego, ga *adj.* Manso, apacible, tratable y halagüeño.

mejana *s. f.* Isleta de un río.

mejido, da *adj.* Se dice del huevo o yema de huevo batido con azúcar y disuelto en leche o agua caliente.

mejilla *s. f.* Cada una de las dos prominencias que hay en el rostro humano debajo de los ojos.

mejillón *s. m.* Molusco lamelibranquio marino, comestible, de valvas casi triangulares y de color negro azulado.

mejor *adj.* Comparativo de bueno. Superior a otra cosa y que la excede en una cualidad natural o moral.

mejora *s. f.* Adelantamiento y aumento de una cosa.

mejorable *adj.* Que se puede mejorar.

mejoramiento *s. m.* Acción y efecto de mejorar.

mejorana *s. f.* Hierba labiada, medicinal, de hojas vellosas y flores olorosas en espiga, que se cultiva en los jardines.

mejorar *v. tr.* Hacer pasar una cosa de un estado bueno a otro mejor.

mejoría *s. f.* Alivio en una dolencia o enfermedad.

mejunje *s. m.* Cosmético o medicamento formado por la mezcla de varios ingredientes.

melado, da *adj.* De color de miel.

meladucha *adj.* Se dice de una especie de manzana muy dulce, pero poco sustanciosa.

meláfiro *s. m.* Roca volcánica compuesta de feldespato y augita con algo de hierro magnético.

melampo *s. m.* En el teatro, candelero de pantalla, de que se sirve el traspunte.

melancolía *s. f.* Tristeza vaga, profunda y permanente.

melancólico, ca *adj.* **1.** Perteneciente o relativo a la melancolía. **2.** Que tiene melancolía.
melanita *s. f.* Variedad del granate, muy brillante, negra y opaca.
melanosis *s. f.* Alteración de los tejidos orgánicos, caracterizada por el color oscuro que presentan.
melanuria *s. f.* Enfermedad que se manifiesta por la coloración negra de la orina.
melapia *s. f.* Cierta variedad de la manzana común, entre la camuesa y la asperiega.
melar *v. intr.* En los ingenios de azúcar, dar la segunda cocción al zumo de la caña, hasta que se pone en consistencia de miel.
melaza *s. f.* Líquido más o menos consistente de sabor muy dulce, que queda como residuo de la cristalización del azúcar.
melcocha *s. f.* Miel que, estando muy concentrada y caliente, se echa en agua fría y amasándola queda muy correosa.
melena *s. f.* **1.** Cabello largo y suelto. **2.** Crin del león.
meleno *adj.* Se aplica al toro que tiene un mechón grande de pelo sobre la frente.
melgar *s. m.* Campo sembrado de mielgas.
meliáceo, a *adj.* Se dice de plantas dicotiledóneas, árboles y arbustos tropicales, de hojas alternas, rara vez sencillas, flores en panoja y fruto capsular, como la caoba y el cinamomo.
melífero, ra *adj.* Que lleva o tiene miel.
melificar *v. tr.* Hacer las abejas la miel.
melifluo, flua *adj.* Que tiene miel o es parecido a ella en sus propiedades.
meliloto *s. m.* Planta leguminosa papilionácea, cuyas flores amarillentas y olorosas se usan en medicina como emolientes.
melindre *s. m.* **1.** Fruta de sartén, hecha con miel y harina. **2.** *fig.* Delicadeza afectada en palabras, acciones y ademanes. Se usa más en pl.
melindroso, sa *adj.* Que afecta demasiada delicadeza en acciones y palabras.
melinita *s. f.* Sustancia explosiva a base de ácido pícrico.
mella *s. f.* **1.** Rotura o hendidura en el filo o en el borde de una herramienta o arma. **2.** *fig.* Menoscabo, merma.
melladura *s. f.* Mella.
mellar *v. tr.* **1.** Hacer mellas. **2.** Menoscabar, mermar una cosa no material.
mellizo, za *adj.* Se dice de cada uno de los hermanos nacidos en un mismo parto.
mellón *s. m.* Manojo de paja encendida, a manera de hachón.
melocotón *s. m.* **1.** Melocotonero. **2.** Fruto de este árbol.
melocotonero *s. m.* Árbol frutal, variedad del pérsico, cuyo fruto es el melocotón.
melodía *s. f.* Dulzura y suavidad de la voz o del sonido de un instrumento.
melódico, ca *adj.* Perteneciente o relativo a la melodía.
melodioso, sa *adj.* Dulce y agradable al oído.
melodrama *s. m.* **1.** Ópera, drama puesto en música. **2.** Obra dramática que trata de conmover al auditorio por la violencia de las situaciones y la exageración de los sentimientos.
melodramático, ca *adj.* **1.** Perteneciente o relativo al melodrama. **2.** Se aplica también a lo que participa de sus malas cualidades.
melodreña *adj.* Se dice de la piedra de amolar.
melografía *s. f.* Arte de escribir música.
meloja *s. f.* Lavaduras de miel.
melojar *s. m.* Terreno poblado de melojos.
melojo *s. m.* Árbol cupulífero, parecido al roble albar, de tronco bajo e irregular y copa ancha, que se cría en España.
melómano, na *s. m. y s. f.* Persona fanática por la música.
melolonta *s. m.* Insecto coleóptero, propio del antiguo continente, cuyas larvas se alimentan de raíces y vegetales.
melón *s. m.* Planta herbácea, cucurbitácea, cuyo fruto de forma elipsoidal, corteza verde o amarillenta y pulpa blanquecina, es comestible.
melonar *s. m.* Terreno sembrado de melones.
melopeya *s. f.* **1.** Arte de producir melodías. **2.** Entonación rítmica con que puede recitarse algo en verso o en prosa.
melosidad *s. f., fig.* Dulzura, suavidad o blandura de una cosa no material.
meloso, sa *adj.* **1.** De calidad o naturaleza de miel. **2.** *fig.* Se dice de las personas excesivamente blandas y suaves.
membrana *s. f.* **1.** Piel delgada o túnica a modo de pergamino. **2.** Tejido flexible, elástico, delgado, que envuelve ciertos órganos o absorbe, exhala o segrega ciertos fluidos.
membranoso, sa *adj.* Compuesto de membranas.

membrete *s. m.* Nombre, título o anagrama de una persona o corporación, puesto a la cabeza de la primera plana, al final del escrito que se les dirige o estampado en el papel que usan para escribir.
membrillo *s. m.* Arbusto rosáceo, frutal, muy ramoso, de fruto en pomo, amarillo, muy aromático, de carne áspera y granulosa.
membrudo, da *adj.* Fornido y robusto de cuerpo y miembros.
memez *s. f.* Simpleza, mentecatez.
memo, ma *adj.* Tonto, simple, mentecato.
memorable *adj.* Digno de memoria.
memorándum *s. m.* **1.** Librito para anotar las cosas que alguien debe recordar. **2.** Comunicación diplomática por lo común no firmada, en que se recapitulan hechos y razones para que se tengan presentes en un asunto grave.
memorar *v. tr.* Recordar una cosa, hacer memoria de ella. También prnl.
memoria *s. f.* **1.** Potencia de la mente, por la cual recordamos ideas u objetos ya conocidos, refiriéndolos al pasado de nuestra vida. **2.** Recuerdo.
memorial *s. m.* **1.** Libro o cuaderno en que se apunta una cosa para un fin. **2.** Escrito en que se pide una gracia, alegando los méritos en que se funda la petición.
mena *s. f.* Mineral metalífero tal como se extrae del criadero y antes de limpiarlo.
menaje *s. m.* Muebles y accesorios de una casa.
mención *s. f.* Recuerdo o memoria que se hace de una persona o cosa.
mencionar *v. tr.* Hacer mención de alguien.
mendacidad *s. f.* Hábito o costumbre de mentir.
mendicante *adj.* Que mendiga de puerta en puerta. También s. m. y s. f.
mendicidad *s. f.* **1.** Estado o situación de mendigo. **2.** Acción de mendigar.
mendigar *v. tr.* **1.** Pedir limosna de puerta en puerta. También v. intr. **2.** *fig.* Solicitar el favor de alguien con humillación.
mendigo, ga *s. m. y s. f.* Persona que habitualmente pide limosna.
mendoso, sa *adj.* Errado, mentiroso o equivocado.
mendrugo *s. m.* Pedazo de pan duro.
menear *v. tr.* Mover o agitar una cosa de una parte a otra. También prnl.
meneo *s. m., fam.* Vapuleo.
menester *s. m.* Falta o necesidad de una cosa.
menesteroso, sa *adj.* Necesitado, que carece de una cosa o de muchas.
menestra *s. f.* Guiso de diferentes hortalizas y trozos pequeños de carne o jamón.
menestrete *s. m.* Instrumento de hierro, especie de tenazas, para arrancar clavos.
mengano, na *s. m. y s. f.* Voz para designar a una persona cuyo nombre no se conoce o se quiere ocultar.
menguar *v. intr.* Disminuir o irse consumiendo una cosa física o moralmente.
mengue *s. m., fam.* El diablo.
menhir *s. m.* Monumento megalítico formado por una piedra larga hincada verticalmente en el suelo.
menina *s. f.* Señora de corta edad que entraba a servir a la reina o a las infantas niñas.
meninge *s. f.* Cada una de las tres membranas que envuelven el encéfalo y la médula espinal.
meningitis *s. f.* Inflamación de las meninges.
menino *s. m.* Caballero que desde niño entraba en palacio a servir a la reina o a los príncipes niños.
menisco *s. m.* Vidrio cóncavo por una cara y convexo por la otra.
menopausia *s. f.* Cesación natural de la menstruación de la mujer.
menor *adj.* Comparativo de pequeño. Que tiene menos cantidad, intensidad o calidad que otra cosa de la misma especie.
menorragia *s. f.* Menstruación excesiva.
menos *adv. compar.* **1.** Denota idea de falta, disminución, restricción o inferioridad en comparación expresa o sobrentendida. ‖ *s. m.* **2.** Signo de sustracción o resta, que se representa por una raya horizontal (-).
menoscabar *v. tr.* Disminuir una cosa, quitándole una parte. También prnl.
menoscabo *s. m.* Efecto de menoscabar o menoscabarse.
menospreciar *v. tr.* **1.** Tener a una persona o cosa en menos de lo que merece. **2.** Despreciar.
menosprecio *s. m.* **1.** Poco aprecio, poca estimación. **2.** Desprecio, desdén.
mensaje *s. m.* Recado oral o escrito que envía una persona a otra.

mensajero, ra *s. m. y s. f.* Persona que lleva un mensaje, recado o noticia a otra.

menstruación *s. f.* Fenómeno fisiológico del ciclo sexual femenino, por el que se elimina periódicamente la caduca uterina con flujo sanguíneo.

menstruar *v. intr.* Realizar la menstruación.

menstruo *s. m.* Menstruación.

mensual *adj.* **1.** Que sucede cada mes. **2.** Que dura un mes.

mensualidad *s. f.* Sueldo o salario de un mes.

ménsula *s. f.* **1.** Repisa o apoyo para sustentar una cosa. **2.** Miembro arquitectónico que sobresale de un plano vertical para sostener alguna cosa.

mensurar *v. tr.* Medir.

menta *s. f.* Hierbabuena.

mental *adj.* Perteneciente o relativo a la mente.

mentalidad *s. f.* **1.** Capacidad, actividad mental. **2.** Cultura y modo de pensar que caracteriza a una persona, a un pueblo, a una generación, etc.

mentalizar *v. tr.* Concienciar a alguien para que haga algo.

mentar *v. tr.* Mencionar a alguien o algo.

mente *s. f.* **1.** Potencia intelectual del alma. **2.** Pensamiento, designio, propósito, voluntad.

mentecatería *s. f.* Necedad, falta de juicio.

mentecato, ta *adj.* Tonto, falto de juicio, necio. También s. m. y s. f.

mentir *v. intr.* **1.** Decir o manifestar lo contrario de lo que se piensa, cree o sabe. **2.** Fingir, aparentar.

mentira *s. f.* Expresión o manifestación contraria a lo que se sabe, cree o piensa.

mentiroso, sa *adj.* Que tiene costumbre de mentir. También s. m. y s. f.

mentís *s. m.* Voz injuriosa con que se desmiente a una persona.

mentol *s. m.* Parte sólida de la esencia de menta.

mentón *s. m.* Barbilla o prominencia de la mandíbula inferior.

mentor *s. m.* **1.** *fig.* Consejero o guía de una persona. **2.** *fig.* Persona que sirve de ayo.

menú *s. m.* **1.** Conjunto de platos que constituyen una comida. **2.** Carta donde se relacionan las comidas y bebidas de un restaurante. **3.** Lista presentada en la pantalla de un ordenador de las distintas posibilidades que ofrece un programa.

menudear *v. tr.* **1.** Hacer una cosa muchas veces. || *v. intr.* **2.** Caer o suceder una cosa con frecuencia o a menudo.

menudencia *s. f.* **1.** Pequeñez de una cosa. **2.** Esmero y escrupulosidad con que se considera y reconoce una cosa. || *s. f. pl.* **3.** Despojos del cerdo.

menudeo *s. m.* **1.** Acción de menudear. **2.** Venta al por menor.

menudillos *s. m. pl.* Hígado, molleja y otras vísceras de las aves.

menudo, da *adj.* **1.** Pequeño, chico. **2.** Despreciable, de poca importancia. **3.** Exacto, minucioso.

meñique *adj.* Se dice del dedo más pequeño de la mano. También s. m.

meollar *s. m.* Especie de cordel que se forma torciendo tres o más hilos.

meollo *s. m.* **1.** Médula. **2.** *fig.* Sustancia, fondo o lo más principal de una cosa.

mequetrefe *s. m. y s. f., fam.* Persona entrometida, bulliciosa y de poco provecho.

merar *v. tr.* Mezclar un licor con otro con el fin de aumentar su fuerza, calidad, o para templarlo; especialmente agua con vino.

mercachifle *s. m., desp.* Mercader de poca importancia.

mercadear *v. intr.* Comerciar.

mercader, ra *s. m. y s. f.* Persona que trata o comercia con géneros vendibles.

mercadería *s. f.* Mercancía.

mercadillo *s. m.* Mercado de puestos ambulantes.

mercado *s. m.* Sitio público destinado permanentemente o en días señalados para comerciar.

mercadotecnia *s. f.* Conjunto de técnicas de estudio de mercado cuyo objetivo es aumentar las ventas de un producto.

mercancía *s. f.* **1.** Trato de vender y comprar, comerciando en géneros. **2.** Todo género vendible. **3.** Cosa que se hace objeto de trato o venta.

mercantil *adj.* Perteneciente o relativo al mercader, a la mercancía o al comercio.

mercar *v. tr.* **1.** Comprar. También prnl. **2.** *fig.* Traficar, especialmente con estupefacientes.

merced *s. f.* Cualquier beneficio que se hace a alguien.

mercenario, ria *adj.* Se aplica al soldado que sirve en la guerra por dinero.

mercería *s. f.* Comercio de cosas menudas de poco valor, como alfileres, hilos, etc.
mercurio *s. m.* Metal blanco y brillante, líquido a temperatura normal, que se emplea, entre otras funciones, en la elaboración de termómetros.
merdoso, sa *adj.* Asqueroso, sucio.
merecer *v. tr.* Hacerse alguien digno de premio o de castigo.
merecimiento *s. m.* Acción y efecto de merecer.
merendar *v. intr.* **1.** Tomar la merienda. ‖ *v. prnl.* **2.** *fam.* Lograr algo con facilidad.
merendero *s. m.* Sitio en que se merienda.
merendona *s. f., fig.* Merienda espléndida y abundante.
merengar *v. tr., fam.* Fastidiar.
merengue *s. m.* Dulce hecho con claras de huevo y azúcar.
meretriz *s. f.* Prostituta.
mergo *s. m.* Cuervo marino.
meridiano, na *adj.* **1.** Perteneciente o relativo a la hora del mediodía. **2.** *fig.* Clarísimo, luminosísimo. ‖ *s. m.* **3.** Círculo máximo de la esfera celeste que pasa por los polos del mundo. **4.** Cualquiera de los círculos máximos de la esfera terrestre que pasan por los dos polos. **5.** Cualquier semicírculo de la esfera terrestre que va de polo a polo. **6.** Línea de intersección de una superficie de revolución con un plano que pasa por su eje.
meridional *adj.* Perteneciente o relativo al Sur o Mediodía.
merienda *s. f.* Comida ligera que se toma por la tarde antes de la cena.
merino, na *adj.* Se dice de una raza de carneros y ovejas que dan una lana muy fina, corta y rizada.
meristema *s. m.* Tejido joven formado por células que originan todos los tejidos de los órganos.
mérito *s. m.* **1.** Acción que hace a una persona digna de premio o de castigo. **2.** Lo que da valor a una cosa. **3.** Resultado de las buenas acciones que hacen digna de aprecio a una persona.
meritorio, ria *adj.* **1.** Digno de premio o galardón. ‖ *s. m. y s. f.* **2.** Persona que trabaja sin sueldo, sólo para hacer méritos a fin de conseguir una plaza remunerada. **3.** Aprendiz de un despacho.
merlo *s. m.* Zorzal marino.
merluza *s. f.* Pez marino malacopterigio, de cuerpo alargado y fusiforme, cuya carne es muy apreciada.
merma *s. f.* **1.** Acción y efecto de mermar. **2.** Porción que se consume naturalmente o se sustrae o sisa de una cosa.
mermar *v. intr.* **1.** Bajar o disminuir una cosa o consumirse una parte de lo que antes tenía. También prnl. ‖ *v. tr.* **2.** Quitar una parte de aquello que le corresponde a alguien.
mermelada *s. f.* Conserva de membrillo u otras frutas con miel o azúcar.
mero, ra *adj.* Puro, simple y que no tiene mezcla de otra cosa.
merodear *v. intr.* Vagar por las inmediaciones de un lugar, generalmente con malas intenciones.
merodeo *s. m.* Acción y efecto de merodear.
mes *s. m.* **1.** Cada una de las doce partes en que se divide el año. **2.** Mensualidad.
mesa *s. f.* Mueble compuesto por una tabla lisa sostenida por uno o varios pies, y que sirve para comer, escribir, etc.
mesada *s. f.* Porción de dinero u otra cosa que se da o paga mensualmente.
mesadura *s. f.* Acción de mesar o mesarse.
mesana *s. amb.* **1.** Mástil que está más a popa en el buque de tres palos. ‖ *s. f.* **2.** Vela atravesada en el mástil que se sujeta a la verga llamada cangrejo.
mesar *v. tr.* Arrancar o estrujar los cabellos o barbas con las manos. También prnl.
mesenterio *s. m.* Repliegue del peritoneo que fija las diferentes porciones del intestino a las paredes abdominales.
mesenteritis *s. f.* Inflamación del mesenterio.
meseta *s. f.* **1.** Descansillo de una escalera. **2.** Terreno elevado y llano de gran extensión, a considerable altura sobre el nivel del mar.
Mesías *n. p.* El Hijo de Dios, prometido por los profetas al pueblo hebreo.
mesidor *s. m.* Décimo mes del año según el calendario republicano francés.
mesillo *s. m.* Primera menstruación después del parto.
mesnada *s. f.* **1.** Compañía de gente de armas, que antiguamente servía a un rey o a un noble. **2.** Compañía, junta, congregación.
mesocarpio *s. m.* Parte intermedia del pericarpio en los frutos carnosos.

mesocracia *s. f.* Forma de gobierno en que la clase media tiene preponderancia.

mesón *s. m.* **1.** Posada donde se da albergue a viajeros, caballerías y carruajes. **2.** Restaurante típico.

mesosfera *s. f.* Capa atmosférica entre la estratosfera y la ionosfera.

mesotórax *s. m.* **1.** Parte media del pecho. **2.** Segmento medio del tórax de los insectos.

mesozoico, ca *adj.* Secundario, período geológico.

mestizo, za *adj.* Se dice de la persona nacida de padre y madre de raza distinta y, especialmente, del hijo de padre de raza blanca y madre de raza india o al contrario.

mesura *s. f.* **1.** Gravedad y compostura en la actitud y el semblante. **2.** Reverencia, cortesía, demostración exterior de sumisión y respeto. **3.** Moderación, comedimiento.

mesurar *v. tr.* **1.** Infundir mesura en la actitud o en el semblante. ‖ *v. prnl.* **2.** Contenerse, moderarse.

meta *s. f.* **1.** Término señalado a una carrera. **2.** En el fútbol y otros juegos, portería. **3.** *fig.* Fin a que tienden las acciones o deseos de una persona.

metabolismo *s. m.* Conjunto de reacciones químicas que se producen en las células vivas en virtud de dos procesos, uno de asimilación y otro de desintegración.

metacarpiano, na *adj.* **1.** Perteneciente o relativo al metacarpo. **2.** Se dice de cada uno de los cinco huesos del metacarpo.

metacarpo *s. m.* Esqueleto de la parte de la mano comprendida entre la muñeca y las falanges de los dedos.

metafísica *s. f.* Parte de la filosofía que trata del ser, en cuanto tal, y de sus causas, principios y atributos primeros.

metafísico, ca *adj.* **1.** Oscuro y difícil de comprender. **2.** *fig.* Perteneciente o relativo a la metafísica.

metáfora *s. f.* Tropo que consiste en trasladar el sentido recto de las voces en otro figurado, en virtud de una comparación tácita.

metafórico, ca *adj.* Concerniente a la metáfora, que la incluye o contiene, o que abunda en tropos de esta clase.

metaforizar *v. tr.* Usar metáforas o alegorías.

metal *s. m.* Cuerpo simple, sólido a la temperatura ordinaria, conductor del calor y de la electricidad y que con el oxígeno forma óxidos básicos.

metalenguaje *s. m.* El lenguaje cuando se usa para hablar del lenguaje mismo.

metalepsis *s. f.* Tropo que consiste en tomar el antecedente por el consiguiente, o al contrario.

metálico, ca *adj.* **1.** De metal o perteneciente a él. ‖ *s. m.* **2.** Dinero en efectivo.

metalífero, ra *adj.* Que contiene metal.

metalingüístico, ca *adj.* Perteneciente o relativo al metalenguaje.

metalizar *v. tr.* Hacer que un cuerpo adquiera propiedades metálicas.

metaloide *s. m.* Denominación usada antiguamente para designar a los elementos no-metales.

metalurgia *s. f.* Arte o industria que tiene por objeto beneficiar los minerales y extraer los metales que contienen.

metamorfosear *v. tr.* Transformar. También prnl.

metamorfosis *s. f.* **1.** Transformación de una cosa en otra. **2.** Conjunto de transformaciones que experimentan los insectos y anfibios, desde que salen del huevo hasta que llegan a su estado perfecto. **3.** Cambio extraordinario en la fortuna, el carácter o el estado de una persona.

metano *s. m.* Hidrocarburo gaseoso e incoloro, producido por la descomposición de sustancias vegetales y que se desprende del cieno de algunos pantanos, del fondo de las minas de carbón, piedra, etc. Forma con el aire una mezcla inflamable.

metaplasma *s. m.* Sustancia propia de una célula que no es materia viva.

metaplasmo *s. m.* Nombre genérico de las figuras de dicción.

metatarso *s. m.* Esqueleto de la parte del pie comprendida entre el tarso y las falanges de los dedos.

metátesis *s. f.* Metaplasmo que consiste en alterar el orden de las letras de un vocablo.

metazoo *adj.* Se dice de los animales no protozoos, es decir, los pluricelulares que están constituidos por células diferenciadas y agrupadas en tejidos.

metedura *s. f.* Acción y efecto de meter.

meteduría *s. f.* Acción de introducir contrabando.

metemuertos *s. m. y s. f.* Empleado que en los teatros retiraba los muebles en las mutaciones escénicas.

meteórico, ca *adj.* Perteneciente o relativo a los meteoros.

meteorito *s. m.* Aerolito.

meteorismo *s. m* Abultamiento del vientre por gases acumulados en el tubo digestivo.

meteorizar *v. tr.* **1.** Causar meteorismo. ‖ *v. prnl.* **2.** Recibir la tierra la influencia de los meteoros. **3.** Padecer meteorismo.

meteoro *s. m.* Cualquier fenómeno atmosférico, aéreo, acuoso, luminoso o eléctrico, como el viento, la lluvia la nieve, el arco iris o el rayo.

meteorología *s. f.* Ciencia que trata de los meteoros.

meteorológico, ca *adj.* Perteneciente o relativo a la meteorología o a los meteoros.

meter *v. tr.* **1.** Introducir o incluir una cosa dentro de otra o en alguna parte. También prnl. **2.** Colocar una persona a otra en algún cargo, lugar, etc. gracias a su situación personal. **3.** Con palabras como miedo, ruido, etc., causar, producir. **4.** Inducir a alguien a que participe de algo. **5.** Recoger en las costuras de una prenda la tela sobrante. **6.** Engañar, hacer circular un rumor falso. **7.** Ingresar dinero en alguna entidad bancaria o invertirlo en algún negocio.

meticón, na *adj., fam.* Entrometido, fisgón.

meticulosidad *s. f.* Cualidad de meticuloso.

meticuloso, sa *adj.* Concienzudo, minucioso. También s. m. y s. f.

metilo *s. m.* Radical monovalente, componente del alcohol metílico y de otros cuerpos.

metódico, ca *adj.* **1.** Hecho con método. **2.** Que usa de método.

metodizar *v. tr.* Poner método y orden en una cosa.

método *s. m.* **1.** Modo de decir o hacer con orden una cosa para llegar a un resultado o fin determinado. **2.** Modo de obrar o proceder que cada uno tiene. **3.** Procedimiento que se sigue en las ciencias para hallar la verdad y enseñarla. **4.** Obra que enseña los elementos de una ciencia o arte.

metodología *s. f.* **1.** Ciencia del método. **2.** Aplicación de determinado método en una investigación o exposición.

metomentodo *s. m. y s. f.* Persona entrometida.

metonimia *s. f.* Tropo que consiste en designar una cosa con el nombre de otra contigua.

metopa *s. f.* Espacio que media entre dos triglifos en el friso dórico.

metoposcopia *s. f.* Arte de adivinar por las líneas del rostro el porvenir de las personas.

metralla *s. f.* Munición menuda con que se cargan ciertos explosivos.

métrica *s. f.* Ciencia que trata de la medida de los versos, de sus tipos y de las combinaciones que con ellos pueden formarse.

metrificar *v. intr.* Versificar. También tr.

métrico, ca *adj.* **1.** Perteneciente o relativo al metro o medida. **2.** Perteneciente al metro o medida del verso.

metro[1] *s. m.* **1.** Medida particular de cada clase de versos. **2.** Unidad de longitud, base del sistema métrico decimal. **3.** Utensilio empleado para medir, que tiene marcada la longitud del metro y sus divisores. **4.** Cantidad de materia que tiene la longitud de un metro.

metro[2] *s. m., fam.* Apócope de metropolitano, ferrocarril subterráneo.

metrología *s. f.* Ciencia que estudia los sistemas de pesas y medidas.

metrónomo *s. m.* Máquina, a manera de reloj, que sirve para indicar el compás y el movimiento de una obra musical.

metrópoli *s. f.* Ciudad principal, cabeza de provincia o Estado.

metropolitano, na *adj.* **1.** Perteneciente o relativo a la metrópoli. ‖ *s. m.* **2.** Ferrocarril subterráneo o elevado que enlaza los barrios extremos de las grandes ciudades.

mezcal *s. m.* **1.** Variedad de agave. **2.** Aguardiente que se obtiene de esta planta.

mezcla *s. f.* **1.** Acción y efecto de mezclar o mezclarse. **2.** Agregación de varias sustancias o cuerpos que no tienen entre sí acción química. **3.** Tejido de hilos de diferentes clases y colores. **4.** Argamasa de cal, arena y agua.

mezcladora *s. f.* Máquina que sirve para mezclar.

mezclar *v. tr.* **1.** Juntar, incorporar una cosa con otra. También prnl. **2.** Desordenar las cosas. **4.** Meter a alguien en un asunto que no le incumbe o no le interesa. ‖ *v. prnl.* **4.** Introducirse o meterse uno entre otros.

mezcolanza *s. f., fam.* Mezcla extraña y confusa y algunas veces ridícula.

mezquindad *s. f.* **1.** Cualidad de mezquino. **2.** Acción o cosa mezquina.
mezquino, na *adj.* **1.** Avaro, miserable. **2.** Pequeño, diminuto.
mezquita *s. f.* Edificio en que los musulmanes practican sus ceremonias religiosas.
mi[1] *s. m.* Tercera nota de la escala música.
mi[2] *adj. pos.* Forma apocopada de "mío, a" cuando precede al sustantivo.
mí *pron. pers.* Forma tónica del pronombre personal de primera persona, género masculino o femenino y número singular, que, precedida siempre de preposición, funciona como complemento.
mialgia *s. f.* Dolor muscular.
miasma *s. m.* Efluvio maligno que se desprende de cuerpos enfermos, materias en descomposición o aguas estancadas.
miau *onomat.* del maullido del gato.
mica *s. f.* Mineral compuesto de hojuelas brillantes, elásticas y sumamente delgadas. Es un silicato nativo múltiple, de coloraciones diversas.
micacita *s. f.* Roca de textura pizarrosa, compuesta de cuarzo y mica.
micción *s. f.* Acción de mear.
michelín *s. m., fam.* Acumulación de grasa que se forma alrededor de la cintura.
mico, ca *s. m. y s. f.* Mono de cola larga.
micología *s. f.* Parte de la botánica que trata de los hongos.
micosis *s. f.* Infección producida por ciertos órganos en alguna parte del organismo.
micra *s. f.* Medida de longitud que equivale a la milésima parte de un milímetro.
microbio *s. m.* Ser microscópico y unicelular que se desarrolla en el aire, en el agua y en toda clase de organismos.
microbiología *s. f.* Ciencia cuyo objeto es el estudio de los microbios.
microbús *s. m.* Autobús pequeño.
microcefalia *s. f.* Cualidad de microcéfalo.
microcéfalo, la *adj.* Se dice del animal que tiene la cabeza más pequeña de lo normal en su especie.
microclima *s. m.* Conjunto de condiciones climáticas de un área restringida que difieren de las generales de la región.
micrococo *s. m.* Cada uno de los microbios de forma esférica que se presentan aislados unos de otros.
microfilme *s. m.* Película de reducido tamaño en la que se fijan imágenes de documentos, impresos, etc., de modo que puedan ser ampliadas posteriormente en proyección o fotografía.
micrófono *s. m.* Aparato que transforma las ondas acústicas en corrientes eléctricas para su amplificación.
micrografía *s. f.* Descripción de objetos vistos a través del microscopio.
micrómetro *s. m.* Instrumento destinado a medir cantidades lineales o angulares muy pequeñas.
microonda *s. f.* Onda electromagnética cuya longitud está comprendida en el intervalo del milímetro al metro.
microorganismo *s. m.* Microbio.
microscópico, ca *adj.* **1.** Perteneciente o relativo al microscopio. **2.** Tan pequeño que sólo puede observarse con el microscopio. **3.** Por ext., se dice de todo aquello que es muy pequeño.
microscopio *s. m.* Instrumento óptico consistente en un sistema de lentes, destinado a observar de cerca objetos extremadamente pequeños.
micrótomo *s. m.* Instrumento que sirve para cortar los objetos que han de ser observados con el microscopio.
midriasis *s. f.* Dilatación anormal de la pupila con inmovilidad del iris.
miedo *s. m.* Perturbación angustiosa del ánimo, por peligro real o imaginario.
miel *s. f.* Sustancia viscosa, muy dulce, que producen las abejas a partir del néctar de las flores.
mielga *s. f.* Planta herbácea anual, papilionácea, muy usada como forraje.
mielina *s. f.* Sustancia que sirve de envoltura y protección a las fibras nerviosas.
mielitis *s. f.* Inflamación de la médula espinal.
miembro *s. m.* **1.** Cualquiera de las extremidades del ser humano o de los animales, articuladas con el tronco. **2.** Individuo que forma parte de una comunidad o de una secta, sociedad, etc.
mientras *adv. t.* **1.** En tanto, entre tanto. ‖ *conj. temp.* **2.** Durante el tiempo en que.
miércoles *s. m.* Día de la semana comprendido entre el martes y el jueves.
mierda *s. f.* **1.** Excremento humano. **2.** Excremento de algunos animales.

mies *s. f.* Cereal maduro, de cuya semilla se hace el pan.

miga *s. f.* **1.** Migaja, porción de pan o de cualquier cosa. **2.** Parte más blanda del pan, cubierta por la corteza. **3.** *fam.* Sustancia y virtud interior de las cosas físicas.

migaja *s. f.* Porción pequeña de cualquier cosa.

migar *v. tr.* Desmenuzar el pan en pedazos muy pequeños para hacer migas u otra cosa semejante.

migración *s. f.* **1.** Emigración. **2.** Viaje periódico de las aves, peces y otros animales.

migraña *s. f.* Jaqueca.

migratorio, ria *adj.* **1.** Que emigra. **2.** Perteneciente o relativo a migración o emigración de personas. **3.** Perteneciente o relativo a los viajes periódicos que realizan ciertos animales. **4.** Perteneciente o relativo a estos animales.

mihrab *s. m.* Hornacina que en las mezquitas señala el sitio adonde han de mirar los que oran.

mijo *s. m.* Planta gramínea, de tallo robusto, flores en panojas terminales y grano redondo, pequeño y amarillento.

mil *adj. num.* Diez veces cien.

milagrear *v. intr.* Hacer milagros.

milagro *s. m.* **1.** Hecho sensible del poder divino, superior al orden natural. **2.** Cualquier suceso o cosa rara, extraordinaria y maravillosa.

milagroso, sa *adj.* **1.** Que excede a las fuerzas de la naturaleza. **2.** Que obra o hace milagros. **3.** Maravilloso, asombroso.

milano *s. m.* Ave rapaz falconera, diurna, de plumaje rojizo y cola y alas muy largas.

mildíu *s. m.* Enfermedad de la vid, producida por un hongo microscópico que ataca a las hojas y también a los tallos y al fruto.

mildo *s. m.* Masa de avellanas tostadas y molida, a la que a veces se agrega miel.

milenario, ria *adj.* **1.** Perteneciente al número mil o al millar. **2.** Se dice de lo que ha durado uno o varios milenios. || *s. m.* **3.** Espacio de mil años.

milenio *s. m.* Período de mil años.

milésimo, ma *adj. num.* Que ocupa el último lugar en una serie ordenada de mil.

milhojas *s. m.* Pastel de hojaldre, relleno de crema o mermelada de manzana, y merengue.

miliárea *s. f.* Medida de superficie que equivale a la milésima parte de un área.

milicia *s. f.* **1.** Arte de hacer la guerra y de disciplinar a los soldados para ella. **2.** Servicio o profesión militar

miligramo *s. m.* Medida de peso equivalente a la milésima parte de un gramo.

mililitro *s. m.* Medida de capacidad equivalente a la milésima parte de un litro.

milímetro *s. m.* Medida de longitud equivalente a la milésima parte de un metro.

militante *adj.* Que milita.

militar[1] *adj.* **1.** Relativo a la milicia o a la guerra, por contraposición a civil. || *s. m.* **2.** Persona que profesa la milicia.

militar[2] *v. intr.* **1.** Servir en la guerra o profesar la milicia. **2.** *fig.* Figurar en un partido o colectividad.

militarismo *s. m.* Predominio del elemento militar en el gobierno del Estado.

milla *s. f.* Antigua medida para la vías romanas, equivalente a cerca de un cuarto de legua.

millar *s. m.* Conjunto de mil unidades.

millardo *s. m.* Un millar de millones.

millón *s. m.* Mil millares.

millonada *s. f.* Cantidad muy grande, especialmente de dinero.

millonario *adj., fam.* Que tiene mucho dinero.

millonésimo, ma *adj. num.* Se dice de cada una del millón de partes, iguales entre sí, en que se divide un todo.

miloca *s. f.* Ave rapaz nocturna, muy parecida al búho.

milocha *s. f.* Cometa, juguete.

milonga *s. f.* Tonada popular argentina, sencilla y bailable, parecida a la saeta española, que se canta acompañada de guitarra.

mimar *v. tr.* **1.** Hacer caricias y halagos. **2.** Tratar con excesivo regalo y condescendencia a alguien, especialmente a los niños.

mimbre *s. amb.* **1.** Mimbrera, arbusto. **2.** Cada una de las varitas que produce la mimbrera, especialmente la desnuda que se usa en cestería.

mimbrera *s. f.* Arbusto salicáceo, común a orillas de los ríos, de ramillas largas, delgadas y flexibles.

mímesis *s. f.* Imitación que se hace de una persona, enmendándola en el modo de hablar y gesticular, especialmente para burlarse de ella.

mimetismo *s. m.* Propiedad que tienen algunos animales y plantas de asemejarse a los seres y objetos del medio en que viven, que les sirve para protegerse o disimular su presencia.

mímica *s. f.* Arte de imitar, representar o darse a entender por medio de gestos, ademanes o actitudes.

mímico, ca *adj.* **1.** Perteneciente al mimo y a la representación de sus fábulas. **2.** Perteneciente a la mímica.

mimo[1] *s. m.* **1.** Entre griegos y romanos, representación teatral ligera y festiva. **2.** Actor que representaba estas farsas. ‖ *s. m. y s. f.* **3.** Intérprete teatral que se vale exclusiva o preferentemente de gestos y de movimientos corporales.

mimo[2] *s. m.* **1.** Cariño, demostración expresiva de ternura. **2.** Excesiva condescendencia con que se trata a alguien, especialmente a los niños.

mimosa *s. f.* Género de plantas exóticas, mimosáceas, arbustivas o arbóreas, de hojas bipinnadas y flores amarillas.

mimosáceo, a *adj.* Se dice de plantas angiospermas dicotiledóneas, arbustivas o trepadoras en su mayoría, con hojas compuestas, flores actinomorfas y fruto en legumbre, como la sensitiva y la acacia.

mimoso, sa *adj.* Melindroso, delicado.

mina *s. f.* **1.** Yacimiento de minerales de útil explotación. **2.** Excavación hecha para extraer un mineral. **3.** Paso subterráneo para alumbrar o conducir aguas, para establecer una comunicación cualquiera o para volar las fortificaciones de una plaza, derribar muros, etc., poniendo en él un explosivo. **4.** Barrita de grafito que lleva en su interior un lápiz. **5.** *fig.* Oficio o negocio del que con poco trabajo se obtiene mucha ganancia. **6.** Artefacto dispuesto para hacer explosión al ser rozado su dispositivo.

minado *s. m.* Acción y efecto de minar.

minar *v. tr.* **1.** Abrir caminos o galerías por debajo de tierra. **2.** *fig.* Consumir, destruir poco a poco. **3.** *fig.* Hacer minas cavando la tierra o colocar los artefactos explosivos del mismo nombre para volar y derribar muros, edificios, etc.

minarete *s. m.* Alminar.

mineral *s. m.* Sustancia inorgánica existente en las diversas capas de la corteza terrestre o en la superficie.

mineralizar *v. tr.* Comunicar a una sustancia en el seno de la tierra las condiciones de mineral o mena. También prnl.

mineralogía *s. f.* Ciencia que estudia los minerales.

minería *s. f.* **1.** Arte de laborear las minas. **2.** Conjunto de personas que se dedican a este trabajo. **3.** Conjunto de las minas y explotaciones mineras de una nación o comarca.

minero, ra *s. m. y s. f.* Persona que trabaja en las minas.

mineromedicinal *adj.* Se dice del agua mineral usada en medicina para la curación de algunas dolencias.

mingo *s. m.* Bola que al empezar cada mano del juego de billar se coloca en la cabecera de la mesa.

miniatura *s. f.* Pintura de pequeñas dimensiones hecha generalmente sobre papel, pergamino, marfil, etc.

minibasket *s. m.* Deporte infantil similar al baloncesto que se juega en una cancha de menores dimensiones que la utilizada normalmente.

minifalda *s. f.* Falda corta por encima de la rodilla.

minifundio *s. m.* Finca rústica que, por su reducida extensión, no puede ser objeto por sí sola de cultivo en condiciones remuneradoras.

minigolf *s. m.* Deporte similar al golf que se juega en un campo o pista de reducidas dimensiones.

mínimo, ma *adj. sup.* de pequeño. ‖ *adj.* **2.** Se dice de lo que es tan pequeño en su especie que no lo hay menor ni igual. ‖ *s. m.* **3.** Límite inferior a que puede reducirse una cosa. **4.** Valor más pequeño que puede tener una variable.

mínimum *s. m.* Mínimo, límite o extremo.

minino, na *s. m. y s. f., fam.* Gato.

minio *s. m.* Óxido de plomo en forma de cuerpo pulverulento, de color rojo.

ministerial *adj.* **1.** Perteneciente al ministerio o gobierno del Estado, o a alguno de sus ministros. **2.** Se dice de la persona que apoya habitualmente a un ministerio.

ministerio *s. m.* **1.** Gobierno del Estado, considerado en el conjunto de los varios departamentos en que se divide. **2.** Cargo de ministro de un Estado y tiempo que dura su ejercicio.

ministro, tra *s. m. y s. f.* Jefe de cada uno de los departamentos en que se divide la gobernación del Estado.

minoración *s. f.* Acción y efecto de minorar o minorarse.

minorar *v. tr.* Aminorar. También prnl.

minoría *s. f.* **1.** En un país, grupo, etc., parte menor de sus componentes. **2.** Conjunto de votos opuestos a la opinión de la mayoría. **3.** En materia internacional, parte de la población de un Estado que difiere de la mayoría de la misma población, por la raza, la lengua o la religión. **4.** Tiempo de la menor edad legal de una persona.

minoridad *s. f.* Minoría de edad legal de una persona.

minoritario, ria *adj.* **1.** Perteneciente o relativo a la minoría. **2.** Que se encuentra en minoría numérica.

minucia *s. f.* Menudencia, cosa de poco valor y entidad.

minuciosidad *s. f.* Cualidad de minucioso.

minucioso, sa *adj.* Que se detiene en las cosas más pequeñas.

minué *s. m.* Danza de origen francés para dos personas, de moda en el s. XVIII.

minuendo *s. m.* Cantidad de la que ha de restarse otra.

minúsculo, la *adj.* Que es de muy pequeñas dimensiones o de muy poca entidad.

minusvalía *s. f.* **1.** Detrimento o disminución del valor de alguna cosa. **2.** Deficiencia física o psíquica que disminuye las capacidades de una persona.

minusválido, da *adj.* Se dice de la persona incapacitada, por lesión física o psíquica, para determinados trabajos, movimientos, deportes, etc. También s. m. y s. f.

minusvalorar *v. tr.* Subestimar, valorar alguna cosa menos de lo debido.

minuta *s. f.* **1.** Borrador que se hace de un contrato, anotando las cláusulas esenciales. **2.** Borrador que se hace de un oficio, exposición, etc. para copiarlo después en limpio. **3.** Borrador original que en una oficina queda de cada orden o comunicación que por ella se expide. **4.** Cuenta que de sus honorarios presentan los abogados y curiales. **5.** Lista o catálogo de personas o cosas. **6.** Lista de los platos que se sirven en una comida.

minutar *v. tr.* **1.** Hacer el borrador de una consulta, escritura, contrato, etc. **2.** Pasar una minuta al cobro.

minutero *s. m.* Manecilla del reloj que señala los minutos.

minuto *s. m.* **1.** Cada una de las sesenta partes iguales en que se divide una hora. **2.** Cada una de las sesenta partes iguales en que se divide un grado de círculo.

mío, a *adj. pos.* Forma del posesivo masculino y femenino de la primera persona del singular. Indica posesión o pertenencia a la persona que habla. También pron.

miocardio *s. m.* Parte musculosa del corazón, entre el pericardio y el endocardio.

miocarditis *s. f.* Inflamación del miocardio.

mioceno *adj.* Se dice del terreno terciario que sigue inmediatamente en edad al oligoceno. También s. m.

miodinia *s. f.* Dolor de los músculos.

miología *s. f.* Parte de la anatomía que trata de los músculos.

mioma *s. f.* Tumor formado por elementos musculares.

miope *adj.* Se dice de la persona que padece miopía. También s. m. y s. f.

miopía *s. f.* Defecto o imperfección del ojo a causa del cual las refracciones de los rayos de luz procedentes de los objetos lejanos se reúnen un poco antes de llegar a la retina. Este defecto obliga a aproximarse mucho a los objetos para verlos.

miosis *s. f.* Contracción anormal permanente de la pupila del ojo.

mira *s. f.* **1.** Toda pieza que en ciertos instrumentos sirve para dirigir una visual. **2.** Regla graduada para las operaciones topográficas. **3.** En las armas de fuego, pieza para asegurar la puntería. **4.** Ángulo que tiene la adarga en la parte superior.

mirada *s. f.* **1.** Acción y efecto de mirar. **2.** Ojeada, vistazo. **3.** Modo de mirar.

miradero *s. m.* Lugar desde donde se mira.

mirador *s. m.* Corredor, galería o terrado para explayar la vista.

miraguano *s. m.* Palmera de poca altura, que crece en América y Oceanía.

miramiento *s. m.* Respeto y circunspección que se debe observar en la ejecución de algo o que se guarda a una persona.

miranda *s. f.* Paraje alto desde el cual se descubre una gran extensión de terreno.

mirar *v. tr.* **1.** Fijar atentamente la vista en algún objeto. También prnl. **2.** Observar. **3.** Tener una finalidad al realizar algo. **4.** Ver con atención y cuidado una cosa, registrar. ‖ *v. intr.* **5.** Hallarse frente a algo. **6.** Atañer, concernir, guardar relación. **7.** *fig.* Cuidar, atender a alguien.

miríada *s. f.* Cantidad muy grande e indefinida.

miriámetro *s. m.* Medida de longitud equivalente a diez mil metros.

mirificar *v. tr.* Hacer admirable; enaltecer, ensalzar una cosa.

mirífico, ca *adj.* Admirable, maravilloso.

mirilla *s. f.* **1.** Abertura en una pared o en una puerta para observar quién llama. **2.** Ventanillo de la puerta exterior de las casas. **3.** Pequeña abertura que en algunos instrumentos topográficos sirve para dirigir visuales.

miriñaque *s. m.* Tela rígida o muy almidonada, a veces con aros, que se coloca debajo de las faldas para darles vuelo.

miriópodo *adj.* Se dice de animales artrópodos terrestres, con respiración traqueal, cuerpo segmentado, con uno o dos pares de patas en cada elemento, con antenas y mandíbulas, como el ciempiés.

mirlo *s. m.* Ave paseriforme túrdida, de plumaje oscuro y pico amarillo, apreciada por su canto melodioso.

mirobálano *s. m.* Árbol de la India, combretáceo, cuyos frutos, parecidos unos a la ciruela y otros a la aceituna, se usan en medicina y tintorería.

mirra *s. f.* Gomorresina en forma de lágrimas, de gusto amargo, aromática, que procede de un árbol de Arabia y Abisinia de la familia de las burseráceas.

mirtáceo, a *adj.* Se dice de plantas angiospermas dicotiledóneas, propias de zonas cálidas y templadas, de hojas opuestas, flores hermafroditas y fruto en drupa o cápsula, como el arrayán o el eucalipto.

misa *s. f.* Ceremonia ritual del culto cristiano en que se conmemora la muerte y resurrección de Jesucristo.

misacantano *s. m.* Sacerdote que celebra su primera misa.

misal *s. m.* Libro litúrgico en que se contiene el orden y modo de celebrar la misa.

misántropo, pa *s. m. y s. f.* Persona que siente aversión a la sociedad humana.

misar *v. intr.* **1.** *fam.* Decir misa. **2.** *fam.* Oír misa.

miscelánea *s. f.* **1.** Mezcla, unión de cosas diversas. **2.** Obra o escrito en que se tratan muchas materias inconexas y mezcladas.

miscible *adj.* Mezclable.

miserable *adj.* **1.** Pobre, desdichado, infeliz. **2.** Perverso, canalla.

miserere *s. m.* Salmo penitencial que empieza con esta palabra.

miseria *s. f.* **1.** Desgracia, infortunio. **2.** Pobreza extremada. **3.** Mezquindad.

misericordia *s. f.* Virtud que inclina al ánimo a compadecerse de las penalidades y miserias ajenas y a tratar de aliviarlas.

misericordioso, sa *adj.* Se dice de la persona que se compadece de las penalidades y miserias ajenas.

mísero, ra *adj.* **1.** Infeliz, desgraciado. **2.** Avaro, tacaño. **3.** Canalla. **4.** De escaso valor.

misérrimo, ma *adj. sup.* de mísero.

misil *s. m.* Proyectil de largo alcance, autodirigido o teledirigido.

misión *s. f.* **1.** Acción de enviar. **2.** Poder que se da a una persona de ir a desempeñar algún cometido. **3.** El propio cometido. **4.** Comisión temporal dada por un gobierno a un diplomático o agente especial para un determinado fin. **5.** Salida o peregrinación que hacen los religiosos para predicar el evangelio. **6.** Lugar donde llevan a cabo su labor de evangelización los misioneros. **7.** Casa o iglesia de los misioneros.

misional *adj.* Perteneciente o relativo a los misioneros o a las misiones.

misionero, ra *s. m. y s. f.* Persona de una orden religiosa que predica el evangelio.

misivo, va *adj.* Se dice de los escritos remitidos a alguien. Se usa más como s. f.

mismo, ma *adj.* **1.** Indica que es una persona o cosa la que se ha visto o de que se hace mérito y no otra. **2.** Semejante o igual.

misógino, na *adj.* Que odia a las mujeres. Se usa más como s. m.

miss *s. f.* Tratamiento inglés equivalente a señorita.

mistela *s. f.* Vino obtenido de la mezcla de mosto de uva y alcohol vínico.

míster *s. m.* Tratamiento inglés equivalente al de señor.

misterio *s. m.* **1.** En la religión cristiana, cosa inaccesible a la razón y que es objeto de fe. **2.**

Cosa secreta en cualquier religión. **3.** Cosa incomprensible.

misterioso, sa *adj.* Que implica misterio o un sentido oculto.

mística *s. f.* **1.** Parte de la teología que trata de la vida espiritual y contemplativa y del conocimiento y dirección de los espíritus. **2.** Vivencia de lo divino. **3.** Manifestación literaria de esta vivencia.

misticismo *s. m.* **1.** Estado de la persona que se dedica mucho a Dios o a las cosas espirituales. **2.** Estado extraordinario de perfección religiosa, que consiste esencialmente en cierta unión inefable del alma con Dios por el amor, y que va acompañada accidentalmente de éxtasis y revelaciones. **3.** Doctrina religiosa que enseña la comunicación directa entre el hombre y la divinidad, en la visión intuitiva o en el éxtasis.

místico, ca *adj.* **1.** Que incluye misterio. **2.** Perteneciente a la mística o al misticismo. **3.** Que se dedica a la vida espiritual. **4.** Que escribe o trata de mística.

mistificar *v. tr.* **1.** Embaucar, engañar. **2.** Falsear, falsificar, deformar.

mitad *s. f.* **1.** Cada una de las dos partes iguales en que se divide un todo. **2.** Parte que en una cosa equidista de sus extremos.

mítico, ca *adj.* Perteneciente o relativo al mito.

mitigar *v. tr.* Disminuir, moderar o suavizar una cosa áspera o rigurosa. También prnl.

mitin *s. m.* Reunión donde se discuten públicamente asuntos políticos o sociales.

mito *s. m.* **1.** Relato fabuloso basado en los dioses, héroes, o en un hecho real o histórico, y especialmente en materia religiosa. **2.** Fábula, ficción. **3.** Persona o cosa considerada arquetipo de una idea o cualidad.

mitocondria *s. f.* Orgánulo citoplásmico celular de fundamental importancia metabólica.

mitología *s. f.* **1.** Conjunto de mitos de un pueblo o cultura. **2.** Estudio de los mitos.

mitológico, ca *adj.* Perteneciente o relativo a la mitología.

mitón *s. m.* Guante de punto que cubre desde la muñeca hasta la mitad del pulgar y el nacimiento de los demás dedos.

mitra *s. f.* Toca alta y apuntada con que en las grandes solemnidades se cubren la cabeza los arzobispos, obispos y otras dignidades eclesiásticas.

mitral *adj.* Se dice de la válvula que existe entre la aurícula y el ventrículo izquierdo del corazón.

mixtilíneo, a *adj.* Se dice dela figura cuyos lados son rectos unos y curvos otros.

mixtión *s. f.* Mezcla, mixtura.

mixto, ta *adj.* Se dice de lo formado por la reunión de elementos de naturaleza distinta. Se usa más como s. m.

mixtura *s. f.* Mezcla de varias cosas.

mízcalo *s. m.* Hongo comestible que crece en los pinares.

mnemotecnia *s. f.* Arte de desarrollar la memoria, basándose principalmente en la asociación de ideas.

moaré *s. m.* Tela fuerte que forma ondulaciones o brillos.

mobiliario, ria *adj.* **1.** Mueble, aplicado por lo común a los efectos públicos al portador o transferibles por endoso. ‖ *s. m.* **2.** Conjunto de muebles de una casa.

mocarro *s. m., fam.* Moco que cuelga de la nariz.

mocasín *s. m.* Calzado usado por los nativos norteamericanos, hecho de piel sin curtir.

mocedad *s. f.* Época de la vida humana desde la pubertad hasta la edad adulta.

mochada *s. f.* **1.** Topetada. **2.** Golpe dado con la mocha o cabeza.

mochar *v. tr.* **1.** Desmochar, cortar. **2.** Dar golpes con la mocha o cabeza.

mochila *s. f.* **1.** Caja forrada de cuero, sujeta a la espalda con correas, que usan los soldados para llevar el equipo. **2.** Saco o bolsa de tela fuerte, plástico, etc. que llevan sujeta a la espalda los cazadores y excursionistas.

mocho, cha *adj.* **1.** Se dice de todo aquello a que falta la punta o la debida terminación. **2.** *fig. y fam.* Pelado o con el pelo cortado.

mochuelo *s. m.* **1.** Ave rapaz nocturna, de cabeza grande con ojos frontales y pico ganchudo. **2.** *fig. y fam.* Asunto o trabajo difícil o enojoso, del que nadie quiere hacerse cargo. **3.** *fig. y fam.* Omisión de una o más palabras, miembro del discurso, frase, etc. que se comete al componer el texto.

moción *s. f.* **1.** Acción y efecto de mover, moverse o ser movido. **2.** *fig.* Alteración del ánimo. **3.** *fig.* Proposición que se hace en una junta que delibera.

moco *s. m.* **1.** Humor espeso y pegajoso segregado por una membrana mucosa, especialmente la nasal. **2.** Extremidad del pabilo de una vela encendida.

moda *s. f.* Uso, modo o costumbre que está en boga durante algún tiempo, principalmente en el modo de vestir, vivir, etc.

modal *adj.* **1.** Que comprende o incluye modo o determinación particular. **2.** Perteneciente o relativo al modo verbal. || *s. m. pl.* **3.** Acciones externas de cada persona, con que cada uno da a conocer su buena o mala educación.

modalidad *s. f.* Modo de ser o de manifestarse una cosa.

modelado *s. m.* Acción y efecto de modelar.

modelar *v. tr.* Formar de cera, barro, etc., una figura o adorno.

modélico, ca *adj.* Que sirve o puede servir de modelo.

modelo *s. m.* **1.** Prenda de vestir diseñada por determinado modista. **2.** Por ext., cualquier prenda de vestir de moda. **3.** Arquetipo que se pretende imitar o reproducir. **4.** Ejemplar que debe ser imitado por su perfección física o moral. **5.** Copia reducida de alguna cosa. **6.** Objeto, construcción, etc., o conjunto de ellos, realizados según un mismo diseño. || *s. m. y s. f.* **7.** Persona u objeto que copia el artista. **8.** Persona que se encarga de exhibir prendas de vestir.

modem *s. m.* Dispositivo utilizado en la transmisión y recepción de datos, capaz de modular los datos que envía y demodular los que recibe.

moderación *s. f.* Templanza en las palabras o acciones.

moderado, da *adj.* Que tiene moderación.

moderar *v. tr.* Templar, arreglar una cosa, evitando el exceso. También prnl.

modernizar *v. tr.* Dar forma o aspecto modernos a cosas antiguas.

moderno, na *adj.* **1.** Que pertenece a la edad moderna de la historia. **2.** Que existe desde hace poco tiempo. **3.** Que ha sucedido recientemente. **4.** Que sigue las modas de su tiempo.

modestia *s. f.* **1.** Virtud que modera y equilibra las acciones. **2.** Humildad, recato. **3.** Pobreza, escasez.

modesto, ta *adj.* Que tiene modestia.

módico, ca *adj.* Moderado, limitado.

modificación *s. f.* Acción y efecto de modificar o modificarse.

modificar *v. tr.* Transformar una cosa cambiando alguno de sus accidentes. También prnl.

modillón *s. m.* Saliente con que se adorna por debajo una cornisa.

modismo *s. m.* Modo particular de hablar propio y característico de una lengua.

modisto, ta *s. m. y s. f.* Persona que tiene por oficio hacer trajes y otras prendas de vestir.

modo *s. m.* **1.** Forma variable que puede recibir o no un ser sin que cambie su esencia. **2.** Templanza en las acciones o palabras. **3.** Forma de realizar algo. **4.** Forma en que el predicado se une al sujeto de un juicio. **5.** Cada una de las formas del silogismo. **6.** Disposición de los sonidos que forman una escala musical. **7.** Cada una de las distintas maneras generales de manifestarse la significación del verbo.

modorra *s. f.* **1.** Sueño muy pesado. **2.** Enfermedad del ganado lanar.

modorro, rra *adj.* **1.** Que padece modorra. **2.** *fig.* Ignorante, torpe, lerdo.

modoso, sa *adj.* Que se comporta con educación.

modulación *s. f.* **1.** Acción y efecto de modular. **2.** Modificación de las características de las ondas eléctricas para la mejor transmisión de las señales.

modular[1] *v. intr.* **1.** Variar de tono de voz en el habla o en el canto. **2.** Modificar una onda portadora en función de una señal electromagnética para su transmisión radiada. **3.** Pasar de una tonalidad a otra.

modular[2] *adj.* Perteneciente o relativo al módulo.

módulo *s. m.* **1.** Medida tomada como unidad para establecer la proporción entre las diferentes partes de algo. **2.** Cada una de ciertas piezas que se repiten en una construcción con el fin de hacerla más sencilla y económica. **3.** Cantidad que sirve de tipo de comparación en determinados cálculos.

mofa *s. f.* Burla y escarnio que se hace de una persona o cosa.

mofar *v. tr.* Hacer mofa. Se usa más como prnl.

mofeta *s. f.* Cualquiera de los gases perniciosos que se desprenden de las minas y otros sitios subterráneos.

moflete *s. m., fam.* Carrillo demasiado grueso y carnoso.

mogate *s. m.* Baño que cubre alguna cosa, y en particular el barniz que usan los alfareros.

mogollón *s. m.* Entrometimiento de alguien donde no le llaman o no es invitado.

mogote *s. m.* Montículo aislado, de forma cónica y rematado en punta roma.

moharra *s. f.* Punta de la lanza, comprendiendo la cuchilla y el cubo.

moharracho *s. m.* Persona que se disfraza ridículamente en una función.

mohatra *s. f.* **1.** Venta fingida que se hace fraudulentamente. **2.** Fraude, engaño.

moheda *s. f.* Monte alto con malezas.

mohín *s. m.* Mueca, gesto.

mohína *s. f.* Enojo, enfado.

moho *s. m.* **1.** Nombre genérico de varias especies de hongos que se desarrollan sobre algunos cuerpos orgánicos y producen su descomposición. **2.** Capa que se forma en la superficie de un cuerpo metálico por alteración química de su materia, como la herrumbre.

mohoso, sa *adj.* Cubierto de moho.

mojadura *s. f.* Acción y efecto de mojar o mojarse.

mojama *s. f.* Cecina de atún.

mojar *v. tr.* Humedecer una cosa con agua u otro líquido. También prnl.

mojarra *s. f.* Pez teleósteo del suborden de los acantopterigios, de cabeza ancha, ojos grandes y cuerpo ovalado y comprimido, apreciado por su carne blanca y fino sabor.

mojarrilla *adj., fam.* Se dice de la persona que siempre está alegre y de broma.

moje *s. m.* Salsa o caldo de cualquier guiso.

mojel *s. m.* Cajeta de meollar utilizada para dar vuelta al cable y al virador cuando se zarpa el ancla.

mojicón *s. m.* Especie de bizcocho de mazapán.

mojiganga *s. f.* Fiesta pública que se hace con disfraces ridículos.

mojigatería *s. f.* **1.** Cualidad de mojigato. **2.** Acción propia de él.

mojigato, ta *adj.* **1.** Que afecta humildad o cobardía para lograr sus intenciones. **2.** Beato, santurrón.

mojón *s. m.* Señal permanente que se pone para fijar los linderos de heredades, términos y fronteras.

mol *s. m.* Molécula.

mola *s. f.* Harina de cebada, tostada y mezclada con sal, que los paganos utilizaban en sus sacrificios, echándola en la frente de la res y en la hoguera en que ésta debía ser quemada.

molar¹ *adj.* **1.** Perteneciente o relativo a la muela. **2.** Apto para moler.

molar² *adj.* Se dice de la solución que contiene un mol de soluto en mil gramos de disolución.

molar³ *v. intr.* **1.** *fam.* Gustar o apetecer una cosa. **2.** *fam.* Fardar, presumir.

molaridad *s. f.* En una solución, número de moléculas de soluto disueltas en mil gramos de disolución.

molcajete *s. m.* Mortero de piedra o de barro cocido, con tres pies.

molde *s. m.* Pieza en la que se hace, en hueco, la figura que en sólido quiere darse a la materia fundida que, en él, se vacía, como la cera, un metal, etc.

moldear *v. tr.* **1.** Moldurar. **2.** Sacar el molde de una figura.

moldura *s. f.* Parte saliente y corrida, de perfil uniforme, que sirve para adornar obras de arquitectura, carpintería y otras artes.

moldurar *v. tr.* Hacer molduras en una cosa.

mole *s. f.* Cosa de gran bulto o corpulencia.

molécula *s. f.* Agrupación definida y ordenada de átomos que es la menor porción que puede separarse de un cuerpo sin que se altere su composición química.

molecular *adj.* Perteneciente o relativo a las moléculas.

moledor, ra *adj.* **1.** Que muele. **2.** *fig. y fam.* Se dice de la persona que cansa o fatiga con su pesadez.

moledura *s. f.* Agotamiento, cansancio, fatiga.

moler *v. tr.* Quebrantar una cosa reduciéndola a partes muy pequeñas o hasta hacerla polvo.

molestar *v. tr.* Causar molestia.

molestia *s. f.* **1.** Fastidio, inquietud del ánimo. **2.** Desazón cuya causa es un leve daño físico o la falta de salud.

molesto, ta *adj.* **1.** Que causa molestia. **2.** *fig.* Que la siente.

moleta *s. f.* **1.** Piedra que se emplea para moler drogas, colores, etc. **2.** Aparato para alisar y pulir el cristal.

molibdeno *s. m.* Metal de color y brillo plomizos, difícilmente fusible.

molicie *s. f.* **1.** Blandura de las cosas al tacto. **2.** *fig.* Tendencia a la excesiva pereza y ociosidad.

molienda *s. f.* Cantidad de caña de azúcar, trigo, aceituna, etc., que se muele de una vez.

molificar *v. tr.* Ablandar o suavizar.

molinete *s. m.* Ruedecilla con aspas que se pone en las vidrieras de una habitación para renovar el aire.

molinillo *s. m.* Instrumento pequeño para moler, especialmente café.

molino *s. m.* **1.** Máquina para moler, laminar o quebrantar algo. **2.** Casa o edificio en que hay un molino.

molla *s. f.* Parte magra de la carne.

mollar *adj.* **1.** Blando y fácil de partir o quebrantar. **2.** *fig.* Se dice de las cosas que dan mucha utilidad, sin carga considerable.

molledo *s. m.* **1.** Parte carnosa y redonda de los brazos, muslos y pantorrillas. **2.** Miga del pan.

molleja *s. f.* Estómago muscular de las aves, de paredes gruesas, donde los alimentos sufren una trituración.

mollera *s. f.* **1.** Parte más alta de la cabeza, junto a la comisura coronal. **2.** *fig.* Caletre, seso.

mollete *s. m.* Panecillo de forma ovalada, esponjado y de poca cocción.

molondro *s. m., fam.* Persona perezosa y falta de enseñanza.

moloso *s. m.* Pie de la poesía clásica compuesto de tres sílabas largas.

moltura *s. f.* Molienda.

molusco *adj.* Se aplica a los animales invertebrados de cuerpo blando y sin segmentar, dividido en cabeza, pie musculoso, masa visceral y manto.

momentáneo, a *adj.* Que sólo dura un momento.

momento *s. m.* Espacio muy breve de tiempo.

momia *s. f.* Cadáver que se deseca con el transcurso del tiempo sin entrar en putrefacción.

momificación *s. f.* Acción y efecto de momificar o momificarse.

momificar *v. tr.* Convertir en momia un cadáver. Se usa más como prnl.

momo *s. m.* Gesto, figura o mofa hecha para divertir en juegos, danzas, etc.

mona *s. f.* **1.** Hembra del mono. **2.** *fig. y fam.* Persona que hace las cosas por imitación. **3.** *fig. y fam.* Borrachera.

monacal *adj.* Perteneciente o relativo a los monjes o a las monjas.

monacordio *s. m.* Instrumento musical antiguo de teclado parecido a la espineta.

monacato *s. m.* **1.** Estado o profesión de monje. **2.** Institución monástica.

monada *s. f.* **1.** Acción propia de un mono. **2.** *fig.* Acción graciosa, especialmente de los niños.

monaguillo *s. m.* Niño que ayuda al sacerdote durante la celebración de la misa.

monarca *s. m. y s. f.* Soberano de una monarquía.

monarquía *s. f.* Estado regido por un monarca.

monárquico, ca *adj.* **1.** Partidario de la monarquía. **2.** Perteneciente o relativo a la monarquía.

monasterio *s. m.* Casa o convento donde viven en comunidad los monjes.

monástico, ca *adj.* Perteneciente al estado de los monjes o al monasterio.

monda *s. f.* **1.** Acción y efecto de mondar. **2.** Mondadura.

mondadientes *s. m.* Instrumento pequeño y rematado en punta utilizado para limpiarse los dientes.

mondadura *s. f.* Despojo o desperdicio de las cosas que se mondan.

mondar *v. tr.* **1.** Limpiar una cosa quitándole lo superfluo o adherido que está mezclado con ella. **2.** Quitar la cáscara a las frutas, la corteza o piel a los tubérculos o la vaina a las legumbres.

mondón *s. m.* Tronco de árbol sin corteza.

mondongo *s. m.* Intestinos y panza de las reses, especialmente los del cerdo.

moneda *s. f.* Pieza de metal, en figura de disco y acuñada, que sirve de medida común para el precio de las cosas.

monedero *s. m.* Bolsa pequeña o cartera que sirve para guardar el dinero, especialmente monedas.

monería *s. f.* **1.** *fig.* Gesto o acción graciosa de los niños. **2.** *fig.* Cualquier cosa fútil y de poca importancia o que suele ser enfadosa en personas mayores.

monesco, ca *adj.* Propio de los monos o de las monas, o parecido a sus gestos y visajes.

monetario, ria *adj.* Perteneciente o relativo a la moneda.

monetizar *v. tr.* Dar curso legal como moneda a billetes de banco u otros signos pecuniarios.

monigote *s. m.* **1.** Lego de convento. **2.** *fig. y fam.* Muñeco o figura ridícula.

monís *s. m., fam.* Dinero.

monitor, ra *s. m. y s. f.* **1.** Instructor, animador de cursos relacionados especialmente con los deportes, actividades de tiempo libre y campamentos juveniles. ‖ *s. m.* **2.** Barco de guerra de poco calado, artillado, acorazado y con espolón de acero a proa.

monja *s. f.* Religiosa de alguna de las órdenes aprobadas por la Iglesia.

monje *s. m.* Religioso de una de las órdenes monacales, cuyos miembros sirven en monasterios y llevan vida de comunidad.

monjía *s. f.* Plaza y derechos que el monje tiene en su monasterio.

monjil *adj.* **1.** Propio de las monjas o relativo a ellas. ‖ *s. m.* **2.** Hábito o túnica de monja. **3.** Traje de lana que usaban por luto las mujeres. **4.** Manga perdida propia de este traje.

mono, na *adj.* **1.** *fig.* Pulido, delicado. ‖ *s. m.* **2.** Nombre genérico con que se designa a cualquiera de los animales del orden de los primates. **3.** *fig.* Traje de faena compuesto de cuerpo y pantalones en una sola pieza y de tela fuerte.

monocameral *adj.* Se dice del sistema parlamentario formado por una sola cámara.

monocarril *s. m.* Elemento de transporte que se desplaza sobre una sola vía férrea.

monocerote *s. m.* Unicornio, animal fabuloso.

monociclo *s. m.* Velocípedo de una sola rueda usado por los equilibristas.

monocordio *s. m.* Instrumento antiguo de caja armónica, como la guitarra, y una sola cuerda.

monocotiledóneo, a *adj.* Se dice de las plantas cuyo embrión tiene un solo cotiledón. También s. f.

monocromo, ma *adj.* De un solo color.

monóculo *s. m.* Lente para un solo ojo.

monodia *s. f.* Composición musical para una sola voz característica de los s. XVI y XVII.

monofásico, ca *adj.* Se dice de la corriente eléctrica alterna de una sola fase.

monogamia *s. f.* **1.** Régimen familiar que veda la pluralidad de esposas. **2.** Cualidad de monógamo.

monógamo, ma *adj.* Casado con una sola persona. También s. m.

monografía *s. f.* Descripción o tratado especial de determinada parte de una ciencia o de algún asunto en particular.

monograma *s. m.* Cifra que como abreviatura se emplea en sellos, marcas, etc.

monoico, ca *adj.* Se dice de las plantas que tienen separadas las flores de cada sexo, pero en un mismo pie.

monolito *s. m.* Monumento de piedra de una sola pieza.

monólogo *s. m.* **1.** Soliloquio. **2.** Especie de obra dramática en que habla un solo personaje.

monomio *s. m.* Expresión algebraica que consta de un solo término.

monoplano *s. m.* Aeroplano con sólo un par de alas que forman un mismo plano.

monopolio *s. m.* Privilegio exclusivo de vender algo en un lugar o territorio.

monopolizar *v. tr.* **1.** Tener, adquirir o atribuirse el monopolio de alguna cosa. **2.** Acaparar a alguien o algo.

monóptero, ra *adj.* Se dice del templo u otro edificio redondo que tiene por muros un círculo de columnas que sustentan el techo.

monoptongar *v. tr.* Reducir un diptongo a una única vocal.

monorrimo, ma *adj.* De una sola rima.

monosilábico, ca *adj.* De una sola sílaba.

monospermo, ma *adj.* Se aplica al fruto que sólo contiene una semilla.

monoteísmo *s. m.* Doctrina teológica de los que reconocen un solo Dios.

monotipia *s. f.* **1.** Máquina para componer que funde los caracteres uno a uno a medida que son necesarios. **2.** Procedimiento de composición tipográfica por medio de esta máquina.

monotonía *s. f.* **1.** Uniformidad, igualdad de tono en la persona que habla, en la voz, música, etc. **2.** *fig.* Falta de variedad.

monótono, na *adj.* Que adolece de monotonía.

monovalente *adj.* Que tiene una sola valencia.

monseñor *s. m.* Título honorífico que otorga el Papa a determinados eclesiásticos.

monserga *s. f., fam.* Lenguaje confuso y embrollado.

monstruo *s. m.* **1.** Producción contra el orden regular de la naturaleza. **2.** Cosa excesivamente grande o extraordinaria en cualquier línea. **3.** Persona muy cruel y perversa.

monstruoso, sa *adj.* **1.** Que es contrario al orden natural. **2.** Excesivamente grande, extraordinario.

monta *s. f.* **1.** Acción y efecto de montar. **2.** Lugar donde el caballo monta a la yegua. **3.** Toque de clarín para que monte la caballería. **4.** Suma de varias partidas. **5.** Valor y estimación intrínseca de una cosa.

montacargas *s. m.* Ascensor destinado a elevar pesos.

montaje *s. m.* **1.** Acción y efecto de colocar en el lugar adecuado las piezas de un aparato o máquina. **2.** Combinación de las distintas partes de un todo. **3.** Proceso de unión de fotogramas definitivos de una película. **4.** Organización de todos los elementos de una representación teatral. **5.** Engarce de los distintos elementos que forman una joya. **6.** Trama para ocultar la verdad. ‖ *s. m. pl.* **7.** Cureña de las piezas de artillería.

montanear *v. intr.* Pastar bellota o hayuco el ganado de cerda en los montes o dehesas.

montante *s. m.* **1.** Suma o importe. **2.** Listón o columnata que divide el vano de una ventana. **3.** Ventana sobre la puerta de una habitación.

montaña *s. f.* **1.** Monte, elevación natural del terreno. **2.** Territorio cubierto de montes. **3.** Gran cantidad o número de algo. **4.** *fig. y fam.* Problema o dificultad de difícil solución.

montañero, ra *s. m. y s. f.* **1.** Persona que practica el montañismo. ‖ *adj.* **2.** Perteneciente o relativo a la montaña.

montañismo *s. m.* Alpinismo.

montañoso, sa *adj.* **1.** Perteneciente o relativo a las montañas. **2.** Abundante en ellas.

montar *v. intr.* **1.** Subirse encima de una cosa. También prnl. **2.** Cabalgar. También tr. ‖ *v. tr.* **3.** Engastar las piedras preciosas.

montaraz *adj.* **1.** Que anda por los montes o se ha criado en ellos. **2.** Se aplica al genio y propiedades agrestes y feroces.

montazgo *s. m.* Tributo pagado por el tránsito de ganado por un monte.

monte *s. m.* **1.** Gran elevación natural de terreno. **2.** Tierra sin roturar. **3.** Naipes que quedan para robar después de repartidos a cada jugador los que le tocan. **4.** Cierto juego de envite y azar.

montear[1] *v. tr.* Buscar y perseguir la caza en los montes u ojearla hacia un sitio.

montear[2] *v. tr.* Trazar un dibujo de tamaño natural de una obra arquitectónica.

montepío *s. m.* Depósito de dinero, formado con los descuentos hechos a los miembros de un cuerpo para socorrer a sus viudas y huérfanos o auxiliarles en sus necesidades.

montera *s. f.* **1.** Prenda, generalmente de paño, para abrigo de la cabeza. **2.** Cubierta de cristales sobre un patio, galería, etc.

montería *s. f.* Caza mayor.

montés *adj.* Que anda, está o se cría en el monte.

montículo *s. m.* Monte pequeño, por lo común aislado, obra de la naturaleza o de la mano del hombre.

montón *s. m.* Conjunto de cosas puestas sin orden unas sobre otras.

montonera *s. f.* Montón, cantidad grande de alguna cosa.

montuno, na *adj.* Perteneciente o relativo al monte.

montura *s. f.* **1.** Cabalgadura, bestia en que se cabalga. **2.** Conjunto de los arreos de una caballería de silla. **3.** Montaje, acción de montar las distintas piezas de un aparato o máquina.

monumental *adj.* **1.** Perteneciente o relativo al monumento. **2.** Se dice de la parte antigua de algunas ciudades que poseen abundancia de monumentos artísticos. **3.** *fig. y fam.* Muy excelente o señalado en su línea. **4.** *fig. y fam.* Muy grande.

monumento *s. m.* **1.** Obra escultórica o arquitectónica que se erige en conmemoración de una persona, una acción heroica, etc. **2.** Por ext., cualquier tipo de construcción notable por su valor artístico, arqueológico o histórico. **3.** Obra científica o literaria de gran valor. **4.** Documento histórico de gran trascendencia. **5.** Altar adornado en el cual el día de Jueves Santo se expone la urna que contiene la Hostia consagrada que se guarda para tomarla el Viernes Santo. **6.** Persona muy atractiva físicamente.

monzón *s. m.* Viento periódico que sopla en ciertos mares, particularmente en el océano Índico, unos meses en una dirección y otros en la opuesta.

moña *s. f.* Muñeca, maniquí o figurilla de mujer que sirve de juguete a los niños.

moño *s. m.* **1.** Castaña o rodete que se hace con el cabello. **2.** Grupo de plumas que sobresale en la cabeza de algunas aves.

moquear *v. intr.* Echar mocos.

moqueo *s. m.* Secreción nasal abundante.

moquero *s. m.* Pañuelo para limpiarse los mocos.

moqueta *s. f.* **1.** Tela fuerte de lana cuya trama es de cáñamo, de la que se hacen alfombras y tapices. **2.** Revestimento de tejido sintético encolado a los suelos y paredes de las habitaciones.

moquete *s. m.* Puñetazo dado en el rostro, especialmente en las narices.

moquetear[1] *v. intr.* Moquear frecuentemente.

moquetear[2] *v. tr.* Dar moquetes.

moquillo *s. m.* Enfermedad catarral de algunos animales.

mora[1] *s. f.* **1.** Dilación o tardanza en cumplir una obligación, generalmente la de pagar un vencimiento. **2.** Unidad de medida de la cantidad silábica, equivalente a una sílaba breve.

mora[2] *s. f.* Fruto de la morera, similar al del moral, pero más pequeño.

moráceo, a *adj.* Se dice de las plantas dicotiledóneas, árboles y arbustos, de flores unisexuales y fruto en nuez o drupa, como el moral y la higuera.

morada *s. f.* **1.** Casa o habitación. **2.** Estancia más o menos continuada en un lugar.

morado, da *adj.* De color entre carmín y azul. También s. m.

moradura *s. f.* Cardenal.

moral[1] *s. f.* Ciencia o doctrina de la conducta y de las acciones humanas en orden a su bondad o malicia.

moral[2] *s. m.* Árbol moráceo, de tronco grueso, copa amplia, hojas ásperas y flores unisexuales, cuyo fruto es la mora.

moraleja *s. f.* Enseñanza provechosa que se deduce de un cuento, fábula, etc.

moralidad *s. f.* Conformidad de una acción o doctrina con los preceptos de la sana moral.

moralizar *v. tr.* Reformar las malas costumbres enseñando las buenas.

morapio *s. m., fam.* Vino tinto.

morar *v. intr.* Residir habitualmente en un lugar.

morato *adj.* Se aplica al trigo moreno.

moratoria *s. f.* Plazo concedido para el pago de una deuda vencida.

morbidez *s. f.* Cualidad de mórbido, blando o suave.

mórbido, da *adj.* **1.** Que padece enfermedad o la ocasiona. **2.** Blando, suave.

morbo *s. m.* **1.** Enfermedad. **2.** *fig.* Inclinación enfermiza por los sucesos crueles o desagradables.

morboso, sa *adj.* **1.** Que causa enfermedad o concierne a ella. **2.** *fig.* Que se recrea en sucesos crueles o desagradables. **3.** *fig.* Que manifiesta inclinación por este tipo de acontecimientos.

morcajo *s. m.* Mezcla de trigo y centeno.

morcella *s. f.* Chispa que salta del pabilo de una luz y, en general, de una hoguera o de la lumbre.

morcilla *s. f.* Trozo de tripa rellena de sangre cocida y condimentada con cebolla, especias, etc.

morcillo *s. m.* Parte carnosa del brazo, desde el hombro hasta cerca del codo.

morcillón *s. m.* Estómago del cerdo, carnero u otro animal, relleno como la morcilla.

morcón *s. m.* Morcilla hecha del intestino ciego.

mordacidad *s. f.* Cualidad de mordaz.

mordaz *adj.* **1.** Corrosivo. **2.** Áspero, picante al paladar. **3.** *fig.* Que critica con maldad. **4.** *fig.* Que ofende con maledicencia acre y punzante. **5.** *fig.* Propenso a criticar con acritud o maldad.

mordaza *s. f.* **1.** Instrumento que se pone en la boca para impedir hablar. **2.** Aparato para disminuir el retroceso de las piezas de artillería. **3.** Máquina sencilla de hierro que detiene e impide la salida de la cadena del ancla. **4.** Instrumento con el que se sujeta la parte alta del escroto, para evitar derrames en la castración.

mordedura *s. f.* **1.** Acción de morder. **2.** Daño ocasionado con ella.

morder *v. tr.* **1.** Asir con los dientes una cosa clavándolos en ella. **2.** Asir una cosa a otra, haciendo presa en ella. **3.** Gastar poco a poco quitando partes pequeñas.

mordicar *v. tr.* Picar o punzar como mordiendo.

mordiscar *v. tr.* Morder repetidamente y con poca fuerza.

mordisco *s. m.* **1.** Mordedura ligera y leve. **2.** Pedazo que se saca de una cosa mordiéndola. **3.** *fig.* Beneficio que se obtiene de un asunto.

morena *s. f.* Pez marino malacopterigio ápodo, comestible, de cuerpo cilíndrico alargado, sin aletas pectorales y con la dorsal unida con la cola.

morenillo *s. m.* Masa de carbón molido y vinagre, empleada por los esquiladores para curar las cortaduras.

moreno, na *adj.* **1.** Se dice del color muy oscuro. **2.** En la raza blanca, se dice del color de la piel menos claro y del pelo negro o castaño.

morera *s. f.* Árbol moráceo, originario de Asia y muy cultivado en España para aprovechar la hoja, que sirve de alimento al gusano de seda; es muy parecido al moral, pero su fruto es blanco.

moretón *s. m., fam.* Moradura en la piel.

morfa *s. f.* Hongo parásito que ataca los naranjos y limoneros.

morfema *s. m.* Sonido o conjunto de sonidos que tiene valor morfológico, por ejemplo las desinencias, prefijos y sufijos. Su significación varía según las escuelas lingüísticas.

morfina *s. f.* Sustancia narcótica, alcaloide del opio.

morfología *s. f.* **1.** Parte de la biología que trata de la forma de los seres orgánicos y de las modificaciones que experimentan. **2.** Tratado de las formas de las palabras. **3.** Estudio de las formas del relieve terrestre, origen de las mismas y su evolución.

morga *s. f.* Líquido fétido de las aceitunas.

morganático, ca *adj.* **1.** Se dice del matrimonio entre un príncipe y una mujer de linaje inferior, o viceversa, en el cual cada cónyuge conserva su condición anterior. En la ceremonia el esposo da a la esposa la mano izquierda. **2.** Se dice de la persona que contrae este matrimonio.

moribundo, da *adj.* Que se está muriendo o muy cercano a morir. También s. m. y s. f., aplicado a personas

morigeración *s. f.* Templanza en las costumbres y en el modo de vida.

morigerado, da *adj.* De buenas costumbres, bien criado.

morigerar *v. tr.* Contener, evitar los excesos de los afectos y acciones. También prnl.

morillo *s. m.* Caballete puesto en el hogar de la chimenea para sustentar la leña.

morir *v. intr.* **1.** Acabar la vida. También prnl. **2.** *fig.* Acabar del todo cualquier cosa, aunque no sea material ni viviente. **3.** *fig.* Sentir violentamente alguna pasión, afecto u otra cosa. **4.** *fig.* Apagarse la luz o el fuego. **5.** *fig.* Cesar una cosa en su curso, detenerse. ‖ *v. prnl.* **6.** Entumecerse un miembro del cuerpo.

morlaco *s. m.* Toro de lidia de gran tamaño.

morlaco, ca *adj.* Que finge tontería o ignorancia. También s. m. y s. f.

morondanga *s. f., fam.* Mezcla de cosas inútiles y de poca entidad.

morondo, da *adj.* Pelado o mondado de cabellos o de hojas.

morosidad *s. f.* **1.** Lentitud, tardanza. **2.** Falta de actividad o puntualidad.

moroso, sa *adj.* **1.** Que incurre en morosidad. **2.** Que la denota o implica. **3.** Retrasado en el pago de impuestos o deudas.

morra *s. f.* Parte superior de la cabeza.

morrada *s. f.* **1.** Golpe dado con la cabeza. **2.** *fig.* Guantada, bofetada.

morral *s. m.* Talego que contiene el pienso y se cuelga de la cabeza de las bestias para que coman cuando no están en el pesebre.

morralla *s. f.* **1.** Pescado menudo. **2.** *fig.* Conjunto de cosas inútiles y despreciables.

morrillo *s. m.* Porción carnosa de las reses en la parte superior y anterior del cuello.

morriña *s. f., fig. y fam.* Tristeza, melancolía, especialmente la nostalgia de la tierra natal.

morriñoso, sa *adj.* Que tiene morriña.

morrión *s. m.* Armadura de la parte superior de la cabeza, que está hecha en forma de casco.

morro *s. m.* **1.** Parte de la cabeza de algunos animales donde se encuentra la nariz y la boca. **2.** Saliente que forman los labios abultados o gruesos. **3.** Cualquier cosa redonda de figura semejante a la de la cabeza. **4.** Monte o peñasco pequeño y redondo. **5.** Guijarro pequeño y redondo.

morrocotudo, da *adj., fam.* De mucha importancia o dificultad.

morrudo, da *adj.* **1.** Que tiene morro. **2.** Bezudo, hocicudo.

morsa *s. f.* Mamífero pinnípedo, muy parecido a la foca pero de mayor tamaño, con dos largos caninos de más de medio metro en la mandíbula superior.

morse *s. m.* Alfabeto compuesto de combinaciones de puntos y rayas, o sus equivalentes en sonido, usado para la comunicación telegráfica.

mortadela *s. f.* Embutido grueso de carne picada de cerdo o de vaca, especie de salchichón.

mortaja *s. f.* **1.** Vestidura en que se envuelve el cadáver para sepultarle. **2.** Muesca en una cosa para encajar otra.

mortal *adj.* **1.** Que ha de morir. **2.** Por antonom., se dice del ser humano. **3.** Que causa o puede causar la muerte espiritual o corporal. **4.** Se aplica a las pasiones que mueven a desear a alguien la muerte.

mortalidad *s. f.* Número proporcional de defunciones en una población o tiempo determinados.

mortandad *s. f.* Multitud de muertes debidas a epidemias, guerras, etc.

mortecino, na *adj., fig.* Que se está casi muriendo o apagándose.

mortero *s. m.* **1.** Utensilio con forma de vaso de cavidad semiesférica, que sirve para machacar en él especias, semillas, etc. **2.** Pieza de artillería más corta que un cañón del mismo calibre y destinada a lanzar bombas.

mortífero, ra *adj.* Que ocasiona o puede ocasionar la muerte.

mortificación *s. f.* **1.** Acción y efecto de mortificar o mortificarse. **2.** Lo que mortifica.

mortificar *v. tr.* Privar de vitalidad alguna parte del cuerpo, dañarla. **2.** *fig.* Domar las pasiones castigando el cuerpo y refrenando la voluntad. **3.** *fig.* Afligir, causar pesadumbre o molestia. También prnl.

mortuorio, ria *adj.* **1.** Relativo a la persona que ha muerto o a las honras que por ella se hacen. ‖ *s. m.* **2.** Preparativos para enterrar a una persona que ha fallecido.

morueco *s. m.* Carnero padre o que ha servido para la propagación.

morugo, ga *adj.* Se dice de la persona huraña.

mosaico, ca *adj.* Se dice de la obra taraceada de piedras, vidrios, etc., de varios colores enlosada, por lo general, en el suelo. También s. m.

mosca *s. f.* **1.** Insecto díptero, muy común y molesto, de unos seis mm de largo, de boca en forma de trompa chupadora y alas transparentes. **2.** Nombre de varios insectos parecidos al anterior. **3.** Pelo que nace al hombre entre el labio inferior y el comienzo de la barba. **4.** *fam.* Moneda corriente. **5.** *fig. y fam.* Persona impertinente, molesta y pesada. **6.** *fig. y fam.* Desazón, mal humor.

moscar *v. tr.* Hacer una oquedad o corte.

moscardear *v. intr.* En algunas partes, poner la reina de las abejas la moscarda o cresa en los alvéolos.

moscardón *s. m.* Moscón.

moscatel *adj.* **1.** Se dice de una variedad de uva de grano redondo y muy dulce. **2.** Se dice también del viñedo que la produce y del vino que se elabora con ella.

moscón *s. m.* **1.** Especie de mosca con las alas manchadas de rojo. **2.** Especie de mosca zumbadora que deposita los huevos en las carnes frescas. **3.** *fam.* Persona impertinente.

mosconear *v. tr.* Molestar con impertinencia y pesadez.

mosquear *v. tr.* **1.** Ahuyentar las moscas. También prnl. **2.** *fig.* Azotar, vapulear. **3.** *fig.* Replicar alguien con viveza y como picado.

mosqueo *s. m.* Acción de mosquear o mosquearse.

mosquete *s. m.* Arma de fuego antigua, más larga y de mayor calibre que el fusil.

mosquetón *s. m.* **1.** Carabina corta de cañón rayado. **2.** Anilla que se abre y cierra mediante un muelle.

mosquito *s. m.* **1.** Insecto díptero, con patas largas y finas, alas transparentes, cabeza con dos antenas y trompa armada de un aguijón. **2.** Nombre de cualquiera de los insectos parecidos al anterior. **3.** Larva de la langosta.

mostacho *s. m.* **1.** Bigote del hombre. **2.** Cada uno de los cabos gruesos con que se asegura el bauprés a una y otra banda.

mostacilla *s. f.* **1.** Munición del tamaño de la semilla de mostaza, que se emplea para cazar pájaros y animales pequeños. **2.** Abalorio de cuentecillas muy pequeñas.

mostaza *s. f.* Planta anual crucífera, abundante en los campos, de hojas alternas, flores amarillas en espiga y semillas negras y muy pequeñas, de frecuente empleo en condimentos y medicina.

mostear *v. intr.* Destilar las uvas el mosto.

mosto *s. m.* Zumo de la uva, antes de fermentar y hacerse vino.

mostrador *s. m.* Mesa que hay en las tiendas, bares, etc., para presentar los géneros que los clientes van a comprar o consumir.

mostrar *v. tr.* **1.** Exponer a la vista una cosa, enseñarla para que se vea. **2.** Explicar una cosa o convencer de su certidumbre. **3.** Hacer patente un afecto. **4.** Dar a entender o conocer un estado de ánimo. ‖ *v. prnl.* **5.** Portarse alguien de determinada manera.

mostrenco, ca *adj.* **1.** Se dice de los bienes, tanto muebles como raíces, que carecen de dueño conocido. **2.** *fig. y fam.* Se dice de la persona que no tiene casa, ni hogar, ni amo conocido. **3.** *fig. y fam.* Ignorante o tardo de entendimiento. **4.** *fig. y fam.* Se dice de la persona muy gorda y pesada.

mota *s. f.* **1.** Nudillo o granillo que se forma en el paño. **2.** Partícula de hilo o cosa semejante que se pega a los vestidos.

mote *s. m.* Apodo dado a las personas.

motear *v. tr.* Salpicar de motas una tela.

motejar *v. tr.* Notar, censurar las acciones de alguien con motes o apodos.

motín *s. m.* Rebelión, generalmente contra el gobierno constituido.

motivación *s. f.* Acción y efecto de motivar.

motivar *v. tr.* **1.** Dar motivo para una cosa. **2.** Explicar la razón o motivo que se ha tenido para hacer una cosa.

motivo *s. m.* **1.** Causa o razón que mueve para hacer una cosa. **2.** Tema de una composición.

moto *s. f.* Apócope de motocicleta.

motocicleta *s. f.* Vehículo automóvil de dos ruedas propulsado por un motor de explosión.

motociclista *s. m. y s. f.* **1.** Persona que conduce una motocicleta. || *adj* **2.** Perteneciente o relativo a la motocicleta.

motonave *s. f.* Nave con motor.

motor *s. m.* Máquina que transforma una determinada clase de energía en energía mecánica o movimiento.

motora *s. f.* Embarcación pequeña provista de motor.

motorista *s. m. y s. f.* Persona que conduce un vehículo automóvil y se ocupa del motor.

motorizar *v. tr.* Proveer de medios mecánicos de tracción o transporte.

motriz *adj.* Que mueve.

mousse *s. f.* Claras de huevo batidas, o cualquier otro ingrediente como chocolate, foie-gras, pescado, etc., que presentan el mismo aspecto que la espuma.

movedizo, za *adj.* **1.** Fácil de moverse o ser movido. **2.** Inseguro, que no está firme.

mover *v. tr.* **1.** Hacer que un cuerpo ocupe lugar distinto del que ocupaba. También prnl. **2.** Menear, agitar. **3.** *fig.* Dar motivo para una cosa; inducir, persuadir o incitar a ella. **4.** *fig.* Acompañado de la preposición "a", producir, ocasionar, motivar. **5.** *fig.* Conmover, alterar. **6.** *fig.* Influir, incitar.

movible *adj.* **1.** Que puede moverse o ser movido. **2.** *fig.* Variable, voluble.

móvil *adj.* **1.** Que puede moverse o ser movido. || *s. m.* **2.** Lo que mueve material o moralmente a una cosa. **3.** Cuerpo en movimiento.

movilidad *s. f.* Cualidad de movible.

movilizar *v. tr.* **1.** Poner en actividad o movimiento tropas, partidos políticos, etc. **2.** Incorporar a filas, poner en pie de guerra tropas u otros elementos militares.

movimiento *s. m.* **1.** Acción y efecto de mover. **2.** Estado de los cuerpos mientras cambian de posición o de lugar.

moviola *s. f.* En los estudios cinematográficos o de televisión, máquina que permite proyectar un filme, secuencia a secuencia, sobre una pequeña pantalla incorporada a la misma, con el fin de efectuar un montaje adecuado a las necesidades del montador.

moyo *s. m.* Medida de capacidad que se usa para el vino, y en algunas comarcas para áridos.

moyuelo *s. m.* Salvado muy fino.

mozo, za *adj.* **1.** Joven. También s. m. y s. f. **2.** Célibe, soltero. También s. m. y s. f. || *s. m.* **3.** Hombre que sirve en las casas o al público en oficios humildes.

mozuelo, la *s. m. y s. f.* Muchacho, chico.

mu *onomat.* Representa la voz del toro o de la vaca.

muaré *s. m.* Tela fuerte de seda, lana o algodón, labrada o tejida de manera que forma aguas.

muceta *s. f.* Esclavina abotonada que usan el Papa, los cardenales, los obispos y otras dignidades, y también los licenciados y doctores universitarios.

muchacho, cha *s. m. y s. f.* Niño o niña que no ha llegado a la adolescencia.

muchedumbre *s. f.* Abundancia, multitud de personas o cosas.

mucho, cha *adj.* **1.** Abundante, numeroso o que excede a lo ordinario o preciso. || *adv. c.* **2.** Con abundancia, en gran cantidad; más de lo preciso. **3.** Antepuesto a ciertos adverbios, denota valor aumentativo. **5.** Con verbos expresivos de tiempo, denota larga duración.

mucilaginoso, sa *adj.* Que contiene mucilago.

mucilago *s. m.* Sustancia viscosa que se halla en algunos vegetales o se prepara disolviendo en agua materias gomosas.

mucina *s. f.* Albuminoide que se halla en las secreciones salivales o mucosas, con función lubrificante y protectora.

mucosidad *s. f.* Materia glutinosa de las membranas mucosas.

mucoso, sa *adj.* Que tiene mucosidad o la produce. También s. f.

muda *s. f.* **1.** Acción de mudar una cosa. **2.** Ropa que se muda de una vez, se refiere generalmente a la ropa interior. **3.** Tiempo de mudar las aves la pluma o la piel algunos animales. **4.** Cambio del timbre de voz que experimentan los muchachos generalmente cuando alcanzan la pubertad.

mudable *adj.* Que con gran facilidad se muda.

mudanza *s. f.* **1.** Acción y efecto de mudar o mudarse. **2.** Cambio de domicilio o de habitación. **3.** Cierto número de movimientos que se hacen a compás en los bailes. **4.** Inconstancia de los afectos o dictámenes. **5.** Cambio convencional del nombre de las notas en el solfeo antiguo, para poder representar el "si" cuando aún no tenía nombre.

mudar *v. tr.* **1.** Dar o tomar otro ser o naturaleza, otro estado, figura, etc. **2.** Dejar una cosa y tomar otra en su lugar. **3.** Apartar de un sitio o empleo. **4.** Realizar un ave la muda de la pluma. **5.** Renovar periódicamente la piel las culebras y otros animales. **6.** Cambiar de voz un muchacho. **7.** *fig.* Variar, cambiar. ‖ *v. prnl.* **8.** Cambiarse de domicilio. **9.** Ponerse otra ropa o vestido, dejando el que antes se usaba.

mudez *s. f.* Imposibilidad física de hablar.

mudo, da *adj.* Privado físicamente de la facultad de hablar. También s. m. y s. f.

mueble *s. m.* Objeto movible que sirve para comodidad o adorno en las casas, oficinas, etc.

mueblería *s. f.* **1.** Taller en que se hacen muebles. **2.** Tienda donde se venden.

mueca *s. f.* Contorsión del rostro, generalmente burlesca.

muecín *s. m.* Musulmán que convoca desde el alminar.

muela *s. f.* **1.** Piedra de molino. **2.** Cada uno de los dientes posteriores a los caninos y que sirven para triturar los alimentos.

muelle *s. m.* Pieza elástica, generalmente de metal, colocada de modo que pueda utilizarse la fuerza que hace al recobrar su posición natural cuando ha sido separada de ella.

muérdago *s. m.* Planta lorantácea, que vive parásita sobre los troncos y ramas de los árboles, cuyo fruto es una baya pequeña con un jugo pegajoso.

muermo *s. m.* **1.** Enfermedad de las caballerías, caracterizada por ulceración y flujo de la mucosa nasal e infarto de los ganglios linfáticos. **2.** *fig.* Sopor, modorra. **3.** *fig.* Persona, cosa o situación muy pesada y aburrida.

muerte *s. f.* **1.** Cesación de la vida. **2.** Separación del cuerpo y del alma, en el pensamiento tradicional. **3.** *fig.* Ruina, aniquilamiento, destrucción.

muerto, ta *adj.* **1.** Que está sin vida. **2.** Se aplica al yeso o a la cal apagados con agua. **3.** Apagado, sin actividad, marchito. **4.** *fig. y fam.* Extenuado.

muesca *s. f.* **1.** Concavidad o hueco que hay o se hace en una cosa para encajar otra. **2.** Corte que en forma semicircular se hace al ganado vacuno en la oreja para que sirva de señal.

muestra *s. f.* **1.** Pequeña cantidad de una mercancía que se enseña para dar a conocer su calidad. **2.** Modelo que se ha de copiar o imitar. **3.** Porción que se extrae de un conjunto y que puede ser considerada representativa del mismo. **4.** Parte de una pieza de paño, donde va la marca de fábrica. **5.** Porte, postura, ademán.

muestrario *s. m.* Colección de muestras de mercancías.

muestreo *s. f.* Acción de escoger muestras representativas de la calidad o condiciones medias de un todo y técnica empleada para esta selección.

mufla *s. f.* Hornillo colocado dentro de un horno a fin de reconcentrar el calor y conseguir la fusión de diversos cuerpos.

muga[1] *s. f.* Mojón, término o límite.

muga[2] *s. f.* **1.** Desove de los peces. **2.** Fecundación de las huevas, en los peces y anfibios.

mugar *v. intr.* **1.** Desovar los peces. **2.** Fecundar las huevas.

mugido *s. m.* Voz del toro y de la vaca.

mugir *v. intr.* **1.** Dar mugidos la res vacuna. **2.** *fig.* Producir un gran ruido el viento o el mar.

mugre *s. f.* Suciedad de la lana, vestidos, etc.

mugriento, ta *adj.* Lleno de mugre.

mugrón *s. m.* **1.** Sarmiento que, sin cortarlo de la vid, se entierra para que arraigue y produzca una nueva planta. **2.** Vástago de otras plantas.

muguete *s. m.* Planta vivaz liliácea, cuya infusión se usa en medicina contra las enfermedades cardíacas.

mujer *s. f.* **1.** Persona del sexo femenino. **2.** La casada, con relación al marido.

mujerío *s. m.* Grupo de mujeres.

mújol *s. m.* Pez acantopterigio, cuya carne y huevas son muy estimadas.

mula *s. f.* Hija de asno y yegua o de caballo y burra.

muladar *s. m.* Lugar donde se echa el estiércol o basura de las casas.

mular *adj.* Perteneciente o relativo al mulo o a la mula.

mulato, ta *adj.* Se aplica a la persona hija de madre de raza negra y padre blanco, o al contrario. También s. m. y s. f.

mulero *s. m.* **1.** Mozo de mulas. **2.** Se llama así un tipo especial de freno, grande y pesado, con barbada de argolla, indicado para contener a las mulas fuertes de boca.

muleta *s. f.* Especie de bastón alto con un travesaño en uno de sus extremos, que se coloca debajo de la axila para apoyarse al andar.

muletilla *s. f.* **1.** Muleta antigua de toreo, mucho más pequeña que la actual. **2.** *fig.* Frase o voz que se repite mucho por hábito en la conversación.

muletón *s. m.* Tela suave y afelpada, de algodón o lana.

mulillas *s. f. pl.* Tiro de mulas que arrastran los toros y caballos muertos en las corridas.

mullido *s. m.* Cosa blanda a propósito para rellenar colchones, asientos, etc.

mullir *v. tr.* **1.** Esponjar una cosa para que esté blanda y suave. **2.** *fig.* Tratar y disponer las cosas industriosamente para conseguir un intento. **3.** *fig.* Cavar alrededor de las cepas, ahuecando la tierra.

mulo *s. m.* Cuadrúpedo, híbrido de asno y yegua o de caballo y burra.

multa *s. f.* Pena pecuniaria que se pone por una infracción, falta o delito.

multar *v. tr.* Imponer una multa a alguien.

multicolor *adj.* De muchos colores.

multicopista *adj.* Se dice de la máquina utilizada para sacar de una vez varias copias de un escrito. También s. f.

multiforme *adj.* Que tiene muchas o varias figuras o formas.

multimedia *adj.* Se dice del sistema informático interactivo capaz de operar con sonidos, gráficos, textos, animación y vídeo en forma combinada.

multimillonario, ria *adj.* Que tiene fortuna por valor de varios millones.

multinacional *adj.* **1.** Perteneciente o relativo a muchas naciones. ‖ *s. f.* **2.** Empresa cuyos intereses y actividades se desarrollan en varios países.

multípara *adj.* Se dice de las hembras que tienen varios hijos en un solo parto.

múltiple *adj.* Vario, de muchas maneras; se opone a simple.

multiplicación *s. f.* **1.** Acción y efecto de multiplicar o multiplicarse. **2.** Operación de multiplicar.

multiplicador *s. m.* Factor que indica las veces que el multiplicando ha de tomarse como sumando.

multiplicando *s. m.* Factor que ha de ser multiplicado.

multiplicar *v. tr.* **1.** Aumentar en número considerable el número o la cantidad de cosas de una especie. También prnl. e intr. **2.** En matemáticas, hallar abreviadamente el producto de dos factores, tomando uno de ellos tantas veces por sumando como unidades contiene el otro. ‖ *v. prnl.* **3.** Reproducirse los seres vivos.

multiplicidad *s. f.* **1.** Cualidad de múltiple. **2.** Muchedumbre, abundancia excesiva de algunos hechos, especies o individuos.

múltiplo, pla *adj.* Se dice del número o cantidad que contiene a otro u otra varias veces exactamente.

multitud *s. f.* Número grande de personas o cosas.

multitudinario, ria *adj.* **1.** Que forma multitud. **2.** Propio o característico de las multitudes.

mundanal *adj.* Perteneciente o relativo al mundo humano.

mundanear *v. intr.* Atender demasiado a las cosas del mundo, a sus pompas, vanidades y placeres.

mundano, na *adj.* Perteneciente o relativo al mundo.
mundial *adj.* **1.** Relativo al mundo entero. ‖ *s. m.* **2.** Campeonato en el que pueden participar países de todo el mundo.
mundillo *s. m.* Almohadilla empleada para hacer encaje.
mundo *s. m.* **1.** La Tierra, nuestro planeta. **2.** Totalidad de los hombres que pueblan la Tierra. **3.** Vida secular, por oposición a la monástica.
mundología *s. f.* Experiencia y habilidad para defenderse en la vida.
munición *s. f.* **1.** Pertrechos y bastimentos necesarios en un ejército o en una plaza fuerte. **2.** Carga de las armas de fuego.
municionar *v. tr.* Proveer de municiones una plaza o una fuerza armada.
municipal *s. m.* Miembro del cuerpo de policía que depende del ayuntamiento.
municipalidad *s. f.* Ayuntamiento de un término municipal.
municipalizar *v. tr.* Asignar al municipio un servicio público, antes a cargo de una empresa privada.
munícipe *s. m. y s. f.* Vecino de un municipio.
municipio *s. m.* **1.** Conjunto de habitantes de un término jurisdiccional, regido por un ayuntamiento. **2.** El mismo ayuntamiento.
munificencia *s. f.* Largueza, liberalidad del rey o de un magnate.
munitoria *s. f.* Arte de fortificar una plaza.
munúsculo *s. m.* Don o regalo insignificante.
muñeca *s. f.* **1.** Parte del cuerpo humano, en donde se articula la mano con el antebrazo. **2.** Maniquí para trajes y vestidos femeninos.
muñeco *s. m.* Juguete que tiene forma de figurilla de hombre.
muñeira *s. f.* Baile popular de Galicia.
muñequera *s. f.* Pulsera de reloj.
muñir *v. tr.* Convocar a las juntas o a otra cosa.
muñón *s. m.* **1.** Parte de un miembro cortado que permanece adherida al cuerpo. **2.** El músculo deltoides y la región del hombro limitada por él.
mural *adj.* **1.** Perteneciente o relativo al muro. **2.** Se aplica a las cosas que, extendidas, ocupan una buena parte de pared o muro. ‖ *s. m.* **3.** Pintura o decoración realizada sobre una pared.
muralla *s. f.* Muro que ciñe y encierra para su defensa una plaza, una ciudad, etc.
murar *v. tr.* Cercar con muro una ciudad, fortaleza o cualquier recinto.
murciélago *s. m.* Mamífero quiróptero, insectívoro y nocturno, con membranas en las extremidades anteriores que le sirven para volar.
murga *s. f., fam.* Compañía de músicos que toca a las puertas de las casas con la esperanza de recibir algún obsequio.
muriático, ca *adj.* Se dice de las combinaciones del cloro y del hidrógeno.
muriato *s. m.* Combinación del ácido clorhídrico con una base, clorhidrato.
múrice *s. m.* Molusco marino univalvo, que segrega, como la púrpura, un licor muy usado antiguamente en tintorería.
murmujear *v. intr., fam.* Murmurar.
murmullo *s. m.* Ruido continuado y confuso de algunas cosas.
murmuración *s. f.* Conversación en perjuicio de un ausente.
murmurar *v. intr.* **1.** Hacer ruido blando y apacible la corriente de las aguas, las hojas de los árboles, etc. **2.** *fig. y fam.* Conversar en perjuicio de un ausente, censurando sus acciones. También tr.
muro *s. m.* **1.** Pared o tapia. **2.** Muralla.
murria *s. f., fam.* Tristeza, melancolía.
mus *s. m.* Cierto juego de naipes y de envite.
musa *s. f.* Cada una de las deidades que, según la fábula, habitaban en el Parnaso o en el Helicón y protegían las ciencias y las artes liberales, especialmente el canto y la poesía.
musaraña *s. f.* Cualquier sabandija, insecto o animal pequeño.
muscular *adj.* Perteneciente o relativo a los músculos.
musculatura *s. f.* Conjunto y disposición de los músculos de todo el cuerpo o de parte de él.
músculo *s. m.* Cada uno de los órganos de tejido compuesto por fibras carnosas y contráctiles que sirven para producir el movimiento en el ser humano y en los animales.
musculoso, sa *adj.* Que tiene los músculos muy abultados y visibles.
muselina *s. f.* Tela de algodón, lana, seda, etc., fina y poco tupida.
museo *s. m.* **1.** Edificio o lugar destinado al estudio de las ciencias, letras humanas y artes liberales. **2.** Lugar en que se guardan, para su estu-

dio y exposición al público, colecciones de objetos de gran valor artístico, científico, histórico o de otro tipo. **3.** Por ext., lugar donde se encuentran numerosas obras artísticas.

muserola *s. f.* Correa de la brida, que da vuelta al hocico del caballo por encima de la nariz.

musgaño *s. m.* Mamífero insectívoro, de pequeño tamaño, hocico alargado y puntiagudo, cola desarrollada y pelaje denso.

musgo *s. m.* Cada una de las plantas criptógamas que crecen en lugares sombríos, formando capa sobre la tierra, las rocas, los troncos y los árboles y aun en el agua.

música *s. f.* **1.** Arte de expresar determinados sentimientos por medio de sonidos armónicos, melódicos y rítmicos. **2.** Concierto de instrumentos o voces, o de ambas cosas a la vez.

musical *adj.* **1.** Perteneciente o relativo a la música. **2.** Se dice de aquello en que la música constituye el elemento esencial.

musicalidad *s. f.* Cualidad o carácter musical.

músico, ca *s. m. y s. f.* Persona que profesa o sabe el arte de la música.

musitar *v. intr.* Hablar entre dientes.

muslo *s. m.* Parte de la pierna, desde la cadera hasta la rodilla.

musmón *s. m.* Híbrido de carnero y cabra.

mustela *s. f.* Tiburón de carne comestible, cuya piel se utiliza como lija.

mustélido, da *adj.* Se dice de los mamíferos carnívoros, semiplantígrados, con el cuello largo y el cuerpo muy flexible.

mustio, tia *adj.* **1.** Melancólico, triste. **2.** Lánguido, marchito.

musulmán, na *adj.* Que profesa la religión islámica. También s. m. y s. f.

mutabilidad *s. f.* Cualidad de mudable.

mutación *s. f.* Cambio de decorado en una escena teatral.

mutilación *s. f.* Acción y efecto de mutilar o mutilarse.

mutilar *v. tr.* Cortar o cercenar un miembro o parte del cuerpo de un ser vivo. También prnl.

mutis *s. m.* **1.** Voz que se usa en el teatro para hacer que un actor se retire de la escena. **2.** El acto de retirarse de la escena y, por ext., de otros lugares. **3.** *fam.* Voz que se emplea para imponer silencio o para indicar que una pesona queda callada.

mutismo *s. m.* Silencio voluntario o impuesto.

mutual *adj.* Mutuo, recíproco.

mutualidad *s. f.* **1.** Cualidad de mutual. **2.** Régimen de prestaciones mutuas que sirven de base a determinadas asociaciones.

mutuo, tua *adj.* Se aplica a lo que recíprocamente se hace entre dos o más personas, animales o cosas.

muy *adv. c.* Apócope de mucho.

N

n *s. f.* Decimocuarta letra del abecedario español y undécima de sus consonantes.
naba *s. f.* Planta crucífera, de raíz carnosa muy grande, amarillenta o rojiza, parecida al nabo, comestible.
nabab *s. m.* Gobernador de una provincia en la India mahometana.
nabar *s. m.* Tierra sembrada de nabos.
nabí *s. m.* Entre los árabes, profeta.
nabicol *s. m.* Especie de nabo parecido a la remolacha.
nabiforme *adj.* Fusiforme, con forma de raíz de nabo.
nabiza *s. f.* Hoja tierna del nabo.
nabla *s. f.* Instrumento musical muy antiguo, semejante a la lira, de marco rectangular y diez cuerdas.
nabo *s. m.* Planta crucífera, de raíz carnosa, comestible, blanca o amarillenta.
nácar *s. m.* Sustancia dura, blanca, brillante y con reflejos irisados, que se forma en el interior de ciertas conchas.
nacarado, da *adj.* **1.** Del color y brillo del nácar. **2.** Adornado con nácar.
nacáreo, a *adj.* Nacarino.
nacarino, na *adj.* Propio del nácar.
nacela *s. f.* Escocia o moldura cóncava que se pone en las basas de las columnas.
nacer *v. intr.* **1.** Salir el animal del vientre materno o del huevo. **2.** Empezar a salir un vegetal de su semilla.
naciente *adj.* Muy reciente, que empieza a ser o a manifestarse.
nacimiento *s. m.* Principio de una cosa.
nación *s. f.* **1.** Conjunto de personas de un mismo origen étnico y que generalmente hablan un mismo idioma y tienen una tradición común. **2.** Conjunto de los habitantes de un país regido por el mismo gobierno.
nacional *adj.* Natural de una nación.
nacionalidad *s. f.* Condición y carácter peculiar de los pueblos e individuos de una nación.
nacionalismo *s. m.* Apego de los naturales de una nación a ella propia y a cuanto le pertenece.
nacionalista *adj.* Partidario del nacionalismo.
nacionalización *s. f.* Acción y efecto de hacer pasar al Estado una propiedad, explotación o servicio que estaba en poder de particulares.
nacionalizar *v. tr.* **1.** Naturalizar en un país personas o cosas de otro. También prnl. **2.** Atribuir al Estado bienes o empresas de personas individuales o colectivas.
nacionalsocialismo *s. m.* Partido político fundado por Adolfo Hitler.
nacionalsocialista *adj.* Partidario del nacionalsocialismo. También s. m. y s. f.
nacrita *s. f.* Variedad de talco, de brillo igual al del nácar.
nada *s. f.* El no ser o la carencia absoluta de todo ser.
nadar *v. intr.* Mantenerse una persona o un animal sobre el agua, o ir por ella sin tocar el fondo.
nadador, ra *s. m. y s. f.* Persona diestra en nadar.
nadería *s. f.* Cosa de poca importancia.
nadie *pron. indef.* Ninguna persona.
nadir *s. m.* Punto de la esfera celeste diametralmente opuesto al cénit.
nafta *s. f.* Líquido incoloro, volátil, inflamable, compuesto de hidrocarburos de poco peso molecular.
naftaleno *s. m.* Hidrocarburo aromático, que se encuentra en grandes cantidades en el alquitrán de hulla.
naftalina *s. f.* Nombre vulgar del naftaleno.
naftol *s. m.* Compuesto fenólico derivado del naftaleno; se encuentra en pequeña cantidad en el alquitrán de hulla.
nagua *s. f.* Saya interior de tela blanca, enagua. Se usa más en pl.
naif *adj.* Ingenuo.
nailon *s. m.* Materia textil sintética obtenida a partir del carbón, aire y agua.
naipe *s. m.* Cada una de las cartulinas rectangulares que se usan para jugar, que llevan pintadas en una de las caras una figura o cierto número de objetos correspondientes a cada uno de los cuatro palos de la baraja.
najarse *v. prnl., vulg.* Largarse, huir, irse.
nalga *s. f.* Cada una de las dos porciones carnosas y redondeadas que constituyen el trasero.
nalgada *s. f.* Pernil del puerco.
nana *s. f.* **1.** *fam.* Abuela. **2.** Canción de cuna.
¡nanay! *interj., fam.* con que se niega rotundamente una cosa.
nansa *s. f.* **1.** Nasa. **2.** Estanque pequeño para peces.

nao *s. f.* Nave.

naonato, ta *adj.* Se dice de la persona nacida en una embarcación que navega.

napa *s. f.* Conjunto de las fibras textiles que se agrupan al salir de una máquina cardadora, para formar un conjunto continuo de espesor constante e igual anchura que la máquina.

napalm *s. m.* Tipo de bomba especial que, al explotar, se disgrega en infinitas partículas inflamadas, por lo que se emplea con fines militares para producir incendios en extensas áreas.

napias *s. f. pl., fam.* Narices, órgano olfativo.

naranja *s. f.* Fruto del naranjo, de forma más o menos globosa, de color entre rojo o amarillo, como el de la pulpa; en el interior con ocho o doce gajos con pelos muy jugosos, agridulces y cada uno con dos a tres pepitas.

naranjada *s. f.* Agua de naranja.

naranjo *s. m.* Árbol rutáceo, de hojas coriáceas persistentes, flores blancas y fruto en hesperidio, comestible.

narceína *s. f.* Alcaloide narcótico que existe en el opio, en pequeñas dosis.

narcisismo *s. m.* Manía del que presume de narciso.

narcisista *s. m. y s. f.* Enamorado de sí mismo. También adj.

narciso *s. m.* **1.** Planta amarilidácea con flores blancas o amarillas y olorosas. **2.** Persona que cuida demasiado de su aspecto físico y manifiesta un excesivo enamoramiento de sí mismo.

narcosis *s. f.* Producción del narcotismo, modorra, embotamiento de la sensibilidad.

narcótico, ca *adj.* Se dice de la droga o medicamento que produce sopor, relajación muscular y embotamiento de la sensibilidad.

narcotina *s. f.* Alcaloide que se extrae del opio.

narcotismo *s. m.* Estado más o menos profundo de adormecimiento, debido al uso de los narcóticos.

narcotizar *v. tr.* Producir narcotismo. También prnl.

narcotraficante *adj.* Traficante de drogas. También s. m. y s. f.

narcotráfico *s. m.* Comercio de drogas.

nardo *s. m.* Planta liliácea de jardín, de hojas radicales y flores blancas, muy olorosas, en espiga.

narguile *s. m.* Pipa para fumar que usan los orientales.

narigón *s. m.* Argolla con o sin cuerda, que se coloca en las narices horadadas de algunos animales para conducirlos de un lado a otro.

nariguera *s. f.* Pendiente que algunos indígenas llevan en la nariz.

nariz *s. f.* Órgano olfativo, parte prominente del rostro humano entre la frente y la boca, con dos orificios que comunican con la membrana pituitaria y el aparato de la respiración.

narizotas *s. m. y s. f.* Persona que tiene narices grandes. Se usa frecuentemente como insulto.

narración *s. f.* **1.** Parte del discurso retórico en que se refieren los hechos. **2.** Obra literaria de carácter narrativo o novelesco.

narrador, ra *adj.* Que narra. También s. m. y s. f.

narrar *v. tr.* Contar, referir lo sucedido.

narrativa *s. f.* **1.** Habilidad en contar las cosas. **2.** Género literario de carácter narrativo que abarca novelas, cuentos, etc.

narratología *s. f.* Estudio crítico o ensayístico del funcionamiento de las obras literarias de carácter narrativo.

narria *s. f.* Cajón o escalera de carro, a propósito para llevar arrastrando cosas de gran peso.

nártex *s. m.* Parte de la basílica cristiana que se reservaba a los catecúmenos y a ciertos penitentes.

narval *s. m.* Mamífero cetáceo de unos seis metros de largo del cual se utilizan su grasa y el marfil de su diente mayor.

nasa *s. f.* Arte de pesca, formada por un cilindro de juncos, red, etc., con una especie de embudo dirigido hacia dentro en una de sus bases.

nasal *adj.* **1.** Perteneciente o relativo a la nariz. **2.** Se dice del sonido articulado en cuya pronunciación el aire aspirado sale total o parcialmente por la nariz. Son nasales la m, n y ñ. También s. f.

nasalización *s. f.* Acción de nasalizar.

nasalizar *v. tr.* Hacer nasal o pronunciar como tal un sonido o letra.

naso *s. m., fam.* Nariz grande.

nasofaríngeo, a *adj.* Se dice de lo que está situado en la faringe por encima del velo del paladar y detrás de las fosas nasales.

nata *s. f.* Sustancia grasa un poco amarillenta, que forma una capa sobre la leche que se deja en reposo.

natación *s. f.* Arte de nadar.

natal *s. m.* Nacimiento.

natalidad *s. f.* Número proporcional de nacimientos en población y tiempo determinados.
natatorio, ria *adj.* Perteneciente o relativo a la natación.
natillas *s. f. pl.* Dulce de yema de huevo, leche y azúcar.
Natividad *n. p.* Nacimiento, especialmente el de Jesucristo, el de la Virgen Santísima y el de San Juan Bautista.
nativo, va *adj.* Natural, nacido en el lugar de que se trata.
nato, ta *adj.* Se dice de la cualidad que una persona tiene desde el momento de su nacimiento.
natrón *s. m.* Sal blanca, traslúcida, cristalizable y eflorescente.
natura *s. f.* Naturaleza.
natural *adj.* **1.** Originario de un pueblo o nación. **2.** Sin afectación, sin doblez, ingenuo.
naturaleza *s. f.* **1.** Esencia y propiedad característica de cada ser. **2.** Conjunto de las obras de creación, por oposición a las de las personas o del arte.
naturalidad *s. f.* Ingenuidad y sencillez.
naturalista *s. m. y s. f.* Persona que profesa las ciencias naturales.
naturalizar *v. tr.* Conceder a un extranjero los derechos de los naturales del país en que fue admitido.
naturismo *s. m.* Doctrina que preconiza el empleo de los agentes naturales para conservar la salud y curar las enfermedades.
naufragar *v. intr.* Irse a pique o perderse la embarcación.
naufragio *s. m.* Acto o hecho de naufragar.
náufrago, ga *adj.* Que ha padecido naufragio. También s. m y s. f.
náusea *s. f.* **1.** Basca, ansia de vomitar. **2.** *fig.* Repugnancia.
nauseabundo, da *adj.* Que produce náuseas.
nauta *s. m., poét.* Hombre de mar.
náutico, ca *adj.* **1.** Perteneciente o relativo a la navegación. ‖ *s. f.* **2.** Ciencia o arte de navegar.
nautilo *s. m.* Argonauta, molusco.
nava *s. f.* Tierra baja y llana entre montañas.
navaja *s. f.* Cuchillo cuya hoja puede doblarse sobre el mango para guardar el filo entre dos cachas.
navajero, ra *adj.* Que emplea la navaja como arma. También s. m. y s. f.
naval *adj.* Perteneciente o relativo a las naves, a la navegación o a las empresas navieras.
nave *s. f.* **1.** Barco, embarcación. **2.** Espacio que entre muros o filas de arcadas se extiende a lo largo de las iglesias y otros edificios.
navegable *adj.* Se dice del río, lago, canal, etc. donde se puede navegar.
navegación *s. f.* Náutica.
navegar *v. intr.* Hacer viaje o andar por el agua con embarcación. También tr.
naveta *s. f.* Vaso en forma de navecilla, que sirve en la iglesia para guardar el incienso.
navicular *adj.* De forma abarquillada.
Navidad *n. p.* Fiesta conmemorativa del nacimiento de Jesucristo.
navideño, ña *adj.* Perteneciente o relativo al tiempo de Navidad.
naviero, ra *s. m.* Dueño de un navío o embarcación capaz de navegar en alta mar.
navío *s. m.* Nave grande, de cubierta, con velas y muy fortificada, aunque no sea de guerra y se aplique para el comercio, correos, etc.
náyade *s. f.* Cualquiera de las ninfas de los ríos y fuentes.
nazareno, na *adj.* Se dice de la imagen de Jesucristo que viste un ropón morado.
nazi *adj.* Nacionalsocialista.
nazismo *s. m.* Nacionalsocialismo.
názula *s. f.* En algunas partes, requesón, cuajada que se saca de los residuos de la leche después de hecho el requesón.
nebladura *s. f.* Daño que causa la niebla a los sembrados.
neblí *s. m.* Ave de rapiña, variedad del halcón.
neblina *s. f.* Niebla espesa y baja.
nebulón *s. m.* Persona taimada e hipócrita.
nebulosa *s. f.* Masa de materia cósmica celeste, difusa y luminosa, que ofrece diversas formas, de contorno impreciso.
nebulosidad *s. f.* Pequeña oscuridad.
nebuloso, sa *adj.* Que abunda en nieblas o cubierto de ellas.
necedad *s. f.* Dicho o hecho necio.
necesario, ria *adj.* **1.** Que inevitablemente ha de ser o suceder. ‖ *s. f.* **2.** Letrina, excusado.
neceser *s. m.* Estuche o caja con diversos objetos de tocador o costura.
necesidad *s. f.* **1.** Impulso irresistible que hace que las causas obren infaliblemente en cierto

sentido. **2.** Todo aquello de lo que no puede uno prescindir.

necesitado, da *adj.* Pobre, falto de lo necesario. También s. m. y s. f.

necesitar *v. tr.* Tener necesidad de alguien o de alguna cosa.

necio, cia *adj.* Ignorante.

nécora *s. f.* Cangrejo de mar, de cuerpo liso y elíptico, cuyo caparazón es de color rojo parduzco y está cubierto de pilosidad. Vive al fondo del litoral y su carne es muy apreciada.

necrofagia *s. f.* Acción de comer cadáveres o carroña.

necrofilia *s. f.* Afición por la muerte o por alguno de sus aspectos.

necrofobia *s. f.* Miedo insistente de morir.

necrología *s. f.* Biografía de una persona notable, muerta recientemente.

necrológico, ca *adj.* Perteneciente o relativo a la necrología.

necrópolis *s. f.* Cementerio de gran extensión, en que abundan los monumentos fúnebres.

necroscopia *s. f.* Autopsia o examen de los cadáveres.

necrosis *s. f.* Muerte local de células y tejidos en el organismo vivo, especialmente del tejido óseo.

néctar *s. m., fig.* Cualquier licor delicioso y suave.

nectario *s. m.* Glándula de las flores de ciertas plantas que segrega un jugo azucarado.

necton *s. m.* Conjunto de animales marinos o lacustres que pueden moverse por su propio impulso a través del agua.

nefando, da *adj.* Muy malo, torpe, del que no se puede hablar sin repugnancia.

nefario, ria *adj.* Sumamente malvado, impío e indigno del trato humano.

nefas, por fas o por *loc adv., fam.* Justa o injustamente, por una cosa o por otra.

nefasto, ta *adj.* Aplicado a día o a cualquier otra división de tiempo, triste, funesto, ominoso.

nefelismo *s. m.* Conjunto de caracteres con que se nos presentan las nubes, tales como forma, clase, altura, coloración, dirección, etc.

nefrítico, ca *adj.* Perteneciente o relativo a los riñones.

nefritis *s. f.* Inflamación de los riñones.

nefrología *s. f.* Rama de la medicina que estudia el riñón y sus enfermedades.

negación *s. f.* **1.** Falta total de una cosa. **2.** Partícula o voz que sirve para negar.

negado, da *adj.* Incapaz o inepto para una cosa. También s. m. y s. f.

negar *v. tr.* **1.** Declarar que no es verdad una cosa sobre la cual se pregunta. **2.** Decir que no a lo que se pretende o se pide, o no concederlo.

negativismo *s. m.* Doctrina que niega toda realidad y creencia.

negativo *adj.* **1.** Que expresa, implica o contiene negación. || *s. m.* **2.** Película fotográfica que reproduce los claros y oscuros o los colores del original pero invertidos, y que sirve para positivar las copias.

negatrón *s. m.* Electrón negativo.

negligencia *s. f.* Descuido, omisión.

negligente *adj.* Descuidado, omiso.

negociado *s. m.* Cada una de las dependencias de una organización administrativa.

negociante *s. m. y s. f.* Comerciante.

negociar *v. intr.* Tratar y comerciar, comprando, vendiendo o cambiando géneros, mercaderías o valores.

negocio *s. m.* Cualquier ocupación hecha por lucro o interés.

negra *s. f.* Pez de la familia de los escuálidos,. Su piel se utiliza como la de la lija, denominación con la que también se le conoce.

negrear *v. intr.* Tirar a negro.

negrero, ra *adj.* Se decía de la persona que se dedicaba a la trata de esclavos de raza negra. También s. m. y s. f.

negrilla *s. f.* Hongos parásito que atacan a los olivos, naranjos y limoneros.

negrillo *s. m.* Olmo, árbol.

negro, gra *adj.* **1.** De color totalmente oscuro, como el carbón. **2.** Se dice de la persona perteneciente a la raza negra.

negrura *s. f.* Hongo parásito del olivo perteneciente al género torula.

neguijón *s. m.* Enfermedad de los dientes, que los carcome y pone negros.

neguilla *s. f.* Planta cariofilácea, lanuginosa y fosforescente, de flores rojizas.

nema *s. f.* Cierre o sello de una carta.

némesis *s. f., fig.* Castigo.

nemoroso, sa *adj., poét.* Perteneciente o relativo al bosque.

nene, na *s. m. y s. f., fam.* Niño pequeño.

nenúfar *s. m.* Planta acuática ninfeácea, de rizoma largo y nudoso, fijo al fondo de los estanques, lagos o ríos en que habitan; su fruto es capsular.

neoclásico, ca *adj.* Se dice del arte o estilo modernos que tratan de imitar los usados antiguamente en Grecia o Roma.

neodimio *s. m.* Metal de color blanco plateado y muy brillante que se encuentra combinado con el cerio, el lantano y otros metales raros.

neófito, ta *s. m. y s. f.* Persona, especialmente adulta, recién bautizada o admitida recientemente al estado eclesiástico o religioso.

neofobia *s. f.* Horror a todo lo nuevo.

neolector, ra *s. m. y s. f.* Persona alfabetizada recientemente.

neolítico *adj.* Se dice de un estadio de la era cuaternaria que corresponde a la base del holoceno o aluvial. También s. m.

neológico, ca *adj.* Perteneciente o relativo al neologismo.

neologismo *s. m.* Vocablo, acepción o giro nuevo en una lengua.

neomenia *s. f.* Primer día de la Luna o Luna nueva.

neón *s. m.* Neo, gas noble, poco activo, que se encuentra en el aire, incoloro e inodoro.

neonato, ta *s. m. y s. f.* Recién nacido.

neoplasia *s. f.* Formación anormal de un tejido cuyos elementos sustituyen invasoramente a los de los tejidos normales.

neoplasma *s. f.* Tejido celular anormal de nueva formación.

neopreno *s. m.* Primer caucho sintético comercial.

neorema *s. m.* Especie de panorama en el que se representa el interior de un edificio.

neozoico, ca *adj.* Era terciaria.

neper *s. m.* Denominación internacional del "neperio". Unidad de comparación entre dos magnitudes eléctricas o acústicas.

neperiano *adj.* Perteneciente o relativo al matemático inglés J. Neper. Se aplica especialmente a los logaritmos inventados por este matemático.

nepote *s. m.* Pariente y privado del Papa.

nepotismo *s. m.* Favoritismo hacia los parientes para las gracias o empleos públicos.

nereida *s. f.* Cualquiera de las ninfas que residían en el mar y eran jóvenes hermosas de medio cuerpo para arriba y como peces en lo restante.

nerol *s. m.* Alcohol superior no saturado, que se encuentra en la naturaleza en la rosa, azahar, bergamota y lináloe.

nervado, da *adj.* Provisto de nervios.

nervadura *s. f.* **1.** Nervio, arco que sirve para formar la estructura de las bóvedas góticas. **2.** Conjunto de los nervios de una hoja.

nervio *s. m.* **1.** Cada uno de los órganos en forma de cordón blanquecino que, partiendo del cerebro, la médula espinal u otros centros, se distribuyen por todas las partes del cuerpo, conduciendo los impulsos nerviosos. **2.** Cualquier tendón o tejido blanco, duro y resistente.

nerviosidad *s. f.* Estado pasajero de excitación nerviosa.

nerviosismo *s. m.* Nerviosidad, excitación.

nervioso, sa *adj.* Se aplica a la persona cuyos nervios fácilmente se excitan.

nervosidad *s. f.* Fuerza y actividad de los nervios.

nesciencia *s. f.* Ignorancia, falta de ciencia.

nesciente *adj.* Que no sabe.

nesga *s. f.* Pieza de lienzo o paño de forma triangular que se añade a un vestido para darle vuelo.

nesgado, da *adj.* Que tiene nesgas.

nesgar *v. tr.* Cortar una tela en dirección oblicua a la de sus hilos.

neto, ta *adj.* **1.** Limpio y puro. **2.** Que resulta líquido en la suma, precio o valor de una cosa después de comparar el cargo con la data.

neuma *s. m.* Signo usado para escribir la música antes del sistema actual.

neumático, ca *adj.* Se dice de varios aparatos destinados a operar con el aire.

neumococo *s. m.* Diplococo que es el agente patógeno de algunas pulmonías.

neumología *s. f.* Estudio o tratado de las enfermedades de los pulmones o de las vías respiratorias en general.

neumonía *s. f.* Pulmonía.

neumotórax *s. m.* Acumulación natural o provocada de aire u otros gases en la cavidad de la pleura.

neura *s. f., fam.* Obsesión.

neuralgia *s. f.* Dolor vivo a lo largo de un nervio y de sus ramificaciones.

neurastenia *s. f.* Enfermedad producida por debilidad nerviosa, caracterizada por una depresión de las fuerzas vitales, entre otros síntomas.

neuritis *s. f.* Lesión inflamatoria o degenerativa de un nervio.
neuroesqueleto *s. m.* Conjunto de los huesos protectores de la porción céntrica del sistema nervioso en los vertebrados.
neurología *s. f.* Parte de la anatomía que estudia el sistema nervioso y sus enfermedades.
neuroma *s. f.* Tumor circunscrito formado por tejido nervioso y acompañado de intenso dolor.
neurona *s. f.* Célula nerviosa con prolongaciones protoplasmáticas y cilindroeje, constituyente del sistema nervioso.
neurópata *s. m. y s. f.* Persona que padece enfermedades nerviosas.
neuropatía *s. f.* Afección nerviosa.
neurosis *s. f.* Enfermedad nerviosa.
neurótico, ca *adj.* Perteneciente o relativo a la neurosis.
neuston *s. m.* Conjunto de organismos de pequeño tamaño que viven en la superficie de las aguas.
neutonio *s. m.* Unidad de fuerza basada en el metro, el kilogramo, el segundo y el amperio, equivalente a cien mil dinas.
neutral *adj.* Que, entre dos partes que contienden, no es ni de una ni de otra; se dice de personas y cosas.
neutralidad *s. f.* Cualidad de neutral.
neutralización *s. f.* Anulación de efectos perjudiciales en circuitos eléctricos.
neutralizar *v. tr.* **1.** Hacer neutral un estado o territorio. También prnl. **2.** Reducir o vencer a un atacante o contrincante.
neutrino *s. m.* Partícula eléctricamente neutra y cuya masa es inapreciable.
neutro, tra *adj.* **1.** Se dice del compuesto químico en que no predominan las propiedades de ninguno de sus elementos. **2.** Se dice del cuerpo que posee cantidades iguales de electricidad positiva y negativa. **3.** Se dice de algunos animales que no tienen sexo.
neutrón *s. m.* Uno de los tres constituyentes corpusculares del núcleo atómico, de carga eléctrica nula.
nevada *s. f.* Cantidad de nieve caída de una vez y sin interrupción sobre la tierra.
nevadilla *s. f.* Hierba de tallos vellosos, hojas puntiagudas, flores pequeñas y verdosas.
nevar *v. intr.* Caer nieve.
nevera *s. f.* **1.** Sitio en que se guarda o conserva nieve. **2.** Armario frigorífico para el enfriamiento o conservación de alimentos y bebidas.
nevero *s. m.* Paraje de las montañas elevadas donde se conserva la nieve todo el año.
nevisca *s. f.* Nevada corta de copos menudos.
neviscar *v. intr.* Nevar ligeramente.
newton *s. m.* **1.** Unidad de fuerza, equivalente a la fuerza que comunica una aceleración de un metro por segundo a una masa de un kilogramo. **2.** Nombre del neutonio en la nomenclatura internacional.
nexo *s. m.* Nudo, unión o vínculo de una cosa con otra.
ni *conj. cop.* Cópula que enlaza vocablos o frases, denotando negación, precedida o seguida de otra u otras.
niara *s. f.* Especie de pajar hecho en el campo, que se forma con un montón de paja cubierta de hierbas, para protegerla, y en cuyo interior se suele conservar el grano.
nicho *s. m.* Concavidad en el espesor de un muro.
nicol *s. m.* Prisma destinado a polarizar la luz.
nicotina *s. f.* Alcaloide venenoso, sin oxígeno, líquido, oleaginoso, que se extrae del tabaco.
nicotismo *s. m.* Conjunto de trastornos morbosos producidos por el abuso del tabaco.
nictálope *adj.* Se dice de la persona o animal que ve mejor de noche que de día. También s. m. y s. f.
nidada *s. f.* Conjunto de los huevos puestos en el nido.
nidal *s. m.* Lugar donde las gallinas u otras aves domésticas suelen poner sus huevos.
nidificar *v. intr.* Hacer nidos las aves.
nido *s. m.* Especie de lecho, de formas y materiales distintos, que forman las aves para poner sus huevos y criar los pollos.
niebla *s. f.* Nube en contacto con la Tierra y que oscurece más o menos la atmósfera.
niel *s. m.* Labor en hueco sobre metales preciosos, rellena con esmalte negro.
nielar *v. tr.* Adornar con nieles.
nieto, ta *s. m. y s. f.* Respecto de una persona, hijo o hija de su hijo o de su hija.
nieve *s. f.* Agua helada que se desprende de las nubes, en forma de pequeños cristales, los cuales, agrupándose al caer, llegan al suelo en copos blancos.

nigromancia *s. f.* Arte supersticioso de adivinar lo futuro evocando a los muertos.

nihilidad *s. f.* Condición de no ser nada.

nihilismo *s. m.* Doctrina que niega la existencia de toda creencia o realidad sustancial.

nilón *s. m.* Nailon.

nimbar *v. tr.* Rodear de nimbo o aureola una figura o imagen.

nimbo *s. m.* **1.** Aureola, disco luminoso de las cabezas de las imágenes. **2.** Capa de nubes formada por cúmulos.

nimiedad *s. f.* **1.** Exceso, demasía. **2.** Prolijidad, minuciosidad.

nimio, mia *adj.* **1.** Excesivo, exagerado; en general, se dice de las cosas no materiales. **2.** Prolijo, minucioso.

ninfa *s. f.* Cualquiera de las fabulosas deidades de las aguas, bosques, selvas, etc., representadas por mujeres.

ninfómana *s. f.* Mujer que padece ninfomanía.

ninfomanía *s. f.* Exagerado deseo o apetito sexual en la mujer.

ningún *adj.* Apócope de ninguno.

ninguno, na *adj. indef.* Ni uno solo de aquello que significa el sustantivo al que acompaña.

ninot *s. m.* Muñeco de proporciones regulares, que se pone en las calles de Valencia durante las Fallas.

niña *s. f.* Pupila del ojo.

niñada *s. f.* Dicho o hecho impropio de la edad adulta, sin advertencia ni reflexión.

niñear *v. intr.* Hacer niñadas o portarse alguien como si fuera un niño.

niñera *s. f.* Persona destinada a cuidar niños.

niñería *s. f., fig.* Hecho o dicho de poca entidad o sustancia.

niñez *s. f.* Primer período de la vida humana, desde el nacimiento hasta la adolescencia.

niño, ña *s. m. y s. f.* Persona que se halla en la niñez.

niobio *s. m.* Metal muy raro, pulverulento, de color gris de acero, que se asemeja al tantalio y le acompaña en ciertos minerales.

níquel *s. m.* Metal duro, magnético, dúctil, de color y brillo semejante a los de la plata, algo más pesado que el hierro, difícil de fundir y de oxidar.

niquelar *v. tr.* Cubrir con un baño de níquel otro metal.

niquelina *s. f.* Arseniato natural de níquel rojo.

niqui *s. m.* Especie de blusa de punto.

nirvana *s. m.* En el budismo, suprema y eterna beatitud consistente en una existencia despojada de todo atributo corpóreo.

níscalo *s. m.* Hongo comestible que crece en los pinares.

níspero *s. m.* Árbol rosáceo, de tronco tortuoso, delgado y con ramas abiertas; hojas grandes, flores blancas axilares y fruto aovado del mismo nombre.

níspola *s. f.* Fruto del níspero, blando, pulposo, dulce y comestible cuando está pasado.

nistagmo *s. m.* Movimiento inconsciente y rápido del globo ocular, ocasionado por afección del cerebelo.

nitidez *s. f.* Cualidad de nítido.

nítido, da *adj.* Limpio, claro, resplandeciente.

nitral *s. m.* Criadero de nitro.

nitrato *s. m.* Compuesto derivado de la combinación del ácido nítrico con una sal.

nítrico, ca *adj.* Perteneciente o relativo al nitro o al nitrógeno.

nitrificación *s. f.* Transformación en nitratos del amoniaco y sus sales.

nitro *s. m.* Nitrato potásico que se encuentra en forma de agujas o de polvillo blanquecino en la superficie de los terrenos húmedos y salados.

nitrógeno *s. m.* Elemento gaseoso, incoloro, transparente, insípido e inodoro, que constituye las cuatro quintas partes del aire atmosférico.

nitroglicerina *s. f.* Líquido pesado, aceitoso, inodoro y explosivo, que resulta de la acción del ácido nítrico en la glicerina.

nitroso, sa *adj.* Que tiene nitro o se le parece en alguna de sus propiedades.

nivel *s. m.* Aparato para averiguar la diferencia de altura entre dos puntos o comprobar si tienen la misma.

nivelación *s. f.* Acción y efecto de nivelar.

nivelar *v. tr.* Echar el nivel para ver la condición de horizontalidad.

níveo, a *adj.* De nieve o semejante a ella.

no *adv. neg.* Con este sentido se emplea principalmente respondiendo negativamente a una pregunta.

nobiliario, ria *adj.* Se dice del libro que trata de la nobleza.

noble *adj.* **1.** Preclaro, ilustre, generoso. **2.** Se dice de la persona y, por extensión, de sus parientes, que por su nacimiento o por gracia del príncipe tiene algún título del reino que la distingue de las demás.

nobleza *s. f.* Conjunto o cuerpo de los nobles de una región o Estado.

noca *s. f.* Crustáceo marino, parecido a la centolla, de caparazón fuerte y muy convexo. Es comestible y vive en las costas de España.

noceda *s. f.* Sitio plantado de nogales, nogueral.

noche *s. f.* Tiempo comprendido entre la puesta y la salida del Sol.

Nochebuena *n. p.* Noche de la víspera de Navidad.

Nochevieja *n. p.* La última del año.

noción *s. f.* Conocimiento o idea que se tiene de una cosa.

nocional *adj.* Relativo a la noción.

nocividad *s. f.* Calidad de dañoso o nocivo.

nocivo, va *adj.* Dañoso, perjudicial.

noctámbulo, la *adj.* Se dice de la persona que anda vagando durante la noche.

nocturnidad *s. f.* Circunstancia agravante de responsabilidad, resultante de ejecutarse de noche ciertos delitos.

nocturno, na *adj.* Perteneciente o relativo a la noche, o que se hace en ella.

nodo *s. m.* Cada uno de los dos puntos opuestos en que la órbita de un astro corta la Eclíptica.

nodriza *s. f.* Mujer que da de mamar a una criatura ajena, ama de cría.

nódulo *s. m.* **1.** Concreción de poco volumen. **2.** Mineral o agregado de minerales de forma elipsoidal.

noesis *s. f.* Visión intelectual, pensamiento.

nogal *s. m.* Árbol juglandáceo, de tronco corto y robusto, copa grande; hojas puntiagudas dentadas y de olor aromático; flores blanquecinas y por fruto la nuez.

nogalina *s. f.* Color obtenido de la cáscara de la nuez, usado para pintar imitando el color de nogal.

nogueral *s. m.* Sitio plantado de nogales.

nolición *s. f.* Acto de no querer.

noma *s. f.* Gangrena de la mucosa de las mejillas que se manifiesta en niños durante el curso de las enfermedades infecciosas.

nómada *adj.* Se dice del individuo, familia, pueblo o especie animal que anda vagando sin domicilio fijo.

nombradía *s. f.* Notoriedad, reputación.

nombrado, da *adj.* Célebre, famoso.

nombramiento *s. m.* Documento en que consta un nombramiento para un cargo u oficio.

nombrar *v. tr.* **1.** Decir el nombre o mencionar a una persona o cosa. **2.** Hacer mención particular de alguien o algo.

nombre *s. m.* **1.** Palabra que se aplica a una persona o cosa para distinguirla de las demás. **2.** Sobrenombre que se da a alguien.

nomenclátor *s. m.* Catálogo de nombres, de pueblos, de sujetos o de voces técnicas de una ciencia o facultad.

nomenclatura *s. f.* **1.** Lista o catálogo. **2.** Conjunto de voces técnicas de una ciencia o facultad.

nomeolvides *s. f.* **1.** Flor de la raspilla. **2.** Pulsera que lleva el nombre grabado.

nómina *s. f.* Lista o catálogo de nombres de personas o cosas.

nominación *s. f.* Acción y efecto de nombrar.

nominal *adj.* Que tiene nombre de una cosa y le falta la realidad de ella en todo o en parte.

nominativo *s. m.* Caso de la declinación que designa el sujeto de la oración y no lleva preposición.

nominilla *s. f.* En las oficinas, autorización que se entrega a los que cobran como pasivos para que, presentándola, puedan percibir su haber.

nómino *s. m.* Sujeto capaz de ejercer en la república los empleos y cargos honoríficos por nominación que se hace para ellos de su persona.

nomografía *s. f.* Tratado sobre las leyes.

nomograma *s. m.* Representación gráfica de una nomografía.

non *adj.* Impar. También s. m. y s. f.

nona *s. f.* Última de las cuatro partes iguales en que dividían los romanos el día artificial.

nonada *s. f.* Cosa sin importancia.

nonagenario, ria *adj.* Que ha cumplido la edad de noventa años y no llega a la de cien.

nonagésimo, ma *adj. num.* **1.** Se dice de cada una de las 90 partes iguales en que se divide un todo. También s. m. **2.** Que ocupa el último lugar en una serie ordenada de 90.

nonágono, na *adj.* Se dice del polígono de nueve ángulos y nueve lados. También s. m.

nonato, ta *adj.* No nacido naturalmente, sino extraído del claustro materno mediante la operación cesárea.

noningentésimo, ma *adj. num.* Se dice de cada una de las 900 partes iguales en que se divide un todo.

nonio *s. m.* Pieza de varios instrumentos matemáticos y que se aplica sobre una regla o limbo graduados, a fin de apreciar las fracciones de las divisiones menores de la graduación.

nono, na *adj. num.* Noveno.

nónuplo, pla *adj. num.* Que contiene un número exactamente nueve veces. También s. m.

nopal *s. m.* Planta cactácea, con tallos formados por paletas ovales, erizadas de espinas que representan las hojas, flores grandes, y por fruto el higo chumbo o tuna.

nopaleda *s. f.* Terreno poblado de nopales.

noque *s. m.* Pequeño estanque o pozuelo en que se ponen a curtir las pieles.

noquear *v. tr.* En boxeo, dejar fuera de combate.

nordeste *s. m.* Punto del horizonte situado a igual distancia del Norte y del Este.

nórdico, ca *adj.* Se dice de los pueblos germánicos del norte de Europa. También s. m. y s. f.

noria *s. f.* Máquina compuesta de dos grandes ruedas, una horizontal, a manera de linterna, movida por una palanca, y otra vertical, que engrana en la primera y lleva colgada una maroma con arcaduces para sacar agua de un pozo.

noriega *s. f.* Pez marino seláceo, de la familia de las rayas, de gran tamaño y cuerpo romboidal cubierto de espinas.

norma *s. f.* **1.** Escuadra que usan los artífices para arreglar maderas, piedras, etc. **2.** *fig.* Regla que se debe seguir o a que se deben ajustar las operaciones, conductas, etc.

normal *adj.* **1.**Que se halla en su estado natural. **2.** Que sirve de norma o regla.

normalidad *s. f.* Cualidad o condición de normal.

normalizar *v. tr.* Poner en buen orden lo que no lo estaba.

normativo, va *adj.* **1.** Normal, que sirve de norma. ‖ *s. f.* **2.** Conjunto de normas aplicables a una determinada materia o actividad.

noroeste *s. m.* Punto del horizonte situado a igual distancia del Norte y del Oeste.

Norte *n. p.* Punto cardinal que cae frente a un observador a cuya derecha da el Oriente.

norteño, ña *adj.* Perteneciente o relativo a personas, tierras o cosas situadas hacia el Norte.

nórtico, ca *adj.* Perteneciente o relativo al Norte.

nos *pron. pers.* Forma átona del pronombre personal de primera persona, género masculino o femenino y número plural, que puede funcionar como complemento directo o como complemento indirecto.

nosocomio *s. m.* Hospital de enfermos.

nosografía *s. f.* Parte de la nosología que trata de la descripción de las enfermedades.

nosología *s. f.* Parte de la medicina que tiene por objeto diferenciar, describir y clasificar las enfermedades.

nosotros, tras *pron. pers.* Forma átona del pronombre personal de primera persona, género masculino o femenino y número plural, que puede funcionar como sujeto o como pronombre con preposición.

nostalgia *s. f.* Pena de verse ausente de la patria o de los deudos o amigos.

nostálgico, ca *adj.* Perteneciente o relativo a la nostalgia.

nota *s. f.* **1.** Marca o señal que se pone en una cosa para darla a conocer. **2.** Advertencia, comentario, etc. que en impresos o manuscritos va fuera de texto.

notabilidad *s. f.* Persona notable por sus cualidades o méritos.

notable *adj.* Digno de nota, reparo, atención o cuidado.

notación *s. f.* Representación por medio de un sistema de signos convencionales.

notar *v. tr.* **1.** Señalar una cosa para que se conozca o se advierta. **2.** Reparar, observar o advertir.

notaría *s. f.* Profesión de notario.

notariado, da *adj.* Se dice de lo autorizado ante notario.

notarial *adj.* Perteneciente o relativo al notario.

notario, ria *s. m. y s. f.* Funcionario público autorizado para dar fe de los contratos, testamentos y otros actos extrajudiciales, conforme a las leyes.

noticia *s. f.* **1.** Noción, conocimiento elemental. **2.** Suceso que se comunica.

noticiario *s. m.* Programa de radio o de televisión en que se transmiten noticias.

noticioso, sa *adj.* Sabedor o que tiene noticia de una cosa.

notificación *s. f.* Documento en que se hace constar.

notificar *v. tr.* Hacer saber una resolución de la autoridad con las formalidades preceptuadas para el caso.

notificativo, va *adj.* Que sirve para notificar.

noto *s. m.* **1.** Austro, viento del sur. **2.** Sur, punto cardinal.

notoriedad *s. f.* Nombradía, fama.

notorio, ria *adj.* Público y sabido de todos.

novador, ra *adj.* Inventor de novedades.

nova *s. f.* Estrella temporaria cuyo brillo experimenta bruscas variaciones.

noval *adj.* Se aplica a la tierra que se cultiva de nueva, y también a las plantas y frutos que ésta produce.

novar *v. tr.* Sustituir una obligación a otra otorgada anteriormente, la cual queda anulada con este acto.

novatada *s. f.* Broma y molestias causadas a los alumnos en las academias, colegios, ejército, etc., por los veteranos a los novatos, quintos, etc.

novato, ta *adj.* Nuevo o principiante en cualquier facultad o materia.

novecientos, tas *adj. num.* Nueve veces ciento.

novedad *s. f.* Estado de las cosas recién hechas o discurridas, o nuevamente vistas, oídas o descubiertas.

novel *adj.* Novato, sin experiencia.

novela *s. f.* Obra literaria en prosa de cierta extensión, en que se narra una acción fingida, en todo o en parte, caracteres, personajes, etc.

novelar *v. intr.* Componer o escribir novelas.

novelero, ra *adj.* Amigo de novedades, ficciones y cuentos. También s. m. y s. f.

novelesco, ca *adj.* Propio o característico de las novelas.

novelista *s. m. y s. f.* Persona que escribe novelas literarias.

novena *s. f.* Ejercicio devoto dedicado a un determinado culto por el espacio de nueve días.

novenario *s. m.* Espacio de nueve días que se dedica a la memoria de un difunto.

noveno, na *adj. num.* Que ocupa el último lugar en una serie ordenada de nueve.

noventa *adj. num.* Nueve veces diez.

noventavo, va *adj. num.* Se dice de cada una de las 90 partes iguales en que se divide un todo. También s. m. y s. f.

noviazgo *s. m.* **1.** Estado o condición de novio o novia. **2.** Tiempo que dura.

noviciado *s. m.* **1.** Tiempo de prueba por el que pasa un religioso antes de profesar órdenes. **2.** Casa en que habitan los novicios.

novicio, cia *s. m. y s. f.* **1.** Religioso que aún no ha profesado. **2.** *fig.* Principiante en cualquier arte, oficio o facultad.

noviembre *s. m.* Undécimo mes del año; consta de 30 días.

novillada *s. f.* Lidia o corrida de novillos.

novillero, ra *s. m. y s. f.* Lidiador de novillos.

novillo, lla *s. m. y s. f.* Toro o vaca de dos o tres años, en especial cuando todavía no están domados.

novilunio *s. m.* Conjunción de la Luna con el Sol.

novio, via *s. m. y s. f.* Persona que va a contraer matrimonio.

novocaína *s. f.* Derivado de la cocaína, usado como analgésico general.

nubada *s. f.* Golpe abundante de agua.

nubarrón *s. m.* Nube grande y separada del resto.

nube *s. f.* Masa de vapor acuoso suspendida en la atmósfera y que por la acción de la luz aparece de color blanco, oscuro o de diverso matiz.

nubífero, ra *adj.* Que trae nubes.

núbil *adj.* Se dice de la persona que ha llegado a la edad en que es apta para el matrimonio.

nubilidad *s. f.* Edad en que hay aptitud para contraer matrimonio.

nublado, da *adj.* Se aplica al cielo cubierto de nubes.

nublar *v. tr.* Anublar. También prnl.

nubloso, sa *adj.* Cubierto de nubes.

nuca *s. f.* Parte alta de la cerviz, correspondiente al lugar en que se une el espinazo con la cabeza.

nuclear *adj.* **1.** Relativo al núcleo, especialmente en física aplicado al del átomo. **2.** *fig.* Referido a la parte fundamental de una cosa.

nucleico, ca *adj.* Se dice de los ácidos constituyentes no protcínicos de las nucleoproteínas.

núcleo *s. m.* Porción fundamental del átomo.

nucléolo *s. m.* Corpúsculo secundario de que consta el núcleo de la célula.

nucleoproteínas *s. f. pl.* Compuestos formados por una proteína y el ácido nucleico.

núcula *s. f.* Fruto seco indehiscente, de pericarpio óseo o coriáceo.

nudillo *s. m.* Cualquiera de las articulaciones de las falanges de los dedos.

nudismo *s. m.* Doctrina que propugna que la desnudez completa es conveniente para un perfecto equilibrio físico y moral.

nudista *adj.* Se dice de la persona que practica el nudismo. También s. m. y s. f.

nudo *s. m.* **1.** Lazo que se estrecha y cierra de modo que con dificultad se puede soltar. **2.** Cada una de las divisiones de la corredera; trayecto de navegación que se mide con cada una de ellas.

nudosidad *s. f.* Tumefacción en forma de nudo.

nudoso, sa *adj.* Que tiene nudos o nudosidades.

nuera *s. f.* Mujer del hijo, respecto de los padres de éste.

nuestro, tra *adj. pos.* Forma del posesivo masculino y femenino de la primera persona del plural. Indica posesión o pertenencia a dos o más personas, incluida la que habla. También pron.

nueva *s. f.* Noticia que no se ha dicho o no se ha oído antes.

nueve *adj. num.* Ocho y uno.

nuevo, va *adj.* Recién hecho o fabricado.

nuez *s. f.* Fruto del nogal.

nueza *s. f.* Planta herbácea cucurbitácea, trepadora, de flores de color verde amarillento y fruto encarnado en baya.

nugatorio *adj.* Engañoso, que burla la esperanza que se había concebido o el juicio que se tenía hecho de él.

nulidad *s. f., fam.* Persona incapaz, inepta.

nulípara *adj.* Se dice de la mujer que no ha tenido hijos.

nulo, la *adj.* Falto de valor y fuerza para obligar o tener efecto legal.

numen *s. m.* Inspiración del escritor o artista.

numerable *adj.* Que se puede reducir a número.

numeración *s. f.* Arte de expresar de palabra o por escrito todos los números con una cantidad limitada de vocablos y de caracteres o guarismos.

numerador *s. m.* Guarismo que señala el número de partes iguales de la unidad que contiene un quebrado.

numeral *adj.* Perteneciente o relativo al número.

numerar *v. tr.* **1.** Contar por el orden de los números. **2.** Marcar con números.

numerario, ria *adj.* **1.** Que es del número o perteneciente a él. ‖ *s. m.* **2.** Moneda acuñada o dinero efectivo.

numérico, ca *adj.* Compuesto o ejecutado con números.

número *s. m.* Expresión de la cantidad computada con relación a una unidad.

numeroso, sa *adj.* Que incluye gran número de personas o cosas.

numismática *s. f.* Ciencia que trata del conocimiento de las monedas y medallas, principalmente de las antiguas.

numular *adj.* Se dice del esputo extendido y redondo como una moneda.

numulario, ria *s. m. y s. f.* Persona que comercia o trata con dinero.

numulita *s. f.* Especie de conchas fósiles pertenecientes a un género de protozoarios raspados, que caracterizan ciertos niveles de los depósitos terciarios inferiores.

nunca *adv. t.* En ningún tiempo.

nunciatura *s. f.* **1.** Dignidad de nuncio. **2.** Tribunal de la Rota de la nunciatura apostólica en España.

nuncio *s. m.* **1.** Persona que lleva aviso o noticia de un sujeto a otro. **2.** Representante diplomático del Papa.

nuncupativo, va *adj.* Se dice del acto que se realiza oral y públicamente aunque después se reduzca a escritura.

nuncupatorio, ria *adj.* Se aplica al escrito con que se dedica una obra, o en que se nombra e instituye a alguien por heredero o se le confiere un empleo.

nupcial *adj.* Perteneciente o relativo a las bodas.

nupcialidad *s. f.* Número proporcional de matrimonios en un tiempo y lugar determinados.

nupcias *s. f. pl.* Boda.

nurse *s. f.* Niñera.

nutación *s. f.* Ligera oscilación periódica del eje de la Tierra.

nutria *s. f.* Mamífero carnívoro mustélido, de cabeza ancha y aplastada, cuerpo delgado, patas cortas, cola larga y gruesa, y pelaje espeso y muy fino.

nutrición *adj.* Acción y efecto de nutrir o nutrirse.

nutrido, da *adj.* Lleno, alimentado, abundante.

nutrir *v. tr.* Proporcionar a un organismo viviente las sustancias que necesita para su crecimiento y para reparar sus pérdidas. También prnl.

nutritivo, va *adj.* Capaz de nutrir.

nylon *s. m.* Nailon.

Ñ

ñ *s. f.* Decimoquinta letra del abecedario español y decimosegunda de sus consonantes.

ñácaro, ra *adj.* Descarado.

ñaco *s. m.* Gachas de maíz tostado con azúcar o miel.

ñacurutú *s. m.* Ave nocturna parecida a la lechuza, de color amarillento y grisáceo.

ñafrar *v. tr.* Hilar.

ñagaza *s. f.* Objeto que sirve para atrapar aves.

ñame *s. m.* Planta herbácea dioscoreácea, de tallos endebles, hojas grandes, flores pequeñas y verdosas, y raíz tuberculosa comestible.

ñandú *s. m.* Ave corredora, parecida al avestruz, que se diferencia de ésta por tener tres dedos en cada pie y ser algo más pequeña y de plumaje gris.

ñandubay *s. m.* Árbol de la familia de las mimosáceas, de madera rojiza muy dura, utilizada para diversos fines.

ñandutí *s. m.* Tejido muy fino que imita el de la telaraña. Se utiliza para toda clase de ropa blanca.

ñanga *s. m.* **1.** Fango. **2.** Pizca. **3.** Raíz del mangle.

ñango, ga *adj.* Desgarbado.

ñapa *s. f.* Añadidura.

ñapindá *s. m.* Planta de la familia de las mimosáceas, especie de zarza muy espinosa, con flores amarillentas.

ñaque *s. m.* Conjunto de cosas generalmente inútiles.

ñarro, rra *adj.* Se dice de las personas o cosas que son muy pequeñas.

ñato, ta *adj., fam.* Chato.

ñeque *adj.* **1.** Fuerte. **2.** Puñetazo. ‖ *s. m.* **3.** Valor, coraje.

ñica *s. f.* **1.** Excremento. **2.** Porción mínima de algo.

ñinquil *s. m.* Planta de la familia de las icacináceas, con determinadas aplicaciones en la medicina.

ñipe *s. m.* Arbusto de la familia de las mirtáceas, cuyas ramas se emplean para teñir.

ñiquiñaque *s. m., fam.* Persona o cosa despreciable.

ñire *s. m.* Árbol de la familia de las fagáceas, de unos 20 m de altura, de hojas elípticas y aserradas.

ñisñil *s. m.* Planta de la familia de las tifáceas con cuyas hojas se fabrican canastos, esteras y asientos de sillas.

ñocha *s. f.* Hierba de la familia de las bromeliáceas, cuyas hojas se utilizan para hacer sombreros, esteras y sillas.

ñoclo *s. m.* Especie de dulce hecho de harina, azúcar, huevos, vino y anís.

ñongue *s. m.* Planta de la familia de las solanáceas, con determinadas aplicaciones en la medicina.

ñoñería *s. f.* Acción o dicho propio de persona ñoña.

ñoñez *s. f.* **1.** Cualidad de ñoño. **2.** Ñoñería.

ñoño, ña *adj.* **1.** *fam.* Se dice de la persona muy apocada o melindrosa. **2.** Dicho de una cosa, de poca sustancia.

ñoqui *s. m.* Alimento de origen italiano con forma de concha, elaborado a base de sémola, leche y huevo.

ñora *s. f.* Pimiento seco que se usa como condimento.

ñu *s. m.* Mamífero que habita en África del Sur, perteneciente a los bóvidos, caracterizado por su gran velocidad. Tiene cabeza ancha y corta, y cuernos cilíndricos colocados hacia delante y arriba.

ñublo *adj.* Nublado.

ñubloso, sa *adj.* Nubloso.

ñudo *s. m.* Nudo.

ñudoso, sa *adj.* Nudoso.

ñulñul *s. m.* Mamífero muy parecido a la nutria.

ñuñu *s. m.* Planta de la familia de las iridáceas, cuyo fruto es comestible.

O

o^{1} *s. f.* Decimosexta letra del abecedario español y cuarta de sus vocales.

o^{2} *conj. disy.* Denota diferencia, separación o alternancia entre dos o más personas, cosas o ideas.

oasis *s. m.* **1.** Paraje con vegetación y a veces con manantiales, en medio de un desierto. **2.** *fig.* Tregua, descanso.

obcecación *s. f.* Ofuscación tenaz y persistente.

obcecar *v. tr.* Cegar, deslumbrar. También prnl.

obduración *s. f.* Resistencia a dejarse convencer.

obedecer *v. tr.* Cumplir la voluntad de quien manda.

obediencia *s. f.* Acción de obedecer.

obediente *adj.* Propenso a obedecer.

obelisco *s. m.* Monumento en forma de pilar muy alto, de sección cuadrada y remate piramidal.

óbelo *s. m.* **1.** Obelisco. **2.** Señal que se pone al margen de los libros.

obencadura *s. f.* Conjunto de los obenques.

obenque *s. m.* Cada uno de los cabos gruesos que sujetan la cabeza de un palo o de un mastelero a la mesa de guarnición o a la cofa correspondiente.

obertura *s. f.* Pieza instrumental con que se da principio a una ópera, oratorio, etc.

obesidad *s. f.* Calidad de obeso.

obeso, sa *adj.* Se dice de la persona excesivamente gruesa.

óbice *s. m.* Obstáculo, estorbo.

obispado *s. m.* **1.** Dignidad de obispo. **2.** Perteneciente o relativo a la ortografía.

obispillo *s. m.* **1.** Morcilla grande y gruesa. **2.** Rabadilla de las aves.

obispo *s. m.* Prelado dotado de jurisdicción sobre una diócesis.

óbito *s. m.* Fallecimiento de una persona.

obituario *s. m.* Libro parroquial en que se anotan las partidas de defunción y de entierro.

objeción *s. f.* Razón con que se impugna una proposición o una afirmación ajena.

objetar *v. tr.* Oponer reparo a una opinión o designio; proponer una razón contraria a lo que se ha dicho o intentado.

objetividad *s. f.* Calidad de objetivo.

objetivo, va *adj.* **1.** Perteneciente o relativo al objeto en sí y no a nuestro modo de pensar. || *s. m.* **2.** Lente o sistema de lentes colocados en los extremos de los microscopios, anteojos, etc., en la parte dirigida hacia los objetos.

objeto *s. m.* **1.** Todo lo que puede ser materia de conocimiento o sensibilidad de parte del sujeto. **2.** Materia y sujeto de una ciencia.

oblación *s. f.* Ofrenda y sacrificio que se hace a Dios.

oblata *s. f.* Dinero que se da a la Iglesia por el gasto de vino, hostias, cera u ornamentos para decir las misas.

oblea *s. f.* Hoja muy delgada de masa de harina y agua, cocida en molde.

oblicuángulo, la *adj.* Se dice de la figura o del poliedro en que no es recto ninguno de sus ángulos. También s. m.

oblicuidad *s. f.* Inclinación que aparta del ángulo recto la línea o el plano que se considera, respecto de otra u otro.

oblicuo, cua *adj.* Que no es perpendicular ni paralelo a un plano, a una recta o a una dirección determinada.

obligación *s. f.* **1.** Imposición o exigencia moral que debe regir la voluntad libre. **2.** Vínculo que sujeta a hacer o abstenerse de hacer una cosa.

obligacionista *s. m. y s. f.* Portador o tenedor de una o varias obligaciones negociables.

obligar *v. tr.* **1.** Mover, compeler a alguien a cumplir una cosa. **2.** Ganar la voluntad de alguien con beneficios u obsequios. **3.** Hacer fuerza en una cosa para conseguir un efecto.

obligatorio, ria *adj.* Se dice de lo que obliga a su cumplimiento y ejecución.

obliteración *s. f.* Acción y efecto de obliterar u obliterarse.

obliterar *v. tr.* Obstruir o cerrar un conducto del cuerpo. También prnl.

oblongo, ga *adj.* Más largo que ancho.

obnubilación *s. f.* **1.** Ofuscamiento. **2.** Visión de los objetos como a través de una nube.

obnubilar *v. tr.* Oscurecer u ofuscar algo o a alguien. También prnl.

oboe *s. m.* Instrumento de viento, formado por un tubo cónico de madera, con agujeros y llaves, dividido en tres piezas.

óbolo *s. m.* **1.** Moneda griega antigua de plata. **2.** *fig.* Donativo escaso con que se contribuye para un fin determinado.

obra *s. f.* **1.** Cosa hecha o producida por un agente. **2.** Cualquier producción del entendimiento en ciencias, letras o artes. **3.** Edificio en construcción.

obrada *s. f.* Labor que en un día hace una persona cavando la tierra, o una yunta arándola.

obrador *s. m.* Taller, local en que se trabaja una obra de manos.

obraje *s. m.* Manufactura.

obrajero *s. m.* Capataz o jefe que gobierna las personas que trabajan en una obra.

obrar *v. tr.* **1.** Hacer una cosa, trabajar en ella. *v. intr.* **2.** Exonerar el vientre.

obrepción *s. f.* Falsa narración de un hecho, que se hace al superior para conseguir alguna ventaja, de modo que oculta el impedimento que haya para su logro.

obrepticio, cia *adj.* Que se pretende o consigue mediante obrepción.

obrero, ra *s. m. y s. f.* Trabajador manual retribuido.

obscenidad *s. f.* Cosa obscena.

obsceno, na *adj.* Ofensivo al pudor.

obscurecer *v. tr.* Oscurecer.

obsecuencia *s. f.* Sumisión, amabilidad, condescendencia.

obsequiar *v. tr.* Agasajar a alguien con atenciones, servicios o regalos.

obsequio *s. m.* Regalo.

observación *s. f.* **1.** Acción y efecto de observar. **2.** Nota aclaratoria. **3.** Objeción, advertencia.

observancia *s. f.* Cumplimiento exacto y puntual de lo mandado.

observar *v. tr.* **1.** Cumplir exactamente lo que se manda. **2.** Advertir, reparar.

observatorio *s. m.* **1.** Lugar o posición que sirve para hacer observaciones. **2.** Edificio con inclusión de personal e instrumentos apropiados para las observaciones astronómicas o meteorológicas.

obsesión *s. f, fig.* Apoderamiento del espíritu por una idea o preocupación.

obsesionar *v. tr.* Causar obsesión. También prnl.

obsesivo, va *adj.* Perteneciente o relativo a la obsesión.

obseso, sa *adj.* Que padece obsesión. También s. m. y s. f.

obsidiana *s. f.* Mineral volcánico vítreo, de color negro o verde muy oscuro.

obsoleto, ta *adj.* Anticuado, caído en desuso.

obstaculizar *v. tr.* Impedir, obstruir, poner obstáculos o impedimentos.

obstáculo *s. m.* Impedimento, embarazo, inconveniente.

obstar *v. intr.* Impedir, estorbar, hacer contradicción y repugnancia.

obstetricia *s. f.* Parte de la medicina que trata de la gestación, el parto y el tiempo que sigue a éste.

obstinación *s. f.* Pertinacia, terquedad.

obstinado, da *adj.* Perseverante o tenaz en ideas o empresas.

obstinarse *v. prnl.* Mantenerse alguien en su resolución y tema, sin dejarse vencer por razonamientos, ruegos o amonestaciones, ni por obstáculos o reveses.

obstrucción *s. f.* Acción y efecto de obstruir.

obstruccionismo *s. m.* Ejercicio de la obstrucción en asambleas deliberantes.

obstruir *v. tr.* **1.** Estorbar el paso, cerrar un conducto o camino. **2.** Impedir la acción.

obtención *s. f.* Acción y efecto de obtener.

obtener *v. tr.* **1.** Alcanzar, conseguir y lograr una cosa que se merece, solicita o pretende. **2.** Tener.

obturador *s. m.* Órgano mecánico que sirve para cerrar un recinto o interrumpir la comunicación entre dos canales o estancias.

obturar *v. tr.* Tapar o cerrar una abertura o conducto introduciendo o aplicando un cuerpo. También v. prnl.

obtusángulo, la *adj.* Se dice del triángulo que tiene obtuso uno de sus ángulos.

obtuso, sa *adj.* **1.** Romo, sin punta. **2.** *fig.* Torpe, tardo de comprensión.

obús *s. m.* Pieza de artillería para disparar granadas.

obvención *s. f.* Utilidad, fija o eventual, además del sueldo que se disfruta.

obviar *v. tr.* Evitar, rehuir, apartar y quitar de en medio obstáculos o inconvenientes.

obvio, via *adj.* Que se encuentra o pone delante de los ojos.

oca *s. f.* Ánsar o ganso, ave.

ocal *adj.* Se dice de ciertas peras y manzanas muy gustosas y delicadas.

ocarina *s. f.* Instrumento musical de forma ovoide, más o menos alargado y con ocho agujeros.

ocasión *s. f.* **1.** Oportunidad que se ofrece para ejecutar o conseguir una cosa. **2.** Peligro o riesgo.

ocasional *adj.* **1.** Se dice de lo que ocasiona. **2.** Que sobreviene accidentalmente.

ocasionar *v. tr.* **1.** Ser causa o motivo para que suceda una cosa. **2.** Mover o excitar. **3.** Poner en riesgo o peligro.

ocaso *s. m.* Puesta del Sol al trasponer el horizonte.

occidental *adj.* Perteneciente al occidente.

occidente *s. m.* Punto cardinal del horizonte por donde se pone el Sol en los días equinocciales.

occipital *s. m.* Hueso del cráneo correspondiente al occipucio.

occipucio *s. m.* Parte inferoposterior de la cabeza por donde ésta se une con las vértebras del cuello.

occisión *s. f.* Muerte violenta.

occiso, sa *adj.* Muerto violentamente.

oceánico, ca *adj.* Perteneciente o relativo al océano.

océano *s. m.* Masa total de agua salada que ocupa aproximadamente las tres cuartas partes de la Tierra.

oceanografía *s. f.* Ciencia que estudia los mares, con sus fenómenos, su fauna y su flora.

ocelado, da *adj.* Que tiene ocelos.

ocelo *s. m.* Ojo rudimentario de algunos animales inferiores.

ocelote *s. m.* Mamífero félido americano, de poco más de un metro de largo, cuerpo esbelto y pelaje suave y brillante con dibujos de varios matices.

ocena *s. m.* Afección de las fosas nasales caracterizada por costras verdosas de olor fétido, trastornos de secreción y modificación de la mucosa nasal.

ochavado, da *adj.* Se dice de toda figura con ocho ángulos iguales, que tiene cuatro lados alternados iguales entre sí.

ochavo *s. m.* Moneda de cobre con valor de dos maravedís.

ochenta *adj. num.* Ocho veces diez. También pron. y s. m.

ocho *adj. num.* **1.** Siete y uno. También pron. y s. m. || *s. m.* **2.** Signo o cifra con que se representa el número ocho.

ochocientos, tas *adj. num.* Ocho veces cien. También pron. y s. m.

ocio *s. m.* **1.** Cesación del trabajo, inacción o total omisión de la actividad. **2.** Diversión y ocupación reposada, por descanso de otras tareas.

ociosidad *s. f.* Vicio de no trabajar, perder el tiempo o gastarlo inútilmente.

ocioso, sa *adj.* Se dice de la persona que está sin trabajar o sin hacer alguna cosa.

ocluir *v. tr.* Cerrar un conducto con algo que lo obstruya. También prnl.

oclusión *s. f.* **1.** Acción y efecto de ocluir u ocluirse. **2.** Cierre del canal vocal de una articulación.

oclusivo, va *adj.* **1.** Perteneciente o relativo a la oclusión. **2.** Se dice de los sonidos o de las consonantes explosivas, las cuales se producen cerrando momentáneamente la salida del aire en algún lugar de la boca, como la "p", "t", "k". También s. f.

ocre *s. m.* Mineral terroso, de color amarillo, que es un óxido de hierro hidratado. Se emplea en pintura.

octaedro *s. m.* Sólido de ocho caras o planos, que son otros tantos triángulos.

octagonal *adj.* Perteneciente o relativo al octágono.

octágono *s. m.* Polígono de ocho ángulos y ocho lados.

octano *s. m.* **1.** Hidrocarburo oleoso que se encuentra en el petróleo. **2.** Unidad para expresar el poder antidetonante de la gasolina u otros carburantes en relación con cierta mezcla de hidrocarburos que se toma como base.

octante *s. m.* Instrumento astronómico análogo al sextante, cuyo sector comprende sólo la octava parte del círculo.

octava *s. f.* **1.** Toda composición métrica de ocho versos. **2.** Serie diatónica en que se incluyen los siete sonidos de una escala.

octavario *s. m.* Período de ocho días.

octavilla *s. f.* Papel impreso que se distribuye gratuitamente.

octavo, va *adj. num.* Se dice de cada una de las ocho partes iguales en que se divide un todo. También s. m.

octagenario, ria *adj.* Que ha cumplido la edad de ochenta años y no llega a la de noventa. También s. m. y s. f.

octogésimo, ma *adj. num.* Se dice de cada una de las 80 partes iguales en que se divide un todo. También s. m. y s. f.

octógono *s. m.* Octágono.

octópodo, da *adj.* Se dice de los molúscos cefalópodos dibranquiales con ocho tentáculos provistos de ventosas, como el pulpo.

octosílabo *s. m.* Verso que tiene ocho sílabas.
octóstilo, la *adj.* Que tiene ocho columnas.
óctuple *adj. num.* Que contiene un número exactamente ocho veces.
octubre *s. m.* Décimo mes del año.
ocular *s. m.* Lente o combinación de cristales que los anteojos y otros aparatos de óptica tienen en la parte por donde mira o aplica el ojo el observador.
oculista *s. m. y s. f.* Médico que se dedica a las enfermedades de los ojos.
ocultar *v. tr.* Esconder, tapar, encubrir a la vista. También prnl.
ocultismo *s. m.* Conjunto de doctrinas y prácticas misteriosas que pretende investigar y someter al dominio humano las fuerzas ocultas de la naturaleza, las psíquicas y las de carácter misterioso.
oculto, ta *adj.* Que no se da a conocer, ni se deja ver ni sentir.
ocupación *s. f.* Empleo, oficio o dignidad.
ocupar *v. tr.* **1.** Tomar posesión, apoderarse de una cosa. **2.** Llenar un espacio o lugar.
ocurrencia *s. f.* **1.** Encuentro, suceso casual. **2.** Idea inesperada, pensamiento, dicho agudo u original.
ocurrente *adj.* Se dice de la persona que tiene ocurrencias ingeniosas.
ocurrir *v. intr.* **1.** Prevenir, anticiparse o salir al encuentro. **2.** Acaecer, acontecer, suceder una cosa.
oda *s. f.* Composición poética del género lírico.
odalisca *s. f.* Esclava dedicada al servicio del harén del gran turco.
odeón *s. m.* Teatro o lugar dedicado en Grecia para los espectáculos musicales.
odiar *v. tr.* Tener odio.
odio *s. m.* Aversión hacia alguna cosa o persona cuyo mal se desea.
odioso, sa *adj.* Digno de odio.
odisea *s. f., fig.* Viaje largo y en el cual, por comparación con la leyenda mitológica griega, abundan las aventuras adversas y favorables, y sucesos extraños.
odómetro *s. m.* Podómetro.
odontalgia *s. f.* Dolor de dientes o muelas.
odontología *s. f.* Estudio de los dientes y del tratamiento de sus dolencias.
odontólogo, ga *s. m. y s. f.* Persona perita en odontología.
odorante *adj.* Oloroso, fragante.
odorífico, ca *adj.* Que huele bien, que tiene buen olor o fragancia.
odre *s. m.* Recipiente de cuero que se utiliza para contener líquidos.
odrina *s. f.* Odre hecho con el cuero de un buey.
oeste *s. m.* **1.** Occidente, punto cardinal. **2.** Viento que sopla de esta parte.
ofender *v. tr.* **1.** Hacer daño a alguien físicamente, hiriéndolo o maltratándolo. **2.** Injuriar de palabra o denostar a alguien. **3.** Causar molestia o asco.
ofensa *s. f.* Situación o estado de la persona que pretende ofender o atacar.
ofensiva *s. f.* Situación o estado de la persona que pretende ofender o atacar.
ofensivo, va *adj.* Que ofende o puede ofender.
oferente *adj.* Que ofrece. También s. m. y s. f.
oferta *s. f.* **1.** Promesa que se hace de dar, cumplir o ejecutar una cosa. **2.** Presentación de mercancía o mano de obra en solicitud de venta o contratación.
ofertorio *s. m.* Parte de la misa en que el sacerdote ofrece a Dios la hostia y el vino del cáliz, antes de consagrarlos.
oficial *adj.* **1.** Que es de oficio, y no particular o privado, que emana de la autoridad constituida. ‖ *s. m.* **2.** Militar que posee un cargo o empleo.
oficialía *s. f.* Empleo de oficial de contador, secretaría o cosa semejante.
oficializar *v. tr.* Dar carácter o validez oficial a lo que antes no los tenía.
oficiante *s. m.* Persona que oficia en las iglesias.
oficiar *v. tr.* Ayudar a cantar las misas y demás oficios divinos.
oficina *s. f.* Sitio donde se hace, se ordena o trabaja una cosa.
oficinista *s. m. y s. f.* Persona que está empleada en una oficina.
oficio *s. m.* **1.** Ocupación habitual. **2.** Profesión de alguna arte mecánica. **3.** Función propia o uso normal de alguna cosa.
oficioso, sa *adj.* **1.** Que se complace en ser útil y agradable a alguien. **2.** Provechoso, eficaz.
ofidio, dia *adj.* Se dice de los reptiles sin extremidades, con la boca dilatable y el cuerpo largo y estrecho, revestido de piel escamosa. También s. m.
ofimática *s. f.* Conjunto de material y programas informáticos utilizados en el trabajo de oficina.

ofrecer *v. tr.* **1.** Presentar y dar voluntariamente una cosa. **2.** Manifestar y poner patente una cosa para que todos la vean. ‖ *v. prnl.* **3.** Entregarse voluntariamente a otro para ejecutar alguna cosa.

ofrecimiento *s. f.* Acción y efecto de ofrecer u ofrecerse.

ofrenda *s. f.* Don que se dedica a Dios o a los santos para implorar su auxilio o para cumplir con un voto u obligación.

ofrendar *v. tr.* Ofrecer dones y sacrificios a Dios por un beneficio recibido o en señal de rendimiento y adoración.

oftalmía *s. f.* Inflamación de los ojos.

oftalmología *s. f.* Parte de la patología que trata de las enfermedades de los ojos.

oftalmólogo, ga *s. m. y s. f.* Oculista.

oftalmoscopio *s. m.* Instrumento para reconocer las partes interiores del ojo.

ofuscación *s. f.* Ofuscamiento.

ofuscamiento *s. m.* **1.** Turbación de la vista debida a un reflejo grande de luz que da en los ojos. **2.** *fig.* Oscuridad de la razón.

ofuscar *v. tr.* **1.** Turbar la vista. También prnl. **2.** *fig.* Trastornar, conturbar o confundir las ideas; alucinar. También prnl.

ogaño *adv. t.* Hogaño.

ogro *s. m.* Gigante que se alimentaba de carne humana.

¡oh! *interj.* usada para manifestar diferentes emociones.

ohmio *s. m.* Unidad de resistencia eléctrica.

oídio *s. m.* Nombre genérico de ciertos hongos parásitos, como el que ataca la vid.

oído *s. m.* **1.** Sentido corporal con el cual se oyen los sonidos. **2.** Orificio en el taco de un barreno para colocar la mecha.

oidor *s. m.* Ministro togado que en las audiencias del reino oía y sentenciaba las causas y pleitos.

oír *v. tr.* **1.** Percibir los sonidos. **2.** Acceder a los ruegos, súplicas o avisos de alguien.

ojal *s. m.* **1.** Hendedura para abrochar un botón. **2.** Agujero que atraviesa de parte a parte algunas cosas.

¡ojalá! *interj.* que denota vivo deseo de que suceda una cosa.

ojalar *v. tr.* Hacer y formar ojales.

ojalatero *adj., fam.* Se aplica a la persona que, en las contiendas civiles, se limitaba a desear el triunfo de su partido. También s. m. y s. f.

ojaranzo *s. m.* Variedad de jara, ramosa, de tallos algo rojizos, hojas grandes y flores en corola grande y blanca.

ojeada *s. f.* Mirada rápida y ligera.

ojeador, ra *s. m. y s. f.* Persona que ojea o espanta con voces la caza.

ojear¹ *v. tr.* Dirigir los ojos y mirar a determinada parte.

ojear² *v. tr.* Espantar la caza y acosarla hasta que llegue al sitio conveniente.

ojén *s. m.* Aguardiente preparado con anís y azúcar hasta la saturación.

ojera *s. f.* Coloración más o menos cárdena alrededor de la base del párpado inferior. Se usa más en pl.

ojeriza *s. f.* Enojo y mala voluntad contra alguien.

ojeroso, sa *adj.* Que tiene ojeras.

ojete *s. m.* Ojal redondo, ordinariamente reforzado en su contorno con cordoncillo o con anillos de metal, para meter por él un cordón o cualquier otra cosa que afiance.

ojimiel *s. m.* Preparado farmacéutico antiguo a base de miel y vinagre.

ojiva *s. f.* Figura formada por dos arcos de círculo iguales, que presentan su concavidad contrapuesta y se cortan por uno de sus extremos.

ojival *adj.* Se aplica al estilo arquitectónico caracterizado por el empleo de la ojiva para toda clase de arcos.

ojo *s. m.* **1.** Órgano de la vista en el hombre y en los animales. **2.** Malla de la red.

ojoso, sa *adj.* Que tiene muchos ojos, como el pan, queso, etc.

ola *s. f.* Onda de gran amplitud, formada en la superficie de las aguas.

¡olé! *interj.* que se utiliza para denotar ánimo y aplauso. También s. m., y en pl.

oleada *s. f.* **1.** Ola grande. **2.** Movimiento impetuoso de una muchedumbre.

oleaginoso, sa *adj.* Aceitoso.

oleaje *s. m.* Sucesión continuada de olas.

olear¹ *v. tr.* **1.** Administrar a un enfermo los santos óleos. **2.** Aceitar una ensalada u otra comida.

olear² *v. intr.* Hacer o producir olas, como el mar.

oleico, ca *adj.* Se dice de un ácido o sustancia que se halla en el aceite de oliva y en otras grasas.

oleína *s. f.* Sustancia líquida, ligeramente amarillenta, oleosa, soluble sólo en éter y alcohol, que entra en la composición de las grasas.

óleo *s. m.* **1.** Aceite de oliva. **2.** Cuadro o lienzo realizado con pinturas de este tipo.
oleoducto *s. m.* Tubería provista de bombas y otros aparatos para la conducción del petróleo a larga distancia.
oleografía *s. f.* Cromo que imita la pintura al óleo.
oleosidad *s. f.* Cualidad de oleoso.
oleoso, sa *adj.* Aceitoso.
oler *v. tr.* **1.** Percibir los olores. **2.** *fig.* Inquirir con curiosidad lo que hacen otros. ‖ *v. intr.* **3.** Exhalar olor o hedor.
olfatear *v. tr.* **1.** Oler con ahínco y persistentemente. **2.** *fig.* Indagar, averiguar con diligencia.
olfativo, va *adj.* Perteneciente o relativo al sentido del olfato.
olfato *s. m.* **1.** Sentido corporal con que se perciben los olores. **2.** *fig.* Sagacidad e ingenio para descubrir lo que está oculto o encubierto.
olíbano *s. m.* Incienso aromático, gomorresina.
oliera *s. f.* Vaso en que se guarda el santo óleo o crisma.
oligarca *s. m.* Cada uno de los individuos que componen una oligarquía.
oligarquía *s. f.* Forma de gobierno en que unas cuantas personas asumen todos los poderes del Estado.
oligisto *s. m.* Óxido de hierro de color gris negruzco, o pardo rojizo, muy duro y pesado, y de textura compacta, granujienta o terrosa, muy apreciado en siderurgia.
oligoceno, na *adj.* Se aplica al período geológico de la era terciaria que sucede al eoceno. También s. m.
oligoelemento *s. m.* Todo elemento químico que es indispensable para completar el crecimiento y el ciclo reproductivo de plantas y animales. Se halla en cantidades muy pequeñas.
oligofrenia *s. f.* Síndrome neurológico caracterizado por déficit intelectual y modificación global de la personalidad.
oligopolio *s. m.* Sistema de mercado controlado por un reducido número de empresas.
olimpiada *s. f.* **1.** Fiesta o juego público que se hacía cada cuatro años en la antigua ciudad de Olimpia. **2.** Período de cuatro años comprendido entre dos celebraciones consecutivas de juegos olímpicos.
olímpico, ca *adj.* Perteneciente a los juegos públicos que se hacían en Olimpia y que, actualmente, se celebran en diferentes ciudades del mundo, cada cuatro años.
olimpo *s. m.* Morada de los dioses del paganismo griego.
oliscar *v. tr.* **1.** Oler con cuidado y persistencia. **2.** *fig.* Averiguar, inquirir o procurar saber una noticia.
olisquear *v. tr.* **1.** Oliscar. **2.** Husmear, curiosear.
oliva *s. f.* Aceituna, fruto del olivo.
oliváceo, a *adj.* De color de aceituna.
olivar *s. m.* Sitio poblado de olivos.
olivarda *s. f.* Ave, variedad de halcón, de plumaje amarillo verdoso.
olivarse *v. prnl.* Levantarse ampollas en el pan al ser cocido.
olivero *s. m.* Sitio donde se almacena la oliva o la aceituna.
olivicultura *s. f.* Arte de cultivar el olivo.
olivo *s. m.* Árbol oleáceo de cuyo fruto se extrae el aceite común.
olla *s. f.* **1.** Vasija redonda, de barro o metal, y con una o dos asas. **2.** Plato o guiso principal de la comida diaria en muchas regiones de España, compuesto de garbanzos, carne y tocino.
ollar *s. m.* Cada uno de los dos orificios de la nariz de las caballerías.
olmeda *s. f.* Sitio poblado de olmos.
olmo *s. m.* Árbol ulmáceo, de tronco robusto y derecho, copa ancha y excelente madera.
ológrafo, fa *adj.* Se dice del testamento o de la memoria testamentaria de puño y letra del testador. También s. m. y s. f.
olor *s. m.* **1.** Sensación que las emanaciones de ciertos cuerpos producen en el olfato. **2.** *fig.* Fama, opinión y reputación.
oloroso, sa *adj.* **1.** Que exhala fragancia. ‖ *s. m.* **2.** Vino de Jerez.
olvidar *v. tr.* **1.** Perder la memoria de una cosa. También prnl. **2.** Descuidar inadvertidamente una cosa.
olvido *s. m.* **1.** Falta de memoria. **2.** Cesación del cariño que antes se tenía. **3.** Descuido.
omatidio *s. m.* Cada uno de los elementos de que está formado el ojo compuesto de los artrópodos.
ombligo *s. m.* **1.** Cicatriz redonda y arrugada que se forma en medio del vientre, después de romperse y secarse el cordón umbilical. **2.** *fig.* Centro de cualquier cosa.

ombliguero *s. m.* Venda que se pone a los niños recién nacidos para sujetar el pañito que cubre el ombligo, mientras éste se seca.
omega *s. f.* Última letra del alfabeto griego.
ómicron *s. f.* "O" breve del alfabeto griego, decimoquinta del mismo.
ominar *v. tr.* Agorar.
ominoso, sa *adj.* Azaroso, de mal agüero, abominable, que predice desgracia.
omisión *s. f.* **1.** Incumplimiento parcial o total de una obligación. **2.** Descuido.
omiso, sa *adj.* Negligente y descuidado.
omitir *v. tr.* **1.** Dejar de hacer una cosa. **2.** Pasar en silencio una cosa. También prnl.
ómnibus *s. m.* Vehículo de gran capacidad que sirve para transportar personas dentro de las poblaciones, por precio módico.
omnímodo, da *adj.* Que lo abraza y comprende todo.
omnipotencia *s. f.* **1.** Poder omnímodo, atributo exclusivo de Dios. **2.** *fig.* Poder muy grande.
omnipotente *adj.* Que tiene omnipotencia, que todo lo puede.
omnipresencia *s. f.* Ubicuidad, capacidad de estar en todas partes.
omnisciencia *s. f.* Conocimiento de todas las cosas; atributo exclusivo de Dios.
omniscio *adj., fig.* Se dice de la persona que tiene sabiduría o conocimiento de muchas cosas.
omnívoro, ra *adj.* Se dice de los animales que se alimentan de toda clase de sustancias orgánicas, tanto vegetales como animales. También s. m.
omóplato *s. m.* Cada uno de los dos huesos anchos y planos, situados a uno y otro lado de la espalda, donde se articulan los brazos.
onagra *s. f.* Planta o arbusto de la familia de las oenoteráceas, cuya raíz blanca, una vez seca, huele a vino.
onagro *s. m.* Asno silvestre.
onanismo *s. m., fig.* Masturbación, placer sexual solitario.
once *adj. num.* Diez y uno.
oncejera *s. f.* Lazo para cazar oncejos y otros pájaros pequeños.
oncejo *s. m.* Vencejo.
onceno, na *adj. num.* **1.** Que ocupa el último lugar en una serie ordenada de 11. También pron. **2.** Se dice de cada una de las 11 partes iguales en que se divide un todo.
oncología *s. f.* Parte de la medicina que estudia los tumores.
onda *s. f.* **1.** Porción de agua que alternativamente se eleva y deprime en la superficie del mar, de un lago, etc. **2.** Ondulación.
ondear *v. intr.* **1.** Hacer ondas el agua impelida por el aire. **2.** *fig.* Formar ondas los pliegues que se hacen en una cosa.
ondina *s. f.* Ninfa que residía en el agua.
ondoso, sa *adj.* Que tiene ondas o se mueve haciéndolas.
ondulación *s. f.* Formación en ondas de una cosa.
ondulado, da *adj.* Se aplica a los cuerpos cuya superficie o perímetro forma ondas pequeñas.
ondular *v. intr.* Moverse una cosa formando giros.
onerario, ria *adj.* Se aplica a las naves y bastimentos de carga que usaban los antiguos.
oneroso, sa *adj.* Pesado, molesto, gravoso.
onfacino, na *adj.* Se dice del aceite que se extrae de la aceituna no madura y que se emplea en medicina.
ónice *s. m.* Ágata veteada de colores alternativamente claros y muy oscuros, usada para hacer camafeos.
oniquina *s. f.* Se dice de la piedra ónice.
onírico, ca *adj.* Relativo a los sueños y ensueños.
ónix *s. f.* Ónice.
onocrótalo *s. m.* Alcatraz.
onomancía *s. f.* Arte supersticioso de adivinar el porvenir de una persona por su nombre.
onomástico, ca *adj.* Perteneciente o relativo a los nombres, y especialmente, a los propios.
onomatopeya *s. f.* Imitación del sonido de una cosa en el vocablo que se forma para significarla.
onoquiles *s. f.* Planta herbácea anual, de la familia de las borragináceas, de flores purpúreas y raíz gruesa, de la que se extrae una sustancia roja que usan los confiteros para dar color a los dulces.
ontina *s. f.* Planta de la familia de las compuestas, de tallos leñosos, cubiertos de hojas pequeñas y carnosas. Las flores nacen en racimos, son amarillentas y muy pequeñas; toda la planta exhala un olor agradable.
ontogenia *s. f.* Formación y desarrollo del individuo, referido al período embrionario.
ontología *s. f.* Parte de la metafísica que trata del ser en general y de sus propiedades trascendentales.

onza[1] *s. f.* Peso que es una de la dieciseisava parte en que se divide la libra.

onza[2] *s. f.* Mamífero carnívoro félido.

oolito *s. m.* Caliza compuesta de concreciones semejantes a las huevas de pescado.

opacidad *s. f.* Cualidad de opaco.

opaco, ca *adj.* **1.** Que impide el paso a la luz. **2.** Oscuro, sombrío.

opado, da *adj.* **1.** Hinchado. **2.** Hablando del lenguaje, afectado, redundante o hiperbólico.

opalescencia *s. f.* Reflejos de ópalo.

opalino, na *adj.* De color entre blanco y azulado con reflejos irisados.

ópalo *s. m.* Mineral silíceo con algo de agua, lustre resinoso, duro, pero quebradizo y de colores diversos.

opción *s. f.* **1.** Libertad o facultad de elegir. **2.** La elección misma.

ópera *s. f.* Poema dramático compuesto en música todo él.

operación *s. f.* **1.** Ejecución de una cosa. **2.** Procedimiento terapéutico sobre el cuerpo enfermo.

operador, ra *s. m. y s. f.* Telegrafista o telefonista.

operar *v. tr.* **1.** Ejecutar sobre el cuerpo animal vivo algún trabajo para curar una enfermedad, suplir la acción de la naturaleza o corregir un defecto físico. ‖ *v. intr.* **2.** Obrar una cosa.

operario, ria *s. m. y s. f.* Obrero u obrera, trabajador manual.

operativo, va *adj.* Se dice de lo que obra y hace su efecto.

operatorio, ria *adj.* Relativo a las operaciones quirúrgicas.

opérculo *s. m.* Pieza que, a modo de tapadera, sirve para tapar ciertas aberturas, como la que cierra las agallas de los peces.

opereta *s. f.* Ópera musical de poca extensión y de carácter cómico.

opiáceo, a *adj.* Se dice de los compuestos de opio.

opiado, da *adj.* Compuesto con opio.

opilación *s. f.* **1.** Obstrucción en general. **2.** Hidropesía.

opilarse *v. prnl.* Contraer opilación las mujeres.

opimo, ma *adj.* Rico, fértil, abundante.

opinar *v. intr.* **1.** Formar o tener opinión. **2.** Hacer conjeturas referentes a la verdad o certeza de una cosa.

opinión *s. f.* **1.** Concepto que se forma o se tiene de una cosa cuestionable. **2.** Fama.

opio *s. m.* Sustancia de propiedades narcóticas, que se emplea en medicina.

opíparo, ra *adj.* Copioso y espléndido, tratándose de banquete, comida, etc.

oploteca *s. f.* Colección o museo de armas antiguas, preciosas o raras.

oponer *v. tr.* **1.** Poner una cosa contra otra para robarle o impedirle su efecto. También prnl. **2.** Proponer una razón o discurso contra lo que otro dice o siente.

opopónaco *s. m.* Gomorresina de sabor amargo y de olor aromático muy fuerte que se obtiene de la pánace y algunas otras umbelíferas; se usa en farmacia y perfumería.

oportunidad *s. f.* Conveniencia de tiempo y lugar para determinado fin.

oportunismo *s. m.* Sistema político que atiende más a las circunstancias de tiempo que a principios o doctrinas.

oportunista *s. m. y s. f.* Partidario del oportunismo.

oportuno, na *adj.* Que se hace o sucede en tiempo a propósito y cuando conviene.

oposición *s. f.* **1.** Contraposición, colocación de unas cosas enfrente de otras. **2.** Concurso de los pretendientes a una cátedra, premio etc., por medio de ejercicios en que deben mostrar su suficiencia.

opositor, ra *s. m. y s. f.* **1.** Persona que se opone a otra en cualquier materia. **2.** Candidato que toma parte en unas oposiciones.

opoterapia *s. f.* Procedimiento terapéutico que se basa en el empleo de zumos de órganos animales o de sus extractos.

opresión *s. f.* Molestia producida por algo que oprime.

opresivo, va *adj.* Que oprime.

opresor, ra *s. m. y s. f.* Que oprime a alguien.

oprimir *v. tr.* **1.** Ejercer presión sobre una cosa. **2.** *fig* Afligir, tiranizar.

oprobiar *v. tr.* Vilipendiar, infamar, causar oprobio.

oprobio *s. m.* Ignominia, afrenta.

optativo, va *adj.* Que pende de opción o la admite.

optar *v. tr.* Escoger una cosa entre varias. También intr.

óptica *s. f.* **1.** Parte de la física que estudia las leyes y los fenómenos de la luz. **2.** Arte de construir espejos, lentes e instrumentos de óptica.

óptico, ca *adj.* **1.** Perteneciente o relativo a la óptica. ‖ *s. m. y s. f.* **2.** Comerciante de objetos de óptica, particularmente de anteojos.

optimismo *s. m.* Propensión a ver y juzgar las cosas en su aspecto más favorable.

optimista *adj.* Que propende a ver y juzgar las cosas en su aspecto más favorable. También s. m. y s. f.

optimizar *v. tr.* Lograr el resultado óptimo.

óptimo, ma *adj. sup.* de bueno. Sumamente bueno, que no puede ser mejor.

optómetro *s. m.* Instrumento para medir el límite de la visión distinta, calcular la dirección de los rayos luminosos en el ojo y elegir cristales, cuya aplicación principal es la graduación de la vista.

opuesto, ta *adj.* Enemigo o contrario.

opugnar *v. tr.* **1.** Hacer oposición con fuerza y violencia. **2.** Contradecir o rechazar las razones.

opulencia *s. f.* Riqueza.

opulento, ta *adj.* Que tiene opulencia.

opúsculo *s. m.* Obra científica o literaria de poca extensión.

oquedad *s. f.* Espacio que en un cuerpo sólido queda vacío.

oquedal *s. m.* Monte de árboles altos, sin matas.

oqueruela *s. f.* Lazadilla que se forma en el hilo de coser cuando está muy retorcido.

ora *conj. distrib.* Implica alternancia entre los elementos que relaciona.

oración *s. f.* **1.** Discurso pronunciado en público para persuadir o mover el ánimo. **2.** Ruego que se hace a Dios y a los santos.

oráculo *s. m., fig.* Persona sabia cuyo dictamen se considera como indiscutible.

orador, ra *s. m. y s. f.* **1.** Persona que ejerce la oratoria, que habla en público. **2.** Persona que pide y ruega.

oraje *s. m.* Tiempo muy crudo de lluvias, vientos recios, nieve, etc.

oral *adj.* Expresado con la boca o con la palabra, a diferencia de lo escrito.

orangután *s. m.* Mono antropomorfo muy robusto e inteligente.

orante *adj.* Se dice de la figura humana pintada o esculpida en actitud de orar.

orar *v. intr.* **1.** Hablar en público. **2.** Hacer oración a Dios, vocal o mentalmente.

orario *s. m.* Estola grande que usa el Papa.

orate *s. m. y s. f.* Persona que ha perdido el juicio.

oratoria *s. f.* Arte de hablar con elocuencia.

oratorio *s. m.* Lugar destinado para hacer oración a Dios.

orbe *s. m.* **1.** Redondez o círculo. **2.** Esfera celeste o terrestre.

orbicular *adj.* Redondo o circular.

órbita *s. f.* Curva que describe un cuerpo celeste o un satélite artificial en un campo de fuerzas gravitatorio.

orca *s. f.* Cetáceo que puede medir diez m de largo, y que vive en los mares del Norte.

orcina *s. f.* Materia colorante de ciertos líquenes.

orco *s. m.* Infierno de los condenados, infierno pagano.

órdago *s. m.* Envite del resto en el juego del mus.

ordalías *s. f. pl.* Pruebas diversas que en la Edad Media hacían los acusados, llamadas comúnmente juicios de Dios.

orden *s. amb.* **1.** Colocación de las cosas en el lugar correspondiente. **2.** Concierto, buena disposición de las cosas entre sí. **3.** Regla para hacer las cosas.

ordenación *s. f.* Disposición, prevención.

ordenada *adj.* Se aplica a la coordenada perpendicular al eje de las abscisas, en el sistema cartesiano. Se usa más como s. f.

ordenador *s. m.* Máquina o sistema basado en la "máquina de Turing" que, a partir de unos datos de entrada, es capaz de elaborar una información o resultado, siguiendo una serie de operaciones para las cuales ha sido previamente programada.

ordenamiento *s. m.* Ley, pragmática u ordenanza que da el superior.

ordenanza *s. f.* **1.** Método, orden y concierto en las cosas que se ejecutan. **2.** Empleado subalterno en ciertas oficinas.

ordenar *v. tr.* **1.** Poner en orden una cosa. **2.** Mandar que se haga una cosa. **3.** Guiar, encaminar y dirigir a un fin.

ordeñar *v. tr.* Extraer la leche exprimiendo la ubre.

ordinal *adj.* **1.** Referente al orden. **2.** Se aplica al número y al adjetivo numeral que envuelven la idea de orden.

ordinariez *s. f.* Falta de urbanidad, grosería.

ordinario, ria *adj.* **1.** Común, regular. **2.** Plebeyo. **3.** Bajo, vulgar. ‖ *s. m.* **4.** Recadero que conduce personas o mercancías de un lugar a otro.

orear *v. tr.* Dar en una cosa el aire para que se seque o se le quite la humedad o el olor que ha contraído. Se usa más como prnl.

orégano *s. m.* Planta herbácea aromática, de la familia de las labiadas, cuyas hojas y flores se usan como condimento.

oreja *s. f.* Repliegue cutáneo sostenido por una lámina cartilaginosa que en las personas y en los mamíferos forma la parte externa del oído.

orejear *v. intr.* **1.** Mover las orejas un animal. **2.** *fig.* Hacer una cosa de mala gana y con repugnancia.

orejera *s. f.* Cada una de las dos piezas de la gorra o montera que cubren las orejas y se atan debajo de la barba.

orejón *s. m.* **1.** Pedazo de melocotón en forma de cinta secado al aire y al sol. Se usa más en pl. **2.** Tirón de orejas.

orejudo, da *adj.* Que tiene orejas grandes o largas.

orejuela *s. f.* Cada una de las dos asas pequeñas que suelen tener las escudillas, bandejas, etc.

oreo *s. m.* Soplo del aire que da suavemente en una cosa.

orfanato *s. m.* Asilo de huérfanos.

orfandad *s. f.* Estado en que quedan los hijos por la muerte de sus padres o sólo del padre.

orfebre *s. m. y s. f.* Artífice que trabaja objetos artísticos de oro o plata.

orfebrería *s. f.* Arte del orfebre.

orfelinato *s. m.* Orfanato.

orfeón *s. m.* Agrupación de cantantes en coro, sin instrumentos que los acompañen.

organdí *s. m.* Tela blanca de algodón muy fina y transparente.

orgánico, ca *adj.* Se aplica al cuerpo apto para la vida.

organillo *s. m.* Órgano pequeño o piano portátil que se hace sonar por medio de un cilindro con púas movido por un manubrio, y encerrado en un cajón portátil.

organismo *s. m.* **1.** Conjunto de los órganos que constituyen un ser vivo. **2.** Conjunto de leyes, usos y costumbres por los que se rige un cuerpo o institución social.

organización *s. f.* Disposición, orden.

organizar *v. tr.* Ordenar o disponer algo.

órgano *s. m.* Instrumento musical compuesto de muchos tubos, donde se produce el sonido mediante el paso del aire impelido mecánicamente.

organografía *s. f.* Parte de la zoología y de la botánica, que tiene por objeto la descripción de los órganos de los animales o de los vegetales.

orgasmo *s. m.* Culminación o clímax de la excitación sexual.

orgía *s. f.* **1.** Banquete en que se cometen excesos. **2.** *fig.* Desenfreno en la satisfacción de apetitos o pasiones.

orgullo *s. m.* **1.** Estimación propia. **2.** Arrogancia o vanidad.

orgulloso, sa *adj.* Que tiene orgullo.

orientación *s. f.* Acción y efecto de orientar u orientarse.

orientador, ra *adj.* Que orienta.

oriental *adj.* Perteneciente al Oriente.

orientar *v. tr.* **1.** Colocar una cosa en posición determinada respecto a los puntos cardinales. **2.** Informar a alguien de lo que ignora en algún asunto que piensa emprender. También prnl.

oriente *s. m.* **1.** Punto cardinal del horizonte, por donde aparece el Sol en los equinoccios. **2.** Nacimiento o principio de una cosa.

orífice *s. m.* Artífice que trabaja el oro.

orificio *s. m.* Boca o agujero.

origen *s. m.* **1.** Aquello de que una cosa procede o se deriva. **2.** Ascendencia. **3.** *fig.* Principio o causa moral de una cosa.

original *adj.* Se dice de toda obra humana que no es copia o imitación de otra.

originalidad *s. f.* Cualidad de original.

originar *v. tr.* **1.** Ser o dar origen o principio a algo. || *v. prnl.* **2.** Traer una cosa su origen o principio de otra.

originario, ria *adj.* **1.** Que da origen a una persona o cosa. **2.** Que trae su origen de determinado lugar, persona o cosa.

orilla *s. f.* **1.** Término, borde o extremo de la extensión superficial de algunas cosas. **2.** Extremo o remate de una tela de lana, de un vestido, etc.

orillar *v. tr.* **1.** *fig.* Dejar orillas al paño o a otra tela. **2.** *fig.* Guarnecer la orilla de una tela o vestido.

orillo *s. m.* Orilla de paño que normalmente se hace de la lana más basta, y de uno o más colores.

orín *s. m.* Óxido rojizo que se forma en la superficie del hierro.

orina *s. f.* Secreción líquida excrementicia de los riñones, de color amarillo cetrino, conducida a la vejiga por los uréteres y expelida por la uretra.

orinal *s. m.* Vasija para recoger la orina.

orinar *v. intr.* Expeler naturalmente la orina. También prnl.
orinque *s. m.* Cabo que une y sujeta una boya a un ancla fondeada.
oriol *s. m.* Oropéndola.
oriundo, da *adj.* Originario.
orla *s. f.* **1.** Orilla de paños u otras cosas, con algún adorno que las distingue. **2.** Adorno que se pone en las orillas de una hoja de papel en torno de lo escrito o impreso, o de un retrato, cifra, etc.
orlar *v. tr.* Adornar un vestido u otra cosa con guarniciones al canto.
ormesí *s. m.* Tela fuerte de seda, muy tupida y prensada, que hace visos y aguas.
ornamentación *s. f.* Acción y efecto de ornamentar.
ornamentar *v. tr.* Adornar.
ornamento *s. m.* **1.** Adorno ‖ *s. m. pl.* **2.** Vestiduras sagradas y adornos del altar.
ornar *v. tr.* Adornar. También prnl.
ornato *s. m.* Adorno, atavío, aparato.
ornitología *s. f.* Parte de la zoología que trata de las aves.
ornitorrinco *s. m.* Mamífero de Australia, del tamaño aproximado de un conejo.
oro *s. m.* **1.** Metal amarillo, muy dúctil y maleable. ‖ *s. m. pl.* **2.** Uno de los cuatro palos de la baraja española.
orobias *s. m.* Incienso en granos menudos del tamaño de la algarroba.
orogenia *v. tr.* Parte de la geología que estudia la formación de las montañas.
orografía *s. f.* Parte de la geografía física que trata de la descripción de las montañas.
orondo, da *adj.* **1.** Se aplica a las vasijas de mucha concavidad. **2.** *fam.* Hueco. **3.** *fig. y fam.* Lleno de presunción.
oropel *s. m.* Lámina de latón, muy batida y adelgazada, que imita al oro.
oropéndola *s. f.* Pájaro de plumaje amarillo, con las alas y la cola negras, que hace el nido colgándolo de las ramas horizontales de los árboles.
oropimente *s. m.* Mineral compuesto de arsénico y azufre, de color de limón, de textura laminar o fibrosa.
orozuz *s. m.* Regaliz, planta.
orquesta *s. f.* Conjunto de músicos que ejecutan una obra instrumental.
orquestar *v. tr.* Instrumentar para orquesta.
orquestina *s. f.* Orquesta de pocos instrumentos dedicada por lo general a ejecutar música moderna bailable.
orquídea *s. f.* Cualquier planta de la familia de las orquidáceas.
orquitis *s. f.* Inflamación del testículo.
ortiga *s. f.* Planta herbácea urticácea, con hojas cubiertas de pelos espinosos que segregan un líquido urente.
orto *s. m.* Salida o aparición del Sol o de otro astro por el horizonte.
ortodoncia *s. f.* Rama de la odontología que procura corregir las malformaciones y defectos de la dentadura.
ortodoxia *s. f.* **1.** Conformidad con el dogma católico. **2.** Por ext., conformidad con la doctrina fundamental de cualquier secta o sistema.
ortodoxo, xa *adj.* **1.** Conforme con la doctrina fundamental de cualquier secta o sistema. **2.** Se dice de las Iglesias griega, rumana, rusa y otras orientales.
ortodromia *s. f.* Arco de círculo máximo, camino más corto que puede seguirse en la navegación entre dos puntos.
ortofonía *s. f.* Arte de enmendar la pronunciación defectuosa.
ortogonio, nia *adj.* Se dice del triángulo rectángulo.
ortografía *s. f.* Parte de la gramática que enseña a escribir correctamente.
ortográfico, ca *adj.* Perteneciente o relativo a la ortografía.
ortología *s. f.* Arte de pronunciar correctamente.
ortopedia *s. f.* Arte de corregir o de evitar las deformidades del cuerpo humano.
ortóptero, ra *adj.* Se aplica a los insectos masticadores con un par de élitros consistentes y otro de alas membranosas plegadas longitudinalmente. También s. m.
oruga *s. f.* Larva de los insectos lepidópteros.
orujo *s. m.* Hollejo de la uva, después de exprimida y sacada toda la sustancia.
orza *s. f.* Vasija vidriada de barro, alta y sin asas.
orzar *v. intr.* Inclinar la proa hacia la parte de donde viene el viento.
orzaya *s. f.* Niñera.
orzuelo[1] *s. m.* Divieso que nace en el borde de un párpado.

orzuelo[2] *s. m.* Especie de cepo para cazar las fieras por los pies.

os *pron. pers.* Forma átona del pronombre personal de segunda persona, género masculino o femenino y número plural, que puede funcionar como complemento directo o como complemento indirecto. No lleva nunca preposición y se puede usar como enclítica.

osadía *s. f.* Atrevimiento, audacia.

osado, da *adj.* Que tiene osadía.

osamenta *s. f.* Armazón óseo.

osar *v. intr.* Atreverse. También tr.

osario *s. m.* Lugar destinado en las iglesias o cementerios para reunir los huesos que se sacan de las sepulturas.

oscilación *s. f.* Cada uno de los vaivenes de un movimiento oscilatorio.

oscilar *v. intr.* Efectuar movimientos de vaivén a la manera de un péndulo o de un cuerpo colgado de un resorte o movido por él.

oscilatorio, ria *adj.* Se aplica al movimiento de los cuerpos que oscilan y a su aptitud o disposición para oscilar.

oscilometría *s. f.* Medida de la tensión arterial basada en el registro de las oscilaciones de las paredes de la arteria.

ósculo *s. m.* Beso de afecto.

oscurantismo *s. m.* Doctrina de los que defienden como conveniente el mantener en estado de incultura a las clases populares.

oscurecer *v. tr.* **1.** Privar de luz y claridad. **2.** *fig.* Disminuir la estimación de las cosas, desacreditarlas. **3.** *fig.* Ofuscar la razón.

oscuridad *s. f.* Falta de luz o de claridad para percibir las cosas.

oscuro, ra *adj.* **1.** Que carece de luz o claridad. **2.** Se dice del color que casi llega a ser negro. También s. m. || *adj.* **3.** *fig.* Humilde.

óseo, a *adj.* De la naturaleza del hueso.

osera *s. f.* Cueva que sirve de guarida al oso.

osezno *s. m.* Cachorro del oso.

osificarse *s. m.* Volverse, convertirse en hueso o adquirir la consistencia de tal una materia orgánica.

osmazomo *s. m.* Mezcla de varias sustancias azoadas procedentes de la carne, a las que debe el caldo su olor y sabor característicos.

osmio *s. m.* Metal semejante al platino, atacable por los ácidos, que forma con el oxígeno un ácido de olor muy fuerte y desagradable, y el más pesado de todos los cuerpos conocidos.

ósmosis *s. f.* Paso recíproco de líquidos de distinta densidad a través de una membrana que los separa.

oso, sa *s. m.* Mamífero carnívoro plantígrado.

osteítis *s. f.* Inflamación de los huesos.

ostensible *adj.* Manifiesto, patente.

ostensión *s. f.* Manifestación, a veces exagerada, de una cosa.

ostensivo, va *adj.* Que muestra u ostenta algo.

ostentación *s. f.* Jactancia y vanagloria.

ostentar *v. tr.* Hacer patente una cosa.

ostento *s. m.* Prodigio de la naturaleza o cosa milagrosa o monstruosa.

ostentoso, sa *adj.* Magnífico, suntuoso, pomposo.

osteología *s. f.* Parte de la anatomía, que trata de los huesos.

osteomielitis *s. f.* Inflamación simultánea del hueso y de la médula ósea.

osteotomía *s. f.* Resección de un hueso.

ostra *s. f.* Molusco acéfalo lamelibranquio, con una concha rugosa, que es marisco muy apreciado.

ostracismo *s. m.* **1.** Destierro político acostumbrado entre los antiguos griegos. **2.** *fig.* Exclusión voluntaria o forzosa de los oficios públicos.

ostricultura *s. f.* Arte de criar ostras.

ostrogodo, da *adj.* Se dice del individuo del pueblo godo que estuvo establecido al oriente del Dniéper. También s. m. y s. f.

otalgia *s. f.* Dolor de oídos.

otear *v. tr.* **1.** Registrar desde un lugar alto lo que está abajo. **2.** Escudriñar.

otero *s. m.* Cerro aislado que domina un llano.

otitis *s. f.* Inflamación del órgano del oído.

otología *s. f.* Parte de la patología que estudia las enfermedades del oído.

otoñada *s. f.* Pasto de otoño.

otoñal *adj.* Propio del otoño.

otoño *s. m.* Estación del año que comienza en el equinocio del mismo nombre y termina en el solsticio de invierno.

otorgamiento *s. m.* Permiso, consentimiento, parecer favorable.

otorgar *v. tr.* Consentir, condescender o conceder algo.

otorrea *s. f.* Flujo mucoso o purulento procedente del oído.

otorrinolaringología *s. f.* Parte de la patología que trata de las enfermedades del oído, nariz y laringe.

otoscopia *s. f.* Exploración del órgano del oído.

otoscopio *s. m.* Instrumento para reconocer el órgano del oído.

otro, tra *adj. indef.* Se aplica a la persona o cosa distinta de aquella de que se habla. También pron.

otrosí *adv. c.* Demás de esto, además.

ova *s. f.* Planta de la familia de las algas, formada por frondas más o menos filamentosas. Se usa más en pl.

ovación *s. f.* Aplauso ruidoso que tributa una muchedumbre.

ovacionar *v. intr.* Aclamar, aplaudir.

ovado, da *adj.* Se aplica al ave después de haber sido sus huevos fecundados por el macho.

oval *adj.* De figura semejante a la de un huevo.

ovalado, da *adj.* Oval.

ovalar *v. tr.* Dar a figura de óvalo.

óvalo *s. m.* **1.** Cualquier curva cerrada, parecida a la elipse. **2.** Cualquier figura plana, oblonga y curvilínea.

ovante *adj.* Victorioso o triunfante.

ovar *v. intr.* Aovar.

ovario *s. m.* Glándula sexual femenina en la cual se forman los óvulos.

ovariotomía *s. f.* Operación que consiste en la extirpación de uno o de ambos ovarios.

oveja *s. f.* Hembra del carnero.

ovejero, ra *adj.* Que cuida de las ovejas. También s. m. y s. f.

overa *s. f.* Ovario de las aves.

overo, ra *adj.* Se aplica a los animales de color parecido al del melocotón. También s. m. y s. f.

óvido *adj.* Se dice de mamíferos rumiantes de la familia de los bóvidos, muchos cubiertos de lana, con cuernos de sección triangular y retorcidos en espiral o encorvados hacia atrás, como los carneros y las cabras. También s. m.

oviducto *s. m.* Conducto interno que desde los ovarios llevan los óvulos o huevos al útero. En la especie humana se llama trompa de Falopio.

ovillar *v. intr.* Hacer ovillos.

ovillo *s. m.* Bola que se forma devanando hilos.

ovino, na *adj.* Se aplica al ganado lanar.

ovíparo, ra *adj.* Se aplica a las especies animales cuyas hembras ponen huevos. También s. m.

ovni *s. m.* Siglas de "Objeto Volante No Identificado".

ovogénesis *s. f.* Conjunto de transformaciones que sufre el óvulo en la matriz.

ovoide *adj.* Aovado, de figura de huevo.

óvolo *s. m.* Adorno en figura de huevo con puntas de flecha intercaladas entre cada dos.

ovulación *s. f.* Desprendimiento natural de un óvulo en el ovario para que pueda recorrer su camino y ser fecundado.

ovular *v. intr.* Realizar la ovulación.

óvulo *s. m.* Macrogameto, vesícula que contiene el germen de un nuevo ser orgánico antes de la fecundación.

¡ox! *interj.* que se usa para espantar la caza y las aves domésticas.

oxálico, ca *adj.* Se dice del ácido que se extrae de las acederas y otras sustancias, y que forma los oxalatos.

oxalme *s. m.* Salmuera con vinagre.

oxear *v. tr.* Espantar las gallinas u otras aves domésticas.

oxidación *s. f.* Acción y efecto de oxidar u oxidarse.

oxidar *v. tr.* Transformar un cuerpo por la acción del oxígeno o de un oxidante. También prnl.

óxido *s. m.* Combinación del oxígeno con un metal o un metaloide, distinta de la de los ácidos.

oxigenar *v. tr.* **1.** Combinar el oxígeno formando óxidos. También prnl. ‖ *v. prnl.* **2.** *fig.* Airearse, respirar el aire libre.

oxígeno *s. m.* Metaloide gaseoso, esencial a la respiración, algo más pesado que el aire y parte integrante de él, del agua, de los óxidos, de casi todos los ácidos y de gran número de sustancias orgánicas.

oxiuro *s. m.* Lombriz intestinal, blanca y delgada.

¡oxte! *interj.* que se usa para rechazar a la persona o cosa que molesta.

oyente *s. m. y s. f.* Asistente a un aula, no matriculado como alumno.

ozono *s. m.* Gas muy oxidante, incoloro y de olor a marisco.

ozonómetro *s. m.* Reactivo preparado para graduar el ozono existente en el aire.

P

p *s. f.* Decimosexta letra del abecedario español y decimotercera de sus consonantes.

pabellón *s. m.* **1.** Edificio aislado que depende de otro contiguo a él. **2.** Bandera nacional.

pabilo *s. m.* **1.** Mecha que está en el centro de la vela o antorcha. **2.** Parte carbonizada de esta torcida.

pábulo *s. m.* **1.** Pasto, comida. **2.** Cualquier sustento en las cosas inmateriales.

paca *s. f.* Fardo o lío, especialmente de forrajes, lana o de algodón en rama.

pacato, ta *adj.* Muy pacífico y apacible.

pacer *v. intr.* Comer el ganado la hierba en los campos.

pachá *s. m.* Bajá.

pachorra *s. f., fam.* Flema, tardanza.

pachucho, cha *adj., fig.* Flojo, alicaído, enfermo.

pachulí *s. m.* Planta perenne y muy olorosa, semejante al almizcle, procedente de Asia y Oceanía, usada en perfumería.

paciencia *s. f.* Virtud que consiste en sufrir con entereza los infortunios y trabajos.

paciente *adj.* **1.** Que tiene paciencia. ‖ *s. m. y s. f.* **2.** Persona que padece una enfermedad, un mal físico.

pacificación *s. f.* Paz, sosiego.

pacificar *v. tr.* Establecer la paz donde había guerra, reconciliar a los enemistados.

pacífico, ca *adj.* Quieto, sosegado, amigo de paz.

pacifismo *s. m.* Movimiento internacional que aboga por la supresión de ejércitos y carrera de armamentos como paso para el fin de las guerras.

pacifista *adj.* Partidario y activista del pacifismo. También s. m. y s. f.

pacotilla *s. f.* Porción de géneros que los marineros pueden embarcar sin pagar.

pactar *v. tr.* Poner condiciones para concluir un negocio u otra cosa entre partes, obligándose mutuamente a su observancia.

pacto *s. m.* Concierto o asiento entre dos o más personas o entidades que se obligan a su observancia.

padecer *v. tr.* **1.** Sentir corporalmente un daño, dolor, enfermedad, etc. **2.** Sentir agravios, injurias, pesares, etc.

padecimiento *s. m.* Acción de padecer o sufrir daño, injuria, enfermedad, etc.

padilla *s. f.* **1.** Sartén pequeña, **2.** Horno de pan con una abertura en el centro de la plaza.

padrastro *s. m.* Marido de la madre respecto de los hijos que ésta tiene de un matrimonio anterior.

padrazo *s. m., fam.* Padre muy indulgente.

padre *s. m.* **1.** Varón o macho que ha engendrado. **2.** Religioso o sacerdote, dicho en señal de veneración y respeto.

padrejón *s. m.* Histerismo en el hombre.

padrenuestro *s. m.* Oración de la Iglesia que comienza con estas palabras.

padrinazgo *s. m., fig.* Protección, favor que alguien dispensa a otro.

padrino *s. m.* Persona que presenta o asiste a otra que recibe el sacramento del bautismo, de la confirmación, del matrimonio o del orden, si es varón, o que profesa, si es religiosa.

padrón *s. m.* Nómina o lista que se hace en los pueblos para saber por sus nombres el número de vecinos o moradores.

paella *s. f.* Plato de arroz cocido y seco, con carne, legumbres, marisco, etc.

paga *s. f.* Cantidad de dinero que se da en pago.

paganismo *s. m.* Religión de los paganos.

paganizar *v. intr.* Profesar el paganismo la persona que no era pagana.

pagano, na *adj.* Se aplica a los idólatras y politeístas, y a todo infiel no bautizado.

pagar *v. tr.* **1.** Dar a alguien lo que se le debe. **2.** *fig.* Expiar un delito por medio de la pena correspondiente.

pagaré *s. m.* Obligación escrita de pagar cierta cantidad en tiempo determinado.

pagel *s. m.* Pez marino acantopterigio, comestible, de cabeza y ojos grandes.

página *s. f.* **1.** Cada una de las dos planas de la hoja de un libro o cuaderno. **2.** Lo escrito o impreso en cada página.

paginación *s. f.* Serie de las páginas de un escrito.

paginar *v. tr.* Numerar páginas o planas.

pago *s. m.* **1.** Entrega de un dinero o especie que se debe. **2.** Satisfacción, recompensa.

pagoda *s. f.* Templo de los ídolos en algunos pueblos de Oriente.

pagro *s. m.* Pez acantopterigio, muy semejante al pagel, y con el hocico obtuso.

paidología *s. f.* Ciencia que estudia lo referente al buen desarrollo físico o intelectual de la infancia.

paila *s. f.* Vasija grande de metal, a modo de sartén.

pailebote *s. m.* Goleta pequeña, con dos palos, sin gavias, muy rasa y fina.

paipái *s. m.* Abanico hecho con esta hoja, en forma de pala y con mango.

pairar *v. intr.* Estar quieta la nave con las velas tendidas y largas las escotas.

país *s. m.* Nación, territorio.

paisaje *s. m.* País, pintura o dibujo.

paisanaje *s. m.* Circunstancia de ser de un mismo país dos o más personas y especie de conexión o vínculo que de ella procede.

paisano, na *adj.* Que es del mismo lugar, provincia o país que otro. También s. m. y s. f.

paja *s. f.* Caña de trigo y otras gramíneas, después de seca y separada del grano.

pajado, da *adj.* Pajizo, de color de paja.

pajar *s. m.* Lugar donde se guarda la paja.

pájara *s. f., fig.* Mujer astuta. También adj.

pajarear *v. intr., fig.* Andar vagando, sin trabajar o sin ocuparse en cosa alguna.

pajarería *s. f.* Tienda donde se venden pájaros y otros animales domésticos.

pajarete *s. m.* Vino licoroso, muy fino y delicado.

pajarita *s. f.* Figura de papel con forma de pájaro que resulta de doblar éste varias veces.

pájaro *s. m.* **1.** Nombre genérico que comprende toda especie de aves, sobre todo las pequeñas. **2.** *fig.* Hombre astuto.

pajarota *s. f., fam.* Noticia falsa y engañosa.

pajarraco, ca *s. m. y s. f., fig. y fam.* Persona disimulada y astuta.

pajaza *s. f.* Desecho de la paja larga que los caballos dejan en el pesebre.

paje *s. m.* **1.** Criado joven para acompañar a sus amos, servir a la mesa, etc. **2.** *fig.* Mueble formado por un espejo con pie alto y una mesita para utensilios de tocador.

pajear *v. intr.* Comer mucha paja las caballerías.

pajera *s. f.* Pajar pequeño que suele haber en las caballerizas.

pajilla *s. f.* Cigarrillo hecho en una hoja de maíz recortada.

pajizo, za *adj.* **1.** Hecho o cubierto de paja. **2.** De color de paja.

pajolero, ra *adj., fam.* Despreciable, molesto.

pajote *s. m.* Estera de cañas y paja con que se cubren ciertas plantas de jardín.

pajuela *s. f.* Paja de centeno, tira de cañaheja o torcida de algodón, cubierta de azufre, que arde con llama.

pala *s. f.* Instrumento compuesto de una lámina de madera o hierro y un mango grueso, más o menos largo.

palabra *s. f.* **1.** Sonido o conjunto de sonidos articulados que expresan una idea. **2.** Representación escrita de estos signos. **3.** Facultad de hablar.

palabrería *s. f.* Abundancia de palabras vanas y ociosas.

palabrota *s. f.* Dicho ofensivo, deshonesto o grosero.

palacete *s. m.* Palacio pequeño, tenido como casa de recreo.

palaciego, ga *adj.* Se dice de la persona que sirve o asiste en palacio y sabe sus estilos y modas. También s. m. y s. f.

palacio *s. m.* Cualquier casa suntuosa, destinada a habitación de grandes personajes.

palacra *s. f.* Pepita de oro.

paladar *s. m.* **1.** Parte interior y superior de la boca. **2.** *fig.* Sensibilidad. **3.** *fig.*Gusto que se percibe de los manjares.

paladear *v. tr.* Tomar poco a poco el gusto de una cosa. También prnl.

paladial *adj.* Perteneciente o relativo al paladar.

paladín *s. m.* **1.** Caballero fuerte y valeroso que en la guerra se distingue por sus hazañas. **2.** *fig.* Defensor denodado de alguna causa.

paladino, na *adj.* Público, claro y patente.

paladio *s. m.* Metal bastante raro, parecido por sus cualidades a la plata y al platino, utilizado en joyería y en laboratorios químicos como absorbente del hidrógeno.

palafito *s. m.* Vivienda lacustre primitiva construida en el agua o sobre suelo pantanoso, sobre estacas.

palafrén *s. m.* Caballo manso en que solían montar las damas y señoras.

palafrenero *s. m.* Criado que lleva del freno el caballo.

palamenta *s. f.* Conjunto de los remos de una embarcación.

palanca *s. f.* Barra inflexible que, apoyada o articulada en un punto, sirve para transmitir la fuerza, levantar pesos, etc.

palancana *s. f.* Jofaina, palangana.

palangana *s. f.* Jofaina.

palanganero *s. m.* Mueble donde se coloca la palangana o jofaina.

palangre *s. m.* Cordel largo provisto de ramales con anzuelos para pescar.

palanquera *s. f.* Valla de madera.

palanqueta *s. f.* Barreta de hierro que usan los ladrones para forzar puertas o cerraduras.

palanquín *s. m.* Especie de andas usadas en Oriente para llevar en ellas a los personajes destacados.

palastro *s. m.* **1.** Chapa en que se coloca el pestillo de una cerradura. **2.** Hierro o acero laminado.

palatal *adj.* Se dice de las consonantes que se articulan entre la lengua y el paladar duro.

palatalizar *v. tr.* Pronunciar un sonido con articulación palatal.

palatino, na *adj.* Relativo al palacio.

palco *s. m.* Localidad independiente con balcón en los teatros y otros lugares de espectáculo.

palear *v. tr.* Apalear, aventar el grano.

palenque *s. m.* Estacada de madera.

paleografía *s. f.* Arte de leer las inscripciones y escritos de los libros y documentos antiguos.

paleolítico, ca *adj.* Perteneciente o relativo al primer período de la edad de piedra, al que corresponde la piedra tallada. También s. m.

paleología *s. f.* Ciencia que estudia las lenguas antiguas.

paleontología *s. f.* Tratado de los seres orgánicos cuyos restos o vestigios se encuentran fósiles.

palestra *s. f.* **1.** Lugar donde se lidia o lucha. **2.** *fig.* La misma lucha. **3.** *fig.* Sitio o paraje en que se celebran certámenes literarios públicos.

paleta *s. f.* **1.** Tabla delgada sin mango y con un agujero a uno de sus extremos, por donde mete el pintor el dedo pulgar izquierdo, y en la cual tiene ordenados los colores. **2.** Badil u otro instrumento semejante con que se remueve la lumbre.

paletilla *s. f.* Ternilla en que termina el esternón y que corresponde a la región llamada boca del estómago.

paleto, ta *s. m., fig.* Persona rústica y zafia.

paletón *s. m.* Parte de la llave en que están los dientes y guardas de ella.

palia *s. f.* **1.** Lienzo, regularmente cuadrado sobre el que se extienden los corporales para decir misa. **2.** Cortina que se pone delante del sagrario o del altar.

paliación *s. f.* Acción y efecto de paliar.

paliar *v. tr.* **1.** Encubrir, disimular. **2.** Mitigar la violencia de ciertas enfermedades sin curarlas.

paliativo, va *adj.* Se dice de los remedios que se aplican a las enfermedades incurables para mitigar su violencia y refrenar su rapidez. También s. m.

palidecer *v. intr.* Ponerse pálido.

palidez *s. f.* Amarillez del rostro, falta del color natural.

pálido, da *adj.* **1.** Amarillo, macilento o descaecido de su color natural. **2.** *fig.* Falto de expresión y colorido.

paliducho, cha *adj.* Se dice de la persona de quebrado color.

palillero *s. m.* Utensilio de mesa en que se colocan los palillos.

palillo *s. m.* **1.** Varilla en que se encaja la aguja para hacer media. **2.** Mondadientes de madera.

palimpsesto *s. m.* Manuscrito antiguo que conserva huellas de una escritura anterior borrada artificialmente.

palíndromo *s. m.* Palabra o frase que se lee igual de izquierda a derecha que en sentido inverso.

palingenesia *s. f.* Regeneración, resurrección de los seres.

palinodia *s. f.* Retractación pública de lo que se había dicho.

palio *s. m.* **1.** Prenda principal, exterior, del traje griego, a manera de manto, sujeta al pecho por una hebilla o broche. **2.** Insignia que da el Papa a los prelados. **3.** Dosel portátil colocado sobre unas varas largas, bajo el cual, en las procesiones, va el sacerdote.

palique *s. m., fam.* Conversación de poca importancia.

paliquear *v. intr.* Estar de palique, charlar.

palisandro *s. m.* Madera americana parecida al palo santo, muy estimada en la construcción de muebles de lujo.

palitroque *s. m.* Palo pequeño y tosco.

paliza *s. f.* **1.** Zurra de golpes dados con palo. **2.** *fig. y fam.* Disputa en que alguien queda vencido.

palizada *s. f.* Presa o dique de estacas y terraplenado para impedir la salida de los ríos o dirigir su corriente.

pallar *v. tr.* Entresacar o escoger la parte metálica o más rica de los minerales.

palma *s. f.* **1.** Palmera. **2.** Parte interior y algo cóncava de la mano desde la muñeca hasta los dedos. **3.** *fig.* Victoria del mártir. ‖ *s. f. pl.* **4.** Palmadas de aplausos.

palmacristi *s. f.* Ricino.

palmada *s. f.* **1.** Golpe dado con la palma de la mano. ‖ **2.** *s. f. pl.* Ruido que se hace golpeando una con otra las palmas de las manos.

palmar[1] *s. m.* Lugar donde se crían palmas.

palmar[2] *v. intr., fam.* Morir una persona.

palmario, ria *adj.* Claro, manifiesto.

palmatoria *s. f.* **1.** Palmeta de los maestros. **2.** Candelero bajo, con mango y pie.

palmeado, da *adj.* Se dice de los dedos de aquellos animales que los tienen ligados entre sí por una membrana.

palmear *v. intr.* Dar golpes con las palmas de las manos.

palmeo *s. m.* Acción y efecto de palmear.

palmera *s. f.* Árbol con tronco áspero y cilíndrico, copa formada por las hojas con el nervio central recto y leñoso, y fruto en bayas oblongas y comestibles.

palmero, ra *s. m. y s. f.* Persona que acompaña con palmas ciertos bailes y cantes falmencos.

palmeta *s. f.* Tabla pequeña, redonda, que servía a los maestros para dar golpes en la palma de la mano.

palmetazo *s. m., fig.* Reprensión áspera y desabrida.

palmípedo, da *adj.* Se dice de las aves que tienen los dedos palmeados, a propósito para la natación. También s. f.

palmito *s. m.* Planta con tronco subterráneo, hojas en figura de abanico y fruto rojizo, comestible y con hueso duro.

palmo *s. m.* Medida de longitud, cuarta parte de la vara.

palmotear *v. intr.* Palmear, dar palmadas.

palmoteo *s. m.* Acompañamiento de palmas en el cante.

palo *s. m.* **1.** Trozo de madera, generalmente cilíndrico y manuable, y mucho más largo que grueso. **2.** Golpe dado con un palo.

paloduz *s. m.* Palo dulce, regaliz.

paloma *s. f.* Nombre común a varias especies de aves, que se distinguen por tener la mandíbula superior abovedada en la punta y los dedos libres.

palomadura *s. f.* Ligadura con que de trecho en trecho y a falta de costuras, se sujeta el cabo a su vela.

palomar[1] *s. m.* Edificio donde se recogen y crían las palomas.

palomar[2] *adj.* Se dice del hilo más delgado y retorcido que el regular.

palomear *v. intr.* Andar a la caza de palomas.

palomera *s. f.* **1.** Palomar pequeño de palomas domésticas. **2.** Páramo de corta extensión.

palometa *s. f.* Pez comestible, parecido al jurel, aunque algo mayor que éste.

palomilla *s. f.* **1.** Mariposa nocturna, cenicienta, de alas horizontales y estrechas y antenas verticales. **2.** Parte anterior de la grupa de las caballerías.

palomina *s. f.* Excremento de las palomas.

palomino *s. m.* **1.** Pollo de la paloma brava. **2.** *fam.* Mancha de excremento en la parte posterior de la camisa.

palomo *s. m.* Macho de la paloma.

palor *s. m.* Palidez.

palote *s. m.* **1.** Palo mediano, como las baquetas con que se tocan los tambores. **2.** Cada uno de los trazos que los niños hacen en el papel pautado como primer ejercicio de escritura.

paloteado *s. m.* **1.** Danza en que los bailarines hacen figuras, paloteando a compás de la música. **2.** *fig. y fam.* Riña o contienda ruidosa en que hay golpes.

palotear *v. intr.* **1.** Herir unos palos con otros o hacer ruido con ellos. **2.** *fig.* Hablar mucho y discutir acaloradamente.

palpable *adj.* Que puede tocarse con las manos.

palpar *v. tr.* **1.** Tocar con las manos una cosa para percibirla o reconocerla por el tacto. **2.** Andar a tientas o a oscuras, valiéndole de las manos para no caer o tropezar.

palpebra *s. f.* Párpado.

palpitación *s. f.* Latido del corazón, sensible e incómodo para el enfermo, y más frecuente que el normal.

palpitar *v. intr.* Contraerse y dilatarse alternativamente el corazón.

palpo *s. m.* Cada uno de los apéndices articulados y movibles que tienen los artrópodos alrededor de la boca con el fin de sujetar y palpar lo que comen.

palta *s. f.* Aguacate.

palúdico, ca *adj.* Se dice de la fiebre causada por microbios procedentes de pantanos que lo inoculan ciertos insectos.

paludismo *s. m.* Enfermedad endémica infecciosa producida en el ser humano por un protozoo específico que se desarrolla en los pantanos o lugares pantanosos y se transmite mediante la hembra de un mosquito del género "Anofeles".

palumbario *adj.* Se dice del halcón que se llama también "azor".

palurdo, da *adj.* Tosco, grosero.

palustre *s. m.* Paleta de albañil.

pamandabuán *s. m.* Embarcación filipina, mayor que la banca.

pamela *s. f.* Sombrero femenino de paja, ancho de alas.

pamema *s. f., fam.* Hecho o dicho insignificante, a que se ha querido dar importancia.

pampa *s. f.* Cualquiera de las llanuras extensas de América del Sur, desprovistas de arbolado.

pámpano *s. m.* Sarmiento verde, tierno y delgado, o pimpollo de la vid.

pampero, ra *adj.* Perteneciente o relativo a las pampas. También s. m. y s. f.

pampirolada *s. f.* **1.** Salsa de pan y ajos machacados y desleídos en agua. **2.** *fig. y fam.* Necedad o cosa insustancial.

pamplina *s. f.* **1.** Planta papaverácea, anual de flores amarillas en panojas pequeñas, muy abundante en los sembrados de suelo arenisco. **2.** *fig. y fam.* Cosa insignificante, de poca utilidad.

pamporcino *s. m.* Planta herbácea, vivaz, primulácea, con rizoma grande que sirve de alimento a los cerdos.

pamposado, da *adj.* Perezoso, desidioso.

pan *s. m.* **1.** Porción de masa de harina y agua, que después de fermentada y cocida en horno sirve de alimento al ser humano. **2.** *fig.* Todo lo que sirve para el sustento diario.

pana *s. f.* **1.** Tela gruesa, semejante en el tejido al terciopelo. **2.** Cada una de las tablas levadizas que forman el suelo de una embarcación menor.

panacea *s. f.* Medicamento a que se atribuye eficacia para curar diversas enfermedades.

panadería *s. f.* Sitio donde se hace o vende el pan.

panadero, ra *s. m. y s. f.* Persona que tiene por oficio hacer o vender pan.

panadizo *s. m.* **1.** Inflamación aguda del tejido celular de los dedos. **2.** *fig. y fam.* Persona que tiene el color muy pálido.

panal *s. m.* Conjunto de celdillas prismáticas hexagonales de cera que las abejas forman dentro de la colmena para depositar la miel.

panamá *s. m.* Sombrero de pita.

panatela *s. f.* Especie de bizcocho grande y delgado.

panática *s. f.* Provisión de pan en las embarcaciones.

panca *s. f.* **1.** Embarcación filipina. **2.** Especie de abanico grande, rectangular, suspendido del techo, que se mueve tirando de una cuerda.

pancarpia *s. f.* Corona hecha con diversas flores.

pancarta *s. f.* Pergamino que contiene copiados varios documentos.

pancho, cha *s. m.* Cría del besugo.

pancista *adj., fam.* Se dice de la persona que para no perjudicar sus intereses renuncia a toda actuación política o social. También s. m. y s. f.

panclastita *s. f.* Explosivo líquido muy poderoso.

páncreas *s. m.* Glándula situada en la cavidad abdominal de los mamíferos, unida al intestino duodeno, donde vierte un jugo parecido a la saliva y que contribuye a la digestión.

pancreático, ca *adj.* Relativo al páncreas.

panda *s. f.* Cada una de las galerías o corredores de un claustro.

pandear *v. intr.* Torcerse una cosa encorvándose, especialmente en el medio.

pandectas *s. f. pl.* Recopilación de obras de derecho que el emperador Justiniano puso en su colección de textos legales.

pandemia *s. f.* Enfermedad epidémica que se extiende a muchos países o que ataca a casi todos los individuos de una localidad o región.

pandemonium *s. m.* **1.** Capital imaginaria del infierno. **2.** *fig. y fam.* Lugar en que hay mucho ruido y confusión.

panderada *s. f.* Conjunto de muchos panderos.

pandereta *s. f.* Pandero, instrumento con sonajas y cascabeles.

pandero *s. m.* Instrumento rústico de percusión, formado de una piel estirada sobre un aro estrecho de madera, provisto de cascabeles.

pandiculación *s. f.* Desperezo.

pandilla *s. f.* **1.** Liga. **2.** Reunión de gente, y en especial la que se forma para divertirse.

pandillero, ra *s. m. y s. f.* Persona que forma o fomenta pandillas. También adj.

pando *s. m.* Terreno casi llano situado entre dos montañas.

pandorga *s. f., fig.* Mujer muy gorda y perezosa.

panegírico *s. m.* **1.** Discurso de alabanza de una persona. **2.** Elogio de alguna persona por escrito.

panel *s. m.* **1.** Cada uno de los espacios en que para su ornamentación se dividen los lienzos de pared, las hojas de puertas, etc. **2.** Cada una de las tablas que forman el suelo movible de algunas embarcaciones pequeñas.

panela *s. f.* Bizcochuelo de figura prismática.

panera *s. f.* **1.** Cámara donde se guardan los cereales, el pan o la harina. **2.** Cesta de esparto sin asa para transportar pan.

panetela *s. f.* Cigarro puro largo y delgado.

panfilismo *s. m.* Benignidad extremada.

pánfilo, la *adj.* Pausado, y tardo en obrar.

pangolín *s. m.* Mamífero desdentado, parecido al lagarto, y cubierto de escamas duras y puntiagudas.

paniaguado *s. m.* Servidor de una casa, que recibe habitación, alimento y salario.

pánico *s. m.* Miedo o terror grande.

panícula *s. f.* Panoja o espiga de flores.

panículo *s. m.* Capa subcutánea formada por un tejido.

panificar *v. tr.* Convertir la harina en pan.

panilla *s. f.* Medida de capacidad para el aceite, que equivale a la cuarta parte de una libra.

panizo *s. m.* Planta anual gramínea, de cuya raíz salen varios tallos con hojas anchas y ásperas, y flores en panojas grandes.

panoja *s. f.* Mazorca del maíz, del panizo o del mijo.

panoplia *s. f.* **1.** Armadura de todas piezas. **2.** Colección de armas.

panorama *s. m.* **1.** Vista pintada en un gran cilindro hueco, para contemplarla desde el interior del mismo. **2.** Por ext., vista de un horizonte muy dilatado.

panorámico, ca *adj.* Relativo al panorama.

panoso, sa *adj.* Harinoso.

pantalla *s. f.* **1.** Lámina que se sujeta delante o alrededor de la luz artificial, para que no ofenda a los ojos o para dirigirla hacia donde se desee. **2.** *fig.* Persona o cosa que, puesta delante de otra la oculta o le hace sombra.

pantalón *s. m.* Prenda de vestir que ciñe al cuerpo en la cintura y baja cubriendo cada pierna hasta los tobillos. Se usa más en pl.

pantano *s. m.* **1.** Hondonada donde se acumulan aguas, con fondo más o menos cenagoso. **2.** Gran depósito de agua, formado en un valle artificialmente, que sirve para alimentar las acequias de riego.

pantanoso, sa *adj.* Se dice del terreno donde hay pantanos.

panteísmo *s. m.* Sistema filosófico que identifica a Dios con el universo.

panteón *s. m.* Monumento funerario destinado a dar sepultura a varias personas.

pantera *s. f.* Leopardo cuyas manchas circulares de la piel son todas anilladas.

pantógrafo *s. m.* Instrumento a modo de paralelogramo que sirve para copiar, ampliar o reducir un plano o dibujo.

pantómetra *s. f.* Especie de compás de proporción.

pantomima *s. f.* Representación hecha por medio de figuras y gestos sin que intervengan palabras.

pantomimo *s. m.* Representante que en los teatros imita diversas figuras.

pantoque *s. m.* Parte plana del casco de un barco, que forma el fondo junto a la quilla.

pantorra *s. f., fam.* Pantorrilla.

pantorrilla *s. f.* Parte carnosa y abultada de la pierna, por debajo de la corva.

pantufla *s. m.* Calzado para casa a modo de zapato sin orejas ni talón.

panza *s. f.* **1.** Barriga o vientre, especialmente el muy abultado. **2.** Parte convexa y más saliente de vasijas u otras cosas. **3.** Primera de las cuatro cavidades en que se divide el estómago de los rumiantes.

panzada *s. f.* **1.** Golpe que se da con la panza. **2.** *fam.* Hartazgo.

panzudo, da *adj.* Que tiene mucha panza.

pañal *s. m.* Sabanilla o pedazo de lienzo en que se envuelve a los niños de teta.

pañería *s. f.* Comercio o tienda de paños.

paño *s. m.* Tela de lana muy tupida y con pelo corto.

pañol *s. m.* Cualquiera de los compartimientos que se hacen en el buque para guardar víveres, municiones, etc.

pañoleta *s. f.* Prenda triangular, a modo de medio pañuelo, que usan las mujeres al cuello como adorno o abrigo.
pañolón *s. m.* Mantón, pañuelo grande.
pañosa *s. f.* La capa y, por ext., la muleta.
pañuelo *s. m.* Pedazo de tela cuadrado y de una sola pieza.
Papa *n. p.* Sumo Pontífice romano, vicario de Jesucristo, cabeza visible de la Iglesia Católica.
papa *s. f. pl., fig. y fam.* Sopa blanda que se da a los niños.
papá *s. m., fam.* Padre.
papada *s. f.* Abultamiento carnoso anormal que se forma debajo de la barba.
papado *s. m.* **1.** Dignidad de Papa. **2.** Tiempo que dura.
papafigo *s. m.* Ave de plumaje pardo verdoso en la espalda, alas y cola. Abunda en España y se alimenta principalmente de insectos y a veces de frutas, sobre todo de higos; canta muy bien.
papagayo *s. m.* Ave trepadora, de pico fuerte, grueso y encorvado, y plumaje amarillento en la cabeza y verde en el cuerpo.
papahígo *s. m.* Gorro de paño, que cubre el cuello y parte de la cara para resguardarlos.
papal *adj.* Perteneciente o relativo al Papa.
papalina *s. f.* Gorra o birrete con dos puntas que cubre las orejas.
papamoscas *s. m.* Pájaro dentirrostro con plumaje negruzco y blanco, moño amarillo o negro, frente y vientre blanco.
papanatas *s. m. y s. f., fam.* Persona simple y crédula o demasiado cándida.
papar *v. tr.* **1.** Comer cosas blandas sin masticar. **2.** *fam.* Hacer inmotivadamente poco caso de las cosas, incurrir en descuido.
paparrucha *s. f.* Noticia falsa o irracional.
papaya *s. f.* Fruto del papayo, cuya parte mollar, semejante a la del melón, se emplea para hacer confitura.
papayo *s. m.* Arbolillo de las papayáceas, de madera blanda, cuyo fruto es la papaya.
papel *s. m.* **1.** Hoja delgada consistente en fibras de celulosa reducidas a pasta por procedimientos químicos y mecánicos, y obtenidas de trapos, madera, esparto, etc. Se usa para escribir, dibujar, imprimir, etc. **2.** Carta, credencial, título, documento o manuscrito de cualquier clase.
papeleo *s. m.* Trámites de una empresa o asunto.
papelera *s. f.* **1.** Fábrica de papel. **2.** Cesto para echar papeles inservibles.
papelería *s. f.* Tienda en que se vende papel y objetos de escritorio.
papeleta *s. f.* **1.** Cédula. **2.** Hoja en que se halla escrito un tema de examen u oposición.
papera *s. f.* **1.** Bocio. **2.** Parótida, tumor.
papialbillo *s. m.* Jineta.
papila *s. f.* Cada una de las pequeñas eminencias formadas debajo de la piel y en la superficie de las membranas mucosas, por ramificaciones nerviosas y vasculares.
papilar *adj.* Perteneciente o relativo a las papilas.
papilla *s. f.* Sopa espesa que se da a los niños.
papillote *s. m.* Rizo de cabello formado y sujeto con un papel.
papiloma *s. m.* Tumor pediculado en forma de botón o cabezuela.
papín *s. m.* Especie de dulce casero.
papión *s. m.* Zambo.
papiro *s. m.* **1.** Planta vivaz de Oriente, ciperácea, con hojas largas y estrechas, terminadas en un penacho de espigas con flores pequeñas y verdosas. **2.** Lámina sacada del tallo de esta planta y empleada por los antiguos para escribir en ella.
papo *s. m.* **1.** Parte abultada del animal entre la barba y el cuello. **2.** Buche de las aves.
pápula *s. f.* Tumorcillo eruptivo que se presenta en la piel, sin pus ni serosidad.
paquebote *s. m.* Embarcación que lleva el correo y los pasajeros de un puerto a otro.
paquete *s. m.* Envoltorio bien dispuesto y no muy abultado.
paquetería *s. f.* Género menudo de comercio que se guarda o vende en paquetes.
paquidermo *adj.* Se dice de los mamíferos ungulados artiodáctilos, omnívoros, de dentición completa, con la piel muy gruesa y dura. También s. m.
par *adj.* **1.** Igual o semejante totalmente. **2.** Se aplica al número dos y a todos sus múltiplos. || *s. m.* **3.** Título de alta dignidad en algunos Estados.
para *prep.* Denota el fin o término a que se encamina una acción.
parabién *s. m.* Felicitación.
parábola *s. f.* **1.** Narración de un suceso imaginario del que se deduce, por comparación o semejanza, una verdad importante o una ense-

ñanza moral. **2.** Curva abierta, simétrica respecto de un eje, con un sólo foco que resulta de cortar un cono circular recto por un plano paralelo a una de sus generatrices que encuentra todas las otras en una sola hoja.

parabólico, ca *adj.* **1.** De figura de parábola o parecido a ella. ‖ *s. f.* **2.** Antena de televisión que concentra el haz que se recibe desde un satélite y permite captar emisoras situadas a gran distancia.

parabolizar *v. intr.* Ejemplificar, simbolizar.

parabrisas *s. m.* Bastidor de cristal que lleva el automóvil en su parte anterior.

paracaídas *s. m.* Aparato hecho de tela resistente que al extenderse en el aire toma la forma de una sombrilla grande y cae lentamente gracias a la resistencia que el aire opone a su movimiento de descenso.

paracaidista *s. m. y s. f.* Persona adiestrada en el manejo del paracaídas.

parachoques *s. m.* Pieza que llevan en la parte anterior los automóviles y otros carruajes, a fin de amortiguar los efectos de un choque.

paráclito *s. m.* Nombre que se da al Espíritu Santo, enviado, mensajero.

parada *s. f.* Lugar donde se para.

paradera *s. f.* Compuerta con que se desagua el caz del molino.

paradero *s. m.* **1.** Lugar donde se para o se va a parar. **2.** Fin o término de una cosa.

paradigma *s. m.* Ejemplo que sirve de norma.

paradigmático, ca *adj.* Relativo al paradigma.

paradina *s. f.* Monte bajo de pasto, con corrales para el ganado lanar.

paradisíaco, ca *adj.* Relativo al paraíso.

paradislero, ra *s. m. y s. f.* Cazador a espera o a pie quedo.

parado, da *adj.* **1.** Remiso, tímido. **2.** Desocupado, sin ejercicio o empleo.

paradoja *s. f.* **1.** Especie opuesta a la común opinión y especialmente, la que parece opuesta siendo exacta. **2.** Aserción inverosímil o absurda, presentada con apariencias de verdadera.

paradójico, ca *adj.* Que incluye paradoja o que usa de ella.

parafina *s. f.* Sustancia sólida, blanca, menos densa que el agua y fácilmente fusible, que se obtiene destilando petróleo o materias bituminosas naturales.

parafrasear *v. tr.* Hacer la paráfrasis de un texto o escrito.

paráfrasis *s. f.* **1.** Explicación o interpretación amplificativa de un texto para ilustrarlo o hacerlo más inteligible. **2.** Traducción libre en verso de otro texto original.

parafraste *s. m. y s. f.* Persona que interpreta textos por medio de paráfrasis.

paragoge *s. f.* Metaplasmo que consististe en añadir una letra al fin de un vocablo.

paragógico, ca *adj.* Que se añade por paragoge.

paraguas *s. m.* Utensilio portátil para resguardarse de la lluvia, compuesto de un bailón y un varillaje cubierto de tela que puede extenderse o plegarse.

paraguaya *s. f.* Fruta parecida al melocotón mollar, pero de forma más aplanada.

paragüero *s. m.* Mueble dispuesto para colocar los paraguas y bastones.

parahúso *s. m.* Instrumento manual para taladrar.

paraíso *s. m.* **1.** Lugar amenísimo donde Dios puso a Adán después de crearlo, según la Biblia. **2.** Cielo, mansión de los ángeles y de los justos.

paraje *s. m.* Lugar, sitio o estancia.

parajismo *s. m.* Ademán, gesticulación exagerada.

paralelepípedo *s. m.* Sólido terminado por seis paralelogramos, siendo iguales y paralelos cada dos opuestos entre sí.

paralelismo *s. m.* Calidad de paralelo.

paralelo, la *adj.* **1.** Se aplica a las líneas o planos equidistantes entre sí y que por más que se prolonguen no pueden encontrarse. **2.** Correspondiente o semejante. ‖ *s. m.* **3.** Cada uno de los círculos menores paralelos al ecuador.

paralelogramo *s. m.* Cuadrilátero cuyos lados opuestos son iguales y paralelos entre sí.

parálisis *s. f.* Pérdida total o parcial de la sensibilidad y del movimiento voluntario de una parte del cuerpo.

paralítico, ca *adj.* Calidad de paralelo.

paralización *s. f., fig.* Detención de una cosa dotada de actividad o movimiento.

paralizar *v. tr.* Causar parálisis a una parte del cuerpo. También prnl.

paralogismo *s. m.* Razonamiento falso.

paralogizar *v. tr.* Intentar persuadir con falsedades o argucias. También v. prnl.

paramentar *v. tr.* Adornar o ataviar una cosa.
paramento *s. m.* Adorno o atavío con que se cubre una cosa.
parámetro *s. m.* Línea constante e invariable que entra en la ecuación de algunas curvas.
páramo *s. m.* Terreno yermo, raso y desabrigado.
parancero, ra *s. m. y s. f.* Persona que caza con lazos, perchas, etc.
parangón *s. m.* Comparación.
parangonar *v. tr.* Hacer comparación de una cosa con otra.
paraninfo *s. m.* **1.** Padrino de las bodas. **2.** Salón de actos académicos en algunas universidades.
paranoia *s. f.* Perturbación mental.
paranoico, ca *adj.* Que padece paranoia.
paranza *s. f.* Puesto donde el cazador de montería espera las reses.
parapetarse *v. prnl.* Resguardarse con parapetos u otra cosa que supla su falta.
parapeto *s. m.* Pared o baranda que se pone para evitar caídas en los puentes, escaleras, etc.
paraplejía *s. f.* Parálisis de la mitad inferior del cuerpo.
parapléjico, ca *adj.* Que padece paraplejía.
parar *v. intr.* **1.** Cesar en el movimiento o en la acción. **2.** Llegar a un término o al fin. **3.** Venir en dominio o propiedad de alguna cosa, después de otros dueños.
pararrayos *s. m.* Artificio que para proteger contra el rayo los edificios se coloca en lo alto de los mismos.
paraselene *s. f.* Imagen de la Luna que se representa en una nube.
parasemo *s. f.* Mascarón de proa de las galeras de los antiguos griegos y romanos.
parásito, ta *adj.* Se dice del animal o vegetal que vive dentro o en la superficie de otro organismo, de cuyas sustancias se alimenta. También s. m.
parasitología *s. f.* Parte de la biología que estudia los parásitos.
parasitosis *s. f.* Infección o enfermedad producida por parásitos.
parasol *s. m.* En un automóvil, accesorio plegable colocado en el interior sobre el parabrisas y que sirve para evitar el deslumbramiento.
paratifoidea *s. m.* Infección intestinal con muchos de los síntomas de la fiebre tifoidea aunque originada por un bacilo distinto.
parca *s. f., fig. y poét.* La muerte.
parcela *s. f.* **1.** Porción pequeña de terreno. **2.** En el catastro, cada una de las tierras de distinto dueño que constituyen un pago o término.
parcelación *s. f.* Acción y efecto de parcelar.
parcelar *v. tr.* **1.** Medir las parcelas para el catastro. **2.** Dividir una finca grande en parcelas para venderla o arrendarla.
parcelario, ria *adj.* Perteneciente o relativo a la parcela del catastro.
parche *s. m.* **1.** Pedazo de tela, papel, piel, etc. que por medio de un aglutinante se pega sobre una cosa. **2.** *fig.* Tambor, instrumento musical.
parcial *adj.* No cabal o completo.
parcialidad *s. f.* **1.** Unión de algunos que se confederan para un fin, separándole del común y formando cuerpo aparte. **2.** Amistad, familiaridad en el trato.
parcionero, ra *adj.* Partícipe.
parco, ca *adj.* Corto, sobrio, moderado en el uso o concesión de las cosas.
pardal *s. m.* **1.** Gorrión. **2.** Hombre bellaco, astuto.
pardear *v. intr.* Sobresalir el color pardo.
pardela *s. f.* Ave palmípeda, acuática, parecida a la gaviota, pero más pequeña.
pardillo *s. m.* Pájaro granívoro de plumaje pardo rojizo, negruzco en las alas y la cola, carmesí en la cabeza y en el pecho y blanco en el vientre.
pardo, da *adj.* Se dice del color de la tierra o de la piel del oso común, intermedio entre blanco y negro.
pardomente *s. m.* Cierto paño ordinario que se usaba para capas en el s. XVIII.
pardusco, ca *adj.* Que tira a pardo.
pareado *s. m.* Estrofa de dos versos que van unidos y aconsonantados.
parear *v. tr.* Juntar, igualar dos cosas comparándolas entre sí.
parecer[1] *s. m.* Opinión, juicio o dictamen
parecer[2] *v. intr.* **1.** Manifestarse, dejarse ver. **2.** Tener determinado aspecto.
parecido, da *adj.* **1.** Se dice de la persona que se parece a otra. || *s. m.* **2.** Semejanza, calidad de semejante.
pared *s. f.* **1.** Obra de fábrica levantada a plomo con dimensiones proporcionadas para cerrar un espacio o sostener las techumbres. **2.** Tabique.
paredaño, ña *adj.* Que está pared en medio del lugar a que se alude.

paredón *s. m.* Pared que queda en pie en medio de unas ruinas.

pareja *s. f.* **1.** Conjunto de dos personas o cosas especialmente consortes o novios, con alguna correlación o semejanza. **2.** Compañero o compañera en los bailes. ‖ *s. f. pl.* **3.** En los naipes, dos cartas iguales en número o semejantes en figura.

parejo, ja *adj.* Igual o semejante.

paremia *s. f.* Refrán, proverbio.

paremiología *s. f.* Tratado de refranes.

parénesis *s. f.* Exhortación o amonestación.

parénquima *s. m.* Tejido funcional de un órgano, generalmente glanduloso.

parentela *s. f.* Conjunto de todo género de parientes.

parentesco *s. m.* Vínculo, conexión, enlace por consanguinidad o afinidad.

paréntesis *s. m.* **1.** Signo ortográfico ( ) en que suele encerrarse la alabra o grupo de palabras que se intercala en el período sin enlace necesario con él y no altera su sentido. **2.** Suspensión o interrupción.

pareo *s. m.* Tela en forma rectangular, sin corte ni adorno, que se utiliza como prenda de vestir y para otros usos.

paresia *s. f.* Parálisis leve por debilidad de las contracciones musculares.

parhelio *s. m.* Fenómeno luminoso consistente en la aparición simultánea de varias imágenes del Sol reflejadas en las nubes.

paria *s. m. y s. f.* Persona de la casta ínfima de los indios que siguen la ley de Brahma.

parias *s. f. pl.* Placenta del útero.

paridad *s. f.* **1.** Comparación de una cosa con otra por ejemplo o símil. **2.** Igualdad o semejanza de las cosas entre sí.

pariente, ta *s. m. y s. f.* Respecto de una persona, cada uno de los ascendientes, descendientes y colaterales de su misma familia, y por consanguinidad o afinidad.

parietal *s. m.* Cada uno de los dos huesos situados en las partes media y laterales de la cabeza.

parietaria *s. f.* Planta herbácea, anual, urticácea, con tallos rojizos, ramas muy cortas y flores en grupos, pequeñas y verdosas.

parigual *adj.* Igual o muy semejante.

parihuela *s. f.* Mueble compuesto de dos varas gruesas como las de la silla de manos, con unas tablas atravesadas en medio, donde se coloca la carga para llevarla entre dos. Se usa más en pl.

parir *v. intr.* **1.** Expeler la hembra de cualquier especie vivípara el feto que tenía concebido. También tr. **2.** *fig.* Salir a luz lo que estaba oculto o ignorado.

parla *s. f.* Verbosidad insustancial.

parlador, ra *adj.* Hablador. También s. m. y s. f.

parladuría *s. f.* Habladuría.

parlamentar *v. intr.* **1.** Hablar, conversar unos con otros. **2.** Entrar en tratos para un arreglo, capitulación.

parlamentario, ria *s. m. y s. f.* Miembro de un parlamento.

parlamento *s. m.* **1.** Órgano político formado por los representantes de la nación y compuesto por una o dos cámaras. **2.** Edificio donde tiene su sede este órgano.

parlanchín *adj., fam.* Que habla mucho y con imprudencia.

parlar *v. tr.* **1.** Hablar con soltura. **2.** Hablar mucho y sin sustancia.

parlotear *v. intr.* Charlar mucho y sin sustancia.

parloteo *s. m.* Acción y efecto de parlotear.

parnaso *s. m.* Conjunto de todos los poetas, o de los de un pueblo o tiempo concreto.

paro *s. m.* **1.** Interrupción de un ejercicio o de una explotación industrial o agrícola por parte de los patronos. **2.** Situación de la persona que se encuentra sin trabajo.

parodia *s. f.* Imitación burlesca de una obra seria de literatura, del estilo de un escritor, de un género de poemas, etc.

parodiar *v. tr.* Hacer una parodia de una obra literaria, del estilo de un escritor, etc.

paródico, ca *adj.* Perteneciente o relativo a la parodia, que la encierra o incluye.

parola *s. f.* **1.** *fam.* Labia, verbosidad. **2.** *fam.* Conversación larga e insustancial.

parónimo, ma *adj.* Se dice de cada uno de dos o más vocablos que tienen entre sí semejanza, por su etimología, por su forma o por su pronunciación.

paronomasia *s. f.* Semejanza entre dos o más vocablos que sólo se diferencian por la vocal acentuada en cada uno de ellos.

parótida *s. f.* Cada una de las dos glándulas salivales situadas debajo del oído y detrás de la mandíbula inferior.

paroxismo *s. m.* Exacerbación o acceso violento de una enfermedad.

paroxítono, na *adj.* Se dice del vocablo que lleva su acento tónico en la penúltima sílaba.

parpadear *v. intr.* Abrir y cerrar los ojos.

parpadeo *s. m.* Acción de parpadear.

párpado *s. m.* Cada uno de los dos repliegues movibles cubiertos por la piel, que sirven para resguardar el ojo en el ser humano, los mamíferos, las aves y numerosos reptiles.

parpalla *s. f.* Moneda de cobre que valía dos cuartos.

parpar *v. intr.* Gritar el pato.

parque *s. m.* Sitio cercado y con plantas, para caza o recreo.

parqué *s. m.* Entarimado construido de maderas policromadas, formando dibujos geométricos.

parquedad *s. f.* Moderación económica y prudente en el uso de las cosas.

parra[1] *s. f.* Vid, especialmente la que está levantada artificialmente.

parra[2] *s. f.* Vaso de barro, bajo y ancho, con dos asas.

parrafear *v. intr.* Hablar excesivamente y sin sustancia.

párrafo *s. m.* Cada una de las divisiones de un escrito señaladas por letra mayúscula al principio del renglón y punto y aparte al final del trozo de escritura.

parral *s. m.* Conjunto de parras sostenidas con una armazón adecuada.

parranda *s. f., fam.* Jolgorio, diversión.

parrandear *v. intr.* Andar de parranda.

parricida *adj.* Persona que mata a su padre, a su madre o a su cónyuge. También s. m. y s. f.

parricidio *s. m.* Muerte violenta que alguien da a su ascendiente, descendiente o cónyuge.

parrilla *s. f.* Utensilio de hierro en figura de rejilla, con mango y pies, que se usa para poner a la lumbre lo que se ha de asar.

parro *s. m.* Pato.

parrocha *s. f.* Sardina chica.

párroco *s. m.* Cura, sacerdote encargado de las almas de una feligresía. También adj.

parroquia *s. f.* **1.** Feligresía, conjunto de feligreses. **2.** Territorio que está bajo la jurisdicción espiritual del cura párroco.

parroquial *adj.* Perteneciente o relativo a la parroquia.

parroquiano, na *adj.* Perteneciente a determinada parroquia. También s. m. y s. f.

parsimonia *s. f.* **1.** Frugalidad y moderación en los gastos. **2.** Circunspección, templanza.

parsimonioso, sa *adj.* **1.** Que procede con parsimonia. **2.** Frugal, circunspecto.

parte *s. f.* **1.** Cada una de las fracciones que resultan de dividir un todo. **2.** Porción que le corresponde a alguien en un reparto. **3.** Sitio o lugar.

partear *v. tr.* Asistir el facultativo o la comadrona a la mujer que está de parto.

partencia *s. f.* Acto de partir, marcha.

partero, ra *s. m. y s. f.* Persona que tiene por oficio asistir a la mujer que está de parto.

parterre *s. m.* Jardín o parte de él con césped, flores y anchos paseos.

partesana *s. f.* Arma ofensiva, a modo de alabarda, con el hierro muy grande, ancho y cortante por ambos lados.

partición *s. f.* Reparto o división entre algunas personas, de hacienda, herencia, etc.

participación *s. f.* **1.** Acción y efecto de participar. **2.** En la lotería, recibo en que un particular, poseedor de un billete, acredita que otra persona juega en su número una cantidad determinada.

participar *v. tr.* **1.** Dar parte, noticiar, comunicar. || *v. intr.* **2.** Tener alguien parte en una cosa o tocarle algo de ella.

partícipe *adj.* Que tiene parte en algo o entra con otros a la parte en su distribución.

participio *s. m.* Forma no personal del verbo llamada así porque en sus varias aplicaciones participa, ya de la índole del verbo, ya de la del adjetivo.

partícula *s. f.* **1.** Parte pequeña. **2.** Parte indeclinable de la oración.

particularidad *s. f.* Singularidad, individualidad.

particular *adj.* **1.** Propio y privativo de una persona o cosa. **2.** Se dice de la persona que no tiene título o empleo que la distinga de los demás ciudadanos.

particularizar *v. tr.* **1.** Expresar una cosa con todas sus particularidades y circunstancias. || *v. prnl.* **2.** Distinguirse.

partida *s. f.* **1.** Acción de partir o salir de un punto para otro. **2.** Registro de bautismo, confirmación, matrimonio o entierro, que se hace en los libros de las parroquias o del registro civil. **3.**

Copia certificada de alguno de estos registro. **4.** Guerrilla.

partidario, ria *adj.* **1.** Que sigue un partido o bando o entra en él. **2.** Adicto a una persona o idea.

partido *s. m.* **1.** Parcialidad o agrupación de los que siguen una misma opinión o doctrina. **2.** Distrito o territorio de una jurisdicción o administración.

partidura *s. f.* Raya que divide el cabello en dos partes.

partija *s. f.* Partición, repartimiento.

partiquino, na *s. m. y s. f.* Cantante que ejecuta en las óperas partes muy breves o de escasa importancia.

partir *v. tr.* **1.** Dividir una cosa en dos o más partes. **2.** Hender, rajar. ‖ *v. intr.* **3.** *fig.* Empezar a caminar, ponerse en camino.

partitivo, va *adj.* Se dice del nombre y del adjetivo numeral que expresan división de un todo en partes, como mitad, medio, tercia, cuarta, etc.

partitura *s. f.* Texto completo de una obra musical para varias voces o instrumentos.

parto *s. m.* El ser que ha nacido.

parturienta *adj.* Se dice de la mujer que está de parto o lo ha estado recientemente.

párulis *s. m.* Flemón, tumor en las encías.

parva[1] *s. f.* Mies tendida en la era.

parva[2] *s. f.* Parvedad, pequeña porción de alimento.

parvada *s. f.* Conjunto de pollos recién nacidos.

parvedad *s. f.* **1.** Pequeñez, poquedad. **2.** Escasa porción de alimento que se toma por la mañana en los días de ayuno.

parvero *s. m.* Montón largo que se forma de la parva para aventarla.

parvificar *v. intr.* Achicar, reducir el tamaño de alguna cosa.

parvo, va *adj.* Pequeño.

párvulo, la *adj.* **1.** Que está en la niñez. También s. m. y s. f. **2.** *fig.* Inocente, que sabe poco o es fácil de engañar.

pasa *s. f.* Uva seca. También adj.

pasable *adj.* Que se puede pasar con facilidad.

pasacalle *s. m.* Marcha popular de compás muy movido, que se toca generalmente con guitarras o vihuelas.

pasada *s. f., fig. y fam.* Mal comportamiento de una persona o cosa.

pasadera *s. f.* Cada una de las piedras que se ponen para atravesar charcos, arroyos, etc.

pasadillo *s. m.* Especie de bordado que pasa por ambos lados de la tela.

pasadizo *s. m.* Paso estrecho que ataja.

pasado, da *adj.* **1.** Que ha sucedido en un tiempo pretérito. ‖ *s. m.* **2.** Tiempo que pasó, cosas que sucedieron en él.

pasador *s. m.* Barrita de hierro sujeta con grapas a una hoja de puerta o ventana, o a una tapa, que sirve para cerrar corriéndola hasta hacerla entrar en una hembrilla fija en el marco.

pasaje *s. m.* **1.** Lugar por donde se pasa. **2.** Estrecho entre dos islas o entre una isla y tierra firme. **3.** Trozo o lugar de un libro, escrito, composición literaria, musical, etc. que ofrece cierta particularidad.

pasajero, ra *s. m. y s. f.* Persona que viaja en un vehículo pagando, por lo general, el precio de transporte. ‖ *adj.* **2.** Que pasa presto o dura poco.

pasamanería *s. f.* **1.** Oficio de pasamanero. **2.** Establecimiento donde se vende.

pasamano *s. m.* **1.** Especie de galón, cordones, flecos y demás adornos de oro, plata, seda, etc. que se hacen y sirven para guarnecer y adornar los vestidos y otras cosas. ‖ *s. f.* **2.** Barandilla.

pasapán *s. m., fig. y fam.* Garguero, tragadero.

pasaporte *s. m.* Licencia por escrito que se obtienen para poder pasar libre y seguramente de un pueblo o país a otro.

pasapuré *s. m.* Especie de colador usado para homogeneizar o triturar comidas como patatas, lentejas, verduras, etc., convirtiéndolas en puré.

pasar *v. tr.* **1.** Llevar, conducir de un sitio a otro. **2.** Penetrar o traspasar. **3.** Transferir o traspasar una cosa de un sujeto a otro. También intr. ‖ *v. intr.* **4.** Vivir, tener salud.

pasarela *s. f.* **1.** Puente pequeño o provisional. **2.** Pasillo estrecho por el que desfilan los modelos de ropa.

pasatiempo *s. m.* Diversión y entretenimiento en que se pasa el rato.

pasavolante *s. m.* Acción ejecutada ligeramente, o con brevedad y sin reparo.

pascua *s. f.* En la Iglesia Católica, fiesta solemne de la Resurrección del Señor.

pascual *adj.* Perteneciente o relativo a la pascua.

pascuilla *s. f.* Domingo después del de Pascua de Resurrección.

pase *s. m.* Licencia por escrito para pasar algunos géneros de un lugar a otro, transitar por algún sitio, entrar en un local, etc.

pasear *v. intr.* **1.** Andar por diversión o por hacer ejercicio. ‖ *v. tr.* **2.** Hacer paseos a alguien o a algo.

paseo *s. m.* Lugar público destinado para pasearse.

pasera *s. f.* Lugar donde se ponen a desecar las frutas para que se hagan pasas.

pasible *adj.* Que puede o es capaz de padecer.

pasicorto, ta *adj.* Que tiene corto el paso.

pasiflora *s. f.* Pasionaria.

pasillo *s. m.* Pieza de paso, larga y angosta, en un edificio.

pasión *s. f.* Cualquier perturbación o afecto desordenado del ánimo.

pasional *adj.* Perteneciente o relativo a la pasión, especialmente amorosa.

pasionaria *s. f.* Planta pasiflorácea, con tallos trepadores, ramosos, flores olorosas, grandes y solitarias, y fruto amarillo del tamaño y figura de un huevo de paloma.

pasivo, va *adj.* **1.** Se dice del sujeto que recibe la acción del agente, sin cooperar a ella. **2.** Se dice del haber o pensión que disfrutan algunas personas en virtud de servicios prestados.

pasmar *v. tr.* **1.** Enfriar mucho o bruscamente. **2.** Causar a alguien suspensión o pérdida de los sentidos y del movimiento.

pasmarote *s. m. y s. f., fam.* Persona embobada.

pasmo *s. m.* **1.** Efecto de enfriamiento que se manifiesta por romadizo, dolor de huesos, etc. **2.** Admiración extremada que deja como suspensa la razón y el discurso.

paso *s. m.* **1.** Movimiento de cada uno de los pies que hace una persona al andar para ir de una parte a otra. **2.** Espacio comprendido en la longitud de un pie y la distancia entre éste y el talón del que se ha movido hacia delante para ir de una parte a otra. **3.** Pieza dramática muy breve.

paso, sa *adj.* Se dice de la fruta curada y desecada al sol, y también por cualquier otro procedimiento.

pasquín *s. m.* Escrito anónimo de contenido satírico u ofensivo.

pasta *s. f.* **1.** Masa blanda formada con diversas cosas machacadas. **2.** Encuadernación de los libros que se hace de cartones cubiertos con pieles bruñidas, telas, etc.

pastaflora *s. f.* Pasta hecha con harina, azúcar y huevo, que se deshace en la boca.

pastar *v. intr.* Pacer.

pastel *s. m.* Masa de harina y manteca, en que de ordinario se envuelve crema o dulce, cocida después al horno.

pastelear *v. intr., fig. y fam.* Contemporizar por miras interesadas.

pastelería *s. f.* Lugar donde se hacen o venden pasteles.

pastelero, ra *s. m. y s. f.* Persona que tiene por oficio hacer o vender pasteles.

pastelillo *s. m.* Especie de dulce hecho de masa de mazapán u otra masa delicada y relleno de dulce.

pastero, ra *s. m. y s. f.* Persona que echa en los capachos la pasta de la aceituna molida.

pasteurizar *v. tr.* Esterilizar la leche, el vino y otros líquidos, según el procedimiento de Pasteur.

pastilla *s. f.* Pequeña porción de pasta medicinal.

pastinaca *s. m.* Pez marino selacio, comestible, de cabeza puntiaguda, cuerpo aplastado, de medio metro de diámetro, liso, cola delgada y armada con un aguijón muy fuerte, a manera de anzuelo, con los bordes aserrados y con el cual hiere el animal para defenderse.

pastizal *s. m.* Terreno de abundante pasto para caballerías.

pasto *s. m.* Hierba que pace el ganado en el mismo terreno donde se cría.

pastor, ra *s. m. y s. f.* Persona que guarda, guía y apacienta el ganado.

pastoral *s. f.* Especie de drama bucólico, cuyos interlocutores son pastores y pastoras.

pastorear *v. tr.* Llevar los ganados al campo y cuidar de ellos mientras pacen.

pastorela *s. f.* **1.** Tañido y canto sencillo y alegre a modo del que usan los pastores. **2.** Composición poética en que intervienen generalmente un caballero y una pastora, desarrollada en la literatura provenzal de los siglos XI y XII.

pastoreo *s. m.* Ejercicio o acción de pastorear el ganado.

pastoril *adj.* Característico de los pastores.

pastosidad *s. f.* Calidad de pastoso.

pastoso, sa *adj.* Se dice de las cosas que al tacto son suaves y blandas a semejanza de la masa y la pasta.

pastueño *adj.* Se dice del toro de lidia que acude sin recelo al engaño.

pastura *s. f.* Porción de comida que se les da a los animales.

pasturaje *s. m.* Derechos que se pagan por llevar los ganados a pastar.

pata *s. f.* **1.** Pie y pierna de los animales. **2.** Hembra del pato.

patada *s. f.* Golpe dado de llano con la planta del pie o con la pata del animal.

patalear *v. intr.* Doblar las piernas o patas violentamente y con ligereza, para herir con ellas o en respuesta a un dolor.

pataleo *s. m.* Ruido hecho con las patas o los pies.

pataleta *s. f., fam.* Convulsión, enfado, especialmente cuando se cree que es fingido.

patán *s. m.* **1.** *fam.* Hombre inculto y rústico. **2.** *fam.* Hombre tosco y grosero.

patarata *s. f.* Cosa ridícula y despreciable.

patata *s. f.* Planta herbácea con tallos ramosos, fruto en baya y raíces fibrosas con tubérculos redondeados o rojizos por dentro y que son uno de los alimentos más útiles y nutritivos para el ser humano.

patatal *s. m.* Terreno plantado de patatas.

patatús *s. m., fam.* Accidente leve.

pateadura *s. f., fig. y fam.* Reprensión.

patear *v. tr.* **1.** *fam.* Dar golpes con los pies. **2.** *fig. y fam.* Tratar desconsiderada y rudamente a alguien, al reprenderle, al reprobar sus obras o al discutir con él.

patena *s. f.* Platillo de oro, plata u otro metal dorado, en el cual se pone la hostia en la misa.

patentar *v. tr.* Obtener la patente de un invento.

patente *adj.* **1.** Manifiesto, visible. ‖ *s. f.* **2.** Título o despacho para el goce de un empleo o privilegio.

patentizar *v. tr.* Hacer patente una cosa.

pateo *s. m., fam.* Acción de patear o dar patadas en señal de enojo.

pátera *s. f.* Barca de poco calado.

paternal *adj.* Propio del afecto, cariño o solicitud de padre.

paternidad *s. f.* Calidad de padre.

paterno, na *adj.* Perteneciente al padre, o propio suyo, o derivado de él.

pateta *s. m.* Persona que tiene un vicio en la conformación de los pies o de las piernas.

patético, ca *adj.* Capaz de conmover y agitar el ánimo con afectos vehementes, y con particularidad dolor, tristeza o melancolía.

patetismo *s. m.* Calidad de patético.

patiblanco, ca *adj.* Se dice del animal que tiene blancas las patas.

patibulario, ria *adj.* Que por su repugnante aspecto o perversa condición produce horror o espanto, como en general los condenados al patíbulo.

patíbulo *s. m.* Tablado o lugar en que se ejecuta la pena de muerte.

paticojo, ja *adj., fam.* Cojo. También s. m. y s. f.

patilla *s. f.* **1.** Porción de barba que se deja crecer en cada uno de los carrillos. **2.** Gozne de las hebillas.

patín *s. m.* Aparato para patinar.

pátina *s. f.* Barniz de color aceitunado que, a consecuencia de la humedad, se aprecia en los objetos de bronce.

patinar *v. intr.* **1.** Deslizarse con patines. **2.** Resbalar o dar vueltas las ruedas de un vehículo sin que éste avance.

patio *s. m.* Espacio cerrado con paredes o galerías, que en algunos edificios y casas se deja al descubierto.

patiquebrar *v. tr.* Romper una o más patas a un animal. También prnl.

patitieso, sa *adj., fam.* Se dice de la persona que, por un accidente repentino, se ha quedado sin sentido ni movimiento en las piernas.

patizambo, ba *adj.* Que tiene las piernas torcidas hacia fuera y junta mucho las rodillas.

pato *s. m.* Ave palmípeda, con el pico más ancho en la punta que en la base, cuello y tarsos cortos, y una mancha de reflejos metálicos en cada ala.

patochada *s. f.* Disparate, sandez.

patógeno, na *adj.* Se dice de lo que origina las enfermedades.

patojo, ja *adj.* Que tiene las piernas o pies torcidos o desproporcionado.

patología *s. f.* Parte de la medicina que trata del estudio de las enfermedades.

patológico, ca *adj.* Perteneciente a la patología.

patólogo, ga *s. m. y s. f.* Persona especialista en patología.

patoso, sa *adj.* Se dice de la persona sosa que presume de simpática y aguda.

patraña *s. f.* Mentira o noticia fabulosa.

patrañero *adj.* Que suele contar o inventar patrañas. También s. m. y s. f.

patria *s. f.* Lugar, ciudad o país en que alguien ha nacido.

patriarca *s. m.* **1.** Nombre que se da a algunos personajes de la Biblia por haber sido cabezas de dilatadas y numerosas familias. **2.** Título de dignidad concedido por el Papa a algunos prelados. **3.** *fig.* Persona que por su edad y sabiduría ejerce autoridad moral en una familia o en una colectividad.

patriarcado *s. m.* Sistema social fundado sobre el predominio de los hombres sobre las mujeres.

patriarcal *adj.* Perteneciente o relativo al patriarca y a su autoridad y gobierno.

patricio, cia *adj.* Descendiente de los primeros senadores romanos establecidos por Rómulo, cuyo conjunto constituía la clase social noble o privilegiada.

patrimonial *adj.* Perteneciente a alguien por razón de su patria, padre o antepasados.

patrimonio *s. m.* Hacienda que una persona hereda de sus ascendientes.

patrio, tria *adj.* Perteneciente a la patria.

patriota *s. m. y s. f.* Persona que tiene amor a su patria o trabaja por ella.

patriótico, ca *adj.* Perteneciente al patriota o a la patria.

patriotismo *s. m.* Amor a la patria.

patrística *s. f.* Ciencia que tiene por objeto el conocimiento de la doctrina, obras e ideas de los Padres de la Iglesia.

patrocinador, ra *s. m. y s. f.* **1.** Que patrocina. ‖ *s. m.* **2.** Empresa, institución o marca comercial que subvenciona una campaña, un deporte.

patrocinar *v. tr.* Defender, proteger.

patrocinio *s. m.* Amparo, auxilio, protección de la persona que patrocina algo.

patrología *s. f.* Tratado y colección de los escritos sobre los Santos Padres.

patrón, na *s. m. y s. f.* **1.** Santo titular de una iglesia, un pueblo, una congregación, etc. **2.** Amo, dueño de un negocio o de una explotación.

patronal *s. f.* Conjunto de patronos o empresarios.

patronato *s. m.* **1.** Derecho, poder o facultad que tienen el patrono o patronos. **2.** Corporación que forman los patronos.

patronazgo *s. m.* Patronato.

patronear *v. tr.* Ejercer el cargo de patrón en una embarcación.

patronero *s. m.* Patrono, miembro de un patronato.

patronímico, ca *adj.* Se dice del apellido que antiguamente se daba en España a los hijos, formado del nombre de sus padres.

patrono, na *s. m. y s. f.* **1.** Defensor, protector, amparador. **2.** Persona que emplea obreros en trabajos manuales.

patrulla *s. f.* Pequeña partida de gente armada, que ronda en las plazas, campamentos y líneas avanzadas, para mantener su orden y seguridad.

patrullar *v. intr.* Rondar una patrulla.

patuco *s. m.* Calzado infantil de punto y en forma de bota.

patullar *v. intr.* Pisar con fuerza y desatentadamente.

paúl *s. m.* Sitio pantanoso cubierto de hierbas.

paular *s. m.* Pantano o atolladero.

paulatino, na *adj.* Que procede u obra despacio o lentamente.

paulilla *s. f.* Palomilla, mariposa.

paulina *s. f., fig. y fam.* Carta ofensiva anónima.

pauperismo *s. m.* Existencia de gran número de pobres en un Estado.

paupérrimo, ma *adj. sup.* de pobre, muy pobre.

pausa *s. f.* **1.** Breve interrupción del movimiento, acción o ejercicio. **2.** Tardanza, lentitud.

pausado, da *adj.* Que obra con pausa o lentitud.

pauta *s. f.* **1.** Instrumento para rayar el papel. **2.** *fig.* Norma, costumbre.

pautar *v. tr.* **1.** Rayar el papel con la pauta. **2.** *fig.* Dar reglas o determinar el modo de hacer o ejecutar una acción.

pava *s. f.* Fuelle grande usado en ciertos hornos metalúrgicos.

pavada *s. f.* **1.** Manada de pavos. **2.** *fig. y fam.* Sosería, insulsez.

pavana *s. f.* Antigua danza de origen español, grave y seria, de movimientos pausados.

pavés *s. m.* Escudo oblongo y de bastante tamaño que cubría casi todo el cuerpo.

pavesa *s. f.* Partícula incandescente que se desprende de una materia encendida y acaba en ceniza.

pavezno *s. m.* Pavipollo.
pavía *s. f.* Variedad del melocotón, cuyo fruto tiene la piel lisa y la carne jugosa y pegada al hueso.
pávido, da *adj., poét.* Tímido, cobarde.
pavimentar *v. tr.* Revestir el suelo con ladrillos, baldosines, etc.
pavimento *s. m.* Suelo, superficie artificial hecha para que el piso esté sólido y pulido.
pavipollo *s. m.* Pollo del pavo.
pavisoso, sa *adj.* Bobo, soso, sin gracia ni arte.
pavo *s. m.* Ave gallinácea de plumaje pardo verdoso con reflejos cobrizos y manchas blanquecinas en los extremos de las alas y de la cola.
pavón *s. m.* Nombre de ciertas mariposas, llamadas así por tener ocelos redondeados en las alas como el pavo real.
pavonar *v. tr.* Dar pavón al hierro o al acero.
pavonazo *s. m.* Color mineral rojo oscuro con que se suple el carmín en la pintura al fresco.
pavonear *v. intr.* Hacer alguien vana ostentación de su gallardía. Se usa más como prnl.
pavoneo *s. m.* Acción de pavonear o pavonearse.
pavor *s. m.* Temor con espanto y sobresalto.
pavorido, da *adj.* Despavorido, lleno de pavor.
pavoroso, sa *adj.* Que causa pavor.
pavura *s. f.* Pavor, temor.
payasada *s. f.* Acción o dicho propios de payaso.
payaso, sa *s. m. y s. f.* **1.** Titiritero que hace de gracioso con traje, ademanes y gestos ridículos en los circos y en las ferias. **2.** Persona poco seria.
payés, sa *s. m. y s. f.* Campesino o campesina de Cataluña o de las Islas Baleares.
payuelas *s. f. pl.* Viruelas.
paz *s. f.* Equilibrio interior, estado de ánimo en tranquilidad.
pazguato, ta *adj.* Simple, que se pasma y admira de lo que ve y oye.
pazo *s. m.* En Galicia, casa solariega, formada por un palacete y jardín o parque.
pea *s. f.* Embriaguez, borrachera.
peaje *s. m.* Cantidad de dinero que hay que pagar por el derecho de tránsito en un lugar.
peal *s. m.* Parte de la media que cubre el pie.
peana *s. f.* **1.** Basa para colocar encima una figura u otra cosa. **2.** Tarima que hay delante del altar, arrimada a él.
peatón *s. m. y s. f.* Persona que camina a pie.
pebete *s. m.* Pasta hecha con polvos aromáticos, que encendida, exhala un humo muy fragante.
pebetero *s. m.* Vaso de quemar perfumes.
pecador, ra *adj.* Sujeto al pecado o que puede cometerlo. También s. m. y s. f.
pecaminoso, sa *adj., fig.* Se aplica a las cosas que están o parecen contaminadas de pecado.
peca *s. f.* Cualquiera de las manchas pequeñas y de color pardo que suelen salir en el cutis.
pecado *s. m.* **1.** Toda acción u omisión voluntaria contra la ley de Dios o algún precepto de la Iglesia. **2.** Lo que se aparta de lo recto y justo.
pecar *v. intr.* **1.** Quebrantar la ley de Dios. **2.** Faltar a cualquier precepto o regla.
pecblenda *s. f.* Mineral constituido por óxido de uranio, con pequeñas cantidades de plomo y de elementos raros, como el torio, radio, itrio, nitrógeno, helio y argón.
peceño, ña *adj.* Que tiene el color de la pez.
pecera *s. f.* Vasija o globo de cristal, llena de agua, para tener a la vista algunos peces de colores.
pechar *v. tr.* Pagar pecho o tributo.
peche *s. m.* Pechina.
pechera *s. f.* Pedazo de lienzo o paño con que se abriga el pecho.
pechero, ra *adj.* Obligado a pagar o contribuir con pecho o tributo. También s. m. y s. f.
pechiblanco, ca *adj.* Se dice del animal que tiene el pecho blanco.
pechigonga *s. f.* Juego de naipes en que se dan nueve cartas a cada jugador en tres veces; se puede envidar según se van recibiendo.
pechina *s. f.* Cada uno de los cuatro triángulos curvilíneos que forman el anillo de la cúpula con los arcos torales sobre que estriba.
pechirrojo *s. m.* Pardillo, pájaro.
pecho *s. m.* Parte del cuerpo humano, comprendida entre el cuello y el vientre, y en cuya cavidad se contienen el corazón y los pulmones.
pechuga *s. f.* Pecho del ave, que está dividido en dos, a una y otra parte del esternón.
pechugona *adj., fig.* Se dice de la mujer de pecho abultado. También s. f.
pechuguera *s. f.* Tos pectoral y tenaz.
pecilgo *s. m.* Pellizco.
pecina *s. f.* Cieno negruzco de los charcos o cauces en donde hay materias orgánicas en descomposición.
pecíolo *s. m.* Rabillo de la hoja.
pécora *s. f.* Cabeza de ganado lanar.

Lengua española

Gramática

Fonología

Morfología

Normas ortográficas

Reglas básicas en el empleo de las letras

Uso de las mayúsculas

Acentuación

Los signos de puntuación

Gramática española

FONOLOGÍA

Los sonidos: clasificación fonética

Los estudios fonéticos sobre la lengua española han establecido un amplio repertorio de sonidos o fonos. Señalamos a continuación los rasgos más importantes con los que se identifican estos sonidos:

1. CARACTERÍSTICAS ACÚSTICAS

Los sonidos poseen diferente intensidad, tono, timbre o duración de sus ondas sonoras.

2. CARACTERÍSTICAS ARTICULATORIAS

2. 1. Sonidos vocálicos
El aire sale libremente en las cavidades supraglóticas. Se pueden clasificar según:

A. El punto de articulación:
- **palatales**
- **mediales**
- **velares**

B. El grado de abertura labial:
- **cerrados**
- **semicerrados**
- **abiertos**

2. 2. Sonidos consonánticos
El aire se ve parcial o totalmente interrumpido en su salida en las cavidades supraglóticas. Se pueden clasificar según:

A. El número de resonadores utilizados:
- **orales**: la resonancia se produce en la cavidad bucal.
- **nasales**: la resonancia se produce en las fosas nasales.

B. La vibración glótica:
- **sonoros**: la articulación se produce con vibración de las cuerdas vocales.
- **sordos**: las cuerdas vocales no vibran.

C. El punto de articulación (intervención y localización de los órganos fonadores):
1. Labiales:
   - **bilabiales**: intervienen el labio inferior y el superior.
   - **labiodentales**: intervienen el labio inferior y el borde de los incisivos superiores.
2. Linguales:
   - **interdentales**: intervienen la punta de la lengua y el borde de los incisivos superiores.
   - **dentales**: intervienen la cara interior de los incisivos superiores y la punta de la lengua.
   - **alveolares**: intervienen la punta de la lengua y la cara interna de los alveolos.
   - **palatales**: intervienen el predorso de la lengua y el paladar duro.
   - **velares**: intervienen la parte posterior de la lengua y el velo del paladar.

D. El modo de articulación (según la forma de interrupción del aire):
- **oclusivos**: se produce un cierre total momentáneo que impide la salida del aire.
- **fricativos**: se combina una oclusión con una fricación.
- **africados**: el aire sale rozando por una pequeña estrechez.
- líquidos:
  - **laterales**: clase de fricativas en las que el aire sale rozando por los lados de la lengua.
  - **vibrantes**: la lengua vibra obstruyendo y permitiendo la salida del aire repetidamente.

2. 3. Sonidos no consonánticos y no vocálicos
- semivocálicos
- semiconsonánticos

Es importante recalcar que cada sonido está condicionado tanto por la vecindad de otros sonidos como por la realización particular de cada hablante. En cuanto a su representación gráfica, cada letra suele representar varios sonidos o varias letras un mismo sonido sin que exista una correspondencia biunívoca. Así las letras "b" y "v" representan en la lengua castellana los siguientes sonidos:

[b]: sonido bilabial oclusivo sonoro. Ejemplo: *cumbre* [kúmbre].

[ƀ]: sonido bilabial fricativo sonoro. Ejemplo: *ova* [óƀa].

[ƀ̥]: sonido bilabial fricativo sordo. Ejemplo: *abstracto* [aƀ̥stráktoI.

Los fonemas: clasificación fonológica

La gran variedad de sonidos es agrupada dentro del sistema de una lengua en fonemas (elementos cuyo inventario es siempre más reducido) en un proceso de gramaticalización. Los sonidos no son por sí mismos portadores de significado pero si una diferencia mayor o menor entre dos sonidos es capaz de acompañarse de una diferencia de significado en el proceso del habla, los sonidos quedan adscritos indirectamente a la función significativa. Esta diferencia de sonidos en que se basa su capacidad diferenciadora de significados es a lo que se reduce el sistema fonológico de una lengua. Cada fonema queda entonces constituido, más que por sus rasgos positivos, por el hecho de contrastar con todos los restantes.

El sistema fonológico español posee veinte fonemas consonánticos y cinco vocálicos. Presentamos una clasificación sistemática de todos ellos con sus rasgos distintivos.

FONEMAS VOCÁLICOS			
Grado de abertura	Punto de articulación		
	palatal	**medial**	**velar**
cerrado	/i/		/u/
semicerrado	/e/		/o/
abierto		/a/	

FONEMAS CONSONÁNTICOS								
Punto de articulación	Sonoridad	Modo de articulación						
		BUCALES					NASALES
		oclusivas	**africadas**	**fricativas**	**laterales**	**vibrantes**	
bilabial	sonora	/b/					/m/
	sorda	/p/					
labiodental	sonora						
	sorda			/f/			
interdental	sonora						
	sorda			/θ/			
dental	sonora	/d/					
	sorda	/t/					
alveolar	sonora				/l/	/r/ /r̄/	/n/
	sorda			/s/			
palatal	sonora			/y/	/ḽ/		/ɲ/
	sorda		/ĉ/				
velar	sonora	/g/ /w̜/					
	sorda	/k/		/x/			

Frente a los veinticuatro fonemas del sistema fonológico español, el alfabeto español posee un total de veintisiete letras si descontamos los fonogramas "ch", "ll" y "rr". El siguiente cuadro establece las correspondencias entre letras y fonogramas con fonemas.

CORRESPONDENCIA ENTRE FONEMAS Y LETRAS		
Fonemas	Ejemplos	Letras
/a/	*abeja, hacer*	**a, ha**
/b/	*bota, vida, wagneriano*	**b, v, w**
/θ/	*cera, zapato*	**c, z**
/ĉ/	*chocolate*	**ch**
/d/	*domicilio*	**d**
/e/	*emoción, helado*	**e, he**
/f/	*figura*	**f**
/g/	*golpe, guitarra*	**g, gu**
/i/	*idea, rey, historia*	**i, y, hi**
/y/	*yema, hielo*	**y, hi**
/x/	*joven, genio*	**j, g**
/k/	*cosa, kilogramo, quemar*	**c, k, qu**
/l/	*lámina*	**l**
/l̮/	*llavero*	**ll**
/m/	*madera, invierno*	**m, n**
/n/	*naturaleza*	**n**
/n̮/	*ñame*	**ñ**
/o/	*opinión, hospital*	**o, ho**
/p/	*pico*	**p**
/r̄/	*carro, enredo, raza*	**rr, r**
/r/	*puro*	**r**
/s/	*sabio*	**s**
/t/	*taza*	**t**
/u/	*unidad, huracán*	**u, hu**
/u̯/	*hueso*	**u +V́**

Los prosodemas

Son elementos de naturaleza fonológica caracterizados por su irreductibilidad al análisis por segmentos y por el hecho de presuponer una secuencia de segmentos. Los prosodemas de la lengua española son dos: el acento de intensidad y la entonación.

1. ACENTO DE INTENSIDAD

- Definición: relieve que se da a una sílaba al pronunciarla con una mayor intensidad o fuerza espiratoria.
- Localización: afecta a todos los fonemas de la sílaba acentuada.
- Clasificación: en relación con el acento de intensidad las palabras se clasifican en:
  - **Acentuadas**: son palabras que pueden constituir enunciados independientes. Poseen un solo acento.
  - **Inacentuadas**: artículos, ciertos pronombres, adverbios, preposiciones, conjunciones y ciertas partículas.
- Particularidad: algunas palabras son acentuadas o inacentuadas dependiendo de la construcción oracional. Por ejemplo, el adverbio *donde* es inacentuado como adverbio locativo y acentuado como interrogativo.
- Nota: el acento de intensidad no ha de confundirse con el acento ortográfico o tilde.

2. ENTONACIÓN

- Definición: la entonación de una frase depende de las variaciones de alturas musicales que permiten la formación de varios tipos de curvas melódicas.
- Función: la línea melódica en que una frase está inscrita agrega a ésta determinados componentes que, asociados a las pausas de elocución y a los acentos de intensidad, sirven para organizar sintácticamente la oración (si ésta tiene varios miembros) y para poner de relieve las funciones referencial, conminativa y expresiva del lenguaje.
- Localización: la unidad melódica coincide en su extensión con la del grupo fónico; está limitada por dos pausas normales sucesivas.
- Clasificación oracional según la entonación: según la línea melódica, la entonación puede ser **enunciativa, exclamativa** e **interrogativa**.

MORFOLOGÍA

La palabra

La palabra es la unidad lingüística formada por uno o más monemas que en el discurso hablado está delimitada por dos pausas virtuales y, en la escritura, por dos espacios blancos.

1. CONSTITUYENTES BÁSICOS Y SU TIPOLOGÍA

<table>
<tr><td colspan="4">MONEMA: unidad mínima significativa</td></tr>
<tr><td rowspan="2">Lexemas o morfemas lexicales</td><td colspan="3">Libres</td></tr>
<tr><td colspan="3">Trabados</td></tr>
<tr><td rowspan="8">Morfemas gramaticales</td><td rowspan="3">Independientes</td><td colspan="2">Determinantes</td></tr>
<tr><td rowspan="2">Nexos</td><td>Conjunciones</td></tr>
<tr><td>Preposiciones</td></tr>
<tr><td rowspan="5">Dependientes o trabados</td><td rowspan="2">Desinencias</td><td>Flexivos</td></tr>
<tr><td>No verbales</td></tr>
<tr><td rowspan="3">Afijos o derivativos</td><td>Prefijos</td></tr>
<tr><td>Sufijos</td></tr>
<tr><td>Interfijos</td></tr>
</table>

- Los **lexemas verbales** también se denominan radical, raíz o base. Ej.: *pens-*.
- Los **lexemas libres** constituyen por sí solos palabras con significado pleno. Ej.: *ayer.*
- Los **morfemas gramaticales independientes** constituyen por sí solos palabras. Ej.: *los.*
- Los **morfemas gramaticales dependientes** o **trabados**, sus clases y su organización dentro de las palabras, son los elementos básicos del análisis morfológico.
- Los **morfemas flexivos verbales** indican el tiempo, modo, aspecto, voz, persona y número de los verbos. Ej.: (cant)*-abas.*
- Las **desinencias no verbales** indican el género y el número de sustantivos, adjetivos y pronombres. Ej.: (gat)*-a.*
- Los **afijos** o derivativos se clasifican por su posición en la palabra. Los **prefijos** se sitúan delante del lexema. Ej.: *in-* (capaz). Los **sufijos** al final del lexema. Ej.: (bel)*-dad.* Y los **interfijos** entre el prefijo y el lexema como en (en)-s-(anche) o entre el lexema y el sufijo como en (pan)*-ec-*(illo).

2. PROCEDIMIENTOS DE FORMACIÓN

Atendiendo al número y tipo de morfemas que forman una palabra, ésta puede ser:

- **Simple**: si está formada por un morfema independiente o por un lexema. Ej.: *sol, a.*
- **Compuesta**: si está formada por dos o más lexemas. Ej.: *paraguas.*
- **Derivada**: si está formada por la combinación de un lexema con uno o más afijos. Ej: *panadería.*
- **Parasintética**: la que está formada por la combinación de un prefijo más un lexema más un sufijo, siempre que no exista independientemente la combinación de ese prefijo con ese lexema ni la combinación de ese lexema con el sufijo. Ej.: *reblandecer* (no existe *rebland* ni *blandecer*).

Categorías gramaticales: clasificación y accidentes

Atendiendo exclusivamente a criterios morfológicos las palabras se agrupan en diferentes clases o categorías gramaticales. Las palabras de una misma categoría comparten morfemas similares al tiempo que desempeñan las mismas funciones sintácticas.

SUSTANTIVOS Y ADJETIVOS

Constituyen dos categorías gramaticales diferentes pero comparten morfológicamente los mismos morfemas desinenciales de género y número.

1. GÉNERO

Los morfemas de género oponen en la lengua castellana las formas masculinas y las femeninas.

Masculino	**Femenino**	Ejemplos
-o	**-a**	*gato/gata*
ø	**-a**	*león/leona*
ø	**-esa, -isa** **-ina, -triz**	*abad/abadesa* *poeta/poetisa* *héroe/heroína* *actor/actriz*

Entre las **excepciones** a la regla general de la variación de género por los morfemas señalados se encuentran:

- Sustantivos y adjetivos de **forma única**, es decir, sin marcas morfemáticas de género. Su género ha de deducirse por el artículo o, en el caso de sustantivo de forma única, por la marca de género del adjetivo. Ej.: *el gran reloj, la gran pared.*
- Sustantivos de **género ambiguo**: se refieren a cosas y pueden llevar indistintamente artículos femeninos o masculinos sin variar su significado. Ej.: *la mar/el mar.*
- Sustantivos y adjetivos de **género común**: se refieren a personas y pueden llevar artículos en femenino o en masculino, variando con ello su significado en relación al género. Ej.: *el joven pianista/la joven pianista.*

No hay que confundir los sustantivos y adjetivos de género común con las palabras homónimas en las que la variación de género del artículo implica un cambio de significado. Ej.: *el frente/la frente.* Los homónimos son palabras diferentes entre las que no se establece una oposición morfemática de género.

- Sustantivos de **género epiceno**: se refieren generalmente a animales. Carecen de morfemas desinenciales de género y no admiten variaciones de género en el artículo. Para especificar su género se recurre a la aposición del lexema *macho/hembra.* Ej.: *un delfín macho/un delfín hembra.*

2. NÚMERO

Los morfemas de número indican en la lengua castellana la oposición entre el **singular** y el **plural**. El singular es el término no marcado (es decir, sin morfemas desinenciales específicos) frente al plural cuyos morfemas son "**-s**" o "**-es**".

Normas generales: adjetivos y sustantivos forman el plural según su terminación:

- Terminados en vocal no tónica (excepto "-y"), añaden el morfema **-s**. Ej.: libro/libr*os*, buen*o*/buen*os.*
- Terminados en consonante o en "-y", añaden el morfema **-es**. Ej.: tre*n*/tre*nes,* fáci*l*/fáci*les.*
- Terminados en vocal "-a" o "-e" tónicas: añaden **-s**. Ej.: mam*á*/mam*ás.*
- Terminados en "-i", "-o", "-u" tónicas, añaden **-es**. Ej.: rub*í*/rub*íes,* israel*í*/israel*íes.*

Excepciones:

• Los sustantivos no agudos terminados en "-s" o en "-x" no varían en plural y singular. Ej.: *tórax, gastritis.*

• Existen sustantivos especiales con géneros irregulares. Ej.: *soleá/soleares, lord/lores.*

• Existen sustantivos y adjetivos que nunca se utilizan en singular o carecen de él. Ej.: *víveres, nupcias, ambos.*

• Los nombres compuestos agregan morfemas de número únicamente a su último lexema a excepción de *hijodalgo/hijosdalgo.*

3. CLASIFICACIÓN DE LOS SUSTANTIVOS

<table>
<tr><td rowspan="3">PROPIOS</td><td colspan="3">Antropónimos</td></tr>
<tr><td colspan="3">Topónimos</td></tr>
<tr><td colspan="3">Patronímicos</td></tr>
<tr><td rowspan="4">COMUNES</td><td colspan="3">Abstractos</td></tr>
<tr><td rowspan="3">Concretos</td><td colspan="2">Colectivos</td></tr>
<tr><td rowspan="2">Individuales</td><td>Contables</td></tr>
<tr><td>No contables</td></tr>
</table>

• Los nombres **propios** individualizan la persona o el objeto que designan. Pueden ser :

- ANTROPÓNIMOS o de persona. Ej.: *Juan.*
- TOPÓNIMOS o de lugares. Ej.: *Tajo.*
- PATRONÍMICOS o apellidos. Ej.: *Álvarez.*

• Los **comunes** designan un objeto o un conjunto de objetos sin individualizarlos. Pueden ser:

- CONCRETOS: los que se refieren a seres que existen en la realidad con independencia. Ej.: *mesa.*
- ABSTRACTOS: los que se refieren a cualidades que no pueden existir independientemente. Ej.: *belleza.*
- COLECTIVOS: los que, estando en singular, designan una pluralidad de objetos. Ej.: *pinar.*
- INDIVIDUALES: los que en singular se refieren a un solo objeto. Ej.: *silla.*
- CONTABLES: los que designan objetos que pueden contarse. Ej.: *lámpara.*
- NO CONTABLES: los que no se pueden contar. Ej.: *agua.*

4. CLASIFICACIÓN DE LOS ADJETIVOS

4. 1. **CALIFICATIVOS**: indican una cualidad. Se clasifican:

a) Según su valor semántico:

• ESPECIFICATIVOS: seleccionan un objeto de entre el conjunto al que pertenece. Ej.: *gato manso.*

• EXPLICATIVOS o EPÍTETOS: señalan una de las cualidades del sustantivo. Ciertos epítetos no añaden un significado al sustantivo pues la cualidad ya está implícita en él. Ej.: *nieve blanca.*

b) Según su grado:

• POSITIVO: el adjetivo indica simplemente una cualidad del sustantivo.

• COMPARATIVO: cuando compara la cualidad de un ser con la de otro.

• SUPERLATIVO: cuando indica la cualidad con gran intensidad. Puede ser:

- Absoluto: no compara.
- Relativo: sí compara.

<table>
<tr><th colspan="2">FORMACIÓN DEL COMPARATIVO Y SUPERLATIVO</th></tr>
<tr><td rowspan="3">COMPARATIVO</td><td>de superioridad: más + adj. + que
El coche es más rápido que la bicicleta</td></tr>
<tr><td>de igualdad: tan + adj. + que
Juan es tan alto como Luis</td></tr>
<tr><td>de inferioridad: menos + adj. + que
El cuaderno es menos grueso que el libro</td></tr>
<tr><td rowspan="2">SUPERLATIVO</td><td>Absoluto: - con los suf. -ísimo/-érrimo
- con los adv. muy, alto, etc.
- con los pref. super-, extra-
Muy alto, altísimo, superalto</td></tr>
<tr><td>Relativo: - el/los más + adj. + de
- el/los menos + adj. + de
El más alto de la clase</td></tr>
</table>

<table>
<tr><th colspan="3">COMPARATIVOS Y SUPERLATIVOS IRREGULARES</th></tr>
<tr><th>Positivo</th><th>Comparativo</th><th>Superlativo</th></tr>
<tr><td>bueno</td><td>mejor</td><td>óptimo</td></tr>
<tr><td>malo</td><td>peor</td><td>pésimo</td></tr>
<tr><td>grande</td><td>mayor</td><td>máximo</td></tr>
<tr><td>pequeño</td><td>menor</td><td>mínimo</td></tr>
<tr><td>alto</td><td>superior</td><td>supremo</td></tr>
<tr><td>bajo</td><td>inferior</td><td>ínfimo</td></tr>
</table>

4. 2. **DETERMINATIVOS**: precisan la significación del sustantivo sin exponer cualidades.

• **NUMERALES**: indican una idea de número.

Clase	Definición	Formas
Cardinales	Expresan número	**un, dos, tres...**
Ordinales	Expresan orden	**primero, segundo, tercero...**
Múltiplos	Expresan producto	**doble, triple...**
Partitivos	Expresan división	**medio, un cuarto, una décima parte...**
Distributivos	Expresan distribución	**cada, sendos**

• **INDEFINIDOS**: indican cantidad aproximada.

algún (o **alguno**), **alguna, algunos, algunas**
ningún (o **ninguno**), **ninguna, ningunos, ningunas**
un, uno, una, unos
poco, poca, pocos, pocas
mucho, mucha, muchos, muchas
cierto, cierta, ciertos, ciertas
demasiado, demasiada, demasiados, demasiadas
todo, toda, todos, todas
tanto, tanta, tantos, tantas
bastante, bastantes
diversos, diversas
varios, varias
tal, tales
cualquier o **cualquiera**
demás

• **POSESIVOS**: indican idea de posesión o pertenencia.

Poseedor	Persona	Singular	Plural
Uno	1ª	**mío/mía, mi**	**míos/mías, mis**
	2ª	**tuyo/tuya, tu**	**tuyos/tuyas, tus**
	3ª	**suyo/suya, su**	**suyos/ suyas, sus**
Varios	1ª	**nuestro/nuestra**	**nuestros/nuestras**
	2ª	**vuestro/vuestra**	**vuestros/vuestras**
	3ª	**suyo/suya, su**	**suyos/suyas, sus**

• **DEMOSTRATIVOS**: indican idea de lugar o de tiempo.

	Singular	Plural
Cerca del hablante	**este/esta**	**estos/estas**
Cerca del oyente	**ese/esa**	**esos/esas**
Lejos de los dos	**aquel/aquella**	**aquellos/aquellas**

• **RELATIVOS**: establecen una relación con una palabra del texto.

cuyo, cuya, cuyos, cuyas
cuanto, cuanta, cuantos, cuantas

• **INTERROGATIVOS**: limitan al sustantivo con actitud interrogativa.

qué, cuánto, cuánta, cuántos, cuántas

• **EXCLAMATIVOS**: limitan al sustantivo ponderándolo.

qué, cuánto, cuántos, cuántas

PRONOMBRES Y ARTÍCULOS

1. PRONOMBRES

Los pronombres constituyen una categoría gramatical definida por la función de suplir al nombre. Su variedad morfológica está en relación con las funciones sintácticas que desempeñan.

• **PERSONALES**: designan las tres personas gramaticales en singular y en plural

Nº	Pers.	FUNCIÓN DE SUJETO	FUNCIÓN DE OBJETO	FUNCIÓN DE TÉRMINO
SINGULAR	1ª	**yo**	**me**	**mí, conmigo**
	2ª	**tú** **usted**	**te** **lo, la, le, se**	**ti, contigo** **sí, usted, consigo**
	3ª	**él** **ella** **ello**	**lo, le, se** **la, le, se** **lo**	**sí, consigo, él** **sí, consigo, ella** **ello**
PLURAL	1ª	**nosotros/as**	**nos**	**nosotros/as**
	2ª	**vosotros/as** **ustedes**	**os** **los, las, les, se**	**vosotros/as** **sí, ustedes**
	3ª	**ellos** **ellas**	**los, les, se** **las, les, se**	**sí, ellos** **sí, ellas**

• **INDEFINIDOS**: significan cantidad imprecisa o indeterminación.

Se refieren sólo a personas	**alguien, nadie, quienquiera**
Se refieren sólo a cosas	**algo, nada**
Se refieren tanto a personas como a cosas	**cualquiera, alguno, ninguno, todo, mucho, bastante, poco, uno, demasiado, varios**

• **RELATIVOS**: hacen referencia a un sustantivo anterior llamado antecedente.

SINGULAR		PLURAL	
Masculino	Femenino	Masculino	Femenino
que, el que	**que, la que**	**que, los que**	**que, las que**
el cual	**la cual**	**los cuales**	**las cuales**
quien	**quien**	**quienes**	**quienes**
cuyo	**cuya**	**cuyos**	**cuyas**
cuanto	**cuanta**	**cuantos**	**cuantas**

También son pronombres relativos los adverbios relativos **donde, cuando** y **como**.

• **INTERROGATIVOS Y EXCLAMATIVOS**: aparecen en construcciones interrogativas y exclamativas.

qué, cuál, cuáles, quién, quiénes cuánto, cuánta, cuántos, cuántas dónde, cuándo, cómo

• **DEMOSTRATIVOS**: indican proximidad o lejanía de un objeto respecto a las personas gramaticales.

	Singular	Plural	Invariables
Cerca del hablante	**éste** **ésta** **esto**	**éstos** **éstas**	**aquí**
Cerca del oyente	**ése** **ésa** **eso**	**ésos** **ésas**	**ahi**
Lejos de los dos	**aquél** **aquélla** **aquello**	**aquéllos** **aquéllas**	**allí, allá**

• **REFLEXIVOS**: sustituyen en una oración a un sintagma nominal que es igual al sintagma nominal sujeto.

Nº/persona	Primera	Segunda	Tercera
Singular	**me**	**te**	**se**
Plural	**nos**	**os**	**se**

• **RECÍPROCOS**: sustituyen a dos o más sintagmas nominales que intercambian sus acciones.

Nº/persona	Primera	Segunda	Tercera
Plural	**nos**	**os**	**se**

2. ARTÍCULO

Los artículos son, morfológicamente, morfemas indicadores de género y número del sustantivo al que acompañan. Sintácticamente modifican directamente al sustantivo pero, frente al adjetivo, tienen la particularidad de preceder siempre al sustantivo.

		Singular	Plural
Definidos	Masculino	**el**	**los**
	Femenino	**la**	**las**
	Neutro	**lo**	
Indefinidos	Masculino	**un**	**unos**
	Femenino	**una**	**unas**

PALABRAS INVARIABLES: CONJUNCIONES, PREPOSICIONES Y ADVERBIOS

1. CONJUNCIONES

Son morfemas relacionales libres que indican relaciones de adición, exclusión, oposición, consecuencia, causalidad, finalidad, comparación.

CONJUNCIONES COORDINANTES		
Clases	Conjunciones	Significado
COPULATIVAS	**y, e, ni**	Relacionan unos elementos con otros sumándolos.
DISYUNTIVAS	**o, u** **ya...ya** **ora...ora** **bien...bien**	Relacionan unos elementos de modo que uno excluye al otro.
ADVERSATIVAS	**mas, pero** **sino, salvo** **sin embargo,** **no obstante**	Relacionan elementos que se oponen.
CONSECUTIVAS	**luego,** **así que,** **conque,** **de modo que**	Relacionan elementos cuando uno es consecuencia del otro.

CONJUNCIONES SUBORDINANTES	
Clases	Conjunciones
SUSTANTIVAS o COMPLETIVAS	**que**
ADVERBIALES o CIRCUNSTANCIALES	
CAUSALES	**porque, puesto que, pues...**
CONSECUTIVAS	**luego, así que...**
CONDICIONALES	**si, siempre que, como...**
CONCESIVAS	**aunque, aún cuando...**
COMPARATIVAS	**como si, como que...**
TEMPORALES	**cuando, después de que...**
LOCATIVAS	**donde, por donde...**
MODALES	**como, según que, sin que...**
FINALES	**para que, a fin de que...**

2. PREPOSICIONES

Las preposiciones son morfemas relacionales libres que expresan una gran variedad de relaciones entre dos sintagmas, como materia, instrumento, medio, lugar en donde, procedencia, dirección, compañía, tiempo, agente, etc.

a, ante, cabe, con, contra, de, desde, entre, hacia, hasta, para, por, según, sin, so, sobre, tras

Con la misma función existen en la lengua española **locuciones prepositivas** formadas por un adverbio y una o dos preposiciones (ej.: *por encima de*) o por un sustantivo y una o dos preposiciones (ej.: *a favor de*).

3. ADVERBIO

Es un modificador directo del verbo, del adjetivo o de otro adverbio. Se puede clasificar:

- Según su forma:

SIMPLES	Formados por una sola palabra: *bien, luego, mucho*
COMPUESTOS	Formados por un adjetivo con terminación femenina y el sufijo **-mente**; y si el adjetivo tiene una sola terminación para los dos géneros, añadiendo al adjetivo el sufijo **-mente**: *buenamente, felizmente.*

- Según ciertas construcciones en las que puede aparecer:

INTERROGATIVOS Y EXCLAMATIVOS	**¿dónde?, dónde**
	¿cuándo?, cuándo
	¿cómo?, cómo, ¡cómo!
	¿cuánto?, cuánto, ¡cuánto!
RELATIVOS	**donde, cuando, como, cuanto**

- Segun sus grados de significación:

Grado		Ejemplos
POSITIVO		*Vino tarde*
COMPARATIVO	de superioridad	*Vino más tarde*
	de igualdad	*Vino tan tarde como ayer*
	de inferioridad	*Vino menos tarde que ayer*
SUPERLATIVO	absoluto	*Vino tardísimo*
	relativo	*Ése es el que va más deprisa*

-Según su significado:

DE TIEMPO		
ahora	anoche	temprano
antes	anteanoche	siempre
después	recién	nunca
hoy	entonces	jamás
mañana	luego	ya
ayer	pronto	todavía
anteayer	tarde	
DE LUGAR		
aquí	arriba	atrás
ahí	abajo	afuera
allí	delante	allende
allá	detrás	dondequiera
acá	enfrente	donde
cerca	encima	dónde
lejos	junto	adonde
dentro	alrededor	
fuera	debajo	
DE MODO		
bien	adrede	cual
mal	regular	ágilmente
así	apenas	sabiamente
despacio	como	buenamente
aprisa	cómo	distraídamente
DE CANTIDAD		
mucho	harto	poco
demasiado	excepto	muy
bastante	salvo	casi
medio	tanto	menos
mitad	tan	algo
sólo	cuanto	
nada	además	
DE ORDEN		
antes	primero	sucesivamente
después	primeramente	respectivamente
DE AFIRMACIÓN		
sí	claro	también
ciertamente	verdaderamente	seguramente
cierto	realmente	
DE NEGACIÓN		
no	tampoco	jamás
nada	nunca	
DE DUDA		
quizá o quizás	probablemente	acaso
tal vez		

EL VERBO

1. CARACTERÍSTICAS MORFOLÓGICAS

Los componentes básicos de un verbo son un lexema, denominado base, al que se le añaden **morfemas verbales**. Los morfemas verbales pueden ser:

• **de persona**: indican las tres personas gramaticales.
- *Primera:* la que habla.
  yo
- *Segunda:* la que escucha.
  tú
- *Tercera:* aquella de quien se habla.
  él

• **de número**: indican cuántos realizan la acción.
- *Singular:* la acción la realiza un solo ser.
  yo corro
- *Plural:* la acción la realizan dos o más.
  nosotros vamos

• **de tiempo**: indican la localización temporal de la acción verbal.
- *Presente:* la acción se está realizando.
  yo como
- *Pretérito:* la acción se ha realizado.
  yo comí
- *Futuro:* la acción se realizará.
  yo comeré

• **de modo**: indican el modo en que el hablante considera la acción verbal.
- *Indicativo:* con objetividad.
- *Subjuntivo:* subjetivamente.
- *Imperativo:* como un mandato.

• **de aspecto**: indican una perspectiva sobre la acción verbal, bien considerándola en su cumplimiento o bien en su desarrollo. El aspecto diferencia los tiempos perfectos o compuestos más el pretérito indefinido o perfecto simple de los tiempos simples o formas verbales imperfectivas.
- *Perfectivo:* se considera la acción en su cumplimiento.
  yo comí
- *Imperfectivo:* acción en su desarrollo.
  yo comía

• **de voz**: indican si el sujeto realiza la acción o la padece.
- *Activa:* el sujeto es agente (realiza la acción).
  yo escribo
- *Pasiva:* el sujeto es paciente (padece la acción).
  yo soy amado

Respecto a los morfemas verbales es importante señalar la existencia de amalgamas morfemáticas: un mismo morfema recoge diferentes valores morfemáticos. Ej.: *-aba* es un morfema de tiempo (pretérito), de modo (indicativo) y de aspecto (imperfecto).

Además de los morfemas verbales, ciertos lexemas también admiten **morfemas derivativos** con los que se forman las formas no personales de los verbos: infinitivo, gerundio y participio.

INFINITIVO: es un sustantivo verbal masculino		
Terminación	am**ar** (1ª) tem**er** (2ª) part**ir** (3ª)	
Función sintáctica	Verbo	Al *salir* de casa... (N. del pred.)
	Sustantivo	Quiero *cantar*... (O. D.)
GERUNDIO: es un adverbio verbal		
Terminación	am**ando** (1ª) tem**iendo** (2ª) part**iendo** (3ª)	
Función sintáctica	Verbo	*Haciendo* eso,... (N. del pred.)
	Adverbio	Se marchó *llorando*... (C. C.)
PARTICIPIO: es un adjetivo verbal		
Terminación	am**ado** (1ª) tem**ido** (2ª) part**ido** (3ª)	
Función sintáctica	Verbo	*Acabado* el libro,...(N. del pred.)
	Adjetivo	Juan es *agradecido*... (PVO.)

2. CLASIFICACIÓN

CLASE	DEFINICIÓN
Transitivos	Su significación general se concreta con un objeto directo. *Escribir algo, cantar algo*
Reflexivos	Transitivos en los que el objeto directo representa al mismo sujeto. *Peinarse, lavarse*
Recíprocos	Transitivos en los que hay varios sujetos, cada uno de los cuales recibe la acción de los otros. *Saludarse, tutearse, amarse*
Intransitivos	Son los que se usan en toda su amplitud significativa (sin objeto directo). *Nacer, vivir*
Cuasi-reflejos o de voz media	Intransitivos construidos con pronombres personales átonos que indican un matiz de participación personal del sujeto en la acción. *Arriesgarse, atreverse, irse, marcharse*
Copulativos	Significación general de existencia o estado. Enlace entre sujeto y predicativo. *Ser, estar*
Auxiliares	Acompañan a otros perdiendo gran parte de su significado propio, pero aportando al conjunto distintos matices. *Haber, ser*

3. VERBOS IRREGULARES

Se denomina verbos irregulares a aquellos que no siguen el paradigma modelo de su conjugación bien porque cambian la base en algunos tiempos o personas o bien porque algunos de sus morfemas verbales son distintos a los del verbo modelo de su conjugación. Se pueden distinguir las siguientes irregularidades:

• **Verbos con irregularidades particulares**
Son aquellos que presentan formas irregulares en algunos de sus tiempos, modos o personas.

• **Verbos defectivos**
Son aquellos que no se conjugan en todos sus tiempos y personas. Dentro de los defectivos, los verbos unipersonales son aquellos que sólo se conjugan en una tercera persona, generalmente en singular, pero en todos los tiempos y modos.

• **Verbos con irregularidad acentual**
Los verbos terminados en "-iar", "-uar" y aquellos en que en la última sílaba de su base se encuentran los diptongos "-ai-" o "-au-" presentan irregularidades acentuales relativas a la conservación o no conservación de los diptongos.

• **Verbos con irregularidad ortográfica**
Su irregularidad no está provocada por razones morfológicas sino exclusivamente ortográficas. Señalamos aquí las particularidades ortográficas que les caracterizan.

Los terminados en	cambian	por	seguidos de	en los siguientes tiempos
-car (abarcar)	**c**	**qu**	-e	Presente de subjuntivo y de imperativo (*abarque, abarques,...*) y 1.ª s. del pret. perfecto simple (*abarqué*)
-gar (ahogar)	**g**	**gu**	-e	Presente de subjuntivo y de imperativo (*ahogue, ahogues,...*) y 1.ª s. del pret. perfecto simple (*ahogué*)
-zar (abrazar)	**z**	**c**	-e	Presente de subjuntivo y de imperativo (*abrace, abraces, ...*) y 1.ª de s. del pret. perfecto simple (abracé)
-cer, -cir (convencer, esparcir)	**c**	**z**	-a, -o	Presente de subjuntivo y de imperativo (*convenza, convenzas,...*) y 1.ª s. del presente de indicativo (*convenzo, esparzo*)
-ger, -gir (proteger, elegir)	**g**	**j**	-a, -o	Presente de subjuntivo y de imperativo (*proteja, protejas,...*) y 1.ª s. del presente de indicativo (*protejo, elijo*)
-guir (erguir)	**gu**	**g**	-a, -o	Presente de subjuntivo y de imperativo (*yerga, yergas,...*) y 1.ª s. del presente de indicativo (*yergo*)
-quir (delinquir)	**qu**	**c**	-a, -o	Presente de subjuntivo y de imperativo (*delinca, delincas,...*) y 1.ª s. del presente de indicativo (*delinco*)

Normas ortográficas

REGLAS BÁSICAS EN EL EMPLEO DE LAS LETRAS

b/v

• Se escriben con **b** todas las palabras que empiezan por **bi-**, **bis-** o **biz-** (prefijos que significan dos veces), por **bibl-**, **bu-**, **bur-**, **bus-** y también las compuestas que empiezan por **bien-** o **bene-**. Ej.: *bifocal, bisabuelo, bizcocho, bibliografía, bufanda, burladero, busto, bienhablado, benevolente.*

• Se escriben con **b** todos los verbos acabados en **-bir**, **-buir**, **-ber**, **-eber**, excepto *servir, hervir, vivir, atreverse, precaver* y los derivados de *ver.* Ej.: *recibir, contribuir, caber, deber.*

• Se escriben con **b** todas las formas verbales del pretérito imperfecto de indicativo de los verbos de la primera conjugación y las del verbo *ir.* Ej.: *amaba, ibas.*

• Se escriben con **b** los adjetivos terminados en **-bundo** y los sustantivos que acaban en **-bilidad**, excepto *movilidad* y *civilidad.* Ej.: *vagabundo, respetabilidad.*

• Se escribe una **b** al final de sílaba antes de otra consonante. Ej.: *absurdo, absolución.*

• Se escriben con **v** todas las formas verbales del pretérito perfecto simple y del futuro de subjuntivo de los verbos *andar, estar, tener* y sus compuestos. Ej.: *anduviste, estuvo, contuviere, retuvieron.*

• Se escriben con **v** los adjetivos acabados en **-avo, -ava, -evo, -eva, -ivo, -iva e -ive** (excepto los adjetivos derivados de *sílaba* y *árabe)* y todas las palabras terminadas en **-viro, -vira, -ívoro** e **-ívora**. Ej.: *doceavo, medievo, leve, triunviro, carnívoro.*

• Se escriben con **v** todas las palabras que comienzan por **vic-** (que significa 'en vez de'). Ej.: *vicedecano.*

g/j

• Se escriben con **g** los verbos que acaban en **-ger, -gir** e **-igerar**, excepto *tejer, crujir* y *brujir.* Ej.: *recoger, elegir, aligerar.*

• Se escriben con **g** todas las palabras que empiezan por **gest-** y **geo-**. Ej.: *gesta, geografía.*

• Se escriben con **j** las palabras que empiezan por **aje-** y **eje-**, excepto *agente, agencia, agenda* y sus derivados y compuestos. Ej.: *ejército, ajedrez.*

• Se escriben con **j** las palabras que terminan en **-aje**, **-eje**, **-jero**, **-jera** y **-jería**, excepto *ambage, ligero, flamígero* y *belígero.* Ej.: *garaje, hereje, cajero, tijera, relojería.*

• Se escriben con **j** las formas verbales de los verbos que no llevan *g* ni *j* en infinitivo. Ej.: *maldije* (maldecir), *contraje* (contraer).

h

• Se escriben con **h** todas las palabras que empiezan por **hia-**, **hie-**, **hue-** y **hui-**. Ej.: *hiato, hierro, hueco, hueso, huevo, huida.*

• Se escriben con **h** todas las formas de los verbos *hacer, haber, hablar, hallar* y *habitar.*

• Se escriben con **h** las palabras que comienzan por **hidr-**, **hiper-** e **hipo-**. Ej.: *hidroeléctrico, hipermercado, hipotenso.*

y/ll

• Se escribe **y** al final de la palabras que terminan en el fonema /i/ y no son agudas. Ej.: *voy, soy, ley, buey.*

• Se escriben con **y** las formas verbales de los verbos cuyo infinitivo no tenga ni **ll** ni **y**. Ej.: *cayeron* (caer), *oyó* (oír).

• Se escriben con **ll** todas las palabras terminadas en **-illo** y **-ella**. Ej.: *colilla, tomillo.*

c/z

• Se escribe **c** delante de **e** y de **i**, salvo *Ezequiel, enzima, eczema, zeta, zig-zag, zepelin, zebedeo, zéjel* y *zipizape.*

• Se escribe **c** ante **c** y **t**, excepto en *azteca.* Ej.: *acceso, acción, acto, correcto.*

m

• Se escribe **m** siempre delante de **b** y **p**. Ej.: *cambiar, campo.*

USO DE LAS MAYÚSCULAS

• Se escribe con mayúscula la letra con la que empieza un escrito y la letra que sigue a un punto, a una interrogación, a una exclamación (a no ser que tras la exclamación o la interrogación vaya una coma o un punto y coma). También se escribe con mayúscula la letra que sigue a los dos puntos en el encabezamiento de las cartas y detrás de los dos puntos que inician una cita textual.

• Se escriben con mayúscula todos los nombres propios, los apellidos, los apodos y los sobrenombres. Ej.: *Felipe VII el Deseado.*

• Se escriben con mayúscula los artículos que acompañan al nombre de las ciudades: *La Coruña, La Haya.* Sin embargo, no ha de ponerse mayúsculas en el artículo que acompaña al nombre de algunas regiones o comarcas. Ej.: *la Mancha, los Monegros.*

• Se escriben con mayúscula los nombres que designan dignidad o autoridad. Ej.: *el Presidente de Gobierno, el Director del Museo Nacional, el Obispo.* Cuando estos nombres están utilizados en sentido genérico, es decir, sin referirse a un individuo concreto, se escriben con minúscula. Ej.: *los directores, los obispos.*

• Se escriben con mayúscula los sustantivos y adjetivos del título de una obra si bien cuando se escribe a mano se admite la mayúscula sólo en la primera letra del título (que ha de ir subrayado). Ej.: *Diccionario de la Lengua Española.*

• Los nombres de los meses y de las estaciones del año pueden escribirse indistintamente con letra mayúscula o minúscula.

• Se escriben con mayúscula los tratamientos de cortesía si están abreviados. Ej.: *Sr.* (señor), *Vd.*, *Ud.* (usted).

• Se escriben con mayúscula los nombres de los puntos cardinales cuando están abreviados. Ej.: *NO* (noroeste), S (sur).

ACENTUACIÓN

Se denomina **tilde** a la rayita inclinada que se coloca sobre la vocal de la sílaba acentuada de una palabra en los siguientes casos:
1. En las **palabras agudas** que terminan en **vocal** o en consonante **-n** o **-s**. Ej.: *tabú, soñáis, cafés.*
2. En las **palabras llanas** que terminan en cualquier consonante salvo **-s** o **-n**. Ej.: *Martínez, árbol.*
3. En todas las **palabras esdrújulas** o **sobreesdrújulas**. Ej.: *práctico, bébetelo.*

Estas tres normas básicas tienen las siguientes excepciones:
• Las **palabras monosílabas** no llevan tilde excepto en los casos en que un mismo monosílabo (u otras palabras) posea dos funciones gramaticales. Entonces se emplea una tilde, llamada tilde diacrítica, para diferenciar esos dos significados gramaticales. Estos son los casos:

mí: pron. personal / **mi**: det. posesivo.
tú: pron. personal / **tu**: det. posesivo.
él: pron. personal / **el**: artículo.
sí: adv. de afirmación o pron. personal / **si**: conj. condicional.
sé: presente de indicativo de *saber* o imperativo de *ser* / **se**: pron. personal.
té: nombre común / **te**: pron. personal.
dé: presente de subjuntivo de *dar* / **de**: preposición.
más: adv. de cantidad / **mas**: conj. adversativa.
aún: sinónimo de *todavía* / **aun**: sinónimo de *incluso.*
sólo: sinónimo de *solamente* / **solo**: adj. calificativo

qué: interrogativo o exclamativo / **que**: relativo o conjunción.
quién: interrogativo o exclamativo / **quien**: relativo.
cuál: interrogativo o exclamativo / **cual**: relativo
cuánto: interrogativo o exclamativo / **cuanto**: relativo.
cúyo: interrogativo o exclamativo / **cuyo**: relativo.
dónde: interrogativo o exclamativo / **donde**: relativo.
cómo: interrogativo o exclamativo / **como**: relativo o adverbio.
cuándo: interrogativo o exclamativo / **cuando**: relativo o adverbio.

• Las palabras agudas que acaban en **-n** o **-s** y van precedidas por otra consonante no llevan tilde pero las palabras **llanas** de la misma terminación, es decir, consonante más **-n** o **-s**, llevan siempre. Ej.: *bíceps, fórceps.*

• Cuando la sílaba tónica incluye un **diptongo** o un **triptongo** y ha de llevar tilde, ésta se coloca sobre la vocal abierta (**a**, **e**, **o**) y, si las dos vocales son cerradas (**i**, **u**), sobre la segunda. Ej.: *amáis, atenuáis, casuística.*

• Las palabras cuya sílaba tónica contiene una vocal cerrada (**i**, **u**) que forma hiato con otra abierta (**a**, **e**, **o**) llevan siempre tilde. Ej.: *baúl, espía, reíd.*

• Las **palabras compuestas** presentan los siguientes casos:
- Se escriben con tilde los dos elementos que las forman si van unidos con guión y llevan tilde como palabras simples. Ej.: *físico-químico.*
- Sólo lleva tilde el segundo elemento de una palabra compuesta cuando ésta se escribe sin guión. Ej.: *decimoséptimo.*
- Los adverbios que acaban en **-mente** llevan tilde si el adjetivo de la raíz la lleva. Ej.: *prácticamente.*
- En las formas verbales que llevan pronombres enclíticos se conserva la tilde del verbo. Ej.: *víóseles.*

• Los **extranjerismos** siguen las siguientes normas:
- Si las palabras son latinas, se las acentúa siguiendo las normas de la lengua española. Ej.: *currículum.*
- Si las palabras no son latinas, conservan la tilde de la lengua original y, en ningún caso, se les añade una tilde si no la llevan en la lengua original. Ej.: *Valéry, Cocteau.*

• Las letras **mayúsculas** siguen las mismas normas que las minúsculas en lo relativo al uso de la tilde y es incorrecto omitir esa tilde tanto en la escritura a mano como a máquina. Ej.: *PAÍS.*

• Hay algunas pocas palabras que cambian la sílaba tónica al formar su **plural** y, lógicamente, llevan o no tilde según las normas básicas. Ej.: *carácter/caracteres, régimen/regímenes.*

• Algunas palabras admiten presencia o ausencia de tilde: *alvéolo/alveolo, período/periodo.*

LOS SIGNOS DE PUNTUACIÓN

Punto (.)

• Se emplea para indicar el fin de una oración, es decir, de un fragmento que tiene sentido pleno. También se coloca detrás de algunas abreviaturas (V. listado de abreviaturas).

• El **punto y aparte** se diferencia del punto y seguido en que la pausa marcada es mayor. Esta pausa es la que determina los párrafos de un texto entre los que existe una mayor diferenciación temática que entre las oraciones contiguas (las marcadas por el punto y seguido). Además, la diferencia entre un párrafo y otro suele marcarse generalmente por un espacio en blanco (denominado sangrado) situado al comienzo de la primera línea del párrafo.

• Después de un paréntesis o de unas comillas ha de ponerse el punto si la oración comienza antes de abrirse dichos paréntesis o comillas. Si las comillas o el paréntesis abarcan todo el enunciado (es decir, constituyen una oración), el punto se sitúa después de tales signos.

• No debe colocarse el punto para separar los millares de las fechas, de las páginas o de los números de teléfono.

Coma (,)

Es el signo empleado para indicar una pausa en el interior de la oración. Se usa en los siguientes casos:

• Para separar los elementos que constituyen una serie, tanto palabras como proposiciones si no van enlazadas con conjunciones.

• Para separar del resto de la frase las proposiciones de relativo explicativas y algún otro inciso explicativo dentro de la oración.

• Para destacar, dentro de la oración, el nombre que va en vocativo. Si el vocativo está situado al comienzo de la oración, irá seguido de coma; si va en medio de la frase, se coloca entre comas; si va al final, se encontrará precedido de una coma.

• Para separar una proposición subordinada que aparece delante de la principal.

• Para separar del resto de la oración ciertos adverbios y locuciones adverbiales como, por ejemplo, *por tanto, sin embargo, no obstante*, etc.

Punto y coma (;)

Señala una pausa en un escrito que no supone la independencia de las oraciones así destacadas. Se emplea en los siguientes casos:

• Para separar frases, oraciones o proposiciones en un fragmento textual que ya lleva comas.

• Para separar frases que indican un hecho y su consecuencia.

• Para destacar oraciones adversativas.

Dos puntos (:)

Sirven para marcar una pausa y hacer destacar lo que va a continuación y se emplean en los siguientes casos:

• Antes de reproducir una cita textual.

• Después del encabezamiento de las cartas.

• Antes de una explicación.

Puntos suspensivos (...)

Indican una interrupción o la conclusión imperfecta de una frase. Suelen usarse:

• Cuando se da por sabido el final de una frase y, por tanto, no se juzga necesario terminarla.

• Para indicar titubeo, duda, o, simplemente, que el hablante interrumpe inesperadamente su discurso.

• Para indicar que se ha suprimido parte de una cita textual. En este caso, los puntos suspensivos van entre corchetes y en el lugar de la parte de cita suprimida.

Paréntesis ( )

Se emplea para separar una aclaración, un inciso, del resto de la frase, como en estos casos:

• Para precisar un dato necesario (fechas, número de páginas de una obra, país, etc.).

• Para precisar y aclarar el significado con el que se usa una palabra.

• En los escritos comerciales, para reproducir con letras los números expresados en cifras.

• En las obras teatrales, para señalar las acotaciones.

Corchetes [ ]

Equivalen a un paréntesis pero se emplean:

• Cuando la aclaración o el inciso ya van dentro de otro paréntesis.

• Cuando el editor de un texto comentado juzga oportuno realizar una aclaración textual que queda así separada del texto del autor comentado.

Raya (—)

Equivale al paréntesis y, además, posee los siguientes valores:

- Indica el comienzo de la intervención de un personaje en un diálogo.

- Precisa quién es el autor de una frase o cuál es su actitud al emitirla.

Guión (-)

Es más corto que la raya y se emplea en los siguientes casos para:

• Separar palabras al final del renglón.

• Señalar el lazo de unión de las palabras compuestas.

• Separar dos fechas que indican un período de tiempo determinado.

Comillas (" ")

Se emplean:

• Para reproducir una cita textual.

• Para destacar el significado especial, generalmente irónico o de doble sentido, con el que se usa una palabra o alguna expresión.

Interrogación (¿ ?)

• Los signos de interrogación expresan preguntas directas. Si la pregunta constituye una oración, la primera palabra de la oración se escribe con mayúscula. Si la pregunta forma parte de una oración, la primera palabra comienza con minúscula a no ser que la pregunta inicie la oración. En este último caso, la palabra inicial comienza con mayúscula.

• Es normativo en castellano el uso de los dos signos de interrogación (el de inicio y el de cierre de la pregunta) y no ha de emplearse en ningún caso un punto para cerrar las preguntas.

Exclamación (¡ !)

• Los signos de exclamación indican el valor emotivo de una oración (mandato, sorpresa, indignación, etc.).

• Al igual que sucede con los signos de interrogación, es normativo el uso de los dos signos (de inicio y de cierre) y no se debe poner punto tras el signo de exclamación de cierre.

• Si la exclamación afecta a una oración entera, la letra inicial de la primera palabra se escribe con mayúscula. Si la exclamación está incluida dentro de una oración más amplia, sólo llevará mayúscula inicial la primera palabra tras el signo de exclamación inicial en el caso de que ésta palabra inicie la oración.

Partición de palabras al final del renglón

La regla general para la partición de palabras al final del renglón consiste en respetar los límites silábicos de cada palabra. Además, ha de tenerse en cuenta que:

• No deben separarse dos vocales, tanto si forman diptongo como si van en hiato.

• No debe quedar una vocal sola ni al final del renglón ni a comienzo de la línea siguiente.

• Cuando haya dos consonantes entre dos vocales, la primera de las dos consonantes se une a la vocal inmediatamente anterior a ella, y la segunda consonante, a la vocal que va detrás. Ej.: con/no/ta/ción. Sin embargo, las consonantes de ciertos grupos consonánticos son inseparables y el grupo ha de unirse obligatoriamente a la vocal siguiente. Estos grupos son: *pr, pl, br, bl, fr, fl, tr, dr, cr, cl, gr y gl.*

pecorea *s. f., fig.* Diversión ociosa y fuera de casa, andando de aquí para allí.
pecoso, sa *adj.* Que tiene pecas.
pectina *s. f.* Sustancia neutra que se encuentra en muchos tejidos vegetales y frutos.
pectíneo *s. m.* Músculo del muslo que hace doblar a éste sobre la pelvis y que hace girar el fémur.
pectoral *adj.* Perteneciente o relativo al pecho.
pectosa *s. f.* Sustancia contenida en los frutos sin madurar, a la que se atribuye el sabor áspero de éstos y que por acción de cierto fermento se transforma en pectina.
pecuario, ria *adj.* Perteneciente al ganado.
peculado *s. m.* Delito que consiste en el hurto de caudales del erario público, hecho por quien los administra.
peculiar *adj.* Propio de cada persona o cosa.
peculio *s. m.* Dinero que particularmente tiene cada uno.
pecunia *s. f., fam.* Moneda o dinero.
pecuniario, ria *adj.* Perteneciente al dinero efectivo.
pecunio *s. m.* Peculio.
pedagogía *s. f.* Arte o ciencia de educar e instruir a los niños.
pedagógico, ca *adj.* Perteneciente o relativo a la pedagogía.
pedagogo, ga *s. m. y s. f.* Perito en pedagogía.
pedal *s. m.* Palanca que pone en movimiento un mecanismo oprimiéndola con el pie.
pedalear *v. intr.* Poner en movimiento los pedales. Se dice especialmente de los de las bicicletas.
pedáneo *adj., fig.* Se aplicaba al alcalde de un lugar o aldea que sólo podía entender en negocios de escasa cuantía.
pedante *adj.* Se dice de la persona que por engreimiento hace alarde inoportuno y vano de erudición, o afecta poseerla.
pedantería *s. f.* Vicio de pedante.
pedantesco, ca *adj.* Perteneciente o relativo a los pedantes o a su estilo o modo de hablar.
pedazo *s. m.* Parte o porción de una cosa separada del todo.
peder *v. intr.* Arrojar o expeler la ventosidad del vientre por el ano. También prnl.
pederasta *s. m.* Persona que comete pederastia.
pederastia *s. f.* Abuso deshonesto cometido contra los niños.
pedernal *s. m.* Variedad de cuarzo de color gris amarillento, compacto, de fractura concoidea y translúcido en los bordes.
pedestal *s. m.* Cuerpo sólido, generalmente una basa con figura de paralelepípedo rectangular, que sostiene una columna, estatua, etc.
pedestre *adj.* **1.** Que anda a pie. **2.** *fig.* Llano, vulgar, inculto, bajo.
pediatra *s. m. y s. f.* Médico de niños.
pediatría *s. f.* Parte de la medicina que se ocupa de las enfermedades de los niños.
pedicoj *s. m.* Salto que se da con un pie solo.
pedículo *s. m.* Pedúnculo.
pedicuro, ra *s. m. y s. f.* Callista.
pedido *s. m.* **1.** Encargo hecho a un fabricante o vendedor de géneros de su tráfico. **2.** Petición.
pedigüeño, ña *adj.* Que pide con frecuencia e importunidad.
pediluvio *s. m.* Baño de pies medicinal.
pedimento *s. m.* Petición, pedidora.
pedir *v. tr.* **1.** Rogar a alguien que dé o haga una cosa, de gracia o de justicia. **2.** Querer, desear o apetecer.
pedo *s. m.* Ventosidad ruidosa que se expele del vientre por el ano.
pedorrera *s. f.* Frecuencia o muchedumbre de ventosidad expelidas del vientre.
pedorreta *s. f.* Sonido que se hace con la boca imitando el pedo.
pedrada *s. f.* Acción de lanzar una piedra contra alguna cosa.
pedrea *s. f.* Combate a pedradas.
pedregal *s. m.* Terreno cubierto casi todo él de piedras sueltas.
pedregoso, sa *adj.* Se dice del terreno naturalmente cubierto de piedras.
pedreñal *s. m.* Especie de trabuco de chispa de pedernal.
pedrera *s. f.* Cantera, sitio o lugar de donde se sacan las piedras.
pedrería *s. f.* Conjunto de piedras preciosas como diamantes, esmeraldas, rubíes, etc.
pedrero *s. m.* Cantero, persona que labra las piedras.
pedrés *adj.* Se dice de la sal gema.
pedrisco *s. m.* Granizo grueso que cae de las nubes en abundancia.
pedrisquero *s. m.* Pedrisco, granizo.
pedrusco *s. m.* Pedazo de piedra sin labrar.

pedúnculo *s. m.* Pezón, rabillo en las plantas.

peer *v. intr.* Peder. También prnl.

pega *s. f.* **1.** Baño que se da con la pez a los vasos o vasijas, tinajas, ollas, pellejos, etc. **2.** *fig.* Pregunta capciosa o difícil de contestar.

pegadizo, za *adj.* **1.** Pegajoso, que se pega. **2.** Contagioso.

pegado *s. m.* Parche o emplasto compuesto de cosas que se pegan.

pegadura *s. f.* Unión física de dos cosas pegadas entre sí.

pegajoso, sa *adj.* **1.** Que con facilidad se pega. **2.** De aspecto viscoso.

pegamoide *s. m.* Celulosa disuelta con que se impregna una tela o papel y se obtiene una especie de hule resistente.

pegar *v. tr.* **1.** Adherir una cosa con otra. **2.** *fig.* Castigar o maltratar dando golpes. || *v. prnl.* **3.** Reñir, tener una disputa.

pegote *s. m.* **1.** Emplasto que se hace de pez u otra cosa para pegar. **2.** *fam.* Persona impertinente que no se aparta de otra.

peguero, ra *s. m. y s f.* Persona que fabrica pez.

pegujal *s. m.* **1.** Peculio. **2.** *fig.* Pequeña porción de siembra, ganado o caudal.

pegujalero, ra *s. m. y s. f.* **1.** Labrador que tiene poca siembra o labor. **2.** Ganadero que tiene poco ganado.

peguntar *v. tr.* Marcar o señalar las reses con pez derretida.

peina *s. f.* Peineta.

peinado *s. m.* Adorno y compostura del cabello.

peinador *s. m.* Toalla o lienzo, que puesto al cuello, cubre el cuerpo del que se peina o afeita.

peinar *v. tr.* Desenredar, limpiar o componer el cabello a una persona.

peine *s. m.* Utensilio de madera, marfil, etc., provisto de muchos dientes espesos, con el que se limpia y compone el pelo.

peinería *s. f.* Taller donde se fabrican peines.

peineta *s. f.* Peine convexo que se usa para adornar o asegurar el peinado.

peje *s. m.* **1.** Pez, animal acuático. **2.** *fig.* Persona astuta, sagaz e industriosa.

pejepalo *s. m.* Abadejo sin aplastar y curado al humo.

pejerrey *s. m.* Pez marino acantopterigio comestible, de cuerpo fusiforme, y color plateado y reluciente.

pejesapo *s. m.* Pez marino acantopterigio comestible, con cabeza enorme, redonda y aplastada; boca grandísima, colocada, así como los ojos, en la parte superior de la cabeza.

pejiguera *s. f., fam.* Cualquier cosa de poco provecho, que causa dificultades.

peladera *s. f.* Alopecia, caída del cabello.

peladilla *s. f.* **1.** Almendra confitada, lisa y redonda. **2.** Canto rodado pequeño.

peladura *s. f.* Mondadura, corteza.

pelafustán, na *s. m. y s. f., fam.* Persona holgazana, perdida y pobretona.

pelagatos *s. m. y s. f., fig. y fam.* Persona pobre y despreciable.

pelagra *s. f.* Enfermedad crónica, con manifestaciones en la piel y perturbaciones digestivas y nerviosas.

pelaire *s. m.* Cardador de paños.

pelaje *s. m.* Naturaleza y calidad del pelo o de la lana que tiene un animal.

pelambre *s. m.* **1.** Porción de pieles que se apelambran. **2.** Conjunto de pelo en todo el cuerpo o en algunas partes de él.

pelambrera *s. f.* **1.** Lugar donde se apelambran las pieles. **2.** Porción de pelo o de vello espeso y crecido.

pelamesa *s. f.* Pelea en que los contendientes se asen de los cabellos o barba.

pelandusca *s. f.* Ramera.

pelantrín *s. m.* Labrantín, pegujalero.

pelar *v. tr.* **1.** Cortar, arrancar o raer el pelo. **2.** Desplumar. **3.** Quitar la piel, la película o la corteza a una cosa. **4.** Quitar con engaño o violencia los bienes a otro.

pelazga *s. f., fam.* Pendencia, disputa.

peldaño *s. m.* Cada uno de los planos o travesaños de una escalera.

pelea *s. f.* Combate, contienda, riña.

pelear *v. intr.* Batallar, combatir o contender con armas o sin ellas.

pelechar *v. intr.* **1.** Echar los animales pelo o pluma. **2.** *fam.* Comenzar a medrar, a mejorar de fortuna o a recobrar la salud.

pelele *s. m.* **1.** Muñeco de figura humana, de paja o trapos, que se suele poner en los balcones o que mantea el pueblo en carnaval. **2.** *fig. y fam.* Persona cándida.

pelendengue *s. m.* Cualquier adorno de poco valor.

peleón, na *adj.* **1.** Pendenciero. **2.** *fam.* Se dice del vino muy ordinario.
peleona *s. f., fam.* Pendencia, riña o contienda.
pelerina *s. f.* Esclavina.
pelete *s. m., fig. y fam.* Persona pobre, de pocos haberes.
peletería *s. f.* Comercio de pieles finas, conjunto de ellas.
peletero, ra *s. m. y s. f.* Persona que tiene por oficio adobar y componer pieles finas y venderlas.
peliagudo, da *adj., fam.* Muy difícil de resolver.
peliblanco, ca *adj.* Que tiene blanco el pelo.
peliblando, da *adj.* Que tiene el pelo blando y suave.
pelícano *s. m.* Ave palmípeda, acuática, con plumaje blanco en general, pico ancho y muy largo, con la piel de la mandíbula inferior en forma de bolsa, donde deposita los alimentos.
película *s. f.* **1.** Piel o cubierta membranosa, delgada y delicada. **2.** Lámina de celuloide con forma de cinta, que contiene una serie continua de imágenes fotográficas para reproducirlas proyectándola en una pantalla.
peligrar *v. intr.* Estar en peligro.
peligro *s. m.* **1.** Contingencia inminente de que suceda algún mal. **2.** Ocasión en que aumenta la inminencia del daño.
peligroso, sa *adj.* Que ofrece un peligro o puede ocasionar daño.
pelilargo, ga *adj.* Que tiene largo el pelo.
pelillo *s. m., fig. y fam.* Causa o motivo muy leve de desazón, y que se debe despreciar. Se usa más en pl.
pelirrojo, ja *adj.* Que tiene rojo el pelo.
pelitre *s. m.* Planta compuesta, herbácea, anual, cuya raíz, de sabor salino muy fuerte, se ha usado en medicina como masticatorio para provocar la salivación.
pella *s. f.* Masa unida y apretada.
pelleja *s. f.* Piel quitada del cuerpo del animal.
pellejería *s. f.* Oficio o comercio de pellejero.
pellejero, ra *s. m. y s. f.* Persona que tiene por oficio adobar o vender pieles.
pellejo *s. m.* **1.** Piel. **2.** Odre.
pellica *s. f.* Cobertor de cama hecho de pellejos finos.
pellico *s. m.* Zamarra de pastor.
pelliza *s. f.* Prenda de abrigo hecha o forrada de pieles finas.
pellizcar *v. tr.* Asir con el dedo pulgar y cualquiera de los otros una pequeña porción de piel y carne, apretándola de suerte que cause dolor. También prnl.
pellizco *s. m.* **1.** Acción y efecto de pellizcar. **2.** Porción pequeña de una cosa.
pello *s. m.* Especie de zamarra fina.
pellón *s. m.* Vestido talar antiguo que se hacía regularmente de pieles.
pelma *s. m. y s. f., fam.* Pelmazo.
pelmazo *s. m.* **1.** Cualquier cosa apretada o aplastada más de lo debido o conveniente. ‖ *s. m. y s. f.* **2.** *fig. y fam.* Persona calmosa y pesada en sus acciones.
pelo *s. m.* **1.** Cada uno de los filamentos cilíndricos, de naturaleza córnea, que nace y crece entre los poros de la piel de casi todos los mamíferos y de algunos otros animales. **2.** Cabello. **3.** Cualquier hebra delgada.
pelón, na *adj.* **1.** Que no tiene pelo o tiene muy poco. **2.** *fig. y fam.* Pobre.
pelonería *s. f., fam.* Pobreza, escasez o miseria.
pelopio *s. m.* Metal muy raro y semejante al niobio y al tantalio, a los que acompaña en ciertos minerales.
pelota *s. f.* **1.** Bola maciza o hueca que se usa en varios juegos, hecha de goma o cualquier otra materia elástica. **2.** Juego que se hace con ella.
pelotari *s. m. y s. f.* Persona que tiene por oficio jugar a la pelota vasca.
pelotazo *s. m.* Golpe dado con la pelota.
pelote *s. m.* Pelo de cabra, empleado para rellenar muebles de tapicería y para otros usos industriales.
pelotera *s. f., fam.* Riña, contienda.
pelotillero, ra *adj.* Adulador.
pelotón *s. m., fig.* Cuerpo de soldados, menor que una sección, al mando de un cabo o sargento.
peltre *s. m.* Aleación de cinc, plomo y estaño.
peluca *s. f.* **1.** Cabellera postiza. **2.** *fam.* Reprensión severa dada a un inferior.
peluche *s. m.* Muñeco frabricado de felpa.
pelucona *s. f., fam.* Onza de oro.
peludo, da *adj.* Que tiene mucho pelo.
peluquería *s. f.* Tienda del peluquero.
peluquero, ra *s. m. y s. f.* Persona que tiene por oficio peinar, cortar el pelo, o hacer o vender pelucas, rizos, etc.

peluquín *s. m.* Peluca pequeña o que sólo cubre parte de la cabeza.
pelusa *s. f.* **1.** Vello de algunas frutas. **2.** Pelo que se desprende de las telas con el uso.
pelvímetro *s. m.* Instrumento en forma de compás de piernas curvas, que se emplea para apreciar la forma y amplitud de la pelvis.
pelvis *s. f.* Cavidad del cuerpo humano en la parte interior del tronco, determinada por los dos coxales, el sacro y el cóccix, donde se alojan la terminación del tubo digestivo y algunos órganos del aparato excretor y genital, principalmente en la mujer.
pena *s. f.* **1.** Castigo impuesto al que ha cometido un delito o falta, por superior legítimo. **2.** Aflicción o sentimiento interior grande. **3.** Esfuerzo que cuesta una cosa.
penachera *s. f.* Penacho.
penacho *s. m.* Grupo de plumas que tienen algunas aves en la parte superior de la cabeza.
penadilla *s. f.* Penado, vasija.
penado *adj.* Se dice de una especie de vasija de boca muy estrecha usada antiguamente en España para beber. También s. m.
penal *s. m.* Lugar en que los penados cumplen condenas superiores a las de arresto.
penalidad *s. f.* **1.** Trabajo aflictivo, molestia, incomodidad. **2.** Sanción impuesta por la ley penal, las ordenanzas, etc.
penar *v. tr.* **1.** Imponer a alguien una pena. ‖ *v. intr.* **2.** Sufrir un dolor o pena.
penca *s. f.* Hoja carnosa de ciertas plantas, como la del nopal y algunas hortalizas.
penco *s. m., fam.* Jamelgo.
pendejo, ja *s. m. y s. f.* Persona de vida desordenada.
pendencia *s. f.* Contienda, riña.
pendenciar *v. intr.* Reñir.
pendenciero, ra *adj.* Propenso a riñas.
pender *v. intr.* Estar colgada, suspendida o inclinada alguna cosa.
pendiente *adj.* **1.** *fig.* Que está por resolver o terminarse. ‖ *s. m.* **2.** Arete con adorno colgante o sin él. ‖ *s. f.* **3.** Cuesta o declive de un terreno.
pendil *s. m.* Manto femenino.
pendol *s. m.* Operación que hacen los marineros con objeto de limpiar los fondos de una embarcación, cargando peso a una banda o lado y descubriendo así el fondo del costado opuesto.
péndola *s. f.* Cualquiera de las varillas verticales que sostienen el piso de un puente colgante o cosa parecida.
pendolista *s. m. y s. f.* Persona que escribe diestra y gallardamente.
pendón *s. m.* **1.** Bandera o estandarte pequeño. **2.** *fig. y fam.* Persona moralmente despreciable.
pendular *adj.* Propio del péndulo o relativo a él.
péndulo *s. m.* Cuerpo grave que puede ser suspendido desde un punto fijo por la acción combinada de la gravedad y de la inercia.
pene *s. m.* Miembro viril.
peneque *adj., fam.* Borracho, ebrio.
penetrable *adj., fig.* Que fácilmente se penetra o entiende.
penetración *s. f.* Acción y efecto de penetrar.
penetrante *adj.* Profundo, que entra mucho en alguna cosa.
penetrar *v. tr.* **1.** Introducirse un cuerpo en otro. **2.** *fig.* Comprender el interior de alguien o de una cosa dificultosa.
pénfigo *s. m.* Enfermedad cutánea caracterizada por la formación de ampollas amarillentas y llenas de un líquido seroso que fluye cuando se abren.
penicilina *s. f.* Antibiótico extraído de cierto moho.
penígero *adj., poét.* Alado, que tiene alas o plumas.
península *s. f.* Porción de tierra rodeada de agua, y que sólo por una parte relativamente estrecha, llamada istmo, está unida con otra tierra de extensión mayor.
penique *s. m.* Moneda inglesa de cobre, duodécima parte del chelín. En la actualidad corresponde a la centésima parte de la libra esterlina.
penitencia *s. f.* Sacramento según el cual, por la absolución del sacerdote, se perdonan los pecados cometidos al que los confiesa con dolor, propósito de la enmienda y demás condiciones debidas.
penitenciar *v. tr.* Imponer penitencia.
penitenciaría *s. f.* Establecimiento penitenciario en que sufren sus condenas los penados, sujetos a un régimen expiatorio y regenerador para enmendarlos y mejorarlos.
penitenciario, ria *adj.* Se aplica a cualquiera de los sistemas modernamente adoptados para castigo y corrección de los penados.
penitente *s. m. y s. f.* Persona que hace penitencia.

penol *s. m.* Extremo de las vergas.

penoso, sa *s. m.* Trabajoso, que causa pena o tiene gran dificultad.

pensador , ra *s. m. y s. f.* Persona dedicada a estudios elevados.

pensamiento *s. m.* **1.** Facultad de pensar. **2.** Acto de pensar. **3.** Idea capital de una obra cualquiera.

pensar *v. tr.* **1.** Imaginar o discurrir. **2.** Reflexionar, examinar algo con cuidado.

pensativo, va *s. m.* Que medita intensamente y está absorto y embelesado.

pensel *s. m.* Flor que se vuelve al Sol como los girasoles.

pensil *adj.* **1.** Pendiente o colgado en el aire. ‖ *s. m.* **2.** *fig.* Jardín delicioso.

pensión *s. f.* Cantidad anual que se asigna a alguien por méritos o servicios propios o extraños.

pensionar *v. tr.* Conceder pensión a una persona o establecimiento.

pensionista *s. m. y s. f.* **1.** Persona que tiene derecho a percibir una pensión. **2.** Persona que paga cierta pensión por estar en un colegio o casa particular, por sus alimentos y enseñanzas.

pentacordio *s. m.* Lira antigua de cinco cuerdas.

pentadáctilo, la *adj.* Que tiene cinco dedos o cinco divisiones en forma de dedos.

pentaedro *s. m.* Sólido de cinco caras.

pentágono *s. m.* Polígono de cinco ángulos y cinco lados.

pentagrama *s. m.* Renglonada formada con cinco rectas paralelas y equidistantes, sobre la cual se escribe la música.

pentámero, ra *adj.* Se dice de las flores compuestas de cinco partes o piezas.

pentarquía *s. f.* Gobierno formado por cinco personas.

pentasílabo, ba *adj.* Que consta de cinco sílabas.

Pentateuco *n. p.* Conjunto de los cinco primeros libros canónicos del Antiguo Testamento, escritos por Moisés. Son el Génesis, el Éxodo, el Levítico, los Números y el Deuteronomio.

pentatlón *s. m.* Ejercicio que comprende cinco pruebas: salto de longitud con carrera, lanzamiento de jabalina, carrera de 200 metros lisos, lanzamiento de disco y carrera de 1 500 metros lisos.

Pentecostés *n. p.* Festividad de la venida del Espíritu Santo, que la Iglesia celebra el domingo, quincuagésimo día que sigue al de Pascua de Resurrección, contando ambos.

pentedecágono *adj.* Se dice del polígono de quince lados y de quince ángulos. También s. m.

penúltimo, ma *adj.* Inmediatamente antes de lo último.

penumbra *s. f.* Sombra débil entre la luz y la oscuridad.

penuria *s. f.* Escasez, estrechez.

peña *s. f.* **1.** Piedra grande sin labrar. **2.** Nombre que se da a algunos círculos de recreo, deportivos, etc.

peñasco *s. m.* Peña grande y elevada.

péñola *s. f.* Pluma de ave para escribir.

peñón *s. m.* Monte peñascoso.

peón *s. m.* **1.** Persona que camina o anda a pie. **2.** Jornalero que sirve al oficial. **3.** Cualquiera de las ocho piezas iguales del juego de damas, del ajedrez y de algunos de otros tableros.

peonada *s. f.* Obra que un peón o jornalero hace en un día.

peonaje *s. m.* Conjunto de peones que trabajan en una obra.

peonería *s. f.* Tierra que ordinariamente labra una persona en un día.

peonía *s. f.* Planta perenne ranunculácea, de flores purpúreas, blancas, rosadas o amarillas, que se cultiva en los jardines.

peonza *s. f.* Juguete de madera que se hace bailar dándole con un látigo.

peor *adj.* De inferior calidad respecto de otra cosa con que se compara.

peoría *s. f.* Calidad de peor.

pepinillo *s. m.* Variedad de pepino pequeño encurtido.

pepino *s. m.* **1.** Planta herbácea, de tallos rastreros y vellosos, flores amarillentas, fruto pulposo, cilíndrico, amarillo cuando está maduro y antes verde. **2.** Fruto de esta planta.

pepión *s. m.* Moneda menuda castellana del s. XIII, cuyo valor fijó don Alfonso el Sabio en la decimoctava parte de un metical.

pepita *s. f.* Simiente plana y larga de algunas frutas.

pepitoria *s. f.* Guiso que se hace con todas las partes comestibles del ave, cuya salsa tiene yema de huevo.

peplo *s. m.* Especie de vestidura exterior usada en la antigua Grecia, amplia y suelta, sin mangas, que bajaba de los hombros a la cintura, formando generalmente caídas en punta por delante.

pepón *s. m.* Sandía.

pepona *s. f.* Muñeca grande de cartón.

pepónide *s. f.* Baya de epicarpio coriáceo, endurecido a veces, unido al cáliz, como la calabaza, el pepino y el melón.

pepsina *s. f.* Fermento segregado por la membrana mucosa del estómago, que es el principio más importante del jugo gástrico y ayuda a la digestión.

peptona *s. f.* Sustancia compleja que resulta del desdoblamiento de los albuminoides, mediante la acción del jugo gástrico.

pequeñez *s. f.* Cosa insignificante.

pequeño, ña *adj.* **1.** Corto, limitado. **2.** De muy corta edad.

pequín *s. m.* Tela de seda, pintada generalmente de varios colores, que antiguamente se traía de China.

pera *s. f.* **1.** Fruto del peral, carnoso oval y redondo. **2.** *fig.* Porción de pelo que se deja crecer en la punta de la barba.

peral *s. m.* Árbol rosáceo, de tronco recto y liso, hojas puntiagudas, flores blancas y fruto en pomo.

peraltar *v. tr.* **1.** Levantar la curva de un arco, bóveda o armadura a más altura de la correspondiente al semicírculo. **2.** Levantar el carril exterior en las curvas de las vías férreas o carreteras.

peralte *s. m.* En las carreteras, vías férreas, etc., la mayor elevación de la parte exterior de una curva en relación con la interior.

peralto *s. m.* Altura, dimensión de alto abajo.

perantón *s. m., fig. y fam.* Persona muy alta.

perborato *s. m.* Sal producida por la oxidación del borato.

perca *s. f.* Pez de río, acantopterigio, de cuerpo oblongo, escamas duras y ásperas, y carne comestible muy delicada.

percal *s. m.* Tela de algodón, más o menos fina, blanca o pintada, que sirve para vestidos femeninos y otros usos.

percalina *s. f.* Percal de un color solo que sirve para forros de vestidos y otros usos.

percance *s. m.* Contratiempo.

percatar *v. intr.* Advertir, considerar, darse cuenta, observar. También prnl.

percebe *s. m.* Crustáceo cuya concha se compone de cinco valvas y un pedúnculo carnoso comestible. Se usa más en pl.

percepción *s. f.* Acción y efecto de percibir.

perceptible *adj.* Que se puede percibir o comprender.

perceptivo, va *adj.* Que tiene virtud de percibir.

percha *s. f.* **1.** Madero o estaca larga y delgada que suele atravesarse en otras para sostener una cosa, como parras, etc. **2.** Pieza o mueble de madera o metal, con colgaderos para la ropa u otros objetos.

perchar *v. tr.* Colgar el paño y sacarle el pelo con la carda.

perchel *s. m.* Aparato de pesca que consiste en uno o varios palos dispuestos para colgar las redes.

perchero *s. m.* Conjunto de perchas o lugar en que las hay.

percherón, na *adj.* Se dice del caballo o yegua que, por su peso y corpulencia, es muy adecuado para arrastrar pesos.

percibir *v. tr.* **1.** Recibir o cobrar. **2.** Recibir por uno de los sentidos las impresiones exteriores.

percloruro *s. m.* Cloruro que contiene la cantidad máxima de cloro.

percocería *s. f.* Obra menuda de platería.

percuciente *adj.* Que hiere o golpea.

percudir *v. tr.* Penetrar la suciedad en alguna cosa.

percusión *s. f.* Familia de instrumentos musicales en los que el sonido se produce al ser golpeados con mazas, baquetas, etc., o haciendo que choquen entre sí, como el tambor, platillos.

percusor, ra *s. m. y s. f.* **1.** Persona que hiere. ‖ *s. m.* **2.** Pieza que golpea en cualquier máquina.

percutir *v. tr.* Golpear.

perder *v. tr.* **1.** Verse privado alguien de una cosa o persona. **2.** Desperdiciar, o malgastar. **3.** No conseguir lo que se espera, desea o ama. ‖ *v. prnl.* **4.** Errar alguien el camino, extraviarse.

perdición *s. f.* Acción de perder o perderse.

pérdida *s. f.* **1.** Carencia, privación de lo que se poseía. **2.** Daño o menoscabo que se recibe en una cosa.

perdido, da *adj.* **1.** Que no tiene o no lleva destino determinado. ‖ *s. m.* **2.** Persona sin provecho y sin moral.

perdigar *v. tr.* Soasar la perdiz o cualquier otra ave o vianda para que se conserve algún tiempo sin dañarse.

perdigón *s. m.* **1.** Pollo de la perdiz. **2.** Cada uno de los granos de plomo que forman la munición de caza.

perdiguero, ra *adj.* Se dice del animal que caza perdices.

perdis *s. m., fam.* Persona de poco juicio.

perdiz *s. f.* Ave gallinácea, de cuerpo grueso, cuello corto, cabeza pequeña, pies encarnados y plumaje color ceniciento rojizo con manchas encarnadas en las partes superiores.

perdón *s. m.* Indulgencia.

perdonar *v. tr.* **1.** Remitir la deuda, ofensa, falta, delito u otra cosa que toque al que remite. **2.** *fig.* Renunciar a un derecho, goce o disfrute.

perdonavidas *s. m. y s. f., fig.* Fanfarrón, valentón, que se jacta de valentías o atrocidades.

perdulario, ria *adj.* **1.** Sumamente desaliñado en sus intereses o en su persona. **2.** Vicioso incorregible.

perdurable *adj.* Perpetuo o que dura siempre.

perdurar *v. intr.* Durar mucho, subsistir.

perecedero, ra *adj.* Poco durable.

perecer *v. intr.* **1.** Acabar, morir. **2.** *fig.* Padecer un daño, trabajo o molestia.

peregrinación *s. f.* **1.** Viaje por tierras extrañas. **2.** Viaje que se hace a un santuario por devoción o por voto.

peregrinaje *s. m.* Peregrinación.

peregrinar *v. intr.* **1.** Andar alguien por tierras extrañas. **2.** Ir en romería a un santuario por devoción o por voto.

peregrino, na *adj.* **1.** Se aplica al que anda por tierras extrañas. **2.** Se dice del ave de paso. **3.** Raro, extraño, pocas veces visto.

perejil *s. m.* Planta herbácea, vivaz, de tallos angulosos, hojas lustrosas de color verde oscuro, flores blancas o verdosas y semillas menudas, parduscas aovadas y con venas muy finas que se usan como condimento.

perencejo *s. m.* Voz que designa una persona indeterminada, perengano y fulano.

perendengue *s. m.* **1.** Pendiente, arete. **2.** Cualquier adorno de poco valor.

perengano, na *s. m. y s. f.* Voz que se usa para aludir a una persona cuyo nombre se ignora o no se quiere expresar.

perenne *adj.* **1.** Incesante, continuo, perpetuo, que no tiene intermisión. **2.** Vivaz, que vive más de dos años.

perentorio, ria *adj.* **1.** Se dice del último plazo que se concede, o de la decisión que pone fin a cualquier asunto. **2.** Concluyente, decisivo, determinante.

pereza *s. f.* **1.** Negligencia o descuido en las cosas a que estamos obligados. **2.** Repugnancia al trabajo. **3.** Flojedad, tardanza en las acciones o movimientos.

perezoso, sa *adj.* Que tiene pereza.

perfección *s. f.* Calidad de perfecto.

perfeccionamiento *s. m.* Acción y efecto de perfeccionar o perfeccionarse.

perfeccionar *v. tr.* Acabar enteramente una obra, dándole el mayor grado posible de excelencia. También prnl.

perfectible *adj.* Capaz de perfeccionarse o de ser perfeccionado.

perfecto, ta *adj.* **1.** Que tiene el mayor grado posible de bondad o excelencia en su línea. **2.** De plena eficacia jurídica.

perficiente *adj.* Que perfecciona.

perfidia *s. f.* Deslealtad, traición o quebrantamiento de la fe recibida.

pérfido, da *adj.* Desleal.

perfil *s. m.* **1.** Adorno sutil y delicado. **2.** Trazo fino y delicado. **3.** Postura en que sólo se ve una de las dos mitades laterales del cuerpo.

perfilado, da *adj.* Se dice del rostro adelgazado y largo en proporción.

perfilar *v. tr.* **1.** Presentar el perfil o sacar los perfiles de alguna cosa. **2.** *fig.* Afinar, rematar esmeradamente una cosa.

perforación *s. f.* Acción y efecto de perforar.

perforar *v. tr.* Horadar.

perfumador *s. m.* Vaso o aparato para quemar perfumes y esparcirlos.

perfumar *v. tr.* **1.** Aromatizar quemando materias olorosas. **2.** *fig.* Esparcir cualquier olor bueno.

perfume *s. m.* Materia odorífica y aromática que puesta al fuego echa de sí un humo fragante y oloroso.

perfumería *s. f.* **1.** Tienda donde se preparan o venden perfumes. **2.** Arte de fabricarlos.

perfusión *s. f.* Baño, untura.

pergamino *s. m.* Piel de la res, raída, adobada y estirada, que se usa para escribir en ella, encuadernar libros, etc.

pergeñar *v. tr., fam.* Ejecutar una cosa con más o menos habilidad.

pérgola *s. f.* Jardín que tienen algunas casas sobre la techumbre.

periantio *s. m.* Envoltura de los órganos sexuales de una planta.

pericardio *s. m.* Tejido membranoso seroso que envuelve el corazón.

pericarditis *s. f.* Inflamación aguda o crónica del pericardio.

pericarpio *s. m.* Parte exterior del fruto que envuelve y protege a las semillas.

pericia *s. f.* Sabiduría, práctica, experiencia o habilidad en una ciencia o arte.

pericial *adj.* Perteneciente o relativo al perito.

periclitar *v. intr.* Peligrar, decaer, declinar.

perico *s. m.* **1.** Ave de las trepadoras, especie de papagayo pequeño. **2.** Abanico grande. **3.** Espárrago de gran tamaño.

peridoto *s. m.* Mineral cristalino, compuesto de magnesia y hierro, que suele encontrarse entre las rocas volcánicas.

periferia *s. f.* Término, contorno de una figura curvilínea.

perifollo *s. m., fig. y fam.* Adornos, especialmente los que son excesivos o de mal gusto.

perifonear *v. tr.* Transmitir por radiodifusión una pieza de música, un discurso o una noticia.

perífrasis *s. f.* Figura que consiste en expresar con un rodeo de palabras algo que hubiera podido decirse con menos.

perigallo *s. m.* Pellejo que con exceso pende de la barba o de la garganta.

perigeo *s. m.* Punto en que un cuerpo celeste se halla más próximo a la Tierra en la órbita.

perihelio *s. m.* Punto más próximo al Sol, en la órbita de un planeta.

perilla *s. f.* **1.** Adorno en figura de pera. **2.** Porción de pelo que se deja crecer en la punta de la barba.

perillán, na *s. m. y s. f., fam.* Persona pícara, astuta.

perilustre *adj.* Muy ilustre.

perímetro *s. m.* Contorno de una figura.

perínclito, ta *adj.* Heroico, ínclito en sumo grado.

perineo *s. m.* Espacio comprendido entre el ano y las partes sexuales.

perinola *s. f.* **1.** Peonza pequeña. **2.** Adorno. **3.** Mujer pequeña.

perioca *s. f.* Sumario, argumento de un libro o tratado.

periodicidad *s. f.* Calidad de periódico.

periódico, ca *adj.* **1.** Que guarda un período determinado. **2.** Se dice del impreso que se publica con determinados intervalos de tiempo. También s. m.

periodismo *s. m.* Ejercicio o profesión de periodista.

periodista *s. m. y s. f.* Persona que compone o edita un periódico.

período *s. m.* **1.** Espacio de tiempo que una cosa tarda en volver al estado o posición que tenía al principio. **2.** Menstruación, evacuación del menstruo. **3.** Ciclo.

periostio *s. m.* Membrana fibrosa adherida a los huesos, que sirve para su nutrición y renovación.

peripatético, ca *adj., fig. y fam.* Ridículo o extravagante en sus opiniones.

peripecia *s. f.* Accidente imprevisto que cambia el estado de las cosas.

periplo *s. m.* **1.** Navegación alrededor del mundo. **2.** Obra antigua en que se refiere un viaje alredor del mundo.

períptero, ra *adj.* Se dice del edificio rodeado de columnas que deja paso entre éstas y el muro.

peripuesto, ta *adj., fam.* Que se adereza y viste con demasiado esmero y afectación.

periquete *s. m. fam.* Brevísimo espacio de tiempo.

periquito *s. m.* Perico, ave.

periscopio *s. m.* Aparato óptico que usan los submarinos, cuando navegan sumergidos, para ver los objetos sobre la superficie del mar.

perístasis *s. f.* Tema o argumento del discurso.

peristilo *s. m.* Galería de columnas que rodea un edificio o parte de él.

peritación *s. f.* Trabajo que hace un perito.

perito, ta *adj.* Sabio, experimentado.

peritoneo *s. m.* Membrana serosa que cubre la superficie interior del vientre.

peritonitis *s. f.* Inflamación del peritoneo.

perjudicar *v. tr.* Ocasionar daño o menoscabo material o moral. También prnl.

perjudicial *adj.* Que perjudica o puede perjudicar.

perjuicio *s. m.* Efecto de perjudicar o perjudicarse.

perjurar *v. intr.* Jurar en falso.

perjurio *s. m.* Delito de jurar en falso.

perjuro, ra *adj.* Que jura en falso.

perla *s. f.* Concreción esferoidal, nacarada, de color blanco agrisado y reflejo brillante, que se forma en el interior de las conchas de diversos moluscos.

perlería *s. f.* Conjunto de muchas perlas.

perlesía *s. f.* Parálisis.

perlita *s. f.* Vidrio volcánico en el que existen multitud de fracturas curvas concéntricas.

perlongar *v. intr.* Navegar a lo largo de la costa.

permanecer *v. intr.* Mantenerse sin mutación en un mismo lugar, estado o calidad.

permanencia *s. f.* Estado de permanente, duración firme, estancia en algún lugar.

permanente *adj.* Se dice de la ondulación artificial del cabello que dura largo tiempo.

permeabilidad *s. f.* Calidad de permeable.

permeable *adj.* Que puede ser penetrable por el agua u otro fluido.

pérmico, ca *adj.* Se dice del período geológico que sigue inmediatamente al carbonífero.

permisible *adj.* Que se puede permitir.

permisión *s. f.* Acción de permitir.

permiso *s. m.* Licencia, consentimiento dado a alguien para hacer o decir algo.

permistión *s. f.* Mezcla de algunas cosas, por lo común líquidas.

permitir *v. tr.* Dar alguien su consentimiento para que otros hagan o dejen de hacer algo.

permuta *s. f.* Acción y efecto de permutar.

permutable *adj.* Que se puede permutar.

permutación *s. f.* Acción y efecto de permutar.

permutar *v. tr.* **1.** Cambiar una cosa por otra. **2.** Variar la disposición u orden en que estaban dos o más cosas.

pernada *s. f.* Ramal de algunas cosas bifurcadas.

pernear *v. intr.* Mover violentamente las piernas.

pernera *s. f.* Pernil del pantalón.

pernicioso, sa *adj.* Muy perjudicial.

pernigón *s. m.* Especie de ciruela redonda y tierna, que venía de Génova en dulce.

pernil *s. m.* **1.** Anca y muslo del animal. **2.** Parte del pantalón que cubre cada pierna.

pernio *s. m.* Gozne que se pone en las puertas y ventanas para que giren las hojas.

perniquebrar *v. tr.* Romper, quebrar una pierna o las dos. También prnl.

pernituerto, ta *adj.* Que tiene torcidas las piernas.

perno *s. m.* Clavo corto o pieza larga y cilíndrica, de cabeza redonda por un extremo, y que por el otro se asegura con un remache; se usa para afirmar piezas de gran volumen.

pernoctar *v. intr.* Pasar la noche en alguna parte, fuera del propio domicilio.

pernotar *v. tr.* Notar, advertir.

pero *conj. advers.* Contrapone a un concepto otro diverso o ampliativo del anterior.

perogrullada *s. f., fam.* Verdad o especie que por sabida es necedad el decirla.

perol *s. m.* Vasija de metal, en forma de media esfera.

perola *s. f.* Perol más pequeño que el ordinario.

peroné *s. m.* Hueso largo y delgado de la pierna situado detrás de la tibia.

peroración *s. f.* Última parte del discurso, en que se sacan las conclusiones.

perorar *v. intr.* Pronunciar un discurso u oración.

perorata *s. f.* Discurso molesto o inoportuno.

peróxido *s. m.* En la serie de los óxidos, el que tiene la mayor cantidad posible de oxígeno.

perpendicular *adj.* Se aplica a la línea o al plano que forma ángulo recto con otra línea o con otro plano.

perpendículo *s. m.* Altura de un triángulo.

perpetrar *v. tr.* Consumar, cometer.

perpetuar *v. tr.* Hacer perpetua o perdurable una cosa. También prnl.

perpetuidad *s. f.* Duración sin fin.

perpetuo, tua *adj.* Que dura y permanece para siempre.

perplejidad *s. f.* Confusión, irresolución.

perplejo, ja *adj.* Dudoso, irresoluto.

perpunte *s. m.* Jubón fuerte, conchado y pespuntado, que se usaba a modo de armadura.

perrera *s. f.* Lugar o sitio donde se guardan o encierran los perros.

perrería *s. f., fig.* Acción vil.

perro, rra *s. m. y s. f.* Mamífero carnívoro doméstico, de tamaño, forma y pelaje muy diversos según las razas. Es muy leal al hombre, tiene el olfato muy fino y es inteligente. **2.** Persona o cosa despreciable.

persecución *s. f.* Acción de perseguir.

persecutorio, ria *adj.* Que persigue al que huye.

perseguir *v. tr.* **1.** Seguir al que huye para alcanzarle. **2.** *fig.* Molestar, fatigar a alguien; procurar hacerle daño.

perseverancia *s. f.* Firmeza y constancia en la ejecución de los propósitos y empresas.

perseverar *v. intr.* Mantenerse constantemente en una manera de ser o de obrar.

persiana *s. f.* Especie de celosía, formada de tablillas fijas o movibles que dejan paso al aire y no al Sol.

pérsico, ca *s. m.* Árbol frutal rosáceo, de flores de color de rosa claro y fruto carnoso.

persignar *v. tr.* Signar y santiguar a continuación. También prnl.

persistencia *s. f.* Insistencia, constancia.

persistir *v. intr.* Mantenerse firme o constante en una cosa.

persona *s. f.* Individuo de la especie humana.

personaje *s. m.* Sujeto de distinción, calidad o representación en la vida pública.

personal *adj.* Perteneciente a la persona o propio o particular de ella.

personalidad *s. f.* Diferencia individual que constituye a cada persona y la distingue de otra.

personalizar *v. tr.* Incurrir en personalidades o dichos ofensivos, aludiendo a personas determinadas. También prnl.

personarse *v. prnl.* Presentarse personalmente en alguna parte.

personificación *s. f.* Acción y efecto de personificar.

personificar *v. tr.* Atribuir vida o cualidades propias del ser racional al irracional, o a las cosas inanimadas, abstractas.

perspectiva *s. f.* Arte que enseña el modo de representar en una superficie los objetos de tres dimensiones.

perspicacia *s. f.* **1.** Agudeza de la vista. **2.** *fig.* Penetración de ingenio y de entendimiento.

perspicaz *adj.* **1.** Se dice de la vista, la mirada, etc., muy aguda y que alcanza mucho. **2.** *fig.* Se aplica al ingenio agudo y al que lo tiene.

perspicuo, cua *adj.* Claro, transparente y terso.

persuadir *v. tr.* Inducir a alguien con razones a hacer o creer una cosa.

persuasivo, va *adj.* Que tiene fuerza y eficacia para persuadir.

pertenecer *v. intr.* **1.** Ser propia de alguien alguna cosa o serle debida. **2.** Referirse o hacer relación una cosa a otra, o formar parte integrante de ella.

pertenencia *s. f.* Derecho que alguien tiene a la propiedad de una cosa.

pértica *s. f.* Medida agraria de longitud que equivale aproximadamente a dos metros 70 cm.

pértiga *s. f.* Vara larga.

pértigo *s. m.* Lanza del carro.

pertinacia *s. f.* **1.** Obstinación, terquedad o tenacidad en una opinión. **2.** *fig.* Gran duración.

pertinaz *adj.* **1.** Obstinado, terco. **2.** *fig.* Muy duradero o persistente.

pertinencia *s. f.* Calidad de pertinente.

pertinente *adj.* Que viene a propósito.

pertrechar *v. tr.* Disponer o preparar lo necesario para la ejecución de una cosa.

pertrechos *s. m. pl.* Instrumentos necesarios para cualquier operación.

perturbación *s. f.* Acción y efecto de perturbar o perturbarse.

perturbado, da *adj.* Enfermo mental, loco, demente. También s. m. y s. f.

perturbar *v. tr.* Alterar el orden y concierto de las cosas o su quietud y sosiego. También prnl.

peruétano *s. m.* Peral silvestre cuyo fruto es pequeño, con corteza verde y sabor acerbo.

perversidad *s. f.* Suma maldad o corrupción de las costumbres o de la calidad o estado debido.

perversión *s. f.* Estado de inmoralidad o corrupción de costumbres.

perverso, sa *adj.* Sumamente malo.

pervertir *v. tr.* **1.** Perturbar el orden o estado de las cosas. **2.** Viciar, corromper con malas doctrinas o ejemplos.

pervivir *v. intr.* Seguir viviendo a pesar del tiempo o de las dificultades.

pesa *s. f.* Pieza de determinado peso que sirve para medir el peso de otra cosa.

pesadez *s. f.* Calidad de pesado.

pesadilla *s. f.* **1.** Sueño angustioso y tenaz. **2.** *fig.* Preocupación grave y continua.

pesado, da *adj.* **1.** Que pesa mucho. **2.** *fig.* Que resulta molesto. **3.** *fig.* Tardo o muy lento.

pesadumbre *s. f.* Molestia, disgusto.

pésame *s. m.* Expresión con que se significa a alguien el sentimiento que se tiene de su pena o aflicción, especialmente con motivo de algún fallecimiento.

pesantez *s. f.* Gravedad, fuerza que atrae los cuerpos hacia el centro de la tierra.

pesar[1] *s. m.* Sentimiento o dolor interior que molesta y desazona.

pesar[2] *v. intr., fig.* Causar un hecho o dicho arrepentimiento o dolor.

pesaroso, sa *adj.* Arrepentido.

pesca *s. f.* Oficio y arte de pescar.

pescadería *s. f.* Establecimiento donde se vende pescado.
pescadero, ra *s. m. y s. f.* Persona que se dedica a vender pescado, especialmente al por menor.
pescadilla *s. f.* Merluza pequeña.
pescado *s. m.* Pez comestible sacado del agua por cualquiera de los procedimientos de pesca.
pescador, ra *adj.* Que pesca. También s. m. y s. f.
pescante *s. m.* **1.** En los coches, asiento del cochero. **2.** En los teatros, tramoya.
pescar *v. tr.* Coger con redes, cañas u otros instrumentos peces, mariscos, etc.
pescozón *s. m.* Golpe dado con la mano en el pescuezo o en la cabeza.
pescuezo *s. m.* Parte del cuerpo del animal desde la nuca hasta el tronco.
pesebre *s. m.* Especie de cajón donde comen las bestias.
pésete *s. m.* Especie de juramento, maldición o execración.
pesiar *v. intr.* Echar maldiciones y reniegos.
pesillo *s. m.* Balanza pequeña y muy exacta, propia para pesar monedas.
pesimismo *s. m.* Propensión a ver y a juzgar las cosas por el lado más desfavorable.
pesimista *adj.* Que propende a ver y juzgar las cosas por el lado más desfavorable.
pésimo, ma *adj. sup.* de malo.
peso *s. m.* **1.** Fuerza de gravitación ejercida sobre una materia. **2.** Balanza.
pésol *s. m.* Guisante.
pespuntar *v. tr.* Coser o hacer pespuntes.
pespunte *s. m.* Labor de costura, con puntadas unidas, que se hacen volviendo la aguja hacia atrás para meter la hebra por el mismo sitio por donde pasó antes.
pesquera *s. f.* Sitio o lugar donde frecuentemente se pesca.
pesquis *s. m., fam.* Agudeza, perspicacia.
pesquisa *s. f.* Investigación.
pestaña *s. f.* Cada uno de los pelos que nacen en los bordes de los párpados, para defensa de los ojos.
pestañear *v. intr.* Mover los párpados.
peste *s. f.* **1.** Enfermedad contagiosa que causa gran mortandad. **2.** Mal olor. **3.** *fig.* Cualquier cosa mala. || *s. f. pl.* **4.** Palabras de enojo o amenaza.
pesticida *adj.* Se dice del producto tóxico que se usa para combatir una plaga.
pestilencia *s. f.* Peste.
pestilente *adj.* Que tiene muy mal olor.
pestillo *s. m.* Pasador con que se asegura una puerta o ventana corriéndolo a modo de cerrojo.
pestiño *s. m.* Fruta de sartén, hecha de masa de harina y huevo batidos, bañada con miel.
pestorejo *s. m.* Parte exterior de la cerviz, especialmente cuando es abultada.
pesuño *s. m.* Cada uno de los dedos, cubiertos con su uña, de los animales de pata hendida.
petaca *s. f.* Estuche de cuero, metal, etc. para llevar cigarros o tabaco picado.
pétalo *s. m.* Cada una de las hojas que forman la corola de la flor.
petanque *s. m.* Mineral de plata nativa.
petar *v. tr., fam.* Agradar, complacer.
petardo *s. m.* Trozo de tubo que se llena de pólvora y se ataca y liga fuertemente para que, prendiéndole fuego, produzca una gran detonación.
pétaso *s. m.* Sombrero de copa baja y anchas alas que los romanos usaban en los viajes y en la caza.
petate *s. m.* **1.** Esterilla de palma usada en los países cálidos para dormir. **2.** Lío de la cama y la ropa de cada marinero o de cada soldado en el cuartel y de cada penado en su prisión.
petenera *s. f.* Aire popular parecido a la malagueña, con coplas de cuatro versos octosílabos.
petequia *s. f.* Mancha roja viva debida a una hemorragia cutánea.
peteretes *s. m. pl.* Golosinas, bocados apetitosos.
petición *s. f.* Acción de pedir.
petigrís *s. m.* Nombre que recibe en peletería la ardilla común y su piel.
petimetre, tra *s. m. y s. f.* Persona que cuida excesivamente de su compostura y de seguir las modas.
petirrojo *s. m.* Pájaro del tamaño del pardillo, de color verde oliva, con la frente, cuello, garganta y pecho de color rojo vivo uniforme y el resto de las partes inferiores, blanco brillante.
peto *s. m.* **1.** Armadura del pecho. **2.** Parte de algunas herramientas opuesta a la pala y en el otro lado del ojo.
petral *s. m.* Correa que asida por ambos lados a la parte delantera de la silla de montar rodea el pecho de la cabalgadura.
petrel *s. m.* Ave palmípeda muy voladora, común en todos los mares, que vive en bandadas entre las rocas.

pétreo, a *adj.* De piedra, roca o peñasco.

petrificar *v. tr.* Convertir en piedra, o dar a una cosa la dureza de la piedra de modo que lo parezca. También prnl.

petrografía *s. f.* Parte de las ciencias naturales que estudia, describe y clasifica las rocas.

petróleo *s. m.* Líquido oleoso de color oscuro y olor fuerte, que se encuentra nativo formando a veces grandes manantiales en el interior de la tierra.

petrolero *s. m.* Buque cisterna dedicado al transporte de petróleo.

petrolífero, ra *adj.* Que contiene petróleo.

petulancia *s. f.* **1.** Insolencia o atrevimiento. **2.** Vana y ridícula presunción.

petulante *adj.* Que tiene petulancia.

petunia *s. f.* Planta de jardín, con flores olorosas y color blanquecino o púrpura violáceo.

peyorativo, va *adj.* Despectivo, despreciativo.

pez[1] *s. m.* Animal acuático, vertebrado, de respiración branquial, sangre roja, siempre o casi siempre con aletas, piel cubierta de escamas y generación ovípara.

pez[2] *s. f.* Sustancia negra, resinosa, sólida, quebradiza, que se obtiene echando en agua fría el residuo que deja la trementina al acabar de sacarle el aguarrás.

pezón *s. m.* **1.** Rabillo que sostiene la hoja, la flor o el fruto de las plantas. **2.** Botoncito eréctil que sobresale en los pechos o tetas de las hembras por donde los hijos chupan la leche.

pezonera *s. f.* Especie de dedal que usan las mujeres para formar los pezones cuando crían.

pezuña *s. f.* Conjunto de los pesuños de una misma pata en los animales de pata hendida.

phi *s. f.* Vigesimoprimera letra del alfabeto griego, que se pronuncia "fi".

pi *s. f.* Decimosexta letra del alfabeto griego equivalente a la que en el nuestro se llama "pe".

piadoso, sa *adj.* **1.** Inclinado a la piedad y conmiseración. **2.** Religioso, devoto.

piafar *v. intr.* Alzar el caballo, cuando está preparado, ya una mano, ya otra, dejándola caer con fuerza y rapidez casi en el mismo sitio donde las levantó.

piamáter *s. f.* La más interior de las tres meninges que envuelven el cerebro y la médula espinal.

pianista *s. m. y s. f.* Persona que ejercita el arte de tocar el piano.

piano *s. m.* Instrumento musical de teclado y percusión.

pianola *s. f.* Piano que puede tocarse mecánicamente por medio de corriente eléctrica o pedales.

piar *v. intr.* Emitir los polluelos y algunas aves cierto género de sonido o voz.

piara *s. f.* Manada de cerdos, y por ext., la de yeguas, mulas, etc.

piariego, ga *adj.* Se dice de la persona que tiene piaras de yeguas, mulas o puercos.

pica *s. f.* **1.** Especie de lanza larga, con un hierro pequeño y agudo en el extremo superior. **2.** Puya del picador de toros.

picacho *s. m.* Punta aguda, a modo de pico, que tienen algunos montes y riscos.

picadero *s. m.* Lugar donde los picadores adiestran los caballos, y las personas aprenden a montar.

picadillo *s. m.* Lomo de cerdo picado y adobado para hacer embutidos o freír.

picador, ra *s. m. y s. f.* **1.** Persona que tiene el oficio de domar y adiestrar caballos. ‖ *s. m.* **2.** Jinete que pica con puya a los toros.

picadura *s. f.* Mordedura o punzada de un ave o un insecto, o de ciertos reptiles.

picaflor *s. m.* Colibrí.

picajoso, sa *adj.* Que fácilmente se pica o da por ofendido. También s. m. y s. f.

picante *s. m.* Condimento de la comida, extraído principalmente del pimiento o la pimienta, con propiedades de acerbidad o acrimonia que avivan el sentido del gusto.

picapedrero, ra *s. m. y s. f.* Cantero, persona que labra las piedras.

picapleitos *s. m. y s. f., fam.* Pleitista.

picaporte *s. m.* Llave para cerrar puertas y ventanas.

picapuerco *s. m.* Ave trepadora, de plumaje vistoso; es común en España y se alimenta de insectos que saca del charcal.

picar *v. tr.* **1.** Herir levemente con instrumento punzante. **2.** Punzar o morder las aves, los insectos y ciertos reptiles. **3.** Causar o producir escozor o picor. ‖ *v. intr.* **4.** Calentar mucho el Sol.

picardía *s. f.* **1.** Acción baja, ruindad, vileza. **2.** Travesura de muchachos.

picardías *s. m.* Camisón corto y transparente.

picaresco, ca *adj.* Perteneciente o relativo a los pícaros.

pícaro, ra *adj.* **1.** Bajo, ruin, falto de honra y vergüenza. **2.** Astuto, taimado.

picarón, na *adj.* Se aplica a personas con cierta picardía inocente. También s. m. y s. f.

picatoste *s. m.* Rebanada de pan tostada.

picaza *s. f.* Urraca.

picazón *s. f.* Desazón que causa una cosa que pica en alguna parte del cuerpo.

pícea *s. f.* Árbol parecido al abeto común del cual se distingue por tener las hojas puntiagudas y las piñas más delgadas y colgantes al extremo de las ramas superiores.

pichel *s. m.* Vaso alto y redondo, ordinariamente de estaño y con tapa engoznada en el remate del asa.

pichihuén *s. m.* Pez acantopterigio, muy estimado por su carne, de unos 40 cm de largo.

pichón, na *s. m.* Pollo de la paloma casera.

picnic *s. m.* Comida al aire libre.

pico *s. m.* **1.** Parte saliente de la cabeza de las aves. **2.** Punta acanalada que tienen en el borde algunas vasijas. **3.** Cúspide aguda de una montaña. **4.** Montaña de cumbre puntiaguda.

picola *s. f.* Especie de pico pequeño de cantero.

picolete *s. m.* Grapa interior de la cerradura para sostener el pestillo.

picón, na *adj.* Se dice de la caballería cuyos dientes incisivos superiores sobresalen de los inferiores, por lo cual no puede cortar bien la hierba.

piconero *s. m.* Picador de toros.

picor *s. m.* Picazón, desazón que produce en el cuerpo algo que pica.

picota *s. f.* Juego infantil en que cada jugador tira un palo puntiagudo para clavarlo en el suelo y derribar el del contrario.

picotear *v. tr.* **1.** Golpear o herir algo las aves con el pico. ‖ *v. intr.* **2.** *fam.* Hablar mucho y de cosas inútiles e insustanciales.

picotería *s. f., fam.* Prurito de hablar.

picotero, ra *adj.* Que habla mucho y con imprudencia o dice lo que debía callar.

pictografía *s. f.* Escritura ideográfica cuyos signos representan gráficamente los objetos que han de explicarse con palabras.

pictograma *s. m.* Signo de la escritura de figuras o símbolos.

pictórico, ca *adj.* Perteneciente o relativo a la pintura.

picudilla *s. f.* Ave zancuda, de paso en España, de pico delgado, largo y negruzco, cabeza pequeña, alas agudas, cola corta y redonda.

picudo, da *adj.* Que tiene pico o forma de pico.

pidientero, ra *s. m. y s. f.* Pordiosero.

pie *s. m.* Parte terminal de las extremidades de cualquiera de los dos miembros inferiores del ser humano.

piedad *s. f.* **1.** Lástima, misericordia, compasión, conmiseración. **2.** Virtud que inspira, por el amor a Dios, devoción a las cosas santas y, por el amor al prójimo, actos de abnegación y compasión.

piedra *s. f.* **1.** Sustancia mineral, más o menos dura y compacta, que no es terrosa ni de aspecto metálico. **2.** Granizo grueso. **3.** Cálculo urinario.

piel *s. f.* **1.** Membrana exterior extendida sobre todo el cuerpo del ser humano o del animal. **2.** Cuero curtido.

piélago *s. m.* Parte del mar que dista mucho de la tierra.

pienso *s. m.* Porción de alimento seco que se da al ganado.

piérides *s. f. pl.* Las musas.

pierio, ria *adj., poét.* Perteneciente o relativo a las musas.

pierna *s. f.* Parte del miembro inferior de las personas comprendida entre el pie y la rodilla.

piernitendido, da *adj.* Extendido de piernas.

pierrot *s. m.* Payaso.

pieza *s. f.* **1.** Cada una de las partes que unidas con otras forman un objeto. **2.** Moneda. **3.** Sala o aposento de una casa. **4.** Animal de caza o pesca.

pífano *s. m.* Flautín de tono muy agudo.

pifia *s. f., fam.* Paso o dicho desacertado.

pifiar *v. tr.* Hacer una pifia en el billar.

pigargo *s. m.* Ave rapaz de gran tamaño con el pico corvo, que vive en las costas y se alimenta de peces y aves acuáticas.

pigmentar *v. tr.* Colorar.

pigmento *s. m.* Materia colorante empleada en pintura.

pignorar *v. tr.* Empeñar, dar en prenda.

pigre *adj.* Calmoso, negligente, desidioso.

pigricia *s. f.* Pereza, negligencia, descuido.

pijama *s. m.* Traje de dormir compuesto de pantalón y blusa de tela ligera y lavable.

pijo, ja *adj.* **1.** *fam.* Tonto, idiota. **2.** *fam.* Se dice de la persona que ostenta afectadamente una buena posición social. También s. m. y s. f.
pijota *s. f.* Pescadilla.
pila *s. f.* **1.** Montaña formada al poner unas sobre otras las cosas. **2.** Recipiente grande de piedra o de otra materia, cóncava y profunda, donde cae o se echa el agua para varios usos.
pilar *s. m.* **1.** Pilón, abrevadero. **2.** Hito o mojón que se pone para señalar los caminos. **3.** Especie de pilastra que se pone aislada en los edificios, o sirve para sostener otra fábrica o armazón cualquiera.
pilastra *s. f.* Columna cuadrada.
píldora *s. f.* Bolita que se hace mezclando un medicamento con un excipiente.
pildorero *s. m.* Aparato para hacer píldoras.
píleo *s. m.* Capelo de los cardenales.
pillaje *s. m.* Hurto, rapiña, latrocinio.
pillar *v. tr.* **1.** Hurtar, robar. **2.** Coger, aprehender una cosa. **3.** *fam.* Sorprender a alguien en un descuido o mentira.
pillastre *s. m.* Pillo.
pillería *s. f.* Acción propia de un pillo.
pillo, lla *s. m. y s. f.* **1.** *fam.* Pícaro desvergonzado. **2.** *fam.* Persona sagaz, astuta.
pilo *s. m.* Antigua arma arrojadiza, a modo de lanza o dardo.
pilón *s. m.* Receptáculo en las fuentes para recoger el agua y servir de abrevadero, lavadero y otros usos.
pilongo, ga *adj.* Flaco, extenuado.
píloro *s. m.* Abertura inferior del estómago, por la cual entran los alimentos en los intestinos.
piloso, sa *adj.* Peludo.
pilotar *v. tr.* **1.** Dirigir un buque. **2.** Dirigir un globo, automóvil, aeroplano, etc.
pilote *s. m.* Madero rollizo que se hinca en tierra para consolidar los cimientos.
piloto *s. m.* **1.** Persona que dirige un globo, un aeroplano, un automóvil, etc. **2.** El segundo de un buque mercante.
piltrafa *s. f.* Parte de carne flaca, que casi no tiene más que el pellejo.
pimental *s. m.* Terreno sembrado de pimientos.
pimentero *s. m.* Arbusto piperáceo, tropical, trepador, con tallos ramosos, hojas alternas, flores en espigas pequeñas y verdosas, cuyo fruto es la pimienta.
pimentón *s. m.* Polvo que se obtiene moliendo pimientos encarnados y secos.
pimienta *s. f.* Fruto del pimentero.
pimiento *s. m.* Planta herbácea anual, solanácea, cuyo fruto es una baya hueca comestible, de color verde primero y luego rojo y con una multitud de pequeñas semillas planas.
pimpinela *s. f.* Planta herbácea, vivaz, con tallos rojizos, hojas compuestas de hojuelas elípticas, flores sin corola, con el cáliz purpurino, que se endurece y convierte en fruto elipsoidal, con dos o tres semillas alargadas, de color pardo. Se ha usado como tónica y abunda en España.
pimplar *v. tr., fam.* Beber vino. También prnl.
pimpleo, a *adj.* Perteneciente o relativo a las musas.
pimpollo *s. m.* **1.** Árbol nuevo. **2.** Capullo de rosa. **3.** *fam.* Niño o niña, o persona joven que se distingue por su belleza.
pimpón *s. m.* Juego parecido al tenis, que se practica sobre una mesa rectangular de medidas reglamentarias, con una pelota ligera y pequeñas palas de madera, como raquetas.
pina *s. f.* Mojón puntiagudo.
pinabete *s. m.* Abeto.
pinacoteca *s. f.* Museo de pinturas.
pináculo *s. m.* Parte superior y más alta de un edificio, templo o cúpula.
pinar *s. m.* Lugar o terreno poblado de pinos.
pincel *s. m.* Haz de pelos fijos en la extremidad de un mango de madera, de pluma, etc. con que el pintor asienta los colores sobre una superficie.
pincelada *s. f.* **1.** Trazo o golpe dado con el pincel. **2.** Expresión compendiosa de una idea o de un rasgo muy característico.
pincelar *v. tr.* **1.** Pintar. **2.** Retratar.
pinchar *v. tr.* **1.** Picar con una cosa punzante. **2.** *fig.* Poner inyecciones.
pinchazo *s. m.* Punzadura o herida causada con instrumento o cosa que pincha.
pinche *s. m. y s. f.* Persona ayudante de cocina.
pincho *s. m.* Punta aguda de hierro u otra materia.
pinchón *s. m.* Pinzón.
pindonga *s. f., fam.* Mujer callejera.
pindonguear *v. intr.* Callejear.
pineal *adj.* De forma parecida a la de una piña.
pineda *s. f.* Pinar.
pingajo *s. m., fam.* Harapo.

pingar *v. intr.* **1.** Gotear lo que está empapado en algún líquido. **2.** Brincar, saltar.

pingo *s. m.* **1.** *fam.* Pingajo. **2.** *fam.* Persona que lleva una vida irregular y licenciosa.

ping-pong *s. m.* Pimpón.

pingue *s. m.* Embarcación de carga, cuyas medidas aumentan en la bodega.

pingüe *adj.* **1.** Craso, mantecoso, gordo. **2.** *fig.* Abundante, fértil.

pingüino *s. m.* Pájaro bobo, ave palmípeda.

pijante *adj.* Se dice de la joya que se lleva colgando para adorno. Se usa más como s. m.

pinnípedo, da *adj.* Se dice de los mamíferos de vida anfibia, de cuatro extremidades cortas y anchas a propósito para la natación, como la foca y la morsa.

pino *s. m.* Árbol de madera resinosa, hojas muy estrechas y puntiagudas, que persisten durante el invierno. Da por fruto una piña cuya semilla es el piñón.

pinocha *s. f.* Hoja del pino.

pinocho *s. m.* Piña de pino rodeno.

pinole *s. m.* Mezcla de polvos de vainilla y otras especies aromáticas, que daba exquisito sabor al chocolate.

pinrel *s. m., fam.* Pie.

pinsapo *s. m.* Árbol de adorno, de corteza blanquecina, hojas cortas, que persisten durante muchos años, y piñas derechas, más gruesas que las del abeto; crece espontáneo en una parte de la serranía de Ronda.

pinta[1] *s. f.* **1.** Mancha en el plumaje, pelo o piel de los animales y en la masa de un mineral. **2.** *fig.* Señal o muestra exterior que permite apreciar la calidad o aspecto de personas o cosas.

pinta[2] *s. f.* Medida para líquidos.

pintacilgo *s. m.* Jilguero.

pintada *s. f.* Letrero o conjunto de letreros, generalmente de carácter reivindicativo, que se han pintado en un determinado lugar.

pintamonas *s. m. y s. f., fig. y fam.* Pintor de corta habilidad.

pintar *v. tr.* **1.** Cubrir con un color la superficie de una cosa. **2.** *fig.* Describir animadamente personas o cosas por medio de la palabra.

pintarrajear *v. tr., fam.* Pintorrear.

pintarrajo *s. m., fam.* Pintura mal hecha y de colores impropios.

pintear *v. intr.* Lloviznar.

pintiparado, da *adj.* **1.** Parecido, muy semejante a otro que en nada difiere de él. **2.** Se dice de lo que se acomoda perfectamente a otra cosa.

pintiparar *s. f.* **1.** Asemejar, hacer parecida una cosa a otra. **2.** *fam.* Comparar.

pintojo, ja *adj.* Que tiene pintas o manchas.

pintor, ra *s. m. y s. f.* Persona que profesa o ejercita el arte de la pintura.

pintoresco, ca *adj.* Se dice de las cosas que presentan una imagen agradable, peculiar y digna de ser pintada.

pintorrear *v. tr., fam.* Manchar de varios colores y sin arte una cosa. También prnl.

pintura *s. f.* **1.** Arte de pintar. **2.** La obra pintada. **3.** Color preparado para pintar.

pinturero, ra *adj., fam.* Se dice de la persona que con afectación se jacta de bien parecida, fina o elegante.

pínula *s. f.* Tablilla metálica con una abertura circular o longitudinal que en los instrumentos topográficos y astronómicos sirve para dirigir visuales.

pinza *s. f.* Instrumento de metal, a manera de tenacillas que sirve para coger o sujetar cosas menudas.

pinzón *s. m.* Pájaro del tamaño de un gorrión, con plumaje rojo oscuro en la cara, pecho y abdomen, y pardo rojizo en el lomo; la hembra es de color pardo.

piña *s. f.* **1.** Fruto del pino. **2.** *fig.* Conjunto de personas o cosas unidas o agregadas estrechamente.

piñata *s. f.* **1.** Olla, vasija. **2.** Vasija o cosa semejante, llena de dulces, que se cuelga del techo para romperla a palos con los ojos vendados.

piño *s. m., fam.* Diente. Se usa más en pl.

piñón[1] *s. m.* Simiente del pino

piñón[2] *s. m.* Rueda pequeña dentada que engrana en una máquina con otra mayor.

piñonata *s. f.* Género de conserva hecha de almedra raspada y azúcar en punto para que se incorpore.

piñonate *s. m.* Pasta dulce de piñones y azúcar.

piñonear *v. intr.* Castañetear el macho de la perdiz cuando está en celo.

piñonero *adj.* Se dice del pino que da piñones comestibles.

pío *s. m.* Voz del pollo o cualquier ave.

pío, a *adj.* Benigno, compasivo.

piocha *s. f.* Herramienta para desprender los revoques de las paredes y para escafilar los ladrillos.
piogenia *s. f.* Formación de pus.
piojillo *s. m.* Insecto diminuto sin alas, boca con palpos y mandíbulas ganchudas, que vive parásito sobre las aves, de cuya sangre se alimenta. Es fecundísimo y hay diversas especies.
piojo *s. m.* Insecto unipolar muy pequeño, que vive parásito sobre las personas y otros mamíferos, de cuya sangre se alimenta.
piojoso, sa *adj., fig.* Miserable, mezquino.
piolar *v. tr.* Pipiar los pollos o los pajaritos.
piolet *s. m.* Especie de zapapico pequeño que se usa en alpinismo para afirmarlo en la roca o en el hielo.
piorrea *s. f.* Flujo de pus.
pipa *s. f.* **1.** Tonel o cuba. **2.** Utensilio para fumar tabaco picado. **3.** Lengüeta de las chirimías y otros instrumentos de viento, por donde se echa el aire.
piperina *s. f.* Alcaloide extraído de la pimienta.
pipeta *s. f.* Tubo de cristal ensanchado en su parte media, que sirve para trasladar pequeñas cantidades de líquido.
pipiar *v. intr.* Piar las aves cuando son pequeñas o de poco tiempo.
pipiolo *s. m.* El principiante, novato o inexperto.
pipirigallo *s. m.* Planta leguminosa, herbácea, vivaz, que se cultiva en los jardines por la belleza de sus flores rojas.
pipiripao *s. m., fam.* Convite espléndido.
pipiritaña *s. f.* Silbato que suelen hacer los muchachos con las cañas del alcacer.
pipo *s. m.* Ave trepadora, insectívora, de plumaje negro manchado de blanco; anida en árboles.
pipote *s. m.* Pipa o cuba pequeña para licores, pescados, etc.
pique *s. m.* Resentimiento ocasionado por una disputa u otra cosa semejante.
piqué *s. m.* Tela de algodón que forma grano u otro género de labrado en relieve.
piquera *s. f.* Agujero practicado en las colmenas para el paso de las abejas.
piquero *s. m.* Soldado que servía con la pica en el ejército.
piqueta *s. f.* Herramienta de albañilería, con mango de madera y dos bocas opuestas, una plana, como de martillo, y otra aguzada, como de pico.
piquete *s. m.* Grupo de huelguistas encargado de vigilar e informar durante una huelga laboral.
pira *s. f.* Hoguera.
piragua *s. f.* Embarcación larga y estrecha, mayor que la canoa, hecha de una pieza o con bordas de tabla o cañas.
piramidal *adj.* De figura de pirámide.
pirámide *s. f.* Sólido que tiene por base un polígono cualquiera y cuyas caras son triángulos que se juntan en un solo punto común llamado vértice, y forman un ángulo poliedro.
pirarse *v. prnl., vulg.* Huir, fugarse.
pirata *s. m.* Ladrón que andaba robando por el mar.
piratear *v. intr., fig.* Copiar o duplicar ilegalmente algún documento.
piratería *s. f.* Ejercicio de pirata.
pirexia *s. f.* Fiebre esencial.
piriforme *adj.* Que tiene figura de pera.
pirita *s. f.* Sulfuro de hierro, brillante, de color amarillo de oro, y tan duro que da chispas con el eslabón.
piróforo *s. m.* Cierto cuerpo que se inflama al contacto del aire.
pirógeno, na *adj.* Se aplica a los terrenos volcánicos.
pirograbado *s. m.* Procedimiento para grabar en madera por medio de una punta de platino incandescente.
pirómetro *s. m.* Instrumento para medir temperaturas muy elevadas.
piropear *v. tr., fam.* Decir piropos.
piropo *s. m.* **1.** Variedad de granate, de color rojo de fuego. **2.** *fam.* Lisonja, requiebro, en especial el dicho por galantería.
piróscafo *s. m.* Buque de vapor.
pirosis *s. f.* Sensación como de quemadura que sube desde el estómago hasta la faringe, producida por regurgitación de líquido estomacal cargado de ácido.
pirotecnia *s. f.* Arte que trata de todo género de invenciones de fuego en máquinas militares y en otros artificios para diversión y festejo.
pirrarse *v. prnl., fam.* Desear con vehemencia una cosa.
pírrico, ca *adj.* Se dice de la victoria muy costosa, con más daño para el vencedor que para el vencido.
pirueta *s. f.* Cabriola.

pisada *s. f.* Huella o señal que deja el pie en la tierra.

pisapapeles *s. m.* Utensilio que en las mesas de escritorio, mostradores, etc. se pone sobre los papeles para sujetarlos.

pisar *v. tr.* **1.** Poner el pie sobre alguna cosa. **2.** *fig.* Infringir una ley, orden, etc.

pisaverde *s. m., fig. y fam.* Hombre presumido y afeminado, que sólo se ocupa de acicalarse y andar todo el día en busca de galanteos.

piscator *s. m.* Especie de almanaque con pronósticos meteorológicos.

piscatorio, ria *adj.* Perteneciente o relativo a la pesca o a los pescadores.

piscicultura *s. f.* Arte de dirigir y fomentar la reproducción de los peces y mariscos.

piscifactoría *s. f.* Establecimiento de piscicultura.

pisciforme *adj.* De forma de pez.

piscina *s. f.* **1.** Estanque en los jardines para tener peces. **2.** Estanque donde pueden bañarse diversas personas.

piscolabis *s. m.* Ligera porción de alimento que se toma por ocasión festiva o regalo.

pisiforme *adj.* Que tiene figura de guisante.

piso *s. m.* **1.** Suelo o pavimento de las habitaciones de las casas. **2.** Suelo natural o artificial de un terreno. **3.** Suela de calzado.

pisón *s. m.* Instrumento de madera que sirve para apretar la tierra, piedras, etc.

pisotear *v. tr.* **1.** Pisar repetidamente una cosa maltratándola. **2.** *fig.* Humillar, maltratar de palabra a una o más personas.

pisotón *s. m.* Pisada fuerte sobre el pie de otro.

pista *s. f.* **1.** Huella o rastro que dejan los animales en la tierra por donde han pasado. **2.** Sitio dedicado a las carreras y otros ejercicios. **3.** Carretera de gran anchura con un firme liso y resistente.

pistacho *s. m.* Fruto del alfóncigo, parecido al piñón, de grano verde y cáscara más blanda.

pistar *v. tr.* Machacar o comprimir una cosa o sacarle el jugo.

pistilo *s. m.* Órgano femenino de la flor, que consta de ovario, estilo y estigma.

pisto *s. m.* Fritada de pimientos, tomates, huevo, cebolla, etc., picados y revueltos.

pistola *s. f.* **1.** Arma de fuego. **2.** Utensilio de forma similar que se utiliza para proyectar pintura y otras sustancias.

pistolera *s. f.* Estuche de cuero en que se guarda la pistola, generalmente llevado en la cintura.

pistolero, ra *s. m. y s. f.* Delincuente habitual que usa pistola, especialmente para atentados.

pistolete *s. m.* Arma de fuego más corta que la pistola.

pistón *s. m.* **1.** Émbolo de bomba o máquina. **2.** Parte central de la cápsula, donde está colocado el fulminante.

pistonudo, da *adj., vulg.* Muy bueno, superior.

pita[1] *s. f.* Planta vivaz, amarilidácea, con pencas carnosas, terminadas en un fuerte aguijón, en pirámide triangular, de color verde claro y flores amarillentas.

pita[2] *s. f., fam.* Pitada.

pitada *s. f.* **1.** Sonido del pito. **2.** *fig.* Muestra general de desagrado con silbidos.

pitanza *s. f.* Distribución diaria de una cosa, comestible o pecuniaria.

pitar *v. intr.* **1.** Tocar o sonar el pito. **2.** Abuchear, dar pitidos y silbidos.

pitillera *s. f.* Petaca para guardar pitillos.

pitillo *s. m.* Cigarrillo.

pítima *s. f.* Emplasto aplicado sobre el corazón.

pitipié *s. m.* Escala, medida proporcional.

pito *s. m.* Flauta pequeña, como un silbato, de sonido agudo.

pitoche *s. m.* Expresión despectiva para designar alguna cosa que no tiene valor alguno.

pitón[1] *s. m.* Género de reptiles ofidios no venenosos, de gran tamaño, que atacan a los grandes animales y algunas veces a las personas.

pitón[2] *s. m.* Punta del cuerno del toro.

pitonisa *s. f.* Encantadora, hechicera.

pitorrearse *v. prnl.* Guasearse, burlarse.

pitorro *s. m.* Pitón de los botijos.

pitpit *s. m.* Pájaro insectívoro, con plumaje de aspecto general cenicientoverdoso y con manchas pardas, pero amarillento en la garganta y el pecho y blanco en el abdomen. Es bastante común en España.

pituita *s. f.* Humor blanquecino y viscoso que segregan varios órganos del cuerpo animal, como las membranas de la nariz y los bronquios.

pituitario, ria *adj.* Que segrega pituita.

pituso, sa *adj.* Pequeño, gracioso, lindo, refiriéndose a niños. También s. m. y s. f.

píxide *s. f.* Copón o capita en que se lleva la eucaristía a los enfermos.

pizarra *s. f.* **1.** Roca homogénea, de grano muy fino, de color negro azulado, que se usa en construcción para cubiertas y solados. **2.** Tablero pintado de negro para escribir en él con tiza.
pizarrín *s. m.* Barrita de lápiz o de pizarra blanda con que se escribe, dibuja, etc. en las pizarras de piedra.
pizca *s. f., fam.* Porción mínima de una cosa.
pizpireta *adj., fam.* Se dice de la mujer aguda, pronta y vivaracha.
placa *s. f.* Plancha de metal u otra materia, en general rígida.
pláceme *s. m.* Felicitación.
placenta *s. f.* Masa esponjosa de carne, una de cuyas caras se adhiere a la superficie interna del útero, y de la opuesta nace el cordón umbilical.
placentero, ra *adj.* Agradable, alegre.
placer *v. tr.* Agradar o dar gusto.
plácet *s. m.* Fórmula de aprobación de las autoridades.
placidez *s. f.* Calidad de plácido.
plácido, da *adj.* **1.** Quieto, sosegado y sin perturbación. **2.** Grato, apacible.
plácito *s. m.* Parecer, dictamen, sentencia.
plafón *s. m.* Plano inferior del saliente de una cornisa.
plaga *s. f.* **1.** Calamidad grande pública. || *s. m.* **2.** *fig.* Infortunio, trabajo, pesar.
plagar *v. tr.* Llenar a alguna persona o cosa de algo nocivo.
plagiar *v. tr., fig.* Copiar en lo sustancial ideas, palabras, obras ajenas, dándolas como propias.
plagio *s. m.* Acción y efecto de plagiar.
plan *s. m.* **1.** Altitud o nivel. **2.** Intento, proyecto, estructura. **3.** Extracto, traza o diseño de una cosa. **4.** Plano, representación gráfica de un terreno.
plana[1] *s. f.* Llana de albañil.
plana[2] *s. f.* **1.** Cada una de las dos caras o haces de una hoja de papel. **2.** Conjunto de líneas ya ajustadas de que se compone cada página.
planada *s. f.* Llanada.
plancha *s. f.* **1.** Lámina delgada y lisa de metal, madera, etc. **2.** Utensilio para planchar.
planchar *v. tr.* Estirar y alisar la ropa pasando sobre ella una plancha caliente.
plancheta *s. f.* Instrumento topográfico que consiste en un tablero montado horizontalmente sobre un trípode, y en cuya superficie se trazan con lápiz las visuales dirigidas por medio de una alidada a los diferentes puntos del terreno.
plancton *s. m.* Conjunto de seres pelágicos que se hallan en suspensión en las aguas dulces o marinas y sirven de alimento a seres superiores.
planeador *s. m.* Avión sin motor.
planear[1] *v. tr.* Trazar el plan de una obra.
planear[2] *v. intr.* Sostenerse en el aire, volar o descender un avión lentamente con el motor parado.
planeta *s. m.* Cuerpo celeste que sólo brilla por la luz refleja del Sol, alrededor del cual describe una órbita.
planetario *s. m.* Lugar destinado al estudio y observación de temas astronómicos.
planicie *s. f.* Llanura, campo sin altos ni bajos.
planimetría *s. f.* Arte de medir superficies planas.
planisferio *s. m.* Carta en que la esfera celeste o la terrestre se representa en un plano.
planning *s. m.* Conjunto de técnicas y programas para conseguir el máximo aprovechamiento de medios y recursos en la producción empresarial.
plano, na *adj.* **1.** Llano, liso, sin estorbos ni tropiezos. || *s. m.* **2.** Superficie plana, representación de dos dimensiones.
planta *s. f.* **1.** Parte inferior del pie con que se pisa, y sobre la cual se sostiene el cuerpo. **2.** Vegetal, ser orgánico que vive y crece sin cambiar de sitio por impulso voluntario. **3.** Piso.
plantación *s. f.* Conjunto de lo plantado.
plantar *v. tr.* **1.** Meter en tierra una planta, un esqueje, etc. para que arraigue. **2.** Fijar y poner derecha y enhiesta una cosa.
plante *s. m.* Confabulación entre varias personas que hacen algo en común para exigir o rechazar airadamente alguna cosa.
planteamiento *s. m.* Acción y efecto de plantear.
plantear *v. tr.* Estudiar el plan de una cosa para alcanzar el acierto en ella.
plantel *s. m.* **1.** Criadero de plantas. **2.** *fig.* Lugar en que se forman personas capaces para una profesión, ejercicio, etc.
plantificar *v. tr.* **1.** Plantear, establecer. **2.** *fam.* Golpear. **3.** *fam.* Obligar a alguien a ponerse en un lugar contra su deseo.
plantígrado, da *adj.* Se dice de los cuadrúpedos que al andar apoyan en el suelo toda la

planta de los pies y las manos, como el oso. También s. m.

plantilla *s. f.* **1.** Pieza de badana, corcho, etc., con que interiormente se cubre la planta del calzado. **2.** Plantel, conjunto de empleados de una oficina o fábrica.

plantío, a *adj.* Se aplica a la tierra o sitio plantado o que se puede plantar.

plantón *s. m.* Pimpollo o arbolete nuevo para trasplantar.

plañidera *s. f.* Mujer que se contrataba para llorar en los entierros.

plañidero, ra *adj.* Lloroso y lastimero.

plañir *v. intr.* Gemir y llorar sollozando.

plaqué *s. m.* Chapa muy delgada, de oro o de plata, que recubre la superficie de otro metal de menos valor.

plaqueta *s. f.* Elemento celular microscópico de la sangre, en forma de disco.

plasma *s. m.* Parte líquida de la sangre en circulación, formada de suero y parte coagulante.

plasmar *v. tr.* Crear una cosa, darle forma.

plasta *s. f.* **1.** Masa blanda. **2.** Cosa aplastada.

plaste *s. m.* Masa de yeso y agua de cola, para alisar la superficie del muro que se ha de pintar.

plastecer *v. tr.* Llenar, tapar con plaste.

plasticidad *s. f.* Calidad o condición de plástico.

plástico, ca *adj.* Dúctil, blando, que se deja modelar fácilmente.

plastificar *v. tr.* Recubrir de sustancia plástica una materia, especialmente el papel.

plastilina *s. f.* Material blando y modelable de diferentes colores.

plata *s. f.* Metal blanco brillante, dúctil y maleable, más pesado que el cobre y menos que el plomo.

plataforma *s. f.* **1.** Tablero horizontal, elevado sobre el suelo. **2.** Vagón descubierto y con bordes de poca altura en sus cuatro lados. **3.** Parte anterior y posterior de los tranvías, coches de ferrocarril, etc. en que se va de pie.

plátano *s. m.* Árbol de tronco recto, flores en cabezuelas unisexuales y frutos rodeados de largos pelos en su base y agrupados en bolas pendientes de un largo pedúnculo.

platea *s. f.* **1.** Patio, parte baja de los teatros. **2.** Cada uno de los palcos situados en esta parte del teatro.

plateado, da *adj.* Bañado de plata.

platear *v. tr.* Cubrir de plata una cosa.

platel *s. m.* Especie de plato o bandeja.

platelminto *adj.* Se dice del gusano de cuerpo aplanado, prolongado u oval, desprovisto de apéndices, con la cavidad general rellena de tejido conjuntivo.

platería *s. f.* Arte y oficio de platero.

platero, ra *s. m. y s. f.* Artífice que labra la plata.

plática *s. f.* **1.** Conversación, acto de hablar una o varias personas con otra u otras. **2.** Discurso breve que hacen los predicadores para exhortar a los actos de virtud o instruir en la doctrina cristiana.

platicar *v. intr.* Conversar, hablar unos con otros, tratar de un negocio o materia.

platija *s. f.* Pez marino malacopterigio, semejante al lenguado, pero de escamas más fuertes y unidas y de carne poco apreciada.

platillo *s. m.* **1.** Cada una de las dos piezas que tiene la balanza. **2.** Cada una de las dos chapas metálicas circulares que forman un instrumento de percusión, usado para acompañamiento.

platina *s. f.* **1.** Parte del microscopio en que se coloca el objeto que se quiere observar. **2.** Disco de vidrio deslustrado o de metal y perfectamente plano para que ajuste en su superficie el borde del recipiente de la máquina neumática.

platinar *v. tr.* Cubrir algo con una capa de platino.

platino *s. m.* Metal el más pesado de todos, de color de plata aunque menos vivo y brillante, muy duro y menos dúctil que el oro.

platinotipia *s. f.* Procedimiento que da imágenes positivas sobre papel sensibilizado con sales de platino.

platirrinia *s. f.* Anchura exagerada de la nariz.

plato *s. m.* **1.** Vasija baja y redonda, con una concavidad en medio y borde generalmente plano alrededor, que se emplea en las mesas para servir las viandas y comer en él. **2.** Manjar preparado para ser comido.

platónico, ca *adj.* Desinteresado, honesto, meramente ideal.

plausible *adj.* Digno de aplauso.

playa *s. f.* Ribera del mar o de un río grande, formada de arenales en superficie casi plana.

playera *s. f.* Zapatilla con suela de goma que se usa para hacer deporte. Se usa más en pl.

plaza *s. f.* **1.** Lugar amplio y espacioso dentro de un poblado. **2.** Lugar fortificado con muros, baluartes, etc. para que la gente se pueda defender del enemigo.

plazo *s. m.* **1.** Término o tiempo señalado para una cosa. **2.** Cada parte de una cantidad pagadera en dos o más veces.

pleamar *s. f.* **1.** Fin o término de la marea creciente del mar. **2.** Tiempo que ésta dura.

plebe *s. f.* Estado llano.

plebeyo, ya *adj.* Se dice de la persona que no es noble ni hidalga. También s. m. y s. f.

plebiscito *s. m.* Resolución tomada por todo un pueblo por mayoría de votos.

plectro *s. m.* Púa o pequeña pieza de marfil, hueso, madera, etc. que se usaba para tocar ciertos instrumentos de cuerda.

plegable *adj.* Capaz de plegarse.

plegar *v. tr.* **1.** Hacer pliegues en una cosa. ‖ *v. prnl.* **2.** *fig.* Doblarse, someterse.

plegaria *s. f.* Deprecación o súplica humilde y ferviente para pedir una cosa.

pleguete *s. m.* Tijereta de las vides y de otras plantas.

pleita *s. f.* Tira de esparto entretejido que cosida con otras sirve para hacer esteras y sombreros.

pleitear *v. tr.* Litigar o contender judicialmente sobre una cosa.

pleito *s. m.* **1.** Contienda, disputa, litigio judicial entre partes. **2.** Disputa, riña o pendencia doméstica o privada.

plenario, ria *adj.* Lleno, entero, total.

plenilunio *s. m.* Luna llena.

plenipotencia *s. f.* Poder pleno que se concede a otra persona para ejecutar, concluir o resolver una cosa.

plenipotenciario, ria *adj.* Se dice del diplomático que envían los soberanos o los gobiernos a otros Estados con pleno poder para tratar convenios, ajustar paces, etc.

plenitud *s. f.* **1.** Totalidad, integridad o calidad de pleno. **2.** Abundancia o exceso de un humor en el cuerpo.

pleno, na *adj.* **1.** Entero, completo. ‖ *s. m.* **2.** Reunión o junta general de una corporación.

pleonasmo *s. m.* Figura de construcción, consistente en emplear en la oración, enfáticamente, más palabras de las necesarias.

plepa *s. f., fam.* Persona, animal o cosa que tiene muchos defectos en lo físico o en lo moral, o que no sirve para nada.

plétora *s. f.* **1.** Plenitud de sangre. **2.** Abundancia de humores en el organismo o en una parte de él.

pletórico, ca *adj., fig.* Eufórico, satisfecho.

pleura *s. f.* Cada una de las dos membranas serosas que en ambos lados del pecho cubren las paredes de la cavidad torácica y la superficie de los pulmones.

pleuresía *s. f.* Inflamación de la pleura.

pleuritis *s. f.* Inflamación crónica de la pleura.

plexiglás *s. m.* **1.** Resina sintética que tiene el aspecto del vidrio. **2.** Material transparente y flexible del que se hacen telas, tapices, etc.

plexo *s. m.* Red formada por varios filamentos nerviosos o vasculares entrelazados.

pléyade *s. f., fig.* Grupo de personas señaladas, especialmente en las letras, que florecen por el mismo tiempo.

plica *s. f.* Sobre cerrado y sellado en que se reserva algún documento que no debe publicarse hasta fecha u ocasión determinada.

pliego *s. m.* Porción o pieza de papel de forma rectangular y doblada por medio.

pliegue *s. m.* Doblez que se hace en un papel, tela u otra cosa flexible.

plinto *s. m.* Base cuadrada de poca altura.

plioceno *adj.* Se dice del terreno que forma la parte superior o más moderna del terciario. También s. m.

plisar *v. tr.* Plegar, fruncir.

plomada *s. f.* Pesa de plomo o de otro metal, cilíndrica o cónica, que colgada de una cuerda sirve para señalar la línea vertical.

plomizo, za *adj.* De color de plomo.

plomo *s. m.* Metal pesado, blando, fusible, de color gris ligeramente azulado.

pluma *s. f.* Cada una de las excrecencias epidérmicas córneas de que está cubierto el cuerpo de las aves.

plumaje *s. m.* Conjunto de plumas que adornan y visten al ave.

plumazo *s. m.* **1.** Colchón o almohada grande llena de plumas. **2.** Trazo fuerte de pluma.

plúmbeo, a *adj.* **1.** De plomo. **2.** *fig.* Que pesa como el plomo.

plúmbico, ca *adj.* Perteneciente o relativo al plomo.

plumear *v. tr.* Trazar líneas con el lápiz o la pluma, para sombrear un dibujo.

plúmeo, a *adj.* Que tiene plumas.

plumero *s. m.* Mazo de plumas, generalmente atadas a un mango de madera torneado, que sirve para quitar el polvo.

plumífero *s. m.* Prenda de abrigo confeccionada con tela impermeable y relleno de plumas.

plumilla *s. f.* Instrumento de metal que mojado en tinta sirve para escribir.

plumón *s. m.* Pluma muy delgada y sedosa que tienen las aves debajo del plumaje exterior.

plúmula *s. f.* Yemecilla que en el embrión de la planta contenido en la semilla es rudimento del tallo.

plural *adj.* Se dice del número que se refiere a dos o más personas o cosas.

pluralidad *s. f.* **1.** Multitud. **2.** Calidad de ser más de uno.

pluricelular *adj.* Que está formado por más de una célula.

pluriempleo *s. m.* Situación social caracterizada por el desempeño de varios cargos, empleos, oficios, etc. por la misma persona.

plurilingüe *adj.* Se dice de la persona que habla varias lenguas.

plus *s. m.* Gratificación, remuneración adicional o sobresueldo.

pluscuamperfecto *adj.* Se dice del tiempo que enuncia que una cosa estaba ya hecha o podía estarlo cuando otra se hizo.

plus ultra *expr. lat.* Más allá.

plúteo *s. m.* Cada cajón de los armarios de libros.

plutocracia *s. f.* Preponderancia de los ricos en el gobierno del Estado.

plutonio *s. m.* Elemento metálico radiactivo que se encuentra en ciertas variedades de sulfuro de cinc.

pluvia *s. f., poét.* Lluvia.

pluvial *adj.* Se dice del agua de lluvia.

pluviómetro *s. m.* Aparato que sirve para medir la lluvia que cae en un lugar y tiempo dados.

población *s. f.* **1.** Número de personas de un pueblo, provincia, nación, etc. **2.** Ciudad, villa o lugar.

poblar *v. tr.* **1.** Fundar uno o más pueblos. También intr. **2.** Ocupar la gente un sitio para trabajar o habitar en él.

pobo *s. m.* Álamo.

pobre *adj.* **1.** Falto de lo necesario para vivir, o que lo tiene con escasez. **2.** Escaso, que carece de algo para su cumplimiento.

pobreza *s. f.* **1.** Escasez o carencia de lo necesario para vivir. **2.** Falta, escasez.

pocho, cha *adj.* Podrido, especialmente la fruta.

pocholada *s. f.* Cualquier cosa bonita o graciosa.

pocilga *s. f.* **1.** Establo para ganado de cerda. **2.** *fam.* Lugar hediondo y asqueroso.

pocillo *s. m.* Tinaja o vasija empotrada en la tierra para recoger un líquido.

pócima *s. f.* Cocimiento medicinal de materias vegetales.

poción *s. f.* Bebida.

poco, ca *adj.* Escaso, limitado y corto en cantidad o calidad.

póculo *s. m.* Vaso para beber.

poda *s. f.* Tiempo en que se ejecuta.

podadera *s. f.* Herramienta de corte curvo y con mango que sirve para podar.

podagra *s. f.* Enfermedad de gota, y especialmente la que se padece en los pies.

podar *v. tr.* Cortar las ramas superfluas de los árboles, vides y otras plantas para que fructifiquen con más vigor.

podenco, ca *adj.* Perro.

poder[1] *s. m.* **1.** Facultad de hacer alguna cosa, material o inmaterial. **2.** Fuerza, vigor, capacidad, posibilidad, poderío.

poder[2] *v. tr.* **1.** Tener facilidad, tiempo, lugar o autorización de hacer una cosa. **2.** Ser más fuerte que otro. ‖ *v. impers.* **3.** Ser contingente o posible que suceda una cosa.

poderdante *adj.* Se dice de la persona que da poder o comisión a otra para que la represente en juicio o fuera de él.

poderío *s. m.* **1.** Facultad de hacer o impedir una cosa. **2.** Vigor, fuerza grande.

poderoso, sa *adj.* **1.** Que tiene poder. **2.** Muy rico, colmado de bienes o de fortuna.

podio *s. m.* Pedestal largo en que estriban varias columnas.

podómetro *s. m.* Aparato en forma de reloj de bolsillo, para contar el número de pasos de quien lo lleva.

podre *s. f.* Putrefacción de algunas cosas.

podrecer *v. tr.* Pudrir. También intr. y prnl.

podredumbre *s. f.* Calidad dañosa que pudre las cosas.

poema *s. m.* Obra en verso o de contenido poético por su fondo o estilo, aunque esté escrito en prosa.

poesía *s. f.* Expresión artística de la belleza por medio de la palabra sujeta a la medida, ritmo o cadencia de que resulta el verso o la prosa poética.

poeta *s. m.* Persona que compone obras poéticas y está dotada de las facultades necesarias para componerlas.

poética *s. f.* Poesía, arte de componer obras poéticas.

poético, ca *adj.* Relativo a la poesía.

poetisa *s. f.* Mujer poeta.

poetizar *v. intr.* Hacer o componer versos.

polacra *s. f.* Buque de cruz, de dos o tres palos enterizos y sin cofas.

polaina *s. f.* Especie de media calza, que cubre la pierna hasta la rodilla.

polar *adj.* Perteneciente o relativo a los polos.

polaridad *s. f.* Propiedad que tienen los agentes físicos de acumularse en los polos de un cuerpo y de polarizarse.

polariscopio *s. m.* Instrumento para observar la luz polarizada.

polarizar *v. tr.* **1.** Modificar los rayos luminosos por medio de refracción o reflexión, de tal manera que queden incapaces de refractarse o reflejarse de nuevo en ciertas direcciones. || *v. prnl.* **2.** *fig.* Concentrar la atención en una cosa.

polca *s. f.* Danza de origen bohemio, de movimiento rápido y en compás de dos por cuatro.

pólder *s. m.* En los Países Bajos, terreno pantanoso desecado ganado al mar y que se dedica al cultivo.

polea *s. f.* Rueda móvil alrededor de un eje, con una canal en su circunferencia, que sirve para levantar y mover pesos.

polémica *s. f.* **1.** Discusión por escrito o hablada sobre materias políticas, literarias, etc. **2.** *fig.* Riña, altercado.

polemizar *v. intr.* Sostener o entablar una polémica.

polen *s. m.* Polvillo fecundante contenido en las anteras de las flores.

polenta *s. f.* Puches de harina de maíz.

poleo *s. m.* Planta herbácea anual, labiada, de olor agradable, que se usa en infusión como estomacal.

poliandria *s. f.* Régimen familiar en que se permite a la mujer vivir casada simultánemente con dos o más hombres.

poliarquía *s. f.* Gobierno de muchos.

pólice *s. m.* Dedo pulgar.

polichinela *s. m.* Títere, muñeco.

policía *s. f.* **1.** Organización y reglamentación interna de un Estado, cumpliéndose las leyes u ordenanzas establecidas para guardar orden y seguridad pública. **2.** Cuerpo encargado de vigilar el cumplimiento de las leyes de un Estado.

policitación *s. f.* Promesa que no ha sido aceptada todavía.

policlínica *s. f.* Consultorio médico con diversas secciones o especialidades.

policromar *v. tr.* Decorar una cosa con varios colores, sobre todo estatuas y relieves.

polícromo, ma *adj.* De varios colores.

polideportivo *s. m.* Se aplica al lugar destinado al ejercicio de varios deportes.

polidipsia *s. f.* Necesidad de beber con frecuencia y abundantemente.

poliedro *s. m.* Sólido limitado por todas partes por planos.

poliéster *s. m.* Materia plástica termoestable, usada en la fabricación de pintura, películas, fibras textiles, etc.

polifagia *s. f.* Ingestión considerable de alimentos, debida al hambre extraordinaria y excesiva.

polifásico, ca *adj.* Se dice de la corriente eléctrica alterna, constituida por la combinación de varias corrientes monofásicas del mismo período, pero cuyas fases no concuerdan.

polifonía *s. f.* Conjunto de sonidos simultáneos en que cada uno expresa su idea musical y forma con los demás un todo armónico.

poligamia *s. f.* Régimen familiar en que se permiten los matrimonios múltiples, poligínicos, un hombre con dos o más mujeres, o poliándricos, una mujer con dos o más hombres.

políglota *s. m. y s. f.* Persona que domina varias lenguas.

polígono *s. m.* Porción de plano limitado por rectas.

poligrafía *s. f.* Arte de escribir por diferentes modos secretos, de suerte que lo escrito no sea inteligible sino para quien conozca la clave.

polilla *s. f.* Mariposa nocturna, cenicienta, cuya larva destruye tejidos, pieles, etc.

polimatía *s. f.* Multitud de conocimientos diversos.

polimerizar *v. tr.* Convertir una sustancia en otra de la misma composición, pero con pesos moleculares múltiplos unos de otros.

polímero, ra *adj.* Se dice de los cuerpos obtenidos de otros por polimerización.

polimorfo, fa *adj.* Que puede tener varias formas.

polinización *s. f.* Transporte del polen desde el saco polínico de la antera hasta el estigma del pistilo.

polinizar *v. tr.* Efectuar la polinización.

polinomio *s. m.* Expresión algebraica que consta de más de un término.

poliomielitis *s. f.* Inflamación de la sustancia gris de la médula espinal.

polípero *s. f.* Formación concrecionada, generalmente dendrítica, obra de diversos géneros de zoófitos que en ella viven y mueren, compuesta de cal y, a veces, algo de sílice con materia aglutinante; está fija a las rocas y llega por su aglomeración a levantar escollos o formar islas.

pólipo *s. m.* Animal celentéreo, cuya boca, circundada de tentáculos, conduce a un estómago sencillo o seguido de intestinos.

polipodio *s. m.* Helecho.

polis *s. f.* Ciudad-estado en la antigua Grecia.

polisemia *s. f.* Multiplicidad de acepciones o significados en una palabra.

polisílabo, ba *adj.* Se dice de la palabra que consta de muchas sílabas.

polisón *s. m.* Miriñaque que sobre la cintura usaron las mujeres, para que abultasen las faldas por detrás.

polistilo, la *adj.* Que tiene muchas columnas.

politécnico, ca *adj.* Que abraza muchas ciencias o artes.

politeísmo *s. m.* Religión o doctrina que admite pluralidad de dioses.

politeísta *adj.* Que profesa el politeísmo.

política *s. f.* Ciencia y arte de gobernar y dar leyes para mantener la seguridad de un Estado en sus asuntos interiores y exteriores.

politizar *v. tr.* Dar orientación o contenido político a acciones, pensamientos, etc., que corrientemente no lo tienen. También prnl.

poliuria *s. f.* Excreción excesiva de orina.

polivalente *adj.* Se dice del elemento o función química que actúa con varias valencias.

póliza *s. f.* **1.** Orden de cobro. **2.** Sello suelto con que se satisface el impuesto del timbre en ciertos documentos.

polizón *s. m.* Persona que se embarca clandestinamente.

polla *s. f.* Gallina nueva, medianamente crecida, que no pone huevos o que hace poco tiempo que ha empezado a ponerlos.

pollada *s. f.* Conjunto de pollos que de una vez sacan las aves, particularmente las gallinas.

pollazón *s. f.* Echadura de huevos que de una vez empollan las aves.

pollería *s. f.* Lugar donde se venden gallinas y otras aves comestibles.

pollino, na *s. m. y s. f.* **1.** Asno joven y cerril. **2.** Persona necia, ignorante o ruda.

pollo *s. m.* Cría que sacan de cada huevo las aves y especialmente las gallinas.

polo[1] *s. m.* Cualquiera de los dos extremos del eje de rotación de una esfera o cuerpo redondeado dotado de este movimiento real o imaginariamente.

polo[2] *s. m.* Juego entre grupos de jinetes que con mazas de astiles largos lanzan sobre el césped del terreno una bola, observando algunas reglas.

poltrón, na *adj.* **1.** Flojo, perezoso, haragán. ‖ *s. f.* **2.** Butaca ancha y cómoda.

poltronería *s. f.* Pereza, haraganería.

polución *s. f.* **1.** Contaminación intensa y dañina del agua o del aire producida por los residuos industriales o biológicos. **2.** Efusión del semen.

poluto, ta *adj.* Sucio, inmundo.

polvareda *s. f.* Cantidad de polvo que se levanta de la tierra.

polvera *s. f.* Vaso de tocador, que sirve para contener los polvos y la borla con que se suelen aplicar.

polvo *s. m.* **1.** Masa de partículas de tierra seca y de otros sólidos que se levanta en el aire con cualquier movimiento y se posa sobre los objetos. ‖ *s. m. pl.* **2.** Los de almidón, arroz, etc. que se usan como afeite.

pólvora *s. f.* Mezcla de salitre, azufre y carbón, que a cierto grado de calor se inflama desprendiendo gran cantidad de gases.

polvorear *v. tr.* Echar polvo o polvos sobre algo.

polvoriento, ta *adj.* Lleno de polvo.

polvorín *s. m.* Lugar o edificio convenientemente dispuesto para guardar la pólvora, municiones, etc.

polvorón *s. m.* Torta pequeña, de harina, manteca y azúcar, cocida en horno fuerte y que se deshace en polvo al comerla.

poma *s. f.* **1.** Manzana, fruta. **2.** Cajita para perfumes.
pomada *s. f.* Mixtura de una sustancia grasa con otros ingredientes, empleada como afeite o medicamento.
pomelo *s. m.* Toronja.
pomo *s. m.* Empuñadura de las puertas.
pomología *s. f.* Parte de la agricultura que trata de los frutos comestibles.
pompa *s. f.* **1.** Acompañamiento suntuoso y de gran aparato que se hace en una ceremonia de regocijo o fúnebre. **2.** Fausto, vanidad. **3.** Burbuja que forma el agua por el aire que se introduce.
pompón *s. m.* Esfera metálica o bola de estambre o seda con que se adornaba la parte anterior y superior de los morriones.
pomposidad *s. f.* Calidad de pomposo.
pomposo, sa *adj.* Ostentoso, magnífico.
pómulo *s. m.* Hueso de cada una de las mejillas.
ponche *s. m.* Bebida que se hace mezclando ron u otro licor espiritoso en agua, limón, azúcar y a veces té.
ponchera *s. f.* Vasija semiesférica, en la que se prepara el ponche.
poncho *s. m.* Especie de capote sin mangas, pero sujeto a los hombros, que ciñe y cae a lo largo del cuerpo.
ponderación *s. f.* Atención, consideración con que se dice o hace una cosa.
ponderado, da *adj.* Se dice de la persona que procede con tacto y prudencia.
ponderar *v. tr.* **1.** Pesar. **2.** Examinar con cuidado un asunto. **3.** Exagerar, encarecer.
ponedero *s. m.* Lugar destinado para que pongan huevos las gallinas, palomas, etc.
ponencia *s. f.* **1.** Cargo de ponente. **2.** Informe o dictamen dado por el ponente.
ponente *adj.* Se dice de la persona a quien toca hacer relación de un asunto y proponer la resolución.
poner *v. tr.* **1.** Colocar en un sitio una persona o cosa, o disponerla en el lugar o grado que debe tener. **2.** Disponer una cosa con lo que ha menester para algún fin. **3.** Apostar. **4.** Soltar el huevo las aves.
poni *s. m.* Caballo robusto y de poca alzada.
poniente *s. m.* **1.** Occidente, punto cardinal. **2.** Viento que sopla de la parte occidental.
pontazgo *s. m.* Derechos que se pagan en algunas partes para pasar por los puentes.
pontificado *s. m.* Dignidad de pontífice.
pontífice *s. m.* Obispo o arzobispo de una diócesis.
pontificio, cia *adj.* Perteneciente o relativo al pontífice o a sus escritos.
pontón *s. m.* **1.** Barco chato para pasar los ríos o construir puentes, y en los puertos para limpiar su fondo con el auxilio de algunas máquinas. **2.** Buque viejo.
ponzoña *s. f.* Sustancia venenosa.
ponzoñoso, sa *adj.* Que tiene ponzoña.
popa *s. f.* Parte posterior de las embarcaciones, donde se coloca el timón y están las cámaras o habitaciones principales.
pope *s. m.* Sacerdote de la iglesia ortodoxa rusa.
popelina *s. f.* Tela delgada de algodón, de seda o de una mezcla de algodón y seda o lana y seda para camisas y usos análogos.
populacho *s. m.* Multitud de personas en revuelta o desorden.
popular *adj.* Del pueblo o de la plebe.
popularidad *s. f.* Aceptación y aplauso que alguien tiene en el pueblo.
popularizar *v. tr.* Acreditar a alguien o algo, extendiendo su fama entre el público.
populeón *s. m.* Ungimiento calmante, compuesto de manteca de cerdo, hojas de adormidera, belladona, yemas de chopo o álamo negro.
populoso, sa *adj.* Poblado o lleno.
popurrí *s. m.* Composición formada con fragmentos o temas de diversas obras musicales.
poquedad *s. f.* **1.** Escasez, cortedad o miseria. **2.** Timidez, cobardía.
póquer *s. m.* Juego de naipes en que cada jugador recibe cinco; es de envite y gana el que reúne la combinación superior entre las establecidas.
por *prep.* Indica el lugar o tiempo en que se hace algo, o la causa o el modo de hacerlo.
porcelana *s. f.* Especie de loza fina, transparente.
porcentaje *s. m.* Tanto por ciento.
porcino, na *adj.* Perteneciente al puerco.
porción *s. f.* Cantidad segregada de otra mayor.
porche *s. m.* Soportal.
pordiosear *v. intr.* **1.** Mendigar, pedir limosna. **2.** *fig.* Pedir porfiadamente y con humildad una cosa.
pordiosero, ra *adj.* Mendigo que pide limosna.

porfía *s. f.* Acción de porfiar.

porfiado, da *adj.* Se dice del sujeto obstinado y terco en su parecer, que se mantiene en él con tesón y necedad.

porfiar *v. intr.* **1.** Discutir y altercar obstinadamente. **2.** Importunar.

pórfido *s. m.* Roca compacta y dura de color oscuro, formada por cristales de feldespato y cuarzo.

pormenor *s. m.* Conjunto de circunstancias menudas y detalles de una cosa.

pornografía *s. f.* **1.** Tratado acerca de la prostitución. **2.** Carácter obsceno de obras literarias, fotográficas o artísticas.

poro *s. m.* Espacio que hay entre las partículas o moléculas que constituyen un cuerpo.

porosidad *s. f.* Calidad de poroso.

poroso, sa *adj.* Que tiene poros.

porque *conj. caus.* **1.** Por causa o razón de que. ‖ *conj. consec.* **2.** Para que.

porqué *s. m., fam.* Causa, razón o motivo.

porquera *s. f.* Lugar o sitio en que habitan los jabalíes en el monte.

porquería *s. f.* **1.** Suciedad, basura. **2.** Acción sucia o indecente. **3.** *fam.* Grosería.

porqueriza *s. f.* Pocilga donde se crían y recogen los puercos.

porra *s. f.* Palo cuyo grueso aumenta desde la empuñadura al extremo opuesto.

porráceo, a *adj.* De color verdinegro, parecido al del puerro.

porrazo *s. m.* Golpe dado con la porra.

porreta *s. f.* Hojas verdes del puerro.

porretada *s. f.* Conjunto de cosas semejantes.

porrillo, a *loc., fam.* En abundancia, copiosamente.

porrino *s. m.* Simiente de los puerros.

porrón *s. m.* Redoma de vidrio, para beber vino a chorro por el pitón largo que tiene en la panza.

porta *s. f.* Cada una de las aberturas practicadas en los costados y popa de los buques para dar luz y ventilarlos.

portaaviones *s. m.* Buque de guerra dotado de las instalaciones necesarias para transportar aviones, con cubierta dispuesta para que de ella puedan despegar y aterrizar.

portacartas *s. m.* Bolsa para llevar las cartas.

portada *s. f.* **1.** Obra de ornamentación en las fachadas principales de los edificios suntuosos. **2.** Primera plana de los libros impresos. **3.** Cara principal de cualquier cosa.

portador, ra *adj.* Que lleva o trae una cosa de una parte a otra.

portaestandarte *s. m.* Oficial de caballería que lleva el estandarte.

portafolio *s. m.* Cartera.

portafusil *s. m.* Correa que pasa por dos asas del fusil, y sirve para echarlo a la espalda dejándolo colgado del hombro.

portal *s. m.* **1.** Primera pieza de la casa, donde está la entrada principal. **2.** Soportal cubierto. **3.** Pórtico de columnas.

portalámparas *s. f.* Pieza adecuada para sostener una lámpara.

portalón *s. m.* Abertura a manera de puerta, hecha en el costado del buque, que sirve para entrada y salida de personas y cosas.

portamonedas *s. m.* Bolsa pequeña o cartera para llevar dinero a mano.

portante *adj.* Se dice del paso de las caballerías en el cual mueven a un tiempo la mano y el pie del mismo lado.

portantillo *s. m.* Paso menudo y apresurado de un animal, y especialmente del pollino.

portanuevas *s. m. y s. f.* Persona que da noticias.

portañola *s. f.* Cañonera, tronera.

portapliegos *s. m.* Cartera pendiente del hombro o de la cintura, para llevar pliegos.

portaplumas *s. m.* Mango en que se coloca la pluma metálica para escribir.

portar *v. tr.* **1.** Llevar o traer alguna cosa. ‖ *v. prnl.* **2.** Conducirse, gobernarse.

portarretrato *s. m.* Marco utilizado para poner una fotografía.

portátil *adj.* Fácil de transportarse.

portavoz *s. m.* Persona que, por su autoridad, lleva la voz de una colectividad.

portazgo *s. m.* Derechos que se pagan por pasar por un sitio determinado de un camino.

porte *s. m.* **1.** Acción de portear mercancías de una parte a otra. Se usa más en pl. **2.** Conducta, modo de proceder. **3.** Aspecto, disposición de una persona en cuanto al modo de vestirse, modales, etc.

porteador, ra *adj.* Que portea.

portear *v. tr.* Conducir o llevar una cosa de una parte a otra por el precio o porte convenido o señalado.

portento *s. m.* Cualquier cosa, acción o suceso singular que por su extrañeza o novedad causa admiración, terror o pasmo.

portentoso, sa *adj.* **1.** Singular y admirable. **2.** Maravilloso, asombroso, milagroso.

portería *s. f.* **1.** Pieza del zaguán de los edificios o establecimientos públicos o particulares donde está situado el portero. **2.** Empleo de portero.

portero, ra *s. m. y s. f.* **1.** Persona encargada de guardar, cerrar y abrir las puertas, la limpieza del portal, etc. **2.** Jugador que en algunos deportes defiende la meta de su bando.

portezuela *s. f.* Puerta de carruaje.

pórtico *s. m.* Lugar cubierto y con columnas que se construye delante de los templos u otros edificios suntuosos.

portier *s. m.* Antepuesta o cortinón.

portilla *s. f.* Cada una de las ventanillas pequeñas, cerradas con un cristal grueso, que se hacen en los costados de los buques.

portillo *s. m.* **1.** Abertura que hay en las murallas, paredes o tapias. **2.** Postigo o puerta chica en otra mayor.

portón *s. m.* Puerta que divide el zaguán del resto de la casa.

porvenir *s. m.* Suceso o tiempo futuro.

pos *prep.* Significa detrás o después de.

posa *s. f.* Toque de difuntos.

posada *s. f.* **1.** Casa donde habita cada uno. **2.** Mesón. **3.** Casa de huéspedes.

posaderas *s. f. pl.* Nalgas.

posadero, ra *s. m. y s. f.* Persona que tiene una casa de huéspedes.

posar *v. intr.* **1.** Alojar u hospedarse en una posada o casa particular. **2.** Descansar, asentarse, reposar.

posdata *s. f.* Lo que se añade a una carta ya concluida y firmada.

pose *s. f.* Postura, actitud de posar para un público, la cámara, etc.

poseedor, ra *adj.* Que posee. También s. m. y s. f.

poseer *v. tr.* **1.** Tener alguien algo en su poder. **2.** Saber suficientemente una cosa, como arte, doctrina, idioma, etc.

poseído, da *adj.* Poseso.

posesión *s. f.* **1.** Acción de poseer o poseerse. **2.** Cosa poseída, especialmente terrenos o fincas.

posesionar *v. tr.* Tomar alguien posesión de una cosa. También prnl.

posesivo, va *adj.* Que denota posesión.

poseso, sa *adj.* Se dice de la persona que padece posesión de algún espíritu.

posguerra *s. f.* Tiempo inmediato a la terminación de una guerra, durante el cual subsisten las perturbaciones ocasionadas por la misma.

posibilidad *s. f.* **1.** Calidad de posible. **2.** Aquello que hace que una cosa sea posible.

posibilitar *v. tr.* Facilitar o hacer posible una cosa dificultosa y ardua.

posible *adj.* Que puede ser o suceder.

posición *s. f.* **1.** Modo de estar colocada una persona o cosa. **2.** Punto fortificado o naturalmente ventajoso para la guerra.

posicionar *v. tr.* Tomar posición. También prnl.

positivismo *s. m.* Calidad de positivo.

positivo, va *adj.* **1.** Cierto, verdadero, efectivo, que no ofrece duda. **2.** Se dice de la persona que busca la realidad de las cosas especialmente en cuanto a los goces de la vida y comodidades.

positrón *s. m.* Elemento del átomo que tiene la misma masa que el electrón, pero cargado de electricidad receptiva.

posma *s. f., fam.* Pesadez, flema, cachaza.

poso *s. m.* **1.** Sedimento del líquido contenido en una vasija. **2.** Quietud, descanso.

posología *s. f.* Parte de la terapéutica que trata de las dosis en que deben administrarse los medicamentos.

posponer *v. tr.* **1.** Poner a una persona o cosa después de otra, tanto en espacio como en tiempo. || *v. intr.* **2.** *fig.* Apreciar a una persona o cosa menos que a otra.

posposición *s. f.* Acción de posponer.

posta *s. f.* Conjunto de caballerías preparadas para que, mudando los tiros, los correos y otras personas caminasen con toda diligencia.

postal *adj.* **1.** Relativo al ramo de correos. **2.** Se dice de la tarjeta de tamaño determinado, con un espacio dispuesto para escribir en él, que se expide por correo, como carta sin sobre.

postdiluviano, na *adj.* Posterior al diluvio universal.

poste *s. m.* Madero, piedra o columna colocada verticalmente como apoyo o señal.

postema *s. f.* Absceso supurado.

póster *s. m.* Cartel grande, por lo general de carácter pictórico o decorativo.

postergación *s. f.* Acción y efecto de postergar.

postergar *v. tr.* Hacer sufrir atraso a una persona o cosa.

posteridad *s. f.* **1.** Descendencia o generación venidera. **2.** Fama póstuma.

posterior *adj.* Que está o viene después en el tiempo o en el espacio.

posteriori, a *loc.* Se dice de los conocimientos que provienen de la experiencia.

posterioridad *s. f.* Calidad de posterior.

postigo *s. m.* **1.** Puerta falsa. **2.** Portezuela de una ventana.

postilla *s. f.* Costra de las llagas o heridas cuando se van secando.

postín *s. m.* Presunción, vanidad, jactancia.

postizo, za *adj.* **1.** Que no es natural ni propio, sino añadido, fingido o sobrepuesto. ‖ *s. m.* **2.** Añadido o tejido de pelo que suple la falta o escasez de éste.

postmeridiano, na *adj.* Relativo a la tarde, o que es después del mediodía.

postor *s. m.* Persona que puja.

postración *s. f.* Abatimiento por enfermedad o aflicción.

postrar *v. tr.* **1.** Rendir, humillar o derribar una cosa. **2.** Debilitar, quitar el vigor y fuerza a alguien. ‖ *v. prnl.* **3.** Hincarse de rodillas humillándose por tierra.

postre *s. m.* Fruta, dulce y otras cosas que se sirven al fin de la comida.

postrero, ra *adj.* **1.** Último en orden. **2.** Que está, se queda o viene detrás.

postrimería *s. f.* Último período o últimos años de la vida.

postulado *s. m.* Proposición que, sin ser evidente, se admite como cierta sin demostración y que es necesaria para servir de base en ulteriores razonamientos.

postular *v. tr.* Pedir una cosa, especialmente donativos para fines benéficos.

póstumo, ma *adj.* Que sale a luz después de la muerte del padre o autor.

postura *s. f.* Colocación, actitud o modo en que está puesto alguien o algo.

potabilizar *v. tr.* Hacer potable.

potable *adj.* Que se puede beber.

potaje *s. m.* Caldo de olla u otro guiso.

potasa *s. f.* Carbonato de potasio,obtenida principalmente de cenizas vegetales.

potámide *s. f.* Ninfa de los ríos. Se usa más en pl.

potar *v. tr.* **1.** Igualar y marcar las pesas y medidas. **2.** Beber.

potasa *s. f.* Carbonato de potasio, base salificable, delicuescente al aire, obtenida principalmente de cenizas vegetales.

potasio *s. m.* Metal de color argentino blando y ligero, que se extrae de la potasa.

pote *s. m.* **1.** Vaso de barro, alto, para beber o guardar licores y confecciones. **2.** Vasija redonda, con barriga y boca ancha y con tres pies, usada para cocer viandas al fuego.

potencia *s. f.* **1.** Poder para hacer una cosa o producir un efecto. **2.** Estado soberano. **3.** Fuerza motora de una máquina.

potencial *adj.* Posible, que puede suceder o existir, en contraposición a actual.

potenciar *v. tr.* Dar impulso a un proyecto, animar.

potentado, da *s. m.* **1.** Príncipe o soberano que tiene dominio independiente en una provincia o Estado, pero toma investidura de otro príncipe superior. ‖ *s. m. y s. f.* **2.** Persona poderosa y opulenta.

potente *adj.* Que tiene poder, eficacia o virtud para producir un efecto.

poterna *s. f.* En las fortificaciones, puerta no principal, que da al foso o al extremo de una rampa.

potestad *s. f.* Dominio, poder o jurisdicción que se tiene sobre una cosa.

potestativo, va *adj.* Que está en la facultad o potestad de alguien.

potingue *s. m.* Cualquier preparado de botica.

potísimo, ma *adj.* Principal o muy poderoso.

poto *s. m.* Planta de interior, trepadora, con hojas en forma de corazón, verdes con vetas blancas.

potosí *s. m., fig.* Riqueza extraordinaria.

potra *s. f.* Yegua desde que nace hasta que muda los dientes de leche, aproximadamente a los cuatro años y medio de edad.

potranca *s. f.* Yegua menor de tres años.

potril *s. m.* Dehesa para criar potros.

potro *s. m.* **1.** Caballo desde que nace hasta que muda los dientes de leche. **2.** Aparato de madera en el cual sentaban a los procesados para darles tormento.

poyata *s. f.* Vasar, anaquel que sirve para poner vasos y otras cosas.

poyo *s. m.* Banco de piedra, yeso, etc. que se fabrica arrimado a las paredes.

poza *s. f.* **1.** Charca de agua. **2.** Balsa para empozar y macerar el cáñamo o el lino.

pozal *s. m.* Cubo con que se saca el agua del pozo.

pozanco *s. m.* Poza que queda en las orillas de los ríos después de una avenida.

pozo *s. m.* Hoyo que se hace en la tierra vertical hasta encontrar una vena de agua.

práctica *s. f.* **1.** Ejercicio de cualquier arte o facultad, conforme a sus reglas. **2.** Destreza adquirida con este ejercicio.

practicante, ta *s. m. y s. f.* Persona que posee título para el ejercicio de la cirugía menor.

practicar *v. tr.* **1.** Ejercitar, poner en práctica una cosa que se ha aprendido. **2.** Usar o ejercer continuamente una cosa.

práctico, ca *adj.* Experimentado, versado y diestro en una cosa.

pradera *s. f.* Prado grande.

pradial *s. m.* Noveno mes del año según el calendario republicano francés.

prado *s. m.* Tierra húmeda o de regadío, en la que crece la hierba para el pasto de los ganados.

pragmático, ca *adj.* Relativo al pragmatismo.

pragmatismo *s. f.* Doctrina filosófica que considera al ser humano no como un ser pensante, sino como un ser práctico.

prao *s. m.* Embarcación malaya de poco calado, muy larga y estrecha.

prasio *s. m.* Cristal de roca en cuya masa lleva incorporados muchos cristales largos, delgados y verdes, de silicato de magnesia, cal y hierro.

prasma *s. m.* Ágata de color verde oscuro.

pravedad *s. f.* Maldad, depravación.

praxis *s. f.* Práctica, en oposición a teoría o teórica.

preámbulo *s. m.* **1.** Exordio, aquello que se dice antes de entrar en materia. **2.** Rodeo o digresión impertinente antes de decir claramente una cosa.

prebenda *s. f.* Renta anexa a un oficio eclesiástico.

prebendar *v. tr.* **1.** Conferir prebenda a alguien. || *v. intr.* **2.** Obtenerla.

preboste *s. m.* Sujeto que es cabeza de una comunidad y la preside o gobierna.

precario, ria *adj.* De poca estabilidad o duración.

precaución *s. f.* Cautela para evitar o prevenir los inconvenientes que pueden temerse.

precaver *v. tr.* Prevenir o evitar un riesgo o peligro. También prnl.

precavido, da *adj.* Sagaz, cauto.

precedencia *s. f.* **1.** Anterioridad, prioridad de tiempo. **2.** Primacía, superioridad.

precedente *s. m.* Antecedente.

preceder *v. tr.* **1.** Ir delante de una persona o cosa en tiempo o lugar. **2.** Tener una persona o cosa preferencia sobre otra.

preceptista *adj.* Se dice de las personas que dan o enseñan preceptos o reglas.

preceptivo, va *adj.* Que incluye o encierra en sí preceptos.

precepto *s. m.* Mandato u orden que el superior hace observar al inferior.

preceptor, ra *s. m. y s. f.* Persona que enseña, especialmente como maestro privado.

preceptuar *v. tr.* Dar o dictar preceptos.

preces *s. f. pl.* Ruegos, súplicas, plegarias.

precesión *s. f.* Reticencia, frase incompleta.

preciado, da *adj.* **1.** Precioso, de mucha estimación. **2.** Jactancioso, vano.

preciar *v. tr.* **1.** Apreciar, estimar. || *v. prnl.* **2.** Gloriarse, jactarse.

precintar *v. tr.* Asegurar y afianzar los cajones, poniéndoles a lo largo precintas.

precinto *s. m.* Ligadura sellada convenientemente con que se atan cajones, baúles, etc., a fin de que no se abran sino cuando y por quien corresponda.

precio *s. m.* Valor pecuniario en que se estima una cosa.

preciosidad *s. f.* Cosa preciosa.

precioso, sa *adj.* **1.** Excelente, exquisito, primoroso. **2.** *fig.* Hermoso.

precipicio *s. m.* Despeñadero.

precipitación *s. f.* **1.** Acción y efecto de precipitar o precipitarse. **2.** Lluvia en forma sólida o líquida.

precipitado, da *adj.* Atropellado, alocado, irreflexivo.

precipitar *v. tr.* **1.** Despeñar, derribar de un lugar o alto. **2.** Atropellar, acelerar algo. || *v. prnl.* **3.** Arrojarse inconsideradamente a ejecutar o decir una cosa.

precípite *adj.* Puesto en peligro o riesgo de caer o precipitarse.

precipuo, pua *adj.* Señalado o principal.

precisar *v. tr.* **1.** Fijar o determinar de un modo preciso. **2.** Obligar, forzar determinadamente y sin excusa a ejecutar algo.

precisión *s. f.* Determinación, exactitud.

preciso, sa *adj.* **1.** Necesario, indispensable para un fin. **2.** Exactamente determinado o definido. **3.** Distinto, claro y formal.

precito, ta *adj.* Réprobo.

preclaro, ra *adj.* Esclarecido, ilustre, famoso y digno de admiración y respeto.

precocidad *s. f.* Calidad de precoz.

precolombino, na *adj.* Se dice de lo relativo a América, antes de su descubrimiento.

preconizar *v. tr.* Encomiar públicamente.

precordial *adj.* Se dice de la región o parte del pecho que corresponde al corazón.

precoz *adj.* **1.** Se dice del fruto temprano. **2.** Se dice del proceso que aparece antes de lo habitual.

precursor, ra *s. m. y s. f.* Persona que profesa o enseña doctrinas o acomete empresas adelantándose a sus tiempos.

predador, ra *adj.* Se dice del animal que apresa a otros de distinta especie para comérselos.

predecesor, ra *s. m. y s. f.* Antecesor.

predecir *v. tr.* Anunciar por revelación, ciencia o conjetura algo que ha de suceder.

predestinación *s. f.* Ordenación de la voluntad divina con que tiene elegidos a los que, por medio de su gracia, han de lograr la gloria.

predestinar *v. tr.* Destinar anticipadamente una cosa para un fin.

prédica *s. f.* Sermón o plática.

predicado *s. m.* Lo que se afirma del sujeto en una proposición.

predicador, ra *adj.* Que predica.

predicar *v. tr.* **1.** Publicar, hacer patente y clara un cosa. **2.** Pronunciar un sermón. **3.** *fam.* Amonestar, hacer reproches.

predicción *s. f.* Acción y efecto de predecir.

predilección *s. f.* Preferencia con que se distingue a una persona o cosa entre otras.

predilecto, ta *adj.* Preferido por amor o afecto especial.

predio *s. m.* Tierra o posesión inmueble.

predisponer *v. tr.* Preparar, disponer anticipadamente el ánimo de las personas para un fin determinado. También prnl.

predisposición *s. f.* Tendencia biológica a contraer determinadas enfermedades.

predispuesto, ta *adj.* Decidido, preparado.

predominancia *s. f.* Acción y efecto de predominar.

predominar *v. tr.* Prevalecer, tener mayor dominio. También intr.

predominio *s. m.* Imperio, poder, influjo que se tiene sobre una persona o cosa.

preeminencia *s. f.* Privilegio, preferencia que goza alguien respecto de otro.

preeminente *adj.* Sublime, superior, honorífico y que está más elevado.

preescolar *adj.* Se dice del período de la educación anterior a la enseñanza primaria.

preexcelso, sa *adj.* Sumamente ilustre y excelso.

preexistir *v. intr.* Existir con antelación.

prefabricar *v. tr.* Fabricar en serie las piezas de un barco, casa, etc., de forma que su construcción consista sólo en sul acoplamiento y ajuste.

prefacio *s. m.* **1.** Prelación. **2.** Parte de la misa que precede inmediatamente al canon.

prefecto *s. m.* **1.** Entre los romanos, título de varios jefes militares o civiles. **2.** En Francia, gobernador de un departamento.

prefectura *s. f.* Dignidad o cargo de prefecto.

preferencia *s. f.* **1.** Primacía, ventaja que una persona o cosa tiene sobre otra. **2.** Elección de alguien o algo entre varios.

preferible *adj.* Digno de preferirse.

preferir *v. tr.* **1.** Dar la preferencia a alguna persona o cosa. **2.** Exceder, aventajar.

prefijar *v. tr.* Fijar anticipadamente una cosa.

prefijo *s. m.* Afijo antepuesto a un vocablo.

prefulgente *adj.* Muy resplandeciente y lúcido.

pregón *s. m.* Promulgación que se hace en voz alta por los lugares públicos de una cosa que conviene que sepan todos.

pregonar *v. tr.* **1.** Hacer notoria en voz alta una cosa para que venga a noticia de todos. **2.** Decir y publicar a voces alguien la mercancía que lleva para vender.

pregonero, ra *s. m. y s. f.* Oficial público que en alta voz da los pregones.

pregunta *s. f.* Demanda o interrogación que se hace a alguien para que responda lo que sabe.

preguntar *v. tr.* Hacer preguntas a alguien para que diga y responda lo que sabe sobre un asunto. También prnl.

preguntón, na *adj., fam.* Molesto en preguntar.

prehistoria *s. f.* Ciencia que estudia la vida de los hombres con anterioridad a todo documento de carácter histórico.

prejuicio *s. m.* Acción y efecto de prejuzgar.

prejuzgar *v. tr.* Juzgar las cosas antes de tiempo o sin tener de ellas cabal conocimiento.
prelacía *s. f.* Dignidad u oficio de prelado.
prelación *s. f.* Preferencia con que una cosa debe ser atendida respecto de otra.
prelado *s. m.* Superior eclesiástico constituido en una de las dignidades de la Iglesia, como abad, obispo, etc.
preliminar *adj.* Que sirve de preámbulo.
preludiar *v. tr., fig.* Preparar o iniciar una cosa, darle entrada.
preludio *s. m.* Lo que precede y sirve de preámbulo, preparación o principio a una cosa.
prematuro, ra *adj.* **1.** Que no está en sazón. **2.** Que ocurre antes de tiempo.
premeditación *s. f.* Una de las circunstancias que agravan los delitos.
premeditar *v. tr.* Pensar reflexivamente una cosa antes de ejecutarla.
premiar *v. tr.* Remunerar, galardonar con privilegios, empleos o rentas los méritos y servicios de alguien.
premio *s. m.* **1.** Recompensa que se da por algún mérito. **2.** Cada uno de los lotes sorteados en una lotería.
premioso, sa *adj.* **1.** Tan ajustado o apretado que dificultosamente se puede mover. **2.** Gravoso, molesto.
premisa *s. f.* Cada una de las dos primeras proposiciones del silogismo, de donde se infiere y saca la conclusión.
premolar *adj.* Se dice de los dientes molares primero y segundo.
premonición *s. f.* Presentimiento, presagio.
premonitorio, ria *adj.* Que tiene carácter de premonición o advertencia.
premura *s. f.* Aprieto, prisa, urgencia.
prenda *s. f.* **1.** Cosa que se da en garantía del cumplimiento de una obligación. **2.** Cualquiera de las partes que componen el vestido y calzado.
prendar *v. tr.* **1.** Sacar una prenda o alhaja como garantía de una obligación. || *v. prnl.* **2.** Aficionarse, enamorarse de una persona o cosa.
prendedor *s. m.* Cualquier instrumento para prender o asir una cosa.
prender *v. tr.* **1.** Asir, agarrar, sujetar una cosa. **2.** Apoderarse de una persona privándola de la libertad, y principalmente ponerla en la cárcel por delito cometido.
prendido *s. m.* Adorno de las mujeres, especialmente el de la cabeza.
prensa *s. f.* **1.** Máquina para prensar o comprimir. **2.** *fig.* Imprenta.
prensado *s. m* Lustre o labor que queda en los tejidos, por efecto de la prensa.
prensar *v. tr.* Apretar en la prensa una cosa.
prensil *adj.* Que sirve para asir o coger.
preñado, da *adj.* Se dice de la hembra de cualquier especie que ha concebido y tiene el feto en el vientre.
preocupación *s. f.* Acción y efecto de preocupar o preocuparse.
preocupar *v. tr.* **1.** Prevenir el ánimo de alguien con prejuicios. || *v. prnl.* **2.** Estar prevenido o encaprichado en favor o en contra de una persona, opinión u otra cosa.
prepalatal *adj.* Se dice de la consonante para cuya pronunciación choca la parte superior de la lengua contra el paladar, como sucede con la "ch".
preparación *s. f.* Acción y efecto de preparar o prepararse.
preparador, ra *s. m. y s. f.* Persona que prepara.
preparar *v. tr.* **1.** Disponer una cosa para un fin. || *v. prnl.* **2.** Disponerse, prevenirse para ejecutar una cosa.
preparativos *s. m. pl.* Actos de preparación para una ceremonia o suceso.
preponderancia *s. f.* **1.** Exceso del peso, o mayor peso, de una cosa respecto de otra. **2.** *fig.* Superioridad de crédito, autoridad o prestigio.
preponderar *v. intr.* Pesar más una cosa respecto de otra.
preposición *s. f.* Parte invariable de la oración cuyo oficio es denotar el régimen o relación que entre sí tienen dos palabras o términos.
prepotente *adj.* Muy poderoso.
prepucio *s. m.* Piel móvil que cubre el bálano del pene.
prerrogativa *s. f.* Privilegio o exención que se concede a alguien.
presa *s. f.* **1.** Acción de prender, asir o agarrar algo. **2.** Cosa apresada, cazada o robada.
presada *s. f.* Agua que se junta y retiene en el caz del molino para servir de fuerza motriz durante cierto tiempo si la corriente no basta para el trabajo continuo.
presagiar *v. tr.* Anunciar o prever una cosa, induciéndola de presagios o conjeturas.

presagio *s. m.* Señal que indica, previene y anuncia un suceso futuro.
presbicia *s. f.* Defecto o imperfección del présbita.
présbita *adj.* Se dice de la persona que por defecto de acomodación percibe confusamente los objetos próximos y con mayor claridad los lejanos.
presbiterado *s. m.* Sacerdocio.
presbiterio *s. m.* Área del altar mayor hasta el pie de las gradas por donde se sube a él.
presbítero *s. m.* Clérigo ordenado de misa, sacerdote.
presciencia *s. f.* Conocimiento de las cosas futuras.
prescindir *v. intr.* Hacer abstracción de una persona o cosa.
prescribir *v. intr.* Recetar el facultativo algún medicamento.
prescripción *s. f.* Acción y efecto de prescribir.
presea *s. f.* Alhaja o cosa preciosa.
presencia *s. f.* Asistencia personal, acto de estar una persona en un sitio.
presenciar *v. tr.* Hallarse presente en un acontecimiento, etc.
presentable *adj.* Que está en condiciones de presentarse o ser presentado.
presentación *s. f.* Acción y efecto de presentar o presentarse.
presentar *v. tr.* **1.** Poner una cosa en la presencia de alguien. ‖ *v. prnl.* **2.** Ofrecerse voluntariamente para un fin.
presente *adj.* **1.** Que está en presencia o delante de algo o alguien. **2.** Se dice del tiempo actual. ‖ *s. m.* **3.** Don o regalo que una persona da a otra.
presentimiento *s. m.* Acción y efecto de presentir.
presentir *v. tr.* Prever, por cierto movimiento interior del ánimo, o por indicios exteriores lo que ha de suceder.
presepio *s. m.* Establo.
preservación *s. f.* Acción y efecto de preservar o preservarse.
preservar *v. tr.* Proteger a una persona o cosa de algún daño o peligro. También prnl.
preservativo *s. m., fam.* Funda de goma con que se cubre el pene en el acto sexual para prevenir las infecciones y la fecundación.
presidencia *s. f.* **1.** Acción de presidir. **2.** Dignidad, empleo o cargo de presidente.
presidenta *s. f.* Persona que preside.
presidente *s. m. y s. f.* Persona que preside.
presidiario, ria *s. m. y s. f.* Penado que cumple en presidio su condena.
presidio *s. m.* Prisión en que cumplen sus condenas los penados por graves delitos.
presidir *v. tr.* Tener el primer lugar en una asamblea, corporación, junta, etc.
presilla *s. f.* Cordón pequeño, en forma de lazo, con que se asegura una cosa.
presión *s. f.* **1.** Acción y efecto de apretar o comprimir. **2.** *fig.* Fuerza o coacción que se ejerce sobre una persona o una colectividad.
presionar *v. tr.* Ejercer presión sobre alguna persona o cosa.
preso, sa *adj.* Que permanece en prisión.
prest *s. m.* Haber diario que se da a los soldados.
prestación *s. f.* Cosa o servicio exigido por una autoridad o a consecuencia de un pacto o contrato.
prestamista *s. m. y s. f.* Persona que da dinero a préstamo.
préstamo *s. m.* Empréstito.
prestancia *s. f.* Excelencia, superior calidad.
prestar *v. tr.* Entregar a alguien dinero u otra cosa para usar de ella con la obligación de devolverlo.
preste *s. m.* Sacerdote que celebra la misa cantada asistido del diácono y del subdiácono.
presteza *s. f.* Prontitud y brevedad en hacer o decir una cosa.
prestidigitación *s. f.* Arte o habilidad para hacer juegos de manos y otros embelecos para distracción del público.
prestidigitador, ra *s. m. y s. f.* Jugador de manos, mago de juegos malabares.
prestigio *s. m.* **1.** Fascinación que se atribuye a la magia. **2.** Ascendiente, influencia.
prestigioso, sa *adj.* Que tiene prestigio.
presto, ta *adj.* **1.** Pronto, ligero, diligente. **2.** Aparejado, preparado o dispuesto para ejecutar una cosa o para un fin.
presumido, da *adj.* Que presume, vano.
presumir *v. tr.* **1.** Conjeturar una cosa por tener indicios o señales para ello. ‖ *v. intr.* **2.** Vanagloriarse, engreírse.
presunción *s. f.* **1.** Acción y efecto de presumir. **2.** Cosa que por ministerio de la ley se tiene como verdad.

presunto, ta *adj.* Probable, supuesto.

presuntuoso, sa *adj.* Lleno de presunción y orgullo.

presuponer *v. tr.* Dar por supuesta y notoria una cosa para pasar a tratar de otra.

presuposición *s. f.* Suposición previa.

presupuestar *v. tr.* Computar de antemano los gastos e ingresos de un negocio o proyecto.

presupuesto *s. m.* Motivo, causa o pretexto con que se ejecuta una cosa.

presura *s. f.* **1.** Opresión, aprieto, congoja. **2.** Prisa.

presuroso, sa *adj.* Pronto, ligero, veloz.

pretencioso, sa *adj.* Presuntuoso.

pretender *v. tr.* Solicitar una cosa, a la cual alguien aspira o cree tener cierto derecho.

pretensión *s. f.* **1.** Solicitación para conseguir una cosa. **2.** Vanidad, presunción.

preterir *v. tr.* **1.** Hacer caso omiso de una persona o cosa. **2.** Omitir en el testamento a un heredero forzoso.

pretérito, ta *adj.* Se dice de lo que ya ha pasado o sucedido.

pretermisión *s. f.* Omisión.

pretextar *v. tr.* Valerse de un pretexto.

pretexto *s. m.* Motivo o causa aparente que se alega para hacer una cosa o para excusarse de no haberla ejecutado.

pretil *s. m.* Murete o vallado de piedra u otra materia, que se pone en los puentes y otros parajes para preservar de caídas.

pretina *s. f.* Correa con hebilla para sujetar en la cintura una prenda de ropa.

pretor *s. m.* Magistrado romano.

pretoriano, na *adj.* Se dice de los soldados de la guardia de los emperadores romanos.

pretorio *s. m.* Palacio de los emperadores romanos donde habitan y juzgan las causas.

prevalecer *v. intr.* Sobresalir alguien o algo.

prevaler *v. intr.* **1.** Prevalecer. ‖ *v. prnl.* **2.** Valerse o servirse de una cosa.

prevaricación *s. f.* Acción y efecto de prevaricar.

prevaricar *v. intr.* **1.** Faltar alguien a sabiendas a la obligación del cargo que desempeña. **2.** *fam.* Desvariar, decir desatinos.

prevenido, da *adj.* **1.** Dispuesto para una cosa. **2.** Advertido, cuidadoso.

prevenir *v. tr.* **1.** Preparar. **2.** Prever, conocer de antemano un daño o perjuicio. **3.** Precaver, evitar o estorbar una cosa.

preventivo, va *adj.* Que previene.

prever *v. tr.* Ver con anticipación.

previo, via *adj.* Anticipado, que va delante o que sucede primero.

previsión *s. f.* Acción y efecto de prever.

prez *s. amb.* Estima, gloria u honor que se adquiere o gana con una acción gloriosa.

priado *adv. t.* Pronto, presto, con rapidez.

prieto, ta *adj.* **1.** Se dice del color muy oscuro. **2.** *fig.* Mísero, escaso, codicioso.

prima *s. f.* **1.** En algunos instrumentos de cuerda, la que es primera en orden. **2.** Precio que el asegurado paga al asegurador.

primacía *s. f.* **1.** Superioridad. **2.** Dignidad o empleo de primado.

primada *s. f., fam.* Engaño que padece la persona que es poco cauta, pagando lo que otras gastan, o cosa parecida.

primado *s. m.* Primero y más preeminente de todos los arzobispos y obispos de un país o región.

primar *v. intr.* Sobresalir o aventajar.

primario, ria *adj.* **1.** Principal o primero en orden o grado. **2.** Perteneciente a los terrenos sedimentarios más antiguos.

primates *s. m. pl.* Orden de mamíferos superiores que comprende a los monos y al hombre.

primavera *s. f.* Estación del año que, astronómicamente, comienza en el equinoccio del mismo nombre y termina en el solsticio de verano.

primazgo *s. m.* **1.** Parentesco que tienen entre sí los primos. **2.** Primacía.

primer *adj.* Apócope de primero.

primerizo, za *adj.* Que hace por vez primera una cosa, o es novicio o principiante en un arte, profesión o ejercicio.

primero, ra *adj.* **1.** Se dice de la persona o cosa que precede a las demás de su especie en orden, tiempo, etc. **2.** Excelente y que aventaja a otro.

primevo, va *adj.* Se dice de la persona de más edad respecto de otras.

primicia *s. f.* Fruto primero de cualquier cosa.

primigenio, nia *adj.* Primitivo, originario.

primitivo, va *adj.* Primero en su línea, que no tiene ni toma origen de otra cosa.

primo, ma *adj.* **1.** Primero. **2.** Primoroso, excelente. ‖ *s. m. y s. f.* **3.** Respecto de una persona, hijo o hija de su tío o tía. **4.** *fam.* Persona demasiado cándida.

primogénito, ta *adj.* Se dice del hijo que nace primero.

primor *s. m.* Destreza, habilidad, esmero en hacer o decir una cosa.

primordial *adj.* **1.** Primitivo, primero. **2.** Se dice del principio fundamental de cualquier cosa.

primoroso, sa *adj.* **1.** Excelente, delicado y perfecto. **2.** Diestro, hábil.

prímula *s. f.* Planta herbácea perenne, con flores amarillas en figura de parasol.

princesa *s. f.* **1.** Mujer del príncipe. **2.** En España, hija del rey, inmediata sucesora del reino.

principado *s. m.* Territorio o lugar sujeto a la potestad de un príncipe.

principal *adj.* **1.** Se dice de la persona o cosa que tiene el primer lugar en estimación o importancia. **2.** Ilustre, esclarecido en nobleza.

príncipe *s. m.* **1.** Hijo primogénito del rey, heredero de su corona. **2.** Soberano de un Estado.

principiante *adj.* Que empieza a estudiar, o a practicar un arte o profesión.

principiar *v. tr.* Dar principio a una cosa.

principio *s. m.* **1.** Primer instante del ser de una cosa. **2.** Fundamento de un razonamiento o discurso. **3.** Origen de una cosa.

pringar *v. tr.* **1.** Empapar con pringue un alimento. **2.** Manchar con pringue.

pringoso, sa *adj.* Que tiene pringue.

pringue *s. m. y s. f.* **1.** Grasa que suelta el tocino u otra cosa semejante sometida a la acción del fuego. **2.** *fig.* Suciedad, grasa que se pega a la ropa o a otra cosa.

prior *adj.* **1.** En lo escolástico, se dice de lo que precede a otra cosa en cualquier orden. ‖ *s. m.* **2.** En algunas comunidades, superior o prelado ordinario del convento.

priora *s. f.* Prelada de algunos conventos de religiosas.

priorato *s. m.* Oficio, dignidad o empleo de prior o priora.

prioridad *s. f.* Anterioridad de una cosa respecto de otra, en tiempo o en orden.

prioste *s. m.* Mayordomo de una hermandad o cofradía.

prisa *s. f.* Prontitud, rapidez con que sucede o se ejecuta una cosa.

priscal *s. f.* Lugar en el campo donde se recogen los ganados por la noche.

prisco *s. m.* Albérchigo.

prisión *s. f.* Cárcel o sitio donde se encierran y asesoran los presos.

prisionero, ra *s. m. y s. f.* Persona que en guerra cae en poder del enemigo.

prisma *s. m.* Sólido terminado por dos caras paralelas e iguales, llamadas bases, y por tantos paralelogramos cuantos lados tenga cada base.

prismáticos *s. m. pl.* Anteojos.

prístino, na *adj.* Antiguo, primitivo.

privación *s. f.* Carencia o falta de una cosa.

privado, da *adj.* **1.** Que se ejecuta a vista de pocos, familiar y domésticamente. **2.** Particular y personal de cada uno.

privar *v. tr.* **1.** Despojar a alguien de algo que poseía o de que gozaba. **2.** Prohibir, vedar una cosa a alguien.

privativo, va *adj.* **1.** Que causa o significa privación. **2.** Propio y especial de una persona o cosa.

privatizar *v. tr.* Transferir una empresa pública al sector privado.

privilegiar *v. tr.* Conceder privilegio a alguien.

privilegio *s. m.* Gracia, prerrogativa o exención.

pro *s. m. y s. f.* Provecho.

proa *s. f.* Parte delantera de la nave, con la cual corta las aguas.

probabilidad *s. f.* **1.** Verosimilitud. **2.** Calidad de probable.

probable *adj.* **1.** Verosímil, que se funda en razón prudente. **2.** Que se puede probar.

probador *s. m.* En los talleres de costura o tiendas de ropa, aposento en que los clientes se prueban los trajes o vestidos.

probanza *s. f.* **1.** Averiguación o prueba jurídica que se hace de una cosa. **2.** Cosa o conjunto de ellas que acreditan una verdad o un hecho.

probar *v. tr.* **1.** Hacer examen de las cualidades de personas o cosas. **2.** Justificar o hacer patente la certeza de un hecho o la verdad de una cosa.

probatoria *s. f.* Término concedido por la ley o por el juez para hacer las pruebas.

probeta *s. f.* Tubo de cristal, con pie o sin él, cerrado por un extremo y destinado a contener líquidos o gases.

probidad *s. f.* Bondad, moralidad, rectitud del ánimo, integridad y honradez en el obrar.

problema *s. m.* Cuestión que se plantea e intenta solucionar, proposición dudosa.

problemático, ca *adj.* Dudoso.

probo, ba *adj.* Que tiene probidad.

proboscidio *adj.* Se dice de los mamíferos terrestres de gran tamaño que poseen gruesas patas, trompa prensil y colmillos formados por los largos incisivos superiores, como el elefante. También s. m.

procacidad *s. f.* Desvergüenza, atrevimiento, insolencia.

procaz *adj.* Desvergonzado, atrevido.

procedencia *s. f.* **1.** Origen, principio de una cosa. **2.** Punto de salida de un barco, un tren, una persona, etc. cuando llega a término de su viaje.

procedente *adj.* Que procede o trae su origen de una persona, lugar o cosa.

proceder[1] *v. intr.* Ir en realidad o figuradamente algunas personas o cosas unas tras otras guardando cierto orden.

proceder[2] *s. m.* Modo de comportarse.

procedimiento *s. m.* **1.** Acción de proceder. **2.** Actuación por trámites judiciales o administrativos.

procela *s. f.* Borrasca, tormenta.

proceloso, sa *adj.* Borrascoso, tormentoso, tempestuoso.

prócer *adj.* **1.** Eminente, o alto. ‖ *s. m.* **2.** Persona de la primera distinción o constituida en alta dignidad.

proceridad *s. f.* **1.** Altura, eminencia o elevación. **2.** Vigor, lozanía, desarrollo anticipado.

proceroso, sa *adj.* Se dice de la persona de alta estatura, corpulenta o de aspecto respetable.

procesado, da *adj.* Declarado presunto reo en un proceso criminal.

procesamiento *s. m.* Acto de procesar.

procesar *v. tr.* **1.** Formar autos y procesos contra alguien. **2.** Declarar a una persona presunto reo de delito.

procesión *s. f.* **1.** Acción de proceder una cosa de otra. **2.** Acto de ir ordenadamente de un lugar a otro muchas personas con algún fin público y solemne, por lo general religioso.

procesionaria *s. f.* Nombre dado a orugas de diferentes especies de lepidópteros que causan graves estragos en pinos, encinas, etc. Suelen caminar juntas en filas largas y sus pelos producen irritaciones tan vivas como las de las ortigas.

proceso *s. m.* **1.** Progreso, acción de ir adelante. **2.** Transcurso del tiempo. **3.** Conjunto de diligencias judiciales de una causa.

proclama *s. f.* **1.** Notificación pública. **2.** Alocución política o militar.

proclamación *s. f.* Actos públicos y ceremonias con que se declara e inaugura un nuevo reinado, principado, etc., o un nuevo orden jurídico.

proclamar *v. tr.* Publicar en alta voz una cosa para que se haga notoria a todos.

proclítico, ca *adj.* Se dice del monosílabo que, por no tener acento propio, se liga en la pronunciación a la palabra siguiente, aunque al escribirlo se mantenga separada.

proclive *adj.* Inclinado, propenso a una cosa mala o perversa.

proclividad *s. f.* Calidad de proclive.

procomún *s. m.* Utilidad pública.

procónsul *s. m.* Gobernador de una provincia entre los romanos, con jurisdicción e insignas consulares.

procreación *s. f.* Acción y efecto de procrear.

procrear *v. tr.* Multiplicar una especie.

procurador, ra *s. m. y s. f.* Persona que con la necesaria habilitación legal ejerce ante los tribunales la representación de cada interesado en un juicio civil o criminal.

procurar *v. tr.* **1.** Hacer diligencias o esfuerzos para conseguir algo. **2.** Ejercer el oficio de procurador.

procurrente *s. m.* Gran extensión de tierra que se adelanta y avanza mar adentro, como lo es toda Italia.

prodición *s. f.* Alevosía, traición.

prodigalidad *s. f.* **1.** Profusión. **2.** Copia, abundancia o multitud.

prodigar *v. tr.* Derrochar, malgastar.

prodigio *s. m.* **1.** Hecho sobrenatural. **2.** Cosa primorosa en su línea. **3.** Milagro.

prodigioso, sa *adj.* **1.** Extraordinario, maravilloso. **2.** Excelente, primoroso.

pródigo, ga *adj.* **1.** Disipador, que desperdicia y consume su hacienda en gastos inútiles y vanos. **2.** Muy dadivoso.

pródromo *s. m.* Malestar que precede a una enfermedad.

producción *s. f.* **1.** Acción de producir. **2.** Cosa producida, producto.

producir *v. tr.* **1.** Engendrar, procrear. **2.** Dar, rendir fruto los terrenos, árboles, etc. **3.** Rentar interés, utilidad o beneficio anual una cosa o un capital.

productividad *s. f.* Índice del rendimiento de una industria entre las horas invertidas y los productos elaborados.

productivo, va *adj.* Que tiene virtud de producir.

producto *s. m.* **1.** Cosa producida. **2.** Caudal que se obtiene de una cosa cuando se vende, arrienda o explota.

productor, ra *s. m. y s. f.* En la organización del trabajo, cada una de las personas que intervienen en la producción de bienes.

proejar *v. intr.* Remar contra la corriente o contra la fuerza del viento.

proel *adj.* Se dice de lo que está cerca de la proa.

proemio *s. m.* Prólogo de un libro.

proeza *s. f.* Hazaña.

profanación *s. f.* Acción y efecto de profanar.

profanar *v. tr.* Tratar una cosa sagrada sin el debido respeto o aplicarla a usos profanos.

profano, na *adj.* Que no es sagrado ni sirve a usos sagrados.

profazar *v. tr.* Abominar, censurar o desacreditar a una persona o cosa.

profecía *s. f.* Don sobrenatural que consiste en conocer por inspiración divina las cosas distantes o futuras.

proferir *v. tr.* Pronunciar, decir palabras.

profesar *v. tr.* Ejercer una ciencia, arte u oficio.

profesión *s. f.* Empleo, facultad y oficio que cada uno tiene y ejerce públicamente.

profesional *adj.* Perteneciente a la profesión en general y particularmente al magisterio de ciencias y artes.

profeso, sa *adj.* Se dice del religioso que ha profesado.

profesor, ra *s. m. y s. f.* Persona que ejerce o enseña una ciencia o arte.

profesorado *s. m.* **1.** Cargo de profesor. **2.** Cuerpo de profesores.

profeta *s. m.* Persona que posee el don de profecía.

profético, ca *adj.* Perteneciente o relativo a la profecía o al profeta.

profetisa *s. f.* Mujer que posee el don de profecía.

profetizar *v. tr.* Predecir las cosas distantes o futuras en virtud del don de profecía.

proficuo, cua *adj.* Provechoso.

profiláctico, ca *adj.* Que previene.

profilaxis *s. f.* Tratamiento o régimen preservativo.

prófugo, ga *adj.* Fugitivo.

profundidad *s. f.* Hondura.

profundizar *v. tr.* Cavar una cosa para hacerla más profunda.

profundo, da *adj.* **1.** Que tiene el fondo muy distante de la boca o borde de la cavidad. **2.** Más hondo que lo normal.

profusión *s. f.* Copia, abundancia excesiva en lo que se da, expende, etc.

profuso, sa *adj.* Abundante con exceso, copioso, superfluamente excesivo.

progenie *s. f.* Casta o familia de la cual desciende una persona.

progenitor *s. m.* Ascendiente en línea recta de quien procede una persona.

progenitura *s. f.* Progenie.

prognato, ta *adj.* Se dice de la persona que tiene salientes las mandíbulas.

progne *s. f.* Golondrina, pájaro.

prognosis *s. f.* Conocimiento anticipado de algún suceso. Se dice particularmente de la predicción meteorológica del tiempo.

programa *s. m.* **1.** Anuncio público. **2.** Previa declaración de lo que se piensa hacer en alguna materia. **3.** Tema que se da para un discurso, cuadro, etc.

programar *v. tr.* Proveer o disponer las acciones para su ejecución.

progresar *v. intr.* Hacer progresos o adelantos en una materia.

progresión *s. f.* **1.** Acción de avanzar o de proseguir alguna cosa. **2.** Serie de números o términos algebraicos en la cual cada tres consecutivos forman proporción continua.

progresista *adj.* Se dice en general de la persona que procura el progreso político de la sociedad. También s. m. y s. f.

progresivo, va *adj.* Que progresa o aumenta en cantidad o en perfección.

progreso *s. m.* **1.** Acción de ir hacia delante. **2.** Adelantamiento.

prohibición *s. f.* Acción y efecto de prohibir.

prohibir *v. tr.* Vedar o impedir el uso o ejecución de una cosa.

prohibitivo, va *adj.* Se dice de lo que prohíbe o está prohibido.

prohijar *v. tr.* **1.** Recibir como hijo. **2.** Acoger como propias las opiniones ajenas.

prohombre *s. m.* Persona que goza de especial consideración o fama entre las de su clase.

proís *s. m.* Objeto en que se amarra la embarcación.

prójimo, ma *s. m. y s. f.* Cualquier hombre o mujer respecto de otro, como miembro de la comunidad humana.
prolapso *s. m.* Descenso de una parte interna del cuerpo.
prole *s. f.* Linaje, descendencia de alguien.
prolegómeno *s. m.* Escrito preliminar que se pone al principio de una obra, en el cual se exponen los fundamentos de la materia que se ha de tratar.
prolepsis *s. f.* Anticipación, provisión de objeciones.
proletariado *s. m.* Clase social constituida por los proletarios.
proletario, ria *s. m. y s. f.* Persona de la clase trabajadora.
proliferación *s. f.* Multiplicación muy activa de elementos orgánicos semejantes.
proliferar *v. intr.* **1.** Multiplicarse con mucha actividad los elementos celulares. **2.** Por ext., se aplica a todo lo que es abundante o se multiplica.
prolífico, ca *adj.* Que tiene virtud de engendrar.
prolijo, ja *adj.* **1.** Demasiadamente cuidadoso. **2.** Largo, dilatado con exceso.
prologar *v. tr.* Escribir el prólogo de una obra.
prólogo *s. m.* Escrito antepuesto al cuerpo de la obra en un libro de cualquier clase.
prolongable *adj.* Que se puede prolongar.
prolongación *s. f.* Parte prolongada de algo.
prolongado, da *adj.* **1.** Más largo que ancho. **2.** Que dura cierto tiempo.
prolongar *v. tr.* **1.** Alargar, dilatar o extender una cosa a lo largo. **2.** Hacer que dure una cosa más tiempo que lo regular.
proloquio *s. m.* Proposición, sentencia.
promediar *v. tr.* Repartir una cosa en dos partes iguales.
promedio *s. m.* **1.** Punto en que una cosa se divide por mitad o casi por la mitad. **2.** Término medio, cociente.
promesa *s. f.* **1.** Expresión de la voluntad de dar a alguien o hacer por él una cosa. **2.** Ofrecimiento hecho a Dios de ejecutar una obra piadosa.
prometedor, ra *adj.* Que promete.
prometer *v. tr.* **1.** Obligarse a hacer, decir o dar alguna cosa. ‖ *v. intr.* **2.** Dar una persona o cosa buenas muestras de sí para lo futuro o venidero.
prometido, da *s. m. y s. f.* Novio o novia, persona comprometida con otra para casarse.
prominencia *s. f.* Elevación de una cosa sobre lo que está alrededor o próxima a ella.
prominente *adj.* Que se eleva sobre lo que está a su alrededor o inmediación.
promiscuar *v. intr.* **1.** Comer en días de abstinencia carne y pescado en una misma comida. **2.** *fig.* Participar o mezclarse indistintamente en cosas heterogéneas u opuestas.
promiscuidad *s. f.* Mezcla, confusión.
promiscuo, cua *adj.* Mezclado confusa o indiferentemente.
promisión *s. f.* Promesa, ofrecimiento de hacer o dar alguna cosa.
promisorio, ria *adj.* Que encierra en sí promesa.
promoción *s. f.* Conjunto de individuos que obtienen un grado o empleo al mismo tiempo en determinada carrera o profesión.
promontorio *s. m.* **1.** Altura muy considerable de tierra. **2.** *fig.* Altura considerable de tierra que avanza dentro del mar.
promotor, ra *adj.* Que promueve una cosa, haciendo las diligencias conducentes para su logro. También s. m. y s. f.
promover *v. tr.* **1.** Iniciar una cosa procurando su logro. **2.** Elevar a alguien a una dignidad o empleo superior al que tenía.
promulgación *s. f.* Acción, y efecto de promulgar.
promulgar *v. tr.* Publicar una cosa solemnemente.
prono, na *adj.* Inclinado demasiado a una cosa.
pronombre *s. m.* Parte de la oración que suple al nombre, lo determina y desempeña sus funciones.
pronominal *adj.* Perteneciente al pronombre o que participa de su naturaleza.
pronosticar *v. tr.* Conocer por algunos indicios lo futuro.
pronóstico *s. m.* Acción y efecto de pronosticar.
prontitud *s. f.* **1.** Celeridad. **2.** Viveza de ingenio.
pronto, ta *adj.* Veloz, acelerado, ligero.
prontuario *s. m.* **1.** Resumen o apuntamiento en que se notan varias cosas para tenerlas presentes cuando se necesiten. **2.** Compendio de las reglas de una ciencia o arte.
prónuba *s. f.* Madrina de boda.
pronunciable *adj.* Que se pronuncia fácilmente.
pronunciación *s. f.* Acción y efecto de pronunciar.

pronunciamiento *s. m.* **1.** Rebelión militar. **2.** Cada una de las declaraciones, condenas o mandatos del juzgador.

pronunciar *v. tr.* **1.** Emitir y articular sonidos para hablar. **2.** Publicar la sentencia.

propagación *s. f.* Acción y efecto de propagarse.

propagador, ra *adj.* Que propaga.

propaganda *s. f.* Publicidad, difusión de algún mensaje, producto o imagen.

propagar *v. tr.* **1.** Multiplicar por generación u otra vía de reproducción. También prnl. **2.** *fig.* Extender o aumentar una cosa. También prnl.

propalar *v. tr.* Divulgar una cosa oculta.

propano *s. m.* Hidrocarburo obtenido del gas de hulla y de las emanaciones de pozos petrolíferos, por reducción con polvo de cinc del yoduro de propilo.

propartida *s. f.* Tiempo inmediatamente anterior a la partida.

propasarse *v. prnl.* Excederse alguien de lo razonable en lo que hace o dice.

propedéutica *s. f.* Enseñanza preparatoria para el estudio de una ciencia.

propender *v. intr.* Inclinarse alguien a una cosa por especial afición u otro motivo.

propensión *s. f.* Inclinación de una persona o cosa a lo que es de su gusto o naturaleza.

propenso, sa *adj.* Con inclinación o afecto a lo que es natural a alguien.

propiciar *v. tr.* Aplacar la ira de alguien haciéndole favorable o captando su voluntad.

propicio, cia *adj.* Benigno, inclinado a hacer bien.

propiedad *s. f.* **1.** Derecho de disponer de una cosa, con exclusión del arbitrio ajeno, y de reclamar la devolución de ella si está en poder de otro. **2.** Cosa sobre que recae este derecho.

propienda *s. f.* Cada una de las tiras de lienzo fijas en los banzos del bastidor para bordar.

propietario, ria *adj.* Que tiene derecho de propiedad sobre una cosa, y especialmente sobre bienes inmuebles.

propileo *s. m.* Peristilo de columnas.

propina *s. f.* Gratificación que sobre el precio convenido se da por algún servicio.

propinar *v. tr.* **1.** Dar a beber. **2.** Administrar un medicamento.

propincuidad *s. f.* Calidad de propincuo.

propincuo, cua *adj.* Allegado, cercano, próximo.

propio, pia *adj.* **1.** Perteneciente a alguien en propiedad. **2.** Conveniente y a propósito para un fin.

propóleos *s. m.* Sustancia cérea con que las abejas bañan las colmenas.

proponer *v. tr.* Manifestar a alguien con razones una cosa para inducirle a adoptarla.

proporción *s. f.* Correspondencia debida de las partes de una cosa con el todo o entre cosas relacionadas entre sí.

proporcionado, da *adj.* Regular, competente o apto para algún fin.

proporcional *adj.* Perteneciente a la proporción o que la incluye en sí.

proporcionalidad *s. f.* Proporción.

proporcionar *v. tr.* Disponer una cosa con la debida proporción en sus partes.

proposición *s. f.* **1.** Expresión verbal de un juicio. **2.** Oración gramatical.

propósito *s. m.* Intención de hacer o de no hacer una cosa.

propuesta *s. f.* **1.** Proposición o idea que se manifiesta y ofrece a alguien para un fin. **2.** Consulta.

propugnáculo *s. m.* Fortaleza o lugar murado y capaz de ser defendido contra el enemigo.

propugnar *v. tr.* Defender, amparar.

propulsa *s. f.* Repulsa.

propulsar *v. tr.* **1.** Repulsar. **2.** Impeler hacia delante.

propulsión *s. f.* **1.** Propulsa. **2.** Acción de propulsar o impeler.

propulsor, ra *adj.* Que propulsa.

prorrata *s. f.* Cuota o porción que toca a alguien en el prorrateo.

prorratear *v. tr.* Repartir una cantidad entre varios.

prorrateo *s. m.* Distribución proporcional de una cantidad entre varios.

prórroga *s. f.* Prorrogación.

prorrogable *adj.* Que se puede prorrogar.

prorrogación *s. f.* Continuación de una cosa por un tiempo determinado.

prorrogar *v. tr.* **1.** Continuar, proseguir, dilatar un plazo u otra cosa por tiempo determinado. **2.** Suspender, aplazar, diferir.

prorrumpir *v. tr.* **1.** Salir con ímpetu una cosa. **2.** *fig.* Exclamar repentinamente y con fuerza una voz, queja u otra demostración de dolor o pasión vehemente.

prosa *s. f.* Estructura o forma natural del lenguaje, no sujeta, como el verso, a medida y cadencia determinadas.

prosaico, ca *adj., fig.* Dicho de personas y de ciertas cosas, falto de idealidad o elevación; insulso, vulgar.

prosaísmo *s. m.* Defecto de la obra en verso o de cualquiera de sus partes, que consiste en la excesiva llaneza de la expresión, o en la vulgaridad del concepto.

prosapia *s. f.* Ascendencia de una persona.

proscenio *s. m.* **1.** En el antiguo teatro griego y latino, lugar entre la escena y la orquesta. **2.** Parte del escenario más inmediata al público, entre el borde del escenario y el primer orden de bastidores.

proscribir *v. tr.* **1.** Echar a alguien del territorio de su patria, comúnmente por razones políticas. **2.** Prohibir el uso de una cosa.

proscrito, ta *adj.* Perseguido por la ley o declarado culpable.

prosecución *s. f.* Seguimiento, persecución.

proseguir *v. tr.* Seguir, continuar, llevar adelante lo que se tenía empezado.

proselitismo *s. m.* Celo de ganar prosélitos.

prosélito *s. m.* Partidario.

prosénquima *s. f.* Tejido fibroso de los animales y de las plantas.

prosificar *v. tr.* Poner en prosa una composición poética.

prosinodal *adj.* Se dice del teólogo nombrado en un sínodo para examinar a los clérigos.

prosista *s. m. y s. f.* Escritor o escritora de obras en prosa.

prosodia *s. f.* Parte de la gramática que enseña la recta pronunciación y acentuación de las letras, sílabas y palabras.

prosódico, ca *adj.* Perteneciente o relativo a la prosodia.

prosopografía *s. f.* Descripción del exterior de una persona o de un animal.

prosopopeya *s. f., fam.* Afectación de gravedad y pompa.

prospecto *s. m.* Exposición breve que se hace al público sobre una obra, escrito, etc.

prosperar *v. tr.* **1.** Ocasionar prosperidad. ‖ *v. intr.* **2.** Tener o gozar prosperidad.

prosperidad *s. f.* Curso favorable de las cosas, éxito feliz.

próspero, ra *adj.* Favorable, propicio.

próstata *s. f.* Glándula pequeña que tienen los machos de los mamíferos unida al cuello de la vejiga de la orina y a la uretra.

prosternarse *v. prnl.* Postrarse.

próstesis *s. f.* Prótesis, adición.

prostíbulo *s. m.* Casa de prostitución.

prostitución *s. f.* Comercio que hace una persona de su cuerpo, entregándose a otros por dinero o chantaje.

prostituir *v. tr.* **1.** Exponer públicamente al comercio sexual. **2.** *fig.* Envilecer alguien su talento, empleo, autoridad, etc., a cambio de prebendas o influencias.

prostituto, ta *s. m. y s. f.* Persona que comercia sexualmente con su cuerpo.

protagonista *s. m. y s. f.* Personaje principal de una obra literaria o dramática.

protagonizar *v. tr.* Desempeñar el papel más importante en un hecho.

protección *s. f.* Acción y efecto de proteger.

proteccionismo *s. m.* Doctrina económica que pretende defender la agricultura y la industria de un país gravando la importación de productos extranjeros.

protector, ra *adj.* Que protege.

protectorado *s. m.* Parte de soberanía que un Estado ejerce en territorio que no pertenece a su país y en el cual existen autoridades propias.

proteger *v. tr.* Amparar, favorecer.

protegido, da *s. m. y s. f.* Favorito, ahijado.

proteico, ca *adj.* Se dice de las materias albuminoideas que fundamentalmente constituyen el protoplasma.

proteína *s. f.* Nombre de ciertos albuminoides, compuestos de carbono, hidrógeno, oxígeno, nitrógeno, y fundamentales en la constitución de organismos.

proteo *s. m., fig.* Hombre inconstante, que cambia con frecuencia de opiniones y afectos.

protervia *s. f.* Obstinación en la maldad, perversidad, impenitencia.

protervidad *s. f.* Protervia.

protervo, va *adj.* Que tiene protervia.

prótesis *s. f.* Procedimiento mediante el cual se suple o repara artificialmente la falta de un órgano o parte de él.

protesta *s. f.* Manifestación pública en contra de algo.

protestante *adj.* Que sigue el luteranismo o cualquiera de sus sectas. También s. m. y s. f.

protestantismo *s. m.* Movimiento religioso nacido en el s. XVI y promovido por Lutero, que, al no reconocer la autoridad papal, se separó de la Iglesia católica.

protestar *v. tr.* Manifestar públicamente y en grupo el desacuerdo por algo.

protesto *s. m.* Requerimiento que se hace ante notario por falta de aceptación o pago de una letra para que no se perjudiquen los derechos de los interesados.

prótido *s. m.* Cualquiera de los tipos de sustancias componentes de los seres vivos que forman la parte fundamental de las células, los órganos y los líquidos orgánicos.

protocolario, ria *adj., fig.* Se dice de lo que se hace con solemnidad no indispensable, aunque usual.

protocolizar *v. tr.* Incorporar al protocolo un documento.

protocolo *s. m.* Ordenada serie de escrituras matrices y otros documentos que un notario autoriza y custodia con ciertas formalidades.

protohistoria *s. f.* Período histórico en que faltan la cronología y los documentos, basado únicamente en tradiciones o inducciones.

protón *s. m.* Elemento del núcleo del átomo, provisto de carga eléctrica positiva, numéricamente igual a la negativa del electrón.

protoplasma *s. m.* Materia organizada y viviente que constituye la parte esencialmente activa y viva de la célula.

protosulfuro *s. m.* Primer grado de combinación de un radical con el azufre.

prototipo *s. m.* Modelo, original o primer molde en que se fabrica una cosa.

protóxido *s. m.* Cuerpo que resulta de la combinación de oxígeno con un radical simple o compuesto, en su primer grado de oxidación.

protozoo *s. m.* Animal microscópico.

protráctil *adj.* Se dice de la lengua de algunos animales que puede proyectarse mucho fuera de la boca, como en el camaleón.

protuberancia *s. f.* Prominencia más o menos redonda.

provecto, ta *adj.* **1.** Que está ya adelantado, o que ha aprovechado en una cosa. **2.** Maduro, entrado en años.

provecho *s. m.* **1.** Utilidad que se proporciona a otro. **2.** Aprovechamiento en las ciencias, artes o virtudes.

provechoso, sa *adj.* Que causa provecho o es de provecho o utilidad.

provecto, ta *adj.* **1.** Que está ya adelantado, o que ha aprovechado en una cosa. **2.** Maduro, entrado en años.

proveedor, ra *s. m. y s. f.* Persona encargada de proveer de todo lo necesario a una colectividad o casa de gran consumo.

proveer *v. tr.* **1.** Prevenir y acopiar todas las cosas necesarias para un fin. También prnl. **2.** Decidir, resolver, dar salida a un negocio. **3.** Dar una dignidad, empleo, etc.

proveimiento *s. m.* Acción de proveer.

provena *s. f.* Mugrón de la vid.

provenir *v. intr.* Originarse una cosa de otro como de su principio.

provento *s. m.* Producto, renta.

proverbial *adj.* Muy notorio.

proverbio *s. m.* **1.** Refrán, máxima o adagio. ‖ *s. m. pl.* **2.** Libro de la Biblia que contiene varias sentencias de Salomón.

provicero *s. m.* Vaticinador.

providencia *s. f.* Disposición anticipada o prevención encaminada al logro de un fin.

providenciar *v. tr.* Dictar o tomar providencia.

próvido, da *adj.* **1.** Prevenido, cuidadoso y diligente. **2.** Propicio, favorable.

provincia *s. f.* Cada una de las grandes divisiones de un territorio o Estado.

provincial *adj.* Perteneciente o relativo a una provincia.

provisión *s. f.* Víveres o cosas que se previenen y tiene prontas para un fin.

provisional *adj.* Dispuesto interinamente.

provisto, ta *adj.* Equipado, con provisiones.

provocación *s. f.* Acción y efecto de provocar.

provocador *adj.* Que provoca o irrita.

provocar *v. tr.* **1.** Inducir a alguien a que ejecute una cosa. **2.** Irritar a alguien con palabras u obras para que se enoje.

provocativo, va *adj.* Que provoca o incita.

proxeneta *adj.* Alcahuete, tercero.

proxenetismo *s. m.* Acto u oficio de proxeneta.

proximidad *s. f.* Contorno, inmediaciones, cercanías. Se usa más en pl.

próximo, ma *adj.* Cercano, vecino.

proyección *s. f.* Acción y efecto de proyectar.

proyectar *v. tr.* **1.** Lanzar o dirigir una cosa hacia delante o a distancia. **2.** Trazar o preparar el plan de una obra. **3.** Hacer un proyecto de arquitectura o ingeniería.

proyectil *s. m.* Cualquier cuerpo arrojadizo, como saeta, bala, etc.

proyecto *s. m.* Designio de ejecutar algo.

proyectura *s. f.* Vuelo, lo que sobresale del paramento de una pared.

prudencia *s. f.* **1.** Una de las cuatro virtudes cardinales, que consiste en discernir y distinguir lo bueno de lo malo, para seguirlo o huir de ello. **2.** Cordura.

prudencial *adj.* Relativo a la prudencia.

prudente *adj.* Que tiene prudencia y obra con recato y circunspección.

prueba *s. f.* **1.** Razón, argumento, etc., con que se pretende hacer patente la verdad o falsedad de una cosa. **2.** Ensayo, experiencia que se hace de una cosa.

prurigo *s. m.* Nombre genérico de ciertas enfermedades de la piel, que ocasiona picazón, caracterizada por pápulas que se cubren de costras negruzcas.

prurito *s. m.* **1.** Comezón, picor. **2.** *fig.* Deseo persistente y vehemente.

psi *s. f.* Vigésima tercera letra del alfabeto griego, equivalente a "ps".

psicastenia *s. f.* Enfermedad mental caracterizada por depresión, atonía o inercia general de las facultades espirituales.

psicoanálisis *s. m.* Método de exploración o tratamiento de ciertas enfermedades nerviosas o mentales, basado en el análisis retrospectivo de las causas morales y afectivas que determinan el estado morboso.

psicoanalista *s. m. y s. f.* Especialista en psicoanálisis.

psicoanalizar *v. tr.* Tratar a una persona con el psicoanálisis.

psicofármaco *s. m.* Fármaco que actúa sobre el cerebro y la mente.

psicología *s. f.* Parte de la filosofía que trata del alma, sus facultades y operaciones.

psicológico, ca *adj.* Perteneciente a la psicología.

psicólogo, ga *s. m. y s. f.* Persona que profesa o estudia la psicología.

psicometría *s. f.* Medida de la actividad mental.

psicomotricidad *s. f.* Relacion existente entre la actividad psíquica y la función motriz del cuerpo humano.

psicópata *s. m. y s. f.* Persona que padece alguna enfermedad mental.

psicosis *s. f.* Nombre general que se aplica a todas las enfermedades mentales.

psicotecnia *s. f.* Rama de la psicología práctica que pretende orientar convenientemente a las personas según sus aptitudes psíquicas individuales.

psicoterapia *s. f.* Tratamiento de ciertas enfermedades, especialmente nerviosas y mentales, por la persuasión o sugestión.

psique *s. f.* El espíritu humano, el alma.

psiquiatra *s. m. y s. f.* Médico que practica la psiquiatría.

psiquiatría *s. f.* Parte de la medicina que trata de las enfermedades mentales.

psiquiátrico *s. m.* Hospital o institución en la que se ofrece tratamiento a los enfermos mentales.

psiquíco, ca *adj.* Perteneciente o relativo al alma.

psitacismo *s. m.* Método de enseñanza en que se da excesiva importancia a la memoria.

psoas *s. m.* Nombre de dos músculos abdominales insertos en la parte anterior de las vértebras lumbares.

psoriasis *s. f.* Dermatosis general crónica.

ptialismo *s. m.* Salivación excesiva.

púa *s. f.* **1.** Cuerpo delgado y rígido que acaba en punta aguda. **2.** Diente de un peine. **3.** Cada uno de los pinchos o espinas del erizo, puerco espín, etc.

púber, ra *adj.* Que ha llegado a la pubertad. También s. m. y s. f.

pubertad *s. f.* Fase de la adolescencia en la que comienza la función de los órganos reproductores.

pubescencia *s. f.* Pubertad.

pubiano, na *adj.* Perteneciente o relativo al pubis.

pubis *s. m.* **1.** Parte inferior del vientre. **2.** El anterior de los tres huesos que forman el coxal; ocupa la parte inferior del vientre.

publicación *s. f.* Obra literaria o artística publicada.

publicar *v. tr.* Imprimir y poner a la venta un escrito, diario, libro, estampa, etc.

publicidad *s. f.* **1.** Calidad o estado de público. **2.** Conjunto de medios empleados para divulgar las cosas o los hechos.

publicista *s. m. y s. f.* Persona que, con fines comerciales, se dedica a la divulgación de productos en los diferentes medios de comunicación.

publicitario, ria *adj.* Perteneciente o relativo a la publicidad utilizada con fines comerciales, políticos, etc.

público, ca *adj.* **1.** Notorio, manifiesto, visto o sabido por todos. **2.** Vulgar, común y notado de todos. **3.** Se dice de la potestad, jurisdicción y autoridad para hacer una cosa, como contrapuesto a privado.

puchada *s. f.* Especie de gachas para cebar los cerdos.

puchera *s. f., fam.* Olla, cocido español.

puchero *s. m.* Vasija de barro, o de hierro, con asiento pequeño, panza abultada, cuello ancho y una sola asa junto a la boca, y que sirve comúnmente para cocer la comida.

puches *s. f. pl.* Gachas, cocido de harina con agua, sal y otros ingredientes.

pucia *s. f.* Vasija, ancha por abajo y estrecha por arriba, que se tapa con otra de la misma especie, pero más pequeña, y que servía para elaborar ciertas infusiones y cocimientos que habían de realizarse en un recipiente cerrado.

pudelar *v. tr.* Convertir en acero o hierro dulce el hierro colado, quemando parte de su carbono en hornos de reverbero.

pudendo, da *adj.* Torpe, feo, indecente.

pudibundo, da *adj.* Pudoroso, honesto.

pudicia *s. f.* Virtud consistente en observar honestidad en acciones y palabras.

púdico, ca *adj.* Honesto, casto, pudoroso.

pudiente *adj.* Poderoso, rico, hacendado.

pudin *s. m.* **1.** Dulce que se prepara con pan, bizcocho o bollo reblandecidos en leche, con azúcar y frutos secos. **2.** Por ext., cualquier plato semejante, no dulce.

pudinga *s. f.* Roca compuesta de fragmentos redondeados, de distinto tamaño, unidos entre sí por un cemento cuarzoso y calcáreo.

pudio, dia *adj.* Se dice de una especie de pino.

pudor *s. m.* Honestidad, recato, modestia.

pudoroso, sa *adj.* Lleno de pudor.

pudrir *v. tr.* Corromper o descomponer una materia orgánica. También prnl.

pueblo *s. m.* **1.** Población, ciudad, villa etc. **2.** Conjunto de los habitantes de un lugar, región o país. **3.** Gente común y humilde de una población. **4.** Nación, conjunto de los habitantes de un país.

puente *s. m.* Fábrica de cemento, madera, hierro, etc. que se construye sobre los ríos, fosos y otros sitios, para poder pasarlos.

puerco, ca *s. m. y s. f.* Mamífero paquidermo doméstico, que se cría y ceba para aprovechar su carne y grasa.

puercoespín *s. m.* Mamífero roedor del norte de África, cuyo cuerpo está cubierto de púas córneas de unos 20 cm de longitud, blancas y negras en zonas alternas.

puericia *s. f.* Edad de las personas que media entre la niñez (siete años) y la adolescencia (14 años).

puericultura *s. f.* Ciencia que trata de la crianza y cuidado de los niños durante los primeros años de su infancia.

pueril *adj., fig.* Fútil, frívolo, trivial.

puerilidad *s. f., fig.* Cosa insignificante.

puérpera *s. f.* Mujer recién parida.

puerperio *s. m.* Tiempo que sigue al parto.

puerro *s. m.* Planta herbácea anual, cuyo bulbo es apreciado como condimento.

puerta *s. f.* Hueco abierto en una pared, cerca o verja, desde el suelo hasta la altura conveniente, para entrar y salir.

puertaventana *s. f.* Contraventana.

puerto *s. m.* Lugar en la costa, defendido de los vientos y que ofrece seguridad a las naves.

pues *conj. caus.* Denota causa, motivo o razón.

puesta *s. f.* **1.** Acción y efecto de poner. **2.** Acción de ponerse un astro. **3.** Acción de poner las aves sus huevos.

puesto *s. m.* **1.** Lugar señalado para la ejecución de una cosa. **2.** Tiendecilla, por lo general ambulante, en que se vende al por menor.

púgil *s. m.* Boxeador.

pugilato *s. m.* **1.** Pelea a puñadas entre dos o más personas. **2.** Boxeo.

pugna *s. f.* **1.** Batalla, pelea. **2.** Oposición, enfrentamiento entre personas o entre naciones, bandos o parcialidades.

pugnar *v. intr.* Batallar, pelear.

pugnaz *adj.* Belicoso, guerrero.

puja[1] *s. f.* Acción de hacer fuerza para pasar adelante o proseguir.

puja[2] *s. f.* Cantidad que un licitador ofrece.

pujante *adj.* Que tiene pujanza.

pujanza *s. f.* Fuerza grande, vigor para impulsar o ejecutar una acción.
pujar *v. tr.* Hacer fuerza para pasar adelante o proseguir una acción, procurando vencer el obstáculo que se encuentra.
pujavante *s. m.* Instrumento para cortar el casco de las caballerías.
pujo *s. m., fig.* Deseo o ansia de lograr un propósito.
pulcritud *s. f.* Esmero en el adorno y aseo personal o en la ejecución de una cosa.
pulcro, cra *adj.* Aseado, esmerado en el adorno de su persona.
pulga *s. f.* Insecto díptero, parásito, de cuerpo de color negro rojizo y patas saltadoras, que vive de la sangre de otros animales.
pulgada *s. f.* Medida de longitud, equivalente a algo más de 23 mm.
pulgar *s. m.* Dedo primero y más grueso de los de la mano. También adj.
pulgón *s. m.* Insecto hemíptero de color negro, bronceado o verdoso, sin alas las hembras y con cuatro los machos.
pulicán *s. m.* Tenaza, gatillo de dentista.
pulidez *s. f.* Calidad de pulido.
pulido, da *adj.* Agraciado, bello, pulcro.
pulidor *s. m.* Instrumento para pulir.
pulimentar *v. tr.* Alisar o dar lustre o tersura a una cosa.
pulimento *s. m.* Acción y efecto de pulir, alisar y dar lustre o tersura a una cosa.
pulir *v. tr.* **1.** Dar tersura y lustre a una cosa. **2.** Perfeccionar algo dándole la última mano para su mayor primor y adorno.
pulla *s. f.* **1.** Palabra o dicho obsceno. **2.** Expresión aguda y picante.
pullista *s. m. y s. f.* Persona amiga de decir pullas.
pulmón *s. m.* Órgano de la respiración aérea del ser humano y de la mayor parte de los vertebrados.
pulmonía *s. f.* Inflamación del pulmón o de una parte de él.
pulpa *s. f.* **1.** Parte mollar de las carnes o carne pura, sin huesos ni ternilla. **2.** Médula de las plantas leñosas.
pulpejo *s. m.* Parte carnosa y mollar de la palma de la mano, de donde sale el dedo pulgar, o de un miembro pequeño, como la oreja o el dedo.
pulpeta *s. f.* Tajada que se saca de la pulpa de la carne.
pulpitis *s. f.* Inflamación de la pulpa dental.
púlpito *s. m.* Plataforma pequeña con antepecho y tornavoz que hay en las iglesias en lugar adecuado, para dirigirse desde ella el predicador a los fieles.
pulpo *s. m.* Molusco cefalópodo, de carne comestible, con ocho tentáculos provistos de dos filas de ventosas.
pulsación *s. f.* Latido de una arteria.
pulsador *s. m.* Botón que al ser pulsado, pone en función un aparato o mecanismo.
pulsar *v. tr.* **1.** Tomar el pulso a un enfermo. **2.** *fig.* Tantear un asunto para descubrir el medio de tratarlo.
pulsatila *s. f.* Planta medicinal de la familia de las ranunculáceas, de raíz leñosa, hojas cortadas en tres segmentos divididos en lacinias, bohordo rollizo y velloso con una flor solitaria de color violáceo, sin corola, y con frutillos secos, indehiscentes. Se cría en Europa en parajes elevados, y el jugo acre y cáustico de sus hojas y de su flor se emplea contra la parálisis y otras enfermedades.
pulsear *v. intr.* Probar dos personas, asida mutuamente la mano derecha y puestos los codos en lugar firme, quién de ellas tiene más fuerza en el pulso.
pulsera *s. f.* Brazalete de metal o de otra materia o joya que se lleva en la muñeca.
pulso *s. m.* Latido intermitente de las arterias que se observa especialmente en las muñecas.
pultáceo, a *adj.* **1.** Que es de consistencia blanda. **2.** Que tiene apariencia de podrido o gangrenado o que lo está.
pulular *v. intr.* **1.** Empezar a echar renuevos o vástagos una planta. **2.** Provenir o nacer una cosa de otra.
pulverización *s. f.* Acción y efecto de pulverizar o pulverizarse.
pulverizador *s. m.* Aparato para pulverizar un líquido.
pulverizar *v. tr.* Reducir a polvo una cosa sólida. También prnl.
¡pum! *interj.* que se usa para expresar ruido, explosión o golpe.
puma *s. m.* Mamífero carnívoro parecido al tigre, pero de pelo suave y leonado.

pumita *s. f.* Piedra pómez.
puncha *s. f.* Púa, espina o punta delgada y aguda.
punchar *v. tr.* Picar, punzar.
punción *s. f.* Operación quirúrgica que consiste en atravesar con un instrumento cortante y punzante los tejidos hasta llegar a una cavidad, para reconocer o vaciar el contenido de ésta.
puncionar *v. tr.* Hacer punciones.
pundonor *s. m.* Sentimiento de la dignidad personal, delicado y susceptible.
pundonoroso, sa *adj.* Que incluye en sí pundonor o lo causa. También s. m. y s. f.
pungimiento *s. m.* Acción y efecto de pungir.
pungir *v. tr.* **1.** Punzar. **2.** *fig.* Herir las pasiones, el ánimo o el corazón.
punible *adj.* Que merece castigo.
punición *s. f.* Castigo, pena.
punir *v. tr.* Castigar a un culpado.
punitivo, va *adj.* Perteneciente o relativo al castigo.
punk *s. m.* Movimiento musical y social de origen británico, que surge como protesta y se manifiesta en una indumentaria antiestética y una actitud violenta.
punta *s. f.* **1.** Extremo agudo de un arma u otro instrumento con que se puede herir. **2.** Cuerno del toro. **3.** Lengua de tierra que penetra en el mar.
puntada *s. f.* Cada uno de los agujeros hechos con aguja, lezna, etc. en la tela, cuero u otra materia que se va cosiendo.
puntal *s. m.* **1.** Madero hincado en firme, para sostener la pared o el edificio que amenaza ruina. **2.** *fig.* Apoyo, fundamento.
puntapié *s. m.* Golpe dado con la punta del pie.
puntazo *s. m.* **1.** Herida producida por un arma punzante. **2.** *fig.* Indirecta dicha a una persona con afán de burla o crítica.
puntear *v. tr.* **1.** Marcar puntos en una superficie. **2.** Coser o dar puntadas.
puntera *s. f.* Contrafuerte de piel que se coloca en la punta de la pala del calzado.
puntería *s. f.* Destreza del tirador para dar en el blanco.
puntero *s. m.* **1.** Vara con que se señala una cosa para llamar la atención sobre ella. **2.** Cincel de boca puntiaguda y cabeza plana, para labrar piedras muy duras.
puntiagudo, da *adj.* Que tiene aguda la punta.
puntilla *s. f.* **1.** Encaje muy angosto hecho en puntas, para guarnecer pañuelos, escotes, etc. **2.** Cachetero, puñal corto.
puntillero *s. m.* Torero que remata al toro.
puntillo *s. m.* Cualquier cosa leve en que una persona nimiamente pundonorosa repara o hace consistir el hono.
punto *s. m.* **1.** Señal de dimensiones poco o nada perceptibles que, por contraste de color o de relieve, es perceptible en una superficie. **2.** Signo ortográfico (.) que indica el final de una oración o período, y también la supresión de una letra o letras en las abreviaturas.
puntuación *s. f.* Conjunto de los signos ortográficos que sirven para puntuar.
puntual *adj.* Diligente en la ejecución de las cosas, especialmente se dice de lo que se cumple a la hora o plazo convenidos.
puntualidad *s. f.* Calidad de puntual o exacto.
puntualizar *v. tr.* Grabar con exactitud una cosa en la memoria.
puntuar *v. tr.* Poner los signos ortográficos en los escritos.
punzada *s. f.* **1.** Herida o picada de punta. **2.** *fig.* Dolor agudo, repentino y pasajero, pero que suele repetirse de tiempo en tiempo.
punzadura *s. f.* Punzada, pinchazo, herida de punta.
punzar *v. tr.* **1.** Herir sutilmente con un alfiler, espina, etc. **2.** *fig.* Avivarse un dolor de cuando en cuando.
punzón *s. m.* **1.** Instrumento de hierro puntiagudo que sirve para abrir ojetes y otros usos. **2.** Pitón, cuerno.
puñado *s. m.* Porción de cualquier cosa que se puede contener en el puño.
puñal *s. m.* Arma corta ofensiva, de acero, de corto tamaño, que sólo hiere de punta.
puñalada *s. f.* Golpe dado de punta con el puñal u otra arma semejante.
puñeta *s. f., fam.* Cualquier cosa molesta o difícil.
puñetazo *s. m.* Golpe dado con el puño.
puñetero, ra *adj., fam.* Se aplica a lo que causa fastidio.
puño *s. m.* **1.** Mano cerrada. **2.** Parte de las prendas de vestir que rodea la muñeca. **3.** Mango de algunas armas blancas.
pupa *s. f.* **1.** Erupción en los labios. **2.** Postilla que queda en la piel cuando se seca un grano.

pupila *s. f.* Abertura circular o en forma de rendija, situada en el centro del iris, por donde penetra la luz en la cámara posterior del ojo.

pupilo, la *s. m. y s. f.* Persona que se hospeda en casa particular por precio ajustado.

pupitre *s. m.* Mueble de madera, con tapa en forma de plano inclinado, para escribir sobre él.

puré *s. m.* Pasta de legumbres u otras cosas comestibles, cocidas y pasadas por colador.

purera *s. f.* Cigarrera, estuche para cigarros.

pureza *s. f.* Perfección, limpidez.

purga *s. f.* Medicina que se toma por la boca para descargar el vientre.

purgante *adj.* Se dice generalmente de la medicina que se aplica o sirve para este efecto. También s. m.

purgar *v. tr.* **1.** Limpiar, purificar una cosa. **2.** Dar al enfermo la medicina conveniente para exonerar el vientre.

purgativo, va *adj.* Que purga o tiene virtud de purgar.

purgatorio *s. m.* Lugar donde las almas de los que mueren en gracia se purifican de sus culpas leves con las penas que padecen, para ir después al cielo.

puridad *s. f.* **1.** Pureza, calidad de puro. **2.** Reserva, sigilo.

purificación *s. f.* Acción y efecto de purificar o purificarse.

purificar *v. tr.* Quitar de una cosa lo que le es extraño, dejándola en el ser y perfección que debe tener según su calidad. También prnl.

Purísima *n. p.* Nombre antonomástico de la Virgen María en el misterio de su inmaculada Concepción.

purismo *s. m.* Calidad de purista.

purista *adj.* Que escribe o habla con pureza.

puritanismo *s. m.* Calidad de puritano.

puritano, na *adj., fig.* Se dice de la persona que real o afectadamente profesa con rigor las virtudes públicas o privadas y hace alarde de ello. También s. m. y s. f.

puro, ra *adj.* Libre y exento de toda mezcla de otra cosa.

púrpura *s. f.* **1.** Molusco gasterópodo marino, que segrega un líquido amarillento, el cual, por oxidación, se torna rojo o violado, muy usado antiguamente en tintontería y pintura. **2.** Color rojo subido que tira a violado.

purpurado *s. m.* Cardenal, prelado.

purpurar *v. tr.* Teñir de púrpura.

purpurear *v. intr.* Mostrar una cosa el color de púrpura que en sí tiene.

purpúreo, a *adj.* De color de púrpura.

purpurina *s. f.* **1.** Sustancia colorante roja, extraída de la raíz de la rubia. **2.** Polvo finísimo de bronce o de metal blanco, que se usa en pintura para dorar o platear.

purrela *s. f.* Vino último o inferior de los que se llaman aguapié.

purrusalda *s. f.* Guiso compuesto de puerros, patatas y bacalao.

purulencia *s. f.* Supuración.

purulento, ta *adj.* Que contiene pus o es de la naturaleza del pus.

pus *s. m.* Secreción espesa, más o menos amarillenta, que fluye de los tejidos inflamados, llagas, tumores, etc.

pusilánime *adj.* Falto de ánimo y valor.

pusilanimidad *s. f.* Calidad de pusilánime, falta o encogimiento de ánimo.

pústula *s. f.* Vejiguilla inflamatoria de la piel llena de pus.

pustuloso, sa *adj.* Perteneciente o relativo a la pústula.

putativo, va *adj.* Reputado o tenido por padre, hermano, etc. no siéndolo.

puto, ta *s. m. y s. f., vulg.* Persona que ejerce la prostitución.

putrefacción *s. f.* Acción y efecto de pudrir o pudrirse.

putrefacto, ta *adj.* Podrido, corrompido.

putrescencia *s. f.* Estado evolutivo en que se encuentra un cuerpo en vías de putrefacción.

putrescente *adj.* Se aplica a todo aquello que está en vías de putrefacción.

putridez *s. f.* Calidad de pútrido.

pútrido, da *adj.* Podrido, corrompido.

puya *s. f.* Punta acerada que en un extremo tienen las varas de los picadores y vaqueros, con la cual aguijan a las reses.

puyazo *s. m.* Herida que se hace con puya.

puzol *s. m.* Puzolana.

puzolana *s. f.* Roca volcánica muy desmenuzada, de la misma composición que el basalto que, mezclada con cal, se emplea para hacer mortero hidráulico.

puzzle *s. m.* Rompecabezas, juego.

Q

q *s. f.* Decimoctava letra del abecedario español y decimocuarta de sus consonantes.

que *pron. rel.* **1.** Con esta sola forma conviene a los géneros masculino, femenino y neutro y a los números singular y plural. Se emplea para introducir oraciones subordinadas adjetivas explicativas o especificativas, y puede tener como antecedente un nombre o un pronombre. Cuando introduce una oración subordinada adjetiva explicativa, equivale a el cual, la cual, etc. **2.** *conj.* Se emplea como conjunción comparativa. **3.** Se utiliza en vez de la conjunción copulativa "y", pero denotando, en cierto modo, sentido adversativo.

quebracho *s. m.* Nombre común a varios árboles americanos, cuya corteza se ha empleado como la quina.

quebrada *s. f.* Abertura estrecha y áspera entre montañas.

quebradero *s. m.* Quebrador, que quiebra una cosa.

quebradizo, za *adj.* Fácil de quebrarse.

quebrado, da *adj.* Que ha hecho bancarrota o quiebra. También s. m. y s. f.

quebrador, ra *adj.* Que quiebra una cosa. También s. m. y s. f.

quebradura *s. f.* **1.** Hendidura, rotura. **2.** Hernia.

quebraja *s. f.* Grieta, raja en la madera, etc.

quebrajar *v. tr.* Resquebrajar. También intr. y prnl.

quebrantadura *s. f.* Quebrantamiento.

quebrantahuesos *s. m.* Ave rapaz, con plumaje de color pardo oscuro en la parte superior del cuerpo, leonado en el cuello, pecho y abdomen; pico rodeado de cerdas y tarsos cortos y emplumados. Se alimenta de pequeños mamíferos.

quebrantamiento *s. m.* Acción y efecto de quebrantar o quebrantarse.

quebrantapiedras *s. f.* Planta herbácea anual, de la familia de las cariofiláceas, que se ha usado contra el mal de piedra.

quebrantar *v. tr.* **1.** Romper, separar con violencia las partes de un todo. **2.** Cascar o hender una cosa. También prnl.

quebranto *s. m.* **1.** Acción y efecto de quebrantar o quebrantarse. **2.** Debilidad, desaliento, falta de fuerza.

quebrar *v. tr.* **1.** Quebrantar, romper con violencia. También prnl. **2.** Traspasar, violar una ley u obligación. **3.** Doblar o torcer algo. También prnl.

queche *s. m.* Embarcación usada en el norte de Europa, de un solo palo y de igual figura por la proa que por la popa.

quechemarín *s. m.* Pequeña embarcación de dos palos, con velas al tercio, algunos foques en un botalón a proa y gavias volantes en buen tiempo.

queda *s. f.* Hora de la noche, señalada en algunos pueblos con un toque de campana para que todos se recojan.

quedada *s. f.* Acción de quedarse en un sitio o lugar.

quedar *v. intr.* **1.** Estar, detenerse forzosa o voluntariamente en un paraje, con propósito de permanecer en él o de pasar a otro. También prnl. **2.** Subsistir parte de una cosa. **3.** Cesar, terminar.

quedo, da *adj.* **1.** Quieto. ‖ *adv. m.* **2.** En voz baja. **3.** Con tiento.

quehacer *s. m.* Ocupación.

queja *s. f.* **1.** Expresión de dolor, pena o sentimiento. **2.** Querella.

quejarse *v. prnl.* **1.** Expresar con la voz el dolor o la pena que se siente. **2.** Manifestar el resentimiento que se tiene. **3.** Querellarse, presentar querella, reclamar.

quejido *s. m.* Voz lastimosa motivada por un dolor o pena.

quejigal *s. m.* Terreno poblado de quejigos.

quejoso, sa *s. f.* Se dice de la persona que tiene queja de alguien o de algo.

quejumbroso, sa *adj.* Se dice de la voz, tono, etc., que se emplean para quejarse.

quelonio *adj.* Se dice de los reptiles con cuatro extremidades cortas, mandíbulas córneas y sin dientes, y cuerpo protegido por una concha dura.

quema *s. f.* Incendio, fuego.

quemador *s. m.* Aparato que regula la combustión del carbón o del carburante en el hogar de las calderas, en las cocinas de gas, etc.

quemadura *s. f.* **1.** Descomposición de un tejido orgánico, producida por el contacto del fuego o de una sustancia corrosiva. **2.** Llaga o huella que queda.

quemar *v. tr.* **1.** Consumir una cosa por medio del fuego. **2.** Calentar con demasía. **3.** Abrasar, secar por excesivo calor.

quemazón *s. f.* **1.** Quema. **2.** Calor excesivo.

quemarropa, a *loc. adv.* Refiriéndose a un disparo de arma de fuego, desde muy cerca.

quena *s. f.* Instrumento musical, similar a la flauta, típico de América del Sur.

quepis *s. m.* Gorra, de forma ligeramente cónica y con visera horizontal.

queratina *s. f.* Proteína que forma parte del tejido epidérmico, piloso, córneo, etc.

queratitis *s. f.* Inflamación de la córnea transparente del ojo.

querella *s. f.* **1.** Discordia, pendencia. **2.** Acusación propuesta ante el juez por el agraviado a consecuencia de un delito.

querellarse *v. prnl.* **1.** Quejarse. **2.** Presentar ante el juez querella contra alguien.

querencia *s. f.* **1.** Acción de amar o querer bien a alguien o algo. **2.** Tendencia de los seres humanos y de ciertos animales a volver al sitio donde se han criado.

querer[1] *s. m.* Cariño, amor.

querer[2] *v. tr.* **1.** Desear o apetecer. **2.** Tener voluntad de ejecutar una cosa.

quermes *s. m.* Insecto hemíptero, parecido a la cochinilla, que vive en la coscoja.

querubín *s. m.* Cada uno de los espíritus celestes caracterizados por la plenitud de ciencia con que ven y contemplan la belleza divina. Forman el segundo coro.

quesadilla *s. f.* **1.** Cierta clase de pastel, de queso y masa. **2.** Dulce relleno de almíbar, fruta en conserva, etc.

quesera *s. f.* Vasija de barro destinada a guardar y conservar los quesos.

queso *s. m.* Masa hecha de leche cuajada y privada del suero.

quetzal *s. m.* **1.** Ave trepadora, de unos 20 cm de longitud, propia de América tropical, de plumaje verde tornasolado y muy brillante en las partes superiores del cuerpo y rojo en el pecho y abdomen.

quevedos *s. m. pl.* Lentes en forma circular con armadura dispuesta para que se sujete sólo en la nariz.

¡quia! *interj., fam.* con que se expresa incredulidad o negación.

quicial *s. m.* Madero que asegura y afirma las puertas y ventanas, por medio de pernios y bisagras, para que girando se abran y cierren.

quicio *s. m.* Parte de las puertas y ventanas en que entra el espigón del quicial.

quid *s. m.* Esencia, causa de una cosa.

quídam *s. m. fam.* Persona despreciable y de poco valor, cuyo nombre se ignora o se quiere omitir.

quiebra *s. f.* **1.** Rotura de una cosa por alguna parte. **2.** Hendedura o abertura de la tierra en los montes o causada en los valles por abundantes lluvias.

quiebro *s. m.* **1.** Movimiento hecho con el cuerpo como quebrándolo por la cintura. **2.** Inflexión acelerada, dulce y graciosa de la voz.

quien *pron. rel.* Equivale al pronombre "que" o a "la que", "el que", etc. y algunas veces a "el cual", "la cual", etc.

quienquiera *pron. indef.* Persona indeterminada, alguno, sea el que fuere.

quiescente *adj.* Que se encuentra quieto, aunque puede tener movimiento por sí mismo.

quietar *v. tr.* Aquietar, sosegar, apaciguar.

quieto, ta *adj.* **1.** Que no tiene o no hace movimiento. **2.** *fig.* Pacífico, sosegado.

quietud *s. f.* **1.** Falta de movimiento. **2.** *fig.* Sosiego, reposo, descanso.

quijada *s. f.* Cada una de las dos mandíbulas de los vertebrados.

quijera *s. f.* Cada una de las dos correas de la cabezada de los caballos, que van de la frontalera a la muserola.

quijote, sa *s. m. y s. f.* **1.** *fig.* Persona exageradamente seria o puntillosa. ‖ *s. m.* **2.** *fig.* Persona soñadora que pugna con las opiniones y los usos corrientes, por excesivo amor a lo ideal.

quijotismo *s. m.* **1.** Exageración en los sentimientos caballerosos. **2.** Engreimiento, orgullo.

quilate *s. m.* Unidad de peso utilizada para las perlas y piedras preciosas, que equivale a 205 mg.

quilatera *s. f.* Instrumento con agujeros de diversos tamaños, que se utiliza para apreciar los quilates de las perlas.

quilífero, ra *adj.* Se dice de cada uno de los vasos linfáticos de los intestinos que absorben el quilo durante la quilificación y lo conducen al canal torácico.

quilificar *v. tr.* Convertir en quilo el alimento. Se usa más como v. prnl.

quilla *s. f.* Pieza que va de popa a proa por la parte inferior del barco.

quillotranza *s. f.* Trance, conflicto, amargura.

quillotrar *v. tr., fam.* Excitar, estimular, avivar.

quilo *s. m.* Líquido que el intestino delgado secreta del quimo formado en el estómago con los alimentos.

quimera *s. f.* **1.** Monstruo imaginario que vomitaba llamas y tenía cabeza de león, vientre de cabra y cola de dragón. **2.** *fig.* Aquello que alguien se imagina como posible y verdadero, no siéndolo.

quimérico, ca *adj.* Fabuloso, fingido o imaginado sin fundamento.

quimerizar *v. intr.* Fingir quimeras, imaginarlas.

química *s. f.* Ciencia que estudia la composición de las sustancias y sus transformaciones, y la acción que ejercen unas sobre otras.

quimificación *s. f.* Acción y efecto de quimificar o quimificarse.

quimificar *v. tr.* Convertir en quimo el alimento. Se usa más como prnl.

quimioterapia *s. f.* Método curativo de las enfermedades que se basa en el empleo de sustancias químicas.

quimo *s. m.* Masa homogénea y agria, que resulta de la digestión estomacal de los alimentos.

quimono *s. m.* Túnica larga japonesa o hecha a su semejanza, con mangas largas y anchas, que usan las mujeres.

quina *s. f.* Corteza del quino, de aspecto variable según la especie de árbol de que procede, muy usada en medicina.

quinario, ria *adj.* Compuesto de cinco elementos, unidades o guarismos.

quincalla *s. f.* Conjunto de objetos de metal de escaso valor, como tijeras, dedales, imitaciones de joyas, etc.

quincallería *s. f.* **1.** Fábrica de quincalla. **2.** Establecimiento donde se vende. **3.** Conjunto de quincalla.

quince *adj. num.* Diez y cinco.

quincena *s. f.* Período de tiempo de quince días.

quincenal *adj.* **1.** Que se repite o sucede cada quincena. **2.** Que dura una quincena.

quincuagésimo, ma *adj. num.* Se dice de cada una de las cincuenta partes iguales en que se divide un todo.

quindenio *s. m.* Espacio de quince años.

quiniela *s. f.* En el juego del fútbol, sistema reglamentario de apuestas en el que se pronostican los resultados de determinados partidos.

quinientos, tas *adj. num.* Cinco veces cien.

quinina *s. f.* Alcaloide vegetal que se extrae de la quina y es el principio activo febrífugo de este medicamento.

quino *s. m.* Árbol americano, perteneciente a la familia de las rubiáceas, y de cuya corteza se extrae la quina.

quínola *s. f.* En cierto juego de naipes, lance principal, que consiste en reunir cuatro cartas de un palo.

quinqué *s. m.* Pequeña lámpara de petróleo con un tubo o pantalla de cristal.

quinquenal *adj.* **1.** Que se repite o sucede cada quinquenio. **2.** Que dura un quinquenio.

quinquenio *s. m.* Período de tiempo de cinco años.

quinta *s. f.* **1.** Casa de recreo en el campo, cuyos colonos solían pagar por renta la quinta parte de los frutos. **2.** Reemplazo que ingresa cada año en el servicio militar.

quintaesenciar *v. tr.* Refinar, depurar, alambicar una cosa.

quintal *s. m.* Peso de cien libras, que equivalía en Castilla a 46 kg.

quintana *s. f.* Quinta, casa de recreo.

quintar *v. tr.* **1.** Sacar por sorteo uno de cada cinco. **2.** Sacar por sorteo los nombres de los que han de cumplir el servicio militar.

quintería *s. f.* Casa de campo o cortijo.

quintero, ra *s. m. y s. f.* **1.** Persona que tiene arrendada una quinta o cultiva las heredades que pertenecen a la misma. ‖ *s. m.* **2.** Mozo o criado de labrador.

quinteto *s. m.* **1.** Combinación métrica de cinco versos de arte mayor aconsonantados y ordenados como los de la quintilla. **2.** Composición con cinco voces o instrumentos.

quintilla *s. f.* Combinación métrica de cinco versos octosílabos aconsonantados; riman generalmente el primero y cuarto y el segundo, tercero y quinto.

quinto, ta *adj. num.* **1.** Que ocupa el último lugar en una serie ordenada de cinco. ‖ *s. m.* **2.** Aquel a quien toca por sorteo ir al servicio militar.

quintuplicación *s. f.* Acción y efecto de quintuplicar o quintuplicarse.

quintuplicar *v. tr.* Hacer cinco veces mayor una cantidad. También prnl.

quíntuplo, pla *adj. num.* Que contiene un número exactamente cinco veces.

quiñón *s. m.* **1.** Parte de terreno que alguien siembra en común con otros. **2.** Porción de tierra de labor, de dimensión variable según los usos locales.

quiosco *s. m.* Pabellón que se construye en sitios públicos o en la calle, con el fin de vender periódicos, flores, etc.

quiquiriquí *s. m.* **1.** Voz imitativa del canto del gallo. **2.** *fig. y fam.* Persona que quiere sobresalir y gallear. **3.** Remolino que se forma en el pelo.

quiragra *s. f.* Gota de las manos.

quirófano *s. m.* Sala para realizar operaciones quirúrgicas.

quiromancia *s. f.* Adivinación de lo relativo a una persona por las rayas de su mano.

quiróptero, ra *adj.* Se dice del mamífero nocturno que vuela con alas formadas por una extensa membrana situada entre los dedos de las extremidades anteriores.

quirúrgico, ca *adj.* Perteneciente o relativo a la cirugía.

quisicosa *s. f.* **1.** *fam.* Enigma, problema o acertijo. **2.** *fam.* Cosa extraña.

quisquilla *s. f.* **1.** Reparo o dificultad de poca importancia. **2.** Camarón, crustáceo.

quisquilloso, sa *adj.* **1.** Que se para en quisquillas o cosas de poca importancia. **2.** Demasiado delicado en el trato.

quiste *s. m.* Vejiga membranosa que se desarrolla anormalmente en diferentes partes del cuerpo y que contiene materias alteradas.

quita *s. f.* Liberación que de la deuda o parte de ella hace el acreedor al deudor.

quitación *s. f.* Renta, sueldo o salario.

quitamanchas *s. m.* Producto natural o preparado que sirve para limpiar o quitar manchas.

quitanieves *s. m.* Máquina que se emplea para quitar la nieve de los caminos, calles o vías de ferrocarril.

quitanza *s. f.* Finiquito, liberación o carta de pago que se da al deudor cuando paga.

quitapesares *s. m., fam.* Consuelo o alivio en una pena.

quitapón *s. m.* Adorno de lana de colores con borlas, que suele ponerse en la testera de las cabezadas de las caballería.

quitar *v. tr.* **1.** Tomar una cosa separándola y apartándola de otras o del lugar en que estaba. **2.** Desempeñar. **3.** Hurtar. **4.** Impedir o estorbar.

quitasol *s. m.* Sombrilla.

quite *s. m.* **1.** Acción de quitar o estorbar. **2.** Suerte que ejecuta un torero, de ordinario con el capote, para librar a otro de la acometida del toro.

quitina *s. f.* Sustancia de que se compone la cutícula de los insectos y que proporciona rigidez y elasticidad a su parte externa.

quitinoso, sa *adj.* Que tiene quitina.

quitrín *s.m.* Carruaje abierto, usado en diversos países de América, con dos ruedas y una sola fila de asientos.

quizá *adv. dud.* Denota la posibilidad de aquello de que se habla.

quórum *s. m.* **1.** Número mínimo de votos necesarios para que una asamblea pueda tomar ciertos acuerdos. **2.** Número de personas que deben estar presentes para que puedan tener lugar ciertas asambleas o reuniones.

R

r *s. f.* Decimonovena letra del abecedario español y decimoquinta de sus consonantes.

rabada *s. f.* Cuarto trasero de las reses después de matarlas.

rabadán *s. m.* Mayoral que cuida y gobierna a los hatos de ganado de una cabaña.

rabadilla *s. f.* Punta o extremidad del espinazo formada por la última pieza del hueso sacro y por todas las del cóccix.

rabanal *s. m.* Terreno plantado de rábanos.

rabanero, ra *adj., fig. y fam.* **1.** Se aplica al vestido corto, especialmente de las mujeres. **2.** Se dice de los ademanes y modo de hablar desvergonzados.

rabaniza *s. f.* **1.** Simiente del rábano. **2.** Planta herbácea anual, crucífera, con flores blancas, que abunda en terrenos incultos.

rábano *s. m.* Planta herbácea anual, crucífera, de tallo ramoso y velludo, y raíz carnosa y comestible.

rabear *v. intr.* Mover el rabo hacia una parte y otra.

rabel *s. m.* Antiguo instrumento musical pastoril parecido al laúd, pero con sólo tres cuerdas, que se tocan con arco.

rabeo *s. m.* Acción y efecto de rabear.

rabera *s. f.* Parte posterior de cualquier cosa.

rabí *s. m.* Título con que los israelitas honran a los sabios de su ley.

rabia *s. f.* **1.** Enfermedad caracterizada por ciertos desórdenes nerviosos, contracciones espasmódicas y dificultad de tragar. La padecen principalmente los perros y se comunica por la saliva a otros animales y a las personas. **2.** Irritación, enfado grande.

rabiar *v. intr.* **1.** Padecer el mal de rabia. **2.** Enojarse con muestras de cólera y enfado.

rábico, ca *adj.* **1.** Perteneciente o relativo a la enfermedad de la rabia. **2.** Que padece de rabia.

rabicorto, ta *adj.* Se dice del animal que tiene corto el rabo.

rabieta *s. f., fam.* Enfado o enojo grande, por leve motivo y poca duración.

rabilargo, ga *adj.* Se aplica al animal que tiene

rabino *s. m.* Maestro hebreo que interpreta la Sagrada Escritura.

rabión *s. m.* Corriente muy impetuosa del río en los parajes estrechos o inclinados.

rabioso, sa *adj.* **1.** Que padece rabia. **2.** Se dice de la persona muy enfadada.

rabiza *s. f.* Punta de la caña de pescar en la que se pone el sedal.

rabo *s. m.* **1.** Cola, especialmente la de los cuadrúpedos. **2.** Rabillo, pecíolo o pedúnculo de hojas y frutos.

rabón, na *adj.* Se dice del animal que tiene el rabo más corto que lo ordinario en su especie o que carece de él.

rabosear *v. tr.* Chafar o rozar levemente una cosa.

raboteo *s. m.* Época del año en que los pastores cortan el rabo de las ovejas y carneros.

rábula *s. m.* Abogado indocto, charlatán.

racamento *s. m.* Guarnimiento, especie de anillo que sujeta las vergas a sus palos o masteleros respectivos.

racha *s. f.* **1.** Ráfaga de viento. **2.** *fam.* Período breve de fortuna o desgracia.

racimo *s. m.* Porción de uvas unidas por sus pedúnculos a un mismo tallo.

raciocinar *v. intr.* Usar del entendimiento y la razón para conocer y juzgar.

raciocinio *s. m.* Falcultad de raciocinar.

ración *s. f.* Porción que se da para alimento en cada comida.

racionabilidad *s. f.* Facultad intelectiva que juzga de las cosas con razón, discerniendo entre lo bueno y lo malo o lo verdadero y lo falso.

racional *adj.* Dotado de razón.

racionamiento *s. m.* Acción y efecto de racionar o racionarse.

racionar *v. tr.* En épocas de escasez, limitar la adquisición de ciertos artículos.

rada *s. f.* Ensenada donde las naves pueden estar ancladas al abrigo de los vientos.

radar *s. m.* Sistema que permite descubrir la situación de un cuerpo que no se ve por medio de la emisión de ondas eléctricas de altísima frecuencia que, reflejadas en un obstáculo, vuelven al punto de partida. Las ondas del radar se propagan con la misma velocidad que la de la luz.

radiación *s. f.* Energía ondulatoria que se propaga a través del espacio.

radiactividad *s. f.* Desintegración nuclear espontánea de los átomos con emisión de radiaciones corpusculares o electromagnéticas. Se mide por el número de desintegraciones que se producen cada segundo. Su unidad es el curio.

radiactivo, va *adj.* **1.** Se dice de los cuerpos o sustancias que emiten radiaciones. **2.** Perteneciente o relativo a la radiactividad.

radiado, da *adj.* Se dice de las cosas dispuestas a la manera de los radios de una circunferencia con relación a su centro.

radiador *s. m.* Aparato de calefacción compuesto de uno o más cuerpos huecos, a través de los cuales pasa una corriente de agua o vapor a elevada temperatura.

radial *adj.* Perteneciente o relativo al radio.

radiante *adj.* Que despide luz.

radiar *v. tr.* Emitir señales, palabras o sonidos por radiodifusión.

radicación *s. f.* **1.** Acción y efecto de radicar o radicarse. **2.** *fig.* Larga práctica y duración de un uso, costumbre, etc.

radical *adj.* **1.** Fundamental. **2.** Se dice de la persona extremista en cualquier aspecto.

radicar *v. intr.* Arraigar. También prnl.

radicícola *adj.* Se dice del animal o vegetal que vive parásito sobre las raíces de una planta.

radícula *s. f.* Parte del embrión que al germinar formará la raíz de la nueva planta.

radiestesia *s. f.* Sensibilidad para captar ciertas radiaciones como la de los zahoríes para descubrir manantiales subterráneos.

radio[1] *s. m.* **1.** Segmento rectilíneo comprendido entre el centro del círculo y la circunferencia, o entre el centro de la esfera y su superficie. **2.** Hueso contiguo al cúbito, con el cual forma el antebrazo.

radio[2] *s. m.* Metal muy raro, intensamente radiactivo.

radiodifusión *s. f.* Emisión radiotelefónica de noticias, conciertos, etc.

radioescucha *s. m. y s. f.* Persona que oye las emisiones radiotelefónicas y radiotelegráficas.

radiografía *s. f.* Obtención de una imagen fotográfica de un órgano interior o de un objeto oculto a la vista, por la impresión de una superficie sensible mediante los rayos X.

radiograma *s. m.* Telegrama transmitido por medio de la telegrafía sin hilos.

radiología *s. f.* Parte de la medicina que estudia las aplicaciones de los rayos X.

radiorreceptor *s. m.* Aparato usado en radiotelegrafía y radiotelefonía para recoger y transformar en señales o sonidos las ondas emitidas por el radiotransmisor.

radioscopia *s. f.* Examen del interior del cuerpo humano y en general de los cuerpos opacos, mediante los rayos X.

radioteléfono *s. m.* Teléfono en el que la comunicación se establece por medio de ondas electromagnéticas en lugar de hilos.

radiotelegrafía *s. f.* Telegrafía sin hilos, sistema de comunicación telegráfica por medio de ondas hertzianas.

radiotelégrafo *s. m.* Aparato receptor-emisor en el que la comunicación se establece por medio de ondas hertzianas.

radioterapia *s. f.* **1.** Empleo terapéutico de los rayos X. **2.** Empleo terapéutico del radio y otras sustancias radiactivas.

radiotransmisor *s. m.* Aparato empleado en radiotelegrafía y radiotelefonía para producir y enviar las ondas portadoras de señales y sonidos.

radioyente *s. m. y s. f.* Persona que oye lo que se transmite por radiotelefonía.

raedera *s. f.* Instrumento para raer.

raer *v. tr.* Quitar, como raspando la superficie de una cosa, con un instrumento cortante.

rafa *s. f.* Grieta en el casco del caballo.

ráfaga *s. f.* Golpe de viento, fuerte y repentino.

rafe *s. amb.* Cordoncillo que forma el funículo en algunas semillas.

rafia *s. f.* Género de palmeras de las cuales se saca una fibra resistente y muy flexible.

ragua *s. f.* Remate de la caña de azúcar.

rahez *adj.* Se dice de la cosa o persona vil y despreciable.

raído, da *adj.* Se dice de la prenda o tela muy gastada por el uso.

raigambre *s. f.* Conjunto de raíces de los vegetales unidas entre sí.

raigón *s. m.* Raíz de las muelas y dientes.

raíl *s. m.* Carril de las vías férreas.

raíz *s. f.* **1.** Órgano de las plantas que crece en dirección inversa al tallo y que absorbe de la tierra las materias necesarias para el desarrollo de la planta. **2.** Parte de los dientes engastada en los alveolos.

raja *s. f.* **1.** Una de las partes de un leño que resultan de abrirlo al hilo con hacha, cuña, etc. **2.**

Hendedura, quiebra de una cosa. **3.** Pedazo que se corta a lo largo o a lo ancho de un fruto u otra cosa, como melón, sandía, queso, etc.

rajá *s. m.* Soberano índico.

rajar *v. tr.* **1.** Dividir en rajas. **2.** Hender, partir. ‖ *v. intr.* **3.** *fam.* Hablar mucho.

rajatabla, a *adv m.* Con todo rigor, de un modo absoluto.

ralea *s. f.* **1.** Especie, género de las cosas. **2.** *desp.* Raza o linaje de las personas.

raleza *s. f.* Calidad de ralo.

rallador *s. m.* Utensilio de cocina, compuesto de una chapa de metal, curva y llena de agujeros de borde saliente, contra el cual se raspa el pan, el queso, etc.

ralladura *s. f.* Surco que deja el rallador, y por ext., cualquier surco menudo.

rallar *v. tr.* Desmenuzar una cosa restregándola con el rallador.

ralo, la *adj.* Se dice de las cosas cuyas partes están separadas más de lo regular en su clase.

rama *s. f.* **1.** Cada una de las partes que nacen del tronco o tallo principal de la planta y en las cuales brotan hojas, flores y frutos. **2.** *fig.* Parte secundaria de una cosa que se deriva de otra principal.

ramadán *s. m.* Noveno mes del año lunar de los mahometanos, durante el cual éstos hacen riguroso ayuno.

ramaje *s. m.* Conjunto de ramas o ramos.

ramal *s. m.* **1.** Cada uno de los cabos de que se componen las cuerdas, sogas, etc. **2.** Parte en que se bifurca un camino, mina, etc.

ramalazo *s. m.* Dolor agudo y repentino.

ramazón *s. m.* Conjunto de ramas separadas de los árboles.

rambla *s. f.* Lecho natural de las aguas pluviales cuando caen copiosamente.

ramera *s. f.* Mujer que mantiene relaciones sexuales por dinero.

ramificación *s. f.* **1.** Acción y efecto de ramificarse. **2.** *fig.* Conjunto de consecuencias necesarias de algún hecho o acontecimiento.

ramificar *v. intr.* **1.** Echar ramas un árbol. ‖ *v. prnl.* **2.** Esparcirse y dividirse en ramas una cosa. **3.** *fig.* Propagarse las consecuencias de un hecho o suceso.

ramillete *s. m.* Ramo pequeño formado artificialmente.

ramio *s. m.* Planta urticácea, de la India, con tallos herbáceos y ramosos, de los cuales se obtienen fibras textiles muy tenaces y resistentes a la humedad.

ramiza *s. f.* Conjunto de ramas cortadas.

ramo *s. m.* **1.** Rama que nace de la principal. **2.** Rama cortada de árbol. **3.** Conjunto de flores, ramas o hierbas o de unas y otras.

ramón *s. m.* Ramojo con que los pastores apacientan los ganados en tiempo de nieve.

ramonear *v. intr.* Cortar las puntas de las ramas de los árboles.

ramoso, sa *adj.* Que tiene muchos ramos o ramas.

rampa *s. f.* Plano inclinado dispuesto para subir y bajar por él.

ramplón, na *adj., fig.* Tosco o vulgar.

ramplonería *s. f.* **1.** Calidad de ramplón, tosco o chabacano. **2.** Dicho o hecho tosco.

rampollo *s. m.* Rama cortada del árbol para plantarla.

ramujo *s. m.* Ramas que se cortan del olivo.

rana *s. f.* Batracio anuro, con ojos saltones y patas muy largas, que vive en agua dulce y camina o nada a saltos.

rancho *s. m.* Comida hecha para muchos en común y que, generalmente, se reduce a un solo guiso.

rancio, cia *adj.* Se dice del vino y de los comestibles grasientos que con el tiempo adquieren sabor y olor más fuertes, mejorándose o echándose a perder.

randa *s. f.* **1.** Encaje labrado con aguja o tejido que se suele poner en vestidos. ‖ *s. m.* **2.** *fam.* Ratero, granuja.

ranero *s. m.* Terreno en que se crían muchas ranas.

rango *s. m.* Jerarquía, orden de importancia que observan las cosas o las personas.

ránula *s. f.* Tumor blando que suele formarse debajo de la lengua.

ranura *s. f.* Canal estrecha y larga que se abre en un madero, piedra u otro material.

raña *s. f.* Instrumento para pescar pulpos en fondos de roca, formado por una cruz de madera o hierro erizada de garfios.

raño *s. m.* Pez marino acantopterigio, de color amarillo en la cabeza y lomo, rojo amarillento en el vientre, y aletas pectorales encarnadas.

rapacejo *s. m.* **1.** Hebra que sirve de alma para formar cordoncillo. **2.** Fleco liso.

rapapolvo *s. m., fam.* Reprensión áspera.
rapar *v. tr.* **1.** Afeitar la barba. También prnl. **2.** Cortar el pelo al rape.
rapaz *s. m.* Muchacho de corta edad.
rape, al *expr.* A la orilla o casi de raíz.
rapé *adj.* Se dice del tabaco en polvo para sorberlo por las narices.
rapidez *s. f.* Movimiento acelerado.
rápido, da *adj.* Que se mueve a gran velocidad.
rapiña *s. f.* Robo ejecutado con violencia.
rapiñar *v. tr., fam.* Hurtar o arrebatar una cosa con violencia.
raposa *s. f.* Zorra, mamífero.
rapsoda *s. m. y s. f.* Recitador de versos.
rapsodia *s. f.* **1.** Trozo de un poema épico, que se suele recitar de una vez. **2.** Obra compuesta de retazos ajenos.
raptar *v. tr.* Retener a una persona en contra de su voluntad con el fin de conseguir un rescate.
rapto *s. m.* **1.** Impulso. **2.** Secuestro de personas con el fin de obtener un rescate.
raque *s. m.* Acto de recoger los objetos perdidos en las costas por algún naufragio.
raquero, ra *adj.* Se dice de la embarcación pequeña que va pirateando o robando por las costas.
raqueta *s. f.* **1.** Bastidor de madera con mango, que sujeta una red o pergamino, y que se emplea como pala en varios juegos. **2.** Objeto similar a la raqueta de tenis que se pone en los pies para andar por la nieve.
raquialgia *s. f.* Dolor a lo largo del raquis.
raquídeo, a *adj.* Perteneciente al raquis.
raquis *s. m.* **1.** Raspa, eje de una espiga. **2.** Espinazo, columna vertebral. **3.** Nervio principal de una hoja compuesta.
raquítico, ca *adj.* **1.** Aplicado a personas, extremadamente delgado. **2.** Aplicado a las cosas, muy pequeño.
rareza *s. f.* Cosa rara.
raro, ra *adj.* **1.** De poca densidad. **2.** Poco común, extraordinario. **3.** Insigne.
ras *s. m.* Igualdad en la superficie o altura de las cosas.
rasa *s. f.* Abertura o raleza que, al menor esfuerzo, se hace en las telas endebles y mal tejidas.
rasante *s. f.* Línea de una calle o camino considerada en su inclinación o paralelismo respecto del plano horizontal.
rasar *v. tr.* Igualar con el rasero las medidas de los áridos.
rascacielos *s. m.* Edificio muy alto y de muchos pisos.
rascador *s. m.* Cualquier instrumento que sirve para rascar.
rascar *v. tr.* **1.** Refregar con fuerza la piel. También prnl. **2.** Arañar, hacer arañazos.
rascatripas *s. m. y s. f.* Persona que toca mal el violín o cualquier instrumento de arco.
rasero *s. m.* Palo cilíndrico para rasar las medidas de los áridos.
rasgadura *s. f.* Acción y efecto de rasgar.
rasgar *v. tr.* Hacer pedazos, sin el auxilio de ningún instrumento, cosas de poca consistencia, como tejidos, pieles, papel, etc.
rasgo *s. m.* **1.** Línea airosa trazada con la pluma por lo común para adorno de las letras al escribir. **2.** *fig.* Facción del rostro.
rasgón *s. m.* Rotura de un vestido o tela.
rasguear *v. tr.* **1.** Tocar la guitarra u otro instrumento rozando varias cuerdas a la vez con las puntas de los dedos. || *v. intr.* **2.** Hacer rasgos con la pluma.
rasgueo *s. m.* Acción y efecto de rasguear.
rasguñar *v. tr.* Arañar o rascar una cosa con las uñas o con algún instrumento cortante.
rasguño *s. m.* Arañazo.
rasilla *s. f.* **1.** Tela de lana delgada. **2.** Ladrillo delgado y hueco para solar.
raso, sa *adj.* **1.** Liso, sin estorbos. **2.** Que carece de título, grado o distinción. **3.** Se dice de la atmósfera, cuando está libre de nubes y nieblas. || *s. m.* **4.** Tela de seda lustrosa, de cuerpo intermedio entre el tafetán y el terciopelo.
raspa *s. f.* **1.** Arista del grano de trigo. **2.** Espina de los pescados.
raspador *s. m.* Instrumento para raspar, especialmente el usado para raspar lo escrito, que está formado por un mango y una cuchilla en figura de hierro de lanza.
raspadura *s. f.* **1.** Acción y efecto de raspar. **2.** Lo que se quita de la superficie raspando.
raspar *v. tr.* Raer ligeramente la superficie de una cosa.
raspear *v. intr.* Correr con aspereza la pluma, despidiendo chispitas de tinta.
raspilla *s. f.* Planta borraginácea, con tallos casi tendidos, angulares, con espinillas resueltas ha-

cia abajo, hojas ásperas y flores azules, llamadas nomeolvides.

raspín *s. m.* Cincel de dientes, usado en las artes.

rasponazo *s. m.* Herida superficial producida por un cuerpo punzante que raspa.

rasqueta *s. f.* Planchuela de hierro, de cantos afilados y con mango de madera, que se usa para raer y limpiar los palos, cubiertas y costados de las embarcaciones.

rastra *s. f.* **1.** Rastro para recoger hierba. **2.** Vestigio que queda de algún hecho.

rastrear *v. tr.* **1.** Seguir el rastro o buscar alguna cosa por él. **2.** Inquirir una cosa discurriendo por conjeturas o señales.

rastrero, ra *adj.* Se dice de lo bajo, vil.

rastrilla *s. f.* Rastro que tiene el mango en una de las caras estrechas del travesaño.

rastrillaje *s. m.* Maniobra que se ejecuta con la rastra o rastrillo.

rastrillar *v. tr.* Limpiar el lino o cáñamo de la arista y estopa.

rastrillo *s. m.* Tabla con muchos dientes de alambre grueso, a manera de carda, sobre los que se pasa el lino o cáñamo para apartar la estopa y separar bien las fibras.

rastro *s. m.* **1.** Instrumento compuesto de un mango largo y delgado cruzado en uno de sus extremos por un travesaño armado de púas a manera de dientes, y que sirve para recoger hierba, paja, etc. **2.** Mercado callejero donde suelen venderse generalmente objetos de segunda mano.

rastrojar *v. tr.* Arrancar el rastrojo de un campo.

rastrojera *s. f.* Conjunto de tierras que han quedado de rastrojo.

rastrojo *s. m.* **1.** Residuo de las cañas de la mies que queda en la tierra después de segar. **2.** El campo, después de segar la mies y antes de recibir nueva labor. ‖ *s. m. pl.* **3.** Residuos que quedan de algo.

rasuración *s. f.* **1.** Rasura, acción y efecto de rasurar. **2.** Raedura, acción y efecto de raer.

rasurar *v. tr.* Afeitar la barba.

rata *s. f.* Mamífero roedor con cabeza pequeña, hocico puntiagudo, orejas tiesas, cuerpo grueso, patas cortas, cola delgada y pelaje gris oscuro.

rataplán *s. m.* Voz onomatopéyica con que se imita el sonido del tambor.

ratear *v. tr.* **1.** Hurtar con destreza y sutileza cosas pequeñas. ‖ *v. intr.* **2.** Moverse arrastrando el cuerpo por tierra.

ratel *s. m.* Mamífero carnívoro de la India, parecido al tejón, de pelaje gris claro en el dorso y negro en el resto del cuerpo.

ratería *s. f.* **1.** Hurto de cosas de poco valor. **2.** Acción de hurtarlas con maña y cautela.

ratero, ra *adj.* Se dice del ladrón que hurta con maña y cautela cosas de poco valor.

ratificación *s. f.* Acción y efecto de ratificar o ratificarse.

ratificar *v. tr.* Confirmar una cosa que se ha dicho o hecho, dándola por cierta.

rátigo *s. m.* Conjunto de cosas diversas que lleva un carro.

rato *s. m.* Espacio de tiempo, y especialmente cuando es corto.

ratón *s. m.* Mamífero roedor de pelaje gris, parecido a la rata, pero más pequeño, que vive en las casas, donde es muy perjudicial por lo que roe y destruye.

ratonera *s. f.* **1.** Trampa en que se cogen o cazan los ratones. **2.** Agujero que hace el ratón en las paredes, arcas, etc. para entrar y salir por él. **3.** Madriguera de ratones.

raudal *s. m.* **1.** Copia de agua que corre arrebatadamente. **2.** Abundancia de cosas que de golpe concurren o se derraman.

raudo, da *adj.* Rápido y violento.

ravioles *s. m. pl.* Emparedados de pasta alimenticia con carne picada, verdura, etc. que se sirven con salsa y queso rallado.

raya[1] *s. f.* Señal larga y estrecha que se hace o forma en un cuerpo cualquiera.

raya[2] *s. f.* Pez marino selacio, comestible, de cuerpo aplastado y cola ancha y delgada.

rayadillo *s. m.* Tela de algodón rayada, semejante al dril.

rayano, na *adj.* **1.** Que linda con una cosa. **2.** *fig.* Cercano, con semejanza que se aproxima a igualdad.

rayar *v. tr.* **1.** Hacer o tirar rayas. **2.** Tachar lo manuscrito o impreso con una o varias rayas.

rayo *s. m.* **1.** Línea de luz que procede de un cuerpo luminoso, y especialmente las que vienen del Sol. **2.** Chispa eléctrica de gran intensidad originada por descarga entre dos nubes o entre una nube y la tierra.

rayuela *s. f.* Juego en el que, tirando monedas o tejos a una raya hecha en el suelo y a cierta distancia, gana el que la toca o se acerca más a ella.

raza *s. f.* **1.** Casta o calidad del origen. **2.** Cada uno de los grupos de seres humanos que por el color de su piel y otros caracteres se distinguen en raza blanca, amarilla, cobriza y negra.

razón *s. f.* **1.** Facultad de discurrir. **2.** Argumento en que se apoya alguna cosa. **3.** Causa de un acto.

razonable *adj.* **1.** Conforme a razón. **2.** Regular, bastante en calidad o en cantidad.

razonamiento *s. m.* Serie de conceptos encaminados a demostrar una cosa o a persuadir o mover a lectores o a oyentes.

razonar *v. intr.* Discurrir manifestando lo que se discurre, o hablar dando razones para probar una cosa.

re *s. m.* Segunda nota de la escala músical.

reabsorber *v. tr.* Volver a absorber.

reabsorción *s. f.* Acción y efecto de reabsorber.

reacción *s. f.* Acción que resiste a otra acción, obrando el sentido opuesto a ella.

reaccionario, ria *adj.* Que propende a restablecer lo abolido.

reacio, cia *adj.* Que muestra resistencia a hacer algo.

reactivo, va *adj.* Se dice de la sustancia empleada para producir una reacción o para revelar la presencia o medir la cantidad de otra sustancia.

reactor *s. m.* Dispositivo destinado a la producción y regulación de energía mediante la fisión nuclear de cuerpos radiactivos, provocando una reacción en cadena mediante los neutrones liberados en las mismas.

readmisión *s. f.* Admisión por segunda o más veces.

readmitir *v. tr.* Volver a admitir.

reafirmar *v. tr.* Afirmar de nuevo.

reagravar *v. tr.* Volver a agravar, o agravar más.

real *adj.* Que tiene existencia verdadera y efectiva.

realce *s. m.* **1.** Adorno o labor que sobresale en la superficie de una cosa. **2.** *fig.* Lustre, estimación, grandeza sobresaliente.

realengo, ga *adj.* **1.** Se dice de los pueblos que no eran de señorío ni de las órdenes, sino que dependían directamente del rey. **2.** Se dice de los terrenos pertenecientes al Estado.

realeza *s. f.* Dignidad o soberanía real.

realidad *s. f.* **1.** Existencia real y efectiva de una cosa. **2.** Verdad, sinceridad.

realismo *s. m.* Forma de representar las cosas tal como son.

realización *s. f.* Acción y efecto de realizar o realizarse.

realizar *v. tr.* Verificar, hacer real y efectiva una cosa.

realzar *v. tr.* **1.** Levantar o elevar una cosa más de lo que estaba. También prnl. **2.** *fig.* Engrandecer a alguien. También prnl.

reanimar *v. tr.* **1.** Confortar, dar vigor, restablecer las fuerzas. **2.** *fig.* Infundir ánimo y valor al que está abatido.

reanudar *v. tr., fig.* Renovar o continuar, después de interrumpido, un trabajo, estudio, conferencia, etc. También prnl.

reaparecer *v. intr.* Volver a aparecer.

reaparición *s. f.* Acción y efecto de reaparecer.

reargüir *v. tr.* Argüir de nuevo sobre el mismo asunto.

rearmar *v. tr.* Equipar o reforzar de nuevo con armamento militar un país, ejército, etc.

reasumir *v. tr.* Volver a tomar lo que antes se tenía o se había dejado.

reata *s. f.* **1.** Cuerda o correa que sirve para sujetar algunas cosas. **2.** Correa que ata y une dos o más caballerías para que vayan en hilera una detrás de otra.

reato *s. m.* Obligación que queda a la pena correspondiente al pecado, aun después de perdonado.

reaventar *v. tr.* Volver a aventar o echar al viento una cosa.

reavivar *v. tr.* Volver a avivar, o avivar intensamente.

rebaja *s. f.* Descuento de una cosa, particularmente en la cantidad o precio.

rebajar *v. tr.* **1.** Hacer más bajo el nivel o la altura de un terreno u otro objeto. **2.** Disminuir una cantidad, precio, etc. **3.** *fig.* Abatir, humillar a alguien. También prnl.

rebajo *s. m.* Parte del canto de un madero u otra cosa, donde se ha disminuido el espesor por medio de un corte a modo de espera o de ranura.

rebalsa *s. f.* Porción de agua que, detenida en su curso, forma balsa.

rebalsar *v. tr.* Detener y recoger el agua u otro líquido de modo que haga balsa.

rebanada *s. f.* Porción delgada, ancha y larga que se saca de una cosa, especialmente del pan.

rebanar *v. tr.* **1.** Hacer rebanadas una cosa, particularmente el pan. **2.** Cortar o dividir una cosa de una parte a otra.

rebañadera *s. f.* Instrumento de hierro, compuesto de un arco, del cual penden varios garabatos, y al que se ata una soga o cuerda, que sirve para sacar con facilidad lo que se cayó en un pozo.

rebañar *v. tr.* **1.** Recoger alguna cosa sin dejar nada. **2.** Apurar los restos de comida de un plato.

rebaño *s. m.* Hato grande de ganado, especialmente del lanar.

rebasadero *s. m.* Lugar o paraje por donde un buque puede rebasar un peligro cualquiera.

rebasar *v. tr.* **1.** Pasar de cierto límite. **2.** En una marcha, dejar atrás. **3.** Pasar navegando más allá de un buque, cabo, escollo u otro peligro cualquiera.

rebatimiento *s. m.* Acción y efecto de rebatir.

rebatir *v. tr.* **1.** Rechazar la fuerza o violencia de alguien. **2.** Refutar un argumento o una resolución.

rebato *s. m.* Convocación de los vecinos de uno o más pueblos, hecha por medio de campana u otra señal, con el fin de defenderse de un peligro.

rebautizar *v. tr.* Reiterar el sacramento del bautismo.

rebeco *s. m.* Gamuza.

rebelarse *v. prnl.* **1.** Levantarse, faltando a la obediencia debida a un superior o a la autoridad legítima. **2.** Oponer resistencia.

rebelde *adj.* Que se rebela o subleva, faltando a la obediencia debida.

rebenque *s. m.* Látigo de cuero o cáñamo embreado, con el cual se castigaba a los galeotes.

rebelión *s. f.* Delito contra el orden público, penado por la ley ordinaria y por la militar.

reblandecer *v. tr.* Ablandar una cosa o ponerla tierna. También prnl.

reblandecimiento *s. m.* Acción y efecto de reblandecer o reblandecerse.

rebociño *s. m.* Mantilla o toca corta usada por las mujeres para rebozarse.

rebollo *s. m.* Árbol fagáceo, de tronco grueso, copa ancha, corteza cenicienta, hojas caedizas, oblongas, sinuosas y verdes; flores en amento, y bellotas solitarias.

rebombar *v. intr.* Sonar ruidosa o estrepitosamente.

reboño *s. m.* Suciedad o fango depositado en el cauce del molino.

reborde *s. m.* Faja estrecha y saliente a lo largo del borde de alguna cosa.

rebordear *v. tr.* Formar un reborde en alguna cosa que lo necesita.

rebosar *v. intr.* **1.** Derramarse un líquido por encima de los bordes de un recipiente en que no cabe. **2.** *fig.* Abundar con demasía una cosa. También tr.

rebotar *v. intr.* Botar repetidamente un cuerpo elástico al chocar con otro cuerpo.

rebote *s. m.* Cada uno de los botes que después del primero da el cuerpo que rebota.

rebotica *s. f.* Pieza que está detrás de la principal de la botica y le sirve de desahogo.

rebozar *v. tr.* **1.** Cubrir casi todo el rostro con la capa o manto. También prnl. **2.** Bañar un alimento en huevo batido, harina, etc.

rebozo *s. m.* **1.** Modo de llevar la capa o manto cuando con él se cubre casi todo el rostro. **2.** Simulación para encubrir un acto.

rebramar *v. intr.* **1.** Volver a bramar o bramar fuertemente. **2.** Responder a un bramido con otro.

rebrincar *v. intr.* Brincar con reiteración y alborozo.

rebudio *s. m.* Ronquido del jabalí.

rebufar *v. intr.* Volver a bufar o bufar con fuerza.

rebufo *s. m.* Expansión del aire alrededor de la boca del arma de fuego al salir el tiro.

rebujado, da *adj.* Enmarañado, enredado, en desorden.

rebujo *s. m.* **1.** Embozo usado por las mujeres para no ser conocidas. **2.** Envoltorio hecho con desaliño de papel, trapos, etc.

rebullir *v. intr.* Empezar a moverse lo que estaba quieto. También prnl.

rebuscar *v. tr.* **1.** Buscar una cosa repetidamente con demasiado cuidado. **2.** Recoger el fruto que queda en los campos después de alzadas las cosechas.

rebuznar *v. intr.* Dar rebuznos.

rebuzno *s. m.* Voz del asno.
recabar *v. tr.* Conseguir con instancias o súplicas lo que se desea.
recadero, ra *s. m. y s. f.* Persona que tiene por oficio llevar recados de un lugar a otro.
recado *s. m.* **1.** Mensaje o respuesta que de palabra se da o se envía a otro. **2.** Encargo.
recaer *v. intr.* **1.** Volver a caer. **2.** Caer de nuevo enfermo de la misma dolencia la persona que estaba convaleciendo o había ya recobrado la salud. **3.** Reincidir en los errores, malos hábitos, etc.
recaída *s. f.* Acción y efecto de recaer.
recalar *v. tr.* **1.** Penetrar poco a poco un líquido por los poros de un cuerpo seco, dejándolo húmedo. || *v. intr.* **2.** Llegar la embarcación a la vista de un punto de la costa.
recalcar *v. tr.* **1.** Ajustar, apretar mucho una cosa con otra o sobre otra. **2.** *fig.* Tratándose de palabras, decirlas lentamente y con demasiada fuerza expresiva como para llamar la atención sobre ellas.
recalcitrante *adj.* Obstinado en una opinión o una conducta.
recalentamiento *s. m.* Acción y efecto de recalentar o recalentarse.
recalentar *v. tr.* Volver a calentar o calentar demasiado una cosa.
recalzar *v. tr.* Arrimar tierra alrededor de las plantas y árboles.
recalzo *s. m.* Reparo que se hace en los cimientos de un edificio ya construido.
recamado *s. m.* Bordado de realce, en el que sobresalen mucho los adornos hechos con la aguja.
recamar *v. tr.* Bordar de realce.
recámara *s. f.* **1.** Cuarto después de la cámara, destinado para guardar los vestidos o alhajas. **2.** En las armas de fuego, lugar del ánima del cañón al extremo opuesto a la boca, en el cual se coloca el cartucho.
recambiar *v. tr.* Hacer segundo cambio o trueque de alguna cosa.
recambio *s. m.* Repuesto de piezas de una máquina.
recapacitar *v. tr.* Recorrer la memoria refrescando ideas y reflexionando acerca de las mismas. Se usa más como intr.
recapitulación *s. f.* Acción y efecto de recapitular.
recapitular *v. tr.* Recordar sumaria y ordenadamente lo que se ha manifestado con alguna extensión por escrito o de palabra.
recargar *v. tr.* **1.** Volver a cargar. **2.** Aumentar carga.
recargo *s. m.* Nueva carga o aumento de carga.
recatado, da *adj.* **1.** Se dice de la persona circunspecta, cauta. **2.** Honrado, modesto.
recatar *v. tr.* **1.** Ocultar lo que no se quiere que se vea o se sepa. || *v. prnl.* **2.** Mostrar recelo en tomar una resolución.
recato *s. m.* **1.** Cautela, reserva en las acciones y palabras. **2.** Honestidad, modestia.
recaudador, ra *s. m. y s. f.* Persona encargada de la recaudación o cobranza.
recaudación *s. f.* Cantidad recaudada.
recaudar *v. tr.* **1.** Cobrar o percibir caudales o efectos. **2.** Poner o tener en custodia.
recaudo *s. m.* **1.** Recaudación, acción de recaudar. **2.** Precaución, cuidado.
recavar *v. tr.* Volver a cavar una tierra.
recazo *s. m.* Guarnición o parte intermedia comprendida entre la hoja y la empuñadura de la espada y de otras armas blancas.
recebo *s. m.* Arena o piedra muy menuda que se extiende sobre el firme de una carretera para igualarlo y consolidarlo.
recelar *v. tr.* Temer, sospechar de algo o alguien. También prnl.
recelo *s. m.* Acción y efecto de recelar.
receloso, sa *adj.* Que tiene recelo.
recentadura *s. f.* Porción de levadura que se reserva para otra fermentación.
recentar *v. tr.* Poner en la masa del pan la porción de levadura que se dejó reservada para fermentar.
recepción *s. f.* **1.** Admisión en un empleo o sociedad. **2.** Acto solemne en el que desfilan ante alguna alta autoridad del estado los representantes de cuerpos o clases.
receptáculo *s. m.* Cavidad en que se contiene o puede contenerse una sustancia.
receptividad *s. f.* Capacidad de recibir.
receptivo, va *adj.* Que recibe o es capaz de recibir.
receptor, ra *adj.* **1.** Que recibe. **2.** Se dice del motor que recibe la energía de un generador instalado a distancia.
receta *s. f.* **1.** Prescripción o fórmula facultativa. **2.** Nota escrita de esta prescripción.

recetar *v. tr.* Prescribir un medicamento con especificación de su dosis y uso.

recetario *s. m.* **1.** Asiento o apuntamiento de todo lo que el médico ordena que se suministre al enfermo. **2.** Libro para estos asientos, en los hospitales.

rechazar *v. tr.* Resistir un cuerpo a otro, obligándole a retroceder en su curso o movimiento.

rechazo *s. m.* Retroceso que hace un cuerpo por encontrarse con alguna resistencia.

rechifla *s. f.* Acción de rechiflar.

rechiflar *v. tr.* **1.** Silbar con insistencia. ‖ *v. prnl.* **2.** Burlarse, mofarse de alguien.

rechinar *v. intr.* Hacer o causar una cosa un sonido desapacible por frotar con otra.

rechistar *v. intr.* Chistar.

rechoncho, cha *adj., fam.* Se dice de la persona o animal grueso y de poca altura.

recial *s. m.* Corriente impetuosa de los ríos.

reciario *s. m.* Gladiador cuya arma principal era una red que lanzaba sobre su adversario a fin de envolverle e impedirle cualquier movimiento.

recibidor *s. m.* Pieza que da entrada a las habitaciones de una casa.

recibimiento *s. m.* **1.** Acogida buena o mala hecha al que viene de fuera. **2.** En algunas partes, antesala.

recibir *v. tr.* **1.** Tomar alguien lo que le dan o le envían. **2.** Hacerse cargo de lo que le dan. **3.** Admitir dentro de sí una cosa a otra, como el mar, los ríos, etc.

recibo *s. m.* Resguardo firmado en que se declara haber recibido dinero u otra cosa.

reciclar *v. tr.* Someter una materia a un mismo ciclo varias veces para incrementar los efectos de éste.

recidiva *s. f.* Repetición de una enfermedad poco después de terminada la convalecencia.

reciedumbre *s. f.* Fuerza, vigor de las cosas o las personas.

reciente *adj.* Nuevo, fresco o acabado de hacer.

recinto *s. m.* Espacio comprendido dentro de ciertos límites.

recio, cia *adj.* **1.** Fuerte y robusto. **2.** Gordo, abultado. **3.** Áspero, duro de genio.

récipe *s. m.* **1.** Palabra que solía ponerse en abreviatura a la cabeza de la receta. **2.** *fam.* Receta, prescripción facultativa.

recipiente *s. m.* Receptáculo, cavidad.

reciprocidad *s. f.* Correspondencia mutua de una persona o cosa con otra.

recíproco, ca *adj.* Igual en la correspondencia de uno a otro.

recitación *s. f.* Acción de recitar.

recitar *v. tr.* Referir o decir en voz alta versos, discursos, lecciones, etc.

reclamación *s. f.* Oposición o impugnación que se hace a una cosa como injusta, o mostrando no consentir en ella.

reclamar *v. intr.* Clamar contra una cosa, oponerse a ella de palabra o por escrito.

reclamo *s. m.* Ave amaestrada que se lleva a la caza para que con su canto atraiga otras de su especie.

recle *s. m.* Tiempo en que se permite a las personas que tienen prebenda no asistir al coro, para su descanso y recreación.

reclinar *v. tr.* Inclinar el cuerpo, o parte de él, apoyándolo sobre alguna cosa.

reclinatorio *s. m.* **1.** Cualquier cosa acomodada y dispuesta para reclinarse. **2.** Mueble acomodado para arrodillarse y orar.

recluir *v. tr.* Poner en reclusión.

reclusión *s. f.* **1.** Encierro o prisión voluntaria o forzada. **2.** Lugar o sitio en que alguien está recluido.

recluta *s. f.* **1.** Reclutamiento. ‖ *s. m.* **2.** Persona que libre y voluntariamente sienta plaza de soldado.

reclutamiento *s. m.* Conjunto de los reclutas de un año.

reclutar *v. tr.* Alistar reclutas.

recobrar *v. tr.* **1.** Volver a tomar o adquirir lo que antes se tenía o poseía. ‖ *v. prnl.* **2.** Repararse de un daño recibido.

recocer *v. tr.* Volver a cocer o cocer mucho una cosa. También prnl.

recocido, da *adj.* **1.** *fig.* Muy experimentado y práctico en cualquier materia. ‖ *s. m.* **2.** Acción y efecto de recocer o recocerse.

recocina *s. f.* Cuarto contiguo a la cocina.

recodar[1] *v. intr.* Recostarse o descansar sobre el codo.

recodar[2] *v. intr.* Formar recodo un río, un camino, etc.

recodo *s. m.* Ángulo o revuelta que forman las calles, caminos, ríos, etc., torciendo la dirección que traían.

recoger *v. tr.* **1.** Volver a coger, tomar por segunda vez una cosa. **2.** Hacer la recolección de los frutos. **3.** Reunir ordenadamente las cosas cuando han dejado de usarse.
recogida *s. f.* Suspensión del curso de alguna cosa.
recogimiento *s. m.* Acción y efecto de recoger o recogerse.
recolección *s. f.* **1.** Recopilación, resumen o compendio. **2.** Cosecha de los frutos.
recolectar *v. tr.* Recoger la cosecha.
recomendable *adj.* Digno de recomendación, aprecio o estimación.
recomendación *s. f.* **1.** Encargo o súplica hecha a otro, poniendo a su cuidado y diligencia una cosa. **2.** Elogio, alabanza de un sujeto para introducirlo con otro.
recomendar *v. tr.* **1.** Encargar, pedir o dar orden a alguien para que tome a su cargo una persona o negocio. **2.** Hablar o empeñarse por alguien elogiándole.
recomenzar *v. tr.* Volver a comenzar.
recompensa *s. f.* **1.** Acción y efecto de recompensar. **2.** Lo que sirve para recompensar.
recompensar *v. tr.* **1.** Compensar el daño hecho. **2.** Remunerar un servicio. **3.** Premiar un beneficio, favor o mérito.
recomponer *v. tr.* Componer de nuevo.
reconcentramiento *s. m.* Acción y efecto de reconcentrar o reconcentrarse.
reconcentrar *v. tr.* **1.** Introducir una cosa en otra. **2.** Reunir en un punto las personas o cosas que estaban esparcidas.
reconciliación *s. f.* Acción y efecto de reconciliar o reconciliarse.
reconciliar *v. tr.* Volver a las amistades, o restablecer los ánimos que antes estaban desunidos. También prnl.
reconcomerse *v. prnl.* Impacientarse por una molestia física o moral.
reconditez *s. f., fam.* Cosa recóndita.
recóndito, ta *adj.* Muy escondido, reservado y oculto.
reconducción *s. f.* Acción y efecto de reconducir.
reconducir *v. tr.* **1.** Dirigir algo de nuevo hacia donde estaba. **2.** Prorrogar tácita o expresamente un arrendamiento.
reconfortar *v. tr.* Confortar de nuevo o con energía y eficacia.
reconocer *v. tr.* **1.** Examinar con cuidado a alguien o algo para enterarse de su identidad, naturaleza, etc. **2.** Percibir una persona o cosa ya conocida, comprobando su identidad y distinguiéndola de otras.
reconocimiento *s. m.* **1.** Acción y efecto de reconocer o reconocerse. **2.** Gratitud, agradecimiento.
reconquista *s. f.* **1.** Acción y efecto de reconquistar. **2.** Por antonom., lucha de los cristianos contra los moros en la Península Ibérica hasta la expulsión de éstos en 1492 en la toma de Granada.
reconquistar *v. tr.* **1.** Volver a conquistar una plaza, provincia o reino. **2.** *fig.* Recuperar la opinión, el afecto, la hacienda, etc.
reconstitución *s. f.* Acción y efecto de reconstituir o reconstituirse.
reconstituir *v. tr.* **1.** Volver a constituir, rehacer una cosa. También prnl. **2.** Dar o volver a la sangre y al organismo sus condiciones normales. También prnl.
reconstituyente *adj* Se dice especialmente del remedio que tiene virtud de reconstituir. También s. m.
reconstrucción *s. f.* Acción y efecto de reconstruir.
reconstruir *v. tr.* **1.** Volver a construir una cosa. **2.** Unir en la memoria todas las circunstancias de un hecho para completar su conocimiento o el concepto de algo.
recontar *v. tr.* **1.** Contar o volver a contar el número de cosas. **2.** Referir, narrar.
reconvención *s. f.* **1.** Acción de reconvenir. **2.** Cargo o argumento con que se reconviene. **3.** Demanda que al contestar entabla el demandado contra el que promovió el juicio.
reconvenir *v. tr.* Hacer cargo a alguien, arguyéndole con su propio hecho o palabra.
recopilación *s. f.* **1.** Resumen de una obra o discurso. **2.** Colección de escritos diversos.
recopilar *v. tr.* Juntar en compendio, recoger o unir diversas cosas.
récord *s. m.* Prueba fehaciente de una hazaña deportiva digna de registrarse.
recordable *adj.* **1.** Que se puede recordar. **2.** Digno de recordación.
recordar *v. tr.* Traer a la memoria una cosa.
recordatorio *s. m.* Aviso, advertencia, comunicación u otro medio para hacer recordar algo.

recorrer *v. tr.* **1.** Transitar de un cabo a otro un espacio determinado. **2.** Efectuar un trayecto. **3.** Registrar, andando de una parte a otra, para averiguar lo que se desea saber o hallar.

recorrido *s. m.* Espacio que recorre o ha de recorrer una persona o cosa.

recortar *v. tr.* **1.** Cortar o cercenar lo que sobra de una cosa. **2.** Cortar con arte el papel u otra cosa en varias figuras.

recorte *s. m.* **1.** Acción y efecto de recortar. **2.** Noticia breve de un periódico. **3.** Regate para evitar la cogida del toro. ‖ *s. m. pl.* **4.** Porciones excedentes de cualquier materia recortada que se trabaja hasta reducirla a la forma que conviene.

recoser *v. tr.* **1.** Volver a coser. **2.** Componer, zurcir la ropa, y especialmente la blanca.

recostar *v. tr.* **1.** Reclinar la parte superior del cuerpo la persona que está de pie o sentada. También prnl. **2.** Reclinar, inclinar una cosa. También prnl.

recova *s. f.* **1.** Comercio de huevos, gallinas y otras cosas parecidas. **2.** Cuadrilla de perros de caza.

recoveco *s. m.* **1.** Vuelta y revuelta de un callejón, pasillo, arroyo, etc. **2.** Lugar escondido. **3.** *fig.* Fingimiento de que alguien se vale para conseguir un fin.

recreación *s. f.* Diversión para alivio del trabajo.

recreativo, va *adj.* Que recrea o es capaz de causar recreación.

recrecer *v. tr.* **1.** Aumentar, acrecentar una cosa. **2.** Ocurrir u ofrecerse una cosa de nuevo.

recreído, da *adj.* Se dice del ave de caza que perdiendo su docilidad se vuelve salvaje y recobra su libertad.

recrear *v. tr.* **1.** Crear de nuevo una cosa. **2.** Causar regocijo y alegría. También prnl.

recreo *s. m.* **1.** Lugar dispuesto o apto para diversión. **2.** En los colegios, suspensión de la clase durante un breve período de tiempo destinado al juego.

recría *s. f.* Acción y efecto de recriar.

recriar *v. tr.* Fomentar, a fuerza de pasto y pienso, el desarrollo de animales nacidos y criados en región distinta.

recriminación *s. f.* Acción y efecto de recriminar.

recriminar *v. tr.* Responder a cargos o acusaciones con otros u otras.

recrudecer *v. intr.* Tomar nuevo incremento un mal físico o moral o un afecto o cosa desagradable, después de haber empezado a remitir o ceder. También prnl.

recrudecimiento *s. m.* Acción y efecto de recrudecer o recrudecerse.

rectal *adj.* Perteneciente o relativo al intestino recto.

rectangular *adj.* **1.** Que tiene forma de rectángulo. **2.** Que tiene uno o más ángulos rectos.

rectángulo *s. m.* Paralelogramo que tiene los cuatro ángulos rectos y los lados contiguos desiguales.

rectificable *adj.* Que se puede rectificar.

rectificación *s. f.* Acción y efecto de rectificar.

rectificar *v. tr.* **1.** Reducir una cosa a la exactitud que debe tener. **2.** Procurar alguien corregir los dichos y hechos que se le atribuyen para reducirlos a la conveniente exactitud y certeza.

rectilíneo, a *adj.* Que se compone de líneas rectas.

rectitud *s. f.* **1.** Distancia más breve entre dos puntos. **2.** *fig.* Recta razón de lo que debemos hacer o decir.

recto, ta *adj.* **1.** Que no se inclina a ningún lado. **2.** Justo. **3.** Se dice de la última porción del intestino. También s. m.

rector, ra *adj.* **1.** Que rige o gobierna. ‖ *s. m. y s. f.* **2.** Superior encargado del gobierno de una comunidad, hospital o colegio. ‖ *s. m.* **3.** Superior de una universidad y su distrito. **4.** Párroco o cura propio.

rectorado *s. m.* **1.** Oficio, cargo y oficina del rector. **2.** Tiempo que se ejerce.

rectoral *adj.* **1.** Perteneciente o relativo al rector. ‖ *s. f.* **2.** Habitación del párroco en algunos lugares.

rectoría *s. f.* **1.** Empleo, oficio o jurisdicción del rector. **2.** Oficina del rector. **3.** Casa del párroco.

recua *s. f.* **1.** Conjunto de animales de carga que sirve para trajinar. **2.** Conjunto de cosas que van o siguen unas detrás de otras.

recuadrar *v. tr.* Cuadrar o cuadricular.

recubrir *v. tr.* Volver a cubrir.

recuelo *s. m.* **1.** Lejía muy fuerte y según sale del cernadero, que se emplea para colar la ropa más sucia. **2.** Café cocido por segunda vez.

recuento *s. m.* Cuenta o segunda cuenta que se hace de una cosa.

recuerdo *s. m.* **1.** Memoria que se hace de una cosa pasada. **2.** *fig.* Cosa que se regala en testimonio de buen afecto.

recular *v. intr.* Cejar o retroceder.

recuperable *adj.* Que puede o debe recuperarse.

recuperar *v. tr.* Volver a tener lo que se había perdido.

recurrente *adj.* Se dice de lo que vuelve a suceder o aparecer después de un tiempo.

recurrir *v. intr.* Acudir a un juez o autoridad con una demanda o petición.

recurso *s. m.* **1.** Medio que se emplea para conseguir lo que se pretende. **2.** Memorial, solicitud, petición por escrito.

recusación *s. f.* Acción y efecto de recusar.

recusar *v. tr.* No querer admitir o aceptar una cosa, rechazándola.

red *s. f.* **1.** Aparejo hecho con hilos, cuerdas o alambres trabados en forma de mallas, utilizado para pescar, cazar, cercar, sujetar, etc. **2.** Labor o tejido de mallas.

redacción *s. f.* **1.** Acción y efecto de redactar. **2.** Lugar u oficina donde se redacta. **3.** Conjunto de redactores de una publicación periódica, casa editorial, libro, etc. **4.** Ejercicio escrito usual en las escuelas.

redactar *v. tr.* Poner por escrito hechos, noticias o una cosa pensada con anterioridad.

redactor, ra *adj.* **1.** Que redacta. **2.** Que forma parte de una redacción.

redada *s. f.* **1.** Lance de red. **2.** *fam.* Conjunto de personas o cosas tomadas de una vez.

redaño *s. m.* **1.** Prolongación del peritoneo, que cubre por delante los intestinos formando un extenso pliegue adherido al estómago, al colon transverso y a otras vísceras. ‖ *s. m. pl.* **2.** *fig.* Fuerzas, brío, valor.

redargüir *v. tr.* Convertir el argumento contra la persona que lo hace.

redecilla *s. f.* **1.** Tejido de mallas con que se hacen las redes. **2.** Segunda de las cuatro cavidades en que se divide el estómago de los rumiantes.

redención *s. f.* **1.** Acción y efecto de redimir o redimirse. **2.** Por antonom., la que Jesucristo hizo del género humano por medio de su pasión y muerte. **3.** *fig.* Remedio, recurso, refugio.

redentor, ra *adj.* **1.** Que redime. ‖ *s. m.* **2.** Por antonom., Jesucristo.

redhibir *v. tr.* Deshacer el comprador la venta, según derecho, por no haberle manifestado el vendedor el vicio o gravamen de la cosa vendida.

redil *s. m.* Aprisco circuido con un vallado de estacas y redes, o de trozos de barrera armados con listones.

redimir *v. tr.* Rescatar o sacar de esclavitud al cautivo mediante precio.

redingote *s. m.* Capote de poco vuelo y con mangas ajustadas.

rédito *s. m.* Renta, utilidad renovable que rinde un capital.

redituable *adj.* Que rinde, periódica o renovadamente, utilidad o beneficio.

redituar *v. tr.* Rendir o producir una cosa utilidad o rendimiento periódicamente.

redoblante *s. m.* Tambor de caja prolongada sin bordones en la cara inferior, por cuyo motivo su sonoridad es algo velada.

redoblar *v. tr.* **1.** Aumentar una cosa otro tanto al doble de lo que antes era. ‖ *v. intr.* **2.** Tocar redobles en el tambor.

redoble *s. m.* Toque vivo sostenido que se produce hiriendo rápidamente el tambor con los palillos.

redoma *s. f.* Vasija de vidrio, ancha en su fondo que va angostándose hacia la boca.

redomado, da *adj.* **1.** Muy cauteloso y astuto. **2.** Que posee en alto grado la cualidad negativa que se le atribuye.

redonda *s. f.* **1.** Comarca. **2.** Dehesa o coto de pasto. **3.** Semibreve.

redondear *v. tr.* **1.** Poner redonda una cosa. También prnl. **2.** Hablando de cantidades, prescindir de fracciones para completar unidades de cierto orden.

redondel *s. m.* **1.** *fam.* Círculo o circunferencia. **2.** *fam.* Espacio destinado a la lidia, en las plazas de toros.

redondez *s. f.* Circuito de una figura curva.

redondilla *s. f.* Combinación métrica de cuatro versos octosílabos, en la cual riman el primero con el cuarto y el segundo con el tercero.

redondo, da *adj.* De figura de círculo o esfera o parecida a ellas.

redova *s. f.* Danza polaca, compuesta de vals y de mazurca, y música de esta danza.

reducción *s. f.* Acción y efecto de reducir

reducible *adj.* Que se puede reducir.

reducir *v. tr.* **1.** Volver una cosa al lugar donde antes estaba o al estado que tenía. **2.** Disminuir o empequeñecer. **3.** Dividir un cuerpo en partes muy pequeñas.

reducto *s. m.* Obra de campaña cerrada, que consta de parapeto y una o más banquetas.

redundancia *s. f.* Demasiada abundancia de cualquier cosa o en cualquier línea.

redundar *v. intr.* Rebosar, salirse una cosa de sus límites por demasiada abundancia.

reduplicar *v. tr.* Aumentar algo al doble.

reedificar *v. tr.* Volver a edificar o a construir de nuevo lo arruinado o lo que se derriba con tal intento.

reelegir *v. tr.* Volver a elegir.

reembarcar *v. tr.* Volver a embarcar.

reembolsar *v. tr.* Volver una cantidad a poder de la persona que la había desembolsado.

reembolso *s. m.* **1.** Acción y efecto de reembolsar o reembolsarse. **2.** Cantidad que en nombre del remitente reclaman al destinatario la administración de Correos o agencias similares a cambio del envío que le entregan.

reemplazar *v. tr.* **1.** Sustituir una cosa por otra haciendo sus veces. **2.** Suceder a alguien en el empleo, cargo o comisión que tenía o hacer accidentalmente sus veces.

reemplazo *s. m.* **1.** Acción y efecto de reemplazar. **2.** Sustitución hecha de una persona o cosa por otra.

reenganchar *v. tr.* Volver a enganchar como soldado a alguien que ya había prestado dicho servicio. También prnl.

refacción *s. f.* Alimento moderado que se toma para reparar las fuerzas.

refajo *s. m.* Falda corta y con vuelo que usaban las mujeres, unas veces como prenda interior y otras encima de las enaguas.

refectorio *s. m.* Habitación destinada en las comunidades y en algunos colegios para juntarse a comer.

referencia *s. f.* **1.** Narración o relación de una cosa. **2.** Informe que acerca de la integridad, solvencia u otras cualidades de tercero da una persona a otra.

referéndum *s. m.* Procedimiento jurídico por el que se someten al voto popular asuntos de interés común.

referir *v. tr.* Expresar de palabra o por escrito un hecho verdadero o ficticio.

refilón, de *adv. m.* **1.** Oblicuamente. **2.** *fig.* De pasada.

refinamiento *s. m.* Esmero, buen gusto.

refinar *v. tr.* Hacer una cosa más fina y pura, separando las heces y materias heterogéneas o groseras.

refino, na *adj.* Muy fino y acendrado.

refirmar *v. tr.* **1.** Apoyar una cosa sobre otra. **2.** Ratificar una especie.

reflector *s. m.* Aparato que lanza la luz de un foco en determinada dirección.

reflejar *v. intr.* Hacer retroceder o cambiar de dirección la luz, el sonido, el calor, etc., oponiéndoles una superficie lisa.

reflexión *s. f.* Advertencia o consejo con que uno intenta persuadir o convencer a otro.

reflexionar *v. tr.* Considerar nueva o detenidamente una cosa.

reflexivo, va *adj.* **1.** Que refleja. **2.** Prudente, sensato, caviloso.

refluir *v. intr.* Volver hacia atrás o hacer retroceso un líquido.

reflujo *s. m.* Movimiento de descenso de la marea.

refocilar *v. tr.* Recrear, alegrar.

reforma *s. f.* Lo que se propone, proyecta o ejecuta como innovación o mejora en alguna cosa.

reformatorio *s. m.* Centro en donde, por medios educativos especiales, se trata de modificar la inadecuada conducta de algunos jóvenes.

reformista *adj.* Partidario de reformas o ejecutor de ellas.

reforzar *v. tr.* Engrosar o añadir nuevas fuerzas a una cosa.

refractar *v. tr.* Hacer que cambie de dirección el rayo de luz que pasa oblicuamente de un medio a otro de diferente densidad.

refractario, ria *adj.* **1.** Se dice de la persona que rehúsa cumplir una promesa u obligación. **2.** Se dice del cuerpo que resiste la acción del fuego sin cambiar de estado ni descomponerse.

refrán *s. m.* Dicho agudo y sentencioso de uso común.

refrangible *adj.* Que puede refractarse.

refregar *v. tr.* Restregar una cosa con otra.

refrenar *v. tr.* **1.** Sujetar y reducir al caballo con el freno. **2.** *fig.* Contener, reprimir el ánimo o las maneras. También prnl.

refrendar *v. tr.* **1.** Autorizar un despacho u otro documento por medio de la firma de persona hábil para ello. **2.** Corroborar una cosa afirmándola.
refrescar *v. tr.* **1.** Disminuir o rebajar el calor de una cosa. **2.** *fig.* Renovar, reproducir una acción. || *v. intr.* **3.** Coger fuerzas.
refresco *s. m.* **1.** Alimento moderado que se toma para fortalecerse y continuar en el trabajo. **2.** Bebida fría o del tiempo.
refriega *s. f.* Reencuentro o combate de menos importancia que la batalla.
refrigeración *s. f.* **1.** Acción y efecto de refrigerar o refrigerarse. **2.** Refrigerio, alimento.
refrigerador *s. m.* Electrodoméstico con refrigeración eléctrica para conservar alimentos.
refrigerar *v. tr.* **1.** Refrescar, disminuir el calor. **2.** *fig.* Reparar las fuerzas.
refrigerio *s. m.* **1.** Beneficio o alivio que se siente con lo fresco. **2.** *fig.* Corto alimento que se toma para reparar las fuerzas.
refringir *v. tr.* Refractar.
refuerzo *s. m.* **1.** Mayor grueso dado a una cosa, para hacerla más resistente. **2.** Reparo para fortalecer una cosa que puede flaquear o amenazar ruina.
refugiar *v. tr.* Acoger o amparar a alguien, sirviéndole de resguardo y asilo.
refugio *s. m.* Asilo, acogida o amparo.
refulgencia *s. f.* Resplandor que emite el cuerpo resplandeciente.
refulgente *adj.* Que emite resplandor.
refundición *s. f.* **1.** Acción y efecto de refundir o refundirse. **2.** La obra refundida.
refundir *v. tr.* **1.** Volver a fundir los metales. **2.** *fig.* Dar nueva forma a una obra de ingenio, discurso, etc. con el fin de mejorarla.
refunfuñar *v. intr.* Emitir voces o palabras confusas en señal de enojo o desagrado.
refutación *s. f.* Argumento o prueba cuyo objeto es destruir las razones del contrario.
refutable *adj.* Que puede refutarse o con facilidad se refuta.
refutar *v. tr.* Contradecir con argumentos o razones lo que otros dicen.
regadera *s. f.* Vasija o recipiente portátil a propósito para regar.
regadío, a *adj.* Se dice del terreno que se puede regar.
regala *s. f.* Tablón que forma el borde de las embarcaciones y cubre todas las cabezas de las ligazones en su extremo superior.
regalar *v. tr.* **1.** Dar a alguien graciosamente una cosa. || *v. prnl.* **2.** Tratarse bien, procurando tener toda suerte de comodidades.
regalía *s. f.* **1.** Preeminencia que, en virtud de suprema potestad, ejerce un soberano en su Estado, como el acuñar moneda, etc. **2.** Privilegio que la Santa Sede concede a los soberanos en algún punto relativo a la disciplina de la Iglesia.
regaliz *s. m.* **1.** Planta herbácea con tallos casi leñosos y pequeñas flores azuladas. El jugo de sus rizomas se emplea en medicina como pectoral y emoliente. **2.** Rizomas de dicha palnta.
regalo *s. m.* Dádiva hecha voluntariamente o por costumbre.
regañadientes, a *adv. m.* De mala gana.
regañar *v. intr.* **1.** Dar muestras de enfado con palabras y gestos. **2.** *fam.* Reñir, disputar. || *v. tr.* **3.** *fam.* Reprender.
regaño *s. m.* Gesto, acompañado de palabras ásperas, con que se muestra enfado.
regar *v. tr.* Esparcir agua sobre una superficie.
regata[1] *s. f.* Surco por donde se lleva el agua del riego en las huertas y jardines.
regata[2] *s. f.* Pugna entre dos o más buques ligeros, para ganar un premio o apuesta el que llega antes a un punto determinado.
regate *s. m.* Movimiento pronto y rápido que se hace hurtando el cuerpo.
regatear *v. tr.* **1.** Debatir el comprador y el vendedor el precio de una cosa puesta en venta. || *v. intr.* **3.** Hacer regates.
regatón *s. m.* Casquillo, cuento o virola que se pone en el extremo inferior de las lanzas, bastones, etc. para mayor firmeza.
regazo *s. m.* Enfaldo de la saya, que hace seno desde la cintura hasta la rodilla, estando la persona sentada.
regencia *s. f.* **1.** Acción de regir o gobernar. **2.** Gobierno de un Estado durante la menor edad, ausencia o incapacidad de su legítimo príncipe.
regeneración *s. f.* **1.** Acción y efecto de regenerar o regenerarse. **2.** Mecanismo de los organismos vivos mediante el cual pueden reconstruir las partes perdidas o dañadas.
regenerar *v. tr.* Dar nuevo ser a una cosa que degeneró, restablecerla o mejorarla.

regentar *v. tr.* Desempeñar temporalmente ciertos cargos o empleos.

regente *s. m. y s. f.* Persona que gobierna un estado en la menor edad de su príncipe o por otro motivo.

regicida *adj.* Asesino de un rey o reina.

regidor, ra *adj.* **1.** Que rige o gobierna. ‖ *s. m. y s. f.* **2.** Concejal.

régimen *s. m.* **1.** Modo de gobernarse o regirse en una cosa. **2.** Forma de gobierno.

regimiento *s. m.* **1.** Acción y efecto de regir o regirse. **2.** Cuerpo de regidores en el concejo de una población. **3.** Oficio o empleo de regidor. **4.** Unidad orgánica de una misma arma cuyo jefe es un coronel.

regio, gia *adj., fig.* Suntuoso, magnífico.

región *s. f.* **1.** Porción de territorio determinada por caracteres étnicos o circunstancias especiales de clima, topografía, gobierno, etc. **2.** Cada una de las grandes divisiones territoriales dentro de una nación efectuadas en virtud de características geográficas e históricas particulares.

regional *adj.* Perteneciente o relativo a una región.

regionalismo *s. m.* **1.** Tendencia o doctrina política según la cual cada región de un estado debe ser administrada y gobernada atendiendo particularmente a su modo de ser y a sus aspiraciones. **2.** Amor o apego a la propia región y a las cosas que pertenecen a ella.

regir *v. tr.* Dirigir, gobernar o mandar.

registrar *v. tr.* **1.** Mirar una cosa o persona con cuidado y diligencia. **2.** Copiar al pie de la letra en los libros de registro un privilegio, cédula, etc. librado por el rey o por un organismo competente. **3.** Señalar.

registro *s. m.* **1.** Matrícula y padrón. **2.** Protocolo, tratándose de cuestiones notariales. **3.** Libro a modo de inventario, en que se practican anotaciones.

regla *s. f.* **1.** Instrumento de materia rígida, usado para trazar líneas rectas. **2.** Constitución, estatuto. **3.** Precepto en las ciencias o artes. **4.** Menstruación.

reglamentar *v. tr.* Sujetar a reglamento un instituto o una materia determinada.

reglamento *s. m.* Colección ordenada de reglas o preceptos dada por autoridad competente para la ejecución de una ley, para el régimen de una corporación, etc.

reglar *v. tr.* **1.** Tirar o hacer líneas o rayas derechas, valiéndose especialmente de una regla. **2.** Sujetar a reglas una cosa.

regleta *s. f.* Planchuela de metal, que sirve para regletear.

regletear *v. tr.* Espaciar la composición poniendo regletas entre los renglones.

regocijar *v. tr.* Alegrar, causar gusto o placer.

regocijo *s. m.* **1.** Júbilo. **2.** Acto con que se manifiesta la alegría.

regodearse *v. prnl., fam.* Complacerse en lo que gusta o se goza, deteniéndose en ello.

regojo *s. m.* Pedazo de pan que queda de sobra en la mesa después de haber comido.

regoldar *v. tr.* Eructar.

regosto *s. m.* Apetito de repetir lo que con delectación se empezó a gustar o gozar.

regresar *v. intr.* Volver al lugar de donde se partió.

regreso *s. m.* Acción de regresar.

reguera *s. f.* Canal que se hace en la tierra a fin de conducir el agua para el riego.

reguero *s. m.* Corriente, a modo de arroyo pequeño, que se hace en una cosa líquida.

regulador, ra *adj.* **1.** Que regula. ‖ *s. m.* **2.** Mecanismo que sirve para regular el movimiento o los efectos de una máquina o de alguno de los órganos de ella.

regular[1] *adj.* Ajustado y conforme a regla.

regular[2] *v. tr.* Medir, ajustar o concertar una cosa según ciertas reglas.

regularidad *s. f.* **1.** Calidad de regular. **2.** Exacta observancia de la regla de una comunidad.

régulo *s. m.* Dominante o señor de un estado pequeño.

regurgitación *s. f.* Acción y efecto de regurgitar.

regurgitar *v. intr.* Expeler por la boca, sin esfuerzo, sustancias sólidas o líquidas contenidas en el esófago o en el estómago.

rehabilitación *s. f.* Acción y efecto de rehabilitar o rehabilitarse.

rehabilitar *v. tr.* Habilitar de nuevo o restituir una persona o cosa a su antiguo estado.

rehacer *v. tr.* **1.** Volver a hacer lo que se había deshecho. **2.** Restablecer lo disminuido o deteriorado.

rehala *s. f.* **1.** Rebaño de ganado lanar formado por el de diversos dueños. **2.** Conjunto de perros de caza.

rehecho, cha *adj.* De estatura mediana, grueso, fuerte y robusto.

rehén *s. m. y s. f.* Persona de estimación y calidad que, como prenda o garantía, queda en poder del enemigo mientras está pendiente un ajuste o tratado.

rehilar *v. tr.* Hilar demasiado o torcer mucho lo que se hila.

rehilete *s. m.* **1.** Flechilla con púa en un extremo y papel o plumas en el otro, para tirar al blanco por diversión. **2.** Banderilla para clavarla en el morrillo del toro.

rehogar *v. tr.* Sazonar un alimento a fuego lento, sin agua y tapado, en manteca, aceite y otros condimentos.

rehuir *v. tr.* Retirar, apartar o evitar una cosa por algún temor, sospecha o recelo.

rehusar *v. tr.* Excusar, no aceptar una cosa.

reimportar *v. tr.* Importar en un país lo que se había exportado de él.

reimpresión *s. f.* **1.** Acción y efecto de reimprimir. **2.** Conjunto de ejemplares reimpresos de una vez.

reimprimir *v. tr.* Volver a imprimir, o repetir la impresión de una obra o escrito.

reina *s. f.* **1.** Esposa del rey. **2.** La que ejerce la potestad real por derecho propio. **3.** Pieza del juego de ajedrez, la más importante después del rey.

reinar *v. intr.* Regir un rey o reina un estado.

reincidencia *s. f.* **1.** Repetición de una misma culpa o defecto. **2.** Circunstancia agravante de la responsabilidad criminal que consiste en haber sido el reo condenado antes por delito análogo al que se le imputa.

reincidir *v. intr.* Volver a caer o incurrir en un error, falta o delito.

reincorporar *v. tr.* Volver a incorporar.

reingresar *v. intr.* Volver a ingresar.

reino *s. m.* Territorio o estado con sus habitantes sujetos a un rey.

reinstalar *v. tr.* Volver a instalar.

reintegrar *v. tr.* Restituir o satisfacer íntegramente una cosa.

reintegro *s. m.* En la lotería, premio igual a la cantidad jugada.

reír *v. intr.* **1.** Manifestar alegría y regocijo con determinados movimientos del rostro, acompañados de la emisión de sonidos explosivos e inarticulados. **2.** *fig.* Hacer burla de una persona o cosa.

reiteración *s. f.* **1.** Acción y efecto de reiterar o reiterarse. **2.** Circunstancia que puede ser agravante, derivada de anteriores condenas del reo por delitos de índole diversa del que se juzga. En esto se diferencia de la reincidencia.

reiterar *v. tr.* Volver a decir o ejecutar algo.

reivindicación *s. f.* Acción y efecto de reivindicar.

reivindicar *v. tr.* Recuperar alguien lo que le pertenece.

reja[1] *s. f.* Pieza de hierro del arado que sirve para romper y revolver la tierra.

reja[2] *s. f.* Red formada de barras de hierro que se pone en las ventanas y otras aberturas.

rejalgar *s. m.* Sulfuro de arsénico, muy venenoso, de color rojo y lustre resinoso.

rejilla *s. f.* Celosía fija o movible, tela metálica, etc. que suele ponerse en las ventanillas de los confesonarios, en el ventanillo de la puerta exterior de las casas, etc.

rejón *s. m.* Barra o barrón de hierro cortante que remata en punta.

rejonear *v. tr.* En el toreo de a caballo, herir con el rejón al toro.

rejuela *s. f.* Braserito en forma de arquilla y con rejilla en la tapa, que sirve para calentarse los pies.

rejuvenecer *v. tr.* Dar a alguien la fortaleza y el vigor propios de la juventud.

relación *s. f.* Conexión de una cosa con otra.

relacionar *v. tr.* Hacer relación de un hecho.

relajación *s. f.* **1.** Acción y efecto de relajar o relajarse. **2.** Corrupción de las costumbres.

relajar *v. tr.* **1.** Ablandar, aflojar una cosa. **2.** Esparcir el ánimo con algún descanso.

relamer *v. tr.* **1.** Volver a lamer. ‖ *v. prnl.* **2.** Lamerse los labios una y otra vez.

relamido, da *adj.* Afectado, pedante.

relámpago *s. m.* Resplandor vivísimo e instantáneo producido en las nubes por una descarga eléctrica.

relampaguear *v. intr.* **1.** Haber relámpagos. **2.** *fig.* Arrojar luz o brillar mucho con algunas intermisiones.

relance *s. m.* **1.** Segundo lance, redada o suerte. **2.** Suceso casual y dudoso.

relatar *v. tr.* **1.** Dar a conocer un hecho. **2.** Hacer relación de un proceso o pleito.

relatividad *s. f.* Calidad de relativo.
relato *s. m.* Narración de un hecho real o ficticio.
releer *v. tr.* Leer de nuevo o volver a leer una cosa.
relegación *s. f.* **1.** Acción y efecto de relegar. **2.** Pena temporal o perpetua que ha de cumplirse en el lugar destinado por el gobierno.
relegar *v. tr.* **1.** Desterrar, echar a alguien por justicia. **2.** *fig.* Apartar, posponer.
relejar *v. intr.* Atenuar algo físico o moral.
relente *s. m.* Humedad que en noches serenas se nota en la atmósfera.
relevante *adj.* Se dice de lo que destaca.
relevar *v. tr.* **1.** Hacer de relieve o saliente una cosa. **2.** Exonerar de un peso o gravamen, y también de un empleo o cargo.
relevo *s. m.* **1.** Acción y efecto de reeemplazar a una persona con otra en una actividad o cargo. **2.** Acción de relevar o cambiar de guardia. **3.** Soldado o grupo que releva.
relicario *s. m.* Caja o estuche, regularmente precioso, para custodiar reliquias.
relieve *s. m.* **1.** Figura que resalta sobre el plano. **2.** Renombre de una persona o cosa.
religión *s. f.* Conjunto de creencias acerca de la divinidad y de prácticas rituales para darle culto.
religioso, sa *adj.* Que ha tomado hábito en una orden religiosa regular.
relinchar *v. intr.* Emitir con fuerza su voz el caballo.
relinga *s. f.* Cada una de las cuerdas en que van colocados los corchos que sirven para sostener las redes en el agua.
relingar *v. tr.* **1.** Coser o pegar la relinga a una red. **2.** Izar una vela hasta poner tirantes sus relingas de caída.
reliquia *s. f.* **1.** Residuo que queda de un todo. **2.** Parte del cuerpo de un santo o lo que por haberle tocado es digno de veneración. **3.** *fig.* Vestigio de cosas pasadas.
rellano *s. m.* **1.** Meseta de escalera. **2.** Llano que interrumpe la pendiente de un terreno.
rellenar *v. tr.* **1.** Volver a llenar o llenar enteramente una cosa. **2.** Llenar de carne picada u otros ingredientes un ave u otro manjar. **3.** Cubrir con los datos necesarios un documento, instancia, etc.
relleno *s. m.* Material con que se rellena algo.
reloj *s. m.* Máquina con movimiento uniforme que sirve para medir el tiempo o dividir el día en horas, minutos y segundos.
relojería *s. f.* **1.** Arte de hacer relojes. **2.** Taller donde se hacen o arreglan relojes. **3.** Lugar o tienda donde se venden.
relojero, ra *s. m. y s. f.* Persona cuyo oficio es hacer, componer o vender relojes.
reluciente *adj.* Que reluce.
relucir *v. intr.* Despedir o reflejar luz una cosa resplandeciente.
relumbrar *v. intr.* Dar una cosa viva luz o alumbrar con exceso.
remachar *v. tr.* Machacar la punta o la cabeza del clavo ya clavado.
remache *s. m.* **1.** Acción y efecto de remachar. **2.** Roblón, especie de clavo.
remallar *v. tr.* Componer las mallas rotas.
remanente *s. m.* Residuo de una cosa.
remansarse *v. prnl.* Detenerse o suspender el curso o la corriente de un líquido.
remanso *s. m.* Detención o suspensión de la corriente del agua o cualquier otro líquido.
remar *v. intr.* Mover convenientemente el remo para impeler la embarcación en el agua.
rematar *v. tr.* **1.** Acabar una cosa. **2.** Poner fin a la vida de la persona o del animal que está en trance de muerte.
remate *s. m.* Extremidad de una cosa.
remedar *v. tr.* **1.** Imitar o contrahacer una cosa, hacerla parecida a otra. **2.** Seguir uno las mismas huellas y ejemplo de otro o llevar su mismo método y disciplina.
remediar *v. tr.* **1.** Poner remedio al daño, repararlo; en general, enmendar una cosa. **2.** Socorrer una necesidad o urgencia. **3.** Apartar o separar de un riesgo a una persona o cosa.
remedio *s. m.* Medio que se toma para reparar un daño o inconveniente.
remedo *s. m.* Imitación de algo, particularmente cuando no es perfecto el parecido.
rememorar *v. tr.* Recordar, traer a la memoria alguna cosa.
remendar *v. tr.* Reforzar con remiendo lo que está viejo o roto.
remesa *s. f.* Envío que se hace de una cosa de una parte a otra.
remeter *v. tr.* Volver a meter o meter más adentro una cosa.

remiel *s. m.* Segunda miel que se saca de la caña dulce.

remiendo *s. m.* Pedazo de paño u otra tela que se cose a lo que está viejo o roto.

remilgarse *v. prnl.* Repulirse y hacer gestos y ademanes con el rostro.

remilgo *s. m.* **1.** Acción y ademán de remilgarse. **2.** Melindre, afectación.

reminiscencia *s. f.* Facultad del alma, con que traemos a la memoria aquellas especies que no tenemos presente.

remirado, da *adj.* Que reflexiona escrupulosamente sobre sus acciones.

remisión *s. f.* **1.** Acción y efecto de remitir o remitirse. **2.** Indicación en un escrito del lugar del mismo o de otro escrito a que se remite al lector.

remiso, sa *adj.* Tímido e indeciso.

remitido *s. m.* Artículo o noticia que un particular envía a un periódico para que sea insertado mediante pago.

remitir *v. tr.* **1.** Enviar una cosa al lugar destinado. **2.** Perdonar, alzar la pena, libertar de una obligación. **3.** Disminuir, aflojar o perder una cosa parte de su fuerza.

remo *s. m.* Pala de madera, larga y estrecha, que sirve para mover las embarcaciones haciendo fuerza en el agua.

remojar *v. tr.* Empapar una cosa sumergiéndola en agua.

remojo *s. m.* **1.** Acción de remojar o empapar en agua una cosa. **2.** Operación de mantener en agua ciertos alimentos para ablandarlos o desalarlos antes de cocinarlos.

remolacha *s. f.* Planta herbácea anual quenopodiácea, de raíz carnosa, fusiforme, comestible y de la cual se extrae azúcar.

remolcar *v. tr.* **1.** Llevar una embarcación u otra cosa sobre el agua, tirando de ella por medio de un cable, cadena, etc. **2.** Llevar un vehículo por tierra tirando de él.

remolino *s. m.* Movimiento giratorio y rápido del aire, el agua, el polvo, el humo, etc.

remolonear *v. intr.* Resistirse en hacer o admitir una cosa por pereza. También prnl.

remolque *s. m.* Cosa que se lleva remolcada por mar o por tierra.

remonta *s. f.* **1.** Compostura del calzado cuando se le pone nuevo el pie o las suelas. **2.** Compra, cría y cuidado de los caballos para proveer el ejército.

remontar *v. tr.* **1.** Ahuyentar una cosa. **2.** Echar nuevas suelas o pie al calzado.

remonte *s. m.* Acción y efecto de remontar o remontarse.

remoquete *s. m.* **1.** Puñetazo dado en el rostro. **2.** *fig.* Dicho agudo y satírico.

rémora *s. f.* **1.** Pez marino acantopterigio, fusiforme, de color ceniciento, con una aleta dorsal y otra ventral. **2.** Lo que sirve de obstáculo al progreso de algo o lo dificulta.

remorder *v. tr.* **1.** Volver a morder o morderse uno a otro. **2.** Causar remordimiento.

remordimiento *s. m.* Pesar interno que queda después de hacer una mala acción.

remosquearse *v. prnl., fam.* Mostrarse receloso a causa de lo que se oye o advierte.

remostar *v. intr.* Echar mosto en el vino añejo.

remoto, ta *adj.* Distante o apartado.

remover *v. tr.* **1.** Pasar una cosa de un lugar a otro. **2.** Mover una cosa, dándole vueltas para que sus elementos se mezclen.

remozar *v. tr.* Dar cierta especie de robustez y lozanía propias de la juventud.

remuda *s. f.* Muda de ropa.

remudar *v. tr.* Reemplazar a una persona o cosa con otra. También prnl.

remuneración *s. f.* **1.** Acción y efecto de remunerar. **2.** Lo que se da o sirve para remunerar.

remunerar *v. tr.* Recompensar a alguien por alguna cosa.

renacer *v. intr.* **1.** Volver a nacer. **2.** Adquirir por el bautismo la vida de la gracia.

renacimiento *s. m.* Acción de renacer.

renacuajo *s. m.* **1.** Larva de la rana, mientras conserva la cola y respira por branquias. **2.** Larva de otros batracios.

renal *adj.* Perteneciente o relativo al riñón.

rencilla *s. f.* Cuestión o riña de la que queda algún encono.

renco, ca *adj.* Cojo por lesión de las caderas.

rencor *s. m.* Resentimiento arraigado y tenaz.

rencoroso, sa *adj.* Que tiene o guarda rencor.

rendaje *s. m.* Conjunto de riendas y demás correas de la brida de las cabalgaduras.

rendar *v. tr.* Binar, dar segunda labor a la tierra o segunda cava a las viñas.

rendición *s. f.* Acción y efecto de rendir o rendirse.

rendija *s. f.* Abertura larga y angosta, que se produce naturalmente en cualquier cuerpo sólido y lo atraviesa de parte a parte.

rendimiento *s. m.* **1.** Decaimiento de las fuerzas. **2.** Producto que da una cosa.

rendir *v. tr.* **1.** Obligar a las tropas, plazas fuertes enemigas, etc. a que se entreguen. **2.** Someter una cosa al dominio de alguien. También prnl. **3.** Dar a alguien lo que le corresponde. **4.** Causar fatiga.

renegado, da *adj.* Que abandona su religión.

renegar *v. tr.* **1.** Negar con insistencia una cosa. **2.** Detestar, abominar.

renglón *s. m.* Serie de palabras o caracteres escritos o impresos en línea recta.

reniego *s. m.* **1.** Blasfemia. **2.** *fig. y fam.* Dicho injurioso y atroz.

reno *s. m.* Mamífero rumiante cérvido, con astas ramosas lo mismo el macho que la hembra, pelaje espeso y pezuñas gruesas.

renombrado, da *adj.* Se dice de la persona o cosa célebre.

renombre *s. m.* **1.** Apellido o sobrenombre propio. **2.** Celebridad que adquiere alguien por sus hechos gloriosos o por haber dado muestras de ciencia y talento.

renovación *s. f.* Acción y efecto de renovar o renovarse.

renovar *v. tr.* **1.** Hacer como de nuevo una cosa, o volverla a su primer estado. **2.** Restablecer una relación u otra cosa que se había interrumpido.

renquear *v. intr.* Andar como cojo, meneándose a un lado y a otro.

renta *s. f.* Beneficio que rinde anualmente una cosa, o lo que de ella se cobra.

rentar *v. tr.* Producir una cosa beneficio o utilidad anualmente.

rentoy *s. m.* Cierto juego de naipes, entre dos cuatro, seis u ocho personas.

renuencia *s. f.* Repugnancia que se deja ver al hacer una cosa.

renuente *adj.* Indócil y remiso.

renuevo *s. m.* Vástago que echa el árbol después de podado o cortado.

renuncia *s. f.* Dejación voluntaria de una cosa que se posee, o del derecho a ella.

renunciar *v. tr.* **1.** Hacer dejación voluntaria o dimisión de una cosa que se tiene o del derecho o acción que se puede tener. **2.** No querer aceptar una cosa.

renuncio *s. m., fig. y fam.* Mentira o contradicción en que se coge a alguien.

renvalso *s. m.* Rebajo que se hace en el canto de las hojas de puertas y ventanas para que encaje en el marco o unas con otras.

reñido, da *adj.* **1.** Que está enemistado con otro o negado a su trato. **2.** Asunto, oposición, concurso, etc., en el que hay mucha rivalidad entre las personas que se lo disputan.

reñir *v. intr.* **1.** Contender altercando de obra o de palabra. **2.** Enemistarse.

reo, a *s. m. y s. f.* Persona que por haber cometido una culpa merece castigo.

reóforo *s. m.* Cada uno de los dos conductores que establecen la comunicación entre un aparato eléctrico y un origen de electricidad.

reorganización *s. f.* Acción y efecto de reorganizar.

reorganizar *v. tr.* Volver a organizar algo.

reóstato *s. m.* Instrumento para hacer variar la resistencia en un circuito eléctrico.

repantingarse *v. prnl.* Arrellenarse en el asiento o extenderse para mayor comodidad.

reparación *s. f.* **1.** Acción y efecto de reparar, componer o enmendar. **2.** Satisfacción completa de una ofensa, daño o injuria.

reparar *v. tr.* **1.** Componer, aderezar el menoscabo que ha sufrido alguna cosa. **2.** Notar, advertir una cosa. **3.** Reflexionar sobre un asunto. **4.** Corregir, enmendar.

reparo *s. m.* **1.** Restauración o remedio. **2.** Advertencia, nota sobre una cosa. **3.** Duda, dificultad que surge en un asunto.

repartición *s. f.* Acción de repartir.

repartimiento *s. m.* **1.** Acción y efecto de repartir. **2.** Instrumento en que consta lo que a cada uno se ha repartido.

repartir *v. tr.* Distribuir entre varios una cosa, dividiéndola por partes.

reparto *s. m.* **1.** Repartimiento. **2.** Relación de los personajes de una obra dramática, televisiva o cinematográfica, y de los actores que encarnan estos papeles.

repasar *v. tr.* **1.** Volver a pasar por un mismo sitio o lugar. **2.** Volver a mirar o registrar una cosa. **3.** Zurcir la ropa.

repasata *s. f., fam.* Reprensión, corrección.

repaso *s. m.* Estudio ligero que se hace de lo que se tiene visto o estudiado, para mayor comprensión y firmeza en la memoria.

repatriación *s. f.* Acción y efecto de repatriarse.

repatriar *v. tr.* Hacer que alguien regrese a su patria. También intr. y prnl.

repecho *s. m.* Cuesta bastante pronunciada y no larga.

repelar *v. tr.* **1.** Tirar del pelo a alguien o arrancarlo. **2.** Hacer dar al caballo una carrera corta. **3.** Cortar las puntas de la hierba.

repeler *v. tr.* **1.** Arrojar, echar de sí una cosa con impulso o violencia. **2.** Rechazar, contradecir una idea, proposición o aserto.

repelo *s. m.* **1.** Lo que no va al pelo. **2.** Parte pequeña de cualquier cosa que se levanta contra lo natural. **3.** *fig. y fam.* Riña o encuentro ligero.

repeloso, sa *adj.* **1.** Se dice de la madera que al labrarla levanta repelo. **2.** *fig. y fam.* Quisquilloso, irritable.

repente *s. m., fam.* Movimiento súbito o no previsto de personas o animales.

repentino, na *adj.* Se dice de lo que llega o se acomete de manera impensada.

repentizar *v. intr.* Ejecutar a la primera lectura piezas de música un instrumentista o un cantante.

repercusión *s. f.* Hecho de tener resonancia una cosa.

repercutir *v. intr.* Producir efecto una cosa en otra ulterior.

repertorio *s. m.* **1.** Libro abreviado en que sucintamente se hace mención de cosas notables. **2.** Colección de obras o de noticias de una misma clase.

repesar *v. tr.* Volver a pesar una cosa, especialmente para asegurarse de la exactitud del primer peso.

repetición *s. f.* **1.** Acción y efecto de repetir o repetirse. **2.** Figura que consiste en repetir de propósito palabras o conceptos.

repetir *v. tr.* Volver a hacer lo que se había hecho, o decir lo que se había dicho.

repicar *v. tr.* **1.** Picar mucho una cosa, reducirla a partes muy menudas. **2.** Tañer o sonar repetidamente y con cierto compás las campanas y otros instrumentos.

repintar *v. tr.* **1.** Pintar sobre lo ya pintado. ‖ *v. prnl.* **2.** Arreglarse con esmero.

repique *s. m.* Acción y efecto de repicar o repicarse.

repiquetear *v. tr.* Repicar con viveza las campanas u otro instrumento sonoro.

repiqueteo *s. m.* Acción y efecto de repiquetear o repiquetearse.

repisa *s. f.* Miembro arquitectónico, que tiene más longitud que vuelo y sirve para sostener un objeto, o de piso a un balcón.

replantar *v. tr.* **1.** Volver a plantar en el sitio que ha estado plantado. **2.** Trasplantar.

replantear *v. tr.* **1.** Trazar en el suelo o sobre el plano de cimientos la planta de una obra ya estudiada y proyectada. **2.** Volver a plantear un asunto.

replegar *v. tr.* Doblar algo muchas veces.

repleto, ta *adj.* Muy lleno.

réplica *s. f.* Argumento con que se replica.

replicar *v. intr.* Instar o argüir contra la respuesta o argumento.

repliegue *s. m.* Pliegue doble.

repoblación *s. f.* **1.** Acción y efecto de repoblar o repoblarse. **2.** Conjunto de árboles o especies vegetales en terrenos repoblados.

repoblar *v. tr.* **1.** Volver a poblar. También prnl. **2.** Volver a plantar árboles y otras especies vegetales en un lugar.

repollo *s. m.* Especie de col con hojas firmes, comprimidas y abrazadas estrechamente.

reponer *v. tr.* **1.** Volver a poner, colocar a una persona o cosa en el lugar o estado que antes tenía. **2.** Completar lo que falta o lo que se había sacado de alguna parte.

reportaje *s. m.* Conjunto de noticias, más o menos glosadas, que se dan a conocer en los periódicos o en el cinematógrafo.

reportar *v. tr.* **1.** Reprimir una pasión del ánimo o al que la tiene. **2.** Llevar o traer.

reporte *s. m.* **1.** Noticia, suceso o novedad. **2.** Chisme, noticia para molestar a alguien.

reportero, ra *adj.* Se dice del periodista que se dedica a los reportajes o noticias.

reposar *v. intr.* **1.** Descansar, dar intermisión a la fatiga o al trabajo. ‖ *v. prnl.* **2.** Tratándose de líquidos, posarse. También intr.

reposición *s. f.* Acción y efecto de reponer o reponerse.

reposo *s. m.* Estado de inmovilidad de un cuerpo respecto de lo que se toma como referencia.

repostería *s. f.* **1.** Arte y oficio del repostero. **2.** Productos de este arte.

repostero, ra *s. m. y s. f.* Persona que tiene por oficio hacer o vender pastas, dulces y algunas bebidas.

reprender *v. tr.* Amonestar a alguien vituperando lo que ha dicho o hecho.

reprensible *adj.* Digno de reprensión.

reprensión *s. f.* **1.** Acción de reprender. **2.** Expresión o razonamiento con que se reprende.

represalia *s. f.* Derecho que se arrogan los enemigos para causarse recíprocamente igual o mayor daño que el recibido.

represar *v. tr.* **1.** Detener el agua corriente. **2.** *fig.* Detener, contener, reprimir.

representación *s. f.* **1.** Acción y efecto de representar o representarse. **2.** Nombre antiguo de la obra dramática. **3.** Cada una de las veces que se presenta al público.

representante *s. m. y s. f.* **1.** Persona que representa a un ausente, cuerpo o comunidad. **2.** Persona que representa a una casa comercial fuera de la localidad donde aquella está establecida. **3.** Persona que gestiona los asuntos profesionales de los artistas.

representar *v. tr.* **1.** Hacer presente una persona o cosa en la imaginación por medio de figuras o palabras. **2.** Informar de algo. **3.** Sustituir a alguien.

representativo, va *adj.* Se dice de lo que sirve para representar otra cosa.

represivo, va *adj.* **1.** Se dice de lo que reprime. **2.** Que reprime el ejercicio de las libertades. **3.** Que reprime con violencia cualquier sublevación.

represión *s. f.* Acto ordenado desde el poder para castigar con violencia una actuación.

reprimenda *s. f.* Amonestación vehemente.

reprimir *v. tr.* Contener, refrenar las acciones o palabras. También prnl.

reprobación *s. f.* Acción y efecto de reprobar.

reprobar *v. tr.* No aprobar a una persona o cosa, dar por malo.

réprobo, ba *adj.* Condenado a las penas eternas.

reprochable *adj.* Que puede reprocharse o es digno de reproche.

reprochar *v. tr.* Echar en cara alguna cosa.

reproche *s. m.* **1.** Acción de reprochar. **2.** Expresión con que se reprocha.

reproducción *s. f.* **1.** Acción y efecto de reproducir o reproducirse. **2.** Cosa reproducida. **3.** Copia de un texto o un objeto de arte por medios mecánicos.

reproducir *v. tr.* **1.** Volver a producir o producir de nuevo. También prnl. **2.** Sacar copia de un escrito o una obra de arte por procedimientos mecánicos.

reptar *v. intr.* Andar arrastrándose como algunos reptiles.

reptil *adj.* Se dice de los vertebrados ovíparos u ovovivíparos, de sangre fría y respiración pulmonar, piel cubierta de escamas y escudos córneos; y con pies muy cortos o sin ellos, como la culebra.

república *s. f.* **1.** Estado, cuerpo político. **2.** Forma de gobierno representativo en que el poder reside en una asamblea del pueblo, personificado éste por un jefe supremo llamado presidente.

repudiación *s. f.* Acción y efecto de repudiar o desechar.

repudiar *v. tr.* Rechazar algo.

repuesto *s. m.* Prevención de comestibles u otras cosas para cuando sean necesarias.

repugnancia *s. f.* **1.** Oposición entre dos cosas. **2.** Aversión a las cosas o personas.

repugnante *adj.* Que causa repugnancia o aversión.

repugnar *v. tr.* **1.** Ser opuesta una cosa a otra. **2.** Realizar de mala gana una cosa o admitirla difícilmente. ‖ *v. intr.* **3.** Producir asco una cosa.

repujar *v. tr.* Labrar a martillo chapas metálicas de modo que en una de las caras resulten figuras de relieve, o hacerlas resaltar en cuero u otra materia adecuada.

repulgo *s. m.* **1.** Dobladillo de la ropa. **2.** *fam.* Recelo de conciencia que se tiene sobre la bondad o necesidad de un acto.

repulir *v. tr.* **1.** Volver a pulir una cosa. **2.** Acicalar, componer con demasiada afectación a una persona. También prnl.

repulsa *s. f.* Condena tajante de un hecho.

repulsar *v. tr.* Desechar o despreciar algo.

repulsión *s. f.* **1.** Repulsa. **2.** Repugnancia hacia algo o alguien.

repulsivo *adj.* **1.** Que tiene acción o virtud de repulsar. **2.** Que causa repulsión o desvío.

repurgar *v. tr.* Volver a limpiar o purificar una cosa.

reputación *s. f.* Fama, opinión común sobre algo o alguien.

requebrar *v. tr.* **1.** Volver a quebrar en piezas más menudas lo que estaba ya quebrado. **2.** *fig.* Adular, lisonjear.

requemar *v. tr.* Volver a quemar o tostar con exceso alguna cosa.

requerimiento *s. m.* **1.** Acción y efecto de requerir, intimar o avisar. **2.** Acto judicial por el que se intima que se haga o se deje de ejecutar una cosa. **3.** Aviso, manifestación o pregunta que se hace, principalmente bajo fe notarial, a una persona para que declare su actitud o dé su respuesta.

requerir *v. tr.* **1.** Hacer saber o preguntar una cosa con autoridad pública. **2.** Necesitar algo.

requesón *s. m.* Masa blanca y mantecosa que se hace cuajando la leche en moldes de mimbres, por cuyas rendijas se escurre el suero sobrante.

requiebro *s. m.* Galantería.

réquiem *s. m.* Composición musical que se canta con el texto litúrgico de la misa de difuntos, o parte de él.

requinto *s. m.* Clarinete pequeño y de tono agudo usado en las bandas de música.

requisa *s. f.* Inspección de las personas o de las dependencias de un establecimiento.

requisar *v. tr.* Expropiar ciertos bienes considerados aptos para las necesidades de interés público.

requisición *s. f.* Recuelo y embargo que se suele hacer, en tiempo de guerra, de caballos, bagajes, alimentos, etc. para el servicio militar.

requisito *s. m.* Condición necesaria para una cosa.

res *s. f.* Cualquier animal cuadrúpedo de ciertas especies domésticas o de los salvajes.

resabiar *v. tr.* **1.** Hacer tomar un vicio o mala costumbre. ‖ *v. prnl.* **2.** Disgustarse. **3.** Saborear lo que se come o se bebe.

resabio *s. m.* **1.** Sabor desagradable que deja una cosa. **2.** Mala costumbre o inclinación que se toma o adquiere.

resaca *s. f.* Movimiento en retroceso de las olas después que han llegado a la orilla.

resalado, da *adj., fig. y fam.* Que tiene mucha sal, gracia y donaire.

resaltar *v. intr.* **1.** Botar repetidamente. **2.** Saltar, sobresalir mucho una cosa. **3.** *fig.* Distinguirse mucho una cosa entre otras.

resalto *s. m.* Parte que sobresale de la superficie de una cosa.

resarcible *adj.* Que se puede o se debe resarcir.

resarcimiento *s. m.* Acción y efecto de resarcir o resarcirse.

resarcir *v. tr.* **1.** Reparar un daño o agravio. **2.** Se dice del paraje en que hay peligro de resbalar. **3.** Se dice de lo que expone a incurrir en algún desliz.

resbaladizo, za *adj.* Se dice de lo que resbala fácilmente.

resbalar *v. intr.* **1.** Escurrirse, perder el equilibrio. **2.** Incurrir en un desliz.

resbalón *s. m.* Acción y efecto de resbalar o resbalarse.

rescatar *v. tr.* Recobrar por precio o por fuerza una persona o cosa, particularmente lo que el enemigo ha cogido.

rescate *s. m.* **1.** Acción y efecto de rescatar. **2.** Dinero con que se rescata, o que se pide para ello.

rescindir *v. tr.* Dejar sin efecto un contrato, obligación, etc.

rescisión *s. f.* Acción y efecto de rescindir.

rescoldo *s. m.* **1.** Brasa menuda resguardada por la ceniza. **2.** *fig.* Escozor, recelo.

rescripto *s. m.* Decisión del Papa, de un emperador o de cualquier soberano para resolver una consulta o responder a una petición.

resecar *v. tr.* Secar mucho una cosa.

resección *s. f.* Operación que consiste en separar el todo o parte de uno o más órganos.

reseco, ca *adj.* Muy seco.

reseda *s. f.* Planta herbácea anual, resedácea, de jardín, de tallos ramosos, hojas alternas y flores amarillentas y olorosas.

resentimiento *s. m.* Acción y efecto de resentirse.

resentirse *v. prnl.* **1.** Empezar a flaquear o sentirse una cosa. **2.** *fig.* Tener sentimiento, pesar o enojo por una cosa.

reseña *s. f.* **1.** Revista que se hace de la tropa. **2.** Noticia y examen somero de una obra literaria o científica.

reseñar *v. tr.* Hacer la reseña de una cosa.

reserva *s. f.* **1.** Guarda o custodia que se hace de alguna cosa, o prevención que se hace para que sirva a su tiempo. **2.** Actitud comedida en palabras y actos.

reservado, da *adj.* Cauteloso, reacio en manifestar su interior.

reservar *v. tr.* **1.** Guardar algo para más adelante, o para cuando sea necesario. **2.** Separar una cosa de las que se distribuyen, reteniéndola para sí o para entregarla a otra persona.

resfriado *s. m.* **1.** Destemple general del cuerpo ocasionado por interrumpirse la transpiración. **2.** Catarro.

resfriar *v. tr.* **1.** Enfriar. **2.** *fig.* Entibiar, templar el ardor o fervor. También prnl.

resguardar *v. tr.* **1.** Defender o reparar algo. ‖ *v. prnl.* **2.** Prevenirse contra un daño.

resguardo *s. m.* **1.** Guardia, seguridad que se pone en una cosa. **2.** Documento donde consta esta seguridad.

residencia *s. f.* Lugar en que se reside.

residir *v. intr.* **1.** Estar de asiento en un lugar. **2.** *fig.* Radicar en un punto determinado el interés de una cuestión.

residuo *s. m.* **1.** Parte que queda de un todo. **2.** Resultado de la operación de restar.

resiembra *s. f.* Siembra que se hace en un terreno sin dejarlo descansar.

resignación *s. f.* **1.** Entrega voluntaria que uno hace de sí poniéndose en las manos y voluntad de otro. **2.** Conformidad, paciencia.

resignarse *v. prnl.* Conformarse con las adversidades.

resina *s. f.* Sustancia orgánica de origen vegetal, sólida o de consistencia pastosa, transparente, soluble en alcohol y en aceites esenciales.

resistencia *s. f.* **1.** Acción y efecto de resistir o resistirse. **2.** Capacidad para resistir. **3.** *fig.* Renuncia en hacer alguna cosa.

resistir *v. intr.* **1.** Oponerse un cuerpo o una fuerza a la acción de otra. **2.** Sentir rechazo ante un hecho o una idea. ‖ *v. tr.* **3.** Combatir las pasiones, deseos, etc.

resol *s. m.* Reverberación del Sol.

resollar *v. intr.* **1.** Respirar el ser humano y el animal. **2.** Descansar de un trabajo, salir de un apuro. **3.** Respirar fuertemente y con algún ruido. **4.** Proferir palabras.

resolución *s. f.* **1.** Valor para acometer una acción. **2.** Actividad, prontitud de ánimo.

resolutivo, va *adj.* **1.** Se dice del método en que se procede analíticamente. **2.** Que tiene virtud de resolver.

resolver *v. tr.* **1.** Tomar una determinación. ‖ *v. prnl.* **2.** Solucionar, aclarar algo.

resonancia *s. f.* **1.** Prolongación del sonido, que se va disminuyendo por grados. **2.** *fig.* Gran divulgación que adquiere un hecho o las cualidades de una persona.

resonar *v. intr.* Hacer sonido por repercusión o sonar mucho.

resoplar *v. intr.* Dar fuertes resuellos.

resorte *s. m.* **1.** Muelle. **2.** Fuerza elástica de una cosa. **3.** *fig.* Medio del cual alguien se vale para lograr algún fin.

respaldar *v. tr.* **1.** Prestar apoyo a alguien en un asunto. ‖ *v. prnl.* **2.** Inclinarse de espaldas o arrimarse al respaldo de un asiento.

respaldo *s. m.* Parte de la silla o banco en que descansa la espalda.

respectivamente *adv. m.* Con relación, proporción o consideración a una cosa.

respecto *s. m.* Proporción de una cosa a otra.

respetabilidad *s. f.* Calidad de respetable.

respetable *adj.* **1.** Digno de respeto. **2.** Considerable en número, en tamaño, etc.

respetar *v. tr.* Tener respeto.

respeto *s. m.* **1.** Acatamiento que se hace a alguien. **2.** Miramiento, atención que se tiene con alguien.

respetuoso, sa *adj.* Que causa o mueve a veneración y respeto.

réspice *s. m.* **1.** Respuesta seca y desabrida. **2.** Reprensión corta, pero fuerte.

respingar *v. intr.* **1.** Sacudirse la bestia y gruñir. **2.** *fig. y fam.* Hacer gruñendo lo que se manda.

respingo *s. m.* Sacudida violenta del cuerpo.

respiración *s. f.* **1.** Acción y efecto de respirar. **2.** Aire que se respira.

respiradero *s. m.* **1.** Abertura por donde entra y sale el aire. **2.** Lumbrera, tronera. **3.** Ventosa de una cañería. **4.** *fig.* Respiro, descanso.

respirar *v. intr.* **1.** Absorber el aire los seres vivos, tomando parte de las sustancias que lo componen, y expelerlo sucesivamente para mantener las funciones vitales de la sangre. **2.** *fam.* Hablar, chistar.

respiratorio, ria *adj.* Que sirve para la respiración o la facilita.

respiro *s. m.* **1.** Respiración, acción y efecto de respirar. **2.** *fig.* Rato de descanso en el trabajo. **3.** *fig.* Alivio de una fatiga, pena o dolor.

resplandecer *v. intr.* **1.** Despedir rayos de luz una cosa. **2.** Sobresalir en algo.

resplandor *s. m.* **1.** Luz clara que despide un cuerpo luminoso. **2.** Luminosisdad.
responder *v. tr.* **1.** Contestar a lo que se pregunta. **2.** Contestar alguien al que le llama o al que toca a la puerta. **3.** Replicar a un alegato. ‖ *v. intr.* **4.** Corresponder.
responsabilidad *s. f.* Capacidad de todo sujeto activo para reconocer y aceptar las consecuencias de un hecho realizado.
responsable *adj.* Obligado a responder de alguna cosa o por alguna persona.
responso *s. m.* **1.** Responsorio que se dice por los difuntos. **2.** *fam.* Reprimenda.
responsorio *s. m.* Ciertos versículos y preces que se dicen en el rezo.
respuesta *s. f.* **1.** Satisfacción a una pregunta o duda. **2.** Contestación a una carta.
resquebradura *s. f.* Hendedura, grieta.
resquebrajar *v. tr.* Hender ligeramente algunos cuerpos duros, producir grietas.
resquebrajoso, sa *adj.* Que se resquebraja o puede resquebrajarse con facilidad.
resquicio *s. m.* **1.** Abertura comprendida entre el quicio y la puerta. **2.** *fig.* Coyuntura u ocasión que se proporciona para un fin.
resta *s. f.* **1.** Operación de restar. **2.** Residuo de dicha operación.
restablecer *v. tr.* **1.** Volver a establecer una cosa. ‖ *v. prnl.* **2.** Recobrar la salud, repararse de una dolencia u otro daño.
restablecimiento *s. m.* Acción y efecto de restablecer.
restallar *v. intr.* **1.** Chasquear la honda o el látigo. **2.** Crujir, hacer fuerte ruido.
restañar *v. tr.* Estancar el curso de un líquido, en especial la sangre. También intr.
restar *v. tr.* **1.** Separar una parte de un todo y hallar el residuo que queda. **2.** Hallar la diferencia entre dos cantidades.
restaurante *s. m.* Establecimiento donde se sirven comidas.
restaurar *v. tr.* **1.** Recuperar o recobrar. **2.** Reparar, volver a poner una cosa en aquel estado o estimación que antes tenía. **3.** Reparar una pintura, escultura, etc. del deterioro que haya sufrido.
restinga *s. f.* Banco de arena o piedra debajo del agua y a poca profundidad, que en algunos casos emerge formando islotes.
restitución *s. f.* Acción y efecto de restituir.
restituir *v. tr.* Volver una cosa a quien la tenía antes.
resto *s. m.* Residuo, parte que queda.
restregar *v. tr.* Frotar mucho una cosa.
restricción *s. f.* Limitación en una actividad.
restrictivo, va *adj.* Se dice de lo que tiene virtud o fuerza para restringir y apretar.
restricto, ta *adj.* Limitado, ceñido o preciso.
restringir *v. tr.* Ceñir a menores límites.
resucitar *v. tr.* **1.** Volver la vida a un muerto. ‖ *v. intr.* **2.** Volver alguien a la vida.
resudar *v. intr.* Sudar ligeramente.
resuello *s. m.* Respiración, especialmente la violenta.
resulta *s. f.* **1.** Efecto de una acción. **2.** Lo que últimamente se resuelve en una deliberación o conferencia.
resultado *s. m.* Efecto y consecuencia de un hecho, operación o deliberación.
resultante *adj.* Se dice de una fuerza que equivale al conjunto de otras varias.
resultar *v. intr.* **1.** Redundar, venir a parar una cosa en provecho o daño de una persona o de algún fin. **2.** Nacer, producirse o ser efecto una cosa de otra.
resumen *s. m.* Exposición resumida de un asunto o materia.
resumir *v. tr.* Reducir a términos breves y precisos lo esencial de un asunto o materia.
resurgimiento *s. m.* Acción y efecto de resurgir.
resurgir *v. intr.* **1.** Surgir de nuevo, volver a aparecer. **2.** Resucitar.
resurrección *s. f.* **1.** Acción y efecto de resucitar. **2.** Por antonom., la de Jesucristo.
retablo *s. m.* Conjunto o colección de figuras pintadas o de talla, que representan en serie una historia o suceso.
retacar *v. tr.* **1.** Herir dos veces la bola con el taco en el juego de trucos y billar. **2.** Hacer más compacta una cosa apretando su contenido.
retaco, ca *adj.* **1.** Se dice de la persona rechoncha. ‖ *s. m.* **2.** Escopeta corta reforzada en la recámara.
retaguardia *s. f.* Postrer cuerpo de tropa que cubre las marchas y movimientos de un ejército en marcha o en operaciones.
retahíla *s. f.* Serie de muchas cosas que van ordenadas una tras otra.
retajar *v. tr.* Cortar en redondo una cosa.

retal *s. m.* Pedazo sobrante de una tela, piel, chapa, etc.

retama *s. f.* Mata leguminosa papilionácea, con muchas ramas delgadas, flores amarillas en racimos y fruto de vaina.

retar *v. tr.* Provocar a duelo o contienda.

retardación *s. f.* Acción y efecto de retardar.

retardar *v. tr.* Diferir, detener la ejecución de una cosa. También prnl.

retazar *v. tr.* Hacer piezas o pedazos una cosa.

retazo *s. m.* **1.** Retal de una tela. **2.** Pedazo de cualquier cosa. **3.** *fig.* Trozo o fragmento de un razonamiento o discurso.

retejar *v. tr.* Recorrer los tejados, poniendo las tejas que les faltan.

retejer *v. tr.* Tejer unida y apretadamente.

retel *s. m.* Arte usado para la pesca de cangrejos de río.

retemblar *v. intr.* Temblar con movimiento repetido.

retén *s. m.* **1.** Prevención que se tiene de una cosa. **2.** Tropa dispuesta para reforzar un puesto militar cuando se requiera.

retención *s. f.* **1.** Acción y efecto de retener. **2.** Parte o totalidad retenida de un sueldo u otro haber. **3.** Detención en el cuerpo humano de un humor que debiera expelerse.

retener *v. tr.* No devolver una cosa.

retentiva *s. f.* Facultad de retener datos en la mente.

reticencia *s. f.* Efecto de no decir sino en parte, o de dar a entender que se oculta algo que pudiera decirse.

reticular *adj.* De figura de redecilla o red.

retículo *s. m.* **1.** Tejido en forma de red. **2.** Conjunto de dos o más hilos cruzados o paralelos que se pone en el foco de algunos instrumentos ópticos y sirve para precisar la visual o efectuar medidas muy delicadas.

retina *s. f.* Membrana interior del ojo, formada por expansiones del nervio óptico y en la que se reciben las impresiones luminosas y se representan las imágenes de los objetos.

retinar *v. tr.* Manipular con la lana en las fábricas de paños.

retiración *s. f.* Molde para imprimir por la segunda cara el papel que está ya impreso por la primera.

retirada *s. f.* Acción y efecto de retirarse.

retirado, da *adj.* **1.** Que se encuentra distante, apartado. **2.** Se dice del militar que deja oficialmente el servicio, conservando algunos derechos. **3.** Por ext., se dice también de funcionarios y otros trabajadores que alcanzan la situación de retiro.

retirar *v. tr.* **1.** Apartar o separar una persona o cosa de otra o de un sitio. **2.** Apartar de la vista una cosa. **3.** Expulsar.

retiro *s. m.* **1.** Lugar apartado del concurso de la gente. **2.** Recogimiento, apartamiento. **3.** Situación del trabajador jubilado.

reto *s. m.* Citación al duelo o desafío.

retocar *v. tr.* **1.** Volver a tocar o tocar repetidas veces una cosa. **2.** Restaurar las pinturas deterioradas.

retoñar *v. intr.* Volver a echar vástagos la planta.

retoño *s. m.* Vástago, tallo que echa de nuevo la planta.

retoque *s. m.* Última mano que se da a cualquier obra.

retor *s. m.* Tela de algodón fuerte y ordinaria, con la trama y urdimbre muy torcidas.

retorcer *v. tr.* **1.** Torcer mucho una cosa, dándole vueltas alrededor. También prnl. **2.** *fig.* Dirigir un argumento o raciocinio contra el mismo que lo hace.

retorcimiento *s. m.* Acción y efecto de retorcer o retorcerse.

retórica *s. f.* Arte de bien decir, de dar al lenguaje eficacia para deleitar, persuadir, etc.

retornar *v. tr.* **1.** Devolver, restituir. **2.** Volver a torcer una cosa.

retornelo *s. m.* Frase que servía de preludio a una composición, que después se repetía en medio de ésta o al final y que se usa en algunos villancicos y otras canciones.

retorno *s. m.* **1.** Acción y efecto de retornar. **2.** Compra o trueque.

retorta *s. f.* Vasija de cuello largo encorvado.

retortero *s. m.* Vuelta alrededor.

retortijón *s. m.* Ensortijamiento de una cosa.

retozar *v. intr.* Saltar y brincar alegremente.

retracción *s. f.* **1.** Acción y efecto de retraer. **2.** Reducción persistente de volumen en ciertos tejidos orgánicos.

retractación *s. f.* Acción de retractarse.

retractar *v. tr.* Revocar expresamente lo que se ha dicho, desdecirse de ello.

retráctil *adj.* Se dice de los órganos que pueden encogerse o retroceder quedando ocultos al exterior.
retraer *v. tr.* **1.** Volver a traer alguna cosa. **2.** Disuadir de un propósito. También prnl.
retraído, da *adj.* Que gusta de la soledad.
retraimiento *s. m.* Reserva, poca comunicación con los demás.
retranca *s. f.* Correa ancha.
retrasar *v. tr.* Diferir o suspender la ejecución de una cosa. También prnl.
retraso *s. m.* Acción y efecto de retrasar.
retratar *v. tr.* Hacer el retrato de una persona o cosa dibujando su figura o por medio de la fotografía, escultura, etc.
retrato *s. m.* Pintura o efigie que representa alguna persona o cosa.
retreparse *v. prnl.* **1.** Echar hacia atrás la parte superior del cuerpo. **2.** Recostarse en la silla de tal modo que ésta se incline hacia atrás.
retreta *s. f.* Toque militar que se usa para marchar en retirada, y para avisar a la tropa que se recoja por la noche al cuartel.
retrete *s. m.* Cuarto retirado y acondicionado para satisfacer algunas necesidades corporales.
retribución *s. f.* Recompensa o pago de una cosa.
retribuir *v. tr.* Recompensar o pagar un servicio o favor.
retroactividad *s. f.* Calidad de retroactivo.
retroactivo, va *adj.* Que obra o tiene fuerza sobre lo pasado.
retroceder *v. intr.* Volver hacia atrás.
retroceso *s. m.* **1.** Acción y efecto de retroceder. **2.** Recrudescencia de una enfermedad.
retrógrado, da *adj.* Partidario de instituciones políticas o sociales propias de tiempos pasados.
retropilastra *s. f.* Pilastra que se pone detrás de una columna.
retrospectivo, va *adj.* Que se refiere a tiempo pasado.
retrotraer *v. tr.* Fingir que una cosa sucedió en un tiempo anterior a aquel en que realmente ocurrió. También prnl.
retrovender *v. tr.* Volver el comprador una cosa al mismo de quien la compró, devolviéndole éste el precio.
retruécano *s. m.* Inversión de los términos de una cláusula en otra subsiguiente para que el sentido de esta última forme contraste o antítesis con el de la anterior.
retumbar *v. intr.* Resonar mucho o hacer gran estruendo una cosa.
retumbo *s. m.* Acción y efecto de retumbar.
reumatismo *s. m.* Enfermedad que se manifiesta por dolores en las articulaciones, o en las partes musculares y fibrosas del cuerpo.
reunión *s. f.* Conjunto de personas reunidas.
reunir *v. tr.* **1.** Volver a unir. **2.** Juntar, congregar varias cosas o personas dispersas.
revacunar *v. tr.* Volver a vacunar al que ya está vacunado.
reválida *s. f.* **1.** Acción y efecto de revalidarse. **2.** Examen final para obtener un grado académico.
revalidar *v. tr.* **1.** Ratificar, dar nuevo valor y firmeza a algo. ‖ *v. prnl.* **2.** Hacer el examen para obtener un grado académico.
revancha *s. f.* Venganza, represalia.
revelación *s. f.* **1.** Acción y efecto de revelar. **2.** Manifestación de una verdad oculta.
revelar *v. tr.* Descubrir lo secreto o ignorado.
revender *v. tr.* Vender uno lo que otra persona le ha vendido.
revenirse *v. prnl.* Ponerse una masa blanda y correosa debido al calor o a la humedad.
reventa *s. f.* Acción y efecto de revender.
reventar *v. intr.* Abrirse una cosa por impulso interior. También prnl.
reventón *s. m.* Acción y efecto de reventar una cosa.
reverberación *s. f.* **1.** Acción y efecto de reverberar. **2.** Prolongación del sonido tras haber cesado la fuente sonora.
reverberar *v. intr.* Hacer reflexión la luz de un cuerpo luminoso en otro bruñido.
reverdecer *v. intr.* Cobrar nuevo verdor los campos. También tr.
reverencia *s. f.* **1.** Respeto o veneración que una persona tiene a otra. **2.** Inclinación del cuerpo en señal de respeto.
reverenciar *v. tr.* Respetar o venerar a Dios, a los santos, cosas sagradas, etc.
reverendo, da *adj.* **1.** Digno de reverencia. **2.** Como tratamiento, se aplica a las dignidades eclesiásticas y a los prelados y superiores de las órdenes religiosas.
reversible *adj.* Se aplica a la prenda, etc. a la que se puede dar la vuelta para su uso.

reversión *s. f.* Restitución de una cosa al estado que tenía.

reverso, sa *s. m.* **1.** Revés. **2.** En las monedas y medallas, haz opuesto al anverso.

reverter *v. intr.* Rebosar o salir una cosa de sus términos o límites.

revertir *v. intr.* Volver una cosa a la propiedad del dueño que tuvo antes.

revés *s. m.* **1.** Espalda o parte opuesta de una cosa. **2.** *fig.* Infortunio, contratiempo.

revestimiento *s. m.* Capa o cubierta con que se resguarda o adorna una superficie.

revestir *v. tr.* **1.** Vestir una ropa sobre otra. **2.** Disfrazar una realidad con artificios.

revirar *v. tr.* **1.** Desviar una cosa de su posición normal. ‖ *v. intr.* **2.** Volver a virar.

revisar *v. tr.* **1.** Ver con atención una cosa. **2.** Someter algo a examen para corregirlo.

revisión *s. f.* Acción de revisar.

revisor *adj.* **1.** Que revisa o examina con cuidado una cosa. ‖ *s. m. y s. f.* **2.** Persona que tiene por oficio revisar o reconocer una cosa. **3.** En los ferrocarriles, persona que comprueba que el viajero va provisto de billete.

revista *s. f.* **1.** Inspección que un jefe hace de las personas o cosas sometidas a su cuidado o autoridad. **2.** Publicación periódica por cuadernos, con escritos sobre varias materias, o sobre una sola.

revivir *v. intr.* **1.** Volver la vida. **2.** Volver en sí la persona que parecía muerta.

revocación *s. f.* **1.** Acción y efecto de revocar. **2.** Anulación, casación de un acto, mandato, o de un fallo o decreto.

revocar *v. tr.* **1.** Dejar sin efecto una concesión, mandato o resolución. **2.** Enlucir de nuevo las paredes exteriores de un edificio.

revolcar *v. tr.* Derribar a alguien y maltratarle, dándole vueltas por el suelo.

revolotear *v. intr.* Volar haciendo tornos o giros en poco espacio.

revoloteo *s. m.* Acción y efecto de revolotear.

revoltillo *s. m.* **1.** Conjunto de cosas sin orden ni método. **2.** *fig.* Confusión, enredo.

revoltoso, sa *adj.* **1.** Sedicioso, alborotador. **2.** Travieso, enredador, revuelto.

revolución *s. f.* **1.** Alboroto, sedición. **2.** Cambio violento en las instituciones políticas de la nación.

revolucionario, ria *adj.* **1.** Perteneciente o relativo a la revolución. **2.** Partidario de ella. **3.** Alborotador, turbulento.

revolver *v. tr.* **1.** Agitar una cosa de un lado a otro o de arriba abajo. **2.** Enredar, inquietar, promover alborotos.

revólver *s. m.* Pistola de cilindro giratorio con varias recámaras.

revoque *s. m.* Mezcla de cal y arena, u otro material análogo, con que se revoca.

revuelo *s. m.* Turbación de algunas cosas o agitación e inquietud entre las personas.

revuelta *s. f.* Alboroto, sedición.

revulsión *s. f.* Medio curativo que consiste en congestionar, o inflamar la piel o la mucosa para mitigar o suprimir la originada en otra parte del cuerpo.

revulsivo, va *adj.* Se aplica al medicamento que produce revulsión. También s. m.

rey *s. m.* **1.** Monarca o príncipe soberano de un reino. **2.** Pieza principal del juego de ajedrez. **3.** Carta duodécima de cada palo de la baraja, que tiene dibujada la figura de un rey.

reyerta *s. f.* Contienda, disputa violenta.

reyezuelo *s. m.* Pájaro cantor, de plumaje vistoso por la variedad de sus colores.

rezagar *v. tr.* Dejar atrás una cosa.

rezar *v. tr.* Orar vocalmente pronunciando oraciones aprobadas por la Iglesia.

rezo *s. m.* **1.** Acción de rezar. **2.** Cosa que se reza. **3.** Oficio eclesiástico que se reza diariamente.

rezongar *v. intr.* Gruñir, protestar.

rezumar *v. tr.* Transpirar un líquido por los poros de un recipiente. También prnl.

ría *s. f.* Parte del río próxima a su entrada en el mar, hasta donde llegan las mareas y se mezcla el agua dulce con la salada.

riachuelo *s. m.* Río pequeño de poco caudal.

riada *s. f.* Avenida, crecida de las aguas.

ribaldo, da *adj.* **1.** Pícaro. **2.** Rufián.

ribazo *s. m.* Porción de tierra con alguna elevación y declive.

ribera *s. f.* Margen y orilla del mar o río.

ribete *s. m.* **1.** Cinta o cosa análoga con que se guarnece la orilla del vestido, calzado, etc. ‖ *s. m. pl.* **2.** Asomo de una cosa.

ribetear *v. tr.* Echar ribetes.

ricino *s. m.* Planta euforbiácea, de cuyas semillas se extrae un aceite purgante.

rico, ca *adj.* **1.** Se dice de la persona de alto linaje, o de conocida bondad. **2.** Se dice de la persona que tiene mucho dinero.

rictus *s. m.* Contracción de los labios.

ridiculez *s. f.* Dicho o hecho extravagante.

ridiculizar *v. tr.* Burlarse de alguien o algo por las extravagancias o defectos que tiene.

ridículo, la *adj.* **1.** Que por su rareza mueve a risa. **2.** Escaso, de poca estimación.

riego *s. m.* Agua disponible para regar.

riel *s. m.* **1.** Barra pequeña de metal en bruto. **2.** Carril, de una vía férrea.

rielar *v. intr., poét.* Brillar con luz trémula.

rienda *s. f.* Cada una de las correas o cuerdas que sirven para gobernar las caballerías.

riesgo *s. m.* Contingencia de un daño.

rifa *s. f.* Juego que consiste en sortear una cosa entre varios.

rifar *v. tr.* **1.** Sortear una cosa en rifa. ‖ *v. prnl.* **2.** Romperse una vela.

rifirrafe *s. m., fam.* Contienda, bulla ligera.

rifle *s. m.* Fusil rayado de procedencia norteamericana.

rigidez *s. f.* Calidad de rígido.

rígido, da *adj.* **1.** Inflexible. **2.** *fig.* Riguroso, severo.

rigodón *s. m.* Cierta especie de contradanza.

rigor *s. m.* **1.** Severidad escrupulosa. **2.** Propiedad, exactitud.

rigorismo *s. m.* Exceso de severidad, especialmente en materias morales o legales.

riguroso, sa *adj.* **1.** Áspero y acre. **2.** Gobernado por la austeridad.

rija *s. f.* Fístula debajo del lagrimal.

rima *s. f.* Semejanza entre los sonidos finales de un verso.

rimar *v. intr.* Componer en verso con rima.

rimbombante *adj., fig.* Se dice de lo que se hace o conlleva ostentación.

rimero *s. m.* Pila o montón de cosas puestas unas sobre otras.

rincón *s. m.* Ángulo entrante que se forma en el encuentro de dos superficies.

rinconada *s. f.* Ángulo entrante que se forma en la unión de dos casas, calles, etc.

rinconera *s. f.* Mesa o estante pequeños comúnmente de figura triangular, que se colocan en un rincón de una habitación.

ring *s. m.* Cuadrilátero.

ringlera *s. f.* Fila de cosas puestas unas tras otras.

ringorrango *s. m.* **1.** *fam.* Rasgo de pluma exagerado e inútil, en la escritura. **2.** *fig. y fam.* Cualquier adorno superfluo o de mal gusto.

rinitis *s. f.* Inflamación de las mucosas de la nariz.

rinoceronte *s. m.* Mamífero perisodáctilo, corpulento, de patas cortas, cabeza estrecha con el hocico puntiagudo y uno o dos cuernos sobre la línea media de la nariz.

riña *s. f.* Pendencia, disputa.

riñón *s. m.* Cada una de las dos glándulas secretorias de la orina situadas una a cada lado de la columna vertebral.

riñonada *s. f.* Tejido adiposo que envuelve los riñones.

río *s. m.* Corriente de agua que se origina en la tierra y fluye continuamente hasta desembocar en otra o en el mar.

ripio *s. m.* **1.** Residuo que queda de una cosa. **2.** Palabra superficial que se emplea con el único objeto de completar el verso.

riqueza *s. f.* Abundancia de bienes.

risa *s. f.* Lo que mueve a reír.

risco *s. m.* **1.** Corte, hendedura. **2.** Peñasco alto o escarpado.

risible *adj.* **1.** Capaz de reírse. **2.** Que causa risa.

risotada *s. f.* Carcajada, risa estrepitosa.

ristra *s. f.* Trenza hecha de los tallos de ajos o cebollas con un número de ellos o de ellas.

ristre *s. m.* Hierro del peto de la armadura antigua.

risueño, ña *adj.* **1.** Que muestra risa en el semblante. **2.** Que con facilidad se ríe.

rítmico, ca *adj.* Perteneciente al ritmo o al metro.

ritmo *s. m.* Armoniosa combinación y sucesión de sílabas, notas musicales, movimientos, etc. que se logra combinando acertadamente pausas, acentos, voces, etc.

rito *s. m.* **1.** Costumbre o ceremonia. **2.** Conjunto de reglas establecidas para el culto.

ritual *s. m.* Conjunto de ritos de una iglesia o de una religión.

rival *s. m. y s. f.* Persona que compite con otra por la consecución de una cosa.

rivalidad *s. f.* **1.** Oposición entre dos o más personas que aspiran a obtener una misma cosa. **2.** Enemistad.

rivera *s. f.* Arroyo, riachuelo.

riza *s. f.* Estrago hecho en una cosa.

rizar *v. tr.* **1.** Formar artificialmente en el pelo sortijillas, bucles, etc. **2.** Mover el viento la mar formando olas pequeñas.

rizo *s. m.* Mechón de pelo que tiene forma de sortija o bucle.

rizoma *s. m.* Tallo horizontal y subterráneo.

rizópodo *s. m.* Protozoarios cuyo protoplasma emite prolongaciones o seudópodos.

róbalo *s. m.* Pez marino, acantopterigio, con vientre blanco y dorso azul oscuro, dos aletas en el lomo y cola recta.

robar *v. tr.* **1.** Tomar para sí con violencia lo ajeno. **2.** Hurtar, de cualquier modo.

roblar *v. tr.* Remachar un clavo, perno, etc.

roble *s. m.* Árbol fagáceao, de madera dura y muy apreciada, cuyo fruto es la bellota.

robledal *s. m.* Robledo de gran extensión.

roblón *s. m.* Especie de clavo de hierro que después de pasado por los taladros de las piezas que ha de asegurar se remacha por el extremo opuesto.

robo *s. m.* Cosa robada.

robustecer *v. tr.* Dar robustez.

robusto, ta *adj.* Fuerte y vigoroso.

roca *s. f.* Sustancia mineral que forma parte importante de la masa terrestre.

rocadero *s. m.* Armazón en figura de piña que en la rueca sirve para poner el copo que se va a hilar.

rocalla *s. f.* Conjunto de piedras desprendidas de las rocas por efecto de la erosión o de haber sido labradas.

roce *s. m., fig.* Trato frecuente entre las personas.

rociar *v. intr.* **1.** Caer sobre la tierra el rocío. ‖ *v. tr.* **2.** Esparcir un líquido en gotas muy pequeñas. **3.** *fig.* Arrojar algunas cosas de manera que caigan diseminadas.

rocín *s. m.* Caballo de poca alzada y mal aspecto en general.

rocinante *s. m., fig.* Rocín.

rocío *s. m.* Vapor que en el frío de la noche se condensa en la atmósfera en gotas pequeñas y cae sobre la tierra o las plantas.

roda *s. f.* Pieza gruesa y curva, de madera o de hierro, que forma la proa de la nave.

rodaballo *s. m.* Pez teleósteo, anacanto, con el cuerpo aplanado y blanquecino en el vientre y azulado en el dorso.

rodada *s. f.* Señal que deja impresa la rueda de un vehículo en el suelo.

rodado, da *adj.* Se dice de los pedazos de mineral desprendidos de la veta y esparcidos por el suelo.

rodaja *s. f.* **1.** Pieza circular y plana. **2.** Tajada circular o rueda de algunos alimentos.

rodaje *s. m.* **1.** Conjunto de ruedas. **2.** Impuesto o arbitrio sobre los carruajes.

rodapié *s. m.* **1.** Paramento que cubre los pies da camas, mesas y otros muebles. **2.** Zócalo de una pared.

rodar *v. intr.* **1.** Dar vueltas un cuerpo alrededor de su eje, con o sin desplazamiento. **2.** Moverse una cosa por medio de ruedas. **3.** Caer dando vueltas o resbalando. ‖ *v. tr.* **4.** Filmar una película.

rodear *v. intr.* **1.** Andar alrededor. **2.** Ir por camino más largo que el ordinario.

rodela *s. f.* Escudo redondo y delgado que cubría el pecho al que se servía de él.

rodeno, na *adj.* Rojo.

rodeo *s. m.* Camino más largo o desviación del camino derecho.

rodete *s. m.* **1.** Rosca de lienzo u otra materia que se pone en la cabeza para cargar y llevar sobre ella un peso. **2.** Chapa circular de la cerradura, que permite girar únicamente la llave cuyas guardas se ajustan a ella.

rodezno *s. m.* Rueda hidráulica con paletas curvas y eje vertical.

rodilla *s. f.* Conjunto de partes que forman la unión del muslo con la pierna, y especialmente la parte anterior de dicha región.

rodillera *s. f.* Lo que se pone para comodidad, defensa o adorno de la rodilla.

rodillo *s. m.* **1.** Madero redondo y fuerte sobre el cual se coloca una cosa de mucho peso para arrastrarla con más facilidad. **2.** Cilindro muy pesado que se hace rodar sobre la tierra para allanarla o para consolidar el firme de las carreteras. **3.** Cilindro que se emplea para dar tinta en las imprentas, litografías, etc.

rodio *s. m.* Metal raro de color blanco de plata, que es difícilmente fusible.

rododendro *s. m.* Arbolillo o arbusto ericáceo que se cultiva como planta de adorno por la hermosura de sus flores.

rodrigar *v. tr.* Poner rodrigones a las plantas.

rodrigón *s. m.* Vara que se clava al pie de una planta para sostener sus tallos y ramas.

roedor, ra *adj.* Se dice del mamífero unguiculado con los incisivos dispuestos para roer, como el ratón, el conejo, etc.

roel *s. m.* Pieza redonda en los escudos de armas.

roela *s. f.* Disco de oro o de plata en bruto.

roer *v. tr.* Cortar o desmenuzar con los dientes la superficie de una cosa dura.

rogación *s. f.* Acción de rogar.

rogar *v. tr.* Pedir por gracia una cosa.

rogativa *s. f.* Oración pública hecha a Dios para conseguir el remedio de una necesidad grave. Se usa más en pl.

rojez *s. f.* Calidad de rojo.

rojo, ja *adj.* Se dice del color encarnado muy vivo.

rol *s. m.* **1.** Lista, nómina o catálogo. **2.** Licencia que lleva el capitán de un buque en la cual consta la lista de la marinería.

rollizo, za *adj.* Robusto y grueso.

rollo *s. m.* Cualquier materia que toma forma cilíndrica por rodar o dar vueltas.

romadizo *s. m.* Catarro de la membrana pituitaria.

romana *s. f.* Instrumento para pesar formado por una palanca de brazos desiguales.

romance *adj.* **1.** Se dice de cada una de las lenguas modernas derivadas del latín. ‖ *s. m.* **2.** Combinación métrica cuya rima se reduce a la asonancia de los versos pares.

romancear *v. tr.* **1.** Traducir al romance. **2.** Explicar con otras voces la oración castellana para facilitar el ponerla en latín.

romancero *s. m.* Colección de romances.

romanear *v. tr.* **1.** Pesar con la romana. **2.** Levantar en vilo a alguien o algo.

romanero *s. m.* Fiel de romana.

romántico, ca *adj.* Sentimental y fantástico.

romanza *s. f.* Aria generalmente de carácter sencillo y tierno.

romaza *s. f.* Hierba perennepoligonácea, cuyas hojas se comen en potaje y la raíz, en cocimiento, se usa como tónico y laxante.

rombo *s. m.* Paralelogramo de lados iguales y dos de sus ángulos mayores que los otros dos.

romboide *s. m.* Paralelogramo cuyos lados contiguos son desiguales y dos de sus ángulos mayores que los otros dos.

romería *s. f.* Peregrinación, especialmente la que se hace por devoción a un santuario.

romero *s. m.* Planta labiada, con tallos ramosos, hojas lineales y flores en racimos axilares de color azulado. Es aromática y se usa en medicina y perfumería.

romo, ma *adj.* **1.** Obtuso y sin punta. **2.** De nariz pequeña y poco puntiaguda.

rompecabezas *s. m., fig. y fam.* Problema o acertijo de difícil solución.

rompehielos *s. m.* Buque acondicionado para navegar por mares en los que abunda el hielo.

romper *v. tr.* **1.** Separar con más o menos violencia las partes de un todo. **2.** Hacer pedazos una cosa. **3.** Desgastar, destrozar.

rompiente *s. m.* Bajo o costa donde, cortado el curso de la corriente de un río o el de las olas, rompe y se levanta el agua.

rompimiento *s. m.* **1.** Acción y efecto de romper. **2.** Abertura o quiebra en un cuerpo sólido.

ron *s. m.* Licor alcohólico que se saca de una mezcla fermentada de melazas y zumo de caña de azúcar.

ronca *s. f.* Grito del gamo en época de celo.

roncar *v. intr.* **1.** Hacer ruido bronco con la respiración cuando se duerme. **2.** Llamar el gamo a la hembra cuando está en celo.

roncear *v. intr.* Retardar la ejecución de una cosa por hacerla de mala gana.

roncería *s. f.* **1.** Tardanza o lentitud en hacer lo que se manda. **2.** *fam.* Expresión de halago para conseguir un fin.

roncha¹ *s. f.* Cardenal.

roncha² *s. f.* Tajada delgada de cualquier cosa, cortada en redondo.

ronco, ca *adj.* **1.** Que tiene ronquera. **2.** Se aplica también a la voz o sonido áspero.

rondalla *s. f.* **1.** Cuento, patraña. **2.** Conjunto musical de instrumentos de cuerda.

rondar *v. intr.* **1.** Recorrer de noche una población, campamento, etc. para vigilar ciertos servicios o impedir los desórdenes, la persona que tiene este ministerio. **2.** Andar de noche paseando las calles. **3.** Pasear los mozos las calles donde viven las mozas a quienes galantean.

rondó *s. m.* Composición musical cuyo tema se repite o insinúa varias veces.

ronquear *v. intr.* Estar ronco.

ronquera *s. f.* Afección de la laringe, que cambia el timbre de la voz echándole bronco y poco sonoro.

ronquido *s. m.* Ruido que se hace roncando.
ronzal *s. m.* Cuerda que se ata al pescuezo o a la cabeza de las caballerías con el fin de sujetarlas o conducirlas caminando.
ronzar *v. tr.* Mascar las cosas duras, quebrantándolas con algún ruido.
roña *s. f.* **1.** Sarna del ganado lanar. **2.** Porquería pegada fuertemente.
roñoso, sa *adj.* **1.** Que tiene o padece roña. **2.** Que está muy sucio.
ropa *s. f.* Todo género de tela que sirve para el uso o adorno de las personas o cosas.
ropaje *s. m.* **1.** Vestidura larga, vistosa y de autoridad. **2.** Conjunto de ropas.
ropero *s. m.* Armario o cuarto donde se guarda ropa.
ropilla *s. f.* Vestidura corta con mangas y brahones que se ponía sobre el jubón.
ropón *s. m.* Ropa larga que se pone suelta sobre los demás vestidos.
roque *s. m.* Torre del ajedrez.
roquete *s. m.* Especie de sobrepelliz de mangas cortas.
rorcual *s. m.* Ballena de los mares del Norte que llega a pesar 150 toneladas.
rorro *s. m., fam.* Niño pequeño.
rosa *s. f.* Flor del rosal.
rosáceo, a *adj.* **1.** De color parecido al de la rosa. **2.** Se aplica a árboles, arbustos, hierbas dicotiledóneos, de hojas alternas, compuestas y con estípulas; flores completas actinomorfas y fruto muy variable con semillas sin albumen, como el almendro, la fresa, etc.
rosado, da *adj.* Se aplica al color de la rosa.
rosal *s. m.* Arbusto rosáceo, con tallos ramosos, hojas alternas; flores terminales, solitarias o en panoja, blancas, amarillas o rojas en diversos matices según las variedades.
rosaleda *s. f.* Lugar donde hay muchos rosales.
rosario *s. m.* **1.** Rezo de la Iglesia en que se conmemoran los quince misterios de la Virgen. **2.** Sarta de cuentas que sirve para rezar ordenadamente el Rosario.
rosbif *s. m.* Carne de vaca poco asada.
rosca *s. f.* **1.** Máquina que se compone de tornillo y tuerca. **2.** Pan o bollo de esta forma.
roscón *s. m.* Bollo en forma de rosca grande.
roséola *s. f.* Enfermedad caracterizada por la aparición de pequeñas manchas rosáceas en la piel.
roseta *s. f.* Joya adornada con una piedra preciosa a la que rodean otras pequeñas.
rosetón *s. m.* Ventana circular calada, con adornos.
rosicler *s. m.* **1.** Color rosado, claro y suave, de la aurora. **2.** Plata roja.
rosoli *s. m.* Licor compuesto de aguardiente mezclado con azúcar, canela, anís, etc.
rosquilla *s. f.* Masa dulce y delicada formada en figura de roscas pequeñas.
rostro *s. m.* **1.** Pico del ave. **2.** Cara, parte anterior de la cabeza.
rota *s. f.* **1.** Derrota, rumbo que lleva una embarcación. **2.** Derrota, fuga de un ejército vencido.
rotación *s. f.* Acción y efecto de rodar.
rotativo, va *adj.* Se dice de la máquina de imprimir que imprime los ejemplares de un periódico a gran velocidad.
rotatorio, ria *adj.* Que tiene movimiento circular.
roto, ta *adj.* Andrajoso, desastrado.
rotograbado *s. m.* Sistema de impresión por huecograbado mediante el empleo de rotativa.
rotonda *s. f.* Templo, edificio o sala de planta circular.
rotor *s. m.* Parte móvil de una máquina dinamoeléctrica.
rótula *s. f.* Hueso en la parte anterior de la articulación de la tibia con el fémur.
rotulación *s. f.* Acción y efecto de rotular.
rotular *v. tr.* Poner un rótulo.
rótulo *s. m.* Título, encabezamiento, letrero.
rotundidad *s. f.* Calidad de rotundo.
rotundo, da *adj.* **1.** *fig.* Aplicado al lenguaje, lleno y sonoro. **2.** *fig.* Terminante.
rotura *s. f.* Acción y efecto de romper.
roturación *s. f.* **1.** Acción y efecto de roturar. **2.** Terreno recién roturado.
roturar *v. tr.* Arar por primera vez las tierras para ponerlas en cultivo.
roya *s. f.* Hongo parásito que se cría en varios cereales y en otras plantas.
roza *s. f.* **1.** Acción y efecto de rozar. **2.** Tierra rozada para sembrar en ella. **3.** Surco abierto en una pared para empotrar tuberías.
rozadura *s. f.* Herida superficial de la piel.
rozamiento *s. m.* **1.** Roce. **2.** Disgusto leve entre dos personas o entidades.
rozar *v. tr.* **1.** Limpiar las tierras de las hierbas inútiles. ‖ *v. intr.* **2.** Pasar una cosa tocando li-

geramente la superficie de otra. || *v. prnl.* **3.** Tener trato entre sí dos o más personas.

rozno *s. m.* Borrico pequeño.

rozo *s. m.* **1.** Roza, acción y efecto de rozar. **2.** Leña menuda que se hace en la roza.

rúa *s. f.* **1.** Calle de un pueblo. **2.** Camino carretero.

rubefacción *s. f.* Rubicundez producida en la piel por algún tipo de alteración circulatoria.

rúbeo, a *adj.* Que tira a rojo.

rubéola *s. f.* Enfermedad infecciosa que se caracteriza por infartos ganglionares y una erupción semejante a la del sarampión.

rubescente *adj.* Que tira a rojo.

rubí *s. m.* Mineral cristalizado, más duro que el acero, de color rojo y brillo intenso.

rubia *s. f.* Planta vivaz rubiácea cuya raíz, seca y pulverizada, sirve para preparar una sustancia colorante roja usada en tintorería.

rubiáceo, a *adj.* Se dice de plantas dicotiledóneas, que tienen hojas simples y enterísimas, opuestas o verticiladas y con estípulas, flores con el cáliz adherente al ovario y fruto en cápsula, baya o drupa, como la rubia y el café.

rubicundez *s. f.* Color rojo que se presenta, a veces, en la piel y en las mucosas.

rubicundo, da *adj.* **1.** De color rubio que tira a rojo. **2.** Se aplica a la persona de buen color y aspecto sano.

rubidio *s. m.* Metal raro, semejante al potasio, aunque más blando y más pesado.

rubio, bia *adj.* De color rojo claro parecido al del oro.

rubor *s. m.* **1.** Color encarnado o rojo muy encendido. **2.** Color que la vergüenza saca al rostro y que lo pone encendido.

ruborizar *v. tr.* Causar rubor o vergüenza.

rúbrica *s. f.* Rasgo o rasgos de figura determinada que, como parte de la firma, pone cada cual después de su nombre o título. A veces se pone la rúbrica sola.

rubricar *v. tr.* Suscribir, firmar un despacho o papel y ponerle el sello.

ruda *s. f.* Planta perenne, rutácea, de olor fuerte y desagradable, usada en medicina.

rudeza *s. f.* Calidad de rudo.

rudimento *s. m.* **1.** Embrión o estado primordial e informe de un ser orgánico. **2.** Parte de un ser orgánico imperfectamente desarrollado. || *s. m. pl.* **3.** Primeros estudios de cualquier ciencia o profesión.

rudo, da *adj.* **1.** Tosco, sin pulimento. **2.** Necio, de inteligencia torpe.

rueca *s. f.* Instrumento que sirve para hilar.

rueda *s. f.* Pieza circular poca gruesa respecto a su radio, que puede girar sobre un eje.

ruedo *s. m.* **1.** Acción de rodar. **2.** Parte puesta alrededor de una cosa. **3.** Círculo o circunferencia de una cosa. **4.** Contorno, límite. **5.** Redondel de la plaza de toros.

ruego *s. m.* Acción y efecto de rogar.

rufián *s. m.* Hombre sin honor, perverso.

rufo, fa *adj.* Rubio, rojo o bermejo.

rugby *s. m.* Juego que se practica con un balón ovalado entre dos equipos de 15 jugadores cuyo objetivo es puntuar, bien colocando el balón detrás de la línea de ensayo del campo contrario, o bien lanzando el balón por encima de la portería contraria.

rugido *s. m.* **1.** Voz del león. **2.** Bramido.

rugir *v. intr.* **1.** Bramar el león. **2.** *fig.* Bramar una persona enojada. **3.** Crujir o rechinar y hacer ruido fuerte.

rugosidad *s. f.* Calidad de rugoso.

rugoso, sa *adj.* Que tiene arrugas.

ruibarbo *s. m.* Planta vivaz herbácea, poligonácea, cuya raíz se usa como purgante.

ruido *s. m.* **1.** Sonido inarticulado y confuso. **2.** *fig.* Pendencia, alboroto.

ruidoso, sa *adj.* **1.** Que causa mucho ruido. **2.** Se aplica a la acción o lance notable de la que se habla mucho.

ruin *adj.* **1.** Despreciable, bajo. **2.** De pequeño tamaño o entidad.

ruina *s. f.* **1.** Pérdida grande de los bienes de fortuna. **2.** Decadencia de una persona, familia, etc.

ruindad *s. f.* **1.** Calidad de ruin. **2.** Acción ruin.

ruiseñor *s. m.* Pájaro dentirrostro, con plumaje pardo rojizo y notable por su canto melodioso.

ruleta *s. f.* Juego de azar para el que se usa una rueda horizontal giratoria dividida en 36 casillas radiales, numeradas y pintadas alternativamente de negro y rojo.

rulo *s. m.* Bola gruesa u otra cosa redonda que rueda fácilmente.

rumbo *s. m.* **1.** Dirección en el plano del horizonte. **2.** Camino o método que se propone seguir una persona.

rumboso, sa *adj.* **1.** *fam.* Que tiene pompa. **2.** *fam.* Desprendido, generoso.

rumiante *adj.* Se aplica a los mamíferos vivíparos, que carecen de dientes incisivos en la mandíbula superior y tienen el estómago compuesto de cuatro cavidades.

rumiar *v. tr.* Masticar por segunda vez, volviéndolo a la boca, el alimento que ya estuvo en el depósito que a este efecto tienen algunos animales.

runfla *s. f.* **1.** Cierto juego de naipes. **2.** Triunfo en este juego de naipes. **3.** *fam.* Serie de varias cosas de una misma especie. **4.** *fig.* Muchedumbre de personas o cosas.

rumor *s. m.* **1.** Voz que corre entre el público. **2.** Ruido confuso de voces.

runrún *s. m., fam.* Rumor.

rupestre *adj.* Se dice de las pinturas y dibujos prehistóricos existentes en algunas rocas y cavernas.

rupia *s. f.* Enfermedad de la piel, caracterizada por la aparición de ampollas grandes que contienen un líquido oscuro.

ruptura *s. f.* Desavenencia en una relación.

rural *adj.* **1.** Perteneciente o relativo al campo y a las labores de él. **2.** *fig.* Tosco, apegado a cosas lugareñas.

rusticidad *s. f.* Calidad de rústico.

rústico, ca *adj.* **1.** Perteneciente o relativo al campo. **2.** *fig.* Tosco, grosero.

ruta *s. f.* **1.** Rumbo de un viaje. **2.** Itinerario para él.

rutenio *s. m.* Metal parecido al osmio, del que se distingue por tener óxidos de color rojo.

rutilar *v. intr., poét.* Brillar como oro, o resplandecer y despedir rayos de luz.

rutina *s. f.* Costumbre inveterada, hábito adquirido de hacer las cosas por mera práctica y sin razonarlas.

rutinario, ria *adj.* Que se hace o practica por rutina.

S

s *s. f.* Vigésima letra del abecedario español y decimosexta de sus consonantes.

sábado *s. m.* Día de la semana comprendido entre el viernes y el domingo.

sábalo *s. m.* Pez marino malacopterigio abdominal, con el cuerpo en forma de lanzadera.

sabana *s. f.* Llanura extensa sin vegetación arbórea.

sábana *s. f.* Cada una de las dos piezas de lienzo, de tamaño suficiente para cubrir la cama y colocar el cuerpo entre ambas.

sabandija *s. f.* **1.** Cualquier reptil pequeño o insecto, especialmente de los perjudiciales y molestos. **2.** *fig.* Persona despreciable.

sabanilla *s. f.* **1.** Cualquier pieza de lienzo pequeña. **2.** Cubierta exterior de lienzo con que se cubre el altar.

sabañón *s. m.* Rubicundez, hinchazón o ulceración de la piel, principalmente de las manos, pies y orejas.

sabático, ca *adj.* **1.** Se aplica al séptimo año, en que los hebreos dejaban descansar sus tierras. **2.** Se aplica al año de licencia con sueldo que conceden algunas universidades a su personal docente.

sabedor, ra *adj.* Conocedor de una cosa.

sabela *s. f.* Género de gusanos anélidos marítimos con las branquias colocadas en semicírculo.

saber[1] *s. m.* Conocimiento de una materia.

saber[2] *v. tr.* **1.** Tener noticia de una cosa. **2.** Ser docto en alguna materia. **3.** Tener habilidad para una cosa. ‖ *v. intr.* **4.** Estar informado de la existencia o estado de una persona o cosa. **5.** Tener sabor una cosa. **6.** Tener una cosa eficacia para un fin.

sabiduría *s. f.* Conocimiento profundo en ciencias, letras o artes.

sabiendas, a *adv. m.* **1.** De un modo cierto. **2.** Con conocimiento y deliberación.

sabio, bia *adj.* Se dice de la persona que posee sabiduría.

sabiondo, da *adj., fam.* Que presume de sabio sin serlo.

sable *s. m.* Arma blanca algo corva y generalmente de un solo corte.

sablear *v. intr., fam.* Sacar dinero con maña.

saboneta *s. f.* Reloj de bolsillo cuya tapa se abre apretando un muelle.

sabor *s. m.* **1.** Sensación que ciertos cuerpos producen en el órgano del gusto. **2.** *fig.* Impresión que una cosa produce en el ánimo.

saborear *v. tr.* **1.** Dar sabor y gusto a las cosas. **2.** Percibir detenidamente y con deleite el sabor de una cosa.

sabotaje *s. m.* **1.** Destrucción intencionada que para perjudicar a los patronos hacen los obreros en la maquinaria, productos, etc. **2.** *fig.* Oposición y obstaculización de proyectos, órdenes, decisiones, etc.

sabotear *v. tr.* Realizar actos de sabotaje.

sabroso, sa *adj.* **1.** Sazonado y grato al sentido del gusto. **2.** Deleitable al ánimo.

sabueso, sa *s. m. y s. f., fig.* Persona que sabe investigar y descubrir las cosas.

sábulo *s. m.* Arena gruesa y pesada.

saburra *s. f.* **1.** Secreción mucosa espesa que se acumula en las paredes del estómago. **2.** Capa blanquecina que cubre la lengua por efecto de dicha secreción.

saca *s. f.* Costal muy grande de tela fuerte.

sacabalas *s. m.* Instrumento de hierro para extraer los proyectiles ojivales del ánima de los cañones rayados.

sacabocados *s. m.* Instrumento de hierro que sirve para taladrar.

sacabuche *s. m.* Trompeta que se alarga y acorta para que haga la diferencia de voces.

sacacorchos *s. m.* Instrumento para quitar los tapones de corcho a las botellas.

sacadineros *s. m. y s. f., fam.* Persona que tiene arte para sacar dinero a otras con cualquier engaño.

sacamuelas *s. m. y s. f.* **1.** Persona que tiene por oficio sacar muelas. **2.** *fig.* Charlatán. **3.** *fig.* Embaucador.

sacanete *s. m.* Juego de envite y azar, en que se juntan y mezclan hasta seis barajas.

sacapuntas *s. m.* Instrumento para afilar la mina de los lapiceros.

sacar *v. tr.* **1.** Quitar una cosa del interior de otra. **2.** Quitar a una persona o cosa del sitio en que se halla. **3.** Aprender, averiguar, resolver. **4.** Descubrir por indicios. **5.** Hacer con fuerza o con maña que alguien diga o dé una cosa. **6.** Extraer de alguna cosa alguno de los principios o partes que la componen. **7.** Elegir por sorteo o por votos. **8.** Conseguir una cosa.

sacarificar *v. tr.* Convertir por hidratación las sustancias sacarígenas en azúcar.

sacarígeno, na *adj.* Se dice de la sustancia capaz de convertirse en azúcar mediante la hidratación, como las féculas.

sacarina *s. f.* Sustancia blanca pulverulenta, que se extrae de la brea de hulla y que endulza mucho más que el azúcar.

sacaroideo, a *adj.* Semejante en la estructura al azúcar de pilón.

sacarosa *s. f.* Azúcar.

sacatrapos *s. m.* **1.** Espiral de hierro que se atornilla en el extremo de la baqueta, y sirve para sacar los tacos del ánima de las armas de fuego. **2.** *fig. y fam.* Persona que sonsaca a otra para averiguar sus intenciones.

sacerdocio *s. m.* **1.** Dignidad y estado de sacerdote. **2.** Ejercicio y ministerio propio del sacerdote. **3.** *fig.* Consagración activa y celosa al desempeño de una profesión.

sacerdote *s. m.* **1.** Hombre dedicado y consagrado a hacer, celebrar y ofrecer sacrificios. **2.** En la iglesia católica, hombre consagrado a Dios, ungido y ordenado para celebrar y ofrecer el sacrificio de la misa.

sacerdotisa *s. f.* Mujer dedicada a ofrecer sacrificios a ciertas deidades gentílicas y cuidar de sus templos.

sachar *v. tr.* Escardar la tierra sembrada.

sacho *s. m.* Instrumento de hierro en figura de azadón pequeño que sirve para sachar.

saciar *v. tr.* **1.** Hartar y satisfacer de bebida o de comida. **2.** *fig.* Hartar y satisfacer en las cosas del ánimo.

saciedad *s. f.* Hartura producida por satisfacer con exceso el deseo de una cosa.

saco *s. m.* Receptáculo de tela, cuero, papel, etc., generalmente de forma rectangular, abierto por uno de los lados.

sacra *s. f.* Cada una de las tres hojas, impresas o manuscritas, que en sus correspondientes cuadros se suelen poner en el altar para que el sacerdote pueda leer algunas partes de la misa sin necesidad del misal.

sacramental *adj.* Perteneciente o relativo a los sacramentos.

sacramentar *v. tr.* **1.** Convertir el pan en el cuerpo de Jesucristo en el sacramento de la eucaristía. **2.** Administrar a un enfermo el viático y la extremaunción. **3.** *fig.* Ocultar, disimular, esconder.

sacramento *s. m.* **1.** Signo sensible de un efecto interior y espiritual que Dios obra en nuestras almas. **2.** Cristo sacramentado en la hostia.

sacrificar *v. tr.* **1.** Ofrecer o dar una cosa en reconocimiento de la divinidad. **2.** Matar las reses para el consumo. **3.** Poner a una persona o cosa en algún riesgo o trabajo en provecho de un interés. **4.** Renunciar a una cosa para conseguir otra.

sacrificio *s. m.* **1.** Ofrenda a una deidad en señal de homenaje o expiación. **2.** Acto del sacerdote al ofrecer en la misa el cuerpo de Cristo bajo las especies de pan y vino. **3.** *fig.* Peligro o trabajo grande a que se somete a una persona. **4.** *fig.* Acción a que alguien se sujeta con gran repugnancia. **5.** *fig.* Acto de abnegación inspirado por la vehemencia del cariño.

sacrilegio *s. m.* Profanación de una cosa, persona o lugar sagrados.

sacrílego, ga *adj.* **1.** Que comete o contiene sacrilegio. **2.** Relativo al sacrilegio.

sacristán *s. m.* Persona que en las iglesias ayuda al sacerdote y cuida de los ornamentos y de la limpieza de la iglesia y sacristía.

sacristana *s. f.* Religiosa que en un convento cuida de las cosas de la sacristía.

sacristía *s. f.* Lugar, en las iglesias, donde se revisten los sacerdotes y están guardados los ornamentos y otras cosas pertenecientes al culto.

sacro, cra *adj.* **1.** Sagrado. **2.** Referente a la región en que está situado el hueso sacro, desde el lomo hasta el cóccix.

sacrosanto, ta *adj.* Sagrado y santo.

sacudida *s. f.* Sacudimiento.

sacudimiento *s. m.* Acción y efecto de sacudir.

sacudir *v. tr.* **1.** Mover violentamente una cosa a una y otra parte. **2.** Golpear una cosa o agitarla con violencia en el aire con el fin de quitarle el polvo, enjugarla, etc. **3.** Golpear, dar golpes. **4.** Arrojar una cosa o apartarla violentamente de sí. || *v. prnl.* **5.** Rechazar violentamente o con astucia un trabajo, molestia, etc.

sadismo *s. m.* Perversión sexual que se satisface con las humillaciones y torturas inferidas a otra persona.

saeta *s. f.* **1.** Arma arrojadiza que se dispara con el arco. **2.** Manecilla del reloj. **3.** Copla breve que se canta al paso de las imágenes en algunas procesiones religiosas.

saetera *s. f.* **1.** Aspillera para disparar saetas. **2.** *fig.* Ventanilla estrecha.

saetín *s. m.* **1.** Clavito delgado y sin cabeza. **2.** En los molinos, canal por donde se conduce el agua hasta la rueda hidráulica.

safari *s. m.* **1.** Expedición de caza mayor que se hace en algunos lugares de África. **2.** Por ext., cualquier expedición de caza.

sáfico, ca *adj.* Se dice de un verso griego o latino de once sílabas. También s. m.

saga *s. f.* **1.** Leyenda poética escandinava. **2.** Relato novelesco que abarca las vivencias de una familia y su entorno a través de dos o más generaciones.

sagacidad *s. f.* Calidad de sagaz o astuto.

sagaz *adj.* **1.** Se dice de la persona avispada y astuta. **2.** Precavido, que prevé las cosas.

sagita *s. f.* Porción de recta comprendida entre el punto medio de un arco de círculo y el de su cuerda.

sagrado, da *adj.* Que según rito está dedicado a Dios y al culto divino. **2.** Que por alguna relación con lo divino es venerable. **3.** *fig.* Que por su destino o uso es digno de respeto.

sagrario *s. m.* Tabernáculo o lugar en que se deposita a Cristo sacramentado.

sagú *s. m.* Planta tropical cicadácea, cuyo tronco tiene una médula abundante en fécula.

sahumar *v. tr.* Dar humo aromático a algo.

sahumerio *s. m.* **1.** Humo que produce una materia aromática que se echa en el fuego. **2.** Esta misma materia.

sainete *s. m.* **1.** Salsa que se pone a ciertos manjares para hacerlos más apetitosos. **2.** Pieza dramática jocosa en un acto, de carácter popular. **3.** Obra teatral, de carácter cómico o serio, con ambiente y personajes populares, representada como función independiente.

saja *s. f.* Pecíolo del abacá, del cual se extrae el filamento textil.

sajadura *s. f.* Cortadura hecha en la carne.

sajar *v. tr.* Hacer cortaduras en la carne.

sake *s. m.* Bebida alcohólica japonesa obtenida mediante la fermentación del arroz.

sal *s. f.* **1.** Sustancia blanca, cristalina, muy soluble en agua, que se emplea para sazonar los manjares y conservar las carnes. Es un compuesto de cloro y sodio. **2.** Agudeza, donaire. **3.** Garbo, gallardía.

sala *s. f.* **1.** Pieza principal de la casa. **2.** Aposento de grandes dimensiones. **3.** Pieza donde se constituye un tribunal de justicia para celebrar audiencia. **4.** Conjunto de los jueces que forman un tribunal de alzada.

salacidad *s. f.* Calidad de salaz o lujurioso.

saladar *s. m.* Lagunajo en que se cuela sal en las marismas.

salado, da *adj.* **1.** Se dice del terreno estéril por demasiado salitroso. **2.** Se aplica a los manjares que tienen más sal de la necesaria. **3.** *fig.* Se aplica a lo gracioso o agudo.

saladura *s. f.* Acción y efecto de salar.

salamandra *s. f.* Batracio insectívoro de piel lisa, de color negro intenso con manchas amarillas simétricas.

salamanquesa *s. f.* Saurio con cuerpo comprimido y ceniciento, y piel tuberculosa.

salar *v. tr.* **1.** Echar en sal carnes, pescados y otras sustancias para su conservación. **2.** Sazonar con sal un manjar. **3.** Echar más sal de la necesaria.

salario *s. m.* Estipendio, paga.

salaz *adj.* Muy inclinado a la lujuria.

salazón *s. f.* **1.** Acción y efecto de salar carnes o pescados. **2.** Acopio de carnes o pescados salados. **3.** Industria y tráfico que se hace con estas conservas.

salchicha *s. f.* Embutido, en tripa delgada, de carne de cerdo picada, que se sazona con sal, pimentón y otras especias, y que se consume en fresco.

salchichón *s. m.* Embutido de jamón, tocino y pimienta en grano, prensado y curado.

salcochar *v. tr.* Cocer carnes u otras viandas sólo con agua y sal.

saldar *v. tr.* **1.** Liquidar enteramente una cuenta. **2.** Vender a bajo precio una mercancía para salir pronto de ella. **3.** *fig.* Liquidar rápidamente un asunto, negocio, etc.

saldo *s. m.* **1.** Pago o finiquito de deuda. **2.** Cantidad que de una cuenta resulta en favor o en contra de alguien. **3.** Resto de mercancías que el fabricante o el comerciante venden con depreciación para salir pronto de ellas.

saledizo *adj.* Saliente, que sobresale.

salegar *s. m.* Sitio en que se da sal a los ganados en el campo.

salero *s. m.* **1.** Recipiente en que se sirve la sal en la mesa. **2.** *fam.* Gracia, donaire.
saleta *s. f.* Habitación que antecede a la antecámara del rey o de las personas reales.
salicilato *s. m.* Sal formada por el ácido salicílico y una base.
salicílico, ca *adj.* Se dice de un ácido que se obtiene de la salicina.
salicina *s. f.* Glucósido cristalizable que se extrae de la corteza del sauce.
salida *s. f.* **1.** Acción y efecto de salir. **2.** Parte por donde se sale fuera de un sitio o lugar. **3.** Lugar donde se sitúan los participantes para comenzar una competición de velocidad. **4.** Acción de aparecer un astro en el firmamento. **5.** *fig.* Evasiva, pretexto. **6.** *fig.* Medio con que se vence un argumento, peligro, etc. **7.** *fig. y fam.* Ocurrencia, dicho ingenioso.
salido, da *adj.* Que sobresale mucho.
saliente *s. m.* Parte que sobresale de algo.
salificar *v. tr.* Convertir en sal una sustancia.
salina *s. f.* **1.** Mina de sal. **2.** Establecimiento donde se beneficia la sal de las aguas.
salino, na *adj.* Que naturalmente contiene sal o participa de sus caracteres.
salir *v. intr.* **1.** Pasar de la parte de adentro a la de afuera. **2.** Partir de un lugar a otro. **3.** Manifestarse, aparecer. **4.** Surgir, nacer, brotar. **5.** Sobresalir, destacar una cosa. **6.** Expresar determinadas cualidades. **7.** Provenir una cosa de otra. **8.** Decir o hacer algo inesperado o inoportuno. **9.** Costar, importar una cosa un precio determinado. **10.** Resultar bien hechas las cuentas.
salitral *s. m.* Paraje donde se cría y halla el salitre.
salitre *s. m.* **1.** Nitro. **2.** Cualquier sustancia salina, especialmente la que aflora en tierras y paredes.
saliva *s. f.* Humor alcalino, acuoso, segregado por glándulas cuyos conductos excretorios se abren en la cavidad de la boca; prepara los alimentos para la digestión.
salivación *s. f.* Acción de salivar.
salivar *v. intr.* Arrojar saliva.
salmear *v. intr.* Rezar o cantar los salmos.
salmo *s. m.* Composición o cántico que contiene alabanzas a Dios.
salmodia *s. f.* **1.** Canto usado en la Iglesia para los salmos. **2.** *fig. y fam.* Canto monótono e inexpresivo.
salmón *s. m.* Pez teleósteo fluvial y marino, de carne muy estimada, que vive cerca de las costas y remonta los ríos en la época de la cría.
salmonete *s. m.* Pez marino acantopterigio, comestible, de color rojizo.
salmuera *s. f.* Agua cargada de sal.
salobre *adj.* Que por su naturaleza tiene sabor de sal.
saloma *s. f.* Canto cadencioso con que acompañan los marineros su faena.
salón *s. m.* **1.** Pieza de grandes dimensiones para visitas y fiestas en las casas particulares. **2.** Lugar destinado a la exposición comercial de determinados productos.
salpa *s. f.* Pez marino acantopterigio, semejante a la boga marina.
salpicadura *s. f.* Acción y efecto de salpicar.
salpicar *v. tr.* **1.** Hacer que salte un líquido esparcido en gotas menudas por choque o movimiento brusco. **2.** Caer gotas de un líquido en una persona o cosa.
salpicón *s. m.* Guiso de carne, pescado o marisco desmenuzado y aderezado con pimienta, sal, aceite, vinagre y cebolla.
salpimentar *v. tr.* Adobar una cosa con sal y pimienta.
salpullido *s. m.* Erupción leve y pasajera en el cutis.
salsa *s. f.* Mezcla de varias sustancias comestibles desleídas, que se hace para aderezar o condimentar la comida.
salsera *s. f.* Vasija en que se sirve salsa.
salserilla *s. f.* Taza pequeña y de poco fondo.
saltador, ra *adj.* **1.** Que salta. ‖ *s. m. y s. f.* **2.** Persona que tiene por oficio saltar.
saltamontes *s. m.* Insecto ortóptero, especie de langosta, con las patas anteriores cortas y largas las posteriores, con las cuales da grandes saltos.
saltar *v. intr.* **1.** Levantarse del suelo con impulso y ligereza, ya para dejarse caer en el mismo sitio, ya para pasar a otro. **2.** Arrojarse desde una altura para caer de pie. **3.** Arrojarse al agua desde un trampolín. **4.** Lanzarse con paracaídas desde un avión, helicóptero, etc. **5.** Moverse una cosa de un sitio a otro, levantándose violentamente. **6.** Desprenderse una cosa de otra. **7.** Salir con ímpetu un líquido hacia arriba. **8.** Romperse o quebrantarse una cosa por demasiada dilatación, tirantez u otras causas.

saltarín, na *adj.* **1.** Que danza o baila. **2.** Se dice de la persona inquieta.

saltear *v. tr.* **1.** Salir a los caminos y robar a los pasajeros. **2.** Asaltar, acometer. **3.** Empezar a hacer una cosa y dejarla comenzada, pasando a otra. **4.** *fig.* Sofreír un manjar a fuego vivo en manteca o aceite hirviendo.

salterio *s. m.* Libro de coro con los salmos.

saltimbanqui *s. m., fam.* Titiritero.

salto *s. m.* **1.** Acción y efecto de saltar. **2.** Lugar que se ha de pasar saltando. **3.** Precipicio muy hondo. **4.** Espacio entre el punto de donde se salta y aquel a que se llega. **5.** Palpitación fuerte del corazón. **6.** *fig.* Tránsito o cambio brusco. **7.** *fig.* Ascenso a jerarquía superior, omitiendo los puestos intermedios. **8.** *fig.* Supresión de una parte de un escrito voluntariamente o por error.

saltón, na *adj.* **1.** Que anda a saltos o salta mucho. **2.** Se dice de algunas cosas que sobresalen más de lo regular.

salubre *adj.* Saludable, bueno para la salud.

salubridad *s. f.* Calidad de salubre.

salud *s. f.* Estado en que el ser orgánico ejerce normalmente todas las funciones.

saludable *adj.* **1.** Que sirve para conservar o restablecer la salud corporal. **2.** Que tiene aspecto sano. **3.** Provechoso para un fin.

saludar *v. tr.* Dirigir a alguien palabras de cortesía deseándole salud, o mostrándole respeto, generalmente aceptada por la costumbre.

saludo *s. m.* **1.** Acción y efecto de saludar. **2.** Palabra o gesto que sirve para saludar.

salva *s. f.* **1.** Prueba que se hace de los manjares servidos a los reyes y grandes señores. **2.** Saludo, bienvenida. **3.** Saludo hecho con armas de fuego.

salvabarros *s. m.* Pieza de un vehículo destinada a impedir que salpique el barro al ocupante.

salvación *s. f.* **1.** Acción y efecto de salvar o salvarse. **2.** Consecución de la gloria y bienaventuranza eternas.

salvadera *s. f.* Vaso en que se tiene la arenilla para enjugar lo escrito.

salvado *s. m.* Cáscara del grano desmenuzada por la molienda.

salvaguardar *v. tr.* Salvar, defender.

salvaguardia *s. m.* **1.** Guarda que se pone para la custodia de una cosa. ‖ *s. f.* **2.** *fig.* Custodia, amparo, garantía.

salvaje *adj.* **1.** Se dice de las plantas silvestres y sin cultivo. **2.** Se dice del animal que no es doméstico.

salvajina *s. f.* **1.** Conjunto de fieras monteses. **2.** Animal montaraz.

salvamanteles *s. m.* Pieza de cristal, loza, madera o tela que se pone en la mesa debajo de las fuentes, botellas, vasos, etc.

salvamento *s. m.* **1.** Acción y efecto de salvar o salvarse. **2.** Lugar en que alguien se asegura de un peligro.

salvar *v. tr.* **1.** Librar de un riesgo o peligro, poner en seguro. **2.** Eludir una dificultad, inconveniente, etc. **3.** Excluir, exceptuar, apartar. **4.** Dar Dios la gloria y bienaventuranza eternas. **5.** Superar un obstáculo, pasando por encima o a través de él.

salvavidas *s. m.* Objeto de corcho, goma, etc. que permite a alguien mantenerse a flote en el agua.

salve *s. f.* Una de la oraciones que se rezan a la Virgen.

salvedad *s. f.* Advertencia que excusa o limita el alcance de lo que se va a decir o hacer.

salvia *s. f.* Mata labiada, de hojas oblongas o lanceoladas, cuyo cocimiento se usa como sudorífico y astringente.

salvilla *s. f.* Bandeja con una o varias encajaduras para asegurar las copas o tazas.

salvo *prep.* Fuera de, con excepción de.

salvo, va *adj.* **1.** Ileso, librado de un peligro. **2.** Exceptuado, omitido. ‖ *adv. m.* **3.** Excepto, fuera de.

salvoconducto *s. m.* Documento expedido por una autoridad para que quien lo lleva pueda transitar sin riesgo por donde aquélla es reconocida.

sambenito *s. m.* **1.** Capotillo o escapulario que se ponía a los penitentes reconciliados por el tribunal de la Inquisición. **2.** *fig.* Mala nota que queda de una acción.

samovar *s. m.* Recipiente provisto de un tubo interior donde se colocan carbones, utilizado para calentar el agua del té.

sampán *s. m.* Embarcación pequeña de remos o de vela, que se emplea en China para la pesca o la navegación fluvial.

san *adj.* Apócope de santo.

sanar *v. tr.* **1.** Restituir a alguien la salud. ‖ *v. intr.* **2.** Recobrar la salud el enfermo.

sanatorio *s. m.* Establecimiento convenientemente dispuesto para la estancia de enfermos que necesitan someterse a distintos tratamientos médicos.

sanción *s. f.* **1.** Estatuto o ley. **2.** Pena que la ley establece para quien la infringe.

sancionar *v. tr.* **1.** Dar fuerza de ley a una disposición. **2.** Aprobar cualquier acto, uso o costumbre. **3.** Aplicar un castigo.

sancochar *v. tr.* Cocer a medias una vianda.

sanctus *s. m.* Parte de la misa, después del prefacio y antes del canon.

sandalia *s. f.* **1.** Calzado compuesto de una suela que se asegura con correas o cintas. **2.** Por ext., zapato ligero y abierto que se usa en tiempo de calor.

sándalo *s. m.* Planta herbácea olorosa, labiada, con tallo ramoso, hojas pecioladas y flores rosadas, originaria de la antigua Persia.

sandáraca *s. f.* Resina amarillenta que se saca del enebro y de otras coníferas y se usa para hacer barnices.

sandez *s. f.* Dicho o hecho necio y vacío.

sandía *s. f.* Planta herbácea anual, cucurbitácea, de tallo tendido, flores amarillas y fruto grande, casi esférico, con la pulpa encarnada comestible.

sandio, dia *adj.* Necio o simple.

sandunga *s. f., fam.* Gracia, donaire.

sándwich *s. m.* Emparedado hecho de jamón, queso, vegetales u otros ingredientes entre dos rebanadas de pan de molde.

saneado, da *adj.* Se dice de los bienes o la renta libres de cargas y descuentos.

saneamiento *s. m.* Conjunto de elementos destinados a favorecer las condiciones higiénicas de un edificio, comunidad, etc.

sanear *v. tr.* **1.** Afianzar o asegurar el reparo de un daño que puede sobrevenir. **2.** Remediar una cosa. **3.** Dar condiciones de salubridad a una cosa.

sanedrín *s. m.* Consejo supremo judío.

sangradura *s. f.* **1.** Corte de la vena para sacar sangre. **2.** *fig.* Salida que se da a las aguas de un río o canal.

sangrar *v. tr.* **1.** Abrir una vena a un enfermo y dejar salir determinada cantidad de sangre. **2.** *fig.* Dar salida a un líquido abriendo un conducto por donde corra. **3.** *fig. y fam.* Sisar, hurtar. ‖ *v. intr.* **4.** Arrojar sangre.

sangre *s. f.* **1.** Líquido coagulable que lleva en suspensión células de distintas formas y funciones, y circula por las arterias y las venas del cuerpo de los animales vertebrados. **2.** *fig.* Linaje o parentesco.

sangría *s. f.* **1.** Acción y efecto de sangrar. **2.** Parte de la articulación del brazo opuesta al codo. **4.** Bebida refrescante compuesta de agua y vino con azúcar y limón.

sangriento, ta *adj.* **1.** Que echa sangre. **2.** Manchado de sangre o mezclado con ella. **3.** Que disfruta derramando sangre. **4.** Que causa derramamiento de sangre.

sanguijuela *s. f.* **1.** Anélido de boca chupadora que vive en las aguas dulces. **2.** *fig. y fam.* Persona que va poco a poco sacando a alguien el caudal.

sanguina *s. f.* **1.** Lápiz rojo oscuro fabricado con hematites. **2.** Dibujo hecho con este lápiz.

sanguinaria *s. f.* Piedra semejante al ágata, de color de sangre.

sanguinario, ria *adj.* Que se goza en derramar sangre.

sanguíneo, a *adj.* **1.** De sangre. **2.** Que contiene sangre. **3.** De color de sangre.

sanguinolencia *s. f.* Calidad de sanguinolento.

sanguinolento, ta *adj.* Sangriento, que echa sangre, o mezclado con ella.

sanguis *s. m.* La sangre de Cristo bajo los accidentes del vino.

sanidad *s. f.* **1.** Calidad de sano. **2.** Salubridad. **3.** Conjunto de servicios gubernativos, ordenados para preservar la salud del común de los habitantes de un país.

sanitario, ria *adj.* **1.** Relativo a la sanidad o a las instalaciones sanitarias de una casa, edificio, etc. ‖ *s. m. y s. f.* **2.** Persona que trabaja en la sanidad.

sano, na *adj.* **1.** Que goza de perfecta salud. **2.** *fig.* Sin daño o corrupción. **3.** *fig.* Sincero, de buena intención. **4.** *fig. y fam.* Entero, no roto ni estropeado.

sánscrito, ta *adj.* Se dice de la antigua lengua de los brahmanes, que sigue siendo la sagrada del Indostán. También s. m.

sansón *s. m., fig.* Persona muy forzuda.

santabárbara *s. f.* Pañol o paraje destinado en las embarcaciones para custodiar la pólvora y municiones.

santaláceo, a *adj.* Se dice de las plantas dicotiledóneas, herbáceas o leñosas, de hojas verdes, gruesas, sin estípulas, y generalmente alternas; flores pequeñas, apétalas, sin cáliz colorido y fruto drupáceo con una semilla de albumen carnoso, como el guardalobo y el sándalo de la India.
santero, ra *adj.* Que tributa a las imágenes un culto supersticioso.
santiamén, en un *fra., fam.* En un instante.
santidad *s. f.* **1.** Calidad de santo. **2.** Tratamiento honorífico que se da al Papa.
santificación *s. f.* Acción y efecto de santificar.
santificar *v. tr.* Hacer a alguien santo por medio de la gracia.
santiguar *v. tr.* Hacer con la mano la señal de la cruz desde la frente al pecho y desde el hombro izquierdo al derecho. Se usa más como prnl.
santo, ta *adj.* **1.** Perfecto y libre de toda culpa. **2.** Se dice de la persona a quien la Iglesia declara como tal. **3.** Se dice de la persona de especial virtud y ejemplo.
santónico *s. m.* **1.** Planta compuesta, perenne, olorosa y amarga, con flores en cabezuelas que tienen propiedades vermífugas. **2.** Cabezuela de esta planta y de otras del mismo género, de las que se extrae la santonina.
santonina *s. f.* Sustancia amarga que se emplea para matar lombrices intestinales.
santoral *s. m.* **1.** Libro que contiene vidas de santos. **2.** Lista de los santos cuya festividad se conmemora en cada uno de los días del año.
santuario *s. m.* Templo en que se venera la imagen o reliquia de un santo.
santurrón, na *adj.* Nimio y exagerado en los actos de devoción.
saña *s. f.* **1.** Furor. **2.** Intención rencorosa.
sapidez *s. f.* Calidad de sápido.
sápido, da *adj.* Que tiene sabor.
sapiencia *s. f.* Sabiduría.
sapiencial *adj.* Perteneciente a la sabiduría.
sapo *s. m.* **1.** Anfibio anuro, parecido a la rana, pero de cuerpo más grueso, y con la piel llena de verrugas, ojos saltones y extremidades cortas. **2.** *fig.* Persona torpe.
saponaria *s. f.* Jabonera, planta.
saponificación *s. f.* Acción y efecto de saponificar.
saponificar *v. tr.* Convertir en jabón un cuerpo graso. También prnl.
saprofito, ta *adj.* Se dice de las plantas que viven sobre materias orgánicas en descomposición.
saque *s. m.* **1.** Acción de sacar. **2.** Raya o sitio desde el cual se saca la pelota.
saquear *v. tr.* Apoderarse violentamente de algo los soldados u otras gentes.
saqueo *s. m.* Acción y efecto de saquear.
sarampión *s. m.* Enfermedad febril contagiosa que produce multitud de manchitas pequeñas y rojas en la piel.
sarao *s. m.* Reunión nocturna con baile.
sarcasmo *s. m.* **1.** Burla sangrienta, ironía mordaz. **2.** Figura que consiste en emplear una ironía o burla.
sarcástico, ca *adj.* **1.** Que denota sarcasmo o es concerniente a él. **2.** Se dice de la persona propensa a emplearle.
sarcocele *s. m.* Tumor crónico del testículo.
sarcófago *s. m.* Obra de piedra u otro material en que se da sepultura a un cadáver.
sarcoma *s. m.* Tumor maligno constituido por tejido embrionario.
sardana *s. f.* Danza tradicional de Cataluña.
sardina *s. f.* Pez marino malacopterigio abdominal, comestible, parecido al arenque.
sardineta *s. f.* Adorno formado por dos galones apareados y terminando en punta.
sardónice *s. f.* Ágata de color amarillento con zonas más o menos oscuras.
sarga *s. f.* Tela de lana o estambre, cuyo tejido forma unas líneas diagonales.
sargazo *s. m.* Algas marinas feofíceas que flotan en los mares cálidos.
sargento, ta *s. m. y s. f.* Persona de la clase de tropa, que tiene empleo superior al de cabo, y, que bajo la inmediata dependencia de los oficiales, cuida del orden, administración y disciplina de una compañía o parte de ella.
sarmentar *v. intr.* Coger los sarmientos podados.
sarmentera *s. f.* **1.** Lugar donde se guardan los sarmientos. **2.** Acción de sarmentar.
sarmiento *s. m.* Vástago de la vid, largo, delgado, flexible y nudoso.
sarna *s. f.* Enfermedad cutánea, contagiosa, que consiste en multitud de vesículas y póstulas diseminadas por el cuerpo, producidas por el ácaro o arador, las cuales producen una viva picazón.

sarnoso, sa *adj.* Que tiene sarna.
sarracina *s. f.* Pelea entre muchos.
sarria *s. f.* Red basta para transportar paja.
sarrieta *s. f.* Espuerta honda y alargada en que se echa de comer a las bestias.
sarro *s. m.* **1.** Sedimento que dejan en las vasijas algunos líquidos. **2.** Sustancia amarillenta que se adhiere al esmalte de los dientes.
sarta *s. f.* **1.** Serie de cosas metidas por orden en un hilo, cuerda etc. **2.** *fig.* Grupo de personas o de otras cosas que van en fila unas tras otras. **3.** *fig.* Serie de sucesos o cosas no materiales, iguales o análogas.
sartén *s. f.* Vasija de hierro, circular, más ancha que honda, de fondo plano y con mango largo.
sartorio *s. m.* Músculo del muslo que se extiende oblicuamente a lo largo de sus caras anterior e interna.
sastre, tra *s. m. y s. f.* Persona que tiene por oficio cortar y coser trajes.
sastrería *s. f.* **1.** Oficio de sastre. **2.** Taller y tienda de sastre.
Satanás *n. p.* El demonio, Lucifer, Luzbel.
satánico, ca *adj.* **1.** Perteneciente a Satanás. **2.** *fig.* Extremadamente perverso.
satélite *s. m.* **1.** Cuerpo celeste opaco que sólo brilla por la luz refleja del Sol y gira alrededor de un planeta primario. **2.** *fig.* Persona o cosa que depende de otra y la sigue o acompaña de continuo. **3.** Rueda de un engranaje que gira sobre un eje y transmite su movimiento a otra u otras ruedas. **4.** Se usa en aposición para designar despectivamente a un estado subordinado, política y económicamente, a la influencia de otro de mayor poder. **5.** Se aplica en aposición a la ciudad o villa ubicada a cierta distancia de una capital importante, provista de organización propia pero vinculada a dicha capital para fines en que salen beneficiadas las dos poblaciones.
satén *s. m.* Tela de seda o algodón semejante al raso en brillo pero de inferior calidad.
satinar *v. tr.* Dar al papel o a la tela tersura y lustre por medio de la presión.
sátira *s. f.* **1.** Composición poética o en prosa cuyo objeto es censurar acremente o poner en ridículo a alguien o algo. **2.** Dicho agudo y mordaz para censurar o poner en ridículo a alguien o algo.
satírico, ca *adj.* Perteneciente a la sátira.
satirizar *v. intr.* **1.** Escribir sátiras. ‖ *v. tr.* **2.** Zaherir y motejar a alguien.
sátiro *s. m.* Monstruo de la mitología grecorromana, medio hombre y medio cabra, con el cuerpo velludo y cuernos y patas de macho cabrío.
satisfacción *s. f.* **1.** Acción y efecto de satisfacer. **2.** Presunción, vanagloria. **3.** Confianza o seguridad del ánimo. **4.** Cumplimiento del deseo o del gusto.
satisfacer *v. tr.* **1.** Pagar enteramente lo que se debe. **2.** Solucionar una dificultad o una duda. **3.** Deshacer un agravio. **4.** Saciar un apetito.
satisfactorio, ria *adj.* **1.** Que puede satisfacer. **2.** Se dice de lo grato, próspero.
satisfecho, cha *adj.* **1.** Presumido o pagado de sí mismo. **2.** Complacido, contento.
sátrapa *s. m.* **1.** Gobernador antiguo persa. **2.** *fam.* Hombre ladino. También adj.
satrapía *s. f.* **1.** Dignidad de sátrapa. **2.** Territorio gobernado por un sátrapa.
saturación *s. f.* Acción y efecto de saturar o saturarse.
saturar *v. tr.* **1.** Saciar. **2.** Llenar algo completamente. También prnl. **3.** Combinar dos o más cuerpos en las proporciones atómicas máximas en que pueden unirse.
saturnino, na *adj.* Se dice de la persona de genio triste y taciturno.
saturnismo *s. m.* Enfermedad crónica producida por la intoxicación con las sales de plomo.
sauce *s. m.* Árbol salicáceo, de ramas erectas, hojas angostas y flores en amento.
saúco *s. m.* Arbusto caprifoliáceo, de hojas aserradas y flores olorosas blancas.
saudade *s. f.* Añoranza, nostalgia.
sauna *s. f.* **1.** Baño de vapor a altas temperaturas que produce una rápida sudoración con fines beneficiosos para el organismo. **2.** Local en el que se toman estos baños.
saurio, ria *adj.* Se dice de los reptiles con cuatro extremidades cortas, mandíbula dotada de dientes, cuerpo y cola largos y piel escamosa. También s. m.
sauzgatillo *s. m.* Arbusto verbenáceo, de ramas abundantes y pequeñas flores azules.
savia *s. f.* **1.** Líquido que circula por el tejido celular de las plantas y las nutre. **2.** *fig.* Energía, elemento vivificador.

saxífraga *s. f.* Planta herbácea, vivaz, saxifragácea, de flores blancas en corimbo.

saxófono *s. m.* Instrumento musical de viento, integrado por un tubo cónico de metal encorvado en forma de U de palos desiguales, varias llaves y una boquilla.

saya *s. f.* Falda que usan las mujeres.

sayal *s. m.* Tela de lana burda.

sayo *s. m.* **1.** Casaca hueca, larga y sin botones. **2.** *fam.* Cualquier vestido.

sayón *s. m.* **1.** En la Edad Media, ministro de justicia que hacía las citaciones y ejecutaba los embargos. **2.** Verdugo.

sazón *s. f.* **1.** Madurez de las cosas o estado de perfección en su línea. **2.** Ocasión, tiempo oportuno para hacer algo. **3.** Gusto y sabor que se percibe en los manjares.

sazonar *v. tr.* **1.** Dar sazón al manjar. **2.** Poner algo en su punto.

script *s. m. y s. f.* En el mundo del cine, persona encargada de tomar nota de todo lo concerniente a las escenas que se filman.

se¹ *pron. pers.* **1.** Forma reflexiva átona del pronombre personal de tercera persona, género masculino o femenino y número singular y plural, que puede funcionar como complemento directo o indirecto. **2.** Se usa además para formar oraciones impersonales y de pasiva refleja.

se² *pron. pers.* Forma del pronombre personal de tercera persona, género masculino o femenino y número singular y plural, que funciona como complemento indirecto en combinación con los pronombres de complemento directo "lo", "la" y sus respectivos plurales.

sebáceo, a *adj.* **1.** Que participa de la naturaleza del sebo. **2.** Se dice de ciertas glándulas que segregan la grasa que lubrica el pelo y el cutis.

sebe *s. f.* Cercado de estacas altas entretejidas con ramas largas.

sebestén *s. m.* Arbolito de la familia de las borragináceas, de flores blancas y fruto amarillento parecido a una ciruela, de cuya pulpa se obtiene un mucílago que se ha usado como emoliente y pectoral. Es originario de Asia Menor.

sebo *s. m.* **1.** Grasa sólida de los animales herbívoros. **2.** Cualquier tipo de gordura.

seborrea *s. f.* Aumento patológico de la secreción de las glándulas sebáceas de la piel.

seboso, sa *adj.* **1.** Que tiene sebo. **2.** Untado de sebo o de otra cosa mantecosa o grasa.

secadero *s. m.* Lugar destinado para poner a secar una cosa.

secador *s. m.* Aparato que sirve para secar algunas cosas, especialmente el cabello.

secano *s. m.* Terreno que no tiene riego.

secante *adj.* Se dice de las líneas o superficies que cortan a otras. También s. f.

secar *v. tr.* **1.** Extraer la humedad o hacer que se exhale de un cuerpo mojado. **2.** Enjugar con un trapo el líquido de una superficie. **3.** Cicatrizar una herida. ‖ *v. prnl.* **4.** Quedarse sin agua un río, fuente, etc. **5.** Perder un vegetal su verdor.

sección *s. f.* **1.** Cortadura hecha en un cuerpo por un instrumento cortante. **2.** Cada una de las partes en que se divide un todo. **3.** Dibujo de perfil o figura que resultaría si se cortara un terreno, edificio, máquina, etc. por un plano.

seccionar *v. tr.* Cortar, dividir en secciones.

secesión *s. f.* Acto de separarse de una nación parte de su pueblo y territorio.

seco, ca *adj.* **1.** Que carece de jugo o humedad. **2.** Falto de agua. **3.** Se dice de las frutas, en especial de las que tienen la cáscara dura. **5.** Se aplica también al tiempo en que no llueve.

secoya *s. f.* Árbol gigantesco de las coníferas.

secreción *s. f.* **1.** Apartamiento, separación. **2.** Sustancia secretada.

secretar *v. tr.* Elaborar y despedir las glándulas, membranas y células una sustancia.

secretaría *s. f.* Sección de un organismo público o privado que se ocupa de las tareas administrativas.

secretario, ria *s. m. y s. f.* Persona encargada de escribir la correspondencia, extender actas, custodiar los documentos, etc. en una oficina, asamblea o corporación.

secretear *v. intr., fam.* Hablar en secreto una persona con otra.

secreter *s. m.* Mueble con tablero para escribir y cajones para guardar papeles.

secreto, ta *adj.* **1.** Se dice de lo que se mantiene oculto. **2.** Se dice de lo que se mantiene callado o reservado.

secta *s. f.* Conjunto de personas que siguen una doctrina.

sectario, ria *adj.* **1.** Que profesa y sigue una secta. **2.** Secuaz, fanático de un partido o de una idea.

sector *s. m.* **1.** Porción de círculo comprendida entre un arco y los dos radios que pasan por sus extremidades. **2.** *fig.* Parte de una clase o colectividad que presenta caracteres peculiares.

secuaz *adj.* Que sigue el partido, doctrina u opinión de otro.

secuela *s. f.* **1.** Consecuencia o resulta de una cosa. **2.** Lesión que queda después de una enfermedad.

secuencia *s. f.* **1.** Prosa o verso que se dice en algunas misas después del gradual. **2.** Sucesión ordenada de cosas o seres. **3.** Serie de cosas relacionadas entre sí. **4.** En cinematografía, serie de imágenes o escenas que forman un conjunto. **5.** En música, progresión armónica. **6.** Conjunto de operaciones matemáticas encadenadas.

secuencial *adj.* Perteneciente a la secuencia.

secuestrar *v. tr.* **1.** Embargar judicialmente. **2.** Retener contra su voluntad a una persona, exigiendo dinero por su rescate.

secuestro *s. m.* Acción y efecto de secuestrar.

secular *adj.* **1.** Seglar. **2.** Que sucede o se repite cada siglo.

secularizar *v. tr.* **1.** Hacer secular lo que era eclesiástico. **2.** Autorizar a un religioso o a una religiosa para que pueda vivir fuera de la clausura.

secundar *v. tr.* Ayudar, favorecer a alguien en una causa.

secundario, ria *adj.* Segundo en orden y no principal.

secundinas *s. f. pl.* Placenta y membranas que envuelven el feto.

sed *s. f.* **1.** Gana y necesidad de beber. **2.** *fig.* Necesidad de agua. **3.** *fig.* Apetito o deseo ardiente de una cosa.

seda *s. f.* **1.** Líquido viscoso segregado por algunos artrópodos y que al contacto con el aire se solidifica en forma de hebra muy flexible y de gran resistencia, con que hacen sus capullos ciertas larvas. **2.** Hilo fino, suave y lustroso, hecho de varias de estas hebras producidas por el gusano de seda y a propósito para coser o tejer.

sedal *s. m.* Hilo que se ata por un extremo al anzuelo y por el otro a la caña de pescar.

sedante *adj.* Se aplica al medicamento que tiene virtud de calmar o sosegar.

sedar *v. tr.* Apaciguar, sosegar el ánimo o el cuerpo.

sede *s. f.* **1.** Asiento de un prelado que ejerce jurisdicción. **2.** Capital de una diócesis. **3.** Territorio bajo la jurisdiccion de un prelado. **4.** Jurisdicción y potestad del Papa llamada también Santa Sede. **5.** Lugar donde tiene su domicilio una entidad económica, política, etc.

sedentario, ria *adj.* **1.** Se aplicaba al oficio o vida de poco movimiento. **2.** Se dice del pueblo que se dedica a la agricultura y se encuentra asentado en un lugar.

sedeño, ña *adj.* De seda.

sedero, ra *adj.* Perteneciente a la seda.

sedición *s. f.* Tumulto, levantamiento popular contra la autoridad.

sedicioso, sa *adj.* Que promueve una sedición o toma parte en ella.

sediento, ta *adj.* Que tiene sed.

sedimentar *v. tr.* **1.** Depositar sedimento un líquido. ‖ *v. prnl.* **1.** Formar sedimento las materias suspendidas en un líquido.

sedimento *s. m.* Materia que, habiendo estado suspensa en un líquido, se posa en el fondo.

seducción *s. f.* Acción y efecto de seducir.

seducir *v. tr.* **1.** Engañar con maña. **2.** Cautivar el ánimo.

seductor, ra *adj.* Que seduce.

sefardí *adj.* Se dice del judío oriundo de España. **2.** Relativo a ellos.

segar *v. tr.* **1.** Cortar mieses o hierba con la hoz, guadaña, máquina, etc. a propósito. **2.** Cortar de cualquier manera, y particularmente lo que está más alto o que sobresale. **3.** *fig.* Cortar, impedir desconsiderada y bruscamente el desarrollo de algo.

seglar *adj.* **1.** Perteneciente a la vida o costumbres del siglo o mundo. **2.** Lego.

segmentación *s. f.* **1.** Acción y efecto de segmentar. **2.** División de la célula huevo de animales y plantas en virtud de la cual se constituye la primera fase del embrión.

segmentar *v. tr.* Cortar en segmentos.

segmento *s. m.* **1.** Pedazo o parte cortada de una cosa. **2.** Parte de una recta comprendida entre dos puntos. **3.** Parte de círculo comprendida entre un arco y su cuerda. **4.** Cada una de las partes seriadas y hendidas que integran el cuerpo de los gusanos y artrópodos. **5.** Signo o conjunto de signos que pueden aislarse en la cadena hablada mediante análisis.

segregación *s. f.* Acción y efecto de segregar.
segregar *v. tr.* Separar, secretar.
seguidilla *s. f.* Estrofa formada por versos heptasílabos y pentasílabos, corriente en la poesía popular y en el género festivo.
seguido, da *adj.* Continuo, sin interrupción.
seguimiento *s. m.* Acción y efecto de seguir.
seguir *v. tr.* **1.** Ir después o detrás de alguien. **2.** Ir en busca de una persona o cosa. **3.** Continuar en lo comenzado. **4.** Profesar una ciencia, arte o estado. **5.** Dirigir la vista hacia un objeto en movimiento sin apartarla de él. **6.** Perseguir, acosar, importunar. **7.** Suceder una cosa a otra por orden, turno o número. **8.** Dirigir una cosa por camino o método adecuados. ‖ *v. prnl.* **9.** Deducirse una cosa de otra. **10.** Originarse una cosa de otra.
según *prep.* **1.** Conforme o con arreglo a. **2.** Con proporción o correspondencia a. **3.** De la misma manera que.
segundar *v. intr.* Ser segundo o seguirse al primero.
segundero *s. m.* Manecilla que señala los segundos en el reloj.
segundo, da *adj.* **1.** Que sigue inmediatamente en orden al o a lo primero. ‖ *s. m.* **2.** Cada una de las 60 partes iguales en que se divide un minuto de tiempo.
segundón, na *s. m. y s. f., fig. y fam.* Persona que ocupa un cargo de menor dignidad con respecto a su inmediato superior.
segur *s. f.* **1.** Hacha grande para cortar. **2.** Hoz o guadaña.
seguridad *s. f.* **1.** Cualidad de seguro. **2.** Fianza u obligación de indemnidad a favor de alguien.
seguro, ra *adj.* **1.** Libre y exento de todo peligro o riesgo. **2.** Cierto, indubitable. **3.** Firme, que no está en peligro de faltar o caerse. **4.** Desprevenido, ajeno de sospecha. ‖ *s. m.* **5.** Lugar o sitio exento de todo peligro. **6.** Contrato por el cual una persona se obliga a resarcir daños o pérdidas que ocurran en las cosas que corren un riesgo. **7.** Muelle o mecanismo en algunas armas de fuego para evitar que se disparen por el juego de la llave. **8.** Cualquier mecanismo que impide el funcionamiento no deseado de un aparato o utensilio. ‖ *adv. m.* **9.** Seguramente.
seis *adj. num.* Cinco y uno.
seiscientos, tas *adj. num.* Seis veces cien.
seisillo *s. m.* Conjunto de seis notas iguales que se deben cantar o tocar en el tiempo correspondiente a cuatro de ellas.
seísmo *s. m.* Movimiento de tierra.
selacio, cia *adj.* Se dice de los peces cartilagíneos que tienen las branquias fijas por sus dos bordes y móvil la mandíbula inferior, como el tiburón. También s. m.
selección *s. f.* **1.** Elección de una persona o cosa entre otras. **2.** Elección de los animales destinados a la reproducción para conseguir mejoras en la raza. **3.** Conjunto de cosas escogidas. **4.** Conjunto de deportistas de distintos clubs reunidos para participar en una competición de carácter internacional.
seleccionador, ra *adj.* **1.** Que selecciona, escoge o elige. ‖ *s. m. y s. f.* **2.** En las agrupaciones deportivas, el encargado de escoger a los jugadores que van a formar un equipo.
seleccionar *v. tr.* Elegir, escoger entre varias posibilidades.
selecto, ta *adj.* Lo mejor entre otras cosas de su especie.
selenio *s. m.* Metaloide de color pardo rojizo y brillo metálico, que tiene propiedades semejantes a las del azufre.
selenita *s. f.* Yeso.
self-service *s. m.* Autoservicio.
sellar *v. tr.* **1.** Imprimir el sello a una cosa. **2.** *fig.* Dejar señalada una cosa en otra o comunicarle determinado carácter. **3.** *fig.* Concluir una cosa. **4.** *fig.* Cerrar, tapar, cubrir.
sello *s. m.* **1.** Utensilio que sirve para estampar las armas, divisas o cifras en él grabadas. **2.** Lo que queda estampado, impreso y señalado con el mismo sello. **3.** Trozo pequeño de papel, con timbre oficial, que se pega a ciertos documentos para darle valor. **4.** Timbre oficial que se usa en el franqueo de cartas y otros paquetes postales. **5.** Carácter distintivo comunicado a una cosa para distinguirla de las demás. **6.** Anillo ancho que lleva grabadas las iniciales de su dueño en la parte superior.
seltz *s. m.* Agua carbónica.
selva *s. f.* **1.** Terreno extenso, inculto y muy poblado de árboles. **2.** *fig.* Abundancia desordenada de algo.
selvático, ca *adj.* Perteneciente o relativo a las selvas.

semáforo *s. m.* **1.** Telégrafo óptico de las costas, para comunicarse con los buques. **2.** Aparato eléctrico de señales luminosas para regular la circulación.

semana *s. f.* Serie de siete días naturales consecutivos.

semanal *adj.* **1.** Que sucede o se repite cada semana. **2.** Que dura una semana o a ella corresponde.

semanario *s. m.* Periódico que se publica cada semana.

semántica *s. f.* Parte de la lingüística que estudia la significación de las palabras.

semblante *s. m.* Cara, rostro.

semblanza *s. f.* Bosquejo biográfico.

sembrado *s. m.* Tierra sembrada.

sembrar *v. tr.* **1.** Esparcir las semillas en la tierra preparada para este fin. **2.** Desparramar algo. **3.** Ser causa o principio de algo.

semejante *adj.* **1.** Parecido, análogo a otro ser. ‖ *s. m.* **2.** Prójimo.

semejanza *s. f.* Calidad de semejante.

semejar *v. intr.* Parecerse una persona o cosa a otra. También prnl.

semen *s. m.* **1.** Líquido que segregan las glándulas genitales masculinas y que contiene los espermatozoos. **2.** Semilla.

semental *adj.* **1.** Relativo a la siembra o sementera. **2.** Se dice del animal macho que se destina a padrear. También s. m.

sementera *s. f.* Tierra sembrada.

semestral *adj.* **1.** Que sucede o se repite cada semestre. **2.** Que dura un semestre o a él corresponde.

semestre *s. m.* Espacio de seis meses.

semibreve *s. f.* Nota musical que equivale a un compás menor entero.

semicircular *adj.* **1.** Perteneciente o relativo al semicírculo. **2.** De figura de semicírculo o semejante a ella.

semicírculo *s. m.* Cada una de las dos mitades del círculo separadas por un diámetro.

semicircunferencia *s. f.* Cada una de las dos mitades de la circunferencia.

semicorchea *s. f.* Nota musical cuyo valor equivale a la mitad de la corchea.

semidiós, sa *s. m. y s. f.* Héroe a quien los gentiles colocaban entre sus deidades.

semifusa *s. f.* Nota musical equivalente a la mitad de la fusa.

semilla *s. f.* **1.** Parte del fruto de las plantas fanerógamas que contiene el embrión de la futura planta. **2.** *fig.* Cosa que es causa u origen de que proceden otras.

semillero *s. m.* Lugar o sitio donde se siembran los vegetales que después han de trasplantarse.

seminal *adj.* Relativo al semen o a la semilla.

seminario *s. m.* **1.** Organismo docente en que, mediante el trabajo de maestros y discípulos en común, se adiestran éstos en la investigación de cierta disciplina. **2.** Casa destinada para la educación de los jóvenes que se dedican al estado eclesiástico.

seminarista *s. m.* Alumno de un seminario.

semiótica *s. f.* **1.** Parte de la medicina que trata de los síntomas de las enfermedades. **2.** Teoría general de los signos.

semitono *s. m.* Cada una de las dos partes en que se divide el intervalo de un tono.

sémola *s. f.* **1.** Trigo candeal desnudo de su corteza. **2.** Pasta de harina de flor reducida a granos muy menudos y que se emplea para sopa.

sena *s. f.* Conjunto de seis puntos señalados en una de las caras del dado.

senado *s. m.* **1.** Asamblea de patricios que formaba el Consejo supremo de la antigua Roma. **2.** Cuerpo legislativo formado por personas cualificadas, elegidas para dicho cargo.

senador, ra *s. m. y s. f.* Miembro del senado.

sencillez *s. f.* Calidad de sencillo.

sencillo, lla *adj.* **1.** Que no tiene artificio ni composición. **2.** Que carece de ostentación y adornos. **3.** Que no presenta dificultades para su realización o comprensión.

senda *s. f.* Camino estrecho.

sendero *s. m.* Senda, camino.

sendos, das *adj. distrib.* Uno o una para cada cual de dos o más personas o cosas.

senectud *s. f.* Edad senil, que comúnmente empieza a los sesenta años.

senil *adj.* Perteneciente a la vejez.

seno *s. m.* **1.** Concavidad o hueco. **2.** Pecho humano. **3.** Cualquiera de las concavidades interiores del cuerpo del animal. **4.** *fig.* Regazo, amparo. **5.** *fig.* Parte interna de alguna cosa.

sensación *s. f.* **1.** Impresión que las cosas producen en el alma por medio de los sentidos. **2.** Emoción producida en el ánimo por un suceso o noticia de importancia.

sensacionalismo *s. m.* Tendencia a producir fuerte impresión con noticias, sucesos, etc.
sensatez *s. f.* Calidad de sensato.
sensato, ta *adj.* Prudente, de buen juicio.
sensibilidad *s. f.* Facultad de sentir.
sensibilizar *v. tr.* Hacer sensibles a la acción de la luz ciertas materias fotográficas.
sensible *adj.* **1.** Capaz de sentir. **2.** Que puede ser percibido por los sentidos.
sensiblería *s. f.* Sentimentalismo exagerado, trivial o fingido.
sensitiva *s. f.* Planta mimosácea cuyas hojas se pliegan al ser tocadas.
sensitivo, va *adj.* Perteneciente a los sentidos corporales.
sensorial *adj.* Perteneciente o relativo a los sentidos.
sensorio *s. m.* Centro común de todas las sensaciones.
sensual *adj.* **1.** Perteneciente a los sentidos. **2.** Perteneciente al deseo sexual.
sensualidad *s. f.* Calidad de sensual.
sensualismo *s. m.* Propensión excesiva a los placeres de los sentidos.
sentado, da *adj.* **1.** Juicioso, quieto. **2.** Se dice de las partes de una planta que carecen de pedúnculo.
sentar *v. tr.* **1.** Colocar a alguien sobre una silla o un mueble similar de modo que quede apoyado sobre las nalgas. También prnl. **2.** Dar por supuesta alguna cosa. || *v. intr.* **3.** *fig. y fam.* Tratándose de la comida o la bebida, recibirla bien el estómago y digerirla sin molestia. **4.** *fig. y fam.* Con relación a algo que puede influir en la salud del cuerpo, hacer provecho.
sentencia *s. f.* **1.** Dictamen, opinión. **2.** Resolución del juez.
sentenciar *v. tr.* **1.** Dar sentencia. **2.** Expresar el dictamen sobre una cuestión.
sentencioso, sa *adj.* **1.** Que encierra moralidad o doctrina. **2.** Se dice del tono de la persona que habla con gravedad.
sentido, da *adj.* **1.** Que incluye o explica un sentimiento. **2.** Que se ofende con facilidad. || *s. m.* **3.** Aptitud que tiene el alma de percibir, por medio de determinados órganos, las impresiones de los objetos externos. **4.** Entendimiento o razón, en cuanto discierne las cosas. **5.** Modo particular de entender una cosa. **6.** Razón de ser, finalidad. **8.** Significación cabal de una proposición o cláusula. **9.** Cada una de las diferentes interpretaciones que puede admitir un escrito.
sentimental *adj.* **1.** Que expresa o excita sentimientos tiernos. **2.** Propenso a ellos.
sentimiento *s. m.* Impresión que causan en el ánimo las cosas espirituales.
sentina *s. f.* **1.** Cavidad inferior de la nave. **2.** *fig.* Lugar lleno de inmundicias.
sentir[1] *s. m.* **1.** Sentimiento del ánimo. **2.** Parecer de alguien sobre una materia.
sentir[2] *v. tr.* **1.** Experimentar sensaciones. **2.** Percibir con el sentido del oído, oír. **3.** Experimentar aflicción por una cosa o por un acontecimiento. **4.** Experimentar una impresión espiritual. **5.** Tener por dolorosa o mala una cosa. **6.** Opinar, juzgar, criticar.
seña *s. f.* **1.** Nota, indicio. **2.** Signo que se emplea para acordarse de algo. **3.** Vestigio que queda de una cosa.
señal *s. f.* **1.** Marca para distinguir una cosa. **2.** Signo. **3.** Vestigio.
señalado, da *adj.* Insigne, famoso.
señalamiento *s. m.* **1.** Acción de señalar o determinar lugar, hora, etc. para un fin. **2.** Designación de día para un juicio oral o una vista.
señalar *v. tr.* **1.** Poner una marca o señal. **2.** Llamar la atención hacia una persona o cosa. **3.** Hacer una herida en el cuerpo, especialmente en la cara.
señor, ra *s. m. y s. f.* **1.** Dueño de una cosa. **2.** Tratamiento de respeto.
señorear *v. tr.* **1.** Mandar como dueño de algo. **2.** Apropiarse de una cosa.
señoría *s. f.* Tratamiento que se da a las personas a quienes compete por su dignidad.
señorial *adj.* **1.** Perteneciente o relativo al señorío. **2.** Majestuoso, noble.
señorío *s. m.* **1.** Dominio sobre una cosa. **2.** Gravedad en el porte o en las acciones.
señuelo *s. m.* Cualquier cosa que sirve para atraer a las aves.
sépalo *s. m.* Cada una de las divisiones del cáliz de la flor.
separación *s. f.* **1.** Acción y efecto de separar. **2.** Interrupción de la vida conyugal por conformidad de las partes o fallo judicial, sin quedar extinguido el vínculo matrimonial.
separar *v. tr.* **1.** Poner dos personas o cosas fuera de contacto. También prnl. **2.** Distinguir. **3.**

Destituir de un empleo. ‖ *v. prnl.* **4.** Retirarse alguien de algún ejercicio u ocupación. **5.** Interrumpir los cónyuges su vida en común.

separatismo *s. m.* Doctrina política que pretende la separación de un territorio para declararse independiente o anexionarse a otro país.

sepelio *s. m.* Acción de inhumar la Iglesia a los fieles.

sepia *s. f.* **1.** Jibia, molusco. **2.** Materia colorante sacada de ésta.

septena *s. f.* Conjunto de siete cosas.

septenio *s. m.* Período de siete años.

septentrión *s. m.* Norte, punto cardinal.

septicemia *s. f.* Alteración de la sangre por la presencia de gérmenes patógenos.

séptico, ca *adj.* Que produce putrefacción.

septiembre *s. m.* Noveno mes del año.

séptimo, ma *adj. num.* **1.** Se dice de cada una de las siete partes iguales en que se divide un todo. **2.** Que ocupa el último lugar en una serie ordenada de siete.

septuagenario, ria *adj.* Que tiene setenta años de edad.

sepulcral *adj.* Perteneciente o relativo al sepulcro.

sepulcro *s. m.* Obra que se construye levantada del suelo, para dar en ella sepultura al cadáver de una persona.

sepultar *v. tr.* **1.** Enterrar a un difunto. **2.** Ocultar alguna cosa como enterrándola.

sepultura *s. f.* Lugar en que está enterrado un cadáver.

sequedad *s. f.* Calidad de seco.

sequía *s. f.* Tiempo seco de larga duración.

sequillo *s. m.* Rosquilla de masa azucarada.

séquito *s. m.* Grupo de personas que acompaña y sigue a alguien.

ser[1] *s. m.* **1.** Esencia o naturaleza. **2.** Ente, lo que es o existe.

ser[2] *v. cop.* **1.** Afirma del sujeto lo que significa el atributo. ‖ *v. aux.* **2.** Sirve para la conjugación de los verbos en la voz pasiva. ‖ *v. intr.* **3.** Haber o existir.

sera *s. f.* Espuerta grande sin asas.

serafín *s. m.* Cada uno de los espíritus bienaventurados que forman el primer coro.

serba *s. f.* Fruto del serbal, con figura de pera pequeña y color rojizo y amarillento.

serbal *s. m.* Árbol rosáceo, de flores blancas en corimbo y fruto en pomo.

serenar *v. tr.* Aclarar, sosegar una cosa.

serenata *s. f.* Música al aire libre y durante la noche, para festejar a una persona.

serenidad *s. f.* Calidad de sereno.

sereno, na *adj.* **1.** Claro, despejado de nubes o nieblas. **2.** Se dice de lo apacible, sosegado. ‖ *s. m.* **3.** Guarda encargado de rondar de noche para velar por la seguridad del vecindario.

sergas *s. f. pl.* Proezas, hazañas.

serial *s. m.* Programa radiofónico o televisivo cuyo argumento se desarrolla en emisiones sucesivas.

seriar *v. tr.* Poner en serie, formar series.

sericicultura *s. f.* Industria que tiene por objeto la producción de la seda.

serie *s. f.* **1.** Conjunto de cosas relacionadas entre sí y que se suceden unas a otras. **2.** En filatelia, conjunto de sellos que forman parte de una misma emisión. **3.** En lotería, cada uno de los conjuntos de números emitidos para un mismo sorteo.

seriedad *s. f.* Calidad de serio.

serio, ria *adj.* **1.** Grave, formal en las acciones y el proceder. **2.** Que obra reflexiva y concienzudamente, sin bromear ni tratar de engañar. **3.** Severo en el semblante, en el modo de mirar o hablar. **4.** Real y sincero. **5.** Grave, importante.

sermón *s. m.* **1.** Discurso pronunciado por un sacerdote. **2.** *fig.* Amonestación.

sermonear *v. intr.* Amonestar o reprender a alguien.

serón *s. m.* Sera más larga que ancha.

serosidad *s. f.* Líquido albuminoideo que segregan ciertas membranas.

seroso, sa *adj.* **1.** Perteneciente o semejante al suero o a la serosidad. **2.** Que produce serosidad.

seroterapia *s. f.* Tratamiento de las enfermedades a través de sueros medicinales.

serpentear *v. intr.* Moverse formando vueltas y tornos como las serpientes.

serpentín *s. m.* Tubo largo en espiral para facilitar el enfriamiento de la destilación en los alambiques.

serpentina *s. f.* **1.** Piedra de color verdoso, con manchas más o menos oscuras. **2.** Tira de papel enrollada que en ciertas fiestas se arrojan unas personas a otras.

serpentón *s. m.* Instrumento musical de viento, de gran tamaño y tonos graves.

serpiente *s. f.* Culebra, por lo general de gran tamaño.
serpigo *s. m.* Llaga que se cicatriza por un extremo y se extiende por el otro.
serpollo *s. m.* Cada una de las ramas nuevas que brotan al pie de un árbol.
serraduras *s.* V
serranía *s. f.* Terreno compuesto de montañas y sierras.
serrar *v. tr.* Cortar con una sierra.
serrátil *adj.* Se dice del pulso frecuente y desigual.
serrato, ta *adj.* Se aplica al músculo que tiene dientes a modo de sierra. También s. m.
serreta *s. f.* Medida de hierro con dentecillos, que se pone sujeta al cabezón sobre la nariz de las caballerías.
serrín *s. m.* Conjunto de partículas desprendidas al serrar madera.
serrucho *s. m.* Sierra de hoja ancha y con una sola manija.
serventesio *s. m.* Estrofa endecasílaba en la que riman en consonante el primer verso con el tercero y el segundo con el cuarto.
servicial *adj.* **1.** Que sirve con diligencia. **2.** Pronto a complacer y servir a otros.
servicio *s. m.* **1.** Acción y efecto de servir. **2.** Estado de criado o sirviente. **3.** Cubierto que se pone a cada comensal. **4.** Conjunto de vajilla y otras cosas para servir la comida, el té, etc. **5.** Letrina, lugar común.
servidor, ra *s. m. y s. f.* Persona que sirve como criado.
servidumbre *s. f.* **1.** Trabajo o ejercicio propio del siervo. **2.** Conjunto de criados de una casa.
servil *adj.* **1.** Perteneciente a los siervos y criados. **2.** Humilde y de poca estimación. **3.** Rastrero.
servilismo *s. m.* Ciega y baja adhesión a la autoridad de alguien.
servilleta *s. f.* Pedazo de tela que sirve en la mesa para limpiarse la boca.
servir *v. intr.* **1.** Estar al servicio de otro o sujeto a él. También tr. **2.** Ser de utilidad una cosa. **3.** Estar empleado en la realización de una cosa por delegación de otro. **4.** Estar subordinado a otro. **5.** Desempeñar un cargo propio o en sustitución de otro. **6.** Ser soldado en activo.
sesada *s. f.* Sesos de un animal.
sésamo *s. m.* Planta pedalácea.
sesenta *adj. num.* Seis veces diez.
sesera *s. f.* Parte de la cabeza en que están los sesos.
sesgadura *s. f.* Acción y efecto de sesgar.
sesgar *v. tr.* Cortar o partir en sesgo.
sesgo, ga *adj.* Cortado oblicuamente.
sesión *s. f.* **1.** Conferencia o consulta entre varios para determinar una cosa. **2.** Cada una de las funciones de teatro o cine que se celebran el mismo día en distintas horas.
seso *s. m.* **1.** Masa nerviosa contenida en la cavidad del cráneo. **2.** Prudencia, madurez.
sestear *v. intr.* **1.** Pasar la siesta durmiendo o descansando. **2.** Recogerse el ganado durante el día en un paraje sombrío.
sestercio *s. m.* Antigua moneda de plata de los romanos.
sesudo, da *adj.* Prudente y sensato.
seta *s. f.* Cualquier especie de hongos de forma de sombrero o casquete sostenido por un pedicelo.
setecientos, tas *adj. num.* Siete veces cien.
setenta *adj. num.* Siete veces diez.
seto *s. m.* Cercado de varas entretejidas.
seudónimo, ma *adj.* Se dice del autor que oculta con un nombre falso el suyo verdadero.
seudópodo *s. m.* Cualquiera de las prolongaciones de protoplasma que emiten muchos seres unicelulares y mediante los cuales efectúan su locomoción.
severidad *s. f.* **1.** Rigor y aspereza en el trato o en el castigo. **2.** Exactitud en la observancia de una ley, precepto o regla. **3.** Gravedad, seriedad.
severo, ra *adj.* **1.** Que no tiene indulgencia por las faltas o por las debilidades. **2.** Grave, serio.
sevicia *s. f.* Crueldad excesiva.
sevillanas *s. f. pl.* Aire musical propio de Sevilla, bailable, y con el cual se cantan seguidillas.
sexagenario, ria *adj.* Que tiene sesenta años de edad.
sexagesimal *adj.* Se dice del sistema de contar o de subdividir de 60 en 60.
sex appeal *s. m.* Atractivo sexual.
sexenio *s. m.* Período de seis años.
sexo *s. m.* Condición orgánica que distingue al macho de la hembra.
sex shop *s. m.* Establecimiento en el que se pueden comprar todo tipo de artículos eróticos.
sex symbol *s. m. y s. f.* Persona considerada como un símbolo sexual.
sexteto *s. m.* Composición para seis instrumentos o seis voces.

sexto, ta *adj. num.* Que ocupa el último lugar en una serie ordenada de seis.

sextuplicar *v. tr.* Aumentar seis veces el número, la cantidad, etc., de una cosa.

sexual *adj.* Perteneciente o relativo al sexo.

si *s. m.* Séptima voz de la escala musical.

sí[1] *pron. pers.* Forma reflexiva tónica del pronombre personal de tercera persona, género masculino o femenino y número singular y plural, que, precedida siempre de preposición, funciona como complemento.

sí[2] *adv. afirm.* **1.** Se usa como sustantivo para consentimiento o permiso. **2.** Se usa como énfasis para avivar la afirmación expresada por el verbo con que se une.

sibarita *adj., fig.* Se dice de la persona muy dada a los lujos y placeres.

sibila *s. f.* Mujer sabia a quien los antiguos atribuyeron espíritu profético.

sibilante *adj.* Que silba o suena a manera de silbido.

sibilino, na *adj., fig.* Misterioso, oscuro.

sicalipsis *s. f.* Picardía erótica.

sicario *s. m.* Asesino asalariado.

siclo *s. m.* Moneda hebrea de plata.

sicofanta *s. m.* Impostor, calumniador.

sicómoro *s. m.* Higuera propia de Egipto, con fruto pequeño de color amarillento y madera incorruptible.

sidecar *s. m.* Cochecillo que algunas motocicletas llevan unido en un lateral.

sideral *adj.* Perteneciente o relativo a los astros.

siderita *s. f.* **1.** Siderosa, mineral. **2.** Planta labiada, con flores amarillas con el labio superior blanco y fruto seco.

siderosa *s. f.* Mineral de color pardo amarillento. Es un carbonato ferroso.

siderurgia *s. f.* Arte de extraer el hierro y de trabajarlo.

sidra *s. f.* Bebida alcohólica obtenida por la fermentación del zumo de las manzanas.

siega *s. f.* Tiempo en que se siega.

siembra *s. f.* Sembrado, tierra sembrada.

siempre *adv. t.* **1.** En todo o en cualquier tiempo. **2.** En todo caso o cuando menos.

siempreviva *s. f.* Perpetua amarilla.

sien *s. f.* Cada una de las dos partes laterales de la cabeza comprendidas entre la frente, la oreja y la mejilla.

sierpe *s. f.* **1.** Serpiente, culebra. **2.** *fig.* Persona muy fea o muy feroz.

sierra *s. f.* **1.** Herramienta para fragmentar. **2.** Cordillera de montes.

siervo, va *s. m. y s. f.* Esclavo.

sieso *s. m.* Parte inferior y terminal del intestino recto.

siesta *s. f.* Sueño que se echa después de comer.

siete *adj. num.* Seis y uno.

sietemesino, na *adj.* Se dice del bebé que nace a los siete meses de engendrado.

sífilis *s. f.* Enfermedad venérea, infecciosa.

sifilítico, ca *adj.* **1.** Perteneciente o relativo a la sífilis. **2.** Que la padece.

sifilografía *s. f.* Parte de la medicina que trata de las enfermedades sifilíticas.

sifón *s. m.* **1.** Tubo para trasvasar líquidos. **2.** Botella cerrada herméticamente que contiene agua cargada de ácido carbónico.

sigilo *s. m.* Silencio cauteloso.

sigiloso, sa *adj.* Que guarda sigilo.

sigla *s. f.* Letra inicial que se usa como abreviatura.

siglo *s. m.* Espacio de cien años.

signar *v. tr.* **1.** Sellar, poner o imprimir el signo. **2.** Firmar.

signatura *s. f.* **1.** Señal que se pone en las cosas para distinguirlas unas de otras. **2.** Cierto tribunal de la corte romana.

significación *s. f.* **1.** Sentido de una palabra o frase. **2.** Importancia en cualquier orden.

significado, da *adj.* **1.** Conocido, importante. ‖ *s. m.* **2.** Significación de una palabra o de otra cosa.

significar *v. tr.* **1.** Ser una cosa por naturaleza signo, representación o indicio de otra. **2.** Ser una palabra o frase expresión o signo de una idea o de una cosa material. ‖ *v. intr.* **3.** Representar, importar, valer.

significativo, va *adj.* **1.** Que da a entender algo. **2.** Que tiene importancia por representar o significar algún valor.

signo *s. m.* **1.** Carácter empleado en la escritura y en la imprenta. **2.** Figura que los notarios añaden a su firma en los documentos públicos. **3.** Cada una de las doce partes del Zodíaco.

siguiente *adj.* Ulterior, posterior.

sílaba *s. f.* Sonido o sonidos que constituyen un solo núcleo fónico entre dos depresiones sucesivas de la emisión de voz.

silabario *s. m.* Libro para enseñar a deletrear a los niños.
silabear *v. intr.* Ir pronunciando separadamente cada sílaba. También tr.
silabeo *s. m.* Acción y efecto de silabear.
silábico, ca *adj.* Perteneciente a la sílaba.
silbar *v. intr.* Dar silbidos.
silbato *s. m.* Instrumento pequeño y hueco que produce un silbo agudo.
silbido *s. m.* **1.** Sonido agudo que hace el aire. **2.** Sonido agudo que resulta de hacer pasar con fuerza el aire por la boca con los labios fruncidos.
silbo *s. m.* Silbido.
silenciador *s. m.* Dispositivo que acoplado al tubo de salida de gases de los motores de explosión, o al cañón de un arma, amortigua el ruido.
silencio *s. m.* **1.** Abstención de hablar. **2.** Pausa.
silencioso, sa *adj.* **1.** Que calla. **2.** Que no hace ruido. **3.** Se aplica al lugar o tiempo en que hay o se guarda silencio.
silente *adj., poét.* Silencioso, tranquilo, sosegado.
silepsis *s. f.* Figura que consiste en quebrantar la concordancia gramatical.
sílex *s. m.* Pedernal opaco.
sílfide *s. f.* Ninfa del aire.
silfo *s. m.* Espíritu elemental del aire.
silicato *s. m.* Sal compuesta de ácido silícico y una base.
sílice *s. f.* Combinación del silicio con el oxígeno.
silícico *adj.* Se dice del ácido compuesto de silicio, oxígeno e hidrógeno.
silicio *s. m.* Metaloide que se extrae de la sílice por reducción del cuarzo.
silicosis *s. f.* Enfermedad respiratoria, producida por el polvo de sílice.
silla *s. f.* **1.** Asiento individual, generalmente con respaldo y con cuatro patas. **2.** Sede de un prelado.
sillar *s. m.* Cada una de las piedras labradas de una construcción.
sillería *s. f.* Fábrica hecha de sillares.
silleta *s. f.* Recipiente de forma plana para excretar en la cama los enfermos.
sillín *s. m.* **1.** Silla de montar más ligera que la común. **2.** Asiento de la bicicleta.
sillón *s. m.* Silla de brazos mayor y más cómoda que la ordinaria.
silo *s. m.* Lugar seco en donde se guarda el trigo, las semillas o forrajes.
silogismo *s. m.* Razonamiento que consta de tres proposiciones.
silogístico, ca *adj.* Perteneciente al silogismo.
silueta *s. f.* **1.** Dibujo del contorno de la sombra de un objeto. **2.** Perfil.
siluro *s. m.* Pez malacopterigio de agua dulce parecido a la anguila.
silva *s. f.* Combinación métrica de versos endecasílabos y heptasílabos.
silvestre *adj.* Que se cría naturalmente sin cultivo en selvas o campos.
silvicultor, ra *s. m. y s. f.* Persona que profesa la silvicultura.
silvicultura *s. f.* Cultivo de los bosques y montes.
sima *s. f.* Cavidad grande y muy profunda en la tierra.
simbiosis *s. f.* Asociación de organismos de especies diferentes que se favorecen mutuamente en su desarrollo.
simbólico, ca *adj.* Perteneciente o relativo al símbolo o expresado por medio de él.
simbolismo *s. m.* Sistema de símbolos que se destinan a representar alguna cosa.
simbolizar *v. tr.* Servir una cosa como símbolo de otra.
símbolo *s. m.* Figura con que es representado un concepto, por alguna semejanza que el entendimiento percibe entre ambos.
simetría *s. f.* **1.** Proporción adecuada de las partes de un todo. **2.** Armonía de posición, forma y dimensiones de las partes o puntos similares unos respecto de otros, y referente a punto, línea o plano determinado.
simétrico, ca *adj.* **1.** Perteneciente a la simetría. **2.** Que la tiene.
simiente *s. f.* **1.** Semilla. **2.** Semen.
simiesco, ca *adj.* Que se asemeja al simio o es propio de él.
símil *s. m.* **1.** Semejanza entre dos cosas. **2.** Figura que consiste en comparar expresamente una cosa con otra, para dar idea viva y eficaz de una de ellas.
similar *adj.* Que tiene semejanza con algo.
similitud *s. f.* Semejanza de una cosa con otra.
similor *s. m.* Aleación de cinc y cobre, que tiene el color y el brillo del oro.
simio *s. m.* Mono.
simonía *s. f.* Compra o venta ilícita de cosas espirituales.

simpatía *s. f.* Inclinación instintiva que ejerce una persona sobre otra.
simpático, ca *adj.* Que inspira simpatía.
simpatizar *v. intr.* Sentir simpatía.
simple *adj.* **1.** Sin composición. **2.** *fig.* Desabrido. **3.** *fig.* Apacible e incauto.
simpleza *s. f.* **1.** Bobería, necedad. **2.** Dicho o hecho simple.
simplicidad *s. f.* **1.** Sencillez, candor. **2.** Cualidad de simple o sencillo.
simplificar *v. tr.* Hacer más sencilla o más fácil una cosa.
simulación *s. f.* **1.** Acción de simular. **2.** Alteración aparente de la causa, la índole o el objeto verdadero de un acto o contrato.
simulacro *s. m.* Imagen hecha a semejanza de una cosa o persona.
simular *v. tr.* Representar una cosa, fingiendo lo que no es.
simultanear *v. tr.* Realizar en el mismo espacio de tiempo dos operaciones.
simultáneo, a *adj.* Que se hace u ocurre al mismo tiempo que otra cosa.
simún *s. m.* Viento que sopla en el desierto.
sin *prep.* **1.** Denota carencia o falta. **2.** Fuera de o además de.
sinagoga *s. f.* **1.** Congregación religiosa de los judíos. **2.** Templo de los judíos.
sinalefa *s. f.* Enlace de la última vocal de una palabra y la primera de la palabra siguiente, pronunciándola en una sola sílaba.
sinapismo *s. m.* Tópico hecho con polvo de mostaza.
sinartrosis *s. f.* Articulación no movible, como la de los huesos del cráneo.
sincerar *v. tr.* Justificar la inculpabilidad o culpabilidad de alguien. También prnl.
sinceridad *s. f.* Veracidad, modo de expresarse libre de fingimiento.
sincero, ra *adj.* Ingenuo, exento de hipocresía o simulación.
síncopa *s. f.* **1.** Supresión de una o más letras en medio de una palabra. **2.** Enlace de dos sonidos iguales.
sincopado, da *adj.* Se dice del ritmo o canto que tiene notas sincopadas.
sincopar *v. tr.* Hacer síncopa.
síncope *s. m.* Pérdida repentina del conocimiento y de la sensibilidad.
sincrónico, ca *adj.* Que ocurre a un mismo tiempo.
sindéresis *s. f.* Capacidad natural para juzgar rectamente.
sindical *adj.* Perteneciente o relativo al sindicato.
sindicalismo *s. m.* Sistema de organización obrera por medio del sindicato.
sindicalista *adj.* **1.** Perteneciente o relativo al sindicalismo. **2.** Partidario del sindicalismo.
sindicar *v. tr.* **1.** Acusar o delatar. **2.** Asociar varios individuos de una misma profesión, o de intereses comunes, para constituir un sindicato. También prnl.
sindicato *s. m.* Asociación formada para la defensa de intereses económicos o políticos comunes a todos los asociados.
síndico *s. m.* Persona que en un concurso de acreedores o en una quiebra es la encargada de liquidar el activo y el pasivo del deudor.
sinecura *s. f.* Empleo o cargo retribuido que ocasiona poco o ningún trabajo.
sinéresis *s. f.* Pronunciación en una sola sílaba de dos vocales de una palabra que de ordinario se pronuncian separadas.
sinergia *s. f.* Acción activa y concertada de varios órganos para realizar una función.
sínfisis *s. f.* Conjunto de partes orgánicas que aseguran y afirman las relaciones de determinados huesos entre sí.
sinfonía *s. f.* **1.** Conjunto de voces, de instrumentos, o de ambas cosas, que suenan a la vez. **2.** Armonía de los colores.
sinfónico, ca *adj.* Perteneciente o relativo a la sinfonía.
singladura *s. f.* Distancia recorrida por una nave en 24 horas.
singlar *v. intr.* Navegar la nave con rumbo determinado.
singular *adj.* **1.** Único. **2.** *fig.* Se dice de lo extraordinario, raro.
singularidad *s. f.* Particularidad, separación de lo común.
singularizar *v. tr.* Distinguir o particularizar una cosa entre otras.
singulto *s. m.* Sollozo.
siniestra *s. f.* Izquierda.
siniestro, tra *adj.* **1.** Que está a la mano izquierda. **2.** *fig.* Avieso, mal intencionado.
sinnúmero *s. m.* Número incalculable.

sino[1] *s. m.* Signo, hado, destino.
sino[2] *conj. advers.* Contrapone a un concepto negativo otro afirmativo.
sinódico, ca *adj.* Perteneciente o relativo al sínodo.
sínodo *s. m.* Concilio de los obispos.
sinonimia *s. f.* Circunstancia de ser sinónimos dos o más vocablos.
sinónimo, ma *adj.* Se dice de los vocablos y expresiones que tienen una misma o muy parecida significación, o alguna acepción equivalente. También s. m.
sinopsis *s. f.* Compendio de una materia que la explica más fácilmente.
sinóptico, ca *adj.* Que presenta con claridad las partes principales de un todo.
sinovia *s. f.* Humor líquido transparente y viscoso que lubrica las articulaciones de los huesos.
sinovial *adj.* **1.** Perteneciente o relativo a la sinovia. **2.** Se dice de las glándulas que secretan la sinovia.
sinrazón *s. f.* Acción hecha contra justicia y fuera de lo razonable o debido.
sinsabor *s. m., fig.* Pesar, desazón.
sintáctico, ca *adj.* Perteneciente o relativo a la sintaxis.
sintaxis *s. f.* Parte de la gramática que enseña a coordinar y unir palabras para formar las oraciones, y el enlace de unas oraciones con otras.
síntesis *s. f.* Compendio de una materia.
sintético, ca *adj.* **1.** Perteneciente o relativo a la síntesis. **2.** Se dice de productos obtenidos por procedimientos industriales, principalmente una síntesis química que reproducen la composición y propiedades de algunos cuerpos naturales.
sintetizar *v. tr.* Hacer síntesis.
síntoma *s. m.* Fenómeno revelador de una enfermedad.
sintomático, ca *adj.* Perteneciente al síntoma.
sinuosidad *s. f.* Calidad de sinuoso.
sinuoso, sa *adj.* Que tiene senos, ondulaciones o recodos.
sinusitis *s. f.* Inflamación de los senos del cráneo.
sinvergüenza *adj.* Que comete actos ilegales o inmorales.
siquiera *conj. advers. y conces.* Equivale a "bien que" o "aunque".
sirena *s. f.* Ninfa marina con busto de mujer y cuerpo de pez.
sirga *s. f.* Maroma para tirar las redes.
sirle *s. m.* Excremento del ganado lanar y cabrío.
sirte *s. f.* Bajo de arena.
sirviente, ta *s. m. y s. f.* Persona que se dedica al servicio doméstico.
sisa *s. f.* **1.** Parte que se hurta en la compra diaria. **2.** Sesgadura hecha en la tela de las prendas de vestir para que ajusten bien al cuerpo y, especialmente, corte curvo correspondiente a la parte de las axilas.
sisar *v. tr.* **1.** Cometer el hurto llamado sisa. **2.** Hacer sisas en las prendas de vestir.
sisear *v. intr.* Emitir repetidamente el sonido inarticulado de "s" y "ch" para manifestar desagrado o para llamar a alguien.
siseo *s. m.* Acción y efecto de sisear.
sismógrafo *s. m.* Instrumento para registrar, durante un terremoto, la dirección de las oscilaciones y sacudimientos de la tierra.
sismología *s. f.* Parte de la geología que trata de los terremotos.
sismómetro *s. m.* Instrumento para medir la fuerza de oscilaciones sísmicas.
sistema *s. m.* **1.** Conjunto de reglas, principios o medidas, enlazados entre sí. **2.** Norma de conducta.
sistemático, ca *adj.* **1.** Que sigue o se ajusta a un sistema. **2.** Se dice de la persona que procede por principios.
sistematizar *v. tr.* Reducir a sistema.
sístole *s. f.* Movimiento de contracción rítmica del corazón y de las arterias.
sitial *s. m.* Asiento de ceremonia.
sitiar *v. tr.* **1.** Cercar una plaza o fortaleza. **2.** *fig.* Cercar a alguien.
sitio *s. m.* **1.** Lugar, espacio. **2.** Paraje o terreno a propósito para alguna cosa.
sito, ta *adj.* Situado o fundado.
situación *s. f.* **1.** Disposición de una cosa respecto del lugar que ocupa. **2.** Estado de las cosas y personas.
situar *v. tr.* **1.** Poner a una persona o cosa en determinado sitio o situación. **2.** Asignar fondos para algún pago o inversión.
ski *s. m.* Esquí.
slogan *s. m.* Eslogan.
smoking *s. m.* Chaqueta masculina que se usa con traje de etiqueta y muchas veces en sustitución del frac.

snob *s. m. y s. f.* Esnob.

so *prep.* Bajo, debajo de.

¡so! *interj.* que se emplea para hacer que se paren las caballerías.

soasar *v. tr.* Medio asar o asar ligeramente.

soba *s. f., fig.* Aporreamiento o zurra.

sobaco *s. m.* Concavidad que forma el arranque del brazo con el cuerpo.

sobajar *v. tr.* Manosear una cosa ajándola.

sobar *v. tr.* Manejar y oprimir una cosa repetidamente a fin de que se ablande.

soberanía *s. f.* **1.** Calidad de soberano, dominio. **2.** Orgullo, soberbia.

soberano, na *adj.* Que ejerce o posee la autoridad suprema e independiente.

soberbia *s. f.* Estimación excesiva de sí mismo menospreciando a los demás.

soberbio, bia *adj.* **1.** Altivo, arrogante. **2.** *fig.* Orgullosa y violento.

sobina *s. f.* Clavo de madera.

sobón, na *adj., fam.* Que por sus excesivas caricias se hace fastidioso.

sobornar *v. tr.* Corromper a alguien con dádivas.

soborno *s. m.* **1.** Acción y efecto de sobornar. **2.** Dádiva con que se soborna.

sobra *s. f.* **1.** Demasía y exceso en cualquier cosa sobre su justo ser, peso o valor. ‖ *s. f. pl.* **2.** Desperdicios o desechos.

sobrado, da *adj.* **1.** Demasiado. **2.** Audaz y licencioso. **3.** Rico. ‖ *s. m.* **4.** Desván.

sobrar *v. tr.* **1.** Exceder o sobrepujar. ‖ *v. intr.* **2.** Haber más de lo que se necesita.

sobrasada *s. f.* Embuchado grueso de carne de cerdo, muy picada y sazonada con sal, pimienta y pimiento molido.

sobrasar *v. tr.* Poner brasas al pie de la olla para que cueza mejor o más pronto.

sobre[1] *prep.* **1.** Encima. **2.** Acerca de.

sobre[2] *s. m.* Cubierta de papel en que se incluye una carta, documento, etc.

sobreagudo, da *adj.* Se dice de los sonidos más agudos del sistema musical.

sobrealiento *s. m.* Respiración difícil y fatigosa.

sobrealimentar *v. tr.* Dar a un individuo más alimento del que ordinariamente toma o necesita para alimentarse.

sobreasar *v. tr.* Volver a poner al fuego lo que ya está asado o cocido.

sobrecama *s. f.* Colcha.

sobrecarga *s. f.* **1.** Lo que se añade a una carga regular. **2.** *fig.* Molestia.

sobrecargar *v. tr.* Cargar algo con exceso.

sobrecargo *s. m.* Persona que en los buques mercantes lleva a su cuidado el cargamento.

sobrecejo *s. m.* Ceño del rostro.

sobrecincho *s. m.* Faja o correa que pasa por debajo de la barriga de la cabalgadura y por encima del aparejo.

sobrecoger *v. tr.* **1.** Coger de repente y desprevenido a alguien. ‖ *v. prnl.* **2.** Sorprenderse, intimidarse.

sobrecubierta *s. f.* Segunda cubierta que se pone a una cosa para resguardarla.

sobredicho, cha *adj.* Dicho antes o arriba.

sobredorar *v. tr.* Dorar los metales, y especialmente la plata.

sobrefalda *s. f.* Falda corta que se coloca como adorno sobre otra.

sobrehumano, na *adj.* Que excede a lo humano.

sobrellevar *v. tr.* **1.** *fig.* Ayudar a sufrir los trabajos o molestias de la vida. **2.** *fig.* Resignarse a algo con paciencia.

sobremanera *adv. m.* En extremo.

sobremesa *s. f.* **1.** Tapete que se pone sobre la mesa. **2.** Tiempo que se está a la mesa después de haber comido.

sobrenadar *v. intr.* Mantenerse encima de un líquido sin hundirse.

sobrenatural *adj.* Que excede los términos de la naturaleza.

sobrenombre *s. m.* Nombre que se añade a veces al apellido para distinguir a dos personas que tienen el mismo.

sobrentender *v. tr.* Entender una cosa que no está expresa, pero que se deduce.

sobrepaga *s. f.* Aumento de paga.

sobreparto *s. m.* **1.** Tiempo que inmediatamente sigue al parto. **2.** Estado delicado de salud que suele ser consiguiente al parto.

sobrepelliz *s. f.* Vestidura blanca, de lienzo fino con mangas, que se pone sobre la sotana.

sobreponer *v. tr.* Añadir una cosa o ponerla encima de otra.

sobreprecio *s. m.* Recargo en el precio ordinario.

sobrepujar *v. tr.* Exceder una cosa o persona a otra en cualquier línea.

sobresaliente *s. m.* En la calificación de exámenes, nota superior, la más alta de todas.

sobresalir *v. intr.* Exceder una persona o cosa a otras en figura, tamaño, etc.

sobresaltar *v. tr.* **1.** Saltar, venir y acometer de repente. **2.** Asustar, alterar a alguien repentinamente. También prnl.

sobresalto *s. m.* Temor o susto repentino.

sobresdrújulo, la *adj.* Se aplica a las voces que llevan un acento en la sílaba anterior a la antepenúltima.

sobreseer *v. intr.* **1.** Desistir de la pretensión que se tenía. **2.** Cesar en el cumplimiento de una obligación.

sobreseimiento *s. m.* Acción y efecto de sobreseer.

sobrestante *s. m.* Capataz de una obra.

sobresueldo *s. m.* Salario que se añade al sueldo fijo.

sobretodo *s. m.* Prenda de vestir, ancha, larga y con mangas, que se lleva sobre el traje ordinario.

sobrevenir *v. intr.* Suceder una cosa además o después de otra.

sobrevivir *v. intr.* Vivir alguien después de la muerte de otro o después de un determinado suceso o plazo.

sobriedad *s. f.* Calidad de sobrio.

sobrino, na *s. m. y s. f.* Respecto de una persona, hijo o hija de su hermano o hermana, o de su primo o prima.

sobrio, bria *adj.* **1.** Moderado en comer y beber. **2.** Que carece de aditamentos superfluos.

socaire *s. m.* Abrigo que ofrece una cosa en su lado opuesto a aquel de donde sopla el viento.

socaliña *s. f.* Artificio con que se saca a alguien lo que no está obligado a dar.

socarrar *v. tr.* Tostar superficialmente algo.

socarrén *s. m.* Parte del alero del tejado que sobresale de la pared.

socarrena *s. f.* Hueco.

socarrón, na *adj.* Se dice de la persona que obra con socarronería.

socarronería *s. f.* Astucia con burla encubierta.

socavar *v. tr.* Excavar por debajo alguna cosa dejándola en falso.

socavón *s. m.* Cueva que se excava en un monte.

sochantre *s. m.* Director del coro en los oficios divinos.

sociabilidad *s. f.* Calidad de sociable.

sociable *adj.* Naturalmente inclinado a la sociedad.

social *adj.* **1.** Perteneciente o relativo a la sociedad y a las distintas clases que la componen. **2.** Perteneciente o relativo a una compañía o sociedad.

sociedad *s. f.* Conjunto organizado de personas, familias, pueblos o naciones.

socio, cia *s. m. y s. f.* Persona asociada con otra para algún fin.

socollada *s. f.* Sacudida que dan las velas.

socorrer *v. tr.* Ayudar a alguien en un peligro o necesidad.

socorro *s. m.* Acción y efecto de socorrer.

socrocio *s. m.* Emplasto en que entra el azafrán.

soda *s. f.* Bebida de agua gaseosa, que contiene ácido carbónico y está aromatizada con un jarabe o esencia de alguna fruta.

sodio *s. m.* Metal blando, de color y brillo similar al de la plata, muy ligero.

sodomía *s. f.* Coito anal, especialmente entre personas del mismo sexo.

soez *adj.* Se dice de lo bajo y grosero.

sofá *s. m.* Asiento cómodo con respaldo y brazos para dos o más personas.

sofaldar *v. tr.* **1.** Alzar las faldas. **2.** *fig.* Levantar cualquier cosa para descubrir otra.

sofión *s. m.* Bufido, demostración de enfado.

sofisma *s. m.* Argumento correcto en apariencia con que se quiere defender lo que es falso.

sofisticar *v. tr.* Adulterar con sofismas.

sofito *s. m.* Plano inferior del saliente de una cornisa o de otro cuerpo semejante.

soflama *s. f.* **1.** Llama tenue. **2.** Bochorno o ardor que suele subir al rostro.

soflamar *v. tr.* **1.** Usar palabras afectadas para engañar a alguien. ‖ *v. prnl.* **2.** Tostarse, requemarse con la llama.

sofocación *s. f.* Acción y efecto de sofocar.

sofocar *v. tr.* **1.** Ahogar, impedir la respiración. **2.** Apagar, dominar, extinguir.

sofoco *s. m., fig.* Disgusto grave.

sofocón *s. m., fam.* Desazón, disgusto que sofoca o aturde.

sofreír *v. tr.* Freír ligeramente una cosa.

sofrenada *s. f.* Acción y efecto de sofrenar.

sofrenar *v. tr.* Reprimir el jinete a la caballería tirando violentamente de las riendas.

soga *s. f.* Cuerda gruesa de esparto.

soguilla *s. f.* **1.** Trenza delgada hecha con el pelo. **2.** Trenza delgada de esparto.

sojuzgar *v. tr.* Mandar con violencia.

Sol *n. p.* Astro luminoso, centro de nuestro sistema planetario.

sol² *s. m.* Quinta voz de la escala fundamental.

solana *s. f.* Paraje donde el sol da de lleno.

solanáceo, a *adj.* Se dice de las plantas dicotiledóneas que tienen hojas simples y alternas, flores acampanadas y baya con muchas semillas provistas de albumen carnoso, como la tomatera y el tabaco.

solano *s. m.* Viento que sopla de donde nace el Sol.

solapa *s. f.* **1.** Parte del vestido, correspondiente al pecho, y que suele ir doblada hacia fuera sobre la misma prenda de vestir. **2.** *fig.* Ficción para disimular algo.

solapado, da *adj., fig.* Se dice de la persona que por costumbre oculta maliciosa y cautelosamente sus pensamientos.

solapar *v. tr.* **1.** Poner solapas a los vestidos. **2.** *fig.* Ocultar maliciosa y cautelosamente la verdad o la intención.

solar¹ *s. m.* Terreno donde se ha edificado o que se destina a edificar en él.

solar² *adj.* Perteneciente al Sol.

solar³ *v. tr.* Revestir el suelo con ladrillos, losas, etc.

solar⁴ *v. tr.* Poner suelas al calzado.

solariego, ga *adj.* Antiguo y noble.

solaz *s. m.* Esparcimiento, alivio de los trabajos.

solazar *v. tr.* Dar solaz.

soldada *s. f.* Sueldo, salario que se paga por un trabajo.

soldadesca *s. f.* Ejercicio y profesión de soldado.

soldadura *s. f.* **1.** Acción y efecto de soldar. **2.** Material que sirve y está preparado para soldar.

soldado *s. m.* Persona que sirve en la milicia.

soldar *v. tr.* Pegar sólidamente dos cosas o partes de una misma cosa.

solear *v. tr.* Asolear, tener alguna cosa al sol por algún tiempo. También prnl.

solecismo *s. m.* Vicio de dicción consistente en alterar la sintaxis normal de un idioma.

soledad *s. f.* **1.** Carencia de compañía. **2.** Lugar desierto o tierra no habitada.

solemne *adj.* **1.** Celebrado o hecho públicamente, con pompa o ceremonias extraordinarias. **2.** Formal, válido.

solemnidad *s. f.* Calidad de solemne.

solemnizar *v. tr.* **1.** Celebrar de manera solemne un suceso. **2.** Engrandecer, autorizar o encarecer una cosa.

soler *v. intr.* **1.** Con referencia a seres vivos, acostumbrar. **2.** Tratándose de hechos o cosas, ser frecuentes.

solera *s. f.* **1.** Una de las piedras del molino. **2.** Suelo del horno. **3.** Madre o lía del vino.

soleta *s. f.* Pieza de lienzo u otra cosa análoga con que se remienda la planta del pie de la media o calcetín.

solfa *s. f.* Arte que enseñar a leer y entonar las diversas voces de la música.

solfatara *s. f.* Abertura en los terrenos volcánicos.

solfear *v. tr.* Cantar marcando el compás y pronunciando los nombres de las notas.

solfeo *s. m.* Acción y efecto de solfear.

solicitación *s. f.* Acción de solicitar.

solicitar *v. tr.* Decir o buscar una cosa con diligencia y cuidado.

solícito, ta *adj.* Afanoso por servir o atender a una persona o cosa.

solicitud *s. f.* **1.** Diligencia cuidadosa. **2.** Documento oficial en que se solicita algo.

solidaridad *s. f.* Entera comunidad de intereses, sentimientos y aspiraciones.

solidario, ria *adj.* Asociado circunstancialmente a la causa, empresa u opinión de otro.

solideo *s. m.* Casquete que usan los eclesiásticos para cubrirse la corona.

solidez *s. f.* **1.** Calidad de sólido. **2.** Volumen de un cuerpo.

solidificación *s. f.* Acción y efecto de solidificar.

solidificar *v. tr.* Hacer sólido un fluido.

sólido, da *adj.* Se dice de los cuerpos cuyas moléculas tienen entre sí mayor cohesión que las de los líquidos. También s. m.

soliloquio *s. m.* Lo que habla una persona consigo misma.

solípedo, da *adj.* Se dice de los mamíferos ungulados, con las extremidades terminadas en una sola pieza, como el caballo.

solista *s. m. y s. f.* Persona que ejecuta un solo de una pieza musical.

solitaria *s. f.* Tenia, gusano intestinal.

solitario, ria *adj.* **1.** Desamparado, desierto. **2.** Solo, sin compañía.

sólito, ta *adj.* Acostumbrado, que se suele hacer ordinariamente.

soliviantar *v. tr.* Inducir a una persona a adoptar una actitud rebelde.

soliviar *v. tr.* Ayudar a levantar una cosa por debajo.

sollado *s. m.* Una de las cubiertas inferiores del buque.

sollo *s. m.* Esturión.

sollozar *v. intr.* Llorar interrumpiendo el llanto con gemidos.

sollozo *s. m.* Acción y efecto de sollozar.

solo, la *adj.* **1.** Único en su especie. **2.** Dicho de personas, sin compañía.

sólo *adv. m.* De un solo modo, en una sola cosa o sin otra cosa.

solomillo *s. m.* En los animales de matadero, capa muscular que se extiende por entre las costillas y el lomo.

solsticial *adj.* Perteneciente o relativo al solsticio.

solsticio *s. m.* Época en que el Sol se halla en uno de los dos trópicos.

soltar *v. tr.* **1.** Desceñir lo que está sujeto. **2.** Dar libertad a lo que estaba detenido o preso. **3.** Desasir lo que se tenía sujeto.

soltería *s. f.* Estado de soltero.

soltero, ra *adj.* Se dice de la persona que no ha contraído matrimonio.

soltura *s. f.* **1.** Agilidad, prontitud, expedición. **2.** Facilidad y lucidez de dicción.

solubilidad *s. f.* Calidad de soluble.

soluble *adj.* Que se puede disolver o desleír.

solución *s. f.* **1.** Desenlace o término de un proceso, negocio, etc. **2.** Resultado de disolver una sustancia.

solutivo, va *adj.* Se dice del medicamento que tiene virtud para soltar o laxar.

solvencia *s. f.* **1.** Acción y efecto de solventar. **2.** Carencia de deudas. **3.** Capacidad para satisfacerlas. **4.** Calidad de solvente.

solventar *v. tr.* Arreglar cuentas, pagando la deuda a que se refieren.

solvente *adj.* Capaz de cumplir debidamente una obligación, cargo, etc.

somanta *s. f., fam.* Tunda, zurra.

sombra *s. f.* **1.** Falta de luz. **2.** Imagen oscura que, sobre una superficie cualquiera, proyecta un cuerpo opaco, al interceptar los rayos directos de la luz.

sombrajo *s. m.* Resguardo de ramas, mimbres, etc., para hacer sombra.

sombreado *s. m.* Acción y efecto de sombrear una pintura.

sombrear *v. tr.* **1.** Dar o producir sombra. **2.** Poner sombra en una pintura o dibujo.

sombrerería *s. f.* **1.** Oficio de hacer sombreros. **2.** Fábrica donde se hacen.

sombrero *s. m.* Prenda de vestir que sirve para cubrir la cabeza.

sombría *s. f.* Umbría.

sombrilla *s. f.* Quitasol.

sombrío, a *adj.* **1.** Se dice del lugar en que frecuentemente hay sombra. **2.** *fig.* Tétrico, melancólico.

somero, ra *adj., fig.* Ligero, superficial.

someter *v. tr.* Subordinar la voluntad de uno a la de otra persona. También prnl.

somier *s. m.* Soporte de tela metálica, láminas de madera, etc., sobre el cual se coloca el colchón.

somnífero, ra *adj.* Que causa o da sueño.

somnolencia *s. f.* Pesadez y torpeza de los sentidos motivada por el sueño.

son *s. m.* **1.** Sonido que afecta agradablemente al oído. **2.** *fig.* Noticia, fama.

sonado, da *adj.* **1.** Famoso. **2.** Divulgado con mucho ruido y admiración.

sonaja *s. f.* Par o pares de chapas de metal que se hacen sonar agitándolas.

sonajero *s. m.* Juguete con sonajas o cascabeles que sirve para entretener a los bebés.

sonambulismo *s. m.* Estado de sonámbulo.

sonámbulo, la *adj.* Se dice de la persona que durante el sueño realiza actos de forma automática, sin que pueda recordarlos una vez despierta.

sonar *v. intr.* **1.** Hacer ruido una cosa. **2.** *fam.* Ofrecerse débilmente el recuerdo de alguna cosa oída con anterioridad. ‖ *v. tr.* **3.** Quitar los mocos de la nariz.

sonata *s. f.* Composición de música instrumental.

sonda *s. f.* Cuerda con un peso de plomo que sirve para medir la profundidad de las aguas y explorar el fondo.

sondaleza *s. f.* **1.** Maroma que se cruza de una orilla a otra de un río, dividida con señales para determinar los lugares en que se han verificado los diferentes sondeos. **2.** Cuerda larga y delgada que, junto con el escandallo, sirve para sondar.

sondar *v. tr.* **1.** Medir con la sonda. **2.** Inquirir con cautela la intención de alguien.

sondear *v. tr., fig.* Hacer las primeras averiguaciones sobre alguien o algo.
sonetillo *s. m.* Soneto de versos de ocho o menos sílabas.
soneto *s. m.* Composición poética que consta de catorce versos generalmente endecasílabos, distribuidos en dos cuartetos y dos tercetos, que repiten sus rimas.
sonido *s. m.* Sensación producida en el órgano del oído.
sonoridad *s. f.* **1.** Calidad de sonoro. **2.** Cualidad de la sensación auditiva que permite calificar los sonidos como fuertes o débiles.
sonoro, ra *adj.* **1.** Que suena. **2.** Que refleja bien el sonido.
sonreír *v. intr.* Reírse levemente.
sonrisa *s. f.* Acción de sonreír.
sonrojar *v. tr.* Hacer que a alguien le salgan los colores en el rostro por vergüenza.
sonrojo *s. m.* Acción y efecto de sonrojar o sonrojarse.
sonsacar *v. tr., fig.* Procurar con maña que alguien diga lo que sabe y reserva.
sonsonete *s. m.* **1.** *fig.* Ruido poco intenso y continuado. **2.** *fig.* Tono de la persona que habla o lee sin expresión, que denota desprecio o ironía.
soñador, ra *adj.* **1.** Que sueña mucho. **2.** Que se aparta de la realidad.
soñar *v. tr.* Representarse en la fantasía imágenes o sucesos durante el sueño.
soñolencia *s. f.* Somnolencia.
soñoliento, ta *adj.* **1.** Acometido de sueño. **2.** Que está dormitando.
sopa *s. f.* **1.** Pedazo de pan empapado en cualquier líquido. **2.** Plato compuesto caldo y de rebanadas de pan, fideos, arroz, etc.
sopapear *v. tr., fam.* Dar sopapos.
sopapo *s. m., fam.* Golpe que se da con la mano en la cara.
sopera *s. f.* Vasija en que se sirve la sopa.
sopero, ra *adj.* Se dice del plato hondo en que se come la sopa.
sopesar *v. tr.* Levantar una cosa como para tantear el peso que tiene.
sopetear[1] *v. tr., fig.* Maltratar o ultrajar a alguien.
sopetear[2] *v. tr.* Mojar repetidas veces el pan en el caldo.
sopetón[1] *s. m.* Pan tostado que se moja en aceite.
sopetón[2] *s. m.* Golpe fuerte y repentino dado con la mano.
sopicaldo *s. m.* Caldo con muy pocas sopas.
soplado, da *adj.* **1.** *fig. y fam.* Demasiado pulido y compuesto. **2.** *fig. y fam.* Estirado, engreído, entonado. || *s. m.* **3.** Acción y efecto de soplar el vidrio.
soplador, ra *adj.* **1.** Que sopla. **2.** *fig.* Se dice de la persona que excita, mueve o enciende una cosa.
soplamocos *s. m., fam.* Golpe que se da a alguien en la cara.
soplar *v. intr.* **1.** Despedir aire con violencia por la boca, estrechando los labios. **2.** Despedir los fuelles u otros artificios adecuados el aire que han recibido. **3.** Correr el viento, dejándose sentir. **4.** Llenar algo con aire. **5.** Trabajar la pasta de vidrio. **6.** Sugerir a alguien algo que debe decir. **7.** *fig.* Delatar, acusar. **8.** *fig. y fam.* Beber con exceso.
soplete *s. m.* Instrumento constituido esencialmente por un tubo que aplica una corriente gaseosa a una llama para dirigirla sobre determinados objetos.
soplillo *s. m.* **1.** Aventador para avivar el fuego. **2.** Cualquier cosa muy delicada o leve. **3.** Especie de tela de seda muy ligera. **4.** Bizcocho de pasta muy esponjosa.
soplo *s. m.* **1.** Acción y efecto de soplar. **2.** *fig.* Instante. **3.** *fig. y fam.* Aviso dado en secreto y con cautela.
soplón, na *adj., fam.* Se dice de la persona que acusa en secreto y cautelosamente.
soplonear *v. tr., fam.* Soplar, acusar, delatar.
soponcio *s. m., fam.* Desmayo, congoja.
sopor *s. m.* Modorra morbosa parecida a un sueño profundo.
soporífero, ra *adj.* Que inclina al sueño o que lo produce.
soportable *adj.* Que se puede soportar.
soportal *s. m.* **1.** Espacio cubierto que precede a la entrada principal. **2.** Pórtico a manera de claustro.
soportar *v. tr.* **1.** Sostener o llevar sobre sí una carga o peso. **2.** *fig.* Sufrir, tolerar una cosa molesta.
soporte *s. m.* Apoyo o sostén.
soprano *s. m.* La más aguda de las voces humanas.

sopuntar *v. tr.* Poner uno o varios puntos debajo de una letra, palabra o frase para llamar la atención sobre ella con un determinado fin.

sor *s. f.* Precediendo al nombre de ciertas religiosas, hermana.

sorber *v. tr.* **1.** Beber aspirando. **2.** *fig.* Atraer hacia dentro de sí algo.

sorbete *s. m.* Refresco azucarado de zumo de frutas, agua, leche, yemas de huevo, etc., al que se da cierto grado de congelación.

sorbible *adj.* Que se puede sorber.

sorbo *s. m.* Porción de líquido que se puede tomar de una vez.

sorda *s. f.* Guindaleza sujeta en la roda de un barco para facilitar su botadura.

sordera *s. f.* Privación o disminución de la facultad de oír.

sordidez *s. f.* Calidad de sórdido.

sórdido, da *adj.* **1.** Se dice de lo sucio. **2.** *fig.* Se dice de la persona mezquina.

sordina *s. f.* Pieza que puesta en un instrumento musical sirve para disminuir el timbre del sonido.

sordo, da *adj.* **1.** Que no oye o no oye bien. **2.** Callado, silencioso. **3.** Insensible o indócil a las persuasiones o consejos.

sordomudez *s. f.* Calidad de sordomudo.

sordomudo, da *adj.* Se dice de la persona que está privada del sentido del oído y de la facultad de hablar.

sorites *s. m.* Serie de proposiciones encadenadas, de modo que el predicado de la antecedente pasa a ser sujeto de la siguiente, hasta que en la conclusión se une al sujeto de la primera con el predicado de la última.

sorna *s. f.* **1.** Espacio o lentitud con que se hace una cosa. **2.** Disimulo y burla con que se hace o se dice una cosa.

sorprendente *adj.* Raro, extraordinario.

sorprender *v. tr.* **1.** Coger desprevenido a alguien. **2.** Descubrir lo que otro ocultaba o disimulaba.

sorpresa *s. f.* Cosa que da motivo para que alguien se sorprenda.

sorra *s. f.* Arena gruesa que sirve de lastre.

sorregar *v. tr.* Regar accidentalmente un bancal el agua que pasa del inmediato que se está regando.

sorrostrada *s. f.* Insolencia

sortear *v. tr.* **1.** Someter a personas o cosas a la decisión de la suerte. **2.** *fig.* Evitar con maña un compromiso o riesgo.

sorteo *s. m.* Acción de sortear.

sortija *s. f.* **1.** Aro pequeño que se ajusta a los dedos. **2.** Rizo del cabello, en figura de anillo.

sortilegio *s. m.* Adivinación que se hace por suertes supersticiosas.

sosa *s. f.* Óxido de sodio, base salificable muy cáustica.

sosaina *s. m. y s. f.* Persona sosa, sin gracia.

sosañar *v. tr.* Denostar, reprender.

sosegado, da *adj.* Se dice de la persona o cosa que está en calma.

sosegar *v. tr.* Aplacar, tranquilizar.

sosería *s. f.* Falta de gracia y viveza.

sosiego *s. m.* Estado de tranquilidad.

soslayar *v. tr.* **1.** Poner una cosa ladeada para pasar una estrechez. **2.** Pasar de largo, evitando con un rodeo una dificultad.

soso, sa *adj.* **1.** Que no tiene sal, o tiene poca. **2.** Se dice de la persona, acción o palabra que carecen de gracia y viveza.

sospecha *s. f.* Acción y efecto de sospechar.

sospechar *v. tr.* **1.** Aprehender o imaginar una cosa por conjeturas fundadas en apariencias o visos de verdad. || *v. intr.* **2.** Desconfiar, dudar. También tr.

sospechoso, sa *adj.* **1.** Que da motivo para sospechar. **2.** Que sospecha.

sosquín *s. m.* Golpe que se da a traición.

sostén *s. m., fig.* Apoyo moral, protección.

sostener *v. tr.* **1.** Sustentar, mantener firme una cosa. También prnl. **2.** Sustentar una proposición. **3.** *fig.* Sufrir, soportar algo ingrato. **4.** *fig.* Proteger a alguien. **5.** *fig.* Dar a alguien lo que necesita para mantenerse. **6.** *fig.* Mantener, proseguir. || *v. prnl.* **7.** Mantenerse un cuerpo en un lugar sin caer.

sostenido, da *adj.* Se dice de la nota cuya entonación es un tono más alta que la que corresponde a su sonido natural.

sostenimiento *s. m.* **1.** Acción y efecto de sostener. **2.** Mantenimiento o sustento de algo o alguien.

sota *s. f.* Carta décima de cada palo de la baraja española.

sotabanco *s. m.* Piso habitable colocado por encima de la cornisa general de la casa.

sotabarba *s. f.* Barba que se deja crecer por debajo de la barbilla.

sotalugo *s. m.* Segundo arco con que se aprietan los extremos o tiestas de los toneles.

sotana *s. f.* Vestido talar que usan los eclesiásticos y los legos que sirven en las funciones de iglesia.

sótano *s. m.* Pieza subterránea, entre los cimientos de un edificio.

sotaventarse *v. prnl.* Irse o caer el buque a sotavento.

sotavento *s. m.* **1.** Costado de la nave opuesto al barlovento. **2.** Parte que cae hacia aquel lado.

sotechado *s. m.* Cobertizo, techado.

soterrar *v. tr.* **1.** Poner una cosa debajo de tierra. **2.** *fig.* Esconder o guardar una cosa de modo que no aparezca.

sotil *adj.* Sutil.

soto *s. m.* Terreno poblado de árboles y arbustos en las riberas o vegas.

soufflé *s. m.* Especialidad gastronómica preparada con claras de huevo montadas.

su *adj. pos.* Forma apocopada de "suyo, ya".

suasorio, ria *adj.* Perteneciente a la persuasión, o propio para persuadir.

suave *adj.* **1.** Liso y blando al tacto. **2.** Dulce, grato a los sentidos. **3.** *fig.* Tranquilo, manso.

suavidad *s. f.* Calidad de suave.

suavizador, ra *adj.* **1.** Que suaviza. ‖ *s. m.* **2.** Pedazo de cuero para suavizar el filo de las navajas de afeitar.

suavizar *v. tr.* Hacer suave una cosa.

subafluente *s. m.* Río, arroyo que desemboca en un afluente.

subalterno, na *adj.* **1.** Inferior, o que está debajo de una persona o cosa. ‖ *s. m. y s. f.* **2.** Empleado de categoría inferior.

subarrendar *v. tr.* Dar o tomar en arriendo una cosa, no de su dueño sino de otro arrendador de la misma.

subarrendatario, ria *s. m. y s. f.* Persona que toma en subarriendo alguna cosa.

subarriendo *s. m.* **1.** Acción de subarrendar. **2.** Contrato por el cual se subarrienda una cosa. **3.** Precio en que se subarrienda.

subasta *s. f.* **1.** Venta pública de bienes o alhajas que se hace al mejor postor. **2.** Procedimiento similar para adjudicar la ejecución de una obra o servicio.

subastar *v. tr.* Vender efectos o contratar servicios, arriendos, etc. en pública subasta.

subclase *s. f.* Cada uno de los grupos en que se dividen los animales o las plantas que forman una categoría de clasificación entre la clase y el orden.

subclavio, via *adj.* Se dice de lo que está situado debajo de la clavícula en el cuerpo del animal.

subcomisión *s. f.* Grupo de individuos de una comisión que tiene cometido aparte.

subconsciencia *s. f.* Estado inferior de la conciencia psicológica en el que, por la poca intensidad o duración de las percepciones, no se da cuenta de éstas el sujeto.

subconsciente *adj.* Que se refiere a la subconsciencia, o que no llega a ser consciente.

subcostal *adj.* Que está debajo de las costillas.

subcutáneo, a *adj.* Que está inmediatamente debajo de la piel.

subdelegación *s. f.* **1.** Acción y efecto de subdelegar. **2.** Distrito, oficina y empleo del subdelegado.

subdelegado, da *adj.* Se dice de la persona que sirve a las órdenes del delegado o le sustituye en sus funciones.

subdelegar *v. tr.* Trasladar o dar el delegado su jurisdicción o potestad a otro.

subdesarrollado, da *adj.* Que no ha llegado a un desarollo normal. Se dice generalmente de los países de economía pobre y atrasada, organización primitiva y bajo nivel de vida en todos los órdenes.

subdiácono *s. m.* Clérigo ordenado de epístola.

subdirector, ra *s. m. y s. f.* Persona que sirve a las órdenes del director o le sustituye en sus funciones.

súbdito, ta *adj.* **1.** Sujeto a la autoridad de un superior con obligación de obedecerle. ‖ *s. m. y s. f.* **2.** Persona natural de un país que, como tal, está sujeta a las autoridades políticas de éste.

subdividir *v. tr.* Dividir una parte que ya había sido dividida anteriormente.

subdivisión *s. f.* Acción y efecto de subdividir.

suberoso, sa *adj.* Parecido al corcho.

subespecie *s. f.* Cada uno de los grupos en que se divide una especie.

subestimar *v. tr.* Estimar a un ser menos de lo justo.

subfamilia *s. f.* Cada uno de los grupos en que se divide una familia.

subfebril *adj.* Se dice de la persona que tiene una temperatura anormal, comprendida entre 37,5 y 38 °C.

subgénero *s. m.* Grupo de animales o plantas que, en orden a su clasificación, forman una categoría entre el género y la especie.

subida *s. f.* **1.** Acción y efecto de subir. **2.** Lugar en declive. **3.** Lugar por donde se sube.

subíndice *s. m.* Letra o número que se añade a un símbolo para distinguirlo de otro. Se coloca en la parte derecha, abajo y es de menor tamaño.

subinspector, ra *s. m. y s. f.* Jefe inmediato después del inspector.

subir *v. intr.* **1.** Pasar de un sitio o lugar a otro superior o más alto. **2.** Cabalgar, montar. **3.** Crecer en alto ciertas cosas. **4.** Importar una cuenta. **5.** *fig.* Ascender en dignidad o empleo, o mejorar en patrimonio. **6.** Elevar la voz o el sonido de un instrumento desde un tono determinado a otro más agudo. ‖ *v. tr.* **7.** Recorrer en dirección hacia arriba. **8.** Trasladar a una persona o cosa de un lugar a otro más alto. **9.** Hacer más alta una cosa o irla aumentando hacia arriba. **10.** Poner vertical una cosa que estaba inclinada hacia abajo. **11.** Encarecer una cosa.

subitáneo, a *adj.* Que sucede súbitamente.

súbito, ta *adj.* **1.** Improviso, repentino. **2.** Precipitado, violento en obras o palabras.

subjefe, fa *s. m. y s. f.* Persona que hace las veces de jefe y sirve a sus órdenes.

subjetividad *s. f.* Calidad de subjetivo.

subjetivo, va *adj.* Relativo a nuestro modo de pensar o de sentir.

subjuntivo, va *adj.* Se dice del modo del verbo que expresa el hecho como un deseo, o como dependiente y subordinado a otro hecho. También s. m.

sublevación *s. f.* Acción y efecto de sublevar o sublevarse.

sublevar *v. tr.* Alzar en sedición o motín. también prnl.

sublimación *s. f.* Acción y efecto de sublimar.

sublimado *s. m.* Sustancia obtenida por sublimación.

sublimar *v. tr.* **1.** Engrandecer, ensalzar a una persona o cosa. **2.** Volatilizar un cuerpo sólido y hacerlo sólido de nuevo sin pasar aparentemente por el estado líquido. **3.** En el psicoanálisis, dirigir un estado o sedimento morboso hacia una actividad moral o intelectualmente generosa o superior.

sublimatorio, ria *adj.* Perteneciente o relativo a la sublimación.

sublime *adj.* **1.** Excelso, eminente, de elevación extrema. **2.** Modalidad de lo bello cuando va acompañado de grandiosidad o elevación extraordinaria.

sublimidad *s. f.* Calidad de sublime.

subliminal *adj.* Se aplica a la idea, emoción o sensación que por ser demasiado débil no llega a ser percibida por la conciencia.

sublingual *adj.* Situado debajo de la lengua.

submarinismo *s. m.* Conjunto de las actividades realizadas bajo la superficie del mar con diferentes fines.

submarino, na *adj.* **1.** Que está bajo la superficie del mar. **2.** Perteneciente o relativo a lo que se efectúa bajo la superficie del mar. ‖ *s. m.* **3.** Barco de guerra que se cierra herméticamente y es adecuado para navegar sumergido.

submaxilar *adj.* Se dice de lo que está debajo de la mandíbula inferior.

submúltiplo, pla *adj.* Se dice del número o cantidad que otro u otra contiene exactamente dos o más veces.

suboficial *s. m.* Categoría militar comprendida entre las de oficial y sargento.

subordinación *s. f.* Sujeción a la orden o dominio de alguien.

subordinar *v. tr.* **1.** Sujetar personas o cosas a la dependencia de otras. **2.** Clasificar algunas cosas inferiores en orden respecto de otras. **3.** Regir un elemento gramatical a otro de categoría distinta. ‖ *v. prnl.* **4.** Estar una oración en dependencia de otra.

subprefecto, ta *s. m. y s. f.* Jefe o magistrado inmediatamente inferior al prefecto.

subranquial *adj.* Situado debajo de las branquias.

subrayar *v. tr.* **1.** Señalar por debajo con una raya una letra, palabra o frase escritaa. **2.** *fig.* Recalcar las palabras.

subrepción *s. f.* **1.** Acción oculta y a escondidas. **2.** Ocultación de un hecho para obtener lo que de otro modo no se conseguiría.

subrepticio, cia *adj.* **1.** Que se pretende u obtiene con subrepción. **2.** Que se hace o toma ocultamente y a escondidas.

subrogar *v. tr.* Subsistir o poner una persona o cosa en lugar de otra.

subsanar *v. tr.* **1.** Disculpar un desacierto o delito. **2.** Paliar un defecto o resarcir un daño.

subsecretario, ria *s. m. y s. f.* **1.** Persona que hace las veces del secretario. **2.** Secretario general de un ministro.

subseguir *v. intr.* Seguir una cosa inmediatamente a otra.

subsidiario, ria *adj.* Que se da en socorro o subsidio de alguien.

subsidio *s. m.* Socorro extraordinario.

subsiguiente *adj.* Que sigue inmediatamente a aquello que se expresa.

subsistencia *s. f.* **1.** Estabilidad y conservación de las cosas. **2.** Conjunto de medios necesarios para el sustento de la vida humana.

subsistir *v. intr.* **1.** Conservarse una cosa o durar. **2.** Vivir, mantener la vida. **3.** Existir con todas las condiciones propias de su ser o de su naturaleza.

subsuelo *s. m.* Terreno que está debajo de la capa laborable o, en general, debajo de una capa de tierra.

subteniente *s. m.* Oficial de categoría inmediatamente inferior a la de teniente.

subterfugio *s. m.* Pretexto que se utiliza para eludir algo.

subterráneo, a *adj.* **1.** Que está debajo de tierra. || *s. m.* **2.** Cualquier lugar o espacio que está debajo de tierra.

subtitular *v. tr.* **1.** Escribir subtítulos. **2.** Poner subtítulos a una película cinematográfica.

subtítulo *s. m.* **1.** Título secundario que se pone a veces después del principal. **2.** Letrero que aparece en la imagen inferior de una película con la traducción del texto hablado.

suburbano, na *adj.* Se dice del edificio, terreno o campo próximo a la ciudad.

suburbio *s. m.* Barrio o aldea cerca de la ciudad, especialmente el habitado por personas de baja condición social.

subvención *s. f.* Cantidad con que se subviene.

subvencionar *v. tr.* Favorecer con una subvención.

subvenir *v. tr.* Auxiliar en sus necesidades a alguien o a algo.

subversión *s. f.* Acción y efecto de subvenir.

subversivo, va *adj.* Capaz de subvertir, o que tiende a ello.

subvertir *v. tr.* Trastornar, revolver, destruir.

subyacente *adj.* Que yace o está debajo de otra cosa.

subyacer *v. intr.* **1.** Yacer o estar debajo de algo. **2.** Estar algo oculto tras una cosa.

subyugar *v. tr.* Dominar poderosa o violentamente. También prnl.

succión *s. f.* Acción de chupar con los labios.

sucedáneo, a *adj.* Se dice de la sustancia que por tener propiedades parecidas a las de otra, puede reemplazarla.

suceder *v. intr.* **1.** Entrar una persona o cosa en lugar de otra o seguirse a ella. **2.** Entrar como heredero en la posesión de los bienes de un difunto. **3.** Descender, proceder. || *v. impers.* **4.** Efectuarse un hecho.

sucedido *s. m., fam.* Suceso, acontecimiento.

sucesión *s. f.* **1.** Acción y efecto de suceder. **2.** Entrada o continuación de una persona en lugar de otra. **3.** Continuación ordenada de cosas, personas o sucesos. **4.** Entrada como heredero en la posesión de los bienes de un difunto. **5.** Conjunto de bienes, derechos y obligaciones que, al morir una persona, son transmisibles a sus herederos o a sus legatarios. **6.** Procedencia de un progenitor. **7.** Prole, descendencia directa. **8.** Conjunto ordenado de términos asociados por una ley determinada.

sucesivo, va *adj.* Que sucede a otra cosa.

suceso *s. m.* **1.** Cosa que sucede, especialmente cuando es de alguna importancia. **2.** Transcurso del tiempo. **3.** Éxito, resultado de un negocio.

sucesor, ra *adj.* Que sucede a alguien o sobreviene en su lugar.

suciedad *s. f.* Cosa sucia.

sucinto, ta *adj.* Breve.

sucio, cia *adj* **1.** Que tiene manchas o impurezas. **2.** *fig.* Deshonesto, obsceno.

sucucho *s. m.* Rincón, ángulo entrante que forman dos paredes.

suculento, ta *adj.* Que tiene sustancia.

sucumbir *v. intr.* **1.** Someterse ante algo o alguien. **2.** Morir, perecer.

sucursal *adj.* Se dice del establecimiento que sirve de ampliación a otro del cual depende. También s. f.

sudar *v. intr.* **1.** Exhalar el sudor. **2.** Trabajar fatigosamente. || *v. tr.* **3.** Empapar en sudor.

sudario *s. m.* Lienzo que se ponía sobre el rostro de los difuntos o en que se envolvía el cadáver.

sudeste *s. m.* Punto del horizonte entre el Sur y el Este, a igual distancia de ambos.

sudoeste *s. m.* Punto del horizonte entre el Sur y el Oeste, a igual distancia de ambos.

sudor *s. m.* **1.** Serosidad transparente que sale por los orificios de las glándulas sudoríparas de la piel. **2.** Trabajo y fatiga.

sudorífico, ca *adj.* Se dice del medicamento que hace sudar.

sudoríparo, ra *adj.* Se dice de la glándula o folículo que segrega el sudor.

sudoroso, sa *adj.* **1.** Que está sudando mucho. **2.** Muy propenso a sudar.

suegro, gra *s. m. y s. f.* Padre o madre de un cónyuge, respecto del otro.

suela *s. f.* Parte del calzado que toca al suelo.

sueldo *s. m.* Remuneración asignada a una persona por desempeñar un cargo o servicio profesional.

suelo *s. m.* **1.** Superficie de la tierra. **2.** Piso de un cuarto o vivienda.

suelto, ta *adj.* **1.** Veloz. **2.** Ágil en la ejecución de las cosas.

sueño *s. m.* **1.** Acto de dormir. **2.** Acto de representarse en la fantasía de alguien, mientras duerme, sucesos o imágenes. **3.** Ganas de dormir. **4.** *fig.* Cosa fantástica, sin fundamento, ni razón.

suero *s. m.* Parte líquida de la sangre del quilo o de la linfa que se separa del coágulo de estos humores cuando salen del organismo.

suerte *s. f.* **1.** Encadenamiento de los sucesos, considerado como fortuito o casual. **2.** Circunstancia de ser, por mera casualidad, favorable o adverso lo que sucede.

suficiencia *s. f.* **1.** Capacidad, aptitud. **2.** *fig.* Presunción, pedantería.

suficiente *adj.* **1.** Bastante para lo que se necesita. **2.** Apto o idóneo para algo.

sufijo, ja *adj.* Se dice de los afijos que se sitúan a continuación de las palabras para formar derivados. También s. m.

sufragáneo, a *adj.* Que depende de la jurisdicción y autoridad de alguien.

sufragar *v. tr.* **1.** Ayudar. **2.** Costear.

sufragio *s. m.* **1.** Ayuda, socorro. **2.** Voto, parecer de la voluntad de alguien.

sufrido, da *adj.* **1.** Que sufre con resignación. **2.** Se dice del color que disimula lo sucio.

sufrimiento *s. m.* Paciencia, conformidad con que se sufre una cosa.

sufrir *v. tr.* **1.** Padecer. **2.** Aguantar una carga. **3.** Recibir con resignación un daño moral o físico. **4.** Tolerar un hecho con el que no se está de acuerdo. **5.** Pagar, en sentido de expiar.

sugerencia *s. f.* Inspiración, idea sugerida.

sugerir *v. tr.* Hacer entrar o despertar en el ánimo de alguien una idea o imagen.

sugestionar *v. tr.* **1.** Inspirar una persona a otra hipnotizada palabras o actos involuntarios. **2.** Dominar la voluntad de una persona, llevándola a obrar en determinado sentido. **3.** Fascinar a alguien, provocar su admiración.

sugestivo, va *adj.* **1.** Que sugiere. **2.** Que resulta atrayente.

suicida *s. m. y s. f.* **1.** Persona que se suicida. || *adj.* **2.** Perteneciente o relativo al suicidio. **3.** *fig.* Se dice del acto o la conducta que daña o destruye al propio agente.

suicidarse *v. prnl.* Quitarse voluntariamente la vida.

suicidio *s. m.* **1.** Acción y efecto de suicidarse. **2.** *fig.* Acción que perjudica a la persona que la realiza.

sujeción *s. f.* **1.** Acción de sujetar. **2.** Unión con que una cosa está sujeta.

sujetar *v. tr.* **1.** Someter al dominio de alguien. **2.** Afirmar una cosa con la fuerza.

sujeto, ta *s. m.* **1.** Asunto sobre el que se habla o escribe. **2.** Persona innominada.

sulfamida *s. f. pl.* Nombre que se da a un grupo de productos farmacéuticos usados contra algunas enfermedades microbianas.

sulfato *s. m.* Cualquier combinación del ácido sulfúrico con un radical mineral u orgánico.

sulfhídrico, ca *adj.* Perteneciente o relativo a las combinaciones del azufre con el hidrógeno.

sulfurar *v. tr.* **1.** Combinar un cuerpo con el azufre. **2.** *fig.* Causar enfado o irritación, encolerizar. Se usa más como prnl.

sulfuro *s. m.* Cuerpo que resulta de la combinación del azufre con un metal.

sulfuroso, sa *adj.* **1.** Que participa de las propiedades del azufre. **2.** Se aplica a los compuestos en los cuales este elemento tiene una valencia más baja que los compuestos sulfúricos.

sultán *s. m.* **1.** Emperador de los turcos. **2.** Príncipe o gobernador mahometano.

suma *s. f.* **1.** Agregado de muchas cosas. **2.** Acción y resultado de sumar.

sumando *s. m.* Cada una de las cantidades parciales que han de añadirse unas a otras para formar la suma.

sumar *v. tr.* **1.** Recopilar una materia. **2.** Reunir en una sola varias cantidades homogéneas.

sumaria *s. f.* **1.** Proceso escrito. **2.** En el procedimiento criminal militar, sumario, conjunto de actuaciones para preparar el inicio.

sumario, ria *adj.* **1.** Se dice de lo resumido, breve. || *s. m.* **2.** Resumen, compendio de una cosa.

sumarísimo, ma *adj.* Se dice de cierta clase de juicios a los que señala la ley una tramitación brevísima.

sumergible *adj.* Que se puede sumergir.

sumergir *v. tr.* Meter una cosa debajo del agua o de otro líquido.

sumersión *s. f.* Acción y efecto de sumergir.

sumidad *s. f.* Extremo más alto de una cosa.

sumidero *s. m.* Conducto o canal por donde se sumen las aguas.

sumiller *s. m.* En los hoteles y restaurantes, persona encargada del servicio de licores.

suministrar *v. tr.* Proveer a alguien de algo que necesita.

suministro *s. m.* Provisión de víveres o utensilios para las tropas, prisioneros, etc.

sumir *v. tr.* **1.** Hundir debajo de la tierra o del agua. **2.** Sumergir.

sumisión *s. f.* **1.** Acción y efecto de someter. **2.** Excesiva docilidad con palabras o acciones. **3.** Acto por el cual alguien se somete a otra jurisdicción renunciando o perdiendo su domicilio y fuero.

sumiso, sa *adj.* **1.** Obediente. **2.** Rendido, subyugado.

sumo, ma *adj.* **1.** Supremo, altísimo o que no tiene superior. **2.** Muy grande, enorme.

sunción *s. f.* Acción de sumir o consumir el sacerdote.

suntuario, ria *adj.* Perteneciente o relativo al lujo.

suntuosidad *s. f.* Calidad de suntuoso.

suntuoso, sa *adj.* Magnífico.

supeditar *v. tr.* Sujetar, oprimir con rigor.

superable *adj.* Que se puede superar o vencer.

superabundancia *s. f.* Abundancia muy grande.

superar *v. tr.* **1.** Ser superior a otro. **2.** Vencer obstáculos y dificultades.

superávit *s. m.* En las cuentas, exceso del haber o caudal sobre el debe o sobre las obligaciones.

superchería *s. f.* Engaño, dolo, fraude.

superficial *adj., fig.* Aparente, sin solidez.

superficie *s. f.* **1.** Límite exterior de un cuerpo que lo separa y distingue del resto del espacio. **2.** Aspecto externo de algo.

superfino, na *adj.* Muy fino.

superfluo, flua *adj.* No necesario, que está de sobra.

superfosfato *s. m.* Fosfato ácido de cal, que se emplea como abono.

superintendente *s. m. y s. f.* Persona a cuyo cargo está la dirección superior de una cosa.

superior *adj.* Que está más alto y en lugar preeminente con relación a otra cosa.

superior, ra *s. m. y s. f.* Persona que manda o dirige una congregación o comunidad.

superioridad *s. f.* Preeminencia en una persona o cosa respecto de otra.

superlativo, va *adj.* Muy grande y excelente en su línea.

supernumerario, ria *adj.* **1.** Que excede del número establecido. **2.** Se aplica a los militares, funcionarios, etc. en situación similar a la excedencia. || *s. m. y s. f.* **3.** Empleado que trabaja en una oficina pública sin figurar en la plantilla.

superponer *v. tr.* Poner una cosa encima de otra. También prnl.

superposición *s. f.* Acción y efecto de superponer.

superstición *s. f.* Creencia extraña a la fe religiosa y contraria a la razón.

supersticioso, sa *adj.* **1.** Perteneciente o relativo a la superstición. **2.** Se dice de la persona que cree en ella.

supervivencia *s. f.* **1.** Acción y efecto de sobrevivir. **2.** Gracia concedida a alguien para gozar una renta o pensión después de haber fallecido la persona que la obtenga.

superviviente *adj.* Sobreviviente.

supino, na *adj.* **1.** Que está tendido sobre el dorso. **2.** Necio, tonto. **3.** Se dice de la ignorancia que procede del total desconocimiento del sujeto. || *s. m.* **4.** En la gramática latina, una de las formas nominales del verbo.

suplantación *s. f.* Acción y efecto de suplantar.

suplantar *v. tr.* **1.** Falsificar un escrito con palabras o cláusulas que modifiquen sustancialmente su sentido. **2.** Ocupar ilegalmente el puesto de otro, usurpar su personalidad o sus derechos.

suplementario, ria *adj.* Que sirve para suplir o sustituir una cosa o completarla.

suplemento *s. m.* Cosa que se añade a otra para perfeccionarla.

supletorio, ria *adj.* Que suple una falta.

súplica *s. f.* **1.** Acción y efecto de suplicar. **2.** Memoria o escrito en que se suplica. **3.** Cláusula final de un escrito que se dirige a la autoridad administrativa o judicial para solicitar una resolución.

suplicar *v. tr.* Pedir con sumisión y humildad una cosa.

suplicatoria *s. f.* Carta u oficio que pasa un tribunal o juez a otro superior.

suplicatorio, ria *adj.* **1.** Que contiene súplica. || *s. m.* **2.** Instancia que un juez o tribunal eleva a las Cortes, pidiendo permiso para proceder en justicia contra algún miembro de ellas.

suplicio *s. m.* **1.** Lesión corporal, o muerte infligida como castigo. **2.** *fig.* Grave dolor físico o moral.

suplir *v. tr.* Completar lo que falta en una cosa o remediar la carencia de ella.

suponer *v. tr.* **1.** Dar por sentada y existente una cosa. **2.** Fingir una cosa. **3.** Traer consigo, incluir, importar. **4.** Conjeturar algo a través de los indicios que se poseen.

suposición *s. f.* **1.** Acción y efecto de suponer. **2.** Lo que se supone o da por sentado. **3.** Autoridad distinción. **4.** Impostura o falsedad. **5.** Acepción de un término en lugar de otro.

supositorio *s. m.* Preparado de pasta en forma cónica, para ser introducido en el recto, en la vagina, uretra, etc.

suprarrenal *adj.* Situado encima de los riñones.

supremacía *s. f.* **1.** Grado supremo en cualquier línea. **2.** Preeminencia, superioridad jerárquica.

supremo, ma *adj.* **1.** Sumo, altísimo. **2.** Que no tiene superior en su línea.

supresión *s. f.* Acción y efecto de suprimir.

suprimir *v. tr.* **1.** Hacer cesar, hacer desaparecer. **2.** Omitir, pasar por alto.

supuesto *s. m.* Hipótesis.

supuración *s. f.* Acción y efecto de supurar.

supurar *v. intr.* Formar o echar pus.

sur *s. m.* Punto cardinal del horizonte, diametralmente opuesto al Norte.

surcar *v. tr.* Hacer surcos en la tierra.

surco *s. m.* **1.** Hendidura que se hace en la tierra con el arado. **2.** Arruga en el rostro o en otra parte del cuerpo.

surgir *v. intr.* **1.** Surtir, brotar el agua. **2.** *fig.* Alzarse, manifestarse.

surtido, da *adj.* Se aplica al artículo de comercio que se ofrece como mezcla de diversas clases. También s. m.

surtidor *s. m.* Chorro de agua que brota especialmente hacia arriba.

surtir *v. tr.* **1.** Proveer a alguien de alguna cosa. || *v. intr.* **2.** Brotar, salir el agua.

surto, ta *adj., fig.* Tranquilo, en reposo.

susceptibilidad *s. f.* Calidad de susceptible.

susceptible *adj.* Capaz de padecer o recibir modificación o impresión.

suscitar *v. tr.* Levantar, promover.

suscribir *v. tr.* **1.** Firmar al final de un escrito. || *v. prnl.* **2.** Obligarse alguien a contribuir como otros al pago de una cantidad para cualquier obra.

suscripción *s. f.* Acción y efecto de suscribir o suscribirse.

susodicho, cha *adj.* Sobredicho.

suspender *v. tr.* **1.** Levantar, sostener algo en alto o en el aire. || *v. intr.* **2.** *fig.* Producir admiración. **3.** No pasar el examen por no obtener la puntuación necesaria.

suspensión *s. f.* **1.** Acción y efecto de suspender. **2.** En los automóviles, conjunto de piezas y mecanismos destinados a amortiguar el apoyo de la carrocería sobre los ejes de las ruedas. **3.** Prolongación de una nota que forma parte de un acorde, sobre el siguiente, produciendo disonancia.

suspensivo, va *adj* Que tiene virtud o fuerza de suspender.

suspenso *s. m.* Nota de haber sido suspendido en un examen.

suspensorio, ria *adj.* Que sirve para suspender o levantar en alto.

suspicacia *s. f.* **1.** Calidad de suspicaz. **2.** Especie de idea sugerida por la sospecha o desconfianza.

suspicaz *adj.* Propenso a concebir sospechas.

suspirar *v. tr.* Dar suspiros.

suspiro *s. m.* Aspiración fuerte y prolongada, seguida de una espiración y que suele denotar queja, aflición o deseo.

sustancia *s. f.* **1.** Parte nutritiva de los alimentos. **2.** Ser, esencia de las cosas.

sustancial *adj* **1.** Perteneciente o relativo a la sustancia. **2.** Se dice de lo esencial y más importante de una cosa.

sustantivo, va *adj.* **1.** Que tiene existencia real, independiente, individual. **2.** Importante, esencial. || *s. m.* **3.** Parte de la oración con que se designan los seres por su naturaleza, y no por los atributos o propiedades variables.

sustentación *s. f.* Acción y efecto de sustentar.

sustentar *v. tr.* **1.** Proporcionar el alimento necesario. **2.** Sostener una cosa para que no se caiga. **3.** Defender una opinión.

sustento *s. m.* **1.** Mantenimiento, alimento. **2.** Lo que sirve para dar vigor y permanencia a una cosa. **3.** Sostén o apoyo.

sustitución *s. f.* **1.** Acción y efecto de sustituir. **2.** Nombramiento de heredero o legatario hecho en reemplazo de otro nombramiento de la misma índole.

sustituir *v. tr.* Poner a una persona o cosa en lugar de otra.

sustitutivo, va *adj.* Se dice de la sustancia que puede reemplazar a otra en el uso.

sustituto, ta *s. m. y s. f.* **1.** Persona que hace las veces de otra en empleo o servicio. **2.** Heredero o legatario designado para cuando falta la sucesión del nombrado con prioridad a él, o para suplir con causa legítima el nombramiento.

susto *s. m.* Impresión repentina de miedo.

sustracción *s. f.* Acción y efecto de sustraer o sustraerse.

sustractivo *adj.* Se dice de los términos de un polinomio que van precedidos de signo negativo.

sustraendo *s. m.* Cantidad que ha de restarse de otra.

sustraer *v. tr.* **1.** Apartar, separar, extraer. **2.** Hurtar. **3.** Restar.

sustrato *s. m.* **1.** Lugar que sirve de asiento a un ser vivo. **2.** Terreno situado debajo del que se toma como referencia. **3.** Lengua hablada en un territorio sobre la cual se impone otra lengua que hace que la primera se extinga pero deje en ella determinados rasgos semánticos, fonológicos, etc. **4.** Acción de legar una lengua extinguida determinados rasgos a la lengua implantada sobre ella.

susurrar *v. intr.* **1.** Hablar quedo, produciendo un murmullo. **2.** Empezarse a divulgar una cosa secreta. **3.** *fig.* Moverse con ruido suave el aire, el agua, etc.

susurro *s. m.* Rumor suave que resulta de hablar quedo.

sutil *adj.* **1.** Delgado, delicado, tenue. **2.** Agudo, perspicaz, ingenioso.

sutileza *s. f.* Dicho o concepto excesivamente agudo, pero falso o superficial.

sutilizar *v. tr.* **1.** Adelgazar, atenuar. **2.** *fig.* Limar, perfeccionar cosas no materiales. **3.** *fig.* Discurrir ingeniosamente y, a veces, con argucia.

sutura *s. f.* Costura que unen los labios de una herida.

suyo, ya *adj. pos.* Forma del posesivo masculino y femenino de la tercera persona del singular o del plural. Indica posesión o pertenencia a la persona o personas de que se habla. También pron.

T

t *s. f.* Vigésimo primera letra del abecedario español y decimoséptima de sus consonantes.

taba *s. f.* **1.** Hueso del pie. **2.** Juego en que se tira al aire una taba de carnero y se gana según la cara que queda hacia arriba.

tabacal *s. m.* Lugar sembrado de tabaco.

tabacalero, ra *adj.* **1.** Perteneciente o relativo al cultivo, fabricación o venta del tabaco. **2.** Se dice de la persona que cultiva tabaco.

tabaco *s. m.* Planta solanácea, de olor fuerte, hojas alternas, grandes, lanceoladas y glutinosas, que se usan para fumar.

tabalada *s. f.* **1.** *fam.* Golpe que se da con la mano. **2.** *fam.* Golpe que se recibe al caer al suelo, especialmente si es en las nalgas.

tabalear *v. tr.* **1.** Menear o mecer una cosa a una parte y a otra. También prnl. ‖ *v. intr.* **2.** Golpear con los dedos en una tabla o cosa semejante, imitando el toque del tambor.

tabanco *s. m.* Puesto o cajón para la venta de comestibles.

tábano *s. m.* Insecto díptero, de color pardo, que molesta con sus picaduras, principalmente a las caballerías.

tabanque *s. m.* Rueda de madera que mueven con el pie los alfareros para hacer girar el torno.

tabaque *s. m.* Clavo poco mayor que la tachuela común.

tabaquera *s. f.* **1.** Caja para el tabaco en polvo. **2.** Caja o pomo con agujeros en su parte superior, para sorber el tabaco en polvo. **3.** Receptáculo del tabaco en la pipa de fumar. **4.** Petaca para llevar en el bolsillo tabaco picado.

tabaquismo *s. m.* Intoxicación crónica producida por el abuso del tabaco.

tabardillo *s. m.* **1.** Fiebre grave y endémica con síntomas nerviosos y alteración de la sangre. **2.** *fam.* Insolación.

tabardo *s. m.* Prenda de abrigo ancha y larga, de paño tosco.

tabarra *s. f.* Cosa impertinente y molesta.

taberna *s. f.* Tienda donde se vende al por menor vino y otras bebidas alcohólicas.

tabernáculo *s. m.* **1.** Lugar donde los hebreos tenían colocada el arca del Testamento. **2.** Sagrario donde se guarda el Santísimo Sacramento. **3.** Tienda en que habitaban los antiguos hebreos.

tabernero, ra *s. m. y s. f.* Persona que vende vino en la taberna.

tabicar *v. tr.* **1.** Cerrar con tabique una cosa. **2.** *fig.* Cerrar o tapar una cosa que debía estar abierta. También prnl.

tabinete *s. m.* Tela parecida al raso, con trama de algodón y urdimbre de seda, usada para el calzado femenino.

tabique *s. m.* Pared delgada que se hace principalmente para la división de los cuartos o aposentos de las casas.

tabla *s. f.* **1.** Pieza de madera plana, más larga que ancha, de caras paralelas y de poco grosor respecto del resto de sus dimensiones. **2.** Lista o catálogo de cosas puestas por orden.

tablado *s. m.* **1.** Suelo plano formado de tablas unidas por el canto. **2.** Suelo de tablas realizado en alto sobre una armazón. **3.** Pavimento del escenario de un teatro.

tablaje *s. m.* **1.** Conjunto de tablas. **2.** Casa de juego.

tablao *s. m.* **1.** Tablado, escenario dedicado al cante y al baile flamencos. **2.** Local dedicado a espectáculos de baile y cante flamencos.

tablar *s. m.* **1.** Conjunto de tablas de huerta o de jardín. **2.** Tablero de los costados del carro. **3.** Remanso grande de un río cuya corriente no se aprecia.

tablazón *s. f.* Conjunto o compuesto de tablas con que se hacen las cubiertas de las embarcaciones y otras obras.

tablear *v. tr.* Dividir un madero en tablas.

tablero *adj.* Se dice del madero a propósito para cortarlo en tablas.

tableta *s. f.* **1.** Lámina de chocolate, normalmente dividida en porciones, que solía tener el peso de una libra. **2.** Porción de sustancia medicamentosa sólida de cualquier forma.

tabletear *v. intr.* Hacer chocar tabletas o tablas con el fin de producir ruido.

tableteo *s. m.* Acción y efecto de tabletear.

tablilla *s. f.* Tabla pequeña en la cual se expone al público una lista o un anuncio.

tablón *s. m.* Tabla gruesa.

tabloncillo *s. m.* Madera de sierra de diferentes dimensiones, según la región.

tabú *s. m.* Prohibición supersticiosa fundada en prejuicios irracionales.

tabuco *s. m.* Aposento pequeño.
tabular *adj.* Que tiene forma de tabla.
taburete *s. m.* Asiento sin brazos ni respaldo para una persona.
taca *s. f.* Alacena pequeña.
tacada *s. f.* **1.** Golpe dado con el taco a la bola de billar o de trucos. **2.** Serie de carambolas hecha sin perder golpe.
tacaño, ña *adj.* **1.** Que engaña con sus ardides y embustes. **2.** Que escatima exageradamente en lo que gasta o da.
tacha *s. f.* Falta o defecto que se halla en una persona o cosa.
tachar *v. tr.* **1.** Poner en una cosa falta o tacha. **2.** Borrar lo escrito.
tachón[1] *s. m.* Cada una de las rayas que se hacen sobre lo escrito para borrarlo.
tachón[2] *s. m.* Tachuela grande de cabeza dorada o plateada.
tachonar *v. tr.* Adornar una cosa sobreponiéndole tachones.
tachuela *s. f.* Clavo corto y de cabeza grande.
tácito, ta *adj.* **1.** Callado, silencioso. **2.** Que no se oye o dice formalmente, sino que se supone.
taciturno, na *adj.* **1.** Callado, que le molesta hablar. **2.** *fig.* De carácter triste y melancólico.
taco *s. m.* **1.** Pedazo de madera, metal u otra materia, corto y grueso, con que se tapa o llena algún hueco. **2.** Tarugo de madera. **3.** Cilindro de trapo, estopa, etc. con que se aprieta la carga del barreno.
tacón *s. m.* Pieza semicircular que va exteriormente unida a la suela del calzado en la parte correspondiente al talón.
taconear *v. intr.* Pisar causando ruido con el tacón.
taconeo *s. m.* Acción y efecto de taconear.
táctica *s. f.* Arte que enseña a poner en orden las cosas.
táctico, ca *adj.* **1.** Perteneciente o relativo a la táctica. || *s. m. y s. f.* **2.** Persona que sabe o practica la táctica.
táctil *adj.* Referente al tacto.
tacto *s. m.* **1.** Uno de los cinco sentidos corporales con el cual conocemos la forma y extensión de los objetos, su aspereza o suavidad, su dureza o blandura, etc. **2.** *fig.* Habilidad para obrar o hablar con acierto, según las circunstancias.
tafetán *s. m.* Tela delgada de seda, muy tupida.
tafilete *s. m.* Cuero bruñido y lustroso, empleado en la fabricación de zapatos finos, encuadernación de lujo, etc.
tagarnina *s. f.* **1.** Cardillo, planta. **2.** *fam.* Cigarro puro muy malo.
tagarote *s. m., fig.* Escribiente de notario.
tagarotear *v. intr.* Formar los caracteres y letras con velocidad y garbo.
tahalí *s. m.* Tira de cuero u otra materia, para llevar colgada del hombro la espada, el sable o el tambor.
tahona *s. f.* Molino de harina cuya rueda se mueve con caballería.
tahúr, ra *adj.* Jugador, que tiene el vicio de jugar.
taifa *s. f.* **1.** Parcialidad, partido político. **2.** *fig. y fam.* Reunión de pícaros.
taimado, da *adj.* Astuto, disimulado.
tajada *s. f.* **1.** Porción cortada de una cosa. **2.** *fam.* Ronquera o tos ocasionada por un resfriado.
tajadera *s. f.* Cuchilla a modo de media luna para cortar queso o turrón.
tajamar *s. m.* Tablón recortado en forma curva y ensamblado en la parte posterior de la roda que hiende el agua cuando el buque marcha.
tajar *v. tr.* Dividir una cosa en dos o más partes con un instrumento cortante.
tajo *s. m.* **1.** Corte hecho con un instrumento adecuado. **2.** Precipicio o escarpa alta y cortada casi vertical.
tal *adj.* **1.** Igual, semejante o de la misma forma. || *adv. m.* **2.** Así, de esta manera.
talabarte *s. m.* Cinturón que lleva pendientes los tiros de que cuelga la espada.
talabartero, ra *s. m. y s. f.* Persona que hace talabartes y otros correajes.
taladrar *v. tr.* Horadar una cosa con taladro u otro instrumento semejante.
taladro *s. m.* **1.** Instrumento agudo o cortante con que se agujerea la madera u otro material. **2.** Agujero angosto hecho con el taladro.
tálamo *s. m.* **1.** Lugar preeminente donde los novios celebraban sus bodas. **2.** Cama de los desposados, lecho conyugal.
talanquera *s. f.* **1.** Valla o pared que sirve de defensa o reparo. **2.** *fig.* Cualquier sitio o paraje que sirve de defensa o reparo. **3.** *fig.* Seguridad y defensa.

talante *s. m.* **1.** Modo de ejecutar una cosa. **2.** Semblante o disposición personal, o estado y calidad de las cosas. **3.** Voluntad, deseo, gusto.

talar[1] *adj.* Se dice del traje o vestido que llega hasta los talones.

talar[2] *v. tr.* Cortar por la base masas de árboles para dejar la tierra devastada.

talco *s. m.* Silicato de magnesia, blando, suave al tacto, de textura hojosa que, reducido a polvo, se usa en farmacia.

talega *s. f.* Bolsa de tela, ancha y corta, que sirve para llevar o guardar cosas.

talegada *s. f.* Lo que cabe en una talega.

talego *s. m.* Saco de lienzo largo y estrecho.

talento *s. m.* **1.** *fig.* Dotes intelectuales que resplandecen en una persona. **2.** *fig.* Entendimiento.

talgo *s. m.* Tren articulado que alcanza gran velocidad.

talión *s. m.* Pena que consiste en hacer sufrir al delincuente un daño igual al que causó.

talismán *s. m.* Cualquier objeto o dibujo con relación a los signos zodiacales con atribuciones mágicas.

talla *s. f.* **1.** Obra de escultura, especialmente en madera. **2.** Estatura o altura de una persona. **3.** Marca, altura.

tallar *v. tr.* Hacer obras de talla.

tallarín *s. m.* Cinta de pasta alimenticia hecha con harina de trigo, agua y huevo, que se suele servir enrollada formando una especie de nido. Se usa más en pl.

talle *s. m.* **1.** Disposición o aspecto proporcionado del cuerpo humano. **2.** Cintura.

taller *s. m.* Oficina en que se trabaja una obra manual.

tallo *s. m.* Órgano de las plantas que se prolonga en sentido contrario al de la raíz y sirve como sujeción a las hojas, flores y frutos.

talludo, da *adj.* **1.** Que ha echado tallo grande. **2.** *fig.* Se dice de las personas altas o crecidas. **3.** *fig.* Se aplica al que, por estar acostumbrado o viciado a una cosa mucho tiempo, tiene dificultad en dejarla. **4.** *fig.* Se dice de una persona cuando va pasando de la juventud.

Talmud *n. p.* Libro de los judíos que contiene la tradición, doctrina, ceremonias, etc. que deben observar.

talo *s. m.* Cuerpo de las talofitas equivalente al conjunto de tallo, raíz y hojas de otras plantas.

talofita *adj.* Se aplica a las plantas cuyo cuerpo vegetativo es el talo, compuesto por una sola célula o por un conjunto de ellas.

talón *s. m.* **1.** Parte posterior del pie humano. **2.** Parte del calzado que cubre el calcañar.

talonario, ria *adj.* Se dice del documento que se corta de un libro, quedando en él una parte de cada hoja para acreditar con ella su legitimidad.

talud *s. m.* Inclinación del paramento de un muro o de un terreno.

tamal *s. m.* Especie de empanada de harina de maíz, envuelta en hojas de plátano o de mazorca del maíz.

tamaño, ña *adj. compar.* **1.** Tan grande o tan pequeño. ‖ *s. m.* **2.** Mayor o menor volumen o dimensiones de una cosa.

tamarindo *s. m.* Árbol de la familia de las leguminosas, originario de Asia, de tronco grueso, hojas elípticas y fruto comestible que se usa en medicina como laxante.

tambalearse *v. prnl.* Menearse una cosa a uno y otro lado, como si fuera a caerse.

también *adv. m.* Se usa para afirmar la igualdad o semejanza de una cosa con otra ya nombrada.

tambor *s. m.* Instrumento musical de percusión, de forma cilíndrica, hueco, cubierto por sus dos bases con piel estirada.

tamboril *s. m.* Tambor pequeño que se toca con un solo palillo en las fiestas populares.

tamborilada *s. f., fam.* Golpe que se da con fuerza cayendo sentado en el suelo.

tamborilear *v. intr.* Tocar el tamboril.

tamborilete *s. m.* Tablilla cuadrada para nivelar las letras de un molde.

tamiz *s. m.* Cedazo muy tupido.

tamizar *v. tr.* Pasar una cosa por tamiz.

tamo *s. m.* Pelusa que se desprende del lino, algodón o lana.

tampoco *adv. neg.* Niega una cosa después de haberse negado otra.

tampón *s. m.* Almohadilla, encerrada en una pequeña caja metálica, que sirve para entintar sellos, estampillas, etc.

tan *adv. c.* Apócope de tanto.

tanda *s. f.* **1.** Alternativa, turno. **2.** Cada uno de los grupos en que se dividen las personas o las bestias empleadas en un trabajo.

tándem *s. m.* Bicicleta para dos personas provista de pedales para ambos.

tanganillo *s. m.* Palo, piedra o cosa semejante que se pone para sostener y apoyar algo provisionalmente.

tangencial *adj.* Perteneciente o relativo a la tangente.

tangente *adj.* **1.** Que toca. **2.** Se dice de las líneas y superficies que se tocan o tienen puntos comunes sin cortarse.

tangible *adj.* Que se puede tocar o percibir de manera precisa.

tango *s. m.* Fiesta y baile de los habitantes de raza negra o de gente del pueblo, en determinados países de América, de movimiento modelado y muy marcado.

tanino *s. m.* Sustancia ácida, muy astringente, contenida en algunos vegetales y que sirve para curtir las pieles.

tanque *s. m.* **1.** Automóvil de guerra blindado y armado que, moviéndose sobre una llanta flexible, puede andar por terreno muy escabroso. **2.** Depósito de agua u otro líquido, transportado en un vehículo.

tanqueta *s. f.* Vehículo de combate ligero.

tantán *s. m.* Batintín, especie de campana.

tantear *v. tr.* Medir o parangonar una cosa con otra para ver si viene bien.

tanteo *s. m.* Número determinado de tantos que se ganan en el juego.

tanto, ta *adj.* **1.** Se dice de la cantidad de una cosa indeterminada o indefinida. **2.** Tan grande o muy grande. **3.** Ficha, moneda u objeto a propósito con que se señalan los puntos ganados en ciertos juegos.

tañer *v. tr.* Tocar un instrumento musical.

tañido *s. m.* Son particular que se toca en cualquier instrumento.

tapa *s. f.* **1.** Pieza que cierra por la parte superior las cajas, cofres, etc. **2.** Cubierta córnea que rodea el casco de las caballerías.

tapaboca *s. m.* **1.** Golpe dado en la boca. **2.** Bufanda. **3.** *fig. y fam.* Dicho o hecho con que a alguien se le corta la conversación.

tapabocas *s. m.* Taco cilíndrico de madera con que se cierra el ánima de las piezas de artillería.

tapadera *s. f.* **1.** Parte movible que cubre la boca de alguna cavidad. **2.** Persona que encubre lo que otra desea que se ignore.

tapar *v. tr.* **1.** Poner algo para cubrir o llenar un agujero o algo que está abierto. **2.** Abrigar o cubrir. **3.** Cerrar con tapa. **4.** *fig.* Encubrir u ocultar un defecto.

tapete *s. m.* Paño que se pone como adorno encima de las mesas y otros muebles.

tapia *s. f.* **1.** Cada uno de los trozos de pared que de una sola vez se hacen con tierra amasada y apisonada en una horma y secada al aire. **2.** Muro de cerca.

tapiar *v. tr.* Cerrar con tapias.

tapicería *s. f.* **1.** Juego de tapices. **2.** Arte de tejer tapices.

tapicero, ra *s. m. y s. f.* **1.** Persona que teje tapices o los adereza y compone. **2.** Persona que tiene por oficio poner alfombras, cortinajes y tapices. **3.** Persona que tiene por oficio guarnecer butacas, sofás, etc.

tapioca *s. f.* Fécula blanca y granillosa que se saca de la raíz de la mandioca o yuca.

tapir *s. m.* Mamífero paquidermo semejante al jabalí, con el hocico prolongado en forma de pequeña trompa.

tapiz *s. m.* Paño grande, tejido, con que se adornan generalmente las paredes de las habitaciones.

tapizar *v. tr.* Forrar con tela muebles o paredes.

tapón *s. m.* Pieza de corcho, cristal, madera, etc. con que se tapan botellas, toneles y otras vasijas.

taponar *v. tr.* Cerrar con tapón un orificio, una herida o una cavidad del cuerpo.

tapsia *s. f.* Planta umbelífera, de cuya raíz se saca un jugo de consistencia de miel, muy usado como revulsivo.

tapujarse *v. prnl., fam.* Taparse de rebozo o embozarse.

tapujo *s. m.* **1.** Embozo con que una persona se tapa para no ser conocida. **2.** *fam.* Disimulo con que se disfraza la verdad.

taquera *s. f.* Estante donde se colocan los tacos de billar.

taquicardia *s. f.* Frecuencia excesiva del ritmo de las contracciones cardiacas.

taquigrafía *s. f.* Arte de escribir tan deprisa como se habla, por medio de signos especiales.

taquigrafiar *v. tr.* Escribir taquigráficamente.

taquigráfico, ca *adj.* Perteneciente o relativo a la taquigrafía.

taquígrafo, fa *s. m. y s. f.* Persona que por profesión se dedica a la taquigrafía.

taquilla *s. f.* **1.** Armario para guardar papeles. **2.** Casillero para los billetes de teatro, ferrocarril, etc.

taquillero *s. m. y s. f.* **1.** Persona encargada de un despacho de billetes o taquilla. ‖ *adj.* **2.** Se dice del espectáculo que atrae a gran público y proporciona buena taquilla.

taquimetría *s. f.* Parte de la topografía que enseña a levantar planos por medio del taquímetro.

taquímetro *s. m.* Instrumento para medir rápidamente distancias y ángulos.

tara *s. f.* **1.** Parte de peso que se rebaja en las mercancías por razón de los embalajes en que están incluidos. **2.** Estigma de degeneración o enfermedad.

tarabilla *s. f.* Zoquetillo de madera que sirve para cerrar las puertas o ventanas, de manera que las asegure al girar.

taracea *s. f.* **1.** Embutido hecho con pedazos menudos de madera, concha, nácar, etc. **2.** Entarimado hecho con maderas finas de diversos colores formando dibujo.

taracear *v. tr.* Adornar con taracea.

tarado, da *adj.* Que padece tara física o psíquica.

tarambana *s. m. y s. f. fam.* Persona alocada, de poco juicio.

tarantela *s. f.* Antigua danza de origen italiano, de movimiento muy vivo.

tarántula *s. f.* Araña grande de picadura venenosa, pero no mortal.

tararear *v. tr.* Cantar una canción entre dientes y sin articular palabras.

tarasca *s. f.* Figura de sierpe monstruosa, que en algunas partes se saca en la procesión del Corpus.

tarascada *s. f.* **1.** Herida hecha con los dientes. **2.** *fam.* Respuesta áspera o grosera.

taray *s. m.* Arbusto tamariscáceo que crece a orillas de los ríos, con flores pequeñas, en espigas, de cáliz encarnado y pétalos blancos.

tardanza *s. f.* Detención, demora en la realización de algo.

tardar *v. intr.* **1.** Detenerse, retrasar la ejecución de una cosa. **2.** Emplear un tiempo determinado en hacer las cosas.

tarde *s. f.* **1.** Parte del día comprendida entre el mediodía y el anochecer. ‖ *adv. t.* **2.** Después de haber pasado el tiempo oportuno, o en tiempo futuro relativamente lejano.

tardecer *v. intr.* Empezar a caer la tarde.

tardígrado, da *adj.* Se dice de los animales mamíferos del orden de los desdentados, que se distinguen por la lentitud de sus movimientos.

tardío, a *adj.* Pausado, lento.

tardo, da *adj.* **1.** Lento, perezoso. **2.** Que sucede después del tiempo oportuno.

tarea *s. f.* **1.** Cualquier obra o trabajo. **2.** El que debe hacerse en tiempo limitado.

tarifa *s. f.* Tabla de los precios, derechos o impuestos que se han de pagar por algo.

tarima *s. f.* Entablado móvil de varias dimensiones según su uso.

tarja *s. f.* **1.** Escudo grande que cubría todo el cuerpo. **2.** Chapa que sirve de contraseña.

tarjar *v. tr.* Señalar en la tarja lo que se compra fiado.

tarjeta *s. f.* Pedazo de cartulina, pequeño y rectangular, con el nombre, título o cargo y dirección de una persona, con una invitación o con cualquier aviso.

tarjetero *s. m.* Cartera para llevar tarjetas de visita.

tarlatana *s. f.* Tejido de algodón, ligero, ralo y consistente.

tarquín *s. m.* Barro que las riadas depositan en los campos que los ríos inundan.

tarquina *adj.* Se aplica a la vela trapezoidal que es muy alta de baluma y baja de caída.

tarro *s. m.* Vasija cilíndrica, por lo común más alta que ancha, de porcelana, vidrio u otra materia.

tarso *s. m.* **1.** Parte posterior del pie, entre el metatarso y la pierna. **2.** Corvejón de los cuadrúpedos.

tarta *s. f.* Pastel hecho con cualquier tipo de masa homogénea y rellena con dulces de frutas, crema, nata, etc.

tártago *s. m.* Planta de la familia de las euforbiáceas de propiedades purgantes y eméticas, muy común en España.

tartajear *v. intr.* Hablar pronunciando las palabras con torpeza, debido a algún impedimento en la lengua.

tartalear *v. intr.* **1.** Moverse sin orden o con movimiento trémulo. **2.** Turbarse alguien, de modo que no acierte a hablar.

tartamudear *v. intr.* Hablar con pronunciación entrecortada y repitiendo sílabas o sonidos.

tartamudeo *s. m.* Acción y efecto de tartamudear.

tartamudo, da *adj.* Que tartamudea.

tartán *s. m.* Tela de lana con cuadros o listas cruzadas de diferentes colores.
tartana *s. f.* Carruaje de dos ruedas con cubierta abovedada y asientos laterales.
tártaro *s. m.* Sarro de los dientes.
tartera *s. f.* Recipiente con cierre hermético que sirve para conservar los alimentos.
tartrato *s. m.* Cualquier sal formada por la combinación del ácido tártrico con una base.
tartufo *s. m.* Persona hipócrita y falsa.
tarugo *s. m.* **1.** Clavija gruesa de madera. **2.** Zoquete de madera o de pan. **3.** Trozo grueso de madera, en forma de paralelepípedo, que se usa para pavimentar calles.
tas *s. m.* Yunque pequeño de los plateros.
tasa *s. f.* Precio fijo puesto por la autoridad a las cosas vendibles.
tasación *s. f.* Valoración del activo de una empresa.
tasajo *s. m.* Pedazo de carne acecinado.
tasar *v. tr.* **1.** Poner precio a las cosas vendibles. **2.** Graduar el valor de las cosas. **3.** Regular la remuneración que corresponde a un trabajo.
tasca *s. f.* **1.** Garito o casa de juego de mala fama. **2.** Taberna.
tasto *s. m.* Sabor desagradable que dan algunas viandas revenidas.
tatarabuelo, la *s. m. y s. f.* Tercer abuelo.
tataranieto, ta *s. m. y s. f.* Tercer nieto.
¡tate! *interj.* **1.** Equivale a ¡cuidado!, o poco a poco. **2.** Denota sorpresa por haber conseguido entender algo que antes no se había comprendido.
tato, ta *adj.* Tartamudo, que vuelve la "c" y "s" en "t".
tatuaje *s. m.* Acción y efecto de tatuar o tatuarse.
tatuar *v. tr.* Grabar dibujos indelebles en la piel, introduciendo materias colorantes bajo la epidermis.
tau *s. m.* **1.** Última letra del alfabeto hebreo. **2.** *fig.* Divisa, distintivo.
taujel *s. m.* Listón de madera, reglón.
taumaturgia *s. f.* Facultad de realizar prodigios.
taumaturgo, ga *s. m. y s. f.* Persona que realiza prodigios.
taurino, na *adj.* **1.** Perteneciente o relativo al toro, o a las corridas de toros. **2.** Aficionado a los toros.
tauromaquia *s. f.* Arte de lidiar toros.
tautología *s. f.* Repetición inútil de un mismo pensamiento expresado de distintas maneras.
taxativo, va *adj.* Que limita y reduce un caso a determinadas circunstancias.
taxi *s. m.* Automóvil de alquiler con conductor, cuya tarifa va especificada en un taxímetro.
taxidermia *s. f.* Arte de disecar los animales muertos para conservarlos con apariencia de vivos.
taxímetro *s. m.* Aparato que en los automóviles marca la distancia recorrida y la cantidad que se debe pagar.
taxista *s. m. y s. f.* Conductor de taxi.
taxonomía *s. f.* Ciencia que trata de los principios de la clasificación.
taza *s. f.* **1.** Vasija pequeña, con asa, para tomar líquidos. **2.** Lo que cabe en ella.
tazón *s. m.* Taza grande de desayuno.
te *pron. pers.* Forma átona del pronombre personal de segunda persona, género masculino o femenino y número singular, que puede funcionar como complemento directo o como indirecto.
té *s. m.* **1.** Arbusto de la familia de las camelias, propio de Asia, de hojas coriáceas, flores blancas axilares y fruto capsular. **2.** Hoja de esta planta desecada, arrollada y tostada ligeramente. **3.** Infusión que se hace con esta hoja en agua hirviendo.
tea *s. f.* Astilla o raja de madera muy impregnada en resina, que sirve para dar luz.
teame *s. f.* Piedra a la que en la antigüedad se atribuían propiedades contrarias a las del imán.
teatral *adj.* **1.** Perteneciente o relativo al teatro. **2.** Se dice de las cosas de la vida real en que se descubre deliberado propósito de llamar la atención.
teatro *s. m.* **1.** Edificio destinado a la representación de obras dramáticas. **2.** *fig.* Literatura dramática.
techar *v. tr.* Cubrir un edificio formando el techo.
techo *s. m.* **1.** Parte interior y superior de una habitación o edificio, que lo cubre y cierra. **2.** *fig.* Casa, habitación o domicilio.
techumbre *s. f.* Cubierta de un edificio.
tecla *s. f.* Cada una de las piezas que, por la presión de los dedos, ponen en movimiento las palancas que hacen sonar los cañones del órgano o las cuerdas del piano y otros instrumentos semejantes.

teclado *s. m.* Conjunto ordenado de teclas de un instrumento u otro aparato.

teclear *v. intr.* Mover las teclas.

tecleo *s. m.* Acción y efecto de teclear.

tecnicismo *s. m.* Conjunto de voces específicas del lenguaje de una ciencia, arte, oficio, etc.

técnico, ca *s. m. y s. f.* Persona que está versada en una ciencia, arte u oficio.

tecnología *s. f.* Conjunto de los conocimientos propios de un oficio mecánico o arte industrial.

tedéum *s. m.* Cántico que usa la Iglesia para dar gracias a Dios por algún beneficio.

tedio *s. m.* Repugnancia, fastidio, molestia.

tedioso, sa *adj.* Que produce tedio.

tegumento *s. m.* Tejido orgánico que recubre ciertas partes de las plantas.

teína *s. f.* Principio activo del té.

teja *s. f.* Pieza de barro cocido en forma de canal, para cubrir exteriormente los techos.

tejado *s. m.* Cubierta hecha generalmente con tejas.

tejar[1] *s. m.* Fábrica o lugar donde se fabrican tejas, ladrillos y adobes.

tejar[2] *v. tr.* Cubrir de tejas un edificio.

tejedor *s. m.* Insecto hemíptero que corre con agilidad por la superficie del agua.

tejemaneje *s. m.* **1.** *fam.* Afán y destreza con que se hace una cosa. **2.** *fam.* Manejos enredosos para algún asunto turbio.

tejer *v. tr.* **1.** Formar en el telar la tela con la trama y la urdimbre. **2.** Entrelazar hilos de seda lana, algodón, etc., o los nudos o anillos de un solo hilo para formar telas, trencillas, esteras, etc.

tejido *s. m.* **1.** Textura de una tela. **2.** Cosa tejida.

tejo *s. m.* **1.** Pedazo redondo de teja que sirve para jugar. **2.** Disco metálico grueso. **3.** Trozo de oro en pasta.

tejón *s. m.* Mamífero carnívoro mustélido de patas y cola cortas, orejas pequeñas y pelaje espeso.

tejuelo *s. m.* Cuadrito de piel o de papel que se pega al lomo de un libro para poner el rótulo.

tela *s. f.* **1.** Obra hecha de muchos hilos que, entrecruzados, forman una hoja o lámina. **2.** *fig.* Asunto que se trata.

telar *s. m.* Máquina para tejer.

telaraña *s. f.* **1.** Tela que forma la araña. **2.** *fig.* Cosa sutil de poca entidad.

telecomunicación *s. f.* Sistema de comunicación telegráfica, telefónica o radiotelegráfica y demás análogos.

telefonear *v. tr.* Comunicar algo por medio del teléfono.

telefonema *s. m.* Despacho telefónico.

telefonía *s. f.* Arte de construir, instalar y manejar teléfonos.

telefonista *s. m. y s. f.* Persona ocupada en el servicio de los aparatos telefónicos.

teléfono *s. m.* Conjunto de aparatos e hilos conductores con que se transmite a distancia el sonido por la acción de la electricidad.

telegrafía *s. f.* Arte de construir, instalar y manejar los telégrafos.

telegrafiar *v. tr.* **1.** Manejar el telégrafo. **2.** Dictar comunicaciones para su expedición telegráfica.

telégrafo *s. m.* Conjunto de aparatos para transmitir despachos con rapidez y a larga distancia mediante señales convenidas.

telegrama *s. m.* Despacho telegráfico.

teleología *s. f.* Parte de la metafísica que estudia las causas finales.

telepatía *s. f.* Percepción extraordinaria de un fenómeno que tiene lugar fuera del alcance de los sentidos.

telera *s. f.* **1.** Travesaño que sujeta el dental a la cama del arado o al timón mismo. **2.** Redil formado por tablas.

telescopio *s. m.* Anteojo de gran alcance que se destina a observar objetos lejanos, especialmente los cuerpos celestes.

teletipo *s. m.* Aparato telegráfico que sirve para transmitir y recibir mensajes en tipos comunes mediante un teclado parecido al de la máquina de escribir.

televisión *s. f.* **1.** Transmisión de imágenes a distancia a través de ondas eléctricas. **2.** Televisor

televisor *s. m.* Aparato receptor de televisión.

telilla *s. f.* **1.** Tejido de lana más delgado que el camelote. **2.** Nata que crían algunos líquidos. **3.** Capa delgada y mate que cubre la masa fundida de la plata cuando se copela.

telón *s. m.* Lienzo grande que puede subirse y bajarse en el escenario de un teatro.

telúrico, ca *adj.* Perteneciente o relativo a la Tierra como planeta.

telurio *s. m.* Metaloide cristalino muy escaso, análogo al selenio.

tema *s. m.* **1.** Proposición, texto o asunto sobre que versa un discurso, discusión, escrito, etc. **2.**

Idea principal de una composición, con arreglo a la cual se desarrolla el resto de ella.

temático, ca *adj.* **1.** Perteneciente o relativo al tema de una palabra. **2.** Que se ejecuta o dispone según el tema o asunto de cualquier materia. **3.** Se dice de cualquier elemento que, para la flexión, modifica la raíz de un vocablo. **4.** Se aplica al que sostiene obstinadamente una idea.

temblar *v. intr.* **1.** Agitarse una persona con movimientos frecuentes e involuntarios. **2.** *fig.* Tener mucho miedo.

tembleque *adj.* Que tiembla.

temblor *s. m.* Movimiento involuntario, repetido y continuado.

tembloroso, sa *adj.* Que tiembla.

temer *v. tr.* **1.** Tener a una persona o cosa por objeto de temor. **2.** Recelar un daño. **3.** Sospechar, creer. También prnl.

temerario, ria *adj.* Imprudente, que se expone innecesariamente a los peligros.

temeridad *s. f.* **1.** Calidad de temerario. **2.** Acción temeraria. **3.** Juicio temerario.

temor *s. m.* **1.** Pasión del ánimo que incita a rehusar las cosas que se consideran dañinas o arriesgadas. **2.** Recelo, especialmente de un daño futuro.

temoso, sa *adj.* Tenaz, porfiado en una idea.

témpano *s. m.* **1.** Timbal, instrumento musical. **2.** Piel extendida del pandero, tambor, etc. **3.** Pedazo de cualquier cosa dura y plana.

temperamento *s. m.* Carácter físico y mental peculiar de cada individuo, que resulta del predominio fisiológico de un sistema orgánico o de un humor.

temperar *v. tr.* **1.** Atemperar. También prnl. **2.** Templar o calmar el exceso de acción o de excitación orgánica.

temperatura *s. f.* Grado mayor o menor de calor de los cuerpos.

temperie *s. f.* Estado de la atmósfera, según los diversos grados de calor o humedad.

tempero *s. m.* Buena disposición que adquiere la tierra con la lluvia.

tempestad *s. f.* **1.** Fuerte perturbación de la atmósfera acompañada de lluvia, nieve o granizo, y frecuentemente de rayos y relámpagos. **2.** *fig.* Tormenta, agitación de los ánimos.

tempestivo, va *adj.* Oportuno, que aparece a tiempo.

tempestuoso, sa *adj.* Que causa o constituye una tempestad.

templanza *s. f.* **1.** Una de las cuatro virtudes cardinales, que nos induce a refrenar la sensualidad y a usar de todas las cosas con moderación. **2.** Sobriedad y continencia.

templar *v. tr.* **1.** Moderar la fuerza de una cosa. **2.** Quitar el frío de una cosa, calentarla ligeramente, especialmente hablando de líquidos. **3.** Poner en tensión o presión moderada una cuerda, un freno, etc.

temple[1] *s. m.* **1.** Temperie. **2.** Temperatura de los cuerpos. **3.** *fig.* Calidad o estado del genio. **4.** *fig.* Arrojo, valentía serena para afrontar las dificultades.

templete *s. m.* **1.** Armazón pequeño con forma de templo, que sirve para cobijar una imagen. **2.** Pabellón o quiosco cubierto con una cúpula sostenida por columnas.

templo *s. m.* Edificio destinado públicamente a un culto.

témpora *s. f.* Tiempo de ayuno en el comienzo de cada una de las cuatro estaciones del año. Se usa más en pl.

temporada *s. f.* Espacio de varios días, meses o años que se consideran aparte formando un conjunto.

temporal *adj.* **1.** Que dura por algún tiempo. ‖ *s. m.* **2.** Tempestad.

temporero, ra *adj.* Se dice de la persona encargada temporalmente del ejercicio de un oficio o de un trabajo.

temprano, na *adj.* **1.** Adelantado, que es o está antes del tiempo ordinario. ‖ *s. m.* **2.** Sembrado o plantío de fruto temprano.

tena *s. f.* Cobertizo para el ganado.

tenacidad *s. f.* Calidad de tenaz.

tenacillas *s. f. pl.* Nombre de diversos instrumentos a modo de tenazas pequeñas.

tenáculo *s. m.* Instrumento en forma de aguja que sirve para sostener las arterias que deben ligarse.

tenada *s. f.* Cobertizo.

tenaz *adj.* **1.** Que se pega o prende con fuerza a una cosa y es difícil de separar. **2.** *fig.* Firme, terco en un propósito.

tenaza *s. f.* **1.** Instrumento de metal, compuesto de dos brazos movibles trabados por un eje o enlazados por un muelle semicircular. Se usa más en pl. **2.** Pinza de las patas de algunos artrópodos.

tenca *s. f.* Pez teleósteo comestible de agua dulce, de cuerpo fusiforme.

tendal *s. m.* **1.** Toldo o cubierta. **2.** Trozo largo y ancho de lienzo en que se recogen las aceitunas al caer de los olivos. **3.** Conjunto de cosas tendidas.

tendalera *s. f., fam.* Desorden de las cosas tendidas por el suelo.

tendejón *s. m.* Tienda pequeña o barraca mal construida.

tendencia *s. f.* Propensión de orden físico o espiritual hacia determinados fines.

tender *v. tr.* **1.** Desdoblar, extender lo que está doblado o amontonado, especialmente la ropa mojada para que se seque. **2.** Echar por el suelo una cosa, esparciéndola. || *v. prnl.* **3.** Echarse a la larga.

tenderete *s. m.* Puesto de venta al por menor, instalado al aire libre.

tendero, ra *s. m. y s. f.* **1.** Persona que tiene tienda. **2.** Persona que vende al por menor.

tendido, da *adj.* **1.** Se dice del galope del caballo cuando éste se tiende. || *s. m.* **2.** Gradería descubierta y próxima a la barrera en las plazas de toros.

tendinoso, sa *adj.* **1.** Que tiene tendones o se compone de ellos. **2.** Perteneciente o relativo a los tendones.

tendón *s. m.* Haz de fibras conjuntivas que une los músculos a los huesos.

tenebrario *s. m.* Candelabro triangular, con quince velas, que se enciende en los oficios de tinieblas de la Semana Santa.

tenebroso, sa *adj.* **1.** Oscuro, cubierto de tinieblas. **2.** Hecho con intenciones ocultas y perversas.

tenedor *s. m.* Utensilio de mesa que consiste en un mango con tres o cuatro púas iguales para pinchar los alimentos sólidos y llevarlos a la boca.

tenencia *s. f.* **1.** Ocupación y posesión de una cosa. **2.** Cargo u oficio de teniente.

tener *v. tr.* **1.** Asir o mantener asida una cosa. **2.** Poseer y gozar de alguna cosa. **3.** Sostener, mantener. También prnl.

tenesmo *s. m.* Deseo doloroso e ineficaz de orinar o defecar.

tenia *s. f.* Gusano platelminto, de cabeza pequeña y cuerpo largo y segmentado. Es parásito del intestino del ser humano y de algunos animales.

teniente *s. m.* Oficial inmediatamente inferior al capitán.

tenífugo, ga *adj.* Se dice del medicamento eficaz para la expulsión de la tenia.

tenis *s. m.* Juego en que los jugadores, separados en dos bandos por una red, se lanzan una pelota por medio de raquetas.

tenor[1] *s. m.* Contenido literal de un escrito.

tenor[2] *s. m.* Voz media entre la de contralto y la de barítono.

tenorio *s. m., fig.* Galanteador audaz y pendenciero.

tensión *s. f.* **1.** Estado de un cuerpo sometido a la acción de fuerzas que lo estiran. **2.** Fuerza que impide separarse unas de otras a las partes de un mismo cuerpo cuando se halla en dicho estado.

tenso, sa *adj.* Que se halla en tensión.

tentación *s. f.* Instigación que induce a una cosa mala.

tentáculo *s. m.* Cualquiera de los apéndices móviles y blandos que tienen algunos animales invertebrados, que les sirven como órganos del tacto o para hacer presas.

tentadero *s. m.* Corral o sitio cerrado en que se hace la tienta de becerros.

tentar *v. tr.* **1.** Palpar una cosa, reconocerla por medio del tacto. **2.** Inducir a alguien a hacer algo. **3.** Procurar, probar.

tentativa *s. f.* **1.** Acción con que se intenta o tantea una cosa. **2.** Principio de ejecución de un delito que no llega a realizarse.

tentemozo *s. m.* **1.** Puntal que se aplica a una cosa expuesta a caerse. **2.** Palo que cuelga del pértigo del carro y, puesto de punta contra el suelo, impide que aquél caiga hacia delante.

tentempié *s. m., fam.* Comida ligera que se toma entre horas.

tenue *adj.* **1.** Se dice de las cosas delicadas. **2.** De poca importancia o sustancia.

tenuidad *s. f.* Cualquier cosa de poco valor o estimación.

teñir *v. tr.* **1.** Dar a una cosa un color distinto de su color natural o del que pueda tener accidentalmente. También prnl. **2.** Rebajar un color con otros más oscuros.

teocracia *s. f.* Gobierno ejercido directamente por Dios o por los sacerdotes.

teocrático, ca *adj.* Perteneciente o relativo a la teocracia.

teodicea *s. f.* Teología natural.

teodolito *s. m.* Instrumento topográfico de precisión para medir ángulos en sus planos respectivos.

teogonía *s. f.* Tratado sobre el origen y descendencia de los dioses de los gentiles.

teologal *adj.* Perteneciente o relativo a la teología.

teología *s. f.* Ciencia que trata de la existencia, naturaleza y atributos de Dios.

teorema *s. m.* Proposición que afirma una verdad demostrable, partiendo de axiomas, por medio de reglas de inferencia establecidas.

teoría *s. f.* Síntesis comprensiva de los conocimientos que una ciencia ha obtenido en el estudio de un determinado orden de hechos.

teórico, ca *adj.* Versado en el conocimiento de la teoría de algún arte o ciencia.

teosofía *s. f.* Doctrina de los que presumen estar iluminados por la divinidad e íntimamente unidos con ella.

teósofo, fa *s. m. y s. f.* Persona que profesa la teosofía.

tepe *s. m.* Trozo de tierra cubierto de césped y muy trabado por las raíces de esta hierba, el cual, cortado en forma prismática, se utiliza para construir paredes.

terapéutica *s. f.* Parte de la medicina, que enseña el tratamiento y remedio de las enfermedades.

teratología *s. f.* Estudio de las anomalías del organismo animal o vegetal.

tercer *adj.* Apócope de tercero.

tercero, ra *adj. num.* Que ocupa el último lugar en una serie ordenada de tres.

tercerola *s. f.* Arma de fuego un tercio más corta que la carabina.

terceto *s. m.* Combinación métrica de tres versos endecasílabos en la cual riman el primero y el tercer verso en consonante, mientras que el segundo rima con el primer y el tercer verso del terceto siguiente, aunque también puede quedar libre.

tercia *s. f.* Tercera parte de una vara.

terciado, da *adj.* Se dice del azúcar un poco moreno.

terciana *s. f.* Calentura intermitente que repite al tercer día.

terciar *v. tr.* **1.** Poner una cosa atravesada diagonalmente o al sesgo. **2.** Dividir una cosa en tres partes. ‖ *v. intr.* **3.** Interponerse y mediar para resolver un litigio.

terciario, ria *adj.* Tercero en orden o grado.

tercio, cia *adj. num.* **1.** Tercero. ‖ *s. m.* **2.** Cada una de las tres partes iguales en que se divide un todo.

terciopelo *s. m.* Tela velluda y tupida, de seda o algodón, formada por dos urdimbres y una trama.

terco, ca *adj.* Se dice de la persona obstinada en sus acciones o ideas.

terebrante *adj.* Se dice del dolor que produce sensación semejante a la que resultaría de taladrar la parte dolorida.

tergiversar *v. tr.* Equivocar la interpretación de un texto, argumento o suceso.

termal *adj.* Perteneciente o relativo a las termas o caldas.

termas *s. f. pl.* **1.** Caldas, baños calientes. **2.** Baños públicos de los antiguos romanos.

termes *s. m.* Insecto masticador, que corroe la madera.

termidor *s. m.* Undécimo mes del año según el calendario republicano francés.

terminación *s. f.* Parte final de algo.

terminal *adj.* Que pone término a algo.

terminante *adj.* Claro, concluyente.

terminar *v. tr.* **1.** Poner término a algo, acabarlo. **2.** Acabar, rematar con esmero.

término *s. m.* **1.** Último punto hasta donde llega una cosa. **2.** Límite, línea divisoria. **3.** Plazo concreto. **4.** Conjunto de sonidos articulados que expresan una idea.

terminología *s. f.* Conjunto de términos o vocablos característicos de determinada profesión, ciencia o materia o de un autor o libro concretos.

termo *s. m.* Vasija para conservar la temperatura de las sustancias que en ella se ponen aislándolas de la temperatura exterior.

termocauterio *s. m.* Cauterio hueco de platino que se mantiene candente por la electricidad u otro medio semejante.

termoelectricidad *s. f.* Electricidad producida por la acción del calor.

termógeno, na *adj.* Que produce o engendra calor.
termómetro *s. m.* Instrumento para medir la temperatura.
termoscopio *s. m.* Termómetro diferencial.
termosifón *s. m.* **1.** Aparato anejo a una cocina y que sirve para calentar agua que luego se distribuye mediante tuberías a los baños, lavabos, etc. de la casa. **2.** Aparato de calefacción por medio del agua caliente.
termostato *s. m.* Aparato que se conecta a una fuente de calor y que mediante un mecanismo automático impide que la temperatura suba o baje del grado que se desea o se necesita.
terna *s. f.* Conjunto de tres personas propuestas para que se designe de entre ellas la que haya de desempeñar un cargo.
ternario, ria *adj.* Compuesto de tres elementos, unidades o guarismos.
ternera *s. f.* Cría hembra de la vaca.
ternero *s. m.* Cría macho de la vaca.
terneza *s. f.* **1.** Ternura. **2.** Requiebro, dicho lisonjero.
ternilla *s. f.* Cartílago, especialmente el que forma lámina en el cuerpo de los animales vertebrados.
terno *s. m.* **1.** Conjunto de tres cosas de una misma especie. **2.** Conjunto del oficiante y sus dos ministros en una misa mayor.
ternura *s. f.* **1.** Requiebro, dicho lisonjero. **2.** Amor, afecto, cariño.
terpina *s. f.* Hidrato de trementina.
terquedad *s. f.* Porfía molesta y cansada.
terracota *s. f.* **1.** Arcilla modelada y endurecida al horno. **2.** Escultura de barro cocido.
terrado *s. m.* Sitio de una casa, descubierto y generalmente elevado.
terraja *s. f.* **1.** Tabla guarnecida con una chapa de metal recortada con arreglo al perfil de una moldura. **2.** Barra de acero con un agujero en medio, donde se ajustan las piezas que labran las roscas de los tornillos.
terral *adj.* Se dice del viento que sopla de tierra. También s. m.
terraplén *s. m.* Macizo de tierra con que se rellena un hueco, o que se levanta con algún fin.
terráqueo, a *adj.* Que está compuesto de tierra y agua. Se aplica únicamente a la esfera o globo terrestre.
terrateniente *s. m. y s. f.* Dueño o poseedor de tierra o hacienda.
terraza *s. f.* **1.** Sitio abierto de una casa. **2.** Espacio de terreno llano que forma escalón en un jardín, a la orilla de un río, etc.
terremoto *s. m.* Sacudida de la superficie terrestre debida a fuerzas que actúan en el interior del globo.
terrenal *adj.* Perteneciente o relativo a la tierra, en contraposición de lo que pertenece al cielo.
terreno *s. m.* Espacio de tierra.
térreo, a *adj.* De tierra.
terrera *s. f.* Trozo de tierra escarpado y desprovisto de vegetación.
terrero, ra *adj.* Se dice del vuelo rastrero de algunas aves.
terrestre *adj.* Perteneciente o relativo a la Tierra.
terrible *adj.* Digno de ser temido, que causa terror.
terrícola *s. m. y s. f.* Habitante de la Tierra.
terrífico, ca *adj.* Que amedrenta o aterroriza.
territorial *adj.* Perteneciente o relativo al territorio.
territorio *s. m.* Extensión de superficie terrestre perteneciente a una nación, región, provincia, etc.
terrón *s. m.* **1.** Pequeña masa de tierra compacta. **2.** Masa pequeña y suelta de otras sustancias.
terror *s. m.* Miedo extremo.
terrorífico, ca *adj.* Que infunde terror.
terrorismo *s. m.* **1.** Dominación por el terror. **2.** Actos de violencia ejecutados para infundir terror.
terrorista *adj.* **1.** Partidario del terrorismo o que lo practica. **2.** Perteneciente o relativo al terrorismo.
terroso, sa *adj.* Que participa de la naturaleza y propiedades de la tierra.
terruño *s. m.* **1.** Terrón, pequeña masa de tierra. **2.** Comarca o tierra, especialmente el país natal.
terso, sa *adj.* Limpio, bruñido.
tersura *s. f.* Calidad de terso.
tertulia *s. f.* Conjunto de personas que se juntan para conversar o recrearse.
tesar *v. tr.* Poner tirantes los cabos, velas, etc.
tesis *s. f.* Proposición que se mantiene con razonamientos.
tesitura *s. f.* Conjunto de sonidos propios de cada voz o de cada instrumento.

teso *s. m.* Cima de un cerro.

tesón *s. m.* Firmeza, perseverancia que se pone en la ejecución de algo.

tesorería *s. f.* **1.** Cargo de tesorero. **2.** Oficina del tesorero.

tesorero, ra *s. m. y s. f.* Persona encargada de custodiar y distribuir los caudales de una colectividad.

tesoro *s. m.* **1.** Cantidad de dinero, alhajas, etc. reunida y guardada. **2.** Erario de la nación.

test *s. m.* **1.** Examen, prueba. **2.** Prueba psicológica que pretende estudiar alguna función o capacidad.

testa *s. f.* Cabeza del ser humano y de los animales.

testáceo, a *adj.* Se dice de los animales que tienen concha.

testación *s. f.* Acción y efecto de testar o tachar.

testador, ra *s. m. y s. f.* Persona que hace testamento.

testaferro *s. m.* Persona que presta su nombre en un contrato o negocio ajeno.

testamentaría *s. f.* **1.** Ejecución de lo dispuesto en un testamento. **2.** Sucesión y caudal de ella durante el tiempo que transcurre desde la muerte del testador hasta que termina la liquidación.

testamento *s. m.* **1.** Negocio jurídico, unilateral y solemne, mediante el cual una persona dicta disposiciones, respecto de sus bienes y asuntos, para después de su muerte. **2.** Documento legal en que consta este negocio jurídico.

testar *v. intr.* Hacer testamento.

testarudo, da *adj.* Porfiado, terco.

testera *s. f.* Principal fachada de una cosa.

testículo *s. m.* Cada uno de los órganos sexuales masculinos productores de espermatozoos.

testificación *s. f.* Acción y efecto de testificar.

testificar *v. tr.* **1.** Firmar o probar de oficio una cosa con referencia a testigos o documentos auténticos. **2.** Deponer como testigo en algún acto judicial. **3.** *fig.* Declarar con seguridad y verdad una cosa.

testigo *s. m. y s. f.* Persona que da testimonio de una cosa o la presencia.

testimoniar *v. tr.* Atestiguar.

testimonio *s. m.* Aseveración de una cosa.

testudo *s. m.* **1.** Antigua máquina militar con que se cubrían los soldados para arrimarse a las murallas. **2.** Cubierta que formaban antiguamente los soldados alzando y uniendo los escudos sobre sus cabezas.

testuz *s. f.* En algunos animales, frente, y en otros, nuca.

teta *s. f.* **1.** Cada uno de los órganos glandulosos y salientes que tienen los mamíferos y sirven en las hembras para la secreción de la leche. **2.** Pezón del pecho.

tetánico, ca *adj.* Perteneciente o relativo al tétanos.

tétanos *s. m.* Enfermedad infecciosa que se caracteriza por la rigidez y tensión convulsiva de los músculos.

tetera *s. f.* Vasija con tapadera y un pitorro que sirve para preparar o servir el té.

tetilla *s. f.* **1.** Cada una de las tetas de los machos en los mamíferos, menos desarrolladas que en las hembras. **2.** Especie de pezón de goma que se pone al biberón para que chupe el niño.

tetraedro *s. m.* Sólido terminado por cuatro caras o planos.

tetrarca *s. m.* Gobernador de una provincia o territorio.

tétrico, ca *adj.* De tristeza deprimente, grave y melancólico.

textil *adj.* **1.** Se dice de la materia que puede tejerse. **2.** Referente al arte de tejer o a los tejidos.

texto *s. m.* **1.** Lo dicho o escrito por un autor o en una ley, a distinción de las glosas, notas o comentarios que sobre ello se hacen. **2.** Todo lo que se dice en el cuerpo de la obra manuscrita o impresa, a diferencia de las portadas, índices, etc.

textual *adj.* Se aplica al que autoriza sus pensamientos con lo literal de los textos.

textura *s. f.* Disposición y orden de los hilos en una tela.

tez *s. f.* Superficie, especialmente la del rostro humano.

ti *pron. pers.* Forma tónica del pronombre personal de segunda persona, género masculino o femenino y número singular, que, precedida siempre de preposición, funciona como complemento.

tía *s. f.* Respecto de una persona, hermana o prima de su padre o madre.

tiara *s. f.* Mitra alta, ceñida por tres coronas, usada por el Papa como insignia de su autoridad suprema.

tiberio *s. m., fam.* Ruido, confusión.

tibia *s. f.* **1.** Flauta. **2.** Hueso principal y anterior de la pierna de un ser racional y de la extremidad posterior de un animal, entre el tarso y la rodilla.

tibial *adj.* Perteneciente o relativo a la tibia.

tibieza *s. f.* Calidad de tibio.

tibio, bia *adj.* **1.** Templado, que no está ni caliente ni frío. **2.** *fig.* Se dice de las personas poco afectuosas o indiferentes.

tibor *s. m.* Vaso grande de barro, de China o de Japón, decorado exteriormente.

tiburón *s. m.* Pez marino selacio, de gran tamaño, muy voraz, con el dorso gris azulado y el vientre blanco.

tic *s. m.* Movimiento inconsciente habitual ocasionado por la contracción de un músculo.

ticket *s. m.* Tique

tiempo *s. m.* **1.** Duración de las cosas sujetas a mudanza. **2.** Época durante la cual vive una persona o sucede una cosa. **3.** Edad.

tienda *s. f.* **1.** Armazón de palos hincados en tierra y cubierta con telas o pieles, que sirven de alojamiento en el campo. **2.** Establecimiento donde se vende al público artículos de comercio al por menor.

tienta *s. f.* **1.** Operación en que se prueba la bravura de los becerros. **2.** Sagacidad o arte con que se pretende averiguar una cosa.

tiento *s. m.* **1.** Ejercicio del sentido del tacto. **2.** *fig.* Consideración, miramiento al hacer algo o tratar a alguien.

tierno, na *adj.* **1.** Blando, delicado, flexible. **2.** *fig.* Reciente, de poco tiempo.

tierra *s. f.* **1.** Planeta que habitamos. Se escribe con mayúscula. **2.** Parte de este planeta no ocupada por el mar. **3.** Materia inorgánica que puede descomponerse. Es el principal componente del suelo natural. **4.** Distrito o territorio.

tieso, sa *adj.* Duro, que cede con dificultad, se dobla o rompe.

tiesta *s. f.* Canto de las tablas que sirven de fondos o tapas de los toneles.

tiesto *s. m.* Maceta para plantas.

tiesura *s. f.* **1.** Dureza o rigidez de alguna cosa. **2.** *fig.* Gravedad excesiva y afectada.

tifo, fa *adj., fam.* Harto, repleto.

tifoideo, a *adj.* Perteneciente o relativo al tifus, o parecido a este mal.

tifón *s. m.* **1.** Manga, tromba marina. **2.** Huracán propio del mar de la China.

tifus *s. m.* Enfermedad infecciosa muy grave, febril, que se caracteriza por desórdenes cerebrales y erupción de manchas rojas en algunas partes del cuerpo.

tigre *s. m.* Mamífero carnívoro muy feroz, de gran tamaño y con el pelaje amarillento y rayado de negro en el lomo y la cola.

tijera *s. f.* Instrumento para cortar compuesto de dos hojas de acero, que pueden girar alrededor de un eje que las traba.

tijereta *s. f.* **1.** Cada uno de los órganos largos y finos que nacen en los sarmientos de las vides. **2.** Cortapicos, insecto.

tijeretear *v. tr.* **1.** Dar varios cortes con las tijeras, especialmente sin arte ni tino. **2.** *fig. y fam.* Disponer alguien según su arbitrio en negocios ajenos.

tila *s. f.* **1.** Tilo. **2.** Flor del tilo. **3.** Bebida hecha de flores de tilo en infusión.

tílburi *s. m.* Especie de coche de dos ruedas grandes, ligero y sin cubierta, y tirado por una sola caballería.

tildar *v. tr.* **1.** Poner tilde a las letras que lo necesitan. **2.** Tachar lo escrito. **3.** Señalar con alguna nota denigrativa a una persona.

tilde *s. amb.* **1.** Rasgo que se pone sobre algunas abreviaturas, el que lleva la "ñ" y cualquier otro signo análogo. Se usa más como s. f. ‖ *s. f.* **2.** Tacha, nota denigrativa.

tilín *s. m.* Sonido de la campanilla.

tilla *s. f.* Entablado que cubre una parte de las embarcaciones menores.

tilo *s. m.* Árbol tiliáceo, de flores blanquecinas, olorosas y medicinales. Su madera es muy usada en escultura y carpintería.

timar *v. tr.* Quitar o hurtar algo con engaño.

timba *s. f.* **1.** *fam.* Partida de juego de azar. **2.** *fam.* Casa de juego.

timbal *s. m.* Especie de tambor, con caja metálica hemisférica cubierta por una piel tirante.

timbrar *v. tr.* Estampar un timbre, sello o membrete en un papel, documento, etc.

timbre *s. m.* **1.** Insignia colocada encima del escudo de armas, para distinguir los grados de nobleza. **2.** Sello, especialmente el que se estampa en seco. **3.** Aparato de llamada compuesto de un macito que, al ser movido por un resorte, la electricidad, etc., hace sonar una campana.

timidez *s. f.* Calidad de tímido.

tímido, da *adj.* Que siente vergüenza con facilidad.

timo *s. m.* Glándula situada detrás del esternón, cuya secreción actúa sobre el crecimiento de los huesos y el desarrollo de las glándulas genitales.

timocracia *s. f.* Gobierno en que ejercen el poder los ciudadanos más adinerados.

timol *s. m.* Sustancia de carácter ácido, blanca, cristalina, aromática, que existe en el aceite de algunas plantas, especialmente del tomillo. Se usa como desinfectante.

timón *s. m.* **1.** Palo derecho que sale de la cama del arado en su extremidad. **2.** *fig.* Pieza de madera o de hierro situada en la popa de la nave, que sirve para gobernarla.

timonear *v. intr.* Gobernar el timón.

timonel *s. m.* Persona que gobierna el timón de la nave.

timonero, ra *adj.* **1.** Perteneciente o relativo al timón. **2.** Se dice del arado común o de timón.

timorato, ta *adj.* **1.** Que tiene temor de Dios. **2.** Tímido, indeciso.

timpánico, ca *adj.* **1.** Perteneciente o relativo al tímpano del oído. **2.** Se dice del sonido, similar al del tambor, que producen por la percusión ciertas cavidades del cuerpo cuando están llenas de gases.

timpanitis *s. f.* Hinchazón de alguna cavidad del cuerpo, y en especial del vientre, producida por gases.

tímpano *s. m.* **1.** Tamboril. **2.** Membrana que separa el conducto auditivo externo del oído medio.

tina *s. f.* **1.** Tinaja de barro. **2.** Vasija de madera de forma de media cuba.

tinada *s. f.* Montón de leña.

tinaja *s. f.* Vasija grande de barro cocido, mucho más ancha por el medio que por el fondo y por la boca.

tinelo *s. m.* Comedor de la servidumbre en las casas de los grandes señores.

tinglado *s. m.* **1.** Cobertizo. **2.** Tablado armado a la ligera. **3.** *fig.* Artificio, enredo.

tiniebla *s. f.* **1.** Falta de luz. Se usa más en pl. ‖ *s. f. pl.* **2.** *fig.* Suma ignorancia.

tino *s. m.* **1.** Hábito o facilidad de acertar a tientas con las cosas que se buscan. **2.** Destreza para dar en el blanco.

tinta *s. f.* Sustancia de color, fluida o viscosa, para escribir, dibujar o imprimir.

tintar *v. tr.* Dar a una cosa un color diferente del que antes tenía. También prnl.

tinte *s. m.* Color con que se tiñe.

tintero *s. m.* Vaso o frasco de boca ancha, en que se pone la tinta de escribir.

tintín *s. m.* Onomatopeya del sonido de la campanilla, timbre, y el que hacen al chocar los vasos, copas, etc.

tintinar *v. intr.* Producir el sonido del tintín.

tintineo *s. m.* Acción y efecto de tintinar.

tinto, ta *adj.* Se dice de la uva que tiene negro el zumo y del vino que de ella se obtiene.

tintorería *s. f.* **1.** Oficio de tintorero. **2.** Tinte, taller o tienda donde se tiñe.

tintorero, ra *s. m. y s. f.* Persona que tiene por oficio teñir o dar tintes.

tintura *s. f.* **1.** Tinte, acción y efecto de teñir y sustancia con que se tiñe. **2.** Disolución de una sustancia medicinal en agua, alcohol o éter.

tiña *s. f.* **1.** Arañuelo que daña las colmenas. **2.** Cualquiera de las enfermedades contagiosas de la piel, producidas por parásitos vegetales, que produce costras o la caída del cabello. **3.** *fam.* Mezquindad.

tiñoso, sa *adj.* **1.** Que padece tiña. **2.** *fig. y fam.* Se aplica a la persona tacaña.

tío *s. m.* Respecto de una persona, hermano o primo de su padre o madre.

tiorba *s. f.* Antiguo instrumento musical de cuerda, semejante al laúd.

tiovivo *s. m.* Plataforma giratoria sobre la cual se instalan caballitos de madera, coches, etc., y sirve de diversión en las ferias.

típico, ca *adj.* **1.** Peculiar de la persona o cosa de que se trata. **2.** Se aplica a las costumbres, productos, etc. de un país o región.

tiple *s. m.* La más aguda de las voces humanas.

tipo *s. m.* **1.** Modelo ideal que reúne los caracteres esenciales de todos los seres de igual naturaleza. **2.** Letra de imprenta, y cada una de las clases de esta letra. **3.** Figura de una persona.

tipómetro *s. m.* Instrumento que sirve para medir el tamaño de la letra.

típula *s. f.* Insecto díptero, parecido al mosquito, que se alimenta del jugo de las flores.

tique *s. m.* Cédula, recibo.

tiquismiquis *s. m. pl.* **1.** Escrúpulos o reparos vanos o nimios. ‖ *s. m. y s. f.* **2.** Persona muy escrupulosa.

tira *s. f.* Pedazo largo y angosto de tela, papel u otra cosa delgada.

tirabuzón *s. m.* Rizo de cabello, largo y pendiente en espiral.

tirada *s. f.* Número de ejemplares de una edición.

tiradero *s. m.* Paraje donde el cazador acecha para tirar.

tirador, ra *s. m. y s. f.* **1.** Persona que tira, en especial si es hábil. **2.** Persona que estira. ‖ *s. m.* **3.** Asidero, cordón, cadenilla, etc. del cual se tira para cerrar una puerta, abrir un cajón, etc. **4.** Cordón, cadenilla, etc. del que se tira para hacer sonar la campanilla o el timbre.

tiralíneas *s. m.* Instrumento de metal que sirve para trazar líneas de tinta.

tiranía *s. f.* **1.** Gobierno ejercido por un tirano. **2.** *fig.* Abuso de cualquier poder o fuerza.

tiranicidio *s. m.* Muerte dada a un tirano.

tiránico, ca *adj.* Perteneciente o relativo a la tiranía.

tiranizar *v. tr.* **1.** Gobernar como tirano algún estado. **2.** Dominar tiránicamente.

tirano, na *adj.* **1.** Se dice de la persona que se apropia del poder supremo ilegítimamente, o que rige un estado sin justicia. **2.** Se dice de la persona que abusa de su poder, superioridad o fuerza.

tirante *adj.* **1.** Tenso. ‖ *s. m.* **2.** Cada una de las dos tiras elásticas o de tela que suspenden de los hombros el pantalón y otras prendas de vestir.

tirantez *s. f.* **1.** Calidad de tirante. **2.** Distancia en línea recta o mínima entre los extremos de una cosa. **3.** Dirección de los planos de hilada de un arco o bóveda. **4.** Estado de las relaciones entre personas cuando no son cordiales.

tirapé *s. m.* Correa con que sujetan los zapateros el zapato con su horma para coserlo.

tirar *v. tr.* **1.** Despedir de la mano una cosa. **2.** Arrojar, lanzar en alguna dirección determinada. **3.** Derribar, echar abajo algo. **4.** Disparar un arma de fuego, o un artefacto de pólvora. También intr.

tirilla *s. f.* Tira de lienzo que se pone en el cuello de las camisas y sirve para fijar en ellas el cuello postizo.

tiritar *v. intr.* Temblar, estremecerse de frío.

tiritón *s. m.* Estremecimiento de la persona que tirita.

tiro *s. m.* **1.** Señal que hace lo que se tira. **2.** Disparo de un arma de fuego. **3.** Conjunto de caballerías que tiran de un carruaje.

tiroideo, a *adj.* Perteneciente o relativo al tiroides.

tiroides *adj.* **1.** Se aplica a la glándula que está en la parte superior y delantera de la tráquea, cuyas hormonas influyen en el metabolismo y en el crecimiento. **2.** Se aplica al cartílago principal de la laringe.

tirón *s. m.* Persona que se inicia en el conocimiento de alguna disciplina.

tirotear *v. tr.* Disparar repetidamente de una parte a otra contra el enemigo.

tiroteo *s. m.* Acción y efecto de tirotear o tirotearse.

tirria *s. f., fam.* Manía contra algo o alguien.

tisana *s. f.* Bebida medicinal que resulta de cocer en agua ciertas hierbas.

tísico, ca *adj.* **1.** Que padece de tisis. **2.** Perteneciente o relativo a la tisis.

tisis *s. f.* Enfermedad en que hay debilitamiento gradual y lento, fiebre y ulceración en algún órgano, especialmente tuberculosis pulmonar.

tisú *s. m.* Tela de seda entretejida con hilos de oro y plata que pasan desde el haz al envés.

titán *s. m.* Cada uno de los gigantes que según la mitología habían querido asaltar el cielo.

titánico, ca *adj., fig.* Desmesurado, excesivo, como de titanes.

titanio *s. m.* Metal pulverulento, infusible, de color gris de acero, casi tan pesado como el hierro y fácil de combinar con el nitrógeno.

títere *s. m.* **1.** Figurilla de pasta u otra materia, movida con algún artificio, que imita los movimientos humanos. **2.** *fam.* Persona ridícula, presumida o informal.

tití *s. m.* Mamífero cuadrumano, pequeño, de color ceniciento, cara blanca y nariz negra, tímido y fácil de domesticar.

titilación *s. f.* Acción y efecto de titilar.

titilar *v. intr.* **1.** Agitarse con ligero temblor alguna parte del organismo animal. **2.** Por ext., centellear con temblor ligero un cuerpo luminoso o brillante.

titiritero, ra *s. m. y s. f.* Persona que trae o gobierna los títeres.

titubear *v. intr.* **1.** Oscilar, tambalearse al andar perdiendo la estabilidad. **2.** Vacilar o tropezar en la elección o pronunciación de las palabras.

titubeo *s. f.* Acción y efecto de titubear.

titulado, da *s. m. y s. f.* Persona que tiene un título académico o nobiliario.

titular *v. tr.* **1.** Poner título o nombre a una cosa. ‖ *v. intr.* **2.** Obtener un título nobiliario. ‖ *v. prnl.* **3.** Obtener un título académico.

título *s. m.* **1.** Denominación de una obra escrita o impresa, o de cada una de las partes que la integran. **2.** Inscripción que sirve para indicar el contenido, objeto o finalidad de otras cosas. **4.** Distintivo con que se denomina a una persona.

tiza *s. f.* Arcilla blanca que se usa para escribir en los encerados y para limpiar metales.

tiznar *v. tr.* **1.** Manchar con tizne, hollín u otra materia semejante. **2.** *fig.* Deslustrar o manchar la fama de alguien.

tizne *s. amb.* Humo, hollín, etc. que se pega a las sartenes y otras vasijas que han estado a la lumbre.

tiznón *s. m.* Mancha de tizne u otra materia parecida.

tizo *s. m.* Pedazo de leña mal carbonizado.

tizón *s. m.* **1.** Palo a medio quemar. **2.** Honguillo de color negruzco, parásito del trigo y de otros cereales.

toalla *s. f.* Lienzo para limpiarse y secarse las manos y la cara, después de lavarse.

toba *s. f.* **1.** Piedra caliza muy porosa y ligera. **2.** Sarro de los dientes.

tobera *s. f.* Abertura tubular por donde entra el aire que se introduce en un horno o forja.

tobillo *s. m.* Protuberancia de cada uno de los dos huesos de la pierna llamados tibia y peroné, en el lugar donde la pierna se une con el pie.

tobogán *s. m.* Deslizadero con altibajos que suele armarse en ferias, verbenas y parques infantiles.

toca *s. f.* **1.** Prenda de tela con que se cubría la cabeza. **2.** Prenda de lienzo blanco que, ceñida al rostro, usan las monjas para cubrir la cabeza.

tocado *s. m.* Peinado y adorno de la cabeza, en las mujeres.

tocador *s. m.* **1.** Paño que servía para cubrir y adornar la cabeza. **2.** Mueble con espejo, para el peinado y aseo de una persona. **3.** Neceser.

tocadura *s. f.* Tocado para cubrir la cabeza.

tocar *v. tr.* **1.** Entrar en contacto una parte del cuerpo, particularmente la mano, con una cosa de manera que éste impresione el sentido del tacto. **2.** Llegar a una cosa con la mano, sin asirla. **3.** Hacer sonar, según arte, cualquier instrumento.

tocata *s. f.* **1.** Breve composición musical generalmente para órgano, piano, etc. **2.** *fig. y fam.* Zurra, paliza.

tocayo, ya *s. m. y s. f.* Respecto de una persona, otra que tiene su mismo nombre.

tocho, cha *adj.* **1.** Se dice de la persona inculta y grosera. ‖ *s. m.* **2.** Lingote de hierro.

tocino *s. m.* Carne gorda del cerdo, especialmente la salada.

tocología *s. f.* Rama de la cirugía que se ocupa de la asistencia a partos.

tocólogo, ga *s. m. y s. f.* Persona que por profesión o estudio ejerce especialmente la tocología.

tocón *s. m.* **1.** Parte del tronco que queda unida a la raíz cuando cortan el árbol. **2.** Parte de un miembro cortado adherida al cuerpo.

todavía *adv. t.* Hasta un momento determinado desde tiempo anterior.

todo, da *adj.* Se dice de lo que se toma o se comprende enteramente en la cantidad.

todopoderoso, sa *adj.* Que todo lo puede.

toga *s. f.* **1.** Prenda principal exterior del traje nacional romano, en forma de manto amplio y largo. **2.** Ropa talar exterior con mangas y esclavina, que, como insignia de su función, se ponen los magistrados, catedráticos, abogados, etc. encima del traje ordinario.

togado, da *adj.* Que viste toga. Se aplica sobre todo a los magistrados.

tojal *s. m.* Terreno poblado de tojos.

tojo *s. m.* Planta leguminosa, variedad de aulaga.

tolano *s. m.* Cada uno de los pelillos cortos que nacen en el cogote.

toldilla *s. f.* Cubierta parcial que tienen algunos buques a la altura de la borda desde el palo mesana al coronamiento de popa.

toldo *s. m.* Pabellón o cubierta de tela que se tiende para hacer sombra en alguna parte.

tole *s. m.* **1.** *fig.* Confusión y griterío popular. **2.** *fig.* Desaprobación general contra una persona o cosa.

tolerancia *s. f.* Disposición a admitir en los demás una manera de ser, de obrar o de pensar distinta de la propia.

tolerar *v. tr.* **1.** Sufrir, llevar con paciencia una cosa que se desaprueba. **2.** Permitir una cosa ilícita sin consentirla expresamente. **3.** Resistir sin daño la acción de una medicina, de un alimento, etc.

tolete *s. m.* Estaca a que se ata el remo.

tollina *s. f., fam.* Zurra, paliza.

tollo *s. m.* Hoyo o enramada donde se ocultan los cazadores en espera de la caza.

tolondro, dra *adj.* **1.** Aturdido, desatinado. || *s. m.* **2.** Bulto que se levanta a causa de un golpe.

tolva *s. f.* Caja en forma de tronco de pirámide o de cono invertido y abierta por debajo en la que se echa el grano en los molinos, para que vaya cayendo entre las muelas.

tolvanera *s. f.* Remolino de polvo.

tomaína *s. f.* Cada uno de ciertos alcaloides venenosos que resultan de la putrefacción de las sustancias animales.

toma *s. f.* **1.** Acción de tomar o recibir una cosa. **2.** Conquista, asalto por armas de una plaza o ciudad. **3.** Porción de una cosa que se recibe de una vez. **4.** Abertura para dar salida a parte del agua de una corriente o de un embalse. **5.** Lugar por donde se deriva una corriente de fluido o electricidad. **6.** Acción y efecto de fotografiar o filmar. **7.** Cada una de las veces que se administra un medicamento por vía oral.

tomar *v. tr.* **1.** Coger con la mano una cosa. **2.** Ocupar o adquirir alguna cosa por la fuerza. **3.** Comer o beber. || *v. intr.* **4.** Comenzar a seguir cierta dirección.

tomate *s. m.* Fruto de la tomatera, que es casi rojo, blando, y compuesto en su interior de varias celdillas llenas de simientes.

tomatera *s. f.* Planta hortense, solanácea, originaria de América, cuyo fruto es una baya globosa, encarnada y jugosa.

tómbola *s. f.* Rifa o lotería generalmente organizada con fines benéficos, y en la que los premios son objetos y no dinero.

tomento *s. m.* **1.** Estopa basta que queda del lino después de rastrillado. **2.** Vello suave y entrelazado que cubre la superficie de los órganos de algunas plantas.

tomillo *s. m.* Planta perenne, labiada, muy olorosa, con flores blancas o róseas en cabezuelas.

tominejo *s.* V

tomiza *s. f.* Soguilla de esparto.

tomo *s. m.* Cada una de las partes, con paginación propia y encuadernadas separadamente, en que suelen dividirse las obras impresas o manuscritas de cierta extensión.

tonada *s. f.* Composición métrica para cantarse.

tonadilla *s. f.* Tonada alegre y ligera.

tonalidad *s. f.* Sistema de sonidos que sirve de fundamento a una composición musical.

tonel *s. m.* Cuba grande.

tonelada *s. f.* **1.** Peso de 1000 kg o diez quintales métricos. **2.** Unidad de peso o de capacidad que se usa para calcular el desplazamiento de los buques.

tonelaje *s. m.* Cabida de una embarcación.

tonelería *s. f.* **1.** Oficio o arte de tonelero. **2.** Taller de tonelero. **3.** Conjunto o provisión de toneles.

tonelero, ra *adj.* **1.** Perteneciente o relativo al tonel. || *s. m. y s. f.* **2.** Persona que por oficio hace toneles.

tonelete *s. m.* Falda o traje que sólo cubre hasta las rodillas.

tongada *s. f.* Capa de una cosa.

tonicidad *s. f.* Grado de tensión de los órganos del cuerpo vivo.

tónico, ca *adj.* Que entona o vigoriza.

tonificar *v. tr.* Dar vigor o tensión al organismo.

tonillo *s. m.* **1.** Tono monótono y desagradable al leer o al hablar. **2.** Modo particular de acentuar los finales de las palabras algunas personas. **3.** Entonación burlona con que se dice algo.

tono *s. m.* **1.** Grado de elevación de un sonido. **2.** Inflexión de la voz y manera especial de decir una cosa, según la intención o el estado de ánimo de la persona que habla.

tonsura *s. f.* **1.** Acción y efecto de tonsurar. **2.** Acción y efecto de conferir el grado preparatorio para recibir órdenes menores, con diferentes cortes de pelo.

tonsurar *v. tr.* Cortar el pelo o la lana a personas o animales.

tontear *v. intr.* Hacer o decir tonterías.

tontería *s. f.* Dicho o hecho de tonto.

tontillo *s. m.* Faldellín con aros de ballena que usaban las mujeres para ahuecar las faldas.

tontina *s. f.* Operación de lucro, que consiste en poner un fondo entre varias personas para repartirlo en una época dada, con los intereses acumulados, entre los socios supervivientes.

tonto, ta *adj.* Falto o escaso de entendimiento.

topacio *s. m.* Piedra fina de color amarillo, muy dura.

topar *v. tr.* **1.** Tropezar una cosa con otra. **2.** Hallar casualmente a alguien o algo.

tope *s. m.* **1.** Parte por la que dos cosas pueden topar. **2.** Pieza que sirve para detener o limitar el movimiento de un mecanismo.

topera *s. f.* Madriguera del topo.

topetada *s. f.* **1.** Golpe que dan con la cabeza los toros, carneros, etc. **2.** *fig. y fam.* Golpe que da alguien con la cabeza a una cosa.

topetar *v. tr.* **1.** Dar con la cabeza en alguna cosa con golpe e impulso, especialmente dar golpes con la cabeza los toros, carneros, etc. **2.** Topar, chocar.

topetazo *s. m.* Topetada.

tópico *s. m.* Expresión vulgar o trivial.

topo *s. m.* Mamífero insectívoro, de pelaje muy fino, ojos pequeños, brazos recios, manos anchas y cinco dedos armados de fuertes uñas con las cuales hace galerías subterráneas donde vive.

topografía *s. f.* Arte de describir y declinar con detalle la superficie de un terreno.

topográfico, ca *adj.* Perteneciente o relativo a la topografía.

topógrafo *s. m. y s. f.* Persona que se dedica a la topografía por profesión o estudio.

toque *s. m.* **1.** Acción de tocar una cosa. **2.** Tañido de las campanas o de algunos instrumentos, con los que se anuncia alguna cosa. **3.** *fig* Punto esencial de una cosa. **4.** *fig.* Prueba, examen que se hace de algún sujeto. **5.** *fig.* Llamamiento, advertencia. **6.** *fig. y fam.* Golpe dado a alguien. **7.** Pincelada ligera.

toquilla *s. f.* Pañuelo, generalmente triangular, que se ponen las mujeres en la cabeza o al cuello, o el de punto que usaban para abrigo las mujeres y los niños.

torácico, ca *adj.* Perteneciente o relativo al tórax.

toral *adj.* **1.** Principal o que tiene más fuerza y vigor. ‖ *s. m.* **1.** Molde donde se da forma a las barras de cobre, y barra formada en él.

tórax *s. m.* **1.** Pecho del ser humano y de los animales. **2.** Cavidad del pecho.

torbellino *s. m.* **1.** Remolino de viento. **2.** *fam.* Persona demasiado viva e inquieta.

torcaz *adj.* Se dice de una variedad de paloma de cuello verdoso cortado por un collar incompleto muy blanco.

torce *s. f.* Cada una de las vueltas que da alrededor del cuello una cadena o collar.

torcedura *s. f.* Distensión de las partes blandas que rodean las articulaciones.

torcer *v. tr.* **1.** Dar vueltas a una cosa sobre sí misma de manera que tome forma helicoidal y se apriete. **2.** Encorvar o doblar una cosa recta y, en general, hacer que una cosa cambie de dirección o su posición normal. **3.** *fig.* Cambiar la voluntad o el parecer de alguien.

torcida *s. f.* Mecha de los velones, candiles, etc. que suele ser de algodón o trapo torcido.

torcido, da *adj.* **1.** Que no está recto o derecho. **2.** *fig.* Se dice de la persona que no obra con rectitud.

torcijón *s. m.* Retorcimiento de tripas en las personas.

tórculo *s. m.* Prensa, y particularmente la que se usa para estampar grabados en cobre, acero, etc.

tordo, da *adj.* **1.** Se dice de las caballerías que tienen el pelo mezclado de negro y blanco. También s. m. y s. f. ‖ *s. m.* **2.** Pájaro dentirrostro, de cuerpo grueso, pico delgado y negro, lomo gris aceitunado y vientre blanco amarillento, con manchas pardas.

torear *v. intr.* **1.** Lidiar los toros en la plaza. **2.** Echar los toros a las vacas.

toreo *s. m.* **1.** Acción de torear. **2.** Arte de lidiar los toros.

torero, ra *s. m. y s. f.* Persona que por oficio o afición acostumbra a torear en las plazas.

torete *s. m.* **1.** Toro pequeño. **2.** *fam.* Grave dificultad, asunto difícil de resolver.

toril *s. m.* Lugar donde están encerrados los toros que han de lidiarse.

torio *s. m.* Metal radiactivo, de color plomizo e infusible.

tormenta *s. f.* **1.** Tempestad en la atmósfera. **2.** *fig.* Adversidad, desgracia.

tormento *s. m.* **1.** Dolor corporal que se causaba al reo para obligarle a declarar. **2.** *fig.* Congoja o aflicción del ánimo. **3.** *fig.* Especie o sujeto que la ocasiona.

tormentoso, sa *adj.* Que ocasiona tormenta.

tormo *s. m.* **1.** Pequeña masa suelta de tierra. **2.** Pequeña masa suelta de otras sustancias.

torna *s. f.* **1.** Acción de tornar o volver. **2.** Obstáculo que se pone en una reguera para cambiar el curso del agua.

tornadizo, za *adj.* Que se torna fácilmente.

tornado *s. m.* Viento giratorio de gran fuerza.

tornapunta *s. f.* Madero ensamblado en uno horizontal, para apear otro vertical o inclinado.

tornar *v. tr.* **1.** Devolver lo que no es propio a su dueño. **2.** Mudar a una persona o cosa su naturaleza o estado.

tornasol *s. m.* **1.** Planta herbácea anual, euforbiácea, que se emplea para preparar la tintura de tornasol. **2.** Reflejo o viso que hace la luz en algunas telas o en otras cosas muy tersas.

tornasolar *v. tr.* Hacer o causar tornasoles.

tornavoz *s. m.* **1.** Aparato preparado para que el sonido repercuta y se oiga mejor. **2.** Sombrero del púlpito, concha del apuntador en los teatros, o cualquier cosa que recoge y refleja el sonido. **3.** Eco, resonancia.

tornear *v. tr.* **1.** Labrar o redondear una cosa al torno. || *v. intr.* **2.** Dar vueltas alrededor de un torno.

torneo *s. m.* **1.** Combate a caballo entre varias personas, unidas en cuadrillas, y fiesta pública en que se imita un combate a caballo. **2.** Competición entre varios participantes que se van eliminando en sucesivos encuentros.

tornero, ra *s. m. y s. f.* **1.** Persona que hace obras al torno. **2.** Persona que tiene por oficio hacer tornos.

tornillo *s. m.* Cilindro de metal, madera, etc., con resalto helicoidal, que entra en la tuerca.

torniquete *s. m.* Palanca angular de hierro que se utiliza para comunicar el movimimiento del tirador a la campanilla.

torniscón *s. m., fam.* Pellizco retorcido.

torno *s. m.* Máquina simple que consiste en un cilindro dispuesto para girar alrededor de su eje y que actúa sobre la resistencia por medio de una cuerda que se va enrollando al mismo.

toro *s. m.* **1.** Mamífero rumiante bóvido, de cabeza gruesa armada de cuernos, piel dura con pelo corto, y cola larga, cerdosa hacia el remate. || *s. m. pl.* **2.** Fiesta o corrida de toros.

toronja *s. f.* Fruto comestible de una especie de cidro espinoso, parecido a la naranja, aunque de tamaño bastante mayor y de corteza amarillenta. Su zumo es agridulce y muy abundante.

toronjil *s. m.* Planta labiada, de flores blancas en verticilos, las cuales, al igual que las hojas, se emplean como tónico y antiespasmódico.

toronjo *s. m.* Variedad de cidro que produce un fruto globoso.

torozón *s. m.* Movimiento violento que hacen los animales cuando padecen enteritis.

torpe *adj.* Que no tiene movimiento libre o es tardo.

torpedear *v. tr.* Lanzar torpedos.

torpedero *adj.* Se dice del buque de vapor de poco calado, destinado a lanzar torpedos.

torpedo *s. m.* **1.** Pez marino seláceo batoideo, dotado de un par de órganos eléctricos capaces de producir una conmoción a la persona o animal que lo toca. **2.** Máquina de guerra, fusiforme, submarina y dirigible, que tiene por objeto echar a pique, mediante su explosión, al buque que choca con ella o se sitúa dentro de su radio de acción.

torpeza *s. f.* **1.** Calidad de torpe. **2.** Acción o dicho torpe.

torrado *s. m.* Garbanzo tostado.

torrar *v. tr.* Tostar al fuego.

torre *s. f.* **1.** Edificio fuerte, más alto que ancho, y que servía para defensa. **2.** Pieza grande del juego de ajedrez, en figura de torre, que camina en cualquier dirección paralela a los lados del tablero.

torrefacción *s. f.* Acción y efecto de tostar al fuego.

torrefacto, ta *adj.* Tostado.

torrencial *adj.* Parecido al torrente.

torrente *s. m.* **1.** Corriente de agua rápida, impetuosa, que sobreviene en tiempos de muchas lluvias. **2.** *fig.* Muchedumbre que afluye a un lugar.

torrentera *s. f.* Cauce de un torrente.

torreón *s. m.* Torre grande para defensa de una plaza o castillo.

torrezno *s. m.* Pedazo de tocino frito.

tórrido, da *adj.* Muy ardiente o quemado.

torrija *s. f.* Rebanada de pan empapada en vino o leche, frita y endulzada con miel o azúcar.

torrontero *s. m.* Montón de tierra que dejan los cursos de agua a su paso.

torsión *s. m.* Acción y efecto de torcer o torcerse.
torso *s. m.* **1.** Tronco del cuerpo humano. **2.** Estatua falta de cabeza, brazos y piernas.
torta *s. f.* **1.** Masa de harina, de figura redonda, que se cuece a fuego lento. **2.** *fig. y fam.* Caída, accidente.
tortícolis *s. m.* Dolor del cuello que obliga a tener éste torcido.
tortilla *s. f.* Fritada de huevo batido en forma de torta, y en la cual se incluye generalmente algún otro manjar.
tórtola *s. f.* Ave del orden de las palomas, de plumaje vistoso
tortuga *s. f.* **1.** Reptil marino quelonio, con las extremidades en forma de paletas que no pueden ocultarse, y coraza, cuyas láminas, más fuertes en el espaldar que en el peto, tienen manchas verdosas y rojizas. **2.** Reptil terrestre quelonio, con los dedos reunidos en forma de muñón, espaldar muy convexo, y láminas granujientas en el centro y manchadas de negro y amarillo en los bordes.
tortuosidad *s. f.* Calidad de tortuoso.
tortuoso, sa *adj.* **1.** Que tiene vueltas y rodeos. **2.** *fig.* Se dice de lo ejecutado con cautela o a escondidas y de la persona que así actúa.
tortura *s. f.* Grave dolor físico o psicológico infligido a una persona con el fin de castigarla u obtener de ella una confesión.
torturar *v. tr.* **1.** Dar tortura, atormentar. También prnl. **2.** Someter a tortura.
torva *s. f.* Remolino de lluvia o nieve.
torvo, va *adj.* Fiero, terrible a la vista.
torzal *s. m.* Cordoncillo delgado de seda, hecho de varias hebras torcidas, para coser o bordar.
tos *s. f.* Expulsión brusca y ruidosa del aire contenido en los pulmones, producida por la irritación de las vías respiratorias.
tosco, ca *adj.* **1.** Grosero, basto, sin pulimento. **2.** *fig.* Inculto, sin doctrina.
toser *v. intr.* Tener y padecer la tos.
tósigo *s. m.* Sustancia venenosa.
tosigoso, sa *adj.* Que padece tos, fatiga y opresión de pecho.
tosquedad *s. f.* Calidad de tosco.
tostada *s. f.* Rebanada de pan, que después de tostada se come untada de miel, mermelada, etc.
tostadero, ra *adj.* Se dice del aparato utilizado para tostar.
tostado, da *adj.* Se dice del color subido y oscuro.
tostadura *s. f.* Acción y efecto de tostar.
tostar *v. tr.* **1.** Secar una cosa a la lumbre sin quemarla, hasta que tome color. **2.** *fig.* Calentar demasiado. **3.** *fig.* Atezar el Sol o el viento la piel del cuerpo.
tostón *s. m.* **1.** Garbanzo tostado. **2.** Tostada empapada en aceite nuevo. Cosa demasiado tostada. **3.** Cochinillo asado. **4.** Dardo hecho con una vara tostada por la punta para endurecerla. **5.** Trozo de pan frito que se añade a las sopas, purés, etc. **6.** *fig.* Discurso o relato molesto, latoso, impertinente.
total *adj.* **1.** General, que lo comprende todo en su especie. ‖ *s. m.* **2.** Cantidad equivalente a dos o más homogéneas. ‖ *adv. m.* **3.** En suma, en resumen.
totalidad *s. f.* Todo, cosa íntegra.
totalizar *v. tr.* Determinar el total de varias cantidades.
tótem *s. m.* Objeto de la naturaleza, generalmente un animal, que en la mitología de algunos pueblos primitivos se toma como emblema protector del grupo o del individuo.
toxicidad *s. f.* Calidad de tóxico.
tóxico, ca *adj.* Se dice de las sustancias venenosas.
toxicología *s. f.* Parte de la medicina que trata de los venenos.
toxicólogo, ga *s. m. y s. f.* Persona muy entendida en toxicología.
toxina *s. f.* Sustancia tóxica producida en el cuerpo de los seres vivos, en especial por los microbios, y que obra como veneno.
tozudo, da *adj.* Se dice de la persona que no cede fácilmente en sus actitudes o ideas.
tozuelo *s. m.* Cerviz gruesa de un animal.
traba *s. f.* **1.** Instrumento con que se unen y sujetan dos cosas entre sí. **2.** Ligadura con que se atan los pies a las caballerías. **3.** Estorbo, dificultad.
trabacuenta *s. f.* **1.** Error en una cuenta, que la complica o dificulta. **2.** *fig.* Discusión, controversia o disputa.
trabadero *s. m.* Cuartilla de las caballerías.
trabajador, ra *adj.* **1.** Que trabaja. ‖ *s. m. y s. f.* **2.** Jornalero, obrero.
trabajar *v. intr.* **1.** Ocuparse en un ejercicio, obra o ministerio. **2.** Aplicarse alguien asiduamente a la realización de una cosa.

trabajo *s. m.* Esfuerzo humano aplicado a la producción de riqueza.

trabajoso, sa *adj.* Que exige mucho trabajo.

trabalenguas *s. m.* Palabra o frase difícil de pronunciar rápidamente, especialmente cuando sirve de juego para hacer a alguien equivocarse.

trabanco *s. m.* Trangallo que se pone al cuello de los perros.

trabar *v. tr.* **1.** Echar trabas para unir alguna cosa y, particularmente, juntar, unir. **2.** *fig.* Enlazar o conciliar.

trabazón *s. f.* **1.** Enlace de dos o más cosas. **2.** Espesor o consistencia dada a un líquido o masa.

trabilla *s. f.* Tira pequeña de tela o de cuero que pasa por debajo del pie para sujetar los bordes del pantalón, polaina, etc.

trabucación *s. f.* Acción y efecto de trabucar o trabucarse.

trabucar *v. tr.* **1.** Trastornar el buen orden de una cosa. **2.** *fig.* Ofuscar el entendimiento. **3.** *fig.* Confundir o tergiversar especies o noticias.

trabuco *s. m.* **1.** Máquina antigua de guerra que se usaba para batir las murallas, disparando piedras muy gruesas contra ellas. **2.** Arma de fuego más corta y de mayor calibre que la escopeta ordinaria.

traca *s. f.* Serie de petardos o cohetes colocados a lo largo de una cuerda y que estallan sucesivamente.

tracamundana *s. f.* **1.** *fam.* Trueque de cosas de poco valor. **2.** *fam.* Alboroto, confusión, lío.

tracción *s. f.* **1.** Acción y efecto de tirar de alguna cosa hacia el punto de donde procede el esfuerzo. **2.** Acción y efecto de arrastrar carruajes sobre una vía. **3.** Acción de poner tirante un cable, una cuerda, etc.

tracoma *s. m.* Conjuntivitis granulosa y contagiosa producida por un micrococo.

tracto *s. m.* **1.** Espacio que media entre dos lugares. **2.** Lapso de tiempo.

tractor *s. m.* Máquina que produce tracción.

tradición *s. f.* Transmisión oral de noticias, composiciones literarias, costumbres, etc., hecha de generación en generación.

tradicional *adj.* Perteneciente o relativo a la tradición.

tradicionalismo *s. m.* **1.** Doctrina filosófica que pone el origen de las ideas en la revelación y, sucesivamente, en la enseñanza que el ser humano recibe de la sociedad. **2.** Sistema político que consiste en mantener o restablecer las instituciones antiguas en la organización del Estado y la sociedad.

traducción *s. f.* **1.** Acción y efecto de traducir. **2.** Obra del traductor. **2.** Interpretación que se da a un texto.

traducir *v. tr.* **1.** Expresar en una lengua lo que está expresado antes en otra. **2.** Convertir una cosa en otra.

traductor, ra *adj.* Que traduce una obra o escrito. También s. m. y s. f.

traer *v. tr.* **1.** Transportar una cosa al lugar en donde se habla. **2.** Atraer hacia sí. **3.** Vestir, usar una prenda, alhaja, etc.

tráfago *s. m.* Conjunto de negocios o faenas que ocasiona mucha fatiga.

traficar *v. intr.* Comerciar, negociar.

tráfico *s. m.* Circulación de vehículos por carreteras, calles, etc.

tragacanto *s. m.* Nombre de varios arbustos leguminosos de Asia, de cuyo tronco y ramas fluye una goma blanquecina muy usada en farmacia y en la industria.

tragadero *s. m.* Agujero que traga o sorbe una cosa.

tragaldabas *s. m. y s. f., fam.* Persona muy tragona.

tragalenguas *s. m. y s. f., fam.* Persona que anda mucho y de prisa.

tragaluz *s. m.* Ventana abierta en un techo o en la parte superior de una pared.

tragantada *s. f.* El mayor trago que se puede tragar de una vez.

tragantona *s. f.* **1.** *fam.* Comilona. **2.** *fam.* Acción de tragar haciendo fuerza. **3.** *fig. y fam.* Violencia que hace alguien a su razón para creer una cosa extraordinaria.

tragar *v. tr.* **1.** Hacer pasar un alimento o similar de la boca al aparato digestivo. **2.** Creer con facilidad algo inverosímil.

tragedia *s. f.* Obra dramática seria en que intervienen principalmente personajes ilustres o heroicos y en la que el protagonista se ve conducido por una pasión o por la fatalidad a un desenlace funesto.

trágico, ca *adj.* **1.** Perteneciente o relativo a la tragedia. **2.** Se dice del autor de tragedias. **3.** Se dice del actor que representa papeles trágicos. **4.** *fig.* Infausto, muy desgraciado.

tragicomedia *s. f.* Obra dramática que tiene a la vez características propias de los géneros trágico y cómico.

trago *s. m.* **1.** Porción de líquido que se bebe de una vez. **2.** *fam.* Suceso infortunado.

tragón, na *adj., fam.* Que traga o come mucho.

traición *s. f.* **1.** Delito que se comete contra la seguridad de la patria por los ciudadanos o por los militares. **2.** Comportamiento de la persona que falta a la lealtad de alguien que ha confiado en ella.

traicionar *v. tr.* **1.** Hacer traición o engañar a una persona. **2.** *fig.* Descubrir una cosa o alguna circunstancia que se quería ocultar.

traicionero, ra *adj.* Traidor.

traída *s. f.* Acción y efecto de traer.

traidor, ra *adj.* **1.** Que comete traición. **2.** Se dice de los animales que faltan a la obediencia y lealtad. **3.** Que implica y denota traición. Se dice de las cosas dañinas y que aparentan no serlo.

traílla *s. f.* Cuerda o correa con que los cazadores llevan atado el perro a las cacerías.

traína *s. f.* Denominación que se da a varias redes de fondo, especialmente la de pescar sardina.

trainera *adj.* Se dice de la barca que pesca con traína.

traje *s. m.* **1.** Vestido completo de una persona. **2.** Vestido peculiar de una clase de personas o de los naturales de un país.

trajín *s. m.* Ajetreo, jaleo.

trajinante *s. m. y s. f.* **1.** Persona que trajina, o acarrea mercaderías. **2.** Persona que se mueve mucho de un lado a otro.

trajinar *v. tr.* **1.** Acarrear mercaderías de un lugar a otro. || *v. intr.* **2.** Andar de un sitio a otro; moverse mucho.

tralla *s. f.* **1.** Cuerda más gruesa que el bramante. **2.** Trencilla del extremo del látigo para que restalle.

trama *s. f.* **1.** Conjunto de hilos que, cruzados y enlazados con los de la urdimbre, forman una tela. **2.** *fig.* Artificio, confabulación con que se perjudica a alguien.

tramar *v. tr.* **1.** Atravesar los hilos de la trama por entre los de la urdimbre. **2.** Disponer con astucia un enredo o traición.

tramitación *s. f.* **1.** Acción y efecto de tramitar. **2.** Serie de trámites prescritos para un asunto.

tramitar *v. tr.* Hacer pasar un negocio por los trámites debidos.

trámite *s. m.* **1.** Paso de una parte a otra o de una cosa y otra. **2.** Cada uno de los estados y diligencias que hay que recorrer en un negocio hasta su conclusión.

tramo *s. m.* **1.** Trozo de terreno contiguo a otros y separado de los demás por una señal cualquiera. **2.** Parte de una escalera, comprendida entre dos mesetas.

tramontana *s. f.* **1.** Norte o septentrión. **2.** *fig.* Vanidad.

tramontano, na *adj.* Se dice de lo que está del otro lado de los montes.

tramontar *v. intr.* **1.** Pasar al otro lado de los montes. Se dice sobre todo del Sol. || *v. tr.* **2.** Disponer que alguien huya de un peligro que le amenaza.

tramoya *s. f.* **1.** Máquina o conjunto de ellas para efectuar transformaciones en el teatro. **2.** Enredo dispuesto con ingenio.

tramoyista *s. m. y s. f.* **1.** Persona que inventa, construye o hace funcionar las tramoyas de teatro. **2.** *fig.* Persona que usa de ficciones o engaños.

trampa *s. f.* **1.** Artificio de caza. **2.** Puerta abierta en el suelo, para poner en comunicación cualquier parte de un edificio con otra inferior. **3.** Ardid para burlar o perjudicar a alguien.

trampantojo *s. m., fam.* Trampa, ilusión con que se engaña a alguien haciéndole ver lo que no es.

trampear *v. intr., fam.* Petardear, pedir prestado o fiado sin intención de pagar.

trampero, ra *s. m. y s. f.* Persona que pone trampas para cazar.

trampilla *s. f.* Ventanilla en el suelo de las habitaciones altas, para ver lo que pasa en el piso bajo.

trampolín *s. m.* Plano inclinado u horizontal que presta impulso al gimnasta para dar grandes saltos.

tramposo, sa *adj.* **1.** Persona que contrae deudas que no piensa pagar. **2.** Que hace trampas en el juego.

tranca *s. f.* Palo grueso y fuerte.

trancar *v. tr.* Atrancar, cerrar asegurando la puerta con una tranca o con otro cierre.

trancazo *s. m.* Golpe dado con la tranca.
trance *s. m.* **1.** Momento crítico. **2.** Estado durante el cual los sentidos quedan en suspenso, mientras dura el éxtasis místico o por efecto de la hipnosis. **3.** Estado en que cae el médium y durante el cual se manifiestan fenómenos paranormales.
tranco *s. m.* **1.** Paso largo. **2.** Umbral de la puerta.
trangallo *s. m.* Palo que en el tiempo de la cría de la caza se pone pendiente del collar de los perros, para que no puedan bajar la cabeza hasta el suelo.
tranquera *s. f.* Empalizada de trancas.
tranquilidad *s. f.* Calidad de tranquilo.
tranquilizar *v. tr.* Poner tranquilo, hacer desaparecer la agitación. También prnl.
tranquilo, la *adj.* **1.** Quieto, en reposo. **2.** Se dice de las personas poco propensas a alterarse por preocupaciones como el trabajo, compromisos, etc.
transacción *s. f.* **1.** Acción y efecto de transigir. **2.** Por ext., trato, convenio, negocio.
transalpino, na *adj.* **1.** Se dice de las regiones que desde Italia aparecen situadas al otro lado de los Alpes. **2.** Perteneciente o relativo a estas regiones.
transatlántico, ca *adj.* **1.** Se dice de las regiones situadas al otro lado del Atlántico. **2.** Perteneciente o relativo a estas regiones. **3.** Se dice del tráfico y de los medios de transporte que atraviesan el Atlántico. ‖ *s. m.* **4.** Buque de grandes proporciones que hace la travesía del Atlántico o de otro mar de grandes dimensiones.
transbordador *s. m.* Barquilla que circula entre dos puntos, marchando en ambos sentidos alternativamente.
transbordar *v. tr.* Trasladar efectos o personas de un buque a otro. También prnl.
transbordo *s. m.* Acción o efecto de transbordar o transbordarse.
transcontinental *adj.* Que atraviesa un continente.
transcribir *v. tr.* Copiar un escrito.
transcripción *s. f.* **1.** Acción y efecto de transcribir. **2.** Pieza musical transcrita.
transcurrir *v. intr.* Pasar, correr el tiempo.
transcurso *s. m.* Paso o carrera del tiempo.
transeúnte *adj.* Que transita o pasa de un lugar a otro.
transferencia *s. f.* Operación bancaria consistente en imponer una cantidad para ser abonada en la cuenta corriente de una persona residente en población distinta.
transferible *adj.* Que puede ser transferido o traspasado a otro.
transferir *v. tr.* **1.** Pasar o llevar una cosa desde un lugar a otro, para darle nueva estancia o trasladar la estancia de alguien. **2.** Retardar un asunto.
transfiguración *s. f.* Acción y efecto de transfigurar o transfigurarse.
transfigurar *v. tr.* Hacer cambiar de figura a una persona o cosa, mejorándola. también prnl.
transformación *s. f.* Acción y efecto de transformar o transformarse.
transformador *s. m.* Aparato eléctrico para convertir la corriente eléctrica en otra de mayor tensión y menor intensidad, o al contrario.
transformar *v. tr.* Hacer cambiar a una cosa de forma, o a una persona.
transfretano, na *adj.* Que está al otro lado de un estrecho o brazo de mar.
transfretar *v. tr.* **1.** Pasar el mar. ‖ *v. intr.* **2.** Extenderse, dilatarse.
tránsfuga *s. m. y s. f.* Persona que huye de una parte a otra.
transfundir *v. tr.* Echar un líquido poco a poco de un recipiente a otro.
transfusión *s. f.* Acción y efecto de transfundir.
transgredir *v. tr.* Violar un precepto o ley.
transgresión *s. f.* **1.** Acción y efecto de transgredir. **2.** Fenómeno geológico de avance de un medio, que produce depósitos sedimentarios sobre territorios no alcanzados hasta ese momento. Se aplica generalmente al avance del mar.
transgresor, ra *adj.* Que comete transgresión.
transición *s. f.* **1.** Modo de pasar de una materia a otra. **2.** Cambio repentino de tono y expresión.
transido, da *adj.*, *fig.* Angustiado por alguna causa.
transigir *v. intr.* Consentir en parte con lo que repugna, a fin de llegar a una concordia.
transitable *adj.* Se dice del sitio por donde se puede transitar.
transitar *v. intr.* **1.** Pasar por vías o parajes públicos. **2.** Viajar haciendo tránsitos.

transitivo, va *adj.* Se dice del verbo o forma verbal que se construye acompañado del complemento directo.
tránsito *s. m.* **1.** Sitio por donde se pasa de un lugar a otro. **2.** Paso de un estado o empleo a otro.
transitorio, ria *adj.* **1.** Pasajero, temporal. **2.** Caduco, perecedero.
translúcido, da *adj.* Se dice del cuerpo a través del cual pasa la luz, pero que no permite ver lo que hay detrás de él.
transmigrar *v. intr.* **1.** Pasar a otro país para vivir en él. **2.** Según ciertas creencias, pasar un alma de un cuerpo a otro.
transmisible *adj.* Que se puede transmitir.
transmisión *s. f.* Acción y efecto de transmitir.
transmisor *adj.* Que transmite.
transmitir *v. tr.* Trasladar, transferir.
transmutable *adj.* Que se puede transmutar.
transmutación *s. f.* Acción y efecto de transmutar o transmutarse.
transmutar *v. tr.* Convertir una cosa en otra.
transoceánico, ca *adj.* Perteneciente o relativo a las regiones situadas al otro lado del océano.
transparente *adj.* Se dice del cuerpo a través del cual pueden verse los objetos distintamente.
transpiración *s. f.* Acción y efecto de transpirar o transpirarse.
transpirar *v. intr.* Pasar los humores de la parte inferior a la exterior del cuerpo a través de los poros de la piel.
transponer *v. tr.* Poner a alguien o algo en lugar diferente del que ocupaba.
transportador *s. m.* Círculo graduado que sirve para medir o trazar ángulos de un dibujo geométrico.
transportar *v. tr.* Llevar una cosa de un lugar a otro.
transporte *s. m.* Acción y efecto de transportar.
transposición *s. f.* **1.** Acción y efecto de transponer o transponerse. **2.** Figura que consiste en alterar el orden normal de las voces en la oración.
transubstanciación *s. f.* Conversión total de una sustancia en otra, particularmente hablando de la del pan y del vino en cuerpo y sangre de Jesucristo en la eucaristía.
transubstanciar *v. tr.* Convertir totalmente una sustancia en otra.
transversal *adj.* Que se halla atravesado de un lado a otro.
transverso, sa *adj.* Colocado al través.
tranvía *s. m.* Ferrocarril establecido en una calle o camino carretero.
tranzar *v. tr.* **1.** Cortar, tronchar. **2.** Trenzar.
tranzón *s. m.* Cada una de las partes en que para su aprovechamiento se divide un monte o un pago de tierras.
trapa *s. f.* Cabo provisional para cargar una vela.
trapacear *v. intr.* Utilizar engaños.
trapacería *s. f.* Trapaza.
trapajoso, sa *adj.* Roto, desaseado.
trápala *s. f.* **1.** Ruido, movimiento de gente. **2.** Ruido acompasado del trote de un caballo. **3.** *fam.* Embuste, engaño.
trapalear *v. intr.* **1.** Meter ruido con los pies andando de un lado para otro. **2.** *fam.* Decir o hacer cosas propias de un trápala.
trapaza *s. f.* Artificio engañoso, con que se defrauda a una persona en algún negocio.
trapecial *adj.* **1.** Perteneciente o relativo al trapecio. **2.** De figura de trapecio.
trapecio *s. m.* **1.** Palo horizontal suspendido en sus extremos por dos cuerdas paralelas, y que sirve para ejercicios gimnásticos. **2.** Cuadrilátero irregular que tiene paralelos sólo dos de sus lados.
trapería *s. f.* **1.** Conjunto de muchos trapos. **2.** Establecimiento del trapero, en el cual se venden trapos y otros objetos usados.
trapero, ra *s. m. y s. f.* Persona cuyo oficio consiste en recoger o comprar y vender trapos y otros objetos usados.
trapezoidal *adj.* **1.** Perteneciente o relativo al trapezoide. **2.** De figura de trapezoide.
trapezoide *s. m.* Cuadrilátero irregular que no tiene ningún lado paralelo a otro.
trapiche *s. m.* Molino para extraer el jugo de algunos frutos o productos de la tierra, particularmente la caña de azúcar.
trapichear *v. intr.* **1.** *fam.* Buscar medios o recursos, no siempre lícitos, para lograr algo. **2.** *fam.* Comerciar al menudeo.
trapío *s. m.* **1.** *fam.* Aire garboso que suelen tener algunas personas. **2.** *fam.* Buena planta y gallardía del toro de lidia.
trapisonda *s. f.* **1.** *fam.* Bulla o riña con voces o acciones. **2.** *fig.* Embrollo, enredo.

trapisondear *v. intr., fam.* Armar con frecuencia trapisondas o embrollos.

trapo *s. m.* **1.** Pedazo de tela desechado por viejo y roto. **2.** Velamen. **3.** *fam.* Capote que usa el torero en la lidia.

traque *s. m.* Estallido del cohete.

tráquea *s. f.* Conducto cilíndrico, que empieza en la laringe y desciende por delante del esófago hasta la mitad del pecho, donde se bifurca formando los bronquios.

traqueal *adj.* **1.** Perteneciente o relativo a la tráquea. **2.** Se dice del animal que respira por medio de tráqueas.

traqueotomía *s. f.* Incisión de la tráquea que se practica en determinados casos para impedir la sofocación de los enfermos.

traquetear *v. intr.* **1.** Hacer ruido o estrépito. ‖ *v. tr.* **2.** Agitar una cosa de una parte a otra.

traqueteo *s. m.* Ruido continuo del disparo de los cohetes en los fuegos artificiales.

traquido *s. m.* **1.** Estruendo causado por disparo el de un arma de fuego. **2.** Chasquido de la madera.

tras *prep.* **1.** Después de, a continuación de, aplicado al espacio o al tiempo. **2.** Detrás de, en situación posterior. **3.** Fuera de esto, además.

trasanteanoche *adv. t.* En la noche de trasanteayer.

trasanteayer *adv. t.* El día que precedió inmediatamente al de anteayer.

trasca *s. f.* Correa fuerte de piel de toro, curtida y muy sobada, para hacer arreos.

trascendencia *s. f.* **1.** Penetración, perspicacia. **2.** Resultado, consecuencia de carácter grave. **3.** Cualidad de trascendente. **4.** Existencia de realidades trascendentales.

trascendental *adj.* **1.** Que se comunica o extiende a otras cosas. **2.** *fig.* Que es de mucha importancia o gravedad.

trascendente *adj.* Que se eleva por encima de un nivel o de un límite dados.

trascender *v. intr.* **1.** Exhalar olor vivo y penetrante. **2.** Empezar a ser conocido algo que estaba oculto.

trascolar *v. tr.* **1.** Colar a través de alguna cosa como tela, piel, etc. También prnl. **2.** *fig.* Pasar desde un lado al otro.

trascordarse *v. prnl.* Perder la noticia puntual de una cosa o confundirla con otra.

trascoro *s. m.* Sitio que en las iglesias está situado detrás del coro.

trasdós *s. m.* Superficie exterior de un arco o bóveda.

trasegar *v. tr.* **1.** Trastornar, revolver. **2.** Pasar las cosas de un lugar a otro, y especialmente un líquido de una vasija a otra.

trasera *s. f.* Parte de atrás o posterior de un coche, casa, etc.

trasero, ra *adj.* **1.** Que está o viene detrás. **2.** Se dice del carro cargado que tiene más peso detrás que delante. ‖ *s. m.* **3.** Parte posterior del animal.

trasgo *s. m.* **1.** Duende, espíritu travieso. **2.** *fig.* Niño vivo y enredador.

trasguear *v. intr.* Fingir las travesuras que se atribuyen a los trasgos.

trasguero, ra *s. m. y s. f.* Persona que trasguea.

trashojar *v. tr.* Hojear un libro.

trashumar *v. intr.* Pasar el ganado con sus conductores desde las dehesas de invierno a las de verano, y viceversa.

trasiego *s. m.* Acción y efecto de trasegar.

traslación *s. f.* **1.** Acción y efecto de trasladar o trasladarse. Se usa sobre todo refiriéndose al movimiento de la Tierra alrededor de Sol. **2.** Figura de construcción, que consiste en usar un tiempo del verbo fuera de su significación habitual.

trasladar *v. tr.* **1.** Llevar o mudar una cosa de un lugar. También prnl. **2.** Expresar de otra forma el contenido de un escrito.

traslado *s. m.* **1.** Acción y efecto de trasladar. **2.** Copia de un escrito. **3.** Comunicación que se da a una parte litigante de las pretensiones de la otra.

traslapar *v. tr.* Cubrir total o parcialmente una cosa a otra, como las tejas de un tejado.

traslapo *s. m.* Parte de una cosa cubierta por otra.

traslaticio, cia *adj.* Se dice del sentido en que se usa un vocablo para que signifique una cosa distinta de la que con él se expresa en su acepción corriente.

traslativo, va *adj.* Que transfiere.

trasloar *v. tr.* Encarecer a una persona o cosa, exagerando.

traslucirse *v. prnl.* **1.** Ser traslúcido un cuerpo. **2.** *fig.* Conjeturarse una cosa, en virtud de algún antecedente o indicio.

traslumbrar *v. tr.* Deslumbrar a alguien una luz viva. También prnl.

trasluz *s. m.* Luz que pasa a través de un cuerpo translúcido.

trasmallo *s. m.* Arte de pesca formado por tres redes.

trasmano *s. m. y s. f.* Segundo en orden de ciertos juegos.

trasminar *v. tr.* **1.** Minar la tierra abriendo camino. **2.** Penetrar a través de una cosa un olor, un líquido, etc.

trasnochada *s. f.* **1.** Noche que ha precedido al día actual. **2.** Vela, vigilia.

trasnochado, da *adj.* **1.** Se dice de lo que por haber pasado una noche por ello, se echa a perder. **2.** *fig.* Falto de novedad y de oportunidad.

trasnochar *v. intr.* **1.** Pasar alguien la noche, o gran parte de ella, velando o sin dormir. **2.** Pernoctar.

trasnombrar *v. tr.* Trastocar, invertir los nombres de las cosas.

trasoír *v. tr.* Oír con error o equivocación lo que se dice.

trasojado, da *adj.* Ojeroso, macilento.

traspapelar *v. tr.* Confundirse, desaparecer un papel entre otros. También tr.

traspasar *v. tr.* **1.** Pasar a la otra parte de alguna cosa. **2.** Pasar o llevar una cosa de un sitio a otro. **3.** Pasar adelante. **4.** Transferir a una persona un derecho u obligación. **5.** Atravesar de parte a parte. **6.** Transgredir una ley o una norma. **7.** *fig.* Dejarse sentir un dolor o aflición con mucha violencia.

traspaso *s. m.* **1.** Acción y efecto de traspasar. **2.** Acción y efecto de traspasar un alquiler o un negocio. **3.** Conjunto de géneros traspasados. **4.** Precio de la cesión de estos géneros o del local donde se ejerce un comercio o industria.

traspié *s. m.* Tropezón al caminar.

traspintarse *v. prnl.* Clarearse por el revés del papel, tela, etc. lo escrito o dibujado por el derecho.

trasplantar *v. tr.* Mudar un vegetal del sitio donde está plantado a otro.

trasplante *s. m.* Acción y efecto de trasplantar o trasplantarse.

traspunte *s. m.* Apuntador que previene a cada actor lo que ha de hacer al salir a escena.

trasquiladura *s. f.* Acción y efecto de trasquilar o trasquilarse.

trasquilar *v. tr.* **1.** Cortar el pelo a alguien sin orden ni arte. También prnl. **2.** Esquilar a los animales. **3.** *fig. y fam.* Menoscabar una cosa.

trastada *s. f.* **1.** *fam.* Acción propia de un trasto, mala pasada. **2.** *fam.* Artimaña con la que se perjudica a alguien.

trastazo *s. m., fam.* Porrazo.

traste *s. m.* Cada uno de los resaltos de metal o hueso que se colocan a trechos en el mástil de la guitarra u otros instrumentos parecidos.

trastear¹ *v. tr.* Poner los trastes a la guitarra u otro instrumento.

trastear² *v. tr.* **1.** Dar el espada al toro pases de muleta. ‖ *v. intr.* **2.** *fig.* Discurrir con viveza y travesura.

trasteo *s. m.* Acción de trastear al toro o a una persona.

trastero *s. m.* Pieza destinada para guardar los trastos inútiles.

trastesón *s. m.* Abundancia de leche que tiene la ubre de una res.

trastienda *s. f.* **1.** Pieza situado detrás de la tienda. **2.** *fig. y fam.* Cautela, astucia.

trasto *s. m.* **1.** Mueble o utensilio doméstico, especialmente si es inútil. **2.** *fig. y fam.* Persona inútil o informal. ‖ *s. m. pl.* **3.** Utensilios de un arte o ejercicio.

trastocar *v. tr.* **1.** Revolver, cambiar de lugar. ‖ *v. prnl.* **2.** Trastornarse, perturbarse la razón.

trastornar *v. tr.* **1.** Volver una cosa de abajo arriba o de un lado a otro. **2.** Invertir el orden regular de una cosa. **3.** *fig.* Inquietar, perturbar. **4.** *fig.* Perturbar el sentido los olores, vapores u otro accidente. **5.** *fig.* Disuadir a una persona de su opinión. **6.** *fig.* Volver a alguien loco. También prnl.

trastorno *s. m.* Acción y efecto de trastornar o trastornarse.

trastrocar *v. tr.* Mudar el ser o estado de una cosa. También prnl.

trasudación *s. f.* Acción y efecto de trasudar.

trasudar *v. tr.* Exhalar trasudor.

trasudor *s. m.* Sudor ligero.

trasunto *s. m.* **1.** Copia de un documento. **2.** Figura que imita con propiedad una cosa.

trasver *v. tr.* **1.** Ver alguna cosa a través de otra. **2.** Ver mal y equivocadamente alguna cosa.

trasverter *v. intr.* Rebosar un líquido del recipiente que lo contiene.

trasvinarse *v. prnl.* **1.** Rezumarse o verterse paulatinamente el vino de las vasijas. **2.** *fig. y fam.* Traslucirse, inferirse una cosa. **3.** *fig. y fam.* Traspasar, trascender.

trasvolar *v. tr.* Pasar volando de una parte a otra alguna cosa.

trata *s. f.* Comercio, en ocasiones ilegal.

tratable *adj.* Se dice de la persona cortés y accesible.

tratadista *s. m. y s. f.* Autor que escribe tratados sobre una materia determinada.

tratado *s. m.* **1.** Ajuste, convenio, especialmente entre naciones, después de haber hablado sobre ello. **2.** Escrito o discurso sobre una materia determinada.

tratamiento *s. m.* **1.** Trato. **2.** Título de cortesía que se da a una persona, como merced, señoría, etc. **3.** Sistema que se emplea para curar enfermos.

tratante *s. m. y s. f.* Persona que se dedica a comprar géneros para revenderlos.

tratar *v. tr.* **1.** Manejar una cosa, usar materialmente de ella. **2.** Manejar o gestionar negocios. **3.** Comunicar, o tener relación amistosa con una persona. **4.** Actuar bien, o mal, con una persona, de obra o de palabra. **5.** Asistir y cuidar bien, o mal, a alguien, en especial tratándose de la comida, vestido, etc. También prnl.

trato *s. m.* **1.** Acción y efecto de tratar o tratarse. **2.** Manera de tratar a alguien. **3.** Tratado, ajuste entre dos partes. **4.** Tratamiento, título de cortesía. **5.** Ocupación de tratante. **6.** *fam.* Contrato, especialmente el relativo a ganados y más aún el celebrado en feria o mercado.

trauma *s. m.* **1.** Traumatismo. **2.** Impresión afectiva que deja una huella profunda en el subconsciente y es causa de trastornos muy diversos.

traumático, ca *adj.* Perteneciente o relativo al traumatismo.

traumatismo *s. m.* Lesión de los tejidos por agentes mecánicos.

traumatizar *v. tr.* Causar trauma.

traumatología *s. f.* Parte de la medicina que estudia las afecciones de naturaleza traumática.

travelín *s. m.* Procedimiento técnico del cinematógrafo que consiste en desplazar la cámara tomavistas, montada sobre ruedas, para aproximarla al objeto, alejarla de él o seguirlo en sus movimientos.

traversa *s. f.* **1.** Madero que atraviesa de un lado a otro de los carros y sirve para asegurar el brancal. **2.** Cabo que sujeta la cabeza de un mástil al pie del más próximo.

través *s. m.* **1.** Inclinación o torcimiento. **2.** *fig.* Desgracia, fatalidad.

travesaño *s. m.* **1.** Pieza que atraviesa de una parte a otra. **2.** Almohada larga que ocupa toda la cabecera de la cama.

travesear *v. intr.* **1.** Andar inquieto y revoltoso de una parte a otra. **2.** *fig.* Discurrir con ingenio y viveza.

travesía *s. f.* **1.** Camino transversal. **2.** Callejuela que atraviesa entre calles principales.

travesura *s. f.* **1.** Acción y efecto de travesear. **2.** *fig.* Viveza y sutileza de ingenio. **3.** *fig.* Acción culpable verificada con destreza e ingenio.

travieso, sa *adj.* **1.** Atravesado o puesto al través. **2.** *fig.* Sutil, sagaz. **3.** *fig.* Se dice de las personas inquietas y revoltosas. **4.** *fig.* Se dice de las cosas bulliciosas e inquietas.

trayecto *s. m.* **1.** Espacio que se recorre de un punto a otro. **2.** Trozo de un camino, una línea de ferrocarril o una carretera. **3.** Camino previsto para un recorrido. **4.** Acción de recorrerlo.

trayectoria *s. f.* **1.** Línea descrita en el espacio por un punto que se mueve, y especialmente parábola de un proyectil. **2.** Derrota que sigue el cuerpo de un huracán o tormenta giratoria. **3.** Orientación en la personalidad o la manera de actuar de una persona.

traza *s. f.* **1.** Diseño para la fábrica de un edificio u otra obra. **2.** *fig.* Plan para realizar un fin. **3.** *fig.* Invención para solucionar un asunto. **4.** *fig.* Modo o figura de una cosa. **5.** Huella que deja impresa una cosa. **6.** Habilidad para hacer una cosa.

trazado, da *adj.* **1.** Con los adverbios bien o mal, se dice de la persona de buena o mala disposición o compostura de cuerpo. ‖ *s. m.* **2.** Acción y efecto de trazar. **3.** Recorrido o dirección de un camino, canal, etc. sobre el terreno.

trazar *v. tr.* **1.** Hacer trazos o dibujar líneas. **2.** Diseñar la traza que se ha de seguir en un edificio u otra obra. **3.** Disponer los medios adecuados para conseguir algo. **4.** *fig.* Describir mediante el lenguaje.

trazo *s. m.* **1.** Delineación de la traza de una obra. **2.** Línea, raya.

trébede *s. f.* **1.** Habitación o parte de ella que, a modo de hipocausto, se calienta con paja. || *s. f. pl.* **2.** Aro o triángulo de hierro con tres pies que sirve para poner al fuego sartenes, perolas, etc.

trébol *s. m.* Planta leguminosa, papilionácea, de hojas casi redondas, pecioladas de tres en tres, que se usa como forraje.

trece *adj. num.* Diez y tres.

trechear *v. tr.* Transportar de trecho en trecho una carga.

trecho *s. m.* **1.** Espacio de lugar o tiempo. **2.** Campo, trozo de terreno. **3.** Pedazo de una cosa que se hace progresivamente.

tregua *s. f.* **1.** Cesación de hostilidades, por determinado tiempo, entre los beligerantes. **2.** *fig.* Descanso en alguna labor.

treguar *v. intr.* Dar treguas.

treinta *adj. num.* Tres veces diez.

treintena *s. f.* Conjunto de treinta unidades.

tremebundo, da *adj.* Espeluznante, que hace temblar.

tremedal *s. m.* Terreno pantanoso abundante en turba, cubierto de césped, y que retiembla cuando se anda sobre él.

tremendismo *s. m.* Tendencia a describir o tratar temas crudos, sin escatimar detalles.

tremendista *adj.* **1.** Se dice de la persona que practica el tremendismo. **2.** Se aplica a la obra escrita con las características del tremendismo. **3.** Se dice de la persona aficionada a los hechos alarmantes y extremados.

tremendo, da *adj.* **1.** Terrible, digno de ser temido. **2.** *fig. y fam.* Muy grande.

trementina *s. f.* Resina semifluida que exudan los pinos, abetos, alerces y terebintos.

tremesino, na *adj.* De tres meses.

tremolar *v. tr.* Temblar las banderas u otra cosa de tela a impulsos del viento.

trémulo, la *adj.* Que tiembla.

tren *s. m.* **1.** Conjunto de máquinas dispuestas en serie que se emplean para una misma operación. **2.** Serie de vagones enlazados unos con otros que, arrastrados por una locomotora, circulan por las vías.

trena *s. f.* **1.** Banda que los guerreros usaban como cinturón o tahalí. **2.** Planta quemada.

trenca *s. f.* **1.** Cada uno de los palos atravesados en el vaso de la colmena para sostener los panales. **2.** Cada una de las raíces principales de una cepa. **3.** Abrigo con capucha y piezas alargadas que se ensartan en presillas en lugar de botones.

trenado, da *adj.* Dispuesto en forma de redecilla, enrejado o trenza.

trencilla *s. f.* Galoncillo de seda, algodón o lana.

treno *s. m.* Canto fúnebre, lamentación.

trenza *s. f.* Enlace de tres o más ramales que se entretejen, cruzándolos alternativamente.

trenzado, da *s. m.* **1.** Trenza. **2.** En la danza, salto ligero cruzando los pies.

trenzar *v. tr.* Hacer trenzas.

trepa *s. f.* Acción y efecto de trepar.

trepador, ra *adj.* **1.** Que trepa. **2.** Se dice de las plantas que trepan. **3.** Se dice de las aves del orden de las trepadoras. || *s. m.* **4.** Sitio o lugar por donde se trepa o se puede trepar.

trepanación *s. f.* Acción y efecto de trepanar.

trepanar *v. tr.* Horadar el cráneo u otro hueso con el trépano.

trépano *s. m.* Instrumento que se usa para trepanar.

trepar[1] *v. intr.* **1.** Subir a un lugar valiéndose de los pies y las manos. También tr. **2.** Crecer las plantas agarrándose a los árboles u otros objetos.

trepar[2] *v. tr.* Taladrar, horadar.

trepidación *s. f.* **1.** Acción de trepidar. **2.** Movimiento de balanceo de norte a sur que los astrónomos de la antigüedad atribuían al firmamento.

trepidar *v. intr.* Temblar, estremecerse.

tres *adj. num.* Dos y uno.

tresalbo, ba *adj.* Se dice de la caballería que tiene tres pies blancos.

tresañejo, ja *adj.* Que tiene tres años.

trescientos, tas *adj. num.* Tres veces cien.

tresillo *s. m.* **1.** Juego de naipes que se juega entre tres personas. **2.** Conjunto de un sofá y dos butacas. **3.** Sortija con tres piedras que hacen juego.

tresnal *s. m.* Conjunto de haces de mies, apilados en el campo para que se sequen antes de llevarlos a la era.

treta *s. f.* Artificio ingenioso para conseguir algún intento.

tría *s. f.* Acción y efecto de triar.
triaca *s. f.* **1.** Remedio farmacéutico, compuesto de muchos ingredientes, principalmente el opio, contra las mordeduras de animales venenosos. **2.** Remedio de un mal.
tríada *s. f.* Conjunto de tres.
trial *s. f.* Prueba motociclista de habilidad y velocidad realizada sobre terreno accidentado.
triangulación *s. f.* Operación consistente en elegir diferentes puntos de una porción de la superficie terrestre y, considerándolos como vértices de triángulos, medir los elementos precisos para determinar estos triángulos y poder fijar así la posición de los vértices y la distancia que los separa.
triangular *adj.* **1.** De figura de triángulo o semejante a él. ‖ *v. tr.* **2.** Dividir en triángulos, efectuar una triangulación. **3.** Ligar por medio de triángulos ciertos puntos determinados de una comarca para levantar el plano de la misma.
triángulo *s. m.* **1.** Figura formada por tres líneas que se cortan mutuamente, formando tres ángulos. **2.** Instrumento que consiste en una varilla metálica doblada en forma de triángulo, que se hace sonar suspendida de un cordón y golpeándola con otra varilla.
triar *v. tr.* **1.** Escoger algo entre varias posibilidades. ‖ *v. intr.* **2.** Entrar y salir con frecuencia las abejas de una colmena muy poblada y fuerte.
triásico, ca *adj.* Se dice del primer período de la era secundaria y del terreno a él correspondiente.
tribu *s. f.* Cada una de las agrupaciones en que se dividían algunos pueblos antiguos.
tribulación *s. f.* **1.** Congoja, aflicción que atormenta el espíritu. **2.** Adversidad que padece la persona.
tribuna *s. f.* **1.** Plataforma elevada desde la cual se lee o perora en las asambleas. **2.** Galería destinada a los espectadores en estas asambleas o en otros lugares públicos.
tribunal *s. m.* **1.** Lugar destinado a los jueces para administrar justicia. **2.** Ministro o ministros que administran justicia.
tribunado *s. m.* **1.** Dignidad de tribuno. **2.** Tiempo que duraba.
tribuno *s. m.* Cada uno de los magistrados elegidos por el pueblo romano.
tributación *s. f.* Acción de tributar.
tributar *v. tr.* Entregar el vasallo al señor o el súbdito al Estado, para las cargas públicas, cierta cantidad en dinero o especie.
tributario, ria *adj.* **1.** Perteneciente o relativo al tributo. **2.** Que paga tributo. **3.** *fig.* Se dice del curso de agua con relación al río o mar adonde va a parar.
tributo *s. m.* **1.** Lo que se tributa. **2.** Carga u obligación de tributar. **3.** Censo sobre un inmueble.
tríceps *adj.* Se dice del músculo que tiene tres porciones o cabezas.
triciclo *s. m.* Vehículo de tres ruedas.
triclinio *s. m.* Lecho en que los griegos y romanos se reclinaban para comer.
tricolor *adj.* De tres colores.
tricomicosis *s. f.* Nombre dado a las enfermedades del cuero cabelludo producidas por hongos.
tricot *s. m.* Género de punto.
tricúspide *adj.* De tres cúspides o puntas.
tridente *adj.* **1.** De tres dientes. ‖ *s. m.* **2.** Cetro en forma de arpón que tienen en la mano las figuras de Neptuno.
triduo *s. m.* Ejercicio devoto que se practica durante tres días.
triedro *adj.* Se dice del ángulo formado por tres planos que concurren en un punto.
trienal *adj.* Que se repite cada trienio.
trienio *s. m.* Espacio de tres años.
trifásico, ca *adj.* De tres fases.
trifinio *s. m.* Punto donde confluyen los términos de tres divisiones territoriales.
triforme *adj.* De tres formas o figuras.
trifulca *s. f.* **1.** Aparato para dar movimiento a los fuelles de los hornos metalúrgicos. **2.** *fam.* Disputa con grandes voces.
trigal *s. m.* Lugar sembrado de trigo.
trigémino *s. m.* Nervio del quinto par de los craneales, que es el nervio sensitivo de la cara.
trigésimo, ma *adj. num.* Que ocupa el último lugar en una serie ordenada de treinta.
triglifo *s. m.* Miembro arquitectónico en forma de rectángulo saliente y surcado por tres canales. Alterna con las metopas.
trigo *s. m.* **1.** Género de plantas gramíneas, con espigas terminales de cuatro o más carreras de granos, de los cuales, triturados, se saca la harina con que se hace el pan. **2.** Grano de esta planta.

trigonometría *s. f.* Parte de las matemáticas que estudia la resolución de los triángulos planos y esféricos por medio del cálculo.

trigueño, ña *adj.* De color del trigo, entre moreno y rubio.

triguero, ra *adj.* **1.** Perteneciente o relativo al trigo. **2.** Que se cría entre el trigo. **3.** Se dice del terreno en que se da bien el trigo.

trilátero, ra *adj.* De tres lados.

trilingüe *adj.* **1.** Que habla tres lenguas. **2.** Escrito en tres lenguas.

trilítero, ra *adj.* De tres letras.

trilla *s. f.* **1.** Acción de trillar. **2.** Tiempo en que se trilla.

trillado, da *adj.* **1.** Se dice del camino muy frecuentado. **2.** Común y sabido.

trillar *v. tr.* Quebrantar la mies tendida en la era y separar el grano de la paja.

trillizo, za *adj.* Nacido de un parto triple.

trillo *s. m.* Instrumento para trillar que consiste en un tablón guarnecido por abajo con cuchillas de acero y tirado por animales.

trillón *s. m.* Un millón de billones.

trilogía *s. f.* **1.** Conjunto de tres obras dramáticas que tienen entre sí cierto enlace.

trimestral *adj.* Que sucede cada trimestre.

trimestre *s. m.* Espacio de tres meses.

trimotor *s. m.* Avión provisto de tres motores y tres hélices.

trinar *v. intr.* **1.** Hacer trinos. **2.** *fig. y fam.* Rabiar, impacientarse.

trinca *s. f.* **1.** Junta de tres cosas de una misma clase. **2.** Cabo para trincar una cosa.

trincar[1] *v. tr.* Atar fuertemente alguna cosa.

trincar[2] *v. tr.* Partir o desmenuzar en trozos alguna cosa.

trincar[3] *v. tr.* Beber una bebida alcohólica.

trincha *s. f.* Ajustador de ciertas prendas que sirve para ceñirlas al cuerpo por medio de hebillas o botones.

trinchar *v. tr.* Partir en trozos la vianda para servirla.

trinchera *s. f.* **1.** Defensa hecha de tierra que cubre el cuerpo del soldado. **2.** Cierto abrigo impermeable.

trineo *s. m.* Vehículo sin ruedas que se desliza sobre el hielo.

trinidad *s. f.* Distinción de tres personas divinas en una sola y única esencia.

trino, na *adj.* Que contiene en sí tres cosas distintas.

trinomio *s. m.* Expresión algebraica que consta de tres términos.

trinquete *s. m.* **1.** Garfio que resbala sobre los dientes oblicuos de una rueda para impedir que ésta se vuelva hacia atrás. **2.** Aldaba con que se sujeta una puerta o ventana.

trío *s. m.* **1.** Conjunto musical de tres voces o tres instrumentos. **2.** Conjunto de tres personas.

trióxido *s. m.* Cuerpo resultante de la combinación de un radical con tres átomos de oxígeno.

tripa *s. f.* **1.** Intestino. **2.** Vientre. **3.** Panza de una vasija.

tripartito, ta *adj.* Dividido en tres partes, órdenes o clases.

tripe *s. m.* Tejido fuerte de lana o esparto, parecido al terciopelo, para hacer alfombras.

tripicallos *s. m. pl.* Callos, guiso hecho con pedazos de estómago de algunos animales.

triple *adj. num.* Que contiene un número exactamente tres veces.

triplicación *s. f.* Acción y efecto de triplicar o triplicarse.

triplicar *v. tr.* Multiplicar por tres.

triplo, pla *adj.* Triple.

trípode *s. amb.* Mesa, banquillo, etc. de tres pies.

tríptico *s. m.* **1.** Tablilla para escribir dividida en tres hojas, de las cuales las laterales se doblan sobre la del centro. **2.** Libro o tratado que consta de tres partes. **3.** Pintura, grabado o relieve distribuido en tres hojas unidas.

triptongar *v. tr.* Pronunciar tres vocales formando un triptongo.

triptongo *s. m.* Conjunto de tres vocales, dos débiles y una fuerte entre ambas, que forman una sola sílaba.

tripulación *s. f.* Conjunto de personas que van en una embarcación o en un aparato de transporte aéreo dedicadas a la maniobra y servicio.

tripular *v. tr.* Dotar de tripulación a un barco o a un vehículo aéreo.

triquina *s. f.* Gusano nematelminto que vive en el interior de los músculos de los animales vertebrados, especialmente en el cerdo.

triquinosis *s. f.* Enfermedad ocasionada por la presencia de triquinas en los organismos.

triquiñuela *s. f., fam.* Medio con el que se consigue algún fin.

triquitraque *s. m.* Ruido como de golpes desordenados y repetidos.

trirreme *s. m.* Embarcación antigua de tres órdenes de remos.

tris *s. m.* Leve sonido de una cosa delicada al quebrarse, como el vidrio.

trisca *s. f.* **1.** Ruido que se hace con los pies en una cosa que se quebranta. **2.** Por ext., cualquier otra bulla o estruendo.

triscar *v. intr.* **1.** Hacer ruido con los pies. **2.** *fig.* Retozar, travesear.

trisecar *v. intr.* Cortar o dividir una cosa en tres partes iguales. Se aplica a los ángulos.

trisección *s. f.* Acción y efecto de trisecar.

trisemanal *s. f.* Que se repite tres veces por semana, o cada tres semanas.

trisílabo, ba *adj.* De tres sílabas.

triste *adj.* **1.** Apesadumbrado por algo. **2.** De carácter o genio melancólico. **3.** *fig.* Que denota u ocasiona pesadumbre.

tristeza *s. f.* **1.** Calidad de triste. || *s. f. pl.* **2.** Sucesos tristes.

tritón *s. m.* Cada una de ciertas deidades marinas a que se atribuía figura de hombre desde la cabeza hasta la cintura, y de pez el resto.

trituración *s. f.* Acción y efecto de triturar.

triturar *v. tr.* Moler, desmenuzar una materia sólida, sin reducirla a polvo.

triunfal *adj.* Perteneciente o relativo al triunfo.

triunfar *v. intr.* Quedar victorioso en la guerra o en cualquier contienda.

triunfo *s. m.* **1.** Victoria. **2.** Carta del palo preferido en ciertos juegos de naipes.

triunvirato *s. m.* Magistratura de la antigua Roma en que intervenían tres personas.

triunviro *s. m.* Cada uno de los tres magistrados romanos que en ciertas ocasiones gobernaron la república.

trivalente *adj.* Que tiene tres valencias.

trivial *adj.* **1.** Vulgarizado, sabido de todos. **2.** Que carece de toda novedad.

trivialidad *s. f.* **1.** Calidad de trivial. **2.** Expresión o pensamiento trivial.

trivializar *v. tr.* Quitar importancia a un asunto.

triza *s. f.* Pedazo pequeño o partícula de un cuerpo.

trocánter *s. m.* Prominencia que algunos huesos largos tienen en su extremidad superior para inserción de los músculos.

trocar *v. tr.* Cambiar una cosa por otra.

trocha *s. f.* **1.** Vereda, camino angosto y excusado. **2.** Camino abierto en la maleza.

troche y moche, a *adv. m., fam.* Disparatada e inconsideradamente.

trociscar *v. tr.* Reducir una cosa a trociscos.

trocisco *s. m.* Cada uno de los trozos de masa que forman ciertas preparaciones medicinales.

troclea *s. f.* Nombre de algunos órganos o parte de ellos que, por su forma, se asemejan a una polea.

trofeo *s. m.* **1.** Monumento, insignia o señal de una victoria. **2.** Botín de guerra.

troglodita *adj.* Se dice de la persona que habita en cavernas.

troica *s. f.* Especie de trineo ruso de grandes dimensiones, tirado por tres caballos.

troj *s. f.* Espacio limitado por tabiques, para guardar frutos o cereales.

trola *s. f., fam.* Engaño, mentira, falsedad.

trole *s. m.* Pértiga de hierro que sirve para transmitir a los carruajes de los tranvías eléctricos la corriente del cable conductor.

trolebús *s. m.* Vehículo urbano de tracción eléctrica, sin raíles, que cierra circuito por medio de un doble trole.

tromba *s. f.* Columna de agua que tiene un movimiento giratorio por efecto de un torbellino.

trombo *s. m.* Coágulo formado en la sangre.

trombocito *s. m.* Cada una de las células minúsculas que carecen de núcleo y de hemoglobina y que existen en la sangre coagulándola cuando se extravasa.

tromboflebitis *s. f.* Inflamación venosa acompañada de formación de trombos.

trombón *s. m.* Instrumento musical de viento de gran flexibilidad sonora.

trombosis *s. f.* Formación de un trombo o coágulo en los vasos sanguíneos de un animal vivo.

trompa *s. f.* **1.** Instrumento musical de viento, que consiste en un tubo de latón enroscado circularmente y que va ensanchándose desde la boquilla al pabellón. **2.** Prolongación muscular de la nariz en algunos animales, como el elefante. **3.** Aparato chupador, contráctil y dilatable, propio de algunos insectos.

trompada *s. f.* **1.** Golpe dado con la trompa. **2.** Trompazo. **3.** *fig. y fam.* Encontronazo de dos personas cara a cara. **4.** *fig. y fam.* Golpe dado con la mano. **5.** Embestida de un buque contra otro o contra tierra.

trompazo *s. m.* **1.** Golpe dado con el trompo. **2.** Golpe dado con la trompa. **3.** *fig.* Cualquier golpe recio que se recibe al caer o chocar con algo.

trompeta *s. f.* **1.** Instrumento musical de viento que produce diversidad de sonidos según la fuerza con que la boca impele el aire. **2.** Clarín, instrumento de sonidos agudos.

trompetilla *s. f.* Aparato en forma de trompeta que sirve para que las personas sordas perciban los sonidos.

trompicar *v. tr.* **1.** Hacer a alguien tropezar repetidamente. **2.** *fig. y fam.* Promover a alguien sin derecho a un cargo u oficio. ‖ *v. intr.* **3.** Tropezar repetidamente.

trompicón *s. m.* Cada uno de los tropezones que da la persona que trompica.

trompo *s. m.* **1.** Peón, juguete. **2.** Peonza.

trona *s. f.* Carbonato de sodio cristalizado, que se halla formando incrustaciones en las orillas de ciertos lagos y ríos.

tronada *s. f.* Tempestad de truenos.

tronado, da *adj.* **1.** Deteriorado por efecto del uso. **2.** Falto de recursos, empobrecido. **3.** *fig.* Chalado.

tronar *v. intr.* **1.** Sonar truenos. **2.** Despedir o causar ruido o estampido.

troncal *adj.* Perteneciente o relativo al tronco o procedente de él.

tronchar *v. tr.* Partir o romper con violencia el tronco, tallo o ramas de un vegetal.

troncho *s. m.* Tallo de las hortalizas que queda envuelto por las hojas.

tronco *s. m.* **1.** Tallo fuerte y macizo de los árboles y arbustos. **2.** Cuerpo humano o de cualquier animal prescindiendo de la cabeza y las extremidades. **3.** Cuerpo truncado, particularmente parte de una pirámide o un cono, la cual está comprendida entre la base y una sección transversal. **4.** Pastel recubierto de chocolate que imita la figura de un tronco de árbol. **5.** Par de caballerías que tiran de un carruaje. **6.** Conducto o canal principal del que salen o al que concurren otros menores. **7.** *fig.* Ascendiente común de dos o más ramas, líneas o familias. **8.** *fig.* Persona insensible o inútil.

tronera *s. f.* **1.** Abertura en el costado de un buque, en el parapeto de una muralla o en el espaldón de una batería, para disparar con acierto y seguridad los cañones. **2.** Ventana pequeña y angosta.

trono *s. m.* **1.** Asiento con gradas y dosel utilizado por los monarcas y otras personas de alta dignidad. **2.** Tabernáculo colocado encima de la mesa del altar y en el que se expone el Santísimo Sacramento. **3.** Lugar en que se coloca la efigie de un santo cuando se le honra con culto solemne. **4.** *fig.* Dignidad de rey o soberano.

tronzar *v. tr.* **1.** Dividir algo o hacerlo trozos. **2.** Hacer en las faldas o vestidos unos pliegues iguales y muy menudos. **3.** *fig.* Rendir de fatiga corporal.

tronzo, za *adj.* Se dice de la caballería que tiene cortadas una o ambas orejas como señal de haber sido desechada por inútil.

tropa *s. f.* **1.** Turba, muchedumbre de gente. **2.** Gente militar.

tropel *s. m.* **1.** Movimiento acelerado, ruidoso y desordenado de varias personas o cosas. **2.** Prisa, aceleramiento confuso. **3.** Conjunto de cosas desordenadas.

tropelía *s. f.* **1.** Aceleración desordenada y confusa. **2.** Atropellamiento o violencia en las acciones. **3.** Hecho ilegal. **4.** Vejación, atropello.

tropezar *v. intr.* **1.** Dar con los pies en un estorbo que pone en peligro de caer. **2.** Detenerse una cosa por encontrar un estorbo que le impide avanzar. **3.** *fig.* Deslizarse, caer en alguna culpa. **4.** *fig.* Reñir con alguien, disentir de su opinión u oponerse a lo que dictamina. **5.** *fig.* Advertir el defecto de una cosa o la dificultad que entraña su ejecución. **5.** *fig. y fam.* Encontrar por casualidad una persona a otra donde no la buscaba.

tropezador, ra *adj.* Que tropieza con frecuencia. También s. m. y s. f.

tropezón, na *adj.* **1.** Tropezador. Se dice generalmente de las caballerías. ‖ *s. m.* **2.** *fig. y fam.* Pedazo pequeño de jamón u otra vianda que se mezcla con las sopas o las legumbres.

tropical *adj.* Perteneciente o relativo a los trópicos.

trópico *s. m.* Cada uno de los dos círculos menores que se consideran en la esfera celeste, paralelos al ecuador.

tropiezo *s. m.* **1.** Aquello en que se tropieza. **2.** Error en que se incurre moralmente. **3.** Dificultad o impedimento en un negocio.

tropo *s. m.* Figura que consiste en modificar el sentido propio de una palabra para emplearla en sentido figurado.

tropología *s. f.* **1.** Lenguaje figurado, sentido alegórico. **2.** Mezcla de moralidad y doctrina en el discurso u oración.

troposfera *s. f.* Zona inferior de la atmósfera, hasta la altura de 12 km, donde tienen lugar los fenómenos atmosféricos.

troquel *s. m.* Molde empleado en la acuñación de monedas, medallas, etc.

trotaconventos *s. f., fam.* Alcahueta.

trotamundos *s. m. y s. f.* Persona aficionada a viajar y recorrer países.

trotar *v. intr.* **1.** Ir el caballo al trote. **2.** *fig. y fam.* Andar mucho o deprisa.

trote *s. m.* **1.** Modo de caminar acelerado natural a todas las caballerías. **2.** *fig.* Faena apresurada y fatigosa.

trotón, na *adj.* Se dice de la caballería cuyo paso ordinario es el trote.

trova *s. f.* **1.** Verso. **2.** Composición métrica formada a imitación de otra, en su método, estilo o consonancia. **3.** Composición métrica escrita generalmente para canto. **4.** Canción amorosa compuesta o cantada por los trovadores.

trovador, ra *adj.* Poeta provenzal de la Edad Media que trovaba en lengua de oc.

trovadoresco, ca *adj.* Perteneciente o relativo a los trovadores.

trovar *v. intr.* **1.** Hacer versos. **2.** Componer trovas. **3.** Imitar una composición métrica, aplicándola a otro asunto.

trozo *s. m.* Pedazo de una cosa considerado aparte del resto.

trucaje *s. m.* Acción y efecto de trucar.

trucar *v. intr.* **1.** Hacer el primer envite en el juego del truque. **2.** Hacer trucos en el juego de este nombre y en el del billar. **3.** Preparar algo con trampas que produzcan un efecto no esperado.

trucha *s. f.* Pez malacopterigio abdominal, de carne muy sabrosa, de agua dulce, con cuerpo fusiforme de color pardo y lleno de pintas rojizas o negras.

truchimán, na *s. m. y s. f., fig. y fam.* Persona astuta, poco escrupulosa en su proceder.

truco *s. m.* **1.** Cierta suerte del juego de los trucos. **2.** Apariencia engañosa hecha con arte.

truculencia *s. f.* Calidad de truculento.

truculento, ta *adj.* Se dice de las acciones o hechos crueles.

trueno *s. m.* Ruido que sigue al rayo debido a la expansión del aire al paso de la descarga eléctrica.

trueque *s. m.* **1.** Acción y efecto de trocar o trocarse. **2.** Intercambio de bienes o servicios sin mediación de dinero.

trufa *s. f.* **1.** Variedad muy aromática de criadilla de tierra. **2.** Pasta hecha con chocolate y mantequilla.

trufar *v. tr.* **1.** Rellenar de trufas las aves y otros manjares. || *v. intr.* **2.** Inventar trufas o mentiras.

truhán, na *adj.* **1.** Se dice de la persona sin vergüenza, que vive de engaños y estafas. **2.** Se dice de quien con bufonadas, gestos o cuentos procura hacer reír.

trujal *s. m.* **1.** Prensa para estrujar las uvas o la aceituna. **2.** Molino de aceite.

trujamán, na *s. m. y s. f.* **1.** Persona que dice a otras en una lengua que entiendan, lo dicho en una lengua que les es desconocida. **2.** Persona que, por experiencia que tiene de una cosa, sirve de consejera a otra.

trulla¹ *s. f.* **1.** Ruido, confusión de voces. **2.** Multitud de gente.

trulla² *s. f.* Llana, herramienta de albañil.

trullo¹ *s. m.* Ave palmípeda, de cabeza negra y con moño, que se alimenta de peces.

trullo² *s. m.* Lagar con depósito inferior donde cae el mosto cuando se pisa la uva.

truncamiento *s. f.* Acción y efecto de truncar.

truncar *v. tr.* **1.** Cortar una parte a alguna cosa. **2.** Cortar la cabeza al cuerpo de una persona o de un animal. **3.** *fig.* Omitir algunas palabras a lo largo de un escrito. **4.** *fig.* Dejar incompleto el sentido de lo que se lee o se escribe. **5.** *fig.* Interrumpir una actividad.

truque *s. m.* Cierto juego de envite en el que gana quien echa la carta de mayor valor.

trust *s. m.* Unión de empresas formada por los principales productores o acaparadores de un producto que tratan de monopolizar una determinada industria.

tu *adj. pos.* Forma apocopada de "tuyo, ya" cuando precede al sustantivo.

tú *pron. pers.* Forma del pronombre personal de segunda persona, género masculino o femenino y número singular, que funciona como sujeto.

tuba *s. f.* Instrumento de viento de metal de grandes proporciones y sonoridad voluminosa y grave.

tubérculo *s. m.* Rizoma engrosado y convertido en órgano de reserva, como la patata.

tuberculosis *s. f.* Enfermedad que consiste en el desarrollo de tubérculos en los tejidos u órganos, reducida por el bacilo de Koch. Presenta diferentes formas según el órgano afectado.

tuberculoso, sa *adj.* **1.** Perteneciente o relativo al tubérculo. **2.** De figura de tubérculo. **3.** Que tiene tubérculos. **4.** Que padece tuberculosis.

tubería *s. f.* Conducto formado de tubos para llevar líquidos o gases.

tuberosidad *s. f.* Tumor, hinchazón.

tubo *s. m.* **1.** Pieza hueca, cilíndrica y generalmente abierta por ambos extremos. **2.** Pieza hueca de cristal, cilíndrica o abombada, colocada en ciertas lámparas para activar la llama con una corriente de aire. **3.** Parte del organismo animal o vegetal constituido a modo de tubo.

tubular *adj.* Perteneciente o relativo al tubo, que tiene su figura o está formado de tubos.

tucán *s. m.* Ave trepadora americana, de pico arqueado, grueso, pico ligero y casi tan largo como su cuerpo.

tueco *s. m.* **1.** Tocón de un árbol. **2.** Oquedad producida por la carcoma en la madera.

tuerca *s. f.* Pieza con un hueco helicoidal, que ajusta exactamente en la rosca de un tornillo.

tuerto, ta *adj.* Falto de la vista en un ojo.

tuétano *s. m.* Sustancia blanca que se encuentra en el interior de los huesos.

tufarada *s. f.* Olor vivo y fuerte que se percibe de pronto.

tufillas *s. m. y s. f., fam.* Persona irritable que se enoja fácilmente.

tufo *s. m.* **1.** Emanación gaseosa que se desprende de las fermentaciones y combustibles imperfectos. **2.** *fam.* Soberbia.

tugurio *s. m.* **1.** Choza de pastores. **2.** Habitación, vivienda o local pequeño y mezquino.

tui *s. m.* Loro pequeño, de color verde claro, con una mancha anaranjada y azul en la cabeza.

tuición *s. f.* Acción y efecto de guardar o defender.

tul *s. m.* Tejido delgado de algodón o hilo que forma malla, a menudo en octágonos.

tulipa *s. f.* **1.** Tulipán pequeño. **2.** Pantalla de vidrio con forma algo parecida a la del tulipán.

tulipán *s. m.* Planta liliácea, bulbosa, vivaz y flor única en lo alto del escapo, grande, globosa, de seis pétalos de hermosos colores; se cultiva en los jardines.

tullidura *s. f.* Excremento de las aves de rapiña. Se usa más en pl.

tullir *v. tr.* **1.** Hacer que alguien quede tullido por haberle maltratado. || *v. prnl.* **2.** Perder alguien el uso y movimiento del cuerpo o de parte de él.

tumba *s. f.* Lugar, excavado o construido, donde está enterrado un cadáver.

tumbaga *s. f.* Aleación muy quebradiza de oro y cobre.

tumbar *v. tr.* **1.** Hacer caer o derribar. **2.** Inclinar una cosa sin que llegue a caer. **3.** *fig. y fam.* Quitar a alguien el sentido una cosa fuerte. || *v. intr.* **4.** Caer, rodar por tierra. **5.** Dar de quilla. || *v. prnl.* **6.** *fam.* Tenderse, especialmente echarse a dormir. **7.** *fig.* Aflojar en un trabajo o desistir de él.

tumbilla *s. f.* Armazón con un braserillo para calentar la cama.

tumbo *s. m.* **1.** Vaivén violento. **2.** Ondulación de la ola del mar.

tumbón, na *adj.* **1.** *fam.* Socarrón. **2.** *fam.* Persona poco dada al trabajo. || *s. f.* **3.** Silla abatible con respaldo muy largo.

tumefacción *s. f.* Hinchazón.

tumor *s. m.* **1.** Hinchazón, producción o acumulación de tejidos que se forma anormalmente en alguna parte del cuerpo. **2.** Alteración patológica de un órgano producida por la proliferación de las células que lo componen.

tumoroso, sa *adj.* Que tiene varios tumores.

tumulario, ria *adj.* Perteneciente o relativo al túmulo.

túmulo *s. m.* **1.** Sepulcro levantado de la tierra. **2.** Armazón de madera, vestida de paños fúnebres, que se erige para la celebración de las honras de un difunto.

tumulto *s. m.* **1.** Motín, alboroto producido por una multitud. **2.** Confusión agitada o desorden ruidoso.

tumultuario, ria *adj.* Tumultuoso.

tumultuoso, sa *adj.* **1.** Que causa o levanta tumultos. **2.** Que está o se efectúa sin orden ni concierto.

tuna *s. f.* **1.** Vida holgazana, libre y vagabunda. **2.** Grupo musical formado exclusivamente por estudiantes.

tunante, ta *s. m. y s. f.* Persona taimada.

tunar *v. intr.* Andar vagando de un lugar a otro en vida holgazana y libre.

tunda *s. f.* Castigo riguroso de palos, azotes, etc.

tundir[1] *v. tr.* Cortar o igualar con tijera el pelo de los paños.

tundir[2] *v. tr., fig. y fam.* Castigar con golpes palos o azotes.

tundra *s. f.* Pradera casi esteparia, de subsuelo helado y falto de vegetación arbórea, suelo cubierto de musgo y líquenes, y pantanoso en muchos sitios.

túnel *s. m.* Paso subterráneo que se abre para el tránsito de un ferrocarril o de una carretera, para establecer una comunicación a través de un monte, por debajo de un río, etc.

tungsteno *s. m.* Cuerpo simple, metálico, de color gris, muy duro, denso y de difícil fusión.

túnica *s. f.* Vestidura sin mangas, que usaban los antiguos a modo de camisa.

tuno, na *adj.* **1.** Tunante. **2.** Componente de una tuna, conjunto musical de estudiantes.

tupé *s. m.* **1.** Copete, pelo. **2.** *fig. y fam.* Atrevimiento al obrar o hablar.

tupido, da *adj.* **1.** Espeso, que tiene los elementos que lo componen muy apretados. **2.** Dicho del entendimiento y los sentidos, obtuso, torpe.

tupir *v. tr.* Apretar mucho una cosa cerrando sus poros o intersticios.

turba[1] *s. f.* Combustible fósil, de poco peso, formado de residuos vegetales acumulados en sitios pantanosos.

turba[2] *s. f.* Muchedumbre de gente confusa y desordernada.

turbación *s. f.* **1.** Acción y efecto de turbar o turbarse. **2.** Confusión, desorden.

turbante *s. m.* Tocado que, en lugar de sombrero, se usa en los pueblos orientales, y que consiste en una faja larga de tela rodeada a la cabeza.

turbar *v. tr.* **1.** Alterar o conmover el estado o curso natural de una cosa. **2.** Aturdir a alguien, hacerle perder la serenidad o el libre uso de sus facultades. **3.** *fig.* Sorprender a alguien, de forma que no acierte a hablar. **4.** *fig.* Interrumpir la quietud, el silencio, etc.

turbina *s. f.* Máquina hidráulica, consistente en una rueda encerrada en un tambor y provista de paletas curvas, sobre las que actúa la presión del agua, que llega con bastante velocidad desde un nivel superior.

turbio, bia *adj.* Mezclado o alterado por una cosa que oscurece o quita transparencia.

turbión *s. m.* Aguacero con viento fuerte y de poca duración.

turbonada *s. f.* Fuerte chubasco acompañado de truenos.

turbulencia *s. f.* **1.** Alteración de las cosas claras y transparentes. **2.** *fig.* Confusión o alboroto de personas o cosas.

turbulento, ta *adj.* **1.** Turbio. **2.** *fig.* Se aplica a las situaciones confusas. **3.** *fig.* Se dice de la persona que promueve disturbios, etc. **4.** Se dice de la corriente fluida cuya velocidad varía rápidamente en dirección y magnitud, y cuya característica más significativa es la formación de remolinos.

turgencia *s. f.* Cualidad de turgente.

turgente *adj.* **1.** *poét.* Se dice de lo que está abultado, elevado. **2.** Se aplica al humor que produce hinchazón.

túrgido, da *adj., poét.* Turgente, abultado.

turiferario *s. m.* Persona que lleva el incensario.

turismo *s. m.* **1.** Afición a viajar por gusto de recorrer países. **2.** Organización de los medios conducentes a facilitar estos viajes.

turista *s. m. y s. f.* Persona que recorre un país por recreo.

turma *s. f.* Testículo o criadilla.

turmalina *s. f.* Mineral formado por un silicato de alúmina con ácido bórico, magnesia, cal, óxido de hierro y otras sustancias en proporciones pequeñas.

turnar *v. intr.* Alternar con una o más personas en el ejercicio o disfrute de alguna cosa siguiendo determinado orden.

turnio, nia *adj.* **1.** Se dice de los ojos torcidos. **2.** Que tiene ojos turnios.

turno *s. m.* Orden o alternativa que se observa entre varias personas, para la ejecución de una cosa, o en la sucesión de éstas.

turrar *v. tr.* Tostar en las brasas.

turrón *s. m.* Masa de almendras, piñones avellanas o nueces, tostado todo y mezclado con miel y otros ingredientes.

turulato, ta *adj.* Se aplica a la persona que se queda pasmada.

tusón *s. m.* Vellón del carnero o de la oveja.

tute *s. m.* Juego de naipes en que gana la partida quien reúne los cuatro reyes o los cuatro caballos.

tutear *v. tr.* Hablar a alguien empleando el pronombre de segunda persona.

tutela *s. f.* Autoridad que, en defecto de la paterna o materna, se confiere a alguien para que cuide de la persona y los bienes de un menor o de otra persona que no tiene completa capacidad civil.

tutelar *adj.* Que guía, ampara o defiende.

tuteo *s. m.* Acción de tutear.

tutiplén, a *adv. m., fam.* En abundancia, a porrillo.

tutor, ra *s. m. y s. f.* **1.** Persona que ejerce una tutela. **2.** *fig.* Defensor, protector.

tutoría *s. f.* Tutela.

tuyo, ya *adj. pos.* Forma del posesivo masculino y femenino de la segunda persona del singular. Indica posesión o pertenencia a la persona a quien se habla. También pron.

U

u[1] *s. f.* Vigésimo segunda letra del abecedario español y última de sus vocales.

u[2] *conj. disy.* Conjunción que, para evitar el hiato, se emplea en vez de "o" ante palabras que empiezan por esta última letra o por "ho".

ubajay *s. m.* Árbol mirtáceo, de ramaje abundante y fruto comestible algo ácido.

ubérrimo, ma *adj. sup.* Muy abundante y fértil.

ubicación *s. f.* Lugar en que se encuentra ubicada una cosa.

ubicar *v. intr.* Estar en determinado espacio o lugar. También prnl.

ubicuidad *s. f.* Calidad de ubicuo.

ubicuo, cua *adj.* Que está presente a un mismo tiempo en todas partes.

ubiquidad *s. f.* Ubicuidad.

ubre *s. f.* En los mamíferos, cada una de las tetas de la hembra.

ubrera *s. f.* Excoriación que suelen padecer en la boca los niños de teta.

ucase *s. m.* Decreto del zar.

udómetro *s. m.* Pluviómetro.

¡uf! *interj.* con que se denota cansancio, fastidio, asco, etc.

ufanarse *v. prnl.* Jactarse de algo con excesivo orgullo.

ufanía *s. f.* Calidad de ufano.

ufano, na *adj.* Orgulloso, arrogante.

¡uh! *interj.* que se emplea para expresar desilusión o desdén.

ujier *s. m.* Portero de estrados de un palacio o tribunal.

ulala *s. f.* Especie de cacto.

ulano *s. m.* Soldado de caballería ligera en los ejércitos austríaco, alemán y ruso.

úlcera *s. f.* Solución de continuidad con pérdida de sustancia en los tejidos orgánicos acompañada ordinariamente de secreción de pus.

ulceración *s. f.* Acción y efecto de ulcerar.

ulcerar *v. tr.* Causar úlcera. También prnl.

ulcerativo, va *adj.* Que causa o puede causar úlceras.

ulceroso, sa *adj.* Que tiene úlceras.

ulema *s. m.* Doctor de la ley mahometana, entre los turcos.

uliginoso, sa *adj.* Se aplica a los terrenos húmedos y a las plantas que crecen en ellos.

ulmaria *s. f.* Hierba perenne de la familia de las rosáceas, que se cultiva como planta de adorno.

ulterior *adj.* **1.** Que está en la parte de allá de un sitio o territorio. **2.** Que se dice, sucede o se hace después de otra cosa.

ultimación *s. f.* Acción y efecto de ultimar.

ultimar *v. tr.* Poner fin a una cosa.

ultimátum *s. m.* **1.** En el lenguaje diplomático, resolución terminante y definitiva. **2.** *fam.* Decisión definitiva.

último, ma *adj.* **1.** Se dice de lo que en su línea no tiene otro detrás de sí. **2.** Se dice de lo que en una serie de cosas está o se considera en el lugar postrero. **3.** Se dice de lo más lejano, retirado o escondido.

ultra *adv. lat.* Además de.

ultrajar *v. tr.* Injuriar de obra o de palabra.

ultraje *s. m.* Injuria o desprecio de palabra o de obra.

ultrajoso, sa *adj.* Que causa o incluye ultraje.

ultraligero, ra *adj.* Se dice de la nave de poco peso y escaso consumo. También s. m.

ultramar *s. m.* País que está en la otra parte del mar.

ultramarino, na *adj.* **1.** Que está o se considera del otro lado o a la otra parte del mar. ‖ *adj. pl.* **2.** Se aplica a las tiendas de comestibles.

ultramicroscopio *s. m.* Aparato óptico que sirve para ver objetos de dimensiones tan pequeñas que no se perciben con el microscopio ordinario.

ultramontano, na *adj.* Que está de la otra parte de los montes.

ultramundano, na *adj.* Que excede a lo mundano o está más allá.

ultranza, a *adv. m.* A muerte, a todo trance, resueltamente.

ultrapuertos *s. m.* Lo que está más allá o a la otra parte de los puertos.

ultrarrojo *adj.* Infrarrojo.

ultrasónico, ca *adj.* Perteneciente o relativo al utrasonido.

ultrasonido *s. m.* Vibración superior a las perceptibles por el oído humano.

ultratumba *s. f.* Aquello que se cree o se supone que existe después de la muerte.

ultravioleta *adj.* Perteneciente o relativo a la parte invisible del espectro luminoso, a continuación del color violado.

ultravirus *s. m.* Virus que contiene gérmenes patógenos invisibles, los cuales pasan a través de los filtros.

úlula *s. f.* Autillo.

ulular *v. intr.* **1.** Dar gritos o alaridos. **2.** Producir el sonido del viento.

ululato *s. m.* Clamor, lamento, alarido.

umbela *s. f.* Grupo de flores o frutos que nacen en un mismo punto del tallo y se elevan a igual altura.

umbelífero, ra *adj.* Se dice de plantas angiospermas dicotiledóneas, de fruto compuesto de dos aquenios.

umbilicado, da *adj.* De figura de ombligo.

umbilical *adj.* Relativo al ombligo.

umbráculo *s. m.* Cobertizo para resguardar las plantas de la fuerza del sol.

umbral *s. m.* **1.** Parte inferior y contrapuesta al dintel de la puerta. **2.** *fig.* Paso primero o entrada de cualquier cosa.

umbralar *v. tr.* Poner umbral al vano de un muro.

umbrátil *adj.* Umbroso.

umbrío, a *adj.* **1.** Sombrío, que está en sombra. || *s. f.* **2.** Parte de terreno que casi siempre hace sombra.

umbroso, sa *adj.* Que tiene sombra o la causa.

un, una *art. indet.* **1.** Artículo indeterminado en género másculino y femenino y número singular. || *adj.* **2.** Uno.

unalbo, ba *adj.* Se dice de la caballería que tiene calzado un pie o una mano.

unánime *adj.* Se dice del conjunto de las personas que tienen un mismo parecer.

unanimidad *s. f.* Calidad de unánime.

uncia *s. f.* Moneda romana de cobre.

uncial *adj.* Se dice de ciertas letras, todas mayúsculas y del tamaño de una pulgada, que se usaron hasta el s. VII.

unciforme *adj.* Se dice de uno de los huesos de la segunda fila del carpo. También s. m.

unción *s. f.* Extremaunción.

uncir *v. tr.* Atar al yugo bueyes, mulas u otras bestias.

undecágono *s. m.* Polígono de 11 ángulos y 11 lados.

undécimo, ma *adj. num.* Que ocupa el último lugar en una serie ordenada de 11.

undécuplo, pla *adj. num.* Que contiene un número exactamente 11 veces.

underground *adj.* Se dice de las manifestaciones culturales marginales.

undísono, na *adj., poét.* Se aplica a las aguas que causan ruido con el movimiento de las ondas.

undoso, sa *adj.* Que se mueve haciendo olas.

undulación *s. f.* Acción y efecto de undular.

undular *v. intr.* Ondular.

ungido *s. m.* Rey o sacerdote signado con el óleo santo.

ungir *v. tr.* **1.** Aplicar a una cosa aceite u otra materia pingüe, extendiéndola superficialmente. **2.** Signar con óleo sagrado a una persona.

ungüento *s. m.* **1.** Todo aquello que sirve para ungir o untar. **2.** Medicamento que se aplica al exterior compuesto de diversas sustancias grasas. **3.** Compuesto de simples olorosos que se usaba para embalsamar cadáveres.

unguiculado, da *adj.* Se dice del animal cuyos dedos terminan en uñas.

unguis *s. m.* Hueso muy pequeño de la parte anterior e interna de cada una de las órbitas.

ungulado, da *adj.* Se dice del animal que tiene casco o pezuña. También s. m.

uniata *adj.* Se dice de los cristianos orientales que reconocen la supremacía del Papa, conservando a la vez su liturgia nacional.

unicaule *adj.* Se dice de la planta que tiene un solo tallo.

unicelular *adj.* Que consta de una sola célula.

único, ca *adj.* **1.** Solo y sin otro de su propia especie. **2.** *fig.* Se dice de lo singular y extraordinario.

unicolor *adj.* De un solo color.

unicornio *s. m.* Animal quimérico de figura de caballo y con un cuerno recto en mitad de la frente.

unidad *s. f.* **1.** Propiedad de todo ser, en virtud de la cual no puede dividirse sin que su esencia se destruya o altere. **2.** Singularidad en número o calidad. **3.** Conformidad entre dos o más partes.

unificación *s. f.* Acción y efecto de unificar.

unificar *v. tr.* Hacer de muchas cosas una, o reducirlas a una misma especie. También v. prnl.

uniformar *v. tr.* **1.** Hacer uniforme una cosa o varias entre sí. También prnl. **2.** Hacer que alguien lleve uniforme.

uniforme *adj.* **1.** Se dice de dos o más cosas que tienen la misma forma. || *s. m.* **2.** Traje especial y distintivo que usan los militares y otros em-

pleados o las personas pertenecientes a un mismo cuerpo o colegio.
uniformidad *s. f.* Calidad de uniforme.
unigénito, ta *adj.* Se aplica al hijo único.
unilateral *adj.* Se dice de lo que se refiere a una parte o un aspecto de alguna cosa.
unimismar *v. tr.* Identificar.
unión *s. m.* **1.** Acción y efecto de unir. **2.** Conformidad y concordia de los ánimos o voluntades.
unípede *adj.* De un solo pie.
unipersonal *adj.* Que consta de una sola persona.
unir *v. tr.* **1.** Juntar, mezclar dos o más cosas entre sí. **2.** Atar o juntar una cosa con otra, física o moralmente. ‖ *v. prnl.* **3.** Asociarse varios para el logro de algún intento. **4.** Agregarse uno a la compañía de otro.
unisexual *adj.* De un solo sexo.
unisón *adj.* Unísono.
unisonancia *s. m.* Concurrencia de dos o más voces o instrumentos en un mismo tono de música.
unisonar *v. intr.* Sonar al unísono o en el mismo tono dos voces o instrumentos.
unísono, na *adj.* Se dice de lo que tiene el mismo tono que otra cosa.
unitario, ria *adj.* Perteneciente o relativo a la unidad.
unitivo, va *adj.* Que tiene virtud de unir.
univalvo, va *adj.* **1.** Se dice de la concha de una sola pieza. **2.** Se aplica al molusco que tiene concha de esta clase.
universal *adj.* **1.** Que comprende o es común a todos en su especie, sin excepción de ninguno. **2.** Que pertenece o se extiende a todo el mundo, a todos los países, a todos los tiempos.
universalizar *v. tr.* Hacer universal una cosa, generalizarla a muchos.
universidad *s. f.* Institución de enseñanza superior que comprende diversas facultades y escuelas, y que confiere los grados académicos correspondientes.
universitario, ria *s. m. y s. f.* Profesor, graduado o estudiante de universidad.
universo *s. m.* Mundo, conjunto de todo lo creado.
univocidad *s. f.* Cualidad de unívoco.
univocarse *v. prnl.* Convenir en una misma razón dos o más cosas.
unívoco, ca *adj.* Se dice de lo que tiene igual naturaleza o valor que otra cosa.
uno, na *adj.* **1.** Se dice de la persona o cosa idéntica o unida, física o moralmente, con otra. **2.** Idéntico, lo mismo. **3.** Único. ‖ *s. m.* **4.** Unidad, cantidad que sirve de medida. **5.** Número o guarismo con que se expresa la unidad sola.
untadura *s. f.* Materia con que se unta.
untar *v. tr.* **1.** Ungir con una materia grasa. **2.** *fam.* Sobornar a alguien con dones o dinero. ‖ *v. prnl.* **3.** Mancharse con una materia untosa o sucia.
unto *s. m.* Craso o gordura del cuerpo del animal.
untuosidad *s. f.* Cualidad de untuoso.
untuoso, sa *adj.* Se dice de la materia pingüe y pegajosa.
uña *s. f.* **1.** Parte del cuerpo, de naturaleza córnea, que nace y crece en las extremidades de los dedos. **2.** Casco o pezuña de los animales.
uñada *s. f.* Impresión que se hace en una cosa apretando sobre ella con el filo de la uña.
uñarada *s. f.* Arañazo.
uñero *s. m.* Inflamación en la raíz de la uña.
uñeta *s. f.* Cincel de boca ancha que usan los canteros.
uñoso, sa *adj.* Que tiene largas las uñas.
¡upa! *interj.* que se usa para esforzar a levantar algún peso o a levantarse.
upapa *s. f.* Abubilla.
upar *v. tr.* Levantar, aupar.
uralita *s. f.* Denominación registrada de una mezcla de cemento y amianto con la cual se fabrican placas planas y onduladas, tubos, canalones, etc.
uranio *s. m.* Metal muy denso, duro, de color parecido al del níquel y fusible a elevadísima temperatura.
uranografía *s. f.* Cosmografía.
uranógrafo, fa *s. m. y s. f.* Persona que profesa la uranografía o tiene en ella especiales conocimientos.
uranometría *s. f.* Parte de la astronomía que trata de la medición de las distancias celestes.
urato *s. m.* Compuesto salino correspondiente al ácido úrico.
urbanidad *s. f.* Cortesía, buen trato y buenos modales.
urbanismo *s. m.* Conjunto de los conocimientos referentes al desarrollo y progreso de las poblaciones.
urbanización *s. f.* Núcleo residencial urbanizado.

urbanizar *v. tr.* **1.** Hacer urbano y sociable a alguien. También prnl. **2.** Convertir en poblado un terreno, o prepararlo para ello, abriendo calles y dotándolas de luz, empedrado y servicios municipales.

urbano, na *adj., fig.* Cortés, atento.

urbe *s. f.* Ciudad, especialmente la muy populosa.

urca *s. f.* Embarcación grande para el transporte de granos y otros géneros.

urce *s. m.* Brezo.

urchilla *s. f.* Liquen que vive en las rocas bañadas por el agua del mar.

urdidera *s. f.* Instrumento donde se preparan los hilos para las urdimbres.

urdidura *s. f.* Acción y efecto de urdir.

urdimbre *s. f.* **1.** Estambre después de urdido para tejerlo. **2.** Conjunto de hilos que se colocan en el telar paralelamente unos a otros para formar una tela.

urdir *v. tr.* **1.** Arrollar los hilos en la urdidera que ha de pasar después al telar. **2.** Maquinar cautelosamente una cosa.

urea *s. f.* Sustancia nitrogenada, cristalina, que constituye la mayor parte de la materia orgánica contenida en la orina.

uremia *s. f.* Enfermedad ocasionada por la acumulación en la sangre de las sustancias que normalmente son eliminadas con la orina.

urémico, ca *adj.* Perteneciente o relativo a la uremia.

urente *adj.* Que escuece, ardiente.

uréter *s. m.* Cada uno de los conductos por donde desciende la orina a la vejiga desde los riñones.

urético, ca *adj.* Perteneciente o relativo a la uretra.

uretra *s. f.* Conducto por donde se expele la orina.

uretral *adj.* Urético.

uretritis *s. f.* Inflamación de la membrana mucosa que tapiza el conducto de la uretra.

urgencia *s. f.* **1.** Falta apremiante de lo que es menester para algún negocio. ‖ *s. f. pl.* **2.** Sección de un hospital en la que se atiende a los enfermos y heridos que necesitan cuidados médicos inmediatos.

urgir *v. intr.* Instar una cosa a su pronta ejecución.

urinario *s. m.* Lugar destinado para orinar.

urna *s. f.* **1.** Vaso o caja que entre los antiguos servía para guardar dinero, las cenizas de los cadáveres, etc. **2.** Arquita que sirve para depositar números o papeletas en los sorteos, elecciones, etc.

uro *s. m.* Animal salvaje muy parecido al bisonte, extinguido en 1627.

urogallo *s. m.* Ave gallinácea, con plumaje negruzco jaspeado de gris, patas y pico negros, que vive en los bosques.

urología *s. f.* Parte de la medicina que trata de las enfermedades del aparato urinario.

urólogo, ga *s. m. y s. f.* Persona que profesa la urología.

uromancia *s. f.* Adivinación supersticiosa por el examen de la orina.

uroscopia *s. f.* Inspección metódica de la orina que se usaba antiguamente para establecer el diagnóstico de una enfermedad.

urraca *s. f.* Ave de plumaje blanco en el vientre y negro con reflejos metálicos en el resto del cuerpo.

ursulina *adj.* Se dice de la religiosa que pertenece a la congregación agustiniana fundada por Santa Ángela de Brescia, en el s. XVI.

urticación *s. f.* Antiguo tratamiento de ciertas enfermedades que consistía en azotar al paciente con un ramo de ortigas.

urticante *adj.* Se dice del órgano de un animal o de una planta que produce en la piel comezón semejante a las picaduras de ortiga.

urticaria *s. f.* Enfermedad eruptiva de la piel, caracterizada por una comezón parecida a la que producen las picaduras de la ortiga.

usado, da *adj.* Gastado, deslucido.

usagre *s. m.* **1.** Erupción pustulosa que ataca a algunos niños durante la primera dentición. **2.** Sarna en el cuello del perro y otros animales domésticos.

usanza *s. f.* **1.** Ejercicio de una cosa. **2.** Costumbre que está de actualidad.

usar *v. tr.* **1.** Hacer servir una cosa para algo. También intr. **2.** Disfrutar alguien cierta cosa, utilizarla, sea o no su dueño.

usgo *s. m.* Asco.

uso *s. m.* **1.** Ejercicio o práctica general de una cosa. **2.** Eficacia o modo determinado de obrar que tiene una persona o cosa.

usted *pron. pers.* Forma del pronombre personal de segunda persona, género masculino o femenino y número singular, que se usa como tratamiento de respeto o de cortesía.

ustión *s. f.* Acción de quemar o quemarse.
ustorio *s. m.* Espejo.
usual *adj.* **1.** Que común o frecuentemente se usa o se practica. **2.** Se dice de las cosas que se pueden usar con facilidad.
usuario, ria *adj.* Que usa ordinariamente una cosa o se sirve de ella. Se usa más como s. m. y s. f.
usucapión *s. f.* Adquisición de un derecho mediante su ejercicio en las condiciones y durante el tiempo que la ley señala.
usucapir *v. tr.* Adquirir una cosa por usucapión.
usufructo *s. m.* Derecho de usar de la cosa ajena y aprovecharse de todos sus frutos sin deteriorarla.
usufructuar *v. tr.* Tener o gozar el usufructo de una cosa.
usufructuario, ria *s. m.* Se dice de la persona que posee y disfruta una cosa. También s. m. y s. f.
usura *s. f.* Interés que se lleva por el dinero o el género en el contrato de préstamo.
usurar *v. intr.* Usurear.
usurario, ria *adj.* Se aplica a los tratos y contratos en que hay usura.
usurear *v. intr.* Dar o tomar a usura.
usurero, ra *s. m. y s. f.* Persona que presta con usura o con interés excesivo.
usurpación *s. f.* Acción y efecto de usurpar.
usurpar *v. tr.* Quitar a alguien lo que es suyo o quedarse con ello, generalmente con violencia.
utensilio *s. m.* Lo que sirve para el uso manual y frecuente. Se usa más en pl.
uterino, na *adj.* Relativo al útero.
útero *s. m.* Matriz de las hembras en los mamíferos.
útil[1] *adj.* Que produce o procura algún provecho, conveniencia o ventaja.
útil[2] *s. m.* Utensilio o herramienta.
utilería *s. f.* Conjunto de instrumentos que se emplean en un oficio o arte.
utilidad *s. f.* **1.** Calidad de útil. **2.** Ganancia o fruto que se saca de una cosa.
utilitario, ria *adj.* **1.** Que es de utilidad; que sólo propende a conseguir lo útil. ‖ *s. m.* **2.** Coche.
utilitarismo *s. m.* Doctrina filosófica moderna que considera la utilidad como principio de la moral; entiende por útil lo que aumenta la dicha o preserva de un dolor.
utilitarista *adj.* Partidario y defensor del utilitarismo. También s. m. y s. f.
utilizable *adj.* Que puede o debe utilizarse.
utilización *s. f.* Acción de utilizar o circunstancia de ser utilizado.
utilizar *v. tr.* Aprovecharse de una cosa. También prnl.
utillaje *s. m.* Conjunto de útiles necesarios para un oficio o un arte.
utopía *s. f., fig.* Plan o sistema halagüeño, pero irrealizable.
utópico, ca *adj.* Perteneciente o relativo a la utopía.
utopista *adj.* Que traza utopías o es dado a ellas. También s. m. y s. f.
utrero, ra *s. m. y s. f.* Novillo o ternera desde los dos años hasta cumplir los tres.
utrículo *s. m.* Pequeña cavidad, celdilla.
uva *s. f.* Fruto de la vid en forma de baya o grano redondo y jugoso.
uvada *s. f.* Abundancia de uva.
uval *adj.* Parecido a la uva.
uvate *s. m.* Conserva hecha de uvas.
uvayema *s. f.* Especie de vid silvestre trepadora.
uvero, ra *adj.* Perteneciente o relativo a las uvas.
úvula *s. f.* Parte media del velo palatino, de forma cónica y textura membranosa y muscular, la cual divide la garganta en dos mitades a modo de arcos.
uvular *adj.* Se dice del sonido en cuya articulación interviene la úvula.
uxoricida *adj.* Se dice de la persona que mata a su mujer. También s. m.
uxoricidio *s. m.* Muerte causada a la mujer por su marido.

V

v *s. f.* Vigésimo tercera letra del abecedario español y decimoctava de sus consonantes.

vaca *s. f.* **1.** Hembra del toro. **2.** Dinero que juegan en común varias personas.

vacación *s. f.* Suspensión del trabajo o del estudio durante algún tiempo.

vacada *s. f.* Manada o conjunto de ganado vacuno.

vacante *adj.* Se dice del cargo, empleo o dignidad que está sin proveer.

vacar *v. intr.* Cesar alguien por algún tiempo en sus habituales negocios o trabajos.

vacarí *adj.* De cuero de vaca o cubierto de este cuero.

vaciadero *s. m.* **1.** Sitio en que se vacía una cosa. **2.** Conducto por donde se vacía.

vaciadizo, za *adj.* Se dice, entre los vaciadores de metales, de la obra vaciada.

vaciado *s. m.* Acción de vaciar en un molde un objeto de metal, yeso, etc.

vaciador, ra *s. m. y s. f.* Persona que vacía.

vaciamiento *s. m.* Acción y efecto de vaciar o vaciarse.

vaciar *v. tr.* **1.** Dejar vacía alguna vasija, algún local, etc. También prnl. **2.** Sacar o verter el contenido de una vasija u otra cosa semejante. También prnl.

vaciedad *s. f., fig.* Idea o dicho necio.

vaciero, ra *s. m. y s. f.* Pastor del ganado vacío.

vacilación *s. f., fig.* Irresolución.

vacilada *s. f.* Juerga, francachela.

vacilar *v. intr.* **1.** Moverse indeterminadamente una cosa. **2.** Estar poco firme una cosa en su sitio o estado.

vacilón, na *adj.* Se dice de la persona parrandera y juerguista.

vacío, a *adj.* **1.** Falto de contenido. **2.** Se aplica, en los ganados, a la hembra que no tiene cría.

vacuidad *s. f.* Calidad de vacuo.

vacuna *s. f.* Cualquier virus o principio orgánico que, convenientemente preparado, se inocula a una persona o animal para preservarlos de una enfermedad determinada.

vacunación *s. f.* Acción y efecto de vacunar.

vacunar *v. tr.* Aplicar una vacuna a una persona o animal. También prnl.

vacuno, na *adj.* **1.** Perteneciente o relativo al ganado bovino. ‖ *s. m.* **2.** Animal bovino.

vacuo, cua *adj.* Vacío, sin contenido.

vacuola *s. f.* Pequeña cavidad o espacio en una célula o en el tejido de un organismo, llena de aire o de un jugo.

vadear *v. tr.* Pasar una corriente de agua por un sitio donde se pueda hacer pie.

vademécum *s. m.* Libro que puede alguien llevar consigo para consultarlo con frecuencia.

vadera *s. f.* Vado, especialmente el ancho por donde pueden pasar ganados y carruajes.

vado *s. m.* Paraje de un río con fondo firme y poco profundo por donde se puede pasar.

vadoso, sa *adj.* Se dice del paraje del mar, río o lago que tiene vados.

vagabundear *v. intr.* Andar vagabundo.

vagabundo, da *adj.* Que anda errante de un lado para otro.

vagancia *s. f.* Falta de ganas de trabajar.

vagar[1] *s. m.* Tiempo desembarazado y libre para hacer una cosa.

vagar[2] *v. intr.* Estar ocioso.

vagar[3] *v. intr.* Andar una persona de un lado a otro sin hallar lo que busca.

vagido *s. m.* Llanto del recién nacido.

vagina *s. f.* Conducto que, en las hembras de los mamíferos, se extiende desde la vulva hasta la matriz.

vaginal *adj.* Perteneciente o relativo a la vagina.

vaginitis *s. f.* Inflamación de la vagina.

vago, ga *adj.* Desocupado, sin oficio.

vagón *s. m.* Carruaje de viajeros o de mercancías y equipajes, en los ferrocarriles.

vagoneta *s. f.* Vagón pequeño y descubierto, para transporte.

vaguada *s. f.* Línea que marca la parte más honda de un valle.

vagueación *s. f.* Inquietud de la imaginación.

vaguear[1] *v. intr.* Holgazanear.

vaguear[2] *v. intr.* Vagar.

vaguedad *s. f.* **1.** Calidad de vago, vacío, desocupado. **2.** Expresión o frase vaga.

vaguido, da *adj.* Turbado.

vahar *v. intr.* Vahear.

vaharada *s. f.* Acción y efecto de echar el vaho o respiración.

vaharera *s. f.* Excoriación que se forma en la comisura de los labios.

vaharina *s. f., fam.* Vapor o niebla.

vahear *v. intr.* Echar de sí vaho o vapor.

vahído *s. m.* Desvanecimiento, turbación breve por alguna indisposición.
vaho *s. m.* Vapor que despiden los cuerpos en determinadas condiciones.
vaída *adj.* Se dice de la bóveda formada por un hemisferio cortado por cuatro planos verticales, paralelos dos a dos.
vaina *s. f.* **1.** Funda en que se guardan algunas armas de metal. **2.** Cáscara tierna y larga en que están encerradas algunas simientes. **3.** *fig. y fam.* Persona despreciable.
vainazas *s. m. y s. f., fam.* Persona floja, descuidada y desvaída.
vainero *s. m.* Oficial que se dedica a hacer vainas para las armas.
vainica *s. f.* Deshilado menudo que por adorno se hace en la tela.
vainilla *s. f.* Planta de las orquidáceas, usada como condimento y en perfumería.
vaivén *s. m.* Movimiento alternativo de un cuerpo en dos sentidos opuestos.
vajilla *s. f.* Conjunto de utensilios y vasijas para el servicio de mesa.
val *s. m.* Apócope de valle.
valar *adj.* Perteneciente o relativo al vallado, muro o cerca.
vale *s. m.* **1.** Papel en que uno se obliga a pagar a otro cierta cantidad de dinero. **2.** Nota firmada que se da al que ha de entregar algo, para que acredite la entrega.
valedero, ra *adj.* Que debe valer, ser firme y subsistente.
valedor, ra *s. m. y s. f.* Persona que vale o ampara a otra.
valencia *s. f.* Capacidad de saturación de los radicales, que se determina por el número de átomos de hidrógeno con que aquellos pueden combinarse.
valentía *s. f.* **1.** Esfuerzo, aliento. **2.** Hecho o hazaña heroica. **3.** Gallardía, arrojo.
valentón, na *adj.* Arrogante o que se jacta de guapo y valiente. También s. m. y s. f.
valentonada *s. f.* Jactancia o exageración del propio valor.
valer[1] *v. tr.* **1.** Proteger a una persona. **2.** Fructificar, redituar. **3.** Tratándose de números y cuentas, importar. **4.** Tener las cosas un precio determinado para el comercio.
valer[2] *s. m.* Valor, valía.
valeriana *s. f.* Planta de las valerianáceas, con fruto seco y rizoma aromático, que se usa como antiespasmódico.
valeroso, sa *adj.* **1.** Eficaz. **2.** Valiente. **3.** Valioso.
valetudinario, ria *adj.* Enfermizo, de salud quebrada. También s. m. y s. f.
valí *s. m.* Gobernador de una provincia en un estado musulmán.
valía *s. f.* Valor, aprecio de una cosa.
valiato *s. m.* Gobierno de un valí.
validación *s. f.* Firmeza de un acto.
validar *v. tr.* Dar fuerza y validez a una cosa.
validez *s. f.* Calidad de válido.
válido, da *adj.* **1.** Firme y que vale legalmente. **2.** Robusto, fuerte.
valiente *adj.* **1.** Fuerte, robusto en su línea. **2.** Esforzado, que tiene valor. **3.** Eficaz y activo. **4.** Grande, excesivo.
valija *s. f.* **1.** Maleta. **2.** Saco de cuero, cerrado con llave, donde llevan la correspondencia los correos.
valijero, ra *s. m. y s. f.* Persona que conduce las cartas desde una caja o administración de correos a pueblos que de ella dependen.
valimiento *s. m.* Privanza o aceptación particular que una persona tiene con otra.
valioso, sa *adj.* Rico, que tiene buen caudal.
valla *s. f.* **1.** Vallado o estacada para defensa o para cerrar algún sitio. **2.** Línea o término formado de estacas hincadas en el suelo o de tablas unidas, para cerrar algún sitio o señalarlo.
valladar *s. m.* **1.** Vallado. ‖ *s. f.* **2.** *fig.* Obstáculo.
valladear *v. tr.* Vallar.
vallado *s. m.* Cerco que se levanta para defender un lugar e impedir la entrada en él.
vallar[1] *adj.* Valar.
vallar[2] *v. tr.* Cercar un sitio con vallado.
valle *s. m.* **1.** Espacio de tierra entre montes o alturas. **2.** Cuenca de un río.
vallico *s. m.* Planta de la familia de las gramíneas, buena para pasto y para formar céspedes.
valón *s.m.* Idioma que es un dialecto del antiguo francés.
valona *s. f.* Cuello grande y vuelto sobre la espalda, hombros y pechos, que se usó antiguamente.
valor *s. m.* **1.** Grado de utilidad de las cosas, para satisfacer las necesidades. **2.** Alcance y trascendencia de una cosa. **3.** Cualidad moral que mueve a realizar grandes empresas.

valorar *v. tr.* Determinar el valor correspondiente de una cosa, ponerle precio.
valoría *s. f.* Valía, estimación.
valorizar *v. tr.* Valorar, poner valor a algo.
valquiria *s. f.* Cada una de ciertas divinidades de la mitología nórdica que en los combates designaban los héroes que habían de morir, y en el cielo les servían.
vals *s. m.* **1.** Danza, de origen alemán, que ejecutan las parejas con un movimiento giratorio. **2.** Música de este baile.
valsar *v. intr.* Bailar el vals.
valuación *s. f.* Acción y efecto de valuar.
valuar *v. tr.* Señalar el valor de una cosa.
valva *s. f.* Cada una de las piezas duras y movibles que constituyen la concha de los moluscos lamelibranquios, de algunos cirrípedos y de los gusanos branquiópodos.
valvasor *s. m.* Hidalgo, infanzón.
válvula *s. f.* Pieza que, colocada en una abertura de máquinas o instrumentos, sirve para interrumpir la comunicación entre dos de sus órganos o entre éstos y el medio exterior, moviéndose a impulso de fuerzas contrarias.
¡vamos! *interj.* usada con varios valores, principalmente exhortativo.
vampiresa *s. f.* Mujer que utiliza su capacidad de seducción para lucrarse.
vampiro *s. m.* Espectro o cadáver que, según la creencia popular, va por las noches a chupar la sangre de los vivos.
vanadio *s. m.* Elemento de color y brillo parecido al de la plata, pero de menor peso específico.
vanagloria *s. f.* Jactancia del propio valer.
vanagloriarse *v. prnl.* Jactarse de su propio valer u obrar.
vanaglorioso, sa *adj.* Se dice del modo de obrar ufano y envanecido.
vandálico, ca *adj.* Perteneciente o relativo a los vándalos o al vandalismo.
vandalismo *s. m.* **1.** Devastación propia de los antiguos vándalos. **2.** *fig.* Espíritu de destrucción que no respeta ninguna cosa.
vándalo, la *adj.* **1.** Se dice del individuo perteneciente a un pueblo de la antigua Germania. ‖ *s. m. y s. f.* **2.** *fig.* Persona que comete acciones propias de gente inculta.
vanguardia *s. f.* **1.** Parte de una fuerza armada que va delante del cuerpo principal. **2.** Conjunto de ideas, personas, etc., que se adelantan a su tiempo en cualquier actividad.
vanidad *s. f.* Pompa vana, ostentación.
vanidoso, sa *adj.* Que tiene vanidad y la da a conocer. También s. m. y s. f.
vanilocuencia *s. f.* Verbosidad inútil e insustancial.
vanílocuo, cua *adj.* Hablador u orador insustancial.
vaniloquio *s. m.* Discurso inútil e insustancial.
vanistorio *s. m.* **1.** *fam.* Vanidad ridícula y afectada. **2.** *fam.* Persona vanidosa.
vano, na *adj.* Falto de realidad, sustancia o entidad.
vapor *s. m.* Gas en que se transforma un líquido o sólido absorbiendo calor. Por antonom., el de agua. **2.** *fig.* Buque de vapor.
vapora *s. f., fam.* Lancha de vapor.
vaporable *adj.* Capaz de arrojar vapores o evaporarse.
vaporación *s. f.* Evaporación.
vaporar *v. tr.* Evaporar. También prnl.
vaporizador *s. m.* Aparato para vaporizar.
vaporizar *v. tr.* Hacer pasar un cuerpo del estado líquido al de vapor, por la acción del fuego. También prnl.
vaporoso, sa *adj.* **1.** Que despide vapores de sí, o los ocasiona. **2.** *fig.* Tenue, ligero, se dice sobre todo de los tejidos.
vapulación *s. f.* Acción y efecto de vapular o vapularse.
vapulamiento *s. m.* Acción y efecto de vapular.
vapular *v. tr.* Vapulear. También prnl.
vapulear *v. tr.* **1.** Zarandear a una persona o cosa. **2.** *fig.* Golpear repetidamente a una persona o cosa. También prnl.
vapuleo *s. m.* Acción y efecto de vapulear.
vaquería *s. f.* **1.** Rebaño de ganado vacuno. **2.** Lugar donde hay vacas o se vende su leche.
vaqueriza *s. f.* Estancia donde se recoge el ganado mayor en el invierno.
vaquerizo, za *s. m. y s. f.* Vaquero.
vaquero, ra *s. m. y s. f.* **1.** Pastor de reses vacunas. ‖ *s. m.* **2.** Pantalón vaquero.
vaqueta *s. f.* Cuero de ternera curtido.
vara *s. f.* **1.** Ramo delgado, largo y sin hojas. **2.** Bastón que, como símbolo de autoridad, usaban los ministros de justicia. **3.** Medida de longitud equivalente a 835 mm y nueve décimas.

varada *s. f.* Acción y efecto de varar un barco.
varadera *s. f.* Cualquiera de los palos que se ponen en el costado de un buque para que sirvan de resguardo a la tablazón.
varadero *s. m.* Lugar donde varan las embarcaciones para resguardarlas o componerlas.
varadura *s. f.* Varada.
varal *s. m.* Vara muy larga y gruesa.
varapalo *s. m., fig. y fam.* Daño o quebranto recibido en los intereses.
varar *v. intr.* **1.** Encallar la embarcación. **2.** *fig.* Quedar detenido un negocio.
varaseto *s. m.* Cerramiento, enrejado de cañas y varas.
varazo *s. m.* Golpe dado con una vara.
varbasco *s. m.* Verbasco.
vardasca *s. f.* Verdasca.
varea *s. f.* Acción de varear los frutos de ciertos árboles.
vareador, ra *s. m. y s. f.* Persona que varea.
vareaje *s. m.* Acción y efecto de varear, medir o vender por varas.
varear *v. tr.* **1.** Golpear algo o alguien con una vara; particularmente derribar con una vara los frutos de algunos árboles. **2.** Medir con la vara.
varejón *s. m.* Vara larga y gruesa.
varenga *s. f.* Pieza curva que va atravesada sobre la quilla para formar la cuaderna.
vareo *s. m.* Vareaje.
vareta *s. f.* **1.** Palito delgado que, untado con liga, se emplea para cazar pájaros. **2.** Lista de color diferente del fondo de un tejido.
varetazo *s. m.* Golpe de lado que da el toro con el asta.
varetear *v. tr.* Formar varetas en un tejido.
varetón *s. m.* Ciervo joven.
varga *s. f.* Parte más pendiente de una cuesta.
várgano *s. m.* Cada uno de los palos dispuestos para construir una empalizada.
vargueño *s. m.* Bargueño.
variabilidad *s. f.* Calidad de variable.
variable *adj.* Se dice de lo inestable y fácilmente mudable.
variación *s. f.* Cada una de las imitaciones melódicas de un mismo tema.
variado, da *adj.* De varios colores.
variar *v. tr.* **1.** Dar variedad. ‖ *v. intr.* **2.** Cambiar alguna cosa de forma, propiedad o estado.
varice *s. f.* Dilatación permanente de una vena.
varicela *s. f.* Enfermedad contagiosa, caracterizada por una erupción parecida a la de la viruela benigna.
varicocele *s. m.* Tumor formado por la dilatación de las venas del escroto y del cordón espermático.
varicoso, sa *adj.* Perteneciente o relativo a las varices.
variedad *s. f.* **1.** Diferencia dentro de la unidad, conjunto de cosas diversas. **2.** Mudanza o alteración.
varilarguero *s. m., fam.* Picador de toros.
varilla *s. f.* **1.** Barra larga y delgada. ‖ *s. f. pl.* **2.** Bastidor rectangular en que se mueven los cedazos para cerner.
varillaje *s. m.* Conjunto de varillas de un utensilio, como abanico, paraguas, etc.
vario, ria *adj.* **1.** Se dice de lo diverso o diferente. **2.** Inconstante, mudable.
varioloide *s. f.* Viruela atenuada y benigna.
varioloso, sa *adj.* Perteneciente o relativo a la viruela.
variopinto, ta *adj.* Se aplica a las cosas de diversa naturaleza que se encuentran mezcladas.
variz *s. f.* Varice.
varón *s. m.* Criatura racional del sexo masculino.
varona *s. f.* Persona de sexo femenino.
varonesa *s. f.* Persona de sexo femenino.
varonía *s. f.* Calidad de descendiente de varón en varón.
varonil *adj.* Se dice del hombre esforzado, valeroso y firme.
varraco *s. m.* Verraco.
vasallaje *s. m.* **1.** Vínculo de dependencia y fidelidad que una persona tenía respecto de otra. **2.** Tributo pagado por el vasallo.
vasallo, lla *adj.* **1.** Sujeto a algún señor con vínculo de dependencia y fidelidad a causa de un feudo. ‖ *s. m. y s. f.* **2.** Súbdito de un soberano.
vasar *s. m.* Poyo o anaquelería que, sobresaliendo en la pared, sirve para poner vasos, platos, etc.
vascular *adj.* Perteneciente o relativo a los vasos de las plantas y los animales.
vaselina *s. f.* Sustancia crasa, amarillenta y translúcida, que se utiliza como lubricante y para hacer ungüentos.
vasera *s. f.* Vasar.
vasija *s. f.* Recipiente para contener líquidos o cosas destinadas a la alimentación.

vaso *s. m.* Recipiente, por lo común de forma cilíndrica, destinado a contener un líquido, especialmente el que sirve para beber.

vasomotor, ra *adj.* Concerniente al movimiento que regula los vasos sanguíneos.

vástago *s. m.* **1.** Ramo tierno de un árbol. **2.** *fig.* Persona descendiente de otra.

vastedad *s. f.* Dilatación, anchura.

vasto, ta *adj.* Dilatado, muy extendido.

vate *s. m.* **1.** Adivino. **2.** Poeta.

váter *s. m.* Lavabo.

vaticinador, ra *adj.* Que vaticina. También s. m. y s. f.

vaticinar *v. tr.* Pronosticar lo que está por venir.

vaticinio *s. m.* Predicción del futuro.

vatídico, ca *adj.* Perteneciente o relativo al vaticinio.

vatio *s. m.* Unidad de potencia eléctrica igual a la potencia capaz de hacer trabajo de un julio por segundo.

vaya *s. f.* Burla, chasco.

ve *s. f.* Nombre de la letra "v".

vecera *s. f.* Manada de ganado, por lo común porcino, perteneciente a un vecindario.

vecería *s. f.* Vecera.

vecero, ra *adj.* Se dice de las plantas que en un año dan mucho fruto y poco o ninguno en otro.

vecinal *adj.* Perteneciente o relativo al vecindario o a los vecinos.

vecindad *s. f.* **1.** Conjunto de las personas que viven en los distintos pisos de una misma casa, en varias inmediatas o en un mismo barrio. **2.** Cercanías de un sitio.

vecindario *s. m.* Conjunto de los vecinos de una población.

vecino, na *adj.* Se dice de la persona que habita con otros en un mismo pueblo, barrio, casa, etc.

vectación *s. f.* Acción de caminar en un vehículo.

vector *s. m.* Representación geométrica de la magnitud vectorial; por abstracción se define como todo segmento rectilíneo, contado desde un punto del espacio, en una dirección determinada y en uno de sus sentidos.

veda *s. f.* Espacio de tiempo en que está vedado cazar y pescar.

vedado, da *s. m.* Campo o sitio acotado por ley, donde está prohibido entrar o cazar.

vedamiento *s. m.* Veda.

vedar *v. tr.* **1.** Prohibir una cosa por ley, estatuto o mandato. **2.** Impedir la ejecución de algo.

vedeja *s. f.* Cabello largo.

vedette *s. f.* Artista principal en un espectáculo de revista o variedades.

vedija *s. f.* **1.** Mechón de lana. **2.** Mata de pelo enredada.

vedijero, ra *s. m. y s. f.* Persona que recoge la lana de inferior calidad cuando se esquila el ganado.

vedijudo, da *adj.* Que tiene la lana o el pelo enredado o en vedijas.

vedismo *s. m.* Religión más antigua de la India contenida en los libros llamados Vedas.

veedor, ra *s. m. y s. f.* Persona que tiene oficio, en las ciudades o villas, de reconocer si se realizan conforme a la ley determinadas obras.

veeduría *s. f.* Cargo u oficio de veedor.

vega *s. f.* Tierra baja, bien regada y fértil.

vegetación *s. f.* Conjunto de vegetales propios o existentes en un paraje o terreno.

vegetal *s. m.* Ser orgánico viviente, que no muda de lugar por impulso voluntario.

vegetar *v. intr.* Germinar, crecer y desarrollarse las plantas. También v. prnl.

vegetariano, na *adj.* Se dice de la persona que se alimenta exclusivamente de vegetales.

vegetativo, va *adj.* Se dice de los órganos y funciones que concurren a la conservación y desarrollo del organismo.

veguer *s. m.* Magistrado que, en Aragón, Cataluña y Mallorca, ejercía la misma jurisdicción que el corregidor en Castilla.

veguero, ra *s. m. y s. f.* Labrador que cultiva una vega.

vehemencia *s. f.* Calidad de vehemente.

vehemente *adj.* Se dice de lo que se siente o se expone con viveza.

vehículo *s. m.* Artefacto para transportar personas o cosas.

veinte *adj. num.* **1.** Dos veces diez. ‖ *adj. num.* **2.** Vigésimo.

veintén *s. m.* Moneda española de oro de valor de 20 reales.

veintena *s. f.* Conjunto de veinte unidades.

veintenar *s. m.* Veintena.

veintenario, ria *adj.* Se dice de lo que tiene veinte años.

veinteno, na *adj. num.* Vigésimo.

veinteñal *adj.* Que dura veinte años.
veinticinco *adj. num.* **1.** Veinte y cinco. **2.** Vigésimo quinto.
veinticuatría *s. f.* Cargo de veinticuatro.
vejación *s. f.* Acto de vejar.
vejamen *s. m.* Vejación.
vejatorio, ria *adj.* Se dice de lo que veja o puede vejar.
vejar *v. tr.* **1.** Molestar, maltratar a alguien. **2.** Dar vejamen.
vejestorio *s. m., desp.* Persona vieja.
vejez *s. f.* Calidad de viejo.
vejiga *s. f.* **1.** Órgano, especie de saco membranoso, que tienen los vertebrados y en el cual va depositándose la orina segregada por los riñones. **2.** Ampolla de la epidermis.
vejigatorio, ria *adj.* Se dice del emplasto o parche de sustancia irritante, puesto para levantar vejigas.
vejigoso, sa *adj.* Lleno de vejigas.
vejiguilla *s. f.* Vesícula en la epidermis.
vela[1] *s. f.* **1.** Tiempo destinado a trabajar durante la noche. **2.** Cilindro de cera u otra materia crasa con pabilo en el eje, para alumbrar.
vela[2] *s. f.* Lona formada por diversos trozos cosidos, que se amarra a las vergas para recibir el viento que impulsa la nave.
velación *s. f.* Ceremonia nupcial en la que se cubre con un velo a los cónyuges y que se celebra después del casamiento.
velada *s. f.* Reunión nocturna de varias personas, para recrearse de algún modo.
velado, da *s. m. y s. f.* Marido o mujer legítimos.
velador, ra *adj.* Se dice de la persona que cuida de alguna cosa.
veladura *s. f.* Tinta transparente que se da para suavizar el tono de lo pintado.
velamen *s. m.* Conjunto de velas de un barco.
velar[1] *v. intr.* **1.** Estar sin dormir el tiempo destinado para el sueño. **2.** Asistir por horas o turnos delante del Santísimo Sacramento. También tr.
velar[2] *v. tr.* Cubrir con un velo. También prnl.
velatorio *s. m.* **1.** Acto de velar a un difunto. **2.** Lugar destinado para velar a los difuntos.
veleidad *s. f.* **1.** Voluntad antojadiza o deseo vano. **2.** Inconstancia, ligereza.
veleidoso, sa *adj.* Se dice de lo mudable.
velería *s. f.* Tienda donde se venden velas de alumbrar.
velero, ra *adj.* **1.** Se dice de la embarcación muy ligera. || *s. m.* **2.** Buque de vela.
veleta *s. f.* **1.** Pieza de metal giratoria que, colocada en lo alto de un edificio, señala la dirección del viento. || *s. m. y s. f., fig.* **2.** Persona inconstante y mudable.
velete *s. m.* Velo delgado.
velicación *s. f.* Acción y efecto de velicar.
velicar *v. tr.* Punzar en alguna parte del cuerpo para dar salida a los humores.
velívolo, la *adj., poét.* Velero, que navega a toda vela.
velillo *s. m.* Tela muy sutil, tejida con hilo de plata.
vélite *s. m.* Soldado de la antigua infantería ligera romana.
vellera *s. f.* Mujer que quita el vello a otras.
vellido, da *adj.* Velloso.
vello *s. m.* Pelo corto y suave que nace en algunas partes del cuerpo humano y que es más corto que el de la cabeza.
vellocino *s. m.* Vellón que resulta de esquilar las ovejas.
vellón[1] *s. m.* Toda la lana de un carnero u oveja que, esquilada, sale junta
vellón[2] *s. m.* Antigua moneda de cobre.
véllora *s. f.* Mota o granillo en el revés de algunos paños.
vellorí *s. m.* Paño entrefino, de color pardo o de lana sin teñir.
vellorín *s. m.* Vellorí.
vellosidad *s. f.* Abundancia de vello.
velloso, sa *adj.* Que tiene vello.
velludillo *s. m.* Felpa o terciopelo de algodón, de pelo muy corto.
velludo, da *s. m.* Felpa o terciopelo.
vellutero, ra *s. m. y s. f.* Persona que por oficio trabaja en seda o felpa.
velo *s. m.* **1.** Cortina o tela que cubre una cosa. **2.** Prenda de tul, gasa u otra tela delgada y con la cual las mujeres se cubren la cabeza o el rostro.
velocidad *s. f.* Ligereza o prontitud en el movimiento.
velocipedista *s. m. y s. f.* Persona que anda o sabe andar en velocípedo.
velocípedo *s. m.* Vehículo formado por una especie de caballete, con dos o tres ruedas, que se desplaza por medio de unos pedales.
velódromo *s. m.* Lugar destinado para carreras en bicicleta.

velón *s. m.* Lámpara de metal para aceite, con uno o varios picos o mecheros y un eje en que puede girar.
velonero, ra *s. m. y s. f.* Repisa en que se coloca el velón u otra luz cualquiera.
velorio *s. m.* Velatorio, especialmente cuando el difunto es un niño.
velorta *s. f.* Vilorta.
veloz *adj.* **1.** Acelerado y pronto en el movimiento. **2.** Ágil y pronto en el movimiento o en lo que se ejecuta o discurre.
vena *s. f.* **1.** Cualquiera de los vasos sanguíneos por donde vuelve al corazón la sangre que ha corrido por las arterias. **2.** Filón. **3.** Cada uno de los nervios de una hoja.
venablo *s. m.* Lanza corta y arrojadiza.
venadero *s. m.* Paraje en que los venados tienen su querencia.
venado *s. m.* Ciervo.
venaje *s. m.* Conjunto de venas de agua y manantiales que dan origen a un río.
venal *adj.* Vendible o expuesto a la venta.
venalidad *s. f.* Calidad de venal, vendible o sobornable.
venático, ca *adj., fam.* Que tiene vena de loco o ideas extravagantes. También s. m. y s. f.
venatorio, ria *adj.* Perteneciente o relativo a la montería.
vencedor, ra *adj.* Que vence. También s. m. y s. f.
vencejo[1] *s. m.* Lazo o ligadura con que se ata una cosa, especialmente los haces de las mieses.
vencejo[2] *s. m.* Pájaro fisirrostro, insectívoro, parecido a la golondrina.
vencer *v. tr.* **1.** Rendir o sujetar al enemigo o contrario. **2.** Superar a otro en alguna competición. **3.** Ladear, inclinar o torcer una cosa. También prnl. ‖ *v. intr.* **4.** Finalizar un plazo.
vencida *s. f.* Vencimiento, acto de vencer o ser vencido.
vencimiento *s. m.* **1.** Acción de vencer o su efecto, es decir, ser vencido. **2.** *fig.* Inclinación o torcimiento. **3.** *fig.* Cumplimiento del plazo de una deuda, obligación, etc.
venda *s. f.* Tira de lienzo que sirve para ligar un miembro o para sujetar los apósitos.
vendaje *s. m.* Ligadura que se hace con vendas.
vendar *v. tr.* Atar o cubrir una parte del cuerpo con una o varias vendas.
vendaval *s. m.* Viento fuerte que sopla del Sur, con tendencia al Oeste.
vendedor, ra *s. m. y s. f.* Persona que tiene por oficio vender.
vender *v. tr.* **1.** Traspasar a otro la propiedad de lo que alguien posee a cambio de una cantidad de dinero convenida. **2.** Dejarse sobornar.
vendí *s. m.* Certificado de venta, extendido por el vendedor, que acredita la procedencia y precio de lo comprado.
vendimia *s. f.* **1.** Recolección de la uva. **2.** Tiempo en que se hace.
vendimiador, ra *s. m. y s. f.* Persona que vendimia.
vendimiar *v. tr.* **1.** Recoger el fruto de las viñas. **2.** *fig. y fam.* Matar o quitar la vida. También prnl.
vendimiario *s. m.* Primer mes del año según el calendario republicano francés, cuyos días primero y último coincidían, respectivamente, con el 22 de septiembre y el 21 de octubre.
vendo *s. m.* Orillo del paño.
venencia *s. f.* Utensilio compuesto de un recipiente cilíndrico y de una varilla terminada en gancho, que se usa para probar los vinos.
veneno *s. m.* Cualquier sustancia que, introducida en el organismo animal, ocasiona la muerte o graves trastornos.
venenosidad *s. f.* Calidad de venenoso.
venenoso, sa *adj.* Que incluye veneno.
venera *s. f.* **1.** Concha de ciertos moluscos. **2.** Insignia que los caballeros de las órdenes militares llevaban colgada al pecho.
venerable *adj.* Digno de culto, de homenaje, de respeto.
veneración *s. f.* Acción y efecto de venerar.
venerar *v. tr.* **1.** Respetar en sumo grado a una persona o cosa. **2.** Dar culto a Dios, a los santos o a las cosas sagradas.
venéreo, a *adj.* Se dice de las enfermedades contagiosas que ordinariamente se contraen por el contacto sexual.
venereología *s. f.* Parte de la medicina que se ocupa de las enfermedades venéreas.
venereológico, ca *adj.* Perteneciente o relativo a la venereología.
venereólogo, ga *s. m. y s. f.* Especialista en venereología.
venero *s. m.* Manantial de agua.

vengable *adj.* Que puede o debe ser vengado.
venganza *s. f.* Satisfacción que se toma del agravio o daño recibidos, especialmente por medio de otro daño.
vengar *v. tr.* Tomar satisfacción de un agravio o daño. También prnl.
vengativo, va *adj.* Inclinado a tomar venganza de cualquier agravio o daño.
venia *s. f.* **1.** Perdón de la ofensa o culpa. **2.** Licencia para ejecutar una cosa.
venial *adj.* Se dice de lo que se opone levemente a la ley o precepto, y por eso es de fácil remisión.
venialidad *s. f.* Calidad de venial.
venida *s. f.* Acción de venir.
venidero, ra *adj.* Que ha de venir o suceder.
venir *v. intr.* **1.** Caminar una persona o moverse una cosa de allá para acá. **2.** Llegar una persona o cosa a donde está quien habla.
venoso, sa *adj.* Perteneciente o relativo a la vena.
venta *s. f.* **1.** Cesión en virtud de la cual se transfiere a dominio ajeno una cosa propia por el precio pactado. **2.** Posada en los caminos.
ventada *s. f.* Golpe de viento.
ventaja *s. f.* Lo que da superioridad.
ventajoso, sa *adj.* Que tiene ventaja o la reporta.
ventalla *s. f.* Cada una de las partes de la cáscara de un fruto, que, juntas por una o más suturas, encierran las semillas, como en el haba.
ventana *s. f.* Abertura más o menos elevada sobre el suelo, que se deja en una pared para dar luz y ventilación.
ventanaje *s. m.* Conjunto de ventanas.
ventanear *v. tr., fam.* Asomarse a la ventana con frecuencia.
ventanero, ra *adj.* Se dice de la persona que mira con poco recato a las ventanas en que hay asomado alguien. También s. m. y s. f.
ventanilla *s. f.* Abertura pequeña que hay en la pared o tabique de los despachos de billetes, bancos y otras oficinas para despachar, cobrar, pagar, etc.
ventar *v. intr.* Ventear, soplar el viento.
ventarrón *s. m.* Viento muy fuerte.
ventear *v. intr.* Soplar el viento o hacer aire fuerte.
ventero, ra *s. m. y s. f.* Persona que tiene a su cuidado y cargo una venta.
ventilación *s. f.* Instalación con que se ventila un lugar.
ventilador *s. m.* Instrumento que remueve el aire confinado en una habitación.
ventilar *v. tr.* **1.** Hacer penetrar el aire en algún sitio. Se usa más como prnl. **2.** Agitar una cosa en el aire. **3.** *fig.* Examinar una cuestión hasta que quede solucionada.
ventisca *s. f.* Borrasca de viento y nieve.
ventiscar *v. intr.* **1.** Nevar con viento fuerte. **2.** Levantarse la nieve por la violencia del viento.
ventisco *s. m.* Ventisca.
ventiscoso, sa *adj.* Se dice del tiempo y lugar en que son frecuentes las ventiscas.
ventisquear *v. intr.* Ventiscar.
ventisquero *s. m.* **1.** Ventisca. **2.** Altura de los montes más expuesta a las ventiscas.
ventola *s. f.* Esfuerzo que hace el viento contra un obstáculo.
ventolera *s. f.* **1.** Golpe de viento recio y poco durable. **2.** *fig. y fam.* Vanidad. **3.** Determinación inesperada.
ventolina *s. f.* Viento leve y variable.
ventor, ra *adj.* Se dice del animal que, guiado por su olfato y el viento, busca un rastro o huye del cazador.
ventorrero *s. m.* Sitio alto y despejado, muy expuesto a los vientos.
ventorrillo *s. m.* Bodegón en las afueras de una población.
ventorro *s. m., desp.* Venta de hospedaje pequeña o mala.
ventosa *s. f.* **1.** Órgano de ciertos animales que les permite adherirse a los objetos mediante el vacío. **2.** Abertura que se hace en algunas cosas para dar paso al viento. **3.** Pieza cóncava de material plástico, que al ser oprimida contra una superficie crea el vacío en su interior y permanece adherida a dicha superficie.
ventosear *v. intr.* Expeler del cuerpo los gases intestinales. También prnl.
ventosidad *s. f.* Gases intestinales, especialmente cuando se expelen.
ventoso, sa *adj.* Se dice del día, tiempo o sitio en que hace aire fuerte.
ventral *adj.* Perteneciente o relativo al vientre.
ventrecha *s. f.* Vientre de los pescados.
ventregada *s. f.* Conjunto de animalitos que han nacido de un parto.
ventrera *s. f.* Faja que se pone para apretar el vientre.

ventricular *adj.* Perteneciente o relativo al ventrículo.

ventrículo *s. m.* Nombre que reciben las cavidades inferiores del corazón, que envían la sangre procedente de las aurículas a las arterias.

ventril *s. m.* Pieza de madera que equilibra la viga en los molinos de aceite.

ventrílocuo, cua *adj.* Se dice de la persona que tiene el arte de modificar su voz, imitando las de otras personas o diversos sonidos.

ventriloquía *s. f.* Arte de ventrílocuo.

ventroso, sa *adj.* Ventrudo.

ventrudo, da *adj.* Que tiene abultado el vientre.

ventura *s. f.* **1.** Felicidad. **2.** Contingencia o casualidad.

venturero, ra *adj.* Que anda sin ocupación u oficio, pero dispuesto a trabajar en cualquier cosa.

venturina *s. f.* Variedad de cuarzo que lleva en su masa laminillas de mica.

venturo, ra *adj.* Que ha de venir o suceder.

venturoso, sa *adj.* Afortunado.

venus *s. f., fig.* Mujer muy hermosa.

venusto, ta *adj.* Hermoso y agraciado.

ver[1] *s. m.* **1.** Sentido de la vista. **2.** Apariencia de las cosas.

ver[2] *v. tr.* **1.** Percibir por los ojos la forma y color de los objetos mediante la acción de la luz. **2.** Visitar a una persona. **3.** Conocer, juzgar.

vera *s. f.* Orilla.

veracidad *s. f.* Calidad de veraz.

veragua *s. f., vulg.* Billete de banco de mil pesetas.

veranada *s. f.* Temporada de verano respecto de los ganados.

veranadero *s. m.* Sitio donde en verano pastan los ganados.

veranear *v. intr.* Pasar el verano en algún lugar distinto de aquel donde se reside habitualmente.

veraneo *s. m.* Acción y efecto de veranear.

veranero *s. m.* Sitio o paraje donde algunos animales pasan el verano.

veraniego, ga *adj.* Perteneciente o relativo al verano.

veranillo *s. m.* Tiempo breve de calor en otoño.

verano *s. m.* La época más calurosa del año, que en el hemisferio septentrional comprende los meses de junio, julio y agosto, y en el austral corresponde a diciembre, enero y febrero.

veras *s. f. pl.* **1.** Realidad, verdad en las cosas que se dicen o hacen. **2.** Eficacia, fervor con que se ejecutan o desean las cosas.

veratrina *s. f.* Alcaloide cristalino y tóxico contenido en la raíz del vedegambre.

veraz *adj.* Que dice o profesa siempre la verdad.

verba *s. f.* Labia, locuacidad.

verbal *adj.* Referente a la palabra o que se sirve de ella.

verbalismo *s. m.* **1.** Propensión a fundar el razonamiento más en las palabras que en los conceptos. **2.** Procedimiento de enseñanza en que se cultiva con preferencia la memoria verbal.

verbalista *adj.* Perteneciente o relativo al verbalismo. También s. m. y s. f.

verbasco *s. m.* Gordolobo.

verbena *s. f.* **1.** Planta herbácea anual, de las verbenáceas, de flores terminales en espigas de varios colores. **2.** Velada de regocijo popular.

verbenáceo, a *adj.* Se dice de las plantas dicotiledóneas de tallos y ramas cuadrangulares, de hojas opuestas y verticiladas, y flores en racimo, espiga, etc.

verbenear *v. intr.* **1.** *fig.* Bullir, moverse las cosas en un sitio como los gusanos. **2.** Abundar, multiplicarse en un paraje personas o cosas.

verbenero, ra *adj.* Se dice de la persona de ánimo festivo. También s. m. y s. f.

verberación *s. f.* Acción y efecto de verberar.

verberar *v. tr.* **1.** Fustigar. También prnl. **2.** *fig.* Azotar el viento o el agua en alguna parte.

verbigracia *s. m.* Ejemplo.

verbo *n. p.* **1.** Segunda persona de la Santísima Trinidad. ‖ *s. m.* **2.** Palabra, representación oral de una idea.

verborrea *s. f., fam.* Verbosidad excesiva.

verbosidad *s. f.* Abundancia de palabras en la locución.

verboso, sa *adj.* Abundante de palabras.

verdacho *s. m.* Arcilla teñida naturalmente de verde claro por el silicato de hierro.

verdad *s. f.* **1.** Conformidad del entendimiento con las cosas. **2.** Conformidad de lo que se dice con lo que se siente o se piensa.

verdadero, ra *adj.* Ingenuo, sincero.

verdal *adj.* Se dice de las frutas que tienen color verde aun después de maduras.

verdasca *s. f.* Vara o ramo delgado, ordinariamente verde.

verde *adj.* Se dice del color simple que se encuentra en el espectro de luz blanca entre el amarillo y el azul.
verdea *s. f.* Vino de color verdoso.
verdear *v. prnl.* **1.** Mostrar una cosa el color verde que en sí tiene. **2.** Comenzar a brotar las plantas.
verdecer *v. intr.* Revestirse de verde la tierra o los árboles.
verdecillo *s. m.* Verderón.
verdegal *s. m.* Sitio donde verdea un sembrado.
verdegay *adj.* De color verde claro.
verdeguear *v. intr.* Verdear.
verdejo *adj.* Verdal.
verdel *s. m.* Pez de manchas verdosas, caballa.
verdemar *s. m.* Color parecido al verdoso que suele tomar el mar. También adj.
verdemontaña *s. m.* **1.** Carbonato de cobre terroso y de color claro. **2.** Color verde claro que se hace de este mineral.
verdeo *s. m.* Recolección de las aceitunas antes de que maduren para encurtirlas.
verderol[1] *s. m.* Verderón.
verderol[2] *s. m.* Berberecho.
verderón *s. m.* Ave cantora con el plumaje verdoso.
verdete *s. m.* Color verde claro hecho con el acetato o el carbonato de cobre.
verdevejiga *s. m.* Compuesto de hiel y sulfato de hierro, de color verde oscuro.
verdezuelo *s. m.* Verderón.
verdín *s. m.* Primer color verde de las plantas que no han llegado a la sazón.
verdina *s. f.* Verdín.
verdinegro, gra *adj.* De color verde oscuro.
verdiñal *adj.* Se dice de una clase de pera verdal.
verdiseco, ca *adj.* Medio seco.
verdolaga *s. f.* Planta herbácea anual, de las portulacáceas, de hojas carnosas pequeñas y ovaladas, que se comen en ensalada.
verdor *s. m.* **1.** Color verde vivo de las plantas. **2.** *fig.* Edad de la juventud.
verdoso, sa *adj.* Que tira a verde.
verdoyo *s. m.* Verdín.
verdugado *s. m.* Vestidura que usan las mujeres bajo las faldas para ahuecarlas.
verdugal *s. m.* Monte bajo que, después de quemado o cortado, se cubre de renuevos.
verdugazo *s. m.* Golpe dado con el verdugo.
verdugo *s. m.* **1.** Vástago del árbol. **2.** Azote hecho de materia flexible, como cuero, mimbre, etc. **3.** Ministro de justicia que ejecuta las penas de muerte.
verdugón *s. m.* Roncha que levanta un golpe dado con el verdugo.
verduguillo *s. m.* Navaja pequeña y estrecha para afeitar.
verdulería *s. f.* Tienda de verduras.
verdulero, ra *s. m. y s. f.* **1.** Persona que por oficio vende verduras. **2.** *fig. y fam.* Persona desvergonzada y malhablada.
verdura *s. f.* **1.** Verdor, color verde. **2.** Hortaliza, especialmente la que se come cocida.
verdusco, ca *adj.* Que tira a verde oscuro.
verecundia *s. f.* Vergüenza.
verecundo, da *adj.* Vergonzoso.
vereda *s. f.* Camino angosto, formado comúnmente por el tránsito de peatones y ganados.
veredero *s. m.* Persona que va enviada con despachos para notificarlos a uno o varios lugares de un mismo camino.
veredicto *s. m.* Definición sobre un hecho dictada por el jurado
verga *s. f.* **1.** Miembro genital de los mamíferos. **2.** Percha labrada, a la cual se asegura el grátil de una vela.
vergajo *s. m.* Verga del toro que, seca y retorcida, se usa como látigo.
vergel *s. m.* Huerto con variedad de flores y árboles frutales.
vergeta *s. f.* Palo más estrecho que el ordinario.
vergeteado *adj.* Se dice del escudo compuesto de diez o más palos.
vergonzante *adj.* **1.** Que tiene vergüenza. **2.** Se dice de la persona que por vergüenza procede de modo encubierto.
vergonzoso, sa *adj.* **1.** Que causa vergüenza. **2.** Que se avergüenza con facilidad. También s. m. y s. f.
verguear *v. tr.* Varear o sacudir una persona o cosa con una verga o vara.
vergüenza *s. f.* **1.** Turbación del ánimo, causada por una falta cometida, por una humillación recibida o por sentirse objeto de la atención de alguien. **2.** Decencia.
vergueta *s. f.* Varita delgada.
verguío, a *adj.* Se dice de las maderas flexibles y correosas.

vericueto *s. m.* Lugar áspero, alto y quebrado, por donde se camina con gran dificultad.
verídico, ca *adj.* **1.** Que dice la verdad. **2.** Se aplica también al que la incluye.
verificación *s. f.* **1.** Acción de probar si una cosa es verdadera o no. **2.** Acción de examinar la verdad de algo. **3.** Acción de salir cierto lo que se había pronosticado.
verificador, ra *adj.* Se aplica en particular a la persona que comprueba los contadores de gas, agua, electricidad, etc.
verificar *v. tr.* **1.** Probar que una cosa que se dudaba es verdadera. **2.** Comprobar o examinar la verdad de una cosa.
verificativo, va *adj.* Se dice de lo que sirve para verificar una cosa.
verija *s. f.* Región de las partes pudendas.
veril *s. m.* Orilla o borde de un bajo, sonda, placer, etc.
verilear *v. intr.* Navegar por un veril.
verisímil *adj.* Verosímil.
verisimilitud *s. f.* Verosimilitud.
verismo *s. m.* Sistema estético en el que predomina con exceso la representación directa de la realidad, sin excluir lo feo ni lo desagradable. Se dice especialmente de la novela realista italiana del s. XIX.
verja *s. f.* Enrejado que sirve de puerta, ventana o cerca.
verme *s. m.* Lombriz intestinal.
vermicular *adj.* **1.** Que tiene gusanos o vermes. **2.** Que se parece a los gusanos o participa de sus cualidades.
vermiforme *adj.* De figura de gusano.
vermífugo, ga *adj.* Que mata las lombrices intestinales. También s. m.
verminoso, sa *adj.* Se dice de las úlceras que crían gusanos y de las enfermedades acompañadas de la presencia de gusanos.
vermis *s. m.* Parte media del cerebelo.
vermú *s. m.* Licor compuesto de vino blanco, ajenjo y otras sustancias amargas y tónicas.
vermut *s. m.* Vermú.
vernáculo, la *adj.* Doméstico, nativo, de nuestra casa o país.
vernal *adj.* Perteneciente o relativo a la primavera.
vernier *s. m.* Nonio.
vero *s. m.* **1.** Piel de marta cebellina. ‖ *s. m. pl.* **2.** Esmaltes que cubren el escudo en figura de campanillas alternadas, unas de plata y otras de azur, y con las bocas opuestas.
veronal *s. m.* Derivado del ácido barbitúrico, usado como tranquilizante.
verónica *s. f.* **1.** Planta de las escrofulariáceas, de flores azules en espigas axilares. **2.** Lance que consiste en esperar el lidiador la acometida del toro teniendo la capa extendida o abierta con ambas manos enfrente de la res.
verosímil *adj.* **1.** Que tiene apariencia de verdadero y puede creerse. **2.** Creíble por no ofrecer carácter de falsedad.
verosimilitud *s. f.* Calidad de verosímil.
verraco *s. m.* Cerdo padre.
verraquear *v. intr., fig. y fam.* Gruñir.
verraquera *s. f., fam.* Lloro con rabia.
verriondez *s. f.* Calidad de verriondo.
verriondo, da *adj.* Se dice del puerco y otros animales cuando están en celo.
verrón *s. m.* Verraco.
verruga *s. f.* Excrecencia cutánea, generalmente redonda, formada por la dilatación de las papilas vasculares y el endurecimiento de la epidermis que la cubre.
verrugo *s. m., fam.* Persona tacaña y avara.
verrugoso, sa *adj.* Que tiene muchas verrugas.
verrugueta *s. f., vulg.* Trampa en el juego que consiste en marcar los naipes con verruguillas.
verruguetear *v. tr., fam.* Marcar los naipes con verruguetas.
verruguilla *s. f., vulg.* Pequeña señal que se hace en los naipes para jugar con ventaja.
versado, da *adj.* Se dice de la persona que tiene experiencia en alguna actividad.
versal *adj.* Se dice de la letra mayúscula.
versalita *adj.* Se dice de la letra mayúscula de igual tamaño que la minúscula.
versar *v. intr.* Tratar de cierta materia un libro, discurso, conversación, etc.
versátil *adj., fig.* De carácter voluble e inconstante.
versatilidad *s. f.* Calidad de versátil.
versear *v. intr., fam.* Hacer versos, versificar.
versería *s. f.* Conjunto de versos o piezas de artillería.
versícula *s. f.* Lugar donde se ponen los libros de coro.
versiculario, ria *s. m. y s. f.* **1.** Persona que canta los versículos. **2.** Persona que cuida de los libros del coro.

versículo *s. m.* Cada una de las breves divisiones de los capítulos de ciertos libros, especialmente de la Sagrada Escritura.

versificación *s. f.* Arte de versificar.

versificador, ra *adj.* Que hace o compone versos. También s. m. y s. f.

versificar *v. intr.* **1.** Hacer o componer versos. || *v. tr.* **2.** Poner en verso.

versión *s. f.* Modo que tiene cada uno de referir un mismo suceso.

versista *s. m. y s. f.* Persona que tiene prurito de hacer versos.

verso *s. m.* Cada una de las porciones de una obra sometidas a ritmo.

versta *s. f.* Medida itineraria rusa, equivalente a 1 067 m.

versus *prep.* **1.** Hacia. **2.** Por influencia anglosajona, contra, frente a.

vértebra *s. f.* Cada uno de los huesos cortos articulados entre sí que forman la columna vertebral.

vertebración *s. f.* Acción y efecto de vertebrar.

vertebrado, da *adj.* **1.** Que tiene vértebras. **2.** Se dice de los animales cordados dotados de un esqueleto interno, óseo o cartilaginoso, con columna vertebral. También s. m. **3.** *fig.* Se aplica a lo que está bien organizado y es coherente.

vertebral *adj.* Perteneciente o relativo a las vértebras.

vertebrar *v. tr., fig.* Dar cohesión y estructura interna a algo.

vertedera *s. f.* Especie de orejera que sirve para voltear y extender la tierra levantada por el arado.

vertedero *s. m.* Sitio adonde o por donde se vierte algo, escombros, basuras, etc.

vertedor, ra *s. m.* Canal o conducto para dar salida al agua.

vertello *s. m.* Cada una de las bolas de madera que, ensartadas en un cabo, forman el racamento.

verter *v. tr.* **1.** Derramar o vaciar líquidos y cosas menudas. También prnl. **2.** Inclinar un recipiente o volverlo boca abajo para que salga su contenido. También prnl.

vertibilidad *s. f.* Calidad de vertible.

vertible *adj.* Que puede volverse o mudarse.

vertical *adj.* **1.** Se dice de la recta o plano perpendicular al horizonte. **2.** En figuras, dibujos, etc., se dice de la línea que va de la cabeza a los pies.

verticalidad *s. f.* Calidad de vertical.

vértice *s. m.* Punto en que concurren los dos lados de un ángulo o las caras de un ángulo poliedro.

verticidad *s. f.* Capacidad o potencia de moverse a varias partes o alrededor.

verticilado, da *adj.* Que forma o está dispuesto en verticilos.

verticilo *s. m.* Conjunto de tres o más ramos, hojas, inflorescencias u órganos florales dispuestos en un mismo plano alrededor de un tallo.

vertidos *s. m. pl.* Conjunto de materias de desecho que las instalaciones industriales arrojan a los vertederos.

vertiente *s. amb.* Declive por donde corre o puede correr el agua.

vertiginosidad *s. f.* Calidad de vertiginoso.

vertiginoso, sa *adj.* **1.** Perteneciente o relativo al vértigo. **2.** Que causa vértigo. **3.** Que padece vértigos. **4.** Se dice de la velocidad muy grande y del movimiento muy acelerado.

vértigo *s. m.* **1.** Trastorno del sentido del equilibrio, cuya principal característica es la sensación de movimiento rotatorio de las cosas o del propio cuerpo. **2.** Turbación del juicio, generalmente pasajera. **3.** *fig.* Apresuramiento anormal de la actividad de una persona o colectividad.

vertimiento *s. m.* Acción y efecto de verter o verterse.

vesania *s. f.* Enajenación del juicio.

vesánico, ca *adj.* Perteneciente o relativo a la vesania.

vesical *adj.* Perteneciente o relativo a la vejiga.

vesicante *adj.* Se dice de la sustancia que produce ampollas en la piel.

vesícula *s. f.* Vejiga pequeña en la epidermis, llena generalmente de líquido seroso.

vesicular *adj.* De forma de vesícula.

vesiculoso, sa *adj.* Lleno de vesículas.

vesperal *s. m.* Libro de canto llano, que contiene el de vísperas y completas.

véspero *s. m.* Las últimas horas de la tarde.

vespertino, na *adj.* **1.** Perteneciente o relativo a las últimas horas de la tarde. **2.** Se dice de los astros que transponen el horizonte después del ocaso del Sol. **3.** En periodismo, diario que sale por la tarde.

vestal Se dice de las doncellas romanas consagradas a la diosa Vesta.
vestíbulo *s. m.* Atrio o portal en la entrada de un edificio.
vestido *s. m.* Conjunto de prendas que sirven para cubrir el cuerpo humano.
vestidura *s. f.* **1.** Vestido. **2.** Vestido que, sobrepuesto al ordinario, usan los sacerdotes y sus ministros para el culto divino.
vestigio *s. m.* **1.** Huella, señal que deja el pie por donde ha pisado. **2.** Memoria o noticia que se tiene de las acciones de los antiguos.
vestiglo *s. m.* Monstruo fantástico.
vestimenta *s. f.* Vestido.
vestir *v. tr.* Cubrir o adornar el cuerpo propio o el de otra persona con el vestido.
vestuario *s. m.* **1.** Conjunto de trajes necesarios para una representación escénica. **2.** Parte del teatro donde se visten los actores.
vestugo *s. m.* Renuevo del olivo.
veta *s. f.* **1.** Yacimiento de mineral con foma alargada. **2.** Vena, lista de ciertas piedras y maderas.
veteado, da *s. m.* Conjunto de las vetas de un material.
vetear *v. tr.* Señalar o pintar vetas en alguna cosa, a imitación de las naturales de la madera o el mármol.
veteranía *s. f.* Calidad de veterano.
veterano, na *adj., fig.* Antiguo y experimentado en cualquier profesión.
veterinaria *s. f.* Ciencia y arte de prevenir y curar las enfermedades de los animales.
veterinario, ria *s. m. y s. f.* Persona que se dedica a la veterinaria por profesión o estudio.
vetisesgado, da *adj.* Que tiene las vetas al sesgo.
vetiver *s. m.* Raíz olorosa que se emplea para perfumar la ropa y para preservarla de la polilla.
veto *s. m.* Derecho de una persona o corporación para vedar o impedir una cosa.
vetustez *s. f.* Calidad de vetusto.
vetusto, ta *adj.* Muy antiguo.
vez *s. f.* **1.** Cada uno de los casos en que tiene lugar un acto o acontecimiento susceptible de repetición. **2.** Tiempo u ocasión determinada.
veza *s. f.* Arveja.
vezar *v. tr.* Avezar. También prnl.
vía *s. f.* **1.** Camino por donde se transita. **2.** Porción del suelo explanado en donde se asientan los carriles. **3.** *fig.* Camino o instrucción para realizar una cosa.
viabilidad *s. f.* Calidad de viable.
viable *adj., fig.* Se dice del asunto que por sus circunstancias tiene probabilidades de llevarse a cabo.
vía crucis *s.m.* Término con que se denomina el camino que recorrió Jesucristo caminando al Calvario.
viada *s. f.* Movimiento brusco que hace el barco al empezar a moverse o aumentar de velocidad.
viadera *s. f.* Pieza de madera de los telares antiguos para colgar los hilos y gobernar el tejido.
viador, ra *s. m. y s. f.* Criatura racional que está en esta vida y aspira y camina a la eternidad.
viaducto *s. m.* Obra a manera de puente, para el paso de un camino sobre una hondonada.
viajador, ra *s. m. y s. f.* Viajero, que viaja.
viajante *s. m. y s. f.* Dependiente comercial que hace viajes para negociar.
viajar *v. intr.* **1.** Hacer viaje. **2.** Ser transportada una cosa de una parte a otra.
viajata *s. f., fam.* Caminata.
viaje *s. m.* **1.** Jornada que se hace de una parte a otra. **2.** Camino por donde se hace. **3.** Ida de una parte a otra, en especial cuando se va a un lugar notablemente distante.
viajero, ra *s. m. y s. f.* Persona que hace un viaje, especialmente largo.
vial *s. m.* Calle formada de dos filas paralelas de árboles u otras plantas.
vialidad *s. f.* **1.** Calidad de vial. **2.** Conjunto de servicios pertenecientes a las vías públicas.
vianda *s. f.* **1.** Sustento y comida de los racionales. **2.** Comida que se sirve a la mesa.
viandante *s. m. y s. f.* Persona que hace viaje o anda camino.
viaraza *s. f., fig.* Acción inconsiderada y repentina.
viaticar *v. tr.* Administrar el viático a un enfermo.
viático *s. m.* **1.** Prevención de lo necesario para un viaje. **2.** Comunión que se administra a los enfermos en peligro de muerte.
víbora *s. f.* **1.** Serpiente venenosa de cabeza en forma de corazón. **2.** *fig.* Persona maldiciente.
viborezno, na *adj.* **1.** Perteneciente o relativo a la víbora. ‖ *s. m.* **2.** Cría de la víbora.
vibración *s. f.* Movimiento de una partícula de un cuerpo que oscila durante un período.

vibrador, ra *adj.* **1.** Que vibra. ‖ *s. m.* **2.** Aparato que transmite las vibraciones eléctricas.

vibrante *adj.* Se dice del sonido o letra cuya pronunciación se caracteriza por un rápido contacto oclusivo, simple o múltiple, entre los órganos de la articulación.

vibrar *v. intr.* Moverse con celeridad las moléculas de un cuerpo elástico alrededor de sus posiciones naturales de equilibrio, y también la totalidad del cuerpo.

vibrátil *adj.* Capaz de vibrar.

vibratorio, ria *adj.* Que vibra o es capaz de vibrar.

vibrión *s. m.* Especie de bacteria.

viburno *s. m.* Arbusto de las caprifoliáceas, ramoso y de raíz rastrera.

vicaría *s. f.* Oficio o dignidad de vicario.

vicariato *s. m.* Tiempo que dura el oficio de vicario.

vicario, ria *s. m. y s. f.* Persona que en las órdenes religiosas tiene las veces y autoridad de alguno de sus superiores.

vicealmirante *s.m.* Oficial general de la armada, inmediatamente inferior al almirante.

vicecanciller *s. m.* Persona que hace las veces de canciller, a falta de éste, en orden al sello de los despachos.

viceconsiliario, ria *s. m. y s. f.* Persona que hace las veces de consiliario o de consiliaria.

vicecónsul *s.m.* Funcionario de la carrera consular, inferior al cónsul.

vicegerente *s. m. y s. f.* Persona que hace las veces de gerente.

vicenal *adj.* **1.** Que sucede o se repite cada veinte años. **2.** Que dura veinte años.

vicepresidencia *s. f.* Cargo de vicepresidente o vicepresidenta.

vicepresidente, ta *s. m. y s. f.* Persona que está facultada para hacer las veces de presidente o presidenta.

vicerrector, ra *s. m. y s. f.* Persona que hace las veces de rector.

vicerrectorado *s. m.* Cargo de vicerrector.

vicesecretario, ria *s. m. y s. f.* Persona que hace o está facultada para hacer las veces del secretario o secretaria.

vicésimal *adj.* Se dice del sistema de contar de veinte en veinte.

vicésimo, ma *adj.* Vigésimo. También s. m. y s. f.

vicetiple *s. f., fam.* En zarzuela y revista, cada una de las cantantes del coro.

viceversa *adv. m.* Al contrario o por lo contrario.

viciar *v. tr.* **1.** Dañar o corromper física o moralmente. También prnl. **2.** Falsear o adulterar los géneros.

vicio *s. m.* **1.** Mala calidad, defecto o daño físico. **2.** Hábito de obrar mal.

vicioso, sa *adj.* Entregado a los vicios.

vicisitud *s. f.* Orden sucesivo o alternativo de una cosa.

vicisitudinario, ria *adj.* Que acontece por orden sucesivo o alternativo.

víctima *s. f.* **1.** Persona o animal destinado al sacrificio. **2.** *fig.* Persona que se expone a un grave riesgo en obsequio de otra.

victimario *s. m.* Sirviente de los antiguos sacerdotes gentiles, que encendía el fuego y ataba o sujetaba las víctimas.

victo *s. m.* Sustento diario.

victoria[1] *s. f.* Superioridad que se obtiene del contrario en una disputa o lid.

victoria[2] *s. f.* Coche de dos asientos, abierto y con capota.

victorioso, sa *adj.* **1.** Que ha conseguido una victoria. También s. m. y s. f. **2.** Se dice de las acciones en que se consigue.

vicuña *s. f.* Mamífero rumiante camélido, parecido a la llama, de pelo largo y fino.

vid *s. f.* Arbusto de las vitáceas, sarmentoso y trepador, cuyo fruto es la uva.

vida *s. f.* **1.** Fuerza interna sustancial, mediante la que obra el ser que la posee. **2.** Espacio de tiempo comprendido entre el nacimiento de un ser y su muerte.

videncia *s. f.* Facultad de ver o adivinar lo que va a suceder.

vidente *s. m. y s. f.* Persona que tiene la facultad de adivinar lo que aún no ha sucedido.

vídeo *s. m.* Aparato que graba y reproduce imágenes y sonidos.

videocámara *s. f.* Cámara de vídeo.

videocasete *s. f.* Cinta magnética en la que se graban imágenes y sonidos.

videoclip *s. m.* Vídeo musical.

videoclub *s. m.* Establecimiento comercial en el que se pueden alquilar o comprar cintas de vídeo.

vidriado, da *adj.* Fácil de quebrarse.

vidriar *v. tr.* Dar a las piezas de barro o loza un barniz que, fundido al horno, toma la transparencia y lustre del vidrio.

vidriera *s. f.* Bastidor con vidrios con que se cierran puertas y ventanas.

vidriería *s. f.* Taller donde se labra y corta el vidrio.

vidriero, ra *s. m. y s. f.* Persona que por oficio trabaja en vidrio o lo vende.

vidrio *s. m.* Sustancia transparente o translúcida, dura, frágil, formada por la combinación de sílice, potasa y sosa.

vidriosidad *s. f.* Calidad de vidrioso, propensión a enojarse.

vidrioso, sa *adj.* **1.** Que se quiebra con facilidad, como el vidrio. **2.** *fig.* Se dice de los ojos que se vidrian por la cólera, enfermedad grave o muerte.

vidual *adj.* Perteneciente o relativo a la viudez.

vidueño *s. m.* Viduño.

viduño *s. m.* Casta o variedad de vid.

vieira *s. f.* Molusco comestible cuya concha es la venera, insigna que llevan los peregrinos a Santiago.

viejo, ja *adj.* **1.** Se dice de la persona de mucha edad. **2.** Antiguo o del tiempo pasado. **3.** Deslucido, estropeado por el uso.

viento *s. m.* Corriente de aire producida en la atmósfera por causas naturales.

vientre *s. m.* Cavidad del cuerpo del animal, que contiene el estómago y los intestinos.

viernes *s. m.* Día de la semana comprendido entre el jueves y el sábado.

vierteaguas *s. m.* Resguardo hecho de piedra, azulejos, cinc, madera, etc., que, para escurrir las aguas llovedizas, se pone cubriendo los salientes de los paramentos.

viga *s. f.* Madero largo y grueso que sirve generalmente para formar los techos y sostener las fábricas.

vigencia *s. f.* Calidad de vigente.

vigente *adj.* Se dice de las leyes, costumbres, etc. que están en vigor y observancia.

vigesimal *adj.* Se dice del sistema para contar de veinte en veinte.

vigésimo, ma *adj. num.* **1.** Se dice de cada una de las 20 partes iguales en que se divide un todo. **2.** Que ocupa el último lugar en una serie ordenada de 20.

vigía *s. f.* Persona destinada a vigiar.

vigiar *v. tr.* Velar o cuidar de hacer descubiertas desde un lugar adecuado.

vigilancia *s. f.* Servicio ordenado y dispuesto para vigilar.

vigilante *s. m. y s. f.* Persona encargada de velar por algo.

vigilar *v. intr.* Velar sobre una persona o cosa, o atender cuidadosamente a ella. También v. tr.

vigilia *s. f.* **1.** Trabajo intelectual. **2.** Víspera de una festividad religiosa. **3.** Falta de sueño.

vigor *s. m.* **1.** Fuerza o actividad notable de las cosas animadas o inanimadas. **2.** Fuerza de obligar en las leyes.

vigorizador, ra *adj.* Que da vigor.

vigorizar *v. tr.* **1.** Dar vigor a una persona o cosa. También prnl. **2.** *fig.* Animar, esforzar. También prnl.

vigorosidad *s. f.* Calidad de vigoroso.

vigoroso, sa *adj.* Que tiene vigor.

vigota *s. f.* Especie de motón.

viguería *s. f.* Conjunto de vigas.

vigueta *s. f.* Barra de hierro laminado, destinada a la edificación.

vihuela *s. f.* Antiguo instrumento de cuerda, semejante a la guitarra.

vihuelista *s. m. y s. f.* Persona que ejerce o toca la vihuela.

vil *adj.* **1.** Se dice de lo bajo y despreciable. **2.** Se dice de lo indigno.

vilano *s. m.* Apéndice de filamentos que corona el fruto de muchas plantas compuestas.

vileza *s. f.* **1.** Calidad de vil. **2.** Acción o expresión indigna o infame.

vílico *s. m.* Capataz de una granja, entre los romanos.

vilipendiar *v. tr.* Despreciar o tratar con vilipendio.

vilipendio *s. m.* Desprecio, denigración.

vilipendioso, sa *adj.* Que causa vilipendio.

villa *s. f.* **1.** Casa de recreo situada en el campo. **2.** Población que tiene algunos privilegios.

villaje *s. m.* Pueblo pequeño.

villanada *s. f.* Acción propia de villano.

villanaje *s. m.* Gente del estado llano en los lugares.

villancejo *s. f.* Villancico.

villancico *s. m.* Composición poética popular con estribillo, que se canta en las iglesias en Navidad y otras festividades.

villanería *s. f.* Villanía.
villanesca *s. f.* Cancioncilla rústica antigua.
villanía *s. f.* Bajeza de condición.
villano, na *adj.* **1.** Vecino del estado llano en una villa. **2.** *fig.* Se dice de la persona rústica o descortés.
villar *s. m.* Villaje.
villazgo *s. m.* **1.** Calidad o privilegio de villa. **2.** Tributo que se imponía a las villas como tales.
villorín *s. m.* Paño entrefino de color pardo o de lana sin teñir.
villorrío *s. m., desp.* Población pequeña poco urbanizada.
vilo, en *adv. m.* Suspendido, sin el fundamento o apoyo necesario; sin estabilidad.
vilordo, da *adj.* Se dice de la persona tarda y perezosa.
vilorta *s. f.* **1.** Aro hecho con una vara de madera flexible y que sirve para anilla. **2.** Arandela para evitar el roce entre dos piezas.
vilorto *s. m.* Especie de clemátide.
vilos *s. m.* Embarcación filipina de dos palos.
vinagrada *s. f.* Refresco compuesto de agua, vinagre y azúcar.
vinagre *s. m.* Líquido agrio y astringente.
vinagrera *s. f.* Vasija destinada a contener vinagre para el uso diario.
vinagrero, ra *s. m. y s. f.* Persona cuyo oficio es hacer o vender vinagre.
vinagreta *s. f.* Salsa compuesta de aceite, cebolla y vinagre.
vinagrillo *s. m.* Vinagre de poca fuerza.
vinagroso, sa *adj.* **1.** De gusto agrio, semejante al del vinagre. **2.** *fig. y fam.* De genio áspero y desapacible.
vinajera *s. f.* Cada uno de los dos jarrillos con que se sirven en la misa el vino y el agua.
vinariego, ga *s. m. y s. f.* Persona que tiene hacienda de viñas y es práctico en su cultivo.
vinario, ria *adj.* Perteneciente o relativo al vino.
vinatera *s. f.* Cordel con una gaza en un extremo y una muletilla en el otro, que sirve para mantener amadrinados dos cabos o dos perchas.
vinatería *s. f.* Tienda en que se vende vino.
vinatero, ra *s. m. y s. f.* Persona que comercia con el vino.
vinaza *s. f.* Vino que se saca de las heces.
vinazo *s. m.* Vino muy fuerte y espeso.
vinculable *adj.* Que se puede vincular.
vinculación *s. f.* Acción y efecto de vincular o vincularse.
vincular *v. tr.* **1.** Sujetar los bienes a vínculo para perpetuarlos en empleo o familia determinados por el fundador. **2.** *fig.* Atar o fundar una cosa en otra. **3.** *fig.* Perpetuar o continuar una cosa o el ejercicio de ella. También prnl.
vínculo *s. m.* **1.** Unión o atadura de una cosa con otra. **2.** Sujeción de los bienes a que sucedan en ellos los parientes por el orden que señala el fundador o al sustento de obras pías.
vindicación *s. f.* Acción y efecto de vindicar o vindicarse.
vindicar *v. tr.* Vengar. También prnl.
vindicativo, va *adj.* Vengativo.
vindicta *s. f.* Venganza.
vinícola *adj.* Relativo a la fabricación del vino.
vinicultor, ra *s. m. y s. f.* Persona que se dedica a la vinicultura.
vinicultura *s. f.* Elaboración de vinos.
vinificación *s. f.* Fermentación del mosto de la uva, o transformación del zumo de ésta en vino.
vino *s. m.* Licor alcohólico que se hace del zumo de las uvas, fermentado.
vinolencia *s. f.* Exceso en el beber vino.
vinolento, ta *adj.* Que acostumbra a beber vino con exceso.
vinosidad *s. f.* Calidad de vinoso.
vinoso, sa *adj.* Que tiene la calidad o apariencia del vino.
vinote *s. m.* Residuo que queda en la caldera del alambique después de destilado el vino y hecho el aguardiente.
viña *s. f.* Terreno plantado de vides.
viñadero, ra *s. m. y s. f.* Viñador.
viñador, ra *s. m. y s. f.* Persona que cultiva las viñas.
viñedo *s. m.* Terreno plantado de vides.
viñero, ra *s. m. y s. f.* Persona que tiene heredades de viñas.
viñeta *s. f.* **1.** Dibujo que se pone para adorno en el principio o el fin de los libros o capítulos. **2.** Cada uno de los recuadros que componen un cómic.
viñetero *s. m.* Armario que sirve para guardar los moldes de las viñetas.
viola *s. f.* Instrumento de la misma figura que el violín, pero de mayor tamaño y de sonoridad melancólica y penetrante.

violáceo, a *adj.* Violado. También s. m.
violación *s. f.* Delito que comete la persona que obliga a otra, mediante la fuerza y en contra de su voluntad, a realizar el acto sexual, cuando ésta es menor de doce años, está sin sentido o padece algún trastorno mental.
violador, ra *adj.* Que viola. También s. m. y s. f.
violado, da *adj.* De color de violeta.
violar *v. tr.* **1.** Quebrantar una ley o precepto. **2.** Cometer un acto de violación.
violencia *s. f.* Calidad de violento.
violentar *v. tr.* Aplicar medios violentos a cosas o personas para vencer su resistencia.
violento, ta *adj.* **1.** Que está fuera de su natural estado, situación o modo. **2.** Que obra con ímpetu y fuerza. **3.** *fig.* Se dice del genio impetuoso y que se deja llevar de la ira.
violeta *s. f.* **1.** Planta de las violáceas, de tallos rastreros y flores casi siempre de color morado claro. ‖ *s. m.* **2.** Color morado claro.
violín *s. m.* Instrumento musical de cuerda y arco, compuesto de una caja de madera y un mástil al que va superpuesto el diapasón.
violinista *s. m. y s. f.* Persona que profesa el arte de tocar el violín.
violón *s. m.* Contrabajo, instrumento de cuerda.
violonchelista *s. m. y s. f.* Persona que profesa el arte de tocar el violonchelo.
violonchelo *s. m.* Instrumento musical de cuerda y arco, más pequeño que el violón y de la misma forma.
viperino, na *adj.* Perteneciente o relativo a la víbora.
vira[1] *s. f.* Saeta delgada y de punta aguda.
vira[2] *s. f.* Tira que para dar fuerza al calzado se cose entre la suela y la pala.
virada *s. f.* Acción y efecto de virar, cambiar de rumbo.
virador *s. m.* Líquido empleado en fotografía para virar.
virago *s. f.* Mujer varonil.
viraje *s. m.* **1.** Acción y efecto de cambiar de dirección un automóvil. **2.** *fig.* Acción y efecto de cambiar de opinión, actitud o conducta una persona.
virar *v. tr.* **1.** En fotografía, sustituir la sal de plata del papel impresionado por otra que produzca un color determinado. **2.** Cambiar de rumbo. También prnl.
viratón *s. m.* Virote o vira grande.
virazón *s. f.* Viento que en las costas sopla de la parte del mar durante el día, y en sentido contrario por la noche.
virgen *s. m. y s. f.* **1.** Persona que no ha tenido relaciones sexuales. ‖ *adj.* **2.** Se dice de la tierra que no ha sido cultivada. ‖ *s. f.* **3.** Imagen que representa a María Santísima.
virginal *adj., fig.* Se dice de lo puro.
virgíneo, a *adj.* Virginal.
virginidad *s. f.* **1.** Estado de la persona que no ha tenido relaciones sexuales. **2.** *fig.* Pureza, candor.
virgo *adj.* Virgen. También s. m. y s. f.
vírgula *s. f.* **1.** Vara pequeña. **2.** Rayita o línea muy delgada.
virgulilla *s. f.* Cualquier signo ortográfico con forma de coma o rasguillo.
viril *adj.* **1.** Relativo al varón. **2.** Edad viril.
virilidad *s. f.* Edad viril.
virio *s. m.* Oropéndola.
virol *s. m.* Perfil circular de la boca de la bocina y de otros instrumentos semejantes.
virola *s. f.* **1.** Abrazadera de metal. **2.** Anillo de hierro que se coloca en la extremidad de las garrochas.
virolento, ta *adj.* Que tiene viruelas. También s. m. y s. f.
virotazo *s. m.* Golpe dado con el virote.
virote *s. m.* **1.** Saeta guarnecida con un casquillo. **2.** *fig. y fam.* Hombre erguido y excesivamente serio.
virotillo *s. m.* Madero corto vertical y sin zapata, que se apoya en uno horizontal y sostiene otro horizontal o inclinado.
virreina *s. f.* **1.** Mujer del virrey. **2.** La que gobierna como virrey.
virreinato *s. m.* **1.** Dignidad o cargo de virrey. **2.** Tiempo que dura este empleo o cargo.
virreino *s. m.* Virreinato.
virrey *s. m.* Persona que con este título gobierna en nombre y con autoridad del rey.
virtual *adj.* Se dice de lo implícito.
virtualidad *s. f.* Calidad de virtual.
virtud *s. f.* Actividad o fuerza de las cosas para producir un efecto determinado.
virtuosismo *s. m.* Afán de hacer alarde de técnica o habilidad de un arte, en particular de la música.

virtuoso, sa *s. m. y s. f.* Persona dotada de talento natural en la técnica de su arte.

viruela *s. f.* Enfermedad aguda, contagiosa, febril, que se caracteriza por una erupción de pústulas con costras que, cuando se caen, suelen dejar un hoyo en la piel.

virulencia *s. f.* Calidad de virulento.

virulento, ta *adj.* Ponzoñoso, maligno, ocasionado por un virus.

virus *s. m.* **1.** Humor maligno. **2.** Agente infeccioso, comúnmente invisible y filtrable, que se atribuye al desarrollo de microbios.

viruta *s. f.* Hoja delgada que se saca con el cepillo al labrar la madera o los metales.

vis *s. f.* Fuerza, vigor, comodidad.

visado *s. m.* Acción de visar y diligencia que se pone en el documento que se visa; especialmente la que los cónsules estampan en los pasaportes.

visaje *s. m.* Expresión del rostro.

visar *v. tr.* Autorizar un documento, certificado, etc.

víscera *s. f.* Entraña del ser humano o de los animales.

visceral *adj.* Perteneciente o relativo a las vísceras.

visco *s. m.* Liga para cazar pájaros.

viscosidad *s. f.* Materia viscosa.

viscosilla *s. f.* Material textil que se mezcla con otras materias textiles para fabricar distintos tejidos.

viscoso, sa *adj.* Se dice de lo pegajoso.

visera *s. f.* **1.** Parte movible del yelmo que cubría el rostro y tenía agujeros para poder ver. **2.** Ala pequeña que tienen en la parte delantera las gorras y otras prendas semejantes para resguardar la vista.

visibilidad *s. f.* Grado de la atmósfera, que permite ver con más o menos claridad los objetos distantes.

visible *adj.* Manifiesto, que no admite duda.

visigodo, da *adj.* Se aplica al individuo de una rama del pueblo godo, que invadió España y fundó en ella un reino autónomo.

visigótico, ca *adj.* Relativo a los visigodos.

visillo *s. m.* Cortina.

visión *s. f.* Objeto de la vista, especialmente cuando es ridículo o espantoso.

visionario, ria *adj.* Se dice de la persona que se figura y cree con facilidad cosas quiméricas.

visir *s. m.* Ministro de un soberano musulmán.

visita *s. f.* Inspección, examen.

visitador, ra *s. m. y s. f.* Empleado encargado de hacer visitas o reconocimientos.

visitar *v. tr.* **1.** Ir a ver a alguien a su casa por cortesía u otro motivo. **2.** Ir a un templo por devoción.

visiteo *s. m.* Acción de hacer o recibir muchas visitas.

visivo, va *adj.* Que sirve para ver.

vislumbrar *v. tr.* **1.** Ver un objeto confusamente por la distancia o falta de luz. **2.** *fig.* Conjeturar.

vislumbre *s. f.* Reflejo o tenue resplandor por la distancia de la luz.

viso *s. m.* **1.** Reflejo de alguna cosa que parece de distinto color. **2.** Destello luminoso que despiden algunas cosas heridas por la luz.

visón *s. m.* Mamífero carnívoro mustélido, de piel muy apreciada.

visorio *s. m.* Examen pericial.

víspera *s. f.* **1.** Día que precede inmediatamente a otro determinado. ‖ *s. f. pl.* **2.** Una de las divisiones del día entre los antiguos romanos.

vista *s. f.* **1.** Sentido corporal con el cual se ven los colores y formas de las cosas. **2.** Conjunto de ambos ojos.

vistazo *s. m.* Mirada superficial o ligera.

vistillas *s. f. pl.* Lugar alto desde el cual se descubre mucho terreno.

visto, ta *adj.* Fórmula con que se da por terminada la vista pública de un negocio, o se anuncia el pronunciamiento del fallo.

vistosidad *s. f.* Calidad de vistoso.

vistoso, sa *adj.* Que atrae mucho la atención por su brillantez, viveza de colores o apariencia ostentosa.

visual *adj.* Perteneciente o relativo a la vista como medio para ver.

visualidad *s. f.* Efecto agradable producido por el conjunto de objetos vistosos.

visualizar *v. tr.* **1.** Visibilizar. **2.** Representar mediante imágenes fenómenos de distinto carácter. **3.** Formar en la mente la imagen de un concepto abstracto. **4.** Imaginar con rasgos visibles algo que no se tiene a la vista.

visura *s. f.* **1.** Examen visual de una cosa. **2.** Examen pericial.

vital *adj.* **1.** Perteneciente o relativo a la vida. **2.** *fig.* De suma importancia o trascendencia.

vitalicio, cia *adj.* Que dura desde que se obtiene hasta el fin de la vida.

vitalicista *s. m. y s. f.* Persona que disfruta de una renta vitalicia.

vitalidad *s. f.* Actividad, eficacia de las facultades vitales.

vitalismo *s. m.* Doctrina biológica y filosófica que explica los fenómenos que se realizan en el organismo por la acción de las fuerzas vitales, propias de los seres vivos, y no exclusivamente por la acción de las fuerzas generales de la materia.

vitalista *adj.* Partidario del vitalismo. También s. m. y s. f.

vitalizar *v. tr.* Infundir fuerza o vigor a un organismo, corporación, sistema, etc.

vitamina *s. f.* Cada una de las sustancias que existen en la leche, grasas, verduras, frutas, cereales, etc., y que son indispensables para el crecimiento y para el equilibrio normal de las principales funciones vitales.

vitando, da *adj.* Odioso, execrable.

vitela *s. f.* Piel de vaca o ternera adobada y muy pulida.

vitelina *adj.* Se dice de la membrana que envuelve el óvulo humano y el de algunos animales.

vitelo *s. m.* Conjunto de sustancias almacenadas en un huevo para la nutrición de un embrión.

vitícola *adj.* Perteneciente o relativo a la viticultura.

viticultor, ra *s. m. y s. f.* Persona especialista en la viticultura.

viticultura *s. f.* Arte de cultivar la vid.

vitivinicultura *s. f.* Arte de cultivar las vides y elaborar el vino.

vito *s. m.* Baile andaluz muy animado.

vitola *s. f.* Plantilla para calibrar balas de cañón o de fusil.

¡vítor! *interj.* **1.** Se utiliza para aplaudir a una persona o una acción. ‖ *s. m.* **2.** Cartel público en que se elogia a una persona por alguna hazaña.

vitorear *v. tr.* Aplaudir o aclamar con vítores a una persona o acción.

vitre *s. m.* Lona muy delgada.

vítreo, a *adj.* De vidrio o parecido a él.

vitrificación *s. f.* Acción y efecto de vitrificar o vitrificarse.

vitrificar *v. tr.* Convertir en vidrio una sustancia. También prnl.

vitrina *s. f.* Armario o caja con puertas, o tapas de cristales, para tener objetos expuextos a la vista y sin deterioro.

vitriólico, ca *adj.* Perteneciente o relativo al vitriolo o que tiene sus propiedades.

vitriolo *s. m.* Nombre que se da a algunos sulfatos.

vitualla *s. f.* Conjunto de cosas necesarias para la comida.

vituallar *v. tr.* Avituallar.

vituperable *adj.* Que merece vituperio.

vituperación *s. f.* Acción y efecto de vituperar.

vituperar *v. tr.* Decir mal de una persona o cosa, tachándola de viciosa o indigna.

vituperio *s. m.* **1.** Baldón u oprobio que se dice a alguien. **2.** Acción o circunstancia que causa afrenta o deshonra.

vituperioso, sa *adj.* Que incluye vituperio.

viuda *s. f.* Planta de jardín, de la familia de las dipsacáceas, con flores en ramos axilares de color morado que tira a negro, con las anteras blancas y fruto capsular.

viudal *adj.* Perteneciente o relativo al viudo o a la viuda.

viudedad *s. f.* Pensión o haber pasivo que percibe la viuda de un empleado mientras permanezca en tal estado.

viudez *s. f.* Estado de viudo o viuda.

viudo, da *adj.* Se dice de la persona a quien se le ha muerto su cónyuge y no ha vuelto a casarse.

vivac *s. m.* Vivaque.

vivacidad *s. f.* **1.** Calidad de vivaz. **2.** Viveza, esplendor de algunas cosas.

vivaque *s. m.* Campamento militar de noche al raso.

vivaquear *v. intr.* Acampar las tropas de noche al raso.

vivar *s. m.* **1.** Paraje donde crían los conejos. **2.** Vivero de peces.

vivaracho, cha *adj., fam.* Muy vivo de genio; travieso y alegre.

vivaz *adj.* **1.** Se dice de lo eficaz y vigoroso. **2.** Agudo, de pronta comprensión e ingenio.

vivencia *s. f.* Nombre que se le da al hecho de vivir o experimentar algo.

viveral *s. m.* Vivero de árboles.

víveres *s. m. pl.* **1.** Provisiones de alimentos de un ejército, plaza o buque. **2.** Comestibles necesarios para el alimento de las personas.

vivero *s. m.* **1.** Terreno donde se transplantan los arbolillos para recriarlos. **2.** Lugar donde se mantienen o se crían dentro del agua peces u otros animales.

viveza *s. f.* Prontitud en las acciones, o agilidad en la ejecución.

vividero, ra *adj.* Se aplica al lugar que puede habitarse.

vívido, da *adj., poét.* Vivaz, eficaz.

vividor, ra *adj.* **1.** Vivaz. **2.** Se aplica a la persona que busca modos de vivir.

vivienda *s. f.* Lugar donde se habita.

vivificación *s. f.* Acción y efecto de vivificar.

vivificar *v. tr.* Dar vida.

vivificativo, va *adj.* Capaz de vivificar.

vivífico, ca *adj.* Que incluye vida o nace de ella.

vivíparo, ra *adj.* Se aplica a los animales que paren vivos los hijos.

vivir[1] *s. m.* Conjunto de los medios de vida y subsistencia.

vivir[2] *v. intr.* **1.** Tener vida. **2.** Durar con vida. **3.** Durar las cosas.

vivisección *s. f.* Disección de los animales vivos.

vivo, va *adj.* Intenso, fuerte.

vizcacha *s. f.* Roedor de la familia de los lagostómidos, parecido a la liebre y con cola larga.

vizcondado *s. m.* Título o dignidad de vizconde.

vizconde *s. m.* Sujeto que antiguamente el conde dejaba o ponía como sustituto.

vizcondesa *s. f.* **1.** Mujer del vizconde. **2.** La que por sí goza este título.

vocablo *s. m.* Sonidos articulados que expresan una idea.

vocabulario *s. m.* **1.** Diccionario. **2.** Conjunto de las palabras de un idioma o dialecto. **3.** Conjunto de vocablos que se usan especialmente en una materia determinada. **4.** Catálogo especial de las palabras usadas por un autor o en determinada región, que se ponen por orden alfabético.

vocabulista *s. m. y s. f.* Persona dedicada al estudio de los vocablos.

vocación *s. f.* Inspiración con que Dios llama a algún estado.

vocacional *adj.* Perteneciente o relativo a la vocación.

vocal *s. f.* Letra vocal.

vocalización *s. f.* Transformación de una consonante en vocal.

vocalizar *v. intr.* **1.** Articular claramente vocales y consonantes para hacer más inteligible el mensaje. **2.** Transformarse en vocal una consonante. También prnl.

vocativo *s. m.* Caso de la declinación, que sirve únicamente para invocar o nombrar a una persona o cosa personificada.

vocear *v. intr.* **1.** Dar voces o gritos. ‖ *v. tr.* **2.** Manifestar con voces una cosa.

vociferación *s. f.* Acción y efecto de vociferar.

vociferar *v. intr.* Vocear.

vocinglería *s. f.* Ruido de muchas voces.

vodka *s. amb.* Especie de aguardiente de centeno que se consume mucho en Rusia.

voladera *s. f.* Paleta de la rueda hidráulica.

voladero, ra *adj., fig.* Que pasa ligeramente, fugaz.

voladizo, za *adj.* Que vuela o sale de lo macizo en las paredes o edificios.

volado, da *adj.* Se dice del tipo de menor tamaño que se coloca en la parte superior del renglón.

volador, ra *adj.* Se dice de lo que está pendiente de manera que el aire lo pueda mover. ‖ *s. m.* **2.** Cohete.

voladura *s. f.* Acción y efecto de hacer saltar alguna cosa con violencia.

volandas, en *adv. m.* Por el aire o levantado del suelo.

volandero, ra *adj., fig.* Se dice de lo casual.

volante *s. m.* **1.** Guarnición con que se adornan prendas de vestir o de tapicería. **2.** En los automóviles, pieza circular situada a la altura del pecho del conductor, que forma parte de la dirección.

volantín *s. m.* Especie de cordel con uno o más anzuelos, que se utiliza para pescar.

volantón, na *adj.* Se dice del pájaro que está preparado para salir a volar.

volapié *s. m.* Suerte que consiste en herir de corrida el espada al toro cuando éste se halla parado.

volar *v. intr.* **1.** Ir o moverse por el aire las aves, los insectos, etc., sosteniéndose con las alas. **2.** *fig.* Elevarse en el aire y moverse de un punto a otro en una aeronave.

volatería *s. f.* **1.** Caza de aves hecha con otras enseñadas. **2.** Conjunto de aves diversas.

volatero *s. m. y s. f.* Cazador de volatería.

volátil *adj.* **1.** Que vuela o puede volar. **2.** Se aplica a las cosas que se mueven ligeramente y andan por el aire.
volatilidad *s. f.* Calidad de volátil.
volatizable *adj.* Que se volatiliza.
volatilización *s. f.* Acción y efecto de volatilizar.
volatilizar *v. tr.* **1.** Transformar un cuerpo sólido o líquido en vapor o gas. ‖ *v. prnl.* **2.** Exhalarse, disiparse una sustancia o cuerpo.
volatín *s. m. y s. f.* **1.** Volatinero. ‖ *s. m.* **2.** Cada uno de los ejercicios del volatinero.
volatinero, ra *s. m. y s. f.* Persona que con habilidad anda y voltea por el aire sobre una cuerda o alambre y hace otras acrobacias.
volcán *s. m.* Abertura en la tierra, y más comúnmente en una montaña, por donde salen del interior llamas, materias ígneas y vapores.
volcánico, ca *adj.* Perteneciente o relativo al volcán.
volcar *v. tr.* Torcer o trastornar una cosa de modo que caiga o se vierta lo contenido en ella. También intr., tratándose de vehículos.
volea *s. f.* Voleo, golpe dado en el aire a una cosa.
volear *v. tr.* Golpear una cosa en el aire para impulsarla.
voleibol *s. m.* Balonvolea.
voleo *s. m.* Golpe dado en el aire a una cosa antes de que caiga al suelo.
volframio *s. m.* Cuerpo simple, metálico, de color gris de acero, muy duro, denso y difícilmente fusible.
volición *s. f.* Acto de la voluntad.
volitar *v. intr.* Revolotear.
volitivo, va *adj.* Se dice de los actos y fenómenos de la voluntad.
volquearse *v. prnl.* Revolcarse.
volquete *s. m.* Carro muy usado en obras de explanación, derribos, etc., cuyo cuerpo consiste en un cajón que se puede volcar girando sobre un eje.
volquetero *s. m.* Conductor de un volquete.
volt *s. m.* Nombre del voltio en la nomenclatura internacional.
voltaje *s. m.* Potencial eléctrico o conjunto de voltios que actúan en un aparato o sistema eléctrico.
voltámetro *s. f.* Aparato destinado a la demostración de la descomposición electrolítica del agua, consistente en un vaso de vidrio, atravesado en su fondo por dos alambres de platino que están en comunicación con dos electrodos.
voltario, ria *adj.* Versátil, de carácter inconstante.
volteador, ra *adj.* Que voltea.
voltear *v. tr.* **1.** Dar vueltas a una persona o cosa. **2.** Invertir una cosa.
voltejear *v. tr.* Voltear, volver.
volteranismo *s. m.* Espíritu de incredulidad o impiedad, manifestado con burla o cinismo.
voltereta *s. f.* Vuelta ligera dada en el aire.
volteriano, na *adj.* Se dice de la persona que manifiesta irreligión cínica y burlona. También s. m. y s. f.
voltímetro *s. m.* Aparato que se emplea para medir potenciales eléctricos.
voltio *s. m.* Unidad de fuerza electromotriz que, aplicada a un conductor cuya resistencia sea de un ohmio, produce una corriente eléctrica de un amperio.
volubilidad *s. f.* Calidad de voluble.
voluble *adj.* **1.** Que fácilmente se puede volver alrededor. **2.** *fig.* Versátil.
volumen *s. m.* Corpulencia o bulto de una cosa.
volumetría *s. f.* Ciencia que se ocupa de la medida de los volúmenes.
voluminoso, sa *adj.* Que tiene mucho volumen o bulto.
voluntad *s. f.* **1.** Facultad de los seres racionales de gobernar libre y conscientemente sus actos. **2.** Afecto que se siente hacia una persona.
voluntariedad *s. f.* Determinación de la propia voluntad por mero antojo.
voluntario, ria *adj.* **1.** Se dice del acto que tiene su origen en la voluntad. **2.** Voluntarioso.
voluntarioso, sa *adj.* Que hace alguna cosa con voluntad y deseo de agradar.
voluptuosidad *s. f.* Complacencia en los placeres sensuales.
voluptuoso, sa *adj.* Dado a los placeres o deleites sensuales.
voluta *s. f.* Adorno en figura de espiral o caracol, que se coloca en los capiteles de los órdenes jónico y compuesto.
volver *v. tr.* **1.** Dar vuelta o vueltas a una cosa. **2.** Corresponder, pagar. **3.** Encaminar una cosa a otra.
volvible *adj.* Que se puede volver.
volvo *s. m.* Especie de cólico.
vólvulo *s. m.* Volvo.

vómer *s. m.* Huesecillo impar que forma la parte posterior del tabique de las fosas nasales.

vómico, ca *adj.* Que motiva o causa vómito.

vomipurgante *adj.* Se dice del medicamento que promueve el vómito y las evacuaciones del vientre.

vomitado, da *adj., fig. y fam.* Se dice de una persona desgarbada o descolorida.

vomitar *v. tr.* **1.** Arrojar con violencia por la boca lo contenido en el estómago. **2.** *fig.* Tratándose de injurias, maldiciones, etc., proferirlas.

vomitivo, va *adj.* Se aplica a la medicina que mueve o excita el vómito.

vómito *s. m.* Lo que se vomita.

vomitón, na *adj., fam.* Se aplica al lactante que vomita mucho.

vomitona *s. f., fam.* Vómito muy abundante.

vomitorio, ria *adj.* **1.** Vomitivo. ‖ *s. m.* **2.** Puerta o abertura de los circos o teatros antiguos, por donde entraba el público a las gradas.

voquible *s. m., fam.* Vocablo.

voracidad *s. f.* Calidad de voraz.

vorágine *s. f.* Remolino impetuoso que hacen en algunos parajes las aguas.

voraginoso, sa *adj.* Se aplica al sitio en que hay vorágines.

voraz *adj.* Se aplica al animal muy comedor y a las personas que comen con ansia.

vórtice *s. m.* **1.** Torbellino, remolino. **2.** Centro de un ciclón.

vorticela *s. f.* Género de protozoos infusorios, de la familia de los vorticélidos.

vortiginoso, sa *adj.* Se dice del movimiento o remolino que hacen el agua o el viento en forma circular o espiral.

vos *pron. pers.* Cualquiera de los casos de segunda persona en género masculino o femenino y número singular o plural, cuando esta voz se emplea como tratamiento.

vosotros, tras *pron. pers.* Forma del pronombre personal de segunda persona, género masculino y femenino y número plural, que puede funcionar como sujeto o como complemento con preposición.

votación *s. f.* Conjunto de votos emitidos.

votar *v. intr.* **1.** Hacer voto a Dios o a los santos. También tr. **2.** Dar alguien su voto o decir su dictamen en una reunión o cuerpo deliberante. También tr.

votivo, va *adj.* Ofrecido por voto o relativo a él.

voto *s. m.* **1.** Promesa hecha a Dios, o la Virgen o a un santo. **2.** Parecer o dictamen en orden a la decisión de un punto o elección de un sujeto; y en especial el que se da a una junta o asamblea, ya sea razonándolo o por medio de una señal convenida.

vox pópuli *expr. lat.* De dominio público.

voz *s. f.* **1.** Sonido que produce el aire cuando al salir de los pulmones hace vibrar las cuerdas de la laringe. **2.** Grito. **3.** Vocablo. **4.** *fig.* Facultad de hablar, aunque no de votar, en una asamblea.

vozarrón *s. m.* Voz muy fuerte y gruesa.

voznar *v. intr.* Graznar.

vudú *s. m.* Creencias y prácticas religiosas procedentes de África muy extendidas entre la población de raza negra de las Indias occidentales y sur de Estados Unidos.

vuecelencia *s. m. y s. f.* Metaplasmo de vuestra excelencia.

vuecencia *s. m. y s. f.* Síncopa de vuecelencia.

vuelapluma, a *adv. m.* A vuela pluma.

vuelco *s. m.* Movimiento con que una cosa se vuelve o trastorna enteramente.

vuelo *s. m.* **1.** Espacio que se recorre volando sin posarse. **2.** Trayecto que recorre un avión, haciendo o no escalas. **3.** En arquitectura, parte saliente de una construcción.

vuelta *s. f.* **1.** Movimiento de una cosa alrededor de un punto o girando sobre sí misma. **2.** Curvatura en una línea o apartamiento del camino directo. **3.** Regreso. **4.** En algunos deportes, como el ciclismo, carrera por etapas. **5.** Dinero sobrante de un pago.

vueludo, da *adj.* Se dice de la prenda de vestir que tiene mucho vuelo.

vuestro, tra *adj. pos.* Forma del posesivo masculino y femenino de la segunda persona del plural. También pron.

vulcanio, nia *adj.* Perteneciente o relativo a Vulcano o al fuego.

vulcanita *s. f.* Ebonita.

vulcanización *s. f.* Acción y efecto de vulcanizar.

vulcanizar *v. tr.* Combinar azufre con la goma elástica para que adquiera ciertas propiedades.

vulcanología *s. f.* Parte de la geología que estudia los fenómenos volcánicos.

vulgar *adj.* **1.** Común o general. **2.** Se aplica a las lenguas que se hablan actualmente.

vulgaridad *s. f.* Especie, dicho o hecho vulgar, que carece de novedad e importancia.

vulgarismo *s. m.* Dicho o frase especialmente usada por el vulgo.

vulgarización *s. f.* Acción y efecto de vulgarizar.

vulgarizar *v. tr.* **1.** Convertir una cosa en vulgar. **2.** Traducir un escrito de otra lengua a la común o vulgar.

Vulgata *n. p.* Versión latina de la Biblia, declarada auténtica por la Iglesia.

vulgo *s. m.* **1.** Plebe, el conjunto de la gente popular. **2.** Conjunto de personas que en cada materia no conocen más que la parte superficial.

vulnerabilidad *s. f.* Calidad de vulnerable.

vulnerable *adj.* Que puede ser herido o recibir lesión, física o moralmente.

vulneración *s. f.* Acción y efecto de vulnerar.

vulnerar *v. tr.* Dañar, perjudicar.

vulnerario, ria *adj.* Se aplica al clérigo que ha herido o matado a otra persona.

vulpécula *s. f.* Vulpeja.

vulpeja *s. f.* Zorra.

vulpino, na *adj.* **1.** Perteneciente o relativo a la zorra. **2.** *fig.* Que tiene sus propiedades.

vultuoso, sa *adj.* Se dice del rostro hinchado y abultado por congestión.

vultúrido, da *adj.* Se dice de las aves rapaces diurnas y grandes, como el buitre.

vulturno *s. m.* Bochorno, aire caliente.

vulva *s. f.* Partes que rodean y constituyen la abertura externa de la vagina.

vulvitis *s. f.* Inflamación de la vulva.

W

w *s. f.* Vigésimo cuarta letra del abecedario español y decimonovena de sus consonantes.

wadi *s. m.* Curso de agua intermitente, característico de África del Norte y Arabia.

wagneriano, na *adj.* **1.** Perteneciente o relativo al músico alemán R. Wagner o a su escuela. **2.** Partidario de su música. También s. m. y s. f.

wagon-lit *s. m.* Coche cama.

walkie-talkie *s. m.* Aparato radiofónico portátil que sirve de emisor y receptor en comunicaciones a corta distancia.

walkiria *s. f.* Valkiria.

walkman *s. m.* Aparato eléctrico musical portátil, dotado de auriculares que permiten escuchar casetes de forma individual.

walón, na *adj.* Valón.

water *s. m.* Váter.

waterpolo *s. m.* Juego acuático de pelota entre dos equipos de siete nadadores.

watt *s. m.* Nombre del vatio en la nomenclatura internacional.

wau *s. amb.* Nombre que recibe el sonido "u" semiconsonántico o semivocálico.

wéber *s. m.* Nombre del weberio en la nomenclatura internacional.

weberio *s. m.* Unidad de flujo de inducción magnética en el sistema internacional.

wellingtonia *s. f.* Nombre científico de la velintonia.

welter *s. m.* Categoría del boxeo a la que pertenecen los púgiles cuyo peso está entre 63,503 y 66,678 kg.

western *s. m.* Género cinematográfico al que pertenecen las películas ambientadas en el oeste de América del Norte, durante la colonización.

westfaliano, na *adj.* Natural de Westfalia.

whisky *s. m.* Güisqui.

windsurf *s. m.* Deporte que se practica en el agua sobre una tabla con una vela.

windsurfing *s. m.* Windsurf.

wolframio *s. m.* Volframio.

wuapití *s. m.* Nombre común que recibe el venado que habita en los bosques caducifolios de América del Norte.

X

x *s. f.* **1.** Vigésimo quinta letra del abecedario español y vigésima de sus consonantes. **2.** Letra numeral que tiene el valor de diez en la numeración romana.

xantofila *s. f.* Pigmento oxigenado que impregna matices variables, desde el amarillo al rojo, a los cromoplastos de las plantas.

xenofobia *s. f.* Odio u hostilidad hacia los extranjeros.

xenófobo, ba *adj.* Que siente xenofobia.

xenón *s. m.* Gas noble que se encuentra en el aire en pequeñas cantidades.

xerocopia *s. f.* Copia fotográfica que se obtiene por medio de la xerografía.

xerocopiar *v. tr.* Reproducir en copia xerográfica.

xerófilo, la *adj.* Se aplica a las plantas que almacenan agua en su parénquima, por lo que pueden subsistir en climas muy secos.

xerofítico, ca *adj.* Xerófilo.

xerófito *adj.* Xerófilo.

xeroftalmia *s. f.* Enfermedad de los ojos caracterizada por la sequedad de la conjuntiva u opacidad de la córnea. Se produce por falta de determinadas vitaminas en la alimentación.

xerografía *s. f.* Procedimiento de impresión sin contacto, fijándose las imágenes mediante un sistema electrostático.

xerografiar *v. tr.* Reproducir textos o imágenes por medio de la xerografía.

xerográfico, ca *adj.* **1.** Perteneciente o relativo a la xerografía. **2.** Obtenido mediante la xerografía.

xerógrafo, fa *s. m. y s. f.* Persona que tiene por oficio la xerografía.

xi *s. f.* Decimocuarta letra del alfabeto griego.

xifoideo, a *adj.* Perteneciente o relativo al apéndice xifoides.

xifoides *adj.* Se dice del cartílago en que termina el esternón humano, parecido a la punta de una espada. También s. m.

xilófago, ga *adj.* Se dice de los insectos que se alimentan de madera.

xilófono *s. m.* Instrumento de percusión compuesto de láminas de madera o metal que se golpean con dos macillos.

xilografía *s. f.* Arte de grabar en madera.

xilográfico, ca *adj.* Perteneciente o relativo a la xilografía.

xilógrafo, fa *s. m. y s. f.* Persona que graba en madera.

xiloprotector *adj.* Se dice de la sustancia o producto que sirve para proteger la madera.

xilórgano *s. m.* Instrumento de percusión de los s. XVIII y XIX, parecido al xilófono.

Y

y[1] *s. f.* Vigésimo sexta letra del abecedario español y vigésimo primera de sus consonantes.

y[2] *conj. cop.* Enlace coordinante cuyo oficio es unir palabras o cláusulas en concepto afirmativo.

ya *adv. t.* **1.** Denota tiempo pasado. || *conj. distrib.* **2.** Enlace coordinante cuyo oficio es unir palabras o cláusulas que se alternan.

yaacabo *s. m.* Pájaro insectívoro con pico y uñas fuertes.

yaba *s. f.* Árbol papilionáceo con flores menudas violáceas.

yabuna *s. f.* Hierba gramínea que abunda en las sabanas.

yac *s. m.* Bóvido que habita en las altas montañas tibetanas.

yacal *s. m.* Árbol dipterocarpáceo de gran altura. Su madera es muy apreciada en la construcción y en la fabricación de muebles.

yacaré *s. m.* Caimán.

yacedor, ra *s. m. y s. f.* Persona que se encarga de llevar las caballerías a yacer.

yacer *v. intr.* **1.** Estar alguien tendido. **2.** Estar enterrado un cadáver.

yacija *s. f.* **1.** Lecho o camastro que sirve para acostarse en él. **2.** Sepultura.

yacimiento *s. m.* Sitio donde se halla una roca, un mineral o un fósil.

yactura *s. f.* Quiebra, pérdida o daño recibido.

yagruma *s. f.* Nombre común a dos árboles silvestres de distintas familias que se distinguen respectivamente con las denominaciones de yagruma hembra y yagruma macho.

yagua *s. f.* Palma que sirve de hortaliza, y con la cual se techan chozas y se hacen cestos y sombreros.

yagual *s. m.* Rodete para llevar pesos sobre la cabeza.

yaguané *adj.* Se dice del ganado que tiene el pescuezo y los costillares de color diferente al resto del cuerpo.

yaguar *s. m.* Jaguar.

yaguré *s.* Mofeta.

yaití *s. m.* Árbol euforbiáceo, de madera dura, usada para fabricar vigas y horcones.

yak *s. m.* Yac.

yamao *s. m.* Árbol meliáceo, cuyas hojas tienen folíolos oblongos y sirven de pasto al ganado.

yámbico, ca *adj.* Perteneciente o relativo al yambo.

yambo[1] *s. m.* Pie de la poesía clásica formado por dos sílabas, la primera breve y la segunda larga.

yambo[2] *s. m.* Árbol de las mirtáceas muy cultivado en las Antillas.

yapú *s. m.* Especie de tordo, notable por su canto y por la facilidad con que imita a las otras aves.

yarará *s. m.* Serpiente muy venenosa, que puede alcanzar hasta un metro de longitud.

yaraví *s. m.* Canción de carácter dulce y melancólico que entonan los indígenas de algunos países de América.

yarda *s. f.* Medida inglesa de longitud que equivale a 91 cm.

yare *s. m.* Jugo venenoso que se extrae de la yuca amarga.

yatagán *s. m.* Sable o alfanje curvo, usado por los pueblos orientales.

yataí *s. m.* Palmera cuyo fruto se usa para la fabricación de aguardiente y la fibra de las hojas, para tejer sombreros.

yantar *s. m.* Manjar, vianda.

yate *s. m.* Embarcación de lujo o de recreo.

yayo *s. m.* Abuelo.

ye *s. f.* Nombre de la letra “y”.

yeco *s. m.* Cuervo marino.

yedra *s. f.* Hiedra.

yegua *s. f.* Hembra del caballo.

yeguada *s. f.* Rebaño de ganado caballar.

yegüería *s. f.* Yeguada

yegüero, ra *s. m. y s. f.* Persona que guarda o cuida las yeguas.

yeísmo *s. m.* Fenómeno fonético que consiste en pronunciar la “elle” como “ye”.

yelmo *s. m.* Parte de la armadura antigua que protegía la cabeza y el rostro.

yema *s. f.* **1.** Brote con forma de botón escamoso, que nace en el tallo de los vegetales. **2.** Parte central del huevo de las aves y otros vertebrados ovíparos.

yeral *s. m.* Terreno sembrado de yeros.

yerba *s. f.* Hierba.

yerbatero, ra *s. m. y s. f.* Se dice del curandero o del médico que receta principalmente hierbas.

yermar *v. tr.* Despoblar un lugar, campo, etc

yermo, ma *adj.* **1.** Inhabitado. También s. m. **2.** Incultivado, estéril.

yerno *s. m.* Respecto de una persona, marido de su hija.

yero *s. m.* Planta herbácea leguminosa usada como alimento para el ganado.

yerro *s. m.* **1.** Falta cometida por ignorancia o malicia. **2.** Equivocación por descuido o inadvertencia.

yerto, ta *adj.* Tieso o rígido, principalmente a causa del frío o la muerte.

yesca *s. f.* Materia seca y muy inflamable.

yesería *s. f.* Lugar donde se hace o vende yeso.

yesero, ra *adj.* Perteneciente o relativo al yeso.

yeso *s. m.* Sulfato de cal hidratado generalmente blanco.

yesón *s. m.* Cascote de yeso.

yesoso, sa *adj.* De yeso o parecido a él.

yesquero, ra *adj.* **1.** Se dice de una variedad de cardo y de otra de hongo. || *s. m. y s. f.* **2.** Persona que por oficio fabrica o vende yesca.

yezgo *s.* Planta herbácea caprifoliácea, semejante al saúco, de olor fétido.

yeyuno *s. m.* Segunda porción del intestino delgado que comienza en el duodeno y acaba en el íleon.

yo *pron. pers.* Forma del pronombre personal de primera persona, género masculino o femenino y número singular, que funciona como sujeto.

yodado, da *adj.* Que contiene yodo.

yodo *s. m.* Metaloide halógeno, sólido, cristalino y brillante, que se volatiliza a una temperatura poco elevada, desprendiendo vapores de color azul violeta.

yodoformo *s. m.* Compuesto de yodo, hidrógeno y carbono, en forma de polvo amarillento que se usa como antiséptico en medicina.

yodurar *v. tr.* **1.** Convertir en yoduro. **2.** Preparar con yoduro.

yoduro *s. m.* Cualquier compuesto de yodo y otro elemento o radical simple o compuesto.

yoga *s. m.* Conjunto de técnicas físico-mentales hindúes cuyo fin es conseguir la perfección espiritual. .

yogur *s. m.* Variedad de leche cuajada, sometida a la acción de un fermento llamado maya.

yogurtera *s. f.* Aparato empleado para hacer yogur.

yola *s. f.* Embarcación estrecha y ligera movida a remo y vela.

yóquei *s. m. y s. f.* Jinete profesional de carreras de caballos.

yoyó *s. m.* Juguete que consiste en dos pequeños discos unidos por un eje, que suben o bajan a lo largo de una cuerda enrollada a ese mismo eje.

yubarta *s. f.* Animal parecido a la ballena.

yuca *s. f.* Planta americana liliácea, de la que se obtiene harina alimenticia.

yudo *s. m.* Deporte y sistema de lucha japonés, cuyo objetivo es defenderse sin armas mediante llaves.

yugo *s. m.* Instrumento de madera utilizado para uncir las mulas o bueyes que tiran de un carro, arado, etc.

yugular *adj.* **1.** Relativo a la garganta. **2.** Se dice de cada una de las dos venas situadas a uno y otro lado del cuello.

yunque *s. m.* Prisma de hierro acerado encajado en un tajo de madera fuerte, sobre el que se trabaja a martillo los metales.

yunta *s. f.* Par de bueyes, mulas u otros animales que sirven en la labor del campo o en los acarreos.

yuntero, ra *s. m. y s. f.* Persona que labra la tierra con un par de bueyes, mulos u otros animales.

yuppie *s. m. y s. f.* Persona profesional que trabaja en la ciudad, tiene estudios universitarios y una posición económica elevada.

yusera *s. f.* Piedra circular o conjunto de dovelas que sirve de suelo en el alfarje de los molinos de aceite.

yusión *s. f.* Mandato.

yute *s. m.* **1.** Materia textil que se extrae de una planta de la familia de las tiliáceas. **2.** Tejido que se fabrica con esta materia.

yuxtalineal *adj.* Se dice de la traducción que acompaña a su original, o del cotejo de textos cuando se disponen a dos columnas.

yuxtaponer *v. tr.* Poner una cosa junto a otra. También prnl.

yuxtaposición *s. f.* Acción y efecto de yuxtaponer o yuxtaponerse.

yuyuba *s. f.* Fruto del azufaifo.

Z

z *s. f.* Vigésimo séptima y última letra del abecedario español y vigésimo segunda de sus consonantes.

¡za! *interj.* para ahuyentar a los perros y otros animales.

zabarcero, ra *s. m. y s. f.* Persona que revende frutos y otros comestibles.

zabatán *s. m.* Mastranzo.

zabila *s. f.* Áloe.

zaborda *s. f.* Acción y efecto de zabordar.

zabordar *v. intr.* Encallar un barco.

zabra *s. f.* Buque de dos palos de cruz.

zabucar *v. tr.* Bazucar.

zabuqueo *s. m.* Acción y efecto de zabucar.

zaca *s. f.* Odre que se emplea en el desagüe de los pozos de las minas.

zacapela *s. f.* Riña o contienda con gritos.

zacatín *s. m.* Calle o plaza de algunos pueblos donde se vende ropa.

zacatón *s. m.* Hierba alta de pasto.

zacear *v. tr.* Espantar y hacer huir a los perros u otros animales con la voz "za".

zafa *s. f.* Jofaina.

zafada *s. f.* Acción de zafar.

zafar *v. tr.* Adornar o cubrir una cosa.

zafarse *v. prnl.* **1.** Escaparse, ocultarse. **2.** Librarse de hacer algo.

zafarí *adj.* Se dice de una variedad de higo que es muy tierno y dulce.

zafarrancho *s. m.* **1.** Acción y efecto de quitar los estorbos de una parte de la embarcación, y dejarla dispuesta para una determinada actividad. **2.** *fig. y fam.* Limpieza general. **3.** *fig. y fam.* Destrozo. **4.** *fig. y fam.* Riña.

zafiedad *s. f.* Calidad de zafio.

zafio, fia *adj.* Tosco, grosero en sus modales o en su comportamiento.

zafirino, na *adj.* De color de zafiro.

zafiro *s. m.* Corindón cristalizado de color azul.

zafo, fa *adj.* Libre y desembarazado.

zafra[1] *s. f.* Vasija grande de metal en que se guarda aceite.

zafra[2] *s. f.* **1.** Cosecha de la caña de azúcar. **2.** Fabricación del azúcar de caña y del de remolacha.

zafre *s. m.* Óxido de cobalto mezclado con cuarzo.

zaga *s. f.* Parte trasera o posterior de una cosa.

zagal, la *s. m. y s. f.* **1.** Muchacho o muchacha adolescente. **2.** Pastor o pastora joven.

zagalón *s. m. y s. f.* Adolescente que está muy crecido.

zagua *s. f.* Arbusto quenopodiáceo que se cría en el sur de Europa y en el norte de África.

zaguán *s. m.* Espacio cubierto, contiguo a la puerta de la calle, que sirve de entrada a una casa.

zaguero, ra *adj.* **1.** Que va, se queda o está atrás. ‖ *s. m.* **2.** Jugador que se sitúa en la parte de atrás de la cancha en los partidos de pelota por parejas.

zahareño, ña *adj.* **1.** Se dice del ave difícil de amansar. **2.** *fig.* Intratable.

zaheridor, ra *adj.* Que zahiere.

zaherimiento *s. m.* Acción de zaherir.

zaherir *v. tr.* Decir o hacer algo a alguien para humillarlo o maltratarlo.

zahína *s. f.* Sorgo.

zahinar *s. m.* Terreno sembrado de zahína.

zahón *s. m.* Calzón de cuero o paño, con perniles abiertos por detrás que se atan a los muslos, usado por los cazadores y gente del campo para proteger la ropa.

zahonado, da *adj.* Se dice de las patas y manos que en algunas reses tienen distinto color por delante que por detrás.

zahondar *v. tr.* **1.** Ahondar la tierra. ‖ *v. intr.* **2.** Hundirse los pies en ella.

zahorí *s. m.* **1.** Persona a quien se atribuye la facultad de ver lo que está oculto, especialmente veneros de agua subterránea. **2.** Persona perspicaz e intuitiva.

zahorra *s. f.* Lastre de una embarcación.

zahúrda *s. f.* Pocilga.

zaida *s. f.* Grulla.

zaino, na[1] *adj.* Traidor, falso.

zaino, na[2] *adj.* Se dice del caballo o yegua de color castaño oscuro.

zalagarda *s. f.* **1.** Emboscada. **2.** Escaramuza. **3.** Lazo usado para cazar animales. **4.** *fig. y fam.* Alboroto, bullicio.

zalama *s. f.* Zalamerías.

zalamería *s. f.* Demostración de cariño afectada y empalagosa.

zalamero, ra *adj.* Que hace zalamerías.

zalea *s. f.* Cuero de oveja o carnero curtido.

zalear *v. tr.* **1.** Arrastrar o mover algo con facilidad. **2.** Espantar a los perros.

zalema *s. f., fam.* Reverencia realizada como muestra de sumisión.

zallar *v. tr.* Hacer rodar o resbalar algo en el sentido de su longitud y hacia la parte exterior de la nave.

zamacuco, ca *s. m. y s. f.* **1.** *fam.* Persona tonta y bruta. || *s. m.* **2.** *fam.* Embriaguez.

zamarra *s. f.* **1.** Prenda de vestir en forma de chaqueta, hecha de piel con su pelo o lana. **2.** Chaqueta de abrigo.

zamarrear *v. tr.* **1.** Sacudir a un lado y otro la presa que el lobo, el perro u otro animal, tiene cogida entre los dientes. **2.** *fam.* Zarandear a alguien.

zamarreo *s. m.* Acción de zamarrear.

zamarrilla *s. f.* Planta aromática labiada, con hojas muy estrechas y flores blancas o rojas.

zamarro *s. m.* **1.** Piel de cordero. **2.** *fig. y fam.* Persona tosca, lerda, pesada.

zambaigo, ga *adj.* Se dice del hijo de madre de raza negra y padre de raza india, o al revés.

zambapalo *s. m.* Danza grotesca española de los siglos XVI y XVII.

zambarco *s. m.* Correa ancha que ciñe el pecho de las caballerías de tiro.

zambo, ba *adj.* Se dice de la persona que tiene las rodillas juntas y separadas las piernas hacia fuera.

zambomba *s. f.* Instrumento musical formado por un cilindro hueco de madera, abierto por un extremo y cerrado por el otro con una piel muy tirante, que tiene en el centro un carrizo, que, al frotarlo con la mano, produce un sonido fuerte y monótono.

zambombazo *s. m.* Explosión ruidosa.

zambra[1] *s. f.* **1.** Fiesta que celebran los moriscos con baile y mucho alboroto. **2.** *fam* Algazara, bulla producida por un grupo de personas que se divierten.

zambra[2] *s. f.* Especie de barco que usaban los musulmanes.

zambucar *v. tr., fam.* Esconder una cosa entre otras para que no pueda ser vista o reconocida.

zambuco *s. m., fam.* Acción de zambucar.

zambullida *s. f.* Zambullidura.

zambullidura *s. f.* Acción o efecto de zambullir o zambullirse.

zambullir *v. tr.* **1.** Meter algo debajo del agua con ímpetu o de golpe. También prnl. || *v. prnl.* **2.** *fig.* Esconderse o meterse en alguna parte, o cubrirse con algo.

zambullo *s. m.* Bacín grande.

zampa *s. f.* Cada una de las estacas que se clavan en un terreno para hacer el firme sobre el cual se va a edificar.

zampabodigos *s. m. y s. f.* Zampatortas.

zampalimosnas *s. m. y s. f., fam.* Persona pobre que anda pidiendo comida o dinero.

zampapalo *s. m. y s. f.* Zampatortas.

zampar *v. tr.* **1.** Meter rápidamente una cosa en un sitio para que no se vea. **2.** Comer mucho apresuradamente.

zampatortas *s. m. y s. f.* **1.** Persona que come con exceso. **2.** *fig. y fam.* Persona patosa y desgarbada.

zampeado *s. m.* Obra que se hace con cadenas de madera y macizos de mampostería para construir sobre terrenos falsos o invadidos por el agua.

zampear *v. tr.* Afirmar el terreno con zampeados.

zampón, na *adj., fam.* Comilón, tragón.

zampoña *s. f.* Instrumento rústico parecido a una flauta, o compuesto por varias flautas.

zampuzar *v. tr.* **1.** Meter de golpe en el agua. **2.** Meter rápidamente una cosa en un sitio.

zampuzo *s. m.* Acción y efecto de zampuzar.

zanahoria *s. f.* Planta herbácea,umbelífera, con flores blancas y raíz fusiforme, de color amarillento o rojiza, jugosa y comestible.

zanca *s. f.* **1.** Parte más larga de las patas de las aves. **2.** Madera inclinada que sirve de apoyo a los peldaños de una escalera.

zancada *s. f.* Paso largo.

zancadilla *s. f.* Acción de cruzar uno su pierna por delante de la de otro para derribarle.

zancajcar *v. intr.* Andar mucho y aceleradamente de una parte a otra.

zancajera *s. f.* Parte del estribo de un coche de caballos donde se pone el pie para entrar o apearse de él.

zancajo *s. m.* **1.** Hueso del pie que forma el talón. **2.** *fig.* Parte del zapato, media, etc., que cubre el talón.

zancajoso, sa *adj.* Que tiene los pies torcidos y vueltos hacia fuera.

zancarrón *s. m.* **1.** *fam.* Cualquiera de los huesos de la pierna, despojado de carne. **2.** *fig. y fam.* Persona flaca, vieja y poco aseada.

zanco *s. m.* Cada uno de los dos palos largos, con salientes para apoyar los pies, que se usan para andar por terrenos pantanosos, o en juegos de equilibrio.

zancón, na *adj., fam.* Zancudo.

zancudo, da *adj.* **1.** Que tiene las zancas largas. **2.** Se aplica a las aves que tienen los tarsos muy largos y desprovistos de plumas.

zanfonía *s. f.* Antiguo instrumento músical de cuerda, que se tocaba haciendo dar vueltas con un manubrio a un cilindro provisto de púas.

zanga *s. f.* Juego de naipes parecido al cuatrillo, en el que el último toma las ocho cartas sobrantes.

zangala *s. f.* Tela de hilo muy engomada.

zangamanga *s. f., fam.* Treta, ardid.

zanganada *s. f., fam.* Hecho o dicho impertinente o inoportuno.

zangandungo, ga *s. m. y s. f., fam.* Persona torpe, desmañada y holgazana.

zanganear *v. intr., fam.* Hacer el vago.

zángano, na *s. m.* **1.** Macho de la abeja reina. ‖ *s. m. y s. f.* **2.** *fam.* Persona holgazana que vive de lo ajeno. También adj.

zangarilleja *s. f., fam.* Persona desaseada y vagabunda.

zangarrear *v. intr.* Tocar o rasguear sin arte en la guitarra.

zangarriana *s. f.* **1.** Especie de hidropesía de los animales. **2.** *fam.* Dolencia leve y pasajera que se repite con frecuencia.

zangolotear *v. tr., fam.* Mover continua y violentamente una cosa. También prnl.

zangoloteo *s. m., fam.* Acción de zangolotear.

zangolotino, na *adj., fam.* Muchacho que quiere pasar por niño.

zangón *s. m.* Joven alto y desgarbado.

zangotear *v. tr., fam.* Zangolotear.

zangoteo *s. m., fam.* Acción y efecto de zangotear.

zanguanga *s. f., fam.* Simulación de una enfermedad para no trabajar.

zanguango, ga *adj., fam.* Indolente, perezoso., holgazán.

zanguayo *s. m., fam.* Persona alta, desvaída, ociosa y que se hace la simple.

zanja *s. f.* Excavación larga y estrecha que se hace en la tierra para echar los cimientos, conducir las aguas, etc.

zanjar *v. tr.* **1.** Abrir zanjas en un terreno para construir un edificio o para otro fin. **2.** *fig.* Resolver un asunto o negocio.

zanqueador, ra *adj.* Se dice de la persona que anda mucho.

zanqueamiento *s. m.* Acción de zanquear.

zanquear *v. intr.* Torcer las piernas al andar.

zanquilargo, ga *adj., fam.* Se dice de la persona que tiene las piernas muy largas.

zanquituerto, ta *adj., fam.* Se dice de la persona que tiene torcidas las piernas.

zanquivano, na *adj., fam.* Se dice de la persona que tiene las piernas largas y muy delgadas.

zapa¹ *s. f.* **1.** Especie de pala que usan los zapateros o gastadores. **2.** Excavación de una galería subterránea o de una zanja al descubierto.

zapa² *s. f.* Piel áspera de algunos selacios.

zapador *s. m.* Soldado que trabaja con la zapa.

zapallo *s. m.* Cierta calabaza comestible.

zapapico *s. m.* Herramienta con mango de madera, con un extremo en punta y otro estrecho y afilado.

zapar *v. intr.* Trabajar con la zapa.

zaparrastrar *v. intr.* Llevar arrastrando los vestidos de modo que se ensucien.

zaparrastroso, sa *adj.* Zarrapastroso.

zaparrazo *s. m.* Zarpazo.

zapata *s. f.* **1.** Calzado que llega a media pierna. **2.** Pedazo de cuero que a veces se pone debajo del quicio de la puerta.

zapateado *s. m.* Antiguo baile español que se ejecuta en compás ternario y con zapateo.

zapatear *v. tr.* Golpear con el zapato.

zapateo *s. m.* Acción y efecto de zapatear.

zapatería *s. f.* **1.** Taller donde se fabrican zapatos. **2.** Tienda donde se venden.

zapatero, ra *adj.* **1.** Se aplica a las legumbres y otros alimentos que se encrudecen al echar agua fría en la olla cuando se están cociendo. ‖ *s. m. y s. f.* **2.** Persona que tiene por oficio hacer zapatos, arreglarlos o venderlos.

zapateta *s. f.* Golpe que da un pie contra otro al brincar en señal de regocijo.

zapatilla *s. f.* **1.** Zapato ligero y de suela muy delgada. **2.** Zapato cómodo, generalmente de abrigo, para estar en casa.

zapato *s. m.* Calzado que no pasa del tobillo, con la suela de cuero y lo demás de piel, fieltro, etc.

zapatudo, da[1] *adj.* Que tiene los zapatos demasiado grandes o de cuero fuerte.
zapatudo, da[2] *adj.* Asegurado o reforzado con una zapata.
¡zape! *interj., fam.* Se emplea para ahuyentar a los gatos.
zapear *v. tr.* Espantar al gato con la interjección ¡zape!
zapote *s. m.* Árbol americano sapotáceo, de unos diez metros de altura, con hojas alternas y fruto comestible de carne amarilla oscura.
zapping *s. m.* Cambio constante de canal de televisión usando el mando a distancia.
zaque *s. m.* Odre pequeño.
zaquear *v. tr.* Trasegar líquidos de unos zaques a otros.
zaquizamí *s. m.* **1.** Desván a teja vana. **2.** Cuarto pequeño, sucio y poco cómodo.
zar *s. m.* Título que se daba al emperador de Rusia y al soberano de Bulgaria.
zara *s. f.* Maíz.
zarabanda *s. f.* Danza popular española de los siglos XVI y XVII, frecuentemente censurada por los moralistas debido a sus movimientos.
zarabandista *adj.* Que baila, canta o tañe la zarabanda.
zarabutear *v. tr., fam.* Zaragutear.
zarabutero, ra *adj.* Zaragutero.
zaragalla *s. f.* Carbón vegetal menudo.
zaragata *s. f., fam.* Riña, alboroto.
zaragatero, ra *adj., fam.* Bullicioso, aficionado a zaragatas.
zaragatona *s. f.* Planta herbácea plantaginácea, con tallo ramificado y hojas lanceoladas, que se emplea en medicina y para aprestar telas.
zaragüelles *s. m. pl.* Especie de calzones anchos y con pliegues, usados por la gente del campo de Valencia y Murcia.
zaragutear *v. tr.* Embrollar, hacer las cosas atropelladamente.
zaragutero, ra *adj., fam.* Que zaragutea.
zaramagullón *s. m.* Somorgujo, somormujo.
zarambeque *s. m.* Tañido y danza africana, alegre y bulliciosa.
zaranda *s. f.* **1.** Criba. **2.** Cedazo rectangular con fondo de red de tomiza, usado en los lagares. **3.** Pasador metálico que se usa para colar jalea.
zarandajas *s. f. pl., fam.* Cosa menuda, sin valor o de poca importancia.
zarandar *v. tr.* Limpiar el grano o la uva, pasándolos por la zaranda.
zarandear *v. tr.* Ajetrear.
zarandero, ra *s. m. y s. f.* Zarandador.
zarandillo *s. m.* Zaranda pequeña.
zarapatel *s. m.* Especie de alboronía.
zarapito *s. m.* Ave zancuda, del tamaño de un gallo, con pico largo, delgado y encorvado por la punta.
zaratán *s. m.* Cáncer de pecho.
zaraza *s. f.* Tela de algodón, ancha y fina, y con listas de colores o flores estampadas.
zarazas *s. f. pl.* Veneno para matar perros, ratones u otros animales.
zarcear *v. tr.* Limpiar los conductos y cañerías usando unas zarzas largas.
zarceño, ña *adj.* Perteneciente o relativo a la zarza.
zarcero, ra *adj.* Se dice del perro corto de patas.
zarcillo *s. m.* Pendiente, arete.
zarco, ca *adj.* De color azul claro.
zarevich *s. m.* **1.** Hijo del zar. **2.** En particular, príncipe primogénito del zar reinante.
zariano, na *adj.* Relativo al zar.
zarigüeya *s. f.* Mamífero marsupial de América, nocturno y omnívoro.
zarina *s. f.* **1.** Esposa del zar. **2.** Emperatriz de Rusia.
zarja *s. f.* Azarja, instrumento para coger la seda cruda.
zarpa *s. f.* Acción de zarpar. **2.** Mano de ciertos animales, como el león y el tigre, con dedos y uñas.
zarpada *s. f.* Golpe dado con la zarpa.
zarpanel *adj.* Se dice del arco que consta de varias porciones de circunferencias tangentes entre sí y trazadas desde distintos centros.
zarpar *v. tr.* Salir un barco del lugar en el que estaba fondeado.
zarpazo *s. m.* **1.** Golpe dado con la zarpa. **2.** Batacazo, porrazo.
zarposo, sa *adj.* Que tiene zarpas o cascarrias.
zarracatín *s. m., fam.* Persona que procura comprar barato para vender caro.
zarramplín *s. m., fam.* Persona chapucera y de poca habilidad en una profesión u oficio.
zarrapastra *s. f., fam.* Cascarria.
zarrapastrón, na *adj., fam.* Que anda muy zarrapastroso.

zarrapastroso, sa *adj., fam.* Desaliñado, andrajoso, desaseado.
zarria *s. f.* **1.** Cascarria. **2.** Pingajo, harapo.
zarriento, ta *adj.* Que tiene zarrias o cascarrias.
zarza *s. f.* Arbusto rosáceo, de tallos sarmentosos provistos de aguijones, flores blancas o róseas y fruto en eterio de drupas.
zarzagán *s. m.* Cierzo no muy fuerte, pero muy frío.
zarzaganillo *s. m.* Viento cierzo que causa tempestades.
zarzahán *s. m.* Especie de tela de seda, delgada como el tafetán y con listas de colores.
zarzal *s. m.* Lugar poblado de zarzas.
zarzaleño, ña *adj.* Relativo al zarzal.
zarzamora *s. f.* Fruto de la zarza.
zarzaparrilla *s. f.* **1.** Arbusto liliáceo, de tallos delgados y volubles, hojas acorazonadas, flores verdosas en racimos, fruto en bayas y raíces cilíndricas y fibrosas. **2.** Bebida refrescante preparada con esta planta.
zarzaparrillar *s. m.* Campo poblado de zarzaparrillas.
zarzaperruna *s. f.* Escaramujo, planta y fruto.
zarzarrosa *s. f.* Flor del escaramujo, muy parecida a la rosa castellana.
zarzo *s. m.* Tejido hecho con cañas, varas o mimbres, que forma una superficie plana.
zarzuela *s. f.* Obra dramática y musical que alterna el canto y la declamación.
zarzuelero, ra *adj.* Perteneciente o relativo a la zarzuela.
zarzuelista *s. m. y s. f.* **1.** Poeta que escribe zarzuelas. **2.** Maestro que compone música de zarzuela.
¡zas! *interj.* usada para representar el sonido que hace un golpe o el golpe mismo.
zascandil *s. m., fam.* Persona muy inquieta y revoltosa.
zascandilear *v. intr.* Andar de un lado a otro sin hacer nada útil.
zascandileo *s. m.* Acción y efecto de zascandilear.
zata *s. f.* Zatara.
zatara *s. f.* Especie de balsa para transportes fluviales.
zatico *s. m.* **1.** Persona que antiguamente tenía en palacio el cargo de cuidar del pan y alzar las mesas. **2.** Mendrugo o pedazo de pan.
zazo, za *adj.* Tartajoso.
zedilla *s. f.* Cedilla.
zéjel *s. m.* Composición poética popular de origen árabe. Está formada por un estribillo inicial temático y un número variable de estrofas compuestas de tres versos monorrimos seguidos de otro verso de rima constante igual a la del estribillo.
zen *s. m.* Doctrina japonesa del budismo, que se basa en el profundo conocimiento y control del espíritu para alcanzar el estado de iluminación.
zepelín *s. m.* Globo dirigible.
zeugma *s. f.* Figura de construcción consistente en sobrentender un verbo o un adjetivo, cuando se repite en construcciones homogéneas y sucesivas.
zigomorfo, fa *adj.* Se aplica a un organismo u órgano de un solo plano de simetría.
zigurat *s. m.* Torre escalonada y piramidal, característica de la arquitectura religiosa asiria y caldea.
zigzag *s. m.* Serie de líneas que forman alternativamente ángulos entrantes y salientes.
zigzaguear *v. intr.* Serpentear, andar, moverse o extenderse en zigzag.
zinc *s. m.* Cinc.
zinguizarra *s. f.* Alboroto, riña.
zinnia *s. f.* Nombre común a diversas plantas ornamentales de la familia de las compuestas, herbáceas, de hojas opuestas y de grandes flores de color variable según la especie.
zipizape *s. m., fam.* Riña ruidosa o con golpes.
¡zis, zas! *interj., fam.* con que se expresa repetición de un golpe.
zoantropía *s. f.* Monomanía en la cual el enfermo se cree convertido en un animal.
zoca *s. f.* Plaza, lugar espacioso en un poblado.
zócalo *s. m.* **1.** Cuerpo inferior de un edificio, que sirve para elevar los basamentos a un mismo nivel. **2.** Friso.
zocatearse *v. prnl.* Ponerse zocato un fruto.
zocato, ta *adj., fam.* Se dice del fruto que se pone acorchado y amarillo sin madurar.
zoclo *s. m.* Zueco, chanclo.
zoco[1] *s. m.* En Marruecos, mercado, lugar en que se celebra.
zoco[2] *s. m.* **1.** Zueco. **2.** Zócalo, miembro inferior del pedestal.
zodiacal *adj.* Relativo al Zodíaco.

Zodíaco *n. p.* Zona de la esfera celeste, de 16 a 18 grados de ancho, por el centro de la cual pasa la Eclíptica.

zofra *s. f.* Especie de tapete morisco.

zoilo *s. m., fig.* Crítico presumido, maligno censurador o murmurador de las obras ajenas.

zollipar *v. intr.* Dar zollipos o sollozar.

zollipo *s. m., fam.* Sollozo con hipo.

zolocho, cha *adj., fam.* Mentecato, aturdido o poco expédito.

zombi *s. m.* Según la religión vudú, cuerpo inanimado que ha sido revivido por arte de brujería y actúa sin tener conciencia de sus actos.

zompo, pa *adj.* **1.** Se dice del pie torcido. **2.** Se dice de la persona que lo tiene. **3.** Torpe.

zompopo *s. m.* Hormiga de cabeza grande.

zona *s. f.* **1.** Lista o faja. **2.** Extensión considerable de terreno que tiene forma de franja. **3.** Extensión considerable de terreno cuyos límites están determinados por razones administrativas, políticas, etc. **4.** Cada una de las cinco partes en que se considera dividida la superficie de la Tierra por los trópicos y los círculos polares. **5.** Parte de la superficie de la esfera, comprendida entre dos planos paralelos. **6.** En baloncesto, la parte del campo, señalada por una línea trapezoidal, que está más cerca de la cesta.

zonación *s. f.* Disposición de un grupo de organismos en zonas paralelas según factores climáticos.

zonal *adj.* Perteneciente o relativo a la zona.

zoncera *s. f.* Simpleza, tontería.

zonificación *s. f.* Acción y efecto de zonificar.

zonificar *v. tr.* Dividir un terreno en zonas.

zonote *s. m.* Cenote.

zonzo, za *adj.* Soso, insulso.

zonzorrión, na *adj., fam.* Muy zonzo.

zoo *s. m.* Abreviación de parque o jardín zoológico.

zoófago, ga *adj.* Que se alimenta de materias animales.

zoófito *s. m.* Animal que tiene aspecto de planta.

zooftirio *s. m.* Anopluro.

zoogeografía *s. f.* Rama de la zoología que estudia la distribución de los animales en la tierra.

zoogeográfico, ca *adj.* Perteneciente o relativo a la zoogeografía.

zoografía *s. f.* Parte de la zoología que tiene por objeto la descripción de los animales.

zoográfico, ca *adj.* Perteneciente o relativo a la zoografía.

zooide *s. m.* Cada uno de los individuos que forma parte de un grupo con estructura colonial.

zoólatra *adj.* Que adora a los animales.

zoolatría *s. f.* Adoración, culto a los animales.

zoología *s. f.* Rama de la biología que estudia los animales.

zoológico, ca *adj.* **1.** Perteneciente o relativo a la zoología. ‖ *s. m.* **2.** Parque en el que se conservan, cuidan y exhiben fieras y otros animales no comunes, para el conocimiento de la zoología.

zoólogo, ga *s. m. y s. f.* Persona que profesa o tiene especiales conocimientos en zoología.

zoom *s. m.* Objetivo de distancia de enfoque variable de una cámara, que permite la aproximación o alejamiento ópticos de aquello que se pretende filmar o fotografiar.

zoomorfo, fa *adj.* Que tiene forma o apariencia de animal.

zoonosis *s. f.* Enfermedad propia de los animales, que a veces se transmite a las personas.

zooplancton *s. m.* Plancton marino formado básicamente por crustáceos y formas larvarias.

zoopsicología *s. f.* Psicología animal.

zoospermo *s. m.* Espermatozoide.

zootecnia *s. f.* Arte de la cría de los animales domésticos.

zootécnico, ca *adj.* Perteneciente o relativo a la zootecnia.

zootomía *s. f.* Parte de la zoología que estudia la anatomía de los animales.

zoótropo *s. m.* Aparato consistente en una serie de figuras colocadas en el interior de una caja cilíndrica giratoria, las cuales, vistas a través de unas rendijas del aparato, al girar éste producen la ilusión óptica de una sola figura en movimiento.

zopas *s. m. y s. f., fig. y fam.* Persona que cecea mucho.

zopenco, ca *adj., fam.* Tonto, bruto.

zopetero *s. m.* Ribazo.

zopisa *s. f.* Brea.

zopo, pa *adj.* Se dice del pie o mano torcidos o contrahechos.

zoquete *s. m.* **1.** *fig.* Pedazo de pan grueso e irregular. **2.** *fig. y fam.* Persona de mala traza, pequeña y gorda.

zoquetero, ra *adj.* Que recoge zoquetes de pan y se mantiene de ellos.
zoquetudo, da *adj.* Basto o mal hecho.
zorcico *s. m.* Baile popular en las provincias vascongadas.
zorollo, lla *adj.* **1.** Blando, tierno. **2.** Se dice del trigo que no ha llegado por completo a su madurez.
zorongo *s. m.* Pañuelo doblado en forma de venda, que llevan a la cabeza los aragoneses y algunos navarros
zorra *s. f.* **1.** Mamífero cánido, de larga cola, hocico estrecho y orejas empinadas; abunda en España. **2.** Hembra de esta especie. **3.** *fig. y fam.* Mujer astuta y solapada.
zorrastrón, na *adj., fam.* Pícaro, astuto.
zorrera *s. f.* Cueva de zorros.
zorrería *s. f., fig. y fam.* Astucia y cautela de la persona que busca su utilidad.
zorrero, ra *adj.* **1.** Perro zorrero. **2.** *fig.* Astuto, capcioso.
zorrillo *s. m.* Mofeta, mamífero.
zorro *s. m.* **1.** Macho de la zorra. **2.** *fig. y fam.* Persona que afecta simpleza o insulsez, especialmente para no trabajar. **3.** *fig. y fam.* Persona muy taimada y astuta.
zorrocloco *s. m., fam.* **1.** Persona tarda en sus acciones y que parece boba, pero que no se descuida en su provecho. **2.** *fam.* Arrumaco.
zorronglón, na *adj., fam.* Se dice de la persona que hace refunfuñando las cosas que le mandan.
zorruno, na *adj.* Perteneciente o relativo a la zorra o raposa.
zorzal *s. m.* Pájaro del mismo género que el tordo, de cabeza diminuta, que vive en España durante el invierno.
zorzaleño, ña *adj.* Se dice de la aceituna pequeña.
zote *adj.* Ignorante, torpe.
zozobra *s. f.* **1.** Acción y efecto de zozobrar. **2.** Irregularidad y contraste de los vientos, que ponen al barco en riesgo de naufragar. **3.** Inquietud, aflicción y congoja del ánimo.
zozobrar *v. intr.* **1.** Peligrar la embarcación por la fuerza de los vientos. **2.** Perderse o irse a pique. **3.** Estar en gran riesgo de perderse la consecución de una cosa. **4.** Acongojarse en la duda de lo que se debe hacer para eludir un peligro grave o para conseguir una cosa. ‖ *v. tr.* **5.** Hacer zozobrar.
zuavo *s. m.* Soldado argelino de infantería, al servicio de Francia.
zubia *s. f.* Lugar por donde corre, o adonde afluye, mucha agua.
zueco *s. m.* **1.** Zapato de madera de una pieza que usan en varios países los campesinos. **2.** Zapato de cuero con suela de corcho o de madera.
zulacar *v. tr.* Untar o cubrir con zulaque.
zulaque *s. m.* Betún en pasta para tapar las juntas de los arcaduces y para otras obras hidráulicas.
zulla *s. f.* Hierba leguminosa que sirve de pasto para el ganado, común en los campos del mediodía de España.
zullarse *v. prnl., fam.* Ventosear.
zullenco, ca *adj., fam.* Que ventosea con frecuencia e involuntariamente.
zulo *s. m.* Escondite pequeño y generalmente debajo de tierra.
zumacal *s. m.* Terreno plantado de zumaque.
zumacar *v. tr.* Adobar las pieles con zumaque.
zumaque *s. m.* **1.** Arbusto terebintáceo, cuya corteza contiene mucho tanino y se emplea como curtiente. **2.** *fam.* Vino de uva.
zumaya *s. f.* **1.** Autillo. **2.** Ave zancuda de paso, que se alimenta de peces y moluscos.
zumba *s. f.* **1.** Cencerro grande. **2.** Bramadera, juguete.
zumbar *v. intr.* Hacer una cosa ruido continuado y bronco.
zumbel *s. m.* Cuerda que se enrolla al peón o trompo para hacerle bailar.
zumbido *s. m.* **1.** Acción y efecto de zumbar. **2.** *fam.* Golpe dado a alguien.
zumbo *s. m.* Zumbido.
zumbón, na *adj.* **1.** Se dice del cencerro que lleva el cabestro y que suena más fuerte que los demás. **2.** *fig. y fam.* Se dice de la persona que frecuentemente anda burlándose.
zumiento, ta *adj.* Que arroja zumo.
zumillo *s. m.* Dragontea, planta.
zumo *s. m.* **1.** Líquido que se extrae de las hierbas, flores, frutas u otras cosas parecidas. **2.** *fig.* Utilidad y provecho que se saca de una cosa.
zumoso, sa *adj.* Que tiene zumo.
zuncho *s. m.* Abrazadera de hierro o de otra materia resistente, usada como refuerzo.

zuño *s. m.* Ceño, sobrecejo.
zupia *s. f.* **1.** Poso de vino. **2.** Vino turbio por estar revuelto con el poso.
zurano, na *adj.* Zuro, se dice de las palomas silvestres.
zurcido *s. m.* Costura de las cosas zurcidas.
zurcidor, ra *adj.* Que zurce.
zurcidura *s. f.* Zurcido.
zurcir *v. tr.* **1.** Coser la rotura de una tela, juntando los pedazos con puntadas, de manera que la unión resulte disimulada. **2.** Suplir con puntadas entrecruzadas lo que falta en el agujero de un tejido. **3.** *fig.* Unir y juntar sutilmente una cosa con otra. **4.** *fig. y fam.* Combinar varias mentiras para dar apariencia de verdad a lo que se relata.
zurdería *s. f.* Calidad de zurdo.
zurdo, da *adj.* Que utiliza la mano izquierda del modo y para lo que las demás personas utilizan la derecha.
zurear *v. intr.* Hacer arrullos la paloma.
zureo *s. m.* Acción y efecto de zurear.
zurito, ta *adj.* Zuro, dicho de las palomas.
zuro, ra *adj.* Se dice de las palomas y palomos silvestres.
zurra *s. f.* **1.** Acción de zurrar las pieles. **2.** *fig. y fam.* Castigo, paliza, tunda.
zurrapa *s. f.* **1.** Brizna o sedimento que se halla en el poso de los líquidos. **2.** *fam.* Cosa vil y despreciable. **3.** *fam.* Muchacho desmedrado y feo.
zurrapelo *s. m., fam.* Reprimenda.
zurrapiento, ta *adj.* Que tiene zurrapas.
zurraposo, sa *adj.* Zurrapiento.
zurrar *v. tr.* **1.** Curtir y adobar las pieles quitándoles el pelo. **2.** *fam.* Castigar a alguien, especialmente con golpes. También prnl. **3.** *fam.* Censurar a alguien con dureza. **4.** *fig. y fam.* Vencer a alguien en una disputa o contienda.
zurriaga *s. f.* Zurriago.
zurriagar *v. tr.* Dar con el zurriago.
zurriagazo *s. m.* Golpe dado con el zurriago o con una cosa flexible.
zurriago *s. m.* **1.** Látigo con que se castiga o zurra. **2.** Correa larga y flexible con que se hace bailar el trompo.
zurriar *v. intr.* Zurrir.
zurribanda *s. f.* **1.** *fam.* Zurra o castigo con muchos golpes. **2.** *fam.* Pendencia ruidosa en que hay golpes.
zurriburri *s. m.* **1.** Barullo, confusión. **2.** *fam.* Sujeto vil y despreciable. **3.** *fam.* Conjunto de personas de la ínfima plebe o de malos procederes.
zurrido *s. m.* Sonido bronco.
zurrir *v. intr.* Sonar broncamente algo.
zurrón *s. m.* Bolsa grande de pellejo, usada generalmente por los pastores.
zurrona *s. f., fam.* Mujer vil y estafadora.
zurronada *s. f.* Lo que cabe en un zurrón.
zurrusco *s. m., fam.* Churrusco.
zurullo *s. m., fam.* Pedazo rollizo de materia blanda.
zurupeto, ta *s. m. y s. f., fam.* Corredor de bolsa no matriculado.
zutano, na *s. m. y s. f., fam.* Vocablos usados como fulano y mengano, cuando se alude a tercera persona indeterminada.
zuzar *v. tr.* Azuzar, provocar.
¡zuzo! *interj.* usada para contener o espantar al perro.
zuzón *s. m.* Hierba cana.